KB083192

增補版

漢文四字成語辭典

한문사자성어사전

金孝英 編著

明文堂

머리말

성어成語란 두 개 이상의 낱말이 합하여 하나의 뜻을 내면서 마치 하나의 낱말처럼 쓰이는 말입니다. 이는 성구成句, 관용구慣用句, 숙어熟語라고도 표현하는데, 특히 한문의 4자 성어 또는 4자 숙어가 많이 생성된 까닭은 첫째 짧아서 말하기 쉽고, 둘째 외우기 쉽고, 셋째 리드미컬해서 발음하기 쉬운 장점 때문이라고 생각합니다.

대표적인 것이 천자문千字文이며, 4자 성어는 처음부터 4자로 된 문장이 대부분이지만 세월이 흐르면서 기다란 문장이 거두절미去頭截尾되어 간추려진 것도 많습니다. 아무튼 긴 설명 또는 이야기를 4자로 줄여서 알 수 있도록 꾸민 문장이기 때문에 오래 보존되고 애용되는 줄 믿습니다.

동양문화의 뿌리가 한자漢字에 있음을 인식하고 함축성 있게 표현한 중국의 역사, 사상, 생활, 감정 등을 살펴보는 기회가 되기를 바랍니다.

독자의 더 깊은 연구를 돕기 위하여 출전의 편명과 원문을 밝히는데 주력하였으나 역부족으로 기대에 미치지 못하였습니다.

여기 성어 속에 흐르는 유교문화의 사상과 철학을 우리가 어떻게 받아들여야 할 것인가 하는 문제는 여러 분야에서 따로 연구되어야 할 과제이며 이 사전에서는 다만 역사적인 사실을 그대로 인정하면서 동양인으로서 우리의 생활에 도움이 되도록 이용하는 자세가 필요하다고 생각합니다.

2017년 6월 1일

편저자 祐齊 金孝英

일러두기

1. 4자 성어만 골라 수록하였으며 먼저 한자를 우리말로 풀어쓰고 이해가 되지 않을 때 그 말이 가지고 있는 주된 뜻을 설명한 다음, 글자 풀이를 하였습니다. 자료가 있는 경우, 유래나 배경을 설명하고 원문原文 출전出典, 동류同類, 유사類似, 반대反對, 관련어關聯語 따위를 추가하였습니다.
2. 사자성어 중 일반적으로 사용하지 않는 특수한 전문용어, 즉 의학·생물학·법학·기술용어 따위와 단순한 명사, 즉 책 이름·벼슬 이름 따위는 제외하였습니다.
3. 원문은 본래의 간추려지지 않은 숙어 또는 문장을 말합니다.
4. 글자는 한자漢字 하나하나의 뜻이 여러가지로 풀이되고 있으나 4자 성어와 관련되는 내용으로 풀이하였습니다.
5. 출전은 4자 성어가 생성된 원전原典 중에서 가장 가까운 것을 택하였습니다.
6. 동류는 같은 뜻을 가지고 있는 4자 성어이며 유사는 그 말과 비슷한 것, 반대는 그 성어와 반대되는 말, 관련은 관계되는 성어입니다.
7. [ ] 괄호 안의 글은 저자가 이해를 돕기 위해 보충 설명한 내용입니다.
8. 자주 인용되는 출전의 한자 표기와 편저자는 다음과 같습니다.
   - 경덕전등록景德傳燈錄, 도원道源 저
   - 고금석림古今釋林, 이의봉李義鳳 편
   - 공자가어孔子家語, 편자 불명
   - 관자管子, 관중管仲 저
   - 구당서舊唐書, 유구劉昫 편
   - 구약성서舊約聖書
   - 국어國語, 좌구명左丘明 저
   - 남사南史, 이연수李延壽 저

- 노자老子, 노자
- 논형論衡, 왕충王充 저
- 대학大學, 공자
- 동언해東言解, 편자 미상
- 명심보감明心寶鑑, 추적秋適 저
- 묵자墨子, 53편
- 법화경法華經
- 사기史記, 사마천司馬遷 저
- 삼국지三國志, 진수陳壽 저
- 설원說苑, 유향劉向 편
- 세설신어世說新語, 유의경劉義慶 저
- 손자孫子, 손자
- 송남잡지宋南雜識, 조재삼 趙在三 저
- 송서宋書, 심약沈約 저
- 순오지旬五志, 홍만종洪萬宗 저
- 시경詩經 305편
- 신서新序, 유향劉向 편
- 십팔사략十八史略, 증선지曾先之 편
- 안자춘추晏子春秋
- 여씨춘추呂氏春秋, 여불위呂不韋 편
- 열녀전烈女傳, 유향劉向 저
- 염철론鹽鐵論, 환관桓寬 편
- 옥루몽玉樓夢, 남영노南永魯 저
- 이담속찬耳談續纂, 정약용丁若鏞 저
- 장자莊子, 장주莊周 편
- 정관정요貞觀政要, 위징魏徵 등 편저
- 논어論語, 공자
- 대동야승大東野乘, 총서 72권
- 도덕경道德經, 노자
- 맹자孟子, 맹자
- 목민심서牧民心書, 정약용丁若鏞 저
- 문선文選, 소통蕭統 편
- 북사北史, 이연수李延壽 저
- 사자소학四字小學, 유자징 편
- 서경書經, (상서尙書) 58편
- 성호사설星湖僿說, 이익李瀷 저
- 소학小學, 주희朱憙 저
- 손자병법孫子兵法, 손무孫武 저
- 송사宋史, 토크토〔脫脫〕 외
- 수호전水滸傳, 시내암施耐庵·나관중羅貫中 저
- 순자荀子, 유향劉向 편
- 신당서新唐書, 구양수歐陽修 등 편
- 신약성서新約聖書
- 안씨가훈顔氏家訓, 안지추顔之推 저
- 양서梁書, 요사렴姚思廉 저
- 열반경涅槃經
- 열자列子, 열어구列禦寇 저
- 예기禮記, 유향劉向 편
- 위서魏書, 위수魏收 저
- 자치통감資治通鑑, 사마광司馬光 편
- 전국책戰國策, 유향劉向 편
- 주역周易, 주희朱熹 등 편저

- 주자어류朱子語類, 여정덕黎靖德 편
- 진서晉書, 방현령房玄齡 저
- 초사楚辭, 유향劉向 저
- 춘추좌씨전春秋左氏傳, 좌구명左丘明
- 포박자抱朴子, 갈홍葛洪 저
- 한서漢書, 반고班固 저
- 한훤차록寒暄箚錄, 조선시대 편찬
- 회남자淮南子, 유안劉安 저
- 후한서後漢書, 범엽范曄 저
- 중용中庸, 자사子思 저
- 채근담菜根譚, 홍자성洪自誠 편
- 추관지秋官志, 박일원朴一源 편
- 태평광기太平廣記, 이방李昉 외 편
- 한비자韓非子, 한비韓非 저
- 한시외전韓詩外傳, 한영 저
- 홍루몽紅樓夢, 조운근曹雲芹 저
- 효경孝經, 공자

부록 : 속담 사자성어

增補版

漢文四字成語辭典

한문사자성어사전

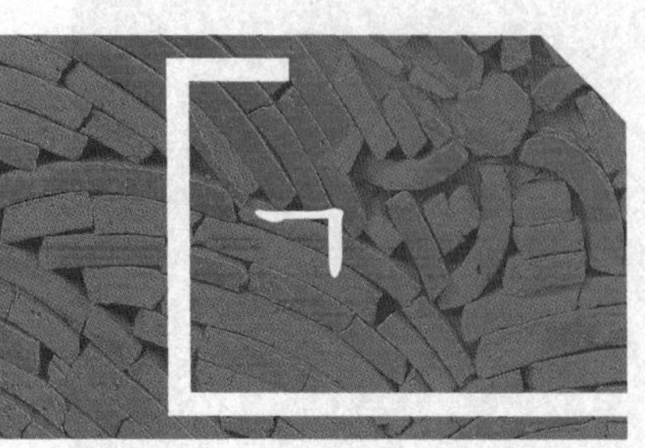

[가가대소呵呵大笑]

크게 소리 내어 웃는다는 말이다.

글자 | 웃는 소리 **가**, 큰 **대**, 웃을 **소**

출전 | 경덕전등록

동류 | 홍연대소哄然大笑

유사 | 파안대소破顔大笑

[가가문전家家門前]

집집마다의 문 앞이라는 말이다.

글자 | 집 **가**, 문 **문**, 앞 **전**

[가가호호家家戶戶]

집집마다 또는 한 집 한 집이라는 말이며, 하나하나의 주택을 일컫는다.

글자 | 집 **가**, 백성의 집 **호**

[가감부득加減不得]

더할 수도 없고 덜 수도 없다는 말이다.

원문 | 加不得減不得
가 부 득 감 부 득

글자 | 더할 **가**, 덜 **감**, 아닐 **부**, 잘할 **득**

출전 | 잡동산이雜同散異

[가감순서加減順序]

더하고 덜하는 차례에 따른다는 말이며, 형량을 더하거나 감하는 순서라는 뜻이다.

글자 | 더할 **가**, 덜 **감**, 따를 **순**, 차례 **서**

[가감승제加減乘除]

더하고, 빼고, 곱하고, 나눈다는 말이며, 산술의 네 법칙인 더하기, 빼기, 곱하기와 나누기를 일컫는다.

글자 | 더할 **가**, 덜 **감**, 곱할 **승**, 제법 **제**

[가감지인可堪之人]

감당할 수 있는 사람이라는 말이며, 어려운 일을 무난히 해낼만한 사람을 일컫는다.

글자 | 긍정할 **가**, 견딜 **감**, 어조사 **지**, 사람 **인**

[가감합제加減合題]

더하고, 빼고, 합한 것을 묻는다는 말이다.

글자 | 더할 **가**, 덜 **감**, 합할 **합**, 물을 **제**

[가거지지可居之地]

살 수 있는 땅이라는 말이며, 머물러 살만한 곳, 또는 살기 좋은 곳이라는 뜻이다.

글자 | 옳을 **가**, 살 **거**, 어조사 **지**, 땅 **지**

[가경가비可敬可悲]

공경할만하고 또 슬퍼할만하다는 말이다. 1698년, 이세재李世載 경상관찰사가 칠곡의 간산산성을 새로 구축하면서 박서朴犀라는 고려의 명장이 벌써 산성을 쌓기 위해 벽돌을 만들던 고적을 발견하고 감탄한 기록에서 유래한다.

원문 | 古人精神氣力 能於數百年後
고인정신기력 능어수백년후
伸其志業 可敬亦可悲也
신기지업 가경역가비야

글자 | 옳을 **가**, 공경 **경**, 슬플 **비**

출전 | 이덕리李德履의 상토지桑土志

[가경취숙駕輕就熟]

가벼운 [수레를] 타고 익숙하게 나아간다는 말이며, 익숙한 일을 손쉽게 처리한다는 뜻이다.

글자 | 탈 **가**, 가벼울 **경**, 나아갈 **취**, 익을 **숙**

출전 | 한유의 송석처사서送石處士序

[가계야치家鷄野雉]

집에 있는 닭과 들에 있는 꿩이라는 말이며, 집안에 있는 것을 버리고 밖에 있는 것을 탐낸다는 뜻이다. 조강지처糟糠之妻를 버리고 기생을 따라다닌다는 말이다.

글자 | 집 **가**, 닭 **계**, 들 **야**, 꿩 **치**

출전 | 소식蘇軾의 시

[가고가하可高可下]

높아도 좋고 낮아도 좋다는 말이며, 어진 사람은 지위의 높고 낮음을 개의치 않는다는 뜻이다.

글자 | 옳을 **가**, 높을 **고**, 아래 **하**

출전 | 국어國語

[가고문적可考文籍]

상고할 글월과 서적이라는 말이며, 참고할 가치가 있는 서적을 일컫는다.

글자 | 옳을 **가**, 상고할 **고**, 글월 **문**, 서적 **적**

동류 | 가고문헌可考文獻

[가고문헌可考文獻]

→ 가고문적可考文籍

[가곡유염家曲踰豔]

노랫가락이 고와도 달아난다는 말이며, 좋은 노래도 늘 들으면 싫어진다는 뜻이다.

글자 | 노래 **가**, 가락 **곡**, 달아날 **유**, 고울 **염**

[가공가소可恐可笑]

두렵기도 하고 우습기도 하다는 말이다.

글자 | 긍정할 **가**, 두려울 **공**, 웃을 **소**

[가공망상架空妄想]

하늘에 집을 세우는 망령된 생각이라는 말이며, 터무니없는 상상이라는 뜻이다.

글자 | 세울 **가**, 하늘 **공**, 망령될 **망**, 생각 **상**

[가공영사假公營私]

벼슬을 빌려서 사사로움을 경영한다는 말이며, 공사公事를 이용하여 사사로운 이익을 챙긴다는 뜻이다.

글자 | 빌릴 **가**, 벼슬 **공**, 경영할 **영**, 사사 **사**

출전 | 대명률직해大明律直解

동류 | 가공제사假公濟私, 빙공영사憑公營私

[가교봉도駕轎奉導]

가마를 받들어 인도한다는 말이며, 고위 관직자의 행차 때 선두에서 소리를 지르며 행인을 비키게 하고 인도한다는 뜻이다.

글자 | 멍에 **가**, 가마 **교**, 받들 **봉**, 인도할 **도**

[가구경행街衢經行]

네거리에서 경서를 [가지고] 다닌다는 말이며, 시가지를 누비며 경전을 읽으면서 백성의 복을 빈다는 뜻이다.

글자 | 거리 **가**, 네거리 **구**, 경서 **경**, 다닐 **행**

[가금용도假金用鍍]

가짜 금은 도금하여 쓴다는 말이며, 실력이 높은 사람은 낮은 사람을 가르칠 수 있으나 실력이 낮은 사람은 높은 사람을 가르칠 수 없다는 뜻이다.

글자 | 거짓 **가**, 금 **금**, 쓸 **용**, 도금할 **도**

반대 | 진금부도眞金不鍍

[가급인족家給人足]

집이 넉넉하고 사람이 흡족하다는 말이며, 집안의 운세가 융성하다는 뜻이다.

글자 | 집 **가**, 넉넉할 **급**, 사람 **인**, 흡족할 **족**

출전 | 한서 공우전貢禹傳, 고려사 8

[가급천병家給千兵]

집에 천명의 군사를 준다는 말이며, 공신功臣에게 군사를 나누어준다는 뜻이다.

원문 | 户封八縣 家給千兵
호 봉 팔 현 가 급 천 병

글자 | 집 **가**, 줄 **급**, 일천 **천**, 군사 **병**

출전 | 천자문

[가기의방可欺宜方]

→ 가기이방可欺以方

[가기이방可欺以方]

방법으로써 속일 수 있다는 말이며, 그럴듯한 방법으로 남을 속일 수 있다는 뜻이다.

원문 | 君子可欺以其方
군 자 가 기 이 기 방

글자 | 긍정할 **가**, 속일 **기**, 써 **이**, 법 **방**

[가납기언嘉納其言]

그 말을 기쁘게 받아들인다는 말이며, 임금이 신하의 말을 잘 받아들인다는 뜻이다.

원문 | 時天福 晉王大喜 嘉納其言
시천복 진왕대희 가납기언

글자 | 기쁠 **가**, 드릴 **납**, 그 **기**, 말씀 **언**

[가내균안家內均安]

집안이 두루 편안하다는 말이다.

글자 | 집 **가**, 안 **내**, 고를 **균**, 편안 **안**

[가능제약可能制約]

가능한 제도와 규약이라는 말이며, 어떤 사안을 될 수 있게 하는 원리라는 뜻이다.

글자 | 옳을 **가**, 능할 **능**, 제도 **제**, 약할 **약**

[가담항설街談巷說]

거리에 떠도는 말이라는 말이며, 풍설風說 또는 뜬소문을 뜻한다.

원문 | 街談巷說 道聽塗說之所造也
가담항설 도청도설지소조야

글자 | 거리 **가**, 말씀 **담**, 거리 **항**, 말 **설**

출전 | 조식曹植의 글, 한서

동류 | 가담항어街談巷語

유사 | 여명견폐驢鳴犬吠

[가담항어街談巷語]

→ 가담항설街談巷說

[가담항의街談巷議]

→ 가담항설街談巷說

[가도멸괵假道滅虢]

괵나라를 멸하기 위해 길을 빌려달라는 말이며, 이웃이 어려우면 나도 어렵게 된다는 뜻이다.

원문 | 假道滅虢 踐土會盟
가도멸괵 천토회맹

글자 | 빌릴 **가**, 길 **도**, 멸할 **멸**, 괵나라 **괵**

출전 | 천자문 73항

동류 | 순망치한脣亡齒寒

[가도벽립家徒壁立]

→ 가도사벽家徒四壁

[가도사벽家徒四壁]

집에 다만 네 벽뿐이라는 말이며, 집안 살림이 아무것도 없고 가난하다는 뜻이다.

글자 | 집 **가**, 다만 **도**, 벽 **벽**

출전 | 한서 사마상여전

동류 | 가도벽립家徒壁立

[가동가서可東可西]

동녘도 좋고 서녘도 좋다는 말이며, 이렇게 해도 되고 저렇게 해도 된다는 뜻이다.

원문 | 可以東可以西
가이동가이서

글자 | 긍정할 **가**, 동녘 **동**, 서녘 **서**

출전 | 추관지

[가동주졸街童走卒]

길거리의 아이와 달리는 졸개라는 말이며, 길거리를 떠돌아다니는 상식 없는 사람을 일컫는다.

글자 | 거리 **가**, 아이 **동**, 달아날 **주**, 군사 **졸**

[가득공명可得功名]

공과 이름을 얻는다는 말이다.

원문 | 若逢貴人 可得功名
약 봉 귀 인 가 득 공 명

글자 | 옳을 **가**, 얻을 **득**, 공 **공**, 이름 **명**

[가라빈가迦羅頻伽]

→ 가릉빈가迦陵頻伽

[가렴주구苛斂誅求]

매섭게 거두어들이고 벌을 준다는 말이며, 백성으로부터 가혹하게 세금을 거두어들이고 못살게 괴롭힌다는 뜻이다.

글자 | 매울 **가**, 거둘 **렴**, 벌 줄 **주**, 구할 **구**

출전 | 구당서, 여씨춘추

유사 | 가정맹호苛政猛虎

[가롱성진假弄成眞]

가짜의 농이 진짜로 되었다는 말이다.

글자 | 거짓 **가**, 희롱할 **롱**, 이룰 **성**, 참 **진**

동류 | 농가성진弄假成眞

[가루견보架漏牽補]

새는 곳을 횃대로 막고 뚫어진 곳을 당겨서 기운다는 말이며, 급한 일을 임시방편으로 얽어맨다는 뜻이다.

글자 | 횃대 **가**, 샐 **루**, 이끌 **견**, 기울 **보**

출전 | 조선왕조 17대 효종실록

[가릉빈가迦陵頻伽]

절보다 높은 부처라는 말이지만 Kalavinka를 한자로 표기한 것이며, 불경에 나오는 새를 일컫는다. 극락정토極樂淨土에 살고 있다는 불사조不死鳥로서 히말라야 산에 사는데, 소리가 곱기로 유명하고 사람의 머리에 새의 몸 모양을 하고 있다는 것이다.

글자 | 부처 이름 **가**, 높을 **릉**, 견줄 **빈**, 절 **가**

출전 | 정법염경政法念經

[가모수거家母手鉅]

집 어미의 손이 크다는 말이며, 주부의 손이 커서 남에게 주기를 좋아하여 살림을 잘 못한다는 뜻이다.

글자 | 집 **가**, 어미 **모**, 손 **수**, 클 **거**

출전 | 대동야승

[가무담석家無擔石]

집에 맡긴 곡식이 없다는 말이며, 저축한 것이 아무것도 없다는 뜻이다.

글자 | 집 **가**, 없을 **무**, 담당할 **담**, 섬 **석**

출전 | 사기 회음후淮陰侯열전

[가무백희歌舞百戱]

노래와 춤의 백 가지 놀이라는 말이며,

여러 가지의 노래와 춤이라는 뜻이다.

글자 | 노래 **가**, 춤출 **무**, 일백 **백**, 놀 **희**

[가무음곡歌舞音曲]

노래와 춤과 소리 가락이라는 말이며, 노래와 춤과 음악이라는 뜻이다.

글자 | 노래 **가**, 춤 **무**, 소리 **음**, 가락 **곡**

[가무이주家無二主]

집에 두 주인이 없다는 말이며, 군신君臣의 구별이 없음을 빗댄 말이다.

글자 | 집 **가**, 없을 **무**, 주인 **주**

출전 | 예기

[가문설화可聞說話]

들을 만한 가치가 있는 이야기라는 말이다.

글자 | 옳을 **가**, 들을 **문**, 말씀 **설**, 이야기 **화**

[가문혁혁家門赫奕]

크게 빛나는 집안이라는 말이며, 매우 훌륭한 집안을 일컫는다.

글자 | 집 **가**, 집안 **문**, 빛날 **혁**, 클 **혁**

[가부장제家父長制]

집의 아비가 어른인 제도라는 말이며, 가장이 가족 성원에 대하여 강력한 권한을 가지고 가족 구성원을 통솔하는 사회 제도를 일컫는다.

글자 | 집 **가**, 아비 **부**, 어른 **장**, 제도 **제**

[가부지친葭莩之親]

갈대청과 같은 친분이라는 말이며, 아주 먼 친척을 뜻한다.

글자 | 갈대 **가**, 갈대청 **부**, 어조사 **지**, 친할 **친**

출전 | 한서 중산정왕전中山靖王傳

[가부취결可否取決]

옳은 것과 아닌 것을 취하여 결단한다는 말이며, 회의 등에서 의안의 가부를 결정한다는 뜻이다.

글자 | 옳을 **가**, 아닐 **부**, 취할 **취**, 결단할 **결**

[가분급부可分給付]

나눌 수 있는 급부라는 말이며, 성질이나 가치를 다치지 않고 나눌 수 있는 급부, 돈, 곡식을 일컫는다.

글자 | 옳을 **가**, 나눌 **분**, 줄 **급**, 부칠 **부**

[가빈궁경家貧躬耕]

집이 가난하여 몸소 밭갈이를 한다는 말이다.

글자 | 집 **가**, 가난할 **빈**, 몸소 **궁**, 밭갈 **경**

출전 | 소학 선행善行

[가빈낙백家貧落魄]

집안이 가난하여 영락에 떨어졌다는 말이며, 집안이 가난하여 뜻을 얻지 못하고 실의에 빠진다는 뜻이다.

글자 | 집 **가**, 가난 **빈**, 떨어질 **낙**, 넋 **백**

출전 | 사기 역생육가역酈生陸賈열전

[가빈친로家貧親老]

집은 가난하고 어버이는 늙었다는 말이며, 생활이 매우 어렵다는 뜻이다.

글자 | 집 **가**, 가난할 **빈**, 육친 **친**, 늙을 **로**

출전 | 송남잡지

[가사나해假似那海]

바다와 같이 거짓이라는 말이며, 가시내라는 말로 바뀌어 계집아이를 일컫는다. 고려 말에 영남지방에서 남자를 선발하여 싸움터로 보내야 하는데, 남자가 부족하여 여자로 대신 보충하였기 때문에 가사나해로 부르게 되었다고 한다.

글자 | 거짓 **가**, 같을 **사**, 어조사 **나**, 바다 **해**

출전 | 송남잡지松南雜識

[가사지인可使之人]

부릴 수 있는 사람이라는 말이며, 쓸만한 사람이라는 뜻이다.

글자 | 긍정할 **가**, 부릴 **사**, 어조사 **지**, 사람 **인**

[가상다반家常茶飯]

집에서 늘 먹는 차와 밥이라는 말이며, 일상사日常事나 당연한 일을 일컫는다.

글자 | 집 **가**, 늘 **상**, 차 **다**, 밥 **반**

동류 | 항다반사恒茶飯事

[가상존호加上尊號]

높은 이름 위에 더한다는 말이며, 임금이나 황후의 존호에 다시 존호를 더한다는 뜻이다.

글자 | 더할 **가**, 윗 **상**, 높을 **존**, 이름 **호**

[가상지상加上之上]

위의 위에 더한다는 말이며, 시문詩文을 뽑을 때 최고의 등급인 상지상上之上 위에 민간에서 특별히 더 설치한 등급을 일컫는다.

글자 | 더할 **가**, 윗 **상**, 어조사 **지**

[가상칠언架上七言]

틀가락 위의 일곱 말씀이라는 말이며, 예수가 십자가 위에서 일곱 번 말했다는 뜻이다. ① 아버지여 저의 죄를 사하여 주옵소서.(눅23:34) ② 오늘 네가 나와 함께 낙원에 있으리라.(눅23:43) ③ 여자여 보소서, 아들이니이다.(요19:26) ④ 엘리 엘리 라마 사박다니.(마27:46, 막15:34) ⑤ 내가 목마르다.(요19:28) ⑥ 다 이루었다.(요19:30) ⑦ 아버지여 내 영혼을 아버지 손에 부탁하니이다.(눅23:46)

글자 | 틀가락 **가**, 윗 **상**, 말씀 **언**

출전 | 신약성서

[가서만금家書萬金]

집에서 온 글이 만금이라는 말이며, 집에서 온 편지가 만금만큼 반갑다는 뜻이다. 당나라 시인 두보杜甫가 안록산의 난으로 붙잡혀 있을 때에 쓴 시의 한 구절 속에 있다.

글자 | 집 **가**, 쓸 **서**, 일만 **만**, 돈 **금**

출전 | 두보의 춘망시春望詩

[가수결항茄樹結項]

가지나무에 목을 맨다는 말이며, 되지도 않을 일을 가지고 소란을 피운다는 뜻이다. 이것저것 가리지 않는 분노한 사람을 조롱하는 속담으로도 쓰인다.

글자 | 가지 **가**, 나무 **수**, 맬 **결**, 목뒤 **항**

출전 | 고금석림

[가수치부加數置簿]

숫자를 더하여 장부에 적는다는 말이며, 장부를 조작하여 부정행위를 한다는 뜻이다.

글자 | 더할 **가**, 셈 **수**, 둘 **치**, 문서 **부**

출전 | 조선왕조 11대 중종실록

[가슬추연加膝墜淵]

무릎을 붙이다가 연못에 떨어뜨린다는 말이며, 사랑할 때는 무릎에 올려놓다가 미울 때는 연못에 빠뜨린다는 뜻이다. 예기의 글이다. '사람을 등용할 때는 마치 무릎이라도 대듯이 가까이 하다가 사람을 퇴진시킬 때는 연못에 떨어뜨리듯이 미워한다.'

원문 | 進人若將加諸膝退人若將墜諸淵
진 인 약 장 가 제 슬 퇴 인 약 장 수 제 연

글자 | 붙일 **가**, 무릎 **슬**, 떨어질 **추**, 못 **연**

출전 | 예기 단궁 하

동류 | 가슬추천加膝墜泉

[가신영월嘉辰令月]

아름다운 날과 착한 달이라는 말이며, 경사스러운 날이라는 뜻이다.

글자 | 아름다울 **가**, 날 **신**, 착할 **영**, 달 **월**

[가신지인可信之人]

믿어도 되는 사람, 즉 믿음직스런 사람이라는 말이다.

글자 | 옳을 **가**, 믿을 **신**, 어조사 **지**, 사람 **인**

[가안지곡嘉安之曲]

아름답고 편안한 가락이라는 말이며, 고려시대 제례악祭禮樂으로 연주된 하나의 곡을 일컫는다.

글자 | 아름다울 **가**, 편안 **안**, 어조사 **지**, 가락 **곡**

출전 | 고려사 악지樂志

[가어백성加於百姓]

백성에게 더욱 [베푼다]는 말이다.

글자 | 더욱 **가**, 어조사 **어**, 일백 **백**, 성씨 **성**

[가언선행嘉言善行]

아름다운 말과 착한 행실이라는 말이다. '전대의 전기를 차례로 상고하고 근대의 보고 들은 것을 모아서 가언

을 서술하고 선행을 기록하여 소학의 외편을 만들었다.'

원문 | 歷傳記 接見聞 述嘉言 紀善行 爲小學外篇
역전기 접견문 술가언 기선행 위소학외편

글자 | 아름다울 **가**, 말씀 **언**, 착할 **선**, 행할 **행**

출전 | 소학 가언嘉言

[가여낙성可與樂成]

이룬 것과 더불어 즐길 수 있다는 말이며, 일이 잘 된 뒤에는 즐겨도 좋다는 뜻이다.

글자 | 옳을 **가**, 더불어 **여**, 즐거울 **낙**, 이룰 **성**

출전 | 사기 상군전商君傳

[가여유행可與有行]

행함과 더불어 가질 수 있다는 말이며, 행동을 같이할 수 있다는 뜻이다.

글자 | 옳을 **가**, 더불어 **여**, 가질 **유**, 행할 **행**

[가엽차안枷葉遮眼]

도리깨채로 눈을 가린다는 말이며, 다 알고 있는 사실을 구차하게 숨기려고 한다는 뜻이다.

글자 | 도리깨채 **가**, 잎 **엽**, 가릴 **차**, 눈 **안**

출전 | 동언해

동류 | 이겸차안以鎌遮眼

[가용시간可用時間]

쓸 수 있는 시간이라는 말이다.

글자 | 옳을 **가**, 쓸 **용**, 때 **시**, 사이 **간**

[가용시간可溶時間]

녹을 수 있는 시간이라는 말이며, 액체에 잘 녹을 수 있는 시간을 뜻한다.

글자 | 옳을 **가**, 녹을 **용**, 때 **시**, 사이 **간**

[가위지호假威之狐]

위엄을 빌린 여우라는 말이며, 권력자에게 아첨하여 날뛰는 소인배를 빗댄 말이다.

글자 | 빌릴 **가**, 위엄 **위**, 어조사 **지**, 여우 **호**

출전 | 조선왕조 13대 명종실록

동류 | 가호지호假虎之狐, 호가호위狐假虎威

[가유십도家有十盜]

집에 열 도둑이 있다는 말이며, 가정이 가난해지는 여러 가지 내부요인이 있다는 뜻이다.

글자 | 집 **가**, 있을 **유**, 도둑 **도**

출전 | 명심보감 입교편立教篇

[가유현처家有賢妻]

집에 어진 아내가 있다는 말이다.

글자 | 집 **가**, 있을 **유**, 어질 **현**, 아내 **처**

[가유호세家諭戶說]

→ 가유호효家諭戶曉

[가유호효家喩戶曉]

집집마다 깨달아 알게 한다는 말이며, 사람들이 서로 깨우치게 하여 모두 안다는 뜻이다.

글자 | 집 **가**, 깨우칠 **유**, 백성의 집 **호**, 깨달을 **효**

출전 | 열녀전

동류 | 가유호세家諭戶說, 호고인효戶告人曉, 가지호효家至戶曉

[가이무취可以無取]

얻는 것이 없음이 옳다는 말이며, 갖지 않는 것이 좋다는 뜻이다.

글자 | 옳을 **가**, 써 **이**, 없을 **무**, 얻을 **취**

[가인박명佳人薄命]

미인은 불운하거나 불행이 많다는 말이다. 가인이란 임금과 같이 귀한 사람을 일컫는 경우도 있으나, 대체로 얼굴이 예쁜 여자를 가리켜 말하는 경우가 많다. 가인박명이란 말은 동서고금東西古今을 통해 세상을 놀라게 하던 많은 미인들이 파란곡절波瀾曲折 속에 결국은 젊은 나이에 죽었기 때문이다.

글자 | 아름다울 **가**, 사람 **인**, 엷을 **박**, 목숨 **명**

출전 | 소식蘇軾의 동파집東坡集

[가인상봉佳人相逢]

아름다운 사람이 서로 만난다는 말이며, 훌륭한 남녀 또는 벗이 만난다는 뜻이다.

글자 | 아름다울 **가**, 사람 **인**, 서로 **상**, 만날 **봉**

[가인재자佳人才子]

아름다운 사람과 재주 있는 사람이라는 말이며, 아름다운 여인과 재주 있는 젊은이라는 뜻이다.

글자 | 아름다울 **가**, 사람 **인**, 재주 **재**, 사람 **자**

[가일배법加一倍法]

한 갑절씩 더하는 법이라는 말이며, 중국 송나라의 소옹邵雍이 천지만물의 소장消長·변화의 수리數理를 추측하는데 사용한 계산법을 뜻한다.

글자 | 더할 **가**, 갑절 **배**, 법 **법**

[가장무도假裝舞蹈]

거짓 차림을 하고 춤을 춘다는 말이며, 사람들이 각자가 제 마음대로 가장을 하고 추는 춤을 일컫는다.

글자 | 거짓 **가**, 행장 **장**, 춤 **무**, 밟을 **도**

[가장분면假裝粉面]

얼굴에 가루를 바르고 거짓으로 꾸몄다는 말이며, 거짓으로 꾸민 말과 행실을 빗댄 말이다.

글자 | 거짓 **가**, 행장 **장**, 가루 **분**, 얼굴 **면**

[가장집물家藏什物]

집 또는 광에 있는 세간 물건이라는

말이며, 집에서 놓고 쓰는 온갖 살림 도구를 일컫는다.

글자 | 집 **가**, 광 **장**, 세간 **집**, 만물 **물**

[가전보옥家傳寶玉]

집안에서 전하는 보배로운 구슬이라는 말이다.

글자 | 집 **가**, 전할 **전**, 보배 **보**, 구슬 **옥**

동류 | 가전지보家傳之寶

[가전비방家傳秘方]

한 집에서 전해지는 비밀한 약의 처방이라는 말이다.

글자 | 집 **가**, 전할 **전**, 비밀할 **비**, 처방할 **방**

[가전지보家傳之寶]

→ 가전보옥家傳寶玉

[가절전문價折錢文]

꺾은 값의 돈 글이라는 말이며, 값으로 작정한 돈의 액수라는 뜻이다.

글자 | 값 **가**, 꺾어질 **절**, 돈 **전**, 글 **문**

[가정맹호苛政猛虎]

사나운 호랑이와 같은 포학한 정치라는 말이며, 정치인의 가렴주구苛斂誅求는 호랑이보다 더 무섭다는 뜻이다. 공자 일행이 세 무덤 앞에서 울고 있는 여인에게 연유를 물어보니 시아버지, 남편, 자식 모두 호랑이에게 잡혀 먹혔다는 것이다. 이 무서운 곳을 왜 안 떠나느냐고 하니 '이곳은 세금을 혹독하게 징수당하거나 못된 벼슬아치에게 재물을 빼앗기는 일은 없기 때문입니다.' 라고 했다. 공자는 제자들에게 일렀다. '가혹한 정치는 호랑이보다 사납다는 것을 명심하라.'

원문 | 小子識之 苛政猛於虎也
소 자 식 지 가 정 맹 어 호 야

글자 | 독할 **가**, 정사 **정**, 사나울 **맹**, 범 **호**

출전 | 예기 단궁檀弓 하, 고문진보

유사 | 가렴주구苛斂誅求

[가정의례家庭儀禮]

가정에서 치르는 예식으로서 혼례婚禮 · 상례喪禮 · 제례祭禮 · 회갑 연回甲宴 등을 일컫는다.

글자 | 집 **가**, 뜰 **정**, 예법 **의**, 예도 **례**

출전 | 가정의례준칙家庭儀禮準則

[가중연성價重連城]

값이 여러 성을 연합한 만큼 엄청나게 크다는 말이다.

글자 | 값 **가**, 무거울 **중**, 이을 **연**, 성 **성**

출전 | 사기 염파인상여전

동류 | 연성지보連城之寶

[가지호효家至戶曉]

→ 가유호효家喩戶曉

[가취지례嫁娶之禮]

시집가고 장가드는 예도라는 말이며, 혼인예식을 일컫는다.

글자 | 시집갈 **가**, 장가들 **취**, 어조사 **지**, 예도 **례**

[가친단기軻親斷機]

가軻(맹자의 이름)의 어버이가 베틀을 끊는다는 말이며, 맹자가 학문을 중도에서 폐하고 돌아오자 어머니가 짜던 베틀을 끊고 훈계한 고사를 일컫는다.

글자 | 굴대 **가**, 어버이 **친**, 끊을 **단**, 틀 **기**

출전 | 열녀전 추맹가모鄒孟軻母

동류 | 단기지계斷機之戒

[가탄가탄可歎可歎]

탄식이 옳다는 말이며, 매우 탄식한다는 뜻이다.

글자 | 옳을 **가**, 탄식할 **탄**

[가통지사可痛之事]

가히 통분할 일이라는 말이다.

글자 | 옳을 **가**, 아플 **통**, 어조사 **지**, 일 **사**

[가호위호假虎威狐]

→ 호가호위狐假虎威

[가호지호假虎之狐]

호랑이의 [위엄을] 빌린 여우라는 말이며, 권력자에게 빌붙어 권세를 부리는 소인배를 빗댄 말이다.

글자 | 빌릴 **가**, 범 **호**, 어조사 **지**, 여우 **호**

출전 | 조선왕조실록 명종실록

동류 | 가호지호假虎之狐

[가화만성家和萬成]

집이 화목하면 모든 [일이] 이루어진다는 말이다.

원문 | 家和萬事成
가 화 만 사 성

글자 | 집 **가**, 화목할 **화**, 여러 **만**, 이룰 **성**

[각개격파各個擊破]

각각 하나씩 쳐서 깨트린다는 말이며, 적을 하나하나 나누어 무찌른다는 뜻이다.

글자 | 각각 **각**, 낱 개, 칠 **격**, 깨뜨릴 **파**

[각계각층各界各層]

각각의 지경과 각각의 층층대라는 말이며, 사회 각 방면의 여러 계층을 일컫는다.

글자 | 각각 **각**, 지경 **계**, 층층대 **층**

[각고면려刻苦勉勵]

→ 각고정려刻苦精勵

[각고정려刻苦精勵]

부지런히 새기고 익히 힘쓴다는 말이며, 몹시 애를 쓰고 정성껏 힘을 기울인다는 뜻이다.

글자 | 새길 **각**, 부지런할 **고**, 익숙할 **정**, 힘쓸 **려**

동류 | 각고면려刻苦勉勵

[각곡유목刻鵠類鶩]

따오기를 새기려다 집오리같이 되었

다는 말이며, 근신하고 정직한 사람을 본받으려 하면 안 되어도 착한 사람은 될 수 있다는 비유이다.

글자 | 새길 **각**, 따오기 **곡**, 같을 **유**, 집오리 **목**

출전 | 후한서 마원전

동류 | 각곡유아刻鵠類鵞

유사 | 화호유구畵虎類狗

[각곡유아刻鵠類鵞]

→ 각곡유목刻鵠類鶩

[각골난망刻骨難忘]

뼈를 새겨 잊기 어렵다는 말이며, 입은 은혜에 대한 고마움을 마음에 새겨 잊지 않겠다는 뜻이다.

글자 | 새길 **각**, 뼈 **골**, 어려울 **난**, 잊을 **망**

출전 | 춘추좌씨전

동류 | 각골명심刻骨銘心

유사 | 결초보은結草報恩

[각골명심刻骨銘心]

→ 각골난망刻骨難忘

[각골지통刻骨之痛]

→ 각골통한刻骨痛恨

[각골통한刻骨痛恨]

뼈에 새길 원통할 한이라는 말이다.

글자 | 새길 **각**, 뼈 **골**, 원통할 **통**, 한 **한**

동류 | 각골지통刻骨之痛

유사 | 원철골수怨徹骨髓

[각근면려恪勤勉勵]

정성스럽게 부지런히 힘쓰고 힘쓴다는 말이다.

글자 | 정성 **각**, 부지런할 **근**, 힘쓸 **면**, 힘쓸 **려**

유사 | 각고정려刻苦精勵

[각근봉공恪勤奉公]

삼가 부지런히 공변된 일을 받든다는 말이며, 겸허한 마음으로 부지런히 나라 일에 봉사한다는 뜻이다.

글자 | 삼갈 **각**, 부지런할 **근**, 받들 **봉**, 공변될 **공**

[각기소장各其所長]

각각 그 잘하는 바가 있다는 말이며, 각기 저마다 지니고 있는 재주라는 뜻이다.

글자 | 각각 **각**, 그 **기**, 바 **소**, 잘할 **장**

[각답실지脚踏實地]

발이 실제로 땅을 밟았다는 말이며, 일 처리 솜씨가 착실하다는 뜻이다.

글자 | 다리 **각**, 밟을 **답**, 사실 **실**, 땅 **지**

출전 | 송사, 자치통감

[각득기소各得其所]

각자가 잘하는 대로 그곳에 있다는 말이며, 각각 그 능력에 따라 적재적소에 배치되었다는 뜻이다.

글자 | 각각 **각**, 잘할 **득**, 그 **기**, 바 **소**

출전 | 한서 동방삭전東方朔傳

[각로청수刻露淸秀]

맑고 아름다운 긁어모은 이슬이라는 말이며, 가을의 맑고 아름다운 경치를 일컫는다.

글자 | 긁을 **각**, 이슬 **로**, 맑을 **청**, 아름다울 **수**

출전 | 구양수歐陽修의 풍락정기豊樂亭記

[각립대좌角立對坐]

다투어 서고 대하여 앉는다는 말이며, 서로 맞서서 버틴다는 뜻이다.

글자 | 다툴 **각**, 설 **립**, 대할 **대**, 앉을 **좌**

[각립독행各立獨行]

각각 서서 홀로 행한다는 말이며, 제각기 따로따로 행동한다는 뜻이다.

글자 | 각각 **각**, 설 **립**, 홀로 **독**, 갈 **행**

[각립찬하却粒湌霞]

쌀알을 물리치고 노을을 먹는다는 말이며, 신선이 되었다는 뜻이다.

글자 | 물리칠 **각**, 쌀알 **립**, 먹을 **찬**, 노을 **하**

출전 | 제서 저백옥전褚伯玉傳

[각박성가刻薄成家]

얇게 긁어 집을 이룬다는 말이며, 인색한 짓을 해서 부자가 된다는 뜻이다.

글자 | 긁을 **각**, 얇을 **박**, 이룰 **성**, 집 **가**

[각방거처各房居處]

각각 방에서 산다는 말이며, 한 집에 살면서 각각 딴 방에서 생활한다는 뜻이다.

글자 | 각각 **각**, 방 **방**, 거할 **거**, 곳 **처**

[각병십법却病十法]

병을 물리치는 열 가지 방법이라는 말이다. ① 가만히 앉아 허공을 보며 몸이 원래 잠시 합쳐진 것임을 깨닫는다.(靜坐觀空覺四大原從假合) ② 번뇌가 눈 앞에 나타나면 죽음과 견준다.(煩惱見前 以死譬之) ③ 늘 나만 못한 사람을 떠올려 굳이 느긋한 마음을 갖는다.(常將不如我者 强自寬解) ④ 조물주가 먹고살기 위해 나를 힘들게 하더니 병 때문에 조금 여유가 생겼으니 도리어 경사나 다행으로 여긴다.(造物勞我以生 遇病稍閑 反生慶幸) ⑤ 묵은 업보를 현세에서 만나더라도 달아나 피하려 하지 말고 기쁘게 받아들인다.(宿業現逢 不可逃避 歡喜領受) ⑥ 집안을 화목하게 하여 서로 꾸짖는 말을 하지 않는다.(家室和睦 無交謫之言) ⑦ 중생은 저마다 병의 뿌리를 지니고 있으니 언제나 스스로 관찰해서 이겨내야 한다.(衆生各有病根 常自觀察克治) ⑧ 바람과 이슬을 조심해서 막고 기욕은 담박하게 한다.(風露謹防 嗜慾澹泊) ⑨ 음식은 절제해서 많이 먹지 말고, 기거는 편안히 할 뿐 욕심을 부리지 않는다.(飮食寧節毋多 起居務適毋强) ⑩ 고명한 벗을 찾아가 흉금을 열어 세속을 벗어난 이야기를 주고받는다.(覓

高明親友 講開懷出世之談)

글자 | 물리칠 **각**, 병들 **병**, 법 **법**

출전 | 진계유陳繼愈의 복수전서福壽全書

[각보도전却步圖前]

걸음은 물러서면서 앞으로 나가려고 한다는 말이며, 행동과 생각이 서로 맞지 않다는 뜻이다.

글자 | 물러갈 **각**, 걸음 **보**, 도모할 **도**, 앞 **전**

출전 | 고려사

[각산진비各散盡飛]

각각 헤어져 모두 날아갔다는 말이며, 제각기 흩어져 모두 가버렸다는 뜻이다.

글자 | 각각 **각**, 헤어질 **산**, 다할 **진**, 날 **비**

[각색각양各色各樣]

→ 각양각색各樣各色

[각선구검刻船求劍]

→ 각주구검刻舟求劍

[각심소원各心所願]

각각의 마음에 원하는 바라는 말이며, 사람마다 원하는 바가 같지 않다는 뜻이다.

글자 | 각각 **각**, 마음 **심**, 바 **소**, 원할 **원**

[각심소위各心所爲]

각각의 마음으로 한 것이라는 말이며, 사람마다 각기 다른 마음으로 한 일이라는 뜻이다.

글자 | 각각 **각**, 마음 **심**, 바 **소**, 할 **위**

[각안생리各安生理]

제각기 사는 이치에 편안하다는 말이며, 모두 안정된 생활을 하고 있다는 뜻이다.

글자 | 제각기 **각**, 편안 **안**, 살 **생**, 이치 **리**

[각양각색各樣各色]

각각의 본보기와 각각의 빛이라는 말이며, 여러 가지라는 뜻이다.

글자 | 각각 **각**, 본보기 **양**, 빛 **색**

[각양각식各樣各式]

각각의 모양과 각각의 제도라는 말이다.

글자 | 각각 **각**, 모양 **양**, 제도 **식**

[각오무혹覺悟無惑]

[진리를] 깨닫게 되면 의혹이 없다는 말이다.

글자 | 깨달을 **각**, 깨달을 **오**, 없을 **무**, 미혹할 **혹**

출전 | 능엄경楞嚴經

[각외협력閣外協力]

내각 밖에서 힘을 돕는다는 말이며, 각료閣僚는 아니면서 그 정부에 협력한다는 뜻이다.

글자 | 내각 **각**, 바깥 **외**, 도울 **협**, 힘 **력**

[각욕정기各欲正己]

각각 몸을 바르게 하고자 한다는 말이며, 모두 바른 몸가짐을 하고자 애쓴다는 뜻이다.

글자 | 각각 **각**, 하고자 할 **욕**, 바를 **정**, 몸 **기**

[각우금석刻于金石]

쇠와 돌에 새긴다는 말이며, 훌륭한 사람의 공덕을 쇠나 돌에 새겨 후세에 전한다는 뜻이다.

글자 | 새길 **각**, 어조사 **우**, 쇠 **금**, 돌 **석**

[각유소장各有所長]

각각 긴 바가 있다는 말이며, 사람마다 장점이나 장기長技가 있다는 뜻이다.

글자 | 각각 **각**, 있을 **유**, 바 **소**, 긴 **장**

[각유일능各有一能]

각각 하나의 능함이 있다는 말이며, 사람마다 한 가지씩의 장기는 가지고 있다는 뜻이다.

글자 | 각각 **각**, 있을 **유**, 능할 **능**

[각인각색各人各色]

각각의 사람이 각각의 모양이라는 말이며, 언동 · 모양새 · 몸가짐 등이 각 사람마다 모두 다르다는 뜻이다.

글자 | 각각 **각**, 사람 **인**, 모양 **색**

[각인각설各人各說]

사람마다 말이 다르다는 말이다.

글자 | 각각 **각**, 사람 **인**, 말씀 **설**

[각자도생各自圖生]

각자가 스스로 살 길을 도모한다는 말이다.

글자 | 각각 **각**, 스스로 **자**, 꾀할 **도**, 살 **생**

출전 | 송남잡지

[각자무치角者無齒]

뿔이 있는 놈은 이가 없다는 말이며, 한 사람이 모든 능력을 갖추지 못한다는 뜻이다. 뿔이 있는 소는 날카로운 이빨이 없고, 이빨이 날카로운 호랑이는 뿔이 없다.

글자 | 뿔 **각**, 놈 **자**, 없을 **무**, 이 **치**

출전 | 이인로李仁老의 파한집破閑集

[각자위심各自爲心]

각각 스스로 마음을 위한다는 말이며, 제각기 딴마음을 먹는다는 뜻이다.

글자 | 각각 **각**, 스스로 **자**, 위할 **위**, 마음 **심**

[각자위정各自爲政]

제각각 정사를 한다는 말이며, 여러 사람이 제멋대로 행동하여 전체적인 조화를 생각하지 않고 각자가 하는 행동이 옳다고 여긴다는 뜻이다.

글자 | 각기 **각**, 스스로 **자**, 할 **위**, 정사 **정**

출전 | 춘추좌씨전 선공2년

[각장탁구刻章琢句]

글을 새기고 글귀를 쫀다는 말이며,

문장을 다듬고 다듬는다는 뜻이다.

글자 | 새길 **각**, 글 **장**, 쫄 **탁**, 글귀 **구**

[각종기류各從其類]

각각 그 무리를 따른다는 말이며, 만물은 각기 같은 종류끼리 모여 산다는 뜻이다.

글자 | 각각 **각**, 따를 **종**, 그 **기**, 무리 **류**

[각주구검刻舟求劍]

칼이 물에 빠지자 배에 표시해 두었다가 찾는다는 말이며, 눈앞에 보이는 하나만을 알고 융통성이 없는 고집불통을 빗댄 말이다. 초楚나라 사람이 배를 타고 강을 건너다가 들고 있던 칼을 강물에 빠뜨리고 말았다. 그는 얼른 칼을 빠뜨린 뱃전에 표시를 해두고 '내가 칼을 빠뜨린 곳이 바로 여기다.' 라고 하면서 의기양양하게 주위 사람들을 둘러보았다. 그리고 배가 언덕에 닿자 아까 표시를 해 놓은 그 자리에서 물로 뛰어들었다. 그는 그 자리에 칼이 있을 것으로 믿었던 것이다.

원문 | 舟已行矣 而劍不行 求劍若此 不亦惑乎
(주이행이 이검불행 구검약차 불역혹호)

글자 | 새길 **각**, 배 **주**, 구할 **구**, 칼 **검**

출전 | 여씨춘추 찰금편察今篇

유사 | 수주대토守株待兎

[각지불공却之不恭]

물리침은 공경이 아니라는 말이며, 거절함은 무례하다는 뜻이다.

원문 | 却之爲不恭 何哉也
(각지위불공 하재야)

글자 | 물리칠 **각**, 어조사 **지**, 아니 **불**, 공경할 **공**

출전 | 맹자 만장 하

[각질천리覺跌千里]

천리 길에 넘어짐을 깨닫게 한다는 말이며, 큰일을 그르치는 자를 깨우친다는 뜻이다.

글자 | 깨달을 **각**, 넘어질 **질**, 일천 **천**, 이수 **리**

출전 | 순자 왕패편王霸篇

[각촉부시刻燭賦詩]

촛불에 새기고 시를 짓는다는 말이며, 초가 다 탈 때까지 시를 짓는다는 뜻이다.

글자 | 새길 **각**, 초 **촉**, 글 **부**, 시 **시**

출전 | 남사, 고려사 권74

[각촉위시刻燭爲詩]

→ 각촉부시刻燭賦詩

[각촉화진刻燭和進]

초에 [눈금을] 새겨 화답해 나간다는 말이며, 초에 눈금을 새겨놓고 그 눈금이 타기 전에 운韻에 맞추어 시를 화답하여 올린다는 뜻이다.

글자 | 새길 **각**, 촛불 **촉**, 화답할 **화**, 나아갈 **진**

출전 | 고려사

[각하조고脚下照顧]

발밑을 돌이켜 비추어 본다는 말이며, 자기 자신을 돌아보고 반성한다는 뜻이다.

글자 | 다리 **각**, 아래 **하**, 비출 **조**, 돌아볼 **고**

[각화무염刻畵無鹽]

그림을 그리는 소금이 없다는 말이며, 못생긴 여자가 아무리 화장을 해도 미인이 될 수 없다는 비유이다. 주백인周伯仁이 한 말이다. '어찌하여 무염(제나라 무염의 추녀 종리춘鍾離春)을 곱게 그려서 서자西子(춘추시대 월나라의 미인 서시西施)를 범하려 하는가?'

원문 | 何乃刻畵無鹽 以唐突西子也
하 내 각 화 무 염 이 당 돌 서 자 야

글자 | 새길 **각**, 그림 **화**, 없을 **무**, 소금 **염**

출전 | 세설신어 경저輕詆

[간간대소衎衎大笑]

→ 가가대소呵呵大笑

[간간악악侃侃諤諤]

강직하고 곧은 말을 한다는 말이며, 서슴없이 바른 말을 직언한다는 뜻이다.

글자 | 강직할 **간**, 곧은 말할 **악**

출전 | 사기 상군열전商君列傳

[간간한한間間閑閑]

사소한 겨를과 한가한 너그러움이라는 말이며, 훌륭한 지혜는 한가하고 너그러우나 하잘것없는 잔꾀는 사소한 일을 따지려든다는 뜻이다.

원문 | 大知閑閑 小知間間
대 지 한 한 소 지 간 간

글자 | 겨를 **간**, 한가할 **한**

출전 | 장자 제물편

[간견층출間見層出]

사이로 드러나 겹쳐 나온다는 말이며, 시詩의 묘한 묘사를 일컫는다.

글자 | 사이 **간**, 드러날 **견**, 겹칠 **층**, 날 **출**

[간경하사干卿何事]

무슨 일에나 간여하고 밝힌다는 말이며, 쓸데없는 간섭을 한다는 뜻이다.

글자 | 간여할 **간**, 밝힐 **경**, 어찌 **하**, 일 **사**

[간과공총干戈倥偬]

방패와 창이 바쁘고 바쁘다는 말이며, 전쟁으로 인해 매우 분주하다는 뜻이다.

글자 | 방패 **간**, 창 **과**, 바쁠 **공**, 바쁠 **총**

[간국지기幹國之器]

나라 일을 맡을 그릇이라는 말이며, 나라를 다스릴 수 있는 인재를 뜻한다.

글자 | 일 맡을 **간**, 나라 **국**, 어조사 **지**, 그릇 **기**

출전 | 후한서

[간기인물間氣人物]

드문 기품 있는 인물이라는 말이며,

여러 세대에 걸쳐 드물게 있는 뛰어난 기품을 지닌 인물이라는 뜻이다.

글자 | 드문 **간**, 기품 **기**, 사람 **인**, 만물 **물**

[간기호걸間氣豪傑]

기운 사이의 호걸이라는 말이며, 불세출不世出의 영웅이라는 뜻이다.

글자 | 사이 **간**, 기운 **기**, 클 **호**, 준걸 **걸**

[간난다사艱難多事]

근심되고 어려운 일이 많다는 말이다.

글자 | 근심할 **간**, 어려울 **난**, 많을 **다**, 일 **사**

[간난신고艱難辛苦]

매우 어렵고 매운 쓰라림이라는 말이며, 갖은 고초를 다 겪어 몹시 고되고 괴롭다는 뜻이다.

글자 | 어려울 **간**, 어려울 **난**, 매울 **신**, 쓸 **고**

[간내불생姦乃不生]

간사한 자는 낳지 말아야 한다는 말이다.

글자 | 간사할 **간**, 이에 **내**, 아니 **불**, 날 **생**

출전 | 한서, 사기

[간뇌도지肝腦塗地]

간과 머리 골이 땅을 발랐다는 말이며, 사람이 많이 죽는다는 뜻인데, 나라 일에 목숨을 돌보지 않는다는 뜻으로도 쓰인다.

원문 | 今楚漢分爭使天下之民肝腦塗地
금 초 한 분 쟁 사 천 하 지 민 간 뇌 도 지

글자 | 간 **간**, 머리 골 **뇌**, 바를 **도**, 땅 **지**

출전 | 사기 회음후열전淮陰侯列傳

동류 | 간담도지肝膽塗地

[간단명료簡單明瞭]

쉽고 단순하고 밝다는 말이며, 간단하고 분명하다는 뜻이다.

글자 | 쉬울 **간**, 홑 **단**, 밝을 **명**, 눈 밝을 **료**

[간단반응簡單反應]

쉽고 단순한 반응이라는 말이며, 단일한 자극에 대하여 단일한 동작을 하는 반응을 일컫는다.

글자 | 쉬울 **간**, 홑 **단**, 돌이킬 **반**, 응할 **응**

[간담도지肝膽塗地]

간과 쓸개를 땅에 바른다는 말이며, 사람이 많이 죽는다는 뜻이다. 사기에 있는 글이다. '천하의 죄 없는 사람들로 하여금 간과 쓸개를 땅에다 바르게 하고 …'

원문 | 使天下無罪之人 肝膽塗地
사 천 하 무 죄 지 인 간 담 도 지

글자 | 간 **간**, 쓸개 **담**, 바를 **도**, 땅 **지**

출전 | 사기 회음후열전淮陰侯列傳

동류 | 간뇌도지肝腦塗地

[간담상조肝膽相照]

간과 쓸개를 서로 비추어 보인다는

말이며, 서로 꾸미고 감춤이 없이 마음의 문을 열어놓고 있다는 뜻이다. 당나라 때 한유韓愈라는 문인이 우정에 대하여 남긴 글이다. '…평상시 아무 일 없을 때는 서로 그리워하고 즐거워하며 연회석상에 놀러 다니며 서로 사양하고, 쓸개나 간을 꺼내 보이고 해를 가리켜 눈물을 흘리며 죽어도 배반하지 않는다고 맹세할 수 있다. 그러나….'

원문 | 握手出肺肝相示 指天日涕泣
악수출폐간상시 지천일체읍
誓生死不相背負
서생사불상배부

글자 | 간 **간**, 쓸개 **담**, 서로 **상**, 비출 **조**

출전 | 후청록候鯖錄, 한유의 유자후묘지명柳子厚墓誌銘

유사 | 물경지교勿頸之交

[간담초월肝膽楚越]

간과 담, 그리고 초나라와 월나라라는 말이며, 가까울 수도 있고 멀 수도 있다는 뜻이다. 간과 쓸개는 몸속 가까이에 있고 초나라와 월나라는 멀리 떨어져 있는데, 관점 또는 관계 정도에 따라 가까울 수도 있고 멀어질 수도 있다는 것이다.

원문 | 自其異者視之 肝膽楚越也
자기이자시지 간담초월야
自其同者視之 萬物皆一也
자기동자시지 만물개일야

글자 | 간 **간**, 쓸개 **담**, 초나라 **초**, 월나라 **월**

출전 | 장자 덕충부德充符

[간담호월肝膽胡越]

간과 쓸개, 그리고 호나라와 월나라라는 말이며, 간담은 가깝고 호월은 멀다는 뜻이다.

글자 | 간 **간**, 쓸개 **담**, 오랑캐 **호**, 월나라 **월**

출전 | 회남자

관련 | 간담초월肝膽楚越

[간두괘룡竿頭掛龍]

낚싯대에 용이 걸렸다는 말이며, 적은 밑천으로 큰 이득을 보았다. 또는 작은 것을 함부로 탐하다가 큰 손해를 보았다는 뜻이다.

글자 | 낚싯대 **간**, 머리 **두**, 걸 **괘**, 용 **룡**

출전 | 한서, 사기

[간두지세竿頭之勢]

장대머리의 기세라는 말이며, 매우 위태로운 형세를 뜻한다.

글자 | 장대 **간**, 머리 **두**, 어조사 **지**, 기세 **세**

출전 | 전등록

동류 | 백척간두百尺竿頭

[간루타루看樓打樓]

다락을 보면 다락을 친다는 말이며, 적의 망루를 보면 이쪽에서도 망루를 세운다는 뜻으로서 남을 모방한다는 말이 되었다.

글자 | 볼 **간**, 다락 **루**, 칠 **타**

[간목수생幹木水生]

→ 강목수생剛木水生

출전 | 순오지 하

[간발이즐簡髮而櫛]

머리카락을 갈라서 빗는다는 말이며, 몹시 세심하다는 비유이다.

원문 | 簡髮而櫛 數米而炊
간 발 이 즐 수 미 이 취

글자 | 분별할 **간**, 머리털 **발**, 말 이을 **이**, 빗 **즐**

출전 | 장자 잡편 경상초庚桑楚

[간변수양澗邊垂楊]

시냇가의 늘어진 버들이라는 말이다.

글자 | 시내 **간**, 가 **변**, 드리울 **수**, 버들 **양**

[간부역정干鈇逆鼎]

도끼를 범하고 솥을 맞는다는 말이며, 죄인이 도끼로 허리를 베는 형벌과 가마솥에 넣고 삶는 형을 당한다는 뜻이다.

글자 | 범할 **간**, 도끼 **부**, 맞을 **역**, 솥 **정**

출전 | 고려사

[간부지고幹父之蠱]

아비의 일을 맡은 뱃속 벌레라는 말이며, 아버지를 올바로 모시는 자식을 빗댄 말이다.

글자 | 일 맡을 **간**, 아비 **부**, 어조사 **지**, 뱃속 벌레 **고**

[간불용발間不容髮]

머리카락 넣을 사이도 용납하지 않는다는 말이며, 매우 치밀하여 조금도 빈틈이 없다는 뜻이다.

글자 | 사이 **간**, 아니 **불**, 용납할 **용**, 터럭 **발**

출전 | 문선

[간불용식間不容息]

→ 간불용발間不容髮

[간성난색姦聲亂色]

간사한 소리와 어지러운 색이라는 말이다. 예기에 있는 글귀다. '간사한 소리나 어지러운 색깔은 눈이나 귀에 머물러 두지 않는다.'

원문 | 姦聲亂色 不留聰明
간 성 난 색 불 류 총 명

글자 | 간사할 **간**, 소리 **성**, 어지러울 **난**, 빛 **색**

출전 | 예기 악기樂記

[간성지장干城之將]

방패와 성과 같은 장수라는 말이며, 나라를 지키는 믿음직한 장군을 뜻한다.

글자 | 방패 **간**, 재 **성**, 어조사 **지**, 장수 **장**

[간성지재干城之材]

방패와 성의 재목이라는 말이며, 나라를 지키는 장수를 빗댄 말이다.

글자 | 방패 **간**, 재 **성**, 어조사 **지**, 재목 **재**

[간세지배奸細之輩]

간사하고 좀스러운 무리라는 말이며, 간사한 짓을 하는 못된 사람의 무리라는 뜻이다.

글자 | 간사할 **간**, 좀놈 **세**, 어조사 **지**, 무리 **배**

[간세지재間世之材]

세상에 드문 인재라는 말이다.

글자 | 드문 **간**, 세상 **세**, 어조사 **지**, 재목 **재**

동류 | 간기인물間氣人物

[간신적자奸臣賊子]

간사한 신하와 역적 같은 사람이라는 말이다.

글자 | 간사할 **간**, 신하 **신**, 역적 **적**, 사람 **자**

유사 | 난신적자亂臣賊子

[간악무도奸惡無道]

간사하고 악하고 도리가 없다는 말이다.

글자 | 간사할 **간**, 악할 **악**, 없을 **무**, 도리 **도**

[간어제초間於齊楚]

제나라와 초나라 사이에 있다는 말이며, 두 강자 틈에 끼어 괴로움을 겪고 있다는 말이다. 등鄧나라가 제나라와 초나라 사이에서 괴로움을 받았다는 옛일에서 온 말이다.

원문 | 間於齊楚 事齊乎 事楚乎
간 어 제 초 사 제 호 사 초 호

글자 | 사이 **간**, 어조사 **어**, 제나라 **제**, 초나라 **초**

출전 | 맹자 양혜왕 하

유사 | 경전하사鯨戰蝦死

[간역교폐奸譯交蔽]

가려서 바꾼 간사한 통변이라는 말이며, 조선조 23대 순조 때 쓰시마(對馬)에 있는 일본인 역관譯官들에 의하여 자행된 폐단을 일컫는다. 조선과 일본 간의 국서國書를 위조함으로서 두 나라 사이의 우호관계에 금이 가게 되었다.

글자 | 간사할 **간**, 통변할 **역**, 바꿀 **교**, 가릴 **폐**

관련 | 간역당률奸譯當律

[간역당률奸譯當律]

간사한 통변을 대비한 법이라는 말이며, 조선조 24대 헌종 때 통역관들의 비행을 처벌하기 위하여 제정한 법을 일컫는다.

글자 | 간사할 **간**, 통변할 **역**, 대적할 **당**, 법 **률**

관련 | 간역교폐奸譯交蔽

[간운보월看雲步月]

손을 이마에 얹고 구름을 바라보고 달을 보면서 걷는다는 말이며, 객지에서 집 생각에 젖어 지낸다는 뜻이다.

글자 | 손을 이마에 얹고 바라볼 **간**, 구

름 **운**, 걸음 **보**, 달 **월**

출전 | 후한서, 두보의 한별시恨別詩

[간운철소干雲徹宵]

구름을 막고 밤을 뚫는다는 말이며, 울부짖는 소리가 천지에 진동한다는 뜻이다.

원문 | 呼哭之聲 干雲徹宵
호곡지성 간운철소

글자 | 막을 **간**, 구름 **운**, 관철할 **철**, 밤 **소**

출전 | 조선왕조 14대 선조실록

[간운폐일干雲蔽日]

구름을 막고 해를 덮었다는 말이며, 나무가 자라서 하늘을 찌를 듯이 우거졌다는 뜻이다.

글자 | 막을 **간**, 구름 **운**, 덮을 **폐**, 날 **일**

[간장막야干將莫琊]

간장과 막야라는 말이며, 사람도 힘을 합해 최선을 다해야 그 역량과 빛을 낼 수 있다는 뜻이다. 오나라의 도공刀工 간장이 그 아내 막야와 힘을 합해 머리털과 손톱까지 쇠와 함께 녹여 만든 두 자루의 명검에서 유래한다.

글자 | 방패 **간**, 장수 **장**, 아닐 **막**, 땅이름 **야**

출전 | 오월춘추 합려내전闔閭內傳, 순자 성악편性惡篇

[간저한송澗底寒松]

시냇가 밑의 찬 소나무라는 말이며, 덕과 재주가 높은데도 지위는 낮다는 뜻이다. 당나라 백거이의 글이다. '백척 되는 소나무 굵기만도 열 아름, 냇가 밑에 자리 잡아 한미하고 비천하다. 시내가 깊고 산은 험해 사람 자취 끊어져 죽기까지 목수의 마름을 못 만났네.

원문 | 有松百尺大十圍坐在澗底寒
유송백척대십위좌재간저한
且卑澗深山險人路絶老死不
차비간심산험인로절노사불
逢工度之
봉공도지

글자 | 시내 **간**, 밑 **저**, 찰 **한**, 소나무 **송**

출전 | 백거이의 글

[간주성벽看朱成碧]

붉은 것을 보고 푸른 것을 이룬다는 말이며, 색깔 또는 사리를 제대로 분별하지 못한다는 뜻이다.

글자 | 볼 **간**, 붉을 **주**, 이룰 **성**, 푸른 **벽**

[간향간리奸鄕奸吏]

간악한 시골의 간악한 관리라는 말이다.

글자 | 간악할 **간**, 시골 **향**, 관리 **리**

[간향활리奸鄕猾吏]

→ 간향간리奸鄕奸吏

[간현부세簡賢附勢]

어진 이를 쉽게 여기고 권세에 의지한다는 말이며, 현자를 가벼이 여기고 권세에 아부한다는 뜻이다.

글자 | 쉬울 **간**, 어질 **현**, 의지할 **부**, 권세 **세**
출전 | 서경 중훼지고仲虺之誥

[갈구이상葛屨履霜]

칡으로 만든 신도 서리를 밟는다는 말이며, 검소하다는 뜻이다. 갈구라는 시의 한 구절이다. '칡으로 만든 신도 서리를 밟고 … 목석같은 그 마음이 내 가슴을 도려내네.'

원문 | 糾糾葛屨 可以履霜
규규갈구 가이이상

글자 | 칡 **갈**, 신 **구**, 밟을 **이**, 서리 **상**
출전 | 시경 위풍魏風

[갈기분천渴驥奔泉]

목마른 천리마가 샘물을 보고 달려간다는 말이며, 사정이 몹시 다급함을 빗댄 말이다.

글자 | 목마를 **갈**, 천리마 **기**, 달아날 **분**, 샘 **천**
출전 | 당서

[갈력진능竭力盡能]

→ 갈력진심竭力盡心

[갈력진심竭力盡心]

힘을 다하고 마음을 다한다는 말이며, 있는 힘을 다하여 노력한다는 뜻이다.

글자 | 다할 **갈**, 힘 **력**, 다할 **진**, 마음 **심**
출전 | 조선왕조 11대 중종실록
동류 | 갈력진능竭力盡能

[갈리보설葛履步雪]

칡 신을 신고 눈 위를 걷는다는 말이며, 격에 맞지 않는 행동을 한다는 뜻이다.

글자 | 칡 **갈**, 신 **리**, 걸음 **보**, 눈 **설**

[갈마상산渴馬上山]

목마른 말이 산에 오른다는 말이며, 헛된 수고를 한다는 뜻이다.

글자 | 목마를 **갈**, 말 **마**, 오를 **상**, 뫼 **산**

[갈마음수渴馬飮水]

목마른 말이 물을 마신다는 말이며, 필요한 사람이 필요한 것을 얻는다는 말로도 쓰인다.

글자 | 목마를 **갈**, 말 **마**, 마실 **음**, 물 **수**

[갈민대우渴民待雨]

목마른 백성이 비를 기다린다는 말이다.

글자 | 목마를 **갈**, 백성 **민**, 기다릴 **대**, 비 **우**

[갈불위효曷不爲孝]

어찌 효도를 하지 않겠는가!라는 말이다.

원문 | 爲人子者 曷不爲孝
위인자자 갈불위효

글자 | 어찌 **갈**, 아니 **불**, 할 **위**, 효도 **효**
출전 | 사자소학

[갈심생진渴心生塵]

목마른 마음에 먼지만 생긴다는 말이

며, 사람을 만나러 갔는데 만나지 못했다는 뜻이다.

글자 | 목마를 **갈**, 마음 **심**, 날 **생**, 먼지 **진**

[갈용득수渴龍得水]

목마른 용이 물을 얻었다는 말이며, 가장 어려운 문제가 해결되었다는 뜻이다.

원문 | 渴龍得水 必有吉事
갈 용 득 수 필 유 길 사

글자 | 목마를 **갈**, 용 **용**, 얻을 **득**, 물 **수**

출전 | 토정비결

[갈이천정渴而穿井]

목이 마른 뒤에야 우물을 판다는 말이며, 평소 아무 준비가 없다가 일이 벌어진 다음에야 부산을 떤다는 뜻이다.

글자 | 목마를 **갈**, 말 이을 **이**, 뚫을 **천**, 우물 **정**

출전 | 설원

[갈자감음渴者甘飮]

목마른 자는 달게 마신다는 말이며, 물욕에 눈이 멀면 부정을 저지르게 된다는 비유로도 쓰인다.

글자 | 목마를 **갈**, 놈 **자**, 달 **감**, 마실 **음**

출전 | 맹자 진심盡心 상

동류 | 갈자이음渴者易飮

[갈자이음渴者易飮]

목마른 자는 무엇이든 잘 마신다는 말이며, 곤경에 빠진 사람은 은혜에 쉽게 감복한다는 뜻이다.

원문 | 渴者 易爲飮
갈 자 이 위 음

글자 | 목마를 **갈**, 놈 **자**, 쉬울 **이**, 마실 **음**

출전 | 맹자 공손추公孫丑 상

동류 | 갈자감음渴者甘飮

[갈전관자竭轉官資]

벼슬의 바탕을 굴러 올린다는 말이며, 계속 승진시켜 최고의 관계官階에 이르게 한다는 뜻이다.

글자 | 올릴 **갈**, 구를 **전**, 벼슬 **관**, 바탕 **자**

[갈정탄려竭精殫慮]

정신을 다하고 생각을 다한다는 말이며, 정신을 집중하여 깊이 생각한다는 뜻이다.

글자 | 다할 **갈**, 정신 **정**, 갈진할 **탄**, 생각할 **려**

출전 | 조선왕조 11대 중종실록

[갈충보국竭忠報國]

충성을 다하여 나라에 갚는다는 말이다.

글자 | 다할 **갈**, 충성 **충**, 갚을 **보**, 나라 **국**

[갈택이어竭澤而漁]

연못을 말려 고기를 잡는다는 말이며, 일시적인 욕망 때문에 조그마한 여지도 남겨두지 않는다는 뜻이다.

원문 | 竭澤而漁 豈不獲得而明年
갈 택 이 어 기 불 획 득 이 명 년

無魚
무 어

글자 | 다할 **갈**, 못 **택**, 말 이을 **이**, 고기 잡을 **어**

출전 | 여씨춘추 효행람孝行覽

[감가불우轗軻不遇]

때를 못 만나 만나지 못한다는 말이며, 때를 잘못 타고나서 불우하다는 뜻이다.

글자 | 때 못 만날 **감**, 때 못 만날 **가**, 아니 **불**, 만날 **우**

[감개무량感慨無量]

감동과 슬픔이 한량없다는 말이며, 사물에 대한 온갖 회포의 느낌이 한없이 깊고 크다는 뜻이다.

글자 | 감동할 **감**, 슬플 **개**, 없을 **무**, 헤아릴 **량**

[감고계금鑑古戒今]

옛일을 거울삼아 오늘을 경계한다는 말이며, 옛날의 잘못을 거울삼아 다시는 잘못을 하지 않도록 조심한다는 뜻이다.

글자 | 거울 **감**, 옛 **고**, 경계할 **계**, 이제 **금**

출전 | 고려사

[감공생생敢恭生生]

나서 생활하는 사람을 감히 공경한다는 말이며, 열심히 사는 사람을 실로 공경할만하다는 뜻이다.

글자 | 감히 **감**, 공경 **공**, 날 **생**, 생활 **생**

[감공수지鑑空水止]

거울과 같이 텅 비고 물과 같이 고요하다는 말이며, 정결한 마음이 흔들리지 않는다는 뜻이다.

글자 | 거울 **감**, 빈 **공**, 물 **수**, 고요할 **지**

출전 | 조선왕조15대 광해군일기

[감구지회感舊之懷]

옛것을 느끼는 생각이라는 말이며, 지난 일을 느끼는 회포라는 뜻이다.

글자 | 느낄 **감**, 옛 **구**, 어조사 **지**, 생각할 **회**

[감당유애甘棠遺愛]

단 팥배나무가 남긴 사랑이라는 말이며, 청렴결백한 인물이나 선정을 베푼 사람을 그리워한다는 뜻으로써, 주나라 소공석召公奭이 팥배나무 밑에서 송사訟事를 처리하면서 선정을 베푼 데서 유래한다. 감당이라는 시의 한 구절이다. '우거진 저 팥배나무 가지 꺾지 마세요 우리 님 소백께서 머무시던 곳이에요'

원문 | 蔽芾甘棠 勿翦勿拜 召伯所說
폐 패 감 당 물 전 물 배 소 백 소 세

글자 | 달 **감**, 팥배나무 **당**, 남길 **유**, 사랑 **애**

출전 | 시경 소남召南

동류 | 감당지애甘棠之愛

[감당지애甘棠之愛]

→ 감당유애甘棠遺愛

[감로지변甘露之變]

단 이슬의 변고라는 말이며, 거짓으로 인한 변고를 빗댄 말이다. 이는 중국 당나라 이훈李訓 등이 환관을 죽이려고 단 이슬이 내렸다고 속여 꾀어 내려다가 오히려 피살된 옛일에서 온 말이다.

글자 | 달 **감**, 이슬 **로**, 어조사 **지**, 변고 **변**

[감림입기監臨入己]

감독에 임하여 사사로움을 들인다는 말이며, 공금과 물자를 지키는 사람이 빼돌려 자기 배를 채운다는 뜻이다.

글자 | 감독할 **감**, 임할 **림**, 들 **입**, 사사 **기**

출전 | 조선왕조 9대 성종실록

동류 | 감임자도監臨自盜

[감림자도監臨自盜]

→ 감림입기監臨入己

[감문하설敢問何說]

어떻게 말해야 할지 감히 묻는다는 말이다.

글자 | 감히 **감**, 물을 **문**, 어찌 **하**, 말씀 **설**

[감분흥기感奮興起]

감동하고 드날리면서 기쁘게 일어난다는 말이며, 감격하여 크게 일어난다는 뜻이다.

글자 | 감동할 **감**, 드날릴 **분**, 기쁠 **흥**, 일어날 **기**

[감불생심敢不生心]

감히 마음을 먹지 못한다는 말이다.

글자 | 감히 **감**, 아니 **불**, 날 **생**, 마음 **심**

동류 | 감불생의敢不生意, 안감생심安敢生心, 언감생심焉敢生心

[감불생의敢不生意]

→ 감불생심敢不生心

[감사도배減死島配]

죽음을 덜고 섬으로 귀양 보낸다는 말이며, 죽을 죄를 지은 죄인을 죽이지 않고 섬으로 귀양 보낸다는 뜻이다.

글자 | 덜 **감**, 죽을 **사**, 섬 **도**, 귀양 보낼 **배**

[감사만만感謝萬萬]

감동하여 사례할 것이 많고 많다는 말이며, 고마운 마음이 이루 헤아릴 수 없다는 뜻이다.

글자 | 감동할 **감**, 사례할 **사**, 많을 **만**

[감사무지感謝無地]

→ 감사만만感謝萬萬

[감사정배減死定配]

죽음을 덜고 정한 곳으로 귀양 보낸다는 말이며, 사형에 해당하는 죄인을 죽이지 않고 지정한 곳으로 귀양 보낸다는 뜻이다.

글자 | 덜 **감**, 죽을 **사**, 정할 **정**, 귀양 보낼 **배**

동류 | 감사도배減死島配

[감사지졸敢死之卒]

죽음에 용감한 군사라는 말이며, 죽음을 두려워하지 않는 용감한 병졸이라는 뜻이다.

글자 | 용감스러울 **감**, 죽을 **사**, 어조사 **지**, 군사 **졸**
출전 | 송남잡지

[감사천만感謝千萬]

→ 감사만만感謝萬萬

[감상화기減傷和氣]

화락한 기운이 덜하고 상한다는 말이며, 화기가 점차 줄어든다는 뜻이다.

글자 | 덜 **감**, 상할 **상**, 화락 **화**, 기운 **기**

[감생전설感生傳說]

느낌으로 낳는 전설이라는 말이며, 성교性交에 의하지 않고 어떤 사물의 접촉에 의하여 잉태 · 분만한다고 하는 초자연적인 출산 설화를 일컫는다. 자연 숭배 사상에서 나온 것으로 보통 사람의 출생보다는 전설을 붙여 신비화하려는 데에 그 뜻이 있다. 주몽의 어머니가 방 안에 갇혔을 때 햇무리가 몸에 비치더니 주몽을 낳았다는 고구려의 전설 같은 것이다.

글자 | 느낄 **감**, 날 **생**, 전할 **전**, 말씀 **설**

[감선철악減膳撤樂]

반찬을 줄이고 음악을 걷어치운다는 말이며, 나라에 변고가 있을 때, 임금이 수라상의 음식을 줄이고 가무를 중지하여 근신한다는 뜻이다.

글자 | 줄일 **감**, 반찬 **선**, 걷을 **철**, 노래 **악**
동류 | 감선철현減膳撤絃

[감선철현減膳撤絃]

→ 감선철악減膳撤樂

[감수기책甘受其責]

꾸짖음을 달게 받는다는 말이다.

글자 | 달 **감**, 받을 **수**, 그 **기**, 꾸짖을 **책**
출전 | 송남잡지

[감심여제甘心如薺]

달콤한 마음이 냉이와 같다는 말이며, 마음이 가라앉고 편안하여 고통을 느끼지 않는다는 뜻이다.

글자 | 달 **감**, 마음 **심**, 같을 **여**, 냉이 **제**

[감언이설甘言利說]

달콤한 말과 이로운 말이라는 말이며, 남을 꾀기 위해 비위를 맞추는 말이라는 뜻이다.

글자 | 달 **감**, 말씀 **언**, 이로울 **이**, 말씀 **설**

[감언지지敢言之地]

감히 말할 수 있는 처지라는 말이다.

글자 | 감히 **감**, 말씀 **언**, 어조사 **지**, 지위 **지**

[감언타어甘言詑語]

달콤한 말은 자랑하는 말이라는 뜻이다.

글자 | 달 **감**, 말씀 **언**, 자랑할 **타**, 말씀 **어**

[감우감지減又減之]

줄이고 또 줄이라는 말이며, 아끼고 또 아끼라는 뜻이다.

글자 | 줄일 **감**, 또 **우**, 어조사 **지**

[감인세계堪忍世界]

견디고 참는 세상이라는 말이며, 유만주兪晩柱(1755-1788)의 글에서 유래한다. '우리는 감인세계에 태어났다. 참고 견뎌야 할 일이 열에 여덟아홉이다. 참아 견디며 살다가 참고 견디며 죽으니 평생이 온통 이렇다.'

원문 | **我輩旣生於堪忍世界則堪忍之事**
아 배 기 생 어 감 인 세 계 즉 감 인 지 사

글자 | 견딜 **감**, 참을 **인**, 세상 **세**, 지경 **계**

출전 | 유만주의 일기

[감정선갈甘井先竭]

단 우물은 먼저 마른다는 말이며, 재능 있는 사람은 남에게 이용당하여 일찍 몸이 쇠한다는 비유이다.

글자 | 달 **감**, 우물 **정**, 먼저 **선**, 마를 **갈**

출전 | 장자 산목山木

유사 | 직목선벌直木先伐

[감정지와坎井之蛙]

깊은 우물 안의 개구리라는 말이며, 보고 들은 것이 적은 사람을 빗댄 말이다.

글자 | 구덩이 **감**, 우물 **정**, 어조사 **지**, 개구리 **와**

출전 | 순자

동류 | 정중지와井中之蛙

[감즉도지敢卽圖之]

감히 곧 도모한다는 말이며, 일을 과단성 있게 꾸민다는 뜻이다.

글자 | 감히 **감**, 곧 **즉**, 도모할 **도**, 어조사 **지**

[감지공친甘旨供親]

단맛을 어버이에게 바친다는 말이며, 부모에게 좋은 음식을 대접한다는 뜻이다.

글자 | 달 **감**, 맛 **지**, 바칠 **공**, 어버이 **친**

[감지덕지感之德之]

감동하고 고마워한다는 말이며, 분에 넘치는 듯해서 매우 고맙게 여긴다는 뜻이다.

글자 | 감동할 **감**, 어조사 **지**, 은혜 **덕**

[감지우감減之又減]

덜고 또 던다는 말이다.

글자 | 덜 **감**, 어조사 **지**, 또 **우**

[감천동지撼天動地]

하늘을 흔들고 땅을 움직인다는 말이며, 활동이 매우 활발하고 눈부시다는 뜻이다.

글자 | 흔들 **감**, 하늘 **천**, 움직일 **동**, 땅 **지**

[감천필갈甘泉必竭]

단 샘물은 반드시 고갈한다는 말이며, 재능 있는 사람이 먼저 쇠퇴하고 또는 좋은 물건이 먼저 팔린다는 뜻이다.

글자 | 달 **감**, 샘 **천**, 반드시 **필**, 고갈할 **갈**

출전 | 장자, 안자춘추

[감취비농甘脆肥濃]

달고, 연하고, 기름지고, 진한 맛의 음식이라는 말이며, 장차 병들고 창자를 썩게 만드는 인체에 해로운 음식이라는 뜻이다.

글자 | 달 **감**, 연할 **취**, 살찔 **비**, 걸쭉할 **농**

출전 | 매승枚乘의 칠발七發

[감탄고토甘呑苦吐]

달면 삼키고 쓰면 뱉는다는 말이며, 자기 비위에 맞으면 좋아하고 맞지 않으면 싫어한다는 뜻이다.

글자 | 달 **감**, 삼킬 **탄**, 쓸 **고**, 뱉을 **토**

출전 | 이담속찬耳談續纂, 동언해

[감홍난자酣紅爛紫]

즐거운 붉은 빛과 현란한 자줏빛이라는 말이며, 울긋불긋한 가을 단풍이라는 뜻이다.

글자 | 즐길 **감**, 붉을 **홍**, 현란할 **난**, 자줏빛 **자**

[감화문기嵌花文器]

깊은 골짜기의 꽃과 글의 그릇이라는 말이며, 산수와 꽃무늬 따위의 그림을 새겨 넣은 도자기를 일컫는다.

글자 | 깊은 골짜기 **감**, 꽃 **화**, 글 **문**, 그릇 **기**

동류 | 감화분청嵌花粉靑

[감화분청嵌花粉靑]

→ 감화문기嵌花文器

[갑검유등匣劍帷燈]

갑 속의 검과 휘장 안의 등불이라는 말이며, 신분도 없고 이름도 알려지지 않은 평범한 사람을 빗댄 말이다.

글자 | 갑 **갑**, 칼 **검**, 휘장 **유**, 등불 **등**

출전 | 서경잡기西京雜記 권1

[갑남을녀甲男乙女]

갑이라는 남자와 을이라는 여자라는 말이며, 신분도 없고 이름도 알려지지 않은 보통 사람을 뜻한다.

글자 | 아무 **갑**, 사내 **남**, 천간 이름 **을**, 계집 **녀**

[갑론을박甲論乙駁]

갑이 말하면 을이 반박한다는 말이며, 서로 자기의 주장을 내세워 남의 의견을 반박한다는 뜻이다.

글자 | 아무 **갑**, 의논 **론**, 천간 이름 **을**, 논박할 **박**

[갑병자강甲兵自强]

갑옷 입은 군사가 스스로 굳세다는

말이며, 군사력이 저절로 강성해진다는 뜻이다.

원문 | 囷倉自實 蓄積自多 甲兵自强
균창자실 축적자다 갑병자강

글자 | 갑옷 **갑**, 군사 **병**, 스스로 **자**, 굳셀 **강**

출전 | 관자 임법편任法篇

[갑창을화甲唱乙和]

갑이 선창하면 을이 화답한다는 말이며, 남의 의견에 주견 없이 따라한다는 뜻이다.

글자 | 첫째 **갑**, 노래 부를 **창**, 천간 이름 **을**, 화답할 **화**

출전 | 조선왕조 10대 연산군일기

[강개무량慷慨無量]

슬프고 개탄함을 헤아릴 수 없다는 말이다.

글자 | 슬플 **강**, 개탄할 **개**, 없을 **무**, 헤아릴 **량**

[강개심회慷慨心懷]

강개하고 슬픈 마음을 품는다는 말이며, 의롭지 못한 것을 보고 의분을 느끼는 마음을 갖는다는 뜻이다.

글자 | 강개할 **강**, 슬플 **개**, 마음 **심**, 품을 **회**

[강개지사慷慨之士]

강개하고 분격하는 선비라는 말이며, 매우 분격하여 개탄하는 사람이라는 뜻이다.

글자 | 강개할 **강**, 분격할 **개**, 어조사 **지**, 선비 **사**

[강거목수綱擧目隨]

벼리가 들리면 그물코는 따라온다는 말이며, 주된 부분이 결정되면 나머지 세세한 부분은 따라서 해결된다는 뜻이다.

글자 | 벼리 **강**, 들 **거**, 그물코 **목**, 따를 **수**

출전 | 송남잡지

동류 | 강거목장綱擧目張

[강거목장綱擧目張]

대강大綱을 들면 세목細目은 펼쳐진다는 말이며, 원칙이 서면 세부적인 것은 마련된다는 뜻이다.

원문 | 擧一綱而萬目張
거 일 강 이 만 목 장

글자 | 벼리 **강**, 들 **거**, 눈 **목**, 펼칠 **장**

출전 | 시경, 정현鄭玄의 시보詩譜

동류 | 강거목수綱擧目隨

[강계지성薑桂之性]

생강과 계수나무의 성품이라는 말이며, 생강과 육계는 오래 둘수록 맛이 매워지는데, 이를 빗대어 늙어질수록 더욱 강건해지는 성질로 비유한다.

글자 | 생강 **강**, 계수나무 **계**, 어조사 **지**, 성품 **성**

출전 | 송사宋史

[강구연월康衢煙月]

화평한 거리, 안개 낀 달이라는 말이

며, 집집마다 밥 짓는 연가가 자욱이 달을 가려 태평한 세월 또는 평화스러운 마을을 나타내고 있다는 뜻이다. '요임금은 이어 평복을 입고서 화평한 거리로 나가 노닐다가 아이들이 노래 부르는 것을 들었다. 우리 백성들이 살아감은 당신의 법도 덕택일세…'

원문 | 堯乃微服 游於康衢 聞兒童謠曰
요내미복 유어강구 문아동요왈

글자 | 화평할 **강**, 네거리 **구**, 연기 **연**, 달 **월**

출전 | 열자 중니편中尼篇

[강국유수強國有數]

나라를 군세게 하는 데는 기술이 있다는 말이며, 나라를 강하게 하는 데는 계책이 있어야 한다는 뜻이다.

원문 | 富國有事 强國有數 勝國有理
부국유사 강국유수 승국유리

글자 | 군셀 **강**, 나라 **국**, 있을 **유**, 기술 **수**

출전 | 관자 제분편制分篇

[강근지우強近之友]

군세게 가까운 벗이라는 말이며, 매우 다정하게 지내는 친구라는 뜻이다.

글자 | 군셀 **강**, 가까울 **근**, 어조사 **지**, 벗 **우**

[강근지족強近之族]

→ 강근지친強近之親

[강근지친強近之親]

매우 가까운 친척이라는 말이다.

글자 | 군셀 **강**, 가까울 **근**, 어조사 **지**, 친할 **친**

[강기숙정綱紀肅正]

법과 기율이 엄숙하게 바르다는 말이다.

글자 | 법 **강**, 벼리 **기**, 엄숙할 **숙**, 바를 **정**

[강기퇴이綱紀頹弛]

법과 기율이 무너지고 늦추어진다는 말이며, 기강이 문란해진다는 뜻이다.

글자 | 법 **강**, 기율 **기**, 무너질 **퇴**, 늦출 **이**

[강기폐이綱紀廢弛]

→ 강기퇴이綱紀頹弛

[강남풍월江南風月]

강남에서 달을 읊는다는 말이며, 중국의 시인 이태백이 살던 강남의 자연과 풍류를 일컫는다.

글자 | 강 **강**, 남녘 **남**, 외울 **풍**, 달 **월**

[강노지말強弩之末]

힘차게 나간 화살의 끝이라는 말이며, 아무리 강한 군사도 원정을 나가면 힘이 점차 떨어진다는 비유이다. 한나라 어사대부 한안국韓安國이 흉노를 공격하려는 원정계획을 반대하며 한 말이다. '힘찬 활에서 튕겨나간 화살도 마지막에는 비단조차 뚫기 어렵습니다.'

글자 | 강할 **강**, 쇠뇌 **노**, 어조사 **지**, 끝 **말**

출전 | 한서 한안국전韓安國傳

동류 | 강노지극强弩之極

[강단문학講壇文學]

강론하는 단의 문학이라는 말이며, 예술적이기보다는 이론적 또는 학구적인 문학을 뜻한다.

글자 | 강론할 **강**, 단 **단**, 글 **문**, 배울 **학**

[강대무비强大無比]

비교할 수 없이 굳세고 크다는 말이다.

글자 | 강할 **강**, 큰 **대**, 없을 **무**, 견줄 **비**

[강동보병江東步兵]

강물 동쪽의 보병이라는 말이며, 동진東晉 때의 유명한 문인이며 벼슬아치인 장한張翰을 일컫는다. 보병은 벼슬 이름이다.

글자 | 강 **강**, 동녘 **동**, 걸음 **보**, 군사 **병**

출전 | 진서 장한전

[강랑재진江郎才盡]

강랑의 재주가 다했다는 말이며, 학문이 두각을 나타낸 뒤에 퇴보한다는 뜻이다.

글자 | 물 이름 **강**, 사내 **랑**, 재주 **재**, 다할 **진**

출전 | 남사 강엄전江淹傳

[강래득중剛來得中]

굳센 것이 와서 가운데를 얻는다는 말이며, 강직한 것이 중용을 취한다는 뜻이다.

글자 | 굳셀 **강**, 올 **래**, 얻을 **득**, 가운데 **중**

[강려자용剛戾自用]

굳고 사나워서 스스로의 [재지才智만을] 쓴다는 말이며, 자기주장만 내세우고 남의 말을 듣지 않는다는 뜻이다.

글자 | 굳을 **강**, 사나울 **려**, 스스로 **자**, 쓸 **용**

출전 | 사기 진기秦紀

[강류석불江流石不]

강물은 흘러도 돌은 아니라는 말이며, 세상은 흘러도 선비는 함부로 움직이지 않는다는 뜻이다.

원문 | 江流石不轉
강 류 석 불 전

글자 | 물 **강**, 흐를 **류**, 돌 **석**, 아니 **불**

[강명정학講明正學]

바른 배움을 밝게 강론한다는 말이며, 옳은 학문을 명쾌하게 설명한다는 뜻이다.

글자 | 강론할 **강**, 밝을 **명**, 바를 **정**, 배울 **학**

[강목수생强木水生]

→ 강목수생剛木水生

출전 | 고금석림

[강목수생剛木水生]

굳은 나무에서 물이 난다는 말이며, 아무것도 없는 사람에게 요구해도 나올 것이 없다는 뜻이다.

글자 | 굳을 **강**, 나무 **목**, 물 **수**, 날 **생**

출전 | 송남잡지

동류 | 간목수생幹木水生

[강목즉절强木則折]

굳센 나무는 곧 꺾어진다는 말이며, 잘하기만 하고 유한 데가 없으면 실패하게 된다는 뜻이다.

글자 | 굳셀 **강**, 나무 **목**, 곧 **즉**, 꺾어질 **절**

[강목팔목岡目八目]

산등성이에서 보는 눈과 여덟 개의 눈이라는 말이며, 당사자보다 제3자의 입장에서 보는 것이 이해득실을 한 눈에 알 수 있다는 뜻이다. 바둑에서 관전자가 더 잘 본다는 데서 나온 말이다.

글자 | 산등성이 **강**, 눈 **목**

[강박관념强迫觀念]

강하게 핍박하는 생각이라는 말이며, 생각하지 않으려고 해도 머리에 들어박혀 떠나지 않는 불합리하고 불안한 생각이라는 뜻이다.

글자 | 강할 **강**, 핍박할 **박**, 볼 **관**, 생각할 **념**

[강변칠우江邊七友]

강가의 일곱 벗이라는 말이며, 은거 자중하는 현인들을 일컫는다.

글자 | 강 **강**, 갓 **변**, 벗 **우**

[강병부국强兵富國]

강한 군사와 넉넉한 나라라는 말이다.

글자 | 강할 **강**, 군사 **병**, 넉넉할 **부**, 나라 **국**

[강보유아襁褓幼兒]

포대기의 어린아이라는 말이며, 아직 걷지 못하여 포대기에 싸서 기르는 어린아이라는 뜻이다.

글자 | 포대기 **강**, 포대기 **보**, 어릴 **유**, 아이 **아**

출전 | 추관지秋官志

[강산일변江山一變]

강산이 한번 바뀌었다는 말이며, 세월이 많이 흘렀다는 뜻이다.

글자 | 강 **강**, 뫼 **산**, 바꿀 **변**

[강산지조江山之助]

강산의 도움이라는 말이며, 강산의 아름다운 풍경이 사람의 시정詩情에 도움을 주어 좋은 작품을 만들게 한다는 뜻이다.

글자 | 강 **강**, 뫼 **산**, 어조사 **지**, 도울 **조**

출전 | 당서

[강산풍월江山風月]

강과 산 그리고 바람과 달이라는 말이며, 자연의 아름다운 풍경을 일컫는다.

글자 | 강 **강**, 뫼 **산**, 바람 **풍**, 달 **월**

[강상죄인綱常罪人]

벼리와 떳떳함의 죄인이라는 말이며, 이조시대에 삼강三綱과 오상五常을 위반한 죄인을 일컫는다. 자기 부모나 남편을 죽인 자, 노비가 주인을 죽인 자, 관노가 관장을 죽인 자 등은 사형에 처했고, 강상죄인이 생긴 고을의 수령은 파면되었다.

글자 | 벼리 **강**, 떳떳 **상**, 죄지을 **죄**, 사람 **인**

[강상지변綱常之變]

근본과 떳떳함의 변함이라는 말이며, 삼강三綱과 오상五常의 도덕에 어그러진 변고라는 뜻이다.

글자 | 근본 **강**, 떳떳 **상**, 어조사 **지**, 변할 **변**

[강생구속降生救贖]

살아 내려와서 [죄를] 속하고 구한다는 말이며, 그리스도가 하늘에서 내려와서 인간의 죄를 짊어지고 십자가에 못 박혀 죽음으로써 죄악에서 인류를 구원했다는 뜻이다.

글자 | 내릴 **강**, 날 **생**, 구할 **구**, 죄속 바칠 **속**

출전 | 신약성서

[강서이행強恕而行]

힘써 용서를 행한다는 말이며, 남을 애써 용서한다는 뜻이다.

글자 | 힘쓸 **강**, 용서할 **서**, 말 이을 **이**, 행할 **행**

[강속부절繈屬不絶]

줄이 붙어 끊어지지 않는다는 말이며, 굳게 연결되어 끊어지지 않는다는 뜻이다.

글자 | 끈 **강**, 붙일 **속**, 아닐 **부**, 끊을 **절**

[강신대족強臣大族]

강한 신하와 큰 일가족이라는 말이다.

글자 | 강할 **강**, 신하 **신**, 큰 **대**, 일가족 **족**

[강안여자強顏女子]

얼굴이 강한 여자라는 말이며, 부끄러움을 모르는 여자라는 뜻이다.

글자 | 굳셀 **강**, 얼굴 **안**, 계집 **여**, 사람 **자**

출전 | 신서新序 잡사雜事

[강약부동強弱不同]

강함과 약함이 같지 않다는 말이며, 한쪽은 강하고 한쪽은 약하여 도무지 상대가 되지 않는다는 뜻이다.

글자 | 강할 **강**, 약할 **약**, 아닐 **부**, 같을 **동**

[강역다사疆域多事]

변방 지경의 많은 일이라는 말이며, 국경의 여러 문제를 일컫는다.

글자 | 변방 **강**, 지경 **역**, 많을 **다**, 일 **사**

[강유겸전剛柔兼全]

굳셈과 부드러움을 모두 지니고 있다

는 말이다.

글자 | 굳셀 **강**, 부드러울 **유**, 겸할 **겸**, 온전 **전**

[강유상추剛柔相推]

굳셈과 부드러움이 서로 밀어준다는 말이며, 굳센 것과 부드러운 것이 서로 보완해 나간다는 뜻이다.

글자 | 굳셀 **강**, 부드러울 **유**, 서로 **상**, 밀 **추**

[강의과단剛毅果斷]

굳세고 의연하게 결단한다는 말이며, 마음이 강하여 일을 맺고 끊는다는 뜻이다.

글자 | 굳셀 **강**, 굳셀 **의**, 결단할 **과**, 끊을 **단**

출전 | 우유부단優柔不斷

[강의대관絳衣大冠]

진홍眞紅빛의 옷과 큰 갓이라는 말이며, 장군의 차림을 일컫는다.

글자 | 진홍 **강**, 옷 **의**, 큰 **대**, 갓 **관**

[강의목눌剛毅木訥]

굳세고 의연하면서도 질박하고 어눌하다는 말이며, 의연하면서도 믿음직하다는 뜻이다.

글자 | 굳셀 **강**, 굳셀 **의**, 질박할 **목**, 어눌할 **눌**

출전 | 논어 자로子路

[강의정직剛毅正直]

굳세고 바르며 곧다는 말이며, 강직하고 씩씩하며 거짓 없이 바르고 곧다는 뜻이다.

글자 | 굳셀 **강**, 굳셀 **의**, 바를 **정**, 곧을 **직**

[강이무학剛而無虐]

굳세지만 사납지 않다는 말이다.

글자 | 굳셀 **강**, 말 이을 **이**, 없을 **무**, 사나울 **학**

출전 | 서경 우서虞書

[강이피지强而避之]

강하면 피한다는 말이며, 적이 강하면 피하라는 뜻이다.

글자 | 굳셀 **강**, 말 이을 **이**, 피할 **피**, 어조사 **지**

[강자적야剛者賊也]

굳센 사람은 도둑이라는 말이며, 강한 사람은 약한 사람을 억압하고 약탈한다는 뜻이다.

글자 | 굳셀 **강**, 말 사람 **자**, 도둑 **적**, 어조사 **야**

[강자협약强者脅弱]

강한 사람은 약한 사람을 위협한다는 말이다.

글자 | 굳셀 **강**, 사람 **자**, 위협할 **협**, 약할 **약**

출전 | 예기

[강장지년强壯之年]

강하고 장한 나이라는 말이며, 정력이나 원기가 왕성한 30대, 40대를 뜻한다.

글자 | 굳셀 **강**, 장할 **장**, 어조사 **지**, 해 **년**

[강장지하强將之下]

강한 장수의 아래라는 말이며, 강한 장수 밑에 약한 병졸이 없다는 뜻이다.

글자 | 강할 **강**, 장수 **장**, 어조사 **지**, 아래 **하**

[강재지가康哉之歌]

편안함이 비롯된 노래라는 말이며, 세상의 태평을 구가하는 노래라는 뜻이다.

글자 | 편안할 **강**, 비롯할 **재**, 어조사 **지**, 노래 **가**

[강좌칠현江左七賢]

강 왼편의 일곱 현인이라는 말이며, 고려 후기에 명리名利를 떠나 사귀던 일곱 선비를 일컫는다. 이들은 이인로李仁老 · 오세재吳世才 · 임춘林椿 · 조통趙通 · 황보항皇甫抗 · 함순咸淳 · 이담지李湛之 등이며 서로 의를 맺어 망년지우忘年之友를 삼고 시와 술을 즐겨 중국 진나라 때의 죽림칠현竹林七賢과 비교되었으며 우리나라 청담淸談의 풍은 이로부터 성하였다.

글자 | 강 **강**, 왼 **좌**, 어질 **현**

[강주오취强酒惡醉]

술에 힘쓰며 술 취하기를 미워한다는 말이며, 말과 행동이 전혀 다르다는 뜻이다.

글자 | 힘쓸 **강**, 술 **주**, 미워할 **오**, 술 취할 **취**

출전 | 삼국지

[강중유외剛中柔外]

속은 강하고 겉은 부드러워야 한다는 말이다.

글자 | 굳셀 **강**, 속 **중**, 부드러울 **유**, 바깥 **외**

출전 | 주역

[강즉승물彊則勝物]

강하면 곧 승리한다는 말이다.

글자 | 굳셀 **강**, 곧 **즉**, 이길 **승**, 만물 **물**

출전 | 순자

[강철지추强鐵之秋]

강철의 가을이라는 말이며, 악독한 방해자가 나타나 다 되어 가던 일이 망쳐지게 되었다는 뜻이다. 강철은 전설상의 악독한 용龍의 이름이다.

글자 | 굳셀 **강**, 검은 쇠 **철**, 어조사 **지**, 가을 **추**

[강퍅불인剛愎不仁]

고집이 세고 사나우면 어질지 않다는 말이다.

글자 | 굳을 **강**, 사나울 **퍅**, 아니 **불**, 어

질 **인**

출전 | 춘추좌씨전

[강한성당強漢盛唐]

강한 한나라와 성한 당나라라는 말이며, 중국이 내걸고 있는 하나의 목표를 일컫는다.

글자 | 강할 **강**, 한나라 **한**, 성할 **성**, 당나라 **당**

[강한유녀江漢游女]

강수江水와 한수漢水에서 노는 여자라는 말이며, 중국의 양자강(강수)과 그 지류인 한수에서 몸을 팔던 여인을 일컫는다.

글자 | 강 **강**, 나라 **한**, 노닐 **유**, 계집 **녀**

출전 | 시경 국풍國風

[강호산인江湖散人]

강과 호수에서 한산하게 사는 사람이라는 말이며, 속세를 떠나 자연과 더불어 조용히 사는 사람을 뜻한다.

글자 | 강 **강**, 호수 **호**, 한산할 **산**, 사람 **인**

동류 | 강해지사江海之士

[강호연파江湖煙波]

강이나 호수의 연기 같은 물결이라는 말이며, 강변의 빼어난 경관을 일컫는다.

글자 | 강 **강**, 큰못 **호**, 연기 **연**, 물결 **파**

[강호제현江湖諸賢]

강과 호수의 모든 어진이라는 말이며, 세상의 여러분이라는 뜻이다.

글자 | 강 **강**, 큰못 **호**, 모두 **제**, 어질 **현**

[강호지락江湖之樂]

강과 호수의 즐거움이라는 말이며, 자연을 벗 삼아 누리는 즐거움이라는 뜻이다.

글자 | 강 **강**, 큰못 **호**, 어조사 **지**, 즐거울 **락**

[강호지인江湖之人]

강과 호수의 사람이라는 말이며, 강호에 묻혀 사는 벼슬하지 아니한 사람을 일컫는다.

글자 | 강 **강**, 큰못 **호**, 어조사 **지**, 사람 **인**

[강화담판講和談判]

화목하게 강화하는 말씀과 판단이라는 말이며, 서로 싸우던 나라가 강화하기 위하여 만나서 이야기를 나눈다는 뜻이다.

글자 | 강화할 **강**, 화목할 **화**, 말씀 **담**, 판단할 **판**

[개개고찰箇箇考察]

낱낱이 치고 살핀다는 말이며, 죄인에게 매질할 때, 형리刑吏를 엄중히 경계하여 한 대 한 대마다 낱낱이 치고 살핀다는 뜻이다.

글자 | 개수 **개**, 칠 **고**, 살필 **찰**

[개개명창箇箇名唱]

한 사람 한 사람이 명창이라는 말이다.

글자 | 개수 **개**, 이름 **명**, 부를 **창**

[개개승복箇箇承服]

하나하나 차례로 복종한다는 말이며, 지은 죄를 빠짐없이 하나하나 자백한다는 뜻이다.

글자 | 개수 **개**, 차례 **승**, 복종할 **복**

[개과불린改過不吝]

허물을 고치는데 인색하지 않다는 말이며, 잘못이 있으면 조금도 주저하지 말고 즉시 고치라는 뜻이다. 서경에 있는 글이다. '허물을 고치는 데는 인색하지 않으시어 너그러워지시고 어질어지셔서 억조 백성들을 밝고 미덥게 만드셨습니다.'

원문 | 改過不吝 克寬克仁 彰信兆民
개 과 불 린 극 관 극 인 창 신 조 민

글자 | 고칠 **개**, 허물 **과**, 아니 **불**, 아낄 **린**

출전 | 서경 중훼지고仲虺之誥

[개과자신改過自新]

→ 개과천선改過遷善

출전 | 한서 형법지刑法志

[개과천선改過遷善]

지나간 허물을 고치고 착한 사람이 된다는 말이며, 나쁜 사람이 선한 사람으로 탈바꿈한다는 뜻이다. 중국 진나라에 주처周處라는 사람이 성격이 포악해 자기 아들마저 가까이 오지 않는 것을 보고 비로소 자신의 과오를 깨닫고 '지난 허물을 고쳐 새 사람이 되겠다고.' 고 결심했다. 그리고 곧 학업에 열중하여 마침내 유명한 대학자가 되었다.

글자 | 고칠 **개**, 허물 **과**, 옮길 **천**, 착할 **선**

출전 | 진서 본전本傳

동류 | 개과자신改過自新

[개관사정蓋棺事定]

관의 뚜껑을 덮어야 일이 정해진다는 말이며, 사람이 죽은 뒤에야 비로소 그 사람의 공업功業을 알 수 있다는 뜻이다.

글자 | 덮을 **개**, 널 **관**, 일 **사**, 정할 **정**

출전 | 두보의 군불견君不見

[개구종신改舊從新]

옛것을 고치고 새것을 따른다는 말이다.

글자 | 고칠 **개**, 옛 **구**, 따를 **종**, 새 **신**

[개국공신開國功臣]

나라를 연 공이 있는 신하라는 말이며, 고려와 조선시대 새로운 왕조 설립에 공을 세운 신하들에게 준 공신 칭호를 일컫는다.

글자 | 열 **개**, 나라 **국**, 공 **공**, 신하 **신**

[개국기원開國紀元]

나라를 연 으뜸 해라는 말이며, 건국 연도를 일컫는다.

글자 | 열 **개**, 나라 **국**, 해 **기**, 으뜸 **원**

[개국승가開國承家]

나라를 열고 집을 돕는다는 말이며, 나라를 세워 백성을 안정시킨다는 뜻이다.

글자 | 열 **개**, 나라 **국**, 도울 **승**, 집 **가**

[개국시조開國始祖]

나라를 연 처음의 조상이라는 말이다.

글자 | 열 **개**, 나라 **국**, 처음 **시**, 할아버지 **조**

[개권유익開卷有益]

책을 펴기만 해도 유익하다는 말이며, 제대로 독서를 하면 더욱더 유익하다는 뜻이다.

글자 | 열 **개**, 두루마리 **권**, 있을 **유**, 더할 **익**

출전 | 민수연담록澠水燕談錄 문유文儒

동류 | 개권유득開卷有得

[개기월식皆既月蝕]

달을 모두 가린다는 말이며, 달이 지구의 그림자 속에 들어가 햇빛을 조금도 받지 못하게 되는 현상을 일컫는다.

글자 | 다 **개**, 다할 **기**, 달 **월**, 일 · 월식할 **식**

[개기일식皆既日蝕]

해를 모두 가린다는 말이며, 달이 해를 모두 가려서 보이지 않는 현상을 일컫는다.

글자 | 다 **개**, 다할 **기**, 해 **일**, 일 · 월식할 **식**

[개념인식概念認識]

생각의 대강을 아는 것이라는 말이며, 개념에 의해서 아는 것을 뜻한다. 개념은 어떤 것에 대한 대강의 뜻이나 내용을 일컫는다.

글자 | 대강 **개**, 생각 **념**, 알 **인**, 알 **식**

[개동군령開東軍令]

동이 트자 군사 명령을 내린다는 말이며, 무슨 일을 이른 새벽부터 시작한다는 뜻으로도 쓰인다.

글자 | 열 **개**, 동녘 **동**, 군사 **군**, 명령할 **령**

[개두환면改頭換面]

머리를 고치고 얼굴을 바꾼다는 말이며, 어떤 일에서 근본을 고치지 않고 사람만 갈아들여서 일을 그대로 시킨다는 뜻이다.

글자 | 고칠 **개**, 머리 **두**, 교역할 **환**, 얼굴 **면**

출전 | 고금풍요古今風謠

[개명세대開明世代]

밝게 연 세상이라는 말이며, 새로운 문명의 세대라는 뜻이다.

글자 | 열 **개**, 밝을 **명**, 세상 **세**, 대수 **대**

[개문납적開門納賊]

문을 열어 도둑을 들인다는 말이며, 스스로 화를 불러들인다는 뜻이다.

글자 | 열 **개**, 집안 **문**, 들일 **납**, 도둑 **적**
출전 | 삼국지 손권전孫權傳, 전국책
동류 | 개문읍도開門揖盜

[개문손도開門損盜]

문을 열어놓고 도둑의 손해를 본다는 말이다.

글자 | 열 **개**, 문 **문**, 해볼 **손**, 도둑 **도**

[개문영입開門迎入]

문을 열고 맞아들인다는 말이다.

글자 | 열 **개**, 문 **문**, 맞을 **영**, 들 **입**

[개문읍도開門揖盜]

→ 개문납적開門納賊

출전 | 삼국지 오지吳志

[개물성무開物成務]

만물을 열고 일을 이룬다는 말이며, 사람들이 점占으로 길흉吉凶을 알아내어 사업을 성취한다는 뜻이다.

글자 | 열 **개**, 만물 **물**, 이룰 **성**, 일할 **무**
출전 | 주역 계사전繫辭傳 상

[개벽이래開闢以來]

열린 때부터라는 말이며, 세상이 생긴 뒤부터 지금까지라는 뜻이다.

글자 | 열 **개**, 열 **벽**, 써 **이**, 올 **래**

[개벽초매開闢草昧]

어두운 처음을 연다는 말이며, 천지가 창조되었을 뿐, 세상이 미개한 상태 또는 나라가 시작되었을 뿐, 문명이나 질서가 확립되지 않은 상태를 일컫는다.

글자 | 열 **개**, 열 **벽**, 비롯할 **초**, 어두울 **매**
출전 | 유협劉勰의 문심조룡文心雕龍
유사 | 천지개벽天地開闢

[개산조사開山祖師]

산을 연 조상과 스승이라는 말이며, 한 종파의 원조를 일컫는다.

글자 | 열 **개**, 뫼 **산**, 조상 **조**, 스승 **사**

[개석무고開釋無辜]

열고 내놓으면 허물이 없어진다는 말이며, 용서하면 허물이 없어진다는 뜻이다.

글자 | 열 **개**, 내놓을 **석**, 없을 **무**, 허물 **고**
출전 | 사기

[개선광정改善匡正]

좋게 고치고 바르게 바로잡는다는 말이다.

글자 | 고칠 **개**, 좋을 **선**, 바로잡을 **광**, 바를 **정**

[개선장군凱旋將軍]

싸움에 이기고 돌아온 장군이라는 말

이며, 무슨 일에 성공한 사람을 빗댄 말로도 쓰인다.

글자 | 싸움 이긴 풍류 **개**, 돌이킬 **선**, 장수 **장**, 군사 **군**

[개성불도皆成佛道]

모두 부처의 길을 이룰 수 있다는 말이며, 누구나 불법佛法을 행하고 불도佛道를 닦으면 부처가 된다는 뜻이다.

글자 | 다 **개**, 이룰 **성**, 부처 **불**, 길 **도**

[개세기상蓋世氣象]

세상을 덮을 기운과 형상이라는 말이며, 세상을 뒤덮을 기운이나 위력, 재능 따위를 가졌다는 뜻이다.

글자 | 덮을 **개**, 세상 **세**, 기운 **기**, 형상할 **상**

출전 | 용비어천가

[개세영웅蓋世英雄]

세상을 덮을 영웅이라는 말이며, 세상에서 뚜렷한 영웅을 일컫는다.

글자 | 덮을 **개**, 세상 **세**, 영특할 **영**, 영웅 **웅**

[개세지기蓋世之氣]

세상을 덮을 정기라는 말이다.

원문 | 力拔山氣蓋世
역 발 산 기 개 세

글자 | 덮을 **개**, 세상 **세**, 어조사 **지**, 정기 **기**

출전 | 사기

[개세지재蓋世之才]

세상을 덮을 재주라는 말이며, 세상을 마음대로 다스릴만한 뛰어난 재기才氣라는 뜻이다.

글자 | 덮을 **개**, 세상 **세**, 어조사 **지**, 재주 **재**

[개세지풍蓋世之風]

세상을 뒤덮을 위엄 또는 모양이라는 말이다.

글자 | 덮을 **개**, 세상 **세**, 어조사 **지**, 위엄 **풍**

[개수일촉鎧袖一觸]

갑옷의 소매가 한 번 지난다는 말이며, 쉽게 상대를 물리친다는 뜻이다.

글자 | 갑옷 **개**, 소매 **수**, 지날 **촉**

[개안공양開眼供養]

눈을 열고 봉양을 베푼다는 말이며, 불상을 낙성할 때, 마지막으로 눈알을 넣어 부처의 혼을 맞이하는 법회를 일컫는다.

글자 | 열 **개**, 눈 **안**, 베풀 **공**, 봉양할 **양**

[개오일체皆吾一體]

모두와 내가 한 몸이라는 말이며, 나와 남을 일체로 인식하는 깨달음의 경지라는 뜻이다.

글자 | 다 **개**, 나 **오**, 몸 **체**

[개옥개행改玉改行]

구슬을 고치면 걸음도 고친다는 말이며, 행보行步를 조절하는 패옥佩玉을 고치면 행보도 고치게 된다는 고사에서 법규를 고치면 사람의 행동도 고치게 된다는 뜻이다.

글자 | 고칠 **개**, 구슬 **옥**, 걸음 **행**

출전 | 순자 왕패王覇, 국어

[개와급전蓋瓦級甎]

기와를 덮고 층에 벽돌을 깔았다는 말이며, 기와집을 지었다는 뜻이다.

글자 | 덮을 **개**, 기와 **와**, 층 **급**, 벽돌 **전**

[개운견일開雲見日]

구름이 열리고 해가 보인다는 말이며, 느닷없이 눈앞이 환해지고 전망이 밝게 보인다는 뜻이다.

글자 | 열 **개**, 구름 **운**, 볼 **견**, 해 **일**

[개원절류開源節流]

근원을 열고 구함을 절제한다는 말이며, 부를 이루기 위하여 재원을 늘리고 지출을 줄인다는 뜻이다.

원문 | 故明主必謹養其和節其流開其源
(고 명 주 필 근 양 기 화 절 기 류 개 기 원)

글자 | 열 **개**, 근원 **원**, 절제할 **절**, 구할 **류**

출전 | 순자 부국편富國篇

[개원지치開元之治]

하늘을 여는 다스림이라는 말이며, 당나라 현종이 다스린 개원 연간의 치세 또는 그 시기에 이루어진 태평성대를 일컫는다.

글자 | 열 **개**, 하늘 **원**, 어조사 **지**, 다스릴 **치**

[개월거관個月去官]

몇 개의 달이 되면 벼슬에서 나간다는 말이며, 벼슬의 임기가 되면 물러난다는 뜻이다.

글자 | 개수 **개**, 달 **월**, 갈 **거**, 벼슬 **관**

출전 | 조선왕조 3대 태종실록

[개유절서皆有節序]

모두 절제와 차례를 가진다는 말이며, 모든 사람이 예절과 질서를 지킨다는 뜻이다.

글자 | 다 **개**, 가질 **유**, 절제할 **절**, 차례 **서**

[개유처처皆有處處]

곳곳에 다 있다는 말이며, 어디를 가나 다 있다는 뜻이다.

글자 | 다 **개**, 있을 **유**, 곳 **처**

[개인유번介人維藩]

큰 사람이 오직 울타리라는 말이며, 국민은 국가의 울타리라는 뜻이다.

글자 | 클 **개**, 사람 **인**, 오직 **유**, 울타리 **번**

[개정방회改正放廻]

고쳐서 바르게 하고 놓아서 돌아오게 한다는 말이며, 잘못된 판결이나 처벌을 바로잡고 억울한 자를 놓아주고 돌려보낸다는 뜻이다.

글자 | 고칠 **개**, 바를 **정**, 놓을 **방**, 돌아올 **회**

출전 | 대명률직해大明律直解

[개주지사介胄之士]

갑옷과 투구의 군사라는 말이며, 갑옷과 투구를 갖추어 입은 무사武士를 일컫는다.

글자 | 갑옷 **개**, 투구 **주**, 어조사 **지**, 군사 **사**

[개지여천蓋之如天]

하늘과 같이 덮는다는 말이며, 백성을 하늘과 같이 여겨야 한다는 뜻이다.

글자 | 덮을 **개**, 어조사 **지**, 같을 **여**, 하늘 **천**

[개차신발蓋此身髮]

이 몸을 덮고 있는 터럭이라는 말이며, 몸의 일부를 일컫는다.

원문 | **蓋此身髮 四大五常**
개차신발 사대오상

글자 | 덮을 **개**, 이 **차**, 몸 **신**, 터럭 **발**

출전 | 천자문 19항

[개천개지蓋天蓋地]

하늘을 덮고 땅을 덮었다는 말이며, 중생의 마음이 천지에 가득하다는 뜻이다.

글자 | 덮을 **개**, 하늘 **천**, 땅 **지**

[개천벽지開天闢地]

하늘을 열고 땅을 연다는 말이며, 위대한 사건이나 어려운 위기를 극복하고 창업에 성공한다는 뜻이다.

원문 | **開天闢地 陽清爲天 陰濁爲地**
개천벽지 양청위천 음탁위지

글자 | 열 **개**, 하늘 **천**, 열 **벽**, 땅 **지**

출전 | 삼오력기三五曆記

[개토귀류改土歸流]

토지를 고치고 흐름을 돌린다는 말이며, 토사土司를 고쳐 중앙정부가 신임하는 유관流官의 관할에 돌아가도록 한다는 뜻이다. 중국의 남서지방에 거주하는 원주민을 중국화하기 위하여 취해졌던 정책이며 명나라 이전부터 시행하여 청나라 때 가장 성하여 많은 발전을 이루었으나 민국民國 이후에도 완성하지는 못했다.

글자 | 고칠 **개**, 흙 **토**, 돌아갈 **귀**, 흐를 **류**

출전 | 중국사

동류 | 개토위류改土爲流

[개폐승묵改廢繩墨]

먹줄이나 먹칠을 고치거나 없앤다는 말이며, 기준을 변경하거나 폐지한다는 뜻이다.

글자 | 고칠 **개**, 폐할 **폐**, 줄 **승**, 먹 **묵**

[개현역철改絃易轍]

줄을 고치고 수레를 바꾼다는 말이며, 제도나 계획 등을 바꾼다는 뜻이다.

글자 | 고칠 **개**, 줄 **현**, 바꿀 **역**, 수레자국 **철**

출전 | 조선왕조 17대 효종실록

[개화만지開花滿枝]

꽃이 가지에 가득 피었다는 말이며, 번영과 행복이 가정에 가득하다는 뜻이다.

글자 | 필 **개**, 꽃 **화**, 찰 **만**, 가지 **지**

[개환두면改換頭面]

머리와 얼굴을 고치고 바꾼다는 말이며, 마음을 고치지 않고 겉모습만 바꾼다는 뜻이다.

글자 | 고칠 **개**, 바꿀 **환**, 머리 **두**, 얼굴 **면**

출전 | 조선왕조 19대 숙종실록

[객고막심客苦莫甚]

나그네의 괴로움이 크게 심하다는 말이다.

글자 | 나그네 **객**, 괴로울 **고**, 클 **막**, 심할 **심**

[객반위주客反爲主]

손이 도리어 주인이 되었다는 말이며, 일의 부차적인 것과 주된 것이 뒤바뀌었다는 뜻이다.

글자 | 손 **객**, 되돌릴 **반**, 할 **위**, 주인 **주**

동류 | 주객전도主客顚倒

[객수주편客隨主便]

손은 주인 편에 따른다는 말이며, 손님은 주인 하는 대로만 따른다는 뜻이다.

글자 | 손 **객**, 따를 **수**, 주인 **주**, 편할 **편**

[객중보체客中寶體]

나그네 가운데 있는 보배로운 몸이라는 말이며, 객지에 있는 상대자를 높여 부르는 편지 문구이다.

글자 | 나그네 **객**, 가운데 **중**, 보배 **보**, 몸 **체**

[객창한등客窓寒燈]

나그네의 창문에 차디찬 등불이라는 말이며, 타향에서의 쓸쓸함을 빗댄 말이다.

글자 | 나그네 **객**, 창문 **창**, 찰 **한**, 등불 **등**

[갱기불능更起不能]

다시는 일어날 수 없다는 말이다.

글자 | 다시 **갱**, 일어날 **기**, 아니 **불**, 능할 **능**

[갱려함구羹藜含糗]

명아주 국에 미숫가루를 넣었다는 말이며, 매우 거친 음식을 빗댄 말이다.

글자 | 국 **갱**, 명아주 **려**, 머금을 **함**, 미숫가루 **구**

출전 | 고문진보

[갱무도리更無道理]

다시는 [어찌할] 도리가 없다는 말이다.

글자 | 다시 **갱**, 없을 **무**, 도리 **도**, 다스릴 **리**

[갱신전지更新剪枝]

다시 새롭게 하기 위해 가지를 싹 벤다는 말이며, 과수果樹의 쇠약상태를 개선하기 위하여 하는 가지치기를 일컫는다.

글자 | 다시 **갱**, 새 **신**, 싹 벨 **전**, 가지 **지**

[갱유분서坑儒焚書]

→ 분서갱유焚書坑儒

[갱진일보更進一步]

다시 한 걸음 나아간다는 말이다.

글자 | 다시 **갱**, 나아갈 **진**, 걸음 **보**

[거가대족巨家大族]

큰 집안의 큰 일가라는 말이며, 대대로 번창한 문벌이 있는 집안을 일컫는다.

글자 | 클 **거**, 집안 **가**, 큰 **대**, 일가 **족**

[거가사본居家四本]

집에 항상 있을 네 가지 근본이라는 말이며, 집안 생활의 바탕을 이루는 네 가지 덕목을 일컫는다. ① 화순和順은 제가齊家의 근본이요, ② 근검勤儉은 치가治家의 근본이요, ③ 독서讀書는 기가起家의 근본이요, ④ 순리順理는 보가保家의 근본이라는 것이다.

글자 | 항상 있을 **거**, 집 **가**, 근본 **본**

출전 | 정다산의 양포일록蘘圃日錄

[거가지락居家之樂]

집에 있는 즐거움이라는 말이며, 집에서 시서詩書 등을 벗 삼아 세월을 보내는 즐거움이라는 뜻이다.

글자 | 거할 **거**, 집 **가**, 어조사 **지**, 즐거울 **락**

[거가효제居家孝悌]

집에 살면서 효도하고 공경한다는 말이며, 가정에서 자식의 도리를 다한다는 뜻이다.

글자 | 살 **거**, 집 **가**, 효도 **효**, 공경할 **제**

[거각소권拒却訴權]

물리칠 수 있는 하소연 할 권세라는 말이며, 남이 요구한 일을 거절하여 법원에 소송할 수 있는 권리를 뜻한다.

글자 | 가져갈 **거**, 물리칠 **각**, 하소연할 **소**, 권세 **권**

[거간식비拒諫飾非]

간하는 것을 막고 아닌 것을 꾸민다는 말이며, 간하는 말을 받아들이지 않고 잘못을 숨기고 변명한다는 뜻이다.

글자 | 막을 **거**, 간할 **간**, 꾸밀 **식**, 아니 **비**

출전 | 조선왕조 6대 단종실록

[거거고산去去高山]

가도 가도 높은 산이라는 말이며, 갈수록 태산이라는 뜻이다.

글자 | 갈 **거**, 높을 **고**, 뫼 **산**

[거거익선去去益善]

갈수록 착해진다는 말이다.

글자 | 갈 **거**, 더할 **익**, 착할 **선**

[거거익심去去益甚]

가면 갈수록 더욱 심하다는 말이다.

글자 | 갈 **거**, 더할 **익**, 심할 **심**

[거경지신巨卿之信]

거경의 신의라는 말이며, 굳은 약속을 지키는 신용을 뜻한다. 한나라 범식范式(거경)이 그의 벗 장원백과 이별하면서 2년 뒤 다시 만나기로 했는데, 머나먼 천 리 길도 불구하고 약속을 지켰다는 고사에서 유래한다.

글자 | 클 **거**, 벼슬 **경**, 어조사 **지**, 믿을 **신**

출전 | 후한서 독행전獨行傳

[거고취신去古就新]

옛것은 버리고 새것을 취한다는 말이다.

글자 | 버릴 **거**, 옛 **고**, 좇을 **취**, 새 **신**

[거관유독去官留犢]

벼슬을 떠날 때 송아지를 두고 간다는 말이며, 벼슬아치는 청렴결백해야 한다는 뜻이다. 위나라 때 시묘時苗라는 사람이 수춘현령으로 부임하면서 암소가 끄는 허술한 수레를 타고 부임했는데, 1년 후 암소가 새끼를 낳았으나 전임할 때 그 송아지를 외양간에 두고 떠났다는 고사에서 유래한다.

글자 | 갈 **거**, 벼슬 **관**, 머물 **유**, 송아지 **독**

출전 | 삼국지

[거괴대특巨魁大慝]

큰 으뜸과 큰 간악함이라는 말이며, 간악한 무리의 두목을 일컫는다.

글자 | 클 **거**, 으뜸 **괴**, 큰 **대**, 간악할 **특**

출전 | 송남잡지

[거구생신去舊生新]

오래된 것은 가고 새로운 것이 생겨난다는 말이다.

글자 | 갈 **거**, 오랠 **구**, 날 **생**, 새 **신**

[거구세린巨口細鱗]

큰 입에 잔 비늘이라는 말이며, 농어를 빗댄 말이다.

글자 | 클 **거**, 입 **구**, 가늘 **세**, 비늘 **린**

[거국삼세去國三世]

나라에 간지 3대라는 말이며, 외국에 간지 3대에 이르렀다는 뜻이다.

글자 | 갈 **거**, 나라 **국**, 세대 **세**

[거국일치擧國一致]

나라를 받들어 하나에 이른다는 말이며, 온 국민이 뭉쳐 하나가 된다는 뜻이다.

글자 | 받들 **거**, 나라 **국**, 이를 **치**

[거기부정擧棋不定]

바둑을 두는데 정하지 않는다는 말이며, 바둑을 두면서 포석할 자리를 정하지 않고 두면 한 집도 이기기 어렵다는 뜻이다.

글자 | 둘 **거**, 바둑 **기**, 아닐 **부**, 정할 **정**

[거기지엽去其枝葉]

그 가지와 잎을 제거한다는 말이며, 사물의 가장 중추가 되는 부분을 제거한다는 뜻이다.

원문 | 去其枝葉 絶其本根可以少閒
거기지엽 절기본근가이소한

글자 | 버릴 **거**, 그 **기**, 가지 **지**, 잎 **엽**

출전 | 국어 진어晉語

[거냉취염去冷就炎]

찬 것을 버리고 더운 것을 취한다는 말이며, 권력이 없는 사람은 버리고 권력이 있는 사람에게 붙는다는 뜻이다.

글자 | 갈 **거**, 찰 **냉**, 좇을 **취**, 더울 **염**

출전 | 조선왕조 14대 선조실록

[거도사벽居徒四壁]

→ 가도사벽家徒四壁

[거두대면擧頭對面]

머리를 들고 서로 얼굴을 대한다는 말이다.

글자 | 들 **거**, 머리 **두**, 대할 **대**, 얼굴 **면**

[거두절미去頭截尾]

머리와 꼬리를 자른다는 말이며, 서론과 결론을 빼고 본론, 즉 요점만 말한다는 뜻이다.

글자 | 버릴 **거**, 머리 **두**, 끊을 **절**, 꼬리 **미**

[거리책지據離責之]

도리에 따라 꾸짖어야 한다는 말이며, 사리를 따져서 잘못을 꾸짖어야 한다는 뜻이다.

글자 | 의지할 **거**, 도리 **리**, 꾸짖을 **책**, 어조사 **지**

[거마낙역車馬絡繹]

수레와 말이 잇고 이어졌다는 말이며, 왕래가 매우 빈번하다는 뜻이다.

글자 | 수레 **거**, 말 **마**, 이을 **낙**, 이을 **역**

[거만대금巨萬大金]

크게 많은 큰돈이라는 말이다.

글자 | 클 **거**, 많을 **만**, 큰 **대**, 돈 **금**

[거문불납拒門不納]

문을 막고 받아들이지 않는다는 말이며, 집에 들어오지 못하게 한다는 뜻이다.

글자 | 막을 **거**, 문 **문**, 아니 **불**, 들일 **납**

[거번취간去繁取簡]

번잡한 것은 버리고 간략한 것은 취

한다는 말이다.

글자 | 갈 **거**, 번잡할 **번**, 취할 **취**, 간략할 **간**

출전 | 어우야담於于野談

[거본취말去本取末]

근본을 버리고 끝을 취한다는 말이며, 옛날에는 천하지대본인 농사를 버리고 장사를 한다는 뜻이었다.

글자 | 갈 **거**, 근본 **본**, 취할 **취**, 끝 **말**

출전 | 삼국사기

[거부중석居不重席]

앉을 때 돗자리를 포개지 않는다는 말이며, 검소한 생활을 이르는 말이다.

글자 | 앉을 **거**, 아닐 **부**, 두 번 **중**, 돗 **석**

[거사지계去邪之戒]

간사함을 가게 하는 경계라는 말이며, 간사한 사람을 경계하라는 뜻이다.

글자 | 갈 **거**, 간사할 **사**, 어조사 **지**, 경계할 **계**

출전 | 서경 대우모大禹謨

동류 | 거사물의去邪勿疑

[거상불교居上不驕]

[다른 사람] 위에 있으면서도 교만하지 않다는 말이다.

원문 | 居上位而不驕
거 상 위 이 불 교

글자 | 있을 **거**, 윗 **상**, 아니 **불**, 교만할 **교**

출전 | 주역 건위천乾爲天, 효경 기효행장紀孝行章

[거상지례居喪之禮]

상사에 있는 예도라는 말이며, 상을 당한 사람이 지켜야 할 예절을 일컫는다.

글자 | 있을 **거**, 상사 **상**, 어조사 **지**, 예도 **례**

[거석홍안擧石紅顔]

돌을 들면 얼굴이 붉어진다는 말이며, 원인이 있으면 결과가 있다는 뜻이다.

글자 | 들 **거**, 돌 **석**, 붉을 **홍**, 얼굴 **안**

출전 | 동언해

[거세개탁擧世皆濁]

모든 세상이 다 흐리다는 말이며, 지위의 높고 낮음을 떠나 모든 사람이 다 올바르지 않다는 뜻이다.

글자 | 모두 **거**, 세상 **세**, 다 **개**, 흐릴 **탁**

출전 | 맹자 이루 상

[거세촉목擧世矚目]

세상을 들어 눈에 보인다는 말이며, 사물이나 사람이 눈에 띄어 사람들의 주목을 받는다는 뜻이다.

글자 | 들 **거**, 세상 **세**, 볼 **촉**, 눈 **목**

출전 | 국어 진어晉語

[거수마룡車水馬龍]

수레는 물과 같이 흐르고 말은 용과 같다는 말이며, 많은 수레와 말들이 오가는 행렬을 뜻한다.

원문 | 車如流水 馬如遊龍
거여유수 마여유룡

글자 | 수레 **거**, 물 **수**, 말 **마**, 용 **룡**

출전 | 후한서

[거순내역去順來逆]

순함이 가고 거스름이 온다는 말이며, 편한 것이 없어지면 불편함이 온다는 뜻이다.

글자 | 갈 **거**, 순할 **순**, 올 **내**, 거스를 **역**

출전 | 조선왕조 19대 숙종실록

[거실대족巨室大族]

큰 방의 큰 일가라는 말이며, 벼슬이 높고 권세 있는 집안을 일컫는다.

글자 | 클 **거**, 방 **실**, 큰 **대**, 일가 **족**

출전 | 조선왕조실록 9대 성종실록

[거악생신去惡生新]

악한 것을 가게 하고 새것을 낳는다는 말이며, 종기에 고약 따위를 발라서 궂은 살을 없애고 새 살을 나오게 한다는 뜻이다.

글자 | 갈 **거**, 악할 **악**, 날 **생**, 새 **신**

[거안고반據鞍顧盼]

말안장에 앉아 뒤를 돌아본다는 말이며, 늙어서도 아직 정정하다는 뜻이다.

글자 | 의지할 **거**, 안장 **안**, 돌아볼 **고**, 돌아볼 **반**

출전 | 후한서

[거안사위居安思危]

편안하게 살 때, 위태로움을 생각한다는 말이며, 평시에 재난에 대비한다는 뜻이다.

원문 | 居安思危 思則有備 有備無患
거안사위 사즉유비 유비무환

글자 | 살 **거**, 편안 **안**, 생각 **사**, 위태로울 **위**

출전 | 서경, 춘추좌씨전 양공襄公 중

동류 | 안거위사安居危思, 거총사위居寵思危

[거안여위居安廬危]

→ 거안사위居安思危

[거안제미擧案齊眉]

밥상을 눈썹과 가지런히 든다는 말이며, 남편을 깍듯이 공경해야 한다는 뜻이다. 동한의 양홍梁鴻의 아내 맹광孟光은 피부가 검고 뚱뚱해 시집을 못 갔으나 가난한 양홍이 쾌히 승낙하여 혼인을 했는데, 아내는 밥상을 높이 들고 남편에게 바쳤다는 고사에서 유래한다.

글자 | 들 **거**, 밥상 **안**, 가지런할 **제**, 눈썹 **미**

출전 | 후한서 일민전逸民傳

[거어누항居於陋巷]

더러운 골목에서 산다는 말이다.

글자 | 살 **거**, 어조사 **어**, 더러울 **누**, 골목 **항**

[거어지탄車魚之歎]

수레와 고기의 탄식이라는 말이며, 사람의 욕심이 만족할 줄 모른다는 뜻이다. 제나라 맹상군의 3천 식객 가운데 3등 객사에 배정된 풍환馮驩이라는 사람이 장검의 칼집을 두드리며 장검아 돌아가자. 식탁에는 생선도 없구나! 하고 노래하여 2등 객사로 옮겨 주니 외출을 하려 해도 수레가 없구나! 하고 노래하여 1등 객사로 옮겨 주었다. 그랬더니 이번에는 처자도 집도 없구나! 하고 만족할 줄 몰랐다는 고사에서 유래한다.

글자 | 수레 **거**, 고기 **어**, 어조사 **지**, 탄식할 **탄**

출전 | 전국책戰國策 제책齊策

유사 | 득롱망촉得隴望蜀, 계학지욕谿壑之慾

[거오선전倨傲鮮腆]

거만하고 착하지 못하다는 말이다.

글자 | 거만할 **거**, 오만할 **오**, 적을 **선**, 착할 **전**

[거의대학擧義代虐]

옳은 것을 들어 사나운 것을 대신한다는 말이며, 의로운 사람을 추대하여 포악한 임금을 대신하게 한다는 뜻이다.

글자 | 들 **거**, 옳을 **의**, 대신할 **대**, 사나울 **학**

출전 | 고려사

[거이익영去而益詠]

가고 나서 더욱 읊는다는 말이며, 공덕을 길이길이 칭송한다는 뜻이다.

글자 | 갈 **거**, 말 이을 **이**, 더할 **익**, 읊을 **영**

[거익심언去益甚焉]

→ 거거익심去去益甚

[거익심조去益深造]

갈수록 더욱 깊어지게 한다는 말이다.

글자 | 갈 **거**, 더할 **익**, 깊을 **심**, 지을 **조**

[거일명삼擧一明三]

→ 거일반삼擧一反三

[거일반삼擧一反三]

하나를 들면 돌이켜 셋을 안다는 말이며, 하나를 들어 설명하면 그 밖의 것은 스스로 헤아려 깨닫는다는 뜻이다.

원문 | 擧一隅 不以隅三 則不復也
거일우 불이우삼 즉불복야

글자 | 들 **거**, 돌이킬 **반**

출전 | 논어 술이편述而篇

[거일폐백擧一廢百]

하나를 들고 백을 폐한다는 말이며, 하나를 택하고 나머지는 모두 버린다는 뜻이다.

글자 | 들 **거**, 폐할 **폐**, 일백 **백**

[거자막추去者莫追]

가는 사람 좇지 말라는 말이다.

글자 | 갈 **거**, 사람 **자**, 아닐 **막**, 좇을 **추**

출전 | 춘추공양전

동류 | 거자물추去者勿追, 왕자불추往者不追

[거자불추去者不追]

가는 사람 쫓지 아니한다는 말이다.

원문 | 去者不追 來者不拒
거 자 불 추 내 자 불 거

글자 | 갈 **거**, 사람 **자**, 아니 **불**, 좇을 **추**

출전 | 맹자 진심 하

동류 | 거자막추去者莫追

[거자일소去者日疎]

세상 떠난 사람은 날마다 희미해진다는 말이며, 서로 멀리 떨어져 있으면 점점 사이가 멀어진다는 뜻이다.

글자 | 갈 **거**, 놈 **자**, 날 **일**, 성길 **소**

출전 | 문선 잡시雜詩

[거장주구擧杖呪狗]

몽둥이를 들어 개를 저주한다는 말이며, 잘못된 일은 아무리 원망하여도 소용이 없다는 뜻이다.

글자 | 들 **거**, 몽둥이 **장**, 저주할 **주**, 개 **구**

출전 | 조선왕조 14대 선조실록

[거재두량車載斗量]

수레에 싣고 말로 셀 수 있을 정도라는 말이며, 헤아릴 수 없이 많은 인재를 뜻한다. 오나라 중대부 조자趙咨가 위나라에 도움을 청하러 갔을 때의 일이다. 위나라 조비가 오나라에는 그대와 같은 인재가 얼마나 되는지를 묻자 조자가 답했다. '총명이 남다른 사람은 8, 90은 되고 저와 같은 사람은 수레로 실어내고 말로 될 정도입니다.'

글자 | 수레 **거**, 실을 **재**, 말 **두**, 헤아릴 **량**

출전 | 삼국지 오지吳志

[거재마전車在馬前]

수레가 있고 말 앞에서라는 말이며, 말이 수레를 끌게 하려면 다른 말이 끄는 수레 뒤에 따라 다니게 하여 길들여야 하는 것과 같이 사람도 초보적인 일에서부터 훈련을 해야 본업에 종사할 수 있다는 뜻이다.

글자 | 수레 **거**, 있을 **재**, 말 **마**, 앞 **전**

[거저척시籧篨戚施]

갑자기 대자리에 누워 슬프다는 말이며, 나쁜 병에 걸려 엎드릴 수도 없고 위를 쳐다볼 수도 없는 오만과 아첨을 빗댄 말이다.

원문 | 所以古人疾籧篨與戚施
소 이 고 인 질 거 저 여 척 시

글자 | 창졸 **거**, 대자리 **저**, 슬플 **척**, 베풀 **시**

출전 | 송사 범질열전范質列傳

[거조해망擧措駭妄]

행동거지가 해괴망측하다는 말이다.

글자 | 행할 **거**, 행동 **조**, 놀랄 **해**, 망측할 **망**

[거족일치擧族一致]

겨레를 들고 하나에 이른다는 말이며, 온 겨레가 한마음 한뜻이 된다는 뜻이다.

글자 | 들 **거**, 겨레 **족**, 이를 **치**

[거존약비居尊若卑]

높은 데 있어도 낮은 데 있는 것처럼 한다는 말이며, 매우 겸손하다는 뜻이다.

글자 | 있을 **거**, 높을 **존**, 같을 **약**, 낮을 **비**

출전 | 일연一然 선사의 비문

반대 | 전거후공前倨後恭

[거주양난去住兩難]

가기도 머물기도 모두 어렵다는 말이며, 이러지도 저러지도 못한다는 뜻이다.

글자 | 갈 **거**, 살 **주**, 두 **양**, 어려울 **난**

출전 | 채문희蔡文姬의 악곡

[거중조정居中調整]

가운데서 고루 정돈한다는 말이며, 다툼이나 시비가 생긴 틈에 들어서 말리거나 화해를 붙인다는 뜻이다.

글자 | 곳 **거**, 가운데 **중**, 고를 **조**, 정돈할 **정**

[거지습수據地習泅]

땅 짚고 헤엄친다는 말이다.

글자 | 짚을 **거**, 땅 **지**, 익힐 **습**, 헤엄칠 **수**

[거지중천居之中天]

사는 데가 하늘 가운데 있다는 말이며, 텅 빈 공간을 뜻한다.

글자 | 살 **거**, 어조사 **지**, 가운데 **중**, 하늘 **천**

[거지행동擧止行動]

→ 행동거지行動擧止

[거직발규去織拔葵]

짜는 것을 버리고 아욱을 뽑는다는 말이며, 남의 일거리를 빼앗지 않는다는 뜻이다. 공의자公儀子가 노나라의 정승이 되어 아내가 베틀을 놓고 비단을 짜는 것을 보고 노하여 베틀을 내던지고 밥상에서 아욱국을 보고 크게 성을 내며 심은 아욱을 뽑아 버리며 한 말이다. '내가 국록을 먹는데 어찌하여 집에서 비단을 짜고 아욱을 심어 여공女工과 전부田夫의 이익마저 빼앗느냐.'

글자 | 버릴 **거**, 짤 **직**, 뽑을 **발**, 아욱 **규**

출전 | 조선왕조 4대 세종실록

[거처불명去處不明]

간 곳이 분명치 않다는 말이다.

글자 | 갈 **거**, 곳 **처**, 아니 **불**, 분명할 **명**

[거철마적車轍馬跡]

수레바퀴 자국과 말 발자국이라는 말이며, 수레와 말을 타고 천하를 돌아다녔다는 뜻이다.

글자 | 수레 **거**, 바퀴 **철**, 말 **마**, 자취 **적**
출전 | 춘추좌씨전

[거총사위居寵思危]

임금께 총애를 받으면 위험을 생각한다는 말이다. 서경에 있는 글이다. '총애를 받게 되면 위태로워질 것을 생각하여 오직 두려워함이 없어야 할 것이다.'

글자 | 항상 있을 **거**, 임금께 총애 받을 **총**, 생각 **사**, 위태할 **위**
출전 | 서경 주관周官
동류 | 거안사위居安思危

[거폐생폐去弊生弊]

폐단을 없애려다 다른 폐단이 생긴다는 말이다.

글자 | 버릴 **거**, 폐단 **폐**, 날 **생**

[거피입본去皮立本]

가죽은 가고 근본은 선다는 말이며, 병든 소를 잡아 가죽을 팔아서 송아지를 산다는 뜻이다.

글자 | 갈 **거**, 가죽 **피**, 세울 **입**, 근본 **본**

[거필택린居必擇隣]

사는 데는 반드시 이웃을 가린다는 말이며, 이웃을 잘 골라서 집을 구하라는 뜻이다.

글자 | 살 **거**, 반드시 **필**, 가릴 **택**, 이웃 **린**

[거해칭추鉅解秤錘]

저울추를 잘라 풀었다는 말이며, 매우 어려운 일이라는 뜻이다.

글자 | 자를 **거**, 풀 **해**, 저울 **칭**, 추 **추**

[거행불명擧行不明]

움직여 행함에 밝지 않다는 말이며, 명령을 행함에 있어 공명公明하지 못하다는 뜻이다.

글자 | 움직일 **거**, 행할 **행**, 아니 **불**, 밝을 **명**

[거행불민擧行不敏]

들어 행함이 민첩하지 않다는 말이며, 행동이 무척 더디다는 뜻이다.

글자 | 들 **거**, 행할 **행**, 아니 **불**, 민첩할 **민**

[거허박영據虛搏影]

허공을 의지하여 그림자를 친다는 말이며, 헛된 일을 하게 하여 적을 무력화한다는 뜻이다.

글자 | 의거할 **거**, 빌 **허**, 손으로 칠 **박**, 그림자 **영**
출전 | 관자

[건강곤유乾剛坤柔]

하늘은 강하고 땅은 부드럽다는 말이며, 하늘은 엄격하고 땅은 유연하다는 뜻이다.

글자 | 하늘 **건**, 강할 **강**, 땅 **곤**, 부드러울 **유**
출전 | 주역 잡괘전雜卦傳

[건건불식乾健不息]

굳세고 굳세어 쉬지 않는다는 말이며, 굳세어 스스로 힘쓰고 쉬지 않는다는 뜻이다.

글자 | 굳셀 **건**, 굳셀 **건**, 아니 **불**, 쉴 **식**

출전 | 조선왕조 11대 중종실록

[건건비궁蹇蹇匪躬]

험하고 험하여 몸이 아니라는 말이며, 신하가 군주를 위해 마음고생을 하면서 섬긴다는 뜻이다. 주역에 있는 글이다. '왕의 신하가 되고 간난신고艱難辛苦하며 일에 임하지만 그 노고는 물론 자기 한 개인을 위한 것은 아니다.'

원문 | 王臣蹇蹇 匪躬之故
왕 신 건 건 비 궁 지 고

글자 | 험할 **건**, 아닐 **비**, 몸 **궁**

출전 | 주역 수산건水山蹇

유사 | 진충보국盡忠報國

[건건사사件件事事]

→ 사사건건事事件件

[건곤감리乾坤坎離]

건괘, 곤괘, 감괘, 이괘라는 말이며, 우리나라 국기인 태극기의 모서리에 표현되어 하늘과 땅, 물과 불을 상징하는 괘이다. 건괘는 하늘을, 곤괘는 땅을, 감괘는 달과 물을, 이괘는 해와 불을 상징한다.

글자 | 건괘 **건**, 곤괘 **곤**, 감괘 **감**, 이괘 **리**

출전 | 주역 64괘 괘효사卦爻辭

[건곤일색乾坤一色]

하늘과 땅이 한 색깔이라는 말이다.

글자 | 하늘 **건**, 땅 **곤**, 빛 **색**

[건곤일척乾坤一擲]

하늘과 땅을 걸고 한 번 주사위를 던진다는 말이며, 승패와 흥망을 걸고 마지막 결단을 내린다는 비유이다. 한유韓愈가 홍구鴻溝라는 지방을 지나다가 초한楚漢 싸움 때의 옛일이 생각나서 지은 시의 한 구절이다. '누가 군왕에게 말머리를 돌리도록 권하여 진정 건곤일척의 성패를 겨루게 했는가.'

원문 | 誰勸君王回馬首眞成一擲賭
수 권 군 왕 회 마 수 진 성 일 척 도
乾坤
건 곤

글자 | 하늘 **건**, 땅 **곤**, 던질 **척**

출전 | 한유의 시 과홍구過鴻溝

[건곤청기乾坤淸氣]

하늘과 땅의 맑은 기운이라는 말이다.

글자 | 하늘 **건**, 땅 **곤**, 맑을 **청**, 기운 **기**

[건곤통연乾坤洞然]

하늘과 땅을 그렇게 꿰뚫었다는 말이며, 천지가 광활하여 아무 장애가 없다는 뜻이다.

글자 | 하늘 **건**, 땅 **곤**, 꿰뚫을 **통**, 그럴 **연**

[건공장군建功將軍]

공을 세운 장군이라는 말이다.

글자 | 세울 **건**, 공 **공**, 장수 **장**, 군사 **군**

[건공지신建功之臣]

공을 세운 신하라는 말이다.

글자 | 세울 **건**, 공 **공**, 어조사 **지**, 신하 **신**

[건괵지증巾幗之贈]

여자의 머리장식과 수건을 보낸다는 말이며, 남자로서 체면이 말이 아니라는 뜻이다. 촉의 재상 제갈량이 위나라 대장군 사마의에게 위수에서 결전을 도발했으나 사마의는 제갈량이 두려워 성문을 굳게 닫고 나오지 않았다. 그래서 제갈량은 여자의 머리장식과 수건을 보내어 사마의를 모욕했다는 고사에서 유래한다.

글자 | 수건 **건**, 머리장식 **괵**, 어조사 **지**, 보낼 **증**

출전 | 십팔사략

[건단곤예乾端坤倪]

하늘의 끝과 땅의 끝이라는 말이다.

글자 | 하늘 **건**, 끝 **단**, 땅 **곤**, 끝 **예**

[건도성남乾道成男]

하늘의 도리는 사내를 이룬다는 말이며, 하늘의 양기陽氣가 남성이 된다는 뜻이다.

글자 | 하늘 **건**, 도리 **도**, 이룰 **성**, 사내 **남**

[건령지세建瓴之勢]

세운 병에서 [물이 쏟아지는] 기세라는 말이며, 힘차게 내닫는 세력을 뜻한다.

글자 | 세울 **건**, 동이 **령**, 어조사 **지**, 기세 **세**

출전 | 사기, 송남잡지

[건목득자建木得子]

나무를 세우고 아들을 얻는다는 말이며, 이자李字의 파자破字로서 이씨李氏를 가리킨다.

글자 | 세울 **건**, 나무 **목**, 얻을 **득**, 아들 **자**

출전 | 조선왕조 3대 태종실록

[건목생수乾木生水]

마른 나무에서 물을 짜낸다는 말이며, 아무것도 없는 사람에게 무리한 요구를 한다는 뜻이다.

글자 | 마를 **건**, 나무 **목**, 날 **생**, 물 **수**

출전 | 송남잡지

동류 | 건목수생乾木水生

[건목수생乾木水生]

마른 나무에서 물을 짠다는 말이며, 무리하게 강요한다는 뜻이다.

글자 | 마를 **건**, 나무 **목**, 물 **수**, 날 **생**

출전 | 순오지 하

동류 | 강목수생剛木水生

[건몰작전乾沒作錢]

굳세게 빼앗아 돈을 만든다는 말이며, 빼앗은 물건을 팔아 돈을 마련한다는 뜻이다.

글자 | 굳셀 **건**, 빼앗을 **몰**, 만들 **작**, 돈 **전**

[건부곤진乾符坤珍]

하늘이 상서롭고 땅이 귀중하다는 말이며, 천자天子가 될 징조가 보인다는 뜻이다.

글자 | 하늘 **건**, 상서 **부**, 땅 **곤**, 귀중할 **진**

[건상유족褰裳濡足]

치마를 걷어 올리고 발을 적신다는 말이며, 무엇을 얻기 위해 치러야 할 최소한의 대가를 뜻한다.

글자 | 옷 걷을 **건**, 치마 **상**, 젖을 **유**, 발 **족**

출전 | 후한서 최인전崔駰傳

[건순노치乾脣露齒]

입술이 말라서 이가 드러난다는 말이다.

글자 | 마를 **건**, 입술 **순**, 드러낼 **노**, 이 **치**

유사 | 권순노치卷脣露齒

[건안칠자建安七子]

건안시대의 일곱 사람이라는 말이며, 후한의 마지막 헌제 때의 연호가 건안인데 이 시대에 뛰어난 문필가 공융·진림·왕찬·서간·완우·응창·유정 7명을 가리킨다.

글자 | 세울 **건**, 편안 **안**, 사람 **자**

출전 | 조비曹조의 전론典論

[건양다경建陽多慶]

양기가 서고 경사가 많다는 말이다.

글자 | 세울 **건**, 양기 **양**, 많을 **다**, 경사 **경**

[건원일극乾元一極]

→ 건원태극乾元太極

[건원칭제建元稱制]

임금을 세우는 제도를 일컫는다는 말이며, 연호를 세우고 임금의 교教를 제도로 삼는다는 뜻이다.

글자 | 세울 **건**, 임금 **원**, 일컬을 **칭**, 제도 **제**

출전 | 조선왕조 4대 세종실록

[건중우민建中于民]

백성에게 가운데를 세운다는 말이며, 백성이 기댈 튼튼한 중심을 세운다는 뜻이다.

글자 | 세울 **건**, 가운데 **중**, 어조사 **우**, 백성 **민**

[걸견폐요桀犬吠堯]

걸의 개는 요를 보고 짖는다는 말이며, 사람은 선악을 불문하고 주인에게만 충성한다는 뜻이다. 하나라의 폭군 걸왕이 부리는 개가 요임금과 같은 성군을 보고도 짖는다는 말에서 유래한다.

글자 | 걸임금 **걸**, 개 **견**, 짖을 **폐**, 요임금 **요**

출전 | 사기 회음후전淮陰侯傳

[걸불병행乞不竝行]

구걸은 여럿이 함께 다니는 것이 아

니라는 말이며, 남에게 부탁할 때는 혼자 가서 조용히 부탁해야 한다는 뜻이다.

글자 | 빌 **걸**, 아니 **불**, 연할 **병**, 다닐 **행**

출전 | 송남잡지

[걸식표모乞食漂母]

빨래하는 어미에게서 빌어먹는다는 말이며, 훌륭한 사람이 불우할 때도 있다는 뜻이다.

글자 | 빌 **걸**, 밥 **식**, 빨래할 **표**, 어미 **모**

[걸아득금乞兒得錦]

구걸하는 아이가 비단을 얻었다는 말이며, 거지가 비단옷을 입으면 얻어먹을 수가 없기 때문에 이럴 수도 없고 저럴 수도 없다는 뜻이다.

글자 | 구걸할 **걸**, 아이 **아**, 얻을 **득**, 비단 **금**

출전 | 동언해

[걸인불설乞人不屑]

거지도 가벼이 보지 아니한다는 말이며, 거지도 달갑지 않게 여긴다는 뜻이다.

글자 | 빌 **걸**, 사람 **인**, 아니 **불**, 가벼이 볼 **설**

[걸인연천乞人憐天]

거지가 하늘을 불쌍히 여긴다는 말이며, 분수에 맞지 않는 걱정을 한다는 뜻이다.

글자 | 빌 **걸**, 사람 **인**, 불쌍히 여길 **연**, 하늘 **천**

출전 | 순오지

유사 | 칠실지우漆室之憂

[걸항지심桀亢之心]

빼어나고 높은 마음이라는 말이며, 조금도 겸손함이 없이 잘난 체하는 마음이라는 뜻이다.

글자 | 빼어난 모양 **걸**, 높을 **항**, 어조사 **지**, 마음 **심**

출전 | 조선왕조 10대 연산군일기

[검고능광儉故能廣]

검소하기 때문에 널리 줄 수 있다는 말이며, 자신의 생활이 검소하기 때문에 다른 사람에게 널리 베풀 수 있다는 뜻이다.

원문 | 慈故能勇 儉故能廣
자고능용 검고능광

글자 | 검소할 **검**, 까닭 **고**, 능할 **능**, 넓을 **광**

출전 | 노자 67장 삼보三寶

[검려기궁黔驢奇窮]

검주의 나귀가 재주를 다했다는 말이며, 자기의 기량이 졸렬함을 모르고 낭패를 당한다는 뜻이다. 검주에는 본래 나귀가 없어서 범이 나귀를 보고 처음에는 매우 무서워했는데 나귀가 뒷발질만 하는 것을 보고 별 재주가 없음을 알자 잡아먹었다는 우화에서 유래한다.

글자 | 검을 **검**, 나귀 **려**, 재주 **기**, 다할 **궁**
출전 | 유종원의 삼계三戒
동류 | 검려지기黔驢之技

[검려지기黔驢之技]

→ 검려기궁黔驢寄窮

[검림지옥劍林地獄]

칼이 수풀로 된 지옥이라는 말이며, 16 소지옥小地獄 중의 하나로써 시뻘겋게 단 뜨거운 쇠 알이 달리고 칼이 가득한 숲속에서 죄 많은 망자亡子가 온몸을 찔리는 단련을 받는다는 지옥이다. 불효 · 불경 · 무자비한 자가 떨어지는 곳이다.

글자 | 칼 **검**, 수풀 **림**, 땅 **지**, 옥 **옥**
동류 | 검수지옥劍樹地獄

[검수지옥劍樹地獄]

→ 검림지옥劍林地獄

[검약저축儉約貯蓄]

검소하여 저축한다는 말이며, 자신의 생활이 검소하기 때문에 다른 사람에게 널리 베풀 수 있다는 뜻이다.

글자 | 검소할 **검**, 검소할 **약**, 저축할 **저**, 쌓을 **축**

[검이불루儉而不陋]

검소하지만 누추하지는 않다는 말이다. 삼국사기에 나오는 글이다. '새로 궁궐을 지었는데 검소하지만 누추해 보이지 않았고 화려하지만 사치스러워 보이지 않았다.'

원문 | 新作宮室 儉而不陋 華而不侈
신작궁실 검이불루 화이불치

글자 | 검소할 **검**, 말 이을 **이**, 아니 **불**, 더러울 **루**
출전 | 삼국사기 백제 온조왕

[검일인적劍一人敵]

칼은 한 사람을 대적한다는 말이다.

글자 | 칼 **검**, 사람 **인**, 대적할 **적**

[검존사실儉存奢失]

검소하면 있고 사치하면 잃는다는 말이며, 검소하면 존재하게 되고 사치하면 곧 사라지게 된다는 뜻이다.

글자 | 검소할 **검**, 있을 **존**, 사치 **사**, 잃을 **실**

[게간이기揭竿而起]

장대를 걸고 일어난다는 말이며, 백성들이 일어나 폭정에 항거한다는 뜻이다. 원래는 나무를 찍어 병장기로 삼고 장대에 기를 달고 일어나 일제히 진군한다는 글이었다.

원문 | 斬木爲兵 揭竿而起
참목위병 게간이기

글자 | 걸 **게**, 장대 **간**, 말 이을 **이**, 일어날 **기**
출전 | 가의賈誼의 과진론過秦論

[게부입연揭斧入淵]

도끼를 들고 연못에 들어간다는 말이

며, 물건을 적당한 곳에 쓰지 않고 엉뚱한 곳에 쓴다, 또는 쓸데없는 짓을 한다는 뜻이다.

글자 | 높이 들 **게**, 도끼 **부**, 들 **입**, 못 **연**

출전 | 회남자

유사 | 연목구어緣木求魚

[격강천리隔江千里]

강이 막혀 천 리라는 말이며, 강을 사이에 두고 있으나 자주 내왕을 할 수 없어 천 리 길이나 같다는 뜻이다.

글자 | 막힐 **격**, 강 **강**, 일천 **천**, 이수 **리**

[격고명금擊鼓鳴金]

북을 치고 징을 울린다는 말이며, 북을 치면 진격하고 징을 울리면 퇴각한다는 뜻이다.

글자 | 칠 **격**, 북 **고**, 울 **명**, 풍류 이름 **금**

[격몽요결擊蒙要訣]

어린이를 두드리는 비결 모음이라는 말이며, 어린이를 가르치는 비결이라는 뜻이다. 이는 이조시대(1577년) 율곡栗谷 이이李珥가 어린이의 학습을 위하여 쓴 책으로서 입지立志 · 혁구습革舊習 · 지신持身 · 독서讀書 · 사친事親 · 상제喪制 · 제례制禮 · 거가居家 · 접인接人 · 처세處世의 10장으로 되어 있으며 율곡은 독서장에서 동양고전의 읽는 순서를 소학 · 대학 · 논어 · 맹자 · 중용 · 시경 · 예기 · 서경 · 역경(주역) · 춘추좌씨전의 순으로 권하고 있다.

글자 | 두드릴 **격**, 어릴 **몽**, 모을 **요**, 비결 **결**

[격물치지格物致知]

물건을 궁구하면 아는 데 이른다는 말이며, 노력을 거듭하면 모든 사물의 이치를 다 알게 된다는 뜻이다. 이는 사서四書 중 하나인 대학大學에서 서술하고 있는 8조목, 즉 격물格物, 치지致知, 성의誠意, 정심正心, 수신修身, 제가齊家, 치국治國, 평천하平天下 중에 있는 조목이다.

글자 | 궁구할 **격**, 물건 **물**, 이를 **치**, 알 **지**

출전 | 대학 격물치지

[격세안면隔歲顔面]

해가 막힌 안면이라는 말이며, 해가 바뀌도록 오래 만나지 못한 얼굴이라는 뜻이다.

글자 | 막힐 **격**, 해 **세**, 얼굴 **안**, 낯 **면**

[격세즉망隔世卽忘]

세상이 막히면 곧 잊는다는 말이며, 내왕이 없으면 곧 잊어버린다는 뜻이다.

글자 | 막힐 **격**, 세상 **세**, 곧 **즉**, 잊을 **망**

[격세지감隔世之感]

막힌 세대의 느낌이라는 말이며, 다른 먼 세대와 같은 느낌이라는 뜻이다.

글자 | 막힐 **격**, 세대 **세**, 어조사 **지**, 느낄 **감**

[격심정사格心正事]

마음을 바로잡고 일을 바르게 한다는 말이며, 나쁜 마음을 바르게 가지고 잘못하는 일을 바르게 한다는 뜻이다.

글자 | 바를 **격**, 마음 **심**, 바를 **정**, 일 **사**

출전 | 조선왕조실록 11대 중종실록

[격우황천格于皇天]

하늘의 황제에 이른다는 말이며, 하늘을 감동시킨다는 말이다.

글자 | 이를 **격**, 어조사 **우**, 황제 **황**, 하늘 **천**

[격장유이隔墻有耳]

막힌 담에 귀가 있다는 말이며, 어디에서도 말이 새나감으로 말을 조심하라는 뜻이다.

글자 | 막을 **격**, 담 **장**, 있을 **유**, 귀 **이**

[격장지린隔墻之隣]

담장으로 막은 이웃이라는 말이며, 담을 사이에 둔 이웃이라는 뜻이다.

글자 | 막을 **격**, 담장 **장**, 어조사 **지**, 이웃 **린**

[격절칭상擊節稱賞]

→ 격절탄상擊節嘆賞

[격절탄상擊節嘆賞]

마디를 치고 탄식하면서 칭찬한다는 말이며, 무릎이나 넓적다리를 손으로 치면서 탄복하여 칭찬한다는 뜻이다.

글자 | 칠 **격**, 마디 **절**, 탄식할 **탄**, 칭찬할 **상**

출전 | 소학 선행善行

동류 | 격절칭상擊節稱賞

[격탁양청激濁揚淸]

흐린 것을 무찌르고 맑은 것을 나타낸다는 말이며, 악을 제거하고 선을 드날린다는 뜻이다.

원문 | 擧直錯枉 激濁揚淸
거 직 착 왕 격 탁 양 청

글자 | 찌를 **격**, 흐릴 **탁**, 나타낼 **양**, 맑을 **청**

출전 | 사헌부제명기司憲府題名記

[격혜소양隔鞋搔癢]

→ 격화소양隔靴搔癢

[격화소양隔靴搔癢]

신을 신고 발바닥을 긁는다는 말이며, 일을 하느라고 애를 쓰지만 정통을 찌르지 못해 소기의 목적을 달성하지 못한다는 뜻이다.

원문 | 詩不著題 如隔靴搔癢
시 불 저 제 여 격 화 소 양

글자 | 사이 뜰 **격**, 가죽신 **화**, 긁을 **소**, 가려울 **양**

출전 | 무문관無門關, 속전등록續傳燈錄

동류 | 격화파양隔靴爬癢, 격혜소양隔鞋搔癢

유사 | 마고소양麻姑搔痒

ㄱ

[격화일로激化一路]

한 길로 급하게 된다는 말이며, 오로지 급하게 되어갈 뿐이라는 뜻이다.

글자 | 급할 **격**, 될 **화**, 길 **로**

[격화파양隔靴爬癢]

→ 격화소양隔靴搔癢

[견갑이병堅甲利兵]

튼튼한 갑옷과 날랜 군사라는 말이며, 강한 군대를 뜻한다.

글자 | 굳을 **견**, 갑옷 **갑**, 날카로울 **이**, 군사 **병**

출전 | 맹자 양혜왕梁惠王 상

[견강부회牽强附會]

억지로 끌어다가 형편을 맞춘다는 말이며, 가당치도 않은 말을 억지로 끌어다 붙여 조건이나 이치에 맞도록 우겨댄다는 뜻이다.

글자 | 끌 **견**, 강할 **강**, 붙일 **부**, 맞출 **회**

출전 | 주자어류

유사 | 아전인수我田引水, 수석침류漱石枕流, 추주어륙推舟於陸

[견강지변堅强之辯]

굳고 굳센 언변이라는 말이며, 억지로 이유를 끌어대는 변명을 일컫는다.

글자 | 굳을 **견**, 굳셀 **강**, 어조사 **지**, 말 잘할 **변**

[견개지사狷介之士]

절개를 굽히지 않는 사람이라는 말이며, 완고하고 융통성이 적은 사람을 뜻한다.

글자 | 굽히지 않을 **견**, 절개 **개**, 어조사 **지**, 선비 **사**

출전 | 세설신어

[견과불경見過不更]

허물이 드러나도 고치지 않는다는 말이다.

글자 | 드러날 **견**, 허물 **과**, 아니 **불**, 고칠 **경**

[견권지정繾綣之情]

다정스럽게 서로 따르는 마음이라는 말이며, 마음속에 굳게 맺혀 잊을 수 없는 정을 일컫는다.

글자 | 다정스러울 **견**, 서로 따를 **권**, 어조사 **지**, 마음속 **정**

출전 | 대평통재大平通載 권68

[견기소견見其所見]

볼 바 그것을 본다는 말이며, 봐야 할 것만 본다는 뜻이다. 겉으로 보이는 것만 보는 사람은 대상 사물이 지니고 있는 본질의 가치를 보아 넘기기 쉽다는 것이다.

원문 | 在其內而忘其外 見其所見
재기내이망기외 견기소견

글자 | 볼 **견**, 그 **가**, 바 **소**

출전 | 열자 설부편

[견기이작見機而作]

기미를 보고 만든다는 말이며, 기미를 알고 미리 조치한다는 뜻이다.

글자 | 볼 **견**, 기미 **기**, 말 이을 **이**, 만들 **작**

[견기지재見機之才]

기미를 보는 재주라는 말이며, 낌새를 잘 알아채거나 기회를 잘 엿보는 재주라는 뜻이다.

글자 | 볼 **견**, 기미 **기**, 어조사 **지**, 재주 **재**

[견득사의見得思義]

얻을 것을 보면 옳은 것을 생각한다는 말이며, 이득이 생기는 일이 생기면 옳은 일인지를 생각하라는 뜻이다.

글자 | 볼 **견**, 얻을 **득**, 생각 **사**, 옳을 **의**

[견란구계見卵求鷄]

달걀을 보고 닭을 구한다는 말이며, 너무 지나치게 서두른다는 뜻이다.

원문 | 見卵而求時夜 見彈而求鴞炙
견란이구시야 견탄이구효적

글자 | 볼 **견**, 알 **란**, 구할 **구**, 닭 **계**

출전 | 장자 제물론편齊物論篇

[견란구시見卵求時]

→ 견란구계見卵求鷄

[견련사건牽聯事件]

연하고 연한 사건이라는 말이며, 깊이 연관된 사건이라는 뜻이다.

글자 | 연할 **견**, 연할 **련**, 일 **사**, 가지 **건**

[견련지친牽連之親]

끌어다 이은 친척이라는 말이며, 먼 친척을 일컫는다.

글자 | 끌 **견**, 이을 **련**, 어조사 **지**, 가까울 **친**

[견렵심희見獵心喜]

사냥하는 것을 보면 마음이 기쁘다는 말이며, 어렸을 때를 그리워하는 마음을 일컫는다.

원문 | 在罔野間見狹獵者 不覺有喜心
재망야간견협렵자 불각유희심

글자 | 볼 **견**, 사냥할 **렵**, 마음 **심**, 기쁠 **희**

출전 | 이정전서二程全書

[견리망의見利忘義]

이로움을 보면 옳은 것을 잊는다는 말이며, 도의를 잊고 이익만 추구한다는 뜻이다.

글자 | 볼 **견**, 이로울 **리**, 잊을 **망**, 옳을 **의**

[견리망치見利忘恥]

이익을 보고 부끄러움을 잊는다는 말이며, 권력이나 물욕에 눈이 어두우면 부끄러움을 모른다는 뜻이다.

글자 | 볼 **견**, 이로울 **리**, 잊을 **망**, 부끄러울 **치**

출전 | 고려사

반대 | 견리사의見利思義

[견리불유見利不誘]

이익을 봐도 유혹되지 않는다는 말이다.

글자 | 볼 **견**, 이로울 **리**, 아니 **불**, 유혹할 **유**

출전 | 관자 내업편內業篇

[견리사의見利思義]

이로운 일을 볼 때 먼저 의를 생각하라는 말이다.

글자 | 볼 **견**, 이로울 **리**, 생각 **사**, 의로울 **의**

출전 | 논어 헌문憲問

[견마곡격肩摩轂擊]

사람의 어깨와 어깨가 닿고 바퀴가 서로 부딪친다는 말이며, 교통이 혼잡한 상태를 뜻한다.

글자 | 어깨 **견**, 미칠 **마**, 바퀴 **곡**, 부딪칠 **격**

출전 | 전국책 제책齊策

동류 | 곡격견마轂擊肩摩

[견마지년犬馬之年]

→ 견마지치犬馬之齒

[견마지령犬馬之齡]

→ 견마지치犬馬之齒

[견마지로犬馬之勞]

개와 말의 수고라는 말이며, 임금이나 나라에 몸 바쳐 충성을 다한다는 비유이다. 자기의 노력을 겸손히 하는 말로도 쓴다.

글자 | 개 **견**, 말 **마**, 어조사 **지**, 일할 **로**

출전 | 사기 소상국세가蕭相國世家

동류 | 한마지로汗馬之勞, 견마지역犬馬之役, 견마지충犬馬之忠

[견마지류犬馬之類]

개나 말의 무리라는 말이며, 개나 말처럼 낮고 천한 사람들을 일컫는다.

글자 | 개 **견**, 말 **마**, 어조사 **지**, 무리 **류**

[견마지성犬馬之誠]

개나 말의 정성이라는 말이며, 자기가 바치는 정성을 아주 겸손하게 이르는 말이다.

글자 | 개 **견**, 말 **마**, 어조사 **지**, 정성 **성**

출전 | 옥루몽

[견마지심犬馬之心]

개와 말의 마음이라는 말이며, 임금이나 부모를 위해 바치는 충성 또는 효성을 일컫는다.

글자 | 개 **견**, 말 **마**, 어조사 **지**, 마음 **심**

출전 | 사기 소상국세가, 한서

[견마지양犬馬之養]

개나 말을 친다는 말이며, 어버이에게 의식주만 공급할 뿐 공경함이 없다는 뜻이다.

글자 | 개 **견**, 말 **마**, 어조사 **지**, 칠 **양**

출전 | 논어 위정편爲政篇

[견마지역犬馬之役]

→ 견마지로犬馬之勞

[견마지종犬馬之悰]

개나 말의 즐거움이라는 말이며, 다른 사람을 위하여 정성을 다함을 겸손히 이르는 뜻이다.

글자 | 개 **견**, 말 **마**, 어조사 **지**, 즐거울 **종**

출전 | 고려사

동류 | 견마지성犬馬之誠, 견마지충犬馬之忠

[견마지충犬馬之忠]

개나 말과 같은 충성이라는 말이며, 임금이나 나라에 제 몸을 아끼지 않고 온갖 힘을 다하여 바치는 충성을 아주 겸손하게 이르는 뜻이다.

글자 | 개 **견**, 말 **마**, 어조사 **지**, 충성 **충**

[견마지치犬馬之齒]

개와 말의 이빨이라는 말이며, 보람 없이 헛되게 먹은 나이라는 뜻이다. 자기의 나이를 겸손히 말할 때도 쓰는 말이다.

글자 | 개 **견**, 말 **마**, 어조사 **지**, 이 **치**

동류 | 견마지년犬馬之年

[견모상마見毛相馬]

털만 보고 말을 가린다는 말이며, 사람의 말만 듣고 채용한다는 뜻이다.

글자 | 볼 **견**, 털 **모**, 가릴 **상**, 말 **마**

출전 | 염철론

동류 | 이모상마以毛相馬

유사 | 이모취인以貌取人

[견문각지見聞覺知]

보고, 듣고, 깨닫고, 안다는 말이다.

글자 | 볼 **견**, 들을 **문**, 깨달을 **각**, 알 **지**

[견문발검見蚊拔劍]

모기를 보고 검을 뺀다는 말이며, 작은 일에 큰 대책을 세운다는 비유이다.

글자 | 볼 **견**, 모기 **문**, 뺄 **발**, 칼 **검**

[견문일치見聞一致]

보고 들은 것이 하나에 이른다는 말이며, 본 것과 들은 것이 같다는 뜻이다.

글자 | 볼 **견**, 들을 **문**, 이를 **치**

[견물생심見物生心]

물건을 보면 욕심이 생긴다는 말이다.

글자 | 볼 **견**, 만물 **물**, 날 **생**, 마음 **심**

출전 | 송남잡지

유사 | 이목지욕耳目之慾

[견백동이堅白同異]

단단함과 흰 것이 같기도 하며 다르기도 하다는 말이며, 궤변을 뜻한다. 조나라 학자 공손룡이 단단하고 흰 돌은 눈으로 보아서는 흰 것을 알 수 있으나 단단한지는 모르며, 손으로 만져보았을 때는 그 단단한 것을 알 뿐 빛이 흰 지는 모르므로 단단한 돌과 흰 돌과는 같은 것이 아니다라는 억지 논리를 편 데서 유래한다.

글자 | 굳을 **견**, 흰 **백**, 같을 **동**, 다를 **이**

출전 | 사기 맹자순경전孟子荀卿傳

동류 | 견석백마堅石白馬

유사 | 백마비마白馬非馬

[견벽불출堅壁不出]

굳은 벽에서 나오지 않는다는 말이며, 안전한 곳에 머물러 있다는 뜻이다.

글자 | 굳을 **견**, 벽 **벽**, 아니 **불**, 날 **출**

[견벽청야堅壁淸野]

성벽을 튼튼히 하고 들을 말끔히 치운다는 말이며, 적군이 물자를 얻지 못하도록 성곽을 다지고 주변을 정리하여 태세를 갖춘다는 뜻이다.

글자 | 굳을 **견**, 벽 **벽**, 맑을 **청**, 들 **야**

출전 | 삼국지 순욱전荀彧傳

[견불문법見佛聞法]

부처를 보고 법을 듣는다는 말이며, 예불을 드리는 자세를 일컫는다.

글자 | 볼 **견**, 부처 **불**, 들을 **문**, 법 **법**

[견불체문見不逮聞]

본 것이 들은 것에 미치지 못한다는 말이며, 남의 말로 전해들은 것과 직접 본 것과는 많은 차이가 있다는 뜻이다.

원문 | 所見不逮所聞
소 견 불 체 소 문

글자 | 볼 **견**, 아니 **불**, 미칠 **체**, 들을 **문**

출전 | 당서

[견빙지점堅氷之漸]

굳은 얼음으로 나아간다는 말이며, 일의 조짐을 보고 미리 그 화를 경계하라는 뜻이다.

글자 | 굳을 **견**, 얼음 **빙**, 어조사 **지**, 나아갈 **점**

출전 | 조선왕조 3대 태종실록

[견사생풍見事生風]

일을 보면 바람이 일어난다는 말이며, 일을 시원스럽게 해치운다는 뜻이다.

글자 | 볼 **견**, 일 **사**, 날 **생**, 바람 **풍**

[견상지빙見霜知氷]

서리가 내린 것을 보고 얼음이 얼 것을 안다는 말이며, 조짐을 알고 결과를 예측할 수 있다는 뜻이다.

글자 | 볼 **견**, 서리 **상**, 알 **지**, 얼음 **빙**

[견색지치犬咋之雉]

개에 물린 꿩이라는 말이며, 아무런 이유 없이 화를 당한다는 뜻이다.

글자 | 개 **견**, 깨물 **색**, 어조사 **지**, 꿩 **치**

출전 | 심생전沈生傳

[견석백마堅石白馬]

굳은 [흰] 돌과 흰 말이라는 말이며, 색깔은 같으나 단단함은 다르다는 뜻이다.

글자 | 굳을 **견**, 돌 **석**, 흰 **백**, 말 **마**

[견선여갈見善如渴]

착한 것을 보고 목마름같이 하라는 말이며, 착한 것을 보거든 그것을 본받아서 그 즉시 실천에 옮기라는 뜻이다.

원문 | 見善如渴 聞惡如聾
견 선 여 갈 문 악 여 롱

글자 | 볼 **견**, 착할 **선**, 같을 **여**, 목마를 **갈**

출전 | 명심보감 계선편繼善篇

[견선종지見善從之]

착한 일을 보면 따르라는 말이며, 착한 일은 주저 없이 행하라는 뜻이다.

글자 | 볼 **견**, 착할 **선**, 따를 **종**, 어조사 **지**

출전 | 소학 입교入教

[견설고골犬齧枯骨]

개가 마른 뼈를 핥는다는 말이며, 아무 쓸모없는 것을 어루만진다는 뜻이다.

글자 | 개 **견**, 깨물 **설**, 마를 **고**, 뼈 **골**

[견성득도見性得道]

성품을 보면 도리를 얻는다는 말이며, 자기의 천성을 깨달아 도를 얻는다는 뜻이다.

글자 | 볼 **견**, 성품 **성**, 얻을 **득**, 도리 **도**

유사 | 견성성불見性成佛

[견성성불見性成佛]

성품을 보면 부처가 된다는 말이며, 자신의 본성을 알아볼 수 있으면 이미 부처와 같은 깨달음을 열었다는 뜻이다.

글자 | 볼 **견**, 성품 **성**, 이룰 **성**, 부처 **불**

출전 | 오성론悟性論

[견아교착犬牙交錯]

→ 견아상제犬牙相制

[견아상입犬牙相入]

→ 견아상제犬牙相制

[견아상제犬牙相制]

개의 이빨이 서로 들쭉날쭉 멋대로 났다는 말이며, 지리적인 경계나 사물의 형편이 서로 복잡하게 얽혀있다는 뜻이다.

글자 | 개 **견**, 이빨 **아**, 서로 **상**, 제 마음대로 할 **제**

출전 | 사기 문제기文帝紀

동류 | 견아상착犬牙相錯, 견아상치犬牙相置

[견아상착犬牙相錯]

→ 견아상제犬牙相制

[견아차호犬牙差互]

개의 이빨이 서로 어긋났다는 말이며, 똑바르지 않다는 뜻이다.

글자 | 개 **견**, 어금니 **아**, 어긋날 **차**, 서로 **호**

[견양저육汧陽豬肉]

견양의 돼지고기라는 말이며, 허망한 이름에 속아 넘어간다는 뜻이다.

글자 | 못 **견**, 볕 **양**, 돼지 **저**, 고기 **육**

출전 | 소동파의 글

[견양지질犬羊之質]

개와 양의 자질이라는 말이며, 재능이 없는 소질을 뜻한다.

글자 | 개 **견**, 양 **양**, 어조사 **지**, 바탕 **질**

출전 | 문제의 여오질서與吳質書

[견여금석堅如金石]

쇠와 돌같이 굳다는 말이며, 서로 맺은 언약이 단단하다는 뜻이다.

글자 | 굳을 **견**, 같을 **여**, 쇠 **금**, 돌 **석**

출전 | 한시외전

동류 | 협여금석黇如金石

[견여반석堅如盤石]

소반돌과 같이 굳다는 말이며, 기초가 반석과 같이 튼튼하고 안전하다는 뜻이다.

글자 | 굳을 **견**, 같을 **여**, 소반 **반**, 돌 **석**

[견여지우見與之友]

주는 것을 보이는 벗이라는 말이며, 겉으로만 좋아하는 벗이라는 뜻이다.

원문 | 見與之友 幾於不親
견 여 지 우 기 어 불 친

글자 | 볼 **견**, 줄 **여**, 어조사 **지**, 벗 **우**

출전 | 관자 형세해편形勢解篇

[견연지화見煙知火]

연기를 보면 불을 알 수 있다는 말이며, 지엽적인 것을 보면 그 본체를 짐작할 수 있다는 뜻이다.

글자 | 볼 **견**, 연기 **연**, 알 **지**, 불 **화**

[견열폐식見噎廢食]

목이 메는 것을 먹이지 아니한다는 말이며, 작은 장애를 보고 큰일을 포기한다는 뜻이다.

글자 | 볼 **견**, 메일 **열**, 폐할 **폐**, 먹을 **식**

출전 | 조선왕조 14대 선조실록

[견원지간犬猿之間]

개와 원숭이의 사이라는 말이며, 몹시 사이가 나쁜 관계를 빗댄 말이다.

글자 | 개 **견**, 원숭이 **원**, 어조사 **지**, 사이 **간**

[견위불발堅危不拔]

위태로움을 굳게 하고 빼지 않는다는 말이며, 굳게 참고 견디어 결심한 바를 딴 데로 옮기지 않는다는 뜻이다.

글자 | 굳을 **견**, 위태할 **위**, 아니 **불**, 뺄 **발**

[견위수명見危授命]

위험을 보고 목숨을 버린다는 말이며, 국가나 임금의 위태로움을 보고 목숨 바쳐 싸운다는 뜻이다.

원문 | 見利思義 見危授命
견 리 사 의 견 위 수 명

글자 | 볼 **견**, 위태로울 **위**, 줄 **수**, 목숨 **명**

출전 | 논어 헌문憲問

동류 | 견위치명見危致命

[견위치명見危致命]

위태로움을 보면 목숨을 보낸다는 말이며, 나라가 위태롭게 되면 몸을 나라에 바친다는 뜻이다.

원문 | 士見危致命 見得思義
사 견 위 치 명 견 득 사 의

글자 | 볼 **견**, 위태로울 **위**, 보낼 **치**, 목숨 **명**

출전 | 논어 자장子張

[견이불식見而不食]

보고도 먹지 못한다는 말이며, 탐나는 것을 이용하거나 차지할 수 없다는 뜻이다.

글자 | 볼 **견**, 말 이을 **이**, 아니 **불**, 먹을 **식**

[견이지지見而知之]

보아야 안다는 말이며, 실지로 보고 깨닫는다는 뜻이다.

글자 | 볼 **견**, 어조사 **이**, 알 **지**, 어조사 **지**

[견인견지見仁見智]

어진 것을 보며 지혜를 본다는 말이며, 어진 사람은 어질다고 보고 지혜로운 사람은 지혜롭게 본다는 뜻으로, 같은 문제나 같은 사안에 대하여 사람마다 보는 바가 다르다는 말이기도 하다.

원문 | 仁者見之謂之仁智者見之
인 자 견 지 위 지 인 지 자 견 지
謂之智
위 지 지

글자 | 볼 **견**, 어질 **인**, 지혜 **지**

출전 | 주역 계사전繫辭傳 상

[견인불발堅忍不拔]

단단함과 참을성이 뽑히지 않는다는 말이며, 굳게 참고 버티어 마음을 빼앗기지 않는다는 뜻이다.

글자 | 굳을 **견**, 참을 **인**, 아니 **불**, 뽑을 **발**

출전 | 소식의 조착론晁錯論

유사 | 지조견고志操堅固

[견인지구堅忍持久]

굳게 참고 오래 견딘다는 말이다.

글자 | 굳을 **견**, 참을 **인**, 오래 참을 **지**, 오랠 **구**

[견인지종堅忍至終]

굳게 참고 끝에 이른다는 말이며, 끝까지 참고 견딘다는 뜻이다.

글자 | 굳을 **견**, 참을 **인**, 이를 **지**, 끝 **종**

[견자화중犭者禾重]

두 글자를 합하여 저종猪種이라는 말이며, 돼지 종자라는 뜻이다.

글자 | 개 **견**, 놈 **자**, 벼 **화**, 무거울 **중**

[견정나세牽情拏勢]

정에 끌려 권세에 이끌린다는 말이며, 자기의 주장을 펴지 못하고 끌려 다닌다는 뜻이다.

글자 | 이끌 **견**, 마음속 **정**, 맛 당길 **나**, 권세 **세**

출전 | 조선왕조 15대 광해군일기

[견족생모犬足生毛]

개 발에 털이 난다는 말이며, 백성을 잘 다스리니 도둑이 없어 세상이 태평하다는 뜻이다. 개가 움직일 일이 없어 개의 발바닥에 털이 난다는 것이다.

글자 | 개 **견**, 발 **족**, 날 **생**, 털 **모**

출전 | 조선왕조 13대 명종실록

[견지아조堅持雅操]

맑은 지조志操를 굳게 지킨다는 말이며, 깨끗한 지조를 잃지 않도록 해야 한다는 뜻이다.

원문 | **堅持雅操 好爵自縻**
견 지 아 조 호 작 자 미

글자 | 굳을 **견**, 지킬 **지**, 맑을 **아**, 지조 **조**

출전 | 천자문 51항

[견토고견見兎顧犬]

→ 견토방구見兎放狗

출전 | 전국책 초책楚策

[견토방구見兎放狗]

토끼를 발견하고 사냥개를 풀어놓는다는 말이며, 사건이 일어난 후 대책을 세워도 된다는 뜻이다.

글자 | 볼 **견**, 토끼 **토**, 놓을 **방**, 개 **구**

출전 | 신서新序

[견토지쟁犬兎之爭]

개와 토끼의 다툼을 말하며, 쓸데없는 다툼을 뜻하기도 하고 양자의 다툼에서 제3자가 이익을 보는 것을 뜻하기도 한다. 옛날에 준견駿犬이 교토狡兎를 쫓아 다섯 번이나 산을 오르고 세 번 돌다가 마침내 둘 다 죽어 농부가 이것을 얻었다는 고사에서 유래한다.

글자 | 개 **견**, 토끼 **토**, 어조사 **지**, 다툴 **쟁**

출전 | 전국책 제책齊策

동류 | 방휼지쟁蚌鷸之爭, 어부지리漁父之利

관련 | 전부지공田父之功

[견합지설牽合之說]

끌어 모은 말이라는 말이며, 억지로 끌어다 붙여 꾸민 말이라는 뜻이다.

글자 | 이끌 **견**, 모을 **합**, 어조사 **지**, 말씀 **설**

출전 | 조선왕조 9대 성종실록

[견해불구見害不懼]

손해를 봐도 두려워하지 않는다는 말이다.

글자 | 볼 **견**, 해할 **해**, 아니 **불**, 두려울 **구**

출전 | 관자 내업편內業篇

[견현사제見賢思齊]

어진 사람을 보니 그와 같이 되고 싶다는 말이다.

글자 | 볼 **견**, 어질 **현**, 생각 **사**, 가지런할 **제**

출전 | 논어 이인里仁

[견혈만흉鵑血滿胸]

두견새의 피가 가슴에 가득하다는 말이며, 사모하는 마음이 간절하다는 뜻이다.

글자 | 두견새 **견**, 피 **혈**, 찰 **만**, 가슴 **흉**

[결가부좌結跏趺坐]

사리고 맺어서 도사리고 앉는다는 말이며, 먼저 오른발을 왼쪽에 놓은 다음 왼발을 오른쪽 넓적다리 위에 놓고 앉는다는 뜻이다.

글자 | 맺을 **결**, 사리고 앉을 **가**, 도사리고 앉을 **부**, 앉을 **좌**

[결교지인結交之人]

사귀어 맺은 사람이라는 말이다.

글자 | 맺을 **결**, 사귈 **교**, 어조사 **지**, 사람 **인**

[결발부부結髮夫婦]

터럭을 맺은 부부라는 말이며, 귀머리 풀어 상투를 틀고 쪽을 지어 총각과 처녀가 정식으로 혼인한 부부라는 뜻이다.

글자 | 맺을 **결**, 터럭 **발**, 지아비 **부**, 며느리 **부**

[결백청정潔白淸淨]

맑고 희고, 맑고 깨끗하다는 말이다.

글자 | 맑을 **결**, 흰 **백**, 맑을 **청**, 깨끗할 **정**

[결복출장抉腹出腸]

배를 가르고 창자를 꺼낸다는 말이며, 하나도 숨김없이 모두 드러낸다는 뜻이다.

글자 | 도려낼 **결**, 배 **복**, 날 **출**, 창자 **장**

출전 | 창선감의록彰善感義錄

[결사반대決死反對]

죽기를 결단하고 반대한다는 말이다.

글자 | 결단할 **결**, 죽을 **사**, 돌이킬 **반**, 대할 **대**

[결사보국決死報國]

죽기를 결단하고 나라의 은혜를 갚는다는 말이다.

글자 | 결단할 **결**, 죽을 **사**, 갚을 **보**, 나라 **국**

[결사연기結駟連騎]

네 마리 말을 맺고 탄 사람이 이어졌다는 말이며, 화려한 행렬을 빗댄 말이다.

글자 | 맺을 **결**, 사마 **사**, 이을 **연**, 말 탈 **기**

[결사항전決死抗戰]

죽기를 결단하고 대항하여 싸운다는 말이다.

글자 | 결단할 **결**, 죽을 **사**, 겨룰 **항**, 싸움 **전**

[결승지정結繩之政]

→ 결승지치結繩之治

[결승지치結繩之治]

새끼를 잇고 매는 정치라는 말이며, 소박한 정치를 뜻한다. 포희라는 사람이 새끼를 꼬아서 그물을 만들고 그 그물로 사냥이나 고기잡이하는 법을 가르친 데서 온 말이다.

원문 | 作結繩而爲網罟 以佃以漁
작 결 승 이 위 망 고 이 전 이 어

글자 | 맺을 **결**, 이을 **승**, 어조사 **지**, 다스릴 **치**

출전 | 주역 계사전繫辭傳 하

[결승천리決勝千里]

천리 [밖 싸움에] 이김을 결단한다는 말이며, 천리까지의 승리를 결판낸다는 뜻이다.

글자 | 결단할 **결**, 이길 **승**, 일천 **천**, 이수 **리**

[결심육력結心戮力]

마음을 맺어 힘을 죽인다는 말이며, 마음으로 서로 돕고 힘을 합한다는 뜻이다.

글자 | 맺을 **결**, 마음 **심**, 죽일 **육**, 힘 **력**

[결의형제結義兄弟]

의리로 맺은 형제라는 말이다.

글자 | 맺을 **결**, 의리 **의**, 형님 **형**, 아우 **제**

[결자해지結者解之]

맨 사람이 풀어야 한다는 말이며, 자기가 저지른 일에 대하여는 자기가 해결해야 한다는 뜻이다.

글자 | 맺을 **결**, 놈 **자**, 풀 **해**, 이를 **지**

출전 | 순오지 하

[결초보은結草報恩]

풀을 이어 맺어 은혜를 갚는다는 말이며, 죽어서도 은혜를 잊지 않고 갚겠다는 뜻이다. 위과魏顆의 은혜를 입은 노인이 진나라 대장 두회의 말과 두회의 발에 풀을 매어 걸리게 하여 말이 넘어지고 포로가 되게 하여 은혜를 갚는다는 이야기에서 유래한다.

글자 | 맺을 **결**, 풀 **초**, 갚을 **보**, 은혜 **은**

출전 | 춘추좌씨전 선공宣公

동류 | 결초함환結草銜環

[결초함환結草銜環]

→ 결초보은結草報恩

[결하지세決河之勢]

강의 물골 터놓은 위엄이라는 말이며, 걷잡을 수 없는 세찬 기세라는 뜻이다.

글자 | 물골 터놓을 **결**, 강 **하**, 어조사 **지**, 위엄 **세**

[겸구고장箝口枯腸]

입에 재갈이 물리고 창자가 말랐다는 말이며, 궁지에 몰려 말을 못한다는 뜻이다.

글자 | 재갈 **겸**, 입 **구**, 마를 **고**, 창자 **장**

[겸구물설箝口勿說]

입에 재갈이 물려 말하지 못한다는 말

이다.

글자 | 재갈 **겸**, 입 **구**, 아닐 **물**, 말씀 **설**

동류 | 함구물설緘口勿說

[겸노상전兼奴上典]

종을 겸한 상전이라는 말이며, 종이 할 일까지 몸소 하는 가난한 양반을 일컫는다.

글자 | 겸할 **겸**, 종 **노**, 윗 **상**, 주장 **전**

[겸사겸사兼事兼事]

일을 겸하고 또 겸한다는 말이며, 한꺼번에 여러 가지 일을 겸하여 한다는 뜻이다.

글자 | 겸할 **겸**, 일 **사**

[겸애교리兼愛交利]

사랑을 겸해서 이로움을 나눈다는 말이며, 사랑을 가지고 이득을 나눈다는 뜻이다.

글자 | 겸할 **겸**, 사랑 **애**, 나눌 **교**, 이로울 **리**

[겸양무액謙讓無厄]

겸손하고 사양하면 재앙이 없다는 말이다.

글자 | 겸손할 **겸**, 사양할 **양**, 없을 **무**, 재앙 **액**

[겸양위상謙讓爲上]

겸손과 사양이 뛰어나서 좋은 것이 된다는 말이며, 사람의 덕행 가운데 으뜸이 되는 것이 겸손과 사양이라는 뜻이다.

글자 | 겸손할 **겸**, 사양할 **양**, 될 **위**, 뛰어나서 좋을 **상**

[겸양지덕謙讓之德]

겸손하고 사양하는 미덕이라는 말이다.

글자 | 겸손할 **겸**, 사양할 **양**, 어조사 **지**, 큰 **덕**

[겸인지력兼人之力]

사람을 겸한 힘이라는 말이며, 몇 사람을 당해낼 힘을 뜻한다.

글자 | 겸할 **겸**, 사람 **인**, 어조사 **지**, 힘 **력**

유사 | 겸인지용兼人之勇

[겸인지용兼人之勇]

사람을 겸한 용맹이라는 말이며, 혼자서 능히 몇 사람을 당해낼 만한 용기라는 뜻이다.

글자 | 겸할 **겸**, 사람 **인**, 어조사 **지**, 용맹할 **용**

[겸인지재兼人之才]

사람을 모은 재주라는 말이며, 여러 사람 몫을 감당할 만한 재주라는 뜻이다.

글자 | 모을 **겸**, 사람 **인**, 어조사 **지**, 재주 **재**

출전 | 조선왕조 9대 성종실록

[겸지겸지兼之兼之]

겸하고 겸한다는 말이며, 한꺼번에 여

러 가지 일을 아울러 한다는 뜻이다.

글자 | 겸할 **겸**, 어조사 **지**

[겸지우겸兼之又兼]

겸하고 또 겸한다는 말이며, 몇 가지를 겸한 위에 또 겸한다는 뜻이다.

글자 | 겸할 **겸**, 어조사 **지**, 또 **우**

[겸천하구鉗天下口]

천하의 입을 다물게 한다는 말이며, 온 백성의 입을 막아 말을 못하게 한다는 뜻이다.

글자 | 입 다물 **겸**, 하늘 **천**, 아래 **하**, 입 **구**

출전 | 한서

동류 | 백벽겸구百辟箝口

[겸황지년歉荒之年]

흉년들어 거친 해라는 말이다.

글자 | 흉년들 **겸**, 거칠 **황**, 어조사 **지**, 해 **년**

[경가파산傾家破産]

생산한 것이 깨지고 집이 기운다는 말이며, 재산을 모두 없애어 집안 형편이 결단난다는 뜻이다.

글자 | 기울어질 **경**, 집 **가**, 깨질 **파**, 생산할 **산**

[경개여고傾蓋如故]

차양을 기울이고 만난 고우故友와 같다는 말이며, 잠시 길에서 만나 말을 주고받았는데도 오래된 벗과 같이 되었다는 뜻이다.

글자 | 기울 **경**, 덮을 **개**, 같을 **여**, 옛 **고**

출전 | 사기, 공자가어 치사致思

동류 | 경개지기傾蓋知己

[경개여구傾蓋如舊]

→ 경개여고傾蓋如故

[경거망동輕擧妄動]

가볍게 몸을 들고 함부로 행동한다는 말이며, 일의 시비是非도 깊이 생각하지 않고 경솔한 행동을 한다는 뜻이다.

글자 | 가벼울 **경**, 들 **거**, 망령될 **망**, 움직일 **동**

출전 | 홍루몽

반대 | 은인자중隱忍自重

[경거숙로輕車熟路]

가벼운 수레를 타고 낯익은 길을 간다는 말이며, 일에 숙달되어 조금도 막힘이 없다는 뜻이다.

글자 | 가벼울 **경**, 수레 **거**, 익을 **숙**, 길 **로**

출전 | 한유의 시

[경경각각頃頃刻刻]

→ 시시각각時時刻刻

[경경고침耿耿孤枕]

근심스럽고 마음 편치 않은 외로운 베게라는 말이며, 근심에 싸여있는 외로운 잠자리라는 뜻이다.

글자 | 근심할 **경**, 외로울 **고**, 베게 **침**

[경경불매耿耿不寐]

근심스럽고 근심스러워 잠을 이루지 못한다는 말이다.

글자 | 근심할 **경**, 아니 **불**, 잠잘 **매**

출전 | 시경 패풍邶風

동류 | 경경불침耿耿不寢

[경경불침耿耿不寢]

→ 경경불매耿耿不寐

[경경열열哽哽咽咽]

몹시 슬퍼서 목이 멘다는 말이다.

글자 | 슬퍼서 목멜 **경**, 목멜 **열**

[경광대열耿光大烈]

밝은 빛과 큰 공功이라는 말이며, 성덕聖德과 대업大業을 빛낸 말이다.

글자 | 밝을 **경**, 빛 **광**, 큰 **대**, 공 **열**

[경광도협傾筐倒篋]

광주리와 궤짝을 거꾸로 뒤집는다는 말이며, 자기가 가진 것을 다 내어 극진하게 대접한다는 뜻도 되고 속마음을 숨김없이 털어놓는다는 뜻으로도 쓰인다.

글자 | 기울 **경**, 광주리 **광**, 넘어질 **도**, 상자 **협**

출전 | 진서 왕희지전王羲之傳

[경구비마輕裘肥馬]

→ 비마경구肥馬輕裘

[경구완대輕裘緩帶]

가벼운 갖옷과 느슨한 띠를 매었다는 말이며, 매우 홀가분한 차림을 했다는 뜻이다.

글자 | 가벼울 **경**, 갖옷 **구**, 느슨할 **완**, 띠 **대**

[경국대업經國大業]

나라를 다스리는 커다란 일이라는 말이다.

원문 | 經國之大業
경 국 지 대 업

글자 | 다스릴 **경**, 나라 **국**, 큰 **대**, 일 **업**

출전 | 위문제魏文帝 전론논문편典論論文篇

[경국대재經國大才]

나라를 다스리는 큰 재주 또는 재주를 가진 사람이라는 말이다.

글자 | 다스릴 **경**, 나라 **국**, 큰 **대**, 재주 **재**

[경국제세經國濟世]

나라를 다스려 사람을 구한다는 말이며, 나라를 잘 다스려 도탄에 빠진 백성을 구제한다는 뜻이다.

글자 | 다스릴 **경**, 나라 **국**, 구할 **제**, 인간 **세**

[경국지사經國之士]

나라를 다스리는 선비라는 말이며, 나

라 일을 경륜할 만한 사람이라는 뜻이다.

글자 | 다스릴 **경**, 나라 **국**, 어조사 **지**, 선비 **사**

[경국지색傾國之色]

나라를 기울어지게 하는 미인이라는 말이다. 한漢나라 때의 이연년李延年이라는 시인이 자신의 누이동생의 아름다움을 찬양하며 무제武帝 앞에서 부른 노래에서 유래한다. '북쪽에 어여쁜 사람 있어 한 번 돌아보면 남의 성을 기울이고 두 번 돌아보면 남의 나라를 기울인다.'

원문 | 北方有佳人 一顧傾人城 再顧傾
북방유가인 일고경인성 재고경

글자 | 기울어질 **경**, 나라 **국**, 어조사 **지**, 예쁜 계집 **색**

출전 | 한서 외척전外戚傳

동류 | 경성지색傾城之色

[경국지재經國之才]

나라를 다스릴 재능, 또는 재능을 가진 사람을 말한다.

글자 | 다스릴 **경**, 나라 **국**, 어조사 **지**, 재주 **재**

출전 | 한서

동류 | 경국지사經國之士

[경궁요대瓊宮瑤臺]

옥으로 된 궁궐과 옥돌로 된 누대라는 말이다.

글자 | 옥 **경**, 궁궐 **궁**, 옥돌 **요**, 누대 **대**

[경궁지조驚弓之鳥]

→ 상궁지조傷弓之鳥

[경균도름傾囷倒廩]

곳간을 다하고 쌀 곳간을 거꾸러트린다는 말이며, 어떤 일을 하려고 모든 재산을 내어 놓는다는 뜻이다.

글자 | 다할 **경**, 곳간 **균**, 거꾸러질 **도**, 쌀 곳간 **름**

[경기소존敬其所尊]

존귀한 그를 공경한다는 말이며, 윗분이 존귀하게 여기는 사람을 나도 공경한다는 뜻이다.

글자 | 공경 **경**, 그 **기**, 바 **소**, 존귀할 **존**

[경기입창京畿立唱]

서울지방의 서서 부르는 노래라는 말이며, 이에는 앞산타령 · 뒷산타령 · 도라지타령 · 놀량 등이 있다.

글자 | 서울 **경**, 경기 **기**, 설 **입**, 노래 부를 **창**

[경기좌창京畿坐唱]

서울지방의 앉아 부르는 노래라는 말이며, 서울 · 경기지방의 잡가나 민요로서 12잡가와 휘몰이 잡가가 있다.

글자 | 서울 **경**, 경기 **기**, 앉을 **좌**, 노래 부를 **창**

[경년열세經年閱歲]

해를 지내고 또 지낸다는 말이며, 여러 해를 보낸다는 뜻이다.

글자 | 지날 **경**, 해 **년**, 지낼 **열**, 해 **세**

[경단급심綆短汲深]

두레박줄이 짧으면 깊은 우물의 물을 길을 수 없다는 말이며, 소임은 무거운데 재주가 부족하다는 뜻이다.

원문 | 綆短者不可而汲深
경 단 자 불 가 이 급 심

글자 | 두레박줄 **경**, 짧을 **단**, 길을 **급**, 깊을 **심**

출전 | 장자 지락至樂

[경당문노耕當問奴]

밭 가는 일은 의당 남종에게 물어야 한다는 말이며, 모든 일은 그 다루는 사람에게 물어야 잘 알 수 있다는 뜻이다.

글자 | 밭 갈 **경**, 마당 **당**, 물을 **문**, 남종 **노**

출전 | 송서 심경지전沈慶之傳

[경락과신輕諾寡信]

가볍게 승낙하는 사람은 믿음이 적다는 말이며, 쉽게 생각하는 사람은 믿을 수 없다는 뜻이다.

글자 | 가벼울 **경**, 대답할 **락**, 적을 **과**, 믿을 **신**

출전 | 노자 도덕경道德經

[경로사상敬老思想]

늙은이를 공경하는 생각과 희망이라는 말이며, 노인을 고경하는 사회적 흐름을 일컫는다.

글자 | 공경 **경**, 늙을 **로**, 생각 **사**, 희망할 **상**

[경롱만연輕攏慢撚]

가볍게 어루만지고 느슨하게 탄다는 말이며, 악기를 가볍게 탄다는 뜻이다.

원문 | 輕攏慢撚抹復挑
경 롱 만 연 말 부 도

글자 | 가벼울 **경**, 어루만질 **롱**, 느슨할 **만**, 탈 **연**

출전 | 백거이의 비파행琵琶行

[경루옥우瓊樓玉宇]

옥으로 된 다락과 구슬로 된 집이라는 말이다.

글자 | 옥 **경**, 다락 **루**, 구슬 **옥**, 집 **우**

[경륜지사經綸之士]

다스리는 벼리가 있는 선비라는 말이며, 정치적이거나 조직적인 일에 수완이 있는 사람을 뜻한다.

글자 | 다스릴 **경**, 벼리 **륜**, 어조사 **지**, 선비 **사**

[경명행수經明行修]

다스림에 밝고 행함을 닦는다는 말이며, 경학經學에 밝고 행실이 착하다는 뜻이다. 경학은 사서오경四書五經을 일컫는다.

글자 | 다스릴 **경**, 밝을 **명**, 행할 **행**, 닦을 **수**

출전 | 한서 왕길전王吉傳

[경묘탈쇄輕妙脫灑]

가볍고 묘하고 벗어남을 뿌린다는 말이며, 경쾌 미묘하여 범속의 기풍을 벗어난 용모라는 뜻이다.

글자 | 가벼울 **경**, 묘할 **묘**, 벗을 **탈**, 뿌릴 **쇄**

[경문위무經文緯武]

글월을 날줄로 하고 호반을 씨줄로 한다는 말이며, 문무를 함께 갖추고 있다는 뜻이다.

글자 | 날 **경**, 글월 **문**, 씨 **위**, 호반 **무**

[경박부허輕薄浮虛]

→ 경조부박輕佻浮薄

[경박재자輕薄才子]

가볍고 얇은 재주 있는 사람이라는 말이다.

글자 | 가벼울 **경**, 얇을 **박**, 재주 **재**, 사람 **자**

[경부양반耕夫讓畔]

밭 가는 농부들이 서로 밭고랑을 양보한다는 말이며, 순임금의 덕이 농부들에게까지 미쳐 양보하는 미덕을 보이며 태평성대를 노래한다는 뜻이다.

글자 | 밭 갈 **경**, 지아비 **부**, 양보할 **양**, 두둑 **반**

[경사대부卿士大夫]

벼슬한 선비와 큰 벼슬이라는 말이며, 영의정 · 좌의정 · 우의정 이외의 모든 벼슬아치를 통틀어 일컫는다.

글자 | 벼슬 **경**, 선비 **사**, 큰 **대**, 벼슬 이름 **부**

[경사입초驚蛇入草]

놀란 뱀이 풀 속으로 들어간다는 말이며, 초서草書의 필세筆勢가 매우 교묘하다는 뜻이다.

글자 | 놀랄 **경**, 뱀 **사**, 들 **입**, 풀 **초**

[경산조수耕山釣水]

산에서 밭 갈고 물에서 낚시를 한다는 말이며, 속세를 떠나 산중에서 농사짓고 산다는 뜻이다.

글자 | 밭 갈 **경**, 뫼 **산**, 낚시 **조**, 물 **수**

[경성경국傾城傾國]

→ 경국지색傾國之色

[경성지미傾城之美]

→ 경국지색傾國之色

[경성지색傾城之色]

→ 경국지색傾國之色

[경세도량經世度量]

세상을 잘 다스릴 수 있는 도량, 또는 성품이라는 말이다.

글자 | 다스릴 **경**, 세상 **세**, 잴 **도**, 헤아릴 **량**
출전 | 용비어천가 9권

[경세제민經世濟民]

세상을 다스리고 백성을 구한다는 말이며, 정치를 잘하여 백성이 살기 좋게 한다는 뜻이다.

글자 | 다스릴 **경**, 세상 **세**, 구할 **제**, 백성 **민**

[경세지재經世之才]

세상을 다스리는 재주라는 말이며, 정치적으로나 경제적으로 세상을 다스려 나갈만한 재주를 일컫는다.

글자 | 다스릴 **경**, 세상 **세**, 어조사 **지**, 재주 **재**

[경세지책經世之策]

세상을 다스릴 꾀라는 말이며, 정치적으로나 경제적으로 세상을 다스려 나가는 계책이라는 뜻이다.

글자 | 다스릴 **경**, 세상 **세**, 어조사 **지**, 꾀 **책**

[경세치용經世致用]

세상을 다스림이 쓰는데 이른다는 말이며, 정치의 실용주의를 일컫는다.

글자 | 다스릴 **경**, 세상 **세**, 이를 **치**, 쓸 **용**
출전 | 서경 홍범편洪範篇

[경술지사經術之士]

다스림과 재주가 있는 선비라는 말이며, 사람도 잘 부리고 농공술農工術도 있는 사람을 일컫는다.

글자 | 다스릴 **경**, 재주 **술**, 어조사 **지**, 선비 **사**
출전 | 고려사

[경승지지景勝之地]

경치가 좋은 곳이라는 말이다.

글자 | 경치 **경**, 나을 **승**, 어조사 **지**, 곳 **지**

[경시호탈輕施好奪]

가볍게 베풀고 빼앗기를 좋아한다는 말이며, 잘 주는 사람은 빼앗기도 잘 한다는 뜻이다.

글자 | 가벼울 **경**, 베풀 **시**, 좋을 **호**, 빼앗을 **탈**

[경신숭조敬神崇祖]

귀신을 공경하며 조상을 숭상한다는 말이다.

글자 | 공경 **경**, 귀신 **신**, 숭상할 **숭**, 할아비 **조**

[경신읍귀驚神泣鬼]

신이 놀라고 귀신이 운다는 말이며, 훌륭하게 지은 글을 비유하는 말이다.

원문 | **筆落驚風雨 詩成泣鬼神**
필 락 경 풍 우 시 성 읍 귀 신

글자 | 놀랄 **경**, 귀신 **신**, 울 **읍**, 귀신 **귀**
출전 | 두보의 기이십이일寄李十二日

[경신절용敬信節用]

공경하고 믿으며 [물건을] 절제하여

쓴다는 말이다.

글자 | 공경 **경**, 믿을 **신**, 절제할 **절**, 쓸 **용**

[경신중화輕身重貨]

몸을 가볍게 여기고 재물을 높게 여긴다는 말이며, 사람보다 재물을 소중히 여긴다는 뜻이다.

글자 | 가벼울 **경**, 몸 **신**, 높일 **중**, 재물 **화**

출전 | 어우야담於于野談

[경심동백驚心動魄]

마음을 놀라게 하고 혼을 움직인다는 말이며, 남을 매우 놀라게 한다는 뜻이다.

글자 | 놀랠 **경**, 마음 **심**, 움직일 **동**, 혼 **백**

[경심상담驚心喪膽]

→ 경심동백驚心動魄

[경외성경經外聖經]

경서 밖의 거룩한 경서라는 말이며, 전거典據가 확실하지 않아 성경에 수록되지 않은 30여 편의 문헌을 일컫는다. 구약 외전과 신약 외전으로 나뉜다.

글자 | 경서 **경**, 바깥 **외**, 거룩할 **성**

동류 | 경외성서經外聖書

[경우구독經于溝瀆]

목을 매고 개천에 빠진다는 말이며, 목을 매고 물에 빠져 죽는다는 뜻이다.

글자 | 목맬 **경**, 어조사 **우**, 개천 **구**, 빠질 **독**

[경운종월耕雲種月]

구름 [아래서] 밭을 갈고 달빛 [아래서] 씨를 뿌린다는 말이며, 밤낮으로 열심히 일한다는 뜻이다.

글자 | 밭 갈 **경**, 구름 **운**, 씨 뿌릴 **종**, 달 **월**

[경위지사傾危之士]

나라를 기울게 하고 위태롭게 하는 인물을 말한다. 전국시대 소진蘇秦·장의張儀가 합종合縱·연횡책連橫策 따위의 궤변을 농하여 여러 나라를 위험에 빠트렸다고 사마천이 비판한데서 유래한다.

글자 | 기울 **경**, 위태할 **위**, 어조사 **지**, 선비 **사**

출전 | 사기 장의열전張儀列傳

[경음마식鯨飮馬食]

고래가 물을 마시듯, 말이 풀을 먹듯 한다는 말이며, 음식을 많이 먹는다는 뜻이다.

글자 | 고래 **경**, 마실 **음**, 말 **마**, 먹을 **식**

[경의비마輕衣肥馬]

가벼운 [비단] 옷과 살찐 말이라는 말이며, 호사스런 차림새를 일컫는다.

글자 | 가벼울 **경**, 옷 **의**, 살찔 **비**, 말 **마**

동류 | 경장비마輕裝肥馬

[경이원지敬而遠之]

공경하면서도 멀리한다는 말이며, 겉으로는 존경하는 체하면서 속으로는 못마땅해 한다는 뜻도 있고 그 사람은 경원해야 할 사람이라는 뜻도 있다. 공자의 말이다. '백성의 도리를 힘쓰고 귀신을 공경하고 멀리하면 가히 안다고 할 수 있다.'

원문 | 務民之義敬鬼神而遠之可謂知矣
무민지의경귀신이원지가위지이

글자 | 공경할 **경**, 말 이을 **이**, 멀 **원**, 어조사 **지**

출전 | 논어 옹야편雍也篇

[경자불변耕者不變]

밭 가는 사람은 변하지 않는다는 말이며, 언제나 한결같다는 뜻이다.

글자 | 밭 갈 **경**, 사람 **자**, 아니 **불**, 변할 **변**

[경자유전耕者有田]

밭 가는 사람이 밭을 가져야 한다는 말이다.

글자 | 밭 갈 **경**, 사람 **자**, 있을 **유**, 밭 **전**

[경장비마輕裝肥馬]

→ 경의비마輕衣肥馬

[경장상반輕裝上班]

가벼운 행장으로 차례에 오른다는 말이며, 정장을 하지 않고 가벼운 옷차림으로 출근한다는 뜻이다.

글자 | 가벼울 **경**, 행장 **장**, 오를 **상**, 차례 **반**

[경적필패輕敵必敗]

적을 가벼이 여기면 반드시 패한다는 말이다.

글자 | 가벼울 **경**, 대적할 **적**, 반드시 **필**, 패할 **패**

출전 | 전국책

유사 | 교병필패驕兵必敗

[경전서후耕前鋤後]

앞에서는 밭 갈고 뒤에서는 김을 맨다는 말이며, 부부가 극진히 도우며 일한다는 뜻이다. 이는 도연명陶淵明이 청빈한 현령으로 있다가 사직하고 아내와 함께 조촐하게 농사지으며 살았다는 고사에서 온 말이다.

원문 | 夫耕于前 妻鋤于後
부경우전 처서우후

글자 | 밭 갈 **경**, 앞 **전**, 김맬 **서**, 뒤 **후**

출전 | 진서 도잠편

[경전착정耕田鑿井]

밭을 갈고 우물을 판다는 말이며, 백성이 생업을 즐기며 평화로이 지낸다는 뜻이다.

글자 | 밭 갈 **경**, 밭 **전**, 뚫을 **착**, 우물 **정**

[경전하망鯨戰蝦亡]

→ 경전하사鯨戰蝦死

ㄱ

[경전하사鯨戰蝦死]

고래 싸움에 새우 죽는다는 말이며, 강자의 싸움에 아무 관계가 없는 약자가 해를 본다는 뜻이다.

글자 | 고래 **경**, 싸울 **전**, 새우 **하**, 죽을 **사**

출전 | 순오지

동류 | 경투하사鯨鬪蝦死

유사 | 간어제초間於齊楚

[경점군사更點軍士]

경 읽고 상고하는 군사라는 말이며, 밤중에 경과 점을 알리기 위하여 북이나 징을 치는 군사를 일컫는다.

글자 | 경 읽을 **경**, 상고할 **점**, 군사 **군**, 군사 **사**

[경정직행徑情直行]

뜻이 빠르게 곧바로 행한다는 말이며, 마음이 내키는 대로 행한다는 뜻이다.

글자 | 빠를 **경**, 뜻 **정**, 곧 **직**, 행할 **행**

[경조부박輕佻浮薄]

가볍고 방정맞고 들떠 있고 얄팍하다는 말이며, 언어 행동이 진중하지 못하고 경솔하다는 뜻이다.

글자 | 가벼울 **경**, 방정맞을 **조**, 뜰 **부**, 엷을 **박**

[경조상문慶弔相問]

경사와 조상을 서로 묻는다는 말이며, 경사스러운 일은 서로 축하하고 불행한 일은 서로 위문한다는 뜻이다.

글자 | 경사 **경**, 조상할 **조**, 서로 **상**, 물을 **문**

출전 | 송남잡지

[경죽난서罄竹難書]

대나무를 빌려 쓰기 어렵다는 말이며, 죄가 너무 많아 일일이 쓰기 어렵다는 뜻이다. 옛날에는 종이가 없어 대나무에 글을 적었는데, 수나라 양제의 죄악이 하도 많아 농민군의 성토 격문에 쓰인 글이다.

원문 | 罄南山之竹 書罪無窮
경 남 산 지 죽 서 죄 무 궁

글자 | 빌 **경**, 대 **죽**, 어려울 **난**, 글 **서**

출전 | 구당서 이밀전

[경중미인鏡中美人]

거울 속의 미인이라는 말이며, 실속이 없는 사람, 그리고 경기도 사람의 성격을 빗댄 말이다.

글자 | 거울 **경**, 가운데 **중**, 아름다울 **미**, 사람 **인**

출전 | 정도전鄭道傳의 팔도평

관련 | 팔도기질八道氣質

[경중지수輕重之數]

가볍고 무거움의 기술이라는 말이며, 물가조절의 방법이라는 뜻이다.

글자 | 가벼울 **경**, 무거울 **중**, 어조사 **지**, 기술 **수**

출전 | 관자 경중갑輕重甲

[경즉기산驚則氣散]

놀라면 기운이 흩어진다는 말이며, 깜짝 놀라게 되면 기운이 왈칵 흩어져 버린다는 뜻이다. 크게 놀라면 일순간 정신이 나가버리고 몸은 제대로 움직이지 못하여 주저앉아 버리는데, 이는 마음이 의지할 곳이 없고 기운이 돌아갈 곳이 없어지기 때문이다.

글자 | 놀랄 **경**, 곧 **즉**, 기운 **기**, 흩을 **산**

[경지옥엽瓊枝玉葉]

→ 금지옥엽金枝玉葉

[경천근민敬天勤民]

하늘을 공경하고 백성을 위하여 부지런히 일한다는 말이다.

글자 | 공경 **경**, 하늘 **천**, 부지런할 **근**, 백성 **민**

[경천동지驚天動地]

하늘을 놀라게 하고 땅을 움직인다는 말이며, 세상을 몹시 놀라게 한다는 뜻이다.

글자 | 놀랄 **경**, 하늘 **천**, 움직일 **동**, 땅 **지**

출전 | 백거이 이백李白의 묘시墓詩

[경천애인敬天愛人]

하늘을 공경하고 사람을 사랑한다는 말이며, 순리를 따르고 백성을 위한다는 뜻이다.

글자 | 공경할 **경**, 하늘 **천**, 사랑 **애**, 사람 **인**

출전 | 남주유훈南洲遺訓

[경천위지經天緯地]

하늘을 날줄로 엮고 땅을 씨줄로 엮는다는 말이며, 천하를 경륜하여 다스린다는 뜻이다.

글자 | 날 **경**, 하늘 **천**, 씨 **위**, 땅 **지**

[경투하사鯨鬪蝦死]

→ 경전하사鯨戰蝦死

[경파악랑鯨波鰐浪]

고래와 악어의 물결이라는 말이며, 거센 파도를 빗댄 말이다.

글자 | 고래 **경**, 물결 **파**, 악어 **악**, 물결 **랑**

출전 | 옥루몽

[경편위주輕便爲主]

가볍고 편한 것을 주장으로 한다는 말이다.

글자 | 가벼울 **경**, 편할 **편**, 할 **위**, 주장할 **주**

[경향출몰京鄕出沒]

서울과 시골에서 나오고 숨는다는 말이며, 전국 각지에서 나타났다가 사라진다는 뜻이다.

글자 | 서울 **경**, 시골 **향**, 날 **출**, 숨을 **몰**

[경화문벌京華門閥]

서울의 빛나는 가문이라는 말이며, 서울에 살면서 대대로 높은 벼슬을 하는 집안을 일컫는다.

글자 | 서울 **경**, 빛날 **화**, 집안 **문**, 가문 **벌**

출전 | 조선왕조 19대 숙종실록

동류 | 경화세족京華世族

[경화세족京華世族]

→ 경화문벌京華門閥

[경화수월鏡花水月]

거울에 비친 꽃과 물 위에 비친 달이라는 말이며, 손으로 잡을 수 없는 아름다운 풍경을 일컫는다.

글자 | 거울 **경**, 꽃 **화**, 물 **수**, 달 **월**

출전 | 시가직설詩家直說

[경화자제京華子弟]

빛나는 서울의 자제라는 말이며, 번화한 서울에서 곱게 자란 부잣집 자녀를 일컫는다.

글자 | 서울 **경**, 빛날 **화**, 아들 **자**, 아우 **제**

[경황망조驚惶罔措]

놀라고 두려워 어찌할 바를 모른다는 말이다.

글자 | 놀랄 **경**, 두려워할 **황**, 없을 **망**, 행동 **조**

[경희작약驚喜雀躍]

기뻐 놀라 참새와 같이 뛴다는 말이며, 매우 기뻐 날뛴다는 뜻이다.

글자 | 놀랄 **경**, 기쁠 **희**, 참새 **작**, 뛸 **약**

[계견상문鷄犬相聞]

닭이 울고 개 짖는 소리가 여기저기서 들린다는 말이며, 인가나 촌락이 있다는 뜻이다.

글자 | 닭 **계**, 개 **견**, 서로 **상**, 들을 **문**

출전 | 노자

[계견승천鷄犬昇天]

닭과 개가 하늘에 오른다는 말이며, 다른 사람의 권세에 빌붙어 승진한다는 뜻이다.

글자 | 닭 **계**, 개 **견**, 오를 **승**, 하늘 **천**

출전 | 신선전神仙傳

[계경이조繫頸以組]

목을 매어 짠다는 말이며, 갓끈을 매거나 목을 매어 죽여 달라는 뜻이다.

글자 | 맬 **계**, 목 **경**, 써 **이**, 짤 **조**

[계계승승繼繼承承]

잇고 또 잇는다는 말이며, 자자손손子子孫孫 대를 잇는다는 뜻이다.

글자 | 이을 **계**, 이을 **승**

[계고지력稽古之力]

옛일을 상고하는 힘이라는 말이며, 옛날의 일, 즉 역사를 배우고 익히는 학문을 뜻한다.

글자 | 상고할 **계**, 옛 **고**, 어조사 **지**, 힘 **력**

출전 | 후한서

[계고직비階高職卑]

벼슬 차례는 높고 직분은 낮다는 말이며, 계급은 높고 직책은 낮다는 뜻이다.

글자 | 벼슬 차례 **계**, 높을 **고**, 직분 **직**, 낮을 **비**

반대 | 계비직고階卑職高

[계구우후鷄口牛後]

닭의 입과 소의 뒤라는 말이며, 닭의 부리가 될지언정 쇠꼬리는 되지 말라는 뜻이다. 즉 큰 집단의 말석보다는 작은 집단의 우두머리가 되라는 말이다. 한나라 소진蘇秦이 선혜왕에게 진나라의 동진책을 견제하자고 하면서 한 말이다. '…차라리 닭의 부리가 될지언정 쇠꼬리는 되지 말라는 옛말도 있지 않습니까.'

원문 | 寧爲鷄口 勿爲牛後
영 위 계 구 물 위 우 후

글자 | 닭 **계**, 입 **구**, 소 **우**, 뒤 **후**

출전 | 사기 소진열전蘇秦列傳

[계군고학鷄群孤鶴]

→ 계군일학鷄群一鶴

[계군일학鷄群一鶴]

닭 무리 속에 한 마리의 학이라는 말이며, 평범한 사람들 속에 뛰어난 사람이라는 뜻이다. 진나라 비서랑에 임명된 혜소를 두고 한 말이다.

글자 | 닭 **계**, 무리 **군**, 학 **학**

출전 | 세설신어 용지容止

동류 | 군계일학群鷄一鶴

[계궁역진計窮力盡]

계교가 궁하고 힘이 다하였다는 말이며, 다시 어떻게 해볼 방법이 없다는 뜻이다.

글자 | 계교 **계**, 궁할 **궁**, 힘 **역**, 다할 **진**

유사 | 계무소출計無所出

[계근수성戒謹修省]

경계하고 삼가면서 닦고 살핀다는 말이며, 마음과 학문을 닦는 자세를 일컫는다.

글자 | 경계할 **계**, 삼갈 **근**, 닦을 **수**, 살필 **성**

출전 | 조선왕조 7대 세조실록

[계도난장桂棹蘭槳]

계수나무로 만든 노와 목란으로 만든 상앗대라는 말이다.

글자 | 계수나무 **계**, 노 **도**, 모란꽃 **난**, 상앗대 **장**

[계돈동사鷄豚同社]

닭과 돼지가 같이 모인다는 말이며, 같은 고향 사람들끼리 모인다는 뜻이다.

글자 | 닭 **계**, 돼지 **돈**, 같을 **동**, 모일 **사**

[계동어수契同魚水]

물고기와 물이 함께 언약한다는 말이며, 매우 가까운 사이를 빗댄 말이다.

글자 | 언약할 **계**, 같을 **동**, 고기 **어**, 물 **수**

출전 | 삼국사기

[계두지육鷄頭之肉]

계두의 과육이라는 말인데, 계두열매는 가시연밥을 가리키며 여자의 젖꼭지를 뜻한다. 양귀비가 목욕을 하고 나오다가 그만 수건이 흘러내려 젖가슴이 드러났는데, 이를 본 현종이 감탄한 말에서 유래한다. '부드럽고 따뜻한 것이 계두열매의 과육果肉을 막 벗겨 놓은 듯하구나!'

원문 | 軟溫新剝鷄頭之肉
연 온 신 박 계 두 지 육

글자 | 닭 **계**, 머리 **두**, 어조사 **지**, 고기 **육**

출전 | 천보유사天寶遺事

[계란유골鷄卵有骨]

달걀에 뼈가 있다는 말이며, 공교롭게도 일에 마魔가 낀다는 뜻이다.

글자 | 닭 **계**, 알 **란**, 있을 **유**, 뼈 **골**

출전 | 대동운부군옥大東韻府群玉

[계림일지桂林一枝]

계수나무 숲의 한 가지라는 말이며, 대수롭지 않은 출세를 빗댄 말이다.

글자 | 계수나무 **계**, 수풀 **림**, 가지 **지**

출전 | 진서 극선

[계림팔도鷄林八道]

닭 수풀의 8도라는 말이며, 우리나라 전 지역을 일컫는다. 계림은 신라 경주의 서쪽 시림始林에서 닭이 울어 신라 탈해왕이 국호를 계림으로 고쳐 부르게 되었다는 고사에서 유래한다.

글자 | 닭 **계**, 수플 **림**, 행정구역 이름 **도**

[계림황엽鷄林黃葉]

계림의 누런 잎이라는 말이며, 지금의 경주인 신라가 쇠퇴한다는 말이다. 이는 장차 개성(곡령鵠嶺)의 고려가 일어날 것을 예언한 말이다.

글자 | 닭 **계**, 수풀 **림**, 누른 **황**, 잎 **엽**

출전 | 삼국사기

관련 | 곡령청송鵠嶺青松

[계맹지간季孟之間]

끝과 맏의 사이라는 말이며, 계씨와 맹씨 사이에 해당하는, 즉 알맞은 접대를 하라는 뜻이다.

글자 | 끝 **계**, 맏 **맹**, 갈 **지**, 사이 **간**

출전 | 논어 미자微子

[계명구도鷄鳴狗盜]

닭처럼 울고 개처럼 들어가 도둑질 하는 재주를 말하며 아무리 천한 재주라도 남을 돕는데 쓰일 때가 있다는 뜻이다. 제나라 맹상군孟嘗君이 죽을 고비에서 닭소리를 잘 내고 좀도둑질 잘하는 식객의 도움으로 진나라에서 무사히 귀국할 수 있었던 고사에서 유래한다.

글자 | 닭 **계**, 울 **명**, 개 **구**, 도적 **도**

출전 | 사기 맹상군열전孟嘗君列傳

[계명구폐鷄鳴狗吠]

닭이 울고 개가 짖는다는 말이다. 장자에 있는 글이다. '닭이 울고 개가 짖는다는 사실은 누구나가 다 알고 있지만 아무리 지혜가 있는 자라도 어째서 울고 짖는지 자연의 작용은 말로 설명할 수가 없다.'

글자 | 닭 **계**, 울 **명**, 개 **구**, 짖을 **폐**

출전 | 장자 즉양則陽

[계명이기鷄鳴而起]

닭이 울면 일어난다는 말이다.

글자 | 닭 **계**, 울 **명**, 말 이을 **이**, 일어날 **기**

[계명지조鷄鳴之助]

닭 울음의 도움이라는 말이며, 현명한 부인의 내조를 일컫는다. 여왈계명女曰鷄鳴이라는 시의 구절이다. '여자가 속삭인다. 닭이 우네요, 사내가 말한다. 아직 어두운걸 …'

원문 | 女曰鷄鳴 士曰昧旦 …
여 왈 계 명 사 왈 매 단

글자 | 닭 **계**, 울 **명**, 어조사 **지**, 도울 **조**

출전 | 시경 정풍鄭風

[계명축시鷄鳴丑時]

닭이 우는 축시라는 말이며, 새벽 한 시에서 세 시까지의 사경四更을 일컫는다.

글자 | 닭 **계**, 울 **명**, 축시 **축**, 때 **시**

[계무소출計無所出]

계교를 낸 바 소용이 없다는 말이다.

글자 | 계교 **계**, 없을 **무**, 바 **소**, 날 **출**

동류 | 백계무책百計無策

유사 | 계궁역진計窮力盡

[계문왕생戒門往生]

경계하는 문에 가서 낳는다는 말이며, 계행戒行의 공덕으로 정토淨土에서 난다는 뜻이다.

글자 | 경계할 **계**, 문 **문**, 갈 **왕**, 날 **생**

출전 | 불교

[계불입량計不入量]

꾀가 생각대로 들지 않았다는 말이며, 계책이 적합하지 않다는 뜻이다.

글자 | 꾀 **계**, 아니 **불**, 들 **입**, 생각할 **량**

[계비지총繫臂之寵]

팔뚝에 맨 사랑이라는 말이며, 궁녀가 군주에게서 받는 특별한 사랑을 뜻한다. 진나라의 무제武帝가 예쁜 궁녀를 골라서 그 팔뚝에 붉은색의 비단을 매어주었다는 고사에서 온 말이다.

글자 | 맬 **계**, 팔뚝 **비**, 어조사 **지**, 사랑할 **총**

출전 | 진서

동류 | 전방지총專房之寵

[계비직고階卑職高]

벼슬 차례는 낮고 직분은 높다는 말이며, 계급은 낮고 직위는 높다는 뜻이다.

글자 | 벼슬 차례 **계**, 낮을 **비**, 직분 **직**,

높을 **고**
반대 | 계고직비階高職卑

[계상배언稽顙拜言]

→ 계상재배稽顙再拜

[계상재배稽顙再拜]

머리 숙여 두 번 절한다는 말이며, 상제喪祭가 편지의 첫머리에 쓰는 글귀이다.

원문 | 稽顙再拜 悚懼恐惶
계 상 재 배 송 구 공 황

글자 | 머리 숙일 **계**, 이마 **상**, 두 번 **재**, 절 **배**

출전 | 천자문 110항

동류 | 계수재배稽首再拜

[계세징인戒世懲人]

세상 사람들을 경계하고 징계한다는 말이다.

글자 | 경계할 **계**, 세상 **세**, 징계할 **징**, 사람 **인**

[계속부절繼續不絶]

이어지고 이어져서 끊이지 않는다는 말이다.

글자 | 이을 **계**, 이을 **속**, 아닐 **부**, 끊을 **절**

[계수재배稽首再拜]

머리 숙여 두 번 절한다는 말이며, 상제가 편지 서두나 이름 다음에 쓰는 구절이다.

글자 | 머리 숙일 **계**, 머리 **수**, 두 번 **재**, 절 **배**

출전 | 맹자 만장萬章 하

동류 | 계상재배稽顙再拜

[계시우종鷄尸牛從]

닭 머리가 될망정 소꼬리가 되지 말라는 말이며, 남의 위에 서야지 남의 꽁무니에 따라다녀서는 안 된다는 뜻이다.

글자 | 닭 **계**, 뒤 **시**, 소 **우**, 따를 **종**

동류 | 계구우후鷄口牛後

[계신공구戒愼恐懼]

경계하고 삼가며 조심하고 두려워하라는 말이다.

글자 | 경계할 **계**, 삼갈 **신**, 두려울 **공**, 두려워할 **구**

[계옥지간桂玉之艱]

계수나무와 구슬의 어려움이라는 말이며, 이는 계수나무보다 비싼 장작과 구슬보다 비싼 식량으로 어렵게 산다는 뜻이다.

글자 | 계수나무 **계**, 구슬 **옥**, 어조사 **지**, 어려울 **간**

출전 | 전국책 초책楚策

동류 | 계옥지수桂玉之愁

[계옥지수桂玉之愁]

→ 계옥지간桂玉之艱

[계옥지탄桂玉之歎]

→ 계옥지간桂玉之艱

[계왕개래繼往開來]

옛 것을 이어 오는 것을 연다는 말이며, 지난 날을 이어받아 앞날을 개척한다는 뜻이다.

원문 | 繼往而開來
계 왕 이 개 래

글자 | 이을 **계**, 옛 **왕**, 열 **개**, 올 **래**

[계우포상繫于包桑]

뽕나무를 싸맨다는 말이며, 뽕나무가 겨울에 얼어 죽지 않도록 미리 싸매어 잘 간수한다는 뜻이다.

글자 | 맬 **계**, 어조사 **우**, 쌀 **포**, 뽕나무 **상**

[계이사지鍥而舍之]

새기다가 버린다는 말이며, 일을 하다가 중도에 그만둔다는 뜻이다.

글자 | 새길 **계**, 말 이을 **이**, 버릴 **사**, 어조사 **지**

출전 | 순자 권학편勸學篇

[계저주면鷄猪酒麪]

닭고기·돼지고기·술과 메밀이라는 말이며, 풍증風症에 금하는 네 가지 식물이라는 뜻이다.

글자 | 닭 **계**, 돼지 **저**, 술 **주**, 밀가루 **면**

[계적유명啓廸有命]

인도하고 열어주어 명령을 취한다는 말이며, 길을 열어주어 왕명을 받는다는 뜻이다.

글자 | 인도할 **계**, 열어줄 **적**, 취할 **유**, 명령 **명**

[계전만리階前萬里]

섬돌 앞이 만 리라는 말이며, 임금이 만 리 밖의 일도 환히 알고 있다는 뜻이다.

글자 | 섬돌 **계**, 앞 **전**, 일만 **만**, 이수 **리**

[계절격선界準隔扇]

콧마루를 지경으로 하여 부채로 막는다는 말이며, 옆에 있는 사람이 자기의 한쪽 눈을 보지 못하도록 한다는 뜻이다.

글자 | 지경 **계**, 콧마루 **절**, 막을 **격**, 부채 **선**

출전 | 연암燕巖의 마장전馬駔傳

[계절존망繼絶存亡]

끊긴 것을 이고 없어진 것을 있게 한다는 말이며, 대代를 이을 사람이 없는 국가나 집안에 후계를 얻어 대를 잇게 한다는 뜻이다.

글자 | 이을 **계**, 끊을 **절**, 있을 **존**, 없어질 **망**

[계좌정향癸坐丁向]

계로 앉고 정으로 향한다는 말이며, 집터나 묏자리를 계방癸方(북쪽)을 등지고 정방丁方을 바라보며 앉게 한다는 뜻이다.

글자 | 북방 **계**, 앉을 **좌**, 글자 **정**, 향할 **향**

[계주광면禊酒廣面]

→ 계주생면契酒生面

[계주생면契酒生面]

곗술로 낯을 낸다는 말이며, 남의 것으로 생색을 낸다는 뜻이다.

글자 | 맺을 **계**, 술 **주**, 날 **생**, 얼굴 **면**

[계주연회戒酒煙會]

술 마시는 것과 담배 피우는 것을 삼가기로 한 사람들의 모임이라는 말이다.

글자 | 경계할 **계**, 술 **주**, 연기 **연**, 모일 **회**

[계지재색戒之在色]

경계는 예쁜 계집에 있다는 말이며, 경계해야 할 것은 젊어서 여자를 조심해야 한다는 뜻이다.

글자 | 경계할 **계**, 어조사 **지**, 있을 **재**, 예쁜 계집 **색**

출전 | 논어 계씨季氏

[계지재심戒之在心]

경계는 마음에 있다는 말이며, 경계해야 할 것은 바로 자신의 마음에 있다는 뜻이다.

글자 | 경계할 **계**, 어조사 **지**, 있을 **재**, 마음 **심**

[계지재투戒之在鬪]

경계는 싸움에 있다는 말이며, 경계해야 할 것은 청·장년 시절에 혈기를 조심해야 한다는 뜻이다.

글자 | 경계 **계**, 어조사 **지**, 있을 **재**, 싸울 **투**

출전 | 논어 계씨季氏

[계찰계검季札繫劍]

계찰이 약속한 검이라는 말이며, 약속은 반드시 지킨다는 뜻이다. 오나라 공자인 계찰이 상국의 사신으로 가는 길에 서나라에 들렀을 때, 서나라 군주가 계찰의 검에 마음을 두고 있어 돌아갈 때는 이를 진상하리라 마음먹었지만 돌아오니 왕은 이미 죽고 없어 계찰은 그 보검을 무덤에 약속한 대로 두고 왔다는 것이다.

글자 | 끝 **계**, 패 **찰**, 약속할 **계**, 칼 **검**

출전 | 사기 오태백세가吳太伯世家

동류 | 계찰현검季札懸劍

[계찰괘검季札卦劍]

→ 계찰계검季札繫劍

[계체지군繼體之君]

이을 몸의 임금이라는 말이며, 왕위를 이어받을 군주를 일컫는다.

글자 | 이을 **계**, 몸 **체**, 어조사 **지**, 임금 **군**

[계총납모啓寵納侮]

사랑을 열면 모욕을 받는다는 말이며, 지나치게 총애하면 도리어 경멸을 받게 된다는 뜻이다.

글자 | 열 **계**, 사랑할 **총**, 받을 **납**, 모욕 **모**

[계충득실鷄蟲得失]

닭과 벌레만한 얻음과 잃음이라는 말이며, 작은 이득과 손실을 빗댄 말이다.

글자 | 닭 **계**, 벌레 **충**, 얻을 **득**, 잃을 **실**

[계포일락季布一諾]

계포가 한 번 승낙한다는 말이며, 한 번 약속하면 반드시 지킨다는 뜻이다. 계포는 항우의 대장이었지만 신의가 널리 알려져 적국의 유방도 중용한 사람이며, 초나라 사람들이 황금 백 량을 얻는 것보다 계포의 한 마디 승낙을 받는 것이 낫다고 한 고사에서 온 말이다.

글자 | 끝 **계**, 베 **포**, 승낙할 **락**

출전 | 사기 계포난포열전季布欒布列傳

[계풍포영繫風捕影]

바람을 매고 그림자를 잡는다는 말이며, 헛수고만 한다는 뜻이다.

글자 | 맬 **계**, 바람 **풍**, 잡을 **포**, 그림자 **영**

출전 | 한서 송태평광기宋太平廣記

[계피학발鷄皮鶴髮]

닭의 살갗과 학의 털이라는 말이며, 피부는 닭살과 같이 거칠고, 머리는 학과 같이 백발이 된 노인을 일컫는다.

원문 | 刻木牽絲作老翁鷄皮鶴髮與眞同
각 목 견 사 작 로 옹 계 피 학 발 여 진 동

글자 | 닭 **계**, 가죽 **피**, 학 **학**, 터럭 **발**

출전 | 당현종唐玄宗의 괴뢰음傀儡吟

[계하공사啓下公事]

가르침 아래 공변된 일이라는 말이며, 임금의 재가를 받은 공문서를 일컫는다.

글자 | 가르칠 **계**, 아래 **하**, 공변될 **공**, 일 **사**

[계하죄인啓下罪人]

가르침 아래 죄인이라는 말이며, 임금의 재가를 받은 죄인을 일컫는다.

글자 | 가르칠 **계**, 아래 **하**, 죄줄 **죄**, 사람 **인**

[계학지욕谿壑之慾]

계학의 욕심이라는 말이며, 만족할 줄 모르는 욕심을 빗댄 말이다.

글자 | 시내 **계**, 골 **학**, 어조사 **지**, 욕심 **욕**

출전 | 국어

동류 | 거어지탄車魚之歎

유사 | 득롱망촉得隴望蜀

[계행언청計行言聽]

계교는 행하고 말은 듣는다는 말이며, 임금이 신하를 매우 신임한다는 뜻이다.

글자 | 계교 **계**, 행할 **행**, 말씀 **언**, 들을 **청**

출전 | 당의통략黨議通略

[고가대족故家大族]

오랜 집의 커다란 일가라는 말이며, 여러 대에 걸쳐 현달하고 번영해 온 양반의 집안이라는 뜻이다.

글자 | 오랠 **고**, 집 **가**, 큰 **대**, 일가 **족**
동류 | 고가세족故家世族

[고가세족故家世族]

→ 고가대족故家大族

[고각대루高閣大樓]

높고 큰 다락집이라는 말이다.

글자 | 높을 **고**, 다락집 **각**, 큰 **대**, 다락 **루**

[고각함성鼓角喊聲]

북 치고 대평소를 불며 고함을 지른다는 말이며, 적과 싸울 때, 사기를 돋우려고 북 치고 나발 불며 고함소리를 크게 낸다는 뜻이다.

글자 | 북 **고**, 대평소 **각**, 고함지를 **함**, 소리 **성**

[고거사마高車駟馬]

높은 수레와 네 마리 마차라는 말이며, 고귀한 사람이 타는 4두 마차를 일컫는다.

글자 | 높을 **고**, 수레 **거**, 사마 **사**, 말 **마**

[고계광수高髻廣袖]

높은 상투와 넓은 소매라는 말이며, 남자의 높게 튼 상투와 부녀자들의 넓은 소매가 유행일 때, 사치스러운 풍속을 빗댄 말이다.

글자 | 높을 **고**, 상투 **계**, 넓을 **광**, 소매 **수**
출전 | 조선왕조 16대 인조실록

[고고영정孤苦零丁]

외롭고 괴로워 떨어진 장정이라는 말이며, 실패하여 혼자 고생하는 사람을 일컫는다.

글자 | 외로울 **고**, 괴로울 **고**, 떨어질 **영**, 장정 **정**

[고고자허孤高自許]

외롭고 높은 것을 스스로 허락한다는 말이며, 고고함을 자청한다는 뜻이다.

글자 | 외로울 **고**, 높을 **고**, 스스로 **자**, 허락할 **허**

[고고지성呱呱之聲]

아이의 울음소리, 즉 응애 하는 소리를 말한다.

글자 | 아이 울음소리 **고**, 어조사 **지**, 소리 **성**

[고곡주랑顧曲周郞]

가락을 돌아보는 주랑이라는 말이며, 음악에 조예가 깊은 사람을 뜻한다. 오나라 도독 주유周瑜(주랑)는 용병술에도 뛰어났지만 음악에 대한 조예가 깊어 음악을 듣다가 가락에 잘못이 있으면 뒤를 돌아봤다는 고사에서 온 말이다.

글자 | 돌아볼 **고**, 가락 **곡**, 두루 **주**, 사

내랑
출전 | 삼국지 오지

[고관대작高官大爵]

높은 벼슬과 큰 작위라는 말이다.

글자 | 높을 **고**, 벼슬 **관**, 큰 **대**, 작위 **작**

출전 | 송남잡지

[고굉지력股肱之力]

다리와 팔의 힘이라는 말이며, 온몸에 있는 힘을 일컫는다.

원문 | 有拳勇股肱之力 秀出於衆者
유권용고굉지력 수출어중자

글자 | 다리 **고**, 팔 **굉**, 어조사 **지**, 힘 **력**

출전 | 관자 소광편小匡篇

[고굉지신股肱之臣]

다리와 팔뚝과 같은 신하를 말하며, 군왕이 가장 신임하는 신하를 뜻한다. 순임금이 한 말이다. '그대들과 같은 신하들은 짐의 팔과 다리요, 눈과 귀로다. 내가 백성들을 돕고자 하니 그대들도 힘써 도와 달라.'

원문 | 作朕股肱耳目予欲左右有民
작짐고굉이목여욕좌우유민
汝翼
여익

글자 | 넓적다리 **고**, 팔 **굉**, 어조사 **지**, 신하 **신**

출전 | 서경 익직편益稷篇

동류 | 고장지신股掌之臣

[고구만감苦口晩甘]

입에 쓰고 늦게 달다는 말이며, 차 맛이 처음에는 쓰지만 나중에 달다는 뜻이며, 사람도 첫 대면은 씁쓸하지만 겪고 보면 길게 여운이 남는 사람이 있다.

글자 | 쓸 **고**, 입 **구**, 늦을 **만**, 달 **감**

출전 | 이덕리李德履의 동다기東茶記

[고군분투孤軍奮鬪]

외로운 군사가 싸움을 떨친다는 말이며, 도움이 없는 군사가 군세가 많은 상대와 겨룬다는 뜻이다. 또는 혼자서 전력을 다하여 겨룬다는 말로도 쓰인다.

글자 | 외로울 **고**, 군사 **군**, 떨칠 **분**, 싸울 **투**

출전 | 사기 항우項羽

[고군약졸孤軍弱卒]

따로 떨어져 고립된 군대의 약한 군사라는 말이다.

글자 | 외로울 **고**, 군사 **군**, 약할 **약**, 군사 **졸**

[고궁독서固窮讀書]

굳게 막힌 가운데 글을 읽는다는 말이며, 어려운 처지에도 글을 읽는다는 뜻이다.

글자 | 굳을 **고**, 막힐 **궁**, 글 읽을 **독**, 글 **서**

[고근약식孤根弱植]

외로운 뿌리가 약하게 심어졌다는 말이며, 친척이나 또는 가까이 돌보아

줄 사람이 거의 없다는 뜻이다.

글자 | 외로울 **고**, 뿌리 **근**, 약할 **약**, 심을 **식**

[고금격석敲金擊石]

금을 두드리고 돌을 친다는 말이며, 시문詩文을 읊는 소리가 청아하다는 뜻이다.

글자 | 두드릴 **고**, 금 **금**, 칠 **격**, 돌 **석**

[고금독보古今獨步]

옛날이나 이제나 홀로 걷는다는 말이며, 고금을 통하여 비교할 사람이 없다는 뜻이다.

글자 | 옛 **고**, 이제 **금**, 홀로 **독**, 걸음 **보**

[고금동서古今東西]

옛날과 지금, 그리고 동양과 서양이라는 말이며, 모든 시대와 장소를 일컫는다.

글자 | 옛 **고**, 이제 **금**, 동녘 **동**, 서녘 **서**

[고금동연古今同然]

예나 지금이나 한 가지로 그렇다는 말이며, 사물이나 이치 따위가 변하지 아니하여 예나 지금이나 같다는 뜻이다.

글자 | 옛 **고**, 이제 **금**, 같을 **동**, 그럴 **연**

반대 | 고금부동古今不同

[고금무쌍古今無雙]

예나 지금이나 견줄만한 짝이 없다는 말이며, 매우 뛰어남을 뜻한다.

글자 | 옛 **고**, 이제 **금**, 없을 **무**, 쌍 **쌍**

동류 | 천하무쌍天下無雙

유사 | 국사무쌍國士無雙

[고금부동古今不同]

예나 지금이나 같지 않다는 말이며, 사물이 변하여 풍습 · 제도 · 사조 따위가 예와 지금이 같지 않다는 뜻이다.

글자 | 옛 **고**, 이제 **금**, 아닐 **부**, 같을 **동**

출전 | 송남잡지

[고금삼반古今三反]

옛날과 지금의 세 가지 돌이킴이라는 말이며, 옛사람과 지금 사람의 세 가지 상반됨이라는 뜻이다. 동진 사람 치감의 옛 3반은 첫째, 윗사람을 반듯하게 섬기면서 아랫사람이 자신의 비위 맞춰주는 것을 좋아한다. 둘째, 몸가짐은 맑고 곧았지만 계산하여 따지는데 신경을 많이 쓴다. 셋째, 본인은 책 읽기를 좋아해도 남이 학문하는 것을 미워한다. 윤기가 나열한 지금의 사람의 3반은 첫째, 남이 숨기고 싶은 일은 끝까지 캐내려 하면서 자기 일은 은근슬쩍 덮는다. 둘째, 말만 들으면 세속 사람보다 우뚝하여 늠름한 기세를 범할 수가 없는데, 하는 짓은 천박하고 용렬하다. 셋째, 남에게는 분수도 모르고 지나치게 후하면서, 마땅히 잘해주어야 할 사람에게는 모질고 잔인하다.

글자 | 예 **고**, 이제 **금**, 돌이킬 **반**

출전 | 윤기尹愭의 협리한화峽裏閑話

[고금알석敲金戞石]

쇠를 두들기고 돌을 친다는 말이며, 시나 문장의 어울림이 뛰어나다는 뜻이다.

글자 | 두드릴 **고**, 쇠 **금**, 수레바퀴에 치일 **알**, 돌 **석**

[고금지비鼓琴之悲]

거문고를 어루만지는 슬픔이라는 말이며, 절친한 친구와 사별했을 때의 깊은 슬픔을 뜻한다. 장계응張季鷹이 친구 고언선顧彦先이 죽자 복받치는 슬픔에 겨워 고인의 영전에서 거문고를 열심히 타고 '고언선이여, 즐겨 주었는가!' 라고 묻고 거문고를 어루만지며 큰 소리로 통곡하였다는 고사에서 온 말이다.

글자 | 어루만질 **고**, 거문고 **금**, 어조사 **지**, 슬플 **비**

출전 | 세설신어

[고금천지古今天地]

예와 지금의 하늘과 땅이라는 말이며, 옛적부터 지금까지의 온 세상이라는 뜻이다.

글자 | 옛 **고**, 이제 **금**, 하늘 **천**, 땅 **지**

[고기직설皐夔稷偰]

고씨, 기씨, 직씨와 설씨라는 말이며, 중국의 순임금을 잘 모신, 고요皐陶, 기夔, 후직後稷과 설偰의 명신을 일컫는다.

글자 | 물가 **고**, 풀이름 **기**, 오곡 신 **직**, 이름 **설**

출전 | 구양수歐陽修의 붕당론朋黨論

[고담대언高談大言]

→ 고담준론高談峻論

[고담방언高談放言]

높은 소리로 말을 놓는다는 말이며, 아무 거리낌 없이 떠든다는 뜻이다.

글자 | 높을 **고**, 말씀 **담**, 놓을 **방**, 말씀 **언**

[고담웅변高談雄辯]

높은 소리로 웅장한 말을 한다는 말이며, 거리낌 없이 의논한다는 뜻이다.

글자 | 높을 **고**, 말씀 **담**, 웅장할 **웅**, 말잘할 **변**

[고담준론高談峻論]

높은 이야기와 높은 말이라는 말이며, 고상하고 준엄한 언론이라는 뜻으로도 쓰이고, 때로는 남의 이목에 아랑곳없이 자만하고 과장하는 언론이라는 뜻으로도 쓰인다.

글자 | 높을 **고**, 이야기할 **담**, 높을 **준**, 말할 **론**

[고담활론高談闊論]

높은 소리로 활발하게 의논한다는 말이며, 유쾌하게 이야기한다는 뜻이다.

글자 | 높을 **고**, 말씀 **담**, 활발할 **활**, 의논 **론**

출전 | 삼국지

[고담활보高談闊步]

큰소리치며 활발하게 걷는다는 말이며, 거침없이 뽐내며 걷는다는 뜻이다.

글자 | 높을 **고**, 말씀 **담**, 활발할 **활**, 걸음 **보**

출전 | 삼국지 위지魏志

[고당명기高唐名妓]

높은 당나라의 이름난 기생이라는 말이며, 명성이 높은 기생을 뜻한다.

글자 | 높을 **고**, 당나라 **당**, 이름 **명**, 기생 **기**

[고당화각高堂畵閣]

높은 집, 그림 같은 다락집이라는 말이며, 높다랗게 지어 화려하게 꾸며 놓은 집을 일컫는다.

글자 | 높을 **고**, 집 **당**, 그림 **화**, 다락집 **각**

[고대광실高臺廣室]

높은 대에 넓은 집이라는 말이며, 고래등 같은 굉장히 크고 좋은 집을 뜻한다.

글자 | 높을 **고**, 대 **대**, 넓을 **광**, 집 **실**

출전 | 옥루몽

유사 | 대하고루大廈高樓

[고도결신高蹈潔身]

높이 밟고 몸을 정결케 한다는 말이며, 세속을 떠나 몸을 깨끗하게 처신한다는 뜻이다.

글자 | 높을 **고**, 밟을 **도**, 정결할 **결**, 몸 **신**

출전 | 조선왕조 23대 순조실록

동류 | 고도지사高蹈之士

[고도지사高蹈之士]

→ 고도결신高蹈潔身

[고독단신孤獨單身]

외로운 홀몸이라는 말이다.

글자 | 외로울 **고**, 홀로 **독**, 홀로 **단**, 몸 **신**

[고독무의孤獨無依]

외로이 홀로 의지할 데가 없다는 말이다.

글자 | 외로울 **고**, 홀로 **독**, 없을 **무**, 의지할 **의**

[고독지옥孤獨地獄]

홀로 외로운 지옥이라는 말이며, 너무도 외로워 지옥과 같이 느껴지는 심정을 일컫는다.

글자 | 외로울 **고**, 홀로 **독**, 땅 **지**, 옥 **옥**

[고독촉유孤犢觸乳]

외로운 송아지가 젖을 받는다는 말이며, 의지할 데 없는 사람이 돌보아줄 사람을 찾는다는 뜻이다.

글자 | 외로울 **고**, 송아지 **독**, 받을 **촉**, 젖 **유**

[고독환과孤獨鰥寡]

→ 환과독고鰥寡獨孤

출전 | 순자 왕패편王覇篇

[고두백배叩頭百拜]

머리를 두드려 백 번 절한다는 말이며, 매우 감사하거나 용서를 빈다는 뜻이다.

글자 | 머리 두드릴 **고**, 머리 **두**, 일백 **백**, 절 **배**

동류 | 고두사죄叩頭謝罪

[고두사은叩頭謝恩]

머리를 두드리며 은혜에 사례한다는 말이며, 머리가 당에 닿을 정도로 절하며 거듭 은혜에 감사한다는 뜻이다.

글자 | 두드릴 **고**, 머리 **두**, 사례할 **사**, 은혜 **은**

출전 | 구운몽九雲夢

유사 | 돈수재배頓首再拜

[고두사죄叩頭謝罪]

머리를 조아려 사죄한다는 말이다.

글자 | 두드릴 **고**, 머리 **두**, 사죄할 **사**, 허물 **죄**

출전 | 소학 선행善行

[고두재배叩頭再拜]

머리를 두드려 두 번 절한다는 말이며, 정중하게 인사를 한다는 뜻이다.

글자 | 두드릴 **고**, 머리 **두**, 다시 **재**, 절 **배**

[고등유민高等遊民]

높은 무리의 노는 백성이라는 말이며, 학식은 높으나 일정한 직업이 없는 백성을 일컫는다.

글자 | 높을 **고**, 무리 **등**, 놀 **유**, 백성 **민**

[고락병행苦樂竝行]

괴로움과 즐거움은 아울러 간다는 말이며, 괴로움과 즐거움은 공존한다는 뜻이다.

글자 | 괴로울 **고**, 즐거울 **락**, 아우를 **병**, 갈 **행**

[고락상평苦樂常平]

괴로움과 즐거움은 항상 고르다는 말이다. 다산이 유배지에서 위로해 주던 강진 병마우후兵馬虞候 이중협李重協이 임기를 마치고 떠날 때 써 준 글이다. '즐거움은 괴로움에서 나오니 괴로움은 즐거움의 뿌리다. 괴로움은 즐거움에서 생겨서 즐거움은 괴로움의 씨앗이다. 괴로움과 즐거움이 생기는 것은 동정動靜과 음양陰陽이 서로 뿌리가 되는 것과 같다. 통달한 사람은 그 연유를 알아 기대고 엎드림을 살피고 성하고 쇠함을 헤아려 내 마음이 상황에 반응하는 것을 늘 일반적인 정리와 반대가 되게끔 한다. 그래서 두 가지가 그 취미를 나누고 기세를 줄이게 한다. 마치 값이 싸면 비싸게 사들이고, 비싸면 싸게 내놔 파는 한나라 때 경수창耿壽昌의 상평법常平法처럼

해서 늘 일정하게 한다. 이것이 고락에 대처하는 방법이다.'

글자 | 괴로울 **고**, 즐거울 **락**, 항상 **상**, 고를 **평**

출전 | 정약용의 글

[고래지풍古來之風]

예로부터 내려오는 풍속이라는 말이다.

글자 | 옛 **고**, 올 **래**, 어조사 **지**, 풍속 **풍**

[고량자제膏粱子弟]

기름진 고기와 기장밥을 먹고 자란 자제라는 말이며, 부귀한 가문, 부유한 집에서 자란 자제라는 뜻이다.

글자 | 기름질 **고**, 기장 **량**, 아들 **자**, 아우 **제**

출전 | 천향루우득天香樓偶得

유사 | 난의포식暖衣飽食

[고량지미膏粱旨味]

→ 고량진미膏粱珍味

[고량지성膏粱之性]

기름진 기장의 성품이라는 말이며, 좋은 음식을 먹은 사람의 성질이라는 뜻으로서 교만한 사람의 성질을 빗댄 말이다.

글자 | 기름질 **고**, 기장 **량**, 어조사 **지**, 성품 **성**

[고량진미膏粱珍味]

기름진 고기와 기장밥으로 만든 진기한 맛이라는 말이다.

글자 | 기름질 **고**, 기장 **량**, 진기할 **진**, 맛 **미**

[고려공사高麗公事]

고려의 공변된 일이라는 말이며, 고려의 법령이 3일 만에 바뀐다는 뜻이다.

원문 | **高麗公事三日**
고 려 공 사 삼 일

글자 | 높을 **고**, 맑을 **려**, 공변될 **공**, 일 **사**

출전 | 송남잡지

[고려삼은高麗三隱]

고려의 세 은隱이라는 말이며, 고려 말기의 충신인 포은圃隱 정몽주, 목은牧隱 이색李穡, 야은冶隱 길재吉再를 일컫는다.

글자 | 높을 **고**, 맑을 **려**, 숨을 **은**

[고례시상考例施賞]

전례를 참고하여 상을 베푼다는 말이다.

글자 | 참고할 **고**, 전례 **례**, 베풀 **시**, 상줄 **상**

[고로상전古老相傳]

옛 늙은이들이 서로 전한다는 말이며, 노인들의 말로 전하여 온다는 뜻이다.

글자 | 옛 **고**, 늙을 **로**, 서로 **상**, 전할 **전**

[고로여생孤露餘生]

외로운 이슬과 같이 남은 인생이라는 말이며, 어려서 부모를 잃은 사람을 일컫는다.

글자 | 외로울 **고**, 이슬 **로**, 남을 **여**, 살 **생**

[고론탁설高論卓說]

높은 의논과 뛰어난 말씀이라는 말이며, 식견이 뛰어난 논설을 일컫는다.

글자 | 높을 **고**, 의논 **론**, 뛰어날 **탁**, 말씀 **설**

[고루거각高樓巨閣]

높고 큰 다락집이라는 말이다.

글자 | 높을 **고**, 다락 **루**, 클 **거**, 다락집 **각**

[고루과문孤陋寡聞]

외롭고 좁아서 들은 것이 적다는 말이다. 예기의 글이다. '혼자 배워서 벗이 없다면 고루해서 듣는 것이 적게 된다.'

원문 | 獨學而無友 則孤陋而寡聞
독 학 이 무 우 즉 고 루 이 과 문

글자 | 외로울 **고**, 좁을 **루**, 적을 **과**, 들을 **문**

출전 | 예기 학기學記

동류 | 독학고루獨學孤陋

[고륜지해苦輪之海]

괴로움이 도는 바다라는 말이며, 고뇌가 끊임없이 닥치는 인간세계를 일컫는다.

글자 | 괴로울 **고**, 돌 **륜**, 어조사 **지**, 바다 **해**

[고리정분藁履丁粉]

짚신에 분을 바른다는 말이며, 일이 격에 맞지 않는다는 뜻이다.

글자 | 짚 **고**, 신 **리**, 성할 **정**, 가루 **분**

출전 | 순오지

[고립무원孤立無援]

외롭게 서서 구원을 받을 데가 없다는 말이다.

글자 | 외로울 **고**, 설 **립**, 없을 **무**, 구원할 **원**

[고립무의孤立無依]

외로이 서서 의지할 데가 없다는 말이다.

글자 | 외로울 **고**, 설 **립**, 없을 **무**, 의지할 **의**

[고립장택孤立莊宅]

외로이 서있는 별장과 집이라는 말이며, 여러 곳에 흩어져 있는 농촌의 가옥을 일컫는다.

글자 | 외로울 **고**, 설 **립**, 별장 **장**, 집 **택**

[고립지세孤立之勢]

외로이 서서 의지할 데 없는 형세라는 말이다.

글자 | 외로울 **고**, 설 **립**, 어조사 **지**, 형세 **세**

[고마문령瞽馬聞鈴]

눈 먼 말이 방울소리를 듣는다는 말이

며, 주견 없이 남이 하는 대로 따라한다는 뜻이다.

글자 | 장님 **고**, 말 **마**, 들을 **문**, 방울 **령**

[고망언지姑妄言之]

시어미의 망령된 말이라는 말이며, 아무렇게 지껄여도 괜찮으니 말해도 된다는 뜻이다.

글자 | 시어미 **고**, 망령될 **망**, 말씀 **언**, 어조사 **지**

출전 | 장자 제물론濟物論

[고망착호藁網捉虎]

볏짚 그물로 호랑이를 잡는다는 말이며, 허술한 계책과 준비로 큰일을 꾀한다는 뜻이다.

글자 | 짚 **고**, 그물 **망**, 잡을 **착**, 범 **호**

출전 | 순오지, 동언해

동류 | 초망착호草網捉虎

[고명대신顧命大臣]

명령을 돌아보는 대신이라는 말이며, 임금으로부터 유언으로 나라의 뒷일을 부탁받은 대신을 일컫는다.

글자 | 돌아볼 **고**, 명령할 **명**, 큰 **대**, 신하 **신**

[고명사의顧名思義]

이름을 돌아보고 옳은 것을 생각한다는 말이며, 명예를 돌아보고 의를 생각한다는 뜻이다.

글자 | 돌아볼 **고**, 이름 **명**, 생각 **사**, 옳을 **의**

[고명지신顧命之臣]

→ 고명대신顧命大臣

[고명책인誥命册印]

가르침과 책의 도장이라는 말이며, 중국에서 이웃나라 왕의 즉위를 승인한다는 표시로 왕위를 승인하는 문서인 고명과 금으로 만든 도장을 일컫는다.

글자 | 가르칠 **고**, 가르칠 **명**, 책 **책**, 도장 **인**

[고모고심古貌古心]

옛 모양과 옛 마음이라는 말이며, 용모와 마음이 옛사람의 기풍을 지니고 있다는 뜻이다.

글자 | 옛 **고**, 모양 **모**, 마음 **심**

출전 | 한유의 시 맹생孟生

[고목발영枯木發榮]

마른 나무에 영화로움이 핀다는 말이며, 뜻밖에 행운이 찾아왔다는 뜻이다.

글자 | 마를 **고**, 나무 **목**, 필 **발**, 영화 **영**

[고목봉춘枯木逢春]

마른 나무가 봄을 만난다는 말이며, 어려운 형편이 펴지게 된다는 뜻이다.

글자 | 마를 **고**, 나무 **목**, 만날 **봉**, 봄 **춘**

[고목사회槁木死灰]

마른 나무와 죽은 재라는 말이며, 생

기 없고 의욕이 없는 사람을 뜻한다.

글자 | 마를 **고**, 나무 **목**, 죽을 **사**, 재 **회**

출전 | 장자 제물론齊物論

동류 | 형여고목形如槁木, 심여사회心如死灰

유사 | 고목한암槁木寒巖

[고목생화枯木生花]

마른 나무에 꽃이 피었다는 말이며, 곤궁한 사람이 행운을 만났다는 뜻이다.

글자 | 마를 **고**, 나무 **목**, 날 **생**, 꽃 **화**

출전 | 송남잡지

동류 | 고수생화枯樹生花, 고목발영枯木發榮

[고목후주枯木朽株]

마른 나무와 썩은 그루터기라는 말이며, 자신을 낮추어 겸손하게 표현하는 뜻도 있고 때로는 나이 들어 몸이 쇠약한 것을 뜻하기도 한다.

원문 | **則以枯木朽株樹功而不忘**
즉 이 고 목 후 주 수 공 이 불 망

글자 | 마를 **고**, 나무 **목**, 썩을 **후**, 그루터기 **주**

출전 | 추양의 옥중상량왕서獄中上梁王書

[고문대책高文大册]

높은 글의 큰 책이라는 말이며, 내용이 알차고 문장이 세련된 글을 일컫는다.

글자 | 높을 **고**, 글 **문**, 큰 **대**, 책 **책**

유사 | 고문전책高文典册

[고문전책高文典册]

높은 글로서 법과 같은 책이라는 말이며, 임금의 명으로 지은 국가의 귀중한 저술이라는 뜻이다.

글자 | 높을 **고**, 글 **문**, 법 **전**, 책 **책**

유사 | 고문대책高文大册

[고문진보古文眞寶]

옛 글로서 참된 보배라는 말이며, 중국의 한대부터 송대까지의 저명한 시나 문장을 수록한 전 20권의 시문집이다. 융통성이 없고 고지식한 사람을 빗댄 말로도 쓰인다.

글자 | 옛 **고**, 글 **문**, 참 **진**, 보배 **보**

[고문치사拷問致死]

두들겨 패서 묻다가 죽음에 이르게 했다는 말이다.

글자 | 두드릴 **고**, 물을 **문**, 이를 **치**, 죽을 **사**

[고백성사告白聖事]

→ 고해성사告解聖事

[고보자봉故步自封]

옛 걸음으로 스스로를 묶는다는 말이며, 변화에 적응하지 못해 다시 원점으로 되돌아간다는 뜻이다. 중국 부인네들이 10년간 전족纏足을 하다 보니 묶은 것을 풀어주어도 오히려 다닐 수가 없어 예전 걸음으로 스스로를 얽어매었다는 고사에서 온 말이다.

글자 | 옛 **고**, 걸음 **보**, 스스로 **자**, 봉할 **봉**
출전 | 양계초梁啓超의 애국론

[고복격양鼓腹擊壤]

한쪽 손으로는 배를 두드리고 다른 손으로는 흙덩이를 친다는 말이며, 백성이 태평성대를 누리고 있다는 뜻이다. 한 노인이 배를 두드리며 흙을 치면서 다음과 같은 노래를 했다.

해가 뜨면 일하고(日出以作)
해가 지면 쉬며(日入以息)
우물 파서 마시고(鑿井以飮)
임금 덕이 내게 무엇이 있으랴.(帝力何有於我)

이는 공자가 서경書經이라는 역사책을 편찬할 때 요堯, 순舜 두 임금을 가장 이상적인 인물로 평가한바 있는데, 요임금이 천하를 다스린 지 50년이 되는 해 천하가 궁금하여 하루는 평민 차림으로 강구康衢라는 거리에 이르렀을 때, 한 농부가 부른 노래다.

글자 | 두드릴 **고**, 배 **복**, 칠 **격**, 부드러운 흙 **양**
출전 | 십팔사략 제요帝堯
동류 | 격양지가擊壤之歌

[고복지은顧復之恩]

돌아보고 갚아야 할 은혜라는 말이며, 부모가 늘 걱정하면서 사랑으로 길러 준 은혜라는 뜻이다.

글자 | 돌아볼 **고**, 갚을 **복**, 어조사 **지**, 은혜 **은**

[고봉절정高峰絶頂]

높은 산봉우리의 으뜸가는 꼭대기라는 말이다.

글자 | 높을 **고**, 산봉우리 **봉**, 으뜸 **절**, 꼭대기 **정**
동류 | 고봉정상高峰頂上

[고봉정상高峰頂上]

높은 산봉우리의 꼭대기 위라는 말이다.

글자 | 높을 **고**, 산봉우리 **봉**, 꼭대기 **정**, 윗 **상**

[고봉준령高峰峻嶺]

높은 산봉우리와 험한 산 고개라는 말이다.

글자 | 높을 **고**, 산봉우리 **봉**, 험할 **준**, 산 고개 **령**

[고부갈등姑婦葛藤]

시어머니와 며느리는 칡넝쿨과 등 넝쿨이라는 말이며, 시어머니와 며느리는 견해 · 처지 · 이해 따위의 차이로 충돌이 생긴다는 뜻이다. 칡넝쿨은 오른쪽으로, 등 넝쿨은 왼쪽으로. 서로 반대쪽으로 감으며 올라가는데서 나온 말이다.

글자 | 시어미 **고**, 며느리 **부**, 칡 **갈**, 등나무 **등**

[고부단사告訃單使]

부음을 고하러 홀로 떠나는 사신이라

는 말이며, 임금이 죽었을 때, 중국에 가서 이를 전하고 새 임금의 즉위에 대한 승인을 받아 오는 사신을 일컫는다.

글자 | 고할 **고**, 부음 **부**, 홀로 **단**, 사신 **사**

[고부지례姑婦之禮]

시어머니와 며느리의 예도라는 말이다.

글자 | 시어미 **고**, 며느리 **부**, 어조사 **지**, 예도 **례**

[고분이가鼓盆而歌]

동이를 두들기는 노래라는 말이며, 아내가 죽어 한탄한다는 뜻이다. 장자의 아내가 죽어 혜자惠子가 문상을 갔다. 슬픔에 싸여 있어야 할 장자가 동이를 두들기며 노래를 부르고 있었다. 혜자는 아연실색해서 아내가 죽어 곡은 못할지언정 동이를 두들기며 노래를 부르다니 좀 과하지 않은가 하고 물었다. '그렇지 않네. 아내가 죽었을 때는 나도 슬펐지. 그러나 아내가 태어나기 전을 생각해보면, 원래 생명이라는 것은 없었고 생명이 없었을 뿐만 아니라 형체조차도 없었지. 또한 형체는 고사하고 기氣도 없었네. 희미하고 아득한 속에서 섞여 있다가 변해서 기가 생기고, 또 기가 변해서 형체를 이루고, 형체가 변해서 생명을 갖추었네. 그것이 지금 또 바뀌어 죽음으로 간 걸세. 이것은 봄, 여름, 가을, 겨울이 번갈아 운행하는 것과 같지. 아내는 지금 천지 사이의 큰 방에서 편안히 자고 있을 걸세. 그런데 내가 큰 소리로 운다면 나 자신이 천명에 통하지 못하는 듯해서 울음을 그쳤다네.'

글자 | 두드릴 **고**, 동이 **분**, 말 이을 **이**, 노래 **가**

출전 | 장자 지락至樂

동류 | 고분지탄叩盆之嘆, 고분지통叩盆之痛

[고분지탄叩盆之嘆]

→ 고분이가鼓盆而歌

[고분지통叩盆之痛]

→ 고분이가鼓盆而歌

[고비원주高飛遠走]

높이 날고 멀리 달아난다는 말이다.

글자 | 높을 **고**, 날 **비**, 멀 **원**, 달릴 **주**

[고사내력故事來歷]

옛일과 지내온 것이라는 말이며, 전해오는 사건과 그 내용이라는 뜻이다.

글자 | 옛 **고**, 일 **사**, 올 **내**, 지낼 **력**

[고사성어故事成語]

옛일을 말로 이루었다는 말이며, 옛적부터 내려오는 말, 또는 규칙과 정례定例를 일컫는다.

글자 | 옛 **고**, 일 **사**, 이룰 **성**, 말씀 **어**

[고삭포호稿索捕虎]

새끼줄로 호랑이를 사로잡는다는 말이며, 어설프게 하면 실패하기 쉽다는 뜻이다.

글자 | 볏집 **고**, 노 **삭**, 사로잡을 **포**, 범 **호**

출전 | 동언해

[고삭희양告朔餼羊]

초하루에 [희생] 양을 보내 알린다는 말이며, 쓸 데 없는 허례허식을 일컫는다.

글자 | 알릴 **고**, 초하루 **삭**, 보낼 **희**, 양 **양**

출전 | 논어 팔일편

[고산유수高山流水]

높은 산과 흐르는 물이라는 말이며, 사람이 헤아릴 수 없이 뛰어나 음악이나 연주, 자신을 잘 이해해주는 벗 따위를 빗댄 말이다. 중국의 춘추시대, 거문고의 명수 백아伯牙가 높은 산에 오르는 생각을 하면서 거문고를 타면 이의 연주를 잘 이해하고 있는 벗 종자기鍾子期는 '저 높은 산과 같다.' 고 평하고, 흐르는 물을 생각하고 타면 '도도히 흐르는 강물과 같다.' 고 평한 고사에서 유래한다.

글자 | 높을 **고**, 뫼 **산**, 흐를 **유**, 물 **수**

출전 | 열자 탕문湯問

[고산진호敲山震虎]

산을 두드려 호랑이를 움직인다는 말이며, 직접적으로 문제를 가리키지 않고 우회적으로 자기 불만을 표시한다는 뜻이다.

글자 | 두드릴 **고**, 뫼 **산**, 진동할 **진**, 범 **호**

유사 | 지상매괴指桑罵槐

[고상기지高尚其志]

그 뜻을 높이 숭상한다는 말이다.

글자 | 높을 **고**, 숭상할 **상**, 그 **기**, 뜻 **지**

[고색창연古色蒼然]

옛 빛이 푸르다는 말이며, 퍽 오래되어 옛 풍치가 그윽하다는 뜻이다.

글자 | 옛 **고**, 빛 **색**, 푸를 **창**, 그렇다 할 **연**

[고선지정告善之旌]

착함을 고하는 깃발이라는 말이며, 순임금이 간언諫言을 듣기 위해 세웠던 깃발을 일컫는다.

글자 | 고할 **고**, 착할 **선**, 어조사 **지**, 장목기 **정**

출전 | 조선왕조실록 13대 명종실록

[고성규조高聲叫噪]

높은 소리로 부르고 지저귄다는 말이며, 높은 소리로 떠들어댄다는 뜻이다.

글자 | 높을 **고**, 소리 **성**, 부를 **규**, 새 지저귈 **조**

[고성낙월孤城落月]

→ 고성낙일孤城落日

[고성낙일孤城落日]

해가 지는 외로운 성이라는 말이며, 세력이 쇠하여 얼마 남지 않은 몹시 처량한 상태를 빗댄 말이다. 왕유의 시 한 구절이다. '멀리 아노라, 한나라 사신이 소관 밖에서 외로운 성 지는 해 언저리를 수심으로 바라보는 것을.'

원문 | 遙知漢使蕭關外愁見孤城落日邊
요 지 한 사 소 관 외 수 견 고 성 낙 일 변

글자 | 외로울 **고**, 보루 **성**, 떨어질 **낙**, 해 **일**

출전 | 왕유王維의 위평사韋評事를 보내는 시

동류 | 고성낙월孤城落月

[고성대규高聲大叫]

높은 소리로 크게 부르짖는다는 말이다.

글자 | 높을 **고**, 소리 **성**, 큰 **대**, 부를 **규**

[고성대독高聲大讀]

높은 소리로 크게 글을 읽는다는 말이다.

글자 | 높을 **고**, 소리 **성**, 큰 **대**, 읽을 **독**

[고성대질高聲大叱]

높은 소리로 크게 꾸짖는다는 말이다.

글자 | 높을 **고**, 소리 **성**, 큰 **대**, 꾸짖을 **질**

[고성대호高聲大呼]

높은 소리로 크게 부른다는 말이다.

글자 | 높을 **고**, 소리 **성**, 큰 **대**, 부를 **호**

[고성방가高聲放歌]

큰 소리로 목 놓아 노래한다는 말이며, 거리에서 큰 소리를 지르거나 노래를 부른다는 뜻이다.

글자 | 높을 **고**, 소리 **성**, 놓을 **방**, 노래 **가**

[고성심지高城深池]

높은 성과 깊은 못이라는 말이며, 방비가 튼튼한 성지城池를 일컫는다.

글자 | 높을 **고**, 재 **성**, 깊을 **심**, 못 **지**

[고성염불高聲念佛]

높은 소리로 하는 염불이라는 말이다.

글자 | 높을 **고**, 소리 **성**, 생각할 **염**, 부처 **불**

[고성준론高聲峻論]

높은 소리로 험하게 의논한다는 말이며, 크고 높은 목소리로 엄숙하면서도 날카롭게 말한다는 뜻이다.

글자 | 높을 **고**, 소리 **성**, 험할 **준**, 의논 **론**

[고세지덕高世之德]

한 세대를 높인 덕이라는 말이며, 한 세대에 뛰어난 덕이라는 뜻이다.

글자 | 높을 **고**, 세대 **세**, 어조사 **지**, 큰 **덕**

출전 | 삼국지 위지魏志

[고세지도高世之度]

한 세대에 뛰어난 도량度量이라는 말

이다.

글자 | 높을 **고**, 세대 **세**, 어조사 **지**, 도량 **도**

[고세지주高世之主]

한 세대에 뛰어난 임금이라는 말이다.

글자 | 높을 **고**, 세대 **세**, 어조사 **지**, 임금 **주**

[고세지지高世之志]

높은 세상의 뜻이라는 말이다. 세설신어의 글이다. '사안謝安은 유연하게 고원高遠한 생각에 잠겨 초탈한 뜻이 있었다.'

원문 | 謝悠然遠想 有高世之志
사 유 연 원 상 유 고 세 지 지

글자 | 높을 **고**, 세상 **세**, 어조사 **지**, 뜻 **지**

출전 | 세설신어 언어

[고세지행高世之行]

한 세대에 뛰어난 행실이라는 말이다.

글자 | 높을 **고**, 세대 **세**, 어조사 **지**, 행실 **행**

[고소공포高所恐怖]

높은 곳에 올라가면 두려워한다는 말이다.

글자 | 높을 **고**, 곳 **소**, 두려울 **공**, 두려워할 **포**

[고소자진固所自盡]

굳이 스스로 다할 바라는 말이며, 반드시 스스로 완수해야 할 일이라는 뜻이다.

글자 | 굳이 **고**, 바 **소**, 스스로 **자**, 다할 **진**

[고수생화枯樹生花]

→ 고목생화枯木生花

[고시활보高視闊步]

높이 보고 넓게 걷는다는 말이며, 기상氣象이 매우 뛰어난다는 뜻이다.

글자 | 높을 **고**, 볼 **시**, 넓을 **활**, 걸음 **보**

[고식지계姑息之計]

아녀자나 어린이가 꾸미는 계책이라는 말이며, 생각이 단순하거나 당장에 편한 것, 일시적인 미봉책 등을 뜻한다.

원문 | 紂棄黎老之言而用姑息之語
주 기 여 로 지 언 이 용 고 식 지 어

글자 | 시어미 **고**, 자식 **식**, 어조사 **지**, 계교 **계**

출전 | 예기 단궁편檀弓篇

유사 | 동족방뇨凍足放尿

[고식지인姑息之仁]

아녀자나 어린이의 어진 일이라는 말이며, 깊이 생각하지 않고 눈앞의 연민憐憫에만 치우쳐 베푸는 자선을 일컫는다.

글자 | 시어미 **고**, 자식 **식**, 어조사 **지**, 어질 **인**

출전 | 조선왕조 20대 경종실록

[고식척영孤息隻影]

외롭게 숨 쉬는 한 짝의 그림자라는 말이며, 외로운 몸에 그림자뿐이라 붙일 곳이 없이 떠도는 외로운 신세라는 뜻이다.

글자 | 외로울 **고**, 숨쉴 **식**, 새 한 마리 **척**, 그림자 **영**

[고신얼자孤臣孼子]

외로운 신하와 첩의 자식이라는 말이며, 임금의 신임을 받지 못하는 신하와 어버이의 사랑을 받지 못하는 서자庶子를 일컫는다.

글자 | 외로울 **고**, 신하 **신**, 첩의 자식 **얼**, 아들 **자**

출전 | 맹자 진심 상

[고신원루孤臣冤淚]

외로운 신하의 원통한 눈물이라는 말이며, 임금의 신임을 잃은 신하의 괴로움을 뜻한다.

글자 | 외로울 **고**, 신하 **신**, 원통할 **원**, 눈물 **루**

[고신척영孤身隻影]

외로운 몸의 외로운 그림자라는 말이며, 홀로 떠도는 외로운 신세를 뜻한다.

글자 | 외로울 **고**, 몸 **신**, 외짝 **척**, 그림자 **영**

[고심사단故尋事端]

일부러 찾아서 일의 실마리를 만든다는 말이다.

글자 | 일부러 **고**, 찾을 **심**, 일 **사**, 실마리 **단**

[고심참담苦心慘憺]

괴로운 마음에 슬프고 두렵다는 말이다.

글자 | 괴로울 **고**, 마음 **심**, 슬플 **참**, 두려워할 **담**

[고아대독高牙大纛]

높은 대장기(아기牙旗)와 군중의 큰 깃발(독기纛旗)이라는 말이며, 군대를 통솔하는 장군의 깃발을 뜻한다.

글자 | 높을 **고**, 대장기 **아**, 큰 **대**, 군중의 큰 기 **독**

출전 | 구양수歐陽修의 글

[고안심곡高岸深谷]

높은 언덕이 깊은 골짜기가 되었다는 말이며, 세상이 많이 변했다는 뜻이다.

원문 | 高岸爲谷 深谷爲陵
고 안 위 곡 심 곡 위 릉

글자 | 높을 **고**, 언덕 **안**, 깊을 **심**, 공 **곡**

출전 | 춘추좌씨전 소공 32년

[고양생제枯楊生稊]

마른 버드나무에 가라지가 난다는 말이며, 늙은 지아비가 딸 같은 아내를 얻는다는 점괘를 일컫는다.

원문 | 枯楊生梯 老夫得其女妻
고 양 생 제 노 부 득 기 여 처

글자 | 마를 **고**, 버드나무 **양**, 날 **생**, 가

라지 **제**

출전 | 주역 택풍대과澤風大過

[고양생화枯楊生華]

마른 버드나무에 꽃이 생겼다는 말이며, 늙은 여자가 젊은 남편을 얻는다는 말이다. 주역에 있는 글이다. '말라죽은 버들에 꽃이 생겼다 해도 어찌 오래 피워 있을 수가 있겠는가. 늙은 여자에게 남편이란 역시 부끄러운 일이다.'

원문 | 枯楊生華 何可久也 老婦士夫 亦可醜也
고양생화 하가구야 노부사부 역가추야

글자 | 마를 **고**, 버드나무 **양**, 날 **생**, 꽃 **화**

출전 | 주역 택풍대과澤風大過

[고어지사枯魚之肆]

마른 물고기의 어물전이라는 말이며, 매우 어려운 처지를 뜻한다. 어물전에는 싱싱한 물고기가 있어야 하는데, 팔리지 않아 말라비틀어진 물고기만 있다는 것이다.

글자 | 마를 **고**, 고기 **어**, 어조사 **지**, 가게 **사**

출전 | 장자 외물外物

[고어함삭枯魚銜索]

마른 고기가 새끼줄에 물려 있다는 말이며, 사람의 생명도 노끈과 같이 허망하게 끊어진다는 뜻이다.

글자 | 마를 **고**, 고기 **어**, 재갈 **함**, 새끼줄 **삭**

출전 | 설원

[고영소연孤影蕭然]

외로운 그림자가 쓸쓸하다는 말이다.

글자 | 외로울 **고**, 그림자 **영**, 쓸쓸할 **소**, 그렇다 할 **연**

[고옥건령高屋建瓴]

높은 지붕에서 동이를 쏟는다는 말이며, 아래로 향하는 기세가 강하다는 뜻이다.

글자 | 높을 **고**, 집 **옥**, 세울 **건**, 동이 **령**

출전 | 사기 고조본기高祖本紀

[고와동산高臥東山]

높은 곳에 누워 동산을 바라본다는 말이며, 은둔하며 벼슬길에 나가지 않는다는 뜻이다.

원문 | 卿 屢違朝旨 高臥東山
경 누위조지 고와동산

글자 | 높을 **고**, 누울 **와**, 동녘 **동**, 뫼 **산**

출전 | 세설신어, 진서 사안전謝安傳

[고왕금래古往今來]

가버린 옛날과 닥쳐 온 이제라는 말이며, 옛날과 지금이라는 뜻이다.

글자 | 옛 **고**, 갈 **왕**, 이제 **금**, 올 **래**

출전 | 반악潘岳의 서정부西征賦

[고왕독맥孤往獨驀]

외로이 가면서 홀로 말을 빨리 몰고

간다는 말이다.

글자 | 외로울 **고**, 갈 **왕**, 홀로 **독**, 말 빨리 탈 **맥**

[고왕지래告往知來]

간 것을 고하면 올 것을 안다는 말이며, 과거의 일을 듣고 미래의 일을 짐작할 수 있다는 뜻이다.

글자 | 고할 **고**, 갈 **왕**, 알 **지**, 올 **래**

[고운야학孤雲野鶴]

외로운 구름과 들판의 학이라는 말이며, 세상의 명성名聲을 떠나 초야에 은거하는 선비를 빗댄 말이다.

글자 | 외로울 **고**, 구름 **운**, 들 **야**, 학 **학**

유사 | 기산지절箕山之節

[고원난행高遠難行]

높고 멀어서 가기 어렵다는 말이며, 뜻이 높고 멀어서 실행하기 어렵다는 뜻이다.

원문 | … 而妄意高遠難行
이 망 의 고 원 난 행

글자 | 높을 **고**, 멀 **원**, 어려울 **난**, 행할 **행**

출전 | 격몽요결擊蒙要訣

[고원정밀高遠精密]

높고 멀고 세밀하고 잘다는 말이며, 계책이 원대하고 치밀하여 완전하다는 뜻이다.

글자 | 높을 **고**, 멀 **원**, 세밀할 **정**, 잘 **밀**

[고위박절孤危迫切]

외롭고 위태하고 급하고 간절하다는 말이며, 매우 난처한 처지에 있다는 뜻이다.

글자 | 외로울 **고**, 위태로울 **위**, 급할 **박**, 간절할 **절**

[고위지화孤危之禍]

외롭고 위태한 재화라는 말이며, 혼자 담당하는 위험한 재앙이라는 뜻이다.

글자 | 외로울 **고**, 위태할 **위**, 어조사 **지**, 재화 **화**

[고유신앙固有信仰]

고집이 있는 신앙이라는 말이며, 한 국가나 민족이 오랫동안 가지고 있는 독특한 신앙을 일컫는다.

글자 | 고집 **고**, 있을 **유**, 믿을 **신**, 우러를 **앙**

[고유지지膏腴之地]

기름진 밭의 땅이라는 말이다.

글자 | 기름질 **고**, 기름진 밭 **유**, 어조사 **지**, 땅 **지**

출전 | 전국책戰國策

[고육지계苦肉之計]

→ 고육지책苦肉之策

[고육지책苦肉之策]

자기 몸을 괴롭히는 계책이라는 말이며, 적을 속이기 위해 자기편에 피해를 주면서 꾸미는 계책을 뜻한다. 제갈공명은 고육계를 쓰지 않고서 어떻게 조조를 속일 수 있겠는가 라고 하였다.

글자 | 괴로울 **고**, 고기 **육**, 어조사 **지**, 꾀 **책**

출전 | 삼국지연의

동류 | 고육지계苦肉之計

[고이불붕高而不崩]

높지만 무너지지 않는다는 말이며, 천도를 얻은 사람은 높은 자리에 있어도 무너지지 않는다는 뜻이다.

원문 | 得天者 高而不崩
득천자 고이불붕

글자 | 높을 **고**, 말 이을 **이**, 아닐 **불**, 무너질 **붕**

출전 | 관자 치미편侈靡篇

[고이언타顧而言他]

좌우를 돌아보고 다른 말을 한다는 말이며, 솔직히 시인해야 할 일을 시인하지 못하고 엉뚱한 다른 말로 얼버무린다는 뜻이다. 맹자가 제선왕을 찾아가서 왕의 신하가 그의 처자를 벗에게 맡기고 초나라에 갔다 돌아와 보니 돌보지 않고 굶주리고 추위에 떨게 만들었는데, 왕께서는 어떻게 하겠느냐고 물었더니, 왕은 절교해야 한다고 답했다. 그리고 사사士師가 그 부하를 제대로 거느리지 못하면 어쩌겠느냐 하니, 당장 그만두게 하겠다고 왕은 답했으며, 마지막으로 사경四境 안이 제대로 다스려지지 않으면 어쩌시겠느냐 하니, 왕은 좌우를 돌아보고 다른 말을 했다. 유도질문에 빠진 왕은 그만두어야 한다는 말을 갑자기 할 수 없었기 때문이다.

원문 | 王顧左右而言他
왕고좌우이언타

글자 | 돌아볼 **고**, 말 이을 **이**, 말씀 **언**, 다를 **타**

출전 | 맹자 양혜왕梁惠王

[고자과곡孤雌寡鵠]

→ 고자과학孤雌寡鶴

[고자과학孤雌寡鶴]

외로운 암컷, 과부인 학이라는 말이며, 남편을 잃은 사람을 빗댄 말이다.

글자 | 외로울 **고**, 암컷 **자**, 과부 **과**, 학 **학**

[고장난명孤掌難鳴]

외손뼉이 울 수 없다는 말이며, 상대가 있어야 말다툼이나 싸움이 된다는 뜻이다.

글자 | 외로울 **고**, 손바닥 **장**, 어려울 **난**, 울 **명**

출전 | 수호전, 한비자 공명功名

동류 | 독장난명獨掌難鳴, 독장불명獨掌不鳴

[고장지신股掌之臣]

손발과 같은 신하라는 말이며, 가장 믿을 수 있는 신하를 뜻한다.

글자 | 넓적다리 **고**, 손바닥 **장**, 어조사

지, 신하 **신**

출전 | 전국책 위책魏策

동류 | 고굉지신股肱之臣

[고재질족高材疾足]

높은 재능에 빠른 발이라는 말이며, 지혜와 용기를 겸비한 사람을 일컫는다.

글자 | 높을 **고**, 재능 **재**, 빠를 **질**, 발 **족**

[고저장단高低長短]

높고 낮으며 길고 짧다는 말이며, 음악의 높낮음과 장단을 일컫는다.

글자 | 높을 **고**, 낮을 **저**, 긴 **장**, 짧을 **단**

[고적유명考績幽明]

공적을 상고하여 깊이 밝힌다는 말이며, 관리의 성적을 상고하여 진퇴進退를 결정한다는 뜻이다.

글자 | 상고할 **고**, 공적 **적**, 깊을 **유**, 밝힐 **명**

[고전악투苦戰惡鬪]

→ 악전고투惡戰苦鬪

[고정관념固定觀念]

굳게 정하여 보고 생각한다는 말이며, 강하게 생각이 박혀 좀처럼 변하지 않는 생각을 일컫는다.

글자 | 굳을 **고**, 정할 **정**, 볼 **관**, 생각할 **념**

유사 | 선입편견先入偏見

[고정단일孤貞單一]

홀로 우뚝하게 곧다는 말이며, 아주 정직하고 결백하다는 뜻이다.

글자 | 우뚝할 **고**, 곧을 **정**, 홑 **단**

[고정대사高亭大榭]

높은 정자와 [대 위의] 큰 정자라는 말이다.

글자 | 높을 **고**, 정자 **정**, 큰 **대**, 정자 **사**

[고정무파古井無波]

오래된 우물에는 물결이 없다는 말이며, 여자의 마음이 흔들리지 않고 굳게 닫혀 정절을 지킨다는 뜻이다.

글자 | 옛 **고**, 우물 **정**, 없을 **무**, 물결 **파**

출전 | 맹교孟郊의 열녀조烈女操

[고정불변固定不變]

굳게 정하여 변하지 않는다는 말이다.

글자 | 굳을 **고**, 정할 **정**, 아닐 **불**, 변할 **변**

[고조독탄古調獨彈]

옛 곡조를 홀로 탄다는 말이며, 가락이 너무 고상하고 고풍스러워 어느 누구도 화창和唱하는 자가 없다는 뜻이다.

글자 | 옛 **고**, 가락 **조**, 홀로 **독**, 튕길 **탄**

출전 | 유장경劉長卿의 시

유사 | 고조불탄古調不彈

[고조불탄古調不彈]

옛 곡조는 타지 않는다는 말이며, 인

심이 옛날만 같지 못함을 한탄한다는 뜻이다. 당나라 시인 유장경劉長卿의 시에 '비록 나는 옛날 곡조를 사랑하지만 오늘의 많은 사람들은 타지 않는다.' 라고 하였다.

원문 | 古調雖自愛 今人多不彈
고조수자애 금인다불탄

글자 | 옛 **고**, 곡조 **조**, 아니 **불**, 튕길 **탄**

출전 | 유장경의 시

유사 | 고조독탄古調獨彈

[고족대가古族大家]

예로부터 일가 큰 집안이라는 말이며, 대를 이어 자손이 번성하고 세력이 있는 집안이라는 뜻이다.

글자 | 옛 **고**, 일가 **족**, 큰 **대**, 집 **가**

[고종냉복孤蹤冷福]

외로운 자취와 차가운 복이라는 말이며, 도와주는 사람 없이 외롭고 복이 없다는 뜻이다.

글자 | 외로울 **고**, 자취 **종**, 찰 **냉**, 복 **복**

출전 | 조선왕조 14대 선조실록

[고주대문高柱大門]

높은 기둥과 큰 문이라는 말이며, 솟을 대문을 일컫는다.

글자 | 높을 **고**, 기둥 **주**, 큰 **대**, 문 **문**

[고주오량高柱五梁]

높은 기둥과 다섯 들보라는 말이며, 중간에 높은 기둥을 세우고 그것으로 동자주童子柱를 겸해 짠 다섯 들보를 일컫는다.

글자 | 높을 **고**, 기둥 **주**, 들보 **량**

[고주일배苦酒一杯]

한 잔의 쓴 술이라는 말이며, 대접하는 술이 변변치 못하다는 뜻이다.

글자 | 쓸 **고**, 술 **주**, 잔 **배**

[고주일척孤注一擲]

한 번에 던져 쏟아버린다는 말이며, 도박에서 소유한 돈 전부를 한꺼번에 건다는 뜻이다.

글자 | 저버릴 **고**, 물 쏟아 흐를 **주**, 던질 **척**

출전 | 속수기문涑水記聞 제6권, 송사

동류 | 고주일결孤注一決

유사 | 건곤일척乾坤一擲

[고죽청풍孤竹淸風]

외로운 대나무와 맑은 바람이라는 말이며, 중국 고죽군孤竹君의 아들인 백이伯夷와 숙제叔齊의 깨끗하고 곧은 절개와 고상한 인품을 일컫는다.

글자 | 외로울 **고**, 대 **죽**, 맑을 **청**, 바람 **풍**

출전 | 조선왕조 21대 영조실록

[고중작락苦中作樂]

괴로움 속에서 즐거움을 만든다는 말이다.

글자 | 괴로울 **고**, 가운데 **중**, 지을 **작**, 즐거울 **락**

출전 | 대보적경大寶積經

[고진감래苦盡甘來]

쓴 것이 다하면 단 것이 온다는 말이며, 고생이 끝나면 즐거움이 온다는 뜻이다.

글자 | 괴로울 **고**, 다할 **진**, 달 **감**, 올 **래**

출전 | 송남잡지

반대 | 흥진비래興盡悲來

[고진금퇴鼓進金退]

북을 치면 나아가고 쇠[징]를 치면 물러난다는 말이며, 초보적인 군사훈련을 일컫는다.

글자 | 북 **고**, 나아갈 **진**, 쇠 **금**, 물러날 **퇴**

[고집멸도苦集滅道]

괴로운 것, 모인 것, 없앨 것과 도리라는 말이며, 불교의 근본원리인 영원히 변하지 않는 네 가지 진리, 즉 고체苦諦, 집체集諦, 멸체滅諦, 도체道諦의 4체四諦(깨달음)를 일컫는다.

글자 | 괴로울 **고**, 모을 **집**, 없앨 **멸**, 도리 **도**

출전 | 불교

[고집불통固執不通]

굳게 잡고 통하지 않는다는 말이며, 고집이 세어 융통성이 없다거나 그런 사람을 일컫는다.

글자 | 굳을 **고**, 잡을 **집**, 아닐 **불**, 통할 **통**

[고차사마高車駟馬]

네 마리 말이 끄는 높은 수레라는 말이며, 귀한 사람이 타는 수레를 일컫는다.

글자 | 높을 **고**, 수레 **차**, 사마 **사**, 말 **마**

[고창입운高唱入雲]

높은 노래 부르는 소리가 구름 속에 들어간다는 말이며, 매우 큰 소리를 빗댄 말이다.

글자 | 높을 **고**, 노래 부를 **창**, 들 **입**, 구름 **운**

[고초만상苦楚萬狀]

여러 모양의 괴로움과 아픔이라는 말이다.

글자 | 괴로울 **고**, 아플 **초**, 여러 **만**, 형상 **상**

[고추부서孤雛腐鼠]

외로운 병아리와 썩은 쥐라는 말이며, 어려서부터 돌보는 사람 없이 홀로 떠돌아다녀 그 인격이 천하다는 비유이다.

글자 | 외로울 **고**, 병아리 **추**, 썩을 **부**, 쥐 **서**

출전 | 후한서

[고침단금孤枕單衾]

외로운 베개와 홑이불이라는 말이며, 젊은 여자가 홀로 쓸쓸하게 자는 것을 일컫는다.

글자 | 외로울 **고**, 베개 **침**, 홀로 **단**, 이불 **금**

[고침단면高枕短眠]

높은 베개의 짧은 잠이라는 말이며, 베개를 높이 베면 오래 자지 못한다는 뜻이다.

글자 | 높을 **고**, 베개 **침**, 짧을 **단**, 졸 **면**

[고침단명高枕短命]

베개를 높이 베고 자면 목숨이 짧다는 말이다.

글자 | 높을 **고**, 베개 **침**, 짧을 **단**, 목숨 **명**

[고침무우高枕無憂]

→ 고침안면高枕安眠

[고침사지高枕肆志]

높은 베개에 방자한 마음이라는 말이며, 재산이 많아 빈둥거리며 즐겁게 지낸다는 뜻이다.

글자 | 높을 **고**, 베개 **침**, 방자할 **사**, 뜻 **지**

[고침안면高枕安眠]

베개를 높이고 편히 잔다는 말이며, 근심 걱정 없이 편히 살아간다는 뜻이다. 위나라 장의張儀가 위왕에게 진언한 말이다. '진나라에 복속하는 것이 좋으리라 생각합니다. 그러면 초나라나 한나라는 감히 움직이는 일이 없을 것이며, 초와 한에 대한 걱정이 없어지면 대왕께서도 베개를 높이하고 잠잘 수가 있고 나라도 안정될 것입니다.'

원문 | **大王高枕而臥安眠 國必無憂矣**
대왕고침이와안면 국필무우의

글자 | 높을 **고**, 베개 **침**, 편안 **안**, 잘 **면**

출전 | 사기 장의열전張儀列傳

동류 | 고침이와高枕而臥

[고침이와高枕而臥]

→ 고침안면高枕安眠

[고침한등孤枕寒燈]

외로운 베개와 쓸쓸한 등불이라는 말이며, 홀로 자는 쓸쓸한 밤을 빗댄 말이다.

글자 | 외로울 **고**, 베개 **침**, 쓸쓸할 **한**, 촛불 **등**

[고침화당高枕華堂]

높은 베개에 빛나는 집이라는 말이며, 아름다운 집에서 베개를 높이 베고 편히 산다는 뜻이다.

글자 | 높을 **고**, 베개 **침**, 빛날 **화**, 집 **당**

출전 | 옥루몽

[고태류극古菭留屐]

옛 이끼에 나막신이 머문다는 말이며, 해묵은 이끼에 신발 자국이 찍힌다는 뜻이다.

글자 | 옛 **고**, 이끼 **태**, 머무를 **류**, 나막신 **극**

출전 | 추사秋史의 편지

[고태분요刳胎焚夭]

배를 갈라 태아를 [끄집어내어] 불사른다는 말이며, 폭군의 포악한 행적을 뜻한다.

글자 | 가를 **고**, 아이 밸 **태**, 불사를 **분**, 어릴 **요**

출전 | 전국책 조책趙策

[고태의연古態依然]

옛 모습이 그대로 변함이 없다는 말이다.

글자 | 옛 **고**, 태도 **태**, 의지할 **의**, 그럴 **연**

동류 | 구태의연舊態依然

[고한노동苦汗勞動]

괴롭게 땀 흘리는 노동이라는 말이며, 장시간 노동이나 저임금 따위의 열악한 노동조건으로 혹사당하는 노동을 일컫는다.

글자 | 괴로울 **고**, 땀 **한**, 수고로울 **노**, 움직일 **동**

[고함고함高喊高喊]

큰소리로 외치거나 부르짖는 모양을 일컫는다.

글자 | 높을 **고**, 고함 지를 **함**

[고해성사告解聖事]

고하여 깨우쳐 주는 거룩한 일이라는 말이며, 세례를 받은 신자가 범한 죄를 뉘우치고 천주님의 대리자인 사제司祭에게 고백하여 용서를 받는 일을 일컫는다.

글자 | 고할 **고**, 깨우쳐 줄 **해**, 거룩할 **성**, 일 **사**

동류 | 고백성사告白聖事

[고향난망故鄕難忘]

고향은 잊을 수 없다는 말이다.

글자 | 옛 **고**, 시골 **향**, 어려울 **난**, 잊을 **망**

출전 | 고조본기

[고헐무상高歇無常]

오르고 흩어짐이 오래지 않다는 말이며, 오르고 내림이 한결같지 않다는 뜻이다.

글자 | 오를 **고**, 흩어질 **헐**, 없을 **무**, 오랠 **상**

[고혈단신孤孑單身]

→ **혈혈단신孑孑單身**

[고혜화구藁鞋花毬]

짚신에 꽃무늬라는 말이며, 격식에 맞지 않거나 잘 어울리지 않는다는 뜻이다.

글자 | 짚 **고**, 가죽신 **혜**, 꽃 **화**, 화분 담요 **구**

출전 | 고금석림古今釋林

[고화자전膏火自煎]

기름 등불이 스스로 볶는다는 말이며,

재주 있는 사람이 그 재주 때문에 화를 입는다는 뜻이다.

글자 | 기름 **고**, 불 **화**, 스스로 **자**, 볶을 **전**

출전 | 장자 인간세人間世

[고확함정罟擭陷穽]

그물과 덫과 함정이라는 말이며, 고기와 짐승을 잡는 도구를 일컫는다.

글자 | 그물 **고**, 덫 **확(획)**, 빠질 **함**, 함정 **정**

[고황지질膏肓之疾]

명치끝의 병이라는 말이며, 명치끝에 병이 생겨 고치기 힘든 고질병을 일컫는다.

글자 | 명치끝 **고**, 명치끝 **황**, 어조사 **지**, 병 **질**

[고희지수古稀之壽]

옛날의 드문 목숨이라는 말이며, 70세의 나이를 일컫는다.

글자 | 옛 **고**, 드물 **희**, 어조사 **지**, 목숨 **수**

[곡격견마轂擊肩摩]

수레의 바퀴통이 부딪치고 어깨가 스친다는 말이며, 저잣거리에 사람이 많이 왕래한다는 뜻이다.

글자 | 수레 바퀴통 **곡**, 마주칠 **격**, 어깨 **견**, 부딪칠 **마**

출전 | 전국책 제책齊策

동류 | 인마낙역人馬絡繹

[곡고화과曲高和寡]

곡조가 높을수록 화답하는 사람이 적다는 말이며, 재능이 뛰어난 사람일수록 추종하는 사람이 적다는 비유이다.

원문 | 是其曲彌高 其和彌寡
시 기 곡 미 고 기 화 미 과

글자 | 곡조 **곡**, 높을 **고**, 화할 **화**, 적을 **과**

출전 | 문선 송옥대초왕문宋玉對楚王問

[곡굉지락曲肱之樂]

팔베개의 즐거움이라는 말이며, 가난한 생활이라도 도를 지켜 살면 즐거움이 있다는 뜻이다.

원문 | 曲肱而枕之 樂亦在其中矣
곡 굉 이 침 지 낙 역 재 기 중 의

글자 | 굽을 **곡**, 팔뚝 **굉**, 어조사 **지**, 즐거울 **락**

출전 | 논어 술이述而

유사 | 안빈낙도安貧樂道

[곡기읍련哭岐泣練]

갈림길을 보고 울고, 흰 실을 보고 울었다는 말이며, 사람은 환경이나 습관에 크게 좌우된다는 뜻이다. 전국시대 양자楊子는 갈림길을 보고 울었는데 갈림길은 어느 쪽으로 가느냐에 따라 큰 차이가 나는 것이며, 묵자墨子는 흰 실을 보고 울었다는데 흰 실은 물들이기에 따라서 그 운명이 좌우되는 것이다.

글자 | 울 **곡**, 갈림길 **기**, 울 **읍**, 표백한 실 **련**

출전 | 회남자

[곡돌사신曲突徙薪]

굴뚝을 구부리고 나뭇단을 옮긴다는 말이며, 재앙을 미리 방지한다는 뜻이다.

원문 | 曲突徙薪無恩澤焦頭爛額是上賓
곡돌사신무은택초두란액시상빈

글자 | 굽을 **곡**, 굴뚝 **돌**, 옮길 **사**, 땔나무 **신**

출전 | 한서 곽광전霍光傳

[곡두생각穀頭生角]

곡식 머리에 뿔이 난다는 말이며, 곡식에서 싹이 난다는 뜻이다.

글자 | 곡식 **곡**, 머리 **두**, 날 **생**, 뿔 **각**

[곡복사신穀腹絲身]

뱃속의 곡식과 몸에 감는 실이라는 말이며, 먹는 것과 입는 것을 일컫는다.

글자 | 곡식 **곡**, 배 **복**, 실 **사**, 몸 **신**

동류 | 사신곡복絲身穀腹

[곡수유상曲水流觴]

굽은 물에 잔을 흘린다는 말이며, 굽이굽이 흐르는 물가에 술잔을 띄우고 시를 읊으며 흥겹게 즐긴다는 뜻이다. 신라시대 포석정鮑石亭에서 이 놀이를 하던 것이 유명하다.

글자 | 굽을 **곡**, 물 **수**, 흐를 **유**, 잔 **상**

동류 | 유상곡수流觴曲水, 곡수지유曲水之遊

[곡용유절哭踊有節]

울고 뛰는 것도 절제가 있다는 말이며, 아무리 슬퍼도 예절을 지키라는 뜻이다.

글자 | 울 **곡**, 뛸 **용**, 있을 **유**, 절제 **절**

[곡일불가哭日不歌]

[사람이 죽어] 곡하는 날에는 노래하지 않는다는 말이며, 남의 슬픈 날에 즐거워하지 않는다는 뜻이다.

글자 | 곡할 **곡**, 날 **일**, 아닐 **불**, 노래 **가**

출전 | 예기 곡례曲禮 상

[곡자아의曲者我意]

마음이 굽은 사람은 자기 뜻대로 한다는 말이다.

글자 | 굽을 **곡**, 놈 **자**, 나 **아**, 뜻 **의**

[곡저평지谷底平地]

골짜기 밑의 평평한 땅이라는 말이며, 어려운 문장을 쉽게 기술했다는 뜻이다.

글자 | 골 **곡**, 밑 **저**, 평평할 **평**, 땅 **지**

[곡제화주穀製火酒]

곡식으로 만든 불같은 술이라는 말이며, 곡식으로 담은 독한 술을 일컫는다.

글자 | 곡식 **곡**, 만들 **제**, 불 **화**, 술 **주**

[곡직불문曲直不問]

→ 불문곡직不問曲直

[곡진기정曲盡其情]

그 뜻을 다한 곡절이라는 말이며, 자세한 사정을 다 안다는 뜻도 있고 사정을 간곡하게 다 말한다는 뜻도 있다.

글자 | 곡절 **곡**, 다할 **진**, 그 **기**, 뜻 **정**

[곡창방통曲暢旁通]

곡조가 통달하고 넓게 통한다는 말이며, 말이나 문장이 조리가 있고 폭이 넓다는 뜻이다.

글자 | 곡조 **곡**, 통달할 **창**, 넓을 **방**, 통할 **통**

출전 | 주희의 중용장구서中庸章句序

[곡학아세曲學阿世]

배운 것을 굽히고 세상에 아부한다는 말이며, 자기의 지식을 올바로 사용하지 않고 세상의 비위에 맞추어 출세하려 한다는 뜻이다. 한나라 경제景帝 때 원고轅固란 사람이 조정에 있을 때 아첨을 잘하기로 유명한 공손홍에게 한 말에서 유래한다. '… 배운 것을 올바로 말하기에 힘쓰고 배운 것을 굽혀 세상에 아부하는 일이 없도록 하게나.'

원문 | 務正學而言 無曲學而阿世
무정학이언 무곡학이아세

글자 | 굽을 **곡**, 배울 **학**, 건성으로 대답할 **아**, 인간 **세**

출전 | 사기 유림열전儒林列傳

유사 | 어용학자御用學者

[곤구직석綑屨織席]

짚신을 삼고 돗자리를 짠다는 말이며, 어려운 살림을 빗댄 말이다.

글자 | 짤 **곤**, 짚신 **구**, 짤 **직**, 자리 **석**

[곤도성녀坤道成女]

땅의 길은 계집을 이룬다는 말이며, 여자는 땅이고 음성이라는 뜻이다.

글자 | 땅 **곤**, 길 **도**, 이룰 **성**, 계집 **녀**

[곤륜팔선崑崙八仙]

곤륜산의 여덟 선녀라는 말이며, 4명이 추는 학鶴춤을 일컫는다.

원문 | 崑崙山八仙舞
곤륜산팔선무

글자 | 산 이름 **곤**, 산 이름 **륜**, 신선 **선**

출전 | 당서, 해여총서

[곤산편옥崑山片玉]

곤륜산에서 나는 구슬 조각이라는 말이며, 매우 귀한 인물을 뜻한다.

글자 | 산 이름 **곤**, 뫼 **산**, 조각 **편**, 구슬 **옥**

출전 | 진서

[곤수유투困獸猶鬪]

어려운 짐승이 오히려 싸운다는 말이며, 곤경에 처한 사람일수록 더욱 저항한다는 뜻이다.

원문 | 困獸猶鬪 況國相乎
곤수유투 황국상호

글자 | 어려울 **곤**, 길짐승 **수**, 오히려 **유**, 싸울 **투**

출전 | 춘추좌씨전 선공宣公 하
동류 | 궁서설묘窮鼠囓猫

[곤옥추상琨玉秋霜]

아름다운 옥과 가을 서리라는 말이며, 인격의 고상함과 엄숙함을 빗댄 말이다.

글자 | 아름다운 옥 **곤**, 구슬 **옥**, 가을 **추**, 서리 **상**

출전 | 후한서 공융전孔融傳

[곤외지사閫外之事]

문지방 밖의 일이라는 말이며, 대궐 밖의 모든 것을 통제하는 일을 일컫는다.

글자 | 문지방 **곤**, 바깥 **외**, 어조사 **지**, 일 **사**

[곤외지신閫外之臣]

문지방 밖의 신하라는 말이며, 대궐 밖의 일을 책임지는 장군을 일컫는다.

글자 | 문지방 **곤**, 바깥 **외**, 어조사 **지**, 신하 **신**

[곤외지임閫外之任]

문지방 밖의 직임職任이라는 말이며, 군사를 이끌고 성 밖으로 출정하는 장군의 직임이라는 뜻이다.

글자 | 문지방 **곤**, 밖 **외**, 어조사 **지**, 맡길 **임**

출전 | 사기

[곤이득지困而得之]

곤한 끝에 얻는다는 말이며, 고생하여 얻었다는 뜻이다.

글자 | 곤할 **곤**, 말 이을 **이**, 얻을 **득**, 어조사 **지**

[곤이지지困而知之]

곤한 끝에 알게 된다는 말이며, 고생하여 공부한 지식을 얻는다는 뜻이다.

글자 | 곤할 **곤**, 말 이을 **이**, 알 **지**, 어조사 **지**

[곤인성사困人成事]

부족한 사람이 일을 이룬다는 말이며, 특별히 뛰어난 사람은 아니지만 남의 도움으로 성공한다는 뜻이다.

원문 | **碌碌浮生 困人成事**
녹 록 부 생 곤 인 성 사

글자 | 부족할 **곤**, 사람 **인**, 이룰 **성**, 일 **사**

출전 | 토정비결

[곤재해심困在垓心]

곤함이 땅끝 끝에 있다는 말이며, 매우 어려운 경우를 일컫는다.

글자 | 곤할 **곤**, 있을 **재**, 땅 끝 **해**, 가지 끝 **심**

[곤좌간향坤坐艮向]

곤 쪽으로 앉고 간 쪽을 향한다는 말이며, 곤방坤方(남서쪽)을 등지고 간방艮方(북동쪽)을 바라보고 앉는 자리를 일컫는다.

글자 | 땅 **곤**, 앉을 **좌**, 간방 **간**, 향할 **향**

[곤지면행困知勉行]

곤하게 알고 힘써 행한다는 말이며, 힘들게 배워서 힘써 실천한다는 뜻이다.

글자 | 곤할 **곤**, 알 **지**, 힘쓸 **면**, 행할 **행**

반대 | 생지안행生知安行

[곤지지리困地之利]

곤한 땅의 이로움이라는 말이며, 땅을 이용하여 이득을 얻는다는 뜻이다.

글자 | 곤할 **곤**, 땅 **지**, 어조사 **지**, 이로울 **리**

[곤충초목昆蟲草木]

모든 벌레와 풀과 나무라는 말이다.

글자 | 다 **곤**, 벌레 **충**, 풀 **초**, 나무 **목**

[곤학기문困學紀聞]

곤하게 배우고 들은 것을 기록한다는 말이며, 이는 중국 송나라 왕응린王應麟이 지은 책 이름이기도 하다.

글자 | 곤할 **곤**, 배울 **학**, 기록 **기**, 들을 **문**

[골경담락骨驚膽落]

뼈가 놀라고 쓸개가 떨어진다는 말이며, 몹시 놀람을 빗댄 말이다.

글자 | 뼈 **골**, 놀랄 **경**, 쓸개 **담**, 떨어질 **락**

출전 | 구운몽

[골경지신骨鯁之臣]

뼈와 같은 신하라는 말이며, 임금의 눈치를 살피지 않고 강력히 간하는 신하를 일컫는다. 사기에 있는 글이다.

'뼈대 있는 신하가 없습니다.'

원문 | 方今吳外困于楚而內無骨鯁之臣
방금오외곤우초이내무골경지신

글자 | 뼈 **골**, 생선뼈 **경**, 어조사 **지**, 신하 **신**

출전 | 사기 자객열전刺客列傳

동류 | 강직지신剛直之臣

[골골무가汨汨無暇]

골몰하고 골몰하여 쉴 겨를이 없다는 말이다.

글자 | 골몰할 **골**, 없을 **무**, 겨를 **가**

출전 | 골몰무가汨沒無暇

[골귀세영骨貴勢榮]

뼈가 귀하고 세도가 영화롭다는 말이며, 가문의 혈통이 좋고 권세가 영화롭다는 뜻이다.

글자 | 뼈 **골**, 귀할 **귀**, 세도 **세**, 영화 **영**

출전 | 사기

[골등육비骨騰肉飛]

뼈가 오르고 살이 난다는 말이며, 용사勇士의 활약하는 모습을 빗댄 말이다.

원문 | 骨騰肉飛 拊膝而行百里
골등육비 부슬이행백리

글자 | 뼈 **골**, 오를 **등**, 살 **육**, 날 **비**

출전 | 오월춘추, 수서隋書

[골립비복骨立僨伏]

뼈만 서고 고달파 엎드러진다는 말이며, 몸이 말라 힘이 없어 넘어진다는 뜻이다.

글자 | 뼈 **골**, 설 **립**, 고달플 **비**, 엎드릴 **복**

[골몰무가汩沒無暇]

→ 골골무가汩汩無暇

[골수분자骨髓分子]

뼈 속의 기름과 같은 사람이라는 말이며, 조직체에서 가장 핵심이 되는 구성 요원을 일컫는다.

글자 | 뼈 **골**, 뼛속 기름 **수**, 나눌 **분**, 사람 **자**

[골육상잔骨肉相殘]

→ 골육상쟁骨肉相爭

[골육상쟁骨肉相爭]

뼈와 살이 서로 다툰다는 말이며, 가까운 친척끼리 서로 싸운다는 뜻이다.

글자 | 뼈 **골**, 고기 **육**, 서로 **상**, 다툴 **쟁**

동류 | 골육상잔骨肉相殘, 골육상전骨肉相戰, 동족상잔同族相殘

[골육상전骨肉相戰]

→ 골육상쟁骨肉相爭

[골육지애骨肉之愛]

뼈와 살의 사랑이라는 말이며, 부모와 자식 간의 사랑이라는 뜻이다. 안씨가훈에 있는 글이다. '부자관계는 존엄함으로 스스럼없이 친해서는 안 되지만, 골육 간에는 애정이 있어야 함으로 소원疎遠해서도 안 된다.

글자 | 뼈 **골**, 살 **육**, 어조사 **지**, 사랑 **애**

출전 | 안씨가훈 교자敎子

[골육지쟁骨肉之爭]

→ 골육상잔骨肉相殘

[골육지정骨肉之情]

뼈와 살의 정이라는 말이며, 가까운 혈족 사이의 의로운 정분을 뜻한다.

글자 | 뼈 **골**, 고기 **육**, 어조사 **지**, 뜻 **정**

[골육지친骨肉之親]

뼈와 살의 친함이라는 말이며, 부모와 자식 또는 형제자매 등과 같이 가까운 혈족을 일컫는다.

글자 | 뼈 **골**, 고기 **육**, 어조사 **지**, 육친 **친**

출전 | 전국책 초책楚策

[골입아군鶻入鴉羣]

송골매가 까마귀 떼에 들어간다는 말이며, 용맹한 자가 약한 사람의 무리를 흩어버린다는 뜻이다.

글자 | 송골매 **골**, 들 **입**, 까마귀 **아**, 무리 **군**

[공검예하恭儉禮下]

공손하고 검소하게 아래 [사람]에게 예를 지키라는 말이다.

글자 | 공손할 **공**, 검소할 **검**, 예도 **예**, 아래 **하**

[공경대부公卿大夫]

벼슬의 스승인 큰 선생이라는 말이며, 높은 자리의 벼슬아치를 일컫는다.

글자 | 벼슬 **공**, 스승 **경**, 큰 **대**, 선생 **부**

출전 | 맹자 고자 상

동류 | 삼사대부三事大夫, 삼공구경三公九卿

[공경재집公卿宰執]

공변된 벼슬을 주관하고 맡는다는 말이며, 벼슬이 높은 중앙관청의 고관을 일컫는다.

글자 | 공변될 **공**, 벼슬 **경**, 주관할 **재**, 맡을 **집**

출전 | 조선왕조 10대 연산군일기

[공경지례恭敬之禮]

공손하고 공경하는 예도라는 말이다.

글자 | 공손할 **공**, 공경 **경**, 어조사 **지**, 예도 **례**

[공계무물空界無物]

빈 둘레에는 아무것도 없다는 말이며, 허공에는 아무것도 없다는 뜻이다.

글자 | 빈 **공**, 둘레 **계**, 없을 **무**, 만물 **물**

[공고식담攻苦食啖]

괴로움을 익히면서 싱거운 것을 먹는다는 말이며, 역경 속에서 거친 음식을 먹는다는 뜻이다.

글자 | 익힐 **공**, 괴로울 **고**, 먹을 **식**, 싱거울 **담**

출전 | 사기 숙손통전叔孫通傳

[공곡공음空谷跫音]

빈 골짜기의 발자국 소리라는 말이며, 적적할 때 사람이 찾아온다는 뜻도 있고 쓸쓸히 지낼 때 듣는 기쁜 소식이라는 뜻도 있다.

원문 | 逃空谷者聞人之足音跫然而喜矣
도공곡자문인지족음공연이희의

글자 | 빈 **공**, 골 **곡**, 발자국 소리 **공**, 소리 **음**

출전 | 장자 서무귀편徐無鬼篇

[공곡전성空谷傳聲]

빈 골짜기에도 전하여 소리가 들린다는 말이며, 명성이 널리 퍼진다는 뜻이다.

원문 | 空谷傳聲 虛堂習聽
공곡전성 허당습청

글자 | 빈 **공**, 골 **곡**, 전할 **전**, 소리 **성**

출전 | 천자문 28항

[공곡족음空谷足音]

→ 공곡공음空谷跫音

[공공사사公共私事]

함께하는 공변된 일과 사사로운 일이라는 말이다.

글자 | 공변될 **공**, 한 가지 **공**, 사사로울 **사**, 일 **사**

[공공사사公公私私]

공은 공이고 사는 사라는 말이며, 공과 사를 분명히 구별한다는 뜻이다. 열자에 있는 글이다. '공은 공으로 인정하고, 사를 사로 인정하는 게 하늘과 땅의 덕인 것이다.'

원문 | 公公私私 天地之德
공 공 사 사 천 지 지 덕

글자 | 공변될 **공**, 사사로울 **사**

출전 | 열자 천서天瑞

[공공적적空空寂寂]

텅 비고 아주 고요하다는 말이며, 우주 만물이 고정성이 없이 비어 있으며 사려思慮로써 포착할 수 없다는 뜻이다.

글자 | 빌 **공**, 고요할 **적**

[공과상반功過相半]

공로와 허물이 서로 절반이라는 말이며, 공적과 과실이 함께 있다는 뜻이다.

글자 | 공로 **공**, 허물 **과**, 서로 **상**, 절반 **반**

출전 | 송남잡지

[공관복음共觀福音]

한 가지로 보는 복된 소리라는 말이며, 신약성경新約聖經 중에서 최초의 마태 · 마가 · 누가의 세 복음서를 통틀어 일컫는 말이다. 모두 그리스도의 생애와 교훈을 내용으로 하고 같은 서술법으로 기록하여 서로 비교 연구된 데에서 온 말이다.

글자 | 한 가지 **공**, 볼 **관**, 복 **복**, 소리 **음**

출전 | 신약성경 마태, 마가, 누가복음

[공구감지供具甘旨]

달고 맛있는 것을 함께 바친다는 말이다.

글자 | 바칠 **공**, 함께 **구**, 달 **감**, 맛있을 **지**

[공구수성恐懼修省]

두렵고 두려워하며 닦고 살핀다는 말이며, 재난을 당하였을 때, 마음을 겸손히 하고 수양하며 반성한다는 뜻이다.

글자 | 두려울 **공**, 두려울 **구**, 닦을 **수**, 살필 **성**

출전 | 조선왕조 2대 정종실록

[공덕천녀功德天女]

→ 길상천녀吉祥天女

[공도동망共倒同亡]

함께 넘어지고 같이 망한다는 말이며, 운명을 같이 한다는 뜻이다.

글자 | 한 가지 **공**, 거꾸러질 **도**, 같을 **동**, 망할 **망**

[공동모의共同謀議]

함께 꾀를 내어 말한다는 말이며, 두 사람 이상이 모여 불법적인 일을 하기로 협의한다는 뜻이다.

글자 | 한 가지 **공**, 같을 **동**, 꾀 **모**, 말할 **의**

ㄱ

[**공득지물**空得之物]

빈 것으로 얻은 물건이라는 말이며, 힘들이거나 대가를 치르지 않고 거저 얻은 물건이라는 뜻이다.

글자 | 빈 **공**, 얻을 **득**, 어조사 **지**, 물건 **물**

[**공로면천**功勞免賤]

힘쓴 공으로 천한 [신분을] 면한다는 말이며, 나라에 대한 공로로 노비의 천직에서 면한다는 뜻이다.

글자 | 공 **공**, 힘쓸 **로**, 면할 **면**, 천할 **천**

[**공론공담**空論空談]

빈 의논과 빈 말씀이라는 말이며, 실속 없는 헛된 이론과 쓸데없는 이야기라는 뜻이다.

글자 | 빌 **공**, 의논 **론**, 말씀 **담**

[**공리공론**空理空論]

빈 도리와 빈 의논이라는 말이며, 실천이 따르지 않는 헛된 이론이라는 뜻이다.

글자 | 빌 **공**, 도리 **리**, 의논 **론**

[**공맹안증**孔孟顔曾]

공자 · 맹자 · 안회顔回, 그리고 증삼曾參의 네 성현을 일컫는다.

글자 | 성 **공**, 맏 **맹**, 얼굴 **안**, 일찍 **증**

[**공맹지교**孔孟之敎]

공자와 맹자의 가르침이라는 말이며, 공자와 맹자가 주장한 인의仁義의 가르침, 즉 유교儒敎를 일컫는다.

글자 | 성 **공**, 맏 **맹**, 어조사 **지**, 가르칠 **교**

[**공맹지도**孔孟之道]

공자와 맹자의 길이라는 말이며, 공자와 맹자가 주장한 인의仁義의 도덕을 일컫는다.

글자 | 성 **공**, 맏 **맹**, 어조사 **지**, 길 **도**

[**공명와룡**孔明臥龍]

용과 같이 누워있는 공명이라는 말이며, 아직 뜻을 펼 기회를 얻지 못하고 은둔하고 있는 영웅을 빗댄 말이다. 중국의 삼국시대, 제갈량이 아직 뜻을 펴지 못하고 초야에 묻혀 있을 때 서서徐庶가 유비劉備에게 제갈량은 연못에 웅크리고 있는 용과 같이 세상에 숨어있는 뛰어난 인재라고 천거한 고사에서 온 말이다.

글자 | 구멍 **공**, 밝을 **명**, 누울 **와**, 용 **룡**

출전 | 삼국지 제갈량전諸葛亮傳

유사 | 와룡봉추臥龍鳳雛

[**공명정대**公明正大]

공변되고 밝으며 바르고 크다는 말이며, 공무公務를 사사로움 없이 바르게 처리한다는 뜻이다.

글자 | 공변 **공**, 밝을 **명**, 바를 **정**, 큰 **대**

출전 | 홍루몽

동류 | 공정무사公正無私

[공모공범共謀共犯]

한 가지로 계교하여 한 가지로 범한다는 말이며, 함께 모의해서 나쁜 짓을 한다는 뜻이다.

글자 | 한 가지 **공**, 계교할 **모**, 범할 **범**

[공무변처空無邊處]

비어서 곁 할 곳이 없다는 말이며, 색色을 싫어하고 공空을 의지한다는 뜻이다.

글자 | 빈 **공**, 없을 **무**, 곁 할 **변**, 곳 **처**

[공묵불언恭默不言]

공손하고 잠잠히 말을 하지 않는다는 말이며, 겸손하게 언행을 삼간다는 뜻이다.

글자 | 공손할 **공**, 잠잠할 **묵**, 아닐 **불**, 말씀 **언**

출전 | 조선왕조 3대 태종실록

[공문십철孔門十哲]

공씨 집 열 명의 슬기로운 이라는 말이며, 공자 문하의 열 철인, 즉 안연顔淵, 민자건閔子騫, 염백우冉伯牛, 중궁仲弓, 재아宰牙, 자공子貢, 염유冉有, 계로季路, 자유子游, 자하子夏를 일컫는다.

글자 | 성씨 **공**, 집 **문**, 슬기로운 이 **철**

[공민도덕公民道德]

→ 공중도덕公衆道德

[공벌지제攻伐之劑]

[병을] 치고 베는 약제라는 말이며, 매우 독하게 만든 약제를 일컫는다.

글자 | 칠 **공**, 벨 **벌**, 어조사 **지**, 약제 **제**

[공보지기公輔之器]

공변되게 돕는 그릇이라는 말이며, 재상이 될 만한 큰 인물을 뜻한다.

글자 | 공변된 **공**, 도울 **보**, 어조사 **지**, 그릇 **기**

[공불승사公不勝私]

공변된 것은 사사로움을 이기지 못한다는 말이며, 사사로운 정이 끼어들면 공적인 일이 망가진다는 뜻이다.

글자 | 공변될 **공**, 아닐 **불**, 이길 **승**, 사사로울 **사**

[공불이색空不異色]

빈 것은 빛과 다르지 않다는 말이다.

글자 | 빈 **공**, 아닐 **불**, 다를 **이**, 빛 **색**

[공사다망公私多忙]

공변된 것이나 사사로운 것이 많이 바쁘다는 말이다.

글자 | 공변될 **공**, 사사 **사**, 많을 **다**, 바쁠 **망**

[공사무척孔蛇無尺]

구멍의 뱀은 잴 수 없다는 말이며, 사람의 마음이나 재주는 세상에 드러나지 않으므로 헤아리기 어렵다는 뜻이다.

글자 | 구멍 **공**, 뱀 **사**, 없을 **무**, 자 **척**

[공사양편公私兩便]

공변된 것과 사사로운 것 모두 편하다는 말이다.

글자 | 공변될 **공**, 사사로울 **사**, 둘 **양**, 편할 **편**

[공산명월空山明月]

사람이 없는 산에 밝은 달이라는 말이며, 대머리를 빗댄 말이다.

글자 | 빌 **공**, 뫼 **산**, 밝을 **명**, 달 **월**

[공생도사空生徒死]

빈 삶을 사는 무리의 죽음이라는 말이며, 그저 살다가 이룬 것 없이 죽는다는 뜻이다.

글자 | 빈 **공**, 살 **생**, 무리 **도**, 죽을 **사**

출전 | 주량공周亮工의 인수옥서영因樹屋書影

[공생생활共生生活]

한 가지로 사는 삶이라는 말이며, 함께 더불어 사는 삶을 일컫는다.

글자 | 한 가지 **공**, 살 **생**, 살 **활**

[공서양속公序良俗]

공변된 차례와 어진 풍속이라는 말이며, 법률행위를 판단하는 기준이 되는 사회적 타당성을 일컫는다.

글자 | 공변될 **공**, 차례 **서**, 어질 **양**, 풍속 **속**

[공석묵돌孔席墨突]

공자의 자리는 따뜻해질 틈이 없고 묵자의 굴뚝은 검어질 사이가 없다는 말이며, 세상을 위하여 밤낮으로 쉬지 못하고 노심초사한다는 뜻이다.

글자 | 성 **공**, 자리 **석**, 성 **묵**, 굴뚝 **돌**

출전 | 쟁신론諍臣論

[공성명립攻城名立]

→ 공성명수攻城名遂

[공성명수攻城名遂]

성을 공격하여 마침내 이름이 오른다는 말이며, 성공하여 명성을 드높인다는 뜻이다.

원문 | 攻城名遂身退 天之道
공 성 명 수 신 퇴 천 지 도

글자 | 칠 **공**, 성 **성**, 이름 **명**, 마침내 **수**

출전 | 노자 도덕경

[공성명수功成名遂]

공을 이루어야 이름이 성취된다는 말이다. 묵자의 글이다. '명예란 스스로 자라는 게 아니며 공을 이룩하여야만 명성이 이룩된다.'

원문 | 而譽不自長 功成名遂
이 예 불 자 장 공 성 명 수

글자 | 공 **공**, 이룰 **성**, 이름 **명**, 성취할 **수**

출전 | 묵자 수신修身

[공성신퇴功成身退]

공을 이루면 몸이 물러난다는 말이며,

현명한 사람은 자신이 이룬 공을 자랑하지 않는다는 뜻이다.

글자 | 공 **공**, 이룰 **성**, 몸 **신**, 물러갈 **퇴**

출전 | 손자병법, 도덕경 9장

[공성야전攻城野戰]

성을 치며 들판에서 싸운다는 말이다.

글자 | 칠 **공**, 성 **성**, 들 **야**, 싸울 **전**

출전 | 전국책 조책趙策

[공성약지攻城略地]

성을 쳐서 땅을 빼앗는다는 말이다.

글자 | 칠 **공**, 성 **성**, 노략질할 **약**, 땅 **지**

출전 | 사기 고조본기

[공손포피公孫布被]

공손씨가 베옷을 입었다는 말이며, 높은 지위에 있으면서도 검소한 생활을 한다는 뜻이다. 이는 중국 전한의 공손홍公孫弘이 삼공三公의 지위에 있으면서도 베옷을 입은 고사에서 온 말이다.

글자 | 성씨 **공**, 손자 **손**, 베 **포**, 입을 **피**

출전 | 사기 고조본기

[공수동맹攻守同盟]

치고 지키는 것을 같이 맹세한다는 말이며, 다른 나라 사이에 공격과 방어를 같이 하기로 맺은 동맹을 일컫는다.

글자 | 칠 **공**, 지킬 **수**, 같을 **동**, 맹세할 **맹**

[공수시립拱手侍立]

손을 잡고 서서 모신다는 말이며, 어른을 모실 때의 자세를 일컫는다.

글자 | 잡을 **공**, 손 **수**, 모실 **시**, 설 **립**

[공수죄괴功首罪魁]

공도 우두머리이고, 죄도 으뜸이라는 말이다.

글자 | 공 **공**, 우두머리 **수**, 죄줄 **죄**, 으뜸 **괴**

[공시공비公是公非]

공변되게 옳고 공변되게 아니라는 말이며, 사사로움이 없이 공정하게 옳고 그르다는 뜻이다.

글자 | 공변될 **공**, 옳을 **시**, 아닐 **비**

출전 | 조선왕조 15대 광해군일기

[공심위상攻心爲上]

마음을 치는 것이 위가 된다는 말이며, 상대의 마음을 공략하는 것이 성곽을 공략하는 것보다 상책이라는 뜻이다.

원문 | 夫用兵之道 攻心爲上 攻城爲下
(부용병지도 공심위상 공성위하)

글자 | 칠 **공**, 마음 **심**, 할 **위**, 윗 **상**

출전 | 양양기襄陽記

[공양지사公養之仕]

임금이 받든 벼슬이라는 말이며, 임금의 우대에 감동하여 어진 사람이 출사

出仕하는 것을 일컫는다.

글자 | 임금 **공**, 받들 **양**, 어조사 **지**, 벼슬 **사**

[공언무시空言無施]

빈 말만 하고 베푸는 것이 없다는 말이다.

글자 | 빌 **공**, 말씀 **언**, 없을 **무**, 베풀 **시**

[공옥이석攻玉以石]

돌로써 구슬을 간다는 말이며, 천한 것으로 귀한 것의 가치를 빛낸다는 뜻이다.

원문 | **且攻玉以石 洗金以鹽**
차 공 옥 이 석 세 금 이 염

글자 | 갈 **공**, 구슬 **옥**, 써 **이**, 돌 **석**

출전 | 후한서, 시경 소아편

[공유국양恭惟鞠養]

키우고 길러주신 [은혜를] 공손히 생각한다는 말이다. 효경의 글이다. '삼가 자기를 길러준 부모의 은공을 생각하면 어찌 감히 이 몸을 훼손하며 상하게 하리요.'

원문 | **恭惟鞠養 豈敢毁傷**
공 유 국 양 기 감 훼 상

글자 | 공손할 **공**, 생각할 **유**, 기를 **국**, 기를 **양**

출전 | 효경 개종명의편開宗明義篇, 천자문 20항

[공의유중功疑惟重]

공이 의심되면 두터움을 생각한다는 말이며, 공적의 경중이 분명치 않을 때는 후하게 하라는 뜻이다.

원문 | **罪疑惟輕 功疑惟重**
죄 의 유 경 공 의 유 중

글자 | 공 **공**, 의심할 **의**, 생각할 **유**, 두터울 **중**

출전 | 서경 우서 대우모大禹謨

[공이불명公而不明]

공변된 것이 확실하지 않다는 말이다. 영종대왕행장英宗大王行狀에 있는 글이다. '공정함만 따질 뿐 현명함이 결여된 것이 공이불명이요, 현명하나 공정함을 잃게 되면 명이불공明而不公이다.'

글자 | 공변될 **공**, 말 이을 **이**, 아닐 **불**, 확실할 **명**

출전 | 서명응徐命膺의 영종대왕행장

[공익봉사公益奉仕]

공변된 것을 더하기 위해 받들어 섬긴다는 말이다.

글자 | 공변될 **공**, 더할 **익**, 받들 **봉**, 섬길 **사**

[공자가어孔子家語]

공자 집안의 말이라는 말이며, 공자의 언행 및 문인門人과의 문답 · 논의를 적은 책을 일컫는다. 처음에 27권이 었으나 그 후 흩어지고 없어져 위나라 왕숙이 주를 붙여 10권 44편으로 만들었다.

글자 | 성 **공**, 사나이 **자**, 집 **가**, 말씀 **어**

[공자명강公慈明剛]

공변되고 인자하고 밝으며 굳세다는 말이다. 명나라 설선薛瑄(1389~1464)의 조정명언從政名言에 있는 글이다. '옥사를 다스리는 데는 네 가지 요체가 있다. 공정함과 자애로움, 명백함과 굳셈이 그것이다. 공정하면 치우치지 않고, 자애로우면 모질지가 않다. 명백하면 능히 환히 비출 수 있고, 굳세야만 단언할 수가 있다.'

원문 | 治獄四要 公慈明剛 公則不偏
치옥사요 공자명강 공즉불편
慈則不刻 明則能照 剛則能斷
자즉불각 명즉능조 강즉능단

글자 | 공변될 **공**, 인자할 **자**, 밝을 **명**, 굳셀 **강**

출전 | 종정명언

[공자천주孔子穿珠]

공자가 구술을 꿴다는 말이며, 진리를 탐구하는 사람은 자기보다 못한 사람에게 묻는 것을 수치로 여기지 않는다는 뜻이다. 공자가 아홉 군데나 구부러진 구멍이 있는 구슬에 실을 꿰려 했으나 이루지 못하여 뽕을 따는 아낙네에게 물어 성사시켰다는데, 개미허리에 실을 매어 밀어 넣고 출구에 꿀을 발라 유인한 것이다.

글자 | 성 **공**, 사람 **자**, 뚫을 **천**, 구슬 **주**

출전 | 조정사원祖庭事苑

유사 | 불치하문不恥下問

[공작명왕孔雀明王]

공작새와 같은 밝은 왕이라는 말이며, 불교의 밀교密教에서 높이 받드는 부처의 화신化身을 일컫는다. 그 모양은 머리가 하나에 팔이 넷이며 연화蓮華·구연과具緣果·길상과吉祥果·공작의 날개를 가지고 있고 공작의 등에 타고 모든 재해를 없게 한다는 것이다.

글자 | 구멍 **공**, 참새 **작**, 밝을 **명**, 임금 **왕**

출전 | 불교

[공작부인孔雀夫人]

공작새와 같은 부인이라는 말이며, 화려하게 차린 아름다운 여인을 빗댄 말이다.

글자 | 구멍 **공**, 참새 **작**, 지아비 **부**, 사람 **인**

[공전공답公田公畓]

공변된 밭과 공변된 논이라는 말이며, 나라 소유의 논과 밭을 일컫는다.

글자 | 공변될 **공**, 밭 **전**, 논 **답**

[공전도지公轉道地]

공변되게 굴리는 길과 땅이라는 말이며, 사유지가 아닌 도로 등을 일컫는다.

글자 | 공변될 **공**, 구를 **전**, 길 **도**, 땅 **지**

[공전도지公傳道之]

공변되게 전하여 말한다는 말이며, 국

민에게 전하여 알린다는 뜻이다.

글자 | 공변될 **공**, 전할 **전**, 말할 **도**, 어조사 **지**

[공전절후空前絶後]

전에도 비었고 뒤에도 끊겼다는 말이며, 이전에도 없었고 이후에도 없다는 뜻이다.

글자 | 빌 **공**, 앞 **전**, 끊을 **절**, 뒤 **후**

출전 | 선화화보宣和畵譜

동류 | 전무후무前無後無

유사 | 전대미문前代未聞

[공정무사公正無私]

공변되게 바르고 사사로움이 없다는 말이며, 일을 편파적이지 않고 바르게 사심 없이 처리한다는 뜻이다.

글자 | 공변될 **공**, 바를 **정**, 없을 **무**, 사사 **사**

출전 | 전국책 진책秦策

[공존공영共存共榮]

함께 있고 함께 무성하다는 말이다.

글자 | 한 가지 **공**, 있을 **존**, 무성할 **영**

[공존동생共存同生]

함께 있고, 함께 살아간다는 말이다.

글자 | 한 가지 **공**, 있을 **존**, 한 가지 **동**, 살 **생**

[공존의식共存意識]

함께 있는 뜻을 안다는 말이다.

글자 | 한 가지 **공**, 있을 **존**, 뜻 **의**, 알 **식**

[공죄상보功罪相補]

공과 죄가 서로 돕는다는 말이며, 공적과 죄과를 서로 상쇄한다는 뜻도 있고, 죄가 있으나 공로가 있으므로 관대히 용서해 줄만 하다는 뜻도 있다.

글자 | 공 **공**, 죄줄 **죄**, 서로 **상**, 도울 **보**

[공중누각空中樓閣]

하늘 가운데 다락집이라는 말이며, 근거나 토대가 없거나 기초가 튼튼하지 못한 사물을 빗댄 말이다. 통속편에 있는 글이다. '지금 말과 행동이 허황된 사람을 가리켜 공중누각이라고 하는데, 바로 이것을 말하는 것이다.'

원문 | 今稱言行虛構者曰 空中樓閣 用比事
금 칭 언 행 허 구 자 왈 공 중 누 각 용 비 사

글자 | 하늘 **공**, 가운데 **중**, 다락 **누**, 집 **각**

출전 | 통속편通俗篇, 몽계필담夢溪筆談

유사 | 과대망상誇大妄想

[공중도덕公衆道德]

한 가지 무리들이 가야 할 길과 품행이라는 말이며, 여러 사람의 복리를 위하여 서로 지켜야 할 사회적 · 윤리적인 행동기준을 말한다.

글자 | 한 가지 **공**, 무리 **중**, 길 **도**, 품행 **덕**

[공중무색空中無色]

하늘 가운데는 색깔이 없다는 말이다.

글자 | 하늘 **공**, 가운데 **중**, 없을 **무**, 빛 **색**

[공중유사公中有私]

공변된 일 가운데 사사로움이 있다는 말이며, 공적인 일을 해 나가는 가운데, 개인적인 감정이나 관계에 이끌린다는 뜻이다.

글자 | 공변될 **공**, 가운데 **중**, 있을 **유**, 사사 **사**

[공즉기하恐則氣下]

두려우면 기운이 아래로 떨어진다는 말이며, 겁을 내거나 공포에 떨게 되면 물이 아래로 떨어지는 것 같이 기운이 푹 꺼져버린다는 뜻이다.

글자 | 두려울 **공**, 곧 **즉**, 기운 **기**, 아래 **하**

[공즉시색空卽是色]

빈 것은 곧 빛이라는 말이며, 이 세상의 모든 것은 실체가 없는 현상에 지나지 않지만, 그 현상의 하나하나가 그대로 실체라는 뜻이다.

글자 | 빌 **공**, 곧 **즉**, 이 **시**, 빛 **색**

출전 | 반야심경般若心經

동류 | 색즉시공色卽是空

[공처노비公處奴婢]

공변된 곳의 남종과 여종을 말하며 관가에서 부리던 노비를 일컫는다.

글자 | 공변될 **공**, 곳 **처**, 남종 **노**, 여종 **비**

[공청병관公廳竝觀]

공변되게 듣고 모두 본다는 말이며, 공평한 태도를 빗댄 말이다.

글자 | 공변될 **공**, 들을 **청**, 다 **병**, 볼 **관**

[공평무사公平無私]

모두에게 고루고 사사로움이 없다는 말이다.

글자 | 공변될 **공**, 평평할 **평**, 없을 **무**, 사사로울 **사**

출전 | 전국책 진책秦策

동류 | 멸사봉공滅私奉公

[공평정론公平正論]

공변되게 바르고, 바른 의논이라는 말이며, 치우치지 않고 바른 논리를 일컫는다.

원문 | 公平正論 不可犯手
공 평 정 론 불 가 범 수

글자 | 공변될 **공**, 바를 **평**, 바를 **정**, 의논 **론**

출전 | 채근담 전집 111절

[공포시대恐怖時代]

두렵고 두려운 시대라는 말이며, 국민에게 두려움과 불안을 주는 시대라는 뜻이다.

글자 | 두려울 **공**, 두려워할 **포**, 때 **시**, 대 **대**

[공포정치恐怖政治]

두렵고 두려운 정치라는 말이며, 가

혹한 수단으로 반대파의 세력을 탄압하며 행하는 정치를 일컫는다.

글자 | 두려울 **공**, 두려워할 **포**, 정사 **정**, 다스릴 **치**

동류 | 공하정치恐嚇政治

[공피고아攻彼顧我]

저것을 치면서 나를 돌아본다는 말이며, 적을 치기 전에 먼저 자신의 형편을 살펴보라는 뜻이다. 바둑을 두는 데 필요한 열 가지 요결 중의 하나이기도 하다.

글자 | 칠 **공**, 저 **피**, 돌아볼 **고**, 나 **아**

관련 | 위기십결圍棋十訣

[공피천하功被天下]

공이 천하를 덮는다는 말이다.

글자 | 공 **공**, 입을 **피**, 하늘 **천**, 아래 **하**

[공하신년恭賀新年]

새해에 공경하며 하례한다는 말이다.

글자 | 공경할 **공**, 하례 **하**, 새 **신**, 해 **년**

동류 | 근하신년謹賀新年

[공하정치恐嚇政治]

→ **공포정치**恐怖政治

[공행공반空行空返]

행하는 것이 없으면 돌아오는 것도 없다는 말이다.

글자 | 빈 **공**, 행할 **행**, 돌아올 **반**

[공회만도公會晩到]

공변된 모임에 늦게 이른다는 말이며, 공식적 회의에 늦게 도착한다는 뜻이다.

글자 | 공변될 **공**, 모일 **회**, 늦을 **만**, 이를 **도**

[공회형제孔懷兄弟]

구멍이 형제를 품는다는 말이며, 어머니가 자녀들을 품어 기른다는 뜻이다.

원문 | 孔懷兄弟 同氣連枝
공 회 형 제 동 기 연 지

글자 | 구멍 **공**, 품을 **회**, 맏 **형**, 아우 **제**

출전 | 천자문 45항

[공후지락公侯之樂]

공변된 벼슬의 즐거움이라는 말이며, 나라에 공훈을 세워 공작 · 후작 등의 작위를 받아 이를 자손에게 세습하는 즐거움이라는 뜻이다.

글자 | 공변될 **공**, 벼슬 이름 **후**, 어조사 **지**, 즐거울 **락**

출전 | 조선왕조 3대 태종실록

[공휴일궤功虧一簣]

공이 한 삼태기로 인해 무너진다는 말이며, 조금만 더 계속하였더라면 목적을 달성할 수 있었을 것인데, 그만 중단했기 때문에 지금까지 애쓴 것이 모두 허사가 된다는 뜻이다. 서경에 있는 글이다. '산 아홉 길을 쌓는데 공이 한 삼태기 때문에 무너집니다.'

원문 | 爲山九仞 功虧一簣
위 산 구 인 공 휴 일 궤

글자 | 공 **공**, 이지러질 **휴**, 삼태 **궤**

출전 | 서경 여오旅獒

[과갈지의瓜葛之誼]

→ 과갈지친瓜葛之親

[과갈지친瓜葛之親]

오이와 칡과 같이 친하다는 말이며, 여러 가지 인연으로 얽힌 친분관계를 뜻한다.

글자 | 오이 **과**, 칡 **갈**, 어조사 **지**, 친할 **친**

출전 | 조선왕조 21대 영조실록

동류 | 과갈지의瓜葛之誼

[과거생생過去生生]

지난날에 태어나고 태어났다는 말이며, 죽고 나면 또 태어나는 윤회설輪回說을 일컫는다.

글자 | 지날 **과**, 갈 **거**, 날 **생**

[과거지사過去之事]

지나간 일이라는 말이다.

글자 | 지날 **과**, 갈 **거**, 어조사 **지**, 일 **사**

[과거칠불過去七佛]

지나간 세상에 나타난 일곱 부처라는 말이며, 비파시毘婆尸 · 시기尸棄 · 비사부毘舍浮 · 가섭迦葉, 구류손拘留孫 · 구나함모니拘那含牟尼와 석가모니釋迦牟尼를 일컫는다.

글자 | 지날 **과**, 갈 **거**, 부처 **불**

[과골삼천踝骨三穿]

복사뼈에 구멍이 세 개라는 말이며, 열심히 공부한다는 뜻이다. 다산 정약용의 제자 황상黃裳이 한 말이다. '우리 선생님은 강진에서 유배생활 동안 복사뼈에 세 번 구멍이 나도록 공부하고 또 공부하셨다.'

글자 | 복사뼈 **과**, 뼈 **골**, 구멍 **천**

동류 | 위편삼절韋編三絶

[과공비례過恭非禮]

지나친 공손은 예도가 아니라는 말이다.

글자 | 지날 **과**, 공손할 **공**, 아닐 **비**, 예도 **례**

출전 | 송남잡지

[과당경쟁過當競爭]

지나치게 당하는 다툼이라는 말이며, 기업 간의 경쟁이 지나치게 치열하여 경쟁자가 모두 손해를 보는 현상을 일컫는다.

글자 | 지날 **과**, 당할 **당**, 다툴 **경**, 다툴 **쟁**

[과대망상誇大妄想]

크게 자랑하고 망령된 생각이라는 말이며, 자기의 능력 재산 따위를 높이 평가하여 그것을 사실이려니 하고 믿는 현실과 동떨어진 생각이라는 뜻이다.

글자 | 자랑할 **과**, 큰 **대**, 망령될 **망**, 생

각 **상**

[과대평가過大評價]

지나치게 크게 값을 평한다는 말이다.

글자 | 지날 **과**, 큰 **대**, 평할 **평**, 값 **가**

반대 | 과소평가過小評價

[과대황장過大皇張]

지나치게 크게 과장한다는 말이다.

글자 | 지날 **과**, 큰 **대**, 클 **황**, 과장할 **장**

[과두문자蝌蚪文字]

올챙이 글자라는 말이며, 옛날 중국의 글자를 일컫는다. 글자의 획 모양이 올챙이처럼, 머리는 굵고 끝이 가늘다. 황제黃帝 때에 창힐蒼頡이 새의 발자국에서 암시를 얻어 처음으로 지었다 한다.

글자 | 올챙이 **과**, 올챙이 **두**, 글 **문**, 글자 **자**

동류 | 과두조전蝌蚪鳥篆

[과두시사蝌蚪時事]

올챙이 시절의 일이라는 말이며, 팔자가 좋아진 사람의 그전에 고생하던 때의 일을 일컫는다.

글자 | 올챙이 **과**, 올챙이 **두**, 때 **시**, 일 **사**

[과두시절蝌蚪時節]

개구리의 올챙이 시절이라는 말이며, 발전되기 전의 시절을 빗댄 말이다.

글자 | 올챙이 **과**, 올챙이 **두**, 때 **시**, 때 **절**

[과두정치寡頭政治]

적은 머리의 정치라는 말이며, 적은 수의 사람들이 국가의 지배권을 장악한 정치라는 뜻이다.

글자 | 적을 **과**, 머리 **두**, 정사 **정**, 다스릴 **치**

[과두조전蝌蚪鳥篆]

→ 과두문자蝌蚪文字

[과두지사蝌蚪之事]

→ 과두시사蝌蚪時事

[과리지혐瓜李之嫌]

오이와 오얏의 혐의라는 말이며, 부주의하여 애매하게 받는 혐의를 일컫는다. 이는 오이밭에서 신발 끈을 고쳐 매거나 자두나무 밑에서 갓끈을 고쳐 매어 의심을 받는다는 고사에서 온 말이다.

원문 | 瓜田不納履 李下不戴冠
과 전 불 납 리 이 하 부 대 관

글자 | 오이 **과**, 오얏(자두) **리**, 어조사 **지**, 혐의할 **혐**

출전 | 조선왕조 19대 숙종실록

유사 | 과전지리瓜田之履

[과목불망過目不忘]

눈이 지난 것은 잊지 않는다는 말이며, 한번 본 것은 잊어버리지 않는다는 뜻이다.

글자 | 지날 **과**, 눈 **목**, 아닐 **불**, 잊을 **망**

출전 | 진서, 삼국지

동류 | 박문강기博聞强記

[과목성송過目成誦]

눈이 지나면 외워버린다는 말이며, 기억력이 매우 좋다는 뜻이다.

글자 | 지날 **과**, 눈 **목**, 이룰 **성**, 욀 **송**

[과목출신科目出身]

과거 제목의 출신이라는 말이며, 과거에 급제하여 벼슬아치가 된 사람을 일컫는다.

글자 | 과거 **과**, 제목 **목**, 날 **출**, 몸 **신**

[과묵침용寡默沈容]

말이 적고 잠잠하며 침착한 모습이라는 말이다.

글자 | 적을 **과**, 잠잠할 **묵**, 가라앉을 **침**, 형용 **용**

[과문불입過門不入]

문 앞을 지나면서 들르지 않는다는 말이며, 공무수행을 위하여 사사로운 일을 하지 않는다는 뜻이다.

원문 | 三過其門而不入
삼 과 기 문 이 불 입

글자 | 지날 **과**, 문 **문**, 아닐 **불**, 들 **입**

출전 | 열자 양주편楊朱篇, 맹자 이루

[과문육체科文六體]

과거 글의 여섯 가지 체라는 말이며, 과거 볼 때 문과에서 시험하던 시詩·부賦·표表·책策·의義·의疑의 문체를 일컫는다.

글자 | 과거 **과**, 글 **문**, 몸 **체**

[과문천식寡聞淺識]

들은 것이 적고 아는 것이 얕다는 말이다.

글자 | 적을 **과**, 들을 **문**, 물 얕을 **천**, 알 **식**

[과물탄개過勿憚改]

허물 고치기를 두려워하지 말라는 말이다.

원문 | 過則勿憚改
과 즉 물 탄 개

글자 | 허물 **과**, 말 **물**, 두려워할 **탄**, 고칠 **개**

출전 | 논어 자한편

[과부적중寡不敵衆]

→ 중과부적衆寡不敵

[과분지망過分之望]

분수에 넘치는 바람이라는 말이다.

글자 | 지날 **과**, 분수 **분**, 어조사 **지**, 바랄 **망**

유사 | 과분지사過分之事

[과성당살過盛當殺]

성함이 지나면 죽음을 당한다는 말이며, 살벌한 가을을 일컫는다. 구양수의 시구이다. '무성하던 풀에 이것이 스치면 색깔이 변하고, 나무는 이것과 만나면 잎이 지고 만다.'

원문 | 物過盛而當殺
물 과 성 이 당 살

글자 | 지날 **과**, 성할 **성**, 당할 **당**, 죽일 **살**

출전 | 구양수歐陽修의 추성부秋聲賦

[과소평가過小評價]

지나치게 작게 값을 평한다는 말이다.

글자 | 지날 **과**, 작을 **소**, 평할 **평**, 값 **가**

반대 | 과대평가過大評價

[과숙체락瓜熟蒂落]

오이가 익으면 꼭지가 떨어진다는 말이며, 때가 되면 일이 성사된다는 뜻이다. 조귀명趙龜命의 글이다. '물이 이르면 도랑을 이루고 오이가 익으면 꼭지가 떨어진다. 이 두 마디 말로 계교하는 마음을 고칠 수 있다.'

원문 | 水到渠成 瓜熟蒂落 兩語可醫計較心
수 도 거 성 과 숙 체 락 양 어 가 의 계 교 심

글자 | 오이 **과**, 익을 **숙**, 꼭지 **체**, 떨어질 **락**

출전 | 동계집東谿集 정체靜諦

[과실상계過失相計]

허물과 그릇됨을 서로 셈한다는 말이며, 불법행위로 손해배상 책임이 생기는 경우, 손해를 입은 자에게도 과실이 있으면 그만큼 책임을 지운다는 뜻이다.

글자 | 허물 **과**, 그릇될 **실**, 서로 **상**, 셀 **계**

동류 | 과실상쇄過失相殺

[과실상규過失相規]

허물과 그릇됨을 서로 규제한다는 말이며, 과실이 있으면 서로 충고하여 바로잡는다는 뜻이다.

원문 | 凡同約者 過失相規
범 동 약 자 과 실 상 규

글자 | 허물 **과**, 그릇될 **실**, 서로 **상**, 법 **규**

출전 | 송사 여대방呂大方열전, 소학선행善行

관련 | 범동약자凡同約者

[과실치사過失致死]

허물과 잘못으로 말미암아 사람을 죽게 하였다는 말이다.

글자 | 허물 **과**, 그릇될 **실**, 이를 **치**, 죽을 **사**

[과실치상過失致傷]

허물과 잘못으로 말미암아 사람을 상하게 하였다는 말이다.

글자 | 허물 **과**, 그릇될 **실**, 이를 **치**, 상할 **상**

[과약기언果若其言]

결과가 그 말과 같다는 말이다.

글자 | 과실 **과**, 같을 **약**, 그 **기**, 말씀 **언**

[과여불급過如不及]

→ 과유불급過猶不及

[과유불급過猶不及]

지나친 것은 오히려 미치지 못한 것과

같다는 말이다. 자공子貢이 공자에게 '사師와 상商 중 누가 어집니까?' 하고 묻자, 공자는 사는 지나치고 상은 미치지 못한다고 대답했다. '그럼 사가 낫단 말입니까?' 하고 반문하자, 공자는 지나친 것은 미치지 못한 것과 같다고 답했다.

글자 | 지날 **과**, 같을 **유**, 아닐 **불**, 미칠 **급**

출전 | 논어 선진先進, 순자 왕패

동류 | 과여불급過如不及

[과인지력過人之力]

사람의 힘을 지났다는 말이며, 남보다 훨씬 센 힘이라는 뜻이다.

글자 | 지날 **과**, 사람 **인**, 어조사 **지**, 힘 **력**

[과전이하瓜田李下]

오이밭과 오얏나무 아래라는 말이며, 오이 밭에서 신을 고쳐 신지 말고 오얏나무 아래서 갓을 고쳐 쓰지 말라는 뜻, 즉 의심받을 짓을 처음부터 하지 말라는 뜻이다. 제나라 위왕이 옥에 가둔 후궁 우희虞姬를 불러 직접 신문하니 그녀가 답했다. '… 만약 신첩에게 죄가 있다면 그것은 오이 밭에서 신을 고쳐 신지 말고 오얏나무 아래서 갓을 고쳐 쓰지 말라고 했듯이 남에게 의심받을 일을 피하지 못했다는 점과 신첩이 옥에 갇혀 있는데도 누구 하나 변명해 주는 사람이 없다는 부덕한 점입니다.…'

원문 | **瓜田不納履 李下不整冠**
과 전 불 납 리 이 하 부 정 관

글자 | 오이 **과**, 밭 **전**, 오얏 **이**, 아래 **하**

출전 | 당서 유공권전柳公權傳

동류 | 과리지혐瓜李之嫌, 과전지리瓜田之履

[과전지리瓜田之履]

→ 과리지혐瓜李之嫌

[과정지훈過庭之訓]

뜰을 지날 때의 가르침이라는 말이며, 집안에서 자식에게 사람의 도리를 가르치는 교훈을 일컫는다.

글자 | 지날 **과**, 뜰 **정**, 어조사 **지**, 가르칠 **훈**

출전 | 논어 계씨

[과즉개지過則改之]

허물은 곧 고쳐야한다는 말이다.

글자 | 허물 **과**, 곧 **즉**, 고칠 **개**, 어조사 **지**

[과즉귀기過則歸己]

허물은 곧 몸에 돌아온다는 말이며, 잘못이 있으면 자기의 책임으로 돌리라는 뜻이다.

글자 | 허물 **과**, 곧 **즉**, 돌아올 **귀**, 몸 **기**

[과즉순지過則順之]

허물은 곧 따른다는 말이며, 잘못이 있어도 그대로 밀고 나가라는 뜻이다.

글자 | 허물 **과**, 곧 **즉**, 좇을 **순**, 어조사 **지**

[과진이내瓜珍李奈]

보배로운 과실은 오얏과 능금이라는 말이며, 귀하게 여기는 과일이라는 뜻이다.

원문 | 瓜珍李奈 菜重芥薑
과 진 이 내 채 중 개 강

글자 | 과실 **과**, 보배 **진**, 오얏(자두) **이**, 능금나무 **내**

출전 | 천자문 8항

[과질면면瓜瓞緜緜]

오이와 자질구레한 오이가 얽히고 얽혔다는 말이며, 자손이 매우 번성했다는 뜻이다.

글자 | 오이 **과**, 자질구레한 오이 **질**, 얽힐 **면**

[과하지욕袴下之辱]

사타구니 아래의 욕됨이라는 말이며, 상대방에게 무릎을 꿇고 굴복하는 수치를 당한다는 뜻이다.

원문 | 能死刺我不能死 出我袴下
능 사 자 아 불 능 사 출 아 과 하

글자 | 사타구니 **과**, 아래 **하**, 어조사 **지**, 욕될 **욕**

출전 | 사기 회음후열전

[과하탁교過河拆橋]

강을 건넌 후 다리를 부순다는 말이며, 극도의 이기주의를 일컫는다.

글자 | 지날 **과**, 강 **하**, 찢을 **탁**, 다리 **교**

[과혁지시裹革之屍]

→ 마혁과시馬革裹屍

[과화숙식過火熟食]

지나는 불에 음식이 익었다는 말이며, 어떤 일을 위하여 한 일은 아니지만 저절로 혜택을 입게 되었다는 뜻이다.

글자 | 지날 **과**, 불 **화**, 익을 **숙**, 밥 **식**

[과화존신過化存神]

지나는 것으로 되고 신이 있다는 말이며, 성인聖人이 지나가는 것만으로 백성은 그 덕에 감화感化되고 성인이 오래 머무는 것에 신명神明이 있다는 뜻이다.

글자 | 지날 **과**, 될 **화**, 있을 **존**, 귀신 **신**

출전 | 맹자, 중화경中和經

[과화취반過火炊飯]

지나는 불에 밥을 짓는다는 말이며, 자기는 힘들이지 않고 남의 덕에 이익을 본다는 뜻이다.

글자 | 지날 **과**, 불 **화**, 불땔 **취**, 밥 **반**

출전 | 동언해

[곽휘건단廓揮乾斷]

크게 드날리고 굳세게 끊는다는 말이며, 과단성 있게 다스린다는 뜻이다.

글자 | 클 **곽**, 날릴 **휘**, 굳셀 **건**, 끊을 **단**

[관감당탑窾坎鏜鞳]

빈 구덩이의 종소리라는 말이며, 속이 텅 빈 종에서 나는 소리라는 뜻이다.

원문 | 窾坎鏜鞳之聲
관 감 당 탑 지 성

글자 | 빈 **관**, 구덩이 **감**, 종소리 **당**, 종소리 **탑**

출전 | 소식의 석종산기石鐘山記

[관감흥기觀感興起]

보고 느끼고 홍하여 일어난다는 말이며, 직접 보고 감동하여 크게 분기한다는 뜻이다.

글자 | 볼 **관**, 느낄 **감**, 홍할 **흥**, 일어날 **기**

[관개상망冠蓋相望]

고관이 쓴 관과 가리개가 서로 바라볼 수 있다는 말이며, 사신의 수레 왕래가 빈번하다는 뜻이다.

글자 | 갓 **관**, 가릴 **개**, 서로 **상**, 바라볼 **망**

출전 | 전국책

[관거판탕官車板蕩]

관가의 곳집 널이 질펀하다는 말이며, 정치를 잘못하여 국고가 바닥났다는 뜻이다.

글자 | 관가 **관**, 곳집 **거**, 널 **판**, 질펀할 **탕**

[관과지인觀過知仁]

[남의] 허물을 보고 어짊을 안다는 말이며, 어진 사람의 허물은 너무 후한데 있고, 악한 사람의 허물은 너무 박한데 있다는 뜻이다.

원문 | 觀過 斯知仁矣
관 과 사 지 인 의

글자 | 볼 **관**, 허물 **과**, 알 **지**, 어질 **인**

출전 | 논어 팔일八佾

[관구자부官久自富]

벼슬에 오래 있으면 저절로 부해진다는 말이다.

글자 | 벼슬 **관**, 오랠 **구**, 스스로 **자**, 부할 **부**

[관구지옥灌口地獄]

입에 물을 주는 지옥이라는 말이며, 음주계飮酒戒를 지키지 않은 자가 빠지는 지옥을 일컫는다. 이 지옥에서는 끊임없이 입에 물을 붓는다고 한다.

글자 | 물 줄 **관**, 입 **구**, 땅 **지**, 옥 **옥**

[관국지광觀國之光]

나라의 영광을 본다는 말이며, 자기 나라가 융성하게 됨을 보게 되었다는 뜻이다.

원문 | 觀國之光 利用賓于王
관 국 지 광 이 용 빈 우 왕

글자 | 볼 **관**, 나라 **국**, 어조사 **지**, 영광 **광**

출전 | 주역 풍지관괘風地觀卦

동류 | 관광觀光

[관궐지주觀闕之誅]

성문의 문루門樓에서의 베임이라는 말이며, 부정한 신하를 목 벤다는 뜻이다. 공자가 정치를 문란케 한 대부

소정묘少正卯를 관궐에서 목을 벤 고사에서 온 말이다.

글자 | 본 **관**, 집 **궐**, 어조사 **지**, 벨 **주**

출전 | 한서

[관귀발동官鬼發動]

관가의 귀신이 나타나 움직인다는 말이며, 관의 횡포가 심하다는 뜻이다.

글자 | 관가 **관**, 귀신 **귀**, 나타날 **발**, 움직일 **동**

[관규여측管窺蠡測]

대롱으로 하늘을 보고 표주박으로 [바다 물을] 잰다는 말이며, 사물에 대한 이해나 관찰이 매우 좁거나 단편적이라는 빗댄 말이다.

글자 | 대롱 **관**, 엿볼 **규**, 표주박 **여**, 잴 **측**

출전 | 한서 동방삭전東方朔傳

[관규추지管窺錐指]

대롱으로 보고 송곳으로 가리킨다는 말이며, 학식이나 소견이 매우 좁다는 뜻이다.

글자 | 대롱 **관**, 엿볼 **규**, 송곳 **추**, 지시할 **지**

출전 | 장자 추수편秋水篇

동류 | 관중규천管中窺天

[관기숙정官紀肅正]

벼슬아치의 법을 엄숙하게 바로잡는다는 말이며, 문란한 관청의 규율을 바로잡는다는 뜻이다.

글자 | 벼슬 **관**, 벼리 **기**, 엄숙할 **숙**, 바를 **정**

[관기숙청官紀肅淸]

→ 관기숙정官紀肅正

[관녕할석管寧割席]

관녕의 자리 나눔이라는 말이며, 사람의 행동거지로 그의 생각을 알 수 있다는 뜻이다. 관녕과 화흠華歆이 글을 읽고 있을 때 문밖에서 마차 소리가 들리자 화흠은 책을 덮고 나가 보았는데, 관녕은 여전히 글을 읽으며 그대는 나의 벗이 아니라고 한 고사에서 온 말이다.

글자 | 대롱 **관**, 편안할 **녕**, 나눌 **할**, 돗 **석**

출전 | 세설신어 덕행德行

동류 | 할석분좌割席分坐

[관대장자寬大長者]

→ 관후장자寬厚長者

[관대지국冠帶之國]

관과 띠의 나라라는 말이며, 예의가 바른 나라라는 뜻이다.

글자 | 관 **관**, 띠 **대**, 어조사 **지**, 나라 **국**

[관도지기貫道之器]

도리를 꿰는 그릇이라는 말이며, 문장을 빗댄 말이다.

글자 | 꿸 **관**, 도리 **도**, 어조사 **지**, 그릇 **기**

유사 | 재도지기載道之器

[관동별곡 關東別曲]

동쪽에 관계되는 다른 가락이라는 말이며, ① 조선조 14대 선조宣祖 때에 송강松江 정철鄭澈이 지은 가사歌詞를 일컫는다. 관동지방의 절승인 금강산과 동해안의 승경勝景을 읊은 것으로 형식은 4·4조調이며 '송강가사'에 전한다. ② 고려 27대 충숙왕17년에 근재謹齋 안축安軸이 지은 경기체가景幾體歌를 일컫는다. 강원도 존무사存撫使로 있다가 돌아오는 길에 관동지방의 경치를 보고 읊은 것으로 8장으로 되어 있으며 근재집謹齋集에 실려 있다.

글자 | 관계할 **관**, 동녘 **동**, 다를 **별**, 가락 **곡**

[관동자별冠童自別]

어른과 아이는 저절로 다르다는 말이며, 어른이 해야 할 일과 아이들이 해야 할 일이 다르다는 뜻이다.

글자 | 어른 될 **관**, 아이 **동**, 저절로 **자**, 다를 **별**

출전 | 송남잡지

[관동팔경關東八景]

동쪽에 관계되는 여덟 군데 명승지라는 말이며, 강원도의 명승지를 일컫는다. 간성의 청간정淸澗亭·강릉의 경포대鏡浦臺·고성의 삼일포三日浦·삼척의 죽서루竹西樓·양양의 낙산사洛山寺·울진의 망양정望洋亭·통천의 총석정叢石亭·평해의 월송정越松亭이다.

글자 | 관계할 **관**, 동녘 **동**, 경치 **경**

[관료정치官僚政治]

벼슬아치들의 정치라는 말이며, 일부 특권을 가진 관료가 실권을 쥐고 지배하는 정치, 또는 권위적·형식적·독선적인 정치를 일컫는다.

글자 | 벼슬 **관**, 동관 **료**, 정사 **정**, 다스릴 **치**

[관리도역冠履倒易]

갓과 신발을 바꾸어 쓰고 신는다는 말이며, 앞뒤가 바뀌거나 본말本末이 전도顚倒되었다는 뜻이다.

글자 | 갓 **관**, 신 **리**, 거슬릴 **도**, 바꿀 **역**

출전 | 후한서

[관리전도冠履顚倒]

→ 관리도역冠履倒易

[관맹상제寬猛相濟]

너그러움과 매서움을 함께 이루어야 한다는 말이며, 사람을 다스릴 때 관대함과 엄중함을 조화롭게 시행해야 한다는 뜻이다.

원문 | 寬以濟猛 猛以濟寬 政是以和
관이제맹 맹이제관 정시이화

글자 | 너그러울 **관**, 사나울 **맹**, 서로 **상**, 일 이룰 **제**

출전 | 춘추좌씨전

유사 | 맹이제관猛以濟寬

[관방중지關方重地]

관문 쪽에 있는 무거운 땅이라는 말이며, 국경의 요충지라는 뜻이다.

글자 | 관문 **관**, 방위 **방**, 무거울 **중**, 땅 **지**

[관보현경觀普賢經]

넓은 것을 보는 어진 경서라는 말이며, 법화삼부경의 하나를 일컫는다. 송나라 원가元嘉 때(424~453) 담마밀다를 번역한 것이며 여래 입멸 석 달 전에 비야리국 대림정사大林精舍에서 아난·가섭·미륵 등의 질문에 대답하여 설한 것으로서 보현관문普賢觀門·육근죄六根罪를 참회하는 법과 참회한 뒤의 공덕을 보이며 법화경의 결경結經이 된다.

글자 | 볼 **관**, 넓을 **보**, 어질 **현**, 경서 **경**

출전 | 불교

[관불이신官不移身]

벼슬에서 몸을 옮기지 않는다는 말이며, 오랫동안 벼슬아치로 있다는 뜻이다.

글자 | 벼슬 **관**, 아닐 **불**, 옮길 **이**, 몸 **신**

[관사무섭官事無攝]

관가의 일은 겸할 수 없다는 말이며, 공직자는 두 가지 직책을 겸직할 수 없다는 뜻이다.

글자 | 관가 **관**, 일 **사**, 없을 **무**, 겸할 **섭**

[관서별곡關西別曲]

서쪽에 관계되는 다른 가락이라는 말이며, 조선조 13대 명종 때 백광홍白光弘이 관서지방의 절경을 보고 읊은 가사歌詞를 일컫는다.

글자 | 관계할 **관**, 서녘 **서**, 다를 **별**, 가락 **곡**

[관서팔경關西八景]

관서지방 여덟 군데의 경치라는 말이며, 평안도에 있는 명승지를 일컫는다. 강계의 인풍루仁風樓·의주의 통군정統軍亭·선천의 동림폭東林瀑·안주의 백상루百祥樓·평양의 연광정練光亭·성천의 강선루降仙樓·만포의 세검정洗劍亭·영변의 약산동대藥山東臺 등이다.

글자 | 관계할 **관**, 서녘 **서**, 경치 **경**

[관세도지觀勢圖之]

형세를 보아 도모할 것이라는 말이며, 정세에 따라 계책을 세워야 한다는 뜻이다.

글자 | 볼 **관**, 형세 **세**, 도모할 **도**, 어조사 **지**

[관슬지기貫蝨之技]

[작은] 이를 꿰뚫는 재주라는 말이며, 명중시키는 궁술의 묘기를 빗댄 말이다.

글자 | 꿸 **관**, 이 **슬**, 어조사 **지**, 재주 **기**

출전 | 열자 탕문편, 사기 주본기周本紀

동류 | 백보천양百步穿楊

[관약지수管鑰之守]

열쇠와 자물쇠의 지킴이라는 말이며, 사물의 핵심이 되는 것을 지킨다는 뜻이다. 관약은 궁문이나 성문, 또는 변방지방 관문의 자물쇠와 열쇠를 일컫는다.

글자 | 열쇠 **관**, 자물쇠 **약**, 어조사 **지**, 지킬 **수**

출전 | 조선왕조 9대 성종실록

[관어지거觀魚之擧]

물고기 드는 것을 본다는 말이며, 임금이 자신의 위치에 어울리지 않는 행동을 한다는 뜻이다.

글자 | 볼 **관**, 고기 **어**, 어조사 **지**, 들 **거**

출전 | 조선왕조 9대 성종실록

[관왕지래觀往知來]

→ 고왕지래告往知來

[관용의무寬容義務]

너그럽게 용납할 의무라는 말이며, 꼭 지키지 않아도 될 의무를 일컫는다.

글자 | 너그러울 **관**, 용납할 **용**, 옳을 **의**, 힘쓸 **무**

[관유온유寬裕溫柔]

너그럽고 넉넉하며, 따뜻하고 부드럽다는 말이다.

글자 | 너그러울 **관**, 넉넉할 **유**, 따뜻할 **온**, 부드러울 **유**

[관유이교寬柔以教]

너그러움과 부드러움으로 가르친다는 말이다.

글자 | 너그러울 **관**, 부드러울 **유**, 써 **이**, 가르칠 **교**

[관음보살觀音菩薩]

세상 소리를 보는 보살이라는 말이며, 대자대비大慈大悲의 상징으로서 가장 널리 존숭되는 보살을 일컫는다. 중생衆生이 괴로울 때 그의 이름을 정성으로 외면 그 음성을 듣고 곧 구제한다고 한다.

원문 | 觀世音菩薩
관세음보살

글자 | 볼 **관**, 소리 **음**, 보리나무 **보**, 보살 **살**

[관인대도寬仁大度]

너그럽고 어진 큰 도량이라는 말이다.

원문 | 寬仁以愛人喜施 意豁如也
관인이애인희시 의욕여야

글자 | 너그러울 **관**, 어질 **인**, 큰 **대**, 도량 **도**

출전 | 사기 고조본기高祖本紀

[관인명예寬仁明睿]

너그럽고 어질고 밝고 지혜롭다는 말이며, 사람의 성품을 일컫는다.

글자 | 너그러울 **관**, 어질 **인**, 밝을 **명**, 지혜로울 **예**

출전 | 조선왕조 5대 문종실록

[관인후덕寬仁厚德]

너그럽고 어질며 온후하고 덕스럽다는 말이다.

글자 | 너그러울 **관**, 어질 **인**, 후할 **후**, 큰 **덕**

[관자여도觀者如堵]

보는 사람이 담과 같다는 말이며, 구경하는 사람이 매우 많다는 뜻이다.

글자 | 볼 **관**, 사람 **자**, 같을 **여**, 담 **도**

출전 | 예기

[관재구설官災口舌]

관가의 재앙은 입과 혀에서 온다는 말이다.

글자 | 관가 **관**, 재앙 **재**, 입 **구**, 혀 **설**

[관저복통官猪腹痛]

관가 돼지의 배앓이라는 말이며, 남이 당하는 고통이 자기와 상관이 없다는 뜻이다.

글자 | 관가 **관**, 돼지 **저**, 배 **복**, 아플 **통**

출전 | 순오지 하

[관저인지關雎麟趾]

비둘기 또는 원앙새의 우는 소리와 기린의 발이라는 말이며, 암수의 짐승이 서로 정답게 어울려 울어대는 사랑 노래와 살아있는 벌레나 풀을 발로 밟지 않는 기린의 어진 마음을 일컫는다.

글자 | 비둘기 우는 소리 **관**, 원앙새 **저**, 기린 **인**, 발 **지**

출전 | 경국대전

[관저지화關雎之化]

비둘기와 징경이 우는 소리로 된다는 말이며, 중국 문왕과 그 후비의 성덕을 읊은 시에서 온 말로 임금의 금슬이 좋으면 그 덕이 백성에게 미친다는 뜻이다.

글자 | 비둘기 우는 소리 **관**, 징경이 **저**, 어조사 **지**, 될 **화**

출전 | 시경 관저

[관전절후冠前絶後]

으뜸의 앞과 끊어진 뒤라는 말이며, 고금에 비견할 만한 것이 없다는 뜻이다.

글자 | 으뜸 **관**, 앞 **전**, 끊어질 **절**, 뒤 **후**

유사 | 공전절후空前絶後

[관정발악官庭發惡]

관가 마당에서 악함을 일으킨다는 말이며, 관청에 발악하여 항의한다는 뜻이다.

글자 | 관가 **관**, 마당 **정**, 일어날 **발**, 악할 **악**

[관존민비官尊民卑]

벼슬아치는 높고 백성은 낮다는 말이며, 관리는 높고 백성은 낮고 천하다는 뜻이다.

글자 | 벼슬 **관**, 높을 **존**, 백성 **민**, 낮을 **비**

[관중규표管中窺豹]

대롱을 통해 표범을 본다는 말이며, 학식과 소견이 좁다는 뜻이다.

글자 | 대롱 **관**, 속 **중**, 엿볼 **규**, 표범 **표**

출전 | 세설신어 방정方正

동류 | 관규추지管窺錐指, 용관규천用管窺天

[관즉득중寬則得衆]

너그러우면 사람을 얻는다는 말이다.

원문 | 寬則得衆 信則人任焉
관 즉 득 중 신 즉 인 임 언

글자 | 너그러울 **관**, 곧 **즉**, 얻을 **득**, 사람 **중**

출전 | 논어 양화

[관질초천官秩超遷]

벼슬의 차례를 뛰어넘어 옮긴다는 말이며, 승진의 순서를 따르지 않고 특진한다는 뜻이다.

글자 | 벼슬 **관**, 차례 **질**, 뛰어넘을 **초**, 옮길 **천**

출전 | 송남잡지

[관천망기觀天望氣]

하늘을 보고 대기를 바라본다는 말이며, 자연현상을 보고 날씨를 예측한다는 뜻이다.

글자 | 볼 **관**, 하늘 **천**, 바랄 **망**, 대기 **기**

[관청민안官淸民安]

관가가 맑으면 백성이 편안하다는 말이다.

글자 | 관가 **관**, 맑을 **청**, 백성 **민**, 편안 **안**

[관포지교管鮑之交]

관중管中과 포숙아鮑叔牙의 교제라는 말이며, 서로 이해하고 믿고 아끼며 정답게 지내는 친구의 교제라는 뜻이다. 제齊나라에 관중과 포숙아 두 친구가 있었다. 둘이 장사를 하여 이익금을 관중이 많이 챙겼으나 포숙아는 자기보다 가족이 많아 돈이 필요하다고 이해했다. 그 후 관중이 여러 가지 일에 실패하여 무능하다고 세간에서 비난해도 포숙아는 아직 때가 이르지 아니하였다고 위로했으며, 전쟁터에서 뒤로 쳐지고 도망쳐도 포숙아는 늙은 어머니가 있어 그렇다고 관중을 변호했다. 나중에 관중은 제나라의 공자 규糾를 모시고 포숙아는 공자 소백小白을 섬기다가 소백이 즉위하여 규는 살해되고 관중도 죽게 되었으나 포숙아의 간청으로 죄를 용서하고 재상에 오르게 된다. 먼 훗날 관중은 위대한 정치가, 경제가, 외교가로 명성을 떨쳤는데, 그는 말하기를 '나를 낳아주신 분은 부모이지만 나를 알아준 이는 포숙아 뿐이다.' 라고 했다.

글자 | 대롱 **관**, 저린 생선 **포**, 어조사 **지**, 사귈 **교**

출전 | 사기 관안열전管晏列傳

유사 | 문경지교刎頸之交, 금란지교金蘭之交, 단금지교斷金之交, 수어지교水魚之交, 교칠지교膠漆之交, 막역지우莫逆之友

[관풍찰속觀風察俗]

풍속을 보고 살핀다는 말이다.

글자 | 볼 **관**, 풍속 **풍**, 살필 **찰**, 풍속 **속**

[관형찰색觀形察色]

모양을 보고 빛을 살핀다는 말이며, 잘 모르는 사물을 자세히 관찰한다는 뜻이다. 또한 한방의학상의 진찰 방법이기도 하다.

글자 | 볼 **관**, 형상 **형**, 살필 **찰**, 빛 **색**

출전 | 한방진단법

[관혼상례冠婚喪禮]

→ 관혼상제冠婚喪祭

[관혼상제冠婚喪祭]

어른이 되고 혼인하고, 복을 입고, 제사를 지낸다는 말이며, 관례冠禮(남자는 머리에 관을 썼다.) 즉 성인식 · 혼인예식 · 장례식 · 조상의 제례식이라는 네 가지 중요한 예식을 일컫는다.

글자 | 어른 될 **관**, 혼인할 **혼**, 복 입을 **상**, 제사 **제**

출전 | 예기 왕제王制

동류 | 관혼상례冠婚喪禮, 관혼장제冠婚葬祭

관련 | 육례칠교六禮七教

[관혼장제冠婚葬祭]

→ 관혼상제冠婚喪祭

[관홍간정寬弘簡靜]

너그럽고, 크고, 대쪽 같고 고요하다는 말이며, 관대하면서도 올곧은 사람의 성품을 일컫는다.

글자 | 너그러울 **관**, 클 **홍**, 대쪽 **간**, 고요 **정**

출전 | 조선왕조 6대 단종실록

[관홍뇌락寬弘磊落]

마음이 너그럽고 크며 끼끗함이 떨친다는 말이다.

글자 | 너그러울 **관**, 클 **홍**, 끼끗할 **뇌**, 떨어질 **락**

[관홍대도寬弘大度]

너그럽고, 크고, 도량이 크다는 말이며, 관대하면서도, 또 도량이 큰 사람의 성격을 일컫는다.

글자 | 너그러울 **관**, 클 **홍**, 큰 **대**, 도량 **도**

출전 | 조선왕조 5대 문종실록

[관홍장중寬弘莊重]

너그럽고, 크고, 씩씩하고, 무겁다는 말이며, 관대하고, 장엄하고, 정중한 사람의 성품을 일컫는다. 이는 세종대왕의 성품을 빗댄 말이기도 하다.

글자 | 너그러울 **관**, 클 **홍**, 씩씩할 **장**, 무거울 **중**

출전 | 조선왕조 4대 세종실록

[관후장자寬厚長者]

너그럽고, 후하고, 좋은 사람이라는 말이다.

글자 | 너그러울 **관**, 후할 **후**, 좋을 **장**, 사람 **자**

동류 | 관대장자寬大長者

[관흔이동觀釁而動]

틈을 보아 움직인다는 말이며, 적정을 살피고 아군을 움직인다는 뜻이다.

원문 | 用師觀釁而動
용 사 관 흔 이 동

글자 | 볼 **관**, 틈 **흔**, 말 이을 **이**, 움직일 **동**

출전 | 춘추좌씨전 선공宣公 12년조

[괄구마광刮垢磨光]

때를 벗기고 빛이 나게 닦는다는 말이며, 사람의 결점을 고치고 장점을 발휘하게 한다는 뜻이다.

원문 | 爬羅剔抉 刮垢磨光
파 라 척 결 괄 구 마 광

글자 | 깎을 **괄**, 때 **구**, 갈 **마**, 빛 **광**

출전 | 한유의 진학해進學解

[괄모귀배刮毛龜背]

거북의 등에서 터럭을 긁는다는 말이며, 수고만 하고 거둘 보람이 하나도 없다는 뜻이다. 소동파의 시다. '거북 등 위에서 터럭을 긁으니 언제나 터럭 방석을 이루어볼지.'

원문 | 刮毛龜背上 何時得成氈
괄 모 귀 배 상 하 시 득 성 전

글자 | 긁을 **괄**, 터럭 **모**, 거북 **귀**, 등 **배**

출전 | 소동파의 시

[괄목상간刮目相看]

→ 괄목상대刮目相對

[괄목상대刮目相對]

눈을 비비고 서로 대한다는 말이며, 상대방의 학식이나 재주가 갑자기 몰라보게 발전했다는 뜻이다. 삼국지에 나오는 글이다. '선비는 헤어져서 사흘이 지나면 눈을 비비고 다시 대해야 할 정도로 달라져 있어야 하는 법이라네.'

원문 | 士別三日 卽當刮目相對
사 별 삼 일 즉 당 괄 목 상 대

글자 | 긁을 **괄**, 눈 **목**, 서로 **상**, 마주할 **대**

출전 | 삼국지 여몽전呂蒙傳

동류 | 괄목상간刮目相看

관련 | 오하아몽吳下阿蒙

[광겁다생曠劫多生]

넓고 오랜 [세상에 태어나는] 많은 목숨이라는 말이며, 넓은 세상에 두고두고 태어나는 많은 생명이라는 뜻이다.

글자 | 넓을 **광**, 오랠 **겁**, 많을 **다**, 목숨 **생**

[광고지설狂瞽之說]

미친 장님의 말이라는 말이며, 아무것도 모르고 함부로 하는 말을 빗댄 말이다.

글자 | 미칠 **광**, 장님 **고**, 어조사 **지**, 말씀 **설**

출전 | 고려사

[광국공신光國功臣]

나라를 빛낸 공신이라는 말이며, 조선조 14대 선조 때 명나라 대명회전大明會典에 이씨세계李氏世系가 잘못 기록된 것을 고친 공로로 내린 훈명勳名을 일컫는다. 윤근수尹根壽 등 19명에게 내려졌다.

글자 | 빛 **광**, 나라 **국**, 공 **공**, 신하 **신**

[광규난양狂叫亂攘]

미쳐서 부르며 어지럽고 요란하다는 말이며, 미쳐 날뛰며 소란스럽게 떠든다는 뜻이다.

글자 | 미칠 **광**, 부르짖을 **규**, 어지러울 **난**, 요란할 **양**

[광담패설狂談悖說]

미친 말과 어지러운 말이라는 말이며, 이치에 맞지 않는 미친 말이라는 뜻이다.

글자 | 미칠 **광**, 말씀 **담**, 어지러울 **패**, 말씀 **설**

동류 | 광담망설狂談妄說

[광대낙함廣隊落頷]

동서로 다니는 무리(광대)의 턱이 떨어졌다는 말이며, 제 구실을 다하지 못해 아무데도 쓸모가 없게 되었다는 뜻이다. 송남잡식의 글이다. '재능을 자랑할 만한 것이 없음을 말함이니. 곧 광대뼈가 빠진다는 말이다.'

원문 | 言無所衒能也 卽廣隊落頷也
언무소현능야 즉광대낙함야

글자 | 동서 **광**, 무리 **대**, 떨어질 **낙**, 턱 **함**

출전 | 송남잡지

[광대무변廣大無邊]

넓고 커서 끝이 없다는 말이다.

글자 | 넓을 **광**, 큰 **대**, 없을 **무**, 가 **변**

[광명시대光明時代]

밝게 빛나는 시대라는 말이며, 도덕과 사회질서가 확립되고 문물이 홍성하여 살기 좋은 시대를 일컫는다.

글자 | 빛 **광**, 밝을 **명**, 때 **시**, 대 **대**

[광명정대光明正大]

밝게 빛나며 바르고 크다는 말이며, 말과 행실이 떳떳하고 정당하다는 뜻이다.

글자 | 빛 **광**, 밝을 **명**, 바를 **정**, 큰 **대**

[광명천지光明天地]

빛나고 밝은 하늘과 땅이라는 말이며, 밝고 투명한 사회라는 뜻이다.

글자 | 빛 **광**, 밝을 **명**, 하늘 **천**, 땅 **지**

[광명편조光明遍照]

밝은 빛이 두루 비춘다는 말이며, 아미타불阿彌陀佛의 자비가 넓고 커서 염불하는 중생을 전부 제도濟度한다는 뜻이다.

글자 | 빛 **광**, 밝을 **명**, 두루 **편**, 비출 **조**

[광모종중廣謀從衆]

넓은 꾀로 무리를 따른다는 말이며, 널리 많은 사람들과 의논하여 다수의 의견을 따른다는 뜻이다.

글자 | 넓을 **광**, 꾀 **모**, 따를 **종**, 무리 **중**

출전 | 한서

동류 | 광순박채廣詢博採

[광부지언狂夫之言]

미친 사나이의 말이라는 말이다.

글자 | 미칠 **광**, 사나이 **부**, 어조사 **지**, 말씀 **언**

[광분난규狂噴亂叫]

미친 듯이 꾸짖고 어지럽고 이치에 맞지 않는다는 말이며, 화가 나서 정신없이 떠들어댄다는 뜻이다.

글자 | 미칠 **광**, 꾸짖을 **분**, 어지러울 **난**, 이치에 맞지 않을 **규**

출전 | 조선왕조 21대 영조실록

[광세기사曠世奇事]

큰 세상의 이상한 일이라는 말이며, 세상에 매우 드문 신기한 일이라는 뜻이다.

글자 | 클 **광**, 세상 **세**, 이상할 **기**, 일 **사**

출전 | 용비어천가

[광세영웅曠世英雄]

세상을 밝힌 영웅이라는 말이며, 세상에 보기 드문 영웅이라는 뜻이다.

글자 | 밝을 **광**, 세상 **세**, 영웅 **영**, 영웅 **웅**

[광세지도曠世之度]

세상에 밝은 도량이라는 말이며, 세상을 내려다볼 수 있는 뛰어난 재능과 도량이라는 뜻이다.

글자 | 밝을 **광**, 세상 **세**, 어조사 **지**, 도량 **도**

출전 | 진서

동류 | 광세영웅曠世英雄, 광세지재曠世之才

[광세지재曠世之才]

세상에 밝은 재주라는 말이며, 세상에서 보기 드문 재주나 재주를 가진 사람을 일컫는다.

글자 | 밝을 **광**, 세상 **세**, 어조사 **지**, 재주 **재**

동류 | 광세지도曠世之度

[광소대모廣宵大暮]

넓은 밤이 크게 저문다는 말이며, 죽은 사람이 영영 돌아오지 못한다는 뜻이다.

글자 | 넓을 **광**, 밤 **소**, 큰 **대**, 저물 **모**

[광순박채廣詢博採]

널리 물어서 넓게 가린다는 말이며, 여러 사람의 의견을 넓게 물어서 널리 채택한다는 뜻이다.

글자 | 넓을 **광**, 물을 **순**, 밝을 **박**, 가려낼 **채**

출전 | 한서漢書

동류 | 광모종중廣謀從衆

[광양무모劻勷無謀]

급하고 바쁘면서 꾀가 없다는 말이며, 마음만 급하고 일을 교묘하게 꾸미는 수단이 없다는 뜻이다.

글자 | 급거할 **광**, 바쁠 **양**, 없을 **무**, 꾀 **모**

출전 | 조선왕조 19대 숙종실록

[광어사해光於四海]

빛이 네 바다에 있다는 말이며, 온 세상을 밝게 한다는 뜻이다.

글자 | 빛 **광**, 어조사 **어**, 바다 **해**

[광언기어狂言綺語]

경망스러운 말과 아름다운 말이라는 말이며, 흥미 본위로 쓴 문학작품을 일컫는다.

글자 | 경망할 **광**, 말씀 **언**, 아름다울 **기**, 말씀 **어**

출전 | 백거이 향산사백씨낙중집기香山寺白氏洛中集記

[광언망설狂言妄說]

→ 광담패설狂談悖說

[광염만장光燄萬丈]

불꽃이 만 길이나 빛난다는 말이며, 시문詩文이 매우 힘 있다는 말이다.

글자 | 빛날 **광**, 불꽃 **염**, 일만 **만**, 길 **장**

[광음여류光陰如流]

빛과 그늘이 흐르는 물과 같다는 말이며, 세월이 물과 같이 흐르면 되돌아오지 않는다는 뜻이다.

글자 | 빛 **광**, 그늘 **음**, 같을 **여**, 흐를 **류**

출전 | 안씨가훈

동류 | 광음여전光陰如箭

[광음여시光陰如矢]

→ 광음여전光陰如箭

[광음여전光陰如箭]

빛과 그늘이 화살과 같다는 말이며, 낮과 밤, 즉 세월이 빨리 지나간다는 뜻이다.

원문 | 光陰如箭 光陰可惜譬諸逝水
광음여전 광음가석비제서수

글자 | 빛 **광**, 그늘 **음**, 같을 **여**, 화살 **전**

출전 | 안씨가훈

동류 | 광음여시光陰如矢, 광음유수光陰流水, 광음여류光陰如流

[광음유수光陰流水]

빛과 그늘이 흐르는 물이라는 말이며, 세월이 빠르다는 뜻이다.

글자 | 빛 **광**, 그늘 **음**, 흐를 **유**, 물 **수**

출전 | 안씨가훈

동류 | 광음여전光陰如箭

[광일미구曠日彌久]

텅 빈 날이 오래다는 말이며, 하릴없이 세월만 보낸다는 뜻이다.

원문 | 曠日彌久數歲
광일미구수세

글자 | 빌 **광**, 날 **일**, 오랠 **미**, 오랠 **구**

출전 | 전국책 연책燕策

동류 | 광일지구曠日持久

[광일지구曠日持久]

→ 광일미구曠日彌久

출전 | 사기 골계열전

[광재물보廣才物譜]

넓은 재주와 물건의 족보라는 말이며, 조선조 때에 이루어진 백과전서를 일컫는다. 1권에는 천天 · 지地 · 인人 · 인륜人倫 · 군君 · 신臣 · 서물庶物 · 문학, 2권에는 예절 · 음악 · 궁실 · 의식衣食 · 기희技戱, 3권에는 화火 · 금金 · 석石 · 초草 · 곡穀 · 채菜 · 옥玉, 4권에는 목木 · 죽竹 · 과果 · 어魚 · 금禽 · 수獸 · 충蟲 따위의 여러 가지 사물을 한글로 설명하였다.

글자 | 넓을 **광**, 재주 **재**, 물건 **물**, 족보 **보**

[광정앙천廣庭仰天]

넓은 뜰에서 하늘을 우러러본다는 말이며, 이상은 높지만 행함이 미치지 못한다는 말이다.

글자 | 넓을 **광**, 뜰 **정**, 우러를 **앙**, 하늘 **천**

출전 | 대동운부군옥大東韻府群玉

[광제비급廣濟秘笈]

널리 구하는 비밀한 책상자라는 말이며, 조선조 22대 정조 14년에 북관의 관찰사 이병모가 이경화에게 엮게 하여 판각한 한의서를 일컫는다. 주로 동의보감東醫寶鑑, 경험방經驗方, 본초강목本草綱目 등에 의하였으며 향약鄉藥의 처방과 침구鍼灸에 관한 설명이 들어 있다.

글자 | 넓을 **광**, 구할 **제**, 비밀할 **비**, 책상자 **급**

[광조궁비廣兆穹碑]

넓은 뫼와 높은 비석이라는 말이며, 매우 웅장한 분묘를 일컫는다.

글자 | 넓을 **광**, 뫼 **조**, 높을 **궁**, 비석 **비**

[광지직지匡之直之]

바르게 곧게 라는 말이며, 모든 일을 바르고 곧게 하라는 뜻이다.

글자 | 바를 **광**, 어조사 **지**, 곧을 **직**

출전 | 맹자 등문공 상

[광채육리光彩陸離]

빛의 색깔이 두텁고 아름답다는 말이다.

글자 | 빛 **광**, 색깔 **채**, 두터울 **육**, 아름다운 모양 **리**

[광치전장廣置田庄]

밭과 전장을 넓게 두었다는 말이다.

글자 | 넓을 **광**, 둘 **치**, 밭 **전**, 전장 **장**

[광토중민廣土衆民]

넓은 땅과 많은 백성이라는 말이며, 매우 큰 나라라는 뜻이다.

글자 | 넓을 **광**, 땅 **토**, 많을 **중**, 백성 **민**

출전 | 맹자 진심 상

[광풍제월光風霽月]

빛나는 바람과 맑은 달이라는 말이며, 고상한 인품을 지닌 사람을 빗댄 말이다. 송나라 시인 황정견이 유학자인 주돈이周敦頤의 인품을 평한 말이다. '주돈이의 인품은 매우 고결하고 가슴속이 맑아서 맑은 날의 바람과 비 개인 날의 달과 같구나.'

원문 | 其人品甚高胸懷灑落如光風霽月 (기인품심고흉회쇄락여광풍제월)

글자 | 빛날 **광**, 바람 **풍**, 비 개일 **제**, 달 **월**

출전 | 송사 주돈이전周敦頤傳

[광피사표光被四表]

빛이 사방 밖을 입힌다는 말이며, 천자의 덕이 나라 밖의 곳곳에 미친다는 뜻이다. 서경에 있는 글이다. '환한 빛이 사방으로 퍼져나갔으며 하늘에 닿고 땅에 닿았다.'

원문 | 光被四表 格于上下 (광피사표 격우상하)

글자 | 빛 **광**, 입을 **피**, 겉 **표**

출전 | 서경 요전堯典

[광협장단廣狹長短]

넓고 좁음과 길고 짧음이라는 말이며, 너비와 길이를 일컫는다.

글자 | 넓을 **광**, 좁을 **협**, 긴 **장**, 짧을 **단**

[괘원괴납掛猿壞衲]

매달린 원숭이처럼 망가진 것을 기웠다는 말이며, 해신 남루한 옷을 빗댄 말이다.

글자 | 걸 **괘**, 원숭이 **원**, 무너뜨릴 **괴**, 기울 **납**

출전 | 송남잡지

[괘일누만掛一漏萬]

→ 괘일누십掛一漏十

[괘일누십掛一漏十]

한 가지를 걸다가 열 가지가 샌다는 말이며, 중요한 한 가지를 채이다 나머지는 다 빠뜨렸다는 뜻이다.

글자 | 걸 **괘**, 샐 **누**

출전 | 서포집西浦集

동류 | 괘일누만掛一漏萬

반대 | 괘십누일掛十漏一

[괴괴기기怪怪奇奇]

→ 기기괴괴奇奇怪怪

[괴괴망측怪怪罔測]

기이하고 기이함을 헤아릴 수 없다는 말이며, 말할 수 없이 이상야릇하다는 뜻이다.

글자 | 기이할 **괴**, 없을 **망**, 헤아릴 **측**

동류 | 괴상망측怪常罔測

[괴교괴기怪巧瑰琦]

기이하고 공교롭기가 보배와 옥과 같다는 말이며, 기묘하기가 신비롭다는 뜻이다.

글자 | 기이할 **괴**, 공교할 **교**, 보배 **괴**, 옥 **기**

[괴담이설怪談異說]

괴이한 이야기라는 말이다.

글자 | 기이할 **괴**, 말씀 **담**, 괴이할 **이**, 말씀 **설**

[괴력난신怪力亂神]

괴상한 힘을 가진 어지러운 귀신이라는 말이며, 말로 설명할 수 없는 이상한 힘과 현상을 뜻한다. 논어에 있는 글이다. '공자께서는 괴이한 일, 힘으로 하는 일, 사회를 어지럽히는 일, 귀신에 관한 일을 말씀하시지 않으셨다.'

원문 | 子不語 怪力亂神
자 불 어 괴 력 난 신

글자 | 괴이할 **괴**, 힘 **력**, 어지러울 **난**, 귀신 **신**

출전 | 논어 술이述而

[괴뢰정권傀儡政權]

허수아비나 꼭두각시 같은 다스리는 권세라는 말이며, 자국민의 의지에 의하지 않고 타국의 의지에 의해 조정되는 정치권력을 일컫는다.

글자 | 허수아비 **괴**, 꼭두각시 **뢰**, 다스릴 **정**, 권세 **권**

[괴립쇄자蒯笠刷子]

풀 삿갓에 솔질하는 것이라는 말이며, 격식에 맞지 아니하여 어울리지 않는다는 뜻이다.

글자 | 풀이름 **괴**, 삿갓 **립**, 솔질할 **쇄**, 것 **자**

출전 | 대동야승

동류 | 사모영자紗帽纓子

[괴망우벽怪妄迂僻]

기이하고, 망령되고, 구부러지고, 더럽다는 말이다.

글자 | 기이할 **괴**, 망령될 **망**, 굽을 **우**, 더러울 **벽**

[괴상망측怪常罔測]

기이하고 떳떳한 것을 헤아릴 수 없다는 말이며, 말할 수 없이 괴상하다는 뜻이다.

글자 | 기이할 **괴**, 떳떳할 **상**, 없을 **망**, 헤아릴 **측**

[괴악망측怪惡罔測]

기이하고 악함을 헤아릴 수 없다는 말이다.

글자 | 기이할 **괴**, 악할 **악**, 없을 **망**, 헤아릴 **측**

[괴와획만壞瓦畫墁]

기와를 무너뜨리고 벽에 금을 긋는다는 말이며, 해만 끼치고 조금도 도움이 되지 않는다는 뜻이다.

글자 | 무너뜨릴 **괴**, 기와 **와**, 그을 **획**, 벽 **만**

출전 | 대동야승

[굉걸궤려宏傑詭麗]

크게 빼어나고 다르게 곱다는 말이며, 굉장히 웅대하고 미려하다는 뜻이다.

원문 | 宏傑詭麗 堅固而不可動者
굉 걸 궤 려 경 고 이 불 가 동 자

글자 | 클 **굉**, 빼어날 **걸**, 다를 **궤**, 고을 **려**

출전 | 소동파의 능허대기凌虛臺記

[굉재탁식宏才卓識]

큰 재주와 뛰어난 식견이라는 말이다.

글자 | 클 **굉**, 재주 **재**, 뛰어날 **탁**, 식견 **식**

[굉주교착觥籌交錯]

술잔과 산가지가 서로 섞였다는 말이며, 술자리가 어지럽게 파장에 이르렀다는 말이다.

글자 | 뿔 술잔 **굉**, 산가지 **주**, 서로 **교**, 섞일 **착**

출전 | 구양수의 취옹정기醉翁亭記

동류 | 배반낭자杯盤狼藉

[굉중사외閎中肆外]

가운데를 넓게 하고 밖을 늘어놓았다는 말이며, 문장의 내용이 풍부하고 필치가 변화무쌍하다는 뜻이다.

글자 | 넓게 할 **굉**, 가운데 **중**, 늘어놓을 **사**, 밖 **외**

[교가상한交嫁常漢]

상놈이 서로 시집간다는 말이며, 주로 양반 집안의 여자가 상놈에게 시집간다는 뜻이다.

글자 | 서로 **교**, 시집갈 **가**, 상놈 **상**, 놈 **한**

출전 | 속대전續大典

동류 | 교가사상交嫁士常

[교각살우矯角殺牛]

소뿔을 바로잡으려다 소를 죽인다는 말이며, 사소한 것을 바로잡으려다 큰 일을 그르친다는 말이다.

글자 | 바로잡을 **교**, 뿔 **각**, 죽일 **살**, 소 **우**

유사 | 교왕과직矯枉過直

[교거오포驕倨傲暴]

교만하고 거만하고 사납다는 말이며, 교만하고 포악한 사람이라는 뜻이다.

원문 | 驕倨傲暴之人 不可與交
교 거 오 포 지 인 불 가 여 교

글자 | 교만할 **교**, 거만할 **거**, 거만할 **오**, 사나울 **포**

출전 | 관자 백심편白心篇

[교건만상驕蹇慢上]

교만하고 건방지며 윗사람에게 방자하다는 말이다.

글자 | 교만할 **교**, 거만할 **건**, 방자할 **만**, 윗 **상**

[교교백구皎皎白駒]

희디흰 백말이라는 뜻이다. 시경에 있는 구절이다. '희디흰 망아지가 내 밭의 싹 뜯어 먹네.'

원문 | 皎皎白駒 食我場苗
교 교 백 구 식 아 장 묘

글자 | 휠 교, 흰 백, 망아지 구
출전 | 시경 홍안지습鴻雁之什

[교교월색皎皎月色]

희고 흰 달빛이라는 말이다.

글자 | 휠 교, 달 월, 빛 색

[교구여측較狗如廁]

개와 다투면 뒷간과 같다는 말이며, 나쁜 사람과 어울리면 마침내 못된 짓을 하게 된다는 뜻이다.

글자 | 다툴 각, 개 구, 같을 여, 뒷간 측
출전 | 동언해

[교기처첩驕其妻妾]

자기의 아내와 첩에 뽐낸다는 말이며, 남자들이 밖에서 일어난 일을 자랑한다는 뜻이다. 반면 처첩은 남자들이 밖에서 취하는 비굴한 행동이나 그들이 살아남기 위하여 겪는 고통을 모른다는 뜻이 함축되어 있다.

원문 | 施施從外來 驕其妻妾
시시종외래 교기처첩
글자 | 뽐낼 교, 그 기, 아내 처, 첩 첩
출전 | 맹자 이루 하

[교노승목教猱升木]

원숭이에게 나무에 오르는 것을 가르친다는 말이며, 나쁜 사람에게 나쁜 짓을 가르친다는 뜻이다.

글자 | 가르칠 교, 원숭이 노, 오를 승, 나무 목
출전 | 시경 소아 각궁편角弓篇

[교두결미交頭結尾]

머리를 만나게 하고 꼬리를 맺는다는 말이며, 한쪽의 끝이 다른 쪽의 시작이 되어 서로 연결 순환된다는 뜻이다.

글자 | 만날 교, 머리 두, 맺을 결, 꼬리 미

[교두접이交頭接耳]

머리를 만나게 하고 귀를 가까이 한다는 말이며, 귀에다 입을 대고 속삭인다는 뜻이다.

글자 | 만날 교, 머리 두, 가까울 접, 귀 이

[교룡득수蛟龍得水]

교룡이 물을 얻는다는 말이며, 교룡이 물을 얻어야 신령함을 세울 수 있다는 뜻으로서 군주는 백성을 얻어야 권위가 선다는 말로도 쓰인다.

원문 | 蛟龍得水而神可立也
교룡득수이신가립야
글자 | 교룡 교, 용 룡, 얻을 득, 물 수
출전 | 관자 형세해편形勢解篇, 북사 위서
동류 | 교룡운우蛟龍雲雨

[교룡운우蛟龍雲雨]

교룡이 비구름을 얻었다는 말이며, 영웅 또는 풍운아가 기회를 얻었다 함을 빗댄 말이다.

원문 | 蛟龍得雲雨
교룡득운우
글자 | 교룡 교, 용 룡, 구름 운, 비 우
출전 | 삼국지 주요전
동류 | 교룡득수蛟龍得水

[교리문답敎理問答]

가르침과 도리를 묻고 답한다는 말이며, 일반적으로 '요리문답'이라고 하는데, 세례나 학습을 받을 때 주례 목사와 세례자 또는 학습자 사이에 오가는 문답 형식으로 된 교회 교육의 교본을 일컫는다.

글자 | 가르칠 **교**, 도리 **리**, 물을 **문**, 답할 **답**

출전 | 구약성서 출애굽기

[교린정책交隣政策]

이웃을 사귀고 다스리는 꾀라는 말이며, 이웃나라와 화평하게 지내는 정책이라는 뜻이다.

글자 | 사귈 **교**, 이웃 **린**, 다스릴 **정**, 꾀 **책**

[교린지의交隣之誼]

이웃을 사귀는 의라는 말이며, 이웃과 나누는 인정을 일컫는다.

글자 | 사귈 **교**, 이웃 **린**, 어조사 **지**, 의 **의**

[교목대신喬木大臣]

→ 교목세가喬木世家

[교목세가喬木世家]

높고 강한 대대로 내려오는 집안이라는 말이며, 여러 대에 걸쳐 중요한 벼슬을 지내고 나라와 함께 운명을 같이 한 집안이라는 뜻이다.

글자 | 높을 **교**, 강할 **목**, 대대 **세**, 집 **가**

동류 | 교목세신喬木世臣

[교목세신喬木世臣]

→ 교목세가喬木世家

[교목지가喬木之家]

→ 교목세가喬木世家

[교묘정치巧妙精緻]

공교하고 묘하고 세밀하게 빽빽하다는 말이며, 재주가 교묘하고 치밀하다는 뜻이다.

글자 | 공교할 **교**, 묘할 **묘**, 세밀할 **정**, 빽빽할 **치**

[교문작자咬文嚼字]

지껄이는 글과 씹는 글자라는 말이며, 학문이라고 배웠으나 쓸모가 없다는 뜻이다.

글자 | 새 지저귈 **교**, 글 **문**, 씹을 **작**, 글자 **자**

[교민가색敎民稼穡]

곡식을 심고 거두는 것을 백성에게 가르친다는 말이다.

글자 | 가르칠 **교**, 백성 **민**, 곡식 심을 **가**, 거둘 **색**

[교민친애敎民親愛]

백성을 가르치고 친하게 사랑한다는 말이다.

글자 | 가르칠 **교**, 백성 **민**, 친할 **친**, 사랑 **애**

[교발기중巧發奇中]

교묘하게 발언한 것이 기이하게 적중하였다는 말이다.

글자 | 공교할 **교**, 열 **발**, 기이할 **기**, 맞을 **중**

[교방가요教坊歌謠]

골에서 가르치는 노래라는 말이며, 길에서 임금을 환영할 때 행하던 춤과 노래를 일컫는다.

글자 | 가르칠 **교**, 골 이름 **방**, 노래 **가**, 노래 **요**

[교병필패驕兵必敗]

교만해진 군대는 반드시 패한다는 말이다. 만사에 자신만만하여 교만해지면 끝내는 실패하게 된다.

글자 | 교만할 **교**, 군사 **병**, 반드시 **필**, 패할 **패**

출전 | 한서 위상전魏相傳

유사 | 경적필패輕敵必敗

[교부초래教婦初來]

며느리는 처음 [시집] 왔을 때 가르친다는 말이다.

글자 | 가르칠 **교**, 며느리 **부**, 처음 **초**, 올 **래**

출전 | 안씨가훈 교자教子

[교사역색巧思力索]

교묘하게 생각하고 힘써 찾는다는 말이며, 여러모로 생각하고 궁리한다는 뜻이다.

글자 | 교묘할 **교**, 생각 **사**, 힘 **역**, 찾을 **색**

[교상계칙交相戒飭]

서로서로 경계하며 삼간다는 말이다.

글자 | 서로 **교**, 서로 **상**, 경계할 **계**, 삼길 **칙**

출전 | 이조실록 증보문헌비고

[교상판석教相判釋]

교리를 서로 판단하고 주를 낸다는 말이며, 석가의 설법을 각 종파의 입장에서 분류하고 주석한다는 뜻이다.

글자 | 가르칠 **교**, 서로 **상**, 판단할 **판**, 주 낼 **석**

[교송지수喬松之壽]

교와 송의 장수長壽라는 말이다. 교는 주나라 시대의 신선인 왕자교王子喬이고 송은 전설상의 황제인 신선 적송자赤松子로서 모두 불로장수하였다고 한다.

글자 | 높을 **교**, 소나무 **송**, 어조사 **지**, 목숨 **수**

출전 | 전국책 진책秦策

[교승지분交承之分]

사귀어 이어가는 분수라는 말이며, 교제를 계속하는 명분이라는 뜻이다.

글자 | 사귈 **교**, 이을 **승**, 어조사 **지**, 분수 **분**

[교아절치咬牙切齒]

어금니를 물고 이를 간다는 말이며, 몹시 분하여 이를 간다는 뜻이다.

글자 | 물 **교**, 어금니 **아**, 끊을 **절**, 이 **치**

[교아황문敎兒黃吻]

아이의 가르침은 [병아리의] 누런 입술이라는 말이며, 아이는 어렸을 때 가르쳐야 한다는 뜻이다.

글자 | 가르칠 **교**, 아이 **아**, 누를 **황**, 입술 **문**

출전 | 송남잡지

[교악지체喬嶽之體]

높고 큰 산과 같은 몸이라는 말이며, 높은 지위에 있는 벼슬아치를 빗댄 말이다.

글자 | 높을 **교**, 큰 산 **악**, 어조사 **지**, 몸 **체**

출전 | 조선왕조 14대 선조실록

[교언영색巧言令色]

교묘한 말과 좋은 얼굴이라는 말이며, 듣기 좋은 교묘한 말과 좋은 얼굴을 하는 사람치고 어진 사람은 드물다는 뜻이다.

원문 | 巧言令色 鮮矣仁
교 언 영 색 선 의 인

글자 | 교묘할 **교**, 말씀 **언**, 하여금 **영**, 빛 **색**

출전 | 논어 학이學而, 양화陽貨

[교여지제轎輿之制]

가마와 수레의 제도라는 말이며, 조선조 때 벼슬아치들이 품계에 따라 수레나 가마를 타던 제도를 일컫는다.

글자 | 대로 만든 가마 **교**, 수레 바탕 **여**, 어조사 **지**, 제도 **제**

[교왕과정矯枉過正]

굽은 것을 바로잡으려다 너무 곧게 되었다는 말이며, 잘못을 고치려다 그 정도가 지나치게 되었다는 뜻이다.

글자 | 바로잡을 **교**, 굽을 **왕**, 지나칠 **과**, 바를 **정**

출전 | 후한서 중장통전仲長統傳

동류 | 교왕과직矯枉過直

유사 | 교각살우矯角殺牛

[교왕과직矯枉過直]

→ 교왕과정矯枉過正

[교외별전敎外別傳]

가르치는 것밖에 따로 전하는 것이라는 말이며, 문자와 언어에 의해 가르치는 것이 아니라 바로 이심전심以心傳心으로 석가여래가 깨달은 진리를 전한다는 뜻이다.

글자 | 가르칠 **교**, 바깥 **외**, 다를 **별**, 전할 **전**

[교우이신交友以信]

믿음으로써 벗을 사귄다는 말이며, 이는 화랑정신인 세속오계 중의 하나이다.

글자 | 사귈 **교**, 벗 **우**, 써 **이**, 믿을 **신**

관련 | 화랑정신花郞精神

[교우지도交友之道]

벗을 사귀는 도리라는 말이다.

글자 | 사귈 **交**, 벗 **友**, 어조사 **之**, 도리 **道**

[교우투분交友投分]

벗을 사귐에는 분수에 맞아야 한다는 말이며, 친구도 명분 있게 사귀어야 한다는 뜻이다.

원문 | 交友投分 切磨箴規
교우투분 절마잠규

글자 | 사귈 **交**, 벗 **友**, 던질 **投**, 분수 **分**

출전 | 천자문 46항

[교이후선教而後善]

가르치면 뒤에 착해진다는 말이다.

원문 | 中品之人 教而後善
중품지인 교이후선

글자 | 가르칠 **教**, 말 이을 **而**, 뒤 **後**, 착할 **善**

출전 | 명심보감 계선편繼善篇

[교인유서教人有序]

사람을 가르치는데 차례가 있다는 말이며, 순서 있게 사람을 가르친다는 뜻이다.

글자 | 가르칠 **教**, 사람 **人**, 있을 **有**, 차례 **序**

[교자불민驕恣不敏]

교만하고 방자하여 공손하지 않다는 말이다.

글자 | 교만할 **驕**, 방자할 **恣**, 아닐 **不**, 공손할 **敏**

[교자유여巧者有餘]

교묘한 것은 남음이 있다는 말이며, 공평무사한 만물을 잘 활용하면 남음이 있다는 뜻이다.

원문 | 巧者有餘 而拙者不足也
교자유여 이졸자부족야

글자 | 교묘할 **巧**, 것 **者**, 있을 **有**, 남을 **餘**

출전 | 관자 형세해편形勢解篇

[교자이의教子以義]

옳은 것으로써 아들을 가르친다는 말이며, 자손을 정의롭게 가르친다는 뜻이다. 자식이 나라의 중책을 맡자 오만해진 것을 보고 그 직책으로 인해 죄를 범할까 염려하여 그 직분을 물려줄 것을 간청한 어머니가 있었고, 어린 손자가 벼슬에 오르자 제대로 하는지 못 미더워 퇴청 후 날마다 점검한 할아버지가 있었다.

글자 | 가르칠 **教**, 아들 **子**, 써 **以**, 옳을 **義**

출전 | 일사유사逸士遺事

[교자졸노巧者拙奴]

꾀 많은 자가 옹졸한 자의 종이 된다는 말이며, 재주 있는 자가 어리석은 자에게 이용당한다는 뜻이다.

글자 | 공교할 **巧**, 놈 **者**, 졸렬할 **拙**, 종 **奴**

[교자채신教子采薪]

자식에게 땔나무 취하는 방법을 가르

치라는 말이며, 무슨 일이든 근본적인 처방에 힘쓰라는 뜻이다.

글자 | 가르칠 **교**, 아들 **자**, 취할 **채**, 땔나무 **신**

출전 | 속맹자續孟子

[교적다술敎迹多術]

가르침의 업적에는 많은 방법이 있다는 말이며, 교육의 방법에는 여러 가지 종류가 있다는 뜻이다. 어떤 고정된 방법만이 상책이 아니라, 가르치지 않고 제멋대로 하라고 내버려 두는 것도 하나의 방법으로써 본인이 분발하여 공부에 열을 올린다면 교육적 효과를 거둘 수 있다.

글자 | 가르칠 **교**, 업적 **적**, 많을 **다**, 방법 **술**

출전 | 맹자 고자 하

[교정일치敎政一致]

종교와 다스림이 하나에 이른다는 말이며, 종교와 정치를 한 곳에서 다룬다는 뜻이다.

글자 | 종교 **교**, 다스릴 **정**, 이를 **치**

[교정진물矯情鎭物]

마음속을 바로잡고 만물을 진정시킨다는 말이며, 사회 안정을 꾀한다는 뜻이다.

글자 | 바로잡을 **교**, 마음속 **정**, 진정할 **진**, 만물 **물**

[교족이대翹足而待]

발돋움을 하고 기다린다는 말이며, 머지않아 그렇게 된다는 뜻이다.

글자 | 들 **교**, 발 **족**, 말 이을 **이**, 기다릴 **대**

출전 | 사기

[교종본산敎宗本山]

교의 마루와 근본이 되는 산이라는 말이며, 각 말사末寺를 통할하는 교종의 가장 으뜸가는 사찰을 일컫는다.

글자 | 가르칠 **교**, 마루 **종**, 밑 **본**, 뫼 **산**

[교주고슬膠柱鼓瑟]

기둥을 풀로 붙여놓고 거문고를 탄다는 말이며, 원칙에 얽매이거나 고집이 세어 융통성 또는 임기응변이 없는 행태를 빗댄 말이다. 조나라 왕이 헛소문을 듣고 조괄趙括을 대장으로 임명하려 하자 인상여가 반대했다. '대왕께서 이름만 듣고 조괄을 쓰려 하시는 것은 마치 기둥을 아교로 붙여두고 거문고를 타는 것과 같습니다. 괄은 그의 아버지가 전해준 책을 읽었을 뿐, 때에 맞추어 변통할 줄을 모릅니다.'

원문 | 若膠柱而鼓瑟耳
약 교 주 이 고 슬 이

글자 | 아교 **교**, 기둥 **주**, 북 **고**, 큰거문고 **슬**

출전 | 사기 염파廉頗·인상여열전藺相如列傳

[교지수축敎之樹畜]

나무 [심기와] 짐승 [기르기를] 가르친다는 말이다.

글자 | 가르칠 **교**, 어조사 **지**, 나무 **수**, 짐승 **축**

[교지졸속巧遲拙速]

느린 재주보다는 빠른 서투름이 낫다는 말이며, 병법에서의 속전속결주의를 빗댄 말이다.

글자 | 재주 **교**, 늦을 **지**, 못생길 **졸**, 빠를 **속**

출전 | 손자 작전편

[교처홍상敎妻紅裳]

붉은 치마의 아내를 가르친다는 말이며, 아내를 순종하게 하려면 시집 왔을 때부터 버릇을 가르쳐야 한다는 뜻이다.

글자 | 가르칠 **교**, 아내 **처**, 붉을 **홍**, 치마 **상**

출전 | 송남잡지

[교천언심交淺言深]

사귐이 일천한 사람에게 깊은 속을 말한다는 말이며, 사람이 실속 없이 헤프다는 뜻이다.

글자 | 사귈 **교**, 얕을 **천**, 말씀 **언**, 깊을 **심**

출전 | 전국책, 후한서 조책趙策

[교천지마嚙韆之馬]

안장을 물어뜯는 말이라는 뜻이며, 자기 친척이나 동기간을 해치는 일을 빗댄 말이다.

글자 | 깨물 **교**, 안장 **천**, 어조사 **지**, 말 **마**

출전 | 순오지 하

동류 | 교편지마嚙鞭之馬

[교철몽락交綴蒙絡]

서로 잇대고 얽혀서 덮었다는 말이며, 서로 엇갈리고 얼크러져 붙어서 울창하다는 뜻이다.

글자 | 서로 **교**, 잇댈 **철**, 덮을 **몽**, 얽을 **락**

출전 | 김창협金昌協의 글

[교취호탈巧取豪奪]

교묘하게 취하고 호방하게 빼앗는다는 말이며, 백성들의 재물을 약탈하는데 여념이 없는 탐관오리의 행태를 일컫는다.

글자 | 공교할 **교**, 취할 **취**, 호협할 **호**, 빼앗을 **탈**

출전 | 송사 미불전米芾傳

동류 | 교투호탈巧偸豪奪

[교칠지교膠漆之交]

아교와 옻칠과 같은 사귐이라는 말이며, 아주 친밀하여 떨어질 수 없는 교분이라는 뜻이다.

글자 | 아교 **교**, 옻칠 **칠**, 어조사 **지**, 사귈 **교**

출전 | 사기 문선

동류 | 교칠지계膠漆之契, 교칠지심膠漆之心

유사 | 문경지교刎頸之交, 금란지교金蘭之交, 관포지교管鮑之交

[교칠지심膠漆之心]

→ 교칠지교膠漆之交

[교탈천공巧奪天工]

공교함이 하늘이 만든 것을 빼앗는다는 말이며, 사람의 재주가 하늘의 재주를 뛰어 넘는다는 뜻이다.

글자 | 공교할 **교**, 빼앗을 **탈**, 하늘 **천**, 만들 **공**

[교토구팽狡兎狗烹]

→ 토사구팽兎死狗烹

[교토사이狡兎死而]

교활한 토끼가 죽었으니라는 말이며, 사냥개가 쓸모없게 되었다는 뜻이다.

글자 | 교활할 **교**, 토끼 **토**, 죽을 **사**, 어조사 **이**

동류 | 교토구팽狡兎狗烹

[교토삼굴狡兎三窟]

교활한 토끼는 구멍 세 개를 파 놓는다는 말이며, 갑작스런 난관에 대처해서 미리 준비한다는 뜻이다. 전국책에 있는 글이다. '약삭빠른 토끼라도 세 개의 구멍이 없으면 죽음을 면할 수 없습니다.'

원문 | 狡兎有三窟 僅得免其死耳
교토유삼굴 근득면기사이

글자 | 교활할 **교**, 토끼 **토**, 굴 **굴**

출전 | 전국책 제책齊策

[교편지마嚙鞭之馬]

→ 교천지마嚙韆之馬

[교하질쉬橋下叱倅]

다리 밑에서 원님을 꾸짖는다는 말이며, 듣지 못하는 곳에서 남을 비방한다는 뜻이다.

글자 | 다리 **교**, 아래 **하**, 꾸짖을 **질**, 원님 **쉬**

출전 | 순오지

[교학상장教學相長]

가르침과 배움이 서로 늘게 된다는 말이며, 남을 가르치거나 배우는 것이 모두 나의 지덕을 성장시킨다는 뜻이다.

글자 | 가르칠 **교**, 배울 **학**, 서로 **상**, 늘 **장**

출전 | 예기 학기學記

[교활노회狡猾老獪]

교활하고 익숙하게 간교하다는 말이며, 경험이 풍부하여 간사한 꾀가 능갈치다는 뜻이다.

글자 | 교활할 **교**, 교활할 **활**, 익숙할 **노**, 간교할 **회**

[교훈정속教訓正俗]

가르치고 인도하여 풍속을 바르게 한다는 말이다.

글자 | 가르칠 **교**, 인도할 **훈**, 바를 **정**, 풍속 **속**

[구각비말口角飛沫]

→ 구각유말口角流沫

[구각유말口角流沫]

입 모퉁이에서 침이 흐른다는 말이며, 너무 수다스러워 입에서 침이 흐른다는 뜻이다.

글자 | 입 **구**, 모퉁이 **각**, 흐를 **유**, 침 **말**

동류 | 구각비말口角飛沫

[구각춘풍口角春風]

입과 대평소로 봄바람을 일으킨다는 말이며, 좋은 말로 남을 칭찬한다는 뜻이다.

글자 | 입 **구**, 대평소 **각**, 봄 **춘**, 바람 **풍**

[구강지화口講指畵]

입으로는 설명하고 손으로 그림을 가리킨다는 말이며, 자세하게 가르친다는 뜻이다.

원문 | 其經承子厚 口講指畵 爲文詞者
기경승자후 구강지화 위문사자

글자 | 입 **구**, 풀이할 **강**, 지시할 **지**, 그림 **화**

출전 | 한유의 유자후묘지명柳子厚墓誌銘

[구거작소鳩居鵲巢]

까치집에 비둘기가 산다는 말이며, 아내가 남편의 집을 자기 집으로 삼는다거나 남이 노력해서 만든 지위를 가로챈다는 뜻이다.

원문 | 維鵲有巢 維鳩居之
유작유소 유규거지

글자 | 비둘기 **구**, 있을 **거**, 까치 **작**, 새집 **소**

출전 | 시경 소남召南

동류 | 작소구점鵲巢鳩占

[구격나래具格拿來]

격식을 갖추어 잡아온다는 말이며, 죄인을 수갑 채우고 칼을 씌워 잡아온다는 뜻이다.

글자 | 갖출 **구**, 격식 **격**, 잡을 **나**, 올 **래**

[구겸벽합鉤鉗捭闔]

갈고리와 목 사슬을 [감추고] [마음을] 열고 닫는다는 말이며, 상대방을 쥐었다 놓았다 하며 가지고 논다는 뜻이다.

원문 | 其欲言不言而藏鉤鉗之機
기욕언불언이장구겸지기
欲笑不笑而含捭闔之意
욕소불소이함벽합지의

글자 | 갈고리 **구**, 목 사슬 **겸**, 열 **벽**, 닫을 **합**

출전 | 왕달王達의 필주筆疇

[구경부정究竟不淨]

사람의 최후는 깨끗하지 않다는 말이며, 사람이 죽어서 파묻히면 흙이 되고, 벌레가 먹으면 똥이 되고, 불에 타면 재가 되어 더럽다는 뜻이다.

글자 | 마칠 **구**, 다할 **경**, 아닐 **부**, 깨끗할 **정**

[구경열반究竟涅槃]

최후에 이른 극락경지라는 말이며, 불교계에 들어가 법도를 깨달았다는 뜻도 되고 입적한 것을 뜻하기도 한다.

글자 | 마칠 **구**, 다할 **경**, 극락 갈 **열**, 즐거울 **반**

[구고심론求古尋論]

옛 것을 구하고 의논을 찾는다는 말이며, 옛 것을 탐구하여 논리를 찾아낸다는 뜻이다.

원문 | 求古尋論 散慮逍遙
구고심론 산려소요

글자 | 구할 **구**, 옛 **고**, 찾을 **심**, 의논 **론**

출전 | 논어 술이述而, 천자문 93항

[구곡간장九曲肝腸]

아홉 번 굽은 간과 창자라는 말이며, 굽이굽이 깊은 마음속이라는 뜻이다.

글자 | 굽을 **곡**, 간 **간**, 창자 **장**

[구과불섬救過不贍]

허물이 없도록 구하는 일을 돕는다는 말이며, 실수가 없도록 조심하는 데만 급급한다는 뜻이다.

글자 | 구할 **구**, 허물 **과**, 아닐 **불**, 도울 **섬**

출전 | 사기 혹리열전酷吏列傳

[구과십륙口過十六]

입으로 짓기 쉬운 허물 열여섯 가지라는 말이며, 그 목록은 다음과 같다. ① 행언희학行言戲謔 : 실없이 시시덕거리는 우스갯말. ② 성색聲色 : 가무나 여색에 대한 말. ③ 화리貨利 : 재물의 이익에 관한 말. ④ 분출忿出 : 걸핏하면 화내는 말. ⑤ 교격撟激 : 남의 말은 안 듣고 자기의 과격한 말하기. ⑥ 첨녕諂佞 : 체모 없이 아첨하는 말, ⑦ 구사苟私 : 사사로운 속셈을 둔 구차스런 말. ⑧ 긍벌矜伐 : 내가 왕년에, 하며 남을 꺾으려는 말, ⑨ 기극忌克 : 자기보다 나은 사람을 꺼리는 마음. ⑩ 치과恥過 : 남이 내 잘못을 지적하는 것을 수치스럽게 여기고 못견디는 마음. ⑪ 택비澤非 : 잘못을 인정하지 않고 아닌 척 꾸미는 마음. ⑫ 논인자후論人訾訐 : 남을 비방하며 허물을 들추러내는 말. ⑬ 행직경우倖直傾訐 : 저 혼자 곧은 체하며 남의 허물만 들추는 말. ⑭ 멸인지선蔑人之善: 남의 장점을 칭찬하지 않고 허물만 꼬집는 말. ⑮ 양인지건揚人之愆 : 남의 잘못을 꼭 드러내 떠벌리는 말. ⑯ 시휘세변時諱世變 : 당시에 말하기 꺼리는 이야기나 세상의 변고에 관한 말.

글자 | 입 **구**, 허물 **과**

출전 | 허묵의 노인십륙계老人十六戒

[구관명관舊官名官]

오랜 벼슬아치가 명 벼슬아치라는 말이며, 무슨 일이든 경험이 많거나 익숙한 자가 더 잘 한다는 뜻이다.

글자 | 오랠 **구**, 벼슬 **관**, 이름 **명**

[구교지간舊交之間]

오래 사귄 사이라는 말이다.

글자 | 오랠 **구**, 사귈 **교**, 어조사 **지**, 사이 **간**

[구구불일區區不一]

구별하고 구별하여 하나가 아니라는 말이며, 각각 달라 일정하지 않다는 뜻이다.

글자 | 구별할 **구**, 아닐 **불**

[구구사정區區私情]

작고 작은 사사로운 뜻이라는 말이며, 사소한 개인 사정이나 감정을 뜻한다.

글자 | 조그마할 **구**, 사사 **사**, 뜻 **정**

[구구생활區區生活]

작고 작은 생활이라는 말이며, 겨우 겨우 살아가는 생활이라는 뜻이다.

글자 | 조그마할 **구**, 살 **생**, 살 **활**

[구구세절區區細節]

→ **구구절절**句句節節

[구구이니區區泥泥]

구구하고 구구하게 막히고 막힌다는 말이며, 구구한 사정에 얽매인다는 뜻이다.

글자 | 구구할 **구**, 막힐 **이**

[구구절절句句節節]

글 구절마다 풍류 가락마다라는 말이며, 문장의 모든 구절이라는 뜻이다.

글자 | 글 구절 **구**, 풍류 가락 **절**

[구국간성救國干城]

나라를 구하는 방패와 성이라는 말이며, 나라를 지키는 군대나 인물을 일컫는다.

글자 | 구할 **구**, 나라 **국**, 방패 **간**, 성 **성**

[구궐심장究厥心腸]

그 마음과 창자를 궁리한다는 말이며, 남의 마음을 속속들이 헤아린다는 뜻이다.

글자 | 궁리할 **구**, 그 **궐**, 마음 **심**, 탕자 **장**

[구규도인九逵都人]

아홉 큰 거리의 도읍 사람이라는 말이며, 도시의 큰 거리에 서울 사람이 서있다는 뜻이다.

글자 | 큰길 **규**, 도읍 **도**, 사람 **인**

출전 | 용비어천가 6권

[구규유직九竅有職]

아홉 구멍에 있는 직분이라는 말이며, 몸의 아홉 구멍은 관직의 구분과 같다는 뜻이다.

원문 | 九竅之有職 官之分也
구 규 지 유 직 관 지 분 야

글자 | 구멍 **규**, 있을 **유**, 직분 **직**

출전 | 관자 심술心術 상

ㄱ

[구금격석扣金擊石]

쇠를 두드리고 돌을 친다는 말이며, 쇠나 돌을 치는 소리가 맑고 시원하다는 뜻이다.

글자 | 두드릴 **구**, 쇠 **금**, 칠 **격**, 돌 **석**

출전 | 구운몽

[구급심망口急心忙]

입이 급하고 마음이 바쁘다는 말이며, 일이 매우 급하다는 뜻이다.

글자 | 입 **구**, 급할 **급**, 마음 **심**, 바쁠 **망**

출전 | 창선감의록

[구기당오究其堂奧]

그 집 속을 궁리한다는 말이며, 학문의 깊은 뜻을 연구한다는 뜻이다.

글자 | 궁리할 **구**, 그 **기**, 집 **당**, 속 **오**

[구낭저지扣囊底智]

주머니 밑의 지혜를 두드린다는 말이며, 있는 지혜를 다 짜낸다는 뜻이다.

글자 | 두드릴 **구**, 주머니 **낭**, 밑 **저**, 지혜 **지**

[구년면벽九年面壁]

9년 동안 벽을 대하고 있었다는 말이며, 달마대사가 9년 동안 앉아 참선한 다음 처음으로 도를 깨달았다는 뜻이다.

글자 | 해 **년**, 얼굴 **면**, 바람 **벽**

출전 | 석법釋法

동류 | 면벽구년面壁九年

[구년지수九年之水]

9년 동안이나 계속된 홍수를 말하며 중국 요나라 때의 큰 홍수를 일컫는다.

글자 | 해 **년**, 어조사 **지**, 물 **수**

[구년지저九年之儲]

→ 구년지축九年之蓄

[구년지축九年之蓄]

9년 치를 쌓아 두었다는 말이며, 9년 동안 먹을 수 있을 만한 식량이라는 뜻이다.

글자 | 해 **년**, 어조사 **지**, 쌓을 **축**

[구년친구舊年親舊]

오랫동안 작별했던 친한 벗이라는 말이다.

글자 | 오랠 **구**, 해 **년**, 친할 **친**

[구도어맹求道於盲]

길을 소경에게 묻는다는 말이며, 일하는 방법이 잘못되었다는 뜻이다.

글자 | 구할 **구**, 길 **도**, 어조사 **어**, 소경 **맹**

출전 | 답진생서答陳生書

[구동존이求同存異]

같은 것을 구하나 다른 것이 있다는 말이며, 대동大同을 구할 때 소이小異가 있다는 뜻이다.

글자 | 구할 **구**, 같을 **동**, 있을 **존**, 다를 **이**

[구두삼매口頭三昧]

첫머리의 삼매[한 가지에만 몰두하는 경지]라는 말이며, 대강 알고 있는 선리禪理라는 뜻이다.

글자 | 입 **구**, 머리 **두**, 밝을 녘 **매**

[구두심목臼頭深目]

절구 [같은] 머리와 깊은 눈이라는 말이며, 못생긴 여자를 빗댄 말이다.

글자 | 절구 **구**, 머리 **두**, 깊을 **심**, 눈 **목**

[구두지교口頭之交]

입으로만 사귄다는 말이며, 진실함이 없는 사귐이라는 뜻이다.

글자 | 입 **구**, 머리 **두**, 어조사 **지**, 사귈 **교**

[구령사업救靈事業]

영혼을 구제하는 사업이라는 말이며, 종교 활동을 일컫는다.

글자 | 구할 **구**, 영혼 **령**, 일 **사**, 업 **업**

[구로지감劬勞之感]

수고에 대한 느낌이라는 말이며, 자기를 낳아 길러주신 부모의 은덕을 생각하는 마음이라는 뜻이다.

글자 | 수고로울 **구**, 일할 **로**, 어조사 **지**, 느낄 **감**

출전 | 시경

동류 | 구로지은劬勞之恩, 난익지은卵翼之恩

[구로지은劬勞之恩]

수고로운 은혜라는 말이며, 자기를 낳아 길러준 부모의 은혜를 일컫는다.

글자 | 수고할 **구**, 수고로울 **로**, 어조사 **지**, 은혜 **은**

[구루만구甌窶滿篝]

기울어진 땅 움집의 종다래끼가 가득하다는 말이며, 크게 풍년이 들었다는 뜻이다.

글자 | 움집 **구**, 기울어진 땅 **루**, 기득할 **만**, 종다래끼 **구**

출전 | 사기

[구리지언丘里之言]

시골 마을의 말이라는 뜻이며, 세상의 여론을 일컫는다. 장자에 있는 글이다. '구리라는 것은 촌리村里라는 뜻으로서 열 개의 다른 성과 백 가지의 다른 이름을 가진 사람들이 모여서 하나의 풍속을 이루고 있는 것을 말하는 것이네. 각기 서로 다른 것이 모여서 같은 것이 되고…'

글자 | 언덕 **구**, 마을 **리**, 어조사 **지**, 말씀 **언**

출전 | 장자 즉양則陽

[구마지심狗馬之心]

개와 말의 마음이라는 말이며, 주인에 대한 충성심이라는 뜻이다.

글자 | 개 **구**, 말 **마**, 어조사 **지**, 마음 **심**

출전 | 한서

동류 | 견마지심犬馬之心

[구맹주산狗猛酒酸]

개가 사나우면 술이 시다는 말이며, 한 나라에 간신배가 설치면 선량한 선비가 국정에 참여하지 못하게 되어 나라가 쇠퇴해진다는 뜻이다. 송나라에 술을 잘 빚어 양심적으로 파는 술집이 있었다. 그러나 술이 팔리지 않아 이상히 여겨 마을 어른 양청에게 물었다. '당신 집의 개가 사나워 무섭기 때문이라네. 어린 자식을 시켜 누가 술을 받아오게 하겠나?' 나라를 다스리는 방법을 잘 알고 있는 선비가 책략을 군주에게 알려주려고 해도 사나운 개 같은 무리가 주위에 있으면 불가능하다.

글자 | 개 **구**, 사나울 **맹**, 술 **주**, 실 **산**

출전 | 한비자 외저설우外儲說右 하

[구명도생苟命徒生]

구차스럽게 목숨만 살아간다는 말이다.

글자 | 구차할 **구**, 목숨 **명**, 다만 **도**, 살 **생**

동류 | 구명도생苟命圖生

[구묘지향丘墓之鄕]

언덕에 무덤이 있는 시골이라는 말이며, 선산이 있는 고향을 일컫는다.

글자 | 언덕 **구**, 무덤 **묘**, 어조사 **지**, 시골 **향**

[구무소식久無消息]

오래도록 소식이 없다는 말이다.

글자 | 오랠 **구**, 없을 **무**, 사라질 **소**, 숨쉴 **식**

[구무완인口無完人]

입놀림으로 완전한 사람이 없다는 말이며, 남의 허물만 찾아내어 헐뜯으면 성한 사람이 없다는 뜻이다.

글자 | 입 **구**, 없을 **무**, 완전할 **완**, 사람 **인**

[구무택언口無擇言]

입이 가릴 말이 없다는 말이며, 모두 좋은 말만 하게 된다는 뜻이다. 효경에 있는 글이다. '도道가 아니면 행하지 아니하여 말을 선택해서 할 일이 없다.'

원문 | 非道弗行 口無擇言
비도불행 구무택언

글자 | 입 **구**, 없을 **무**, 가릴 **택**, 말씀 **언**

출전 | 효경 경대부장卿大夫章

[구문구대口問口對]

입으로 묻고, 입으로 대꾸한다는 말이며, 묻는 말에 입으로 대답한다는 뜻이다.

글자 | 입 **구**, 물을 **문**, 대꾸할 **대**

[구문조적龜文鳥跡]

거북의 등 무늬와 새의 발자취라는 말이며, 문자의 기원을 일컫는다.

글자 | 거북 **구**, 무늬 **문**, 새 **조**, 자취 **적**

[구미속초狗尾續貂]

개꼬리에 담비 꼬리를 잇는다는 말이며, 훌륭한 것에 하찮은 것을 잇는다는 뜻이다. 서진西晉의 재상 조왕륜이 천자를 내쫓고 즉위하자 하인들에게까지 벼슬을 내리고 고관대작이 쓸 수 있는 초선관貂蟬冠(담비꼬리로 장식한 관)을 자격이 없는 자도 쓰게 함으로써 나온 말이다.

원문 | 貂不足 狗尾續
초 부 족 구 미 속

글자 | 개 **구**, 꼬리 **미**, 이을 **속**, 담비 **초**

출전 | 진서 조왕륜전趙王倫傳

[구밀복검口蜜腹劍]

입으로는 꿀처럼 달콤한 말을 하면서 마음속으로는 무서운 칼날을 품고 있다는 말이다. 이 말은 당 현종 때 유명한 간신 이임보李任甫를 가리켜 한 말인데, 이를 평하여 어진 사람을 미워하고 재주 있는 사람을 시기하며, 자기보다 나은 사람을 밀어내고 성질이 음험해서 사람들이 말하기를 '입에는 꿀이 있고 배에는 칼이 있다.'라고 하였다.

원문 | 口有蜜 腹有劍
구 유 밀 복 유 검

글자 | 입 **구**, 꿀 **밀**, 배 **복**, 칼 **검**

출전 | 십팔사략

유사 | 소리장도笑裏藏刀

[구반문촉扣盤捫燭]

쟁반을 두드리고 촛대를 어루만진다는 말이며, 실상을 잘 알지 못하고 판단한다는 뜻이다. 장님이 해가 어떻게 생겼는지 몰라 어떤 사람이 해는 쟁반과 같이 둥글다고 하면서 쟁반을 두들겨 보였다. 며칠 후 둥둥 하는 소리가 나자 장님은 해가 떴다고 좋아했는데, 그것은 해가 아니고 종소리라고 일러주었고, 해는 촛불보다 밝다고 하면서 촛대를 쥐어주었다. 며칠 후 장님은 피리를 만지고 해가 떴다고 하면서 좋아했다는 우화가 있다.

글자 | 두드릴 **구**, 쟁반 **반**, 어루만질 **문**, 촛불 **촉**

출전 | 소식문집 일유日喩

동류 | 군맹상평群盲象評

[구반상실狗飯橡實]

개밥에 도토리라는 말이며, 혼자서 외롭게 고립된다는 뜻이다.

글자 | 개 **구**, 밥 **반**, 상수리나무 **상**, 열매 **실**

출전 | 동언해

유사 | 독불장군獨不將軍

[구병성의久病成醫]

오랜 병이 의원을 만든다는 말이며, 한 가지 일에 집중하면 훌륭한 전문가가 될 수 있다는 뜻도 된다.

글자 | 오랠 **구**, 병 **병**, 이룰 **성**, 의원 **의**

[구병시식救病施食]

병을 구제하려고 먹이를 베푼다는 말

이며, 환자를 위해 귀신에게 빈다는 뜻이다.

글자 | 구제할 **구**, 병 **병**, 베풀 **시**, 먹을 **식**

[구병축애久病蓄艾]

오랜 병에 쑥을 쌓는다는 말이며, 모든 일에 미리 대비해야 한다는 뜻이다.

글자 | 오랠 **구**, 병들 **병**, 쌓을 **축**, 쑥 **애**
출전 | 조선왕조 14대 선조실록

[구복원수口腹寃讐]

입과 배가 원통할 원수라는 말이며, 먹고 살기 위해 아니꼽고 괴로운 일을 당한다는 뜻이다.

글자 | 입 **구**, 배 **복**, 원통할 **원**, 원수 **수**

[구복지계口腹之計]

입과 배를 위한 계교라는 말이며, 먹고 살아갈 방도를 뜻한다.

글자 | 입 **구**, 배 **복**, 어조사 **지**, 계교 **계**
출전 | 송남잡지
동류 | 호구지책糊口之策

[구복지루口腹之累]

입과 배에 매였다는 말이며, 먹고 사는 걱정과 생활의 어려움을 뜻한다.

글자 | 입 **구**, 배 **복**, 어조사 **지**, 매일 **루**
출전 | 송남잡지

[구분구리九分九厘]

9푼 9리라는 말이며, 거의 모두라는 뜻이다.

글자 | 푼 **분**, 이 **리**

[구분증닉救焚拯溺]

불타는 것을 구하고 물에 빠진 것을 건진다는 말이며, 남의 곤란과 재액을 구해준다는 뜻이다.

글자 | 구할 **구**, 불 땔 **분**, 건질 **증**, 빠질 **닉**

[구불가도口不可道]

입으로 말함이 옳지 않다는 말이며, 입 밖으로 말할 수 없다는 뜻이다.

글자 | 입 **구**, 아닐 **불**, 옳을 **가**, 말할 **도**

[구불능언口不能言]

입으로는 말할 수 없다는 말이며, 옛 사람이 남긴 관념적 지식과 기술은 현대인에게 터득할 수 있도록 설명하기 어렵다는 뜻이다.

글자 | 입 **구**, 아닐 **불**, 능할 **능**, 말씀 **언**
출전 | 장자 천도편天道篇

[구불득고求不得苦]

구하려 해도 얻지 못하는 괴로움이라는 말이며, 불교의 팔고八苦 중의 하나를 일컫는다.

글자 | 구할 **구**, 아닐 **불**, 얻을 **득**, 괴로울 **고**

[구불조법口不調法]

입이 고르고 떳떳하지 않다는 말이며, 말솜씨가 없다는 뜻이다.

글자 | 입 **구**, 아닐 **불**, 고를 **조**, 떳떳할 **법**

[구사불첨救死不瞻]

죽음을 구하려 쳐다보지 않는다는 말이며, 곤란이 몹시 심하여 다른 일을 돌아볼 겨를이 없다는 뜻이다.

글자 | 구할 **구**, 죽을 **사**, 아닐 **불**, 쳐다볼 **첨**

[구사십년構思十年]

생각을 얽는데 10년이라는 말이며, 한 가지 일을 오랫동안 구상한다는 뜻이다. 중국 진나라 좌사左思가 10년간 구상하여 위도魏都, 촉도蜀都, 오도吳都 등 3도의 부賦를 지었다는 고사에서 온 말이다.

글자 | 얽을 **구**, 생각 **사**, 해 **년**

[구사언어驅使言語]

몰고 부리는 말이라는 말이며, 사용하는 말이라는 뜻이다.

글자 | 몰 **구**, 부릴 **사**, 말씀 **언**, 말씀 **어**

[구사일생九死一生]

아홉 번 죽고 한 번 살았다는 말이며, 죽을 고비를 여러 번 넘기며 살아남았다는 뜻이다. 유량劉良의 구사九死에 대한 해설은 다른 뜻으로 사용되고 있다. '아홉은 수의 끝이다. 충성과 신의와 정숙과 고결함이 내 마음이 착하고자 하는 바이니, 이런 재앙을 만남으로서 아홉 번 죽어 한 번도 살아남지 못한다 해도 아직 후회하고 원한을 품기에 족한 것은 아니다.'

글자 | 죽을 **사**, 날 **생**

출전 | 사기 굴원屈原 · 가생열전賈生列傳

동류 | 만사일생萬死一生, 십생구사十生九死

[구상유취口尙乳臭]

입에서 젖내가 난다는 말이며, 상대방을 얕잡아보고 하는 말이다. 이것은 한고조漢高祖가 반란을 일으킨 위나라 장수 백직柏直을 가리켜 한 말이다.

글자 | 입 **구**, 주장할 **상**, 젖 **유**, 냄새 **취**

출전 | 사기 고조본기高祖本紀

동류 | 황구유취黃口乳臭

[구색친구具色親舊]

모양을 갖추어 친구라는 말이며, 의관을 갖추어 친구를 맞이한다는 뜻이다.

글자 | 갖출 **구**, 모양 **색**, 가까이할 **친**, 친구 **구**

[구생유취口生乳臭]

→ 구상유취口尙乳臭

[구설부득究說不得]

말을 따지면 얻을 것이 없다는 말이며, 이치에 맞지 않는 말을 따지면 얻을게 없다는 뜻이다.

글자 | 궁리할 **구**, 말씀 **설**, 아닐 **부**, 얻을 **득**

[구세동거九世同居]

9대가 함께 산다는 말이며, 집안이 화

목하다는 뜻이다.

글자 | 대대 **세**, 같을 **동**, 살 **거**

출전 | 당서

[구세제민救世濟民]

세상과 백성을 구한다는 말이다.

글자 | 구할 **구**, 세상 **세**, 구할 **제**, 백성 **민**

[구수연행久修練行]

오랫동안 닦고 익혀서 행한다는 말이며, 오랜 수련을 쌓고 실행한다는 뜻이다.

글자 | 오랠 **구**, 닦을 **수**, 익힐 **연**, 행할 **행**

[구수응의鳩首凝議]

→ 구수회의鳩首會議

[구수지간仇讎之間]

원수와 원수의 사이라는 말이다.

글자 | 원수 **구**, 원수 **수**, 어조사 **지**, 사이 **간**

[구수회의鳩首會議]

비둘기 머리의 회의라는 말이며, 여럿이 한자리에 모여 머리를 맞대고 하는 회의를 일컫는다.

글자 | 비둘기 **구**, 머리 **수**, 모일 **회**, 의논할 **의**

[구시복비口是腹非]

→ 구시심비口是心非

[구시심비口是心非]

입은 옳다 하고 마음은 아니라는 말이며, 겉과 속이 다르다는 뜻이다.

글자 | 입 **구**, 옳을 **시**, 마음 **심**, 아닐 **비**

[구시화문口是禍門]

입은 곧 재앙의 문이라는 말이며, 말을 조심하라는 뜻이다.

글자 | 입 **구**, 이 **시**, 재화 **화**, 집안 **문**

출전 | 풍도馮道의 시

동류 | 구화지문口禍之門

[구식지계口食之計]

→ 구복지계口腹之計

[구실재아咎實在我]

허물이 사실은 나에게 있다는 말이다.

글자 | 허물 **구**, 사실 **실**, 있을 **재**, 나 **아**

[구십춘광九十春光]

90일 동안의 봄볕이라는 말이며, 노인의 마음이 아직 청년같이 젊다는 뜻이다.

글자 | 봄 **춘**, 빛 **광**

[구안와사口眼喎斜]

입과 눈이 비스듬히 비뚤어진다는 말이며, 입과 눈이 한쪽으로 쏠리는 증상을 일컫는다.

글자 | 입 **구**, 눈 **안**, 입 비뚤어질 **와**, 기울 **사**

[구안지사具眼之士]

눈을 갖춘 선비라는 말이며, 사물의 옳고 그름과 선악을 판단할 줄 아는 사람이라는 뜻이다.

글자 | 갖출 **구**, 눈 **안**, 어조사 **지**, 선비 **사**

[구안투생苟安偸生]

구차한 편안이 구차한 삶이 되었다는 말이며, 한때의 편안을 추구하다가 구차스런 삶이 되었다는 뜻이다.

글자 | 구차할 **구**, 편안 **안**, 구차할 **투**, 살 **생**

출전 | 신서新序

[구약성서舊約聖書]

옛 기약의 성서라는 말이며, 신약성서新約聖書와 함께 기독교의 경전을 이루고 있는 성서이다. 본래는 유대교 성전으로 그리스도 교도에 의해 채용된 것이며 창세기創世記부터 말라기까지 39권으로 되어 있다.

글자 | 옛 **구**, 기약할 **약**, 성인 **성**, 글 **서**

[구약시대舊約時代]

옛 기약의 시대라는 말이며, 여호와가 천지를 창조한 후부터 예수가 나기까지의 율법시대를 일컫는다.

글자 | 옛 **구**, 기약할 **약**, 때 **시**, 대 **대**

반대 | 신약시대新約時代

[구약현하口若懸河]

입이 긴 강과 같다는 말이며, 말솜씨가 청산유수와 같다는 뜻이다.

글자 | 입 **구**, 같을 **약**, 멜 **현**, 강 **하**

출전 | 진서 곽상전郭象傳

동류 | 구변현하口辯懸河, 현하지변懸河之辯

[구양십목九羊十牧]

아홉의 양에 열의 양치기라는 말이며, 여러 사람의 의견이 서로 맞지 않는다는 뜻이다.

글자 | 양 **양**, 기를 **목**

출전 | 조선왕조실록 14대 선조실록

[구양향랑驅羊向狼]

양을 몰고 이리를 향해 간다는 말이며, 위험한 곳으로 스스로 들어간다는 뜻이다.

글자 | 몰 **구**, 양 **양**, 향할 **향**, 이리 **랑**

[구어안사拘於顔私]

얼굴과 사사로움에 잡힌다는 말이며, 사사로운 정에 끌린다는 뜻이다.

글자 | 잡을 **구**, 어조사 **어**, 얼굴 **안**, 사사로울 **사**

출전 | 송남잡지

[구어우산求魚于山]

산에서 물고기를 구한다는 말이며, 무리한 일을 한다는 뜻이다.

글자 | 구할 **구**, 고기 **어**, 어조사 **우**, 뫼 **산**

[구연세월苟延歲月]

구차하게 세월을 천연한다는 말이다.

글자 | 구차할 **구**, 천연할 **연**, 해 **세**, 달 **월**

[구염오속舊染汚俗]

오래 전부터 물든 더러운 풍속이라는 말이다.

글자 | 오랠 **구**, 물들 **염**, 더러울 **오**, 풍속 **속**

출전 | 서경 하서夏書

[구오지분九五之分]

구오의 나눔이라는 말이며, 천자天子의 자리를 일컫는다. 주역 64괘 중 첫째가 건괘이며, 그 건괘의 다섯 번째 효爻의 이름이 구오九五이다.

원문 | **吾登九五 汝當總督天下兵馬**
오등구오 여당총독천하병마

글자 | 어조사 **지**, 나눌 **분**

출전 | 삼국지

동류 | 구오지위九五之位

[구외불출口外不出]

입 밖에 [말을] 내지 않는다는 말이다.

글자 | 입 **구**, 밖 **외**, 아닐 **불**, 날 **출**

출전 | 송남잡지

[구용필지口容必止]

입의 놓임은 반드시 고요해야 한다는 말이며, 입은 항상 듬직해야 한다는 뜻이다.

원문 | **目容必端 口容必止**
목용필단 구용필지

글자 | 입 **구**, 놓을 **용**, 반드시 **필**, 고요할 **지**

출전 | 사자소학

[구우신우舊雨新雨]

오랜 비와 새로운 비라는 말이며, 오랜 벗과 새로 사귄 벗이라는 뜻이다.

글자 | 오랠 **구**, 비 **우**, 새 **신**

[구우일모九牛一毛]

아홉 마리 소 가운데 한 개의 터럭이라는 말이며, 많은 것들 중에서 아주 작은 것을 빗댄 말이다. 한나라 때 패전한 이릉李陵이라는 장수를 변호하다가 궁형宮刑을 당한 사마천司馬遷이 친구 임안에게 보낸 편지의 글이다. '내가 죽임을 당하더라도 아홉 마리 소 가운데 터럭 하나 없어진 것과 같으니, 땅강아지나 개미와 비교해 무엇이 다르랴! 세상 사람들은 가장 수치스러운 일을 당하고도 죽지 못한 졸장부라 비웃을 것이다.'

글자 | 소 **우**, 털 **모**

출전 | 사기 사마천전司馬遷傳

유사 | 창해일속滄海一粟, 창해일적滄海一滴, 대해일적大海一滴

[구원노비久遠奴婢]

멀리 오래 된 종이라는 말이며, 여러 대에 걸쳐 부린 종을 일컫는다.

글자 | 오랠 **구**, 멀 **원**, 남종 **노**, 여종 **비**

[구원실성久遠實成]

오래고 먼 날에 사실이 이루어진다는

말이며, 먼 옛날에 성불成佛한 사람을 일컫는다.

글자 | 오랠 **구**, 멀 **원**, 사실 **실**, 이룰 **성**

[구원투수救援投手]

투수를 구원한다는 말이며, 야구 경기에서 이제까지 던지고 있던 투수가 지치거나 위기에 몰렸을 때, 대신 나가서 던지는 투수를 일컫는다.

글자 | 구할 **구**, 구원할 **원**, 던질 **투**, 손 **수**

[구월구일九月九日]

음력의 명절날이며 중양절重陽節을 일컫는다.

글자 | 달 **월**, 날 **일**

[구유위인舊有位人]

오래 있는 자리의 사람이라는 말이며, 벼슬을 오래 한 사람이라는 뜻이다.

글자 | 오랠 **구**, 있을 **유**, 자리 **위**, 사람 **인**

[구육미냉柩肉未冷]

널 속의 육체가 아직 차지 않다는 말이며, 죽은 지 얼마 되지 않았다는 뜻이다.

글자 | 널 **구**, 고기 **육**, 아닐 **미**, 찰 **냉**

[구음설언口吟舌言]

입으로 읊고, 혀로 말한다는 말이며, 힘들게 더듬어 말한다는 뜻이다.

글자 | 입 **구**, 읊을 **음**, 혀 **설**, 말씀 **언**

[구의폐대垢衣弊帶]

때묻은 옷과 해진 띠라는 말이며, 남루한 옷차림이라는 뜻이다.

글자 | 때묻을 **구**, 옷 **의**, 해질 **폐**, 띠 **대**

[구이경지久而敬之]

오래도록 공경한다는 말이다.

글자 | 오랠 **구**, 말 이을 **이**, 공경 **경**, 어조사 **지**

[구이지학口耳之學]

들은 것을 말하는 학문이라는 말이며, 남에게 들은 말을 그대로 말할 뿐 소화하거나 연구하지 못한 학문이라는 뜻이다.

글자 | 말할 **구**, 귀 **이**, 어조사 **지**, 배울 **학**

출전 | 순자 권학편

동류 | 구이강설口耳講說, 구이사촌口耳四寸

유사 | 도청도설道聽塗說

[구이현송口耳絃誦]

입과 귀로 줄 풍류를 타고 시를 읽는다는 말이며, 학문에 힘쓴다는 뜻이다.

글자 | 입 **구**, 귀 **이**, 줄 풍류 **현**, 읽을 **송**

출전 | 추관지秋官志

[구인득인求仁得仁]

어진 것을 구하다가 어진 것을 얻었다는 말이다. 공자가 수양산에서 굶어죽은 백이와 숙제를 기리며 한 말이다. '백이와 숙제는 다른 사람의 나쁜 점

을 염두에 두지 않고 자기가 인을 구하고자 해서 인을 얻었으니 무슨 여한이 있으랴.'

원문 | 求仁而得仁 又何怨
구인이득인 우하원

글자 | 구할 **구**, 어질 **인**, 얻을 **득**

출전 | 논어 술이述而

[구인지위救人之危]

사람의 위태로움을 구한다는 말이다.

글자 | 구할 **구**, 사람 **인**, 어조사 **지**, 위태할 **위**

[구인화물救人化物]

사람을 구하고 만물을 교화한다는 말이며, 사람을 번민으로부터 구제하고 세상 만물을 다스린다는 뜻이다.

글자 | 구할 **구**, 사람 **인**, 교화 **화**, 만물 **물**

출전 | 삼국유사

[구일척안具一隻眼]

하나의 외짝 눈을 갖추었다는 말이며, 보통 사람이 따를 수 없는 특별한 감식력이 있다는 뜻이다.

글자 | 갖출 **구**, 외짝 **척**, 눈 **안**

출전 | 산곡제발山谷題跋

[구임책성久任責成]

맡은 일을 오래 하여 책임을 이룬다는 말이다.

글자 | 오랠 **구**, 맡길 **임**, 책임 **책**, 이룰 **성**

[구자관야口者關也]

입은 사람의 관문과 같다는 말이며, 함부로 놀려서는 안 된다는 뜻이다.

글자 | 입 **구**, 사람 **자**, 빗장 **관**, 어조사 **야**

출전 | 설원說苑

[구장극구鉤章棘句]

갈고리와 같은 문채에 가시나무와 같은 구절이라는 말이며, 해득하기 어렵고 몹시 까다로운 문장을 일컫는다.

글자 | 갈고리 **구**, 문채 **장**, 가시나무 **극**, 글 구절 **구**

출전 | 한유韓愈의 글

[구장득주求漿得酒]

식초를 구하다가 술을 얻었다는 말이며, 기대 이상의 효과를 얻었다는 뜻이다.

글자 | 구할 **구**, 초 **장**, 얻을 **득**, 술 **주**

출전 | 조야첨재朝野僉載

[구적간귀寇賊姦宄]

도둑질하는 도적과 간사하고 간악한 것들이라는 말이며, 악행을 하여 백성을 괴롭히는 무리라는 뜻이다.

글자 | 도둑 **구**, 도적 **적**, 간사할 **간**, 간악할 **귀**

출전 | 서경 우서虞書

[구전문사求田問舍]

논밭을 구하고 집을 찾아간다는 말이며, 자기 일상의 이익에만 마음을 쓰고 나라 일은 돌보지 않는다는 뜻이다.

글자 | 구할 **구**, 밭 **전**, 문안할 **문**, 집 **사**

출전 | 위지

[구전성명苟全性命]

구차하게 목숨을 보전한다는 말이다.

글자 | 구차할 **구**, 온전 **전**, 성품 **성**, 목숨 **명**

[구전심수口傳心授]

입으로 전하고 마음으로 가르친다는 말이다.

글자 | 입 **구**, 전할 **전**, 마음 **심**, 줄 **수**

[구전이문口傳耳聞]

입으로 전하고 귀로 듣는다는 말이며, 아무 근거 없이 떠도는 소문을 빗댄 말이다.

글자 | 입 **구**, 전할 **전**, 귀 **이**, 들을 **문**

출전 | 조선왕조 15대 광해군일기

[구전지훼求全之毁]

온전함을 구함이 무너졌다는 말이며, 몸을 닦고 행실을 온전히 하려다 도리어 남에게서 비방을 듣는 경우가 있다는 뜻이다.

원문 | 有求全之毁
유 구 전 지 훼

글자 | 구할 **구**, 온전 **전**, 어조사 **지**, 무너질 **훼**

출전 | 맹자 이루離婁 상

[구전하교口傳下教]

입으로 전하여 칙교를 내린다는 말이다.

글자 | 입 **구**, 전할 **전**, 내릴 **하**, 칙교 **교**

[구절양장九折羊腸]

아홉 번 꺾어진 양의 창자라는 말이며, 산길이 꼬불꼬불한 것 또는 세상살이가 이리저리 꼬여 살아가기 어려운 것을 빗댄 말이다.

글자 | 꺾을 **절**, 양 **양**, 창자 **장**

[구절죽장九節竹杖]

아홉 마디 대나무 지팡이라는 말이며, 중이 짚고 다니는 대지팡이를 일컫는다.

글자 | 마디 **절**, 대 **죽**, 지팡이 **장**

[구정대려九鼎大呂]

구정 보물과 태묘의 큰 종이라는 말이며, 중한 지위나 명망을 빗댄 말이다. 구정은 하夏 · 은殷 · 주周의 3대에 걸쳐 내려오는 보물이며, 대려는 주나라 태묘太廟의 큰 종으로 나라의 보물이다.

글자 | 솥 **정**, 큰 **대**, 종 이름 **려**

출전 | 사기 평원군전平原君傳

[구족제철狗足蹄鐵]

개발에 편자라는 말이며, 옷차림이나 소지품이 격에 맞지 않게 과분하다는 뜻이다.

글자 | 개 **구**, 발 **족**, 발급 **제**, 쇠 **철**

출전 | 이담속찬耳談續纂

유사 | 사모영자紗帽纓子

[구종경래驅從京來]

망아지를 따라서 서울 다녀온다는 말이며, 철모르는 것은 아무리 좋은 것을 보아도 소용이 없다는 뜻이다.

글자 | 망아지 **구**, 따를 **종**, 서울 **경**, 올 **래**

출전 | 고금석림

[구주필벌口誅筆伐]

입으로 베고 붓으로 친다는 말이며, 말이나 글로 남의 잘못을 폭로한다는 뜻이다.

글자 | 입 **구**, 벨 **주**, 붓 **필**, 칠 **벌**

[구중궁궐九重宮闕]

아홉 겹의 궁궐이라는 말이며, 함부로 드나들 수 없도록 겹겹이 문을 세운 궁궐을 일컫는다.

글자 | 거듭 **중**, 궁궐 **궁**, 대궐 **궐**

[구중심처九重深處]

→ 구중궁궐九重宮闕

[구중자황口中雌黃]

입안의 자황이라는 말이며, 잘못된 말이나 글을 자신의 입으로 취소하거나 고치는 것을 뜻한다. 옛날에 종이에 글을 썼다가 지울 때는 자황을 칠해 지웠다.

글자 | 입 **구**, 가운데 **중**, 암컷 **자**, 누를 **황**

출전 | 진서 왕융열전王戎列傳

[구중지슬口中之蝨]

입안의 이라는 말이며, 상대방을 꼼짝 못하게 장악했다는 뜻이다.

글자 | 입 **구**, 가운데 **중**, 어조사 **지**, 이 **슬**

출전 | 한서

동류 | 구중조슬口中蚤蝨

[구중형극口中荊棘]

입안의 가시라는 말이며, 남을 중상하는 언론을 빗댄 말이다.

글자 | 입 **구**, 가운데 **중**, 가시 **형**, 가시나무 **극**

[구즉득지求則得之]

구하라, 곧 얻으리라는 말이다. 공자의 말이다. '찾으면 얻게 되고 놓아 버리면 잃게 된다.'

원문 | 求則得之 舍則失之
구 즉 득 지 사 즉 실 지

글자 | 구할 **구**, 곧 **즉**, 얻을 **득**, 어조사 **지**

출전 | 논어, 맹자 고자 상

관련 | 사즉실지舍則失之

[구지부득求之不得]

구하려 해도 얻지 못한다는 말이며, 아무리 찾아봐도 찾을 수 없다는 뜻이다.

글자 | 구할 **구**, 어조사 **지**, 아닐 **부**, 얻을 **득**

출전 | 시경 주남周南

[구지어미口之於味]

입에 [맞는] 맛이라는 말이다.

글자 | 입 **구**, 어조사 **지**, 여기 **어**, 맛 **미**

[구지유도求之有道]

구하는데 길이 있다는 말이며, 구하는데 정해진 방법이 있다는 뜻이다.

글자 | 구할 **구**, 어조사 **지**, 있을 **유**, 길 **도**

출전 | 맹자 진심 상

[구차투안苟且偸安]

구차하게 편안을 도적질한다는 말이며, 구차하게 눈앞의 안일만을 추구한다는 뜻이다.

글자 | 구차할 **구**, 구차스러울 **차**, 도적질할 **투**, 편안 **안**

[구책유액驅策誘掖]

달리는 꾀를 인도하고 부액한다는 말이며, 사용할 방책을 잘 가르쳐 준다는 뜻이다.

글자 | 달릴 **구**, 꾀 **책**, 인도할 **유**, 부액할 **액**

[구처무로區處無路]

나눈 곳에 길이 없다는 말이며, 각각 처리할 방도가 없다는 뜻이다.

글자 | 나눌 **구**, 곳 **처**, 없을 **무**, 길 **로**

[구척장신九尺長身]

아홉 자의 긴 몸이라는 말이며, 아주 큰 키 또는 그러한 사람을 일컫는다.

글자 | 자 **척**, 긴 **장**, 몸 **신**

[구천구지九天九地]

아홉 개의 하늘과 아홉 개의 땅이라는 말이며, 넓은 하늘과 땅이라는 뜻이다.

글자 | 하늘 **천**, 땅 **지**

[구천사오句踐事吳]

구천이 오나라를 섬긴다는 말이며, 월나라 임금 구천이 오나라 왕 부차夫差를 섬긴 고사에서 굴욕을 참고 인내한다는 뜻이다.

글자 | 글 구절 **구**, 밟을 **천**, 섬길 **사**, 오나라 **오**

출전 | 맹자 양혜왕 하

[구천용귀屨賤踊貴]

신은 값싸고 용踊은 비싸다는 말이며, 죄를 범한 사람이 많다는 뜻이다. 용은 월형刖刑, 즉 발뒤꿈치를 자르는 형벌을 받은 사람이 신는 신이다.

글자 | 신 **구**, 천할 **천**, 신 **용**, 귀할 **귀**

출전 | 사기, 춘추좌씨전

[구천지하九天地下]

아홉 개의 하늘과 땅의 밑이라는 말이며, 죽어 넋이 돌아가는 저승을 일컫는다.

글자 | 하늘 **천**, 땅 **지**, 아래 **하**

[구천직하九天直下]

아홉 개의 하늘 바로 밑이라는 말이

며, 넓은 하늘에서 곧게 내려온다는 뜻이다.

글자 | 하늘 **천**, 곧을 **직**, 밑 **하**

[구체이미具體而微]

모양은 갖추었으나 작다는 말이며, 형체는 갖추었으나 불완전하다는 뜻이다.

글자 | 갖출 **구**, 모양 **체**, 말 이을 **이**, 작을 **미**

[구충기수苟充其數]

겨우 그 수량을 채운다는 말이다.

글자 | 겨우 **구**, 채울 **충**, 그 **기**, 셈 **수**

[구칭염불口稱念佛]

입으로 말하는 염불이라는 말이며, 입으로 염불만 왼다는 뜻이다.

글자 | 입 **구**, 말할 **칭**, 윌 **염**, 부처 **불**

[구탄약과狗呑藥果]

개가 약과를 삼킨다는 말이며, 음식을 맛도 모르고 먹는다는 뜻이다.

글자 | 개 **구**, 삼킬 **탄**, 약 **약**, 과실 **과**

출전 | 고금석림

[구태의연舊態依然]

옛 모양이 그대로라는 말이며, 예나 지금이나 조금도 변함없이 여전하다는 뜻이다.

글자 | 옛 **구**, 모양 **태**, 의지할 **의**, 그럴 **연**

[구택지기口澤之氣]

입의 은혜의 기운이라는 말이며, 입을 대었던 여운이라는 뜻이다.

글자 | 입 **구**, 은혜 **택**, 어조사 **지**, 기운 **기**

출전 | 예기 옥조玉藻

[구투아식狗鬪俄息]

개도 싸우면서 잠깐 쉰다는 말이며, 계속 싸우지 말고 그치라는 교훈을 빗댄 말이다.

글자 | 개 **구**, 싸울 **투**, 잠깐 **아**, 쉴 **식**

출전 | 성호전서星湖全書

[구폐생폐捄弊生弊]

폐단을 그치려다 폐단이 생긴다는 말이다.

글자 | 그칠 **구**, 폐단 **폐**, 날 **생**

[구품정토九品淨土]

9품으로 나눈 맑은 땅이라는 말이며, 아홉 개의 극락세계를 일컫는다. 먼저 상 · 중 · 하로 나누고 다시 각 품을 상생上生 · 중생中生 · 하생下生의 3등급으로 나누어진다.

글자 | 품수 **품**, 맑을 **정**, 흙 **토**

출전 | 불교

[구품천사九品天使]

9품으로 나눈 천사라는 말이며, 처음 상 · 중 · 하급으로 나누고 이를 상급에서는 치품熾品과 지품智品으로, 중급에서는 권품權品과 능품能品으로,

하급에서는 주품主品과 대천사大天使로 나눈다.

글자 | 품수 **품**, 하늘 **천**, 부릴 **사**

출전 | 천주교

[구한감우久旱甘雨]

오랜 가뭄 끝에 단비가 내린다는 말이다.

글자 | 오랠 **구**, 가물 **한**, 달 **감**, 비 **우**

[구한신감舊恨新感]

옛날의 한과 새로운 감동이라는 말이다.

글자 | 옛 **구**, 한 될 **한**, 새 **신**, 감동할 **감**

[구허날무構虛捏無]

헛된 것을 이루고, 없는 것을 만든다는 말이며, 터무니없는 말을 만들어낸다는 뜻이다.

글자 | 이룰 **구**, 빌 **허**, 만들 **날**, 없을 **무**

출전 | 조선왕조 15대 광해군일기 110권

동류 | 구허날조構虛捏造

[구허날조構虛捏造]

→ 구허날무構虛捏無

[구혈미건口血未乾]

입에 묻은 피가 아직 마르지 않았다는 말이며, 맹세한지 얼마 되지 않았다는 뜻이다.

글자 | 입 **구**, 피 **혈**, 아닐 **미**, 마를 **건**

출전 | 춘추좌씨전

[구형곡면鳩形鵠面]

비둘기의 형상에 고니의 얼굴이라는 말이며, 오래 굶어서 수척한 모습을 빗댄 말이다.

글자 | 비둘기 **구**, 형상 **형**, 고니 **곡**, 얼굴 **면**

[구화양비救火揚沸]

불을 구하고 물을 끓지 않게 한다는 말이며, 원인은 그대로 두고 겉만 다스린다는 뜻이다.

원문 | 吏治若救火揚沸
이 치 약 구 화 양 비

글자 | 구할 **구**, 불 **화**, 오를 **양**, 끓을 **비**

출전 | 사기 혹리열전酷吏列傳

[구화지문口禍之門]

입은 화의 문이라는 말이며, 입은 화를 불러들이는 문이라는 뜻이다. 풍도馮道는 당나라 멸망 후 진晉·한漢 등으로 이어지는 여러 나라에서 벼슬을 한 사람으로 설시舌詩로 유명하다. '입은 곧 화의 문이요 혀는 곧 몸을 자르는 칼이라 입을 닫고 혀를 깊이 감추면 가는 곳마다 몸이 편하다.'

원문 | 口是禍之門 舌是斬身刀
구 시 화 지 문 설 시 참 신 도
閉口深藏舌 安身處處牢
폐 구 심 장 설 안 신 처 처 로

글자 | 입 **구**, 재앙 **화**, 어조사 **지**, 문 **문**

출전 | 풍도馮道의 시

[구화투신救火投薪]

불을 끄려고 섶나무를 던진다는 말이

며, 문제를 해결하고자 한 일이 도리어 문제를 더 크게 했다는 뜻이다.

글자 | 건질 **구**, 불 **화**, 던질 **투**, 섶 **신**

출전 | 한서, 사기 위세가

동류 | 포신구화抱薪救火, 구화첨신救火添薪

[구회지장九回之腸]

아홉 번 돌아간 창자라는 말이며, 매우 근심하며 괴로워하는 모양을 빗댄 말이다.

글자 | 돌 **회**, 어조사 **지**, 창자 **장**

출전 | 문선, 백거이白居易의 시

동류 | 구회지사九回之思

[국가경륜國家經綸]

나라를 다스리는 벼리라는 말이며, 나라를 다스리기 위한 제도나 계획이라는 뜻이다.

글자 | 나라 **국**, 집 **가**, 다스릴 **경**, 벼리 **륜**

[국가권력國家權力]

나라의 권세와 힘이라는 말이며, 나라가 그 기능을 다하기 위하여 국민을 억압하여 자유로이 지배하는 힘, 또는 그러한 힘을 가진 나라 그 자체를 일컫는다.

글자 | 나라 **국**, 집 **가**, 권세 **권**, 힘 **력**

[국궁진력鞠躬盡力]

몸을 굽혀 힘을 다한다는 말이며, 섬기는 마음으로 몸을 낮춰 온 힘을 다한다는 뜻이다. 이는 청나라 황제 강희제의 좌우명座右銘으로 알려져 있다.

글자 | 구부릴 **국**, 몸 **궁**, 다할 **진**, 힘 **력**

[국궁진췌鞠躬盡瘁]

몸을 굽혀 병들 때까지 다한다는 말이며, 몸과 마음을 다하여 나라 일에 이바지한다는 뜻이다.

글자 | 구부릴 **국**, 몸 **궁**, 다할 **진**, 병들 **췌**

출전 | 후출사표後出師表

[국권상실國權喪失]

나라의 권세를 잃는다는 말이며, 나라의 주권을 잃는다는 뜻이다.

글자 | 나라 **국**, 권세 **권**, 잃어버릴 **상**, 잃을 **실**

[국권회복國權回復]

나라의 권세가 다시 돌아온다는 말이며, 잃었던 나라의 주권을 도로 찾아 이전의 상태로 된다는 뜻이다.

글자 | 나라 **국**, 권세 **권**, 돌아올 **회**, 다시 **복**

[국기해이國紀解弛]

나라의 기강이 풀려 늦추어졌다는 말이다.

글자 | 나라 **국**, 기강 **기**, 풀 **해**, 늦출 **이**

[국내지외國內之外]

나라 안의 밖이라는 말이며, 외국 또는 성 밖을 일컫는다.

글자 | 나라 **국**, 안 **내**, 어조사 **지**, 밖 **외**

[국록지신國祿之臣]

나라의 녹을 받는 신하라는 말이다.

글자 | 나라 **국**, 녹봉 **록**, 어조사 **지**, 신하 **신**

[국리민복國利民福]

나라의 이익과 백성의 행복이라는 말이다.

글자 | 나라 **국**, 이로울 **리**, 백성 **민**, 복 **복**

[국면타개局面打開]

때와 방향을 쳐서 연다는 말이며, 당면한 고착된 형세를 깨쳐 열고 새로운 방향을 모색한다는 뜻이다.

글자 | 때 **국**, 방위 **면**, 칠 **타**, 열 **개**

[국민개병國民皆兵]

나라 백성이 다 군사라는 말이며, 국민 모두가 병역의무를 가진다는 뜻이다.

글자 | 나라 **국**, 백성 **민**, 다 **개**, 군사 **병**

[국보간난國步艱難]

→ 천보간난天步艱難

[국비기국國非其國]

나라가 그 나라가 아니라는 말이며, 진실로 나라 형편이 나라가 아니라는 뜻이다.

원문 | **眞所謂 國非其國**
진 소 위 국 비 기 국

글자 | 나라 **국**, 아닐 **비**, 그 **기**

출전 | 이율곡의 진시폐소陳時弊疏

[국사무쌍國士無雙]

한 나라에 둘도 없는 인물이라는 말이며, 출중한 인물을 일컫는다. 한나라의 개국공신 한신韓信이 하위직에 있을 때, 도망친 것을 재상 소하蕭何가 뒤좇아 가서 데려오자 유방이 연유를 물었다. '장수를 얻기란 쉽지만, 한신과 같은 사람은 가히 나라에 둘도 없는 인물입니다. 언제까지나 이 좁은 한나라의 왕으로서 만족하신다면 그를 중용할 필요가 없습니다.' 라고 소하가 답했다.

글자 | 나라 **국**, 선비 **사**, 없을 **무**, 한쌍 **쌍**

출전 | 사기 회음후열전淮陰侯列傳

유사 | 동량지기棟梁之器

[국사진췌國事盡悴]

나라 일에 몸을 바친다는 말이다.

글자 | 나라 **국**, 일 **사**, 다할 **진**, 파리할 **췌**

출전 | 시경

[국색천향國色天香]

나라의 빛과 하늘의 향기라는 말이며, 모란을 귀하게 빗댄 말이다.

글자 | 나라 **국**, 빛 **색**, 하늘 **천**, 향기 **향**

[국약세고國弱勢孤]

나라는 약하고, 형세는 외롭다는 말이며, 국력이 약해져서 위태롭다는 뜻이다.

글자 | 나라 **국**, 약할 **약**, 형세 **세**, 외로울 **고**

출전 | 삼국유사

[국어순화國語醇化]

[우리] 나라 말을 순수하게 만든다는 말이며, 국어를 다듬어 바로 쓰게 한다는 뜻이다. 그 내용은 외래어를 가능한 한 고유어로 하고, 저속한 말을 고운 말로 하고, 틀린 말을 표준어 또는 맞춤법대로 바로 쓰게 하는 것 따위이다.

글자 | 나라 **국**, 말씀 **어**, 순수할 **순**, 될 **화**

[국얼염매麴糵鹽梅]

누룩 싹과 소금, 그리고 매실이라는 말이며, 신하가 임금을 도와서 정치를 잘한다는 뜻이다. 은나라 고종이 재상에게 한 말이다. '그대는 나의 뜻에 대하여 훈계하며 만약 술을 만들려 하거든 바로 누룩이 되고, 만약 국을 만들려 하거든 그대가 바로 소금과 초가 되어 주오.'

원문 | 爾惟訓于朕志 若作酒醴 爾惟麴糵 若作和羹 爾惟鹽梅
(이유훈우짐지 약작주례 이유국얼 약작화갱 이유염매)

글자 | 누룩 **국**, 싹 **얼**, 소금 **염**, 매화나무 **매**

출전 | 서경 열명說命

[국위선양國威宣揚]

나라의 위엄을 베풀고 드날린다는 말이다.

글자 | 나라 **국**, 위엄 **위**, 베풀 **선**, 드날릴 **양**

[국유정법國有正法]

나라가 바른 법을 가지고 있다는 말이며, 국가에 올바른 법도가 있다는 뜻이다.

글자 | 나라 **국**, 가질 **유**, 바를 **정**, 법 **법**

[국정밀탐國情密探]

나라 정세를 비밀히 더듬는다는 말이며, 남의 나라 정세를 몰래 탐지한다는 뜻이다.

글자 | 나라 **국**, 정세 **정**, 비밀할 **밀**, 더듬을 **탐**

[국지대금國之大禁]

나라가 크게 금하는 것이라는 말이다.

글자 | 나라 **국**, 어조사 **지**, 큰 **대**, 금할 **금**

[국지소존國之所存]

나라가 있는 바라는 말이며, 나라가 망하지 않고 존재한다는 뜻이다.

글자 | 나라 **국**, 어조사 **지**, 바 **소**, 있을 **존**

[국지어음國之語音]

나라의 말이라는 뜻이다.

글자 | 나라 **국**, 어조사 **지**, 말씀 **어**, 소리 **음**

[국지존망國之存亡]

나라의 있음과 망함이라는 말이며, 국

가의 존립과 패망이라는 뜻이다.

글자 | 나라 **국**, 어조사 **지**, 있을 **존**, 망할 **망**

[국지척천跼地蹐天]

→ 국천척지跼天蹐地

[국지호천跼地呼天]

땅에서 굽실거리며 하늘을 향해 부르짖는다는 말이며, 원통한 마음을 간절히 호소한다는 뜻이다.

글자 | 굽실거릴 **국**, 땅 **지**, 부르짖을 **호**, 하늘 **천**

출전 | 조선왕조 15대 광해군일기

[국천척지跼天蹐地]

하늘을 보고 머리를 숙이고 땅을 조심히 걸어간다는 말이며, 몹시 두려워하며 몸 둘 바를 모르는 모양을 뜻한다. 이는 모진 정치를 원망해서 부른 시에서 온 말이다. '하늘이 대개 높다고 하지만 감히 굽히지 않을 수 없고, 땅이 대개 두텁다고 하지만 감히 조심해서 걷지 않을 수 없다.'

원문 | 謂天蓋高 不敢不跼 謂地蓋厚 不敢不蹐
위천개고 불감불국 위지개 후 불감불척

글자 | 구부릴 **국**, 하늘 **천**, 살금살금 걸을 **척**, 땅 **지**

출전 | 시경 소아小雅

[국치민욕國恥民辱]

나라의 부끄러움과 국민의 치욕이라는 말이다.

글자 | 나라 **국**, 부끄러울 **치**, 백성 **민**, 욕될 **욕**

[국태민안國泰民安]

나라가 태평하고 백성이 편안하다는 말이다.

글자 | 나라 **국**, 클 **태**, 백성 **민**, 편안 **안**

[국파산재國破山在]

나라는 망해도 산은 있다는 말이다.

원문 | 國破山河在 城春草木深
국파산하재 성춘초목심

글자 | 나라 **국**, 깨질 **파**, 뫼 **산**, 있을 **재**

출전 | 두보의 춘망시春望詩

[군거본능群居本能]

무리 지어 사는 근본적 능함이라는 말이며, 무리 지어 살려고 하는 본래의 성질이라는 뜻이다.

글자 | 무리 **군**, 살 **거**, 근본 **본**, 능할 **능**

[군경절축群輕折軸]

가벼운 것이라도 많아지면 차의 굴대를 꺾는다는 말이며, 작은 힘도 합치면 큰 힘이 된다는 비유이다.

글자 | 많을 **군**, 가벼울 **경**, 꺾을 **절**, 굴대 **축**

출전 | 사기 장의열전

동류 | 총경절축叢輕折軸

유사 | 적우침주積雨沈舟

ㄱ

[군계일학群鷄一鶴]

닭 무리 속의 한 마리의 학이라는 말이며, 평범한 사람들 중에 빼어난 사람을 빗댄 말이다. 위나라 비서승이 된 혜소嵇紹가 처음으로 낙양에 들어갈 때 마을 사람들이 평한 말이다.

글자 | 무리 **군**, 닭 **계**, 학 **학**
출전 | 진서 혜소전
동류 | 학립계군鶴立鷄群

[군기충천軍氣衝天]

군대의 사기士氣가 드높아 하늘을 찌른다는 말이다.

글자 | 군사 **군**, 기운 **기**, 찌를 **충**, 하늘 **천**

[군령태산軍令泰山]

군사의 명령은 큰 산이라는 말이며, 군대의 명령은 엄중하다는 뜻이다.

글자 | 군사 **군**, 명령 **령**, 클 **태**, 뫼 **산**

[군림제왕君臨帝王]

임금으로 나아간 임금이라는 말이며, 나라를 다스리고 있는 임금을 일컫는다.

글자 | 임금 **군**, 나아갈(군림할) **림**, 다스릴 **제**, 임금 **왕**

[군맹무상群盲撫象]

→ 군맹상평群盲象評

[군맹상평群盲象評]

뭇 소경이 코끼리를 평한다는 말이며, 전체를 보지 못하고 일부분만을 아는 사람이 자기가 알고 있는 일부분을 가지고 전체인양 고집한다는 뜻이다.

글자 | 무리 **군**, 장님 **맹**, 코끼리 **상**, 평론할 **평**
출전 | 열반경涅槃經
동류 | 군맹무상群盲撫象, 군맹모상群盲摸象

[군문효수軍門梟首]

군사의 문에 머리를 베어 매단다는 말이다.

글자 | 군사 **군**, 문 **문**, 목 베어 매달 **효**, 머리 **수**

[군민동조君民同祖]

임금과 백성은 그 조상이 같다는 말이다.

글자 | 임금 **군**, 백성 **민**, 같을 **동**, 조상 **조**

[군민동치君民同治]

군주와 인민이 같이 다스린다는 말이며, 군주와 인민의 대표자인 의회가 정무를 분장하여 행하는 입헌군주정치立憲君主政治를 일컫는다.

글자 | 임금 **군**, 백성 **민**, 같을 **동**, 다스릴 **치**

[군사신결君射臣決]

임금이 활을 쏘면 신하는 활깍지를 낀다는 말이며, 윗사람이 즐겨하는 것은 아랫사람이 본받는다는 뜻이다.

글자 | 임금 **군**, 쏠 **사**, 신하 **신**, 활깍지 **결**
출전 | 순자

[군사지물君賜之物]

임금이 주는 물건이라는 말이다.

글자 | 임금 **군**, 줄 **사**, 어조사 **지**, 물건 **물**

[군신대의君臣大義]

임금과 신하 간의 큰 의리라는 말이다.

글자 | 임금 **군**, 신하 **신**, 큰 **대**, 옳을 **의**

[군신복주群臣伏奏]

여러 신하가 임금에게 엎드려 아뢴다는 말이다.

글자 | 무리 **군**, 신하 **신**, 엎드릴 **복**, 아뢸 **주**

[군신분의君臣分義]

임금과 신하 간의 직분과 의리라는 말이다.

글자 | 임금 **군**, 신하 **신**, 나눌 **분**, 옳을 **의**

[군신유의君臣有義]

임금과 신하의 도리는 의리에 있다는 말이며, 이는 오륜五倫의 하나이다.

글자 | 임금 **군**, 신하 **신**, 있을 **유**, 옳을 **의**
출전 | 맹자 공손추 하

[군아쟁병群兒爭餠]

무리의 아이들이 떡을 다툰다는 말이며, 어떤 이익 된 일을 가지고 여럿이 경쟁한다는 뜻이다.

글자 | 무리 **군**, 아이 **아**, 다툴 **쟁**, 떡 **병**
출전 | 유몽인柳夢寅의 편지

[군욕신사君辱臣死]

임금이 욕을 보면 신하는 죽는다는 말이며, 임금과 신하는 생사고락生死苦樂을 함께 한다는 뜻이다.

원문 | **爲人臣者 君憂臣勞 君辱臣死**
위 인 신 자 군 우 신 로 군 욕 신 사

글자 | 임금 **군**, 욕되게 할 **욕**, 신하 **신**, 죽을 **사**
출전 | 국어 월어越語, 사기
동류 | 주욕신사主辱臣死

[군웅할거群雄割據]

무리의 영웅들이 나누어 웅거하고 있다는 말이며, 많은 영웅이나 실력자가 각각 한 지방의 토지를 나누어 가지고 거기를 본거지로 하여 서로 대립하여 패권을 다툰다는 뜻이다.

글자 | 무리 **군**, 영웅 **웅**, 나눌 **할**, 웅거할 **거**

[군위신강君爲臣綱]

임금은 신하의 벼리가 된다는 말이며, 임금은 신하의 근본이라는 뜻이다.

글자 | 임금 **군**, 될 **위**, 신하 **신**, 벼리 **강**
관련 | 부위자강父爲子綱, 부위부강夫爲婦綱

[군은망극君恩罔極]

임금의 은혜가 다함이 없다는 말이다.

글자 | 임금 **군**, 은혜 **은**, 없을 **망**, 다할 **극**

[군의만복群疑滿腹]

의심의 무리가 배에 가득하다는 말이며, 의심스러운 바가 매우 많다는 뜻이다.

글자 | 무리 **군**, 의심할 **의**, 찰 **만**, 배 **복**

[군의부전群蟻附羶]

개미의 무리가 양고기에 달라붙는다는 말이며, 많은 사람이 이익을 찾아 몰린다는 뜻이다.

원문 | 群蟻附腥羶
군의부성전

글자 | 무리 **군**, 개미 **의**, 붙을 **부**, 양 냄새 날 **전**

출전 | 장자

[군이부당群而不黨]

무리를 지으면서 나쁜 무리를 짓지 않는다는 말이며, 군자는 여럿이 어울리지만 편당을 가르지는 않는다는 뜻이다.

원문 | 君子矜而不争 群而不黨
군자긍이부쟁 군이부당

글자 | 무리 **군**, 말 이을 **이**, 아닐 **부**, 무리 **당**

출전 | 논어 위령공衛靈公

[군자대로君子大路]

군자는 큰 길로 가라는 말이다.

원문 | 君子大路之行
군자대로지행

글자 | 임금 **군**, 아들 **자**, 큰 **대**, 길 **로**

[군자불기君子不器]

군자는 한낱 그릇이 아니라는 말이며, 군자는 온갖 방면에 통달해야 한다는 뜻이다. 그릇은 한 가지 소용에만 맞을 뿐이기 때문이다.

글자 | 임금 **군**, 아들 **자**, 아닐 **불**, 그릇 **기**

출전 | 논어 위정爲政

[군자삼계君子三戒]

군자가 삼가야 할 세 가지를 말한다. 청년기에는 색욕을, 장년기에는 다툼을, 노년기에는 탐욕을 삼가야 한다는 것이다.

원문 | 戒之在色 戒之在鬪 戒之在得
계지재색 계지재투 계지재득

글자 | 군 **군**, 사람 **자**, 삼갈 **계**

출전 | 논어 계씨季氏

[군자삼락君子三樂]

군자의 세 가지 즐거움이라는 말이다. 맹자는 시대성도 인정하면서 군자에게는 세 가지 즐거움이 있는데, 천하의 왕이 되는 것은 여기에 들지 못하고 ① 부모가 모두 살아계시고 형제가 무고한 것, ② 하늘을 우러러 부끄러움이 없고 사람을 굽어보아도 부끄러움이 없는 것, ③ 천하의 영재를 얻어 가르치는 것이라 했다.

원문 | 君子有三樂 而王天下不與在焉
군자유삼락 이왕천하불여재언

글자 | 임금 **군**, 아들 **자**, 즐거울 **락**

출전 | 맹자 진심盡心 상

유사 | 익자삼요益者三樂

[군자삼외君子三畏]

군자가 두려워해야 할 세 가지를 말한다. 천명을 두려워해야 하고, 위대한 성인을 두려워해야 하며, 성인의 말씀을 두려워해야 한다는 것이다.

원문 | 君子有三畏 畏天命 畏大人 畏聖人之言
군자유삼외 외천명 외대인 외성인지언

글자 | 임금 **군**, 아들 **자**, 두려워할 **외**

출전 | 논어 계씨季氏

[군자상달君子上達]

군자는 위로 통달한다는 말이며, 군자는 높은 경지에 통달한다는 뜻이다.

원문 | 君子上達 小人下達
군자상달 소인하달

글자 | 군 **군**, 사람 **자**, 윗 **상**, 통달 **달**

출전 | 논어 헌문

[군자유종君子有終]

군자는 마침이 있다는 말이며, 훌륭한 사람은 끝을 잘 마무리한다는 뜻이다.

원문 | 君子有終身之憂 無一朝之患
군자유종신지우 무일조지환

글자 | 군 **군**, 사람 **자**, 있을 **유**, 마침 **종**

출전 | 주역

[군자표변君子豹變]

군자는 표범과 같이 변한다는 말이며, 지금은 군자가 아니라 소인들이 돌변하는 행태를 일컫는다.

글자 | 임금 **군**, 아들 **자**, 표범 **표**, 변할 **변**

출전 | 주역 택화혁澤火革

동류 | 대인호변大人虎變

[군자호술君子好逑]

군자의 좋은 지음이라는 말이며, 군자에게 맞는 좋은 배필이라는 뜻이다.

글자 | 그대 **군**, 사람 **자**, 좋을 **호**, 지을 **술**

[군재순야君哉舜也]

임금이로다! 순임금이시여!라는 말이며, 순임금이야말로 참된 군주라는 뜻이다.

글자 | 임금 **군**, 잇기 **재**, 순임금 **순**, 잇기 **야**

[군주민수君舟民水]

임금은 배요, 백성은 물이라는 말이며, 물은 배를 띄우기도 하지만 배를 엎을 수도 있다는 뜻이다.

원문 | 君者舟也 庶人者水也
군자주야 서인자수야

글자 | 임금 **군**, 배 **주**, 백성 **민**, 물 **수**

출전 | 순자 왕제편王制篇

동류 | 군주신수君舟臣水

[군주신수君舟臣水]

→ 군주민수君舟民水

[군중심리群衆心理]

무리의 마음 성품이라는 말이며, 많은

사람이 모이면 자제력을 잃고 다른 사람의 언동에 휩쓸리는 특이한 심리상태를 일컫는다.

글자 | 무리 **군**, 무리 **중**, 마음 **심**, 성품 **리**

[군책군력群策群力]

여러 사람이 책략을 내고 힘을 쓴다는 말이며, 민중이 지혜와 힘을 모은다는 뜻이다.

원문 | 漢屈群策 群策屈群力
한 굴 군 책 군 책 굴 군 력

글자 | 무리 **군**, 책략 **책**, 힘 **력**

출전 | 법언法言 중려편

[군취기경君取其敬]

임금은 그 공경함을 취한다는 말이다.

글자 | 임금 **군**, 취할 **취**, 그 **기**, 공경 **경**

[군행여진軍行旅進]

군사가 가고 여단이 나아간다는 말이며, 군대가 전쟁터로 나아간다는 뜻이다.

글자 | 군사 **군**, 갈 **행**, 여단 **여**, 나아갈 **진**

[굴묘편시掘墓鞭屍]

묘를 파서 시체를 채찍질한다는 말이며, 가혹한 형벌 또는 복수를 뜻한다. 간신의 농간으로 충신을 역적으로 몰아 죽인 초나라 평왕이 죽자, 오나라에 망명한 오자서吳子胥는 뒷날 초나라를 공격하여 평왕의 무덤을 파헤치고 시체에 300회의 매질을 하여 그의 아버지와 형의 억울한 죽음을 복수하였다.

원문 | 掘楚平王墓 出其尸 鞭之三百
굴 초 평 왕 묘 출 기 시 편 지 삼 백

글자 | 팔 **굴**, 무덤 **묘**, 채찍 **편**, 주검 **시**

출전 | 사기 오자서열전伍子胥列傳

관련 | 일모도원日暮途遠

[굴이불신屈而不伸]

굽히고는 펴지 아니한다는 말이다.

글자 | 굽힐 **굴**, 말 이을 **이**, 아닐 **불**, 펼 **신**

[굴지견모掘地見母]

땅을 파서 어머니를 본다는 말이며, 울화가 치민다고 마구 지껄인 말 한 마디가 평생을 그르칠 수 있고, 어머니의 지나친 자식 편애가 형제간에 불화를 자초한다는 뜻이다.

글자 | 팔 **굴**, 땅 **지**, 볼 **견**, 어미 **모**

출전 | 춘추좌씨전 은공 1년조

[굴지계일屈指計日]

손가락을 굽혀 날을 센다는 말이며, 손꼽아 기다린다는 뜻이다.

글자 | 굽힐 **굴**, 손가락 **지**, 셀 **계**, 날 **일**

출전 | 송남잡지

[굴지득금掘地得金]

땅을 파다가 금을 얻었다는 말이며, 뜻밖에 재물을 얻었다는 뜻이다.

글자 | 팔 **굴**, 땅 **지**, 얻을 **득**, 금 **금**

[굴확구신屈蠖求伸]

구부린 자벌레는 펴지기를 구한다는 말이며, 일보 전진을 위하여 몸을 한 번 굽히고 낮춘다는 뜻이다.

글자 | 굽을 **굴**, 자벌레 **확**, 구할 **구**, 펼 **신**

[궁거안가宮車晏駕]

대궐의 수레와 편안한 임금의 수레라는 말이며, 임금이 죽어서 타는 수레를 일컫는다.

글자 | 대궐 **궁**, 수레 **거**, 편안할 **안**, 임금 탈 수레 **가**

[궁검지통弓劍之痛]

활과 칼의 아픔이라는 말이며, 임금의 죽음에 대한 슬픔을 빗댄 말이다. 옛날 황제가 용을 타고 하늘로 올라가면서 활을 떨어뜨리자 백성들이 이 활을 부여잡고 통곡하였다는 고사에서 온 말이다.

글자 | 활 **궁**, 칼 **검**, 어조사 **지**, 아플 **통**

출전 | 대동야승

[궁교빈족窮交貧族]

궁한 벗과 가난한 친족이라는 말이다.

글자 | 궁할 **궁**, 사귈 **교**, 가난할 **빈**, 일가 **족**

출전 | 송남잡지

[궁구막추窮寇莫追]

궁지에 몰린 도둑을 쫓지 말라는 말이다.

글자 | 막힐 **궁**, 도둑 **구**, 아닐 **막**, 쫓을 **추**

출전 | 손자병법 군쟁편軍爭篇

동류 | 궁구물추窮寇勿追, 궁서막추窮鼠莫追

[궁구물박窮寇勿迫]

궁지의 도둑을 핍박하지 말라는 말이다.

글자 | 궁할 **궁**, 도둑 **구**, 말 **물**, 핍박할 **박**

[궁년누세窮年累世]

나이를 다하고 여러 세대라는 말이며, 자신의 일생과 자손 대대를 뜻한다.

글자 | 다할 **궁**, 해 **년**, 여러 **누**, 대대 **세**

출전 | 순자

[궁도지곡窮途之哭]

궁한 길의 울음이라는 말이며, 가난의 슬픔을 일컫는다.

원문 | 阮籍倡狂豈效窮途之哭
완 적 창 광 기 효 궁 도 지 곡

글자 | 궁할 **궁**, 길 **도**, 어조사 **지**, 울 **곡**

출전 | 진서, 왕발의 등왕각서滕王閣序

[궁리궁리窮理窮理]

도리를 궁구하고 궁구한다는 말이며, 이런 궁리 저런 궁리를 거듭한다는 뜻이다.

글자 | 궁구할 **궁**, 도리 **리**

[궁리진성窮理盡性]

성품을 다하여 도리를 궁구한다는 말

이며, 최선을 다하여 천지자연의 이치를 깊이 탐구한다는 뜻이다.

글자 | 궁구할 **궁**, 도리 **리**, 다할 **진**, 성품 **성**

출전 | 주역 설괘전說卦傳

[궁마지가弓馬之家]

활과 말의 집이라는 말이며, 군사의 집을 일컫는다.

글자 | 활 **궁**, 말 **마**, 어조사 **지**, 집 **가**

[궁마지간弓馬之間]

활을 쏘고 말을 달리는 사이라는 말이며, 싸움터를 일컫는다.

글자 | 활 **궁**, 말 **마**, 어조사 **지**, 사이 **간**

[궁마지사弓馬之士]

활과 말의 군사라는 말이며, 전쟁하는 군가를 일컫는다.

글자 | 활 **궁**, 말 **마**, 어조사 **지**, 군사 **사**

[궁마지재弓馬之才]

활을 쏘고 말을 달리는 재주라는 말이다.

글자 | 활 **궁**, 말 **마**, 어조사 **지**, 재주 **재**

[궁만즉절弓滿則折]

활이 가득 차면 곧 꺾어진다는 말이며, 활을 너무 당기면 부러진다는 뜻이다. 청나라 석성금石成金의 말이다. '말은 다해야 맛이 아니고, 일은 끝장을 봐서는 안 되며, 봉창에 가득한 바람을 편 가르지 말고, 언제나 몸 돌릴 여지는 남겨두어야 한다. 활을 너무 당기면 부러지고, 달도 가득 차면 기운다.'

원문 | 弓大滿則折 月大滿則虧
궁 대 만 즉 절 월 대 만 즉 휴

글자 | 활 **궁**, 찰 **만**, 곧 **즉**, 꺾을 **절**

출전 | 전가보傳家寶

유사 | 월만즉휴月滿則虧

[궁병독무窮兵黷武]

병사를 궁하게 하고 무예를 더럽힌다는 말이며, 전공을 탐내어 무리한 전투를 한다는 뜻이다.

글자 | 궁할 **궁**, 병사 **병**, 더럽힐 **독**, 무예 **무**

[궁불실의窮不失義]

궁해도 옳음을 잃지 않는다는 말이며, 생활이 어려워도 도리에 어긋나는 일을 하지 않는다는 뜻이다.

글자 | 궁할 **궁**, 아닐 **불**, 잃을 **실**, 옳을 **의**

[궁사극치窮奢極侈]

사치를 다하고 다한다는 말이며, 사치가 극도에 달한다는 뜻이다.

글자 | 다할 **궁**, 사치할 **사**, 다할 **극**, 사치할 **치**

[궁사남위窮思濫爲]

궁한 생각을 넘치게 한다는 말이며, 궁하면 아무 짓이나 함부로 한다는 뜻이다.

글자 | 궁할 **궁**, 생각 **사**, 넘칠 **남**, 할 **위**

[궁사멱득窮思覓得]

→ 궁심멱득窮心覓得

[궁서막추窮鼠莫追]

궁지의 쥐를 쫓지 말라는 말이다.

글자 | 궁할 **궁**, 쥐 **서**, 말 **막**, 쫓을 **추**

동류 | 궁구막추窮寇莫追

[궁서설묘窮鼠囓猫]

궁지에 몰린 쥐가 고양이를 문다는 말이며, 약자도 궁지에 몰리면 강자에게 맞선다는 뜻이다.

글자 | 막힐 **궁**, 쥐 **서**, 물 **설**, 고양이 **묘**

출전 | 염철론 조성편詔聖篇

[궁수저서窮愁著書]

막힌 근심을 글로 짓는다는 말이며, 현인이 곤란에 부딪쳐 그 뜻을 펴지 못하고 글로 나타낸다는 뜻이다.

글자 | 막힐 **궁**, 근심 **수**, 지을 **저**, 글 **서**

[궁심멱득窮心覓得]

마음을 다하여 찾아서 얻는다는 말이며, 온갖 힘을 다하여 고생 끝에 찾아낸다는 뜻이다.

글자 | 다할 **궁**, 마음 **심**, 찾을 **멱**, 얻을 **득**

동류 | 궁사멱득窮思覓得

[궁여일책窮餘一策]

→ 궁여지책窮餘之策

[궁여지책窮餘之策]

곤궁한 나머지 짜낸 방책이라는 말이며, 꽉 막히면 돌파구가 생긴다는 뜻이다.

글자 | 막힐 **궁**, 남을 **여**, 어조사 **지**, 책략 **책**

동류 | 궁여일책窮餘一策

[궁이후공窮而後工]

궁하면 나중에 공교해진다는 말이며, 시인이 궁하면 궁할수록 그 짓는 시가 훌륭해진다는 뜻이다.

글자 | 막힐 **궁**, 말 이을 **이**, 뒤 **후**, 공교할 **공**

출전 | 구양수歐陽修의 시

[궁인모사窮人謀事]

궁한 사람이 계교한 일이라는 말이며, 궁한 사람이 꾸민 일은 모두 실패하거나 뜻대로 되지 않는다는 뜻이다.

글자 | 막힐 **궁**, 사람 **인**, 계교할 **모**, 일 **사**

[궁일지력窮日之力]

날이 다한 힘이라는 말이며, 하루 종일 쉬지 않고 힘쓴다는 뜻이다.

글자 | 다할 **궁**, 날 **일**, 어조사 **지**, 힘 **력**

[궁적상적弓的相適]

활과 과녁이 서로 맞는다는 말이며, 하고자 하는 일과 기회 등이 서로 일치한다는 뜻이다.

글자 | 활 **궁**, 과녁 **적**, 서로 **상**, 맞을 **적**

출전 | 순오지 하

[궁전반울宮殿盤鬱]

궁전이 소반 위에 빽빽하다는 말이며, 궁궐이 좋은 터전 위에 웅장하다는 뜻이다.

원문 | 宮殿盤鬱 樓觀飛驚
궁전반울 누관비경

글자 | 집 **궁**, 대궐 **전**, 소반 **반**, 빽빽할 **울**

출전 | 천자문 54항

[궁절시진弓折矢盡]

→ 궁절전진弓折箭盡

[궁절전진弓折箭盡]

활이 꺾이고 화살이 다 떨어졌다는 말이며, 무기가 떨어져 싸울 수 없거나 여러 가지 방책이 효력을 잃어 속수무책束手無策이라는 말로도 쓰인다.

글자 | 활 **궁**, 꺾일 **절**, 화살 **전**, 다할 **진**

출전 | 전등록

동류 | 궁절시지弓折矢盡, 궁절역진弓折力盡

[궁정지소弓旌之召]

활과 깃발의 부름이라는 말이며, 고관高官을 정중히 채용한다는 뜻이다. 이는 선비를 초청할 때는 활을 쏘고 대부大夫를 초청할 때는 깃발을 썼던 고사에서 온 말이다.

글자 | 활 **궁**, 깃발 **정**, 어조사 **지**, 부를 **소**

[궁조입회窮鳥入懷]

궁지에 몰린 새가 품안에 날아든다는 말이며, 쫓기어 도망갈 곳이 없는 새가 품안으로 들어오면 어진 사람은 이를 불쌍히 여긴다는 뜻이다.

원문 | 窮鳥入懷 仁人所憫
궁조입회 인인소민

글자 | 막힐 **궁**, 새 **조**, 들 **입**, 품을 **회**

출전 | 안씨가훈 성사省事

[궁주경야窮晝竟夜]

낮을 다하고 밤을 마친다는 말이며, 밤낮을 쉬지 못한다는 뜻이다.

글자 | 다할 **궁**, 낮 **주**, 마칠 **경**, 밤 **야**

출전 | 조선왕조 10대 연산군일기

[궁중삼전宮中三殿]

궁중에 있는 세 전각이라는 말이며, 현소賢所, 황령전皇靈殿, 신전神殿을 일컫는다.

글자 | 집 **궁**, 가운데 **중**, 전각 **전**

[궁천극지窮天極地]

하늘을 다하고 땅을 다한다는 말이며, 하늘과 땅이 끝이 없다는 뜻이다.

글자 | 다할 **궁**, 하늘 **천**, 다할 **극**, 땅 **지**

[궁촌벽지窮村僻地]

궁한 마을과 깊숙한 곳이라는 말이며, 가난한 오지奧地 마을을 일컫는다.

글자 | 궁할 **궁**, 마을 **촌**, 깊숙할 **벽**, 곳 **지**

[궁하필위窮下必危]

아랫사람을 궁하게 하면 반드시 위태롭다는 말이다.

글자 | 궁할 **궁**, 아래 **하**, 반드시 **필**, 위태할 **위**

관련 | 조궁즉탁鳥窮則啄, 수궁즉확獸窮則攫

[궁흉극악窮凶極惡]

궁하고 흉측하고 몹시 악하다는 말이다.

글자 | 궁할 **궁**, 흉할 **흉**, 한끝 **극**, 악할 **악**

[권갑도기卷甲韜旗]

갑옷을 말고 깃발을 감춘다는 말이며, 전쟁을 그만둔다는 뜻이다.

글자 | 말 **권**, 갑옷 **갑**, 감출 **도**, 깃발 **기**

출전 | 진서

[권고지은眷顧之恩]

돌보아 준 은혜라는 말이다.

글자 | 돌아볼 **권**, 돌아볼 **고**, 어조사 **지**, 은혜 **은**

[권권복응拳拳服膺]

마음에 품고 가슴속에 생각한다는 말이며, 마음에 새겨 잊지 않고 간직한다는 뜻이다.

글자 | 마음에 품을 **권**, 생각할 **복**, 가슴 **응**

출전 | 중용

[권권불망眷眷不忘]

돌아보고 잊지 않는다는 말이며, 가엽게 여겨 늘 돌보며 생각한다는 뜻이다.

글자 | 돌아볼 **권**, 아닐 **불**, 잊을 **망**

[권농윤음勸農綸音]

농사를 권하는 사륜絲綸의 편지라는 말이며, 농사를 권장하는 임금의 교지를 일컫는다.

글자 | 권할 **권**, 농사 **농**, 사륜 **윤**, 편지 **음**

출전 | 열양세시기洌陽歲時記

[권리선언權利宣言]

권리를 선언한다는 말이며, 인간 또는 국민의 자유권 그 밖의 권리를 선언하고 보장하는 규정을 일컫는다.

글자 | 권세 **권**, 이로울 **리**, 베풀 **선**, 말씀 **언**

[권리장전權利章典]

권리를 나타내는 글과 법이라는 말이며, ① 영국에서 명예혁명 다음 해인 1689년에 공포된 법률을 일컫는다. 의회의 승인 없이 법률의 정지나 면제 · 금전징수 · 상비군의 유지를 할 수 없으며 의회 안에서의 언론의 자유 · 왕위 계승의 순서와 자격 따위를 규정하고 있다. ② 미국에서 연방정부가 국민의 기본적 인권을 보장하기 위하여 합중국 헌법에 덧붙인 최초의 10개 조항의 수정을 일컫는다.

글자 | 권세 **권**, 이로울 **리**, 표할 **장**, 법 **전**

[권모술수權謀術數]

권세와 모략과 꾀와 기술을 말하며 목적을 달성하기 위해서 모든 수단과 방법을 동원한다는 뜻이다.

글자 | 권세 **권**, 꾀할 **모**, 꾀 **술**, 기술 **수**

출전 | 주희 대학장구서大學章句序

동류 | 권모술책權謀術策

[권문귀족權門貴族]

권세가의 가문과 귀족을 통틀어 하는 말이다.

글자 | 권세 **권**, 집안 **문**, 귀할 **귀**, 일가 **족**

[권문세가權門勢家]

권세 있는 집안과 세도 있는 집이라는 말이며, 벼슬의 지위가 높은 집안을 일컫는다.

글자 | 권세 **권**, 집안 **문**, 권세 **세**, 집 **가**

출전 | 목민심서 율기육조律己六條

[권문세족權門勢族]

→ 권문세가權門勢家

[권문유수權門有手]

권세 있는 집안에 손이 있다는 말이며, 권력 있는 자들이 남의 재물을 약탈한다는 뜻이다.

글자 | 권세 **권**, 집안 **문**, 있을 **유**, 손 **수**

출전 | 조선왕조 19대 숙종실록

[권문자제權門子弟]

권세 있는 집안의 자제라는 말이다.

글자 | 권세 **권**, 집안 **문**, 아들 **자**, 아우 **제**

[권불석수卷不釋手]

→ 수불석권手不釋卷

[권불십년權不十年]

권세는 십 년을 가지 못한다는 말이며, 세상은 무상하여 늘 변한다는 뜻도 가지고 있다.

글자 | 권세 **권**, 아닐 **불**, 해 **년**

동류 | 세불십년 勢不十年

유사 | 화무십일홍花無十日紅

[권상요목勸上搖木]

나무에 오르게 하고 나무를 흔든다는 말이며, 일을 권하고 방해한다는 뜻이다.

글자 | 권할 **권**, 윗 **상**, 흔들 **요**, 나무 **목**

출전 | 이양원李陽元의 시조

동류 | 등루거제登樓去梯

[권상출척勸賞黜陟]

상을 권하고 오름을 물리친다는 말이며, 상 주기를 권하고 승진을 유보한다는 뜻이다.

원문 | 稅熟貢新 勸賞黜陟
세숙공신 권상출척

글자 | 권할 **권**, 상 줄 **상**, 물리칠 **출**, 오를 **척**

출전 | 천자문

[권선보시勸善布施]

선을 권하여 베풀어 준다는 말이며, 불가에서 선심善心 있는 사람에게 권하여 재물을 내어 다른 사람을 도와줄 것을 청한다는 뜻이다.

글자 | 권할 **권**, 착할 **선**, 베풀 **보**, 줄 **시**

[권선징악勸善懲惡]

착한 행실은 권하고 악한 행위는 징계한다는 말이다. 노나라 사관史官의 평에서 유래한다. '춘추시대의 호칭은 알기 어려운 것 같으면서도 알기 쉽고, 쉬운 것 같으면서도 뜻이 깊고, 빙글빙글 도는 것 같으면서도 정돈되어 있고, 노골적인 표현이지만 품위가 있으며 악행을 징계하고 선행을 권한다.'

원문 | 懲惡而勸善 非聖人誰能修之
징 악 이 권 선 비 성 인 수 능 수 지

글자 | 권할 **권**, 착할 **선**, 징계할 **징**, 악할 **악**

출전 | 춘추좌씨전 성공成公

[권순노치卷脣露齒]

굽은 입술과 드러낸 이라는 말이며, 잘못 생긴 입을 빗댄 말이다.

글자 | 굽을 **권**, 입술 **순**, 드러낼 **노**, 이 **치**

유사 | 건순노치乾脣露齒

[권재족하權在足下]

권한은 그대의 발밑에 있다는 말이다.

글자 | 권세 **권**, 있을 **재**, 발 **족**, 아래 **하**

출전 | 사기 회음후열전

[권지국사權知國事]

나랏일을 주장하는 권한이라는 말이며, 아직 왕호王號를 인정하지 못하는 동안, 우선 임시로 나랏일을 다스린다는 칭호이다. 고려 이후 우리나라는 임금이 즉위하면 중국에 보고하여 승인을 받아야 왕호를 사용하게 되어 있었다. 고려 태조와 중종, 명종이 권지국사라는 칭호를 사용한 바 있다.

글자 | 권세 **권**, 주장할 **지**, 나라 **국**, 일 **사**

출전 | 조선왕조 13대 명종실록

[권토중래捲土重來]

땅을 휘말아 다시 온다는 말이며, 한 번 싸움에 패한 사람이 다시 힘을 길러 땅을 휘말아 들어오듯 쳐들어온다는 뜻이다. 항우와 유방이 천하를 두고 다툰 이른바 5년간의 초한楚漢 전쟁에서 유방의 승리로 끝나고 말았다. 항우는 24세 때 8천 명의 강동 군사를 이끌고 일어나 8년 동안 승승장구하였으나 한신韓信의 수십만 대군에 포위되어 간신히 홀로 탈출, 고향으로 가는 오강의 배를 탔다. 그리고 강동의 부형을 무슨 면목으로 만나랴 하고 스스로 목을 쳤다. 그로부터 천여 년이 지난 뒤 두목杜牧이 오강을 건너면서 초패왕楚霸王 항우를 생각하며 지은 시에서 유래한다. '승패는 병가도 장담 못하는 것, 수치를 참을 수 있음이 남아라. 강동의 자제에는

호걸이 많으니 권토중래했을지도 알 수 없었으리.'

원문 | 勝敗兵家不可期 包羞忍是男兒江東子弟多豪傑 捲土重來未可知
승패병가불가기 포수인시남아강동자제다호걸권토중래미가지

글자 | 거둘 **권**, 흙 **토**, 거듭 **중**, 올 **래**

출전 | 사기 항우본기項羽本紀

유사 | 기사회생起死回生

[권품천사權品天使]

→ 구품천사九品天使

[권학강문勸學講文]

학문을 권장하여 글을 강론한다는 말이다.

글자 | 권할 **권**, 배울 **학**, 강론할 **강**, 글 **문**

[권형칭물權衡稱物]

저울추와 저울로 물건을 저울질한다는 말이며, 사람을 판단할 때도 이리저리 저울질하여 판단해야 한다는 뜻이다.

글자 | 저울질 할 **권**, 저울 **형**, 저울질 할 **칭**, 물건 **물**

[궐각계수厥角稽首]

이마를 [땅에] 쬐게 대고 머리를 숙인다는 말이며, 최대의 예를 갖춘다는 뜻이다.

글자 | 짧을 **궐**, 이마의 뼈 **각**, 머리 숙일 **계**, 머리 **수**

[궐종서부厥宗噬膚]

그 주장이 피부에 미친다는 말이며, 당黨이 굳게 결합하였다는 뜻도 되고, 임금과 신하가 서로 잘 맞는다는 뜻도 된다.

원문 | 厥宗噬膚 往有慶也
궐종서부 왕유경야

글자 | 그 **궐**, 주장할 **종**, 미칠 **서**, 피부 **부**

출전 | 주역 화택규괘火澤睽卦

[궤모충돌潰冒衝突]

무너뜨리고 무릅쓰고 찌르고 부딪친다는 말이며, 홍수가 나서 제방을 무너뜨리고 사방에 충돌하고 있다는 뜻이다.

글자 | 무너뜨릴 **궤**, 무릅쓸 **모**, 찌를 **충**, 부딪칠 **돌**

[궤상공론机上空論]

→ 탁상공론卓上空論

[궤상지육机上之肉]

도마 위의 고기라는 말이며, 자신의 힘으로는 어쩔 수 없게 된 상태를 빗댄 말이다.

글자 | 궤상(도마) **궤**, 윗 **상**, 어조사 **지**, 고기 **육**

출전 | 조선왕조 3대 태종실록

[궤함절비詭銜竊轡]

[말이] 재갈을 헐뜯고 고삐를 물어뜯

는다는 말이며, 구속拘束에 대해 크게 반항한다는 뜻이다.

원문 | 詭銜竊轡 故馬之知而態至盜者
궤 함 절 비 고 마 지 지 이 태 지 도 자

글자 | 헐뜯을 **궤**, 재갈 **함**, 물어뜯을 **절**, 고삐 **비**

출전 | 장자

[귀개공자貴介公子]

귀하고 큰 존대하는 아들이라는 말이며, 귀한 집의 자제를 일컫는다.

글자 | 귀할 **귀**, 클 **개**, 존칭할 **공**, 아들 **자**

동류 | 귀개자제貴介子弟

[귀개자제貴介子弟]

→ 귀개공자貴介公子

[귀거래사歸去來辭]

돌아온 말이라는 뜻이며, 진나라의 도연명陶淵明이 팽택의 현령이 되었을 때 군郡의 장관이 속대束帶하고 배알拜謁하라고 함에 분개하여 '내 오두미五斗米의 봉급 때문에 허리를 굽히고 향리의 소인에게 절을 해야 하느냐.' 하고 그날로 사직하고 귀향한 것을 적은 글로써 육조六朝 제일의 명문名文이라 일컫는다.

글자 | 돌아갈 **귀**, 갈 **거**, 올 **래**, 말씀 **사**

출전 | 진서 도잠전

[귀검혁인鬼臉嚇人]

귀신의 빰이 사람을 으른다는 말이며, 험한 얼굴을 하고 사람을 위협한다는 뜻이다.

글자 | 귀신 **귀**, 빰 **검**, 으를 **혁**, 사람 **인**

[귀곡천계貴鵠賤鷄]

따오기를 귀히 여기고 닭을 천히 여긴다는 말이며, 먼 데 것을 귀히 여기고 가까운 데 것을 천하게 여긴다는 뜻이다.

글자 | 귀할 **귀**, 따오기 **곡**, 천할 **천**, 닭 **계**

동류 | 가계야치家鷄野稚

유사 | 귀이천목貴耳賤目

[귀귀수수鬼鬼祟祟]

도깨비들의 빌미가 잡혔다는 말이며, 남몰래 숨어서 일을 꾸미는 것을 알아차리고 욕한다는 뜻이다.

글자 | 도깨비 **귀**, 빌미 **수**

[귀마방우歸馬放牛]

말을 돌려보내고 소를 놓아준다는 말이며, 다시는 전쟁을 할 생각이 없다는 뜻이다. 주나라의 무왕이 은을 정벌하고 돌아와 전쟁에 사용한 마소를 놓아주었다는 고사에서 온 말이다.

원문 | 歸馬于華之陽 放牛桃林之野
귀 마 우 화 지 양 방 우 도 림 지 야

글자 | 돌아갈 **귀**, 말 **마**, 놓을 **방**, 소 **우**

출전 | 상서 무성편武成篇

ㄱ

[귀명우천貴命于天]

귀한 목숨은 하늘에 달려 있다는 말이다.

글자 | 귀할 **귀**, 목숨 **명**, 부터 **우**, 하늘 **천**

[귀명정례歸命頂禮]

명을 받고 돌아와 머리를 땅에 대고 [부처의 발에 절한다는] 말이며, 옛날 인도 최고의 경례를 일컫는다.

글자 | 돌아갈 **귀**, 목숨 **명**, 꼭대기 **정**, 예절 **례**

[귀모토각龜毛兎角]

거북의 털과 토끼의 뿔이라는 말이며, 있을 수 없거나 아주 없다는 뜻이다.

글자 | 거북 **귀**, 터럭 **모**, 토끼 **토**, 뿔 **각**

출전 | 수신기搜神記

[귀목술심劌目鉥心]

돗바늘로 눈과 마음을 찌른다는 말이며, 문장이 뛰어나서 사람의 생각을 초월했을 때, 눈과 마음을 놀라게 한다는 뜻이다.

글자 | 상할 **귀**, 눈 **목**, 돗바늘 **술**, 마음 **심**

출전 | 한유韓愈의 글

[귀문조적龜文鳥跡]

거북이 등딱지의 무늬와 새 발자국이라는 말이며, 문자의 기원起源을 일컫는다.

글자 | 거북 **귀**, 글 **문**, 새 **조**, 자취 **적**

[귀배괄모龜背刮毛]

거북이 등의 털을 깎는다는 말이며, 될 수 없는 일을 한다는 뜻이다.

글자 | 거북 **귀**, 등 **배**, 깎을 **괄**, 터럭 **모**

출전 | 순오지 하

[귀신피지鬼神避之]

귀신도 피할지니라는 말이며, 과감하게 단행하면 귀신도 이를 피하여 방해하지 못한다는 뜻이다.

글자 | 도깨비 **귀**, 귀신 **신**, 피할 **피**, 어조사 **지**

[귀어허지歸於虛地]

빈 땅으로 돌아간다는 말이며, 허사로 돌아간다는 뜻이다.

글자 | 돌아갈 **귀**, 어조사 **어**, 빌 **허**, 땅 **지**

[귀유자제貴遊子弟]

귀하게 노는 자제라는 말이며, 상류, 귀족의 자제를 일컫는다.

글자 | 귀할 **귀**, 놀 **유**, 아들 **자**, 아우 **제**

[귀의경재貴義輕財]

옳은 것을 귀히 여기고 재물을 가벼이 여긴다는 말이며, 재물보다 의리를 중시한다는 뜻이다.

글자 | 귀할 **귀**, 옳을 **의**, 가벼울 **경**, 재물 **재**

[귀의삼보歸依三寶]

세 가지 보배로운 곳으로 돌아가 의지

한다는 말이며, 3보는 불佛 · 법法 · 승僧을 일컫는다.

글자 | 돌아갈 **귀**, 의지할 **의**, 보배 **보**

[귀이천목貴耳賤目]

듣는 것을 귀히 여기고, 보는 것을 천히 여긴다는 말이며, 옛날은 먼 곳의 일을 보기는 어려워 듣는 것만 중히 여긴데서 나온 말이다.

글자 | 귀할 **귀**, 귀 **이**, 천할 **천**, 눈 **목**

출전 | 동경부東京賦, 진서

유사 | 귀곡천계貴鵠賤鷄

[귀종서종龜從筮從]

거북을 따르고 점괘를 따른다는 말이며, 일이 매우 공평하고 사사로움이 없다는 뜻이다.

글자 | 거북 **귀**, 따를 **종**, 시초점 **서**

출전 | 서경

[귀중고적貴重顧籍]

신중을 귀히 여기고 서적을 돌아본다는 말이며, 신중하여 함부로 나아가지 않는다는 뜻이다.

글자 | 귀할 **귀**, 신중할 **중**, 돌아볼 **고**, 서적 **적**

[귀천상하貴賤上下]

귀함과 천함 그리고 지위나 신분 따위의 높고 낮음을 일컫는다.

글자 | 귀할 **귀**, 천할 **천**, 윗 **상**, 아래 **하**

[귀천유등貴賤有等]

귀하고 천함에는 무리가 있다는 말이며, 귀천에는 차등이 있다는 뜻이다.

글자 | 귀할 **귀**, 천할 **천**, 있을 **유**, 무리 **등**

[귀천지별貴賤之別]

귀함과 천함의 구별이라는 말이다.

글자 | 귀할 **귀**, 천할 **천**, 어조사 **지**, 다를 **별**

[귀출전입鬼出電入]

귀신처럼 나가고 번개처럼 들어온다는 말이며, 언제 들어오고 나가는지 예측할 수 없다는 뜻이다.

글자 | 도깨비 **귀**, 날 **출**, 번개 **전**, 들 **입**

[귀토지설龜兎之說]

거북과 토끼의 이야기라는 말이며, 느린 자도 꾸준하면 빠른 자를 이길 수 있다는 이야기다. 이는 후세 사람들이 윤색潤色하여 토생원전兎生員傳, 토끼의 간, 별주부전 등의 소설로 꾸며졌다.

글자 | 거북 **귀**, 토끼 **토**, 어조사 **지**, 말씀 **설**

출전 | 삼국사기 김유신전

[귀흉귀배龜胸龜背]

거북의 가슴과 거북의 등이라는 말이며, 안팎곱사등을 일컫는다.

글자 | 거북 **귀**, 가슴 **흉**, 등 **배**

[규관관천窺管觀天]

→ 용관규천用管窺天

[규구준승規矩準繩]

규정된 자와 수평 줄을 말하며, 사물의 행위의 표준 또는 기준과 법칙을 뜻한다.

글자 | 법 **규**, 곱자 **구**, 수준기 **준**, 줄 **승**

출전 | 맹자 이루離婁 상

[규여칠성竅如七星]

구멍이 칠성에 이른다는 말이며, 집이 낡고 허술하다는 뜻이다.

글자 | 구멍 **규**, 이를 **여**, 별 **성**

[규이중리闚以重利]

두터운 이익으로써 엿본다는 말이며, 이익을 많이 준다고 하면서 꾀어낸다는 뜻이다.

글자 | 엿볼 **규**, 써 **이**, 두터울 **중**, 이로울 **리**

출전 | 사기 자객열전刺客列傳

[규중심처閨中深處]

협문 안쪽의 깊은 곳이라는 말이며, 안방을 일컫는다.

글자 | 협문 **규**, 안쪽 **중**, 깊을 **심**, 곳 **처**

[규중절색閨中絶色]

협문 안쪽의 뛰어난 예쁜 계집이라는 말이며, 집안에 들어앉아있는 미인이라는 뜻이다.

글자 | 협문 **규**, 안쪽 **중**, 뛰어날 **절**, 예쁜 계집 **색**

[규중처녀閨中處女]

협문 속의 처녀라는 말이며, 집 안에 들어앉아 곱게 자란 처녀를 일컫는다.

글자 | 협문 **규**, 가운데 **중**, 처녀 **처**, 계집 **녀**

[규중처자閨中處子]

→ 규중처녀閨中處女

[규천호지叫天呼地]

하늘과 땅에 대고 부르짖는다는 말이며, 몹시 슬프거나 분하여 울부짖는다는 뜻이다.

글자 | 부르짖을 **규**, 하늘 **천**, 부를 **호**, 땅 **지**

[규합지신閨閤之臣]

규방의 쪽문을 지키는 신하를 말하며 내전에서 잠자리를 돌보는 신하를 뜻한다.

글자 | 규방 **규**, 쪽문 **합**, 어조사 **지**, 신하 **신**

출전 | 보임소경서報任少卿書

[규환지옥叫喚地獄]

[살려달라고] 부르짖는 지옥이라는 말이며, 살생, 강도 등 나쁜 죄를 진 사람이 가는 가마솥이나 뜨거운 불이 있다는 지옥을 일컫는다.

글자 | 부르짖을 **규**, 부를 **환**, 땅 **지**, 옥 **옥**

[균선곡전鈞旋轂轉]

녹로轆轤가 돌고 수레바퀴가 돈다는 말이며, 사물의 변천을 빗댄 말이다.

글자 | 녹로 **균**, 돌 **선**, 바퀴 **곡**, 구를 **전**

출전 | 회남자

[귤중지락橘中之樂]

귤 속의 즐거움이라는 말이며, 바둑을 두는 즐거움을 뜻한다. 중국의 파공에 사는 사람이 뜰에 심은 귤나무에서 귤을 따서 쪼개보니 두 늙은이가 바둑을 두고 있었다는 고사에서 온 말이다.

글자 | 귤나무 **귤**, 가운데 **중**, 어조사 **지**, 즐거울 **락**

출전 | 유명록幽冥錄

[귤화위지橘化爲枳]

귤이 변하여 탱자가 되었다는 말이며, 사람도 때와 장소에 따라 기질이 변한다는 뜻이다. 제나라 명재상 안자晏子가 초나라를 방문하려고 할 때 초왕이 안자를 모욕하려는 계책을 세우고 그가 도착하였을 때, 도적질하다 잡힌 제나라 사람을 포박하여 데려왔다. 연유를 묻고 초왕은 제나라 사람은 진실로 도적질을 잘 한다고 하자, 안자가 답했다. '저는 귤이 회남(남쪽)에서 나면 귤이 되지만, 회북에서 나면 탱자가 된다고 들었습니다. 잎은 서로 비슷하지만 그 과실의 맛은 다릅니다. 그 까닭은 물과 땅이 다르기 때문입니다. 지금 백성들 중 제나라에서 나고 성장한 자는 도적질을 아니하지만 초나라로 들어오면 도적질을 합니다. …'

글자 | 귤나무 **귤**, 될 **화**, 할 **위**, 탱자나무 **지**

출전 | 안자춘추 내잡內雜 하

동류 | 남귤북지南橘北枳

[극구광음隙駒光陰]

흰 말이 틈새로 지나는 것과 같은 빛과 그늘이라는 말이며, 세월의 흐름이 매우 빠르다는 뜻이다. 극구隙駒는 백구과극白駒過隙(흰 말이 틈새를 지난다)을 줄인 말이다.

글자 | 틈 **극**, 망아지 **구**, 빛 **광**, 그늘 **음**

동류 | 백구과극白駒過隙

유사 | 광음여류光陰如流

[극구발명極口發明]

→ 극구변명極口辨明

[극구변명極口辯明]

입을 다하여 말 잘하여 밝힌다는 말이며, 갖은 말을 다하여 변명한다는 뜻이다.

글자 | 다할 **극**, 입 **구**, 말 잘할 **변**, 밝을 **명**

[극구찬송極口讚頌]

→ 극구찬양極口讚揚

[극구찬양極口讚揚]

갖은 말을 다하여 입에 침이 마르도록 칭찬한다는 말이다.

글자 | 다할 **극**, 입 **구**, 칭찬할 **찬**, 칭찬할 **양**

동류 | 극구찬송極口讚頌

[극구참욕極口慘辱]

갖은 말을 다하여 성내고 욕한다는 말이다.

글자 | 다할 **극**, 입 **구**, 성낼 **참**, 욕될 **욕**

[극구칭찬極口稱讚]

→ 극구찬양極口讚揚

[극근극검克勤克儉]

매우 부지런하고 검소하다는 말이다.

글자 | 능할 **극**, 부지런할 **근**, 검소할 **검**

[극기복례克己復禮]

자기를 이기고 예절로 돌아간다는 말이며, 개인적인 이익을 억제하고 공공의 이익을 추구한다는 뜻이다.

원문 | 克己復禮爲仁
극 기 복 례 위 인

글자 | 이길 **극**, 자기 **기**, 갚을 **복**, 예절 **례**

출전 | 논어 안연顔淵

동류 | 극기봉공克己奉公

[극기봉공克己奉公]

자기를 이기고 공적인 일을 받든다는 말이며, 개인적인 일보다 공적인 일에 몸을 바친다는 뜻이다.

글자 | 이길 **극**, 자기 **기**, 받들 **봉**, 공변될 **공**

출전 | 논어 안연晏然

[극대장괴隙大牆壞]

틈이 커지면 담이 무너진다는 말이며, 작은 문제라도 커지면 전체가 무너진다는 뜻이다.

글자 | 틈 **극**, 큰 **대**, 담 **장**, 무너질 **괴**

[극락발원極樂發願]

극락 가기를 원한다는 말이다.

글자 | 다할 **극**, 즐거울 **락**, 찾아낼 **발**, 원할 **원**

[극락세계極樂世界]

→ 극락정토極樂淨土

[극락왕생極樂往生]

극진히 즐거운 것에 가서 태어난다는 말이며, 죽어서 극락세계에서 다시 태어난다는 뜻이다.

글자 | 극진할 **극**, 즐거울 **락**, 갈 **왕**, 날 **생**

출전 | 열반경涅槃經

[극락정토極樂淨土]

매우 즐겁고 깨끗한 땅이라는 말이며, 불교에서 말하는 내세의 이상국을 일컫는다. 아미타불이 살고 있는 이곳은 이 세상의 서쪽으로 십만억十萬億의 불토佛土를 지나가면 모든 것이 갖추어져 있는데 전혀 고환苦患이 없는 안락한 세계라 한다. 염불念佛을 한 사람은 죽어서 이곳에 왕생하여 불과佛果를 얻게 된다는 것이다.

글자 | 다할 **극**, 즐거울 **락**, 깨끗할 **정**, 흙 **토**

출전 | 불설무량수경佛說無量壽經

동류 | 극락세계極樂世界, 안양정토安養淨土, 안양보국安養寶國, 서방정토西方淨土, 안락세계安樂世界

[극리지간屐履之間]

나막신을 신는 겨를이라는 말이며, 활동하는 동안을 빗댄 말이다.

글자 | 나막신 **극**, 신 **리**, 어조사 **지**, 겨를 **간**

[극벌원욕克伐怨慾]

이기고 자랑하기 좋아하며 원망하여 화를 잘 내며 탐욕스럽다는 말이다.

원문 | 克伐怨慾 不行爲 可以爲仁矣
극벌원욕 불행위 가이위인의

글자 | 이길 **극**, 자랑할 **벌**, 원망할 **원**, 욕심 **욕**

출전 | 논어 헌문憲問

[극변원찬極邊遠竄]

먼 변방으로 멀리 쫓아버린다는 말이며, 멀리 귀양 보낸다는 뜻이다.

글자 | 멀 **극**, 변방 **변**, 멀 **원**, 쫓을 **찬**

[극사극치極奢極侈]

지극히 사치스럽고 또 사치스럽다는 말이다.

글자 | 지극할 **극**, 사치할 **사**, 사치할 **치**

[극성즉패極盛則敗]

너무 성하면 곧 패한다는 말이다.

글자 | 지극할 **극**, 성할 **성**, 곧 **즉**, 패할 **패**

[극세척도克世拓道]

세상을 이기고 길을 연다는 말이며, 어려움을 극복하고 새 길을 개척한다는 뜻이다.

글자 | 이길 **극**, 세상 **세**, 열 **척**, 길 **도**

[극악무도極惡無道]

지극히 악하고 도리道理가 없다는 말이다.

글자 | 지극할 **극**, 악할 **악**, 없을 **무**, 도리 **도**

[극역대대極逆大懟]

지극히 거역하여 크게 원망한다는 말이며, 임금을 배반하여 죽이려고 한다는 뜻이다.

글자 | 지극할 **극**, 거역할 **역**, 큰 **대**, 원망할 **대**

[극중악인極重惡人]

지극히 무거운 악한 사람이라는 말이며, 가장 큰 죄를 지은 악한 사람이라는 뜻이다.

글자 | 지극할 **극**, 무거울 **중**, 악할 **악**, 사람 **인**

[극진미신劇秦美新]

아픈 진나라와 아름다운 신나라라는 말이며, 아첨하여 쓴 글을 빗댄 말이다. 진나라의 횡포를 비난하고 왕망王莽이 세운 신나라를 미화한 양웅揚雄의 글에서 온 말이다.

글자 | 아플 **극**, 진나라 **진**, 아름다울 **미**, 신나라 **신**

[극진지두極盡地頭]

끝이 다한 땅의 머리라는 말이며, 마지막 지점을 일컫는다.

글자 | 한끝 **극**, 다할 **진**, 땅 **지**, 머리 **두**

[극혈지신隙穴之臣]

틈새 구멍으로 노리는 신하라는 말이며, 적과 은밀히 내통하는 신하라는 뜻이다.

글자 | 틈 **극**, 구멍 **혈**, 어조사 **지**, 신하 **신**
출전 | 한비자

[근검노작勤儉勞作]

부지런하고 검소하면서 일하고 만든다는 말이다.

글자 | 부지런할 **근**, 검소할 **검**, 일할 **노**, 지을 **작**

[근검상무勤儉尙武]

부지런하고 검소하며 호반(무예)을 숭상한다는 말이다.

글자 | 부지런할 **근**, 검소할 **검**, 숭상할 **상**, 호반 **무**

[근검저축勤儉貯蓄]

부지런하고 검소하여 저축한다는 말이다.

글자 | 부지런할 **근**, 검소할 **검**, 저축할 **저**, 쌓을 **축**

[근검절약勤儉節約]

부지런하고 검소하며 절제하여 검약한다는 말이다.

글자 | 부지런할 **근**, 검소할 **검**, 절제할 **절**, 검소할 **약**

[근고지영根固枝榮]

뿌리가 단단해야 가지가 무성하다는 말이다.

글자 | 뿌리 **근**, 강할 **고**, 가지 **지**, 무성할 **영**

[근교원공近交遠攻]

가까운 데는 사귀고 먼 데는 친다는 말이며, 이는 국제관계의 외교 전략이다.

글자 | 가까울 **근**, 사귈 **교**, 멀 **원**, 칠 **공**

[근구대법勤求大法]

큰 법을 부지런히 구한다는 말이며, 힘써 진리를 구하고자 한다는 뜻이다.

글자 | 부지런할 **근**, 구할 **구**, 큰 **대**, 법 **법**

[근구인형僅具人形]

겨우 사람의 모양을 갖추고 있다는 말이며, 속이 빈 철없는 사람을 일컫는다.

글자 | 겨우 **근**, 갖출 **구**, 사람 **인**, 형상 **형**

[근군지복近君之服]

임금을 가까이에서 모실 때 입는 옷이라는 말이다.

글자 | 가까울 **근**, 임금 **군**, 어조사 **지**, 입을 **복**

[근근간간勤勤懇懇]

매우 부지런하고 지성스럽다는 말이며, 열심히 일하면서도 매우 지성스럽다는 뜻이다.

글자 | 부지런할 **근**, 지성스러울 **간**

출전 | 후한서

[근근득생僅僅得生]

겨우겨우 얻어서 살아간다는 말이다.

글자 | 겨우 **근**, 얻을 **득**, 살 **생**

[근근부지僅僅扶持]

겨우겨우 붙들고 잡는다는 말이며, 겨우 배겨 나간다는 뜻이다.

글자 | 겨우 **근**, 붙들 **부**, 가질 **지**

[근근자자勤勤孜孜]

매우 부지런하다는 말이다.

글자 | 부지런할 **근**, 부지런할 **자**

[근로봉사勤勞奉仕]

부지런히 수고하여 받들어 일한다는 말이며, 사회의 이익이나 공공의 작업을 위해 무상으로 노동하는 것을 일컫는다.

글자 | 부지런할 **근**, 수고로울 **로**, 받들 **봉**, 일 **사**

[근로역작勤勞力作]

부지런히 수고하고 힘껏 짓는다는 말이며, 힘을 다해 부지런히 일한다는 뜻이다.

글자 | 부지런할 **근**, 수고로울 **로**, 힘 **역**, 지을 **작**

[근로정신勤勞精神]

부지런하게 수고하는 정신이라는 말이다.

글자 | 부지런할 **근**, 수고로울 **로**, 정신 **정**, 정신 **신**

[근면저축勤勉貯蓄]

→ 근검저축勤儉貯蓄

[근모실모僅毛失貌]

작은 터럭이 큰 모양을 잃게 한다는 말이며, 작은 일에 얽매어 큰일을 그르친다는 뜻이다.

글자 | 적을 **근**, 터럭 **모**, 잃을 **실**, 모양 **모**

출전 | 회남자

[근무가보勤無價寶]

부지런함은 값이 없는 보배라는 말이며, 근면함은 값으로 따질 수 없는 보배 이상의 가치를 지닌 것이라는 뜻이다.

원문 | 勤爲無價寶
근 위 무 가 보

글자 | 부지런할 **근**, 없을 **무**, 값 **가**, 보배 **보**

출전 | 명심보감 순명편順命篇

[근묵자흑近墨者黑]

먹을 가까이하면 검은 사람이 된다는 말이며, 나쁜 사람과 사귀면 나쁜 사람이 되기 쉽다는 뜻이다.

원문 | 近朱者赤 近墨者黑
근 주 자 적 근 묵 자 흑

글자 | 가까울 **근**, 먹 **묵**, 놈 **자**, 검을 **흑**

출전 | 태자소부잠太子少傅箴

동류 | 근주자적近朱者赤

[근문엽문根問葉問]

뿌리를 묻고 잎을 묻는다는 말이며, 근본으로부터 지엽枝葉에 이르기까지 남기지 않고 전부를 묻는다는 뜻이다.

글자 | 뿌리 **근**, 물을 **문**, 잎 **엽**

[근수누대近水樓臺]

물과 다락이 가까이 있어야 먼저 달을 볼 수 있다는 말이며, 세력 있는 사람 가까이 있어야 덕을 본다는 비유이다.

원문 | 近水樓臺 先得月
근 수 누 대 선 득 월

글자 | 가까울 **근**, 물 **수**, 다락 **누**, 대 **대**

출전 | 청야록清夜錄

[근시안적近視眼的]

가깝게 보는 눈에 맞는 [것]이라는 말이며, 사고력이 얕아 장래의 일이나 사물 전체를 알지 못하고 피상적으로만 본다는 뜻이다.

글자 | 가까울 **근**, 볼 **시**, 눈 **안**, 맞을 **적**

[근신절용謹身節用]

몸을 삼가고 씀씀이를 절제한다는 말이며, 몸을 조심하고 재물을 아껴 쓴다는 뜻이다.

원문 | 謹身節用 以養父母
근 신 절 용 이 양 부 모

글자 | 삼갈 **근**, 몸 **신**, 절제할 **절**, 쓸 **용**

출전 | 효경 서인장庶人章

[근심엽무根深葉茂]

뿌리가 깊으면 잎이 무성하다는 말이며, 기초가 튼튼하면 나머지 일은 잘 이루어진다는 뜻이다.

글자 | 뿌리 **근**, 깊을 **심**, 잎 **엽**, 무성할 **무**

[근심지목根深之木]

뿌리 깊은 나무라는 말이다.

글자 | 뿌리 **근**, 깊을 **심**, 어조사 **지**, 나무 **목**

[근어금수近於禽獸]

새와 짐승에 가깝다는 말이며, 사람답지 못한 사람이라는 뜻이다.

글자 | 가까울 **근**, 어조사 **어**, 새 **금**, 짐승 **수**

[근어천하謹於天下]

하늘 아래를 삼간다는 말이며, 천하에 대하여 근신하면 천하를 세운다는 뜻이다.

원문 | 謹於天下 則立於天下
근어천하 즉립어천하

글자 | 삼갈 **근**, 어조사 **어**, 하늘 **천**, 아래 **하**

출전 | 관자 형세해편形勢解篇

[근열원래近悅遠來]

가까운 데서는 기뻐하고 먼데서는 온다는 말이며, 좋은 정치의 덕이 널리 미친다는 뜻이다.

원문 | 近者悅 遠者來
근자열 원자래

글자 | 가까울 **근**, 기쁠 **열**, 멀 **원**, 올 **래**

출전 | 논어 자로子路

[근자득지勤者得之]

부지런한 사람이 얻는다는 말이며, 부지런히 일한 사람은 소득이 있게 된다는 뜻이다.

글자 | 부지런할 **근**, 사람 **자**, 얻을 **득**, 어조사 **지**

출전 | 송남잡지

[근장보졸勤將補拙]

부지런함을 받들고 못생긴 것을 돕는다는 말이며, 장점은 키우고 단점은 보완한다는 뜻이다.

글자 | 부지런할 **근**, 받들 **장**, 도울 **보**, 못생길 **졸**

출전 | 백거이의 시

[근주근묵近朱近墨]

붉은 것을 가까이 하면 붉어지고, 검은 것을 가까이 하면 검어진다는 말이며, 사람이 그 환경에 따라 변한다는 뜻이다.

원문 | 近朱者赤 近墨者黑
근주자적 금묵자흑

글자 | 가까울 **근**, 붉을 **주**, 먹 **묵**

출전 | 태자소부잠太子少傅箴

[근주자적近朱者赤]

붉은색을 가까이하면 자신도 붉어진다는 말이며, 사람의 성격이나 능력은 주위 환경에 의해 많이 좌우된다는 비유이다.

원문 | 近朱者赤 近墨者黑
근주자적 근묵자흑

글자 | 가까울 **근**, 붉을 **주**, 놈 **자**, 붉을 **적**

출전 | 태자소부잠太子少傅箴

동류 | 근묵자흑近墨者黑

[근친상간近親相姦]

가까운 친척의 남녀가 서로 간음한다는 말이다.

글자 | 가까울 **근**, 육친 **친**, 서로 **상**, 간음할 **간**

[근하신년謹賀新年]

새해에 삼가 하례를 드린다는 인사말이다.

글자 | 삼갈 **근**, 하례 **하**, 새 **신**, 해 **년**

[금강견고金剛堅固]

금강과 같이 굳고 단단하다는 말이며, 무엇이든지 깨뜨리고 어떤 물건에도 깨지지 않는다는 뜻이다.

글자 | 쇠 **금**, 굳셀 **강**, 굳을 **견**, 굳을 **고**

[금강동자金剛童子]

금과 같이 굳센 아이라는 말이며, 천마天魔를 이기는 어린이 모양의 신을 일컫는다. 아미타불 또는 감강살타의 화신으로 황동자黃童子, 청동자靑童子라고도 한다.

글자 | 금 **금**, 굳셀 **강**, 아이 **동**, 사람 **자**

출전 | 금강지역金剛智譯

[금강불괴金剛不壞]

강한 금(강석)은 깨어지지 않는다는 말이다.

글자 | 금 **금**, 굳셀 **강**, 아닐 **불**, 깨어질 **괴**

[금강야차金剛夜叉]

쇠같이 굳는 밤 귀신이라는 말이며, 저승에 있는 5대 명왕明王의 하나를 일컫는다.

글자 | 쇠 **금**, 굳을 **강**, 밤 **야**, 귀신 이름 **차**

[금강역사金剛力士]

쇠같이 굳은 힘센 군사라는 말이며, 불법佛法을 지킨다는 금강신金剛神을 일컫는다.

글자 | 쇠 **금**, 굳을 **강**, 힘 **역**, 군사 **사**

[금고종신禁錮終身]

죽을 때까지 금하고 가둔다는 말이며, 죄가 있거나 신분에 허물이 있어 평생 벼슬을 주지 않는 형벌을 일컫는다.

글자 | 금할 **금**, 가둘 **고**, 마침 **종**, 몸 **신**

[금고진천金鼓振天]

징소리와 북소리가 하늘을 떨친다는 말이며, 요란한 싸움터의 함성을 일컫는다.

글자 | 쇠 **금**, 북 **고**, 떨칠 **진**, 하늘 **천**

[금곡주수金谷酒數]

금곡의 술 수량이라는 말이며, 벌주 또는 벌배罰杯를 일컫는다. 진나라의 석숭石崇이 금곡의 별장에 손님을 초대하여 잔치를 베풀고 시를 짓지 못하는 사람에게 벌주 서 말을 마시게 했다는 고사에서 온 말이다.

글자 | 쇠 **금**, 골 **곡**, 술 **주**, 셈 **수**

출전 | 석숭의 시

[금곤복거禽困覆車]

새도 위험한 지경에 이르면 수레도 뒤엎는다는 말이며, 약자도 최악의 경우에는 큰 힘을 낼 수 있다는 뜻이다.

글자 | 날짐승 **금**, 괴로울 **곤**, 뒤집힐 **복**, 수레 **거**

출전 | 사기 저리자감무甘茂열전

[금과옥조金科玉條]

금이나 옥과 같이 귀중히 여기며 신봉

하는 법칙 또는 규정을 말한다.

글자 | 금 **금**, 조목 **과**, 구슬 **옥**, 조목 **조**

출전 | 문선

[금관옥대金冠玉帶]

금으로 된 관과 구슬로 된 띠라는 말이며, 높은 벼슬의 관복이라는 뜻이다.

글자 | 금 **금**, 갓 **관**, 구슬 **옥**, 띠 **대**

[금구목설金口木舌]

금과 같은 입과 나무와 같은 혀라는 말이며, 교령教令을 낼 때 흔들어 주의를 환기시키는 종을 가리키기도 하고 언설言說로 사회를 지도하는 인물을 뜻하기도 한다.

글자 | 금 **금**, 입 **구**, 나무 **목**, 혀 **설**

출전 | 논어

[금구무결金甌無缺]

금으로 만든 주발에 흠이 없다는 말이며, 사물이 완벽하다는 뜻이다.

글자 | 금 **금**, 사발 **구**, 없을 **무**, 흠 **결**

출전 | 남사 주이전朱异傳

[금구복명金甌覆名]

금주발로 덮은 이름이라는 말이며, 새로 임명하는 재상의 이름을 뜻한다. 당나라 현종이 재상을 임명할 때, 안상案上에 이름을 써서 금구로 덮고 사람들에게 맞혀보게 한 고사에서 유래한다.

글자 | 금 **금**, 사발 **구**, 덮을 **복**, 이름 **명**

출전 | 당서 최림전崔琳傳

[금구수설噤口囚舌]

입을 다물고 혀를 가둔다는 말이며, 아무 말도 하지 않는다는 뜻이다.

글자 | 입 다물 **금**, 입 **구**, 가둘 **수**, 혀 **설**

출전 | 조선왕조 15대 광해군일기

[금구폐설金口閉舌]

금과 같은 입의 혀를 다물고 있다는 말이며, 귀중한 말을 할 수 있는 사람이 침묵을 지키고 있다는 뜻이다.

글자 | 금 **금**, 입 **구**, 닫을 **폐**, 혀 **설**

[금권만능金權萬能]

돈의 권세가 여러 가지 능하다는 말이며, 돈만 있으면 모두 이룰 수 있다는 뜻이다.

글자 | 돈 **금**, 권세 **권**, 여러 **만**, 능할 **능**

[금권옥책金券玉册]

금으로 된 문서와 구슬로 된 책이라는 말이며, 천자天子로부터 내려진 조서를 일컫는다.

글자 | 금 **금**, 문서 **권**, 구슬 **옥**, 책 **책**

[금권정치金權政治]

돈의 권세가 바르게 다스린다는 말이며, 이권利權과 결부되어 이루어지는 정치라는 뜻이다.

글자 | 돈 **금**, 권세 **권**, 바를 **정**, 다스릴 **치**

[금궤석실金匱石室]

쇠로 만든 상자와 돌로 만든 방이라는 말이며, 책을 소중하게 간직하는 도서실을 일컫는다.

글자 | 쇠 **금**, 갑 **궤**, 돌 **석**, 방 **실**

[금궤지계金櫃之計]

금궤에 넣을 계책이라는 말이며, 긴요하고도 은밀한 계책을 일컫는다.

글자 | 쇠 **금**, 궤 **궤**, 어조사 **지**, 꾀할 **계**

[금궤지서金櫃之書]

금궤 속의 글이라는 말이며, 매우 귀하고 값진 책을 빗댄 말이다.

원문 | 石室金櫃之書
석 실 금 궤 지 서

글자 | 금 **금**, 궤 **궤**, 어조사 **지**, 글 **서**

[금낭가구錦囊佳句]

비단 주머니의 아름다운 글귀라는 말이며, 묘한 시구詩句를 뜻한다. 당나라 시인 이하李賀가 말을 타고 거닐면서 시를 읊었는데, 동행하는 서동書童이 좋은 시를 읊을 때마다 얼른 받아 적어 비단 주머니에 집어넣었다는 것이다.

글자 | 비단 **금**, 주머니 **낭**, 아름다울 **가**, 글귀 **구**

출전 | 당서 이하전

[금니지계金柅之戒]

쇠와 수레 고정 목의 경계라는 말이며, 나쁜 조짐은 미리 경계해야 한다는 뜻이다. 금니는 쇠로 만든 수레의 멈춤 대를 일컫는다.

글자 | 쇠 **금**, 수레 고정목 **니**, 어조사 **지**, 경계할 **계**

출전 | 주역 구괘姤卦

[금단주현琴斷朱絃]

거문고의 붉은 줄이 끊어졌다는 말이며, 남편이 죽었다는 뜻이다.

글자 | 거문고 **금**, 끊을 **단**, 붉을 **주**, 줄 **현**

[금독지음禽犢之淫]

→ 금독지행禽犢之行

[금독지행禽犢之行]

짐승과 같은 행실이라는 말이며, 일가친척 간에 생긴 음행淫行을 뜻한다.

글자 | 날짐승 **금**, 송아지 **독**, 어조사 **지**, 행실 **행**

동류 | 금독지음禽犢之淫

[금란지계金蘭之契]

→ 금란지교金蘭之交

[금란지교金蘭之交]

쇠와 난초 같은 사귐이라는 말이며, 지극히 친한 사이라는 뜻이다. 역경에 있는 말이다. '두 사람이 마음을 하나로 하면 그 날카로움이 단단한 쇠도 끊을 수 있으며 두 사람이 마음을 하나로 하여 말하게 되면 그 향기가 난초와 같다.'

원문 | 二人同心 其利斷金
이인동심 기리단금
同心之言 其臭如蘭
동심지언 기취여란
글자 | 쇠 **금**, 난초 **란**, 갈 **지**, 사귈 **교**
출전 | 주역 계사전繫辭傳 상
동류 | 금란지의金蘭之誼

[금란지우金蘭之友]

→ 금란지계金蘭之契

[금란지의金蘭之誼]

→ 금란지교金蘭之交

[금람아장錦纜牙檣]

비단 닻줄에 대장기를 단 돛대라는 말이며, 매우 화려한 배를 일컫는다.

글자 | 비단 **금**, 닻줄 **람**, 대장기 **아**, 돛대 **장**
출전 | 두보의 시 추흥秋興

[금래실적今來實積]

이제까지 쌓아 온 열매라는 말이며, 지금까지의 실적이라는 뜻이다.

글자 | 이제 **금**, 올 **래**, 열매 **실**, 쌓을 **적**

[금린옥척錦鱗玉尺]

비단 비늘과 옥 같은 길이라는 말이며, 아름답게 보이고 크기가 한 자 가량 되는 물고기를 일컫는다.

글자 | 비단 **금**, 비늘 **린**, 구슬 **옥**, 자 **척**

[금망소활禁網疏闊]

금하는 그물이 성기고 넓다는 말이며, 통치자들이 백성의 자유로운 활동을 막기 위하여 늘어놓은 법망이 헐렁하고 어설프다는 뜻이다.

글자 | 금할 **금**, 그물 **망**, 성길 **소**, 넓을 **활**
출전 | 조선왕조 7대 세조실록

[금방금방今方今方]

이제 또 이제라는 말이며, 잇따라 속히 온다는 뜻이다.

글자 | 이제 **금**, 이제 **방**

[금벽산수金碧山水]

금으로 된 푸르고 아름다운 돌, 그리고 산과 물이라는 말이며, 청록青綠 산수의 산봉우리와 바윗돌 따위를 그린 선의 안쪽에 이금선泥金線을 넣어 장식적 효과를 나타낸 그림을 일컫는다.

글자 | 금 **금**, 푸르고 아름다운 돌 **벽**, 뫼 **산**, 물 **수**

[금불급고今不及古]

지금이 옛날에 미치지 못한다는 말이며, 현대의 작품이 고대 작품에 따라가지 못한다는 뜻이다.

글자 | 이제 **금**, 아닐 **불**, 미칠 **급**, 옛 **고**
유사 | 금불여고今不如古

[금불여고今不如古]

지금이 옛날과 같지 않다는 말이며, 지금이 옛날보다 못하다는 뜻이다.

글자 | 이제 **금**, 아닐 **불**, 같을 **여**, 옛 **고**

[금산옥해金山玉海]

금의 산과 구슬의 바다라는 말이며, 지기志氣가 높고 지모智謀가 깊은 사람을 빗댄 말이다.

글자 | 금 **금**, 뫼 **산**, 구슬 **옥**, 바다 **해**

[금산철벽金山鐵壁]

쇠의 산과 쇠의 벽이라는 말이며, 매우 단단하다는 뜻이다.

글자 | 쇠 **금**, 뫼 **산**, 쇠 **철**, 벽 **벽**

[금상옥질金相玉質]

구술 바탕에 금상이라는 말이며, 글의 형식과 내용이 모두 훌륭하다는 뜻이다.

글자 | 금 **금**, 볼 **상**, 구슬 **옥**, 바탕 **질**

[금상첨화錦上添花]

비단 위에 꽃을 더한다는 말이며, 좋은 것 위에 더욱더 좋게 된다는 뜻이다. 중국 송나라 왕안석王安石의 칠언율시七言律詩에 나오는 글귀다. '좋은 모임에서 술잔을 비우려 하는데 고운 노래는 비단 위에 꽃을 더한다.'

원문 | 嘉招欲覆盃中淥麗唱仍添錦上花
가초욕복배중록여창잉첨금상화

글자 | 비단 **금**, 윗 **상**, 더할 **첨**, 꽃 **화**

출전 | 왕안석王安石의 칠언율시

반대 | 설상가상雪上加霜

[금상황제今上皇帝]

이제 임금인 임금이라는 말이며, 현재의 황제를 일컫는다.

글자 | 이제 **금**, 임금 **상**, 임금 **황**, 임금 **제**

[금생여수金生麗水]

금은 고운 물에서 난다는 말이다.

원문 | 金生麗水 玉出崑岡
금생여수 옥출곤강

글자 | 금 **금**, 날 **생**, 고울 **여**, 물 **수**

출전 | 천자문 6항

[금서철권金書鐵券]

금으로 된 글과 쇠로 된 문서라는 말이며, 매우 귀중한 서책을 일컫는다. 중국 고대에 제왕이 신하에게 세습적으로 면죄권을 누릴 수 있도록 발급한 증서의 하나이다.

글자 | 금 **금**, 글 **서**, 쇠 **철**, 문서 **권**

출전 | 삼국유사 태종춘추공조太宗春秋公朝

[금석뇌약金石牢約]

→ 금석지약金石之約

[금석맹약金石盟約]

→ 금석지약金石之約

[금석사죽金石絲竹]

쇠 · 돌 · 실과 대나무라는 말이며, 이를 이용하여 만든 종 · 석경石磬 · 현악기와 피리를 일컫는다. 고전에 있는

글이다. '문장이란 금석사죽과 같아서 그 소리는 서로 겸할 수가 없다.'

원문 | 文章如金石絲竹 其聲不能相兼
문장여금석사죽 기성불능상겸

글자 | 쇠 **금**, 돌 **석**, 실 **사**, 대나무 **죽**

출전 | 서포만필西浦漫筆 하

[금석위개金石爲開]

쇠와 돌도 열 수 있다는 말이며, 정성을 드리면 불가능이 없다는 뜻이다. 중국 초나라 사람 웅거자熊渠子라는 사람이 밤길을 걷다가 바위를 호랑이로 잘못 보고 활을 쏘았더니 어찌나 깊이 박혔는지 화살의 깃이 보이지 않을 지경이 되었다는 것이다. 이에 사람들은 웅거자의 힘도 세지만 온 정성을 가다듬어 필승의 정신으로 제압했기 때문이라고 해서 나온 말이다.

원문 | 精誠所至 金石爲開
정성소지 금석위개

글자 | 쇠 **금**, 돌 **석**, 될 **위**, 열 **개**

출전 | 신서新序

동류 | 중석몰촉中石沒鏃

[금석지감今昔之感]

지금과 옛날의 느낌이라는 말이며, 예나 지금이나 다를 바가 없다는 뜻이다.

글자 | 이제 **금**, 옛 **석**, 어조사 **지**, 느낄 **감**

[금석지계金石之契]

→ 금석지교金石之交

[금석지교金石之交]

쇠와 돌과 같이 굳은 사귐이라는 말이다.

글자 | 쇠 **금**, 돌 **석**, 어조사 **지**, 사귈 **교**

출전 | 문선, 주역 계사전繫辭傳

동류 | 금석지계金石之契

[금석지약金石之約]

쇠나 돌처럼 굳고 변함없는 기약이라는 말이다.

글자 | 쇠 **금**, 돌 **석**, 어조사 **지**, 기약할 **약**

동류 | 금석맹약金石盟約

[금석지언金石之言]

금이나 돌과 같은 말이라는 말이며, 교훈이 되는 귀중한 말이라는 뜻이다.

글자 | 금 **금**, 돌 **석**, 어조사 **지**, 말씀 **언**

[금석지재金石之材]

쇠와 돌의 재료라는 말이며, 쇠나 돌 따위로 된 약재를 일컫는다.

글자 | 쇠 **금**, 돌 **석**, 어조사 **지**, 재료 **재**

[금석지전金石之典]

금이나 돌처럼 변함없는 가치를 지닌 법전이라는 말이다.

글자 | 금 **금**, 돌 **석**, 어조사 **지**, 법 **전**

[금석지제金石之劑]

→ 금석지재金石之材

[금석췌편金石萃編]

금과 같이 단단한 것을 골라 엮은 책이라는 말이며, 훌륭한 글을 엮은 책으로서 중국 청나라 왕창王昶이 지은 160권의 책을 일컫는다.

글자 | 금 **금**, 단단할 **석**, 고를 **췌**, 책 **편**

[금석하석今夕何夕]

오늘 저녁이 어떤 저녁인가 하는 말이며, 무척 즐거운 밤을 맞이했다는 뜻이다.

글자 | 이제 **금**, 저녁 **석**, 어찌 **하**

[금선탈각金蟬脫殼]

금빛 매미가 껍질을 벗는다는 말이며, 몸을 빼어 도망친다는 말로서 36계 중 제21계에 해당하는 계책이다.

글자 | 금 **금**, 매미 **선**, 벗을 **탈**, 껍질 **각**

출전 | 삼국지, 회남자 정신훈

[금설폐구金舌弊口]

쇠 혀와 해진 입이라는 말이며, 한없이 떠들어댄다는 뜻이다. 순자에 있는 구절이다. '쇠로 만든 혀로 입이 해지도록 떠든다 하더라도 아무 이익이 없을 것이다.'

원문 | 金舌弊口 猶將無益也
금설폐구 유장무익야

글자 | 쇠 **금**, 혀 **설**, 해질 **폐**, 입 **구**

출전 | 순자 정론正論

[금성옥진金聲玉振]

금과 같은 소리를 옥과 같이 떨친다는 말이며, 작은 업적을 모아 크게 집대성한다는 뜻이다. 맹자가 한 말이다. 모든 것을 모아 크게 이룬다는 것은 금속 악기로 소리를 시작하고, 옥으로 만든 악기로 소리를 끝내는 것과 같다.

원문 | 集大成也者 金聲而玉振之也
집대성야자 금성이옥진지야

글자 | 금 **금**, 소리 **성**, 구슬 **옥**, 떨칠 **진**

출전 | 맹자 만장萬章 하

[금성천리金城千里]

쇠와 같은 성이 천리나 된다는 말이며, 이는 중국의 진시황이 자랑한 만리장성을 일컫는다.

글자 | 쇠 **금**, 성 **성**, 일천 **천**, 이수 **리**

[금성철벽金城鐵壁]

→ 금성탕지金城湯池

[금성탕지金城湯池]

쇠와 같은 성이 끓는 연못 속에 있다는 말이며, 적군이 공략할 수 없도록 수비를 철통같이 하고 있다는 뜻이다.

글자 | 쇠 **금**, 재 **성**, 끓일 **탕**, 못 **지**

출전 | 한서 괴통전蒯通傳

동류 | 탕지철성湯池鐵城

유사 | 금성철벽金城鐵壁

[금수강산錦繡江山]

비단에 수놓은 강산이라는 말이며, 아름다운 자연 또는 우리나라의 아름다움을 빗댄 말이다.

글자 | 비단 **금**, 수놓을 **수**, 강 **강**, 뫼 **산**

[금수고한今愁古恨]

이제의 근심이 옛날의 한이라는 말이며, 금인今人과 고인古人의 슬픔이라는 뜻이다.

글자 | 이제 **금**, 근심 **수**, 옛 **고**, 한 될 **한**

[금수문장錦繡文章]

비단에 수놓은 듯이 아름답고 훌륭한 문장을 일컫는다.

글자 | 비단 **금**, 수놓을 **수**, 글 **문**, 문채 **장**

[금수안장錦繡鞍裝]

비단에 수놓은 안장이라는 말이다.

글자 | 비단 **금**, 수놓을 **수**, 말안장 **안**, 꾸밀 **장**

[금수어충禽獸魚蟲]

새와 짐승, 그리고 물고기와 벌레라는 말이며, 사람을 뺀 모든 동물을 일컫는다.

글자 | 새 **금**, 짐승 **수**, 고기 **어**, 벌레 **충**

[금수지장錦繡之腸]

비단과 같은 마음이라는 말이며, 아름다운 마음씨를 뜻한다.

글자 | 비단 **금**, 수놓을 **수**, 어조사 **지**, 마음 **장**

[금수청산錦繡青山]

비단에 수놓은 푸른 산이라는 말이며, 매우 아름다운 산이라는 뜻이다.

글자 | 비단 **금**, 수놓을 **수**, 푸를 **청**, 뫼 **산**

[금슬부조琴瑟不調]

거문고와 비파의 가락이 고르지 못하다는 말이며, 부부가 서로 화합하지 못함을 빗댄 말이다.

글자 | 거문고 **금**, 비파 **슬**, 아닐 **부**, 고를 **조**

[금슬상화琴瑟相和]

거문고와 비파가 서로 잘 어울린다는 말이며, 부부간의 금슬이 좋다는 뜻이다. 한 집안의 화합을 노래한 시에서 유래한다. '처자가 좋게 합하는 것이 비파와 거문고를 타는 것과 같고 형제가 모두 모이니 화락하고 또 즐겁구나.'

원문 | 妻子好合 如鼓琴瑟 兄弟旣 翕和樂且湛
처자호합 여고금슬 형제기 흡화락차담

글자 | 거문고 **금**, 비파 **슬**, 서로 **상**, 화목할 **화**

출전 | 시경 소아小雅

[금슬지락琴瑟之樂]

거문고와 비파의 즐거움이라는 말이며, 부부 사이의 화목한 즐거움을 빗댄 말이다.

글자 | 거문고 **금**, 비파 **슬**, 어조사 **지**, 즐거울 **락**

출전 | 시경 소아 상체편常棣篇

ㄱ

[금시발복今時發福]

이제 바로 복이 피었다는 말이며, 어떤 일을 한 뒤 이내 좋은 수가 트였다는 뜻이다.

글자 | 이제 **금**, 때 **시**, 필 **발**, 복 **복**

[금시작비今是昨非]

오늘은 옳고 어제는 아니라는 말이며, 과거의 잘못을 오늘에야 시인한다는 뜻이다.

원문 | 覺今是而昨非
각 금 시 이 작 비

글자 | 이제 **금**, 옳을 **시**, 어제 **작**, 아닐 **비**

출전 | 도연명의 귀거래사歸去來辭

[금시초견今始初見]

이제 비로소 처음 본다는 말이다.

글자 | 이제 **금**, 비로소 **시**, 처음 **초**, 볼 **견**

출전 | 송남잡지

[금시초문今始初聞]

이제 비로소 처음 듣는다는 말이다.

글자 | 이제 **금**, 비로소 **시**, 처음 **초**, 들을 **문**

출전 | 송남잡지

[금심수구錦心繡口]

비단 같은 마음과 수놓은 입이라는 말이며, 글 짓는 재주가 뛰어난다는 뜻이다.

글자 | 비단 **금**, 마음 **심**, 수놓을 **수**, 입 **구**

[금영무참衾影無慚]

이불과 그림자에게도 부끄러움이 없다는 말이며, 남이 보지 않는 데서도 언행을 조심하여 조금도 부끄러운 것이 없다는 뜻이다.

글자 | 이불 **금**, 그림자 **영**, 없을 **무**, 부끄러울 **참**

출전 | 송사

[금오옥토金烏玉兎]

금 까마귀와 옥토끼라는 말이며, 해와 달을 일컫는다. 한종韓琮의 시에서 유래한다. '해는 멀리 날고 달마저 달려가니, 검은 구레나룻이 오래도록 검기는 예부터 있지 않으리.'

원문 | 金烏長飛玉兎走青髯長青古無有
금 오 장 비 옥 토 주 청 염 장 청 고 무 유

글자 | 금 **금**, 까마귀 **오**, 구슬 **옥**, 토끼 **토**

출전 | 한종韓琮의 시

[금옥군자金玉君子]

금과 옥과 같은 군자라는 말이며, 몸가짐이 깨끗하고 점잖은 사람을 일컫는다.

글자 | 금 **금**, 구슬 **옥**, 임금 **군**, 사람 **자**

[금옥만당金玉滿堂]

금과 옥이 집에 가득하다는 말이며, 현명한 신하가 조정에 가득하다는 뜻이다. 여기서 금은 금관자金貫子, 옥은 옥관자玉貫子를 붙인 높은 벼슬아치를 일컫는다.

원문 | 金玉滿堂 莫之能守 富貴而驕
금 옥 만 당 막 지 능 수 부 귀 이 교

글자 | 금 **금**, 구슬 **옥**, 찰 **만**, 집 **당**

출전 | 노자 운이運夷, 세설신어 상예賞譽

[금옥영실金玉盈室]

→ 금옥만당金玉滿堂

[금옥이음金玉爾音]

너의 소리를 금과 옥같이 하라는 말이며, 함부로 말하지 말라는 뜻이다.

글자 | 금 **금**, 구슬 **옥**, 너 **이**, 소리 **음**

[금옥장교金屋藏嬌]

→ 금옥저교金屋貯嬌

[금옥저교金屋貯嬌]

금과 같은 집에 아리따운 사람을 둔다는 말이며, 훌륭한 집에 미인을 살게 한다는 뜻이다. 한나라 무제가 아교阿嬌를 얻어 금옥金屋을 짓고 그곳에 살게 한 고사에서 유래한다.

글자 | 금 **금**, 집 **옥**, 둘 **저**, 아리따울 **교**

동류 | 금옥지총金屋之寵

[금옥지세金玉之世]

금과 옥의 세상이라는 말이며, 태평한 세월을 빗댄 말이다.

글자 | 금 **금**, 구슬 **옥**, 어조사 **지**, 세상 **세**

[금옥지중金玉之重]

금옥과 같이 무겁다는 말이며, 매우 중대하다는 뜻이다.

글자 | 금 **금**, 구슬 **옥**, 어조사 **지**, 무거울 **중**

[금옥지총金屋之寵]

→ 금옥저교金屋貯嬌

[금옥탕창金玉宕氅]

금관자金貫子, 옥관자와 탕건宕巾, 창의氅衣라는 말이며, 높은 벼슬아치 등 귀인의 복식을 일컫는다.

글자 | 금 **금**, 구슬 **옥**, 탕건 **탕**, 창의 **창**

[금옥패서金玉敗絮]

금과 옥이 썩은 솜과 같다는 말이며, 겉치레는 화려하나 속은 추악하다는 뜻이다.

글자 | 금 **금**, 구슬 **옥**, 썩을 **패**, 솜 **서**

[금왕지기金旺之氣]

→ 금왕지절金旺之節

[금왕지절金旺之節]

금기金氣가 왕성한 절기라는 말이며, 가을을 일컫는다.

글자 | 금 **금**, 왕성할 **왕**, 어조사 **지**, 절기 **절**

동류 | 금왕지기金旺之氣

[금운서성琴韻書聲]

거문고 울리는 소리와 글 읽는 소리라는 말이다.

글자 | 거문고 **금**, 울림 **운**, 글 **서**, 소리 **성**

[금은보패金銀寶貝]

금 · 은 · 옥 · 진주 따위의 매우 귀중한 보물을 말한다.

글자 | 금 **금**, 은빛 **은**, 보배 **보**, 자개 **패**

동류 | 금은보물金銀寶物, 금은보화金銀寶貨, 금은주옥金銀珠玉

[금은보화金銀寶貨]

→ 금은보패金銀寶貝

[금의상경錦衣尙褧]

비단옷 위에 홑옷을 꾸민다는 말이며, 군자는 미덕을 간직하고 있으면서 이를 겉으로 드러내지 않는다는 빗댄 말이다.

글자 | 비단 **금**, 옷 **의**, 꾸밀 **상**, 홑옷 **경**

[금의야행錦衣夜行]

비단옷을 입고 밤길을 간다는 말이며, 아무리 내가 잘해도 남이 잘 알아주지 않는다는 말이다. 이 말은 항우가 중국 진나라의 수도 함양에 입성하여 아방궁 등 성城을 모두 태워버리고 고향으로 돌아가려 하자 한생韓生이 이를 말렸는데, 이때 항우가 한 말이다. '부귀를 얻고도 고향에 돌아가지 않는다면 이는 마치 비단옷을 입고 밤길을 가는 것과 같다. 그 누가 알아주겠는가?'

원문 | 富貴不歸故鄕 如衣繡夜行
부 귀 불 귀 고 향 여 의 수 야 행
誰知之者
수 지 지 자

글자 | 비단 **금**, 옷 **의**, 밤 **야**, 다닐 **행**

출전 | 사기 항우본기項羽本紀

동류 | 의수야행衣繡夜行, 수의야행繡衣夜行

[금의옥식錦衣玉食]

비단옷을 입고 구슬과 같은 음식을 먹는다는 말이다.

글자 | 비단 **금**, 옷 **의**, 구슬 **옥**, 밥 **식**

출전 | 송사 이천전李薦傳

동류 | 옥의옥식玉衣玉食

유사 | 호의호식好衣好食

[금의일식錦衣一食]

비단옷에 한 끼 밥이라는 말이며, 값진 옷보다 한 그릇의 밥이 더 필요하다는 뜻이다.

글자 | 비단 **금**, 옷 **의**, 밥 **식**

[금의주행可考文獻]

→ 금의환향錦衣還鄕

[금의환향錦衣還鄕]

비단옷을 입고 고향으로 돌아온다는 말이며, 입신출세立身出世하여 태어난 고향으로 돌아온다는 뜻이다.

글자 | 비단 **금**, 옷 **의**, 돌아올 **환**, 시골 **향**

출전 | 사기 항우본기項羽本記
동류 | 의금지영衣錦之榮

[금일월병金日月屛]

금으로 해와 달을 그림 병풍이라는 말이며, 임금의 옥좌에 치는 병풍을 일컫는다.

글자 | 금 **금**, 해 **일**, 달 **월**, 병풍 **병**

[금일지사今日之事]

오늘의 일이라는 말이다.

글자 | 이제 **금**, 날 **일**, 어조사 **지**, 일 **사**

[금잔옥대金盞玉臺]

금으로 만든 술잔과 옥으로 만든 잔대라는 말이며, 노란 꽃 한가운데는 금잔 모양 같고 하얀 꽃잎은 옥 잔대 같은 수선화를 일컫는다.

글자 | 금 **금**, 술잔 **잔**, 구슬 **옥**, 대 **대**
유사 | 금잔은대金盞銀臺

[금잔은대金盞銀臺]

금으로 된 잔과 은으로 된 받침이라는 말이며, 수선화水仙花를 빗댄 말이다.

글자 | 금 **금**, 잔 **잔**, 은 **은**, 대 **대**

[금장수구錦章繡句]

→ **금상옥질**金相玉質

[금장옥례金漿玉醴]

금 같은 미움과 옥 같은 단술이라는 말이며, 좋은 술을 빗댄 말이다.

글자 | 금 **금**, 미움 **장**, 구슬 **옥**, 단술 **례**

[금장지심今將之心]

이제 장수의 마음이라는 말이며, 모반謀叛을 꾀하는 마음이라는 뜻이다.

글자 | 이제 **금**, 장수 **장**, 어조사 **지**, 마음 **심**
출전 | 조선왕조 3대 태종실록
동류 | 대역지심大逆之心

[금장지지禁葬之地]

장사지내는 것을 금하는 땅이라는 뜻이다.

글자 | 금할 **금**, 장사지낼 **장**, 어조사 **지**, 땅 **지**

[금전옥루金殿玉樓]

금으로 된 대궐과 구슬로 된 다락이라는 말이며, 규모가 크고 화려하게 지은 전각과 누대를 일컫는다.

글자 | 금 **금**, 대궐 **전**, 구슬 **옥**, 다락 **루**
출전 | 이상은李商隱의 시

[금정옥액金精玉液]

금과 같이 정령精靈하고 옥과 같은 진액이라는 말이며, 썩 잘 듣는 약을 일컫는다.

글자 | 금 **금**, 정령 **정**, 구슬 **옥**, 진액 **액**

[금제옥회金齏玉膾]

금 같은 양념과 구슬 같은 회라는 말이며, 맛있는 요리를 빗댄 말이다.

글자 | 금 **금**, 양념할 **제**, 구슬 **옥**, 회 **회**

[금준미주金樽美酒]

금잔에 아름다운 술이라는 말이다.

글자 | 금 **금**, 술잔 **준**, 아름다울 **미**, 술 **주**

출전 | 춘향전

[금지부득禁之不得]

금함을 얻을 수 없다는 말이며, 금하는 것이 불가능하다는 뜻이다.

글자 | 금할 **금**, 어조사 **지**, 아닐 **부**, 얻을 **득**

[금지옥엽金枝玉葉]

금으로 된 나뭇가지와 구슬로 된 잎이라는 말이며, 고귀한 신분 또는 귀한 자손이라는 뜻이다. 금옥은 천자를 가리키며 지와 엽은 자손을 뜻한 것이므로 천자의 자손 또는 황족이라는 뜻으로 되었다.

글자 | 금 **금**, 가지 **지**, 구슬 **옥**, 잎 **엽**

출전 | 소방蕭倣의 향태묘악장享太廟樂章

동류 | 경지옥엽瓊枝玉葉

[금침도인金針渡人]

금침을 사람에게 건넨다는 말이며, 비결을 남에게 전수한다는 뜻이다.

글자 | 금 **금**, 바늘 **침**, 건넬 **도**, 사람 **인**

[금파은파金波銀波]

금빛의 물결과 은빛의 물결이라는 말이며, 달빛에 반사되어 금색・은색으로 보이는 물결을 일컫는다.

글자 | 금 **금**, 물결 **파**, 은빛 **은**

출전 | 무제武帝 십유十喩

[금포옥대錦袍玉帶]

비단 도포와 구슬 띠라는 말이며, 화려한 옷차림을 일컫는다.

글자 | 비단 **금**, 도포 **포**, 구슬 **옥**, 띠 **대**

출전 | 옥루몽

[금혁지난金革之亂]

쇠와 갑주甲胄의 어려움이라는 말이며, 전쟁의 고난을 빗댄 말이다.

글자 | 쇠 **금**, 갑주 **혁**, 어조사 **지**, 어려울 **난**

[금혁지세金革之世]

쇠와 가죽의 세상이라는 말이며, 전란戰亂이 일어난 세상 또는 전란이 끊이지 않는 세상을 일컫는다.

글자 | 쇠 **금**, 가죽 **혁**, 어조사 **지**, 세상 **세**

[금화금벌禁火禁伐]

산에서 불 쓰는 것을 금하고 함부로 나무를 베지 말라는 말이다.

글자 | 금할 **금**, 불 **화**, 칠 **벌**

[금화벌초禁火伐草]

불을 금하고 풀을 친다는 말이며, 무덤에 불조심하고 때맞추어서 풀을 베고 잔디를 가꾸는 등 무덤을 지켜 잘 돌본다는 뜻이다.

글자 | 금할 **금**, 불 **화**, 칠 **벌**, 풀 **초**

[금환탄작金丸彈雀]

황금의 탄환으로 참새를 쏜다는 말이며, 소득이 적은데 쓸데없는 비용만 드린다는 뜻이다.

글자 | 금 **금**, 탄자 **환**, 퉁길 **탄**, 참새 **작**

출전 | 서경잡기西京雜記

[급격물실急擊勿失]

급히 쳐서 때를 놓치지 말아야 한다는 말이다.

글자 | 급할 **급**, 칠 **격**, 말 **물**, 잃을 **실**

[급고독원給孤獨園]

홀로 외로운 사람을 도와주는 동산이라는 말이며, 불교의 기원祇園을 빗댄 말이다.

원문 | 時應淸盥罷 隨喜給孤園
시응청관파 수희급고원

글자 | 줄 **급**, 외로울 **고**, 홀로 **독**, 동산 **원**

출전 | 두보의 망두솔사望兜率寺

[급과이대及瓜而代]

오이 때가 되면 바꾼다는 말이며, 임기가 차면 자리를 바꾼다는 뜻이다.

글자 | 미칠 **급**, 오이 **과**, 말 이을 **이**, 대신할 **대**

출전 | 춘추좌씨전 장공편莊公篇

동류 | 과시이대瓜時而代

[급난지붕急難之朋]

급하고 어려운 벗이라는 말이며, 위급하고 어려울 때에 도와주는 벗이라는 뜻이다. '술 먹고 밥 먹을 때 형, 동생 하는 친구가 천 명이나 있지만 급하고 어려울 때 나를 도와주는 친구는 한 명도 없다.'

원문 | 酒食兄弟千個有急難之朋一個無
주식형제천개유급난지붕일개무

글자 | 급할 **급**, 어려울 **난**, 어조사 **지**, 벗 **붕**

출전 | 명심보감 교우편

[급류용퇴急流勇退]

급한 물살에서 날래게 물러난다는 말이며, 잘 나가는 벼슬자리에서 기회를 보아 서슴없이 물러난다는 뜻이다.

글자 | 급할 **급**, 흐를 **류**, 날랠 **용**, 물러날 **퇴**

[급마하송給馬下送]

말을 주어 내려 보낸다는 말이다.

글자 | 줄 **급**, 말 **마**, 아래 **하**, 보낼 **송**

[급수공덕汲水功德]

목마른 사람에게 물을 주는 공덕이라는 말이며, 매우 쉬운 일이나 남을 위하여 선행을 베푼다는 뜻이다.

글자 | 물길을 **급**, 물 **수**, 공 **공**, 큰 **덕**

[급어성화急於星火]

급하기가 별똥과 같다는 말이며, 빠르기가 마치 운성隕星의 빛과 같다는 뜻이다.

글자 | 급할 **급**, 어조사 **어**, 별 **성**, 불 **화**

[급인지풍急人之風]

급한 사람의 기풍이라는 말이며, 남의 위급한 곤란을 구원하여 주려는 의협심 또는 그 기풍을 일컫는다.

글자 | 급할 **급**, 사람 **인**, 어조사 **지**, 모양 **풍**

[급전직하急轉直下]

급히 굴러 바로 밑으로 떨어진다는 말이며, 어떤 일이나 형세가 갑자기 바뀌어 걷잡을 수 없이 내리밀린다는 뜻이다.

글자 | 급할 **급**, 구를 **전**, 곧을 **직**, 아래 **하**

[급진급퇴急進急退]

급히 나아가고 급히 물러난다는 말이며, 진퇴를 재빨리 한다는 뜻이다.

글자 | 급할 **급**, 나아갈 **진**, 물러날 **퇴**

[긍구긍당肯構肯堂]

집 세우는 것을 즐기고 집을 즐긴다는 말이며, 아비가 사업을 일으키고 자식이 이를 잘 지킨다는 뜻이다.

글자 | 즐길 **긍**, 집 세울 **구**, 집 **당**

출전 | 서경

[긍긍업업兢兢業業]

조심하고 조심하며 공경하고 공경한다는 말이다. 서경에 있는 글이다.

'안일과 욕심으로 나아가지 않도록 하여 나라를 다스리시되 매사에 조심하고 두려워하소서.'

원문 | 無敎逸欲有邦 兢兢業業
무교일욕유방 긍긍업업

글자 | 조심할 **긍**, 공경할 **업**

출전 | 서경 고도모皐陶謨, 시경 대아大雅

[기가지본起家之本]

집을 일으키는 근본이라는 말이며, 한 집안을 다시 일으키는 근본적 방책을 일컫는다.

글자 | 일으킬 **기**, 집 **가**, 어조사 **지**, 근본 **본**

[기각지세掎角之勢]

다리와 뿔을 잡는 기세라는 말이며, 달아나는 사슴을 잡을 때 뒷발과 뿔을 잡는 것과 같이 앞뒤에서 적을 몰아치는 기세를 일컫는다.

글자 | 한 다리 끌 **기**, 뿔 **각**, 어조사 **지**, 기세 **세**

출전 | 춘추좌씨전 양공 14년

[기갈자심飢渴滋甚]

배고픔과 목마름이 다 심하다는 말이다.

글자 | 배고플 **기**, 목마를 **갈**, 더할 **자**, 심할 **심**

[기강지복紀綱之僕]

기율과 대강大綱의 종이라는 말이며, 기강이 잡힌 병사라는 뜻이다.

글자 | 기율 **기**, 대강 **강**, 어조사 **지**, 종 **복**
출전 | 춘추좌씨전 희공 중

[기거동작起居動作]

일어서고 앉고 움직인다는 말이며, 사람의 일상생활의 움직임을 일컫는다.

글자 | 일어날 **기**, 앉을 **거**, 움직일 **동**, 지을 **작**

[기거만복起居萬福]

일어나고 앉는데 만복이 있다는 말이며, 상대방의 무사함을 바란다는 편지의 글이다.

글자 | 일어날 **기**, 앉을 **거**, 일만 **만**, 복 **복**

[기거무시起居無時]

일어나고 사는데 때가 없다는 말이며, 은거하는 몸이 자유롭다는 뜻이다.

글자 | 일어날 **기**, 있을 **거**, 없을 **무**, 때 **시**

[기경정결起景情結]

일으키고 경치를 주고 뜻을 나타낸 다음 맺는다는 말이며, 이는 한시漢詩에서의 네 절節을 일컫는다. 문장을 일으키는 것을 기起라 하고, 문장에 멋을 더한 것을 경景, 사색으로 들어가는 것을 정情, 거두어 맺는 것을 결結이라 한다.

글자 | 일어날 **기**, 경치 **경**, 뜻 **정**, 맺을 **결**
동류 | 기승전결起承轉結

[기계종횡奇計縱橫]

기묘한 계교를 세로로 하고 가로로 한다는 말이며, 기묘한 꾀를 마음대로 부린다는 뜻이다.

글자 | 기묘할 **기**, 계교 **계**, 세로 **종**, 가로 **횡**

[기고만장氣高萬丈]

기운이 만장이나 뻗쳤다는 말이며, 일이 잘 되어 기세가 대단하다는 뜻이다.

글자 | 기운 **기**, 높을 **고**, 일만 **만**, 열자 **장**
동류 | 대언장어大言壯語

[기고상당旗鼓相當]

깃발과 북으로 서로 대적한다는 말이며, 남과 서로 우열을 다툰다는 뜻이다.

글자 | 기 **기**, 북 **고**, 서로 **상**, 대적할 **당**

[기골장대氣骨壯大]

힘과 뼈대가 크고 장하다는 말이다.

글자 | 힘 **기**, 뼈 **골**, 장할 **장**, 큰 **대**

[기공불소其功不少]

그 공이 적지 않다는 말이며, 모든 것이 제자리에서 제 할 일을 제대로 해야 세상이 편하고 살기도 좋다는 뜻이다. 눈썹, 눈, 코, 입의 배치가 그 기능에 따라 그 자리에 배치된 것이며, 만일 뒤죽박죽 흩어져 있으면 매우 꼴불견일 것이다.

글자 | 그 **기**, 공 **공**, 아닐 **불**, 적을 **소**
출전 | 취옹담론醉翁談論

[기괴망측奇怪罔測]

이상하고 괴상함을 헤아릴 수 없다는 말이며, 이상야릇함이 이루 말할 수 없다는 뜻이다.

글자 | 이상할 **기**, 기이할 **괴**, 없을 **망**, 헤아릴 **측**

출전 | 천신기天神記

동류 | 기괴천만奇怪千萬

[기괴천만奇怪千萬]

→ 기괴망측奇怪罔測

[기구망측崎嶇罔測]

헤아릴 수 없이 산길이 험하다는 말이며, 운수가 사납기 그지없다는 말도 된다.

글자 | 산길 험할 **기**, 산 험준할 **구**, 없을 **망**, 헤아릴 **측**

[기구불체器具不逮]

그릇이 미치지 못한다는 말이며, 기구·세간·그릇·연장 따위가 부족하다는 뜻이다.

글자 | 그릇 **기**, 그릇 **구**, 아닐 **불**, 미칠 **체**

출전 | 송남잡지

[기구지업箕裘之業]

키와 갖옷의 산업이라는 말이며, 가업家業을 이어받는다는 뜻이다. 예기의 글이다. '훌륭한 대장장이 아들은 반드시 갖옷 만드는 일을 배우며, 훌륭한 궁장이 아들은 반드시 키를 만드는 일을 배운다.'

원문 | 良冶之子 必學爲裘 良弓之子 必學爲箕
양야지자 필학위구 양궁지자 필학위기

글자 | 키 **기**, 갖옷 **구**, 어조사 **지**, 산업 **업**

출전 | 예기 학기學記

[기구험로崎嶇險路]

험하고 험한 산의 길이라는 말이다.

글자 | 산길 험할 **기**, 산 험준할 **구**, 험할 **험**, 길 **로**

[기구환신棄舊換新]

옛것을 버리고 새것으로 바꾼다는 말이다.

글자 | 버릴 **기**, 옛 **구**, 바꿀 **환**, 새 **신**

[기국두민欺國蠹民]

나라를 속이고 백성을 좀먹는다는 말이며, 공도公道를 버리고 사욕만 채우려 한다는 뜻이다.

글자 | 속일 **기**, 나라 **국**, 좀 **두**, 백성 **민**

출전 | 조선왕조 14대 선조실록

[기군망상欺君罔上]

위를 업신여기고 임금을 속인다는 말이다.

글자 | 속일 **기**, 임금 **군**, 없을 **망**, 윗 **상**

[기근천지饑饉荐至]

흉년이 거듭 이른다는 말이며, 매년 흉년이 든다는 뜻이다.

글자 | 흉년들 **기**, 흉년들 **근**, 거듭 **천**, 이를 **지**

[기급절사氣急絶死]

기가 급히 끊어져 죽는다는 말이며, 기겁하여 까무러친다는 뜻이다.

글자 | 기운 **기**, 급할 **급**, 끊을 **절**, 죽을 **사**

[기기괴괴奇奇怪怪]

매우 이상하고 기이하다는 말이다.

글자 | 이상할 **기**, 기이할 **괴**

[기기기닉己饑己溺]

자신이 굶주리고 자신이 물에 빠진다는 말이며, 사람들의 고통을 자신의 고통으로 여긴다는 뜻이다.

글자 | 자기 **기**, 주릴 **기**, 빠질 **닉**

출전 | 맹자 이루하離婁下

[기기묘묘奇奇妙妙]

매우 이상하고 묘하다는 말이다.

글자 | 이상할 **기**, 묘할 **묘**

[기기애애期期艾艾]

입이 둔한 늙은이들이라는 말이며, 반벙어리나 말할 때 몹시 더듬는다는 뜻이다.

글자 | 입 둔할 **기**, 늙은이 **애**

출전 | 사기 주창전周昌傳

[기기음교奇技淫巧]

이상한 재주와 넘치는 재주라는 말이며, 뛰어난 세공細工으로 매우 교묘하게 만들었다는 뜻이다.

글자 | 이상할 **기**, 재주 **기**, 넘칠 **음**, 재주 **교**

출전 | 조선왕조 9대 성종실록

[기남숙녀奇男淑女]

기이한 남자와 착한 여자라는 말이며, 남달리 재주와 슬기를 가진 남자와 교양과 품위가 있는 여자를 일컫는다.

글자 | 기이할 **기**, 사내 **남**, 착할 **숙**, 계집 **녀**

[기능해인豈能害人]

어찌 사람을 해할 수 있으리오라는 말이다.

글자 | 어찌 **기**, 능할 **능**, 해할 **해**, 사람 **인**

[기담괴설奇談怪說]

기이한 말과 괴상한 말이라는 뜻이며, 매우 이상한 이야기라는 뜻이다.

글자 | 기이할 **기**, 말씀 **담**, 괴상할 **괴**, 말씀 **설**

[기득문명既得聞命]

이미 명한 바를 들어 얻었다는 말이며, 명령을 익히 알고 있다는 뜻이다.

글자 | 이미 **기**, 얻을 **득**, 들을 **문**, 명할 **명**

출전 | 맹자

[기라총중綺羅叢中]

비단옷을 모은 가운데라는 말이며, 호

화로운 생활을 하는 사람들 가운데라는 뜻이다.

글자 | 비단 **가**, 비단 **라**, 모을 **총**, 가운데 **중**

[기라홍군綺羅紅裙]

비단옷과 붉은 치마라는 말이며, 화려하게 꾸며 입은 여자를 일컫는다.

글자 | 비단 **기**, 비단 **라**, 붉을 **홍**, 치마 **군**

[기래포거飢來飽去]

굶어서 오고 배불러서 간다는 말이며, 궁하게 되면 나타나고 살만 하면 떠나간다는 뜻이다.

글자 | 굶을 **기**, 올 **래**, 배부를 **포**, 갈 **거**

출전 | 고려사

[기려멱려騎驢覓驢]

나귀를 타고 나귀 농막을 찾는다는 말이며, 가까이 있는 것을 모르고 먼 곳에서 찾는다는 뜻이다.

글자 | 말 탈 **기**, 나귀 **려**, 찾을 **멱**, 농막 **려**

출전 | 황정견黃庭堅의 시

[기려지신羈旅之臣]

나그네의 신하라는 말이며, 외국에서 머물고 있는 신하를 일컫는다.

글자 | 나그네 **기**, 나그네 **려**, 어조사 **지**, 신하 **신**

[기로망양岐路亡羊]

갈림길에서 양을 잃었다는 말이며, 학문의 길이 많아 진리를 탐구하기 어렵다는 뜻이다.

글자 | 갈림길 **기**, 길 **로**, 달아날 **망**, 양 **양**

출전 | 열자 설부편

동류 | 다기망양多岐亡羊

[기록구전記錄久傳]

기록이 오래 전한다는 말이며, 기록은 오래 보존된다는 뜻이다.

글자 | 기록할 **기**, 기록할 **록**, 오랠 **구**, 전할 **전**

[기록아존記錄我存]

기록한다. [고로] 나는 존재한다라는 말이다.

글자 | 기록할 **기**, 기록할 **록**, 나 **아**, 있을 **존**

[기록장구記錄長久]

기록은 길고 오래다는 말이다.

글자 | 기록할 **기**, 기록할 **록**, 긴 **장**, 오랠 **구**

[기뢰보화琦賂寶貨]

옥의 뇌물과 보배로운 재화라는 말이며, 매우 값진 선물이라는 뜻이다.

글자 | 옥 **기**, 뇌물 **뢰**, 보배 **보**, 재화 **화**

[기리단금其利斷金]

그 날카로움이 쇠를 자른다는 말이며, 두 사람이 마음을 합하면 쇠도 끊을 수 있다는 뜻이다.

원문 | 二人同心 其利斷金
이인동심 기리단금

글자 | 그 **기**, 날카로울 **리**, 끊을 **단**, 쇠 **금**

출전 | 주역 계사전繫辭傳 상

[기만득면期滿得免]

기한이 차서 면함을 얻는다는 말이며, 일정한 기간이 지남으로써 의무의 면제를 얻는다는 뜻이다.

글자 | 기한 **기**, 찰 **만**, 얻을 **득**, 면할 **면**

[기만수봉奇巒秀峰]

이상한 산봉우리와 빼어난 산봉우리라는 말이다.

글자 | 이상할 **기**, 산봉우리 **만**, 빼낼 **수**, 산봉우리 **봉**

[기만즉일器滿則溢]

그릇이 가득 차면 곧 넘친다는 말이다.

원문 | 器滿則溢 人滿則喪
기만즉일 인만즉상

글자 | 그릇 **기**, 가득할 **만**, 곧 **즉**, 넘칠 **일**

출전 | 명심보감 성심편省心篇

[기만행위欺瞞行爲]

속이는 행위라는 말이다.

글자 | 속일 **기**, 속일 **만**, 행할 **행**, 할 **위**

[기맥상통氣脈相通]

기운과 맥이 서로 통한다는 말이며, 마음과 뜻이 서로 통한다는 뜻이다.

글자 | 기운 **기**, 맥 **맥**, 서로 **상**, 통할 **통**

[기모비계奇謀秘計]

기이한 꾀와 비밀한 계교라는 말이며, 신기한 꾀와 남몰래 세운 계책이라는 뜻이다.

글자 | 기이할 **기**, 꾀 **모**, 비밀할 **비**, 계교 **계**

[기문벽서奇文僻書]

기이한 글과 괴벽한 책이라는 말이다.

글자 | 기이할 **기**, 글 **문**, 괴벽할 **벽**, 글 **서**

[기문지학記問之學]

기록하고 묻기만 하는 학문이라는 말이며, 읽고 외기만 할 뿐 아무런 깨달음도 활용도 없는 쓸모없는 학문이라는 뜻이다.

글자 | 기록할 **기**, 물을 **문**, 어조사 **지**, 배울 **학**

출전 | 예기 학기學記

[기미상적氣味相適]

정기나 뜻이 서로 맞는다는 말이며, 마음이나 취미가 서로 맞는다는 뜻이다.

글자 | 정기 **기**, 뜻 **미**, 서로 **상**, 맞을 **적**

동류 | 기미상합氣味相合

[기미상합氣味相合]

→ 기미상적氣味相適

[기민혜힐機敏慧黠]

기미에 날래고 지혜가 약다는 말이며,

행동이 빠르고 지혜가 약삭빠르다는 뜻이다.

글자 | 기미 **기**, 날랠 **민**, 지혜 **혜**, 약을 **힐**

[기밀근신機密近臣]

기회와 비밀의 [일을 하는] 가까운 신하라는 말이다.

글자 | 기회 **기**, 비밀할 **밀**, 가까울 **근**, 신하 **신**

[기방차방其方此方]

그쪽 방위와 이쪽 방위라는 말이며, 여기저기라는 뜻이다.

글자 | 그 **기**, 방위 **방**, 이 **차**

[기변백출機變百出]

기미의 바뀜이 백 가지 나온다는 말이며, 여러 가지 방법으로 재빨리 대응한다는 뜻이다.

글자 | 기미 **기**, 바뀔 **변**, 일백 **백**, 날 **출**

[기변지교機變之巧]

기회에 따라 변하는 재주라는 말이며, 때에 따라 적절하게 변하는 수단이라는 뜻이다. 맹자의 말이다. '임기응변으로 계교를 부리는 자는 부끄러워하는 마음을 쓸 곳이 없다.'

원문 | 爲機變之巧者 無所用恥焉
위 기 변 지 교 자 무 소 용 치 언

글자 | 기회 **기**, 변할 **변**, 어조사 **지**, 재주 **교**

출전 | 맹자 진심盡心 상

[기복신앙祈福信仰]

우러러 복을 비는 믿음이라는 말이며, 복을 비는 목적으로 믿는 미신적인 신앙을 일컫는다.

글자 | 기도할 **기**, 복 **복**, 믿을 **신**, 우러를 **앙**

[기복염거驥服鹽車]

천리마가 소금수레를 메었다는 말이며, 유능한 사람이 하찮은 일에 종사한다는 빗댄 말이다.

원문 | 夫驥之齒至矣 服鹽車而上太行蹄申膝折 …
부 기 지 치 지 의 복 염 거 이 상 태 행 제 신 슬 절

글자 | 천리마 **기**, 수레 첫째 멍에 **복**, 소금 **염**, 수레 **거**

출전 | 전국책 초책楚策

[기복자후其福自厚]

그 복이 스스로 두터워진다는 말이며, 복됨이 저절로 커진다는 뜻이다.

글자 | 그 **기**, 복 **복**, 스스로 **자**, 두터울 **후**

[기복종융起復從戎]

다시 일어나 군사를 따른다는 말이며, 부모의 상중에도 다시 벼슬자리에 나아가 전쟁터에 나간다는 뜻이다.

글자 | 일어날 **기**, 다시 **복**, 따를 **종**, 군사 **융**

출전 | 조선왕조 9대 성종실록

[기복출사起復出仕]

다시 일어나 벼슬에 나간다는 말이며, 상중喪中에는 벼슬을 하지 않는다는 관례를 깨고 상제의 몸으로 벼슬자리에 나간다는 뜻이다.

글자 | 일어날 **기**, 다시 **복**, 나갈 **출**, 벼슬할 **사**

동류 | 기복행공起復行公, 탈정종공奪情從公

[기복행공起復行公]

→기복출사起復出仕

[기본자세基本姿勢]

운동이나 훈련을 할 때, 기본이 되는 몸가짐을 말한다. 바로 선 자세, 앉은 자세, 차려 자세, 엎드려쏴 자세 등이다.

글자 | 터 **기**, 밑 **본**, 맵시 **자**, 형세 **세**

[기본축말棄本逐末]

근본을 버리고 끝을 좇는다는 말이며, 정도正道가 아닌 요행을 바란다는 뜻이다.

글자 | 버릴 **기**, 근본 **본**, 좇을 **축**, 끝 **말**

출전 | 고려사

동류 | 기본구말棄本求末

[기부족용器不足用]

그릇이 쓰는데 부족하다는 말이다.

글자 | 그릇 **기**, 아닐 **부**, 흡족할 **족**, 쓸 **용**

[기부포비飢附飽飛]

굶으면 의탁하고 배부르면 날아간다는 말이며, 형세가 여의치 않으면 숙이고 들어와 혜택을 구걸하고 만만하다 싶으면 어느새 등을 돌려 해코지를 한다는 뜻이다.

원문 | 飢附誠足用 飽飛安可招
기 부 성 족 용 포 비 안 가 초

글자 | 굶을 **기**, 의탁할 **부**, 배부를 **포**, 날 **비**

출전 | 고적의 휴양수창대판관睢陽酬暢大判官

[기불택식飢不擇食]

굶주린 사람은 먹을 것을 가리지 않는다는 말이다.

글자 | 주릴 **기**, 아닐 **불**, 가릴 **택**, 밥 **식**

[기사근생饑死僅生]

굶주려 죽게 되었다가 겨우 살아났다는 말이다.

글자 | 굶주릴 **기**, 죽을 **사**, 겨우 **근**, 살 **생**

[기사본말記事本末]

일의 근본과 끝을 적은 것이라는 말이다.

글자 | 적을 **기**, 일 **사**, 근본 **본**, 끝 **말**

[기사이적奇事異蹟]

기이한 일과 행적이라는 말이다.

글자 | 기이할 **기**, 일 **사**, 기이할 **이**, 행적 **적**

[기사지경幾死之境]

거의 죽게 된 지경이라는 말이다.

글자 | 거의 **기**, 죽을 **사**, 어조사 **지**, 지경 **경**

[기사회생起死回生]

죽음에서 일어나 되살아났다는 말이며, 폐업 위기에 있는 기업을 정상적인 운영 상태로 재건한 경우에도 쓰인다. 오나라가 전쟁에서 이기고 은혜를 베풀자 월왕 구천이 한 말이다. '군왕의 은혜는 월나라의 죽은 사람을 일으켜서 백골에 살을 붙인 것과 같습니다. 소인은 감히 하늘의 재앙을 잊지 못하고 대왕의 은혜를 잊을 수 없습니다.'

글자 | 일어날 **기**, 죽을 **사**, 돌아올 **회**, 날 **생**

출전 | 사기 편작열전扁鵲列傳

유사 | 권토중래捲土重來

반대 | 재기불능再起不能

[기산지절箕山之節]

기산의 절개라는 말이며, 굳은 절개와 신념을 뜻한다. 허유許由가 요堯임금으로부터 양위하겠다는 말을 듣자 귀가 더럽혀졌다며 영천에서 귀를 씻고 기산에서 은거했다는 고사에서 온 말이다.

글자 | 키 **기**, 뫼 **산**, 어조사 **지**, 절개 **절**

출전 | 한서 포선전鮑宣傳

동류 | 기산지조箕山之操, 기산지지箕山之志

유사 | 허유소부許由巢父

[기산지지箕山之志]

→ 기산지절箕山之節

출전 | 세설신어 언어

[기상만천氣象萬千]

기후의 형상은 천만 가지라는 말이다.

글자 | 기후 **기**, 형상 **상**, 일만 **만**, 일천 **천**

[기상천외奇想天外]

하늘 밖의 기이한 생각이라는 말이며, 보통 사람이 생각할 수 없는 기발한 생각이라는 뜻이다.

글자 | 기이할 **기**, 생각할 **상**, 하늘 **천**, 바깥 **외**

[기상호시氣象好時]

기후의 형상이 좋은 때라는 말이다.

글자 | 기후 **기**, 형상 **상**, 좋을 **호**, 때 **시**

[기색담한氣塞膽寒]

기운이 막히고 쓸개가 차다는 말이며, 몹시 두려워한다는 뜻이다.

글자 | 기운 **기**, 막힐 **색**, 쓸개 **담**, 찰 **한**

출전 | 조선왕조 15대 광해군일기

[기색혼절氣塞昏絶]

기운이 막히고 어지럽고 끊긴다는 말이며, 숨이 막히고 정신이 아찔하여 까무러친다는 뜻이다.

글자 | 기운 **기**, 막을 **색**, 어지러울 **혼**,

끊을 **절**

[기생계급寄生階級]

[남에게] 의지해 사는 계급이라는 말이다.

글자 | 의지할 **기**, 살 **생**, 층계 **계**, 등급 **급**

[기생도가妓生都家]

기생들이 모여 있는 집이라는 말이며, 잔칫집이나 요정 등에서 부르면 가려고 기생들이 모여 있는 집을 일컫는다.

글자 | 기생 **기**, 날 **생**, 도무지 **도**, 집 **가**

[기서유역氣序流易]

계절의 차례가 흘러 바뀐다는 말이며, 4계절이 바뀌면서 세월이 흘러간다는 뜻이다.

글자 | 계절 **기**, 차례 **서**, 흐를 **유**, 바꿀 **역**

[기설지로羈紲之勞]

[말의] 고삐를 잡는 수고로움이라는 말이며, 신하가 임금을 섬기는 노고를 빗댄 말이다.

글자 | 구속받을 **기**, 고삐 **설**, 어조사 **지**, 수고로울 **로**

출전 | 조선왕조 14대 선조실록

동류 | 기적지로羈靮之勞

[기설지복羈紲之僕]

말고삐의 종이라는 말이며, 임금의 행차에 말고삐를 잡고 가는 사람을 일컫는다.

글자 | 굴레 **기**, 고삐 **설**, 어조사 **지**, 종 **복**

출전 | 춘추좌씨전

[기성도덕旣成道德]

이미 이루어진 큰 도리라는 말이며, 현실적으로 사회에 널리 통용되고 있는 도덕적 판단이나 습관을 일컫는다.

글자 | 이미 **기**, 이룰 **성**, 도리 **도**, 큰 **덕**

[기성사실旣成事實]

이미 이루어진 사실이라는 말이다.

글자 | 이미 **기**, 이룰 **성**, 일 **사**, 열매 **실**

[기성세대旣成世代]

이미 이루어진 세대라는 말이며, 현재 사회에서 활동하고 있는 나이가 든 세대를 일컫는다.

글자 | 이미 **기**, 이룰 **성**, 세상 **세**, 대 **대**

[기성세력旣成勢力]

이미 이루어진 권세와 힘이라는 말이다.

글자 | 이미 **기**, 이룰 **성**, 권세 **세**, 힘 **력**

[기성안혼技成眼昏]

재주를 이루니 눈이 어둡다는 말이며, 늙어버리니 좋은 기술도 쓸데 없다는 빗댄 말이다.

글자 | 재주 **기**, 이룰 **성**, 눈 **안**, 어두울 **혼**

출전 | 순오지

[기세난당其勢難當]

그 기세가 아주 대단해서 당해내기 어렵다는 말이다.

글자 | 그 **기**, 기세 **세**, 어려울 **난**, 당할 **당**

[기세도명欺世盜名]

세상을 속이고 이름을 도둑질한다는 말이다.

글자 | 속일 **기**, 세상 **세**, 도둑 **도**, 이름 **명**

[기세등등氣勢騰騰]

기운과 세력이 오르고 올랐다는 말이다.

글자 | 기운 **기**, 세력 **세**, 오를 **등**

[기세양난其勢兩難]

그 세력이 양쪽으로 어렵다는 말이며, 이럴 수도 저럴 수도 없다는 뜻이다.

글자 | 그 **기**, 세력 **세**, 두 **양**, 어려울 **난**

유사 | 진퇴양난進退兩難

[기세은둔棄世隱遁]

세상을 버리고 숨어서 산다는 말이다.

글자 | 버릴 **기**, 세상 **세**, 숨을 **은**, 숨을 **둔**

[기수지세騎獸之勢]

짐승을 탄 기세라는 말이며, 도중에 그만두거나 물러설 수 없는 형세를 빗댄 말이다.

글자 | 말 탈 **기**, 짐승 **수**, 어조사 **지**, 기세 **세**

출전 | 수서隋書

동류 | 기호지세騎虎之勢

[기슬지류蟣虱之類]

서캐[이의 알]나 이의 무리라는 말이며, 보잘것없고 천한 사람을 빗댄 말이다.

글자 | 서캐 **기**, 이 **슬**, 어조사 **지**, 무리 **류**

[기승전결起承轉結]

기구起句, 승구承句, 전구轉句, 결구結句라는 말이며, 한시漢詩의 서술 체계를 일컫는다. 시의 첫머리를 기구, 이를 되받는 것을 승구, 중간에 시의 뜻을 바꾸는 것을 전구, 전편을 거두어서 맺는 것을 결구라 한다.

글자 | 일어날 **기**, 이을 **승**, 구를 **전**, 맺을 **결**

출전 | 시법원류詩法源流

동류 | 기승전락起承轉落

[기승전락起承轉落]

→ 기승전결起承轉結

[기승전합起承轉合]

→ 기승전결起承轉結

[기식엄엄氣息奄奄]

숨기운이 그친다는 말이며, 금방 목숨이 끊어질 듯이 호흡의 힘이 약하고 위태하다는 뜻이다.

글자 | 기운 **기**, 숨 쉴 **식**, 그칠 **엄**

출전 | 문선 이밀李密의 진정표陳情表

[기심화심機深禍深]

기회가 깊으면 재화가 깊다는 말이며, 기심機心이 깊고 보면 재앙도 깊다는 뜻, 즉 한순간에 재앙의 기틀을 밟으면 돌이킬 수 없는 화를 당한다는 뜻이다.

원문 | 量大福亦大 機深禍亦深
양 대 복 역 대 기 심 화 역 심

글자 | 기회 **기**, 깊을 **심**, 재화 **화**

출전 | 왕지부王之鈇의 언행휘찬言行彙纂

[기아지경飢餓之境]

굶주리는 처지라는 말이다.

글자 | 굶을 **기**, 굶을 **아**, 어조사 **지**, 처지 **경**

[기암괴석奇巖怪石]

기묘한 바위와 괴상스럽게 생긴 돌이라는 말이다.

글자 | 기이할 **기**, 바위 **암**, 괴이할 **괴**, 돌 **석**

[기암절벽奇巖絶壁]

기이한 바위와 깎아지른 벽, 즉 낭떠러지를 말한다.

글자 | 기이할 **기**, 바위 **암**, 끊을 **절**, 벽 **벽**

[기양소치技癢所致]

재주가 가려워서 이른 바라는 말이며, 지니고 있는 재주를 쓰고 싶어서 빚어낸 일이라는 뜻이다.

글자 | 재주 **기**, 가려울 **양**, 바 **소**, 이를 **치**

[기여보비寄與補裨]

붙여 주고 더하여 보탠다는 말이며, 이익을 주고 모자람을 보태준다는 뜻이다.

글자 | 붙일 **기**, 줄 **여**, 기울 **보**, 더할 **비**

[기연미연其然未然]

그렇기도 하고 안 그렇기도 하다는 말이다.

글자 | 그 **기**, 그럴 **연**, 아닐 **미**

[기열명공紀烈銘功]

공을 기록하고 공을 새긴다는 말이며, 높은 공덕을 칭송하려 오래오래 기린다는 뜻이다.

글자 | 기록 **기**, 공 **열**, 새길 **명**, 공 **공**

출전 | 조선왕조 20대 경종실록

[기염만장氣焰萬丈]

불꽃 기운이 일만 장이라는 말이며, 호기스러운 기세가 굉장하게 높다는 뜻이다.

글자 | 기운 **기**, 불꽃 **염**, 일만 **만**, 열자 **장**

동류 | 기고만장氣高萬丈

[기오지금饑烏之噤]

굶주린 까마귀가 입을 다물었다는 말이며, 신하가 임금에게 할 말을 하지 못한다는 뜻이다.

글자 | 굶주릴 **기**, 까마귀 **오**, 어조사 **지**, 입담을 **금**

출전 | 조선왕조 17대 효종실록

[기왕불구既往不咎]

이미 지난 일을 허물하지 않는다는 말이며, 이미 지난 잘못은 책망해도 소용이 없다는 뜻이다. 공자의 말이다. '이루어진 일은 논란하지 말고, 끝난 일은 따지지 말며, 이미 지나간 일은 허물하지 않는 것이다.'

원문 | 成事不說 遂事不諫 既往不咎
성 사 불 설 수 사 불 간 기 왕 불 구

글자 | 이미 **기**, 옛 **왕**, 아닐 **불**, 허물 **구**

출전 | 논어 팔일八佾

[기왕지사既往之事]

이미 지나간 일이라는 말이다.

글자 | 이미 **기**, 갈 **왕**, 어조사 **지**, 일 **사**

[기욕난량器欲難量]

그릇은 헤아리기 어렵게 하도록 한다는 말이며, 기량은 너무 드러내지 않도록 처신하라는 뜻이다.

글자 | 그릇 **기**, 하고자 할 **욕**, 어려울 **난**, 헤아릴 **량**

[기용빈핍器用貧乏]

쓰이는 그릇이 가난하고 없다는 말이며, 재주가 많으면 오히려 한가하고 가난하다는 뜻이다.

글자 | 그릇 **기**, 쓸 **용**, 가난할 **빈**, 없을 **핍**

[기우도장祈雨道場]

비 오기를 비는 마당이라는 말이며, 날이 가물 때에 용왕운우경龍王雲雨經을 읽으면서 비 오기를 비는 법회를 일컫는다.

글자 | 기도할 **기**, 비 **우**, 길 **도**, 마당 **장**

출전 | 불교

[기운생동氣韻生動]

기운과 운치가 살아 움직인다는 말이며, 문장이나 서화의 기품과 정취가 생생하게 약동하고 있다는 뜻이다.

글자 | 기운 **기**, 운치 **운**, 산 것 **생**, 움직일 **동**

출전 | 철경록輟耕錄

[기유차리豈有此理]

어찌 이런 이치가 있을까라는 말이며, 그럴 리가 없다는 뜻이다.

글자 | 어찌 **기**, 있을 **유**, 이 **차**, 이치 **리**

[기유환고綺襦紈袴]

비단 저고리와 흰 비단 바지라는 말이며, 부귀한 자제의 옷차림이라는 뜻이다.

글자 | 비단 **기**, 저고리 **유**, 흰 비단 **환**, 바지 **고**

출전 | 한서

동류 | 기환자제綺紈子弟

[기의독생豈宜獨生]

어찌 편안하게 홀로 살았는가!라는 말

이며, 혼자 살아남아 있음을 부끄럽게 여기라는 뜻이다.

글자 | 어찌 **기**, 편안할 **의**, 홀로 **독**, 살 **생**

[기이부정譏而不征]

엿보고 세를 받지 않는다는 말이며, 조사만 하고 세금을 거두지 않는다는 뜻이다.

글자 | 엿볼 **기**, 말 이을 **이**, 아닐 **부**, 세 받을 **정**

[기이불치棄而不治]

버리고 다스리지 말라는 말이며, 하지 말라는 뜻이다.

글자 | 버릴 **기**, 말 이을 **이**, 아닐 **불**, 다스릴 **치**

[기이지수期頤之壽]

나이 많은 늙은이의 목숨이라는 말이며, 100세가 되는 상수上壽를 일컫는다.

글자 | 나이 많을 **기**, 늙은이 **이**, 어조사 **지**, 목숨 **수**

[기인우천杞人憂天]

→ 기인지우杞人之憂

[기인이하寄人籬下]

사람에게 붙어 울타리 밑에 있다는 말이며, 남의 세력에 붙어산다는 뜻이다.

글자 | 붙어 살 **기**, 사람 **인**, 울타리 **이**, 아래 **하**

[기인지우杞人之憂]

기나라 사람의 근심이라는 말이며, 쓸데없는 걱정이라는 뜻이다. 기나라에 하늘이 무너지거나 땅이 꺼지면 몸 둘 곳이 없어 걱정한 사람들이 있었다는 고사에서 온 말이다.

글자 | 기나라 **기**, 사람 **인**, 어조사 **지**, 근심 **우**

출전 | 열자 천서편天瑞篇

동류 | 기인우천杞人憂天

유사 | 오우천월吳牛喘月

[기인취물欺人取物]

→ 기인편재欺人騙財

[기인편재欺人騙財]

사람을 속이고 재물을 빼앗는다는 말이다.

글자 | 속일 **기**, 사람 **인**, 속일 **편**, 재물 **재**

[기일불락忌日不樂]

제삿날에는 즐기지 아니한다는 말이며, [부모의] 기일에는 즐기지 않는다는 뜻이다.

글자 | 제사 **기**, 날 **일**, 아닐 **불**, 즐거울 **락**

출전 | 안씨가훈 풍조風操

[기자감식飢者甘食]

굶은 사람은 달게 먹는다는 말이다.

글자 | 굶을 **기**, 사람 **자**, 달 **감**, 먹을 **식**

출전 | 맹자 진심盡心 상

[기자불식飢者弗食]

굶주린 사람이 먹지 못한다는 말이며, 굶주린 사람에게 먹을 것이 없다는 뜻이다.

글자 | 굶주릴 **기**, 사람 **자**, 말 **불**, 먹을 **식**

[기자용문驥子龍文]

준마 같은 아들과 용과 같은 아름다움이라는 말이며, 훌륭한 두 아들을 칭송하는 말이다.

글자 | 준마 **기**, 아들 **자**, 용 **용**, 아름다울 **문**

[기자쟁선棄子爭先]

사람을 버리고 먼저 다툰다는 말이며, 바둑에서 살 가망이 없는 돌은 빨리 버리고 선수先手를 잡으라는 뜻이다.

글자 | 버릴 **기**, 사람 **자**, 다툴 **쟁**, 먼저 **선**

[기장지무旣張之舞]

이미 벌린 춤이라는 말이며, 이미 시작 한 일은 그만둘 수 없다는 뜻이다.

글자 | 이미 **기**, 버릴 **장**, 어조사 **지**, 춤출 **무**

[기저사색氣沮辭塞]

기운이 빠지고 말이 막힌다는 말이며, 일이 뜻대로 되지 않아 몹시 실망하는 모습을 일컫는다.

글자 | 기운 **기**, 샐 **저**, 말씀 **사**, 막힐 **색**

출전 | 어우야담於于野談

[기적지로羈靮之勞]

→ 기설지로羈紲之勞

[기전파목起翦頗牧]

백기白起, 왕전王翦, 염파廉頗, 이목李牧이라는 말이며, 군을 잘 운용한 춘추전국시대의 명장을 일컫는다. 백기와 왕전은 전나라 장수이고, 염파와 이목은 조나라 장수였다.

원문 | **起翦頗牧 用軍最精**
기전파목 용군최정

글자 | 일어날 **기**, 자를 **전**, 자못 **파**, 칠 **목**

출전 | 천자문 75항

[기절낙담氣絶落膽]

숨이 끊기고 쓸개가 떨어졌다는 말이며, 충격을 받아서 정신을 잃었다는 뜻이다.

글자 | 숨 **기**, 끊을 **절**, 떨어질 **낙**, 쓸개 **담**

[기정사실旣定事實]

이미 정한 사실이라는 말이다.

글자 | 이미 **기**, 정할 **정**, 일 **사**, 사실 **실**

[기주호색嗜酒好色]

술을 즐기고 계집을 좋아한다는 말이다.

글자 | 즐길 **기**, 술 **주**, 좋을 **호**, 계집 **색**

출전 | 송남잡지

[기준참즉奇峻嶄崱]

기이하게 높고 험한 큰 산이라는 말이다.

글자 | 이상할 **기**, 높을 **준**, 산 높고 준할 **참**, 산 큰 모양 **즉**

[기지사경幾至死境]

거의 죽을 지경에 이르렀다는 말이다.

글자 | 거의 **기**, 이를 **지**, 죽을 **사**, 지경 **경**

[기직여시其直如矢]

그 곧기가 화살과 같다는 말이며, 매우 곧다는 뜻이다.

글자 | 그 **기**, 곧을 **직**, 같을 **여**, 화살 **시**

[기진맥진氣盡脈盡]

기운이 다하고 맥이 다한다는 말이며, 기력과 의지력이 없어져 스스로 가누지 못할 만큼 힘이 없다는 뜻이다.

글자 | 기운 **기**, 다할 **진**, 맥 **맥**

동류 | 세궁역진勢窮力盡

[기진역진氣盡力盡]

→ 기진맥진氣盡脈盡

[기책종횡奇策縱橫]

기이한 꾀가 가로세로라는 말이며, 기묘한 꾀가 자유자재로 나온다는 뜻이다.

글자 | 이상할 **기**, 꾀 **책**, 세로 **종**, 가로 **횡**

[기처피처其處彼處]

→ 기방차방其方此方

[기초청려奇峭淸麗]

[산이] 기이하고 가파르며 맑고 곱다는 말이다.

글자 | 기이할 **기**, 가파를 **초**, 맑을 **청**, 고울 **려**

[기취여란其臭如蘭]

그 냄새가 난초와 같다는 말이며, 절친한 친구 사이라는 뜻이다.

글자 | 그 **기**, 냄새 **취**, 같을 **여**, 난초 **란**

출전 | 주역

[기치선명旗幟鮮明]

깃발의 색깔이 뚜렷하다는 말이며, 입장이나 주의 주장이 분명하다는 뜻으로도 쓰인다.

글자 | 깃발 **기**, 깃발 **치**, 뚜렷할 **선**, 밝을 **명**

[기치창검旗幟槍劍]

기와 깃대, 그리고 창과 검이라는 말이며, 많은 군사가 모여 있다는 뜻이다.

글자 | 기 **기**, 깃대 **치**, 나무창 **창**, 칼 **검**

[기태이상奇態異常]

보통과 다른 기이한 모양이라는 말이다.

글자 | 이상할 **기**, 모양 **태**, 다를 **이**, 항상 **상**

[기포차안既飽且安]

이미 배부르면 또한 편안하다는 말이며, 배가 부르면 자기가 해야 할 일을 하지 않는다는 뜻이다. 비싼 값으로 고양이를 입양한 것은 쥐를 잡기 위함이다. 그런데 고양이가 쥐를 잡지 아니하고 오히려 쥐들과 놀아나니, 이는 고양이가 제 본분을 망각한 짓이다. 포도청의 포교들이 도둑과 한패가 되어 놀아나면 백성들의 삶이 고단해질 것이다.

글자 | 이미 **기**, 배부를 **포**, 또 **차**, 편안 **안**

출전 | 이식록耳食錄

[기한도골飢寒到骨]

굶주림과 추위가 뼛속까지 이른다는 말이다.

글자 | 굶을 **기**, 찰 **한**, 이를 **도**, 뼈 **골**

[기한동아飢寒凍餓]

주리고, 차고, 얼고, 주린다는 말이며, 추위에 굶주리고, 얼고, 배고프다는 뜻이다.

원문 | 飢寒凍餓 必起於糞土
기 한 동 아 필 기 어 분 토

글자 | 주릴 **기**, 찰 **한**, 얼 **동**, 주릴 **아**

출전 | 관자 규탁편揆度篇

[기한성서祈寒盛暑]

성한 추위와 성한 더위라는 말이며, 매우 좋지 않은 날씨를 일컫는다.

글자 | 성할 **기**, 찰 **한**, 성할 **성**, 더울 **서**

출전 | 고려사

[기해천수祁奚薦讎]

기해가 원수를 천거했다는 말이며, 사심 없이 공평무사하다는 뜻이다. 기해는 진나라 중군위中軍尉로 있던 사람으로 물러날 때 군주가 후임자를 말하라 하니, 원수인 해호解狐를 천거했다는 고사에서 온 말이다.

글자 | 성할 **기**, 어찌 **해**, 천거할 **천**, 원수 **수**

출전 | 춘추좌씨전 양공襄公 3년

[기행훼식跂行喙息]

기어 다니고 부리로 숨을 쉰다는 말이며, 벌레와 새를 빗댄 말이다.

글자 | 길 **기**, 다닐 **행**, 부리 **훼**, 숨 쉴 **식**

출전 | 사기 흉노전匈奴傳

[기형괴상奇形怪狀]

이상하고 괴상한 형상이라는 말이다.

글자 | 이상할 **기**, 형상 **형**, 기이할 **괴**, 형상 **상(장)**

[기호난하騎虎難下]

호랑이를 타면 내리기 어렵다는 말이며, 이러지도 저러지도 못하는 형편을 빗대어 한 말이다.

글자 | 말 탈 **기**, 범 **호**, 어려울 **난**, 아래 **하**

출전 | 수서隋書

동류 | 기수난하騎獸難下, 진퇴양난進退

兩難

유사 | 기호지세騎虎之勢

[기호망면幾乎忘面]

거의 잊은 얼굴이라는 말이며, 오래 되어 생각나지 않는 얼굴이라는 뜻이다.

글자 | 거의 **기**, 어조사 **호**, 잊을 **망**, 얼굴 **면**

[기호지세騎虎之勢]

호랑이를 타고 달리는 기세라는 말이며, 이왕 시작한 일은 끝까지 가는 데까지 갈 수 밖에 없는 상태라는 뜻이다. 이 말은 수나라 문제文帝 양견楊堅의 비 독고황후가 마침내 양견이 북주의 천하를 뺏기 위해 궁중으로 들어갈 때 용기를 북돋우어 주기 위해 한 말이다. '하루 천리를 달리는 호랑이를 탄 이상 도중에서 내릴 수는 없습니다. 도중에 내리면 잡혀 먹히고 말 것입니다. 호랑이와 함께 최후까지 가야 합니다.'

원문 | 騎虎之勢 不得下 勉之
기호지세 부득하 면지

글자 | 말 탈 **기**, 범 **호**, 어조사 **지**, 세도 **세**

출전 | 수서隋書 독고황후전獨孤皇后傳

유사 | 기호난하騎虎難下

[기화가거奇貨可居]

기이한 재화를 잘 둔다는 말이며, 특별한 것을 이용하여 일을 도모한다는 뜻이다. 진나라에서 상권을 쥐고 재상까지 지낸 여불위呂不韋가 조나라에 볼모로 보내져 있는 자초子楚라는 공자에게 주목하여 '진기한 보물이다. 차지해야 한다.' 라고 생각하고 잘 보살펴 그를 태자로 삼는데 성공한 고사에서 온 말이다.

원문 | 此奇貨 可居
차기화 가거

글자 | 기이할 **기**, 재물 **화**, 옳을 **가**, 쌓을 **거**

출전 | 사기 여불위열전呂不韋列傳

[기화요초琪花瑤草]

구슬과 같은 꽃과 아름다운 옥과 같은 풀이라는 말이다.

글자 | 옥 이름 **기**, 꽃 **화**, 아름다운 옥 **요**, 풀 **초**

[기화이초奇花異草]

흔치않은 이상스러운 꽃과 풀이라는 말이다.

글자 | 이상할 **기**, 꽃 **화**, 다를 **이**, 풀 **초**

[기환공자綺紈公子]

→기환자제綺紈子弟

[기환자제綺紈子弟]

희고 아름다운 자제라는 말이며, 지위가 높고 부귀한 집안의 자제라는 뜻이다.

글자 | 아름다울 **기**, 희고 찬 **환**, 아들 **자**, 아우 **제**

동류 | 기환공자綺紈公子

[기황지술岐黃之術]

기와 황의 술법이라는 말이며, 훌륭한 의술을 빗댄 말이다. 이는 중국의 명의인 기백岐伯과 황제黃帝의 이름에서 온 말이다.

글자 | 성씨 **기**, 누를 **황**, 어조사 **지**, 술법 **술**

출전 | 황제내경黃帝內經

[기회균등機會均等]

기회가 고르다는 말이며, 차별을 두지 아니하고 누구에게나 평등하게 활동할 수 있도록 기회를 고루 준다는 뜻이다.

글자 | 기회 **기**, 맞출 **회**, 고를 **균**, 고를 **등**

[기회부진期會不進]

기약한 모임에 나가지 못한다는 말이며, 약속을 지키지 못한다는 뜻이다.

글자 | 기약할 **기**, 모일 **회**, 아닐 **부**, 나갈 **진**

출전 | 송남잡지

[기회지형棄灰之刑]

재를 버린 형벌이라는 말이며, 과중한 형벌을 뜻한다.

글자 | 버릴 **기**, 재 **회**, 어조사 **지**, 형벌 **형**

출전 | 사기 이사전李斯傳

[기후순화氣候馴化]

기후에 길들이게 된다는 말이며, 다른 지역에 옮기면 그 지역의 기후에 몸과 마음이 맞도록 된다는 뜻이다.

글자 | 기후 **기**, 기후 **후**, 길들일 **순**, 될 **화**

[기후순화氣候順化]

→ 기후순화氣候馴化

[긴급사태緊急事態]

급하고 급한 일의 모양이라는 말이며, 절박한 위험이 존재하는 사태를 일컫는다.

글자 | 급할 **긴**, 급할 **급**, 일 **사**, 모양 **태**

[긴불긴간緊不緊間]

급하거나 안 급하건 간에라는 말이며, 긴요하고 안하고가 관계없다는 뜻이다.

글자 | 급할 **긴**, 아닐 **불**, 사이 **간**

[긴축정책緊縮政策]

긴요하게 줄여서 다스리는 꾀라는 말이며, 국가의 재정 기초를 든든히 만들 목적으로 신규의 사업을 벌이지 않고 하던 사업까지도 중지시켜 국고금의 지출을 바짝 줄이는 정책을 일컫는다.

글자 | 요긴할 **긴**, 줄 **축**, 다스릴 **정**, 꾀 **책**

[길거민면拮据黽勉]

열심을 가지고 부지런함에 힘쓴다는 말이며, 부지런히 힘써 일한다는 뜻이다.

글자 | 열심히 일할 **길**, 가질 **거**, 힘쓸

민, 부지런할 면

출전 | 논어 술이述而

[길광편우吉光片羽]

길광의 날개 조각이라는 말이며, 없는 실체를 있는 것처럼 신비하게 여긴다는 뜻이다. 길광은 한나라 무제 때, 신수神獸, 신마神馬, 신조神鳥로 알려져 있으며, 길광의 갖옷은 물에 담가도 가라앉지 않고 불에 넣어도 타지 않는 신기한 물건으로 인정되었었다.

글자 | 길할 **길**, 빛 **광**, 조각 **편**, 날개 **우**

출전 | 포박자

[길굴오아佶屈聱牙]

바르고 굽은 북틀을 친다는 말이며, 내용이 어렵고 듣기 어려운 문장을 빗댄 말이다.

글자 | 바를 **길**, 굽을 **굴**, 칠 **오**, 북틀 **아**

출전 | 한유韓愈의 진학해進學解

동류 | 힐굴오아詰屈聱牙

[길상선사吉祥善事]

길하고 상서롭고 착한 일이라는 말이며, 매우 좋은 일이라는 뜻이다.

글자 | 길할 **길**, 상서 **상**, 착할 **선**, 일 **사**

[길상천녀吉祥天女]

길하고 상서로운 하늘의 선녀라는 말이며, 중생에게 복덕을 준다는 여자 부처를 일컫는다.

글자 | 길할 **길**, 상서로울 **상**, 하늘 **천**, 계집 **녀**

[길인사과吉人辭寡]

훌륭한 사람은 말이 적다는 말이다. 왕휘지王徽之의 3형제가 사공謝公을 방문하고 돌아갔는데, 빈객이 누가 뛰어난지를 묻자, 사공은 막내가 가장 뛰어난다고 다음과 같이 평했다. '주역周易에서 훌륭한 사람은 말이 적고 경솔한 사람은 말이 많다고 했습니다.'

원문 | 吉人之辭寡 躁人之辭多
길 인 지 사 과 조 인 지 사 다

글자 | 착할 **길**, 사람 **인**, 말씀 **사**, 적을 **과**

출전 | 세설신어 품조品藻

[길즉대흉吉則大凶]

길한 것은 곧 흉하다는 말이며, 점괘나 사주풀이 · 토정비결土亭秘訣 등에 나타나 신수身數가 매우 좋을 때는 오히려 정반대로 크게 흉하다는 뜻이다.

글자 | 길할 **길**, 곧 **즉**, 큰 **대**, 흉할 **흉**

반대 | 흉즉대길凶則大吉

[길흉동역吉凶同域]

길함과 흉함은 같은 지경이라는 말이며, 화와 복이 일정하지 않고 무상함을 일컫는다.

글자 | 길할 **길**, 흉할 **흉**, 같을 **동**, 지경 **역**

[길흉무문吉凶無門]

길함과 흉함은 문이 없다는 말이며, 길흉은 그 사람의 행위가 부른다는 뜻이다.

글자 | 길할 **길**, 흉할 **흉**, 없을 **무**, 문 **문**

출전 | 춘추좌씨전

[길흉화복吉凶禍福]

길하고 흉한 것과 화와 복이라는 말이다.

글자 | 길할 **길**, 흉할 **흉**, 재화 **화**, 복 **복**

[김장칠엽金張七葉]

김씨와 장씨의 일곱 잎이라는 말이며, 자손 대대로 영화를 누린다는 뜻이다. 중국 한나라 때, 김일제金日磾와 장안세張安世의 일곱 자손이 천자를 모신 고사에서 온 말이다.

글자 | 김씨 **김**, 장씨 **장**, 잎 **엽**

출전 | 한서열전漢書列傳

[김적이적金的李的]

김씨 또는 이씨라는 말이며, 어중이떠중이라는 뜻이다.

글자 | 성 **김**, 표할 **적**, 성 **이**

출전 | 송남잡지

[끽착부진喫着不盡]

먹고 입는 것이 다하지 않는다는 말이며, 먹고 입는 것이 넉넉하다는 뜻이다.

글자 | 먹을 **끽**, 입을 **착**, 아닐 **부**, 다할 **진**

[끽채사마喫菜事魔]

나물을 먹고 귀신을 섬긴다는 말이며, 채식을 하면서 귀신을 섬기는 원시 종교를 일컫는다.

글자 | 먹을 **끽**, 나물 **채**, 섬길 **사**, 귀신 **마**

[끽포낙치喫泡落齒]

두부 먹다가 이 빠진다는 말이며, 어떤 일이나 방심하면 실수하기 쉽다는 뜻이다.

글자 | 먹을 **끽**, 물거품 **포**, 떨어질 **낙**, 이 **치**

출전 | 고금석림

[끽휴시복喫虧是福]

적은 것을 먹는 것이 복이라는 말이며, 밑지는 게 복이라는 뜻이다.

글자 | 먹을 **끽**, 적을 **휴**, 이 **시**, 복 **복**

출전 | 청나라 정섭鄭燮의 글

[나부소녀羅浮少女]

나부산의 소녀라는 말이며, 나부산 매화의 정령精靈이 미인의 모습으로 나타났다는 뜻이다.

글자 | 벌일 **나**, 뜰 **부**, 적을 **소**, 계집 **녀**

동류 | 나부지몽羅浮之夢

[나부지몽羅浮之夢]

나부산의 꿈이라는 말이다. 수나라 조사웅趙師雄이 나부산의 매화촌에서 미인과 놀다가 깨어보니 차가운 달빛만 교교히 비칠 뿐 미인은 온데간데없었다는 꿈 이야기다.

글자 | 벌일 **나**, 뜰 **부**, 어조사 **지**, 꿈 **몽**

출전 | 용성록龍城錄

동류 | 나부소녀羅浮少女

[나안시력裸眼視力]

벗은 눈의 시력이라는 말이며, 안경을 쓰지 않은 시력을 일컫는다.

글자 | 벌거벗을 **나**, 눈 **안**, 볼 **시**, 힘 **력**

[나열춘추羅列春秋]

춘추를 벌여놓는다는 말이며, 책을 여러 권 벌여놓고 공부한다는 뜻이다.

글자 | 벌일 **나**, 펼 **열**, 봄 **춘**, 가을 **추**

[나작굴서羅雀掘鼠]

그물을 쳐서 참새를 잡고 구멍을 파서 쥐를 잡는다는 말이며, 궁지에 몰려 할 수 있는 일은 아무것이나 한다는 뜻이다.

원문 | 至羅雀掘鼠 煮鎧弩以食
지 나 작 굴 서 자 개 노 이 식

글자 | 새그물 **나**, 참새 **작**, 팔 **굴**, 쥐 **서**

출전 | 신당서 장순전張巡傳

[나전칠기螺鈿漆器]

소라 껍데기와 보배로 꾸며 옻칠한 그릇이라는 말이며, 옻칠한 농짝이나 나무 그릇 따위에 진줏빛이 나는 자개 조각을 여러 가지 모양으로 박아 붙여서 장식한 공예품 · 옷장 · 궤 · 밥상 · 탁자 따위를 일컫는다.

글자 | 소라 **나**, 보배로 꾸민 그릇 **전**, 옻 **칠**, 그릇 **기**

[낙극애생樂極哀生]

즐거움이 지극하면 슬픔이 생긴다는 말이다.

글자 | 즐거울 **낙**, 지극할 **극**, 슬플 **애**, 날 **생**

출전 | 열녀전烈女傳

[낙담상기落膽喪氣]

→ 낙담상혼落膽喪魂

[낙담상혼落膽喪魂]

쓸개가 떨어지고 넋을 잃었다는 말이며, 몹시 놀라 정신이 없다는 뜻이다.

글자 | 떨어질 **낙**, 쓸개 **담**, 잃을 **상**, 넋 **혼**

출전 | 옥루몽

[낙락난합落落難合]

떨어지고 떨어져서 모이기 어렵다는 말이며, 여기저기 떨어져서 한자리에 모이기 어렵다는 뜻이다.

글자 | 떨어질 **낙(락)**, 어려울 **난**, 합할 **합**

출전 | 후한서

[낙락뇌뢰落落磊磊]

떨어지고 떨어진 돌무더기라는 말이며, 돌이 정연하게 떨어져 쌓여있는 모양과 같이 성품이 너그럽고 신선하여 사소한 일에 거리끼지 않는 공면정대한 모양을 빗댄 말이다.

글자 | 떨어질 **낙(락)**, 돌무더기 **뇌(뢰)**

[낙락목목落落穆穆]

떨치고 떨쳐 아름답고 아름답다는 말이며, 품은 뜻이 크고 웅대하고 또한 청렴하다는 뜻이다.

글자 | 떨어질 **낙(락)**, 아름다울 **목**

출전 | 세설신어 상예賞譽

[낙락신성諾諾辰星]

예, 예하는 샛별이라는 말이며, 큰 인물이 점점 죽어가서 얼마 남지 않았다는 말이다.

글자 | 허락할 **낙(락)**, 샛별 **신**, 별 **성**

[낙락장송落落長松]

떨어지고 떨어진 긴 소나무라는 말이며, 가지가 축축 늘어진 키가 큰 소나무를 일컫는다.

글자 | 떨어질 **낙(락)**, 긴 **장**, 소나무 **송**

[낙모지신落帽之辰]

모자가 떨어지는 날이라는 말이며, 음력 9월 9일 중양절重陽節을 달리 부르는 말이다. 중양절은 주로 궁정에서나 선비들과 같은 유한 계층이 교외로 나가서 풍국楓菊 놀이를 하는데, 시인과 묵객墨客은 시를 짓고 그림을 그리면서 하루를 즐기는 절기였다.

글자 | 떨어질 **낙**, 모자 **모**, 어조사 **지**, 날 **신**

출전 | 진서 맹가전孟嘉傳

[낙목공산落木空山]

잎이 떨어진 나무와 텅 빈 산이라는 말이며, 쓸쓸한 상태라는 뜻이다.

글자 | 떨어질 **낙**, 나무 **목**, 빈 **공**, 뫼 **산**

동류 | 낙목한천落木寒天

유사 | 무주공산無主空山

[낙목한천落木寒天]

잎이 떨어진 나무와 차가운 하늘이라는 말이며, 겨울의 춥고 쓸쓸한 풍경을 일컫는다.

글자 | 떨어질 **낙**, 나무 **목**, 찰 **한**, 하늘 **천**

[낙미지액落眉之厄]

눈썹에 떨어진 재앙이라는 말이며, 갑자기 닥친 재앙이라는 뜻이다.

글자 | 떨어질 **낙**, 눈썹 **미**, 어조사 **지**, 재앙 **액**

출전 | 십장가十杖歌

[낙민지락樂民之樂]

백성의 즐거움을 즐긴다는 말이다.

원문 | 樂民之樂者 民亦樂其樂
낙민지락자 민역락기락

글자 | 즐거울 **낙(락)**, 백성 **민**, 어조사 **지**

출전 | 맹자 양혜왕 하

[낙발위승落髮爲僧]

머리카락을 떨어뜨리고 중이 된다는 말이며, 머리를 깎고 승려가 된다는 뜻이다.

글자 | 떨어질 **낙**, 터럭 **발**, 할 **위**, 중 **승**

동류 | 삭발위승削髮爲僧

[낙방거자落榜擧子]

과거에 떨어진 선비를 말한다.

글자 | 떨어질 **낙**, 나무 조각 **방**, 받들 **거**, 사람 **자**

출전 | 사기, 조선왕조 16대 인조실록

[낙불사촉樂不思蜀]

즐거움은 촉나라를 생각하지 않는다는 말이며, 집을 떠난 사람이 즐거움에 취하여 집이나 고향을 잊고 산다는 뜻이다.

글자 | 즐거울 **낙**, 아닐 **불**, 생각 **사**, 나라 **촉**

출전 | 삼국지 촉서蜀書

[낙생어우樂生於憂]

즐거움은 고생하는데서 생긴다는 말이다. 경행록에 있는 글이다. '즐거움은 근심하는데서 생겨 싫음이 없다.'

원문 | 樂生於憂而無厭
낙생어우이무염

글자 | 즐거울 **낙**, 날 **생**, 어조사 **어**, 근심 **우**

출전 | 경행록景行錄, 명심보감 정기편正己篇

[낙성계약諾成契約]

허락으로 이루어지는 계약이라는 말이며, 당사자의 합의만으로 이루어지는 계약을 일컫는다. 계약 자유의 원칙을 취하고 있는 현대 법에서는 이

계약을 원칙으로 하고 있다.

글자 | 허락할 **낙**, 이룰 **성**, 계약할 **계**, 기약할 **약**

[낙시고인樂是苦因]

즐거움은, 곧 괴로움의 원인이 된다는 말이다.

글자 | 즐거울 **낙**, 곧 **시**, 괴로울 **고**, 인할 **인**

[낙심천만落心千萬]

떨어지는 마음이 천만 가지라는 말이며, 마음이 몹시 상한다는 뜻이다.

글자 | 떨어질 **낙**, 마음 **심**, 일천 **천**, 일만 **만**

[낙양지가洛陽紙價]

→ 낙양지귀洛陽紙貴

[낙양지귀洛陽紙貴]

낙양의 종이가 귀하다는 말이며, 저술이 유명해지면 종이값이 오른다는 뜻이다. 진나라 좌사左思가 지은 3국의 수도를 노래한 삼도부三都賦가 유명해지자 많은 사람이 이를 베껴 낙양의 종이값이 오르게 되었다는 고사에서 온 말이다.

원문 | 洛陽紙價貴
낙 양 지 가 귀

글자 | 서울 **낙**, 볕 **양**, 종이 **지**, 귀할 **귀**

출전 | 진서 좌사전左思傳

[낙역부절絡繹不絶]

연락이 끊이지 않는다는 말이다.

글자 | 연락할 **낙**, 잇닿을 **역**, 아닐 **부**, 끊을 **절**

[낙엽귀근落葉歸根]

떨어진 잎은 뿌리로 돌아간다는 말이다.

글자 | 떨어질 **낙**, 잎 **엽**, 돌아갈 **귀**, 뿌리 **근**

[낙엽표요落葉飄颻]

[가을에] 떨어진 잎이 바람에 펄펄 날린다는 말이다.

원문 | 陳根委翳 落葉飄颻
진 근 위 예 낙 엽 표 요

글자 | 떨어질 **낙**, 잎 **엽**, 회오리바람 **표**, 질풍 **요**

출전 | 천자문 97항

[낙영빈분落英繽紛]

꽃부리가 떨어져 매우 어지럽다는 말이며, 낙화가 어지럽게 떨어진 모양을 일컫는다.

글자 | 떨어질 **낙**, 꽃부리 **영**, 어지러울 **빈**, 어지러울 **분**

출전 | 도연명의 도화원기桃花源記

[낙월옥량落月屋梁]

지는 달이 지붕에 있다는 말이며, 벗을 생각하는 간절한 심정이라는 뜻이다. 이는 두보가 벗에 대한 꿈을 꾸고 깨어 보니 지는 달이 지붕에 걸려 있는 것을 보고 쓴 시에서 온 말이다.

글자 | 떨어질 **낙**, 달 **월**, 지붕 **옥**, 들보 **량**

출전 | 당나라 두보의 시

[낙이관화樂易寬和]

[마음이] 즐겁고 편하여 너그럽고 화목하다는 말이다.

글자 | 즐거울 **낙**, 편할 **이**, 너그러울 **관**, 화목할 **화**

출전 | 조선왕조 9대 성종실록

[낙이망반樂而忘返]

즐거워서 돌아오는 것을 잊는다는 말이며, 매우 즐겁다는 뜻이다.

글자 | 즐거울 **낙**, 말 이을 **이**, 잊을 **망**, 돌아올 **반**

출전 | 박인노의 독락당獨樂堂

[낙이망우樂以忘憂]

즐거움으로써 근심을 잊는다는 말이다. 논어에 있는 글이다. '그의 사람됨은 무언가에 의욕이 생기면 먹는 것도 잊고, 도를 즐기느라 근심을 잊어 늙음이 곧 다가오는 것도 알지 못한다.'

원문 | 其爲人也 發憤忘食 樂以忘憂
기위인야 발분망식 낙이망우
不知老之將至云爾
부지노지장지운이

글자 | 즐거울 **낙**, 써 **이**, 잊을 **망**, 근심 **우**

출전 | 논어 술이述而

[낙이불류樂而不流]

즐겁지만 내치지 않는다는 말이며, 풍류를 즐기지만 절도에 벗어나지 않는다는 뜻이다.

원문 | 樂而不流 和而不同
낙이불류 화이부동

글자 | 즐거울 **낙**, 말 이을 **이**, 아닐 **불**, 내칠 **류**

출전 | 예기, 논어

동류 | 낙이불음樂而不淫

[낙이불음樂而不淫]

'즐거움이 음란한 것은 아니다.' 라는 말이며, 즐기는 일을 하더라도 도를 지나서는 안 된다는 뜻이다. 논어에 있는 글이다. '즐거우면서도 지나치지 않고, 슬프면서도 마음을 상하게 하지 않는다.'

원문 | 樂而不淫 哀而不傷
낙이불음 애이불상

글자 | 즐거울 **낙**, 말 이을 **이**, 아닐 **불**, 음란할 **음**

출전 | 논어 팔일八佾

[낙이사촉樂而思蜀]

즐거움이 촉나라를 생각나게 한다는 말이며, 눈앞의 즐거움에 근본을 잊은 옛일을 생각나게 한다는 뜻이다.

글자 | 즐거울 **낙**, 말 이을 **이**, 생각 **사**, 촉나라 **촉**

출전 | 삼국지 촉지

[낙이천하樂而天下]

즐거움이 하늘 아래라는 말이며, 즐거움이 천하 만민에게 있다는 뜻이다.

글자 | 즐거울 **낙**, 말 이을 **이**, 하늘 **천**, 아래 **하**

출전 | 맹자 양혜왕 하

[낙인지선樂人之善]

사람의 착함을 즐긴다는 말이며, 남의 착함을 보고 기쁘게 생각한다는 뜻이다.

글자 | 즐거울 **낙**, 사람 **인**, 어조사 **지**, 착할 **선**

출전 | 명심보감 성심편

[낙자압빈落者壓鬢]

떨어진 자의 얼굴을 누른다는 말이며, 남의 기울어져 가는 일을 더 어렵게 한다는 말이다.

글자 | 떨어질 **낙**, 놈 **자**, 누를 **압**, 구렛나루 **빈**

출전 | 순오지

유사 | 낙정하석落穽下石

[낙재기중樂在其中]

즐거움이 그 가운데 있다는 말이다.

글자 | 즐거울 **낙**, 있을 **재**, 그 **기**, 가운데 **중**

[낙정하석落穽下石]

함정에 빠진 사람에게 돌을 떨어뜨린다는 말이며, 곤경에 빠진 사람을 더 어렵게 한다는 뜻이다.

글자 | 떨어질 **낙**, 함정 **정**, 떨어질 **하**, 돌 **석**

출전 | 한유韓愈의 시

동류 | 하정투석下穽投石

유사 | 낙자압빈落者壓鬢

[낙지군자樂只君子]

다만 즐기는 임금이라는 말이며, 도道를 즐기는 군자를 일컫는 다. 시경의 글이다. '도를 즐기는 군자여, 백성의 부모로다.'

원문 | **樂只君子 民之父母**
낙 지 군 자 민 지 부 모

글자 | 즐거울 **낙**, 다만 **지**, 임금 **군**, 사람 **자**

출전 | 시경 소아小雅

[낙지운연落紙雲煙]

종이에 떨어진 구름과 연기라는 말이며, 초서의 필체가 아름답고 웅혼雄渾하다는 말이다.

글자 | 떨어질 **낙**, 종이 **지**, 구름 **운**, 연기 **연**

출전 | 두보의 시

[낙차고돌樂嗟苦咄]

즐거워도 탄식하고 괴로워도 탄식한다는 말이며, 즐겁거나 괴롭거나 항상 불만스럽다는 뜻이다.

글자 | 즐거울 **낙**, 탄식할 **차**, 괴로울 **고**, 탄식할 **돌**

[낙천도모落天圖謀]

하늘을 떨어트린 일을 꾀했다는 말이며, 다른 사람이 잘된 것은 자기가 힘써 된 것이라 하여 금품을 요구한다는 뜻이다.

글자 | 떨어질 **낙**, 하늘 **천**, 꾀할 **도**, 계교할 **모**

[낙천지명樂天知命]

하늘을 즐기고 운수를 안다는 말이다. 주역에 있는 글이다. '천도를 즐기고 천명을 아는 고로 마음에 근심을 품는 일도 없다.'

원문 | 樂天知命 故不憂
낙 천 지 명 고 불 우

글자 | 즐거울 **낙**, 하늘 **천**, 알 **지**, 운수 **명**

출전 | 주역 계사상전繫辭上傳

[낙치부생落齒復生]

떨어진 이가 다시 난다는 말이며, 늙어서 빠진 이가 다시 난다는 뜻이다.

글자 | 떨어질 **낙**, 이 **치**, 다시 **부**, 날 **생**

[낙필점승落筆點蠅]

붓에서 떨어진 점으로 파리를 그린다는 말이며, 화가의 절묘한 솜씨를 뜻한다. 오나라의 화가 조불흥曹不興이 병풍에 그림을 그리다가 잘못해서 떨어뜨린 먹물 흔적으로 교묘하게 파리를 그렸다는 고사에서 유래한다.

글자 | 떨어질 **낙**, 붓 **필**, 점 **점**, 파리 **승**

출전 | 오록吳錄

[낙화유수落花流水]

떨어지는 꽃과 흐르는 물이라는 말이며, 늦봄의 경치 또는 사물이 쇠락해 간다는 뜻이다.

글자 | 떨어질 **낙**, 꽃 **화**, 흐를 **유**, 물 **수**

출전 | 당나라 고병高駢의 시

[난가상서闌駕上書]

가마를 막고 글을 올린다는 말이며, 임금에게 직소直訴한다는 뜻이다.

글자 | 막을 **난**, 가마 **가**, 올릴 **상**, 글 **서**

출전 | 철경록輟耕錄

[난공불락難攻不落]

치기 어려워 떨어지지 않는다는 말이며, 방어가 견고하여 공격하기 어렵다는 뜻이다.

글자 | 어려울 **난**, 칠 **공**, 아닐 **불**, 떨어질 **락**

[난득지물難得之物]

얻기 어려운 물건이라는 말이다.

글자 | 어려울 **난**, 얻을 **득**, 어조사 **지**, 물건 **물**

[난득호도難得糊塗]

풀칠하여 얻기 어렵다는 말이며, 어리석은 체 하기는 어렵다는 뜻이다. 현명하게 보일 경우, 수난을 당할 우려가 있으므로 바보처럼 행세하려고 하지만 그것도 쉬운 일이 아니라는 인간관계를 말한다.

글자 | 어려울 **난**, 얻을 **득**, 풀 **호**, 바를 **도**
출전 | 손자병법

[난만동귀爛漫同歸]

무르녹아 물크러지도록 함께 돌아간다는 말이며, 부정한 일에 함부로 어울려서 한통속이 된다는 뜻이다.

글자 | 무르녹을 **난**, 물크러질 **만**, 같을 **동**, 돌아갈 **귀**

[난만상의爛漫相議]

무르녹아 물크러지도록 서로 의논한다는 말이며, 오래 두고 충분히 의논한다는 뜻이다.

글자 | 무르녹을 **난**, 물크러질 **만**, 서로 **상**, 의논할 **의**

[난망지은難忘之恩]

잊기 어려운 은혜라는 말이다.

글자 | 어려울 **난**, 잊을 **망**, 어조사 **지**, 은혜 **은**
출전 | 송남잡지
유사 | 결초보은結草報恩

[난명지안難明之案]

밝히기 어려운 안이라는 말이며, 변명하기 어려운 사건이라는 뜻이다.

글자 | 어려울 **난**, 밝을 **명**, 어조사 **지**, 벼 갈 **안**

[난보지경難保之境]

보전하기 어려운 지경이라는 말이다.

글자 | 어려울 **난**, 보전할 **보**, 어조사 **지**, 지경 **경**

[난사광불難思光佛]

생각하기 어려운 빛과 같은 부처라는 말이며, 불교 열두 광불 중의 하나를 일컫는다.

글자 | 어려울 **난**, 생각 **사**, 빛 **광**, 부처 **불**
출전 | 불교설화

[난상가란卵上加卵]

알 위에 알을 올린다는 말이며, 정성이 지극하면 안 될 일이 없다는 뜻이다. 옛날 벼슬아치가 귀양을 가게 되어 떠나는데, 아내가 언제쯤 돌아오느냐고 묻자 '살아서는 못 돌아올 것 같소. 혹시 알 위에 알을 올릴 수만 있다면 몰라도.' 라고 답하고 떠나 아내는 달걀 두 개를 소반 위에 놓고 날마다 천지신명天地神明에게 포개지도록 빌었다. 어느 날 임금이 여인의 정성을 알게 되어 죄인을 풀어주었다는 고사에서 온 말이다.

글자 | 알 **난**, 윗 **상**, 더할 **가**
출전 | 성수패설醒睡稗
유사 | 지성감천至誠感天

[난상공론爛商公論]

무르익도록 헤아리면서 공변된 의논을 한다는 말이며, 여러 사람이 모여 충분히 의논한다는 뜻이다.

글자 | 무르익을 **난**, 헤아릴 **상**, 공변된 **공**, 의논 **론**

[난상봉저鸞翔鳳翥]

난새가 날아오르고 봉새가 난다는 말이며, 붓글씨의 묘한 서법書法을 일컫는다.

글자 | 난새 **난**, 날을 **상**, 봉새 **봉**, 날 **저**

[난상숙의爛商熟議]

→ 난상토의爛商討議

[난상지목難上之木]

오르기 어려운 나무라는 말이며, 오르지 못할 나무로도 쓰인다.

원문 | 難上之木勿仰
난 산 지 목 물 앙

글자 | 어려울 **난**, 윗 **상**, 어조사 **지**, 나무 **목**

출전 | 순오지, 이담속찬耳談續纂

[난상토의爛商討議]

무르익도록 헤아리면서 의논한다는 말이다.

글자 | 무르녹을 **난**, 헤아릴 **상**, 궁구할 **토**, 의논할 **의**

[난수국방蘭秀菊芳]

난초의 빼어남과 국화의 꽃다움이라는 말이며, 난초와 국화가 아름답다는 뜻이다.

글자 | 난초 **난**, 빼어날 **수**, 국화 **국**, 꽃다울 **방**

[난신적자亂臣賊子]

나라를 어지럽게 하는 신하와 부모를 해치는 자식이라는 말이다. 맹자에 있는 글이다. '춘추春秋가 완성되니 난신적자가 두려워했다.'

원문 | 孔子成春秋而亂臣賊子懼
공 자 성 춘 추 이 난 신 적 자 구

글자 | 어지러울 **난**, 신하 **신**, 해칠 **적**, 아들 **자**

출전 | 맹자 등문공滕文公 하

[난애동분蘭艾同焚]

난초와 쑥을 함께 태운다는 말이며, 군자와 소인이 함께 재액을 당한다는 뜻이다.

글자 | 난초 **난**, 쑥 **애**, 같을 **동**, 불사를 **분**

동류 | 옥석구분玉石俱焚

[난약피금爛若披錦]

찬란함이 비단을 펼친듯하다는 말이며, 문장의 문체가 아름답다는 뜻이다.

글자 | 찬란할 **난**, 같을 **약**, 헤칠 **피**, 비단 **금**

출전 | 세설신어

[난언지지難言之地]

말하기 어려운 처지라는 말이다.

글자 | 어려울 **난**, 말씀 **언**, 어조사 **지**, 땅 **지**

[난외주기欄外註記]

난간 밖에 글 뜻을 새겨 기록한다는 말이며, 지도나 도로 따위의 난외에 그것을 이해하는 데 필요한 기술적 성질의 세부사항을 적은 자료를 일컫는다.

글자 | 난간 **난**, 바깥 **외**, 글 뜻 새김 **주**, 기록할 **기**

[난원계친蘭怨桂親]

난초가 원망하고 계수나무와 친해진다는 말이며, 사람이 세상에 나타나고 숨는데 따라 형세가 달라진다는 뜻이다.

글자 | 난초 **난**, 원망할 **원**, 계수나무 **계**, 친할 **친**

출전 | 진서 육기전陸機傳

[난육지은卵育之恩]

알을 기른 은혜라는 말이며, 부모가 자녀를 길러준 은혜를 빗댄 말이다.

글자 | 알 **난**, 기를 **육**, 어조사 **지**, 은혜 **은**

출전 | 조선왕조 11대 중종실록

[난의문답難疑問答]

어렵고 의심스러운 것을 서로 묻고 답한다는 말이다.

글자 | 어려울 **난**, 의심할 **의**, 물을 **문**, 답할 **답**

[난의포식暖衣飽食]

따뜻하게 입고 배불리 먹고 산다는 말이며, 풍족한 생활을 한다는 뜻이다.

글자 | 따뜻할 **난**, 옷 **의**, 배부를 **포**, 밥 **식**

출전 | 순자 영욕榮辱, 맹자 등문공

[난이이도難易二道]

어려움과 쉬운 두 길이라는 말이며, 두 가지 득도得道의 길을 일컫는다.

글자 | 어려울 **난**, 쉬울 **이**, 길 **도**

[난익지은卵翼之恩]

날개로 알을 품은 은혜라는 말이며, 애지중지 양육된 부모의 은혜를 일컫는다.

글자 | 알 **난**, 날개 **익**, 어조사 **지**, 은혜 **은**

출전 | 춘추좌씨전, 조선왕조 중종실록

[난자이사難者二事]

어려운 것 두 가지라는 말이며, 보통 사람이 하기 어려운 일 두 가지라는 뜻이다. 사도세자를 모셨던 유관현柳觀鉉(1692~1764)이 죽자, 김낙행金樂行이 보낸 제문의 내용 중 일부이다. 하나는 먼저 가난하다가 나중에 부자가 되면 의리를 좋아하는 이가 드물고(先貧後富 人鮮好義), 또 하나는 궁한 선비가 뜻을 얻으면 평소 하던 대로 지키는 이가 드물다(窮士得意 鮮守平素)는 것이다.

글자 | 어려울 **난**, 것 **자**, 일 **사**

출전 | 유관현의 제문祭文

[난자혜질蘭姿蕙質]

난초 같은 맵시에 난초 같은 바탕이라는 말이며, 주로 여자의 아름답고 남달리 뛰어난 자질을 일컫는다.

글자 | 난초 **난**, 맵시 **자**, 난초 **혜**, 바탕 **질**

출전 | 구운몽 권2

[난정순장蘭亭殉葬]

난정을 함께 장사지냈다는 말이며, 물건을 몹시 소중히 여긴다는 뜻이다. 당나라 태종이 왕희지가 쓴 난정집서蘭亭集序를 몹시 아꼈기 때문에 죽어서 함께 묻었다는 고사에서 온 말이다.

글자 | 난초 **난**, 정자 **정**, 따라죽을 **순**, 장사지낼 **장**

출전 | 상서고실尙書故實

[난중일기亂中日記]

난리 가운데 쓴 일기라는 말이며, 조선조 14대 선조 때 충무공 이순신이 임진왜란에 출전하여 진중陣中에서 적은 일기를 일컫는다. 선조 25년(1592) 5월부터 31년(1598) 9월까지의 기록으로 이충무공난중일기초李忠武公亂中日記抄라는 이름으로 작자의 친필로 충남 아산의 현충사에 소장되어 있다.

글자 | 어지러울 **난**, 가운데 **중**, 날 **일**, 기록할 **기**

[난중지난難中之難]

어려운 가운데 어려움이라는 말이며, 몹시 어렵다는 뜻이다.

글자 | 어려울 **난**, 가운데 **중**, 어조사 **지**

출전 | 천량수경天量壽經

[난지점수蘭芷漸滫]

향초가 오랜 뜨물에 빠졌다는 말이며, 착한 사람이 나쁜 일에 빠졌다는 빗댄 말이다.

글자 | 난초 **난**, 향풀 **지**, 빠질 **점**, 오랜 뜨물 **수**

출전 | 순자 권학편勸學篇

[난진방선亂眞妨善]

참을 어지럽히고 착함을 방해한다는 말이며, 참된 것에 대한 가치판단을 흐리게 하고 선으로 나아가는 것을 방해한다는 뜻이다.

글자 | 어지러울 **난**, 참 **진**, 방해할 **방**, 착할 **선**

[난진필지難盡筆紙]

붓과 종이가 다하기 어렵다는 말이며, 글로는 다 나타낼 수 없다는 뜻이다.

글자 | 어려울 **난**, 다할 **진**, 붓 **필**, 종이 **지**

[난최옥절蘭摧玉折]

난초가 꺾어지고 옥이 꺾어진다는 말이며, 현인이나 미인 등의 죽음을 비유하기도 한다. 모백성毛伯成이 한 말이다. '차라리 난초가 되어 꺾이고 옥이 되어 부서질지언정, 개제비쑥이 되어 무성하거나 약쑥이 되어 번성하지는 않겠다.'

원문 | 寧爲蘭摧玉折 不作蕭敷艾榮
영 위 난 최 옥 절 부 작 소 부 애 영

글자 | 난초 **난**, 꺾을 **최**, 구슬 **옥**, 꺾어질 **절**

출전 | 세설신어 언어言語

[난춘지려暖春之旅]

따뜻한 봄의 나그네라는 말이며, 따뜻한 봄에 떠나는 여행이라는 뜻이다.

글자 | 따뜻할 **난**, 봄 **춘**, 어조사 **지**, 나그네 **려**

[난표봉박鸞飄鳳泊]

→ 난상봉저鸞翔鳳翥

[난해난입難解難入]

이해하기 어렵고 그 속에 들어가기가 힘들다는 말이며, 법화경法華經의 가르치는 바가 어렵고 심오하여 깨치기 어렵다는 뜻이다.

원문 | 其知慧門 難解難入
기 지 혜 문 난 해 난 입

글자 | 어려울 **난**, 풀 **해**, 들 **입**

출전 | 법화경 방편품

[난행고행難行苦行]

어려움과 괴로움을 행하고 행한다는 말이다.

글자 | 어려울 **난**, 행할 **행**, 괴로울 **고**

[난형난제難兄難弟]

누구를 형이라 하고, 누구를 아우라 하기 어렵다는 말이며, 두 가지 사물의 낫고 못함을 분간하기 어렵다는 뜻이다. 중국의 후한 말기 양상군자梁上君子라는 말로 유명한 태구현령 진식陳寔이란 사람이 있었다. 그의 아들 진기陳紀(字 元方), 진심陳諶(字 季方)과 함께 삼군三君이라 불릴 정도로 덕망이 높았다. 어느 날 진기의 아들 진군陳群과 진심의 아들 진충陳忠이 할아버지 진식에게 각각 자신의 아버지를 자랑하며 누가 더 훌륭한가를 판정해 줄 것을 요구하자 진식은 다음과 같이 대답했다. '원방도 형 되기가 쉽지 않고, 계방도 아우 되기가 쉽지 않다.'

원문 | 元方難爲兄 季方難爲弟
원 방 난 위 형 계 방 난 위 제

글자 | 어려울 **난**, 형님 **형**, 아우 **제**

출전 | 세설신어 덕행德行

[난화지맹難化之氓]

→ 난화지물難化之物

[난화지물難化之物]

교화시키기 어려운 동물이나 사람을 말하며, 집권층의 처지에서 볼 때 지배에 따르지 않는 백성을 일컫는다.

글자 | 어려울 **난**, 될 **화**, 어조사 **지**, 만물 **물**

동류 | 난화지맹難化之氓, 난화지민難化之民

[날이불치涅而不緇]

검은 물을 들이려 해도 검게 되지 않는다는 말이며, 어진 사람은 쉽게 악에 물들지 않는다는 뜻이다.

글자 | 검은 물들일 **날**, 말 이을 **이**, 아닐 **불**, 검은빛 **치**

출전 | 논어 양화陽貨

[남가일몽南柯一夢]

남쪽으로 뻗은 나뭇가지 밑에서의 한바탕 꿈이라는 말이며, 인간의 덧없는 일생과 부귀영화를 뜻한다. 당나라 덕종 때 양주 땅에 사는 순우분淳于棼이라는 사람의 이야기다. 어느 날 그는 두 친구와 함께 시원한 느티나무 밑에서 술을 마시다가 잠이 들었다. 그때 자줏빛 옷을 입은 두 사람이 나타나 대괴안국大槐安國 대왕께서 부르신다 하여 그들을 따라 느티나무 구멍 속으로 들어갔다. 대왕을 만나 남가군 태수도 되고 그 나라 재상도 되었다. 재상이 된 후 이웃 단라국檀羅國 대군이 쳐들어와 싸움에 패하고 아내도 죽었다. 어느 날 대왕은 순우분에게 고향을 다녀오라 하여 고향으로 돌아와 눈물을 흘리고 있을 때, 누군가 자기를 부르고 있었다. 깜짝 놀라 눈을 떠보니 두 친구가 그를 부르고 있었다.

글자 | 남녘 **남**, 가지 **가**, 꿈 **몽**

출전 | 남가태수전南柯太守傳

동류 | 남가지몽南柯之夢

유사 | 한단지몽邯鄲之夢, 무산지몽巫山之夢, 일장춘몽一場春夢

[남가지몽南柯之夢]

→ 남가일몽南柯一夢

[남경북완南梗北頑]

남쪽의 가시와 북쪽의 완악한 것이라는 말이며, 남쪽의 일본과 북쪽의 오랑캐를 일컫는다.

글자 | 남녘 **남**, 가시 **경**, 북녘 **북**, 완악할 **완**

[남곽남취南郭濫吹]

남곽의 실없는 취주라는 말이며, 재능 또는 실력이 없는 자가 있는 것처럼 가장한다는 뜻이다. 중국의 제나라 선왕이 300명의 악사에게 피리를 합주시키고 있었는데, 그중 남곽은 피리를 불 줄 모르면서 숨기고 녹을 받고 있었다. 선왕에 이어 민왕이 즉위하자 한 사람씩 앞에 나와 피리를 불게 하니 남곽은 들통이 나서 도망쳤다는 고사에서 온 말이다.

글자 | 남쪽 **남**, 성곽 **곽**, 실없을 **남**, 불 **취**

출전 | 한비자 내저설상칠술편內儲說上七術篇

동류 | 남곽남우南郭濫竽

[남귤북지南橘北枳]

→ 귤화위지橘化爲枳

출전 | 안자춘추

[남극노인南極老人]

남극의 노인이라는 말이며, 남극성南極星의 화신化身이라는 뜻이다. 남극성이 나타나면 나라가 태평하고, 나타나지 않으면 전란이 일어난다는 전설에서 온 말이다.

글자 | 남녘 **남**, 지극할 **극**, 늙을 **노**, 사람 **인**

ㄴ

[남금동전南金東箭]

남쪽 화산華山의 금석金石과 동쪽 회계會稽의 죽전竹箭이라는 말이며, 아름답고 귀중한 물건을 빗댄 말이다.

글자 | 남녘 **남**, 쇠 **금**, 동녘 **동**, 화살 **전**

[남기북두南箕北斗]

남쪽의 키와 북쪽의 말, 즉 남쪽의 기성箕星은 쌀을 까불지 못하고, 북쪽의 북두성北斗星은 쌀을 되지 못한다는 말이며, 있으나마나 하다는 뜻이다.

원문 | 維南有箕 不可以簸揚 有北有斗
유남유기 불가이파양 유북유두

글자 | 남녘 **남**, 키 **기**, 북녘 **북**, 말 **두**

출전 | 시경 소아대동小雅大東

[남남북녀南男北女]

남쪽의 남자와 북쪽의 여자라는 말이며, 우리나라에서 예로부터 남자는 남쪽에서, 여자는 북쪽에서 잘난 사람이 많다는 뜻이다.

글자 | 남녘 **남**, 사내 **남**, 북녘 **북**, 계집 **녀**

[남녀노소男女老少]

남자와 여자, 그리고 늙은이와 젊은이라는 말이며, 모든 사람을 일컫는다.

글자 | 사내 **남**, 계집 **녀**, 늙을 **노**, 젊을 **소**

[남녀동등男女同等]

→ 남녀평등男女平等

[남녀막론男女莫論]

사내와 계집을 말하지 말라는 말이며, 남녀를 구분하지 말라는 뜻이다.

글자 | 사내 **남**, 계집 **녀**, 말 **막**, 말할 **론**

[남녀무공男女貿功]

남자와 여자가 서로 공적을 바꾼다는 말이며, 남녀가 각각 다른 일을 하여 서로 돕는다는 뜻이다.

글자 | 사내 **남**, 계집 **녀**, 바꿀 **무**, 공 **공**

[남녀불구男女不拘]

남자와 여자를 묶지 않는다는 말이며, 남녀 모두 해당한다는 뜻이다.

글자 | 사내 **남** 계집 **녀**, 아닐 **불**, 묶을 **구**

[남녀유별男女有別]

사내와 계집은 다름이 있다는 말이며, 남자와 여자는 분별이 있어야 한다는 뜻이다. 이는 유교사상의 근본을 이룬다. 예기에 있는 글이다. '남녀의 분별이 있은 뒤에 부자父子의 친함이 있다.'

원문 | 男女有別 然後父子親
남녀유별 연후부자친

글자 | 사내 **남**, 계집 **녀**, 있을 **유**, 다를 **별**

출전 | 예기 교특생郊特牲

[남녀이로男女異路]

남자와 여자의 길이 다르다는 말이며, 남자는 오른쪽으로 걷고, 여자는 왼쪽으로 걷는다는 뜻이다.

글자 | 사내 **남**, 계집 **녀**, 다를 **이**, 길 **로**
출전 | 용비어천가

[남녀이장男女異長]

남녀는 높임이 다르다는 말이며, 남녀의 장유長幼의 호칭은 다르다는 뜻이다.

글자 | 사내 **남**, 계집 **녀**, 다를 **이**, 높을 **장**

[남녀평등男女平等]

남자와 여자가 고르다는 말이며, 남자와 여자의 정치적 또는 사회적 권리가 성별性別에 의한 차별이 없고 똑같다는 뜻이다.

글자 | 사내 **남**, 계집 **녀**, 고를 **평**, 고를 **등**
동류 | 남녀동등男女同等

[남돈북점南頓北漸]

남쪽은 급하고 북쪽은 점점이라는 말이며, 불교의 선가禪家에서 취하는 두 가지 수양 방법을 일컫는다.

글자 | 남녘 **남**, 급할 **돈**, 북녘 **북**, 점점 **점**
출전 | 육조법화단경六祖法寶壇經

[남루지회南樓之會]

남쪽 다락의 모임이라는 말이며, 달 밝은 가을밤의 연회를 일컫는다. 진나라 유량庾亮이 가을밤에 남루에 올라 달을 바라보며 여러 사람과 담론하고 시가를 읊었다는 데서 온 말이다.

글자 | 남녘 **남**, 다락 **루**, 어조사 **지**, 모일 **회**
출전 | 진서 유량전庾亮傳

[남만격설南蠻鴃舌]

남쪽 오랑캐의 왜가리 같은 소리라는 말이며, 외국어를 멸시하는 표현이다.

글자 | 남녘 **남**, 오랑캐 **만**, 왜가리 **격**, 혀 **설**
출전 | 맹자 등문공 상

[남만북적南蠻北狄]

남쪽 오랑캐와 북쪽 오랑캐라는 말이다.

글자 | 남녘 **남**, 남녘 오랑캐 **만**, 북녘 **북**, 북녘 오랑캐 **적**

[남면백성南面百城]

남쪽을 향한 백 개의 성이라는 말이며, 군주의 넓은 영토를 일컫는다.

글자 | 남녘 **남**, 향할 **면**, 일백 **백**, 재 **성**

[남면지덕南面之德]

남쪽으로 향하는 면의 덕이라는 말이며, 임금의 덕을 일컫는다. 임금은 남쪽을 향하여 앉는다는 데서 온 말이다.

글자 | 남녘 **남**, 향할 **면**, 어조사 **지**, 큰 **덕**

[남면지위南面之位]

남쪽을 향한 자리라는 말이며, 임금이 앉는 자리를 일컫는다.

글자 | 남녘 **남**, 향할 **면**, 어조사 **지**, 자리 **위**

[남면지존南面之尊]

남쪽을 향한 어른이라는 말이며, 임금을 일컫는다.

글자 | 남녘 **남**, 향할 **면**, 어조사 **지**, 어른 **존**

[남면칭고南面稱孤]

남쪽을 향하여 '나' 라고 이른다는 말이며, 군주가 되었음을 빗댄 말이다.

글자 | 남녘 **남**, 향할 **면**, 이를 **칭**, 나 **고**

[남무삼보南無三寶]

→ 귀의삼보歸依三寶

[남방지강南方之强]

남쪽의 강함이라는 말이며, 자로子路의 질문에 공자가 답한 말이다. '관대함과 온유함으로 가르치고 무도한 자에게 보복하지 않는 것이 남방의 강함이다. 창칼과 갑옷을 두른 체 죽어도 그만두지 않는 것은 북방의 강함이다. 군자의 강함이 품은 네 가지 덕은 화이불류和而不流와 중립불의中立不倚, 그리고 나라에 법도가 있으면 빈천할 때의 지조를 변하지 않고, 나라에 법도가 없어도 죽을지언정 뜻을 바꾸지 않는 것이다.'

원문 | 寬柔以敎 不報無道 南方之强也
관유이교 불보무도 남방지강야

글자 | 남녘 **남**, 방위 **방**, 어조사 **지**, 굳셀 **강**

출전 | 이덕무의 관독일기觀讀日記

[남부여대男負女戴]

남자는 지고, 여자는 이고 간다는 말이며, 가난한 사람이 살 곳을 찾아 이리저리 떠돌아다닌다는 뜻이다.

글자 | 사내 **남**, 질 **부**, 계집 **여**, 일 **대**

[남비징청攬轡澄淸]

말고삐를 잡아 천하를 맑고 깨끗하게 한다는 말이며, 관직에 나아가 천하의 폐해를 교정矯正한다는 뜻이다.

원문 | 登東攬轡 慨然有澄淸天下之志
등동남비 개연유징청천하지지

글자 | 잡을 **남**, 고삐 **비**, 맑을 **징**, 맑을 **청**

출전 | 후한서 당고전黨錮傳

[남사당패男寺黨牌]

절간의 무리들의 사내라는 말이며, 떠돌아다니면서 노래와 춤을 파는 사내들을 일컫는다.

글자 | 사내 **남**, 절 **사**, 무리 **당**, 호패 **패**

[남산가이南山可移]

남산을 옮길 수 있다는 말이며, 한 번 결정한 일은 변경할 수 없다는 뜻이다. 구당서에 있는 글이다. '남산은 옮길 수 있어도 일단 판결한 것은 움직일 수 없다.'

원문 | 南山可移 判不可搖
남산가이 판불가요

글자 | 남녘 **남**, 뫼 **산**, 가할 **가**, 옮길 **이**
출전 | 구당서 이원굉전李元紘傳

[남산지수南山之壽]

남산의 수명이라는 말이며, 남산과 같이 오래 살기를 바란다는 뜻이다. 남산 유대有臺라는 시의 한 구절이다. '남산에는 향부자 북산에는 명아주 … 즐거우신 우리 님 만수무강하소서.'

원문 | 南山有臺 北山有萊 樂只君子 萬壽無疆
남산유대 북산유래 낙지군자 만수무강

글자 | 남녘 **남**, 뫼 **산**, 어조사 **지**, 목숨 **수**
출전 | 시경 소아小雅

[남선북마南船北馬]

남쪽은 배, 북쪽은 말이라는 말이며, 오늘은 남쪽을 배로 여행하고, 내일은 북쪽을 말로 달린다는 뜻이다.

글자 | 남녘 **남**, 배 **선**, 북녘 **북**, 말 **마**
출전 | 회남자
유사 | 동분서주東奔西走

[남양국수南陽菊水]

남양의 국화꽃 물이라는 말이며, 마시면 오래 산다고 하는 중국 남양의 국화 물을 일컫는다.

글자 | 남녘 **남**, 볕 **양**, 국화 **국**, 물 **수**

[남영호광嵐影湖光]

아지랑이 그림자와 호수의 빛이라는 말이며, 무더운 호숫가의 풍광을 일컫는다.

글자 | 아지랑이 **남**, 그림자 **영**, 큰못 **호**, 빛 **광**

[남우충수濫竽充數]

넘치는 피리로 수를 채운다는 말이며, 남아도는 악사樂士로 머릿수를 채우고 마구 불어대는 것처럼 재주 없는 사람이 재주 있는 듯 허세를 부린다는 말이다.

글자 | 넘칠 **남**, 피리 **우**, 채울 **충**, 숫자 **수**
출전 | 한비자 내저설內儲說 상

[남원북철南轅北轍]

멍에는 남쪽으로 향하고 수레바퀴는 북쪽을 향하고 있다는 말이며, 행동과 목적이 다르거나 하나의 사안이 정반대로 나간다는 뜻이다.

글자 | 남녘 **남**, 멍에 채 **원**, 북녘 **북**, 바퀴자국 **철**
출전 | 전국책 위책魏策
동류 | 북원적초北轅適楚

[남저북고南低北高]

남쪽은 낮고 북쪽은 높다는 말이며, 우리나라의 지세를 일컫는다.

글자 | 남녘 **남**, 낮을 **저**, 북녘 **북**, 높을 **고**

[남전북답南田北畓]

남쪽의 밭과 북쪽의 논이라는 말이며, 소유한 전답이 여기저기 있다는 뜻이다.

글자 | 남녘 **남**, 밭 **전**, 북녘 **북**, 논 **답**

[남전생옥藍田生玉]

남전에서 옥이 난다는 말이며, 명문가에서 현명한 자제가 나온다는 뜻이다.

글자 | 쪽 **남**, 밭 **전**, 날 **생**, 구슬 **옥**

출전 | 삼국지 제갈각전諸葛恪傳

[남정북벌南征北伐]

남쪽을 치고 북쪽을 친다는 말이다.

글자 | 남녘 **남**, 칠 **정**, 북녘 **북**, 칠 **벌**

[남존여비男尊女卑]

사내가 높고 계집이 낮다는 말이며, 사회적으로 남자가 위이고, 여자가 아래라는 유교의 근본사상을 일컫는다.

글자 | 사내 **남**, 높을 **존**, 계집 **여**, 낮을 **비**

출전 | 열자 천서天瑞

유사 | 남녀유별男女有別

[남좌여우男左女右]

남자는 왼쪽, 여자는 오른쪽이라는 말이며, 음양설에 따라 남자의 왼쪽에 여자를, 여자의 오른쪽에 남자를 둔다는 뜻이다.

글자 | 사내 **남**, 왼 **좌**, 계집 **여**, 오른 **우**

[남주북병南酒北餠]

남쪽은 술, 북쪽은 떡이라는 말이며, 옛날 서울의 강남은 술맛이 좋고, 강북은 떡 맛이 좋았다는 뜻이다.

글자 | 남녘 **남**, 술 **주**, 북녘 **북**, 떡 **병**

[남중일색男中一色]

남자 가운데 한 빛이라는 말이며, 남자의 얼굴이 뛰어나게 잘생겼다는 뜻이다.

글자 | 사내 **남**, 가운데 **중**, 빛 **색**

[남지춘신南枝春信]

남쪽 가지에 봄소식이라는 말이며, 봄의 매화꽃을 빗댄 말이다.

글자 | 남녘 **남**, 가지 **지**, 봄 **춘**, 소식 **신**

[남창여수男唱女隨]

남자가 부르고 여자가 따른다는 말이며, 남자가 앞에 나서서 부르고 여자가 따라서 부른다는 뜻이다.

글자 | 사내 **남**, 부를 **창**, 계집 **여**, 따를 **수**

반대 | 여창남수女唱男隨

[남풍불경南風不競]

남쪽 바람이 다투지 않는다는 말이며, 남방 가요는 활기가 없어 세력이 약하다는 뜻이다. 진나라에 초나라군이 출동했다는 소문이 퍼지자 진의 악관樂官이 말했다. '뭐 대단한 일은 없을 겁니다. 남방의 음조는 미약해서 생기가 조금도 없으니 초나라군은 반드시 실패할 것입니다.'

원문 | **南風不競 多死聲 楚必無功**
남풍불경 다사성 초필무공

글자 | 남쪽 **남**, 바람 **풍**, 아닐 **불**, 다툴 **경**

출전 | 춘추좌씨전 양공襄公

[남행북주南行北走]

남쪽으로 가고 북쪽으로 달린다는 말이며, 바쁘게 돌아다닌다는 말이다.

글자 | 남녘 **남**, 다닐 **행**, 북녘 **북**, 달릴 **주**

[남혼여가男婚女嫁]

남자가 장가가고 여자가 시집간다는 말이며, 자녀의 혼인을 일컫는다.

글자 | 사내 **남**, 혼인할 **혼**, 계집 **여**, 시집갈 **가**

[남회귀선南回歸線]

남쪽의 돌아오는 줄이라는 말이며, 남위 23도 27분의 위선緯線을 일컫는다. 추분秋分에 적도 위에 있던 해가 차츰 남으로 향하여 바로 이 위선을 지나는 날이 동지冬至가 되며, 그로부터 다시 북으로 돌아간다. 동지선이라고도 한다.

글자 | 남녘 **남**, 돌아올 **회**, 돌아올 **귀**, 줄 **선**

반대 | 북회귀선北回歸線

[남흔여열男欣女悅]

남자도 기쁘고 여자도 기쁘다는 말이며, 부부가 화목하고 즐겁다는 뜻이다.

글자 | 사내 **남**, 기쁠 **흔**, 계집 **여**, 기쁠 **열**

[납속가자納粟加資]

곡식을 바쳐 재물을 더한다는 말이며, 흉년이 들거나 병란이 있을 때에 곡식을 많이 바친 사람에게 정3품의 벼슬을 주어 포상하는 것을 일컫는다. 이름만의 벼슬을 주었다.

글자 | 들일 **납**, 겉곡식 **속**, 더할 **가**, 재물 **자**

동류 | 납속당상納粟堂上

[납속당상納粟堂上]

→ 납속가자納粟加資

[납오장질納汚藏疾]

더러운 것을 받아들이고 미운 것을 감춘다는 말이며, 모든 것을 너그럽게 받아들인다는 뜻이다.

글자 | 들일 **납**, 흐린 물 괴일 **오**, 감출 **장**, 미워할 **질**

출전 | 조선왕조 10대 연산군일기

[납전삼백臘前三白]

섣달 전에 세 번 하얗게 된다는 말이며, 납일, 즉 동지冬至가 지난 셋째 술일戌日 전에 눈이 세 번 하얗게 오면 그 해 농사가 풍년이 될 징조라는 뜻이다.

글자 | 섣달 **납**, 앞 **전**, 흰 **백**

[낭다육소狼多肉少]

이리는 많고 고기는 적다는 말이며, 나누어 가질 사람은 많은데 나눌 것은 적다는 뜻이다.

글자 | 이리 **낭**, 많을 **다**, 고기 **육**, 적을 **소**

[낭독연설朗讀演說]

밝게 읽는 연설이라는 말이며, 읽으면서 하는 연설을 일컫는다.

글자 | 달 밝을 **낭**, 읽을 **독**, 길게 흐를 **연**, 말씀 **설**

[낭득허명浪得虛名]

맹랑한 것을 얻으나 헛된 이름이라는 말이며, 소득은 있으나 평판은 나쁘다는 뜻이다.

글자 | 맹랑할 **낭**, 얻을 **득**, 빌 **허**, 이름 **명**

[낭랑세어朗朗細語]

낭랑하고 세밀한 말이라는 말이며, 나긋나긋하고 속삭이는 말이라는 뜻이다.

글자 | 물결 **낭(랑)**, 가늘 **세**, 말씀 **어**

[낭묘지기廊廟之器]

묘당의 그릇이라는 말이며, 천하의 일을 볼 큰 인물이라는 뜻이다.

글자 | 묘당 **낭**, 사당 **묘**, 어조사 **지**, 그릇 **기**

출전 | 삼국지 촉서

[낭묘지지廊廟之志]

→ 낭묘지기廊廟之器

[낭분시돌狼奔豕突]

이리가 달아나고 돼지가 나타난다는 말이며, 이리 승냥이가 길길이 날뛰고 멧돼지가 돌진하는 것과 같이 무리지어 패악을 부리며 날뛰고 소란을 피운다는 뜻이다. 오랑캐가 중원을 휘젓고 다니는 것을 빗댄 말이기도 하다.

글자 | 이리 **낭**, 달아날 **분**, 돼지 **시**, 나타날 **돌**

[낭사배수囊砂背水]

→ 낭사지계囊砂之計

[낭사지계囊砂之計]

모래주머니의 계략이라는 말이며, 전한前漢의 한신韓信이 모래포대로 냇물 목을 막았다가 적병이 개울을 건널 때, 한꺼번에 터서 적을 익사시킨 전술을 일컫는다.

글자 | 주머니 **낭**, 모래 **사**, 어조사 **지**, 꾀 **계**

출전 | 사기 회음후전淮陰侯傳

동류 | 낭사배수囊砂背水

[낭설자자浪說藉藉]

맹랑한 말이 깔리고 깔렸다는 말이며, 헛소문이 널리 퍼졌다는 뜻이다.

글자 | 맹랑할 **낭**, 말씀 **설**, 깔 **자**

[낭유도식浪遊徒食]

흘러 다니며 놀면서 먹는 무리라는 말이며, 하는 일 없이 놀고먹는다는 뜻이다.

글자 | 물 철철 흐를 **낭**, 노닐 **유**, 무리 **도**, 먹을 **식**

동류 | 무위도식無爲徒食

[낭자야심狼子野心]

이리 새끼의 길들이기 어려움을 말하며, 흉포한 사람이나 신의 없는 사람을 교화하기 어려운 상태를 빗댄 말이다.

글자 | 이리 **낭**, 아들 **자**, 등 **야**, 마음 **심**

출전 | 춘추좌씨전 소공 28년

[낭중지물囊中之物]

주머니 속의 물건이라는 말이며, 자기 수중에 있는 쓰기 쉬운 물건이라는 뜻이다.

글자 | 주머니 **낭**, 가운데 **중**, 어조사 **지**, 물건 **물**

[낭중지추囊中之錐]

주머니 속의 송곳이라는 말이며, 역량이 있는 사람은 드러나기 마련이라는 뜻이다. 중국 조나라 재상 평원군이 수행원을 뽑는데 잘 알지 못하는 모수毛遂라는 사람이 자청하여 나서므로 현명한 사람이 세상에 있으면 송곳이 주머니 속에 들어있는 것과 같아서 그 끝이 밖으로 나오기 마련이라고 하자 모수가 말했다. '그러니 오늘 저를 주머니에 넣어 주십사 하는 것입니다. 저를 일찍 주머니 속에 넣어 주셨더라면 끝은 물론이요 송곳 자루까지 밖으로 내밀어 보였을 것입니다.'

글자 | 주머니 **낭**, 가운데 **중**, 어조사 **지**, 송곳 **추**

출전 | 사기 평원군열전平原君列傳

동류 | 추처낭중錐處囊中, 모수자천毛遂自薦

[낭중취물囊中取物]

주머니 속 물건을 취한다는 말이며, 손쉽게 얻을 수 있다는 뜻이다.

글자 | 주머니 **낭**, 가운데 **중**, 취할 **취**, 물건 **물**

출전 | 오대사五代史

동류 | 탐낭취물探囊取物

[낭청좌기郎廳坐起]

청지기의 앉고 일어남이라는 말이며, 아랫사람의 하는 일이 윗사람보다 더 심하다는 뜻이다. 낭청은 조선조 때 당하관堂下官의 속칭이다.

글자 | 사나이 **낭**, 관청 **청**, 앉을 **좌**, 일어날 **기**

[낭태제심狼態猘心]

이리의 태도와 미친개의 마음이라는 말이며, 욕심이 많고 흉포하다는 뜻이다.

글자 | 이리 **낭**, 태도 **태**, 미친개 **제**, 마음 **심**

[낭패불감狼狽不堪]

승냥이와 이리는 견디지 못한다는 말이며, 중도에 뜻대로 되지 않거나 실패한다는 뜻이다. 승냥이는 앞다리가 길고, 이리는 뒷다리가 길어 두 짐승이 나란히 걷다가 서로 사이가 떨어지면 넘어지게 되기 때문이다.

글자 | 이리 **낭**, 이리 **패**, 아닐 **불**, 견딜 **감**

출전 | 문선, 이밀李密의 진전표陳情表

유사 | 진퇴유곡進退維谷, 진퇴양난進退兩難

[낭핍일전囊乏一錢]

주머니에 한 푼도 없다는 말이다.

글자 | 주머니 **낭**, 없을 **핍**, 돈 **전**

출전 | 송남잡지

[낭형독서囊螢讀書]

→ 차윤취형車胤聚螢

[내강외유內剛外柔]

→ 외유내강外柔內剛

[내내세세來來世世]

오고 또 오는 세상이라는 말이며, 앞으로 계속해 오는 세상이라는 뜻이다.

글자 | 올 **내**, 세상 **세**

[내무내문乃武乃文]

문무를 함께 갖추었다는 말이며, 임금의 덕을 높이고 기린다는 뜻이다.

글자 | 이에 **내**, 호반 **무**, 글 **문**

출전 | 서경 대우모大禹謨

[내부분렬內部分裂]

거느리는 안이 나누어 찢어진다는 말이며, 한 개체가 내부의 갈등이나 불화 등으로 인하여 여럿으로 갈라진다는 뜻이다.

글자 | 안 **내**, 거느릴 **부**, 나눌 **분**, 찢을 **렬**

[내부지거來不知去]

올 때는 갈 때의 일을 알지 못한다는 말이며, 양면을 다 알지 못한다는 뜻이다.

글자 | 올 **내**, 아닐 **부**, 알 **지**, 갈 **거**

출전 | 열자 천서편天瑞篇

[내부홍처萊婦鴻妻]

내의 지어미와 홍의 아내라는 말이며, 현처賢妻를 일컫는다.

글자 | 쑥 **내**, 지어미 **부**, 기러기 **홍**, 아내 **처**

[내빈외부內貧外富]

안은 가난하고 밖은 부자라는 말이며, 집안 살림은 거지같으나 겉으로는 부자같이 보이는 사람을 일컫는다.

글자 | 안 **내**, 가난할 **빈**, 바깥 **외**, 부자 **부**

[내선일체內鮮一體]

안과 조선은 한 몸이라는 말이며, 일본이 조선을 지배할 때, 조선인을 회유하기 위해 일본 국내인과 조선인은 하나라는 정책을 일컫는다.

글자 | 안 **내**, 조선 **선**, 몸 **체**

[내성불구內省不疚]

안으로 반성하여 조금도 거리낌이 없다는 말이다.

글자 | 안 **내**, 살필 **성**, 아닐 **불**, 오랜 병 **구**

출전 | 논어 안연顔淵

[내성외왕內聖外王]

안으로는 성인이고, 밖으로는 임금의 덕을 겸비한 사람을 말한다.

글자 | 안 **내**, 성스러울 **성**, 바깥 **외**, 임금 **왕**

출전 | 장자 천하편天下篇

[내세사상來世思想]

오는 세상에 대한 생각이라는 말이며, 내세에 진정한 인간의 행복이 있다고 생각하는 종교적 사상을 일컫는다.

글자 | 올 **내**, 세상 **세**, 생각 **사**, 생각할 **상**

[내소외친內疏外親]

속으로는 소홀히 하면서 겉으로는 친한 체 한다는 말이다.

글자 | 안 **내**, 성길 **소**, 바깥 **외**, 친할 **친**

[내수외양內修外攘]

안을 다스리고 밖을 물리친다는 말이며, 국내의 정치를 잘 다스리고 외적을 물리쳐 평화를 유지한다는 뜻이다.

글자 | 안 **내**, 다스릴 **수**, 바깥 **외**, 물리칠 **양**

출전 | 조선왕조 14대 선조실록

[내시반청內視反聽]

안을 보면서 돌아보아 듣는다는 말이며, 자신을 반성하여 살펴본다는 뜻이다.

글자 | 안 **내**, 볼 **시**, 돌아볼 **반**, 들을 **청**

출전 | 후한서

[내심왕실乃心王室]

마음에 왕실을 둔다는 말이며, 나라에 대한 충성심을 뜻한다. 서경에 있는 글이다. '그대들의 마음만은 왕실에 있지 않음이 없어서.'

원문 | 乃心 罔不在王室
내 심 망 부 재 왕 실

글자 | 이에 **내**, 마음 **심**, 임금 **왕**, 집 **실**

출전 | 서경 주서周書

[내외사조內外四祖]

안팎의 네 조상이라는 말이며, 아버지 · 할아버지 · 증조할아버지와 외조할아버지를 통틀어 일컫는다.

글자 | 안 **내**, 바깥 **외**, 조상 **조**

동류 | 양변사조兩邊四組

[내외지간內外之間]

안과 밖의 사이라는 말이며, 부부사이라는 뜻이다.

글자 | 안 **내**, 바깥 **외**, 어조사 **지**, 사이 **간**

[내우외환內憂外患]

안의 근심과 밖의 환란이라는 말이며, 나라 안팎의 근심 걱정, 즉 내란과 외국의 침입 등을 일컫는다.

글자 | 안 **내**, 근심 **우**, 바깥 **외**, 근심 **환**

출전 | 관자 계戒, 국어 진어晉語

[내유외강內柔外剛]

안으로 부드럽고 밖으로 강하다는 말이며, 마음이 약한데도 강한 태도를 보인다는 뜻이다.

원문 | 內柔而外剛
내 유 이 외 강

글자 | 안 **내**, 부드러울 **유**, 바깥 **외**, 굳셀 **강**

출전 | 주역 천지비天地否

반대 | 외유내강外柔內剛

[내윤외랑內潤外朗]

옥의 광택이 안으로 윤택하고 밖으로 밝다는 말이며, 인물의 재덕을 일컫는다.

글자 | 안 **내**, 윤택할 **윤**, 밖 **외**, 달 밝을 **랑**

출전 | 세설신어

[내인거맥來人去脈]

오는 사람 가는 사람의 줄기라는 말이며, 자주 오가는 많은 사람을 일컫는다.

글자 | 올 **내**, 사람 **인**, 갈 **거**, 줄기 **맥**

[내자가추來者可追]

오는 자는 따를 수 있다는 말이며, 지난 일은 어쩔 수 없지만 장래의 일은 고칠 수 있다는 뜻이다. 도연명의 시에 나오는 구절이다. '이미 지난 일은 간할 수 없음을 깨달았고 다가올 일은 쫓을 수 있음을 알았다.'

원문 | 悟已往之不諫 知來者之可追
오 기 왕 지 불 간 지 내 자 지 가 추

글자 | 올 **내**, 놈 **자**, 가할 **가**, 쫓을 **추**

출전 | 논어 미자편微子篇

반대 | 거자불추去者不追

[내자물거來者勿拒]

→ 내자불거來者不拒

[내자물금來者勿禁]

→ 내자불거來者不拒

출전 | 장자 산목山木

[내자불거來者不拒]

오는 사람을 막지 아니한다는 말이다. 맹자 가라사대, '가는 사람을 붙들지도 않고, 오는 사람을 물리치지도 않으며 진실로 배우겠다는 마음을 가지고 오면 그를 받아들일 뿐입니다.' 라고 하였다.

원문 | 往者不追 來者不拒
왕 자 불 추 내 자 불 거

글자 | 올 **내**, 사람 **자**, 아닐 **불**, 막을 **거**

출전 | 맹자 진심盡心 하

관련 | 왕자불추往者不追

[내작색황內作色荒]

안으로 예쁜 계집에 거칠게 되었다는 말이며, 여색에 빠졌다는 뜻이다. 서경의 글이다. '안으로는 여색에 빠져 정신이 미혹되고, 밖으로는 사냥에 미쳐 정신이 빠져 있다.'

원문 | 內作色荒 外作禽荒
내작색황 외작금황

글자 | 안 **내**, 지을 **작**, 예쁜 계집 **색**, 거칠 **황**

출전 | 서경 하서夏書

[내적생활內的生活]

→ 정신생활精神生活

[내적욕구內的欲求]

안으로부터 하고자 구하는 것을 말한다.

글자 | 안 **내**, 맞을 **적**, 하고자 할 **욕**, 구할 **구**

동류 | 정신욕구精神欲求

[내전보살內殿菩薩]

큰 집 안채에 있는 보살이라는 말이며, 알고도 모르는 체하는 사람을 이르는 말이다.

글자 | 안 **내**, 큰 집 **전**, 보리 **보**, 보살 **살**

[내전소식內傳消息]

안으로 전하는 소식이라는 말이며, 사사로이 명령이나 소식을 전한다는 뜻이다.

글자 | 안 **내**, 전할 **전**, 사라질 **소**, 숨 쉴 **식**

[내정간섭內政干涉]

안의 다스림을 간여하여 지난다는 말이며, 침략적 의도를 가지고 다른 나라의 정치에 간여하거나 그 주권을 침해한다는 뜻이다.

글자 | 안 **내**, 다스릴 **정**, 간여할 **간**, 지날 **섭**

[내정돌입內庭突入]

뜰 안에 불쑥 들어간다는 말이며, 남의 집에 허락도 없이 마음대로 불쑥 들어간다는 뜻이다.

글자 | 안 **내**, 뜰 **정**, 우뚝할 **돌**, 들 **입**

[내정범절內廷凡節]

마당 안의 무릇 절제라는 말이며, 집 안에서 이루어지는 일상적 범절을 일컫는다.

글자 | 안 **내**, 마당 **정**, 무릇 **범**, 절제할 **절**

[내조지공內助之功]

안에서 돕는 공이라는 말이며, 아내가 집안을 잘 다스려 남편을 돕는다는 뜻이다.

글자 | 안 **내**, 도울 **조**, 어조사 **지**, 공 **공**

출전 | 삼국지 위서魏書

동류 | 내조지현內助之賢

[내조지현內助之賢]

→ 내조지공內助之功

[내청외탁內淸外濁]

속은 맑고 밖은 흐리다는 말이며, 마음은 깨끗하나 겉으로는 흐린 체 해야 난세를 살아갈 수 있다는 뜻이다.

글자 | 안 **내**, 맑을 **청**, 바깥 **외**, 흐릴 **탁**

출전 | 태현경太玄經

[내핍생활耐乏生活]

없는 것을 견디는 생활이라는 말이며, 물자의 궁핍을 견디고 사는 생활을 일컫는다.

글자 | 견딜 **내**, 없을 **핍**, 살 **생**, 살 **활**

[내한내서耐寒耐暑]

추위를 견디고 더위를 견딘다는 말이며, 인내심이 강하다는 뜻이다.

글자 | 견딜 **내**, 추울 **한**, 더울 **서**

출전 | 송남잡지

[내행보교內行步轎]

안에서 다니는 사람이 메는 가마라는 말이며, 여자가 타는 가마를 일컫는다.

글자 | 안 **내**, 다닐 **행**, 걸음 **보**, 대로 만든 가마 **교**

[내허외식內虛外飾]

안은 비고 바깥은 꾸몄다는 말이며, 속은 비고 겉치레만 한다는 뜻이다.

글자 | 안 **내**, 빌 **허**, 바깥 **외**, 꾸밀 **식**

[냉난자지冷暖自知]

차고 더운 것을 스스로 안다는 말이며, 자기의 일은 남의 말을 듣지 않고도 스스로 안다는 뜻이다.

글자 | 찰 **냉**, 따뜻할 **난**, 스스로 **자**, 알 **지**

출전 | 전등록

[냉수마찰冷水摩擦]

찬물로 몸을 문지른다는 말이다.

글자 | 찰 **냉**, 물 **수**, 문지를 **마**, 문지를 **찰**

유사 | 건포마찰乾布摩擦

[냉어침입冷語侵入]

차디찬 말로 침노해 들어간다는 말이며, 매정한 말로 남의 마음을 찌른다는 뜻이다.

글자 | 찰 **냉**, 말씀 **어**, 침노할 **침**, 들 **입**

[냉혹무정冷酷無情]

차고 혹독하고 정이 없다는 말이며, 타인에 대한 배려가 없고 비참한 것을 보아도 아무렇지도 않은 비정함을 는 뜻한다.

글자 | 찰 **냉**, 혹독할 **혹**, 없을 **무**, 마음 속 **정**

동류 | 냉혹무잔冷酷無殘

[노갑이을怒甲移乙]

아무개의 노여움을 을에게 옮긴다는 말이며, 어떤 사람에게서 당한 노여움을 엉뚱한 사람에게 화풀이 한다는 뜻이다. 우리 속담에 시어머니 역정에 며느리는 개의 배를 찬다는 말이 있다.

글자 | 노할 **노**, 아무 **갑**, 옮길 **이**, 새 **을**

출전 | 대동야승 64

[노결위상露結爲霜]

이슬이 맺어 서리가 된다는 말이다.

글자 | 이슬 **노**, 맺을 **결**, 될 **위**, 서리 **상**

[노겸근칙勞謙謹勅]

수고하고 겸손하면서 삼가고 신칙申飭하라는 말이며, 처신하는 덕목을 일컫는다.

원문 | 庶幾中庸 勞謙謹勅
서기중용 노겸근칙

글자 | 수고할 **노**, 겸손할 **겸**, 삼갈 **근**, 신칙할 **칙**

출전 | 중용, 천자문

[노겸지덕勞謙之德]

공로를 겸양하는 덕이라는 말이며, 공로가 있어도 이를 나타내지 않는 마음씨를 일컫는다.

글자 | 공로 **노**, 겸손할 **겸**, 어조사 **지**, 큰 **덕**

출전 | 용비어천가

[노관파천露館播遷]

→ 아관파천俄館播遷

[노괴풍극露槐風棘]

이슬 같은 홰나무와 바람 같은 가시나무라는 말이며, 삼공구경三公九卿의 벼슬자리를 빗댄 말이다.

글자 | 이슬 **노**, 홰나무 **괴**, 바람 **풍**, 가시나무 **극**

[노구능해老嫗能解]

늙은 할머니도 이해한다는 말이며, 글을 쉽게 쓴다는 뜻이다.

글자 | 늙을 **노**, 할미 **구**, 능할 **능**, 풀 **해**

출전 | 구북시화甌北詩話

[노궁노시盧弓盧矢]

검은 활과 검은 화살이라는 말이며, 매우 견고하고 좋은 활과 화살이라는 뜻이다.

글자 | 검은빛 **노**, 활 **궁**, 화살 **시**

출전 | 서경

[노규어사鷺窺魚事]

해오라기가 물고기 움직이는 것을 엿본다는 말이며, 강자가 약자를 덮칠 기회를 노린다는 뜻이다.

글자 | 해오라기 **노**, 엿볼 **규**, 고기 **어**, 일 **사**

출전 | 신흠申欽의 시

[노기등등怒氣騰騰]

성난 기운이 오르고 올랐다는 말이며, 성난 기색이 얼굴에 가득하다는 뜻이다.

글자 | 성낼 **노**, 기운 **기**, 오를 **등**

[노기복력老驥伏櫪]

늙은 천리마가 말구유에 엎드려져 있다는 말이며, 유위한 인물이 나이 먹어 뜻을 펴지 못하고 쉬고 있으나 여전히 큰 뜻을 품고 있다는 뜻이다. 이는 조조曹操의 악부시樂府詩 한 구절이다.

원문 | 老驥伏櫪 志在千里
노기복력 지재천리

글자 | 늙을 **노**, 천리마 **기**, 엎드릴 **복**, 말구유 **력**

출전 | 세설신어 호상豪爽

[노기충천怒氣衝天]

성난 기운이 하늘을 찌른다는 말이며, 화가 머리끝까지 올랐다는 뜻이다.

글자 | 성낼 **노**, 기운 **기**, 찌를 **충**, 하늘 **천**

[노노발명呶呶發明]

많이 지껄이고 누설하여 밝힌다는 말이며, 숱한 말로 변명을 늘어놓는다는 뜻이다.

글자 | 지껄일 **노**, 누설할 **발**, 밝을 **명**

[노노불휴呶呶不休]

쉬지 않고 지껄이고 지껄인다는 말이며, 수다스럽다는 뜻이다. 한유의 글이다. '마구 떠들어 자신의 생명을 다치게 하는가.'

원문 | 汝不懲邪而呶呶以害其生邪
여 불 징 사 이 노 노 이 해 기 생 사

글자 | 지껄일 **노**, 아닐 **불**, 쉴 **휴**

출전 | 한유의 언잠言箴

[노담탱장怒膽撑腸]

성난 쓸개와 버티고 있는 창자라는 말이며, 몹시 화가 난 상태를 빗댄 말이다.

글자 | 성낼 **노**, 쓸개 **담**, 버틸 **탱**, 창자 **장**

출전 | 구운몽

[노당익장老當益壯]

늙었어도 마땅히 더욱 씩씩해야 한다는 말이며, 대장부가 뜻을 품었으면 어려울수록 건강해야 한다는 뜻이다. 서한 말년에 마원이라는 장사가 동정호 일대에 일어난 난리를 평정하고자 예순둘의 나이에 갑옷을 입고 싸웠는데, 이를 본 광무제가 노익장老益壯이라고 치하한 데서 온 말이다.

글자 | 늙을 **노**, 당할 **당**, 더할 **익**, 씩씩할 **장**

출전 | 후한서 마원전馬援傳

[노동귀족勞動貴族]

수고로이 움직이는 귀한 무리라는 말이며, 일반 노동자보다 높은 임금을 받고 경영주에게 협조적인 의식을 가진 특권적인 노동자를 일컫는다.

글자 | 수고로울 **노**, 움직일 **동**, 귀할 **귀**, 무리 **족**

[노동식민勞動植民]

수고로이 움직이는 백성을 심는다는 말이며, 실업을 구제하는 한 방법으로 실업자를 먼 황무지로 이민시킨다는 뜻이다.

글자 | 수고로울 **노**, 움직일 **동**, 심을 **식**, 백성 **민**

[노동쟁의勞動爭議]

수고로이 움직이는 자의 다툼과 의논이라는 말이며, 노동자와 사용자의 사이에서 이해의 대립으로 일어난 분쟁상태, 또는 분쟁의 우려가 있는 상태를 일컫는다.

글자 | 수고로울 **노**, 움직일 **동**, 다툴 **쟁**, 의논할 **의**

동류 | 노동분쟁勞動紛爭

[노동협약勞動協約]

수고로운 움직임을 돕는 맺음이라는 말이며, 노동조합과 사용자 또는 그 단체와의 사이에 맺는 노동조건을 일컫는다.

글자 | 수고로울 **노**, 움직일 **동**, 도울 **협**, 맺을 **약**

[노래지희老萊之戲]

노래의 재롱이라는 말이며, 효자인 노래자老萊子가 나이 70이 되어서도 색동옷을 입고 부모 앞에서 재롱을 부렸다는 뜻이다.

글자 | 늙을 **노**, 쑥 **래**, 어조사 **지**, 희롱할 **희**

출전 | 고사전高士傳

동류 | 농추무반弄雛舞班

[노량작제魯梁作綈]

노량의 두터운 비단을 짓는다는 말이며, 목적을 달성하기 위하여 관심을 다른 데로 돌린다는 뜻이다. 제나라가 노량을 얻기 위해 노량에서 생산되는 두터운 비단을 사들여 모두 비단을 생산케 한 다음 교역을 끊어 백성을 굶주리게 하여 노량을 얻은 고사에서 온 말이다.

글자 | 노나라 **노**, 들보 **량**, 지을 **작**, 두터운 비단 **제**

출전 | 관자

[노력이전勞力移轉]

수고로운 힘을 움직여 옮긴다는 말이며, 높은 급료의 노동자를 해고하고 싼 급료의 노동자를 고용하여 급료를 내린다는 뜻이다.

글자 | 수고로울 **노**, 힘 **력**, 옮길 **이**, 움직일 **전**

[노룡득운老龍得雲]

늙은 용이 구름을 얻는다는 말이며, 늙어서 좋은 운을 만난다는 뜻이다.

글자 | 늙을 **노**, 용 **룡**, 얻을 **득**, 구름 **운**

[노류장화路柳墻花]

길가의 버들과 담장의 꽃이라는 말이며, 누구든지 꺾을 수 있는 창녀를 빗댄 말이다.

원문 | 路柳墻花 人皆可折
노류장화 인개가절

글자 | 길 **노**, 버들 **류**, 담장 **장**, 꽃 **화**

출전 | 송남잡지 방언류

[노마식도老馬識途]

늙은 말이 길을 안다는 말이며, 경험이 풍부한 사람이 일을 잘 처리한다는 뜻이다.

글자 | 늙을 **노**, 말 **마**, 알 **식**, 길 **도**

출전 | 한비자 세림說林 상

동류 | 노마지지老馬之智

[노마십가駑馬十駕]

느린 말 열 개의 멍에라는 말이며, 즉 노마는 준마駿馬의 하룻길을 열흘에 간다는 말인데, 둔재도 힘쓰면 된다는 뜻이다.

원문 | 駑馬十駕則亦及之矣
노마십가즉역급지의

글자 | 둔할 **노**, 말 **마**, 멍에 **가**

출전 | 순자 권학편勸學篇

[노마연도駑馬鉛刀]

둔한 말과 납으로 된 칼이라는 말이며, 아무 소용없는 군비軍備라는 뜻이다.

글자 | 둔할 **노**, 말 **마**, 납 **연**, 칼 **도**

[노마지지老馬之智]

늙은 말의 지혜라는 말이며, 경험에 의하여 축적된 지혜가 난관 극복에 도움이 된다는 뜻이다. 관중管中이 고죽성孤竹城의 정벌에서 돌아오다 길을 잃자 늙은 말을 풀어 놓아 그 뒤를 따라 찾을 수가 있었다는 것이다.

글자 | 늙을 **노**, 말 **마**, 어조사 **지**, 지혜 **지**

출전 | 한비자 설림設林 상

동류 | 노마식도老馬識道, 지도노마知途老馬

[노말지세弩末之勢]

쇠뇌 끝의 힘이라는 말이며, 건잡을 수 없이 잇달아 튕겨 나오는 강력한 세력을 빗댄 말이다.

글자 | 쇠뇌 **노**, 끝 **말**, 어조사 **지**, 기세 **세**

출전 | 송남잡지

[노명견폐驢鳴犬吠]

당나귀가 울고 개가 짖는다는 말이며, 아무 쓸데없는 말이라는 뜻이다.

글자 | 당나귀 **노**, 울 **명**, 개 **견**, 짖을 **폐**

출전 | 세설신어보世說新語補

[노명소지奴名所志]

'종의 이름으로 뜻하는 바를' 이라는 말이며, 남의 이름으로 관청에 진정서를 낸다는 뜻이다.

글자 | 종 **노**, 이름 **명**, 바 **소**, 뜻 **지**

[노명정장奴名呈狀]

→ 노명소지奴名所志

[노목시지怒目視之]

성난 눈으로 본다는 말이다.

글자 | 성낼 **노**, 눈 **목**, 볼 **시**, 어조사 **지**

[노미장두露尾藏頭]

→ 장두노미藏頭露尾

[노반운제魯般雲梯]

노반의 구름사다리라는 말이며, 성공을 거두지 못한 작품이라는 뜻이다. 이는 중국 초나라의 노반이 구름사다리를 만들어 송나라를 쳤으나 묵자墨子가 이를 막아내어 성공하지 못했다는 고사에서 온 말이다.

글자 | 성씨 **노**, 펼 **반**, 구름 **운**, 사다리 **제**
관련 | 묵적지수墨翟之守

[노반지교魯般之巧]

어리석음이 많은 재주라는 말이며, 잔재주를 뜻한다.

글자 | 어리석을 **노**, 많을 **반**, 어조사 **지**, 재주 **교**
출전 | 맹자 이루離婁

[노발대발怒發大發]

성을 크게 낸다는 말이며, 몹시 성을 낸다는 뜻이다.

글자 | 성낼 **노**, 낼 **발**, 큰 **대**

[노발대성怒發大聲]

성을 일으키고 크게 소리친다는 말이며, 매우 성이 나서 외치는 큰소리라는 뜻이다.

글자 | 성낼 **노**, 일으킬 **발**, 큰 **대**, 소리 **성**

[노발상충怒髮上衝]

노하여 머리털이 위를 찌른다는 말이다.

글자 | 노할 **노**, 터럭 **발**, 윗 **상**, 찌를 **충**

[노발충관怒髮衝冠]

노한 머리카락이 [위의] 관을 찌른다는 말이며, 몹시 성난 용사의 모습을 이르는 뜻이다.

원문 | 怒髮上衝冠
노 발 상 충 관

글자 | 노할 **노**, 터럭 **발**, 찌를 **충**, 갓 **관**
출전 | 사기 인상여열전藺相如列傳
동류 | 노발충천怒髮衝天

[노발충천怒髮衝天]

→ 노발충관怒髮衝冠

[노방생주老蚌生珠]

진주는 늙은 조개에서 나온다는 말이며, 만년에 아들을 낳았다는 뜻으로도 쓰인다.

글자 | 늙을 **노**, 민물조개 **방**, 날 **생**, 구슬 **주**
출전 | 서언고사書言古事

[노방잔읍路傍殘邑]

길가의 남은 고을이라는 말이며, 높은 벼슬아치를 대접하느라고 피폐해진 고을이라는 뜻이다.

글자 | 길 **노**, 곁 **방**, 남을 **잔**, 고을 **읍**

[노방전도路傍傳道]

길가에서 도리를 전한다는 말이며, 길에서 행인을 상대로 하는 전도 행위를 일컫는다.

글자 | 길 **노**, 곁 **방**, 전할 **전**, 도리 **도**

[노변담화爐邊談話]

화롯가에서 나누는 이야기라는 말이다.

글자 | 화로 **노**, 가 **변**, 말씀 **담**, 말씀 **화**

[노봉협처路逢狹處]

좁은 곳의 길에서 만난다는 말이며, 피하기 어려운 데서 만난다는 뜻이다.

원문 | 路逢狹處 難回避
노봉협처 난회피

글자 | 길 **노**, 만날 **봉**, 좁을 **협**, 곳 **처**

출전 | 명심보감 계선편繼善篇

[노부지둔老腐遲鈍]

늙고 썩어 느리고 둔하다는 말이다.

글자 | 늙을 **노**, 썩을 **부**, 더딜 **지**, 둔할 **둔**

[노불습유路不拾遺]

길에 떨어진 것을 줍지 않는다는 말이다.

글자 | 길 **노**, 아닐 **불**, 주울 **습**, 남길 **유**

출전 | 공자가어孔子家語

동류 | 도불습유道不拾遺

[노불장려老不長慮]

늙으면 많은 생각을 하지 않는다는 말이다.

글자 | 늙을 **노**, 아닐 **불**, 많은 **장**, 생각할 **려**

출전 | 관자 내업편內業篇

[노사숙유老士宿儒]

큰 선비인 늙은 선비라는 말이며, 학문이 깊은 늙은 선비를 일컫는다.

글자 | 늙을 **노**, 선비 **사**, 클 **숙**, 선비 **유**

[노사일음勞思逸淫]

일을 하면 좋은 생각을 하게 되고, 안일하면 음란한 마음뿐이라는 말이다.

원문 | 勞則思 思則善心生 逸則淫
노즉사 사즉선심생 일즉음

글자 | 일할 **노**, 생각 **사**, 편안할 **일**, 음란할 **음**

출전 | 영녀전 모의전母儀傳

[노상강도路上强盜]

길 위의 강한 도둑이라는 말이며, 길 가는 사람을 위협하여 재물을 강탈하는 도둑이라는 뜻이다.

글자 | 길 **노**, 윗 **상**, 강할 **강**, 도둑 **도**

[노상백활路上白活]

길 위에서 살릴 것을 아뢴다는 말이며, 벼슬아치에게 길에서 억울함을 하소연한다는 뜻이다.

글자 | 길 **노**, 윗 **상**, 아뢸 **백**, 살릴 **활**

출전 | 송남잡지

[노상안면路上顔面]

길에서 본 적이 있는 얼굴이라는 말이다.

글자 | 길 **노**, 윗 **상**, 얼굴 **안**, 낯 **면**

[노생상담老生常譚]

늙은 서생이 늘 하는 이야기라는 말이며, 새롭고 특별한 의견이 아니고 흔히 들어서 알고 있는 상투적인 말이라는 뜻이다.

글자 | 늙을 **노**, 날 **생**, 항상 **상**, 이야기 **담**

출전 | 삼국지 위서魏書, 관로전管輅傳

[노생지몽老生之夢]

→ 한단지몽邯鄲之夢

[노소남북老少南北]

노론. 소론. 남인. 북인을 말하며, 조선시대의 4색 당파를 일컫는다.

글자 | 늙을 **노**, 젊을 **소**, 남녘 **남**, 북녘 **북**

[노소동락老少同樂]

늙은이와 젊은이가 함께 즐긴다는 말이다.

글자 | 늙을 **노**, 젊을 **소**, 같을 **동**, 즐거울 **락**

[노소부정老少不定]

노인과 소년이 정해져 있지 않다는 말이며, 사람의 수명이 정해져 있지 않다는 뜻이다.

글자 | 늙을 **노**, 젊을 **소**, 아닐 **부**, 정할 **정**

출전 | 관심약요집觀心略要集

[노소이량老少異糧]

늙은이와 젊은이의 양식은 다르다는 말이며, 노인과 젊은이의 음식은 달라야 한다는 뜻이다.

글자 | 늙을 **노**, 젊을 **소**, 다를 **이**, 양식 **량**

출전 | 천자문

[노소장유老少長幼]

늙은이와 젊은이, 그리고 어른과 어린이라는 말이며, 나이에 따른 사람의 서열을 일컫는다.

글자 | 늙을 **노**, 젊을 **소**, 어른 **장**, 어릴 **유**

[노승발검怒蠅拔劍]

노한 파리가 검을 뺀다는 말이며, 사소한 일에 화를 내는 사람을 빗댄 말이다.

글자 | 노할 **노**, 파리 **승**, 뺄 **발**, 칼 **검**

출전 | 송남잡지

유사 | 견문발검見蚊拔劍

[노시물찰怒時勿札]

성났을 때는 편지를 쓰지 말라는 말이며, 분노에 겨워 쓴 편지는 즉시 보내서는 안 된다는 뜻이다.

글자 | 성낼 **노**, 때 **시**, 말 **물**, 편지 **찰**

[노실색시怒室色市]

방 안에서 노한 것을 저잣거리에 나가 나타낸다는 말이며, 노여움을 다른데 옮긴다는 뜻이다. 우리 속담에 '종로에서 뺨 맞고 한강에서 눈 흘긴다.' 는 말과 비슷하다.

글자 | 노할 **노**, 집 **실**, 얼굴빛 **색**, 저자 **시**

출전 | 사기

[노심초사勞心焦思]

마음에 근심이요, 생각에 속 태운다는 말이다.

글자 | 근심할 **노**, 마음 **심**, 속 태울 **초**, 생각 **사**

[노안비슬奴顔婢膝]

사내종의 얼굴과 계집종의 무릎이라는 말이며, 남에게 종처럼 지나치게 굽실거리는 태도를 이르는 말이다.

글자 | 사내종 **노**, 얼굴 **안**, 계집종 **비**, 무릎 **슬**

출전 | 포박자 외편外篇

[노안유명老眼猶明]

늙은이의 눈이 오히려 밝다는 말이다.

글자 | 늙을 **노**, 눈 **안**, 오히려 **유**, 밝을 **명**

[노양지과魯陽之戈]

노양의 창이라는 말이며, 쇠한 것을 되살려낸다는 뜻이다. 중국 초나라의 노양공魯陽公이 한나라와의 싸움 중, 해가 저물자 창을 들어 올려 해가 지는 것을 멈추게 했다는 고사에서 온 말이다.

글자 | 나라 **노**, 볕 **양**, 어조사 **지**, 창 **과**

출전 | 회남자

[노어왕사勞於王事]

임금의 일에 힘쓴다는 말이다.

글자 | 힘쓸 **노**, 어조사 **어**, 임금 **왕**, 일 **사**

[노어지오魯魚之誤]

노자와 어자의 착오라는 말이며, 글자를 잘못 베껴 쓴다는 뜻이다.

글자 | 둔할 **노**, 고기 **어**, 어조사 **지**, 잘못 **오**

출전 | 포박자

동류 | 노어해시魯魚亥豕

[노어해시魯魚亥豕]

→ 노어지오魯魚之誤

출전 | 공자가어 자해편子解篇

[노연분비勞燕分飛]

때까치와 제비가 나누어져 날아간다는 말이며, 사람의 이별을 뜻한다. 때까치 과에는 개고마리, 박로博勞, 백로伯勞 등이 있다.

글자 | 때까치 **노**, 제비 **연**, 나눌 **분**, 날 **비**

출전 | 고악부古樂府

[노예근성奴隸根性]

종의 뿌리의 성품이라는 말이며, 남이 시키는 대로만 하고 자신의 생각으로 행동하지 못하는 성질을 일컫는다.

글자 | 남종 **노**, 종 **예**, 뿌리 **근**, 성품 **성**

[노우지독老牛舐犢]

늙은 소가 송아지를 핥는다는 말이며, 자식에 대한 부모의 사랑을 빗댄 말이다.

원문 | 猶懷老牛舐犢之愛
유 회 노 우 지 독 지 애

글자 | 늙을 **노**, 소 **우**, 핥을 **지**, 송아지 **독**

출전 | 후한서 양표전楊彪傳

[노유상어老儒常語]

늙은 선비가 항상 하는 말이라는 말이며, 세상 물정에 어두운 말이라는 뜻이다.

글자 | 늙을 **노**, 선비 **유**, 항상 **상**, 말씀 **어**

[노이무공勞而無功]

수고하였으나 공이 없다는 말이며, 애쓴 보람이 없다는 뜻이다.

원문 | 勞而無功 身必有殃
노이무공 신필유앙

글자 | 힘쓸 **노**, 말 이을 **이**, 없을 **무**, 공 **공**

출전 | 장자 천운편天運篇

[노이불사老而不死]

늙어도 죽지 않는다는 말이며, 죽지 않고 사람들에게 피해만 준다는 뜻이다.

원문 | 老而不死 是爲賊
노이불사 시위적

글자 | 늙을 **노**, 말 이을 **이**, 아닐 **불**, 죽을 **사**

출전 | 논어 헌문憲問

[노이불원勞而不怨]

수고하지만 원망하지 않는다는 말이며, 힘든 일을 시켜도 원망하지 않는다는 뜻이다.

글자 | 수고할 **노**, 말 이을 **이**, 아닐 **불**, 원망할 **원**

[노인무치老人無恥]

늙은 사람은 부끄러움이 없다는 말이며, 노인은 실수를 해도 이해해 주어야 한다는 뜻이다.

글자 | 늙을 **노**, 사람 **인**, 없을 **무**, 부끄러울 **치**

[노인발피老人潑皮]

늙은이가 껍질에 물을 뿌린다는 말이며, 늙은이가 하는 일 없이 부랑하면 아무데도 쓸 데 없듯이 아무데도 쓸모없다는 뜻이다.

글자 | 늙을 **노**, 사람 **인**, 물 뿌릴 **발**, 껍질 **피**

출전 | 대동야승

[노인소지路人所知]

길 가는 사람도 아는 바라는 말이며, 세상 사람이 다 아는 바라는 뜻이다.

글자 | 길 **노**, 사람 **인**, 바 **소**, 알 **지**

[노인지반老人之反]

늙은 사람의 돌이킴이라는 말이며, 노인이 젊은이와 반대로 한다는 뜻이다. 예를 들면, 밤에는 잠을 안 자고 낮에 깜빡깜빡 존다. 근래 일은 기억 못하고 옛일만 생각나는 것 등이다.

글자 | 늙을 **노**, 사람 **인**, 어조사 **지**, 돌이킬 **반**

출전 | 문해피사文海披沙

[노자역덕怒者逆德]

성내는 자는 덕에 거슬린다는 말이다.

글자 | 성낼 **노**, 놈 **자**, 거슬릴 **역**, 큰 **덕**

출전 | 장자 칙양편則陽篇

[노작가축勞作家畜]

부지런히 일하는 가축이라는 말이며, 집에서 일하는 소, 말 따위를 일컫는다.

글자 | 부지런할 **노**, 일할 **작**, 집 **가**, 가축 **축**

[노장사상老莊思想]

노자老子(李耳)와 장자莊子(莊周)의 사상을 말한다. 도가道家의 중심 사상을 이루는 이들의 사상은 모든 인위적인 것을 부정하고 무위無爲와 자연을 도덕의 표준으로 하며, 허무虛無를 우주의 근원으로 삼았다. 유가사상이 현실적이라면 노자의 도가사상은 초현실적이다. 공자는 어지러운 현실사회를 인의와 같은 훌륭한 덕과 올바른 예의제도로써 다스려 보려고 애썼는데 대하여, 노자는 도라는 절대적인 원리를 추구하면서 현실사회가 어지러운 것은 사람들이 그릇된 자기 위주의 가치판단 아래 세상을 그릇된 규칙으로 다스리려 하기 때문이라 생각했다. 유가사상이 중국의 북방(황하 유역)기질을 대표한 사상이라면 노자의 도가사상은 남방(장강 유역)기질을 대표한 사상이다.

글자 | 늙을 **노**, 씩씩할 **장**, 생각 **사**, 생각할 **상**

출전 | 노자, 장자

[노장지도老莊之道]

→ 노장사상老莊思想

[노장지학老莊之學]

→ 노장사상老莊思想

[노전분하爐田分下]

화로와 밭 밑에서 나눈다는 말이며, 그 당시 현장에 있는 사람에게만 나누어 준다는 뜻이다.

글자 | 화로 **노**, 밭 **전**, 나눌 **분**, 아래 **하**

[노주지분奴主之分]

종과 주인의 나눔이라는 말이며, 신분 · 재력 등 너무 거리가 먼 대인관계를 빗댄 말이다.

글자 | 종 **노**, 주인 **주**, 어조사 **지**, 나눌 **분**

출전 | 송남잡지

[노즉기상怒則氣上]

성내면 기운이 올라간다는 말이며, 화를 심하게 내면 얼굴이 벌게지며 기운이 위로 뜨게 되어 기운이 우리 몸에 골고루 퍼지지 못하고 위로 치우치게 되어 피가 머리로 올라가 머리가 아프게 된다는 뜻이다.

글자 | 성낼 **노**, 곧 **즉**, 기운 **기**, 윗 **상**

[노지남자魯之男子]

노나라의 남자라는 말이며, 여색女色을 좋아하지 않는 사람을 빗댄 말이다.

글자 | 노나라 **노**, 어조사 **지**, 사내 **남**, 사람 **자**

출전 | 시경

[노친시하老親侍下]

늙은 어버이를 아래서 모신다는 말이며, 나이 많은 어버이를 모시고 있는 처지라는 뜻이다.

글자 | 늙을 **노**, 어버이 **친**, 모실 **시**, 아래 **하**

[노파심절老婆心切]

늙은 할미의 간절한 마음이라는 말이며, 이것저것 마음 쓰는 친절함이라는 뜻이다. 보통 노파심이라고 줄여서 쓰고 있다.

글자 | 늙을 **노**, 할미 **파**, 마음 **심**, 간절할 **절**

출전 | 경덕전등록

[노한소초老漢少楚]

→ 노홍소청老紅少靑

[노홍소청老紅少靑]

늙은이는 홍이고, 젊은이는 청이라는 말이며, 장기를 둘 때 나이 많은 사람이 붉은 글자를 가지고, 나이 적은 사람이 푸른 글자를 갖는다는 뜻이다.

글자 | 늙을 **노**, 붉을 **홍**, 젊을 **소**, 푸를 **청**

동류 | 노한소초老漢少楚

[녹녹지배碌碌之輩]

용렬한 사람들이라는 말이며, 평범한 보통 사람을 일컫는다.

글자 | 용렬할 **녹**, 어조사 **지**, 무리 **배**

출전 | 후한서

[녹림호객綠林豪客]

→ 녹림호걸綠林豪傑

[녹림호걸綠林豪傑]

푸른 숲속의 호걸이라는 말이며, 의적義賊, 또는 도적떼를 일컫는다.

글자 | 푸를 **녹**, 수풀 **림**, 호걸 **호**, 호걸 **걸**

출전 | 한서 왕망전王莽傳

동류 | 녹림호객綠林豪客

[녹명지연鹿鳴之宴]

사슴이 우는 잔치라는 말이며, 좋은 손님을 환대하는 잔치를 빗댄 말이다. 녹명이라는 시의 구절이다. '우-우- 사슴 울며 사철 쑥을 뜯고 있네. 좋은 손님 오셨으니 슬을 뜯고 피리 부세.'

글자 | 사슴 **녹**, 울 **명**, 어조사 **지**, 잔치 **연**

출전 | 시경 소아小雅

[녹불첩수祿不疊受]

봉록을 거듭해서 받지 않는다는 말이며, 두 가지 관직을 겸한 사람이 한 곳에서만 봉록을 받는다는 뜻이다.

글자 | 녹 **녹**, 아닐 **불**, 거듭할 **첩**, 받을 **수**

[녹빈홍안綠鬢紅顔]

푸른 귀밑머리와 붉은 얼굴이라는 말이며, 곱고 젊은 여자를 일컫는다.

글자 | 푸를 **녹**, 귀밑털 **빈**, 붉을 **홍**, 얼굴 **안**

출전 | 백거이의 염상부鹽商婦

[녹사수수鹿死誰手]

사슴은 누구의 손에 죽었는가? 라는

말이며, 천하는 바야흐로 누구에게 돌아갈 것인가를 묻는 뜻이다.

원문 | 不知鹿死誰手
부 지 녹 사 수 수

글자 | 사슴 **녹**, 죽을 **사**, 누구 **수**, 손 **수**

출전 | 진서 석륵재기石勒載記

[녹수청산綠水青山]

푸른 물과 푸른 산이라는 말이다.

원문 | 青山裏 碧溪水
청 산 리 벽 계 수

글자 | 초록빛 **녹**, 물 **수**, 푸를 **청**, 뫼 **산**

출전 | 황진이黃眞伊의 시조

[녹양방초綠楊芳草]

푸르른 버드나무와 향기로운 풀이라는 말이다.

글자 | 초록빛 **녹**, 버들 **양**, 향기 **방**, 풀 **초**

출전 | 용암대사의 초암가草庵歌

[녹엽성음綠葉成陰]

푸른 잎이 그늘을 이루었다는 말이며, 혼인한 여자가 많은 자녀를 거느렸다는 말로도 쓰인다.

글자 | 초록빛 **녹**, 이파리 **엽**, 이를 **성**, 응달 **음**

출전 | 두목의 시

[녹음방초綠陰芳草]

우거진 나무그늘과 향기로운 풀이라는 말이며, 싱싱한 여름이라는 뜻이다.

글자 | 초록빛 **녹**, 그늘 **음**, 향기 **방**, 풀 **초**

출전 | 송남잡지

[녹의사자綠衣使者]

푸른 옷을 입은 사자라는 말이며, 앵무새를 일컫는다. 앵무새가 사람을 죽인 범인을 찾게 하여 황제가 붙여준 이름에서 유래한다.

글자 | 푸를 **녹**, 옷 **의**, 부릴 **사**, 놈 **자**

출전 | 개원천보유사開元天寶遺史

[녹의홍상綠衣紅裳]

연두저고리에 다홍치마라는 말이며, 여자의 고운 옷차림을 일컫는다.

글자 | 초록빛 **녹**, 옷 **의**, 붉을 **홍**, 치마 **상**

출전 | 송남잡지

[녹의황리綠衣黃裏]

초록색 저고리에 노란색 안감이라는 말이며, 천한 사람이 귀인 행세를 한다는 뜻이다.

글자 | 초록빛 **녹**, 옷 **의**, 누를 **황**, 속 **리**

출전 | 시경 패풍邶風

유사 | 녹의황상綠衣黃裳

[녹의황상綠衣黃裳]

초록빛 저고리에 누런 치마라는 말이며, 귀천貴賤의 자리가 뒤바뀌었다는 뜻이다. 황의녹상黃衣綠裳이 원칙이고 첩이 정실의 자리를 차지했다는 말과도 통한다.

글자 | 초록빛 **녹**, 옷 **의**, 누를 **황**, 치마 **상**

출전 | 시경 국풍

[녹초청강綠草淸江]

푸른 풀과 맑은 강이라는 말이다.

글자 | 푸를 **녹**, 풀 **초**, 맑을 **청**, 강 **강**

[녹평지향鹿苹之饗]

사슴과 다북쑥의 잔치라는 말이며, 임금이 신하를 대접하는 잔치를 일컫는다. 시경의 글이다. '사슴들 서로 무리 불러 울면서 들에 모여들어 다북쑥 뜯네.'

원문 | 呦呦鹿苹 食野之苹
유 유 녹 평 식 야 지 평

글자 | 사슴 **녹**, 다북쑥 **평**, 어조사 **지**, 잔치할 **향**

출전 | 시경 소아

[논공행상論功行賞]

공로를 의논하여 상벌을 준다는 말이다.

원문 | 論功勞 行賞罰
논 공 로 행 상 벌

글자 | 의논 **논**, 공 **공**, 다닐 **행**, 상 **상**

출전 | 관자 지도편地圖篇

유사 | 신상필벌信賞必罰

[논어언해論語諺解]

논어를 한글로 푼 책을 말한다. 조선조 14대 선조의 명으로 번역한 사서四書 중의 하나로서 선조 21년(1588)에 간행되었다.

글자 | 의논 **논**, 말씀 **어**, 속된 말 **언**, 풀릴 **해**

[논어정음論語正音]

논어의 바른 소리를 적은 책이라는 말이며, 조선조 21대 영조 11년(1735)에 출판된 책으로서 논어의 정문正文 바로 밑에 한글로 중국음中國音을 달았는데 왼쪽에는 정음, 오른쪽에는 속음俗音을 달았다.

글자 | 의논 **논**, 말씀 **어**, 바를 **정**, 소리 **음**

[논인장단論人長短]

사람의 장점과 단점을 논한다는 말이다.

글자 | 평할 **논**, 사람 **인**, 긴 **장**, 짧을 **단**

[논점일탈論點逸脫]

논할 점이 달아나고 벗어났다는 말이며, 논설의 요점에서 벗어났다는 뜻이다.

글자 | 논할 **논**, 점 **점**, 달아날 **일**, 벗을 **탈**

[농가성진弄假成眞]

거짓으로 농한 것이 참말로 되었다는 말이다.

글자 | 희롱할 **농**, 거짓 **가**, 이룰 **성**, 참 **진**

동류 | 가롱성진假弄成眞

[농경의례農耕儀禮]

농사와 밭 가는 예법이라는 말이며, 옛날 농경사회에서 행해지던 하늘을 향한 제사를 일컫는다.

글자 | 농사 **농**, 밭 갈 **경**, 예법 **의**, 예도 **례**

출전 | 고려사, 북사 고구려편

관련 | 세시의례歲時儀禮

[농경정급隴耕井汲]

밭을 갈고 우물물을 깃는다는 말이며, 소박한 농촌생활을 한다는 뜻이다.

글자 | 밭두둑 **농**, 밭 갈 **경**, 우물 **정**, 물 길을 **급**

[농공가무農功歌舞]

농사에 공을 세운 노래와 춤이라는 말이며, 농사지을 때에 신에게 감사하여 집단적으로 행하던 노래와 춤을 일컫는다.

글자 | 농사 **농**, 공 **공**, 노래 **가**, 춤출 **무**

[농공시필農功始畢]

농사일을 시작하고 마친다는 말이다.

글자 | 농사 **농**, 일할 **공**, 시작할 **시**, 마칠 **필**

[농과성진弄過成嗔]

희롱의 허물이 노를 이룬다는 말이며, 농을 잘못하여 남을 화나게 만든다는 뜻이다.

글자 | 희롱할 **농**, 허물 **과**, 이룰 **성**, 노할 **진**

동류 | 농가성진弄假成眞, 가롱성진假弄成眞

[농교성졸弄巧成拙]

기교를 부리다가 도리어 졸렬해진다는 말이다.

글자 | 희롱할 **농**, 교묘할 **교**, 이룰 **성**, 졸할 **졸**

출전 | 전등록

[농단지술隴斷之術]

큰 언덕을 자르는 재주라는 말이며, 이익을 혼자 차지하는 장사 기술을 빗댄 말이다.

글자 | 큰 언덕 **농**, 끊을 **단**, 어조사 **지**, 재주 **술**

[농담야화農談野話]

농사 이야기와 들판의 이야기라는 말이며, 시중에 떠도는 이야기를 일컫는다.

글자 | 농사 **농**, 말씀 **담**, 들 **야**, 이야기 **화**

출전 | 옥루몽

[농민이촌農民離村]

농민이 마을을 떠난다는 말이다.

글자 | 농사 **농**, 백성 **민**, 떠날 **이**, 마을 **촌**

[농병황지弄兵潢池]

웅덩이에서 무기로 희롱한다는 말이며, 하는 일이 마치 아이들이 하는 장난과 같이 매우 시끄럽고 어수선하다는 뜻이다.

글자 | 희롱할 **농**, 무기 **병**, 웅덩이 **황**, 못 **지**

출전 | 한서 공수전龔遂傳

[농불실시農不失時]

농사는 때를 잃지 아니한다는 말이

며, 때를 맞추어 할 일을 해야 한다는 말로도 쓰인다.

글자 | 농사 **농**, 아닐 **불**, 잃을 **실**, 때 **시**

[농산어촌農山漁村]

농촌 · 산촌 · 어촌을 아울러 이르는 말이다.

글자 | 농사 **농**, 뫼 **산**, 고기 잡을 **어**, 마을 **촌**

[농시방극農時方劇]

농사 계절이라 지금 바쁘다는 말이다.

글자 | 농사 **농**, 계절 **시**, 지금 **방**, 바쁠 **극**

[농시방장農時方張]

→ 농시방극農時方劇

[농와지경弄瓦之慶]

장난감 실패의 경사라는 말이며, 딸을 낳은 기쁨이라는 뜻이다. 옛날 중국에는 딸을 낳으면 장난감으로 길쌈할 때 쓰는 실패를 주었다고 한다.

글자 | 구경할 **농**, 길쌈 벽돌 **와**, 어조사 **지**, 경사 **경**

출전 | 시경

동류 | 농와지희弄瓦之喜

반대 | 농장지경弄璋之慶

[농와지희弄瓦之喜]

→ 농와지경弄瓦之慶

[농위국본農爲國本]

→ 농위정본農爲政本

[농위정본農爲政本]

농사는 정치의 근본이 된다는 말이며, 농사는 나라의 기반이 된다는 뜻이다.

글자 | 농사 **농**, 다스릴 **위**, 다스릴 **정**, 근본 **본**

출전 | 제범帝範

[농유여속農有餘粟]

농사를 지으면 남는 곡식을 갖는다는 말이다.

글자 | 농사 **농**, 가질 **유**, 남을 **여**, 겉곡식 **속**

[농장지경弄璋之慶]

장난감 구슬의 경사라는 말이며, 아들을 낳은 기쁨이라는 뜻이다. 옛날 중국에서는 아들을 낳으면 장난감 구슬을 주었다고 한다.

원문 | **載寢之牀 載衣之裳 載弄之璋**
재 침 지 상 재 의 지 상 재 롱 지 장

글자 | 희롱할 **농**, 구슬 **장**, 어조사 **지**, 경사 **경**

출전 | 시경 소아小雅

동류 | 농장지희弄璋之喜, 농와지경弄瓦之慶

[농장지희弄璋之喜]

→ 농장지경弄璋之慶

[농조연운籠鳥戀雲]

새장 속의 새가 구름을 그리워한다는 말이며, 속박 받는 사람이 자유를 그리워한다는 뜻이다.

글자 | 새장 **농**, 새 **조**, 사모할 **연**, 구름 **운**

출전 | 할관자

[농추무반弄雛舞班]

새 새끼를 희롱하며 색동옷 입고 춤춘다는 말이며, 효심이 지극하다는 뜻이다. 중국 춘추시대의 노래자老萊子라는 사람이 나이 70에 부모를 즐겁게 해 드리기 위하여 색동옷을 입고 재롱을 떨었다는 고사에서 온 말이다.

글자 | 희롱할 **농**, 새 새끼 **추**, 춤출 **무**, 얼룩질 **반**

출전 | 옥루몽

동류 | 노래지희老萊之戲

[농춘화답弄春和答]

봄을 희롱하며 고루 답한다는 말이며, 춘흥春興에 겨워서 서로 노래를 부른다는 뜻이다.

글자 | 희롱할 **농**, 봄 **춘**, 고루 **화**, 답할 **답**

[농한희어弄翰戲語]

희롱하는 글과 말이라는 말이며, 농담을 일컫는다.

글자 | 희롱할 **농**, 글 **한**, 희롱할 **희**, 말씀 **어**

[뇌격장압雷擊牆壓]

천둥이 치고 담이 누른다는 말이며, 형벌이 심하다는 뜻이다.

글자 | 천둥 **뇌**, 칠 **격**, 담 **장**, 누를 **압**

출전 | 한시외전

[뇌고눌함擂鼓吶喊]

북을 급히 치고 더듬거리면서 고함친다는 말이며, 적을 놀라게 하는 계략을 일컫는다.

글자 | 급히 북칠 **뇌**, 북 **고**, 말 더듬을 **눌**, 고함 지를 **함**

[뇌구전격雷雊電激]

천둥이 울고 번개가 친다는 말이다.

글자 | 천둥 **뇌**, 울 **구**, 번개 **전**, 칠 **격**

[뇌급만방賴及萬方]

힘입는 바가 만방에 미친다는 말이며, 영향력이 온 천하에 미친다는 뜻이다.

원문 | 化被草木 賴及萬方
화 피 초 목 뇌 급 만 방

글자 | 힘입을 **뇌**, 미칠 **급**, 일만 **만**, 방위 **방**

출전 | 천자문

[뇌동부화雷同附和]

→ 부화뇌동附和雷同

[뇌락육리牢落陸離]

우리가 떨어지고 땅이 떠나간다는 말이며, 짐승이 떼지어 질주하는 모습을 빗댄 말이다.

글자 | 우리 **뇌**, 떨어질 **락**, 땅 **육**, 떠날 **리**

출전 | 사마상여의 상림부上林賦

[뇌락장렬磊落壯烈]

돌무더기가 장렬하게 떨어진다는 말이며, 기상이 쾌활하고 지기志氣가 장대하다는 뜻이다.

글자 | 돌무더기 **뇌**, 떨어질 **락**, 굳셀 **장**, 사나울 **렬**

[뇌려풍비雷勵風飛]

우뢰같이 사납고 바람처럼 날라간다는 말이며, 일하는 솜씨가 벼락처럼 빠르다는 뜻이다.

글자 | 우레 **뇌**, 사나울 **려**, 바람 **풍**, 날 **비**

출전 | 당서

유사 | 속전속결速戰速決

[뇌뢰낙락磊磊落落]

돌이 겹겹이 쌓이고 하늘같이 솟았다는 말이며, 매우 태연하고 의젓하다는 뜻이다. 과일이 주렁주렁 많이 달린 모양을 뜻하기도 한다.

글자 | 돌 쌓일 **뇌(뢰)**, 하늘 **낙(락)**

출전 | 진서 석륵대기石勒戴記

[뇌봉전별雷逢電別]

우레와 같이 만났다가 번개같이 헤어진다는 말이며, 갑자기 잠깐 만났다가 헤어진다는 뜻이다.

원문 | 客反爲主 雷逢電別
객 반 위 주 뇌 봉 전 별

글자 | 우레 **뇌**, 만날 **봉**, 번개 **전**, 헤어질 **별**

[뇌불가파牢不可破]

굳은 것은 깨트릴 수 없다는 말이다.

글자 | 굳을 **뇌**, 아닐 **불**, 옳을 **가**, 깨트릴 **파**

출전 | 한유韓愈의 글

[뇌성대명雷聲大名]

천둥소리 같은 큰 이름이라는 말이며, 세상에 높이 드러난 이름이라는 뜻이다.

글자 | 천둥 **뇌**, 소리 **성**, 큰 **대**, 이름 **명**

[뇌성벽력雷聲霹靂]

천둥소리와 벼락이라는 말이다.

글자 | 천둥 **뇌**, 소리 **성**, 벼락 **벽**, 벼락 **력**

[뇌우지패雷雨之霈]

천둥비가 쏟아진다는 말이며, 임금이 베푸는 큰 은혜를 빗댄 말이다.

글자 | 천둥 **뇌**, 비 **우**, 어조사 **지**, 비 쏟아질 **패**

출전 | 조선왕조 14대 선조실록

[뇌재지중雷在地中]

천둥이 땅속에 있다는 말이며, 아직 기회가 오지 않았다는 뜻이다.

글자 | 천둥 **뇌**, 있을 **재**, 땅 **지**, 가운데 **중**

출전 | 주역 지뢰복地雷復

[뇌정벽력雷霆霹靂]

→ 뇌성벽력雷聲霹靂

출전 | 송남잡지

[뇌치전격雷馳電擊]

천둥처럼 달리고 번개처럼 친다는 말이며, 재빠르게 공격한다는 뜻이다.

글자 | 천둥 **뇌**, 달릴 **치**, 번개 **전**, 칠 **격**

출전 | 고려사

[뇌화부동雷和附同]

→ 부화뇌동附和雷同

[뇌후발전腦後拔箭]

골 뒤의 화살을 뽑는다는 말이며, 중국 왕은王殷이 뒤통수에 맞은 화살을 뽑아 적에게 되쐈다는 고사에서 스승이 제자에게 말 한마디로 기사회생起死回生 시킨다는 뜻으로 쓰인다.

글자 | 골 **뇌**, 뒤 **후**, 뺄 **발**, 화살 **전**

[누가기록累加記錄]

포개고 더하는 기록이라는 말이며, 변화하는 사항을 누적하여 기록해 간다는 뜻이다.

글자 | 포갤 **누**, 더할 **가**, 기록할 **기**, 기록할 **록**

[누거만금累巨萬金]

크게 더한 많은 돈이라는 말이며, 매우 많은 돈이라는 뜻이다.

글자 | 더할 **누**, 클 **거**, 많은 **만**, 돈 **금**

[누거만년累巨萬年]

크게 더한 여러 해라는 말이며, 매우 오랜 세월이라는 뜻이다.

글자 | 더할 **누**, 클 **거**, 여러 **만**, 해 **년**

[누거만재累巨萬財]

크게 더한 많은 재물이라는 말이다.

글자 | 더할 **누**, 클 **거**, 많을 **만**, 재물 **재**

[누고지재螻蛄之才]

땅강아지의 재주라는 말이며, 모든 면에서 다재다능해 보이지만 모두가 미숙하다는 뜻이다.

글자 | 땅강아지 **누**, 땅강아지 **고**, 어조사 **지**, 재주 **재**

출전 | 고금주古今注

[누골명심鏤骨銘心]

뼈에 새기고 마음에 새긴다는 말이며, 은혜를 마음속 깊이 간직하고 잊지 않는다는 뜻이다.

글자 | 새길 **누**, 뼈 **골**, 새길 **명**, 마음 **심**

출전 | 추관지秋官志

동류 | 각골난망刻骨難忘, 각골누심刻骨鏤心, 각골명심刻骨銘心

[누누중총累累衆塚]

많고 많은 무리의 무덤이라는 말이며, 무덤이 첩첩이 쌓여 있다는 뜻이다.

글자 | 여럿 **누**, 무리 **중**, 높은 무덤 **총**

출전 | 송남잡지

[누대봉사屢代奉祀]

여러 대의 제사를 받든다는 말이다.

글자 | 여러 **누**, 대수 **대**, 받들 **봉**, 제사 **사**

[누대분산屢代墳山]

여러 대의 조상의 무덤이 있는 산이라는 말이다.

글자 | 여러 **누**, 대수 **대**, 무덤 **분**, 뫼 **산**

[누독연편累牘連編]

겹쳐진 서판이 이어져 기록되었다는 말이며, 문장이 중복되고 번거롭다는 뜻이다. 독牘은 종이가 발명되기 전의 죽간竹簡이나 목간木簡을 가리킨다.

글자 | 칠 **누**, 서판 **독**, 이을 **연**, 기록할 **편**

동류 | 연장누독連章累牘

[누란지세累卵之勢]

→ 누란지위累卵之危

[누란지위累卵之危]

높이 쌓아올린 계란과 같이 위험한 형세라는 말이다. 중국 위나라에 범저范雎라고 하는 사람이 살고 있었는데, 그의 조국 위나라에서 누명을 쓰고 죽을 위기에 놓여 이름을 장록張祿으로 바꾸고 진나라의 사신 왕계王稽의 도움을 받아 진나라 소양왕에게 천거되었다. 이때 왕계가 왕에게 다음과 같이 말했다. '진나라는 지금 알을 쌓아놓은 것처럼 위태롭습니다. 나 같은 사람을 얻으면 위기에서 벗어날 수 있다 하여 글로는 전할 수 없어 신이 직접 그를 데리고 왔습니다.' 그 후 범저는 원교근공遠交近攻 정책 등을 펴서 인정을 받았다.

원문 | 秦王之國 危於累卵 得臣則安
진왕지국 위어누란 득신즉안
然不可以書傳也 臣故載來
연불가이서전야 신고재래

글자 | 포갤 **누**, 알 **란**, 어조사 **지**, 위태할 **위**

출전 | 사기 범저채택열전范雎蔡澤列傳

동류 | 누란지세累卵之勢, 위여누란危如累卵

[누류중총纍纍衆塚]

엉클어지고 엉클어진 무덤의 무리라는 말이다.

글자 | 엉클어질 **누(류)**, 무리 **중**, 무덤 **총**

[누빙조후鏤氷雕朽]

얼음에 새기고 썩은 [나무에] 새긴다는 말이며, 애쓴 보람이 없는 헛된 수고를 한다는 뜻이다.

글자 | 새길 **누**, 얼음 **빙**, 새길 **조**, 썩을 **후**

[누설지중縲紲之中]

징역 죄로 매여 있는 가운데라는 말이며, 죄인이 옥에 있다는 뜻이다.

글자 | 징역 죄 **누**, 맬 **설**, 어조사 **지**, 가운데 **중**

[누순공찬屢巡空讚]

여러 차례 돌며 빈 칭찬을 한다는 말이다.

글자 | 여러 **누**, 돌 **순**, 빈 **공**, 기릴 **찬**

[누시누험屢試屢驗]

여러 번 시험하고, 여러 번 증험한다는 말이다.

글자 | 여러 **누**, 시험할 **시**, 증험할 **험**

출전 | 최규헌의 소아의방小兒醫方

[누월재운鏤月裁雲]

달을 아로새기고 구름을 마른다는 말이며, 솜씨가 좋고 아름답다는 뜻이다.

글자 | 아로새길 **누**, 달 **월**, 마를 **재**, 구름 **운**

[누의득지螻蟻得志]

땅강아지와 개미가 뜻을 얻었다는 말이며, 소인이 득세했다는 뜻이다.

글자 | 땅강아지 **누**, 개미 **의**, 얻을 **득**, 뜻 **지**

출전 | 회남자淮南子

유사 | 누의지성螻蟻之誠

[누의지력螻蟻之力]

땅강아지와 개미의 힘이라는 말이며, 아주 작은 힘을 빗댄 말이다.

글자 | 땅강아지 **누**, 개미 **의**, 어조사 **지**, 힘 **력**

출전 | 조선왕조 9대 성종실록

유사 | 누의지성螻蟻之誠

[누의지성螻蟻之誠]

땅강아지와 개미의 정성이라는 말이며, 매우 작은 정성을 겸손하게 빗댄 말이다.

글자 | 땅강아지 **누**, 개미 **의**, 어조사 **지**, 정성 **성**

[누의지혈螻蟻之穴]

땅강아지와 개미의 구멍이라는 말이며, 천 길 둑도 개미구멍으로 인해 무너진다는 뜻이다.

원문 | 千丈之堤 以螻蟻之穴潰
천 장 지 제 이 누 의 지 혈 궤

글자 | 땅강아지 **누**, 개미 **의**, 어조사 **지**, 구멍 **혈**

출전 | 한비자 유로편喩老篇

[누전군읍屢典郡邑]

여러 고을을 주장한다는 말이며, 여러 지방의 벼슬을 지냈다는 뜻이다.

글자 | 여러 **누**, 주장할 **전**, 고을 **군**, 고을 **읍**

[누진야행漏盡夜行]

[물시계가] 새고 다한 밤에도 간다는 말이며, 연로年老했는데도 벼슬을 내놓지 않고 연연한다는 뜻이다.

글자 | 샐 **누**, 다할 **진**, 밤 **야**, 다닐 **행**

[누진취영鏤塵吹影]

티끌에 새기고 그림자를 입으로 분다는 말이며, 소용없는 헛수고를 이르는 말이다.

글자 | 아로새길 **누**, 티끌 **진**, 불 **취**, 그림자 **영**

출전 | 관윤자關尹子

[누한단표陋巷簞瓢]

→ 단표누항簞瓢陋巷

[눌언민행訥言敏行]

말은 느려도 행동은 빠르다는 말이다. 군자는 말은 둔하더라도 행동은 민첩하기를 원하고 있다.

원문 | 君子欲訥於言 而敏於行
군 자 욕 눌 어 언 이 민 어 행

글자 | 말더듬을 **눌**, 말씀 **언**, 재빠를 **민**, 다닐 **행**

출전 | 논어 이인

[늑우금석勒于金石]

→ 각우금석刻于金石

[능견난사能見難思]

볼 수는 있어도 생각하기는 어렵다는 말이며, 어떠한 결과에 대하여 추측할 수 없다는 뜻이다. 중국 금나라 시대의 것으로 추정되는 전남 문화재인 놋그릇의 이름이기도 하다.

글자 | 능할 **능**, 볼 **견**, 어려울 **난**, 생각 **사**

[능곡역처陵谷易處]

언덕과 골짜기 그곳이 바뀌었다는 말이며, 군신이나 상하의 지위가 뒤바뀌었다는 뜻이다.

원문 | 陵谷之變 易處
능 곡 지 변 역 처

글자 | 언덕 **능**, 골 **곡**, 바꿀 **역**, 곳 **처**

출전 | 한서

동류 | 능곡예의지반陵谷禮儀之斑

[능곡지변陵谷之變]

언덕과 골짜기가 서로 뒤바뀐다는 말이며, 세상의 극심한 변화를 빗댄 말이다.

글자 | 언덕 **능**, 골 **곡**, 어조사 **지**, 변할 **변**

출전 | 진서

동류 | 능곡역처陵谷易處

유사 | 상전벽해桑田碧海

[능대능소能大能小]

크게도 하고 작게도 한다는 말이며, 모든 일을 임기응변으로 잘 처리한다는 뜻이다.

글자 | 능할 **능**, 큰 **대**, 작을 **소**

[능라금수綾羅錦繡]

무늬 놓은 비단과 수놓은 비단이라는 말이며, 명주실로 짠 피륙을 통틀어 일컫는다.

글자 | 무늬 놓은 비단 **능**, 깁 **라**, 비단 **금**, 수놓을 **수**

[능라주의綾羅紬衣]

비단옷과 명주옷이라는 말이다.

글자 | 무늬 놓은 비단 **능**, 깁 **라**, 명주 **주**, 옷 **의**

[능문능필能文能筆]

글도 능하고 붓도 능하다는 말이며, 문장도 잘 짓고 글씨도 잘 쓴다는 뜻이다.

글자 | 능할 **능**, 글 **문**, 붓 **필**

[능사필의能事畢矣]

할 수 있는 일은 모두 끝냈다는 말이다.

글자 | 능할 **능**, 일 **사**, 마칠 **필**, 어조사 **의**

출전 | 주역

[능소능대能小能大]

작게도 능하고, 크게도 능하다는 말이며, 모든 일을 두루 잘한다는 뜻이다.

글자 | 능할 **능**, 작을 **소**, 큰 **대**

[능소지지凌宵之志]

하늘을 범하려는 뜻이라는 말이며, 웅비하려는 높은 뜻을 빗댄 말이다.

글자 | 범할 **능**, 하늘 **소**, 어조사 **지**, 뜻 **지**

출전 | 진서

동류 | 능운지지凌雲之志

[능언앵무能言鸚鵡]

말을 잘하는 앵무새라는 말이며, 말만 잘하고 학문의 깊이가 없는 사람을 빗댄 말이다.

글자 | 능할 **능**, 말씀 **언**, 앵무새 **앵**, 앵무새 **무**

출전 | 예기 곡례편曲禮篇

[능운지지凌雲之志]

구름을 뚫고 하늘로 올라갈 의지라는 말이며, 선도仙道를 터득하고자 하는 마음, 또는 높은 지위에 오르고자 하는 마음이라는 뜻이다.

글자 | 능가할 **능**, 구름 **운**, 어조사 **지**, 뜻 **지**

출전 | 후한서

동류 | 청운지지青雲之志

[능원묘소陵園墓所]

임금의 무덤이 있는 동산과 무덤이 있는 곳이라는 말이다.

글자 | 임금의 무덤 **능**, 동산 **원**, 무덤 **묘**, 곳 **소**

[능자다로能者多勞]

재능이 많은 사람은 고생이 많다는 말이며, 능력이 있어 일을 잘하는 사람은 필요 이상의 수고를 하게 된다는 뜻이다.

글자 | 능할 **능**, 놈 **자**, 많을 **다**, 수고로울 **로**

출전 | 장자

[능자유여能者有餘]

능한 사람이 남음이 있다는 말이며, 잘 다스리면 남음이 있다는 뜻이다.

원문 | 能者有餘 拙者不足
능자유여 졸자부족

글자 | 능할 **능**, 사람 **자**, 있을 **유**, 남을 **여**

출전 | 관자 지수편地數篇

[능자재직能者在職]

능한 사람은 직분에 있다는 말이며, 유능한 사람은 적절한 직분을 가지게 된다는 뜻이다.

글자 | 능할 **능**, 사람 **자**, 있을 **재**, 직분 **직**

[능지능행能知能行]

능히 알고 능히 행한다는 말이며, 알 수도 있고 행할 수도 있다는 뜻이다.

원문 | 能知能行 摠是師功
능지능행 총시사공

글자 | 능할 **능**, 알 **지**, 행할 **행**

출전 | 사자소학

[능지처사陵遲處死]

→ 능지처참陵遲處斬

[능지처참陵遲處斬]

짓밟고 천천히 베인다는 말이며, 대역大逆 죄인에게 과하던 최대의 형벌을 일컫는다. 머리 · 양팔 · 양다리 · 몸뚱이의 여섯 부분으로 찢어서 각지에 보내어 여러 사람에게 구경시키던 형벌제도이다. 중국에서 들여와 고려 공민왕 이후 조선조 초기에 행해졌으나 고종 31년(1894)에 폐지되었다.

글자 | 짓밟을 **능**, 천천히 할 **지**, 처치할 **처**, 베일 **참**

동류 | 능지처사陵遲處死

[능품천사能品天使]

물건에 능한 천사라는 말이며, 만물을 능하게 다루는 천사로서 구품천사九品天使 중의 하나를 일컫는다.

글자 | 능할 **능**, 가지(물건) **품**, 하늘 **천**, 부릴 **사**

[다각묘사多角描寫]

여러 모퉁이에서 베끼고 그린다는 말이며, 한 대상을 여러 방면으로 비추어 보아 여러 가지 기술로서 그려내는 표현방법을 일컫는다.

글자 | 많을 **다**, 모퉁이 **각**, 그릴 **묘**, 베낄 **사**

[다감다정多感多情]

느낌이 많고 뜻이 많다는 말이며, 정이 많고 느끼는 생각도 많다는 뜻이다.

글자 | 많을 **다**, 느낄 **감**, 뜻 **정**

[다감다한多感多恨]

느낌도 많고 한도 많다는 말이다,

글자 | 많을 **다**, 느낄 **감**, 한 될 **한**

[다기망양多岐亡羊]

갈림길이 많아 양을 잃었다는 말이며, 학문을 너무 여러 방면으로 탐구하면 얻으려는 것을 구할 수 없게 되거나 방침이 너무 많으면 도리어 갈 바를 모르게 된다는 뜻이다. 맹손양孟孫陽이란 제자가 선배인 심도자心都子에게 옳고 그른 것을 답하기 어려운 여러 가지 방법에 대해 질문하였다. 이에 대하여 다음과 같이 답하였다. '큰 도는 갈림길이 많기 때문에 양을 놓쳐 버리고, 학문하는 자는 방법이 많기 때문에 본성을 잃는다.'

원문 | 大道以多岐亡羊學者以多方喪生
(대도이다기망양학자이다방상생)

글자 | 많을 **다**, 산길 나뉠 **기**, 없어질 **망**, 양 **양**

출전 | 열자 설부편說符篇

동류 | 망양지탄亡羊之歎

유사 | 독서망양讀書亡羊

[다난흥방多難興邦]

많은 어려움이 나라를 일으킨다는 말이며, 어려움이 있어야 이를 계기로 큰일을 해낼 수 있다는 뜻이다.

글자 | 많을 **다**, 어려울 **난**, 일 **흥**, 나라 **방**

출전 | 진서, 권진표勸進表

[다년지수茶年之壽]

차 해의 목숨이라는 말이며, 다茶자를 파자破字하여 합하면 108이 됨으로 108세의 나이라는 뜻이다.

글자 | 차 **다**, 해 **년**, 어조사 **지**, 목숨 **수**

[다다익선多多益善]

많으면 많을수록 더욱 좋다는 말이다. 중국 한나라 고조 유방과 한신韓信 장군의 대화에서 나온 말이다. 유방의 질문, '나는 어느 정도의 군사를 거느릴 수 있다고 보는가?' '폐하께서는 십만 명 정도는 충분하실 듯합니다.' '그럼 그대는 어느 정도인가?' '신은 많으면 많을수록 더욱 좋습니다.' '그렇게 유능한 그대가 어이하여 내 밑에 왔단 말인가?' '폐하께서는 군사를 거느리는 데는 능하지 못하나 장수를 거느리는 데는 뛰어난 재능을 가지고 계십니다.'

원문 | 臣多多而益善耳
신 다 다 이 익 선 이

글자 | 많을 **다**, 더할 **익**, 착할 **선**

출전 | 사기 회음후열전淮陰候列傳

동류 | 다다익판多多益辦

[다다익판多多益辦]

많으면 많을수록 더욱 힘쓴다는 말이며, 많으면 많을수록 잘 처리한다거나 또는 좋다는 등의 뜻이다.

글자 | 많을 **다**, 더할 **익**, 힘쓸 **판**

출전 | 한서

동류 | 다다익선多多益善

[다두석부多頭石斧]

머리가 많은 돌도끼라는 말이며, 둘레의 날이 톱니 모양으로 된 고리 모양의 돌도끼를 일컫는다. 복판에 구멍이 뚫려 있으며 무엇을 찍어 베거나 흙을 파는데 쓰인 것으로 추측되며 환상석부環狀石斧와 함께 널리 출토되고 있다.

글자 | 많을 **다**, 머리 **두**, 돌 **석**, 도끼 **부**

[다문궐의多聞闕疑]

많이 듣고 의심은 비우라는 말이며, 많은 것을 듣되 의심스러운 부분은 빼놓으라는 뜻이다. 공자의 말이다. '많은 것을 듣되 의심스러운 부분을 빼놓고 그 나머지를 조심스럽게 말하면 허물이 적다.'

원문 | 多聞闕疑 愼言其餘 則寡尤
다 문 궐 의 신 언 기 여 즉 과 우

글자 | 많을 **다**, 들을 **문**, 빌 **궐**, 의심할 **의**

출전 | 논어 위정

[다문박식多聞博識]

들은 것이 많고 학식이 넓다는 말이다.

글자 | 많을 **다**, 들을 **문**, 넓을 **박**, 알 **식**

[다문천왕多聞天王]

많이 듣는 하늘의 임금이라는 말이며, 몸은 황색, 얼굴은 분노의 상, 칠보장엄의 갑옷을 입고, 왼손엔 보탑

寶塔을 들고, 오른손에는 몽둥이를 들고, 야차와 나찰을 다스린다고 하는 비사문천왕毘沙門天王을 일컫는다. 항상 부처의 설법 도장道場을 지키며 법을 많이 들으므로 이와 같은 별칭을 듣게 되었다는 것이다.

글자 | 많을 **다**, 들을 **문**, 하늘 **천**, 임금 **왕**

출전 | 법화경法華經

[다반향초茶半香初]

차를 반쯤 풀고 향을 처음 피운다는 말이며, 차를 마시고 향을 피우는 사이에 마음속에 일어난 오묘함은 냇물이 흐르고 꽃이 피는 때와 같다는 뜻이다.

원문 | 靜坐處茶半香初妙用時水流花開
정좌처다반향초묘용시수류화개

글자 | 차풀 **다**, 절반 **반**, 향내 **향**, 처음 **초**

출전 | 추사秋史의 대련對聯

[다복다남多福多男]

복이 많고 아들이 많다는 말이며, 팔자가 좋다는 뜻이다.

글자 | 많을 **다**, 복 **복**, 사내 **남**

[다사다난多事多難]

일도 많고 어려움도 많다는 말이다.

글자 | 많을 **다**, 일 **사**, 어려울 **난**

반대 | 평온무사平穩無事

[다사다단多事多端]

일이 많고 실마리가 많다는 말이며, 일이나 사단이 여러 가지로 뒤얽혀 많고 복잡하다는 뜻이다.

글자 | 많을 **다**, 일 **사**, 실마리 **단**

[다사다망多事多忙]

일이 많고 많이 바쁘다는 말이다.

글자 | 많을 **다**, 일 **사**, 바쁠 **망**

[다사제제多士濟濟]

많고 많은 의젓한 선비들이라는 말이다. 문왕文王이라는 시의 한 구절이다. '씩씩한 이 인재들 계속 나오니 문왕께서 이를 보면 든든하시리.'

원문 | 濟濟多士 文王以寧
제제다사 문왕이녕

글자 | 많을 **다**, 선비 **사**, 많고 성한 모양 **제**

출전 | 시경 대아大雅

[다사지추多事之秋]

일이 많은 가을이라는 말이며, 흔히 국가와 사회적으로 일이 많이 발생한 때를 일컫는다.

글자 | 많을 **다**, 일 **사**, 어조사 **지**, 가을 **추**

[다생광겁多生曠劫]

많이 태어나는 오랜 겁(100년)이라는 말이며, 끝없이 이어지는 윤회輪廻의 생사生死를 일컫는다.

글자 | 많을 **다**, 날 **생**, 오랠 **광**, 겁 **겁**

출전 | 불교

[다생윤회多生輪廻]

→ 다생광겁多生曠劫

[다생지연多生之緣]

많이 사는 인연이라는 말이며, 전세前世로부터의 인연을 일컫는다.

글자 | 많을 **다**, 살 **생**, 어조사 **지**, 인연 **연**

[다소불계多少不計]

많고 적고를 셈하지 않는다는 말이다.

글자 | 많을 **다**, 적을 **소**, 아닐 **불**, 셀 **계**

[다솔식구多率食口]

많은 식구를 거느린다는 말이다.

글자 | 많을 **다**, 거느릴 **솔**, 밥 **식**, 입 **구**

[다수가결多數可決]

많은 수의 사람들이 찬성하는 의견을 옳다고 결정한다는 말이다.

글자 | 많을 **다**, 셀 **수**, 옳을 **가**, 결단할 **결**

[다시수죄茶時數罪]

차를 마시는 때에 죄를 책망한다는 말이며, 감찰부서에서 기강을 세운다는 뜻이다. 다시茶時는 이조시대 사헌부司憲府의 관리들이 날마다 한 차례씩 차를 마시며 업무를 조율하던 자리를 일컫는다.

글자 | 차풀 **다**, 때 **시**, 책망할 **수**, 죄줄 **죄**

출전 | 흠흠신서

[다언다패多言多敗]

말이 많으면 낭패도 많다는 말이다.

원문 | 無多言 多言多敗
무 다 언 다 언 다 패

글자 | 많을 **다**, 말씀 **언**, 패할 **패**

출전 | 안씨가훈 성사省事

[다언삭궁多言數窮]

말이 많으면 자주 곤궁에 빠진다는 말이다.

원문 | 多言數窮 不如守中
다 언 삭 궁 불 여 수 중

글자 | 많을 **다**, 말씀 **언**, 자주 **삭**, 궁할 **궁**

출전 | 노자 5장 허용虛用

[다언혹중多言或中]

말이 많으면 혹시 적중하기도 한다는 말이다.

글자 | 많을 **다**, 말씀 **언**, 혹 **혹**, 맞을 **중**

[다재다능多才多能]

많은 재주와 많은 능함이라는 말이며, 다방면으로 일을 처리하는 재주와 능력이 있다는 뜻이다.

글자 | 많을 **다**, 재주 **재**, 능할 **능**

동류 | 다재다예多才多藝

[다재다병多才多病]

재주가 많은 사람은 흔히 병이 많다는 말이다.

글자 | 많을 **다**, 재주 **재**, 병들 **병**

[다재다예多才多藝]

재주가 많고 여섯 가지 재주가 많다는 말이며, 여러 가지 재능이 있다는 뜻이다. 서경의 글이다. '재주가 많고 기술이 많아서, 귀신을 잘 섬길 수 있

습니다.'

원문 | 能多才多藝 能事鬼神
능다재다예 능사귀신

글자 | 많을 **다**, 재주 **재**, 여섯 가지 재주 **예**

출전 | 서경 주서周書

[다전선고多錢善賈]

많은 돈이 장사하기 좋다는 말이며, 밑천이 많으면 장사하기 좋고 가진 것이 많으면 이루기 쉽다는 뜻이다.

글자 | 많을 **다**, 돈 **전**, 좋을 **선**, 장사 **고**

출전 | 한비자 오두편

[다정다감多情多感]

정도 많고 느낌도 많다는 말이다.

글자 | 많을 **다**, 뜻 **정**, 느낄 **감**

[다정다한多情多恨]

정도 많고 한도 많다는 말이다.

글자 | 많을 **다**, 정 **정**, 한할 **한**

[다정불심多情佛心]

정도 많고 부처와 같은 마음이라는 말이다.

글자 | 많을 **다**, 정 **정**, 부처 **불**, 마음 **심**

[다종다양多種多樣]

종류가 많고 본보기가 많다는 말이다.

글자 | 많을 **다**, 종류 **종**, 본보기 **양**

[다즉사침多則四鍼]

많아야 네 개의 침이라는 말이며, 많아도 네 개의 침만 놓아야 하며 온몸에 침을 가득히 맞는 것은 좋지 않다는 뜻이다.

원문 | 多則四鍼 萬身鍼者可惡
다즉사침 만신침자가오

글자 | 많을 **다**, 곧 **즉**, 침 **침**

출전 | 동의보감東醫寶鑑

[다천과귀多賤寡貴]

많으면 천하고 적으면 귀하다는 말이다.

글자 | 많을 **다**, 천할 **천**, 적을 **과**, 귀할 **귀**

출전 | 관자

[다취다화多嘴多話]

입이 많으면 말도 많다는 말이다.

글자 | 많을 **다**, 입부리 **취**, 이야기 **화**

[다핵도시多核都市]

씨가 많은 도읍의 저자라는 말이며, 도시의 성장에 따라 몇 개의 도시가 기능적으로 맺어져서 하나의 거대도시로 형성될 때, 본래의 도시는 새로이 형성되는 도시의 핵과 같은 형상이 되어 성격과 기능이 달라지는 도시를 일컫는다.

글자 | 많을 **다**, 씨 **핵**, 도읍 **도**, 저자 **시**

동류 | 거대도시巨大都市

[다행다복多幸多福]

다행이 많고 복이 많다는 말이다.

글자 | 많을 **다**, 다행할 **다**, 복 **복**

[단간영묵斷簡零墨]

조각난 편지와 남은 먹이라는 말이며, 여러 조각이 된 문서라는 뜻이다.

글자 | 조각 **단**, 편지 **간**, 나머지 **영**, 먹 **묵**

동류 | 단간잔편斷簡殘篇

[단간잔편斷簡殘篇]

잘라진 편지와 남은 글 조각이라는 말이다.

글자 | 끊을 **단**, 편지 **간**, 남을 **잔**, 책 **편**

동류 | 단편영묵短篇零墨

[단갈불완短褐不完]

짧은 베옷이 완전하지 못하다는 말이며, 가난한 사람이 제대로 옷차림을 하지 못하였다는 뜻이다.

글자 | 짧을 **단**, 굵은베 **갈**, 아닐 **불**, 완전할 **완**

출전 | 순자 대략편大略篇

[단경급심短綆汲深]

짧은 두레박줄로 깊은 물을 길어 올린다는 말이며, 될 수 없는 일을 하려고 한다는 뜻이다.

글자 | 짧을 **단**, 두레박줄 **경**, 물 길을 **급**, 깊을 **심**

[단교정책斷交政策]

사귀는 것을 끊는 다스리는 꾀라는 말이며, 외국과의 정치적 · 경제적 관계를 끊으려는 정책을 일컫는다.

글자 | 끊을 **단**, 사귈 **교**, 다스릴 **정**, 꾀 **책**

[단군기원檀君紀元]

단임금의 으뜸 해라는 말이며, 단군이 즉위한 해를 원년으로 삼는 우리나라의 기원을 일컫는다. 서력기원전 2333년에 해당하며, 보통 단기檀紀라고 표시한다.

글자 | 향나무 **단**, 임금 **군**, 해 **기**, 으뜸 **원**

[단근경면斷筋黥面]

힘줄을 끊고 얼굴에 글자를 새긴다는 말이며, 도둑질을 세 번 이상 한 자에게 손목의 힘줄을 끊고 얼굴에 자자刺字하던 형벌을 일컫는다.

글자 | 끊을 **단**, 힘줄 **근**, 자자할 **경**, 얼굴 **면**

출전 | 조선왕조 11대 중종실록

[단금지계斷金之契]

무쇠를 자르는 맺음이라는 말이며, 두 사람의 사귐이 매우 두터운 관계라는 뜻이다.

글자 | 자를 **단**, 쇠 **금**, 어조사 **지**, 맺을 **계**

출전 | 주역

동류 | 단금지교斷金之交

[단금지교斷金之交]

→ 단금지계斷金之契

[단금지교斷琴之交]

거문고를 끊는 사귐이라는 말이며, 친밀한 우정이나 교제를 일컫는다. 옛날 중국의 백아伯牙가 자신의 거문고 소리를 듣고 그 음音을 알아준 종자기鐘子期가 죽자 거문고의 줄을 끊어 평생 손을 대지 않았다는 고사에서 온 말이다.

글자 | 끊을 **단**, 거문고 **금**, 어조사 **지**, 사귈 **교**

동류 | 단금지계斷金之契

[단기지계斷機之戒]

→ 단기지교斷機之敎

[단기지교斷機之敎]

베틀을 자른 교훈이라는 말이며, 학문은 중도에서 포기해버리면 아무런 가치가 없다는 가르침이다. 맹자가 학문을 하다가 얼마 후 어머니가 보고 싶어 돌아왔을 때, 그의 어머니는 짜고 있던 베를 칼로 잘라버리면서 학문도 중도에서 버리면 이와 같이 미완성의 베가 된다고 훈계했다는 것이다.

글자 | 끊을 **단**, 틀 **기**, 어조사 **지**, 가르칠 **교**

출전 | 열녀전 추맹가모鄒孟軻母

동류 | 단기지계斷機之戒, 맹모단기孟母斷機

[단기치빙單騎馳騁]

홀로 말을 타고 달리고 달린다는 말이며, 홀로 말 타고 싸움터를 부산하게 돌아다닌다는 뜻이다.

글자 | 홀로 **단**, 말 탈 **기**, 달릴 **치**, 달릴 **빙**

[단단무타斷斷無他]

결단하고 결단하여 다른 것은 없다는 말이며, 오로지 한가지뿐이라는 뜻이다.

글자 | 결단할 **단**, 없을 **무**, 다를 **타**

[단단상약斷斷相約]

단단히 서로 약속했다는 말이다.

글자 | 결단할 **단**, 서로 **상**, 약속할 **약**

[단도직입單刀直入]

혼자서 칼을 휘두르며 바로 쳐들어간다는 말이며, 글이나 말에서 여러 가지 설명을 빼고 바로 본론으로 들어간다는 뜻이다.

글자 | 홑 **단**, 칼 **도**, 곧을 **직**, 들 **입**

출전 | 경덕전등록

[단독강화單獨講和]

홀로 강화한다는 말이며, 동맹국 중의 한 나라가 자기 동맹국에서 이탈하여 그들과의 협의나 동의 없이 단독으로 적대국과 강화한다는 뜻이다.

글자 | 홀로 **단**, 홀로 **독**, 강화할 **강**, 화목할 **화**

[단독일신單獨一身]

홀로 한 몸이라는 말이며, 일가친척도 없이 의지할 곳도 없는 홀몸이라는 뜻이다.

글자 | 홀로 **단**, 홀로 **독**, 몸 **신**

출전 | 송남잡지

[단두장군斷頭將軍]

머리를 자른 장군이라는 말이며, 죽어도 항복하지 않는 장군이라는 뜻이다. 장비가 강주의 성을 빼앗고 사로잡은 태수 엄안嚴顔에게 왜 일찌감치 항복하지 않았느냐고 꾸짖자, '이곳에는 단두장군만 있을 뿐 항복하는 장군은 없다.' 고 태연하게 서서 말하며 머리를 자르라고 호령하였다는 것이다. 장비는 엄안의 기상에 탄복하여 예의를 갖추고 정중히 맞았다는 고사에서 온 말이다.

글자 | 끊을 **단**, 머리 **두**, 장수 **장**, 군사 **군**

출전 | 삼국지 촉지 장비전張飛傳

[단란조보斷爛朝報]

찬란함이 끊긴 아침 소식이라는 말이며, 단편적인 아침 소식을 일컫는다.

글자 | 끊을 **단**, 찬란할 **란**, 아침 **조**, 알릴 **보**

출전 | 송사, 조선왕조 11대 중종실록

[단란지락團欒之樂]

난 나무를 둥글게 둘러싼 즐거움이라는 말이며, 집안 식구가 화목하게 지내는 즐거움이라는 뜻이다.

글자 | 둥글 **단**, 나무 이름 **란**, 어조사 **지**, 즐거울 **락**

[단련성옥鍛鍊成獄]

옥을 이루는 단련을 한다는 말이며, 거짓 또는 모함으로 억울하게 옥사를 당한다는 뜻이다.

글자 | 단련할 **단**, 단련할 **련**, 이룰 **성**, 옥 **옥**

출전 | 목민심서

[단료투하簞醪投河]

호리병의 막걸리를 강에 던진다는 말이며, 장수가 군사와 고락을 같이 한다는 뜻이다. 이는 장수가 선물 받은 호리병의 막걸리를 강물에 풀어 부하와 함께 마셨다는 고사에서 온 말이다.

글자 | 호리병 박 **단**, 막걸리 **료**, 던질 **투**, 강 **하**

출전 | 어씨춘추 순민편順民篇

동류 | 단료투천簞醪投川

[단루채각丹樓彩閣]

붉은 다락과 빛나는 다락집이라는 말이며, 화려하게 단청을 한 누각을 일컫는다.

글자 | 붉을 **단**, 다락 **루**, 빛날 **채**, 다락집 **각**

[단무타려斷無他慮]

결단코 다른 염려가 없다는 말이다.

글자 | 결단할 **단**, 없을 **무**, 다를 **타**, 염려할 **려**

[단문고증單文孤證]

한 개의 문서와 외로운 증거라는 말이며, 불충분한 증거라는 뜻이다.

글자 | 홑 **단**, 글 **문**, 외로울 **고**, 증거 **증**

[단미서제斷尾噬臍]

꼬리를 끊고 배꼽을 씹는다는 말이며, 위험을 미리 예방한다는 뜻이다. 이는 단미웅계斷尾雄鷄와 서제막급噬臍莫及을 합친 성어로서 아름다운 수탉은 꼬리를 잘라 죽음을 면하고 사향노루는 배꼽을 물어뜯어 죽음을 면한다는 것이다.

글자 | 끊을 **단**, 꼬리 **미**, 씹을 **서**, 배꼽 **제**

출전 | 춘추좌씨전

[단발문신斷髮文身]

머리털을 자르고 몸에 글을 새겼다는 말이며, 야만인의 풍속을 일컫는다.

글자 | 끊을 **단**, 머리털 **발**, 글 **문**, 몸 **신**

[단병접전短兵接戰]

짧은 병기를 가지고 적과 맞부딪쳐 싸운다는 말이다.

원문 | 令騎皆下馬步行 持短兵接戰
영 기 개 하 마 보 행 지 단 병 접 전

글자 | 짧을 **단**, 무기 **병**, 가까울 **접**, 싸움할 **전**

[단봉조양丹鳳朝陽]

붉은 봉황새와 아침 해라는 말이며, 아침 해에 붉은 봉황을 그린 동양화의 화제畫題를 일컫는다.

글자 | 붉을 **단**, 봉새 **봉**, 아침 **조**, 볕 **양**

[단불요대斷不饒貸]

→ 단불용대斷不容貸

[단불용대斷不容貸]

단연코 용납하고 갚지 않는다는 말이다.

글자 | 끊을 **단**, 아닐 **불**, 용납할 **용**, 갚을 **대**

출전 | 송남잡지

동류 | 단불요대斷不饒貸

[단사두갱簞食豆羹]

도시락밥과 콩국이라는 말이며, 변변치 못한 음식이라는 뜻이다.

글자 | 도시락 **단**, 밥 먹일 **사**, 콩 **두**, 국 **갱**

출전 | 맹자 고자告子 상

동류 | 단사호장簞食壺漿

[단사절영斷思絶營]

생각을 끊고 오락가락함을 그친다는 말이다. 유성룡의 글이다. '밀실에서 문을 닫아 눈을 감고 고요히 앉는다. 서책이나 응접하는 일을 다 물리치고 생각을 끊고 영위함을 그쳐 심력을 기른다.

원문 | 斷思想絶營爲 以養心力
단 사 상 절 영 위 이 양 심 력

글자 | 끊을 **단**, 생각 **사**, 그칠 **절**, 오락가락할 **영**

출전 | 유성룡의 속수복전서續壽福全書

[단사표음簞食瓢飮]

도시락의 밥과 한 바가지의 물이라는 말이며, 분량이 적은 음식이라는 뜻이다. 공자의 고명한 제자 안회顏回가 가난하여 언제나 소박한 음식밖에 들지 못했음에도 이에 만족하고 학문에 전념했다는 고사에서 온 말이다. '어질도다. 회여! 한 그릇의 밥과 한 표주박의 물을 가지고 누추한 거리에 살고 있으니…'

원문 | 賢哉回也! 一簞食一瓢飮在陋巷
현재회야 일단사일표음재루항

글자 | 도시락 **단**, 밥 **사**, 바가지 **표**, 마실 **음**

출전 | 논어 옹야雍也

[단사호장簞食壺漿]

도시락밥과 한 병의 초장이라는 말이며, 간소한 음식이라는 뜻이다.

원문 | 簞食壺漿 以迎王師
단사호장 이영왕사

글자 | 도시락 **단**, 밥 먹일 **사**, 좁고 배부른 항아리 **호**, 초장 **장**

출전 | 맹자 양혜왕梁惠王 하

[단소정한短小精悍]

짧고 작으나 정기는 날래다는 말이며, 몸은 작으나 기개氣概는 씩씩하다는 뜻이다.

글자 | 짧을 **단**, 작을 **소**, 정기 **정**, 날랠 **한**

[단순호치丹脣皓齒]

붉은 입술과 흰 이라는 말이며, 여자의 아름다운 얼굴이라는 뜻이다.

글자 | 붉을 **단**, 입술 **순**, 빛날 **호**, 이빨 **치**

출전 | 초사楚辭 대초大招

동류 | 주순호치朱脣皓齒

유사 | 명모호치明眸皓齒

[단식농성斷食籠城]

음식을 끊고 보루를 둘러싼다는 말이며, 일정한 조건을 내걸고 이를 관철하기 위하여 음식을 먹지 않고 한 자리에서 떠나지 않고 지킨다는 뜻이다.

글자 | 끊을 **단**, 음식 **식**, 물건 싸서 둘 **농**, 보루 **성**

[단악수선斷惡修善]

악을 끊고 착한 것을 닦는다는 말이며, 악업을 끊고 선업을 닦아 선도善道에 들어간다는 뜻이다.

글자 | 끊을 **단**, 악할 **악**, 닦을 **수**, 착할 **선**

[단안시야單眼視野]

한쪽 눈으로 보는 들판이라는 말이며, 좁은 소견을 빗댄 말이다.

글자 | 홑 **단**, 눈 **안**, 볼 **시**, 들판 **야**

[단애청벽丹崖青壁]

붉은 낭떠러지와 푸른 절벽이라는 말이며, 인품이 고상한 사람을 빗댄 말이다.

글자 | 붉을 **단**, 낭떠러지 **애**, 푸를 **청**, 벽 **벽**

출전 | 서언고사書言故事

[단엄침중端嚴沈重]

단정하고 엄하며 침착하고 무게가 있다는 말이다.

글자 | 단정할 **단**, 엄할 **엄**, 잠길 **침**, 무거울 **중**

[단자이절單子易折]

홀로는 쉽게 부러진다는 말이며, 화살 한 개는 쉽게 꺾이지만 여러 개를 합치면 꺾이지 않는다는 뜻으로써 흩어지면 죽고 뭉치면 산다는 말이기도 하다.

글자 | 홀로 **단**, 것 **자**, 쉬울 **이**, 꺾일 **절**

출전 | 위서 열전

[단장보단斷長補短]

→ 단장속단斷長續短

[단장속단斷長續短]

긴 것을 잘라 짧은 것을 잇는다는 말이며, 들쭉날쭉한 것을 고르게 한다는 뜻이다. 순자에 있는 글이다. '예란 너무 긴 것은 자르고 너무 짧은 것은 이어주며, 남음이 있는 것은 덜어주고 부족함이 있는 것은 보태주어 …'

원문 | 禮者 斷長續短 損有餘 益 不足
예자 단장속단 손유여 익 부족

글자 | 끊을 **단**, 긴 **장**, 이을 **속**, 짧을 **단**

출전 | 순자 예론禮論

동류 | 단장보단斷長補短, 단지계지斷之繼之

[단장적구斷章摘句]

문장을 끊고 글귀를 딴다는 말이며, 어떤 책, 즉 고전이나 원서의 일부분을 인용한 글을 일컫는다.

글자 | 끊을 **단**, 글 **장**, 딸 **적**, 글귀 **구**

[단장취의斷章取義]

문장 가운데서 자기에게 필요한 부분만 끊어서 그 뜻을 취한다는 말이다.

글자 | 끊을 **단**, 글 **장**, 취할 **취**, 뜻 **의**

출전 | 효경 개종명의장開宗明義章

[단정장정短亭長亭]

짧은 정자와 긴 정자라는 말이며, 나그네를 위하여 5리마다 단정을, 10리마다 장정의 숙사宿舍를 두었다는 뜻이다.

원문 | 乾坤都是一長亭
건곤도시일장정

글자 | 짧을 **단**, 정자 **정**, 긴 **장**

출전 | 임춘林春의 다점주수茶店晝睡

[단제획죽斷薺劃粥]

냉이를 끊어 죽을 나눈다는 말이며, 부족한 음식을 서로 나누어 먹는다는 뜻이다.

글자 | 끊을 **단**, 냉이 **제**, 나눌 **획**, 죽 **죽**

출전 | 범중엄范仲淹의 일화

[단지계지斷之繼之]

→ 단장속단斷長續短

[단차해소段差解消]

층의 다름을 풀어 사라지게 한다는 말

이며, 층계의 턱을 없앤다는 뜻이다.

글자 | 층 **단**, 다를 **차**, 풀 **해**, 사라질 **소**

[단칠불문丹漆不文]

단청을 칠한 것은 채색할 필요가 없다는 말이며, 본래부터 이름답고 훌륭한 것은 단장할 필요가 없다는 뜻이다.

글자 | 붉을 **단**, 옷 **칠**, 아닐 **불**, 채색할 **문**

[단패교군單牌轎軍]

한 패의 가마꾼이라는 말이며, 두 사람이 메고 가는 가마꾼을 일컫는다.

글자 | 홑 **단**, 호패 **패**, 가마 **교**, 무리 **군**

[단편잔간斷編殘簡]

끊어진 책 편과 남은 편지라는 말이며, 떨어지고 빠져서 완전하지 못한 책이나 그 따위를 일컫는다.

글자 | 끊을 **단**, 책 편 **편**, 남을 **잔**, 편지 **간**

동류 | 단간잔편斷簡殘篇

[단표누공簞瓢陋空]

도시락과 표주박과 누추한 빈 방이라는 말이며, 청빈한 집안이라는 뜻이다.

글자 | 도시락 **단**, 표주박 **표**, 누추할 **누**, 빈 **공**

출전 | 논어

[단표누항簞瓢陋巷]

도시락과 표주박을 지닌 누추한 내관이라는 말이며, 소박한 내관이라는 뜻이다.

글자 | 도시락 **단**, 표주박 **표**, 누추할 **누**, 내관 **항**

출전 | 논어 안연편顔淵篇

[단학속부斷鶴續鳧]

학의 다리를 잘라서 오리의 다리에 잇는다는 말이며, 세상에는 이어지는 것이 있고 이을 수 없는 것이 있다는 뜻이다.

글자 | 끊을 **단**, 학 **학**, 이을 **속**, 오리 **부**

출전 | 장자

[단학흉배單鶴胸背]

한 마리의 학을 수놓은 가슴과 등이라는 말이며, 조선조의 당하관堂下官인 문관文官이 착용하는 관복을 일컫는다.

글자 | 홀로 **단**, 학 **학**, 가슴 **흉**, 등 **배**

[단항절황斷港絶潢]

폐허가 된 항구, 없어진 웅덩이라는 말이며, 연락이 끊겼다는 뜻이다.

글자 | 폐할 **단**, 항구 **항**, 멸할 **절**, 웅덩이 **황**

출전 | 한유韓愈의 글

[단호흉배單虎胸背]

한 마리의 호랑이를 수놓은 가슴과 등이라는 말이며, 조선조 당하관堂下官인 무관武官이 착용하는 관복을 일컫는다.

글자 | 홀로 **단**, 범 **호**, 가슴 **흉**, 등 **배**

[달다어요獺多魚擾]

수달이 많으면 물고기가 어지러워진다는 말이며, 관리가 많으면 백성들이 고달파진다는 뜻이다.

글자 | 수달 **달**, 많을 **다**, 고기 **어**, 어지러울 **요**

출전 | 포박자

[달어면목達於面目]

얼굴과 눈에 나타난다는 말이며, 감정이 얼굴에 나타난다는 뜻이다.

원문 | 中心達於面目
중 심 달 어 면 목

글자 | 나타날 **달**, 어조사 **어**, 얼굴 **면**, 눈 **목**

출전 | 맹자 등문공 상

[달인대관達人大觀]

통달한 사람은 크게 본다는 말이며, 식견이 높고 사리에 통해 있는 사람은 사물을 높은 견지에서 관찰하여 공평한 판단을 한다는 뜻이다.

글자 | 통달할 **달**, 사람 **인**, 큰 **대**, 볼 **관**

출전 | 문선

[달호사경達乎四境]

사방의 지경에 이르렀도다!라는 말이다.

글자 | 이를 **달**, 어조사 **호**, 지경 **경**

출전 | 맹자 공손추 상

[담대심소膽大心小]

쓸개는 크고 마음은 작다는 말이며, 문장을 지을 때 배짱은 크게 갖되 마음은 세심해야 한다는 뜻이다.

글자 | 쓸개 **담**, 큰 **대**, 마음 **심**, 작을 **소**

출전 | 당서 방기전方技傳

[담대어신膽大於身]

쓸개가 몸보다 크다는 말이며, 담력이 아주 크다는 뜻이다.

글자 | 쓸개 **담**, 큰 **대**, 어조사 **어**, 몸 **신**

출전 | 당서

[담마기금擔痲棄金]

삼을 짊어지고 금을 버린다는 말이며, 하찮은 것을 취하고 귀중한 것을 버린다는 뜻이다.

글자 | 질 **담**, 삼 **마**, 버릴 **기**, 금 **금**

출전 | 삼국유사

[담부지역擔負之役]

짊어지는 일을 맡은 부림꾼이라는 말이다.

글자 | 담임할 **담**, 질 **부**, 어조사 **지**, 부림꾼 **역**

[담산논수談山論水]

산에 관해서 이야기하고 물에 대하여 말한다는 말이다.

글자 | 말씀 **담**, 뫼 **산**, 의논 **논**, 물 **수**

[담석지록儋石之祿]

한두 섬의 녹봉이라는 말이며, 얼마 되지 않는 급료라는 뜻이다.

글자 | 두 섬 **담**, 섬 **석**, 어조사 **지**, 녹봉 **록**

출전 | 한서 괴통전蒯通傳

[담석지저僧石之儲]

한두 섬의 저축이라는 말이며, 얼마 되지 않는 곡식 또는 분량의 저축을 일컫는다.

글자 | 두 섬 **담**, 섬 **석**, 어조사 **지**, 저축할 **저**

출전 | 한서

[담설전정擔雪填井]

눈을 져다가 우물을 메운다는 말이며, 이루지도 못할 헛된 수고를 한다는 뜻이다.

글자 | 질 **담**, 눈 **설**, 메울 **전**, 우물 **정**

출전 | 고금석림

[담성감회淡成甘壞]

싱거움은 이루고 단 것은 무너진다는 말이며, 친구 사이는 담담해야 오래 간다는 뜻이다.

글자 | 싱거울 **담**, 이룰 **성**, 달 **감**, 무너질 **회(괴)**

[담소자약談笑自若]

웃으며 말하면서 스스로 같은 척한다는 말이며, 어떤 충격을 받아도 평소와 같이 태연하다는 뜻이다.

글자 | 말씀 **담**, 웃을 **소**, 스스로 **자**, 같을 **약**

출전 | 삼국지 오지吳志

[담수지교淡水之交]

싱거운 물의 사귐이라는 말이며, 교양 있는 사람의 교우를 빗댄 말이다.

글자 | 싱거울 **담**, 물 **수**, 어조사 **지**, 사귈 **교**

동류 | 지란지교芝蘭之交

[담언미중談言微中]

말이 작게 가운데를 맞힌다는 말이며, 완곡하게 상대방의 급소를 찌르는 말을 한다는 뜻이다.

글자 | 말씀 **담**, 말씀 **언**, 작을 **미**, 맞힐 **중**

출전 | 사기 골계열전滑稽列傳

[담여두대膽如斗大]

쓸개가 한 말과 같이 크다는 말이며, 배짱이 두둑하다는 뜻이다.

글자 | 쓸개 **담**, 같을 **여**, 말 **두**, 큰 **대**

출전 | 삼국지 촉지

[담인인지談人人至]

사람을 말하니 사람이 이른다는 말이며, 바로 그 사람의 말을 하고 있는데 그 사람이 나타난다는 뜻이다.

글자 | 말씀 **담**, 사람 **인**, 이를 **지**

출전 | 이담속찬

[담장농말淡粧濃抹]

엷은 단장과 두텁게 바르는 것이라는 말이며, 엷은 단장과 짙은 화장이라는 뜻이다.

글자 | 엷을 **담**, 단장할 **장**, 두터울 **농**, 바를 **말**

[담천조룡談天彫龍]

하늘을 말하고 용을 새긴다는 말이며, 변론이나 문장이 원대하고 고상하다는 뜻이다.

글자 | 말씀 **담**, 하늘 **천**, 새길 **조**, 용 **룡**

출전 | 사기

[담하용이談何容易]

말씀이 어찌 형용하기 쉬우랴라는 말이며, 이야기하기가 쉽지 않다는 뜻이다.

글자 | 말씀 **담**, 어찌 **하**, 형용 **용**, 쉬울 **이**

출전 | 한서 동방삭전

[담호호지談虎虎至]

호랑이 말을 하면 호랑이가 이른다는 말이며, 어떤 사람의 말을 하면 그 사람이 나타난다는 뜻이다.

글자 | 말씀 **담**, 범 **호**, 이를 **지**

출전 | 이담속찬耳談續纂

[당감독고糖甘毒苦]

사탕은 달고 독은 쓰다는 말이며, 세상 만물의 당연한 이치를 빗댄 말이다.

글자 | 사탕 **당**, 달 **감**, 독할 **독**, 쓸 **고**

[당견삼년堂犬三年]

집 개 3년이라는 말이며, 서당의 개도 3년이면 풍월을 읊게 된다는 뜻이다.

글자 | 집 **당**, 개 **견**, 해 **년**

동류 | 당구풍월堂狗風月

[당고지화黨錮之禍]

무리를 가둔 재화라는 말이며, 억울하게 처벌을 받는 화를 일컫는다. 이는 중국 후한의 환제 때 진번陳蕃 등의 지사들이 정권을 농락하는 환관들을 공격했으나 오히려 조정에 반대하는 무리로 몰려 종신금고終身禁錮에 처해진 고사에서 온 말이다.

글자 | 무리 **당**, 가둘 **고**, 어조사 **지**, 재화 **화**

출전 | 당서

[당관지법當官之法]

마땅한 벼슬의 법이라는 말이며, 마땅히 관리로서 지켜야 할 법도라는 뜻이다.

원문 | **當官之法唯事三事曰淸曰愼曰勤**
당관지법유사삼사왈청왈신왈근

글자 | 마땅 **당**, 벼슬 **관**, 어조사 **지**, 법 **법**

출전 | 명심보감 치정편治政篇

[당구지락堂構之樂]

집을 세우는 즐거움이라는 말이며, 아들이 아버지의 사업을 계승하는 즐거움을 일컫는다.

글자 | 집 **당**, 집 세울 **구**, 어조사 **지**, 즐거울 **락**

출전 | 보오제남척독報吳濟南尺牘

[당구풍월堂狗風月]

집 개가 풍월을 짓는다는 말이며, 유식한 사람과 오래 있으면 견문이 넓어진다는 뜻이다. 서당 개 3년에 풍월을 짓는다는 속담이다.

원문 | 堂狗三年吟風月 당구삼년음풍월

글자 | 집 **당**, 개 **구**, 경치 **풍**, 달 **월**

동류 | 당견삼년堂犬三年

[당국자미當局者迷]

담당자가 희미하다는 말이며, 자기가 맡은 일에 어둡다는 뜻이다.

글자 | 마땅 **당**, 부분 **국**, 놈 **자**, 희미할 **미**

동류 | 당국고미當局苦迷

[당금무배當今無輩]

이제 당할 무리가 없다는 말이며, 이 세상에서 어깨를 겨눌만한 사람이 없다는 뜻이다.

글자 | 당할 **당**, 이제 **금**, 없을 **무**, 무리 **배**

출전 | 삼국지 오지吳志

[당금지지當禁之地]

마땅히 금한 땅이라는 말이며, 다른 사람이 뫼를 쓰지 못하는 땅이라는 뜻이다.

글자 | 마땅 **당**, 금할 **금**, 어조사 **지**, 땅 **지**

[당내지친堂內至親]

집안의 지극한 일가라는 말이며, 복을 입을 범위의 일가, 즉 8촌 이내의 일가를 일컫는다.

글자 | 집 **당**, 안 **내**, 지극할 **지**, 일가 **친**

[당대발복當代發福]

당대에 복이 터졌다는 말이며, 어버이를 명당에 장사 지내어, 곧 부귀를 누리게 되었다는 뜻이다.

글자 | 마땅 **당**, 이을 **대**, 필 **발**, 복 **복**

[당돌서시唐突西施]

당돌한 서시라는 말이며, 가당치 않은 사람과 비교된다는 뜻이다.

원문 | 何乃刻畵無鹽 唐突西施也 하내각화무염 당돌서시야

글자 | 황당할 **당**, 부딪칠 **돌**, 서녘 **서**, 베풀 **시**

출전 | 진서 악광전樂廣傳

[당동벌이黨同伐異]

같은 무리가 다른 무리를 친다는 말이며, 뜻이 맞는 사람들이 한 패가 되어 다른 사람들은 배척한다는 뜻이다.

글자 | 무리 **당**, 같을 **동**, 칠 **벌**, 다를 **이**

출전 | 후한서 당동전黨同傳

유사 | 당리당략黨利黨略

[당랑거철螳螂車轍]

→ 당랑지부螳螂之斧

출전 | 장자 인간세人間世

[당랑규선螳螂窺蟬]

사마귀가 매미를 엿보고 있다는 말이

며, 위험이 도사리고 있다는 뜻이다.

글자 | 사마귀 **당**, 사마귀 **랑**, 엿볼 **규**, 매미 **선**

출전 | 후한서 원소전袁紹傳

동류 | 당랑박선蟷螂搏蟬

[당랑박선蟷螂搏蟬]

사마귀가 매미를 잡는다는 말이며, 이익을 탐하여 자신의 처지를 돌아보지 않고 어리석은 짓을 한다는 뜻이다.

글자 | 사마귀 **당**, 사마귀 **랑**, 잡을 **박**, 매미 **선**

출전 | 장자 산목편山木篇

동류 | 당랑포선蟷螂捕蟬, 당랑재후蟷螂在後

[당랑재후蟷螂在後]

사마귀가 뒤에 있다는 말이며, 앞의 이익만을 탐하다가 후환이 있다는 뜻이다. 초나라 손숙오가 한 말이다. '아침 이슬을 먹으려는 매미는 그 뒤에 사마귀가 노리고 있는 줄을 모르고, 또 사마귀는 옆에서 황작黃雀이 노리고 있는 줄 모르고 있습니다.'

글자 | 사마귀 **당**, 사마귀 **랑**, 있을 **재**, 뒤 **후**

출전 | 한시외전, 설원說苑 정간正諫

동류 | 당랑박선蟷螂搏蟬

[당랑지부蟷螂之斧]

사마귀가 도끼를 휘두르듯 앞다리를 들고 마구 덤빈다는 말이며, 힘없는 사람이 제 분수도 모르고 강적에게 덤벼드는 어리석음을 빗댄 말이다. 제나라 장공莊公이 사냥을 가는데 벌레 한 마리가 앞발을 들어 장공의 수레바퀴를 치려는 기세를 하여 마부에게 물으니 '저놈이 바로 사마귀란 놈입니다. 저놈은 본시 앞으로 나아갈 줄만 알고 뒤로 물러서는 법이 없습니다. 자신의 힘을 헤아리지 못하고 상대를 업신여기는 놈입니다.' 라고 답하였다.

글자 | 사마귀 **당**, 사마귀 **랑**, 어조사 **지**, 도끼 **부**

출전 | 한시외전 8권

동류 | 당랑거철蟷螂拒轍, 당랑지력蟷螂之力

유사 | 당랑규선蟷螂窺蟬

[당랑포선蟷螂捕蟬]

→ 당랑박선蟷螂搏蟬

[당래도사當來道師]

곧 오는 도리의 스승이라는 말이며, 내세를 구제하는 미륵보살彌勒菩薩을 일컫는다.

글자 | 곧 **당**, 올 **래**, 도리 **도**, 스승 **사**

[당래장야當來長夜]

닥쳐오는 긴 밤이라는 말이며, 닥쳐오는 어려움을 예견한다는 뜻이다.

글자 | 닥칠 **당**, 올 **래**, 긴 **장**, 밤 **야**

[당래지사當來之事]

마땅히 닥쳐올 일이라는 말이다.

글자 | 마땅 **당**, 올 **래**, 어조사 **지**, 일 **사**

[당래지직當來之職]

마땅히 차례로 올 직위, 또는 직분이라는 말이다.

글자 | 마땅 **당**, 올 **래**, 어조사 **지**, 직분 **직**

[당리당략黨利黨略]

무리의 이로움과 무리의 꾀라는 말이며, 당의 이익과 당의 책략을 일컫는다.

글자 | 무리 **당**, 이로울 **리**, 꾀 **략**

[당면토장當面土墻]

흙담을 앞에 마주한다는 말이며, 담벼락을 맞대고 있는 듯한 답답함이라는 뜻이다.

글자 | 맞을 **당**, 앞 **면**, 흙 **토**, 담 **장**

출전 | 다산 정약용의 편지

[당봉지물當捧之物]

마땅히 받아들일 물건이라는 말이다.

글자 | 마땅 **당**, 받들 **봉**, 어조사 **지**, 물건 **물**

[당비당거螳臂當車]

사마귀 팔이 수레를 대적한다는 말이며, 감당할 수 없는 세력에 대항하는 무모한 행동을 빗댄 말이다.

글자 | 사마귀 **당**, 팔뚝 **비**, 대적할 **당**, 수레 **거**

출전 | 장자 인간세人間世

동류 | 당랑지부螳螂之斧

[당사주책唐四柱冊]

당나라의 네 기둥이 되는 책이라는 말이며, 당나라의 사주점을 칠 때 근거로 삼는 책을 일컫는다.

글자 | 당나라 **당**, 기둥 **주**, 책 **책**

[당상수의堂上繡衣]

당상의 수놓은 옷이라는 말이며, 당상관으로 임명된 암행어사가 입는 옷을 일컫는다.

글자 | 집 **당**, 윗 **상**, 수놓을 **수**, 옷 **의**

[당생자생當生者生]

살기 마땅한 것은 산다는 말이다.

원문 | **當生者生 當死者死**
당 생 자 생 당 사 자 사

글자 | 마땅 **당**, 살 **생**, 것 **자**

출전 | 관자 백심편白心篇

[당시승상當時丞相]

당시의 승상이라는 말이며, 권세가 한창인 사람을 빗댄 말이다.

글자 | 곧 **당**, 때 **시**, 정승 **승**, 정승 **상**

[당식가식當食可食]

마땅한 음식을 먹는 것이 옳다는 말이며, 적당한 음식을 먹어야 한다는 뜻이다.

글자 | 마땅 **당**, 음식 **식**, 옳을 **가**, 먹을 **식**

[당식불탄當食不歎]

음식을 맞이하여 탄식하지 않는다는

말이다.

글자 | 맞을 **당**, 음식 **식**, 아닐 **불**, 탄식 **탄**

[당심기인當審其人]

마땅히 그 사람을 살피라는 말이며, 칭찬과 비난이 있을 때, 이에 부화뇌동하지 말고, 어떤 사람이 칭찬하고 비난하는가를 먼저 살펴보라는 뜻이다.

글자 | 마땅 **당**, 살필 **심**, 그 **기**, 사람 **인**

[당양지지當陽之地]

햇볕을 맞는 땅이라는 말이며, 양지바른 땅을 일컫는다.

글자 | 맞을 **당**, 볕 **양**, 어조사 **지**, 땅 **지**

[당연지사當然之事]

마땅히 그럴 일이라는 말이다.

글자 | 마땅 **당**, 그럴 **연**, 어조사 **지**, 일 **사**

[당우삼대唐虞三代]

당나라와 우나라의 3대라는 말이며, 요순堯舜시대와 하夏 · 은殷 · 주周나라의 3대를 합쳐서 일컫는 말이다.

글자 | 당나라 **당**, 우(순)나라 **우**, 대수 **대**

[당우지화唐虞之化]

당씨와 우씨의 교화라는 말이며, 덕으로 다스리는 정치를 일컫는다. 이는 중국의 요임금인 도당陶唐씨와 순임금인 유우有虞씨에서 온 말이다.

글자 | 나라 이름 **당**, 나라 이름 **우**, 어조사 **지**, 교화 **화**

[당의즉묘當意卽妙]

바로 생각하고, 바로 재치를 발휘한다는 말이며, 임기응변으로 말을 재치있게 잘한다는 뜻이다.

글자 | 곧 **당**, 생각 **의**, 곧 **즉**, 묘할 **묘**

[당이별론當以別論]

따로 논해야 마땅하다는 말이며, 일반적인 예에 따르지 않고 특별히 논의해야 할 사안이라는 뜻이다.

글자 | 마땅 **당**, 써 **이**, 다를 **별**, 논할 **론**

[당장졸판當場猝辦]

그 마당에서 갑자기 갖춘다는 말이며, 그 자리에서 갑자기 마련한다는 뜻이다.

글자 | 곧 **당**, 마당 **장**, 갑자기 **졸**, 갖출 **판**

[당전결의當前決意]

곧 앞에서 뜻을 결단한다는 말이다.

글자 | 곧 **당**, 앞 **전**, 결단할 **결**, 뜻 **의**

[당주조한噇酒糟漢]

술 찌꺼기를 먹는 사나이라는 말이며, 참된 진리를 깨닫지 못하는 사람을 빗댄 말이다.

글자 | 먹을 **당**, 술 **주**, 찌꺼기 **조**, 사나이 **한**

[당지불지當止下止]

마땅히 멈춰야 함에도 멈추지 않는다는 말이며, 모든 일에 때가 있고 상황이 있게 마련이라는 뜻이다.

글자 | 마땅 **당**, 그칠 **지**, 아닐 **불**

출전 | 묵자 호령편號令篇

[당하수의堂下繡衣]

당하의 수놓은 옷이라는 말이며, 당하관으로 임명된 암행어사가 입는 옷을 일컫는다.

글자 | 집 **당**, 아래 **하**, 수놓을 **수**, 옷 **의**

관련 | 당상수의堂上繡衣

[당황망조唐慌罔措]

갑자기 흐리멍덩하여 어찌할 바를 모른다는 말이다.

글자 | 갑자기 **당**, 흐리멍덩할 **황**, 없을 **망**, 행동 **조**

동류 | 창황망조蒼黃罔措, 경황망조驚惶罔措

[당황실색唐慌失色]

갑자기 흐리멍덩하여 얼굴빛을 잃었다는 말이며, 당황하여 얼굴빛이 변한다는 뜻이다.

글자 | 갑자기 **당**, 흐리멍덩할 **황**, 잃을 **실**, 낯 **색**

[대각묘사對角描寫]

마주 선 모퉁이에서 베끼고 그린다는 말이며, 대상과 반대되는 각도로 묘사함으로써 그 대상을 나타내는 문예의 기술을 일컫는다.

글자 | 마주 설 **대**, 모퉁이 **각**, 그릴 **묘**, 베낄 **사**

[대각생풍臺閣生風]

관청의 누각에서 바람이 일어난다는 말이며, 묘당廟堂에서 대신大臣들이 숙연히 두려워하는 모습을 빗댄 말이다.

글자 | 관청 **대**, 누각 **각**, 날 **생**, 바람 **풍**

[대간사충大姦似忠]

크게 간사한 사람은 충성된 사람같이 보인다는 말이다.

원문 | **大姦似忠 大詐似臣**
대간사충 대사사신

글자 | 큰 **대**, 간사할 **간**, 같을 **사**, 충성 **충**

출전 | 송사

동류 | 대간사충大奸似忠

[대갈일성大喝一聲]

크게 야단친 한마디 소리라는 말이며, 큰소리로 꾸짖는다는 뜻이다.

글자 | 큰 **대**, 성난 소리 **갈**, 소리 **성**

동류 | 대공일성大吼一聲

[대강대강大綱大綱]

큰 벼리만이라는 말이며, 대충대충이라는 뜻이다.

글자 | 큰 **대**, 벼리 **강**

[대강장류大江長流]

큰 강이 길게 흐른다는 말이다.

글자 | 큰 **대**, 강 **강**, 긴 **장**, 흐를 **류**

[대객지도對客之道]

손님을 대하는 도리라는 말이다.

글자 | 대할 **대**, 손 **객**, 어조사 **지**, 도리 **도**

[대경경서帶經耕鋤]

→ 대경이서帶經而鋤

[대경대법大經大法]

큰 경서와 큰 법이라는 말이며, 공명정대한 큰 원리와 법칙을 뜻한다.

글자 | 큰 **대**, 경서 **경**, 법 **법**

[대경대책大驚大責]

크게 놀라고, 크게 꾸짖는다는 말이다.

글자 | 큰 **대**, 놀랄 **경**, 꾸짖을 **책**

[대경소괴大驚小怪]

크게 놀라고 조금은 괴이하다는 말이다.

글자 | 큰 **대**, 놀랄 **경**, 작을 **소**, 괴이할 **괴**

[대경실색大驚失色]

크게 놀라 낯빛을 잃었다는 말이다.

글자 | 큰 **대**, 놀랄 **경**, 잃을 **실**, 빛 **색**

[대경이서帶經而鋤]

경서를 가지고 다니면서 김을 맨다는 말이며, 힘들게 공부한다는 뜻이다.

글자 | 가질 **대**, 경서 **경**, 말 이을 **이**, 김 맬 **서**

출전 | 한서 예관전倪寬傳

동류 | 대경경서帶經耕鋤

[대경차악大驚且愕]

크게 놀라고, 또 놀란다는 말이다.

글자 | 큰 **대**, 놀랄 **경**, 또 **차**, 놀랄 **악**

[대공망일大空亡日]

크게 비고 없는 날이라는 말이며, 아무 소망도 이루지 못한 날이라는 뜻이다.

글자 | 큰 **대**, 빌 **공**, 없을 **망**, 날 **일**

[대공무사大公無私]

큰일에 사사로움이 없다는 말이며, 일을 처리함에 있어 공명정대하게 처리한다는 뜻이다.

글자 | 큰 **대**, 밝을 **공**, 없을 **무**, 사사로울 **사**

출전 | 관자 형세해形勢解

동류 | 대공멸친大公滅親, 대의멸친大義滅親

[대공지정大公至正]

크게 공변되고 지극히 바르다는 말이다.

글자 | 큰 **대**, 공변될 **공**, 지극할 **지**, 바를 **정**

동류 | 대공지평大公至平

[대공지평大公至平]

→ 대공지정大公至正

[대과동요大過棟橈]

큰 허물은 들보가 꺾인다는 말이며, 큰 과오는 큰일을 그르친다는 뜻이다.

원문 | 大過棟橈 利有攸往亨
대과동요 이유유왕형

글자 | 큰 **대**, 허물 **과**, 들보 **동**, 꺾일 **요**
출전 | 주역

[대교약졸大巧若拙]

아주 능한 사람은 도리어 못난 것처럼 보인다는 말이다. 자연스럽고 꾀도 쓰지 않고 자랑도 하지 않기 때문이다.

글자 | 큰 **대**, 공교할 **교**, 같을 **약**, 서투를 **졸**
출전 | 장자 거협胠篋

[대궁승시大弓乘矢]

큰 활과 얹힌 화살이라는 말이며, 예궁禮弓과 예전禮箭을 일컫는다.

글자 | 큰 **대**, 활 **궁**, 오를 **승**, 화살 **시**

[대궁장군對宮將軍]

대궐을 대하고 있는 장군이라는 말이며, 장기놀이에서 궁을 향하여 부르는 장군으로서 이를 받지 못하면 지게 된다.

글자 | 대할 **대**, 대궐 **궁**, 장수 **장**, 군사 **군**

[대권경쟁大權競爭]

큰 권세를 다툰다는 말이며, 나라의 최고 지위를 얻기 위하여 다툰다는 뜻이다.

글자 | 큰 **대**, 권세 **권**, 다툴 **경**, 다툴 **쟁**

[대금장침大衾長枕]

큰 이불과 긴 베개라는 말이며, 동침하기 편리하다는데서 친밀한 교분交分을 일컫는다.

글자 | 큰 **대**, 이불 **금**, 긴 **장**, 베개 **침**
출전 | 당서唐書

[대기만성大器晩成]

큰 그릇은 오랜 시간과 노력을 들여야 만들어진다는 말이며, 크게 될 사람은 그 성취가 더딜 수 있지만 일단 이루어지면 다른 이와 비교가 되지 않는다는 뜻이다. 노자에 있는 글이다. '크게 모난 것은 귀가 없고, 큰 그릇은 늦게 이루어지며 큰 소리는 울림이 잘 들리지 않고, 큰 모양은 형세가 없다.'

원문 | **大方無隅 大器晩成 大音希聲 大象無形**
대방무우 대기만성 대음희성 대상무형

글자 | 큰 **대**, 그릇 **기**, 늦을 **만**, 이룰 **성**
출전 | 노자 41장 동이同異
동류 | 대기난성大器難成
유사 | 대재만성大才晩成

[대기설법對機說法]

기회에 대하여 말하는 방법이라는 말이며, 상대편이 이해할 수 있도록 자질資質에 맞추어 하는 설법이라는 뜻이다.

글자 | 대할 **대**, 기회 **기**, 말씀 **설**, 법 **법**
출전 | 불교

[대기소용大器小用]

큰 그릇이 작은데 쓰인다는 말이며,

큰 인물을 하잘것없는 일에 종사시킨다는 뜻이다.

글자 | 큰 **대**, 그릇 **기**, 적을 **소**, 쓸 **용**

출전 | 후한서

동류 | 대재소용大材小用

유사 | 기복염거驥服鹽車

[대담무쌍大膽無雙]

대담함이 쌍이 없다는 말이며, 대담하기가 어디에 비길 바가 없다는 뜻이다.

글자 | 큰 **대**, 쓸개 **담**, 없을 **무**, 한쌍 **쌍**

[대담부적大膽不敵]

대담하여 적이 아니라는 말이다.

글자 | 큰 **대**, 쓸개 **담**, 아닐 **부**, 당할 **적**

[대답양단對踏兩端]

양쪽 끝을 대하여 밟는다는 말이며, 서로 다른 길을 간다는 뜻이다.

글자 | 대할 **대**, 밟을 **답**, 두 **양**, 끝 **단**

[대대손손代代孫孫]

대대로 내려오는 자손이라는 말이다.

글자 | 대수 **대**, 손자 **손**

[대덕수명大德受命]

큰 덕은 사명使命을 받는다는 말이며, 인덕을 쌓은 사람은 지위(得位), 행복(得祿), 명예(得名), 장수(得壽)를 누리게 된다는 뜻이다.

글자 | 큰 **대**, 큰 **덕**, 받을 **수**, 부릴 **명**

출전 | 중용

동류 | 덕자수명德者受命

[대도무문大道無門]

큰 길에는 문이 없다는 말이며, 정도正道에는 거칠 것이 없다는 뜻이다.

글자 | 큰 **대**, 길 **도**, 없을 **무**, 문 **문**

출전 | 무문관無門關

[대동단결大同團結]

크게 하나로 덩이져 맺는다는 말이며, 여러 사람이 크게 한 덩어리로 뭉친다는 뜻이다.

글자 | 큰 **대**, 한 가지 **동**, 덩이질 **단**, 맺을 **결**

[대동무사大同無私]

크게 한 가지로 사사로움이 없다는 말이며, 사욕을 버리고 모두 하나로 뭉친다는 뜻이다.

글자 | 큰 **대**, 한 가지 **동**, 없을 **무**, 사사로울 **사**

[대동사회大同社會]

크게 같이하는 사회라는 말이며, 민주주의와 같은 뜻이다. 중국의 손문孫文이 신해혁명을 일으키며 삼민주의를 제창하면서 대동사회 건설을 주창하여 더 부각되었다. 예기에 있는 글이다. '사람마다 대문을 잠그지 않고 편안하게 살 수 있었으니, 이것을 대동의 세상이라고 한다.'

원문 | 外戶而不閉 是謂大同
외 호 이 불 폐 시 위 대 동

글자 | 큰 대, 같을 동, 세상 사, 모일 회
출전 | 예기 예운禮運

[대동소이大同小異]

대부분이 같고 다름이 적다는 말이다. 장자에 있는 글이다. '큰 입장에서 보면 같아도 이를 구분해서 작은 단위로 비교하면 각기 달라진다.'

원문 | 大同而與 小同異
대동이여 소동이

글자 | 큰 대, 같을 동, 적을 소, 다를 이
출전 | 장자 천하天下
유사 | 오십보백보五十步百步

[대동지론大同之論]

크게 같은 의논이라는 말이며, 모든 사람의 공통된 공론이라는 뜻이다.

글자 | 큰 대, 같을 동, 어조사 지, 의논 론

[대동지역大同之役]

크게 같이하는 부역이라는 말이며, 모든 사람이 다 같이 하는 부역이라는 뜻이다.

글자 | 큰 대, 같을 동, 어조사 지, 부역 역

[대동지환大同之患]

크게 같이하는 재화라는 말이며, 모든 사람이 다 같이 겪는 환란을 일컫는다.

글자 | 큰 대, 같을 동, 어조사 지, 재화 환

[대로지행大路之行]

큰 길로 다닌다는 말이며, 사람은 모름지기 정정당당한 길을 택해야 한다는 뜻이다.

원문 | 君子 大路之行
군자 대로지행

글자 | 큰 대, 길 로, 어조사 지, 다닐 행
출전 | 천지개벽경 8편

[대리소관大利所關]

큰 이로움과 관계되는 바라는 말이며, 큰 이익이 될 수 있는 일과 관련이 있다는 뜻이다.

글자 | 큰 대, 이로울 리, 바 소, 관계할 관
출전 | 송남잡지

[대마구종大馬驅從]

큰 말을 모는 종이라는 말이며, 세력이 당당하고 재산이 많은 집의 마부의 우두머리를 일컫는다.

글자 | 큰 대, 말 마, 몰 구, 따를 종

[대마불사大馬不死]

큰 말은 죽지 않는다는 말이며, 바둑에서 대마는 쉽게 죽지 않는다는 뜻이다.

글자 | 큰 대, 말 마, 아닐 불, 죽을 사

[대마상전大馬相戰]

큰 말이 서로 싸운다는 말이며, 바둑에서 대마가 서로 싸운다는 뜻이다.

글자 | 큰 대, 말 마, 서로 상, 싸울 전

[대막리지大莫離支]

자리를 뜨거나 떠나지 않는 큰 벼슬

이라는 말이며, 고구려 후기의 으뜸가는 벼슬을 일컫는다.

글자 | 큰 **대**, 말 **막**, 자리 뜰 **리**, 나눌 **지**

[대면공화對面共話]

얼굴을 대하고 함께 이야기한다는 말이다.

글자 | 대할 **대**, 얼굴 **면**, 한 가지 **공**, 말씀 **화**

[대명종시大明終始]

끝과 처음을 크게 밝힌다는 말이며, 시작과 종결을 확실하게 한다는 뜻이다.

원문 | 大明終始 六位時成
대 명 종 시 육 위 시 성

글자 | 큰 **대**, 밝을 **명**, 끝 **종**, 처음 **시**

출전 | 주역 건위천乾爲天

[대명천지大明天地]

크고 밝은 하늘과 땅이라는 말이며, 환하게 밝은 세상이라는 뜻이다.

글자 | 큰 **대**, 밝을 **명**, 하늘 **천**, 땅 **지**

[대무지년大無之年]

크게 없는 해라는 말이며, 수확할 곡식이 거의 없는 흉년을 일컫는다.

글자 | 큰 **대**, 없을 **무**, 어조사 **지**, 해 **년**

[대무지전大巫之前]

큰 무당의 앞이라는 말이며, 자기보다 나은 사람의 앞에서 자기의 능력을 제대로 발휘하지 못한다는 뜻이다.

글자 | 큰 **대**, 무당 **무**, 어조사 **지**, 앞 **전**

출전 | 송남잡지

[대미필담大味必淡]

큰 맛, 즉 좋은 맛은 반드시 담백하다는 말이다.

글자 | 큰 **대**, 맛 **미**, 반드시 **필**, 싱거울 **담**

출전 | 한서

[대박미산大樸未散]

크게 순박한 것이 흩어지지 아니하였다는 말이며, 본래의 소박하고 진실한 기풍이 아직까지 남아 있다는 뜻이다.

글자 | 큰 **대**, 순박할 **박**, 아닐 **미**, 흩어질 **산**

[대반야경大般若經]

반야般若를 설명한 여러 경전을 크게 집성한 책을 말한다. 중국 당나라의 현장玄奘이 번역한 것으로 만유萬有는 우리가 보는 것과 같은 실유實有가 아니고 모든 법은 다 공空하여 모양이 없다는 대승大乘불교의 근본사상이 설명되어 있다. 원명은 대반야바라밀다경大般若波羅密多經으로 600권에 이른다.

글자 | 큰 **대**, 모두 **반**, 반야 **야**, 경서 **경**

출전 | 불교

동류 | 반야심경般若心經

[대발철시大鉢鐵匙]

큰 밥주발에 쇠 수저라는 말이며, 탐

욕스럽다는 뜻이다. 대마도의 한 일본인 통사가 한 말에서 전해졌다. '조선인은 큰 밥주발에 놋수저로 밥을 퍼먹으니 너무 욕심 사납습니다.'

글자 | 큰 **대**, 바릿대 **발**, 쇠 **철**, 숟가락 **시**

출전 | 정운경鄭運經의 탐라문견록耽羅聞見錄

[대변불통大便不通]

똥이 통하지 않는다는 말이며, 똥이 시원스럽게 나오지 않는다는 뜻이다.

글자 | 큰 **대**, 똥오줌 **변**, 아닐 **불**, 통할 **통**

[대변약눌大辯若訥]

대단한 웅변가는 오히려 어눌語訥해 보인다는 말이다.

글자 | 큰 **대**, 말 잘할 **변**, 같을 **약**, 말 더듬을 **눌**

출전 | 노자 45장 홍덕洪德

동류 | 대변여눌大辯如訥

[대변여눌大辯如訥]

→ 대변약눌大辯若訥

[대복편편大腹便便]

큰 배가 편하고 편하다는 말이며, 스승의 배가 뚱뚱한 모양을 제자들이 빈정댄 고사에서 온 말이다.

원문 | 姓邊氏 孝爲字 腹便便 五經笥
성변씨 효위자 복편편 오경사

글자 | 큰 **대**, 배 **복**, 편할 **편**

출전 | 후한서 변소전邊韶傳

[대부유천大富由天]

큰 부자는 하늘에 말미암는다는 말이며, 큰 부자는 하늘이 낸다는 뜻이다.

원문 | 大富由天 小富由勤
대부유천 소부유근

글자 | 큰 **대**, 부자 **부**, 말미암을 **유**, 하늘 **천**

출전 | 명심보감 성심省心

[대분망천戴盆望天]

쟁반을 머리에 이고 하늘을 바라본다는 말이며, 두 가지 일을 동시에 할 수 없다는 뜻이다.

글자 | 일 **대**, 쟁반 **분**, 바랄 **망**, 하늘 **천**

출전 | 사기, 한서

[대불개안大佛開眼]

큰 부처가 눈을 연다는 말이며, 슬기로운 눈을 뜨도록 만든다는 뜻이다.

글자 | 큰 **대**, 부처 **불**, 열 **개**, 눈 **안**

[대불핍인代不乏人]

시대마다 사람이 없지 않다는 말이며, 시대마다 그때에 합당한 인물이 나선다는 뜻이다.

원문 | 代不乏人而歌詞之作
대불핍인이가사지작

글자 | 대수 **대**, 아닐 **불**, 없을 **핍**, 사람 **인**

출전 | 전국책, 청구영언서青丘永言序

[**대사일번**大死一番]

한번 크게 죽는다는 말이며, 죽었다 치고 한 가지에 전념한다는 뜻이다.

글자 | 큰 **대**, 죽을 **사**, 한번 **번**

[**대사천하**大赦天下]

하늘 아래를 크게 죄 사한다는 말이며, 나라 안의 모든 죄인을 사한다는 뜻이다.

글자 | 큰 **대**, 죄 사할 **사**, 하늘 **천**, 아래 **하**

출전 | 사기 고조본기

[**대상도시**帶狀都市]

띠 모양의 도읍 저자라는 말이며, 한 줄의 도로를 따라 띠 모양으로 갸름하게 형성된 도시를 일컫는다.

글자 | 띠 **대**, 형상 **상**, 도읍 **도**, 저자 **시**

[**대상부동**大相不同]

크게 서로 같지 않다는 말이다.

글자 | 큰 **대**, 서로 **상**, 아닐 **부**, 같을 **동**

[**대상입덕**大上立德]

위대한 윗사람은 덕을 세운다는 말이다.

글자 | 큰 **대**, 윗사람 **상**, 설 **입**, 큰 **덕**

출전 | 춘추좌씨전

[**대상청령**臺上聽令]

대 위에서 명령을 듣는다는 말이다.

글자 | 대 **대**, 윗 **상**, 들을 **청**, 명령할 **령**

[**대서특서**大書特書]

→ 대서특필大書特筆

[**대서특필**大書特筆]

특별한 붓으로 크게 쓴다는 말이며, 어떤 사실을 아주 큰 비중을 두어 보도한다는 뜻이다.

글자 | 큰 **대**, 글 **서**, 특별할 **특**, 붓 **필**

[**대성가문**大姓家門]

큰 성의 집안이라는 말이며, 겨레붙이가 번성하고 세력이 있는 집안을 일컫는다.

글자 | 큰 **대**, 성 **성**, 집 **가**, 집안 **문**

[**대성이왕**戴星而往]

별을 이고 간다는 말이며, 아침 일찍 일어나 간다는 뜻이다.

글자 | 일 **대**, 별 **성**, 말 이을 **이**, 갈 **왕**

출전 | 여씨춘추

동류 | 대성출가戴星出家

[**대성일갈**大聲一喝]

큰 목소리로 꾸짖는다는 말이다.

글자 | 큰 **대**, 소리 **성**, 꾸짖을 **갈**

동류 | 대성질호大聲叱呼

[**대성지행**戴星之行]

별을 머리에 이고 간다는 말이며, 타향에서 부모의 부음訃音을 받고 밤새워 돌아간다는 뜻이다.

글자 | 머리에 일 **대**, 별 **성**, 어조사 **지**, 다닐 **행**

[대성질호大聲叱呼]

→ 대성일갈大聲一喝

[대성질호大聲疾呼]

큰 소리로 급히 부른다는 말이다.

글자 | 큰 **대**, 소리 **성**, 급할 **질**, 부를 **호**

출전 | 한유韓愈의 글

[대성통곡大聲痛哭]

큰 소리로 아프게 운다는 말이며, 큰 소리로 목 놓아 슬피 운다는 뜻이다.

글자 | 큰 **대**, 소리 **성**, 아플 **통**, 울 **곡**

[대소경중大小輕重]

큰 것과 작은 것, 그리고 가벼운 것과 무거운 것이라는 말이며, 중요한 것과 덜 중요한 것, 또는 기본적인 것과 부차적인 것을 이르는 뜻이다.

글자 | 큰 **대**, 작을 **소**, 가벼울 **경**, 무거울 **중**

[대소고소大所高所]

크고 높은 곳이라는 말이며, 대국적 견지를 빗댄 말이다.

글자 | 큰 **대**, 바 **소**, 높을 **고**

[대소부적大小不敵]

큰 것과 작은 것은 대적하지 않는다는 말이며, 작은 것은 큰 것을 이기지 못한다는 뜻이다.

글자 | 큰 **대**, 작을 **소**, 아닐 **부**, 대적할 **적**

출전 | 송남잡지

동류 | 중과부적衆寡不敵

[대소인원大小人員]

크고 작은 관원이라는 말이며, 높고 낮은 모든 벼슬아치를 일컫는다.

글자 | 큰 **대**, 작을 **소**, 사람 **인**, 관원 **원**

[대속제물代贖祭物]

대신 속죄하는 제사 물건이라는 말이며, 예컨대 소 대신에 양을 잡아 제사 지낸다는 뜻이다.

글자 | 대신할 **대**, 죄 속바칠 **속**, 제사 **제**, 물건 **물**

[대솔하인帶率下人]

거느리는 아래 사람이라는 말이며, 고귀한 사람을 모시고 다니는 하인을 일컫는다.

글자 | 거느릴 **대**, 거느릴 **솔**, 아래 **하**, 사람 **인**

[대수대명代數代命]

운수를 대신하고 목숨을 대신한다는 말이며, 재액災厄을 남에게 옮겨 보내거나 남의 재액을 자기가 맡는다는 뜻이다.

글자 | 대신할 **대**, 운수 **수**, 목숨 **명**

유사 | 대수대명代壽代命

[대순소자大醇小疵]

크게는 순수하고 작게는 허물이라는 말이며, 대체적으로 깨끗하지만 조금은 허물이 있다는 뜻이다.

글자 | 큰 **대**, 순수할 **순**, 작을 **소**, 허물 **자**

[대승불교大乘佛敎]

대승의 교리를 기본이념으로 하는 불교의 종파를 말한다. 이에는 삼론三論·법상法相·화엄華嚴·천태天台·진언眞言·율律·선종禪宗 등이 속하며 석가 입멸入滅 후 500년경 인도에서 새롭게 일어난 불교운동으로서 재래불교를 소승불교라고 폄하하고 있다.

글자 | 큰 **대**, 탈 **승**, 부처 **불**, 가르칠 **교**

반대 | 소승불교小乘佛敎

[대실소망大失所望]

바라던 바를 크게 잃었다는 말이다.

글자 | 큰 **대**, 잃을 **실**, 바 **소**, 바랄 **망**

[대악무도大惡無道]

크게 악하고 도리가 없다는 말이며, 아주 악독하고 막돼먹었다는 뜻이다.

글자 | 큰 **대**, 악할 **악**, 없을 **무**, 도리 **도**

[대안지화對岸之火]

건너편 기슭의 불이라는 말이며, 자기와 이해관계가 없는 일이라는 뜻이다.

글자 | 대할 **대**, 기슭 **안**, 어조사 **지**, 불 **화**

[대양혜언大揚惠言]

은혜로운 말을 크게 드러낸다는 말이다.

원문 | 不誅不貞 農事爲敬 大揚惠言
불주부정 농사위경 대양혜언

글자 | 큰 **대**, 드날릴 **양**, 은혜 **혜**, 말씀 **언**

출전 | 관자 오행편五行篇

[대언불참大言不慙]

크게 말하고 부끄러움이 없다는 말이며, 실천 못할 일을 떠들어대고 부끄러운 생각조차 없다는 뜻이다.

글자 | 큰 **대**, 말씀 **언**, 아닐 **불**, 부끄러울 **참**

출전 | 논어 헌문憲問

[대언장담大言壯談]

→ 대언장어大言壯語

[대언장어大言壯語]

큰 소리로 장담한다는 말이며, 제 분수에 당치 않은 말을 희떱게 지껄인다는 뜻이다.

글자 | 큰 **대**, 말씀 **언**, 장할 **장**, 말씀 **어**

출전 | 논어

동류 | 대언장담大言壯談, 호언장담豪言壯談

[대역무도大逆無道]

대세를 거스르고 도덕이 없다는 말이다. 대역은 모반謀叛의 뜻도 지니고 있다.

글자 | 큰 **대**, 거스를 **역**, 없을 **무**, 길 **도**
출전 | 사기 고조본기高祖本紀

[대역부도大逆不道]

→ 대역무도大逆無道

[대연은촉玳筵銀燭]

대모의 자리와 은촛대라는 말이며, 바다거북 껍데기로 만든 좌석과 은촛대로 밝힌 화려한 밤의 연회를 일컫는다.

글자 | 대모 **대**, 자리 **연**, 은 **은**, 촛불 **촉**

[대오각성大悟覺醒]

크게 깨닫고 또 깊이 깨닫는다는 말이며, 진실을 깊이 깨닫고 올바르게 정신을 가다듬는다는 뜻이다.

글자 | 큰 **대**, 깨달을 **오**, 깨달을 **각**, 깨달을 **성**

[대오대철大悟大徹]

크게 깨닫고, 크게 버린다는 말이며, 모든 번뇌를 없앤다는 뜻이다.

글자 | 큰 **대**, 깨달을 **오**, 버릴 **철**

[대오철저大悟徹底]

크게 깨달아 밑바닥까지 관철한다는 말이며, 매우 철저하게 깨닫는다는 뜻이다.

글자 | 큰 **대**, 깨달을 **오**, 관철할 **철**, 밑 **저**

[대왕대비大王大妃]

큰 임금의 큰 배필이라는 말이며, 임금의 살아있는 할머니를 일컫는다.

글자 | 큰 **대**, 임금 **왕**, 배필 **비**

[대욕비도大慾非道]

욕심이 크고 도리가 아니라는 말이며, 욕심이 많고 도의에 어긋나는 사람을 일컫는다.

글자 | 큰 **대**, 욕심 **욕**, 아닐 **비**, 도리 **도**

[대욕소관大慾所關]

큰 욕심에 관계되는 바라는 말이다.

글자 | 큰 **대**, 욕심 **욕**, 바 **소**, 관계할 **관**

[대용약겁大勇若怯]

큰 날램은 겁내는 것과 같다는 말이며, 매우 용맹한 사람은 함부로 날뛰지 아니하여 도리어 겁쟁이같이 보인다는 뜻이다.

글자 | 큰 **대**, 날랠 **용**, 같을 **약**, 겁낼 **겁**
출전 | 삼국지

[대우천하大于天下]

천하와 마주선다는 말이며, 큰일을 도모한다는 뜻이다.

글자 | 마주 설 **대**, 어조사 **우**, 하늘 **천**, 아래 **하**

[대우탄금對牛彈琴]

소에게 거문고를 탄다는 말이며, 어리석은 사람에게 깊은 이치를 설명한다는 뜻이다.

글자 | 대할 **대**, 소 **우**, 퉁길 **탄**, 거문고 **금**

출전 | 장명집張明集 이혹편理惑篇, 조정사원祖庭事苑

동류 | 우이독경牛耳讀經, 마이동풍馬耳東風

[대원성취大願成就]

크게 원하는 것이 이루어진다는 말이다.

글자 | 큰 **대**, 원할 **원**, 이룰 **성**, 이룰 **취**

[대위소료大違所料]

헤아리는 바가 크게 다르다는 말이며, 생각한 것과 전혀 다르다는 뜻이다.

글자 | 큰 **대**, 다를 **위**, 바 **소**, 헤아릴 **료**

[대은교주大恩敎主]

크게 은혜로운 가르침의 주인이라는 말이며, 석가모니釋迦牟尼를 일컫는다.

글자 | 큰 **대**, 은혜 **은**, 가르칠 **교**, 주인 **주**

[대의멸친大義滅親]

큰 뜻은 친족도 없앤다는 말이며, 큰 뜻을 위해서는 사사로운 정을 물리친다는 뜻이다.

글자 | 큰 **대**, 뜻 **의**, 멸할 **멸**, 친할 **친**

출전 | 춘추좌씨전 은공隱公 4년

[대의명분大義名分]

큰 뜻과 구별된 이름이라는 말이며, 사람이 지켜야 할 도리와 본분이라는 뜻이다.

글자 | 큰 **대**, 뜻 **의**, 이름 **명**, 분별할 **분**

[대의충절大義忠節]

크게 옳은 충성과 절개라는 말이다.

글자 | 큰 **대**, 옳을 **의**, 충성 **충**, 절개 **절**

출전 | 고려사 열전

[대이화지大而化之]

크면 변화한다는 말이며, 너무 비대해지면 변하게 된다는 뜻이다.

원문 | 大而化之 聖而不可之
대 이 화 지 성 이 불 가 지

글자 | 큰 **대**, 말 이을 **이**, 될 **화**, 어조사 **지**

출전 | 장자 소요유逍遙遊

[대인군자大人君子]

큰 그대라는 말이며, 말과 행실이 바르고 덕망이 있는 사람을 일컫는다.

글자 | 큰 **대**, 사람 **인**, 그대 **군**, 사람 **자**

[대인접물待人接物]

사람을 기다려 만물과 접한다는 말이며, 남과 접촉하여 사귄다는 뜻이다.

글자 | 기다릴 **대**, 사람 **인**, 접할 **접**, 만물 **물**

[대인지자大人之子]

큰 사람의 아들이라는 말이며, 훌륭한 사람의 아들이라는 뜻이다.

글자 | 큰 **대**, 사람 **인**, 어조사 **지**, 아들 **자**

[대인춘풍待人春風]

사람을 대접함에 봄바람이라는 말이며, 남을 대접할 때는 봄바람처럼 따뜻하게 하고 자기 자신에게는 가을서리처럼 엄하게 하라는 뜻이다.

원문 | 待人春風 持己秋霜
대 인 춘 풍 지 기 추 상

글자 | 대접할 **대**, 사람 **인**, 봄 **춘**, 바람 **풍**

출전 | 채근담

[대인호변大人虎變]

큰 사람은 호랑이처럼 변한다는 말이며, 성덕이 있는 사람이 위정자가 되면 천하의 문물제도가 선명하게 개혁된다는 뜻이다. 호랑이는 여름부터 가을에 걸쳐 털갈이를 하고 더욱 그 모피의 아름다움을 늘리며 겨울에 대비한다.

글자 | 큰 **대**, 사람 **인**, 호랑이 **호**, 변할 **변**

출전 | 주역 택화혁澤火革

동류 | 군자표변君子豹變

[대자대비大慈大悲]

크게 사랑하고 크게 불쌍히 여긴다는 말이며, 부처님의 한없는 사랑과 보살핌을 일컫는다.

글자 | 큰 **대**, 사랑할 **자**, 불쌍히 여길 **비**

출전 | 법화경法華經

유사 | 측은지심惻隱之心

[대자재천大自在天]

크게 스스로 있는 조물주라는 말이며, 대천세계大千世界의 임금을 일컫는다.

글자 | 큰 **대**, 스스로 **자**, 있을 **재**, 조물주 **천**

출전 | 동국여지승람

[대자특서大字特書]

→ 대서특필大書特筆

[대장불착大匠不斲]

큰 목수는 나무를 함부로 깎지 않는다는 말이며, 도道를 아는 사람은 일의 전체를 먼저 판단하여 실행한다는 뜻이다.

글자 | 큰 **대**, 장인 **장**, 아닐 **불**, 깎을 **착**

출전 | 회남자, 여씨춘추

[대장즉주大丈則走]

큰 곤장을 치려하면 곧바로 달아난다는 말이며, 어버이에게 벌을 받을 때, 어버이가 크게 화가 나 있으면 어버이가 잘못을 저지르지 않도록 그 자리를 피한다는 뜻이다.

원문 | 小杖則受 大杖則走
소 장 즉 수 대 장 즉 주

글자 | 큰 **대**, 지팡이 **장**, 곧 **즉**, 달아날 **주**

출전 | 효경

[대재소용大材小用]

큰 재목을 작은데 쓴다는 말이며, 큰 인물을 하찮은 일에 종사케 한다는 뜻이다.

글자 | 큰 **대**, 재목 **재**, 작을 **소**, 쓸 **용**

출전 | 육유陸游의 시

동류 | 대기소용大器小用

[대적방조對敵幇助]

적에 대하여 돕는다는 말이며, 적에

대하여 중립국에서 돕는다는 뜻이다.

글자 | 대할 **대**, 원수 **적**, 도울 **방**, 도울 **조**

[대전마마大殿媽媽]

큰 대궐의 어미라는 말이며, 임금을 일컫는다.

글자 | 큰 **대**, 대궐 **전**, 어미 **마**

[대죄거행戴罪擧行]

죄를 머리에 이고 받들어 행한다는 말이며, 죄형이 확정될 때까지 현직에서 일을 한다는 뜻이다.

글자 | 머리에 일 **대**, 죄 **죄**, 받들 **거**, 행할 **행**

[대중선린大衆善隣]

큰 무리와 착한 이웃이라는 말이며, 많은 사람들과 가까운 이웃이라는 뜻이다.

글자 | 큰 **대**, 무리 **중**, 착할 **선**, 이웃 **린**

[대증하약對症下藥]

증세에 대하여 약을 내린다는 말이며, 문제의 핵심을 바로 보고 대처해야 한다는 뜻이다.

글자 | 대할 **대**, 증세 **증**, 내릴 **하**, 약 **약**

출전 | 삼국지 위서魏書

[대지약우大智若愚]

→ 대지여우大智如愚

[대지여우大智如愚]

매우 슬기로운 사람은 어리석게 보인다는 말이다. 슬기를 함부로 나타내지 않기 때문이다.

원문 | 大勇若怯大志如愚 至貴無軒冕
대용약겁대지여우 지귀무헌면

글자 | 큰 **대**, 슬기 **지**, 같을 **여**, 어리석을 **우**

출전 | 노자 45장

동류 | 대지약우大智若愚

[대직약굴大直若詘]

크게 곧은 것은 굽힌 것과 같다는 말이다. 사기의 글이다. '너무 곧은 것은 굽어보이고, 길은 본래가 구불구불한 것이다.'

원문 | 大直若詘 道固委蛇
대직약굴 도고위사

글자 | 큰 **대**, 곧을 **직**, 같을 **약**, 굽힐 **굴**

출전 | 사기 유정숙손통열전

[대차무예大車無輗]

마구리(멍에) 없는 큰 수레라는 말이며, 신의 없는 사람을 빗댄 말이다.

원문 | 大車無輗 其何以行之哉
대차무예 기하이행지재

글자 | 큰 **대**, 수레 **차**, 없을 **무**, 마구리 **예**

출전 | 논어 위정爲政

[대처식육帶妻食肉]

아내를 거느리고 고기를 먹는다는 말

이며, 중으로서 법도를 지키지 않는다는 뜻이다.

글자 | 거느릴 **대**, 아내 **처**, 먹을 **식**, 고기 **육**

[대천입지戴天立地]

하늘을 머리에 이고 땅에 선다는 말이며, 세상에 살고 있다는 뜻이다.

글자 | 머리에 일 **대**, 하늘 **천**, 설 **입**, 땅 **지**

출전 | 송남잡지

[대천지수戴天之讎]

하늘을 이고 사는 원수라는 말이며, 원수와 함께 살 수 없다는 뜻이다. 예기에 있는 글귀다. '아버지의 원수는 한 하늘을 이고 살지 않고.'

원문 | 父之讎 弗與共戴天
부 지 수 불 여 공 대 천

글자 | 머리에 일 **대**, 하늘 **천**, 어조사 **지**, 원수 **수**

출전 | 예기 곡례편曲禮篇

[대춘지수大椿之壽]

큰 어른의 나이라는 말이며, 장수長壽한다는 뜻이다.

원문 | 上古有 大椿者以八千歲爲春
상 고 유 대 춘 자 이 팔 천 세 위 춘

글자 | 큰 **대**, 어르신네 **춘**, 어조사 **지**, 목숨 **수**

출전 | 장자 소요유逍遙遊

[대통미집大統未集]

크게 합치는 일이 이루어지지 않았다는 말이며, 큰 일이 성취되지 못했다는 뜻이다.

글자 | 큰 **대**, 합칠 **통**, 아닐 **미**, 이룰 **집**

출전 | 서경 주서편周書篇

[대풍여부大風呂敷]

큰 바람이 종 [소리]와 같이 퍼진다는 말이며, 허풍을 부린다는 뜻이다.

글자 | 큰 **대**, 바람 **풍**, 종 이름 **여**, 펼 **부**

[대하고루大廈高樓]

큰 집과 높은 다락이라는 말이며, 웅장한 건물을 일컫는다.

글자 | 큰 **대**, 큰집 **하**, 높을 **고**, 다락 **루**

[대하동량大廈棟樑]

큰 집의 대들보라는 말이며, 나라의 중대한 일을 맡을 뛰어난 인재를 빗댄 말이다.

글자 | 큰 **대**, 큰 집 **하**, 용마루 **동**, 들보 **량**

출전 | 회남자

동류 | 동량지신棟樑之臣

[대하지서帶河之誓]

띠와 같은 강의 맹세라는 말이며, 황하黃河가 허리띠와 같이 좁아질 때까지 변하지 않는 굳은 맹세라는 뜻이다.

글자 | 띠 **대**, 물 **하**, 어조사 **지**, 맹세할 **서**

출전 | 고려사

[대한망우大旱望雨]

큰 가뭄에 비를 바란다는 말이며, 선량

한 군주의 정벌을 기다린다는 뜻이다.

원문 | 若大旱之望雨也
약 대 한 지 망 우 야

글자 | 큰 **대**, 가물 **한**, 바랄 **망**, 비 **우**

출전 | 맹자 등문공滕文公 하

[대한불갈大旱不渴]

크게 가물어도 물이 마르지 않는다는 말이다.

글자 | 큰 **대**, 가물 **한**, 아닐 **불**, 마를 **갈**

[대한색구大寒索裘]

대한이 되어서야 갖옷을 찾는다는 말이며, 일이 터지고 나서 법석을 떤다는 뜻이다.

글자 | 큰 **대**, 찰 **한**, 찾을 **색**, 갖옷 **구**

출전 | 양자법언揚子法言

유사 | 만시지탄晩時之歎

[대해일적大海一滴]

큰 바다에 물 한 방울이라는 말이며, 매우 미약하거나 작은 것을 빗댄 말이다.

글자 | 큰 **대**, 바다 **해**, 물방울 **적**

동류 | 창해일속滄海一粟

[대현군자大賢君子]

어질고 점잖은 사람이라는 말이다.

글자 | 큰 **대**, 어질 **현**, 그대 **군**, 사람 **자**

[대화만담對話漫談]

마주 서서 말하는 질펀한 말이라는 말이며, 대화식으로 하는 만담을 일컫는다.

글자 | 마주 설 **대**, 말씀 **화**, 물 질펀할 **만**, 말씀 **담**

[대화유사大化有四]

크게 되는 네 가지가 있다는 말이며, 인생의 4시절, 즉 어린 시절, 젊은 시절, 늙은 시절 그리고 죽음의 시절을 일컫는다.

글자 | 큰 **대**, 될 **화**, 있을 **유**

출전 | 열자 천서天瑞

[덕건명립德建名立]

덕을 세우면 이름이 선다는 말이며, 덕을 쌓으면 명성은 저절로 높아진다는 뜻이다.

원문 | 德建名立 形端表正
덕 건 명 립 형 단 표 정

글자 | 큰 **덕**, 세울 **건**, 이름 **명**, 설 **립**

출전 | 예기, 천자문 27항

[덕고양굉德高量宏]

덕이 높고 국량이 크다는 말이며, 덕망이 높고 도량이 넓다는 뜻이다.

글자 | 큰 **덕**, 높을 **고**, 국량 **양**, 클 **굉**

[덕근복당德根福堂]

덕의 뿌리와 복의 집이라는 말이며, 화는 덕의 뿌리가 되고 근심은 복의 집이 된다는 뜻이다.

원문 | 禍爲德根 憂爲福堂
화 위 덕 근 우 위 복 당

글자 | 큰 덕, 뿌리 근, 복 복, 집 당

출전 | 오월춘추吳越春秋

[덕금모수德今母睡]

덕금어미의 졸음이라는 말이며, 덕금어미라는 종이 일에 시달려 잠을 잘 잤다는 데서 잠 잘 자는 사람을 빗댄 말이다.

글자 | 큰 덕, 이제 금, 어미 모, 졸 수

출전 | 동언해

[덕륭망존德隆望尊]

덕이 융성하여 높이 바라본다는 말이다.

글자 | 큰 덕, 융성할 륭, 바랄 망, 높을 존

동류 | 덕륭존망德隆尊望

[덕무상사德無常師]

덕을 닦는 데는 정해진 스승이 따로 없다는 말이다. 서경에 있는 말이다. '덕에는 일정한 표준이 없지만, 선을 위주로 삼아야 한다.'

원문 | 德無常師 主善爲師
덕 무 상 사 주 선 위 사

글자 | 큰 덕, 없을 무, 항상 상, 스승 사

출전 | 서경 상서商書

[덕서도문德敍禱文]

성모 마리아의 덕행을 적은 기도문을 일컫는다.

글자 | 큰 덕, 베풀 서, 빌 도, 글 문

출전 | 천주교

[덕성지출德成智出]

덕을 이루고 지혜가 나온다는 말이며, 덕을 이루어야 지혜가 나오고 만물을 얻을 수 있다는 뜻이다.

원문 | 德成而智出 萬物畢得
덕 성 이 지 출 만 물 필 득

글자 | 덕 덕, 이룰 성, 지혜 지, 날 출

출전 | 관자 내업편內業篇

[덕수량진德隨量進]

덕은 국량을 따라 나아간다는 말이며, 덕은 도량이 클수록 더 커진다는 뜻이다.

원문 | 德隨量進 量由識長
덕 수 량 진 양 유 식 장

글자 | 큰 덕, 따를 수, 국량 량, 나아갈 진

출전 | 채근담

[덕수망각德修罔覺]

덕의 닦임은 깨달음이 없다는 말이며, 덕은 모르는 사이에 닦여진다는 뜻이다.

글자 | 큰 덕, 닦을 수, 없을 망, 깨달을 각

출전 | 조선왕조 3대 태종실록

[덕업상권德業相勸]

큰일은 서로 권한다는 말이며, 이는 향약鄕約의 네 덕목 중의 하나이다.

글자 | 큰 덕, 일 업, 서로 상, 권할 권

출전 | 향약鄕約

[덕업일신德業日新]

큰 일이 날로 새로워진다는 말이며,

임금의 덕이 날로 새로워져 사방으로 온통 번진다는 뜻이다.

원문 | 德業日新 網羅四方
덕 업 일 신 망 라 사 방

글자 | 큰 **덕**, 일 **업**, 날 **일**, 새 **신**

[덕유여모德輶如毛]

덕은 터럭과 같이 가볍다는 말이며, 이를 행하는 것은 어렵지 않다는 뜻이다. 시경에 있는 구절이다. '덕이란 터럭같이 가볍거늘 그것을 드는 사람 드물다 하네.'

원문 | 德輶如毛 民鮮克擧之
덕 유 여 모 민 선 극 거 지

글자 | 큰 **덕**, 가벼울 **유**, 같을 **여**, 터럭 **모**

출전 | 시경 대아大雅

[덕음막위德音莫違]

덕 있는 소리는 어기지 말아야 한다는 말이며, 좋은 말은 때에 따라 귀에 거슬리기도 하지만 나를 위해 들어야 한다는 뜻이다.

글자 | 큰 **덕**, 소리 **음**, 말 **막**, 어길 **위**

출전 | 시경 패풍邶風

[덕자본야德者本也]

덕이라는 것이 근본이라는 말이다.

원문 | 德者本也 財者末也
덕 자 본 야 재 자 말 야

글자 | 큰 **덕**, 것 **자**, 근본 **본**, 어조사 **야**

출전 | 대학

[덕자수명德者受命]

→ 대덕수명大德受命

[덕치주의德治主義]

크게 다스려야 한다는 주장이 옳을 것이라는 말이며, 덕의 정치를 주장하는 사상을 일컫는다.

글자 | 큰 **덕**, 다스릴 **치**, 주장할 **주**, 옳을 **의**

[덕필유린德必有隣]

덕은 반드시 이웃을 가진다는 말이며, 덕이 있는 사람은 외롭지 않다는 뜻이다.

원문 | 德不孤必有隣
덕 불 고 필 유 린

글자 | 큰 **덕**, 반드시 **필**, 가질 **유**, 이웃 **린**

출전 | 논어 이인편里仁篇

[도가삼서道家三書]

도리의 학파의 세 가지 글이라는 말이며, 도교道敎의 중심이 되는 노자老子·장자莊子·열자列子를 일컫는다.

글자 | 도리 **도**, 학파 **가**, 글 **서**

[도가이변塗歌里抃]

길에서 노래하고 마을에서 손뼉 친다는 말이며, 태평하고 즐거운 세상을 일컫는다.

글자 | 길 **도**, 노래 **가**, 마을 **이**, 손뼉 칠 **변**

동류 | 도가이영塗歌里詠

[도가자류道家者流]

도교道敎를 믿고 그 도를 닦는 사람들을 말한다.

글자 | 도리 **도**, 집 **가**, 사람 **자**, 갈래 **류**

출전 | 한서, 예문지藝文志

[도각운동倒閣運動]

내각을 넘어뜨리는 운동이라는 말이며, 왕실은 두고 내각만 넘어뜨리는 정치운동을 일컫는다.

글자 | 넘어뜨릴 **도**, 내개 **각**, 행할 **운**, 움직일 **동**

[도거지여刀鉅之餘]

칼과 톱의 나머지라는 말이며, 심한 형벌로 불구자가 된 사람의 여생이라는 뜻이다.

글자 | 칼 **도**, 톱 **거**, 어조사 **지**, 남을 **여**

[도견상부道見桑婦]

길에서 뽕나무도 보고 여자도 본다는 말이며, 두 가지를 하려다 모두 잃는다는 뜻이다.

원문 | 道見桑婦 悅而與言 然顧視其妻
도견상부 열이여언 연고시기처

글자 | 길 **도**, 볼 **견**, 뽕나무 **상**, 며느리 **부**

출전 | 열자 설부說符

[도견와계陶犬瓦鷄]

질그릇으로 된 개와 닭이라는 말이며, 형상만 있고 쓸모가 없다는 비유이다.

글자 | 질그릇 **도**, 개 **견**, 기와 **와**, 닭 **계**

출전 | 금루자金樓子

[도과지일倒戈之日]

창을 거꾸로 하는 날이라는 말이며, 거느리고 있는 군사가 자기편에 반대하여 반기反旗를 든다는 뜻이다.

글자 | 거꾸러질 **도**, 창 **과**, 어조사 **지**, 날 **일**

출전 | 용비어천가

[도광양회韜光養晦]

빛을 감추고 어두움을 취한다는 말이며, 재주를 감추고 때를 기다린다는 뜻이다.

글자 | 감출 **도**, 빛 **광**, 취할 **양**, 어둘 **회**

출전 | 삼국지연의

[도구과두跿跔科頭]

맨발과 맨 머리라는 말이며, 용기 있는 병사를 일컫는다.

글자 | 뛸 **도**, 발 얼어 굳을 **구**, 밑둥 **과**, 머리 **두**

출전 | 사기 장의전張儀傳

[도국근성島國根性]

섬나라 사람의 뿌리박힌 성품이라는 말이며, 시야가 좁고 너그럽지 못하면서도 독립성이 강하고 배타성이 강한 성질을 일컫는다.

글자 | 섬 **도**, 나라 **국**, 뿌리 **근**, 성품 **성**

[도궁비현圖窮匕見]

도모한 비수가 드러났다는 말이며, 꾸민 음모가 폭로되었다는 뜻이다.

원문 | 秦王發圖 圖窮而匕首見
진왕발도 도궁이비수현

글자 | 도모할 **도**, 궁구할 **궁**, 비수 **비**, 드러날 **현**

출전 | 사기 자객열전刺客列傳

[도규법수道揆法守]

도리를 헤아리고 법을 지킨다는 말이며, 모든 것을 도리로 판단하고 법을 지켜 나간다는 뜻이다.

글자 | 도리 **도**, 헤아릴 **규**, 법 **법**, 지킬 **수**

[도남붕익圖南鵬翼]

남쪽을 도모하는 붕새의 날개라는 말이며, 큰 사업을 계획한다는 뜻이다. 전설에 붕새가 남해로 옮겨가려 할 때는 날개가 물 위를 치는 것이 3천 리에 미치고, 회오리바람을 일으키며 날아오르는 것이 9만 리에 이른다고 하였다.

글자 | 도모할 **도**, 남녘 **남**, 대붕새 **붕**, 날개 **익**

출전 | 장자 소요유편逍遙遊篇

[도당강소徒黨强訴]

무리들이 강하게 하소연한다는 말이며, 많은 사람들이 강력히 호소한다는 뜻이다.

글자 | 무리 **도**, 무리 **당**, 강할 **강**, 하소연할 **소**

[도덕군자道德君子]

도덕에 관한 학문을 깊게 닦고 익힌 점잖은 사람을 일컫는다.

글자 | 길 **도**, 큰 **덕**, 그대 **군**, 사람 **자**

동류 | 도학군자道學君子

[도량방자跳踉放恣]

날뛰면서 방자하다는 말이며, 지나치게 똑똑하여 아무 거리낌이 없다는 뜻이다.

글자 | 뛸 **도**, 뛸 **량**, 놓을 **방**, 방자할 **자**

[도량발호跳梁跋扈]

거리낌 없이 마음대로 날뛴다는 말이며, 악한 자들이 세력을 마음대로 떨친다는 뜻이다.

글자 | 뛸 **도**, 펄펄 뛸 **량**, 뛸 **발**, 통발로 뛸 **호**

[도로무공徒勞無功]

헛된 수고뿐이고 공이 없다는 말이다.

글자 | 헛될 **도**, 수고로울 **로**, 없을 **무**, 공 **공**

출전 | 장자 천운天運, 순오지 하

동류 | 노이무공勞而無功

유사 | 도로무익徒勞無益

[도로무익徒勞無益]

헛된 수고뿐이고 아무런 이로움이 없다는 말이다.

글자 | 헛될 **도**, 수고로울 **로**, 없을 **무**, 이로울 **익**

[도로이목道路以目]

길에서 눈짓한다는 말이며, 백성들이

말을 못하고 길에서 눈짓으로 의사소통을 한다는 뜻이다.

글자 | 길 **도**, 길 **로**, 써 **이**, 눈 **목**

출전 | 국어

동류 | 도로측목道路側目

[도로지언道路之言]

길에서의 말이라는 말이며, 길바닥에서 세상을 평판한다는 뜻이다.

글자 | 길 **도**, 길 **로**, 어조사 **지**, 말씀 **언**

출전 | 삼국지 오지吳志

[도룡지기屠龍之技]

용을 잡는 재주라는 말이며, 쓸데없는 재주를 빗댄 말이다.

글자 | 잡을 **도**, 용 **룡**, 어조사 **지**, 재주 **기**

출전 | 장자 열어구편列禦寇篇

[도리만문桃李滿門]

복숭아와 오얏이 문에 가득하다는 말이며, 준수한 제자가 문하에 가득하다는 뜻이다.

글자 | 복숭아 **도**, 자두나무 **리**, 찰 **만**, 문 **문**

동류 | 문장도리文墻桃李, 도리문전桃李門前

[도리불언桃李不言]

복숭아와 오얏은 말이 없다는 말이며, 덕이 있는 사람은 스스로 말하지 않아도 사람들이 따른다는 뜻이다. 사기에 나오는 속담이다. '복숭아와 오얏은 말이 없어도 그 아래에 지름길이 절로 생긴다.'

원문 | 桃李不言 下自成蹊
도리불언 하자성혜

글자 | 복숭아꽃 **도**, 오얏 **리**, 아닐 **불**, 말씀 **언**

출전 | 사기 이장군열전李將軍列傳

[도리상영倒履相迎]

신을 거꾸로 신고 마중한다는 말이며, 손님을 반갑게 맞이한다는 뜻이다.

원문 | 蔡邕聞粲在門 倒履迎之
채옹문찬재문 도리영지

글자 | 거꾸러질 **도**, 신 **리**, 서로 **상**, 맞이할 **영**

출전 | 삼국지 위서魏書 왕찬전王粲傳

[도림방우桃林放牛]

복숭아밭에 소를 놓는다는 말이며, 주나라 무왕이 천하를 다스리고 소를 복숭아밭에 놓아 먹였다는 고사에서 동양화의 화제畵題로 쓰인다.

글자 | 복숭아 **도**, 수풀 **림**, 놓을 **방**, 소 **우**

[도림처사桃林處士]

복숭아 나무숲에서 살고 있는 선비라는 말이며, 소(牛)의 성질을 다르게 빗댄 말이다.

원문 | 歸馬于華山之陽放牛于桃林之野
귀마우화산지양방우우도림지야

글자 | 복숭아나무 **도**, 수풀 **림**, 살 **처**, 선비 **사**

출전 | 서경 무성武成, 사기

[도마죽위稻麻竹葦]

벼와 삼, 그리고 대나무와 갈대라는 말이며, 어진 이가 구름처럼 모여드는 낙원을 빗댄 말이다.

글자 | 벼 **도**, 삼 **마**, 대 **죽**, 갈대 **위**

출전 | 법화경

[도말시서塗抹詩書]

시와 글을 지워버린다는 말이며, 어린아이 짓이라는 뜻이다. 시서는 시경詩經과 서경書經을 가리킨다.

글자 | 바를 **도**, 지울 **말**, 시 **시**, 글 **서**

출전 | 노동시盧仝詩

[도모시용道謨是用]

길에서 쓸모가 있는지를 꾀한다는 말이며, 주관 없이 남의 의견만 좇는 다는 뜻이다. 소민小旻이라는 시의 한 구절이다. '길손에게 물어가며 집을 짓는 얼간이들.'

원문 | 如彼築室于道謨 是用不潰 于成
여피축실우도모 시용불궤 우성

글자 | 길 **도**, 꾀할 **모**, 옳을 **시**, 쓸 **용**

출전 | 시경 소아小雅

동류 | 작사도방作舍道傍

[도문계살屠門戒殺]

푸줏간에서 죽이는 것을 경계한다는 말이며, 쓸데없는 걱정을 한다는 말이다.

글자 | 잡을 **도**, 문 **문**, 경계할 **계**, 죽일 **살**

출전 | 순오지

유사 | 도문담불屠門談佛

[도문담불屠門談佛]

푸줏간에서 부처 이야기를 한다는 말이며, 언행이 주위환경과 맞지 않는다는 뜻이다.

글자 | 잡을 **도**, 문 **문**, 이야기 **담**, 부처 **불**

[도문대작屠門大嚼]

고기 파는 집 문에서 크게 씹는다는 말이며, 고기를 먹지 않고 보기만 해도 유쾌하다는 뜻이다. 중국 위나라 조식의 글이다. '푸줏간 앞을 지나며 크게 씹는 시늉을 함은 고기를 비록 못 얻어도 귀하고 또 마음이 통쾌해서다.'

원문 | 過屠門而大嚼雖不得肉貴且快意
과도문이대작수불득육귀차쾌의

글자 | 죽일 **도**, 집안 **문**, 큰 **대**, 씹을 **작**

출전 | 조식曹植의 여오계중서與吳季重書

[도문송불屠門誦佛]

백정 집안에서 염불을 한다는 말이며, 서로 어울리지 않거나 격식에 맞지 않는다는 뜻이다.

글자 | 백정 **도**, 집안 **문**, 욀 **송**, 부처 **불**

출전 | 순오지

[도문질욕到門叱辱]

남의 집 문 앞에 이르러서 꾸짖고 욕한다는 말이며, 예절과 버릇이 없다는 뜻이다.

글자 | 이를 **도**, 문 **문**, 꾸짖을 **질**, 욕할 **욕**

동류 | 도문질타到門叱咤

[도문질타到門叱咤]

남의 집 문 앞에 이르러서 꾸짖고 책망한다는 말이다.

글자 | 이를 **도**, 집 **문**, 꾸짖을 **질**, 꾸짖을 **타**

[도방고리道傍苦李]

길가의 쓴 자두라는 말이며, 버림받은 사람을 빗댄 말이다.

글자 | 길 **도**, 곁 **방**, 쓸 **고**, 오얏 **리**

출전 | 세설신어

[도불습유道不拾遺]

길에 값진 것이 떨어져 있어도 줍지 않는다는 말이며, 나라가 태평하고 민심이 순박하여 남의 것을 탐내지 않는 사회라는 뜻이다.

글자 | 길 **도**, 아닐 **불**, 주을 **습**, 주을 **유**

출전 | 전국책 진책秦策

[도불원인道不遠人]

도리는 사람을 멀리하지 않는다는 말이며, 도는 누구나 행할 수 있다는 뜻이다.

글자 | 도리 **도**, 아닐 **불**, 멀 **원**, 사람 **인**

[도비순설徒費脣舌]

무리가 입술과 혀만 놀린다는 말이며, 부질없이 말만 하고 보람이 없다는 뜻이다.

글자 | 무리 **도**, 쓸 **비**, 입술 **순**, 혀 **설**

유사 | 도비심력徒費心力

[도비심력徒費心力]

무리가 마음과 힘을 쓴다는 말이며, 부질없이 바람 없는 일에 애를 쓴다는 뜻이다.

원문 | 雖有勞力 徒費心力
수 유 노 력 도 비 심 력

글자 | 무리 **도**, 쓸 **비**, 마음 **심**, 힘 **력**

출전 | 토정비결

[도사금수圖寫禽獸]

새와 짐승의 그림을 그린다는 말이다.

원문 | 圖寫禽獸 畫綵仙靈
도 사 금 수 화 채 선 령

글자 | 그림 **도**, 그릴 **사**, 새 **금**, 짐승 **수**

출전 | 천자문 55항

[도산검수刀山劍水]

칼 같은 산과 검 같은 물이라는 말이며, 험준한 지세를 일컫는다.

글자 | 칼 **도**, 뫼 **산**, 검 **검**, 물 **수**

출전 | 송사 유창전劉鋹傳

동류 | 도산검수刀山劍樹

[도산행하到山行下]

산에 이르면 내려간다는 말이며, 행

상行喪이 산소에 도착하면 상여꾼에게 주는 수고비를 일컫는다.

글자 | 이를 **도**, 뫼 **산**, 갈 **행**, 아래 **하**

[도삼이사桃三李四]

복숭아 3년, 자두나무는 4년을 길러야 거둘 수 있다는 말이며, 무슨 일이든 이루어지는 데는 시간이 걸린다는 뜻이다.

글자 | 복숭아 **도**, 오얏 **이**

[도삼촌설掉三寸舌]

세 치의 혀를 흔든다는 말이며, 설교나 웅변을 한다는 뜻이다.

글자 | 흔들 **도**, 마디 **촌**, 혀 **설**

출전 | 십팔사략 十八史略

[도상가도睹上加睹]

보고 더 본다는 말이며, 일이 거듭되면 될수록 어려움이 더 가중된다는 뜻이다.

글자 | 볼 **도**, 윗 **상**, 더할 **가**

유사 | 설상가상雪上加霜

[도상연습圖上練習]

그림 위의 연습이라는 말이며, 군사적인 목적을 위하여 실제 병력이 움직이지 않고 도면과 서면으로 작전을 연습하는 훈련을 일컫는다.

글자 | 그림 **도**, 윗 **상**, 익힐 **연**, 익힐 **습**

[도석지교道釋之教]

도학道學과 석가釋迦의 가르침이라는 말이며, 도교道教와 불교佛教를 일컫는다.

글자 | 도리 **도**, 석가 **석**, 어조사 **지**, 가르칠 **교**

[도성덕립道成德立]

도를 이루고 덕을 세운다는 말이며, 이를 줄여서 도덕道德이라 한다.

글자 | 도리 **도**, 이룰 **성**, 큰 **덕**, 세울 **립**

[도세염불渡世念佛]

세상을 건너는 염불이라는 말이며, 내세가 아닌 현세에 대한 염불이라는 뜻이다.

글자 | 건널 **도**, 세상 **세**, 생각할 **염**, 부처 **불**

[도소지양屠所之羊]

도살장의 양이라는 말이며, 바야흐로 죽음이 닥쳐오고 있다는 뜻이다.

글자 | 죽일 **도**, 곳 **소**, 어조사 **지**, 양 **양**

출전 | 마아마나경摩訶摩那經

동류 | 도소지우屠所之牛

[도수경례徒手敬禮]

손에 무기나 기구 따위를 갖지 않았을 때 여러 사람이 하는 경례를 일컫는다.

글자 | 무리 **도**, 손 **수**, 공경할 **경**, 예도 **례**

[도수공권徒手空拳]

무리의 손이 빈주먹이라는 말이며, 아무것도 없는 맨손이라는 뜻이다.

글자 | 무리 **도**, 손 **수**, 빌 **공**, 주먹 **권**

[도역유도盜亦有道]

도둑에게도 도리가 있다는 말이며, 도덕이라는 것은 성인이나 현자뿐만 아니라 모든 사람에게 그 나름으로 갖추어져 있다는 뜻이다.

글자 | 도둑 **도**, 또 **역**, 있을 **유**, 길 **도**

출전 | 장자 거협胠篋

[도영화기導迎和氣]

온화한 기색으로 이끌어 맞이한다는 말이며, 상냥한 얼굴로 남의 환심을 산다는 뜻이다.

글자 | 인도할 **도**, 맞을 **영**, 화목할 **화**, 생기 **기**

[도오선자道吾善者]

나의 착함을 말하는 사람이라는 말이며, 나에게 적이 되는 사람이라는 뜻이다.

원문 | 道吾善者 是吾賊
도 오 선 자 시 오 적

글자 | 말할 **도**, 나 **오**, 착할 **선**, 사람 **자**

출전 | 명심보감 정기편正己篇

반대 | 도오악자道吾惡者

[도오악자道吾惡者]

나의 악함을 말하는 사람이라는 말이며, 나에게 스승이 되는 사람이라는 뜻이다.

원문 | 道吾惡者 是吾師
도 오 악 자 시 오 사

글자 | 말할 **도**, 나 **오**, 악할 **악**, 사람 **자**

출전 | 명심보감 정기편

반대 | 도오선자道吾善者

[도요시절桃夭時節]

복숭아같이 고운 시절이라는 말이며, 처녀가 시집가기에 아주 좋은 꽃다운 시절이라는 뜻이다.

글자 | 복숭아 **도**, 고운 모양 **요**, 때 **시**, 절기 **절**

[도우탕화蹈于湯火]

끓는 물과 불을 밟는다는 말이며, 위험한 곳으로 들어간다는 뜻이다.

글자 | 밟을 **도**, 어조사 **우**, 끓을 **탕**, 불 **화**

[도원결의桃園結義]

복숭아밭에서 맺은 의로운 약속이라는 말이며, 삼국지에 등장하는 유비劉備 · 장비張飛 · 관우關羽가 의형제를 맺었다는 뜻이다. 후한시대 황건적의 봉기 등으로 나라가 어지러울 때 유비 · 장비 · 관우가 뜻을 같이하여 황건적 토벌에 가담한 고사에서 온 말이다.

글자 | 복숭아 **도**, 동산 **원**, 맺을 **결**, 옳을 **의**

출전 | 삼국지연의三國誌演義

[도원낙토桃源樂土]

무릉도원武陵桃源과 같은 즐거운 땅이라는 말이며, 이상향理想鄕을 일컫는다.

글자 | 복숭아 **도**, 근원 **원**, 즐거울 **낙**, 흙 **토**

출전 | 도연명의 도화원기桃花源記

동류 | 무릉도원武陵桃源

[도원일모途遠日暮]

→ 일모도원日暮途遠

[도원지기道遠知驥]

먼 길을 달리고 천리마의 능력을 안다는 말이며, 난세를 지나고 나서 그 인물의 진가를 안다는 뜻이다.

글자 | 길 **도**, 멀 **원**, 알 **지**, 천리마 **기**

[도유승강道有升降]

도리는 오르고 내림이 있다는 말이며, 도의가 홍할 때도 있고 쇠할 때도 있다는 뜻이다.

글자 | 도리 **도**, 있을 **유**, 오를 **승**, 내릴 **강**

출전 | 서경 필명편畢命篇

[도유우불都兪吁咈]

아하! 그렇다고 찬성도 하고 탄식하면서 어기기도 한다는 말이며, 찬성과 반대의 토론을 한다는 뜻이다. 이는 요임금과 순임금이 신하들과 정사를 토론할 때, 찬성과 반대 의견을 거리낌 없이 펼치고 허물없이 받아들였던 옛일을 두고 하는 말이다.

글자 | 아하 **도**, 그러할 **유**, 탄식할 **우**, 어길 **불**

출전 | 서경

[도읍화하都邑華夏]

도읍이 빛나는 여름이라는 말이며, 도읍이 매우 번창하고 화려하다는 뜻이다. 중국의 도읍지는 동경東京과 서경西京이라는 뜻도 있다.

원문 | 都邑華夏 東西二京
도 읍 화 하 동 서 이 경

글자 | 도읍 **도**, 고을 **읍**, 빛날 **화**, 여름 **하**

[도의고양道義高揚]

옳은 도리를 드높인다는 말이며, 도덕적인 의리를 스스로 지키자는 깨달음이 드높아지게 한다는 뜻이다.

글자 | 길 **도**, 옳을 **의**, 높을 **고**, 드날릴 **양**

[도이지란島夷之亂]

섬나라 동녘 오랑캐의 난이라는 말이며, 임진왜란을 일컫는다.

글자 | 섬 **도**, 동녘 오랑캐 **이**, 어조사 **지**, 어지러울 **란**

[도재간과倒載干戈]

방패와 창을 엎어 싣는다는 말이며, 전쟁이 끝났다는 뜻이다.

글자 | 거꾸러질 **도**, 실을 **재**, 방패 **간**, 창 **과**

출전 | 사기

동류 | 도치간과倒置干戈

[도절사의蹈節死義]

절개를 밟고 옳은 일에 죽는다는 말이며, 죽기를 각오하고 절개와 의리를 지킨다는 뜻이다.

글자 | 밟을 **도**, 절개 **절**, 죽을 **사**, 옳을 **의**

출전 | 진서

[도절시진刀折矢盡]

칼이 부러지고 화살이 다했다는 말이며, 더 싸울 힘이 없다는 뜻이다.

글자 | 칼 **도**, 꺾일 **절**, 화살 **시**, 다할 **진**

출전 | 후한서

동류 | 궁절전진弓折箭盡

[도주의돈陶走猗頓]

도주와 의돈이라는 말이며, 재산이나 돈이 많은 사람을 일컫는다. 도주는 월나라의 재상이었던 범려范蠡인데 벼슬을 그만두고 도의 땅으로 이주하여 주씨라 하고 장사를 하여 큰 부자가 된 사람이며, 노나라의 의돈은 도주공에게 장사 요령을 배워 역시 큰 부자가 된 사람으로 이들은 중국에서 부자의 상징으로 되어 있다.

원문 | 陶走猗頓之富
도 주 의 돈 지 부

글자 | 질그릇 **도**, 붉을 **주**, 긴 **의**, 꾸벅거릴 **돈**

출전 | 사기 범려전范蠡傳

동류 | 도주지부陶朱之富

[도주지부陶朱之富]

도주공의 부라는 말이며, 중국에서 최고의 부자를 일컫는다. 월나라의 범려는 월왕 구천이 고생은 같이할 수 있어도 낙은 같이할 수 없는 사람이라는 것을 알고 보물만 싣고 월나라를 떠나 멀리 제나라로 가서 축재를 하고, 또 재상도 되었으나 오래 높은 이름을 누린다는 것은 상서롭지 못하다고 관직과 재산을 나누어주고 도陶란 곳으로 가서 주공朱公이라 했다.

글자 | 질그릇 **도**, 붉을 **주**, 어조사 **지**, 부할 **부**

출전 | 사기 화식열전貨殖列傳

동류 | 도주의돈陶走猗頓

[도중예미塗中曳尾]

→ 예미도중曳尾塗中

[도증주인盜憎主人]

도둑은 [그 주인이 도둑질을 못하게 함으로] 주인을 미워한다는 말이며, 사람은 자기 형편에 이롭지 않으면 이를 미워한다는 뜻이다.

글자 | 도둑 **도**, 미울 **증**, 주인 **주**

출전 | 춘추좌씨전 성공 15년

[도지태아倒持泰阿]

태아는 [검을] 거꾸로 잡았다는 말이며, 남에게 해롭게 하여 주고 도리어 자기가 해를 입는다는 뜻이다. 태아는 전설상의 보검을 거꾸로 잡았다는 말이 일부 생략되었다.

글자 | 거꾸러질 **도**, 가질 **지**, 클 **태**, 언덕 **아**

출전 | 사기 화식열전貨殖列傳

[도처낭패到處狼狽]

이르는 곳마다 이리떼라는 말이며, 하는 일마다 실패한다는 뜻이다.

글자 | 이를 **도**, 곳 **처**, 이리 **낭**, 이리 **패**

[도처청산到處靑山]

이르는 곳마다 푸른 산이라는 말이며, 가는 곳마다 살기 좋은 조건이 마련되어 있다는 뜻이다.

원문 | **到處靑山 可埋骨**
도처청산 가매골

글자 | 이를 **도**, 곳 **처**, 푸를 **청**, 뫼 **산**

출전 | 소식蘇軾의 글

[도처춘풍到處春風]

이르는 곳마다 봄바람이 분다는 말이며, 가는 곳마다 일이 순조롭게 된다는 뜻이다.

글자 | 이를 **도**, 곳 **처**, 봄 **춘**, 바람 **풍**

[도척침협刀尺針鋏]

칼과 자, 바늘과 가위라는 말이며, 바느질 도구를 일컫는다.

글자 | 칼 **도**, 자 **척**, 바늘 **침**, 가위 **협**

[도천불음盜泉不飮]

도둑의 샘은 마시지 않는다는 말이며, 불의한 일은 가까이하지 않는다는 뜻이다. 회남자의 글이다. '증자는 청렴하여 도천의 물을 마시지 않았다.' 도천은 중국 산동성 사수현에 있는 샘물의 이름일 뿐이다.

원문 | **曾子立廉 不飮盜泉**
증자입렴 불음도천

글자 | 도둑 **도**, 샘 **천**, 아닐 **불**, 마실 **음**

출전 | 회남자 설산훈說山訓

[도청도설道聽塗說]

아무렇게나 듣고 아무렇게나 말한다는 말이다. 공자가 한 말이다. '길에서 듣고 그것을 그대로 길에서 말하는 것은 덕을 버리는 것이다.'

원문 | **道聽而塗說 德之棄也**
도청이도설 덕지기야

글자 | 길 **도**, 들을 **청**, 길 **도**, 말씀 **설**

출전 | 논어 양화陽貨

유사 | 구이지학口耳之學, 가담항설街談巷說, 유언비어流言蜚語

[도출일원道出一原]

도리는 하나의 근본에서 나온다는 말이다.

글자 | 도리 **도**, 날 **출**, 근본 **원**

출전 | 회남자 숙진훈俶眞訓

[도치간과倒置干戈]

방패와 창을 거꾸로 놓는다는 말이며, 전쟁이 없는 태평한 세상이라는 뜻이다.

글자 | 거꾸러질 **도**, 놓을 **치**, 방패 **간**,

창과

출전 | 사기

동류 | 도재간과倒載干戈

[도탄지고塗炭之苦]

진흙탕과 숯불에 빠진 것과 같은 괴로움이라는 말이며, 이는 군주의 학정으로 인하여 백성들이 받는 고통을 일컫는다. 서경에 있는 글이다. '하나라가 덕이 어두워 백성들이 도탄에 빠졌으니…'

원문 | 有夏昏德 民墜塗炭
유 하 혼 덕 민 추 도 탄

글자 | 진흙 **도**, 숯 **탄**, 어조사 **지**, 괴로울 **고**

출전 | 서경 중훼지고仲虺之誥

동류 | 수탄지고水炭之苦

[도태징계淘汰懲戒]

넘쳐 흘리는 징계라는 말이며, 한 조직에서 내쫓는 면직, 파면 등의 징계를 일컫는다.

글자 | 물 흐를 **도**, 넘칠 **태**, 징계할 **징**, 경계할 **계**

반대 | 교정징계矯正懲戒

[도팽해아倒繃孩兒]

어린아이를 거꾸로 업었다는 말이며, 평소에 잘 하던 일도 급하면 실수한다는 뜻이다.

글자 | 거꾸러질 **도**, 업을 **팽**, 어린이 **해**, 아이 **아**

출전 | 권유록倦游錄

[도학군자道學君子]

→ 도덕군자道德君子

[도행역시倒行逆施]

거슬리는 행함을 거슬러 시행한다는 말이며, 행함이 사리에 어긋난다는 뜻이다. 오자서가 망명지에서 돌아와 그의 부친을 죽인 평왕의 묘를 파서 그 시체에 매질한 행위에 대하여 그의 벗 신포서가 충고하자 그에게 한 말이다. '날은 저물고 갈 길은 멀어서 도리에 어긋나는 줄 알지만 부득이하게 순리에 거스르는 행동을 했다.'

원문 | 日暮途遠 吾故倒行而逆施之
일 모 도 원 오 고 도 행 이 역 시 지

글자 | 거슬릴 **도**, 행할 **행**, 거스를 **역**, 행할 **시**

출전 | 사기 오자서伍子胥열전

관련 | 살부지수殺父之讎

[도현지급倒懸之急]

거꾸로 매다는 급함이라는 말이며, 매우 위급한 처지를 빗댄 말이다.

글자 | 거꾸러질 **도**, 매달 **현**, 어조사 **지**, 급할 **급**

[도홍이백桃紅李白]

복숭아꽃은 붉고 자두 꽃은 흰색이라는 말이며, 여인들의 여러 가지 아리따운 모습을 일컫는다.

글자 | 복숭아 **도**, 붉을 **홍**, 오얏 **이**, 흰 **백**

[도화사희桃花四喜]

복숭아꽃과 네 마리 까치(희작喜鵲)라는 말이다.

글자 | 복숭아 **도**, 꽃 **화**, 기쁠 **희**

[도화유수桃花流水]

복숭아꽃과 흐르는 물이라는 말이다. 중국 청나라 오곡상吳穀祥의 춘계재주도春溪載酒圖의 그림 제목이기도 하다.

원문 | 桃花流水 春三月
도 화 유 수 춘 삼 월

글자 | 복숭아 **도**, 꽃 **화**, 흐를 **유**, 물 **수**

[독각대왕獨脚大王]

다리가 하나인 귀신같은 대왕이라는 말이며, 말썽 많고 아주 괴벽한 사람을 일컫는다.

글자 | 홀로 **독**, 다리 **각**, 큰 **대**, 임금 **왕**

[독당일면獨當一面]

혼자서 한 면 또는 부분을 담당한다는 말이다.

글자 | 홀로 **독**, 순응할 **당**, 방위 **면**
출전 | 한서 장량전張良傳, 사기

[독로시하篤老侍下]

노인을 두텁게 아래서 모신다는 말이며, 70이 넘은 부모를 모시고 있다는 뜻이다.

글자 | 두터울 **독**, 늙을 **로**, 모실 **시**, 아래 **하**

[독립독보獨立獨步]

→ 독립독행獨立獨行

[독립독행獨立獨行]

홀로 서서 홀로 행한다는 말이며, 남에게 의지하지 않고 독자적으로 행동한다는 뜻이다.

글자 | 홀로 **독**, 설 **립**, 행할 **행**

[독립불기獨立不羈]

홀로 서서 굴레를 쓰지 않았다는 말이며, 독립하여 어떤 것에도 매이지 않는다는 뜻이다.

글자 | 홀로 **독**, 설 **립**, 아닐 **불**, 굴레 **기**

[독립자존獨立自存]

독립하여 자기 스스로의 힘으로 생존한다는 말이다.

글자 | 홀로 **독**, 설 **립**, 스스로 **자**, 있을 **존**

[독립자존獨立自尊]

독립하여 스스로를 높인다는 말이며, 독립하여 자기 인격과 위엄을 보존한다는 뜻이다.

글자 | 홀로 **독**, 설 **립**, 스스로 **자**, 높을 **존**

[독방거처獨房居處]

혼자서 방 하나를 차지하고 산다는 말이다.

글자 | 홀로 **독**, 방 **방**, 살 **거**, 곳 **처**

[독불장군獨不將軍]

혼자서는 장군이 아니라는 말이며, 남과 협조해야 한다는 뜻이다. 부하가 있어야 장군이 있기 때문이다.

글자 | 홀로 **독**, 아닐 **불**, 장수 **장**, 군사 **군**

[독서망양讀書亡羊]

[목동이] 글을 읽다가 양을 잃었다는 말이며, 해야 할 일에는 관심이 없고 딴 생각을 하다가 낭패를 본다는 뜻이다.

글자 | 읽을 **독**, 글 **서**, 잃을 **망**, 양 **양**

출전 | 장자 변무편駢拇篇

[독서삼도讀書三到]

글 읽는데 이르는 세 가지 방법을 말한다. 첫째는 구도口到, 입으로 읽고 둘째는 안도眼到, 눈으로 읽고, 셋째는 심도心到, 마음으로 읽는다는 것이며 입과 눈과 마음이 하나가 되어 가다듬고 반복 숙독하면 그 참뜻을 깨닫게 된다는 것이다.

글자 | 읽을 **독**, 글 **서**, 이를 **도**

출전 | 훈학재규訓學齋規

[독서삼매讀書三昧]

글 읽는데 세 번 새벽이 온다는 말이며, 오로지 글 읽기에만 골몰한다는 뜻이다.

글자 | 읽을 **독**, 글 **서**, 새벽 **매**

[독서삼여讀書三餘]

글 읽는데 적당한 세 때의 여가를 말하며, 이는 겨울과 밤, 그리고 비 내릴 때이다.

글자 | 읽을 **독**, 글 **서**, 남을 **여**

출전 | 삼국지 위서

[독서상우讀書尙友]

글 읽는 것은 벗을 숭상한다는 말이며, 현자賢者들과 벗이 될 수 있다는 뜻이다.

글자 | 읽을 **독**, 글 **서**, 숭상할 **상**, 벗 **우**

출전 | 맹자 만장萬章 하

[독서일월讀書日月]

글을 읽는 날과 달이라는 말이며, 독서할 수 있는 시간이라는 뜻이다. 정다산의 글이다. '인생에 독서할 수 있는 시간은 모두 해야 5년에 그친다. 11세 이전에는 아직 멋모르고, 17세 이후로는 음양과 즐기고 좋아하는 물건 등 여러 가지 기호와 욕망이 생겨나서 책을 읽어도 그다지 깊은 유익함이 없다. 그 중간의 5년이 독서할 수 있는 좋은 기간이다. 이하 생략.'

글자 | 읽을 **독**, 글 **서**, 날 **일**, 달 **월**

출전 | 정다산의 격몽정지擊蒙正旨

[독서종자讀書種子]

글을 읽는 아들을 심는다는 말이며, 대대로 학문하는 집안을 만들라는 뜻이다.

글자 | 읽을 **독**, 글 **서**, 심을 **종**, 아들 **자**
출전 | 동제야어東齊野語, 서종문종書種文種

[독서칠결讀書七訣]

글을 읽는 일곱 가지 비결이라는 말이며, 독서에서 유념해야 할 일곱 가지 자세를 일컫는다. ① 한 권당 1, 2년씩 집중하여 수백 번씩 줄줄 외울 때까지 읽는다. ② 건너뛰는 법 없이 처음부터 끝까지 통째로 읽어야 한다. ③ 감정을 이입해서 몰입해야 한다. ④ 계통을 갖추어서 번지수를 잘 알고 읽어야 한다. ⑤ 낮에 읽고 밤에 생각하는 방식으로 되새겨 읽는다. ⑥ 작자의 마음속 생각을 얻으려고 노력해야 한다. ⑦ 읽는데 그치지 말고 자기 글로 엮어보는 연습을 병행해야 한다.

글자 | 글 읽을 **독**, 글 **서**, 비결 **결**
출전 | 성문준成文濬의 글

[독선기신獨善其身]

홀로 자기 자신만 선하게 한다는 말이다.

원문 | 窮則獨善其身
궁 즉 독 선 기 신

글자 | 홀로 **독**, 착할 **선**, 그 **기**, 몸 **신**
출전 | 맹자 진심盡心 상

[독수공궁獨守空宮]

→ 독수공방獨守空房

[독수공방獨守空房]

홀로 빈 방을 지킨다는 말이며, 여자가 남편 없이 혼자 지낸다는 뜻이다.

글자 | 홀로 **독**, 지킬 **수**, 빈 **공**, 방 **방**
동류 | 독숙공방獨宿空房

ㄷ

[독숙공방獨宿空房]

→ 독수공방獨守空房

[독야청청獨也靑靑]

홀로 푸르고 푸르다는 말이며, 높은 절개가 있음을 빗댄 말이다. 사육신 가운데 한 분인 성삼문이 사형 당하러 갈 때 읊은 시조의 한 구절이다. '이 몸이 죽어가서 무엇이 될고 하니 봉래산…독야청청하리라.'

글자 | 홀로 **독**, 어조사 **야**, 푸를 **청**
출전 | 단종애사

[독이무로毒而無怒]

괴로워도 성냄이 없다는 말이며, 싫어하고 미워하는 것이 있어도 성을 내서는 안 된다는 뜻이다.

원문 | 毒而無怒 怨而無言 欲而無謀
독 이 무 로 원 이 무 언 욕 이 무 모

글자 | 괴로울 **독**, 말 이을 **이**, 없을 **무**, 성낼 **로**
출전 | 관자 주합편宙合篇

[독장난명獨掌難鳴]

→ 고장난명孤掌難鳴

[독장불명獨掌不鳴]

한쪽 손바닥만으로는 소리가 나지 않는다는 말이며, 맞서는 사람이 없으면 싸움이 되지 않는다는 뜻이다.

글자 | 홀로 **독**, 손바닥 **장**, 아닐 **불**, 울 **명**

출전 | 순오지

동류 | 독장난명獨掌難鳴

[독지지계獨知之契]

혼자만 아는 언약이라는 말이며, 혼자만의 속셈 또는 한쪽만 양해한 계약이라는 뜻이다.

글자 | 홀로 **독**, 알 **지**, 어조사 **지**, 언약할 **계**

출전 | 전국책 서주책西周策

[독책지술督責之術]

감독하고 꾸짖는 재주라는 말이며, 조정에서 백성을 핍박하여 심하게 부리는 술책을 뜻한다.

글자 | 감독할 **독**, 꾸짖을 **책**, 어조사 **지**, 재주 **술**

출전 | 사기

[독청독성獨淸獨醒]

혼자 깨끗하고 혼자 각성하고 있다는 말이다.

글자 | 홀로 **독**, 맑을 **청**, 깨달을 **성**

출전 | 굴원屈原의 어부사漁父辭

[독취악조毒嘴惡爪]

독이 있는 주둥이와 날카로운 손톱이라는 말이며, 포악한 것을 빗댄 말이다.

글자 | 독할 **독**, 주둥이 **취**, 날카로울 **악**, 손톱 **조**

[독학고루獨學孤陋]

혼자 배운 사람은 외롭고 좁다는 말이며, 독학한 자는 견문이 좁아 정도正道에 들기 어렵다는 뜻이다.

원문 | 獨學而無友 則孤陋而寡聞
독학이무우 즉고루이과문

글자 | 홀로 **독**, 배울 **학**, 외로울 **고**, 좁을 **루**

출전 | 예기 학기學記

동류 | 고루과문孤陋寡聞

[독행독보獨行獨步]

홀로 행하고 홀로 걷는다는 말이며, 남의 도움 없이 혼자의 힘으로 일을 처리한다는 뜻이다.

글자 | 홀로 **독**, 행할 **행**, 걸을 **보**

[돈강진기頓綱振紀]

근본을 가지런히 하고 법을 떨친다는 말이며, 문란한 법강을 바로잡고 해이한 풍기를 진작시킨다는 뜻이다.

글자 | 가지런할 **돈**, 근본 **강**, 떨칠 **진**, 법 **기**

출전 | 고려사

[돈단무심頓斷無心]

꾸벅거리며 끊는 마음이 없다는 말이며, 사물에 대하여 도무지 탐탁하게 여기는 마음이 없다는 뜻이다.

글자 | 꾸벅거릴 **돈**, 끊을 **단**, 없을 **무**, 마음 **심**

동류 | 돈담무심頓淡無心

[돈담무심頓淡無心]

→ 돈단무심頓斷無心

[돈복무회敦復无悔]

도타움이 돌아오니 후회가 없다는 말이며, 다시 돈독해지니 다행이라는 뜻이다.

글자 | 돈독할 **돈**, 돌아올 **복**, 없을 **무**, 후회할 **회**

출전 | 주역 지뢰복괘地雷復卦

[돈본억말敦本抑末]

근본을 세우고 끝을 누른다는 말이며, 근본이 되는 것을 돈독히 하고 말단이 되는 것을 억제한다는 뜻이다.

글자 | 세울 **돈**, 근본 **본**, 누를 **억**, 끝 **말**

출전 | 조선왕조 14대 선조실록

[돈불고견頓不顧見]

버리고 돌아보지 않는다는 말이다.

글자 | 버릴 **돈**, 아닐 **불**, 돌아볼 **고**, 볼 **견**

[돈수재배頓首再拜]

머리를 땅에 닿도록 절을 두 번한다는 말이며, 편지의 처음이나 마지막에 경의를 표한다는 뜻으로 쓰는 글이다.

글자 | 꾸벅거릴 **돈**, 머리 **수**, 두 번 **재**, 절 **배**

출전 | 사기 중니제자열전仲尼弟子列傳

[돈어지신豚魚之信]

→ 신급돈어信及豚魚

[돈오점수頓悟漸修]

갑자기 깨닫고 점진적으로 수행한다는 말이며, 선가禪家의 수행방법의 하나로써 부처가 되기 위해 먼저 진리를 깨친 다음 여러 겁劫을 통해서 익혀온 습기習氣를 점차 제거해가는 수행방법이라는 뜻이다.

글자 | 급할 **돈**, 깨달을 **오**, 점점 **점**, 닦을 **수**

출전 | 불교

[돈제양전豚蹄穰田]

돼지 발굽을 바치고 풍성한 밭을 바란다는 말이며, 주는 것은 적으며 바라는 것은 많다는 뜻이다.

글자 | 돼지 **돈**, 발굽 **제**, 풍성할 **양**, 밭 **전**

동류 | 돈제우주豚蹄盂酒

[돈제우주豚蹄盂酒]

돼지 발굽과 술 한 사발이라는 말이며, 약간의 술과 안주를 뜻한다.

글자 | 돼지 **돈**, 발굽 **제**, 사발 **우**, 술 **주**

출전 | 사기 골계열전滑稽列傳

동류 | 돈제우주豚蹄盂酒

유사 | 단사표음簞食瓢飮

[돈제일주豚蹄一酒]

→ 돈제우주豚蹄盂酒

[돈증보리頓證菩提]

갑자기 보리심菩提心이 드러난다는 말이며, 갑자기 불도를 깨닫게 된다는 뜻이다.

글자 | 갑자기 **돈**, 드러날 **증**, 깨칠 **보**, 보리수 **리**

출전 | 불교

[돈후숭례敦厚崇禮]

후함을 돈독히 하고 예도를 숭상한다는 말이며, 후덕하고 예의 바르게 처신한다는 뜻이다.

원문 | 敦厚以崇禮
돈 후 이 숭 례

글자 | 돈독할 **돈**, 후할 **후**, 숭상할 **숭**, 예도 **례**

출전 | 중용 27장

[돌돌괴기咄咄怪奇]

→ 동동괴사咄咄怪事

[돌돌괴사咄咄怪事]

매우 괴탄할 괴이한 일이라는 말이다. 돌돌은 뜻밖의 일에 놀라 내뱉는 소리, 즉 괴성怪聲을 뜻한다. 은중군殷中軍이 북정北征에 실패하여 폐출당하고 신안현에 있을 때, 온종일 허공에다 무슨 글자를 썼다. 양주의 관리와 주민들이 그의 옛 은의恩義를 잊지 못하여 그를 따라 왔었는데, 가만히 살펴보니 그는 오직 돌돌괴사라는 네 글자만 쓰고 있었다.

글자 | 괴탄하는 소리 **돌**, 괴이할 **괴**, 일 **사**

출전 | 진서 은호전殷浩傳, 세설신어 출면黜免

[돌연변이突然變異]

갑자기 다르게 변한다는 말이며, 유전자 또는 염색체의 변이로 인하여 어버이의 계통에는 없던 새로운 형질이 갑자기 자손이 되는 생물체에 나타나 그것이 유전한다는 뜻이다.

글자 | 급할 **돌**, 그럴 **연**, 변할 **변**, 다를 **이**

동류 | 우현변이偶現變異, 우연변이偶然變異

[돌입내정突入內庭]

안뜰에 급하게 들어온다는 말이며, 주인의 허락을 받지 않고 남의 집에 불쑥 뛰어든다는 뜻이다.

글자 | 급할 **돌**, 들 **입**, 안 **내**, 뜰 **정**

[돌탄막급咄嘆莫及]

꾸짖고 탄식하여도 미치지 못한다는 말이며, 아무리 탄식하여도 어쩔 수 없다는 뜻이다.

글자 | 꾸짖을 **돌**, 탄식할 **탄**, 말 **막**, 미칠 **급**

[동가지구東家之丘]

동쪽집의 언덕이라는 말이며, 동쪽에 사는 공자孔子를 일컫는다. 어리석은 이웃사람이 공자가 성인인 줄 모르고 그저 동쪽 집에 사는 사람으로 불렀다는 고사에서 온 말이다. 구丘는 공자의 이름이다.

글자 | 동녘 **동**, 집 **가**, 어조사 **지**, 언덕 **구**

출전 | 공자가어

[동가홍상同價紅裳]

같은 값이면 다홍치마라는 말이며, 이왕이면 좀 더 나은 것을 택한다는 뜻이다.

글자 | 같을 **동**, 값 **가**, 붉을 **홍**, 치마 **상**

출전 | 송남잡지

[동거동락同居同樂]

같이 있으면서 같이 즐긴다는 말이다.

글자 | 같을 **동**, 있을 **거**, 즐거울 **락**

[동거지정同居之情]

같이 산 마음속이라는 말이다.

글자 | 같을 **동**, 항상 있을 **거**, 어조사 **지**, 마음속 **정**

[동격서습東擊西襲]

동쪽을 치고 서쪽을 엄습한다는 말이며, 전투에서 적을 이리 치고 저리 쳐서 마구 격퇴한다는 뜻이다.

글자 | 동녘 **동**, 칠 **격**, 서녘 **서**, 엄습할 **습**

[동견증결洞見症結]

깊이 보면 증세를 끊는다는 말이며, 잘 관찰하면 문제의 핵심을 간파할 수 있다는 뜻이다.

글자 | 깊을 **동**, 볼 **견**, 증세 **증**, 끊을 **결**

출전 | 사기 편작창공전扁鵲倉公傳

[동고동락同苦同樂]

괴로움도 함께, 즐거움도 함께 한다는 말이다.

글자 | 같을 **동**, 괴로울 **고**, 즐거울 **락**

[동공이곡同工異曲]

재주는 같지만 곡절은 다르다는 말이며, 솜씨는 같으나 좀 낫다는 뜻으로 쓰인다. 음악이나 시문 등의 재주는 같으나 곡조와 취지 등은 다르다는 뜻이다.

글자 | 같을 **동**, 공교할 **공**, 다를 **이**, 곡절 **곡**

출전 | 한유韓愈의 진학해進學解

동류 | 대동소이大同小異

[동공이체同工異體]

→ 동공이곡同工異曲

[동공일체同功一體]

같은 공로로 한 몸이라는 말이며, 같은 공로를 세워 지위가 같다는 뜻이다.

글자 | 같을 **동**, 공 **공**, 몸 **체**

출전 | 사기

[동곽번간東郭墦間]

동쪽 성곽의 무덤 사이라는 말이며, 목적을 위해서는 갖은 비굴한 행동을 하면서 약자에게는 거드름을 피운다는 뜻이다.

글자 | 동녘 **동**, 성곽 **곽**, 무덤 **번**, 사이 **간**

출전 | 맹자 이루離婁 하

ㄷ

[동교이곡同巧異曲]
→ 동공이곡同工異曲

[동교이체同巧異體]
→ 동공이곡同工異曲

[동구이도同求異道]
같은 것을 구하지만 도리는 다르다는 말이다. 순자에 있는 글이다. '인류는 모여 살면서 같은 것을 추구하지만 행하는 도리는 같지 않다.'

원문 | 人倫竝處 同求而異道
인 륜 병 처 동 구 이 이 도

글자 | 같을 **동**, 구할 **구**, 다를 **이**, 길 **도**

출전 | 순자 부국편富國篇

[동구하갈冬駒夏葛]
겨울에는 망아지 털을 입고 여름에는 칡으로 짠 옷을 입는다는 말이며, 검소한 옷차림을 한다는 뜻이다.

글자 | 겨울 **동**, 망아지 **구**, 여름 **하**, 칡 **갈**

[동국문감東國文鑑]
동쪽 나라의 글을 밝힌다는 말이며, 우리나라의 고대로부터 고려 말엽까지의 여러 사람의 시문詩文을 수록한 책을 일컫는다. 이는 고려 25대 충렬왕 때 김태현金台鉉이 편찬한 것으로 시문을 모은 책으로는 최초의 것이며 6권 2책으로 되어 있다.

글자 | 동녘 **동**, 나라 **국**, 글 **문**, 밝을 **감**

[동국병감東國兵鑑]
동쪽 나라의 군사에 관한 책이라는 말이며, 고조선 시대로부터 고려 말엽까지 우리나라와 중국 또는 여진 사이에 일어난 30여 차례의 전쟁을 시대 순으로 기술한 책을 일컫는다. 조선조 5대 문종의 명으로 편찬되었으며 14대 선조 41년(1608)에 2권 2책으로 출판되었다.

글자 | 동녘 **동**, 나라 **국**, 군사 **병**, 밝을 **감**

[동국사략東國史略]
동족 나라의 사기를 간략하게 쓴 책이라는 말이며, 단군 때부터 고려 말엽까지의 사기史記를 시대 순으로 엮은 역사책을 일컫는다. 조선조 3대 태종의 명으로 권근權近, 이첨李詹, 하윤河崙 등이 편찬하였으며 6권 2책으로 되어 있다.

글자 | 동녘 **동**, 나라 **국**, 사기 **사**, 간략할 **략**

[동군연합同君聯合]
동일한 군주 밑에 둘 이상의 나라가 결합되어 있다는 말이다. 인적人的 연합과 물적物的 연합이 있다.

글자 | 같을 **동**, 임금 **군**, 연할 **연**, 모일 **합**

[동귀수도同歸殊塗]
같은 곳으로 돌아가지만 길은 다르다는 말이다.

글자 | 같을 **동**, 돌아갈 **귀**, 다를 **수**, 길 **도**

출전 | 주역 계사전繫辭傳 하

[동귀일체同歸一體]

한 몸으로 함께 돌아간다는 말이며, 사람이 한울님의 큰 정신에 하나로 뭉치면 '내 마음이 곧 네 마음'이라는 경지에 이르게 된다는 천도교의 사상을 일컫는다.

글자 | 같을 **동**, 돌아갈 **귀**, 몸 **체**

출전 | 천도교天道敎

[동근이지同根異枝]

같은 뿌리의 다른 가지라는 말이며, 한 부모에게서 태어난 형제자매를 일컫는다.

글자 | 같을 **동**, 뿌리 **근**, 다를 **이**, 가지 **지**

[동근철륵銅觔鐵肋]

구리의 근육과 쇠의 늑골이라는 말이며, 건장한 신체를 빗댄 말이다.

글자 | 구리 **동**, 근육 **근**, 쇠 **철**, 늑골 **륵**

[동기상구同氣相求]

정기가 같은 사람이 서로 찾는다는 말이며, 마음이 맞는 사람끼리 모인다는 뜻이다.

글자 | 같을 **동**, 정기 **기**, 서로 **상**, 찾을 **구**

출전 | 주역 건위천乾爲天

[동기연지同氣連枝]

같은 기운이 가지를 잇는다는 말이며, 같은 핏줄의 형제자매를 일컫는다.

글자 | 같을 **동**, 기운 **기**, 이을 **연**, 가지 **지**

출전 | 천자문

[동기일신同氣一身]

같은 기운은 한 몸이라는 말이며, 형제자매는 한 몸과 같다는 뜻이다.

글자 | 같을 **동**, 기운 **기**, 몸 **신**

[동남동녀童男童女]

사내아이와 여자아이라는 말이다.

글자 | 아이 **동**, 사내 **남**, 계집 **녀**

[동내방내洞內坊內]

이 골 저 골이라는 말이며, 온 동네 또는 이 동네 저 동네라는 뜻이다.

글자 | 골 **동**, 안 **내**, 골 이름 **방**

[동대서걸東貸西乞]

동녘에서 빌리고 서녘에서 구걸한다는 말이며, 여기저기서 빌려 빚을 진다는 뜻이다.

글자 | 동녘 **동**, 빌릴 **대**, 서녘 **서**, 구걸할 **걸**

출전 | 송남잡지

[동도상응同道相應]

같은 길을 [가면서] 서로 응한다는 말이며, 같은 일을 함께 하면서 서로 호흡이 잘 맞는다는 뜻이다.

글자 | 같을 **동**, 길 **도**, 서로 **상**, 응할 **응**

[동도서말東塗西抹]

동쪽에서 바르고 서쪽에서 지운다는 말이며, 이리저리 간신히 꾸며대어 맞춘다는 뜻이다.

글자 | 동녘 **동**, 바를 **도**, 서녘 **서**, 지울 **말**

[동동촉촉洞洞燭燭]

공경하고 공경하며 밝고 밝다는 말이며, 공경하고 삼가서 매우 조심스럽다는 뜻이다.

글자 | 공경할 **동**, 밝을 **촉**

출전 | 회남자淮南子, 소학 계고

[동두서미東頭西尾]

동쪽은 머리, 서쪽은 꼬리라는 말이며, 제사상을 차릴 때, 머리는 동쪽, 꼬리는 서쪽으로 놓는다는 뜻이다.

글자 | 동녘 **동**, 머리 **두**, 서녘 **서**, 꼬리 **미**

[동두철신銅頭鐵身]

구리로 된 머리와 쇠로 된 몸이라는 말이며, 성질이 모질고 질기며 거만한 사람을 빗댄 말이다.

글자 | 구리 **동**, 머리 **두**, 쇠 **철**, 몸 **신**

출전 | 사기, 후한서

동류 | 동두철액銅頭鐵額

[동두철액銅頭鐵額]

→ 동두철신銅頭鐵身

[동락태평同樂太平]

태평함을 함께 즐긴다는 말이다.

글자 | 한 가지 **동**, 즐길 **락**, 클 **태**, 화할 **평**

[동량지기棟梁之器]

마룻대와 들보의 그릇이라는 말이며, 중요한 일을 맡을 능력이 있는 사람을 빗댄 말이다.

글자 | 마룻대 **동**, 들보 **량**, 어조사 **지**, 그릇 **기**

유사 | 동량지재棟梁之材

[동량지신棟樑之臣]

대들보의 신하라는 말이며, 국정 대사를 다스리는 신하를 뜻한다.

글자 | 용마루 **동**, 들보 **량**, 어조사 **지**, 신하 **신**

유사 | 동량지재棟樑之材

[동량지재棟梁之材]

대들보와 같은 재목이라는 말이며, 한 집안이나 나라의 중요한 인물이라는 뜻이다.

글자 | 용마루 **동**, 들보 **량**, 어조사 **지**, 재목 **재**

[동료지계同僚之契]

같은 벗의 맺음이라는 말이며, 벗 사이의 약속을 일컫는다.

글자 | 같을 **동**, 벗 **료**, 어조사 **지**, 맺을 **계**

[동류합오同流合汚]

같은 무리가 흐린 물을 모은다는 말이며, 패거리 지어 나쁜 일을 저지른다는 뜻이다.

원문 | 同乎流俗 合乎汚世
동 호 류 속 합 호 오 세

글자 | 같을 **동**, 무리 **류**, 모을 **합**, 흐린 물 괴일 **오**

출전 | 맹자 진심盡心 하

[동리군자東籬君子]

동쪽 울타리와 같은 사람이라는 말이며, 국화菊花를 한문 투로 이르는 말이다.

글자 | 동녘 **동**, 울타리 **리**, 그대 **군**, 사람 **자**

유사 | 동리여흥東籬餘興

[동리여흥東籬餘興]

동쪽 울타리에 남은 기쁨이라는 말이며, 국화菊花를 그린 화폭에 붙이는 화제畵題를 일컫는다.

글자 | 동녘 **동**, 울타리 **리**, 남을 **여**, 기쁠 **흥**

동류 | 동리가색東籬佳色

[동맹파공同盟罷工]

→ 동맹파업同盟罷業

[동맹파업同盟罷業]

한가지로 맹세하여 일을 파한다는 말이며, 노동자들이 자기들의 요구를 관철하기 위하여 힘을 합쳐 근무하지 않는다는 뜻이다.

글자 | 한가지 **동**, 맹세할 **맹**, 파할 **파**, 일 **업**

[동명상조同明相照]

같은 밝음(빛)은 서로 비춘다는 말이며, 대개 비슷한 무리들이 서로 어울린다는 뜻이다.

원문 | 同明相照 同類相求
동 명 상 조 동 류 상 구

글자 | 같을 **동**, 밝을 **명**, 서로 **상**, 비출 **조**

출전 | 사기 백이열전

[동명이인同名異人]

이름은 같으나 사람은 다르다는 말이다.

글자 | 같을 **동**, 이름 **명**, 다를 **이**, 사람 **인**

[동모과부同侔寡婦]

같은 처지의 과부라는 말이며, 같은 처지에 놓여있지 않으면 사정을 알 수 없다는 뜻이다.

글자 | 같을 **동**, 가지런할 **모**, 과부 **과**, 지어미 **부**

[동문고래同文古來]

같은 글이 예부터 내려온다는 말이며, 필요치 않은 중복된 문장이라는 뜻이다.

글자 | 같을 **동**, 글 **문**, 옛 **고**, 올 **래**

[동문동궤同文同軌]

글이 같고 수레바퀴가 같다는 말이며,

천하의 이치가 비슷하여 한 임금을 따른다는 뜻이다. 중용에 있는 글이다. '지금 천하의 수레는 꼭 같은 궤도이며 사용하는 문자는 문장이 같다.'

원문 | 今天下 車同軌 書同文
금천하 거동궤 서문동

글자 | 같을 **동**, 글 **문**, 수레바퀴 사이 **궤**

출전 | 중용 28장

[동문동종同文同種]

[서로 다른 두 나라가] 글이 같고 인종이 같다는 말이다.

글자 | 같을 **동**, 글 **문**, 씨 **종**

[동문동학同門同學]

같은 문 안에서 같이 배웠다는 말이며, 한 스승 밑에서 함께 배웠다는 뜻이다.

글자 | 같을 **동**, 문 **문**, 배울 **학**

동류 | 동문수학同門受學, 동문수업同門受業

[동문서답東問西答]

동쪽을 묻는데 서쪽을 답한다는 말이며, 어떤 물음에 당치도 않은 엉뚱한 대답을 한다는 뜻이다.

글자 | 동녘 **동**, 물을 **문**, 서녘 **서**, 대답 **답**

출전 | 송남잡지

[동문수학同門修學]

같은 문 안에서 배우고 닦았다는 말이며, 한 스승 또는 같은 학교에서 학문을 배웠다는 뜻이다.

글자 | 같을 **동**, 집안 **문**, 닦을 **수**, 배울 **학**

[동문이호同門異戶]

같은 문이면서 집이 다르다는 말이며, 대체로 같으나 조금의 차이가 있다는 뜻이다.

글자 | 같을 **동**, 집안 **문**, 다를 **이**, 집 **호**

출전 | 법언法言

[동물우화動物寓話]

동물을 부친 말이라는 뜻이며, 동물을 주인공으로 하여 사람이 행동하는 것같이 묘사한 우화를 일컫는다.

글자 | 움직일 **동**, 만물 **물**, 부칠 **우**, 말씀 **화**

[동물취서動物聚棲]

동물이 모여서 산다는 말이다.

글자 | 움직일 **동**, 만물 **물**, 모일 **취**, 살 **서**

[동미상투同美相妒]

같은 미인은 서로 투기한다는 말이며, 같은 정도의 실력자나 동업자는 서로 경쟁이 심하다는 빗댄 말이다.

글자 | 같을 **동**, 아름다울 **미**, 서로 **상**, 투기할 **투**

출전 | 황석공소서黃石公素書 안례편安禮篇, 통속편通俗篇

반대 | 동업상구同業相仇

[동방급제同榜及第]

같은 방목의 과거에 이르렀다는 말이

며, 같은 과거시험에 급제했다는 뜻이다.

글자 | 같을 **동**, 방목 **방**, 이를 **급**, 과거 **제**

[동방박사東方博士]

동쪽의 학문 있는 선비라는 말이며, 예수가 베들레헴에 강탄降誕함에 동쪽으로부터 별을 보고 와서 아기 예수에게 경배하고 황금·유향·몰약沒藥의 세 가지 예물을 바쳤다고 하는 점성술占星術에 도통한 세 사람을 일컫는다.

글자 | 동녘 **동**, 방위 **방**, 학문 있을 **박**, 선비 **사**

출전 | 신약성서 마태복음

[동방화촉洞房華燭]

골방의 화려한 촛불이라는 말이며, 혼례를 치른 뒤 신랑 신부가 합방한다는 뜻이다. 촛불을 밝히는 이유는 옛날에 신랑 신부가 합방하는 날 처음 대면하기 때문에 서로 얼굴을 보도록 하기 위한 것이었다.

글자 | 골 **동**, 방 **방**, 화려할 **화**, 촛불 **촉**

출전 | 경신庚信

[동병상련同病相憐]

같은 병을 앓고 있는 사람은 서로 동정한다는 말이며, 처지가 같은 사람은 상대의 처지를 이해할 수 있다는 뜻이다. 중국 초나라에서 오나라로 망명해 온 오자서吳子胥는 초나라에서 망명한 백비伯嚭에게 대부 벼슬을 주었다. 대부 벼슬에 있는 피리被離가 그 연유를 물었다. 오자서는 그와 같은 처지이기 때문이라 하고 시중에서 부르는 '같은 병은 서로 불쌍히 여기고, 같은 근심은 서로 구원한다.' 는 노래도 듣지 못했느냐고 반문했다.

원문 | **同病相憐 同憂相求**
동병상련 동우상구

글자 | 같을 **동**, 병들 **병**, 서로 **상**, 사랑할 **련**

출전 | 오월춘추吳越春秋 합려내전闔閭內傳

유사 | 동주상구同舟相救, 동성상응同聲相應, 동기상구同氣相求, 동악상조同惡相助, 동류상구同類相求, 오월동주吳越同舟, 유유상종類類相從

[동병하치冬病夏治]

겨울 병을 여름에 다스린다는 말이며, 겨울의 감기, 비염, 천식 같은 질병은 여름에 양기를 모아두어 예방하고 치료해야 한다는 뜻이다.

글자 | 겨울 **동**, 병 **병**, 여름 **하**, 다스릴 **치**

[동복동생同腹同生]

같은 배에서 같이 났다는 말이며, 한 어머니에서 난 동생이라는 뜻이다.

글자 | 같을 **동**, 배 **복**, 날 **생**

반대 | 이복동생異腹同生

[동분서주東奔西走]

동쪽으로 달아나고 서쪽으로 달린다는 말이며, 이리저리 바쁘게 뛰어다닌다는 뜻이다.

글자 | 동녘 **동**, 달아날 **분**, 서녘 **서**, 달릴 **주**

유사 | 남선북마南船北馬

[동빙가절凍氷可折]

물도 얼음이 되면 잘 부러진다는 말이며, 사람의 강유剛柔도 때에 따라 변한다는 뜻이다.

글자 | 얼 **동**, 얼음 **빙**, 마땅할 **가**, 꺾어질 **절**

출전 | 문자文字

[동빙한설凍氷寒雪]

얼어붙은 얼음과 차가운 눈이라는 말이다.

글자 | 얼 **동**, 얼음 **빙**, 찰 **한**, 눈 **설**

[동산고와東山高臥]

동산에서 높이 누웠다는 말이며, 동산 속에서 자유로운 생활을 한다는 뜻이다.

글자 | 동녘 **동**, 뫼 **산**, 높을 **고**, 누울 **와**

출전 | 진서 사안전謝安傳

[동산금혈銅山金穴]

구리의 산과 금의 굴이라는 말이며, 지하자원이 많다는 뜻이다.

글자 | 구리 **동**, 뫼 **산**, 금 **금**, 굴 **혈**

[동산재기東山再起]

동산에서 다시 일어난다는 말이며, 은퇴 또는 실패한 사람이 은거하다가 다시 활동을 시작한다는 뜻이다.

글자 | 동녘 **동**, 뫼 **산**, 다시 **재**, 일어날 **기**

출전 | 진서 사안전謝安傳

[동상각몽同床各夢]

→ 동상이몽同床異夢

[동상이몽同床異夢]

같은 침상에서 다른 꿈을 꾼다는 말이며, 일을 함께 하면서도 각자 생각이 다르다는 뜻이다.

글자 | 같을 **동**, 평상 **상**, 다를 **이**, 꿈 **몽**

출전 | 진량陳亮의 글

동류 | 동상각몽同床各夢

[동색친구同色親舊]

같은 모양의 친구라는 말이며, 같은 패거리의 친구라는 뜻이다.

글자 | 같을 **동**, 모양 **색**, 친할 **친**, 친구 **구**

[동생공사同生共死]

같이 살고 함께 죽는다는 말이다.

글자 | 같을 **동**, 살 **생**, 한 가지 **공**, 죽을 **사**

[동생동락同生同樂]

같이 살며 함께 즐긴다는 말이다.

글자 | 같을 **동**, 살 **생**, 즐거울 **락**

[동서고금東西古今]

동양과 서양, 그리고 옛날과 지금이라는 말이며, 인간사회 전체를 일컫는다.

글자 | 동녘 **동**, 서녘 **서**, 옛 **고**, 이제 **금**

[동서대취東西貸取]

동쪽과 서쪽에서 빌려 취한다는 말이며, 여러 곳에 빚이 많다는 뜻이다.

글자 | 동녘 **동**, 서녘 **서**, 빌릴 **대**, 취할 **취**

[동서분경東西奔競]

동쪽과 서쪽으로 분주하게 싸운다는 말이며, 사방의 싸움터로 바쁘게 다닌다는 뜻이다.

글자 | 동녘 **동**, 서녘 **서**, 바쁠 **분**, 다툴 **경**

[동서분주東西奔走]

→ 동분서주東奔西走

출전 | 송남잡지

[동서불변東西不辨]

동서를 분별하지 못한다는 말이며, 아무것도 모른다는 뜻이다.

글자 | 동녘 **동**, 서녘 **서**, 아닐 **불**, 분별할 **변**

동류 | 불분동서不分東西, 막지동서莫知東西

[동선하로冬扇夏爐]

→ 하로동선夏爐冬扇

[동섬서홀東閃西忽]

동에 번쩍 서에 번쩍한다는 말이며, 여기저기 나타난다는 뜻이다.

글자 | 동녘 **동**, 번쩍할 **섬**, 서녘 **서**, 홀연 **홀**

[동성불혼同姓不婚]

같은 성끼리는 혼인하지 않는다는 말이며, 같은 부계父系의 혈족 간에는 혼인을 피한다는 뜻이다.

글자 | 같을 **동**, 성 **성**, 아닐 **불**, 혼인할 **혼**

[동성상응同聲相應]

같은 소리는 서로 응한다는 말이며, 같은 무리끼리는 서로 통한다는 뜻이다.

글자 | 같을 **동**, 소리 **성**, 서로 **상**, 응할 **응**

출전 | 주역 건위천乾爲天

동류 | 동기상구同氣相求

[동성이속同性異俗]

같은 성품이 풍속은 다르다는 말이며, 사람의 성품은 본래 한 가지인데 자라면서 습관, 풍속 등이 달라진다는 뜻이다.

글자 | 같을 **동**, 성품 **성**, 다를 **이**, 풍속 **속**

출전 | 순자 권학勸學

[동시이상同時異相]

같은 때에 다른 모양이라는 말이며, 동시에 다른 모양이 나타난다는 뜻이다.

글자 | 같을 **동**, 때 **시**, 다를 **이**, 모양 **상**

[동시효빈東施效顰]

→ 서시빈목西施矉目

출전 | 장자 천운편天運篇

[동식서숙東食西宿]

동쪽에서 먹고 서쪽에서 잔다는 말이며, 부평초와 같이 떠도는 신세라는 뜻이다. 제나라의 한 처녀에게 두 곳에서 청혼이 들어왔다. 동쪽 집은 추남이나 부자이고, 서쪽은 미남이나 가난했다. 그래서 부모는 결정을 내리지 못하고 딸에게 물으니 '낮에는 동쪽 집에서 먹고, 밤에는 서쪽 집에서 자겠어요.' 라고 답했다는 것이다.

글자 | 동녘 **동**, 먹을 **식**, 서녘 **서**, 잘 **숙**

출전 | 태평어람太平御覽

[동심동덕同心同德]

같은 마음으로 같은 품행을 한다는 말이며, 같은 목표를 위해 함께 힘쓴다는 뜻이다.

글자 | 같을 **동**, 마음 **심**, 품행 **덕**

출전 | 서경 태서편泰誓篇

[동심동력同心同力]

마음을 같이하고 힘을 같이한다는 말이며, 마음과 힘을 함께 모은다는 뜻이다.

글자 | 같을 **동**, 마음 **심**, 힘 **력**

동류 | 합심합력合心合力

[동심동원同心同圓]

같은 가운데의 같은 둘레라는 말이며, 한 점을 중심으로 그린 원을 일컫는다.

글자 | 같을 **동**, 가운데 **심**, 둘레 **원**

[동심동체同心同體]

같은 마음과 같은 몸이라는 말이며, 마음과 몸이 하나라는 뜻이다.

글자 | 같을 **동**, 마음 **심**, 몸 **체**

출전 | 정산종사법어 공도편孔道篇

[동심인성動心忍性]

마음을 움직이고 성질을 참는다는 말이며, 마음을 분방시키고 성질을 참을성 있게 한다는 뜻이다.

원문 | 所以動心忍性 曾益其所不能
소이동심인성 증익기소불능

글자 | 움직일 **동**, 마음 **심**, 참을 **인**, 성품 **성**

출전 | 맹자 고자告子 하

[동심지언同心之言]

같은 마음의 말이라는 말이며, 마음이 합한 사람끼리의 말은 그 향기로움이 난초와 같다는 뜻이다.

원문 | 同心之言 其臭如蘭
동심지언 기취여란

글자 | 같을 **동**, 마음 **심**, 어조사 **지**, 말씀 **언**

출전 | 주역

관련 | 기취여란其臭如蘭

[동심합력同心合力]

마음을 같이하고 힘을 합한다는 말이다.

글자 | 같을 **동**, 마음 **심**, 합할 **합**, 힘 **력**

[동심협력同心協力]

→ 동심합력同心合力

[동악상구同惡相求]

같은 악은 서로 구한다는 말이며, 악인끼리 서로 도와 나쁜 짓을 한다는 뜻이다.

원문 | 同惡相求 如市賈焉
동악상구 여시가언

글자 | 같을 **동**, 악할 **악**, 서로 **상**, 구할 **구**

출전 | 사기 초세가楚世家

동류 | 동악상조同惡相助

[동악상조同惡相助]

같은 악은 서로 돕는다는 말이며, 악인끼리 서로 도와 나쁜 짓을 한다는 뜻이다.

글자 | 같을 **동**, 악할 **악**, 서로 **상**, 도울 **조**

출전 | 사기 오왕비열전吳王濞列傳

동류 | 동오상구同惡相求

[동악상조同惡相助]

→ 동악상구同惡相求

[동업상구同業相仇]

같은 일을 하는 사람은 서로 원수라는 말이며, 동업자는 원수가 되기 쉽다는 뜻이다.

글자 | 같을 **동**, 일 **업**, 서로 **상**, 원수 **구**

출전 | 소서素書

[동온하청冬溫夏淸]

부모를 섬김에 있어 겨울은 따뜻하게 하고, 여름에는 서늘하게 한다는 말이다.

글자 | 겨울 **동**, 따뜻할 **온**, 여름 **하**, 서늘할 **청**

출전 | 예기 곡례曲禮 상

[동용서몰東湧西沒]

동쪽에서 솟아 서쪽에서 잠긴다는 말이며, 행동이 자유롭고 빠름을 빗댄 말이다.

글자 | 동녘 **동**, 솟을 **용**, 서녘 **서**, 잠길 **몰**

출전 | 법화경法華經

[동우각마童牛角馬]

어린 소[뿔이 없는 망아지]와 뿔이 있는 말이라는 뜻이며, 도리에 어긋난다는 뜻이다.

원문 | 童牛角馬 不今不古
동우각마 불금불고

글자 | 아이 **동**, 소 **우**, 뿔 **각**, 말 **마**

출전 | 태현경太玄經

[동우상구同憂相救]

같은 근심이 있는 사람들이 서로 돕는다는 말이다.

글자 | 같을 **동**, 근심 **우**, 서로 **상**, 구할 **구**

출전 | 오월춘추吳越春秋

[동우지곡童牛之牿]

송아지의 외양간이라는 말이며, 자유

가 없다는 뜻이다.

원문 | 六四 童牛之牿 元吉
육사 동우지곡 원길

글자 | 아이 **동**, 소 **우**, 어조사 **지**, 외양간 **곡**

출전 | 주역 산천대축山川大畜

[동원이류同源異流]

→ 동근이지同根異枝

[동음이의同音異義]

같은 소리로 뜻은 다르다는 말이며, 발음은 같지만 뜻이 다름을 일컫는다.

글자 | 같을 **동**, 소리 **음**, 다를 **이**, 뜻 **의**

[동음이자同音異字]

발음은 같으나 글자는 다르다는 말이다.

글자 | 같을 **동**, 소리 **음**, 다를 **이**, 글자 **자**

[동의보감東醫寶鑑]

동양의학의 보배로운 거울과 같은 책이라는 말이며, 중국과 우리나라의 의서를 한데 모아 편찬한 조선조 때의 으뜸가는 의서醫書를 일컫는다. 조선조 14대 선조 30년(1597) 허준許浚이 왕명으로 편집에 착수하여 15대 광해군 3년(1611)에 25권 5책으로 완성하여 광해군 5년에 간행되었다.

글자 | 동녘 **동**, 의원 **의**, 보배 **보**, 거울 **감**

[동이불화同而不和]

같지만 화합하지 못한다는 말이며, 소인은 부화뇌동하되 화합하지 못한다는 뜻이다.

원문 | 君子和而不同 小人同而不和
군자화이부동 소인동이불화

글자 | 같을 **동**, 말 이을 **이**, 아닐 **불**, 화할 **화**

출전 | 논어 자로子路

[동이서융東夷西戎]

동녘 오랑캐와 서쪽 오랑캐라는 말이며, 황하를 중심으로 동쪽의 이민족은 우리나라 · 일본 등을, 서쪽은 티베트 · 터키 등을 가리킨다.

글자 | 동녘 **동**, 동녘 오랑캐 **이**, 서녘 **서**, 서쪽 오랑캐 **융**

출전 | 예기 곡례曲禮 하

[동일지일冬日之日]

겨울날의 해라는 말이며, 화기和氣 넘치고 사랑스러움을 일컫는다.

글자 | 겨울 **동**, 날 **일**, 어조사 **지**

출전 | 춘추좌씨전 문공文公 7년

[동자삭발童子削髮]

사내아이가 머리를 깎는다는 말이며, 어릴 때에 출가하여 중이 된다는 뜻이다.

글자 | 아이 **동**, 사나이 **자**, 깎을 **삭**, 머리털 **발**

[동자이음同字異音]

같은 글자의 소리가 다르다는 말이며, 글자는 같으나 발음은 다르다는 뜻이다.

사례 | 南北남북→ 敗北패배

글자 | 같을 **동**, 글자 **자**, 다를 **이**, 소리 **음**

[동작서수東作西收]

동쪽에서 짓고 서쪽에서 거둔다는 말이며, 봄에 농사지어 가을에 거둔다는 뜻이다.

글자 | 동녘 **동**, 지을 **작**, 서녘 **서**, 거둘 **수**

[동장무간同藏無間]

같은 곳에 사이가 없다는 말이며, 남녀의 옷을 한 옷장에 넣고 따로따로 구별하지 않는 등 늙어서 서로가 스스럼이 없다는 뜻이다.

원문 | 夫婦之禮唯及七十同藏無間
부부지례유급칠십동장무간

글자 | 같을 **동**, 곳집 **장**, 없을 **무**, 사이 **간**

출전 | 예기 내칙內則, 한비자

[동절최붕棟折榱崩]

마룻대가 부러지면 서까래도 무너진다는 말이며, 윗사람이 잘못되면 아랫사람도 온전할 수 없다는 뜻이다.

글자 | 용마루 **동**, 꺾을 **절**, 서까래 **최**, 무너질 **붕**

출전 | 춘추좌씨전

유사 | 순망치한脣亡齒寒

[동정서벌東征西伐]

동쪽을 치고 서쪽으로 친다는 말이며, 여러 나라를 이리저리로 정벌한다는 뜻이다.

글자 | 동녘 **동**, 칠 **정**, 서녘 **서**, 칠 **벌**

[동정춘색洞庭春色]

고을 마당의 봄빛이라는 말이며, 중국에 있는 동정호洞庭湖의 따뜻한 봄볕을 일컫는다.

글자 | 고을 **동**, 마당 **정**, 봄 **춘**, 빛 **색**

출전 | 소동파蘇東坡의 부賦

[동조동근同祖同根]

같은 조상에 같은 뿌리라는 말이며, 일제日帝가 우리나라를 동화시키기 위하여 만들어낸 거짓말이다.

글자 | 같을 **동**, 조상 **조**, 뿌리 **근**

[동족방뇨凍足放尿]

언 발에 오줌 누기라는 말이며, 잠시의 도움이 될 뿐, 곧 효력이 없어진다는 빗댄 말이다.

글자 | 얼 **동**, 발 **족**, 놓을 **방**, 오줌 **뇨**

출전 | 순오지 하

[동족상잔同族相殘]

같은 겨레끼리 서로 해친다는 말이다.

글자 | 같을 **동**, 겨레 **족**, 서로 **상**, 해할 **잔**

[동족상쟁同族相爭]

같은 겨레끼리 서로 다툰다는 말이다.

글자 | 같을 **동**, 겨레 **족**, 서로 **상**, 다툴 **쟁**

[동족첨뇨凍足添溺]

→ 동족방뇨凍足放尿

ㄷ

[동종동문同種同文]

→ 동문동종同文同種

[동주상구同舟相救]

같은 배에서 서로 구한다는 말이며, 이해를 함께 하는 사람은 서로 돕게 된다는 뜻이다.

글자 | 같을 **동**, 배 **주**, 서로 **상**, 구할 **구**

출전 | 손자

동류 | 동주제강同舟濟江

유사 | 오월동주吳越同舟

[동주서분東走西奔]

→ 동분서주東奔西走

[동주제강同舟濟江]

같은 배를 타고 강을 건넌다는 말이며, 이해와 고락을 함께 한다는 뜻이다.

글자 | 같을 **동**, 배 **주**, 건널 **제**, 강 **강**

출전 | 공총자孔叢子

유사 | 오월동주吳越同舟

[동차서가東遮西架]

동쪽은 막고 서쪽은 횃대로 가린다는 말이며, 그때그때의 사정에 따라 일을 처리한다는 뜻이다.

글자 | 동녘 **동**, 막을 **차**, 서녘 **서**, 횃대 **가**

출전 | 조선왕조 16대 인조실록

[동창서략東搶西掠]

동쪽에서 빼앗고 서쪽에서 노략질한다는 말이며, 여기저기서 약탈한다는 뜻이다.

글자 | 동녘 **동**, 빼앗을 **창**, 서녘 **서**, 노략질할 **략**

출전 | 조선왕조 14대 선조실록

[동천복지洞天福地]

하늘과 이어지는 복된 땅이라는 말이며, 신선神仙이 있는 살기 좋은 곳을 빗댄 말이다. 중국 도교에서는 신선이 산다는 36동천洞天과 72복지福地의 이름을 정한 바 있다.

글자 | 서로 연할 **동**, 하늘 **천**, 복될 **복**, 땅 **지**

[동첩견패動輒見敗]

움직이면 번번이 실패를 본다는 말이다.

글자 | 움직일 **동**, 번번이 **첩**, 볼 **견**, 패할 **패**

[동첩득방動輒得謗]

움직이면 번번이 욕을 먹는다는 말이다.

글자 | 움직일 **동**, 번번이 **첩**, 얻을 **득**, 나무랄 **방**

[동청정사同聽政事]

같이 다스리는 일을 듣는다는 말이며, 임금이 어릴 경우, 왕대비나 대왕대비가 임금을 도와 정사를 처리한다는 뜻이다.

글자 | 같을 **동**, 들을 **청**, 다스릴 **정**, 일 **사**

출전 | 조선왕조 13대 명종실록
동류 | 수렴청정垂簾聽政

[동체이명同體異名]

같은 몸에 다른 이름이라는 말이며, 실체는 같으나 부르는 이름은 다르다는 뜻이다.

글자 | 같을 **동**, 몸 **체**, 다를 **이**, 이름 **명**

[동추서대東推西貸]

→ 동취서대東取西貸

출전 | 송남잡지

[동충서돌東衝西突]

동쪽에서 충돌하고 서쪽에서 부딪친다는 말이며, 여기저기 닥치는 데마다 충돌한다는 뜻이다.

글자 | 동녘 **동**, 충돌할 **충**, 서녘 **서**, 부딪칠 **돌**

[동충하초冬蟲夏草]

겨울에는 벌레이고, 여름에는 풀이라는 말이며, 자낭균류子囊菌類에 속하는 버섯의 한 무리를 일컫는다. 흙 속의 곤충류 · 거미류에 기생하여 자실체子實體를 낸다.

글자 | 겨울 **동**, 벌레 **충**, 여름 **하**, 풀 **초**
동류 | 하초동충夏草冬蟲

[동취서대東取西貸]

동쪽에서 얻고 서쪽에 빌린다는 말이며, 여기저기 빚이 많다는 뜻이다.

글자 | 동녘 **동**, 얻을 **취**, 서녘 **서**, 빌릴 **대**
출전 | 송남잡지
동류 | 동추서대東推西貸

[동치서주東馳西走]

→ 동분서주東奔西走

출전 | 송남잡지

[동탄부득動彈不得]

움직임도 튕김도 얻을 수 없다는 말이며, 꼼짝할 수 없다는 뜻이다.

글자 | 움직일 **동**, 퉁길 **탄**, 아닐 **부**, 얻을 **득**

[동퇴서비東頹西圮]

동쪽에서 무너지고 서쪽에서 무너진다는 말이며, 사람이나 물건이 이리저리 쓰러진다는 뜻이다.

글자 | 동녘 **동**, 무너질 **퇴**, 서녘 **서**, 언덕 무너질 **비**
출전 | 송남잡지
유사 | 동퇴서붕東頹西崩

[동파서벽東破西劈]

동쪽에서 깨지고 서쪽에서 쪼개진다는 말이며, 여기저기서 무너지고 부서진다는 뜻이다.

글자 | 동녘 **동**, 깨트릴 **파**, 서녘 **서**, 쪼갤 **벽**
출전 | 송남잡지

[동패서상東敗西喪]

동쪽에서 패하고 서쪽에서 잃어버린

다는 말이며, 하는 일마다 실패하거나 패망한다는 뜻이다.

글자 | 동녘 **동**, 패할 **패**, 서녘 **서**, 잃어버릴 **상**

[동표서랑東漂西浪]

동쪽에 뜨고 서쪽에 흐른다는 말이며, 정처 없이 이리저리 떠돌아다닌다는 뜻이다.

글자 | 동녘 **동**, 뜰 **표**, 서녘 **서**, 물 절절 흐를 **랑**

[동풍신연東風新燕]

동쪽 바람[봄바람]을 타고 새로 날아온 제비라는 말이다.

글자 | 동녘 **동**, 바람 **풍**, 새 **신**, 제비 **연**

출전 | 태평사太平詞

[동학혁명東學革命]

동쪽 학문의 고치는 명령이라는 말이며, 동학교도가 주동이 되어 일으킨 농민혁명을 일컫는다. 고종 31년(1894년)의 농민혁명에 대하여 정부의 관군만으로는 이를 막지 못하게 되자 청나라와 일본의 군대를 불러 들여 진압하게 되었으며, 청 · 일 두 나라 군대가 우리나라 안에서 정면충돌하게 되어 청일전쟁의 원인이 되었다.

글자 | 동녘 **동**, 배울 **학**, 고칠 **혁**, 명할 **명**

출전 | 한국사

[동해부인東海夫人]

동쪽 바다에 있는 부인이라는 말이며, 홍합紅蛤의 별칭이다.

글자 | 동녘 **동**, 바다 **해**, 배필 **부**, 사람 **인**

[동해양진東海揚塵]

동해에 티끌이 오른다는 말이며, 바다가 육지로 변한다는 뜻이다.

글자 | 동녘 **동**, 바다 **해**, 오를 **양**, 티끌 **진**

유사 | 상전벽해桑田碧海

[동행서주東行西走]

동쪽으로 가고 서쪽으로 달린다는 말이며, 되는 일도 없이 바빠 돌아다닌다는 뜻이다.

글자 | 동녘 **동**, 다닐 **행**, 서녘 **서**, 달릴 **주**

출전 | 역림易林

동류 | 동분서주東奔西走

[동향대제冬享大祭]

겨울에 드리는 큰 [종묘의] 제사라는 말이다.

글자 | 겨울 **동**, 드릴 **향**, 큰 **대**, 제사 **제**

[동혈지우同穴之友]

같은 굴의 벗이라는 말이며, 부부를 빗댄 말이다.

글자 | 같을 **동**, 굴 **혈**, 어조사 **지**, 벗 **우**

출전 | 삼국유사

[동호유속同乎流俗]

흐르는 풍속에 같아진다는 말이며, 세상 풍속에 함께 휩싸인다는 뜻이다.

글자 | 같을 **동**, 어조사 **호**, 흐를 **유**, 풍

속 **속**

출전 | 맹자 진심 하

[동호지필董狐之筆]

→ 동호직필董狐直筆

[동호직필董狐直筆]

동호의 곧은 붓이라는 말이며, 죽음을 두려워하지 않는 역사 그대로의 기록이라는 뜻이다. 논쟁의 여지가 있는 사관의 기록이지만 이를 직필로 인정하고 있다. 사관이 기록한 내용은 '가을 7월 을축 날에 조돈(재상)이 이고(임금)을 죽였다.' 라고 되어 있다. 이를 본 조돈은 사관인 동호에게 항의했다. '태사는 이 기록을 잘못 적었소. 그때 나는 강성에서 2백여 리나 떨어진 하동에 몸을 피하고 있었소. 그런데 그대는 임금을 죽였다는 끔찍스러운 허물을 나에게 뒤집어 씌웠습니다. 후세 사람이 이 기록을 볼 때 나를 뭐라 하겠소.' 동호의 답이다. '승상은 국경을 넘지 않았고 이 나라 안에 있었습니다. 뿐만 아니라 그 후 서울로 돌아왔으나 임금을 죽인 자를 찾아내어 그 죄를 벌하지 않았습니다. 그러니 승상이 그 일을 꾸민 것이 아니라고 변명하더라도 누가 곧이듣겠습니까?' 조돈이 고쳐줄 것을 간청했지만 동호는 단호했다. '옳은 것은 옳다 하고, 그른 것은 그르다는 것이 사관의 직책입니다. 그러기에 임금도 사관의 기록에 대해서는 간섭 못하는 법입니다. 승상이 내 목을 벨 수는 있지만 이 기록은 고치지 못합니다.'

글자 | 바를 **동**, 여우 **호**, 곧을 **직**, 붓 **필**

출전 | 춘추좌씨전 선공宣公 2년

동류 | 태사지간太史之簡

[두견화전杜鵑花煎]

진달래꽃에 찹쌀가루를 묻혀서 끓는 기름에 띄워 지진 전을 말한다.

글자 | 향초 이름 **두**, 진달래 **견**, 꽃 **화**, 볶을 **전**

[두구과족杜口裹足]

입을 다물고 발을 동여맨다는 말이며, 마음속으로 반감이 있어도 말하지 않고 무슨 일이든 함께 하지 않으려는 태도를 일컫는다.

원문 | 因以是杜口裹足
인 이 시 두 구 과 족

글자 | 막을 **두**, 입 **구**, 쌀 **과**, 발 **족**

출전 | 사기 범저채택范睢蔡澤열전

[두국병민蠹國病民]

나라를 좀먹고 백성을 병들게 한다는 말이다.

글자 | 좀 **두**, 나라 **국**, 병들 **병**, 백성 **민**

출전 | 조선왕조 9대 성종실록

[두대왈장頭大曰將]

머리가 크면 가로되 장수라는 말이며, 장수는 머리가 크다는 뜻이다.

글자 | 머리 **두**, 큰 **대**, 갈 **왈**, 장수 **장**

[두동치활頭童齒闊]

머리가 민둥산이 되고 이가 넓어졌다는 말이며, 늙었다는 뜻이다.

원문 | 頭童齒闊 竟死何裨 不知慮此
두동치활 경사하비 부지려차

글자 | 머리 **두**, 민둥산 **동**, 이 **치**, 넓을 **활**

출전 | 한유韓愈의 진학해進學解

[두량복온頭凉腹溫]

머리는 서늘한 것을 좋아하고 배는 따뜻한 것을 좋아한다는 말이며, 머리가 더우면 두통이나 어지럼증이 생기고, 배가 차가우면 소화 장애로 복통과 설사가 나기 쉽기 때문이다.

글자 | 머리 **두**, 서늘할 **량**, 배 **복**, 따뜻할 **온**

[두문불출杜門不出]

문을 막고 나가지 않는다는 말이다.

글자 | 막을 **두**, 집안 **문**, 아닐 **불**, 날 **출**

출전 | 사기 인상여열전藺相如列傳

[두미관유斗米官遊]

한 말 쌀로 벼슬 나그네가 된다는 말이며, 얼마 안 되는 급로를 받기 위하여 고향을 떠나 벼슬길에 오른다는 뜻이다.

글자 | 말 **두**, 쌀 **미**, 벼슬 **관**, 나그네 **유**

[두발부예頭髮扶曳]

머리털을 붙들고 끈다는 말이며, 서로 머리털을 꺼두르고 싸운다는 뜻이다.

글자 | 머리 **두**, 터럭 **발**, 붙들 **부**, 끄을 **예**

[두발상지頭髮上指]

머리카락이 위로 향한다는 말이며, 몹시 노한 모습을 일컫는다. 사기에 있는 항우의 모습이다. '머리털은 위로 곤두서고 부릅뜬 눈은 찢어질 것 같다.'

원문 | 頭髮上指 目眦盡裂
두발상지 목자진렬

글자 | 머리 **두**, 터럭 **발**, 윗 **상**, 지시할 **지**

출전 | 사기 항우본기項羽本紀

[두부과분豆剖瓜分]

콩이 쪼개지고 오이가 나누인다는 말이며, 국토가 손쉽게 갈라진다는 뜻이다.

글자 | 콩 **두**, 쪼갤 **부**, 오이 **과**, 나눌 **분**

[두사강공杜私强公]

사사로움을 막고 공변된 것을 굳세게 한다는 말이며, 사적인 것을 억제하고 공적인 것을 강화한다는 뜻이다.

글자 | 막을 **두**, 사사로울 **사**, 굳셀 **강**, 공변될 **공**

출전 | 조선왕조 24대 현종개수실록

[두상안두頭上安頭]

머리 위에 머리가 있다는 말이며, 사물이 중복되어 있다는 뜻이다.

글자 | 머리 **두**, 윗 **상**, 정할 **안**

출전 | 황정견黃庭堅의 시

[두서미동頭西尾東]

머리는 서쪽, 꼬리는 동쪽이라는 말이며, 제상에 제수祭需를 진설할 때, 생선을 놓는 방식을 일컫는다.

글자 | 머리 **두**, 서녘 **서**, 꼬리 **미**, 동녘 **동**

[두소소인斗筲小人]

→ 두소지인斗筲之人

[두소지인斗筲之人]

한 말 들이의 사람이라는 말이며, 변변치 못한 사람 또는 도량이 적은 사람이라는 뜻이다.

글자 | 말 **두**, 대그릇 **소**, 어조사 **지**, 사람 **인**

출전 | 논어 자로子路

동류 | 두소소인斗筲小人

[두소지재斗筲之才]

한 말 대그릇의 재주라는 말이며, 변변치 못한 재주를 빗댄 말이다.

글자 | 말 **두**, 대그릇 **소**, 어조사 **지**, 재주 **재**

[두승지수斗升之水]

말과 되의 물이라는 말이며, 얼마 안 되는 적은 물을 빗댄 말이다.

글자 | 말 **두**, 되 **승**, 어조사 **지**, 물 **수**

[두승지활斗升之活]

말과 되의 삶이라는 말이며, 약간의 도움으로 살아났다는 뜻이다.

글자 | 말 **두**, 되 **승**, 어조사 **지**, 살 **활**

[두시언해杜詩諺解]

두보의 시를 속된 말로 깨우쳐 준다는 말이며, 당나라 시인 두보杜甫의 시 전부를 52부로 분류하여 우리말로 번역한 책을 일컫는다.

글자 | 향초 이름 **두**, 글귀 **시**, 속된 말 **언**, 깨우쳐줄 **해**

[두양소근頭癢搔跟]

머리가 가려운데 발뒤꿈치를 긁는다는 말이며, 엉뚱한 짓을 한다는 뜻이다.

글자 | 머리 **두**, 가려울 **양**, 긁을 **소**, 발뒤꿈치 **근**

출전 | 역림易林

유사 | 격화소양隔靴搔癢

[두용필직頭容必直]

머리의 형용은 반드시 곧아야 한다는 말이며, 머리는 똑바로 세우고 있어야 한다는 뜻이다.

글자 | 머리 **두**, 형용 **용**, 반드시 **필**, 곧을 **직**

[두절사행斗折蛇行]

별과 같이 굽고 뱀과 같이 간다는 말이며, 물의 흐름이나 길 등이 굽이굽이 굽어진 모양을 일컫는다.

글자 | 별 이름 **두**, 꺾을 **절**, 뱀 **사**, 갈 **행**

출전 | 유종원의 지소구서소석담기至小邱西小石潭記

[두점방맹杜漸防萌]

번지는 것을 막아 싹트는 것을 막는다는 말이며, 처음부터 틀어막아 뒤탈이 없게 한다는 뜻이다.

글자 | 막을 **두**, 번질 **점**, 막을 **방**, 싹 **맹**

출전 | 후한서

[두족이처頭足異處]

머리와 발이 다른 곳에 있다는 말이며, 몸이 두 동강이 났다는 뜻이다.

글자 | 머리 **두**, 발 **족**, 다를 **이**, 곳 **처**

[두주백편斗酒百篇]

말술과 백 편의 책이라는 말이며, 술을 많이 마시고 많은 시를 짓는다는 뜻이다.

글자 | 말 **두**, 술 **주**, 일백 **백**, 책 **편**

출전 | 두보의 음중팔선가飮中八仙歌

[두주불사斗酒不辭]

한 말 술도 사양하지 않는다는 말이며, 주인을 구하기 위해 자신에게 해로운 일도 사양하지 않는다는 뜻이다. 항우를 방문한 유방을 죽이려는 음모가 항우 진영에서 꾸며져 주연이 베풀어졌다. 이 낌새를 눈치 챈 유방의 호위병 번쾌가 경비를 하는 위사들을 제치고 연회장에 들어가 항우를 노려보았다. 항우가 누구냐고 묻고 술을 주니 단숨에 마셔 항우가 더 마실 수가 있느냐고 묻자, 번쾌가 말했다. '신은 죽음도 피하지 않은 몸인데 어찌 한말 술을 사양할 수 있겠습니까?'

글자 | 말 **두**, 술 **주**, 아닐 **불**, 사양할 **사**

출전 | 사기 번역등관열전樊酈滕灌列傳

[두중각경頭重脚輕]

머리가 무겁고 다리가 가볍다는 말이며, 정신이 아찔하고 다리에 힘이 없어 쓰러진다는 뜻이다.

글자 | 머리 **두**, 무거울 **중**, 다리 **각**, 가벼울 **경**

[두한족열頭寒足熱]

머리는 차게, 발은 덥게 하라는 말이다. 건강법의 하나이다.

글자 | 머리 **두**, 찰 **한**, 발 **족**, 더울 **열**

[두회기렴頭會箕斂]

머리 [수로] 모우고 키로 거두어들인다는 말이며, 가혹하게 세금을 거두어들인다는 뜻이다.

글자 | 머리 **두**, 모을 **회**, 키 **기**, 거둘 **렴**

출전 | 한서 진여전陳餘傳

[둔갑장신遁甲藏身]

누구를 숨기고 몸을 감춘다는 말이며, 몸을 숨기는 술법을 써서 몸을 남에게 보이지 않게 감춘다는 뜻이다.

글자 | 숨을 **둔**(돈), 아무 **갑**, 감출 **장**, 몸 **신**

[둔세무민遁世无悶]

세상에서 달아나 번거로움이 없다는 말이며, 숨어 살고 있어 마음이 평온하다는 뜻이다.

글자 | 달아날 **둔**, 세상 **세**, 없을 **무**, 번거로울 **민**

[둔천지형遁天之刑]

하늘에서 달아난 형벌이라는 말이며, 천리天理를 어겨서 받는 형벌이라는 뜻이다.

글자 | 달아날 **둔**, 하늘 **천**, 어조사 **지**, 형벌 **형**

출전 | 장자 내편 3 양생주養生主

[둔필승총鈍筆勝聰]

둔한 붓이 귀 밝음을 이긴다는 말이며, 서툰 글씨라도 기록해 두는 것이 총명한 기억력보다 낫다는 뜻이다.

글자 | 무딜 **둔**, 붓 **필**, 이길 **승**, 귀 밝을 **총**

[득갑환주得匣還珠]

상자를 얻고 구슬은 돌아간다는 말이며, 하찮은 것은 얻고 긴요한 것은 얻지 못한다는 뜻이다.

글자 | 얻을 **득**, 상자 **갑**, 돌아갈 **환**, 구슬 **주**

출전 | 한비자

동류 | 매갑환주買匣還珠

[득과차과得過且過]

만족하게 지내며 또 지낸다는 말이며, 그럭저럭 소일한다는 뜻이다.

글자 | 만족할 **득**, 지날 **과**, 또 **차**

출전 | 철경록輟耕錄

[득기소재得其所哉]

그곳을 얻었다는 말이며, 제 살 곳을 만났다는 뜻이다.

글자 | 얻을 **득**, 그 **기**, 곳 **소**, 어조사 **재**

출전 | 맹자 만장萬章 상

[득능막망得能莫忘]

능함을 얻으면 잊지 말라는 말이며, 능력을 얻으면 이를 잘 활용하라는 뜻이다.

원문 | 知過必改 得能莫忘
지과필개 득능막망

글자 | 얻을 **득**, 능할 **능**, 말 **막**, 잊을 **망**

출전 | 논어 자로편子路篇, 천자문

[득롱망촉得隴望蜀]

농나라를 얻고 나면 촉나라를 바란다는 말이며, 사람의 끝없는 욕망을 빗댄 말이다. 광무제光武帝가 천수天水(隴)를 점령한 다음 잠팽에게 보낸 편지의 한 구절에서 온 말이다. '두 성이 만약 함락되거든 군사를 거느리고 남쪽의 촉나라 오랑캐를 쳐라. 사람은 만족할 줄 모르기 때문에 고통스럽다. 이미 농을 평정했으나 촉을 바라게 되는구나. 매번 군상를 일으킬 때마다 머리털이 희어진다.'

원문 | 兩城若何 便可 將兵南擊蜀
양성약하 변가 장병남격촉
虜人若不知足 旣平得隴望
로인약부지족 즉평득롱망
蜀每日發病 頭髮爲白
촉매일발병 두발위백

글자 | 얻을 **득**, 땅이름 **롱**, 바랄 **망**, 땅

이름 **촉**

출전 | 후한서 광무기光武記

동류 | 망촉지탄望蜀之嘆, 평롱망촉平隴望蜀

유사 | 계학지욕谿壑之慾, 차청차규借聽借閨, 거어지탄車魚之歎

[득부상부得斧喪斧]

얻은 도끼와 잃은 도끼라는 말이며, 얻고 잃은 것이 없다는 뜻이다.

글자 | 얻을 **득**, 도끼 **부**, 잃을 **상**

출전 | 송남잡지

동류 | 득부실부得斧失斧

[득부실부得斧失斧]

→ 득부상부得斧喪斧

[득불보실得不補失]

얻은 것으로 잃은 것을 채우지 못한다는 말이며, 손해를 본다는 뜻이다.

글자 | 얻을 **득**, 아닐 **불**, 기울 **보**, 잃을 **실**

[득사지지得肆之地]

만족하게 베푸는 곳이라는 말이며, 무엇이든지 자기 마음대로 할 수 있는 높은 지위라는 뜻이다. 인조실록의 글이다. '임금은 높은 지위에 있고 무엇이든 만족하게 베푸는 위치에 있다.'

원문 | 人君處崇高之位 居得肆之地
인 군 처 숭 고 지 위 거 득 사 지 지

글자 | 만족할 **득**, 베풀 **사**, 어조사 **지**, 곳 **지**

출전 | 조선왕조 12대 인조실록

[득소실다得少失多]

얻는 것이 적고 잃는 것이 많다는 말이다.

글자 | 얻을 **득**, 적을 **소**, 잃을 **실**, 많을 **다**

유사 | 득불보실得不補失

[득시동조得侍同朝]

같은 조정에서 잘 모신다는 말이며, 윗사람을 모시고 같은 조정에서 일한다는 뜻이다.

글자 | 잘할 **득**, 모실 **시**, 같을 **동**, 조정 **조**

출전 | 맹자 공손추公孫丑 하

[득신기정得伸其情]

그 뜻을 펴서 얻는다는 말이며, 가지고 있는 감정을 풀 수 있다는 뜻이다.

글자 | 얻을 **득**, 펼 **신**, 그 **기**, 뜻 **정**

출전 | 전국책 초책楚策

[득실상반得失相半]

얻는 것과 잃는 것이 서로 반반이라는 말이다.

글자 | 얻을 **득**, 잃을 **실**, 서로 **상**, 반 **반**

[득심응수得心應手]

마음을 얻어 손이 응한다는 말이며, 일하는 것이 매우 능숙하여 자연스럽다는 뜻이다.

글자 | 얻을 **득**, 마음 **심**, 응할 **응**, 손 **수**

출전 | 장자 천도편天道篇

반대 | 심로일졸心勞日拙

[득어망전得魚忘筌]

고기를 잡고 통발을 잊는다는 말이며, 어떤 일이 끝나면 그 일을 위해 사용한 것을 잊어버린다는 뜻이다. 장자莊子의 말이다. '통발은 고기를 잡기 위한 것이다. 그러나 고기를 잡으면 통발은 잊고 만다. 말은 뜻을 나타내기 위한 것이다. 그러나 뜻을 나타낸 뒤에는 말은 잊고 만다. 나는 어떻게 하면 말을 잊는 사람을 만나 함께 이야기 할 수 있을까.'

원문 | 筌者所以在魚 得魚而忘筌
전자소이재어 득어이망전

글자 | 언을 **득**, 고기 **어**, 잊을 **망**, 통발 **전**

출전 | 장자 외물外物

[득의만면得意滿面]

뜻을 얻은 것이 얼굴에 가득하다는 말이다.

글자 | 얻을 **득**, 뜻 **의**, 찰 **만**, 얼굴 **면**

유사 | 희색만면喜色滿面

[득의망형得意忘形]

뜻을 얻어 자신의 모습을 잊었다는 말이며, 뜻이 이루어져 어쩔 줄 모른다는 뜻이다.

글자 | 얻을 **득**, 뜻 **의**, 잊을 **망**, 형상 **형**

출전 | 진서 완적전阮籍傳, 세설신어

동류 | 득의양양得意揚揚

[득의양양得意揚揚]

뜻을 얻은 것을 나타낸다는 말이며, 뜻대로 된 모양이 얼굴에 나타난다는 뜻이다.

글자 | 얻을 **득**, 뜻 **의**, 나타낼 **양**

동류 | 득의망형得意忘形

[득의지색得意之色]

뜻을 얻은 빛이라는 말이며, 바라던 일이 뜻대로 이루어진 기색이라는 뜻이다.

글자 | 얻을 **득**, 뜻 **의**, 어조사 **지**, 빛 **색**

[득의지추得意之秋]

뜻을 얻은 가을이라는 말이며, 바라던 일이 뜻대로 이루어져 통쾌한 때를 빗댄 말이다.

글자 | 얻을 **득**, 뜻 **의**, 어조사 **지**, 가을 **추**

출전 | 삼국지연의

[득인일어得人一語]

사람의 한 가지 말을 얻는다는 말이며, 남으로부터 값진 한 마디를 듣는다는 뜻이다.

원문 | 黃金千兩未爲貴得人一語勝千金
황금천량미위귀득인일어승천금

글자 | 얻을 **득**, 사람 **인**, 말씀 **어**

출전 | 명심보감 성심편省心篇

[득인차인得忍且忍]

참을 일을 얻으면 또 참는다는 말이며, 참을 수 있는 데까지 참으라는 뜻이다.

원문 | 得忍且忍 得戒且戒
득 인 차 인 득 계 차 계

글자 | 얻을 **득**, 참을 **인**, 또 **차**

출전 | 명심보감 계성편戒性篇

[득일망십得一忘十]

하나를 얻고 열을 잊었다는 말이며, 기억력이 좋지 않다는 뜻이다.

글자 | 얻을 **득**, 잊을 **망**

반대 | 문일지십聞一知十

[득조지방得鳥之方]

새를 얻는 방법이라는 말이며, 새를 많이 잡는 방법이라는 뜻으로 적당한 인재를 얻는 방법을 빗댄 말이다. 새를 많이 잡는 방법은 새가 많지도 않고 없지도 않은 중간 지점에 그물을 치는 데 있다. 대인은 이미 아쉬운 것이 없다. 소인은 애초에 건질 것이 없다.

글자 | 얻을 **득**, 새 **조**, 어조사 **지**, 방법 **방**

출전 | 전국책戰國策

[득중득국得衆得國]

무리를 얻으면 나라를 얻는다는 말이며, 대중의 마음을 얻으면 나라도 얻을 수 있다는 뜻이다.

글자 | 얻을 **득**, 무리 **중**, 나라 **국**

출전 | 대학

반대 | 실중실국失衆失國

[득지대관得至大官]

큰 벼슬을 얻게 되었다는 말이다.

글자 | 얻을 **득**, 이를 **지**, 큰 **대**, 벼슬 **관**

출전 | 소학 가언편嘉言篇

[득지부득得之不得]

얻는 바가 있으나 만족하지 않다는 말이다.

글자 | 얻을 **득**, 어조사 **지**, 아닐 **부**, 만족할 **득**

[득지유명得之有命]

얻는 것은 운명에 달려 있다는 말이며, 재물은 타고난 것이라는 뜻이다.

글자 | 얻을 **득**, 어조사 **지**, 있을 **유**, 운명 **명**

출전 | 맹지 진심盡心 상

[득총사욕得寵思辱]

[임금의] 사랑을 얻으면 욕될 것을 생각한다는 말이며, 사랑을 잃은 뒤의 닥칠 일을 미리 생각해야 한다는 뜻이다.

원문 | 得寵思辱 居安慮危
득 총 사 욕 거 안 려 위

글자 | 얻을 **득**, 사랑할 **총**, 생각 **사**, 욕될 **욕**

출전 | 명심보감 성심편省心篇

[득친순친得親順親]

양친을 얻고 양친에게 순종한다는 말이며, 부모에게 효도한다는 뜻이다.

글자 | 얻을 **득**, 육친 **친**, 순할 **순**

출전 | 맹자 이루 상

[득호구민得乎丘民]

언덕의 백성을 얻었도다!라는 말이며, 백성의 마음을 얻었다는 뜻이다.

원문 | 是故得乎丘民而爲天子
시고득호구민이위천자

글자 | 얻을 **득**, 어조사 **호**, 언덕 **구**, 백성 **민**

출전 | 맹자 진심盡心 하

[득휴류가得鵂鶹家]

부엉이 집을 얻었다는 말이며, 횡재를 하였거니 우연히 재물을 얻었다는 뜻이다.

글자 | 얻을 **득**, 부엉이 **휴**, 부엉이 **류**, 집 **가**

출전 | 송남잡지

[등고능부登高能賦]

높은데 오르면 능히 시를 짓는다는 말이며, 산에 오르면 시정詩情이 생긴다는 뜻이다.

글자 | 오를 **등**, 높을 **고**, 능할 **능**, 시 지을 **부**

출전 | 한서

동류 | 등고필부登高必賦

[등고이초登高而招]

높은 곳에 올라 사람을 부른다는 말이며, 효과를 얻으려면 물건을 잘 이용해야 한다는 뜻이다. 높은 곳에 올라 사람을 부르면 먼데 있는 사람도 잘 볼 수 있기 때문이다.

글자 | 오를 **등**, 높을 **고**, 말 이을 **이**, 부를 **초**

출전 | 순자

[등고자비登高自卑]

높은 곳에 오르는 것은 낮은 데로부터 출발한다는 말이다. 중용에 있는 글이다. '먼 길을 가는 것은 가까운 데로부터 비롯되고, 높은 곳에 이르는 것은 낮은 데로부터 출발한다.'

원문 | 行遠自邇 登高自卑
행원자이 등고자비

글자 | 오를 **등**, 높을 **고**, 부터 **자**, 낮을 **비**

출전 | 중용 15장, 시경

[등고필부登高必賦]

높은데 오르면 글을 짓는다는 말이며, 군자는 높은 산에 오르면 반드시 시를 읊어서 그의 심중에 쌓인 생각을 푼다는 뜻이다.

글자 | 오를 **등**, 높을 **고**, 반드시 **필**, 글 **부**

출전 | 한시외전漢詩外傳

동류 | 등고능부登高能賦

[등괴찬원登槐贊元]

삼공三公의 자리에 올라 임금을 돕는다는 말이며, 재상이 되어 임금을 보필한다는 뜻이다.

글자 | 오를 **등**, 삼공 자리 **괴**, 도울 **찬**, 임금 **원**

[등교기봉騰蛟起鳳]

오르는 도롱뇽과 일어나는 봉황이라는 말이며, 재능이 많은 사람을 빗댄 말이다.

글자 | 오를 **등**, 도롱뇽 **교**, 일어날 **기**, 봉새 **봉**

출전 | 등왕각서騰王閣序

[등구지담騰口之談]

입에 오른 말씀이라는 말이며, 아무 생각 없이 습관상 하는 말을 일컫는다.

글자 | 오를 **등**, 입 **구**, 어조사 **지**, 말씀 **담**

출전 | 조선왕조 17대 효종실록

[등구지학騰口之學]

입에 오른 학문이라는 말이며, 뜻은 알려고 하지 않고 암송을 위주로 하는 학문을 일컫는다.

글자 | 오를 **등**, 입 **구**, 어조사 **지**, 배울 **학**

출전 | 조선왕조 16대 인조실록

[등루거제登樓去梯]

다락에 오르게 하고 사다리를 치운다는 말이며, 사람을 꾀어서 어렵게 한다는 뜻이다.

글자 | 오를 **등**, 다락 **루**, 버릴 **거**, 사다리 **제**

출전 | 송남잡지

동류 | 권상요목勸上搖木

[등루청소登樓淸嘯]

누각에 올라 맑게 읊조린다는 말이며, 선비의 청아한 풍류를 빗댄 말이다.

글자 | 오를 **등**, 누각 **루**, 맑을 **청**, 읊조릴 **소**

[등산임수登山臨水]

산에 오르고 물에 임한다는 말이다.

글자 | 오를 **등**, 뫼 **산**, 임할 **임**, 물 **수**

[등산질욕登山叱辱]

산에 올라 욕하며 꾸짖는다는 말이며, 엉뚱한 곳에 가서 화풀이한다는 뜻이다.

글자 | 오를 **등**, 뫼 **산**, 꾸짖을 **질**, 욕될 **욕**

출전 | 송남잡지

[등삼함오登三咸五]

셋에 오르고 다섯과 같다는 말이며, 임금의 공덕이 삼왕三王과 오제五帝와 같이 뛰어나다는 뜻이다.

글자 | 오를 **등**, 같을 **함**

출전 | 조선왕조 14대 선조실록

[등성불지登城不指]

성에 올라서는 [손가락으로] 지시하지 않는다는 말이며, 적에게 오인될 짓을 하지 않는다는 뜻이다.

글자 | 오를 **등**, 성 **성**, 아닐 **불**, 지시할 **지**

출전 | 소학

[등하불명燈下不明]

등잔 밑이 어둡다는 말이며, 바로 눈앞에 있는 것을 보지 못한다는 뜻이다.

글자 | 등잔 **등**, 아래 **하**, 아닐 **불**, 밝을 **명**

출전 | 순오지

[등한지사等閒之事]

한가한 무리의 일이라는 말이며, 별로 중요하지 않은 일이라는 뜻이다.

글자 | 무리 **등**, 한가할 **한**, 어조사 **지**, 일 **사**

출전 | 송남잡지

동류 | 등한지사等閑之事, 등한지지等閒視之

[등화가친燈火可親]

등불을 가까이 한다는 말이며, 가을을 뜻한다. 가을밤은 등불을 가까이 하여 글 읽기에 좋은 계절이기 때문이다.

글자 | 등 **등**, 불 **화**, 옳을 **가**, 친할 **친**

출전 | 한유韓愈의 부독서성남시符讀書城南詩

[등화관제燈火管制]

등불을 주관하여 금한다는 말이며, 적의 야간공습에 대비하여 일정한 지역에 불빛이 새지 않도록 통제한다는 뜻이다.

글자 | 등 **등**, 불 **화**, 주관할 **관**, 금할 **제**

[등활지옥等活地獄]

살리는 것을 나누는 지옥이라는 말이며, 살생계殺生戒를 범한 자가 떨어지는 팔열지옥八熱地獄의 하나를 일컫는다.

글자 | 나눌 **등**, 살릴 **활**, 땅 **지**, 감옥 **옥**

관련 | 팔열지옥八熱地獄

[등황귤록橙黃橘綠]

등자가 누렇고 귤이 파랗다는 말이며, 초겨울의 경치를 일컫는다.

글자 | 등자나무 **등**, 누를 **황**, 귤나무 **귤**, 푸를 **록**

출전 | 증유경문贈劉景文

[마각노출馬脚露出]

말의 다리가 드러났다는 말이며, 간사하게 숨기고 있던 일이 부지중에 드러나는 것을 빗댄 말이다. 마각은 마당놀이 등에서 말의 탈을 뒤집어쓴 사람의 다리를 말한다.

글자 | 말 **마**, 다리 **각**, 드러낼 **노**, 날 **출**

출전 | 원곡元曲

[마건알곤摩乾軋坤]

하늘을 만지고 땅을 만진다는 말이며, 천지에 가까이 다가선다는 뜻이다.

원문 | 摩乾軋坤澤雉十步一啄百步一飲
(마 건 알 곤 택 치 십 보 일 탁 백 보 일 음)

글자 | 만질 **마**, 하늘 **건**, 만질 **알**, 땅 **곤**

출전 | 장자

[마계도가馬契都家]

말 계약을 총괄하는 집이라는 말이며, 말을 세貰 주는 계를 처리하는 가게를 일컫는다.

글자 | 말 **마**, 계약할 **계**, 도무지 **도**, 집 **가**

[마고소양麻姑搔痒]

마고라는 선녀가 가려움을 긁는다는 말이며, 일이 뜻대로 된다는 뜻이다. 마고는 중국의 전설상의 선녀로 손톱이 새 발톱처럼 길어 등 뒤의 가려운 곳을 긁었다는 고사에서 온 말이다.

글자 | 삼 **마**, 시어미 **고**, 긁을 **소**, 가려울 **양**

출전 | 신선전神仙傳 마고麻姑

동류 | 마고피양麻姑爬痒, 마고척미麻姑擲米

유사 | 격화소양隔靴搔癢

[마고파양麻姑爬痒]

→ 마고소양麻姑搔痒

[마과회통麻科會通]

홍역 과정의 모둠이라는 말이며, 다산茶山 정약용丁若鏞(1762~1836)이 편찬한 의학서를 일컫는다. 이는 당시 성행한 전염병인 천연두와 홍역의 증상과 치료법에 대하여 중국과 조선의 의학서를 분석 종합한 연구서로서 17세기 초반 허준許浚의 동의보감 이후 편찬된 의학서 중 최고의 저작으로 평가되고 있다.

글자 | 홍역 **마**, 과정 **과**, 모둘 **회**, 모두 **통**

[마구지화磨垢之化]

더러움을 갈아 없애는 교화라는 말이며, 허물 또는 오래 묵은 폐습을 고쳐 새롭게 하는 교화를 일컫는다.

글자 | 갈 **마**, 더러울 **구**, 어조사 **지**, 교화 **화**

출전 | 조선왕조 17대 효종실록

[마권찰장摩拳擦掌]

주먹을 문지르고 손바닥을 비빈다는 말이며, 기운을 모아 용진할 태세를 갖춘다는 뜻이다.

글자 | 문지를 **마**, 주먹 **권**, 비빌 **찰**, 손바닥 **장**

[마두납채馬頭納采]

말 머리에 드리는 물품이라는 말이며, 혼인날에 가지고 가는 물품을 일컫는다. 납채를 지금은 납폐納幣라 하며 물품 목록을 납폐단자納幣單子라 한다.

글자 | 말 **마**, 머리 **두**, 드릴 **납**, 식읍 **채**

[마두생팽馬頭生烹]

익지 않게 삶은 말 머리라는 말이며, 고집이 세고 멋대가리가 없는 사람을 빗댄 말이다.

글자 | 말 **마**, 머리 **두**, 익지 않을 **생**, 삶을 **팽**

출전 | 동언해

[마두출령馬頭出令]

말머리에서 명령을 낸다는 말이며, 갑작스럽게 명령을 내린다는 뜻이다.

글자 | 말 **마**, 머리 **두**, 날 **출**, 명령할 **령**

[마맥분리磨麥分梨]

보리를 갈고 배를 쪼갠다는 말이며, 남편을 찾고 아들이 돌아온다는 뜻이다. 보리를 가는 꿈을 꾸니 잃었던 남편을 찾고 배를 쪼갠 꿈을 꾸니 잃었던 아들이 돌아왔다는 고사에서 온 말이다.

글자 | 갈 **마**, 보리 **맥**, 나눌 **분**, 배 **리**

출전 | 이몽록異夢錄

[마부위침磨斧爲針]

→ 마부작침磨斧作針

[마부작침磨斧作針]

도끼를 갈아서 바늘을 만든다는 말이며, 끈기 있게 노력하면 목적을 이룰 수 있다는 뜻이다.

글자 | 갈 **마**, 도끼 **부**, 지을 **작**, 바늘 **침**

출전 | 당서 문원전文苑傳

동류 | 철저성침鐵杵成針

유사 | 우공이산愚公移山, 수적천석水滴穿石

[마불식곡馬不食穀]

말이 곡식을 먹지 못한다는 말이며, 흉년이 들어 곡식이 없다는 뜻이다.

글자 | 말 **마**, 아닐 **불**, 먹을 **식**, 곡식 **곡**

출전 | 예기 곡례曲禮 하

[마상득지馬上得之]

말 위에서 얻었다는 말이며, 말을 타고 싸우며 세상을 얻었다는 뜻이다.

원문 | 馬上得天下
마 상 득 천 하

글자 | 말 **마**, 윗 **상**, 얻을 **득**, 이를 **지**

출전 | 사기 역생육고전, 시경

[마수시첨馬首是瞻]

말머리가 똑바로 본다는 말이며, 한 사람의 의사에 따라 일사불란一絲不亂하게 행동한다는 뜻이다. 옛날의 전쟁터에서는 병졸들이 말머리를 따라 일제히 움직였다.

원문 | 唯余馬首是瞻
유 여 마 수 시 첨

글자 | 말 **마**, 머리 **수**, 곧을 **시**, 볼 **첨**

출전 | 춘추좌씨전 양공襄公 14년

[마우금거馬牛襟裾]

말과 소의 옷깃과 옷자락이라는 말이며, 말과 소가 의복을 걸친 것과 같이 예절을 모르는 사람이라는 뜻이다. 한유의 글이다. '사람이 고금의 가르침을 알지 못하면 말과 소에 옷을 입힌 것과 같으니라.'

원문 | 人不通古今 馬牛而襟裾
인 불 통 고 금 마 우 이 금 거

글자 | 말 **마**, 소 **우**, 옷깃 **금**, 옷자락 **거**

출전 | 한유韓愈의 글, 명심보감

[마이동풍馬耳東風]

말귀에 동풍이라는 말이며, 남의 말을 귀담아 듣지 않고 곧 흘려버린다는 뜻이다. 이는 이백이 왕십이王十二란 사람의 시 '차가운 밤 혼자 술을 마시며 느낀 바가 있어서'에 대하여 회답한 시의 한 구절이다. '세상 사람들은 나의 이 말을 듣고 모두 머리를 내두른다. 마치 조용히 불어오는 동풍이 말의 귀를 스쳐가는 것처럼.'

원문 | 世人聞比皆掉頭有如東風射馬耳
세 인 문 비 개 도 두 유 여 동 풍 사 마 이

글자 | 말 **마**, 귀 **이**, 동녘 **동**, 바람 **풍**

출전 | 이백의 답왕십이한야독작유회答王十二寒夜獨酌有懷

유사 | 우이독경牛耳讀經, 오불관언吾不關焉, 대우탄금對牛彈琴

[마이불린磨而不磷]

갈아도 돌이 얇아지지 않는다는 말이며, 굳건하다는 뜻이다. 공자의 말이다. '갈아도 얇아지지 않으며 희다고 하지 않겠느냐.'

원문 | 磨而不磷 不曰白乎
마 이 불 린 불 왈 백 호

글자 | 갈 **마**, 말 이을 **이**, 아닐 **불**, 얇은 돌 **린**

출전 | 논어 양화陽貨

[마저작침磨杵作針]

쇠공이를 갈아서 바늘을 만든다는 말이며, 한번 시작한 일은 불요불굴不撓不屈의 정신으로 끝까지 노력해야 성공할 수 있다는 뜻이다.

글자 | 갈 **마**, 공이 **저**, 만들 **작**, 바늘 **침**

출전 | 잠확류서潛確類書

동류 | 철저마침鐵杵磨針

[마정방종摩頂放踵]

정수리를 연마하고 발꿈치를 버린다는 말이며, 머리에서 발끝까지 온몸이 닳도록 뛰어다니면서 천하를 위하여 수고를 아끼지 않는다는 뜻이다.

원문 | 摩頂放踵利天下
마 정 방 종 이 천 하

글자 | 연마할 **마**, 정수리 **정**, 버릴 **방**, 발꿈치 **종**

출전 | 맹자 진신盡心 상

[마중지봉麻中之蓬]

삼 가운데 쑥이라는 말이며, 좋은 환경에서 자라면 악한 사람도 착해진다는 뜻이다.

원문 | 蓬生麻中 不扶而直
봉 생 마 중 불 부 이 직

글자 | 삼 **마**, 가운데 **중**, 어조사 **지**, 쑥 **봉**

출전 | 순자 권학편

[마직우구馬織牛屨]

말이 짠 소의 신이라는 말이며, 엉성하고 거칠게 만든 물건을 빗댄 말이다.

글자 | 말 **마**, 짤 **직**, 소 **우**, 신 **구**

출전 | 동언해

[마천철연磨穿鐵硯]

쇠 벼루를 갈아서 뚫는다는 말이며, 학문에 열중하여 딴 데 마음을 쓰지 않는다는 뜻이다.

글자 | 갈 **마**, 뚫을 **천**, 쇠 **철**, 벼루 **연**

출전 | 오대사五代史

[마포구경麻浦九景]

마포의 아홉 가지 경치라는 말이며, 서울 남서쪽에 위치하는 한강을 중심한 아홉 가지 경치, 즉 용호제월龍湖霽月 · 마포귀범麻浦歸帆 · 관악청풍冠岳淸風 · 방학어화放鶴漁火 · 율도명사栗島明沙 · 농암모연籠巖暮煙 · 우산목적牛山牧笛 · 양진낙조楊津落照 · 여의비기汝矣飛機 등을 일컫는다. 세월이 변하여 자연 경관이 아닌 마포의 돌아오는 범선, 우산의 피리 부는 목동, 여의도의 비행기는 볼 수가 없다.

글자 | 삼 **마**, 물가 **포**, 경치 **경**

[마피모장馬疲毛長]

피로한 말은 털만 길다는 말이며, 빈천해지면 우둔해진다는 뜻이다.

글자 | 말 **마**, 노곤할 **피**, 털 **모**, 긴 **장**

동류 | 마수모장馬瘦毛長

[마한지력馬汗之力]

→ 한마지로汗馬之勞

[마행우급馬行牛及]

말 가는데 소도 간다는 말이며, 남이 할 수 있는 일이면 다른 사람도 꾸준히 하면 할 수 있다는 뜻이다.

글자 | 말 **마**, 갈 **행**, 소 **우**, 미칠 **급**

출전 | 고금석림

[마혁과시馬革裹屍]

말가죽으로 시체를 싼다는 말이며, 전쟁터에 나가 싸우다가 죽으리라는 뜻이다. 후한 광무제 때 마원馬援이 복파장군으로 교지交趾(지금의 베트남)를 평정하고 돌아와 후한 상을 받고 한 말 중의 한 구절이다. '지금 흉노匈奴와 오환烏桓이 북쪽 변방을 어지럽히고 있다. 이들을 정벌할 것을 청할 것이다. 사나이는 마땅히 싸움터에서 죽어야 한다. 말가죽으로 시체를 싸서 돌아와 장사지낼 뿐이다.'

원문 | 以馬革裹屍 環葬耳
이 마 혁 과 시 환 장 이

글자 | 말 **마**, 가죽 **혁**, 쌀 **과**, 주검 **시**

출전 | 후한서 마원전馬援傳

[마호체승馬好替乘]

말을 바꾸어 타면 좋다는 말이며, 딴 것으로 바꾸어 보는 것도 좋다는 뜻이다.

글자 | 말 **마**, 좋을 **호**, 바꿀 **체**, 탈 **승**

출전 | 동언해

[막가내하莫可奈何]

→ 무가내하無可奈何

[막감개구莫敢開口]

감히 입을 열지 못한다는 말이며, 말하기가 매우 어렵다는 뜻이다.

글자 | 말 **막**, 감히 **감**, 열 **개**, 입 **구**

출전 | 조선왕조 7대 세조실록

[막감수하莫敢誰何]

감히 누구도 어찌하지 말라는 말이며, 상대편을 누구도 건드리지 말라는 뜻이다.

글자 | 말 **막**, 감히 **감**, 누구 **수**, 어찌 **하**

출전 | 삼국지

[막강지국莫强之國]

크게 굳센 나라라는 말이며, 더할 수 없이 강한 나라라는 뜻이다.

글자 | 클 **막**, 굳셀 **강**, 어조사 **지**, 나라 **국**

출전 | 한말비사韓末秘史

[막강지궁莫强之弓]

크게 굳센 활이라는 말이며, 아주 단단하고 센 활을 일컫는다.

글자 | 클 **막**, 굳셀 **강**, 어조사 **지**, 활 **궁**

동류 | 막막강궁莫莫强弓

[막강지병莫强之兵]

크게 굳센 군사라는 말이며, 아주 강한 군대라는 뜻이다.

글자 | 클 **막**, 굳셀 **강**, 어조사 **지**, 군사 **병**

동류 | 막막강병莫莫强兵

[막고야산藐姑射山]

옥황상제가 산다는 산을 말한다. 이 산에는 신인神人이 살고 있어 인간세상과는 전혀 다른 별천지를 이루고 있다고 하는데, 장자는 이 신인을 통해 그가 이상으로 하는 인간상, 내면의 충실 등을 강조하려 한 것으로 보인다.

원문 | 邈姑射山 有神人居焉
막고야산 유신인거언

글자 | 아득할 **막**, 시어미 **고**, 산 이름 **야**, 뫼 **산**

출전 | 장자 소요유逍遙遊

[막능상상莫能相尙]

능히 서로 주장하지 못한다는 말이며, 상대방의 힘이 대단히 크다는 뜻이다.

원문 | 莫能相尙 無他 好臣其所教
막능상상 무타 호신기소교

글자 | 말 **막**, 능할 **능**, 서로 **상**, 주장할 **상**

출전 | 맹자 공손추公孫丑 하

[막담타단莫談他短]

다른 [사람의] 잘못을 말하지 말라는 말이다.

원문 | 莫談他短 靡恃己長
막담타단 미시기장

글자 | 말 **막**, 말씀 **담**, 다를 **타**, 잘못 **단**

출전 | 명심보감 정기편正己篇

[막도빈부莫道貧富]

가난과 부자를 말하지 말라는 말이며, 가난과 부유함을 따지지 말라는 뜻이다.

원문 | 莫道貧富別有種貧者還富富還貧
막도빈부별유종빈자환부부환빈

글자 | 말 **막**, 말할 **도**, 가난 **빈**, 부자 **부**

출전 | 김병연金炳淵의 민조시民調詩

[막령유주莫令遊走]

놀러 가지 말라는 말이다.

원문 | 女年長大 莫令遊走
여년장대 막령유주

글자 | 말 **막**, 하여금 **령**, 놀 **유**, 갈 **주**

출전 | 명심보감 훈자편訓子篇

[막막강궁莫莫强弓]

→ 막강지궁莫强之弓

[막막강병莫莫强兵]

→ 막강지병莫强之兵

[막막궁산寞寞窮山]

쓸쓸하고도 꽉 막힌 깊은 산이라는 말이다.

글자 | 쓸쓸할 **막**, 막힐 **궁**, 뫼 **산**

동류 | 막막강산寞寞江山

[막막대해漠漠大海]

아득하고 아득한 큰 바다라는 말이다.

글자 | 아득할 **막**, 큰 **대**, 바다 **해**

[막무가내莫無可奈]

어쩔 수 없다는 말이며, 한 번 정한 대

로 고집하여 도무지 융통성이 없다는 뜻이다.

글자 | 없을 **막**, 없을 **무**, 긍정할 **가**, 어찌 **내**

동류 | 무가내하無可奈何

[막부득이莫不得已]

이미 아니 얻을 수 없다라는 말이며, 하는 수 없이, 또는 마지못하여라는 뜻이다.

글자 | 없을 **막**, 아닐 **부**, 얻을 **득**, 이미 **이**

[막불감동莫不感動]

감동하지 않을 수 없다는 말이다.

글자 | 말 **막**, 아닐 **불**, 느낄 **감**, 움직일 **동**

[막불탄복莫不嘆服]

탄복하지 아니할 수 없다는 말이다.

글자 | 없을 **막**, 아닐 **불**, 감탄할 **탄**, 복종할 **복**

[막불흥기莫不興起]

일어나고 일으키지 않을 수 없다는 말이다.

원문 | 百世之下 聞者莫不興起也
백세지하 문자막불흥기야

글자 | 말 **막**, 아닐 **불**, 일어날 **흥**, 일으킬 **기**

출전 | 맹자 진심 하

[막비명야莫非命也]

숙명이라 아니할 수 없다는 말이며, 모두 운수소관이라는 뜻이다.

원문 | 莫非命也 順受其正
막비명야 순수기정

글자 | 없을 **막**, 아닐 **비**, 운수 **명**, 어조사 **야**

출전 | 맹자 진심 상

[막비왕신莫非王臣]

임금의 신하 아닌 [사람이] 없다는 말이다.

원문 | 率土之濱 莫非王臣
솔토지빈 막비왕신

글자 | 없을 **막**, 아닐 **비**, 임금 **왕**, 신하 **신**

출전 | 맹자 만장萬章 상, 천자문

[막비왕토莫非王土]

임금의 땅이 아닌 것이 없다는 말이다.

원문 | 詩云普天之下 莫非王土
시운보천지하 막비왕토

글자 | 없을 **막**, 아닐 **비**, 임금 **왕**, 땅 **토**

출전 | 맹자 만장萬章 상

[막상막하莫上莫下]

위도 없고 아래도 없다는 말이며, 어느 것이 좋고 어느 것이 못한지 분간할 수 없다는 뜻이다.

글자 | 없을 **막**, 윗 **상**, 아래 **하**

출전 | 송남잡지

[막상여위莫相予位]

나의 자리를 도울 [사람이] 없다는 말이며, 내 지위를 지켜줄 사람이 없다는 뜻이다.

글자 | 말 **막**, 도울 **상**, 나 **여**, 자리 **위**

[막선어례莫善於禮]

예도보다 더 착한 것은 없다는 말이다.

원문 | 安上治民 莫善於禮
안 상 치 민 막 선 어 례

글자 | 말 **막**, 착할 **선**, 어조사 **어**, 예도 **례**

출전 | 효경 광요도장廣要道章

[막선어조莫善於助]

[남을] 돕는 것보다 착한 것은 없다는 말이다.

글자 | 말 **막**, 착할 **선**, 어조사 **어**, 도울 **조**

[막선어효莫善於孝]

효도만큼 착한 것은 없다는 말이다.

원문 | 教民親愛 莫善於孝
교 민 친 애 막 선 어 효

글자 | 말 **막**, 착할 **선**, 어조사 **어**, 효도 **효**

출전 | 효경 광요도장廣要道章

[막습악주莫習樂酒]

풍악과 술을 배우지 말라는 말이며, 유흥에 빠지지 말라는 뜻이다.

원문 | 男年長大 莫習樂酒
남 년 장 대 막 습 악 주

글자 | 말 **막**, 익힐 **습**, 풍악 **악**, 술 **주**

출전 | 명심보감 훈자편訓子篇

[막엄지지莫嚴之地]

크게 엄한 땅이라는 말이며, 임금이 거처하는 곳을 빗댄 말이다.

글자 | 클 **막**, 엄할 **엄**, 어조사 **지**, 땅 **지**

[막여교자莫如教子]

아들을 가르치는 것과 같은 것이 없다는 말이며, 자식을 가르치는 것이 가장 좋은 일이라는 뜻이다.

원문 | 至要 莫如教子
지 요 막 여 교 자

글자 | 말 **막**, 같을 **여**, 가르칠 **교**, 아들 **자**

출전 | 명심보감 훈자편訓子篇

[막여수곡莫如樹穀]

곡식을 심는 것과 같은 것은 없다는 말이며, 농사짓는 것이 으뜸이라는 뜻이다.

원문 | 一年之計 莫如樹穀
일 년 지 계 막 여 수 곡

글자 | 말 **막**, 같을 **여**, 심을 **수**, 곡식 **곡**

출전 | 관자 권수편權修篇

[막여수목莫如樹木]

나무를 심는 것만 같지 못하다는 말이며, 나무를 심는 것이 십 년 계획에 해당한다는 뜻이다.

원문 | 十年之計 莫如樹木
십 년 지 계 막 여 수 목

글자 | 말 **막**, 같을 **여**, 심을 **수**, 나무 **목**

출전 | 관자 권수편權修篇

[막여수인莫如樹人]

사람을 심는 것만 같지 못하다는 말이며, 사람을 올바로 키우는 것이 최선이라는 뜻이다.

원문 | 終身之計 莫如樹人
종 신 지 계 막 여 수 인

글자 | 말 **막**, 같을 **여**, 심을 **수**, 사람 **인**

출전 | 관자 권수편權修篇

[막역지간莫逆之間]

→ 막역지우莫逆之友

[막역지교莫逆之交]

거스름이 없는 사귐이라는 말이며, 허물없이 아주 친한 사귐이라는 뜻이다.

글자 | 없을 **막**, 거스를 **역**, 어조사 **지**, 사귈 **교**

[막역지심莫逆之心]

거스름이 없는 마음이라는 말이며, 조금도 거리끼는 것이 없이 서로 뜻이 맞는 마음이라는 뜻이다.

글자 | 없을 **막**, 거스를 **역**, 어조사 **지**, 마음 **심**

동류 | 막역지간莫逆之間, 막역지우莫逆之友

[막역지우莫逆之友]

서로 마음이 어긋나는 바가 없는 벗이라는 말이며, 매우 절친한 친구 사이라는 뜻이다. 자사子祀, 자여子輿, 자리子犁, 자래子來 네 사람이 서로 이야기를 나누었다. 누가 능히 무無로써 머리를 삼고, 생生으로써 등을 삼고, 사死로써 궁둥이를 삼겠는가? 누가 살고 죽고 없는 것이 하나임을 알겠는가? 내가 그와 더불어 벗이 되리라. 이렇게 말하고 '네 사람은 서로 마주 보고 웃었다. 마음에 거슬림이 없이 드디어 서로 더불어 벗이 되었다.'

원문 | 四人相視而笑 莫逆於心 遂相與爲友
사인상시이소 막역어심 수상여위우

글자 | 없을 **막**, 거스를 **역**, 어조사 **지**, 벗 **우**

출전 | 장자 대종사大宗師

동류 | 막역지간莫逆之間, 막역어심莫逆於心

[막연부지漠然不知]

아득하여 알 수 없다는 말이다.

글자 | 아득할 **막**, 그럴 **연**, 아닐 **부**, 알 **지**

[막왕막래莫往莫來]

가는 일도 없고 오는 일도 없다는 말이며, 서로 왕래가 없다는 뜻이다.

글자 | 없을 **막**, 갈 **왕**, 올 **래**

[막중국사莫重國事]

크고도 무거운 나라의 일이라는 말이다.

글자 | 클 **막**, 무거울 **중**, 나라 **국**, 일 **사**

[막중대사莫重大事]

크고도 무거운 큰일이라는 말이며, 더할 수 없이 중요하고 커다란 일이라는 뜻이다.

글자 | 클 **막**, 무거울 **중**, 큰 **대**, 일 **사**

[막지기고莫知其故]

그 까닭을 알 수 없다는 말이다.

글자 | 없을 **막**, 알 **지**, 그 **기**, 연고 **고**

[막지동서莫知東西]

동서를 알지 못한다는 말이며, 사리를 분별하지 못한다는 뜻이다.

글자 | 없을 **막**, 알 **지**, 동녘 **동**, 서녘 **서**

[막차위심莫此爲甚]

이럴 수 없이 심하다는 말이다.

글자 | 없을 **막**, 이 **차**, 할 **위**, 심할 **심**

[막천석지幕天席地]

하늘을 장막으로 삼고 땅을 자리로 삼는다는 말이며, 호방하여 천지를 자기 거소로 삼는다, 또는 정처 없이 떠돌아다니는 신세라는 뜻이다.

글자 | 막 **막**, 하늘 **천**, 자리 **석**, 땅 **지**

출전 | 유령劉伶의 주덕송酒德頌

[막천적지寞天寂地]

쓸쓸한 하늘이 고요하다는 말이며, 쓸쓸하고 적막하다는 뜻이다.

원문 | **去時則日 寞天寂地**
거 시 즉 일 막 천 적 지

글자 | 쓸쓸할 **막**, 하늘 **천**, 고요할 **적**, 땅 **지**

출전 | 칠수유고七修類稿

[막현호은莫見乎隱]

숨겨진 것보다 잘 드러나는 것은 없다는 말이며, 혼자 있어도 남 몰래 하는 일은 없어야 한다는 뜻이다.

글자 | 없을 **막**, 드러날 **현**, 어조사 **호**, 숨을 **은**

출전 | 중용 1장

유사 | 군자신독君子愼獨

[막후교섭幕後交涉]

장막 뒤에서 만나 돌아다닌다는 말이며, 공개로 하지 않고 뒤에서 하는 교섭을 일컫는다.

글자 | 장막 **막**, 뒤 **후**, 만날 **교**, 돌아다닐 **섭**

[만강혈성滿腔血誠]

뼈대에 찬 피 끓는 정성이라는 말이며, 참된 정성이라는 뜻이다.

글자 | 찰 **만**, 뼈대 **강**, 피 **혈**, 정성 **성**

[만경유리萬頃琉璃]

만 이랑의 유리라는 말이며, 아름답고 평평한 바다를 빗댄 말이다.

글자 | 일만 **만**, 이랑 **경**, 유리 **유**, 유리 **리**

출전 | 두보杜甫의 시

[만경창파萬頃蒼波]

백만 이랑의 푸른 물결이라는 말이며, 넓고 넓은 바다라는 뜻이다.

글자 | 일만 **만**, 백 이랑 **경**, 푸를 **창**, 물결 **파**

출전 | 송남잡지

[만경출사萬頃出使]

백만 이랑에 나가 부린다는 말이며,

포교捕校가 정처 없이 죄인을 잡으러 다닌다는 뜻이다.

글자 | 일만 **만**, 백 이랑 **경**, 나갈 **출**, 부릴 **사**

[만경타령萬頃打令]

백만 이랑에서 큰소리친다는 말이며, 요긴한 일을 등한히 한다는 뜻이다.

글자 | 일만 **만**, 백 이랑 **경**, 칠 **타**, 개 목소리 **령**

[만고강산萬古江山]

오랜 세월 변함없는 강산이라는 말이다.

글자 | 여러 **만**, 하늘 **고**, 강 **강**, 뫼 **산**

[만고불멸萬古不滅]

여러 하늘에 멸하지 않는다는 말이며, 오랜 세월을 두고 길이 없어지지 않는다는 뜻이다.

글자 | 여러 **만**, 하늘 **고**, 아닐 **불**, 멸할 **멸**

[만고불변萬古不變]

오랜 세월 변하지 않는다는 말이다.

글자 | 여러 **만**, 옛일 **고**, 아닐 **불**, 변할 **변**

[만고불역萬古不易]

오랜 세월 바뀌지 아니한 것을 말하며 영원한 가치가 있다는 뜻이다.

글자 | 여러 **만**, 옛일 **고**, 아닐 **불**, 바꿀 **역**

동류 | 만세불역萬世不易

[만고불후萬古不朽]

오랜 세월을 두고 썩지 않는다는 말이다.

글자 | 여러 **만**, 옛일 **고**, 아닐 **불**, 썩을 **후**

동류 | 만세불후萬世不朽

[만고상청萬古常青]

오랜 세월 언제나 푸르다는 말이다.

글자 | 여러 **만**, 하늘 **고**, 항상 **상**, 푸를 **청**

출전 | 이황李滉의 글

[만고역적萬古逆賊]

오랜 세월에 걸쳐 그 유례類例가 없는 역적이라는 말이다.

글자 | 여러 **만**, 하늘 **고**, 거스를 **역**, 도적 **적**

[만고절담萬古絶談]

오랜 세월에 걸쳐 그 유례가 없는 뛰어난 말이라는 뜻이다.

글자 | 여러 **만**, 하늘 **고**, 뛰어날 **절**, 말씀 **담**

[만고절색萬古絶色]

지금까지 가장 뛰어난 미색美色이라는 말이다.

글자 | 일만 **만**, 옛 **고**, 뛰어날 **절**, 빛 **색**

[만고절창萬古絶唱]

오랜 세월에 걸쳐 가장 뛰어난 명창이라는 말이다.

글자 | 여러 **만**, 하늘 **고**, 뛰어날 **절**, 부

를 **창**

[만고천추萬古千秋]

여러 하늘과 천년의 가을이라는 말이며, 천만년의 기나긴 세월이라는 뜻이다.

글자 | 여러 **만**, 하늘 **고**, 일천 **천**, 가을 **추**

출전 | 유희이劉希夷 공자행公子行

[만고천하萬古天下]

아득한 옛날의 하늘 아래라는 말이며, 오랜 세상이라는 뜻이다.

글자 | 여러 **만**, 옛 **고**, 하늘 **천**, 아래 **하**

[만고풍상萬古風霜]

오랜 세월의 바람서리라는 말이며, 오랜 세월을 겪어 온 수 많은 고생이라는 뜻이다.

글자 | 여러 **만**, 하늘 **고**, 바람 **풍**, 서리 **상**

[만고풍설萬古風雪]

→ 만고풍상萬古風霜

[만과낙방萬科落榜]

여러 과거科擧에서 떨어졌다는 말이다.

글자 | 여러 **만**, 과거 **과**, 떨어질 **낙**, 방 **방**

[만교천미萬嬌千媚]

만 가지 맵시와 천 가지 아름다운 모양이라는 말이며, 아리따운 태도로 아양을 떠는 모양을 일컫는다.

글자 | 일만 **만**, 맵시 **교**, 일천 **천**, 아름다운 모양 **미**

출전 | 창선감의록彰善感義錄

[만구성비萬口成碑]

만인의 말이 비석을 세운다는 말이며, 많은 사람의 칭찬이 비를 세우는 것과 같다는 뜻이다.

글자 | 일만 **만**, 입 **구**, 이룰 **성**, 돌기둥 **비**

[만구일담萬口一談]

만인의 입이 한 가지 말이라는 말이며, 여러 사람의 말이 일치한다는 뜻이다.

글자 | 일만 **만**, 입 **구**, 말씀 **담**

[만구전파萬口傳播]

여러 사람의 입을 통하여 온 세상에 널리 퍼진다는 말이다.

글자 | 여러 **만**, 입 **구**, 전할 **전**, 펼 **파**

[만구칭송萬口稱頌]

만인의 입이 칭찬한다는 말이며, 여러 사람이 모두 하나같이 칭찬한다는 뜻이다.

글자 | 일만 **만**, 입 **구**, 말할 **칭**, 칭송할 **송**

[만구칭찬萬口稱讚]

여러 사람이 한결같이 칭찬한다는 말이다.

글자 | 여러 **만**, 입 **구**, 말할 **칭**, 칭찬할 **찬**

[만국공법萬國公法]

여러 나라의 공변된 법이라는 말이며, 국제법을 일컫는다.

글자 | 여러 **만**, 나라 **국**, 공변될 **공**, 법 **법**

[만국도성萬國都城]

여러 나라의 도읍이라는 말이며, 모든 나라의 중심이 되는 수도를 일컫는다.

원문 | 萬國都城如蟻蛭
만 국 도 성 여 의 질

글자 | 여러 **만**, 나라 **국**, 도읍 **도**, 재 **성**

출전 | 서산대사의 등향로봉登香爐峰

[만권독파萬卷讀破]

일만의 책을 다 읽었다는 말이며, 많은 책을 처음부터 끝까지 다 읽었다는 뜻이다.

글자 | 일만 **만**, 책 **권**, 읽을 **독**, 다할 **파**

[만권시서萬卷詩書]

여러 권의 시와 글이라는 말이다.

글자 | 여러 **만**, 책 **권**, 귀글 **시**, 글 **서**

[만귀잠잠萬鬼潛潛]

여러 귀신이 잠겼다는 말이며, 깊은 밤에 모든 것이 다 자는 듯이 고요하다는 뜻이다.

글자 | 여러 **만**, 귀신 **귀**, 잠길 **잠**

[만근이래輓近以來]

수레를 끌어 가까이 오게 한다는 말이며, 몇 해 전부터 이제까지 계속되어 오는 동안이라는 뜻이다.

글자 | 수레 끌 **만**, 가까울 **근**, 써 **이**, 올 **래**

[만근지래輓近之來]

→ 만근이래輓近以來

[만금불환萬金不換]

만금을 [주어도] 바꾸지 않는다는 말이며, 값진 글을 짓게 하는 좋은 먹(墨)을 빗댄 말이다.

글자 | 일만 **만**, 금 **금**, 아닐 **불**, 바꿀 **환**

[만기친람萬機親覽]

여러 기회를 친히 본다는 말이며, 임금이 모든 정사를 친히 보살핀다는 뜻이다.

글자 | 여러 **만**, 기회 **기**, 친할 **친**, 볼 **람**

[만년불패萬年不敗]

오랜 세월에 걸쳐 패하지 않는다는 말이다.

글자 | 여러 **만**, 해 **년**, 아닐 **불**, 패할 **패**

[만년설원萬年雪原]

일만 년의 눈 들판이라는 말이며, 언제나 눈이 덮여 있는 평원을 일컫는다.

글자 | 일만 **만**, 해 **년**, 눈 **설**, 들 **원**

[만년지계萬年之計]

만년의 계교라는 말이며, 아주 먼 훗날을 내다본 계획이라는 뜻이다.

글자 | 일만 **만**, 해 **년**, 어조사 **지**, 계교 **계**

동류 | 장구지계長久之計

[만년지택萬年之宅]

만년의 집이라는 말이며, 오래 견디도록 기초를 아주 튼튼히 잘 지은 집이라는 뜻이다.

글자 | 일만 **만**, 해 **년**, 어조사 **지**, 집 **택**

[만단개유萬端改諭]

여러 가지 실마리로 빗대어 고친다는 말이며, 여러 가지 말로 타이른다는 뜻이다.

글자 | 여러 **만**, 실마리 **단**, 고칠 **개**, 비유할 **유**

[만단구기萬端俱起]

여러 실마리가 함께 일어난다는 말이다.

글자 | 여러 **만**, 실마리 **단**, 함께 **구**, 일어날 **기**

출전 | 전국책

[만단설화萬端說話]

여러 가지 실마리의 이야기들이라는 말이며, 가슴속에 서리고 서린 모든 이야기라는 뜻이다.

글자 | 여러 **만**, 실마리 **단**, 말씀 **설**, 이야기 **화**

[만단수심萬端愁心]

여러 가지 실마리로 일어나는 근심스러운 마음이라는 말이다.

글자 | 여러 **만**, 실마리 **단**, 근심 **수**, 마음 **심**

동류 | 만단수회萬端愁懷

[만단애걸萬端哀乞]

여러 가지 실마리로 슬프게 구걸한다는 말이며, 남에게 온갖 말로 사정하며 구걸한다는 뜻이다.

글자 | 여러 **만**, 실마리 **단**, 슬플 **애**, 구걸할 **걸**

[만단의혹萬端疑惑]

여러 가지 실마리의 의심이라는 말이다.

글자 | 여러 **만**, 실마리 **단**, 의심할 **의**, 의심낼 **혹**

[만단정화萬端情話]

여러 가지 실마리의 마음속 이야기라는 말이다.

글자 | 여러 **만**, 실마리 **단**, 마음속 **정**, 말씀 **화**

[만단정회萬端情懷]

여러 가지 실마리의 품은 마음속이라는 말이다.

글자 | 여러 **만**, 실마리 **단**, 마음속 **정**, 품을 **회**

[만당귀빈滿堂貴賓]

집에 가득 찬 귀한 손님이라는 말이다.

글자 | 찰 **만**, 집 **당**, 귀할 **귀**, 손 **빈**

[만당추수滿塘秋水]

못에 가득 찬 가을의 맑은 물이라는 말이다.

글자 | 찰 **만**, 못 **당**, 가을 **추**, 물 **수**

[만대불변萬代不變]

→ 만세불변萬世不變

[만대불역萬代不易]

→ 만세불역萬世不易

[만대불후萬代不朽]

만대에 걸쳐 썩지 아니한다는 말이며, 영원히 썩거나 없어지지 아니한다는 뜻이다.

글자 | 일만 **만**, 대수 **대**, 아닐 **불**, 썩을 **후**

[만대영화萬代榮華]

여러 대에 걸쳐 누리는 영화라는 말이다.

글자 | 여러 **만**, 대 **대**, 영화 **영**, 빛날 **화**

[만대유전萬代流傳]

여러 대에 걸쳐 전해 내려온다는 말이다.

글자 | 여러 **만**, 대 **대**, 흐를 **유**, 전할 **전**

[만뢰구적萬籟俱寂]

여러 피리가 모두 고요하다는 말이며, 밤이 깊어 아무 움직임의 소리도 없이 잠잠하여 아주 고요하고 조용하다는 뜻이다.

글자 | 여러 **만**, 피리 **뢰**, 다 **구**, 고요할 **적**

[만륙유경萬戮猶輕]

만 번 죽여도 오히려 가볍다는 말이며, 죄악이 너무 커서 만 번을 죽여도 오히려 그 벌이 가볍다는 뜻이다.

글자 | 일만 **만**, 죽일 **륙**, 오히려 **유**, 가벼울 **경**

유사 | 만사무석萬死無惜

[만리동풍萬里同風]

일만 리가 같은 풍속風俗이라는 말이며, 천하가 통일되면 풍속이 같아진다는 뜻이다.

글자 | 일만 **만**, 마을 **리**, 같을 **동**, 풍속 **풍**

출전 | 한서

동류 | 백대동풍百代同風

[만리변성萬里邊城]

일만 리의 변두리 성이라는 말이며, 멀리 떨어진 국경 부근의 성을 일컫는다.

원문 | 萬里邊城 一長劍
만 리 변 성 일 장 검

글자 | 일만 **만**, 이수 **리**, 기 **변**, 성 **성**

출전 | 김종서金宗瑞의 시

[만리옥야萬里沃野]

일만 리에 걸친 기름진 들판이라는 말이다.

글자 | 일만 **만**, 이수 **리**, 기름질 **옥**, 들 **야**

[만리장강萬里長江]

일만 리의 긴 강이라는 말이다.

글자 | 일만 **만**, 이수 **리**, 긴 **장**, 강 **강**

[만리장공萬里長空]

일만 리의 긴 하늘이라는 말이며, 매우 넓은 하늘이라는 뜻이다.

글자 | 일만 **만**, 이수 **리**, 긴 **장**, 하늘 **공**

[만리장서萬里長書]

아주 긴 글을 일컫는다.

글자 | 일만 **만**, 이수 **리**, 긴 **장**, 글 **서**

[만리장설萬里長舌]

퍽 장황하게 늘어놓는 말을 일컫는다.

글자 | 일만 **만**, 이수 **리**, 긴 **장**, 혀 **설**

[만리장성萬里長城]

일만 리에 걸친 긴 성이라는 말이며, 서로 드나들 수 없도록 가로막는 크고 긴 장벽을 빗댄 말이다. 또한 중국의 화북과 내몽고와의 경계선에 동서로 길게 뻗은 성벽을 가리키는데, 이는 산해관山海關에서 감숙성甘肅省 가욕관嘉峪關에 이르며 전국시대에 현재의 위치보다 훨씬 북쪽에 흉노를 막기 위해 부분적으로 쌓았던 것을 진시황이 완성했다. 남북조 시대에는 거란을 막기 위해 현재의 위치에 쌓았는데, 길이는 약 2,300킬로에 이른다.

글자 | 이만 **만**, 이수 **리**, 긴 **장**, 성 **성**

[만리장정萬里長程]

일만 리의 긴 이수라는 말이며, 가야 할 먼 길이라는 뜻이다.

글자 | 일만 **만**, 이수 **리**, 긴 **장**, 이수 **정**

[만리장천萬里長天]

일만 리의 긴 하늘이라는 말이며, 아득히 높고 먼 하늘이라는 뜻이다.

글자 | 일만 **만**, 이수 **리**, 긴 **장**, 하늘 **천**

출전 | 장자 소요유逍遙遊

[만리전정萬里前程]

일만 리와 같은 앞길이라는 말이며, 희망에 부푼 젊은이의 앞길을 빗댄 말이다.

글자 | 일만 **만**, 이수 **리**, 앞 **전**, 길 이수 **정**

[만리지망萬里之望]

일만 리에 이르고자 하는 희망을 말하며 장래의 입신출세를 뜻한다.

글자 | 일만 **만**, 마을 **리**, 어조사 **지**, 바랄 **망**

[만리지임萬里之任]

먼 지방에 나가서 맡아보는 임무를 말한다.

글자 | 일만 **만**, 이수 **리**, 어조사 **지**, 맡길 **임**

[만리창파萬里滄波]

일만 리의 서늘한 물결이라는 말이며, 끝없이 넓은 바다라는 뜻이다.

글자 | 일만 **만**, 이수 **리**, 서늘할 **창**, 물결 **파**

[만리타향萬里他鄕]

일만 리의 다른 고향이라는 말이며, 조국이나 고향에서 멀리 떨어진 다른 지방이라는 뜻이다.

글자 | 일만 **만**, 이수 **리**, 다를 **타**, 고향 **향**

[만리호치曼理皓齒]

아름다운 성품과 빛나는 이라는 말이며, 아름다운 여인이라는 뜻이다.

원문 | 曼理皓齒 說情而損精
만 리 호 치 설 정 이 손 정

글자 | 아름다울 **만**, 성품 **리**, 빛날 **호**, 이 **치**

출전 | 춘추좌씨전 희공僖公 30년, 한비자 양권楊權

[만만다행萬萬多幸]

→ 천만다행千萬多幸

[만만부당萬萬不當]

여러 만 번 마땅하지 않다는 말이다.

글자 | 여러 **만**, 일만 **만**, 아닐 **부**, 마땅 **당**

[만만불가萬萬不可]

여러 만 번 옳지 않다는 말이다.

글자 | 여러 **만**, 일만 **만**, 아닐 **불**, 옳을 **가**

[만만출세萬萬出世]

여러 개가 세상에 나온다는 말이며, 많은 부처가 차례대로 이 세상에 나타난다는 뜻이다.

글자 | 여러 **만**, 날 **출**, 세상 **세**

[만맥지방蠻貊之邦]

오랑캐의 나라라는 말이며, 미개한 나라를 뜻한다. 만蠻은 중국 남쪽의 오랑캐를 가리키고, 맥貊은 북쪽의 오랑캐를 가리킨다.

글자 | 오랑캐 **만**, 북방 종족 **맥**, 어조사 **지**, 나라 **방**

출전 | 논어

[만면수색滿面愁色]

얼굴에 가득 찬 근심의 빛이라는 말이다.

글자 | 찰 **만**, 얼굴 **면**, 근심 **수**, 빛 **색**

[만면수참滿面羞慚]

얼굴에 가득한 부끄러운 기색이라는 말이다.

글자 | 많을 **만**, 얼굴 **면**, 부끄러워할 **수**, 부끄러워할 **참**

[만면춘색滿面春色]

→ 만면희색滿面喜色

[만면춘풍滿面春風]

→ 만면희색滿面喜色

[만면희색滿面喜色]

얼굴에 가득한 기쁜 빛이라는 말이다.

글자 | 찰 **만**, 얼굴 **면**, 기쁠 **희**, 빛 **색**

[만목소시萬目所視]

많은 눈이 보는 바와 같이라는 말이다.

글자 | 많을 **만**, 눈 **목**, 바 **소**, 볼 **시**

[만목소연滿目蕭然]

눈에 띄는 온갖 것이 쓸쓸하다는 말이다.

글자 | 찰 **만**, 눈 **목**, 쓸쓸할 **소**, 그럴 **연**

출전 | 범중엄范仲淹의 글

[만목수참滿目愁慘]

눈에 띄는 모든 것이 근심과 아픔이라는 말이다.

글자 | 찰 **만**, 눈 **목**, 근심 **수**, 아플 **참**

[만목황량滿目荒凉]

눈에 띄는 모든 것이 거칠고 처량하다는 말이다.

글자 | 찰 **만**, 눈 **목**, 거칠 **황**, 서늘할 **량**

[만무시리萬無是理]

도무지 그럴 리가 없다는 말이다.

글자 | 여러 **만**, 없을 **무**, 이 **시**, 도리 **리**

출전 | 송남잡지

[만무일실萬無一失]

만에 하나도 잃은 것이 없다는 말이며, 실패한 적이 전혀 없다는 뜻이다.

글자 | 일만 **만**, 없을 **무**, 잃을 **실**

유사 | 만불실일萬不失一

[만물부모萬物父母]

모든 물건의 어버이라는 말이며, 만물은 건乾에서 비롯되고 인간의 윤리는 아버지를 하늘로 친다는 뜻이다.

원문 | 惟天地萬物父母 惟人萬物之靈
유천지만물부모 유인만물지령

글자 | 일만 **만**, 물건 **물**, 아비 **부**, 어미 **모**

출전 | 효경 성치장聖治章

[만물상연萬物相緣]

여러 가지 물건이 서로 [인연을] 맺고 있다는 말이다.

글자 | 여러 **만**, 물건 **물**, 서로 **상**, 맺을 **연**

[만물생성萬物生成]

여러 가지 물건이 생겨나고 이루어진다는 말이다.

글자 | 여러 **만**, 물건 **물**, 날 **생**, 이룰 **성**

출전 | 노자 34장

[만물유전萬物流轉]

만물은 흐르고 굴러간다는 말이다.

글자 | 일만 **만**, 물건 **물**, 흐를 **유**, 구를 **전**

출전 | 아리스토텔레스의 천체론天體論

[만물일부萬物一府]

여러 가지 물건은 한 곳에 있다는 말이며, 온갖 사물은 아무 차별이 없다는 뜻이다.

글자 | 여러 **만**, 물건 **물**, 곳집 **부**

출전 | 장자 재유편在宥篇

[만물지변萬物之變]

만물의 변화라는 말이다.

글자 | 여러 **만**, 물건 **물**, 어조사 **지**, 변할 **변**

출전 | 춘향전

[만물지영萬物之靈]

만물의 영장이라는 말이며, 사람을 일컫는다.

글자 | 일만 **만**, 물건 **물**, 어조사 **지**, 신령 **영**

출전 | 서경 태서泰誓 상

[만물지장萬物之長]

→ 만물지영萬物之靈

[만물지조萬物之祖]

모든 물건의 할아버지라는 말이며, 하늘을 뜻한다.

글자 | 일만 **만**, 물건 **물**, 어조사 **지**, 할아비 **조**

출전 | 춘추번로春秋繁露

[만물지준萬物之準]

만물의 법이라는 말이며, 물은 만물의 기준이라는 뜻이다.

원문 | 是以水者 萬物之準
시이수자 만물지준

글자 | 여러 **만**, 만물 **물**, 어조사 **지**, 법 **준**

출전 | 관자 수지편水地篇

[만물화생萬物化生]

만물은 살아나게 된다는 말이며, 음양이 서로 화하여 만물을 낳는다는 뜻이다.

원문 | 男女構精 萬物化生
남녀구정 만물화생

글자 | 일만 **만**, 물건 **물**, 될 **화**, 살 **생**

출전 | 주역 계사전繫辭傳 하

[만물회생萬物回生]

만물이 되살아나게 된다는 말이다.

원문 | 春風到處 萬物回生
춘풍도처 만물회생

글자 | 일만 **만**, 물건 **물**, 돌아올 **회**, 날 **생**

출전 | 토정비결

[만민평등萬民平等]

일만의 백성이 고르다는 말이며, 모든 백성의 자격 · 권리 · 의무 등이 차별 없이 고르다는 뜻이다.

원문 | 天賦人權 萬民平等
천부인권 만민평등

글자 | 일만 **만**, 백성 **민**, 고를 **평**, 고를 **등**

[만반진수滿盤珍羞]

소반에 가득 찬 맛 좋은 반찬이라는 말이다.

원문 | 死後滿盤珍羞 不如生前一杯酒
사후만반진수 불여생전일배주

글자 | 찰 **만**, 소반 **반**, 맛 좋을 **진**, 반찬 **수**

[만발공양萬鉢供養]

많은 바릿대를 베풀어 봉양한다는 말이며, 절간에서 많은 바릿대에 밥을 수북하게 담아서 많은 대중에게 베푼다는 뜻이다.

글자 | 많을 **만**, 바릿대 **발**, 베풀 **공**, 봉양할 **양**

[만범순풍滿帆順風]

돛에 가득한 순한 바람이라는 말이며, 배가 순풍을 만났다는 뜻이다.

글자 | 가득할 **만**, 돛단배 **범**, 순할 **순**, 바람 **풍**

[만벽서화滿壁書畵]

벽에 가득한 글과 그림이라는 말이다.

글자 | 가득할 **만**, 벽 **벽**, 글 **서**, 그림 **화**

[만병통치萬病通治]

여러 병을 뚫고 효험이 있다는 말이며, 한 가지 약이 여러 가지 병을 고칠 수 있다는 뜻이다.

글자 | 여러 **만**, 병들 **병**, 뚫릴 **통**, 효험 **치**

[만복경륜滿腹經綸]

경험과 능력이 뱃속에 가득 찼다는 말이며, 마음속에 경륜이 가득 찼다는 뜻이다.

원문 | 滿腹經綸 白髮不第
만 복 경 륜 백 발 부 제

글자 | 찰 **만**, 배 **복**, 경영할 **경**, 얽어 쌀 **륜**

출전 | 여몽정呂蒙正의 파요부破窯賦

[만부득이萬不得已]

여러 가지로 얻을 수 없다는 말이며, 정말로 어쩔 수 없다는 뜻이다.

글자 | 여러 **만**, 아닐 **부**, 얻을 **득**, 이미 **이**

[만부부당萬夫不當]

여러 장부丈夫로도 능히 당하지 못한다는 말이다.

글자 | 여러 **만**, 지아비 **부**, 아닐 **부**, 대적할 **당**

출전 | 삼국지 인물열전

[만부지망萬夫之望]

일만 남자가 바라는 것이라는 말이며, 천하 만민이 우러러 사모한다는 뜻이다.

원문 | 君子知微知彰知柔知剛萬夫之望
군 자 지 미 지 창 지 유 지 강 만 부 지 망

글자 | 일만 **만**, 지아비 **부**, 어조사 **지**, 바랄 **망**

출전 | 주역 계사전繫辭傳 하

[만부지장萬夫之長]

여러 지아비의 어른이라는 말이며, 임금을 일컫는 다.

글자 | 여러 **만**, 지아비 **부**, 어조사 **지**, 어른 **장**

출전 | 서경 상서편商書篇

[만분다행萬分多幸]

만으로 나누어 다행이라는 말이며,

의외로 일이 잘 되어 정말로 아주 다행하다는 뜻이다.

글자 | 일만 **만**, 나눌 **분**, 많을 **다**, 다행할 **행**

[만분위중萬分危重]

매우 위중하다는 말이다.

글자 | 일만 **만**, 나눌 **분**, 위태할 **위**, 무거울 **중**

[만불근리萬不近理]

여러 가지 도리에 가깝지 않다는 말이며, 전혀 이치에 맞지 않다는 뜻이다.

글자 | 여러 **만**, 아닐 **불**, 가까울 **근**, 도리 **리**

[만불근사萬不近似]

결단코 가깝고 같지 않다는 말이며, 매우 다르다는 뜻이다.

글자 | 결단코 **만**, 아닐 **불**, 가까울 **근**, 같을 **사**

[만불성설萬不成說]

여러 가지 말을 이룰 수 없다는 말이며, 전혀 말이 되지 않는다는 뜻이다.

글자 | 여러 **만**, 아닐 **불**, 이룰 **성**, 말씀 **설**

[만불성양萬不成樣]

전혀 모양이 갖추어지지 않았다는 말이다.

글자 | 여러 **만**, 아닐 **불**, 이룰 **성**, 본보기 **양**

[만불실일萬不失一]

만에 하나도 과실이 없다는 말이다.

글자 | 일만 **만**, 아닐 **불**, 잃을 **실**

출전 | 사기 회음후淮陰侯 열전

유사 | 만무일실萬無一失

[만사무석萬死無惜]

만 번 죽어도 아깝지 않다는 말이며, 죄가 무겁다는 뜻이다.

글자 | 일만 **만**, 죽을 **사**, 없을 **무**, 아까울 **석**

출전 | 전우치전田禹治傳

동류 | 만륙유경萬戮猶輕

[만사무심萬事無心]

모든 일에 관심이 없다는 말이며, 어떤 근심이 있어 만사가 시들하여 마음을 쓰는 일이 없다는 뜻이다.

원문 | 萬事無心一釣竿三公不換此江山
만 사 무 심 일 조 간 삼 공 불 환 차 강 산

글자 | 일만 **만**, 일 **사**, 없을 **무**, 마음 **심**

출전 | 대복고戴復古 조대釣臺

[만사불여萬事不如]

여러 가지 일이 같지 않다는 말이며, 세상 일이 마음대로 되지 않는다는 뜻이다.

원문 | 萬事不如眠食穩何須苦覓養生方
만 사 불 여 면 식 온 하 수 고 멱 양 생 방

글자 | 여러 **만**, 일 **사**, 아닐 **불**, 같을 **여**

출전 | 장자 내편 양생주養生主

[만사여생萬死餘生]

여러 번 죽고 살아남았다는 말이며, 정말 죽을 고비를 벗어나 살아나게 된 목숨이라는 뜻이다.

글자 | 여러 **만**, 죽을 **사**, 남을 **여**, 살 **생**

출전 | 송남잡지

[만사여의萬事如意]

모든 일이 뜻과 같이 잘 된다는 말이다.

글자 | 일만 **만**, 일 **사**, 같을 **여**, 뜻 **의**

유사 | 만사형통萬事亨通

[만사와해萬事瓦解]

모든 일이 무너졌다는 말이며, 한 가지 잘못으로 모든 일이 한꺼번에 무너졌다는 뜻이다.

글자 | 일만 **만**, 일 **사**, 기와 **와**, 빠갤 **해**

유사 | 토붕와해土崩瓦解

[만사유경萬死猶輕]

만 번 죽어도 오히려 가볍다는 말이며, 만 번을 죽는다 해도 도리어 가벼울 정도로 죄가 무겁다는 뜻이다.

원문 | 趙雲之罪 萬死猶輕
조운지죄 만사유경

글자 | 일만 **만**, 죽을 **사**, 오히려 **유**, 가벼울 **경**

출전 | 삼국지연의

동류 | 만륙유경萬戮猶輕

[만사일생萬死一生]

만 번 죽을 고비에서 한 번 살아났다는 말이며, 어려운 고비를 여러 번 겪었다는 뜻이다.

글자 | 일만 **만**, 죽을 **사**, 날 **생**

출전 | 후한서 경공전耿公傳

[만사종관萬事從寬]

만사는 너그러움을 따른다는 말이며, 만사를 관대하게 대한다는 뜻이다.

원문 | 萬事從寬 其福自厚
만사종관 기복자후

글자 | 여러 **만**, 일 **사**, 따를 **종**, 너그러울 **관**

출전 | 명심보감 정기편正己篇

[만사태평萬事太平]

모든 일이 매우 평탄하다는 말이며, 모든 일이 잘 되어 가는 것으로 생각하여 관심 없고 안일하다는 뜻이다.

글자 | 일만 **만**, 일 **사**, 클 **태**, 평탄할 **평**

[만사형통萬事亨通]

모든 일이 잘 통하고 있다는 말이며, 모든 일이 거리낌 없이 뜻대로 잘 된다는 뜻이다.

글자 | 일만 **만**, 일 **사**, 형통할 **형**, 통할 **통**

출전 | 주역 건괘乾卦

[만사휴의萬事休矣]

모든 일이 끝났다는 말이며, 모든 일이 헛수고로 돌아간다는 뜻이다. 형

ㅁ

남荊南이라는 작은 나라의 왕손 보욱이 있었는데 그의 행동이 심상치 않아 백성들은 '모든 일이 끝났다.' 고 생각했는데, 예상대로 그는 왕위에 오르자 정사는 등한히 하고 사치스럽고 음탕한 생활만 즐겨 나라는 곧 멸망하게 되었다.

글자 | 일만 **만**, 일 **사**, 쉴 **휴**, 어조사 **의**

출전 | 송사 형남고씨세가荊南高氏世家

동류 | 만사휴지萬事休止

[만사휴지萬事休止]

→ 만사휴의萬事休矣

[만산편야滿山遍野]

산과 들에 두루 가득하다는 말이다.

글자 | 가득할 **만**, 메 **산**, 두루 **편**, 들 **야**

[만산홍엽滿山紅葉]

산에 가득한 붉은 잎이라는 말이며, 온 산에 가득한 단풍의 붉은 잎이라는 뜻이다.

글자 | 가득할 **만**, 뫼 **산**, 붉을 **홍**, 잎 **엽**

[만상대반挽裳對飯]

치마를 당기고 마주 앉아 밥을 먹는다는 말이며, 외간 남자가 아내의 치마를 당기고 마주 앉아 밥을 먹다가 그 남편이 보고 화가 나서 잘못 죽였을 경우, 모두 가벼운 형률에 따르도록 하라는 이조시대의 왕명을 일컫는다. 간통죄가 62년 만에 폐지되어 우리나라가 새로운 사회질서 속으로 이행되는 전환점에 서있다.

글자 | 당길 **만**, 치마 **상**, 대할 **대**, 밥 **반**

출전 | 일성록日省錄 정조 17년조

[만성풍우滿城風雨]

성 안에 비바람이 가득하다는 말이며, 여론이 파다하고 소문이 자자하다는 뜻이다.

원문 | 滿城風雨 近重陽
만 성 풍 우 근 중 양

글자 | 찰 **만**, 성 **성**, 바람 **풍**, 비 **우**

출전 | 냉재야화冷齋夜話, 시화총귀詩話總龜

[만세동락萬歲同樂]

일만 해를 같이 즐긴다는 말이며, 영원히 오래도록 함께 즐긴다는 뜻이다.

글자 | 일만 **만**, 해 **세**, 같을 **동**, 즐거울 **락**

[만세무강萬世無疆]

여러 세대에 걸쳐 끝이 없다는 말이다. 서경의 글이다. '실로 만세에 이어지는 끝없는 아름다움입니다.'

원문 | 實萬世無疆之休
실 만 세 무 강 지 휴

글자 | 여러 **만**, 세대 **세**, 없을 **무**, 한끝 **강**

출전 | 서경 상서商書

[만세불간萬世不刊]

여러 세대에 걸쳐 깎이지 않는다는 말이며, 영원히 전한다는 뜻이다.

글자 | 여러 **만**, 세대 **세**, 아닐 **불**, 깎을 **간**

[만세불망萬世不忘]

여러 세대에 걸쳐 잊지 않는다는 말이며, 은덕이나 은혜를 오랜 세월을 두고 잊지 않는다는 뜻이다.

글자 | 여러 **만**, 세대 **세**, 아닐 **불**, 잊을 **망**

출전 | 사기 전숙田叔열전

[만세불변萬世不變]

일만 세대에 걸쳐 변하지 않는다는 말이며, 영원히 변치 않는다는 뜻이다.

글자 | 일만 **만**, 세대 **세**, 아닐 **불**, 변할 **변**

동류 | 만대불변萬代不變

[만세불역萬世不易]

만대에 걸쳐 바뀌지 않는다는 말이다. 순자에 있는 글이다. '백성들은 이것으로 풍속을 이루니, 이는 만세토록 고칠 수 없는 것이다.'

원문 | 百姓以爲成俗 萬世不能易也
백 성 이 위 성 석 만 세 불 능 역 야

글자 | 일만 **만**, 세대 **세**, 아닐 **불**, 바꿀 **역**

출전 | 순자 정론편正論篇

[만세불후萬世不朽]

만대에 걸쳐 썩지 않는다는 말이며, 영원히 썩지 않고 오래 간다는 뜻이다.

글자 | 일만 **만**, 세대 **세**, 아닐 **불**, 썩을 **후**

동류 | 만대불후萬代不朽

[만세지업萬世之業]

여러 세대에 걸친 일이라는 말이며, 영원히 계속될 사업이라는 뜻이다.

글자 | 여러 **만**, 세대 **세**, 어조사 **지**, 일 **업**

출전 | 사기 회음후淮陰侯열전

[만세천자萬歲天子]

일만 해의 하늘 사람이라는 말이며, 장수長壽한 임금을 일컫는다.

글자 | 여러 **만**, 해 **세**, 하늘 **천**, 사람 **자**

[만세천추萬世千秋]

일만의 세대와 일천의 가을이라는 말이며, 한없이 이어지는 긴 세월을 일컫는다.

글자 | 일만 **만**, 세대 **세**, 일천 **천**, 가을 **추**

[만수가사滿繡袈裟]

가득히 수놓은 가사라는 말이며, 산천, 초목, 인물, 글자 같은 것을 가득히 수놓은 가사라는 뜻이다.

글자 | 찰 **만**, 수놓을 **수**, 가사 **가**, 가사 **사**

출전 | 불교

[만수무강萬壽無疆]

일만 년을 살아도 끝이 없다는 말이며, [손윗사람이나 존경하는 분의 건강을 빌 때에] 한없이 오래 살라는 뜻이다.

글자 | 일만 **만**, 목숨 **수**, 없을 **무**, 한끝 **강**

출전 | 시경 빈풍豳風

[만수우환萬愁憂患]

여러 가지 근심이라는 말이며, 온갖 시름과 근심 걱정을 일컫는다.

ㅁ

글자 | 여러 만, 근심 수, 근심 우, 근심 환

[만수운환漫垂雲鬟]

흩어져 드리운 구름과 같은 쪽진 머리라는 말이며, 헝클어져 늘어진 머리를 일컫는다.

글자 | 흩어질 만, 드리울 수, 구름 운, 쪽질 환

[만수일리萬殊一理]

만 가지 다름이 하나의 이치라는 말이며, 세상 만물의 이치는 하나라는 뜻이다.

글자 | 일만 만, 다를 수, 이치 리

출전 | 현무경玄武經

동류 | 만교일리萬敎一理

[만수필동萬水必東]

많은 물은 반드시 동쪽으로 [흐른다]는 말이며, 여러 가지 까닭은 있으나 결국은 본 뜻대로 나간다는 뜻이다.

글자 | 많을 만, 물 수, 반드시 필, 동녘 동

[만승지국萬乘之國]

일만 병거의 나라라는 말이며, 천자의 나라라는 뜻이다.

원문 | 萬乘之國 兵不可以無主
만 승 지 국 병 불 가 이 무 주

글자 | 일만 만, 탈 승, 어조사 지, 나라 국

출전 | 관자 권수편權修篇, 맹자 양혜왕梁惠王

[만승지군萬乘之君]

일만 병거를 거느린 임금이라는 말이며, 천자天子나 황제를 일컫는다.

글자 | 일만 만, 탈 승, 어조사 지, 임금 군

동류 | 만승지위萬乘之位, 만승지존萬乘之尊, 만승지주萬乘之主, 만승천자萬乘天子

[만승지위萬乘之位]

일만 수레의 자리라는 말이며, 천자天子나 황제의 지위를 일컫는다.

글자 | 일만 만, 탈 승, 어조사 지, 자리 위

동류 | 만승지군萬乘之君

[만승지정萬乘之政]

→ 만승지국萬乘之國

출전 | 관자 대광편大匡篇

[만승지존萬乘之尊]

일만 수레의 어른이라는 말이며, 천자天子나 황제를 높여 부르는 말이다.

글자 | 일만 만, 탈 승, 어조사 지, 어른 존

동류 | 만승지군萬乘之君

[만승지주萬乘之主]

→ 만승지군萬乘之君

[만승천자萬乘天子]

→ 만승지존萬乘之尊

[만시지탄晩時之歎]

때가 늦은 탄식이라는 말이며, 기회

를 놓쳐 탄식한다는 뜻이다.

글자 | 늦을 **만**, 때 **시**, 어조사 **지**, 탄식할 **탄**

동류 | 후시지탄後時之歎

[만식당육晩食當肉]

늦게 먹으면 고기를 당한다는 말이며, 시장할 때 먹으면 마치 고기를 먹는 것과 같다는 뜻이다.

글자 | 늦을 **만**, 먹을 **식**, 당할 **당**, 고기 **육**

출전 | 전국책

동류 | 기갈감식飢渴甘食

[만신시담滿身是膽]

몸 가득히 쓸개라는 말이며, 대담한 사람을 빗댄 말이다.

글자 | 가득할 **만**, 몸 **신**, 이 **시**, 쓸개 **담**

출전 | 삼국지 촉지蜀志

[만신창이滿身瘡痍]

온몸이 상처투성이라는 말이며, 어떤 사물이 엉망진창이라는 뜻으로도 쓰인다.

글자 | 찰 **만**, 몸 **신**, 상처 **창**, 상처 **이**

[만실우환滿室憂患]

방에 가득한 근심들이라는 말이며, 한 집안에 앓는 사람이 많다는 뜻이다.

글자 | 찰 **만**, 방 **실**, 근심 **우**, 근심 **환**

출전 | 송남집지

[만심환희滿心歡喜]

마음에 가득한 기쁨이라는 말이다.

글자 | 찰 **만**, 마음 **심**, 기뻐할 **환**, 기쁠 **희**

[만우난회萬牛難回]

일만 소가 [끌어도] 돌리기 어렵다는 말이며, 고집이 너무 심하다는 뜻이다.

글자 | 일만 **만**, 소 **우**, 어려울 **난**, 돌 **회**

[만월지상滿月之相]

가득 찬 달과 같은 상이라는 말이며, 둥근 달과 같이 아름다운 불상이라는 뜻이다.

글자 | 가득할 **만**, 달 **월**, 어조사 **지**, 상볼 **상**

[만유인력萬有引力]

만물은 서로 당기는 힘이 있다는 말이며, 우주만물은 질량과 거리에 따라 나타나는 인력으로 맺어져 있다는 자연의 법칙을 일컫는다.

글자 | 많을 **만**, 가질 **유**, 당길 **인**, 힘 **력**

[만이불성滿而不省]

가득 차도 살피지 않는다는 말이며, 사람은 가득 차도 덜어내지 않으니 쉬 엎어지고 만다는 뜻이다. 이규보가 술통에 새긴 글이다. '너는 쌓아둔 것을 옮겨 사람의 뱃속에 넣는다. 너는 가득 차면 능히 덜어내므로 넘치는 법이 없다. 사람은 가득 차도…'

원문 | 人滿而不 省故易仆
인 만 이 불 성 고 이 부

글자 | 찰 **만**, 말 이을 **이**, 아닐 **불**, 살필 **성**

출전 | 이규보의 준명樽銘

[만이불일滿而不溢]

가득해도 넘치지 않는다는 말이며, 일정한 한도를 넘지 않는다는 뜻이다.

원문 | 制節謹度 滿而不溢
제 절 근 도 만 이 불 일

글자 | 가득할 **만**, 말 이을 **이**, 아닐 **불**, 넘칠 **일**

출전 | 효경 제후장諸侯章

[만인동락萬人同樂]

여러 사람이 함께 즐긴다는 말이다.

글자 | 여러 **만**, 사람 **인**, 같을 **동**, 즐거울 **락**

[만인이심萬人異心]

여러 사람의 마음이 다르다는 말이며, 사람마다 마음이 다르다는 뜻이다.

글자 | 여러 **만**, 사람 **인**, 다를 **이**, 마음 **심**

출전 | 회남자淮南子

[만인주지萬人周知]

많은 사람이 두루 안다는 말이다.

글자 | 여러 **만**, 사람 **인**, 두루 **주**, 알 **지**

[만인지고萬人之苦]

일만 사람의 괴로움이라는 말이며, 수많은 사람이 고통을 당하고 있다는 뜻이다.

글자 | 일만 **만**, 사람 **인**, 어조사 **지**, 괴로울 **고**

[만인지락萬人之樂]

여러 사람의 즐거움이라는 말이며, 수많은 사람의 즐거움이라는 뜻이다.

글자 | 여러 **만**, 사람 **인**, 어조사 **지**, 즐거울 **락**

[만인지상萬人之上]

많은 사람의 윗[자리]라는 말이며, 이조시대의 의정議政, 즉 영의정 · 좌의정 · 우의정의 지위를 일컫는다.

원문 | 一人之下 萬人之上
일 인 지 하 만 인 지 상

글자 | 많을 **만**, 사람 **인**, 어조사 **지**, 윗 **상**

[만인총중萬人叢中]

많은 사람이 모인 가운데라는 말이다.

글자 | 일만 **만**, 사람 **인**, 모일 **총**, 가운데 **중**

[만자천홍萬紫千紅]

만 가지 자줏빛과 천 가지 붉은빛이라는 말이며, 울긋불긋한 여러 가지의 빛깔을 일컫는다.

글자 | 일만 **만**, 자줏빛 **자**, 일천 **천**, 붉을 **홍**

동류 | 천자만홍千紫萬紅

[만자홍엽萬紫紅葉]

→ 만자천홍萬紫千紅

[만장공도萬丈公道]

일만 장의 공변된 길이라는 말이며, 사사로움이 조금도 없이 매우 공평하다는 뜻이다.

글자 | 일만 **만**, 열자 **장**, 공변될 **공**, 길 **도**

[만장광염萬丈光焰]

→ 만장기염萬丈氣焰

[만장기염萬丈氣焰]

일만 장의 기운과 불꽃이라는 말이며, 아주 대단한 기세라는 뜻이다.

글자 | 일만 **만**, 열자 **장**, 기운 **기**, 불꽃 **염**

[만장봉두萬丈峰頭]

만 길의 산봉우리 끝이라는 말이다.

글자 | 일만 **만**, 길 **장**, 산봉우리 **봉**, 끝 **두**

[만장생광萬丈生光]

일만 장의 빛이 난다는 말이며, 한없이 빛이 난다, 또는 고맙기 그지없다는 뜻이다.

글자 | 일만 **만**, 열자 **장**, 날 **생**, 빛 **광**

[만장일치滿場一致]

마당에 가득한 사람이 하나를 이루었다는 말이며, 모인 사람의 뜻이 한결같다는 뜻이다.

글자 | 가득할 **만**, 마당 **장**, 이룰 **치**

[만장절애萬丈絶崖]

일만 장의 잘라진 비탈이라는 말이며, 매우 높은 낭떠러지를 일컫는다.

글자 | 일만 **만**, 열자 **장**, 자를 **절**, 비탈 **애**

[만장폭포萬丈瀑布]

만 길이나 되는 폭포라는 말이다.

글자 | 일만 **만**, 열자 **장**, 폭포 **폭**, 벌릴 **포**

[만장홍진萬丈紅塵]

만 길이나 되는 붉은 먼지라는 말이며, 기다란 군대의 행렬을 뜻하기도 하고 한없이 구차스럽고 속된 세상으로 비유하기도 한다.

글자 | 일만 **만**, 길 **장**, 붉을 **홍**, 테끌 **진**

출전 | 상춘곡賞春曲

[만장회도慢藏誨盜]

광 단속을 게을리하는 것은 도둑질을 가르치는 것과 같다는 말이다.

글자 | 게으를 **만**, 광 **장**, 가르칠 **회**, 훔칠 **도**

출전 | 주역 계사전繫辭傳 상

[만전불패萬全不敗]

결단코 온전한 것은 패하지 않는다는 말이며, 매우 완전하게 한 일은 실패가 없다는 뜻이다.

글자 | 결단코 **만**, 온전 **전**, 아닐 **불**, 페할 **패**

출전 | 송남잡지

[만전지계萬全之計]

→ 만전지책萬全之策

[만전지책萬全之策]

모든 일의 온전한 계책이라는 말이며, 작은 틈도 찾을 수 없는 완벽한 계책이라는 뜻이다. 조조와 원소袁紹의 대립에서 원소는 형주목사 유표劉表에게 원조를 청했다. 그러나 유표는 승낙만 하고 움직이지 않아 부하인 한숭과 유선이 한 말이다. '조조는 반드시 원소를 격파한 다음 우리를 공격해 올 것입니다. 그러므로 강한 조조를 따르는 것이 현명한 만전지책이 될 것입니다.'

글자 | 일만 **만**, 온전 **전**, 어조사 **지**, 꾀 **책**

출전 | 후한서 유표전劉表傳

[만절필동萬折必東]

일만 번 꺾여도 [황하黃河는] 반드시 동쪽으로 간다는 말이며, 님을 향한 충신의 절개는 꺾을 수 없다는 뜻이다.

글자 | 일만 **만**, 꺾일 **절**, 반드시 **필**, 동녘 **동**

출전 | 순자 유좌편宥坐篇

유사 | 만수필동萬水必東

[만정도화滿庭桃花]

뜰에 가득 찬 복숭아꽃이라는 말이다.

글자 | 찰 **만**, 뜰 **정**, 복숭아 **도**, 꽃 **화**

[만정제신滿廷諸臣]

→ 만조백관滿朝百官

[만조백관滿朝百官]

조정에 가득한 모든 벼슬아치를 말한다.

글자 | 찰 **만**, 조정 **조**, 일백 **백**, 벼슬 **관**

동류 | 만정제신滿廷諸臣

[만지장서滿紙長書]

종이에 가득이 기다란 글을 썼다는 말이며, 사연을 많이 적은 긴 편지를 일컫는다.

글자 | 찰 **만**, 종이 **지**, 긴 **장**, 글 **서**

[만천과해瞞天過海]

하늘을 속여 바다를 지나간다는 말이며, 적의 눈을 속여 판단을 흐리게 한다는 뜻이다.

글자 | 속일 **만**, 하늘 **천**, 지날 **과**, 바다 **해**

출전 | 당서唐書

[만첩청산萬疊青山]

수없이 겹쳐 싸인 푸른 산을 말한다.

글자 | 일만 **만**, 겹쳐질 **첩**, 푸를 **청**, 뫼 **산**

출전 | 춘향가

[만초한연蔓草寒烟]

무성한 덩굴과 쓸쓸한 연기라는 말이며, 성터의 황량한 정경을 뜻한다.

원문 | 蔓草寒烟鎖六朝
만 초 한 연 쇄 육 조

글자 | 덩굴 **만**, 풀 **초**, 쓸쓸할 **한**, 연기 **연**

출전 | 오융吳融의 추색秋色

[만촉지쟁蠻觸之爭]

→ 와우각상蝸牛角上

[만추가경晩秋佳景]

늦은 가을의 아름다운 경치라는 말이다.

글자 | 늦을 **만**, 가을 **추**, 아름다울 **가**, 경치 **경**

[만패불청萬霸不聽]

바둑에서 큰 패霸가 생기더라도 이를 들어주지 않는다는 말이며, 아무리 싸움을 걸어와도 응하지 않는다는 뜻이다.

글자 | 일만 **만**, 권세 잡을 **패**, 아닐 **불**, 들을 **청**

출전 | 송남잡지

[만학천봉萬壑千峰]

만 개의 골짜기와 천 개의 산봉우리라는 말이다.

글자 | 일만 **만**, 골 **학**, 일천 **천**, 산봉우리 **봉**

출전 | 한국가창韓國歌唱

[만항하사萬恒河沙]

많은 항하의 모래라는 말이며, 무한無限, 또는 무수無數한 것을 빗댄 말이다. 항하는 지금의 갠지스 강을 일컫는다.

글자 | 많을 **만**, 항상 **항**, 강 **하**, 모래 **사**

[만협호치曼頰皓齒]

아름다운 뺨과 흰 이라는 말이며, 아름다운 여인을 빗댄 말이다.

글자 | 아름다울 **만**, 뺨 **협**, 휠 **호**, 이 **치**

[만호장안萬戶長安]

집이 많은 서울이라는 말이다.

글자 | 여러 **만**, 백성의 집 **호**, 긴 **장**, 편안 **안**

[만호중생萬戶衆生]

많은 집의 사람들이라는 말이다.

글자 | 여러 **만**, 백성의 집 **호**, 무리 **중**, 살 **생**

[만화방석滿花方席]

꽃으로 가득 찬 네모난 돗자리라는 말이며, 여러 가지 꽃무늬를 수놓은 방석을 일컫는다.

글자 | 찰 **만**, 꽃 **화**, 모 **방**, 돗 **석**

[만화방창萬化方暢]

만물이 바야흐로 화창하게 된다는 말이며, 따뜻한 봄날에 온갖 생물이 화창하게 자란다는 뜻이다.

글자 | 일만 **만**, 될 **화**, 바야흐로 **방**, 화창할 **창**

[만화방초萬花芳草]

여러 가지 꽃과 향기로운 풀이라는 말이다.

글자 | 여러 **만**, 꽃 **화**, 향기 **방**, 풀 **초**

[만휘군상萬彙群象]

세상 만물의 형상이라는 말이다.

글자 | 여러 **만**, 무리 **휘**, 무리 **군**, 형상 **상**

동류 | 삼라만상森羅萬象

[말대필절末大必折]

가지가 커지면 줄기가 부러진다는 말이며, 지족支族이 강해지면 종가가 쓰러진다는 뜻이다.

글자 | 끝 **말**, 큰 **대**, 반드시 **필**, 꺾을 **절**

출전 | 춘추좌씨전

[말류지폐末流之弊]

흐름의 끝의 폐단이라는 말이며, 잘해 나가다가 끝판에 생기는 폐단이라는 뜻이다.

원문 | 開其端 末流之弊
개 기 단 말 류 지 폐

글자 | 끝 **말**, 흐를 **류**, 어조사 **지**, 폐단 **폐**

출전 | 조선왕조 9대 성종실록

[말마이병秣馬利兵]

말에 꼴을 주고 칼을 날카롭게 한다는 말이며, 출병 준비를 한다는 뜻이다.

글자 | 꼴 **말**, 말 **마**, 날카로울 **이**, 무기 **병**

출전 | 춘추좌씨전

[말여지하末如之何]

다함과 같아서 어찌하라라는 말이며, 일이 매우 어렵게 되었다는 뜻이다.

글자 | 다할 **말**, 같을 **여**, 어조사 **지**, 어찌 **하**

[말지복야末之卜也]

끝에 점이라는 말이며, 말석에 있는 변변치 못한 사람이라는 뜻이다.

글자 | 끝 **말**, 어조사 **지**, 점 **복**, 어조사 **야**

출전 | 예기 단궁檀弓 상

[망개삼면網開三面]

3면의 그물을 연다는 말이며, 은덕이 짐승에게까지 미친다는 뜻이다. 탕왕湯王이 그물의 3면을 열어 짐승이 자유롭게 도망치게 했다는 고사에서 온 말이다.

글자 | 그물 **망**, 열 **개**, 방위 **면**

출전 | 사기 은본기殷本紀

[망거목수網擧目隨]

→ 망거목장網擧目張

[망거목장網擧目張]

그물을 들면 그물눈이 저절로 열린다는 말이며, 요점을 잡으면 뒤에 딸린 문제는 자연히 해결된다는 뜻이다.

글자 | 그물 **망**, 들 **거**, 눈 **목**, 벌일 **장**

유사 | 팽두이숙烹頭耳熟

[망구불가望柩不歌]

관을 바라보면서 노래를 하지 않는다는 말이다.

글자 | 바라볼 **망**, 관 **구**, 아닐 **불**, 노래 **가**

[망국노예亡國奴隸]

망한 나라의 종이라는 말이며, 나라

가 망하고 침략자에게 예속되어 있는 국민을 일컫는다.

글자 | 망할 **망**, 나라 **국**, 남종 **노**, 종 **예**

[망국대부亡國大夫]

망한 나라의 큰 벼슬이라는 말이며, 망하여 없어진 나라의 벼슬아치를 일컫는다.

원문 | 亡國之大夫 不可以圖存
망국지대부 불가이도존

글자 | 망할 **망**, 나라 **국**, 큰 **대**, 벼슬 이름 **부**

출전 | 사기

[망국멸족亡國滅族]

나라가 망하고 겨레가 없어졌다는 말이다.

글자 | 망할 **망**, 나라 **국**, 멸할 **멸**, 겨레 **족**

[망국민족亡國民族]

나라가 망한 민족이라는 말이다.

글자 | 망할 **망**, 나라 **국**, 백성 **민**, 겨레 **족**

[망국애가亡國哀歌]

망한 나라의 슬픈 노래라는 말이다.

글자 | 망할 **망**, 나라 **국**, 슬플 **애**, 노래 **가**

[망국죄인亡國罪人]

나라를 망하게 한 죄인이라는 말이다.

글자 | 망할 **망**, 나라 **국**, 죄줄 **죄**, 사람 **인**

[망국지민亡國之民]

망한 나라의 백성이라는 말이다.

글자 | 망할 **망**, 나라 **국**, 어조사 **지**, 백성 **민**

[망국지본亡國之本]

나라를 망하게 한 근본이라는 말이다.

글자 | 망할 **망**, 나라 **국**, 어조사 **지**, 밑 **본**

[망국지성亡國之聲]

→망국지음亡國之音

[망국지음亡國之音]

망한 나라의 음악이라는 말이며, 나라를 망하게 하는 해로운 음악이라는 뜻이다. 위나라 영공이 복수라는 강가에서 절묘한 음악을 듣고 이를 연주케 하였더니 유명한 악사장 사광師曠이 망국지음이라고 말려 사연을 물으니, 다음과 같이 대답했다. '옛날 사연師延이라는 악사장이 있었습니다. 은나라 주왕紂王의 악사장으로 있으면서 왕을 위해 신성백리新聲百里니 미미지악靡靡之樂이니 하는 음탕한 곡을 지어 바쳤던바 왕은 그 곡에 빠져 밤낮을 가리지 않고 들었습니다. 주왕은 아시는 바와 같이 포학무도해서 주나라 무왕에게 멸망당했습니다. 주왕을 잃은 악사장 사연은 악기를 안고 복수까지 와서 몸을 던져 죽었습니다. 죽은 사연의 혼이 허공을 헤매면서 이 곡을 연주하고 있는 것입니다. 사람들은 망국지음이라 하여 귀를 막고 지나다닙니다.'

원문 | 其政乖亡國之音 哀以思其
기정괴망국지음 애이사기

民困
민 곤

글자 | 망할 **망**, 나라 **국**, 어조사 **지**, 소리 **음**

출전 | 한비자 십과편十過篇, 예기 악기樂記

동류 | 복상지음濮上之音, 망국지성亡國之聲

유사 | 정위지음鄭衛之音

[망국지탄亡國之歎]

나라가 망하여 한탄한다는 말이다.

글자 | 망할 **망**, 나라 **국**, 어조사 **지**, 탄식할 **탄**

동류 | 망국지한亡國之恨

[망국지한亡國之恨]

→ 망국지탄亡國之歎

[망극득모亡戟得矛]

쌍창을 잃고 긴 창을 얻었다는 말이며, 잃은 것과 얻은 것이 같다는 뜻이다.

글자 | 잃을 **망**, 쌍창 **극**, 얻을 **득**, 장창 **모**

출전 | 여씨춘추 이속편離俗篇

[망극지은罔極之恩]

다함이 없는 은혜라는 말이며, 어버이의 큰 은혜를 일컫는다.

글자 | 없을 **망**, 다할 **극**, 어조사 **지**, 은혜 **은**

출전 | 시경

동류 | 망극지회罔極之懷

[망극지통罔極之痛]

다함이 없는 아픔이라는 말이며, 한이 없는 슬픔이라는 뜻으로서 임금이나 어버이의 상사喪事에 쓰인다.

글자 | 없을 **망**, 다할 **극**, 어조사 **지**, 아플 **통**

[망년지교忘年之交]

→ 망년지우忘年之友

[망년지우忘年之友]

나이를 잊고 사귄 벗이라는 말이며, 오직 재덕才德을 존경하여 사귀는 벗을 일컫는다.

글자 | 잊을 **망**, 나이 **년**, 어조사 **지**, 벗 **우**

출전 | 한서 망년교忘年交

[망담피단罔談彼短]

저것의 잘못에 대해 말을 없애라는 말이며, 남의 단점에 대해 말하지 말라는 뜻이다.

원문 | 罔談彼短 靡恃己長
망 담 피 단 미 시 기 장

글자 | 없을 **망**, 말씀 **담**, 저것 **피**, 잘못 **단**

출전 | 천자문 23항

[망량등지魍魎等地]

산도깨비가 땅을 헤아린다는 말이며, 아무런 계획이나 뒷생각도 없이 헛된 일을 한다는 뜻이다.

글자 | 산도깨비 **망**, 산도깨비 **량**, 헤아릴 **등**, 땅 **지**

출전 | 동언해
동류 | 망량양세魍魎量稅

[망량양세魍魎量稅]

→ 망량등지魍魎等地

[망루탄주網漏呑舟]

그물이 찢어지고 배를 삼킬만한 [큰 고기]라는 말이며, 법령이 허술하여 큰 죄를 짓고도 빠져나갈 수 있는 자를 빗댄 말이다. 고화顧和가 양주자사 왕도王導에게 한 말이다. '명공께서는 천자를 보좌하면서 배를 삼킬 만한 큰 물고기까지도 그물에서 빠져나가게 하시는데, 어찌하여 풍문을 채집하여 듣고서 엄하게 감찰하는 정치를 하려 하십니까?'

글자 | 그물 **망**, 샐 **루**, 삼킬 **탄**, 배 **주**
출전 | 사기 혹리열전, 세설신어 규잠規箴

[망리투한忙裏偸閑]

→ 망중투한忙中偸閑

[망망감여茫茫堪輿]

아득하고 아득한 천지라는 말이다.

글자 | 아득할 **망**, 감여 **감**, 천지 **여**

[망망대양茫茫大洋]

→ 망망대해茫茫大海

[망망대해茫茫大海]

아득하고 아득한 큰 바다라는 말이다.

글자 | 아득할 **망**, 큰 **대**, 바다 **해**

[망망연귀茫茫然歸]

지치고 피곤하여 [집으로] 돌아간다는 말이며, 하지 않아도 될 일을 공연히 저질러 오히려 일 전체를 망가트려 놓는 경우를 비꼰 말이다.

원문 | 茫茫然歸 謂其人曰 今日病矣 予助苗長矣
(망망연귀 위기인왈 금일병의 여조묘장의)

글자 | 맥없는 모양 **망**, 그럴 **연**, 돌아갈 **귀**
출전 | 맹자 공손추 상
관련 | 발묘조장拔苗助長

[망매지갈望梅止渴]

매실만 바라보아도 갈증이 멎는다는 말이며, 빈말로 남의 욕구의 실제 문제는 해결하지 못해도 희망은 줄 수 있다는 뜻이다. 조조가 군사들을 거느리고 행군하다가 더위에 땀 흘리고 식수가 떨어져 기진맥진해지자 한 말이다. '저 산 너머에 큰 매실 밭이 있으니 우리 어서 가서 시큼하고 달콤한 매실을 따먹고 갈증을 풀자.'

원문 | 前有大梅林 饒子甘酸 可以解渴
(전유대매림 요자감산 가이해갈)

글자 | 바랄 **망**, 매실 **매**, 그칠 **지**, 목마를 **갈**
출전 | 세설신어 가휼假譎
동류 | 망매해갈望梅解渴, 매림지갈梅林之渴

[망매해갈望梅解渴]

→망매지갈望梅止渴

[망명도생亡命圖生]

부림에서 도망하여 삶을 꾀한다는 말이며, 자기 나라에서의 정치적 · 종교적 또는 그 밖의 박해나 추궁을 피하기 위해 몰래 출국하여 생계를 도모한다는 뜻이다.

글자 | 도망할 **망**, 부릴 **명**, 꾀할 **도**, 살 **생**

출전 | 홍길동전

[망명도주亡命逃走]

부림에서 도망하여 달아난다는 말이며, 죽을죄를 범한 사람이 몸을 숨기어 멀리 달아난다는 뜻이다.

글자 | 도망할 **망**, 부릴 **명**, 달아날 **도**, 달릴 **주**

[망명생활亡命生活]

목숨이 도망하여 산다는 말이며, 자기 나라를 버리고 다른 나라에 가서 산다는 뜻이다.

글자 | 도망할 **망**, 목숨 **명**, 살 **생**, 살 **활**

[망목불소網目不疎]

그물코가 성기지 않다는 말이며, 법률이 섬세하다는 뜻이다.

글자 | 그물 **망**, 눈 **목**, 아닐 **불**, 성길 **소**

출전 | 세설신어 언어言語

[망무두서茫無頭緖]

정신이 망망하여 일의 처음 실마리를 알 수 없다는 말이다.

글자 | 망망할 **망**, 없을 **무**, 시초 **두**, 실마리 **서**

[망무애반茫無涯畔]

아득하게 물가와 밭두렁이 없다는 말이며, 아득하게 넓고 넓어 끝이 없다는 뜻이다.

글자 | 아득할 **망**, 없을 **무**, 물가 **애**, 밭두렁 **반**

[망무제애茫無際涯]

→망무애반茫無涯畔

[망문과부望門寡婦]

문에서 바라보는 과부라는 말이며, 정혼定婚한 남자가 죽어서 시집도 가보지 못한 과부를 일컫는다.

글자 | 바랄 **망**, 문 **문**, 과부 **과**, 며느리 **부**

[망문문절望聞問切]

바라보고, 듣고, 묻고, 안험按驗한다는 말이며, 환자를 관찰하고, 말을 듣고, 묻고, 진맥하는 네 가지 진찰 방법을 일컫는다.

글자 | 바라볼 **망**, 들을 **문**, 물을 **문**, 안험할 **절**

[망문생의望文生義]

글을 바라보고 뜻을 생각한다는 말이

며, 글을 깊이 검토하지 않고 즉흥적으로 해석한다는 뜻이다.

글자 | 바랄 **망**, 글 **문**, 날 **생**, 뜻 **의**

출전 | 어학통경語學通經

[망문투식望門投食]

문을 바라보며 먹을 것을 던진다는 말이며, 남의 집을 찾아가서 얻어먹는 사람에게 먹을 것을 던져 준다는 뜻이다.

글자 | 바랄 **망**, 집안 **문**, 던질 **투**, 먹을 **식**

[망부의린亡斧疑隣]

도끼를 잃고 이웃을 의심한다는 말이며, 도둑맞은 사람이 의심하는 눈으로 보면 모두가 도둑으로 보이고, 반대로 믿음과 사랑으로 이웃을 대하면 모두가 착한 사람으로 보인다는 뜻이다.

글자 | 잃을 **망**, 도끼 **부**, 의심할 **의**, 이웃 **린**

출전 | 열자 설부편說符傳

[망사불복亡思不服]

복종 아니 할 생각이 없다는 말이다.

글자 | 없을 **망**, 생각 **사**, 아닐 **불**, 복종할 **복**

출전 | 시경

[망사지죄罔赦之罪]

죄 사함이 없는 죄라는 말이며, 용서할 수 없는 큰 죄라는 뜻이다.

글자 | 없을 **망**, 죄 사할 **사**, 어조사 **지**, 죄줄 **죄**

[망상지승妄想之繩]

허망한 생각의 줄이라는 말이며, 몸을 괴롭히는 망상을 일컫는다.

글자 | 허망할 **망**, 생각 **상**, 어조사 **지**, 줄 **승**

[망수행주罔水行舟]

없는 물에 배를 다니게 한다는 말이며, 헛된 짓을 한다는 뜻이다.

글자 | 없을 **망**, 물 **수**, 다닐 **행**, 배 **주**

[망식일후忙食噎喉]

급히 먹은 밥이 목이 멘다는 말이며, 일을 급히 서두르면 잘못되기 쉽다는 뜻이다.

글자 | 바쁠 **망**, 밥 **식**, 목멜 **일**, 목구멍 **후**

출전 | 순오지

[망신망가忘身忘家]

몸도 집안도 잊는다는 말이며, 사적인 일을 돌보지 않고 나라 일에 헌신한다는 뜻이다.

글자 | 잊을 **망**, 몸 **신**, 집 **가**

출전 | 한서 가의전賈誼傳

[망애작악忘哀作樂]

슬픔을 잊고 풍류를 짓는다는 말이며, 상중에 있는 사람이 상례를 다하지 못한다는 뜻이다.

글자 | 잊을 **망**, 슬플 **애**, 지을 **작**, 풍류 **악**

출전 | 조선왕조실록 증보문헌비고

[망야도주罔夜逃走]

밤이 없이 달아난다는 말이며, 밤을 새워서 달아난다는 뜻이다.

글자 | 없을 **망**, 밤 **야**, 달아날 **도**, 달릴 **주**

[망양득우亡羊得牛]

양을 잃고 소를 얻는다는 말이며, 작은 손해를 보고 큰 이득을 본다는 뜻이다.

글자 | 잃을 **망**, 양 **양**, 얻을 **득**, 소 **우**

출전 | 회남자 설산훈說山訓

[망양보권亡羊補圈]

→ 망양보뢰亡羊補牢

[망양보뢰亡羊補牢]

양을 잃고 우리를 고친다는 말이며, 과오를 범하고 나서 후회해도 소용이 없다는 뜻이다.

원문 | 亡羊而補牢 未爲遲也
망 양 이 보 뢰 미 위 지 야

글자 | 잃을 **망**, 양 **양**, 고칠 **보**, 우리 **뢰**

출전 | 전국책 초책楚策

[망양지탄亡羊之歎]

[갈림길에서] 양을 잃은 탄식이라는 말이며, 학문의 길이 여러 갈래여서 한 갈래의 진리도 얻기 어렵다는 뜻이다.

글자 | 잊을 **망**, 양 **양**, 어조사 **지**, 탄식할 **탄**

출전 | 열자 설부편

[망양지탄望洋之嘆]

바다를 바라보고 탄식한다는 말이며, 남의 위대함을 보고 나의 부족함을 한탄한다는 뜻이다.

원문 | 望洋向若而歎
망 양 향 약 이 탄

글자 | 바랄 **망**, 바다 **양**, 갈 **지**, 탄식할 **탄**

출전 | 장자 추수秋水

동류 | 망양지탄亡羊之嘆, 망양흥탄望洋興嘆

[망양흥탄望洋興嘆]

→ 망양지탄望洋之嘆

[망언기어妄言綺語]

망령된 말과 아름다운 말이라는 말이며, 언행이 상규에서 벗어난 교묘하게 꾸민 말이라는 뜻이다. 망언과 기어는 불교의 10악의 하나이다.

글자 | 망령될 **망**, 말씀 **언**, 아름다울 **기**, 말씀 **어**

출전 | 무량수경無量壽經 하

[망언다사妄言多謝]

망령된 말을 많이 사양한다는 말이며, 쓸 데 없는 말을 사과한다는 뜻으로 편지에 자신의 의견이나 생각을 쓴 뒤에 붙이는 글이다.

글자 | 망령될 **망**, 말씀 **언**, 많을 **다**, 사양할 **사**

[망연자실茫然自失]

아득하여 자신을 잃는다는 말이며, 정신을 잃고 어리둥절해 하는 모양을 일컫는다.

글자 | 아득할 **망**, 그럴 **연**, 스스로 **자**, 잃을 **실**

출전 | 장자 설검說劍

[망운지경望雲之慶]

구름을 바라보는 경사라는 말이며, 천자天子의 은혜를 빗댄 말이다.

글자 | 바랄 **망**, 구름 **운**, 어조사 **지**, 경사 **경**

출전 | 당서

[망운지정望雲之情]

구름을 바라보는 마음속이라는 말이며, 자식이 객지에서 부모를 그리는 마음을 일컫는다.

글자 | 바랄 **망**, 구름 **운**, 어조사 **지**, 마음속 **정**

출전 | 구당서

동류 | 망운지회望雲之懷, 백운고비白雲孤飛

[망운지회望雲之懷]

→ 망운지정望雲之情

[망월경토望月驚兎]

달을 바라보고 놀란 토끼라는 말이며, 엉뚱한 것을 보고 놀란다는 뜻이다.

글자 | 바라볼 **망**, 달 **월**, 놀랄 **경**, 토끼 **토**

[망유기극罔有紀極]

기강을 취함이 매우 없다는 말이며, 규율에 어그러짐이 매우 심하다는 뜻이다.

글자 | 없을 **망**, 취할 **유**, 규율 **기**, 지극할 **극**

[망유택언罔有擇言]

추린 말에 남음이 없다는 말이며, 말이 모두 법에 맞아 뺄 것이 없다는 뜻이다.

글자 | 없을 **망**, 남을 **유**, 추릴 **택**, 말씀 **언**

출전 | 서경 여형편呂刑篇

[망은배의忘恩背義]

은혜를 잊어버리고 의리를 배반한다는 말이다.

글자 | 잊을 **망**, 은혜 **은**, 배반할 **배**, 의리 **의**

[망자계치亡子計齒]

죽은 자식 이빨을 센다는 말이며, 이미 그릇된 일을 아쉬워해도 소용없다는 뜻이다.

글자 | 잊을 **망**, 아들 **자**, 헤아릴 **계**, 이 **치**

출전 | 동언해東言解

[망자재배芒刺在背]

껄끄러운 가시가 등에 있다는 말이며, 두렵고 괴로운 일이 있어 마음이 늘 편치 않다는 뜻이다.

글자 | 까끄라기 **망**, 가시 **자**, 있을 **재**,

등 **배**

출전 | 한서 곽광전霍光傳

[망자존대妄自尊大]

망령되이 자기를 크게 높인다는 말이며, 혼자 잘났다고 뽐낸다는 뜻이다.

원문 | 子陽 井底蛙耳 而妄自尊大
자양 정저와이 이망자존대

글자 | 허망할 **망**, 스스로 **자**, 높을 **존**, 큰 **대**

출전 | 후한서 마원전馬援傳

[망조의탁莽操懿卓]

망, 조, 의, 그리고 탁이라는 말이며, 군주의 자리를 찬탈하거나 독재를 한 중국 전한前漢의 왕망王莽, 위의 조조曹操와 사마의司馬懿, 그리고 후한의 동탁董卓을 일컫는다.

글자 | 풀 **망**, 잡을 **조**, 아름다울 **의**, 뛰어날 **탁**

[망중유한忙中有閑]

바쁜 가운데 한가한 짬이 있다는 말이다.

글자 | 바쁠 **망**, 가운데 **중**, 있을 **유**, 한가할 **한**

[망중투한忙中偸閑]

바쁜 가운데 가볍고 한가하다는 말이며, 바쁜 가운데 한가한 짬을 얻어 마음을 즐긴다는 뜻이다.

글자 | 바쁠 **망**, 가운데 **중**, 가벼울 **투**, 한가할 **한**

[망지불사望之不似]

바라보니 같지 않다는 말이며, 남이 보기에 온당치 않다는 뜻이다.

글자 | 바랄 **망**, 어조사 **지**, 아닐 **불**, 같을 **사**

[망지소조罔知所措]

행동할 바를 알지 못한다는 말이며, 갈팡질팡 어찌할 바를 모른다는 뜻이다.

글자 | 없을 **망**, 알 **지**, 바 **소**, 행동할 **조**

[망지일목網之一目]

그물의 한 코라는 말이며, 새는 그물의 한 코에 걸려 잡히지만 새 그물은 한 코만 만들 수 없다는 뜻이다.

글자 | 그물 **망**, 어조사 **지**, 눈 **목**

출전 | 회남자淮南子

[망진막급望塵莫及]

미치지 못하여 먼지만 바라본다는 말이며, 너무 빨라 따라잡을 수 없다는 뜻이다.

글자 | 바랄 **망**, 티끌 **진**, 없을 **막**, 미칠 **급**

출전 | 남사 오경지전吳慶之傳

[망징패조亡徵敗兆]

망함을 부르고 패할 징조가 보인다는 말이다.

글자 | 망할 **망**, 부를 **징**, 패할 **패**, 징조 **조**

[망친모록忘親慕祿]

육친을 잊고 녹봉을 사모한다는 말이

며, 돌아가신 어버이에 대한 슬픔은 잊고 녹봉만을 생각한다는 뜻이다.

글자 | 잊을 **망**, 육친 **친**, 사모할 **모**, 녹봉 **록**

출전 | 조선왕조 4대 세종실록

[망침폐식忘寢廢食]

잠을 잊고 밥을 폐한다는 말이며, 어떤 일에 몹시 골몰한다는 뜻이다.

글자 | 잊을 **망**, 잘 **침**, 폐할 **폐**, 밥 **식**

출전 | 조선왕조 11대 중종실록

[망평다사妄評多謝]

망령된 평함에 많이 사례한다는 말이며, 자기의 비평을 겸손히 받아들인다는 뜻이다.

글자 | 망령될 **망**, 평할 **평**, 많을 **다**, 사례할 **사**

[망풍이미望風而靡]

우러러볼 위엄에 흩어진다는 말이며, 위세에 눌려 뿔뿔이 흩어져 도망간다는 뜻이다.

글자 | 우러러볼 **망**, 위엄 **풍**, 말 이을 **이**, 흩어질 **미**

출전 | 한서

동류 | 망풍이순望風而順

[망형지교忘形之交]

모양새를 잊은 사귐이라는 말이며, 신분 · 지위 · 학벌 · 빈부 · 용모 따위에 구애되지 않는 마음과 마음의 격이 없는 사귐이라는 뜻이다.

글자 | 잊을 **망**, 형상 **형**, 어조사 **지**, 사귈 **교**

출전 | 당서

동류 | 망형지우忘形之友

[매가육장賣家鬻莊]

집과 전장田莊을 다 팔아 없앤다는 말이다.

글자 | 팔 **매**, 집 **가**, 팔 **육**, 별장 **장**

[매검매독賣劍買犢]

→ 매검매우賣劍買牛

[매검매우賣劍買牛]

칼을 팔아 소를 산다는 말이며, 군대를 그만두고 농사를 짓는다는 뜻이다.

원문 | 民有臺持劍者 使賣劍買牛
민 유 대 지 검 자 사 매 검 매 우

글자 | 팔 **매**, 칼 **검**, 살 **매**, 소 **우**

출전 | 한서 공수전

동류 | 매검매독賣劍買犢

[매관매직賣官賣職]

벼슬을 팔고 직분을 판다는 말이며, 돈이나 재물을 받고 벼슬을 시킨다는 뜻이다.

글자 | 팔 **매**, 벼슬 **관**, 직분 **직**

동류 | 매관육옥賣官鬻獄, 매관육작賣官鬻爵

[매관육옥賣官鬻獄]

→ 매관육작賣官鬻爵

ㅁ

[매관육작賣官鬻爵]

벼슬을 팔고 직위를 판다는 말이며, 정부의 고관이 돈을 받고 관직을 판다는 뜻이다.

글자 | 팔 **매**, 벼슬 **관**, 팔 **육**, 작위 **작**

동류 | 매관매직賣官賣職, 매관육옥賣官鬻獄

[매궤환주買櫃還珠]

궤를 사고 구슬을 되돌려준다는 말이며, 쓸데없는 것에 현혹되어 소중한 것을 잊어버린다는 뜻이다.

글자 | 살 **매**, 궤 **궤**, 돌려보낼 **환**, 구슬 **주**

출전 | 한비자

동류 | 매독환주買櫝還珠

[매독환주買櫝還珠]

함을 사고 구슬을 되돌려주었다는 말이며, 귀한 것은 천히 여기고 천한 것은 귀하게 여긴다는 뜻이다. 초나라 사람이 정나라로 진주를 팔러 갔는데, 값을 잘 받으려고 목란으로 상자를 만들어 주옥으로 화려하게 장식했다. 정나라 사람은 달라는 대로 값을 치르고 뚜껑을 열더니 안에 든 진주를 초나라 사람에게 돌려주고 상자가 아름답다고 상자만 들고 갔다.

글자 | 살 **매**, 함 **독**, 돌려보낼 **환**, 구슬 **주**

출전 | 한비자 외저설外儲說

동류 | 매궤환주買櫃還珠, 득갑환주得匣還珠

[매두몰신埋頭沒身]

머리를 묻고 몸이 잠겼다는 말이며, 일에 얽매어 헤어나지 못한다는 뜻이다.

글자 | 묻을 **매**, 머리 **두**, 잠길 **몰**, 몸 **신**

[매란국죽梅蘭菊竹]

매화, 난초, 국화, 대나무라는 말이며, 동양화의 사군자四君子를 일컫는다.

글자 | 매화 **매**, 난초 **란**, 국화 **국**, 대 **죽**

[매륜남비埋輪攬轡]

수레를 묻고 고삐를 잡아당긴다는 말이며, 사정司正의 굳은 의지를 빗댄 말이다. 중국 후한 순제 때의 일이다. 장강張綱 등 8인에게 지방 관리들의 비리를 척결하라는 명을 내렸다. 모두 지방으로 떠났는데 장강만 수도 낙양에 수레바퀴를 파묻고 '승냥이와 늑대가 조정을 맡고 있는데 여우 살쾡이를 어이 물으리.' 하고, 당시 권력을 멋대로 농단하던 대장군 양기가 임금을 업신여긴 15가지 조목을 나열하여 탄핵했다, 이 일로 낙양이 발칵 뒤집힌 일이 있고, 또 환제 때, 흉년이 들어 도적떼가 창궐하고 탐관오리가 횡행해 민심이 불안했다. 환제는 범방范滂을 청조사淸詔使로 보내 비리를 척결하게 했다. 범방은 수레에 올라타 고삐를 잡아당기며 천하를 반드시 맑게 하겠다는 결연한 의지를 보였다. 그가 기주에 도착하자 탐관오리들이 지레 겁을 먹고 모두 달아났다는 두 고사에서 온 말이다.

글자 | 묻을 **매**, 수레바퀴 **륜**, 잡아당길 **남**, 고삐 **비**

출전 | 후한서

[매리잡언罵詈雜言]

욕하고 꾸짖는 잡된 말이라는 뜻이다.

글자 | 욕할 **매**, 꾸짖을 **리**, 잡될 **잡**, 말씀 **언**

출전 | 사기

[매림지갈梅林之渴]

→ 망매지갈望梅止渴

[매매회회昧昧晦晦]

어둡고 어둡다는 말이며, 어리석음을 빗댄 말이다.

글자 | 어두울 **매**, 어두울 **회**

[매문매필賣文賣筆]

글을 팔고 붓을 판다는 말이며, 돈을 벌려고 실속 없는 글을 짓거나 글씨를 써서 판다는 뜻이다.

글자 | 팔 **매**, 글 **문**, 붓 **필**

[매문위활賣文爲活]

글을 팔아 생활을 한다는 말이다.

글자 | 팔 **매**, 글 **문**, 할 **위**, 살 **활**

[매사가감每事可堪]

일마다 견딜 수 있다는 말이며, 어떤 일이나 해낼 수 있다는 뜻이다.

글자 | 각각 **매**, 일 **사**, 긍정할 **가**, 견딜 **감**

[매사마골買死馬骨]

죽은 말의 뼈를 산다는 말이며, 하잘것없는 인재라도 우대하면 유능한 재사가 모여든다는 뜻이다.

글자 | 살 **매**, 죽을 **사**, 말 **마**, 뼈 **골**

출전 | 전국책 연책燕策

동류 | 선시어외先始於隗

[매사불성每事不成]

일마다 이루어지지 않는다는 말이며, 하는 일마다 실패한다는 뜻이다.

글자 | 각각 **매**, 일 **사**, 아닐 **불**, 이룰 **성**

[매사진선每事盡善]

일마다 좋은 것을 다한다는 말이며, 모든 일에 최선을 다한다는 뜻이다.

글자 | 각각 **매**, 일 **사**, 다할 **진**, 좋을 **선**

출전 | 논어 팔일편八佾篇

[매산밀감梅酸蜜甘]

매실은 시고, 꿀은 달다는 말이며, 세상 이치의 당연함을 일컫는다.

글자 | 매화 **매**, 실 **산**, 꿀 **밀**, 달 **감**

[매설봉풍賣屑逢風]

가루를 팔려고 하는데 바람을 만난다는 말이며, 어떤 일을 하려고 하는데 뜻밖에 장애가 생겨 방해한다는 뜻이다.

글자 | 팔 **매**, 가루 **설**, 만날 **봉**, 바람 **풍**

출전 | 송남잡지

동류 | 매염봉우賣鹽逢雨

[매신지처買臣之妻]

매신의 아내라는 말이며, 가난한 선비의 아내는 보통 의지로 견뎌내기 어렵다는 뜻이다.

글자 | 살 **매**, 신하 **신**, 어조사 **지**, 아내 **처**

출전 | 한서 64상

[매아득종埋兒得鐘]

아이를 묻으려다 쇠북을 얻는다는 말이며, 효성이 지극하면 복이 온다는 뜻이다. 몹시 가난한 집에서 노모의 음식을 빼앗아 먹는 아들을 묻어 죽이려고 구덩이를 팠는데, 석종石鐘이 나왔다는 고사에서 온 말이다.

글자 | 묻을 **매**, 아이 **아**, 얻을 **득**, 쇠북 **종**

출전 | 삼국유사 손순매아孫順埋兒

[매염봉우賣鹽逢雨]

소금을 팔려는데 비를 만난다는 말이며, 어떤 일을 하려는데 훼방 또는 예기치 않은 장애가 생겨 손해를 보게 된다는 뜻이다.

글자 | 팔 **매**, 소금 **염**, 만날 **봉**, 비 **우**

출전 | 송남잡지

동류 | 매설봉풍賣屑逢風

[매인열지每人悅之]

'모든 사람을 기쁘게 할지니' 라는 말이다.

글자 | 매양 **매**, 사람 **인**, 기쁠 **열**, 어조사 **지**

출전 | 맹자 이루離婁 하

[매자십이梅子十二]

매화나무의 씨가 열둘이라는 말이며, 매화나무는 심은 뒤 12년 만에 열매를 맺는다는 뜻이다.

글자 | 매화나무 **매**, 씨 **자**

[매장봉적買贓逢賊]

장물을 사서 도둑을 만난다는 말이며, 위험한 일이 겹친다는 뜻이다.

글자 | 살 **매**, 장물 **장**, 만날 **봉**, 도둑 **적**

[매점매석買占賣惜]

사서 가졌다가 아껴서 판다는 말이며, 물건값이 오를 때를 맞춰 몰아 사두거나 아껴서 판다는 뜻이다.

글자 | 살 **매**, 가질 **점**, 팔 **매**, 아낄 **석**

[매진일로邁進一路]

한 길로 힘써 나아간다는 말이며, 한 가지 일에만 열중한다는 뜻이다.

글자 | 힘쓸 **매**, 나아갈 **진**, 길 **로**

[매처학자梅妻鶴子]

매화나무를 아내로 삼고 학을 아들로 삼고 산다는 말이다. 송나라 임포林逋가 서호에 은둔하며 처자 없이 매화를 심고 학을 기르며 풍류생활을 했다는 고사에서 온 말이다.

글자 | 매화나무 **매**, 아내 **처**, 학 **학**, 아

들 **자**

출전 | 시화총귀詩話總龜

[매합용지媒合容止]

중매하여 합하도록 용납하고 머물게 한다는 말이며, 남녀를 합하게 하여 자기 집에 머물게 한다는 뜻이다.

글자 | 중매 **매**, 합할 **합**, 용납할 **용**, 머무를 **지**

[매화육궁梅花六宮]

매화꽃의 여섯 집이라는 말이며, 바둑에서 적에게 포위된 여섯 집을 일컫는다. 이때 상대방이 가운데 한 점을 놓으면 포위된 여섯 집은 살지 못한다.

글자 | 매화나무 **매**, 꽃 **화**, 집 **궁**

유사 | 오궁도화五宮桃花

[매화타령梅花打令]

매화꽃 필 때의 타령이라는 말이며, 조선조의 속된 잡가雜歌 중의 하나를 일컫는다.

글자 | 매화 **매**, 꽃 **화**, 칠 **타**, 고리 소리 **령**

[매황유하每況愈下]

형편이 매번 내려간다는 말이며, 날이 갈수록 더 나빠진다는 뜻이다.

글자 | 매번 **매**, 하물며 **황**, 더할 **유**, 아래 **하**

출전 | 장자 지북유편知北遊篇

[맥고모자麥藁帽子]

밀짚이나 보릿짚으로 만든 모자를 일컫는다.

글자 | 보리 **맥**, 짚 **고**, 모자 **모**, 사람 **자**

[맥구읍인麥丘邑人]

맥구읍의 사람이라는 말이며, 노인을 일컫는다. 제나라 환공이 사냥 가서 만난 노인이 '주군이 신하와 백성에게 죄를 짓지 않게 하소서.' 라고 간청한 고사에서 유래한다.

글자 | 보리 **맥**, 언덕 **구**, 고을 **읍**, 사람 **인**

출전 | 신서 잡사雜事

[맥락관통脈絡貫通]

이은 맥을 꿰뚫는다는 말이며, 일의 줄거리가 환하게 통한다는 뜻이다.

글자 | 맥 **맥**, 연락할 **락**, 꿸 **관**, 통할 **통**

출전 | 주희朱熹

[맥반총탕麥飯葱湯]

보리밥에 팟국이라는 말이며, 보잘것없는 음식이라는 뜻이다.

글자 | 보리 **맥**, 밥 **반**, 파 **총**, 끓을 **탕**

출전 | 옥루몽

[맥수양지麥穗兩枝]

보리 이삭이 두 가지에 맺혔다는 말이며, 풍년이라는 뜻이다.

글자 | 보리 **맥**, 이삭 **수**, 두 **양**, 가지 **지**

출전 | 한서

ㅁ

[맥수지가麥秀之歌]

→ 맥수지탄麥秀之嘆

[맥수지탄麥秀之嘆]

보리가 무성함을 탄식한다는 말이며, 고국의 멸망을 탄식한다는 뜻이다. 은나라 주왕의 신하였던 기자箕子가 옛 도읍지를 지나면서 지은 노래에서 유래한다. '보리만이 무럭무럭 자라고 벼와 기장들도 기름지구나. 저 사나운 아이(주왕)가 나의 말을 듣지 않음이 슬프도다.'

원문 | 麥秀漸漸兮 禾黍油油兮 彼狡童兮 不與我好兮
맥수점점혜 화서유유혜 피교동혜 불여아호혜

글자 | 보리 **맥**, 무성할 **수**, 어조사 **지**, 탄식할 **탄**

출전 | 사기 송미자세가宋微子世家

동류 | 맥수서유麥秀黍油, 맥수지시麥秀之詩

[맥죽화수麥粥和水]

보리죽에 물 탄다는 말이며, 맛이 없는 음식을 더 맛없게 한다는 뜻이다.

글자 | 보리 **맥**, 죽 **죽**, 더할 **화**, 물 **수**

출전 | 고금석림

[맹귀부목盲龜浮木]

눈먼 거북이 뜬 나무를 만난다는 말이며, 어려운 지경에 우연히 유익한 일이 생겼다는 뜻이다.

글자 | 소경 **맹**, 거북 **귀**, 뜰 **부**, 나무 **목**

출전 | 아함경阿含經

동류 | 맹귀우목盲龜遇木

유사 | 천재일우千載一遇

[맹귀우목盲龜遇木]

→ 맹귀부목盲龜浮木

[맹마수령盲馬隨鈴]

눈먼 말 워낭 소리 따라간다는 말이며, 자기의 주견 없이 남이 하는 대로 따라 한다는 뜻이다.

글자 | 장님 **맹**, 말 **마**, 따를 **수**, 방울 **령**

동류 | 고마문령瞽馬聞鈴

[맹모단기孟母斷機]

맹모가 베틀을 끊었다는 말이며, 학문을 중도에 그만두는 것은 짜던 베를 자르는 것과 같다는 뜻이다. 맹자의 어머니가 유학 도중 돌아온 맹자를 훈계하기 위해 짜던 베의 날실을 끊어버렸다.

글자 | 맏 **맹**, 어미 **모**, 끊을 **단**, 베틀 **기**

출전 | 열녀전 모의母儀

동류 | 단기지계斷機之戒

유사 | 맹모삼천孟母三遷

[맹모삼천孟母三遷]

맹자의 어머니가 세 번 이사를 했다는 말이며, 자녀 교육을 위해 환경을 여러 번 바꾸었다는 뜻이다. 맹자의 유년기에 어머니는 세 번 이사를 했다. 처음에는 묘지 근처에 살았는데 맹자는 상여놀이, 봉분 만들기를 했다. 두 번째는 시장 근처로 옮겼는데, 이번에는 물건을 팔고 사는 장사치 흉내만 내었다. 세 번째는 심사숙고해서 서당 근처로 옮겼는데, 이번에는 공부하는 모습과 제사지내는 놀이 등을 하며 놀았다는 것이다.

글자 | 맏 **맹**, 어미 **모**, 옮길 **천**

출전 | 열녀전 모의母儀

동류 | 삼천지교三遷之教

유사 | 현모지교賢母之教

[맹봉불취虻蜂不取]

등에와 벌을 잡지 않는다는 말이며, 두 가지를 한꺼번에 얻으려다 둘 다 잃는다는 뜻이다.

글자 | 등에 **맹**, 벌 **봉**, 아닐 **불**, 얻을 **취**

[맹봉할갈盲棒瞎喝]

몽매한 몽둥이와 도리에 어두운 꾸짖음이라는 말이며, 깨달음을 묻는데 몽둥이로 때리고 할을 내지른다는 뜻이다. 추사 김정희 편지의 한 구절이다. '선가禪家에서는 매번 맹봉할갈로 흑산귀굴黑山鬼窟을 만들어 가면서도 이러한 무상의 묘체를 알지 못해 사람으로 하여금 슬프고 민망하게 하는구려.'

글자 | 몽매할 **맹**, 몽둥이 **봉**, 어두울 **할**, 꾸짖을 **갈**

출전 | 추사의 편지

[맹분지용孟賁之勇]

매우 큰 용맹이라는 말이다.

원문 | 孟賁之勇而死
맹 분 지 용 이 사

글자 | 클 **맹**, 클 **분**, 어조사 **지**, 용맹할 **용**

출전 | 전국책 연책燕策

[맹산서해盟山誓海]

산에 맹세하고 바다에 맹세한다는 말이며, 아주 굳게 맹세한다는 뜻이다.

원문 | 讀李忠武公盟山誓海詩
독 이 충 무 공 맹 산 서 해 시

글자 | 맹세할 **맹**, 뫼 **산**, 맹세할 **서**, 바다 **해**

출전 | 무지와유고無知窩遺稿

동류 | 해서산맹海誓山盟

[맹역서호盲亦曙好]

장님도 새벽을 좋아한다는 말이며, 남들이 좋아하는 것을 자신도 좋아한다는 뜻이다.

글자 | 장님 **맹**, 또 **역**, 새벽 **서**, 좋을 **호**

출전 | 동언해

[맹완단청盲玩丹青]

소경이 단청을 즐긴다는 말이며, 보아도 알지 못하면서 시늉만 낸다는 뜻이다.

글자 | 소경 **맹**, 희롱할 **완**, 붉을 **단**, 푸를 **청**

출전 | 순오지 하

동류 | 맹자단청盲者丹青

[맹인모상盲人摸象]

소경이 코끼리를 더듬는다는 말이며, 어떤 문제의 전체를 보지 못하고 부분적인 것만 본다는 뜻이다. 소경 여럿이 코끼리를 만져 보고 각자 자기가 만져 본 코끼리의 부분적인 형상을 말한 데서 온 말이다.

글자 | 소경 **맹**, 사람 **인**, 더듬어 만질 **모**, 코끼리 **상**

출전 | 열반경涅槃經

[맹인식장盲人食醬]

소경이 장을 먹는다는 말이며, 대중없이 행한다는 비유이다. 소경은 눈이 어두워서 장을 알맞게 뜨지 못하고 많이 떴다 적게 떴다 하는데서 생긴 말이다.

글자 | 소경 **맹**, 사람 **인**, 먹을 **식**, 간장 **장**

출전 | 동언해東言解

[맹인안질盲人眼疾]

소경이 눈병에 걸렸다는 말이며, 하나마나 한 일을 빗댄 말이다.

글자 | 장님 **맹**, 사람 **인**, 눈 **안**, 병 **질**

출전 | 순오지 하

[맹인직문盲人直門]

소경이 곧바로 문을 찾았다는 말이며, 어리석은 사람이 우연히 이치에 맞는 일을 했다는 뜻이다.

글자 | 소경 **맹**, 사람 **인**, 곧 **직**, 집안 **문**

출전 | 순오지 하

동류 | 맹자정문盲者正門

[맹인할마盲人瞎馬]

장님이 외눈박이 말을 탄다는 말이며, 매우 위험하다는 뜻이다. 세설신어에 있는 글이다. '소경이 외눈박이 말을 타고 밤중에 깊은 연못가에 간다.'

원문 | 盲人騎瞎馬 夜半臨深池
맹 인 기 할 마 야 반 임 심 지

글자 | 소경 **맹**, 사람 **인**, 애꾸눈 **할**, 말 **마**

출전 | 세설신어 배조排調

[맹자단청盲者丹青]

눈 먼 사람의 단청 구경이라는 말이다.

글자 | 소경 **맹**, 놈 **자**, 붉을 **단**, 푸를 **청**

동류 | 맹완단청盲玩丹青

[맹자실장盲者失杖]

장님이 지팡이를 잃었다는 말이며, 믿고 의지할 바를 잃었다는 뜻이다.

글자 | 소경 **맹**, 사람 놈 **자**, 잃을 **실**, 지팡이 **장**

출전 | 진동포집陳同甫集

[맹자정문盲者正門]

소경이 정문으로 들어간다는 말이며, 어리석은 사람이 어쩌다 이치에 맞는 일을 했다는 뜻이다.

글자 | 소경 **맹**, 놈 **자**, 바를 **정**, 집안 **문**

동류 | 맹자직문盲者直門, 맹인직문盲人直門

[맹자직문盲者直門]

→ 맹자정문盲者正門

[맹자효도盲者孝道]

장님 아들이 효도한다는 말이며, 평소에 남보다 못하여 기대하지 않던 사람에게서 도움을 받는다는 뜻이다.

글자 | 장님 **맹**, 아들 **자**, 효도 **효**, 도리 **도**

출전 | 동언해

[맹중숙계孟仲叔季]

맏이, 버금, 셋째, 끝이라는 말이며, 형제들의 순서에 대한 호칭을 일컫는다.

글자 | 맏 **맹**, 버금 **중**, 삼촌 **숙**, 끝 **계**

동류 | 백중숙계伯仲叔季

[맹풍열우猛風烈雨]

맹렬한 바람과 맹렬한 비라는 말이며, 몹시 세차게 몰아치는 비바람을 일컫는다.

글자 | 맹렬할 **맹**, 바람 **풍**, 맹렬할 **열**, 비 **우**

[맹호복초猛虎伏草]

사나운 호랑이가 풀숲에 엎드리고 있다는 말이며, 영웅은 한때 숨어 지내지만 언젠가는 세상에 나타난다는 뜻이다.

글자 | 사나울 **맹**, 범 **호**, 엎드릴 **복**, 풀 **초**

[맹호위서猛虎爲鼠]

사나운 호랑이도 위엄을 잃게 되면 쥐와 같이 된다는 말이며, 군주도 권위를 잃게 되면 신하에게 제압당한다는 비유이다.

원문 | 權歸臣兮虎變鼠
권 귀 신 혜 호 변 서

글자 | 사나울 **맹**, 범 **호**, 될 **위**, 쥐 **서**

출전 | 이백李白의 시

[맹호출림猛虎出林]

사나운 호랑이가 숲을 나온다는 말이며, 평안도 사람의 용맹하고 성급한 성격을 빗댄 말이다.

글자 | 사나울 **맹**, 범 **호**, 나올 **출**, 수풀 **림**

출전 | 정도전鄭道傳의 팔도평

관련 | 팔도기질八道氣質

[면간교대面看交代]

얼굴을 보며 대신할 사람을 바꾼다는 말이며, 조선시대에 지방장관은 서로 대면하여 사무를 인계인수하고 교대해야 한다는 뜻이다.

글자 | 얼굴 **면**, 볼 **간**, 바꿀 **교**, 대신할 **대**

출전 | 경국대전經國大典

[면관돈수免冠頓首]

관을 벗고 머리를 꾸벅거린다는 말이며, 관을 벗고 이마가 땅에 닿도록 절을 한다는 뜻이다.

글자 | 벗어날 **면**, 관 **관**, 꾸벅거릴 **돈**, 머리 **수**

[면관징계免官懲戒]

벼슬을 면하고 징계한다는 말이다.

글자 | 면할 **면**, 벼슬 **관**, 응징할 **징**, 징계할 **계**

[면력박재綿力薄材]

솜과 같은 힘과 얇은 재목이라는 말이며, 힘도 없고 재능조차 없다는 뜻이다.

글자 | 솜 **면**, 힘 **력**, 얇을 **박**, 재목 **재**

출전 | 한서 엄조전嚴助傳

[면리장침綿裏藏針]

솜 속에 바늘을 감추어둔다는 말이며, 겉으로는 부드러운듯하나 속은 품은 바가 있다는 뜻이다.

글자 | 솜 **면**, 속 **리**, 감출 **장**, 바늘 **침**

출전 | 발동파서跋東坡書

유사 | 소리장도笑裏藏刀

[면면상고面面相顧]

얼굴과 얼굴을 서로 본다는 말이며, 말없이 서로 얼굴만 물끄러미 바라본다는 뜻이다.

글자 | 얼굴 **면**, 서로 **상**, 돌아볼 **고**

출전 | 옥루몽

[면면촌촌面面村村]

면과 면, 마을과 마을이라는 말이며, 방방곡곡이라는 뜻이다.

글자 | 면 **면**, 마을 **촌**

[면면회시面面回視]

얼굴과 얼굴을 돌아본다는 말이며, 제가끔 서로 돌아보며 아무 말이 없다는 뜻이다.

글자 | 얼굴 **면**, 돌아올 **회**, 볼 **시**

[면명제이面命提耳]

귀를 잡고 얼굴에 명한다는 말이며, 아주 친절히 일러준다는 뜻이다.

글자 | 얼굴 **면**, 명할 **명**, 잡을 **제**, 귀 **이**

[면목가증面目可憎]

얼굴과 눈이 가히 밉다는 말이며, 얼굴 생김새가 얄밉다는 뜻이다.

원문 | **語言無味 面目可憎**
어언무미 면목가증

글자 | 얼굴 **면**, 눈 **목**, 긍정할 **가**, 미울 **증**

출전 | 한유의 송궁문送窮文

[면목부지面目不知]

얼굴과 눈을 알지 못한다는 말이다.

글자 | 얼굴 **면**, 눈 **목**, 아닐 **부**, 알 **지**

[면목일신面目一新]

얼굴과 눈을 한번 새롭게 한다는 말이며, 지금까지의 세상에 알려진 평가와는 전혀 다르게 높은 평가를 얻을 수 있는 상태로 만든다는 뜻이다.

글자 | 얼굴 **면**, 눈 **목**, 새 **신**

[면무인색面無人色]

얼굴에 사람의 빛이 없다는 말이며, 몹시 놀라거나 두려워서 얼굴에 핏기가 없다는 뜻이다.

글자 | 얼굴 **면**, 없을 **무**, 사람 **인**, 빛 **색**
동류 | 면여토색面如土色

[면백가소面白可笑]

얼굴이 희고[환해지고] 웃을 수 있다는 말이며, 즐겁고 재미있다는 말이다.

글자 | 얼굴 **면**, 흰 **백**, 옳을 **가**, 웃을 **소**

[면벽공심面壁攻深]

벽을 향하여 깊이 갈고 있다는 말이며, 학문을 닦는데 전념하고 있다는 뜻이다.

글자 | 바라볼 **면**, 벽 **벽**, 갈 **공**, 깊을 **심**
출전 | 전등록

[면벽구년面壁九年]

벽을 마주하고 9년이라는 말이며, 목적을 위해 오랜 세월 심혈을 기울인다는 뜻이다. 선종禪宗의 기틀을 연 달마대사達磨大師가 소림사에서 벽을 마주하고 묵좌默坐하여 9년간 좌선을 계속해서 오도悟道했다고 하는 옛일에서 내려온 말이다.

글자 | 마주볼 **면**, 벽 **벽**, 해 **년**
출전 | 벽암록碧巖錄 일칙一則

[면상육갑面上六甲]

얼굴 위에서 여섯 천간을 센다는 말이며, 얼굴만 보고 나이를 짐작한다는 뜻이다.

글자 | 얼굴 **면**, 윗 **상**, 첫째 천간 **갑**

[면색여토面色如土]

얼굴빛이 흙과 같다는 말이며, 놀람과 근심이 많아 얼굴빛이 달라졌다는 뜻이다.

글자 | 얼굴 **면**, 빛 **색**, 같을 **여**, 흙 **토**
동류 | 면여토색面如土色

[면서병동麪西餠東]

국수는 서쪽, 떡은 동쪽이라는 말이며, 제상에 제수祭需를 놓는 방법을 일컫는다.

글자 | 국수 **면**, 서녘 **서**, 떡 **병**, 동녘 **동**

[면수구결面授口訣]

얼굴을 [마주하고] 입으로 비결을 준다는 말이며, 아주 가까이서 중요한 비결을 전한다는 뜻이다.

글자 | 얼굴 **면**, 줄 **수**, 입 **구**, 비결 **결**

[면시염차麵市鹽車]

밀가루의 저잣거리와 소금 수레라는 말이며, 하얗게 눈이 쌓인 모습을 일컫는다.

글자 | 밀가루 **면**, 저자 **시**, 소금 **염**, 수레 **차**

[면앙지간俛仰之間]

굽어보고 우러러보고 하는 사이라는 말이며, 잠깐 동안을 빗댄 말이다.

원문 | 其疾俛仰之間而再撫四海之內
기질면앙지간이재무사해지내

글자 | 굽힐 **면**, 우러볼 **앙**, 어조사 **지**, 사이 **간**

출전 | 장자 외편 재유在宥

[면여토색面如土色]

얼굴이 흙빛과 같다는 말이며, 놀라거나 겁에 질려 흙빛이 되었다는 뜻이다.

글자 | 얼굴 **면**, 같을 **여**, 흙 **토**, 빛 **색**

동류 | 면색여토面色如土

유사 | 면무인색面無人色

[면예불충面譽不忠]

얼굴 앞에서 칭찬하는 것은 충성되지 않다는 말이다.

글자 | 얼굴 **면**, 칭찬할 **예**, 아닐 **불**, 충성 **충**

출전 | 논어 술이述而

[면이무치免而無恥]

면하면 부끄러움이 없다는 말이며, 백성들이 형벌만 교묘하게 피해 나가려 하고 자기 행위에 대해 반성할 줄 모르게 된다는 뜻이다.

원문 | 民免而無恥
민 면 이 무 치

글자 | 면할 **면**, 말 이을 **이**, 없을 **무**, 부끄러울 **치**

출전 | 논어 위정爲政

[면인정쟁面引廷爭]

→ 면절정쟁面折廷爭

[면장우피面張牛皮]

얼굴에 쇠가죽을 발랐다는 말이며, 얼굴이 두꺼운 뻔뻔한 사람을 일컫는다.

글자 | 얼굴 **면**, 버릴 **장**, 소 **우**, 가죽 **피**

동류 | 철면피鐵面皮

유사 | 후안무치厚顔無恥

[면쟁기단面爭其短]

마주보고 그 잘못을 [다툰다는] 말이며, 면전에서 그 잘못을 간諫한다는 뜻이다.

글자 | 마주볼 **면**, 다툴 **쟁**, 그 **기**, 잘못 **단**

[면쟁정론面爭廷論]

→ 면절정쟁面折廷爭

[면절정쟁面折廷爭]

마주보고 꺾고 조정에서 다툰다는 말이며, 어전에서 군주의 실책을 서슴없이 직간하고 정사에 대하여 논쟁한다는 뜻이다.

글자 | 마주볼 **면**, 꺾을 **절**, 조정 **정**, 다툴 **쟁**

출전 | 사기 여후기呂后紀

[면종복배面從腹背]

면전에서는 복종하는 체하면서 속으로는 배반한다는 말이다.

글자 | 얼굴 **면**, 좇을 **종**, 배 **복**, 배반할 **배**

동류 | 양봉음위陽奉陰違

유사 | 면종후언面從後言

[면종후언面從後言]

면전에서는 복종하고 뒤에서는 비방한다는 말이다. 서경에 있는 글이다. '면전에서는 순종하고, 물러서서는 뒷말하는 것을 하지 말고.'

원문 | 汝無面從 退有後言
여무면종 퇴유후언

글자 | 얼굴 **면**, 따를 **종**, 뒤 **후**, 말씀 **언**

출전 | 서경 익직益稷

유사 | 면종복배面從腹背

[면주투과免胄投戈]

투구를 벗고 창을 던진다는 말이며, 적에게 항복한다는 뜻이다.

글자 | 벗어날 **면**, 투구 **주**, 던질 **투**, 창 **과**

출전 | 고려사

[면책특권免責特權]

책임을 면하는 특별한 권세라는 말이며, 국회의원이 국회 안에서 직무상 행한 발언과 표결에 관하여 국회 밖에서 책임을 지지 않는 특권을 일컫는다.

글자 | 면할 **면**, 맡을 **책**, 특별할 **특**, 권세 **권**

[면출과하俛出胯下]

사타구니 아래를 숙이고 나간다는 말이며, 큰일을 위해서 사소한 고통이나 치욕은 참는 다는 뜻이다. 이는 중국의 한나라 한신韓信 장군이 어렸을 때 굴욕을 참고 남의 사타구니 밑을 기어나간 고사에서 온 말이다.

글자 | 숙일 **면**, 날 **출**, 사타구니 **과**, 아래 **하**

출전 | 사기 회음후열전

동류 | 과하지욕胯下之辱

[멸륜패상滅倫敗常]

오륜五倫을 없애고 오상五常을 무너뜨린다는 말이다.

글자 | 없앨 **멸**, 인륜 **륜**, 무너뜨릴 **패**, 법 **상**

[멸만흥한滅滿興漢]

만주를 없애고 한나라가 일어난다는 말이며, 중국 청나라 이홍장李鴻章의 정책을 일컫는다.

글자 | 없앨 **멸**, 만주 **만**, 일 **흥**, 한나라 **한**

동류 | 배만흥한排滿興漢

[멸문지화滅門之禍]

집안이 멸망하는 재앙이라는 말이며, 한 집안이 다 죽임을 당하는 끔찍한 재앙이라는 뜻이다.

글자 | 멸할 **멸**, 집안 **문**, 어조사 **지**, 재앙 **화**

[멸문지환滅門之患]

→ 멸문지화滅門之禍

[멸사봉공滅私奉公]

사사로움을 버리고 공변된 일을 받든다는 말이며, 개인의 일을 제치고 국

ㅁ

가나 사회를 위하여 힘써 일한다는 뜻이다.

글자 | 멸할 **멸**, 사사 **사**, 받들 **봉**, 공변될 **공**

출전 | 당나라 원진元稹의 글

[멸이가의蔑以加矣]

더할 것이 없다는 말이다.

원문 | 周宣之側身修行蔑以加矣
주 선 지 측 신 수 행 멸 이 가 의

글자 | 없을 **멸**, 써 **이**, 더할 **가**, 어조사 **의**

출전 | 조선왕조 10대 연산군일기

[멸죄생선滅罪生善]

죄를 멸하고 선을 낳게 한다는 말이며, 지은 죄를 없애주고 착한 일을 하게 한다는 뜻이다.

글자 | 멸할 **멸**, 죄줄 **죄**, 날 **생**, 착할 **선**

[멸차조식滅此朝食]

이들을 멸하고 아침을 먹는다는 말이며, 눈앞의 적을 섬멸하겠다는 절박한 다짐을 일컫는다.

글자 | 멸망할 **멸**, 이 **차**, 아침 **조**, 먹을 **식**

출전 | 사기 회음후열전

유사 | 배수지진背水之陣

[명가천리命駕千里]

수레를 부리고 천리를 간다는 말이며, 자기는 별로 하고 싶지 않으나 남에게 이끌려 좇아간다는 뜻이다.

글자 | 부릴 **명**, 수레 **가**, 일천 **천**, 이수 **리**

출전 | 송남잡지

[명강이쇄名繮利鎖]

이름과 이익의 쇠사슬이라는 말이며, 사람을 공명과 이욕에 사로잡히게 만드는 욕심의 오랏줄이라는 뜻이다.

글자 | 이름 **명**, 말고삐 **강**, 이로울 **이**, 쇠사슬 **쇄**

출전 | 한서 동방삭

[명견만리明見萬里]

밝음이 만 리를 내다본다는 말이며, 매우 총명하다는 뜻이다.

글자 | 밝을 **명**, 볼 **견**, 일만 **만**, 마을 **리**

출전 | 후한서

[명경불피明鏡不疲]

맑은 거울은 많은 사람의 얼굴을 비쳐도 흐려지지 않는다는 말이며, 깨끗한 사람은 많은 사람을 대해도 더러워지지 않는다는 뜻이다.

글자 | 밝을 **명**, 거울 **경**, 아닐 **불**, 느른할 **피**

출전 | 세설신어 언어言語

[명경지수明鏡止水]

맑은 거울과 조용한 물이라는 말이며, 사람의 마음이 밝고 조용한 것, 또는 고요하고 담담한 심정을 일컫는다. 정나라 재상 자산子産과 신도가申徒嘉의 대화에서 신도가는 거울이 맑으면 먼지가 앉지 못한다(鑑明則塵垢

不止)는 말을 했고, 공자와 왕태王駘의 대화에서 공자는 사람은 흐르는 물을 거울로 삼지 않고 멈추어 있는 물을 거울로 삼는다고 말한 두 이야기에서 유래한다.

원문 | 人莫鑑於流水 而鑑於止水
인 막 감 어 유 수 이 감 어 지 수

글자 | 밝을 **명**, 거울 **경**, 그칠 **지**, 물 **수**

출전 | 장자 덕충부德充符

동류 | 감어지수鑑於止水

[명경홍모命輕鴻毛]

목숨을 기러기 털과 같이 가벼이 여긴다는 말이며, 목숨을 버리는 것을 조금도 두려워하지 않는다는 뜻이다.

글자 | 목숨 **명**, 가벼울 **경**, 기러기 **홍**, 터럭 **모**

출전 | 문선

[명계양지冥契陽贄]

어두운 언약과 밝은 폐백이라는 말이며, 안으로 감춰진 인연과 겉으로 드러난 보답이라는 뜻이다.

글자 | 어두울 **명**, 언약할 **계**, 밝을 **양**, 폐백 **지**

[명고공지鳴鼓攻之]

→ 명고이공鳴鼓而攻

[명고이공鳴鼓而攻]

북을 울리며 공격한다는 말이다. 공자가 제자들에게 한 말이다. '주공周公 밑에 있는 이수李水가 주공보다 부를 축적하여 더 호화롭게 지내는데, 이는 백성의 세금을 사취하여 사복을 채운 것이다. 너희들, 북을 치며 공격해 마땅하다.'

원문 | 小子鳴鼓而攻之可也
소 자 명 고 이 공 지 가 야

글자 | 울 **명**, 북 **고**, 말 이을 **이**, 칠 **공**

출전 | 논어 선진先進

[명공거경名公巨卿]

이름난 벼슬과 큰 벼슬이라는 말이며, 정승, 판서 등 이름난 벼슬을 일컫는다.

글자 | 이름 **명**, 벼슬 **공**, 클 **거**, 벼슬 **경**

[명과기실名過其實]

이름이 그 실제보다 지나치다는 말이며, 이름만 나고 실상은 그만하지 못하다는 뜻이다.

글자 | 이름 **명**, 지나칠 **과**, 그 **기**, 실제 **실**

[명구승지名區勝地]

이름난 구역과 경치 좋은 곳이라는 말이다.

글자 | 이름 **명**, 지경 **구**, 나을 **승**, 땅 **지**

[명기누골銘肌鏤骨]

살과 뼈에 깊이 새긴다는 말이며, 명심하여 잊지 않는다는 뜻이다.

글자 | 새길 **명**, 살 **기**, 새길 **누**, 뼈 **골**

출전 | 안씨가훈 서치序致

동류 | 명심누골銘心鏤骨, 각골난망刻骨難忘

[명당자손明堂子孫]

명당자리에 묻힌 사람의 자손이라는 말이다.

글자 | 밝을 **명**, 집 **당**, 아들 **자**, 손자 **손**

[명동격서鳴東擊西]

동쪽을 울리며 서쪽을 친다는 말이며, 적의 관심을 다른 곳으로 끌어 허점을 만들고 공격한다는 뜻이다.

글자 | 울 **명**, 동녘 **동**, 칠 **격**, 서녘 **서**

[명락손산名落孫山]

이름이 떨어진 손산이라는 말이며, 시험, 시합 등 경쟁에서 떨어졌다는 뜻이다.

글자 | 이름 **명**, 떨어질 **락**, 손자 **손**, 뫼 **산**

출전 | 과정록過庭錄

동류 | 손산지외孫山之外

[명량대첩鳴梁大捷]

명량의 큰 승리라는 말이며, 조선조 14대 선조 30년(1597), 이순신 장군이 명량에서 왜선倭船을 쳐부수고 이긴 싸움을 일컫는다. 12척의 전선戰船으로 적함대 133척을 맞아 싸워 적장 마다시馬多時를 죽이고 30여 척의 적선을 격파하여 크게 이긴 싸움이다.

글자 | 울 **명**, 들보 **량**, 큰 **대**, 이길 **첩**

[명렬전모名列前茅]

이름 줄이 앞에 표기되었다는 말이며, 시험 등 성적이 좋아 앞줄에 이름이 있다는 뜻이다.

글자 | 이름 **명**, 줄 **렬**, 앞 **전**, 표기 **모**

출전 | 춘추좌씨전 선공 12년

[명론탁설名論卓說]

이름난 이론과 탁월한 학설이라는 말이다.

글자 | 이름 **명**, 논할 **론**, 높을 **탁**, 말씀 **설**

[명뢰상실銘誄尙實]

비명碑銘과 제문祭文은 그 내용이 거의 같아야 한다는 말이다.

글자 | 새길 **명**, 제문 **뢰**, 거의 **상**, 충실할 **실**

[명리구전名利俱全]

이름과 이로움이 함께 온전하다는 말이며, 명성과 이득을 모두 갖추었다는 뜻이다.

글자 | 이름 **명**, 이로울 **리**, 함께 **구**, 온전 **전**

[명만천하名滿天下]

→ 명문천하名聞天下

[명망천하名望天下]

이름이 천하에서 우러러 본다는 말이며, 명성이 천하에 떨친다는 뜻이다.

글자 | 이름 **명**, 우러러볼 **망**, 하늘 **천**, 아래 **하**

동류 | 명문천하名聞天下

[명맥소관命脈所關]

목숨과 핏줄에 관계되는 바라는 말이며, 병이나 상처가 심하여 목숨에 관계된다는 뜻이다.

글자 | 목숨 **명**, 핏줄 **맥**, 바 **소**, 관계할 **관**

[명면각지名面各知]

이름과 얼굴을 각각 안다는 말이다.

글자 | 이름 **명**, 얼굴 **면**, 각각 **각**, 알 **지**

출전 | 송남잡지

[명명백백明明白白]

밝고 밝으며 희고 희다는 말이며, 조금도 의심할 나위 없이 아주 명백하다는 뜻이다.

글자 | 밝을 **명**, 흰 **백**

[명명야행冥冥夜行]

어둡고 어두운 밤에 다닌다는 말이며, 배우지 아니하면 암울한 생활을 한다는 뜻이다.

원문 | 人生不學 如 冥冥夜行
인 생 불 학 여 명 명 야 행

글자 | 어두울 **명**, 밤 **야**, 다닐 **행**

출전 | 명심보감 근학편勤學篇

[명명지중冥冥之中]

어둡고 어두운 가운데라는 말이며, 듣거나 볼 수 없이 은연중에 느껴지는 가운데라는 뜻과 어두운 저승이라는 뜻이다.

글자 | 어두울 **명**, 어조사 **지**, 가운데 **중**

출전 | 장자 외편 천지天地

[명명지지冥冥之志]

어둡고 어두운 뜻이라는 말이며, 마음속에 깊이 간직하고 밖에 드러내지 않는 마음을 일컫는다.

글자 | 어두울 **명**, 어조사 **지**, 뜻 **지**

출전 | 순자 권학편勸學篇

[명명혁혁明明赫赫]

밝고 밝으며, 빛나고 빛난다는 말이다.

글자 | 밝을 **명**, 빛날 **혁**

출전 | 시경 대아大雅

[명명후년明明後年]

새고 샌 뒤의 해라는 말이며, 3년째를 일컫는다.

글자 | 날 샐 **명**, 뒤 **후**, 해 **년**

[명명후일明明後日]

날이 새고 샌 뒤의 날이라는 말이며, 글피를 일컫는다.

글자 | 날 샐 **명**, 뒤 **후**, 날 **일**

[명모호치明眸皓齒]

밝은 눈동자와 빛나는 이라는 말이며, 전통적인 미인을 뜻한다. 당나라 시인 두보杜甫가 미녀 양귀비楊貴妃를 형용한 말이다. '맑은 눈동자 흰 이는 지금 어디 있는가. 피 묻어 떠다니는 영혼은 돌아오지 못하는구나.'

원문 | 明眸皓齒今何在血汚遊魂歸
명 모 호 치 금 하 재 혈 오 유 혼 귀

不得
부 득

글자 | 밝을 **명**, 눈동자 **모**, 밝을 **호**, 이 **치**

출전 | 두보의 시 애강두哀江頭

동류 | 단순호치丹脣皓齒

[명목달총明目達聰]

눈을 밝히고 귀를 밝게 한다는 말이며, 사방으로 견식과 견문을 넓힌다는 뜻이다. 서경의 글이다. '사방의 문을 열어 어진 이를 오게 하고, 사방의 실정을 밝게 보고, 사방의 실정을 밝게 들을 수 있게 하였다.'

원문 | 闢四門 明四目 達四聰
벽 사 문 명 사 목 달 사 총

글자 | 밝을 **명**, 눈 **목**, 이를 **달**, 귀밝을 **총**

출전 | 서경 순전舜典

[명목장담明目張膽]

눈을 크게 뜨고 쓸개를 펼친다는 말이며, 두려워하지 않는다는 뜻이다.

글자 | 밝을 **명**, 눈 **목**, 펼칠 **장**, 쓸개 **담**

출전 | 송서 유안세전劉安世傳

[명목조식暝目調息]

눈을 감고 숨을 고른다는 말이며, 흥분을 가라앉히고 침착함을 되찾는다는 뜻이다.

글자 | 눈감을 **명**, 눈 **목**, 고를 **조**, 숨 쉴 **식**

[명문거족名門巨族]

이름난 문벌과 크게 번창한 집안이라는 말이다.

글자 | 이름 **명**, 집안 **문**, 클 **거**, 일가 **족**

[명문대가名門大家]

→ 명문거족名門巨族

[명문대작名文大作]

이름난 글월과 크게 지은 것이라는 말이며, 방대한 명작의 문예작품을 일컫는다.

글자 | 이름 **명**, 글월 **문**, 큰 **대**, 지을 **작**

[명문세족名門世族]

이름난 명문으로서 대대로 내려오는 일가라는 말이며, 대를 거듭하여 중요한 벼슬을 하여 내려와 자기 집안의 운명을 국가의 운명과 함께하는 집안을 일컫는다.

글자 | 이름 **명**, 집안 **문**, 대대 **세**, 일가 **족**

[명문이양名聞利樣]

이름이 들리고 이로움이 커진다는 말이며, 명리名利가 점점 커진다는 뜻이다.

글자 | 이름 **명**, 들을 **문**, 이로울 **이**, 길 **양**

출전 | 보살심론菩薩心論

[명문천하名聞天下]

이름이 하늘 아래 드러난다는 말이며, 이름이 천하에 알려진다는 뜻이다.

글자 | 이름 **명**, 이름 드러날 **문**, 하늘 **천**, 아래 **하**

출전 | 사기 위공자열전

동류 | 명망천하名望天下

[명물도수名物度數]

명목名目, 사물事物, 법도法度, 수량數量이라는 말이며, 사물을 나타내는 여러 측면을 일컫는다.

원문 | 名物度數之學
명 물 도 수 지 학

글자 | 이름 **명**, 물건 **물**, 법도 **도**, 수량 **수**

출전 | 임원경제지林園經濟志

[명봉재수鳴鳳在樹]

우는 봉황새가 나무에 있다는 말이며, 길한 징조를 빗댄 말이다.

원문 | 鳴鳳在樹 白駒食場
명 봉 재 수 백 구 식 장

글자 | 울 **명**, 봉황 **봉**, 있을 **재**, 나무 **수**

출전 | 천자문 17항

[명불허득名不虛得]

→ 명불허전名不虛傳

[명불허전名不虛傳]

이름은 헛되이 전해지는 것이 아니라는 말이며, 명예가 널리 퍼짐은 그만한 이유가 있다는 뜻이다.

글자 | 이름 **명**, 아닐 **불**, 헛될 **허**, 전할 **전**

출전 | 사디 맹상군전孟嘗君傳

동류 | 명불허득名不虛得

[명사고불名士古佛]

이름난 선비의 옛 부처라는 말이며, 과거에서 문과에 급제한 선비의 아버지를 빗댄 말이다.

글자 | 이름 **명**, 선비 **사**, 옛 **고**, 부처 **불**

[명사십리明沙十里]

밝은 모래 10리라는 말이며, 바닷가의 아름다운 모래사장을 일컫는다.

글자 | 밝을 **명**, 모래 **사**, 이수 **리**

[명산대찰名山大刹]

이름난 산과 큰 절이라는 말이다.

글자 | 이름 **명**, 뫼 **산**, 큰 **대**, 절 **찰**

[명산대천名山大川]

이름난 산과 큰 내라는 말이며, 아름다운 자연풍경을 일컫는다. 예기에 있는 글이다. '천자는 천하의 명산대천을 제사지낸다.'

원문 | 天子祭 天下名山大川
천 자 제 천 하 명 산 대 천

글자 | 이름 **명**, 뫼 **산**, 큰 **대**, 내 **천**

출전 | 예기 왕제王制

[명성자심名聲藉甚]

이름의 소리가 매우 성하다는 말이며, 평판이 세상에 널리 퍼졌다는 뜻이다.

글자 | 이름 **명**, 소리 **성**, 성할 **자**, 심할 **심**

[명세지웅命世之雄]

세상에 이름 지어진 영웅이라는 말이다.

글자 | 이름 지을 **명**, 인간 **세**, 어조사 **지**, 영웅 **웅**

출전 | 문선

동류 | 명세지영命世之英

[명세지재命世之才]

세상에 이름 지어진 재능, 또는 재능 있는 사람을 말한다.

글자 | 이름 지을 **명**, 인간 **세**, 어조사 **지**, 재주 **재**

출전 | 문선

[명수불후名垂不朽]

이름을 드리우고 썩지 않는다는 말이며, 명성이 후세에까지 전하여져 없어지지 않는다는 뜻이다.

글자 | 이름 **명**, 드리울 **수**, 아닐 **불**, 썩을 **후**

출전 | 삼국사기

동류 | 명수만고名垂萬古

[명수죽백名垂竹帛]

이름이 대나무와 비단에 드리운다는 말이며, 이름이 청사靑史에 길이 남는다는 뜻이다.

원문 | 功名垂竹帛
공 명 수 죽 백

글자 | 이름 **명**, 드리울 **수**, 대 **죽**, 비단 **백**

출전 | 후한서 등우전鄧禹傳

동류 | 명전천추名傳千秋

[명승고적名勝古跡]

이름난 옛 자취라는 말이며, 뛰어난 경치와 역사적인 유적이라는 뜻이다.

글자 | 이름 **명**, 나을 **승**, 옛 **고**, 자취 **적**

[명시기모名視其貌]

이름은 그 모양을 본다는 말이며, 무슨 일이나 제 격식에 어울리도록 해야 한다는 뜻이다.

글자 | 이름 **명**, 볼 **시**, 그 **기**, 모양 **모**

출전 | 이담속찬

[명실상부名實相符]

이름과 그 내실內實이 서로 들어맞는다는 말이다.

글자 | 이름 **명**, 열매 **실**, 서로 **상**, 들어맞을 **부**

[명실상생名實相生]

이름과 열매가 서로 산다는 말이며, 명칭과 실제가 서로 부합하면 다스려지고, 부합하지 않으면 어지러워진다는 뜻이다.

원문 | 名實相生 名實當則治 不當則亂
명 실 상 생 명 실 당 즉 치 부 당 즉 란

글자 | 이름 **명**, 열매 **실**, 서로 **상**, 살 **생**

출전 | 관자 구수편九守篇

[명실일체名實一體]

이름과 사실이 한 몸이라는 말이며, 명성과 사실이 같다는 뜻이다.

글자 | 이름 **명**, 사실 **실**, 몸 **체**

출전 | 유식론唯識論

[명심누골銘心鏤骨]

마음에 새기고 뼈에 새긴다는 말이며,

입은 은덕을 잊지 않는다는 뜻이다.

글자 | 새길 **명**, 마음 **심**, 새길 **누**, 뼈 **골**

출전 | 서언고사書言古事

동류 | 명기누골銘肌鏤骨

[명심보감明心寶鑑]

마음을 밝게 하는 보배로운 거울이라는 말이며, 마음을 바르게 하는데 귀감이 되는 글을 일컫는다. 이는 고려시대의 문신 추적秋適이 금언과 명구를 모아 엮은 책의 이름이기도 하다.

글자 | 밝을 **명**, 마음 **심**, 보배 **보**, 거울 **감**

[명심불망銘心不忘]

마음에 새기고 잊지 않는다는 말이다.

글자 | 새길 **명**, 마음 **심**, 아닐 **불**, 잊을 **망**

동류 | 각골명심刻骨銘心, 명심누골銘心鏤骨

[명십삼릉明十三陵]

명나라의 13개 능이라는 말이며, 중국 북평北平 명승지의 하나로서 명나라 역대의 능을 일컫는다.

글자 | 밝을 **명**, 임금의 무덤 **릉**

[명안지기鳴雁之期]

우는 기러기의 때라는 말이며, 혼인할 때가 되었다는 뜻이다.

글자 | 울 **명**, 기러기 **안**, 어조사 **지**, 때 **기**

[명야복야命也福也]

운수냐 복이냐 하는 말이며, 연거푸 생기는 행복을 일컫는다.

글자 | 운수 **명**, 또 **야**, 복 **복**, 어조사 **야**

[명약관화明若觀火]

불을 보는 것과 같이 밝다는 말이며, 더 말할 나위 없이 분명하다는 뜻이다.

글자 | 밝을 **명**, 같을 **약**, 볼 **관**, 불 **화**

동류 | 명명백백明明白白

[명연의경命緣義輕]

목숨도 의에 인한다면 가볍다는 말이며, 의를 위해서는 목숨도 아끼지 않는다는 뜻이다.

글자 | 목숨 **명**, 인할 **연**, 오를 **의**, 가벼울 **경**

출전 | 후한서

[명예만회名譽挽回]

→ 명예회복名譽回復

[명예회복名譽回復]

기리는 이름을 다시 돌아오게 한다는 말이며, 잃었던 명예를 다시 찾는다는 뜻이다.

글자 | 이름 **명**, 기릴 **예**, 돌아올 **회**, 회복할 **복**

동류 | 명예만회名譽挽回

유사 | 실지회복失地回復

[명예훼손名譽毁損]

기리는 이름을 헐뜯고 상하게 한다는 말이며, 부당하게 다른 사람의 평가를 떨어트리거나 체면을 손상시킨다는 뜻이다.

글자 | 이름 **명**, 기릴 **예**, 헐 **훼**, 상할 **손**

[명완무지冥頑無知]

어둡고 완고하여 아는 것이 없다는 말이며, 사리에 어둡고 고집이 세어 하나만 알고 둘은 모른다는 뜻이다.

글자 | 어두울 **명**, 완고 **완**, 없을 **무**, 알 **지**

출전 | 추관지秋官志

동류 | 명완불령冥頑不靈

[명월위촉明月爲燭]

밝은 달을 촛불로 삼는다는 말이다.

글자 | 밝을 **명**, 달 **월**, 할 **위**, 촛불 **촉**

출전 | 당서

[명월지주明月之珠]

밝은 달과 같은 구슬이라는 말이며, 밤에 광채를 발하는 구술을 일컫는다.

글자 | 밝을 **명**, 달 **월**, 어조사 **지**, 구슬 **주**

[명월청풍明月淸風]

→ 청풍명월淸風明月

[명인기질名人氣質]

이름난 사람의 기운과 바탕이라는 말이며, 일에 대한 고집스러운 자세나 유별난 성격을 일컫는다.

글자 | 미름 **명**, 사람 **인**, 기운 **기**, 바탕 **질**

[명일물선名日物膳]

이름 있는 날의 먹을 물건이라는 말이며, 명일에 임금이나 왕실에 진상하는 물건이라는 뜻이다.

글자 | 이름 **명**, 날 **일**, 물건 **물**, 먹을 **선**

출전 | 조선왕조실록 증보문헌비고

[명입지중明入地中]

밝음이 땅속에 들어있다는 말이며, 밝음을 감춘다는 뜻이다.

글자 | 밝을 **명**, 들 **입**, 땅 **지**, 가운데 **중**

출전 | 주역 대상전大象傳

[명장다욕命長多辱]

→ 수즉다욕壽則多辱

[명재경각命在頃刻]

목숨이 요즘 시각에 있다는 말이며, 거의 죽게 되어 숨이 곧 끊어질 지경에 이르렀다는 뜻이다.

글자 | 목숨 **명**, 있을 **재**, 요즘 **경**, 시각 **각**

[명재명간明再明間]

명일이나 모래 이틀 사이라는 말이다.

글자 | 밝을 **명**, 두 번 **재**, 사이 **간**

[명재조석命在朝夕]

목숨이 아침이나 저녁에 있다는 말이며, 거의 다 죽게 되어 목숨이 언제 끊어질지 알 수 없는 지경에 다다랐다는 뜻이다.

글자 | 목숨 **명**, 있을 **재**, 아침 **조**, 저녁 **석**

[명전자성名詮自性]

이름은 스스로의 성품을 평론한다는 말이며, 어떤 사물의 이름은 그의 본성을 그대로 나타낸다는 뜻이다.

글자 | 이름 **명**, 평론할 **전**, 스스로 **자**, 성품 **성**

[명정기죄明正基罪]

밝음은 근본의 죄를 바로잡는다는 말이다.

글자 | 밝을 **명**, 바로잡을 **정**, 근본 **기**, 죄 **죄**

[명정언순名正言順]

명분이 바르고 말이 순리에 맞는다는 말이다. 위나라에서 정치를 한다면 먼저 무엇을 하겠느냐는 자로의 질문에 공자가 답한 말이다. '반드시 명분을 바로 세울 것이다.'

원문 | 必也正名乎
필 야 정 명 호

글자 | 이름 **명**, 바를 **정**, 말씀 **언**, 순할 **순**

출전 | 논어 자로子路

[명정월색明淨月色]

밝고 맑은 달빛이라는 말이다.

글자 | 밝을 **명**, 맑을 **정**, 달 **월**, 빛 **색**

[명조지손名祖之孫]

이름난 조상의 자손이라는 말이다.

글자 | 이름 **명**, 조상 **조**, 어조사 **지**, 손자 **손**

[명존실무名存實無]

이름만 있고 실상은 없다는 말이며, 공연히 유명하기만 하고 아무 실속이 없다는 뜻이다.

글자 | 이름 **명**, 있을 **존**, 열매 **실**, 없을 **무**

출전 | 송남잡지

동류 | 유명무실有名無實

[명졸지추命卒之秋]

목숨이 다한 가을이라는 말이며, 거의 죽게 된 때를 일컫는다.

글자 | 목숨 **명**, 다할 **졸**, 어조사 **지**, 가을 **추**

[명주암투明珠暗投]

밝은 구슬을 어두운데 던진다는 말이며, 유능한 인재를 하찮은 곳에 배치한다는 비유도 되고, 귀중한 선물이 도리에 어긋나면 버려지게 된다는 비유도 된다.

글자 | 밝을 **명**, 구슬 **주**, 어두울 **암**, 던질 **투**

출전 | 사기 추양전鄒陽傳

[명주탄작明珠彈雀]

새를 잡는데 빛나는 구슬을 쓴다는 말이며, 작은 것을 탐내다가 더 큰 비용이 들어 손해를 본다는 뜻이다.

원문 | 以隨候之珠彈千仞之雀世必
이 수 후 지 주 탄 천 인 지 작 세 필

笑之
소 지

글자 | 밝을 **명**, 구슬 **주**, 탄알 **탄**, 참새 **작**

출전 | 장자 양왕편讓王篇

[명지적견明智的見]

밝은 지혜로 밝게 본다는 말이다.

글자 | 밝을 **명**, 지혜 **지**, 밝을 **적**, 볼 **견**

[명찰추호明察秋毫]

가는 털도 밝혀 살핀다는 말이며, 사소한 일에 대해서도 빈틈없이 살핀다는 뜻이다. 추호는 가을에 털갈이하여 새로 난 동물의 가느다란 털을 일컫는다.

원문 | 明足以察秋毫之末 而不見
명 족 이 찰 추 호 지 말 이 불 견
輿薪
여 신

글자 | 밝을 **명**, 살필 **찰**, 가을 **추**, 터럭 **호**

출전 | 맹자 양혜왕 상

[명창정궤明窓淨几]

밝은 창에 깨끗한 책상이라는 말이며, 검소하고 정결한 서재를 일컫는다. 이는 선비의 공부방을 묘사한 최상의 찬사이기도 하다.

원문 | 主人好客頗知禮淨几明窓瓶
주 인 호 객 파 지 례 정 궤 명 창 병
有花
유 화

글자 | 밝을 **명**, 창 **창**, 깨끗할 **정**, 책상 **궤**

출전 | 박종악朴宗岳의 송참松站

[명천지하明天之下]

밝은 하늘 아래라는 말이며, 총명한 임금이 다스리는 태평한 세상을 일컫는다.

글자 | 밝을 **명**, 하늘 **천**, 어조사 **지**, 아래 **하**

출전 | 서경

[명철보신明哲保身]

이치에 밝고 매사에 능통하여 몸을 안전하게 지킨다는 말이며, 세상일을 훤히 내다보는 처세에 능함으로써 난세亂世를 무난히 살아간다는 뜻이다. 대체로 부귀공명을 탐하지 않고 자신의 재주와 학식을 숨긴 채 평범한 인물로 표나지 않게 살아가는 것을 가리키기도 한다. 증민烝民이라는 시의 한 구절이다. '나라들의 좋고 나쁜 것을 중산보가 밝힌다. 이미 밝고 또 통한지라 이로서 그 몸을 보전한다. 아침이나 밤이나 게으르지 않고 이로서 한 사람[왕]을 섬긴다.'

원문 | 邦國若否 仲山甫明之 旣明
방 국 약 비 중 산 보 명 지 기 명
且哲以保其身 夙夜匪解 以
차 철 이 보 기 신 숙 야 비 해 이
事一人
사 일 인

글자 | 밝을 **명**, 밝을 **철**, 지킬 **보**, 몸 **신**

출전 | 시경 대아大雅 증민편

관련 | 숙야비해夙夜非解

[명출지상明出地上]

밝음이 땅 위에 있다는 말이며, 서광

이 땅 위에 비친다는 뜻이다.

글자 | 밝을 **명**, 날 **출**, 땅 **지**, 윗 **상**

출전 | 주역 화지진괘火地晉卦

[명치유신明治維新]

명치의 새로운 개혁이라는 말이며, 일본의 명치시대에 개방과 서구화를 위한 정치, 경제, 사회적 변혁과정, 또는 그 시기(1841~1889)를 일컫는다.

글자 | 밝을 **명**, 다스릴 **치**, 개혁 **유**, 새 **신**

[명호물리明乎物理]

만물의 이치에 밝아진다는 말이며, 사물의 이치를 잘 알게 된다는 뜻이다.

글자 | 밝을 **명**, 어조사 **호**, 만물 **물**, 이치 **리**

[명화십우名花十友]

이름난 꽃 열의 벗이라는 말이며, 중국 송나라 증단백曾端伯이 이름난 꽃을 벗으로 삼았다는 뜻이다. 예컨대 연꽃을 정우淨友, 국화를 가우佳友 등으로 명명한 것이다.

글자 | 이름 **명**, 꽃 **화**, 벗 **우**

[모계부화母鷄孵化]

어미닭이 알을 깐다는 말이다.

글자 | 어미 **모**, 닭 **계**, 알 깔 **부**, 될 **화**

[모국아신母鞠我身]

어머니가 나의 몸을 길렀다는 말이다.

원문 | 父生我身 母鞠我身
부생아신 모국아신

글자 | 어미 **모**, 기를 **국**, 나 **아**, 몸 **신**

출전 | 사자소학

[모국오신母鞠吾身]

→ 모국아신母鞠我身

[모급부인謀及婦人]

꾀하는 일이 부인에게 미친다는 말이며, 누설될 염려가 많은 일을 여자와 도모함을 비웃는다는 뜻이다.

글자 | 꾀할 **모**, 미칠 **급**, 지어미 **부**, 사람 **인**

출전 | 춘추좌씨전 환공桓公 15년

[모략중상謀略中傷]

꾀를 꾀하여 바른 덕을 상하게 한다는 말이며, 남을 모함하여 명예를 손상시킨다는 뜻이다.

글자 | 꾀할 **모**, 꾀 **략**, 바른 덕 **중**, 상할 **상**

[모릉구용摸稜苟容]

모서리를 잡고 구차하게 용납한다는 말이며, 분명하게 핵심을 밝혀 융통성과 자신의 입지를 잃지 말고 변두리로 슬슬 돌면서 무사안일로 연명해 간다는 뜻이다.

글자 | 잡을 **모**, 모서리 **릉**, 구차할 **구**, 용납할 **용**

출전 | 구당서 소미도蘇味道 열전

동류 | 모릉양가摸稜兩可

[모릉양가摸稜兩可]

모서리를 더듬으며 이쪽도 저쪽도 옳다는 말이며, 이래도 좋고 저래도 좋다는 애매한 태도를 빗댄 말이다. 당나라의 소미도蘇味道가 국사의 물음에 확답을 하지 않고, 다만 책상의 모서리만 만지작거리고 있었다는 고사에서 온 말이다.

글자 | 더듬을 **모**, 모서리 **릉**, 둘 **양**, 옳을 **가**

출전 | 복혜전서福惠全書

[모리지배牟利之輩]

이로움을 빼앗는 무리라는 말이며, 부당하게 이익을 꾀하는 무리라는 뜻이다.

글자 | 빼앗을 **모**, 이로울 **리**, 어조사 **지**, 무리 **배**

출전 | 송남잡지

[모리지배謀利之輩]

이로움을 꾀하는 무리라는 말이며, 장사에서 공익은 돌보지 않고 자신의 잇속만 꾀하는 무리들을 일컫는다.

글자 | 꾀할 **모**, 이로울 **리**, 어조사 **지**, 무리 **배**

유사 | 모리지배牟利之輩

[모만파롱侮謾擺弄]

업신여기고 속이고 희롱한다는 말이며, 남을 무시한다는 뜻이다.

글자 | 업신여길 **모**, 속일 **만**, 해칠 **파**, 희롱할 **롱**

출전 | 조선왕조 15대 광해군일기

[모모제인某某諸人]

아무 아무개와 여러 사람이라는 말이다.

글자 | 아무 **모**, 모두 **제**, 사람 **인**

[모몰염치冒沒廉恥]

염치를 무릅쓰고 한다는 말이다.

글자 | 무릅쓸 **모**, 빠질 **몰**, 염치 **염**, 부끄러울 **치**

출전 | 송남잡지

[모방유희模倣遊戲]

본떠서 하는 놀이라는 말이며, 어린이들의 소꿉장난 같은 놀이를 일컫는다.

글자 | 본뜰 **모**, 본받을 **방**, 놀 **유**, 놀 **희**

[모사재인謀事在人]

일을 도모함은 사람에 달려있다는 말이다. 제갈량이 사마의를 죽이려다 이루지 못하고 탄식하며 한 말이다. '일을 꾀하는 것은 사람이나 일이 되게 하는 것은 하늘이로다.'

원문 | 謀事在人 成事在天
모 사 재 인 성 사 재 천

글자 | 도모할 **모**, 일 **사**, 있을 **재**, 사람 **인**

출전 | 삼국지연의

관련 | 성사재천成事在天

[모산지배謀算之輩]

꾀로 셈 놓는 무리라는 말이며, 꾀를

내어 이해타산을 일삼는 무리라는 뜻이다.

글자 | 꾀 **모**, 셈 놓을 **산**, 어조사 **지**, 무리 **배**

[모살미수謀殺未遂]

죽이려고 꾀하다가 이루지 못하였다는 말이다.

글자 | 꾀할 **모**, 죽일 **살**, 아닐 **미**, 이룰 **수**

[모색창연暮色蒼然]

저문 빛이 푸르다는 말이며, 해 질 녘의 풍경이 어스레하다는 뜻이다.

글자 | 저물 **모**, 빛 **색**, 푸를 **창**, 그럴 **연**

출전 | 유종원柳宗元의 글

[모수자천毛遂自薦]

모수가 자신을 천거했다는 말이며, 재주가 있어도 추천해주는 사람이 없어 기다리다 못해 스스로 자신을 천거한다는 뜻이다.

글자 | 터럭 **모**, 이를 **수**, 스스로 **자**, 천거할 **천**

출전 | 사기 평원군열전平原君列傳

[모순당착矛盾撞着]

→ 자가당착自家撞着

[모순지설矛盾之說]

창과 방패의 말이라는 말이며, 앞뒤가 맞지 않는 말이라는 뜻이다.

글자 | 창 **모**, 방패 **순**, 어조사 **지**, 말씀 **설**

[모시점석毛詩粘石]

모시毛詩는 끈끈한 돌, 즉 차돌과 같다는 말이며, 모시의 내용이 매우 어렵다는 뜻이다. 모시는 한나라 모형毛亨과 모장毛萇이 전한 중국 고대의 시, 시경을 일컫는다.

글자 | 털 **모**, 귀글 **시**, 끈끈할 **점**, 돌 **석**

출전 | 고금석림

[모애자귀母愛子貴]

어미가 사랑을 받으면 자식은 따라서 귀하게 된다는 말이며, 그 사랑의 결과가 좋을지 의심스럽다는 뜻이다.

글자 | 어미 **모**, 사랑 **애**, 아들 **자**, 귀할 **귀**

출전 | 춘추좌씨전 환공桓公 16년

[모야모야某也某也]

아무개 아무개라는 말이다.

글자 | 아무 **모**, 어조사 **야**

[모야무지某也無知]

아무도 모른다는 말이다.

글자 | 아무 **모**, 어조사 **야**, 없을 **무**, 알 **지**

[모야무지暮夜無知]

저문 밤에 아는 사람이 없다는 말이며, 어두운 밤중에 뇌물이나 선물을 몰래 주어도 아무도 모른다는 뜻이다. 동한東漢 때 양진은 형주자사로 있다가 동래태수로 부임하게 되어 창읍현을 방문했을 때의 일이다. 창읍현령 왕밀王密은 양진이 형주자사로 있을 때, 신세를 진 적이 있어 한밤중에 황금 10량을 가져왔다. 양진이 사양하자 '이미 밤이 깊었으니 아는 사람이 없습니다.' 라고 하자, 양진은 크게 화를 내며 '하늘이 알고 땅이 알고 그대가 알고 내가 아는데 어찌 아는 사람이 없다고 하는가?' 라고 한 고사에서 유래한다.

글자 | 저물 **모**, 밤 **야**, 없을 **무**, 알 **지**

출전 | 후한서 양진전楊震傳

동류 | 모야회금暮夜懷金, 모야포저暮夜苞苴

[모야수야某也誰也]

아무개와 누구라는 말이다.

글자 | 아무 **모**, 어조사 **야**, 누구 **수**

동류 | 모야모야某也某也

[모언식심貌言飾心]

모양 있게 말하고 마음을 꾸민다는 말이며, 겉과 속이 다르다는 뜻이다.

글자 | 모양 **모**, 말씀 **언**, 꾸밀 **식**, 마음 **심**

출전 | 조선왕조 14대 선조실록

[모우미성毛羽未成]

날개가 아직 자라지 못하였다는 말이며, 어린애 또는 미숙한 사람을 일컫는다. 사기의 글이다. '새도 깃털이 나서 자라기까지는 높이 날지 못하오.'

원문 | 毛羽未成 不可以高蜚
모우미성 불가이고비

글자 | 터럭 **모**, 날개 **우**, 아직 **미**, 이룰 **성**

출전 | 사기 소진열전

[모우전구冒雨翦韭]

비를 무릅쓰고 부추를 솎는다는 말이며, 손님을 극진히 대접한다거나 우정이 두텁다는 뜻이다.

글자 | 무릅쓸 **모**, 비 **우**, 솎을 **전**, 부추 **구**

출전 | 곽림종별전郭林宗別傳

[모운춘수暮雲春樹]

저문 [때의] 구름과 봄의 나무라는 말이며, 친구를 생각하는 마음이 간절하다는 뜻이다.

글자 | 저물 **모**, 구름 **운**, 봄 **춘**, 나무 **수**

출전 | 두보杜甫의 시

[모종배위貌從背違]

모양은 따르고 등 뒤에서는 다르다는 말이며, 앞에서는 순종하는 척하면서 뒤에서는 배반한다는 뜻이다.

글자 | 모양 **모**, 따를 **종**, 등 **배**, 다를 **위**

출전 | 연산군일기

동류 | 면종복배面從腹背, 면종후언面從後言

[모직혼식毛織婚式]

털로 짜는 혼인법이라는 말이며, 혼인 40주년을 축하하는 식을 일컫는다. 부부가 모직물을 선물로 주고받는 관습에서 온 말이다.

글자 | 털 **모**, 짤 **직**, 혼인할 **혼**, 법 **식**

[모천화일摹天畵日]

하늘을 본떠서 해를 그린다는 말이며,

임금의 공덕을 칭송한다는 뜻이다.

글자 | 본뜰 **모**, 하늘 **천**, 그릴 **화**, 해 **일**

동류 | 모천회일摹天繪日

[모천회일摹天繪日]

→ 모천화일摹天畵日

[모취기애母取其愛]

어미는 그 사랑을 취한다는 말이며, 어머니는 오로지 사랑만을 행한다는 뜻이다.

글자 | 어미 **모**, 취할 **취**, 그 **기**, 사랑 **애**

[모피수류毛皮獸類]

털가죽의 짐승 무리라는 말이며, 털가죽이 이용되는 족제비, 물개, 너구리, 여우 따위를 일컫는다.

글자 | 털 **모**, 가죽 **피**, 짐승 **수**, 무리 **류**

[모피지부毛皮之附]

가죽도 없는데 털을 붙인다는 말이며, 근본적인 문제를 해결하지 않고 지엽적인 문제만 해결한다는 뜻이다.

글자 | 털 **모**, 거죽 **피**, 어조사 **지**, 붙을 **부**

출전 | 춘추좌씨전 희공僖公 14년조

[모피지우毛皮之友]

털과 가죽 같은 벗이라는 말이며, 속마음을 내놓지 않고 겉으로만 좋은 척하는 벗을 빗댄 말이다.

글자 | 털 **모**, 가죽 **피**, 어조사 **지**, 벗 **우**

출전 | 대동야승

[모필사공貌必思恭]

모양은 공손함을 생각해야 한다는 말이며, 얼굴 모습은 항상 공손한 빛을 띠우고 있어야 한다는 뜻이다.

원문 | 色必思溫 貌必思恭
색 필 사 온 모 필 사 공

글자 | 모양 **모**, 반드시 **필**, 생각 **사**, 공손할 **공**

출전 | 사자소학

[모행언청謀行言聽]

꾀를 행하면 말을 듣는다는 말이며, 신하가 꾀를 내면 임금이 그의 말을 그대로 들어주어 시행한다는 뜻이다.

글자 | 꾀 **모**, 행할 **행**, 말씀 **언**, 들을 **청**

출전 | 삼국사기

[모혜국아母兮鞠我]

어머니여! 나를 기르셨습니다!라고 하는 말이다.

원문 | 父兮生我 母兮鞠我
부 혜 생 아 모 혜 국 아

글자 | 어미 **모**, 어조사 **혜**, 기를 **국**, 나 **아**

출전 | 시경 소아小雅 소민지십小旻之什

[모화사상慕華思想]

중화를 흠모하는 생각들이라는 말이며, 중국의 제도와 문물 등을 따르려는 사상을 일컫는다.

글자 | 흠모할 **모**, 나라 이름 **화**, 생각 **사**, 생각 **상**

[목강즉절木强則折]

나무가 강하면 곧 부러진다는 말이며, 너무 강한 것은 도리어 부러지기 쉽다는 뜻이다. 노자의 말이다. '군대가 강하면 곧 멸망당할 것이며, 나무가 강하면 곧 꺾일 것이다.'

원문 | 兵疆則滅 木疆則折
병 강 즉 멸 목 강 즉 절

글자 | 나무 **목**, 강할 **강**, 곧 **즉**, 부러질 **절**

출전 | 열자 황제편皇帝篇

[목경지환木梗之患]

나무 인형의 근심이라는 말이며, 타향에서 객사하여 고향으로 돌아온다는 뜻이다.

글자 | 나무 **목**, 놀이감 **경**, 어조사 **지**, 근심 **환**

출전 | 사기 맹상군열전孟嘗君列傳

[목계양도木鷄養到]

목계의 주밀한 몸가짐이라는 말이며, 점잖고 사람됨이 빈틈없다는 뜻이다.

글자 | 나무 **목**, 닭 **계**, 몸 위할 **양**, 주밀할 **도**

출전 | 이제현李齊賢의 목계가木鷄歌

[목광여거目光如炬]

눈빛이 횃불과 같다는 말이며, 노기 띤 눈, 또는 노리고 쳐다본다는 뜻이다.

원문 | 道濟見收 憤怒氣盛 目光如炬
도 제 견 수 분 노 기 성 목 광 여 거

글자 | 눈 **목**, 빛 **광**, 같을 **여**, 횃불 **거**

출전 | 남사 단도제전檀道濟傳

[목도심초目挑心招]

눈으로 희롱하여 마음으로 부른다는 말이며, 위세로서 남을 부린다는 뜻이다.

글자 | 눈 **목**, 희롱할 **도**, 마음 **심**, 부를 **초**

출전 | 사기 화식열전貨殖列傳

[목랑청조睦郎廳調]

낭청 직職에 있는 목씨와 같다는 말이며, 분명하지 않은 태도, 또는 얼버무리는 말씨를 빗댄 말이다. 춘향전에 나오는 목낭청처럼 자기 주견 없이 이래도 예, 저래도 예 한다는 고사에서 유래한다.

글자 | 성 **목**, 벼슬 이름 **랑**, 관청 **청**, 맞을 **조**

[목로주점木爐酒店]

[기다란] 나무의 술 화덕을 놓은 술 가게라는 말이다.

글자 | 나무 **목**, 술 화덕 **로**, 술 **주**, 가게 **점**

[목무전우目無全牛]

눈앞에 온전한 소가 없다는 말이며, 기예技藝의 솜씨가 신의 경지에 이른 것을 빗댄 말이다.

글자 | 눈 **목**, 없을 **무**, 온전 **전**, 소 **우**

출전 | 장자 양생주편養生主篇

[목민심서牧民心書]

백성을 기르는 마음의 글이라는 말이며, 조선조 23대 순조 때 정약용丁若

鏞이 지은 치민治民에 관한 도리를 논한 책을 일컫는다. 옛 지방장관의 사적을 뽑아 모아 벼슬아치들의 통폐를 제거하고 관리의 바른 길을 계몽하려고 그릇된 사례를 들어 설명했다. 48권 16책.

글자 | 기를 **목**, 백성 **민**, 마음 **심**, 글 **서**

[목민이도牧民吏道]

백성을 기르는 벼슬아치의 길이라는 말이며, 백성을 잘 보살피는 공직자의 도리라는 뜻이다.

글자 | 기를 **목**, 백성 **민**, 벼슬아치 **이**, 길 **도**

[목민지관牧民之官]

백성을 기르는 벼슬아치라는 말이며, 원을 일컫는다.

글자 | 기를 **목**, 백성 **민**, 어조사 **지**, 벼슬 **관**

출전 | 목민심서 부임육조赴任六條

[목방모군木房募軍]

나무 방에서 부른 무리라는 말이며, 예전에 목수 방에 딸려 품팔이하던 사람을 일컫는다.

글자 | 나무 **목**, 방 **방**, 부를 **모**, 무리 **군**

[목본수원木本水源]

나무의 근본은 물의 근원이라는 말이며, 자식 되는 사람은 자신의 근본, 즉 양친을 생각해야 한다는 뜻이다.

글자 | 나무 **목**, 근본 **본**, 물 **수**, 근원 **원**

출전 | 춘추좌씨전

[목불견첩目不見睫]

눈으로 [자기] 눈썹을 볼 수 없다는 말이며, 자신의 허물은 알지 못하고 남의 허물만 잘 본다는 뜻이다.

원문 | 能見百步之外 而不能自見其睫(능견백보지외 이불능자견기첩)

글자 | 눈 **목**, 아닐 **불**, 볼 **견**, 눈썹 **첩**

출전 | 한비자 유로편喩老篇

[목불식정目不識丁]

눈을 뜨고도 고무래 정丁자를 모른다는 말이며, 우리말로 낫 놓고 기역자도 모른다는 말과 같은 뜻이다. 정丁자는 그 생긴 모양이 고무래[긴 자루가 있는 농기구]처럼 생겼다. 글자 생긴 모양만 보아도 금방 고무래가 떠오를 터인데, 그것을 알아보지 못하니 다른 글자는 당연히 모를 것이다.

글자 | 눈 **목**, 아닐 **불**, 알 **식**, 고무래 **정**

출전 | 당서 장홍정전張弘靖傳

동류 | 불식지무不識之無, 일자무식一字無識

[목불양시目不兩視]

두 눈으로 [차마] 볼 수 없다는 말이다.

글자 | 눈 **목**, 아닐 **불**, 둘 **양**, 볼 **시**

동류 | 목불인견目不忍見

[목불인견目不忍見]

[딱하고 가엾어] 눈으로 차마 볼 수 없다는 말이다.

글자 | 눈 **목**, 아닐 **불**, 참을 **인**, 볼 **견**

[목석간장木石肝腸]

나무와 돌 같은 간과 창자라는 말이며, 목석 같이 감정이 없는 사람을 빗댄 말이다.

글자 | 나무 **목**, 돌 **석**, 간 **간**, 창자 **장**

[목석난득木石難得]

→ 목석불부木石不傅

[목석난부木石難傅]

→ 목석불부木石不傅

[목석불부木石不傅]

나무에도 돌에도 붙을 데가 없다는 말이며, 가난하고 외로워 아무데도 의지할 곳이 없다는 뜻이다.

글자 | 나무 **목**, 돌 **석**, 아닐 **불**, 붙일 **부**

동류 | 목석불부木石不附, 목석난부木石難傅, 목석난득木石難得

[목석위도木石爲徒]

나무와 돌을 제자로 한다는 말이며, 산속에 숨어 살고 있다는 뜻이다.

글자 | 나무 **목**, 돌 **석**, 할 **위**, 제자 **도**

[목석초화木石草花]

나무 · 돌 · 풀 · 꽃이라는 말이며, 자연을 일컫는다.

글자 | 나무 **목**, 돌 **석**, 풀 **초**, 꽃 **화**

[목설죽두木屑竹頭]

나무 부스러기와 대나무 끝이라는 말이며, 소용이 적은 물건이지만 요긴하게 쓸 수도 있는 물건이라는 뜻이다. 중국의 형주자사 도간陶侃이 톱밥을 모아 질편한 관청 마당에 뿌려 다니기 편하게 하고 대나무 조각을 모아 촉나라를 정벌할 때, 배를 만드는 못으로 사용하게 했다는 고사에서 온 말이다.

원문 | 木屑及竹頭 悉令擧掌之
목 설 급 죽 두 실 령 거 장 지

글자 | 나무 **목**, 부스러기 **설**, 대 **죽**, 끝 **두**

출전 | 세설신어 정사政事

동류 | 죽두목설竹頭木屑

[목식이시目食耳視]

눈으로 먹고 귀로 본다는 말, 즉 음식물은 보기 좋게 차려 눈만 위하고, 옷은 보기 좋게 차려입어 칭찬하는 귀만 위한다는 말인데, 의식衣食이 실속보다는 겉치레만 하여 생활이 사치에만 흐른다는 뜻이다.

글자 | 눈 **목**, 먹을 **식**, 귀 **이**, 볼 **시**

출전 | 사마광司馬光의 우서迂書

[목영점년木影占年]

나무 그림자로 그 해의 점을 친다는 말이며, 달빛에 비친 나무 그림자가 길수록 풍년이 된다는 점괘를 일컫는다.

글자 | 나무 **목**, 그림자 **영**, 점칠 **점**, 해 **년**

출전 | 동국세시기

[목왕지절木旺之節]

나무가 왕성한 때를 말하며 봄철을 뜻한다.

글자 | 나무 **목**, 성할 **왕**, 어조사 **지**, 때 **절**

[목욕재계沐浴齋戒]

머리 감고 미역 감아서 정결하게 하여 경계한다는 말이며, 부정을 타지 않도록 하기 위하여 목욕을 하고 육식을 삼가며 몸가짐을 깨끗이 한다는 뜻이다.

글자 | 머리 감을 **목**, 미역 감을 **욕**, 정결할 **재**, 경계할 **계**

출전 | 맹자 이루離婁 하

[목용필단目容必端]

눈의 형용은 반드시 단정해야 한다는 말이다.

원문 | **目容必端 口容必止**
목 용 필 단 구 용 필 지

글자 | 눈 **목**, 형용 **용**, 반드시 **필**, 단정할 **단**

출전 | 사자소학 수신修身

[목우유마木牛流馬]

나무 소와 하등급의 말이라는 말이며, 우마를 본떠서 만든 군용 수송차를 일컫는다. 이는 제갈량이 고안한 기계라 한다.

글자 | 나무 **목**, 소 **우**, 등급 **유**, 말 **마**

출전 | 삼국지

[목우인의木偶人衣]

나무로 만든 사람에게 옷을 입혔다는 말이며, 아무 소용도 없는 일을 한다는 뜻이다.

글자 | 나무 **목**, 인형 **우**, 사람 **인**, 옷 **의**

출전 | 사기 임안전任安傳

[목우즐풍沐雨櫛風]

비로 목욕하고 바람으로 머리를 빗는다는 말이며, 비바람을 무릅쓰고 어려움을 겪는다는 뜻이다.

원문 | **沐甚雨 櫛疾風**
목 심 우 즐 질 풍

글자 | 목욕할 **목**, 비 **우**, 빗 **즐**, 바람 **풍**

출전 | 장자 천하天下

[목유이염目濡耳染]

눈이 젖고 귀가 물든다는 말이며, 눈으로 보고 귀로 들어서 감화를 받는다는 뜻이다.

글자 | 눈 **목**, 젖을 **유**, 귀 **이**, 물들 **염**

출전 | 한유韓愈의 글

[목인석심木人石心]

나무로 된 사람에 돌의 마음이라는 말이며, 감정이 없는 사람을 일컫는다. 우리말에 목석木石과 같은 사람이라는 말과 같다.

글자 | 나무 **목**, 사람 **인**, 돌 **석**, 마음 **심**

출전 | 진서 하통전夏統傳

[목자진렬目眥盡裂]

눈이 찢어지도록 흘겨본다는 말이다.

글자 | 눈 **목**, 흘겨볼 **자**, 다할 **진**, 찢을 **렬**

출전 | 사기 항우본기

관련 | 두발상지頭髮上指

[목장지폐木長之弊]

나무가 큰 폐단이라는 말이며, 사람이 크면 은혜가 있고, 나무가 크면 그 밑에 작은 나무가 자라지 못한다는 뜻이다.

글자 | 나무 **목**, 긴 **장**, 어조사 **지**, 폐단 **폐**

[목전지계目前之計]

눈앞의 계교라는 말이며, 앞날을 내다보지 못하고 눈앞에 보이는 한때만 생각하는 꾀라는 뜻이다.

글자 | 눈 **목**, 앞 **전**, 어조사 **지**, 계교 **계**

출전 | 소식의 글

[목조면경木造面鏡]

나무로 만든 거울이라는 말이며, 실속이 없거나 쓸모없는 물건이라는 뜻이다.

글자 | 나무 **목**, 지을 **조**, 얼굴 **면**, 거울 **경**

동류 | 화중지병畵中之餠

[목지기사目指氣使]

눈짓으로 지시하고 기색氣色으로 부린다는 말이며, 사람을 경멸하여 부린다는 뜻이다.

글자 | 운 **목**, 가리킬 **지**, 기운 **기**, 부릴 **사**

출전 | 한서 공우전貢禹傳

[목첩지간目睫之間]

눈과 속눈썹 사이라는 말이며, 거리가 매우 가깝다는 뜻이다.

글자 | 눈 **목**, 속눈썹 **첩**, 어조사 **지**, 사이 **간**

출전 | 후한서

[목탁귀신木鐸鬼神]

나무 방울 귀신이라는 말이며, 목탁만 치다가 깨달음을 얻지 못한 채 죽은 중의 귀신을 일컫는다.

글자 | 나무 **목**, 큰 방울 **탁**, 귀신 **귀**, 귀신 **신**

[목회서간牧會書簡]

모임을 기르는 편지글이라는 말이며, 신약성서新約聖書 중 바울이 집필한 디모데 전·후서와 디도서의 3서를 일컫는다. 제자에게 보낸 서간으로 교회의 성무聖務를 집행하는데 필요한 성직자의 자격·선발·제전祭典·규칙·신자의 의무 및 각지 교회의 활동 사정 등 여러 교훈도 포함되어 있다.

글자 | 기를 **목**, 모일 **회**, 글 **서**, 편지 **간**

동류 | 목회서한牧會書翰

[목회서한牧會書翰]

→ 목회서간牧會書簡

[목후이관沐猴而冠]

머리 감은 원숭이가 관을 썼다는 말이

며, 외모는 사람이지만 속마음은 짐승과 같다는 뜻이다. 초나라 항우項羽가 진나라의 수도를 불태우고 유방을 추방하고, 부귀를 누리게 된 자기는 고향에 금의환향錦衣還鄕해야 한다고 말했을 때, 한생韓生이 항우를 빗대어 목후이관이라 한데서 온 말이다.

원문 | 楚人沐猴而冠耳
초 인 목 후 이 관 이

글자 | 머리 감을 **목**, 원숭이 **후**, 말 이을 **이**, 관 **관**

출전 | 사기 항우본기項羽本紀

[몰두몰미沒頭沒尾]

→ 무두무미無頭無尾

[몰몰구활沒沒求活]

빠지고 빠지면서 살기를 구한다는 말이며, 구차하게 오래 살려고 애쓴다는 뜻이다.

글자 | 빠질 **몰**, 구할 **구**, 살 **활**

출전 | 남사

[몰분효한沒分曉漢]

분수를 죽이고 달랜 사나이라는 말이며, 사리를 모르는 사람이라는 뜻이다.

글자 | 죽을 **몰**, 분수 **분**, 달랠 **효**, 사나이 **한**

[몽란유조夢蘭有兆]

난을 꿈꾸면 조짐이 있다는 말이며, 부녀자가 아기를 밸 징조라는 뜻이다.

글자 | 꿈 **몽**, 난초 **란**, 있을 **유**, 조짐 **조**

[몽롱세계朦朧世界]

달이 지고 달이 뜨는 세상이라는 말이며, 분명치 않고 모호한 상태라는 뜻이다.

글자 | 달 지려 할 **몽**, 달 처음 밝을 **롱**, 세상 **세**, 지경 **계**

동류 | 몽롱창망朦朧滄茫

[몽롱창망朦朧滄茫]

달이 지고 달이 뜨는 아득한 푸른 바다라는 말이며, 아득하고 멀어 분명치 않다는 뜻이다.

글자 | 달 지려 할 **몽**, 달 처음 밝을 **롱**, 푸를 **창**, 아득할 **망**

동류 | 몽롱춘추朦朧春秋, 몽롱세계朦朧世界

[몽롱춘추朦朧春秋]

달이 지고 달이 뜨는 봄가을이라는 말이며, 사물에 어둡다는 뜻이다. 우리나라 사람들이 춘추春秋 얘기하는 것을 좋아하나 제대로 알지 못하고 아는 체한다는 속담에서 온 말이다.

글자 | 달 지려 할 **몽**, 달 처음 밝을 **롱**, 봄 **춘**, 가을 **추**

출전 | 박지원朴志遠의 글

[몽망착어蒙網捉魚]

그물을 뒤집어쓰고 고기를 잡는다는 말이며, 자기가 그물에 잡히고도 고기가 잡힌 것은 우연히 잡힌 것으로 운이 좋다는 뜻이다.

글자 | 씌울 **몽**, 그물 **망**, 잡을 **착**, 고기 **어**

출전 | 순오지

[몽매지간夢寐之間]

꿈꾸며 자는 동안이라는 말이며, 꿈속에서나 자는 동안에도 잊을 수 없는 사이라는 뜻이다.

글자 | 꿈꿀 **몽**, 잠잘 **매**, 어조사 **지**, 사이 **간**

[몽상부도夢想不到]

꿈의 생각도 이르지 않는다는 말이며, 꿈속에서도 생각할 수 없다는 뜻이다.

글자 | 꿈 **몽**, 생각 **상**, 아닐 **부**, 이를 **도**

[몽소승천蒙召昇天]

부름을 입어 하늘에 오른다는 말이며, 성모 마리아가 죽은 후에 천주의 은총을 입어 그 육신과 영혼이 결합하여 천당에 오른다는 뜻이다. 그 기념일은 8월 15일인데, 1950년 11월 1일에 신조信條로 정해졌다.

글자 | 입을 **몽**, 부를 **소**, 날 오를 **승**, 하늘 **천**

출전 | 천주교

[몽외지사夢外之事]

꿈밖의 일이라는 말이며, 천만 뜻밖의 일이라는 뜻이다.

글자 | 꿈 **몽**, 바깥 **외**, 어조사 **지**, 일 **사**

[몽위호접夢爲蝴蝶]

→ 장주지몽莊周之夢

[몽중몽몽夢中夢夢]

꿈속에서 또 꿈을 꾼다는 말이며, 인간 세상이 지극히 덧없고 허무함을 빗댄 말이다.

글자 | 꿈 **몽**, 가운데 **중**

출전 | 장자 제물론편齊物論篇

[몽중몽설夢中夢說]

→ 몽중설몽夢中說夢

[몽중방황夢中彷徨]

꿈속에서 이리저리 헤맨다는 말이다.

글자 | 꿈 **몽**, 가운데 **중**, 방황할 **방**, 방황할 **황**

[몽중상심夢中相尋]

꿈속에서 서로 찾는다는 말이며, 사이가 매우 친밀하다는 뜻이다.

글자 | 꿈 **몽**, 가운데 **중**, 서로 **상**, 찾을 **심**

출전 | 서언고사書言故事

[몽중설몽夢中說夢]

꿈속에서 꿈 이야기를 한다는 말이며, 무엇을 말하는지 종잡을 수 없다는 뜻이다.

글자 | 꿈 **몽**, 가운데 **중**, 말씀 **설**

유사 | 치인설몽痴人說夢

[몽중점몽夢中占夢]

꿈속에서 꿈을 점친다는 말이며, 인생의 덧없음을 일컫는다.

글자 | 꿈 **몽**, 가운데 **중**, 점 **점**

출전 | 왕적王績의 시

[몽환포영夢幻泡影]

꿈과 허깨비와 물거품과 그림자라는 말이며, 이 세상 모든 사물, 즉 재물과 권세가 꿈·환상·거품·그림자와 같이 덧없다는 뜻이다.

원문 | 一切有爲法 如夢幻泡影
일 체 유 위 법 여 몽 환 포 영
如露亦如電 應作如是觀
여 로 역 여 전 응 작 여 시 관

글자 | 꿈 **몽**, 허깨비 **환**, 물거품 **포**, 그림자 **영**

출전 | 금강반야바라밀경金剛般若波羅密經

[묘계질서妙契疾書]

묘한 근심을 급하게 쓴다는 말이며, 깨달음이 있으면 바로 기록한다는 뜻이다. 주자의 글이다. '생각을 정밀하게 하고 실천에 힘쓰며, 깨달음이 있으면 재빨리 썼다.'

원문 | 精思力踐 妙契疾書
정 사 역 천 묘 계 질 서

글자 | 묘할 **묘**, 근심하고 괴로워할 **계**, 급할 **질**, 쓸 **서**

출전 | 주자의 장횡거찬張橫渠贊

유사 | 수사차록隨思箚錄

[묘구도적墓丘盜賊]

언덕 무덤의 도둑이라는 말이며, 무덤을 파헤쳐 무덤 속의 물건을 훔치는 도둑을 일컫는다.

글자 | 무덤 **묘**, 언덕 **구**, 도둑 **도**, 도둑 **적**

[묘기백출妙技百出]

묘한 재주를 백 가지 낸다는 말이며, 교묘한 기술과 재주가 여러 가지 모양으로 나온다는 뜻이다.

글자 | 묘할 **묘**, 재주 **기**, 일백 **백**, 나올 **출**

[묘년재격妙年才格]

소년 연치의 재주와 격식이라는 말이며, 나이에 비해 재능과 인격이 뛰어난다는 뜻이다.

글자 | 소년 **묘**, 연치 **년**, 재주 **재**, 격식 **격**

[묘당공론廟堂公論]

대청에서 공변된 의논을 한다는 말이며, 조정의 군신들이 모여 나랏일을 의논한다는 뜻이다.

글자 | 대청 **묘**, 집 **당**, 공변된 **공**, 의논 **론**

[묘당지량廟堂之量]

묘당의 국량局量이라는 말이며, 조정에서 나라 일을 할 만한 재상감을 빗댄 말이다.

글자 | 묘당 **묘**, 집 **당**, 어조사 **지**, 국량 **량**

동류 | 낭묘지기廊廟之器

[묘당품처廟堂稟處]

대청에서 품하여 처치한다는 말이며, 조정에서 임금에게 아뢰어 처치한다는 뜻이다.

글자 | 대청 **묘**, 집 **당**, 품할 **품**, 처치할 **처**

[묘도문자墓道文字]

무덤을 좇는 글자라는 말이며, 묘비 등에 새겨 넣는 글자를 일컫는다.

글자 | 무덤 **묘**, 좇을 **도**, 글 **문**, 글자 **자**

[묘두현령猫頭懸鈴]

→ 묘항현령猫項懸鈴

출전 | 동언해 어면순禦眠楯

[묘목이공墓木已拱]

무덤가에 심은 나무가 아름드리로 자랐다는 말이며, 사람이 죽어서 세월이 많이 흘렀다는 뜻이다.

글자 | 무덤 **묘**, 나무 **목**, 이미 **이**, 아름드리 **공**

출전 | 춘추좌씨전, 두보杜甫의 글

[묘묘홀홀眇眇忽忽]

매우 아득하고 홀연하다는 말이며, 흐릿해서 알아보기 어렵다는 뜻이다.

글자 | 아득할 **묘**, 홀연 **홀**

[묘사전궁廟社殿宮]

종묘사직과 대궐들이라는 말이며, 종묘宗廟, 사직社稷, 영희전永禧殿, 경모궁景慕宮 등 주요 시설을 일컫는다.

글자 | 종묘 **묘**, 사직 **사**, 대궐 **전**, 궁궐 **궁**

[묘서동처猫鼠同處]

고양이가 쥐가 함께 산다는 말이며, 도둑을 잡아야 할 자가 도둑과 한 패가 되었다는 뜻이다.

글자 | 고양이 **묘**, 쥐 **서**, 같을 **동**, 살 **처**

출전 | 신당서 서요鼠妖

동류 | 묘서동면猫鼠同眠

[묘시파리眇視跛履]

애꾸눈이 보려 하고 절름발이가 가려고 한다는 말이며, 역량이 부족한 사람이 큰일을 하려다가 오히려 화를 당한다는 뜻이다.

글자 | 애꾸눈 **묘**, 볼 **시**, 절름발이 **파**, 밟을 **리**

출전 | 주역 이괘履卦

[묘원지서廟垣之鼠]

묘당의 담에 사는 쥐라는 말이며, 임금 옆에 붙어있는 소인을 빗댄 말이다.

글자 | 묘당 **묘**, 담 **원**, 어조사 **지**, 쥐 **서**

출전 | 당서

[묘이불수苗而不秀]

모가 패지 않는다는 말이며, 젊어서 죽는 것, 또는 학문을 시작하였으나 성취하지 못하고 만다는 뜻이다. 공자가 한 말이다. '싹은 솟았어도 꽃을 피우지 못하는 것이 있구나!'

원문 | 苗而不秀者 有矣夫
묘 이 불 수 자 유 의 부

글자 | 모 **묘**, 말 이을 **이**, 아닐 **불**, 벼 팰 **수**

출전 | 논어 자한子罕

[묘재심수妙在心手]

묘함은 마음과 손에 있다는 말이며, 기예가 뛰어남은 그 사람의 마음과 손에 달려 있다는 뜻이다.

글자 | 묘할 **묘**, 있을 **재**, 마음 **심**, 손 **수**

[묘전필언墓前畢言]

무덤 앞에서 할 말 다하라는 말이며, 입찬소리는 무덤 앞에서나 하라는 뜻이다.

글자 | 무덤 **묘**, 앞 **전**, 다할 **필**, 말씀 **언**

출전 | 송남잡지

[묘족고석猫足藁席]

고양이 발에 덕석이라는 말이며, 서로 친하여 잘 떨어지지 않는다는 뜻이다.

글자 | 고양이 **묘**, 발 **족**, 짚 **고**, 자리 **석**

출전 | 동언해

[묘착수파猫着繡帕]

고양이가 수놓은 머리띠를 맸다는 말이며, 보잘것없이 생긴 주제에 어울리지 않는 몸치장을 했다는 뜻이다.

글자 | 고양이 **묘**, 입을 **착**, 수놓을 **수**, 머리 동이는 수건 **파**

출전 | 동언해

[묘항현령猫項懸鈴]

고양이 목에 방울을 단다는 말이며, 성사시킬 수 없는 쓸데없는 의논을 한다는 뜻이다. 쥐들이 모여 고양이 목에 방울을 달자고 의논하는 우화에서 온 말이다.

글자 | 고양이 **묘**, 목 **항**, 드리울 **현**, 방울 **령**

출전 | 순오지 하

[묘호유구描虎類狗]

호랑이를 그리려다 개와 같이 되었다는 말이며, 목적하는 일을 제대로 이루지 못하였다는 뜻이다.

글자 | 그릴 **묘**, 범 **호**, 같을 **유**, 개 **구**

[무가내하無可奈何]

어쩔 수 없다는 말이다.

원문 | **事有不可知者三有不可奈何者三**
사 유 불 가 지 자 삼 유 불 가 내 하 자 삼

글자 | 없을 **무**, 긍정할 **가**, 어찌 **내**, 어찌 **하**

출전 | 사기 혹리열전酷吏列傳

동류 | 막무가내莫無可奈

[무가지보無價之寶]

값이 없는 보배라는 말이며, 값을 매길 수 없는 아주 귀한 보배라는 뜻이다.

원문 | **勤爲無價之寶**
근 위 무 가 지 보

글자 | 없을 **무**, 값 **가**, 어조사 **지**, 보배 **보**

출전 | 명심보감 정기편正己篇

[무각무인無覺無認]

깨달음도 없고 아는 것도 없다는 말이며, 감각도 인식도 없는 무아無我의 경지를 일컫는다.

글자 | 없을 **무**, 깨달을 **각**, 알 **인**

[무간나락無間奈落]

사이 없이 [고통 받는] 어찌할 수 없는 구렁텅이라는 말이며, 팔열지옥八熱地獄의 하나를 일컫는다.

글자 | 없을 **무**, 사이 **간**, 어찌할 **나**, 떨어질 **락**

[무간아비無間阿鼻]

사이 없이 [고통 받는] 낭떠러지의 시조라는 말이며, 팔열지옥八熱地獄의 하나를 일컫는다.

글자 | 없을 **무**, 사이 **간**, 낭떠러지 **아**, 비로소(시조) **비**

[무간지옥無間地獄]

→ 무간나락無間奈落

[무강불능毋强不能]

능하지 않은 것은 굳세지 말라는 말이며, 불가능한 일을 강행하지 말라는 뜻이다.

글자 | 말 **무**, 굳셀 **강**, 아닐 **불**, 능할 **능**

출전 | 관자 형세해편形勢解篇

[무거무래無去無來]

가는 것도 없고 오는 것도 없다는 말이며, 가고 오는 것이 없는 일정한 상태를 일컫는다.

글자 | 없을 **무**, 갈 **거**, 올 **래**

출전 | 화엄경華嚴經

[무거불측無據不測]

의지할 것이 없어 헤아리기 어렵다는 말이며, 성질이 형편없이 흉측하다는 뜻이다.

글자 | 없을 **무**, 의지할 **거**, 아닐 **불**, 헤아릴 **측**

[무격신앙巫覡信仰]

무당과 박수의 신앙이라는 말이며, 무당과 박수를 신과 인간과의 매체로 생각하는 신앙을 일컫는다.

글자 | 무당 **무**, 박수 **격**, 믿을 **신**, 믿을 **앙**

[무경칠서武經七書]

호반의 경서 일곱 책이라는 말이며, 손자孫子, 오자吳子, 사마법司馬法, 울료자蔚繚子, 삼략三略, 육도六韜, 이위공문대李衛公問對를 일컫는다.

글자 | 호반 **무**, 경서 **경**, 글 **서**

[무계지언無稽之言]

의논할 말이 없다는 말이며, 근거가 없다는 뜻이다. 서경에 있는 글이다. '근거 없는 말을 듣지 말며…'

원문 | 無稽之言 勿聽
무 계 지 언 물 청

글자 | 없을 **무**, 의논할 **계**, 어조사 **지**, 말씀 **언**

출전 | 서경 대우모大禹謨

[무고부지毋告不知]

알지 못하는 것을 알리지 말라는 말

이며, 알지 못하는 사람에게 말하지 말라는 뜻이다.

글자 | 말 **무**, 알릴 **고**, 아닐 **부**, 알 **지**

출전 | 관자 형세해편形勢解篇

[무고부진無故不進]

까닭 없이 나아가지 않는다는 말이다.

글자 | 없을 **무**, 까닭 **고**, 아닐 **부**, 나아갈 **진**

[무고선출無故先出]

연고 없이 먼저 나간다는 말이며, 이유 없이 먼저 자리를 뜬다는 뜻이다.

글자 | 없을 **무**, 연고 **고**, 먼저 **선**, 날 **출**

[무고작산無故作散]

아무런 사건도 없는데 흩어지게 한다는 말이며, 아무런 허물도 없는데 벼슬을 뗀다는 뜻이다.

글자 | 없을 **무**, 사건 **고**, 지을 **작**, 흩어질 **산**

출전 | 송남잡지

[무고지민無告之民]

알릴 데가 없는 백성이라는 말이며, 어느 누구에게도 자기의 괴로움을 하소연할 수 없는 백성이라는 뜻이며 또는 의지할 데가 없는 늙은이나 어린이, 과부를 말하기도 한다.

원문 | 天下之窮民而無告者
천하지궁민이무고자

글자 | 없을 **무**, 알릴 **고**, 어조사 **지**, 백성 **민**

출전 | 맹자 양혜왕 하

동류 | 환과독고鰥寡獨孤

[무골호인無骨好人]

뼈 없이 좋은 사람이라는 말이며, 아주 순하여 남의 비위에 두루 맞는 사람이라는 뜻이다.

글자 | 없을 **무**, 뼈 **골**, 좋을 **호**, 사람 **인**

[무공철추無孔鐵鎚]

구멍이 없는 쇠망치라는 말이며, 말로는 설명할 수 없는 진리眞理를 빗댄 말이다.

글자 | 없을 **무**, 구멍 **공**, 쇠 **철**, 망치 **추**

[무괴어심無愧於心]

마음에 부끄러울 것이 없다는 말이며, 언행이 정직하다는 뜻이다.

글자 | 없을 **무**, 부끄러울 **괴**, 어조사 **어**, 마음 **심**

[무구지보無口之輔]

입이 없는 도움이라는 말이며, 입 없는 보좌관이라는 뜻으로 거울을 빗댄 말이다. 성호 이익의 글이다. '얼굴에 때 묻어도 사람은 혹 말 안 하다. 그래서 거울은 말없이, 모습을 비춰 허물을 보여준다네. 입 없는 보좌관과 한가지거니. 입 있는 사람보다 한결 낫구나. 마음 두어 살핌이, 무심히 다 드러냄만 어이 같으리.'

원문 | 無口之輔 勝似有口 有心之
무구지보 승사유구 유심지

察
찰

글자 | 없을 **무**, 입 **구**, 어조사 **지**, 도울 **보**

출전 | 이익의 경명鏡銘

[무궁무진無窮無盡]

막힘이 없고 다함이 없다는 말이다.

글자 | 없을 **무**, 막힐 **궁**, 다할 **진**

동류 | 무진무궁無盡無窮

[무궁세계無窮世界]

다함이 없는 세상이라는 말이며, 인간 세상은 갑론을박甲論乙駁이 끝이 없는 세상이라는 뜻이다.

글자 | 없을 **무**, 다할 **궁**, 세상 **세**, 지경 **계**

출전 | 이덕무의 이목구심서耳目口心書

[무궁자재無窮自在]

→ 자유자재自由自在

[무근지설無根之說]

뿌리가 없는 말씀이라는 말이며, 근거 없이 떠도는 말이라는 뜻이다.

글자 | 없을 **무**, 뿌리 **근**, 어조사 **지**, 말씀 **설**

[무기력감無氣力感]

기운이나 힘이 없는 느낌이라는 말이다.

글자 | 없을 **무**, 기운 **기**, 힘 **력**, 느낄 **감**

[무남독녀無男獨女]

사내가 없고 홀로 계집뿐이라는 말이며, 아들이 없는 집안의 외딸이라는 뜻이다.

글자 | 없을 **무**, 사내 **남**, 홀로 **독**, 계집 **녀**

[무념무상無念無想]

지난 생각도 더듬지 않고 앞으로의 생각도 하지 않는다는 말이며, 무아無我의 경지境地에 있다는 뜻이다.

글자 | 없을 **무**, 생각할 **념**, 생각할 **상**

출전 | 백거이白居易의 시

동류 | 무념무생無念無生

반대 | 천사만고千思萬考

[무념무생無念無生]

→ 무념무상無念無想

[무능무력無能無力]

능함도 없고 힘도 없다는 말이다.

글자 | 없을 **무**, 능할 **능**, 힘 **력**

[무능자처無能自處]

능함이 없음을 스스로 인정한다는 말이다.

글자 | 없을 **무**, 능할 **능**, 스스로 **자**, 정할 **처**

[무단가출無斷家出]

결단 없이 집을 나간다는 말이며, 미리 허락을 받거나 사유를 말하지 않고 집을 나간다는 뜻이다.

글자 | 없을 **무**, 결단할 **단**, 집 **가**, 나갈 **출**

[무단결석無斷缺席]

결단 없이 돗자리에서 빠진다는 말이며, 미리 허락을 받거나 사유를 말하지 않고 결석한다는 뜻이다.

글자 | 없을 **무**, 결단할 **단**, 이 빠질 **결**, 돗 **석**

[무단이탈無斷離脫]

결단 없이 벗어나 떠난다는 말이며, 미리 허락을 받거나 사유를 말하지 않고 소속 단체나 조직에서 벗어난다는 뜻이다.

글자 | 없을 **무**, 결단할 **단**, 떠날 **이**, 벗어날 **탈**

[무단정치武斷政治]

호반의 결단으로 바르게 다스린다는 말이며, 무력으로 또는 강압적으로 하는 정치를 일컫는다.

글자 | 호반 **무**, 결단할 **단**, 바를 **정**, 다스릴 **치**

[무단통치武斷統治]

→ 무단정치武斷政治

[무단향곡武斷鄕曲]

위엄으로 고향을 결단한다는 말이며, 시골에서 높은 지위에 있는 자가 백성을 권세로 억압한다는 뜻이다.

글자 | 위엄스러울 **무**, 결단할 **단**, 고향 **향**, 향곡 **곡**

[무당무편無黨無偏]

무리도 없고 치우치지도 않는다는 말이며, 공정하여 어느 한쪽에 치우치지 않는다는 뜻이다.

글자 | 없을 **무**, 무리 **당**, 치우칠 **편**

출전 | 조선왕조 14대 선조실록

동류 | 불편부당不偏不黨

[무덕부귀無德富貴]

덕이 없으면서 부귀하다는 말이며, 덕이 없으면서 부귀한 사람은 부귀의 권세에 올라타 제 몸을 해친다는 뜻이다.

원문 | 無德而富貴者乘富貴之勢以殘身
무 덕 이 부 귀 자 승 부 귀 지 세 이 잔 신

글자 | 없을 **무**, 큰 **덕**, 부할 **부**, 귀할 **귀**

출전 | 송나라 호굉胡宏의 글

[무도막심無道莫甚]

더할 수 없이 도리가 없다는 말이다.

글자 | 없을 **무**, 도리 **도**, 없을 **막**, 더욱 **심**

[무도몰륜無道沒倫]

사람이 마땅히 지켜야 할 도리도 없고 인륜도 없다는 말이다.

글자 | 없을 **무**, 도리 **도**, 잠길 **몰**, 인륜 **륜**

[무두무미無頭無尾]

머리도 없고 꼬리도 없다는 말이며, 밑도 끝도 없다는 뜻이다.

글자 | 없을 **무**, 머리 **두**, 꼬리 **미**

동류 | 몰두몰미沒頭沒尾

[무득무실無得無失]

→ 무해무득無害無得

[무득전행毋得專行]

오로지 행하는 것을 탐하지 말라는 말이며, 독단적인 행동을 하지 말라는 뜻이다.

글자 | 말 **무**, 탐할 **득**, 오로지할 **전**, 행할 **행**

[무량무변無量無邊]

수량도 없고 갓도 없다는 말이며, 한없이 많고 넓다는 뜻이다.

원문 | 如是滅度無量無數無邊衆生
여 시 멸 도 무 량 무 수 무 변 중 생

글자 | 없을 **무**, 수량 **량**, 갓 **변**

출전 | 금강경金剛經

[무량상수無量上壽]

헤아릴 수 없는 높은 목숨이라는 말이며, 예측할 수 없이 오래 산다는 뜻이다. 장자는 사람의 나이를 상수 100세, 중수 80세, 하수는 60세라 하였다.

글자 | 없을 **무**, 헤아릴 **량**, 높을 **상**, 목숨 **수**

[무량세계無量世界]

헤아릴 수 없는 세계라는 말이며, 한없이 광대한 세계라는 뜻이다.

글자 | 없을 **무**, 헤아릴 **량**, 세상 **세**, 지경 **계**

[무량억겁無量億劫]

헤아릴 수 없는 1억 세世라는 말이며, 끝없이 계속되는 긴 세월을 일컫는다.

글자 | 없을 **무**, 헤아릴 **량**, 일억 **억**, 겁 **겁**

[무력소치無力所致]

힘이 없어 이른 바라는 말이며, 힘이나 능력이 없는 까닭이라는 뜻이다.

글자 | 없을 **무**, 힘 **력**, 바 **소**, 이를 **치**

[무례즉위無禮則危]

예도가 없으면 위태롭다는 말이다. 예기에 있는 글이다. '사람이 예가 있으면 편안하고, 예가 없으면 위태롭다. 그러므로 예는 배우지 않을 수 없다.'

원문 | 人有禮則安 無禮則危
인 유 예 즉 안 무 례 즉 위
故曰禮不可不學也
고 왈 예 불 가 불 학 야

글자 | 없을 **무**, 예도 **례**, 곧 **즉**, 위태할 **위**

출전 | 예기 곡례曲禮 상

[무로이득無勞而得]

수고 없이 얻는다는 말이다.

글자 | 없을 **무**, 수고로울 **로**, 말 이을 **이**, 얻을 **득**

[무록지인無祿之人]

녹이 없는 사람이라는 말이며, 수입이 없는 사람이라는 뜻이다.

글자 | 없을 **무**, 녹 **록**, 어조사 **지**, 사람 **인**

[무론시비無論是非]

옳고 그름을 말하지 않는다는 말이며, 잘잘못을 따지지 않는다는 뜻이다.

글자 | 없을 **무**, 말할 **론**, 옳을 **시**, 아닐 **비**

출전 | 송남잡지

[무뢰잡류無賴雜類]

→ 무뢰지당無賴之黨

[무뢰지당無賴之黨]

믿음이 없는 무리라는 말이며, 일정한 직업 없이 불량한 짓을 하는 무리를 일컫는다.

글자 | 없을 **무**, 믿을 **뢰**, 어조사 **지**, 무리 **당**

동류 | 무뢰지배無賴之輩

[무뢰지배無賴之輩]

→ 무뢰지당無賴之黨

[무료불평無聊不平]

힘입을 것이 없어 평탄치 않다는 말이며, 즐길만한 일이 없어 마음이 편치 않다는 뜻이다.

글자 | 없을 **무**, 힘입을 **료**, 아닐 **불**, 평탄할 **평**

출전 | 한유韓愈의 글

[무루지인無累之人]

매이지 않은 사람이라는 말이며, 무슨 일에도 관련을 갖지 않고 모든 물욕에서 초월한 사람이라는 뜻이다.

글자 | 없을 **무**, 매일 **루**, 어조사 **지**, 사람 **인**

출전 | 회남자

[무륜무척無倫無脊]

차례도 없고 조리도 없다는 말이며, 뒤범벅이 되어 일에 순서가 없다는 뜻이다.

글자 | 없을 **무**, 차례 **륜**, 조리 **척**

[무릉도원武陵桃源]

무릉의 복숭아밭이라는 말이며, 평화롭고 조용한 이상향理想鄕을 일컫는다. 진나라 무릉의 한 어부가 시냇물을 따라 거슬러 올라가다가 복숭아나무 숲을 발견한다. 시냇물 근원에 이르니 산은 막혀있고 작은 바위굴 하나가 있어 간신히 빠져나가보니 탁 트인 들판, 훌륭한 집, 잘 가꾼 논밭, 선남선녀들이 즐겁게 일을 하고 있었다. 사연을 알아보니 진나라의 학정을 피해 도망쳐온 사람들의 후손이었다. 어부가 환대를 받고 돌아와 고을 태수에게 알렸다. 그러나 그 후 아무도 그 마을을 발견하지 못했다.

글자 | 호반 **무**, 언덕 **릉**, 복숭아 **도**, 근원 **원**

출전 | 도연명의 도화원기桃花源記

[무리난제無理難題]

이치에 맞지 않는 어려운 물음이라는 말이며, 생트집이라는 뜻이다.

글자 | 없을 **무**, 이치 **리**, 어려울 **난**, 물을 **제**

[무리산단無理算段]

무리하게 셈을 고른다는 말이며, 억지로 변통한다는 뜻이다.

글자 | 없을 **무**, 이치 **리**, 셈 **산**, 고를 **단**

[무리압상無理壓狀]

→ 무리왕생無理往生

[무리왕생無理往生]

이치 없이 가서 [다시] 난다는 말이며, 억지로 복종시킨다는 뜻이다.

글자 | 없을 **무**, 이치 **리**, 갈 **왕**, 날 **생**

[무림망량無林魍魎]

숲이 없는 도깨비라는 말이며, 훌륭한 재능을 가지고 있으나 조건이 맞지 않아 재능을 발휘하지 못한다는 뜻이다.

글자 | 없을 **무**, 수풀 **림**, 산도깨비 **망**, 산도깨비 **량**

출전 | 동언해

[무마지재舞馬之災]

춤추는 말의 재앙이라는 말이며, 화재火災를 빗댄 말이다.

글자 | 춤출 **무**, 말 **마**, 어조사 **지**, 재앙 **재**

출전 | 진서 예술전藝術傳, 전국책

동류 | 마무지재馬舞之災

[무망왕길无妄往吉]

망령됨이 없으면 길함과 함께 간다는 말이며, 허망한 생각을 안 하면 좋은 일이 생긴다는 뜻이다.

글자 | 없을 **무**, 망령될 **망**, 갈 **왕**, 길할 **길**

출전 | 주역

[무망지복毋望之福]

바라지 않은 복이라는 말이며, 뜻하지 않은 행복이나 이익을 뜻한다.

글자 | 없을 **무**, 바랄 **망**, 어조사 **지**, 복 **복**

출전 | 전국책

[무망지세毋望之世]

바라지 말아야 할 세상이라는 말이며, 뜻하지 않은 어려움에 부딪치게 되는 세상이라는 뜻이다.

글자 | 말 **무**, 바랄 **망**, 어조사 **지**, 세상 **세**

출전 | 사기 춘신군전春申君傳

[무망지인無望之人]

바라지 않은 사람이라는 말이며, 절박한 상황에서 생각지도 않은 사람이 나타나 도와주는 사람을 일컫는다.

글자 | 없을 **무**, 바랄 **망**, 어조사 **지**, 사람 **인**

출전 | 전국책 초책楚策

[무망지재無望之災]

바라지 않는 재앙이라는 말이며, 뜻밖에 오는 재앙이라는 뜻이다.

글자 | 없을 **무**, 바랄 **망**, 어조사 **지**, 재앙 **재**

[무망지주毋望之主]

바라지 못할 임금이라는 말이며, 믿을 수 없는 군주라는 뜻이다.

글자 | 말 **무**, 바랄 **망**, 어조사 **지**, 임금 **주**

[무망지화毋望之禍]

바라지 아니한 재화라는 말이며, 뜻밖에 닥친 재화라는 뜻이다.

글자 | 말 **무**, 바랄 **망**, 어조사 **지**, 재화 **화**

[무매독신無妹獨身]

아래 누이가 없는 홀몸이라는 말이며, 형제자매가 없는 혼자 몸이라는 뜻이다.

글자 | 없을 **무**, 아래 누이 **매**, 홀로 **독**, 몸 **신**

[무매독자無妹獨子]

계집아이 없는 외아들이라는 말이며, 딸이 없는 사람의 외아들이라는 뜻이다.

글자 | 없을 **무**, 계집아이 **매**, 홀로 **독**, 아들 **자**

[무면도강無面渡江]

강을 건널 면목이 없다는 말이며, 실패하여 고향에 돌아갈 면목이 없다는 뜻이다. 유방劉邦에게 패하고 오강烏江으로 도망친 항우項羽에게 정장이 강동江東으로 돌아가 재기하라고 권하자, 항우는 무슨 면목으로 강동으로 건너가 8천여 자제들의 부형을 만날 수 있으리 하고 스스로 목을 찔러 자결했다는 고사에서 온 말이다.

원문 | **無面渡江東**
무 면 도 강 동

글자 | 없을 **무**, 얼굴 **면**, 건널 **도**, 강 **강**

출전 | 사기 항우본기項羽本紀

[무명세계無明世界]

밝음이 없는 세상이라는 말이며, 번뇌에 사로잡혀 헤매는 사바裟婆의 세계라는 뜻이다.

글자 | 없을 **무**, 밝을 **명**, 세상 **세**, 지경 **계**

[무명소졸無名小卒]

이름 없는 작은 군사라는 말이며, 세상에 이름이 알려지지 않은 하찮은 사람이라는 뜻이다.

글자 | 없을 **무**, 이름 **명**, 작을 **소**, 군사 **졸**

[무명용사無名勇士]

이름 없는 날랜 군사라는 말이며, 전사한 후 이름을 확인할 수 없는 병사를 일컫는다.

글자 | 없을 **무**, 이름 **명**, 날랠 **용**, 군사 **사**

[무명장야無明長夜]

밝음이 없는 긴 밤이라는 말이다.

글자 | 없을 **무**, 밝을 **명**, 긴 **장**, 밤 **야**

ㅁ

[무명전사無名戰士]

→ 무명용사無名勇士

[무명지물無名之物]

이름이 없는 물건이라는 말이며, 뚜렷한 명분이 없는 사물을 일컫는다.

글자 | 없을 **무**, 이름 **명**, 어조사 **지**, 물건 **물**

출전 | 전한서 장안세전

[무명지사無名之士]

이름 없는 선비라는 말이다.

글자 | 없을 **무**, 이름 **명**, 어조사 **지**, 선비 **사**

동류 | 무명지인無名之人

[무명지인無名之人]

→ 무명지사無名之士

[무명지초無名之草]

이름 없는 풀이라는 말이며, 이름 없는 백성을 빗댄 말로 쓰기도 한다.

글자 | 없을 **무**, 이름 **명**, 어조사 **지**, 풀 **초**

[무문곡필舞文曲筆]

붓을 굽으려 글을 춤추게 한다는 말이며, 붓을 함부로 놀려 잘못된 글을 쓴다는 뜻이다.

글자 | 춤출 **무**, 글 **문**, 굽을 **곡**, 붓 **필**

[무문농법舞文弄法]

→ 무문농필舞文弄筆

[무문농필舞文弄筆]

붓을 희롱하여 글을 춤추게 한다는 말이며, 형법刑法을 멋대로 해석하여 죄를 뒤집어씌운다는 뜻이다.

글자 | 춤출 **무**, 글 **문**, 희롱할 **농**, 붓 **필**

출전 | 사기 논형論衡

동류 | 무문농법舞文弄法

[무물부존無物不存]

존재하지 않는 물건이 없다는 말이다.

글자 | 없을 **무**, 물건 **물**, 아닐 **부**, 있을 **존**

[무물불성無物不成]

물건 없이 이루어지지 않는다는 말이며, 재물이나 돈이 없이는 아무 일도 이룰 수 없다는 뜻이다.

글자 | 없을 **무**, 물건 **물**, 아닐 **불**, 이룰 **성**

[무미건조無味乾燥]

맛이 없고 메마르다는 말이며, 글, 그림 또는 분위기 등이 딱딱하여 운치나 재미가 없다는 뜻이다.

글자 | 없을 **무**, 맛 **미**, 마를 **건**, 불에 말릴 **조**

[무미불촉無微不燭]

작은 것도 밝히지 않는 것이 없다는 말이다.

글자 | 없을 **무**, 작을 **미**, 아닐 **불**, 밝을 **촉**

[무미불측無微不測]

작은 것도 헤아리지 않는 것이 없다

는 말이다.

글자 | 없을 **무**, 작을 **미**, 아닐 **불**, 헤아릴 **측**

[무법천지無法天地]

법이 없는 하늘과 땅이라는 말이며, 질서와 제도가 어지러운 세상이라는 뜻이다.

글자 | 없을 **무**, 법 **법**, 하늘 **천**, 땅 **지**

[무변공간無邊空間]

가가 없는 하늘 사이라는 말이며, 끝없는 하늘이라는 뜻이다.

글자 | 없을 **무**, 가 **변**, 하늘 **공**, 사이 **간**

[무변광대無邊廣大]

한없이 넓고 크다는 말이다.

글자 | 없을 **무**, 가 **변**, 넓을 **광**, 큰 **대**

[무변광야無邊曠野]

가가 없는 광활한 들이라는 말이며, 끝없이 넓은 들판을 일컫는다.

글자 | 없을 **무**, 가 **변**, 광활할 **광**, 들 **야**

[무변대야無邊大野]

→ 무변광야無邊曠野

[무변대양無邊大洋]

→ 무변대해無邊大海

[무변대해無邊大海]

가가 없는 큰 바다라는 말이며, 끝없이 넓은 바다를 일컫는다.

글자 | 없을 **무**, 가 **변**, 큰 **대**, 바다 **해**

[무변무애無邊無礙]

가가 없고 그침이 없다는 말이며, 한이 없고 거리낌도 없다는 뜻이다.

글자 | 없을 **무**,갓 **변**, 그칠 **애**

[무변불모無邊不毛]

끝없이 풀이 없다는 말이며, 식물이 자라지 않는 끝없이 넓은 지대라는 뜻이다.

글자 | 없을 **무**, 가 **변**, 아닐 **불**, 풀 **모**

[무변세계無邊世界]

끝없는 세계라는 말이다.

글자 | 없을 **무**, 가 **변**, 세상 **세**, 지경 **계**

[무병자구無病自灸]

병이 없는데도 뜸을 뜬다는 말이며, 쓸 데 없는 헛수고를 한다는 뜻이다.

원문 | 丘所謂無病而自灸也
구 소 위 무 병 이 자 구 야

글자 | 없을 **무**, 병 **병**, 스스로 **자**, 뜸 **구**

출전 | 장자 도척盜跖

[무병장수無病長壽]

병 없이 목숨이 길다는 말이며, 병 없이 건강하게 오래 산다는 뜻이다.

글자 | 없을 **무**, 병들 **병**, 긴 **장**, 목숨 **수**

[무복여지無復餘地]

남은 땅이 다시 없다는 말이며, 완벽

ㅁ

하게 일을 끝냈다는 뜻이다.

글자 | 없을 **무**, 다시 **복**, 남을 **여**, 땅 **지**

[무복지상無服之殤]

입을 것이 없는 죽음이라는 말이며, 7세 이하의 아이가 죽는 것을 뜻한다.

글자 | 없을 **무**, 입을 **복**, 어조사 **지**, 아이 죽을 **상**

출전 | 예기 공자한거孔子閒居

[무본대상無本大商]

본전 없는 큰 장사라는 말이며, 도둑을 빗댄 말이다.

글자 | 없을 **무**, 밑 **본**, 큰 **대**, 장사 **상**

[무봉천의無縫天衣]

꿰맨 데가 없는 천사의 옷이라는 말이며, 문장의 구조가 자연스럽고 매우 교묘하다는 뜻이다.

글자 | 없을 **무**, 꿰맬 **봉**, 하늘 **천**, 옷 **의**

동류 | 천의무봉天衣無縫

[무부무군無父無君]

아비도 없고 임금도 없다는 말이며, 부모와 임금에게 불효하고 불충한다는 뜻이다.

글자 | 없을 **무**, 아비 **부**, 임금 **군**

유사 | 난신적자亂臣賊子

[무부여망無復餘望]

희망의 여지가 또다시 없다는 말이다.

글자 | 없을 **무**, 되풀이할 **부**, 남을 **여**, 바랄 **망**

[무부여지無復餘地]

남은 땅이 또다시 없다는 말이며, 다시 더할 나위가 없다는 뜻이다.

글자 | 없을 **무**, 되풀이할 **부**, 남을 **여**, 땅 **지**

[무부지애無不知愛]

사랑을 모르는 [사람이] 없다는 말이다.

글자 | 없을 **무**, 아닐 **부**, 알 **지**, 사랑 **애**

[무불간섭無不干涉]

간섭이 없지 않다는 말이며, 자기에게 관계가 있건 없건 함부로 나서서 참견한다는 뜻이다.

글자 | 없을 **무**, 아닐 **불**, 간여할 **간**, 돌아다닐 **섭**

[무불답배無不答拜]

답 절을 아니하는 일이 없도록 하라는 말이며, 남이 절하면 같이 절하라는 뜻이다.

글자 | 없을 **무**, 아닐 **불**, 답할 **답**, 절 **배**

[무불세계無佛世界]

부처가 없는 세상이라는 말이며, 사람의 지혜가 열리지 않은 암흑의 세상을 빗댄 말이다.

글자 | 없을 **무**, 부처 **불**, 세상 **세**, 지경 **계**

[무불여자無不與者]

주지 아니할 사람이 없다는 말이며, 모든 사람이 주게 된다는 뜻이다.

글자 | 없을 **무**, 아닐 **불**, 줄 **여**, 사람 **자**

[무불통달無不通達]

통달하지 않는 것이 없다는 말이다.

글자 | 없을 **무**, 아닐 **불**, 통할 **통**, 통달할 **달**

[무불통지無不通知]

통하고 알지 아니하는 것이 없다는 말이며, 모르는 것이 없이 다 안다는 뜻이다.

글자 | 없을 **무**, 아닐 **불**, 통할 **통**, 알 **지**

출전 | 송남잡지

[무비일색無比一色]

비할 데 없는 한 예쁜 여자라는 말이며, 대단한 미인이라는 뜻이다.

글자 | 없을 **무**, 비할 **비**, 예쁜 여자 **색**

[무빈풍환霧鬢風鬟]

안개와 같은 귀밑머리(구레나룻)와 바람 같은 쪽머리라는 말이며, 아름다운 여자의 머리를 빗댄 말이다.

글자 | 안개 **무**, 구레나룻 **빈**, 바람 **풍**, 쪽 **환**

[무빙가고無憑可考]

상고할 수 있고 의지할 것이 없다는 말이며, 믿을 만한 자료가 없다는 뜻이다.

글자 | 없을 **무**, 의지할 **빙**, 옳을 **가**, 상고할 **고**

[무사가답無辭可答]

대답할 말이 없다는 말이며, 사리가 옳기 때문에 무어라고 할 말이 없다는 뜻이다.

글자 | 없을 **무**, 말씀 **사**, 긍정할 **가**, 대답 **답**

[무사귀신無祀鬼神]

제사가 없는 귀신이라는 말이며, 온갖 재앙으로 자손이 모두 죽어서 제사를 지낼 사람이 없는 사람의 귀신이라는 뜻이다.

글자 | 없을 **무**, 제사 **사**, 귀신 **귀**, 귀신 **신**

[무사독학無師獨學]

스승 없이 혼자서 배운다는 말이다.

글자 | 없을 **무**, 스승 **사**, 홀로 **독**, 배울 **학**

[무사득방無事得謗]

일 없이 나무람을 얻는다는 말이며, 아무 까닭 없이 남에게서 욕을 먹는다는 뜻이다.

글자 | 없을 **무**, 일 **사**, 얻을 **득**, 나무랄 **방**

[무사멸공務私蔑公]

사사로움에 힘쓰고 공변된 일을 업신여긴다는 말이며, 자기 욕심만 채우려고 한다는 뜻이다.

글자 | 힘쓸 **무**, 사사 **사**, 업신여길 **멸**, 공변될 **공**

출전 | 조선왕조 14대 선조실록

[무사무려無思無慮]

생각도 없고 근심도 없다는 말이며, 아무것도 생각지 않아야 비로소 도道를 알게 된다는 뜻이다.

원문 | 無思無慮 始知道
무 사 무 려 시 지 도

글자 | 없을 **무**, 생각 **사**, 근심할 **려**

출전 | 장자 지북유知北遊

[무사무편無私無偏]

사심이 없고 치우침이 없다는 말이다.

글자 | 없을 **무**, 사사로울 **사**, 치우칠 **편**

출전 | 문중자文中子

동류 | 공평무사公平無私

[무사분주無事奔走]

일 없이 분주하기만 하다는 말이다.

글자 | 없을 **무**, 일 **사**, 분주할 **분**, 달아날 **주**

[무사불복無思不服]

복종하지 않을 생각이 없다는 말이며, 복종하지 않은 이가 없다는 뜻이다.

글자 | 없을 **무**, 생각 **사**, 아닐 **불**, 복종할 **복**

[무사불참無事不參]

참여하지 않는 일이 없다는 말이다.

글자 | 없을 **무**, 일 **사**, 아닐 **불**, 참여할 **참**

[무사안일無事安逸]

일 없이 편안하다는 말이며, 마땅히 해야 할 일을 하지 않고 편안함만 누린다는 뜻이다.

글자 | 없을 **무**, 일 **사**, 편안 **안**, 편안할 **일**

[무사우벌無辭于罰]

벌을 받아도 [할] 말이 없다는 말이다.

글자 | 없을 **무**, 말씀 **사**, 어조사 **우**, 벌할 **벌**

[무사자통無師自通]

스승이 없어 스스로 통한다는 말이며, 가르쳐 주는 스승이 없어 스스로 공부하여 깨우친다는 뜻이다.

글자 | 없을 **무**, 스승 **사**, 스스로 **자**, 통할 **통**

[무사태평無事泰平]

일 없이 태평하다는 말이며, 무슨 일이든 안온하게 생각하여 근심 걱정이 없다는 뜻이다.

글자 | 없을 **무**, 일 **사**, 클 **태**, 화할 **평**

[무사통과無事通過]

일 없이 지나간다는 말이며, 아무 제재도 받지 않고 그냥 지나간다는 뜻이다.

글자 | 없을 **무**, 일 **사**, 통할 **통**, 지날 **과**

[무산대중無産大衆]

생산이 없는 큰 무리라는 말이며, 노동자. 빈농 등 가난한 대중을 일컫는다.

글자 | 없을 **무**, 생산할 **산**, 큰 **대**, 무리 **중**

[무산선녀巫山仙女]

무산의 선녀라는 말이며, 매우 아름다운 전설 속의 선녀를 일컫는다.

글자 | 무당 **무**, 뫼 **산**, 신선 **선**, 계집 **녀**
동류 | 무산지몽巫山之夢

[무산운우巫山雲雨]

→ 무산지몽巫山之夢

[무산지몽巫山之夢]

무산의 꿈이라는 말이며, 남녀의 은밀한 정사를 뜻한다. 초나라 회왕이 고당에서 잔치를 베풀고 문득 잠이 들었다. 그때 아름다운 선녀가 나타나 함께 밤을 지내게 되었는데, 헤어질 때에 '저는 무산 남쪽의 높은 산봉우리에 살고 있는데, 아침에는 구름이 되고(朝雲), 저녁에는 비가 되어(暮雨) 양대 아래 머무를 것입니다.' 라고 했다는 전설에서 온 말이다.

글자 | 무당 **무**, 뫼 **산**, 어조사 **지**, 꿈 **몽**
출전 | 고당부高唐賦
동류 | 무산지운巫山之雲, 운우지락雲雨之樂, 조운모우朝雲暮雨, 무산지운巫山之雲, 무산지우巫山之雨

[무산지운巫山之雲]

→ 무산지몽巫山之夢

[무상개공無相皆空]

모양이 없고 모두 비었다는 말이며, 형상에 구애됨이 없는 초연한 지경이라는 뜻이다.

글자 | 없을 **무**, 모양 **상**, 다 **개**, 빌 **공**

[무상기간無霜期間]

서리가 없는 기간이라는 말이며, 마지막 서리가 온 날로부터 첫서리가 온 날까지의 서리가 오지 않은 기간을 일컫는다. 이 기간의 짧고 긴 것이 농사일에 큰 영향을 준다.

글자 | 없을 **무**, 서리 **상**, 기약 **기**, 사이 **간**

[무상대복無上大福]

위가 없는 큰 복이라는 말이며, 더할 수 없이 가장 큰 복이라는 뜻이다.

글자 | 없을 **무**, 윗 **상**, 큰 **대**, 복 **복**

[무상명령無上命令]

위에 없는 명령이라는 말이며, 절대 무조건인 도덕률을 일컫는다.

글자 | 없을 **무**, 윗 **상**, 명령할 **명**, 명령할 **령**

[무상무념無想無念]

아무 생각이 없다는 말이며, 모든 생각을 떠나 마음이 빈 듯이 담담하다는 뜻이다.

글자 | 없을 **무**, 생각할 **상**, 생각할 **념**

[무상무벌無賞無罰]

상도 없고 벌도 없다는 말이며, 상 받은 것도 없고 벌 받은 것도 없다는 뜻이다.

글자 | 없을 **무**, 상 줄 **상**, 벌할 **벌**

출전 | 송남잡지

[무상변화無常變化]

오랩이 없는 변화라는 말이며, 고정되지 않고 계속 바뀐다는 뜻이다.

글자 | 없을 **무**, 오랠 **상**, 변할 **변**, 될 **화**

[무상신속無常迅速]

덧없이 빠르다는 말이며, 인간 세상의 변천이 매우 빠르다는 뜻이다.

글자 | 없을 **무**, 떳떳할 **상**, 빠를 **신**, 빠를 **속**

[무상왕래無常往來]

때 없이 가고 온다는 말이며, 아무 때나 거리낌 없이 마음대로 왔다 갔다 한다는 뜻이다.

글자 | 없을 **무**, 항상 **상**, 갈 **왕**, 올 **래**

[무상유전無常流轉]

→ 무상천류無常遷流

[무상지상無狀之狀]

형상이 없는 상태라는 말이며, 형이상形而上의 형상을 일컫는다.

글자 | 없을 **무**, 형상 **상**

출전 | 노자老子

[무상천류無常遷流]

인간 세상의 변천이 덧없이 흐른다는 말이다.

글자 | 없을 **무**, 떳떳할 **상**, 옮길 **천**, 흐를 **류**

동류 | 무상유전無常流轉

[무상출입無常出入]

거리낌 없이 드나든다는 말이다.

글자 | 없을 **무**, 떳떳할 **상**, 나올 **출**, 들 **입**

[무색성향無色聲香]

빛도 소리도 향기도 없다는 말이며, 아무것도 없다는 뜻이다.

글자 | 없을 **무**, 빛 **색**, 소리 **성**, 향기 **향**

[무생민심無生民心]

백성의 마음이 생기지 않는다는 말이며, 백성의 의혹이 생기지 않게 한다는 뜻이다.

글자 | 없을 **무**, 날 **생**, 백성 **민**, 마음 **심**

출전 | 춘추좌씨전 은공 원년

[무성무취無聲無臭]

소리도 없고 냄새도 없다는 말이며, 소리도 냄새도 없는 천도天道를 일컫는다.

글자 | 없을 **무**, 소리 **성**, 냄새 **취**

[무소가관無所可觀]

볼만한 곳이 없다는 말이다.

글자 | 없을 **무**, 곳 **소**, 옳을 **가**, 볼 **관**

[무소가취無所可取]

얻을 만한 것이 없다는 말이다.

글자 | 없을 **무**, 것 **소**, 옳을 **가**, 얻을 **취**

[무소고기無所顧忌]

→ 무소기탄無所忌憚

[무소기탄無所忌憚]

아무 꺼릴 바가 없다는 말이다.

글자 | 없을 **무**, 바 **소**, 꺼릴 **기**, 꺼릴 **탄**

유사 | 안하무인眼下無人, 방약무인傍若無人

[무소부재無所不在]

있지 않은 데가 없다는 말이다. 동곽자東郭子가 소위 도道란 어디에 있느냐고 묻자, 장자가 대답한 말이다. '없는 곳이 없소.'

원문 | 所謂道惡乎在 無所不在
소위도오호재 무소부재

글자 | 없을 **무**, 곳 **소**, 아닐 **부**, 있을 **재**

출전 | 장자 지북유知北遊

[무소부지無所不至]

어디든지 이르지 않은 곳이 없다는 말이다.

글자 | 없을 **무**, 곳 **소**, 아닐 **부**, 이를 **지**

[무소부지無所不知]

알지 못하는 것이 없다는 말이다.

글자 | 없을 **무**, 것 **소**, 아닐 **부**, 알 **지**

[무소불능無所不能]

능하지 않은 바가 없다는 말이며, 모든 것에 능통하다는 뜻이다.

글자 | 없을 **무**, 바 **소**, 아닐 **불**, 능할 **능**

[무소불위無所不爲]

못하는 바가 없다는 말이며, 참견하지 않는 것이 없다는 뜻으로도 쓰인다

글자 | 없을 **무**, 바 **소**, 아닐 **불**, 할 **위**

[무소불통無所不通]

통하지 않는 바가 없다는 말이며, 알지 못하는 것이 없다는 뜻이다.

글자 | 없을 **무**, 바 **소**, 아닐 **불**, 통할 **통**

출전 | 사기 장승상열전

[무소유위無所猷爲]

아무 꾀할 일이 없다는 말이며, 배불리 밥 먹고 날을 마치도록 하는 일 없이 빈둥거린다는 뜻이다.

원문 | 飽食終日 無所猷爲
포식종일 무소유위

글자 | 없을 **무**, 바 **소**, 꾀할 **유**, 할 **위**

출전 | 소학 가언嘉言

[무소조술無所祖述]

할아비의 이어받음이 없다는 말이며, 조상이나 스승의 학설을 답습하거나 모방한 것이 없다는 뜻이다.

글자 | 없을 **무**, 바 **소**, 할아비 **조**, 이을 **술**

출전 | 훈민정음

[무수사례無數謝禮]

수없이 사례한다는 말이다.

글자 | 없을 **무**, 수효 **수**, 사례할 **사**, 예도 **례**

[무수지수貿首之讐]

목을 바꾸어 벨 원수라는 말이며, 세상에 함께 살 수 없는 원수를 일컫는다.

글자 | 바꿀 **무**, 머리 **수**, 어조사 **지**, 원수 **수**

출전 | 전국책

[무승자박 無繩自縛]

줄도 없이 스스로 묶는다는 말이며, 미망迷妄과 집념에 스스로 집착하여 자유롭지 못하게 된다는 뜻이다.

글자 | 없을 **무**, 줄 **승**, 스스로 **자**, 묶을 **박**

[무시무종無始無終]

시작도 없고 끝도 없다는 말이며, 진리 또는 윤회輪廻의 무한성을 일컫는다.

글자 | 없을 **무**, 비로소 **시**, 끝 **종**

출전 | 순자 해폐解蔽

[무시지시無始之時]

시작이 없는 때라는 말이며, 태초太初를 일컫는다.

글자 | 없을 **무**, 비로소 **시**, 어조사 **지**, 때 **시**

[무식소치無識所致]

무식이 이르는 바라는 말이며, 무식한 탓이라는 뜻이다.

글자 | 없을 **무**, 알 **식**, 바 **소**, 이를 **치**

[무신무의無信無義]

믿음도 없고 의리도 없다는 말이다.

글자 | 없을 **무**, 믿을 **신**, 옳을 **의**

[무신불립無信不立]

믿음이 없으면 설 수 없다는 말이다. 자공의 질문에 공자가 답한 말이다. '식량을 버린다. 예로부터 모두에게 죽음은 있는 것이지만, 백성의 믿음이 없으면 나라는 존립하지 못한다.'

원문 | 去食 自古皆有死 民無信不立
거식 자고개유사 민무신불립

글자 | 없을 **무**, 믿을 **신**, 아닐 **불**, 설 **립**

출전 | 논어 안연편顔淵篇

[무실기시無失其時]

그때를 잃어버리지 않았다는 말이며, 필요한 때에 적절히 대처한다는 뜻이다.

글자 | 없을 **무**, 잃을 **실**, 그 **기**, 때 **시**

[무실무가無室無家]

→ 미실미가靡室靡家

[무실무세無實無勢]

열매가 없으면 기세가 없다는 말이며, 군주가 실제로 입은 은혜가 없으면 세력이 없으니 고삐가 없으면 말을 통제할 수 없다는 뜻이다.

원문 | 無實則無勢 失轡則馬焉制
무실즉무세 실비즉마언제

글자 | 없을 **무**, 열매 **실**, 기세 **세**

출전 | 관자 칠신칠주편七臣七主篇

[무실역행務實力行]

성실하게 힘쓰고 힘써 행한다는 말이다.

글자 | 글자 힘쓸 **무**, 성실할 **실**, 힘 **역**, 행할 **행**

[무심중간無心中間]

마음이 없는 가운데라는 말이며, 아무 생각이 없는 동안이라는 뜻이다.

글자 | 없을 **무**, 마음 **심**, 가운데 **중**, 사이 **간**

[무아도취無我陶醉]

내가 없는 취한 상태라는 말이며, 자신을 잊고 취한다는 뜻이다.

글자 | 없을 **무**, 나 **아**, 화할 **도**, 취할 **취**

[무아몽중無我夢中]

내가 없는 꿈속이라는 말이며, 마음이 외곬으로 쏠리거나 넋을 잃어 자기도 모르게 행동하는 상태를 일컫는다.

글자 | 없을 **무**, 나 **아**, 꿈 **몽**, 가운데 **중**

[무아무심無我無心]

나도 없고 마음도 없다는 말이며, 욕심이 전혀 없다는 뜻이다.

글자 | 없을 **무**, 나 **아**, 마음 **심**

[무아지경無我之境]

내가 없는 것과 같은 처지라는 말이며, 마음이 한 곳에 몰입되어 자기를 잊고 있는 상태라는 뜻이다.

글자 | 없을 **무**, 나 **아**, 어조사 **지**, 처지 **경**

[무언거사無言居士]

말이 없는 사람이라는 말이며, 수다스럽지 않은 사람, 또는 말주변이 없는 사람을 뜻한다.

글자 | 없을 **무**, 말씀 **언**, 살 **거**, 선비 **사**

[무언부답無言不答]

대답을 못할 말이 없다는 말이다.

글자 | 없을 **무**, 말씀 **언**, 아닐 **부**, 답할 **답**

[무언부도無言不道]

말하지 아니할 말이 없다는 말이며, 무엇이나 말할 수 있다는 뜻이다.

글자 | 없을 **무**, 말씀 **언**, 아닐 **부**, 말할 **도**

[무언용사無言勇士]

말이 없는 용사라는 말이며, 싸움터에서 명예스럽게 죽은 군인의 유골을 일컫는다.

글자 | 없을 **무**, 말씀 **언**, 날랠 **용**, 군사 **사**

[무여열반無餘涅槃]

나머지가 없는 열반이라는 말이며, 번뇌를 끊고 분별의 지혜를 떠나 육신까지 없애고 정적에 돌아간 경지, 곧 죽은 후에 들어가는 열반을 일컫는다.

글자 | 없을 **무**, 남을 **여**, 극락 갈 **열**, 즐거울 **반**

출전 | 불교

반대 | 유여열반有餘涅槃

[무염지욕無厭之慾]

싫증이 나지 않는 욕심이라는 말이며, 만족할 줄 모르는 끝없는 욕심이라는 뜻이다.

글자 | 없을 **무**, 싫을 **염**, 어조사 **지**, 욕심 **욕**

[무예불치蕪穢不治]

어지럽고 더러운 것이 다스려지지 않았다는 말이며, 사물이 잘 정돈되어 있지 않다는 뜻이다.

글자 | 어지러울 **무**, 더러울 **예**, 아닐 **불**, 다스릴 **치**

[무왕불복無往不復]

[하늘의 도리는] 가더라도 다시 돌아오지 않는 법이 없다는 말이며, 4계절은 계속 반복된다는 뜻이다.

원문 | 天道循環 無往不復
천도순환 무왕불복

글자 | 없을 **무**, 갈 **왕**, 아닐 **불**, 다시 **복**

출전 | 대학 서문序文

[무왕불충無往不忠]

충성하지 아니한 때가 없다는 말이다.

원문 | 以保富貴之心 奉君則無往不忠
이보부귀지심 봉군칙무왕불충

글자 | 없을 **무**, 이따금 **왕**, 아닐 **불**, 충성 **충**

출전 | 명심보감 존심편存心篇

[무용장물無用長物]

쓸 데 없이 긴 물건이라는 말이며, 거치적거리기만 하고 아무 쓸모없는 물건이라는 뜻이다.

글자 | 없을 **무**, 쓸 **용**, 긴 **장**, 물건 **물**

출전 | 세설신어

[무용지물無用之物]

쓸데없는 물건이라는 말이며, 쓸모없는 물건이나 사람을 뜻한다.

원문 | 無用之物 守法者不生
무용지물 수법자불생

글자 | 없을 **무**, 쓸 **용**, 어조사 **지**, 물건 **물**

출전 | 관자 오보편五輔篇

[무용지변無用之辨]

쓸 데 없는 말이라는 뜻이다.

글자 | 없을 **무**, 쓸 **용**, 어조사 **지**, 말 잘할 **변**

[무용지용無用之用]

아무 쓸모없는 것이 쓸모 있다는 말이다. 장자는 산에 자라는 나무는 스스로를 해치고, 등잔의 기름은 스스로를 태우고, 계피는 먹을 수 있어 그 나무를 베고, 옻은 칠의 재료로 갈고 쪼갠다고 하면서 사람들은 모두 쓸모있는 것의 쓸모만을 알고, 쓸모없는 것의 쓸모는 알지 못한다고 하였다.

원문 | 而莫知無用之用也
이막지무용지용야

글자 | 없을 **무**, 쓸 **용**, 어조사 **지**

출전 | 장자 인간세人間世

[무우귀영舞雩歸詠]

무우에서 놀다가 시를 읊으며 돌아온다는 말이며, 자연을 즐기는 유쾌함을 빗댄 말이다.

원문 | 浴乎沂 風乎舞雩 詠而歸
욕호기 풍호무우 영이귀

글자 | 춤출 **무**, 기우제 이름 **우**, 돌아갈 **귀**, 읊을 **영**

출전 | 논어 선진先進

[무운장구武運長久]

호반의 운이 길고 오래다는 말이며, 무인으로서의 운명이 길기 바란다는 뜻이다.

글자 | 호반 **무**, 운수 **운**, 긴 **장**, 오랠 **구**

출전 | 노자

[무원무덕無怨無德]

원망도 없고 덕도 없다는 말이며, 모나지 않은 사람이라는 뜻이다.

원문 | 無怨無德 不知所報
무원무덕 부지소보

글자 | 없을 **무**, 원망할 **원**, 큰 **덕**

출전 | 춘추좌씨전 성공 3년

[무위도식無爲徒食]

하는 일 없이 먹기만 하는 무리라는 말이며, 놀고먹는다는 뜻이다.

글자 | 없을 **무**, 할 **위**, 무리 **도**, 먹을 **식**

출전 | 정자어록程子語錄

[무위무능無爲無能]

하는 일도 없고 일할 능력도 없다는 말이다.

글자 | 없을 **무**, 할 **위**, 능할 **능**

[무위무사無爲無事]

하는 일도 없으니 사건도 없다는 말이다.

글자 | 없을 **무**, 할 **위**, 일 **사**

[무위무신無爲無信]

하는 일도 없으니 신용도 없다는 말이다.

글자 | 없을 **무**, 할 **위**, 믿을 **신**

[무위무책無爲無策]

하는 일도 없고 할 방책도 없다는 말이다.

글자 | 없을 **무**, 할 **위**, 꾀 **책**

[무위이치無爲而治]

하는 일 없이 다스린다는 말이며, 인덕이 있는 위정자는 특별한 정치적 수완을 부리지 않아도 잘 다스려진다는 뜻이다. 논어에 있는 구절이다. '일도 하지 않으면서 정치를 한 사람으로 순舜 임금이 있다. 그는 무엇을 했는가? 오직 자기 몸을 공손히 하고 바르게 남쪽을 향하여 조회를 맡고 있을 뿐이다.'

원문 | 無爲而治者 其舜也與 夫何
무 위 이 치 자 기 순 야 여 부 하
爲哉 恭己正南已矣
위 재 공 기 정 남 기 의

글자 | 없을 무, 할 위, 말 이을 이, 다스릴 치

출전 | 논어 위령공衛靈公

동류 | 무위이화無爲而化

[무위이화無爲而化]

하는 것이 없어도 저절로 된다는 말이며, 애써 바로잡으려 하지 않아도 저절로 잘 고쳐져 나간다는 뜻이다.

글자 | 없을 무, 할 위, 말 이을 이, 될 화

출전 | 논어 위령공衛靈公

동류 | 무위이치無爲而治

[무위자연無爲自然]

하는 일 없는 자연이라는 말이며, 인위적人爲的인 것이 없는 자연 그대로의 이상경理想境을 뜻한다.

글자 | 없을 무, 할 위, 스스로 자, 그럴 연

출전 | 노자 상원象元

[무위지치無爲之治]

→ 무위이치無爲而治

[무위진인無位眞人]

자리가 없는 참된 사람이라는 말이며, 사람다운 사람은 자리가 없어도 개의치 않고 자리를 상대로 사람을 판단하지 않는다는 뜻이다.

원문 | 相國古精舍 洒然無位人
상 국 고 정 사 주 연 무 위 인

글자 | 없을 무, 자리 위, 참 진, 사람 인

출전 | 송일본승문계送日本僧文溪

[무육지은撫育之恩]

어루만져 기른 은혜라는 말이며, 잘 보살펴 고이 길러준 은혜라는 뜻이다.

글자 | 어루만질 무, 기를 육, 어조사 지, 은혜 은

[무의무신無義無信]

의리도 없고 믿음도 없다는 말이다.

글자 | 없을 무, 옳을 의, 믿을 신

[무의무탁無依無托]

의지하고 의탁할 데가 없다는 말이며, 매우 외로운 형편이라는 뜻이다.

글자 | 없을 무, 의지할 의, 밀 탁

[무이구곡武夷九曲]

무이산의 아홉 구비를 말하며, 경치가 매우 좋다는 뜻이다. 송나라의 주희朱熹는 무이산의 경치를 두고 구곡가九曲歌를 지었다.

글자 | 호반 무, 클 이, 굽을 곡

출전 | 사류통편事類統編

[무이명지無以明志]

뜻을 밝힘이 없다는 말이다.

글자 | 없을 무, 써 이, 밝을 명, 뜻 지

[무이무삼無二無三]

둘도 없고 셋도 없다는 말이며, 부처

가 되는 길은 오직 하나라는 뜻이다.

글자 | 없을 **무**

출전 | 법화경

유사 | 차이무이遮二無二

[무이지훈無彝之訓]

떳떳함이 없는 가르침이라는 말이며, 끊임없이 술을 마시지 말라는 훈계를 일컫는다.

글자 | 없을 **무**, 떳떳할 **이**, 어조사 **지**, 가르칠 **훈**

출전 | 추관지

[무익십사無益十事]

더함이 없는 열 가지 일이라는 말이며, 도를 닦는 수행자가 해서는 안 될 열 가지 일이라는 뜻이다. 인오印悟(1548~1623) 스님의 글이다. ①마음을 안 돌보면 경전을 봐도 소용없다(心不返照 看經無益). ②본성이 빈 것을 모르고는 좌선이 부질없다(不達性空 坐禪無益). ③뿌리지 않고 열매를 바람은 도를 구해도 무익하다(輕因望果 求道無益). ④바른 법을 안 믿고는 고행이 쓸데없다(不信正法 苦行無益). ⑤나의 교만을 안 꺾으면 법도를 배워도 쓸데없다(不折我慢). ⑥실한 덕이 없으면 겉을 꾸며도 소용없다(內無實德 外儀無益). ⑦스승의 덕을 못 갖추면 중생제도 무익하다(缺人師德 濟衆無益). ⑧신실한 마음 아니고는 교묘한 말 허랑하다(心非信實 巧言無益). ⑨한평생 교활하면 무리 속에 있을 쓸모가 없다(一生乖角 處衆無益). ⑩뱃속 가득 무식하면 교만도 부질없다(滿腹無識 憍慢無益).

글자 | 없을 **무**, 더할 **익**, 일 **사**

출전 | 청매문집靑梅文集

[무익이비無翼而飛]

날개 없이 난다는 말이며, 명성이 세상에 널리 퍼진다는 말이다.

글자 | 없을 **무**, 날개 **익**, 말 이을 **이**, 날 **비**

출전 | 전국책 진책秦策

동류 | 불익이비不翼而飛

[무인고도無人孤島]

사람이 없는 외로운 섬이라는 말이다.

글자 | 없을 **무**, 사람 **인**, 외로울 **고**, 섬 **도**

[무인궁도無人窮道]

사람이 없는 막힌 길이라는 말이며, 도와주는 사람이 없어 가기 어려운 길이라는 뜻이다.

글자 | 없을 **무**, 사람 **인**, 막힐 **궁**, 길 **도**

[무인기군務引其君]

그 임금을 힘써 이끈다는 말이며, 임금을 올바른 길로 인도하고자 힘쓴다는 뜻이다.

원문 | 務引其君 以常道
무 인 기 군 이 상 도

글자 | 힘쓸 **무**, 끌 **인**, 그 **기**, 임금 **군**

출전 | 맹자 고자告子 하

[무인부지無人不知]

[소문이 널리 퍼져서] 알지 못하는 사람이 없다는 말이다.

글자 | 없을 **무**, 사람 **인**, 아닐 **부**, 알 **지**

[무인절도無人絶島]

사람이 없는 끊어진 섬이라는 말이며, 사람이 살지 않는 대륙에서 멀리 떨어진 외딴 섬이라는 뜻이다.

글자 | 없을 **무**, 사람 **인**, 끊어질 **절**, 섬 **도**

동류 | 무인고도無人孤島

[무인지경無人之境]

사람이라고는 전혀 없는 곳이라는 말이며, 아무 거칠 것이 없다는 뜻이다.

글자 | 없을 **무**, 사람 **인**, 어조사 **지**, 지경 **경**

출전 | 옥루몽

[무인지지無人之地]

→ 무인지경無人之境

[무일가관無一可觀]

볼만한 것이 하나도 없다는 말이다.

글자 | 없을 **무**, 긍정할 **가**, 볼 **관**

[무일가취無一可取]

취할 것이 하나도 없다는 말이다.

글자 | 없을 **무**, 긍정할 **가**, 취할 **취**

[무일불성無一不成]

하나도 이루지 못할 일이 없다는 말이며, 무엇이든 안 되는 일이 없다는 뜻이다.

글자 | 없을 **무**, 아닐 **불**, 이룰 **성**

[무일불위無日不爲]

날마다 아니하는 날이 없다는 말이다.

글자 | 없을 **무**, 날 **일**, 아닐 **불**, 할 **위**

[무일호차無一毫差]

터럭 하나의 다름도 없다는 말이며, 조금도 틀림이 없다는 뜻이다.

글자 | 없을 **무**, 터럭 **호**, 다를 **차**

[무자가색務玆稼穡]

이에 힘써 심고 거둔다는 말이며, 농사일에 전념한다는 뜻이다.

원문 | 治本於農 務玆稼穡
치본어농 무자가색

글자 | 힘쓸 **무**, 이 **자**, 심을 **가**, 거둘 **색**

출전 | 천자문

[무장공자無腸公子]

창자가 없는 사람이라는 말이며, 담력이나 기개가 없는 사람을 비웃어 이르는 말이다.

글자 | 없을 **무**, 창자 **장**, 공변될 **공**, 아들 **자**

출전 | 포박자

[무장기갱無醬嗜羹]

간장도 없는데 국을 즐긴다는 말이며, 할 수 없는 일을 감히 바란다는 말이다.

글자 | 없을 **무**, 간장 **장**, 즐길 **기**, 국 **갱**

출전 | 순오지

[무장무애無障無礙]

막히는 것이 전혀 없다는 말이며, 아무 거리낌이 없다는 뜻이다.

글자 | 없을 **무**, 막힐 **장**, 막힐 **애**

[무장봉기武裝蜂起]

호반의 행장을 한 자들이 벌떼같이 일어난다는 말이며, 지배자에 대하여 무장을 한 무리들이 일어나 투쟁한다는 뜻이다.

글자 | 호반 **무**, 행장 **장**, 벌 **봉**, 일어날 **기**

[무장지졸無將之卒]

장수 없는 군사라는 말이며, 이끌어가는 지도자가 없는 무리를 일컫는다.

글자 | 없을 **무**, 장수 **장**, 어조사 **지**, 군사 **졸**

[무재아귀無財餓鬼]

재물이 없어 굶는 귀신이라는 말이다.

글자 | 없을 **무**, 재물 **재**, 굶을 **아**, 귀신 **귀**

[무적무막無適無莫]

맞는 것도 없고 말 것도 없다는 말이며, 모두를 같은 것으로 본다는 뜻이다.

원문 | 君子之於天下也 無適也 無莫也
(군자지어천하야 무적야 무막야)

글자 | 없을 **무**, 맞을 **적**, 말 **막**

출전 | 논어 이인里仁

[무적방시無的放矢]

과녁이 없는데 화살을 쏜다는 말이며, 목적이 없는 행위를 한다는 뜻이다.

글자 | 없을 **무**, 과녁 **적**, 놓을 **방**, 화살 **시**

[무적태풍無敵颱風]

적이 없는 태풍이라는 말이며, 아무도 당할 수 없음을 빗댄 말이다.

글자 | 없을 **무**, 대적할 **적**, 태풍 **태**, 바람 **풍**

[무전대변無前大變]

전에 없는 큰 재앙이라는 말이며, 처음 당하는 큰 변이라는 뜻이다.

글자 | 없을 **무**, 앞 **전**, 큰 **대**, 재앙 **변**

[무전대풍無前大豊]

전에 없는 큰 풍년이라는 말이다.

글자 | 없을 **무**, 앞 **전**, 큰 **대**, 풍년 **풍**

[무전취식無錢取食]

돈도 없이 남의 음식을 먹고 값을 치르지 않는다는 말이다.

글자 | 없을 **무**, 돈 **전**, 취할 **취**, 음식 **식**

[무정세월無情歲月]

정 없는 해와 달이라는 말이며, 덧없이 흘러가는 빠른 세월이라는 뜻이다.

글자 | 없을 **무**, 뜻 **정**, 해 **세**, 달 **월**

[무정지책無情之責]

뜻 없이 하는 책망이라는 말이며, 아무 까닭도 없이 꾸짖는다는 뜻이다.

글자 | 없을 **무**, 뜻 **정**, 어조사 **지**, 꾸짖을 **책**

동류 | 비정지책非情之責

[무족가관無足可觀]

볼만한 것이 없다는 말이며, 사람의 됨됨이가 보잘것없다는 뜻이다.

글자 | 없을 **무**, 족할 **족**, 옳을 **가**, 볼 **관**

출전 | 송남잡지

[무족가책無足可責]

꾸짖을 만한 것이 없다는 말이며, 사람의 됨됨이가 책망할 나위도 없다는 뜻이다.

글자 | 없을 **무**, 족할 **족**, 옳을 **가**, 꾸짖을 **책**

출전 | 송남잡지

[무죄방면無罪放免]

죄가 없어 놓아주고 벗어난다는 말이다.

글자 | 없을 **무**, 죄지을 **죄**, 놓을 **방**, 벗어날 **면**

[무주고총無主古塚]

주인 없는 옛 무덤이라는 말이다.

글자 | 없을 **무**, 주인 **주**, 옛 **고**, 높은 무덤 **총**

[무주고혼無主孤魂]

주인 없는 외로운 혼이라는 말이며, 자손이나 모셔줄 사람이 없어서 떠돌아다니는 외로운 혼령을 일컫는다.

글자 | 없을 **무**, 주인 **주**, 외로울 **고**, 혼 **혼**

[무주공당無主空堂]

주인 없는 빈 집이라는 말이다.

글자 | 없을 **무**, 주인 **주**, 빌 **공**, 집 **당**

[무주공사無主空舍]

→ 무주공당無主空堂

[무주공산無主空山]

주인 없는 텅 빈 산이라는 말이며, 인가도 인기척도 없는 쓸쓸한 산이라는 뜻이다.

글자 | 없을 **무**, 주인 **주**, 빌 **공**, 뫼 **산**

출전 | 송남잡지

[무주공처無主空處]

주인 없는 빈 곳이라는 말이다.

글자 | 없을 **무**, 주인 **주**, 빌 **공**, 곳 **처**

[무중생유無中生有]

없는 데서 있게 만든다는 말이며, 아무 일도 없는 데서 억지로 말썽거리를 만들어낸다는 뜻이다.

원문 | 無中生有誑也非誑也實其所誑也
무 중 생 유 광 야 비 광 야 실 기 소 광 야

글자 | 없을 **무**, 가운데 **중**, 날 **생**, 있을 **유**

출전 | 노자 40장

관련 | 유생어무有生於無

[무중실우霧中失牛]

안갯속에서 소를 잃는다는 말이며, 주위 환경이 좋지 않을 때, 해를 입는다는 뜻이다.

글자 | 안개 **무**, 가운데 **중**, 잃을 **실**, 소 **우**

출전 | 고금석림

[무지막지無知莫知]

아는 것이 없어 알지 못한다는 말이며, 몹시 무식하고 상스럽다는 뜻이다.

글자 | 없을 **무**, 알 **지**, 말 **막**

[무지망작無知妄作]

아는 것이 없어 망령된 짓을 한다는 말이며, 무지하여 마구 덤벙거리기만 한다는 뜻이다.

원문 | 譏其無知妄作 以取潛竊之罪
기 기 무 지 망 작 이 취 잠 절 지 죄

글자 | 없을 **무**, 알 **지**, 망령될 **망**, 지을 **작**

출전 | 논어 팔일편八佾篇 집주集註

[무지몰각無知沒覺]

아는 것도 없고 깨달음도 없다는 말이다.

글자 | 없을 **무**, 알 **지**, 잠길 **몰**, 깨달을 **각**

[무지몽매無知蒙昧]

아는 것이 없고 어리석고 어둡다는 말이다.

글자 | 없을 **무**, 알 **지**, 어리석을 **몽**, 어두울 **매**

[무지무지無知無知]

알 수 없고 알 수 없다는 말이며, 인정사정없이 매우 거칠고 우악스럽게 다룬다는 뜻이다.

글자 | 없을 **무**, 알 **지**

[무지문맹無知文盲]

아는 것도 없고 글도 모른다는 말이다.

글자 | 없을 **무**, 알 **지**, 글월 **문**, 소경 **맹**

동류 | 무학문맹無學文盲

[무지제간舞智濟奸]

지혜를 써서 거짓을 이룬다는 말이며, 꾀를 부려 간악한 짓을 한다는 뜻이다.

글자 | 환롱할 **무**, 지혜 **지**, 일 이룰 **제**, 거짓 **간**

출전 | 조선왕조 14대 선조실록

[무진무궁無盡無窮]

→ 무궁무진無窮無盡

[무참괴승無慚愧僧]

부끄러움이 없는 부끄러운 중이라는 말이며, 계율을 깨뜨린 파계승破戒僧을 일컫는다.

글자 | 없을 **무**, 부끄러울 **참**, 부끄러울 **괴**, 중 **승**

[무처가고無處可考]

상고詳考할 데가 없다는 말이다.

글자 | 없을 **무**, 곳 **처**, 옳을 **가**, 상고할 **고**

[무처부당無處不當]

감당하지 못할 것이 없다는 말이다.

글자 | 없을 **무**, 곳 **처**, 아닐 **부**, 당할 **당**

출전 | 송남잡지

[무천매귀貿賤賣貴]

싸게 몰아 사서 귀하게 판다는 말이며, 싼 값에 사서 비싼 값으로 판다는 뜻이다.

글자 | 몰아 살 **무**, 흔할 **천**, 팔 **매**, 귀할 **귀**

[무축단헌無祝單獻]

[제사 지낼 때] 축문도 없이 단지 술만 올린다는 말이다.

글자 | 없을 **무**, 빌 **축**, 홀로 **단**, 드릴 **헌**

[무출기우無出其右]

그 오른쪽에 나오는 것이 없다는 말이며, 매우 뛰어나서 다를 만한 사람이 없다는 뜻이다.

원문 | 漢廷諸臣 無能出其右者
한정제신 무능출기우자

글자 | 없을 **무**, 날 **출**, 그 **기**, 오른 **우**

출전 | 사기 전숙열전田叔烈傳

[무치지치無恥之恥]

부끄러움이 없는 것이 부끄러움이라는 말이며, 부끄러움을 모르는 것이 참으로 부끄러운 일이라는 뜻이다.

글자 | 없을 **무**, 부끄러울 **치**, 어조사 **지**

[무탐즉우務貪則憂]

탐하는 것에 힘쓰면 곧 근심이라는 말이며, 욕심을 부리면 곧 근심 걱정이 생긴다는 뜻이다.

원문 | 知足可樂 務貪則憂
지족가락 무탐즉우

글자 | 힘쓸 **무**, 탐할 **탐**, 곧 **즉**, 근심 **우**

출전 | 경행록, 명심보감 안분편安分篇

[무편무당無偏無黨]

치우침도 없고 무리도 없다는 말이며, 공평하다는 뜻이다. 서경에 있는 글이다. '치우침이 없고 당파가 없으면 왕의 도가 탄탄할 것이다.'

원문 | 無偏無黨 王道蕩蕩
무편무당 왕도탕탕

글자 | 없을 **무**, 치우칠 **편**, 무리 **당**

출전 | 서경 홍범洪範

동류 | 불편부당不偏不黨

[무풍지대無風地帶]

바람이 없는 지대라는 말이며, 평화롭고 안온한 곳이라는 뜻이다.

글자 | 없을 **무**, 바람 **풍**, 땅 **지**, 쪽 **대**

[무하저처無下箸處]

젓가락 둘 곳이 없다는 말이며, 먹을 만한 반찬이 없다는 뜻이다.

글자 | 없을 **무**, 밑 **하**, 젓가락 **저**, 둘 **처**

출전 | 진서 하회전何會傳

[무하지증無何之症]

어찌할 수 없는 병 증세라는 말이며, 알 수 없는 병이라는 뜻이다.

글자 | 없을 **무**, 어찌 **하**, 어조사 **지**, 병 증세 **증**

[무학문맹無學文盲]

→ 무지문맹無知文盲

[무한불성無汗不成]

땀 없이 이루어지지 않는다는 말이며, 노력하지 않으면 되는 일이 없다는 뜻이다.

글자 | 없을 **무**, 땀 **한**, 아닐 **불**, 이룰 **성**

[무한신력無限神力]

한이 없는 신통한 힘이라는 말이며, 전지전능한 하나님의 신통력을 일컫는다.

글자 | 없을 **무**, 한정 **한**, 신통할 **신**, 힘 **력**

[무해무득無害無得]

해로운 것도 없고 얻을 것도 없다는 말이다.

글자 | 없을 **무**, 해로울 **해**, 얻을 **득**

동류 | 무득무실無得無失

[무혈입성無血入城]

피 흘리지 않고 성에 들어갔다는 말이며, 큰 어려움 없이 수월하게 일을 이루었다는 말로도 쓰인다.

글자 | 없을 **무**, 피 **혈**, 들 **입**, 성 **성**

[무혈점령無血占領]

피를 흘리지 않고 점령한다는 말이며, 큰 전투 없이 적진을 점령한다는 뜻이다.

글자 | 없을 **무**, 피 **혈**, 점령할 **점**, 차지할 **령**

[무형무적無形無迹]

형상이나 자취가 없다는 말이다.

글자 | 없을 **무**, 형상 **형**, 발자국 **적**

[무호동중無虎洞中]

고을 가운데 호랑이가 없다는 말이며, 인물이 없는 마을에서 잘난 체 한다는 뜻이다.

글자 | 없을 **무**, 범 **호**, 고을 **동**, 가운데 **중**

[무후위대無後爲大]

뒤가 없는 것이 큰 [죄가] 된다는 말이며, 후대가 없음이 가장 큰 불효라는 뜻이다.

원문 | 不孝有三 無後爲大
불 효 유 삼 무 후 위 대

글자 | 없을 **무**, 뒤 **후**, 할 **위**, 큰 **대**

출전 | 맹자 이루離婁 상

관련 | 불효유삼不孝有三

[무훼무예無毁無譽]

헐지도 않고 기리지도 않는다는 말이며, 헐뜯지도 않고 칭찬하지도 않는다는 뜻이다.

글자 | 없을 **무**, 헐 **훼**, 기릴 **예**

[묵돌불검墨突不黔]

묵자墨子의 굴뚝이 검지 않다는 말이며, 동분서주한다는 뜻이다. 묵자가 자기의 도를 전하기 위하여 천하를 두루 돌아다니다 보니 그 집 굴뚝이 검어질 겨를이 없었다는 고사에서 온 말이다.

원문 | 孔席不暖 墨突不黔
공석불난 묵돌불검

글자 | 먹 **묵**, 굴뚝 **돌**, 아닐 **불**, 검을 **검**

출전 | 묵자 공수편公輸篇

[묵명유행墨名儒行]

먹의 이름으로 선비를 행한다는 말이며, 명분과 행동이 다르다는 뜻이다. 이는 묵가墨家의 학자가 유교儒教의 행동을 한다는 고사에서 온 말이다.

글자 | 먹 **묵**, 이름 **명**, 선비 **유**, 행할 **행**

[묵묵부답默默不答]

조용하게 아무 대답이 없다는 말이다.

글자 | 조용할 **묵**, 아닐 **부**, 대답할 **답**

[묵비사염墨悲絲染]

먹물은 실이 [검게] 물드는 것을 슬퍼한다는 말이며, 좋지 못한 사람을 사귀지 말라는 말이다.

원문 | 墨悲絲染 詩讚羔羊
묵비사염 시찬고양

글자 | 먹 **묵**, 슬플 **비**, 실 **사**, 물들일 **염**

출전 | 천자문 25항

[묵상기도默想祈禱]

고요하게 생각하며 빈다는 말이다.

글자 | 고요할 **묵**, 생각할 **상**, 빌 **기**, 빌 **도**

[묵색임리墨色淋漓]

먹빛에 지적지적 물이 스며있다는 말이며, 그림이나 글씨의 먹빛이 윤이 난다는 뜻이다.

글자 | 먹 **묵**, 빛 **색**, 지적지적할 **임**, 물스밀 **리**

동류 | 묵색창윤墨色蒼潤

[묵색창윤墨色蒼潤]

먹빛이 질펀하고 윤택하다는 말이며, 그림이나 글씨의 먹빛이 썩 좋아 예술적인 아름다움이 있다는 뜻이다.

글자 | 먹 **묵**, 빛 **색**, 푸른 들 질펀할 **창**, 윤택할 **윤**

[묵색판단墨色判斷]

먹빛으로 판단한다는 말이며, 관상법觀相法의 한 가지로 글씨를 쓰게 하여 그 필세筆勢와 묵색墨色을 보고 그 사람의 길흉 · 운명 따위를 판단한다는 뜻이다.

글자 | 먹 **묵**, 빛 **색**, 판단할 **판**, 끊을 **단**

[묵수성규墨守成規]

묵자가 만든 법을 잘 지켰다는 말이며, 자기의 주장이나 의견을 굳게 지킨다는 뜻도 있고, 전통이나 관습을 굳게 지킨다는 뜻도 있다.

글자 | 먹 **묵**, 지킬 **수**, 이룰 **성**, 법 **규**
출전 | 전국책 제책齊策, 묵자 공수편
동류 | 묵적지수墨翟之守

[묵식심통 默識心通]

잠잠히 알아서 마음이 통한다는 말이며, 말 없어도 서로 마음이 통한다는 뜻이다.

글자 | 잠잠할 **묵**, 알 **식**, 마음 **심**, 통할 **통**

[묵연부답 默然不答]

잠잠하고 대답이 없다는 말이다.

글자 | 잠잠할 **묵**, 그럴 **연**, 아닐 **부**, 답할 **답**

[묵자비염 墨子悲染]

→ 묵자읍사墨子泣絲

[묵자읍사 墨子泣絲]

묵자가 실을 보고 울었다는 말이며, 사람은 환경이나 습관에 따라 성질이 착하게도 되고 악하게도 된다는 뜻이다. 노나라의 사상가인 묵자가 흰 실이 물감에 따라서 색이 변하는 것을 보고 울었다는 고사에서 온 말이다.

글자 | 먹 **묵**, 아들 **자**, 울 **읍**, 실 **사**
출전 | 묵자 소염所染
동류 | 묵자비염墨子悲染

[묵적지수 墨翟之守]

묵적의 지킴이라는 말이며, 자기주장을 끝까지 지킨다는 뜻이다. 초나라를 방문한 묵자墨子(이름은 적翟)가 송나라를 치려고 공수반公輸盤이 만든 공성기攻城機의 모형을 만들게 하고 초왕의 앞에서 아홉 번이나 막아냄으로서 초왕의 생각을 바꾸게 하여 송나라를 지켰다.

글자 | 먹 **묵**, 꿩 **적**, 갈 **지**, 지킬 **수**
출전 | 묵자 공수반편, 전국책 제책
동류 | 묵수성규墨守成規

[묵좌징심 默坐澄心]

잠잠히 앉아서 마음을 맑게 한다는 말이다.

글자 | 잠잠할 **묵**, 앉을 **좌**, 맑을 **징**, 마음 **심**

[문가나작 門可羅雀]

대문에 참새 그물을 칠 수 있다는 말이며, 찾아오는 손님이 뜸해진 집이라는 뜻이다.

글자 | 문 **문**, 옳을 **가**, 그물 **나**, 참새 **작**
동류 | 문전작라門前雀羅

[문각해행 蚊脚蟹行]

모기 다리와 게의 걸음이라는 말이며, 로마 글자를 빗댄 말이다.

글자 | 모기 **문**, 다리 **각**, 게 **해**, 걸을 **행**

[문간유심 聞諫愈甚]

간함을 듣고도 심하다는 말이며, 충고의 말을 듣고도 오히려 더 심해진다는 뜻이다.

원문 | 聞諫愈甚 謂之很
문간유심 위지흔
글자 | 들을 **문**, 간할 **간**, 더욱 **유**, 심할 **심**
출전 | 장자 잡편

[문경지교刎頸之交]

목을 벨 수 있는 사이라는 말이며, 서로 죽음을 같이할 수 있는 의기가 상통하는 사이라는 뜻이다. 중국 조나라에 인상여藺相如라는 사람이 말을 잘하여 계속 높은 벼슬자리에 올랐다. 이에 전공을 많이 세운 염파廉頗 장군은 불만을 품고 그에게 모욕을 주려 하였다. 이 소문을 들은 인상여는 비굴하게 그를 피해 다녔으며, 이 태도를 본 부하들은 그에 대한 존경심을 버리고 떠나려 하였다. 인상여는 그들을 달래며 말하기를, '적국인 진왕 앞에서도 나는 그를 만조백관이 보는 앞에서 꾸짖은 사람이다. 내가 어찌 염파장군을 무서워하겠는가? 진나라가 우리를 함부로 대하지 못하는 것은 나와 염파장군이 있기 때문이다. 우리 둘이 맞서 싸우게 되면 반드시 둘 중 하나는 죽게 될 것이다. 내가 염파장군을 피하는 것은 나라 일을 소중히 여겨 사사로운 감정은 뒤로 돌리려는 것이다.' 그 뒤 이 말을 전해들은 염파는 자신의 어리석음을 깨닫고 매를 등에 지고 인상여의 집에 찾아가 사죄하였다. 이리하여 두 사람은 다시 친한 사이가 되어 죽음을 함께 해도 마음이 변치 않을 사이가 되었다 한다.

원문 | 卒相與驩 爲刎頸之交
졸상여환 위문경지교
글자 | 목 벨 **문**, 목 **경**, 어조사 **지**, 사귈 **교**
출전 | 사기 염파·인상여열전
동류 | 문경지계刎頸之契, 문경지우刎頸之友

[문경지우刎頸之友]

→ 문경지교刎頸之交

[문경지치文景之治]

문제와 경제의 정치를 말하며, 중국의 번영시대를 뜻한다. 한나라 문제와 경제는 모두 백성에게 휴식을 제공한다는 정책을 40년 가까이 실시하였기 때문에 사회 경제는 대단한 번영을 이룩하였고 사회질서는 안정되어 태평성대를 노래하였다.

글자 | 글 **문**, 밝을 **경**, 어조사 **지**, 다스릴 **치**
출전 | 사기 화식열전貨殖列傳

[문계기무聞鷄起舞]

닭 [소리]를 들으면 일어나 춤춘다는 말이며, 뜻을 가진 인재가 때를 맞추어 각고의 노력을 하는 것을 빗댄 말이다.

글자 | 들을 **문**, 닭 **계**, 일어날 **기**, 춤출 **무**
출전 | 진서 조적전祖逖傳

[문과기실文過其實]

글월이 그 사실을 지났다는 말이며,

문장의 표현이 사실보다 지나치다는 뜻이다.

글자 | 글월 **문**, 지날 **과**, 그 **기**, 사실 **실**

출전 | 후한서 풍연전馮衍傳

[문과수비文過遂非]

허물을 저지르고 아니라고 나아간다는 말이며, 잘못을 숨기고 조금도 뉘우치지 않는다는 뜻이다.

글자 | 꾸밀 **문**, 허물 **과**, 나아갈 **수**, 아닐 **비**

[문과식비文過飾非]

허물을 저지르고 아니라고 꾸며댄다는 말이다.

글자 | 꾸밀 **문**, 허물 **과**, 꾸밀 **식**, 아닐 **비**

[문과즉희聞過則喜]

허물을 들으면 곧 기뻐한다는 말이다. 자로子路는 남이 자기의 결함을 지적해주면 기뻐하고, 우임금은 남이 자기에게 좋은 말로 충고해주면 매우 감격해 하였다는 고사에서 온 말이다.

원문 | 人告之以 有過則喜
인 고 지 이 우 과 즉 희

글자 | 들을 **문**, 허물 **과**, 곧 **즉**, 기쁠 **희**

출전 | 맹자 공손추公孫丑 상

[문군사마文君司馬]

문군과 사마라는 말이며, 사랑하는 부부와 연인을 일컫는다. 탁문군卓文君과 사마상여司馬相如의 진실한 사랑 이야기에서 유래한다.

글자 | 글 **문**, 임금 **군**, 맡을 **사**, 말 **마**

출전 | 사기 사마상여열전

[문념무희文恬武嬉]

문관이 편안하고 무관이 즐긴다는 말이며, 세상이 태평하다는 뜻도 되고, 관리들이 자기의 직분을 지키지 않는다는 뜻도 된다.

글자 | 글 **문**, 편안할 **념**, 호반 **무**, 즐길 **희**

출전 | 평화서비平淮西碑

[문당호대門當戶對]

가문이 대적하여 상대할 만한 집이라는 말이며, 문벌의 정도가 엇비슷하다는 뜻이다.

글자 | 집안 **문**, 대적할 **당**, 집 **호**, 대할 **대**

[문도어맹問道於盲]

소경에게 길을 묻는다는 말이며, 알지도 못하는 사람에게 물건의 행방이나 사태의 추이 등을 묻는 어리석음을 일컫는다.

글자 | 물을 **문**, 길 **도**, 어조사 **어**, 소경 **맹**

출전 | 한유의 답진생서答陳生書

[문도호설門到戶說]

문에 이르러 집에 말한다는 말이며, 호별 방문을 하여 설명해 준다는 뜻이다.

글자 | 문 **문**, 이를 **도**, 백성의 집 **호**, 말씀 **설**

[문동서답問東西答]

→ 동문서답東問西答

[문류심화問柳尋花]

버들에 대하여 묻고 꽃을 찾는다는 말이며, 봄의 경치를 감상하는 것을 빗댄 말이다.

글자 | 물을 **문**, 버들 **류**, 찾을 **심**, 꽃 **화**

출전 | 두보의 엄중승왕가견과嚴中丞枉駕見過

[문맹소견蚊蝱宵見]

모기나 등에 같이 작은 것을 본다는 말이며, 재주와 슬기가 뛰어난다는 뜻이다.

글자 | 모기 **문**, 등에 **맹**, 작을 **소**, 볼 **견**

[문맹주우蚊虻走牛]

모기나 등에가 소를 달리게 한다는 말이며, 작은 것이 큰 것을 제압한다는 뜻이다.

글자 | 모기 **문**, 등에 **맹**, 달릴 **주**, 소 **우**

출전 | 설원

[문맹지로蚊虻之勞]

모기와 등에의 수고라는 말이며, 아무런 쓸모가 없는 짓이라는 뜻이다. 장자에 있는 글이다. '… 그것은 마치 한 마리의 모기나 등에가 덧없이 애쓰고 있음과도 같다.'

원문 | 其猶一蚊一虻之勞者也
기 유 일 문 일 맹 지 로 자 야

글자 | 모기 **문**, 등에 **맹**, 어조사 **지**, 일할 **로**

출전 | 장자 천하天下

반대 | 문맹주우 蚊虻走牛

[문맹지명蚊虻之鳴]

모기와 등에의 울음이라는 말이며, 힘없는 사람이 외치는 작은 소리를 빗댄 말이다.

글자 | 모기 **문**, 등에 **맹**, 어조사 **지**, 울 **명**

출전 | 고려사

[문명개화文明開化]

글을 깨달아 열리게 되었다는 말이며, 사람의 지혜가 깨어 발달하여 생활이 편리하게 되었다는 뜻이다.

글자 | 글 **문**, 깨달을 **명**, 열릴 **개**, 될 **화**

[문무겸전文武兼全]

글과 위엄스러움을 온전히 겸했다는 말이며, 문식文識과 무략武略을 다 갖추고 있다는 뜻이다.

글자 | 글 **문**, 위엄스러울 **무**, 겸할 **겸**, 온전 **전**

출전 | 송남잡지

동류 | 문무쌍전文武雙全

[문무교체文武交遞]

문관과 무관이 서로 교대된다는 말이다.

글자 | 글 **문**, 호반 **무**, 바꿀 **교**, 갈마 들일 **체**

[문무백관文武百官]

문관과 무관을 합친 모든 벼슬아치들이라는 말이다.

글자 | 글 **문**, 호반 **무**, 일백 **백**, 벼슬 **관**

[문무석인文武石人]

무덤 앞에 세워두는 문석인文石人과 무석인武石人을 말한다.

글자 | 글 **문**, 호반 **무**, 돌 **석**, 사람 **인**

[문무숭상文武崇尙]

글월과 호반을 높이 숭상한다는 말이다.

글자 | 글월 **문**, 호반 **무**, 높을 **숭**, 숭상할 **상**

[문무쌍전文武雙全]

→ 문무겸전文武兼全

[문무양도文武兩道]

글월과 호반의 두 길이라는 말이며, 문관과 무관의 모든 도리라는 뜻이다.

글자 | 글월 **문**, 호반 **무**, 두 **양**, 도리 **도**

[문무양반文武兩班]

글월과 호반의 두 차례라는 말이며, 문관과 무관의 두 집단이라는 뜻이다.

글자 | 글월 **문**, 호반 **무**, 두 **양**, 차례 **반**

[문무잡빈門無雜賓]

문에는 잡된 손님이 없다는 말이며, 사람을 가려서 사귀어야 한다는 뜻이다.

글자 | 문 **문**, 없을 **무**, 잡될 **잡**, 손 **빈**

출전 | 진서

[문무지도文武之道]

글월과 무예의 길이라는 말이며, 중국 주나라의 성군인 문왕과 무왕의 도라는 뜻이다.

글자 | 글월 **문**, 호반 **무**, 어조사 **지**, 길 **도**

[문묵종사文墨從事]

글과 먹에 종사한다는 말이며, 서도書道를 직업으로 하고 있다는 뜻이다.

글자 | 글 **문**, 먹 **묵**, 따를 **종**, 일 **사**

[문방사보文房四寶]

→ 문방사우文房四友

[문방사우文房四友]

글방의 네 벗이라는 말이며, 종이 · 붓 · 먹 · 벼루의 네 가지를 일컫는다.

글자 | 글 **문**, 방 **방**, 벗 **우**

동류 | 문방사보文房四寶

[문방제구文房諸具]

→ 문방사우文房四友

[문불가점文不加點]

문장이 점 하나 더할 수 없다는 말이며, 흠잡을 데 없이 아름답다는 뜻이다.

글자 | 글 **문**, 아닐 **불**, 더할 **가**, 점 **점**

출전 | 북사北史, 통속편通俗篇

ㅁ

[문불야관門不夜關]

문에 밤의 빗장을 아니하였다는 말이며, 세상이 태평하여 도둑을 염려할 필요가 없다는 뜻이다.

글자 | 문 **문**, 아닐 **불**, 밤 **야**, 빗장 **관**

[문불정빈門不停賓]

문에 손님이 머무르지 않게 한다는 말이며, 손님을 기다리지 않게 한다는 뜻이다.

글자 | 문 **문**, 아닐 **불**, 머무를 **정**, 손 **빈**

[문생고리門生故吏]

문에서 난 [사람과] 옛 벼슬이라는 말이며, 가르친 제자와 인연 맺은 관리를 일컫는다.

글자 | 문 **문**, 날 **생**, 옛 **고**, 벼슬 **리**

[문생천자門生天子]

문에서 난 하늘의 아들이라는 말이며, 문하생 같이 천자의 권위가 없다는 뜻이다.

글자 | 문 **문**, 날 **생**, 하늘 **천**, 아들 **자**

[문수지복紋繡之服]

무늬가 돋보이게 수놓은 옷이라는 말이다.

글자 | 무늬 **문**, 수놓을 **수**, 어조사 **지**, 입을 **복**

[문아풍류文雅風流]

글 짓는 선비와 흐르는 바람이라는 말이며, 시문을 짓고 읊는 멋을 일컫는다.

글자 | 글 **문**, 선비 **아**, 바람 **풍**, 흐를 **류**

[문악불락聞樂不樂]

풍류를 들어도 즐겁지 않다는 말이며, 음악소리도 즐겁지 않다는 뜻이다.

원문 | 夫君子之居喪食旨不甘聞樂不樂
부군자지거상식지불감문악불락

글자 | 들을 **문**, 풍류 **악**, 아닐 **불**, 즐거울 **락**

출전 | 논어 양화편陽貨篇

[문안시선問安視膳]

안부를 묻고 음식을 살핀다는 말이며, 어른을 잘 모시고 받든다는 뜻이다.

글자 | 물을 **문**, 편안 **안**, 볼 **시**, 먹을 **선**

출전 | 자치통감

[문양지마問羊知馬]

양을 물어서 말을 안다는 말이며, 옛날에 말을 사려는 사람이 말을 파는 사람에게 먼저 가지 않고, 소나 양을 파는 사람에게 가서 값을 알아보고 말의 가격을 짐작했다는 고사에서 남의 약점을 미리 캐내어 꼼짝 못하게 한다는 말이 되었다.

글자 | 물을 **문**, 양 **양**, 알 **지**, 말 **마**

출전 | 한서 조광한전趙廣漢傳

동류 | 문우지마問牛知馬

[문여춘화文如春華]

글이 봄의 꽃과 같다는 말이며, 문장이 화려하다는 뜻이다.

글자 | 글 **문**, 같을 **여**, 봄 **춘**, 꽃 **화**

[문예부산蚊蜹負山]

모기와 파리가 산을 등에 진다는 말이며, 역량이나 능력이 부족한 사람이 중차대한 책무를 진다는 뜻이다.

글자 | 모기 **문**, 파리 **예**, 질 **부**, 뫼 **산**

출전 | 장자 추수秋水

동류 | 문자부산蚊子負山, 사문부산使蚊負山

유사 | 상거치하商蚷馳河

[문예부흥文藝復興]

글과 재주가 다시 일어난다는 말이며, 이탈리아를 중심으로 하여 중세 말에서 근세에 걸쳐 고대 그리스의 사상을 이상으로 하여 일어난 학문·예술의 혁신운동을 일컫는다. 나아가서 널리 학문이나 예술의 일반적인 혁신운동을 뜻하기도 한다.

글자 | 글 **문**, 재주 **예**, 다시 **부**, 일 **흥**

[문예사조文藝思潮]

글과 재주의 생각하는 밀물이라는 말이며, 한 시대의 문학과 예술의 기초가 되는 사상의 흐름이나 경향을 일컫는다.

글자 | 글 **문**, 재주 **예**, 생각 **사**, 밀물 **조**

[문외작라門外雀羅]

→문전작라門前雀羅

[문유삼등文有三等]

글에는 세 가지 등급이 있다는 말이다. 상등上等은 예봉을 감춰 드러내지 않는데도 읽고 나면 절로 맛이 있는 글이고, 중등中等은 마음껏 내달려 모래가 날리고 돌멩이가 튀는 글이며, 하등下等은 담긴 뜻이 용렬해서 온통 말을 쥐어짜내기만하는 글이다.

글자 | 글 **문**, 있을 **유**, 무리 **등**

출전 | 장자張鎡의 사학규범仕學規範

[문이지지聞而知之]

들어서 알고 있다는 말이다.

글자 | 들을 **문**, 말 이을 **이**, 알 **지**, 어조사 **지**

[문인상경文人相輕]

문인이 서로 가벼이 여긴다는 말이다. 양나라 문선에 있는 글이다. '문필가라는 것은 모두가 자기야말로 제일인자라고 자부하고 있으며, 따라서 문필가끼리는 서로 상대를 경멸하고 있다고 하는데, 이 풍조는 이제 시작된 것이 아니다.'

글자 | 글 **문**, 사람 **인**, 서로 **상**, 가벼울 **경**

출전 | 문선 전론典論

[문일득삼問一得三]

하나를 묻고 셋을 얻는다는 말이며,

적은 노력으로 많은 이득을 본다는 뜻도 있고 머리가 좋다는 뜻도 있다.

글자 | 물을 **문**, 얻을 **득**

출전 | 논어 계씨季氏

[문일지십聞一知十]

하나를 들으면 열을 안다는 말이며, 재주가 비상하다는 뜻이다. 공자가 그의 제자 중 재주에 자부심을 가지고 있는 자공이 안회를 어떻게 생각하고 있는가를 물었더니, 자공이 다음과 같이 대답하였다. '사賜(자공)가 어찌 회回를 바랄 수 있겠습니까? 회는 하나를 들으면 열을 알고, 사는 하나를 들으면 둘을 알뿐입니다.'

원문 | 賜也何敢望回 回也聞一知十
사 야 하 감 망 회 회 야 문 일 지 십
賜也聞一而知二
사 야 문 일 이 지 이

글자 | 들을 **문**, 알 **지**

출전 | 논어 공야장公冶長

[문자부산蚊子負山]

모기 새끼가 산을 진다는 말이며, 능력이 없는 사람이 일을 하겠다고 덤빈다는 빗댄 말이다.

글자 | 모기 **문**, 아들 **자**, 질 **부**, 뫼 **산**

출전 | 장자 응제왕편應帝王篇

동류 | 사문부산使蚊負山

[문자행동文字行動]

문자로 행하고 움직인다는 말이며, 글자를 써서 모든 행동을 한다는 뜻이다.

글자 | 글 **문**, 글자 **자**, 행할 **행**, 움직일 **동**

[문장도리門墻桃李]

문과 담장 안의 복숭아, 자두나무라는 말이며, 스승이 길러낸 문하생과 제자를 빗댄 말이다.

글자 | 문 **문**, 담 **장**, 복숭아 **도**, 오얏 **리**

출전 | 논어 자장子張

[문장삼이文章三易]

문장이 세 가지 쉬운 것이라는 말이며, 문장은 보기 쉽게, 알기 쉽게, 읽기 쉽게 써야 한다는 뜻이다.

원문 | 文章當從三易
문 장 당 종 삼 이

글자 | 글 **문**, 문채 **장**, 쉬울 **이**

출전 | 안씨가훈 문장편文章篇

[문전걸식門前乞食]

문 앞에서 빌어먹는다는 말이며, 이 집 저집 돌아다니면서 밥을 빌어먹는다는 뜻이다.

글자 | 문 **문**, 앞 **전**, 구걸할 **걸**, 밥 **식**

[문전박대門前薄待]

문 앞에서 가볍게 대한다는 말이며, 찾아온 사람을 집안으로 들이지 않는다는 뜻이다.

글자 | 문 **문**, 앞 **전**, 가벼울 **박**, 대할 **대**

[문전성시門前成市]

문 앞이 시장을 이룬다는 말이며, 권력

자의 집 앞은 찾아드는 사람들로 인해 늘 시장처럼 붐빈다는 뜻이다. 한나라 애제哀帝가 모함하는 조창趙昌의 말을 듣고 충직한 정숭鄭崇을 불러 꾸짖었다. '그대의 문전에는 사람들이 모여 시장 바닥 같다는데, 무엇 때문에 나를 괴롭히려는가?' 정숭이 대답했다. '신의 문전이 시장 바닥 같아도 신의 마음은 물처럼 맑습니다. 원컨대 다시 한 번 조사를 해 보십시오.'

원문 | 君門如市人 何以禁切主上
군문여시인 하이금절주상
臣門如市 臣心如水 願得考覆
신문여시 신심여수 원득고복

글자 | 문 **문**, 앞 **전**, 이룰 **성**, 저자 **시**

출전 | 한서 정숭전鄭崇傳

유사 | 문전여시門前如市, 문정여시門庭如市, 문정약시門廷若市

반대 | 문전작라門前雀羅

[문전약시門前若市]

→ 문전성시門前成市

출전 | 전국책 제책齊策

[문전옥답門前沃畓]

문 앞에 있는 기름진 논이라는 말이다.

글자 | 문 **문**, 앞 **전**, 기름질 **옥**, 논 **답**

[문전옥답門前玉畓]

→ 문전옥답門前沃畓

[문전옥토門前沃土]

문 앞의 기름진 땅이라는 말이다.

글자 | 문 **문**, 앞 **전**, 기름질 **옥**, 땅 **토**

[문전작라門前雀羅]

문 앞에 새 그물을 친다는 말이며, 찾아오는 사람이 없다는 뜻이다. 사마천司馬遷은 현인이라도 세력이 있으면 40배나 되나 세력이 없으면 곧 떠나 버린다고 했다.

원문 | 門外可設雀羅
문외가설작라

글자 | 문 **문**, 앞 **전**, 참새 **작**, 새 그물 **라**

출전 | 사기 급정열전汲鄭列傳

반대 | 문전성시門前成市

[문정경중問鼎輕重]

솥이 가벼운지 무거운지를 묻는다는 말이며, 상대의 실력과 내부 사정을 살펴본다는 뜻이다.

글자 | 물을 **문**, 솥 **정**, 가벼울 **경**, 무거울 **중**

출전 | 춘추좌씨전 선공宣公 3년

[문정약시門庭若市]

대문 안의 뜰이 저자 같다는 말이며, 집에 출입하는 사람이 많다는 뜻이다.

글자 | 집안 **문**, 뜰 **정**, 같을 **약**, 저자 **시**

출전 | 전국책

동류 | 문전성시門前成市

[문정여시門庭如市]

→ 문정약시門庭若市

[문조지몽文鳥之夢]

문채 있는 새의 꿈이라는 말이며, 장차 학문으로 크게 이름을 떨칠 징조라는 뜻이다. 중국 진나라 나함羅含이 문채가 좋은 새가 입으로 들어온 꿈을 꾸고 나서 뒷날 문명文名을 날렸다는 고사에서 온 말이다.

글자 | 문채 **문**, 새 **조**, 어조사 **지**, 꿈 **몽**

[문종위일聞鐘爲日]

종소리를 듣고 태양으로 여긴다는 말이며, 가르침을 잘못 깨닫는다는 뜻이다. 소경이 해의 모양을 묻자, 양푼같이 둥글다고 두들기며 가르쳐 주었더니 소경은 종소리가 울리면 해가 떴다고 말한 데서 온 말이다.

글자 | 들을 **문**, 쇠북 **종**, 할 **위**, 해 **일**

출전 | 소식蘇軾의 글

[문죄지사問罪之師]

죄를 묻는 스승이라는 말이며, 역적을 치는 군대를 빗댄 말이다.

글자 | 물을 **문**, 죄지을 **죄**, 어조사 **지**, 스승 **사**

[문즉시병聞則是病]

들으면 곧 병이라는 말이며, 귀에 거슬리는 말을 들으면 마음이 편치 않다는 뜻이다.

글자 | 들을 **문**, 곧 **즉**, 이 **시**, 병들 **병**

출전 | 이담속찬

[문질빈빈文質彬彬]

꾸밈과 자질이 잘 갖추어져 있다는 말이며, 겉모습과 바탕이 잘 어울린 후에야 군자답다는 뜻이다.

원문 | 文質彬彬 然後君子
문 질 빈 빈 연 후 군 자

글자 | 꾸밀 **문**, 바탕 **질**, 잘 갖추어질 **빈**

출전 | 논어 옹야雍也

[문질체흥文質遞興]

꾸밈과 바탕이 바꾸어 일어난다는 말이며, 형식과 실질이 시대에 따라 번갈아 융성한다는 뜻이다.

글자 | 꾸밀 **문**, 바탕 **질**, 바꿀 **체**, 일 **흥**

[문창제군文昌帝君]

글이 번창하는 임금이라는 말이며, 북두칠성의 첫 번째 별을 일컫는다.

글자 | 글 **문**, 번창할 **창**, 황제 **제**, 임금 **군**

출전 | 사기 천관서天官書

[문첩지충蚊睫之蟲]

모기의 눈썹에 있는 벌레라는 말이며, 매우 작은 것을 빗댄 말이다.

글자 | 모기 **문**, 눈썹 **첩**, 어조사 **지**, 벌레 **충**

[문필노동文筆勞動]

붓으로 글 쓰는 노동이라는 말이며, 시가나 문장을 지어 벌어먹는 일을 일컫는다.

글자 | 글 **문**, 붓 **필**, 수고로울 **노**, 움직

일 동

[문필도적文筆盜賊]

남의 글을 베껴서 마치 자기가 지은 것처럼 써먹는 사람을 말한다.

글자 | 글 **문**, 붓 **필**, 훔칠 **도**, 도둑 **적**

유사 | 슬갑도적膝甲盜賊

[문필쌍전文筆雙全]

글과 붓이 짝으로 온전하다는 말이며, 글 짓는 재주와 붓글씨 재주 모두를 갖추었다는 뜻이다.

글자 | 글 **문**, 붓 **필**, 짝 **쌍**, 온전 **전**

[문하시중門下侍中]

문하부門下府의 수장首長을 말하며, 조선조 초엽 국정을 총괄하는 으뜸 벼슬로서 품계는 정1품이었는데 태종 1년(1401) 문하부가 의정부議政府로 바뀌면서 영의정領議政·좌의정左議政·우의정右議政으로 나뉘었다.

글자 | 문 **문**, 아래 **하**, 모실 **시**, 가운데 **중**

[문행충신文行忠信]

글(학문), 행함(덕행), 충성, 믿음이라는 말이며, 공자가 주장한 교육의 네 가지 덕목을 일컫는다.

글자 | 글 **문**, 행할 **행**, 충성 **충**, 믿을 **신**

출전 | 논어 술이편述而篇

[문호개방門戶開放]

집의 출입구를 열어놓는다는 말이며, 출입이나 취직 등의 제한을 없애는 것, 경제적인 시장, 그 밖에 기회를 고르게 한다는 것 따위의 빗댄 말로도 쓰인다.

글자 | 집 **문**, 집의 출입구 **호**, 열 **개**, 놓을 **방**

ㅁ

[물각유주物各有主]

물건은 주인이 따로 있다는 말이며, 무슨 물건이나 그것을 가질 주인은 따로 있다는 뜻으로도 쓰인다.

원문 | 天地之間 物各有主
천지지간 물가유주

글자 | 만물 **물**, 각각 **각**, 있을 **유**, 주인 **주**

[물경소사勿輕小事]

작은 일도 가벼이 여기지 말라는 말이다.

글자 | 말 **물**, 가벼울 **경**, 작을 **소**, 일 **사**

[물구즉신物久則神]

물건이 오래되면 귀신이 된다는 말이며, 물건이 오래 묵으면 변괴가 생긴다는 뜻이다. 잉어가 오래 살면 용이 된다거나 개를 오래 먹이면 흉한 짓을 한다는 민속에서 유래한다.

글자 | 만물 **물**, 오랠 **구**, 곧 **즉**, 귀신 **신**

출전 | 송남잡지

[물극즉반物極則反]

물건이 한 끝에 [다다르면] 곧 되돌아온다는 말이다.

글자 | 물건 **물**, 한끝 **극**, 곧 **즉**, 되돌아

올 반

동류 | 물극필반物極必反

[물극필반物極必反]

만물이 끝까지 도달하면 반드시 되돌아온다는 말이다. 예를 들면, 달이 차면 반드시 이지러진다(月滿則虧)는 말과 같은 뜻이다.

원문 | 物極必反 命曰環流
물 극 필 반 명 왈 환 류

글자 | 만물 **물**, 다할 **극**, 반드시 **필**, 돌아올 **반**

출전 | 주역, 갈관자鶡冠子

동류 | 물극즉반物極則反, 물성즉쇠物盛則衰, 물장즉로物壯則老

[물기태성物忌太盛]

사물은 크게 성대한 것을 꺼린다는 말이며, 일이 너무 지나치면 결과가 염려된다는 뜻이다.

원문 | 物忌太盛 神厭至美
물 기 태 성 신 염 지 미

글자 | 물건 **물**, 꺼릴 **기**, 클 **태**, 성할 **성**

출전 | 심재의 송천필담松泉筆譚

[물등고수勿登高樹]

높은 나무에 오르지 말라는 말이며, 위험한 짓을 하지 말라는 뜻이다.

원문 | 勿登高樹 父母憂之
물 등 고 수 부 모 우 지

글자 | 말 **물**, 오를 **등**, 높을 **고**, 나무 **수**

출전 | 사자소학

[물립문중勿立門中]

문 가운데에 서지 말라는 말이며, 고지방에 서있지 말라는 뜻이다.

글자 | 말 **물**, 설 **립**, 문 **문**, 가운데 **중**

출전 | 예기 곡례曲禮 상

동류 | 입불중문立不中門

[물물교환物物交換]

물건과 물건을 서로 바꾼다는 말이며, 돈으로 물건을 사지 않고 물건으로 직접 바꾼다는 뜻이다.

글자 | 물건 **물**, 서로 **교**, 바꿀 **환**

[물부충생物腐蟲生]

물건이 썩으면 벌레가 생긴다는 말이며, 남에 대해 의심을 품으면 그 사람에 대한 비방이나 헛소문을 알게 된다는 뜻이다.

원문 | 物必先腐也 而後蟲生之
물 필 선 부 야 이 후 충 생 지

글자 | 만물 **물**, 썩을 **부**, 벌레 **충**, 날 **생**

출전 | 순자, 소식의 범증론范增論

유사 | 육부출충肉腐出蟲

[물색비류物色比類]

물건의 모양이나 색깔을 같은 부류에서 비교한다는 말이며, 유능한 사람이나 물건을 찾아 고른다는 뜻이다.

글자 | 만물 **물**, 빛 **색**, 견줄 **비**, 무리 **류**

출전 | 후한서

[물선진상物膳進上]

물건과 반찬을 위에 올린다는 말이며, 임금 수랏상의 재료를 올린다는 뜻이다.

글자 | 물건 **물**, 반찬 **선**, 올릴 **진**, 윗 **상**

[물성즉쇠物盛則衰]

무슨 사물이든 한때 성하면 곧 쇠퇴한다는 말이다.

글자 | 물건 **물**, 성할 **성**, 곧 **즉**, 쇠할 **쇠**

출전 | 전국책 진책秦策

[물소의다物少意多]

물건은 적고 뜻은 많다는 말이며, 사물의 수는 적어도 그 속에 내포된 뜻은 무척 많다는 뜻이다.

글자 | 물건 **물**, 적을 **소**, 뜻 **의**, 많을 **다**

[물수기멸物隨氣滅]

사물은 기운을 따라 사라진다는 말이며, 기운을 멋대로 하면 일찍 죽을 수 있다는 뜻이다.

글자 | 물건 **물**, 따를 **수**, 기운 **기**, 멸할 **멸**

출전 | 유몽속영幽夢續影

[물시어인勿施於人]

사람에게 베풀지 말라는 말이며, 내가 할 일을 남에게 시키지 말라는 뜻이다.

원문 | 己所不欲 勿施於人
기 소 불 욕 물 시 어 인

글자 | 말 **물**, 베풀 **시**, 어조사 **어**, 사람 **인**

출전 | 논어 위령공편衛靈公篇

[물신숭배物神崇拜]

물건을 신처럼 높여 절한다는 말이며, 어떤 물건에 초자연적인 힘이 깃들어 있다고 믿어 이를 숭배한다는 뜻이다.

글자 | 물건 **물**, 귀신 **신**, 높을 **숭**, 절 **배**

[물실호기勿失好機]

좋은 기회를 잃지 말라는 말이다.

글자 | 말 **물**, 잃을 **실**, 좋을 **호**, 기회 **기**

출전 | 사기

[물심양면物心兩面]

물건과 마음의 두 방면이라는 말이다.

글자 | 물건 **물**, 마음 **심**, 두 **양**, 향할 **면**

[물심일여物心一如]

만물과 마음이 하나와 같다는 말이며, 모든 정성을 다한다는 뜻이다.

글자 | 만물 **물**, 마음 **심**, 같을 **여**

[물아일체物我一體]

물건과 내가 한 몸이라는 말이며, 외물外物과 자아自我, 객관客觀과 주관主觀, 또는 물계物界와 심계心界가 한데 어울려 한 덩어리가 된다는 뜻이다.

글자 | 물건 **물**, 나 **아**, 몸 **체**

[물약자효勿藥自效]

약 없이 스스로 증험하다는 말이며, 약을 쓰지 않고도 병이 저절로 나아진다는 뜻이다.

글자 | 말 **물**, 약 **약**, 스스로 **자**, 증험할 **효**

출전 | 최제우의 권학가勸學歌

[물여인투勿與人鬪]

사람과 더불어 싸우지 말라는 말이며, 남과 다투지 말라는 뜻이다.

원문 | 勿與人鬪 父母不安
물 여 인 투 부 모 불 안

글자 | 말 **물**, 더불어 **여**, 사람 **인**, 싸울 **투**

출전 | 사자소학

[물역물태勿逆勿怠]

거스르지 말고 게으르지 말라는 말이며, 부모의 말에 거역하지 말고 시키는 일에 태만하지 말라는 뜻이다.

글자 | 말 **물**, 거스를 **역**, 게으를 **태**

[물영심연勿泳深淵]

깊은 못에서 헤엄치지 말라는 말이다.

글자 | 말 **물**, 헤엄칠 **영**, 깊을 **심**, 못 **연**

출전 | 사자소학 효행편

[물외한인物外閒人]

물건 밖의 한가한 사람이라는 말이며, 세상 물정을 피하여 조용히 사는 사람이라는 뜻이다.

글자 | 물건 **물**, 밖 **외**, 한가할 **한**, 사람 **인**

[물위거론勿爲擧論]

들어 말할 것이 아니라는 말이다.

글자 | 말 **물**, 할 **위**, 들 **거**, 말할 **론**

[물위망동勿爲妄動]

망령된 행동을 하지 말라는 말이다.

글자 | 말 **무**, 할 **위**, 망령될 **망**, 움직일 **동**

[물유본말物有本末]

물건은 근본과 끝이 있다는 말이며, 사물에는 시작과 끝이 있다는 뜻이다.

원문 | 物有本末 事有始終
물 유 본 말 사 유 시 종

글자 | 물건 **물**, 있을 **유**, 근본 **본**, 끝 **말**

[물이유취物以類聚]

물건이란 종류별로 모이게 마련이라는 말이며, 성격이 비슷한 것끼리 어울려 모인다는 뜻이다.

글자 | 만물 **물**, 써 **이**, 무리 **유**, 모일 **취**

출전 | 주역 계사편繫辭篇

[물정소연物情騷然]

사물의 정황이 떠들썩하다는 말이며, 세상 형편이 어수선하다는 뜻이다.

글자 | 만물 **물**, 실정 **정**, 떠들 **소**, 그럴 **연**

반대 | 평온무사平穩無事

[물조지명勿照之明]

비치지 아니한 밝음이라는 말이며, 저절로 생기는 밝음이라는 뜻이다.

글자 | 말 **물**, 비칠 **조**, 어조사 **지**, 밝을 **명**

[물좌방중勿坐房中]

방 한 가운데에 앉지 말라는 말이며, 어른들이 있는 방에서 방 중앙에 앉지 말라는 뜻이다.

원문 | 勿立門中 勿坐房中
물 립 문 중 물 좌 방 중

글자 | 말 **물**, 앉을 **좌**, 방 **방**, 가운데 **중**

출전 | 사자소학

[물중지대物衆地大]

물건이 많고 땅이 넓다는 말이다.

글자 | 물건 **물**, 많을 **중**, 땅 **지**, 큰 **대**

[물침잡역勿侵雜役]

잡된 일에 침범하지 말라는 말이며, 지저분한 일에 끼어들지 말라는 뜻이다.

글자 | 말 **물**, 침범할 **침**, 잡될 **잡**, 일 **역**

[물탐비리勿貪非理]

이치가 아닌 것은 탐하지 말라는 말이며, 도리에 어긋나는 것은 욕심내지 말라는 뜻이다.

글자 | 말 **물**, 탐할 **탐**, 아닐 **비**, 이치 **리**

[물화상통物貨相通]

물건과 재물이 서로 통한다는 말이며, 물건과 재화가 서로 유통 거래된다는 뜻이다.

글자 | 물건 **물**, 재화 **화**, 서로 **상**, 통할 **통**

[물환성이物換星移]

만물이 바뀌고 별이 옮겨진다는 말이며, 세상이 바뀌고 세월이 흐른다는 뜻이다.

글자 | 만물 **물**, 바꿀 **환**, 별 **성**, 옮길 **이**

출전 | 당시선唐詩選

[물훼물상勿毁勿傷]

헐지 말고 상하게 하지 말라는 말이며, 귀한 몸을 망가뜨리지 말라는 뜻이다.

글자 | 말 **물**, 헐 **훼**, 상할 **상**

ㅁ

[미개좌시未開坐時]

열고 앉지 않은 때라는 말이며, 관청이 일을 시작하지 않은 시각이라는 뜻이다.

글자 | 아닐 **미**, 열 **개**, 앉을 **좌**, 때 **시**

[미거안래眉去眼來]

눈썹이 가고 눈이 온다는 말이며, 서로 웃음으로 보낸다는 뜻이다.

글자 | 눈썹 **미**, 갈 **거**, 눈 **안**, 올 **래**

[미경양신美景良辰]

아름다운 경치와 좋은 때라는 말이다.

글자 | 아름다울 **미**, 경치 **경**, 좋을 **양**, 때 **신**

출전 | 진서陳書

[미관말직微官末職]

작은 벼슬과 말단 직원이라는 말이다.

글자 | 작을 **미**, 벼슬 **관**, 끝 **말**, 직분 **직**

[미국오조迷國誤朝]

나라를 어지럽게 하고 조정을 그릇되

게 한다는 말이다.

글자 | 어지러울 **미**, 나라 **국**, 그릇할 **오**, 조정 **조**

출전 | 조선왕조 17대 효종실록

[미능면속未能免俗]

아직도 속된 풍속을 면하지 못하고 있다는 말이며, 한번 물든 나쁜 버릇은 씻기가 어렵다는 뜻이다.

원문 | 未能免俗 聊復爾耳
미 능 면 속 요 복 이 이

글자 | 아닐 **미**, 능할 **능**, 면할 **면**, 풍속 **속**

출전 | 진서 완함전阮咸傳

[미달일간未達一間]

한 가운데에 이르지 못한다는 말이며, 모든 것에 다 밝고 익숙하여도 어느 한 가지가 서툴다는 뜻이다.

글자 | 아닐 **미**, 이를 **달**, 가운데 **간**

[미대난도尾大難掉]

꼬리가 커서 흔들기 어렵다는 말이며, 일의 마지막이 크게 벌어져서 마무리하기가 어렵다는 뜻이다.

글자 | 꼬리 **미**, 큰 **대**, 어려울 **난**, 흔들 **도**

출전 | 춘추좌씨전

동류 | 미대부도尾大不掉

[미대부도尾大不掉]

꼬리가 크면 흔들지 못한다는 말이며, 윗사람이 약하고 아랫사람이 강하면 통제하기 어렵다는 뜻이다.

글자 | 꼬리 **미**, 큰 **대**, 아닐 **부**, 흔들 **도**

출전 | 춘추좌씨전 소공 11년

[미도지반迷途知返]

잘못된 길을 알고 돌아선다는 말이며, 잘못된 길에 빠졌다가 깨닫고 돌아선다는 뜻도 있다.

글자 | 미혹할 **미**, 길 **도**, 알 **지**, 돌아올 **반**

출전 | 남사 진백지전陣伯之傳

[미동이언未同而言]

같지 않은 말이라는 말이며, 남과 뜻이 맞지 않는데도 억지로 말한다는 뜻이다.

글자 | 아닐 **미**, 같을 **동**, 말 이을 **이**, 말씀 **언**

출전 | 맹자 등문공賸文公 하

[미래안거眉來眼去]

눈썹이 오고 눈알이 간다는 말이며, 눈짓하여 뜻을 알린다는 뜻이다.

글자 | 눈썹 **미**, 올 **래**, 눈 **안**, 갈 **거**

동류 | 미목전정眉目傳情

[미래영겁未來永劫]

아직 오지 않은 영원한 세상이라는 말이며, 불교에서 장차 죽은 뒤의 세상을 일컫는다.

글자 | 아직 **미**, 올 **래**, 길 **영**, 겁 **겁**(한 세상)

동류 | 미래영영未來永永

[미래영영未來永永]

→미래영겁未來永劫

[미량어염米糧魚鹽]

쌀과 곡식, 그리고 물고기와 소금이라는 말이며, 일상생활에 필요한 식료품을 일컫는다.

글자 | 쌀 **미**, 곡식 **량**, 고기 **어**, 소금 **염**

[미력비재微力非才]

힘이 적고 재능도 없다는 말이며, 자신의 학문과 재능을 겸손하게 이르는 말로 쓰인다.

글자 | 적을 **미**, 힘 **력**, 아닐 **비**, 재주 **재**

동류 | 천학비재淺學非才

[미록성정麋鹿性情]

고라니와 사슴의 성질이라는 말이며, 시골에서 배우지 못하여 함부로 행동하는 사람의 성질을 빗댄 말이다.

글자 | 고라니 **미**, 사슴 **록**, 성품 **성**, 뜻 **정**

출전 | 주희朱熹의 글

동류 | 미록지자麋鹿之姿

[미륵보살彌勒菩薩]

오래 새긴 보살이라는 말이며, 석가모니 사후 56억 7만년이 지나서 이 세상에 나타나 중생을 구한다는 부처를 일컫는다.

글자 | 오랠 **미**, 새길 **륵**, 보살 **보**, 보살 **살**

[미말지직微末之職]

→미관말직微官末職

[미목수려眉目秀麗]

눈썹과 눈이 곱게 빼어났다는 말이며, 얼굴 생김새가 우아하고 아름답다는 뜻이다.

글자 | 눈썹 **미**, 눈 **목**, 빼어날 **수**, 고울 **려**

출전 | 시경

[미목여화眉目如畵]

눈썹과 눈이 그림과 같다는 말이며, 매우 아름답다는 뜻이다.

글자 | 눈썹 **미**, 눈 **목**, 같을 **여**, 그림 **화**

출전 | 후한서 마원전馬援傳

[미목전정眉目傳情]

눈썹과 눈으로 뜻을 전한다는 말이며, 눈짓으로 뜻을 전한다는 뜻이다.

글자 | 눈썹 **미**, 눈 **목**, 전할 **전**, 뜻 **정**

[미묘복잡微妙複雜]

작고 묘하면서 복잡하다는 말이며, 서로 뒤섞여 이상야릇하여 잘 알 수 없다는 뜻이다.

글자 | 작을 **미**, 묘할 **묘**, 돌아올 **복**, 잡될 **잡**

[미문여구美文麗句]

아름다운 글과 고운 글 구절이라는 말이다.

글자 | 아름다울 **미**, 글 **문**, 고을 **여**, 글구절 **구**

[미문지사未聞之事]

듣지 아니한 일이라는 말이며, 들어본 바가 없는 일이라는 뜻이다.

글자 | 아닐 **미**, 들을 **문**, 어조사 **지**, 일 **사**

[미변동서未辨東西]

동쪽과 서쪽을 가리지 못한다는 말이며, 사리를 판단하지 못한다는 뜻이다.

글자 | 아닐 **미**, 가릴 **변**, 동녘 **동**, 서녘 **서**

출전 | 백거이白居易의 글

[미복잠행微服潛行]

몰래 다니는 옷을 입고 감추고 다닌다는 말이며, 지위가 높은 사람이 무엇을 몰래 살피러 다닐 때 남루한 옷을 입고 남모르게 다닌다는 뜻이다.

글자 | 몰래 **미**, 입을 **복**, 감출 **잠**, 다닐 **행**

[미봉만환彌縫漫患]

깁고 꿰맨 것이 어지럽게 흩어졌다는 말이며, 그때그때 겨우 발라맞춰 나가던 일이 몹시 얽히고설켰다는 뜻이다.

글자 | 미봉할 **미**, 꿰맬 **봉**, 흩어질 **만**, 어지러울 **환**

출전 | 춘추좌씨전

[미분노비未分奴婢]

나누지 않은 종이라는 말이며, 부모가 자녀에게 나누어 주지 않은 노비를 일컫는다.

글자 | 아닐 **미**, 나눌 **분**, 종 **노**, 여종 **비**

[미불용극靡不用極]

다하여 흩어지지 않는다는 말이며, 마음과 힘을 다한다는 뜻이다.

글자 | 흩어질 **미**, 아닐 **불**, 쓸 **용**, 다할 **극**

[미사여구美辭麗句]

아름다운 말과 고운 글귀라는 말이다.

글자 | 아름다울 **미**, 말씀 **사**, 고울 **여**, 글귀 **구**

[미상불연未嘗不然]

그렇지 않은 바가 아니라는 말이다.

원문 | 至其終身 未嘗不然
지기종신 미상불연

글자 | 아닐 **미**, 일찍 **상**, 아닐 **불**, 그럴 **연**

[미생이전未生以前]

아직 태어나기 전이라는 말이다.

글자 | 아닐 **미**, 날 **생**, 써 **이**, 앞 **전**

[미생지신尾生之信]

미생의 믿음이라는 말이며, 지나치게 고지식하다는 뜻이다. 노나라에 미생이라는 정직한 사람이 여자와의 약속을 지키기 위해 다리 밑에서 밀물로 물이 불어 목숨을 잃으면서도 그 장소를 지켰다는데서 온 말이다.

원문 | 尾生與女子期於梁下 女子不
미생여여자기어량하 여자불
來水至不去 抱梁柱而死
래수지불거 포량주이사

글자 | 꼬리 **미**, 날 **생**, 어조사 **지**, 믿을 **신**

출전 | 장자 도척盜跖, 사기 소진열전蘇秦列傳

동류 | 포주지신抱柱之信

[미성일궤未成一簣]

한 삼태기로 인해 [산을] 이루지 못했다는 말이며, 마지막까지 최선을 다하지 못해 일의 완성을 보지 못한다는 뜻이다.

원문 | 譬如爲山 未成一簣
비여위산 미성일궤

글자 | 아닐 **미**, 이룰 **성**, 삼태기 **궤**

출전 | 논어 자한子罕

동류 | 공휴일궤功虧一簣

[미성재구美成在久]

아름답고 훌륭한 것은 오래된 것에 있다는 말이며, 아름답고 훌륭한 결과는 오래 단련된 곳에서만 나온다는 뜻이다.

원문 | 美成在久 惡成不及改
미성재구 악성불급개

글자 | 아름다울 **미**, 이룰 **성**, 있을 **재**, 오랠 **구**

출전 | 장자 인간세人間世

[미소망상微小妄想]

작고 작은 망령된 생각이라는 말이며, 자기 자신을 과소평가하는 망상을 일컫는다.

글자 | 작을 **미**, 작을 **소**, 망령될 **망**, 생각할 **상**

[미수호미美鬚豪眉]

아름다운 수염과 호걸스런 눈썹이라는 말이다.

글자 | 아름다울 **미**, 수염 **수**, 호걸 **호**, 눈썹 **미**

출전 | 후한서

[미시기장靡恃己長]

자기의 잘함을 믿지 말라는 말이며, 자신의 강점을 너무 믿고 지나친 행동을 하지 말라는 뜻이다.

원문 | 罔談彼短 靡恃己長
망담피단 미시기장

글자 | 아닐 **미**, 믿을 **시**, 몸 **기**, 잘할 **장**

출전 | 천자문 23절

[미식국민米食國民]

쌀을 먹는 국민이라는 말이다.

글자 | 쌀 **미**, 먹을 **식**, 나라 **국**, 백성 **민**

[미실미가靡室靡家]

방도 없고 집도 없다는 말이며, 몹시 구차하여 들어있을만한 집조차 없다는 뜻이다.

글자 | 없을 **미**, 방 **실**, 집 **가**

[미안추파媚眼秋波]

아름다운 눈의 가을 물결이라는 말이며, 은근한 정을 나타내는 눈짓이라는 뜻이다.

글자 | 아름다운 모양 **미**, 눈 **안**, 가을 **추**, 물결 **파**

[미여작랍味如嚼蠟]

맛이 밀을 씹는 것과 같다는 말이며, 재미가 조금도 없다는 뜻이다. '명리名利가 엿처럼 달지라도 한 번 죽을 때를 생각하면 문득 맛이 밀랍을 씹는 것과 같아진다.'

원문 | 名利飴甘而一想到死地便味如嚼蠟
명리이감이일상도사지변미여작랍

글자 | 맛 **미**, 같을 **여**, 씹을 **작**, 밀 **랍**

출전 | 채근담 후집 24

[미연지전未然之前]

그렇지 아니한 앞이라는 말이며, 아직 그렇게 되지 아니한 그 이전을 일컫는다.

글자 | 아닐 **미**, 그럴 **연**, 어조사 **지**, 앞 **전**

[미염박변米鹽博辯]

쌀과 소금과 같은 많은 말이라는 말이며, 잗달고 번잡스런 변론을 빗댄 말이다.

글자 | 쌀 **미**, 소금 **염**, 많을 **박**, 말 잘할 **변**

출전 | 한비자 세난편說難篇

[미우주무未雨綢繆]

[올빼미가] 비가 오기 전에 둥지의 문을 얽어맨다는 말이며, 화가 싹트기 전에 막는다는 뜻이다.

글자 | 아닐 **미**, 비 **우**, 얽을 **주**, 얽을 **무**

출전 | 시경

[미위불가未爲不可]

옳지 않다고 할 것이 아니라는 말이며, 옳다고 밖에 할 수 없다는 뜻이다.

글자 | 아닐 **미**, 할 **위**, 아닐 **불**, 옳을 **가**

[미음완보微吟緩步]

작게 읊으며 더디게 걷는다는 말이다.

글자 | 작을 **미**, 읊을 **음**, 더딜 **완**, 걸음 **보**

[미의연년美意延年]

아름다운 마음이 나이를 늘인다는 말이며, 즐거운 마음가짐이 장수한다는 뜻이다.

글자 | 즐거울 **미**, 뜻 **의**, 끌 **연**, 해 **년**

출전 | 순자

[미인박명美人薄命]

아름다운 미인은 목숨이 엷다는 말이며, 미인은 불행하거나 병약하여 빨리 죽는다는 뜻이다.

글자 | 아름다울 **미**, 사람 **인**, 엷을 **박**, 목숨 **명**

출전 | 소식의 시

동류 | 가인박명佳人薄命

[미좌축향未坐丑向]

미방未方으로 앉아 축방丑方을 향한다는 말이며, 묏자리나 집터 따위가 남서南西를 뒤로 하고 북동北東을 바라보고 앉는다는 뜻이다.

글자 | 양 **미**, 앉을 **좌**, 소 **축**, 향할 **향**

[미주신계米珠薪桂]

쌀이 구슬과 같고 섶이 계수나무와 같다는 말이며, 쌀과 땔나무가 비싸고 귀하다는 말이다.

원문 | 楚國之食貴于玉 薪貴于桂
초 국 지 식 귀 우 옥 신 귀 우 계

글자 | 쌀 **미**, 구슬 **주**, 섶 **신**, 계수나무 **계**

출전 | 전국책 초책楚策

[미지숙시未知孰是]

누가 옳은지 알 수 없다는 말이다.

글자 | 아닐 **미**, 알 **지**, 누구 **숙**, 옳을 **시**

출전 | 맹자

[미진약석美疢藥石]

맛나는 것이 병들게 하고 약과 돌이 병을 낫게 한다는 말이며, 고지식한 사람보다는 따끔한 한마디가 훌륭한 가르침이 된다는 뜻이다.

글자 | 맛날 **미**, 화병 **진**, 약 **약**, 돌 **석**

출전 | 조선왕조 19대 숙종실록

[미측심천未測深淺]

깊고 얕음을 헤아리지 않는다는 말이며, 상황이나 인품을 잘 모른다는 뜻이다.

글자 | 아닐 **미**, 헤아릴 **측**, 깊을 **심**, 얕을 **천**

출전 | 북사北史

[미풍양속美風良俗]

아름답고 좋은 기풍과 풍속이라는 말이다.

글자 | 아름다울 **미**, 풍속 **풍**, 어질 **양**, 풍속 **속**

[미혼지인迷魂之人]

어지러운 혼의 사람이라는 말이며, 원한을 품고 죽은 사람을 일컫는다.

글자 | 어지러울 **미**, 혼 **혼**, 어조사 **지**, 사람 **인**

[민간질고民間疾苦]

백성 사이의 병과 괴로움이라는 말이며, 정치의 부패나 변동으로 백성이 겪는 괴로움을 일컫는다.

글자 | 백성 **민**, 사이 **간**, 병 **질**, 괴로울 **고**

[민고민지民膏民脂]

백성의 살과 기름이라는 말이며, 백성으로부터 거둔 곡식과 돈, 즉 세금을 일컫는다. 당태종이 한 말이다. '너희의 봉록은 다 백성의 기름인 것이다.'

원문 | 爾俸爾祿 民膏民脂
이 봉 이 록 민 고 민 지

글자 | 백성 **민**, 살찔 **고**, 기름 **지**

출전 | 명심보감 치정治政

[민구이첨民具爾瞻]

백성이 모두 너를 쳐다본다는 말이며, 모든 백성으로부터 추앙을 받는다는 뜻이다.

원문 | 赫赫師尹 民具爾瞻
혁 혁 사 윤 민 구 이 첨

ㅁ

글자 | 백성 **민**, 다 **구**, 너 **이**, 쳐다볼 **첨**
출전 | 시경 소아 절남산節南山

[민궁재갈民窮財渴]

백성이 궁하면 나라 재정이 마른다는 말이다.

글자 | 백성 **민**, 궁할 **궁**, 재물 **재**, 목마를 **갈**

[민귀군경民貴君輕]

백성은 귀하고 임금은 천하다는 말이며, 나라는 백성을 근본으로 삼는 것이므로 백성을 귀하게 여기고 그 다음이 사직이며, 임금은 맨 아래임을 강조한다는 뜻이다.

원문 | 民爲貴 社稷次之 君爲輕
민위귀 사직지차 군위경

글자 | 백성 **민**, 귀할 **귀**, 임금 **군**, 천할 **경**
출전 | 맹자 진심 하

[민기불보民棄不保]

백성이 버리고 돕지 않는다는 말이다.

원문 | 民棄不保 天降之咎
민기불보 천강지구

글자 | 백성 **민**, 버릴 **기**, 아닐 **불**, 도울 **보**
출전 | 서경 우서虞書 대우모大禹謨

[민력휴양民力休養]

백성의 힘을 쉬게 하고 기른다는 말이다.

글자 | 백성 **민**, 힘 **력**, 쉴 **휴**, 기를 **양**

[민보어신民保於信]

백성은 믿음으로 보전한다는 말이며, 백성은 믿음으로 몸을 지킨다는 뜻이다.

글자 | 백성 **민**, 보전할 **보**, 어조사 **어**, 믿을 **신**
출전 | 춘추좌씨전 정공 15년조

[민생어삼民生於三]

백성이 살아있는 것은 셋의 덕이라는 말이며, 셋은 부父, 사師, 군君을 가리킨다.

글자 | 백성 **민**, 날 **생**, 어조사 **어**
출전 | 국어 진어晉語

[민생주의民生主義]

백성의 삶이 옳다는 주장이라는 말이며, 백성의 생활을 우선으로 해야 한다는 사상을 일컫는다. 중국의 손문孫文이 제창한 3민주의, 즉 민족주의, 민권주의, 민생주의 중 하나이다.

글자 | 백성 **민**, 살 **생**, 주장할 **주**, 옳을 **의**

[민심무상民心無常]

백성의 마음은 덧없다는 말이며, 정치의 득실에 따라 착하게도 되고 악하게도 된다는 뜻이다. 서경에 있는 글이다. '백성의 마음은 한 곳에 머물지 않으니 오직 은혜로운 자를 그리워할 뿐이다.'

원문 | 民心無常 惟惠之懷
민심무상 유회지혜

글자 | 백성 **민**, 마음 **심**, 없을 **무**, 오랠 **상**

출전 | 서경 채중지명蔡仲之命

[민아무간民我無間]

백성과 나는 사이가 없다는 말이며, 백성과 나 자신을 똑같이 생각한다는 뜻이다.

글자 | 백성 **민**, 나 **아**, 없을 **무**, 사이 **간**

[민용화목民用和睦]

백성은 고르게 친목을 쓴다는 말이며, 백성은 화목한 삶을 소중히 여긴다는 뜻이다.

글자 | 백성 **민**, 쓸 **용**, 고로 **화**, 친목할 **목**

출전 | 효제가孝悌歌

[민인지흉悶人之凶]

사람의 흉함을 민망히 여긴다는 말이며, 다른 사람의 잘못됨을 마음 아프게 여긴다는 뜻이다.

원문 | 悶人之凶 樂人之善
민 인 지 흉 악 인 지 선

글자 | 민망할 **민**, 사람 **인**, 어조사 **지**, 흉할 **흉**

출전 | 명심보감 성심편省心篇 하

[민일천선民日遷善]

백성은 날로 착하게 바뀐다는 말이다.

원문 | 民日遷善而不知爲之者
민 일 천 선 이 부 지 위 지 자

글자 | 백성 **민**, 날 **일**, 바뀔 **천**, 착할 **선**

출전 | 맹자 진심盡心 상

[민족상잔民族相殘]

겨레가 서로 해한다는 말이며, 같은 겨레끼리 서로 다툰다는 뜻이다.

글자 | 백성 **민**, 겨레 **족**, 서로 **상**, 해할 **잔**

[민족자결民族自決]

백성과 겨레는 스스로 결단해야 한다는 말이며, 모든 민족은 다른 민족의 간섭이나 제약을 받지 않고 스스로 해결해야 한다는 뜻이다. 국제연합은 국민의 기본 권리와 자결 원칙의 존중을 그 활동 목적의 하나로 규정하고 있다.

글자 | 백성 **민**, 겨레 **족**, 스스로 **자**, 결단할 **결**

출전 | 국제연합 헌장憲章

[민족자존民族自尊]

백성인 자기 겨레를 스스로 높인다는 말이다.

글자 | 백성 **민**, 겨레 **족**, 스스로 **자**, 높을 **존**

[민족정기民族正氣]

백성과 겨레의 바른 기운이라는 말이며, 한 민족의 정대正大한 기상氣象이라는 뜻이다.

글자 | 백성 **민**, 겨레 **족**, 바를 **정**, 기운 **기**

[민족정기民族精氣]

백성과 겨레의 정신과 기운이라는 말이며, 한 민족의 씩씩한 정력과 기력

ㅁ

이라는 뜻이다.

글자 | 백성 **민**, 겨레 **족**, 정신 **정**, 가운 **기**

[민중군경民重君輕]

백성은 무겁고 임금은 가볍다는 말이며, 백성이 매우 중요하다는 뜻이다.

글자 | 백성 **민**, 무거울 **중**, 임금 **군**, 가벼울 **경**

[민지사명民之司命]

백성의 목숨을 맡은 것이라는 말이며, 오곡의 양식을 빗댄 말이다.

원문 | 五穀食米 民之司命
오곡식미 민지사명

글자 | 백성 **민**, 어조사 **지**, 맡을 **사**, 목숨 **명**

출전 | 관자 국축國畜

[민천지심旻天之心]

어진 하늘의 마음이라는 말이며, 만물을 너그럽게 보아주는 하늘의 마음이라는 뜻이다.

글자 | 어진 하늘 **민**, 하늘 **천**, 어조사 **지**, 마음 **심**

출전 | 용비어천가 116장

[민첩혜힐敏捷慧黠]

민첩하게 빠르고 총명하게 약다는 말이며, 눈치 빠르고 약삭빠르다는 뜻이다.

글자 | 민첩할 **민**, 빠를 **첩**, 총명할 **혜**, 약을 **힐**

동류 | 기민혜힐機敏慧黠

[밀매음녀密賣淫女]

비밀히 [몸을] 파는 계집이라는 말이며, 허가 없이 몰래 몸을 파는 여자라는 뜻이다.

글자 | 비밀할 **밀**, 팔 **매**, 음란할 **음**, 계집 **녀**

[밀어상통密語相通]

비밀한 말을 서로 통한다는 말이다.

글자 | 비밀할 **밀**, 말씀 **어**, 서로 **상**, 통할 **통**

[밀엄정토密嚴淨土]

비밀스럽고 엄숙한 깨끗한 땅이라는 말이며, 불교의 밀교密敎에서 말하는 대일여래大日如來와 정토를 일컫는다. 극락세계의 별칭이기도 하다.

글자 | 비밀할 **밀**, 엄할 **엄**, 깨끗할 **정**, 땅 **토**

출전 | 밀엄경密嚴經

[밀운불우密雲不雨]

짙은 구름이 끼었으나 비가 오지 않는다는 말이며, 어떤 일의 징조만 있고 이루어지지 않는다는 뜻이다. 역경에 있는 글이다. '구름은 빽빽하지만 아직 비가 오지 않으니 나 스스로 교외로 나간다.'

원문 | 密雲不雨 自我西郊
밀운불우 자아서교

글자 | 빽빽할 **밀**, 구름 **운**, 아닐 **불**, 비 **우**

출전 | 주역 풍천소축風天小畜

[밀화장도蜜花粧刀]

밀화로 장식한 장도칼이라는 말이다. 밀화는 호박琥珀의 한 가지로서 꿀벌의 밀과 비슷한 누른빛이 나고 젖송이 같은 무늬가 있다.

글자 | 꿀 **밀**, 꽃 **화**, 단장할 **장**, 칼 **도**

[밀화패영蜜花貝纓]

밀화 구슬을 꿰어 단 갓끈이라는 말이다. 전립戰笠에는 굵은 밀화구슬에 산호격자珊瑚格子를 간걸러 꿰어달고 주립朱笠이나 다른 갓에는 밀화구슬만 꿰어단다.

글자 | 꿀 **밀**, 꽃 **화**, 자개 **패**, 갓끈 **영**

[바라밀다波羅密多]

파란 많은 나라에서 달콤하게 마친다는 말이며, 태어나고 죽고 하는 현실의 괴로움으로부터 모든 괴로운 번뇌와 고통이 끊어지는 경지인 피안으로 건너간다는 보살菩薩의 수행을 일컫는다. 이는 Paramita(범凡)를 한문으로 표기한 것이며 육바라밀六波羅密, 십바라밀十波羅密 등이 있다.

글자 | 물결 **파**, 나라 이름 **라**, 꿀 **밀**, 마칠 **다**

[박고지금博古知今]

옛것을 널리 알면 오늘을 알 수 있다는 말이다.

글자 | 넓을 **박**, 옛 **고**, 알 **지**, 이제 **금**

[박기미악薄氣味惡]

적은 기운에 입맛이 나쁘다는 말이며, 몸이 으스스하다는 뜻이다.

글자 | 적을 **박**, 기운 **기**, 맛 **미**, 나쁠 **악**

[박람강기博覽强記]

많이 보고 기억하기를 힘쓴다는 말이며, 동서고금東西古今의 책을 많이 보고 박식해서 무엇이나 알고 있다는 뜻이다.

글자 | 넓을 **박**, 볼 **람**, 힘쓸 **강**, 기록할 **기**

출전 | 한시외전

동류 | 박문강기博聞强記

[박료원닉搏燎援溺]

불 놓은 것을 없애고 물에 빠진 것을 구한다는 말이며, 위급한 상황에 처해 있는 사람을 구해준다는 뜻이다.

글자 | 없앨 **박**, 놓을 **료**, 구할 **원**, 빠질 **닉**

출전 | 대동야승

동류 | 구분증닉救焚拯溺

[박리다매薄利多賣]

이문을 적게 하고 많이 판다는 말이다.

글자 | 적을 **박**, 이로울 **리**, 많을 **다**, 팔 **매**

[박리주의薄利主義]

이익을 적게 하는 것이 옳다는 주장이라는 말이며, 개별로는 이익이 적지만 전체로는 많이 팔아 이익을 올릴 수 있다는 주장을 일컫는다.

글자 | 적을 **박**, 이로울 **리**, 주장할 **주**, 옳을 **의**

[박문강기博聞强記]

→ 박람강기博覽强記

출전 | 사기 맹자순경열전

[박문강지博聞强識]

많이 듣고 알기를 힘쓴다는 말이며, 여러 가지 많은 것을 듣고 배우며 알기를 힘쓴다는 뜻이다.

글자 | 넓을 **박**, 들을 **문**, 힘쓸 **강**, 알 **지**

출전 | 예기 곡례 상

동류 | 박문강기博聞强記

[박문약례博文約禮]

널리 글을 익혀 예도를 지킨다는 말이다.

원문 | 博文於文 約之以禮 亦可以 弗畔矣夫
박문어문 약지이례 역가이 불반의부

글자 | 넓을 **박**, 글 **문**, 기약할 **약**, 예도 **례**

출전 | 논어 옹야雍也

[박물군자博物君子]

만물에 박식한 사람을 일컫는다.

원문 | 博物君子也 重賄之
박물군자야 중회지

글자 | 넓을 **박**, 만물 **물**, 임금 **군**, 아들 **자**

출전 | 춘추좌씨전 소공 원년

유사 | 박학다재博學多才

[박물세고博物細故]

많은 물건 중에서 작은 일, 즉 자질구레한 것을 말한다. 이는 조선 후기의 천문, 지리, 초목 등 21개 항목을 수록한 어휘집이기도 하다.

글자 | 넓을 **박**, 물건 **물**, 작을 **세**, 일 **고**

[박부경요薄賦輕徭]

부세를 가볍게 하고 사역을 가볍게 한다는 말이며, 정치를 잘하여 백성이 잘 살 수 있도록 한다는 뜻이다.

글자 | 가벼울 **박**, 부세 **부**, 가벼울 **경**, 사역할 **요**

출전 | 고려사

동류 | 박부생요薄賦省徭

[박부골수剝膚骨髓]

피부를 벗기고 뼛속 기름을 꺼낸다는 말이며, 아주 심한 육신의 고통을 빗댄 말이다.

글자 | 벗길 **박**, 피부 **부**, 뼈 **골**, 뼛속 기름 **수**

출전 | 춘향전

동류 | 박부추수剝膚槌髓

[박부득이迫不得已]

급하여 이미 잘 할 수 없다는 말이며,

일이 매우 급박하여 어쩔 수 없다는 뜻이다.

글자 | 급할 **박**, 아닐 **부**, 잘할 **득**, 이미 **이**

동류 | 박어부득迫於不得

[박부생요薄賦省徭]

→ 박부경요薄賦輕徭

[박부추수剝膚椎髓]

→ 박부골수剝膚骨髓

[박빙여림薄氷如臨]

엷은 얼음판을 밟는다는 말이며, 매우 조심해야 하거나 위태로운 상태를 빗댄 말이다.

원문 | 如履薄氷 而今而後
여리박빙 이금이후

글자 | 엷을 **박**, 얼음 **빙**, 같을 **여**, 임할 **림**

출전 | 시경 소아편小雅篇

동류 | 여리박빙如履薄氷

[박삭미리撲朔迷離]

처음도 없고 분명치 않다는 말이며, 사물이나 상황이 뒤엉켜 갈피를 잡을 수 없다는 뜻이다.

원문 | 雄兎脚撲朔 雄兎眼迷離
웅토각박삭 웅토안미리

글자 | 없앨 **박**, 처음 **삭**, 망설일 **미**, 말 분명치 못할 **리**

출전 | 목란사木蘭辭

[박상지환剝床之患]

평상을 깎는 근심이라는 말이며, 재화災禍가 신변에 다가온다는 뜻이다.

글자 | 깎을 **박**, 평상 **상**, 어조사 **지**, 근심 **환**

출전 | 주역 박괘剝卦

[박수갈채拍手喝采]

손뼉을 치며 부르짖어 취한다는 말이며, 손뼉을 치며 큰 소리로 칭찬한다는 뜻이다.

글자 | 칠 **박**, 손 **수**, 부르짖을 **갈**, 취할 **채**

[박수추기剝髓捶飢]

뼛속 기름을 깎아내고 살을 찧는다는 말이며, 심한 육신의 고통을 준다는 뜻이다.

글자 | 깎을 **박**, 뼛속 기름 **수**, 찧을 **추**, 살 **기**

출전 | 조선왕조 14대 선조실록

[박순경언薄脣輕言]

입술이 얇고 말이 가볍다는 말이며, 말이 많고 입이 가벼운 사람을 일컫는다.

글자 | 얇을 **박**, 입술 **순**, 가벼울 **경**, 말씀 **언**

출전 | 황제내경皇帝內經

[박시자민博施字民]

널리 베풀어 백성을 사랑한다는 말이며, 임금이 가난한 백성을 보살피고 어진 정치를 베푼다는 뜻이다.

글자 | 넓을 **박**, 베풀 **시**, 사랑할 **자**, 백

성 민
출전 | 조선왕조 7대 세조실록

[박시제중博施濟衆]

널리 베풀고 무리를 구제한다는 말이며, 백성들에게 널리 은혜나 은덕을 베풀고 많은 사람들을 구제한다는 뜻이다.

원문 | 博施於民 而能濟衆
박 시 어 민 이 능 제 중

글자 | 넓을 **박**, 베풀 **시**, 구제할 **제**, 무리 **중**

출전 | 논어 옹야雍也

[박어부득迫於不得]

→ 박부득이迫不得已

[박예수신薄藝隨身]

가벼운 재주가 몸에 따른다는 말이며, 작은 재주를 몸에 지니고 있다는 뜻이다.

원문 | 良田萬頃 不如薄藝隨身
양 전 만 경 불 여 박 예 수 신

글자 | 가벼울 **박**, 재주 **예**, 따를 **수**, 몸 **신**

출전 | 명심보감 성심편省心篇

[박옥혼금璞玉渾金]

쪼개지 않은 덩어리 옥과 다듬지 않은 금이라는 말이며, 바탕은 좋으나 아직 꾸미지 않은 소박한 성품을 빗댄 말이다. 왕융王戎이 산도山濤를 평한 말이다. '마치 다듬지 않은 옥과 정련하지 않은 금과 같아서 사람들은 모두 그 보배로움을 흠모하면서도 그 그릇을 무어라 일컬을지 알지 못한다.'

원문 | 如璞玉渾金 人皆欽其寶 …
여 박 옥 혼 금 인 개 흠 기 보

글자 | 옥 덩어리 **박**, 구슬 **옥**, 흐릴 **혼**, 금 **금**

출전 | 세설신어 상예賞譽

동류 | 혼금박옥渾金璞玉

[박의단상薄依單裳]

얇은 것과 홑치마에 의지했다는 말이며, 몹시 얇은 겉옷을 입었다는 뜻이다.

글자 | 얇을 **박**, 의지할 **의**, 홑 **단**, 치마 **상**

출전 | 어우야담於于野談

[박이부정博而不精]

넓게 알고 있으나 자세하게 알지는 못한다는 말이다.

글자 | 넓을 **박**, 말 이을 **이**, 아닐 **부**, 자세할 **정**

관련 | 천학비재淺學菲才

[박인방증博引旁證]

널리 인용하여 두루 증거한다는 말이다.

글자 | 넓을 **박**, 끌 **인**, 두루 **방**, 증거 **증**

반대 | 단문고증單文孤證

[박장대소拍掌大笑]

손뼉을 치며 한바탕 크게 웃는다는 말이다.

글자 | 칠 **박**, 손바닥 **장**, 큰 **대**, 웃을 **소**

[박전박답薄田薄畓]

얇은 밭과 논이라는 말이며, 메마른 밭과 논이라는 뜻이다.

글자 | 얇을 **박**, 밭 **전**, 논 **답**

[박주산채薄酒山菜]

적은 술과 산나물이라는 말이며, 대접하는 음식이 변변치 않다는 겸손의 뜻이다.

글자 | 적을 **박**, 술 **주**, 뫼 **산**, 나물 **채**

[박지약행薄志弱行]

뜻이 얇아서 행함이 약하다는 말이다.

글자 | 얇을 **박**, 뜻 **지**, 약할 **약**, 행할 **행**

유사 | 의지박약意志薄弱, 우유부단優柔不斷

[박지우박薄之又薄]

박하고 또 박하다는 말이며, 매우 박하다는 뜻이다.

글자 | 얇을 **박**, 어조사 **지**, 또 **우**, 적을 **박**

[박지타지縛之打之]

얽어놓고 친다는 말이며, 묶어놓고 마구 때린다는 뜻이다.

글자 | 얽을 **박**, 어조사 **지**, 칠 **타**

[박채중의博採衆議]

여러 사람의 의견을 널리 받아들인다는 말이다.

글자 | 넓을 **박**, 딸 **채**, 무리 **중**, 의논할 **의**

출전 | 후한서

[박편석기剝片石器]

떨어진 조각의 돌그릇이라는 말이며, 큰 돌에서 떼어낸 조각에 약간 가공하여 이기利器로 사용한 석기를 일컫는다.

글자 | 떨어질 **박**, 조각 **편**, 돌 **석**, 그릇 **기**

[박하미상剝下媚上]

아래를 벗겨 위에 아첨한다는 말이며, 아랫사람에게서 빼앗아 윗사람에게 아첨한다는 뜻이다.

글자 | 벗길 **박**, 아래 **하**, 아첨할 **미**, 윗 **상**

출전 | 조선왕조 14대 선조실록

[박학다문博學多聞]

배운 것이 넓고 들은 것이 많다는 말이다.

글자 | 넓을 **박**, 배울 **학**, 많을 **다**, 들을 **문**

[박학다식博學多識]

배운 것이 넓고 아는 것이 많다는 말이다. 공자가 한 말이다. '나는 다만 널리 공부하여 많이 아는 사람일 뿐이오.'

원문 | 然則丘博學多識者也
연 즉 구 박 학 다 식 자 야

글자 | 넓을 **박**, 배울 **학**, 많을 **다**, 알 **식**

출전 | 열자 중니편仲尼篇

[박학다재博學多才]

배운 것이 넓고 재주가 많다는 말이다.

글자 | 넓을 **박**, 배울 **학**, 많을 **다**, 재주 **재**

출전 | 진서 동안왕전東安王傳

[박학독지博學篤志]

배움을 넓혀 뜻을 두텁게 한다는 말이다.

글자 | 넓을 **박**, 배울 **학**, 두터울 **독**, 뜻 **지**

출전 | 논어 자장편子張篇

[박환면목剝換面目]

얼굴과 눈을 벗기고 바꾼다는 말이며, 옛것을 버리고 새로운 것을 취한다는 뜻이다.

글자 | 벗길 **박**, 바꿀 **환**, 얼굴 **면**, 눈 **목**

출전 | 조선왕조 17대 효종실록

[반간지계反間之計]

간첩을 되돌리는 계책이라는 말이며, 적의 첩자를 붙잡아 역이용한다는 뜻이다.

글자 | 되돌릴 **반**, 이간할 **간**, 어조사 **지**, 꾀 **계**

출전 | 손자병법

[반갱주낭飯坑酒囊]

밥 구덩이와 술 주머니라는 말이며, 먹고 마실 줄만 알고 일할 줄은 모르는 쓸모없는 사람이라는 뜻이다.

원문 | 腹爲飯坑 腹爲酒囊 是則物也
복위반갱 복위주낭 시즉물야

글자 | 밥 **반**, 구덩이 **갱**, 술 **주**, 주머니 **낭**

출전 | 논형 별통편別通篇

[반경합권反經合權]

경영에는 배반되나 권세에는 합당하다는 말이며, 정상적 도리에는 맞지 않으나 권력을 수행함에는 합당하다는 뜻이다.

글자 | 배반할 **반**, 경영할 **경**, 합할 **합**, 권세 **권**

[반계곡경盤溪曲徑]

굽은 계곡의 굽은 길이라는 말이며, 일을 순리대로 하지 않고 옳지 않은 방법을 써서 억지로 한다는 뜻이다.

글자 | 서릴 **반**, 시내 **계**, 굽을 **곡**, 지름길 **경**

출전 | 율곡의 동호문답東湖問答

동류 | 방기곡경旁岐曲徑

[반고형식半固形食]

절반이 굳은 꼴의 음식이라는 말이며, 먹기 쉬운 연한 음식을 일컫는다.

글자 | 절반 **반**, 굳을 **고**, 꼴 **형**, 음식 **식**

[반고형식半鼓形式]

절반이 북인 형식이라는 말이며, 반쪽만 소리가 나게 기능하는 형식이라는 뜻이다.

글자 | 절반 **반**, 북 **고**, 모양 **형**, 법 **식**

[반관반민半官半民]

절반은 관가에서, 절반은 백성이 한

ㅂ

다는 말이며, 정부와 민간이 사업을 공동으로 한다는 뜻이다.

글자 | 절반 **반**, 관가 **관**, 백성 **민**

[반구제기反求諸己]

→반구제신反求諸身

[반구제신反求諸身]

자기 몸을 돌이켜 구한다는 말이며, 반성하여 자신을 책망한다는 뜻이다. 중용에 있는 글이다. '과녁을 바로 맞추지 못하면 돌이켜서 자신의 잘못을 반성한다.'

원문 | **失諸正鵠 反求諸其身**
실제정곡 반구제기신

글자 | 되돌릴 **반**, 구할 **구**, 어조사 **제**, 자기 **신**

출전 | 중용 14장

동류 | 반구제기反求諸己

[반근착절盤根錯節]

서린 뿌리와 섞인 마디라는 말이며, 얽히고설킨 어려운 일을 빗댄 말이다. 후한 때 도적 토벌을 위해 임명된 조가현령朝歌縣令 우후虞詡의 벗들이 기세가 당당한 도적과 싸우다가 전사할지도 모른다고 생각하고 조문을 했다. 그러나 우후는 태평스럽게 말했다. '생각은 쉬운 것을 찾지 않고, 일은 어려운 것을 피하지 않는 것이 신하된 도리이다. 구부러진 뿌리가 내려서 엉클어져 있는 마디에 부딪치지 않으면 날카로운 칼날의 진가도 알 도리가 없지 않은가?' 우후는 조가현에 부임하여 지혜와 용맹으로 마침내 도적떼를 토벌하였다.

원문 | **志不求安易 事不避困難**
지불구안이 사불피곤난
臣之職也 不遇盤根錯節
신지직야 불우반근착절
何以別利器乎
하이별리기호

글자 | 서릴 **반**, 뿌리 **근**, 섞일 **착**, 마디 **절**

출전 | 후한서 우후전虞詡傳

[반기조례半旗弔禮]

절반의 기로 조상하는 예도라는 말이며, 반기를 달고 조의를 표한다는 뜻이다.

글자 | 절반 **반**, 기 **기**, 조상할 **조**, 예도 **례**

[반농반공半農半工]

절반은 농사이고, 절반은 만드는 일을 한다는 말이며, 제조업을 겸하는 농가를 뜻한다.

글자 | 절반 **반**, 농사 **농**, 만들 **공**

[반농반도半農半陶]

반은 농사짓고 반은 질그릇을 만든다는 말이며, 농사를 지으면서 농사철이 아닌 때는 질그릇을 만들어 생계를 보탠다는 뜻이다.

글자 | 반 **반**, 농사 **농**, 질그릇 **도**

[반농반목半農半牧]

반은 농사짓고 반은 기른다는 말이

며, 농사를 지으면서 목축도 한다는 뜻이다.

글자 | 반 **반**, 농사 **농**, 기를 **목**

[반도이폐半途而廢]

하던 일을 중도에서 그만둔다는 말이다. 중용에 있는 글이다. '군자가 도를 행하다가 중도에서 그만두는 일이 있다.'

원문 | 君子遵道而行 半途而廢
군 자 준 도 이 행 반 도 이 폐

글자 | 반 **반**, 길 **도**, 말 이을 **이**, 폐할 **폐**

출전 | 중용 제11장

동류 | 중도이폐中道而廢

[반락태오般樂怠敖]

모두 즐거우나 게으르고 오만하다는 말이며, 매우 좋지 못한 생활태도를 일컫는다.

원문 | 般樂怠敖 是自求禍也
반 락 태 오 시 자 구 화 야

글자 | 모두 **반**, 즐거울 **락**, 게으를 **태**, 오만할 **오**

출전 | 맹자 공손추公孫丑 상

[반령착수盤領窄袖]

둥근 옷깃에 좁은 소매라는 말이다.

글자 | 서릴 **반**, 옷깃 **령**, 좁을 **착**, 소매 **수**

[반로환동返老環童]

노인이 회복하여 어린아이로 돌아온다는 말이며, 노인의 건강이 아주 좋아진다는 뜻이다.

글자 | 회복할 **반**, 늙을 **로**, 돌아올 **환**, 아이 **동**

출전 | 신선전神仙傳

[반룡부봉攀龍附鳳]

용을 붙잡고 봉황에 붙는다는 말이며, 권세 있는 사람을 좇아서 공명을 이루었다는 뜻이다.

글자 | 붙잡고 오를 **반**, 용 **룡**, 붙일 **부**, 봉황새 **봉**

출전 | 한서 서전

[반면교사反面教師]

반대 면의 교사라는 말이며, 다른 사람의 부정적인 측면에서 가르침을 얻는다는 뜻이다. 1960년대 중국 문화혁명 때 제창된 말이다.

글자 | 되돌릴 **반**, 얼굴 **면**, 가르칠 **교**, 스승 **사**

유사 | 타산지석他山之石

[반면미인半面美人]

반쪽 얼굴의 미인이라는 말이며, 얼굴을 한쪽만 그린 미인도美人圖를 일컫는다.

글자 | 반 **반**, 얼굴 **면**, 아름다울 **미**, 사람 **인**

[반면지교半面之交]

반쪽 얼굴의 사귐이라는 말이며, 두텁지 않은 교분을 일컫는다.

글자 | 반 **반**, 얼굴 **면**, 어조사 **지**, 사귈 **교**

출전 | 후한서 응봉전應奉傳

ㅂ

동류 | 반면지분半面之分

[반면지분半面之分]

반쪽 얼굴의 교분이라는 말이며, 서로 알아보기는 하지만 친하게 지내지 않는 사이라는 뜻이다.

글자 | 반 **반**, 얼굴 **면**, 어조사 **지**, 나눌 **분**

출전 | 후한서 응봉전應奉傳

동류 | 반면지교半面之交

[반면지식半面之識]

→ 반면지분半面之分

[반목반농半牧半農]

→ 반농반목半農半牧

[반목질시反目嫉視]

눈을 돌리고 투기하며 본다는 말이며, 서로 미워하고 질투하는 눈으로 본다는 뜻이다.

글자 | 돌이킬 **반**, 눈 **목**, 투기할 **질**, 볼 **시**

[반문농부班門弄斧]

반수班輸의 문 앞에서 도끼를 휘두른다는 말이며, 자신의 실력도 모르고 당치않은 일을 하려고 덤빈다는 뜻이다. 노나라에 기계를 잘 만드는 반수라는 사람이 있었는데, 그를 흉내 내어 그의 집 문 앞에서 도끼를 가지고 기계를 만들려고 한 어리석은 사람이 있었다는 고사에서 온 말이다.

원문 | 魯班門前弄大斧
노 반 문 전 롱 대 부

글자 | 나눌 **반**, 문 **문**, 희롱할 **농**, 도끼 **부**

출전 | 유종원의 왕씨백중창화시서王氏伯仲唱和詩序

[반미농가飯米農家]

밥쌀의 농사 집이라는 말이며, 자기가 먹는 쌀만 농사짓는 소농을 일컫는다.

글자 | 밥 **반**, 쌀 **미**, 농사 **농**, 집 **가**

[반박지탄斑駁之嘆]

얼룩말의 탄식이라는 말이며, 편파적이고 불공평하다는 탄식을 빗댄 말이다.

글자 | 얼룩질 **반**, 얼룩말 **박**, 어조사 **지**, 탄식할 **탄**

[반박환순返朴還淳]

밑동을 회복하고 순박하게 돌린다는 말이며, 잘못된 풍속을 바로잡는다는 뜻이다.

글자 | 회복할 **반**, 밑동 **박**, 돌아올 **환**, 순박할 **순**

출전 | 조선왕조 14대 선조실록

[반반죽죽飯飯粥粥]

밥이면 밥, 죽이면 죽이라는 말이며, 아무 구애 없이 그대로 받아들인다는 뜻이다.

글자 | 밥 **반**, 죽 **죽**

[반벽강산半壁江山]

절반은 벽으로 되어 있는 강산이라는

말이며, 절벽에 둘러싸인 산수를 일컫는다.

글자 | 절반 **반**, 벽 **벽**, 강 **강**, 뫼 **산**

[반복무상反覆無常]

돌이켰다 엎었다 하며 한결같지 않다는 말이다.

원문 | 侯景 反覆無常
후경 반복무상

글자 | 돌이킬 **반**, 엎지를 **복**, 없을 **무**, 항상 **상**

유사 | 반복무상叛服無常

[반복무상叛服無常]

배반했다 복종했다 하면서 그 태도가 한결같지 않다는 말이다.

글자 | 배반할 **반**, 복종할 **복**, 없을 **무**, 항상 **상**

[반복소인反覆小人]

되돌리고 뒤집는 소인이라는 말이며, 언행을 이랬다저랬다 하는 옹졸한 사람이라는 뜻이다.

글자 | 되돌릴 **반**, 뒤집힐 **복**, 작을 **소**, 사람 **인**

출전 | 송남잡지

[반부논어半部論語]

반 권의 논어로 천하를 다스린다는 말이며, 자신의 지식을 겸손히 이르면서 학습의 중요성을 강조하는 뜻이다.

글자 | 반 **반**, 구분할 **부**, 논할 **논**, 말씀 **어**

출전 | 학림옥로鶴林玉露

[반불여초反不如初]

오히려 처음과 같지 않다는 말이며, 처음보다 오히려 나빠졌다는 뜻이다.

글자 | 오히려 **반**, 아닐 **불**, 같을 **여**, 처음 **초**

[반사반생半死半生]

→ 반생반사半生半死

[반사지경半死之境]

반죽음이 될 지경이라는 말이다.

글자 | 반 **반**, 죽을 **사**, 어조사 **지**, 지경 **경**

[반상계급班常階級]

양반兩班과 상사람의 신분적 계급을 말하며, 양반은 고려 · 조선조 때 문관을 동반東班, 무관을 서반西班이라 하여 모두를 양반이라 한데서 온 말이다.

글자 | 벌려 설 **반**, 항상 **상**, 벼슬 차례 **계**, 등급 **급**

[반상낙하半上落下]

반은 잘 올라가다가 밑으로 떨어진다는 말이며, 처음에는 정성껏 하다가 중도에 중지하여 이루지 못한다는 뜻이다.

글자 | 반 **반**, 윗 **상**, 떨어질 **낙**, 아래 **하**

[반상반하半上半下]

반은 위고, 반은 아래라는 말이며, 어느 쪽에도 속하지 않은 어중간한 태도나 성질을 일컫는다.

ㅂ

글자 | 반 **반**, 윗 **상**, 아래 **하**

출전 | 송남잡지

[반상적서班常嫡庶]

양반과 상사람, 그리고 적자嫡子와 서자庶子라는 말이다.

글자 | 벌려 설 **반**, 항상 **상**, 정실 **적**, 서자 **서**

[반생반사半生半死]

반은 살아있고, 반은 죽었다는 말이며, 거의 죽게 되어 죽을지 살지 알 수 없는 상태를 일컫는다.

글자 | 반 **반**, 날 **생**, 죽을 **사**

출전 | 문선 매승枚乘

[반생반숙半生半熟]

반은 날것이고, 반은 익었다는 말이며, 기예技藝가 아직 숙달되지 못하였다는 뜻으로도 쓰인다.

글자 | 반 **반**, 날것 **생**, 익을 **숙**

출전 | 부장록拊掌錄

[반생불숙半生不熟]

반은 날것이고 익지 않았다는 말이다.

글자 | 반 **반**, 날 **생**, 아닐 **불**, 익을 **숙**

[반석지안盤石之安]

큰 돌의 편안함이라는 말이며, 지극히 견고함을 빗댄 말이다.

글자 | 큰 돌 **반**, 돌 **석**, 어조사 **지**, 편안할 **안**

출전 | 사기

[반성물원反省勿怨]

반성하고 원망하지 말라는 말이다.

원문 | 父母責之 反省勿怨
부모책지 반성물원

글자 | 돌이킬 **반**, 살필 **성**, 말 **물**, 원망할 **원**

출전 | 사자소학

[반수기앙反受其殃]

도리어 그 재앙을 받는다는 말이다.

원문 | 時至不行 反受其殃
시지불행 반수기앙

글자 | 돌이킬 **반**, 받을 **수**, 그 **기**, 재앙 **앙**

출전 | 사기 회음후열전

[반수반성半睡半醒]

반은 자고 있고, 반은 깨었다는 말이며, 자는 등 마는 등 한 상태를 일컫는다.

글자 | 반 **반**, 잘 **수**, 깰 **성**

[반수발사反首拔舍]

엎어진 머리가 집에서 빠졌다는 말이며, 헝클어진 머리를 하고 집 밖에서 잔다는 뜻이다.

글자 | 엎을 **반**, 머리 **수**, 뺄 **발**, 집 **사**

출전 | 춘추좌씨전

[반수불수反水不收]

엎질러진 물은 다시 담을 수 없다는 말이며, 일단 행한 일은 후회해도 소용없다는 뜻이다.

글자 | 돌이킬 **반**, 물 **수**, 아닐 **불**, 거둘 **수**

출전 | 후한서

[반수주의半獸主義]

반의 짐승이 옳다는 주장이라는 말이며, 인간의 성적 본능을 충족시켜야 한다는 주장을 일컫는다.

글자 | 절반 **반**, 짐승 **수**, 주장할 **주**, 옳을 **의**

[반승반속半僧反俗]

반은 중이고, 반은 속된 사람이라는 말이며, 사물이 이것도 저것도 아니라는 뜻이다.

글자 | 반 **반**, 중 **승**, 속될 **속**

동류 | 비승비속非僧非俗

[반식대신伴食大臣]

→ 반식재상伴食宰相

[반식재상伴食宰相]

밥만 먹는 재상이라는 말이며, 무능한 재상을 일컫는다. 당나라 때 행정력이 뛰어난 재상 요숭姚崇이 사정이 생겨 정무를 볼 수 없을 때 황문감黃門監 노회신盧懷愼에게 잠시 정무를 맡겼는데 요숭만큼 처결하지 못하여 붙인 별명에서 온 말이다.

글자 | 의지할 **반**, 밥 **식**, 재상 **재**, 정승 **상**

출전 | 구당서 노회신전盧懷愼傳

동류 | 반식대신伴食大臣, 반식대관伴食大官

유사 | 시위소찬尸位素餐, 의관지도衣冠之盜

[반신반의半信半疑]

반은 믿고, 반은 의심한다는 말이며, 거짓인지 참인지 갈피를 잡을 수 없다는 뜻이다.

글자 | 반 **반**, 믿을 **신**, 의심할 **의**

출전 | 원진元稹의 고축성곡古築城曲

[반신반인半神半人]

절반은 신이고, 절반은 사람이라는 말이며, 매우 영묘靈妙한 사람을 빗댄 말이다.

글자 | 절반 **반**, 귀신 **신**, 사람 **인**

[반신불수半身不隨]

반쪽 몸이 따르지 않는다는 말이며, 뇌 장애나 어떤 질병으로 인하여 전신의 좌우 어느 반쪽이 감각기능을 잃어 뜻대로 움직이지 않는 상태를 일컫는다. 반신마비半身痲痺, 또는 편마비片痲痺라고도 한다.

글자 | 반 **반**, 몸 **신**, 아닐 **불**, 따를 **수**

출전 | 왕긍당王肯堂 증치준승證治準繩

[반신이성反身而誠]

몸을 돌아보아 성실하다는 말이며, 성실과 정의에 입각한 생활은 즐거움이 더할 나위 없다는 뜻이다.

원문 | **反身而誠 樂莫大焉**
반 신 이 성 낙 막 대 언

글자 | 돌이킬 **반**, 몸 **신**, 말 이을 **이**, 정성 **성**

출전 | 맹자 진심 상

[반액지구反掖之寇]

겨드랑이 밑에서 모반謀反하는 도둑이라는 말이며, 내란을 일컫는다.

글자 | 되돌릴 **반**, 겨드랑이 **액**, 어조사 **지**, 도둑 **구**

[반양지호潘楊之好]

반씨와 양씨의 서로 좋아함이라는 말이며, 대대로 내려오는 두 집안의 두터운 우호관계를 일컫는다. 이는 중국의 반악潘岳의 집안과 양경楊經의 집안이 오래도록 통혼을 하였다는 고사에서 온 말이다.

글자 | 성씨 **반**, 버들 **양**, 어조사 **지**, 서로 좋아할 **호**

[반여태혜半女太鞋]

여자의 큰 가죽신과 비슷하다는 말이며, 여태혜와 비슷한 남자가 신는 가죽신을 일컫는다.

글자 | 덜 될 **반**, 계집 **여**, 클 **태**, 가죽신 **혜**

[반원와철攀轅臥轍]

수레바퀴에 매달리고 바큇자국에 드러눕는다는 말이며, 수령守領의 유임을 원하는 정이 간절하다는 뜻이다.

글자 | 매달릴 **반**, 수레바퀴 **원**, 누울 **와**, 바큇자국 **철**

출전 | 한서

[반의지희斑衣之戱]

아롱진 옷을 입고 재롱을 부린다는 말이며, 늙은 부모를 위로해드리기 위해 색동저고리를 입고 기어갔다는 고사에서 늙어서까지 부모에게 효도한다는 뜻이다.

글자 | 아롱진 **반**, 옷 **의**, 어조사 **지**, 희롱할 **희**

출전 | 고사전高士傳

[반자불성半字不成]

글자를 반자만 쓰고 그만둔다는 말이며, 일을 중도에서 그치고 이루지 못한다는 비유이다.

글자 | 반 **반**, 글자 **자**, 아닐 **불**, 이룰 **성**

[반자지명半子之名]

절반이 아들의 이름이라는 말이며, 사위를 뜻한다.

글자 | 반 **반**, 아들 **자**, 어조사 **지**, 이름 **명**

[반재강중半在江中]

몸의 반은 강에 있다는 말이며, 지독히도 재수 없는 상황, 또는 위험스런 상황에 있다는 뜻이다.

글자 | 반 **반**, 있을 **재**, 강 **강**, 가운데 **중**

[반정공신反正功臣]

바르게 돌이킨 공이 있는 신하라는 말이며, 임금을 폐하고 새 임금을 세우는데 공이 큰 신하를 일컫는다. 조선조 연산군을 폐하고 왕이 된 중종이 반정에 공이 있는 신하 28명에게 서훈한 고사에서 유래한다.

글자 | 돌이킬 **반**, 바를 **정**, 공 **공**, 신하 **신**

[반조반미半租半米]

반은 뉘고, 반은 쌀이라는 말이며, 뉘가 많이 섞인 쌀이라는 뜻이다.

글자 | 절반 **반**, 뉘 **조**, 쌀 **미**

[반중무육盤中無肉]

소반 가운데 고기가 없다는 말이다.

글자 | 소반 **반**, 가운데 **중**, 없을 **무**, 고기 **육**

[반청반담半晴半曇]

[날씨가] 반쯤은 개고, 반쯤은 흐렸다는 말이다.

글자 | 반 **반**, 날 개일 **청**, 날 흐릴 **담**

[반취반성半醉半醒]

절반은 술 취하고, 절반은 술 깨었다는 말이며, 술이 덜 깨었다는 뜻이다.

글자 | 절반 **반**, 술 취할 **취**, 술 깰 **성**

[반폐기주反吠其主]

도리어 그 주인에게 짖는다는 말이며, 배은망덕한 사람을 빗댄 말이다.

글자 | 돌이킬 **반**, 개 짖을 **폐**, 그 **기**, 주인 **주**

출전 | 고려사

[반포보은反哺報恩]

→반포지효反哺之孝

[반포지효反哺之孝]

먹을 것을 되돌려주는 효도라는 말이며, 자식이 커서 부모를 공양한다는 뜻이다. 까마귀 새끼가 자란 뒤 어미에게 먹을 것을 물어다 주는데서 얻은 교훈이다.

글자 | 되돌릴 **반**, 먹을 **포**, 어조사 **지**, 효도 **효**

출전 | 이밀李密의 진정표陳情表

유사 | 반의지희斑衣之戲, 채의오친綵衣娛親

[반필면지反必面之]

돌아오면 반드시 대해야 한다는 말이며, 집에 돌아오면 반드시 부모를 뵙고 인사를 드리라는 뜻이다.

원문 | **出必告之 反必面之**
출 필 고 지 반 필 면 지

글자 | 돌아올 **반**, 반드시 **필**, 대할 **면**, 어조사 **지**

출전 | 예기 곡례曲禮 상

[반할지통半割之痛]

절반을 찢는 아픔이라는 말이며, 형제 잃은 슬픔을 빗댄 말이다.

글자 | 절반 **반**, 찢을 **할**, 어조사 **지**, 아플 **통**

출전 | 한훤차록寒暄箚錄

동류 | 할반지통割半之痛

[반형도고班荊道故]

형도[지방의 이름]의 일을 나눈다는 말이며, 옛 벗을 만나 옛정을 토로한다는 뜻이다.

원문 | 班荊道故相與食 而言復故
반 형 도 고 상 여 식 이 언 복 고

글자 | 나눌 **반**, 고을 이름 **형**, 길 **도**, 일 **고**

출전 | 춘추좌씨전 양공襄公 26년

[반혜곡경盤蹊曲徑]

서린 지름길과 굽은 지름길이라는 말이며, 꼬불꼬불한 지름길이라는 뜻이다.

글자 | 서릴 **반**, 지름길 **혜**, 굽을 **곡**, 지름길 **경**

동류 | 방혜곡경傍蹊曲徑

[반후농다飯後濃茶]

밥 먹은 뒤에 진한 차를 마신다는 말이다.

글자 | 밥 **반**, 뒤 **후**, 걸쭉할 **농**, 차 **다**

[반후지종飯後之鐘]

식후에 종을 친다는 말이며, 기한이 지나서 온다는 말이다. 당나라의 왕파王播가 양주 혜소사에 식객으로 있을 때, 중이 그를 미워하여 식사를 알리는 종을 늦게 쳐서 왕파에게는 시간이 지났다고 밥을 주지 않은 고사에서 온 말이다.

글자 | 밥 **반**, 뒤 **후**, 어조사 **지**, 종 **종**

[반흉반길半凶半吉]

반은 흉하고, 반은 길하다는 말이며, 한편 흉하기도 하고 한편 길하기도 하다는 뜻이다.

글자 | 반 **반**, 흉할 **흉**, 길할 **길**

[발각탈거拔角脫距]

뿔을 뽑고 며느리발톱을 벗긴다는 말이며, 전쟁을 일으킨 적의 병기를 탈취한다는 뜻이다.

글자 | 뺄 **발**, 뿔 **각**, 벗을 **탈**, 며느리발톱 **거**

출전 | 한유韓愈의 시

[발간적복發奸擿伏]

거짓을 찾아내고 감춘 것을 들추어낸다는 말이며, 숨겨져 있는 일과 정당하지 못한 일을 집어낸다는 뜻이다.

글자 | 찾아낼 **발**, 거짓 **간**, 들추어낼 **적**, 감출 **복**

출전 | 한서

[발강강의發强剛毅]

강함을 일어나게 하여 굳세고 굳세게 한다는 말이며, 오덕五德의 하나인 의義를 실천하는 방법을 일컫는다.

글자 | 일어날 **발**, 강할 **강**, 굳셀 **강**, 굳셀 **의**

출전 | 중용 31장

[발검참두拔劍斬頭]

칼을 뽑아 머리를 벤다는 말이다.

글자 | 뺄 **발**, 칼 **검**, 베일 **참**, 머리 **두**

[발고여락拔苦與樂]

괴로움을 빼고 즐거움을 준다는 말이며, 불교에서의 자비를 일컫는다.

글자 | 뺄 **발**, 괴로울 **고**, 줄 **여**, 즐거울 **락**

동류 | 이고득락離苦得樂

[발군공적拔群功績]

무리에서 빼어나게 이룬 공이라는 말이며, 가장 뛰어난 공적이라는 뜻이다.

글자 | 뺄 **발**, 무리 **군**, 공 **공**, 이룰 **적**

[발군출류拔群出類]

무리 중에서 뛰어난다는 말이며, 다른 사람보다 두드러지게 총명하다는 뜻이다.

글자 | 뺄 **발**, 무리 **군**, 날 **출**, 무리 **류**

출전 | 안씨가훈

[발궤지도發匱之盜]

궤를 찾아내는 도둑이라는 말이며, 방비防備가 도리어 도둑을 돕는다는 뜻이다.

글자 | 찾아낼 **발**, 갑 **궤**, 오조사 **지**, 도둑 **도**

출전 | 장자 거협편

[발단심장髮短心長]

머리털은 빠져 짧으나 마음은 길다는 말이며, 나이는 먹었지만 슬기는 많다는 뜻이다.

글자 | 터럭 **발**, 짧을 **단**, 마음 **심**, 길 **장**

출전 | 춘추좌씨전胠篋篇

[발락치소髮落齒疎]

머리털이 빠지고 이가 성글다는 말이며, 사람이 늙었다는 뜻이다.

글자 | 머리털 **발**, 떨어질 **락**, 이 **치**, 성글 **소**

[발란반정撥亂反正]

난을 평정하여 세상을 바로잡는다는 말이다.

글자 | 다스릴 **발**, 어지러울 **란**, 되돌릴 **반**, 바를 **정**

출전 | 춘추공양전春秋公羊傳

[발명망상發明妄想]

밝음을 일으킨 망령된 생각이라는 말이며, 큰일을 했다고 생각하는 자기도취의 망상을 일컫는다.

글자 | 일으킬 **발**, 밝을 **명**, 망령될 **망**, 생각 **상**

[발명무로發明無路]

찾아내어 밝힐 길이 없다는 말이며, 죄가 없음을 밝힐 길이 없다는 뜻이다.

글자 | 찾아낼 **발**, 밝을 **명**, 없을 **무**, 길 **로**

[발모연여拔茅連茹]

띠를 뽑으면 띠 뿌리가 이어진다는 말이며, 훌륭한 사람을 들어 쓰면 주위에 많은 인재들이 따라온다고 빗댄 말이다.

ㅂ

글자 | 뺄 **발**, 띠 **모**, 이을 **연**, 뿌리 **여**

출전 | 주역 태괘泰卦

[발몽진락發蒙振落]

일어나 날려 흔들어 떨어트린다는 말이며, 매우 쉬운 일이라는 뜻이다.

글자 | 일어날 **발**, 날릴 **몽**, 흔들 **진**, 떨어질 **락**

출전 | 사기 급암전汲黯傳

[발묘조장拔苗助長]

싹을 뽑아 자라는 것을 돕는다는 말이며, 급하게 서두르다 오히려 일을 망친다는 뜻이다.

글자 | 뺄 **발**, 싹 **묘**, 도울 **조**, 기를 **장**

출전 | 맹자 공손추 상

[발보리심發菩提心]

보리수나무 밑에서 깨치는 마음을 낸다는 말이며, 불교에 대하여 구도심求道心을 낸다는 뜻이다.

글자 | 열 **발**, 깨칠 **보**, 보리수 **리**, 마음 **심**

출전 | 화엄경華嚴經

[발복지지發福之地]

복을 일으킨 땅이라는 말이며, 자손이 복을 받게 되는 좋은 집터나 묏자리를 일컫는다.

글자 | 일으킬 **발**, 복 **복**, 어조사 **지**, 땅 **지**

[발본색원拔本塞源]

뿌리를 뽑고 물줄기의 근원을 막아 버린다는 말이며, 무슨 일을 함에 있어 다시는 후환後患이 없도록 완전히 없애버린다는 뜻이다. 주나라 왕 소공昭公이 한 말에서 유래한다. '나와 백부와의 관계는 마치 옷에 갓이 있고, 나무와 물에 뿌리와 근원이 있고, 백성들에게 집주인이 있어야 하는 것과 같다. 백부가 만일 갓을 찢어버리고 뿌리를 뽑고 물의 근원을 막으며, 집주인을 버린다면 비록 하찮은 오랑캐들이라도 나를 우습게 볼 것이다.'

원문 | 伯父若裂冠毁冕 拔本塞源 專
백 부 약 렬 관 훼 면 발 본 색 원 전
棄謀主 雖戎狄其何有余一人
기 모 주 수 융 적 기 하 유 여 일 인

글자 | 뽑을 **발**, 근본 **본**, 막힐 **색**, 근원 **원**

출전 | 춘추좌씨전 소공昭公 9년

[발분도강發憤圖强]

강성强性을 도모하기 위하여 분발한다는 말이다.

글자 | 일어날 **발**, 결낼 **분**, 도모할 **도**, 굳셀 **강**

출전 | 논어, 송사 소순전蘇洵傳

[발분망식發憤忘食]

먹을 것을 잊고 분발한다는 말이다.

원문 | 發憤忘食樂以忘憂不知老之
발 분 망 식 낙 이 망 우 부 지 로 지
將至
장 지

글자 | 일어날 **발**, 결낼 **분**, 잊을 **망**, 밥 **식**

출전 | 논어 술이述而

[발분흥기發憤興起]

분을 일으켜 흥하여 일어난다는 말이며, 분발하여 일어난다는 뜻이다.

글자 | 일으킬 **발**, 분할 **분**, 흥할 **흥**, 일어날 **기**

[발산개세拔山蓋世]

산을 뽑아 세상을 덮는다는 말이며, 항우의 영력과 패기를 일컫는다. 초나라 항우가 한나라 유방과의 결전을 앞두고 장수들과의 술자리에서 부른 노랫말이다. '힘은 태산이라도 뽑고, 기백은 세상을 덮었는데 때가 불리하구나. 추[애마]여, 너마저 걷지 않는구나.'

원문 | 力拔山兮氣蓋世時不利兮騅不逝
(역발산혜기개세시불리혜추불서)

글자 | 뽑을 **발**, 뫼 **산**, 덮을 **개**, 세상 **세**

출전 | 사기 항우본기項羽本紀

[발산거정拔山擧鼎]

산을 뽑고 솥을 들어 올린다는 말이며, 항우의 용기와 힘이 남보다 뛰어남을 빗댄 말이다.

글자 | 뽑을 **발**, 뫼 **산**, 들 **거**, 솥 **정**

출전 | 사기 항우본기項羽本紀

[발설지옥拔舌地獄]

혀를 뽑는 지옥이라는 말이며, 말로 죄를 지은 자가 떨어지는 불교의 지옥을 일컫는다.

글자 | 뺄 **발**, 혀 **설**, 땅 **지**, 감옥 **옥**

[발수체속髮竪體粟]

머리털이 서고 몸이 조 같이 된다는 말이며, 몹시 두렵거나 무섭다는 뜻이다.

글자 | 터럭 **발**, 세울 **수**, 몸 **체**, 조 **속**

출전 | 조선왕조 16대 인조실록

[발안중정拔眼中釘]

눈 속의 못을 뺀다는 말이며, 탐관오리나 악인을 없앤다는 빗댄 말이다.

글자 | 뺄 **발**, 눈 **안**, 가운데 **중**, 못 **정**

출전 | 오대사五代史

[발양망상發揚妄想]

드날림을 일으키는 망령된 생각이라는 말이며, 자신을 과대평가하는 망상을 일컫는다.

글자 | 일으킬 **발**, 드날릴 **양**, 망령될 **망**, 생각 **상**

[발연대로勃然大怒]

물리치고 크게 노한다는 말이며, 왈칵 성을 내며 크게 노한다는 뜻이다.

글자 | 물리칠 **발**, 그럴 **연**, 큰 **대**, 노할 **로**

동류 | 발연변색勃然變色

[발연변색勃然變色]

물리치고 색이 변한다는 말이며, 왈칵 성을 내며 얼굴빛이 변한다는 뜻이다.

글자 | 물리칠 **발**, 그럴 **연**, 변할 **변**, 빛 **색**

출전 | 옥루몽

동류 | 발연대로勃然大怒

ㅂ

[발연작색勃然作色]

→ 발연변색勃然變色

[발장의단髮長意短]

머리털은 길지만 생각은 짧다는 말이며, 여자의 좁은 소견을 빗댄 말이다.

글자 | 터럭 **발**, 긴 **장**, 생각 **의**, 짧을 **단**

출전 | 고려사

[발정시인發政施仁]

정치를 펴서 어짊을 베푼다는 말이다.

글자 | 펼 **발**, 정사 **정**, 베풀 **시**, 어질 **인**

출전 | 맹자 양혜왕 하

[발종지시發蹤指示]

찾아낼 자취를 손가락으로 가르친다는 말이며, 사냥개에게 짐승 있는 곳을 가리켜 잡게 한다는 뜻이다.

글자 | 찾아낼 **발**, 자취 **종**, 손가락 **지**, 가르칠 **시**

출전 | 사기

[발초첨풍撥草瞻風]

풀을 뽑고 바람을 우러른다는 말이며, 험한 길을 거쳐서 선지식의 덕스러운 풍모를 우러른다는 뜻이다. 즉 발초의 성실함 위에 첨풍의 겸손을 보태야 비로소 깨달음의 경지에 이를 수 있다는 것이다.

글자 | 제할 **발**, 풀 **초**, 우러러볼 **첨**, 바람 **풍**

출전 | 무문관無門關

[발췌초록拔萃抄錄]

뽑아 모으고 베껴서 기록한다는 말이며, 원문에서 필요한 부분만 골라 베낀다는 뜻이다.

글자 | 뽑을 **발**, 모일 **췌**, 베낄 **초**, 기록할 **록**

[발풍진고撥豐振枯]

볶은 보리를 없애고 마른 나무를 거둔다는 말이며, 어떤 일을 아주 쉽게 해치운다는 뜻이다.

글자 | 없앨 **발**, 볶은 보리 **풍**, 거둘 **진**, 마른 나무 **고**

출전 | 성호사설

[발해이산拔海移山]

바다를 뽑고 산을 옮긴다는 말이며, 매우 큰일을 한다는 뜻이다.

글자 | 뽑을 **발**, 바다 **해**, 옮길 **이**, 뫼 **산**

출전 | 삼국사기

[발현양상發現樣相]

피어 나타나는 모양과 형상이라는 말이며, 밖으로 드러나는 현상을 일컫는다.

글자 | 필 **발**, 나타날 **현**, 모양 **양**, 형상 **상**

[발호시령發號施令]

호령을 일으키고 명령을 편다는 말이며, 명령을 내려서 시행케 한다는 뜻이다.

글자 | 일으킬 **발**, 호령 **호**, 펼 **시**, 명령할 **령**

[발호출령發號出令]

→ 발호시령發號施令

출전 | 관자 군신편君臣篇 하

[발호장군跋扈將軍]

뛰며 뒤따르는 장군이라는 말이며, 폭풍을 빗댄 말이다.

글자 | 뛸 **발**, 뒤따를 **호**, 장수 **장**, 군사 **군**

출전 | 후한서 양기전梁冀傳

[발호치미跋胡疐尾]

턱밑 살과 꼬리를 밟고 넘어진다는 말이며, 나아가지도 못하고 물러서지도 못한다는 뜻이다. 늙은 이리가 앞으로 나아가려면 턱밑 살을 밟아 나아가지 못하고, 뒤로 가려면 꼬리를 밟아 물러서지 못한다는 시경의 말이다.

글자 | 밟을 **발**, 턱밑 살 **호**, 넘어질 **치**, 꼬리 **미**

출전 | 시경 빈풍豳風

[방계존속傍系尊屬]

곁 계통의 높은 무리라는 말이며, 직계에서 갈라져 나간 계통의 손위 어른으로서 백숙伯叔 부모 쪽의 어른들을 일컫는다.

글자 | 곁 **방**, 계통 **계**, 높을 **존**, 무리 **속**

[방고측격旁鼓側擊]

두루 두들겨 곁을 친다는 말이며, 빙빙 돌려 말한다는 뜻이다.

글자 | 두루 **방**, 두드릴 **고**, 곁 **측**, 칠 **격**

출전 | 경덕전등록景德傳燈錄 12권

[방공해사妨工害事]

만드는 것을 방해하고 일을 해친다는 말이며, 남이 하는 일을 방해한다는 뜻이다.

글자 | 방해될 **방**, 만들 **공**, 해할 **해**, 일 **사**

[방관자심傍觀者審]

곁에서 보는 사람이 자세하다는 말이며, 제3자가 더 자세히 본다는 뜻이다.

원문 | 傍觀者審 當局者迷
방 관 자 심 당 국 자 미

글자 | 곁 **방**, 볼 **관**, 사람 **자**, 자세할 **심**

출전 | 통속편通俗篇

[방기곡경旁岐曲徑]

→ 반계곡경盤溪曲徑

출전 | 율곡의 동호문답東湖問答

[방기양심放其良心]

그 양심을 버린다는 말이며, 양심이 없다는 뜻이다.

글자 | 버릴 **방**, 그 **기**, 어질 **양**, 마음 **심**

[방랑생활放浪生活]

물 절절 흐르는 대로 놓아먹는 삶이라는 말이며, 일정한 주소나 직업도 없이 이리저리 떠돌아다니는 생활을 일컫는다.

글자 | 놓아먹을 **방**, 물 절절 흐를 **랑**, 샐 **생**, 살 **활**

[방면대이方面大耳]

모난 얼굴에 큰 귀라는 말이며, 남자답게 생긴 얼굴이라는 뜻이다.

글자 | 모 **방**, 얼굴 **면**, 큰 **대**, 귀 **이**

[방면지임方面之任]

[어느] 방위를 향해서 맡는다는 말이며, 조선시대의 지방장관인 관찰사觀察使의 임무를 일컫는다.

글자 | 방위 **방**, 향할 **면**, 어조사 **지**, 맡길 **임**

출전 | 조선왕조 9대 성종실록

[방명유세芳名遺世]

꽃다운 이름이 세상에 남는다는 말이며, 젊은 명성이 세상에 오래 남는다는 뜻이다.

글자 | 꽃다울 **방**, 이름 **명**, 남을 **유**, 세상 **세**

[방모두단房謨杜斷]

방현령房玄齡의 꾀와 두여해杜如海의 결단이라는 말이며, 각자가 특색이 있고 장점이 있어 조화를 이루어 일이 원만하게 해결된다는 뜻이다.

글자 | 방 **방**, 꾀할 **모**, 막을 **두**, 끊을 **단**

출전 | 구당서

[방무운인傍無韻人]

곁에 운치 있는 사람이 없다는 말이다. 정다산丁茶山이 유배지에서 쓴 편지에 있는 글이다. '지각池閣에 밤이 깊어 산달이 점점 올라오면 텅 빈 섬돌은 마른풀이 떠다니는 듯 너울너울 춤을 추며 옷깃을 당기지요. 홀로 정신을 내달려 복희씨와 신농씨의 세상으로 가곤 합니다. 다만 곁에 더불어 얘기를 나눌 만한 운치 있는 사람이 없는 것이 안타깝습니다.'

원문 | 但恨傍無韻人 與之談論也
단한방무운인 여지담론야

글자 | 곁 **방**, 없을 **무**, 운치 **운**, 사람 **인**

출전 | 정약용의 서한

[방문호비傍門戶飛]

집 문에 의지하여 날아간다는 말이며, 남에게 기대어 출세한다는 뜻이다.

글자 | 의지할 **방**, 문 **문**, 집 출입구 **호**, 날 **비**

[방미두점防微杜漸]

작은 것을 막고 번지는 것을 막는다는 말이며, 어떤 일이 커지기 전에 미리 막는다는 뜻이다.

글자 | 막을 **방**, 작을 **미**, 막을 **두**, 번질 **점**

출전 | 후한서 정홍전丁鴻傳

[방미호발龐眉皓髮]

큰 눈썹과 흰 머리털이라는 말이며, 노인을 빗댄 말이다.

글자 | 클 **방**, 눈썹 **미**, 흴 **호**, 머리털 **발**

[방반유철放飯流歠]

밥을 버리고 마실 것을 흘린다는 말이며, 밥과 국물을 흘리고 마시면서 식사 때의 예절을 모른다는 뜻이다.

원문 | 放飯流歠 而問無齒決
방 반 유 철 이 문 무 치 결

글자 | 버릴 **방**, 밥 **반**, 흐를 **유**, 크게 마실 **철**

출전 | 맹자 진심盡心 상

[방방곡곡坊坊曲曲]

골마다 향곡마다라는 말이며, 한 군데도 빠짐없는 모든 곳이라는 뜻이다.

글자 | 골 이름 **방**, 향곡 **곡**

[방벽사치放辟邪侈]

터놓고 사치하다는 말이며, 아무 거리낌 없이 제멋대로 논다는 뜻이다.

글자 | 놓을 **방**, 열릴 **벽**, 어조사 **사**, 사치할 **치**

출전 | 맹자 양혜왕梁惠王 상

[방성대곡放聲大哭]

→ 방성통곡放聲痛哭

[방성통곡放聲痛哭]

소리를 놓아 애통하게 운다는 말이다.

글자 | 놓을 **방**, 소리 **성**, 아플 **통**, 울 **곡**

[방수지행訪隨之行]

찾아다니고 따라다닌다는 말이며, 봄나들이를 빗댄 말이다. 송나라 정호程顥의 시구이다. '꽃을 찾고 버들을 따라 앞의 냇가를 지나간다.'

원문 | 訪花隨柳過前川
방 화 수 류 과 전 천

글자 | 찾아볼 **방**, 따를 **수**, 어조사 **지**, 다닐 **행**

출전 | 정호의 시

[방약무인傍若無人]

곁에 사람이 없는 것과 같다는 말이며, 무례하고 자기 마음대로 행동한다는 뜻이다. 진왕을 암살하기 위해 떠난 자객 형가荊軻의 이야기에서 온 말이다. 형가는 여러 차례 내기와 논쟁 등에서 수모를 당하나 참고 지내다가 두 사람의 친구를 만나 격정을 풀게 되었는데, 세 사람은 술과 노래를 즐기다가 갑자기 큰 소리 내어 울기도 하고 웃기도 하면서 '주위 사람을 의식하지 않은' 술판을 벌인 것이다.

글자 | 곁 **방**, 같을 **약**, 없을 **무**, 사람 **인**

출전 | 사기 자객열전刺客列傳

[방어정미魴魚赬尾]

방어의 붉은 꼬리라는 말이며, 방어의 꼬리가 희지만 피로하면 붉어진다는 데서 사람이 너무 피로하여 초췌해졌다는 뜻이다.

원문 | 魴魚赬尾 王室如燬
방 어 정 미 왕 실 여 훼

글자 | 방어 **방**, 고기 **어**, 붉을 **정**, 꼬리 **미**

출전 | 시경 주남 여분汝墳

[방언고담放言高談]

→ 방언고론放言高論

ㅂ

[방언고론放言高論]

드러내놓고 큰소리로 말한다는 말이다.

글자 | 놓을 **방**, 말씀 **언**, 높을 **고**, 말할 **론**

출전 | 문장궤범文章軌範

[방언혼잡方言混雜]

한 지방의 말로 혼잡하게 한다는 말이며, 구약성경에 나오는 설화의 하나로서 노아의 홍수 이후 사람들이 저희들의 죄악을 생각지 않고 바빌로니아 평야에 높은 탑을 쌓아서 홍수의 난을 피하려 하므로 하나님이 저주하여 언어를 혼잡하게 해서 서로 뜻이 통하지 못하게 한 사건을 일컫는다.

글자 | 방위 **방**, 말씀 **언**, 흐릴 **혼**, 잡될 **잡**

출전 | 구약성경

[방예원조方枘圓鑿]

모난 자루와 둥근 구멍이라는 말이며, 사물이 서로 맞지 않는다는 뜻이다.

원문 | 圓鑿而方蘭兮
원조이방란혜

글자 | 모 **방**, 자루 **예**, 둥글 **원**, 뚫은 구멍 **조**

출전 | 사기 맹자순경孟子荀卿열전

동류 | 원조방예圓鑿方枘, 원공방목圓孔方木

[방외범색房外犯色]

자기 방 밖의 색을 범했다는 말이며, 자기 아내 외의 여자와 정을 통했다는 뜻이다.

글자 | 방 **방**, 바깥 **외**, 범할 **범**, 빛 **색**

[방외지지方外之志]

이 세상 밖의 뜻이라는 말이며, 속세를 떠나 불문佛門에 들려는 마음이라는 뜻이다.

글자 | 이제 **방**, 바깥 **외**, 어조사 **지**, 뜻 **지**

출전 | 삼국유사 3권

[방원가시方圓可施]

모난 것과 둥근 것을 옳게 베푼다는 말이며, 무슨 일이나 다 잘한다는 뜻이다.

글자 | 모 **방**, 둥글 **원**, 옳을 **가**, 베풀 **시**

[방원평직方圓平直]

모진 것, 둥근 것, 평평한 것, 곧은 것이라는 말이며, 여러 가지 모양의 도형을 일컫는다.

글자 | 모 **방**, 둥글 **원**, 평평할 **평**, 곧을 **직**

[방유일순謗由一脣]

헐뜯음은 한 입술로 말미암는다는 말이며, 말을 삼가해야 한다는 뜻이다. 옛 시에 있는 글이다. '칭찬은 만 사람의 입을 필요로 해도 헐뜯음은 한 입술에서 말미암는다.'

원문 | 讚誦待萬口 毁謗由一脣
찬송대만구 훼방유일순

글자 | 헐어 말할 **방**, 말미암을 **유**, 입술 **순**

[방의여성防意如城]

성과 같이 뜻을 막으라는 말이며, 뜻을 굳게 지켜나가라는 뜻이다.

원문 | 守口如甁 防意如城
수구여병 방의여성

글자 | 막을 **방**, 뜻 **의**, 같을 **여**, 재 **성**

출전 | 명심보감 존심편存心篇

[방이광상方頤廣顙]

모난 턱과 넓은 이마라는 말이며, 귀인의 상이라는 뜻이다.

글자 | 모 **방**, 턱 **이**, 넓을 **광**, 이마 **상**

출전 | 고려사

[방자무기放恣無忌]

방자하고 꺼리는 것이 없다는 말이다.

글자 | 방자할 **방**, 방자할 **자**, 없을 **무**, 꺼릴 **기**

[방장부절方長不折]

바야흐로 자라는 것은 꺾지 않는다는 말이며, 전도가 양양한 사람이나 사업에 대하여 방해하지 않는다는 뜻이다.

글자 | 바야흐로 **방**, 기를 **장**, 아닐 **부**, 꺾을 **절**

출전 | 소학 계고稽古

[방장지년方壯之年]

바야흐로 장정의 나이라는 말이다.

글자 | 바야흐로 **방**, 장정 **장**, 어조사 **지**, 연치 **년**

[방저원개方底圓蓋]

네모진 바닥에 둥근 뚜껑이라는 말이며, 사물이 서로 맞지 않는다는 뜻이다.

원문 | 方底而圓蓋
방저이원개

글자 | 모 **방**, 바닥 **저**, 둥글 **원**, 덮을 **개**

출전 | 안씨가훈 형제

유사 | 방예원조方枘圓鑿

[방정구학放情溝壑]

정을 개천과 구렁에 풀어 놓는다는 말이며, 산천을 소요하면서 즐긴다는 뜻이다.

글자 | 놓을 **방**, 뜻 **정**, 개천 **구**, 구렁 **학**

[방촌이란方寸已亂]

사방 한 치는 이미 어지럽다는 말이며, 마음이 흔들려 어떤 일도 할 수 없는 상태라는 뜻이다. 방촌은 마음, 마음속, 흉중 등을 일컫는다.

원문 | 今已失老母 方寸亂矣
금이실노모 방촌난의

글자 | 모 **방**, 마디 **촌**, 이미 **이**, 어지러울 **란**

출전 | 삼국지 촉지 제갈량전諸葛亮傳

[방촌지간方寸之間]

사방 한 치의 방이라는 말이며, 가슴속을 빗댄 말이다.

글자 | 방위 **방**, 마디 **촌**, 어조사 **지**, 사이 **간**

[방촌지지方寸之地]

사방 한 치의 땅이라는 말이며, 좁은 땅, 즉 자신의 심정이나 성의를 겸손히 표현할 때 쓰는 말이다.

원문 | 方寸之地虛矣 幾聖人也
방 촌 지 지 허 의 기 성 인 야

글자 | 모 **방**, 마디 **촌**, 어조사 **지**, 땅 **지**

출전 | 열자 중니편仲尼篇, 삼국지 제갈량전諸葛亮傳

[방축향리放逐鄕里]

시골 마을로 내어 쫓는다는 말이며, 벼슬을 빼앗고 자기 고향 마을로 내쫓는다는 뜻이다. 유배流配보다 한 등급 낮은 형벌의 하나였다.

글자 | 놓을 **방**, 쫓을 **축**, 시골 **향**, 마을 **리**

[방춘화시方春和時]

바야흐로 봄이 고른 때라는 말이다.

글자 | 바야흐로 **방**, 봄 **춘**, 고를 **화**, 때 **시**

출전 | 송남잡지

[방출궁인放出宮人]

놓아 나온 궁궐의 사람이라는 말이며, 궁인으로 있다가 나와서 살게 된 여자를 일컫는다.

글자 | 놓을 **방**, 나올 **출**, 궁궐 **궁**, 사람 **인**

[방탕무뢰放蕩無賴]

방자하고 방랑하여 믿음이 없다는 말이며, 품행이 단정치 못하고 직업도 거처도 없다는 뜻이다.

글자 | 방자할 **방**, 방랑할 **탕**, 없을 **무**, 믿을 **뢰**

[방혜곡경旁蹊曲徑]

길의 지름길과 굽은 길이라는 말이며, 바른 길이 아닌 그른 방법으로 일을 처리한다는 뜻이다.

글자 | 곁 **방**, 지름길 **혜**, 굽을 **곡**, 길 **경**

출전 | 조선왕조 11대 중종실록

유사 | 반계곡경盤溪曲徑

[방환미연防患未然]

근심을 그러기 전에 미리 막는다는 말이다.

글자 | 막을 **방**, 근심 **환**, 아닐 **미**, 그럴 **연**

출전 | 악부시집樂府詩集 군자행

[방휼상지蚌鷸相持]

→ 방휼지세蚌鷸之勢

[방휼지세蚌鷸之勢]

방합과 도요새의 기세라는 말이며, 서로 적대하여 버티고 양보하지 않는다는 빗댄 말이다. 도요새가 방합의 속을 먹으려고 주둥이를 넣는 순간, 방합이 조개껍질을 닫고 생사를 겨루는 싸움을 두고 하는 말이다.

글자 | 방합 **방**, 도요새 **휼**, 어조사 **지**, 기세 **세**

출전 | 전국책 연책燕策

관련 | 어부지리漁父之利

[방휼지쟁蚌鷸之爭]

→ 방휼지세蚌鷸之勢

[배공영사背公營私]

공변된 것을 등 뒤로 하고 사사로움을 헤아린다는 말이며, 공적인 일을 뒤로 하고 사적인 자기 이익만을 꾀한다는 뜻이다.

글자 | 등 **배**, 공변될 **공**, 헤아릴 **영**, 사사 **사**

출전 | 삼국사기

[배궁사영杯弓蛇影]

술잔 속의 활[그림자]를 뱀 그림자로 본다는 말이며, 쓸데없는 의심을 품고 지나치게 근심한다는 뜻이다.

글자 | 술잔 **배**, 활 **궁**, 뱀 **사**, 그림자 **영**

출전 | 진서 악광전樂廣傳

동류 | 사영배궁蛇影杯弓

[배권지모杯棬之慕]

휘어 만든 나무 잔의 그리움이라는 말이며, 돌아가신 어머니를 그리워한다는 뜻이다. 예기의 글이다. '어머니가 돌아가신 뒤 배권으로 차마 마실 수 없음은 어머니의 입을 대었던 여운이 아직도 남아 있음이라.'

원문 | 母沒而杯棬 不能飮 口澤之 氣存
모몰이배권 불능음 구택지 기존

글자 | 잔 **배**, 휘어 만든 나무 그릇 **권**, 어조사 **지**, 사모할 **모**

출전 | 예기 옥조玉藻

[배금주의拜金主義]

돈에 절하는 것이 옳다는 주장이라는 말이며, 돈을 가장 존귀한 것으로 생각하는 주장을 일컫는다.

글자 | 절 **배**, 돈 **금**, 주장할 **주**, 옳을 **의**

[배난해분排難解紛]

어려움을 물리치고 어지럽게 된 것을 푼다는 말이며, 남을 위해 문제를 해결해 준다는 뜻이다.

원문 | 排患釋難 解紛亂
배환석난 해분난

글자 | 밀칠 **배**, 어려울 **난**, 풀 **해**, 어지러울 **분**

출전 | 전국책 조책趙策

동류 | 배환해분排患解紛

[배달직입排闥直入]

대궐문을 물리치고 곧바로 들어간다는 말이며, 주인의 승낙 없이 함부로 남의 집안에 들어간다는 뜻이다.

글자 | 물리칠 **배**, 대궐문 **달**, 곧을 **직**, 들 **입**

[배도겸행倍道兼行]

갑절의 길을 겹쳐서 간다는 말이며, 보통 사람이 이틀에 갈 길을 하루에 간다는 뜻이다.

원문 | 倍道兼行 百里而爭利
배도겸행 백리이쟁리

글자 | 갑절 **배**, 길 **도**, 겸할 **겸**, 갈 **행**

출전 | 사기, 손자병법 군쟁편軍爭篇

[배반낭자杯盤狼藉]

술잔과 접시가 낭자하다는 말이며, 술을 마시고 실컷 놀고 난 후의 어지러운 모습을 일컫는다. 제나라 위왕威王이 순우곤淳于髡이라는 사람과 술을 함께 하며 어느 정도 마시면 취하는지 물어보았다. 순우곤은 술이란 기분에 따라 취하는 양이 다를 수 있다는 것을 예를 들어 다음과 같이 설명했다. '날이 저물고 술이 얼근해졌을 때 술병을 한 데 모으고 무릎을 맞대고 남녀가 한자리에 앉아 신발이 흩어져 서로 섞이고 술잔과 안주 접시가 어지러이 흩어져 있는데 방에 촛불이 꺼지면서 주인이 다른 이들은 다 보내고 나만 붙잡습니다. 어둠 속에서 더듬어보면 비단 속옷의 옷깃이 풀어진 채 은은한 향기가 풍겨 나옵니다. 이런 때라면 마음이 아주 즐거워 능히 한 섬의 술이라도 마실 수 있는 것입니다. 그러기에 말하기를, 술이 극에 달하면 어지럽고, 즐거움이 극에 달하면 슬퍼진다고들 말합니다. 술뿐만 아니라 모든 것이 다 그렇습니다.'

원문 | …杯盤狼藉 堂上燭滅
배 반 낭 자 당 상 촉 멸
主人留髡而送客…
주 인 류 곤 이 송 객

글자 | 잔 **배**, 소반 **반**, 이리 **낭**, 깔개 **자**

출전 | 사기 골계열전滑稽列傳

[배부개가背夫改嫁]

지아비를 배반하고 다시 시집간다는 말이다.

글자 | 배반할 **배**, 지아비 **부**, 거듭할 **개**, 시집갈 **가**

[배부기가背夫棄家]

지아비를 배반하고 집을 버린다는 말이다.

글자 | 배반할 **배**, 지아비 **부**, 버릴 **기**, 집 **가**

[배부도주背夫逃走]

지아비를 배반하고 달아난다는 말이다.

글자 | 배반할 **배**, 지아비 **부**, 달아날 **도**, 달릴 **주**

[배사간금排砂簡金]

모래를 헤치면 금을 구한다는 말이며, 문장의 좋은 구절을 발견한다는 뜻이다. 손흥공孫興公이 한 말이다. '육기陸機의 문장은 마치 모래를 헤쳐 금을 찾는 것처럼 종종 보석이 보인다.'

원문 | 陸文若排沙簡金
육 문 약 배 사 간 금

글자 | 밀칠 **배**, 모래 **사**, 구할 **간**, 금 **금**

출전 | 세설신어 문학文學

동류 | 피사간금披沙揀金

[배산압란排山壓卵]

산을 밀어 알을 깔아버린다는 말이며,

매우 하기 쉬운 일을 빗댄 말이다.

글자 | 밀칠 **배**, 뫼 **산**, 누를 **압**, 알 **란**

출전 | 진서

[배산임수背山臨水]

산을 등지고 물이 가까이 있다는 말이며, 적과 대진하는데 유리한 위치에 있다는 뜻이다.

글자 | 등 **배**, 뫼 **산**, 임할 **임**, 물 **수**

[배성차일背城借一]

성을 뒤에 지고 한 번 돕는다는 말이며, 목숨을 바치고 끝까지 싸우겠다는 뜻이다.

원문 | 請收合餘燼 背城借一
청수합여신 배성차일

글자 | 등 **배**, 성 **성**, 도울 **차**

출전 | 춘추좌씨전 경공 2년조

동류 | 배성일전背城一戰

[배수거신杯水車薪]

한 잔의 물로 수레에 실려 있는 나무의 불을 끈다는 말이며, 혼자 힘으로는 어림도 없는 일을 감당하겠다고 나선다는 뜻이다.

원문 | 猶以一杯水 救一車薪之火也
유이일배수 구일거신지화야

글자 | 잔 **배**, 물 **수**, 수레 **거**, 땔나무 **신**

출전 | 맹자 고자告子 상

[배수지진背水之陣]

물을 등지고 친 진지라는 말이며, 더 이상 뒤로 물러설 수 없는 마지막 상황이라는 뜻이다. 한나라 장수 한신韓信이 조나라와의 싸움에서 위험한 배수의 진을 쳐서 승리했는데, 부하 장수들이 그 이유를 묻자 답했다. '우리 군사는 이번에 급히 편성한 오합지졸烏合之卒이 아닌가? 이런 군사는 사지死地에 두어야만 필사적으로 싸우는 법이야. 그래서 배수의 진을 쳤다네.'

글자 | 등 **배**, 물 **수**, 갈 **지**, 진칠 **진**

출전 | 사기 회음후淮陰侯 열전

유사 | 파부침선破釜沈船, 기량침선棄糧沈船

[배신행위背信行爲]

믿음을 배반한 행위라는 말이다.

글자 | 배반할 **배**, 믿을 **신**, 행할 **행**, 할 **위**

[배암투명背暗投明]

어두운 데를 등지고 밝은 데로 나아간다는 말이며, 그른 길을 버리고 바른길로 간다는 뜻이다.

글자 | 등 **배**, 어두울 **암**, 나아갈 **투**, 밝을 **명**

출전 | 벽암록碧巖錄

동류 | 조주문사趙州問死

[배외사상排外思想]

밖을 물리치는 생각들이라는 말이며, 외국의 제도나 문물을 배격하고 자기 나라의 것만 소중히 여기는 사상을 일컫는다.

글자 | 물리칠 **배**, 밖 **외**, 생각 **사**, 생각 **상**

[배운규합排雲叫閤]

구름을 물리치고 문 앞에서 부르짖는다는 말이며, 원통하거나 억울한 일을 임금에게 상소한다는 뜻이다.

글자 | 물리칠 **배**, 구름 **운**, 부르짖을 **규**, 문짝 **합**

출전 | 조선왕조 15대 광해군일기

[배은망덕背恩忘德]

은혜를 배반하고 덕을 잊는다는 말이며, 남에게 입은 은덕을 저버리고 배신한다는 뜻이다.

글자 | 배반할 **배**, 은혜 **은**, 잊을 **망**, 큰 **덕**

[배의망덕背義忘德]

의리를 등지고 덕을 잊어버렸다는 말이다.

글자 | 등 **배**, 옳을 **의**, 잊을 **망**, 큰 **덕**

동류 | 배은망덕背恩忘德

[배일병행倍日並行]

날을 겹쳐서 아울러 간다는 말이며, 이틀 갈 길을 하루에 간다는 뜻이다.

글자 | 겸할 **배**, 날 **일**, 아우를 **병**, 갈 **행**

출전 | 사기 손자전孫子傳

동류 | 주야겸행晝夜兼行

[배일사상排日思想]

해를 물리치는 생각들이라는 말이며, 일본을 싫어하고 멀리하려는 사상이라는 뜻이다.

글자 | 물리칠 **배**, 해 **일**, 생각 **사**, 생각 **상**

[배자예채排子例債]

물리친 사람의 전례인 빚이라는 말이며, 잡혀간 죄인이 법사法司의 사령에게 인정으로 주는 뇌물을 일컫는다.

글자 | 물리칠 **배**, 사람 **자**, 전례 **예**, 빚 **채**

[배중사영杯中蛇影]

잔 속에 비친 뱀 그림자라는 말이며, 마음이 약한 사람이 엉뚱한 것을 보고 귀신이나 괴물이 있는 줄로 잘못 안다는 뜻이다. 진나라 때 악광樂廣이라는 사람이 친한 벗과 자주 만나 술을 마셨는데 오랫동안 소식이 없어 찾아가니 벗이 하는 말이 술을 마실 때 술잔 속에 뱀이 보였는데 언짢아도 마셨더니 그 뒤로 시름시름 앓게 되었다는 것이다. 이상히 여긴 악광이 돌아와 술 마신 방을 살펴보니 벽에 활이 걸려 있었다. 다시 불러 같은 자리에서 술을 마시며 물어보니 또 같은 그림자가 비친다는 것이다. 그래서 그것이 활의 그림자라 하였더니 그제야 까닭을 알고 병도 없어졌다는 이야기다.

글자 | 잔 **배**, 가운데 **중**, 뱀 **사**, 그림자 **영**

출전 | 진서 악광전樂廣傳

유사 | 의심암귀疑心暗鬼, 반신반의半信半疑

[배천지업配天之業]

하늘과 짝하는 일이라는 말이며, 왕업王業을 빗댄 말이다.

글자 | 짝 **배**, 하늘 **천**, 어조사 **지**, 일 **업**

출전 | 용비어천가

[배칭지식倍稱之息]

갑절이나 되는 이자라는 말이며, 이자가 본전의 갑절이나 되는 비싼 이자라는 뜻이다.

글자 | 곱 **배**, 일컬을 **칭**, 어조사 **지**, 이자 **식**

출전 | 한서

[배회고면徘徊顧眄]

어슷거리고 머뭇거리며 돌아보고 곁눈질한다는 말이며, 목적 없이 이리저리 다니면서 기웃거린다는 뜻이다.

글자 | 어슷거릴 **배**, 머뭇거릴 **회**, 돌아볼 **고**, 곁눈질할 **면**

[배후지언背後之言]

등 뒤의 말이라는 뜻이며, 내가 듣지 못하는 남들이 하는 말이라는 뜻이다.

글자 | 등 **배**, 뒤 **후**, 어조사 **지**, 말씀 **언**

[백가쟁명百家爭鳴]

백 집이 다투며 떠들어댄다는 말이며, 문화·예술·학문상의 의견을 학자나 문화인이 제각기 다투어 발표한다는 뜻이다.

글자 | 일백 **백**, 집 **가**, 다툴 **쟁**, 울 **명**

유사 | 의논백출議論百出

[백계무책百計無策]

백 가지 계책이 소용없는 책략이라는 말이며, 있는 꾀를 다 써봐도 별 수 없다는 뜻이다.

글자 | 일백 **백**, 꾀할 **계**, 없을 **무**, 꾀 **책**

동류 | 계무소출計無所出

[백계천방百計千方]

백 가지 계교와 천 가지 방법이라는 말이며, 여러 가지 계책이라는 뜻이다.

글자 | 일백 **백**, 계교 **계**, 일천 **천**, 방법 **방**

출전 | 조선왕조 8대 예종실록

[백계혼요百計魂搖]

넋이 두근거리고 혼이 흔들린다는 말이며, 몹시 놀라서 넋을 잃은 모양을 일컫는다.

글자 | 넋 **백**, 마음 두근거릴 **계**, 혼 **혼**, 흔들 **요**

출전 | 조선왕조 15대 광해군일기

[백고불마百古不磨]

백 번 닦아도 닳아지지 않는다는 말이며, 백 년 후까지도 없어지지 않는다는 뜻이다.

글자 | 일백 **백**, 낡을 **고**, 아닐 **불**, 갈 **마**

유사 | 영구불멸永久不滅

[백고천난百苦千難]

백 가지 괴로움과 천 가지 어려움이

라는 말이며, 헤아릴 수 없는 온갖 고난을 일컫는다.

글자 | 일백 **백**, 괴로울 **고**, 일천 **천**, 어려울 **난**

[백골난망白骨難忘]

백골이 되어도 잊을 수 없다는 말이며, 입은 은혜를 죽어도 잊을 수 없다는 뜻이다.

글자 | 흰 **백**, 뼈 **골**, 어려울 **난**, 잊을 **망**

출전 | 춘추좌씨전

동류 | 각골난망刻骨難忘

[백골남항白骨南行]

흰 뼈의 금 같은 항렬이라는 말이며, 고려와 조선시대에 과거시험에 의하지 않고 부조父祖의 공으로 주어지는 벼슬인 음직蔭職을 빗댄 말이다.

글자 | 흰 **백**, 뼈 **골**, 금 **남**, 항렬 **항**

[백골양자白骨養子]

흰 뼈의 양자라는 말이며, 죽은 사람의 양자로 삼아 대를 잇는다는 뜻이다.

글자 | 흰 **백**, 뼈 **골**, 기를 **양**, 아들 **자**

[백공기예百工技藝]

일백 장인의 재주라는 말이며, 온갖 장색匠色의 재주라는 뜻이다.

글자 | 일백 **백**, 장인 **공**, 재주 **기**, 재주 **예**

[백공오종百工五種]

백 명의 장인과 다섯 가지 곡식이라는 말이며, 인간 생활에 도움을 주는 온갖 장인匠人과 오곡의 종자를 일컫는다.

글자 | 일백 **백**, 장인 **공**, 씨 **종**

[백공천창百孔千瘡]

일백의 구멍과 일천의 상처라는 말이며, 여러 가지 폐단으로 엉망진창이라는 뜻이다.

글자 | 일백 **백**, 구멍 **공**, 일천 **천**, 부스럼 **창**

동류 | 천창만공千瘡萬孔

[백관유사百官有司]

일백의 벼슬과 벼슬이라는 말이며, 조정의 많은 관리를 일컫는다.

글자 | 일백 **백**, 벼슬 **관**, 또 **유**, 벼슬 **사**

[백교천궁百巧千窮]

백 가지 재주가 천 가지로 막혔다는 말이며, 여러 가지 교묘한 방법이 모두 소용없다는 뜻이다.

글자 | 일백 **백**, 재주 **교**, 일천 **천**, 막힐 **궁**

출전 | 조선왕조 14대 선조실록

[백구과극白駒過隙]

흰 말이 틈새로 지나간다는 말이며, 세월이 빨리 흘러간다는 뜻이다. 장자에 있는 글이다. '사람이 천지 사이에서 사는 것은 흰 망아지가 지나가는 것을 문틈으로 엿보는 것과 같다.'

원문 | **人生天地之間 若白駒之過隙**
인 생 천 지 지 간 약 백 구 지 과 극

글자 | 흰 **백**, 망아지 **구**, 지날 **과**, 틈새 **극**

출전 | 장자 지북유知北遊

[백구식장白駒食場]

흰 망아지가 마당에서 풀을 먹고 있다는 말이며, 평화스러움을 빗댄 말이다.

원문 | 鳴鳳在樹 白駒食場
명봉재수 백구식장

글자 | 흰 **백**, 망아지 **구**, 먹을 **식**, 마당 **장**

출전 | 시경 권아券阿

[백구재상白鳩宰相]

흰 비둘기 같은 재상이라는 말이며, 얼굴이 희고 성품이 옹졸한 재상을 일컫는다.

글자 | 흰 **백**, 비둘기 **구**, 재상 **재**, 벼슬 이름 **상**

출전 | 조선왕조 14대 선조수정실록

[백구천함百搆千陷]

백 가지로 얽어매고 천 가지로 모함한다는 말이며, 온갖 방법으로 죄를 만들어서 모함한다는 뜻이다.

글자 | 일백 **백**, 얽어맬 **구**, 일천 **천**, 함정 **함**

출전 | 조선왕조 14대 선조실록

[백귀야행百鬼夜行]

백 가지 귀신이 밤에 다닌다는 말이며, 모양이나 하는 짓이 매우 흉악한 것들이 덤벙거린다는 뜻이다.

글자 | 일백 **백**, 귀신 **귀**, 밤 **야**, 다닐 **행**

유사 | 신출귀몰神出鬼沒

[백규학린白圭壑鄰]

백규가 이웃에 골짜기를 만들었다는 말이며, 어질지 못한 일을 한다는 뜻이다. 중국의 백규라는 사람이 자기 나라에 둑을 쌓아 수해를 막고 그 물을 이웃 나라네 흐르게 하였다는 고사에서 온 말이다.

글자 | 흰 **백**, 서옥 **규**, 골 **학**, 이웃 **린**

[백금지사百金之士]

백금과 같은 선비라는 말이며, 어진 선비를 일컫는다.

글자 | 일백 **백**, 돈 **금**, 어조사 **지**, 선비 **사**

[백금택목白禽擇木]

흰 새는 나무를 가린다는 말이며, 현명한 새는 나무를 골라서 머문다는 뜻으로서, 현명한 사람은 봉사해야 할 주인을 선택해서 봉사한다는 말로도 쓰인다.

글자 | 흰 **백**, 새 **금**, 가릴 **택**, 나무 **목**

출전 | 춘추좌씨전 애공편

[백난지중百難之中]

백 가지 어려움 가운데라는 말이며, 온갖 고난을 겪는 가운데 있다는 뜻이다.

글자 | 일백 **백**, 어려울 **난**, 어조사 **지**, 가운데 **중**

[백년가기百年佳期]

→ 백년가약百年佳約

[백년가약百年佳約]

백 년 동안의 아름다운 약속이라는 말이며, 젊은 남녀가 혼인하여 한평생을 아름답게 지내자는 약속을 일컫는다.

글자 | 일백 **백**, 해 **년**, 아름다울 **가**, 맺을 **약**

[백년대계百年大計]

백 년간의 큰 계교라는 말이며, 먼 훗날까지에 걸친 큰 계획을 뜻한다.

글자 | 일백 **백**, 해 **년**, 큰 **대**, 계교 **계**

[백년언약百年言約]

→ 백년가약百年佳約

[백년지객百年之客]

백 년 동안의 손님이라는 말이며, 평생을 두고 늘 어려운 손님으로 맞아야 하는 사위를 가리키는 말이다.

글자 | 일백 **백**, 해 **년**, 어조사 **지**, 손 **객**

[백년지계百年之計]

백 년을 꾀한다는 말이며, 먼 뒷날까지 내다보고 살면서 세우는 계획이라는 뜻이다.

글자 | 일백 **백**, 해 **년**, 어조사 **지**, 꾀할 **계**

[백년지환百年之歡]

백 년의 기쁨이라는 말이며, 한평생을 즐겁게 지내는 부부의 기쁨을 일컫는다.

글자 | 일백 **백**, 해 **년**, 어조사 **지**, 기쁠 **환**

출전 | 어우야담於于野談

[백년하청百年河淸]

백 년에 한 번 물이 맑아진다는 말이다. 중국의 황하黃河는 언제나 물이 누렇게 흐려 있어 백 년을 기다려야 한 번 물이 맑아질 때가 있거나 한다는 말에서 유래하였으며, 아무리 오래 기다려도 소용이 없다는 뜻이다.

글자 | 일백 **백**, 해 **년**, 강 **하**, 맑을 **청**

출전 | 춘추좌씨전 양공襄公 8년

동류 | 천년하청千年河淸, 천년일청千年一淸

[백년해락百年偕樂]

백 년을 함께 즐긴다는 말이며, 부부가 함께 평생토록 즐겁게 보낸다는 뜻이다.

글자 | 일백 **백**, 해 **년**, 함께 **해**, 즐거울 **락**

[백년해로百年偕老]

백 년을 함께 늙는다는 말이며, 부부가 오래도록 화락하게 함께 늙는다는 뜻이다.

글자 | 일백 **백**, 해 **년**, 함께 **해**, 늙을 **로**

출전 | 옥루몽, 시경 격고擊鼓

[백년행락百年行樂]

백 년 동안 즐거이 지낸다는 말이며, 한평생을 잘 놀고 즐겁게 지낸다는 뜻이다.

글자 | 일백 **백**, 해 **년**, 다닐 **행**, 즐거울 **락**

[백대과객百代過客]

백 대에 걸쳐 지나가는 나그네라는 말이며, 세월을 빗댄 말이다.

글자 | 일백 **백**, 세대 **대**, 지날 **과**, 손 **객**

출전 | 고문진보古文眞寶

[백대지친百代之親]

백 대에 걸친 일가라는 말이며, 아주 오래 전부터 가깝게 지내는 일가라는 뜻이다.

글자 | 일백 **백**, 대수 **대**, 어조사 **지**, 일가 **친**

[백두대간白頭大竿]

흰 머리의 큰 줄기라는 말이며, 백두산에서 지리산까지의 백두 산맥을 일컫는다.

글자 | 흰 **백**, 머리 **두**, 큰 **대**, 대줄기 **간**

[백두여신白頭如新]

머리가 희어지도록 사귀어도 여전히 새롭다는 말이며, 서로 상대를 이해하지 못한다는 뜻이다.

원문 | **白頭如新 傾蓋如故**
백두여신 경개여고

글자 | 흰 **백**, 머리 **두**, 같을 **여**, 새 **신**

출전 | 사기 노중련추양魯仲連鄒陽 열전

[백락일고伯樂一顧]

백락이라는 사람이 한 번 돌아본다는 말이며, 아무리 재주가 뛰어난 사람일지라도 이를 알아주는 사람이 없으면 출세를 하지 못한다는 뜻이다. 백락은 본래 별 이름으로서 이 별은 하늘에서 말을 다스리는 일을 하는데, 하루 천리를 달릴 수 있는 말도 백락이 돌아보지 않으면 짐수레를 끌며 늙어버린다는 고사에서 온 말이다.

글자 | 만 **백**, 즐거울 **락**, 돌아볼 **고**

출전 | 후한서 외효전隗囂傳

[백령백리百怜百俐]

백 가지가 영리하다는 말이며, 무슨 일에서나 영리하다는 뜻이다.

글자 | 일백 **백**, 영리할 **령**, 이로울 **리**

[백룡어복白龍魚服]

흰 용이 물고기의 옷을 입었다는 말이며, 높은 지위에 있는 사람의 미행微行, 또는 그런 사람이 남모르게 나다니다가 욕을 보는 일 등을 일컫는 말이다. 신령한 백룡이 물고기로 변하여 인간 세상의 강물에서 놀다가 예차豫且라는 어부가 쏜 활에 맞았다. 화살에 왼쪽 눈이 상한 백룡은 황급히 하늘로 올라가 천제에게 자초지종을 고하면서 예차를 벌해달라고 요청했다. 천제가 답했다. '어부는 본래 고기잡이가 업이니만큼 예차가 쏜 것은 백룡인 네가 아니라 물고기였으니 그에게 무슨 죄가 있겠느냐. 물고기로 변신한 네게 잘못이 있느니라.'

원문 | **白龍魚服 見困預且**
백룡어복 견곤예차

글자 | 흰 **백**, 용 **룡**, 물고기 **어**, 입을 **복**
출전 | 사기 오자서伍子胥열전

[백리남방百里南邦]

백 리 남쪽의 나라라는 말이며, 멀고 먼 남쪽 나라를 일컫는다.

글자 | 일백 **백**, 이수 **리**, 남녘 **남**, 나라 **방**

[백리부득百利不得]

백 가지 이로움이 얻어지지 않는다는 말이며, 모든 재화가 저렴하면 부당한 이득이 생기지 않는다는 뜻이다.

원문 | 百貨賤則 百利不得
백 화 천 즉 백 리 부 득

글자 | 일백 **백**, 이로울 **리**, 아닐 **부**, 얻을 **득**
출전 | 관자 승마편乘馬篇

[백리부미百里負米]

백 리까지 쌀을 지고 간다는 말이며, 부모에게 효도한다는 뜻이다. 공자의 제자 자로子路가 어버이를 위하여 백 리나 떨어진 곳에 쌀을 지고 간데서 온 말이다.

글자 | 일백 **백**, 이수 **리**, 질 **부**, 쌀 **미**
출전 | 공자가어 치사致思

[백리지명百里之命]

백 리의 운명이라는 말이며, 한 나라의 정치를 뜻한다. 백 리는 주나라 제후諸侯의 국토 면적이었다.

원문 | 百里之命 臨大節而不可奪也
백 리 지 명 임 대 절 이 불 가 탈 야

글자 | 일백 **백**, 마을 **리**, 어조사 **지**, 목숨 **명**
출전 | 논어 태백泰伯

[백리지재百里之才]

백 개의 마을을 다스릴 재주라는 말이며, 한 고을을 다스릴 정도의 재능, 즉 사람됨이 크기는 하나 그다지 출중하지 못한 사람을 일컫는다.

글자 | 일백 **백**, 마을 **리**, 어조사 **지**, 재주 **재**
출전 | 삼국지

[백마벌기百馬伐驥]

백 마리의 보통 말이 한 마리의 천리마를 공격한다는 말이며, 한 사람의 현신賢臣을 많은 신하들이 공격한다는 빗댄 말이다.

글자 | 일백 **백**, 말 **마**, 칠 **벌**, 천리마 **기**
출전 | 관자

[백마비마白馬非馬]

백마는 말이 아니라는 말이며, 억지를 부린다는 뜻이다. 조나라의 학자 공손룡公孫龍이 말은 말이고, 백마는 백마니까 백마는 말이 아니라고 억지를 부린 데서 온 말이다.

글자 | 흰 **백**, 말 **마**, 아닐 **비**
출전 | 공손룡자公孫龍子

[백만교태百萬嬌態]

백만 가지 맵시 있는 태도라는 말이

며, 사람의 마음을 끌려고 부리는 매우 아양스러운 태도를 일컫는다.

글자 | 일백 **백**, 일만 **만**, 맵시 **교**, 태도 **태**

[백만다라百萬陀羅]

백만 다라니陀羅尼라는 말이며, 몇 번이고 주문呪文을 되풀이한다는 뜻이다.

글자 | 일백 **백**, 일만 **만**, 비탈 **다**, 벌 **라**

[백만장자百萬長者]

백만을 가진 넉넉한 사람이라는 말이며, 재산이 썩 많은 사람을 일컫는다.

글자 | 일백 **백**, 일만 **만**, 넉넉할 **장**, 사람 **자**

[백면서생白面書生]

얼굴이 흰 서생을 말하며 경험 없고 이론만 내세우는 자를 뜻한다. 송나라 효무제가 문신들과 상의하여 군대를 일으키려 하자 태자의 교관으로 있던 심경지沈慶之가 말했다. '밭일은 종들에게 물어보고, 베 짜는 일은 하녀들에게 물어보아야 합니다. 지금 폐하께서는 적국을 치려고 하는데, 백면서생들에게 일을 도모하려고 한다면 어찌 성공하겠습니까?'

글자 | 흰 **백**, 얼굴 **면**, 글 **서**, 서생 **생**

출전 | 송서 심경지전沈慶之傳

[백모황월白旄黃鉞]

흰 기에 누런 도끼라는 말이며, 왕이나 황제가 친히 정벌한다는 뜻이다. 주나라 무왕이 은나라를 정벌할 때 오른쪽에 백모를, 왼쪽에 황월을 세웠다는 고사에서 온 말이다.

글자 | 흰 **백**, 기 **모**, 누런 **황**, 도끼 **월**

출전 | 백거이白居易 칠덕七德의 무시舞詩

[백무가관百無可觀]

백 가지 가운데 볼 만한 것이 하나도 없다는 말이다.

글자 | 일백 **백**, 없을 **무**, 긍정할 **가**, 볼 **관**

[백무소성百無所成]

백 가지가 이루는 바가 없다는 말이며, 일마다 성취되는 것이 하나도 없다는 뜻이다.

글자 | 일백 **백**, 없을 **무**, 바 **소**, 이룰 **성**

[백무일실百無一失]

백에 하나도 잃은 것이 없다는 말이며, 일마다 실패가 하나도 없다는 뜻이다.

글자 | 일백 **백**, 없을 **무**, 잃을 **실**

출전 | 사기 논형論衡

[백무일책百無一策]

백에서 한 가지 꾀도 없다는 말이며, 많은 계책 가운데 쓸모가 있는 계책이 하나도 없다는 뜻이다.

글자 | 일백 **백**, 없을 **무**, 꾀 **책**

출전 | 옥루몽

ㅂ

[백무일취百無一取]

백에 하나도 취할 것이 없다는 말이며, 많은 말과 행실 가운데 하나도 쓸 만한 것이 없다는 뜻이다.

글자 | 일백 **백**, 없을 **무**, 취할 **취**

[백무일행百無一幸]

백에 다행한 것이 하나도 없다는 말이며, 조그마한 요행도 없다는 뜻이다.

글자 | 일백 **백**, 없을 **무**, 다행 **행**

출전 | 옥루몽

[백문일견百聞一見]

백 번 듣는 것보다 한 번 보는 것이 낫다는 말이다.

원문 | 百聞不如一見
백 문 불 여 일 견

글자 | 일백 **백**, 들을 **문**, 볼 **견**

출전 | 한서

[백반곽탕白飯藿湯]

흰 밥과 미역국이라는 말이다.

글자 | 흰 **백**, 밥 **반**, 미역 **곽**, 국 **탕**

[백반총탕白飯蔥湯]

흰 밥과 파국이라는 말이며, 반찬이 없는 검소한 음식이라는 뜻이다.

글자 | 흰 **백**, 밥 **반**, 파 **총**, 국 **탕**

[백발백중百發百中]

백 번 쏘아 백 번 맞춘다는 말이며, 일이나 계획이 그대로 적중한다는 뜻이다. 전국책에 있는 글이다. '백 보 밖에 있는 버들잎을 쏘아도 백발백중이므로…'

원문 | 去柳葉者百步而射之 百發百中
거 유 엽 자 백 보 이 사 지 백 발 백 중

글자 | 일백 **백**, 쏠 **발**, 가운데 **중**

출전 | 전국책 서주책西周策

[백발성성白髮星星]

흰 머리털이 별처럼 반짝거린다는 말이며, 머리털이 희끗희끗하다는 뜻이다.

글자 | 흰 **백**, 터럭 **발**, 별 **성**

[백발홍안白髮紅顔]

흰 머리털에 붉은 얼굴이라는 말이며, 센 머리에 소년처럼 붉은 얼굴이라는 뜻이다.

글자 | 흰 **백**, 터럭 **발**, 붉을 **홍**, 얼굴 **안**

[백발환흑白髮還黑]

흰 머리털이 검은 머리로 돌아온다는 말이며, 건강하게 젊어졌다는 뜻이다.

글자 | 흰 **백**, 터럭 **발**, 돌아올 **환**, 검을 **흑**

[백방천계百方千計]

백 가지 방법과 천 가지 계교라는 말이다.

글자 | 일백 **백**, 방법 **방**, 일천 **천**, 계교 **계**

[백배사례百拜謝禮]

백 번 절하며 사례한다는 말이며, 거

듭 절을 하며 고마워한다는 뜻이다.

글자 | 일백 **백**, 절 **배**, 사례할 **사**, 예도 **례**

동류 | 백배치사百拜致謝

[백배사죄百拜謝罪]

백 번 절하며 죄를 고한다는 말이며, 거듭 절하며 지은 죄의 용서를 빈다는 뜻이다.

글자 | 일백 **백**, 절 **배**, 고할 **사**, 죄줄 **죄**

[백배치사百拜致謝]

→ 백배사례百拜謝禮

[백백홍홍白白紅紅]

희끗희끗하고 울긋불긋하다는 말이다.

글자 | 흰 **백**, 붉을 **홍**

[백벽미하白璧微瑕]

흰 구슬에 작은 티라는 말이며, 거의 완전하나 약간의 흠이 있다는 뜻이다.

글자 | 흰 **백**, 구슬 **벽**, 작을 **미**, 티 **하**

[백병통치百病通治]

백 가지 병이 통하고 다스려진다는 말이며, 무슨 병에든지 효험이 있다는 뜻이다.

글자 | 일백 **백**, 병 **병**, 통할 **통**, 다스릴 **치**

[백보천양百步穿楊]

백 보에서 버드나무 잎을 뚫었다는 말이며, 활을 썩 잘 쏜다는 뜻이다. 초나라의 양유기養由基가 백 보 떨어진 곳에서 버드나무 잎을 맞혔다는 고사에서 온 말이다.

글자 | 일백 **백**, 걸음 **보**, 뚫을 **천**, 버드나무 **양**

출전 | 사기 주본기周本紀

동류 | 백발백중百發百中, 천양관슬穿楊貫蝨

[백복지원百福之源]

백 가지 복의 근원이라는 말이며, 두 성이 합치는 혼인을 일컫는다.

원문 | 二性之合 百福之源
이 성 지 합 백 복 지 원

글자 | 일백 **백**, 복 **복**, 어조사 **지**, 근원 **원**

[백불실일百不失一]

백 가운데서 하나도 잃은 것이 없다는 말이며, 결코 목적한 바를 잊지 않는다는 뜻이다.

글자 | 일백 **백**, 아닐 **불**, 잃을 **실**

출전 | 사기, 논형論衡

[백불유인百不猶人]

같은 사람이 백이 아니라는 말이며, 백 사람이 다 같지 않다는 뜻이다.

글자 | 일백 **백**, 아닐 **불**, 같을 **유**, 사람 **인**

[백빈홍료白蘋紅蓼]

흰 개구리밥과 붉은 여뀌라는 말이다.

글자 | 흰 **백**, 큰 개구리밥 **빈**, 붉을 **홍**, 여뀌 **료**

[백사불리百事不利]

백 가지 일이 이롭지 않다는 말이며, 모든 일이 다 이롭지 못하다는 뜻이다.

글자 | 일백 **백**, 일 **사**, 아닐 **불**, 이로울 **리**

[백사불성百事不成]

백 가지 일이 이루어지지 않는다는 말이며, 하는 일마다 되는 일이 없다는 뜻이다.

글자 | 일백 **백**, 일 **사**, 아닐 **불**, 이룰 **성**

[백사여의百事如意]

백 가지 일이 뜻과 같다는 말이며, 모든 일이 뜻대로 된다는 뜻이다.

글자 | 일백 **백**, 일 **사**, 같을 **여**, 뜻 **의**

[백사일생百死一生]

백 번 죽었다가 한 번 산다는 말이며, 여러 차례 죽을 고비를 넘기고 겨우 살아난다는 뜻이다.

글자 | 일백 **백**, 죽을 **사**, 살 **생**

[백사중견百舍重繭]

일백삼십 리에 두터운 누에고치라는 말이며, 먼 길을 발이 누에고치처럼 부르트면서 간다는 뜻이다.

글자 | 일백 **백**, 삼십리 **사**, 두터울 **중**, 누에고치 **견**

출전 | 회남자

[백사천려百思千慮]

백 번 생각하고 천 번 생각한다는 말이며, 이리저리 깊이 생각한다는 뜻이다.

글자 | 일백 **백**, 생각 **사**, 일천 **천**, 생각할 **려**

출전 | 조선왕조 15대 광해군일기

[백사청송白沙青松]

흰 바닷가와 푸른 소나무라는 말이며, 바닷가의 아름다운 경치를 일컫는다.

글자 | 흰 **백**, 바닷가 **사**, 푸를 **청**, 소나무 **송**

[백산흑수白山黑水]

흰 산과 검은 물이라는 말이며, 백두산과 흑룡강이라는 뜻이다.

글자 | 흰 **백**, 뫼 **산**, 검을 **흑**, 물 **수**

[백석창파白石蒼波]

흰 돌과 푸른 물결이라는 말이며, 푸른 물결에 흰 돌이 깔린 바닷가 경치를 일컫는다.

글자 | 흰 **백**, 돌 **석**, 푸를 **창**, 물결 **파**

[백석청탄白石清灘]

흰 돌이 깔린 맑은 여울이라는 말이다.

글자 | 흰 **백**, 돌 **석**, 맑을 **청**, 여울 **탄**

[백설지성百舌之聲]

백 개의 혀의 소리라는 말이며, 많은 사람이 떠드는 소리라는 뜻이다.

글자 | 일백 **백**, 혀 **설**, 어조사 **지**, 소리 **성**

[백성자취百姓自聚]

백성이 스스로 모인다는 말이다.

원문 | 大王不恃衆而自恃 百姓自聚
대 왕 불 시 중 이 자 시 백 성 자 취

글자 | 일백 **백**, 성 **성**, 스스로 **자**, 모일 **취**

출전 | 관자 치미편侈靡篇

[백세지리百世之利]

일백 세대의 이로움이라는 말이며, 영원히 누리는 이익을 일컫는다.

글자 | 일백 **백**, 세대 **세**, 어조사 **지**, 이로울 **리**

출전 | 사기

[백세지사百世之師]

일백 세대에 걸친 스승이라는 말이다.

원문 | 聖人 百世之師也
성 인 백 세 지 사 야

글자 | 일백 **백**, 세대 **세**, 어조사 **지**, 스승 **사**

출전 | 맹자 진심盡心 하

[백세지후百歲之後]

백 살의 뒤라는 말이며, 사후死後, 또는 백 년을 사는 일이 드물다는 뜻이다. 갈생葛生이라는 시의 한 구절이다. '기다리다 죽은 뒤에 그의 집에 돌아가리.'

원문 | 百歲之後 歸于其居
백 세 지 후 귀 우 기 거

글자 | 일백 **백**, 해 **세**, 어조사 **지**, 뒤 **후**

출전 | 시경 당풍唐風, 사기 고조본기

[백세청풍百世淸風]

백 대에 걸친 맑은 바람이라는 말이며, 자손 대대로 청렴결백하다는 뜻이다.

글자 | 일백 **백**, 세대 **세**, 맑을 **청**, 바람 **풍**

[백수건달白手乾達]

빈손으로 하는 일 없이 보내는 사람이라는 말이며, 아무 일도 않고 빈둥빈둥 놀거나 안일하게 게으름을 부리는 사람, 또는 밑천을 다 잃고 빈털터리가 된 사람을 일컫는다.

글자 | 흰 **백**, 손 **수**, 마를 **건**, 보낼 **달**

[백수백복百壽百福]

백 살의 목숨과 백 가지 복이라는 말이며, 많은 수와 많은 복을 뜻한다.

글자 | 일백 **백**, 목숨 **수**, 복 **복**

[백수북면白首北面]

흰 머리가 되어서도 북쪽을 향한다는 말이며, 재덕才德이 없는 사람은 늙어서도 북쪽을 향하여 스승의 가르침을 빈다는 뜻이다.

글자 | 흰 **백**, 머리 **수**, 북녘 **북**, 향할 **면**

출전 | 문중자文中子

[백수솔무百獸率舞]

백 가지 짐승이 모두 춤춘다는 말이며, 음악의 미묘함을 뜻한다. 순임금에게 기夔라는 신하가 답했다. '제가 돌로 된 악기를 두드리거나 돌로 된 악기를 어루만지면 모든 짐승들이 다

춤을 춥니다.'

원문 | 余擊石拊石 百獸率舞
여 격 석 부 석 백 수 솔 무

글자 | 일백 **백**, 짐승 **수**, 모두 **솔**, 춤출 **무**

출전 | 서경 순전舜典

[백수습복百獸慴伏]

온갖 짐승들이 두려워 엎드리거나 숨어버린다는 말이다.

글자 | 일백 **백**, 짐승 **수**, 두려워할 **습**, 엎드릴 **복**

[백수양당白首兩堂]

흰머리의 두 집이라는 말이며, 흰머리의 아버지와 어머니를 일컫는다.

글자 | 흰 **백**, 머리 **수**, 두 **양**, 집 **당**

[백수잔년白首殘年]

흰머리에 나머지 연치라는 말이며, 살 날이 얼마 남지 않은 사람이라는 뜻이다.

글자 | 흰 **백**, 머리 **수**, 나머지 **잔**, 연치 **년**

출전 | 송남잡지

[백수지년白首之年]

흰머리의 연치라는 말이며, 늙은 나이라는 뜻이다.

글자 | 흰 **백**, 머리 **수**, 어조사 **지**, 연치 **년**

[백수진인白水眞人]

백白자와 수水자, 진眞자와 인人자를 합하여 천화泉貨라는 말이며, 중국 한나라 때 돈을 천화泉貨라 했는데, 이를 파자破字한데서 온 말이다.

글자 | 흰 **백**, 물 **수**, 참 **진**, 사람 **인**

출전 | 후한서

[백수풍신白首風神]

흰머리에 바람과 같은 귀신이라는 말이며, 늘그막에 겪는 세상의 어지러움이라는 뜻이다.

글자 | 흰 **백**, 머리 **수**, 바람 **풍**, 귀신 **신**

[백수풍진白首風塵]

흰머리의 바람과 티끌이라는 말이며, 늙바탕에 겪는 세상의 온갖 고생을 일컫는다.

글자 | 흰 **백**, 머리 **수**, 바람 **풍**, 티끌 **진**

[백승지가百乘之家]

백 대의 수레가 있는 집이라는 말이며, 주나라에서 병거兵車 백량을 낼 수 있는 대부大夫의 집을 일컫는다.

글자 | 일백 **백**, 수레 **승**, 어조사 **지**, 집 **가**

[백아절현伯牙絶絃]

백아가 거문고의 줄을 끊는다는 말이며, 자기를 알아주는 참다운 벗의 죽음을 슬퍼한다는 뜻이다. 춘추시대 거문고의 명수 백아伯牙에게 거문고의 소리를 이해하고 감상할 줄 아는 친구 종자기鐘子期라는 벗이 있었다. 오랜 세월 거문고를 이해하던 벗 종자기가 병으로 죽자, 애용하던 거문고의 줄을 끊고 다시는 거문고를 타지 않았다는 고사에서 온 말이다.

글자 | 맏 **백**, 어금니 **아**, 끊을 **절**, 줄 **현**

출전 | 열자 탕문편湯問篇

동류 | 백아파금白牙破琴

유사 | 고산유수高山流水

[백악구비白堊具備]

흰색 흙을 갖추었다는 말이며, 온갖 나쁜 것이 다 갖추어져 있다는 뜻이다. 여기서 백악白堊은 백악百惡이 잘못 전해진 듯하다.

글자 | 흰 **백**, 색흙 **악**, 갖출 **구**, 갖출 **비**

[백액대호白額大虎]

흰 이마의 큰 호랑이라는 말이며, 이마와 눈썹이 허옇게 낀 늙은 호랑이를 일컫는다.

글자 | 흰 **백**, 이마 **액**, 큰 **대**, 범 **호**

[백약무효百藥無效]

백 가지 약이 효험이 없다는 말이며, 모든 약이 아무 효력이 없다는 뜻이다.

글자 | 일백 **백**, 약 **약**, 없을 **무**, 증험할 **효**

출전 | 송남잡지

[백약지장百藥之長]

백약 중에 으뜸이라는 말이며, 술을 일컫는다. 신나라 황제가 소금과 술, 쇠를 전매품으로 정하고 '대저 소금은 먹는 반찬 가운데 장수요, 술은 백 가지 약 가운데 어른으로서 모임을 좋게 하며 쇠는 밭갈이하는 농사의 근본이다.' 라고 조서를 공포한 데서 온 말이다.

원문 | 酒乃百藥之長
주 내 백 약 지 장

글자 | 일백 **백**, 약 **약**, 어조사 **지**, 긴 **장**

출전 | 한서 식화지食貨志

[백어입주白魚入舟]

흰 물고기가 배에 뛰어들었다는 말이며, 적군이 항복한다는 뜻이다. 주나라 무왕이 은나라를 치려고 강을 건널 때 뱅어가 뛰어들어 은나라가 항복할 조짐을 보였다는 고사에서 온 말이다. 뱅어입주라고도 한다.

글자 | 흰 **백**, 물고기 **어**, 들 **입**, 배 **주**

출전 | 사기 사마상여열전

[백억세계百億世界]

백억 개의 세계라는 말이며, 부처가 사람을 교화시키기 위해 백억의 화신化身이 되어 방방곡곡에 나타나는 세상이라는 뜻이다.

글자 | 일백 **백**, 일억 **억**, 세상 **세**, 지경 **계**

[백억화신百億化身]

→ 백억세계百億世界

[백열혜탄栢悅蕙歎]

잣나무는 기쁘고 난초는 탄식한다는 말이며, 벗이 잘된 것을 기뻐하고 벗이 잘못된 것을 가슴 아프게 생각한다는 뜻이다. 대동야승의 글이다. '소

나무가 무성하니 잣나무가 기뻐하고, 영지버섯이 불에 타니 난초가 가슴 아파한다.'

원문 | 松茂栢悅 芝焚蕙歎
송무백열 지분혜탄

글자 | 잣 **백**, 기쁠 **열**, 난초 **혜**, 탄식할 **탄**

출전 | 대동야승

[백옥무하白玉無瑕]

흰 구슬에 티가 없다는 말이며, 아무런 흠이 없는 사람이라는 뜻이다.

글자 | 흰 **백**, 구슬 **옥**, 없을 **무**, 티 **하**

[백옥부조白玉不彫]

새긴 것이 없는 흰 구슬이라는 말이며, 아무런 장식도 하지 않은 그대로의 아름다움을 일컫는다.

글자 | 흰 **백**, 구슬 **옥**, 아닐 **부**, 새길 **조**

출전 | 설원

[백왕흑귀白往黑歸]

흰 개가 나갔다가 검게 되어 돌아온다는 말이며, 겉이 달라졌다고 해서 속까지 달라진 것으로 알고 있는 사람을 빗댄 말이다. 백구白狗에서 개라는 구狗자가 생략되었다.

글자 | 흰 **백**, 갈 **왕**, 검을 **흑**, 돌아올 **귀**

출전 | 한비자 설림說林 하

동류 | 양포지구楊布之狗

[백우지질伯牛之疾]

우두머리 소의 병이라는 말이며, 훌륭한 사람이 걸린 못된 병을 빗댄 말이다.

원문 | 伯牛有疾 子問之 自牖執其
백우유질 자문지 자유집기

글자 | 우두머리 **백**, 소 **우**, 어조사 **지**, 병들 **질**

출전 | 논어 옹야

[백운고비白雲孤飛]

흰 구름이 외롭게 날아간다는 말이며, 멀리 떠나온 자식이 어버이를 그리워한다는 뜻이다.

글자 | 흰 **백**, 구름 **운**, 외로울 **고**, 날 **비**

출전 | 신당서 적인걸전狄仁杰傳

[백운지어白雲之馭]

흰 구름의 말 부림이라는 말이며, 제왕의 죽음을 빗댄 말이다.

글자 | 흰 **백**, 구름 **운**, 어조사 **지**, 말 부릴 **어**

[백운창구白雲蒼狗]

흰 구름이 급히 달아난 개와 같다는 말이며, 세상사가 뜻밖에 급변한다는 뜻이다.

원문 | 天上浮雲似白衣斯須改幻爲蒼狗
천상부운사백의사수개환위창구

글자 | 흰 **백**, 구름 **운**, 창졸 **창**, 개 **구**

출전 | 두보杜甫의 시 가탄可嘆

동류 | 백의창구白衣蒼狗

[백운친사白雲親舍]

흰 구름이 어버이의 집 같다는 말이

며, 부모에 대한 그리움을 뜻한다.

글자 | 흰 **백**, 구름 **운**, 어버이 **친**, 집 **사**

출전 | 신당서 적인걸전狄仁杰傳

동류 | 백운고비白雲高飛

[백의관음白衣觀音]

흰옷 입은 관음이라는 말이며, 흰옷 입고 흰 연꽃 위에 앉은 관음으로서 33 관음 중의 하나를 일컫는다.

글자 | 흰 **백**, 옷 **의**, 볼 **관**, 소리 **음**

[백의동포白衣同胞]

→ 백의민족白衣民族

[백의민족白衣民族]

흰옷을 입은 백성 또는 겨레라는 말이며, 우리 한민족을 일컫는다.

글자 | 흰 **백**, 옷 **의**, 백성 **민**, 겨레 **족**

동류 | 백의동포白衣同胞

[백의사자白衣使者]

흰옷 입은 심부름꾼이라는 말이며, 술을 가지고 온 심부름꾼을 일컫는다. 진나라 도연명이 중양절에 술이 떨어졌는데, 마침 강주자사 왕홍이 당도하여 흰옷 입은 심부름꾼을 보내 술을 선물했다는 고사에서 온 말이다.

글자 | 흰 **백**, 옷 **의**, 부릴 **사**, 놈 **자**

동류 | 백의송주白衣送酒

[백의선인帛衣先人]

[검은] 비단 옷의 먼저 사람이라는 말이며, 고구려에서 관직에 있던 사람을 일컫는다.

글자 | 비단 **백**, 옷 **의**, 먼저 **선**, 사람 **인**

[백의송주白衣送酒]

흰옷 입은 사람이 술을 보낸다는 말이며, 반가운 사자가 보낸 귀한 선물이라는 뜻이다.

글자 | 흰 **백**, 옷 **의**, 보낼 **송**, 술 **주**

동류 | 백의사자白衣使者

[백의용사白衣勇士]

흰옷 입은 날랜 군사라는 말이며, 흰 환자복을 입은 상이군인을 일컫는다.

글자 | 흰 **백**, 옷 **의**, 날랠 **용**, 군사 **사**

[백의재상白衣宰相]

흰옷 입은 재상이라는 말이며, 유생儒生으로서 단번에 벼슬에 오른 사람을 일컫는다.

글자 | 흰 **백**, 옷 **의**, 재상 **재**, 서로 **상**

출전 | 남사

동류 | 박의정승白衣政丞

[백의정승白衣政丞]

→ 백의재상白衣宰相

[백의종군白衣從軍]

흰옷 입고 군무에 종사한다는 말이며, 상당한 무관의 지위에 있던 사람이 계급도 직책도 없이 전쟁터에 나간다는 뜻이다.

ㅂ

글자 | 흰 **백**, 옷 **의**, 좇을 **종**, 군사 **군**

[백의천사白衣天使]

흰옷 입은 하늘의 사신이라는 말이며, 병원 간호사의 애칭이다.

글자 | 흰 **백**, 옷 **의**, 하늘 **천**, 사신 **사**

[백이군자百爾君子]

일백의 임금의 사람이라는 말이며, 모든 관직에 있는 사람을 일컫는다.

원문 | 百爾君子不知德行不忮不求使用
백이군자부지덕행불기불구사용

글자 | 일백 **백**, 어조사 **이**, 임금 **군**, 사람 **자**

출전 | 시경 국풍 패풍 웅치雄稚 4장

[백이당일百而當一]

일백이 하나와 마땅하다는 말이며, 100분의 1이라는 뜻이다.

글자 | 일백 **백**, 말 이을 **이**, 마땅할 **당**

출전 | 관자 승마편乘馬篇

[백이사지百爾思之]

백 가지 생각이라는 말이며, 이모저모로 많이 생각한다는 뜻이다.

글자 | 일백 **백**, 어조사 **이**, 생각 **사**, 어조사 **지**

[백이숙제伯夷叔齊]

백이와 숙제라는 말이며, 소신이 뚜렷한 형제라는 뜻이다. 백이는 형이고 숙제는 아우인데, 주나라 무왕이 은나라를 치려는 것을 형제가 함께 말려도 듣지 않음으로 주나라 곡식을 먹는 것을 부끄럽게 생각하고 수양산에 들어가 고사리를 캐어 먹다가 굶어죽었다.

글자 | 맏 **백**, 오랑캐 **이**, 아재비 **숙**, 가지런할 **제**

출전 | 사기 소진열전

[백인가도白刃可蹈]

흰 칼날도 밟을 수 있다는 말이며, 용기를 가지고 하면 어려운 일도 할 수 있다는 뜻이다. 중용에 있는 글이다. '날카로운 칼날도 밟을 수 있으나 중용은 이를 할 수가 없다.'

원문 | 白刃可蹈也 中庸不可能也
백인가도야 중용불가능야

글자 | 흰 **백**, 칼날 **인**, 긍정할 **가**, 밟을 **도**

출전 | 중용 9장

[백인등장百人等狀]

백 사람이 문서를 가지런히 한다는 말이며, 많은 사람들이 연서하여 어려운 사정을 헤아려 달라고 진정서를 올린다는 뜻이다.

글자 | 일백 **백**, 사람 **인**, 가지런할 **등**, 문서 **장**

출전 | 송남잡지

[백인백색百人百色]

백 사람이 백 가지 색이라는 말이며, 여러 사람이 저마다 달리 가지고 있는 특색이라는 뜻이다.

글자 | 일백 **백**, 사람 **인**, 빛 **색**

[백인유아伯仁由我]

백인이 나로 인해 죽었다는 말이며, 다른 사람이 화를 입은 것은 자기 때문이라는 뜻이다.

원문 | 伯仁由我而死
백 인 유 아 이 사

글자 | 맏 **백**, 어질 **인**, 말미암을 **유**, 나 **아**

출전 | 진서

[백인일수百人一首]

백 사람의 시 한 편이라는 말이며, 199인의 시에서 한 수씩을 뽑은 것이라는 뜻이다.

글자 | 일백 **백**, 사람 **인**, 시 한 편 **수**

[백일비승白日飛昇]

→ 백일승천白日昇天

[백일승천白日昇天]

대낮에 하늘로 올라간다는 말이며, 도道를 극진히 닦아서 육신을 가진 채 신선이 되어 하늘로 올라간다는 뜻이다.

글자 | 흰 **백**, 날 **일**, 오를 **승**, 하늘 **천**

출전 | 위서 석노지釋老志

동류 | 백일비승白日飛昇

[백일지우百日之憂]

백날의 근심이라는 말이며, 오래 가는 근심 걱정이라는 뜻이다.

글자 | 일백 **백**, 날 **일**, 어조사 **지**, 근심 **우**

[백일천하百日天下]

백일 동안의 하늘 아래라는 말이며, 짧은 기간 동안 정권政權을 장악했다가 물러난다는 뜻이다. 나폴레옹 1세가 엘바 섬을 탈출하여 파리에 들어가 제정帝政을 부활한 뒤 워털루의 싸움에서 패하여 퇴위할 때까지 약 100일간 천하를 지배한 데서 온 말이다.

글자 | 일백 **백**, 날 **일**, 하늘 **천**, 아래 **하**

[백일청천白日靑天]

흰 해의 푸른 하늘이라는 말이며, 맑고 밝은 날을 일컫는다.

글자 | 흰 **백**, 날 **일**, 푸를 **청**, 하늘 **천**

동류 | 청천백일靑天白日

[백자천손百子千孫]

일백의 아들과 일천의 손자라는 말이며, 많은 자손을 두었다는 뜻이다.

글자 | 일백 **백**, 아들 **자**, 일천 **천**, 손자 **손**

[백재고잠栢在高岑]

잣은 높은 산봉우리에 있다는 말이며, 청렴결백하다는 뜻이다. 영의정 성희안成希顔(1461~1513)이 자기가 천거하여 청송 부사로 부임한 정붕鄭鵬(1467~1512)에게 그 고장의 잣과 꿀을 좀 보내 달라고 부탁했더니 돌아온 답장에서 온 말이다. '잣은 높은

ㅂ

산꼭대기에 있고, 꿀은 민간의 벌통 속에 있습니다. 태수가 어찌 이를 얻겠습니까?'

원문 | 栢在高岑山頂上蜜在民間蜂
백 재 고 잠 산 정 상 밀 재 민 간 봉
桶中太守何由得
통 중 태 수 하 유 득

글자 | 잣 **백**, 있을 **재**, 높을 **고**, 산 작고 높을 **잠**

출전 | 정붕의 편지

[백전노장百戰老將]

백 번 싸운 늙은 장수라는 말이며, 수많은 싸움을 치른 노련한 장수라는 뜻과 함께 세상의 온갖 풍파를 다 겪은 사람이라는 말로도 쓰인다.

글자 | 일백 **백**, 싸울 **전**, 늙을 **노**, 장수 **장**

[백전노졸百戰老卒]

백 번 싸운 늙은 군사라는 말이며, 수많은 싸움을 치른 노련한 병사를 일컫는다.

글자 | 일백 **백**, 싸울 **전**, 늙을 **노**, 군사 **졸**

출전 | 송남잡지

[백전백승百戰百勝]

백 번 싸워 백 번 이긴다는 말이며, 싸우면 반드시 이긴다는 뜻이다. 제나라 병법가 손자孫子가 쓴 글이다. '승리에는 두 종류가 있다. 적을 공격하지 않고 얻는 승리와 적을 공격한 끝에 얻는 승리인데, 전자는 최상책最上策이고 후자는 차선책次善策이다. 백전백승해도 그것은 최상의 승리가 아니다. 싸우지 않고 상대방을 굴복시키는 것이야말로 최상의 승리인 것이다.'

글자 | 일백 **백**, 싸울 **전**, 이길 **승**

출전 | 손자 모공편謀攻篇

동류 | 연전연승連戰連勝

유사 | 백발백중百發百中

[백절불굴百折不屈]

백 번 꺾어도 굽히지 않는다는 말이며, 절조節操, 또는 신념이 강하다는 뜻이다.

글자 | 일백 **백**, 꺾을 **절**, 아닐 **불**, 굽힐 **굴**

출전 | 후한서

동류 | 백절불요百折不撓

[백절불요百折不撓]

→ 백절불굴百折不屈

출전 | 태위교현비太尉喬玄碑

[백족지세百足之勢]

백 사람의 발의 권세라는 말이며, 많은 사람을 거느린 권세라는 뜻이다.

글자 | 일백 **백**, 발 **족**, 어조사 **지**, 권세 **세**

출전 | 조선왕조 11대 중종실록

[백족지충百足之蟲]

백 개의 발을 가진 벌레라는 말이며, 겨레붙이나 벗들의 떼가 많아서 쉽사리 해칠 수 없는 사람이라는 뜻이다.

원문 | 百足之蟲 至死不僵
백 족 지 충 지 사 불 강

글자 | 일백 **백**, 발 **족**, 어조사 **지**, 벌레 **충**

출전 | 공자가어

[백주발검白晝拔劍]

흰 낮에 칼을 뺀다는 말이며, 경우를 모르는 난폭한 행동을 한다는 뜻이다.

글자 | 흰 **백**, 낮 **주**, 뺄 **발**, 칼 **검**

[백주지조柏舟之操]

잣나무 배의 지조라는 말이며, 과부의 굳은 정절을 일컫는다. 위나라 때 남편이 죽은 딸 강씨에게 그 부모가 재가할 것을 권유하자 지은 시에서 온 말이다. '저기 저 잣나무 배 황하 가운데 떠 있구나. 더벅머리 드리운 오직 한 사람 그이만이 내 짝이요, 죽어도 다른 사람 없는 것을 어머니는 하늘이신데 내 마음 어찌 몰라주시나.'

원문 | 汎彼柏舟 在彼中河…
범 피 백 주 재 피 중 하

글자 | 잣나무 **백**, 배 **주**, 갈 **지**, 지조 **조**

출전 | 시경 용풍鄘風

[백주창탈白晝搶奪]

흰 낮에 빼앗는다는 말이며, 대낮에 남의 물건을 강제로 빼앗는다는 뜻이다.

글자 | 흰 **백**, 낮 **주**, 빼앗을 **창**, 빼앗을 **탈**

[백중숙계伯仲叔季]

맏이 · 둘째 · 셋째 · 막내라는 말이며, 네 형제의 차례를 일컫는다.

글자 | 맏 **백**, 버금 **중**, 아재비 **숙**, 끝 **계**

[백중지간伯仲之間]

→ 백중지세伯中之勢

[백중지세伯仲之勢]

형(伯氏)과 아우(仲氏)의 세력이라는 말이며, 형제는 서로 비슷하여 큰 차이가 없는 것을 빗대어 양쪽의 우열을 가릴 수 없다는 뜻이다.

원문 | 傳儀之於班固伯仲之間耳
부 의 지 어 반 고 백 중 지 간 이

글자 | 맏 **백**, 버금 **중**, 의 **지**, 기세 **세**

출전 | 전론典論

동류 | 백중지간伯仲之間, 난형난제難兄難弟

[백지늑봉白地勒捧]

아무것도 없는 땅에서 억지로 받는다는 말이며, 아무 능력도 없는 사람으로부터 강제로 받아낸다는 뜻이다.

글자 | 아무것도 없을 **백**, 땅 **지**, 억지로 할 **늑**, 받들 **봉**

출전 | 송남잡지

[백지애매白地曖昧]

흰 곳이 흐리고 어두워졌다는 말이며, 까닭 없이 죄를 뒤집어쓰고 재앙을 입는다는 뜻이다.

글자 | 흰 **백**, 곳 **지**, 흐릴 **애**, 어두울 **매**

[백지위임白紙委任]

흰 종이를 맡긴다는 말이며, 조건을 붙이지 않고 모든 것을 맡긴다는 뜻이다.

글자 | 흰 **백**, 종이 **지**, 맡길 **위**, 맡길 **임**

[백척간두百尺竿頭]

백 자의 장대 끝이라는 말이며, 위태로움이 극도에 달했다는 뜻이다.

원문 | 百尺竿頭進一步
백 척 간 두 진 일 보

글자 | 일백 **백**, 자 **척**, 장대 **간**, 머리 **두**

출전 | 경덕전등록

동류 | 간두지세竿頭之勢

[백척장고百尺丈高]

백 자의 긴 높이라는 말이며, 매우 높다는 뜻이다.

글자 | 일백 **백**, 자 **척**, 긴 **장**, 높을 **고**

[백천귀해百川歸海]

백 개의 하천이 바다로 돌아간다는 말이며, 바다가 하천보다 낮아서 모여드는 것과 같이 사람도 낮출 줄 알아야 유능한 사람이 모여든다는 뜻이다.

글자 | 일백 **백**, 내 **천**, 돌아갈 **귀**, 바다 **해**

유사 | 백천조해百川朝海

[백천만사百千萬事]

백 · 천 · 만 가지의 일이라는 말이며, 온갖 일을 뜻한다.

글자 | 일백 **백**, 일천 **천**, 일만 **만**, 일 **사**

[백천조해百川朝海]

백 개의 하천이 바다를 찾는다는 말이며, 이로운 일이 있는 곳에 사람이 모인다는 빗댄 말이다.

글자 | 일백 **백**, 내 **천**, 찾을 **조**, 바다 **해**

출전 | 서경

유사 | 백천귀해百川歸海

[백천학해百川學海]

→ 백천조해百川朝海

[백치천재白痴天才]

백치이면서도 어떤 한 가지 일에 뛰어난 재주를 가진 사람을 일컫는다.

글자 | 아무것도 없을 **백**, 어리석을 **치**, 하늘 **천**, 재주 **재**

[백파약산白波若山]

산더미 같은 흰 물결이라는 말이며, 뜻이 크지 못하면 큰일을 하지 못한다는 뜻이다. 이는 장자의 과장 수법의 하나이기도 하다.

원문 | 白波若山 海水震蕩
백 파 약 산 해 수 진 탕

글자 | 흰 **백**, 물결 **파**, 같을 **약**, 뫼 **산**

출전 | 장자 잡편 외물外物

[백팔번뇌百八煩惱]

백 여덟 가지의 괴로움이라는 말이며, 인간의 과거 · 현재 · 미래에 걸친 모든 미혹迷惑을 일컫는다. 이의 내용은 육근六根(눈 · 귀 · 코 · 혀 · 몸)이 호好, 악惡, 평平의 3종의 틀림을 낳아 18종의 번뇌가 되고, 거기에 정淨, 염染의 2종으로 나누어 36종으로 되며,

또 그것이 과거·현재·미래로 배치되어 모두 108종이 된다는 것이다.

글자 | 괴로워할 **번**, 괴로워할 **뇌**

출전 | 불교

[백폐구존百弊俱存]

백 가지 폐단이 모두 있다는 말이다.

글자 | 일백 **백**, 폐단 **폐**, 함께 **구**, 있을 **존**

[백폐구흥百廢俱興]

여러 가지 없어진 것이 모두 일어난다는 말이다.

글자 | 일백 **백**, 폐할 **폐**, 함께 **구**, 일어날 **흥**

[백한교류白汗交流]

흰 땀이 뒤섞여 범벅이 되었다는 말이며, 늦었지만 서로 만나 기쁘다는 뜻이다. 천리마는 등에 용장을 태우고 들판을 달려야 한다. 늙어 등에 소금 짐을 지고 헉헉거리며 태항산에 오르니 그 신세가 비참하다. 백낙이 길에서 만나 알아보고 통곡하며 저고리 벗어 덮어주지만 서로의 만남이 또한 너무 늦었다.

원문 | 漉汁灑地 白汗交流
녹 즙 쇄 지 백 한 교 류

글자 | 흰 **백**, 땀 **한**, 만날 **교**, 흐를 **류**

출전 | 전국책 초책楚策

[백해구규百骸九竅]

백 개의 뼈와 아홉 개의 구멍이라는 말이며, 사람의 몸을 빗댄 말이다.

글자 | 일백 **백**, 뼈 **해**, 구멍 **규**

[백해구통百骸俱痛]

백 개의 뼈가 다 아프다는 말이며, 온몸이 모두 아프다는 뜻이다.

글자 | 일백 **백**, 뼈 **해**, 다 **구**, 아플 **통**

[백해무익百害無益]

백 가지 해만 있고 이로움이 하나도 없다는 말이다.

글자 | 일백 **백**, 해할 **해**, 없을 **무**, 더할 **익**

[백행지본百行之本]

백 가지 행함의 근본이라는 말이며, 효도를 일컫는다.

원문 | 元是孝者 百行之本 忍之爲上
원 시 효 자 백 행 지 본 인 지 위 상

글자 | 일백 **백**, 행할 **행**, 어조사 **지**, 근본 **본**

출전 | 명심보감 계성편

[백홍관일白虹貫日]

흰 무지개가 해를 꿰뚫는다는 말이며, 임금의 신상에 위해가 닥쳤다는 뜻이다. 백홍은 병란兵亂을 뜻한다.

글자 | 흰 **백**, 무지개 **홍**, 꿸 **관**, 날 **일**

출전 | 전국책 위책魏策

[백화난만百花爛漫]

백 가지 꽃이 물크러지게 무르익었다는 말이다.

글자 | 일백 **백**, 꽃 **화**, 익을 **난**, 물크러질 **만**

[백화생일百花生日]

백 가지 꽃이 태어나는 날이라는 말이며, 봄꽃이 피기 시작하는 음력 2월 12일을 일컫는다.

글자 | 일백 **백**, 꽃 **화**, 날 **생**, 날 **일**

[백화요란百花燎亂]

백 가지 꽃이 횃불처럼 얽혔다는 말이며, 미인이 많아 꽃처럼 아름답게 활짝 피었다는 뜻이다.

글자 | 일백 **백**, 꽃 **화**, 횃불 **요**, 얽힐 **란**

[백화쟁발百花爭發]

백 가지 꽃이 다투어 피었다는 말이다.

글자 | 일백 **백**, 꽃 **화**, 다툴 **쟁**, 필 **발**

동류 | 백화제방百花齊放

[백화제방百花齊放]

백 가지 꽃이 모두 피었다는 말이다.

글자 | 일백 **백**, 꽃 **화**, 모두 **제**, 흩어질 **방**

동류 | 백화쟁발百花爭發, 백화난만百花爛漫

[백흑지변白黑之辨]

흰 것과 검은 것의 분별이라는 말이며, 선과 악, 참과 거짓 따위를 구별하고 판단한다는 뜻이다.

글자 | 흰 **백**, 검은 **흑**, 어조사 **지**, 분별할 **변**

출전 | 묵자 비공非攻 상

[번간걸여墦間乞餘]

무덤가에서 남은 음식을 구걸한다는 말이며, 부귀영화만 추구하는 비속한 사람들의 행실을 빗댄 말이다.

글자 | 무덤 **번**, 사이 **간**, 빌 **걸**, 남을 **여**

출전 | 맹자 이루離婁 하

[번리지안藩籬之鷃]

우거진 울타리의 메추라기라는 말이며, 식견이 좁고 옹졸한 사람을 빗댄 말이다.

글자 | 우거질 **번**, 울타리 **리**, 어조사 **지**, 메추라기 **안**

출전 | 송옥宋玉의 글

[번문욕례繁文縟禮]

번잡한 글과 꾸민 예도라는 말이며, 사무절차가 번거롭고 형식적인 것을 일컫는다.

글자 | 번잡할 **번**, 글 **문**, 꾸밀 **욕**, 예도 **례**

출전 | 청국행정법법론清國行政法法論

[번문착절繁文錯節]

번잡한 글과 버무린 풍류가락이라는 말이며, 문장이 번거롭고 복잡하다는 뜻이다.

글자 | 번거로울 **번**, 글 **문**, 버무릴 **착**, 풍류가락 **절**

[번언쇄사煩言碎辭]

번거로운 말과 부서진 말이라는 뜻이며, 너저분한 잔소리를 일컫는다.

글자 | 번거로울 **번**, 말씀 **언**, 부술 **쇄**, 말씀 **사**

출전 | 한서 유흠전劉歆傳

[번역파비飜亦破鼻]

뒤로 엎어져도 코가 깨진다는 말이며, 재수가 없다는 뜻이다.

원문 | 窮人之事 飜亦破鼻
궁 인 지 사 번 역 파 비

글자 | 번득일 **번**, 또 **역**, 깨질 **파**, 코 **비**

출전 | 이담속찬耳談續纂

유사 | 계란유골鷄卵有骨

[번연개오幡然開悟]

돌이켜서 깨우치고 깨달았다는 말이다.

글자 | 돌이킬 **번**, 그렇게 **연**, 깨우칠 **개**, 깨달을 **오**

[번운복우翻雲覆雨]

[손바닥을] 뒤집으면 구름이고 돌이키면 비가 온다는 말이며, 인정이 변하기 쉬운 것을 빗댄 말이다.

글자 | 뒤집을 **번**, 구름 **운**, 돌이킬 **복**, 비 **우**

출전 | 두보의 빈교행貧交行

[번작이끽燔汋而喫]

굽고 퍼서 먹고 마신다는 말이며, 음식을 먹는다는 뜻이다.

글자 | 구울 **번**, 물 떠낼 **작**, 말 이을 **이**, 먹고 마실 **끽**

[벌긍호전伐矜好專]

교만을 자랑하며 임의로 함을 좋아한다는 말이며, 잘난 체하고 전횡을 일삼는다는 뜻이다.

원문 | 伐矜好專 擧事之禍也
벌 긍 호 전 거 사 지 화 야

글자 | 자랑할 **벌**, 교만할 **긍**, 좋을 **호**, 임의로 할 **전**

출전 | 관자 형세해편形勢解篇

[벌모선조伐謀先兆]

꾀를 치는 먼저의 조짐이라는 말이며, 계략을 깨는 데는 그 조짐이 싹트기 전에 해야 한다는 뜻이다.

글자 | 칠 **벌**, 꾀 **모**, 먼저 **선**, 조짐 **조**

[벌목지계伐木之契]

나무를 베는 맺음이라는 말이며, 친밀한 우정을 빗댄 말이다. 벌목이라는 시의 한 구절이다. '탕탕하고 나무 벨 때… 저 새들도 벗을 찾아 우는 것을.'

원문 | 伐木丁丁…相彼鳥矣 猶求友聲
벌 목 정 정 상 피 조 의 유 구 우 성

글자 | 칠 **벌**, 나무 **목**, 어조사 **지**, 맺을 **계**

출전 | 시경 소아小雅

[벌빙지가伐氷之家]

얼음을 자랑하는 집이라는 말이며, 얼음을 쓸 수 있는 부유한 집이라는 뜻이다.

원문 | 伐氷之家 不畜牛羊
벌 빙 지 가 불 축 우 양

글자 | 자랑할 **벌**, 얼음 **빙**, 어조사 **지**, 집 **가**

출전 | 대학 치국평천하治國平天下

[벌성광약伐性狂藥]

사람의 성품을 해치는 미친 약이라는 말이며, 여색女色에 빠져 타락하게 하는 약, 곧 술을 일컫는다.

글자 | 칠 **벌**, 성품 **성**, 미칠 **광**, 약 **약**

[벌성지부伐性之斧]

사람의 성품을 치는 도끼라는 말이며, 여색女色에 빠져 사람이 상한다는 뜻이다. 사기의 글이다. '인생의 즐거움 그 다함이 없으니, 여색은 막기가 어렵다네.'

원문 | 人生此樂未渠央伐性之斧防之難
인 생 차 락 미 거 앙 벌 성 지 부 방 지 난

글자 | 칠 **벌**, 성품 **성**, 어조사 **지**, 도끼 **부**

출전 | 여씨춘추

유사 | 벌성광약伐性狂藥

[벌이불토伐而不討]

치지만 다스리지는 않는다는 말이며, 쳐서 멸망시키지만 영토로 삼지는 않는다는 뜻이다.

글자 | 칠 **벌**, 말 이을 **이**, 아닐 **불**, 다스릴 **토**

출전 | 맹자 고자告子 하

[벌제위명伐齊爲名]

이름을 위하여 제나라를 친다는 말이며, 어떤 일을 하는 체 하고 속으로는 딴짓을 한다는 뜻이다. 연나라의 장군 악의樂毅가 쳐들어오자 제나라의 장군 전단田單이 즉시 간자間者(간첩)를 풀어 '악의가 제나라를 친 뒤 제왕이 되려 한다.' 고 헛소문을 퍼뜨렸다. 그러나 이 소문을 들은 연나라 소왕은 당장 악의를 소환하여 제나라는 전란을 피할 수 있었다는 것이다.

글자 | 칠 **벌**, 나라 이름 **제**, 할 **위**, 이름 **명**

출전 | 사기 전단열전田單列傳

[벌책처분罰責處分]

꾸짖는 벌로 처치한다는 말이며, 가볍게 벌하여 처분한다는 뜻이다.

글자 | 벌줄 **벌**, 꾸짖을 **책**, 처치할 **처**, 정할 **분**

[범강장달范彊張達]

범강장달이라는 사람을 말하며, 키가 크고 흉악한 사람을 일컫는다. 장비張飛를 죽인 범강장달이 키가 크고 흉포했다는 고사에서 온 말이다.

글자 | 성 **범**, 강할 **강**, 펼 **장**, 통달 **달**

출전 | 삼국지연의, 송남잡지

[범동약자凡同約者]

무릇 같이 기약한 사람이라는 말이며, 함께 약속한 모든 사람이라는 뜻이다.

원문 | 凡同約者 德業相勸 過失相
범 동 약 자 덕 업 상 권 과 실 상

規...
규

글자 | 무릇 **범**, 같을 **동**, 기약할 **약**, 사람 **자**

출전 | 송사 여대방呂大方열전, 소학선행善行

[범로작가犯路作家]

길을 범하여 집을 짓는다는 말이며, 잘못된 일을 저지른다는 뜻이다.

글자 | 범할 **범**, 길 **로**, 지을 **작**, 집 **가**

[범백소여凡百掃如]

모든 백 가지가 쓸어버린 것과 같다는 말이며, 모든 일이 깨끗이 해결되었다는 뜻이다.

글자 | 다 **범**, 일백 **백**, 쓸 **소**, 같을 **여**

출전 | 송남잡지

[범복포만帆腹飽滿]

돛의 배가 불러 가득하다는 말이며, 돛이 충분히 바람을 안고 떠날 준비가 되었다는 뜻이다.

글자 | 돛 **범**, 배 **복**, 배부를 **포**, 찰 **만**

[범사무난凡事無難]

모든 일에 어려움이 없다는 말이다.

글자 | 다 **범**, 일 **사**, 없을 **무**, 어려울 **난**

[범생명관凡生命觀]

널리 생명이 있다고 본다는 말이며, 모든 사물은 생명과 의지를 가지고 있다고 믿는 미개인의 견해를 일컫는다.

글자 | 넓을 **범**, 살 **생**, 목숨 **명**, 볼 **관**

[범성불이凡聖不二]

→ 범성일여凡聖一如

[범성일여凡聖一如]

범인凡人이나 성인聖人이 하나같다는 말이며, 서로의 차이는 있으나 이성理性에 있어서는 같다는 뜻이다.

글자 | 무릇 **범**, 성인 **성**, 같을 **여**

출전 | 열반경涅槃經

동류 | 범성불이凡聖不二

[범월죄인犯越罪人]

[국경을] 범하고 넘어온 죄인이라는 말이며, 남의 나라의 국경을 침범하거나 불법 입국한 사람을 일컫는다.

글자 | 범할 **범**, 넘을 **월**, 죄지을 **죄**, 사람 **인**

[범의상풍犯義傷風]

옳은 것을 범하고 풍속을 해친다는 말이며, 질서와 풍속을 문란케 한다는 뜻이다.

글자 | 범할 **범**, 옳을 **의**, 해할 **상**, 풍속 **풍**

출전 | 삼국사기

[범칙물자犯則物資]

법을 범한 물건과 재물이라는 말이며, 법령을 어기고 몰래 거래하는 물자를 일컫는다.

글자 | 범할 **범**, 법 **칙**, 물건 **물**, 재물 **자**

[범태육신凡胎肉身]

모두가 애 밴 몸이라는 말이며, 사람의 몸에서 태어난 평범한 사람의 몸이라는 뜻이다.

글자 | 무릇 **범**, 애 밸 **태**, 몸 **육**, 몸 **신**

[범희무익凡戱無益]

무릇 희롱함은 더함이 없다는 말이며, 일하지 않고 놀기만 하면 아무런 이득도 없다는 뜻이다.

원문 | 凡戱無益 惟勤有功
범 희 무 익 유 근 유 공

글자 | 무릇 **범**, 희롱할 **희**, 없을 **무**, 더할 **익**

출전 | 명심보감 정기편正己篇

[법고창신法古創新]

옛것을 법으로 삼고 새로운 것을 시작한다는 말이며, 낡은 것을 기초로 하여 새로운 것을 창조한다는 뜻이다.

글자 | 법 **법**, 옛 **고**, 비로소 **창**, 새 **신**

출전 | 박지원의 글

동류 | 온고지신溫故知新

[법구폐생法久弊生]

좋은 법도 오래 되면 폐단이 생긴다는 말이다.

글자 | 법 **법**, 오랠 **구**, 폐단 **폐**, 날 **생**

[법불아귀法不阿貴]

법은 귀한 [사람]에게 아첨하지 않는다는 말이다.

원문 | 法不阿貴 繩不撓曲
법 불 아 귀 승 불 요 곡

글자 | 법 **법**, 아닐 **불**, 아첨할 **아**, 귀할 **귀**

출전 | 한비자 유도편有度篇

유사 | 승불요곡繩不撓曲

[법여시족法如是足]

법은 옳고 족하다는 말이며, 잘못에 대한 형량이 적당하다는 뜻이다.

글자 | 법 **법**, 같을 **여**, 옳을 **시**, 족할 **족**

[법원권근法遠拳近]

법은 멀고 주먹은 가깝다는 말이며, 일이 급할 때는 이치보다 완력에 호소하게 되기 쉽다는 뜻이다.

글자 | 법 **법**, 멀 **원**, 주먹 **권**, 가까울 **근**

[법화삼매法華三昧]

법화경에 대한 세 가지 탐함이라는 말이며, 전심으로 법화경을 송독하면 그 묘리를 깨닫게 된다는 뜻이다.

글자 | 법 **법**, 꽃 **화**, 탐할 **매**

[벽계산간碧溪山間]

푸른 시내가 흐르는 산골이라는 말이다.

글자 | 깊게 푸를 **벽**, 시내 **계**, 뫼 **산**, 사이 **간**

[벽리안서壁裏安鼠]

→ 벽리첨주壁裏添柱

[벽리첨주壁裏添柱]

벽 속에 기둥을 더한다는 말이며, 병 없는 사람이 약을 먹는다는 뜻이다.

글자 | 벽 **벽**, 속 **리**, 더할 **첨**, 기둥 **주**

출전 | 지봉유설芝峯類說

[벽사진경辟邪進慶]

간사한 것을 물리치고 경사스런 일에 나간다는 말이며, 요사스러운 귀신을 물리치고 기뻐할 만한 일을 끌어들인다는 뜻이다.

글자 | 물리칠 **벽**, 간사할 **사**, 나갈 **진**, 경사 **경**

출전 | 삼국유사 2권

[벽안자염碧眼紫髥]

파란 눈에 검붉은 수염이라는 말이며, 서양 사람을 일컫는 말이다.

글자 | 깊게 푸를 **벽**, 눈 **안**, 검붉을 **자**, 수염 **염**

[벽재일우僻在一隅]

깊숙한 한 모퉁이에 있다는 말이며, 후미지고 으슥한 구석에 외따로 있다는 뜻이다.

글자 | 깊숙할 **벽**, 있을 **재**, 모퉁이 **우**

[벽토척지闢土拓地]

피하는 땅을 헤친다는 말이며, 불모지였던 땅을 개척한다는 뜻이다.

글자 | 피할 **벽**, 흙 **토**, 헤칠 **척**, 땅 **지**

[벽파문벌劈破門閥]

집안 가문을 쪼개어 깨트린다는 말이며, 사람을 골라서 벼슬을 시키는데 문벌에 구애되지 않는다는 뜻이다.

글자 | 쪼갤 **벽**, 깨트릴 **파**, 집안 **문**, 가문 **벌**

[벽항궁촌僻巷窮村]

깊숙한 골목의 막힌 마을이라는 말이며, 벽지에 외따로 있는 가난한 마을이라는 뜻이다.

글자 | 깊숙할 **벽**, 골목 **항**, 막힐 **궁**, 마을 **촌**

출전 | 송남잡지

동류 | 궁촌벽지窮村僻地

[벽해상전碧海桑田]

→ 상전벽해桑田碧海

[변난공격辯難攻擊]

따지고 비난하면서 쳐들어간다는 말이다.

글자 | 따질 **변**, 나무랄 **난**, 칠 **공**, 칠 **격**

[변동일실便同一室]

한 방에서 함께 편안하다는 말이며, 사이가 아주 가까워 한 집안 식구처럼 지낸다는 뜻이다.

글자 | 편안할 **변**, 같을 **동**, 방 **실**

[변명무로辨明無路]

변명할 길이 없다는 말이다.

글자 | 분별할 **변**, 밝을 **명**, 없을 **무**, 길 **로**

동류 | 발명무로發明無路

[변법상주變法上奏]

법을 바꿀 것을 위에 아뢴다는 말이며, 법을 고칠 것을 임금에게 아뢴다는 뜻이다.

글자 | 바꿀 **변**, 법 **법**, 윗 **상**, 아뢸 **주**

[변법자강變法自疆]

법을 고쳐 스스로 강해진다는 말이며, 중국 청나라 말엽에 혁신을 부르짖던 지식인이 내건 표어로서 광서 24년에 강유위康有爲 등이 국난타개를 목표로 혁신 의견을 내놓고 급격한 개혁을 꾀하였으나 수구파守舊派의 강력한 반대로 실패한 사건이다.

글자 | 변할 **변**, 법 **법**, 스스로 **자**, 강할 **강**

[변불신기便不神奇]

소식이 신기하지 않다는 말이며, 듣던 바와 달리 신기한 것이 없다는 뜻이다.

글자 | 소식 **변**, 아닐 **불**, 신통할 **신**, 기이할 **기**

[변사여륙駢四儷六]

네 줄에 여섯 자라는 말이며, 사륙변려체四六騈儷體의 화려한 문장을 일컫는다.

원문 | 駢四儷六 傍磎曲經 己千青雲
변사여륙 방계곡경 기천청운

글자 | 벌릴 **변**, 짝 **여**

출전 | 조선왕조 9대 성종실록

[변상가변邊上加邊]

곁 위에 곁을 더한다는 말이며, 변리邊利, 즉 이자에 이자가 더 붙는다는 뜻이다.

글자 | 곁할 **변**, 윗 **상**, 더할 **가**

[변상중지邊上重地]

변경邊境의 중요한 땅이라는 말이다.

글자 | 가 **변**, 윗 **상**, 무겁게 여길 **중**, 땅 **지**

[변장자호卞莊刺虎]

변장이라는 사람이 호랑이를 찌른다는 말이며, 실력이 비슷한 둘을 서로 싸우게 하여 둘 다 얻는 지혜를 일컫는다. 변장자卞莊子가 호랑이를 찌르려고 하자 심부름하는 아이가 말리면서 한 말에서 유래한다. '호랑이 두 마리가 소를 잡아먹으려고 합니다. 먹어봐서 맛이 좋으면 분명히 서로 다툴 것입니다. 다투게 되면 싸우다가 큰 놈은 상처를 입고 작은 놈은 죽게 될 것입니다. 상처 입은 놈을 찔러 죽이면 한꺼번에 호랑이 두 마리를 잡았다는 명성을 얻을 것입니다.'

글자 | 성씨 **변**, 장중할 **장**, 찌를 **자**, 범 **호**

출전 | 사기 장의열전張儀列傳

[변재위복變災爲福]

재앙을 변화시켜 복이 되게 한다는 말이며, 화를 복으로 바꾼다는 뜻이다.

글자 | 변할 **변**, 재앙 **재**, 할 **위**, 복 **복**

출전 | 고려사
동류 | 전화위복轉禍爲福

[변재위상變災爲祥]

→ 변재위복變災爲福

[변출불의變出不意]

뜻하지 아니한 변이 났다는 말이다.

글자 | 변할 **변**, 나올 **출**, 아닐 **불**, 뜻 **의**

[변통무로變通無路]

변통할 길이 없다는 말이다.

글자 | 변할 **변**, 통할 **통**, 없을 **무**, 길 **로**

[변화난측變化難測]

변화를 헤아리기 어렵다는 말이다.

글자 | 변할 **변**, 될 **화**, 어려울 **난**, 헤아릴 **측**

[변화막측變化莫測]

→ 변화불측變化不測

[변화무궁變化無窮]

변화가 다함이 없다는 말이며, 한없이 변한다는 뜻이다.

글자 | 변할 **변**, 될 **화**, 없을 **무**, 다할 **궁**

[변화무방變化無方]

변화에 방법이 없다는 말이며, 어떤 변화에 대책이 없다는 뜻이다.

글자 | 변할 **변**, 될 **화**, 없을 **무**, 방법 **방**

[변화무상變化無常]

변화가 덧없다는 말이며, 변화가 매우 많거나 심하여 종잡을 수 없다는 뜻이다.

글자 | 변할 **변**, 될 **화**, 없을 **무**, 떳떳 **상**
출전 | 장자 천하天下

[변화무쌍變化無雙]

변화가 짝이 없다는 말이며, 변화함이 비길 데 없다는 뜻이다.

글자 | 변할 **변**, 될 **화**, 없을 **무**, 짝 **쌍**

[변화불측變化不測]

변화를 이루 헤아릴 수 없다는 말이다.

글자 | 변할 **변**, 될 **화**, 아닐 **불**, 헤아릴 **측**
동류 | 변화막측變化莫測

[별개생면別開生面]

새로운 면을 다르게 연다는 말이며, 새로운 형식, 또는 격식을 만들어 보편적인 것과 구별한다는 뜻이다.

글자 | 다를 **별**, 열 **개**, 날 **생**, 얼굴 **면**
출전 | 두보의 단청인증조장군패丹青引贈曹將軍覇

[별래무양別來無恙]

이별한 이래 병이 없었느냐는 말이며, 헤어진 이후로 잘 지냈느냐 하는 편지 등의 인사말이다.

글자 | 이별 **별**, 올 **래**, 없을 **무**, 병 **양**

[별무가관別無可觀]

볼만한 것이 달리 없다는 말이다.

글자 | 다를 **별**, 없을 **무**, 옳을 **가**, 볼 **관**

[별무소득別無所得]

얻는 바가 달리 없다는 말이며, 큰 소득이 없다는 뜻이다.

글자 | 다를 **별**, 없을 **무**, 바 **소**, 얻을 **득**

[별무신통別無神通]

별로 신통한 것이 없다는 말이다.

글자 | 다를 **별**, 없을 **무**, 귀신 **신**, 통할 **통**

[별무장물別無長物]

쓸데없는 물건이 별로 없다는 말이며, 몹시 가난하다는 뜻이다. 쓸모없는 물건이 없으면 모두 필요한 것뿐인데, 본래는 몸에 필요한 것을 빼고는 쓸 만한 것이 없다는 말에서 일부가 생략되었다.

글자 | 다를 **별**, 없을 **무**, 쓸데없을 **장**, 만물 **물**

출전 | 진서 왕공전王恭傳

동류 | 신무장물身無長物

[별반거조別般擧措]

모두와 다르게 받들어 베푼다는 말이며, 특별히 다르게 취하는 조치라는 뜻이다.

글자 | 다를 **별**, 모두 **반**, 받들 **거**, 베풀 **조**

[별반조처別般措處]

모두와 다르게 베풀어 처치한다는 말이며, 특별히 다르게 처치한다는 뜻이다.

글자 | 다를 **별**, 모두 **반**, 베풀 **조**, 처치할 **처**

[별성행차別星行次]

다른 중요한 사람의 행차라는 말이며, 임금의 명령을 받들어 외국으로 가는 사신의 행차를 일컫는다.

글자 | 다를 **별**, 중요한 사람 **성**, 다닐 **행**, 행차 **차**

[별유천지別有天地]

다르게 있는 하늘과 땅이라는 말이며, 특별히 경치나 분위기가 좋은 곳을 일컫는다.

글자 | 다를 **별**, 있을 **유**, 하늘 **천**, 땅 **지**

[별유풍경別有風景]

다름이 있는 풍경이라는 말이며, 세상에서 흔히 볼 수 없는 아주 좋은 경치를 뜻한다.

글자 | 다를 **별**, 있을 **유**, 바람 **풍**, 경치 **경**

[별응원성鼈應黿聲]

자라가 큰 자라의 소리에 응한다는 말이며, 무리들끼리 서로 호응한다는 뜻이다.

글자 | 자라 **별**, 응할 **응**, 큰 자라 **원**, 소리 **성**

출전 | 고려사

[별이청지別而聽之]

구별하여 듣는다는 말이며, 한 사람씩 따로따로 물어본다는 뜻이다.

글자 | 구별할 **별**, 말 이을 **이**, 들을 **청**, 어조사 **지**

[병가상사兵家常事]

싸우는 집에 항상 있는 일이라는 말이며, 전쟁에서 이기고 지는 일은 흔히 있는 일이라는 뜻이다.

원문 | **勝敗 兵家常事**
승패 병가상사

글자 | 군사 **병**, 집 **가**, 항상 **상**, 일 **사**

출전 | 서당서 배도전裵度傳

[병가자류兵家者流]

병학兵學에 정통한 사람들이라는 말이다.

글자 | 군사 **병**, 집 **가**, 사람 **자**, 갈래 **류**

[병가제구竝駕齊驅]

멍에를 가지런히 하여 몬다는 말이며, 수레를 나란히 하여 같이 달린다는 뜻이다.

글자 | 아우를 **병**, 멍에 **가**, 가지런할 **제**, 몰 **구**

[병거지속兵車之屬]

군사와 수레의 거느림이라는 말이며, 무력으로 복속服屬시킨다는 뜻이다.

글자 | 군사 **병**, 수레 **거**, 어조사 **지**, 거느릴 **속**

[병거지회兵車之會]

군사와 수레의 모임이라는 말이며, 무력으로 모아놓고 맹세를 하게 한다는 뜻이다.

글자 | 군사 **병**, 수레 **거**, 어조사 **지**, 모일 **회**

출전 | 관자 대광편大匡篇

[병거회맹兵車會盟]

→ 병거지회兵車之會

[병고노화病苦老化]

병들어 괴롭고 [나이 들어] 늙게 되었다는 말이다.

글자 | 병 **병**, 괴로울 **고**, 늙을 **노**, 될 **화**

[병귀신속兵貴神速]

군사는 귀신같이 빠름을 귀하게 여긴다는 말이며, 용병은 빠르게 해야 한다는 뜻이다.

글자 | 군사 **병**, 귀할 **귀**, 귀신 **신**, 빠를 **속**

출전 | 삼국지 위지魏志 곽가전郭嘉傳

[병길우천丙吉牛喘]

병길의 소가 헐떡거린다는 말이며, 정사를 조심성 있게 이끌어나간다는 뜻이다. 중국 전한前漢의 병길이라는 재상이 소의 헐떡거림을 보고 시운이 좋지 않다고 판단하여 정치를 더욱 조심하여 운영했다는 고사에서 온 말이다.

원문 | 丙吉憂牛喘
병 길 우 우 천

글자 | 성씨 **병**, 길할 **길**, 소 **우**, 헐떡거릴 **천**

출전 | 한서 위상魏相 병길전 丙吉傳

[병동지한甁凍知寒]

물병의 [물이] 언 것을 보고 날씨가 추워진 것을 안다는 말이며, 일에 몰두하여 계절이 바뀌는 줄 몰랐다는 뜻이다.

원문 | 甁凍可知天下寒
병 동 가 지 천 하 한

글자 | 병 **병**, 얼 **동**, 알 **지**, 찰 **한**

출전 | 변계량卞季良의 시

[병뢰지치甁罍之恥]

술병과 술독의 부끄러움이라는 말이며, 부모에 대한 자식의 의무를 다하지 못하는 부끄러움이라는 뜻이다.

글자 | 병 **병**, 술독 **뢰**, 어조사 **지**, 부끄러울 **치**

출전 | 시경 소아 요아장蓼莪章

[병마공총兵馬倥傯]

군사와 말이 바쁘다는 말이며, 전쟁으로 말미암아 매우 바쁘다는 뜻이다.

글자 | 군사 **병**, 말 **마**, 바쁠 **공**, 바쁠 **총**

[병마지권兵馬之權]

군사와 말의 권세라는 말이며, 군대를 편제編制하고 통수統帥할 수 있는 권능權能을 일컫는다.

글자 | 군사 **병**, 말 **마**, 어조사 **지**, 권세 **권**

[병무상세兵無常勢]

싸움에서는 항상 이길 수 없다는 말이며, 정세를 잘 판단해서 대처해야 한다는 뜻이다.

글자 | 군사 **병**, 없을 **무**, 항상 **상**, 기세 **세**

출전 | 손자병법 허실전虛實傳

[병문졸속兵聞拙速]

싸움은 서툴어도 빠른 것이 낫다는 말이며, 지금은 줄여서 졸속으로 쓰인다. 손자가 말한 속전속결의 병법에서 온 말이다.

글자 | 군사 **병**, 들을 **문**, 서투를 **졸**, 빠를 **속**

출전 | 손자 작전作戰

[병문친구屛門親舊]

울타리 문의 친구라는 말이며, 언제나 길가에 모여 뜬벌이를 하는 막벌이꾼을 빗댄 말이다.

글자 | 울타리 **병**, 문 **문**, 친할 **친**, 옛 **구**

[병문파수屛門把守]

울타리 문의 파수꾼이라는 말이며, 임금이 거동할 때 길 어귀를 지키던 군사를 일컫는다.

글자 | 울타리 **병**, 문 **문**, 잡을 **파**, 지킬 **수**

출전 | 만기요람 군정편

[병불염사兵不厭詐]

싸움에 있어서는 계책을 싫어하지 아니한다는 말이며, 전쟁에서는 많은 계책을 써서 상대를 어지럽히고 승리를 거두는 것이 상책이라는 뜻이다.

글자 | 군사 **병**, 아닐 **불**, 싫을 **염**, 속일 **사**

출전 | 후한서 우후전, 한비자

[병불이신病不離身]

병이 몸을 떠나지 않는다는 말이다.

글자 | 병들 **병**, 아닐 **불**, 떠날 **이**, 몸 **신**

[병불혈인兵不血刃]

싸움에서 칼에 피가 묻지 않았다는 말이며, 작전에서 피를 흘리지 않고 승리를 거두었다는 뜻이다.

글자 | 군사 **병**, 아닐 **불**, 피 **혈**, 칼날 **인**

출전 | 순자 의병편議兵篇

[병사지야兵死地也]

전쟁은 죽는 곳이라는 말이며, 생사가 달려있는 곳이라는 뜻이다. 조나라 조사趙奢가 병법에 능한 아들 조괄趙括을 두고 한 말이다. '전쟁은 죽는 곳이다. 그런데 괄은 그것을 쉽게 말하고 있다.'

원문 | 兵死地也 而括易言之
병 사 지 야 이 괄 이 언 지

글자 | 군사 **병**, 죽을 **사**, 땅 **지**, 어조사 **야**

출전 | 사기 염파廉頗 · 인상여藺相如열전

[병상신속兵尙神速]

군사는 귀신같이 빨라야 한다는 말이다.

글자 | 군사 **병**, 주장할 **상**, 귀신 **신**, 빠를 **속**

출전 | 위지 곽가전郭嘉傳

동류 | 병귀신속兵貴神速

[병상첨병病上添病]

병 위에 병이 겹친다는 말이다.

글자 | 병들 **병**, 윗 **상**, 더할 **첨**

유사 | 설상가상雪上加霜

[병여일성炳如日星]

해와 별과 같이 빛난다는 말이다.

글자 | 빛날 **병**, 같을 **여**, 해 **일**, 별 **성**

[병요집본秉要執本]

중요한 것을 잡고 근본을 잡는다는 말이며, 가장 중요한 근본이 되는 것을 집행한다는 뜻이다.

글자 | 잡을 **병**, 꼭 **요**, 잡을 **집**, 근본 **본**

[병이지성秉彝之性]

떳떳하게 잡은 성품이라는 말이며, 떳떳하게 타고난 천성이라는 뜻이다.

글자 | 잡을 **병**, 떳떳할 **이**, 어조사 **지**, 성품 **성**

[병인기구竝因其舊]

그 옛날 것을 다 아우른다는 말이며, 옛것을 고치지 않고 그대로 따른다는

ㅂ

뜻이다.

글자 | 아우를 **병**, 인할 **인**, 그 **기**, 옛 **구**

출전 | 목민심서牧民心書

[병입고황病入膏肓]

병이 명치끝에 들었다는 말이며, 병이 깊어져 고치기 어렵다는 뜻이다. 지금은 넓은 뜻으로 나쁜 사상이나 습관 또는 작풍이 몸에 배어 도저히 고칠 수 없는 상태를 이르기도 한다.

글자 | 병 **병**, 들 **입**, 명치끝 **고**, 명치끝 **황**

출전 | 춘추좌씨전 성공成公 10년

[병입골수病入骨髓]

병이 뼛속 기름까지 스며들었다는 말이며, 병이 매우 위독하다는 뜻이다.

글자 | 병들 **병**, 들 **입**, 뼈 **골**, 뼛속 기름 **수**

[병자구입病自口入]

병은 저절로 입으로 들어간다는 말이며, 음식에 병균이 섞여 들어가 병이 난다는 뜻이다.

글자 | 병들 **병**, 스스로 **자**, 입 **구**, 들 **입**

[병자흉기兵者凶器]

무기라는 것은 흉한 그릇이라는 말이며, 무기는 사람을 해치는 흉측한 기기라는 뜻이다.

글자 | 무기 **병**, 것 **자**, 흉할 **흉**, 그릇 **기**

[병적간증餠賊看證]

떡 도둑이 보증 선다는 말이며, 증인 서지 못할 사람이 증인 선다는 뜻이다.

글자 | 떡 **병**, 도둑 **적**, 볼 **간**, 보증할 **증**

출전 | 순오지 하

[병조적간兵曹摘奸]

병조가 간신을 들추어낸다는 말이며, 엄격하고 철저한 조사를 빗댄 말이다.

글자 | 군사 **병**, 무리 **조**, 들추어낼 **적**, 어지러울 **간**

[병종구입病從口入]

병은 입을 따라 들어온다는 말이며, 입은 병도 재앙도 모두 거치는 곳이므로 조심하라는 뜻이다.

글자 | 병 **병**, 따를 **종**, 입 **구**, 들 **입**

동류 | 구시화문口是禍門

[병주고향幷州故鄕]

→ 병주지정幷州之情

[병주지정幷州之情]

병주의 정이라는 말이며, 오래 살던 고장을 떠나게 되어 그곳을 고향처럼 그리는 심정을 일컫는다.

글자 | 어우를 **병**, 고을 **주**, 어조사 **지**, 뜻 **정**

출전 | 도상건渡桑乾

동류 | 병주고향幷州故鄕

[병진시궁兵塵矢窮]

군사가 티끌이 되고 화살이 다했다는 말이며, 싸움터에서 병사가 거의 희생

되고 화살이 다 떨어졌다는 뜻이다.

글자 | 군사 **병**, 티끌 **진**, 화살 **시**, 다할 **궁**

[병촉야유秉燭夜遊]

촛불을 들고 밤에 노닌다는 말이며, 경치가 좋을 때 낮에 놀던 흥이 미진해서 밤중까지 논다는 뜻이다.

글자 | 잡을 **병**, 촛불 **촉**, 밤 **야**, 노닐 **유**

출전 | 문선 고시古詩 19수

[병촉야행秉燭夜行]

촛불을 들고 밤길을 간다는 말이며, 늙어서 배우는 사람은 촛불을 들고 어둠 속을 가는 것과 같다는 뜻이다.

원문 | 老而學者 如秉燭夜行
노 이 학 자 여 병 촉 야 행

글자 | 잡을 **병**, 촛불 **촉**, 밤 **야**, 다닐 **행**

출전 | 설원 건본建本편

[병침잠절甁沈簪折]

두레박이 잠기고 비녀가 꺾인다는 말이며, 부부가 이별한다는 말이다.

글자 | 두레박 **병**, 잠길 **침**, 비녀 **잠**, 꺾어질 **절**

[병탄합병竝呑合倂]

삼켜서 아울러 합한다는 말이다.

글자 | 아우를 **병**, 삼킬 **탄**, 모일 **합**, 아우를 **병**

동류 | 흡수합병吸收合倂

[병풍상서病風傷暑]

바람에 병들고 더위에 상한다는 말이며, 세상살이에 쪼들린다는 뜻이다.

글자 | 병 **병**, 바람 **풍**, 상처 **상**, 더울 **서**

[병풍상성病風喪性]

병으로 성품을 잃었다는 말이며, 사람이 매우 나약해졌다는 뜻이다.

글자 | 병 **병**, 바람 **풍**, 죽을 **상**, 성품 **성**

출전 | 송남잡지

[병필지임秉筆之任]

붓을 잡는 담임이라는 말이며, 이조시대 예문관藝文館의 사서史書에 대한 검열을 일컫는다.

글자 | 잡을 **병**, 붓 **필**, 어조사 **지**, 담임할 **임**

[병행불패竝行不悖]

아울러 행해도 거스름이 없다는 말이며, 두 가지 일을 한꺼번에 해도 사리事理에 틀리고 어그러짐이 없다는 뜻이다.

글자 | 아우를 **병**, 행할 **행**, 아닐 **불**, 거스를 **패**

[병혁지리兵革之利]

군사와 갑주의 이로움이라는 말이며, 군대의 이로움이라는 뜻이다. 맹자의 글이다. '천하의 위엄을 행사할 때에 예리한 병기만 믿고 위엄을 보여서는 안 된다.'

원문 | 威天下不以兵革之利
위 천 하 불 이 병 혁 지 리

글자 | 군사 **병**, 갑주 **혁**, 어조사 **지**, 이

로울 **리**

출전 | 맹자 공손추 하

[보거상의輔車相依]

수레의 덧방나무와 바퀴가 서로 의지한다는 말이며, 수레 위의 양편에 짐이 떨어지지 않게 세운 나무와 수레의 몸이 서로 돕는 것과 같이 서로 도와 의지한다는 뜻이다.

글자 | 수레 덧방나무 **보**, 바퀴 **거**, 서로 **상**, 의지할 **의**

출전 | 춘추좌씨전 희공僖公 상

유사 | 순망치한脣亡齒寒, 순치보거脣齒輔車

[보과습유補過拾遺]

허물을 돕고 잃은 것을 줍는다는 말이며, 군주의 덕이 모자란 점을 보완하는 것이 신하의 의무라는 뜻이다.

글자 | 도울 **보**, 허물 **과**, 주울 **습**, 잃어버릴 **유**

출전 | 사기 급정汲鄭열전

[보과위교步過危橋]

걸어서 위태로운 다리를 지난다는 말이며, 인간 세상 사는 것이 이와 다름이 없다는 뜻이다.

글자 | 걸음 **보**, 지날 **과**, 위태할 **위**, 다리 **교**

출전 | 윤현尹鉉(1514~1578)의 시

[보국안민輔國安民]

나라를 돕고 백성을 편안하게 한다는 말이다.

글자 | 도울 **보**, 나라 **국**, 편안 **안**, 백성 **민**

[보궤불식簠簋不飾]

제사 지내는 보와 궤를 꾸미지 아니하였다는 말이며, 공직자의 부정을 완곡하게 표현하여 탄핵한다는 뜻이다.

글자 | 제기 이름 **보**, 제기 이름 **궤**, 아닐 **불**, 꾸밀 **식**

출전 | 한서 가의전賈誼傳

[보동공양普同供養]

널리 한가지로 봉양을 드린다는 말이며, 모두 함께 드리는 공양이라는 뜻이다.

원문 | 法界人天 普同供養
법계인천 보동공양

글자 | 넓을 **보**, 한 가지 **동**, 드릴 **공**, 봉양할 **양**

[보리안상步履安詳]

밟는 걸음은 편안하고 자세해야 한다는 말이며, 걸어갈 때는 편안히 살피면서 걸어야 한다는 뜻이다.

원문 | 步履必安詳 居處必正靜
보리필안상 거처필정정

글자 | 걸음 **보**, 밟을 **리**, 편안 **안**, 자세할 **상**

출전 | 명심보감, 사자소학 효행편

[보마향거寶馬香車]

보배 같은 말과 향기로운 수레라는 말이며, 뛰어난 말과 훌륭한 수레라는 뜻이다.

글자 | 보배 **보**, 말 **마**, 향내 **향**, 수레 **거**

[보무당당步武堂堂]

위엄스러운 걸음걸이가 당당하다는 말이다.

글자 | 걸음 **보**, 위엄스러울 **무**, 당당할 **당**

[보무타려保無他慮]

다른 의심이 없어 편안하다는 말이며, 확실하다는 뜻이다.

글자 | 편안할 **보**, 없을 **무**, 다를 **타**, 의심할 **려**

[보보행진步步行進]

걸음걸음이 나아간다는 말이며, 많은 사람이 발을 맞추어 한 걸음 한 걸음 나아간다는 뜻이다.

글자 | 걸음 **보**, 갈 **행**, 나아갈 **진**

[보복지리報復之理]

다시 갚는 도리라는 말이며, 되갚음이 되는 자연의 이치를 일컫는다.

글자 | 갚을 **보**, 다시 **복**, 어조사 **지**, 도리 **리**

[보본반시報本反始]

근본을 갚고 처음으로 돌아간다는 말이며, 천지와 조상의 은혜에 감사하며 보답한다는 뜻이다.

글자 | 갚을 **보**, 근본 **본**, 돌이킬 **반**, 비로소 **시**

출전 | 예기 교특생전郊特牲傳

[보세장민輔世長民]

세상을 돕고 백성을 기른다는 말이며, 나라를 보필하고 백성을 잘 다스린다는 뜻이다. 맹자의 글이다. '세상을 돕고 백성을 이끄는 데는 덕이 제일이오.'

원문 | **輔世長民莫如德**
보 세 장 민 막 여 덕

글자 | 도울 **보**, 세상 **세**, 기를 **장**, 백성 **민**

출전 | 맹자 공손추 하

[보시구난輔時求難]

시대를 도와서 환난을 구한다는 말이며, 잘못된 곳을 바로잡고 미치지 못하는 곳을 보필한다는 뜻이다.

글자 | 도울 **보**, 때 **시**, 구할 **구**, 어려울 **난**

출전 | 삼국유사三國遺事

[보신지책保身之策]

몸을 보전하는 꾀라는 말이다.

글자 | 보전할 **보**, 몸 **신**, 어조사 **지**, 꾀 **책**

[보우지차鴇羽之嗟]

너새의 탄식이라는 말이며, 백성이 전역戰役에 종사함으로써 부모를 모시고 봉양하지 못하는 탄식을 뜻한다. 이는 보우가 시세時勢를 풍자한 시에서 유래한다.

원문 | **肅肅鴇羽 集于苞栩**
숙 숙 보 우 집 우 포 허

글자 | 너새 **보**, 깃 **우**, 어조사 **지**, 탄식

할 **차**

출전 | 시경 당풍唐風

동류 | 보우지탄鴇羽之嘆

[보우지탄鴇羽之嘆]

→ 보우지차鴇羽之嗟

[보원이덕報怨以德]

원한을 덕으로 갚는다는 말이다. 원한을 원한으로 갚으면 계속 반복되고 서로 전전긍긍하게 됨으로 이런 폐단을 없애기 위한 뜻이 있다. 노자에 있는 글이다. '무위無爲하고 무사無事를 일삼고 무미無味를 맛보며, 작은 것을 크다 하고 적은 것을 많다 하며 원한을 덕으로 갚는다.'

원문 | 爲無爲 事無事 味無味
위무위 사무사 미무미
大小多少 報怨以德
대소다소 보원이덕

글자 | 갚을 **보**, 원망할 **원**, 써 **이**, 큰 **덕**

출전 | 노자 63장 은시恩始

[보원이원報怨以怨]

원한을 원한으로 갚는다는 말이다.

글자 | 갚을 **보**, 원망할 **원**, 써 **이**

출전 | 예기

[보이국사報以國士]

국사로 갚는다는 말이며, 남을 국사로 대우하면 자기 또한 국사로 대접받는다는 뜻이다.

글자 | 갚을 **보**, 써 **이**, 나라 **국**, 선비 **사**

출전 | 사기史記

동류 | 국사보지國士報之

[보지청결保持清潔]

[환경을] 맑고 정결하게 보호하고 지키라는 말이다.

글자 | 보호할 **보**, 가질 **지**, 맑을 **청**, 정결할 **결**

[보천솔토普天率土]

넓은 하늘이 땅을 거느린다는 말이며, 마음이 넓은 사람이 세상을 거느린다는 뜻이다.

원문 | 普天之下 率土之濱
보천지하 솔토지빈

글자 | 넓을 **보**, 하늘 **천**, 거느릴 **솔**, 흙 **토**

출전 | 춘추좌씨전

[보천욕일補天浴日]

하늘을 돕고 해를 씻는다는 말이며, 나라에 큰 공이 있다는 뜻이다.

글자 | 도울 **보**, 하늘 **천**, 목욕할 **욕**, 해 **일**

출전 | 회남자 남명훈覽冥訓

[보천지하普天之下]

넓은 하늘 밑이라는 말이며, 넓은 세상을 일컫는다.

원문 | 普天之下 莫非王土
보천지하 막비왕토

글자 | 넓을 **보**, 하늘 **천**, 어조사 **지**, 아래 **하**

출전 | 맹자 만잔萬章 상

[보편타당普遍妥當]

넓게 두루 온당하게 마땅하다는 말이며, 모든 것에 적용될 수 있는 필연적 가치를 뜻한다.

글자 | 넓을 **보**, 두루 **편**, 온당할 **타**, 마땅할 **당**

[보필지신輔弼之臣]

돕는 신하라는 말이며, 임금을 보좌하는 신하라는 뜻이다.

글자 | 도울 **보**, 도울 **필**, 어조사 **지**, 신하 **신**

[보필지임輔弼之任]

돕는 맡김이라는 말이며, 임금을 보좌하는 책임 또는 직임을 뜻한다.

글자 | 도울 **보**, 도울 **필**, 어조사 **지**, 맡길 **임**

[보필지재輔弼之才]

돕는 재주라는 말이며, 임금을 보좌할만한 재능이라는 뜻이다.

글자 | 도울 **보**, 도울 **필**, 어조사 **지**, 재주 **재**

[보학이위報虐以威]

위엄으로서 사나움을 갚는다는 말이며, 위엄으로 포학을 누른다는 뜻이다.

원문 | **報虐以威 遏絶苗民 無世在下**
보학이위 갈절묘민 무세재하

글자 | 갚을 **보**, 사나울 **학**, 써 **이**, 위엄 **위**

출전 | 서경 주서 여형呂刑

[보합대화保合大和]

보전하고 합하여 크게 화목하다는 말이며, 잘 결합시켜 화목하게 한다는 뜻이다.

원문 | **保合大和 乃利貞**
보합대화 내리정

글자 | 보전할 **보**, 합할 **합**, 큰 **대**, 화목할 **화**

출전 | 주역 건괘乾卦

[보행객주步行客主]

걸어가는 손님의 주인이라는 말이며, 걸어서 길을 가는 나그네만 재우는 집을 일컫는다.

글자 | 걸음 **보**, 갈 **행**, 손 **객**, 주인 **주**

[보화난수寶貨難售]

보배로운 재물은 팔기 어렵다는 말이며, 뛰어난 사람은 잘 쓰이기 어렵다는 말로도 쓰인다.

원문 | **大器難成 寶貨難售**
대기난성 보화난수

글자 | 보배 **보**, 재물 **화**, 어려울 **난**, 팔 **수**

출전 | 논형論衡

[복거지계覆車之戒]

수레가 엎어지는 것을 보고 경계한다는 말이며, 앞사람의 실패를 거울삼아 조심한다는 뜻이다.

글자 | 엎지를 **복**, 수레 **거**, 어조사 **지**, 경계할 **계**

출전 | 후한서 두무전竇武傳

동류 | 복차지계覆車之戒

[복경호우福輕乎羽]

복은 깃털보다 가볍다는 말이며, 복은 자기의 마음먹기에 달렸다는 뜻이다.

글자 | 복 **복**, 가벼울 **경**, 어조사 **호**, 깃 **우**

출전 | 장자 인간세편人間世篇

[복고사상復古思想]

옛날을 돌아오게 하는 생각이라는 말이며, 옛날의 상태로 복귀시키려는 사상이라는 뜻이다.

글자 | 돌아올 **복**, 옛 **고**, 생각 **사**, 생각할 **상**

[복고여산腹高如山]

배가 산과 같이 높다는 말이며, 임신한 여자의 배, 또는 부자의 교만함을 빗댄 말이다.

글자 | 배 **복**, 높을 **고**, 같을 **여**, 뫼 **산**

[복과재생福過災生]

행복이 지나치면 도리어 재앙이 생긴다는 말이다.

글자 | 복 **복**, 지날 **과**, 재앙 **재**, 날 **생**

출전 | 송서, 진서

[복과화생福過禍生]

→ 복과재생福過災生

[복구재측伏寇在側]

엎드린 도둑이 곁에 있다는 말이며, 도적이 자기 곁에 숨어있다는 뜻이다. 은밀하게 참월하는 무리가 백성을 사로잡으려고 군주의 곁에 있음을 경고하고 있다.

원문 | 墻有耳 伏寇在側
장 유 이 복 구 재 측

글자 | 엎드릴 **복**, 도둑 **구**, 있을 **재**, 곁 **측**

출전 | 관자 군신편君臣篇 하

[복로요격伏路邀擊]

길에 엎드려 있다가 [적을] 맞아 친다는 말이며, 적을 기습 공격한다는 뜻이다.

글자 | 엎드릴 **복**, 길 **로**, 맞을 **요**, 칠 **격**

출전 | 병고兵考

[복룡봉추伏龍鳳雛]

엎드린 용과 봉황의 새끼라는 말이며, 숨어 있는 재사才士나 준걸俊傑을 빗댄 말이다. 당시는 촉한의 제갈량과 방통龐統을 두고 한 말이다.

글자 | 엎드릴 **복**, 용 **룡**, 봉새 **봉**, 병아리 **추**

출전 | 삼국지 촉지 제갈량전

동류 | 와룡봉추臥龍鳳雛

[복명복창復命復唱]

명령을 다시 부른다는 말이며, 상관으로부터 받은 명령을 반복하여 부른다는 뜻이다.

글자 | 거듭 **복**, 명령할 **명**, 부를 **창**

[복모구구伏慕區區]

작고 작은 사람이 엎드려 사모한다는 말이며, 삼가 사모하는 마음 그지없다는 뜻이다.

글자 | 엎드릴 **복**, 생각할 **모**, 작을 **구**

[복모무임伏慕無任]

엎드려 사모하여 견딜 수 없다는 말이며, 편지 문구로 쓴다.

글자 | 엎드릴 **복**, 생각할 **모**, 없을 **무**, 견딜 **임**

동류 | 복모불임伏慕不任

[복모불임伏慕不任]

→ 복모무임伏慕無任

[복무쌍지福無雙至]

복은 짝으로 이르지 않는다는 말이며, 복이 겹쳐 오는 경우는 없다는 뜻이다.

원문 | 福無雙至 禍不單行
복 무 쌍 지 화 불 단 행

글자 | 복 **복**, 없을 **무**, 짝 **쌍**, 이를 **지**

출전 | 설원說苑

[복미불안服美不安]

아름다운 옷을 입어도 편안치 않다는 말이며, 풍족한 생활을 해도 마음은 불안하다는 뜻이다.

원문 | 服美不安 聞樂不樂
복 미 불 안 문 락 불 락

글자 | 입을 **복**, 아름다울 **미**, 아닐 **불**, 편안 **안**

출전 | 효경 상친장喪親章

[복배수적腹背受敵]

배와 등으로 적을 받는다는 말이며, 앞뒤로 적의 침공을 받는다는 뜻이다.

글자 | 배 **복**, 등 **배**, 받을 **수**, 대적할 **적**

[복배지모腹背之毛]

배와 등에 난 털이라는 말이며, 쓸데없는 것, 또는 있으나마나 한 것을 빗댄 말이다.

글자 | 배 **복**, 등 **배**, 어조사 **지**, 터럭 **모**

[복배지수覆盃之水]

잔이 뒤집힌 물이라는 말이며, 수습하기 곤란한 일이라는 빗댄 말이다. 우리말로는 '엎질러진 물' 이다.

글자 | 뒤집힐 **복**, 잔 **배**, 어조사 **지**, 물 **수**

출전 | 한서 주매신전朱買臣傳

동류 | 복수난수覆水難收

[복복장자福福長者]

복되고 복된 넉넉한 사람이라는 말이며, 매우 행복한 부자를 일컫는다.

글자 | 복 **복**, 넉넉할 **장**, 사람 **자**

[복불습길卜不襲吉]

점은 길한 것을 반복하지 않는다는 말이며, 처음에 길하게 나온 점괘는 다시 점치지 않는다는 뜻이다.

글자 | 점 **복**, 아닐 **불**, 반복할 **습**, 길할 **길**

[복불쌍전福不雙傳]

→ 복무쌍지福無雙至

[복불재강服不再降]

직책은 두 번 내려가지 않는다는 말이다.

글자 | 직책 **복**, 아닐 **불**, 두 번 **재**, 내릴 **강**

[복상지음濮上之音]

→ 망국지음亡國之音

출전 | 예기 악기樂記

[복생어미福生於微]

행복은 작은 일에서부터 생긴다는 말이다.

원문 | 福生於微 禍生生忽
복 생 어 미 화 생 생 홀

글자 | 복 **복**, 날 **생**, 어조사 **어**, 작을 **미**

출전 | 설원說苑

[복생유기福生有基]

복이 생기는 것은 그 원인이 있다는 말이다.

글자 | 복 **복**, 날 **생**, 있을 **유**, 근본 **기**

출전 | 한서 매승전枚乘傳

[복선화음福善禍淫]

착한 사람에게는 복이 오고 방탕한 사람에게는 화가 온다는 말이다. 서경에 있는 글이다. '천도는 착한 사람에게는 복이 되고, 욕심이 넘치는 자에게는 재앙이 된다.'

원문 | 天道 福善禍淫
천 도 복 선 화 음

글자 | 복 **복**, 착할 **선**, 재화 **화**, 방탕할 **음**

출전 | 서경 상서商書

[복소파란覆巢破卵]

둥지를 뒤엎고 알을 깬다는 말이며, 부모의 재난이 자식에게까지 미친다는 뜻이다.

글자 | 엎지를 **복**, 둥지 **소**, 깰 **파**, 알 **란**

[복수난수覆水難收]

엎질러진 물은 주어 담기 어렵다는 말이다. 이는 강태공姜太公이 공부만 한다 하여 자기를 버리고 간 아내 마씨馬氏가 태공이 제나라 임금이 되어 돌아오자 다시 살기를 원하여 한 말이다. '그대는 떨어졌다가 다시 합칠 수 있다고 생각하겠지만, 이미 엎지른 물은 담을 수 없는 것이오.'

원문 | 若能離更合 覆水定難收
약 능 리 갱 합 복 수 정 난 수

글자 | 엎지를 **복**, 물 **수**, 어려울 **난**, 거둘 **수**

출전 | 한서 주매신전朱買臣傳

동류 | 복수불반覆水不返, 복배지수覆背之水, 복수불수覆水不收

[복수불반覆水不返]

→ 복수난수覆水難收

[복수불수覆水不收]

→ 복수불반覆水不返

[복심지병腹心之病]

배와 마음의 병이라는 말이며, 고치

기 어려운 병과 덜어버릴 수 없는 근심 걱정을 일컫는다.

글자 | 배 **복**, 마음 **심**, 어조사 **지**, 병 **병**

출전 | 사기 오자서열전伍子胥列傳

동류 | 복심지질腹心之疾

[복심지신腹心之臣]

깊은 마음속의 신하라는 말이며, 충성심이 변함없는 신하를 일컫는다.

글자 | 배 **복**, 마음 **심**, 어조사 **지**, 신하 **신**

출전 | 시경

[복심지질腹心之疾]

→ 복심지병腹心之病

[복연선경福緣善慶]

복은 착하고 경사스러움에 인연한다는 말이며, 선행이 쌓이면 복이 찾아온다는 뜻이다.

글자 | 복 **복**, 인연 **연**, 착할 **선**, 경사 **경**

출전 | 천자문

[복완지공覆椀之功]

주발을 엎은 공이라는 말이며, 생명의 은공이라는 뜻이다. 고려 인종 때 이자겸이 모반을 꾀하려고 독약을 보내 왕비로 하여금 임금에게 올리게 하였으나 왕비가 독약을 든 주발을 들고 가다가 일부로 미끄러지며 주발을 엎었는데, 임금이 그 공을 생각하여 폐비가 된 뒤에도 전답과 노비를 하사하였다는 고사에서 온 말이다.

글자 | 엎지를 **복**, 주발 **완**, 어조사 **지**, 공 **공**

출전 | 고려사

[복음삼덕福音三德]

복된 소리의 세 가지 덕이라는 말이며, 예수가 말한 세 가지 덕행으로서 청빈淸貧, 정결貞潔, 순명順命을 일컫는다.

글자 | 복 **복**, 소리 **음**, 큰 **덕**

출전 | 천주교

[복이회아腹以懷我]

배로써 나를 품었다는 말이며, 나를 배에 품어 길러주셨다는 뜻이다.

원문 | 腹以懷我 乳以哺我
복 이 회 아 유 이 포 아

글자 | 배 **복**, 써 **이**, 품을 **회**, 나 **아**

출전 | 사자소학

[복인복과福因福果]

복으로 인하여 복이 맺힌다는 말이며, 복된 일을 해야 복된 결과를 가져온다는 뜻이다.

글자 | 복 **복**, 인할 **인**, 맺힐 **과**

[복잡괴기複雜怪奇]

복잡하고 괴상하며 이상하다는 말이다.

글자 | 거듭 **복**, 잡될 **잡**, 기이할 **괴**, 이상할 **기**

[복잡다기複雜多岐]

→ 복잡다단複雜多端

출전 | 열자 설부說符

[복잡다단複雜多端]

복잡하고 실마리가 많다는 말이며, 일이 두루 뒤섞여 갈피를 잡기 어렵다는 뜻이다.

글자 | 거듭 **복**, 잡될 **잡**, 많을 **다**, 실마리 **단**

[복주병진輻湊幷臻]

바퀴살이 [바퀴통에] 모여 합하고 모아진다는 말이며, 사물이 한 곳으로 모여든다는 뜻이다.

글자 | 바퀴살 **복**, 모일 **주**, 합할 **병**, 모을 **진**

출전 | 송남잡지

[복주복야卜晝卜夜]

낮과 밤을 점친다는 말이며, 밤낮 놀기만 하는 사람을 빗댄 말이다.

원문 | 臣卜其晝 未卜其夜 不敢
신 복 기 주 미 하 기 야 불 감

글자 | 점 **복**, 낮 **주**, 밤 **야**

출전 | 춘추좌씨전 장공 22년조

[복지부동伏地不動]

땅에 엎드려 움직이지 않는다는 말이며, 스스로 움직여 일하지 않는 무사안일주의를 빗댄 말이다.

글자 | 엎드릴 **복**, 땅 **지**, 아닐 **부**, 움직일 **동**

[복지심령福至心靈]

복이 이르면 마음도 신령하다는 말이며, 운이 좋을 때는 정신도 깨끗하다는 뜻이다.

원문 | 人貧智短 福至心靈
인 빈 지 단 복 지 심 령

글자 | 복 **복**, 이를 **지**, 마음 **심**, 신령 **령**

출전 | 명심보감 성심편省心篇

[복지유체伏地流涕]

땅에 엎드려 눈물을 흘린다는 말이며, 크게 뉘우치고 용서를 구한다는 뜻이다.

글자 | 엎드릴 **복**, 땅 **지**, 흐를 **유**, 눈물 **체**

[복차지계覆車之戒]

엎어진 수레의 조심이라는 말이며, 앞의 잘못을 보고 조심하라는 뜻이다. 전한前漢의 효제 임금에게 가의賈誼가 진언한 말이다. '속담에 앞 수레의 엎어진 바큇자국은 뒤 수레의 거울이란 말이 있습니다. 하, 은, 주나라 삼대는 잘 다스려진 나라입니다. 이를 본받지 못하는 나라는 오래 지탱할 수 없습니다. 진秦의 멸망을 우리는 눈앞에서 보았습니다. 이를 경계해야 합니다.'

원문 | 前車覆後車戒
전 차 복 후 차 계

글자 | 엎어질 **복**, 수레 **차**, 어조사 **지**, 조심할 **계**

출전 | 후한서
동류 | 복거지계覆車之戒

[본래면목本來面目]

처음부터 타고난 얼굴이라는 말이며, 있는 그대로의 마음을 뜻하는 불교 용어이다.

글자 | 밑 **본**, 올 **래**, 얼굴 **면**, 눈 **목**
출전 | 전습록傳習錄

[본래무물本來無物]

근본에서부터 [형상이 있는] 물건은 없다는 말이며, 세상의 만물은 태초에 아무것도 없었다는 뜻이다.

글자 | 근본 **본**, 올 **래**, 없을 **무**, 만물 **물**

[본래법이本來法爾]

근본에서부터 떳떳하다는 말이며, 본래부터 자연스럽다는 뜻이다.

글자 | 근본 **본**, 올 **래**, 떳떳할 **법**, 어조사 **이**

[본래성불本來成佛]

근본에서부터 부처를 이룬다는 말이며, 중생도 근본은 부처라는 뜻이다.

글자 | 근본 **본**, 올 **래**, 이룰 **성**, 부처 **불**

[본립도생本立道生]

기본이 [바로] 서면 길이 생간다는 말이다.

원문 | 君子務本 本立而道生
군자무본 본립이도생

글자 | 근본 **본**, 설 **립**, 길 **도**, 날 **생**
출전 | 논어 학이편學而篇

[본말전도本末顚倒]

근본과 말단이 뒤바뀌었다는 말이며, 중요한 것과 그렇지 않는 것이 서로 바뀌었다는 뜻이다.

글자 | 밑 **본**, 끝 **말**, 엎드러질 **전**, 넘어질 **도**
동류 | 주객전도主客顚倒

[본비아물本非我物]

본래 내 것이 아니라는 말이며, 뜻밖에 얻는 물건을 잃어버려도 섭섭지 않다는 뜻이다.

글자 | 근본 **본**, 아닐 **비**, 나 **아**, 만물 **물**
출전 | 송남잡지
동류 | 본비아토本非我土

[본비아토本非我土]

→ 본비아물本非我物

[본생부모本生父母]

본래 난 부모라는 말이며, 양자養子 간 사람의 생가生家의 부모를 일컫는다.

글자 | 근본 **본**, 날 **생**, 아비 **부**, 어미 **모**

[본연지성本然之性]

순연純然하게 하늘로부터 부여받은 성질이라는 말이다. 주자학朱子學에서 주장하는 학설의 하나로서 사람에게는 두 가지 형태의 성이 있는데, 그

것은 본연지성과 기질지성氣質之性이라고 하며, 기질지성은 혈기나 기질이 뒤엉킨 뒤에 생기는 성질이라는 것이다.

원문 | 天地之性則太極本然之妙
천 지 지 성 즉 태 극 본 연 지 묘

글자 | 밑 **본**, 그럴 **연**, 어조사 **지**, 본성 **성**

출전 | 주자어류

[본원왕생本願往生]

가서 태어나는 진정한 바람이라는 말이며, 부처의 서원으로 구제를 받아 극락에 가려는 소원이라는 뜻이다.

글자 | 정말 **본**, 바랄 **원**, 갈 **왕**, 날 **생**

출전 | 왕생논주往生論註 하

[본제입납本第入納]

나의 집으로 들인다는 말이며, 자기 집으로 편지를 보낼 때 봉투에 본인의 이름 대신 쓰는 용어이다.

글자 | 나 **본**, 집 **제**, 들 **입**, 들일 **납**

동류 | 본가입납本家入納

[본지백세本支百世]

근본과 가지가 백 대라는 말이며, 종손宗孫과 지손支孫이 퍼져서 오래 이어진다는 뜻이다.

글자 | 근본 **본**, 가지 **지**, 일백 **백**, 세대 **세**

출전 | 시경 대아문왕大雅文王

[본초강목本草綱目]

근본이 되는 풀의 벼리와 조목이라는 말이며, 중국 명나라 이시진李時珍이 집대성한 한약의 종합 해설서로서 1892종을 7개 항목으로 나누어 총 52권에 서술한 저작물이다.

글자 | 근본 **본**, 풀 **초**, 벼리 **강**, 조목 **목**

[본토지민本土之民]

옛 땅의 백성이라는 말이며, 대대로 그 고장에서 사는 백성을 일컫는다.

글자 | 옛 **본**, 땅 **토**, 어조사 **지**, 백성 **민**

[본향안치本鄕安置]

옛 시골에 편안히 둔다는 말이며, 조선시대에 죄인을 그의 고향에서 살도록 한 유배를 일컫는다.

글자 | 옛 **본**, 시골 **향**, 편안 **안**, 둘 **치**

[봉강지계封疆之界]

봉한 변방의 지경이라는 말이며, 한 나라의 지리적 범위를 일컫는다.

글자 | 봉할 **봉**, 변방 **강**, 어조사 **지**, 지경 **계**

출전 | 맹자 공손추公孫丑 하

[봉건유제封建遺制]

봉건시대의 남은 제도라는 말이며, 현재까지 전해오는 옛날의 체제나 관습을 일컫는다.

글자 | 지경 봉할 **봉**, 세울 **건**, 남을 **유**, 제도 **제**

[봉격지희奉檄之喜]

격서를 받드는 기쁨이라는 말이며,

부모가 살아있는 사람이 고을의 원님으로 임명되는 기쁨을 뜻한다.

글자 | 받들 **봉**, 격서 **격**, 어조사 **지**, 기쁠 **희**

[봉고파직封庫罷職]

곳집을 봉하고 벼슬을 파한다는 말이며, 어사御使나 감사가 부정을 저지른 고을의 원을 파면시키고 관가의 창고를 봉하고 잠근다는 뜻이다.

글자 | 봉할 **봉**, 곳집 **고**, 파할 **파**, 벼슬 **직**

동류 | 봉고파출封庫罷黜

[봉고파출封庫罷黜]

→ 봉고파직封庫罷職

[봉관화리鳳冠花履]

봉새의 관과 꽃신이라는 말이며, 여자의 잘 차린 몸단장을 빗댄 말이다.

글자 | 봉새 **봉**, 관 **관**, 꽃 **화**, 신 **리**

출전 | 창선감의록彰善感義錄

[봉군지악逢君之惡]

임금의 악함을 맞이한다는 말이며, 임금의 악정에 동조한다는 뜻이다.

원문 | 逢君之惡 其罪大
봉 군 지 악 기 죄 대

글자 | 맞을 **봉**, 임금 **군**, 어조사 **지**, 악할 **악**

출전 | 맹자 고자告子 하

[봉두구면蓬頭垢面]

쑥 같은 머리에 때가 낀 얼굴이라는 말이며, 외양을 가꾸지 않아 차림새가 몹시 나쁜 사람을 일컫는다.

글자 | 쑥 **봉**, 머리 **두**, 때 **구**, 얼굴 **면**

출전 | 위서 봉궤전封軌傳

[봉두난발蓬頭亂髮]

쑥과 같은 머리와 어지러운 머리털이라는 말이며, 더부룩하게 헝클어진 머리카락을 일컫는다.

글자 | 쑥 **봉**, 머리 **두**, 어지러울 **난**, 머리털 **발**

동류 | 봉두돌빈蓬頭突鬢

[봉두돌빈蓬頭突鬢]

→ 봉두난발蓬頭亂髮

[봉두역치蓬頭歷齒]

쑥대강이 같은 머리에 오래된 이빨이라는 말이며, 늙은 노인의 모습을 일컫는다.

글자 | 쑥 **봉**, 머리 **두**, 지날 **역**, 이 **치**

출전 | 유신庾信 죽장부竹杖賦

[봉래약수蓬萊弱水]

봉래와 약수라는 말이며, 매우 큰 차이가 있다는 뜻이다. 봉래는 동쪽 바다에 떠있는 불로불사不老不死의 섬이고, 약수는 서쪽 대륙을 휘도는 강으로서 그 거리가 30만 리나 떨어져 있다는 전설에서 온 말이다.

글자 | 쑥 **봉**, 쑥 **래**, 약할 **약**, 물 **수**

출전 | 태평광기太平廣記

ㅂ

[봉린지란鳳麟芝蘭]

봉황, 기린과 지초, 난초라는 말이며, 잘난 남자와 어여쁜 여자, 즉 씩씩하고 꽃다운 젊은 남녀를 빗댄 말이다.

글자 | 봉새 **봉**, 기린 **린**, 지초 **지**, 난초 **란**

[봉명사신奉命使臣]

명령을 받든 사신이라는 말이며, 특별히 임금의 명령을 받들고 외국으로 가는 사신을 일컫는다.

글자 | 받들 **봉**, 명령할 **명**, 부릴 **사**, 신하 **신**

[봉명조양鳳鳴朝陽]

봉새가 울면 아침 해가 뜬다는 말이며, 천하가 태평할 상서로운 조짐이라는 뜻이다.

글자 | 봉새 **봉**, 울 **명**, 아침 **조**, 볕 **양**

출전 | 시경 대아大雅

[봉모인각鳳毛麟角]

봉황의 털과 기린의 뿔이라는 말이며, 아주 뛰어난 인재를 빗댄 말이다.

글자 | 봉새 **봉**, 터럭 **모**, 기린 **인**, 뿔 **각**

출전 | 남사

[봉목시성蜂目豺聲]

벌과 같은 눈매에 늑대 같은 목소리라는 말이며, 흉포凶暴한 사람을 일컫는다. 반양중潘陽仲이 어린 시절의 왕돈王敦을 보고 평한 말이다. '자네는 벌침 같은 눈은 이미 튀어나왔지만 승냥이 같은 목소리는 아직 내지 못하니, 틀림없이 남을 잡아먹을 수도 있지만 또한 남에게 잡아먹힐 수도 있네.'

원문 | 君蜂目已露 但豺聲未振耳
군 봉 목 기 로 단 시 성 미 진 이

글자 | 벌 **봉**, 눈 **목**, 승냥이 **시**, 소리 **성**

출전 | 세설신어 식감識鑒

[봉발운류鋒發韻流]

끝이 일어나고 소리가 흐른다는 말이며, 문장이 유창하다는 뜻이다.

글자 | 끝 **봉**, 일어날 **발**, 소리 **운**, 흐를 **류**

[봉방수와蜂房水渦]

벌집과 물의 소용돌이라는 말이며, 집이 가득 차고 사람이 붐비는 모습을 일컫는다.

글자 | 벌 **봉**, 방 **방**, 물 **수**, 소용돌이 **와**

출전 | 두목杜牧의 시

[봉복대소捧腹大笑]

배를 부여잡고 크게 웃는다는 말이다.

글자 | 받들 **봉**, 배 **복**, 큰 **대**, 웃을 **소**

출전 | 사기 일자日者열전

동류 | 봉복절도捧腹絶倒

[봉복절도捧復絶倒]

배를 받들고 넘어진다는 말이며, 배를 안고 가누지 못할 만큼 우습다는 뜻이다.

글자 | 받들 **봉**, 배 **복**, 끊을 **절**, 넘어질 **도**

출전 | 사기 초산집艸山集

동류 | 포복절도抱腹絶倒

[봉분다례封墳茶禮]

무덤의 흙을 모으고 차를 드리는 예도라는 말이며, 무덤 형태를 갖춘 다음 드리는 간단한 상례를 일컫는다.

글자 | 흙 모을 **봉**, 무덤 **분**, 차풀 **다**, 예도 **례**

[봉사가격奉仕價格]

받들어 섬기는 표준 가격이라는 말이며, 손님에게 싸게 파는 물건 값을 일컫는다.

글자 | 받들 **봉**, 섬길 **사**, 값 **가**, 표준할 **격**

[봉생마중蓬生麻中]

쑥이 삼밭 가운데에 났다는 말이며, 쑥이 삼밭 속에 나면 붙들어주지 않아도 저절로 곧게 자란다는 뜻이다.

원문 | 蓬生麻中 不扶而直
봉 생 마 중 불 부 이 직

글자 | 쑥 **봉**, 날 **생**, 삼 **마**, 가운데 **중**

출전 | 순자 권학勸學

[봉수구면蓬首垢面]

더부룩한 머리와 때 묻은 얼굴이라는 말이다.

글자 | 더부룩할 **봉**, 머리 **수**, 때 **구**, 얼굴 **면**

동류 | 봉두구면蓬頭垢面

[봉시불행逢時不幸]

다행하지 아니할 때 만난다는 말이다.

글자 | 만날 **봉**, 때 **시**, 아닐 **불**, 다행할 **행**

[봉시장사封豕長蛇]

큰 돼지와 긴 뱀이라는 말이며, 돼지같이 탐욕하고 뱀같이 잔인한 사람이라는 뜻이다.

글자 | 클 **봉**, 돼지 **시**, 긴 **장**, 뱀 **사**

출전 | 춘추좌씨전

[봉액지의縫掖之衣]

겨드랑이를 꿰맨 옷이라는 말이며, 선비가 입는 도포道袍의 한 가지를 일컫는다.

글자 | 꿰맬 **봉**, 겨드랑이 **액**, 어조사 **지**, 옷 **의**

출전 | 예기, 성호사설

[봉와주택蜂窩住宅]

벌집과 같은 주택이라는 말이며, 여러 세대가 사는 아파트와 같은 집이라는 뜻이다.

글자 | 벌 **봉**, 벌집 **와**, 머무를 **주**, 집 **택**

[봉의군신蜂蟻君臣]

벌과 개미의 임금과 신하라는 말이며, 신분에 상하와 질서가 있다는 뜻이다.

글자 | 벌 **봉**, 개미 **의**, 임금 **군**, 신하 **신**

[봉인유구逢人有求]

사람을 만나면 구함이 있다는 말이

ㅂ

며, 사람만 만나면 구하니 그래서 온갖 일을 그르친다는 뜻이다.

원문 | 逢人卽有求 所以百事非
봉 인 즉 유 구 소 이 백 사 비

글자 | 만날 **봉**, 사람 **인**, 있을 **유**, 구할 **구**

출전 | 여사인呂舍人의 시

[봉인즉설逢人卽說]

→ 봉인첩설逢人輒說

[봉인첩설逢人輒說]

만나는 사람마다 번번이 말한다는 말이며, 만나는 사람마다 붙들고 말하여 소문을 퍼뜨린다는 뜻이다.

글자 | 만날 **봉**, 사람 **인**, 번번이 **첩**, 말씀 **설**

[봉장풍월逢場風月]

만나는 마당에서 풍월을 짓는다는 말이며, 아무 때나 어디서나 분별없이 즉흥적으로 시를 읊는다는 뜻이다.

글자 | 만날 **봉**, 마당 **장**, 외울 **풍**, 달빛 **월**

[봉접수향蜂蝶隨香]

벌과 나비가 향기를 따라간다는 말이다.

글자 | 벌 **봉**, 나비 **접**, 따를 **수**, 향기 **향**

[봉조부지鳳鳥不至]

봉황새가 이르지 않는다는 말이며, 세상에 성주聖主가 나타나지 않는다는 뜻이다.

글자 | 봉황새 **봉**, 새 **조**, 아닐 **부**, 이를 **지**

출전 | 논어 자한편子罕篇

[봉준장목蜂準長目]

벌의 높은 코 마루와 긴 눈이라는 말이며, 영특하고 생각이 깊은 인상人相을 일컫는다.

글자 | 벌 **봉**, 코 마루 **절(준)**, 긴 **장**, 눈 **목**

출전 | 사기 진시황본기秦始皇本紀

[봉채유독蜂蠆有毒]

벌과 전갈은 독이 있다는 말이며, 보잘것없는 것도 업신여기지 말라는 뜻이다.

글자 | 벌 **봉**, 전갈 **채**, 있을 **유**, 독 **독**

[봉태용간鳳胎龍肝]

봉새의 태와 용의 간이라는 말이며, 맛보기 어려운 진미珍味를 빗댄 말이다.

글자 | 봉새 **봉**, 태 **태**, 용 **용**, 간 **간**

[봉필생휘蓬蓽生輝]

쑥 사립문에 광채가 난다는 말이며, 가난한 집에 귀인이 찾아왔다는 뜻이다.

글자 | 쑥 **봉**, 사립문 **필**, 날 **생**, 빛날 **휘**

[봉호만택蓬蒿滿宅]

쑥이 집 안에 가득 자랐다는 말이며, 조금도 세상의 명리名利에 개의하지 않는다는 뜻이다.

글자 | 쑥 **봉**, 다북쑥 **호**, 찰 **만**, 집 **택**

출전 | 세설신어

[봉호옹유蓬戶甕牖]

쑥으로 된 문과 옹기로 된 창문이라는 말이며, 매우 초라한 집이라는 뜻이다.

글자 | 쑥 **봉**, 지게문 **호**, 독 **옹**, 창 **유**

출전 | 예기

[봉황내의鳳凰來儀]

봉황이 와서 예법을 갖춘다는 말이며, 태평성대의 조짐을 일컫는다. 서경에 있는 글이다. '소소 아홉 장을 다 연주하면 봉황이 와서 예를 갖춥니다.'

원문 | 簫韶九成 鳳凰來儀
소소구성 봉황내의

글자 | 새 **봉**, 암 봉 **황**, 올 **내**, 예법 **의**

출전 | 서경 익직益稷

[봉황우비鳳凰于飛]

한 쌍의 봉황이 짝지어 날아간다는 말이며, 부부가 화목하다는 뜻이다.

원문 | 鳳凰于飛 翽翽其羽
봉황우비 홰홰기우

글자 | 새 **봉**, 암 봉 **황**, 갈 **우**, 날 **비**

출전 | 시경 대아권아大雅卷阿

[봉황재노鳳凰在笯]

봉황이 새장 속에 있다는 말이며, 현인賢人이 직위를 잃고 초야에 있다는 뜻이다.

글자 | 새 **봉**, 암 봉 **황**, 있을 **재**, 새장 **노**

출전 | 초사楚辭

[봉황함서鳳凰銜書]

봉황이 글을 받든다는 말이며, 천자의 사신이 칙서를 받들고 온다는 뜻이다.

글자 | 봉새 **봉**, 봉새 **황**, 받들 **함**, 글 **서**

출전 | 수서 음악지音樂志

[부가대길富家大吉]

부유한 집은 크게 길하다는 말이며, 재산이 많으면 저절로 좋은 일이 많이 생긴다는 뜻이다.

원문 | 富家大吉 順在位也
부가대길 순재위야

글자 | 부할 **부**, 집 **가**, 큰 **대**, 길할 **길**

출전 | 주역 풍화가인괘風火家人卦

[부가범택浮家泛宅]

떠있는 집들이라는 말이며, 물 위에 떠다니며 집처럼 살림을 하는 배를 일컫는다.

원문 | 吾將歸老於其間泛宅浮家
오장귀로어기간범택부가

글자 | 뜰 **부**, 집 **가**, 뜰 **범**, 집 **택**

출전 | 신당서新唐書 은일전隱逸傳

[부가자제富家子弟]

부잣집 자손으로 자라난 젊은 사람을 일컫는다.

글자 | 부자 **부**, 집 **가**, 아들 **자**, 아우 **제**

[부가지보富家之寶]

부자로 만드는 보물이라는 말이다.

글자 | 부자 **부**, 집 **가**, 어조사 **지**, 보배 **보**

[부가표제附加表題]

더하여 붙인 겉 제목이라는 말이며, 글이나 작품의 제목에 덧붙이는 부제副題를 일컫는다.

글자 | 붙일 **부**, 더할 **가**, 겉 **표**, 제목 **제**

[부강지국富强之國]

부강한 나라라는 말이다.

글자 | 부자 **부**, 강할 **강**, 어조사 **지**, 나라 **국**

[부계박리孵鷄搏狸]

알을 품은 닭이 살쾡이를 친다는 말이며, 힘이 미치지 못하는 일에 손을 댄다는 뜻이다.

글자 | 알 안아 새끼 깔 **부**, 닭 **계**, 손으로 칠 **박**, 살쾡이 **리**

[부고발혜婦姑勃谿]

며느리와 시어머니가 성내어 다투며 물리친다는 말이다.

글자 | 며느리 **부**, 시어미 **고**, 물리칠 **발**, 성내어 다툴 **혜**

[부관참시剖棺斬屍]

관을 쪼개고 주검을 벤다는 말이며, 죽은 뒤에 큰 죄가 드러난 사람의 관을 쪼개어 목을 베던 형벌을 일컫는다.

글자 | 쪼갤 **부**, 관 **관**, 베일 **참**, 주검 **시**

[부국강병富國强兵]

나라를 부유하게 만들고 군대를 강하게 한다는 말이다.

글자 | 부자 **부**, 나라 **국**, 강할 **강**, 군사 **병**

출전 | 사기 관안열전管晏列傳

[부귀공명富貴功名]

넉넉하고 귀하고 공과 이름이 있다는 말이며, 재산이 많고 지위가 높으며 공을 세워 이름을 떨친다는 뜻이다.

글자 | 넉넉할 **부**, 귀할 **귀**, 공 **공**, 이름 **명**

[부귀다남富貴多男]

부하고 귀하며 아들이 많다는 말이다.

글자 | 부자 **부**, 귀할 **귀**, 많을 **다**, 사내 **남**

[부귀부운富貴浮雲]

부와 지위는 뜬구름과 같다는 말이며, 부정하게 재물이나 벼슬을 얻어 봐야 그것은 덧없이 사라진다는 뜻이다.

원문 | 富貴如浮雲
부 귀 여 부 운

글자 | 부할 **부**, 귀할 **귀**, 뜰 **부**, 구름 **운**

출전 | 논어 술이述而

[부귀빈천富貴貧賤]

부자이고 귀하며 가난하고 천하다는 말이다.

글자 | 부자 **부**, 귀할 **귀**, 가난 **빈**, 천할 **천**

출전 | 송남잡지

[부귀역우富貴亦憂]

부하고 귀해도 또한 근심이라는 말이며, 부귀해도 역시 근심이 있다는 뜻이다.

원문 | 不知足者 富貴亦憂
부 지 족 자 부 귀 역 우

글자 | 부할 **부**, 귀할 **귀**, 또 **역**, 근심 **우**

출전 | 명심보감 안분편安分篇

[부귀영화富貴榮華]

부유하고 귀하여 영화롭게 빛난다는 말이며, 재산이 많고 지위가 높아 귀하게 되어서 세상에 드러나 온갖 영광을 누린다는 뜻이다.

글자 | 부자 **부**, 귀할 **귀**, 영화 **영**, 빛날 **화**

[부귀재천富貴在天]

부귀는 하늘에 있다는 말이며, 사람의 힘이 미치지 못한다는 뜻이다.

원문 | 死生有命富貴在天君子敬而
사 생 유 명 부 귀 재 천 군 자 경 이
無失
무 실

글자 | 부할 **부**, 귀할 **귀**, 있을 **재**, 하늘 **천**

출전 | 논어 안연顔淵

[부급종사負笈從師]

책궤를 지고 스승을 좇는다는 말이며, 공부하기 위하여 다른 고장으로 간다는 뜻이다.

글자 | 질 **부**, 책궤 **급**, 따를 **종**, 스승 **사**

출전 | 포박자

[부급지루副急之淚]

버금으로 급히 흐르는 눈물이라는 말이며, 때맞추어 갑자기 흘리는 거짓 눈물을 뜻한다.

글자 | 버금 **부**, 급할 **급**, 어조사 **지**, 눈물 **루**

출전 | 세설신어

[부단염불不斷念佛]

끊이지 않고 부처를 생각한다는 말이며, 쉬지 않고 염불을 드린다는 뜻이다.

글자 | 아닐 **부**, 끊을 **단**, 생각할 **염**, 부처 **불**

[부달시변不達時變]

→ 부달시의不達時宜

[부달시의不達時宜]

때에 마땅히 이르지 못한다는 말이며, 몹시 완고하여 시대를 따르려는 융통성이 없다는 뜻이다.

글자 | 아닐 **부**, 이를 **달**, 때 **시**, 마땅 **의**

동류 | 부달시변不達時變

[부담비례不談非禮]

예도가 아닌 것은 말하지 않는다는 말이며, 예의에 벗어난 말은 하지 않는다는 뜻이다.

글자 | 아닐 **부**, 말씀 **담**, 아닐 **비**, 예도 **례**

[부답복철不踏覆轍]

엎어진 수레 바큇자국을 밟지 않는다는 말이며, 선인先人의 실패를 되풀이하지 않는다는 뜻이다.

글자 | 아닐 **부**, 밟을 **답**, 엎을 **복**, 수레 바큇자국 **철**

유사 | 복차지계覆車之戒

[부당지사不當之事]

마땅하지 않은 일이라는 말이다.

글자 | 아닐 **부**, 마땅 **당**, 어조사 **지**, 일 **사**

[부당지설不當之說]

마땅하지 않은 말이라는 말이며, 이치에 맞지 않는 말이라는 뜻이다.

글자 | 아닐 **부**, 마땅 **당**, 어조사 **지**, 말씀 **설**

[부대불소不大不小]

크지도 않고 작지도 않다는 말이며, 딱 알맞다는 뜻이다.

글자 | 아닐 **부**, 큰 **대**, 작을 **소**

[부대시참不待時斬]

때를 기다리지 않고 [목을] 벤다는 말이며, 추분秋分 이후 춘분春分을 기다리지 않고 참형한다는 뜻이다.

글자 | 아닐 **부**, 기다릴 **대**, 때 **시**, 베일 **참**

[부덕유순婦德柔順]

지어미의 덕은 부드럽고 유순한 것이라는 말이다.

원문 | 夫道和義 婦德柔順
부도화의 부덕유순

글자 | 지어미 **부**, 큰 **덕**, 부드러울 **유**, 순할 **순**

출전 | 사자소학 제가편齊家篇

[부도화의父道和義]

아비의 도리는 화목하고 옳은 것이라는 말이다.

글자 | 아비 **부**, 도리 **도**, 화목할 **화**, 옳을 **의**

출전 | 사자소학 제가편齊家篇

관련 | 부덕유순婦德柔順

[부동명왕不動明王]

움직이지 않는 명왕이라는 말이며, 밀교密敎에서 이르는 대일여래大日如來의 변신을 일컫는다.

글자 | 아닐 **부**, 움직일 **동**, 밝을 **명**, 임금 **왕**

[부동시안不同視眼]

보는 눈이 같지 않다는 말이며, 사물을 관찰하는 사람의 눈이 관점에 따라 다르다는 뜻이다.

글자 | 아닐 **부**, 같을 **동**, 볼 **시**, 눈 **안**

[부동일론不同日論]

같은 날에 의논할 수 없다는 말이며, 양쪽 의견이 크게 다르다는 뜻이다.

글자 | 아닐 **부**, 같을 **동**, 날 **일**, 의논 **론**

[부두절형掊斗折衡]

말을 헤치고 저울을 꺾는다는 말이며, 사람들이 되나 저울 때문에 다툼으로 이를 없애어 싸움의 원인을 없앤다는 뜻이다.

원문 | 掊斗折衡 而民不爭
부 두 절 형 이 민 불 쟁

글자 | 헤칠 **부**, 말 **두**, 꺾을 **절**, 저울 **형**

출전 | 장자 외편 거협편胠篋篇

[부득기소不得其所]

→ 부득기위不得其位

[부득기위不得其位]

그 자리를 얻지 못한다는 말이며, 훌륭한 자질을 가지고도 그에 알맞은 지위를 얻지 못한다는 뜻이다.

글자 | 아닐 **부**, 얻을 **득**, 그 **기**, 자리 **위**

동류 | 부득기소不得其所

[부득부실不得不失]

얻지도 않고 잃지도 않는다는 말이며, 얻는 것도 없고 잃은 것도 없다는 뜻이다.

글자 | 아닐 **부**, 얻을 **득**, 잃을 **실**

[부득오심不得吾心]

나의 마음을 얻지 못한다는 말이며, 자기 마음을 어찌할 수 없다는 뜻이다.

원문 | 天我乃行之反而求之不得
천 아 내 행 지 반 이 구 지 부 득
吾心
오 심

글자 | 아닐 **부**, 얻을 **득**, 나 **오**, 마음 **심**

출전 | 맹자 양혜왕 상

[부득요령不得要領]

→ 요령부득要領不得

[부득호친不得乎親]

어버이의 [마음을] 얻지 못한다는 말이다.

원문 | 不得乎親 不可以爲人
부 득 호 친 불 가 이 위 인

글자 | 아닐 **부**, 얻을 **득**, 어조사 **호**, 어버이 **친**

출전 | 맹자 이루離婁 상

[부등침하不等沈下]

그르지 않게 아래로 잠긴다는 말이며, 땅이 울퉁불퉁하게 꺼졌다는 뜻이다.

글자 | 아닐 **부**, 고를 **등**, 잠길 **침**, 아래 **하**

동류 | 부동침하不同沈下

[부랑패류浮浪悖類]

물결에 떠도는 어지러운 무리라는 말이며 일정한 주거나 직업도 없이 떠돌아다니며 못된 짓을 하는 무리를 일컫는다.

글자 | 뜰 **부**, 물결 **랑**, 어지러울 **패**, 무리 **류**

[부로위고婦老爲姑]

며느리가 늙어 시어머니가 된다는 말이며, 나이가 어리다고 업신여기지

ㅂ

말라는 뜻이다.

글자 | 며느리 **부**, 늙을 **로**, 할 **위**, 시어미 **고**

출전 | 동언해

[부록충의付祿忠義]

녹봉을 주는 충신과 의사라는 말이다.

글자 | 줄 **부**, 녹봉 **록**, 충성 **충**, 옳을 **의**

[부리흡와附麗翕訛]

[남에게] 의지하여 거짓말을 합친다는 말이며, 잘못을 저지른 사람에게 붙어서 그 잘못을 합리화시킨다는 뜻이다.

글자 | 의지할 **부**, 붙을 **리(려)**, 합할 **흡**, 거짓말 **와**

출전 | 조선왕조 17대 효종실록

[부마도위駙馬都尉]

임금의 사위를 일컬으며 벼슬 이름도 된다. 부마는 원래 천자가 타는 부거副車(예비 수레)에 딸린 말이며, 그것을 맡은 벼슬이 부마도위였는데, 위와 진나라에서 공주의 남편에 한해 이 벼슬을 줌으로서 임금의 사위라는 대명사가 되었다.

글자 | 곁마 **부**, 말 **마**, 도읍 **도**, 벼슬 **위**

출전 | 수신기搜神記

[부모구몰父母俱沒]

부모가 다 돌아가셨다는 말이다.

글자 | 아비 **부**, 어미 **모**, 갖출 **구**, 죽을 **몰**

반대 | 부모구존父母俱存

[부모구존父母俱存]

부모가 다 살아 계시다는 말이다.

글자 | 아비 **부**, 어미 **모**, 갖출 **구**, 있을 **존**

[부모영명父母令名]

부모의 착한 이름이라는 말이며, 부모의 좋은 명예를 일컫는다.

원문 | 將爲善思貽 父母令名 必果
장 위 선 사 이 부 모 영 명 필 과

글자 | 아비 **부**, 어미 **모**, 착할 **영**, 이름 **명**

출전 | 예기 내칙, 소학 명륜편明倫篇

[부모지방父母之邦]

부모의 나라, 즉 조국이라는 말이다.

글자 | 아비 **부**, 어미 **모**, 어조사 **지**, 나라 **방**

출전 | 논어 미자편微子篇

[부모지양父母之養]

부모의 봉양이라는 말이며, 부모를 모신다는 뜻이다.

원문 | 不顧父母之養 不孝也
불 고 부 모 지 양 불 효 야

글자 | 아비 **부**, 어미 **모**, 어조사 **지**, 봉양할 **양**

출전 | 맹자 이루離婁 하

[부미백리負米百里]

쌀을 지고 백리를 간다는 말이며, 가난한 생활을 하고 있어도 부모에게 효도를 다한다는 뜻이다.

글자 | 질 **부**, 쌀 **미**, 일백 **백**, 마을 **리**

출전 | 공자가어

[부복장주剖腹藏珠]

배를 가르고 보물을 감춘다는 말이며, 재물에 눈이 어두워 자신에게 해가 되는 일도 서슴지 않고 한다는 뜻이다.

글자 | 가를 **부**, 배 **복**, 감출 **장**, 구슬 **주**

출전 | 당기唐記 태종정관원년조

[부부유별夫婦有別]

지아비와 며느리 사이에는 다름이 있다는 말이며, 부부 사이에는 서로 침범치 못할 인륜人倫의 구별이 있다는 뜻이다. 이는 삼강오륜三綱五倫 가운데 하나이다.

글자 | 지아비 **부**, 며느리 **부**, 있을 **유**, 다를 **별**

출전 | 예기

[부부유은夫婦有恩]

지아비와 지어미는 은혜를 갖는다는 말이며, 부부는 서로 감사한 마음을 가져야 한다는 뜻이다.

원문 | 夫婦有恩 適人從夫
부부유은 적인종부

글자 | 지아비 **부**, 지어미 **부**, 가질 **유**, 은혜 **은**

출전 | 사자소학, 훈민가訓民歌

[부부자자父父子子]

아버지는 아버지이고, 아들은 아들이라는 말이며, 아비가 아비다우면 자식도 자식답게 된다는 뜻이다.

원문 | 君君臣臣 父父子子
군군신신 부부자자

글자 | 아버지 **부**, 아들 **자**

출전 | 논어 안연顔淵

[부부지도夫婦之道]

부부가 [갖추어야 할] 도리라는 말이다.

글자 | 지아비 **부**, 지어미 **부**, 어조사 **지**, 도리 **도**

동류 | 부부지분夫婦之分

[부부지약夫婦之約]

지아비와 지어미의 기약이라는 말이며, 혼인할 약속이라는 뜻이다.

글자 | 지아비 **부**, 지어미 **부**, 어조사 **지**, 기약할 **약**

[부부지정夫婦之情]

지아비와 지어미의 마음속이라는 말이며, 부부간의 애정을 일컫는다.

글자 | 지아비 **부**, 지어미 **부**, 어조사 **지**, 마음속 **정**

[부분부인傅粉婦人]

분을 칠한 지어미라는 말이며, 아첨하는 간신을 조롱하는 빗댄 말이다.

글자 | 합할 **부**, 분 **분**, 지어미 **부**, 사람 **인**

출전 | 조선왕조 11대 중종실록

[부불능록富不能祿]

부자가 녹을 줄 수 없다는 말이며, 부유한 사람이라도 뇌물로 접근할 수 없다는 뜻이다.

원문 | 富不能祿 賤不能事 近不能親
부 불 능 록 천 불 능 사 근 불 능 친

글자 | 부자 **부**, 아닐 **불**, 능할 **능**, 녹봉 **록**

출전 | 관자 임법편任法篇

[부사종자夫死從子]

지아비가 죽으면 아들을 따르라는 말이다.

글자 | 지아비 **부**, 죽을 **사**, 따를 **종**, 아들 **자**

[부생모육父生母育]

아버지는 낳게 하고, 어머니는 기른다는 말이다.

글자 | 아비 **부**, 날 **생**, 어미 **모**, 기를 **육**

[부생아신父生我身]

아버지가 나의 몸을 낳았다는 말이다.

원문 | 父生我身 母鞠我身
부 생 아 신 모 국 아 신

글자 | 아비 **부**, 날 **생**, 나 **아**, 몸 **신**

출전 | 사자소학

[부생약몽浮生若夢]

덧없는 인생은 꿈과 같다는 말이다.

글자 | 뜰 **부**, 날 **생**, 같을 **약**, 꿈 **몽**

출전 | 이백李白의 시

동류 | 부생여몽浮生如夢, 인생여몽人生如夢

[부생여몽浮生如夢]

→ 부생약몽浮生若夢

[부생지론復生之論]

다시 살리자는 의논이라는 말이며, 사형에 처할 죄에 대하여 형벌을 감하기를 주장하는 변론을 일컫는다.

글자 | 회복할 **부**, 날 **생**, 어조사 **지**, 의논 **론**

동류 | 부생지론傅生之論

[부석부하負石赴河]

돌을 지고 강물에 뛰어든다는 말이며, 무모한 짓, 즉 자살행위를 한다는 뜻이다.

글자 | 질 **부**, 돌 **석**, 나아갈 **부**, 강 **하**

출전 | 한시외전

[부석침목浮石沈木]

돌이 뜨고 나무가 가라앉는다는 말이며, 선과 악이 전도顚倒되고 사물이 거꾸로 된다는 뜻이다.

원문 | 衆口毁譽 浮石枕木
중 구 훼 예 부 석 침 목

글자 | 뜰 **부**, 돌 **석**, 잠길 **침**, 나무 **목**

출전 | 세설신어 변혹辯惑

[부설성부不設城府]

성과 마을에 관부官府를 두지 않는다는 말이며, 마음을 열고 흉금을 터놓는다는 뜻이다.

글자 | 아닐 **부**, 둘 **설**, 재 **성**, 마을 **부**

[부속지누負俗之累]

속된 것을 지는 매임이라는 말이며, 홀

륭한 사람이 한동안 세상에서 쓸데없는 희롱을 당하는 괴로움을 일컫는다.

글자 | 질 **부**, 속될 **속**, 어조사 **지**, 매일 **누**

출전 | 한서

[부수경청俯首敬聽]

머리를 숙이고 공경스럽게 듣는다는 말이며, 부모의 말을 듣는 자세를 일컫는다.

원문 | 父母有命 俯首敬聽
부모유명 부수경청

글자 | 구부릴 **부**, 머리 **수**, 공경 **경**, 들을 **청**

출전 | 사자소학

[부수반환負手盤桓]

뒷짐 지고 빙빙 돌며 머뭇거린다는 말이며, 어찌할 바를 모르는 태도를 일컫는다.

글자 | 짐질 **부**, 손 **수**, 반환할 **반**, 머뭇거릴 **환**

유사 | 속수무책束手無策

[부수색인部首索引]

나눈 머리로 찾아 이끌어낸다는 말이며, 한자 자전字典에서 글자의 변邊을 찾는다는 뜻이다.

글자 | 나눌 **부**, 머리 **수**, 찾을 **색**, 이끌 **인**

[부수지소膚受之愬]

껍질을 입히는 하소연이라는 말이며, 피부에 와 닿는 절실한 하소연이라는 뜻이다.

원문 | 浸潤之譖 膚受之愬
침윤지참 부수지소

글자 | 껍질 **부**, 입을 **수**, 어조사 **지**, 하소연할 **소**

출전 | 논어 안연顔淵

관련 | 침윤지참浸潤之譖

[부수청령俯首聽令]

[윗사람의 위엄에 눌려] 머리를 숙이고 명령을 듣는다는 말이다.

글자 | 구부릴 **부**, 머리 **수**, 들을 **청**, 명령할 **령**

[부승치구負乘致寇]

짐을 지고 수레를 타니 도적을 불러들인다는 말이며, 능력 없는 사람이 권좌에 오르면 재앙을 불러들인다는 뜻이다. 수레는 신분이 높은 사람이 타는 것인데 짐을 진 소인이 타면 도둑이 보고 남의 것인 줄 알고 마침내 이를 빼앗고자 한다는 것이다.

원문 | 負且乘 致寇至
부차승 치구지

글자 | 짐질 **부**, 탈 **승**, 불러올 **치**, 도적 **구**

출전 | 주역, 대동야승大東野乘

[부신구화負薪救火]

섶을 지고 불을 끈다는 말이며, 일의 방법을 잘못 택하여 일을 그르친다는 뜻이다. 한비자의 글이다. '나라가 망하는 까닭은 그 신하와 관리가 모두 어지럽게 만드는데 힘쓰고 다스리는 데는 힘쓰지 않았기 때문이다. 나라가 어지럽고 약한데도 모두 나라 법을 내던져버리고 바깥 일만 사사로이 한다면, 이는 섶을 지고 불을 끄겠다는 격이라 어지럽고 약함이 더할 나위 없다.'

글자 | 짐질 **부**, 섶 **신**, 구할 **구**, 불 **화**

출전 | 한비자 유도편有度篇

동류 | 포신구화抱薪救火, 부신입화負薪入火

[부신입화負薪入火]

섶을 지고 불로 뛰어든다는 말이다.

글자 | 짐질 **부**, 섶 **신**, 들 **입**, 불 **화**

[부신지우負薪之憂]

섶을 진 근심이라는 말이며, 자신의 근심이 별것 아니라는 뜻이다. 섶에 불이 붙지 않을까 하는 걱정인데, 불이 붙으면 섶을 벗어 던지면 된다는 것이다.

원문 | 則辭以疾言曰 某有負薪之憂
즉사이질언왈 모유부신지우

글자 | 짐질 **부**, 섶 **신**, 어조사 **지**, 근심 **우**

출전 | 예기 곡례曲禮 하

[부신지자負薪之資]

섶이나 질 자질이라는 말이며, 비천한 출신을 빗댄 말도 되고 자신의 자질을 낮추어 말할 때도 쓰인다.

글자 | 짐질 **부**, 섶 **신**, 어조사 **지**, 근본 **자**

출전 | 후한서

동류 | 부신지재負薪之才

[부실원수不失元數]

근본의 분수를 잃지 않는다는 말이며, 선천적으로 타고난 분수를 지킨다는 뜻이다.

글자 | 아닐 **부**, 잃을 **실**, 근본 **원**, 운수 **수**

출전 | 송남잡지

[부아멱아負兒覓兒]

아이를 지고 아이를 찾는다는 말이며, 자기 몸에 지닌 것을 잃은 줄 알고 다른 데서 찾는다는 뜻이다.

글자 | 짐질 **부**, 아이 **아**, 찾을 **멱**

출전 | 송남잡지

동류 | 부아삼면負兒三面

[부아삼면負兒三面]

→ 부아멱아負兒覓兒

[부앙무괴俯仰無愧]

→ 부앙불괴俯仰不愧

[부앙불괴俯仰不愧]

굽어보나 우러러보나 부끄럽지 않다는 말이다. 맹자의 '우러러 하늘에 부끄러움이 없고, 굽어 사람에게 부끄럽지 않다.' 라는 말에서 온 것이다.

원문 | 仰不愧於天 俯下怍於人
앙불괴어천 부하작어인

글자 | 구부릴 **부**, 우러러 **앙**, 아닐 **불**, 부끄러울 **괴**

출전 | 맹자 진심盡心 상

[부앙일세俯仰一世]

굽어보나 우러러보나 한 세상이라는 말이며, 세상의 이치를 거스르지 않고 순응하여 행동한다는 뜻이다.

글자 | 구부릴 **부**, 우러러 **앙**, 세상 **세**

출전 | 왕희지王羲之의 난정기蘭亭記

[부앙천지俯仰天地]

하늘과 땅을 굽어보고 우러러본다는 말이며, 하늘 아래 조금도 부끄러움이 없다는 뜻이다.

글자 | 굽을 **부**, 우러를 **앙**, 하늘 **천**, 땅 **지**

출전 | 맹자 진심盡心

[부어춘추富於春秋]

넉넉한 것이 봄과 가을이라는 말이며, 나이가 아직 넉넉하다는 뜻이다.

글자 | 넉넉할 **부**, 어조사 **어**, 봄 **춘**, 가을 **추**

출전 | 사기 조상국세가曹相國世家

[부언낭설浮言浪說]

→ 유언비어流言蜚語

[부언시용婦言是用]

아내의 말을 옳다고 쓴다는 말이며, 아내의 말을 잘 듣는다는 뜻이다.

원문 | 今商王受 惟婦言是用
금상왕수 유부언시용

글자 | 지어미 **부**, 말씀 **언**, 옳을 **시**, 쓸 **용**

출전 | 서경 주서편周書篇

[부언유설浮言流說]

→ 유언비어流言蜚語

[부여응지膚如凝脂]

살갗이 엉긴 기름과 같다는 말이며, 굳은 기름처럼 매끄러운 살갗의 아름다움을 빗댄 말이다.

글자 | 살갗 **부**, 같을 **여**, 엉길 **응**, 기름 **지**

출전 | 시경 위풍衛風

[부역행위附逆行爲]

역적에 가까운 일을 한 행동이라는 말이며, 나라에 반역하는 행위라는 뜻이다.

글자 | 가까울 **부**, 역적 **역**, 행할 **행**, 할 **위**

[부염기한附炎棄寒]

불탈 때는 붙었다가 식으면 떨어진다는 말이며, 권세가 떨칠 때는 붙좇다가 권세가 쇠하면 떠난다는 뜻이다.

글자 | 붙을 **부**, 불탈 **염**, 버릴 **기**, 찰 **한**

동류 | 염량세태炎凉世態

[부와지서覆瓦之書]

질그릇을 덮은 책이라는 말이며, 쓸모없게 된 책을 빗댄 말이다.

글자 | 덮을 **부**, 질그릇 **와**, 어조사 **지**, 책 **서**

출전 | 조선왕조 14대 선조실록

[부용출수芙蓉出水]

연꽃이 물 위에 뜬다는 말이며, 문장

ㅂ

이 청아淸雅하고 수려秀麗하다는 말이다.

글자 | 연꽃 **부**, 연꽃 **용**, 날 **출**, 물 **수**

[부운부귀浮雲富貴]

뜬구름과 같은 부귀라는 말이며, 부귀는 뜬구름과 같이 덧없다는 뜻이다.

원문 | 富貴如浮雲
부 귀 여 부 운

글자 | 뜰 **부**, 구름 **운**, 부할 **부**, 귀할 **귀**

출전 | 논어 술이편述而篇

[부운조로浮雲朝露]

뜬구름과 아침이슬이라는 말이며, 덧없는 인생을 빗댄 말이다.

글자 | 뜰 **부**, 구름 **운**, 아침 **조**, 이슬 **로**

출전 | 주서周書

[부운종적浮雲蹤迹]

뜬구름의 자취라는 말이며, 떠돌아다니는 신세여서 행적이 일정치 않다는 빗댄 말이다.

글자 | 뜰 **부**, 구름 **운**, 자취 **종**, 자취 **적**

출전 | 송남잡지

[부운지지浮雲之志]

뜬구름과 같은 마음이라는 말이며, 일시적인 불의不義의 부귀富貴를 바라는 마음을 일컫는다.

글자 | 뜰 **부**, 구름 **운**, 어조사 **지**, 뜻 **지**

출전 | 양웅楊雄의 답빈答賓

[부월당전斧鉞當前]

도끼 앞에 닥쳤다는 말이며, 중형重刑으로 죽음이 눈앞에 닥쳤다는 뜻이다.

글자 | 도끼 **부**, 도끼 **월**, 닥칠 **당**, 앞 **전**

출전 | 송남잡지

[부월재전斧鉞在前]

도끼가 앞에 있다는 말이며, 중형으로 죽임이 눈앞에 있다는 뜻이다.

글자 | 도끼 **부**, 도끼 **월**, 있을 **재**, 앞 **전**

출전 | 송남잡지

[부월지하斧鉞之下]

도끼의 밑이라는 말이며, 임금의 위엄을 뜻한다.

글자 | 도끼 **부**, 도끼 **월**, 어조사 **지**, 아래 **하**

동류 | 부월지위斧鉞之威

[부위부강夫爲婦綱]

지아비는 지어미의 벼리가 된다는 말이며, 남편은 아내의 본이 되어야 한다는 뜻이다.

글자 | 지아비 **부**, 될 **위**, 지어미 **부**, 벼리 **강**

출전 | 명심보감 입교편入敎篇

[부위자강父爲子綱]

아비는 아들의 벼리가 되어야 한다는 말이며, 아버지는 자녀의 본이 되어야 한다는 뜻이다.

글자 | 아비 **부**, 될 **위**, 아들 **자**, 벼리 **강**

출전 | 명심보감 입교편入教篇

[부위자은父爲子隱]

아버지가 아들을 위해 숨긴다는 말이며, 지나친 정직은 도리어 정직이 아니라는 뜻이다. 초나라에 궁이라는 사람이 어느 날 집안에 들어온 남의 양을 아버지가 소유하자 이를 관가에 고발했다. 이 이야기를 들은 공자는 '진정한 정직은 아버지는 아들을 위해 숨기고, 아들은 아비를 위해 숨기는 천리天理와 인정 속에 있다.' 고 하였다.

원문 | 父爲子隱 子爲父隱 直在其中矣
부위자은 자위부은 직재기중의

글자 | 아비 **부**, 위할 **위**, 아들 **자**, 감출 **은**

출전 | 논어 자로子路

관련 | 자위부은子爲父隱

[부위정경扶危定傾]

위태함을 붙들고 기울어지는 것을 그친다는 말이며, 위기를 맞아 잘못됨을 바로잡고 나라를 바로 세운다는 뜻이다.

원문 | 太祖扶危定傾 威權震主
태조부위정경 위권진주

글자 | 붙들 **부**, 위태할 **위**, 그칠 **정**, 기울어질 **경**

출전 | 주서周書 이기전李其傳

[부유인생蜉蝣人生]

하루살이 인생이라는 말이며, 허무하고 덧없는 인생을 일컫는다.

글자 | 하루살이 **부**, 하루살이 **유**, 사람 **인**, 날 **생**

[부유일생蜉蝣一生]

→ 부유지명蜉蝣之命

[부유장설婦有長舌]

여자가 긴 혀를 가졌다는 말이며, 여자가 말이 많다는 뜻이다. 첨앙瞻卬이라는 시의 한 구절이다. '여인에게 기다란 혀가 있음은 재난을 부르는 통로가 되지.'

원문 | 婦有長舌 維厲之階
부유장설 유려지계

글자 | 계집 **부**, 있을 **유**, 긴 **장**, 혀 **설**

출전 | 시경 대아大雅

[부유쟁자父有爭子]

아비도 다투는 아들을 가지고 있다는 말이며, 충고하는 자식이 있다는 뜻이다.

원문 | 父有爭子 則身不陷於不義
부유쟁자 즉신불함어불의

글자 | 아닐 **부**, 있을 **유**, 다툴 **쟁**, 아들 **자**

출전 | 효경 간쟁장諫諍章

[부유정치富裕政治]

→ 금권정치金權政治

[부유지명蜉蝣之命]

하루살이의 목숨이라는 말이며, 짧은 인생을 빗댄 말이다. 시경의 부유蜉蝣라는 시에서 온 말이다. '하루살이 날

고 있는 해 저문 때에 고운 옷 차려입고 나서는 사람 …'

원문 | 蜉蝣之羽 衣裳楚楚
부 유 지 우 의 상 초 초

글자 | 하루살이 **부**, 하루살이 **유**, 어조사 **지**, 목숨 **명**

출전 | 시경 조풍曹風

동류 | 부유일생蜉蝣一生

[부유천하富有天下]

천하의 부를 가졌다는 말이며, 부유함에 있어서 천하를 소유했어도 근심을 풀기에는 부족하다는 뜻이다.

원문 | 富有天下 而不足以解憂
부 유 천 하 이 부 족 이 해 우

글자 | 부자 **부**, 있을 **유**, 하늘 **천**, 아래 **하**

출전 | 맹자 만장 상

[부의모자父義母慈]

아비의 의리와 어미의 인자함이라는 말이다.

글자 | 아비 **부**, 의리 **의**, 어미 **모**, 인자할 **자**

[부이기린富以其隣]

그 이웃과 함께 넉넉함을 나눈다는 말이다.

원문 | 有孚攣如 富以其隣
유 부 연 여 부 이 기 린

글자 | 넉넉할 **부**, 써 **이**, 그 **기**, 이웃 **린**

출전 | 주역

[부이무교富而無驕]

부자이나 교만이 없다는 말이며, 부자이면서 교만하지 않기는 쉽다는 뜻이다.

원문 | 富而無驕易
부 이 무 교 이

글자 | 부자 **부**, 말 이을 **이**, 없을 **무**, 교만할 **교**

출전 | 논어 헌문憲問

[부이지언附耳之言]

귀에 붙어서 하는 말이라는 뜻이며, 귀엣말이라는 뜻이다.

원문 | 附耳之言 聞於千里
부 이 지 언 문 어 천 리

글자 | 붙을 **부**, 귀 **이**, 어조사 **지**, 말씀 **언**

출전 | 회남자

[부익반린附翼攀鱗]

[봉황의] 날개를 붙들고 [용의] 비늘을 당긴다는 말이며, 임금이나 권세 있는 사람에게 의지한다는 뜻이다.

글자 | 붙들 **부**, 날개 **익**, 당길 **반**, 비늘 **린**

출전 | 조선왕조 7대 세조실록

[부인삼종婦人三從]

지어미의 세 가지 따를 것이라는 말이며, 어려서는 아비를, 시집가서는 남편을, 남편이 죽으면 아들을 따르라는 뜻이다.

글자 | 지어미 **부**, 사람 **인**, 따를 **종**

[부인지성婦人之性]

여자의 성품이라는 말이며, 남자가 여자처럼 가냘프고 편벽되고 속이 좁은 성품을 지녔다는 뜻이다.

글자 | 계집 **부**, 사람 **인**, 어조사 **지**, 성품 **성**

[부인지인婦人之仁]

부녀자의 어짊이라는 말이며, 소견이 좁은 정, 하찮은 일에는 자상하면서도 중요한 일에는 관심이 없다는 뜻이다.

글자 | 여자 **부**, 사람 **인**, 어조사 **지**, 어질 **인**

출전 | 사기 회음후열전淮陰侯列傳

[부자상전父子相傳]

아비와 자식이 서로 전한다는 말이며, 아들이 아비로부터 이어 받는다는 뜻이다.

글자 | 아비 **부**, 아들 **자**, 서로 **상**, 전할 **전**

출전 | 순자 영욕편榮辱篇

[부자유친父子有親]

아비와 아들은 친함이 있어야 한다는 말이며, 오륜五倫의 한 덕목이다.

글자 | 아비 **부**, 아들 **자**, 있을 **유**, 친할 **친**

출전 | 춘추번로春秋繁露, 삼강행실도三綱行實圖

[부자자도夫子自道]

선생 어른이 스스로 말한다는 말이며, 자기 일을 자기가 말한다는 뜻이다.

글자 | 선생 **부**, 어르신 **자**, 스스로 **자**, 말할 **도**

출전 | 논어 헌문憲問

[부자자효父慈子孝]

아버지는 [자식을] 사랑하고 자식은 [아버지에게] 효도한다는 말이다.

글자 | 아비 **부**, 사랑 **자**, 아들 **자**, 효도 **효**

출전 | 예기 예운禮運

[부자취우父子聚麀]

아비와 아들이 한 여자를 취한다는 말이며, 짐승은 예도가 없다는 뜻이다.

글자 | 아비 **부**, 아들 **자**, 장가들 **취**, 암사슴 **우**

출전 | 예기 곡례曲禮 상

[부장노언不藏怒焉]

노여움을 감추고 묻어두지 말라는 말이다.

원문 | 仁人之於弟也不藏怒焉不宿怨焉
인 인 지 어 제 야 부 장 노 언 불 숙 원 언

글자 | 아닐 **부**, 감출 **장**, 성낼 **노**, 어조사 **언**

출전 | 맹자 만장 상

[부장지약腐腸之藥]

창자를 썩히는 약이라는 말이며, 좋은 음식과 술을 빗댄 말이다.

글자 | 썩을 **부**, 창자 **장**, 어조사 **지**, 약 **약**

[부재기위不在其位]

그 자리에 있지 않다는 말이며, 책임질 그 위치에 있지 않다는 뜻이다.

원문 | 不在其位 不謀其政
부 재 기 위 불 모 기 정

글자 | 아닐 **부**, 있을 **재**, 그 **기**, 자리 **위**

출전 | 논어 헌문憲問

[부재다언不在多言]

여러 말 할 것 없다는 말이며, 바로 결정하자는 뜻이다.

글자 | 아닐 **부**, 있을 **재**, 많을 **다**, 말씀 **언**

[부재모상父在母喪]

아버지는 살아 있고 어머니가 먼저 죽은 상사喪事라는 말이다.

글자 | 아비 **부**, 있을 **재**, 어미 **모**, 상사 **상**

[부재방탄負才放誕]

재주를 믿고 방탕하며 다닌다는 말이다.

글자 | 믿을 **부**, 재주 **재**, 놓아먹을 **방**, 방탕할 **탄**

[부재지족富在知足]

넉넉함은 흡족한 것을 아는데 있다는 말이며, 분수를 알아야 한다는 뜻이다.

원문 | 富在知足 貴在求退
부 재 지 족 귀 재 구 퇴

글자 | 넉넉할 **부**, 있을 **재**, 알 **지**, 흡족할 **족**

출전 | 설원 담총談叢

[부재차한不在此限]

이 한정에 있지 않다는 말이며, 어떤 규정이나 한정에 얽매이지 않는다는 뜻이다.

글자 | 아닐 **부**, 있을 **재**, 이 **차**, 한정 **한**

[부적규보不積蹞步]

반걸음도 쌓지 않는다는 말이며, 작은 걸음이라도 하지 않으면 먼 길을 갈 수 없다는 뜻이다.

원문 | 不積蹞步 無以至千里
부 적 규 보 무 이 지 천 리

글자 | 아닐 **부**, 쌓을 **적**, 반걸음 **규**, 걸음 **보**

출전 | 순자 권학편勸學篇

[부전마비不全痲痺]

온전하지 않은 마비라는 말이며, 어떤 기관이 마비되었으나 그 기능을 아주 잃지는 않은 상태라는 뜻이다.

글자 | 아닐 **부**, 온전 **전**, 저릴 **마**, 각기 **비**

[부전자승父傳子承]

→ 부전자전父傳子傳

[부전자전父傳子傳]

아비가 전하고 아들이 전한다는 말이며, 대대로 아버지가 아들에게 전한다는 뜻이다.

글자 | 아비 **부**, 전할 **전**, 아들 **자**

동류 | 부자상전父子相傳, 부전자승父傳子承

[부전절골不全折骨]

전부가 아니 골절이라는 말이며, 뼈의 한 부분만이 부러진 골절을 일컫는다.

글자 | 아닐 **부**, 모두 **전**, 꺾어질 **절**, 뼈 **골**

[부절여대不絶如帶]

→ 부절여선不絶如綫

[부절여루不絶如縷]

실과 같이 가늘면서 끊어지지 않는다는 말이다.

원문 | 不絶如縷 舞幽壑之潛蛟
부 절 여 루 무 유 학 지 잠 교

글자 | 아닐 **부**, 끊을 **절**, 같을 **여**, 실 **루**

출전 | 고문진보古文眞寶, 소식의 적벽부赤壁賦

동류 | 부절여선不絶如綫

[부절여선不絶如綫]

실과 같이 끊어지지 않는다는 말이며, 겨우 지탱하고 있다는 뜻이다.

글자 | 아닐 **부**, 끊어질 **절**, 같을 **여**, 실 **선**

동류 | 부절여루不絶如縷

[부정명색不正名色]

바르지 아니한 이름의 물건이라는 말이며, 부정한 방법으로 얻은 재물을 일컫는다.

글자 | 아닐 **부**, 바를 **정**, 이름 **명**, 물건 구할 **색**

[부정모혈父精母血]

아버지의 정기精氣와 어머니의 피라는 말이며, 자식은 부모의 정신과 몸을 물려받는다는 뜻이다.

글자 | 아비 **부**, 정기 **정**, 어미 **모**, 피 **혈**

출전 | 삼국지

[부정부패不正腐敗]

바르지 않고 썩었다는 말이며, 사회가 도덕적으로 바르지 못하고 썩거나 타락하였다는 뜻이다.

글자 | 아닐 **부**, 바를 **정**, 썩을 **부**, 썩을 **패**

[부정소지不淨燒紙]

깨끗하지 않은 종이를 태운다는 말이며, 부정함을 가시기 위하여 살라 올리는 소지를 일컫는다.

글자 | 아닐 **부**, 깨끗할 **정**, 태울 **소**, 종이 **지**

[부정지속釜鼎之屬]

가마와 솥의 무리라는 말이며, 솥, 가마, 냄비, 번철 등 부엌 그릇을 일컫는다.

글자 | 가마 **부**, 솥 **정**, 어조사 **지**, 무리 **속**

[부조전래父祖傳來]

아비와 할아버지로부터 전해 내려온다는 말이며, 조상 대대로 전해온다는 뜻이다.

글자 | 아비 **부**, 할아버지 **조**, 전할 **전**, 올 **래**

[부조지전不祧之典]

체천遞遷하지 않는 법이라는 말이며, 나라에 큰 공이 있는 사람의 신주를 영구히 사당에 모시고 제사를 지내게 하는 특전이라는 뜻이다.

ㅂ

글자 | 아닐 **부**, 체천(사당을 옮김)할 **조**, 어조사 **지**, 법 **전**

[부족가론不足可論]

의논함이 흡족하지 못하다는 말이며, 함께 이야기할 거리가 되지 못한다는 뜻이다.

글자 | 아닐 **부**, 흡족할 **족**, 긍정할 **가**, 의논 **론**

[부족괘치不足掛齒]

이를 거는데 족하지 않다는 말이며, 함께 말할 가치가 없다는 뜻이다.

원문 | 不足掛齒 置齒牙間
부 족 괘 치 치 치 아 간

글자 | 아닐 **부**, 족할 **족**, 걸 **괘**, 이 **치**

출전 | 사기 유경 수손통열전

[부족회선不足回旋]

돌이킬 여지가 없다는 말이며, 처지가 어려워 몸 돌리기조차 어렵다는 뜻이다.

원문 | 地小 不足回旋
지 소 부 족 회 선

글자 | 아닐 **부**, 넉넉할 **족**, 돌릴 **회**, 돌릴 **선**

출전 | 한서, 사기

[부주초육不酒草肉]

술과 풀(담배)과 고기를 아니한다는 말이며, 스님의 식생활을 일컫는다.

글자 | 아닐 **부**, 술 **주**, 풀 **초**, 고기 **육**

[부중생어釜中生魚]

솥 안에 물고기가 산다는 말이며, 솥에 쌀이 들어가지 못하는 매우 가난한 형편이라는 빗댄 말이다.

글자 | 솥 **부**, 가운데 **중**, 살 **생**, 물고기 **어**

출전 | 후한서

[부중섭원負重涉遠]

무거운 짐을 지고 먼 길을 지나간다는 말이다.

원문 | 負重涉遠 不擇地而休
부 중 섭 원 불 택 지 이 휴

글자 | 질 **부**, 무거울 **중**, 지날 **섭**, 멀 **원**

출전 | 공자가어

[부중지어釜中之魚]

솥 안의 물고기라는 말이며, 생명이 오래 남지 않은 사람을 빗댄 말이다. 후한 때 장강張綱이라는 사람이 도적떼가 많은 광릉군의 태수로 임명되자 혼자 도적떼의 소굴로 들어가 그들의 두목인 장영에게 사물의 이치를 설명하며 개과천선할 것을 종용하였다. 장강의 말에 깊은 감동을 받은 장영은 '저희들이 이와 같이 생활하며 오래 사는 것은 결국 물고기가 솥 안에서 헤엄치는 것과 같습니다. 오래 지속할 수가 없을 것입니다.' 하고 항복을 했다.

글자 | 솥 **부**, 가운데 **중**, 어조사 **지**, 고기 **어**

출전 | 자치통감 한기漢紀

[부즉다사富則多事]

부자는 곧 일이 많다는 말이며, 부자가 되면 귀찮은 일이 많다는 뜻이다.

글자 | 부자 **부**, 곧 **즉**, 많을 **다**, 일 **사**

출전 | 장자 천지天地

[부즉다원富則多怨]

부자는 곧 원망이 많다는 말이며, 너무 많은 재물을 탐하는 것은 옳지 않다는 뜻이다.

글자 | 부할 **부**, 곧 **즉**, 많을 **다**, 원망할 **원**

출전 | 한서 71권

[부즉불리不卽不離]

가깝지도 않고 떨어지지도 않는다는 말이며, 군자의 담담한 인간관계를 일컫는다.

글자 | 아닐 **부(불)**, 가까울 **즉**, 떨어질 **리**

출전 | 원각경圓覺經

동류 | 불근불원不近不遠

[부증불감不增不減]

더하지도 않고 감하지도 않는다는 말이며, 모든 법은 공空이므로 증감이 없다는 뜻이다.

글자 | 아닐 **부**, 더할 **증**, 감할 **감**

[부지감고不知甘苦]

달고 쓴 맛을 모른다는 말이며, 사리에 어두운 사람, 또는 쉬운 이치도 모르는 사람을 빗댄 말이다.

글자 | 아닐 **부**, 알 **지**, 달 **감**, 쓸 **고**

출전 | 묵자墨子

[부지거수仆地據鬚]

땅에 엎어지면서 수염에 의지한다는 말이며, 우연히 일이 겹쳐서 의심받는다는 뜻이다.

글자 | 엎드릴 **부**, 땅 **지**, 의지할 **거**, 수염 **수**

출전 | 이조실록 증보문헌비고

동류 | 오비이락烏飛梨落

[부지거처不知去處]

간 곳을 모른다는 말이다.

글자 | 아닐 **부**, 알 **지**, 갈 **거**, 곳 **처**

동류 | 부지소향不知所向

[부지경중不知輕重]

사물의 가볍고 무거움을 모른다는 말이며, 사리 판단을 그르친다는 뜻이다.

글자 | 아닐 **부**, 알 **지**, 가벼울 **경**, 무거울 **중**

[부지기수不知其數]

그 수를 알 수 없다는 말이며, 헤아릴 수 없을 만큼 많다는 뜻이다.

글자 | 아닐 **부**, 알 **지**, 그 **기**, 셀 **수**

출전 | 전국책 진책秦策

[부지기이不知其二]

둘은 모른다는 말이며, 하나는 알고 둘은 모른다는 뜻이다.

ㅂ

원문 | 識其一 不知其二
식기일 부지기이

글자 | 아닐 **부**, 알 **지**, 그 **기**

출전 | 장자 외편 천지天地

[부지단예不知端倪]

시작과 끝을 모른다는 말이며, 일의 내용을 잘 모른다는 뜻이다.

글자 | 아닐 **부**, 알 **지**, 실마리 **단**, 끝 **예**

출전 | 장자 대종사편大宗師篇

[부지불각不知不覺]

알지도 못하고 깨닫지도 못한다는 말이다.

글자 | 아닐 **부**, 알 **지**, 깨달을 **각**

[부지불식不知不識]

식견도 없고 알지도 못한다는 말이다.

글자 | 아닐 **부**, 알 **지**, 식견 **식**

[부지세상不知世上]

세상이 [어떻게 돌아가는지] 알지 못한다는 말이다.

글자 | 아닐 **부**, 알 **지**, 세상 **세**, 윗 **상**

[부지세월不知歲月]

세월이 가는 줄을 알지 못한다는 말이다.

글자 | 아닐 **부**, 알 **지**, 해 **세**, 달 **월**

[부지소운不知所云]

일러야 할 바를 모른다는 말이며, 무엇이라 말해야 할지 모른다는 뜻이다.

글자 | 아닐 **부**, 알 **지**, 바 **소**, 이를 **운**

[부지소향不知所向]

→ 부지거처不知去處

[부지어인不志於仁]

어짊에 뜻이 없다는 말이다.

원문 | 不志於仁 而求富之 是富桀也
부지어인 이구부지 시부걸야

글자 | 아닐 **부**, 뜻 **지**, 어조사 **어**, 어질 **인**

출전 | 맹자 고자告子 하

[부지어천付之於天]

하늘에 부탁한다는 말이며, 굳게 맹세한다는 뜻이다.

글자 | 부탁 **부**, 어조사 **지**, 어조사 **어**, 하늘 **천**

출전 | 송남잡지

[부지육미不知肉味]

고기 맛을 모른다는 말이며, 일에 몰두하여 다른 일은 건성으로 한다는 뜻이다.

글자 | 아닐 **부**, 알 **지**, 고기 **육**, 맛 **미**

출전 | 논어 술이述而

[부지지호不脂之戶]

기름을 바르지 않은 문이라는 말이며, 문이 잘 열리지 않듯이 말이 잘 통하지 않는 경우를 빗댄 말이다.

글자 | 아닐 **부**, 기름 **지**, 어조사 **지**, 문 **호**

[부지체면不知體面]

→ 불고체면不顧體面

[부지침식不知寢食]

잠자고 먹는 것을 알지 못한다는 말이며, 침식을 잊고 어떤 일에 열중한다는 뜻이다.

글자 | 아닐 **부**, 알 **지**, 잠잘 **침**, 먹을 **식**

[부지통양不知痛痒]

아픔과 가려움을 알지 못한다는 말이며, 아무런 감각이 없다는 뜻이다.

글자 | 아닐 **부**, 알 **지**, 아플 **통**, 가려울 **양**

[부지하경不知何境]

어떤 처지에 이를지 모른다는 말이다.

글자 | 아닐 **부**, 알 **지**, 어찌 **하**, 처지 **경**

[부지하락不知何落]

어떻게 떨어졌는지 모른다는 말이며, 어디로 가서 어떻게 되었는지 모른다는 뜻이다.

글자 | 아닐 **부**, 알 **지**, 어찌 **하**, 떨어질 **락**

[부지하처不知何處]

어느 곳인지 알지 못한다는 말이며 어디로 가야할지 알 수 없다는 뜻이다.

글자 | 아닐 **부**, 알 **지**, 어찌 **하**, 곳 **처**

[부지향취不知香臭]

향내와 냄새를 모른다는 말이며, 시비是非와 선악을 분별하지 못한다는 뜻이다.

글자 | 아닐 **부**, 알 **지**, 향내 **향**, 냄새 **취**

출전 | 초씨역림焦氏易林

[부질지형斧鑕之刑]

도끼와 모루의 형벌이라는 말이며, 사형을 빗댄 말이다.

글자 | 도끼 **부**, 모루 **질**, 어조사 **지**, 형벌 **형**

[부집존장父執尊長]

아버지의 친구 되는 어른이라는 말이며, 아버지와 나이가 비슷한 어른을 일컫는다.

글자 | 아비 **부**, 아버지 친구 **집**, 어른 **존**, 어른 **장**

출전 | 후한서

[부착지흔斧鑿之痕]

도끼질한 흔적이라는 말이며, 시문詩文이나 서화書畵에 마구 기교를 부린 흔적을 이르는 말이다.

글자 | 도끼 **부**, 깎을 **착**, 어조사 **지**, 흔적 **흔**

출전 | 선화화보宣和畵譜

[부창부수夫唱婦隨]

지아비가 부르는 노래를 아내가 따라 부른다는 말이며, 남편 주장에 아내가 따르는 것이 부부 화합의 길이라는 뜻이다.

글자 | 지아비 **부**, 부를 **창**, 아내 **부**, 따를 **수**

출전 | 관윤자關尹子

유사 | 금슬상화琴瑟相和

[부채여산負債如山]

남에게 진 빚이 산과 같다는 말이다.

글자 | 질 **부**, 빚 **채**, 같을 **여**, 뫼 **산**

출전 | 송남잡지

[부처반합夫妻牉合]

지아비와 아내는 절반을 합한 것이라는 말이며, 부부는 각각 반쪽이어서 둘이 합해야 하나의 완전체가 된다는 뜻이다.

글자 | 지아비 **부**, 아내 **처**, 절반 **반**, 합할 **합**

[부청멸양扶淸滅洋]

청나라를 돕고 서양을 끊는다는 말이며, 구한말舊韓末에 취한 우리나라의 외교정책을 일컫는다.

글자 | 도울 **부**, 나라 이름 **청**, 끊을 **멸**, 서양 **양**

[부췌현우附贅懸疣]

군살을 붙이고 혹을 달았다는 말이며, 쓸데없는 것을 가지고 있다는 뜻이다.

글자 | 붙일 **부**, 군살 **췌**, 매달 **현**, 혹 **우**

출전 | 장자 대종사편大宗師篇

[부취기엄父取其嚴]

아비는 그 엄함을 취한다는 말이다.

글자 | 아비 **부**, 취할 **취**, 그 **기**, 엄할 **엄**

[부침지려浮沈之慮]

뜨고 잠기는 근심이라는 말이며, 흥하고 쇠하는 걱정을 빗댄 말이다.

글자 | 뜰 **부**, 잠길 **침**, 어조사 **지**, 근심할 **려**

출전 | 송남잡지

[부탐즉우富貪則憂]

부를 탐내면, 곧 근심이 생긴다는 말이다.

글자 | 부할 **부**, 탐낼 **탐**, 곧 **즉**, 근심 **우**

[부탕도화赴湯蹈火]

끓는 물에 뛰어들고 불을 밟는다는 말이며, 물불을 가리지 않고 어려운 일에 몸을 던진다는 뜻이다.

글자 | 달릴 **부**, 물 끓을 **탕**, 밟을 **도**, 불 **화**

출전 | 한서 조착전晁錯傳

동류 | 부탕투화赴湯投火

[부평전봉浮萍轉蓬]

부평초처럼 떠있고 쑥처럼 굴러다닌다는 말이며, 정처 없이 떠다니는 신세를 빗댄 말이다.

글자 | 뜰 **부**, 부평초 **평**, 구를 **전**, 쑥 **봉**

[부풍모습父風母習]

아비의 모양과 어미의 습관이라는 말

이며, 생김새나 언동이 부모를 닮았다는 뜻이다.

글자 | 아비 **부**, 모양 **풍**, 어미 **모**, 익을 **습**

[부허지설浮虛之說]

떠돌아다니는 허황된 말이라는 뜻이다.

글자 | 뜰 **부**, 빌 **허**, 어조사 **지**, 말씀 **설**

[부형자제父兄子弟]

아비와 형의 아들과 아우라는 말이며, 아버지나 형의 가르침을 받고 자란 자제라는 뜻이다.

글자 | 아비 **부**, 형님 **형**, 아들 **자**, 아우 **제**

[부형청죄負荊請罪]

가시나무를 지고 죄를 청한다는 말이며, 잘못을 깨닫고 진정으로 사죄한다는 뜻이다. 조나라의 보물 화씨벽和氏璧을 탐내는 진나라와의 사건을 원만히 해결한 인상여에게 공로를 치하하여 상경上卿이라는 큰 벼슬을 주자, 공로가 많은 장수 염파의 심기가 매우 불편해져서 인상여에게 모욕을 주려 했다. 소문을 들은 인상여는 염파를 피해 다녔는데, 이를 본 부하들이 못마땅히 여기고 떠나려 하자 이를 말리며 말했다. '진나라가 우리 조나라를 함부로 넘보지 못하는 것은 염장군과 내가 있기 때문이오. 두 호랑이가 맞서 싸우면 하나는 반드시 죽고 마는 법이오. 내가 달아나 숨는 것은 나라 일을 소중히 알고 사사로운 원한 같은 것은 돌려버리기 때문이오.' 그 뒤 이 소식을 전해들은 염파는 자신의 못남을 뼈아프게 느끼고 웃옷을 벗어 매를 등에 지고 인상여를 찾아가 무릎을 꿇고 사죄했다고 한다.

원문 | 肉袒負荊 … 門謝罪
육단부형 문사죄

글자 | 질 **부**, 가시나무 **형**, 부탁할 **청**, 죄 **죄**

출전 | 사기 염파廉頗·인상여藺相如 열전

동류 | 육단부형肉袒負荊

관련 | 문경지교刎頸之交

[부혜생아父兮生我]

아버지여! 나를 낳으셨나이다.

글자 | 아비 **부**, 어조사 **혜**, 날 **생**, 나 **아**

출전 | 시경, 명심보감 효행편孝行篇

[부화공명附和共鳴]

→ 부화뇌동附和雷同

[부화뇌동附和雷同]

붙고 합해서 함께 소리친다는 말이며, 일정한 식견 없이 남의 말에 찬동하여 떠들고 다닌다는 뜻이다.

글자 | 붙을 **부**, 화합할 **화**, 천둥 **뇌**, 같을 **동**

출전 | 예기 곡례曲禮 상

동류 | 부화수행附和隨行

[부화수행附和隨行]

붙고 합해서 따라간다는 말이며, 자기의 주견 없이 남이 하는 대로 따라서 한다는 뜻이다.

글자 | 붙을 **부**, 화합할 **화**, 따를 **수**, 갈 **행**

동류 | 부화뇌동附和雷同

[부황지계復隍之戒]

다시 성 아래 못(해자垓字)이 됨을 경계하라는 말이며, 태평한 시절에 난세를 미리 대비하라는 뜻이다.

글자 | 다시 **부**, 성 아래 못 **황**, 어조사 **지**, 경계할 **계**

출전 | 조선왕조 9대 성종실록

[부회지설附會之說]

붙이고 모은 말이라는 말이며, 사리事理를 억지로 맞춘 의견이라는 뜻이다.

글자 | 붙을 **부**, 모일 **회**, 어조사 **지**, 말씀 **설**

동류 | 견강부회牽强附會

[북로남왜北虜南倭]

북쪽의 종과 남쪽의 왜나라 사람이라는 말이다.

글자 | 북녘 **북**, 종 **로**, 남녘 **남**, 나라 이름 **왜(위)**

[북망산천北邙山川]

북망산과 시내라는 말이며, 사람이 죽어서 가는 곳이라는 뜻이다. 북망산에는 한나라 시대 이래의 왕후 귀족의 묘가 많이 있다.

글자 | 북녘 **북**, 산 이름 **망**, 뫼 **산**, 내 **천**

[북문쇄약北門鎖鑰]

북쪽 문의 자물쇠라는 말이며, 북방의 방위를 뜻한다.

글자 | 북녘 **북**, 문 **문**, 자물쇠 **쇄**, 자물쇠 **약**

출전 | 공씨담원孔氏談苑

[북문지탄北門之歎]

북문에서의 탄식이라는 말이며, 벼슬자리에 나가기는 했으나 뜻대로 성공하지 못하여 탄식한다는 뜻이다.

글자 | 북녘 **북**, 문 **문**, 어조사 **지**, 탄식할 **탄**

출전 | 세설신어

[북문지화北門之禍]

북쪽 문의 재화라는 말이며, 조선 중종 때, 남곤南袞이 경복궁의 북문인 신무문을 열고 들어가 일으킨 사화士禍를 일컫는다.

글자 | 북녘 **북**, 문 **문**, 어조사 **지**, 재화 **화**

[북방지강北方之强]

북방의 강함이라는 말이며, 용맹 과감하고 죽음조차 두려워하지 않는 강함을 일컫는다. 북방은 기후 풍토가 가혹하여 강한 것을 대표한다. 중용에 있는 글이다. '무기와 갑옷을 입고 싸우다가 죽어도 후회하지 않음은 북방인의 강함이다.'

원문 | **衽金革 死而不厭 北方之强也**
임 금 혁 사 이 불 염 북 방 지 강 야

글자 | 북녘 **북**, 방향 **방**, 어조사 **지**, 굳셀 **강**

출전 | 중용 10장

[북벌계획北伐計劃]

북쪽을 칠 계획이라는 말이며, 조선시대 효종이 병자호란丙子胡亂의 수모를 씻고자 청나라를 치려던 계획을 일컫는다.

글자 | 북녘 **북**, 칠 **벌**, 꾀 **계**, 계획할 **획**

[북비지음北鄙之音]

북쪽의 촌스러운 소리라는 말이며, 북쪽 오랑캐의 속된 음악을 일컫는다.

글자 | 북녘 **북**, 촌스러울 **비**, 어조사 **지**, 소리 **음**

출전 | 사기 은기殷紀

[북산지감北山之感]

북산의 감회라는 말이며, 나라 일로 인해 부모를 제대로 공양하지 못한 감정을 일컫는다.

글자 | 북녘 **북**, 뫼 **산**, 어조사 **지**, 느낄 **감**

출전 | 시경 소아小雅

[북섬남홀北閃南忽]

북쪽에서 번쩍거리다가 남쪽에서 깜짝 나타난다는 말이며, 동작이 매우 민첩하다는 뜻이다.

글자 | 북녘 **북**, 번쩍번쩍할 **섬**, 남녘 **남**, 깜짝할 **홀**

출전 | 옥루몽

[북원적월北轅適越]

북쪽으로 멍에를 채우고 월나라로 간다는 말이며, 북쪽으로 수레를 몰면서 남쪽의 월나라로 가려고 한다는 뜻이다.

글자 | 북녘 **북**, 멍에 **원**, 갈 **적**, 월나라 **월**

동류 | 북원적초北轅適楚

[북원적초北轅適楚]

수레는 북쪽을 향하고 남쪽 초나라로 가려고 한다는 말이며, 뜻하는 바와 행하는 바가 어긋난다는 뜻이다.

글자 | 북녘 **북**, 수레 **원**, 갈 **적**, 초나라 **초**

동류 | 북원적월北轅適越, 남원북철南轅北轍

[북적남만北狄南蠻]

북쪽의 오랑캐와 남쪽의 오랑캐라는 말이다.

글자 | 북녘 **북**, 오랑캐 **적**, 남녘 **남**, 오랑캐 **만**

[북창삼우北窓三友]

북쪽 창의 세 벗이라는 말이며, 거문고와 시詩, 그리고 술의 세 가지를 가리킨다.

글자 | 북녘 **북**, 창문 **창**, 벗 **우**

출전 | 백거이白居易의 시

[북풍한설北風寒雪]

북쪽에서 불어오는 바람과 차가운 눈이라는 말이다.

글자 | 북녘 **북**, 바람 **풍**, 찰 **한**, 눈 **설**

ㅂ

[북회귀선北回歸線]

북쪽의 돌아가는 선이라는 말이며, 적도의 북쪽 23도 27분의 위선을 일컫는다. 하지夏至에는 해가 이 지점에 오므로 하지선이라고도 한다.

글자 | 북녘 **북**, 돌아올 **회**, 돌아올 **귀**, 실 **선**

반대 | 남회귀선南回歸線

[분골보효粉骨報效]

드릴 것을 갚는데 뼈가 가루가 되었다는 말이며, 몹시 힘들여 은혜를 갚는다는 뜻이다.

글자 | 가루 **분**, 뼈 **골**, 갚을 **보**, 드릴 **효**

[분골쇄신粉骨碎身]

뼈가 가루가 되고 몸이 부서진다는 말이며, 목숨을 내걸고 있는 힘을 다한다는 뜻이다.

글자 | 가루 **분**, 뼈 **골**, 부술 **쇄**, 몸 **신**

출전 | 선림류찬禪林類纂

동류 | 쇄신분골刷新粉骨

[분기등등憤氣騰騰]

분한 기운이 오르고 오른다는 말이며, 분한 마음이 몹시 치밀어 오른다는 뜻이다.

글자 | 분할 **분**, 기운 **기**, 물 솟아오를 **등**

[분기충천憤氣衝天]

분한 마음이 하늘을 찌른다는 말이다.

글자 | 분할 **분**, 기운 **기**, 찌를 **충**, 하늘 **천**

동류 | 분기충천憤氣沖天

[분기탱천憤氣撑天]

→ 분기충천憤氣衝天

[분단생사分段生死]

삶과 죽음의 몫을 나눈다는 말이며, 수명의 길고 짧음을 일컫는다. 삼계三界에서 태어나고 죽는 일은 되풀이하는 범부의 생사라는 것이다.

글자 | 몫 **분**, 나눌 **단**, 살 **생**, 죽을 **사**

출전 | 불교

[분도양표分道揚鑣]

갈 길을 나누고 재갈을 물린다는 말이며, 취향이 다르고 목적이 달라 가는 길이 다르다는 뜻이다.

원문 | 自應分路揚鑣
자 응 분 로 장 표

글자 | 나눌 **분**, 길 **도**, 들 **양**, 재갈 **표**

출전 | 북사北史 위제종실魏諸宗室 열전

[분막심언忿莫甚焉]

분함을 심하게 하지 말라는 말이다.

글자 | 분할 **분**, 말 **막**, 심할 **심**, 어조사 **언**

[분면홍장粉面紅粧]

얼굴에 분을 바르고 붉게 단장한다는 말이며, 여자가 아름답게 몸단장을 했다는 뜻이다.

글자 | 분 **분**, 얼굴 **면**, 붉을 **홍**, 단장할 **장**

출전 | 옥루몽

[분묘지지墳墓之地]

무덤의 땅이라는 말이며, 조상의 무덤이 있는 땅, 곧 고향을 일컫는다.

글자 | 무덤 **분**, 무덤 **묘**, 어조사 **지**, 땅 **지**

출전 | 관자

[분무구다分無求多]

나눌 때 많은 것을 구하지 않는다는 말이며, 이익을 나눌 때 너무 욕심을 내면 손해를 볼 수도 있다는 뜻이다.

원문 | 分無求多 有無相通
분 무 구 다 유 무 상 통

글자 | 나눌 **분**, 없을 **무**, 구할 **구**, 많을 **다**

출전 | 사자소학

[분문열호分門裂戶]

집안이 나뉘고 집이 찢긴다는 말이며, 한 친척이나 당파가 서로 패가 갈리어 각각 나누어서 따로 문호를 세운다는 뜻이다.

글자 | 나눌 **분**, 집안 **문**, 찢을 **열**, 집 **호**

[분문이호分門異戶]

집안이 나뉘어 집이 달라진다는 말이며, 분가 또는 별거를 일컫는다.

글자 | 나눌 **분**, 집안 **문**, 다를 **이**, 집 **호**

동류 | 분문별호分門別戶

[분방자유奔放自由]

→ 분방자재奔放自在

[분방자재奔放自在]

마음대로 달리고 멋대로 있다는 말이며, 아무것에도 속박되지 않고 제멋대로 행동한다는 뜻이다.

글자 | 달릴 **분**, 놓을 **방**, 스스로 **자**, 있을 **재**

동류 | 분방자유奔放自由

[분백대록粉白黛綠]

→ 분백대흑粉白黛黑

[분백대흑粉白黛黑]

흰 분을 바르고 눈썹을 검게 한다는 말이며, 여인의 고운 화장을 일컫는다.

글자 | 가루 **분**, 흰 **백**, 눈썹먹 **대**, 검을 **흑**

출전 | 열자 주목편周穆篇, 전국책

동류 | 분백대록粉白黛綠

[분벽사창粉壁紗窓]

하얗게 분 바른 벽과 나사를 바른 창이라는 말이며, 여자가 거처하는 아름답게 꾸민 방을 일컫는다.

글자 | 가루 **분**, 벽 **벽**, 나사 **사**, 창 **창**

[분분비비紛紛霏霏]

매우 어지러운 진눈깨비라는 말이며, 눈과 비가 뒤섞여 내리는 상태를 일컫는다.

글자 | 어지러울 **분**, 진눈깨비 **비**

[분분요요紛紛擾擾]

매우 어지럽고 시끄럽다는 말이다.

글자 | 어지러울 **분**, 시끄러울 **요**

[분산취락分散聚落]

나누어 흩어진 마을이라는 말이며, 여기저기 흩어진 마을이라는 뜻이다.

글자 | 나눌 **분**, 흩을 **산**, 모일 **취**, 마을 **락**

[분서갱유焚書坑儒]

책을 불사르고 선비들을 잡아 구덩이에 묻었다는 말이다. 진나라 시황제가 천하를 통일한 후 봉건제도를 부활시키고 현행 군현郡縣제도를 폐지하자는 등 의견이 분분하여 의약·점술·농사에 관한 책을 제외하고는 모두 불태우도록 하였고 이듬해 시황제를 비방한 선비 460명을 붙잡아 그들을 산채로 매장한 사건을 일컫는다.

글자 | 불사를 **분**, 책 **서**, 구덩이 **갱**, 선비 **유**

출전 | 사기 진시황본기秦始皇本記

[분수상별分袖相別]

소매를 나누고 서로 이별한다는 말이다.

글자 | 나눌 **분**, 소매 **수**, 서로 **상**, 이별 **별**

출전 | 박씨부인전朴氏夫人傳

[분수작별分手作別]

손을 나누고 이별을 비롯한다는 말이며, 잡았던 손을 놓고 헤어진다는 뜻이다.

글자 | 나눌 **분**, 손 **수**, 비롯할 **작**, 이별 **별**

[분수조림分收造林]

수입을 나누는 조림이라는 말이며, 산림 소유자와 조성자가 수확을 일정 비율로 나누기로 하는 조림을 일컫는다.

글자 | 나눌 **분**, 거둘 **수**, 지을 **조**, 수풀 **림**

[분수향원紛愁香怨]

어지러운 근심과 향기로운 원한이라는 말이며, 여자가 빈 방을 지키며 수심에 잠겨 원망한다는 뜻이다.

글자 | 어지러울 **분**, 근심 **수**, 향기로울 **향**, 원한 **원**

[분시지상豶豕之象]

불알을 깐 돼지의 형상이라는 말이며, 귀찮고 해로운 존재를 없애버린 모습이라는 뜻이다.

글자 | 불알 깐 돼지 **분**, 돼지 **시**, 어조사 **지**, 형상할 **상**

출전 | 주역 대축괘大畜卦

[분신미골粉身糜骨]

몸이 가루가 되고 뼈가 물크러진다는 말이며, 죽기를 각오하고 있는 힘을 다한다는 뜻이다.

글자 | 가루 **분**, 몸 **신**, 물크러질 **미**, 뼈 **골**

출전 | 삼국사기

동류 | 분골쇄신粉骨碎身

[분신쇄골粉身碎骨]

→ 분골쇄신粉骨碎身

[분신자살焚身自殺]

몸을 불사르고 스스로 죽는다는 말이다.

글자 | 불사를 **분**, 몸 **신**, 스스로 **자**, 죽일 **살**

[분연작색忿然作色]

분하여 [얼굴] 빛이 변한다는 말이다.

글자 | 분할 **분**, 그럴 **연**, 지을 **작**, 빛 **색**

출전 | 전국책 제책齊策

[분우지직分憂之職]

근심을 나누는 벼슬이라는 말이며, 지방의 관리를 일컫는다.

글자 | 나눌 **분**, 근심 **우**, 어조사 **지**, 벼슬 **직**

출전 | 삼국사기

[분유동계枌楡同契]

느릅나무와 느릅나무가 같이 맺는다는 말이며, 고향을 같이한다는 뜻이다.

글자 | 느릅나무 **분**, 느릅나무 **유**, 같을 **동**, 맺을 **계**

[분익농민分益農民]

이익을 나누는 농민이라는 말이며, 분익소작으로 생활하는 농민을 일컫는다.

글자 | 나눌 **분**, 더할 **익**, 농사 **농**, 백성 **민**

[분익소작分益小作]

이익을 나누어 작게 농사짓는다는 말이며, 지주地主와 소작인이 일정한 비율로 수확물을 분배하는 농사 형태를 일컫는다.

글자 | 나눌 **분**, 더할 **익**, 작을 **소**, 지을 **작**

[분전역투奮戰力鬪]

날래게 싸우고 힘껏 싸운다는 말이며, 있는 힘을 다하여 싸운다는 뜻이다.

글자 | 날랠 **분**, 싸울 **전**, 힘 **역**, 싸울 **투**

[분전입미分錢粒米]

→ 분전승량分錢升糧

[분주다사奔走多事]

달아나고 달리며 일이 많다는 말이며, 굉장히 일이 많다는 뜻이다.

글자 | 달아날 **분**, 달릴 **주**, 많을 **다**, 일 **사**

[분주불가奔走不暇]

달아나고 달리며 한가하지 않다는 말이며, 바빠서 한가한 틈이 없다는 뜻이다.

글자 | 달아날 **분**, 달릴 **주**, 아닐 **불**, 한가할 **가**

[분지지리分地之利]

땅을 분별한 이로움이라는 말이며, 땅의 성질에 따라 잘 사용하면 이로움이 있다는 뜻이다.

글자 | 분별할 **분**, 땅 **지**, 어조사 **지**, 이로울 **리**

[분토지언糞土之言]

더러운 흙과 같은 말이라는 말이며, 이치에 맞지 않는 천한 말을 일컫는다.

글자 | 더러울 **분**, 흙 **토**, 어조사 **지**, 말씀 **언**

출전 | 춘추좌씨전

[분토지장糞土之牆]

거름한 흙으로 쌓은 담장이라는 말이며, 다시 고칠 수 없는 사람의 인품을 빗댄 말이다. 사기의 글이다. '더러운 흙의 허물어지는 담은 흙손으로 고쳐 바를 수가 없다.'

원문 | 糞土之牆 不可圬也
분 토 지 장 불 가 오 야

글자 | 거름할 **분**, 흙 **토**, 어조사 **지**, 담 **장**

출전 | 논어 공야장公冶長

[분투노력奮鬪努力]

날래게 싸워 힘쓴다는 말이며, 있는 힘을 다한다는 뜻이다.

글자 | 날랠 **분**, 싸울 **투**, 힘쓸 **노**, 힘 **력**

유사 | 용왕매진勇往邁進

[분투쟁선奮鬪爭先]

날래게 싸워 먼저를 다툰다는 말이며, 있는 힘을 다하여 앞을 다툰다는 뜻이다.

글자 | 날랠 **분**, 싸움 **투**, 다툴 **쟁**, 먼저 **선**

[분필사난忿必思難]

분할 때는 반드시 어려움을 생각한다는 말이며, 분노가 일어날 때는 후환을 생각해서 행동을 조심해야 한다는 뜻이다.

원문 | 疑必思問 忿必思難
의 필 사 문 분 필 사 난

글자 | 분할 **분**, 반드시 **필**, 생각 **사**, 어려울 **난**

출전 | 사자소학

[분향재배焚香再拜]

향을 태우고 두 번 절한다는 말이다.

글자 | 불사를 **분**, 향내 **향**, 두 번 **재**, 절 **배**

[분홍해록粉紅駭綠]

어지러운 붉은 [꽃과] 놀라 일어난 푸른 [잎]이라는 말이며, 꽃과 잎이 흐드러지게 핀 봄이라는 뜻이다.

글자 | 어지러울 **분**, 붉을 **홍**, 놀라 일어날 **해**, 푸를 **록**

[불가구약不可救藥]

약으로도 구할 수 없다는 말이며, 어떤 사람의 나쁜 습관 등을 구제할 길이 전혀 없다는 뜻이다. 시경의 판板이라는 시에서 정치인의 잘못을 질타한 구절이다. '말 많으면 성만 내니 약으로도 구할 수 없네.'

원문 | 多將熇熇 不可救藥
다 장 혹 혹 불 가 구 약

글자 | 아닐 **불**, 긍정할 **가**, 구할 **구**, 약 **약**

출전 | 시경 대아大雅

[불가구힐不可究詰]

궁리하여 꾸짖을 수 없다는 말이며, 내용이 복잡하여 진상을 밝힐 수 없다는 뜻이다.

글자 | 아닐 **불**, 긍정할 **가**, 궁리할 **구**, 꾸짖을 **힐**

[불가득겸不可得兼]

겸하여 얻을 수 없다는 말이며, 동시에 두 가지를 얻을 수 없다는 뜻이다.

원문 | 不可得兼 舍生而取義者也
불가득겸 사생이취의자야

글자 | 아닐 **불**, 옳을 **가**, 얻을 **득**, 겸할 **겸**

출전 | 맹자 고자 상

[불가무우不可無友]

벗이 없음은 옳지 않다는 말이며, 사람은 누구나 벗을 가져야 한다는 뜻이다.

원문 | 人之在世 不可無友
인지재세 불가무우

글자 | 아닐 **불**, 옳을 **가**, 없을 **무**, 벗 **우**

출전 | 사자소학 붕우편

[불가부득不可不得]

얻지 않음이 옳지 않다는 말이며, 부득이라는 뜻이다.

글자 | 아닐 **불(부)**, 옳을 **가**, 얻을 **득**

[불가분리不可分離]

나누어 떠남이 옳지 않다는 말이며, 분리하려고 해도 분리할 수 없다는 뜻이다.

글자 | 아닐 **불**, 옳을 **가**, 나눌 **분**, 떠날 **리**

[불가분물不可分物]

나눌 수 없는 물건이라는 말이며, 나누면 그 물건의 성질이나 가치가 상하거나 잃어버리는 물건이라는 뜻이다.

글자 | 아닐 **불**, 옳을 **가**, 나눌 **분**, 물건 **물**

[불가불념不可不念]

하지 않으면 안 될 생각이라는 말이며, 꼭 마음에 두어야 할 생각이라는 뜻이다.

원문 | 我有功於人 不可不念
아유공어인 불가불념

글자 | 아닐 **불**, 옳을 **가**, 생각할 **념**

출전 | 채근담菜根譚

[불가불신不可不愼]

삼가지 않음은 옳지 않다는 말이며, 신중하지 않으면 안 된다는 뜻이다.

원문 | 則財政不可不愼也
즉재정불가불신야

글자 | 아닐 **불**, 옳을 **가**, 삼갈 **신**

출전 | 관자 오보편五輔篇

[불가사야弗可赦也]

용서할 수 없다는 말이며, 천벌天罰을 받는다는 뜻이다.

글자 | 아닐 **불**, 긍정할 **가**, 용서할 **사**, 어조사 **야**

출전 | 춘추좌씨전

[불가사의不可思議]

생각하고 의논할 수 없다는 말이며, 사람의 생각으로는 헤아릴 수 없이 이상야릇하다는 뜻이다.

글자 | 아닐 **불**, 긍정할 **가**, 생각 **사**, 의논할 **의**

출전 | 자치통감, 화엄경

[불가승계不可勝計]

→ 불가승수不可勝數

[불가승수不可勝數]

셈을 이길 수 없다는 말이며, 하도 수가 많아서 셀 수 없다는 뜻이다.

글자 | 아닐 **불**, 옳을 **가**, 이길 **승**, 셀 **수**

출전 | 사기 회음후열전淮陰侯列傳

동류 | 불가승계不可勝計

[불가승식不可勝食]

먹는 것을 견딜 수 없다는 말이며, 이루 다 먹을 수 없어 매우 풍족하다는 뜻이다.

원문 | 不違農時 不可勝食也
불위농시 불가승식야

글자 | 아닐 **불**, 옳을 **가**, 견딜 **승**, 먹을 **식**

출전 | 맹자 양혜왕 상

[불가승용不可勝用]

먹는 것을 맡아 쓸 수 없다는 말이며, 이루 다 쓸 수 없이 많다는 뜻이다.

글자 | 아닐 **불**, 옳을 **가**, 맡을 **승**, 쓸 **용**

출전 | 맹자 양혜왕 상

[불가어상不家於喪]

상사로 살림살이를 하지 말라는 말이며, 장례로 인하여 이득을 도모하지 말라는 뜻이다.

원문 | 君子 不可於喪
군자 불가어상

글자 | 아닐 **불**, 살림살이 **가**, 어조사 **어**, 상사 **상**

출전 | 예기 단궁檀弓 상

[불가역상不可逆相]

바탕을 거스를 수 없다는 말이며, 무릇 사람은 타고난 자기의 운명을 거역할 수 없다는 뜻이다.

원문 | 凡人 不可逆相 海水 不可斗量
범인 불가역상 해수 불가두량

글자 | 아닐 **불**, 옳을 **가**, 거스를 **역**, 바탕 **상**

출전 | 명심보감 성심편省心篇

[불가영한不可令閑]

명령이 한가해서는 안 된다는 말이며, 임금이 정사를 돌볼 겨를을 주지 않고 즐기기만 하도록 아첨해서는 안 된다는 뜻이다.

글자 | 아닐 **불**, 옳을 **가**, 명령할 **영**, 한가할 **한**

출전 | 용비어천가

[불가이변不可以變]

바꾸는 것이 옳지 않다는 말이다.

글자 | 아닐 **불**, 옳을 **가**, 써 **이**, 바꿀 **변**

[불가초서不暇草書]

초서를 쓸 겨를이 없다는 말이며, 글자를 흘려 쓸 겨를도 없이 매우 바쁘다는 뜻이다.

글자 | 아닐 **불**, 겨를 **가**, 초서 **초**, 글 **서**

출전 | 진서 위항전衛恒傳

[불가피성不可避性]

피할 수 없는 성질이라는 말이다.

글자 | 아닐 **불**, 긍정할 **가**, 피할 **피**, 성품 **성**

[불가항력不可抗力]

힘으로 겨룰 수 없다는 말이며, 사람의 힘으로는 저항할 수 없는 힘이라는 뜻이다.

글자 | 아닐 **불**, 옳을 **가**, 겨룰 **항**, 힘 **력**

[불가허구不可虛拘]

빈 것으로 잡을 수 없다는 말이며, 진실해야 사람의 마음을 잡을 수 있다는 뜻이다.

글자 | 아닐 **불**, 옳을 **가**, 빌 **허**, 잡을 **구**

[불가형언不可形言]

말로는 다 나타낼 수 없다는 말이다.

글자 | 아닐 **불**, 긍정할 **가**, 나타날 **형**, 말씀 **언**

[불각기양不覺技痒]

→ 불감기양不堪伎癢

[불간지서不刊之書]

깎이지 아니할 책이라는 말이며, 오래도록 세상에 전해져 없어지지 않을 명저를 일컫는다.

글자 | 아닐 **불**, 깎을 **간**, 어조사 **지**, 책 **서**

출전 | 유흠劉歆의 서書

동류 | 불후지서不朽之書

[불간지전不刊之典]

깎이지 않는 법이라는 말이며, 고칠 수 없는 법이라는 뜻이다.

글자 | 아닐 **불**, 깎을 **간**, 어조사 **지**, 법 **전**

출전 | 삼국사기

[불감개구不敢開口]

감히 입을 열지 못한다는 말이며, 상대방이 무서워서 하고 싶은 말을 하지 못한다는 뜻이다.

글자 | 아닐 **불**, 감히 **감**, 열 **개**, 입 **구**

[불감기양不堪伎癢]

재주와 가려움을 견디지 못한다는 말이며, 자기 솜씨를 과시하지 못해 안달한다는 뜻이다.

글자 | 아닐 **불**, 견딜 **감**, 재주 **기**, 가려울 **양**

출전 | 풍속통의風俗通義, 성음편聲音篇

동류 | 불각기양不覺技痒

[불감망지不敢忘之]

어찌 잊을 수 있으랴라는 말이다.

글자 | 아닐 **불**, 어찌 **감**, 잊을 **망**, 어조사 **지**

[불감불면不敢不勉]

감히 힘쓰지 않을 수 없다는 말이며, 열심히 해야 한다는 뜻이다.

원문 | 有所不足 不敢不勉
유소부족 불감불면

글자 | 아닐 **불**, 감히 **감**, 힘쓸 **면**

출전 | 중용 13장, 논어

[불감생심不敢生心]

감히 마음을 내지 못한다는 말이다.

글자 | 아닐 **불**, 용감할 **감**, 날 **생**, 마음 **심**

동류 | 불감생의不敢生意, 감불생심敢不生心

[불감생의不敢生意]

감히 뜻을 내지 못한다는 말이며, 힘에 부쳐서 감히 엄두도 내지 못한다는 뜻이다.

글자 | 아닐 **불**, 용감할 **감**, 날 **생**, 뜻 **의**

동류 | 감불생심敢不生心

[불감앙시不敢仰視]

감히 우러러 보지도 못한다는 말이다.

글자 | 아닐 **불**, 용감할 **감**, 우러러 **앙**, 볼 **시**

[불감좌야不敢坐也]

감히 앉아있지 못한다는 말이며, 앉아있을 형편이 아니라는 뜻이다.

원문 | 不命之坐 不敢坐也
불명지좌 불감좌야

글자 | 아닐 **불**, 감히 **감**, 앉을 **좌**, 어조사 **야**

출전 | 소학 선행 실입교

[불감출두不敢出頭]

감히 머리를 내밀지 못한다는 말이다.

글자 | 아닐 **불**, 감히 **감**, 나갈 **출**, 머리 **두**

[불감출성不敢出聲]

감히 소리를 내지 못한다는 말이다.

글자 | 아닐 **불**, 감히 **감**, 나갈 **출**, 소리 **성**

[불감통양不感痛癢]

아프고 가려운 것을 느끼지 못한다는 말이며, 마음에 전혀 고통을 느끼지 않는다는 뜻이다.

글자 | 아닐 **불**, 느낄 **감**, 아플 **통**, 가려울 **양**

출전 | 진서

[불감포호不敢暴虎]

굳이 호랑이를 맨손으로 치지 않는다는 말이며, 모험을 하지 않는다는 뜻이다. 시경의 소민小旻이라는 시에서 온 말이다. '맨손으로는 범 못 잡고 맨발로는 강을 건너지 못한다.'

원문 | 不敢暴虎 不敢馮河
불감포호 불감빙하

글자 | 아닐 **불**, 구태여 **감**, 맨손으로 칠 **포**, 범 **호**

출전 | 시경 소아小雅

[불감훼상不敢毁傷]

감히 헐뜯고 상하지 못한다는 말이다.

글자 | 아닐 **불**, 감히 **감**, 헐 **훼**, 상할 **상**

[불개기락不改其樂]

그 즐거움을 바꾸지 않는다는 말이며, 그 즐거움을 그대로 가지고 간다는 뜻이다.

글자 | 아닐 **불**, 바꿀 **개**, 그 **기**, 즐거울 **락**

출전 | 논어 옹야雍也

[불견시도不見是圖]

보지 않아도 도모함이 옳다는 말이며, 안 봐도 알 수 있다는 뜻이다.

글자 | 아닐 **불**, 볼 **견**, 옳을 **시**, 도모할 **도**

[불견정식不見淨食]

[만드는 것을] 보지 않으면 깨끗한 음식이라는 말이다.

글자 | 아닐 **불**, 볼 **견**, 깨끗할 **정**, 먹을 **식**

[불경지설不經之說]

떳떳하지 않은 말이라는 말이며, 허망하고 간사한 말이라는 뜻이다.

글자 | 아닐 **불**, 떳떳 **경**, 어조사 **지**, 말씀 **설**

[불계시성不戒視成]

고하지 아니하고 이룬 것을 본다는 말이며, 미리 주의할 것을 알려주지도 않고 결과만 보고 판단한다는 뜻이다. 이는 공자가 말한 네 가지 악덕 중의 하나다.

글자 | 아닐 **불**, 고할 **계**, 볼 **시**, 이룰 **성**

출전 | 논어 요왈堯曰

[불계지주不繫之舟]

매이지 않은 배라는 말이며, 속세를 초월한 허심탄회虛心坦懷한 마음, 또는 정처 없이 방랑하는 몸을 빗댄 말이다.

글자 | 아닐 **불**, 맬 **계**, 어조사 **지**, 배 **주**

출전 | 장자 열어구편列禦寇篇

[불고가사不顧家事]

집안일을 돌아보지 아니한다는 말이다.

글자 | 아닐 **불**, 돌아볼 **고**, 집 **가**, 일 **사**

[불고염치不顧廉恥]

모질고 부끄러움을 돌아보지 않는다는 말이다.

글자 | 아닐 **불**, 돌아볼 **고**, 모질 **염**, 부끄러울 **치**

[불고이거不顧而去]

뒤도 돌아보지 아니하고 가버린다는 말이다.

글자 | 아닐 **불**, 돌아볼 **고**, 말 이을 **이**, 갈 **거**

출전 | 향조필기香祖筆記

[불고이거不告而去]

가겠다는 말도 없이 가버렸다는 말이다.

글자 | 아닐 **불**, 고할 **고**, 말 이을 **이**, 갈 **거**

[불고이주不顧而走]

뒤도 돌아보지 아니하고 달아난다는 말이다.

글자 | 아닐 **불**, 돌아볼 **고**, 말 이을 **이**, 달아날 **주**

[불고이해不顧利害]

이롭고 해로움을 돌아보지 아니한다는 말이다.

글자 | 아닐 **불**, 돌아볼 **고**, 이로울 **이**, 해할 **해**

[불고전후不顧前後]

앞과 뒤를 돌아보지 아니한다는 말이다.

글자 | 아닐 **불**, 돌아볼 **고**, 앞 **전**, 뒤 **후**

[불고체면不顧體面]

체면을 돌아보지 아니한다는 말이다.

글자 | 아닐 **불**, 돌아볼 **고**, 몸 **체**, 얼굴 **면**

[불공대천不供戴天]

하늘을 같이 이지 못한다는 말이며, 이 세상에서는 함께 살 수 없다는 뜻이다.

원문 | 不共戴天之讎
불 공 대 천 지 수

글자 | 아닐 **불**, 이바지할 **공**, 머리에 일 **대**, 하늘 **천**

출전 | 예기 곡례편

동류 | 불구대천不俱戴天

[불공불손不恭不遜]

공경하지도 않고 겸손하지도 않다는 말이다.

글자 | 아닐 **불**, 공경할 **공**, 겸손할 **손**

[불공설화不恭說話]

공손하지 않게 하는 말이라는 말이다.

글자 | 아닐 **불**, 공경할 **공**, 말씀 **설**, 말씀 **화**

동류 | 불공지화不恭之話

[불공자궤不攻自潰]

→ 불공자파不攻自破

[불공자파不攻自破]

공격하지 않아도 스스로 깨진다는 말이다.

글자 | 아닐 **불**, 칠 **공**, 스스로 **자**, 깨트릴 **파**

[불공지설不恭之說]

공손하지 않은 말이라는 말이다.

글자 | 아닐 **불**, 공손할 **공**, 어조사 **지**, 말씀 **설**

[불공함락不攻陷落]

치지 않고 빠져 떨어지게 한다는 말이며, 적의 성이나 진지 따위를 공격하지 않고도 함락시킨다는 뜻이다.

글자 | 아닐 **불**, 칠 **공**, 빠질 **함**, 떨어질 **락**

[불관지사不關之事]

아무 관계가 없는 일이라는 말이다.

글자 | 아닐 **불**, 관계할 **관**, 어조사 **지**, 일 **사**

[불괴어천不愧於天]

하늘에 부끄럽지 않다는 말이며, 하늘에 맹세코 한 치의 부끄러움도 없다는 뜻이다.

글자 | 아닐 **불**, 부끄러울 **괴**, 어조사 **어**, 하늘 **천**

[불괴옥루不愧屋漏]

집이 새도 부끄럽지 않다는 말이며, 군자는 남이 보지 않는 곳에서도 행동이 신중함으로 부끄럽지 않다는 뜻이다.

원문 | 相在爾室 尙不愧于屋漏
상 재 이 실 상 불 괴 우 옥 루

글자 | 아닐 **불**, 부끄러워할 **괴**, 집 **옥**, 샐 **루**

출전 | 시경 대아억大雅抑, 성호사설

유사 | 군자신독君子愼獨, 불기암실不欺闇室

[불교이살不敎而殺]

가르치지도 않고 죽인다는 말이며, 옳고 그른 것을 가르쳐주지도 않고 죄를 범하면 죽인다는 뜻이다.

원문 | 不敎而殺 謂之虐
불 교 이 살 위 지 학

글자 | 아닐 **불**, 가르칠 **교**, 말 이을 **이**, 죽일 **살**

출전 | 논어 요왈堯曰

동류 | 불교이주不敎而誅

[불교이선不敎而善]

가르치지 않아도 착하다는 말이며, 선천적으로 착한 성품을 타고났다는 뜻이다.

원문 | 上品之人 不敎而善
상 품 지 인 불 교 이 선

글자 | 아닐 **불**, 가르칠 **교**, 어조사 **이**, 착할 **선**

출전 | 소학 가언嘉言

[불교이주不敎而誅]

가르치지 않고 죽인다는 말이며, 매우 잔학하고 횡포하다는 뜻이다.

글자 | 아닐 **불**, 가르칠 **교**, 말 이을 **이**, 죽일 **주**

출전 | 순자 부국편富國篇

동류 | 불교이살不敎而殺

[불구공졸不拘工拙]

공교롭거나 못생기거나 거리끼지 않는다는 말이며, 기교技巧가 좋거나 나쁘거나 가리지 않는다는 뜻이다.

글자 | 아닐 **불**, 거리낄 **구**, 공교할 **공**, 못생길 **졸**

[불구기왕不究既往]

이미 지나간 일이라 궁리하지 않는다는 말이며, 지나간 일을 따지지 않는다는 뜻이다.

글자 | 아닐 **불**, 궁리할 **구**, 이미 **기**, 갈 **왕**

동류 | 기왕불구既往不咎, 기왕지사既往之事

[불구대천不俱戴天]

함께 하늘을 이고 살 수 없다는 말이며, 하늘 아래 함께 살 수 없고 반드시 죽여야 할 원수를 일컫는다.

원문 | 不俱戴天之讎
불 구 대 천 지 수

글자 | 아닐 **불**, 함께 **구**, 머리에 일 **대**, 하늘 **천**

출전 | 예기 곡례曲禮

동류 | 대천지수戴天之讎, 불공대천不共戴天

[불구문달不求聞達]

소문이 나기를 구하지 않는다는 말이며, 출세하여 이름이 세상에 드날리기를 바라지 않는다는 뜻이다.

글자 | 아닐 **불**, 구할 **구**, 들을 **문**, 통달 **달**

[불구변속不求變俗]

풍속 바꾸는 것을 구하지 않는다는 말이며, 풍속을 바꾸려고 애쓰지 말라는 뜻이다.

글자 | 아닐 **불**, 구할 **구**, 바꿀 **변**, 풍속 **속**

출전 | 예기

[불구부정不垢不淨]

때묻지도 않고 깨끗하지도 않다는 말이며, 더러움과 깨끗함이 없이 그대로 유지된다는 뜻이다.

글자 | 아닐 **불(부)**, 때 **구**, 깨끗할 **정**

[불구소절不拘小節]

작은 절제에 거리끼지 않는다는 말이며, 사소한 예절에 얽매이지 않는다는 뜻이다.

원문 | 素少落拓有大志 不拘小節
소 소 낙 척 유 대 지 불 구 소 절

글자 | 아닐 **불**, 거리낄 **구**, 작을 **소**, 절제할 **절**

출전 | 수서 위징열전魏徵列傳

[불구심해不求甚解]

깊은 이해를 구하지 않는다는 말이며, 뜻이 잘 통하지 않고 의문이 많은 문장을 깊이 연구하지 않는다는 뜻이다.

원문 | 好讀書 不求甚解
호 독 서 불 구 심 해

글자 | 아닐 **불**, 구할 **구**, 더욱 **심**, 풀 **해**

출전 | 도잠陶潛의 오류선생전五柳先生傳

[불권불해不倦不懈]

게으르지 않고 게을리하지 않는다는 말이다.

글자 | 아닐 **불**, 게으를 **권**, 게으를 **해**

[불궤지상不軌之狀]

→불궤지심不軌之心

[불궤지심不軌之心]

법이 아닌 마음이라는 말이며, 당연히 지켜야 할 법이나 도리에 어긋나는 마음이라는 뜻이다.

글자 | 아닐 **불**, 법 **궤**, 어조사 **지**, 마음 **심**

동류 | 불궤지상不軌之狀

[불급마복不及馬腹]

[채찍이] 말의 배에는 미치지 못한다는 말이며, 인생에는 인력이 미치지 못하는 곳이 있다는 뜻이다.

원문 | 雖鞭之長 不及馬腹
수 편 지 장 불 급 마 복

글자 | 아닐 **불**, 미칠 **급**, 말 **마**, 배 **복**

출전 | 춘추좌씨전

동류 | 편장막급鞭長莫及

[불긍양인不肯讓人]

남에게 양보하려들지 않는다는 말이며, 길을 가다 막히면 돌아갈 줄도 알아야 한다는 뜻이 담겨 있다.

글자 | 아닐 **불**, 옳게 여길 **긍**, 사양할 **양**, 사람 **인**

출전 | 석성금石成金의 전가보傳家寶

[불긍저의不肯底意]

밑에 뜻이 즐기지 않는다는 말이며, 마음속으로 승낙하지 않는다는 뜻이다.

글자 | 아닐 **불**, 즐길 **긍**, 밑 **저**, 뜻 **의**

[불기암실不欺闇室]

→ 불모암실不侮闇室

[불기이회不期而會]

기약하지 않은 모임이라는 말이며, 뜻하지 않은 기회에 우연히 만난다는 뜻이다.

글자 | 아닐 **불**, 기약 **기**, 말 이을 **이**, 모을 **회**

[불기자심不欺自心]

스스로의 마음을 속이지 아니한다는 말이며, 스스로에게 엄하고 정직하게 자신과의 약속을 지키라는 뜻이다.

글자 | 아닐 **불**, 속일 **기**, 스스로 **자**, 마음 **심**

[불긴지사不緊之事]

급하지 않은 일이라는 말이며, 꼭 필요하지 않은 일이라는 뜻이다.

글자 | 아닐 **불**, 급할 **긴**, 어조사 **지**, 일 **사**

[불길지사不吉之事]

길하지 않은 일이라는 말이다.

글자 | 아닐 **불**, 길할 **길**, 어조사 **지**, 일 **사**

[불길지언不吉之言]

길하지 아니한 말이라는 뜻이다.

글자 | 아닐 **불**, 길할 **길**, 어조사 **지**, 말씀 **언**

[불길지조不吉之兆]

길하지 않을 징조라는 말이다.

글자 | 아닐 **불**, 길할 **길**, 어조사 **지**, 징조 **조**

동류 | 불상지조不祥之兆

[불념구악不念舊惡]

지나간 잘못을 생각하지 않는다는 말이다. 공자가 수양산에 들어가 고사리를 캐어먹다가 죽은 백이숙제에 대한 말이다. '백이와 숙제는 옛 악을 생각하지 않았다. 그래서 원망이 적었다.'

원문 | 伯夷叔齊 不念舊惡 怨是用希
백이숙제 불념구악 원시용희

글자 | 아닐 **불**, 생각할 **념**, 옛 **구**, 악 **악**

출전 | 논어 공야장公冶長

관련 | 백이숙제伯夷叔齊

[불농불상不農不商]

농사도 하지 않고 장사도 하지 않는다는 말이며, 농사도 장사도 아니하고 놀고 지낸다는 뜻이다.

글자 | 아닐 **불**, 농사 **농**, 장사 **상**

[불능수습不能收拾]

거두어들일 수 없다는 말이며, 터진 사건을 해결할 수 없다는 뜻이다.

글자 | 아닐 **불**, 능할 **능**, 거둘 **수**, 주울 **습**

출전 | 후한서

[불두착분佛頭着糞]

부처 머리에 똥이 묻었다는 말이며, 성스럽고 귀중한 것에 오물이 묻거나 착한 사람이 수모를 당했다는 뜻이다. 부처 머리에 묻은 똥은 새똥이다.

원문 | 佛頭上 豈可着糞
불두상 기가착분

글자 | 부처 **불**, 머리 **두**, 붙을 **착**, 똥 **분**

출전 | 도원道原의 전등록傳燈錄

[불래불거不來不去]

오지도 않고 가지도 않는다는 말이며, 모든 법은 공空으로서 오는 것도 가는 것도 없다는 뜻이다.

글자 | 아닐 **불**, 올 **래**, 갈 **거**

[불려호획弗慮胡獲]

생각을 아니하면 어찌 얻을 수 있겠느냐는 말이며, 무슨 일이든지 신중히 생각해야 좋은 결과를 얻을 수 있다는 뜻이다.

글자 | 아닐 **불**, 생각할 **려**, 어찌 **호**, 얻을 **획**

출전 | 서경 태갑太甲 하

[불령분자不逞分子]

→ 불령지도不逞之徒

[불령선인不逞鮮人]

통하지 않는 조선 사람이라는 말이며, 일본이 명명한 한국인을 일컫는다.

글자 | 아닐 **불**, 통할 **령**, 조선 **선**, 사람 **인**

[불령지도不逞之徒]

통하지 않는 무리라는 말이며, 나라에 대하여 원한이나 불평·불만을 품고 구속을 받지 않으려는 불온한 무리를 일컫는다.

글자 | 아닐 **불**, 통할 **령**, 어조사 **지**, 무

리도

[불로불사不老不死]

늙지 않고 죽지 않는다는 말이며, 오래 산다는 뜻이다.

글자 | 아닐 **불**, 늙을 **로**, 죽을 **사**

출전 | 열자 탕문湯問

동류 | 불로장생不老長生

[불로불소不老不少]

늙지도 않고 젊지도 않다는 말이다.

글자 | 아닐 **불**, 늙을 **로**, 젊을 **소**

[불로소득不勞所得]

수고하지 않고 얻어 가지는 것을 말한다.

글자 | 아닐 **불**, 수고로울 **로**, 가질 **소**, 얻을 **득**

[불로이득不勞而得]

수고하지 않고 얻는다는 말이며, 거저 생겼다는 뜻이다.

글자 | 아닐 **불**, 수고로울 **로**, 말 이을 **이**, 얻을 **득**

[불로장생不老長生]

늙지 않고 오래 산다는 말이다.

글자 | 아닐 **불**, 늙을 **로**, 긴 **장**, 살 **생**

동류 | 불로불사不老不死

[불리불즉不離不卽]

떠나지도 않고 가까이 하지도 않는다는 말이며, 적당한 거리를 유지하고 있다는 뜻이다.

글자 | 아닐 **불**, 떠날 **리**, 자까이 할 **즉**

[불리어구不理於口]

입에서 바르지 않다는 말이며, 남들이 좋게 말하지 않는다는 뜻이다.

원문 | **稽大 不理於口**
계 대 불 리 어 구

글자 | 아닐 **불**, 바를 **리**, 어조사 **어**, 입 **구**

출전 | 맹자 진심盡心 하

[불립문자不立文字]

글자로 세워지는 것이 아니라는 말이며, 오도悟道는 문자나 말로서 전해지는 것이 아니라 마음으로 전해진다는 뜻이다.

글자 | 아닐 **불**, 설 **립**, 글월 **문**, 글자 **자**

출전 | 전등록, 조정사원祖庭事苑

유사 | 이심전심以心傳心

[불만일소不滿一笑]

하나의 웃음도 차지 않는다는 말이며, 어처구니없거나 아무 쓸모도 없다는 뜻이다.

글자 | 아닐 **불**, 찰 **만**, 웃을 **소**

출전 | 조선왕조 16대 인조실록

[불망기본不忘其本]

그 근본을 잊지 않는다는 말이다.

글자 | 아닐 **불**, 잊을 **망**, 그 **기**, 근본 **본**

[불망기초不忘其初]

그 처음을 잊지 않는다는 말이며, 시작할 때의 상황을 잊지 않는다는 뜻이다.

글자 | 아닐 **불**, 잊을 **망**, 그 **기**, 처음 **초**

[불망지은不忘之恩]

잊을 수 없는 은혜라는 말이다.

글자 | 아닐 **불**, 잊을 **망**, 어조사 **지**, 은혜 **은**

[불면도분佛面塗糞]

부처님 얼굴에 똥칠한다는 말이며, 명저名著에 졸서拙序를 쓴 것과 같이 잘 된 일을 망쳤다는 뜻이다.

글자 | 부처 **불**, 얼굴 **면**, 진흙 **도**, 똥 **분**

출전 | 오차운서五車韻瑞

[불면불휴不眠不休]

자지도 아니하고 쉬지도 아니한다는 말이며, 잠시도 쉬지 않고 힘쓴다는 뜻이다.

글자 | 아닐 **불**, 잠잘 **면**, 쉴 **휴**

[불모기정不謀其政]

그 정사를 도모하지 않는다는 말이며, 어느 지위에서 떠나면 나라 정치를 꾀하지 않는다는 뜻이다.

원문 | 不在其位 不謀其政
부 재 기 위 불 모 기 정

글자 | 아닐 **불**, 도모할 **모**, 그 **기**, 정사 **정**

출전 | 논어 헌문憲問

[불모암실不侮闇室]

어두운 방에서도 업신여기지 않는다는 말이며, 사람이 보지 않는 곳에서도 언행을 조심한다는 뜻이다.

원문 | 不欺 不侮闇室
불 기 불 모 암 실

글자 | 아닐 **불**, 업신여길 **모**, 어두울 **암**, 방 **실**

출전 | 세설신어

[불모이동不謀而同]

꾀하지 않아도 같다는 말이며, 의논하지 않아도 의견이 같다는 뜻이다.

글자 | 아닐 **불**, 꾀할 **모**, 말 이을 **이**, 같을 **동**

[불모지지不毛之地]

풀이 나지 않는 땅이라는 말이며, 출중한 인물이 나지 않는 곳이라는 뜻이다.

글자 | 아닐 **불**, 풀 **모**, 어조사 **지**, 땅 **지**

출전 | 춘추공양전春秋公羊傳

[불무구전不務求全]

온전함을 구하려 힘쓸 것 없다는 말이다. 당나라 서정직徐禎稷의 글이다. '일은 온전하게 이루어지는 경우가 없고, 사물은 모두 흥하는 법이 없다. 그래서 하늘과 땅 사이의 일은 반드시 결함이 있게 마련이다. 현명한 사람은 결함이 있을 수 있는 일에서 온전함을 구하지 않고, 결함이 있을 수 없는 일에서 덜어냄이 생길까 염려한다.'

원문 | 夫明者 不務求全其所可缺者
부명자 불무구전기소가결자

글자 | 아닐 **불**, 힘쓸 **무**, 구할 **구**, 온전 **전**

출전 | 서정적의 치언恥言

[불무활협不無闊狹]

넓고 좁음이 없지 않다는 말이며, 남을 도와주려는 아량이 있다는 뜻이다.

글자 | 아닐 **불**, 없을 **무**, 넓을 **활**, 좁을 **협**

[불문가지不問可知]

묻지 아니하여도 알 수 있다는 말이다.

글자 | 아닐 **불**, 물을 **문**, 옳을 **가**, 알 **지**

[불문곡절不問曲折]

굽고 꺾어진 것을 묻지 않는다는 말이며, 여러 가지 복잡한 사정을 묻지 않는다는 뜻이다.

원문 | 不問可否 不論曲直
불문가부 불론곡직

글자 | 아닐 **불**, 물을 **문**, 굽을 **곡**, 꺾어질 **절**

[불문곡직不問曲直]

굽고 곧은 것을 묻지 않는다는 말이며, 옳고 그른 것을 묻지 않는다는 뜻이다.

글자 | 아닐 **불**, 물을 **문**, 굽을 **곡**, 곧을 **직**

출전 | 사기 이사李斯열전

[불문시약不問是藥]

듣지 않으면 약이라는 말이며, 마음에 거슬리는 말을 듣지 않고 모르면 괴로움이 없다는 뜻이다.

글자 | 아닐 **불**, 들을 **문**, 이 **시**, 약 **약**

출전 | 이담속찬

[불문즉약不聞則藥]

듣지 아니하는 것이 곧 약이라는 말이다.

원문 | 聞則是病 不聞是藥
문즉시병 불문시약

글자 | 아닐 **불**, 들을 **문**, 곧 **즉**, 약 **약**

출전 | 이담속찬

[불미지설不美之說]

아름답지 않은 말이라는 뜻이다.

글자 | 아닐 **불**, 아름다울 **미**, 어조사 **지**, 말씀 **설**

[불벌기장不伐己長]

자기의 장점을 자랑하지 말라는 말이다.

글자 | 아닐 **불**, 자랑할 **벌**, 몸 **기**, 긴 **장**

출전 | 북제서北齊書

[불벌부덕不伐不德]

덕을 자랑하지 말라는 말이며, 자기의 공적을 뽐내지 않는다는 뜻이다.

글자 | 아닐 **불(부)**, 자랑할 **벌**, 뜻 정하지 않을 **부**, 큰 **덕**

[불변숙맥不辨菽麥]

콩과 보리도 구별하지 못한다는 말이며, 어리석고 사리에 어두운 사람을 일컫는다. 우리말의 쑥맥은 여기서 온 말이다.

원문 | 周子有兄而無慧 不辨菽麥
주자유형이무혜 불변숙맥
故不可立
고불가립

글자 | 아닐 **불**, 구별할 **변**, 콩 **숙**, 보리 **맥**

출전 | 춘추좌씨전 성공 18년조

[불변어로不辨魚魯]

'어魚' 자와 '노魯' 자를 구별하지 못한다는 말이며, 아주 무식하다는 뜻이다.

글자 | 아닐 **불**, 구별할 **변**, 고기 **어**, 노나라 **로**

출전 | 조선왕조실록 증보문헌비고

[불변지척不辨咫尺]

짧은 한 자 [앞도] 분별하지 못한다는 말이다.

글자 | 아닐 **불**, 분별할 **변**, 짧을 **지**, 자 **척**

[불병즉사不病卽死]

병이 아니면 곧 죽는다는 말이며, 병이 들거나 죽거나 한다는 뜻이다.

글자 | 아닐 **불**, 병들 **병**, 곧 **즉**, 죽을 **사**

[불분동서不分東西]

동쪽과 서쪽을 나누지 못한다는 말이며, 매우 어리석다는 뜻이다.

글자 | 아닐 **불**, 나눌 **분**, 동녘 **동**, 서녘 **서**

[불분상하不分上下]

아래와 위를 구별하지 못한다는 말이며, 예절을 모른다는 뜻이다.

글자 | 아닐 **불**, 나눌 **분**, 윗 **상**, 아래 **하**

[불분승부不分勝負]

이길는지 질는지 분간이 잘 가지 않는다는 말이다.

글자 | 아닐 **불**, 나눌 **분**, 이길 **승**, 질 **부**

[불분주야不分晝夜]

밤과 낮을 나누지 않는다는 말이며, 매우 바쁜 일이 있을 때 밤낮을 가리지 않는다는 뜻이다.

글자 | 아닐 **불**, 나눌 **분**, 낮 **주**, 밤 **야**

[불비불명不飛不鳴]

날지도 않고 울지도 않는다는 말이며, 큰일을 하기 위해서 오랫동안 조용히 기다린다는 뜻이다. 새가 더욱 멀리 오래 날기 위해서 3년 동안 날지도 않고 울지도 않는다는 말에서 온 것이다.

원문 | 三年不飛又不鳴
삼년불비우불명

글자 | 아닐 **불**, 날 **비**, 울 **명**

출전 | 사기 골계열전滑稽列傳

동류 | 삼년불비三年不飛

[불비소관不卑小官]

천하지 않은 작은 벼슬이라는 말이며, 사소한 벼슬자리도 가벼이 보지 않는다는 뜻이다.

원문 | 柳下惠 不羞汚君 不卑小官
유하혜 불수오군 불지소관

글자 | 아닐 **불**, 천할 **비**, 작을 **소**, 벼슬 **관**

출전 | 맹자 공손추公孫丑 상

[불비지혜不費之惠]

없앨 것이 없는 은혜라는 말이며, 자기에게는 해될 것이 없고 남에게는 베풀어지는 은혜를 일컫는다.

글자 | 아닐 **불**, 없앨 **비**, 어조사 **지**, 은혜 **혜**

동류 | 불비시혜不費施惠

[불빈지사不賓之士]

손님이 아닌 선비라는 말이며, 임금에게 복종하지 않아도 되는 선비를 일컫는다.

글자 | 아닐 **불**, 손 **빈**, 어조사 **지**, 선비 **사**

출전 | 후한서

[불사불멸不死不滅]

죽지도 아니하고 없어지지도 아니한다는 신의 특성을 일컫는 말이다.

글자 | 아닐 **불**, 죽을 **사**, 멸할 **멸**

[불사영생不死永生]

죽지 않고 영원히 산다는 말이며, 예수를 믿고 그 가르침대로 행하면 천국에 회생하여 영원무궁토록 산다는 뜻이다.

글자 | 아닐 **불**, 죽을 **사**, 길 **영**, 살 **생**

출전 | 신약성경

[불사이군不事二君]

[한 사람이] 두 임금을 섬기지 않는다는 말이다.

원문 | 忠臣 不事二君
충신 불사이군

글자 | 아닐 **불**, 섬길 **사**, 임금 **군**

출전 | 소학 명륜

[불사주야不舍晝夜]

밤과 낮을 버리지 않는다는 말이며, 밤낮 없이 일을 한다는 뜻이다. 논어에 있는 글이다. '흘러가는 것은 이 물과 같으니 밤낮도 없이 흘러가는구나!'

원문 | 逝者如斯夫 不舍晝夜
서자여사부 불사주야

글자 | 아닐 **불**, 놓을 **사**, 낮 **주**, 밤 **야**

출전 | 논어 자한子罕

[불사지약不死之藥]

사람이 먹으면 영원히 죽지 않는다는 신비의 선약仙藥을 일컫는다.

글자 | 아닐 **불**, 죽을 **사**, 어조사 **지**, 약 **약**

[불상지언不祥之言]

상서롭지 않은 말이라는 뜻이다.

글자 | 아닐 **불**, 상서 **상**, 어조사 **지**, 말씀 **언**

[불상지조不祥之兆]

→ 불길지조不吉之兆

[불상통섭不相統攝]

서로 합하여 거두지 않는다는 말이며, 서로 간섭하지 않는다는 뜻이다.

글자 | 아닐 **불**, 서로 **상**, 합할 **통**, 거둘 **섭**

출전 | 조선왕조 9대 성종실록

[불색불류不塞不流]

막히지 않으면 넘쳐흐르지 않는다는 말이며, 고난과 역경이 없으면 발전이 없다는 뜻이다.

글자 | 아닐 **불**, 막을 **색**, 흐를 **류**

[불생불멸不生不滅]

생겨나지도 않고 없어지지도 않는다는 말이며, 항상 그대로 변함없이 존재한다는 뜻이다.

글자 | 아닐 **불**, 날 **생**, 없어질 **멸**

출전 | 불교

동류 | 불생불사不生不死

[불생불사不生不死]

죽지도 않고 살아 있지도 않다는 말이며, 겨우 목숨이 붙어 있다는 뜻이다.

글자 | 아닐 **불**, 살 **생**, 죽을 **사**

[불석신명不惜身命]

몸이나 생명을 아끼지 않는다는 말이며, 불도수행, 보시布施 등 신앙의 자세를 일컫는다.

글자 | 아닐 **불**, 아낄 **석**, 몸 **신**, 목숨 **명**

출전 | 법화경 비유품比喩品

[불석천금不惜千金]

천금을 아끼지 않는다는 말이며, 많은 돈을 아끼지 않는다는 뜻이다.

글자 | 아닐 **불**, 아낄 **석**, 일천 **천**, 돈 **금**

[불선거행不善擧行]

좋지 않게 들어 행한다는 말이며, 맡은 일을 잘 이행하지 못한다는 뜻이다.

글자 | 아닐 **불**, 좋을 **선**, 들 **거**, 행할 **행**

출전 | 송남잡지

[불선불후不先不後]

먼저도 아니고 뒤도 아니라는 말이며, 공교롭게도 좋지 않은 때를 만난다는 뜻이다.

글자 | 아닐 **불**, 먼저 **선**, 뒤 **후**

출전 | 송남잡지

[불설불결不屑不潔]

정결하지 않음을 돌보지 않는다는 말이며, 정결치 않은 행위를 떳떳이 여기지 않는다는 뜻이다.

원문 | 欲得 不屑不潔之士而與之
욕 득 불 설 불 결 지 사 이 여 지

글자 | 아닐 **불**, 돌아볼 **설**, 정결할 **결**

출전 | 맹자 진심 하

[불성모양不成貌樣]

모양이 제대로 이루어지지 못하였다는 말이며, 몹시 가난하여 살림이나 주제가 흉악하다는 뜻이다.

글자 | 아닐 **불**, 이룰 **성**, 모양 **모**, 본보

기양
출전 | 송남잡지

[불성문률不成文律]

글월로 이루어지지 않은 법률이라는 말이며, 문서는 없어도 관례상 인정되는 법도를 일컫는다.

글자 | 아닐 **불**, 이룰 **성**, 글월 **문**, 법률 **률**

[불성인사不省人事]

→ 인사불성人事不省

[불성취일不成就日]

일이 이루어지지 않는 날이라는 말이며, 음양가陰陽家에서 피하는 날, 즉 부정한 날을 일컫는다.

글자 | 아닐 **불**, 이룰 **성**, 이룰 **취**, 날 **일**

[불세지공不世之功]

대대로 내려오지 않는 공이라는 말이며, 세상에 드문 매우 큰 공로를 일컫는다.

글자 | 아닐 **불**, 대대 **세**, 어조사 **지**, 공 **공**

[불세지략不世之略]

세상에 없는 꾀라고 하는 말이며, 매우 뛰어난 지략을 일컫는다.

글자 | 아닐 **불**, 세상 **세**, 어조사 **지**, 꾀 **략**
출전 | 삼국사기

[불세지재不世之才]

대대로 내려오지 않는 재주라는 말이며, 세상에 흔하지 않은 큰 재주를 일컫는다.

글자 | 아닐 **불**, 대대 **세**, 어조사 **지**, 재주 **재**

[불소지신不召之臣]

부르지 못하는 신하라는 말이며, 장차 큰일을 하려는 군주에게는 반드시 앉아서 부를 수 없는 신하가 있다는 뜻이다.

원문 | 必有所不召之臣
필 유 소 불 소 지 신

글자 | 아닐 **불**, 부를 **소**, 어조사 **지**, 신하 **신**
출전 | 맹자 공손추公孫丑 하

[불속지객不速之客]

부르지 않은 손이라는 말이며, 뜻밖의 손님이라는 뜻이다.

원문 | 入座山光 不速賓
입 좌 산 광 불 속 빈

글자 | 아닐 **불**, 부를 **속**, 어조사 **지**, 손 **객**
출전 | 주역 수괘需卦

[불수다언不須多言]

많은 말이 쓸데없다는 말이다.

글자 | 아닐 **불**, 쓸 **수**, 많을 **다**, 말씀 **언**
출전 | 송남잡지

[불수오군不羞汚君]

더러운 임금을 부끄러워하지 않는다는 말이며, 좋지 못한 임금 밑에서 일하는 것을 부끄러워하지 않는다는 뜻이다.

원문 | 柳下惠 不羞汚君 不辭小官
유하혜 불수오군 불사소관

글자 | 아닐 **불**, 부끄러울 **수**, 더러울 **오**, 임금 **군**

출전 | 맹자 공손추公孫丑 상

[불수일간不數日間]

두세 날이 아닌 사이라는 말이며, 며칠이 가지 않은 동안이라는 뜻이다.

글자 | 아닐 **불**, 두어 **수**, 날 **일**, 사이 **간**

[불수조전不輸租田]

부세를 보내지 않는 밭이라는 말이며, 세금이 면제된 전답이라는 뜻이다.

글자 | 아닐 **불**, 보낼 **수**, 부세 **조**, 밭 **전**

[불숙이성不肅而成]

경계하지 않아도 이룬다는 말이며, 강제로 아니해도 이루어진다는 뜻이다.

원문 | 聖人之敎 不肅而成
성인지교 불숙이성

글자 | 아닐 **불**, 경계할 **숙**, 말 이을 **이**, 이룰 **성**

출전 | 효경 성치장聖治章

[불순지모弗詢之謀]

[백성에게] 물어보지 않은 계교라는 말이다. 서경에 있는 글이다. '백성에게 물어보지 않은 계책을 쓰지 말라.'

원문 | 弗詢之謀 勿庸
불순지모 물용

글자 | 아닐 **불**, 물을 **순**, 어조사 **지**, 계교할 **모**

출전 | 서경 대우모大禹謨

[불승기임不勝其任]

그 맡은 것을 견디지 못한다는 말이며, 맡긴 임무를 완수하지 못한다는 뜻이다.

원문 | 不勝其任 則過之
불승기임 즉과지

글자 | 아닐 **불**, 견딜 **승**, 그 **기**, 맡길 **임**

출전 | 안자춘추 내편 잡하

[불승배작不勝杯酌]

→ 불승배표不勝杯杓

[불승배표不勝杯杓]

술잔을 견딜 수 없다는 말이며, 술을 너무 많이 마셨다는 뜻이다.

글자 | 아닐 **불**, 견딜 **승**, 술잔 **배**, 자루 **표**

출전 | 사기 항우기項羽紀

[불승분노不勝忿怒]

분노를 이기지 못한다는 말이다.

글자 | 아닐 **불**, 이길 **승**, 분할 **분**, 성낼 **노**

[불승영모不勝永慕]

오래도록 사모함을 이기지 못한다는 말이다.

글자 | 아닐 **불**, 이길 **승**, 오랠 **영**, 사모할 **모**

[불승한심不勝寒心]

쓸쓸한 마음을 견딜 수 없다는 말이

며, 사정이 매우 딱하다는 뜻이다.

글자 | 아닐 **불**, 견딜 **승**, 쓸쓸한 **한**, 마음 **심**

출전 | 송남잡지

[불시이사不是異事]

이상한 일이 아니라는 말이다.

글자 | 아닐 **불**, 이 **시**, 다를 **이**, 일 **사**

출전 | 송남잡지

[불시지수不時之需]

때아닌 쓸 것이라는 말이며, 갑작스럽게 얻은 물건이라는 뜻이다.

글자 | 아닐 **불**, 때 **시**, 어조사 **지**, 쓸 **수**

[불시취인不時取人]

아닌 때에 사람을 찾는다는 말이며, 갑자기 인재를 선발한다는 뜻이다.

글자 | 아닐 **불**, 때 **시**, 찾을 **취**, 사람 **인**

출전 | 조선왕조실록 증보문헌비고

[불식부지不識不知]

→ 부지불식不知不識

[불식시무不識時務]

때에 따라 해야 할 일을 알지 못한다는 말이다.

글자 | 아닐 **불**, 알 **식**, 때 **시**, 힘쓸 **무**

출전 | 후한서

[불식자포不食自逋]

먹지 않아도 저절로 축났다는 말이며, 사사로이 횡령하지 아니 하였음에도 공금이 축났다는 뜻이다.

글자 | 아닐 **불**, 먹을 **식**, 스스로 **자**, 축낼 **포**

[불식즉구不息卽久]

쉬지 않으면 곧 오래다는 말이며, 중단하지 않고 계속한다는 뜻이다.

원문 | 不息卽久 久卽徵
불식즉구 구즉징

글자 | 아닐 **불**, 쉴 **식**, 곧 **즉**, 오랠 **구**

출전 | 중용 26장

[불식지공不食之工]

먹지 아니하고 만든다는 말이며, 천천히 쉬지 않고 하는 일이라는 뜻이다.

글자 | 아닐 **불**, 먹을 **식**, 어조사 **지**, 만들 **공**

출전 | 중용

[불식지무不識之無]

→ 묵불식정目不識丁

[불식지보不食之報]

먹이지 않는 갚음이라는 말이며, 조상의 숨은 덕행을 빗댄 말이다.

글자 | 아닐 **불**, 먹을 **식**, 어조사 **지**, 갚을 **보**

[불식지지不食之地]

먹지 못하는 땅이라는 말이며, 경작할 수 없는 토지라는 뜻이다.

글자 | 아닐 **불**, 먹을 **식**, 어조사 **지**, 땅 **지**

ㅂ

출전 | 예기 단궁편檀弓篇

[불신인현不信仁賢]

어진 이와 좋은 이를 믿지 않는다는 말이다.

원문 | 不信仁賢 則國空虛
불 신 인 현 즉 국 공 허

글자 | 아닐 **불**, 믿을 **신**, 어질 **인**, 좋을 **현**

출전 | 맹자 진심盡心 하

[불신지심不信之心]

믿지 않는 마음이라는 말이다.

글자 | 아닐 **불**, 믿을 **신**, 어조사 **지**, 마음 **심**

[불신지심不臣之心]

신하 노릇을 하지 않으려는 마음이라는 말이다.

글자 | 아닐 **불**, 신하 **신**, 어조사 **지**, 마음 **심**

[불신행위不信行爲]

믿지 않는 행위, 또는 믿을 수 없는 행위라는 말이다.

글자 | 아닐 **불**, 믿을 **신**, 행할 **행**, 할 **위**

[불실기본不失其本]

그 본분을 잃지 않는다는 말이다.

글자 | 아닐 **불**, 잃을 **실**, 그 **기**, 근본 **본**

[불실본색不失本色]

본색을 잃지 않는다는 말이다.

글자 | 아닐 **불**, 잃을 **실**, 밑 **본**, 빛 **색**

[불실정곡不失正鵠]

바른 과녁에서 벗어나지 않았다는 말이며, 사물의 핵심을 정확히 포착하였다는 뜻이다.

글자 | 아닐 **불**, 잃을 **실**, 바를 **정**, 과녁 **곡**

출전 | 예기

[불실척촌不失尺寸]

자와 치수를 그릇되지 않는다는 말이며, 한 자 한 치도 법도에 어그러지거나 어기지 않는다는 뜻이다.

글자 | 아닐 **불**, 그릇될 **실**, 자 **척**, 치 **촌**

출전 | 소학 선행善行

동류 | 불실치수不失錙銖

[불실치수不失錙銖]

→ 불실척촌不失尺寸

[불심상간不甚相間]

서로의 사이[차이]가 심하지 않다는 말이다.

글자 | 아닐 **불**, 심할 **심**, 서로 **상**, 사이 **간**

[불심상관不甚相關]

서로의 관계가 심하지 않다는 말이며, 크게 상관할 것이 아니라는 뜻이다.

글자 | 아닐 **불**, 심할 **심**, 서로 **상**, 관계할 **관**

출전 | 송남잡지

[불심상원不甚相遠]

서로 먼 것이 심하지 않다는 말이며, 그다지 틀리지 않고 거의 같다는 뜻이다.

글자 | 아닐 **불**, 심할 **심**, 서로 **상**, 멀 **원**

출전 | 송남잡지

[불심지책不審之責]

살피지 아니한 나무람이라는 말이며, 꼼꼼히 돌보지 못했다는 뜻이다.

글자 | 아닐 **불**, 살필 **심**, 어조사 **지**, 나무랄 **책**

출전 | 송남잡지

[불심천자佛心天子]

부처의 마음을 지닌 임금이라는 말이며, 양나라 무제武帝가 가사袈裟를 입고 불교 경전을 강론했다고 해서 붙여진 별명이다.

글자 | 부처 **불**, 마음 **심**, 하늘 **천**, 아들 **자**

[불안침석不安枕席]

편하지 않은 베개와 자리라는 말이며, 걱정이 있어 편안히 자지 못한다는 뜻이다.

글자 | 아닐 **불**, 편안 **안**, 베개 **침**, 자리 **석**

[불양불택不讓不擇]

양보하지 아니하고 가리지 아니한다는 말이며, 태산이 흙을 마다하지 않고 바다가 도랑물이라 하여 가리지 않는 것과 같이 크고 많은 것을 포용할 수 있는 사람의 도량을 일컫는다.

글자 | 아닐 **불**, 사양할 **양**, 가릴 **택**

출전 | 사기 이사전李斯傳

[불언가상不言可想]

말을 아니하여도 짐작할 수 있다는 말이다.

글자 | 아닐 **불**, 말씀 **언**, 가할 **가**, 생각할 **상**

출전 | 송남잡지

[불언가지不言可知]

말을 하지 않아도 능히 알 수 있다는 말이다.

글자 | 아닐 **불**, 말씀 **언**, 옳을 **가**, 알 **지**

유사 | 불문가지不問可知

[불언불소不言不笑]

말도 하지 않고 웃지도 않는다는 말이다.

글자 | 아닐 **불**, 말씀 **언**, 웃을 **소**

[불언불어不言不語]

말도 아니하고 논란도 아니한다는 말이다.

글자 | 아닐 **불**, 말씀 **언**, 말씀 **어**

[불언소리不言所利]

이로운 바를 말하지 않는다는 말이다.

글자 | 아닐 **불**, 말씀 **언**, 바 **소**, 이로울 **리**

[불언실행不言實行]

말없이 성실히 행한다는 말이다.

글자 | 아닐 **불**, 말씀 **언**, 성실할 **실**, 행할 **행**

[불언이유不言而喩]

말을 아니해도 깨닫는다는 말이다.

원문 | 不言而喩 何傷乎默
불언이유 하상호묵

글자 | 아닐 **불**, 말씀 **언**, 말 이을 **이**, 깨우쳐줄 **유**

출전 | 맹자

[불언지화不言之花]

말하지 않는 꽃이라는 말이며, 복숭아꽃과 자두 꽃을 일컫는다.

글자 | 아닐 **불**, 말씀 **언**, 어조사 **지**, 꽃 **화**

출전 | 진서

[불언지화不言之化]

말을 하지 않아도 된다는 말이며, 말을 하지 않고 덕으로써 가르쳐 자연스레 감화한다는 뜻이다.

글자 | 아닐 **불**, 말씀 **언**, 어조사 **지**, 될 **화**

출전 | 진서

[불언직행不言直行]

아무 말 하지 않고 곧바로 간다는 말이다.

글자 | 아닐 **불**, 말씀 **언**, 곧 **직**, 갈 **행**

[불엄이치不嚴而治]

엄하지 아니하고 다스린다는 말이며, 무섭게 하지 않아도 통치가 된다는 뜻이다.

글자 | 아닐 **불**, 엄할 **엄**, 말 이을 **이**, 다스릴 **치**

출전 | 사기 만석장숙열전

[불여교자不如教子]

아들을 가르치는 것만 같지 않다는 말이다.

원문 | 賜子千金 不如教子 一卷書
유자천금 불여교자 일권서

글자 | 아닐 **불**, 같을 **여**, 가르칠 **교**, 아들 **자**

출전 | 명심보감 훈자편訓子篇, 한서

[불여근린不如近隣]

가까운 이웃만 같지 않다는 말이며, 먼 친척보다 가까운 이웃이 낫다는 뜻이다.

원문 | 遠親 不如近隣
원친 불여근린

글자 | 아닐 **불**, 같을 **여**, 가까울 **근**, 이웃 **린**

출전 | 명심보감 성심편省心篇 하

[불여대시不如待時]

때를 기다리는 것과 같지 않다는 말이며, 때가 올 때를 기다려야 한다는 뜻이다.

원문 | 雖有鎡基 不如待時
수유자기 불여대시

글자 | 아닐 **불**, 같을 **여**, 기다릴 **대**, 때 **시**

출전 | 맹자 공손추 상

[불여불언不如不言]

말하지 아니함만 같지 못하다는 말이다.

원문 | 言不中理 不如不言
언불중리 불여불언

글자 | 아닐 **불**, 같을 **여**, 말씀 **언**

출전 | 명심보감 언어편言語篇

[불여승세不如乘勢]

기세를 타는 것만 같지 않다는 말이며, 운세를 잘 타는 것이 가장 좋다는 뜻이다.

원문 | 雖有智慧 不如乘勢
수유지혜 불여승세

글자 | 아닐 **불**, 같을 **여**, 탈 **승**, 기세 **세**

출전 | 맹자 공손추 상

[불여유적不如留賊]

역적을 남겨둠만 같지 못하다는 말이며, 어떤 일을 완전하게 매듭짓지 않는다는 뜻이다. 당나라 유거용劉巨容의 말이다. '조정에 어려운 일이 많고 사람에게 힘든 일이 있으면 관리에게 상 주는 것을 아끼지 않는다. 일이 끝나면 바로 잊고 마니 적을 남겨둠만 못하다.'

글자 | 아닐 **불**, 같을 **여**, 머무를 **유**, 역적 **적**

관련 | 토사구팽兎死狗烹

[불여인화不如人和]

사람의 화합만 같지 않다는 말이며, 인화보다 나은 것이 없다는 뜻이다.

원문 | 天時不如地利 地利不如人和
천시불여지리 지리불여인화

글자 | 아닐 **불**, 같을 **여**, 사람 **인**, 화합할 **화**

출전 | 맹자 공손추 하

관련 | 불여지리不如地理

[불여일견不如一見]

한번 보는 것만 같지 않다는 말이며, 백번 듣는 것보다 한번 보는 것이 좋다는 뜻이다.

원문 | 百聞不如一見
백문불여일견

글자 | 아닐 **불**, 같을 **여**, 볼 **견**

출전 | 한서 조충국전趙充國傳

[불여지리不如地利]

땅의 이득만 같지 않다는 말이며, 땅의 이득만한 것이 없다는 뜻이다.

원문 | 天時不如地利 地利不如人和
천시불여지리 지리불여인화

글자 | 아닐 **불**, 같을 **여**, 땅 **지**, 이할 **리**

출전 | 맹자 공손추 하

관련 | 불여인화不如人和

[불역열호不亦說乎]

또한 기쁘지 아니한가!라는 말이다.

원문 | 學而時習之 不亦說乎
학이시습지 불역열호

글자 | 아닐 **불**, 또 **역**, 기뻐할 **열**, 어조사 **호**

출전 | 논어 학이學而

[불역오언不易吾言]

나의 말을 바꾸지 않는다는 말이다.

원문 | 聖人復起 不易吾言矣
성 인 부 기 불 역 오 언 의

글자 | 아닐 **불**, 바꿀 **역**, 나 **오**, 말씀 **언**

출전 | 맹자 등문공 하

[불역유행不易流行]

바뀌지 않는 것과 흘러 다니는 것이라는 말이며, 불변의 것과 변하는 것을 일컫는다. 시체詩體의 두 가지 유형을 말하는 것인데, 불역체는 시의 생명인 기본적 영원성을 가진 것이고, 유행체는 유전流轉의 모양으로 그 시대의 새로운 풍을 지닌 것이다.

글자 | 아닐 **불**, 바꿀 **역**, 흐를 **유**, 다닐 **행**

[불역지론不易之論]

바뀌지 아니하는 의논이라는 말이며, 어느 시대에도 바뀌지 않는 정론正論을 일컫는다.

글자 | 아닐 **불**, 바꿀 **역**, 어조사 **지**, 의논 **론**

출전 | 장자 추수秋水

[불역지법不易之法]

[달리] 고칠 수 없는 법이라는 말이다.

글자 | 아닐 **불**, 바꿀 **역**, 어조사 **지**, 법 **법**

출전 | 송남잡지

동류 | 불역지전不易之典

[불역지전不易之典]

→ 불역지법不易之法

[불역지지不易之地]

바꾸지 않는 땅이라는 말이며, 해마다 경작할 수 있는 기름진 땅을 빗댄 말이다.

글자 | 아닐 **불**, 바꿀 **역**, 어조사 **지**, 땅 **지**

[불역호세不易乎世]

세상 일로 바꾸지 않는다는 말이며, 필요하다 하여 원칙을 바꾸지 않는다는 뜻이다.

원문 | 不易乎世 不成乎名
불 역 호 세 불 성 호 명

글자 | 아닐 **불**, 바꿀 **역**, 어조사 **호**, 세상 **세**

출전 | 주역 중천건괘重天乾卦

[불연지단不然之端]

그렇지 아니한 [사건의] 단서라는 말이다.

글자 | 아닐 **불**, 그럴 **연**, 어조사 **지**, 실마리 **단**

[불열고도不悅古道]

기쁘지 아니한 옛 도리라는 말이며, 옛날의 도리는 잘 따르지 않는다는 뜻이다.

글자 | 아닐 **불**, 기쁠 **열**, 옛 **고**, 도리 **도**

출전 | 소학 가언嘉言

[불온문서不穩文書]

편안치 않은 문서라는 말이며, 불온한 사상을 담고 있는 글귀나 책자를 일컫는다.

글자 | 아닐 **불**, 편안할 **온**, 글 **문**, 글 **서**

[불온사상不穩思想]

편안치 않은 사상이라는 말이며, 국가와 사회에 해를 끼칠 우려가 있는 사상을 일컫는다.

글자 | 아닐 **불**, 편안할 **온**, 생각 **사**, 생각 **상**

[불왕법장不枉法臟]

법을 굽히지 않고 뇌물을 받는다는 말이며, 국법을 어기지 않고 뇌물만 받는다는 뜻이다.

글자 | 아닐 **불**, 굽힐 **왕**, 법 **법**, 뇌물 받을 **장**

[불외입외弗畏入畏]

두려움을 모르면 두려움에 들어간다는 말이며, 편안하거나 총애를 받을 때 위태로움을 생각하지 않으면 언젠가는 위태로움에 빠진다는 뜻이다.

원문 | 弗畏(불외)면 入畏(입외)하리라

글자 | 말 **불**, 두려울 **외**, 들 **입**

출전 | 서경 주서周書

[불요불굴不撓不屈]

구부러지지도 않으며 굽히지도 않는다는 말이며, 곤란에 처해서도 기가 꺾이거나 좌절하지 않는다는 뜻이다.

글자 | 아닐 **불**, 구부러질 **요**, 굽을 **굴**

출전 | 한서 서전叙傳 하

유사 | 백절불요百折不撓

[불요불급不要不急]

꼭 있어야 하는 것도 아니고 급한 것도 아니라는 말이다.

글자 | 아닐 **불**, 꼭 **요**, 급할 **급**

[불욕군명不辱君命]

임금의 명을 욕되게 하지 않는다는 말이며, 외국에 사신으로 가서 사명을 훌륭히 수행한다는 뜻이다.

원문 | 行己有恥(행기유치) 使於四方(사어사방) 不辱君命(불욕군명)

글자 | 아닐 **불**, 욕될 **욕**, 임금 **군**, 명령할 **명**

출전 | 논어 자로편子路篇

[불용어경不用於耕]

밭 가는 데에는 [마음을] 쓰지 않는다는 말이며, 농사를 게을리한다는 뜻이다.

글자 | 아닐 **불**, 쓸 **용**, 어조사 **어**, 밭 갈 **경**

출전 | 맹자 등문공 상

[불우지변不虞之變]

염려 안한 변고라는 말이며, 뜻밖의 변고라는 뜻이다.

글자 | 아닐 **불**, 염려할 **우**, 어조사 **지**, 변할 **변**

출전 | 목민심서 병전6조

[불우지비不虞之備]

염려 아니 한 방비라는 말이며, 뜻밖에

일어나는 일에 대한 준비를 일컫는다.

글자 | 아닐 **불**, 염려할 **우**, 어조사 **지**, 방비할 **비**

출전 | 송남잡지

[불우지사不虞之事]

염려하지 못한 일이 아니라는 말이며, 생각지 못한 일이라는 뜻이다.

글자 | 아닐 **불**, 염려할 **우**, 어조사 **지**, 일 **사**

출전 | 삼국사기

[불우지탄不遇之歎]

대접하지 아니하는 탄식이라는 말이며, 불우한데 대한 탄식이라는 뜻이다.

글자 | 아닐 **불**, 대접할 **우**, 어조사 **지**, 탄식할 **탄**

[불우지환不虞之患]

뜻밖에 생긴 근심이라는 말이다.

글자 | 아닐 **불**, 염려할 **우**, 어조사 **지**, 근심 **환**

유사 | 불우지변不虞之變

[불우천성不虞天性]

하늘이 준 성품을 즐기지 않는다는 말이며, 일찍 죽는다는 뜻이다.

글자 | 아닐 **불**, 즐길 **우**, 하늘 **천**, 성품 **성**

출전 | 서경 상서편商書篇

[불원장래不遠將來]

멀지 않은 장래라는 말이다.

글자 | 아닐 **불**, 멀 **원**, 장차 **장**, 올 **래**

[불원천리不遠千里]

천리를 멀다 하지 않는다는 말이며, 먼 길을 오는 수고도 마다하지 않는다는 뜻이다.

원문 | 叟不遠千里而來
수 불 원 천 리 이 래

글자 | 아닐 **불**, 멀 **원**, 일천 **천**, 이수 **리**

출전 | 맹자 양혜왕 상, 사기 자객열전刺客列傳

[불월연란不越年卵]

해를 넘기지 않는 알이라는 말이며, 그 해 안에 까는 누에나방 따위의 알을 일컫는다.

글자 | 아닐 **불**, 넘을 **월**, 해 **연**, 알 **란**

[불위농시不違農時]

농사 때를 어기지 않는다는 말이며, 때를 맞추어 농사를 짓는다는 뜻이다.

원문 | 不違農時 穀不可勝食也
불 위 농 시 곡 불 가 승 식 야

글자 | 아닐 **불**, 어길 **위**, 농사 **농**, 때 **시**

출전 | 맹자 양혜왕 상

[불위복선不爲福先]

복을 먼저 차지하지 않는다는 말이며, 행복을 남보다 먼저 차지하면 남한테 미움을 받으므로 먼저 차지하지 않는다는 뜻이다.

글자 | 아닐 **불**, 할 **위**, 복 **복**, 먼저 **선**

출전 | 장자 각의편刻意篇

동류 | 불위복시不爲福始

[불위선악不爲善惡]

선과 악을 하지 말라는 말이며, 착한 일도 나쁜 일도 하지 말라는 뜻이다. 후한 때, 범방范滂은 만인의 존경을 한 몸에 받던 인물이다. 영제 때 자청해서 형을 받으러 나가면서 아들에게 말했다. '네게 악을 행하라고 권하고 싶구나. 하지만 악은 할 수가 없는 법, 그래서 선을 권하려 한다만, 나는 악이나 행하지 않으련다.'

글자 | 아닐 **불**, 할 **위**, 착할 **선**, 악할 **악**

[불유여력不遺餘力]

남은 힘을 남기지 않는다는 말이며, 온 힘을 쏟는다는 뜻이다.

글자 | 아닐 **불**, 남을 **유**, 남을 **여**, 힘 **력**

출전 | 전국책 조책, 사기 평원군우경열전

[불융통물不融通物]

융통이 안 되는 물건이라는 말이다.

글자 | 아닐 **불**, 융통할 **융**, 통할 **통**, 물건 **물**

[불음주계不飮酒戒]

술을 마시지 않는 지킴이라는 말이며, 술을 마시지 않기로 한 수칙이라는 뜻이다.

글자 | 아닐 **불**, 마실 **음**, 술 **주**, 지킬 **계**

[불의영리不義榮利]

옳지 못한 영화와 이로움이라는 말이다.

글자 | 아닐 **불**, 옳을 **의**, 영화 **영**, 이로울 **리**

[불의지변不意之變]

뜻밖의 변고라는 말이다.

글자 | 아닐 **불**, 뜻 **의**, 어조사 **지**, 변할 **변**

[불의지사不義之事]

옳지 못한 일이라는 말이다.

글자 | 아닐 **불**, 옳을 **의**, 어조사 **지**, 일 **사**

[불의지인不義之人]

옳지 아니한 사람이라는 말이며, 의리 · 도의 · 정의 따위에 어긋나는 일을 하는 사람을 일컫는다.

글자 | 아닐 **불**, 옳을 **의**, 어조사 **지**, 사람 **인**

[불의지재不義之財]

옳지 못한 방법으로 얻은 재물이라는 말이다.

글자 | 아닐 **불**, 옳을 **의**, 어조사 **지**, 재물 **재**

[불의지재不意之災]

뜻밖에 당한 재앙이라는 말이다.

글자 | 아닐 **불**, 뜻 **의**, 어조사 **지**, 재앙 **재**

[불의출행不宜出行]

나가 다니기에 마땅치 않다는 말이며, 그날의 운수가 먼 길을 떠나기에 적당하지 않다는 뜻이다.

글자 | 아닐 **불**, 마땅할 **의**, 나갈 **출**, 다닐 **행**

[불의하복不疑何卜]

의심이 없으면 어찌 점을 치겠느냐는 말이며, 점을 치는 것은 의심을 풀기 위한 것인데 의심이 없으면 점을 칠 필요가 없다는 뜻이다.

원문 | 卜以決疑 不疑何卜
복 이 결 의 불 의 하 복

글자 | 아닐 **불**, 의심할 **의**, 어찌 **하**, 점 **복**

출전 | 주역

[불의행세不義行勢]

옳지 못한 행세라는 말이다.

글자 | 아닐 **불**, 옳을 **의**, 행할 **행**, 권세 **세**

[불익이비不翼而飛]

날개가 없어도 난다는 말이며, 어떤 물건이 감쪽같이 없어졌다는 뜻이다.

글자 | 아닐 **불**, 날개 **익**, 말 이을 **이**, 날 **비**

출전 | 전국책 진책秦策

[불인미군不忍媚君]

차마 임금에게 아첨하지 못한다는 말이다. 효종 때, 이시백李時白(1581~1660)이 궁궐에서 그의 집에 있는 이름난 꽃 금사낙양홍金絲洛陽紅을 가지러 온 사람에게 '지금의 나라 형세가 아침저녁을 보전하지 못할 지경인데, 주상께서 어진 이를 구하지 아니하고 이 같은 꽃을 구하는 것이 웬 말인가? 내가 차마 꽃을 가지고 임금에게 아첨하여 나라 망하는 꼴을 보지 못하겠네.' 하면서 꽃을 파서 꺾어버렸다.

글자 | 아닐 **불**, 참을 **인**, 아첨할 **미**, 임금 **군**

출전 | 해동속소학海東續小學

[불인비인不忍非人]

참지 아니하면 사람이 아니라는 말이다.

원문 | 非人不忍 不忍非人
비 인 불 인 불 인 비 인

글자 | 아닐 **불**, 참을 **인**, 아닐 **비**, 사람 **인**

출전 | 명심보감 계성편戒性篇

[불인인열不因人熱]

사람의 열로 말미암은 것이 아니라는 말이며, 남에게 은혜를 입은 것이 떳떳치 않다는 뜻이다.

글자 | 아닐 **불**, 말미암을 **인**, 사람 **인**, 열 **열**

출전 | 세설신어

[불인정시不忍正視]

[너무 참혹하여] 차마 똑바로 볼 수 없다는 말이다.

글자 | 아닐 **불**, 참을 **인**, 바를 **정**, 볼 **시**

[불인지심不忍之心]

참을 수 없는 마음이라는 말이며, 사람은 누구나 차마 남의 고통을 외면하지 못하는 마음을 가지고 있다는 뜻이다.

원문 | 不忍人之心
불 인 인 지 심

글자 | 아닐 **불**, 참을 **인**, 어조사 **지**, 마음 **심**

출전 | 맹자 공손추公孫丑 상

[불인지정不忍之政]

참을 수 없는 정사라는 말이며, 차마 남의 고통을 외면하지 못하는 정치라는 뜻이다.

원문 | 不忍人之政
불 인 인 지 정

글자 | 아닐 **불**, 참을 **인**, 어조사 **지**, 정사 **정**

출전 | 맹자 공손추公孫丑 상

[불일기단不一其端]

그 [일의] 실마리가 하나가 아니라는 말이다.

글자 | 아닐 **불**, 그 **기**, 실마리 **단**

출전 | 송남잡지

[불일독봉不日督捧]

어느 날 받들어 재촉한다는 말이며, 며칠 안으로 세금 같은 것을 독촉한다는 뜻이다.

글자 | 아닐 **불**, 날 **일**, 재촉할 **독**, 받들 **봉**

[불일독쇄不日督刷]

→ 불일독봉不日督捧

[불일성지不日成之]

며칠 안으로 이룬다는 말이다.

원문 | 庶民攻之 不日成之
서 민 공 지 불 일 성 지

글자 | 뜻 정하지 않을 **불**, 날 **일**, 이룰 **성**, 어조사 **지**

출전 | 시경 대아영대大雅靈臺, 맹자

[불일송지不日送之]

며칠 안으로 보낸다는 말이다.

글자 | 뜻 정하지 않을 **불**, 날 **일**, 보낼 **송**, 어조사 **지**

[불일이족不一而足]

하나로서 족하지 않다는 말이며, 하나만이 아니고 또 있다는 뜻이다.

글자 | 아닐 **불**, 말 이을 **이**, 족할 **족**

[불일하송不日下送]

어느 날 내려 보낸다는 말이며, 곧 보낸다는 뜻이다.

글자 | 아닐 **불**, 날 **일**, 내릴 **하**, 보낼 **송**

[불자양력不自量力]

자신의 힘을 헤아리지 않는다는 말이며, 섣부르게 행동한다는 뜻이다.

글자 | 아닐 **불**, 스스로 **자**, 헤아릴 **양**, 힘 **력**

출전 | 춘추좌씨전

[불즉불리不卽不離]

가깝지도 않고 떨어지지도 않았다는 말이며, 어중간하다는 뜻이다.

글자 | 아닐 **불**, 가까울 **즉**, 떠날 **리**

출전 | 원각경圓覺經

[불증불감不增不減]

→ 불생불멸不生不滅

[불지지호不脂之戶]

기름을 바르지 않은 문짝이라는 말이며, 말수가 적다는 뜻이다. 기름을 바르지 않은 문짝은 여닫이가 잘 되지 않는 것과 같이 말도 껄끄러워 잘 나오지 않는다는 것이다.

글자 | 아닐 **불**, 기름 **지**, 어조사 **지**, 문 **호**

출전 | 회남자

[불차용인不次用人]

차례가 아닌 사람을 쓴다는 말이며, 추천에 의하여 등용한다는 뜻이다.

글자 | 아닐 **불**, 차례 **차**, 쓸 **용**, 사람 **인**

출전 | 조선왕조실록 증보문헌비고

[불차탁용不次擢用]

차례 아니게 뽑아 쓴다는 말이며, 관계官階의 차례를 밟지 않고 특별히 벼슬에 올려 쓴다는 뜻이다.

글자 | 아닐 **불**, 차례 **차**, 뽑을 **탁**, 쓸 **용**

[불찬무연不爨無煙]

불을 때지 않아 연기가 없다는 말이며, 원인 없이는 결과도 없다는 뜻이다.

글자 | 아닐 **불**, 불 땔 **찬**, 없을 **무**, 연기 **연**

출전 | 조선왕조 15대 광해군일기

[불천지위不遷之位]

옮기지 않는 자리라는 말이며, 큰 공훈이 있는 사람으로서 영구히 사당에 두는 것을 나라에서 허락한 신위神位를 일컫는다.

글자 | 아닐 **불**, 옮길 **천**, 어조사 **지**, 자리 **위**

[불철강식不撤薑食]

가리지 않고 생강을 먹는다는 말이다. 공자가 몸에 유익하다 하여 생강을 늘 밥에 섞어 먹었다는 고사에서 온 말이다.

원문 | 不撤薑食 不多食
불 철 강 식 불 다 식

글자 | 아닐 **불**, 거둘 **철**, 생강 **강**, 먹을 **식**

출전 | 논어 향당편鄕黨篇

[불철주야不撤晝夜]

밤낮을 거두지 아니한다는 말이며, 밤낮을 가리지 않는다는 뜻이다.

글자 | 아닐 **불**, 거둘 **철**, 낮 **주**, 밤 **야**

[불청불탁不淸不濁]

맑지도 않고 흐리지도 않다는 말이며, 고대 음운론에서 음의 청탁을 가릴 때에 ㅇ·ㄴ·ㅁ·ㄹ·△ 등으로 표기되는 음을 일컫는다.

글자 | 아닐 **불**, 맑을 **청**, 흐릴 **탁**

[불초자제不肖子弟]

닮지 않은 자제라는 말이며, 부조父祖의 덕망이나 유업을 이어받지 못한 자손 또는 그 조상만 못한 자손을 일컫는다.

글자 | 아닐 **불**, 닮을 **초**, 아들 **자**, 아우 **제**

출전 | 맹자, 목민심서

[불초지부不肖之父]

닮지 않은 아버지라는 말이며, 선대先代의 덕망을 닮지 못한 어리석은 아버지라는 뜻이다.

글자 | 아닐 **불**, 닮을 **초**, 어조사 **지**, 아비 **부**

[불출범안不出凡眼]

무릇 눈으로 잃지 않는다는 말이며, 아무나 볼 수 있는 선악의 분명함을 일컫는다.

글자 | 아닐 **불**, 잃을 **출**, 무릇 **범**, 눈 **안**

[불출소료不出所料]

헤아리는 바를 잃지 않는다는 말이며, 예상한 바에 어그러지지 않는다는 뜻이다.

글자 | 아닐 **불**, 잃을 **출**, 바 **소**, 헤아릴 **료**

[불출악성不出惡聲]

나쁜 소리를 내지 않는다는 말이며, 군자는 절교해도 남을 모함하지 않는다는 뜻이다. 연암 박지원이 안의현감으로 있을 때, 이웃 한양군수 윤광석과 절교하며 낸 편지의 구절이다.

원문 | 君子絶交 不出惡聲
군 자 절 교 불 출 악 성

글자 | 아닐 **불**, 날 **출**, 악할 **악**, 소리 **성**

출전 | 박지원의 편지

[불충불효不忠不孝]

충성과 효도를 다하지 못한다는 말이다.

글자 | 아닐 **불**, 충성 **충**, 효도 **효**

[불취동성不取同姓]

같은 성을 취하지 않는다는 말이며, 같은 성을 가진 남녀는 혼인하지 않는다는 뜻이다. 공자가 한 말이다. '아내를 맞이하는데 같은 성을 맞이하지 않는다.'

원문 | 取妻不取同姓
취 처 불 취 동 성

글자 | 아닐 **불**, 취할 **취**, 같을 **동**, 성씨 **성**

출전 | 예기 곡례曲禮 상

[불취무귀不醉無歸]

술 취하지 아니하면 돌아감이 없다는 말이며, 술 취하지 않으면 돌려보내지 않는다는 뜻이다. 정조가 노론·소론의 붕당다툼을 해소하기 위해 사용한 건배사이다.

글자 | 아닐 **불**, 술 취할 **취**, 없을 **무**, 돌아갈 **귀**

관련 | 적중이지適中而止

ㅂ

[불취정각不取正覺]

바른 깨달음을 취하지 않는다는 말이며, 중생을 구하지 않으면 성불成佛하지 않겠다는 맹세를 빗댄 말이다.

글자 | 아닐 **불**, 취할 **취**, 바를 **정**, 깨달을 **각**

[불취지돌不炊之突]

불 때지 아니한 굴뚝이라는 말이며, 불 때지 아니한 굴뚝에서 연기가 나지 않는다는 뜻이다.

글자 | 아닐 **불**, 불 땔 **취**, 어조사 **지**, 굴뚝 **돌**

출전 | 송남잡지

[불측지변不測之變]

헤아릴 수 없는 변이라는 말이다.

글자 | 아닐 **불**, 헤아릴 **측**, 어조사 **지**, 변할 **변**

[불측지연不測之淵]

깊이를 헤아릴 수 없는 못이라는 말이며, 위험한 곳이나 불안한 곳을 빗댄 말이다.

글자 | 아닐 **불**, 헤아릴 **측**, 어조사 **지**, 못 **연**

출전 | 사기

[불측풍우不測風雨]

바람과 비를 헤아리지 못한다는 말이며, 바람과 비의 변화를 예측하지 못한다는 뜻이다.

원문 | 天有不測風雨
천 유 불 측 풍 우

글자 | 아닐 **불**, 헤아릴 **측**, 바람 **풍**, 비 **우**

출전 | 명심보감 성심편省心篇

[불치불검不侈不儉]

사치하지도 않고 검소하지도 않다는 말이며, 모든 면에서 아주 수수하다는 뜻이다.

글자 | 아닐 **불**, 사치할 **치**, 검소할 **검**

[불치사판不齒仕版]

벼슬 호적의 벌(列)이 아니라는 말이며, 영원히 벼슬길에 오르지 못하게 한 명부를 일컫는다.

글자 | 아닐 **불**, 벌 **치**, 벼슬할 **사**, 호적 **판**

출전 | 조선왕조 11대 중종실록

[불치인류不齒人類]

이가 없는 사람의 무리라는 말이며, 사람 축에 들지 못한다는 뜻이다.

글자 | 아닐 **불**, 이 **치**, 사람 **인**, 무리 **류**

출전 | 서경 주서周書

유사 | 종신불치終身不齒

[불치일문不值一文]

→ 불치일전不值一錢

[불치일전不值一錢]

한 돈의 값이 아니라는 말이며, 아무런 가치가 없는 사람이나 물건을 빗댄 말이다.

글자 | 아닐 **불**, 값 **치**, 돈 **전**

[불치하문不恥下問]

아래 [사람에게] 묻는 것을 부끄러워 하지 않는다는 말이다.

원문 | 敏而好學不恥下問是以謂之文也
민이호학불치하문시이위지문야

글자 | 아닐 **불**, 부끄러울 **치**, 아래 **하**, 물을 **문**

출전 | 논어 공야장公冶長

[불탐위보不貪爲寶]

탐내지 않음을 보배로 삼는다는 말이다.

원문 | 故古人以不貪爲寶
고고인이불탐위보

글자 | 아닐 **불**, 탐할 **탐**, 할 **위**, 보배 **보**

출전 | 채근담

[불통고금不通古今]

예나 이제나 통하지 않는다는 말이며, 옛 것이나 지금 것이나 전혀 알지 못한다는 뜻이다.

원문 | 人不通古今 馬牛而襟裾
인불통고금 마우이금거

글자 | 아닐 **불**, 통할 **통**, 옛 **고**, 이제 **금**

출전 | 명심보감 근학편勤學篇

[불통수화不通水火]

물과 불이 통하지 않는다는 말이며, 이웃과 사귀지 않고 서로 내왕이 없다는 뜻이다.

글자 | 아닐 **불**, 통할 **통**, 물 **수**, 불 **화**

출전 | 한서

[불통즉통不通則痛]

통하지 아니하면 곧 아프다는 말이며, 피가 잘 통하지 않으면 곧 아프게 된다는 뜻이다.

글자 | 아닐 **불**, 통할 **통**, 곧 **즉**, 아플 **통**

[불파불립不破不立]

깨뜨리지 않으면 서지 않는다는 말이며, 묵은 것을 깨뜨리지 않으면 새것을 세울 수 없다는 뜻이다.

원문 | 不破不立不塞不流不止不行
불파불립불새불류부지불행

글자 | 아닐 **불**, 깨뜨릴 **파**, 설 **립**

출전 | 한유韓愈의 글

[불편부당不偏不黨]

치우치지 않고 무리 짓지 않는다는 말이며, 공정, 공평하다는 뜻이다. 묵자의 글이다. '삐뚤지도 않고 기울지도 않고 곧기는 화살 같으며 평평하기 숫돌바닥 같네.'

원문 | 不偏不黨 其直若矢 其易若底
불편부당 기직약시 기이약저

글자 | 아닐 **불(부)**, 치우칠 **편**, 무리 **당**

출전 | 묵자 겸애편兼愛篇 하

[불평만만不平滿滿]

마음이 불평으로 가득 차있다는 말이다.

글자 | 아닐 **불**, 바를 **평**, 찰 **만**

[불폐풍우不蔽風雨]

[집이 허술하여] 바람과 비를 가리지 못한다는 말이다.

글자 | 아닐 **불**, 가릴 **폐**, 바람 **풍**, 비 **우**
동류 | 불피풍우不避風雨

[불풍즉우不風卽雨]

바람이 아니면 곧 비라는 말이며, 바람이 불거나 비가 오거나 한다는 뜻이다.

원문 | 天若改常 不風則雨
천 약 개 상 불 풍 즉 우

글자 | 아닐 **불**, 바람 **풍**, 곧 **즉**, 비 **우**
출전 | 명심보감 성심편省心篇

[불피기택不被其澤]

그 은혜를 입지 못한다는 말이다.

원문 | 而民不被其澤 不可法於後世者
이 민 불 피 기 택 불 가 법 어 후 세 자

글자 | 아닐 **불**, 입을 **피**, 그 **기**, 은혜 **택**
출전 | 맹자 이루離婁 상

[불피탕화不避湯火]

끓는 물과 불을 피하지 않는다는 말이며, 물불을 가리지 않는다는 뜻이다.

원문 | 不避湯火之難者 爲重賞使也
불 피 탕 화 지 난 자 위 중 상 사 야

글자 | 아닐 **불**, 피할 **피**, 물 끓을 **탕**, 불 **화**
출전 | 사기 화식열전貨殖列傳

[불피풍우不避風雨]

바람과 비를 피하지 않는다는 말이며, 비바람을 무릅쓰고 열심히 일한다는 뜻이다.

글자 | 아닐 **불**, 피할 **피**, 바람 **풍**, 비 **우**

[불필다언不必多言]

많은 말이 필요 없다는 말이다.

글자 | 아닐 **불**, 반드시 **필**, 많을 **다**, 말씀 **언**

[불필장황不必張皇]

과장하고 아름답게 말할 필요가 없다는 말이며, 말을 지루하고 번들하게 늘어놓을 필요가 없다는 뜻이다.

글자 | 아닐 **불**, 반드시 **필**, 과장할 **장**, 아름다울 **황**

[불필재언不必再言]

다시 말할 필요가 없다는 말이다.

글자 | 아닐 **불**, 반드시 **필**, 두 번 **재**, 말씀 **언**

[불필친교不必親校]

몸소 바로잡을 일이 아니라는 말이다. 제갈량이 직접 장부를 조사하자 양과楊顆가 한 말이다. '통치에는 체통이 있습니다. 사내종은 밭 갈고 계집종은 밥합니다. 닭은 새벽을 알리고 개는 도적을 지키지요. 주인 혼자 하려 들면 심신이 피곤하여 아무것도 못하게 됩니다.'

글자 | 아닐 **불**, 반드시 **필**, 몸소 **친**, 바로잡을 **교**

[불필타구不必他求]

남에게 더 구할 필요가 없다는 말이며, 자기 것만으로도 넉넉하다는 뜻이다.

글자 | 아닐 **불**, 반드시 **필**, 다를 **타**, 구할 **구**

[불하일장不下一杖]

[죄인이 쉽게 자백함으로] 매 한 대도 때리지 않는다는 말이다.

글자 | 아닐 **불**, 떨어질 **하**, 몽둥이 **장**

[불학망술不學亡術]

→ 불학무술不學無術

[불학무술不學無術]

배운 것이 없어 재주가 없다는 말이며, 지식도 없고 재주도 없다는 뜻이다.

글자 | 아닐 **불**, 배울 **학**, 없을 **무**, 재주 **술**

출전 | 송사 구준전寇準傳, 한서 곽광전

[불학무식不學無識]

배우지 아니하여 아는 것이 없다는 말이다.

글자 | 아닐 **불**, 배울 **학**, 없을 **무**, 알 **식**

[불한불열不寒不熱]

춥지도 않고 덥지도 않다는 말이다.

글자 | 아닐 **불**, 찰 **한**, 더울 **열**

[불한이율不寒而慄]

춥지도 않은데 벌벌 떤다는 말이며, 가혹한 정치를 일컫는다.

글자 | 아닐 **불**, 찰 **한**, 말 이을 **이**, 벌벌 떨 **율**

출전 | 사기 혹리열전酷吏列傳

[불해의대不解衣帶]

옷 띠를 풀지 않는다는 말이며, 잠도 자지 않고 일에 전념한다는 뜻이다.

글자 | 아닐 **불**, 풀 **해**, 옷 **의**, 띠 **대**

출전 | 한서

[불허복제不許複製]

다시 마르는 것을 허락하지 아니한다는 말이며, 저자나 판권 소유자의 허락 없이 같은 내용의 것을 만들 수 없다는 뜻이다.

글자 | 아닐 **불**, 허락할 **허**, 다시 **복**, 마를 **제**

[불협화음不協和音]

돕지 않는 고른 소리라는 말이며, 어울리지 않는 소리, 또는 잡소리라는 뜻이다.

글자 | 아닐 **불**, 도울 **협**, 고루 **화**, 소리 **음**

[불호광경不好光景]

좋지 못한 광경이라는 말이며, 눈꼴사나운 광경이라는 뜻이다.

글자 | 아닐 **불**, 좋을 **호**, 빛 **광**, 경치 **경**

[불혹지년不惑之年]

미혹되지 않는 나이라는 말이며, 40대

ㅂ

를 일컫는다. 공자가 한 말이다. '나는 열다섯에 학문에 뜻을 두었고, 서른에 뜻을 세웠으며, 마흔에 미혹되지 않았고, 쉰에 하늘의 명을 알았고, 예순에 무슨 소리를 듣든 그대로 이해하고, 일흔에 마음에 하고자 하는 대로 좇았지만 법도에 어긋남이 없었다.'

원문 | 吾十有五而志于學 三十而立
오 십 유 오 이 지 우 학 삼 십 이 립
四十而不惑 五十而知天命
사 십 이 불 혹 오 십 이 지 천 명
六十而耳順 七十而從心所
육 십 이 이 순 칠 십 이 종 심 소
慾不踰矩
욕 불 유 구

글자 | 아닐 **불**, 미혹할 **혹**, 어조사 **지**, 연치 **년**

출전 | 논어 위정爲政

동류 | 불혹지세不惑之歲

[**불혹지세**不惑之歲]

→ 불혹지년不惑之年

[**불황계처**不遑啓處]

책상다리하고 머물러서 한가하지 않다는 말이며, 집안에서 편히 쉴 겨를이 없다는 뜻이다.

글자 | 아닐 **불**, 한가할 **황**, 책상다리 할 **계**, 머물 **처**

출전 | 시경 소아小雅

[**불효부제**不孝不悌]

[부모에게] 효도하지 아니하고 [어른에게] 공경하지 아니한다는 말이다.

글자 | 아닐 **불**, 효도 **효**, 공경할 **제**

[**불효유삼**不孝有三]

불효하는 것에 세 가지가 있다는 말이며, 무조건적인 부모 순종과 무직, 무자식을 일컫는다.

글자 | 아닐 **불**, 효도 **효**, 있을 **유**

출전 | 맹자 이루離婁 하

[**불효자오**不孝者五]

효도하지 아니하는 사람의 다섯 가지라는 말이며, 맹자가 한 말이다. ① 제 몸을 나태하게 놀려서 부모 봉양을 돌보지 않는 것, ② 바둑과 같은 노름에 빠지고 술 마시기를 좋아해서 부모 봉양을 돌보지 않는 것, ③ 재물을 좋아하고 처자식만 편애해서 부모 봉양을 돌보지 않는 것, ④ 감각적인 욕망을 거리낌 없이 추구하여 부모를 치욕스럽게 하는 것, ⑤ 만용을 부리고 싸움을 일삼아 부모를 위험에 빠지게 하는 것이다.

글자 | 아닐 **불**, 효도 **효**, 사람 **자**

출전 | 맹자 이루離婁 하

[**불후공적**不朽功績]

썩지 않을 공적이라는 말이며, 오래도록 전해질 불멸의 공적이라는 뜻이다.

글자 | 아닐 **불**, 썩을 **후**, 공 **공**, 쌓을 **적**

동류 | 불후지공不朽之功

[**불후지공**不朽之功]

→ 불후공적不朽功績

[불흠비류不歆非類]

[같은] 무리가 아니면 제물을 받지 않는다는 말이며, 귀신은 같은 족속이 지내는 제사가 아니면 제물을 받지 않는다는 뜻이다.

원문 | 神不歆非類 民不祀非族
신불흠비류 민불사비족

글자 | 아닐 **불**, 흠향할 **흠**, 아닐 **비**, 무리 **류**

출전 | 춘추좌씨전

[불희불노不喜不怒]

기뻐하지도 성내지도 않는다는 말이다.

원문 | 不喜不怒 平正擅匈
불희불노 평정단흉

글자 | 아닐 **불**, 기쁠 **희**, 성낼 **노**

출전 | 관자 내업편內業篇

[붕당비주朋黨比周]

무리가 둘레를 아우른다는 말이며, 주의나 이해를 같이하는 사람들이 동지를 만들어 다른 사람을 배척한다는 뜻이다.

글자 | 무리 **붕**, 무리 **당**, 아우를 **비**, 두루 **주**

출전 | 한비자 고분孤憤

[붕당위우朋黨爲友]

무리를 벗으로 한다는 말이며, 붕당을 친구로 여긴다는 뜻이다.

원문 | 以朋黨爲友 聖王之禁也
이붕당위우 성왕지금야

글자 | 무리 **붕**, 무리 **당**, 할 **위**, 벗 **우**

출전 | 관자 법금편法禁篇

[붕성지통崩城之痛]

성이 무너지는 아픔이라는 말이며, 남편을 잃은 아내의 슬픔을 빗댄 말이다.

글자 | 산 무너질 **붕**, 성 **성**, 어조사 **지**, 아플 **통**

관련 | 고분이가鼓盆而歌

[붕우유신朋友有信]

벗의 도리는 믿음에 있다는 말이며, 삼강오륜三綱五倫 중 한 윤倫이다.

원문 | 朋友交言而有信
붕우교언이유신

글자 | 벗 **붕**, 벗 **우**, 있을 **유**, 믿을 **신**

출전 | 논어 학이學而

[붕우지간朋友之間]

벗과 벗의 사이라는 말이다.

글자 | 벗 **붕**, 벗 **우**, 어조사 **지**, 사이 **간**

[붕우지도朋友之道]

벗과 벗의 도리라는 말이며, 벗과 벗 사이의 도리라는 뜻이다.

원문 | 責善朋友之道
책선붕우지도

글자 | 벗 **붕**, 벗 **우**, 어조사 **지**, 도리 **도**

출전 | 맹자 이루離婁 하

동류 | 붕우책선朋友責善

[붕우지제朋友之際]

벗과 벗의 사귐이라는 말이다.

글자 | 벗 **붕**, 벗 **우**, 어조사 **지**, 사귈 **제**

[붕우책선朋友責善]

벗끼리 서로 좋은 일을 권한다는 말이다.

원문 | 責善朋友之道也
책 선 붕 우 지 도 야

글자 | 벗 **붕**, 벗 **우**, 조를 **책**, 착할 **선**

출전 | 맹자 이루離婁 하

동류 | 붕우지도朋友之道

[붕정만리鵬程萬里]

대붕새는 단번에 만 리를 날아간다는 말이며, 원대한 계획이나 사업을 빗댄 말이다. 이 세상의 불가사의를 잘 아는 제해齊諧라는 사람의 말에서 유래한다. '붕이 남해로 옮기자면 바닷물에 날갯짓을 3천 리, 회오리바람을 타고 오르기 9만 리, 6개월 동안 계속난 다음 비로소 그 날개를 쉰다.'

글자 | 대붕새 **붕**, 길 **정**, 일만 **만**, 마을 **리**

출전 | 장자 소요유편逍遙遊篇

[비가강개悲歌慷慨]

비장한 노래를 부르며 분격하여 의기가 더욱 북받쳐 오른다는 말이다.

글자 | 슬플 **비**, 노래 **가**, 강개할 **강**, 분격할 **개**

출전 | 사기 항우본기項羽本紀

[비감대수蚍撼大樹]

왕개미가 큰 나무를 흔든다는 말이며, 제 분수를 모른다는 뜻이다.

글자 | 왕개미 **비**, 흔들 **감**, 큰 **대**, 나무 **수**

출전 | 한유韓愈의 글

동류 | 비부감수蚍蜉撼樹

[비견계종比肩繼踵]

→비견접종比肩接踵

[비견수종比肩隨踵]

→비견접종比肩接踵

[비견접종比肩接踵]

어깨를 견주고 발꿈치가 닿는다는 말이며, 사람이 많다는 뜻이다.

글자 | 견줄 **비**, 어깨 **견**, 접할 **접**, 발꿈치 **종**

출전 | 한비자 난세難勢

동류 | 비견수종比肩隨踵, 비견계종比肩繼踵

[비고비원非高非遠]

높지도 않고 멀지도 않다는 말이며, 가까이 있다는 뜻이다.

원문 | 非高而非遠 都只在人心
비 고 이 비 원 도 지 재 인 심

글자 | 아닐 **비**, 높을 **고**, 멀 **원**

출전 | 명심보감 천명편天命篇

[비고지성鞞鼓之聲]

말에 매인 북의 소리라는 말이며, 군진에서 말을 타라는 신호로 보내는 북소리를 일컫는다.

글자 | 마상 북 **비**, 북칠 **고**, 어조사 **지**, 소리 **성**

[비교다수比較多數]

비교해서 많은 수효라는 말이며, 전체 중에서 다른 것에 비해 많다는 뜻이다.

글자 | 견줄 **비**, 비교할 **교**, 많을 **다**, 수효 **수**

[비구소선非口所宣]

입으로 밝힌 바가 아니라는 말이며, 입으로 설명할 수 없는 것이라는 뜻이다.

원문 | 非口所宣 非心所測
비 구 소 선 비 심 소 측

글자 | 아닐 **비**, 입 **구**, 바 **소**, 밝을 **선**

출전 | 법화경

[비궁지절匪躬之節]

몸을 돌보지 않는 절개라는 말이며, 임금에게 충성을 다하는 신하의 도리라는 뜻이다.

글자 | 아닐 **비**, 몸 **궁**, 어조사 **지**, 절개 **절**

출전 | 주역

[비극반태否極反泰]

막힘이 다하면 오히려 통한다는 말이며, 불운이 극도에 달하면 행운이 돌아온다는 뜻이다.

글자 | 막힐 **비**, 다할 **극**, 오히려 **반**, 통할 **태**

출전 | 주역 잡괘전雜卦傳

동류 | 비극태래否極泰來

[비극태래否極泰來]

→비극반태否極反泰

출전 | 이규보의 천개동기天開洞記

[비금비석飛禽非昔]

나르는 새는 옛날이 아니라는 말이며, 언제나 항상 변함이 없다는 뜻이다.

글자 | 날 **비**, 새 **금**, 아닐 **비**, 옛 **석**

[비금주수飛禽走獸]

나는 새와 달리는 짐승이라는 말이다.

글자 | 날 **비**, 새 **금**, 달릴 **주**, 짐승 **수**

[비기윤가肥己潤家]

→비기윤신肥己潤身

[비기윤신肥己潤身]

자기 몸만 살찌고 윤택하다는 말이며, 자기의 이익만 차지한다는 뜻이다.

글자 | 살찔 **비**, 몸 **기**, 윤택할 **윤**, 몸 **신**

동류 | 비기윤가肥己潤家, 비기지욕肥己之慾

[비기지욕肥己之慾]

→비기윤신肥己潤身

[비난지사非難之事]

어렵지 아니한 일이라는 말이다.

글자 | 아닐 **비**, 어려울 **난**, 어조사 **지**, 일 **사**

[비노이교匪怒伊教]

성을 내지 않고 가르친다는 말이며, 임금이 신하의 잘못을 용서하여 타이른다는 뜻이다.

글자 | 아닐 **비**, 성낼 **노**, 발어사 **이**, 가르칠 **교**

출전 | 조선왕조 24대 현종실록

[비대목소鼻大目小]

코는 크고 눈은 작게 하라는 말이며, 사람 얼굴의 조각에 대한 원칙을 일컫는다. 조각을 잘하는 환혁桓赫이 한 말이다. '새기고 깎는 방법은 코는 크게 하고 눈은 작게 해야 한다. 코가 크면 작게 할 수가 있지만, 작게 해 놓고 크게 만들 수는 없다. 눈이 작으면 키울 수 있지만, 크게 새긴 것을 작게 고칠 수는 없다.'

원문 | 鼻莫如大 目莫如小 鼻大可小
비막여대 목막여소 비대가소

글자 | 코 **비**, 큰 **대**, 눈 **목**, 작을 **소**

출전 | 한비자 설림說林 하

[비도불행非道不行]

길이 아니면 가지 않는다는 말이다.

글자 | 아닐 **비**, 길 **도**, 아닐 **불**, 갈 **행**

출전 | 효경 경대부장卿大夫章

[비도산고悲悼酸苦]

시고 쓴 슬픔이라는 말이며, 손아래 사람의 죽음을 당해 코허리가 시고 가슴이 쓰라린 슬픔이라는 뜻이다.

글자 | 슬플 **비**, 슬퍼할 **도**, 실 **산**, 쓸 **고**

[비등비등比等比等]

견주어 가지런하다는 말이며, 여럿이 모두 비슷비슷하다는 뜻이다.

글자 | 견줄 **비**, 가지런할 **등**

[비려비마非驢非馬]

나귀도 아니고 말도 아니라는 말이며, 그 무엇과도 같지 않다는 뜻이다.

글자 | 아닐 **비**, 나귀 **려**, 말 **마**

출전 | 한서 서역전西域傳

[비례물동非禮勿動]

예가 아니면 움직이지 말라는 말이며, 이는 인仁에 대한 구체적인 방법으로 공자가 한 말이다.

원문 | 非禮勿視 非禮勿聽 非禮勿言 非禮勿動
비례물시 비례물청 비례물언 비례물동

글자 | 아닐 **비**, 예도 **례**, 말 **물**, 움직일 **동**

출전 | 논어 안연

[비례물시非禮勿視]

예가 아니면 보지 말라는 말이다.

글자 | 아닐 **비**, 예도 **례**, 말 **물**, 볼 **시**

출전 | 논어 안연

관련 | 비례물동非禮勿動

[비례물언非禮勿言]

예가 아니면 말하지 말라는 말이다.

글자 | 아닐 **비**, 예도 **례**, 말 **물**, 말씀 **언**

출전 | 논어 안연

관련 | 비례물동非禮勿動

[비례물청非禮勿聽]

예가 아니면 듣지 말라는 말이다.

글자 | 아닐 **비**, 예도 **례**, 말 **물**, 들을 **청**

출전 | 논어 안연

관련 | 비예물동非禮勿動

[비례물행非禮勿行]

예가 아니면 행하지 말라는 말이다.

글자 | 아닐 **비**, 예도 **례**, 말 **물**, 행할 **행**

출전 | 논어 안연편

[비례부동非禮不動]

→비례불리非禮不履

[비례불리非禮不履]

예가 아니면 밟지 않는다는 말이며, 예의에 벗어나는 일은 하지 않는다는 뜻이다.

글자 | 아닐 **비**, 예도 **례**, 아닐 **불**, 밟을 **리**

[비례지례非禮之禮]

예가 아닌 예라는 말이며, 얼핏 예의 바른 것 같지만 예도에 어긋나는 예의, 또는 허례라는 뜻이다.

글자 | 아닐 **비**, 예도 **례**, 어조사 **지**

출전 | 맹자

[비룡승운飛龍乘雲]

용이 날아 구름을 탄다는 말이며, 영웅이 때를 만나 득세한다는 뜻이다.

글자 | 날 **비**, 용 **룡**, 탈 **승**, 구름 **운**

출전 | 주역, 한비자 난세편難勢篇

[비룡재천飛龍在天]

용이 날아서 하늘에 있다는 말이며, 성인聖人이 천자天子의 지위에 있다는 뜻이다. 역경에 있는 글이다. '구오九五는 용이 하늘을 날고 있는 것인데 인간이라면 가장 운세가 왕성할 때이다.'

원문 | 九五 飛龍在天 利見大人
구오 비룡재천 이견대인

글자 | 날 **비**, 용 **룡**, 있을 **재**, 하늘 **천**

출전 | 주역 건위천乾爲天

[비류직하飛流直下]

바로 아래로 날아서 흐른다는 말이며, 폭포의 모습을 일컫는다.

원문 | 飛流直下 三千尺
비류직하 삼천척

글자 | 날 **비**, 흐를 **류**, 곧을 **직**, 아래 **하**

출전 | 이백의 망려산望廬山 폭포

[비리곡직非理曲直]

이치에 어긋나는 굽고 곧은 일이라는 말이며, 여러 가지 사정에 어긋난다는 뜻이다.

글자 | 아닐 **비**, 바를 **리**, 굽을 **곡**, 곧을 **직**

동류 | 시비곡직是非曲直

[비리육생髀裏肉生]

넓적다리 속에 살이 생긴다는 말이며, 오래 말을 타지 않아 다리에 살이 찐다는 뜻이다.

글자 | 넓적다리 **비**, 속 **리**, 살 **육**, 날 **생**

유사 | 비육지탄髀肉之嘆

[비리호송非理好訟]

이치에 맞지 않는 송사를 [일으키기] 좋아한다는 말이다.

글자 | 아닐 **비**, 바를 **리**, 좋을 **호**, 송사할 **송**

[비마경구肥馬輕裘]

살찐 말과 가벼운 갖옷이라는 말이며, 부귀한 사람의 가벼운 외출 차림새를 일컫는다. 공자가 한 말이다. '적赤이 제나라에 갈 때에 살찐 말을 타고 가벼운 털가죽 옷을 입었다.'

원문 | 赤之適齊也 乘肥馬 衣輕裘
적지적제야 승비마 의경구

글자 | 살찔 **비**, 말 **마**, 가벼울 **경**, 갖옷 **구**

출전 | 논어 옹야雍也

동류 | 경구비마輕裘肥馬

[비명횡사非命橫死]

목숨대로가 아니고 거슬러 죽는다는 말이며, 자기 명대로 살지 못하고 뜻밖의 사고로 죽는다는 뜻이다.

글자 | 아닐 **비**, 목숨 **명**, 거스를 **횡**, 죽을 **사**

[비몽사몽非夢似夢]

꿈도 아니고 꿈과 같기도 하다는 말이며, 꿈인지 생시인지 정신이 어렴풋하다는 뜻이다.

글자 | 아닐 **비**, 꿈 **몽**, 같을 **사**

동류 | 사몽비몽似夢非夢

[비문비무非文非武]

글도 아니고 호반도 아니라는 말이며, 이것도 저것도 아니라는 뜻이다.

글자 | 아닐 **비**, 글 **문**, 호반 **무**

출전 | 송남잡지

[비밀결사秘密結社]

비밀히 맺은 단체라는 말이다.

글자 | 숨길 **비**, 비밀할 **밀**, 맺을 **결**, 단체 **사**

[비방지목誹謗之木]

남을 헐뜯는 나무라는 말이며, 민의를 파악하는 수단을 일컫는다. 요임금은 궁문 다리 앞에 네 개의 나무로 엮은 기둥을 세워놓고 누구라도 정치에 불만이 있으면 그 기둥에 써 붙여서 자기의 희망을 주장하도록 한데서 온 말이다.

글자 | 원망할 **비**, 나무랄 **방**, 어조사 **지**, 나무 **목**

출전 | 사기 효문기孝文紀

[비백불난非帛不煖]

비단옷을 입지 않으면 따뜻하지 않다는 말이며, 노인의 쇠약한 몸을 일컫는다.

원문 | 七十非帛不煖
칠십비백불난

글자 | 아닐 **비**, 비단 **백**, 아닐 **불**, 따뜻할 **난**

출전 | 예기 왕제王制

[비법불언非法不言]

법이 아닌 것은 말하지 않는다는 말이며, 법도에 어긋나는 것은 아예 말하지 않는다는 뜻이다.

글자 | 아닐 **비**, 법 **법**, 아닐 **불**, 말씀 **언**

출전 | 효경 경대부장卿大夫章

[비보사찰裨補寺刹]

돕고 돕는 절이라는 말이며, 국운을 도와주는 절로서 고려시대에 명산에 많이 세워진 절을 일컫는다.

글자 | 도울 **비**, 도울 **보**, 절 **사**, 절 **찰**

출전 | 비보사탑설裨補寺塔說

[비봉수풍飛蓬隨風]

쑥이 바람 따라 날아간다는 말이며, 일정한 주의나 방침 없이 정세나 환경에 따라 움직인다는 뜻이다.

글자 | 날 **비**, 쑥 **봉**, 따를 **수**, 바람 **풍**

출전 | 후한서

[비봉승풍飛蓬乘風]

→비봉수풍飛蓬隨風

[비부감수蚍蜉撼樹]

왕개미가 나무를 흔든다는 말이며, 자기의 능력이나 분수를 지나치게 생각하고 있다는 뜻이다.

원문 | **蚍蜉撼大樹 可笑不自量**
비부감대수 가소불자량

글자 | 왕개미 **비**, 왕개미 **부**, 흔들 **감**, 나무 **수**

출전 | 한유韓愈의 조장적調張籍

동류 | 비감대수蚍撼大樹

[비분강개悲憤慷慨]

슬프고 분하여 분격하고 의기가 더욱 북받쳐 오른다는 말이다.

글자 | 슬플 **비**, 분할 **분**, 강개할 **강**, 분격할 **개**

동류 | 강개비분慷慨悲憤

[비분지직非分之職]

분수가 아닌 직분이라는 말이며, 분수에 넘치는 직책이라는 뜻이다.

글자 | 아닐 **비**, 분수 **분**, 어조사 **지**, 직분 **직**

[비분총탁非分寵擢]

분수가 아닌 사랑으로 뽑혔다는 말이며, 분수에 지나친 사랑을 받아 벼슬자리에 등용되었다는 뜻이다.

글자 | 아닐 **비**, 분수 **분**, 사랑할 **총**, 뽑을 **탁**

[비불발설秘不發設]

비밀을 갖추고 누설하지 않는다는 말이며, 비밀을 지켜서 일체 말을 밖에 내지 않는다는 뜻이다.

글자 | 비밀할 **비**, 아닐 **불**, 누설할 **발**, 갖출 **설**

ㅂ

[비불외곡臂不外曲]

팔이 바깥으로 굽지 않는다는 말이며, 자기와 가까운 사람에게 인정을 베풀거나 유리하도록 처리한다는 뜻이다.

글자 | 팔 **비**, 아닐 **불**, 바깥 **외**, 굽을 **곡**

출전 | 벽암록碧巖錄

[비비개연比比皆然]

매우 자주 다 그렇다는 말이며, 끊임없이 모두 그렇다는 뜻이다.

글자 | 자주 **비**, 다 **개**, 그럴 **연**

[비비유지比比有之]

견주고 견주어도 있다는 말이며, 드물지 아니하고 흔히 있다는 뜻이다.

글자 | 견줄 **비**, 있을 **유**, 어조사 **지**

[비사주석飛砂走石]

모래가 날리고 돌이 달아난다는 말이며, 큰 바람이 분다는 뜻이다.

글자 | 날 **비**, 모래 **사**, 달아날 **주**, 돌 **석**

출전 | 수신기搜神記

[비사중폐卑辭重幣]

말씀은 낮게 하고 예물은 무겁게 하라는 말이며, 말은 겸손하게 하고 예물은 후하게 하라는 뜻이다.

원문 | 懼必卑辭重幣以事秦
구 필 비 사 중 폐 이 사 진

글자 | 낮을 **비**, 말씀 **사**, 무거울 **중**, 예물 **폐**

출전 | 전국책 진책秦策

[비산비야非山非野]

산도 아니고 들도 아니라는 말이며, 평평한 구릉지를 일컫는다.

글자 | 아닐 **비**, 뫼 **산**, 들 **야**

[비상간고備嘗艱苦]

어려움과 괴로움을 다 맛본다는 말이며, 여러 고생을 고루 경험한다는 뜻이다.

글자 | 다할 **비**, 맛볼 **상**, 어려울 **간**, 괴로울 **고**

[비상시국非常時局]

떳떳하지 아니한 때라는 말이며, 정상적인 상태가 아닌 시기를 일컫는다.

글자 | 아닐 **비**, 떳떳 **상**, 때 **시**, 때 **국**

[비상시불非常時拂]

정상이 아닌 때의 떨침이라는 말이며, 출산, 질병 등 특별한 때의 지출을 일컫는다.

글자 | 아닐 **비**, 항상 **상**, 때 **시**, 떨칠 **불**

[비석지심匪石之心]

돌이 아닌 마음이라는 말이며, 달려갈 수 없는 마음이라는 뜻이다. 시경에 있는 구절이다. '내 마음 돌 아니라 굴러갈 수 없네.'

원문 | 我心匪石 不可轉也
아 심 비 석 불 가 전 야

글자 | 아닐 **비**, 돌 **석**, 어조사 **지**, 마음 **심**

출전 | 시경 패풍 백주栢舟

[비성여뢰鼻聲如雷]

코 소리가 우레와 같다는 말이며, 코 고는 소리가 매우 크다는 뜻이다.

글자 | 코 **비**, 소리 **성**, 같을 **여**, 우레 **뢰**

출전 | 전국책

[비성즉황非成則璜]

성成 아니면 곧 황璜이라는 말이며, 둘 중에 하나를 택한다는 뜻이다. 위나라의 왕이 위성魏成과 적황翟璜이라는 두 신하 중에서 재상을 택했다는 고사에서 온 말이다.

글자 | 아닐 **비**, 이룰 **성**, 곧 **즉**, 반 둥근 패옥 **황**

출전 | 전국책

유사 | 양자택일兩者擇一

[비소가론非所可論]

의논할 수 있는 바가 아니라는 말이다.

글자 | 아닐 **비**, 바 **소**, 옳을 **가**, 의논 **론**

출전 | 송남잡지

[비승비속非僧非俗]

승려도 아니고 속된 사람도 아니라는 말이며, 이것도 저것도 아닌 어중간한 사람이라는 뜻이다.

글자 | 아닐 **비**, 중 **승**, 속될 **속**

동류 | 반승반속半僧半俗

[비승지술飛昇之術]

[신선이 되어 하늘로] 날아 올라가는 재주라는 말이다.

글자 | 날 **비**, 오를 **승**, 어조사 **지**, 재주 **술**

[비시비호匪兕匪虎]

외뿔소도 호랑이도 아니라는 말이며, 어진 사람이 재난을 만난다는 뜻이다.

원문 | 匪兕匪虎 率彼曠野
비 시 비 호 솔 피 광 야

글자 | 아닐 **비**, 외뿔 **난**, 들소 **시**, 범 **호**

출전 | 시경 소아小雅

[비식물식非食勿食]

음식이 아니면 먹지 말라는 말이다.

글자 | 아닐 **비**, 음식 **식**, 말 **물**, 먹을 **식**

[비심현망費心懸望]

마음을 허비하면서 매달려 바란다는 말이며, 근심이 있어 애태운다는 뜻이다.

글자 | 허비할 **비**, 마음 **심**, 매달릴 **현**, 바랄 **망**

출전 | 창선감의록彰善感義錄

[비아부화飛蛾赴火]

나르는 나방이 불에 뛰어든다는 말이며, 스스로 자멸의 길로 들어가거나 재앙 속으로 몸을 던진다는 뜻이다.

원문 | 如飛蛾之赴火 豈焚身之可吝
여 비 아 지 부 화 기 분 신 지 가 린

글자 | 날 **비**, 나방 **아**, 나아갈 **부**, 불 **화**

출전 | 양서 도개전到漑傳

[비양발호飛揚跋扈]

훨훨 날고 펄펄 뛴다는 말이며, 거리

낌 없이 멋대로 행한다는 뜻이다.

글자 | 날 **비**, 오를 **양**, 뛸 **발**, 통발로 뛸 **호**

출전 | 북사北史

[비어염사悲於染絲]

실에 물들이는 슬픔이라는 말이며, 사람도 가르치는 것에 따라 변한다는 뜻이다. 묵자가 실을 염색하는 것을 보고 탄식했다. '푸른색을 물들이면 푸르게 되고, 노란색을 물들이면 노랗게 된다. ……그러므로 물들이는 일은 신중해야 한다.'

글자 | 슬플 **비**, 어조사 **어**, 물들 **염**, 실 **사**

출전 | 묵자 소염所染편

[비옥가봉比屋可封]

집집마다 벼슬을 줄만 했다는 말이며, 백성들이 모두 성인聖人의 덕에 교화되었다는 뜻이다.

원문 | 比屋而可封
비 옥 이 가 봉

글자 | 아우를 **비**, 집 **옥**, 마땅할 **가**, 벼슬 봉할 **봉**

출전 | 논형論衡

[비위난정脾胃難定]

비장과 위장이 편안하지 않다는 말이며, 밉살스러운 꼴을 보고 마음이 아니꼽다는 뜻이다. 우리말로는 비위가 상한다고 하는 말이다.

글자 | 비장 **비**, 밥통 **위**, 어려울 **난**, 편안할 **정**

[비위사실非違事實]

그릇되고 어긴 사실이라는 말이며, 법규에 맞지 않는 사실을 일컫는다.

글자 | 아닐 **비**, 어길 **위**, 일 **사**, 사실 **실**

[비유비공非有非空]

있는 것도 아니고 빈 것도 아니라는 말이며, 세상만사는 있을 수도 있고 없을 수도 있다는 뜻이다.

글자 | 아닐 **비**, 있을 **유**, 빈 **공**

출전 | 천태종의 제법실상諸法實相

동류 | 비유비무非有非無

[비유비무非有非無]

있지도 없지도 않다는 말이며, 불교에서 모든 법의 실상은 유무有無의 중도中道에 있다고 하는 설이다.

글자 | 아닐 **비**, 있을 **유**, 없을 **무**

동류 | 비유비공非有非空

[비육개소髀肉皆消]

넓적다리 살이 모두 사라졌다는 말이며, 항상 말을 타고 돌아다닌다는 뜻이다.

원문 | 吾常軍不離鞍 髀肉皆消
오 상 군 불 리 안 비 육 개 소

글자 | 넓적다리 **비**, 살 **육**, 다 **개**, 사라질 **소**

출전 | 삼국지 촉지

[비육부생髀肉復生]

넓적다리에 다시 살이 오른다는 말이

며, 무료하게 허송세월하면서 아무 성취도 없다는 뜻이다.

글자 | 넓적다리 **비**, 고기 **육**, 다시 **부**, 날 **생**

출전 | 삼국지 촉지

동류 | 비육지탄髀肉之嘆

[비육불포非肉不飽]

고기가 아니면 배가 부르지 않다는 말이며, 노인이 쇠약해졌다는 뜻이다.

원문 | 七十非肉不飽
칠 십 비 육 불 포

글자 | 아닐 **비**, 고기 **육**, 아닐 **불**, 배부를 **포**

출전 | 예기 왕제王制, 맹자 진심盡心 상

[비육지탄髀肉之嘆]

넓적다리에 살이 찐다고 한탄한다는 말이며, 마땅히 해야 할 일을 하지 않고 허송세월한다는 뜻이다. 유비는 우연히 넓적다리에 살이 뒤룩뒤룩 찐 것을 보고 눈물을 흘렸다. 유표라는 사람이 그 이유를 물었다. '나는 언제나 몸이 말안장을 떠날 겨를이 없어 넓적다리에 살이 붙을 틈이 없었는데, 요즘은 말을 타는 일도 없어 넓적다리에 살이 다시 생기는구려. 세월은 흘러 몸은 늙어 가는데 공도 일도 이루어 놓은 것이 없어 슬펐던 것입니다.'

원문 | 常時身不離鞍髀肉皆消 今
상 시 신 불 리 안 비 육 개 소 금
不復騎 髀裏肉生 日月如流老
불 복 기 비 리 육 생 일 월 여 류 노
將至而功業不建 是以悲耳
장 지 이 공 업 불 건 시 이 비 이

글자 | 넓적다리 **비**, 살 **육**, 의 **지**, 탄식할 **탄**

출전 | 삼국지 촉지蜀志

[비의물수非義勿受]

옳지 아니한 것은 받지 말라는 말이다.

글자 | 아닐 **비**, 옳을 **의**, 말 **물**, 받을 **수**

[비의지의非義之義]

옳지 않은 옳음이라는 말이며, 잘못된 사이비 의리를 일컫는다.

글자 | 아닐 **비**, 옳을 **의**, 어조사 **지**

출전 | 맹자 이루 하

[비이불화備而不和]

갖추었으나 고르지 않다는 말이며, 필요한 것은 다 있으나 전체적으로 조화를 이루지 못하였다는 뜻이다.

글자 | 갖출 **비**, 말 이을 **이**, 아닐 **불**, 고를 **화**

[비이소사匪夷所思]

무리들이 생각하는 바가 아니라는 말이며, 보통 사람이 생각지도 못하는 것이라는 뜻이다.

글자 | 아닐 **비**, 무리 **이**, 바 **소**, 생각 **사**

출전 | 주역 풍수환風水渙

[비이장목飛耳長目]

귀가 날고 눈이 길다는 말이며, 정보 수집에 뛰어나고 세상물정에 정통하다는 뜻이다.

ㅂ

글자 | 날 **비**, 귀 **이**, 긴 **장**, 눈 **목**
출전 | 관자 구수九守

[비익연리比翼連理]

비익조比翼鳥와 연리지連理枝라는 말이며, 부부의 애정이 지극하다는 뜻이다. 하늘에 사는 비익조와 땅에 사는 연리지를 빗댄 말인데, 비익조는 암컷과 수컷이 모두 눈과 날개가 하나씩이라서 짝을 짓지 않으면 날지 못하고, 연리지는 줄기는 두 개이지만 가지가 하나만 뻗어 나무 구실을 못하는 전설상의 새와 나무이다.

원문 | 在天願作比翼鳥在地願爲連理枝
재천원작비익조재지원위연리지

글자 | 견줄 **비**, 날개 **익**, 연할 **연**, 다스릴 **리**
출전 | 백거이白居易의 장탄가長歎歌

[비인부전非人不傳]

사람이 아니면 전하지 않는다는 말이며, 합당한 인물이 아니면 함부로 예藝나 도道를 물려주지 않는다는 뜻이다.

글자 | 아닐 **비**, 사람 **인**, 아닐 **부**, 전할 **전**
출전 | 왕희지王羲之의 글

[비인비귀非人非鬼]

사람도 아니고 귀신도 아니라는 말이며, 매우 신비로운 사람을 빗댄 말이다.

글자 | 아닐 **비**, 사람 **인**, 귀신 **귀**

[비일비재非一非再]

한 번 두 번이 아니라는 말이며, 여러 차례라는 뜻이다.

글자 | 아닐 **비**, 둘 **재**
출전 | 송남잡지

[비잠동치飛潛同置]

날고 잠기는 것이 같이 놓여 있다는 말이며, 이는 한시漢詩를 지을 때 좋은 작품을 얻기 위해 오르락내리락하는 표현이 같은 작품에 있어야 한다는 기본적인 수사법이다.

글자 | 날 **비**, 잠길 **잠**, 같을 **동**, 둘 **치**
출전 | 박인량의 사송과사주구산사使宋過泗州龜山寺

[비잠서류飛潛庶類]

→비잠주복飛潛走伏

[비잠주복飛潛走伏]

날고, 헤엄치고, 달리고, 긴다는 말이며, 새 · 물고기 · 짐승 · 벌레 따위를 통틀어 일컫는 말이다.

글자 | 날 **비**, 잠길 **잠**, 달릴 **주**, 엎드릴 **복**

[비장수기飛將數奇]

장차 날아갈 기이한 팔자라는 말이며, 재주 있는 사람일수록 불행한 처지에 놓이게 된다는 뜻이다.

글자 | 날 **비**, 장차 **장**, 팔자 **수**, 기이할 **기**
출전 | 사기 이장군李將軍열전

[비장즉답轡長則踏]

고삐가 길면 밟힌다는 말이며, 나쁜 짓을 오래 하면 탄로가 난다는 뜻이다. 우리말로는 '꼬리가 길면 밟힌다.' 이다.

글자 | 고삐 **비**, 긴 **장**, 곧 **즉**, 밟을 **답**

출전 | 동언해

동류 | 비장필천轡長必踐

[비장필천轡長必踐]

고삐가 길면 반드시 밟힌다는 말이며, 나쁜 일을 계속하면 끝내 들키고 만다는 뜻이다.

글자 | 고삐 **비**, 긴 **장**, 반드시 **필**, 밟을 **천**

출전 | 순오지

[비적출자非嫡出子]

정실이 아닌 [여자에게서] 난 아들이라는 말이다.

글자 | 아닐 **비**, 정실 **적**, 날 **출**, 아들 **자**

[비전불행非錢不行]

돈이 아니면 실행되지 않는다는 말이며, 돈을 쓰지 않으면 되는 일이 없다는 뜻이다.

글자 | 아닐 **비**, 돈 **전**, 아닐 **불**, 행할 **행**

[비전지죄非戰之罪]

싸우지 못한 죄라는 말이며, 힘을 다했으나 성공하지 못했다는 뜻이다. 항우가 해하垓下의 싸움에서 패하고 한 말이다.

원문 | 天之亡義 非戰之罪也
천지망의 비전지죄야

글자 | 아닐 **비**, 싸울 **전**, 어조사 **지**, 허물 **죄**

출전 | 사기 항우본기項羽本紀

[비절참절悲絶慘絶]

슬픔이 다하고 아픔이 다한다는 말이며, 매우 비참하다는 뜻이다.

글자 | 슬플 **비**, 다할 **절**, 아플 **참**

[비정지책非情之責]

→ 무정지책無情之責

[비조경사飛鳥驚蛇]

새가 날고 뱀이 놀란다는 말이며, 활달하고 생동감 넘치는 문체를 일컫는다.

글자 | 날 **비**, 새 **조**, 놀랄 **경**, 뱀 **사**

출전 | 법서원法書苑

[비조불입飛鳥不入]

나는 새도 들어가지 못한다는 말이며, 성城 또는 진지의 방비가 튼튼하다는 뜻이다.

글자 | 날 **비**, 새 **조**, 아닐 **불**, 들 **입**

[비조시석非朝是夕]

아침이 아니면 저녁이라는 말이며, 얼마 못가고 곧 닥친다는 뜻이다.

원문 | 須知不久折 非朝卽是夕
수지불구절 비조즉시석

글자 | 아닐 **비**, 아침 **조**, 옳을 **시**, 저녁 **석**

출전 | 정약용의 글

ㅂ

[비조즉석非朝卽夕]

아침이 아니면 저녁이라는 말이며, 때가 가까웠다는 뜻이다.

글자 | 아닐 **비**, 아침 **조**, 곧 **즉**, 저녁 **석**

출전 | 송남잡지

[비종유종非從惟從]

따르지 않던 자도 따른다는 말이다.

원문 | 察辭于差 非從惟從
찰사우차 비종유종

글자 | 아닐 **비**, 따를 **종**, 오직 **유**

출전 | 서경 주서편 여형呂刑

[비주불권非酒不勸]

술이 아니면 권하지 않는다는 말이며, 술이 있어야 서로 권하면서 화합할 수 있다는 뜻이다.

원문 | 鬪爭相和 非酒不勸
투쟁상화 비주불권

글자 | 아닐 **비**, 술 **주**, 아닐 **불**, 권할 **권**

출전 | 명심보감 성심편省心篇

[비주불의非酒不義]

술이 아니면 옳지 않다는 말이며, 술이 없으면 옳은 것을 두렵게 할 수 없다는 뜻이다.

원문 | 君臣朋友 非酒不義
군신붕우 비주불의

글자 | 아닐 **비**, 술 **주**, 아닐 **불**, 옳을 **의**

출전 | 사기, 명심보감 성심편省心篇

[비주불향非酒不享]

술이 아니면 흠향歆饗하지 않는다는 말이며, 신령은 술이 있어야 제물을 받는다는 뜻이다.

원문 | 敎天禮廟 非酒不享
교천예묘 비주불향

글자 | 아닐 **비**, 술 **주**, 아닐 **불**, 흠향할 **향**

출전 | 사기, 명심보감 성심편省心篇

[비즉기소悲則氣消]

슬프면 곧 기운이 사라진다는 말이며, 슬픔이나 비관 낙심 등에 오래 사로잡히게 되면 기운은 눈 녹듯이 녹아버린다는 뜻이다. 슬픔은 폐의 기운이 운행하지 못하여 타격을 받게 된다.

글자 | 슬플 **비**, 곧 **즉**, 기운 **기**, 사라질 **소**

[비지무거非之無擧]

아님을 말할 [곳이] 없다는 말이며, 비난할 바가 아니라는 뜻이다.

원문 | 非之無擧也 刺之無刺也
비지무거야 자지무자야

글자 | 아닐 **비**, 어조사 **지**, 없을 **무**, 말할 **거**

출전 | 맹자 진심盡心 하

[비지사지臂之使指]

팔이 손가락을 부린다는 말이며, 두 팔이 열 손가락을 부리는 것과 같다는 뜻이다.

원문 | 則如胸之使臂 臂之使指也
즉여흉지사비 비지사지야

글자 | 팔 **비**, 어조사 **지**, 부릴 **사**, 손가락 **지**

출전 | 관자 경중輕重 을乙

[비지중물非池中物]

연못 속의 물고기가 아니라는 말이며, 장차 하늘로 오를 용과 같이 큰일을 할 인물이라는 뜻이다.

글자 | 아닐 **비**, 못 **지**, 가운데 **중**, 만물 **물**

출전 | 삼국지 오지吳志

[비차막가非此莫可]

이것이 아니면 가함이 없다는 말이며, 꼭 이것이어야 한다는 뜻이다.

글자 | 아닐 **비**, 이 **차**, 말 **막**, 옳을 **가**

[비토용문飛兎龍文]

나는 토끼와 용 같은 글이라는 말이며, 뛰어난 글자체를 일컫는다.

글자 | 날 **비**, 토끼 **토**, 용 **용**, 글 **문**

[비파별포琵琶別抱]

비파가 따로 안는다는 말이며, 여자가 재가再嫁한다는 뜻이다.

글자 | 비파 **비**, 비파 **파**, 디를 **별**, 안을 **포**

[비폭징류飛瀑澄流]

날듯이 세차게 떨어지는 폭포와 맑게 흐르는 물이라는 말이다.

글자 | 날 **비**, 폭포 **폭**, 맑을 **징**, 흐를 **류**

[비풍참우悲風慘雨]

슬픈 바람과 참혹한 비라는 말이며, 인생 또는 생활이 비참하다는 뜻이다.

글자 | 슬플 **비**, 바람 **풍**, 참혹할 **참**, 비 **우**

[비하공사鼻下公事]

→비하정사鼻下政事

[비하자만卑下自慢]

아래로 낮추고 스스로 거만하다는 말이며, 밖으로 드러내지 않는 마음속의 자만심을 일컫는다.

글자 | 낮출 **비**, 아래 **하**, 스스로 **자**, 거만할 **만**

[비하정사鼻下政事]

코 밑의 [입을] 다스리는 일이라는 말이며, 겨우 먹고 산다는 뜻이다.

글자 | 코 **비**, 아래 **하**, 다스릴 **정**, 일 **사**

동류 | 비하공사鼻下公事

[비항도허批亢擣虛]

목을 치고 허를 찌른다는 말이다.

글자 | 칠 **비**, 목 **항**, 찌를 **도**, 빌 **허**

출전 | 사기 손자편孫子篇

[비허도관批虛導窾]

빈 곳을 치고 빈 곳으로 이끈다는 말이며, 적의 허술한 곳을 치고 아군의 허술함을 보여 적을 유인한다는 뜻이다.

글자 | 칠 **비**, 빌 **허**, 이끌 **도**, 빌 **관**

[비황등달飛黃騰達]

서둘러 나르고 이룰 것에 오른다는 말이며, 갑자기 운수가 트여 벼슬이 올라간다는 뜻이다.

원문 | 飛黃騰踏去 不能顧蟾蜍
비황등답거 불능고섬서

글자 | 날 **비**, 급히 서두를 **황**, 오를 **등**, 이를 **달**

출전 | 한유의 부독서성남符讀書城南

동류 | 비황등답飛黃騰踏

[비황저곡備荒貯穀]

흉년들 때를 대비하여 곡식을 저축한다는 말이다.

글자 | 방비할 **비**, 흉년들 **황**, 저축할 **저**, 곡식 **곡**

[비황저축備荒貯蓄]

→비황저곡備荒貯穀

[비희교지悲喜交至]

→비희교집悲喜交集

[비희교집悲喜交集]

슬픔과 기쁨이 한꺼번에 닥친다는 말이다.

글자 | 슬플 **비**, 기쁠 **희**, 만날 **교**, 모을 **집**

동류 | 비희교지悲喜交至

[빈계사신牝鷄司晨]

→빈계신명牝鷄晨鳴

[빈계신명牝鷄晨鳴]

암탉이 새벽에 운다는 말이며, 집안에서 부녀자가 설쳐대면 집안이 망한다는 뜻이다.

원문 | 必無牝鷄晨鳴 以致禍也
필무빈계신명 이치화야

글자 | 암컷 **빈**, 닭 **계**, 새벽 **신**, 울 **명**

출전 | 안씨가훈 치가治家

[빈계지신牝鷄之晨]

→빈계신명牝鷄晨鳴

출전 | 서경 목서牧誓

[빈곤망상貧困妄想]

빈곤하다는 망령된 생각이라는 말이며, 스스로 가난하다고 생각한다는 뜻이다.

글자 | 가난할 **빈**, 곤할 **곤**, 망령될 **망**, 생각 **상**

[빈마지정牝馬之貞]

암말의 절개라는 말이며, 힘든 일을 잘 참고 성공한다는 뜻이다. 역경에 있는 글이다. '곤坤은 큰 것이고 만물에 통하는 것이고 만물을 이롭게 해주는 것이므로 암말의 절개를 지녔다. 그러므로 이는 군자로서 나아갈 길이다.'

원문 | 坤元亨利 牝馬之貞 君子有攸往
곤원형리 빈마지정 군자유유왕

글자 | 암컷 **빈**, 말 **마**, 어조사 **지**, 곧을 **정**

출전 | 주역 곤위지坤爲地

[빈모여황牝牡驪黃]

암수가 검고 누르다는 말이며, 사물의 본질을 외면하고 외형에만 치중하는 것을 경계한다는 뜻이다.

글자 | 암컷 **빈**, 수컷 **모**, 검을 **여**, 누를 **황**

출전 | 열자 설부편說符篇

[빈부귀천貧富貴賤]

가난하고 부한 것, 그리고 신분의 귀한 것과 천한 것이라는 말이다.

글자 | 가난할 **빈**, 부할 **부**, 귀할 **귀**, 천할 **천**

[빈부재근貧富在勤]

가난과 부자는 부지런함에 있다는 말이다.

글자 | 가난 **빈**, 부자 **부**, 있을 **재**, 부지런할 **근**

[빈불여언擯不與言]

물리치고 더불어 말하지 않는다는 말이며, 아주 배척해 버리고 말도 아니한다는 뜻이다.

글자 | 물리칠 **빈**, 아닐 **불**, 더불어 **여**, 말씀 **언**

[빈사다연鬢絲茶煙]

실과 같이 하얀 귀밑머리와 차 끓이는 연기라는 말이며, 노후의 고독을 즐기는 정경情景을 일컫는다.

글자 | 귀밑 털 **빈**, 실 **사**, 차 **다**, 연기 **연**

출전 | 소식의 안국사심춘安國寺尋春

[빈이유여貧而有餘]

가난해도 남음이 있다는 말이며, 가난해도 여유로운 마음이 있다는 뜻이다.

원문 | 何如儉者 貧而有餘
하 여 검 자 빈 아 유 여

글자 | 가난 **빈**, 말 이을 **이**, 있을 **유**, 남을 **여**

출전 | 채근담 55장

[빈자다사貧者多事]

가난한 사람에게 여러 가지 일이 많다는 말이다.

글자 | 가난할 **빈**, 놈 **자**, 많을 **다**, 일 **사**

[빈자소인貧者小人]

가난한 자는 소인이라는 말이며, 가난한 사람은 스스로 마음이 활달하지 못해 못난 사람이 된다는 뜻이다.

글자 | 가난할 **빈**, 놈 **자**, 작을 **소**, 사람 **인**

출전 | 송남잡지

[빈자일등貧者一燈]

가난한 사람의 한 등이라는 말이며, 이는 가난 속에서 보인 성의가 부귀한 사람들의 많은 보시布施보다도 가치가 있다는 뜻이다.

글자 | 가난할 **빈**, 사람 **자**, 등잔 **등**

출전 | 현우경賢愚經 빈녀난타품貧女難陀品

[빈자중빈貧者重貧]

가난한 사람은 거듭 가난하다는 말이며, 가난한 사람은 더욱 가난해진다는 뜻이다.

원문 | 貧者重貧 富者重富
빈자중빈 부자중부

글자 | 가난할 **빈**, 사람 **자**, 거듭 **중**

출전 | 관자 규탁편揆度篇

[빈자환부貧者還富]

가난한 사람이 부자로 돌아온다는 말이며, 가난과 부자는 서로 교차한다는 뜻이다.

글자 | 가난 **빈**, 사람 **자**, 돌아올 **환**, 부자 **부**

[빈주지간賓主之間]

손님과 주인과의 사이라는 말이다.

글자 | 손 **빈**, 주인 **주**, 어조사 **지**, 사이 **간**

[빈주지례賓主之禮]

손님과 주인 사이에 지켜야 할 예의라는 말이다.

글자 | 손 **빈**, 주인 **주**, 어조사 **지**, 예도 **례**

[빈즉다사貧則多事]

→ 빈자다사貧者多事

[빈지여귀賓至如歸]

손님 대접이 지극해서 [집에] 돌아온 것과 같다는 말이다.

원문 | 賓至如歸 無寧災患
빈지여귀 무녕재환

글자 | 손 **빈**, 지극할 **지**, 같을 **여**, 돌아갈 **귀**

출전 | 춘추좌씨전 양공襄公 31년조

[빈천역락貧賤亦樂]

가난하고 천해도 또한 즐겁다는 말이다.

원문 | 知足者 貧賤亦樂
지족자 빈천역락

글자 | 가난 **빈**, 천할 **천**, 또 **역**, 즐거울 **락**

출전 | 명심보감 천명편天命篇

[빈천지교貧賤之交]

가난하고 천한 사귐이라는 말이며, 가난하고 천한 시절에 사귄 벗이라는 뜻이다.

원문 | 貧賤之交 不可忘
빈천지교 불가망

글자 | 가난할 **빈**, 천할 **천**, 어조사 **지**, 사귈 **교**

출전 | 후한서 송홍전

[빈풍요우蘋風蓼雨]

개구리밥에 부는 바람과 여뀌에 내리는 비라는 말이며, 여름철의 비바람을 빗댄 말이다.

글자 | 개구리밥 **빈**, 바람 **풍**, 여뀌 **요**, 비 **우**

[빈한도골貧寒到骨]

춥고 가난함이 뼈에 이르렀다는 말이며, 몹시 가난함을 일컫는다.

글자 | 가난할 **빈**, 찰 **한**, 이를 **도**, 뼈 **골**

[빈한막심貧寒莫甚]

춥고 가난함이 아주 심하다는 말이다.

글자 | 가난할 **빈**, 찰 **한**, 클 **막**, 심할 **심**

[빈한소치貧寒所致]

춥고 가난함에 이른 바라는 말이며, 가난한 까닭이라는 뜻이다.

글자 | 가난할 **빈**, 찰 **한**, 바 **소**, 이를 **치**

[빙공영사憑公營私]

공적인 일을 핑계대고 사사로운 이익을 꾀한다는 말이다.

글자 | 기댈 **빙**, 공변될 **공**, 경영할 **영**, 사사 **사**

출전 | 추관지

유사 | 가공영사假公營私

[빙공착영憑空捉影]

하늘에 기대고 그림자를 잡는다는 말이며, 허망한 언행이나 가능성이 없음을 뜻이다.

글자 | 기댈 **빙**, 하늘 **공**, 잡을 **착**, 그림자 **영**

출전 | 한서 교사지郊祀志

[빙기옥골氷肌玉骨]

얼음과 같은 살과 옥과 같은 뼈라는 말이며, 살결이 곱고 깨끗한 미인이라는 뜻이다.

글자 | 얼음 **빙**, 살 **기**, 옥 **옥**, 뼈 **골**

출전 | 장자

[빙빙과거氷氷過去]

어름들이 지나간다는 말이며, 세상을 어름어름 살아간다는 뜻이다.

글자 | 어름 **빙**, 자날 **과**, 갈 **거**

[빙산일각氷山一角]

얼음산의 한 모퉁이라는 말이며, 큰 것의 아주 작은 일부분이라는 뜻이다.

글자 | 얼음 **빙**, 뫼 **산**, 모퉁이 **각**

[빙산지계氷山之戒]

얼음산의 경계라는 말이며, 커다란 얼음산도 녹아서 없어지듯이 권세도 오래 가지 못한다는 뜻이다.

글자 | 얼음 **빙**, 뫼 **산**, 어조사 **지**, 경계할 **계**

출전 | 통문관지通文館志

[빙석이순氷釋理順]

얼음이 녹고 이치가 순하다는 말이며, 의문이 풀리고 이치가 훤해진다는 뜻이다.

글자 | 얼음 **빙**, 녹을 **석**, 이치 **이**, 순할 **순**

[빙심옥호氷心玉壺]

옥항아리의 얼은 마음이라는 말이며, 깨끗한 마음을 빗댄 말이다.

원문 | 一片氷心在玉壺
일 편 빙 심 재 옥 호

글자 | 얼음 **빙**, 마음 **심**, 구슬 **옥**, 입 좁고 복부가 벌어진 항아리 **호**

출전 | 왕창령王昌齡의 시

[빙의망상憑依妄想]

붙어서 의지하고 있다는 망령된 생각이라는 말이며, 귀신이나 동물이 자기 몸에 붙어있다고 생각하는 망상을 일

ㅂ

컫는다.

글자 | 붙을 **빙**, 의지할 **의**, 망령될 **망**, 생각 **상**

[빙자옥골氷姿玉骨]

→빙기옥골冰肌玉骨

[빙자옥질氷姿玉質]

얼음 같은 맵시와 구슬 같은 바탕이라는 말이며, 얼음같이 맑고 깨끗한 살결과 구슬같이 아름다운 자질이라는 뜻이다.

글자 | 얼음 **빙**, 맵시 **자**, 구슬 **옥**, 바탕 **질**

동류 | 빙기옥골氷肌玉骨

[빙정옥결氷貞玉潔]

얼음과 같이 곧고 옥과 같이 깨끗하다는 말이며, 절개가 깨끗하고 조금도 흠이 없다는 뜻이다.

글자 | 얼음 **빙**, 곧을 **정**, 옥 **옥**, 깨끗할 **결**

출전 | 신론新論

동류 | 빙청옥결氷清玉潔

[빙청옥결氷清玉潔]

→빙정옥결冰貞玉潔

[빙청옥윤氷清玉潤]

얼음같이 맑고 구슬같이 빛난다는 말이며, 훌륭한 장인과 훌륭한 사위를 빗댄 말이다.

원문 | 婦公氷清 女婿玉潤
부공빙청 여서옥윤

글자 | 얼음 **빙**, 맑을 **청**, 구슬 **옥**, 빛날 **윤**

출전 | 진서 위개전衛玠傳

[빙탄상애氷炭相愛]

얼음과 숯이 서로 사랑한다는 말이며, 서로 그 본질을 보전한다는 뜻도 있고, 벗이 서로 훈계한다는 뜻도 있다.

글자 | 얼음 **빙**, 숯 **탄**, 서로 **상**, 사랑 **애**

출전 | 회남자

동류 | 빙탄상용氷炭相容

유사 | 빙탄지간氷炭之間

[빙탄상용氷炭相容]

→빙탄상애冰炭相愛

[빙탄지간氷炭之間]

흰 얼음과 검은 숯과 같은 사이라는 말이며, 정반대되는 사이를 일컫는다.

글자 | 얼음 **빙**, 숯 **탄**, 어조사 **지**, 사이 **간**

[빙호옥감氷壺玉鑑]

얼음 같은 병과 구슬로 만든 거울이라는 말이며, 매우 깨끗한 마음을 빗댄 말이다.

글자 | 얼음 **빙**, 병 **호**, 구슬 **옥**, 거울 **감**

[빙호옥척氷壺玉尺]

얼음 항아리의 옥자라는 말이며, 선명하게 솟아 돋보인다는 뜻이다.

글자 | 얼음 **빙**, 항아리 **호**, 구슬 **옥**, 자 **척**

출전 | 원사元史

[빙호지심氷壺之心]

옥항아리에 든 얼음과 같은 마음이라는 말이며, 맑고 투명한 마음, 또는 청렴결백한 마음을 일컫는다.

글자 | 얼음 **빙**, 입 좁고 배가 큰 항아리 **호**, 어조사 **지**, 마음 **심**

출전 | 당시선唐詩選

[빙호추월氷壺秋月]

옥항아리에 든 얼음과 가을의 달이라는 말이며, 청렴결백한 마음을 일컫는다.

글자 | 얼음 **빙**, 입 좁고 배가 큰 항아리 **호**, 가을 **추**, 달 **월**

출전 | 원기활법圓機活法

[사가기욕捨家棄慾]

집을 버리고 욕심을 버린다는 말이며, 속세를 떠나 불문佛門에 들어간다는 뜻이다.

글자 | 버릴 **사**, 집 **가**, 버릴 **기**, 욕심 **욕**

[사가독서賜暇讀書]

틈을 주어 글을 읽게 한다는 말이며, 조선 세종 때, 장래가 유망한 문신들에게 휴가를 주어 독서당에서 글을 읽게 한 것을 일컫는다.

글자 | 줄 **사**, 틈 **가**, 읽을 **독**, 글 **서**

[사가망처徙家忘妻]

집을 옮기면서 아내를 잊는다는 말이며, 꼭 필요한 것을 챙기지 못한다는 뜻이다.

글자 | 옮길 **사**, 집 **가**, 잊을 **망**, 아내 **처**

출전 | 공자가어 현군賢君

동류 | 사택망처徙宅忘妻

[사각팔방四角八方]

네 모퉁이와 여덟 방향이라는 말이며, 모든 방면 또는 여기저기라는 뜻이다.

글자 | 모퉁이 **각**, 방위 **방**

[사거용인死居龍仁]

죽어서 용인에 항상 있겠다는 말이며, 명당자리가 많은 경기도 용인에 묻히고 싶다는 뜻이다.

글자 | 죽을 **사**, 항상 있을 **거**, 용 **용**, 어질 **인**

[사경지내四境之內]

네 지경의 안이라는 말이며, 자기 나라의 영토를 일컫는다.

글자 | 지경 **경**, 어조사 **지**, 안 **내**

[사경환아寫經換鵞]

경서를 베껴서 거위와 바꾼다는 말이며, 필적을 전수한다는 뜻이다. 중국 동진의 왕희지가 도덕경을 베껴서 거위와 바꾼 고사에서 온 말이다.

글자 | 베낄 **사**, 경서 **경**, 바꿀 **환**, 거위 **아**

[사계사야使鷄司夜]

닭에게 밤을 맡는 일을 시킨다는 말이며, 적재적소에 배치한다는 뜻이다.

글자 | 부릴 **사**, 닭 **계**, 맡을 **사**, 밤 **야**

출전 | 한비자 양권편揚權篇

[사고무인四顧無人]

네 곳을 돌아보아도 사람이 없다는 말이며, 주위에 사람이 없어 쓸쓸하다는 뜻이다.

글자 | 돌아볼 **고**, 없을 **무**, 사람 **인**

[사고무친四顧無親]

네 곳[동서남북]을 돌아보아도 친한 사람이 없다는 말이며, 의지할 데가 도무지 없다는 뜻이다.

글자 | 돌아볼 **고**, 없을 **무**, 친할 **친**

출전 | 옥루몽

[사고팔고四苦八苦]

네 가지 고통과 여덟 가지 고통이라는 말이며, 온갖 고통이라는 뜻이다. 여기서 4고는 생生·노老·병病·사死를 말하며, 8고에 추가되는 4고는 애별리고愛別離苦·원증회고怨憎會苦·구불득고求不得苦와 오음성고五陰盛苦를 일컫는다.

글자 | 괴로울 **고**

[사고화성思考化聲]

생각하는 것이 소리가 된다는 말이며, 인격 분열의 한 증상을 일컫는다.

글자 | 생각 **사**, 상고할 **고**, 될 **화**, 소리 **성**

[사공견관司空見慣]

자주 보니 빈 마을이라는 말이며, 일상의 평범함을 일컫는다. 자주 보는 마을은 특별한 것이 보이지 않는다.

글자 | 마을 **사**, 빈 **공**, 볼 **견**, 버릇 **관**

출전 | 당송유사唐宋遺事

[사공중곡射空中鵠]

빈 데를 쏘았는데 과녁을 맞혔다는 말이며, 생각 없이 한 일이 들어맞아 성공했다는 뜻이다.

글자 | 쏠 **사**, 빌 **공**, 가운데 **중**, 과녁 **곡**

출전 | 순오지 하

[사광지총師曠之聰]

사광의 귀 밝음이라는 말이며, 소리를 알아듣는 능력이 뛰어남을 뜻한다. 사광이 맹인이었으나 음조音調를 듣고 길흉을 알아맞혔다는 고사에서 온 말이다.

글자 | 스승 **사**, 밝을 **광**, 어조사 **지**, 귀 밝을 **총**

출전 | 맹자 이루離婁 상

[사교다루四郊多壘]

사방의 들에 진루陣壘가 많다는 말이며, 천하가 태평하지 못하다는 뜻이다.

글자 | 들 **교**, 많을 **다**, 진 **루**

출전 | 예기 곡례曲禮 상

[사교입선捨教入禪]

가르침을 버리고 중으로 들어간다는 말이며, 교리를 마치고 선종禪宗으로 들어간다는 뜻이다.

글자 | 버릴 **사**, 가르칠 **교**, 들 **입**, 중 **선**

[사구도신捨舊圖新]

옛것을 버리고 새것을 도모한다는 말이며, 옛것을 버리고 새것으로 바꾸려고 한다는 뜻이다.

글자 | 버릴 **사**, 옛 **구**, 도모할 **도**, 새 **신**

출전 | 조선왕조 15대 광해군일기

[사구모신捨舊謀新]

→ 사구도신捨舊圖新

[사구일생四俱一生]

넷이 함께 하나가 된다는 말이다.

글자 | 함께 **구**, 날 **생**

동류 | 사귀일성四歸一成

[사구지모沙丘之謀]

→ 사중우어沙中偶語

[사구팔가四衢八街]

네 거리와 여덟 거리라는 말이며, 사방팔방으로 통하는 길을 일컫는다.

글자 | 네 거리 **구**, 거리 **가**

[사국순지四國順之]

네 나라가 좇는다는 말이며, 사방의 모든 나라들이 순종한다는 뜻이다.

글자 | 나라 **국**, 좇을 **순**, 어조사 **지**

출전 | 효경 효치편孝治篇

[사군불견思君不見]

그대를 생각하나 보지 못한다는 말이며, 그대를 사모하나 보지 못한다는 뜻이다.

원문 | 思君不見下逾州
사 군 불 견 하 유 주

글자 | 생각 **사**, 그대 **군**, 아닐 **불**, 볼 **견**

출전 | 이백의 아미산월가峨眉山月歌

[사군이충事君以忠]

[신하는] 임금을 충성으로써 섬긴다는 말이다. 이는 화랑정신인 세속오계 중의 하나이기도 하다.

원문 | 臣事君以忠
신 사 군 이 충

글자 | 섬길 **사**, 임금 **군**, 써 **이**, 충성 **충**

출전 | 논어 팔일八佾

관련 | 화랑정신花郞精神

[사군지도事君之道]

임금을 섬기는 도리라는 말이다.

글자 | 섬길 **사**, 임금 **군**, 어조사 **지**, 도리 **도**

[사궁지수四窮之首]

네 가지 궁한 것 중 머리되는 것이라는 말이며, 늙어서 아내 없는 홀아비를 일컫는다. 네 가지 궁한 것은 환鰥[늙은 홀아비]·과寡[늙은 홀어미]·고

孤[부모 없는 아이]·독獨[자식 없는 노인]이다.

글자 | 궁할 **궁**, 어조사 **지**, 머리 **수**

출전 | 맹자

[사귀신속事貴神速]

일이 귀한 것은 귀신과 같이 빠른 것이라는 말이며, 일을 함에 있어서는 무엇보다 빠른 것이 가장 좋다는 뜻이다.

글자 | 일 **사**, 귀할 **귀**, 귀신 **신**, 빠를 **속**

[사귀일성四歸一成]

네 개가 하나로 되어 돌아간다는 말이며, 본래 넷이 있던 것이 결과적으로 하나로 된다는 뜻이다. 예를 들면, 목화 네 근이 솜 한 근으로, 수삼 네 근이 건삼 한 근으로 되는 따위이다.

글자 | 돌아갈 **귀**, 이룰 **성**

동류 | 사구일생四俱一生

[사근취원捨近取遠]

가까운 것을 버리고 먼 데 것을 취하라는 말이며, 일의 순서를 뒤바꾸어 한다는 뜻인데, 이것은 상황에 따라 다르다. 먼 데 것이 옳고 이익이 된다면 순서가 뒤바뀐 것이 아니다.

글자 | 버릴 **사**, 가까울 **근**, 취할 **취**, 멀 **원**

출전 | 논어

유사 | 사단취장舍短取長

[사기만지死氣滿紙]

죽은 기운이 종이에 가득하다는 말이며, 청나라 시대의 시학이 전서는 사라지고 구절마다 주석을 달아 시의 본질이 왜곡되었다는 뜻이다.

원문 | 捃摭瑣碎死氣滿紙必小注十餘行
군척쇄쇄사기만지필소주십여행

글자 | 죽을 **사**, 기운 **기**, 찰 **만**, 종이 **지**

출전 | 답이소학서答李少鶴書

[사기왕성士氣旺盛]

군사의 기운이 왕성하다는 말이다.

글자 | 군사 **사**, 기운 **기**, 왕성할 **왕**, 성할 **성**

[사기위정使己爲政]

정사를 위하여 몸을 부린다는 말이며, 나에게 정사를 맡긴다는 뜻이다.

원문 | 使己爲政 不用則亦已矣
사기위정 불용즉역이의

글자 | 부릴 **사**, 몸 **기**, 위할 **위**, 정사 **정**

출전 | 맹자 공손추公孫丑 하

[사기종인舍己從人]

자기를 버리고 사람을 좇는다는 말이며, 자신의 생각에만 얽매이지 않고 남의 좋은 생각을 받아들인다는 뜻이다.

원문 | 善與人同 舍己從人
선여인동 사기종인

글자 | 놓을 **사**, 자기 **기**, 좇을 **종**, 사람 **인**

출전 | 맹자 공손추公孫丑 상

[사기지은四奇之恩]

네 가지 기이한 은총이라는 말이며,

ㅅ

천주교에서 말하는 부활한 뒤의 무손상無損傷 · 광명光明 · 신속迅速 · 투철透徹을 일컫는다.

글자 | 기이할 **기**, 어조사 **지**, 은혜 **은**

출전 | 천주교

[사기충천士氣衝天]

하늘을 찌르는 군사의 기운이라는 말이며, 드높은 사기를 일컫는다.

글자 | 군사 **사**, 기운 **기**, 찌를 **충**, 하늘 **천**

[사기포서使驥捕鼠]

천리마로 하여금 쥐를 잡게 한다는 말이며, 인재를 잘못 쓴다는 뜻이다.

글자 | 하여금 **사**, 천리마 **기**, 잡을 **포**, 쥐 **서**

출전 | 장자 추수편秋水篇

[사기횡령詐欺橫領]

[남의 것을] 거짓으로 속여 가로챈다는 말이다.

글자 | 거짓 **사**, 속일 **기**, 가로 **횡**, 차지할 **령**

[사농공상士農工商]

선비 · 농부 · 공장工匠 · 상인 등 모든 계층의 백성을 말하며 봉건시대의 계급관념을 차례대로 이르는 말이다.

원문 | 士農工商四民者 國之石民也
사농공상사민자 국지석민야

글자 | 선비 **사**, 농사 **농**, 장인 **공**, 장수 **상**

출전 | 관자 소광편小匡篇

[사단주속紗緞紬屬]

→ 사라능단紗羅綾緞

[사단취장舍短取長]

짧은 것을 버리고 긴 것을 취하라는 말이며, 결점과 단점은 버리고 장점은 받아들이라는 뜻이다.

글자 | 놓을 **사**, 짧을 **단**, 취할 **취**, 긴 **장**

출전 | 한서

유사 | 사근취원捨近取遠

[사단칠정四端七情]

네 가지 살필 것과 일곱 가지 마음이라는 말이며, 사람의 본분과 본성을 일컫는다. 4단은 인의예지仁義禮智를 말하는데, 측은하게 여기는 마음(惻隱之心)은 인仁의 단서이고, 부끄러워하는 마음(羞惡之心)은 의義의 단서이고, 사양하는 마음(辭讓之心)은 예禮의 단서이고, 시비를 가리는 마음(是非之心)은 지智의의 단서라 하였다. 7정은 희노애락애오욕喜怒哀樂愛惡欲을 말하는데, 우리나라 이황李滉(1501-1570)에 의한 사단칠정론이 유명하다.

글자 | 살필 **단**, 마음속 **정**

출전 | 맹자 공손추公孫丑 상

[사달오통四達五通]

→ 사통오달四通五達

[사당양자祠堂養子]

→ 신주양자神主養子. 백공양자白

骨養子

[사대교린事大交隣]

큰 것을 섬기며 이웃과 사귄다는 말이며, 큰 나라를 받들어 모시고 이웃나라와 화평하게 지낸다는 뜻이다.

글자 | 섬길 **사**, 큰 **대**, 사귈 **교**, 이웃 **린**
출전 | 경국대전

[사대기서四大奇書]

네 개의 큰 기이한 책이라는 말이며, 중국의 4대 소설인 삼국지·수호지·서유기·금병매를 일컫는다.

글자 | 큰 **대**, 기이할 **기**, 책 **서**

[사대사상事大思想]

큰 것을 섬기는 사상이라는 말이며, 일정한 주견主見이 없이 세력이 강한 나라 사람을 붙좇아 섬기면서 의지하려는 사상을 일컫는다.

글자 | 섬길 **사**, 큰 **대**, 생각 **사**, 생각할 **상**

[사대색신四大色身]

네 개의 큰 모양의 몸이라는 말이며, 팔, 다리, 머리, 몸통을 일컫는다.

글자 | 큰 **대**, 모양 **색**, 몸 **신**
동류 | 사대육신四大六身

[사대서한四大書翰]

네 개의 큰 편지라는 말이며, 바울이 편지체로서 직접 썼다고 하는 성서 가운데의 로마서·고린도 전서·고린도 후서와 갈라디아서를 일컫는다.

글자 | 큰 **대**, 글 **서**, 편지 **한**
출전 | 신약성서

[사대성인四大聖人]

고금동서古今東西에 으뜸가는 네 성인을 말하며, 보통 예수·소크라테스·석가모니·공자를 드나 소크라테스 대신에 마호메트를 넣기도 한다.

글자 | 큰 **대**, 성인 **성**, 사람 **인**

[사대오상四大五常]

네 개의 큰 것과 다섯의 떳떳함이라는 말이며, 4대는 천天, 지地, 군君, 부父이고, 5상은 인仁, 의義, 예禮, 지知, 신信을 일컫는다.

원문 | **蓋此身髮 四大五常**
개 차 신 발 사 대 오 상

글자 | 큰 **대**, 떳떳 **상**
출전 | 한서 동중서전董仲舒傳, 천자문

[사대육신四大肉身]

네 개의 큰 육신이라는 말이며, 몸뚱이·머리·팔·다리를 일컫는다.

글자 | 큰 **대**, 고기 **육**, 몸 **신**

[사대주의事大主義]

큰 것을 섬기는 것이 옳은 주장이라는 말이며, 세력이 강한 나라에 의존하자는 주장을 일컫는다.

글자 | 섬길 **사**, 큰 **대**, 주장할 **주**, 옳을 **의**

[사도신경使徒信經]

부리는 무리가 믿는 경서라는 말이며, 기독교의 기본적인 교리를 담은 신앙 고백문告白文을 일컫는다.

글자 | 부릴 **사**, 무리 **도**, 믿을 **신**, 경서 **경**

출전 | 로마신조

동류 | 사도신조使徒信條

[사도팔도四都八道]

네 개의 도읍과 여덟 개의 행정구역 도라는 말이며, 이조시대 우리나라 전체를 일컫는 말이다. 4도는 유수留守를 두었던 개성 · 광주廣州 · 수원 · 강화이다.

글자 | 도읍 **도**, 행정구역 이름 **도**

[사도행전使徒行傳]

부리는 무리가 전하는 행실이라는 말이며, 신약성서의 한 권(28장)으로서 사도들이 예수의 복음을 전도한 행적과 초기 교회의 건설 및 발달과정을 기록한 경전을 일컫는다.

원문 | Acts of the Apostles

글자 | 부릴 **사**, 무리 **도**, 행실 **행**, 전할 **전**

출전 | 신약성서

[사돈팔촌査頓八寸]

캐묻고 꾸벅거리는 팔촌이라는 말이며, 일가붙이가 되나마나 할 정도로 아주 먼 친인척을 빗댄 말이다.

글자 | 캐물을 **사**, 꾸벅거릴 **돈**, 마디 **촌**

출전 | 동언해

[사득기소死得其所]

죽어서 그 바라는 바를 얻는다는 말이며, 그 죽음은 값진 죽음이라는 뜻이다.

원문 | 資給衣食 死得其所
자 급 의 식 사 득 기 소

글자 | 죽을 **사**, 얻을 **득**, 그 **기**, 바 **소**

출전 | 격몽요결 거가장居家章

[사라능단紗羅綾緞]

나사, 김, 무늬 놓은 비단 등이라는 말이며, 모든 비단이라는 뜻이다.

글자 | 나사 **사**, 김 **라**, 무늬 놓은 비단 **능**, 비단 **단**

[사란사형似蘭斯馨]

난초와 같이 꽃답다는 말이며, 아름다운 모습을 빗댄 말이다.

원문 | 似蘭斯馨 如松之盛
사 란 사 형 여 송 지 성

글자 | 같을 **사**, 난초 **란**, 이 **사**, 꽃다울 **형**

출전 | 천자문 34항

[사랑양반舍廊兩班]

사랑채에 있는 양반이라는 말이며, 부인 앞에서 그녀의 남편을 부르는 호칭이다.

글자 | 집 **사**, 곁채 **랑**, 둘 **양**, 같을 **반**

[사래선거絲來線去]

실이 오고 줄이 간다는 말이며, 일이 얽히고설키어 복잡하다는 뜻이다.

글자 | 실 **사**, 올 **래**, 줄 **선**, 갈 **거**

출전 | 주자어록

[사량침주捨糧沈舟]

양식을 버리고 배를 가라앉힌다는 말이며, 싸움에서 이기기 전에는 돌아오지 않겠다는 결의를 뜻한다.

글자 | 버릴 **사**, 양식 **량**, 가라앉을 **침**, 배 **주**

출전 | 사기 항우본기項羽本紀

동류 | 사량침선捨糧沈船

[사려분별思慮分別]

생각들을 나누어 본다는 말이며, 여러 가지 생각을 신중하게 판단한다는 뜻이다.

글자 | 생각 **사**, 생각할 **려**, 나눌 **분**, 분별할 **별**

유사 | 숙려단행熟慮斷行

반대 | 경거망동輕擧妄動, 경솔단려輕率短慮

[사령숭배死靈崇拜]

죽은 영혼을 숭배한다는 말이며, 죽은 사람도 생전과 같은 자격으로 생활을 한다고 생각하여 살아있는 사람과의 교섭에 공포를 느낌과 동시에 애착심을 갖는 데서 생긴 관념과 의례를 일컫는다.

글자 | 죽을 **사**, 혼백 **령**, 높일 **숭**, 절 **배**

동류 | 사자숭배死者崇拜

[사롱불문似聾不聞]

귀머거리 같이 묻지 않는다는 말이며, 잘못된 말은 못들은 척 한다는 뜻이다.

글자 | 같을 **사**, 귀머거리 **롱**, 아닐 **불**, 들을 **문**

[사롱중인紗籠中人]

나사 채롱 속의 사람이라는 말이며, 재상宰相이 될 운명을 타고난 사람이라는 뜻이다. 재상은 저승에서 반드시 그 상像을 세우고 사롱을 씌워 보호한다는 고사에서 온 말이다.

글자 | 나사 **사**, 채롱 **롱**, 가운데 **중**, 사람 **인**

출전 | 서언고사書言故事

[사륙반절四六半切]

네 치와 여섯 치를 반으로 끊은 것이라는 말이며, 사륙판의 절반이 되는 인쇄물의 규격을 일컫는다. 정확히는 가로 4촌 2푼(12.7㎝), 세로 6촌 2푼(18.8㎝)의 절반이다.

글자 | 절반 **반**, 끊을 **절**

관련 | 사륙배판四六倍判

[사륙배판四六倍判]

사륙판의 갑절이 되는 인쇄물의 규격을 말한다.

글자 | 갑절 **배**, 나눌 **판**

관련 | 사륙반절四六半切

[사륙변려四六騈儷]

→ **변사여륙**騈四儷六

[사륜지국四輪之國]

네 수레바퀴의 나라라는 말이며, 사방으로 수레가 다닐 수 있는 교통이 편리한 나라라는 뜻이다.

글자 | 수레바퀴 **륜**, 어조사 **지**, 나라 **국**

출전 | 전국책

[사리사복私利私腹]

→ 사리사욕私利私慾

[사리사욕私利私慾]

개인의 이익과 욕심이라는 말이다.

글자 | 사사 **사**, 이로울 **리**, 욕심 **욕**

동류 | 사리사복私利私腹

[사망교연四望皎然]

사방을 바라보니 달이 밝다는 말이며, 주변이 모두 환하다는 뜻이다.

원문 | 四望皎然 因起彷徨 詠左思
사 망 교 연 인 기 방 황 영 좌 사

글자 | 바라볼 **망**, 달 밝을 **교**, 그럴 **연**

출전 | 세설신어 하권 임탄任誕

[사망지환死亡之患]

죽어 없어지는 근심이라는 말이다.

글자 | 죽을 **사**, 없어질 **망**, 어조사 **지**, 근심 **환**

[사면망상赦免妄想]

죄 사함을 받고 [형을] 면하게 된다는 망령된 생각이라는 말이다.

글자 | 죄 사할 **사**, 면할 **면**, 망령될 **망**, 생각 **상**

[사면수적四面受敵]

사면으로부터 적의 공격을 받는다는 말이다.

글자 | 향할 **면**, 받을 **수**, 당할 **적**

동류 | 사면초가四面楚歌

[사면초가四面楚歌]

사방에서 초나라의 노랫소리가 들린다는 말이며, 사방이 완전히 적에게 둘러싸여 있다는 뜻인데, 내 편이었던 사람조차 적의 편에 가담하고 있는 비참한 처지라는 뜻이 포함되어 있다. 초한전楚漢戰에서 유방이 항우를 해하垓下에서 포위했다. 한나라는 장양張良의 계략에 따라 초나라 출신 군사들을 모아 항우 진영 가까이에 배치하고 밤마다 초나라 민요를 부르게 하였다. 항우는 크게 놀라 '한나라는 이미 초나라를 얻었단 말인가? 어째서 초나라 사람이 이다지도 많은가.' 라고 했다.

원문 | 夜聞漢軍 四面皆楚歌
야 문 한 군 사 면 개 초 가

글자 | 쪽 **면**, 초나라 **초**, 노래 **가**

출전 | 사기 항우본기項羽本記

[사면춘풍四面春風]

사방에서 봄바람이 분다는 말이며, 모든 것이 무사태평하고 순조롭다는 뜻이다.

글자 | 향할 **면**, 봄 **춘**, 바람 **풍**

출전 | 동언해東言解

[사면팔방四面八方]

네 방위와 여덟 방위라는 말이며, 모든 곳 또는 모든 방향이라는 뜻이다.

글자 | 방위 **면**, 방위 **방**

[사면화산四面花山]

사방이 꽃동산이라는 말이다.

글자 | 방위 **면**, 꽃 **화**, 뫼 **산**

[사모관대紗帽冠帶]

나사 모자와 관과 허리띠라는 말이며, 혼례나 폐백 때 착용하는 의관을 일컫는다.

글자 | 나사 **사**, 모자 **모**, 관 **관**, 띠 **대**

[사모불망思慕不忘]

생각하고 생각하며 잊지 못한다는 말이다.

글자 | 생각할 **사**, 생각할 **모**, 아닐 **불**, 잊을 **망**

[사모영자紗帽纓子]

나사 모자에 갓끈이라는 말이며, 사물이 격에 맞지 않는다는 뜻이다.

글자 | 나사 **사**, 모자 **모**, 갓끈 **영**, 사람 **자**

출전 | 순오지

[사목지상徙木之賞]

→ 이목지신移木之信

[사목지신徙木之信]

→ 이목지신移木之信

[사몽비몽似夢非夢]

→ 비몽사몽非夢似夢

[사무량심四無量心]

네 가지 헤아릴 수 없는 마음이라는 말이며, 부처의 마음을 일컫는다. 이는 첫째, 한량없는 자애인 자무량심慈無量心, 둘째, 모든 괴로움에서 벗어나는 비무량심悲無量心, 셋째, 모든 사람의 기쁨을 자기 기쁨으로 하는 희무량심喜無量心, 넷째, 모든 원한을 버리는 사무량심捨無量心이다.

글자 | 없을 **무**, 헤아릴 **량**, 마음 **심**

출전 | 대승불교

[사무삼결四無三缺]

네 가지가 없고 세 가지가 빠졌다는 말이며, 삼수갑산山水甲山과 개마고원蓋馬高原의 풍토가 지배하는 함경도 사람의 기질을 표현한 말로써, 없는 것은 기생, 거지, 식모, 글장님이고 결한 것은 아첨, 화해, 적당이라는 것이다.

글자 | 없을 **무**, 이 빠질 **결**

[사무세관士無世官]

선비는 대대의 벼슬이 없다는 말이며, 벼슬을 세습하지 않는다는 뜻이다.

글자 | 선비 **사**, 없을 **무**, 대대 **세**, 벼슬 **관**

[사무여한死無餘恨]

죽어도 남은 원한이 없다는 말이며, 원불교의 창립정신이기도 하다.

글자 | 죽을 **사**, 없을 **무**, 남을 **여**, 원한 **한**

출전 | 원불교

[사무한신事無閑身]

일이 없고 한가한 사람이라는 말이다.

글자 | 일 **사**, 없을 **무**, 한가할 **한**, 몸 **신**

[사문결박私門結縛]

사사로이 집안에서 얽어맨다는 말이며, 권세 있는 집안에서 백성을 잡아다가 사사로이 묶어 매고 문초하는 것을 일컫는다.

글자 | 사사 **사**, 집안 **문**, 맺을 **결**, 얽을 **박**

출전 | 송남잡지

동류 | 사문용형私門用刑

[사문난적斯文亂賊]

이 글을 어지럽히는 도둑이라는 말이며, 어떤 세력의 이단이라는 뜻이다. 공자가 말하기를, '문왕은 이미 세상을 떠났지만 그가 남긴 문화는 나에게 있지 않은가. 하늘이 장차 이 문화(斯文)를 없앤다면 후세 사람들이 이 문화를 향유하지 못할 것이다.' 라고 했는데, 이 문화는 유가의 이념을 뜻하며 이 이념에 반대하는 세력을 도둑으로 규정하였다.

글자 | 이 **사**, 글 **문**, 어지러울 **난**, 도둑 **적**

출전 | 논어

[사문목목四門穆穆]

네 개의 문이 화하고 화한다는 말이며, 정치를 잘하여 사방에서 순종하고 따르는 덕이라는 뜻이다.

원문 | 四門穆穆之德
사 문 목 목 지 덕

글자 | 문 **문**, 화할 **목**

출전 | 시경 순전舜典

[사문부산使蚊負山]

모기에게 산을 지게 한다는 말이며, 능력이 부족한 사람에게 중요한 일을 맡긴다는 뜻이다. 장자에 있는 글이다. '이는 마치 모기에게 산을 지우고 노래기에게 황하를 달리게 하는 것과 같네.'

원문 | 是猶使蚊負山 商蚷馳河也
시 유 사 문 부 산 상 거 치 하 야

글자 | 부릴 **사**, 모기 **문**, 질 **부**, 뫼 **산**

출전 | 장자 추수秋水

동류 | 문자부산蚊子負山

[사문용형私門用刑]

사사로운 집안에서 형벌을 한다는 말이며, 권세 있는 사람이나 집안에서 백성들을 사사로이 감금하거나 어떤 형벌을 가하는 것을 일컫는다.

글자 | 사사 **사**, 집안 **문**, 쓸 **용**, 형벌 **형**

동류 | 사문결박私門結縛

[사미인곡思美人曲]

아름다운 사람을 사모하는 가락이라는 말이며, 조선조 14대 선조 때 송강

松江 정철鄭澈이 지은 가사로서 송강이 조정에서 밀려나 전라남도 창평에서 3년 동안 숨어 살면서 지은 것인데, 송강이 선조 임금을 그리는 정을 간곡하게 읊은 것이다.

글자 | 생각 **사**, 아름다울 **미**, 사람 **인**, 가락 **곡**

출전 | 송강가사松江歌辭

[사민이시使民以時]

적절한 때에 백성을 부린다는 말이며, 노역은 농한기를 이용한다는 뜻과 임금이 백성의 형편을 잘 헤아린다는 뜻이 있다.

글자 | 부릴 **사**, 백성 **민**, 써 **이**, 때 **시**

출전 | 논어 학이學而

[사민평등四民平等]

네 백성이 고르다는 말이며, 사士·농農·공工·상商이라는 봉건적인 신분제도를 없애고 평등하게 다룬다는 뜻이다.

글자 | 백성 **민**, 고를 **평**, 고를 **등**

출전 | 양명학陽明學

[사반공배事半功倍]

일은 반만 하고 공은 배라는 말이며, 수고는 덜하고 성과는 크다는 뜻이다.

원문 | 事半古之人功必倍之惟此時爲然
사반고지인공필배지유차시위연

글자 | 일 **사**, 반 **반**, 공 **공**, 곱 **배**

출전 | 맹자 공손추公孫丑 상

반대 | 사배공소事倍功少

[사발결이沙鉢缺耳]

귀가 빠진 사발이라는 말이며, 좋은 것에 흠이 있다는 뜻이다.

글자 | 모래 **사**, 바릿대 **발**, 이 빠질 **결**, 귀 **이**

출전 | 대동야승 4권

[사발고의沙鉢袴衣]

사발 바지라는 말이며, 가랑이가 무릎까지만 오는 짧은 남자용 홑바지를 일컫는다.

글자 | 모래 **사**, 바릿대 **발**, 바지 **고**, 옷 **의**

[사발농사沙鉢農事]

사발로 농사를 짓는다는 말이며, 사발을 들고 다니며 밥을 빌어먹는다는 뜻이다.

글자 | 모래 **사**, 바릿대 **발**, 농사 **농**, 일 **사**

[사발통문沙鉢通文]

사발 모양의 글이라는 말이며, 주모자를 숨기기 위해 관계자의 이름을 사발 모양으로 둥글게 빙 둘러 적은 것이다.

글자 | 모래 **사**, 바릿대 **발**, 벌 **통**, 글 **문**

[사방정면四方正面]

사방이 바르게 보인다는 말이며, 사방이 잘 보인다는 뜻이다.

글자 | 바위 **방**, 바를 **정**, 보일 **면**

[사방지악四方之樂]

사방의 노래라는 말이며, 주변 오랑캐 나라의 음악이라는 뜻이다.

글자 | 방위 **방**, 어조사 **지**, 오래 **악**

[사방지지四方之志]

사방의 뜻이라는 말이며, 동서남북 여러 나라를 돌며 사업을 성취시키려는 의지를 일컫는다.

글자 | 방향 **방**, 어조사 **지**, 뜻 **지**

출전 | 춘추좌씨전 희공僖公 중

[사방팔방四方八方]

네 방위와 여덟 방위라는 말이며, 동서남북 4방위와 이에 4우隅, 즉 북동, 북서, 남동, 남서를 합친 8방위로서 모든 방면이라는 뜻이다.

글자 | 방위 **방**

[사방팔향四方八向]

→ 사방팔방四方八方

[사방향응四方響應]

사방에서 소리 맞추어 응한다는 말이며, 누구의 주창主唱에 의하여 모두 함께 궐기한다는 뜻이다.

글자 | 모 **방**, 소리 마주칠 **향**, 응할 **응**

[사배공소事倍功少]

일은 배로 하고 공은 적다는 말이다.

글자 | 일 **사**, 갑절 **배**, 공 **공**, 적을 **소**

출전 | 왕생요집往生要集

반대 | 사반공배事半功倍

[사백사병四百四病]

404개의 병이라는 말이며, 사람이 걸리는 모든 병을 뜻한다. 사람의 몸은 지地·수水·화火·풍風의 네 가지 원소가 조화해서 구성되어 있다는 것이며 이 원소가 부조화를 일으킬 때, 하나의 원소에서 백 가지 병을 일으킨다는 설이다.

글자 | 병 **병**

출전 | 왕생요집往生要集

[사벌등안捨筏登岸]

언덕에 오르면 뗏목을 버린다는 말이며, 어떤 일이 끝나면 그 일을 위하여 사용한 도구는 잊어버린다는 뜻이다.

글자 | 버릴 **사**, 떼 **벌**, 오를 **등**, 언덕 **안**

출전 | 불경

동류 | 득어망전得魚忘筌

[사변무궁事變無窮]

사변이 자꾸 일어나 끝이 없다는 말이다.

글자 | 일 **사**, 변할 **변**, 없을 **무**, 다할 **궁**

[사복음서四福音書]

네 가지 복된 소리의 글이라는 말이며, 신약성서 가운데 마태·마가·누가·요한의 네 복음서를 일컫는다.

글자 | 복 **복**, 소리 **음**, 글 **서**

출전 | 신약성서

[사분공간四分空間]

넷으로 나눈 공간이라는 말이며, 공간을 가로세로로 나눈 네 개의 상한象限을 일컫는다.

글자 | 나눌 **분**, 빈 **공**, 사이 **간**

[사분오열四分五裂]

넷으로 나눠고 다섯으로 쪼개진다는 말이며, 이리저리 나눠고 찢어진다는 뜻, 또는 세상이 어지럽다는 뜻이다.

원문 | 四分五裂者 所以擊圓破方也
사분오열자 소이격원파방야

글자 | 나눌 **분**, 찢어질 **열**

출전 | 위지魏志 사마랑전司馬朗傳

[사분육분四分六分]

넷으로 나누고 여섯으로 나눈다는 말이며, 4대 6으로 나눈다는 뜻이다.

글자 | 나눌 **분**

[사불급설駟不及舌]

네 마리 말도 혀에 미치지 못한다는 말이며, 말을 조심해야 한다는 뜻이다. 자공이라는 사람이 '안타깝도다. 사駟도 혀를 미치지 못한다(駟不及舌). 문文이 질質과 같고 질이 문과 같다면 호랑이나 표범의 가죽이 개나 양의 가죽과 같단 말인가.' 라고 하자, 극자성이 '군자는 질만 있으면 그만이다. 문이 무엇 때문에 필요한가?' 라고 반박한데서 온 말이다.

원문 | 駟不及舌 文猶質也 質猶文也
사불급설 문유질야 질유문야

글자 | 네 마리 말 **사**, 아닐 **불**, 미칠 **급**, 혀 **설**

출전 | 논어 안연晏然

[사불명목死不瞑目]

죽어서 눈을 감지 못한다는 말이며, 한이 많아 눈을 감지 못한다는 뜻이다.

글자 | 죽을 **사**, 아닐 **불**, 눈 감을 **명**, 눈 **목**

[사불범정邪不犯正]

바르지 못한 것이 바른 것을 범하지 못한다는 말이다.

글자 | 바르지 못할 **사**, 아닐 **불**, 범할 **범**, 바를 **정**

출전 | 태평광기太平廣記

[사불여의事不如意]

일이 뜻과 같지 않다는 말이며, 일이 뜻대로 되지 않는다는 뜻이다.

글자 | 일 **사**, 아닐 **불**, 같을 **여**, 뜻 **의**

출전 | 송남잡지

[사불여죽絲不如竹]

실은 대나무 같지 못하다는 말이며, 현악기는 관아기만 못하고 기악보다는 성악이 낫다는 뜻이다.

원문 | 絲不如竹 竹不如肉
사불여죽 죽불여육

글자 | 실 **사**, 아닐 **불**, 같을 **여**, 대나무 **죽**

출전 | 세설신어 식감편

ㅅ

[사불여학思不如學]

생각함이 배움만 같지 못하다는 말이며, 생각하는 것보다는 배우는 것이 더 유익하다는 뜻이다.

원문 | 以思 無益 不如學
이사 무익 불여학

글자 | 생각 **사**, 아닐 **불**, 같을 **여**, 배울 **학**

출전 | 논어 위령공

[사불염생事不厭省]

일은 더는 것을 싫어하지 않는다는 말이며, 일은 적어지면 적어질수록 다스리기 좋다는 뜻이다.

글자 | 일 **사**, 아닐 **불**, 싫을 **염**, 덜 **생**

출전 | 회남자

[사비사지使臂使指]

팔뚝을 부리고 손가락을 부린다는 말이며, 지시와 명령을 뜻대로 할 수 있다는 뜻이다.

글자 | 부릴 **사**, 팔뚝 **비**, 손가락 **지**

출전 | 한서

[사비우연事非偶然]

일이 뜻밖에 그런 것이 아니라는 말이며, 우연한 일이 없다는 뜻이다.

글자 | 일 **사**, 아닐 **비**, 뜻밖에 **우**, 그럴 **연**

출전 | 송남잡지

[사비위빈仕非爲貧]

벼슬은 가난을 위한 것이 아니라는 말이며, 관리는 모름지기 덕을 천하에 시행해야 한다는 뜻이다.

글자 | 벼슬할 **사**, 아닐 **비**, 할 **위**, 가난할 **빈**

출전 | 맹자 만장萬章 하

[사비유존使卑踰尊]

낮은 [사람을] 부려 높은 [사람을] 넘게 한다는 말이며, 능력에 따라 인재를 등용한다는 뜻이다.

글자 | 부릴 **사**, 낮을 **비**, 넘을 **유**, 높을 **존**

[사비팔산四飛八散]

사방으로 날리고 팔방으로 흩어진다는 말이다.

글자 | 날 **비**, 흩을 **산**

[사빈부경泗濱浮磬]

사수泗水 물가의 뜨는 경쇠라는 말이며, 중국 사수 강가의 귀한 돌을 일컫는다.

원문 | 嶧陽孤桐 泗濱浮磬
역양고동 사빈부경

글자 | 사수 **사**, 물가 **빈**, 뜰 **부**, 경쇠 **경**

출전 | 서경 하서 우공禹貢

[사사건건事事件件]

일들과 조건들이라는 말이며, 모든 일마다 또는 조건마다라는 뜻이다.

글자 | 일 **사**, 조건 **건**

[사사단체私私團體]

사사로운 사람이 사사로운 일로 모은

몸이라는 말이며, 사인私人이 만든 사적인 단체를 일컫는다.

글자 | 사사로울 **사**, 모을 **단**, 몸 **체**

[사사망념私思妄念]

몰래 사사로이 생각하는 망령된 생각이라는 말이다.

글자 | 사사 **사**, 생각 **사**, 망령될 **망**, 생각할 **념**

[사사망념邪思妄念]

간사한 생각과 망령된 생각이라는 말이다.

글자 | 간사할 **사**, 생각 **사**, 망령될 **망**, 생각할 **념**

출전 | 송남잡지

[사사무성事事無成]

일마다 이루어지는 일이 없다는 말이며, 모든 일이 실패한다는 뜻이다.

글자 | 일 **사**, 없을 **무**, 이룰 **성**

[사사물물事事物物]

일들과 물건들이라는 말이며, 모든 사물 또는 모든 현상을 일컫는다.

글자 | 일 **사**, 물건 **물**

[사사불성事事不成]

일들이 이루어지지 않는다는 말이며, 일마다 성공하지 못한다는 뜻이다.

글자 | 일 **사**, 아닐 **불**, 이룰 **성**

[사사애척死事哀戚]

죽음은 슬픔과 슬픔으로 섬긴다는 말이며, 부모가 돌아가신 후 생각하는 마음을 일컫는다.

원문 | 生事愛敬死事哀戚生民之本盡矣
생사애경사사애척생민지본진의

글자 | 죽을 **사**, 섬길 **사**, 슬플 **애**, 슬플 **척**

출전 | 효경 상친장喪親章

[사사언청事事言聽]

일마다 말을 듣는다는 말이다.

글자 | 일 **사**, 말씀 **언**, 들을 **청**

출전 | 송남잡지

[사사여의事事如意]

일마다 뜻과 같이 된다는 말이다.

글자 | 일 **사**, 같을 **여**, 뜻 **의**

[사사여친事師如親]

스승을 어버이와 같이 섬긴다는 말이다.

원문 | 事師如親 必恭必敬
사사여친 필공필경

글자 | 섬길 **사**, 스승 **사**, 같을 **여**, 어버이 **친**

출전 | 사자소학

[사산분리四散分離]

사방으로 흩어지고 나누어져 떨어져 나갔다는 말이다.

글자 | 흩을 **산**, 나눌 **분**, 떠날 **리**

[사산분주四散奔走]

사방으로 흩어져 달아난다는 말이다.

글자 | 흩을 **산**, 달아날 **분**, 달릴 **주**

동류 | 사산분궤四散犇潰, 사산분찬四散奔竄

[사산분찬四散分竄]

→ 사산분주四散奔走

[사상누각砂上樓閣]

모래 위의 다락집이라는 말이며, 기초가 약하여 넘어질 염려가 있는 사물, 또는 실현 불가능한 일을 빗댄 말이다.

글자 | 모래 **사**, 윗 **상**, 다락 **누**, 다락집 **각**

유사 | 공중누각空中樓閣

[사상마련事上磨鍊]

일 위에서 갈고 단련한다는 말이며, 일을 하면서 몸과 마음을 갈고 닦는다는 뜻이다.

글자 | 일 **사**, 윗 **상**, 갈 **마**, 단련할 **련**

출전 | 전습록傳習錄

[사상매매私相賣買]

사사로이 서로 팔고 산다는 말이다.

글자 | 사사 **사**, 서로 **상**, 팔 **매**, 살 **매**

[사상불온思想不穩]

생각과 희망하는 것이 편안치 않다는 말이며, 생각하고 있는 것이 나라의 국시國是에 맞지 않다는 뜻이다.

글자 | 생각 **사**, 희망할 **상**, 아닐 **불**, 편안할 **온**

[사상의학四象醫學]

네 가지 형상의 의학이라는 말이며, 사람의 체질을 네 개의 형상, 즉 태양인 · 태음인 · 소양인 · 소음인으로 나누어 그 체질에 따라 약을 써야 한다는 의학을 일컫는다. 이는 조선 고종 때, 의학자 이제마李濟馬가 내세운 학설이다.

글자 | 형상 **상**, 의원 **의**, 배울 **학**

출전 | 동의보감東醫寶鑑

[사상제자泗上弟子]

사상의 제자라는 말이며, 회수강淮水江의 지류인 사수泗水에서 공자가 가르친 제자를 일컫는다.

글자 | 물 이름 **사**, 윗 **상**, 공손할 **제**, 아들 **자**

출전 | 사기

[사상지도事上之道]

윗사람을 섬기는 도리라는 말이다.

글자 | 섬길 **사**, 윗 **상**, 어조사 **지**, 도리 **도**

[사색불변辭色不變]

[태연하여] 말과 얼굴빛이 조금도 변하지 않는다는 말이다.

글자 | 말씀 **사**, 빛 **색**, 아닐 **불**, 변할 **변**

[사색지국四塞之國]

사방이 막힌 나라라는 말이며, 사방이

산하山河로 막혀 방비가 견고한 나라를 일컫는다.

원문 | 兵敵四國 被山帶河 四塞以爲固
병적사국 피산대하 사색이위고

글자 | 막을 **색**, 어조사 **지**, 나라 **국**

출전 | 전국책 초책楚策

[사색지지四塞之地]

사방이 막힌 땅이라는 말이며, 사방의 지세가 험하여 쉽게 넘보지 못하는 땅이라는 뜻이다.

글자 | 막을 **색**, 어조사 **지**, 땅 **지**

[사생가판死生可判]

→ 생사가판生死可判

[사생결단死生決斷]

죽고 사는 것을 딱 잘라 결정한다는 말이다.

글자 | 죽을 **사**, 살 **생**, 정할 **결**, 끊을 **단**

출전 | 송남잡지

[사생계활死生契闊]

죽고 사는 것을 넓게 언약했다는 말이며, 생사를 함께 하기로 하고 동고동락同苦同樂한다는 뜻이다.

원문 | 死生契闊 與子成說 執子之手與子偕老
사생계활 여자성설 집자지수여자해로

글자 | 죽을 **사**, 살 **생**, 언약할 **계**, 넓을 **활**

출전 | 시경 국풍 패풍격고편邶風擊鼓篇

[사생관두死生關頭]

죽고 사는 것의 첫 관문이라는 말이며, 생사의 중요한 고비라는 뜻이다.

글자 | 죽을 **사**, 살 **생**, 관문 **관**, 시초 **두**

출전 | 송남잡지

[사생동거死生同居]

죽으나 사나 늘 함께 있다는 말이며, 다정한 부부 사이를 일컫는다.

글자 | 죽을 **사**, 살 **생**, 같을 **동**, 거할 **거**

출전 | 송남잡지

[사생동고死生同苦]

죽고 사는 고생을 같이한다는 말이며, 어떤 어려운 고생도 함께한다는 뜻이다.

글자 | 죽을 **사**, 살 **생**, 같을 **동**, 괴로울 **고**

동류 | 사지동고死地同苦

[사생유명死生有命]

죽고 사는 것은 천명天命에 달려 있다는 말이며, 사람의 힘으로는 어찌할 수 없다는 뜻이다.

글자 | 죽을 **사**, 날 **생**, 있을 **유**, 목숨 **명**

출전 | 논어 안연顔淵

[사생존망死生存亡]

살아있음과 죽어 없어짐이라는 말이다.

글자 | 죽을 **사**, 살 **생**, 있을 **존**, 없어질 **망**

ㅅ

출전 | 장자 덕충부德充符
동류 | 생사존망生死存亡

[사생존몰死生存沒]

→ 사생존망死生存亡

[사생출몰死生出沒]

→ 생사존망生死存亡

[사생취의捨生取義]

생명을 버리고 의를 취한다는 말이다.

글자 | 버릴 **사**, 목숨 **생**, 취할 **취**, 오를 **의**
출전 | 맹자 고자 상
유사 | 살신성인殺身成仁

[사서삼경四書三經]

네 가지 책과 세 가지 경전이라는 말이며, 유학儒學의 경전인 논어論語, 맹자孟子, 중용中庸, 대학大學의 4서와 시경詩經, 서경書經, 역경易經의 3경을 일컫는다.

글자 | 책 **서**, 경서 **경**

[사서오경四書五經]

네 가지 책과 다섯 가지 경전이라는 말이며, 사서삼경에 예기禮記와 춘추春秋를 더한 것이다.

글자 | 책 **서**, 경서 **경**
관련 | 사서삼경四書三經

[사서증서私署證書]

사사로이 써서 보증한 글이라는 말이며, 개인이 작성하고 서명한 문서를 일컫는다.

글자 | 사사 **사**, 쓸 **서**, 보증할 **증**, 글 **서**

[사석위호射石爲虎]

범을 잡기 위하여 돌을 쏘았다는 말이며, 일념을 가지고 하면 어떤 일이든 성취할 수 있다는 뜻이다. 돌을 범으로 잘못 보고 활을 쏘았는데, 그 화살이 돌에 박혔다는 고사에서 온 말이다.

글자 | 쏠 **사**, 돌 **석**, 할 **위**, 범 **호**
출전 | 사기 이장군열전李將軍列傳

[사석지지沙石之地]

모래와 돌의 땅이라는 말이며, 모래와 돌이 많은 메마른 땅이라는 뜻이다.

글자 | 모래 **사**, 돌 **석**, 어조사 **지**, 땅 **지**

[사설사설辭說辭說]

말하고 또 말한다는 말이며, 잔소리로 말을 자꾸 늘어놓는다는 뜻이다.

글자 | 말씀 **사**, 말씀 **설**

[사세고연事勢固然]

일의 형세가 본래 그러하다는 말이다.

글자 | 일 **사**, 형세 **세**, 진실로 **고**, 그럴 **연**

[사세난처事勢難處]

일의 형세가 처리하기 어렵다는 말이다.

글자 | 일 **사**, 형세 **세**, 어려울 **난**, 처치

할 **처**

[사세당연事勢當然]

일의 형세가 마땅히 그러하다는 말이다.

글자 | 일 **사**, 형세 **세**, 마땅 **당**, 그럴 **연**

동류 | 사세고연事勢固然

[사세부득事勢不得]

일의 형세가 부득이하다는 말이며, 형편이 그렇게 아니할 수 없다는 뜻이다.

글자 | 일 **사**, 형세 **세**, 아닐 **부**, 얻을 **득**

[사소지사些少之事]

사소한 일, 즉 자질구레한 일이라는 말이다.

글자 | 적을 **사**, 적을 **소**, 어조사 **지**, 일 **사**

[사소취대捨小取大]

작은 것을 버리고 큰 것을 취한다는 말이다.

글자 | 버릴 **사**, 작을 **소**, 취할 **취**, 큰 **대**

[사속지망嗣續之望]

잇는 바람이라는 말이며, 대를 이을 자식을 바라는 마음이라는 뜻이다.

글자 | 이을 **사**, 이을 **속**, 어조사 **지**, 바랄 **망**

[사수불패死守不敗]

죽기로 하고 지키면 패하지 아니한다는 말이다.

글자 | 죽을 **사**, 지킬 **수**, 아닐 **불**, 패할 **패**

[사수역류使水逆流]

물을 거슬러 흐르게 한다는 말이며, 자연의 도리에 어긋나게 한다는 뜻이다.

글자 | 부릴 **사**, 물 **수**, 거스를 **역**, 흐를 **류**

출전 | 관자

[사술소계詐術小計]

속이는 꾀와 작은 꾀라는 말이며, 남을 속이는 작은 계략이라는 뜻이다.

글자 | 속일 **사**, 꾀 **술**, 작을 **소**, 꾀 **계**

[사승습장死僧習杖]

죽은 중에게 몽둥이질을 한다는 말이며, 저항할 힘이 없는 사람에게 행패를 부린다는 뜻이다.

글자 | 죽을 **사**, 중 **승**, 거듭 **습**, 몽둥이 **장**

출전 | 순오지

[사시가절四時佳節]

네 때의 아름다운 때라는 말이며, 사철의 명절을 일컫는다.

글자 | 때 **시**, 아름다울 **가**, 때 **절**

[사시이비似是而非]

옳은 것 같으나 아니라는 말이며, 얼핏 비슷하지만 자세히 보니 다르다는 뜻이다. 보통 사이비似而非로 줄여서 말한다.

글자 | 같을 **사**, 옳을 **시**, 말 이을 **이**, 아닐 **비**

ㅅ

출전 | 논어 양화편, 맹자 진심 하

[사시장청四時長青]

사철에 길게 푸르다는 말이며, 1년 내내 푸른 소나무, 대나무 따위를 일컫는다.

글자 | 때 **시**, 긴 **장**, 푸를 **청**

[사시장춘四時長春]

사철이 긴 봄이라는 말이며, 사철의 어느 때나 늘 봄과 같다는 뜻이다.

글자 | 때 **시**, 긴 **장**, 봄 **춘**

[사시지서四時之序]

네 시절, 즉 춘하추동의 차례라는 말이며, 공을 이루고 명성을 얻은 자는 그 자리를 후진에게 물려주어야 한다는 말로도 쓰인다. 장자에 있는 글이다. '봄과 여름이 먼저 오고 가을과 겨울이 뒤에 오는 것은 사계四季의 순서이다.'

원문 | **四時之序 成功者去**
사 시 지 서 성 공 자 거

글자 | 때 **시**, 어조사 **지**, 차례 **서**

출전 | 사기 범수채택전范雎蔡澤傳

[사시춘풍四時春風]

사계절 봄바람이라는 말이며, 누구에게나 늘 좋은 낯으로 대하며 무사태평한 사람을 빗댄 말이다.

글자 | 때 **시**, 봄 **춘**, 바람 **풍**

[사시풍류四時風流]

사철의 어느 때나 풍류로 지낸다는 말이다.

글자 | 때 **시**, 바람 **풍**, 흐를 **류**

[사신곡복絲身穀腹]

→ 곡복사신穀腹絲身

[사신공양捨身供養]

몸을 버리고 봉양을 드린다는 말이며, 몸 전체를 부처에게 바친다는 뜻이다.

글자 | 버릴 **사**, 몸 **신**, 드릴 **공**, 봉양할 **양**

출전 | 불교

[사신상응四神相應]

[사방의] 네 신이 서로 응한다는 말이며, 동쪽의 청룡青龍, 서쪽의 백호白虎, 남쪽의 주작朱雀, 북쪽의 현무玄武가 서로 잘 맞는다는 뜻이다.

글자 | 귀신 **신**, 서로 **상**, 응할 **응**

[사신성도捨身成道]

몸을 버리고 도리를 이룬다는 말이며, 속세를 떠나 불문에 들어가 도를 닦는다는 뜻이다.

글자 | 버릴 **사**, 몸 **신**, 이룰 **성**, 도리 **도**

[사신왕생捨身往生]

몸을 버리고 [극락세계에] 가서 태어난다는 말이며, 스스로 목숨을 끊고 저승으로 간다는 뜻이다.

글자 | 버릴 **사**, 몸 **신**, 갈 **왕**, 날 **생**

[사신인수蛇身人首]

뱀의 몸에 사람의 머리라는 말이며, 중국 복희씨伏羲氏의 괴상한 모양을 일컫는다.

글자 | 뱀 **사**, 몸 **신**, 사람 **인**, 머리 **수**

[사실무근事實無根]

사실에 뿌리가 없다는 말이며, 터무니없다는 뜻이다.

글자 | 일 **사**, 사실 **실**, 없을 **무**, 뿌리 **근**

[사심불구蛇心佛口]

뱀의 마음과 부처의 입이라는 말이며, 마음은 간악하되 입으로는 착한 척 하는 사람을 빗댄 말이다.

글자 | 뱀 **사**, 마음 **심**, 부처 **불**, 입 **구**

[사심자시師心自是]

마음을 본받아 스스로 옳다고 한다는 말이며, 자기 생각만을 옳다고 주장한다는 뜻이다.

글자 | 본받을 **사**, 마음 **심**, 스스로 **자**, 옳을 **시**

출전 | 안씨가훈

[사심탑지死心塌地]

죽을 마음으로 낮은 땅에 간다는 말이며, 충심으로 복종한다는 뜻이다.

글자 | 죽을 **사**, 마음 **심**, 낮은 땅 **탑**, 땅 **지**

출전 | 서상기西廂記

[사십불혹四十不惑]

→불혹지년不惑之年

[사십초말四十初襪]

마흔 살에 첫 버선이라는 말이며, 나이 들어 처음으로 일을 해본다는 뜻이다. 바느질 솜씨가 아주 없는 여인이 남편의 나이 40에 겨우 버선 한 켤레를 지었다. 다음 날 남편은 자랑이라도 하듯 그 버선을 신고 출근했다. 이를 본 동료들이 웬 자루를 신고 왔느냐고 하자, 그는 '어찌 되었건 갓 마흔에 아내가 지은 첫 버선일세.' 라며 대견스러워했다는 고사에서 온 말이다.

글자 | 처음 **초**, 버선 **말**

출전 | 송남잡지

[사아불언似啞不言]

벙어리같이 말하지 않는다는 말이며, 말과 같지 않은 말은 대답하지 않는다는 뜻이다.

글자 | 같을 **사**, 벙어리 **아**, 아닐 **불**, 말씀 **언**

[사양장랑使羊將狼]

양으로 이리의 장수를 삼는다는 말이며, 힘이 약한 사람에게 강한 사람을 부리게 한다는 뜻이다.

글자 | 부릴 **사**, 양 **양**, 장수 **장**, 이리 **랑**

출전 | 사기 유후세가留侯世家

ㅅ

[사양지심辭讓之心]

사양하는 마음, 곧 남에게 양보하는 겸허한 마음이라는 뜻이다. 맹자의 글이다. '사양하는 마음은 예禮의 실마리이다.'

원문 | 辭讓之心 禮之端也
사 양 지 심 예 지 단 야

글자 | 사양할 **사**, 사양할 **양**, 어조사 **지**, 마음 **심**

출전 | 맹자 공손추公孫丑 상

[사어안락死於安樂]

편안하고 즐거운 가운데 죽는다는 말이다.

원문 | 生於患憂 死於安樂
생 어 환 우 사 어 안 락

글자 | 죽을 **사**, 어조사 **어**, 편안 **안**, 즐거울 **락**

출전 | 맹자 고자告子 하

[사어지천射魚指天]

하늘을 향하여 물고기를 쏜다는 말이며, 물에서 구해야 할 물고기를 하늘에서 구한다는 뜻이다.

글자 | 쏠 **사**, 고기 **어**, 지시할 **지**, 하늘 **천**

출전 | 설원 존현편尊賢篇

[사엄도존師嚴道尊]

스승이 엄하면 도리가 높아진다는 말이다.

원문 | 師嚴然後道尊
사 엄 연 후 도 존

글자 | 스승 **사**, 엄할 **엄**, 도리 **도**, 높을 **존**

출전 | 예기 학기學記

[사여불우使予不遇]

나로 하여금 만나지 못하게 한다는 말이며, 내가 만날 수 없도록 한다는 뜻이다.

원문 | 臧氏之子焉能使予不遇哉
장 씨 지 자 언 능 사 여 불 우 재

글자 | 하여금 **사**, 나 **여**, 아닐 **불**, 만날 **우**

출전 | 맹자 양혜왕 하

[사역구난事易求難]

일은 쉬운데 어려운 것을 구한다는 말이며, 쉬운 일을 어렵게 한다는 뜻이다.

글자 | 일 **사**, 쉬울 **역**, 구할 **구**, 어려울 **난**

[사영배궁蛇影杯弓]

→ 배궁사영杯弓蛇影

[사욕속후死欲速朽]

죽으면 빨리 썩고 싶다는 말이며, 죽은 뒤의 시체는 빨리 썩는 것이 좋다는 뜻이다.

글자 | 죽을 **사**, 하고자 할 **욕**, 빠를 **속**, 썩을 **후**

출전 | 예기 단궁 상

[사욕편정邪慾偏情]

간사한 욕심과 치우친 정이라는 말이며, 정리正理에 어긋나는 온갖 정욕을 일컫는다.

글자 | 간사할 **사**, 욕심 **욕**, 치우칠 **편**, 뜻 **정**

[사우춘반四隅春盤]

네 모퉁이의 봄 소반이라는 말이며, 사방에 잘 차려 놓은 봄철의 밥상과 같이 용모가 매우 풍만하다는 뜻이다.

글자 | 모퉁이 **우**, 봄 **춘**, 소반 **반**

출전 | 대동야승

[사운지시四韻之詩]

네 운의 시라는 말이며, 네 군데 운을 받은 율시律詩를 일컫는다.

글자 | 운 **운**, 어조사 **지**, 글 **시**

[사위무실詐僞無實]

속임과 거짓은 열매가 없다는 말이며, 사기와 거짓은 이득이 없다는 뜻이다.

글자 | 속일 **사**, 거짓 **위**, 없을 **무**, 열매 **실**

[사위주호死爲酒壺]

죽어서 술병이 된다는 말이며, 술을 너무 좋아한다는 뜻이다.

글자 | 죽을 **사**, 될 **위**, 술 **주**, 입 좁고 복부가 벌어진 항아리 병 **호**

출전 | 세설신어

[사유삼장史有三長]

사관史官은 세 가지 장점을 지녀야 한다는 말이며, 그 세 가지는 재才 · 학學 · 식識을 일컫는다.

원문 | 史有三長 才學識 世罕兼之
사유삼장 재학식 세한겸지

글자 | 사관 **사**, 있을 **유**, 잘할 **장**

출전 | 당서 유지기전劉知幾傳

[사유여고死有餘辜]

죽어도 남는 허물이 있다는 말이며, 죽어도 그 죄를 갚을 수 없다는 뜻이다.

글자 | 죽을 **사**, 있을 **유**, 남을 **여**, 허물 **고**

출전 | 한서

[사유쟁우士有爭友]

선비도 다투는 벗이 있다는 말이며, 충고하는 벗이 있다는 뜻이다.

원문 | 士有爭友 則身不離於令名
사유쟁우 즉신불리어령명

글자 | 선비 **사**, 있을 **유**, 다툴 **쟁**, 벗 **우**

출전 | 효경 간쟁장諫諍章

[사유종시事有終始]

일에는 끝과 처음이 있다는 말이며, 일을 하는 데는 그 중요도에 따른 순서를 분간해야 한다는 뜻도 있다.

글자 | 일 **사**, 있을 **유**, 끝날 **종**, 비로소 **시**

출전 | 대학 대학경

[사은발원絲恩髮怨]

실 같은 은혜와 터럭 같은 원한이라는 말이며, 작은 은혜와 원한을 일컫는다.

글자 | 실 **사**, 은혜 **은**, 터럭 **발**, 원한 **원**

출전 | 자치통감自治通鑑

[사은숙배謝恩肅拜]

[임금의] 은혜에 감사하여 엄숙히 절

한다는 말이다.

글자 | 사례할 **사**, 은혜 **은**, 엄숙할 **숙**, 절 **배**

[사이가명死而可瞑]

죽어서 눈을 감을 수 있다는 말이다.

글자 | 죽을 **사**, 말 이을 **이**, 옳을 **가**, 눈 감을 **명**

[사이무감死而無憾]

죽어도 서운함이 없다는 말이다. 중국 철학가 남회근이 한 말이다. '사람이 인생을 살면서 나를 알아줄 한 사람의 지기知己만 얻는다면 죽어도 여한이 없을 것이다.'

원문 | 人生得一知己 死而無憾
인 생 득 일 지 기 사 이 무 감

글자 | 죽을 **사**, 말 이을 **이**, 없을 **무**, 서운할 **감**

[사이무회死而無悔]

죽어도 후회는 없다는 말이며, 분별없거나 무턱대고 덤비는 사람을 일컫는다.

원문 | 死而無悔者
사 이 무 회 자

글자 | 죽을 **사**, 말 이을 **이**, 없을 **무**, 뉘우칠 **회**

출전 | 논어 술이述而

[사이밀성事以密成]

일은 비밀로써 이루어진다는 말이며, 사업은 은밀히 추진해야 성취된다는 뜻이다.

원문 | 事以密成 語以泄敗
사 이 밀 설 어 이 설 패

글자 | 일 **사**, 써 **이**, 비밀할 **밀**, 이룰 **성**

출전 | 한비자 설난편說難篇

[사이불망死而不亡]

죽어도 없어지지 않는다는 말이며, 후세에 덕을 남기는 것이 진정한 장수長壽라는 뜻이다.

원문 | 死而不亡者壽
사 이 불 망 자 수

글자 | 죽을 **사**, 말 이을 **이**, 아닐 **불**, 없어질 **망**

출전 | 노자 33장

[사이불후死而不朽]

죽어도 썩지 않는다는 말이며, 사람은 죽어도 그의 덕행과 업적과 훌륭한 말은 영원히 남는다는 뜻이다.

글자 | 죽을 **사**, 말 이을 **이**, 아닐 **불**, 썩을 **후**

출전 | 춘추좌씨전 양공襄公 하

[사이비자似而非者]

같지 않은 사람이라는 말이며, 겉과 속이 다른 사람을 일컫는다.

글자 | 같을 **사**, 말 이을 **이**, 아닐 **비**, 놈 **자**

출전 | 맹자 진심盡心 상

[사이지차事已至此]

일이 이미 이에 이르렀다는 말이며, 후회해도 이제는 소용이 없다는 뜻이다.

글자 | 일 **사**, 이미 **이**, 이를 **지**, 이 **차**

[사이후이死而後已]

죽어서야 끝난다는 말이며, 살아있는 한 끝까지 힘쓴다는 뜻이다. 논어에 있는 글이다. '죽은 뒤에야 그만두는 것이니 또한 갈 길이 멀지 않은가.'

원문 | 死而後已 不亦遠乎
사 이 후 이 불 역 원 호

글자 | 죽을 **사**, 말 이을 **이**, 늦을 **후**, 이미 **이**

출전 | 논어 태백泰伯

유사 | 폐이후이斃而後已

[사이휴이死而休已]

죽어야 쉬고 그친다는 말이며, 죽을 때까지 쉬지 않고 일한다는 뜻이다.

글자 | 죽을 **사**, 말 이을 **이**, 쉴 **휴**, 그칠 **이**

[사인대참使人大慚]

사람으로 하여금 크게 부끄럽게 한다는 말이다.

글자 | 하여금 **사**, 사람 **인**, 큰 **대**, 부끄러워할 **참**

[사인도용私印盜用]

사사로운 도장을 훔쳐서 쓴다는 말이며, 남의 도장을 훔쳐 쓴다는 뜻이다.

글자 | 사사 **사**, 도장 **인**, 훔칠 **도**, 쓸 **용**

[사인사질斯人斯疾]

이 사람이 이런 병에 걸리다니!라는 말이며, 아까운 사람이 병에 걸려 죽게 되었다는 뜻이다.

원문 | 斯人而有此疾
사 인 이 유 차 질

글자 | 이 **사**, 사람 **인**, 병 **질**

출전 | 논어 옹야雍也

[사인여천事人如天]

한울님[하느님]과 같이 사람을 섬긴다는 말이다.

글자 | 섬길 **사**, 사람 **인**, 같을 **여**, 하늘 **천**

출전 | 천도교

[사인위조私印僞造]

사사로운 도장을 거짓으로 만든다는 말이며, 남의 도장을 몰래 만든다는 뜻이다.

글자 | 사사 **사**, 도장 **인**, 거짓 **위**, 만들 **조**

[사일성복四日成服]

나흘째 날에 입는 것을 이룬다는 말이며, 사람이 죽은 지 나흘째 되는 날에 상주 이하의 복인服人들이 상복을 입는다는 뜻이다.

글자 | 날 **일**, 이룰 **성**, 입을 **복**

[사자분신獅子奮迅]

사자가 성내어 빠르다는 말이며, 부처가 위대한 힘으로 번뇌를 부수고 홀연히 도의 깨우침을 나타낸다는 뜻이다.

글자 | 사자 **사**, 아들 **자**, 성낼 **분**, 빠를 **신**

출전 | 법화경

유사 | 분투노력奮鬪努力

[사자상승師資相承]

스승의 밑천을 서로 잇는다는 말이며, 제자에게 학문·예능·기능 등을 승계한다는 뜻이다.

글자 | 스승 **사**, 밑천 **자**, 서로 **상**, 이을 **승**

동류 | 사자상전師資相傳

[사자성어四字成語]

→ **사자숙어四字熟語**

[사자숙어四字熟語]

네 글자의 익은 말이라는 말이며, 네 글자로 된 두 개 이상의 낱말이 합쳐져 하나의 뜻을 나타내며 마치 하나의 낱말처럼 사용되는 말을 일컫는다.

글자 | 글자 **자**, 익을 **숙**, 말씀 **어**

동류 | 사자성어四字成語

[사적멸궁四寂滅宮]

사방이 고요하고 끊긴 궁전이라는 말이며, 불상佛像을 모시지 않은 법당을 일컫는다.

글자 | 고요할 **적**, 끊길 **멸**, 궁전 **궁**

[사전지국四戰之國]

네 곳에서 싸울 수 있는 나라라는 말이며, 지형상 사방 어느 곳에서도 적의 침입이 가능한 나라라는 뜻이다.

글자 | 싸울 **전**, 어조사 **지**, 나라 **국**

출전 | 사기

[사정사정事情事情]

일의 실정을 거듭 말한다는 말이며, 남에게 일의 형편이나 까닭을 여러 가지로 자꾸 말한다는 뜻이다.

글자 | 일 **사**, 실정 **정**

[사제사초事齊事楚]

제나라를 섬길까 초나라를 섬길까라는 말이며, 가운데 끼어 이러지도 저러지도 못하는 딱한 사정을 빗댄 말이다.

원문 | 閒於齊楚 事齊乎 事楚乎?
한 어 제 초 사 제 호 사 초 호

글자 | 섬길 **사**, 제나라 **제**, 초나라 **초**

출전 | 맹자 양혜왕 하

[사제삼세師弟三世]

스승과 제자가 세 개의 세상에 걸친다는 말이며, 스승과 제자의 인연은 전세前世, 현세, 내세까지 계속되는 밀접한 관계라는 뜻이다.

글자 | 스승 **사**, 제자 **제**, 세상 **세**

[사제지간師弟之間]

스승과 제자의 사이라는 말이다.

글자 | 스승 **사**, 아우 **제**, 어조사 **지**, 사이 **간**

[사조단자四祖單子]

네 조상의 이름을 적은 간단한 씨라는 말이며, 네 조상의 이름과 생년월일, 벼슬 등을 적은 간지簡紙를 일컫는다.

글자 | 조상 **조**, 홑 **단**, 씨 **자**

[사존거비辭尊居卑]

높은 것을 사양하고 낮은 것에 머문다는 말이며, 높은 자리를 사양하고 낮은 자리를 취한다는 뜻이다.

글자 | 사양 **사**, 높을 **존**, 머물 **거**, 낮을 **비**

[사죄지은赦罪之恩]

죄를 사하여 주신 은혜라는 말이며, 죄를 용서하여 주시는 하나님의 은혜라는 뜻이다.

글자 | 죄 사할 **사**, 죄지을 **죄**, 어조사 **지**, 은혜 **은**

출전 | 신약성서

[사주단자四柱單子]

네 기둥을 적은 간단한 씨라는 말이며, 혼인을 정하고 신랑 집에서 신부 집으로 신랑의 사주(태어난 해·달·날·시의 육십갑자)를 적어 보내는 간지簡紙를 일컫는다.

글자 | 기둥 **주**, 홑 **단**, 씨 **자**

[사주팔자四柱八字]

사주의 여덟 글자라는 말이며, 사주단자에 적는 육십갑자의 여덟 글자를 일컫는다.

글자 | 기둥 **주**, 글자 **자**

동류 | 사주단자四柱單子

[사죽관현絲竹管絃]

줄과 대나무와 대롱과 줄 풍류라는 말이며, 줄로 만든 현악기와 대롱으로 만든 관악기 모두를 일컫는다.

글자 | 풍류 이름 **사**, 대 **죽**, 대롱 **관**, 줄 풍류 **현**

출전 | 한서 장우전張禹傳

[사중구생死中求生]

→ 사중구활死中求活

[사중구활死中求活]

죽음 가운데서 살 길을 찾는다는 말이며, 실패에서 활로를 찾는다는 비유로도 쓰인다.

글자 | 죽을 **사**, 가운데 **중**, 구할 **구**, 살 **활**

출전 | 후한서

동류 | 사중구생死中求生

[사중우어沙中偶語]

모래톱 가운데서 짝지어 수군거린다는 말이며, 신하가 역모를 논의한다는 뜻이다. 이는 한고조 유방이 공신들에게 벼슬을 나누어주자 벼슬을 받지 못한 여러 장수들이 사지沙地에 둘러 앉아 역모를 꾀했다는 고사에서 온 말이다.

글자 | 모래 **사**, 가운데 **중**, 짝 **우**, 말씀 **어**

출전 | 사기 유후세가留侯世家

동류 | 사구지모砂丘之謀

[사즉기결思則氣結]

생각하면 곧 기운이 맺힌다는 말이며, 한 생각을 골똘히 하게 되면 자신도

ㅅ

모르게 그 생각에 빠진다는 뜻이다. 한 생각 속으로 빠지면 상하좌우로 활발히 움직이지 못하게 되고 기운이 명치 쪽에 맺히게 되어 소화가 안 되고 속이 쓰리게 된다.

글자 | 생각 **사**, 곧 **즉**, 기운 **기**, 맺을 **결**

[사즉동혈死則同穴]

죽으면 곧 같은 굴에 들어간다는 말이며, 죽으면 남편과 아내가 같은 무덤에 묻힌다는 뜻이다.

원문 | **生則同室 死則同穴**
생 즉 동 실 사 즉 동 혈

글자 | 죽을 **사**, 곧 **즉**, 같을 **동**, 굴 **혈**

출전 | 시경 용풍鄘風

[사즉득지思則得之]

생각하면, 곧 얻는다는 말이다.

글자 | 생각 **사**, 곧 **즉**, 얻을 **득**, 어조사 **지**

[사즉실지舍則失之]

놓으면 곧 잃게 된다는 말이며, 꽉 쥐고 있어야 한다는 뜻이다.

원문 | **求則得之 舍則失之**
구 즉 득 지 사 즉 실 지

글자 | 놓을 **사**, 곧 **즉**, 잃을 **실**, 어조사 **지**

출전 | 맹자 진심 상

[사지곡직事之曲直]

일의 굽음과 곧음이라는 말이며, 일의 옳고 그름이라는 뜻이다.

글자 | 일 **사**, 어조사 **지**, 굽을 **곡**, 곧을 **직**

[사지궤장賜之几杖]

[임금이] 주는 안석과 지팡이라는 말이며, 오랫동안 나라에 봉사한 70세가 넘은 신하에게 주는 하사품을 일컫는다.

글자 | 줄 **사**, 어조사 **지**, 안석 **궤**, 지팡이 **장**

[사지동고死地同苦]

죽을 땅에서 괴로움을 같이한다는 말이며, 어려움을 함께 겪는다는 뜻이다.

글자 | 죽을 **사**, 땅 **지**, 같을 **동**, 괴로울 **고**

[사지문지使之聞之]

남을 시켜서 듣게 한다는 말이며, 자기의 생각을 제3자를 통해서 전한다는 뜻이다.

글자 | 부릴 **사**, 어조사 **지**, 들을 **문**

출전 | 논어 양화편陽貨篇

[사지삼혹四知三惑]

넷이 알고 세 가지가 미혹한다는 말이며, 비밀이 없고 유혹이 많다는 뜻이다. 중국 한나라 때 뇌물을 남모르게 밤에 가져온 창읍 현령 왕밀에게 양진楊震이 말했다. '하늘이 알고, 귀신이 알고, 자네와 내가 아네.' (사지四知) 양진의 아들 또한 벼슬에 올라 청렴으로 사람들의 기림을 받으며 말했다. '나는 술과 여색, 재물 이 세 가지에 흔들리지 않았다.' (삼혹三惑)

글자 | 알 **지**, 미혹할 **혹**

[사지상응四地相應]

→ 사신상응四神相應

[사지오등死之五等]

죽음의 다섯 등급을 말하며, 이는 신분에 따라 천자天子는 붕崩, 제후諸侯는 훙薨, 대부大夫는 졸卒, 선비는 불록不祿, 서인庶人은 사死라 일컫는다.

글자 | 죽을 **사**, 어조사 **지**, 무리 **등**

출전 | 예기 곡례曲禮

[사지유무事之有無]

일의 있음과 없음이라는 말이다.

글자 | 일 **사**, 어조사 **지**, 있을 **유**, 없을 **무**

[사직권고辭職勸告]

직분을 사양할 것을 권하여 알린다는 말이며, 직장을 떠날 것을 권한다는 뜻이다.

글자 | 사양할 **사**, 직분 **직**, 권할 **권**, 알릴 **고**

[사직상소辭職上疏]

직분을 사양하겠다는 상소문을 [임금에게] 올린다는 말이다.

글자 | 사양할 **사**, 직분 **직**, 올릴 **상**, 상소할 **소**

[사직위허社稷爲墟]

사직이 폐허가 되었다는 말이며, 나라가 망했다는 뜻이다. 사직은 나라의 수호신으로서 토지신土地神과 오곡신五穀神을 말하는데, 지금은 국가와 같은 말로 변했다.

글자 | 땅 귀신 **사**, 곡식의 신 **직**, 할 **위**, 빌 **허**

출전 | 회남자

동류 | 국구위허國丘爲墟

[사직지기社稷之器]

→ 사직지신社稷之臣

[사직지신社稷之臣]

땅과 곡식, 즉 나라의 중신이라는 말이며, 나라의 안위와 존망을 한 몸에 맡은 중신을 일컫는다.

글자 | 땅 귀신 **사**, 곡식의 신 **직**, 어조사 **지**, 신하 **신**

출전 | 전국책 제책齊策, 순자 신도편臣道篇

동류 | 주석지신柱石之臣

[사직지신社稷之神]

나라의 귀신이라는 말이며, 사직단에 모신 토신土神과 곡신穀神을 일컫는다.

글자 | 땅 귀신 **사**, 곡신의 신 **직**, 어조사 **지**, 귀신 **신**

출전 | 논어 계씨季氏

[사직차지社稷次之]

사직은 다음이라는 말이며, 조정朝廷보다 백성이 먼저라는 뜻이다.

원문 | 民爲貴 社稷次之 君爲輕
민 위 귀 사 직 차 지 군 위 경

글자 | 귀신 **사**, 사직 **직**, 다음 **차**, 어조

사 **지**
출전 | 맹자 진심 하

[**사진신퇴**巳進申退]

사시巳時에 나아가고 신시申時에 물러난다는 말이며, 아침 9~11시에 출근하고 오후 3~5시에 퇴근한다는 뜻이다.

글자 | 여섯째 지지地支 **사**, 나아갈 **진**, 아홉째 **신**, 물러날 **퇴**

[**사차불피**死且不避]

죽는다 하여도 또한 피할 수 없다는 말이다.

글자 | 죽을 **사**, 또 **차**, 아닐 **불**, 피할 **피**

[**사차불후**死且不朽]

죽더라도 썩지는 않는다는 말이며, 몸은 죽어 없어져도 명성과 업적은 길이 후세에 남는다는 뜻이다.

글자 | 죽을 **사**, 또 **차**, 아닐 **불**, 썩을 **후**
출전 | 춘추좌씨전 희공僖公 하

[**사천월협**思穿月脅]

생각이 달의 갈비를 꿰뚫는다는 말이며, 문장 속에 포함된 사상이 매우 뛰어난다는 뜻이다.

글자 | 생각 **사**, 꿸 **천**, 달 **월**, 갈비 **협**
출전 | 조선왕조 13대 명종실록

[**사천입명**事天立命]

하늘을 섬겨 명령을 세운다는 말이며, 천명을 받들어 세운다는 뜻이다.

글자 | 섬길 **사**, 하늘 **천**, 설 **입**, 명령할 **명**
출전 | 맹자 진심盡心 상

[**사청구려**詞淸句麗]

글이 맑고 글 구절이 맑다는 말이며, 문장이 매우 아름답다는 뜻이다.

글자 | 글 **사**, 맑을 **청**, 글 구절 **구**, 맑을 **려**
출전 | 균여전均如傳

[**사청사우**乍晴乍雨]

잠깐 개었다가 잠시 비가 내린다는 말이며, 변덕스러운 사람의 인심을 빗댄 말이다. 조선 전기 생육신의 한 사람인 김시습金時習의 시에서 유래한다. '잠시 개었다가 비 내리고 비 내리다 다시 개니, 하늘의 이치가 이러할진대 세상인심이야 어떠랴.'

원문 | 乍晴乍雨雨還晴天道猶然況世情
사 청 사 우 우 환 청 천 도 유 연 황 세 정

글자 | 잠깐 **사**, 갤 **청**, 비 **우**
출전 | 김시습의 칠언율시七言律詩

[**사체불근**四體不勤]

네 몸을 부지런히 아니한다는 말이며, 사지를 부지런히 움직이지 않고 오곡을 구분할 줄도 모른다는 뜻이다.

원문 | 四體不勤 五穀不分
사 체 불 근 오 곡 불 분

글자 | 몸 **체**, 아닐 **불**, 부지런할 **근**
출전 | 논어 미자편

[사친봉제事親奉祭]

어버이를 섬기며 제사를 받든다는 말이다.

글자 | 섬길 **사**, 어버이 **친**, 받들 **봉**, 제사 **제**

[사친위대事親爲大]

어버이 섬기기를 크게 하라는 말이며, 어버이를 섬기는 것이 가장 중요하다는 뜻이다.

글자 | 섬길 **사**, 어버이 **친**, 할 **위**, 큰 **대**

[사친이효事親以孝]

어버이를 효로써 섬기라는 말이며, 화랑정신인 세속오계世俗五戒 중의 하나이다.

글자 | 섬길 **사**, 어버이 **친**, 써 **이**, 효도 **효**

[사친지도事親之道]

어버이를 섬기는 도리라는 말이다.

글자 | 섬길 **사**, 육친 **친**, 어조사 **지**, 도리 **도**

출전 | 맹자 이루離婁 상

[사택망처徙宅忘妻]

→ 사가망처徙家忘妻

[사통오달四通五達]

4방으로 통하고 5방으로 닿는다는 말이며, 길이나 교통망 · 통신망 등이 막힘없이 사방으로 통한다는 뜻이다.

글자 | 통할 **통**, 이를 **달**

출전 | 사기 역생육가열전

동류 | 사통팔달四通八達

[사통팔달四通八達]

사방으로 통하고 팔방으로 닿는다는 말이며, 교통망이 발달하였다는 것과 발달한 그 지역을 뜻한다.

글자 | 통할 **통**, 이를 **달**

출전 | 자화자子華子 문당問黨

동류 | 사통오달四通五達

[사팔허통四八虛通]

사면팔방이 허전하게 뚫렸다는 말이다.

글자 | 빌 **허**, 통할 **통**

[사패기지賜牌基地]

호패로 준 터라는 말이며, 나라의 임금이 내려주던 터를 일컫는다.

글자 | 줄 **사**, 호패 **패**, 터 **기**, 땅 **지**

[사패지지賜牌之地]

호패로 준 땅이라는 말이며, 임금이 내려준 땅이라는 뜻이다.

글자 | 줄 **사**, 호패 **패**, 어조사 **지**, 땅 **지**

[사포도청私捕盜廳]

사사로이 도둑을 잡는 관청이라는 말이며, 조선시대에 백성을 함부로 잡아다가 형벌하던 권세 있는 집을 비꼬아 이르는 말이다.

글자 | 사사 **사**, 사로잡을 **포**, 도둑 **도**,

ㅅ

관청 **청**

[사풍세우斜風細雨]

비껴 부는 바람과 가늘게 내리는 비라는 말이다.

글자 | 비낄 **사**, 바람 **풍**, 가늘 **세**, 비 **우**

[사필귀정事必歸正]

[모든] 일은 반드시 바른 것으로 돌아간다는 말이다.

글자 | 일 **사**, 반드시 **필**, 돌아갈 **귀**, 바를 **정**

[사필사경事必思敬]

일은 반드시 공경함을 생각해야 한다는 말이며, 일은 겸허한 마음으로 대해야 한다는 뜻이다.

원문 | 言必思忠 事必思敬
언필사충 사필사경

글자 | 일 **사**, 반드시 **필**, 생각 **사**, 공경 **경**

출전 | 논어 계씨季氏, 사자소학

[사필사고事必師古]

일은 반드시 옛것을 스승으로 삼아야 한다는 말이며, 모든 일은 반드시 옛것을 본받아야 한다는 뜻이다.

글자 | 일 **사**, 반드시 **필**, 스승 **사**, 옛 **고**

출전 | 삼국유사

[사학병장仕學竝長]

벼슬과 배움이 모두 많다는 말이며, 관리로서 자질과 학문이 모두 훌륭하다는 뜻이다.

글자 | 벼슬 **사**, 배울 **학**, 다 **병**, 많을 **장**

출전 | 논어 자장편子張篇

[사한제분思漢齊憤]

나라를 생각하여 모두 분하다는 말이다.

글자 | 생각 **사**, 나라 **한**, 모두 **제**, 분할 **분**

출전 | 조선왕조 14대 선조실록

[사해곤궁四海困窮]

네 바다가 어렵고 궁하다는 말이며, 온 천하가 가난하다는 뜻이다. 요임금이 한 말이다. '천하가 곤궁해지면 하늘이 내려주신 천자의 자리도 영원히 끊어질 것이다.'

원문 | 四海困窮 天祿永終
사해곤궁 천록영종

글자 | 바다 **해**, 어려울 **곤**, 궁할 **궁**

출전 | 서경 우서 대우모大禹謨

[사해동포四海同胞]

네 바다의 동포라는 말이며, 세계의 모든 사람을 일컫는다.

글자 | 바다 **해**, 한 가지 **동**, 친형제 **포**

동류 | 사해형제四海兄弟

[사해용왕四海龍王]

네 바다의 용왕이라는 말이며, 동·서·남·북 네 바다 가운데 있는 용왕이라는 뜻이다.

글자 | 바다 **해**, 용 **용**, 임금 **왕**

[사해위가四海爲家]

네 바다를 집으로 삼는다는 말이며, 천하 가는 곳마다 집으로 여긴다는 뜻이다.

글자 | 바다 **해**, 할 **위**, 집 **가**

출전 | 사기 고조본기高祖本紀

[사해지내四海之內]

네 바다의 안쪽이라는 말이며, 육지, 즉 모든 나라를 일컫는다. 열자의 글이다. '이 세상 안을 해와 달로 비추어 주고.'

원문 | 四海之內 照之以日月
사해지내 조지이일월

글자 | 바다 **해**, 어조사 **지**, 안 **내**

출전 | 논어 안연, 열자 탕문

[사해파정四海波靜]

네 바다의 물결이 고요하다는 말이며, 천하가 매우 태평하다는 뜻이다.

글자 | 바다 **해**, 물결 **파**, 고요 **정**

[사해형제四海兄弟]

네 바다의 형제라는 말이며, 모든 사람이 다 형제와 같다는 뜻이다. 공자의 제자 사무우가 형의 죽음을 탄식하자 자하子夏가 위로한 말이다. '… 천하 사람 누구나가 다 형제일세. 그러니 군자라면 형제가 없다고 슬퍼할 필요가 없네.'

원문 | 四海之內 皆兄弟也
사해지내 개형제야

글자 | 바다 **해**, 형 **형**, 아우 **제**

출전 | 논어 안연顔淵

동류 | 사해동포四海同胞

[사행저경斜行抵京]

빗겨서 가도 서울에 다다른다는 말이며, 무슨 일이든지 수단과 방법을 가리지 않는다는 뜻이다.

글자 | 빗길 **사**, 갈 **행**, 다다를 **저**, 서울 **경**

출전 | 동언해

[사행행위射倖行爲]

요행을 맞추어 취하는 행위라는 말이며, 우연의 행운을 노리고 하는 도박. 복권. 홍행권의 매입 등을 일컫는다.

글자 | 맞추어 취할 **사**, 요행 **행**, 행할 **행**, 할 **위**

[사행호시蛇行虎視]

뱀처럼 다니고 호랑이처럼 본다는 말이며, 비굴하게 설설 기다가 기세 등등해진다는 뜻이다. 청나라 황균재黃鈞宰의 글이다. '권세 높은 이의 집으로 달려가 방에 들어갈 때는 뱀처럼 기어들어가서, 나설 때는 범처럼 째려보며 나오니 어찌 슬프지 않으랴.'

원문 | 奔走權貴之家 入室蛇行 出門 虎視 豈不哀哉
분주권귀지가 입실사행 출문 호시 기불애재

글자 | 뱀 **사**, 다닐 **행**, 범 **호**, 볼 **시**

출전 | 술애정述哀情

[사호입석射虎入石]

호랑이를 쏘았는데 [화살이] 돌에 들어갔다는 말이며, 정성을 들이면 안 되는 일이 없다는 뜻이다.

글자 | 쏠 **사**, 범 **호**, 들 **입**, 돌 **석**

출전 | 사기 이장군열전

동류 | 중석몰촉中石沒鏃

[사회부연死灰復燃]

죽은 재에서 불길이 다시 살아난다는 말이며, 세력을 잃었던 사람이 다시 세력을 잡는다는 뜻이다.

원문 | 死灰獨不復燃乎
사 회 독 부 복 연 호

글자 | 죽을 **사**, 재 **회**, 다시 **부(복)**, 사를 **연**

출전 | 사기 한장유韓長孺열전

[사횡시돌蛇横豕突]

뱀이 가로로 가고 돼지가 부딪친다는 말이며, 군대가 가로로 또는 돌진한다는 뜻이다.

글자 | 뱀 **사**, 가로 **횡**, 돼지 **시**, 부딪칠 **돌**

출전 | 조선왕조 15대 광해군일기

[사후공명死後功名]

죽은 뒤에 공과 이름이 난다는 말이며, 죽은 뒤에 내리는 벼슬과 시호諡號를 일컫는다.

글자 | 죽을 **사**, 뒤 **후**, 공 **공**, 이름 **명**

[사후명장死後名將]

죽은 뒤에 이름난 장수라는 말이다.

글자 | 죽을 **사**, 뒤 **후**, 이름 **명**, 장수 **장**

[사후승락事後承諾]

일이 [끝난] 뒤에 허락을 받는다는 말이며, 급한 일은 먼저 처리한 다음 허락을 받는다는 뜻이다.

글자 | 일 **사**, 뒤 **후**, 받을 **승**, 허락할 **락**

[사후약방死後藥方]

죽은 뒤의 약 처방이라는 말이며, 때가 지난 후에 소용없는 애를 쓴다는 뜻이다.

글자 | 죽을 **사**, 뒤 **후**, 약 **약**, 방법 **방**

[사후지고祀後之鼓]

제사 뒤에 북친다는 말이며, 어떤 일이 다 끝난 뒤에 쓸데없는 짓을 한다는 뜻이다.

글자 | 제사 **사**, 뒤 **후**, 어조사 **지**, 북 **고**

출전 | 조선왕조 16대 인조실록

[사후칭미死後稱美]

죽은 뒤에 아름다움을 말한다는 말이며, 죽은 뒤에 칭찬한다는 뜻이다. 조식曹植의 시문이다. '사람들 바른 선비 아끼는 것이, 범 가죽 좋아함과 비슷하구나. 살았을 적에는 못 죽여 안달하다가 죽은 뒤에 비로소 칭찬을 하네.'

원문 | 人之愛正士 好虎皮相似 生前
인 지 애 정 사 호 호 피 상 사 생 전
欲殺之 死後方稱美
욕 살 지 사 후 방 칭 미

글자 | 죽을 **사**, 뒤 **후**, 말할 **칭**, 아름다울 **미**

출전 | 조식의 시

동류 | 호피지시虎皮之詩

[삭관원찬削官遠竄]

벼슬을 빼앗고 먼 곳으로 귀양 보낸다는 말이다.

글자 | 깎을 **삭**, 벼슬 **관**, 멀 **원**, 쫓을 **찬**

[삭단동지朔單冬至]

초하룻날의 동지라는 말이며, 음력 11월 초하루에 걸리는 동지로서 20년에 한번 있는 좋은 날이다.

글자 | 초하루 **삭**, 아침 **단**, 겨울 **동**, 이를 **지**

[삭망고조朔望高潮]

초하루를 바라보는 높은 조수라는 말이며, 음력 초하루에서 보름날 사이의 만조滿潮를 일컫는다.

글자 | 초하룻날 **삭**, 바랄 **망**, 높을 **고**, 조수 **조**

[삭발염의削髮染衣]

머리털을 깎고 옷에 물들인다는 말이며, 중이 되기 위해 불문에 들어가서 머리를 깎고 검은 옷을 입는다는 뜻이다.

글자 | 깎을 **삭**, 터럭 **발**, 물들 **염**, 옷 **의**

[삭발위승削髮爲僧]

머리털을 깎고 중이 된다는 말이다.

글자 | 깎을 **삭**, 터럭 **발**, 할 **위**, 중 **승**

[삭발피치削髮被緇]

머리를 깎고 검은 옷을 입는다는 말이며, 중이 된다는 뜻이다.

글자 | 깎을 **삭**, 머리털 **발**, 입을 **피**, 검은 옷 **치**

[삭삭왕래數數往來]

세고 세는 왕래라는 말이며, 자주 왕래한다는 뜻이다.

글자 | 셀 **수**, 갈 **왕**, 올 **래**

[삭석유금鑠石流金]

돌을 녹이고 쇠를 흐르게 한다는 말이며, 더위가 심한 것을 빗댄 말이다.

원문 | 鑠石流金熱氣濃
삭 석 유 금 열 기 농

글자 | 녹일 **삭**, 돌 **석**, 흐를 **유**, 쇠 **금**

출전 | 국어, 신근식申謹植의 시

[삭족적리削足適履]

발을 깎아 신을 맞춘다는 말이며, 합리성을 무시하고 억지로 적용한다는 뜻이다.

글자 | 깎을 **삭**, 발 **족**, 맞출 **적**, 신 **리**

[삭탈관작削奪官爵]

→ 삭탈관직削奪官職

[삭탈관직削奪官職]

벼슬과 직분을 빼앗고 없앤다는 말이다.

글자 | 깎을 **삭**, 빼앗을 **탈**, 벼슬 **관**, 직분 **직**

[산가야창山歌野唱]

산과 들에서 노래를 부른다는 말이며, 시골에서 부르는 소박한 노래를 일컫는다.

글자 | 뫼 **산**, 모래 **가**, 들 **야**, 부를 **창**

[산간벽지山間僻地]

산 사이의 후미진 땅이라는 말이며, 깊은 산속의 후미진 산골을 일컫는다.

글자 | 뫼 **산**, 사이 **간**, 후미질 **벽**, 땅 **지**

[산간벽촌山間僻村]

산 사이의 후미진 마을이라는 말이다.

글자 | 뫼 **산**, 사이 **간**, 후미질 **벽**, 마을 **촌**

[산간오지山間奧地]

산 사이의 깊은 땅이라는 말이며, 산속의 아주 외진 곳을 일컫는다.

글자 | 뫼 **산**, 사이 **간**, 깊을 **오**, 땅 **지**

[산계야목山鷄野鶩]

산 꿩과 들오리라는 말이며, 성질이 사납고 거칠어서 길들이기 어려운 사람을 빗댄 말이다.

글자 | 뫼 **산**, 닭 **계**, 들 **야**, 오리 **목**

출전 | 송남잡지

[산계지험山谿之險]

산과 계곡의 험악함이라는 말이며, 자연의 요새라는 뜻이다.

글자 | 뫼 **산**, 시내 **계**, 어조사 **지**, 험할 **험**

[산고곡심山高谷深]

산은 높고 골짜기는 깊다는 말이다.

글자 | 뫼 **산**, 높을 **고**, 골짜기 **곡**, 깊을 **심**

[산고수장山高水長]

산 높고 강이 길다는 말이며, 사람됨이 청렴 고결하여 그 유풍遺風이 후세에 길이 전할 인물이라는 뜻이다. 송나라의 범중엄范仲淹이 후한의 엄광嚴光을 찬양하며 쓴 말이다.

글자 | 뫼 **산**, 높을 **고**, 물 **수**, 긴 **장**

출전 | 범중엄范仲淹의 엄선생 사당기祠堂記

[산고수청山高水淸]

산은 높고 물은 맑다는 말이며, 산천의 경치가 좋다는 뜻이다.

글자 | 뫼 **산**, 높을 **고**, 물 **수**, 맑을 **청**

[산고월소山高月小]

산은 높고 달은 작다는 말이며, 높은 산 위에 솟아오른 달을 쳐다보는 경치를 일컫는다.

글자 | 뫼 **산**, 높을 **고**, 달 **월**, 작을 **소**

출전 | 소식蘇軾의 시

[산궁수진山窮水盡]

→ 산진수궁山盡水窮

[산동해번山動海翻]

산이 움직이고 바다가 뒤집힌다는 말이며, 울리는 소리가 매우 크다는 뜻이다.

글자 | 뫼 **산**, 움직일 **동**, 바다 **해**, 뒤집힐 **번**

출전 | 창선감의록

[산란무통散亂無統]

흩어지고 어지러워 합쳐짐이 없다는 말이다.

글자 | 흩을 **산**, 어지러울 **란**, 없을 **무**, 합쳐질 **통**

출전 | 조선왕조 4대 세종실록

[산란회유產卵回遊]

[물고기가] 알을 낳기 위해 돌아온다는 말이다. 뱀장어는 강에서 바다로, 연어와 송어는 바다에서 강으로 돌아온다.

글자 | 낳을 **산**, 알 **란**, 돌아올 **회**, 나그네 **유**

[산람상기山嵐庠氣]

산의 남기嵐氣(이내)와 병의 기운이라는 말이며, 병이 생겼다는 뜻이다.

글자 | 뫼 **산**, 남기 **람**, 병 **상**, 기운 **기**

[산려소요散慮逍遙]

근심을 흩어버리고 거닐면서 노닌다는 말이며, 근심 걱정을 버리고 돌아다닌다는 뜻이다.

글자 | 흩을 **산**, 근심할 **려**, 거닐 **소**, 노닐 **요**

출전 | 천자문

[산려하대山厲河帶]

산이 숫돌이 되고 강이 띠처럼 된다는 말이며, 세상에 있을 수 없는 일이라는 뜻이다.

글자 | 뫼 **산**, 숫돌 **려**, 물 **하**, 띠 **대**

출전 | 사기

동류 | 대려지서帶厲之誓

[산류석천山溜石穿]

산과 처마 끝에서 떨어지는 물이 돌을 뚫는다는 말이며, 무슨 일이든 열심히 계속하면 성취할 수 있다는 뜻이다.

글자 | 뫼 **산**, 처마 물 **류**, 돌 **석**, 뚫을 **천**

출전 | 유향설원劉向說苑

동류 | 수적천석水滴穿石

[산림기덕山林耆德]

산과 숲에 사는 덕이 있는 늙은이라는 말이며, 벼슬하지 않고 초야에 묻혀 사는 덕망 있는 노인을 일컫는다.

글자 | 뫼 **산**, 수풀 **림**, 늙은이 **기**, 큰 **덕**

출전 | 조선왕조 19대 숙종실록

[산림문하山林門下]

산과 숲의 집안 아랫사람이라는 말이며, 벼슬을 하지 않고 산속에서 지내는 선비의 제자를 일컫는다.

글자 | 뫼 **산**, 수풀 **림**, 집안 **문**, 아래 **하**

ㅅ

[산림지사山林之士]

→ 산림처사山林處士

[산림처사山林處士]

산과 숲에 사는 선비라는 말이며, 벼슬이나 속세를 떠나 산골이나 시골에 파묻혀 글 읽기를 즐기며 지내는 선비를 일컫는다.

글자 | 뫼 **산**, 수풀 **림**, 살 **처**, 선비 **사**

출전 | 한서 양공전兩龔傳

동류 | 산림지사山林之士

[산림천택山林川澤]

산과 숲과 내와 못이라는 말이다.

글자 | 뫼 **산**, 수풀 **림**, 내 **천**, 못 **택**

[산망막심酸妄莫甚]

시큼하고 망령됨이 몹시 심하다는 말이며, 가볍고 분수없이 행동한다는 뜻이다.

글자 | 실 **산**, 망령될 **망**, 말 **막**, 심할 **심**

출전 | 송남잡지

[산명곡응山鳴谷應]

산이 울면 골짜기가 답한다는 말이며, 큰 소리가 산과 골짜기에 울려 퍼진다는 뜻이다.

글자 | 뫼 **산**, 울 **명**, 골짜기 **곡**, 응할 **응**

출전 | 소식의 후적벽부後赤碧賦

[산명수려山明水麗]

산이 밝고 물이 맑다는 말이며, 경치가 곱고 아름답다는 뜻이다.

글자 | 뫼 **산**, 밝을 **명**, 물 **수**, 고을 **려**

동류 | 산명수자山明水紫, 산명수청山明水清

[산명수자山明水紫]

→ 산자수명山紫水明

[산명수청山明水淸]

→ 산명수려山明水麗

[산명진동山鳴震動]

산이 울고 흔들리며 움직인다는 말이며, 자연이 크게 변동한다는 뜻이다.

글자 | 뫼 **산**, 울 **명**, 흔들릴 **진**, 움직일 **동**

[산무유책算無遺策]

계산에 버릴 책략이 없다는 말이며, 책략에 빈틈이 없다는 뜻이다.

글자 | 셈할 **산**, 없을 **무**, 버릴 **유**, 꾀 **책**

출전 | 진서

[산불가내酸不可耐]

신 것은 견딜 수 없다는 말이다.

원문 | 苦可耐 而酸不可耐
고가내 이산불가내

글자 | 실 **산**, 아닐 **불**, 긍정할 **가**, 견딜 **내**

출전 | 유몽영幽夢影 185편

[산불순치山不馴雉]

산이 꿩을 길들이지 못한다는 말이며, 산이 꿩을 가두지 못하듯이 도망갈 놈은 기어코 도망간다는 뜻이다.

글자 | 뫼 **산**, 아닐 **불**, 길들일 **순**, 꿩 **치**

출전 | 이담속찬耳談續纂

[산불염고山不厭高]

산은 높은 것을 싫어하지 않는다는 말이며, 산이 높을수록 좋듯이 덕도 쌓을수록 좋다는 뜻이다.

원문 | 山不厭高 水不厭深
산 불 염 고 수 불 염 심

글자 | 뫼 **산**, 아닐 **불**, 싫을 **염**, 높을 **고**

출전 | 위무제魏武帝의 단가행短歌行

[산상보훈山上寶訓]

→ 산상수훈山上垂訓

[산상설교山上說教]

→ 산상수훈山上垂訓

[산상수훈山上垂訓]

산 위에서 내린 가르침이라는 말이며, 예수의 가르침을 일컫는다. 가난한 자, 애통하는 자, 온유한 자 등의 8복을 비롯하여 살인 · 간음 · 선지자 · 화목 · 기도 · 단식 등에 관한 것으로 정의와 사랑의 종교적 철저를 안목으로 한 것이다.

글자 | 뫼 **산**, 윗 **상**, 드리울 **수**, 가르칠 **훈**

출전 | 신양성서 마태복음

동류 | 산상보훈山上報訓, 산상설교山上說教

[산상유수山上有水]

산 위에 물이 있다는 말이며, 일이 겹쳐 있다는 말로도 쓰인다.

글자 | 뫼 **산**, 윗 **상**, 있을 **유**, 물 **수**

[산수경석山水景石]

산과 물을 형상한 돌이라는 말이며, 자연의 경치를 축소한 수석壽石을 일컫는다.

글자 | 뫼 **산**, 물 **수**, 형상할 **경**, 돌 **석**

[산야지사山野之士]

산과 들의 선비라는 말이며, 재덕을 숨기고 속세를 떠나 시골에서 조용히 사는 선비를 일컫는다.

글자 | 뫼 **산**, 들 **야**, 어조사 **지**, 선비 **사**

출전 | 조선왕조실록 증보문헌비고

[산외말사山外末寺]

산 밖의 끝에 있는 절이라는 말이며, 본산本山에서 멀리 떨어져 다른 산에 있는 절간을 일컫는다.

글자 | 뫼 **산**, 바깥 **외**, 끝 **말**, 절 **사**

반대 | 산내말사山內末寺

[산용수상山容水相]

산의 모양과 물의 바탕이라는 말이며, 산천의 형세를 일컫는다.

글자 | 뫼 **산**, 형용 **용**, 물 **수**, 바탕 **상**

[산용수태山容水態]

→ 산용수상山容水相

[산음승흥山陰乘興]

산음 [땅에서] 흥이 일어났다는 말이며, 친구가 보고 싶어 만나러 갔다가 문전에서 되돌아온 고사에서 흥이 났다가 곧 사라진다는 말로 쓰인다.

원문 | 吾本乘興而行興盡而返何必見載
오본승흥이행흥진이반하필견재

글자 | 뫼 **산**, 그늘 **음**, 오를 **승**, 흥할 **흥**

출전 | 세설신어 임탄편任誕篇

[산인오조山人五條]

산 사람이 [갖추어야 할] 다섯 가지 조목이라는 말이다. ① 산흥山興이다. 산 사나이는 산수에만 탐닉하여 공명을 돌아보지 않는다. ② 산족山足이다. 깡마른 골격에 가벼운 몸으로 위태로운 곳을 오르고 험지를 건너간다. ③ 산복山腹이다. 맑은 풍광을 목격하면 문득 취한 듯 배가 불러 밥은 하루에 한 끼면 그만이고, 물은 하루에 열 번만 마시면 된다. ④ 산설山舌이다. 산의 형세를 말할라치면 형상의 오묘함을 낱낱이 묘사하고 산수의 빼어난 곳을 깊이 음미하여 시로 읊는다. ⑤ 산복山僕이다. 뜻이 통하는 하인이 싫다 않고 따라오며 기이한 경치를 찾아내고 숨겨진 곳을 들춰내어 주인에게 일러준다.

글자 | 뫼 **산**, 사람 **인**, 조목 **조**

출전 | 황면지의 황산인소전黃山人小傳

[산자수명山紫水明]

산은 자줏빛이고 강물은 맑다는 말이며, 가을 산의 아름다운 풍경을 이르는 말이다.

글자 | 뫼 **산**, 자줏빛 **자**, 물 **수**, 밝을 **명**

출전 | 뇌산양賴山陽

[산재각처散在各處]

여러 곳에 흩어져 있다는 말이다.

글자 | 흩을 **산**, 있을 **재**, 각각 **각**, 곳 **처**

[산저귀저山底貴杵]

산 밑에서 절굿공이가 귀하다는 말이며, 물건이 생산지에서 더 귀하다는 비유이다.

글자 | 뫼 **산**, 밑 **저**, 귀할 **귀**, 공이 **저**

출전 | 순오지

동류 | 산저저귀山底杵貴

[산저수애山砠水厓]

돌산과 물가라는 말이며, 속세에서 멀리 떨어진 곳이라는 뜻이다.

글자 | 뫼 **산**, 돌산 **저**, 물 **수**, 물가 **애**

[산저저귀山底杵貴]

→ 산저귀저山底貴杵

출전 | 동언해

[산전수전山戰水戰]

산에서의 싸움, 물에서의 싸움이라는 말이며, 세상의 온갖 고생과 어려움을 다 겪었다는 뜻이다.

글자 | 뫼 **산**, 싸울 **전**, 물 **수**

출전 | 손자 모공편謀攻篇

[산정무한山情無限]

산의 마음속이 한정 없다는 말이며, 산의 정취가 한없다는 뜻이다.

글자 | 뫼 **산**, 마음속 **정**, 없을 **무**, 한정 **한**

출전 | 정비석의 수필

[산정일장山靜日長]

산은 고요하고 날은 길다는 말이며, 산속에서 한적하게 지낸다는 뜻이다.

글자 | 뫼 **산**, 고요 **정**, 날 **일**, 긴 **장**

[산준수급山峻水急]

산은 험하고 물은 빠르다는 말이다.

글자 | 뫼 **산**, 험할 **준**, 물 **수**, 빠를 **급**

[산중개야山中開野]

산속에 열린 들이라는 말이다.

글자 | 뫼 **산**, 가운데 **중**, 열 **개**, 들 **야**

[산중귀물山中貴物]

산속의 귀한 물건이라는 말이며, 그 땅에서는 나지 않는 몹시 드물고 귀한 물건이라는 뜻이다.

글자 | 뫼 **산**, 가운데 **중**, 귀할 **귀**, 물건 **물**

[산중재상山中宰相]

산속의 재상이라는 말이며, 산중에 은거하면서 나라에 큰 일이 있을 때만 나와서 일을 보는 사람을 뜻한다.

글자 | 뫼 **산**, 가운데 **중**, 재상 **재**, 서로 **상**

출전 | 남사

[산중호걸山中豪傑]

산속에 있는 호걸이라는 말이며, 호랑이를 빗댄 말이다.

글자 | 뫼 **산**, 가운데 **중**, 호걸 **호**, 준걸 **걸**

[산지사방散之四方]

사방으로 흩어진다는 말이다.

글자 | 헤어질 **산**, 어조사 **지**, 방위 **방**

출전 | 송남잡지

[산지사처散之四處]

→ 산자사방散之四方

[산진수궁山盡水窮]

산이 다하고 물이 끝났다는 말이며, 첩첩산중에서 갈 길이 막혔다는 뜻이다.

글자 | 뫼 **산**, 다할 **진**, 물 **수**, 다할 **궁**

동류 | 산궁수진山窮水盡

[산진해미山珍海味]

→ 산해진미山海珍味

[산진해착山珍海錯]

→ 산해진미山海珍味

[산천경개山川景槪]

산과 내의 경치의 대강이라는 말이

며, 자연의 경치를 일컫는다.

글자 | 뫼 **산**, 내 **천**, 경치 **경**, 대강 **개**

[산천기도山川祈禱]

산과 내에 드리는 기도라는 말이며, 산천의 신령에 드리는 기도라는 뜻이다.

글자 | 뫼 **산**, 내 **천**, 빌 **기**, 빌 **도**

[산천만리山川萬里]

산과 내가 1만 리라는 말이며, 할 것이 많은 먼 길이라는 뜻이다.

글자 | 뫼 **산**, 내 **천**, 일만 **만**, 이수 **리**

[산천의구山川依舊]

산과 내는 옛날에 의지한다는 말이며, 자연의 모습은 옛날 그대로라는 뜻이다.

글자 | 뫼 **산**, 내 **천**, 의지할 **의**, 옛 **구**

[산천초목山川草木]

산과 내, 그리고 풀과 나무라는 말이며, 자연의 경치나 식물을 통틀어 일컫는다.

글자 | 뫼 **산**, 내 **천**, 풀 **초**, 나무 **목**

[산촌수곽山村水廓]

산의 마을과 물의 외성外城이라는 말이며, 시골의 여러 마을을 일컫는다.

글자 | 뫼 **산**, 마을 **촌**, 물 **수**, 외성 **곽**

[산하금대山河衿帶]

산과 물이 띠를 띠고 있다는 말이며, 산과 강이 주위를 둘러싸고 자연의 요새를 이루고 있다는 뜻이다.

글자 | 뫼 **산**, 물 **하**, 옷깃 **금**, 띠 **대**

[산하대지山河大地]

산과 강, 그리고 큰 땅이라는 말이다.

글자 | 뫼 **산**, 강 **하**, 큰 **대**, 땅 **지**

[산해진미山海珍味]

산과 바다의 보배로운 맛이라는 말이며, 온갖 산물을 다 갖추어 썩 잘 차린 맛좋은 음식을 일컫는다.

글자 | 뫼 **산**, 바다 **해**, 보배 **진**, 맛 **미**

동류 | 산진해미山珍海味

[산호만세山呼萬歲]

산처럼 높이 부르는 만세라는 말이며, 나라의 큰 의식에서 황제나 임금의 축수祝壽를 표하기 위하여 신하들이 두 손을 치켜들고 만세 또는 천세를 외치던 구호를 일컫는다.

글자 | 뫼 **산**, 부를 **호**, 일만 **만**, 해 **세**

[산호혼식珊瑚婚式]

산호의 혼인식이라는 말이며, 혼인 35주년을 기념하여 부부가 산호 제품을 선물로 주고받는 축하행사를 일컫는다.

글자 | 산호 **산**, 산호 **호**, 혼인할 **혼**, 법 **식**

[산효야채山肴野菜]

산의 안주와 들의 나물이라는 말이

며, 보잘 것 없는 음식을 일컫는다.

글자 | 뫼 **산**, 안주 **효**, 들 **야**, 나물 **채**

출전 | 옥루몽

[산후발한産後發寒]

[아이를] 낳은 뒤의 일으키는 추위라는 말이며, 아이를 낳은 뒤에 한기를 느끼는 산후풍産後風을 일컫는다.

글자 | 낳을 **산**, 뒤 **후**, 일으킬 **발**, 찰 **한**

[살기담성殺氣膽盛]

죽일 기운이 쓸개를 크게 한다는 말이며, 살기가 있어 무서움을 타지 않는다는 뜻이다.

글자 | 죽일 **살**, 기운 **기**, 쓸개 **담**, 클 **성**

[살기등등殺氣騰騰]

죽일 기운이 올랐다는 말이며, 살기가 얼굴에 잔뜩 올랐다는 뜻이다.

글자 | 죽일 **살**, 기운 **기**, 오를 **등**

[살기충천殺氣衝天]

죽일 기운이 하늘을 찌른다는 말이다.

글자 | 죽일 **살**, 기운 **기**, 찌를 **충**, 하늘 **천**

[살벌지성殺伐之聲]

죽이고 베는 소리라는 말이며, 무시무시한 느낌을 주는 소리라는 뜻이다.

글자 | 죽일 **살**, 벨 **벌**, 어조사 **지**, 소리 **성**

[살부지수殺父之讎]

아비를 죽인 원수라는 말이다. 망명지에서 돌아온 오자서伍子胥가 그의 아비를 죽인 원수, 초나라 평왕의 무덤을 파서 그 시체를 꺼내 매질하기를 3백 회 하였다.

글자 | 죽일 **살**, 아비 **부**, 어조사 **지**, 원수 **수**

출전 | 사기 오자서열전

관련 | 도행역시倒行逆施

[살생금단殺生禁斷]

생물을 죽이는 것을 금한다는 말이며, 생물을 보호하기 위한 자비의 정신을 일컫는다.

글자 | 죽일 **살**, 살 **생**, 금할 **금**, 끊을 **단**

출전 | 불교의 오계五戒

[살생유택殺生有擇]

죽이고 살리는 것을 잘 가려서 하라는 말이다. 이는 화랑정신인 세속오계 중의 하나이다.

글자 | 죽일 **살**, 살 **생**, 가질 **유**, 가릴 **택**

관련 | 화랑정신花郎精神

[살생지병殺生之柄]

죽이고 살리는 권세라는 말이다.

글자 | 죽일 **살**, 살 **생**, 어조사 **지**, 권세 **병**

[살신보국殺身報國]

몸을 죽여 나라에 갚는다는 말이며, 죽음으로써 나라에 충성한다는 뜻이다.

글자 | 죽일 **살**, 몸 **신**, 갚을 **보**, 나라 **국**

출전 | 삼국유사

[살신성인殺身成仁]

몸을 죽여 어진 일을 이룬다는 말이며, 위급한 상황에서 자신의 몸을 던져 옳은 도리를 행한다는 뜻이다. 공자가 말하기를 '지사志士와 인인仁人은 삶을 찾아 인을 해치는 일이 없고, 몸을 죽여 인을 이루는 일은 있다.'라고 하였다.

원문 | 志士仁人 無求生以 害仁
지 사 인 인 　무 구 생 이 해 인
有殺身以成仁
유 살 신 이 성 인

글자 | 죽일 **살**, 몸 **신**, 이룰 **성**, 어질 **인**

출전 | 논어 위령공衛靈公

[살육지변殺戮之變]

[무엇을 트집 잡아] 사람을 잔인하게 죽이는 변고라는 말이다.

글자 | 죽일 **살**, 죽일 **육**, 어조사 **지**, 변할 **변**

[살육지폐殺戮之弊]

욕되게 죽이는 폐단이라는 말이며, 사람을 잔인하게 죽이는 폐단이라는 뜻이다.

글자 | 죽일 **살**, 욕할 **육**, 어조사 **지**, 폐단 **폐**

[살인강도殺人强盜]

사람을 죽이는 강한 도둑이라는 말이다.

글자 | 죽일 **살**, 사람 **인**, 강할 **강**, 도둑 **도**

[살인미수殺人未遂]

사람을 죽이려다가 이루지 못했다는 말이다.

글자 | 죽일 **살**, 사람 **인**, 아닐 **미**, 이룰 **수**

[살인자사殺人者死]

사람을 죽인 자는 자기도 죽는다는 말이며, 살인한 자는 사형으로 다스린다는 뜻이다.

글자 | 죽일 **살**, 사람 **인**, 놈 **자**, 죽을 **사**

출전 | 순자 정론正論

[살지무석殺之無惜]

[죄가 매우 무거워] 죽여도 아깝지 않다는 말이다.

글자 | 죽일 **살**, 어조사 **지**, 없을 **무**, 아까울 **석**

[살처구장殺妻求將]

아내를 죽여 장군의 [자리를] 구한다는 말이며, 공명을 위해서는 수단 방법을 가리지 않는다는 뜻이다.

글자 | 죽일 **살**, 아내 **처**, 구할 **구**, 장수 **장**

출전 | 사기

[살활지권殺活之權]

죽이고 살리는 권세라는 말이다.

글자 | 죽일 **살**, 살 **활**, 어조사 **지**, 권세 **권**

[삼각관계三角關係]

셋이 다투는 관계라는 말이며, 세 사람 또는 세 단체 사이의 복잡한 이해

관계를 일컫는다.

글자 | 다툴 **각**, 관계할 **관**, 맬 **계**

[삼각동맹三角同盟]

세 모퉁이가 한 가지로 맹세한다는 말이며, 세 단위가 맺은 맹세라는 뜻이다.

글자 | 모퉁이 **각**, 한가지 **동**, 맹세 **맹**

[삼간두옥三間斗屋]

세 칸에 한 말이 있는 집이라는 말이며, 작은 집과 적은 식량이 있는 오두막집을 일컫는다.

글자 | 사이 **간**, 말 **두**, 집 **옥**

동류 | 삼간초가三間草家

[삼간초가三間草家]

세 칸짜리 초가라는 말이며, 작은 초가집을 일컫는다.

글자 | 사이 **간**, 풀 **초**, 집 **가**

동류 | 초가삼간草家三間

[삼간초옥三間草屋]

→ 삼간초가三間草家

[삼강오륜三綱五倫]

→ 삼강오상三綱五常

[삼강오상三綱五常]

세 가지 법과 다섯 가지 오래 지켜야 할 도리를 말하며, 이는 유교 도덕의 기본이 된다. 3강은 첫째, 임금에게 신하가 할 법도(君爲臣綱), 둘째, 부모에게 자식이 할 법도(父爲子綱), 셋째, 남편에게 아내가 할 법도(夫爲婦綱)이며, 5상은 인仁 · 의義 · 예禮 · 지智 · 신信, 즉 ① 군신유의君臣有義, ② 부자유친父子有親, ③ 부부유별夫婦有別, ④ 장유유서長幼有序, ⑤ 붕우유신朋友有信이다.

글자 | 법 **강**, 오랠 **상**

출전 | 맹자 등문공滕文公 상

동류 | 삼강오륜三綱五倫

[삼계유심三界唯心]

세 가지 지경은 오직 마음에 있다는 말이며, 삼계(욕계欲界, 색계色界, 무색계無色界)의 일체법은 모두 불각의 마음에 움직여서 지어진 허망한 것이어서 참으로 있다고 할 수 없으나 마음이 법이 생긴다는 관점에서 일체법은 상相으로나마 존재하지 않는 것은 아니다. 불각의 마음이 움직여 일체의 경계가 나타나므로 '마음이 생기면 갖가지 생긴다.' 고 하였고, 무명심이 사라져 경계가 따라서 없어진다면 망분별에 의한 일체법이 사라질 것이므로 '마음이 없어지면 갖가지 법이 없어진다.' 고 하였다.

글자 | 지경 **계**, 오직 **유**, 마음 **심**

출전 | 대승기신론

[삼계일심三界一心]

세 지경은 마음 하나라는 말이며, 욕계欲界, 색계色界, 무색계無色界는 모두 마음 하나에서 나온 것이라는 뜻이다.

글자 | 지경 **계**, 마음 **심**

[삼계제천三界諸天]

세 가지 세계의 여러 하늘이라는 말이며, 욕계欲界 · 색계色界 · 무색계無色界를 일컫는다. 욕계에는 사왕천四王天 · 도리천忉利天 · 야마천夜摩天 · 도솔천兜率天 · 화락천和樂天 · 타화자재천他化自在天의 여섯 하늘, 색계에는 초선천初禪天 · 이선천二禪天 · 삼선천三禪天 · 사선천四禪天의 네 하늘, 무색계에는 식무변처천識無邊處天 · 공무변처천空無邊處天 · 무소유처천無所有處天 · 비상비비상처천非想非非想處天의 네 하늘이 있다.

글자 | 지경 **계**, 모든 **제**, 하늘 **천**

[삼계팔고三界八苦]

세 가지 세계의 여덟 가지 고통이라는 말이다. 3계는 하늘의 세계(天界), 땅의 세계(地界), 사람의 세계(人界)이며 8고는 생生 · 로老 · 병病 · 사死와 애별리고愛別離苦 · 원증회고怨憎會苦 · 구불득고求不得苦 · 오음성고五陰盛苦이다.

글자 | 지경 **계**, 괴로울 **고**

출전 | 불교

[삼계화택三界火宅]

세 가지 세계는 불타고 있는 집과 같다는 말이다. 3계는 천계天界, 지계地界, 인계人界이다.

글자 | 지경 **계**, 불 **화**, 집 **택**

출전 | 법화경 비유품

[삼고모려三顧茅廬]

→ 삼고초려三顧草廬

[삼고지례三顧之禮]

세 번 돌아보고 절을 한다는 말이며, 예의를 다해서 현인을 모셔간다는 뜻이다.

글자 | 돌아볼 **고**, 예도 **례**

출전 | 삼국지 촉지 제갈량전

동류 | 삼고초려三顧草廬

[삼고초려三顧草廬]

누추한 초가집을 세 번이나 찾아갔다는 말이다. 삼국시대의 유현덕劉玄德이 와룡강臥龍崗에서 은둔생활을 하는 제갈공명諸葛孔明을 불러내기 위하여 그의 집을 세 번이나 방문한데서 유래하며 신분이나 지위가 높은 사람이 자기의 신분과 지위를 잊고 세상 사람들이 대단치 않게 여기는 사람일지라도 자기 사람으로 만들기 위해서는 겸손한 태도와 간곡한 성의를 지녀야 한다는 말로 쓰이고 있다.

원문 | 三顧臣於草廬之中
삼 고 신 어 초 려 지 중

글자 | 돌아볼 **고**, 풀 **초**, 풀집 **려**

출전 | 삼국지 제갈량전

동류 | 초려삼고草廬三顧, 삼고지례三顧

之禮

유사 | 삼고지우三顧之遇

[삼공구경三公九卿]

세 공작과 아홉 벼슬이라는 말이며, 조선시대의 세 정승, 즉 영의정, 좌의정, 우의정의 3공과 의정부 좌 · 우 참판, 6조판서, 그리고 한성판윤의 9경을 일컫는다.

글자 | 공작 **공**, 벼슬 **경**

[삼공육경三公六卿]

세 공작과 여섯 벼슬이라는 말이며, 3공은 조선시대의 정승, 즉 영의정, 좌의정, 우의정을, 6경은 6조판서를 일컫는다.

글자 | 공작 **공**, 벼슬 **경**

[삼구지위三九之位]

셋과 아홉의 벼슬이라는 말이며, 3공과 9경을 일컫는다.

글자 | 어조사 **지**, 벼슬 **위**

동류 | 삼공구경三公九卿

[삼국정립三國鼎立]

세 나라가 솥처럼 서있다는 말이며, 세 나라가 팽팽히 대립하고 있다는 뜻이다.

글자 | 나라 **국**, 솥 **정**, 설 **립**

[삼년부조三年不弔]

3년 동안 조상하지 아니한다는 말이며, 3년상을 치르는 상제가 3년 동안 상기喪期를 마칠 때까지 조상하지 못하거나 아니한다는 뜻이다.

글자 | 해 **년**, 아닐 **부**, 조상할 **조**

[삼년불비三年不飛]

[새가] 삼 년 동안 날지 않는다는 말이며, 목적을 이루기 위해서는 때를 기다리며 기회를 엿본다는 뜻이다.

원문 | 三年不飛不鳴
삼 년 불 비 불 명

글자 | 해 **년**, 아닐 **불**, 날 **비**

출전 | 사기 골계열전滑稽列傳

[삼년유성三年有成]

3년에 이룸이 있다는 말이며, 기회를 주면 3년 동안에 큰 치적을 올린다는 뜻이다. 이는 공자의 말이다.

글자 | 해 **년**, 있을 **유**, 이룰 **성**

출전 | 논어 자로편

[삼년지상三年之喪]

[부모의 상을] 3년의 상으로 치른다는 말이다. 순자에 있는 글이다. '3년의 상은 25개월로서 끝나는 것이지만 애통한 마음과 사모하는 정이야 그것으로 어찌 다할 수 있으랴!'

원문 | 三年之喪 二十五月而畢
삼 년 지 상 이 십 오 월 이 필
哀痛未盡 思慕未忘
애 통 미 진 사 모 미 망

글자 | 해 **년**, 어조사 **지**, 상사 **상**

출전 | 순자 예론편禮論篇, 중용 18

관련 | 삼년부조三年不弔, 삼년초토三年草土

[삼년지애三年之艾]

3년 [묵은] 쑥이라는 말이며, 미리 준비해 두어야 한다는 말이다. 맹자의 말이다. '오늘날 왕 노릇 하려는 자는 7년 묵은 병에 3년 묵은 약쑥을 구하려는 것과 같다. 진실로 미리 마련해 두지 않는다면 죽을 때까지 얻지 못할 것이다.'

원문 | 今之欲王者 猶七年之病求三年之艾也
금지욕왕자 유칠년지병구삼년지애야

글자 | 해 **년**, 어조사 **지**, 쑥 **애**

출전 | 맹자 이루 상

[삼년초토三年草土]

3년 동안 풀과 흙에서 산다는 말이며, 부모의 상喪에 있어서 3년 동안 거상居喪을 입는다는 뜻이다. 부모의 상을 당한 효자가 불효한 죄인이라 하여 3년 동안 베옷을 입고 초막의 땅바닥에서 지냈다는 고사에서 온 말이다.

글자 | 해 **년**, 풀 **초**, 흙 **토**

[삼노팔리三奴八吏]

세 명의 종과 여덟 명의 아전이라는 말이며, 나중에 크게 출세하여 양반이 된 사람을 일컫는다. 3노는 정도전鄭道傳, 서기徐起, 송익필宋翼弼이고, 8리는 동래 정씨, 반남 박씨, 한산 이씨, 홍양 유씨, 진보 이씨, 여흥 이씨, 여산 송씨, 창녕 서씨이다.

글자 | 종 **노**, 아전 **리**

[삼다삼무三多三無]

세 가지가 많고 세 가지가 없다는 말이며, 여자, 돌, 바람이 많고 거지, 도둑, 대문이 없는 제주도 지방을 일컫는다.

글자 | 많을 **다**, 없을 **무**

[삼다지도三多之島]

→ 삼다삼무三多三無

[삼단논법三段論法]

세 가지 층의 의논하는 방법이라는 말이며, 대전제와 소전제의 두 전제로부터 판단해서 결론으로서의 판단을 성립시키는 간접적인 추론推論을 일컫는다. 아리스토텔레스가 체계화한 형식 논리학의 대표적인 추리이다.

글자 | 층 **단**, 의논 **논**, 법 **법**

[삼대개벽三大開闢]

세 가지를 크게 연다는 말이며, 정신개벽, 민족개벽, 사회개벽을 일컫는다.

글자 | 큰 **대**, 열 **개**, 열 **벽**

[삼대일월三代日月]

3대에 걸친 날과 달이라는 말이며, 중국에서 왕도정치가 행하여졌던 하

夏·은殷·주周나라의 3대에 걸친 세월을 일컫는다.

글자 | 대수 **대**, 날 **일**, 달 **월**

[삼도득신三度得伸]

세 번 얻고 편다는 말이며, 초심初審, 재심再審, 결심結審 모두 이겼다는 뜻이다.

글자 | 법 **도**, 얻을 **득**, 펼 **신**

[삼도습의三度習儀]

세 번 법도를 익힌다는 말이며, 큰 의식이 있을 때는 세 번 미리 예행연습을 한다는 뜻이다.

글자 | 도수 **도**, 익힐 **습**, 법도 **의**

[삼도지몽三刀之夢]

칼 세 자루의 꿈이라는 말이며, 벼슬아치가 승진할 길몽을 빗댄 말이다. 진나라의 왕준이 꿈에서 들보에 칼 세 자루를 걸어 놓았는데 나중에 한 자루가 더 늘어 모두 네 자루가 걸려 있는 것을 보았다. 해몽하는 벗에게 물어보니 승진할 꿈이라 했는데, 그의 말대로 며칠 후 익주자사가 되었다는 고사에서 온 말이다.

글자 | 칼 **도**, 어조사 **지**, 꿈 **몽**

출전 | 진서

[삼동문사三冬文史]

세 겨울 동안 글과 사기를 읽는다는 말이며, 가난한 사람이 농사를 짓느라고 겨울에만 학문을 한다는 뜻이다.

글자 | 겨울 **동**, 글 **문**, 사기 **사**

출전 | 한서 동방삭전

[삼동설한三冬雪寒]

눈이 오고 추운 석 달 동안의 겨울이라는 말이다.

글자 | 겨울 **동**, 눈 **설**, 찰 **한**

[삼두육비三頭六臂]

머리가 셋이고 팔이 여섯이라는 말이며, 힘이 매우 센 사람을 이르는 말이다.

글자 | 머리 **두**, 팔 **비**

유사 | 삼면육비三面六臂

[삼라만상森羅萬象]

빽빽이 늘어선 만 가지 형상이라는 말이며, 천지의 모든 것, 또는 온갖 사물을 뜻한다.

글자 | 나무 빽빽할 **삼**, 벌릴 **라**, 일만 **만**, 형상할 **상**

출전 | 법구경法句經

유사 | 천상천하天上天下

[삼령오신三令五申]

세 번 호령하고 다섯 번 밝힌다는 말이며, 군령을 엄히 자세하게 내린다는 뜻이다. 손자孫子를 읽어 본 오나라 왕이 손무孫武를 불러 국민개병제國民皆兵制를 실시하려고 180명의 궁녀에게 제식훈련을 시켜 달라고 부탁했다. 손무는 그들을 두 대隊로 나누어 세우고 호령했으나 서로 바라보고 웃기만 할 뿐 움직이지 않아 거듭 호령했다. 그래도 듣지 않아 본보기로 대장인 두 후궁을 참수하고 호령하자 그때서야 움직였다는 고사가 있다.

글자 | 호령할 **령**, 밝힐 **신**

출전 | 사기 손자오기열전孫子吳起列傳

[삼마태수三馬太守]

세 말의 태수라는 말이며, 청백리를 일컫는다. 조선조 중종 때, 송흠宋欽이라는 태수가 타지로 옮겨 갈 때, 세 마리 말 (본인, 아내, 모친용) 외에는 받지 않았다는 고사에서 유래한다.

글자 | 말 **마**, 클 **태**, 지킬 **수**

출전 | 경국대전經國大典

[삼면육비三面六臂]

세 개의 얼굴과 여섯 개의 팔이라는 말이며, 한 사람이 여러 사람의 몫을 한다는 뜻이다.

글자 | 얼굴 **면**, 팔 **비**

유사 | 삼두육비三頭六臂

[삼목지형三木之刑]

세 가지 나무의 형벌이라는 말이며, 죄인의 목에 칼을 씌우고, 손에 수갑을 채우고, 발에 착고着錮를 채우던 형벌을 일컫는다.

글자 | 나무 **목**, 어조사 **지**, 형벌 **형**

[삼무지도三無之島]

→ 삼다삼무三多三無

[삼민주의三民主義]

세 가지 백성이 주장하는 뜻이라는 말이며, 중국의 손문이 제창한 국민당의 지도이념인 민족주의, 민권주의, 민생주의를 일컫는다.

글자 | 백성 **민**, 주장할 **주**, 뜻 **의**

[삼배박주三盃薄酒]

석 잔의 묽은 술이라는 말이며, 보잘것 없는 음식을 빗댄 말이다.

원문 | **三盃薄酒 强怡顔**
삼 배 박 주 강 이 안

글자 | 잔 **배**, 엷을 **박**, 술 **주**

출전 | 최익현崔益鉉의 시

[삼배지치三北之恥]

세 번 달아난 부끄러움이라는 말이며, 번번이 싸워서 진 부끄러움을 뜻한다.

글자 | 달아날 **배**, 어조사 **지**, 부끄러울 **치**

[삼병전술三兵戰術]

세 군사의 전술이라는 말이며, 보병, 기병, 포병의 세 병과를 다루는 근대적 전술을 일컫는다.

글자 | 군사 **병**, 싸울 **전**, 재주 **술**

[삼복백규三復白圭]

희고 맑게 잘 간 구슬을 세 번 반복한다는 말이며, 말을 신중하게 한다는 비유이다. 논어에 있는 글이다. '남용南容이 백규라는 내용의 시를 하루에 세 번 반복하여 외우니 공자가 그 형님의 딸을 그에게 아내로 삼게 했다.'

원문 | 南容三復白圭 孔子以其兄之子妻之
남용삼복백규 공자이기형지자처지

글자 | 다시 **복**, 흰 **백**, 서옥 **규**

출전 | 논어 선진先進

유사 | 삼사이행三思而行

[삼복사온三復四溫]

세 번 거듭하고 네 번 익힌다는 말이며, 책을 세 번 반복해 읽고 네 번 되풀이해 온축蘊蓄하는 독서방법을 일컫는다. 이는 중국 모택동 주석의 평생의 독서방법으로 알려져 있으며, 또한 붓을 들지 않고는 책을 읽지 않는 습관도 유명하다.

글자 | 거듭 **복**, 익힐 **온**

[삼복증염三伏蒸炎]

삼복, 즉 초복·중복·말복의 찌는 불볕더위라는 말이다.

글자 | 복 **복**, 찔 **증**, 불꽃 **염**

[삼본사고三本四固]

세 가지 근본과 네 가지 고집이라는 말이며, 나라를 다스리는 세 가지 근본과 네 가지 힘써야 할 일을 일컫는다. 삼본은 ① 덕이 그 지위에 맞는지 여부, ② 공적이 그 녹봉에 맞는지 여부, ③ 능력이 그 관직에 맞는지의 여부를 살피는 것이고, 사고는 다음과 같다. ① 지위만 높고 인仁을 시행하지 않는 사람에게 나라의 권력을 주면 안 된다. ② 현명한 이를 보고도 양보하지 않는 사람에게 높은 지위를 주면 안 된다. ③ 형벌을 행함에 종친 귀척을 피하는 사람에게 병권兵權을 주면 안 된다. ④ 농사를 좋아하지 않고 땅의 이로움을 개발하는 데 힘쓰지 않으며 부렴賦斂을 함부로 하는 사람에게 도읍을 맡기면 안 된다.

글자 | 근본 **본**, 고집할 **고**

출전 | 관자 입정편立政篇

[삼부지양三釜之養]

세 휘의 봉양이라는 말이며, 적은 녹봉이지만 부모를 봉양하는 즐거움이 있다는 뜻이다. 휘는 춘추 전국시대의 도량형의 단위로서 지금의 여섯 말 네 되에 해당한다.

글자 | 휘 **부**, 어조사 **지**, 봉양할 **양**

출전 | 장자

[삼부팔모三父八母]

세 아비와 여덟 어미라는 말이며, 친부모와 계부繼父의 3명과 적모嫡母, 계모繼母, 양모養母, 자모慈母, 가모嫁母, 출모黜母, 서모庶母, 유모乳母의 8모를 일컫는다. 이는 복제服制에서 구별하는 이름이다.

글자 | 아비 **부**, 어미 **모**

ㅅ

[삼분오열三分五裂]

셋으로 나뉘고 다섯으로 찢어진다는 말이며, 여러 갈래로 갈려 흩어진다는 뜻이다.

글자 | 나눌 **분**, 찢을 **열**

[삼분정립三分鼎立]

→ 삼국정립三國鼎立

[삼분정족三分鼎足]

→ 삼국정립三國鼎立

[삼분천하三分天下]

셋으로 나뉜 하늘 아래라는 말이며, 한 나라를 세 사람의 군주나 영웅이 나누어 차지하였다는 뜻이다.

글자 | 나눌 **분**, 하늘 **천**, 아래 **하**

[삼사대부三事大夫]

세 벼슬과 큰 벼슬이라는 말이며, 3공과 9경을 일컫는다.

글자 | 벼슬 **사**, 큰 **대**, 벼슬 이름 **부**

동류 | 삼공구경三公九卿

[삼사이행三思而行]

세 번 생각하고 행한다는 말이며, 깊이 생각해보고 행동한다는 뜻이다.

원문 | **三思而後行 子聞之曰再斯可矣**
삼사이후행 자문지왈재사가의

글자 | 생각 **사**, 말 이을 **이**, 행할 **행**

출전 | 논어 공야장편公冶長篇

[삼삼오오三三五五]

셋씩 다섯씩이라는 말이며, 사람이나 사물이 여기저기 또는 군데군데 떼지어 흩어져 있다는 뜻이다.

출전 | 이백의 채련곡採蓮曲

[삼상불문三喪不問]

→ 삼년부조三年不弔

[삼상지탄參商之歎]

삼성參星과 상성商星의 탄식이라는 말이며, 두 별이 멀리 떨어져 있는 것과 같이 두 사람이 멀리 떨어져 만나기 어려워서 한탄한다는 뜻이다.

글자 | 별 이름 **삼**, 별 이름 **상**, 어조사 **지**, 탄식할 **탄**

출전 | 두보의 시

[삼생가약三生佳約]

3생[전생 · 이승 · 저승]에 걸친 아름다운 기약이라는 말이며, 약혼을 일컫는다.

글자 | 살 **생**, 아름다울 **가**, 기약할 **약**

출전 | 춘향가

[삼생기연三生奇緣]

세 삶, 즉 전생, 현생, 후생에 걸친 기이한 인연이라는 말이며, 오랫동안 지속되는 기이한 인연을 뜻한다.

글자 | 살 **생**, 기이할 **기**, 이을 **연**

[삼생연분三生緣分]

3생[전생 · 이승 · 저승]에 걸친 연분이라는 말이며, 부부 사이의 깊은 연분을 뜻한다.

글자 | 날 **생**, 인연 **연**, 나눌 **분**

출전 | 불교

[삼생원수三生怨讐]

세 삶, 즉 전생, 이승, 저승의 원수라는 말이며, 오랫동안 잊을 수 없는 원수라는 뜻이다.

글자 | 살 **생**, 원망할 **원**, 원수 **수**

[삼생유행三生有幸]

3생[전생, 이승, 저승]에서 행운이 있다는 말이며, 매우 얻기 어려운 기회를 얻었다는 뜻이다.

글자 | 날 **생**, 있을 **유**, 다행 **행**

출전 | 불교

[삼생지양三牲之養]

세 가지 짐승으로 어버이를 봉양한다는 말이며, 삼생은 소(牛), 양(羊), 돼지(豕)를 일컫는다. 효경에 있는 글이다. '…비록 날마다 소 · 양 · 돼지의 고기로서 봉양한다 해도 오히려 불효가 될 것이니라.'

원문 | 雖日用三牲之養 繇爲弗孝也
수 일 용 삼 생 지 양 유 위 불 효 야

글자 | 짐승 **생**, 어조사 **지**, 봉양할 **양**

출전 | 효경 기효행장紀孝行章

[삼생지연三生之緣]

세 삶, 즉 전생, 이승, 저승의 인연이라는 말이며, 오랫동안의 깊은 인연을 일컫는다.

글자 | 살 **생**, 어조사 **지**, 이을 **연**

동류 | 삼생연분三生緣分

[삼성오신三省吾身]

자기 몸을 세 번 살핀다는 말이며, 자기 자신에 대하여 세 가지 반성한다는 뜻이다. 증자가 한 말이다. '나는 날마다 세 가지 점에 대하여 나 자신을 반성한다. 남을 위하여 진심을 다했는가, 벗과 사귀면서 신의를 지키지 못한 것은 없는가, 배운 것을 제대로 익히지 못한 것은 없는가.'

원문 | 吾日三省吾身
오 일 삼 성 오 신

글자 | 살필 **성**, 나 **오**, 몸 **신**

출전 | 논어 학이學而

유사 | 자원자애自怨自艾

[삼세인과三世因果]

세 세상의 원인과 결과라는 말이며, 전세, 현세, 내세에 걸쳐 영원히 유전流轉되는 인과관계를 일컫는다.

글자 | 세상 **세**, 인할 **인**, 맺힐 **과**

[삼세제불三世諸佛]

세 세상에 있는 여러 부처라는 말이며, 전세, 현세, 내세에 있는 모든 부처를 일컫는다.

ㅅ

글자 | 세상 **세**, 모두 **제**, 부처 **불**

[삼세지습三歲之習]

세 살적 버릇이라는 말이다.

글자 | 해 **세**, 어조사 **지**, 익힐 **습**

[삼세치윤三歲置閏]

음력으로 3년에 한 번씩 윤달을 두는 것을 말한다.

글자 | 해 **세**, 둘 **치**, 윤달 **윤**

[삼수갑산三水甲山]

삼수와 갑산이라는 곳을 말하며 함경남도에 있는 이곳은 지형이 험하고 교통이 불편하여 가기 어려운 곳이라 하여 어려운 지경을 빗댄 말이다.

글자 | 물 **수**, 갑옷 **갑**, 뫼 **산**

[삼수도하三獸渡河]

세 짐승 [코끼리, 말, 토끼]가 강을 건넌다는 말이며, 같은 설법을 들어도 깨닫는 정도가 각각 다르다는 뜻이다.

글자 | 짐승 **수**, 건널 **도**, 물 **하**

출전 | 불교설화

[삼순구식三旬九食]

30일에 아홉 끼니를 먹었다는 말이며, 매우 가난하다는 뜻이다.

글자 | 열흘 **순**, 먹을 **식**

출전 | 송남잡지

[삼시섭하三豕涉河]

세 마리 돼지가 강을 건넌다는 말이며, 글자를 잘못 사용한다는 뜻이다. 사관史官이 진나라 군사가 삼시三豕에 강을 건넜다고 읽자 공자의 제자 자하子夏가 삼시가 아니라 기해己亥일 것이라고 정정한 고사에서 온 말이다.

원문 | 晉帥伐秦 三豕渡河
진 수 벌 진 삼 시 도 하

글자 | 돼지 **시**, 건널 **섭**, 물 **하**

출전 | 여씨춘추

동류 | 삼시도하三豕渡河

[삼심구족三心具足]

세 마음이 흡족하게 갖추었다는 말이며, 지성심至誠心, 심심深心, 발원심發願心을 갖추었다는 뜻이다.

글자 | 마음 **심**, 갖출 **구**, 흡족할 **족**

출전 | 관무량수경觀無量壽經

[삼심양합三心兩合]

세 마음과 두 모임이라는 말이며, 이는 중국 서석린徐錫麟(1873~1907)의 독서론이다. 3심은 독서할 때 지녀야 할 세 가지 마음가짐으로써 ① 전심專心 : 모든 잡념을 배제하고 마음을 오롯이 모아 책에 몰두하는 것, ② 세심細心 : 꼼꼼히 놓치지 않고 세밀히 훑어 보는 자세, ③ 항심恒心 : 기복 없는 꾸준한 자세를 말하며, 양합은 ① 독서와 수신양덕修身養德의 결합, ② 독서와 신체단련의 결합을 중시한 것이다.

글자 | 마음 **심**, 둘 **양**, 모일 **합**
출전 | 서석린의 독서론

[삼십삼신三十三神]

33개의 귀신이라는 말이며, 관세음보살의 33개 화신을 일컫는다.

글자 | 귀신 **신**

[삼십삼천三十三天]

33개의 하늘이라는 말이며, 불교에서 구분하는 욕계欲界 6, 색계色界 18, 무색계無色界 9개의 하늘, 즉 선법당천善法堂天·산봉천山峰天·산정천山頂天 등을 일컫는다.

글자 | 하늘 **천**
출전 | 대종경大宗經

[삼십육계三十六計]

서른여섯 가지의 계책이라는 말이며, 최상의 계책은 불리할 때 도망치는 것이 상책이라는 뜻이다. 송나라 무제의 건국을 도운 단도제檀道濟가 한 말이다. '서른여섯 가지 계책 중 달아나는 것이 가장 좋은 계책이다.' 또 이는 손자병법의 계책으로서 승전계勝戰計, 적전계敵戰計, 공전계攻戰計, 혼전계混戰計, 병전계倂戰計, 패전계敗戰計의 6편으로 나누고 다시 6계씩 세분한다. 1편 승전계는 ① 만천과해瞞天過海, ② 위위구조圍魏救趙, ③ 차도살인借刀殺人, ④ 이일대로以逸待勞, ⑤ 진화타겁趁火打劫, ⑥ 성동격서聲東擊西, 2편 적전계는 ⑦ 무중생유無中生有, ⑧ 암도진창暗渡陳倉, ⑨ 격안관화隔岸觀火, ⑩ 소리장도笑裏藏刀, ⑪ 이대도강李代桃僵, ⑫ 순수견양順手牽羊, 3편 공전계는 ⑬ 타초경사打草驚蛇, ⑭ 차시환혼借屍還魂, ⑮ 조호리산調虎離山, ⑯ 욕금고종欲擒故縱, ⑰ 포전인옥抛磚引玉, ⑱ 금적금왕擒賊擒王, 4편 혼전계는 ⑲ 부저추신釜底抽薪, ⑳ 혼수막어混水摸魚, ㉑ 금선탈각金蟬脫殼, ㉒ 관문착적關門捉敵, ㉓ 원교근공遠交近攻, ㉔ 가도벌괵假道伐虢, 5편 병전계는 ㉕ 투량환주偸樑換柱, ㉖ 지상매괴指桑罵槐, ㉗ 가치부전假痴不癲, ㉘ 상옥추제上屋抽梯, ㉙ 수상개화樹上開花, ㉚ 반객위주反客爲主, 6편 패전계는 ㉛ 미인계美人計, ㉜ 공성계攻城計, ㉝ 반간계反間計, ㉞ 고육계苦肉計, ㉟ 연환계連環計, ㊱ 주위상走爲上이다.

원문 | **三十六計 走爲上計**
삼 십 육 계 주 위 상 책

글자 | 계교 **계**
출전 | 남제서南齊書

[삼십육궁三十六宮]

36개의 궁전이라는 말이며, 중국 한대漢代의 궁전으로서 제왕의 큰 궁전이라는 뜻으로 쓰인다.

글자 | 궁궐 **궁**
출전 | 반고의 서도부西都賦

[삼십육린三十六鱗]

36개의 비늘이라는 말이며, 잉어의 별

ㅅ

칭이다.

글자 | 비늘 **린**

출전 | 몽계필담夢溪筆談

[삼십이립三十而立]

30에 선다는 말이며, 학문을 하는데 있어서 30세에 세계관을 확립해야 한다는 뜻이다.

글자 | 말 이을 **이**, 설 **립**

출전 | 논어 위정爲政

관련 | 불혹지년不惑之年

[삼오지륭三五之隆]

3황皇과 5제帝의 융성함이라는 말이며, 수인씨燧人氏, 복희씨伏羲氏, 신농씨神農氏의 3황과 소호少昊, 전욱顓頊, 제곡帝嚳, 요堯, 순舜의 5제를 일컫는다.

글자 | 어조사 **지**, 성할 **륭**

출전 | 한서

[삼욕삼훈三浴三薰]

세 번 목욕하고 세 번 향을 바른다는 말이며, 몸을 늘 깨끗이 하고 향기롭게 한다는 뜻이다.

글자 | 목욕 **욕**, 향 풀 **훈**

[삼위일체三位一體]

세 자리가 한 몸이라는 말이며, 그리스도교에서 하나님 · 그리스도와 성령聖靈의 3자는 원래 하나라고 하는 교의教義를 일컫는다. 하나님 아버지인 유일신唯一神은 아들인 그리스도로서 이 세상에 내려와 성령의 형태로 인류에게 구원의 복음을 전파했다는 것을 325년 니케아(Nicaea) 회의에서 교회의 정통신앙개조正統信仰個條로 공언하였다.

글자 | 자리 **위**, 몸 **체**

출전 | 신약성경

동류 | 삼격일신三格一神

[삼읍일사三揖一辭]

세 번 읍하고 한 번 사양한다는 말이며, 벼슬길에 나갈 때는 신중해야 하고 물러날 때는 한 번에 해야 한다는 뜻이다.

글자 | 읍할 **읍**, 사양할 **사**

출전 | 예기

[삼익주의三益主義]

세 가지 이익이 옳다는 주장이라는 말이며, 사업의 이익은 자본가, 경영자와 노동자가 나누어야 한다는 주장을 일컫는다.

글자 | 더할 **익**, 주장할 **주**, 옳을 **의**

[삼인삼양三人三樣]

세 사람이 세 본보기라는 말이며, 서로 각각 다르다는 뜻이다.

글자 | 사람 **인**, 본보기 **양**

[삼인성호三人成虎]

세 사람이 호랑이를 이룬다는 말이며,

세 사람이 똑같은 말을 하면 없는 호랑이도 있는 것으로 알게 된다는 뜻이다. 방총龐葱이 위나라 태자와 함께 인질로 조나라 한단邯鄲으로 가게 되었다. 방총은 왕으로부터 다짐을 받았다. '대체로 시장에 호랑이가 나타나지 않는다는 것은 누구나 알고 있습니다. 그런데도 세 사람이 똑같은 말을 한다면 호랑이가 나타난 것이 되고 맙니다(三人言成虎). 지금 한단은 대량大梁[위나라 수도]에서 떨어져 있어 시장보다 멀고, 또 저를 모함하는 사람은 세 사람 정도가 아닙니다. 바라옵건대 왕께서는 굽어 살피십시오.' 왕은 자기가 직접 확인하기 전에는 믿지 않겠다고 약속했으나 훗날 태자가 인질에서 풀려나 돌아왔을 때 방총은 간신들의 모함에 의해 돌아오지 못하게 되었다.

원문 | 無虎明矣 然而三人言而成虎
무 호 명 의 연 이 삼 인 언 이 성 호

글자 | 사람 **인**, 이룰 **성**, 범 **호**

출전 | 전국책 위지魏誌, 한비자 내저설內儲說

동류 | 시호삼전市虎三傳

유사 | 증삼살인曾參殺人

[삼일대반三日對飯]

3일에 짝과 밥을 먹는다는 말이며, 신랑과 신부가 혼례를 치른 뒤 사흘 만에 대면한다는 뜻이다.

글자 | 날 **일**, 짝 **대**, 먹을 **반**

출전 | 조선왕조실록 증보문헌비고

[삼일복야三日僕射]

3일 복야 벼슬이라는 말이며, 일은 안 하고 놀기만 하는 벼슬자리를 빗댄 말이다. 중국 진나라 주의周顗는 품덕이 아정雅正하고 중후했으며 위험하고 어지러운 시국을 깊이 통찰하고 있었다. 강남으로 건너온 뒤로는 수년간 술을 진탕 마셨는데, 사흘 동안 깨어나지 못한 적도 있었다. 그래서 당시 사람들이 그를 3일 복야라 불렀다.

글자 | 날 **일**, 종 **복**, 벼슬 이름 **야**

출전 | 세설신어 임탄

[삼일신행三日新行]

3일에 새롭게 간다는 말이며, 신랑이 신부의 집에서 혼례를 치르고 하루를 묵은 뒤, 사흘째 되는 날에 신부를 데리고 자기 집으로 돌아간다는 뜻이다.

글자 | 날 **일**, 새 **신**, 갈 **행**

[삼일유가三日遊街]

삼 일 동안 거리를 노닌다는 말이며, 조선시대 과거시험에 장원급제한 사람이 3일간의 휴가를 받아 스승과 선배, 친지들을 찾아다니며 인사드리는 풍악잔치의 풍습을 일컫는다.

글자 | 날 **일**, 노닐 **유**, 거리 **가**

[삼일점고三日點考]

3일에 조사하고 살핀다는 말이며, 수령이 부임한지 3일 만에 관속을 조사하고 살핀다는 뜻이다.

글자 | 날 **일**, 조사할 **점**, 살필 **고**

[삼일천하三日天下]

3일 동안의 하늘 아래라는 말이며, 짧은 기간 권력을 잡았다가 실패한 정권을 빗댄 말이다. 구한말 개화당김옥균이 갑신정변으로 3일 동안 정권을 잡았던 일에서 유래한다.

글자 | 날 **일**, 하늘 **천**, 아래 **하**

[삼일행공三日行公]

3일 동안 공변된 일을 행한다는 말이며, 관리의 교제가 매우 잦다는 뜻이다.

글자 | 날 **일**, 행할 **행**, 공변될 **공**

출전 | 경세유표經世遺表

[삼자정립三者鼎立]

세 사람이 세발솥처럼 섰다는 말이며, 세 나라가 서로 대립하여 겨루고 있다는 뜻이다.

글자 | 놈 **자**, 솥 **정**, 설 **립**

출전 | 사기

동류 | 삼족정립三足鼎立

[삼재팔난三災八難]

세 가지 재앙과 여덟 가지 어려움이라는 말이며, 수재水災, 화재火災, 풍재風災의 3재와 기飢, 갈渴, 한寒, 서暑, 수水, 화火, 도刀, 병兵의 8난을 일컫는다.

글자 | 재앙 **재**, 어려울 **난**

[삼전삼배三戰三北]

세 번 싸워서 세 번 패하여 달아난다는 말이며, 싸울 때마다 진다는 뜻이다.

글자 | 싸울 **전**, 패하여 달아날 **배**

출전 | 송남잡식

동류 | 삼전삼패三戰三敗

[삼전삼주三戰三走]

→ 삼전삼배三戰三北

[삼조대면三造對面]

셋을 만들어 얼굴을 대한다는 말이며, 원고, 피고, 증인이 함께 모여 앉는다는 뜻이다.

글자 | 만들 **조**, 대할 **대**, 얼굴 **면**

[삼조대질三造對質]

셋을 만들어 바르게 대한다는 말이며, 원고, 피고, 증인이 함께 모여 묻고 답한다는 뜻이다.

글자 | 만들 **조**, 대할 **대**, 바를 **질**

[삼조연하三條椽下]

세 가지 서까래 아래라는 말이며, 선당禪堂 안에 한 사람이 앉을만한 자리를 일컫는다.

글자 | 가지 **조**, 서까래 **연**, 아래 **하**

출전 | 응암화어록應菴和語錄

[삼족정립三足鼎立]

세 발이 솥[과 같이] 섰다는 말이며, 세

사람 또는 3개국이 서로 대립하고 있다는 뜻이다.

글자 | 발 **족**, 솥 **정**, 설 **립**

출전 | 사기 유음후열전

[삼존내영三尊來迎]

세 존귀한 분이 와서 맞이한다는 말이며, 미타彌陀, 관음觀音, 세지勢至가 나타나 정토淨土로 인도한다는 뜻이다.

글자 | 존귀할 **존**, 올 **내**, 맞이할 **영**

[삼종기도三鐘祈禱]

세 번 종치면 기도한다는 말이며, 가톨릭교회에서 하나님의 독생자의 강생과 성모 마리아를 공경하는 의미에서 매일 아침·정오·저녁에 세 번 종을 칠 때마다 드리는 기도를 일컫는다.

글자 | 쇠북 **종**, 빌 **기**, 빌 **도**

[삼종세간三種世間]

세 가지 종류의 세상이라는 말이며, 중생衆生, 국토國土, 오온五蘊의 3세간을 일컫는다.

글자 | 씨 **종**, 세상 **세**, 사이 **간**

[삼종의탁三從依託]

→ 삼종지도三從之道

[삼종지덕三從之德]

→ 삼종지도三從之道

[삼종지도三從之道]

세 가지 좇아야 할 길이라는 말이다. 여자는 세 가지 좇는 길이 있는데, 어려서는 아비를 좇고, 시집을 가서는 남편을 좇고, 남편이 죽으면 아들을 좇는다는 것이다.

원문 | 女子有三從之道 在家從父
여자유삼종지도 재가종부
適人從夫 夫死從子
적인종부 부사종자

글자 | 좇을 **종**, 의 **지**, 길 **도**

출전 | 예기禮記, 의례 상복편

동류 | 삼종지덕三從之德, 삼종지법三從之法, 삼종지예三從之禮, 삼종지의三從之義

[삼종지례三從之禮]

→ 삼종지도三從之道

[삼종지법三從之法]

→ 삼종지도三從之道

[삼종지의三從之義]

→ 삼종지도三從之道

[삼종지탁三從之託]

→ 삼종의탁三從依託

[삼지무려三紙無驢]

종이 석장에 나귀가 없다는 말이며, 글을 많이 쓰거나 말을 많이 해도 전혀 알 수 없다는 뜻이다.

글자 | 종이 **지**, 없을 **무**, 나귀 **려**
출전 | 안씨가훈 면학편勉學篇

[삼지지례三枝之禮]

세 가지의 예도라는 말이며, 비둘기가 어미가 앉은 가지에서 세 가지나 아래에 앉는다는 뜻이다.

글자 | 가지 **지**, 어조사 **지**, 예도 **례**
출전 | 자원초慈元抄

[삼징칠벽三徵七辟]

세 번 부르고 또 일곱 번 부른다는 말이며, 세상을 피하여 숨어사는 선비를 벼슬하라고 임금이 자주 부른다는 뜻이다.

원문 | 三徵七辟皆不就
삼 징 칠 벽 개 불 취

글자 | 부를 **징**, 부를 **벽**
출전 | 진서, 소학 선행편善行篇

[삼척동자三尺童子]

석 자의 아이라는 말이며, 어린아이를 일컫는다. 때로는 견문이 적은 사람을 가리킬 때도 있다.

글자 | 자 **척**, 아이 **동**, 아들 **자**

[삼척안두三尺案頭]

석 자의 책상머리라는 말이며, 작은 책상을 일컫는다.

글자 | 자 **척**, 책상 **안**, 머리 **두**

[삼척추수三尺秋水]

석 자의 가을 물이라는 말이며, 날이 시퍼렇게 선 칼을 일컫는다.

글자 | 자 **척**, 가을 **추**, 물 **수**
출전 | 한서漢書

[삼척해제三尺孩提]

석 자의 가만가만 걷는 아이라는 말이며, 일반적으로 어린아이를 강조할 때 쓰는 말이다. 3척은 6~7세 되는 아이를, 해제는 2~3세 되는 아이를 가리킨다.

글자 | 자 **척**, 어린아이 **해**, 가만가만 걸을 **제**
출전 | 옥루몽
동류 | 삼척동자三尺童子, 삼척동몽三尺童蒙

[삼천갑자三千甲子]

3천 개의 갑자라는 말이며, 60갑자의 3천 배인 18만 년을 일컫는다.

원문 | 三千甲子東方朔
삼 천 갑 자 동 방 삭

글자 | 일천 **천**, 첫째 천간天干 **갑**, 첫째 지지地支 **자**
출전 | 한서 동방삭전東方朔傳

[삼천기도三天祈禱]

세 번 하늘에 기도한다는 말이며, 사흘 동안 풍년을 비는 천주교의 기도를 일컫는다.

글자 | 하늘 **천**, 빌 **기**, 빌 **도**

[삼천세계三千世界]

3천의 세상이라는 말이며, 넓고 끝없

는 세계를 뜻한다. 불교의 세계관이며 수미산須彌山 주위에 칠산팔해七山八海가 있고 그 바깥을 대철위산大鐵圍山이 둘러싸여 있는데, 이것을 일소세계一小世界라 하며 이것을 천 배하면 일소천세계一小千世界, 이것을 천 배하면 일중천세계一中千世界, 이것을 또 천 배하면 일대천세계一大千世界가 된다는 것이다.

글자 | 일천 **천**, 세상 **세**, 지경 **계**

출전 | 석씨요람釋氏要覽

[삼천지교三遷之教]

→ 맹모삼천孟母三遷

[삼청냉돌三廳冷突]

차가운 굴뚝의 세 관청이라는 말이며, 방에 불을 때지 않던 금군禁軍의 삼청에서 유래한 것으로 불기 없는 차디찬 방을 일컫는다.

글자 | 관청 **청**, 찰 **냉**, 굴뚝 **돌**

[삼초이목三草二木]

세 풀과 두 나무라는 말이며, 상초上草, 중초中草, 하초下草인 3초와 대수大樹, 소수小樹인 2목은 중생으로서 모두 불타佛陀의 자비를 받을 수 있다는 뜻이다.

글자 | 풀 **초**, 나무 **목**

출전 | 법화경法華經

[삼촌불률三寸不律]

세 치 안 되는 붓이라는 말이며, 아주 짧은 것을 빗댄 말이다.

글자 | 마디 **촌**, 아닐 **불**, 붓 **률**

[삼촌지설三寸之舌]

세치의 혀라는 말이며, 세치의 혀가 백만 군사보다 강하다는 뜻이다.

원문 | 三寸之舌 疆於百萬之帥
삼 촌 지 설 강 어 백 만 지 수

글자 | 마디 **촌**, 어조사 **지**, 혀 **설**

출전 | 사기 평원군열전平原君列傳

[삼촌지할三寸之轄]

세 치의 굴대 빗장 쇠라는 말이며, 사물의 요점 또는 가장 중요한 곳을 빗댄 말이다. 굴대 빗장 쇠는 바퀴를 굴대에 고정시키는 짧은 못이다.

글자 | 마디 **촌**, 어조사 **지**, 굴대 빗장쇠 **할**

출전 | 회남자

[삼추지사三秋之思]

세 번 가을의 생각이라는 말이며, 하루를 만나지 않아도 3년 동안이나 만나지 않은 것과 같은 생각이라는 뜻이다.

글자 | 가을 **추**, 어조사 **지**, 생각 **사**

출전 | 시경 왕풍 채갈편采葛篇

[삼춘가절三春佳節]

세 번 봄의 아름다운 때라는 말이며, 봄철 석 달의 좋은 시절을 일컫는다.

글자 | 봄 **춘**, 아름다울 **가**, 때 **절**

[삼춘삼월三春三月]

세 봄의 3월이라는 말이며, 3개월 동안의 봄날을 일컫는다.

글자 | 봄 **춘**, 달 **월**

[삼춘지절三春之節]

→ 삼춘삼월三春三月

[삼춘지휘三春之暉]

세 봄의 햇빛이라는 말이며, 봄날의 온화한 기운이 초목을 길러내는 것처럼 부모의 은덕을 빗댄 말이다. 맹교의 시구이다. '뉘라서 촌초의 마음, 삼춘의 햇빛을 갚았다 하리.'

원문 | **誰言寸草心 報得三春暉**
수언촌초심 보득삼춘휘

글자 | 봄 **춘**, 어조사 **지**, 햇빛 **휘**

출전 | 유자음遊子吟의 시

[삼취정계三聚淨戒]

세 가지 취하고 버려야 할 계율이라는 말이며, 첫째는 모든 악을 끊어버리는 섭률의계攝律儀戒, 둘째는 모든 선을 닦는 섭선법계攝善法戒이고, 셋째는 모든 사람에게 이익을 주는 섭중생계攝衆生戒이다.

글자 | 거둘 **취**, 깨끗할 **정**, 경계할 **계**

출전 | 심지관경心地觀經

[삼치형문三治刑問]

세 번 치고 형벌을 주고 묻는다는 말이며, 매질을 하여 죄인을 심문한다는 뜻이다.

글자 | 칠 **치**, 형벌 **형**, 물을 **문**

[삼태육경三台六卿]

→ 삼공육경三公六卿

[삼토삼악三吐三握]

세 번 토하고 세 번 쥔다는 말이며, 신분이 높은 사람이 찾아오면 친절히 맞이한다는 뜻이다. 주공이 한 번 식사할 동안에 세 번이나 입에 든 음식을 뱉고 나오고, 한 번 목욕할 동안에 세 번 머리를 거머쥐고 나왔다는 옛일에서 온 말이다.

글자 | 토할 **토**, 쥘 **악**

출전 | 주역 겸괘

[삼판양승三板兩勝]

세 판에 두 번 이긴다는 말이며, 세 판 시합을 해서 두 판 이기는 쪽이 이긴다는 뜻이다.

글자 | 널기와 **판**, 두 **양**, 이길 **승**

출전 | 송남잡지

[삼평개흉三平開胸]

삼평이 가슴을 열었다는 말이며, 호방한 기세로 상대방을 제압한다는 뜻이다. 중국 당나라의 삼평이 화살 앞에서 가슴을 벌려 보여 활을 버리게 했다는 고사에서 온 말이다.

글자 | 평평할 **평**, 열 **개**, 가슴 **흉**

관련 | 석공장궁石鞏張弓

[삼풍십건三風十愆]

세 가지 [나쁜] 풍습과 열 가지 허물이라는 말이며, 3풍은 무풍巫風, 음풍淫風, 난풍亂風을 일컫는다.

글자 | 풍속 **풍**, 허물 **건**

출전 | 서경 이훈편伊訓篇

[삼한갑족三韓甲族]

3한, 즉 마한 · 진한 · 변한의 첫째가는 일가라는 말이며, 우리나라에서 예로부터 대대로 문벌이 높은 집안을 일컫는다.

글자 | 나라 **한**, 첫째 **갑**, 일가 **족**

[삼한사온三寒四溫]

3일은 춥고 4일은 따뜻하다는 말이며, 우리나라의 겨울 날씨를 일컫는다.

글자 | 찰 **한**, 따뜻할 **온**

[삼혁오인三革五刃]

세 가지 가죽과 다섯 가지 칼날이라는 말이며, 갑옷 · 투구 · 방패의 가죽 무장과 칼(刀) · 큰 칼(劍) · 세모창(矛) · 가지 달린 창(戟) · 화살(矢)의 무기를 일컫는다.

글자 | 가죽 **혁**, 칼날 **인**

출전 | 국어國語

[삼현육각三絃六角]

세 가지 줄 풍류와 여섯 개의 대평소를 말하며 거문고, 가야금, 향비파의 현악기와 북, 장구, 해금, 대평소 한 쌍을 일컫는다.

글자 | 줄 풍류 **현**, 대평소 **각**

출전 | 조선열성조능행도朝鮮列聖朝陵行圖

[삼호망진三戶亡秦]

세 번 머무르면 진나라도 망한다는 말이며, 작은 일도 중첩되면 견고한 물건이나 터전도 결국 무너진다는 뜻이다.

원문 | 楚雖三户之秦必楚也
초 수 삼 호 지 진 필 초 야

글자 | 머무를 **호**, 망할 **망**, 진나라 **진**

출전 | 사기 항우본기項羽本紀

[삼혼칠백三魂七魄]

세 넋과 일곱 넋이라는 말이며, 도교道教에서 모든 사람의 넋이라는 뜻이다. 3과 7은 합하여 10이 되는데, 10은 완전 또는 전부라는 뜻을 지닌다.

글자 | 넋 **혼**, 넋 **백**

출전 | 수호전水滸傳

[삼환사실三患四失]

[배움에는] 세 가지 근심과 네 가지 잃음이 있다는 말이다. 삼환은 ① 미처 알지 못할 때는 듣지 못함을 근심하며(未聞患弗聞), ② 듣고 나서는 배우지 못함을 근심하며(旣聞患弗學), ③ 배운 뒤에는 행하지 못함을 근심한다(旣學患弗行). 사실은 ① 너무 많은 데서 잃고(或失之多), ② 혹 너무 적은 데서 잃으며(或失之寡), ③ 혹 너무 쉬운 데서 잃으며(或失之易), ④ 혹 중도에 그

만두는 바람에 잃는다(或失之止).

원문 | 學有三患四失
학 유 삼 환 사 실

글자 | 근심 **환**, 잃을 **실**

출전 | 강필효姜必孝의 어록語錄

[삼흔삼욕三釁三浴]

→ 삼욕삼훈三浴三薰

[상가지구喪家之狗]

초상집 또는 집을 잃은 개라는 말이다. 초상집 개는 주인이 슬픔에 잠겨 있어 미처 개를 돌볼 겨를이 없어 배가 고파도 먹지를 못하고 이리저리 사람의 눈치만 본다. 그래서 뜻을 얻지 못하고 이리저리 돌아다니는 정치인이나 사업가들의 실의에 찬 모습을 빗대어 쓰기도 한다.

원문 | 形狀未也而似喪家之狗
형 상 미 야 이 사 상 가 지 구

글자 | 초상 **상**, 집 **가**, 의 **지**, 개 **구**

출전 | 사기 공자세가孔子世家

[상간복상桑間濮上]

상간지방의 복수濮水강 위라는 말이며, 나라를 망칠만한 음탕한 음악을 일컫는다. 천하를 잃은 은나라 주왕紂王이 복수강 위에서 음탕한 음악을 연주했다는 고사에서 온 말이다.

글자 | 뽕나무 **상**, 사이 **간**, 강 이름 **복**, 윗 **상**

출전 | 예기 악기樂記

동류 | 망국지음亡國之音

[상감불원商鑑不遠]

상나라의 거울은 멀지 않다는 말이며, 나라가 망한 교훈은 바로 가까이 있다는 뜻이다.

글자 | 상나라 **상**, 거울 **감**, 아닐 **불**, 멀 **원**

출전 | 시경 대아 탕문편蕩問篇

동류 | 은간불원殷鑑不遠

[상거구원相去久遠]

서로의 좇음이 오래고 멀다는 말이며, 서로의 관계가 오래 간다는 뜻이다.

글자 | 서로 **상**, 좇을 **거**, 오랠 **구**, 멀 **원**

출전 | 맹자 만장 상

[상거초간相距稍間]

서로 작은 사이에 이른다는 말이며, 서로 가까운 사이를 두고 있다는 뜻이다.

글자 | 서로 **상**, 이를 **거**, 작을 **초**, 사이 **간**

출전 | 송남잡지

[상경백유相驚伯有]

있지도 않은 일에 서로 놀라서 어쩔 줄 모른다는 말이다.

글자 | 서로 **상**, 놀랄 **경**, 맏 **백**, 있을 **유**

출전 | 춘추좌씨전 소공 7년조

[상경여빈相敬如賓]

서로 공경하며 손님과 같이 한다는 말이며, 부부는 가장 가까운 사이지만 늘 공경하기를 손님 대하듯 하라는 뜻이다.

원문 | 夫妻之間 相敬如賓況他人乎
부처지간 상경여빈황타인호

글자 | 서로 **상**, 공경 **경**, 같을 **여**, 손 **빈**

출전 | 동주열국지東周列國志

[상고하포上告下布]

위로 알리고 아래로 베푼다는 말이며, 나라에 중대한 일이 있을 때 위로는 종묘宗廟에 아뢰고, 아래로는 백성에게 공포한다는 뜻이다.

글자 | 윗 **상**, 알릴 **고**, 아래 **하**, 베풀 **포**

[상구작질爽口作疾]

입에 시원한 [것]은 병을 만든다는 말이며, 입에 맞는 음식을 너무 많이 먹으면 병이 된다는 뜻이다. 건강에 좋은 음식은 입에 깔깔하다. 미식과 보양식만 찾아다니면 몸에 해롭다.

원문 | 爽口味多須作疾
상구미다수작질

글자 | 시원할 **상**, 입 **구**, 지을 **작**, 병 **질**

출전 | 조청헌공좌우명趙淸獻公座右銘

[상궁지우傷弓之羽]

→ 상궁지조傷弓之鳥

[상궁지조傷弓之鳥]

화살에 상한 새라는 말이며, 한 번 혼나고 항상 공포를 느끼고 경계한다는 뜻이다.

원문 | 傷弓之鳥 聞弦音烈而高飛
상궁지조 문현음렬이고비

글자 | 상처 **상**, 활 **궁**, 어조사 **지**, 새 **조**

출전 | 전국책 초책楚策

동류 | 경궁지조驚弓之鳥

[상기석의賞奇析疑]

기이한 것을 보고 의심을 푼다는 말이며, 기묘한 문장을 감상하고 의심스러움을 풀어나간다는 뜻이다.

원문 | 奇文共欣賞 疑義相與析
기문공흔상 의의상여석

글자 | 구경할 **상**, 기이할 **기**, 가를 **석**, 의심할 **의**

출전 | 도연명의 이거이수移居二首

[상기제변相機制變]

서로 기회를 살펴서 재앙을 금한다는 말이며, 기회를 보아 변란에 잘 대처한다는 뜻이다.

글자 | 서로 **상**, 기회 **기**, 금할 **제**, 재앙 **변**

출전 | 조선왕조 16대 인조실록

[상기처변相機處變]

→ 상기제변相機制變

[상기천거尙技賤車]

재주를 높이고 수레를 천히 여긴다는 말이며, 만들어진 물건보다 사람의 재능을 숭상한다는 뜻이다.

글자 | 높일 **상**, 재주 **기**, 천할 **천**, 수레 **거**

출전 | 예기

[상기황추霜氣黃秋]

서리의 기운과 누런 가을이라는 말이며, 싸늘한 늦가을이라는 뜻이다.

글자 | 서리 **상**, 기운 **기**, 누런 **황**, 가을 **추**

[상남담북湘南潭北]

상수湘水의 남쪽과 연못의 북쪽이라는 말이며, 여기저기 가는 곳마다라는 뜻이다. 상수는 중국 연못의 이름이다.

글자 | 물 이름 **상**, 남녘 **남**, 연못 **담**, 북녘 **북**

[상대여빈相對如賓]

손님과 같이 서로 대한다는 말이며, 부부가 마치 손님 대하듯 해야 한다는 뜻이다.

원문 | 敬相對如賓 夫婦之道 當如是也
경상대여빈 부부지도 당여시야

글자 | 서로 **상**, 대할 **대**, 같을 **여**, 손 **빈**

출전 | 동몽선습童蒙先習

[상대존대相對尊待]

서로 공경하여 대접한다는 말이다.

글자 | 서로 **상**, 대할 **대**, 공경할 **존**, 대접할 **대**

[상덕부덕上德不德]

최상의 덕은 덕이 아니라는 말이며, 진심에서 우러나오는 참된 덕성은 자랑하지 않아도 저절로 밖으로 드러나 사람들의 인정을 받는다는 뜻이다.

원문 | 上德不德 是以有德
상덕부덕 시이유덕

글자 | 윗 **상**, 큰 **덕**, 아닐 **부**

출전 | 노자 38장 논덕論德

[상동구이尙同求異]

같음을 숭상하되 다름을 구한다는 말이며, 같은 결과를 바란다 해도 방법이나 과정은 달라야 한다는 뜻이다. 어떤 장수가 배수의 진을 쳐서 전쟁에 이겼다고 해서 남과 같이 배수의 진을 치면 반드시 이긴다는 보장은 없다는 것이다.

글자 | 숭상할 **상**, 같을 **동**, 구할 **구**, 다를 **이**

[상두복색喪頭服色]

머리는 복을 입고 빛깔 옷을 입었다는 말이며, 겉은 멋있게 꾸몄지만 속은 더럽다는 뜻이다.

글자 | 복 입을 **상**, 머리 **두**, 입을 **복**, 빛 **색**

[상두주무桑杜綢繆]

[비가 오기 전에 새가 둥지를] 뽕나무로 얼기설기 막는다는 말이며, 환란을 미리 막는다는 뜻이다.

글자 | 뽕나무 **상**, 막을 **두**, 얽을 **주**, 얽을 **무**

출전 | 시경, 맹자 공손추

유사 | 유비무환有備無患

[상락아정常樂我淨]

상 · 낙 · 아 · 정은 열반涅槃의 4덕德을 말한다. 상은 생멸과 변천이 없다는 상주불변常住不變, 낙은 괴로움을 떠나서 안락하다는 고별안락苦別安樂, 아는 스스로 있고 거리낌이 없다는 자재무애自在無礙, 정은 번뇌의 더러움을 깨끗이 한다는 담연청정湛然淸淨이다.

글자 | 항상 **상**, 즐거울 **락**, 나 **아**, 깨끗할 **정**

출전 | 불교

[상련지정相憐之情]

서로 가련히 여기는 뜻이라는 말이며, 서로 가엽게 여기는 마음이라는 뜻이다.

글자 | 서로 **상**, 가련할 **련**, 어조사 **지**, 뜻 **정**

[상로지비霜露之悲]

서리와 이슬의 슬픔이라는 말이며, 계절이 바뀔 때마다 부모가 그리워 슬퍼진다는 뜻이다.

글자 | 서리 **상**, 이슬 **로**, 어조사 **지**, 슬플 **비**

출전 | 안씨가훈 종제終制

유사 | 상로지사霜露之思

[상로지사霜露之思]

서리와 이슬의 생각이라는 말이며, 부모의 무덤에 서리가 내린 것을 생각한다는 뜻이다.

글자 | 서리 **상**, 이슬 **로**, 어조사 **지**, 생각 **사**

유사 | 상로지비霜露之悲

[상로지질霜露之疾]

서리와 이슬의 병이라는 말이며, 찬 기운으로 일어나는 감기를 뜻한다.

글자 | 서리 **상**, 이슬 **로**, 어조사 **지**, 병 **질**

[상루담제上樓擔梯]

다락 위로 오르게 하고 사다리를 짊어진다는 말이며, 처음에는 잘해 주다가 나중에는 괴롭게 한다는 뜻이다.

글자 | 윗 **상**, 다락 **루**, 질 **담**, 사다리 **제**

동류 | 권상요목勸上搖木

[상루하습上漏下濕]

위에서는 비가 새고 아래서는 습기가 오른다는 말이며, 가난한 집을 일컫는다.

글자 | 윗 **상**, 샐 **루**, 아래 **하**, 축축할 **습**

출전 | 장자 양왕讓王

[상률천시上律天時]

윗사람은 하늘의 때를 짓는다는 말이며, 윗사람은 하늘의 시운에 따라야 한다는 뜻이다.

원문 | 上律天時 下襲水土
상 률 천 시 하 습 수 토

글자 | 윗사람 **상**, 지을 **률**, 하늘 **천**, 때 **시**

출전 | 중용 30장

[상리공생相利共生]

→ 쌍리공생雙利共生

[상린범개常鱗凡介]

흔한 물고기와 조개라는 말이며, 평범한 사람을 빗댄 말이다.

글자 | 항상 **상**, 비늘 **린**, 무릇 **범**, 딱지 **개**

출전 | 한유韓愈의 시

[상마잠적桑麻蠶績]

뽕나무와 삼으로 누에를 치고 길쌈을 한다는 말이다.

글자 | 뽕나무 **상**, 삼 **마**, 누에 **잠**, 길쌈 **적**

[상마지교桑麻之交]

뽕나무와 삼의 사귐이라는 말이며, 전부佃夫 또는 야인의 텁텁한 사귐을 빗댄 말이다.

글자 | 뽕나무 **상**, 삼 **마**, 어조사 **지**, 사귈 **교**

출전 | 두보杜甫의 기설삼랑중거

[상망지지相望之地]

서로 바라보이는 곳이라는 말이다.

글자 | 서로 **상**, 바라볼 **망**, 어조사 **지**, 땅 **지**

[상명지책喪明之責]

→ 상명지통喪明之痛

[상명지통喪明之痛]

눈이 머는 아픔이라는 말이며, 아들을 잃은 슬픔을 일컫는다. 공자의 제자 자하子夏가 아들을 잃고 슬피 울다가 눈이 멀었는데, 증자曾子가 그를 조문하러 가서 실명한 것에 대해 질책하였다.

글자 | 잃어버릴 **상**, 밝을 **명**, 어조사 **지**, 아플 **통**

출전 | 세설신어 아량雅量

동류 | 상명지책喪明之責

[상모비범相貌非凡]

보이는 모양이 범상치 않다는 말이며, 용모가 특출하다는 뜻이다.

글자 | 볼 **상**, 모양 **모**, 아닐 **비**, 범상할 **범**

동류 | 상모비범狀貌非凡

[상목재지常目在之]

항상 눈이 있다는 말이며, 늘 눈여겨 본다는 뜻이다.

글자 | 항상 **상**, 눈 **목**, 있을 **재**, 어조사 **지**

[상문우무上文右武]

글을 높이고 무예를 높인다는 말이며, 문무를 모두 숭상한다는 뜻이다.

글자 | 높을 **상**, 글월 **문**, 높일 **우**, 무예 **무**

출전 | 후한서

[상반대극相反對極]

서로 돌이켜 한끝을 대하고 있다는 말이며, 서로 반대되는 위치에서 마주 대하고 있다는 뜻이다. 예컨대 남극과 북극 등이다.

글자 | 서로 **상**, 돌이킬 **반**, 대할 **대**, 한끝 **극**

[상벌무장賞罰無章]

상과 벌에 법이 없다는 말이며, 원칙 없이 상과 벌을 준다는 뜻이다.

글자 | 상 **상**, 벌줄 **벌**, 없을 **무**, 법 **장**

출전 | 춘추좌씨전 양공 27년

[상봉지지桑蓬之志]

뽕나무 [활]과 쑥대 [화살]의 뜻이라는 말이며, 남자가 천하에 떨친다는 뜻이다. 상봉은 상호봉시桑弧蓬矢를 줄인 말이며, 중국에서는 아들이 태어나면 뽕나무로 만든 활로 쑥대 화살을 사방에 쏘아서 축하했던 고사에서 유래한다.

글자 | 뽕나무 **상**, 쑥 **봉**, 어조사 **지**, 뜻 **지**

출전 | 예기 사의射義

[상봉하솔上奉下率]

위를 받들고 아래를 거느린다는 말이며, 위로는 부모님을 모시고, 아래로는 아내와 자식을 거느린다는 뜻이다.

글자 | 윗 **상**, 받들 **봉**, 아래 **하**, 거느릴 **솔**

[상부상조相扶相助]

서로 붙들고 서로 돕는다는 말이다.

글자 | 서로 **상**, 붙들 **부**, 도울 **조**

[상분지도嘗糞之徒]

똥을 맛보는 무리라는 말이며, 손가락으로 남의 똥을 찍어서 맛볼 정도의 뻔뻔한 아첨꾼이라는 뜻이다.

글자 | 맛볼 **상**, 똥 **분**, 어조사 **지**, 무리 **도**

출전 | 서언고사書言故事

[상불원천上不怨天]

위로 하늘을 원망하지 않는다는 말이며, 자기의 잘못을 하늘에 돌리지 않는다는 뜻이다.

원문 | 上不怨天 下不尤人
상 불 원 천 하 불 우 인

글자 | 윗 **상**, 아닐 **불**, 원망할 **원**, 하늘 **천**

출전 | 논어 학이學而, 중용 14장

[상불유시賞不踰時]

상이 때를 넘기지 않는다는 말이며, 상을 적시 적절하게 준다는 뜻이다.

글자 | 상 **상**, 아닐 **불**, 넘을 **유**, 때 **시**

[상사불견相思不見]

남녀가 서로 그리워하고 보지 못한다는 말이다.

글자 | 서로 **상**, 그리워할 **사**, 아닐 **불**, 볼 **견**

[상사불망相思不忘]

서로 그리워하여 잊지 못한다는 말이다.

글자 | 서로 **상**, 생각 **사**, 아닐 **불**, 잊을 **망**

[상사일념相思一念]

서로 생각하고 오직 그리운 마음뿐이라는 말이다.

글자 | 서로 **상**, 생각 **사**, 생각할 **념**

[상산구어上山求魚]

산 위에서 물고기를 구한다는 말이며, 엉뚱한 데서 되지도 않을 것을 원한다는 뜻이다.

글자 | 윗 **상**, 뫼 **산**, 구할 **구**, 고기 **어**

동류 | 연목구어緣木求魚

[상산사세常山蛇勢]

상산의 뱀 기세라는 말이며, 틈이나 결점이 없는 병법, 또는 문장 등의 내용이 시종일관 파탄이 없다는 뜻이다. 상산에 머리가 둘 달린 뱀이 있었는데, 머리를 치면 꼬리가 덤비고, 꼬리를 치면 머리가 덤비는 등 대응을 잘했다는 고사에서 온 말이다.

글자 | 항상 **상**, 뫼 **산**, 뱀 **사**, 기세 **세**

출전 | 손자 구지편九地篇

[상상시상牀上施牀]

마루 위에 마루를 베푼다는 말이며, 필요 없는 일을 거듭한다는 뜻이다.

글자 | 마루 **상**, 윗 **상**, 베풀 **시**

출전 | 안씨가훈

[상상첩상床上疊床]

평상 위에 평상을 거듭한다는 말이며, 어떤 일이나 물건을 쓸데없이 거듭한다는 뜻이다.

글자 | 평상 **상**, 윗 **상**, 거듭 **첩**

출전 | 조선왕조 14대 선조실록

[상서유피相鼠有皮]

쥐 얼굴에도 가죽이 있다는 말이며, 예절 모르는 사람을 빗댄 말이다.

원문 | 相鼠有皮 人而無儀
상서유피 인이무의

글자 | 볼 **상**, 쥐 **서**, 있을 **유**, 가죽 **피**

출전 | 시경 용풍鄘風

[상석하대上石下臺]

윗돌을 [빼서] 아랫대에 고인다는 말이며, 임시방편으로 처리한다는 뜻이다.

원문 | 下石上臺 上石下臺
하석상대 상석하대

글자 | 윗 **상**, 돌 **석**, 아래 **하**, 대 **대**

[상선약수上善若水]

위의 선은 물과 같다는 말이며, 최고의 도道는 바위를 만나면 나뉘어 비켜 가는 물과 같다는 뜻이다.

글자 | 윗 **상**, 착할 **선**, 같을 **약**, 물 **수**

출전 | 노자 도덕경道德經

[상설우로霜雪雨露]

서리와 눈, 그리고 비와 이슬이라는 말이다.

글자 | 서리 **상**, 눈 **설**, 비 **우**, 이슬 **로**

[상수발제上樹拔梯]

나무에 오르게 하고 사다리를 뺀다는 말이며, 사람을 끌어들여 놓고 궁지에 몰아넣는다는 뜻이다.

글자 | 오를 **상**, 나무 **수**, 뺄 **발**, 사다리 **제**

출전 | 세설신어 출면黜免

동류 | 등루거제登樓去梯

유사 | 권상요목勸上搖木

[상수여수上壽如水]

높은 수명에 오르려면 물과 같아야 한다는 말이며, 오래 살려면 물처럼 도리에 따라 살아야 한다는 뜻이다.

글자 | 오를 **상**, 목숨 **수**, 같을 **여**, 물 **수**

출전 | 논어

동류 | 상선약수上善若水

[상수하천常水河川]

항상 냇물이 있다는 말이다.

글자 | 항상 **상**, 물 **수**, 물 **하**, 내 **천**

[상승상부相勝相負]

서로 이기고 서로 진다는 말이며, 승부의 수가 서로 같다는 뜻이다.

글자 | 서로 **상**, 이길 **승**, 질 **부**

[상승장군常勝將軍]

항상 이기는 장군이라는 말이다.

글자 | 항상 **상**, 이길 **승**, 장수 **장**, 군사 **군**

[상승하접上承下接]

위의 [뜻을] 받고 아래를 대접한다는 말이며, 윗사람을 받들고 아랫사람을 잘 대접한다는 뜻이다.

글자 | 윗 **상**, 받을 **승**, 아래 **하**, 대접할 **접**

[상시무광常視無誑]

늘 속임이 없음이 보인다는 말이며, 어린이에게는 항상 정직함을 보여야 한다는 뜻이다.

원문 | **幼子 常視無誑**
유 자 상 사 무 광

글자 | 항상 **상**, 보일 **시**, 없을 **무**, 속일 **광**

출전 | 소학 입교立敎

[상시지계嘗試之計]

시험하는 계교라는 말이며, 남의 속을 떠보는 계교라는 뜻이다.

글자 | 맛볼 **상**, 시험할 **시**, 어조사 **지**, 계교 **계**

[상시지설嘗試之說]

시험하고 시험하는 말이라는 말이며, 상대방의 속마음을 떠보려는 말이라는 뜻이다.

글자 | 시험할 **상**, 시험할 **시**, 어조사 **지**, 말씀 **설**

ㅅ

[상아혼식象牙婚式]

코끼리 어금니의 혼인식이라는 말이며, 상아 제품의 선물을 주고받는 혼인 30주년의 기념행사를 일컫는다.

글자 | 코끼리 **상**, 어금니 **아**, 혼인 **혼**, 법 **식**

[상애상조相愛相助]

서로 사랑하고 서로 돕는다는 말이다.

글자 | 서로 **상**, 사랑 **애**, 도울 **조**

[상애지도相愛之道]

서로 사랑하는 도리라는 말이다.

글자 | 서로 **상**, 사랑 **애**, 어조사 **지**, 도리 **도**

[상양고무商羊鼓舞]

상양이 북치고 춤춘다는 말이며, 상양이라는 새가 날아다니면 큰 비가 온다는 전설에서 홍수, 또는 수해가 있을 것이라는 뜻이다.

원문 | 天將大雨 商羊鼓舞
천 장 대 우 상 양 고 무

글자 | 장수 **상**, 양 **양**, 북 **고**, 춤 **무**

출전 | 공자가어 변정辨政

[상양구지相讓久之]

서로 사양함이 오래다는 말이며, 오래도록 서로 양보하며 지낸다는 뜻이다.

글자 | 서로 **상**, 사양 **양**, 오랠 **구**, 어조사 **지**

출전 | 소학 선행

[상욕상투相辱相鬪]

서로 욕하고 서로 싸운다는 말이다.

글자 | 서로 **상**, 욕할 **욕**, 싸울 **투**

[상우방풍上雨旁風]

위에서는 비가 새고 큰 바람이 들어온다는 말이며, 비바람이 들이치는 낡은 집을 일컫는다.

글자 | 윗 **상**, 비 **우**, 클 **방**, 바람 **풍**

출전 | 한유의 시, 목민심서 공전육조工典六條

[상우천고尙友千古]

많은 옛날의 벗을 숭상한다는 말이며, 오랜 세월을 거슬러 올라가 벗을 만난다는 뜻이다.

글자 | 숭상할 **상**, 벗 **우**, 많을 **천**, 옛 **고**

[상원하추上援下推]

위에서 돕고 아래에서 민다는 말이며, 아랫사람을 끌어 올리고 아랫사람은 윗사람을 추대한다는 뜻이다.

글자 | 윗 **상**, 구원할 **원**, 아래 **하**, 차례로 옮길 **추**

출전 | 예기 유행편儒行篇

[상유만영桑楡晩影]

해가 서편에서 늦은 그림자를 드리운다는 말이며, 저문 해와 같이 늙은 때를 빗댄 말이다.

글자 | 해 돋는 곳 **상**, 서편 쪽 **유**, 늦을 **만**, 그림자 **영**

출전 | 조선왕조 7대 세조실록

[상유불심常有佛心]

항상 부처의 마음을 가지고 있다는 말이며, 언제나 자비로운 마음을 가지고 있다는 뜻이다.

글자 | 항상 **상**, 가질 **유**, 부처 **불**, 마음 **심**

[상유십이尙有十二]

아직도 열둘이 있다는 말이며, 신에게는 아직도 12척의 군선이 남아 있다는 뜻이다.

원문 | 今臣戰船 尙有十二
금 신 전 선 상 유 십 이

글자 | 오히려 **상**, 있을 **유**

출전 | 이순신의 상소문

[상유양심尙有良心]

아직도 양심이 있다는 말이며, 바른길

로 인도할 여지가 아직 남았다는 뜻이다.

글자 | 오히려 **상**, 있을 **유**, 어질 **양**, 마음 **심**

[상유여유常有餘裕]

늘 넉넉한 마음이 있다는 말이다.

글자 | 늘 **상**, 있을 **유**, 남을 **여**, 넉넉할 **유**

[상유일박桑楡日薄]

→ 상유지광桑楡之光

[상유지광桑楡之光]

해가 서편 쪽에 드리운 빛이라는 말이며, 저녁노을을 일컫는다.

글자 | 해 돋는 곳 **상**, 서편 쪽 **유**, 어조사 **지**, 빛 **광**

[상의물론尙矣勿論]

아직은 말을 말아야 한다는 말이며, 말할 필요도 없다는 뜻이다.

글자 | 오히려 **상**, 말 이을 **의**, 말 **물**, 의논 **론**

[상의의국上醫醫國]

뛰어난 의원은 나라의 병을 고치는 의원이라는 말이며, 나라의 전란戰亂이나 나쁜 제도 등을 고치는 것이 사람의 병 고치는 것보다 우선한다는 뜻이다.

원문 | **上醫醫國 其次醫人**
상 의 의 국 기 차 의 인

글자 | 뛰어날 **상**, 의원 **의**, 병 고칠 **의**, 나라 **국**

출전 | 국어

[상의하달上意下達]

위의 뜻을 아래로 보낸다는 말이며, 윗사람의 뜻이나 정부의 의향이 아랫사람 또는 백성에게 전한다는 뜻이다.

글자 | 윗 **상**, 뜻 **의**, 아래 **하**, 보낼 **달**

반대 | 하의상달下意上達

[상의하상上衣下裳]

위의 옷과 아래의 치마라는 말이며, 치마저고리를 일컫는다.

글자 | 윗 **상**, 옷 **의**, 아래 **하**, 치마 **상**

[상인근성商人根性]

장사꾼 밑의 성품이라는 말이며, 타산이 민감한 상인의 고유한 기질이라는 뜻이다.

글자 | 장사 **상**, 사람 **인**, 밑 **근**, 성품 **성**

[상인치사傷人致死]

사람을 상하게 하여 죽음에 이르게 한다는 말이다.

글자 | 상할 **상**, 사람 **인**, 이를 **치**, 죽을 **사**

출전 | 조선왕조 5대 문종실록

[상인해물傷人害物]

사람을 상하고 물건을 해친다는 말이며, 성품이 음흉하여 사람을 상하게 하고 물건에 손해를 끼친다는 뜻이다.

글자 | 상할 **상**, 사람 **인**, 해할 **해**, 물건 **물**

ㅅ

[상일권백賞一勸百]

한 사람을 칭찬하여 백 사람에게 권한다는 말이다.

글자 | 칭찬할 **상**, 권할 **권**, 일백 **백**

출전 | 문중자文中子

[상장지절喪葬之節]

상사와 장사의 절개라는 말이며, 사람이 죽은 다음 치루는 모든 의식 절차를 일컫는다.

글자 | 상사 **상**, 장사 지낼 **장**, 어조사 **지**, 절개 **절**

출전 | 문중자文中子

[상재빈야傷哉貧也]

'아프도다! 가난함이여라' 는 말이며, 가난함이 참으로 마음 아픈 일이라는 탄식이다.

원문 | 傷哉貧也 生無以爲養
상 재 빈 야 생 무 이 위 양

글자 | 아플 **상**, 어조사 **재**, 가난할 **빈**, 어조사 **야**

출전 | 예기 단궁檀弓 하

[상재지탄傷哉之歎]

근심에서 비롯된 탄식이라는 말이며, 빈곤함에 대한 한탄이라는 뜻이다.

글자 | 근심할 **상**, 비로소 **재**, 어조사 **지**, 탄식할 **탄**

[상재지향桑梓之鄕]

뽕나무와 가래나무의 고향이라는 말이며, 여러 대 조상의 무덤이 있는 고향, 또는 대대로 살아온 고향을 일컫는다.

글자 | 뽕나무 **상**, 가래나무 **재**, 어조사 **지**, 고향 **향**

출전 | 조선왕조 9대 성종실록

[상저손상象箸損上]

임금에게 해를 줄 징후가 나타난다는 말이며, 손괘損卦를 나타내는 괘상卦象을 일컫는다.

글자 | 징후 **상**, 나타낼 **저**, 해볼 **손**, 임금 **상**

출전 | 주역 손괘損卦

[상저옥배象箸玉杯]

상아로 만든 젓가락과 옥으로 만든 잔이라는 말이며, 사치스럽고 방탕한 생활을 한다는 뜻이다.

글자 | 코끼리 **상**, 젓가락 **저**, 구슬 **옥**, 잔 **배**

출전 | 한비자 유로편喩老篇

[상적광토常寂光土]

항상 편안한 광명의 세계라는 말이며, 부처의 거처 또는 빛나는 마음의 세계를 일컫는다.

글자 | 항상 **상**, 편안할 **적**, 빛 **광**, 흙 **토**

출전 | 불교

[상전벽해桑田碧海]

뽕나무밭이 깊고 푸른 바다로 변한다는 말이며, 세상의 변천이 매우 심하다는 뜻이다.

원문 | 更問桑田 變成海
갱문상전 변성해

글자 | 뽕나무 **상**, 밭 **전**, 깊게 푸를 **벽**, 바다 **해**

출전 | 유정지劉廷芝의 대비백발옹代悲白髮翁

동류 | 창해상전滄海桑田, 창상지변滄桑之變, 능곡지변陵谷之變

[상전옥답上田沃畓]

좋은 밭과 기름진 논이라는 말이다.

글자 | 뛰어나서 좋을 **상**, 밭 **전**, 기름질 **옥**, 논 **답**

[상전창해桑田滄海]

→ 상전벽해桑田碧海

[상정일련嘗鼎一臠]

솥 안의 한 산적 점을 맛본다는 말이며, 한두 가지의 행동을 보고도 그 사람의 모든 행동을 알 수 있다는 뜻이다.

글자 | 맛볼 **상**, 솥 **정**, 산적 점 **련**

출전 | 여씨춘추 찰금편察今篇

[상주불멸常住不滅]

항상 머물며 없어지지 않는다는 말이며, 본연진심本然眞心이 없어지지 않고 영원히 존재한다는 뜻이다.

글자 | 항상 **상**, 머물 **주**, 아닐 **불**, 멸할 **멸**

출전 | 원불교

[상주좌와常住坐臥]

항상 살고 있으면서 앉고 눕고 한다는 말이다.

글자 | 항상 **상**, 거처할 **주**, 앉을 **좌**, 누울 **와**

[상중지기桑中之期]

→ 상중지희桑中之喜

[상중지희桑中之喜]

뽕나무밭 속의 기쁨이라는 말이며, 젊은 남녀의 은밀한 만남을 일컫는다. 우리말의 '임도 보고 뽕도 딴다.'는 말과 같이 중국도 뽕나무밭이 밀회의 장소였다. 상중桑中이라는 시의 구절이다. '…나와 뽕밭 속에서 약속하고 나를 다락으로 맞아주네…'

원문 | 期我乎桑中 要我乎上宮
기아호상중 요아호상궁

글자 | 뽕나무 **상**, 가운데 **중**, 어조사 **지**, 기쁠 **희**

출전 | 시경 용풍鄘風

동류 | 상중지기桑中之期, 상중지약桑中之約

[상지차의常持此意]

항상 이 뜻을 가진다는 말이며, 자기의 뜻을 굽히지 않는다는 뜻이다.

글자 | 항상 **상**, 가질 **지**, 이 **차**, 뜻 **의**

[상창지변桑滄之變]

뽕나무와 큰 바다의 변함이라는 말이

며, 세상의 변천이 매우 심하다는 뜻이다.

글자 | 뽕나무 **상**, 큰 바다 **창**, 어조사 **지**, 변할 **변**

출전 | 신선전神仙傳

동류 | 상전벽해桑田碧海

[상천하지上天下地]

위에는 하늘이 있고 아래는 땅이 있다는 말이며, 온 천하라는 뜻이다. 여호와는 상천하지에 유일하신 하나님이라는 모세와 솔로몬의 신앙고백에서 유래한다.

글자 | 윗 **상**, 하늘 **천**, 아래 **하**, 땅 **지**

출전 | 구약성서 열왕기列王記 상

[상천하택上天下澤]

위에는 하늘, 아래는 못이라는 말이며, 자연의 질서를 일컫는다.

원문 | 上天下澤履君子以辯上下定民志
상 천 하 택 이 군 자 이 변 상 하 정 민 지

글자 | 윗 **상**, 하늘 **천**, 아래 **하**, 못 **택**

출전 | 주역 예절괘禮節卦

[상청하청上淸下淸]

윗물이 맑아야 아랫물도 맑다는 말이며, 근원이 흐리면 흐름도 흐리다는 뜻이다.

글자 | 윗 **상**, 맑을 **청**, 아래 **하**

출전 | 순자

[상치분신象齒焚身]

코끼리는 이빨 때문에 몸이 불태워진다는 말이며, 재산이 많은 사람은 화禍를 입기 쉽다는 뜻이다.

원문 | 象有齒以焚其身賄也
상 유 치 이 분 기 신 회 야

글자 | 코끼리 **상**, 이 **치**, 불사를 **분**, 몸 **신**

출전 | 춘추좌씨전 양공 24년조

[상치세전尙齒歲典]

나이를 높이는 연례행사라는 말이며, 이조시대에 신년 초에 70세 이상의 조관朝官 부인에게 쌀 · 고기 · 소금 등을 하사하던 행사를 일컫는다.

글자 | 높일 **상**, 나이 **치**, 해 **세**, 법 **전**

출전 | 장자

[상토주무桑土綢繆]

뽕나무와 흙으로 얽고 얽는다는 말이며, 새가 새둥지를 얽는다는 뜻으로 재난을 미연에 방지한다는 뜻이다.

글자 | 뽕나무 **상**, 흙 **토**, 얽을 **주**, 얽을 **무**

출전 | 시경 빈풍豳風

[상토하사上吐下瀉]

위로 토하고 아래로 설사한다는 말이다.

글자 | 윗 **상**, 토할 **토**, 아래 **하**, 설사할 **사**

준말 | 토사吐瀉

[상통천문上通天文]

위로 천문을 잘 통한다는 말이며, 천

체에서 일어나는 온갖 현상을 잘 안다는 뜻이다.

원문 | 上通天文 下達地理 中通仁義
상통천문 하달지리 중통인의

글자 | 윗 **상**, 통할 **통**, 하늘 **천**, 글 **문**

출전 | 주역 계사전繫辭傳 상

[상통하달上通下達]

상통천문 하달지리의 준말로서, 위로는 천문에 통달하고, 아래로는 지리에 통달하여 천지만물의 이치에 환하다는 뜻이다.

원문 | 上通天文 下達地理
상통천문 하달지리

글자 | 윗 **상**, 통할 **통**, 아래 **하**, 통달 **달**

[상투상쟁相鬪相爭]

서로 다투고 서로 싸운다는 말이다.

글자 | 서로 **상**, 다툴 **투**, 싸울 **쟁**

동류 | 양웅상투兩雄相鬪

[상투수단常套手段]

항상 전례대로 하는 솜씨라는 말이며, 버릇이 되어 예사로 쓰는 투의 방법이라는 뜻이다.

글자 | 항상 **상**, 전례 **투**, 손 **수**, 고를 **단**

[상풍고절霜風高節]

서리와 바람 속에 높은 절개라는 말이며, 어떤 난관이나 곤경 속에서도 결코 굽히지 않는 높은 절개라는 뜻이다.

글자 | 서리 **상**, 바람 **풍**, 높을 **고**, 절개 **절**

[상풍패속傷風敗俗]

풍속을 해치고 무너뜨린다는 말이다.

글자 | 해칠 **상**, 바람 **풍**, 무너뜨릴 **패**, 풍속 **속**

[상하공명上下空明]

위와 아래가 하늘과 같이 밝다는 말이며, 상하가 모두 청렴하다는 뜻이다.

글자 | 윗 **상**, 아래 **하**, 하늘 **공**, 밝을 **명**

[상하구부上下俱富]

위아래 함께 부자라는 말이며, 상하 구분 없이 백성을 고루 잘 살게 한다는 뜻이다.

글자 | 윗 **상**, 아래 **하**, 함께 **구**, 부자 **부**

출전 | 순자 부국편富國篇

[상하기수上下其手]

손으로 위를 아래로 한다는 말이며, 권세를 이용하여 사건을 뒤바꾼다는 뜻이다.

글자 | 윗 **상**, 아래 **하**, 어조사 **기**, 손 **수**

출전 | 춘추좌씨전 양공 26년조

[상하노소上下老少]

윗사람과 아랫사람, 그리고 늙은이와 젊은이라는 말이며, 모든 사람을 일컫는 말이다.

글자 | 윗 **상**, 아래 **하**, 늙을 **노**, 젊을 **소**

[상하불급上下不及]

위와 아래가 미치지 못한다는 말이

ㅅ

며, 이쪽저쪽 모두 미치지 못한다는 뜻이다.

원문 | 上下寺不及
상하사불급

글자 | 윗 **상**, 아래 **하**, 아닐 **불**, 미칠 **급**

[상하상몽 上下相蒙]

윗사람과 아랫사람이 서로 속인다는 말이다.

글자 | 윗 **상**, 아래 **하**, 서로 **상**, 속일 **몽**

출전 | 사기 진세가晉世家

[상하순설 上下脣舌]

입술과 혀에 오르내린다는 말이며, 남의 입에 자주 오르내린다는 뜻이다.

글자 | 오를 **상**, 내릴 **하**, 입술 **순**, 혀 **설**

[상하일치 上下一致]

위아래가 하나에 이른다는 말이며, 윗사람과 아랫사람이 마음을 하나로 향한다는 뜻이다.

글자 | 윗 **상**, 아래 **하**, 이를 **치**

[상하적응 上下敵應]

위와 아래가 대적하여 응한다는 말이며, 위아래의 사이가 좋지 못하다는 뜻이다.

글자 | 윗 **상**, 아래 **하**, 대적할 **적**, 응할 **응**

[상하지분 上下之分]

위와 아래의 분별이라는 말이다.

글자 | 윗 **상**, 아래 **하**, 어조사 **지**, 분별할 **분**

[상하천광 上下天光]

위와 아래의 하늘빛이라는 말이며, 위의 하늘빛과 땅에 비친 하늘빛이라는 뜻이다.

글자 | 윗 **상**, 아래 **하**, 하늘 **천**, 빛 **광**

[상하탱석 上下撑石]

윗돌을 빼서 아랫돌을 괸다는 말이며, 몹시 꼬이는 일이 생겨 이리저리 버틴다는 뜻이다.

글자 | 윗 **상**, 아래 **하**, 버틸 **탱**, 돌 **석**

[상하화목 上下和睦]

위아래가 서로 화목하다는 말이다.

글자 | 윗 **상**, 아래 **하**, 화목할 **화**, 화목할 **목**

[상하화순 上下和順]

위아래가 화목하고 순하다는 말이다.

글자 | 윗 **상**, 아래 **하**, 화목할 **화**, 순할 **순**

[상행하교 上行下教]

위는 행하고 아래는 가르친다는 말이며, 윗사람은 아랫사람에게 모범을 보여야 한다는 뜻이다.

글자 | 윗 **상**, 행할 **행**, 아래 **하**, 가르칠 **교**

동류 | 상행하효上行下效

[상행하효 上行下效]

위의 행함을 아래에서 본받는다는 말

이며, 윗물이 맑아야 아랫물이 맑다는 뜻이다.

글자 | 윗 **상**, 행할 **행**, 아래 **하**, 본받을 **효**

[상형문자象形文字]

형상의 글자라는 말이며, 물체의 형상을 본떠서 만든 글자를 일컫는다. 한자와 고대 이집트 문자 따위가 이에 해당한다.

글자 | 형상할 **상**, 형상 **형**, 글 **문**, 글자 **자**

[상호보완相互補完]

서로 서로 도와서 완전하게 한다는 말이다.

글자 | 서로 **상**, 서로 **호**, 도울 **보**, 완전할 **완**

출전 | 춘추좌씨전

유사 | 순치보거脣齒補車

[상호봉시桑弧蓬矢]

→ 상봉지지桑蓬之志

[상호부조相互扶助]

서로 붙들고 돕는다는 말이다.

글자 | 서로 **상**, 서로 **호**, 붙들 **부**, 도울 **조**

[상호옹유桑戶甕牖]

뽕나무 지게문과 독으로 가린 창이라는 말이며, 매우 구차한 살림살이를 일컫는다.

글자 | 뽕나무 **상**, 지게 **호**, 독 **옹**, 창 **유**

출전 | 장자

동류 | 상추옹유桑樞甕牖

[상혼낙담傷魂落膽]

혼이 상하고 쓸개가 떨어진다는 말이며, 너무 실망이 커서 얼이 빠졌다는 뜻이다.

글자 | 상할 **상**, 혼백 **혼**, 떨어질 **낙**, 쓸개 **담**

출전 | 옥루몽

[상화조어賞花釣魚]

꽃을 구경하고 물고기를 낚는다는 말이며, 잔치하는 모습을 일컫는다.

글자 | 구경할 **상**, 꽃 **화**, 낚을 **조**, 고기 **어**

출전 | 조선왕조 13대 명종실록

[상화하택上火下澤]

불은 위로 오르려 하고 물은 아래로 흐르려 한다는 말이며, 뜻이 맞지 않는 사람은 서로 떨어지려 한다는 뜻이다.

원문 | 上火下澤癸 君子以同而異
상 화 하 택 계 군 자 이 동 이 이

글자 | 윗 **상**, 불 **화**, 아래 **하**, 못 **택**

출전 | 주역 화택계火澤癸

[상황판단狀況判斷]

형상과 모양을 판단하여 결단한다는 말이며, 어떤 목적을 이루기 위하여 여러 가지 상황을 판정한다는 뜻이다.

글자 | 형상 **상(장)**, 모양 **황**, 판단할 **판**, 결단할 **단**

[상후하박上厚下薄]

윗사람에게는 후하고, 아랫사람에게는 박하다는 말이다.

글자 | 윗 **상**, 후할 **후**, 아래 **하**, 박할 **박**

반대 | 하후상박下厚上薄

[새신만명賽神萬明]

만물을 밝히는 무당이라는 말이며, 경솔하고 방정맞은 사람을 빗댄 말이다.

글자 | 굿할 **새**, 귀신 **신**, 일만 **만**, 밝을 **명**

[새옹득실塞翁得失]

변방 늙은이의 이득과 손실이라는 말이며, 한때의 이득이 손실이 되기도 하고 한때의 화가 득이 되기도 한다는 뜻이다. 새옹지마塞翁之馬에서 온 말이다.

글자 | 변방 **새**, 늙은이 **옹**, 얻을 **득**, 잃을 **실**

출전 | 회남자 인간훈人間訓

동류 | 새옹지마塞翁之馬

[새옹지마塞翁之馬]

변방 늙은이의 말이라는 말이며, 화가 복이 되고 복이 화가 된다는 뜻이다. 변방에 사는 노인의 말이 오랑캐 땅으로 달아나자 마을 사람들이 위로했다. 노인은 이 일이 복이 될지 누가 아느냐고 했다. 얼마 지나서 그 말이 오랑캐의 좋은 말 한 필을 데리고 와서 이번에는 축하했다. 노인은 이 일이 화가 될지 누가 아느냐고 태연했다. 얼마 후 아들이 말을 타다가 떨어져 다리가 부러졌다. 동네 사람들이 위로했으나 노인은 슬픈 기색이 없었다. 1년 후 오랑캐와의 전쟁이 일어나 젊은이는 모두 전쟁터로 나가 거의 살아 돌아오지 못했지만, 노인의 아들은 불구자이기 때문에 전쟁터에 끌려 나가지 않아 화를 면했다.

원문 | 人間萬事 塞翁之馬
인간만사 새옹지마

글자 | 변방 **새**, 늙은이 **옹**, 어조사 **지**, 말 **마**

출전 | 회남자 인간훈人間訓

동류 | 새옹득실塞翁得失

유사 | 전화위복轉禍爲福, 새옹화복塞翁禍福, 화복규묵禍福糾纆, 화복규승禍福糾繩

[새옹화복塞翁禍福]

→ 새옹득실塞翁得失

[색거한처索居閑處]

한가한 곳을 찾아 산다는 말이다.

원문 | 索居閑處 沈默寂寥
색거한처 침묵적요

글자 | 찾을 **색**, 살 **거**, 한가할 **한**, 곳 **처**

출전 | 천자문 92항

[색공병존色空併存]

색과 빈 것은 아울러 있다는 말이며, 있는 것과 없는 것은 함께 있다는 뜻이다.

글자 | 빛 **색**, 빈 **공**, 아우를 **병**, 있을 **존**

[색려내임色厲內荏]

낯은 엄해도 안은 부드럽다는 말이며, 겉으로는 강해 보여도 의지는 약하다는 뜻이다.

글자 | 낯 **색**, 엄할 **려**, 안 **내**, 부드러울 **임**

출전 | 논어 양화편陽貨篇

[색불미인色不迷人]

예쁜 계집이 사람을 미혹하는 것이 아니라는 말이며, 사람 자신이 미혹하게 된다는 뜻이다.

원문 | 酒不醉人人自醉色不迷人人自迷
주불취인인자취색불미인인자미

글자 | 예쁜 계집 **색**, 아닐 **불**, 미혹할 **미**, 사람 **인**

출전 | 명심보감 성심편省心篇

[색불이공色不異空]

색은 빈 것과 다르다는 말이다.

원문 | 色不異空 空不異色
색불이공 공불이색

글자 | 빛 **색**, 아닐 **불**, 다를 **이**, 빈 **공**

출전 | 반야심경般若心經

[색쇠애이色衰愛弛]

예쁜 계집도 쇠하고 사랑도 풀린다는 말이며, 젊어서 사랑받던 미인도 늙어지면 사랑을 잃는다는 뜻이다.

글자 | 예쁜 계집 **색**, 쇠할 **쇠**, 사랑 **애**, 풀릴 **이**

출전 | 한비자 설난편說難篇

[색은행괴索隱行怪]

숨은 것을 찾고 괴이한 것을 행한다는 말이다. 공자의 말이다. '은밀한 것을 찾고 괴이한 행동을 하면 그것을 말하는 일이 있겠으나 나는 그런 행동을 하지 않을 것이다.'

글자 | 찾을 **색**, 숨을 **은**, 행할 **행**, 괴이할 **괴**

출전 | 중용 11장

동류 | 소은행괴素隱行怪

[색즉시공色卽是空]

색은 곧 빈 것이라는 말이다. 색은 유형有形의 만물을 말하는데, 이 만물은 인연의 소생으로서 그 본성은 실유實有의 것이 아니라 공空이라는 것이다.

원문 | 色卽是空 空卽是色
색즉시공 공즉시색

글자 | 빛 **색**, 곧 **즉**, 옳을 **시**, 빈 **공**

출전 | 반야심경般若心經

[색지난추咋指難追]

손가락을 깨물어도 따르기 어렵다는 말이며, 이미 지나간 일, 후회해도 소용없다는 뜻이다.

글자 | 깨물 **색**, 손가락 **지**, 어려울 **난**, 따를 **추**

출전 | 조선왕조 17대 효종실록

[생거진천生居鎭川]

낳아서 사는 곳이 진천이라는 말이며, 살기 좋은 충청북도 진천에서 사는 것이 좋다는 뜻이다.

원문 | 生居鎭川 死居龍仁
생거진처 사거용인

글자 | 날 **생**, 살 **거**, 진정할 **진**, 내 **천**

[생경동음笙磬同音]

생황과 경쇠가 같은 소리라는 말이며, 서로 잘 조화를 이룬다는 뜻이다.

글자 | 생황 **생**, 경쇠 **경**, 같을 **동**, 소리 **음**

출전 | 시경

[생경지폐生梗之弊]

병이 생긴 폐단이라는 말이며, 두 사람 사이에 불화로 일어난 폐단이라는 뜻이다.

글자 | 날 **생**, 병 **경**, 어조사 **지**, 폐단 **폐**

출전 | 논어 학이學而

[생계무책生計無策]

살아갈 계교의 꾀가 없다는 말이며, 살아갈 방도가 없다는 뜻이다.

글자 | 살 **생**, 계교 **계**, 없을 **무**, 꾀 **책**

[생고기후生枯起朽]

마른 것을 살리고 썩은 것을 일으킨다는 말이며, 죽어 가는 자를 다시 살린다는 뜻이다.

글자 | 살 **생**, 마를 **고**, 일으킬 **기**, 썩을 **후**

출전 | 포박자

[생구불망生口不網]

산 입에 그물이 없다는 말이며, 사람이 아무리 옹색해도 그럭저럭 먹고 산다는 뜻이다.

글자 | 살 **생**, 입 **구**, 아닐 **불**, 그물 **망**

[생기발랄生氣潑剌]

산 것의 기운이 활발하게 뛴다는 말이며, 활기가 넘친다는 뜻이다.

글자 | 산 것 **생**, 기운 **기**, 활발할 **발**, 고기 뛸 **랄**

[생기복덕生氣福德]

기운을 내면 복과 덕이 온다는 말이며, 그날의 운수를 알아보는 방법의 하나이기도 하고 제관祭官 선정의 기준이기도 하다.

글자 | 날 **생**, 기운 **기**, 복 **복**, 큰 **덕**

[생기사귀生寄死歸]

생은 기탁하는 것이고, 죽음은 돌아간다는 말이며, 세상에 사는 것은 잠시 머무는 것이고, 죽음은 본집으로 돌아간다는 뜻이다.

원문 | 生寄也 死歸也
생기야 사귀야

글자 | 날 **생**, 부칠 **기**, 죽을 **사**, 돌아갈 **귀**

출전 | 회남자, 십팔사략 권일卷一

[생남기도生男祈禱]

사내아이를 낳도록 신에게 기도한다는 말이다.

글자 | 낳을 **생**, 사내 **남**, 빌 **기**, 빌 **도**

[생남지경生男之慶]

사내아이를 낳은 경사라는 말이다.

글자 | 날 **생**, 사내 **남**, 어조사 **지**, 경사 **경**

[생도지방生道之方]

살아갈 길의 방법이라는 말이다.

글자 | 살 **생**, 길 **도**, 어조사 **지**, 방법 **방**

[생득관념生得觀念]

나면서 얻은 관념이라는 말이며, 출생 후 경험으로 얻은 것이 아니고 태어날 때부터 가지고 있는 관념이라는 뜻이다.

글자 | 날 **생**, 얻을 **득**, 볼 **관**, 생각할 **념**

반대 | 습득관념習得觀念

[생랭지물生冷之物]

날것과 찬 것이라는 말이다.

글자 | 날것 **생**, 찰 **랭**, 어조사 **지**, 물건 **물**

[생로병사生老病死]

낳고 늙고 병들고 죽는다는 말이며, 사람이 반드시 받아야 하는 네 가지 고통을 일컫는다.

글자 | 낳을 **생**, 늙을 **로**, 병들 **병**, 죽을 **사**

[생리사별生離死別]

살아서 서로 떨어져 있다가 죽어서 아주 헤어진다는 말이다.

글자 | 살 **생**, 떠날 **리**, 죽을 **사**, 이별 **별**

[생면강산生面江山]

익지 않은 얼굴의 강산이라는 말이며, 처음 보는 강산이라는 뜻이다.

글자 | 익지 않을 **생**, 얼굴 **면**, 강 **강**, 뫼 **산**

[생면대책生面大責]

처음 보는 사람에게 크게 꾸짖는다는 말이며, 일과 관계없는 사람에게 무턱대고 꾸짖는다는 뜻이다.

글자 | 날것 **생**, 얼굴 **면**, 큰 **대**, 꾸짖을 **책**

[생면부지生面不知]

익지 않은 얼굴이라는 말이며, 알지 못하는 사람이라는 뜻이다.

글자 | 날것 **생**, 얼굴 **면**, 아닐 **부**, 알 **지**

[생멸멸이生滅滅已]

낳고 없어지고 또 멸망해서 없어진다는 말이며, 현세를 초월해서 불과佛果를 얻는다는 뜻이다.

글자 | 날 **생**, 없어질 **멸**, 이미 **이**

출전 | 열반경

[생몰변천生沒變遷]

나고 죽고 바뀌고 옮겨진다는 말이다.

글자 | 날 **생**, 죽을 **몰**, 바뀔 **변**, 옮길 **천**

[생무살인生巫殺人]

선무당이 사람을 죽인다는 말이며, 미숙한 사람이 잘하는 체 하다가 그르쳐 놓는다는 뜻이다.

글자 | 날것 **생**, 무당 **무**, 죽일 **살**, 사람 **인**
출전 | 동언해

[생불불이生佛不二]

삶과 부처가 둘이 아니라는 말이며, 중생과 부처는 그 천성天性에 있어서 다르지 않다는 뜻이다.

글자 | 살 **생**, 부처 **불**, 아닐 **불**

동류 | 생불일여生佛一如

[생불여사生不如死]

삶이 죽음만 같지 못하다는 말이며, 몹시 어려운 처지에 있다는 뜻이다.

글자 | 살 **생**, 아닐 **불**, 같을 **여**, 죽을 **사**

출전 | 송남잡지

[생불일여生佛一如]

→ 생불불이生佛不二

[생사가판生死可判]

살고 죽는 것을 옳게 판단한다는 말이다.

글자 | 살 **생**, 죽을 **사**, 옳을 **가**, 판단할 **판**

동류 | 사생가판死生可判

[생사고락生死苦樂]

살고 죽는 것과 괴로움과 즐거움이라는 말이며, 인생의 과정을 일컫는다.

글자 | 살 **생**, 죽을 **사**, 괴로울 **고**, 즐거울 **락**

[생사관두生死關頭]

→ 사생관두死生關頭

[생사대해生死大海]

삶과 죽음의 큰 바다라는 말이며, 인생의 험난함을 빗댄 말이다.

글자 | 살 **생**, 죽을 **사**, 큰 **대**, 바다 **해**

[생사사생生事事生]

일을 만들면 일이 생긴다는 말이다. 성호 이익李瀷의 말이다. '몸이 한가해서 일이 없을 때를 기다려 독서한다면 죽을 때까지 독서할 여가는 없다. 일을 만들면 일이 생기고, 일을 줄이면 일이 주는 법이다.'

원문 | 生事事生 省事事省
생 사 사 생 생 사 사 생

글자 | 날 **생**, 일 **사**

출전 | 명심보감 존심편存心篇

[생사사생省事事省]

일을 덜면 일이 덜어진다는 말이다.

글자 | 덜 **생**, 일 **사**

출전 | 명심보감 존심편

관련 | 생사사생生事事生

[생사애경生事愛敬]

살아서는 사랑과 공경으로 섬기라는 말이다.

글자 | 살 **생**, 섬길 **사**, 사랑 **애**, 공경 **경**

출전 | 효경 상친장喪親章

[생사여탈生死與奪]

살리고 죽이고 또 주고 빼앗는다는 말이며, 생사여탈을 마음대로 한다는 뜻이다.

글자 | 살 **생**, 죽을 **사**, 줄 **여**, 빼앗을 **탈**

[생사요법省事要法]

일을 더는 요긴한 방법이라는 말이다. 홍길주洪吉周(1786~1841)의 말이다. '일 중에 오늘 해도 되고 열흘 뒤에 해도 되는 것이 있다면 오늘 즉시 해치운다. 오늘 해도 괜찮고 1년이나 반년 뒤에 해도 괜찮은 것이라면 한쪽으로 치워둔다. 이것이 일을 더는 긴요한 방법이다.'

글자 | 덜 **생**, 일 **사**, 꼭 **요**, 본받을 **법**

출전 | 홍길주의 수여연필睡餘演筆

[생사유명生死有命]

삶과 죽음은 운명에 달려 있다는 말이다.

글자 | 살 **생**, 죽을 **사**, 있을 **유**, 운수 **명**

[생사유전生死流轉]

삶과 죽음이 흐르고 굴러간다는 말이다.

글자 | 살 **생**, 죽을 **사**, 흐를 **유**, 구를 **전**

[생사육골生死肉骨]

죽은 사람을 살리고 뼈에 살을 붙인다는 말이며, 궁지에 몰린 사람을 구한다는 뜻이다.

원문 | 生死而肉骨 (생사이육골)

글자 | 살 **생**, 죽을 **사**, 고기 **육**, 뼈 **골**

출전 | 춘추좌씨전

[생사입판生死立判]

사느냐 죽느냐의 판단이 섰다는 말이다.

글자 | 살 **생**, 죽을 **사**, 설 **입**, 판단할 **판**

[생사존망生死存亡]

→ 사생존망死生存亡

[생사존몰生死存沒]

→ 생사존망生死存亡

[생살여탈生殺與奪]

살리는 것, 죽이는 것, 주는 것, 뺏는 것을 말한다. 생살여탈권은 이 네 가지를 마음대로 할 수 있는 권한을 말한다.

글자 | 살 **생**, 죽일 **살**, 줄 **여**, 빼앗을 **탈**

출전 | 한비자 삼수편三守篇, 원사元史 장규전張珪傳

동류 | 생사여탈生死與奪

유사 | 활살자재活殺自在

[생살지권生殺之權]

→ 살활지권殺活之權

[생삼사일生三事一]

낳은 것은 셋이고 섬김은 하나라는 말

이며, 낳아준 어버이와 가르쳐 준 스승, 그리고 살게 해준 임금은 셋이지만 하나같이 섬겨야 한다는 뜻이다.

글자 | 낳을 **생**, 섬길 **사**

출전 | 조선왕조 19대 숙종실록

[생삼사칠生三死七]

출생 후 3일, 사망 후 7일이라는 말이며, 이 기간은 부정하다고 꺼리는 기간이다.

글자 | 날 **생**, 죽을 **사**

[생생발전生生發展]

자라고 자라는 발전이라는 말이며, 끊임없이 힘차게 발전한다는 뜻이다.

글자 | 자랄 **생**, 일어날 **발**, 펼 **전**

[생생세세生生世世]

생명은 생명을 낳고 세상은 또 다른 세상과 이어진다는 말이며, 불교의 윤회설輪回說에서 세상 만물은 계속 이어져서 영원하다는 뜻이다.

글자 | 날 **생**, 세상 **세**

출전 | 불교, 남사南史

동류 | 미래영겁未來永劫

[생생지리生生之理]

모든 생물이 나고 자라는 이치라는 말이다.

글자 | 날 **생**, 자랄 **생**, 어조사 **지**, 도리 **리**

[생생화육生生化育]

낳고 나아서 변화시켜 기른다는 말이며, 만물을 육성하여 우주를 경영한다는 뜻이다.

글자 | 날 **생**, 변화할 **화**, 기를 **육**

[생세지락生世之樂]

세상을 살아가는 즐거움이라는 말이다.

글자 | 살 **생**, 세상 **세**, 어조사 **지**, 즐거울 **락**

[생신다례生辰茶禮]

생일의 차례라는 말이며, 3년상 안에 죽은 사람의 생일에 지내는 제사를 일컫는다.

글자 | 날 **생**, 날 **신**, 차 **다**, 예도 **례**

[생아구로生我劬勞]

나를 낳으시느라 수고하셨다는 말이다.

원문 | **哀哀父母 生我劬勞 欲報深恩**
애 애 부 모 생 아 구 로 욕 보 심 은

글자 | 날 **생**, 나 **아**, 힘쓸 **구**, 수고로울 **로**

출전 | 시경 소아小雅, 명심보감

[생어우환生於憂患]

근심과 병환 속에서 살고 있다는 말이다.

원문 | **生於憂患而死於安樂**
생 어 우 환 이 사 어 안 락

글자 | 살 **생**, 어조사 **어**, 근심 **우**, 병환 **환**

출전 | 맹자 고자 하

[생어장어生於長於]

출생해서 성장했다는 말이다.

원문 | 生於斯 長於斯 老於斯
생어사 장어사 노어사

글자 | 날 **생**, 어조사 **어**, 클 **장**

출전 | 1929. 1. 21 동아일보 용천불이농장쟁의龍川不二農場爭議

[생유지경鼪鼬之逕]

족제비의 길이라는 말이며, 매우 좁은 길을 빗댄 말이다.

글자 | 족제비 **생**, 족제비 **유**, 어조사 **지**, 좁은 길 **경**

출전 | 장자 서무귀徐無鬼 상

[생이지지生而知之]

나면서부터 안다는 말이며, 태어나면서부터 배우지 않고도 스스로 안다는 성인의 경지를 빗댄 말이다. 중용에 있는 글이다. '어떤 이는 나면서부터 알기도 하며 혹은 배워서 알기도 한다.'

원문 | 或生而知之 或學而知之
혹생이지지 혹학이지지

글자 | 날 **생**, 말 이을 **이**, 알 **지**, 어조사 **지**

출전 | 중용 20장

[생자필멸生者必滅]

산 사람은 반드시 멸망한다는 말이다.

글자 | 살 **생**, 놈 **자**, 반드시 **필**, 멸망할 **멸**

출전 | 양자법언楊子法言

유사 | 성자필쇠盛者必衰, 회자정리會者定離

[생정불신生丁不辰]

아닌 때를 당하여 태어났다는 말이며, 좋지 못한 시대에 태어났다는 뜻이다.

글자 | 날 **생**, 당할 **정**, 아닐 **불**, 때 **신**

[생존경쟁生存競爭]

살아 있기 위한 다툼이라는 말이다.

글자 | 살 **생**, 있을 **존**, 다툴 **경**, 다툴 **쟁**

[생주이멸生住異滅]

낳고 머물고 나뉘고 없어진다는 말이며, 세상 만물의 덧없음을 빗댄 말이다.

글자 | 날 **생**, 머물 **주**, 나눌 **이**, 멸할 **멸**

[생즉무생生卽無生]

삶이 곧 삶이 없는 것이라는 말이며, 본래는 아무것도 없다는 불교의 교리를 일컫는다.

글자 | 살 **생**, 곧 **즉**, 없을 **무**

출전 | 불교

[생지살지生之殺之]

살리기도 하고 죽이기도 한다는 말이다.

글자 | 살 **생**, 어조사 **지**, 죽일 **살**

[생지안행生知安行]

나면서부터 알고 편안히 행한다는 말이며, 태어나면서부터 도의에 통하고

ㅅ

편안한 마음으로 도를 행한다는 뜻이다.

원문 | 或生而知之 或安而行之
혹 생 이 지 지 혹 안 이 행 지

글자 | 날 **생**, 알 **지**, 편안 **안**, 행할 **행**

출전 | 중용 20장

동류 | 생이지지生而知之

반대 | 곤지면행困知勉行

[생지위성生之謂性]

삶의 성품을 일컫는다는 말이며, 자연스런 생리적 본능을 본성이라고 한다는 뜻이다.

글자 | 살 **생**, 어조사 **지**, 일컬을 **위**, 성품 **성**

출전 | 맹자 고자告子

[생지지자生知之資]

나면서부터 사물을 아는 바탕이라는 말이며, 오덕五德의 하나로 친다.

글자 | 날 **생**, 알 **지**, 어조사 **지**, 바탕 **자**

[생진면목生眞面目]

타고난 참된 얼굴과 눈이라는 말이며, 본디부터 지니고 있는 그대로의 상태를 일컫는다.

글자 | 날 **생**, 참 **진**, 얼굴 **면**, 눈 **목**

[생처교숙生處教熟]

익지 않은 곳을 숙달하게 가르친다는 말이며, 생소한 곳은 익숙하게 만들고 싶다는 뜻이다. 명나라 오지경의 말이다. '생소한 것 앞에 당황하지 않고, 익숙한 곳 속에서 타성에 젖지 말라.'

원문 | 我只勸称生處放教熟熟處放教生
아 지 권 칭 생 처 방 교 숙 숙 처 방 교 생

글자 | 익지 않을 **생**, 곳 **처**, 가르칠 **교**, 숙달할 **숙**

출전 | 무림범지武林梵志

[생추일속生芻一束]

싱싱한 풀 한 다발이라는 말이며, 현인賢人이 세상에 쓰이지 않아 백구白駒를 타고 가버리는 것을 애석히 여겨 한 다발의 풀이나마 드리고 싶다는 심정을 일컫는다.

글자 | 날 **생**, 풀 베일 **추**, 묶을 **속**

출전 | 시경 소아小雅, 후한서

[생탄활박生呑活剝]

산 채로 삼켰다가 산 채로 껍질을 벗긴다는 말이며, 남의 시문詩文을 그대로 베낀다는 뜻이다.

글자 | 살 **생**, 삼킬 **탄**, 살 **활**, 벗길 **박**

출전 | 대당신어大唐新語

반대 | 환골탈태換骨奪胎

[생행사귀生行死歸]

살아서 갔다가 죽어서 돌아온다는 말이다.

글자 | 살 **생**, 갈 **행**, 죽을 **사**, 돌아올 **귀**

출전 | 대동야승

[생환고토生還古土]

살아서 옛 땅으로 돌아온다는 말이며, 객지에서 많은 고생을 하다가 고향으로 돌아온다는 뜻이다.

글자 | 살 **생**, 돌아올 **환**, 옛 **고**, 땅 **토**

출전 | 송남잡지

[서간충비鼠肝蟲臂]

쥐의 간이나 벌레의 팔이라는 말이며, 아무데도 쓸모없는 사물을 빗댄 말이다.

글자 | 쥐 **서**, 간 **간**, 벌레 **충**, 팔 **비**

출전 | 장자 대종사大宗師

동류 | 충비서간蟲臂鼠肝

[서거입적逝去入寂]

죽어서 고요한 곳으로 들어간다는 말이다.

글자 | 죽을 **서**, 갈 **거**, 들 **입**, 고요 **적**

[서과외지西瓜外舐]

→ 서과피지西瓜皮舐

[서과피지西瓜皮舐]

서양 오이[수박] 겉핥기라는 말이며, 사물의 실상은 모르면서 외부만 접촉한다는 뜻이다.

글자 | 서녘 **서**, 오이 **과**, 가죽 **피**, 핥을 **지**

출전 | 이담속찬耳談續纂, 동언해

동류 | 서과외지西瓜外舐

[서광이생胥匡以生]

서로 바로잡으면서 산다는 말이다.

글자 | 서로 **서**, 바로잡을 **광**, 써 **이**, 살 **생**

[서궐참단鋤蹶斬斷]

없애버리고 뽑고 베고 끊는다는 말이며, 뿌리째 뽑아 아주 근절시킨다는 뜻이다.

글자 | 없애버릴 **서**, 뺄 **궐**, 벨 **참**, 끊을 **단**

[서기중용庶幾中庸]

무릇 모든 것은 중용이라는 말이며, 가급적 중용을 지켜야 한다는 뜻이다.

원문 | 庶幾中庸 勞謙謹勅
서 기 중 용 노 겸 근 칙

글자 | 뭇 **서**, 거의 **기**, 가운데 **중**, 가운데 **용**

출전 | 천자문 86항

[서기지망庶幾之望]

거의 얼마의 바람이라는 말이며, 거의 될 듯해 보이는 희망이라는 뜻이다.

글자 | 거의 **서**, 얼마 **기**, 어조사 **지**, 바랄 **망**

[서닉지환胥溺之患]

모두 물에 빠지는 근심이라는 말이며, 함께 망하는 근심이라는 뜻이다.

글자 | 다 **서**, 빠질 **닉**, 어조사 **지**, 근심 **환**

출전 | 조선왕조 14대 선조실록

[서동부언胥動浮言]

떠돌아다니는 말로 모두 움직인다는 말이며, 거짓말을 퍼뜨려 인심을 어지럽게 한다는 뜻이다.

글자 | 다 **서**, 움직일 **동**, 떠내려갈 **부**, 말씀 **언**

[서리지탄黍離之嘆]

무성한 기장의 탄식이라는 말이며, 나라가 망하고 옛 도성의 궁궐터가 기장 밭으로 변했다는 탄식이다.

원문 | 彼黍離離 彼稷之苗…
피서리리 피직지묘

글자 | 기장 **서**, 무성할 **리**, 어조사 **지**, 탄식할 **탄**

출전 | 시경 왕풍王風

동류 | 맥수지탄麥秀之嘆

[서명여익庶明勵翼]

무릇 밝음이 힘쓰고 돕는다는 말이며, 많은 총명한 사람들이 크게 돕는다는 뜻이다.

원문 | 惇敍九族 庶明勵翼
돈서구족 서명여익

글자 | 무릇 **서**, 밝을 **명**, 힘쓸 **여**, 도울 **익**

출전 | 서경 우서 고요모皐陶謨

[서방미인西方美人]

서쪽 방위의 아름다운 사람이라는 말이며, 서주西周의 미덕美德을 갖춘 임금이라는 뜻이다.

글자 | 서녘 **서**, 방위 **방**, 아름다울 **미**, 사람 **인**

[서방소후庶方小侯]

보통 지방에 있는 작은 제후라는 말이다.

글자 | 보통 **서**, 방위 **방**, 작을 **소**, 제후 **후**

[서방정토西方淨土]

서쪽의 깨끗한 땅이라는 말이며, 극락세계를 일컫는다.

글자 | 서녘 **서**, 방위 **방**, 깨끗할 **정**, 땅 **토**

출전 | 아미타경阿彌陀經

동류 | 극락정토極樂淨土

[서방행자西方行者]

서쪽 [해가 지는 쪽]으로 가는 사람이라는 말이며, 극락세계에 가려고 염불하는 사람이라는 뜻이다.

글자 | 서녘 **서**, 방위 **방**, 갈 **행**, 사람 **자**

[서부진언書不盡言]

글로는 말을 다할 수 없다는 말이다.

원문 | 書不盡言 言不盡意
서부진언 언불진의

글자 | 글 **서**, 아닐 **부**, 다할 **진**, 말씀 **언**

출전 | 주역 계사전繫辭傳

[서북송탐西北松耽]

서도西道와 북관北關, 그리고 송도松都와 탐라耽羅를 말하며 우리나라 모든 지방을 일컫는다. 서도는 평안도와 황해도, 북관은 함경도, 송도는 개성, 탐라는 제주도를 말한다.

글자 | 서녘 **서**, 북녘 **북**, 소나무 **송**, 범

의 보는 모양 **탐**

[서사불이誓死不二]

죽을 맹세가 둘이 아니라는 말이며, 죽어도 결심을 바꾸지 않는다는 뜻이다.

글자 | 맹세할 **서**, 죽을 **사**, 아닐 **불**

출전 | 사기 혹리열전酷吏列傳

[서사왕복書辭往復]

글과 말이 가고 다시 온다는 말이며, 편지가 오고간다는 뜻이다.

글자 | 글 **서**, 말씀 **사**, 갈 **왕**, 다시 **복**

[서산낙일西山落日]

서산에 지는 해라는 말이며, 권력 따위가 기울어져 어쩔 수 없이 멸망하는 형세를 일컫는다.

글자 | 서녘 **서**, 뫼 **산**, 떨어질 **낙**, 날 **일**

동류 | 일락서산日落西山

[서상길사庶常吉士]

무릇 항상 길한 선비라는 말이며, 큰 변화 없이 살아가는 사람을 일컫는다. 주周나라의 관명이기도 하며 서길사庶吉士라고도 하는데, 조선 세종 때부터 학문이 뛰어난 젊은 문신을 뽑아 학업에 전념케 한 바도 있다.

글자 | 무릇 **서**, 항상 **상**, 길할 **길**, 선비 **사**

출전 | 조선왕조 11대 중종실록

[서서도도絮絮叨叨]

엉키고 엉켜서 매우 욕되게 한다는 말이며, 지루하게 이야기를 늘어놓는다는 뜻이다.

글자 | 실 엉킬 **서**, 욕되게 할 **도**

[서세동점西勢東漸]

서쪽 권세가 동쪽으로 점점 나아간다는 말이며, 서쪽 세력이 조금씩 동쪽으로 배어든다는 뜻이다.

글자 | 서녘 **서**, 권세 **세**, 동녘 **동**, 점점 **점**

[서소묵장書巢墨莊]

책 둥지와 먹물 별장이라는 말이며, 서재라는 뜻이다. 중국 송나라 때의 육유陸游, 오대의 맹경익孟景翌, 노나라 조평曹平, 소나라 유식劉式 등의 서재가 책으로 가득 차서 서소書巢, 서굴書窟, 서창書倉, 묵장墨莊 등으로 불리웠다.

글자 | 책 **서**, 새 둥지 **소**, 먹 **묵**, 별장 **장**

출전 | 육유의 서소기書巢記

[서습지기暑濕之氣]

덥고 습한 기운이라는 말이며, 덥고 습한 여름의 무더운 날씨라는 뜻이다.

글자 | 더울 **서**, 젖을 **습**, 어조사 **지**, 기운 **기**

[서시봉심西施捧心]

서시의 마음을 받든다는 말이며, 무턱대고 남의 흉내를 내다가 망신을 당한다는 뜻이다.

글자 | 서녘 **서**, 베풀 **시**, 받들 **봉**, 마음 **심**

출전 | 장자 천운天運

동류 | 서시빈목西施矉目

[서시빈목西施矉目]

서시가 눈살을 찌푸린다는 말이며, 영문도 모르고 남의 흉내를 낸다는 뜻이다. 월나라의 절세미인 서시西施가 가슴의 통증 때문에 늘 눈살을 찌푸리고 다녔는데, 그 마을의 추녀醜女가 자기도 눈살을 찌푸리면 예쁘게 보일 것으로 알고 서시의 흉내를 냈다는데서 온 말이다.

원문 | 西施病心而矉
서 시 병 심 이 빈

글자 | 서녘 **서**, 베풀 **시**, 찌푸릴 **빈**, 눈 **목**

출전 | 장자 천운天運

동류 | 서시봉심西施捧心, 서시효빈西施效顰

[서신명폐書紳銘肺]

큰 띠(허리띠)에 글 쓰고 마음속에 새긴다는 말이며, 마음속에 깊이 새겨 영원히 잊지 않는다는 뜻이다.

글자 | 쓸 **서**, 큰 띠 **신**, 새길 **명**, 마음속 **폐**

출전 | 옥루몽

[서신지역棲神之域]

귀신이 깃들여 있는 지경이라는 말이며, 무덤을 높여 일컫는 말이다.

글자 | 깃들일 **서**, 귀신 **신**, 어조사 **지**, 지경 **역**

[서심화야書心畫也]

글은 마음의 그림이라는 말이다.

글자 | 글 **서**, 마음 **심**, 그림 **화**, 어조사 **야**

출전 | 양자법언揚子法言

[서약동부西躍東赴]

서쪽으로 뛰고 동쪽으로 달린다는 말이며, 정신없이 이리 뛰고 저리 뛰면서 매우 바쁘다는 뜻이다.

글자 | 서녘 **서**, 뛸 **약**, 동녘 **동**, 달릴 **부**

출전 | 옥루몽

[서얼차대庶孼差待]

서자의 무리를 다르게 대접한다는 말이며, 조선시대에 서자 계통을 모두 차별 대우했다는 뜻이다.

글자 | 무리 **서**, 서자 **얼**, 다를 **차**, 대접할 **대**

[서우기한暑雨祁寒]

무더운 여름날의 비와 겨울의 큰 추위라는 말이다.

글자 | 더울 **서**, 비 **우**, 클 **기**, 찰 **한**

[서장훼성鼠腸虺性]

쥐의 창자와 이무기의 성품이라는 말이며, 간사하고 음흉한 사람을 빗댄 말이다.

글자 | 쥐 **서**, 창자 **장**, 이무기 **훼**, 성품 **성**

출전 | 조선왕조 14대 선조실록

[서절구투鼠竊狗偸]

쥐나 개처럼 몰래 물건을 훔친다는 말이며, 좀도둑을 일컫는다.

글자 | 쥐 **서**, 훔칠 **절**, 개 **구**, 훔칠 **투**
출전 | 사기 숙손통전叔孫通傳

[서정쇄신庶政刷新]

여러 정사를 새롭게 씻는다는 말이며, 모든 정사에 있어 묵은 것을 버리고 새롭게 한다는 뜻이다.

글자 | 여러 **서**, 정사 **정**, 씻을 **쇄**, 새 **신**

[서제막급噬臍莫及]

배꼽을 물려고 해도 입이 미치지 않는다는 말이며, 어떤 일을 하려고 해도 될 수 없다는 뜻이다. 초나라 현인 3인이 등나라를 통과하면서 등나라 왕 기후祁侯에게 한 말이다. '아뢰옵기 황공하오나 멀지 않아 초나라 문왕은 반드시 등나라를 멸하고 말 것입니다. 하오니, 지금 조치하지 않으면 서제막급할 것입니다.'

글자 | 씹을 **서**, 배꼽 **제**, 없을 **막**, 미칠 **급**
출전 | 춘추좌씨전 장공육년조莊公六年條
동류 | 후회막급後悔莫及

[서제지탄噬臍之嘆]

배꼽을 물어뜯는 탄식이라는 말이며, 사향노루가 죽으면서 배꼽을 물어뜯는 것과 같이 기회를 잃고 후회해야 소용이 없다는 뜻이다.

글자 | 씹을 **서**, 배꼽 **제**, 어조사 **지**, 탄식할 **탄**
출전 | 춘추좌씨전 장공莊公 6년

[서중사치書中四痴]

책 가운데 네 바보라는 말이며, '책 빌리는 바보, 빌려주는 바보, 돌려 달라는 바보, 돌려주는 바보' 라는 뜻이다.

원문 | 借一痴 債二痴 索三痴 還四痴
(차일치 채이치 색삼치 환사치)

글자 | 책 **서**, 가운데 **중**, 어리석을 **치**
출전 | 이광문李匡文의 자가집資暇集

[서지기신噬指棄薪]

손가락을 깨물고 땔나무를 버렸다는 말이며, 어머니와 자식 간의 감응感應을 빗댄 말이다. 후한의 농부 채순蔡順이 산에 나무하러 간 사이에 어머니가 다급한 일이 생겨 손가락을 깨물었다. 그러자 채순은 갑자기 집에 가고 싶은 생각이 들어 해 놓은 땔나무도 버린 채 달려갔다는 고사에서 온 말이다.

글자 | 깨물 **서**, 손가락 **지**, 버릴 **기**, 나무 **신**
출전 | 속맹자, 백씨공첩白氏孔帖

[서토교정庶土交正]

무릇 나라가 바르게 바뀌었다는 말이며, 세상이 모두 바르게 되었다는 뜻이다.

글자 | 무릇 **서**, 나라 **토**, 바꿀 **교**, 바를 **정**
출전 | 서경 하서夏書

[서하약대誓河若帶]

황하가 띠와 같이 [될 때까지] 맹세한

다는 말이며, 충성심이 변함없다는 뜻이다.

글자 | 맹세할 **서**, 황하수 **하**, 같을 **약**, 띠 **대**

출전 | 삼국사기

[서해맹산誓海盟山]

바다에 맹세하고 산에 맹세한다는 말이다. 충무공이 한산도에서 읊은 시다. '바다에 맹세하니 어룡이 꿈틀대고, 산에 다짐하자 초목이 알아듣네.'

원문 | 誓海魚龍動 盟山草木知
서 해 어 룡 동 맹 산 초 목 지

글자 | 맹세할 **서**, 바다 **해**, 맹세할 **맹**, 뫼 **산**

출전 | 조경남의 난중잡기亂中雜記

[서호무각噬虎無角]

무는 호랑이는 뿔이 없다는 말이며, 호랑이가 물기는 해도 받지는 못하는 것과 같이 사람도 여러 재주를 가질 수 없다는 뜻이다.

글자 | 씹을 **서**, 범 **호**, 없을 **무**, 뿔 **각**

출전 | 동언해

[서화예술書畵藝術]

글쓰기와 그림을 그리는 예술이라는 말이다.

글자 | 글 **서**, 그림 **화**, 재주 **예**, 재주 **술**

[석가모니釋迦牟尼]

불교의 개조開祖로서 4대 성인의 한 사람이다. 성은 고타마, 이름은 싯다르타이다.

글자 | 부처 이름 **석**, 부처 이름 **가**, 클 **모**, 승 **니**

[석간토혈石間土穴]

돌 사이의 흙구덩이라는 말이며, 매우 좁은 무덤의 여지를 일컫는다.

글자 | 돌 **석**, 사이 **간**, 흙 **토**, 구멍 **혈**

[석계등천釋階登天]

사다리를 버리고 하늘에 오르려한다는 말이며, 할 수 없는 일을 하려고 한다는 뜻이다.

원문 | 釋階而登天
석 계 이 등 천

글자 | 내버릴 **석**, 사다리 **계**, 오를 **등**, 하늘 **천**

출전 | 초사楚辭

[석고대죄席藁待罪]

거적을 깔고 저지른 죄의 처벌을 기다린다는 말이다.

글자 | 자리 **석**, 짚 **고**, 기다릴 **대**, 죄줄 **죄**

출전 | 대동야승 40권

[석공장궁石鞏張弓]

석공이 활을 당긴다는 말이며, 남을 시험하는 무모한 짓이라는 뜻이다. 이는 당나라 중 석공이 다른 중이 오면 활을 쏘아 시험했다는 고사에서 온 말이다.

글자 | 돌 **석**, 굳을 **공**, 활 당길 **장**, 활 **궁**

관련 | 삼평개흉三平開胸

[석과불식碩果不食]

먹지 않은 큰 과실이라는 말이며, 자기만의 욕심을 버리고 자손에게 남겨주는 재산이라는 뜻이다. 이 과실은 과일나무 꼭대기 가지에 먹히지 않고 남은 단 하나의 큰 것이다.

글자 | 클 **석**, 과실 **과**, 아닐 **불**, 먹을 **식**

출전 | 주역 산지박山地剝

[석권지세席卷之勢]

자리를 말아가는 기세라는 말이며, 일제히 거침없이 나가는 세력을 빗댄 말이다.

글자 | 자리 **석**, 접을 **권**, 어조사 **지**, 기세 **세**

출전 | 한서, 전국책

[석근관지釋根灌枝]

뿌리를 버리고 가지에 따른다는 말이며, 본질을 따지지 않고 현상現象에 얽매인다는 뜻이다.

글자 | 내버릴 **석**, 뿌리 **근**, 따를 **관**, 가지 **지**

출전 | 회남자

[석근지원釋近之遠]

가까운 데를 놓아두고 멀리 간다는 말이며, 쉬운 방법을 버리고 어려운 방법을 택한다는 뜻이다.

글자 | 놓을 **석**, 가까울 **근**, 어조사 **지**, 멀 **원**

출전 | 삼국사기

[석문철추席門鐵樞]

돗자리 문에 쇠 지두리라는 말이며, 격식에 맞지 않는 짓을 한다는 뜻이다.

글자 | 돗자리 **석**, 문 **문**, 쇠 **철**, 지두리 **추**

출전 | 고금석림

[석별지정惜別之情]

아까운 이별의 마음속이라는 말이며, 서로 헤어지는 것을 섭섭히 여긴다는 뜻이다.

글자 | 아까울 **석**, 이별 **별**, 어조사 **지**, 마음속 **정**

ㅅ

[석복겸공惜福謙恭]

복을 아끼고 사양하고 공손하라는 말이며, 복을 다 누리려 하지 말고 아끼면서 자만을 멀리해 겸손하고 공손하라는 뜻이다.

글자 | 아낄 **석**, 복 **복**, 사양할 **겸**, 공손할 **공**

출전 | 속수복전서續壽福全書

[석복수행惜福修行]

복을 아끼는 수양과 행함이라는 말이며, 현재 누리고 있는 복을 소중히 여겨 더욱 낮추어 검소하게 생활하는 태도를 일컫는다.

글자 | 아낄 **석**, 복 **복**, 닦을 **수**, 행할 **행**

출전 | 송나라 여혜경呂惠卿의 글

[석분여금惜糞如金]

똥 아끼기를 금과 같이 한다는 말이며,

하찮은 것도 소중히 여긴다는 뜻이다.

원문 | 成家之兒 惜糞如金
성가지아 석분여금

글자 | 아낄 **석**, 똥 **분**, 같을 **여**, 금 **금**

출전 | 명심보감 성심편省心篇

[석분이속釋紛利俗]

어지러움을 내놓고 풍속을 이롭게 한다는 말이며, 질서를 바로잡고 풍속을 바르게 한다는 뜻이다.

원문 | 釋紛利俗 並皆佳妙
석분이속 병개가묘

글자 | 내놓을 **석**, 어지러울 **분**, 이로울 **이**, 풍속 **속**

출전 | 천자문 117항

[석불가난席不暇暖]

자리가 따뜻해질 겨를이 없다는 말이며, 직책이나 주소를 자주 옮긴다는 뜻이다.

글자 | 자리 **석**, 아닐 **불**, 겨를 **가**, 따뜻할 **난**

출전 | 세설신어 덕행

[석상휘호席上揮毫]

자리 위에서 붓을 휘두른다는 말이며, 앉은 그 자리에서 글씨를 쓰거나 그림을 그린다는 뜻이다.

글자 | 자리 **석**, 윗 **상**, 휘두를 **휘**, 붓 **호**

[석안유심釋眼儒心]

석가의 눈과 공자의 마음이라는 말이며, 자비롭고 인애仁愛하다는 뜻이다.

글자 | 석가 **석**, 눈 **안**, 공자 **유**, 마음 **심**

[석원이평釋怨而平]

원망을 내놓으면 화평하다는 말이며, 세대가 바뀐 뒤뜻이다.

원문 | 易世之後 釋怨而平可也
역세지후 석원이평가야

글자 | 내놓을 **석**, 원망할 **원**, 말 이을 **이**, 화평할 **평**

출전 | 성호사설 백세보구百世報仇

[석인석마石人石馬]

→ 석인석수石人石獸

[석인석수石人石獸]

돌로 만든 사람과 돌로 만든 짐승이라는 말이며, 무덤 앞에 세우는 석물을 일컫는다.

글자 | 돌 **석**, 사람 **인**, 짐승 **수**

[석장포복石墻飽腹]

돌담이 배가 부르다는 말이며, 돌담이 배가 불러 곧 무너지게 되듯이 장차 손해를 끼칠 존재라는 뜻이다.

글자 | 돌 **석**, 담 **장**, 배부를 **포**, 배 **복**

출전 | 순오지 하

[석전경우石田耕牛]

돌밭을 가는 황소라는 말이며, 황해도 사람의 부지런하고 참을성이 강한 성격을 빗댄 말이다.

글자 | 돌 **석**, 밭 **전**, 밭갈 **경**, 소 **우**

출전 | 정도전鄭道傳의 팔도평
관련 | 팔도기질八道氣質

[석전대제釋奠大祭]

내놓고 베푸는 큰 제사라는 말이며, 문묘文廟에서 공자에게 지내는 제사로서 음력 2월과 8월의 상정일上丁日에 거행하는 행사를 일컫는다.

글자 | 내놓을 **석**, 베풀 **전**, 큰 **대**, 제사 **제**

[석전제악釋奠祭樂]

석전대제에서 아뢰는 중국계의 음악을 일컫는다.

글자 | 내놓을 **석**, 베풀 **전**, 제사 **제**, 음악 **악**
관련 | 석전대제釋奠大祭

[석체소옹釋滯消壅]

체한 것을 풀어주고 막힌 것을 없앤다는 말이며, 이 말은 잠깐의 이로움이고, 정기를 수척케 하고 기운을 소모시키는 것은 평생의 큰 해로움이라는 뜻이다.

원문 | 釋滯消壅 瘠氣耗精
석 체 소 옹 척 기 모 정

글자 | 풀릴 **석**, 막힐 **체**, 지울 **소**, 막힐 **옹**
출전 | 기모경의 다음서茶飮序

[석축산성石築山城]

돌로 쌓은 산성이라는 말이다.

글자 | 돌 **석**, 쌓을 **축**, 뫼 **산**, 재 **성**

[석파천경石破天驚]

돌이 깨지자 하늘이 놀란다는 말이며, 아름다운 음악 또는 기발한 착상을 일컫는다.

원문 | 石破天驚逗秋雨
석 파 천 경 두 추 우

글자 | 돌 **석**, 깰 **파**, 하늘 **천**, 놀랄 **경**
출전 | 이하 이빙공후인李憑箜篌引

[석학홍유碩學鴻儒]

학문이 깊고 넓은 선비라는 말이며, 위대한 유학자儒學者를 일컫는다.

글자 | 클 **석**, 배울 **학**, 큰 기러기 **홍**, 선비 **유**
출전 | 진서

[석화광음石火光陰]

돌에서 나는 불빛과 그늘이라는 말이며, 빠른 세월을 일컫는다. 석화는 돌이 마주칠 때 일어나는 불이며, 광음은 보통 세월이라는 뜻으로 쓰인다.

글자 | 돌 **석**, 불 **화**, 빛 **광**, 그늘 **음**

[석화광중石火光中]

돌[을 쳐서 나는] 불빛 가운데라는 말이며, 매우 짧은 시간이라는 뜻이다.

글자 | 돌 **석**, 불 **화**, 빛 **광**, 가운데 **중**

[석회증미釋回增美]

간사함을 버리고 아름다움을 더한다는 말이며, 나쁜 것은 버리고 좋은 것을 많게 한다는 뜻이다.

글자 | 버릴 **석**, 간사할 **회**, 더할 **증**, 아름다울 **미**
출전 | 예기

[석획지신石畫之臣]

돌로 그을 신하라는 말이며, 신중하게 큰일을 꾀하는 신하를 빗댄 말이다.

글자 | 돌 **석**, 그을 **획**, 어조사 **지**, 신하 **신**
출전 | 한서

[선가외랑先假外廊]

먼저 바깥채를 빌린다는 말이며, 먼저 행랑을 빌리고 나중에 안방을 빌리듯 매우 염치가 없다는 뜻이다.

글자 | 먼저 **선**, 빌릴 **가**, 바깥 **외**, 곁채 **랑**

[선거노마鮮車怒馬]

좋은 수레와 뽐내는 말이라는 뜻이다.

글자 | 좋을 **선**, 수레 **거**, 뽐낼 **노**, 말 **마**
출전 | 후한서

[선건전곤旋乾轉坤]

하늘을 돌이키고 땅을 움직인다는 말이며, 천하의 난을 평정한다는 뜻과 나라의 폐풍弊風을 크게 고친다는 뜻이다.

글자 | 돌이킬 **선**, 하늘 **건**, 음직일 **전**, 땅 **곤**
출전 | 한유韓愈의 글, 성종실록 권10

[선견지명先見之明]

먼저 보는 밝음이라는 말이며, 앞일을 미리 내다보는 지혜를 일컫는다.

글자 | 먼저 **선**, 볼 **견**, 어조사 **지**, 밝을 **명**

[선견지인先見之人]

먼저 보는 사람이라는 말이며, 일을 미리 짐작하는 사람이라는 뜻이다.

글자 | 먼저 **선**, 볼 **견**, 어조사 **지**, 사람 **인**

[선결문제先決問題]

먼저 결단할 문제라는 말이다.

글자 | 먼저 **선**, 결단할 **결**, 물을 **문**, 제목 **제**

[선경후사先景後事]

먼저 경치를 묘사하고 일은 나중에 묘사한다는 말이며, 한시漢詩의 전형적인 창작기법을 일컫는다.

글자 | 먼저 **선**, 경치 **경**, 뒤 **후**, 일 **사**
출전 | 송원이사안서送元二使安西

[선계선술先繼先述]

좋아하는 것을 이어 좋아하는 것을 좇는다는 말이며, 선대의 뜻을 이어받아 선대의 일을 성공시킨다는 뜻이다.

글자 | 좋아할 **선**, 이을 **계**, 좇을 **술**
출전 | 조선왕조 7대 세조실록

[선계후압先鷄後鴨]

먼저 닭을, 뒤에 오리라는 말이며, 먼저 계림(신라)을 얻고 뒤에 압록강을 얻는다는 뜻이다. 철원보경鐵原寶鏡의 잠언에서 고려 태조가 홍성할 것을 예언한 말이다.

글자 | 먼저 **선**, 닭 **계**, 뒤 **후**, 오리 **압**

출전 | 동문선東文選

[선곤후태先困後泰]

먼저 곤하고 뒤에 편안하다는 말이며, 먼저 힘써 일하면 뒤에 가서 편안하다는 뜻이다.

원문 | 先困後泰 運數奈何
선 곤 후 태 운 수 내 하

글자 | 먼저 **선**, 곤할 **곤**, 뒤 **후**, 편안할 **태**

출전 | 토정비결土亭秘訣 총운

[선공가석先功可惜]

먼저의 공이 가히 아깝다는 말이며, 현재의 잘못으로 인하여 과거에 세운 공이 아깝게 되었다는 뜻이다.

글자 | 먼저 **선**, 공 **공**, 긍정할 **가**, 아까울 **석**

동류 | 전공가석前功可惜

[선공무덕善供無德]

착한 일에 이바지 하여도 공덕이 없다는 말이며, 남을 위해 힘써도 별 소득이 없다는 뜻이다.

글자 | 착할 **선**, 이바지할 **공**, 없을 **무**, 큰 **덕**

[선공후사先公後私]

공변된 것을 먼저 하고, 사사로운 것을 뒤에 한다는 말이다.

글자 | 먼저 **선**, 공변될 **공**, 뒤 **후**, 사사 **사**

[선교방편善巧方便]

좋고 교묘하고 편한 방법이라는 말이며, 매우 좋은 수단이라는 뜻이다.

글자 | 좋을 **선**, 교묘할 **교**, 방법 **방**, 편할 **편**

[선군지원先君之怨]

먼저 임금의 원망이라는 말이며, 앞의 임금이 범한 잘못을 원망한다는 뜻이다.

글자 | 먼저 **선**, 임금 **군**, 어조사 **지**, 원망할 **원**

[선군후친先君後親]

먼저 임금이고 뒤에 어버이라는 말이며, 임금에 대한 충성이 먼저이고, 어버이에 대한 효도는 나중이라는 뜻이다.

글자 | 먼저 **선**, 임금 **군**, 뒤 **후**, 어버이 **친**

출전 | 조선왕조 15대 광해군일기

[선기원포先期遠布]

먼저를 기약하고 멀리 벌리라는 말이며, 미리 준비하고 멀리의 동정을 살펴야 한다는 뜻이다. 유성룡의 글이다. '적군을 막아 지키는 방책 중 그 첫째는 전투 5일 전에 멀리 적진 200리 지점까지 척후를 보내 적의 동향을 미리 파악해야 한다.'

글자 | 먼저 **선**, 기약할 **기**, 멀 **원**, 벌릴 **포**

출전 | 유성룡柳成龍의 전수기의십조戰守機宜十條

ㅅ

[선기자추善騎者墜]

말을 잘 타는 사람이 [말에서] 떨어진다는 말이다.

원문 | 善游者溺 善騎者墜
선 유 자 익 선 기 자 추

글자 | 잘할 **선**, 말 탈 **기**, 사람 **자**, 떨어질 **추**

출전 | 한비자

[선기후인先己後人]

자기를 먼저하고 사람은 뒤로 한다는 말이며, 다른 사람의 일보다 자신의 일에 충실하다는 뜻이다.

글자 | 먼저 **선**, 몸 **기**, 뒤 **후**, 사람 **인**

[선나후주先拿後奏]

[죄지은 사람을] 먼저 잡고 뒤에 [임금에게] 아뢴다는 말이다.

글자 | 먼저 **선**, 잡을 **나**, 뒤 **후**, 아뢸 **주**

반대 | 선주후나先奏後拿

[선난후이先難後易]

먼저 어려우면 뒤가 쉽다는 말이며, 어려운 것이 앞에 오면 쉬운 것이 뒤따른다는 뜻이다.

원문 | 夫先易者後難 先難而後易
부 선 이 자 후 난 선 난 이 후 이

글자 | 먼저 **선**, 어려울 **난**, 뒤 **후**, 쉬울 **이**

출전 | 관자 금장편禁藏篇

[선남선녀善男善女]

착한 남자와 착한 여자라는 말이며, 불법佛法을 믿고 따르는 남녀, 또는 일반 대중을 일컫는다.

글자 | 착할 **선**, 사내 **남**, 계집 **녀**

[선념기한先念飢寒]

먼저 배고픔과 추위를 생각해야 한다는 말이며, 먼저 백성이나 아랫사람의 형편을 살펴야 한다는 뜻이다.

글자 | 먼저 **선**, 생각할 **념**, 배고플 **기**, 추울 **한**

[선담후농先淡後濃]

먼저는 싱겁다가 뒤에는 걸쭉하다는 말이며, 처음엔 담담하다가 뒤에는 진하고, 앞서는 소원한 듯 나중엔 친하게, 먼저는 멀리하다 끝에는 가까워지는 것이 벗을 사귀는 도리라는 뜻이다.

원문 | 先淡後濃 先疎後親 先遠後近
선 담 후 농 선 소 후 친 선 원 후 근
交友道也
교 우 도 야

글자 | 먼저 **선**, 싱거울 **담**, 뒤 **후**, 걸쭉할 **농**

출전 | 육소형의 취고당검소醉古堂劍掃

[선례후학先禮後學]

먼저 예의를 배우고 나중에 학문을 배우라는 말이다.

글자 | 먼저 **선**, 예도 **례**, 뒤 **후**, 배울 **학**

[선로명주仙露明珠]

선인이 내려주는 이슬과 밝은 구슬이라는 말이며, 서법書法이 원활하다는 뜻이다.

원문 | 未足比其清華 仙露明珠
미족비기청화 선로명주

글자 | 신선 **선**, 이슬 **로**, 밝을 **명**, 구슬 **주**

출전 | 왕희지의 집자성교서集字聖教序

[선린외교善隣外交]

이웃을 좋아하는 외국과의 사귐이라는 말이며, 이웃나라와 관계를 돈독히 하는 외교를 일컫는다.

글자 | 좋아할 **선**, 이웃 **린**, 바깥 **외**, 사귈 **교**

[선린정책善隣政策]

→ 선린외교善隣外交

[선망후실先忘後失]

먼저 잊고 뒤에 잃는다는 말이며, 자꾸 잊어버리기를 잘한다는 뜻이다.

글자 | 먼저 **선**, 잊을 **망**, 뒤 **후**, 잃을 **실**

출전 | 송남잡지

[선명실자先名實者]

먼저 이름과 충실함을 [내세우는] 사람이라는 말이며, 공명을 내세우기를 좋아하는 사람이라는 뜻이다.

원문 | 先名實者淳于髡
선명실자순우곤

글자 | 먼저 **선**, 이름 **명**, 충실할 **실**, 사람 **자**

출전 | 맹자 고자 하

반대 | 후명실자後名實者

[선무공작宣撫工作]

베풀고 위로하는 공작이라는 말이며, 지방이나 점령지역 주민을 자기편으로 만들려는 수작을 일컫는다.

글자 | 베풀 **선**, 위로할 **무**, 만들 **공**, 지을 **작**

[선무상주善無常主]

착함에는 항상 주장이 없다는 말이며, 선은 어떤 주장이 없어도 이루어진다는 뜻이다.

글자 | 착할 **선**, 없을 **무**, 항상 **상**, 주장할 **주**

[선민의식選民意識]

가려진 백성으로 알고 있는 뜻이라는 말이며, 자기 나라 백성만이 선택된 민족으로 생각한다는 뜻이다.

글자 | 가릴 **선**, 백성 **민**, 뜻 **의**, 알 **식**

[선반자락先攀者落]

붙잡고 오르기를 좋아하는 사람은 떨어진다는 말이며, 자기의 능한 바를 믿다가 도리어 어려움을 겪게 된다는 뜻이다.

글자 | 좋아할 **선**, 붙잡고 오를 **반**, 사람 **자**, 떨어질 **락**

출전 | 이담속찬

동류 | 선유자익善游者溺

[선발제인先發制人]

먼저 찾아내어 사람을 제 마음대로 한

ㅅ

다는 말이며, 남의 꾀를 먼저 알아차리고 일이 생기기 전에 미리 막아낸다는 뜻이다.

원문 | 先發制人 後發制於人
선 발 제 인 후 발 제 어 인

글자 | 먼저 **선**, 찾아낼 **발**, 제 마음대로 할 **제**, 사람 **인**

출전 | 한서 진승항적전陳勝項籍傳

반대 | 후발제인後發制人

[선병자의先病者醫]

먼저 병들어본 자가 의원이 될 수 있다는 말이며, 경험 있는 사람이 남을 인도할 수 있다는 뜻이다.

글자 | 먼저 **선**, 병들 **병**, 놈 **자**, 의원 **의**

[선봉대장先鋒大將]

먼저 앞잡이의 큰 장수라는 말이며, 맨 앞의 전투를 지휘하는 장수를 일컫는다.

글자 | 먼저 **선**, 앞잡이 **봉**, 큰 **대**, 장수 **장**

[선부후빈先富後貧]

먼저 부자이다가 뒤에 가난해졌다는 말이다.

글자 | 먼저 **선**, 부자 **부**, 뒤 **후**, 가난할 **빈**

반대 | 선빈후부先貧後富

[선빈후부先貧後富]

먼저는 가난했으나 뒤에는 부자가 되었다는 말이다.

글자 | 먼저 **선**, 가난 **빈**, 뒤 **후**, 부자 **부**

반대 | 선부후빈先富後貧

[선사상관善事上官]

위의 벼슬을 좋게 섬겼다는 말이며, 상관을 잘 섬겼다는 뜻이다.

글자 | 좋을 **선**, 섬길 **사**, 윗 **상**, 벼슬 **관**

[선사수탐善事須貪]

착한 일은 모름지기 탐하라는 말이다.

원문 | 善事須貪 惡業莫樂
선 사 수 탐 악 업 막 락

글자 | 착할 **선**, 일 **사**, 모름지기 **수**, 탐할 **탐**

출전 | 명심보감 계선편繼善篇

[선사여사先事慮事]

일보다 먼저 일을 생각한다는 말이며, 일을 시작하기 전에 일을 구상하라는 뜻이다.

글자 | 먼저 **선**, 일 **사**, 생각할 **여**

출전 | 순자 대략편大略篇

[선선오악善善惡惡]

착함을 좋아하고 악함을 미워한다는 말이다. 사기의 글이다. '군자는 선을 좋아하고 악을 미워하는 것이오.'

원문 | 君子善善惡惡
군 자 선 선 오 악

글자 | 좋을 **선**, 착할 **선**, 미워할 **오**, 악할 **악**

출전 | 사기 평진후주보열전

[선성선사先聖先師]

먼저의 성인과 스승이라는 말이며, 유교에서 공자와 안회顏回를 일컫는다.

글자 | 먼저 **선**, 성인 **성**, 스승 **사**

출전 | 예기

[선성탈인先聲奪人]

먼저 소리를 내어 사람을 빼앗는다는 말이며, 먼저 소문을 퍼뜨려 상대방의 기세를 미리 꺾는다는 뜻이다.

글자 | 먼저 **선**, 소리 **성**, 빼앗을 **탈**, 사람 **인**

[선성후실先聲後實]

먼저 소리를 내고 뒤에 열매를 얻는다는 말이며, 군사란 원래 다른 명목을 먼저 세우고 알맹이는 뒤에 취한다는 뜻이다.

원문 | **兵固有 先聲而後實者**
병고유 선성이후실자

글자 | 먼저 **선**, 소리 **성**, 뒤 **후**, 열매 **실**

출전 | 사기 회음후열전淮陰侯列傳

[선수자량先須自量]

먼저 모름지기 스스로 헤아린다는 말이며, 자기 자신을 먼저 살펴본다는 뜻이다.

원문 | **欲量他人 先須自量**
욕량타인 선수자량

글자 | 먼저 **선**, 모름지기 **수**, 스스로 **자**, 헤아릴 **량**

출전 | 명심보감 정기편正己篇

[선수자익善泅者溺]

→ 선유자익善游者溺

[선시선종善始善終]

처음도 좋고 끝도 좋다는 말이며, 태어나도 좋고 죽어도 좋다는 뜻이다. 장자에 있는 글이다. '일찍 죽어도 좋고 오래 살아도 좋으며, 태어나도 좋고 죽어도 좋다.'

원문 | **善夭善老 善始善終**
선요선로 선시선종

글자 | 좋을 **선**, 처음 **시**, 끝 **종**

출전 | 장자 대종사大宗師

[선시어외先始於隗]

먼저 외隗부터 시작하라는 말이며, 가까이 있는 사람부터 시작하라는 뜻이다. 연나라가 어려운 시기에 소왕이 재상인 곽외郭隗에게 실지失地 회복에 필요한 인재를 모으는 방법을 묻자 대답한 말이다. '…전하께오서 진정으로 현재賢才를 구하신다면 먼저 신臣 외부터 스승의 예를 받도록 하옵소서. 그러면 외 같은 자도 저렇듯 후대를 받는다면 신보다 어진 이가 천 리 길도 멀다 않고 모여들 것입니다.' 재상의 말대로 예우하니 천하의 현재가 모여들었다는 것이다.

원문 | **今王誠欲致士 先從隗始**
금왕성욕치사 선종외시

글자 | 먼저 **선**, 비로소 **시**, 어조사 **어**, 높을 **외**

출전 | 전국책 연책燕策 소왕昭王

[선실기도先失其道]

그 길의 시초를 잃었다는 말이며, 일을 함에 있어서 먼저 그 방법이 잘못되었다는 뜻이다.

글자 | 먼저 **선**, 잃을 **실**, 그 **기**, 길 **도**

[선심후물先心後物]

마음이 먼저이고 물건은 뒤라는 말이며, 마음이 물질보다 더 중요하다는 뜻이다.

글자 | 먼저 **선**, 마음 **심**, 뒤 **후**, 물건 **물**

[선악무기善惡無記]

선과 악, 그리고 뜻이 없는 것이라는 말이며, 모든 것은 선과 악, 그리고 선도 악도 아닌 세 가지라는 뜻이다.

글자 | 착할 **선**, 악할 **악**, 없을 **무**, 뜻 **기**

[선악불이善惡不二]

선과 악은 둘이 아니라는 말이며, 선과 악은 하나로 귀착된다는 뜻이다.

글자 | 착할 **선**, 악할 **악**, 아닐 **불**

출전 | 대종경大宗經

[선악사정善惡邪正]

착함과 악함, 그리고 간사함과 바른 것이라는 말이다.

글자 | 착할 **선**, 악할 **악**, 간사할 **사**, 바를 **정**

[선악상반善惡相半]

선과 악이 서로 반씩이라는 말이다.

글자 | 착할 **선**, 악할 **악**, 서로 **상**, 반 **반**

출전 | 송남잡지

[선악수연善惡隨緣]

선과 악은 인연에 따른다는 말이며, 모든 선악은 진여眞如의 인연에 따라 생긴다는 불교의 교리를 일컫는다.

글자 | 착할 **선**, 악할 **악**, 따를 **수**, 인연 **연**

[선악지보善惡之報]

착한 일과 악한 일에 대한 갚음이라는 말이다.

원문 | 善惡之報 若影隨形
선악지보 약영수형

글자 | 착할 **선**, 악할 **악**, 어조사 **지**, 갚을 **보**

출전 | 구당서 유학열전儒學列傳

[선양방벌禪讓放伐]

선양과 방벌은 합법적인 정권교체와 불법적인 정권교체를 일컫는다. 선양은 천자의 생존 중에 그 제위를 천자의 자격이 있는 훌륭한 인물에게 물려주는 것이며, 방벌은 천자를 무력에 의하여 추방하고 그 자리를 신하가 빼앗는 것이다.

글자 | 전위할 **선**, 줄 **양**, 쫓을 **방**, 칠 **벌**

출전 | 순자

[선어무망羨魚無網]

물고기가 바라는 것은 그물이 없는 것이라는 말이며, 얻을 수단이 없으면서 무엇을 가지고 싶어 한다는 뜻이다.

글자 | 부러워할 **선**, 물고기 **어**, 없을 **무**, 그물 **망**
출전 | 포박자

[선여인교善與人交]

선을 주어 사람을 사귄다는 말이며, 남을 공경하여 오래 잘 사귄다는 뜻이다.

원문 | 善與人交 久而敬之
선여인교 구이경지

글자 | 착할 **선**, 줄 **여**, 사람 **인**, 사귈 **교**
출전 | 논어 공야장

[선여인동善與仁同]

착함과 더불어 어짊을 같이 한다는 말이다.

원문 | 善與仁同 舍己從人
선여인동 사기종인

글자 | 착할 **선**, 더불어 **여**, 어질 **인**, 같을 **동**
출전 | 맹자 공손추 상

[선오기구先汚其口]

먼저 그 입이 더러워진다는 말이며, 나쁜 말을 하지 말라는 뜻이다.

원문 | 含血噴人 先汚其口
함혈분인 선오기구

글자 | 먼저 **선**, 더러울 **오**, 그 **기**, 입 **구**
출전 | 명심보감 정기편正己篇

[선왕유제先王遺制]

먼저 임금이 남긴 제도라는 말이다.

글자 | 먼저 **선**, 임금 **왕**, 남을 **유**, 제도 **제**

[선외가작選外佳作]

뽑은 것 밖의 기릴 작품이라는 말이며, 입선入選은 안 되었으나 꽤 잘 된 작품이라는 뜻이다.

글자 | 뽑을 **선**, 바깥 **외**, 기릴 **가**, 지을 **작**

[선우후락先憂後樂]

근심은 남보다 먼저 하고, 즐거움은 남보다 나중에 한다는 말이다. 이는 송나라 명재상 범중엄范仲淹이 한 말에서 유래한다.

원문 | 先天下之憂 以後天下之樂
선천하지우 이후천하지락

글자 | 먼저 **선**, 근심 **우**, 뒤 **후**, 즐거울 **락**
출전 | 범중엄의 악양루기岳陽樓記
유사 | 선의후리先義後利

[선위설사善爲說辭]

말을 잘한다는 말이다.

글자 | 잘할 **선**, 할 **위**, 말씀 **설**, 말씀 **사**

[선유자익善游者溺]

헤엄을 잘 치는 사람이 빠져 죽는다는 말이며, 자기의 재능을 과신하면 화를 입게 된다는 말로도 쓰인다.

글자 | 잘할 **선**, 헤엄칠 **유**, 놈 **자**, 빠질 **익**
출전 | 회남자

[선유존자鮮有存者]

남아 있는 사람이 드물다는 말이며, 거의 다 죽거나 사라졌다는 뜻이다.

원문 | 衆怒群猜 鮮有存者
중노군시 선유존자

人

글자 | 드물 **선**, 남을 **유**, 있을 **존**, 사람 **자**
출전 | 소학 가언 광입교廣立教

[선의순지先意順旨]

먼저 의중을 알고 뜻을 따른다는 말이며, 상대방이 원하는 것을 미리 알고 비위를 맞춘다는 뜻이다.

글자 | 먼저 **선**, 뜻 **의**, 좇을 **순**, 뜻 **지**
출전 | 예기 제의편祭儀篇

[선의승지先意承志]

→ 선의순지先意順旨

[선의후리先義後利]

먼저 옳은 것을 생각하고 뒤에 이익을 생각하라는 말이다.

원문 | 先義而後利者榮
선 의 이 후 리 자 영
글자 | 먼저 **선**, 옳을 **의**, 뒤 **후**, 이익 **리**
출전 | 명심보감 안분편
유사 | 선우후락先憂後樂

[선이위보善以爲寶]

보배로 삼는 착함이라는 말이며, 착한 언행을 보배로 삼는다는 뜻이다.

글자 | 착할 **선**, 써 **이**, 할 **위**, 보배 **보**

[선인선과善因善果]

착한 까닭은 착함을 맺는다는 말이며, 좋은 일을 하면 좋은 결과를 얻는다는 뜻이다.

글자 | 착할 **선**, 까닭 **인**, 맺힐 **과**

[선인지락仙人之樂]

신선과 같은 사람의 즐거움이라는 말이며, 매우 고매한 즐거움을 빗댄 말이다.

글자 | 신선 **선**, 사람 **인**, 어조사 **지**, 즐거울 **락**

[선인탈인先人奪人]

먼저 사람이 사람을 빼앗는다는 말이며, 적을 앞지르려면 우선 적의 정신을 어리둥절케 하여 아무것도 못하게 해야 한다는 뜻이다.

글자 | 먼저 **선**, 사람 **인**, 빼앗을 **탈**
출전 | 춘추좌씨전 문공文公 7년

[선입위주先入爲主]

먼저 들어간 것이 주가 된다는 말이며, 선입관 또는 고정관념에 사로잡힌다는 뜻이다.

글자 | 먼저 **선**, 들 **입**, 될 **위**, 주장할 **주**
출전 | 한서

[선입주견先入主見]

먼저 들어와 주장하는 식견이라는 말이며, 사람·사물·주의 등에 대하여 실제의 경험보다 앞서 미리 마음속에 부정확하게 알고 있는 고정적인 관념이나 견해를 일컫는다.

글자 | 먼저 **선**, 들 **입**, 주장할 **주**, 식견 **견**

[선입지견先入之見]

먼저 들어간 식견이라는 말이며, 어떤

일에 앞서 미리 마음속에 형성되어 있는 주견을 일컫는다.

글자 | 먼저 **선**, 들 **입**, 어조사 **지**, 식견 **견**

출전 | 송남잡지

[선입지어先入之語]

먼저 들어온 말이라는 말이며, 선입주견先入主見과 같은 뜻이다.

글자 | 먼저 **선**, 들 **입**, 어조사 **지**, 말씀 **어**

출전 | 한서 식부궁전息夫躬傳

동류 | 선입주견先入主見

[선자옥질仙姿玉質]

신선과 같은 모습에 구슬과 같은 자질이라는 말이며, 기품이 있는 미인이라는 뜻이다.

글자 | 신선 **선**, 맵시 **자**, 구슬 **옥**, 바탕 **질**

출전 | 고금시화古今詩話

[선자위모善自爲謀]

자신을 위해 꾀하는 것을 좋아한다는 말이다.

원문 | 卿可謂善自爲謀
경 가 위 선 자 위 모

글자 | 좋아할 **선**, 스스로 **자**, 할 **위**, 꾀할 **모**

출전 | 남제서南齊書, 왕승건전王僧虔傳

[선전포고宣戰布告]

싸움을 밝혀 널리 알린다는 말이며, 타국에 대하여 전쟁을 시작한다는 뜻을 알리고 국민에게 공포한다는 뜻이다.

글자 | 밝을 **선**, 싸울 **전**, 벌릴 **포**, 알릴 **고**

[선제공격先制攻擊]

먼저 제 마음대로 친다는 말이며, 상대방의 기선을 제압하여 친다는 뜻이다.

글자 | 먼저 **선**, 제 마음대로 할 **제**, 칠 **공**, 칠 **격**

[선제사용先制使用]

먼저 금하려고 부려서 쓴다는 말이며, 상대편을 제압하기 위해 새로운 무기를 사용한다는 뜻이다.

글자 | 먼저 **선**, 금할 **제**, 부릴 **사**, 쓸 **용**

[선조와명蟬噪蛙鳴]

매미가 지저귀고 개구리가 운다는 말이며, 여럿이 모여 시끄럽게 떠든다는 뜻이다. 또한 논설이나 문장이 매우 졸렬하다는 뜻으로도 쓰인다.

글자 | 매미 **선**, 뭇 새 지저귈 **조**, 개구리 **와**, 울 **명**

[선종외시先從隗始]

→ 선시어외先始於隗

[선주후나先奏後拿]

먼저 아뢰고 뒤에 잡는다는 말이며, 칙임관勅任官 등의 높은 벼슬아치가 죄를 범했을 때, 먼저 임금에게 아뢰고 범인을 잡는다는 뜻이다.

글자 | 먼저 **선**, 아뢸 **주**, 뒤 **후**, 잡을 **나**

반대 | 선나후주先拿後奏

ㅅ

[선즉제인先則制人]

선수를 치면 사람을 제압할 수 있다는 말이며, 일을 도모하려면 먼저 선수를 쳐야 한다는 뜻이다. 회계군수 은통殷通이 초나라에서 빠져나온 젊은 항량項梁에게 거병을 의논하며 한 말이다. '지금 강서지방에서는 모두들 진나라에 반기를 들었는데, 이는 하늘이 진나라를 멸망시키고자 하는 시운이 되었기 때문이오. 내가 듣건대, 선수를 치면 남을 제압할 수 있고 뒤지면 남에게 제압당한다고 했소.'

원문 | 吾聞先則制人 後則爲人所制
오 문 선 즉 제 인 후 즉 위 인 소 제

글자 | 먼저 **선**, 곧 **즉**, 누를 **제**, 사람 **인**

출전 | 사기 항우본기項羽本紀

[선지후행先知後行]

먼저 알고 뒤에 행한다는 말이며, 먼저 충분히 이해한 다음 실행한다는 뜻이다.

글자 | 먼저 **선**, 알 **지**, 뒤 **후**, 행할 **행**

[선찰이연先察已然]

이미 그러한 것을 살핀다는 말이며, 과거를 먼저 살핀다는 뜻이다.

원문 | 欲知未來 先察已然
욕 지 미 래 선 찰 이 연

글자 | 먼저 **선**, 살필 **찰**, 이미 **이**, 그럴 **연**

출전 | 명심보감 성심편省心篇

[선참후계先斬後啓]

먼저 베고 뒤에 여쭙는다는 말이며, 군률軍律을 어긴 사람을 먼저 목을 벤 다음 임금에게 아뢴다는 뜻이다.

글자 | 먼저 **선**, 베일 **참**, 뒤 **후**, 여쭈울 **계**

출전 | 한서 신도가전

[선채선폐旋採旋廢]

→ 선흥선폐旋興旋廢

[선천부족先天不足]

하늘보다 이르게 부족하다는 말이며, 태어나기 전부터 몸이 허약하다는 뜻이다.

글자 | 이를 **선**, 하늘 **천**, 아닐 **부**, 족할 **족**

[선천욕일旋天浴日]

하늘을 돌이키고 햇볕으로 목욕한다는 말이며, 나쁜 임금을 폐하고 새 임금을 세운다는 뜻이다.

글자 | 돌이킬 **선**, 하늘 **천**, 목욕할 **욕**, 해 **일**

출전 | 조선왕조 16대 인조실록

[선치수령善治守令]

착하게 다스리는 명령 지킴이라는 말이며, 백성을 어질게 다스리는 수령을 일컫는다.

글자 | 착할 **선**, 다스릴 **치**, 지킬 **수**, 명령할 **령**

[선침온석扇枕溫席]

여름에는 베갯머리에서 부채질하고, 겨울에는 자신의 체온으로 이부자리를 따뜻하게 한다는 말이며, 부모에게 효도를 다한다는 뜻이다.

글자 | 부채 **선**, 베게 **침**, 따뜻할 **온**, 자리 **석**

출전 | 진서 왕연전王延傳

[선침온피扇枕溫被]

→ 선침온석扇枕溫席

[선파자손璿派子孫]

아름다운 옥 파벌의 자손이라는 말이며, 왕실 계통의 후손이라는 뜻이다.

글자 | 아름다운 옥 **선**, 파벌 **파**, 아들 **자**, 손자 **손**

[선풍도골仙風道骨]

신선의 풍채와 도인道人의 뼈대라는 말이며, 풍채가 빼어난 사람을 일컫는다.

글자 | 신선 **선**, 모양 **풍**, 도리 **도**, 뼈 **골**

출전 | 이백李白의 대붕부서大鵬賦序

[선피후기先彼後己]

먼저 저것이고 뒤에 몸이라는 말이며, 먼저 상대방을 살핀 뒤에 자기를 돌보라는 뜻이다.

글자 | 먼저 **선**, 저것 **피**, 뒤 **후**, 몸 **기**

[선화후과先花後果]

먼저 꽃이 피고 뒤에 열매를 맺는다는 말이며, 먼저 딸을 낳고 나중에 아들을 낳는다는 뜻이다.

글자 | 먼저 **선**, 꽃 **화**, 뒤 **후**, 열매 **과**

[선후당착先後撞着]

앞뒤가 부딪친다는 말이며, 서로 맞지 아니하고 모순된다는 뜻이다.

글자 | 먼저 **선**, 뒤 **후**, 부딪칠 **당**, 부딪칠 **착**

[선후도착先後倒錯]

앞뒤가 거꾸러져 그르친다는 말이며, 먼저 할 것과 나중 할 것이 서로 뒤바뀌었다는 뜻이다.

글자 | 먼저 **선**, 뒤 **후**, 거꾸러질 **도**, 그르칠 **착**

출전 | 송남잡지

[선후지책善後之策]

뒷감당을 잘 하려는 계책이라는 말이다.

글자 | 좋을 **선**, 뒤 **후**, 어조사 **지**, 꾀 **책**

[선흥선폐旋興旋廢]

빨리 일어나고 빨리 폐한다는 말이며, 흥망성쇠興亡盛衰가 심하다는 뜻이다.

글자 | 빠를 **선**, 홍할 **흥**, 폐할 **폐**

[설가행위設假行爲]

거짓을 지어 거짓을 행한다는 말이며, 거짓으로 그럴듯하게 꾸며댄다는 뜻이다.

글자 | 지을 **설**, 거짓 **가**, 행할 **행**, 거짓 **위**

출전 | 조선왕조 15대 광해군일기

ㅅ

[설건순초舌乾脣焦]

혀가 마르고 입술이 탄다는 말이며, 매우 초조하다는 뜻이다.

글자 | 혀 **설**, 마를 **건**, 입술 **순**, 탈 **초**

출전 | 사기

[설권낭축舌卷囊縮]

혀가 꼬부라지고 불알이 오그라든다는 말이며, 병세가 몹시 위급한 상태를 일컫는다.

글자 | 혀 **설**, 굽을 **권**, 주머니 **낭**, 오그라질 **축**

[설니홍조雪泥鴻爪]

눈 위의 기러기 발자국이라는 말이며, 눈이 녹으면 없어지듯 인생의 자취도 흔적이 없어짐을 빗댄 말이다. 송나라 소식蘇軾이 아우에게 보낸 시의 한 구절이다. '인생길 이르는 곳 무엇과 비슷한가. 기러기 눈 진흙을 밟는 것과 비슷하네, 진흙 위에 우연히 발자국 남았어도 날아가면 어디 다시 동서를 헤아리랴.'

원문 | 人生到處知何似應似飛鴻蹈
인 생 도 처 지 하 사 응 사 비 홍 도
雪泥泥上偶然留指爪鴻飛那
설 니 이 상 우 연 류 지 조 홍 비 나
復計東西
복 계 동 서

글자 | 눈 **설**, 바를 **니**, 기러기 **홍**, 손톱 발톱 **조**

출전 | 소식의 화자유和子由

[설리청향雪裏清香]

눈 속의 맑은 향기라는 말이며, 매화나무의 상태를 그윽하게 빗댄 말이다.

글자 | 눈 **설**, 속 **리**, 맑을 **청**, 향기 **향**

[설망어검舌芒於劍]

혀끝이 칼이라는 말이며, 말이 사람을 다치게 한다는 뜻이다.

글자 | 혀 **설**, 칼날 **망**, 어조사 **어**, 칼 **검**

동류 | 삼촌지설三寸之舌

[설백빙자雪魄氷姿]

눈 같은 넋과 얼음 같은 자태라는 말이며, 꽃의 깨끗함을 빗댄 말이다.

글자 | 눈 **설**, 넋 **백**, 얼음 **빙**, 자태 **자**

[설병지지挈缾之知]

두레박에 든 지혜라는 말이며, 아주 작은 지혜를 일컫는다.

글자 | 손에 들 **설**, 두레박 **병**, 어조사 **지**, 알 **지**

출전 | 춘추좌씨전

[설부화용雪膚花容]

눈같이 흰 살과 꽃 같은 얼굴이라는 말이다.

글자 | 눈 **설**, 살결 **부**, 꽃 **화**, 얼굴 **용**

[설분신원雪憤伸寃]

분함을 씻고 원통함을 편다는 말이다.

글자 | 씻을 **설**, 분할 **분**, 펼 **신**, 원통할 **원**

[설비지서齧臂之誓]

팔을 깨물어 맹세한다는 말이다. 위나라의 병법가인 오기吳起가 무뢰한 30여 명을 죽이고 도망갈 때 따라 나온 어머니에게 장상將相이 되기 전에는 결코 돌아오지 않겠다며 팔뚝을 깨물어 맹세했다는 고사에서 유래한다.

글자 | 깨물 **설**, 팔 **비**, 어조사 **지**, 맹세할 **서**

출전 | 사기

관련 | 오기연저吳起吮疽

[설사아모雪似鵝毛]

눈이 거위 털과 같다는 말이다.

글자 | 눈 **설**, 같을 **사**, 거위 **아**, 털 **모**

[설산성도雪山成道]

→ 설산수도雪山修道

[설산수도雪山修道]

눈 산에서 도를 닦는다는 말이며, 석가가 눈 산에서 고행하며 도를 닦았다는 뜻이다.

글자 | 눈 **설**, 뫼 **산**, 닦을 **수**, 도리 **도**

[설상가상雪上加霜]

눈 위에 또 서리가 내린다는 말이며, 불행한 일이 거듭된다는 뜻이다.

원문 | 雪上更加霜
설 상 갱 가 상

글자 | 눈 **설**, 윗 **상**, 더할 **가**, 서리 **상**

출전 | 경덕전등록景德傳燈錄

반대 | 금상첨화錦上添花

[설심주의設心做意]

생각을 지어서 마음을 둔다는 말이며, 계획적으로 간사한 꾀를 낸다는 뜻이다.

글자 | 둘 **설**, 마음 **심**, 지을 **주**, 생각 **의**

[설악상파雪萼霜葩]

눈의 꽃받침과 서리의 꽃송이라는 말이며, 매화나무의 아름다운 상태를 일컫는다.

글자 | 눈 **설**, 꽃받침 **악**, 서리 **상**, 꽃송이 **파**

[설안형창雪案螢窓]

눈을 책상으로 삼고 반딧불을 창문으로 삼았다는 말이며, 어려운 가운데서 학문에 힘쓴다는 뜻이다. 중국의 진나라 송강이 눈빛으로 글을 읽고 차윤이 반딧불로 글을 읽었다는 고사에서 온 말이다.

글자 | 눈 **설**, 책상 **안**, 반딧불 **형**, 창 **창**

출전 | 진서

[설왕설래說往說來]

말이 가고 말이 온다는 말이며, 서로 변론하느라고 옥신각신한다는 뜻이다.

글자 | 말씀 **설**, 갈 **왕**, 올 **래**

출전 | 송남잡지

[설저부입舌底斧入]

→ 설저유뷰舌底有斧

[설저유부舌底有斧]

혀 밑에 도끼가 있다는 말이며, 혀는 도끼와 같은 힘을 가지고 있다는 뜻이다.

글자 | 혀 **설**, 밑 **저**, 있을 **유**, 도끼 **부**

출전 | 송남잡지

[설존심사舌存心死]

혀만 있고 마음은 죽었다는 말이며, 말만 앞세우고 실천이 없다는 뜻이다.

글자 | 혀 **설**, 있을 **존**, 마음 **심**, 죽을 **사**

출전 | 조선왕조 14대 선조실록

[설중군자雪中君子]

눈 속의 군자라는 말이며, 매화나무의 자태를 빗댄 말이다.

글자 | 눈 **설**, 가운데 **중**, 군자 **군**, 사람 **자**

[설중사우雪中四友]

눈 속의 네 벗이라는 말이며, 옥매玉梅, 납매臘梅, 다매茶梅, 수선水仙을 일컫는다.

글자 | 눈 **설**, 가운데 **중**, 벗 **우**

[설중송백雪中松柏]

눈 속의 소나무와 잣나무라는 말이며, 역경 속에서도 절개와 지조가 굳다는 뜻이다.

글자 | 눈 **설**, 가운데 **중**, 소나무 **송**, 잣나무 **백**

[설중송탄雪中送炭]

눈 속에 있는 사람에게 탄을 보내준다는 말이며, 고생하는 사람을 구해준다는 뜻이다.

글자 | 눈 **설**, 가운데 **중**, 보낼 **송**, 숯 **탄**

[설중한매雪中寒梅]

눈 속의 찬 매화라는 말이며, 매우 외롭고 괴로운 처지라는 뜻이다.

글자 | 눈 **설**, 가운데 **중**, 찰 **한**, 매화 **매**

[설폐구폐說弊救弊]

폐단을 말하고, 폐단을 그친다는 말이다.

글자 | 말씀 **설**, 폐단 **폐**, 그칠 **구**

[설하부입舌下斧入]

→ 설저유부舌底有斧

[설하유장舌下有斨]

→ 설저유부舌底有斧

[설하장부舌下藏斧]

→ 설저유부舌底有斧

[설향빙염雪香氷豔]

눈 같은 향기를 내며 얼음 같이 곱다는 말이며, 매화나무의 자태를 이름답게 빗댄 말이다.

글자 | 눈 **설**, 향기 **향**, 얼음 **빙**, 고을 **염**

[섬광실명閃光失明]

번쩍하는 빛으로 밝음을 잃었다는 말이며, 강렬한 빛으로 인해 일시적으로 앞이 보이지 않는 현상을 일컫는다.

글자 | 번쩍번쩍할 **섬**, 빛 **광**, 잃을 **실**, 밝을 **명**

[섬롱출환閃弄出幻]

번쩍번쩍 희롱하면서 변화를 나타낸다는 말이며, 변덕이 매우 심하다는 뜻이다.

글자 | 번쩍번쩍할 **섬**, 희롱할 **롱**, 날 **출**, 변화할 **환**

출전 | 성호사설

[섬섬약골纖纖弱骨]

→ 섬섬약질纖纖弱質

[섬섬약질纖纖弱質]

가냘프고 약한 체질이라는 말이다.

글자 | 가늘 **섬**, 약할 **약**, 바탕 **질**

[섬섬옥수纖纖玉手]

가늘고 가는 구슬 같은 손이라는 말이며, 가냘프고 고운 여자의 손이라는 뜻이다.

원문 | 纖纖玉手 可以縫裳
섬 섬 옥 수 가 이 봉 상

글자 | 가늘 **섬**, 구슬 **옥**, 손 **수**

출전 | 시경 위풍갈구魏風葛屨

[섬섬초월纖纖初月]

가늘고 가는 첫 달이라는 말이며, 가냘프게 보이는 초승달을 일컫는다.

글자 | 가늘 **섬**, 처음 **초**, 달 **월**

[섭공호룡葉公好龍]

섭공이 용을 좋아한다는 말이며, 겉으로만 좋아하는 척 할뿐 사실은 전혀 좋아하지 않는 빈 말을 일컫는다.

글자 | 성 **섭**, 공변될 **공**, 좋을 **호**, 용 **룡**

출전 | 유향의 신서新序 잡편

[섭리음양燮理陰陽]

세상의 음양을 잘 조화한다는 말이며, 재상이 나라를 잘 다스린다는 뜻이다. 서경의 글이다. '도를 논하고 나라를 경영하며, 음양을 조화롭게 다스릴 것이다.'

원문 | 論道經邦 燮理陰陽
논 도 경 방 섭 리 음 양

글자 | 화할 **섭**, 다스릴 **리**, 그늘 **음**, 볕 **양**

출전 | 서경 주서周書

[섭우춘빙涉于春氷]

봄철의 얼음판을 건넌다는 말이며, 매우 위험한 짓을 한다는 뜻이다.

글자 | 건널 **섭**, 어조사 **우**, 봄 **춘**, 얼음 **빙**

출전 | 서경 군아君牙

유사 | 약도호미若蹈虎尾

[섭족부이躡足附耳]

발을 밟고 귀에 댄다는 말이며, 남몰래

상대방에게 주의 또는 충고를 한다는 뜻이다.

글자 | 밟을 **섭**, 발 **족**, 붙일 **부**, 귀 **이**

출전 | 사기 회음후전淮陰侯傳

[섭직종정攝職從政]

벼슬을 잡고 정사에 나간다는 말이며, 벼슬길에 나가 나랏일을 본다는 뜻이다.

원문 | 學優登仕 攝職從政
학 우 등 사 섭 직 종 정

글자 | 잡을 **섭**, 벼슬 **직**, 나갈 **종**, 정사 **정**

출전 | 천자문 39

[성가지도成家之道]

집을 이루는 도리라는 말이며, 가정을 바로 세우는 방도를 일컫는다.

원문 | 成家之道 曰儉與勤
성 가 지 도 왈 검 여 근

글자 | 이룰 **성**, 집 **가**, 어조사 **지**, 도리 **도**

출전 | 명심보감 입교편立教篇, 경행록

[성경지유成竟志有]

마침내 가진 뜻을 이룬다는 말이다.

글자 | 이룰 **성**, 마칠 **경**, 뜻 **지**, 가질 **유**

[성경현전聖經賢傳]

성인의 경서와 어진 이의 전기라는 말이며, 성현이 지은 책을 일컫는다.

글자 | 성인 **성**, 경서 **경**, 어질 **현**, 전할 **전**

출전 | 문심조룡文心雕龍

[성계제도姓階制度]

백성의 층계 제도라는 말이며, 인간이 태어나면서부터 일정한 계급에 속하게 되는 사회제도를 일컫는다. 인도의 4성姓 제도가 그 대표적인 예이다.

글자 | 백성 **성**, 층계 **계**, 제도 **제**, 법도 **도**

[성공무난成功無難]

공을 이루는 것은 어렵지 않다는 말이며, 손쉽게 성공한다는 뜻이다.

글자 | 이룰 **성**, 공 **공**, 없을 **무**, 어려울 **난**

[성공무덕聖供無德]

→ 선공무덕善供無德

[성공자퇴成功者退]

공을 이룬 사람은 물러나야 한다는 말이다. 채택이라는 사람이 '대저 사시의 순서가 공을 이룬 자는 가는 법입니다.' 라고 진나라 재상 범수를 설득시켜 물러나게 하고 범수의 추천으로 재상이 되었으며, 얼마 후 자신을 모략하는 자가 생기자 곧 물러났다는 고사에서 온 말이다.

원문 | 凡夫四時之序 成功者去
범 부 사 시 지 서 성 공 자 거

글자 | 이룰 **성**, 공 **공**, 사람 **자**, 물러날 **퇴**

출전 | 사기 범수채택范雎蔡澤열전

[성관홍포星冠紅袍]

별의 갓을 쓰고 붉은 두루마기를 입었다는 말이며, 도사道師의 옷차림을 빗댄 말이다.

글자 | 별 **성**, 갓 **관**, 붉을 **홍**, 두루마기 **포**

출전 | 옥루몽

[성군작당成群作黨]

무리를 이루어 무리 짓는다는 말이다.

글자 | 이룰 **성**, 무리 **군**, 지을 **작**, 무리 **당**

[성기상통聲氣相通]

소리와 기운이 서로 통한다는 말이며, 마음과 뜻이 서로 통한다는 뜻이다.

글자 | 소리 **성**, 기운 **기**, 서로 **상**, 통할 **통**

[성기전극星旗電戟]

별처럼 많은 군기와 번개처럼 번쩍이는 창이라는 말이며, 요란한 군대의 위용을 일컫는다.

글자 | 별 **성**, 기 **기**, 번개 **전**, 갈래진 창 **극**

[성덕군자成德君子]

덕을 이룬 매우 훌륭한 사람이라는 말이다.

글자 | 이룰 **성**, 큰 **덕**, 그대 **군**, 사람 **자**

[성동격서聲東擊西]

동쪽을 칠 것같이 말하면서 실제로는 서쪽을 친다는 말이며, 적을 혼란하게 만들어 공략한다는 뜻이다.

글자 | 소리 **성**, 동녘 **동**, 칠 **격**, 서녘 **서**

출전 | 통전通典 병전兵典

[성동양진聲動梁塵]

소리가 대들보의 먼지를 움직인다는 말이며, 노랫소리가 크고 훌륭하다는 뜻이다.

글자 | 소리 **성**, 움직일 **동**, 들보 **양**, 티끌 **진**

출전 | 문선

[성라기도星羅奇島]

별과 같이 늘어서 있는 이상하게 생긴 섬이라는 말이다.

글자 | 별 **성**, 벌릴 **라**, 이상할 **기**, 섬 **도**

[성라기포星羅碁布]

별과 같이 벌여있고 바둑돌처럼 벌려 있다는 말이며, 많은 물건이 벌여있다는 뜻이다.

글자 | 별 **성**, 벌일 **라**, 바둑 **기**, 벌릴 **포**

[성라수열星羅宿列]

별이 벌여있고 떼별이 벌려있다는 말이며, 별처럼 사방에 널려있다는 뜻이다.

글자 | 별 **성**, 벌일 **라**, 떼별 **수**, 벌릴 **열**

[성령출세性靈出世]

성품과 혼백이 세상에 나온다는 말이며, 사람이 죽은 뒤에 그 넋이 미래의 사람의 성령 속에 다시 나타난다는 주장을 일컫는다.

글자 | 성품 **성**, 혼백 **령**, 나올 **출**, 세상 **세**

출전 | 천도교

ㅅ

[성루구하聲淚俱下]

소리와 눈물이 함께 떨어진다는 말이며, 눈물을 흘리며 말한다는 뜻이다.

글자 | 소리 **성**, 눈물 **루**, 함께 **구**, 떨어질 **하**

출전 | 진서 왕빈전王彬傳

[성류전매星流電邁]

별이 흐르고 번개가 지나간다는 말이며, 유성과 번개처럼 매우 빠르다는 뜻이다.

글자 | 별 **성**, 흐를 **류**, 번개 **전**, 지나갈 **매**

출전 | 구운몽

[성리우산星離雨散]

별이 떠나고 비가 흩어진다는 말이며, 밤에 비가 온다는 뜻이다.

글자 | 별 **성**, 떠날 **리**, 비 **우**, 흩을 **산**

[성망적공成望積功]

바라는 것을 이루어 공을 쌓는다는 말이며, 희망을 성취하여 공적을 세운다는 뜻이다.

글자 | 이룰 **성**, 바랄 **망**, 쌓을 **적**, 공 **공**

[성명낭자聲名狼藉]

명성이 사방에 왁자지껄하다는 말이며, 결국 땅에 떨어지거나 훼손되어 버린다는 뜻이다.

원문 | **惡聲狼藉 布于諸國**
악성낭자 포우제국

글자 | 소리 **성**, 이름 **명**, 왁자할 **낭**, 깔 **자**

출전 | 사기 몽염蒙恬열전

[성모성월聖母聖月]

성인 어미의 거룩한 달이라는 말이며, 성모 마리아를 공경하는 5월을 일컫는다.

글자 | 거룩할 **성**, 어미 **모**, 달 **월**

출전 | 천주교

[성문과정聲聞過情]

듣는 소리보다 실정이 지나치다는 말이며, 그 사람의 역량 이상으로 평판이 높다는 뜻이다.

글자 | 소리 **성**, 들을 **문**, 지나칠 **과**, 사실 **정**

출전 | 맹자 이루離婁 하

[성문신무聖文神武]

거룩한 글과 영검한 호반이라는 말이며, 문덕과 무덕이 다 뛰어나다는 뜻이다.

글자 | 거룩할 **성**, 글 **문**, 영검할 **신**, 호반 **무**

출전 | 용비어천가

[성복우황城復于隍]

성은 다시 성 아래 못으로 돌아간다는 말이며, 연못을 파서 성을 쌓고 연못으로 인해 성이 무너지면 그 못을 다시 메운다는 뜻에서 복이 극에 달하면 화가 되고, 이利가 극에 달하면 해가 된다는 뜻이다.

원문 | 城復于隍 勿用師
성 복 우 황 물 용 사

글자 | 성 **성**, 돌아올 **복**, 갈 **우**, 성 아래 못 **황**

출전 | 주역 지천태괘종地天泰卦終

[성불성간成不成間]

이루고 아니 이루는 사이라는 말이며, 일이 되든지 안 되든지 간에라는 뜻이다.

글자 | 이룰 **성**, 아닐 **불**, 사이 **간**

[성비세려誠非細慮]

세밀하지 않은 생각에 정성을 드린다는 말이며, 막연한 걱정이 많다는 뜻이다.

글자 | 정성 **성**, 아닐 **비**, 세밀할 **세**, 생각 **려**

[성사불설成事不說]

이루어진 일은 말하지 않는다는 말이며, 이미 끝난 일은 논란하지 말고 따지지 말라는 뜻이다.

원문 | 成事不說 遂事不諫
성 사 불 설 수 사 불 간

글자 | 이룰 **성**, 일 **사**, 아닐 **불**, 말씀 **설**

출전 | 논어 팔일八佾

유사 | 기왕불구旣往不咎

[성사원방省事遠謗]

일을 살펴 비방을 멀리한다는 말이며, 큰일을 하려면 멀리해야 할 것을 따져 가늠하고 일을 살펴 비방을 멀리하여 몸가짐을 무겁게 하고 자리와 사람을 잘 가려야 한다는 뜻이다.

원문 | 審察疎遠 省事遠謗
심 찰 소 원 성 사 원 방

글자 | 살필 **성**, 일 **사**, 멀 **원**, 헐어 말할 **방**

[성사재천成事在天]

일이 이루어지는 것은 하늘에 달려있다는 말이다.

글자 | 이룰 **성**, 일 **사**, 있을 **재**, 하늘 **천**

출전 | 삼국지연의

관련 | 모사재인謀事在人

[성상근야性相近也]

성품은 서로 가깝다는 말이며, 타고난 본성은 서로 크게 틀리지 않다는 뜻이다.

원문 | 性相近也 習相遠也
성 상 근 야 습 상 원 야

글자 | 성품 **성**, 서로 **상**, 가까울 **근**, 어조사 **야**

출전 | 논어 양화陽貨

[성색구려聲色俱厲]

목소리와 얼굴빛이 모두 엄하다는 말이다.

글자 | 소리 **성**, 빛 **색**, 함께 **구**, 엄할 **려**

출전 | 논어 술이述而

[성선성악性善性惡]

성품이 착하고 성품이 악하다는 말이며, 타고난 성품이 선하기도 하고 악하기도 하다는 뜻이다.

ㅅ

글자 | 성품 **성**, 착할 **선**, 악할 **악**

[성소구실省疎具悉]

상소한 것을 살피고 다 안다는 말이며, 임금이 신하의 상소문을 살펴보고 그 내용을 자세히 안다는 뜻이다.

글자 | 살필 **성**, 상소할 **소**, 다 **구**, 알 **실**
출전 | 조선왕조실록 증보문헌비고

[성속관풍省俗觀風]

풍속을 살펴본다는 말이며, 백성의 생활습관을 잘 살펴서 돌본다는 뜻이다.

글자 | 살필 **성**, 풍속 **속**, 볼 **관**, 풍속 **풍**
출전 | 삼국사기

[성쇠지리盛衰之理]

성하고 쇠하는 이치라는 말이다.

원문 | **盛衰之理 雖曰天命 豈非人事哉**
성쇠지리 수왈천명 기비인사재

글자 | 성할 **성**, 쇠할 **쇠**, 어조사 **지**, 도리 **리**
출전 | 구양수의 오대사五代史

[성수만세聖壽萬歲]

→ 성수무강聖壽無疆

[성수무강聖壽無疆]

임금의 목숨이 한끝이 없다는 말이며, 임금이 오래 살기를 빈다는 뜻이다.

글자 | 임금 **성**, 목숨 **수**, 없을 **무**, 한끝 **강**

[성수불루盛水不漏]

가득 찬 물이 새지 않는다는 말이며, 사물이 빈틈없이 짜여 있거나 또는 지극히 정밀하다는 뜻이다.

글자 | 담을 **성**, 물 **수**, 아닐 **불**, 샐 **루**

[성시의외誠是意外]

참으로 뜻밖이라는 말이다.

글자 | 진실 **성**, 이를 **시**, 뜻 **의**, 바깥 **외**

[성신강림聖神降臨]

거룩한 하느님이 내려왔다는 말이며, 오순절五旬節에 신도들이 모여 있을 때 모두 성령이 충만하여 여러 나라말로 말하게 되었다는 데서 온 말이다.

글자 | 거룩할 **성**, 하느님 **신**, 내릴 **강**, 임할 **림**
출전 | 신약성서

[성신문무聖神文武]

→ 성문신무聖文神武

[성신칠은聖神七恩]

성스러운 신의 일곱 가지 은혜라는 말이며, 통달, 의견, 지식, 효경, 강의, 경외, 지혜를 일컫는다.

원문 | **眞福八端 聖神七恩**
진복팔단 성신칠은

글자 | 성인 **성**, 귀신 **신**, 은혜 **은**
출전 | 천주교

[성심성월聖心聖月]

성인의 마음을 거룩하게 하는 달이라는 말이며, 예수의 마음을 공경하는 6월을 일컫는다.

글자 | 성인 **성**, 마음 **심**, 달 **월**

[성심성의誠心誠意]

진실한 마음과 정성스런 뜻이라는 말이다.

글자 | 진실 **성**, 마음 **심**, 정성 **성**, 뜻 **의**

[성심소도誠心所到]

→ 성심소치誠心所致

[성심소치誠心所致]

정성스러운 마음을 다한 결과라는 말이다.

글자 | 정성 **성**, 마음 **심**, 바 **소**, 이를 **치**

[성오독숙城烏獨宿]

성의 까마귀가 혼자 잔다는 말이며, 매우 외롭고 쓸쓸한 신세라는 뜻이다.

글자 | 재 **성**, 까마귀 **오**, 홀로 **독**, 잘 **숙**

[성왕부작聖王不作]

성스러운 임금이 일어나지 아니하였다는 말이며, 훌륭한 임금이 나타나지 않았다는 뜻이다.

원문 | 聖王不作 諸侯放恣
성왕부작 제후방자

글자 | 성인 **성**, 임금 **왕**, 아닐 **부**, 일어날 **작**

출전 | 맹자 등문공 하

[성우숭배聖牛崇拜]

거룩한 소를 숭배한다는 말이며, 소를 신성시하여 이를 숭상한다는 뜻이다. 인도 나라의 풍속이다.

글자 | 거룩할 **성**, 소 **우**, 높을 **숭**, 절할 **배**

[성유단수性猶湍水]

사람의 본성은 급한 여울의 물과 같다는 말이며, 동쪽으로도 흐르고 서쪽으로도 흐를 수 있듯이 착하게도 되고 악하게도 된다는 뜻이다.

원문 | 性 猶湍水也
성 유단수야

글자 | 성품 **성**, 같을 **유**, 급한 여울 **단**, 물 **수**

출전 | 맹자 고자告子 상

[성윤성공成允成功]

진실을 마치니 공을 이룬다는 말이며, 최선을 다해 목표한 일을 완수한다는 뜻이다. 순임금이 큰 홍수를 최선을 다해 끝까지 막은 우禹를 칭찬한 고사에서 유래한다.

글자 | 마칠 **성**, 진실로 **윤**, 이룰 **성**, 공 **공**

출전 | 상서 대우모大宇謨

[성인군자聖人君子]

거룩한 사람과 임금 같은 사람이라는 말이며, 성인은 사리에 통달하고 덕과 지혜가 뛰어나 길이길이 받들어지고 만인의 스승이 될 만한 사람을, 군자는

ㅅ

학식과 덕망이 높거나 높은 관직에 있는 사람을 일컫는다.

글자 | 거룩할 **성**, 사람 **인**, 임금 **군**, 사람 **자**

[성인무명聖人無名]

성인은 이름이 없다는 말이며, 성인에게는 명예가 없다는 뜻이다. 장자에 있는 글이다. '지인에게는 사심이 없고, 신인에게는 공적이 없으며, 성인에게는 명예가 없다.'

원문 | 至人無己 神人無功 聖人無名
지인무기 신인무공 성인무명

글자 | 성인 **성**, 사람 **인**, 없을 **무**, 이름 **명**

출전 | 장자 소요유逍遙遊

[성인성능聖人成能]

성인은 능히 이룬다는 말이며, 재능을 충분히 발휘한다는 뜻이다.

글자 | 성인 **성**, 사람 **인**, 이룰 **성**, 능할 **능**

[성인지미成人之美]

사람의 아름다움을 이룬다는 말이며, 남의 아름다움을 더욱 빛나게 한다는 뜻이다. 공자가 한 말이다. '군자는 다른 사람의 좋은 점은 이루어지도록 도와주며, 다른 사람의 좋지 않은 점은 이루어지지 않도록 해준다.'

원문 | 君子 成人之美 不成人之惡
군자 성인지미 불성인지악

글자 | 이룰 **성**, 사람 **인**, 어조사 **지**, 아름다울 **미**

출전 | 논어 안연顏淵

[성인지세聖人之世]

성인의 세상이라는 말이며, 성인 같은 사람들이 사는 세상이라는 뜻이다.

글자 | 성인 **성**, 사람 **인**, 어조사 **지**, 세상 **세**

[성인지정聖人之政]

성인의 다스림이라는 말이며, 훌륭한 사람이 다스리는 정치라는 뜻이다.

글자 | 성인 **성**, 사람 **인**, 어조사 **지**, 다스릴 **정**

[성일아일星一我一]

별 하나 나 하나라는 말이며, 우주의 만물이 내 자신과 대등함을 빗댄 말이다.

글자 | 별 **성**, 나 **아**

출전 | 동언해

[성자거야成者去也]

이룬 사람은 가야 한다는 말이며, 성공하고 나면 그 자리를 떠나는 것이 옳다는 뜻이다.

글자 | 이룰 **성**, 사람 **자**, 갈 **거**, 어조사 **야**

[성자신손聖子神孫]

거룩한 아들과 신통한 손자라는 말이며, 천자天子의 자손을 일컫는다.

글자 | 거룩할 **성**, 아들 **자**, 신통할 **신**, 손자 **손**

[성자자성誠者自成]

정성스런 사람은 스스로 이룬다는 말이며, 정성스럽게 일을 하면 반드시 성공한다는 뜻이다.

원문 | 誠者自成 而道自道也
성자자성 이도자도야

글자 | 정성 **성**, 사람 **자**, 스스로 **자**, 이룰 **성**

출전 | 중용 성론誠論

[성자필쇠盛者必衰]

성한 자는 반드시 쇠한다는 말이며, 세상의 무상無常을 일컫는다.

글자 | 성할 **성**, 놈 **자**, 반드시 **필**, 쇠할 **쇠**

출전 | 인왕경仁王經

유사 | 생자필멸生者必滅, 회자정리會者定離

[성정정일性靜情逸]

성품이 고요하면 마음속이 편안하다는 말이며, 성품이 좋으면 정서도 좋아진다는 뜻이다.

원문 | 性靜情逸 心動神疲
성정정일 심동신피

글자 | 성품 **성**, 고요 **정**, 마음속 **정**, 편안할 **일**

출전 | 천자문 49항

[성제명왕聖帝明王]

성스러운 임금과 총명한 임금이라는 말이다.

글자 | 성인 **성**, 임금 **제**, 총명할 **명**, 임금 **왕**

[성죽재흉成竹在胸]

대나무를 이루는 것이 가슴속에 있다는 말이며, 어떤 일을 하고자 할 때는 미리 결과의 모습을 가슴에 그려놓고 시작해야 한다는 뜻이다.

글자 | 이룰 **성**, 대 **죽**, 있을 **재**, 가슴 **흉**

[성중형외誠中形外]

속에 있는 정성은 바깥으로 나타난다는 말이며, 속마음에 들어있는 것은 저절로 밖으로 나타난다는 뜻이다. 대학에 있는 말이다. '… 이것이 마음을 정성스럽게 하면 밖에 드러난다고 하는 것이다. 그러므로 군자는 반드시 그 홀로 있을 때를 조심한다.'

원문 | 此謂誠於中 形於外
차위성어중 형어외
故君子必愼其獨也
고군자필신기독야

글자 | 정성 **성**, 가운데 **중**, 나타날 **형**, 바깥 **외**

출전 | 대학 성의장誠意章

[성지임자聖之任者]

거룩함을 맡은 사람이라는 말이며, 성인으로서 책임을 느끼는 사람이라는 뜻이다.

글자 | 거룩할 **성**, 어조사 **지**, 맡길 **임**, 사람 **자**

[성천포락成川浦落]

내를 이루고 갯벌이 떨어진다는 말이며, 논밭이 냇물로 인해 떨어져 나간다는 뜻이다.

글자 | 이룰 **성**, 내 **천**, 개 **포**, 떨어질 **락**

[성하목욕聖河沐浴]

거룩한 물에서 목욕한다는 말이며, 힌두교에서 성스러운 강물에 몸을 담가 죄나 더러움을 깨끗이 씻는다는 뜻이다.

글자 | 거룩할 **성**, 물 **하**, 목욕할 **목**, 미역 감을 **욕**

[성하불호城下不呼]

성 아래서는 부르짖지 않는다는 말이며, 적에게 위치를 알리는 위험한 행위를 하지 않는다는 뜻이다.

글자 | 재 **성**, 아래 **하**, 아닐 **불**, 부르짖을 **호**

[성하염열盛夏炎熱]

성한 여름의 불꽃같은 더위라는 말이며, 한여름의 매우 심한 더위라는 뜻이다.

글자 | 성할 **성**, 여름 **하**, 불꽃 **염**, 더울 **열**

[성하지맹城下之盟]

성 아래서의 맹세라는 말이며, 적에게 포위당한 끝에 견디다 못해 성문을 나가 항복한다는 뜻이다.

원문 | 大敗之 爲城下之盟而還
대패지 위성하지맹이환

글자 | 성 **성**, 아래 **하**, 어조사 **지**, 맹세할 **맹**

출전 | 춘추좌씨전 선공宣公 하

[성하지열盛夏之熱]

→ 성하염열盛夏炎熱

[성행야귀星行夜歸]

별을 [보며] 가서 밤에 돌아온다는 말이며, 새벽 일찍 나가서 밤늦게 돌아온다는 뜻이다.

글자 | 별 **성**, 갈 **행**, 밤 **야**, 돌아올 **귀**

[성행전정星行電征]

별이 가고 번개가 친다는 말이며, 일을 빨리 진행한다는 말로도 쓰인다.

글자 | 별 **성**, 갈 **행**, 번개 **전**, 칠 **정**

[성호사서城狐社鼠]

성벽에 숨어 사는 여우와 묘당에 사는 쥐라는 말이며, 탐욕스럽고 흉포한 벼슬아치를 빗댄 말이다.

글자 | 성 **성**, 여우 **호**, 묘당 **사**, 쥐 **서**

출전 | 진서 사곤전謝鯤傳

동류 | 직호사서稷狐社鼠, 군측지간君側之奸

[성화독촉星火督促]

별똥처럼 다급하게 독촉한다는 말이다.

글자 | 별 **성**, 불 **화**, 재촉할 **독**, 재촉할 **촉**

출전 | 송남잡지

[성화요원星火燎原]

별과 같이 작은 불이 들판을 태운다는 말이며, 하찮은 나쁜 짓을 내버려두면 차츰 커져서 걷잡을 수 없게 된다는 뜻이다.

원문 | 若火之燎于原
약 화 지 요 우 원

글자 | 별 **성**, 불 **화**, 화톳불 **요**, 들 **원**

출전 | 서경 반경편盤庚篇

동류 | 요원지화燎原之火

[성화지분城化之分]

성으로 된 나눔이라는 말이며, 수령과 백성의 구분이라는 뜻이다.

글자 | 재 **성**, 될 **화**, 어조사 **지**, 나눌 **분**

[성황성공誠惶誠恐]

공경하며 황공하고 공경하며 두렵다는 말이며, 신하가 임금에게 올리는 글에 쓰는 문구이다.

글자 | 공경할 **성**, 황공할 **황**, 두려울 **공**

[세가소탈勢家所奪]

권세 있는 집이 빼앗는 바라는 말이다.

글자 | 권세 **세**, 집 **가**, 바 **소**, 빼앗을 **탈**

[세강말속世降末俗]

세상이 땅에 떨어지고 풍속이 끝이라는 말이며, 세상이 그릇되어 풍속이 어지럽다는 뜻이다.

글자 | 세상 **세**, 내릴 **강**, 끝 **말**, 풍속 **속**

[세거지지世居之地]

대대로 사는 땅이라는 말이다.

글자 | 대대 **세**, 살 **거**, 어조사 **지**, 땅 **지**

[세계고금世界古今]

세상의 옛날과 지금이라는 말이다.

글자 | 세상 **세**, 지경 **계**, 옛 **고**, 이제 **금**

[세계기시世界起始]

세상이 비로소 일어났다는 말이며, 불교의 우주개벽론을 일컫는다.

글자 | 세상 **세**, 지경 **계**, 일어날 **기**, 비로소 **시**

[세계휴일世界休日]

세계력의 쉬는 날이라는 말이며, 12월 31일, 윤년의 6월 31일, 주외일週外日, 무요일無曜日을 일컫는다.

글자 | 세상 **세**, 지경 **계**, 쉴 **휴**, 날 **일**

[세고취화勢孤取和]

기세가 외로우면 화목을 취하라는 말이다.

글자 | 기세 **세**, 외로울 **고**, 취할 **취**, 화목할 **화**

[세구구흔洗垢求痕]

때를 씻고 흉터를 구한다는 말이며, 남의 흠을 들추어 캐낸다는 뜻이다.

글자 | 씻을 **세**, 때 **구**, 구할 **구**, 흉터 **흔**

ㅅ

[세구멱반洗垢覓瘢]

→ 세구색반洗垢索瘢

[세구색반洗垢索瘢]

때를 씻고 헌데자리를 찾는다는 말이며, 남의 허물을 들추어낸다는 뜻이다.

원문 | 所惡則洗垢求其瘢痕
소 악 즉 세 구 구 기 반 량

글자 | 씻을 **세**, 때 **구**, 찾을 **색**, 헌데자리 **반**

출전 | 후한서 조일전趙壹傳

동류 | 세구구반洗垢求瘢

[세구색흔洗垢索痕]

→ 세구구흔洗垢求痕

[세구연심歲久年深]

→ 연구세심年久歲深

[세궁역진勢窮力盡]

세도가 다하고 힘이 다했다는 말이며, 기세가 꺾이고 힘이 빠졌다는 뜻이다.

글자 | 세도 **세**, 다할 **궁**, 힘 **역**, 다할 **진**

출전 | 목민심서 병전 6조

유사 | 기진맥진氣盡脈盡

[세균역적勢均力適]

형세가 고르고 힘이 좇는다는 말이며, 세력과 힘이 서로 엇비슷하다는 뜻이다.

글자 | 형세 **세**, 고를 **균**, 힘 **역**, 좇을 **적**

동류 | 세균필적勢均匹適

[세단의다世短意多]

→ 세단의장世短意長

[세단의장世短意長]

세상은 짧고 생각은 많다는 말이며, 일생은 짧고 고민은 많다는 뜻이다.

글자 | 세상 **세**, 짧을 **단**, 생각 **의**, 많을 **장**

출전 | 학림옥로鶴林玉露

동류 | 세단의다世短意多

[세답족백洗踏足白]

[상전의] 빨래를 밟다가 발이 희어진다는 말이며, 남의 일을 해주면 그만한 이득이 온다는 뜻이다.

글자 | 씻을 **세**, 밟을 **답**, 발 **족**, 흰 **백**

출전 | 순오지

[세도인심世道人心]

세상의 도리와 사람의 마음이라는 말이다.

글자 | 세상 **세**, 도리 **도**, 사람 **인**, 마음 **심**

출전 | 대종경大宗經

[세도재상勢道宰相]

권세의 길에 있는 재상이라는 말이다.

글자 | 권세 **세**, 길 **도**, 재상 **재**, 벼슬 이름 **상**

[세도정치勢道政治]

권세를 좇아 정사를 다스린다는 말이며, 왕실의 근친이나 신하가 권세를 잡고 마음대로 하는 정치를 일컫는다.

글자 | 권세 **세**, 좇을 **도**, 정사 **정**, 다스릴 **치**

[세록지신世祿之臣]

대대로 녹봉을 받는 신하라는 말이다.

글자 | 대대 **세**, 녹봉 **록**, 어조사 **지**, 신하 **신**

[세리지교勢利之交]

세도나 이익을 위한 사귐이라는 말이다.

글자 | 세도 **세**, 이로울 **리**, 어조사 **지**, 사귈 **교**

출전 | 한서, 문중자文中子

유사 | 시도지교市道之交

[세무십년勢無十年]

세도는 10년이 없다는 말이며, 10년을 못 간다는 뜻이다.

원문 | 花無十日紅 勢道無十年
화 무 십 일 홍 세 도 무 십 년

글자 | 세도 **세**, 없을 **무**, 해 **년**

출전 | 규수가사閨秀歌詞

동류 | 세불십년勢不十年

[세무정미世無正味]

세상에는 바른 맛이 없다는 말이며, 맛은 사람마다, 나라마다 각각 다르다는 뜻이다.

글자 | 세상 **세**, 없을 **무**, 바를 **정**, 맛 **미**

[세미지사細微之事]

가늘고 작은 일이라는 말이며, 중요치 않은 사소한 일들을 일컫는다.

글자 | 가늘 **세**, 작을 **미**, 어조사 **지**, 일 **사**

[세반색흔洗瘢索痕]

→ 세구구흔洗垢求痕

[세부득이勢不得已]

형세가 이미 아니 얻을 수 없다는 말이며, 하는 수 없다는 뜻이다.

글자 | 형세 **세**, 아닐 **부**, 얻을 **득**, 이미 **이**

[세불십년勢不十年]

세도는 10년을 못 간다는 말이다.

글자 | 세도 **세**, 아닐 **불**, 해 **년**

동류 | 세무십년勢無十年

[세불양립勢不兩立]

세도는 양쪽으로 성립될 수 없다는 말이며, 한 집에 두 주인이 있을 수 없다는 비유로도 쓰인다.

글자 | 세도 **세**, 아닐 **불**, 두 **양**, 설 **립**

[세사난측世事難測]

세상의 일은 헤아리기 어렵다는 말이다.

글자 | 세상 **세**, 일 **사**, 어려울 **난**, 헤아릴 **측**

[세사상반世事相反]

세상 일이 서로 되돌린다는 말이며, 세

상 일 중 상식과 서로 반대된다는 뜻이다. 명나라 사조제謝肇淛의 글이다. '지위가 높은 관리는 천하일을 근심하지 않는데 초야의 사람이 도리어 근심한다. 문관은 군대 일을 자주 말하나 무관은 싸우는 것을 즐겨하지 않는다. 재주와 학식이 있는 사람은 문장에 대해 말하지 않고 학문도 없는 인간이 주로 떠든다. 부자는 돈 쓰기를 즐기지 않지만 가난한 이는 돈을 잘도 쓴다. 승려와 도사가 비린 음식을 즐겨 먹고 보통 사람이 도리어 채식을 한다. 관리의 책임을 맡은 사람은 권세가에게 휘둘리는 경우가 많은데 낮은 벼슬아치는 도리어 군현을 장악하고 있다. 벼슬이 높을수록 물러나 쉬고 싶다고 말하고 벼슬이 낮을수록 제 공치사를 더 심하게 한다.'

글자 | 세상 **세**, 일 **사**, 서로 **상**, 되돌릴 **반**
출전 | 사조제의 문해피사文海披沙

[세상만사世上萬事]

세상의 많은 일들이라는 말이다.

글자 | 세상 **세**, 윗 **상**, 많을 **만**, 일 **사**

[세상인심世上人心]

세상 사람의 마음이라는 말이다.

글자 | 세상 **세**, 윗 **상**, 사람 **인**, 마음 **심**

[세서성문細書成文]

가늘게 쓴 글이라는 말이며, 잔글씨로 쓴 글이라는 뜻이다.

글자 | 가늘 **세**, 글 **서**, 이룰 **성**, 글 **문**

[세서성자細書成字]

→ 세서성문細書成文

[세서천역歲序遷易]

세월의 차례가 옮겨지고 바뀐다는 말이며, 세월과 계절이 계속 바뀐다는 뜻이다.

글자 | 해 **세**, 차례 **서**, 옮길 **천**, 바꿀 **역**

[세설신어世說新語]

세상의 말과 새로운 말이라는 말이며, 중국 송나라 유의경劉義慶이 지은 책으로서 후한부터 동진에 이르는 귀족 · 학자 · 문인 · 승려 등의 덕행 · 언어 · 문학 등에 관한 일화를 38문으로 나누어 수록한 것이다.

글자 | 인간 **세**, 말씀 **설**, 새 **신**, 말씀 **어**

[세세사정細細事情]

매우 세밀한 사정이라는 말이다.

글자 | 세밀할 **세**, 일 **사**, 실정 **정**

[세세상전世世相傳]

대대로 서로 전한다는 말이며, 여러 대를 두고 전하여 내려온다는 뜻이다.

글자 | 대대 **세**, 서로 **상**, 전할 **전**
출전 | 사기 흉노匈奴 열전

[세세생생世世生生]

세상마다 나고 또 난다는 말이며, 몇

번이고 다시 환생還生한다는 뜻이다.

글자 | 세상 **세**, 살 **생**

[세세손손世世孫孫]

→ 대대손손代代孫孫

[세세연년歲歲年年]

→ 연년세세年年歲歲

[세세전승世世傳承]

세대를 이어 전하고 잇는다는 말이다.

글자 | 세대 **세**, 전할 **전**, 이을 **승**

[세소고연勢所固然]

되어가는 형세가 진실로 그렇다는 말이다.

글자 | 형세 **세**, 바 **소**, 진실로 **고**, 그럴 **연**

[세속오계世俗五戒]

세상 풍속의 다섯 가지 계율이라는 말이며, 원광법사圓光法師가 지은 화랑花郞의 다섯 계율을 일컫는다. 계율의 내용은 ① 사군이충事君以忠, ② 사친이효事親以孝, ③ 교우이신交友以信, ④ 임전무퇴臨戰無退, ⑤ 살생유택殺生有擇이다.

글자 | 세상 **세**, 풍속 **속**, 계율 **계**

[세속잡사世俗雜事]

세상의 속되고 잡된 일이라는 말이다.

글자 | 세상 **세**, 속될 **속**, 잡될 **잡**, 일 **사**

[세속지락世俗之樂]

세상 풍속의 즐거움이라는 말이며, 속세에서 갖는 즐거움을 일컫는다.

원문 | 直好世俗之樂耳
직 호 세 속 지 락 이

글자 | 세상 **세**, 풍속 **속**, 어조사 **지**, 즐거울 **락**

출전 | 맹자 양혜왕梁惠王 하

[세속지폐世俗之弊]

세상 풍속의 폐단이라는 말이며, 세상 풍속 가운데 폐단이 큰 것을 일컫는다.

글자 | 세상 **세**, 풍속 **속**, 어조사 **지**, 폐단 **폐**

출전 | 소학 가언嘉言

[세수의대洗手衣襨]

손을 씻을 때 입는 옷이라는 말이며, 왕이나 왕비가 세수할 때 입는 옷을 일컫는다.

글자 | 씻을 **세**, 물 **수**, 옷 **의**, 옷감 **대**

[세숙공신稅熟貢新]

풍년들면 세를 내고 새로운 것을 바친다는 말이며, 나라에 내는 조세의 대상을 일컫는다.

원문 | 稅熟貢新 勸賞黜陟
세 숙 공 신 권 상 출 척

글자 | 부세 **세**, 풍년들 **숙**, 바칠 **공**, 새 **신**

출전 | 천자문 84항

[세습영지世襲領地]

대대로 대물려 거느리는 땅이라는 말

ㅅ

이며, 나라로부터 받은 상속권이 있는 토지를 일컫는다.

글자 | 대대 **세**, 대물릴 **습**, 거느릴 **영**, 땅 **지**

[세시복랍歲時伏臘]

한 해의 때와 복날과 납향臘享이라는 말이며, 한 해의 절기를 일컫는다.

글자 | 해 **세**, 때 **시**, 복 **복**, 납향제 **랍**

[세시의례歲時儀禮]

→ 세시풍속歲時風俗

[세시풍속歲時風俗]

한 해의 때의 풍속이라는 말이며, 세시의례 또는 농경문화를 반영하는 농경의례라고도 하는 4계절에 따른 명절을 일컫는다.

글자 | 해 **세**, 때 **시**, 풍속 **풍**, 풍속 **속**

출전 | 삼국사기

동류 | 세시의례歲時儀禮

[세심방환洗心防患]

마음을 씻고 근심을 막는다는 말이며, 마음을 씻는 것을 제齊라 하고, 근심을 막는 것을 계戒라 한다는 뜻이다.

원문 | 洗心曰齊 防患曰戒
세 심 왈 제 방 환 왈 계

글자 | 씻을 **세**, 마음 **심**, 막을 **방**, 근심 **환**

출전 | 한강백韓康伯의 주역 해설

[세여파죽勢如破竹]

대나무를 쪼개는 것과 같은 기세라는 말이다.

글자 | 기세 **세**, 같을 **여**, 쪼갤 **파**, 대나무 **죽**

출전 | 진서 두예전杜豫傳

동류 | 파죽지세破竹之勢

[세우사풍細雨斜風]

→ 사풍세우斜風細雨

[세월여류歲月如流]

세월이 흐르는 물과 같다는 말이며, 덧없이 흐르는 세월을 일컫는다.

글자 | 해 **세**, 달 **월**, 같을 **여**, 흐를 **류**

[세이공청洗耳恭聽]

귀를 씻고 공손히 듣는다는 말이며, 남이 제안한 내용을 비웃거나 웃음꺼리로 듣는다는 뜻이다. 요임금이 허유를 불러 구주九州의 수장으로 삼으려 했으나 '허유는 듣고 싶지 않아 영수가에서 귀를 씻었다.'

원문 | 由不欲聞之 洗耳於穎水濱
유 불 욕 문 지 세 이 어 영 수 빈

글자 | 씻을 **세**, 귀 **이**, 공손할 **공**, 들을 **청**

출전 | 고사전高士傳 허유許愈

동류 | 영천세이穎川洗耳

[세일칠지歲一漆之]

한해에 한 번 칠한다는 말이며, 집을 가꾼다는 뜻이다.

글자 | 해 **세**, 칠할 **칠**, 어조사 **지**

출전 | 예기 단궁檀弓 상

[세자우사世子右師]

세자의 오른쪽 스승이라는 말이며, 고려 공양왕 때의 제도로 다음에 임금이 될 왕자를 가르치는 스승을 일컫는다.

글자 | 역대 **세**, 아들 **자**, 오른 **우**, 스승 **사**

[세자좌사世子左師]

→ 세자우사世子右師

[세장지지世葬之地]

대대로 장사지내는 땅이라는 말이며, 선산先山을 일컫는다.

글자 | 세대 **세**, 장사지낼 **장**, 어조사 **지**, 땅 **지**

[세전노비世傳奴婢]

[한 집안에서] 대를 이어 전해 내려오는 종이라는 말이다.

글자 | 세대 **세**, 전할 **전**, 남종 **노**, 여종 **비**

[세전지물世傳之物]

대대로 전해 내려오는 물건이라는 말이다.

글자 | 대대 **세**, 전할 **전**, 어조사 **지**, 물건 **물**

[세전지보世傳之寶]

대를 이어 전해 내려오는 보배라는 말이다.

글자 | 세대 **세**, 전할 **전**, 어조사 **지**, 보배 **보**

[세제기미世濟其美]

세대가 그 아름다움을 이룬다는 말이며, 후대의 사람이 전대 사람의 아름다움을 따라 이룬다는 뜻이다.

원문 | 世濟其美 不隕其名
세 제 기 미 불 운 기 명

글자 | 세대 **세**, 일 이룰 **제**, 그 **기**, 아름다울 **미**

출전 | 춘추좌씨전 문공文公 18년

[세제지구歲製之具]

해에 마르는 그릇이라는 말이며, 수의壽衣를 빗댄 말이다.

글자 | 해 **세**, 마를 **제**, 어조사 **지**, 그릇 **구**

출전 | 조선왕조실록, 조선재봉전서

[세제충의世濟忠義]

대대로 충성과 의리를 이룬다는 말이며, 대대로 충성을 다하는 집안이라는 뜻이다.

글자 | 대대 **세**, 일 이룰 **제**, 충성 **충**, 의리 **의**

출전 | 삼국사기

[세지보살勢至菩薩]

기세가 지극한 보살이라는 말이며, 사물을 환히 비추는 보살을 일컫는다.

글자 | 기세 **세**, 지극할 **지**, 보살 **보**, 보살 **살**

[세태염량世態炎凉]

세상의 뜨겁고 서늘함을 말하며, 경

제의 번영과 쇠퇴를 일컫는다.

글자 | 세상 **세**, 모양 **태**, 불탈 **염**, 서늘할 **량**

출전 | 송서 악지

동류 | 염량세태炎凉世態

[세태인정世態人情]

세상 사람의 마음속이라는 말이다.

글자 | 세상 **세**, 모양 **태**, 사람 **인**, 마음속 **정**

[세풍사우細風斜雨]

→ 사풍세우斜風細雨

[세한삼우歲寒三友]

한 해 추운 계절의 세 벗이라는 말이며, 겨울철 관상용의 세 가지 나무인 소나무 · 대나무 · 매화나무(松竹梅)를 이르기도 하고, 난세의 벗으로서 산수山水 · 송죽松竹 · 금주琴酒를 이르기도 한다.

글자 | 해 **세**, 찰 **한**, 벗 **우**

출전 | 고사기高士奇

[세한송백歲寒松柏]

차가운 절기의 소나무와 잣나무라는 말이며, 날씨가 추워진 뒤에야 소나무와 잣나무가 더디 시드는 것을 알 수 있다는 뜻이다. 이는 또 위급한 때를 당하면 그가 군자인지 소인인지 알 수 있다는 뜻으로도 쓰인다.

원문 | 歲寒然後 知松柏之後彫也
세한연후 지송백지후조야

글자 | 절후 **세**, 찰 **한**, 소나무 **송**, 잣 **백**

출전 | 논어 자한子罕

[세한지조歲寒之操]

찬 계절의 지조라는 말이며, 추운 겨울에도 변하지 않는 소나무와 같이 변하지 않는 지조라는 뜻이다.

글자 | 절후 **세**, 찰 **한**, 어조사 **지**, 지조 **조**

출전 | 조선왕조 6대 단종실록

동류 | 세한송백歲寒松柏

[소각지혐銷刻之嫌]

녹이고 깎은 혐의라는 말이며, 취소하거나 없애버린 의심이라는 뜻이다.

글자 | 녹일 **소**, 깎을 **각**, 어조사 **지**, 혐의할 **혐**

[소객택인召客擇人]

손님을 부를 때 사람을 가려서 부르라는 말이다.

글자 | 부를 **소**, 손 **객**, 가릴 **택**, 사람 **인**

[소거백마素車白馬]

흰 수레와 흰 말이라는 말이며, 아주 친한 사이, 또는 벗의 죽음을 슬퍼하는 마음을 일컫는다. 흰 수레와 백마는 원래 사람이 죽었을 때 상여로 썼던 것이다.

원문 | 移時 乃見素車白馬號哭而來
이시 내견소거백마호곡이래

글자 | 흰 **소**, 수레 **거**, 흰 **백**, 말 **마**

출전 | 후한서 독행전獨行傳

[소견다괴小見多怪]

본 것이 적으면 괴이한 일이 많다는 말이며, 견문이 적은 것을 비웃는다는 뜻이다.

글자 | 적을 **소**, 볼 **견**, 많을 **다**, 괴이할 **괴**

출전 | 포박자

[소견세월消遣歲月]

세월을 다하여 보낸다는 말이며, 하는 일 없이 세월을 보낸다는 뜻이다.

글자 | 다할 **소**, 보낼 **견**, 해 **세**, 달 **월**

[소국과민小國寡民]

작은 나라 적은 백성이라는 말이며, 약소국가가 아니라 가장 평화롭고 이상적인 사회를 일컫는다. 노자가 한 말이다. '나라는 작고 백성은 적으며 여러 가지 기구가 있어도 쓰지 않게 된다. 백성들은 생명이 중한 것을 알아 멀리 떠나가는 일도 없고 배와 수레가 있어도 타고 갈 곳이 없으며, 무기가 있어도 쓸 곳이 없다. 백성들도 다시 옛날로 돌아가 글자 대신 노끈을 맺어 쓰게 하고 그들의 먹는 것을 달게 여기고, 그들의 입는 것을 아름답게 여기며, 그들의 삶을 편안히 여기고, 그들의 관습을 즐기게 한다. 이웃나라끼리 서로 바라보며 닭 울음과 개 짖는 소리가 들리지만 백성들은 늙어죽도록 서로 가고 오는 일이 없다.'

글자 | 작을 **소**, 나라 **국**, 적을 **과**, 백성 **민**

출전 | 노자 80장 독립獨立

[소굴대신小屈大伸]

조금 굽혀 크게 편다는 말이며, 잠깐 욕됨을 참아야 비로소 큰일을 할 수 있는 경륜과 역량이 깃들어 오래 영예롭게 된다는 뜻이다.

글자 | 작을 **소**, 굽을 **굴**, 큰 **대**, 펼 **신**

동류 | 잠욕구영暫辱久榮

[소규조수蕭規曹隨]

소하蕭何가 만든 제도를 조참曹參이 그대로 따른다는 말이며, 좋은 정책은 계속 이어가야 한다는 뜻이다. 한나라 재상 소하가 죽으면서 천거한 후임자 조참이 안일무사하게 지내고 있어 혜제가 물으니, '폐하는 선제에 미치지 못하고 신 또한 소하만 못합니다. 선제와 소 재상은 천하를 평정하고 또한 법령과 제도를 제정하였습니다. 그러므로 신 등은 그 제정된 법령과 제도를 굳게 지켜 계속 밀고 나가는 것이 좋지 않겠습니까?' 하고 답했다.

원문 | 蕭也規 曹也隨
소 야 규 조 야 수

글자 | 퉁소 **소**, 법 **규**, 무리 **조**, 따를 **수**

출전 | 사기 조상국세가曹相國世家

[소극침주小隙沈舟]

작은 틈으로 물이 새어 배가 가라앉는다는 말이며, 작은 일을 게을리하면 큰 재앙이 닥친다는 뜻이다.

글자 | 작을 **소**, 틈 **극**, 가라앉을 **침**, 배 **주**

출전 | 열자, 관윤자關尹子

ㅅ

[소년이로少年易老]

소년은 쉽게 늙는다는 말이다. 중국 송나라 주문공朱文公의 시에 있는 글이다.

원문 | 少年易老 學難成
소 년 이 로 학 난 성

글자 | 젊을 **소**, 해 **년**, 쉬울 **이**, 늙을 **로**

출전 | 주문공의 권학시勸學詩

[소단녹담素湍淥潭]

흰 여울과 맑은 못이라는 말이며, 아름다운 여울과 못이라는 뜻이다.

글자 | 흴 **소**, 여울 **단**, 맑을 **녹**, 못 **담**

[소당다과少糖多果]

사탕은 적게, 과실은 많이 먹으라는 말이다.

글자 | 적을 **소**, 사탕 **당**, 많을 **다**, 과실 **과**

[소동대동小東大東]

작은 동쪽 큰 동쪽이라는 말이며, 동양의 크고 작은 나라들을 일컫는다.

원문 | 小東大東 杼柚其空
소 동 대 동 저 축 기 공

글자 | 작을 **소**, 동녘 **동**, 큰 **대**

출전 | 시경 소아대동小雅大東

[소리대손小利大損]

작은 이득으로 큰 손해를 본다는 말이며, 소리를 돌아보는 자는 장차 얻을 수 있는 대리大利를 놓치는 자라는 뜻이다.

글자 | 작을 **소**, 이로울 **리**, 큰 **대**, 손해 볼 **손**

출전 | 한비자

[소리장도笑裏藏刀]

웃음 뒤에 칼을 숨겼다는 말이며, 겉으로는 좋은 척하지만 속셈은 음흉하다는 뜻이다.

원문 | 笑裏藏刀 信而安之
소 리 장 도 신 이 안 지

글자 | 웃을 **소**, 속 **리**, 감출 **장**, 칼 **도**

출전 | 구당서 이의부전李義府傳

동류 | 소중유도笑中有刀, 구밀복검口密腹劍

[소림일지巢林一枝]

숲속의 둥지는 하나의 가지뿐이라는 말이며, 작은 집에서 사는 것, 또는 분수에 맞게 사는 것을 빗댄 말이다.

원문 | 巢林一枝 飮河滿腹
소 림 일 지 음 하 만 복

글자 | 둥지 **소**, 수풀 **림**, 가지 **지**

출전 | 장자 소요유편消遙遊篇

유사 | 지족안분知足安分

[소림황엽疎林黃葉]

트인 수풀과 누런 잎이라는 말이며, 성근 가지만 남은 숲과 그 아래 떨어진 누런 잎, 즉 가을 풍경을 일컫는다.

글자 | 트일 **소**, 수풀 **림**, 누를 **황**, 잎 **엽**

출전 | 유만주兪晩柱의 일기

[소마세월消磨歲月]

사라지고 갈아지는 해와 달이라는 말

이며, 하는 일 없이 헛되이 세월만 보낸다는 뜻이다.

글자 | 사라질 **소**, 갈 **마**, 해 **세**, 달 **월**

[소만왕림掃萬枉臨]

여러 가지 일을 쓸어버리고 왕림한다는 말이며, 모든 일을 제쳐놓고 오셨다는 뜻이다.

글자 | 쓸 **소**, 여러 **만**, 왕림할 **왕**, 임할 **림**

[소매평생素昧平生]

비고 어두운 평생이라는 말이며, 견문이 없고 세상 형편에 깜깜한 채 지내는 한평생이라는 뜻이다.

글자 | 빌 **소**, 어두울 **매**, 평탄할 **평**, 살 **생**

출전 | 송남잡지

[소미지급燒眉之急]

→ 초비지급焦眉之急

[소복단장素服丹粧]

흰옷을 입고 단장을 했다는 말이다.

글자 | 흴 **소**, 입을 **복**, 붉을 **단**, 단장할 **장**

[소복담장素服淡粧]

흰옷을 입고 엷게 화장을 한다는 말이다.

글자 | 흴 **소**, 입을 **복**, 묽을 **담**, 단장할 **장**

[소봉관수銷鋒灌燧]

칼끝을 녹이고 봉화에 물을 댄다는 말이며, 전란이 끝났다는 뜻이다.

글자 | 녹일 **소**, 칼끝 **봉**, 물댈 **관**, 봉화 **수**

[소부애영蕭敷艾榮]

쑥이 펼쳐지고 번창한다는 말이며, 무능한 사람이 때를 만나 번창한다는 뜻이다.

글자 | 쑥 **소**, 펼 **부**, 쑥 **애**, 번창할 **영**

[소부유근小富由勤]

작은 부자는 부지런함에 말미암는다는 말이다.

원문 | **大富由命 小富由勤**
대부유명 소부유근

글자 | 작을 **소**, 부자 **부**, 말미암을 **유**, 부지런할 **근**

출전 | 명심보감 성심편省心篇

[소분다소少憤多笑]

분함을 적게 하고 많이 웃으라는 말이다.

글자 | 적을 **소**, 분할 **분**, 많을 **다**, 웃을 **소**

[소불간친疏不間親]

친한 사이를 나누지 못한다는 말이며, 친분이 먼 사람이 친분이 가까운 사람의 사이를 이간하지 못한다는 뜻이다.

글자 | 나눌 **소**, 아닐 **불**, 사이 **간**, 친할 **친**

출전 | 한비자 난일편難一篇

[소불개의少不介意]

조금도 뜻을 두지 않는다는 말이다.

글자 | 적을 **소**, 아닐 **불**, 낄 **개**, 뜻 **의**

ㅅ

동류 | 소불개회少不介懷

[소불개회少不介懷]

→ 소불개의少不介意

[소불동념小不動念]

조금도 마음이 움직이지 않는다는 말이다.

글자 | 작을 **소**, 아닐 **불**, 움직일 **동**, 생각할 **념**

[소불여의小不如意]

조금도 뜻과 같지 않다는 말이다.

글자 | 작을 **소**, 아닐 **불**, 같을 **여**, 뜻 **의**

[소불지신笑不至矧]

웃으면서 이틀에 이르지 않는다는 말이며, 잇몸을 드러내지 않고 점잖게 웃으라는 뜻이다.

원문 | 笑不至矧 怒不至詈
소불지신 노불지리

글자 | 웃을 **소**, 아닐 **불**, 이를 **지**, 이틀 **신**

출전 | 예기 곡례曲禮 상

[소비하청笑比河淸]

웃음이 황하 맑아지는 것과 같다는 말이며, 여간해서 웃지 않는다는 뜻이다. 포증包拯이 언제나 위엄한 얼굴을 하고 웃는 법이 없어 황하가 맑아지는 법이 없음을 비유한 것이다.

글자 | 웃을 **소**, 견줄 **비**, 황하 **하**, 맑을 **청**

출전 | 송사

[소사과욕少私寡慾]

사사로움을 적게 하고 욕심을 작게 하라는 말이며, 사적인 욕심을 억제하라는 뜻이다.

원문 | 見素抱樸 小私寡慾
견소포박 소사과욕

글자 | 적을 **소**, 사사 **사**, 작을 **과**, 욕심 **욕**

출전 | 노자 환순還淳

[소사성대小事成大]

작은 일이 크게 이루어진다는 말이며, 별것 아닌 것이 점점 중요하게 된다는 뜻이다.

원문 | 不忍不戒 小事成大
불인불계 소사성대

글자 | 작을 **소**, 일 **사**, 이룰 **성**, 큰 **대**

출전 | 명심보감 계성편戒性篇

[소상팔경瀟湘八景]

소수瀟水와 상수湘水 일대의 여덟 곳 경치라는 말이며, 세상에서 가장 아름다운 경치를 일컫는다. 이 두 강은 양자강의 지류로서 강 중류에 있는 동정호로 흘러든다.

글자 | 강 이름 **소**, 강 이름 **상**, 경치 **경**

출전 | 몽계필담

[소생의기小生意氣]

작은 목숨의 뜻과 기운을 [부린다]는 말이며, 시건방지다는 뜻이다.

글자 | 작을 **소**, 목숨 **생**, 뜻 **의**, 기운 **기**

[소소곡절小小曲折]

작고 작게 굽고 꺾어진 것이라는 말이며, 자질구레한 여러 가지 까닭이라는 뜻이다.

글자 | 작을 **소**, 굽을(곡절) **곡**, 꺾어질 **절**

[소소명명昭昭明明]

매우 소상하고 밝다는 말이며, 일이 환하게 잘 보인다는 뜻이다.

글자 | 소상할 **소**, 밝을 **명**

출전 | 조광조의 절명시絶命詩

[소소반반昭昭斑斑]

매우 밝고 아롱지다는 말이며, 어떤 사물이 매우 화려하고 아름답다는 뜻이다.

글자 | 밝을 **소**, 아롱질 **반**

출전 | 송남잡지

[소소응감昭昭應感]

밝고 밝게 응하는 느낌이라는 말이며, 분명히 마음에 응하여 느낀다는 뜻이다.

글자 | 밝을 **소**, 응할 **응**, 느낄 **감**

[소수지어小水之魚]

작은 물웅덩이의 물고기라는 말이며, 목숨의 위험이 눈앞에 있다는 뜻이다.

글자 | 작을 **소**, 물 **수**, 어조사 **지**, 고기 **어**

출전 | 출요경出曜經

유사 | 학철부어涸轍鮒魚

[소순지기蔬筍之氣]

푸성귀와 죽순의 기분이라는 말이며, 채소류만 먹는 승려의 기분이라는 뜻이다.

글자 | 푸성귀 **소**, 죽순 **순**, 어조사 **지**, 기분 **기**

[소승불교小乘佛教]

소승의 교법教法을 기본이념으로 하는 불교를 말한다. 소승은 후기 불교의 2대 유파의 하나로서 수행을 통한 개인의 해탈을 가르치는 교법을 일컫는다.

글자 | 작을 **소**, 오를 **승**, 부처 **불**, 가르칠 **교**

[소시요료小時了了]

어려서 똑똑하다는 말이지만 어려서 똑똑한 아이가 커서도 똑똑한 것은 아니라는 뜻이다. 진위陳韙가 어린 공문거孔文擧에게 한 말이다. '어릴 때 똑똑하다고 해서 커서도 반드시 훌륭하리란 법은 없다.' 그러자 공문거가 이렇게 대꾸했다. '그렇다면 당신은 어렸을 때 틀림없이 똑똑했겠군요!'

원문 | 少時了了 大未必佳
소 시 요 료 대 미 필 가

글자 | 작을 **소**, 때 **시**, 명료할 **요(료)**

출전 | 세설신어 언어言語

[소시지과少時之過]

젊었을 때의 허물이라는 말이다.

글자 | 젊을 **소**, 때 **시**, 어조사 **지**, 허물 **과**

[소식감식小食甘食]

먹을 것이 적으면 달게 먹는다는 말이다.

글자 | 작을 **소**, 먹을 **식**, 달 **감**

[소식다교小食多噭]

적게 먹고 많이 씹으라는 말이다.

글자 | 작을 **소**, 먹을 **식**, 많을 **다**, 씹을 **교**

[소식만허消息滿虛]

→ 소식영허消息盈虛

[소식영허消息盈虛]

사라졌다 생겼다 하고 찼다가 빈다는 말이며, 천지 시운時運이 돌고 돌아 변화한다는 뜻이다.

원문 | **臣聞之 消息盈虛 與百姓詘信**
신문지 소식영허 여백성굴신

글자 | 사라질 **소**, 날 **식**, 찰 **영**, 빌 **허**

출전 | 관자 계편戒篇

동류 | 소식만허消息滿虛

[소신공양燒身供養]

몸을 불살라 베풀어 받든다는 말이며, 자기 몸을 불살라 부처 앞에 바친다는 뜻이다.

글자 | 불사를 **소**, 몸 **신**, 베풀 **공**, 받들 **양**

출전 | 묘법연화경妙法蓮華經

[소심근신小心謹愼]

마음을 조심하여 언행言行을 삼간다는 말이다.

글자 | 작을 **소**, 마음 **심**, 삼갈 **근**, 삼갈 **신**

출전 | 소학 선행善行

[소심방담小心放膽]

작은 마음에 쓸개를 놓는다는 말이며, 꼼꼼하고 조심스러우면서 통 크게 대담해야 한다는 뜻이다.

원문 | **大膽的假設 小心的求證**
대담적가설 소심적구증

글자 | 작을 **소**, 마음 **심**, 놓을 **방**, 쓸개 **담**

출전 | 대만 호적胡適의 글

[소심익익小心翼翼]

마음을 작게 하여 공경한다는 말이며, 지금은 담력이 적다거나 용기가 없다는 뜻으로 쓰인다. 대명大明이라는 시의 한 구절이다. '태어나신 우리 문왕 조심하고 삼가셔서 …'

원문 | **維此文王 小心翼翼 …**
유차문왕 소심익익

글자 | 작을 **소**, 마음 **심**, 공경할 **익**

출전 | 시경 대아大雅 증민烝民

동류 | 전전긍긍戰戰兢兢

반대 | 대담무쌍大膽無雙

[소아변일小兒辯日]

어린아이들이 해에 대하여 말다툼을 한다는 말이며, 서로 따져서 결정을 내리기 어려운 일이라는 뜻이다.

원문 | **見兩 小兒辯鬪**
견량 소아변투

글자 | 작을 **소**, 아이 **아**, 말 잘할 **변**, 해 **일**

출전 | 열자 탕문편湯問篇

[소아첩구小兒捷口]

어린아이의 빠른 입이라는 말이며, 어린아이의 잰 입과 같이 아무데도 쓸모가 없다는 뜻이다.

글자 | 작을 **소**, 아이 **아**, 빠를 **첩**, 입 **구**

출전 | 대동야승

[소안타호笑顔唾乎]

웃는 얼굴에 침 뱉으랴 하는 말이며, 좋은 얼굴로 대하는 사람에게는 듣기 싫은 말을 할 수 없다는 뜻이다.

글자 | 웃을 **소**, 얼굴 **안**, 침 **타**, 어조사 **호**

출전 | 동언해

[소양지간霄壤之間]

하늘과 땅 사이라는 말이다.

글자 | 하늘 **소**, 땅 **양**, 어조사 **지**, 사이 **간**

[소양지차霄壤之差]

→ 소양지판霄壤之判

[소양지판霄壤之判]

하늘과 땅의 나눔이라는 말이며, 사물이 엄청나게 다르다는 뜻이다.

글자 | 하늘 **소**, 땅 **양**, 어조사 **지**, 나눌 **판**

출전 | 송남잡지

동류 | 소양지차霄壤之差, 천양지차天壤之差

[소염다초少鹽多酢]

소금은 적게, 초는 많이 먹으라는 말이다.

글자 | 적을 **소**, 소금 **염**, 많을 **다**, 초 **초**

[소왕대래小往大來]

작은 것이 가고 큰 것이 온다는 말이며, 모든 일이 형통하여 길하다는 뜻이다.

글자 | 작을 **소**, 갈 **왕**, 큰 **대**, 올 **래**

[소요산회逍遙散懷]

슬슬 노닐면서 울적한 생각을 푼다는 말이다.

글자 | 사라질 **소**, 노닐 **요**, 흩을 **산**, 생각할 **회**

[소요음영逍遙吟詠]

슬슬 노닐면서 [시를] 읊는다는 말이다.

글자 | 사라질 **소**, 노닐 **요**, 읊을 **음**, 읊을 **영**

[소욕다시少欲多施]

욕심은 적게, 베풀기는 많이 하라는 말이다.

글자 | 적을 **소**, 욕심 **욕**, 많을 **다**, 베풀 **시**

출전 | 법구경法句經

[소우다면少憂多眠]

근심은 적게 하고 잠은 많이 자라는 말이다.

글자 | 적을 **소**, 근심 **우**, 많을 **다**, 잠잘 **면**

ㅅ

[소원성취所願成就]

원하는 바를 이룬다는 말이다.

글자 | 바 **소**, 바랄 **원**, 이룰 **성**, 이룰 **취**

[소육다채少肉多菜]

고기는 적게, 나물은 많이 먹으라는 말이다.

글자 | 적을 **소**, 고기 **육**, 많을 **다**, 나물 **채**

[소은행괴素隱行怪]

→ 색은행괴索隱行怪

[소의간식宵衣旰食]

밤에 옷을 입고, 해질 무렵에 먹는다는 말이며, 임금이 새벽부터 늦게까지 정사에 여념이 없다는 뜻이다.

글자 | 밤 **소**, 옷 **의**, 해질 **간**, 먹을 **식**

출전 | 당서, 영조실록 86권

동류 | 간식소의旰食宵衣

[소의다욕少衣多浴]

옷은 조금 입고 목욕은 자주 하라는 말이다.

글자 | 적을 **소**, 옷 **의**, 많을 **다**, 목욕 **욕**

[소이대동小異大同]

→ 대동소이大同小異

[소이부답笑而不答]

웃기만 하고 대답이 없다는 말이며, 대답하기 싫거나 곤란할 때의 태도를 일컫는다.

글자 | 웃을 **소**, 말 이을 **이**, 아닐 **부**, 대답할 **답**

출전 | 이백李白의 시

[소이불루疎而不漏]

성글지만 새지 않는다는 말이며, 하늘의 법망을 일컫는다.

원문 | 天網恢恢 疎而不漏
천망회회 소이불루

글자 | 성글 **소**, 말 이을 **이**, 아닐 **불**, 샐 **루**

출전 | 노자 임위任爲

동류 | 소이불실疎而不失

[소인난거小人難去]

소인은 버리기 어렵다는 말이며, 소인을 조심스럽게 잘 다루어야 한다는 뜻이다. 이들은 마치 궁지에 몰린 짐승과 같다. 그렇다고 느슨하게 풀어주면 술수를 부려 권세를 훔친다. 소인은 못된 짓을 하면서도 겉으로는 늘 명분을 앞세우는 무리다.

글자 | 작을 **소**, 사람 **인**, 어려울 **난**, 버릴 **거**

출전 | 이기李墍의 간옹우묵艮翁疣墨

[소인묵객騷人墨客]

글을 쓰는 근심스러운 사람이라는 말이며, 시문과 서화 등 풍류를 일삼는 문인 또는 시인을 일컫는다. 소인은 초나라의 굴원屈原이 지은 이소부離騷賦에서 서정적인 시와 글을 쓰는 사람으로 표현했다.

글자 | 근심스러울 **소**, 사람 **인**, 먹 **묵**, 손 **객**

출전 | 선화화보宣和畵譜

동류 | 문인묵객文人墨客

[소인물용小人勿用]

작은 사람을 쓰지 말라는 말이며, 제대로 되지 않은 사람을 쓰지 말라는 뜻이다.

원문 | 大君有命 開國承家 小人勿用
대군유명 개국승가 소인물용

글자 | 작을 **소**, 사람 **인**, 말 **물**, 쓸 **용**

출전 | 주역 수화기제괘水火旣濟卦

[소인용장小人用壯]

소인이 장함을 쓴다는 말이며, 만용을 부린다는 뜻이다.

원문 | 小人用壯 君子用罔
소인용장 군자용망

글자 | 작을 **소**, 사람 **인**, 쓸 **용**, 장할 **장**

출전 | 주역 중천건重天乾

[소인인소笑人人笑]

사람을 웃으면 사람이 웃는다는 말이며, 남을 비웃으면 남이 비웃는다는 뜻이다. 이웅李雄이라는 사람이 병을 얻어 갑자기 죽었다. 그의 아내는 임신 중이었다. 온 집안이 근심에 빠져 있는데, 그의 동서 하시何時가 밖에 나가 큰 소리로 그를 비웃었다. '이 친구가 평소에 일 처리를 잘한다고 하더니 이번에는 내가 처리해 주게 되었네.' 이듬해 그 또한 죽었는데 자식도 없고 아내는 다른 사람에게 개가하고 말았다. 그래서 사람들의 비웃음을 받았다.

글자 | 웃을 **소**, 사람 **인**

[소인지용小人之勇]

작은 사람의 용기라는 말이며, 생각이 얕은 자의 어리석은 용기라는 뜻이다.

글자 | 작을 **소**, 사람 **인**, 어조사 **지**, 용기 **용**

출전 | 순자

동류 | 필부지용匹夫之勇

[소인하달小人下達]

소인은 아래에 통달한다는 말이며, 소인은 하찮은 일에 통달한다는 뜻이다.

글자 | 작을 **소**, 사람 **인**, 아래 **하**, 통달 **달**

[소인한거小人閑居]

소인이 한가하게 있다는 말이며, 소인이 한가하게 혼자 있으면 도리어 나쁜 짓을 한다는 뜻이 담겨 있다.

원문 | 小人閑居 爲不善
소인한거 위불선

글자 | 작을 **소**, 사람 **인**, 한가할 **한**, 있을 **거**

출전 | 대학 성의誠意

[소인혁면小人革面]

소인은 얼굴빛만 고친다는 말이며, 소인은 심리적 변화의 자재성自在性 또는 융통성이 적다는 뜻이다.

글자 | 작을 **소**, 사람 **인**, 고칠 **혁**, 얼굴 **면**

출전 | 주역 혁괘革卦

[소일지탄小一之嘆]

작은 한 가지 탄식이라는 말이며, 기쁜 일이 있을 때의 사소한 근심 걱정을 일컫는다.

글자 | 작을 **소**, 어조사 **지**, 탄식할 **탄**

출전 | 송남잡지

[소자난측笑者難測]

웃는 자는 헤아리기 어렵다는 말이며, 그의 참 마음이 어디에 있는지 판단하기 어렵다는 뜻이다.

글자 | 웃을 **소**, 놈 **자**, 어려울 **난**, 헤아릴 **측**

출전 | 당서

[소작관행小作慣行]

작게 짓는 버릇을 행한다는 말이며, 농사의 소작제도에 있어서 법률이나 계약으로 된 글은 없으나 예로부터 내려오는 관습에 따른 행위를 일컫는다.

글자 | 작을 **소**, 지을 **작**, 버릇 **관**, 행할 **행**

[소장지란蕭牆之亂]

→ 소장지환蕭牆之患

[소장지변蕭牆之變]

→ 소장지환蕭蕭牆之患

[소장지수消長之數]

사라짐과 커짐의 운수라는 말이며, 운수는 쇠하기도 하고 성하기도 한다는 뜻이다.

글자 | 사라질 **소**, 클 **장**, 어조사 **지**, 운수 **수**

[소장지우蕭牆之憂]

→ 소장지환蕭牆之患

[소장지환蕭牆之患]

쑥 담장 안의 우환이라는 말이며, 집안 안에서 일어나는 분쟁 또는 형제간의 싸움을 빗댄 말이다.

글자 | 쑥 **소**, 담장 **장**, 어조사 **지**, 근심 **환**

출전 | 한비자

동류 | 소장지란蕭牆之亂, 소장지변蕭牆之變

[소제양난笑啼兩難]

웃음과 울음이 둘 다 어렵다는 말이며, 기쁨과 슬픔을 함께 겪는다는 뜻이다.

글자 | 웃을 **소**, 울 **제**, 둘 **양**, 어려울 **난**

[소주마자蘇州碼字]

소주의 야드 글자라는 말이며, 중국 소주에서 쓰던 야드 기준의 숫자를 일컫는다.

글자 | 깨어날 **소**, 마을 **주**, 야드 **마**, 글자 **자**

[소주밀식小株密植]

적은 구루를 빽빽하게 심는다는 말이며, 논에 모를 심을 때 구루를 배게 심는다는 뜻이다.

글자 | 작을 **소**, 구루 **주**, 빽빽할 **밀**, 심을 **식**

[소중유검笑中有劍]

→ 소중유도笑中有刀

[소중유도笑中有刀]

웃음 속에 칼이 있다는 말이며, 겉으로는 온화하지만 속으로는 음험하고 악랄하다는 뜻이다.

글자 | 웃음 **소**, 가운데 **중**, 있을 **유**, 칼 **도**

출전 | 구당서 이의부전李義府傳

동류 | 소중유검笑中有劍, 구밀복검口蜜腹劍

[소지무여掃地無餘]

땅을 쓴 것 같이 남은 것이 없다는 말이다.

글자 | 쓸 **소**, 땅 **지**, 없을 **무**, 남을 **여**

[소지유모小智惟謀]

작은 지혜는 꾀하기만 한다는 말이다.

원문 | 大智知止 小智惟謀
대지지지 소지유모

글자 | 작을 **소**, 지혜 **지**, 생각할 **유**, 꾀할 **모**

출전 | 왕통王通의 지학止學

[소지천만笑之千萬]

웃음이 천만 번이라는 말이며, 우습기 짝이 없다는 뜻이다.

글자 | 웃을 **소**, 어조사 **지**, 일천 **천**, 일만 **만**

[소진장의蘇秦張儀]

소진과 장의라는 말이며, 언변이 좋은 사람을 일컫는다. 이들은 중국의 전국시대의 언변 좋은 모사謀士였다.

글자 | 깨어날 **소**, 진나라 **진**, 베풀 **장**, 거동 **의**

[소징대계小懲大誡]

징계를 적게 하고 훈계를 많이 하라는 말이다.

원문 | 易曰 小懲大誡 小人之福也
역왈 소징대계 소인지복야

글자 | 작을 **소**, 징계할 **징**, 큰 **대**, 훈계할 **계**

출전 | 주역

[소취만보少取漫步]

적게 취하고 거만하게 걷는다는 말이며, 음식을 적게 먹고 천천히 걸으라는 뜻이다.

글자 | 적을 **소**, 취할 **취**, 거만할 **만**, 걸음 **보**

[소탐대실小貪大失]

작은 것을 탐하다가 큰 것을 잃는다는 말이며, 하찮은 이익에 눈이 어두워 큰 손해를 본다는 뜻이다.

글자 | 작을 **소**, 탐할 **탐**, 큰 **대**, 잃을 **실**

출전 | 북제 유주劉晝의 신론新論

[소택초지沼澤草地]

늪과 못이 있는 풀밭이라는 말이다.

글자 | 늪 **소**, 못 **택**, 풀 **초**, 땅 **지**

[소파은도素波銀濤]

흰 물결과 은의 물결이라는 말이며, 흰 파도를 일컫는다.

글자 | 흴 **소**, 물결 **파**, 은 **은**, 물결 **도**

[소풍농월嘯風弄月]

바람에 휘파람 불고 달을 희롱한다는 말이며, 밤 풍경을 감상한다는 뜻이다.

글자 | 휘파람 불 **소**, 바람 **풍**, 희롱할 **농**, 달 **월**

[소하회유溯河回遊]

소하를 돌며 노닌다는 말이며, 중국의 소하강을 여유 있게 돌며 노닌다는 뜻이다.

글자 | 물 이름 **소**, 강 **하**, 돌 **회**, 놀 **유**

[소학언해小學諺解]

소학을 한글로 풀어 쓴 책이며, 최초의 것은 조선조 11대 중종 때 최숙생崔淑生이 편찬했고, 현존하는 것은 영조가 친히 번역하여 영조 20년(1774)에 간행한 것과 선조 19년(1586)에 간행한 것이 있다. 6권 5책.

글자 | 작을 **소**, 배울 **학**, 속된 말 **언**, 풀 **해**

[소학지희笑謔之戲]

웃고 희학하는 희롱이라는 말이며, 남을 웃기는 간단한 연극을 일컫는다.

글자 | 웃을 **소**, 희학할 **학**, 어조사 **지**, 희롱할 **희**

출전 | 어우야담於于野談

[소향무적所向無敵]

어디를 향해 가도 대적할 적이 없다는 말이다.

원문 | 士風勁勇 所向無敵
사풍경용 소향무적

글자 | 바 **소**, 향할 **향**, 없을 **무**, 적 **적**

출전 | 삼국지 오서吳書 주유전周瑜傳

동류 | 천하무적天下無敵

[소혼단장消魂斷腸]

혼이 사라지고 창자가 끊어졌다는 말이며, 근심과 슬픔으로 넋이 빠지고 창자가 끊어지는 것 같다는 뜻이다.

글자 | 사라질 **소**, 혼 **혼**, 끊을 **단**, 창자 **장**

[소훼난파巢毁卵破]

보금자리가 헐리면 알이 깨진다는 말이며, 국가 사회에 불행이 있으면 백성도 불행을 당하게 된다는 뜻이다.

원문 | 安有巢毁而卵不破者乎
안유소훼이난불파자호

글자 | 보금자리 **소**, 헐 **훼**, 알 **난**, 깨뜨릴 **파**

출전 | 삼국지

[속단단장續短斷長]

긴 것을 끊어 짧은 것을 잇는다는 말이며, 길이를 같게 조절한다는 뜻이다.

글자 | 이을 **속**, 짧을 **단**, 끊을 **단**, 긴 **장**

출전 | 맹자 진심 하

[속물근성俗物根性]

속된 물건과 같은 뿌리의 바탕이라는 말이며, 금전이나 영예를 제일로 치는 생각이나 성질을 일컫는다.

글자 | 속될 **속**, 물건 **물**, 뿌리 **근**, 바탕 **성**

[속미지정粟米之征]

벼와 쌀로 세금을 받는다는 말이다.

글자 | 벼 **속**, 쌀 **미**, 어조사 **지**, 세 받을 **정**

출전 | 맹자 진심盡心 하

[속백가벽束帛加璧]

묶은 비단에 옥을 더한다는 말이며, 매우 값비싼 혼인 예단이라는 뜻이다.

원문 | 束帛加璧 尊之
속 백 가 벽 존 지

글자 | 묶을 **속**, 비단 **백**, 더할 **가**, 옥 **벽**

출전 | 예기, 순경열전荀卿列傳

[속불가의俗不可醫]

속된 사람은 구원할 수 없다는 말이며, 저속한 사람은 제도濟度하기 어렵다는 뜻이다.

글자 | 속될 **속**, 아닐 **불**, 옳을 **가**, 구원할 **의**

[속성속패速成速敗]

빨리 이루어진 것은 빨리 패한다는 말이다.

글자 | 빠를 **속**, 이룰 **성**, 패할 **패**

[속성질망速成疾亡]

→ 속성속패速成速敗

[속수무책束手無策]

손을 묶고 대책이 없다는 말이며, 손을 묶은 듯이 어쩔 도리가 없다는 뜻이다.

글자 | 묶을 **속**, 손 **수**, 없을 **무**, 꾀 **책**

[속수지례束脩之禮]

육포 한 묶음의 예도라는 말이며, 스승을 처음 만나 가르침을 청할 때의 예물을 일컫는다. 공자가 한 말이다. '육포 한 묶음 이상의 예물을 갖춘 사람이라면, 나는 가르치지 않은 적이 없다.'

원문 | 自行束脩以上 吾未嘗無誨焉
자 행 속 수 이 상 오 미 상 무 회 언

글자 | 묶을 **속**, 포 **수**, 어조사 **지**, 예도 **례**

출전 | 논어 술이述而

[속신자결束身自潔]

몸을 단속하여 자신을 깨끗이 한다는 말이다.

글자 | 묶을 **속**, 몸 **신**, 스스로 **자**, 깨끗할 **결**

[속이원장屬耳垣牆]

담장에도 귀가 붙어있다는 말이며, 경솔히 말하는 것을 조심하라는 뜻이다. 우리 속담의 낮말은 새가 듣고 밤 말은 쥐가 듣는다는 말과 같다.

글자 | 붙일 **속**, 귀 **이**, 담 **원**, 담 **장**

출전 | 천자문

[속전속결速戰速決]

빨리 싸워서 빨리 결판을 낸다는 말이다.

글자 | 빠를 **속**, 싸울 **전**, 정할 **결**

동류 | 속전즉결速戰卽決

[속전즉결速戰卽決]

→ 속전속결速戰速決

[속지고각束之高閣]

묶어 둔 책꽂이라는 말이며, 내버려두고 쓰지 않는다는 뜻이다. 고각은 벽에 매달아둔 책꽂이를 말한다.

글자 | 묶을 **속**, 어조사 **지**, 높을 **고**, 문설주 **각**

출전 | 진서 유익전庾翼傳

[속초지기續貂之譏]

돈피를 이은 것을 나무란다는 말이며, 쓸만한 인격자가 없어 비열한 자를 등용한 것을 비난한다는 뜻이다.

글자 | 이을 **속**, 돈피 **초**, 어조사 **지**, 나무랄 **기**

출전 | 진서

[속초지미續貂之尾]

→ 구미속초狗尾續貂

[손강영설孫康映雪]

손강이 눈을 비춘다는 말이며, 고생하며 학문에 힘쓴다는 뜻이다. 진나라의 어사대부 손강이 소년시절 집이 가난하여 눈빛으로 공부했다는 고사에서 온 말이다.

글자 | 손자 **손**, 편안 **강**, 비칠 **영**, 눈 **설**

출전 | 진서, 이한李澣의 몽구蒙求

[손방투지孫龐鬪智]

손빈孫臏과 방연龐涓이 지혜를 다툰다는 말이며, 대등한 재능을 가진 사람들이 지모를 다해 경쟁한다는 뜻이다.

글자 | 손자 **손**, 어지러울 **방**, 싸울 **투**, 지혜 **지**

출전 | 사기 손자오기열전

[손상박하損上剝下]

위를 손상시키고 아래를 벗긴다는 말이며, 나라를 손상시키고 백성의 재물을 빼앗는다는 뜻이다.

글자 | 잃을 **손**, 윗 **상**, 벗길 **박**, 아래 **하**

[손상익하損上益下]

윗사람의 것을 덜어서 아랫사람을 이롭게 한다는 말이다.

글자 | 덜 **손**, 윗 **상**, 더할 **익**, 아래 **하**

반대 | 손하익상損下益上

[손순매아孫順埋兒]

→ 매아득종埋兒得鐘

[손실체면損失體面]

[실수로 인하여] 체면을 잃는다는 말이다.

글자 | 잃을 **손**, 잃을 **실**, 몸 **체**, 얼굴 **면**

출전 | 송남잡지

[손여지언巽與之言]

유순하게 따르는 말이라는 말이며, 남을 거스르지 않고 자신을 낮추며 조심스럽게 하는 말이라는 뜻이다. 공자가 한 말이다. '은근하게 타이르는 말에 기뻐하지 않을 수 있겠는가?'

원문 | 巽與之言 能無說乎
손 여 지 언 능 무 설 호

글자 | 유순할 **손**, 따를 **여**, 어조사 **지**, 말씀 **언**

출전 | 논어 자한子罕

[손이익난損易益難]

덜기는 쉽고 더하기는 어렵다는 말이며, 덜어냄은 알기 쉽고 빠르나 보탬은 알기 어렵고 더디다는 뜻이다. 홍만선洪萬選(1643~1715)의 글이다. '덜어냄은 등잔에 기름이 줄어듦과 같이 보이지 않는 사이에 없어진다. 보탬은 벼의 싹이 자라는 것과 같이 깨닫지 못하는 틈에 무성해진다. 그래서 몸을 닦고 성품을 기름은 세세한 것을 부지런히 하는데 힘써야 한다.'

원문 | 損易知而速焉 益難知而遲焉
손 이 지 이 속 언 익 난 지 이 지 언

글자 | 덜 **손**, 쉬울 **이**, 더할 **익**, 어려울 **난**

출전 | 산림경제山林經濟 섭생攝生

[손익삼요損益三樂]

좋아하는 것에 잃을 것, 더할 것이 세 가지라는 말이며, 좋아하는 일 중에 유익한 것이 세 가지가 있고, 해로운 것이 세 가지가 있다는 뜻이다.

원문 | 益者三樂 損者三樂
익 자 삼 요 손 자 삼 요

글자 | 잃을 **손**, 더할 **익**, 즐길 **요**

출전 | 논어 계씨

[손익삼우損益三友]

잃을 벗이 셋, 더할 벗이 셋이라는 말이며, 해로운 벗이 셋이고, 유익한 벗이 셋이라는 뜻이다.

원문 | 益者三友 損者三友
익 자 삼 우 손 자 삼 우

글자 | 잃을 **손**, 더할 **익**, 벗 **우**

출전 | 논어 계씨

동류 | 익자삼우益者三友, 손자삼우損者三友

[손인이기損人利己]

남을 잃게 하고 자기를 이롭게 한다는 말이며, 남에게는 해가 되고 나에게는 이롭다는 뜻이다.

글자 | 잃을 **손**, 사람 **인**, 이로울 **이**, 몸 **기**

[손자삼요損者三樂]

손해를 주는 세 가지 즐거움이라는 말로서 공자가 한 말이다. '좋아하면 유익한 것이 세 가지가 있고, 좋아하면 해로운 것이 세 가지가 있다.' 해로운 세 가지 낙은 ① 요교락樂驕樂 : 교만을 즐기는 낙, ② 요일유樂佚遊 : 한가하게 노는 낙, ③ 요연락樂宴樂 : 향연을 즐기는 낙이다.

원문 | 益者三樂 損者三樂
익 자 삼 요 손 자 삼 요

ㅅ

글자 | 잃을 **손**, 것 **자**, 즐길 **요**

출전 | 논어 계씨季氏

반대 | 익자삼요益者三樂

[손자삼우損者三友]

손해 볼 세 벗이라는 말이며, ① 남의 비위를 잘 맞추는 사람, ② 착하기는 하나 줏대가 없는 사람, ③ 말만 잘하고 성실하지 못한 사람을 일컫는다.

원문 | 損者三友 友便辟 友善柔 友便
손자삼우 우편벽 우선유 우편

글자 | 손해 볼 **손**, 사람 **자**, 벗 **우**

출전 | 논어 계씨季氏

반대 | 익자삼우益者三友

[손하익상損下益上]

아랫사람의 것을 덜어서 윗사람을 이롭게 한다는 말이다.

글자 | 덜 **손**, 아래 **하**, 더할 **익**, 위 **상**

반대 | 손하익하損下益下

[솔구이발率口而發]

입이 거느리는 대로 쏜다는 말이며, 입에서 나오는 대로 말을 내뱉는다는 뜻이다.

글자 | 거느릴 **솔**, 입 **구**, 말 이을 **이**, 쏠 **발**

출전 | 송남잡지

[솔대도피率隊逃避]

무리를 거느리고 도망하여 피한다는 말이며, 전장에서 부대를 이끌고 후퇴한다는 뜻이다.

글자 | 거느릴 **솔**, 무리 **대**, 도망 **도**, 피할 **피**

[솔선수범率先垂範]

먼저 행하여 본보기를 드리운다는 말이다.

글자 | 행할 **솔**, 먼저 **선**, 드리울 **수**, 본보기 **범**

[솔토지민率土之民]

땅을 거느리는 백성이라는 말이며, 온 나라 안의 일반 국민을 일컫는다.

글자 | 거느릴 **솔**, 흙 **토**, 어조사 **지**, 백성 **민**

[솔토지빈率土之濱]

땅을 거느리는 물가라는 말이며, 땅의 끝 또는 나라의 지경을 일컫는다. 시경의 북산北山이라는 시에서 온 말이다. '하늘 아래 왕의 땅이 아닌 것이 없고, 땅 닿는 모든 곳의 사람치고 왕의 신하가 아닌 자가 없다'

원문 | 普天之下 莫非王土 率土之濱 莫非王臣
보천지하 막비왕토 솔토지빈 막비왕신

글자 | 거느릴 **솔**, 흙 **토**, 어조사 **지**, 물가 **빈**

출전 | 시경 소아小雅

[송고영신送故迎新]

옛것을 보내고 새것을 맞는다는 말이다.

글자 | 보낼 **송**, 옛 **고**, 맞을 **영**, 새 **신**

[송교지수松喬之壽]

송과 교의 목숨이라는 말이며, 주국에서 오래 산 적송자赤松子와 왕지교王之喬의 수명을 빗댄 말이다.

글자 | 소나무 **송**, 높을 **교**, 어조사 **지**, 목숨 **수**

[송구영신送舊迎新]

묵은 것을 보내고 새것을 맞는다는 말이며, 묵은해를 보내고 새해를 맞는다는 뜻이다.

글자 | 보낼 **송**, 옛 **구**, 맞을 **영**, 새 **신**

[송국유존松菊猶存]

소나무와 국화가 아직도 남아 있다는 말이며, 난세亂世에 아직도 지사志士가 남아 있다는 뜻이다.

글자 | 소나무 **송**, 국화 **국**, 아직 **유**, 있을 **존**

출전 | 도연명의 귀거래사歸去來辭

[송국주인松菊主人]

소나무와 국화의 주인이라는 말이며, 은둔하여 살고 있는 사람을 빗댄 말이다.

글자 | 소나무 **송**, 국화 **국**, 주인 **주**, 사람 **인**

[송균지절松筠之節]

소나무와 대나무껍질의 절개라는 말이며, 영원히 변치 않는 굳은 절개를 빗댄 말이다.

글자 | 소나무 **송**, 대나무껍질 **균**, 어조사 **지**, 절개 **절**

출전 | 고려사

[송도삼절松都三絶]

송도, 즉 개성의 세 가지 뛰어나는 것이라는 말이며, 이는 서경덕徐敬德 · 황진이黃眞伊와 박연폭포를 일컫는다.

글자 | 소나무 **송**, 도읍 **도**, 뛰어날 **절**

[송무백열松茂栢悅]

소나무가 빽빽하면 잣나무가 기뻐한다는 말이며, 남이 잘되는 것을 기뻐한다는 빗댄 말이다. 육기陸機(260~303)의 글이다. '참으로 소나무가 무성함에 잣나무가 기뻐하고, 아! 지초가 불타자 혜초가 탄식하네.'

원문 | 信松茂而柏悅 嗟芝焚而蕙歎
신 송 무 이 백 열 차 지 분 이 혜 탄

글자 | 소나무 **송**, 우거질 **무**, 잣나무 **백**, 기쁠 **열**

출전 | 육기의 탄서부歎逝賦

[송백지조松柏之操]

소나무와 잣나무의 지조라는 말이며, 결코 변하지 않는 지조를 빗댄 말이다.

글자 | 소나무 **송**, 잣나무 **백**, 어조사 **지**, 지조 **조**

출전 | 남사

[송병문경松餠刎頸]

송편으로 목을 찌른다는 말이며, 급하

ㅅ

면 수단과 방법을 가리지 않는다는 뜻이다.

글자 | 소나무 **송**, 떡 **병**, 목 찌를 **문**, 목 **경**

출전 | 고금석림

[송양지인宋襄之仁]

송양의 어짊을 말하며, 어리석은 자의 실질적인 의미가 없는 인정 또는 명분론을 빗댄 말이다. 송나라의 양공이라는 제후가 천하를 제패하기 위해 초나라와의 일전을 벌였다. 송나라가 먼저 강 한쪽에 진을 치고 초나라 군사가 건너기 시작하자 송의 장군이 말했다. '적이 강의 반쯤 건너왔을 때 공격하면 작은 수로 대승할 수 있습니다.' 송양공은 정당한 싸움이 아니라고 거부했다. 강을 건넌 초나라 군사들이 진을 치고 있을 때 '적이 진을 다 치기 전에 공격하면 혼란에 빠트릴 수 있습니다.' 송양공은 적이 어지러운 처지에 있을 때 군자君子는 괴롭히지 않는다고 버티다가 결국 대패하고 말았다.

글자 | 송나라 **송**, 도울 **양**, 의 **지**, 어질 **인**

출전 | 춘추좌씨전 희공僖公 22년

[송왕영래送往迎來]

가는 사람 보내고 오는 사람 맞이한다는 말이다.

원문 | 送往而迎來
송 왕 이 영 래

글자 | 보낼 **송**, 갈 **왕**, 맞을 **영**, 올 **래**

출전 | 장자 산목山木

[송죽지절松竹之節]

소나무와 대나무같이 곧은 절개라는 말이다.

글자 | 소나무 **송**, 대 **죽**, 어조사 **지**, 절개 **절**

[송화밀수松花蜜水]

소나무꽃 가루를 탄 꿀물이라는 말이다.

글자 | 소나무 **송**, 꽃 **화**, 꿀 **밀**, 물 **수**

[쇄골분신碎骨粉身]

→ 분골쇄신粉骨碎身

[쇄문도주鎖門逃走]

문을 잠그고 도망쳐 달아난다는 말이다.

글자 | 자물쇠 **쇄**, 집안 **문**, 달아날 **도**, 달릴 **주**

[쇄서포의曬書曝衣]

책을 볕에 쪼이고 옷을 쬔다는 말이며, 칠월칠석날에 책과 옷을 쬐던 풍속을 일컫는다.

글자 | 볕 쪼일 **쇄**, 책 **서**, 쬘 **포**, 옷 **의**

출전 | 세설신어 배조排調

[쇄소응대洒掃應對]

물 뿌리고 쓸며 응대한다는 말이며, 손님을 접대하기 위해 준비한다는 뜻이다.

원문 | 洒掃應對進退
쇄 소 응 대 진 퇴

글자 | 물 뿌릴 **쇄**, 쓸 **소**, 응할 **응**, 대할 **대**

출전 | 논어 자장편子張篇

[쇄쇄낙락洒洒落落]

아주 시원하게 이루어졌다는 말이며, 마음에 조금도 거리낌 없이 시원하다는 뜻이다.

글자 | 시원할 **쇄**, 이룰 **낙(락)**

[쇄수회진碎首灰塵]

머리를 부수어 재와 티끌로 한다는 말이며, 정성과 노력을 기울인다는 뜻이다.

글자 | 부술 **쇄**, 머리 **수**, 재 **회**, 티끌 **진**

출전 | 삼국사기 신라본기新羅本紀

[쇄신분골刷新粉骨]

→ 분골쇄신粉骨碎身

[쇠로지년衰老之年]

쇠하고 늙은 나이라는 말이다.

글자 | 쇠할 **쇠**, 늙을 **로**, 어조사 **지**, 연치 **년**

[쇠문냉족衰門冷族]

집안이 쇠하고 일가가 쓸쓸하다는 말이며, 가산이나 자손이 줄어서 쇠퇴하는 집안이라는 뜻이다.

글자 | 쇠할 **쇠**, 집안 **문**, 쓸쓸할 **냉**, 일가 **족**

출전 | 조선왕조 14대 선조실록

[수가은사隨駕隱士]

거가車駕를 따르는 은사라는 말이며, 산중에 은거하면서도 항상 벼슬할 것을 꿈꾸는 자를 조롱하여 이르는 말이다.

글자 | 따를 **수**, 멍에 **가**, 숨을 **은**, 선비 **사**

출전 | 세설신어

[수각황란手脚慌亂]

→ 수각황망手脚慌忙

[수각황망手脚慌忙]

손과 다리가 당황한다는 말이며, 급작스런 일에 당황하여 어쩔 줄 모른다는 뜻이다.

글자 | 손 **수**, 다리 **각**, 당황할 **황**, 조급할 **망**

[수간두옥數間斗屋]

몇 칸 안 되는 말들이 집이라는 말이며, 매우 작은 집을 일컫는다.

글자 | 셀 **수**, 사이 **간**, 말 **두**, 집 **옥**

[수간모옥數間茅屋]

몇 칸 안 되는 띳집이라는 말이다.

글자 | 셀 **수**, 사이 **간**, 띠 **모**, 집 **옥**

출전 | 송남잡지

동류 | 수간초옥數間草屋

ㅅ

[수간초옥數間草屋]

몇 칸 안 되는 초가집이라는 말이다.

글자 | 셀 **수**, 사이 **간**, 풀 **초**, 집 **옥**

동류 | 수간모옥數間茅屋

[수갈불완裋褐不完]

완전하지 못한 헤진 베옷이라는 말이며, 가난해서 옷이 해져 있다는 뜻이다.

글자 | 해진 옷 **수**, 베옷 **갈**, 아닐 **불**, 완전할 **완**

출전 | 한서

[수경무사水鏡無私]

물과 거울같이 사사로움이 없다는 말이며, 공명정대하고 공평하다는 뜻이다.

글자 | 물 **수**, 거울 **경**, 없을 **무**, 사사로울 **사**

출전 | 삼국지

[수경조해獸驚鳥駭]

짐승이 놀라고 새가 놀라 일어난다는 말이며, 뜻밖의 일로 몹시 놀란다는 뜻이다.

글자 | 짐승 **수**, 놀랄 **경**, 새 **조**, 놀라 일어날 **해**

출전 | 조선왕조 15대 광해군일기

[수경지인水鏡之人]

물과 거울 같은 사람이라는 말이며, 모범이 될 만한 사람, 또는 총명한 사람을 일컫는다.

글자 | 물 **수**, 거울 **경**, 어조사 **지**, 사람 **인**

출전 | 진서

[수고불망壽考不忘]

오래도록 잊지 않는다는 말이며, 덕이 큼을 치사한다는 뜻이다. 시경의 육소蓼蕭라는 시에서 온 말이다. '늠름한 그 모습을 영원토록 못 잊으리…'

원문 | 其德不爽 壽考不忘
기 덕 불 상 수 고 불 망

글자 | 오랠 **수**, 오랠 **고**, 아닐 **불**, 잊을 **망**

출전 | 시경 소아小雅

[수공지화垂拱之化]

드리우고 손잡고 있어도 된다는 말이며, 옷을 드리우고 손을 맞잡고 있어도 임금의 덕이 높아 정사가 저절로 잘 된다는 뜻이다.

글자 | 드리울 **수**, 손잡을 **공**, 어조사 **지**, 될 **화**

[수과하욕受袴下辱]

사타구니 아래서 욕을 받는다는 말이며, 다리 사이를 기어가는 치욕을 이겨낸다는 뜻이다.

글자 | 받을 **수**, 사타구니 **과**, 아래 **하**, 욕될 **욕**

출전 | 사기 회음후열전

동류 | 과하지욕袴下之辱

[수괴무면羞愧無面]

부끄럽고 부끄러워 볼 낯이 없다는 말

이다.

글자 | 부끄러울 **수**, 부끄러울 **괴**, 없을 **무**, 낯 **면**

[수구금심繡口錦心]

수놓은 입에 비단무늬 같은 마음이라는 말이며, 아름다운 말과 아름다운 사상을 빗댄 말이다.

글자 | 수놓을 **수**, 입 **구**, 비단무늬 **금**, 마음 **심**

출전 | 유종원柳宗元의 글

[수구보뢰修廐補牢]

마구간을 꾸미고 우리를 수선한다는 말이며, 국력을 튼튼히 한다는 뜻이다.

글자 | 꾸밀 **수**, 마구 **구**, 수선할 **보**, 우리 **뢰(로)**

출전 | 조선왕조 15대 광해군일기

[수구여병守口如甁]

병과 같이 입을 지킨다는 말이며, 비밀을 잘 지킨다는 뜻이다.

원문 | **守口如甁 防意如城**
수 구 여 병 방 의 여 성

글자 | 지킬 **수**, 입 **구**, 같을 **여**, 병 **병**

출전 | 주자어록, 명심보감 존심편存心篇

[수구지가數口之家]

두어 입의 집이라는 말이며, 식구가 몇 안 되는 집이라는 뜻이다.

글자 | 두어 **수**, 입 **구**, 어조사 **지**, 집 **가**

[수구지심首丘之心]

→ 수구초심首丘初心

[수구초심首丘初心]

처음 마음으로 머리를 자기가 살던 언덕 쪽에 둔다는 말이며, 그 근본을 잊지 않는다는 뜻이다. '옛사람의 말에 이르되, 여우가 죽을 때에 머리를 자기가 살던 굴 쪽으로 바르게 향하는 것을 인이라 하였다.'

원문 | **古之人有言 曰狐死正丘首 仁也**
고 인 지 유 언 왈 호 사 정 구 수 인 야

글자 | 머리 **수**, 언덕 **구**, 처음 **초**, 마음 **심**

출전 | 예기 단궁檀弓 상

동류 | 호사수구狐死首丘

[수궁즉설獸窮則齧]

짐승이 궁지에 몰리면 문다는 말이며, 사람이 궁하면 거짓말을 한다는 뜻이다.

글자 | 짐승 **수**, 궁할 **궁**, 곧 **즉**, 물 **설**

[수기응변隨機應變]

기회에 따라 응하여 변한다는 말이며, 그때그때의 기회에 따라 일을 적절히 처리한다는 뜻이다.

글자 | 따를 **수**, 기회 **기**, 응할 **응**, 변할 **변**

출전 | 원불교

[수기지경修己之敬]

자기를 닦는 겸손이라는 말이며, 먼저

자기를 갈고 닦아서 다른 사람을 평안하게 한다는 뜻이다.

글자 | 닦을 **수**, 몸 **기**, 어조사 **지**, 삼갈 **경**

출전 | 공자가어

[수내포수守奈抱樹]

사과를 지키려고 나무를 끌어안는다는 말이며, 부모의 뜻에 순응하여 성의를 다한다는 뜻이다.

글자 | 지킬 **수**, 사과 **내**, 안을 **포**, 나무 **수**

출전 | 진서 왕상王祥, 왕람전王覽傳

[수다가속數多家屬]

→ 수다식구數多食口

[수다식구數多食口]

많은 수의 식구라는 말이다.

글자 | 셀 **수**, 많을 **다**, 먹을 **식**, 입 **구**

동류 | 수다식솔數多食率

[수다식솔數多食率]

→ 수다식구數多食口

[수단설법數段說法]

여러 층의 말하는 법이라는 말이며, 주제를 몇 단계로 나누어 설명하는 방법을 일컫는다.

글자 | 여러 번 **수**, 층 **단**, 말씀 **설**, 법 **법**

출전 | 불교, 노자

[수도거성水到渠成]

물이 흐르면 도랑이 생긴다는 말이며, 사물은 조건이 갖추어지면 저절로 성사된다는 뜻이다.

글자 | 물 **수**, 이를 **도**, 도랑 **거**, 이룰 **성**

출전 | 주자문집朱子文集

[수도동귀殊途同歸]

길은 달라도 같이 돌아온다는 말이며, 방법은 달라도 목적은 같다는 뜻이다.

글자 | 다를 **수**, 길 **도**, 같을 **동**, 돌아올 **귀**

출전 | 주역 계사 하

[수도선부水到船浮]

물이 이르면 배가 뜬다는 말이며, 물이 차면 배가 뜬다는 뜻이다.

글자 | 물 **수**, 이를 **도**, 배 **선**, 뜰 **부**

[수도어행水到魚行]

물이 흐르면 고기가 다닌다는 말이며, 무슨 일이건 때가 되면 이루어진다는 뜻이다.

글자 | 물 **수**, 이를 **도**, 고기 **어**, 다닐 **행**

출전 | 여동서록餘冬序錄

[수두상기垂頭喪氣]

고개를 떨어트리고 기운을 잃는다는 말이며, 풀이 죽는다, 또는 기세가 꺾인다는 뜻이다.

원문 | 自見勢已去 計無所用 垂頭喪氣
(자견세이거 계무소용 수두상기)

글자 | 드리울 **수**, 머리 **두**, 잃을 **상**, 기운 **기**

출전 | 신당서 환관열전宦官列傳
동류 | 수두실기垂頭失氣

[수두색이垂頭塞耳]

머리를 드리우고 귀를 막는다는 말이며, 남에게 아첨을 하면서 세상의 비난을 듣지 않는다는 뜻이다.

글자 | 드리울 **수**, 머리 **두**, 막을 **색**, 귀 **이**
출전 | 후한서 상제기殤帝紀

[수두실기垂頭失氣]

→ 수두상기垂頭喪氣

[수득수실誰得誰失]

누가 얻고 누가 잃었는지 모른다는 말이며, 얻고 잃음이 확실하지 않다는 뜻이다.

글자 | 누구 **수**, 얻을 **득**, 잃을 **실**

[수락석출水落石出]

물이 떨어져 바닥이 드러난다는 말이며, 겨울 강의 경치 또는 일의 진상이 나중에 드러난다는 뜻이다.

원문 | 山高月小水落石出曾日月之幾何
산 고 월 소 수 락 석 출 증 일 월 지 기 하

글자 | 물 **수**, 떨어질 **락**, 돌 **석**, 날 **출**
출전 | 소식의 후적벽부後赤壁賦

[수렴지정垂簾之政]

발을 드리운 다스림이라는 말이며, 발을 드리우고 황태후 등이 어린 임금을 대신하여 보는 정치를 일컫는다.

글자 | 드리울 **수**, 발 **렴**, 어조사 **지**, 다스릴 **정**
동류 | 수렴청정垂簾聽政

[수렴청정垂簾聽政]

정사를 듣기 위해 발을 친다는 말이며, 임금이 어린 나이에 등극했을 때 왕대비王大妃가 이를 도와서 정사를 돌본다는 뜻이다. 본래는 왕대비가 신하들을 접견할 때 내외하기 위해 그 앞에 발을 쳤는데, 이것이 다른 뜻으로 변했다.

글자 | 드리울 **수**, 발 **렴**, 들을 **청**, 정사 **정**
출전 | 구당서
동류 | 수렴지정垂簾之政

[수령칠사守令七事]

명령을 지키는 일곱 가지 일이라는 말이며, 수령이 힘써야 할 농상農桑, 호구戶口, 학교, 군정軍政, 부역賦役, 사송詞訟, 간활姦猾을 일컫는다.

글자 | 지킬 **수**, 명령 **령**, 일 **사**
출전 | 경국대전 사전史典

[수로만리水路萬里]

물길 만 리라는 말이며, 매우 먼 뱃길이라는 뜻이다.

글자 | 물 **수**, 길 **로**, 일만 **만**, 이수 **리**

[수류석류水流石留]

물은 흘러도 돌은 머문다는 말이며,

ㅅ

수령守令 같은 윗사람은 바뀌어도 아전衙前 같은 아랫사람은 그대로 머문다는 뜻이다.

글자 | 물 **수**, 흐를 **류**, 돌 **석**, 머물 **류**

[수류운공水流雲空]

흐르는 물과 하늘에 뜬구름이라는 말이며, 지나간 일이 흔적 없이 사라져 허무하다는 뜻이다.

글자 | 물 **수**, 흐를 **류**, 구름 **운**, 하늘 **공**

[수륙만리水陸萬里]

물과 뭍이 일만 리라는 말이며, 바다와 육지를 사이에 두고 멀리 떨어져 있다는 뜻이다.

글자 | 물 **수**, 뭍 **륙**, 일만 **만**, 이수 **리**

[수륙병용水陸倂用]

물과 땅에서 아울러 쓰는 것이라는 말이다.

글자 | 물 **수**, 땅 **륙**, 아우를 **병**, 쓸 **용**

[수륙병진水陸竝進]

수군과 육군이 아울러 나아간다는 말이다.

글자 | 물 **수**, 뭍 **륙**, 아우를 **병**, 나아갈 **진**

[수륙양서水陸兩棲]

물과 뭍에서 모두 산다는 말이며, 물과 땅에서 왔다 갔다 하면서 사는 동물을 일컫는다.

글자 | 물 **수**, 뭍 **륙**, 둘 **양**, 살 **서**

[수륙양용水陸兩用]

→ 수륙병용水陸倂用

[수륙진미水陸珍味]

→ 산해진미山海珍味

[수망각란手忙脚亂]

손과 발을 바쁘게 움직인다는 말이며, 눈코 뜰 사이 없이 바쁘다는 뜻이다.

글자 | 손 **수**, 바쁠 **망**, 다리 **각**, 어지러울 **란**

출전 | 주자문집朱子文集

[수망상조守望相助]

서로 도우며 지키고 망을 본다는 말이며, 힘을 합쳐 도둑 등을 감시한다는 뜻이다.

글자 | 지킬 **수**, 바랄 **망**, 서로 **상**, 도울 **조**

출전 | 맹자 등문공 상

[수면앙배睟面盎背]

윤택이 나는 얼굴과 탐스러운 등이라는 말이며, 덕성이 있어 보이는 사람의 생김새를 빗댄 말이다.

원문 | 睟然見於面 盎於背
수 연 견 어 면 앙 어 배

글자 | 윤택할 **수**, 얼굴 **면**, 성할 **앙**, 등 **배**

출전 | 맹자 진심 상

[수명어천受命於天]

목숨을 하늘에서 받았다는 말이며, 천자의 위에 오른다는 뜻이다.

글자 | 받을 **수**, 목숨 **명**, 어조사 **어**, 하늘 **천**

동류 | 수명우천受命于天

[수명우천受命于天]

→ 수명어천受命於天

[수명장수壽命長壽]

목숨이 길어 오래 산다는 말이며, 어린 아이의 명이 길어 오래 살기를 바랄 때 쓰는 말이다.

글자 | 목숨 **수**, 목숨 **명**, 긴 **장**, 명 길 **수**

[수명향수受命享壽]

받은 목숨을 길게 누린다는 말이다.

글자 | 받을 **수**, 목숨 **명**, 누릴 **향**, 명 길 **수**

[수모수모誰某誰某]

누구누구 또는 아무아무라는 말이다.

글자 | 누구 **수**, 아무 **모**

[수목참천樹木參天]

수목이 하늘에 참여한다는 말이며, 수목이 하늘을 찌를 듯이 울창하다는 뜻이다.

원문 | **樹木參天 樹欲靜而風不止**
수 목 참 천 수 욕 정 이 풍 불 지

글자 | 나무 **수**, 나무 **목**, 참여할 **참**, 하늘 **천**

[수무상형水無常形]

물은 항상 모양이 없다는 말이며, 물은 아무리 모양이 변해도 그 본질에는 변함이 없다는 뜻도 있다.

원문 | **故兵無常勢 水無常形**
고 병 무 상 세 수 무 상 형

글자 | 물 **수**, 없을 **무**, 항상 **상**, 형상 **형**

출전 | 손자병법

[수무족도手舞足蹈]

손이 춤추고 발이 춤춘다는 말이며, 몹시 좋아서 날뛴다는 뜻이다.

글자 | 손 **수**, 춤출 **무**, 발 **족**, 춤출 **도**

출전 | 맹자 이루離婁 상

[수무푼전手無分錢]

손에 한 푼의 돈도 없다는 말이다.

글자 | 손 **수**, 없을 **무**, 한 푼 **푼**, 돈 **전**

[수묵산수水墨山水]

물 먹의 산과 물이라는 말이며, 채색彩色을 쓰지 않고 수묵으로만 그린 산수화를 일컫는다.

글자 | 물 **수**, 먹 **묵**, 뫼 **산**

[수문수답隨問隨答]

묻는 대로 대답한다는 말이다.

글자 | 따를 **수**, 물을 **문**, 대답 **답**

출전 | 송남잡지

[수물고성須勿高聲]

모름지기 높은 소리를 지르지 말라는 말이며, 큰소리로 떠들지 말라는 뜻이다.

ㅅ

글자 | 모름지기 **수**, 말 **물**, 높을 **고**, 소리 **성**

[수물방소須勿放笑]

모름지기 웃음을 놓지 말라는 말이며, 큰소리로 웃지 말라는 뜻이다.

원문 | 須勿放笑 亦勿高聲
수 물 방 소 역 물 고 성

글자 | 모름지기 **수**, 말 **물**, 놓을 **방**, 웃을 **소**

출전 | 사자소학 효행편

[수물잡희手勿雜戱]

손으로 잡된 놀음을 하지 말라는 말이다.

원문 | 口勿雜談 手勿雜戱
구 물 잡 담 수 물 잡 희

글자 | 손 **수**, 말 **물**, 잡될 **잡**, 놀 **희**

출전 | 사자소학 효행편孝行篇

[수미구지首尾俱至]

머리와 꼬리가 함께 이른다는 말이며, 상산常山의 뱀은 머리를 치면 꼬리가 오고, 꼬리를 치면 머리가 오며, 몸 중간을 치면 머리와 꼬리가 함께 이른다는 데서 좌우 전후가 서로 응한다는 뜻이다.

글자 | 머리 **수**, 꼬리 **미**, 함께 **구**, 이를 **지**

출전 | 진서

[수미상구首尾相救]

머리와 꼬리가 서로 구한다는 말이며, 서로 동맹함을 일컫는다.

글자 | 머리 **수**, 꼬리 **미**, 서로 **상**, 구할 **구**

출전 | 전국책

동류 | 수미상응首尾相應

[수미상위首尾相衛]

→ 수미구지首尾俱至

[수미상응首尾相應]

머리와 꼬리가 서로 응한다는 말이며, 양쪽 끝이 서로 통한다는 뜻이다.

글자 | 머리 **수**, 꼬리 **미**, 서로 **상**, 응할 **응**

[수미상접首尾相接]

머리와 꼬리가 서로 이어졌다는 말이며, 양쪽 끝이 서로 이어졌다는 뜻이다.

글자 | 머리 **수**, 꼬리 **미**, 서로 **상**, 이을 **접**

[수미완비首尾完備]

머리와 꼬리가 완전히 갖추어졌다는 말이며, 처음부터 끝까지 모두 구비되었다는 뜻이다.

글자 | 머리 **수**, 꼬리 **미**, 완전할 **완**, 갖출 **비**

[수미이취數米而炊]

쌀을 세어서 밥을 짓는다는 말이며, 하는 일이 너무 잘고 소심하다는 뜻이다.

원문 | 數米而炊竊竊乎又何足以濟世哉
수 미 이 취 절 절 호 우 하 족 이 제 세 재

글자 | 셀 **수**, 쌀 **미**, 말 이을 **이**, 밥 지을 **취**

출전 | 장자 잡편 경상초庚桑楚

[수미제장愁眉啼妝]

근심하는 눈썹과 우는 단장이라는 말이며, 수심에 잠겨 우는 모습이라는 뜻이다.

글자 | 근심할 **수**, 눈썹 **미**, 울 **제**, 단장 **장**

[수발황락鬚髮黃落]

수염과 머리카락이 누렇게 세어 빠진다는 말이며, 늙어서 쇠약해진다는 뜻이다.

글자 | 수염 **수**, 터럭 **발**, 누를 **황**, 떨어질 **락**

출전 | 동의보감

[수방취원隨方就圓]

모두 능하여 방법을 맡길 수 있다는 말이며, 여러 가지 재주가 있어 무엇이든지 맡길 수 있다는 뜻이다.

글자 | 맡길 **수**, 방법 **방**, 능할 **취**, 온전 **원**

[수배한배受背寒拜]

등 시린 절을 받는다는 말이며, 자기가 푸대접을 한 사람으로부터 후한 대접을 받는다는 뜻이다.

글자 | 받을 **수**, 등 **배**, 찰 **한**, 절 **배**

출전 | 동언해

[수복강녕壽福康寧]

오래 살고 복되고 건강하고 편안하다는 말이다.

글자 | 명 길 **수**, 복 **복**, 편안할 **강**, 편안할 **녕**

[수분안거守分安居]

분수를 지키면 편안히 산다는 말이다.

글자 | 지킬 **수**, 분수 **분**, 편안 **안**, 살 **거**

출전 | 토정비결

[수분정제守分整齊]

분수를 지키고 정돈하여 가지런히 한다는 말이다.

글자 | 지킬 **수**, 분수 **분**, 정돈할 **정**, 가지런할 **제**

[수분즉길守分則吉]

분수를 지키면 곧 길하다는 말이다.

원문 | 妄動不利 守分則吉
망 동 불 리 수 분 즉 길

글자 | 지킬 **수**, 분수 **분**, 곧 **즉**, 길할 **길**

출전 | 토정비결

[수불석권手不釋卷]

손에서 책을 놓지 않는다는 말이며, 독서에 깊이 몰입해 있다는 뜻이다.

글자 | 손 **수**, 아닐 **불**, 내버릴 **석**, 책 **권**

출전 | 삼국지 오지吳志 여몽전呂蒙傳

[수불석병手不釋兵]

손에서 무기를 놓지 않는다는 말이며, 적으로부터 자기 생명을 보호하기 위하여 무기를 놓지 않는다는 뜻이다.

글자 | 손 **수**, 아닐 **불**, 놓을 **석**, 무기 **병**

출전 | 삼국사기

[수불위취嫂不爲炊]

형수가 불을 때지 않는다는 말이며, 천한 몸이 되어 고향에 돌아가면 형수도 밥을 지어주지 않는다는 뜻이다.

글자 | 형수 **수**, 아닐 **불**, 할 **위**, 불땔 **취**

출전 | 전국책 진책秦策

[수비남산壽比南山]

목숨을 남산과 비교한다는 말이며, 매우 장수한다는 뜻이다.

원문 | 壽比南山 福如東海
수비남산 복여동해

글자 | 목숨 **수**, 비교할 **비**, 남녘 **남**, 뫼 **산**

출전 | 시경 소아 천보天保

[수사두호隨事斗護]

일을 맡기고 모두 돕는다는 말이다.

글자 | 맡길 **수**, 일 **사**, 말 **두**, 도울 **호**

[수사분투殊死奮鬪]

죽어 목 베어도 떨쳐 싸운다는 말이며, 죽음을 각오하고 있는 힘을 다해 싸운다는 뜻이다.

글자 | 목 베일 **수**, 죽을 **사**, 떨칠 **분**, 싸울 **투**

[수사심복輸寫心腹]

있는 것을 다하여 마음을 안는다는 말이며, 숨김없이 모두 털어놓는다는 뜻이다.

글자 | 다할 **수**, 베낄 **사**, 마음 **심**, 안을 **복**

출전 | 한서

[수사연좌收司連坐]

잡는 벼슬과 죄입는 일에 이어졌다는 말이며, 남의 죄에 걸려들었다는 뜻이다.

글자 | 잡을 **수**, 벼슬(일) **사**, 이을 **연**, 죄입을 **좌**

[수사이사受賜而死]

은혜를 받고 죽는다는 말이며, 은사를 받고 죽는다는 뜻이다.

글자 | 받을 **수**, 은혜 **사**, 말 이을 **이**, 죽을 **사**

[수사정학洙泗正學]

수수洙水와 사수泗水의 바른 학문이라는 말이며, 두 강가에서 공자와 맹자가 가르침을 베풀었다고 하여 공맹孔孟의 교인 유교儒敎를 일컫는다.

글자 | 물 이름 **수**, 물 이름 **사**, 바를 **정**, 배울 **학**

출전 | 용비어천가

[수사지주隨絲蜘蛛]

줄을 따르는 거미라는 말이며, 서로 떨어질 수 없는 가까운 관계를 빗댄 말이다.

글자 | 따를 **수**, 실 **사**, 거미 **지**, 거미 **주**

출전 | 순오지 하

[수사차록隨思劄錄]

생각에 따라 기록하고 기록한다는 말이며, 아이디어가 떠오를 때마다 메모

해 둔다는 뜻이다.

원문 | 妙契疾書 隨思箚錄
묘계질서 수사차록

글자 | 따를 **수**, 생각 **사**, 기록할 **차**, 기록할 **록**

출전 | 정다산의 글

유사 | 묘계질서妙契疾書

[수삽석남首揷石枏]

머리에 꽂은 석남꽃이라는 말이며, 생사를 초월한 간절한 사랑을 뜻한다.

글자 | 머리 **수**, 꽂을 **삽**, 돌 **석**, 녹나무 **남**

출전 | 박인량의 수이전殊異傳

[수상수하手上手下]

손 위와 손아래라는 말이며, 손윗사람과 손아랫사람이라는 뜻이다.

글자 | 손 **수**, 윗 **상**, 아래 **하**

[수상지인殊常之人]

보통과 다른 사람이라는 말이며, 행색이 이상한 사람이라는 뜻이다.

글자 | 다를 **수**, 항상 **상**, 어조사 **지**, 사람 **인**

[수상행식受想行識]

생각을 받고 아는 것을 행한다는 말이며, 사상을 받아들이고 아는 것을 실천한다는 뜻이다.

원문 | 受想行識 亦復如是
수상행식 역부여시

글자 | 받을 **수**, 생각 **상**, 행할 **행**, 알 **식**

출전 | 반야바라밀다심경般若波羅密多心經

[수색만면愁色滿面]

근심된 빛이 얼굴에 찼다는 말이다.

글자 | 근심 **수**, 빛 **색**, 찰 **만**, 얼굴 **면**

[수서낭고首鼠狼顧]

쥐 머리가 이리를 돌아본다는 말이며, 어떤 일에 결단을 내리지 못하는 태도를 빗댄 말이다.

원문 | 緩則首鼠 急則狼顧
완즉수서 급즉낭고

글자 | 머리 **수**, 쥐 **서**, 이리 **낭**, 돌아볼 **고**

출전 | 삼국사기 제갈각전諸葛恪傳

동류 | 수서양단首鼠兩端

[수서양단首鼠兩端]

쥐가 머리만 내밀고 밖으로 나갈까 말까 망설인다는 말이며, 어떤 일에 대하여 결단을 내리지 못한다는 뜻이다.

글자 | 머리 **수**, 쥐 **서**, 둘 **양**, 끝 **단**

출전 | 사기 위기魏其 · 무안후열전武安侯列傳

동류 | 수시양단首施兩端

유사 | 좌고우면左顧右眄

[수서주장首鼠周章]

쥐의 머리가 두리번거린다는 말이며, 쥐가 머리만 내놓고 나갈까 말까 망설이는 것처럼 의심스러워 결단을 내리지 못한다는 뜻이다.

글자 | 머리 **수**, 쥐 **서**, 두루 **주**, 표할 **장**

출전 | 흠흠신신欽欽新書

ㅅ

[수석침류漱石枕流]

돌로 이를 닦고 물로 베개를 삼는다는 말이며, 자기의 말이 틀렸는데도 옳다고 주장한다는 뜻이다. 진나라 때 손초孫楚라는 사람이 속세를 떠나려고 친구 왕제王濟에게 '돌을 베개 삼고 흐르는 물에 양치질하며 살겠다.' 고 한 말이 헛 나와서 '돌로 양치질하고 흐르는 물로 베개를 삼는다.' 는 말로 바뀐 데서 온 말이다.

글자 | 이 닦을 **수**, 돌 **석**, 베개 **침**, 흐를 **류**

출전 | 진서 손초전孫楚傳

동류 | 침류수석枕流漱石

유사 | 견강부회牽强附會, 아전인수我田引水, 추주어륙推舟於陸

[수선지지首善之地]

머리되는 좋은 곳이라는 말이며, 다른 곳보다 나은 서울이나 옛 성균관을 일컫는다.

글자 | 머리 **수**, 좋을 **선**, 어조사 **지**, 땅 **지**

출전 | 사기

[수설불통水泄不通]

물샐 틈이 없다는 말이며, 경비가 아주 엄해서 교통이나 통신 등 비밀이 새어 나가지 못한다는 뜻이다.

글자 | 물 **수**, 샐 **설**, 아닐 **불**, 통할 **통**

출전 | 삼국지 오부흥전吳復興傳

[수성부화隨聲附和]

→ **부화뇌동附和雷同**

[수성지업垂成之業]

드리워 이룬 일이라는 말이며, 자손에게 뒤를 이어 이루게 하는 일이라는 뜻이다.

글자 | 드리울 **수**, 이룰 **성**, 어조사 **지**, 일 **업**

[수성지주守成之主]

이룬 것을 지킨 임금이라는 말이며, 창업創業의 뒤를 이어 그 기초를 다진 군주를 일컫는다.

글자 | 지킬 **수**, 이룰 **성**, 어조사 **지**, 임금 **주**

[수세지재需世之才]

세상에 쓰일 인재라는 말이다.

글자 | 쓰일 **수**, 세상 **세**, 어조사 **지**, 재주 **재**

[수소유초雖小唯椒]

비록 작아도 오직 후추라는 말이며, 몸은 작아도 똑똑하고 야무지다는 뜻이다.

글자 | 비록 **수**, 작을 **소**, 오직 **유**, 후추 **초**

출전 | 이담속찬

[수송산영水送山迎]

물을 보내고 산을 맞이한다는 말이며, 가는 길에 물이 흘러 지나가고 산이 마주 온다는 뜻이다.

글자 | 물 **수**, 보낼 **송**, 뫼 **산**, 맞을 **영**

[수수방관袖手傍觀]

소매에 손을 끼고 옆에서 보고만 있다는 말이며, 직접 관여하지 않고 그대로 내버려 둔다는 뜻이다.

글자 | 소매 **수**, 손 **수**, 곁 **방**, 볼 **관**

출전 | 조선왕조 14대 선조실록

[수수상면囚首喪面]

죄수의 머리와 상을 당한 사람의 얼굴이라는 말이며, 매우 누추한 얼굴 모습을 빗댄 말이다. 이는 송나라의 왕안석王安石을 기롱欺弄한 말에서 유래한다.

글자 | 죄수 **수**, 머리 **수**, 상당할 **상**, 얼굴 **면**

유사 | 봉두난발蓬頭亂髮

[수순중생隨順衆生]

여러 사람을 순순히 따른다는 말이며, 여러 사람의 의견이나 뜻을 순순히 따른다는 뜻이다.

원문 | 隨順等觀一切衆生廻向
수 순 등 관 일 체 중 생 회 향

글자 | 따를 **수**, 순할 **순**, 무리 **중**, 날 **생**

출전 | 법화경 보현행원품普賢行願品

[수습인심收拾人心]

사람의 마음을 거두어 줍는다는 말이며, 흩어진 국민의 마음을 한곳으로 모은다는 뜻이다.

글자 | 거둘 **수**, 주을 **습**, 사람 **인**, 마음 **심**

[수습행장收拾行裝]

가는 것을 꾸며 거두어 줍는다는 말이며, 여행에 필요한 장비를 꾸린다는 뜻이다.

원문 | 收拾行裝 早歸鄕里
수 습 행 장 조 귀 향 리

글자 | 거둘 **수**, 주울 **습**, 갈 **행**, 꾸밀 **장**

출전 | 토정비결

[수시반청收視反聽]

보는 것을 거두고 듣는 것을 덮는다는 말이며, 다른 욕심 또는 일에 마음을 두지 않는다는 뜻이다.

글자 | 거둘 **수**, 볼 **시**, 덮을 **반**, 들을 **청**

[수시변통隨時變通]

때에 따라 변해서 통한다는 말이며, 일을 형편에 따라 그때그때 처리한다는 뜻이다.

글자 | 따를 **수**, 때 **시**, 변할 **변**, 통할 **통**

[수시순응隨時順應]

때에 따라 순하게 응한다는 말이며, 무슨 일이든지 때와 형편에 맞추어 한다는 뜻이다.

글자 | 따를 **수**, 때 **시**, 순할 **순**, 응할 **응**

[수시응변隨時應變]

→ 임기응변臨機應變

[수시처변隨時處變]

→ 수시응변隨時應變

[수식변폭修飾邊幅]

옷깃을 꾸민다는 말이며, 속이 빈 사

람이 겉만 치장한다는 뜻이다. 촉나라 왕 공손술에게 마원馬援이 한 말이다. '지금 천하의 자웅은 아직 결정되고 있지 않다. 만약 천하를 취하려거든 선비를 두텁게 대우해야 한다. 먹던 밥도 토해내고 감던 머리카락을 걷어 올리지는 못할망정, 소용도 없는 옷깃이나 꾸민다면(修飾邊幅), 어찌 천하의 현사들을 머물게 할 수 있겠는가!'

글자 | 닦을 **수**, 꾸밀 **식**, 가장자리 **변**, 폭 **폭**

출전 | 후한서 마원전馬援傳

[수신제가修身齊家]

몸을 닦고 집을 가지런히 한다는 말이며, 자기의 처신을 잘 하고 가족과 가정을 바르게 꾸민다는 뜻이다.

원문 | 修身齊家 治國平天下
수신제가 치국평천하

글자 | 닦을 **수**, 몸 **신**, 가지런할 **제**, 집 **가**

출전 | 대학

[수심운영水心雲影]

물 가운데 구름의 그림자라는 말이다.

글자 | 물 **수**, 가운데 **심**, 구름 **운**, 그림자 **영**

출전 | 동경대전東經大全

[수심정기守心正氣]

마음을 지키고 기운을 바르게 한다는 말이며, 천도교에서 한울님의 마음을 항상 잃지 않고 도의 기운을 길러 천인합일天人合一에 이르고자 하는 수련방법을 일컫는다.

원문 | 守其心 正其氣
수기심 정기기

글자 | 지킬 **수**, 마음 **심**, 바를 **정**, 기운 **기**

출전 | 천도교天道敎

[수심화열水深火熱]

물은 깊고 불은 뜨겁다는 말이며, 백성들의 처지가 더욱 어려워진다는 뜻이다.

원문 | 如水益深 如火益熱
여수익심 여화익열

글자 | 물 **수**, 깊을 **심**, 불 **화**, 더울 **열**

출전 | 맹자 양혜왕梁惠王 하

[수야모야誰也某也]

누구인지 아무인지라는 말이며, 아무아무개라는 뜻이다.

글자 | 누구 **수**, 어조사 **야**, 아무 **모**

[수약선상水若善上]

최고의 선은 물과 같다는 말이며, 물은 만물을 이롭게 하지만 다투지 않고 모든 이가 싫어하는 곳으로 흘러간다는 뜻이다.

글자 | 물 **수**, 같을 **약**, 착할 **선**, 뛰어나서 좋을 **상**

출전 | 노자

[수약시박守約施博]

지키는 것은 간략하고 베푸는 것은 넓다는 말이며, 가지고 있는 것은 간단하지만 이를 사용하면 널리 퍼져 도움이 된다는 뜻이다.

원문 | 言近指遠 守約施博
언근지원 수약시박

글자 | 지킬 **수**, 간략할 **약**, 베풀 **시**, 넓을 **박**

출전 | 맹자 진심 하

[수양부모收養父母]

거두어 길러준 부모라는 말이며, 생부모生父母가 아닌 자기를 데려다 길러준 부모를 일컫는다.

글자 | 거둘 **수**, 기를 **양**, 아비 **부**, 어미 **모**

[수어지교水魚之交]

물과 물고기의 만남을 말하며, 물과 물고기가 불가분의 관계에 있는 것처럼 잠시도 떨어져 살 수 없는 사이를 빗댄 말이다. 유비劉備가 제갈량諸葛亮에 대한 예우가 극진하자 유비와 가까운 장수 관우關羽, 장비張飛, 조운趙雲 등이 불평하였다. 유비는 다음과 같이 타일렀다. '내가 공명을 얻은 것은 마치 물고기가 물을 만난 것과 같은 이치일세. 그러니 너무 불만스럽게 생각하지 말게.'

원문 | 孤之有孔明猶魚之有水願勿復言
고지유공명유어지유수원물부언

글자 | 물 **수**, 고기 **어**, 의 **지**, 사귈 **교**

출전 | 삼국지 촉지蜀志 제갈량전

동류 | 수어지친水魚之親

[수어지친水魚之親]

→ 수어지교水魚之交

[수어혼수數魚混水]

두어 마리의 물고기가 물을 흐린다는 말이며, 몇몇 사람의 잘못이 많은 사람에게 해를 준다는 뜻이다.

글자 | 두어 **수**, 고기 **어**, 흐릴 **혼**, 물 **수**

[수여쾌오羞與噲伍]

번쾌, 대오와 함께 하는 것을 부끄러워한다는 말이며, 용렬한 사람과 같은 위치에 있는 것을 수치스러워한다는 뜻이다.

원문 | 我乃與噲等爲伍
아내여쾌등위오

글자 | 부끄러울 **수**, 더불어 **여**, 목구멍 **쾌**, 대오 **오**

출전 | 사기 회음후열전淮陰侯列傳

동류 | 수여위오羞與爲伍

[수연만장垂涎萬丈]

일만 길이의 침을 흘린다는 말이며, 자기 손에 넣고 싶어 몹시 탐낸다는 뜻이다.

글자 | 드리울 **수**, 침 **연**, 일만 **만**, 길 **장**

[수연부감隨緣赴感]

인연에 따라 느낌이 다다른다는 말이며, 부처가 그 몸을 어디에나 나타낸다는 뜻이다.

원문 | 隨緣赴感靡不周
수연부감미불주

글자 | 따를 **수**, 인연 **연**, 다다를 **부**, 느낄 **감**

출전 | 불교

[수오지심羞惡之心]

부끄럽고 미워하는 마음이라는 말이며, 자기 잘못을 부끄러워하고 남의 착하지 못함을 미워하는 마음이라는 뜻이다. 맹자의 글이다. '부끄러워하는 마음은 의義의 실마리이다.'

원문 | **羞惡之心 義之端也**
수 오 지 심 의 지 단 야

글자 | 부끄러울 **수**, 미워할 **오**, 어조사 **지**, 마음 **심**

출전 | 맹자 공손추公孫丑 상

[수오탄비羞惡歎悲]

부끄럽고 미워하고 탄식하고 슬픈 것이라는 말이며, 부끄러운 것은 가난하면서도 뜻이 없는 것, 미워할 것은 천하면서도 무능한 것, 탄식할 것은 늙어서 부끄러움을 모르는 것, 슬퍼할 것은 죽은 뒤에 아무 일컬음이 없는 것이라는 뜻이다.

글자 | 부끄러울 **수**, 미워할 **오**, 탄식할 **탄**, 슬플 **비**

출전 | 언행휘찬言行彙纂

[수왈불가誰曰不可]

누구도 안 된다고 말할 사람이 없다는 말이다.

글자 | 누구 **수**, 가로 **왈**, 아닐 **불**, 옳을 **가**

[수왕지절水旺之節]

오행五行에 수기水氣가 왕성한 계절이라는 말이며, 겨울을 일컫는다.

글자 | 물 **수**, 왕성할 **왕**, 어조사 **지**, 절기 **절**

[수요장단壽夭長短]

명이 길고 일찍 죽는 것이라는 말이며, 목숨의 길고 짧은 것을 강조하는 뜻이다.

글자 | 명 길 **수**, 일찍 죽을 **요**, 긴 **장**, 짧을 **단**

출전 | 송남잡지

[수용산출水湧山出]

물이 샘솟고 산이 솟아오른다는 말이며, 시문詩文을 짓는 재주가 비상하다는 뜻이다.

글자 | 물 **수**, 물 솟을 **용**, 뫼 **산**, 나갈 **출**

출전 | 송남잡지

[수용석출水湧石出]

→ 수용산출水湧山出

[수용필공手容必恭]

손의 형용은 반드시 공손해야 한다는 말이며, 손의 모양은 늘 공손해야 한다는 뜻이다.

원문 | **足容必重 手容必恭**
족 용 필 준 수 용 필 공

글자 | 손 **수**, 형용 **용**, 반드시 **필**, 공손할 **공**

출전 | 예기 옥조玉藻, 사자소학

[수우강남隨友江南]

벗을 따라 강남 간다는 말이며, 자기는 가고 싶은 마음이 없으나 벗에게 끌려 간다는 뜻이다.

글자 | 따를 **수**, 벗 **우**, 강 **강**, 남녘 **남**

동류 | 추우강남追友江南

[수원막결讐怨莫結]

원수와 원망을 맺지 말라는 말이며, 남과 원수가 되고 원망을 사는 일은 하지 말라는 뜻이다.

원문 | 恩義廣施 讐怨莫結
은의광시 수원막결

글자 | 원수 **수**, 원망할 **원**, 말 **막**, 맺을 **결**

출전 | 명심보감 계선편繼善篇, 경행록

[수원수구誰怨誰咎]

누구를 원망하며 누구를 허물하겠느냐는 말이며, 남을 원망하거나 책망할 것이 없다는 뜻이다.

글자 | 누구 **수**, 원망할 **원**, 허물 **구**

[수원숙우誰怨孰尤]

누구를 원망하고, 누구를 탓하겠느냐는 말이다.

글자 | 누구 **수**, 원망할 **원**, 누구 **숙**, 원망할 **우**

[수원천하手援天下]

손으로 천하를 구한다는 말이며, 능력이 없으면서 할 수 있다고 큰소리친다는 뜻이다.

글자 | 손 **수**, 구원할 **원**, 하늘 **천**, 아래 **하**

[수유만사雖有萬死]

'비록 만 번 죽는 일이 있을지라도' 라는 말이다.

글자 | 비록 **수**, 있을 **유**, 일만 **만**, 죽을 **사**

[수유불리須臾不離]

잠시 잠깐도 떠나지 않는다는 말이며, 서로 매우 밀접한 관계를 가지고 있다는 뜻이다.

글자 | 잠깐 **수**, 잠깐 **유**, 아닐 **불**, 떠날 **리**

출전 | 송남잡지

[수의야행繡衣夜行]

비단 옷을 입고 밤길을 간다는 말이며, 사물의 생색이 나지 않는다는 뜻이다.

글자 | 수놓을 **수**, 옷 **의**, 밤 **야**, 갈 **행**

출전 | 사기

동류 | 금의야행錦衣夜行

[수이부실秀而不實]

무성하게 자라도 열매를 맺지 못한다는 말이며, 학문에 뜻을 두고 노력해도 성과를 올리지 못한다는 뜻이다.

원문 | 秀而不實者 有矣夫
수이부실자 유의부

글자 | 무성할 **수**, 말 이을 **이**, 아닐 **부**, 열매 **실**

출전 | 논어 자한子罕

[수잡지수數雜之壽]

여러 잡雜의 수명이라는 말이며, 6, 70세를 일컫는다. 잡은 조吊, 또는 잡雜이라고도 하는데 십이지十二支의 자子부터 해亥까지를 1조, 또는 1잡이라고 한다.

글자 | 셀 **수**, 섞일 **잡**, 어조사 **지**, 목숨 **수**

[수적석천水滴石穿]

→ 수적천석水滴穿石

[수적성천水積成川]

물이 모이면 내를 이룬다는 말이며, 작은 일도 차츰 쌓이면 큰 성과를 거둘 수 있다는 뜻이다.

원문 | 水積成川 土積成山
수 적 성 천 토 적 성 산

글자 | 물 **수**, 모일 **적**, 이룰 **성**, 내 **천**

출전 | 설원說苑

[수적천석水滴穿石]

물방울이 돌을 뚫는다는 말이며, 작은 노력이라도 끈기 있게 계속 노력하면 목적을 이룰 수 있다는 비유이다. 북송 때 숭양현령 장괴애張乖崖가 창고에서 엽전 한 푼을 훔친 구실아치에게 한 말이다. '네 이놈! 티끌 모아 태산이란 말도 듣지 못하였느냐? 하루 한 푼이라도 천 날이면 천 푼이요, 물방울도 끊임없이 떨어지면 돌에 구멍을 뚫는다고 했다.'

원문 | 繩鋸木斷 水滴石穿
승 거 목 단 수 적 석 천

글자 | 물 **수**, 물방울 **적**, 뚫을 **천**, 돌 **석**

출전 | 학림옥로鶴林玉露

동류 | 점적천석點滴穿石, 승거목단繩鋸木斷

유사 | 우공이산愚公移山, 적토성산積土成山, 적수성연積水成淵

[수적촌루銖積寸累]

근소한 양을 쌓고 작은 것을 더한다는 말이며, 작은 것을 쌓아 크게 만든다는 뜻이다.

글자 | 근소한 양 **수**, 쌓을 **적**, 조금 **촌**, 더할 **루**

출전 | 후청록候鯖錄

동류 | 진합태산塵合太山

[수절사의守節死義]

절개를 지키고 의롭게 죽는다는 말이다.

글자 | 지킬 **수**, 절개 **절**, 죽을 **사**, 옳을 **의**

[수절원사守節寃死]

절개를 지키다 원통하게 죽는다는 말이다.

원문 | 守節寃死春香之墓
수 절 원 사 춘 향 지 묘

글자 | 지킬 **수**, 절개 **절**, 원통할 **원**, 죽을 **사**

출전 | 춘향가

[수정장점隨定粧點]

정한 것에 따라 수효를 단장한다는 말

이며, 어떤 일을 먼저 정해 놓고 미화한다는 뜻이다. 역사의 기록에 대한 이익李瀷의 글이다. '평소 역사책을 읽을 때마다 늘 의심이 생기곤 한다. 착한 사람은 너무 착하고 악한 자는 너무 못됐다. 그 당시에는 꼭 그렇지만은 않았을 것이다. 역사 책을 쓸 때, 악을 징계하고 선을 권면하려는 지극한 뜻으로 인해 그렇게 되었을 것이다.'

글자 | 따를 **수**, 정할 **정**, 단장할 **장**, 수효 **점**

출전 | 성호사설

[수정죽암藪井竹庵]

수풀 속의 우물과 대나무 암자라는 말이며, 일본에서 돌팔이 의사를 빗댄 말이다.

글자 | 수풀 **수**, 우물 **정**, 대 **죽**, 암자 **암**

[수정혼식水晶婚式]

수정의 혼식이라는 말이며, 부부가 수정의 선물을 주고받는 혼인 15주년을 기념하는 행사를 일컫는다.

글자 | 물 **수**, 수정 **정**, 혼인 **혼**, 법 **식**

[수제조적獸蹄鳥跡]

짐승의 발과 새의 발자국이라는 말이며, 세상이 매우 어지럽다는 뜻이다.

원문 | 獸蹄鳥跡之道交於中國
수 제 조 적 지 도 교 어 중 국

글자 | 짐승 **수**, 굽 **제**, 새 **조**, 자취 **적**

출전 | 맹자 등문공 상

[수조변예隨鑿變枘]

뚫은 구멍에 따라 자루를 변한다는 말이며, 조건과 환경을 봐 가면서 거기에 맞게 한다는 뜻이다.

글자 | 따를 **수**, 뚫은 구멍 **조(착)**, 변할 **변**, 자루 **예**

출전 | 대동야승

[수족이처手足異處]

손과 발이 다른 곳에 있다는 말이며, 허리를 잘라 몸을 두 동강 내는 참형에 처해졌다는 뜻이다.

글자 | 손 **수**, 발 **족**, 다를 **이**, 곳 **처**

출전 | 사기 공자세가孔子世家

[수족지애手足之愛]

손발의 사랑이라는 말이며, 형제간의 우애를 빗댄 말이다.

글자 | 손 **수**, 발 **족**, 어조사 **지**, 사랑 **애**

출전 | 예기

동류 | 소족지정手足之情

[수족지정手足之情]

→ 수족지애手足之愛

[수종불분首從不分]

머리 되는 자와 따르는 자를 나누지 아니한다는 말이며, 주범主犯과 종범從犯을 가리지 않고 똑같이 처벌한다는 뜻이다.

글자 | 머리 **수**, 따를 **종**, 아닐 **불**, 나눌 **분**

출전 | 예기

ㅅ

[수죄구발數罪俱發]

두어 가지의 죄가 함께 드러났다는 말이다.

글자 | 두어 **수**, 죄줄 **죄**, 함께 **구**, 드러날 **발**

[수주대토守株待兎]

그루터기를 지키며 토끼가 나오기를 기다린다는 말이며, 어떤 착각에 사로잡혀 되지 않을 일을 고집하는 융통성 없는 처사를 빗댄 말이다. 송나라에 사는 한 농부가 밭을 갈고 있는데, 토끼 한 마리가 급히 달려오다가 밭 가운데 있는 나무그루터기를 들이박고 목이 부러져 죽었다. 농부는 그런 일이 계속 일어날 것으로 착각하고 날마다 기다렸다는 우화에서 온 말이다.

글자 | 지킬 **수**, 그루터기 **주**, 기다릴 **대**, 토끼 **토**

출전 | 한비자 오두편五蠹篇

[수주탄작隋珠彈雀]

수나라 구슬로 참새를 쏜다는 말이며, 얻는 것보다 잃는 것이 많다는 뜻이다.

글자 | 수나라 **수**, 구슬 **주**, 쏠 **탄**, 참새 **작**

출전 | 장자 양왕편讓王篇

[수주화벽隋珠和璧]

수나라의 구슬과 화씨의 구슬이라는 말이며, 귀중한 것을 빗댄 말이다.

글자 | 수나라 **수**, 구슬 **주**, 화할 **화**, 옥 **벽**

출전 | 회남자

동류 | 화씨지벽和氏之璧, 수후지주隨侯之珠

[수중고혼水中孤魂]

물 가운데 외로운 넋이라는 말이며, 물에 빠져 죽은 사람의 혼백이라는 뜻이다.

글자 | 물 **수**, 가운데 **중**, 외로울 **고**, 넋 **혼**

[수중유행睡中遊行]

졸음 가운데 노닐며 다닌다는 말이며, 자다가 일어나서 이리저리 돌아다니는 행동을 일컫는다.

글자 | 졸음 **수**, 가운데 **중**, 노닐 **유**, 다닐 **행**

[수중지월水中之月]

물 가운데 달이라는 말이며, 물 위에 비친 달을 일컫는다.

글자 | 물 **수**, 가운데 **중**, 어조사 **지**, 달 **월**

[수중축대隨衆逐隊]

무리를 따라 떼를 좇는다는 말이며, 자기의 뚜렷한 주견 없이 여러 사람의 틈에 끼어 덩달아 행동한다는 뜻이다.

글자 | 따를 **수**, 무리 **중**, 좇을 **축**, 떼 **대**

[수즉다욕壽則多辱]

오래 살면 욕된 일이 많다는 말이며, 오래 살수록 망신스러운 일을 많이 겪게 된다는 뜻이다. 요임금이 순행 중 변경에 이르자 그곳 관원이 공손히 맞으며 장수하시고, 부자가 되시고, 다남多男하시라 하니, 요임금이 답했다. '다남하면 못된 아들도 있어 걱정의 씨앗이 되고, 부자가 되면 쓸데없는 일이 많아져 번거롭고, 오래 살면 욕된 일이 많은 법이라네.'

원문 | 多男子則多懼富則多事壽則多辱
다남자즉다구부즉다사수즉다욕

글자 | 목숨 **수**, 곧 **즉**, 많을 **다**, 욕될 **욕**

출전 | 장자 천지편天地篇

[수지부모受之父母]

부모로부터 받는다는 말이며, 나의 몸과 마음은 부모가 준 것이라는 뜻이다.

글자 | 받을 **수**, 어조사 **지**, 아비 **부**, 어미 **모**

[수지삽목酥地插木]

연한 땅에 나무를 꽂는다는 말이며, 부드럽고 약한 사람을 업신여긴다는 뜻이다.

글자 | 연유 **수**, 땅 **지**, 꽂을 **삽**, 나무 **목**

출전 | 이담속찬

[수지이겸守之以謙]

겸손함으로써 지킨다는 말이며, 늘 겸손하게 처신해야 한다는 뜻이다.

원문 | 富有四海 守之以謙
부우사해 수지이겸

글자 | 지킬 **수**, 어조사 **지**, 써 **이**, 겸손할 **겸**

출전 | 명심보감 존심편存心篇

[수지이양守之以讓]

사양함으로써 지킨다는 말이며, 사양하는 마음을 지녀야 한다는 뜻이다.

원문 | 功被天下 守之以讓
공피천하 수지이양

글자 | 지킬 **수**, 어조사 **지**, 써 **이**, 사양할 **양**

출전 | 명심보감 존심편存心篇

[수지이우守之以愚]

어리석으므로 지킨다는 말이며, 어리석은 체하며 처신한다는 뜻이다.

원문 | 聰明思睿 守之以愚
총명사예 수지이우

글자 | 지킬 **수**, 어조사 **지**, 써 **이**, 어리석을 **우**

출전 | 명심보감 존심편存心篇

[수지재기守之在氣]

기운에 있는 지킴이라는 말이며, 올바로 지켜야 할 일은 자신이 발휘하는 기운에 달려있다는 뜻이다.

원문 | 戒之在心 守之在氣
계지재심 수지재기

글자 | 지킬 **수**, 어조사 **지**, 있을 **재**, 기운 **기**

출전 | 명심보감 정기편正己篇

[수지타산收支打算]

걷은 것과 내준 것에 대하여 줏가지를 두들긴다는 말이며, 수입과 지출의 셈을 맞추어 본다는 뜻이다.

글자 | 걷을 **수**, 내줄 **지**, 때릴 **타**, 줏가지 **산**

ㅅ

[수지풍성樹之風聲]

풍속과 풍류를 세운다는 말이며, 백성을 가르쳐 좋은 데로 인도할 법도를 세운다는 뜻이다.

글자 | 세울 **수**, 어조사 **지**, 풍속 **풍**, 풍류 **성**

[수진남천水盡南天]

물이 남쪽 하늘로 다한다는 말이며, 물이 흘러 남쪽 하늘가에 이른다는 뜻이다.

글자 | 물 **수**, 다할 **진**, 남녘 **남**, 하늘 **천**

출전 | 춘추좌씨전 문공 상

[수진지만守眞志滿]

참된 것을 지키면 뜻이 가득하다는 말이며, 진심을 가지고 뜻을 세우라는 뜻이다.

원문 | 守眞志滿 逐物意移
수 진 지 만 축 물 의 이

글자 | 지킬 **수**, 참 **진**, 뜻 **지**, 찰 **만**

출전 | 천자문 50항

[수차매목手遮妹目]

손으로 누이의 눈을 가린다는 말이며, 잘못을 저지르고 탄로 나지 않도록 꾀를 부린다는 뜻이다.

글자 | 손 **수**, 가릴 **차**, 누이 **매**, 눈 **목**

출전 | 성수패설醒睡稗說

[수처위주隨處爲主]

곳에 따라 주인이 되라는 말이며, 어디서든지 주인 의식을 가지라는 뜻이다.

글자 | 따를 **수**, 곳 **처**, 될 **위**, 주인 **주**

출전 | 임간록林間錄

동류 | 수처작주隨處作主

[수처작주隨處作主]

→ 수처위주隨處爲主

[수천방불水天彷佛]

물과 하늘이 어그러져 방황한다는 말이며, 바다 멀리 수면과 하늘이 서로 맞닿아 그 한계를 지을 수 없다는 뜻이다.

글자 | 물 **수**, 하늘 **천**, 방황할 **방**, 어그러질 **불**

출전 | 뇌산양賴山陽의 시

[수천방불水天髣髴]

[바다] 물과 하늘이 비슷하다는 말이다.

글자 | 물 **수**, 하늘 **천**, 비슷할 **방**, 비슷할 **불**

[수천일벽水天一碧]

[바다] 물과 하늘이 하나로 푸르다는 말이다.

글자 | 물 **수**, 하늘 **천**, 푸를 **벽**

동류 | 수천일색水天一色

[수천일색水天一色]

→ 수천일벽水天一碧

[수청무어水淸無魚]

물이 맑으면 물고기가 없다는 말이며,

사람이 너무 결백하면 남이 가까이하지 않는다는 뜻이다. 무장인 반초班超가 부임 인사차 방문한 도호사 임상任尙에게 한 말이다. '자네 성격이 너무 결백하고 조급한 것 같아 그게 걱정이네. 원래 물이 너무 맑으면 큰 물고기는 살지 않는 법이야. 마찬가지로 정치도 너무 엄하게 서두르면 아무도 따라오지 않네. 그러니 사소한 일은 덮어두고 대범하게 다스리도록 하게나.'

원문 | 水至淸則無魚
수 지 청 즉 무 어

글자 | 물 **수**, 맑을 **청**, 없을 **무**, 고기 **어**

출전 | 후한서 반초전班超傳

[수총약경受寵若驚]

사랑 받는 것을 놀란 것 같이 한다는 말이며, 뜻밖의 총애를 받게 되면 기뻐 놀라워하면서도 마음 한구석으로는 불안을 느낀다는 뜻이다.

원문 | 寵辱若驚 貴大患若身
총 욕 약 경 귀 대 환 약 신

글자 | 받을 **수**, 사랑할 **총**, 같을 **약**, 놀랄 **경**

출전 | 노자 13장 염치猒恥

동류 | 피총약경被寵若驚

[수타진보數他珍寶]

다른 사람의 귀중한 보배를 헤아린다는 말이며, 수고만 하고 아무런 이득이 없다는 뜻이다.

글자 | 셀 **수**, 다를 **타**, 귀중할 **진**, 보배 **보**

출전 | 조정사원祖庭事苑

[수토불복水土不服]

물과 흙이 따르지 않는다는 말이며, 물이나 풍토가 몸에 맞지 아니하여 위장이 상한다는 뜻이다.

글자 | 물 **수**, 흙 **토**, 아닐 **불**, 복종할 **복**

[수파수랑隨波逐浪]

물결을 따르고 물결로 나아간다는 말이며, 세상 사정에 잘 순응한다는 뜻이다.

글자 | 따를 **수**, 물결 **파**, 나아갈 **수**, 물결 **랑**

ㅅ

[수평불류水平不流]

물이 평평하면 흐르지 않는다는 말이다.

원문 | 水平而不流 無源則遬竭
수 평 이 불 류 무 원 즉 속 갈

글자 | 물 **수**, 평평할 **평**, 아닐 **불**, 흐를 **류**

출전 | 관자 치미편侈靡篇

[수하석상樹下石上]

나무 아래와 돌 위라는 말이며, 산이나 길가에서 먹고 잔다는 뜻도 있고, 불도를 닦는다는 뜻도 있다. 수하는 불교의 십이두타행十二頭陀行의 하나이다.

글자 | 나무 **수**, 아래 **하**, 돌 **석**, 윗 **상**

출전 | 명혜전明慧傳

[수하친병手下親兵]

손아래 친한 군사라는 말이며, 자기에

게 직접 딸린 병졸이라는 뜻이다.

글자 | 손 **수**, 아래 **하**, 친할 **친**, 군사 **병**

[수학무조修學務早]

배움을 닦는 것은 일찍 힘써야 한다는 말이며, 학문은 기억력이 좋은 소년시절에 힘써야 한다는 뜻이다.

글자 | 닦을 **수**, 배울 **학**, 힘쓸 **무**, 이를 **조**

출전 | 포박자

[수항이입隨行而入]

항렬을 따라 들어간다는 말이며, 뭇사람과 행동을 같이한다는 뜻이다.

글자 | 따를 **수**, 항렬 **항**, 말 이을 **이**, 들 **입**

[수행병하數行竝下]

여러 줄이 한꺼번에 내려간다는 말이며, 책을 빨리 읽는다는 뜻도 되고, 눈물이 여러 줄기 흐른다는 뜻도 된다.

글자 | 셀 **수**, 길 **행**, 다 **병**, 아래 **하**

출전 | 양서

[수향입향隨鄕入鄕]

시골에 들어가면 시골에 따르라는 말이며, 시속時俗에 맞게 처신하라는 뜻이다.

글자 | 따를 **수**, 시골 **향**, 들 **입**

[수혜균등受惠均等]

은혜를 골고루 받는다는 말이다.

글자 | 받을 **수**, 은혜 **혜**, 고를 **균**, 고를 **등**

[수호천사守護天使]

지키고 호위하는 천사라는 말이며, 모든 사람을 선善으로 인도하고 악을 피하게 하는 하늘에 계신 보호신保護神이라는 뜻이다.

글자 | 지킬 **수**, 호위할 **호**, 하늘 **천**, 부릴 **사**

출전 | 천주교

[수호포풍垂壺捕風]

드리운 호로병으로 바람을 잡는다는 말이며, 허황된 일을 한다는 뜻이다.

글자 | 드리울 **수**, 입 좁고 배부른 항아리병 **호**, 사로잡을 **포**, 바람 **풍**

출전 | 고금석림

[수화무교水火無交]

물과 불은 사귈 수 없다는 말이며, 서로 어울릴 수 없는 사이를 일컫는다.

글자 | 물 **수**, 불 **화**, 없을 **무**, 사귈 **교**

출전 | 수서隋書

[수화불통水火不通]

물과 불이 통하지 않는다는 말이며, 생각이 같지 않아 친교를 끊는다는 뜻이다.

글자 | 물 **수**, 불 **화**, 아닐 **불**, 통할 **통**

출전 | 한서漢書

[수화빙탄水火氷炭]

물과 불, 그리고 얼음과 숯이라는 말이며, 서로 상극이 된다는 뜻이다.

글자 | 물 **수**, 불 **화**, 얼음 **빙**, 숯 **탄**

[수화상극水火相剋]

물과 불은 서로 이긴다는 말이며, 상대방이 열세이면 이긴다는 뜻이다.

글자 | 물 **수**, 불 **화**, 서로 **상**, 이길 **극**

출전 | 송남잡지

[수화지재隋和之材]

수나라와 화씨의 재목이라는 말이며, 뛰어난 인재를 일컫는다. 수화는 수주화벽隋珠和璧의 줄인 말이다.

글자 | 수나라 **수**, 고루 **화**, 어조사 **지**, 재목 **재**

출전 | 회남자 사마천司馬遷

동류 | 수주화벽隋珠和璧

[수화폐월羞花閉月]

꽃을 부끄럽게 하고 달을 숨게 한다는 말이며, 아름다운 미인을 일컫는다.

글자 | 부끄러워할 **수**, 꽃 **화**, 닫을 **폐**, 달 **월**

출전 | 장자

[수후지주隨侯之珠]

수후의 구슬이라는 말이며, 훌륭한 인재를 얻었다는 뜻이다. 중국의 수후가 뱀을 살려주고 그 덕으로 진주를 받았다는 고사에서 온 말이다.

글자 | 성씨 **수**, 제후 **후**, 어조사 **지**, 구슬 **주**

출전 | 회남자 남명훈覽冥訓

[수훼수보隨毁隨補]

무너지는 것을 따라 기운다는 말이며, 파손되는 대로 이내 고친다는 뜻이다.

글자 | 따를 **수**, 무너질 **훼**, 기울 **보**

출전 | 송남잡지

[숙능생교熟能生巧]

숙달하고 능함은 재주에서 생긴다는 말이며, 기교는 능숙하게 단련하는데서 얻어진다는 뜻도 된다.

글자 | 숙달할 **숙**, 능할 **능**, 날 **생**, 재주 **교**

출전 | 구양문충공집歐陽文忠公集 귀전록歸田錄

[숙능어지熟能禦之]

아주 잘 막기 어렵다는 말이다.

원문 | 其如是 熟能禦之
기여시 숙능어지

글자 | 익을 **숙**, 능할 **능**, 막을 **어**, 어조사 **지**

출전 | 맹자 양혜왕 상

[숙독완미熟讀玩味]

읽고 익혀서 그 맛을 잘 알았다는 말이며, 문장을 여러 번 읽고 그 내용을 충분히 터득했다는 뜻이다.

글자 | 익을 **숙**, 읽을 **독**, 익숙할 **완**, 맛 **미**

출전 | 소학 외편外篇

[숙려단행熟慮斷行]

잘 생각해서 일을 결단하고 행한다는 말이다.

글자 | 익을 **숙**, 생각할 **려**, 끊을 **단**, 행할 **행**

출전 | 송사 하주열전何鑄列傳

반대 | 수수방관袖手傍觀

[숙맥불변菽麥不辨]

콩과 보리를 가리지 못한다는 말이며, 사물을 잘 분별하지 못한다는 뜻이다.

글자 | 콩 **숙**, 보리 **맥**, 아닐 **불**, 분변할 **변**

출전 | 춘추좌씨전 성공成公 18년

동류 | 불변숙맥不辨菽麥

[숙불환생熟不還生]

익은 것은 날것으로 돌아가지 않는다는 말이며, 그대로 두면 소용없다는 뜻이다.

글자 | 익을 **숙**, 아닐 **불**, 돌아올 **환**, 날 **생**

출전 | 고금석림 28권

[숙살수렴肅殺收斂]

정제하여 죽인 것은 거둔다는 말이며, 시들어 죽은 것은 거두어들이라는 뜻이다.

원문 | 然肅殺所以收斂也
연 숙 살 소 이 수 렴 야

글자 | 정제할 **숙**, 죽일 **살**, 거둘 **수**, 거둘 **렴**

출전 | 성대중의 청성잡기青城雜記

[숙살지기肅殺之氣]

시들어 죽는 기운이라는 말이며, 늦가을의 쌀쌀하고 매서운 날씨를 일컫는다.

글자 | 정제할 **숙**, 죽일 **살**, 어조사 **지**, 기운 **기**

[숙속다반菽粟茶飯]

콩, 조, 차, 밥이라는 말이며, 평소에 쉽게 접할 수 있는 물건을 일컫는다.

글자 | 콩 **숙**, 조 **속**, 차 풀 **다**, 밥 **반**

출전 | 송남잡지

[숙속지문菽粟之文]

콩과 조 같은 글이라는 말이며, 세상에 널리 통하는 아주 쉬운 글을 빗댄 말이다.

글자 | 콩 **숙**, 조 **속**, 어조사 **지**, 글 **문**

출전 | 맹자 진심 상

[숙수연단熟手練鍛]

손을 익히고 단련을 익힌다는 말이며, 잘 숙달하고 단련한다는 뜻이다.

글자 | 익을 **숙**, 손 **수**, 익힐 **연**, 단련할 **단**

[숙수지공菽水之供]

→ 숙수지환菽水之歡

[숙수지환菽水之歡]

콩과 물의 기쁨이라는 말이며, 콩과 물만 마시는 가난 속에서도 부모에게 효도하는 기쁨이라는 뜻이다.

글자 | 콩 **숙**, 물 **수**, 어조사 **지**, 기뻐할 **환**

출전 | 예기 단궁편檀弓篇

[숙습난당熟習難當]

익숙한 습관을 당하기 어렵다는 말이며, 무슨 일을 잘 하려면 손에 익어야 한다는 뜻이다.

글자 | 익을 **숙**, 익힐 **습**, 어려울 **난**, 당할 **당**

[숙습난방熟習難防]

몸에 익은 습관은 막아내기 어렵다는 말이다.

글자 | 익을 **숙**, 익힐 **습**, 어려울 **난**, 막을 방

[숙시숙비熟是熟非]

옳기도 하고 아니기도 하다는 말이며, 옳고 그름이 분명하지 않다는 뜻이다.

글자 | 익을 **숙**, 옳을 **시**, 아닐 **비**

[숙시주의熟柹主義]

감이 익기를 기다리는 주장이라는 말이며, 좋은 기회가 오기를 앉아서 기다리는 주장을 빗댄 말이다.

글자 | 익을 **숙**, 감 **시**, 주장할 **주**, 옳을 **의**

유사 | 수주대토守株待兎

[숙야몽매夙夜夢寐]

일찍부터 밤까지 꿈과 잠에서라는 말이며, 자나 깨나 잊지 못한다는 뜻이다.

글자 | 일찍 **숙**, 밤 **야**, 꿈 **몽**, 잘 **매**

[숙야비해夙夜非懈]

일찍부터 밤까지 게으르지 않다는 말이며, 일찍부터 밤늦게까지 쉬지 않고 일한다는 뜻이다. 증민烝民이라는 시의 한 구절이다. '아침부터 밤늦도록 게으르지 않고 애오라지 한 사람을 섬겼네.'

원문 | 夙夜非懈 以事一人
숙 야 비 해 이 사 일 인

글자 | 일찍 **숙**, 밤 **야**, 아닐 **비**, 게으를 **해**

출전 | 시경 대아大雅

관련 | 명철보신明哲保身

[숙왕숙래倏往倏來]

빠르게 갔다가 빠르게 온다는 말이며, 동작을 매우 빠르게 한다는 뜻이다.

글자 | 빠를 **숙**, 갈 **왕**, 올 **래**

출전 | 옥루몽

[숙인군자淑人君子]

맑은 사람이 군자라는 말이며, 정숙한 사람이 군자라는 뜻이다.

글자 | 맑을 **숙**, 사람 **인**, 그대 **군**, 사람 **자**

출전 | 시경 조풍曹風 시구편鳲鳩篇

[숙조투림宿鳥投林]

잠 잘 새가 수풀에 들었다는 말이다.

글자 | 잘 **숙**, 새 **조**, 맡길 **투**, 수풀 **림**

[숙청궁금肅淸宮禁]

고요하고 정결한 궁궐의 [출입을] 금한다는 말이며, 대궐 안에 잡인의 출입을 금한다는 뜻이다.

글자 | 고요할 **숙**, 정결할 **청**, 궁궐 **궁**,

ㅅ

금할 **금**

[숙호충본宿虎衝本]

→ 숙호충비宿虎衝鼻

출전 | 순오지 하

[숙호충비宿虎衝鼻]

잠자는 호랑이의 코를 찌른다는 말이며, 스스로 불리한 짓을 저지른다는 뜻이다.

글자 | 잘 **숙**, 범 **호**, 찌를 **충**, 코 **비**

출전 | 순오지 하

[숙흥야매夙興夜寐]

아침 일찍 일어나고 밤늦게 잔다는 말이며, 자신의 맡은 역할과 책임을 다하기 위해 애쓰고 노력한다는 뜻이다.

원문 | 夙興夜寐 靡有朝矣
숙 흥 야 매 미 유 조 의

글자 | 일찍 **숙**, 일어날 **흥**, 밤 **야**, 잠잘 **매**

출전 | 시경 위풍衛風

[숙흥온청夙興溫凊]

일찍 일어나 따뜻함과 서늘함을 살핀다는 말이며, 부모님의 잠자리를 살피는 극진한 태도를 일컫는다.

원문 | 臨深履薄 夙興溫凊
임 심 이 박 숙 흥 온 청

글자 | 일찍 **숙**, 일 **흥**, 따뜻할 **온**, 서늘할 **청**

출전 | 천자문 33항

[순결무구純潔無垢]

순수하고 깨끗하며 더러운 것이 없다는 말이다.

글자 | 순수할 **순**, 깨끗할 **결**, 없을 **무**, 더러울 **구**

[순국선열殉國先烈]

나라를 위하여 죽은 먼저 간 충직한 사람이라는 말이며, 나라를 위하여 목숨을 바친 애국 열사라는 뜻이다.

글자 | 따라 죽을 **순**, 나라 **국**, 먼저 **선**, 충직할 **열**

[순국의거殉國義擧]

나라를 따라 죽고 옳은 일을 위하여 들고 일어난다는 말이다.

글자 | 따라 죽을 **순**, 나라 **국**, 옳을 **의**, 들 **거**

[순도규구循蹈規矩]

법과 법을 좇고 밟는다는 말이며, 법령을 잘 지킨다는 뜻이다.

원문 | 事事 循蹈規矩
사 사 순 도 규 구

글자 | 좇을 **순**, 밟을 **도**, 법 **규**, 법 **구**

출전 | 소학 선행善行

[순리즉유順理則裕]

이치에 순하면 곧 넉넉하다는 말이며, 순리로 행동하면 마음에 여유를 갖게 된다는 뜻이다.

글자 | 순할 **순**, 이치 **리**, 곧 **즉**, 넉넉할 **유**

[순망치한脣亡齒寒]

입술이 없으면 이가 시리다는 말이며, 이는 평소에 별로 느끼지 못했던 이웃 사이의 상부상조相扶相助가 그 이웃에 어떤 피해를 입게 되었을 때 비로소 직접 자기에게 영향이 미치는 것을 빗댄 말이다. 진헌공晉獻公이 괵虢나라를 치기 위해 우虞나라에 길을 빌려달라고 청하자, 우나라 신하 궁지기宮之奇가 말리며 괵나라는 우나라의 울타리와 같고 괵나라가 망하면 우나라도 망하게 된다고 하면서 속담에 '덧방나무와 수레는 서로 의지하고 입술이 없어지면 이가 시리다.' 라고 역설하였으나 뇌물에 눈이 먼 우나라 임금은 길을 터주고 괵나라 다음으로 진나라에 망하고 말았다.

원문 | 輔車相依 脣亡齒寒
보거상의 순망치한

글자 | 입술 **순**, 망할 **망**, 이 **치**, 찰 **한**

출전 | 춘추좌씨전 희공僖公, 전국책 제책齊策

동류 | 순갈치한脣竭齒寒, 순치지국脣齒之國, 순치보거脣齒輔車

유사 | 조지양익鳥之兩翼, 거지양륜車之兩輪

[순모첨동詢謀僉同]

의견을 물으니 모두 같다는 말이다.

글자 | 물을 **순**, 의논할 **모**, 다 **첨**, 같을 **동**

출전 | 서경 대우모大禹謨

[순물신경徇物身輕]

물건을 다르면 몸이 가볍다는 말이다. 명나라 왕달王達의 글이다. '재앙은 많은 탐욕보다 큰 것이 없고, 부유함은 족함을 아는 것보다 더함이 없다. 욕심이 강하면 물질을 따르게 되니, 이를 따르면 몸이 가볍고 물질만 중하게 된다. 물질이 중하게 되면 어두움이 끝이 없어 몸을 망치지 전에는 그만두지 않는다.'

원문 | 徇物則身輕而物重矣
순물즉신경이물중의

글자 | 따를 **순**, 물건 **물**, 몸 **신**, 가벼울 **경**

출전 | 왕달의 필주筆疇

[순박경언脣薄輕言]

입술이 얇으면 말이 가볍다는 말이며, 입술이 얇은 사람은 말을 잘 지껄인다는 뜻이다.

글자 | 입술 **순**, 얇을 **박**, 가벼울 **경**, 말씀 **언**

[순사멸공循私蔑公]

사사로움을 좇고 공변된 일을 업신여긴다는 말이며, 공적인 일을 멸시하고 사적인 이익만을 취하려고 한다는 뜻이다.

글자 | 좇을 **순**, 사사로울 **사**, 업신여길 **멸**, 공변될 **공**

출전 | 조선왕조 14대 선조실록

동류 | 순사멸공徇私滅公

[순사멸공徇私滅公]

→ 순사멸공徇私蔑公

[순사월직徇私越職]

사사로움을 좇고 직분을 넘는다는 말이며, 사적인 일로 월권행위를 한다는 뜻이다.

글자 | 좇을 **순**, 사사로울 **사**, 넘을 **월**, 직분 **직**

출전 | 조선왕조 16대 인조실록

[순서부동順序不同]

차례가 같지 않다는 말이며, 순서가 일정한 기준에 따르지 않았다는 뜻이다.

글자 | 차례 **순**, 차례 **서**, 아닐 **부**, 같을 **동**

[순식만변瞬息萬變]

눈 끔적이고 숨 쉬는 사이에 만 가지가 변한다는 말이며, 백성의 마음은 하루아침에 모아지기도 하고 흩어지기도 한다는 뜻이다.

글자 | 눈 끔적일 **순**, 숨 쉴 **식**, 일만 **만**, 변할 **변**

[순우추요詢于芻蕘]

풀 베는 사람과 나무꾼에게 묻는다는 말이며, 손아랫사람의 의견을 듣는다는 뜻이다.

원문 | 先民有言 詢于芻蕘
선 민 유 언 순 우 추 요

글자 | 물을 **순**, 어조사 **우**, 풀 베일 **추**, 나무꾼 **요**

출전 | 시경 대아판大雅板

[순인자시詢人者是]

사람에게 물은 것은 옳다는 말이며, '스스로 옳다고 여긴 것은 잘못되었고 남에게 물은 것은 올발랐다.' 는 뜻이다.

원문 | 自是者非 詢人者是
자 시 자 비 순 인 자 시

글자 | 물을 **순**, 사람 **인**, 사람 **자**, 옳을 **시**

[순제옹상舜帝甕商]

순임금은 독장수라는 말이며, 순임금과 같이 정직하게 남을 속이지 않고 장사한다는 뜻이다.

글자 | 순임금 **순**, 임금 **제**, 독 **옹**, 장사 **상**

출전 | 송남잡지

[순진무구純眞無垢]

때 없이 순하고 참되다는 말이다.

글자 | 순할 **순**, 참 **진**, 없을 **무**, 때 **구**

출전 | 철경록輟耕錄

동류 | 천진난만天眞爛漫

[순차무사順且無事]

순하고 순하게 일이 없다는 말이며, 일이 모두 순조롭게 탈이 없다는 뜻이다.

글자 | 순할 **순**, 또 **차**, 없을 **무**, 일 **사**

[순천자존順天者存]

하늘의 [뜻에] 순응하는 사람은 살아남는다는 말이다.

원문 | 斯二者天也 順天者存 逆天者亡
사이자천야 순천자존 역천자망

글자 | 따를 **순**, 하늘 **천**, 사람 **자**, 있을 **존**

동류 | 맹자 이루離婁 상

반대 | 역천자망逆天者亡

[순치보거脣齒輔車]

입술과 이는 수레의 덧방나무와 수레바퀴와 같다는 말이며, 매우 가깝고 필요한 존재라는 뜻이다.

글자 | 입술 **순**, 이 **치**, 덧방나무 **보**, 수레 **거**

출전 | 춘추좌씨전 희공 5년

유사 | 순망치한脣亡齒寒

[순치지국脣齒之國]

입술과 이와 같은 나라라는 말이며, 이해관계가 깊은 두 나라를 빗댄 말이다.

글자 | 입술 **순**, 이 **치**, 어조사 **지**, 나라 **국**

출전 | 춘추좌씨전 희공 5년조

동류 | 순망치한脣亡齒寒

[순치지세脣齒之勢]

입술과 이처럼 서로 의지하고 돕는 형세라는 말이다.

글자 | 입술 **순**, 이 **치**, 어조사 **지**, 형세 **세**

[순표야섭循表野涉]

표에 의지하여 밤에 물을 건넌다는 말이며, 수시로 변하는 주변 상황에 적응하지 못한다는 뜻이다.

원문 | 循表而野涉 溺死者千有餘人
순표이야섭 익사자천유여인

글자 | 의지할 **순**, 표 꽂을 **표**, 밤 **야**, 건널 **섭**

출전 | 여씨춘추 찰금편察今篇

[순풍미속淳風美俗]

순박하고 아름다운 풍속이라는 말이다.

글자 | 순박할 **순**, 풍속 **풍**, 아름다울 **미**, 풍속 **속**

[순풍이호順風而呼]

바람 부는데 따라 소리 지른다는 말이며, 때를 잘 이용하면 일하기 쉽다는 뜻이다. 순자에 있는 글이다. '바람을 따라 소리치면 소리가 더 커지는 것은 아니지만 분명히 들린다.'

원문 | 順風而呼 聲非加疾也
순풍이호 성비가질야

글자 | 순할 **순**, 바람 **풍**, 말 이을 **이**, 부를 **호**

출전 | 순자 권학勸學

[순환지도循環之道]

둥글게 도는 길이라는 말이며, 금전을 이리저리 변통하여 돌리는 방도를 일컫는다.

글자 | 돌 **순**, 둥굴 **환**, 어조사 **지**, 길 **도**

[순환지리循環之理]

둘레를 도는 이치라는 말이며, 사물이 성하고 쇠하며 도는 이치, 또는 흥망성쇠가 도는 이치를 일컫는다.

글자 | 돌 **순**, 둘레 **환**, 어조사 **지**, 다스릴 **리**

[술이부작述而不作]

저술著述은 창작創作이 아니라는 말이다. 저술은 예로부터 내려오는 사상과 문화를 바탕으로 다시 정리하거나 서술하는 것이고, 창작은 지금까지 없었던 새로운 사상과 학설을 처음으로 만들어내는 것이므로 다르다는 것이다.

원문 | 述而不作 信而好古
술 이 부 작 신 이 호 고

글자 | 저술할 **술**, 말 이을 **이**, 아닐 **부**, 지을 **작**

출전 | 논어 술이述而

[술자지능述者之能]

지은 사람의 능력이라는 말이며, 문장이 잘되고 잘못된 것, 또는 일이 잘되고 잘못된 것은 그 사람의 능력 또는 수단에 달려 있다는 뜻이다.

글자 | 저술할 **술**, 놈 **자**, 어조사 **지**, 능할 **능**

출전 | 송남잡지

[숭덕광업崇德廣業]

덕을 높이고 일을 넓힌다는 말이다.

글자 | 높을 **숭**, 큰 **덕**, 넓을 **광**, 일 **업**

출전 | 주역 계사전繫辭傳 상

[숭조상문崇祖尙門]

조상을 숭배하고 집안을 높인다는 말이다.

글자 | 높일 **숭**, 조상 **조**, 높일 **상**, 집안 **문**

[슬갑도적膝甲盜賊]

무릎 덮개를 훔치는 도적이라는 말이며, 남의 글을 따다가 고쳐서 짓는 사람을 일컫는다. 슬갑은 겨울에 추위를 막기 위하여 무릎까지 내려오게 입는 옷으로서 바지 위에 덧입는 옷이다. 겉옷을 훔쳐가도 속옷인 바지, 즉 본질은 남는다는 비유이다.

글자 | 무릎 **슬**, 껍질 **갑**, 훔칠 **도**, 도둑 **적**

출전 | 순오지 하

동류 | 문필도적文筆盜賊

[슬복서행蝨伏鼠行]

이처럼 엎드리고 쥐와 같이 다닌다는 말이며, 어떤 일을 피하여 숨어 다닌다는 뜻이다.

글자 | 이 **슬**, 엎드릴 **복**, 쥐 **서**, 다닐 **행**

출전 | 조선왕조 15대 광해군일기

[슬양소배膝癢搔背]

무릎이 가려운데 등을 긁는다는 말이며, 뚱딴지같은 말을 한다는 뜻이다.

글자 | 무릎 **슬**, 가려울 **양**, 긁을 **소**, 등 **배**

출전 | 염철론

[슬행마시膝行馬矢]

말똥 위에서 무릎으로 긴다는 말이며, 자기 이익을 위해 지조와 체면을 불구하고 누구에게나 아첨한다는 뜻이다.

우리 속담의 간에 붙고 쓸개에 붙는다는 말과 같다.

원문 | 膝行匍匐於馬矢之上
슬 행 포 복 어 마 시 지 상

글자 | 무릎 슬, 다닐 행, 말 마, 똥 시

출전 | 태평한화太平閑話 골계전滑稽傳

[습상원야習相遠也]

익은 [버릇은] 서로 멀다는 말이며, 길들인 습관은 사람에 따라 크게 다르다는 뜻이다.

원문 | 性相近也 習相遠也
성 상 근 야 습 상 원 야

글자 | 익을 습, 서로 상, 멀 원, 어조사 야

출전 | 논어 양화편陽貨篇

[습숙견문習熟見聞]

보고 들어서 익히 숙달했다는 말이다.

글자 | 익힐 습, 숙달할 숙, 볼 견, 들을 문

[습여성성習與性成]

습관을 되풀이하면 타고난 성질로 된다는 말이며, 습관은 제2의 천성天性이 될 수 있다는 뜻이다.

글자 | 익힐 습, 같을 여, 성정 성, 이룰 성

출전 | 서경

[습유보과拾遺補過]

버린 것을 줍고 허물을 돕는다는 말이며, 임금을 보좌하여 그 결점을 바로잡아 준다는 뜻이다.

글자 | 주울 습, 버릴 유, 도울 보, 허물 과

[습인아혜拾人牙慧]

사람의 어금니와 같은 지혜를 줍는다는 말이며, 남의 말이나 글을 그대로 본뜬다는 뜻이다.

글자 | 주울 습, 사람 인, 어금니 아, 지혜 혜

출전 | 세설신어 문학편文學篇

[습인체타拾人涕唾]

남의 눈물과 침을 줍는다는 말이며, 시문詩文 등을 짓는데 있어서 남이 수고한 것을 그대로 모방한다는 뜻이다.

글자 | 주울 습, 사람 인, 눈물 제, 침 타

출전 | 창랑시화滄浪詩畫

동류 | 습인아혜拾人牙慧

[습잠악촉拾蠶握蠋]

누에를 줍고 애벌레를 만진다는 말이며, 징그러운 굼벵이와 같은 누에와 뱀 같은 붕장어를 만지는 것은 자기 이익을 위한 것이라는 뜻이다.

글자 | 주울 습, 누에 잠, 쥘 악, 나비 애벌레 촉

[습정투한習靜偸閑]

고요함을 익히면 한가함을 얻는다는 말이며, 세상만사를 잠시 잊으면 마음에 평정을 얻을 수 있다는 뜻이다. 명나라 육소형陸紹珩의 글이다. '세상맛에 덤덤하면 한가로움이 절로 온다.'

원문 | 世味淡 不偸閑而閑自來
세 미 담 불 투 한 이 한 자 래

ㅅ

글자 | 익힐 **습**, 고요할 **정**, 도적질할 **투**, 한가할 **한**
출전 | 취고당검소醉古堂劍掃

[승거목단繩鋸木斷]

노끈으로 톱질하여 나무를 끊는다는 말이며, 꾸준히 하면 성과가 있다는 뜻이다.

글자 | 노 **승**, 톱 **거**, 나누 **목**, 끊을 **단**
출전 | 학림옥로鶴林玉露
동류 | 수적천석水滴穿石

[승견책비乘堅策肥]

굳은 것을 타고 살찐 것을 채찍질한다는 말이며, 튼튼한 수레를 타고 살찐 말을 채찍질한다는 뜻이다.

글자 | 탈 **승**, 굳을 **견**, 채찍 **책**, 살찔 **비**
출전 | 한서

[승기자염勝己者厭]

자기를 이기는 자는 싫다는 말이며, 속된 사람은 자기보다 재능 있는 사람을 싫어한다는 뜻이다.

글자 | 이길 **승**, 자기 **기**, 놈 **자**, 싫을 **염**

[승기저극乘機抵隙]

기회를 타고 틈을 탄다는 말이며, 일이 잘못되었거나 또는 자기에게 유리한 때에 중간에 끼어든다는 뜻이다.

글자 | 탈 **승**, 기회 **기**, 다다를 **저**, 틈탈 **극**
출전 | 조선왕조 16대 인조실록

[승당입실升堂入室]

집에 올라 방에 들어간다는 말이며, 습득한 학문이나 예술 등이 한껏 활용할 수 있는 상당한 수준에 이르렀다는 뜻이다.

원문 | 升堂入於室
승 당 입 어 실

글자 | 오를 **승**, 집 **당**, 들 **입**, 방 **실**
출전 | 논어 선진先進

[승두미리蠅頭微利]

파리머리 같은 작은 이로움이라는 말이며, 조그마한 이익을 빗댄 말이다.

글자 | 파리 **승**, 머리 **두**, 작을 **미**, 이로울 **리**

[승두지리升斗之利]

되나 말의 이익이라는 말이며, 대수롭지 않은 이익을 빗댄 말이다.

글자 | 되 **승**, 말 **두**, 어조사 **지**, 이익 **리**

[승룡강룡升龍降龍]

오르는 용과 내리는 용이라는 말이며, 오르는 기세와 내리는 기세를 빗댄 말이다.

글자 | 오를 **승**, 용 **룡**, 내릴 **강**

[승마지수乘馬之數]

곱하는 화폐 단위의 기술이라는 말이며, 승乘은 계산 방법의 하나이고, 마馬는 계산할 때 쓰는 셈틀을 뜻함으로 계획으로 번역하여, 즉 경제운영정책을 의미한다.

글자 | 곱할 **승**, 화폐 단위 **마**, 어조사 **지**, 기술 **수**

출전 | 관자 승마수편乘馬數篇

[승망풍지乘望風旨]

바람 따라 바라보며 타고 다닌다는 말이며, 윗사람의 비위를 잘 맞추어준다는 뜻이다.

글자 | 탈 **승**, 바랄 **망**, 바람 **풍**, 뜻 **지**

[승불요곡繩不撓曲]

먹줄은 휘어지지 아니한다는 말이다.

글자 | 먹줄 **승**, 아닐 **불**, 구부러질 **요**, 굽을 **곡**

출전 | 한비자 유도편有度篇

[승상기하承上起下]

윗사람에 이어 아랫사람을 일으킨다는 말이며, 앞의 문장을 받아 뒤의 문장을 풀어나간다는 뜻으로도 쓰인다.

글자 | 이을 **승**, 윗 **상**, 일으킬 **기**, 아래 **하**

[승상접하承上接下]

윗분을 받들고 아랫사람을 대접한다는 말이며, 위아래를 원만히 하여 중간의 직분을 다한다는 뜻이다.

글자 | 받들 **승**, 윗 **상**, 대접할 **접**, 아래 **하**

출전 | 정산종사법어 예도편禮度篇

[승선입시乘船入市]

배를 타고 시장에 들어간다는 말이며, 장마가 져서 비가 많이 온다는 뜻이다.

글자 | 탈 **승**, 배 **선**, 들 **입**, 저자 **시**

[승승장구乘勝長驅]

이긴 것을 타고 길게 몰고 간다는 말이며, 싸움에서 이긴 기세를 타고 계속 적을 몰아친다는 뜻이다.

글자 | 탈 **승**, 이길 **승**, 긴 **장**, 몰 **구**

[승시진퇴乘時進退]

때를 타고 나아가고 물러난다는 말이며, 때에 따라 나아가고 물러나야 한다는 뜻이다.

원문 | 乘時進退 王者乘時 聖人乘易
승시진퇴 왕자승시 성인승역

글자 | 탈 **승**, 때 **시**, 나갈 **진**, 물러날 **퇴**

출전 | 관자 산지수편山至數篇

[승안접사承顔接辭]

얼굴을 받들면서 말을 받는다는 말이며, 안색을 살피면서 그의 말에 따른다는 뜻이다.

글자 | 받들 **승**, 얼굴 **안**, 받을 **접**, 말씀 **사**

[승야도주乘夜逃走]

밤을 타서 달아난다는 말이다.

글자 | 탈 **승**, 밤 **야**, 달아날 **도**, 달릴 **주**

[승야월장乘夜越牆]

밤을 타서 [남의 집] 담을 넘는다는 말이다.

글자 | 탈 **승**, 밤 **야**, 넘을 **월**, 담 **장**

[승영구구蠅營狗苟]

오락가락하는 파리와 구차한 개라는 말이며, 아둔한 임금과 간신, 또는 파렴치한 사람을 빗댄 말이다.

글자 | 파리 **승**, 오락가락할 **영**, 개 **구**, 구차할 **구**

출전 | 시경 소아 청승青蠅

[승영시식蠅營豕息]

파리가 오락가락하고 돼지가 씩씩댄다는 말이며, 단물만 보면 달라붙고 먹을 것만 보면 주둥이를 들이댄다는 뜻이다.

글자 | 파리 **승**, 오락가락할 **영**, 돼지 **시**, 숨 쉴 **식**

출전 | 정약용의 글

[승위섭험乘危涉險]

위태로움을 타고 험난함을 건넜다는 말이며, 위태로움과 험난함을 무릅쓴다는 뜻이다.

글자 | 탈 **승**, 위태할 **위**, 물 건널 **섭**, 험난할 **험**

[승인취주僧人醉酒]

술 취한 중이라는 말이며, 쓸모없고 도리어 해로운 것이라는 뜻이다.

글자 | 중 **승**, 사람 **인**, 술 취할 **취**, 술 **주**

출전 | 순오지

[승재호무僧齋胡舞]

중이 재계하는데 오랑캐 춤을 춘다는 말이며, 하는 일이 격에 맞지 않다는 뜻이다.

글자 | 중 **승**, 재계할 **재**, 오랑캐 **호**, 춤출 **무**

출전 | 순오지

[승제지리乘除之理]

곱하고 나누는 이치라는 말이며, 융성하고 쇠망하는 이치를 빗댄 말이다.

글자 | 곱할 **승**, 나눌 **제**, 어조사 **지**, 이치 **리**

[승천입지昇天入地]

하늘로 오르고 땅에 들어간다는 말이며, 자취를 감추고 없어진다는 뜻이다.

글자 | 날아오를 **승**, 하늘 **천**, 들 **입**, 땅 **지**

출전 | 송남잡지

[승천현추升天懸椎]

하늘에 올라 방망이를 매단다는 말이며, 매우 어려운 일을 빗댄 말이다.

글자 | 오를 **승**, 하늘 **천**, 매달 **현**, 방망이 **추**

출전 | 고금석림

동류 | 승천현추昇天懸槌

[승평세계昇平世界]

태평스러운 세상이라는 말이다.

글자 | 풍년들 **승**, 바를 **평**, 세상 **세**, 지경 **계**

[승평일구昇平日久]

풍년들고 거듭 풍년든 날이 오래다는 말이며, 정치를 잘하여 나라가 오랫동안 화평하다는 뜻이다.

글자 | 풍년 들 **승**, 거듭 풍년 들 **평**, 날 **일**, 오랠 **구**

출전 | 송남잡지

[승풍선영乘風先影]

바람을 타고 그림자를 앞선다는 말이며, 매우 빠르다는 뜻이다.

글자 | 탈 **승**, 바람 **풍**, 먼저 **선**, 그림자 **영**

[승풍파랑乘風破浪]

바람을 타고 물결을 가른다는 말이며, 난관을 헤치고 앞으로 나아간다는 뜻이다.

원문 | 願乘風波萬里浪
원 승 풍 파 만 리 랑

글자 | 탈 **승**, 바람 **풍**, 갈라질 **파**, 물결 **랑**

출전 | 남사 종각전宗慤傳

동류 | 장풍파랑長風波浪

[승헌지학乘軒之鶴]

초헌(수레)을 탄 학이라는 말이며, 하찮은 사람이 높은 지위에 있다는 뜻이다.

글자 | 탈 **승**, 초헌 **헌**, 어조사 **지**, 학 **학**

출전 | 조선왕조실록 증보문헌비고

[승흥이래乘興而來]

흥에 따라온다는 말이며, 흥이 나서 왔다가 흥이 다하여 돌아간다는 뜻이다.

원문 | 乘興而來 興盡而反
승 흥 이 래 흥 진 이 반

글자 | 오를 **승**, 기뻐할 **흥**, 말 이을 **이**, 올 **래**

출전 | 초학기初學記

관련 | 홍진이반興盡而反

[시가불이市賈不貳]

홍정하는 값이 둘이 아니라는 말이며, 에누리가 없다는 뜻이다.

글자 | 홍정할 **시**, 값 **가**, 아닐 **불**, 둘 **이**

[시가위야是可爲也]

이것은 함이 옳다는 말이며, 할 만한 가치가 있는 일이라는 뜻이다.

글자 | 이 **시**, 옳을 **가**, 할 **위**, 어조사 **야**

[시각대변時刻待變]

때가 변함을 기다린다는 말이며, 병세가 아주 위독하다는 뜻이다.

글자 | 때 **시**, 시각 **각**, 기다릴 **대**, 변할 **변**

[시공시찰緦功是察]

[3년상은 제대로 행하지 못하면서] 시마緦麻나 소공小功만을 살핀다는 말이며, 근본은 버리고 말단에 힘쓴다는 뜻이다.

원문 | 不能三年之喪 而緦小功之察
불 능 삼 년 지 상 이 시 소 공 지 찰

글자 | 시마복 **시**, 공 **공**, 옳을 **시**, 살필 **찰**

출전 | 맹자 진심 상

ㅅ

[시공좌표時空座標]

때와 하늘의 자리표라는 말이며, 시간과 공간을 함께 나타낸 좌표를 일컫는다.

글자 | 때 **시**, 하늘 **공**, 자리 **좌**, 표할 **표**

[시공지찰緦功之察]

시마복緦麻服을 입는 살핌이라는 말이며, 대국을 살피지 못하고 자질구레한 일에만 마음을 쓴다는 뜻이다. 시마복은 석 달 동안 입는 상복으로 3년 상복에 대비한 말이다.

글자 | 시마복 **시**, 복 입을 **공**, 어조사 **지**, 살필 **찰**

출전 | 추관지秋官志

[시공차원時空次元]

때와 하늘의 으뜸과 버금이라는 말이며, 시간과 공간을 느끼거나 생각하는 처지를 일컫는다.

글자 | 때 **시**, 하늘 **공**, 버금 **차**, 으뜸 **원**

[시공형성時空形成]

때와 하늘의 이룬 형상이라는 말이며, 시간과 공간의 이루어진 모양이라는 뜻이다.

글자 | 때 **시**, 하늘 **공**, 형상 **형**, 이룰 **성**

[시교수축豕交獸畜]

돼지처럼 대하고 짐승처럼 기른다는 말이며, 짐승과 같이 취급한다는 뜻이다. 맹자가 한 말이다. '사람을 대함에 먹여주기만 하고 사랑하지 않는다면 짐승으로 사귀는 것이요, 사랑하기만 하고 공경하지 않는다면 짐승으로 기르는 것이다.'

원문 | 食而弗愛 豕交之也 愛而不敬 獸畜之也
식이불애 시교지야 애이불경 수축지야

글자 | 돼지 **시**, 사귈 **교**, 짐승 **수**, 기를 **축**

출전 | 맹자 진심盡心 상

[시근종태始勤終怠]

처음에는 부지런하고 나중에는 게으르다는 말이다.

글자 | 처음 **시**, 부지런할 **근**, 끝날 **종**, 게으를 **태**

[시급지사時急之事]

때가 급한 일이라는 말이다.

글자 | 때 **시**, 급할 **급**, 어조사 **지**, 일 **사**

[시기상조時機尙早]

때와 기회가 오히려 이르다는 말이며, 때가 되지 않음을 일컫는다.

글자 | 때 **시**, 기회 **기**, 오히려 **상**, 이를 **조**

[시내일신時乃日新]

때에 이어 날이 새롭다는 말이며, 나날이 새롭게 발전한다는 뜻이다.

원문 | 終始惟一 時乃日新
종시유일 시내일신

글자 | 때 **시**, 이어 **내**, 날 **일**, 새 **신**

출전 | 상서 함유일덕咸有一德

[시대감각時代感覺]

시대를 느끼고 깨닫는다는 말이며, 그 시대의 특징이나 동향의 느낌을 일컫는다.

글자 | 때 **시**, 대수 **대**, 느낄 **감**, 깨달을 **각**

[시대사조時代思潮]

시대의 생각의 밀물이라는 말이며, 한 시대의 사회 일반의 주류主流나 특색을 이루는 사상적 경향을 일컫는다.

글자 | 때 **시**, 대수 **대**, 생각 **사**, 밀물 **조**

[시대정신時代精神]

그 시대의 정신이라는 말이며, 한 시대의 사회 전체를 지배하는 정신을 일컫는다.

글자 | 때 **시**, 대수 **대**, 정령 **정**, 정신 **신**

[시대착오時代錯誤]

시대를 그르친다는 말이며, 너무 보수적이어서 그 시대의 경향에 맞지 않는 낡은 생각이나 방법으로 대처한다는 뜻이다.

글자 | 때 **시**, 대수 **대**, 그르칠 **착**, 그릇할 **오**

[시대폐색時代閉塞]

시대가 닫히고 막혔다는 말이며, 어느 시대의 상황이 꽉 막혀서 나아갈 방향을 잃고 있다는 뜻이다.

글자 | 때 **시**, 대수 **대**, 닫을 **폐**, 막을 **색**

[시덕자창恃德者昌]

덕에 의지하는 사람은 번창한다는 말이다.

글자 | 의지할 **시**, 큰 **덕**, 놈 **자**, 창성할 **창**

출전 | 사기

[시도지교市道之交]

시장의 도리로 사귄다는 말이며, 이득만을 위해서 사귄다는 뜻이다.

글자 | 저자 **시**, 길 **도**, 어조사 **지**, 사귈 **교**

출전 | 사기 염파廉頗, 인상여전藺相如傳

반대 | 금석지교金石之交, 막역지우莫逆之友

[시랑당도豺狼當道]

승냥이와 이리가 길을 막는다는 말이며, 사악한 인간들이 권력을 잡고 횡포를 부린다는 뜻이다.

원문 | 豺狼當道 安問狐狸
시랑당도 안문호리

글자 | 승냥이 **시**, 이리 **랑**, 대적할 **당**, 길 **도**

출전 | 후한서 장강전張綱傳

동류 | 시랑당로豺狼當路

[시랑당로豺狼當路]

→ 시랑당도豺狼當道

[시랑횡도豺狼橫道]

→ 시랑당도豺狼當道

[시래운도時來運到]

때가 되어 운이 이르렀다는 말이다.

ㅅ

글자 | 때 **시**, 올 **래**, 운수 **운**, 이를 **도**

[시례고가詩禮故家]

시와 예도가 오랜 집이라는 말이며, 시와 예의의 전통이 오랜 집안이라는 뜻이다.

글자 | 글 **시**, 예도 **례**, 오랠 **고**, 집 **가**

[시례지훈詩禮之訓]

시경詩經과 예기禮記의 가르침이라는 말이며, 아들에게 주는 아버지의 교훈을 일컫는다. 백어伯魚가 아버지 공자로부터 시경과 예기를 배워야 하는 까닭을 들었다는데서 나온 말이다.

글자 | 시경 **시**, 예기 **례**, 어조사 **지**, 가르칠 **훈**

출전 | 논어 계씨季氏

[시문서화詩文書畵]

시와 글월과 글쓰기와 그림 그리기라는 말이며, 시가詩歌와 산문 등 모든 문예활동을 일컫는다.

글자 | 시 **시**, 글월 **문**, 글 **서**, 그림 **화**

[시미여저視微如著]

희미한 것을 밝은 것과 같이 본다는 말이며, 어떤 문제를 계속해서 관찰하면 묘책이 발견되는 말이다.

글자 | 볼 **시**, 희미할 **미**, 같을 **여**, 밝을 **저**

출전 | 몽구蒙求 기창관슬紀昌貫虱

[시민여상視民如傷]

백성 보기를 아픈 사람 같이 한다는 말이며, 백성을 사랑하고 아낀다는 뜻이다.

글자 | 볼 **시**, 백성 **민**, 같을 **여**, 아플 **상**

출전 | 맹자 이루離婁 하

동류 | 시민여자視民如子

[시민여자視民如子]

백성을 아들과 같이 본다는 말이며, 임금이 백성을 지극히 사랑한다는 뜻이다.

글자 | 볼 **시**, 백성 **민**, 같을 **여**, 아들 **자**

출전 | 신서新書

[시민유지示民有知]

백성에게 알고 있음을 보인다는 말이다.

글자 | 보일 **시**, 백성 **민**, 있을 **유**, 알 **지**

[시벌노마施罰勞馬]

일하는 말에게 벌을 준다는 말이며, 열심히 일하는 사람 또는 부하를 들볶는다는 뜻이다.

글자 | 베풀 **시**, 죄 **벌**, 일할 **노**, 말 **마**

동류 | 주마가편走馬加鞭

[시봉체후侍奉體候]

받들어 모시는 몸이라는 말이며, 편지 문구로서 부모를 모시고 있는 사람에게 일컫는 글이다.

글자 | 모실 **시**, 받들 **봉**, 몸 **체**, 모실 **후**

[시봉추승侍奉趨承]

받들어 모시고 달려가 받는다는 말이며, 웃어른을 잘 모시고 분부를 달려가 받는다는 뜻이다.

글자 | 모실 **시**, 받들 **봉**, 달아날 **추**, 받을 **승**

[시부시자是父是子]

이 아비에 이 아들이라는 말이며, 그 아비를 닮은 그 자식, 즉 부자가 모두 훌륭하다는 뜻이다.

글자 | 이 **시**, 아비 **부**, 아들 **자**

[시부재래時不再來]

때는 다시 오지 않는다는 말이다.

원문 | 機不可失 時不在來
기 불 가 실 시 부 재 래

글자 | 때 **시**, 아닐 **부**, 두 번 **재**, 올 **래**

[시불가실時不可失]

때를 잃지 말라는 말이며, 때는 한번 가면 오지 않으니 기회를 놓치지 말라는 뜻이다.

글자 | 때 **시**, 아닐 **불**, 옳을 **가**, 잃을 **실**

출전 | 시경, 전국책

유사 | 물실호기勿失好機

[시비곡직是非曲直]

옳고 그르고, 굽고 곧다는 말이다.

글자 | 옳을 **시**, 그를 **비**, 굽을 **곡**, 곧을 **직**

유사 | 시비선악是非善惡, 곡직정사曲直正邪

[시비선악是非善惡]

옳고 그르고, 착하고 악하다는 말이다.

글자 | 옳을 **시**, 그를 **비**, 착할 **선**, 악할 **악**

[시비이해是非利害]

옳고 그른 것과 이롭고 해로운 것이라는 말이다.

글자 | 옳을 **시**, 아닐 **비**, 이로울 **이**, 해로울 **해**

ㅅ

[시비재중是非在中]

옳고 그름은 가운데 있다는 말이며, 시비의 가늠은 중간에 있다는 뜻이다. 박지원의 글이다. 임제林悌가 술에 담뿍 취해 가죽신과 나막신을 짝짝이로 신고 술집 문을 나서자 하인이 말했다. '나리! 취하셨어요. 신을 짝짝이로 신으셨네요.' '이놈아! 내가 말을 타고 가면 길 왼편에서 본 자는 가죽신을 신었네 할 테고, 오른편에서 본 자는 나막신을 신었네 할 테지. 뭐가 문제인가?'

글자 | 옳을 **시**, 아닐 **비**, 있을 **재**, 가운데 **중**

출전 | 박지원의 낭환집서蜋丸集序

유사 | 시비총중是非叢中

[시비지단是非之端]

옳고 그름의 실마리라는 말이다.

글자 | 옳을 **시**, 그를 **비**, 어조사 **지**, 실마리 **단**

[시비지심是非之心]

옳고 그른 마음이라는 말이며, 선악을 판단할 수 있는 마음을 뜻한다. 맹자의 글이다. '시비를 가리는 마음은 지智의 실마리이다.'

원문 | 是非之心 智之端也
시 비 지 심 지 지 단 야

글자 | 옳을 **시**, 아닐 **비**, 어조사 **지**, 마음 **심**

출전 | 맹자 공손추 상

[시비총중是非叢中]

옳고 그름이 번잡한 가운데 있다는 말이다.

글자 | 옳을 **시**, 그를 **비**, 번잡할 **총**, 가운데 **중**

[시사약귀視死若歸]

죽음을 집에 돌아가는 것같이 본다는 말이며, 죽음을 조금도 두려워하지 않는다는 뜻이다.

글자 | 볼 **시**, 죽을 **사**, 같을 **약**, 돌아갈 **귀**

출전 | 한비자

동류 | 시사여귀視死如歸

유사 | 시사여생視死如生

[시사여귀視死如歸]

→ 시사약귀視死若歸

[시사여생視死如生]

죽음을 산 것과 같이 본다는 말이며, 죽음을 대수롭지 않게 생각한다는 뜻이다.

글자 | 볼 **시**, 죽을 **사**, 같을 **여**, 살 **생**

출전 | 열자

유사 | 시사약귀視死若歸

[시산혈해屍山血海]

시체로 산을 이루고 피로 바다를 이루었다는 말이며, 많은 사람이 죽었다는 뜻이다.

글자 | 주검 **시**, 뫼 **산**, 피 **혈**, 바다 **해**

[시생여사視生如死]

삶을 보기를 죽음과 같이 여긴다는 말이며, 삶과 죽음을 초월한다는 뜻이다.

원문 | 視生如死 視富如貧
시 생 여 사 시 부 여 빈

글자 | 볼 **시**, 살 **생**, 같을 **여**, 죽을 **사**

출전 | 열자 중니편仲尼篇

[시석지간矢石之間]

화살과 돌의 사이라는 말이며, 화살을 쏘아 돌에 박히게 한 고사에서 화살과 목표물의 거리라는 뜻이다.

글자 | 화살 **시**, 돌 **석**, 어조사 **지**, 사이 **간**

출전 | 조선왕조 2대 정종실록

[시소여대視小如大]

작은 것을 보아도 큰 것과 같이 본다는 말이며, 작은 목표물도 예의 주시하면 크게 보인다는 뜻이다.

글자 | 볼 **시**, 작을 **소**, 같을 **여**, 큰 **대**

출전 | 열자 탕문편湯問篇

[시시각각時時刻刻]

때마다 또는 각각의 시각이라는 말이다.

글자 | 때 **시**, 시각 **각**

[시시비비是是非非]

옳은 것은 옳고 아닌 것은 아니라는 말이며, 잘잘못을 따져서 가린다는 뜻이다.

글자 | 옳을 **시**, 아닐 **비**

출전 | 순자 수신편修身篇

유사 | 비리곡직非理曲直

[시시종종時時種種]

때때로 있는 갖가지라는 말이다.

글자 | 때 **시**, 가지 **종**

[시아비아是我非我]

내가 옳고 내가 아니라는 말이며, 내가 나인데 내가 아니라는 뜻이다. 초상화와 거울 속의 자신의 얼굴을 비교하니 서로 다르다는 자화상의 시조에 나오는 글이다.

원문 | 是我亦我 非我亦我
시 아 역 아 비 아 역 아

글자 | 옳을 **시**, 나 **아**, 아닐 **비**

출전 | 김정희의 자제소조自題小照

[시야비야是也非也]

옳은 것과 그른 것이라는 말이다.

글자 | 옳을 **시**, 어조사 **야**, 아닐 **비**

출전 | 시야비야是耶非耶

[시약불견視若不見]

보지 않은 것 같이 본다는 말이며, 보고도 못 본체 한다는 뜻이다.

글자 | 볼 **시**, 같을 **약**, 아닐 **불**, 볼 **견**

동류 | 시이불견視而不見

[시약심상視若尋常]

보통과 같이 본다는 말이며, 예사롭게 본다는 뜻이다.

글자 | 볼 **시**, 같을 **약**, 보통 **심**, 보통 **상**

출전 | 송남잡지

[시약유인示弱誘引]

약함을 보이고 이끌어낸다는 말이며, 약한 척 하면서 상대방을 유인한다는 뜻이다.

글자 | 보일 **시**, 약할 **약**, 이끌 **유**, 이끌 **인**

출전 | 조선왕조 14대 선조실록

[시약초월視若楚越]

초나라와 월나라와 같이 본다는 말이며, 서로 멀리하고 돌아보지 않는다는 뜻이다.

글자 | 볼 **시**, 같을 **약**, 초나라 **초**, 월나라 **월**

[시어다골鰣魚多骨]

준치고기에 가시가 많다는 말이며, 좋은 일의 한편에는 방해가 많다는 뜻이다.

글자 | 준치 **시**, 고기 **어**, 많을 **다**, 뼈 **골**

유사 | 호사다마好事多魔

ㅅ

[시어사체施於四體]

네 개의 몸에 옮긴다는 말이며, 팔, 다리, 몸통 전부에 병을 옮긴다는 뜻이다.

원문 | 施於四體 四體不言而喩
시 어 사 체 사 체 불 언 이 유

글자 | 옮길 **시**, 어조사 **어**, 몸 **체**

출전 | 맹자 진심盡心 상

[시연후언時然後言]

때가 그런 뒤에 말을 한다는 말이며, 적절한 때에 말을 한다는 뜻이다.

원문 | 時然後言 人不厭其言
시 연 후 언 인 불 염 기 언

글자 | 때 **시**, 그럴 **연**, 뒤 **후**, 말씀 **언**

출전 | 명심보감 부행편婦行篇

[시오지심猜惡之心]

시기하고 미워하는 마음이라는 말이다.

글자 | 시기할 **시**, 미워할 **오**, 어조사 **지**, 마음 **심**

[시옹지정時雍之政]

시대를 화평하게 다스린다는 말이다.

글자 | 때 **시**, 화할 **옹**, 어조사 **지**, 다스릴 **정**

출전 | 한서 공신표功臣表

[시우지화時雨之化]

때맞추어 비가 내리면 일이 된다는 말이며, 군자가 사람을 가르치는 방법의 하나로서 때맞추어 내리는 단비와 같이 사람을 교화시키는 방법이라는 뜻이다.

원문 | 有如時雨化之者
유 여 시 우 화 지 자

글자 | 때 **시**, 비 **우**, 어조사 **지**, 될 **화**

출전 | 맹자 진심盡心 상

[시운불행時運不幸]

때나 운수가 다행하지 않다는 말이다.

글자 | 때 **시**, 운수 **운**, 아닐 **불**, 다행할 **행**

[시위소찬尸位素餐]

시동尸童의 자리와 박한 음식이라는 말이며, 무능하여 직책을 다하지 못하면서 자리만 차지하고 녹만 받아먹는다는 뜻이다. 옛날 중국에서 조상의 제사를 지낼 때, 조상의 혈통을 이은 어린아이를 조상의 신주 대신 앉혀 놓고 제사를 지냈는데, 그 아이가 시동이다.

글자 | 주검 **시**, 자리 **위**, 물건 질박한 **소**, 음식 **찬**

출전 | 한서 주운전朱雲傳

[시유별재詩有別才]

시에는 다른 재주가 있다는 말이며, 시재詩才는 학문의 깊고 얕음에 관계없는 별개의 것이라는 뜻이다.

글자 | 귀글 **시**, 있을 **유**, 다를 **별**, 재주 **재**

출전 | 창랑시화滄浪詩話

[시유불사詩有不四]

시에는 해서는 안 될 네 가지가 있다는 말이다. ① 기세가 높다고 해도 격노해서는 아니 되나니, 격노하면 속된 풍습에 휩쓸리게 된다. ② 힘은 굳세도 드러내서는 아니 되나니, 드러나게 되면 도끼질 당해 다치게 된다. ③ 전서는 다감하다 해도 암울해서는 아니 되나니, 암울해지면 졸렬하고 노둔한 곳에 미끄러지게 된다. ④ 재주가 그득하다 해도 소루해서는 아니 되나니, 소루해지면 맥락을 잃게 된다.

글자 | 시 **시**, 있을 **유**, 아닐 **불**

출전 | 시식詩式

[시유사리詩有四離]

시에는 네 가지 떠나야 할 것이 있다는 말이다. 즉 ① 비록 도의 정취를 기약한다 해도 과감하고 편벽된 경우에는 떠나야 하고, ② 비록 경전과 사서를 쓴다고 해도 먹물 든 서생의 차원은 벗어나야 하며, ③ 비록 고아하고 은일한 것을 숭상한다 해도 우활하고 먼 경우는 떠나야 하며, ④ 비록 날고 뛰고자 해도 경솔하고 진중하지 못한 투식套式에서는 벗어나야 한다는 것이다.

글자 | 시 **시**, 있을 **유**, 떨어질 **리**

출전 | 교연皎然의 시식詩式

[시유사심詩有四深]

시에는 네 가지 깊게 하는 것이 있다는 말이다. ① 기상氣像이 작품 속에 가득 깔리는 것은 체세體勢를 깊게 하는데서 이루어진다. ② 의도意圖가 넓게 펼쳐지려면 그 작품을 깊게 하는데서 이루어진다. ③ 운률韻律을 쓰는 것이 막히지 않고자 한다면 성률에 대한 활용이 깊어야 한다. ④ 사상事象을 사용하는데 너무 직선적이지 않고자 한다면 의미의 유형을 살피는 태도가 깊어야 한다는 것이다.

글자 | 시 **시**, 있을 **유**, 깊을 **심**

출전 | 시식詩式

[시유삼건侍有三愆]

모시는데 세 가지 허물이 있다는 말이며, 군자를 모실 때 저지르기 쉬운 세 가지 잘못이 있다는 뜻이다. 말할 때가 되지 않았는데 말하는 것을 조급하다고 하고, 말할 때가 되었는데도 말하지 않는 것을 속마음을 숨긴다고 하며, 얼굴빛을 살피지도 않고 말하는 것을 눈뜬장님이라고 한다.

원문 | 侍於君子有三愆
시 어 군 자 유 삼 건

글자 | 모실 **시**, 있을 **유**, 허물 **건**

출전 | 논어 계씨편季氏篇

[시이불견視而不見]

보기는 하나 보이지 않는다는 말이며, 보고는 있지만 마음이 다른데 있어 알지 못한다는 뜻이다.

원문 | 心不在焉 視而不見
심 부 재 언 시 이 불 견

글자 | 볼 **시**, 말 이을 **이**, 아닐 **불**, 볼 **견**

출전 | 예기, 대학 정심장正心章

[시이불공恃而不恐]

믿는 데가 있어 두려워하지 않는다는

ㅅ

말이다.

글자 | 믿을 **시**, 말 이을 **이**, 아닐 **불**, 두려워할 **공**

[시이불시視而不視]

→ 시이불견視而不見

[시이사변時異事變]

때가 다르고 일이 변한다는 말이며, 세월이 흐르면 사물도 변한다는 뜻이다.

글자 | 때 **시**, 다를 **이**, 일 **사**, 변할 **변**

출전 | 송남잡지

동류 | 시이사왕時異事往

[시이사왕時移事往]

때가 옮기고 일이 간다는 말이며, 세월이 흐르고 사물이 변한다는 뜻이다.

글자 | 때 **시**, 옮길 **이**, 일 **사**, 갈 **왕**

[시일갈상時日害喪]

이 해가 어찌 망하지 아니 하는가라는 말이며, 나라가 망하기를 바란다는 뜻이다.

원문 | 時日害喪 予與汝皆亡
시 일 갈 상 여 여 여 개 망

글자 | 이 **시**, 해 **일**, 어찌할 **갈**, 죽을 **상**

출전 | 맹자 양혜왕 상

[시일불현視日不眩]

해를 보아도 눈이 부시지 않는다는 말이며, 안광眼光이 번뜩인다는 뜻이다.

원문 | 神彩秀徹 視日不眩
신 채 수 철 시 일 불 현

글자 | 볼 **시**, 날 **일**, 아닐 **불**, 아찔할 **현**

출전 | 진서

[시작용자始作俑者]

처음 허수아비를 만든 사람이라는 말이며, 장본인 또는 어떤 죄악의 근원을 만들어낸 사람을 빗댄 말이다. 공자가 한 말이다. '처음으로 장례식에서 쓰는 허수아비를 만든 사람은 후손이 끊길 것이다.'

원문 | 始作俑者 其無後乎
시 작 용 자 기 무 후 호

글자 | 비로소 **시**, 지을 **작**, 허수아비 **용**, 놈 **자**

출전 | 맹자 양혜왕梁惠王 상

[시재시재時哉時哉]

때로다, 때로다 하는 말이며, 좋은 때가 왔다고 감탄하여 이르는 말이다.

원문 | 山梁雌雉 時哉時哉
산 량 자 치 시 재 시 재

글자 | 때 **시**, 어조사 **재**

출전 | 논어 위정편爲政篇

[시정무뢰市井無賴]

저자와 우물가의 믿을 수 없는 놈들이라는 말이며, 부랑배를 일컫는다.

글자 | 저자 **시**, 우물 **정**, 없을 **무**, 믿을 **뢰**

[시정잡배市井雜輩]

저자 우물가의 잡된 무리라는 말이며, 거리의 부랑배를 일컫는다.

글자 | 저자 **시**, 우물 **정**, 잡될 **잡**, 무리 **배**

[시정지도市井之徒]

시장 우물가의 무리들이라는 말이며, 일반 대중 또는 거리의 불량배를 빗댄 말이다.

글자 | 저자 **시**, 우물 **정**, 어조사 **지**, 무리 **도**

출전 | 구당서

[시정지신市井之臣]

저잣거리의 신하라는 말이며, 서민을 일컫는다.

원문 | 在國曰 市井之臣
재 국 왈 시 정 지 신

글자 | 저자 **시**, 저자 **정**, 어조사 **지**, 신하 **신**

출전 | 맹자 만장萬章 하

[시정지인市井之人]

저자와 저자의 사람들이라는 말이며, 시중에 사는 일반 백성이라는 뜻이다.

글자 | 저자 **시**, 저자 **정**, 어조사 **지**, 사람 **인**

[시제문자始制文字]

비로소 글자를 지었다는 말이다.

원문 | 始制文字 乃服衣裳
시 제 문 자 내 복 의 상

글자 | 비로소 **시**, 지을 **제**, 글 **문**, 글자 **자**

출전 | 천자문 11항

[시종불투始終不渝]

처음부터 마지막까지 변함이 없다는 말이며, 절개나 맹세 같은 것이 변치 않는다는 뜻이다.

원문 | 然東山之志 始終不渝
연 동 산 지 지 시 종 불 투

글자 | 처음 **시**, 마칠 **종**, 아닐 **불**, 변할 **투(유)**

출전 | 시경 정풍鄭風 고구羔裘

유사 | 시종여일始終如一, 시종일관始終一貫

반대 | 반도이폐半途而廢

[시종여일始終如一]

처음과 끝이 하나같다는 말이다.

글자 | 처음 **시**, 끝 **종**, 같을 **여**

출전 | 순자 의병편議兵篇

[시종유이始終有異]

처음과 끝에 다름이 있다는 말이며, 변함이 있다는 뜻이다.

글자 | 처음 **시**, 끝 **종**, 있을 **유**, 다를 **이**

출전 | 용비어천가

[시종일관始終一貫]

처음과 끝을 하나로 뚫는다는 말이며, 처음부터 끝까지 똑같은 방침이나 태도를 취한다는 뜻이다.

글자 | 처음 **시**, 끝 **종**, 뚫을 **관**

출전 | 한서 왕망전王莽傳 상

유사 | 철두철미徹頭徹尾

[시좌재립尸坐齋立]

시동이 앉고 재계할 때처럼 선다는 말이며, 몸가짐이 매우 단정하고 신중하다는 뜻이다. 시동尸童은 옛날 제사 때

신위神位 대신으로 쓰던 동자童子이다.

글자 | 시동 **시**, 앉을 **좌**, 재계할 **재**, 설 **립**

[시주걸립施主乞粒]

구걸하는 쌀을 베푸는 사람이라는 말이며, 중이 시주의 곡식이나 돈을 얻으려고 집집의 문 앞에서 구걸하는 것을 일컫는다.

글자 | 베풀 **시**, 주인 **주**, 구걸할 **걸**, 쌀알 **립**

[시주여장視酒如醬]

술 보기를 간장과 같이 한다는 말이며, 술을 하찮게 여긴다는 뜻이다.

글자 | 볼 **시**, 술 **주**, 같을 **여**, 간장 **장**

[시주징축詩酒徵逐]

시와 술은 부르기도 하고 쫓아내기도 한다는 말이며, 시와 술을 즐겨 벗들이 서로 오고간다는 뜻이다.

글자 | 글 **시**, 술 **주**, 부를 **징**, 쫓을 **축**

출전 | 한유의 시

[시주학민弑主虐民]

임금을 죽이고 백성을 모질게 부린다는 말이다.

글자 | 윗사람 죽일 **시**, 임금 **주**, 모질 **학**, 백성 **민**

출전 | 삼국사기

[시중유화詩中有畵]

시 가운데 그림이 있다는 말이며, 경치를 교묘하게 묘사한 시를 일컫는다.

글자 | 풍류가락 **시**, 가운데 **중**, 있을 **유**, 그림 **화**

[시지인길尸至人吉]

주검에 이르고 사람이 길하다는 말이며, 집을 크고 화려하게 짓고 거처가 사치스러워 분수에 넘치는 자는 머잖아 화를 당하고, 작은 집에 검소하게 사는 사람은 장차 길하다는 뜻이다. 이종李鐘이 한 말이다. '내 들으니 큰 집을 옥屋이라 하고 작은 집은 사舍라 한답니다. 옥의 글자를 파자破字하면 시지尸至, 즉 송장에 이른다는 뜻이 되고, 사舍자는 쪼개서 읽으면 인길人吉, 곧 사람이 길하다는 뜻이 되지요.'

글자 | 주검 **시**, 이를 **지**, 사람 **인**, 길할 **길**

출전 | 사재척언思齋摭言

[시진회멸澌盡灰滅]

[사물이] 다하고 다하여 재까지 없어진다는 말이며, 사물이 흔적도 없이 사라진다는 뜻이다.

글자 | 다할 **시**, 다할 **진**, 재 **회**, 없어질 **멸**

[시찬고양詩讚羔羊]

염소와 양을 귀글로 칭찬한다는 말이며, 신하들이 검소하고 정직함을 칭찬한다는 뜻이다. 시전詩傳 고양편羔羊篇에 문왕의 덕을 입은 남국 대부의 정직함을 칭찬稱讚한 데서 온 말이다.

원문 | 墨悲絲染 詩讚羔羊
묵 비 사 염 시 찬 고 양

글자 | 귀글 **시**, 칭찬할 **찬**, 염소 **고**, 양 **양**

출전 | 천자문 25항

[시첨무회視瞻無回]

보고 또 쳐다보고 머뭇거리지 않는다는 말이며, 의심받을 짓을 하지 않는다는 뜻이다.

원문 | 入户奉扃 視瞻無回
입호봉경 시첨무회

글자 | 볼 **시**, 쳐다볼 **첨**, 없을 **무**, 머뭇거릴 **회**

출전 | 예기 관의冠義, 소학 경신

[시청지구視聽之區]

보고 들을 수 있는 지역이라는 말이다.

글자 | 볼 **시**, 들을 **청**, 어조사 **지**, 지역 **구**

[시치유응視鴟猶鷹]

솔개를 매와 같이 본다는 말이며, 못쓸 것을 쓸 것으로 본다는 뜻이다.

글자 | 볼 **시**, 솔개 **치**, 같을 **유**, 매 **응**

출전 | 고금석림

[시필사명視必思明]

보는 것은 반드시 밝게 생각하라는 말이며, 사물을 긍정적으로 보라는 뜻이다.

원문 | 視必思明 聽必思聰
시필사명 청필사총

글자 | 볼 **시**, 반드시 **필**, 생각 **사**, 밝을 **명**

출전 | 사자소학

[시행착오施行錯誤]

펴서 행한 것이 그르쳤다는 말이며, 어떤 일을 계획하고 해보니 들어맞지 않았다는 뜻이다.

글자 | 펼 **시**, 행할 **행**, 그르칠 **착**, 그릇될 **오**

[시호삼전市虎三傳]

거리에 호랑이가 있다고 세 사람이 전한다는 말이며, 사실이 아닌 것이라도 여러 사람이 전하면 믿게 된다는 뜻이다.

원문 | 三傳市虎 皆人信
삼전시호 개인신

글자 | 저자 **시**, 범 **호**, 전할 **전**

출전 | 한비자

동류 | 삼인성호三人成虎

[시호시호時乎時乎]

→ 시재시재時哉時哉

[시화세풍時和歲豊]

→ 시화연풍時和年豊

[시화연풍時和年豊]

때가 고르고 풍년이 들었다는 말이며, 나라가 태평하고 곡식이 잘 되었다는 뜻이다.

원문 | 天下無事 時和年豊 百姓樂業
천하무사 시화연풍 백성낙업

글자 | 때 **시**, 고루 **화**, 해 **연**, 풍년 **풍**

출전 | 송서 공림지孔琳之 열전

동류 | 시화세풍時和歲豊

[식객삼천食客三千]

밥 먹는 손님이 삼천이나 된다는 말이다.

글자 | 밥 **식**, 손 **객**, 일천 **천**

출전 | 사기 맹상군孟嘗君 열전

[식단유성食簞有聲]

도시락을 먹는데 소리가 난다는 말이며, 해롭고 쓸모없는 일이라는 뜻이다.

글자 | 먹을 **식**, 도시락 **단**, 있을 **유**, 소리 **성**

출전 | 대동야승

[식리정치食梨淨齒]

배를 먹으면 이를 깨끗하게 한다는 말이며, 한 가지 좋은 일 끝에 또 다른 좋은 일이 따른다는 뜻이다.

글자 | 먹을 **식**, 참배 **리**, 깨끗할 **정**, 이 **치**

출전 | 송남잡지

[식마논도息馬論道]

말을 쉬게 하고 도리를 논한다는 말이며, 바쁜 가운데도 학문에 힘쓴다는 뜻이다.

글자 | 쉴 **식**, 말 **마**, 말할 **논**, 도리 **도**

출전 | 조선왕조 9대 성종실록

[식무구포食無求飽]

먹는 것은 배부름을 구하지 않는다는 말이며, 군자는 배부름을 구하지 않고 거처에 안락함을 구하지 않는다는 뜻이다.

원문 | 君子食無求飽 居無求安
군 자 식 무 구 포 거 무 구 안

글자 | 먹을 **식**, 없을 **무**, 구할 **구**, 배부를 **포**

출전 | 논어 학이편

[식물만상植物萬相]

식물의 여러 가지 형상이라는 말이다.

글자 | 심을 **식**, 만물 **물**, 여러 **만**, 형상 **상**

[식불감미食不甘味]

[근심과 걱정으로] 먹어도 단맛이 없다는 말이다. 전국책의 글이다. '지금 과인은 성城 하나를 포위당한 것만으로도 음식을 먹어도 맛이 없고 …'

원문 | 今也寡人一城圍 食不甘味
금 야 과 인 일 성 위 식 불 감 미

글자 | 먹을 **식**, 아닐 **불**, 달 **감**, 맛 **미**

출전 | 전국책 진책秦策

[식불이미食不二味]

밥상에 두 가지 반찬 이상을 올려놓지 않는다는 말이며, 검약한 생활을 한다는 뜻이다.

글자 | 밥 **식**, 아닐 **불**, 맛 **미**

출전 | 춘추좌씨전

[식불중육食不重肉]

한 끼에 두 가지 고기반찬을 먹지 않는다는 말이며, 검약한 생활을 한다는 뜻이다.

글자 | 먹을 **식**, 아닐 **불**, 두 번 **중**, 고기 **육**

출전 | 사기 관안열전管晏列傳

[식산흥업殖産興業]

생산을 불리고 산업을 일으킨다는 말이다.

글자 | 불릴 **식**, 생산할 **산**, 일 **흥**, 산업 **업**

[식색성야食色性也]

'음식과 예쁜 계집은 성품이다.' 라는 말이며, 먹는 것과 성교하는 것은 동물의 타고난 자연적 본성이라는 뜻이다.

글자 | 음식 **식**, 예쁜 계집 **색**, 성품 **성**, 어조사 **야**

출전 | 맹자 고자告子 상

[식소사번食少事煩]

먹는 것은 적고 일만 많다는 말이다. 삼국시대 사마의司馬懿가 제갈량諸葛亮을 두고 한 말이다. 제갈량은 사마의를 끌어내어 빨리 승패를 가르려 하였으나 사마의는 제갈량이 지칠 때를 기다렸다. 어느 날 사마의는 제갈량이 보낸 사신에게 제갈량의 식사며 어떻게 일하는지를 물었다. 음식은 적게 들고 일은 새벽부터 밤늦게까지 한다고 하자, 사마의가 말했다. '먹는 것은 적고 일은 번거로우니 어찌 오래 살 수 있겠소?' 이 말을 전해들은 제갈량은 그 길로 병들어 세상을 떠나고 말았다.

원문 | 食少事煩 其能久乎
식소사번 기능구호

글자 | 먹을 **식**, 적을 **소**, 일 **사**, 번거로울 **번**

출전 | 삼국지, 진서 선제기宣帝紀

[식속이이食粟而已]

조를 먹고 마친다는 말이며, 밥만 먹고 하는 일이 없다는 뜻이다.

원문 | 食粟而已 如何則可
식속이이 여하칙가

글자 | 먹을 **식**, 조 **속**, 말 이을 **이**, 마칠 **이**

출전 | 맹자 고자告子 하

[식송망정植松望亭]

소나무를 심으면서 정자를 바란다는 말이며, 작은 일을 하면서도 큰일을 바라본다, 또는 몹시 성급하다는 뜻이다.

글자 | 심을 **식**, 소나무 **송**, 바라볼 **망**, 정자 **정**

출전 | 진서

[식양재피息壤在彼]

식양은 저기 있다는 말이며, 약속은 어기기 어렵다는 뜻이다. 중국 진나라 무왕이 식양이라는 곳에서 장수 감무甘茂와 한 약속을 어기고자 할 때에 감무가 '식양이 저기 있는데, 어찌 맹세를 잊을 수 있습니까?' 하고 항의한 고사에서 온 말이다.

원문 | 甘茂 對曰 息壤在彼
감무 대왈 식양재피

글자 | 쉴 **식**, 흙 **양**, 있을 **재**, 저것 **피**

출전 | 전국책 진책秦策

[식언이비食言而肥]

말을 많이 먹고 살이 찐다는 말이며,

ㅅ

앞서 한 말을 번복하거나 약속을 지키지 않고 거짓말을 한다는 뜻이다. 노나라 애공이 술자리에서 자기를 험담하는 신하 맹무백이 애공의 어자御者 곽중을 놀리며 '꽤나 몸이 뚱뚱하군.' 하자, 애공이 맹무백의 말을 받아 '이 사람은 말을 많이 먹으니까 살이 찔 수밖에 없지. 하고 농담을 던진 데서 유래한다. 보통 식언이라고 줄여서 쓴다.

원문 | 是食言多矣 能無肥乎
시 식 언 다 의 능 무 비 호

글자 | 밥 **식**, 말씀 **언**, 말 이을 **이**, 살찔 **비**

출전 | 춘추좌씨전 애공 25년조

[식옥신계食玉薪桂]

구슬보다 먹을 것이 비싸고, 계수나무보다 땔감이 비싸다는 말이며, 물가가 비싸다는 뜻이다.

글자 | 밥 **식**, 구슬 **옥**, 땔나무 **신**, 계수나무 **계**

출전 | 전국책

동류 | 식옥취계食玉炊桂

[식옥취계食玉炊桂]

→ 식옥신계食玉薪桂

[식우지기食牛之氣]

소를 삼킬만한 기개氣槪라는 말이며, 어려서부터 기개가 뛰어난다는 뜻이다.

원문 | 未成文而有 食牛之氣
미 성 문 이 유 식 우 지 기

글자 | 밥 **식**, 소 **우**, 어조사 **지**, 기운 **기**

출전 | 시자尸子 하

동류 | 탄우지기呑牛之氣

[식위민천食爲民天]

백성의 하늘은 밥이 된다는 말이다.

글자 | 밥 **식**, 할 **위**, 백성 **민**, 하늘 **천**

출전 | 세종어록

[식유민천食惟民天]

먹는 것은 오직 백성의 근본이라는 말이며, 먹는 것이 백성에게는 가장 중요하다는 뜻이다.

글자 | 먹을 **식**, 오직 **유**, 백성 **민**, 만물의 근본 **천**

출전 | 삼국사기

동류 | 식자민천食者民天

[식유양량食猶量量]

먹는 것은 헤아리고 헤아리는 것과 같다는 말이며, 주면 줄수록 부족하게 여긴다는 뜻이다.

글자 | 먹을 **식**, 같을 **유**, 헤아릴 **양(량)**

출전 | 동언해

[식음전폐食飮全廢]

먹고 마시는 것을 모두 폐한다는 말이다.

글자 | 먹을 **식**, 마실 **음**, 모두 **전**, 폐할 **폐**

[식이위천食以爲天]

먹음으로써 하늘을 위한다는 말이며, 백성은 배불리 먹는 것을 천명으로 삼는다는 뜻이다.

글자 | 먹을 **식**, 써 **이**, 위할 **위**, 하늘 **천**

출전 | 사기

[식자민천食者民天]

→ 식유민천食惟民天

[식자순군食子殉君]

자기 자식을 삶아 임금에게 바친다는 말이며, 윗사람을 위해서 무슨 짓이든 한다는 뜻이다.

글자 | 먹을 **식**, 아들 **자**, 빠를 **순**, 임금 **군**

[식자우환識者憂患]

문자를 아는 것이 우환이 된다는 말이며, 서투른 지식 때문에 도리어 일을 망친다는 뜻이다. 제갈량의 역할을 하던 서서徐庶의 어머니 위부인은 학식이 높고 명필인데다가 의리가 확고한 여장부였다. 그러나 조조의 가짜 편지에 속아 한 말이다. '도대체 여자가 글을 안다는 것부터가 걱정을 낳게 한 원인이다.'

원문 | 女子識字憂患
여자식자우환

글자 | 알 **식**, 글자 **자**, 근심할 **우**, 근심 **환**

출전 | 삼국지

[식재연명息災延命]

재앙이 쉬고 목숨이 뻗는다는 말이며, 재난은 사라지고 목숨은 더 길어진다는 뜻으로서 승려의 밀교 의식을 일컫는다.

글자 | 쉴 **식**, 재앙 **재**, 뻗힐 **연**, 목숨 **명**

출전 | 불교

[식재지도殖財之道]

재물을 불리는 길이라는 말이다.

글자 | 불릴 **식**, 재물 **재**, 어조사 **지**, 길 **도**

[식전방장食前方丈]

사방 열자의 상에 차려진 음식이라는 말이며, 잘 차린 음식을 일컫는다.

원문 | 食前方丈侍妾數百人我得志不爲
식전방장시첩수백인아득지불위

글자 | 밥 **식**, 앞 **전**, 모 **방**, 열자 **장**

출전 | 맹자 진심盡心 하

동류 | 진수성찬珍羞盛饌

[식즉동상食則同牀]

→ 식즉동안食則同案

[식즉동안食則同案]

음식은 곧 한 가지 밥상이라는 말이며, 음식은 한 밥상에서 먹는 것이 마땅하다는 뜻이다.

원문 | 寢卽連衾 食則同案
침즉연금 식즉동안

글자 | 음식 **식**, 곧 **즉**, 한가지 **동**, 상 **안**

출전 | 사자소학

[식지불감食旨不甘]

맛있는 것을 먹어도 달지 않다는 말이

며, 입맛이 없다는 뜻이다.

원문 | 食旨不甘 聞樂不樂 居處不安
식지불감 문악불락 거처불안

글자 | 먹을 **식**, 맛있을 **지**, 아닐 **불**, 달 **감**

출전 | 논어 양화편陽貨篇

[식지이시食之以時]

때로써 먹는다는 말이며, 때에 맞게 음식을 먹는다는 뜻이다.

원문 | 食之以時用之以禮財不可勝用也
식지이시용지이례재불가승용야

글자 | 먹을 **식**, 어조사 **지**, 써 **이**, 때 **시**

출전 | 맹자 진심盡心 상

[식진관명植眞觀命]

참됨을 심고 운명을 살핀다는 말이며, 내 삶을 즐기고 내 분수에 만족하기 위한 덕목을 일컫는다. 이는 삶이 쾌적해지기 위해 지켜야 할 8단계 중 일부인데, 이를 나열하면, ① 식진植眞 : 참됨을 심어야 한다. ② 관명觀命 : 운명을 살핀다. ③ 병효病殽 : 마음을 다스린다. ④ 둔훼遯毁 : 헐뜯음으로부터 멀리 달아난다. ⑤ 이령怡靈 : 정신에 좋은 기운을 불어넣어 준다. ⑥ 누진耨陳 : 열린 마음 위에 낡아 진부해진 것들을 끊임없이 덜어낸다. ⑦ 간유簡遊 : 교유하는 벗을 잘 가린다. ⑧ 희환戱寰 : 우주 안에서 즐기며 노닌다.

글자 | 심을 **식**, 참 **진**, 볼 **관**, 운수 **명**

출전 | 이덕무의 적언찬適言讚

[식치식란食雉食卵]

꿩 먹고 알 먹는다는 말이며, 한 가지 일을 하여 두 가지 이익을 얻는다는 뜻이다.

글자 | 먹을 **식**, 꿩 **치**, 알 **란**

출전 | 송남잡지

[식한지원識韓之願]

한씨를 알기 원한다는 말이며, 평소 흠모하는 인물 한형주韓荊州를 만나기 원한다는 뜻이다.

글자 | 알 **식**, 한나라 **한**, 어조사 **지**, 원할 **원**

출전 | 당서 권 1, 고문진보古文眞寶

[신겸노복身兼奴僕]

종을 겸한 몸이라는 말이며, 집이 가난하여 종을 두지 못하고 몸소 종의 일까지 하는 사람이라는 뜻이다.

글자 | 몸 **신**, 겸할 **겸**, 사내종 **노**, 종 **복**

[신겸처자身兼妻子]

처자를 겸한 몸이라는 말이며, 홀로 있는 몸이 아니고 처자와 같이 세 식구라는 뜻이다.

글자 | 몸 **신**, 겸할 **겸**, 아내 **처**, 아들 **자**

[신공귀부神工鬼斧]

귀신이 만든 도깨비 같은 도끼라는 말이며, 정교하고도 영묘한 솜씨라는 뜻이다.

글자 | 귀신 **신**, 만들 **공**, 도깨비 **귀**, 도

끼 부

출전 | 장자 달생편達生篇

[신교위면神交違面]

정신을 사귀고 얼굴을 어긴다는 말이며, 서로 뜻이 맞아 진정한 마음으로 사귀면서 만나보지 못한다는 뜻이다.

글자 | 정신 **신**, 사귈 **교**, 어길 **위**, 얼굴 **면**

출전 | 퇴계집退溪集

[신구개하信口開河]

입을 믿고 강을 연다는 말이며, 생각 없이 마음대로 지껄인다는 뜻이다.

원문 | 只管信口開合
지관신구개하

글자 | 믿을 **신**, 입 **구**, 열 **개**, 물 **하**

출전 | 노재랑魯齋郞

[신구교대新舊交代]

새것과 오랜 것이 대신하여 바뀐다는 말이며, 새것이 들어오고 낡은 것이 물러난다는 뜻이다.

글자 | 새 **신**, 오랠 **구**, 바뀔 **교**, 대신할 **대**

[신구상계新舊相繼]

새것과 옛것이 서로 잇는다는 말이며, 옛것을 이어받아 새로운 것으로 발전시킨다는 뜻이다.

글자 | 새 **신**, 옛 **구**, 서로 **상**, 이을 **계**

출전 | 송남잡지

[신급돈어信及豚魚]

돼지와 물고기에게도 믿음이 미친다는 말이며, 두터운 신의를 일컫는다. 주역에 있는 글이다. '돈어로서 길하다 함은 그 성신이 복어에까지 미치는 것이다.'

원문 | 豚魚吉 信及豚魚也
돈어길 신급돈어야

글자 | 믿을 **신**, 미칠 **급**, 돼지 **돈**, 고기 **어**

출전 | 주역 풍택중부風澤中孚

[신기누설神機漏泄]

신통한 기미를 발설하여 새게 한다는 말이며, 극비에 속하는 일을 폭로한다는 뜻이다.

글자 | 신통할 **신**, 기미 **기**, 샐 **누**, 발설할 **설**

[신기묘산神機妙算]

신통한 기미와 묘한 셈이라는 말이며, 승산이 큰 전술이나 작전을 일컫는다.

글자 | 신통할 **신**, 기미 **기**, 묘할 **묘**, 셀 **산**

[신기위괴新奇爲怪]

새롭고 이상하고 괴이하다는 말이다. 명나라 장홍양張洪陽이 한 말이다. '지금 사람들은 글을 지을 때 어렵고 난해한 구절을 두고 스스로 새롭고 기이하다고 하니, 사실은 괴상망측한 줄 잘 모른다. 배배 꼬아둔 뜻을 스스로 정밀하게 통하였다고 하지만 사실은 어그러진 것인 줄 모른다.'

글자 | 새 **신**, 이상할 **기**, 할 **위**, 괴이할 **괴**

출전 | 장홍양의 담문수어淡文粹語

ㅅ

[신기탁이神奇卓異]

신통하고 이상하고 뛰어나게 다르다는 말이며, 신비롭고 기이한 재주와 탁월하게 남다른 것은 지인至人이 아니라는 뜻이다.

원문 | 神奇卓異 非至人
신 기 탁 이 비 지 인

글자 | 신통할 **신**, 이상할 **기**, 뛰어날 **탁**, 다를 **이**

출전 | 채근담

[신농우하神農虞夏]

신농씨와 우씨, 그리고 하나라라는 말이며, 중국 고대의 성왕인 신농씨와 제순유우씨帝舜有虞氏와 하나라의 우왕禹王을 일컫는다.

글자 | 귀신 **신**, 농사 **농**, 나라 이름 **우**, 하나라 **하**

출전 | 사기 백이열전伯夷列傳

[신래침학新來侵虐]

새로 온 [사람을] 침노하고 사납게 한다는 말이며, 관아에 임관되어 온 신참자를 고참자가 학대한다는 뜻이다.

글자 | 새 **신**, 올 **래**, 침노할 **침**, 사나울 **학**

[신량등화新涼燈火]

새로운 서늘함과 등잔불이라는 말이며, 서늘한 초가을 등잔불 밑에서 책 읽기 좋은 계절이라는 뜻이다.

글자 | 새 **신**, 서늘할 **량**, 등잔 **등**, 불 **화**

출전 | 주송朱松의 시

[신량역천身良役賤]

신분은 양인이고 역할은 천인이라는 말이며, 고려, 조선조 때 양인과 천인 사이에서 특이하게 이루었던 사회적 계급을 일컫는다.

글자 | 몸 **신**, 어질 **량**, 부릴 **역**, 천할 **천**

[신마유강信馬由繮]

말을 믿고 고삐에 따라 행동한다는 말이며, 큰일을 하려는 사람은 지나치게 자기편 사람을 믿고 하자는 대로 해서는 안 된다는 뜻이다.

글자 | 믿을 **신**, 말 **마**, 행할 **유**, 말고삐 **강**

[신목균부信木菌浮]

→ 신목웅부信木熊浮

[신목부웅信木浮熊]

→ 신목웅부信木熊浮

[신목생웅信木生熊]

→ 신목웅부信木熊浮

[신목여전神目如電]

귀신의 눈은 번개와 같다는 말이며, 하늘은 숨어서 하는 일도 다 보고 있다는 뜻이다.

원문 | 暗室其心 神目如電
암 실 기 심 신 목 여 전

글자 | 귀신 **신**, 눈 **목**, 같을 **여**, 번개 **전**

출전 | 명심보감 천명편天命篇

[신목웅부信木熊浮]

믿는 나무에 곰이 뜬다는 말이며, 잘 될 줄 믿었던 일이 뜻밖에 일이 생겼다는 뜻이다.

글자 | 믿을 **신**, 나무 **목**, 곰 **웅**, 뜰 **부**
출전 | 순오지

[신묘불측神妙不測]

신통하고 묘하여 감히 헤아릴 수 없다는 말이다.

글자 | 신통할 **신**, 묘할 **묘**, 아닐 **불**, 헤아릴 **측**

[신무불살神武不殺]

귀신같은 호반은 [사람을] 죽이지 않는다는 말이며, 뛰어난 무용을 가진 사람은 함부로 사람을 죽이지 않는다는 뜻이다.

글자 | 귀신 **신**, 호반 **무**, 아닐 **불**, 죽일 **살**
출전 | 주역 계사전繫辭傳 상

[신물경속愼勿輕速]

삼가 가볍고 빠르지 말라는 말이며, 조심하여 가볍고 졸속하게 처신하지 말라는 뜻이다.

글자 | 삼갈 **신**, 말 **물**, 가벼울 **경**, 빠를 **속**

[신물원유愼勿遠遊]

삼가 멀리서 놀지 말라는 말이며, 부모가 걱정하지 않도록 멀리 가지 말라는 뜻이다.

원문 | 愼勿遠遊 遊人有方
신물원유 유인유방

글자 | 삼갈 **신**, 말 **물**, 멀 **원**, 놀 **유**
출전 | 사자소학

[신변잡기身邊雜記]

몸 곁의 잡된 기록이라는 말이며, 자기 주변에서 일어나는 일상의 여러 가지 일들을 적은 수필체의 글을 일컫는다.

글자 | 몸 **신**, 곁 할 **변**, 잡될 **잡**, 기록할 **기**

[신부양난信否兩難]

믿기도 어렵고 아니 믿기도 어렵다는 말이다.

글자 | 믿을 **신**, 아닐 **부**, 둘 **양**, 어려울 **난**

[신사가복信使可覆]

믿음으로 하여금 덮을 수 있다는 말이며, 모든 사람, 모든 경우에 신뢰를 굳게 지켜야 한다는 뜻이다.

원문 | 信使可覆 器欲難量
신사가복 기욕난량

글자 | 믿을 **신**, 하여금 **사**, 옳을 **가**, 덮을 **복**
출전 | 천자문 24항

[신사륙판新四六版]

새로운 네 치 여섯 치의 인쇄할 조각이라는 말이며, 사륙판보다 길이와 너비가 조금 작은 판형을 일컫는다. 길이는 171㎜, 너비는 121㎜이다.

글자 | 새 **신**, 조각 **판**

[신사복곡身絲腹穀]

몸에는 비단실, 배에는 곡식이라는 말

이며, 생활에 여유가 있다는 뜻이다.

글자 | 몸 **신**, 비단실 **사**, 배 **복**, 곡식 **곡**

출전 | 송남잡지

[신사협정紳士協定]

점잖은 선비가 평화롭게 정한다는 말이며, 상대를 서로 믿고 맺는 결정이라는 뜻이다.

글자 | 점잖은 사람 **신**, 선비 **사**, 화할 **협**, 정할 **정**

[신상필벌信賞必罰]

상을 주어 밝히고 반드시 벌을 준다는 말이며, 잘한 사람에게는 상을 주어 알리고, 잘못한 사람에게는 반드시 벌을 준다는 뜻이다.

글자 | 밝힐 **신**, 상줄 **상**, 반드시 **필**, 벌줄 **벌**

출전 | 한비자 외저설外儲說, 목민심서 이전육조吏典六條

유사 | 일벌백계一罰百戒, 유죄필벌有罪必罰

[신서단단信誓旦旦]

간절하고 지성스럽게 믿고 맹세한다는 말이다.

원문 | 信誓旦旦 不思其反
신 서 단 단 불 사 기 반

글자 | 믿을 **신**, 맹세할 **서**, 간측懇惻할 **단**

출전 | 시경 위풍 맹氓

[신선여왕神仙女王]

신선과 같은 여왕이라는 말이며, 선경仙境에 있다는 여왕을 일컫는다.

글자 | 신통할 **신**, 신선 **선**, 계집 **여**, 임금 **왕**

[신성낙락晨星落落]

새벽별이 드문드문하다는 말이며, 벗이 차츰 적어진다는 뜻이다.

글자 | 새벽 **신**, 별 **성**, 헤어질 **낙(락)**

[신성모독神聖冒瀆]

거룩한 신을 무릅쓰고 흐린다는 말이며, 신성한 천주성天主性을 모독한다는 뜻이다.

글자 | 하나님 **신**, 거룩할 **성**, 무릅쓸 **모**, 흐릴 **독**

출전 | 천주교

[신성후실身聲後實]

몸소 소리를 내고 뒤에 열매를 얻는다는 말이며, 처음에 헛소문을 낸 다음 때를 보아 실력을 행사한다는 뜻이다.

글자 | 몸소 **신**, 소리 **성**, 뒤 **후**, 열매 **실**

[신세다례新歲茶禮]

새해에 차를 드리는 예도라는 말이며, 새해를 맞아 조상에게 드리는 제사를 일컫는다.

글자 | 새 **신**, 해 **세**, 차풀 **다**, 예도 **례**

[신세문안新歲問安]

새해에 편안을 묻는다는 말이며, 새해에 드리는 인사를 일컫는다.

글자 | 새 **신**, 해 **세**, 물을 **문**, 편안 **안**

[신수어염薪水魚鹽]

땔나무, 물, 물고기, 소금이라는 말이며, 식생활에 필요한 모든 물품이라는 뜻이다.

글자 | 땔나무 **신**, 물 **수**, 고기 **어**, 소금 **염**
출전 | 송남잡지

[신수지로薪水之勞]

땔나무를 하고 물을 긷는 수고라는 말이며, 집에 은거하여 잡일을 한다는 뜻이다.

글자 | 땔나무 **신**, 물 **수**, 어조사 **지**, 일할 **로**
출전 | 도정절전陶靖節傳

[신신당부申申當付]

거듭거듭 부탁한다는 말이다.

글자 | 거듭 **신**, 순응할 **당**, 부탁 **부**

[신신부탁申申付託]

→ 신신당부申申當付

[신심여수臣心如水]

신하의 마음이 물과 같다는 말이며, 신하의 청렴결백함을 빗댄 말이다.

글자 | 신하 **신**, 마음 **심**, 같을 **여**, 물 **수**
출전 | 한서

[신심직행信心直行]

믿는 마음을 곧 행한다는 말이며, 옳다고 여기는 마음이 생기면 바로 행한다는 뜻이다.

글자 | 믿을 **신**, 마음 **심**, 곧을 **직**, 행할 **행**

[신앙고백信仰告白]

우러러 믿음을 아뢴다는 말이며, 성서의 말씀을 그대로 받아들이고 기독교의 신앙을 공적公的으로 나타낸다는 뜻이다.

글자 | 믿을 **신**, 우러를 **앙**, 알릴 **고**, 아뢸 **백**

[신앙종교信仰宗教]

우러러 믿는 교파의 가르침이라는 말이며, 초월적인 절대자를 믿고 숭배하는 정신세계를 일컫는다.

글자 | 믿을 **신**, 우러를 **앙**, 교파 **종**, 가르칠 **교**

[신약성서新約聖書]

새로운 약속의 거룩한 글이라는 말이며, 기독교의 구약성서의 후속인 성전聖典을 일컫는다. 예수 그리스도의 생애와 그 제자들의 전도傳道의 기록과 사도들의 편지 등 모두 27권으로 되어 있는데, 모두 그리스어로 기록되어 있으며, 예수 그리스도가 하나님의 독생자로서 이 세상에 태어나 죄로 말미암아 고민하는 사람들을 구하기 위하여 십자가에 못 박혀 죽은 후 부활하여 그리스도를 믿는 모든 사람에게 영원한 생명이 약속되었다고 하는 신앙에 일관한 내용이 적혀 있다.

글자 | 새 **신**, 기약할 **약**, 거룩할 **성**, 글 **서**
출전 | 신약성서

[신언불미信言不美]

믿을 말은 아름답지 않는다는 말이다. 노자에 있는 글이다. '믿을 말은 아름답지 아니하고, 아름다운 말은 믿음이 없다.'

원문 | 信言不美 美言不信
신 언 불 미 미 언 불 신

글자 | 믿을 **신**, 말씀 **언**, 아닐 **불**, 예쁠 **미**
출전 | 노자 81장 현질顯質

[신언서판身言書判]

몸과 말과 글과 판단이라는 말이며, 선비가 갖추어야 할 네 가지 덕목으로서 풍채, 언변言辯, 문장력, 판단력을 일컫는다.

원문 | 以身言書判 計資量勞而擬官
이 신 언 서 판 계 자 량 노 이 의 관

글자 | 몸 **신**, 말씀 **언**, 글 **서**, 판단할 **판**
출전 | 당서 선거지選擧志

[신여미생信如尾生]

→ 미생지신尾生之信

[신여연소身與煙消]

몸은 연기와 더불어 사라진다는 말이며, 사람이 죽어 없어지는 것은 연기가 사라지는 것과 같다는 뜻이다.

글자 | 몸 **신**, 더불어 **여**, 연기 **연**, 사라질 **소**
출전 | 사기 소진蘇秦 열전

[신완귀각神剜鬼刻]

신이 깎고 귀신이 새겼다는 말이며, 산수와 암석의 모양이 매우 신비하다는 뜻이다.

글자 | 귀신 **신**, 깎을 **완**, 귀신 **귀**, 새길 **각**

[신외무물身外無物]

몸 밖에 헤아릴 것이 없다는 말이며, 몸이 무엇보다도 소중하다는 뜻이다.

글자 | 몸 **신**, 바깥 **외**, 없을 **무**, 헤아릴 **물**
출전 | 백거이白居易의 시

[신용어시愼用於始]

처음에 쓰는 것을 삼간다는 말이며, 군자는 사람을 쓸 때, 신중을 기해서 채용한다는 뜻이다.

원문 | 故君子 愼其用於始也
고 군 자 신 기 용 어 시 야

글자 | 삼갈 **신**, 쓸 **용**, 어조사 **어**, 비로소 **시**
출전 | 성대중의 청성잡기青城雜記

[신원설치伸寃雪恥]

원통함을 풀고 부끄러운 일을 씻어 버린다는 말이다.

글자 | 말할 **신**, 원통할 **원**, 씻을 **설**, 부끄러울 **치**

[신위국삭身危國削]

몸이 위태롭고 나라가 침노 당한다는 말이며, 백성과 나라가 모두 위약한 상태에 있다는 뜻이다.

원문 | 不甚則 身危國削
불 심 즉 신 위 국 삭

글자 | 몸 **신**, 위태로울 **위**, 나라 **국**, 침노할 **삭**

출전 | 맹자 이루離婁 상

[신의정도信義正道]

미덥고 올바른 길이라는 말이다.

글자 | 믿을 **신**, 옳을 **의**, 바를 **정**, 길 **도**

[신이득지辛而得之]

매운 것이 얻는다는 말이며, 고생해서 성공했다는 뜻이다.

글자 | 매울 **신**, 말 이을 **이**, 얻을 **득**, 어조사 **지**

[신이발지信以發志]

믿음으로써 뜻을 편다는 말이며, 신뢰를 가지고 포부를 편다는 뜻이다.

글자 | 믿을 **신**, 써 **이**, 펼 **발**, 뜻 **지**

[신이후간信而後諫]

[윗사람의] 신임을 받은 뒤에 간언한다는 말이다. 신임을 받지 못했을 때 간하면 자기를 비방한다고 여긴다는 것이다.

원문 | 信而後諫 未信則以爲謗己也
신 이 후 간 미 신 즉 이 위 방 기 야

글자 | 믿을 **신**, 말 이을 **이**, 뒤 **후**, 간할 **간**

출전 | 논어 자장子張

[신인공노神人共怒]

신과 사람이 함께 노한다는 말이며, 누구나 다 분노할 일이라는 뜻이다.

글자 | 귀신 **신**, 사람 **인**, 한가지 **공**, 성낼 **노**

동류 | 천인공노天人共怒

[신인공분神人共憤]

→ 신인공노神人共怒

[신일주이臣一主二]

신하는 하나이고 임금은 둘이라는 말이며, 신하로서 모실 수 있는 임금은 여러 나라에 많이 있다는 뜻이다.

글자 | 신하 **신**, 임금 **주**

출전 | 춘추좌씨전

동류 | 신일군이臣一君二

[신입고출新入故出]

→ 신입구출新入舊出

출전 | 송남잡지

[신입구출新入舊出]

새것은 들어오고 옛것은 나간다는 말이다.

글자 | 새 **신**, 들 **입**, 옛 **구**, 나갈 **출**

[신입야귀晨入夜歸]

새벽에 들어와 밤에 돌아간다는 말이며, 직무에 열심히 종사한다는 뜻이다.

글자 | 새벽 **신**, 들 **입**, 밤 **야**, 돌아갈 **귀**

[신조판삽身操版鍤]

몸소 담틀과 가래를 잡는다는 말이며,

솔선수범하여 일을 한다는 뜻이다.

글자 | 몸소 **신**, 잡을 **조**, 담틀 **판**, 가래 **삽**

출전 | 송남잡지

[신종여시愼終如始]

마지막도 처음과 같이 신중을 기한다는 말이다. 노자에 있는 글이다. '마지막도 처음과 같이 신중히 하면 곧 일에 실패하는 일이 없을 것이다.'

원문 | 愼終如始 則無敗事
신종여시 즉무패사

글자 | 삼갈 **신**, 마침 **종**, 같을 **여**, 비로소 **시**

출전 | 노자 64장 수미守微

[신종추원愼終追遠]

죽음을 삼가고 멀리 따른다는 말이며, 부모의 장례를 엄숙히 하고 조상의 제사를 정성스레 올린다는 뜻이다.

원문 | 愼終追遠 民德歸厚矣
신종추원 민덕귀후의

글자 | 삼갈 **신**, 죽을 **종**, 따를 **추**, 멀 **원**

출전 | 논어 학이學而

[신주양자神主養子]

→ 백골양자白骨養子

[신주출후神主出後]

→ 백골양자白骨養子

[신지무의信之無疑]

믿어 의심치 않는다는 말이다.

글자 | 믿을 **신**, 어조사 **지**, 없을 **무**, 의심할 **의**

[신지속지紳之束之]

묶고 또 묶는다는 말이다.

글자 | 묶을 **신**, 어조사 **지**, 묶을 **속**

출전 | 서경

[신진기예新進氣銳]

새로 나아갈 날쌘 정기라는 말이며, 새로 두각을 나타낸 신인을 일컫는다.

글자 | 새 **신**, 나아갈 **진**, 정기 **기**, 날쌜 **예**

[신진대사新陳代謝]

묵은 것이 물러나고 새것이 들어선다는 말이다.

글자 | 새 **신**, 묵을 **진**, 대신할 **대**, 물러날 **사**

출전 | 회남자

[신진화멸薪盡火滅]

땔나무가 다하여 불이 꺼진다는 말이며, 기연機緣이 다하여 사물이 멸망한다는 뜻이다.

글자 | 땔나무 **신**, 다할 **진**, 불 **화**, 꺼질 **멸**

출전 | 법화경

[신체발부身體髮膚]

몸 · 머리털과 피부라는 말이며, 몸뚱이 전체를 일컫는다. 효경에 있는 글이다. '사람의 신체와 머리털과 피부는 모두 부모에게서 받은 것이니, 감히 이것을 손상시키지 않음이 바로 효의 시

작이다.'

원문 | 身體髮膚 受之父母 弗敢毁傷 孝之始也
신체발부 수지부모 불감훼상 효지시야

글자 | 몸 **신**, 몸 **체**, 터럭 **발**, 살갗 **부**

출전 | 효경 개종명의장開宗明義章

[신체적성身體適性]

몸에 맞는 성품이라는 말이며, 여러 가지 작업을 할 때 개인의 신체적 능력을 일컫는다.

글자 | 몸 **신**, 몸 **체**, 맞을 **적**, 성품 **성**

[신축자재伸縮自在]

펴고 오그라지는 것을 스스로 있게 한다는 말이며, 늘었다 줄었다 하는 것을 마음대로 한다는 뜻이다.

글자 | 펼 **신**, 오그라질 **축**, 스스로 **자**, 있을 **재**

[신출귀몰神出鬼沒]

신이 나타나고 귀신이 들어간다는 말이며, 귀신같이 마음대로 들락거린다는 뜻이다. 당희장어唐戲場語에 두 머리 세 얼굴의 귀신이 나타나고 없어진다는 구절이 있다.

원문 | 兩頭三面 神出鬼沒
양두삼면 신출귀몰

글자 | 귀신 **신**, 날 **출**, 귀신 **귀**, 숨을 **몰**

출전 | 최치원崔致遠의 계원필경집桂園筆耕集

동류 | 백귀야행百鬼夜行

[신출귀물新出貴物]

새로 나온 귀한 물건이라는 말이다.

글자 | 새 **신**, 날 **출**, 귀할 **귀**, 물건 **물**

[신출모귀晨出暮歸]

새벽에 나가 밤에 돌아온다는 말이며, 매우 부지런하다는 뜻이다.

글자 | 새벽 **신**, 날 **출**, 밤 **모**, 돌아올 **귀**

출전 | 송남잡지

[신친당지身親當之]

몸소 일을 맡는다는 말이다.

글자 | 몸 **신**, 친할 **친**, 맡을 **당**, 어조사 **지**

[신토불이身土不二]

몸과 땅이 둘이 아니라는 말이며, 그 몸은 그 땅에서 난 것이 몸에 좋다는 뜻이다.

글자 | 몸 **신**, 흙 **토**, 아닐 **불**

출전 | 동의보감東醫寶鑑

[신품사현神品四賢]

신통한 가지를 남긴 네 사람의 어진 이라는 말이며, 서화로 유명한 신라의 김생金生과 고려의 탄연坦然, 최우崔瑀, 유신柳伸을 일컫는다.

글자 | 신통할 **신**, 가지 **품**, 어질 **현**

출전 | 동국이상국집東國李相國集

[신필선기晨必先起]

새벽에는 반드시 먼저 일어난다는 말

이다.

원문 | 晨必先起 必盥必漱
신필선기 필관필수

글자 | 새벽 **신**, 반드시 **필**, 먼저 **선**, 일어날 **기**

출전 | 사자소학

[신학삼덕神學三德]

하나님을 배우는 세 가지 덕이라는 말이며, 믿음과 사람, 그리고 소망을 일컫는다.

글자 | 하나님 **신**, 배울 **학**, 큰 **덕**

[신허요통腎虛腰痛]

자지가 약하고 허리가 아프다는 말이며, 남녀 간의 성 교섭이 심해 생기는 허리 통증을 일컫는다.

글자 | 자지 **신**, 약할 **허**, 허리 **요**, 아플 **통**

[신호지세晨虎之勢]

새벽 호랑이의 기세라는 말이며, 맹렬한 세력을 일컫는다.

글자 | 새벽 **신**, 범 **호**, 어조사 **지**, 기세 **세**

[신혼골수神魂骨髓]

정신의 혼과 뼈의 골이라는 말이며, 정신과 육체라는 뜻이다.

글자 | 정신 **신**, 혼 **혼**, 뼈 **골**, 골 **수**

[신후지간身後之諫]

몸이 죽은 뒤에도 간한다는 말이며, 죽어서도 백성과 임금을 염려하는 지극한 자세를 일컫는다.

글자 | 몸 **신**, 뒤 **후**, 어조사 **지**, 간할 **간**

출전 | 공자가어 곤서편困誓篇

[신후지계身後之計]

몸이 죽은 뒤의 계교라는 말이며, 죽은 뒤의 자손을 위한 계획을 일컫는다.

글자 | 몸 **신**, 뒤 **후**, 어조사 **지**, 계교 **계**

[신후지지身後之地]

몸이 죽은 뒤의 땅이라는 말이며, 자기가 묻힐 묏자리라는 뜻이다.

글자 | 몸 **신**, 뒤 **후**, 어조사 **지**, 땅 **지**

[실가지락室家之樂]

집안의 즐거움이라는 말이며, 부부 사이의 화목한 즐거움을 일컫는다.

글자 | 방 **실**, 집 **가**, 어조사 **지**, 즐거울 **락**

출전 | 시경

동류 | 의가지락宜家之樂, 금슬지락琴瑟之樂

[실동시간實動時間]

실제로 움직이는 시간이라는 말이며, 식사, 휴식 등을 제외한 근로시간을 일컫는다.

글자 | 사실 **실**, 움직일 **동**, 때 **시**, 사이 **간**

[실리실득實利實得]

사실의 이로움과 사실의 얻음이라는 말이며, 실질적인 이득이라는 뜻이다.

글자 | 사실 **실**, 이로울 **리**, 얻을 **득**

[실리실익實利實益]

→ 실리실득實利實得

[실리추구實利追求]

충실한 이로움을 좇아 구한다는 말이며, 현실적인 이익을 추구한다는 뜻이다.

글자 | 충실할 **실**, 이로울 **리**, 좇을 **추**, 구할 **구**

[실마치구失馬治廐]

말을 잃고 마구간을 고친다는 말이며, 실패한 후에 뉘우쳐도 소용없다는 뜻이다.

글자 | 잃을 **실**, 말 **마**, 다스릴 **치**, 마구 **구**

출전 | 순오지 하

동류 | 망양보뢰亡羊補牢

[실망낙담失望落膽]

바라던 것을 잃고 쓸개가 떨어졌다는 말이며, 희망을 잃고 맥이 풀린다는 뜻이다.

글자 | 잃을 **실**, 바랄 **망**, 떨어질 **낙**, 쓸개 **담**

[실부의린失斧疑隣]

도끼를 잃고 이웃을 의심한다는 말이며, 한번 의심할 일이 생기면 평소에 아무렇지도 않은 일마저 의심이 생긴다는 뜻이다.

글자 | 잃을 **실**, 도끼 **부**, 의심할 **의**, 이웃 **린**

출전 | 열자 설부편說符篇

유사 | 의심암귀疑心暗鬼

[실불숭단室不崇壇]

집의 돌단을 높게 하지 않는다는 말이며, 집을 사치스럽게 꾸미지 않는다는 뜻이다.

원문 | 食不二味 居不重席 室不崇壇
식부이미 거부중석 실불숭단

글자 | 방 **실**, 아닐 **불**, 높을 **숭**, 단 **단**

출전 | 춘추좌씨전 애공哀公 원년조

[실사구시實事求是]

참다운 사실과 옳은 것을 구한다는 말이며, 사실을 토대로 정확한 판단과 해답을 얻는다는 뜻이다. 이는 청조清朝 전기의 고증학을 표방하는 학자들에 의해 시작된 운동인데, '학문을 닦아 옛것을 좋아하며 일을 사실되게 하여 옳은 것을 찾는다.'는 말에서 학문하는 태도로 삼은 것이다. 조선 중엽부터 일기 시작한 우리나라의 실학사조實學思潮는 당시 지배계급의 관념적인 성리학에 대한 반발과 반성을 통해 이루어졌지만 실상은 청나라 고증학의 영향이 크다고 본다.

원문 | 修學好古 實事求是
수학호고 실사구시

글자 | 참될 **실**, 일 **사**, 구할 **구**, 옳을 **시**

출전 | 한서 하간헌왕덕전河間獻王德傳

[실상무루實相無漏]

사실의 모양은 새는 법이 없다는 말이

ㅅ

며, 우주만상은 손괴됨이 없이 온전히 유지된다는 뜻이다.

글자 | 사실 **실**, 모양 **상**, 없을 **무**, 샐 **루**

[실상중도實相中道]

사실의 모양과 가운데의 길이라는 말이며, 진실의 모양과 중용中庸의 도를 일컫는다.

글자 | 사실 **실**, 모양 **상**, 가운데 **중**, 길 **도**

[실어공중失於空中]

공중에서 잃었다는 말이며, 물건을 아무렇게나 써버렸다는 뜻이다.

글자 | 잃을 **실**, 어조사 **어**, 빌 **공**, 가운데 **중**

[실여현경室如縣罄]

집안이 경쇠를 걸어놓은 것과 같이 텅 비었다는 말이며, 매우 빈한하다는 뜻이다.

원문 | 室如縣罄 野無靑草
실여현경 야무청초

글자 | 방 **실**, 같을 **여**, 달릴 **현**, 그릇 속 빌 **경**

출전 | 춘추좌씨전 희공조僖公條

[실우치구失牛治廐]

소 잃고 외양간 고친다는 말이다.

글자 | 잃을 **실**, 소 **우**, 다스릴 **치**, 마구 **구**

출전 | 송남잡지

동류 | 실마치구失馬治廐

[실유불성悉有佛性]

모든 사람은 부처의 성품을 가지고 있다는 말이며, 중생은 누구나 부처가 될 수 있는 본성을 가지고 있다는 뜻이다.

원문 | 一切衆生 悉有佛性
일체중생 실유불성

글자 | 모두 **실**, 가질 **유**, 부처 **불**, 성품 **성**

출전 | 열반경涅槃經

[실이인원室邇人遠]

집은 가깝고 사람은 멀다는 말이며, 그리워하는 남자의 집은 가까운데 사모하는 사람은 오지 않는다는 뜻이다.

글자 | 집 **실**, 가까울 **이**, 사람 **인**, 멀 **원**

[실중실국失衆失國]

무리를 잃고 나라를 잃는다는 말이며, 백성과 나라를 모두 잃는다는 뜻이다.

글자 | 잃을 **실**, 무리 **중**, 나라 **국**

출전 | 대학

반대 | 득중득국得衆得國

[실지회복失地回復]

잃은 땅을 다시 돌아오게 한다는 말이며, 전쟁 등으로 빼앗긴 땅을 다시 찾는다는 뜻이다. 또는 실패 등에 의해 입은 손실을 돌려 찾는다는 뜻으로도 쓰인다.

글자 | 잃을 **실**, 땅 **지**, 돌아올 **회**, 돌아올 **복**

[실천궁행實踐躬行]

실제로 밟고 몸으로 행한다는 말이며,

말로 하지 않고 자신이 직접 행한다는 뜻이다.

글자 | 사실 **실**, 밟을 **천**, 몸 **궁**, 행할 **행**

[실해겸망失蟹兼網]

게도 잃고 아울러 그물도 잃는다는 말이며, 이득을 보려고 한 일이 이득은 고사하고 본전까지 잃는다는 뜻이다.

글자 | 잃을 **실**, 게 **해**, 겸할 **겸**, 그물 **망**

출전 | 연암집燕巖集

동류 | 해광구실蟹筐俱失, 해망구실蟹網俱失

[실향사민失鄕私民]

고향을 잃은 사사로운 백성이라는 말이며, 고향을 떠나 타향에 사는 백성이라는 뜻이다.

글자 | 잃을 **실**, 고향 **향**, 사사 **사**, 백성 **민**

[심간초월心肝楚越]

마음과 간이 초나라와 월나라 [사이]라는 말이며, 서로 원수같이 지내는 사이라는 뜻이다.

글자 | 마음 **심**, 간 **간**, 초나라 **초**, 월나라 **월**

출전 | 대동야승

[심격천산心隔千山]

마음이 천 개의 산 저 멀리에 있다는 말이며, 마음이 전혀 통하지 않는다는 뜻이다.

원문 | 對面共語 心隔千山
대면공어 심격천산

글자 | 마음 **심**, 멀 **격**, 일천 **천**, 뫼 **산**

출전 | 명심보감 성심省心 상

[심경고전心驚股戰]

마음이 놀라고 다리가 두려워한다는 말이며, 몹시 놀란 모습을 일컫는다.

글자 | 마음 **심**, 놀랄 **경**, 다리 **고**, 두려워할 **전**

출전 | 창선감의록彰善感義錄

[심광신이心廣神怡]

마음이 넓고 정신이 즐겁다는 말이며, 매우 즐겁다는 뜻이다.

글자 | 마음 **심**, 넓을 **광**, 정신 **신**, 즐거울 **이**

출전 | 춘향전

[심광체반心廣體胖]

마음이 넓어 몸에 살이 찐다는 말이며, 마음이 넓어지면 몸도 편안하게 된다는 뜻이다.

원문 | 心廣體胖 故君子 必誠其意
심광체반 고군자 필성기의

글자 | 마음 **심**, 넓을 **광**, 몸 **체**, 살찔 **반**

출전 | 대학 대학전

[심교지시審交之詩]

살펴서 사귀는 시라는 말이며, 사람을 사귈 때는 자세히 그 사람을 살펴서 택해야 한다는 시를 일컫는다.

글자 | 살필 **심**, 사귈 **교**, 어조사 **지**, 글귀 **시**

출전 | 맹교孟郊의 시

ㅅ

[심구고루深溝高壘]

깊은 도랑과 높은 성채라는 말이며, 해자垓字를 깊게 파고 군루軍壘를 높이 쌓아 방비를 튼튼히 한 성을 일컫는다.

글자 | 깊을 **심**, 도랑 **구**, 높을 **고**, 성채 **루**

출전 | 손자병법 허실편虛實篇

[심근고저深根固柢]

뿌리가 깊고 단단하게 박혔다는 말이며, 토대가 튼튼하다, 또는 사물의 근본이 뚜렷하다는 뜻이다.

글자 | 깊을 **심**, 뿌리 **근**, 굳을 **고**, 뿌리 **저**

출전 | 노자 59장 수도守道

[심기망상心氣妄想]

마음과 기운의 망령된 생각이라는 말이며, 자기가 중병에 걸려 있다고 생각하는 망상이라는 뜻이다.

글자 | 마음 **심**, 기운 **기**, 망령될 **망**, 생각 **상**

[심기일전心機一轉]

마음의 기회를 한번 돌린다는 말이며, 지금까지 먹었던 마음을 어떤 동기에 의하여 다르게 바꾼다는 뜻이다.

글자 | 마음 **심**, 기회 **기**, 구를 **전**

[심기지선尋己之善]

나의 착함을 찾는다는 말이다.

원문 | 見人之善而尋己之善
견 인 지 선 이 심 기 지 선

글자 | 찾을 **심**, 몸 **기**, 어조사 **지**, 착할 **선**

출전 | 명심보감 정기편正己篇

반대 | 심기지악尋己之惡

[심기지악尋己之惡]

나의 악함을 찾는다는 말이다.

원문 | 見人之惡而尋己之惡
견 인 지 악 이 심 기 지 악

글자 | 찾을 **심**, 몸 **기**, 어조사 **지**, 악할 **악**

출전 | 명심보감 정기편正己篇

반대 | 심기지선尋己之善

[심념구언心念口言]

마음으로 생각하고 입으로 말한다는 말이며, 불덕佛德을 생각하면서 염불을 왼다는 뜻이다.

글자 | 마음 **심**, 생각할 **념**, 입 **구**, 말씀 **언**

[심두멸각心頭滅却]

마음의 중심을 없애버린다는 말이며, 모든 잡념을 떨쳐버린다는 뜻이다.

글자 | 마음 **심**, 머리 **두**, 없어질 **멸**, 물리칠 **각**

출전 | 두순학杜荀鶴

[심량처지深諒處之]

깊이 살펴서 처리할 것이라는 말이다.

글자 | 깊을 **심**, 살필 **량**, 처치할 **처**, 이 **지**

[심만의족心滿意足]

마음과 뜻이 차고 흡족하다는 말이다.

글자 | 마음 **심**, 찰 **만**, 뜻 **의**, 흡족할 **족**

[심망의촉心忙意促]

마음이 바빠서 생각을 재촉한다는 말이며, 매우 급하게 서두른다는 뜻이다.

글자 | 마음 **심**, 바쁠 **망**, 생각 **의**, 재촉할 **촉**

출전 | 송남잡지

동류 | 심망의급心忙意急

[심모비산深謀秘算]

깊은 꾀와 비밀한 산술이라는 말이며, 계획이 치밀하고 생각이 빈틈없다는 뜻이다.

글자 | 깊을 **심**, 꾀 **모**, 비밀할 **비**, 산술 **산**

출전 | 조선왕조 14대 선조실록

[심모원려深謀遠慮]

깊이 계략을 꾀하고 먼 장래를 염려한다는 말이다.

글자 | 깊을 **심**, 꾀할 **모**, 멀 **원**, 걱정할 **려**

출전 | 가의賈誼의 과진론過秦論

[심목고준深目高準]

깊은 눈과 높은 코 마루라는 말이며, 비교적 잘생긴 남자의 생김새를 일컫는다.

글자 | 깊을 **심**, 눈 **목**, 높을 **고**, 코마루 **준(절)**

[심무소주心無所主]

마음에 주장하는 바가 없다는 말이며, 마음에 확실한 줏대가 없다는 뜻이다.

원문 | **心無所主 不安可知**
심 무 소 주 불 안 가 지

글자 | 마음 **심**, 없을 **무**, 바 **소**, 주장할 **주**

[심복지우心腹之友]

마음으로 안는 벗이라는 말이며, 서로 마음을 터놓고 지내는 절친한 벗이라는 뜻이다.

글자 | 마음 **심**, 안을 **복**, 어조사 **지**, 벗 **우**

출전 | 신당서新唐書

동류 | 막역지우莫逆之友

[심복지인心腹之人]

마음속의 사람이라는 말이며, 마음 놓고 믿을 수 있는 아래 사람을 일컫는다.

글자 | 마음 **심**, 안을 **복**, 어조사 **지**, 사람 **인**

[심복지질心腹之疾]

→ 심복지환心腹之患

[심복지환心腹之患]

마음과 배, 즉 심장과 위장의 우환을 말하며 내부의 알력軋轢이나 싸움 때문에 생기는 걱정거리라는 뜻이다.

글자 | 마음 **심**, 배 **복**, 어조사 **지**, 고통 **환**

출전 | 춘추좌씨전, 후한서

동류 | 심복지질心腹之疾

[심불가기心不可欺]

마음은 속이지 못한다는 말이다.

원문 | **惟正可守 心不可欺**
유 정 가 수 심 불 가 기

글자 | 마음 **심**, 아닐 **불**, 옳을 **가**, 속일 **기**

출전 | 명심보감 정기편正己篇

[심불부인心不負人]

마음을 사람에게 지우지 않는다는 말이며, 남에게 마음의 부담을 주지 않는다는 뜻이다.

원문 | **心不負人 面無慙色**
심 불 부 인 면 무 참 색

글자 | 마음 **심**, 아닐 **불**, 질 **부**, 사람 **인**

출전 | 명심보감 존심편存心篇

[심비구시心非口是]

마음은 아니고 입은 옳다는 말이며, 속과 겉이 다르다는 뜻이다.

글자 | 마음 **심**, 아닐 **비**, 입 **구**, 옳을 **시**

출전 | 고려사

[심비목석心非木石]

나무와 돌이 아닌 마음이라는 말이며, 사람은 감정을 가지고 있다는 뜻이다. 육조시대 포조鮑照의 시에 '목석이 아닌 마음이 어찌 감정이 없겠느냐.' 라는 구절이 있다.

원문 | **心非木石豈無感**
심 비 목 석 개 무 감

글자 | 마음 **심**, 아닐 **비**, 나무 **목**, 돌 **석**

출전 | 포조의 시

동류 | 인비목석人非木石, 신비목석身非木石

[심사묵고深思默考]

고요히 오랫동안 깊이 생각한다는 말이다.

글자 | 깊을 **심**, 생각 **사**, 고요할 **묵**, 오랠 **고**

동류 | 심사숙고深思熟考

[심사숙고深思熟考]

깊이 생각하고 한참동안 생각한다는 말이며, 신중을 기하여 곰곰이 생각한다는 뜻이다.

글자 | 깊을 **심**, 생각 **사**, 한참동안 **숙**, 생각할 **고**

[심사숙려深思熟廬]

깊이 생각하고 한참동안 생각한다는 말이다.

글자 | 깊을 **심**, 생각 **사**, 한참동안 **숙**, 생각할 **려**

[심산계곡深山溪谷]

깊은 산의 골짜기라는 말이다.

글자 | 깊을 **심**, 뫼 **산**, 시내 **계**, 골짜기 **곡**

[심산궁곡深山窮谷]

→ 심산유곡深山幽谷

[심산유곡深山幽谷]

깊은 산의 숨은 골짜기라는 말이며, 깊은 산의 으슥한 골짜기라는 뜻이다.

글자 | 깊을 **심**, 뫼 **산**, 숨을 **유**, 골짜기 **곡**

출전 | 열자 황제黃帝

동류 | 심산궁곡深山窮谷

[심상사성心相事成]

마음의 바탕이 일을 이룬다는 말이며, 마음만 먹으면 된다는 뜻이다.

글자 | 마음 **심**, 바탕 **상**, 일 **사**, 이룰 **성**

[심상삼년心喪三年]

마음의 상사가 3년이라는 말이며, 탈상한 뒤에도 3년 동안 마음으로 슬퍼하여 상중에 있는 것처럼 근신한다는 뜻이다.

글자 | 마음 **심**, 상사 **상**, 해 **년**

출전 | 조선왕조 4대 세종실록

[심상일양尋常一樣]

보통 언제나 한 가지 모양이라는 말이다.

글자 | 보통 **심**, 항상 **상**, 모양 **양**

[심성정직心性正直]

마음과 성품이 바르고 곧다는 말이며, 본디부터 타고난 마음씨가 바르고 곧다는 뜻이다.

글자 | 마음 **심**, 성품 **성**, 바를 **정**, 곧을 **직**

[심식장려深識長慮]

깊이 알고 길게 생각한다는 말이며, 깊이 있는 식견과 멀리 내다보는 생각이라는 뜻이다.

글자 | 깊을 **심**, 알 **식**, 긴 **장**, 생각할 **려**

동류 | 심모원려深謀遠慮

[심신불안心神不安]

마음과 정신이 편안하지 않다는 말이다.

글자 | 마음 **심**, 정신 **신**, 아닐 **불**, 편안 **안**

[심신산란心神散亂]

마음과 정신이 흩어져서 어지럽다는 말이다.

글자 | 마음 **심**, 정신 **신**, 흩을 **산**, 어지러울 **란**

[심신상관心身相關]

마음과 몸이 서로 관계가 있다는 말이며, 이를테면 성을 내면 몸에도 그에 적응하는 상태가 나타나는 일과 같은 것이다.

글자 | 마음 **심**, 몸 **신**, 서로 **상**, 관계할 **관**

[심심산곡深深山谷]

깊고 깊은 산과 골짜기라는 말이다.

글자 | 깊을 **심**, 뫼 **산**, 골짜기 **곡**

[심심산천深深山川]

깊고 깊은 산과 내라는 말이다.

글자 | 깊을 **심**, 뫼 **산**, 내 **천**

[심심상인心心相印]

마음과 마음이 서로 찍었다는 말이며, 묵묵한 가운데 서로 마음이 통한다는 뜻이다.

글자 | 마음 **심**, 서로 **상**, 찍을 **인**

동류 | 이심전심以心傳心

[심심소일心心消日]

마음과 마음이 해를 보낸다는 말이며, 시간을 보내기 위하여 심심풀이로 어떤 일을 한다는 뜻이다.

글자 | 마음 **심**, 사라질 **소**, 날 **일**

[심심장지深深藏之]

깊이깊이 [물건을] 감추었다는 말이다.

글자 | 깊을 **심**, 감출 **장**, 어조사 **지**

[심심파적心心破寂]

마음과 마음이 고요함을 깨트린다는 말이며, 심심풀이를 한다는 뜻이다.

글자 | 마음 **심**, 깨트릴 **파**, 고요할 **적**

[심여구위心與口違]

마음이 입과 더불어 다르다는 말이며, 생각과 말이 다르다는 뜻이다.

글자 | 마음 **심**, 더불어 **여**, 입 **구**, 다를 **위**

[심연박빙深淵薄氷]

깊은 연못의 얇은 얼음이라는 말이며, 위험이 도사리고 있는 곳을 빗댄 말이다.

원문 | 戰戰兢兢 如臨深淵 如履薄氷
전전긍긍 여림심연 여리박빙

글자 | 깊을 **심**, 못 **연**, 얇을 **박**, 얼음 **빙**

출전 | 논어 태백泰伯

[심연불학深淵不涸]

연못이 깊고 물이 마르지 않는다는 말이며, 연못이 깊어 물이 마르지 않으면 하고자 하는 바를 얻을 수 있어 신이 있다고 여기고 옥을 던지는 제사를 지낸다는 뜻이다.

원문 | 深淵而不涸 則沈玉極
심연이불학 즉침옥극

글자 | 깊을 **심**, 못 **연**, 아닐 **불**, 물 마를 **학**

출전 | 관자 형세해形勢解

[심열성복心悅誠服]

마음으로 기쁘고 정성으로 복종한다는 말이다.

원문 | 中心悅而 誠服
중심열이 성복

글자 | 마음 **심**, 기쁠 **열**, 정성 **성**, 복종할 **복**

출전 | 맹자 공손추 상

[심원의마心猿意馬]

마음은 원숭이 같고 생각은 말 같다는 말이며, 마음과 생각이 흩어져 안정되어 있지 않다는 뜻이다. 당나라 석두대사石頭大師가 한 말에서 유래한다. '마음의 원숭이는 가만히 있지 못하고, 생각의 말은 사방으로 달리며, 신기神氣는 밖으로 어지럽게 흩어진다.'

원문 | 初學時 心猿意馬 全縛不定
초학시 심원의마 전박부정

글자 | 마음 **심**, 원숭이 **원**, 생각 **의**, 말 **마**

출전 | 불교 참동계參同契

[심입천출深入淺出]

깊이 들어가 얕게 나온다는 말이며,

어렵게 공부해서 쉽게 풀어낸다는 뜻이다.

글자 | 깊을 **심**, 들 **입**, 얕을 **천**, 날 **출**

[심자양등深者兩等]

깊은 것의 두 가지 등급이라는 말이며, 사람의 깊이에는 두 가지 종류가 있다는 뜻이다. 하나는 심침深沈인데, 마치 말이 어눌하여 스스로를 지키는 듯한데 남을 포용하고 사물을 인내한다. 속에 든 자기 생각이 분명해도 겉으로는 심후深厚하다. 모난 구석을 드러내지 않고 재주를 뽐내는 법이 없다. 이것은 덕 중에서도 상등 가는 것이다. 다른 하나는 간심奸深이다. 입을 꽉 닫아 마음을 감춰두고 기미를 감추고서 속임수를 쓴다. 움직임을 좋아하고 고요함을 미워하며, 드러난 자취는 어그러지고 비밀스럽다. 두 눈으로 곁눈질하고 한마디 말에도 가시가 있다.

원문 | 人之深者有兩等焉
인 지 심 자 유 양 등 언

글자 | 깊을 **심**, 것 **자**, 둘 **양**, 등급 **등**

출전 | 언행휘찬言行彙纂

[심장멱구尋章覓句]

→ 심장적구尋章摘句

[심장불로深藏不露]

깊이 감추고 드러내지 않는다는 말이며, 유능한 사람은 한 번에 자기 수를 다 보여주지 않고 깊이 감추어 드러내지 않는다는 뜻이다.

글자 | 깊을 **심**, 감출 **장**, 아닐 **불**, 드러낼 **로**

[심장적구尋章摘句]

글귀를 들추어내어 문채를 찾는다는 말이며, 옛사람의 글귀를 여기저기서 뽑아서 시문詩文을 짓는다는 뜻이다.

글자 | 찾을 **심**, 문채 **장**, 들추어낼 **적**, 글 귀절 **구**

출전 | 삼국지 오주전吳主傳

[심재좌망心齋坐忘]

마음을 성결하게 하고 앉아서 잊는다는 말이며, 마음을 비우고 앉아서 도를 깨우친다는 뜻이다.

글자 | 마음 **심**, 성결할 **재**, 앉을 **좌**, 잊을 **망**

출전 | 장자 인간세편人間世篇

[심재홍곡心在鴻鵠]

마음은 기러기와 고니에 있다는 말이며, 공부를 하면서 마음은 엉뚱한 곳에 있다는 뜻이다.

글자 | 마음 **심**, 있을 **재**, 기러기 **홍**, 고니 **곡**

출전 | 맹자 고자告子 상

[심적자안心適自安]

마음이 즐거워 스스로 편안하다는 말이다.

글자 | 마음 **심**, 즐거울 **적**, 스스로 **자**, 편안 **안**

[심조자득深造自得]

깊이 만들어 스스로 얻는다는 말이며, 학문을 깊이 연구하여 자기 힘으로 터득한다는 뜻이다.

글자 | 깊을 **심**, 만들 **조**, 스스로 **자**, 얻을 **득**

출전 | 맹자 이루 하

[심중소회心中所懷]

마음속의 품은 바라는 말이며, 마음속의 생각이나 느낌이라는 뜻이다.

글자 | 마음 **심**, 가운데 **중**, 바 **소**, 품을 **회**

[심중은후深中隱厚]

깊은 가운데 두텁게 숨는다는 말이며, 마음을 깊이 은인자중隱忍自重한다는 뜻이다.

글자 | 깊을 **심**, 가운데 **중**, 숨을 **은**, 두터울 **후**

출전 | 한서

[심지광명心地光明]

마음의 바탕이 빛나고 밝다는 말이다.

글자 | 마음 **심**, 땅 **지**, 빛 **광**, 밝을 **명**

출전 | 옥루몽玉樓夢

유사 | 공명정대公明正大, 공평무사公平無私

[심행수묵尋行數墨]

줄을 찾고 먹을 센다는 말이며, 독서하는데 글자에만 집착하고 문장의 참뜻을 깨닫지 못한다는 뜻이다.

글자 | 찾을 **심**, 줄 **행**, 셀 **수**, 먹 **묵**

[심혜본허心兮本虛]

마음은 본래 빈 것이라는 말이다.

글자 | 마음 **심**, 어조사 **혜**, 근본 **본**, 빌 **허**

[심효진상甚囂塵上]

몹시 시끄럽고 먼지가 뿌옇게 일어난다는 말이며, 의논이 분분하거나 여론이 떠들썩하다는 뜻이다. 원래는 전투 준비에 바쁜 병영의 모습을 묘사한 것인데 뜻이 바뀌었다.

원문 | 甚囂且塵上矣
심 효 차 진 상 의

글자 | 심할 **심**, 떠들썩할 **효**, 티끌 **진**, 윗 **상**

출전 | 춘추좌씨전 성공 16년조

[십거부제十擧不第]

열 번 일어나 과거가 아니 되었다는 말이며, 열 번 과거에 응시하여 급제하지 못했다는 뜻이다.

글자 | 일어날 **거**, 아닐 **부**, 과거 **제**

출전 | 조선왕조 9대 성종실록

동류 | 십거부중十擧不中

[십거부중十擧不中]

→ 십거부제十擧不第

[십고일상十瞽一相]

→ 십맹일장十盲一杖

[십고일장十瞽一杖]

→ 십맹일장十盲一杖

출전 | 동언해

[십기구란十棊九卵]

열 개의 바둑[알]과 아홉 개의 알이라는 말이며, 바둑알과 새알을 쌓기가 매우 어려운 것을 빗대어 어떤 일이 매우 위태롭다는 뜻이다.

글자 | 바둑 **기**, 알 **란**

출전 | 조선왕조 15대 광해군일기

동류 | 누란지위累卵之危

[십기지우十起之憂]

열 번 일어나는 근심이라는 말이며, 후한의 제오륜이 조카의 문병을 하루 저녁에 열 번이나 했다는 고사에서 온 말이다.

글자 | 일어날 **기**, 어조사 **지**, 근심 **우**

출전 | 후한서 제오륜전第五倫傳

[십년감수十年減壽]

목숨이 10년이나 줄었다는 말이며, 몹시 놀라거나 위태로운 고비를 넘겼을 때 하는 말이다.

글자 | 해 **년**, 덜 **감**, 목숨 **수**

[십년구사十年構思]

십 년 동안 생각을 이룬다는 말이며, 다년간 시문詩文을 수련한다는 뜻이다.

글자 | 해 **년**, 이룰 **구**, 생각 **사**

[십년독서十年讀書]

십 년 동안 글을 읽는다는 말이며, 목표를 세우고 학문에 열중한다는 뜻이다. 송나라 심유지沈攸之가 늘 입에 달고 했다는 말이다. '일찍 궁달에 정한 운명이 있음을 알아 십 년 독서를 못한 것이 안타깝다.'

원문 | 早知窮達有命 恨不十年讀書
조지궁달유명 한불십년독서

글자 | 해 **년**, 글 읽을 **독**, 글 **서**

출전 | 심유지의 글

ㅅ

[십년일득十年一得]

십 년에 한 번 얻는다는 말이며, 홍수 또는 가뭄을 타기 쉬운 논밭이 어쩌다가 한 번, 풍작일 때를 일컫는다.

글자 | 해 **년**, 얻을 **득**

[십년일석十年一昔]

십 년이 한 옛날이라는 말이며, 긴 세월이라는 뜻이다.

글자 | 해 **년**, 옛 **석**

[십년일일十年一日]

10년이 하루 같다는 말이며, 긴 세월이 변화도 없이 똑같은 상태라는 뜻이다.

글자 | 해 **년**, 날 **일**

유사 | 구태의연舊態依然

[십년지계十年之計]

10년의 계획이라는 말이며, 앞으로 10년 동안을 목표로 하는 장기간의 계획을 일컫는다.

원문 | 十年之計 莫如樹木
십 년 지 계 막 여 수 목

글자 | 해 **년**, 어조사 **지**, 꾀할 **계**

출전 | 관자 권수편權修篇

[십년지기十年知己]

10년을 아는 몸이라는 말이며, 오래 전부터 사귀어 온 가까운 벗을 일컫는다.

글자 | 해 **년**, 알 **지**, 몸 **기**

[십맹일상十盲一相]

→ 십맹일장十盲一杖

[십맹일장十盲一杖]

장님 열 사람에 지팡이 하나라는 말이며, 어떤 사물이 여러 곳에 요긴하게 쓰인다는 뜻이다.

글자 | 장님 **맹**, 지팡이 **장**

출전 | 순오지

동류 | 십고일장十瞽一杖

[십목소시十目所視]

열 개의 눈이 보고 있는 바라는 말이며, 많은 사람이 지켜보고 있다는 뜻이다. 증자가 한 말에서 유래한다. '열 눈이 보는 바요, 열 손가락이 가리키는 바니, 참으로 무서운 일이구나.'

원문 | 十目所視 十手所指 其嚴乎
십 목 소 시 십 수 소 지 기 엄 호

글자 | 눈 **목**, 바 **소**, 볼 **시**

출전 | 대학 성의장誠意章

동류 | 중목소시衆目所視

[십목십수十目十手]

열 사람의 눈과 열 사람의 손이라는 말이며, 보는 사람과 손가락질하는 사람이 많다는 뜻이다.

글자 | 눈 **목**, 손 **수**

[십무낭자十無浪子]

열 가지가 없는 맹랑한 사람이라는 말이며, 다음과 같이 아무 짝에도 쓸모없는 허랑한 인간을 일컫는다. ① 좋은 운을 타고나지 못함. ② 외모도 별 볼 일 없음. ③ 재주도 없음. ④ 문장 솜씨도 없음. ⑤ 특별한 능력도 없음. ⑥ 재물도 없음. ⑦ 지위도 없음. ⑧ 말 재주도 없음. ⑨ 글씨도 못씀. ⑩ 품은 뜻도 없음.

글자 | 없을 **무**, 맹랑할 **낭**, 사람 **자**

출전 | 풍도馮道의 글

[십반일시十飯一匙]

→ 십시일반十匙一飯

출전 | 이담속찬

[십방세계十方世界]

열 개 방향의 세계라는 말이며, 사방四方(동·서·남·북), 사우四隅(동남·서남·동북·서북) 상上·하下 등을 일컫는다.

글자 | 방위 **방**, 세상 **세**, 지경 **계**

출전 | 불교

[십방왕생十方往生]

열 개 방위로 태어나기 위해 다시 태어난다는 말이며, 극락정토에 다시 태어난다는 뜻이다.

글자 | 방위 **방**, 갈 **왕**, 날 **생**

[십방정토十方淨土]

열 방위의 깨끗한 땅이라는 말이며, 부처가 있는 극락세계라는 뜻이다.

글자 | 방위 **방**, 깨끗할 **정**, 땅 **토**

동류 | 정토신앙淨土信仰

[십백지기什栢之器]

열 배 백배의 그릇이라는 말이며, 보통 사람보다 월등히 큰 인물을 일컫는다.

원문 | 使有什栢之器而不用
사 유 십 백 지 기 이 불 용

글자 | 열 사람 **십**, 백 사람 **백**, 어조사 **지**, 그릇 **기**

출전 | 노자

[십벌지목十伐之木]

열 번 찍는 나무라는 말이며, 열 번 찍어 안 넘어가는 나무 없다, 또는 아무리 굳은 마음이라도 여러 번 달래고 유혹하면 넘어가게 된다는 뜻이다.

글자 | 벨 **벌**, 어조사 **지**, 나무 **목**

출전 | 순오지

[십보방초十步芳草]

열 걸음에 꽃다운 풀이라는 말이며, 세상 도처에 인재가 많다는 뜻이다.

원문 | 十步之內 必有芳草
십 보 지 내 필 유 방 초

글자 | 걸음 **보**, 꽃다울 **방**, 풀 **초**

출전 | 설원 담총談叢

[십부백판十剖百判]

열 개로 쪼개고 백 개로 가른다는 말이며, 사물을 아주 잘게 가른다는 뜻이다.

글자 | 쪼갤 **부**, 가를 **판**

[십분무의十分無疑]

열 번 분별하여도 의심할 바가 없다는 말이며, 충분한 근거가 있어서 조금도 의심할 바가 없다는 뜻이다.

글자 | 분별할 **분**, 없을 **무**, 의심할 **의**

[십분준신十分準信]

열 번 분별하여도 믿을 법하다는 말이며, 아주 믿는다는 뜻이다.

글자 | 분별할 **분**, 법 **준**, 믿을 **신**

[십사일생十死一生]

→ 구사일생九死一生

[십상팔구十常八九]

열 가운데 여덟이나 아홉은 항상 그렇다는 말이며, 거의다가 그렇다는 뜻이다.

글자 | 항상 **상**

동류 | 십중팔구十中八九

[십생구사十生九死]

아홉 번 죽고 열 번 살았다는 말이며, 죽을 고비를 여러 번 넘고 간신히 살아남았다는 뜻이다.

글자 | 살 **생**, 죽을 **사**

[십선만승十善萬乘]

열 가지 많은 것을 가지고 일만을 탄다는 말이며, 많은 권력을 가지고 일 만대의 전자戰車를 타는 군주라는 뜻이다.

글자 | 많을 **선**, 일만 **만**, 탈 **승**

[십선지군十善之君]

→ 십선만승十善萬乘

[십선지주十善之主]

열 가지 선의 임금이라는 말이며, 임금을 일컫는다.

글자 | 착할 **선**, 어조사 **지**, 임금 **주**

[십소경해十宵鏡解]

열 밤에 살피고 깨우친다는 말이며, 여럿이 매우 풀기 어려운 일을 푼다는 뜻이다.

글자 | 밤 **소**, 살필 **경**, 깨우쳐줄 **해**

출전 | 송남잡지

[십수기일十輸其一]

열에서 그 하나를 보낸다는 말이며, 10분의 1을 준다는 뜻이다.

글자 | 보낼 **수**, 그 **기**

[십수난엄十手難掩]

열 손[가락]으로 가리기 어렵다는 말이며, 숨기려 해도 숨길 수 없다는 뜻이다.

글자 | 손 **수**, 어려울 **난**, 가릴 **엄**

동류 | 가엽차안柯葉遮眼

[십수소지十手所指]

열 손이 가리키는 바라는 말이며, 여러 사람이 지적하고 있는 바라는 뜻이다.

원문 | 十目所視 十手所指
십 목 소 시 십 수 소 지

글자 | 손 **수**, 바 **소**, 가리킬 **지**

출전 | 대학 성의장誠意章

[십습이장十襲而藏]

열 번 싸서 둔다는 말이며, 아주 소중하게 간직한다는 뜻이다.

글자 | 껴입을 **습**, 말 이을 **이**, 감출 **장**

출전 | 감자闞子, 태평광기太平廣記

[십승지지十勝之地]

열 곳의 나은 땅이라는 말이며, 기근과 병화가 없는 안전하고 살기 좋은 고장이라는 뜻이다.

글자 | 나을 **승**, 어조사 **지**, 땅 **지**

[십시일반十匙一飯]

열 숟가락이 한 사발밥이 된다는 말이며, 여러 사람이 힘을 합하면 한 사람을 돕기 쉽다는 뜻이다.

글자 | 숟가락 **시**, 밥 **반**

[십실구공十室九空]

열 개의 방이 아홉은 비었다는 말이며, 큰 전쟁이나 홍수 등으로 죽거나 멀리 떠난 자가 많다는 뜻이다.

글자 | 방 **실**, 빈 **공**

출전 | 목민심서 호전육조戶典六條

[십실지읍十室之邑]

열 개의 방이 있는 고을이라는 말이며, 작은 읍내를 빗댄 말이다.

글자 | 방 **실**, 어조사 **지**, 고을 **읍**

출전 | 조선왕조 4대 세종실록 69권

[십악대죄十惡大罪]

열 가지 악한 큰 죄를 지었다는 말이며, 몸과 말과 뜻으로 짓는 죄를 일컫는다. 즉 ① 살생殺生, ② 투도偸盜, ③ 사음邪婬, ④ 망어妄語, ⑤ 오구惡口, ⑥ 양설兩舌, ⑦ 기어綺語, ⑧ 탐욕貪欲, ⑨ 진에瞋恚, ⑩ 사견邪見이다.

글자 | 악할 **악**, 큰 **대**, 죄지을 **죄**

출전 | 불교

[십양구목十羊九牧]

열 마리의 양에 아홉 명의 양치기라는 말이며, 백성의 수에 비해 관리官吏가 너무 많다는 뜻이다.

글자 | 양 **양**, 칠 **목**

출전 | 수서隋書

동류 | 민소관다民少官多

[십위지목十圍之木]

열 아름드리의 나무라는 말이며, 매우 굵은 나무를 빗댄 말이다.

원문 | 十圍之木 胎生如蘗
십위지목 태생여얼

글자 | 둘레 **위**, 어조사 **지**, 나무 **목**

출전 | 한서 매승전枚乘傳

[십이지장十二指腸]

열둘 손가락 [길이의] 창자라는 말이며, 위胃의 유문에서 이어진 소장의 일부를 일컫는다.

글자 | 손가락 **지**, 창자 **장**

[십인십색十人十色]

열 사람이 열 가지 색이라는 말이며, 사람의 생각과 즐기는 것이 저마다 다르다는 뜻이다.

글자 | 사람 **인**, 빛 **색**

동류 | 각인각색各人各色

[십인일시十人一匙]

열 사람이 한 숟가락[씩]이라는 말이며, 여러 사람이 힘을 합하면 한 사람쯤 구제할 수 있다는 뜻이다.

글자 | 사람 **인**, 숟가락 **시**

동류 | 십시일반十匙一飯

[십일일수十日一水]

열흘 동안 한 개울을 그렸다는 말이며, 그림을 매우 신중히 그린다는 뜻이다.

ㅅ

원문 | 十日一水 五日一石
십일일수 오일일석

글자 | 날 **일**, 물 **수**

[십일지국十日之菊]

10일의 국화라는 말이며, 때가 늦었다는 뜻이다. 국화의 명절은 9월 9일인데 10일은 명절이 지난날이다.

글자 | 날 **일**, 어조사 **지**, 국화 **국**

출전 | 정곡鄭谷의 시

[십자도립十字倒立]

열 십자 모양의 거꾸로 서기라는 말이며, 양 팔을 벌리고 거꾸로 서는 물구나무서기를 일컫는다.

글자 | 글자 **자**, 거꾸로 **도**, 설 **립**

[십작지목十斫之木]

열 번 찍은 나무라는 말이며, 계속 노력하면 마침내 뜻을 이룰 수 있다는 뜻이다.

글자 | 찍을 **작**, 어조사 **지**, 나무 **목**

출전 | 이담속찬

[십전구도十顚九倒]

열 번 엎어지고 아홉 번 넘어진다는 말이며, 여러 차례 실패를 거듭하면서 갖은 고생을 겪는다는 뜻이다.

글자 | 구를 **전**, 넘어질 **도**

[십중팔구十中八九]

열 가운데 여덟이나 아홉이라는 말이며, 거의 대부분이거나 거의 틀림없다는 뜻이다.

글자 | 가운데 **중**

[십지부동十指不動]

열 손가락을 움직이지 않는다는 말이며, 게을러서 일을 하지 않는다는 뜻이다.

글자 | 손가락 **지**, 아닐 **부**, 움직일 **동**

[십풍오우十風五雨]

열흘에 한번 바람이 불고, 닷새에 한 번 비가 온다는 말이며, 순조로운 날씨를 일컫는다.

글자 | 바람 **풍**, 비 **우**

출전 | 육유陸游의 시

[십한일폭十寒一曝]

열흘 동안 춥다가 하루 볕이 쬔다는 말이다.

글자 | 찰 **한**, 볕에 말릴 **폭**

[십행구하十行俱下]

한꺼번에 열 줄씩 읽어 내려간다는 말이며, 독서의 속도가 매우 빠르다는 뜻이다.

글자 | 줄 **행**, 함께 **구**, 아래 **하**

출전 | 양서

[쌍관제하雙管齊下]

두 붓대를 가지런히 내린다는 말이며, 두 가지 방법을 동시에 쓰거나 두 가지 일을 동시에 진행할 능력이 있다는 뜻이다. 당나라 화가 장조가 한 손에 두 자루의 붓을 쥐고 동시에 두 그루의 소나무를 그렸다는 고사에서 온 말이다.

글자 | 쌍 **쌍**, 붓 대롱 **관**, 가지런할 **제**, 내릴 **하**

출전 | 곽약허의 도화견문지圖畵見聞誌

[쌍구전묵雙鉤塡墨]

쌍 갈고리에 먹을 채운다는 말이며, 남의 필적을 그대로 베낀다는 뜻이다. 남의 필적을 묘사할 때에 글씨 가장자리를 가는 선으로 그린 다음 빈 사이에 먹칠하는데서 온 말이다.

글자 | 짝 **쌍**, 갈고리 쇠 **구**, 채울 **전**, 먹 **묵**

[쌍리공생雙利共生]

한 쌍의 이로움이 함께 산다는 말이며, 서로 이익을 보면서 산다는 뜻이다.

글자 | 한쌍 **쌍**, 이로울 **리**, 한가지 **공**, 살 **생**

[쌍리어출雙鯉魚出]

두 마리의 잉어를 낚았다는 말이며, 지극한 효심을 빗댄 말이다. 중국 후한의 강시와 서진의 진왕상이 어버이를 위하여 추운 겨울에 잉어를 낚았다는 고사에서 온 말이다.

글자 | 두 마리 **쌍**, 잉어 **리**, 고기 **어**, 날 **출**

출전 | 후한서 강시처전姜詩妻傳, 소학

[쌍미양상雙美兩傷]

한 쌍은 아름답고 둘은 상한다는 말이며, 둘이 환상적 조합을 이루고 서로 부족한 점을 보태면 둘이 아름다운 한 쌍이 되고 둘이 따로 놀며 비난만 하면 둘다 상처를 입고 망한다는 뜻이다.

원문 | 合則雙美 離則兩傷
합 즉 쌍 미 이 즉 양 상

글자 | 한 쌍 **쌍**, 아름다울 **미**, 둘 **양**, 상할 **상**

출전 | 문해피사文海披沙, 송천필담松泉筆譚

[쌍숙쌍비雙宿雙飛]

짝이 자고 짝이 날아간다는 말이며, 남녀가 정이 깊어 함께 산다는 뜻이다.

글자 | 짝 **쌍**, 잘 **숙**, 날 **비**

[쌍운산룡雙雲狻龍]

짝지어 구름 [속에 있는] 사자와 용이라는 말이며, 도자기에 그린 한 쌍의 사자와 용을 일컫는다.

글자 | 짝 **쌍**, 구름 **운**, 사자 **산**, 용 **룡**

[쌍전화포雙箭火砲]

한 번 발사하면 두 개의 화살이 한꺼번에 나가는 화포를 일컫는다.

글자 | 한 쌍 **쌍**, 화살 **전**, 불 **화**, 돌쇠뇌 **포**

[쌍학흉배雙鶴胸背]

가슴과 등에 붙인 두 마리의 학이라는 말이며, 한 쌍의 학을 수놓은 흉배를 일컫는다. 이는 문관文官인 당상관堂上官의 관복에 붙이는 장식이며 단학單鶴흉배는 당하관의 관복에 붙이는 것이다.

글자 | 한 쌍 **쌍**, 학 **학**, 가슴 **흉**, 등 **배**

[쌍호흉배雙虎胸背]

가슴과 등에 붙이는 한 쌍의 호랑이라는 말이며, 한 쌍의 호랑이를 수놓은 흉배를 일컫는다. 이는 무관武官인 당상관의 관복에 붙이는 장식이며 단호單虎흉배는 당하관의 것이다.

글자 | 한 쌍 **쌍**, 범 **호**, 가슴 **흉**, 등 **배**

[아가군창我歌君唱]

→ 아가사창我歌査唱

출전 | 순오지 하

[아가사창我歌査唱]

내가 부를 노래를 사돈査頓이 부른다는 말이며, 책망을 들을 사람이 도리어 책망을 한다는 빗댄 말이다.

글자 | 나 **아**, 노래 **가**, 사실할 **사**, 부를 **창**

출전 | 순오지

동류 | 아가군창我歌君唱

유사 | 적반하장賊反荷杖

[아강아리我疆我理]

나의 지경을 내가 다스린다는 말이며, 내 나라를 내가 통치한다는 뜻이다.

원문 | 我疆我理 南東其畝
아 강 아 리 남 동 기 무

글자 | 나 **아**, 지경 **강**, 다스릴 **리**

출전 | 시경 소아小雅

[아관박대峨冠博帶]

높은 갓과 넓은 띠라는 말이며, 선비의 의관을 일컫는다.

글자 | 높을 **아**, 갓 **관**, 넓을 **박**, 띠 **대**

[아관파천俄館播遷]

아라사 관부로 옮긴다는 말이며, 조선조 26대 고종 때 을사사변 후인 1896년 친러파에 의해 국왕과 세자가 러시아 대사관으로 옮겨간 사건을 일컫는다.

글자 | 아라사 **아**, 관부 **관**, 옮길 **파**, 옮길 **천**

[아궁불열我躬不閱]

나의 몸을 보지 못한다는 말이며, 자신을 돌볼 겨를도 없으므로 후손이나 남을 걱정할 여력이 없다는 뜻이다.

글자 | 나 **아**, 몸 **궁**, 아닐 **불**, 볼 **열**

[아귀대장餓鬼大將]

배고픈 귀신들의 큰 장수라는 말이며, 개구쟁이 골목대장을 빗댄 말이다.

글자 | 굶주릴 **아**, 귀신 **귀**, 큰 **대**, 장수 **장**

[아동주졸兒童走卒]

갑자기 달아나는 아이들이라는 말이며, 철없는 아이들을 일컫는다.

글자 | 아이 **아**, 아이 **동**, 달아날 **주**, 창졸 **졸**

출전 | 송사

[아랑지구餓狼之口]

굶주린 이리의 입이라는 말이며, 아무것이나 삼키려는 자 또는 위험한 장소를 빗댄 말이다.

글자 | 굶주릴 **아**, 이리 **랑**, 어조사 **지**, 입 **구**

출전 | 진서

[아리아리我利我利]

나의 이로움, 나의 이로움이라는 말이며, 극단의 이기주의를 일컫는다.

글자 | 나 **아**, 이로울 **리**

[아무유양我武維揚]

나의 무예가 오직 드날린다는 말이며, 우리의 무력이 크게 향상되었다는 뜻이다.

글자 | 나 **아**, 무예 **무**, 오직 **유**, 날릴 **양**

출전 | 맹자 등문공 하

[아방나찰阿房羅刹]

→ 우두아방牛頭阿旁

[아부뇌동阿附雷同]

→ 아부영합阿附迎合

[아부영합阿附迎合]

달라붙어 아첨하여 한통속이 된다는 말이며, 상대방의 비위를 맞추고 알랑거린다는 뜻이다.

글자 | 아첨할 **아**, 붙일 **부**, 맞이할 **영**, 합할 **합**

출전 | 한서, 변망론辯亡論

동류 | 아부뇌동阿附雷同

[아비규환阿鼻叫喚]

아비와 규환지옥이라는 말이며, 심한 고통으로 울부짖는다는 뜻이다. 아비는 8대지옥八大地獄의 마지막 8번째로 무간無間지옥이라고도 하는데, 간단間斷 없이 고통을 주기 때문에 가장 고통이 심한 지옥이고, 규환은 4번째로 열탕熱湯지옥이라고도 하는데 부글부글 끓는 가마솥이 기다리고 있다는 것이다.

글자 | 언덕 **아**, 코 **비**, 부르짖을 **규**, 부를 **환**

출전 | 법화경

[아비지옥阿鼻地獄]

낭떠러지 시조의 지옥이라는 말이며, 팔대지옥의 하나인 무간지옥을 일컫는다.

글자 | 낭떠러지 **아**, 비로소(시조) **비**, 땅 **지**, 감옥 **옥**

[아사지경餓死之境]

굶어서 죽게 된 지경이라는 말이다.

글자 | 굶을 **아**, 죽을 **사**, 어조사 **지**, 지경 **경**

[아상지화我上之火]

내 위의 불이라는 말이며, 아무리 가까운 사이라도 내 몸만은 못하다는 뜻이다.

원문 | 我上之火 兒上之火
아상지화 아상지화

글자 | 나 **아**, 윗 **상**, 어조사 **지**, 불 **화**

출전 | 순오지

[아수라도阿修羅道]

불교의 6도六道(10계十戒)의 하나로서, 싸움을 일삼으며 시기猜忌하는 마음이 강한 사람이 죽은 뒤에 떨어진다고 하는 악마의 세계를 말한다. 아수라(asura)는 제석천帝釋天과 싸우는 귀신으로 상像은 3면 6비六臂이며 2비는 합장合掌으로 되어 있다.

글자 | 언덕 **아**, 닦을 **수**, 새그물 **라**, 길 **도**

출전 | 대장경大藏經

동류 | 아수라취阿修羅趣

[아수라장阿修羅場]

아수라의 마당이라는 말이며, 아수라왕이 제석천帝釋天과 싸운 마당으로서 싸움 등으로 혼잡하고 어지러운 상태에 빠진 곳을 일컫는다.

글자 | 큰 언덕 **아**, 닦을 **수**, 벌일 **라**, 마당 **장**

[아심여칭我心如秤]

내 마음은 저울과 같다는 말이며, 모든 일을 공평무사하게 처리한다는 뜻이다.

원문 | 我心如秤 不能爲人作輕重
아심여칭 불능위인작경중

글자 | 나 **아**, 마음 **심**, 같을 **여**, 저울 **칭**

출전 | 양승암집, 잡언雜言

[아연실색啞然失色]

벙어리처럼 되고 낯빛을 잃는다는 말이며, 너무 놀라서 말문이 막히고 얼굴빛이 변한다는 뜻이다.

글자 | 벙어리 **아**, 그럴 **연**, 잃을 **실**, 낯색 **색**

[아예서직我藝黍稷]

나는 기장을 심는다는 말이며, 시경에 나오는 농사의 노래이다. '남쪽 이랑에서 일을 시작하니, 나는 시장을 심었네.'

원문 | 俶載南畝 我藝黍稷
숙재남묘 아예서직

글자 | 나 **아**, 심을 **예**, 기장 **서**, 기장 **직**

출전 | 시경, 천자문 83항

[아유경탈阿諛傾奪]

아첨하여 모두 빼앗는다는 말이며, 권세 있는 사람에게 아첨하여 남의 지위를 빼앗는다는 뜻이다.

글자 | 아첨할 **아**, 아첨할 **유**, 다할 **경**,

ㅇ

빼앗을 **탈**

[아유구용阿諛苟容]

아첨하는 구차스러운 얼굴이라는 말이며, 귀찮은 사람이라는 뜻이다.

글자 | 아첨할 **아**, 아첨할 **유**, 구차스러울 **구**, 얼굴 **용**

출전 | 논어 학이學而, 세설신어 상권

[아자득몽啞子得夢]

벙어리가 꿈을 꾼다는 말이며, 깨달은 바를 혼자만 알고 남에게는 알릴 수 없다는 뜻이다.

글자 | 벙어리 **아**, 사람 **자**, 얻을 **득**, 꿈 **몽**

[아자시술蛾子時術]

나방의 새끼는 때로는 재주를 부린다는 말이며, 학자가 때때로 학문을 닦아서 대도大道를 이룬다는 말이다. 예기에 있는 글이다. '개미 새끼는 흙을 운반하는 법을 배워서 큰 의총蟻冢을 이룬다.'

원문 | **蛾子時術之**
아 자 시 술 지

글자 | 누에 나비 **아**, 새끼 **자**, 때 **시**, 재주 **술**

출전 | 예기 학기學記

[아장금람牙檣錦纜]

→ 금람아장錦纜牙檣

[아장동사我將東徙]

나는 장차 동쪽으로 이사한다는 말이며, 자신의 잘못을 고치려 하지 않고 남의 탓만 한다는 뜻이다.

글자 | 나 **아**, 장차 **장**, 동녘 **동**, 옮길 **사**

출전 | 설원 담총談叢

[아전인수我田引水]

자기 논으로 물을 댄다는 말이며, 자기에게 이익이 되도록 처리한다. 또는 자기 형편이 좋도록 구실을 붙인다는 뜻이다.

글자 | 나 **아**, 밭 **전**, 이끌 **인**, 물 **수**

[아중예쉬衙中譽倅]

마을 가운데서 원님을 받든다는 말이며, 남은 칭찬하지 않는데 자기 스스로 자랑한다는 뜻이다.

글자 | 마을 **아**, 가운데 **중**, 받들 **예**, 원 **쉬(졸)**

출전 | 송남잡지

[아즉기언我則旣言]

나는 곧 이미 말했다는 말이며, 더 할 말이 없다는 뜻이다.

글자 | 나 **아**, 곧 **즉**, 이미 **기**, 말씀 **언**

[아첨순지阿諂順旨]

아첨하여 뜻에 따른다는 말이며, 아첨하면서 그 사람의 뜻에 따른다는 뜻이다.

글자 | 아첨할 **아**, 아첨할 **첨**, 따를 **순**, 뜻 **지**

[아첨편파阿諂偏頗]

아첨하여 치우쳐 비뚤어진다는 말이며, 남에게 아첨하면서 그 사람 쪽으로 기울어진다는 뜻이다.

글자 | 아첨할 **아**, 아첨할 **첨**, 치우칠 **편**, 비뚤어질 **파**

[아체삼척我涕三尺]

나의 눈물이 석 자라는 말이며, 내 사정이 급하여 남의 일을 돌볼 겨를이 없다는 뜻이다.

글자 | 나 **아**, 눈물 **체**, 자 **척**

출전 | 이담속찬

[아호지혜餓虎之蹊]

굶주린 호랑이가 다니는 지름길이라는 말이며, 매우 위험한 것을 빗댄 말이다. 사기에 있는 글이다. '그야말로 굶주린 호랑이의 통로에 고기를 놓아 두는 격이다.'

원문 | 是謂委肉當 餓虎之蹊
시위위육당 아호지혜

글자 | 굶주릴 **아**, 범 **호**, 갈 **지**, 지름길 **혜**

출전 | 사기 자객열전刺客列傳

[아환선빈鴉鬟蟬鬢]

검은 머리 쪽과 관 밑에 귀밑머리라는 말이며, 여자의 검고 아름다운 머리를 빗댄 말이다.

글자 | 검을 **아**, 머리 쪽 **환**, 관 꾸밀 **선**, 귀밑머리 **빈**

[악관만영惡貫滿盈]

죄악이 줄줄이 가득 찼다는 말이며, 죄악이 너무 많아서 헤아릴 수 없다는 뜻이다. 상나라 주紂임금의 죄가 쌓이고 쌓여서 결국 천벌을 받게 되었다는 고사에서 온 말이다.

글자 | 악할 **악**, 꿸 **관**, 찰 **만**, 찰 **영**

출전 | 상서商書 태서편泰誓篇

[악구잡언惡口雜言]

험한 입에 잡된 말이라는 말이며, 갖은 욕설을 퍼붓는다는 뜻이다.

글자 | 험할 **악**, 입 **구**, 잡될 **잡**, 말씀 **언**

[악량수한握兩手汗]

두 손을 쥐고 땀이 난다는 말이며, 보기에 위태롭고 두려워서 주먹 쥔 두 손에 땀이 난다는 뜻이다.

글자 | 쥘 **악**, 두 **량**, 손 **수**, 땀 **한**

출전 | 원사元史

동류 | 양수지한兩手之汗

[악량파한握兩把汗]

→ 악량수한握兩手汗

[악목도천惡木盜泉]

나쁜 나무와 도적 샘물이라는 말이며, 아무리 더워도 악목의 그늘에서 쉬지 않고, 아무리 목말라도 도천의 물은 마시지 않는다는 뜻이다. 공자는 마을 이름이 나쁘거나 샘물 이름이 나빠도 머

ㅇ

묻거나 마시지 않았다는 데서 온 말이다. '목이 말라도 도천의 물을 마시지 않고, 더위도 악목의 그늘에서 쉬지 않는다. 악목인들 나뭇가지가 없겠는가. 선비의 뜻을 품고 괴로움이 많도다.'

원문 | 渴不飮盜泉水 熱不息惡木陰
갈 불 음 도 천 수 열 불 식 악 목 음

惡木豈無枝 志士多苦心
악 목 개 무 지 지 사 다 고 심

글자 | 악할 **악**, 나무 **목**, 도적 **도**, 샘물 **천**

출전 | 설원 설총편說叢篇

동류 | 악목불음惡木不飮

[악목불식惡木不息]

나쁜 나무에서는 쉬지 않는다는 말이며, 환경이 나쁜 곳에는 가지 않는다는 뜻이다. 주서의 글이다. '못된 나무의 그늘에서는 잠시도 쉴 수 없다.'

원문 | 惡木之陰 不可暫息
악 목 지 음 불 가 잠 식

글자 | 나쁠 **악**, 나무 **목**, 아닐 **불**, 쉴 **식**

출전 | 구준전寇儁傳

[악목불음惡木不陰]

나쁜 나무에는 그늘도 없다는 말이며, 좋지 못한 사람에게서는 아무것도 바랄 것이 없다는 뜻이다.

글자 | 악할 **악**, 나무 **목**, 아닐 **불**, 그늘 **음**

[악목불음惡木不飮]

→ 악목도천惡木盜泉

[악무산희惡巫山戲]

악한 무당이 산에서 논다는 말이며, 못된 장난을 한다는 뜻이다.

글자 | 악할 **악**, 무당 **무**, 뫼 **산**, 놀 **희**

[악발토포握髮吐哺]

→ 토포악발吐哺握發

[악방봉뢰惡傍逢雷]

나쁜 사람 곁에 있다가 벼락 맞는다는 말이며, 남의 나쁜 일에 휩쓸려 함께 화를 당한다는 뜻이다.

글자 | 악할 **악**, 곁 **방**, 만날 **봉**, 벼락 **뢰**

[악부지존握符之尊]

부서符瑞를 잡은 높은 분이라는 말이며, 천자天子를 일컫는다. 부서는 제왕의 표지標識로서 그 사람에게 하늘이 내린 상서로운 상징이다.

글자 | 쥘 **악**, 부신 **부**, 어조사 **지**, 높을 **존**

출전 | 동도부東都賦

[악부파가惡婦破家]

나쁜 지어미는 집을 깨뜨린다는 말이다.

글자 | 나쁠 **악**, 지어미 **부**, 깨뜨릴 **파**, 집 **가**

출전 | 역위易緯 인고어引古語

[악사막락惡事莫樂]

악한 일은 즐겨하지 말라는 말이다.

글자 | 악할 **악**, 일 **사**, 말 **막**, 즐거울 **락**

[악사천리惡事千里]

나쁜 일은 천리를 간다는 말이며, 나쁜 일을 하면 곧 멀리까지 알려진다는 뜻이다.

원문 | 惡事行千里
악 사 행 천 리

글자 | 악할 **악**, 일 **사**, 일천 **천**, 이수 **리**

출전 | 북송 손광헌 북몽쇄언北夢瑣言

유사 | 언비천리言飛千里

[악수귀천樂殊貴賤]

풍류는 귀하고 천함에 따라 다르다는 말이며, 신분의 귀천에 따라 풍류도 달라진다는 뜻이다.

원문 | 樂殊貴賤 禮別尊卑
악 수 귀 천 예 별 존 비

글자 | 풍류 **악**, 다를 **수**, 귀할 **귀**, 천할 **천**

출전 | 천자문

[악숭해활嶽崇海豁]

큰 산과 같이 높고 바다와 같이 넓다는 말이며, 인격이 매우 높고 넓음을 빗댄 말이다.

글자 | 큰 산 **악**, 높을 **숭**, 바다 **해**, 넓을 **활**

[악악지우諤諤之友]

곧고 곧은 벗이라는 말이며, 언제나 거리낌 없이 바른 말을 해주는 벗을 일컫는다.

글자 | 곧은 말 **악**, 어조사 **지**, 벗 **우**

출전 | 한서

[악안상대惡顔相對]

나쁜 얼굴로 서로 대한다는 말이며, 불쾌한 얼굴로 대면한다는 뜻이다.

글자 | 악할 **악**, 얼굴 **안**, 서로 **상**, 대할 **대**

[악어이시惡語易施]

나쁜 말은 하기 쉽다는 말이며, 남의 잘못은 말하기 쉽다는 뜻이다.

원문 | 好言難得 惡語易施
호 언 난 득 악 어 이 시

글자 | 악할 **악**, 말씀 **어**, 쉬울 **이**, 베풀 **시**

출전 | 명심보감 성심편

[악언상가惡言相加]

나쁜 말로 서로 더한다는 말이며, 불쾌한 말로 서로 다툰다는 뜻이다.

글자 | 악할 **악**, 말씀 **언**, 서로 **상**, 더할 **가**

[악언상대惡言相待]

나쁜 말로 서로 대한다는 말이며, 못된 말을 주고받으며 서로 다툰다는 뜻이다.

글자 | 악할 **악**, 말씀 **언**, 서로 **상**, 대할 **대**

[악역무도惡逆無道]

악하게 거스르고 도리가 없다는 말이며, 비길 데 없이 악독하고 도리에 어긋난다는 뜻이다.

글자 | 악할 **악**, 거스를 **역**, 없을 **무**, 도리 **도**

[악연실색愕然失色]

놀라서 빛을 잃는다는 말이며, 몹시 놀라 얼굴빛이 달라진다는 뜻이다.

글자 | 놀랄 **악**, 그럴 **연**, 잃을 **실**, 빛 **색**

[악월담풍握月擔風]

달을 쥐고 바람을 멘다는 말이며, 풍월을 사랑하는 마음이 깊다는 뜻이다.

글자 | 잡을 **악**, 달 **월**, 질 **담**, 바람 **풍**

출전 | 춘연록春宴錄

[악의비식惡衣非食]

→ 악의악식惡衣惡食

[악의악식惡衣惡食]

나쁜 옷과 나쁜 음식이라는 말이며, 선비로서 도에 뜻을 두고도 나쁜 옷과 나쁜 음식을 부끄러워한다면 더불어 의논할 상대가 못 된다는 뜻이다.

원문 | 士志於道 而恥惡衣惡食者
사지어도 이치악의악식자
未足與議也
미족여의야

글자 | 악할 **악**, 옷 **의**, 밥 **식**

출전 | 논어 이인里仁

동류 | 조의조식粗衣粗食

반대 | 호의호식好衣好食

[악인악과惡因惡果]

나쁜 원인이 있으면 반드시 나쁜 결과가 나타난다는 말이다.

글자 | 악할 **악**, 인할 **인**, 열매 **과**

출전 | 자은전慈恩傳

유사 | 인과응보因果應報

반대 | 선인선과善因善果

[악인지조惡人之朝]

악한 사람의 조정이라는 말이며, 조정의 신하가 모두 선량하지 않다는 뜻이다.

글자 | 악할 **악**, 사람 **인**, 어조사 **지**, 조정 **조**

[악임죄영惡稔罪盈]

악이 오래고 죄가 찼다는 말이며, 죄악을 많이 범했다는 뜻이다.

글자 | 악할 **악**, 오랠 **임**, 죄줄 **죄**, 찰 **영**

출전 | 조선왕조 15대 광해군일기

동류 | 악적죄영惡積罪盈

[악자유여惡自有餘]

악은 스스로 남음이 있다는 말이며, 한번 행한 악은 없어지지 않고 오래간다는 뜻이다.

원문 | 一日行惡 惡自有餘
일일행악 악자유여

글자 | 악할 **악**, 스스로 **자**, 있을 **유**, 남을 **여**

출전 | 명심보감 계선편

[악적죄영惡積罪盈]

→ 악임죄영惡稔罪盈

[악전고투惡戰苦鬪]

나쁜 전투에서 괴로운 싸움을 한다는

말이며, 곤란을 극복하기 위해 열심히 노력한다는 뜻이다.

글자 | 악할 **악**, 싸울 **전**, 괴로울 **고**, 싸움 **투**

출전 | 삼국지연의三國志演義

유사 | 고군분투孤軍奮鬪

[악지악각惡知惡覺]

악하게 알고 악하게 깨닫는다는 말이며, 불과佛果를 얻는 일을 방해하는 사악한 지식을 일컫는다.

글자 | 악할 **악**, 알 **지**, 깨달을 **각**

[악초악목惡草惡木]

악한 풀과 악한 나무라는 말이며, 잘 자라지 못한 초목을 일컫는다.

글자 | 악할 **악**, 풀 **초**, 나무 **목**

[악치연청嶽峙淵淸]

우뚝 솟은 큰 산에 연못이 맑다는 말이며, 인격이 고상하다는 뜻이다.

글자 | 큰 산 **악**, 산 우뚝할 **치**, 못 **연**, 맑을 **청**

출전 | 유준세설劉峻世說

[악풍흉랑惡風凶浪]

모진 바람과 사나운 물결이라는 말이며, 풍랑이 매우 심하다는 뜻이다.

글자 | 모질 **악**, 바람 **풍**, 사나울 **흉**, 물결 **랑**

출전 | 옥루몽

[안가낙업安家樂業]

→ 안거낙업安居樂業

[안가시위安駕侍衛]

편안하게 가마로 호위해 모신다는 말이다.

글자 | 편안 **안**, 가마 **가**, 모실 **시**, 호위할 **위**

[안감생심安敢生心]

→ 언감생심焉敢生心

[안거낙업安居樂業]

편안히 살면서 하는 일을 즐긴다는 말이다.

원문 | 各安其居而樂其業
각 안 기 거 이 낙 기 업

글자 | 편안할 **안**, 살 **거**, 즐거울 **낙**, 일 **업**

출전 | 한서 화식열전貨殖列傳, 노자

[안거위사安居危思]

→ 거안사위居安思危

[안거포륜安車蒲輪]

편안한 수레에 부들로 둘러싼 바퀴라는 말이며, 앉아서 탈 수 있는 충격이 덜한 수레를 일컫는다. 옛날의 보통 수레는 서서 탔는데, 안거는 노인 또는 부녀자를 위하여 앉아서 탈 수 있도록 만들고 바퀴에는 부들 또는 왕골을 감싸서 덜컹대는 것을 어느 정도 방지했다. 이는 노인을 각별히 후대한다는 뜻

ㅇ

으로 쓰인다.

글자 | 편안할 **안**, 수레 **거**, 부들 **포**, 바퀴 **륜**

출전 | 한서 신공전申公傳

[안검상시按劍相視]

칼을 만지며 서로 본다는 말이며, 서로 원수같이 대한다는 뜻이다.

글자 | 어루만질 **안**, 칼 **검**, 서로 **상**, 볼 **시**

[안고수비眼高手卑]

눈은 높고 손[재주]은 낮다는 말이며, 이상만 높고 실천은 따르지 못한다는 뜻이다.

글자 | 눈 **안**, 높을 **고**, 손 **수**, 낮을 **비**

출전 | 두보의 춘망春望

동류 | 안고수저眼高手低

[안고수저眼高手低]

눈은 높고 손은 낮다는 말이며, 이상은 높고 실천은 따르지 못한다는 뜻이다.

글자 | 눈 **안**, 높을 **고**, 손 **수**, 낮을 **저**

[안공일세眼空一世]

눈이 빈 한 세상이라는 말이며, 세상 사람들이 눈에 보이지 않는다는 뜻이다.

글자 | 눈 **안**, 빌 **공**, 세상 **세**

동류 | 안공사해眼空四海, 안하무인眼下無人

[안과태평安過太平]

태평하고 편안하게 지낸다는 말이다.

글자 | 편안 **안**, 지날 **과**, 클 **태**, 평평할 **평**

[안광낙지眼光落地]

눈빛이 땅에 떨어졌다는 말이며, 불교에서 사람의 죽음을 일컫는다.

글자 | 눈 **안**, 빛 **광**, 떨어질 **낙**, 땅 **지**

출전 | 고금석림

[안광지배眼光紙背]

눈빛이 종이 뒤까지 미친다는 말이며, 책을 읽으며 저자의 깊은 뜻이나 정신까지 꿰뚫어 본다는 뜻이다.

글자 | 눈 **안**, 빛 **광**, 종이 **지**, 등 **배**

[안녕질서安寧秩序]

편안하고 차례가 있다는 말이며, 사회의 질서가 바르고 국민의 생명과 재산이 안전한 상태를 일컫는다.

글자 | 편안 **안**, 편안할 **녕**, 차례 **질**, 차례 **서**

[안도색기按圖索驥]

그림을 상상하면서 천리마를 찾는다는 말이며, 실정에 맞지 않는 행동을 한다는 뜻이다.

글자 | 상고할 **안**, 그림 **도**, 찾을 **색**, 천리마 **기**

출전 | 한서, 상마경相馬經

동류 | 안도색준按圖索駿

[안도색준按圖索駿]

→ 안도색기按圖索驥

[안두서생案頭書生]

책상머리의 글쟁이라는 말이며, 책밖에 모르는 샌님을 일컫는다.

글자 | 책상 **안**, 머리 **두**, 글 **서**, 날 **생**

출전 | 옥루몽

[안득불연安得不然]

'어찌 그러함을 얻지 않겠는가' 라는 말이며, 마땅히 그러하다는 뜻이다.

글자 | 어느 **안**, 얻을 **득**, 아닐 **불**, 그럴 **연**

출전 | 명심보감 치가편治家篇

[안락세계安樂世界]

편안하고 즐거운 세상이라는 말이며, 극락정토를 일컫는다.

글자 | 편안 **안**, 즐거울 **락**, 세상 **세**, 지경 **계**

[안락정토安樂淨土]

→ 극락정토極樂淨土

[안마지로鞍馬之勞]

안장을 한 말의 수고라는 말이며, 먼 길을 달려가는 수고라는 뜻이다.

글자 | 안장 **안**, 말 **마**, 어조사 **지**, 수고로울 **로**

[안면박대顔面薄待]

얼굴을 잘 아는 사람을 푸대접한다는 말이다.

글자 | 얼굴 **안**, 얼굴 **면**, 박할 **박**, 대접할 **대**

[안면방해安眠妨害]

편안히 자는 것을 방해한다는 말이다.

글자 | 편안 **안**, 잘 **면**, 방해할 **방**, 해로울 **해**

[안면부지顔面不知]

얼굴을 모른다는 말이다.

글자 | 얼굴 **안**, 얼굴 **면**, 아닐 **부**, 알 **지**

[안명수쾌眼明手快]

눈이 밝고 손이 빠르다는 말이며, 눈썰미가 있고 일을 시원시원하게 한다는 뜻이다.

글자 | 눈 **안**, 밝을 **명**, 손 **수**, 빠를 **쾌**

동류 | 안목수쾌眼目手快

[안목수쾌眼目手快]

→ 안명수쾌眼明手快

[안목소시眼目所視]

눈들이 집중해서 보고 있다는 말이며, 관심이 집중하고 있다는 뜻이다.

글자 | 눈 **안**, 눈 **목**, 바 **소**, 볼 **시**

동류 | 중목소시衆目所視

[안보당거安步當車]

수레를 마다하고 편안히 걸어 다닌다는 말이며, 청렴한 생활을 한다는 뜻이다.

원문 | 晩食以當肉 安步而當車
만 식 이 당 육 안 보 이 당 거

글자 | 편안 **안**, 걸음 **보**, 막을 **당**, 수레 **거**

출전 | 전국책 제책齊策

[안부존영安富尊榮]

편안함과 부유함, 그리고 높임과 영화로움이라는 말이며, 인생이 원하는 좋은 면 모두를 일컫는다.

원문 | 其君用之則安富尊榮
기 군 용 지 즉 안 부 존 영

글자 | 편안 **안**, 부자 **부**, 높을 **존**, 영화 **영**

출전 | 맹자 진심 상

[안분내로安分耐勞]

분수를 편안하게 여기고 수고를 참는다는 말이며, 자신에게 주어진 조건을 편안하게 여기고 열심히 노력한다는 뜻이다.

글자 | 편안 **안**, 분수 **분**, 견딜 **내**, 수고로울 **로**

[안분지족安分知足]

편안하게 분수를 지켜 족한 줄 안다는 말이다.

글자 | 편안 **안**, 분별할 **분**, 알 **지**, 넉넉할 **족**

[안불망위安不忘危]

편안할 때도 위태로움을 잊지 않는다는 말이며, 천하가 태평할 때도 변란에 대해 걱정하고 대비한다는 뜻이다.

원문 | 君子安而不忘危
군 자 안 이 불 망 위

글자 | 편안 **안**, 아닐 **불**, 잊을 **망**, 위태로울 **위**

출전 | 주역 계사전繫辭傳 하

유사 | 거안사위居安思危

[안비막개眼鼻莫開]

눈과 코를 뜰 새가 없다는 말이며, 매우 분주하다는 뜻이다.

글자 | 눈 **안**, 코 **비**, 없을 **막**, 열 **개**

[안빈낙도安貧樂道]

편안하게 가난한 가운데 즐거운 길이 있다는 말이다.

원문 | 師道高介有節 安貧樂道
사 도 고 개 유 절 안 빈 낙 도

글자 | 편안 **안**, 가난할 **빈**, 즐거울 **낙**, 길 **도**

출전 | 송사 진사도열전陳師道列傳

[안사지란安史之亂]

안씨와 사씨의 어지러움이라는 말이며, 중국 당나라 현종 때 일어난 9년간의 안록산安祿山과 사사명史思明의 반란에서 오래 이어진 혼란을 일컫는다.

글자 | 성씨 **안**, 성씨 **사**, 어조사 **지**, 어지러울 **란**

[안상산설顔常山舌]

안상산의 혀라는 말이며, 혀를 잘못 놀리면 봉변을 당한다는 뜻이다. 중국 당나라의 안고경安杲卿 상산태수常山太守가 안록산安祿山을 꾸짖다가 혀를 잘리고 학살당한 고사에서 온 말이다.

글자 | 성씨 **안**, 항상 **상**, 뫼 **산**, 혀 **설**

관련 | 안사지란安史之亂

[안상치민安上治民]

임금을 편안하게 하고 백성을 다스린다는 말이다.

원문 | 安上治民 莫善於禮
안상치민 막선어례

글자 | 편안 **안**, 임금 **상**, 다스릴 **치**, 백성 **민**

출전 | 효경

[안색지척顏色之戚]

슬픔의 얼굴빛이라는 말이다.

원문 | 顏色之戚 哭泣之哀弔者大悅
안색지척 곡읍지애조자대열

글자 | 얼굴 **안**, 빛 **색**, 어조사 **지**, 슬플 **척**

출전 | 맹자 등문공藤文公 상

[안세제민安世濟民]

세상을 편안하게 하고 백성을 구한다는 말이다.

글자 | 편안 **안**, 세상 **세**, 구할 **제**, 백성 **민**

[안수기도按手祈禱]

손으로 어루만지는 기도라는 말이며, 목사나 장로가 손을 얹고 기도한다는 뜻이다.

글자 | 어루만질 **안**, 손 **수**, 빌 **기**, 빌 **도**

[안심입명安心立命]

마음을 편안히 하면 천명天命을 깨달아 세운다는 말이다.

글자 | 편안 **안**, 마음 **심**, 설 **입**, 목숨 **명**

출전 | 전등록, 맹자 진심 상

[안씨지자顏氏之子]

안씨의 아들이라는 말이며, 중국 노나라 안로顏路의 아들인 안회顏回를 일컫는다. 안회는 공자의 수제자이다.

글자 | 성씨 **안**, 성씨 **씨**, 어조사 **지**, 아들 **자**

[안여반석安如磐石]

→ 안여태산安如泰山

[안여악단顏如渥丹]

얼굴이 윤이 나는 주사朱砂와 같다는 말이며, 얼굴 혈색이 매우 좋다는 뜻이다.

원문 | 顏如渥丹 其君也哉
안여악단 기군야재

글자 | 얼굴 **안**, 같을 **여**, 윤날 **악**, 주사 **단**

출전 | 시경 주풍秦風 종남終南

[안여태산安如泰山]

편안하기가 태산과 같다는 말이며, 생활이 안정되어 있다는 뜻이다.

원문 | 變所欲爲 易于反掌 安于泰山
변소욕위 역우반장 안우태산

글자 | 편안 **안**, 같을 **여**, 클 **태**, 뫼 **산**

출전 | 한서 매승전枚乘傳

[안연무양安然無恙]

편안하고 병 또는 근심이 없다는 말이며, 별일 없이 지낸다는 뜻이다. 조나라 위태후威太后가 조나라 사신이 올리는 글도 뜯어보기 전에 '해(농사)도 무양한가, 백성도 무양한가, 왕도 무양한가?' 라고 안부를 물은 데서 온 말이다.

글자 | 편안 **안**, 그럴 **연**, 없을 **무**, 병(근심) **양**

출전 | 전국책 제책齊策

[안우반석安于盤石]

편안한 반석이라는 말이며, 나라가 평안하고 태평하다는 뜻이다.

글자 | 편안 **안**, 어조사 **우**, 소반 **반**, 돌 **석**

출전 | 순자 부국富國

[안위미정安危未定]

편안함과 위태함이 아직 정해지지 않았다는 말이며, 위험이 아직 사라지지 않았다는 뜻이다.

글자 | 편안 **안**, 위태할 **위**, 아닐 **미**, 정할 **정**

[안위미판安危未判]

→ 안위미정安危未定

[안자사초晏子使楚]

안자가 초나라 사신으로 간다는 말이며, 안자의 재치 있는 외교 수완을 일컫는다.

원문 | 晏子使楚 楚人以晏子短爲小門
안자사초 초인이안자단위소문

글자 | 늦을 **안**, 사람 **자**, 부릴 **사**, 초나라 **초**

출전 | 안자춘추 내편內篇

[안자앵사雁字鶯梭]

기러기 글자와 꾀꼬리 북이라는 말이며, 기러기가 하늘을 나르고 꾀꼬리가 나뭇가지 사이를 베틀의 북처럼 날라다닌 것과 같이 시문의 글자가 교묘하다는 뜻이다.

글자 | 기러기 **안**, 글자 **자**, 꾀꼬리 **앵**, 북 **사**

[안자지어晏子之御]

안자의 어자御者라는 말이며, 하찮은 지위에 만족하여 뻐기는 못난 사람을 빗댄 말이다. 제나라 재상 안자의 어자(마차 앞에 앉아 말을 부리는 벼슬아치)가 야망 없이 그 직책에 만족하는 데 실망한 아내가 이혼을 요구했다. 이에 충격을 받고 분발한 어자는 마침내 대부大夫로 출세했다는 고사에서 온 말이다.

글자 | 늦을 **안**, 아들 **자**, 어조사 **지**, 어거할 **어**

출전 | 사기 관안열전管安列傳

동류 | 안어양양晏御揚揚

[안전막동眼前莫童]

눈앞에 큰 아이라는 말이며, 못생긴 아이라도 가까이 있으면 정이 붙는다는 뜻이다.

글자 | 눈 **안**, 앞 **전**, 클 **막**, 아이 **동**

[안정무사安靜無事]

편안하고 고요하며 별 일이 없다는 말이다.

원문 | 勿貪分外 安靜無事
물탐분외 안정무사

글자 | 편안 **안**, 고요 **정**, 없을 **무**, 일 **사**

출전 | 토정비결土亭秘訣

[안중무인眼中無人]

→ 안하무인眼下無人

[안중유철眼中有鐵]

눈 속에 쇠가 있다는 말이며, 완전 무장하여 정신이 긴장하고 있다는 뜻이다.

글자 | 눈 **안**, 가운데 **중**, 있을 **유**, 쇠 **철**

출전 | 자치통감

[안중지인眼中之人]

눈 속의 사람이라는 말이며, 마음속에 두고 있는 사람을 일컫는다.

글자 | 눈 **안**, 가운데 **중**, 어조사 **지**, 사람 **인**

출전 | 이백李白의 시

동류 | 의중지인意中之人

[안중지정眼中之釘]

눈 속의 못이라는 말이며, 귀찮은 사람 또는 항상 눈에 거슬리는 사람이라는 뜻이다. 당나라 말, 악명 높은 탐관오리 조재례趙在禮가 다른 곳으로 전임되자 그곳 백성들은 춤을 추면서 말했다. '그 놈이 떠나가게 되다니 이젠 살았다. 마치 안중지정이 빠진 것 같군.'

글자 | 눈 **안**, 가운데 **중**, 갈 **지**, 못 **정**

출전 | 신오대사新五代史, 조재례전趙在禮傳

[안지정란岸芷汀蘭]

언덕의 향내 나는 풀과 물가의 난초라는 말이다.

글자 | 언덕 **안**, 향풀 **지**, 물가 **정**, 난초 **란**

[안탑제명雁塔題名]

기러기 탑에 이름을 쓴다는 말이며, 진사進士에 급제했다는 뜻이다. 중국 당나라 때, 진사에 급제한 사람들이 섬서성 장안에 있는 안탑에 자기 이름을 적어 넣는 습속의 고사에서 온 말이다.

글자 | 기러기 **안**, 탑 **탑**, 쓸 **제**, 이름 **명**

출전 | 대당삼장성교지서大唐三藏聖教之序

[안택불거安宅不居]

편안한 집에 살지 않는다는 말이며, 편안한 길을 두고도 편안한 길을 가지 않는다는 뜻이다.

글자 | 편안 **안**, 집 **택**, 아닐 **불**, 항상 있을 **거**

[안택정로安宅正路]

안전한 집과 바른길이라는 말이며, 인仁과 의義를 일컫는다. 맹자가 한 말이다. '인은 인간의 안전한 주거이며, 의는 인간의 올바른 통로이다.'

원문 | 仁人之安宅也 義人之正路也
인 인 지 안 택 야 의 인 지 정 로 야

글자 | 편안 **안**, 집 **택**, 바를 **정**, 길 **로**

출전 | 맹자 이루離婁 상

ㅇ

[안토중천安土重遷]

편안한 땅을 옮기기가 무겁게 여겨진다는 말이며, 고향을 떠나는 것이 즐겁지 않다는 뜻이다.

원문 | 安土重遷 黎民之性 骨肉相附
안토중천 여민지성 골육상부

글자 | 편안 **안**, 흙 **토**, 무겁게 여길 **중**, 옮길 **천**

출전 | 한서 원제기元帝紀

[안투지배眼透紙背]

눈이 종이 뒷면을 뚫었다는 말이며, 책을 정독精讀하여 그 깊은 뜻을 깨달았다는 뜻이다.

글자 | 눈 **안**, 통할 **투**, 종이 **지**, 등 **배**

[안피준익鴳披隼翼]

종달새가 매의 날개처럼 해치려고 한다는 말이며, 약자가 제 능력을 헤아리지 않고 강자를 흉내 내려고 한다는 뜻이다.

글자 | 종달새 **안**, 헤칠 **피**, 새매 **준**, 날개 **익**

출전 | 고려사

동류 | 작학관보雀學鸛步

[안하무인眼下無人]

눈 아래에 사람이 없다는 말이며, 교만하여 사람을 업신여긴다는 뜻이다.

글자 | 눈 **안**, 아래 **하**, 없을 **무**, 사람 **인**

출전 | 송남잡지

동류 | 안공일세眼空一世

[안한촌름眼寒寸廩]

눈에 쓸쓸한 작은 쌀 곳간이라는 말이며, 쥐꼬리만한 월급이라는 뜻이다.

글자 | 눈 **안**, 쓸쓸할 **한**, 조금 **촌**, 쌀 곳간 **름**

출전 | 조선왕조 16대 광해군일기

[안항실서雁行失序]

기러기의 항렬이 질서를 잃었다는 말이며, 형제간의 우의가 좋지 않다는 뜻이다.

글자 | 기러기 **안**, 항렬 **항**, 잃을 **실**, 차례 **서**

[안향부귀安享富貴]

부하고 귀한 것을 편안히 누린다는 말이다.

글자 | 편안 **안**, 드릴 **향**, 부자 **부**, 귀할 **귀**

[안화요란眼花搖亂]

눈에 꽃이 피고 어지럽게 흔든다는 말이며, 눈앞이 아찔아찔하다는 뜻이다.

글자 | 눈 **안**, 꽃 **화**, 흔들 **요**, 어지러울 **란**

[알묘조장揠苗助長]

모를 뽑아 길게 자라는 것을 돕는다는 말이며, 성급하게 일을 보려다가 도리어 해를 본다는 뜻이다. 맹자가 한 말이다. '호연지기를 억지로 조장하는 것은 싹을 뽑아 올려주는 것과 같다.'

원문 | 助之長者 揠苗者也
조지장자 알묘자야

글자 | 뽑을 **알**, 모 **묘**, 도울 **조**, 긴 **장**
출전 | 맹자 공손추公孫丑 상
관련 | 조장보단助長補短

[알성급제謁聖及第]

임금을 뵈옵고 과거科擧에 급제했다는 말이며, 임금이 성균관 문묘에 참배하고 나서 실시했던 과거시험에 합격했다는 뜻이다.

글자 | 뵈올 **알**, 임금 **성**, 미칠 **급**, 과거 **제**

[알악양선遏惡揚善]

악을 끊고 착함을 칭찬한다는 말이다.

원문 | 遏惡揚善 順天休命
알악양선 순천휴명

글자 | 끊을 **알**, 악할 **악**, 칭찬할 **양**, 착할 **선**
출전 | 주역 대유大有

[알전절후遏前絶後]

앞을 그치고 뒤를 끊는다는 말이며, 상대방이 대항하지 못하게 한다는 뜻이다.

글자 | 그칠 **알**, 앞 **전**, 끊을 **절**, 뒤 **후**
출전 | 고려사

[암거천관巖居川觀]

바위에 살면 내를 본다는 말이며, 산속의 석굴에서 살면서 자연을 즐긴다는 뜻이다.

글자 | 바위 **암**, 살 **거**, 내 **천**, 볼 **관**
출전 | 사기 범저채택范雎蔡澤 열전

[암도진창暗渡陳倉]

남몰래 건너가서 곳간을 벌려 놓았다는 말이며, 남모르게 행동해서 성공했다는 뜻이다. 한신의 36계 가운데 제8계이다.

원문 | 明修棧道 暗渡陳倉
명수잔도 암도진창

글자 | 몰래할 **암**, 건널 **도**, 벌릴 **진**, 곳집 **창**
출전 | 사기 고조본기高祖本紀

[암면묘사暗面描寫]

어두운 면을 그린다는 말이며, 사회 및 인생의 어두운 면을 취재하여 글을 쓴다는 뜻이다.

글자 | 어두울 **암**, 대할 **면**, 기릴 **묘**, 그릴 **사**

[암색불통暗塞不通]

어둡고 막히고 통하지 않는다는 말이며, 어리석은 고집이 세고 변통이 없다는 뜻이다.

글자 | 어두울 **암**, 막을 **색**, 아닐 **불**, 통할 **통**
출전 | 삼국유사

[암수지사巖岫之士]

→ 암혈지사巖穴之士

[암전난방暗箭難防]

몰래 쏘는 화살을 막기 어렵다는 말이며, 저격狙擊은 피하기 힘들다는 뜻이다.

글자 | 몰래할 **암**, 화살 **전**, 어려울 **난**, 막을 **방**

[암전상인暗箭傷人]

몰래 숨어서 쏘는 화살이 사람을 상하게 한다는 말이다.

글자 | 몰래할 **암**, 화살 **전**, 죽일 **상**, 사람 **인**

출전 | 춘추좌씨전 은공 11년조

[암중공작暗中工作]

어두운 가운데 만들고 짓는다는 말이며, 남모르게 몰래 일을 꾸민다는 뜻이다.

글자 | 어두울 **암**, 가운데 **중**, 만들 **공**, 지을 **작**

[암중모색暗中摸索]

어둠 속에서 더듬어 찾는다는 말이며, 확실한 방법을 몰라 어림잡아 찾는다는 뜻이다.

글자 | 어두울 **암**, 가운데 **중**, 더듬을 **모**, 찾을 **색**

출전 | 수당가화隋唐嘉話

동류 | 암중모착暗中摹捉

[암중방광暗中放光]

어둠 속에서도 빛이 샌다는 말이며, 하늘이 무너져도 솟아날 구멍이 있다는 뜻이다.

글자 | 어두울 **암**, 가운데 **중**, 놓을 **방**, 빛 **광**

[암중비약暗中飛躍]

어두운 가운데 날뛴다는 말이며, 세상에 알려지지 않게 뒤에서 활동한다는 뜻이다.

글자 | 어두울 **암**, 가운데 **중**, 날 **비**, 뛸 **약**

[암중순목暗中瞬目]

어둠 속에서 눈을 꿈적인다는 말이며, 남이 이해할 수 없는 방법으로 자기 의사를 나타낸다는 뜻이다.

글자 | 어두울 **암**, 가운데 **중**, 눈 꿈적일 **순**, 눈 **목**

[암중유광暗中有光]

어둠 속에 빛이 있다는 말이며, 어려운 역경 속에서도 희망이 있다는 뜻이다.

글자 | 어두울 **암**, 가운데 **중**, 있을 **유**, 빛 **광**

동류 | 암중방광暗中放光

[암하고불岩下古佛]

→ 암하노불岩下老佛

[암하노불岩下老佛]

바위 밑에 늙은 부처라는 말이며, 산골에 사는 착하기만한 조용한 강원도 지방 사람의 성격을 빗댄 말이다.

글자 | 바위 **암**, 아래 **하**, 늙을 **노**, 부처 **불**

출전 | 정도전鄭道傳의 팔도평

동류 | 암하고불岩下古佛

관련 | 팔도기질八道氣質

[암하지전巖下之電]

바위 밑의 번개라는 말이며, 눈빛이 번쩍번쩍 빛나는 모양을 빗댄 말이다.

글자 | 바위 **암**, 아래 **하**, 어조사 **지**, 번개 **전**

[암향부동暗香浮動]

깊은 향기가 떠돈다는 말이며, 그윽한 향기가 떠돈다는 뜻이다.

원문 | 疎影橫斜水淸淺暗香浮動月黃昏
소 영 횡 사 수 청 천 암 향 부 동 월 황 혼

글자 | 깊을 **암**, 향내 **향**, 뜰 **부**, 움직일 **동**

출전 | 두보杜甫의 시

[암혈지사巖穴之士]

바위굴의 선비라는 말이며, 속세를 떠나 깊은 산속에서 사는 선비 또는 세속에 물들지 않은 선비를 일컫는다.

글자 | 바위 **암**, 동굴 **혈**, 어조사 **지**, 선비 **사**

출전 | 사기

[암흑시대暗黑時代]

어둡고 검은 시대라는 말이며, 문화나 도덕이 타락한 시대 또는 전란의 시대 등을 일컫는다. 이는 고대 로마 몰락 후 15세기경까지의 중세시대로서 고전문화와 르네상스문화는 다른 이질적 문화라는 시각에서 중세를 비난, 경멸하면서 사용한 말이기도 하다.

글자 | 어두울 **암**, 검을 **흑**, 때 **시**, 대수 **대**

반대 | 황금시대黃金時代

[압근지지狎近之地]

→ 압핍지지狎逼之地

[압란지세壓卵之勢]

알을 누를 형세라는 말이며, 강한 힘이 약한 것을 억누를 기세라는 뜻이다.

글자 | 누를 **압**, 알 **란**, 어조사 **지**, 형세 **세**

출전 | 조선왕조 14대 선조실록

[압량위천壓良爲賤]

어진 이를 눌러서 천한 사람을 만든다는 말이며, 양민을 강제로 종을 삼는다는 뜻이다. 고려, 조선시대에 권세를 장악한 권문세족이 불법으로 양인을 천민으로 만들어 노동력을 확보하던 폐단을 말한다.

글자 | 누를 **압**, 어질 **량**, 할 **위**, 천할 **천**

출전 | 조선왕조 8대 예종실록

[압로파순壓顱破脣]

해골을 누르고 입술을 깨트린다는 말이며, 남의 무덤의 영역을 범하여 묘를 쓴다는 뜻이다.

글자 | 누를 **압**, 해골 **로**, 깨트릴 **파**, 입술 **순**

[압승득길壓勝得吉]

눌러 이겨 길함을 얻는다는 말이며, 주술가呪術家들이 주문이나 부적 등

ㅇ

을 써서 재앙을 없애고 해로운 기운이 날뛰지 못하게 하여 길함을 얻게 한다는 뜻이다.

글자 | 누를 **압**, 이길 **승**, 얻을 **득**, 길할 **길**

[압이경지押而敬之]

친근해도 공경해야 한다는 말이다.

원문 | 押而敬之 畏而愛之
압 이 경 지 외 이 애 지

글자 | 친압할 **압**, 말 이을 **이**, 공경 **경**, 어조사 **지**

출전 | 예기 곡례曲禮 상

[압채부인壓寨夫人]

목책을 누른 부인이라는 말이며, 도둑의 아내를 빗댄 말이다.

글자 | 누를 **압**, 목책 **채**, 지아비 **부**, 사람 **인**

[압출흡입押出吸入]

밀어내고 빨아들인다는 말이며, 한 곳에서 다른 곳으로 특정한 것을 밀어낸다는 뜻이다.

글자 | 누를 **압**, 날 **출**, 들이쉴 **흡**, 들 **입**

[압핍지지狎逼之地]

편안하고 가까운 땅이라는 말이며, 집터나 산소 따위의 바로 곁에 있는 땅을 일컫는다.

글자 | 편안할 **압**, 가까울 **핍**, 어조사 **지**, 땅 **지**

동류 | 압근지지狎近之地

[앙감부괴仰感俯愧]

우러러 감동하고 굽어 부끄러워한다는 말이며, 남의 높은 덕에 감동하고, 자기의 부족에 부끄러워한다는 뜻이다.

글자 | 우러를 **앙**, 감동할 **감**, 굽힐 **부**, 부끄러울 **괴**

[앙관부찰仰觀俯察]

우러러보고 굽어 살핀다는 말이며, 천문天文을 보고 지리地理를 살핀다는 뜻이다.

글자 | 우러를 **앙**, 볼 **관**, 굽힐 **부**, 살필 **찰**

출전 | 주역 계사전繫辭傳 상

[앙괴부작仰愧俯怍]

우러러 부끄럽고 구부려도 부끄럽다는 말이며, 위로 아래로 여러모로 부끄럽다는 뜻이다.

글자 | 우러를 **앙**, 부끄러울 **괴**, 구부릴 **부**, 부끄러울 **작**

출전 | 조선왕조 14대 선조실록

[앙급자손殃及子孫]

재앙이 미친 자손이라는 말이며, 조상이 죄를 지어 화를 입게 된 자손을 일컫는다.

글자 | 재앙 **앙**, 미칠 **급**, 아들 **자**, 손자 **손**

[앙급지어殃及池魚]

재난이 연못 속의 고기에게 미친다는 말이며, 뜻하지 않은 곳에 재난이 미친다는 뜻이다. 송나라 때 사마환司馬

桓이라는 사람이 보물 구슬을 빼앗길 염려가 있어 연못에 던졌다고 거짓말을 했는데, 왕은 그 말을 곧이듣고 모든 연못의 물을 퍼내게 하여 애꿎은 물고기만 죽게 되었다.

글자 | 재앙 **앙**, 미칠 **급**, 못 **지**, 고기 **어**

출전 | 여씨춘추 필기편必己篇

동류 | 지어지앙池魚之殃

[앙망불급仰望不及]

우러러 바라보아도 미치지 못한다는 말이다.

글자 | 우러를 **앙**, 바랄 **망**, 아닐 **불**, 미칠 **급**

출전 | 송남잡지

[앙망종신仰望終身]

우러러 바라보며 몸을 마친다는 말이며, 남편을 우러러 보면서 일생을 함께 살아간다는 뜻이다.

원문 | 仰望而終身也
앙 망 이 종 신 야

글자 | 우러를 **앙**, 바라볼 **망**, 마침 **종**, 몸 **신**

출전 | 맹자 이루 하

[앙부일구仰釜日晷]

가마솥을 우러러 보는 해의 그림자라는 말이며, 조선조 세종 때 만들어진 해시계 중 하나를 일컫는다.

글자 | 우러를 **앙**, 가마솥 **부**, 해 **일**, 그림자 **구**

[앙부일영仰釜日影]

→ 앙부일구仰釜日晷

[앙불괴천仰不愧天]

하늘을 우러러 부끄러움이 없다는 말이며, 조금도 부정이 없다는 뜻이다.

원문 | 仰不愧於天 俯不怍於人
앙 불 괴 어 천 부 불 작 어 인

글자 | 우러를 **앙**, 아닐 **불**, 부끄러울 **괴**, 하늘 **천**

출전 | 맹자 진심盡心 상

[앙사부모仰事父母]

우러러 부모를 섬긴다는 말이다.

글자 | 우러를 **앙**, 섬길 **사**, 아비 **부**, 어미 **모**

[앙사부육仰事俯育]

우러러 섬기고 엎드려 기른다는 말이며, 위로 어버이를 섬기고 아내와 자식을 잘 보살핀다는 뜻이다.

글자 | 우러를 **앙**, 섬길 **사**, 엎드릴 **부**, 기를 **육**

출전 | 맹자 양혜왕梁惠王 상

[앙사부축仰事俯畜]

우러러 섬기고 구부려 기른다는 말이며, 위로는 부모를 섬기고, 아래로는 처자를 양육한다는 뜻이다. 맹자의 글이다. '반드시 위로는 부모를 봉양할 수 있고, 아래로는 처자를 봉양할 수 있게 하였다.'

ㅇ

원문 | 必使仰足以事父母俯足以畜妻子
필사앙족이사부모부족이축처자

글자 | 우러를 **앙**, 섬길 **사**, 구부릴 **부**, 기를 **축**

출전 | 맹자 양혜왕 상

동류 | 앙사부육

[앙앙불락怏怏不樂]

마음에 차지 않거나 원망스러워 즐겁지 않다는 말이다.

글자 | 마음에 차지 않을 **앙**, 원망할 **앙**, 아닐 **불**, 즐거울 **락**

동류 | 앙앙지심怏怏之心

[앙앙지심怏怏之心]

마음에 차지 않고 원망하는 마음이라는 말이다.

글자 | 마음에 차지 않을 **앙**, 원망할 **앙**, 어조사 **지**, 마음 **심**

[앙이사지仰而思之]

우러러보며 생각하라는 말이며, 하늘을 바라보면서 생각해보라는 뜻이다.

원문 | 其有不合者 仰而思之 夜以繼日
기유불합자 앙이사지 야이계일

글자 | 우러를 **앙**, 말 이을 **이**, 생각 **사**, 어조사 **지**

출전 | 맹자 이루 하

[앙인비식仰人鼻息]

코로 숨 쉬는 사람을 바라본다는 말이며, 상대방의 기분이 상하지 않도록 눈치만 본다는 뜻이다.

원문 | 袁紹孤客窮軍 仰我鼻息
원소고객궁군 앙아비식

글자 | 우러를 **앙**, 사람 **인**, 코 **비**, 숨쉴 **식**

출전 | 후한서 원소전袁紹傳

[앙천대소仰天大笑]

하늘을 우러러 크게 웃는다는 말이며, 당치않은 생각이나 행동을 보고 어이없어 크게 웃는다는 뜻이다.

글자 | 우러를 **앙**, 하늘 **천**, 큰 **대**, 웃을 **소**

출전 | 사기 골계열전

[앙천부지仰天俯地]

하늘을 우러러보고 땅을 굽어본다는 말이며, 마음에 조금도 부끄러움이 없다는 뜻이다.

글자 | 우러를 **앙**, 하늘 **천**, 굽을 **부**

동류 | 부앙천지俯仰天地

[앙천이타仰天而唾]

하늘을 보고 침 뱉는다는 말이며, 남을 해하려다 오히려 자기가 해를 당한다는 뜻이다.

글자 | 우러를 **앙**, 하늘 **천**, 말 이을 **이**, 침 뱉을 **타**

출전 | 사십이장경四十二章經

[앙천축수仰天祝手]

하늘을 우러러 손으로 빈다는 말이다.

글자 | 우러를 **앙**, 하늘 **천**, 빌 **축**, 손 **수**

[앙천통곡仰天痛哭]

하늘을 우러러 심히 운다는 말이다.

글자 | 우러를 **앙**, 하늘 **천**, 심할 **통**, 울 **곡**

[앙필급신殃必及身]

재앙이 반드시 자신에게 미친다는 말이다. 맹자의 말이다. '제후의 보배는 토지, 백성, 정치인데 주옥을 보배로 여기는 사람은 재앙이 틀림없이 그의 몸에 미칠 것이다.'

원문 | 寶珠玉者 殃必及身
보주옥자 앙필급신

글자 | 재앙 **앙**, 반드시 **필**, 미칠 **급**, 몸 **신**

출전 | 맹자 진심 하

[애걸복걸哀乞伏乞]

불쌍하게 빌고 엎드려 빈다는 말이다.

글자 | 불쌍할 **애**, 빌 **걸**, 엎드릴 **복**

[애고지정哀苦之情]

슬프고 괴로운 마음속이라는 말이다.

글자 | 슬플 **애**, 괴로울 **고**, 어조사 **지**, 마음속 **정**

[애국선렬愛國先烈]

나라를 사랑하다가 먼저 간 충직한 사람이라는 말이며, 나라를 위하여 목숨을 바친 열사烈士를 일컫는다.

글자 | 사랑 **애**, 나라 **국**, 먼저 **선**, 충직할 **렬**

[애국지사愛國志士]

나라를 사랑하는 뜻있는 선비라는 말이며, 나라를 위하여 제 몸과 목숨을 다해 이바지하는 사람을 일컫는다.

글자 | 사랑 **애**, 나라 **국**, 뜻 **지**, 선비 **사**

[애국지성愛國之誠]

나라를 사랑하는 정성이라는 말이다.

글자 | 사랑 **애**, 나라 **국**, 어조사 **지**, 정성 **성**

[애금사금挨金似金]

금과 가까우면 금과 같아진다는 말이며, 훌륭한 사람을 가까이하면 같이 훌륭해진다는 뜻이다.

원문 | 挨金似金 挨玉似玉
애금사금 애옥사옥

글자 | 가까울 **애**, 금 **금**, 같을 **사**

[애급옥오愛及屋烏]

사랑이 그 집 지붕 위의 까마귀에게 미친다는 말이며, '아내가 예쁘면 처갓집 말뚝 보고 절한다.'는 우리 속담과 같은 뜻이다.

원문 | 臣聞愛其人者兼愛及屋上之烏
신문애기인자겸애급옥상지오

글자 | 사랑 **애**, 미칠 **급**, 집 **옥**, 까마귀 **오**

출전 | 설원說苑 귀덕편貴德篇

[애기소친愛其所親]

그 친한 바를 사랑한다는 말이며, 윗분들이 친하게 지내던 분을 나도 아낀다는 뜻이다.

ㅇ

원문 | 敬其所尊 愛其所親
경기소존 애기소친

글자 | 사랑 **애**, 그 **기**, 바 **소**, 친할 **친**

출전 | 중용 19장

[애다증지愛多憎至]

사랑이 많으면 미움에 이른다는 말이며, 남다른 총애寵愛는 오히려 파멸을 부른다는 뜻이다.

글자 | 사랑 **애**, 많을 **다**, 미울 **증**, 이를 **지**

출전 | 항창자亢倉子

[애리증식哀梨蒸食]

맛좋은 배를 쪄서 먹는다는 말이며, 좋고 나쁜 것을 모른다는 뜻이다.

원문 | 君得哀家梨 當複不蒸食下
군득애가리 당복불증식하

글자 | 불쌍할 **애**, 배 **리**, 찔 **증**, 먹을 **식**

출전 | 세설신어 경저편輕詆篇

[애린여기愛隣如己]

이웃을 자기 몸같이 사랑하라는 말이다.

글자 | 사랑 **애**, 이웃 **린**, 같을 **여**, 몸 **기**

[애막조지愛莫助之]

사랑하나 도움이 없다는 말이며, 아끼는 사람에게 도움을 주지 못한다는 뜻이다.

글자 | 사랑 **애**, 없을 **막**, 도울 **조**, 어조사 **지**

출전 | 시경 대아 탕지집蕩之什

[애매모호曖昧模糊]

가려서 어두컴컴하고 바탕에 풀칠했다는 말이며, 상태나 모양이 분명하지 않고 흐리터분하다는 뜻이다.

글자 | 가릴 **애**, 어두컴컴할 **매**, 본뜰 **모**, 풀칠할 **호**

유사 | 유야무야有耶無耶

반대 | 명명백백明明白白

[애무차등愛無差等]

사랑에 어긋남과 같음이 없다는 말이며, 모두 똑같이 사랑한다는 뜻이다.

글자 | 사랑 **애**, 없을 **무**, 어긋날 **차**, 같을 **등**

출전 | 맹자 등문공 상

[애민여자愛民如子]

백성 사랑하기를 아들과 같이 한다는 말이다.

원문 | 敬信節用 愛民如子
경신절용 애민여자

글자 | 사랑 **애**, 백성 **민**, 같을 **여**, 아들 **자**

출전 | 사자소학

[애별리고愛別離苦]

사랑하는 사람, 즉 부모·형제·처자·애인 등과 이별 또는 사별함으로써 받는 고통을 말한다. 이는 불교에서 말하는 8고八苦의 하나인데, 8고는 생·노·병·사와 애별리고愛別離苦·원증회고怨憎會苦·구불득고求不得苦·오음성고五陰盛苦이다.

글자 | 사랑 **애**, 이별 **별**, 떠날 **리**, 괴로울 **고**

출전 | 오왕경五王經

[애사호죽哀絲豪竹]

슬픈 실과 호협한 대롱이라는 말이며, 애절한 현악기와 호협한 관악기라는 뜻이다.

글자 | 슬플 **애**, 실 **사**, 호협할 **호**, 대롱 **죽**

[애석폐고愛惜弊袴]

해진 바지도 그냥 주기는 아깝다는 말이며, 공로가 있어야 상을 준다는 뜻이다. 한나라 소후昭侯가 고리짝에 해진 바지를 담고 있었는데. 이를 본 신하가 그 바지를 하사하라고 하자, 명군은 사소한 표정도 아낀다고 하면서 그 바지를 그냥 줄 수 없고 잘 간수했다가 유공자에게 주겠다고 거절했다는 옛일에서 온 말이다.

글자 | 사랑 **애**, 아쉬울 **석**, 해질 **폐**, 바지 **고**

출전 | 한비자

[애애부모哀哀父母]

슬프고도 불쌍한 부모님이라는 말이며, 제대로 모시지 못한 부모가 돌아가신 것을 서러워한다는 뜻이다.

원문 | 哀哀父母 生我劬勞
애애부모 생아구로

글자 | 슬플 **애**, 아비 **부**, 어미 **모**

출전 | 시경 소아小雅

[애애절절哀哀切切]

매우 슬프고, 매우 간절하다는 말이다.

글자 | 슬플 **애**, 간절할 **절**

[애여불공隘與不恭]

공손하지 않음과 좁음이라는 말이며, 마음이 좁고 공손하지 못하다는 뜻이다. 맹자의 말이다. '백이는 마음이 좁고, 유하혜는 공손하지 못했다. 마음이 좁은 것과 공손하지 못한 것은 군자가 따르지 않는다.'

원문 | 伯夷隘 柳下惠不恭 隘與不恭
백이애 유하혜불공 애여불공
君子不由也
군자불유야

글자 | 좁을 **애**, 더불 **여**, 아닐 **불**, 공손할 **공**

출전 | 맹자 공손추 상

[애연기연愛緣機緣]

사랑의 인연과 기회의 인연이라는 말이며, 사람의 알 수 없는 만남의 인연을 일컫는다.

글자 | 사랑 **애**, 인연 **연**, 기회 **기**

출전 | 보적경寶積經

[애옥급오愛屋及烏]

→ 애급옥오愛及屋烏

[애이불교愛而不教]

사랑하면서 가르치지 않는다는 말이며, 사랑하기만 하고 가르치지 않으면 짐승으로 기른다는 뜻이다.

ㅇ

원문 | 愛而不教 獸畜之也
애 이 불 교 수 축 지 야

글자 | 사랑 **애**, 말 이을 **이**, 아닐 **불**, 가르칠 **교**

출전 | 윤기尹愭의 잡기雜記

[애이불비哀而不悲]

슬프지만 슬퍼하지 아니한다는 말이며, 속으로는 슬프면서 겉으로는 슬프지 않은 척한다는 뜻이다.

글자 | 슬플 **애**, 말 이을 **이**, 아닐 **불**, 슬플 **비**

[애이불상哀而不傷]

슬프지만 마음은 상하지 않는다는 말이다.

글자 | 슬플 **애**, 말 이을 **이**, 아닐 **불**, 상할 **상**

[애인여기愛人如己]

자기와 같이 사람을 사랑하라는 말이다.

글자 | 사랑 **애**, 사람 **인**, 같을 **여**, 몸 **기**

[애인위대愛人爲大]

사람을 사랑하는 것을 큰 것으로 한다는 말이다. 예기에 있는 글이다. '옛 성인께서 정사를 함에 있어, 사람을 사랑하는 것을 가장 큰 것으로 삼았다. 그 사람을 다스리고 사랑하는 길은 예禮를 가장 큰 것으로 삼는다.'

원문 | 古之爲政 愛人爲大 所以治 愛人禮爲大
고 지 위 정 애 인 위 대 소 이 치 애 인 례 위 대

글자 | 사랑 **애**, 사람 **인**, 할 **위**, 큰 **대**

출전 | 예기 애공문편哀公問篇

[애인이덕愛人以德]

사람을 사랑하는 데는 덕으로써 해야 한다는 말이다.

글자 | 사랑 **애**, 사람 **인**, 써 **이**, 큰 **덕**

출전 | 예기

[애인이목礙人耳目]

사람의 귀와 눈을 거리낀다는 말이다.

글자 | 거리낄 **애**, 사람 **인**, 귀 **이**, 눈 **목**

[애인하사愛人下士]

뭇 사람을 사랑하고 선비에게 몸을 낮춘다는 말이다.

글자 | 사랑 **애**, 사람 **인**, 낮출 **하**, 선비 **사**

[애인휼민愛人恤民]

사람을 사랑하고 백성을 불쌍히 여긴다는 말이다.

글자 | 사랑 **애**, 사람 **인**, 불쌍히 여길 **휼**, 백성 **민**

[애자지원睚眥之怨]

눈으로 흘겨보는 원망이라는 말이며, 아주 작은 원망을 일컫는다.

글자 | 눈초리 **애**, 흘길 **자**, 어조사 **지**, 원망할 **원**

[애자지정愛子之情]

자식을 사랑하는 마음이라는 말이다.

글자 | 사랑 **애**, 아들 **자**, 어조사 **지**, 뜻 **정**

[애자필보睚眥必報]

눈 한번 흘긴 것을 반드시 갚는다는 말이며, 도량이 아주 좁다는 뜻이다.

원문 | **睚眥之怨必報 一飯之德必償**
애 자 지 원 필 보 일 반 지 덕 필 상

글자 | 눈초리 **애**, 흘길 **자**, 반드시 **필**, 갚을 **보**

출전 | 사기 범저채택열전范雎蔡澤列傳

[애정편력愛情遍歷]

사랑하는 마음속을 두루 지난다는 말이며, 남녀의 사랑을 두루 겪는다는 뜻이다.

글자 | 사랑 **애**, 마음속 **정**, 두루 **편**, 지날 **력**

[애좌애우挨左挨右]

왼쪽으로 밀고 오른쪽으로 민다는 말이며, 서로 사랑하여 피한다는 뜻이다.

글자 | 밀 **애**, 왼 **좌**, 오른 **우**

[애즉지증愛則知憎]

사랑해 보아야 미움을 안다는 말이며, 사랑이 미움을 낳고 미움이 사랑을 만든다는 뜻이다.

글자 | 사랑 **애**, 곧 **즉**, 알 **지**, 미울 **증**

[애증후박愛憎厚薄]

사랑과 미움, 그리고 후함과 박함이라는 말이며, 사람의 인성을 일컫는다.

글자 | 사랑 **애**, 미울 **증**, 두터울 **후**, 얇을 **박**

[애지석지愛之惜之]

아깝고 가엾다는 말이다.

글자 | 아낄 **애**, 어조사 **지**, 가엾을 **석**

[애지중지愛之重之]

사랑하며 소중히 여긴다는 말이다.

글자 | 사랑 **애**, 어조사 **지**, 중하게 여길 **중**

출전 | 소학 가언嘉言

[애착생사愛着生死]

삶과 죽음에 사랑을 붙인다는 말이며, 인간세계에 집착한다는 뜻이다.

글자 | 사랑 **애**, 붙일 **착**, 살 **생**, 죽을 **사**

[애착자비愛着慈悲]

애착에 대한 어질고 슬픈 마음이라는 말이며, 생사에 대한 애착으로부터 인간을 구하려는 자비심을 일컫는다.

글자 | 사랑 **애**, 붙을 **착**, 어질 **자**, 슬플 **비**

[애친경장愛親敬長]

어버이를 사랑하고 어른을 공경한다는 말이다.

글자 | 사랑 **애**, 육친 **친**, 공경할 **경**, 어른 **장**

[애통망극哀痛罔極]

그지없이 슬프고 아프다는 말이다.

글자 | 슬플 **애**, 아플 **통**, 없을 **망**, 다할 **극**

[애호체읍哀號涕泣]

슬프게 부르짖으면서, 그리고 눈물을 흘리면서 운다는 말이다.

글자 | 슬플 **애**, 부르짖을 **호**, 눈물 **체**, 울 **읍**

출전 | 양서梁書

[애홍보집哀鴻甫集]

슬피 우는 기러기가 무리 지어 모인다는 말이며, 유랑민이 굶주림에 울며 몰려온다는 뜻이다.

글자 | 슬플 **애**, 기러기 **홍**, 무리 **보**, 모을 **집**

[애홍편야哀鴻遍野]

슬피 우는 기러기가 들판을 메웠다는 말이며, 가는 곳마다 피난민이 가득하다는 뜻이다.

글자 | 슬플 **애**, 기러기 **홍**, 두루 **편**, 들 **야**

출전 | 시경 소아小雅 홍안지집鴻雁之什

[애훼골립哀毁骨立]

슬퍼서 파리하게 뼈만 남았다는 말이며, 부모의 죽음을 슬퍼하여 몸이 바싹 말랐다는 뜻이다.

글자 | 슬플 **애**, 파리할 **훼**, 뼈 **골**, 설 **립**

[애휼사민愛恤四民]

네 백성을 사랑하고 불쌍히 여긴다는 말이며, 사士, 농農, 공工, 상商의 모든 백성을 사랑한다는 뜻이다.

글자 | 사랑 **애**, 불쌍히 여길 **휼**, 백성 **민**

[액내지간額內之間]

이마를 맞댄 사이라는 말이며, 한 집안 사람 또는 한 동아리에 든 사람끼리의 사이라는 뜻이다.

글자 | 이마 **액**, 안 **내**, 어조사 **지**, 사이 **간**

[액인부배搤咽拊背]

목구멍을 조르고 등을 친다는 말이며, 앞뒤에서 공격하여 빠져나갈 수 없다는 뜻이다.

글자 | 조를 **액**, 목구멍 **인**, 칠 **부**, 등 **배**

동류 | 액후무배扼喉撫背

[액항부배搤亢拊背]

목을 잡고 등을 친다는 말이며, 급소를 공격하여 상대방을 제압한다는 뜻이다.

글자 | 잡을 **액**, 목 **항**, 칠 **부**, 등 **배**

출전 | 사기

[액후무배扼喉撫背]

→ 액인부배搤咽拊背

[야광명월夜光明月]

밤에 빛나는 밝은 달이라는 말이다.

글자 | 밤 **야**, 빛 **광**, 밝을 **명**, 달 **월**

[야광명주夜光明珠]

밤에 빛을 내는 밝은 구슬이라는 말

이다.

글자 | 밤 **야**, 빛 **광**, 밝을 **명**, 구슬 **주**

[야기요단惹起鬧端]

시끄러운 실마리를 어지럽게 일으킨다는 말이며, 시비꺼리를 이끌어 낸다는 뜻이다.

글자 | 어지러울 **야**, 일으킬 **기**, 시끄러울 **요**, 실마리 **단**

준말 | 야료惹鬧

[야다지경夜茶地境]

밤에 차를 풀게 된 지경이라는 말이며, 어찌할 수 없이 급하게 된 경우를 일컫는다.

글자 | 밤 **야**, 차풀 **다**, 땅 **지**, 지경 **경**

[야단법석野壇法席]

들판에 세운 단상의 설법하는 자리라는 말이며, 아주 시끄럽고 떠들썩하다는 뜻이다. 부처님이 설법을 하면 들판에 모인 사람들이 떠들썩했다는 데서 온 말이다.

글자 | 들 **야**, 단 **단**, 법 **법**, 자리 **석**

[야단야단惹端惹端]

끝을 자꾸 이끈다는 말이며, 마구 꾸짖는다는 뜻이다.

글자 | 이끌 **야**, 끝 **단**

[야랑자대夜郎自大]

야랑이 스스로 크다는 말이며, 우매한 무리가 잘난 체하고 뽐낸다는 뜻이다. 한나라 시대에 서남쪽 오랑캐나라 중에서 야랑국이 가장 세력이 강했는데, 한제국이 더 강대함을 전혀 알지 못하고 자기의 힘을 과신하여 오만하였다는 옛일에서 온 말이다.

글자 | 밤 **야**, 사나이 **랑**, 스스로 **자**, 큰 **대**

출전 | 사기 서남이열전西南夷列傳

유사 | 당랑지부螳螂之斧

[야무유현野無遺賢]

들에 남은 인재가 없다는 말이며, 뛰어난 인재가 모조리 벼슬에 올라 정사가 잘 이루어지고 있다는 뜻이다. 서경에 있는 글이다. '들에는 버려진 현자가 없어서 만방이 다 편안할 것이다.'

원문 | 野無遺賢 萬邦咸寧
야 무 유 현 만 방 함 녕

글자 | 들 **야**, 없을 **무**, 남을 **유**, 어질 **현**

출전 | 서경 대우모大禹謨

[야무청초野無青草]

들에 푸른 풀포기 하나 없다는 말이며, 기근이 심하다는 뜻이다.

글자 | 들 **야**, 없을 **무**, 푸를 **청**, 풀 **초**

출전 | 춘추좌씨전

[야박시속野薄時俗]

들판의 얄팍한 그때의 풍속이라는 말이며, 남의 사정을 돌보지 않는 그 시대의 인정과 풍속이라는 뜻이다.

글자 | 들판 **야**, 얇을 **박**, 때 **시**, 풍속 **속**

출전 | 송남잡지

[야반도주夜半逃走]

밤중에 도망쳐 달아난다는 말이다.

글자 | 밤 **야**, 절반 **반**, 달아날 **도**, 달릴 **주**

[야반무례夜半無禮]

밤중에는 예도가 없다는 말이다.

글자 | 밤 **야**, 절반 **반**, 없을 **무**, 예도 **례**

[야불담귀夜不談鬼]

밤에는 귀신 이야기를 하지 않는다는 말이다.

글자 | 밤 **야**, 아닐 **불**, 말씀 **담**, 귀신 **귀**

출전 | 송남잡지

[야불답백夜不踏白]

밤에 흰 것을 밟지 말라는 말이며, 흰 것은 물이라는 뜻이다.

글자 | 밤 **야**, 아닐 **불**, 밟을 **답**, 흰 **백**

출전 | 송남잡지

[야불폐문夜不閉門]

밤에 대문을 닫지 않는다는 말이며, 세상이 태평하여 인심이 좋다는 뜻이다.

글자 | 밤 **야**, 아닐 **불**, 닫을 **폐**, 집안 **문**

출전 | 예기 예운편禮運篇

[야서지혼野鼠之婚]

들쥐의 혼인이라는 말이며, 같은 것끼리 잘 어울린다는 뜻이다.

글자 | 들 **야**, 쥐 **서**, 어조사 **지**, 혼인할 **혼**

출전 | 순오지

유사 | 유유상종類類相從

[야심만만野心滿滿]

질박한 마음이 가득 찼다는 말이며, 자기 분수에 맞지 않게 야망을 채우려는 욕심이 가득 찼다는 뜻이다.

글자 | 질박할 **야**, 마음 **심**, 찰 **만**

[야심무례夜深無禮]

밤이 깊어 캄캄할 때는 예의를 제대로 갖추지 못한다는 말이다.

글자 | 밤 **야**, 깊을 **심**, 없을 **무**, 예도 **례**

[야어서령夜語鼠聆]

→ 야어서청夜語鼠聽

[야어서청夜語鼠聽]

밤 말은 쥐가 듣는다는 말이며, 비밀이 없다는 뜻이다.

원문 | 晝語雀聽 夜語鼠聽
주 어 작 청 야 어 서 청

글자 | 밤 **야**, 말씀 **어**, 쥐 **서**, 들을 **청**

출전 | 순오지 하

[야언서령夜言鼠聆]

→ 야어서청夜語鼠聽

[야엽창조冶葉倡條]

모양낸 잎과 노래하는 가지라는 말이며, 자태가 예쁘고 목청이 아름다운 기생을 빗댄 말이다.

글자 | 모양낼 **야**, 잎 **엽**, 가무 **창**, 휘추리 **조**

[야용식태冶容飾態]

얼굴을 모양내고 태도를 꾸민다는 말이며, 얼굴을 예쁘게 단장하고 몸매를 꾸민다는 뜻이다.

글자 | 모양 낼 **야**, 얼굴 **용**, 꾸밀 **식**, 태도 **태**

[야용지회冶容之誨]

얼굴 치장의 가르침이라는 말이며, 여자가 지나치게 단장하면 남자에게 음욕을 품게 한다는 경고이다.

글자 | 모양낼 **야**, 얼굴 **용**, 어조사 **지**, 가르칠 **회**

출전 | 주역 계사전繫辭傳 상

동류 | 야용회음冶容誨淫

[야용회음冶容誨淫]

요염한 얼굴은 음란함을 가르친다는 말이며, 너무 예쁘게 단장하면 음란해지기 쉽다는 뜻이다.

원문 | 慢藏誨盜 冶容誨淫
만장회도 야용회음

글자 | 요염할 **야**, 얼굴 **용**, 가르칠 **회**, 음란할 **음**

출전 | 주역 계사전繫辭傳 상

동류 | 야용지회冶容之誨

[야우대상夜雨對牀]

비 오는 밤에 잠자리를 마주하고 잔다는 말이며, 형제 또는 벗 등이 친밀하다는 뜻이다.

글자 | 밤 **야**, 비 **우**, 마주할 **대**, 평상 **상**

[야이계일夜以繼日]

밤에 이어 날이 이어진다는 말이며, 밤샘을 한다는 뜻이다.

원문 | 其有不合者 仰而思之 夜以繼日
기유불합자 앙이사지 야이계일

글자 | 밤 **야**, 써 **이**, 이을 **계**, 날 **일**

출전 | 맹자 이루離婁 하

동류 | 야이계주夜以繼晝

[야이계주夜以繼晝]

→ 야이계일夜以繼日

[야인헌근野人獻芹]

질박한 사람이 미나리를 바친다는 말이며, 겸손하여 보잘 것 없는 물품을 보낸다는 뜻이다.

글자 | 질박할 **야**, 사람 **인**, 바칠 **헌**, 미나리 **근**

[야자무방也自無妨]

또한 스스로 해롭지 않다는 말이며, 그다지 해롭지 않다는 뜻이다.

글자 | 또 **야**, 스스로 **자**, 없을 **무**, 해로울 **방**

동류 | 야자불방也自不妨

[야자불방也自不妨]

→ 야자무방也自無妨

ㅇ

[야장몽다夜長夢多]

밤이 길면 꿈도 많다는 말이며, 오랜 세월 동안 변화가 많다는 뜻이다.

글자 | 밤 **야**, 긴 **장**, 꿈 **몽**, 많을 **다**

[야점사양夜店斜陽]

들판 가게에 빗겨 비치는 햇빛이라는 말이며, 외로운 주점에 해가 진다는 뜻이다.

글자 | 들 **야**, 가게 **점**, 빗길 **사**, 볕 **양**

[야중모색夜中摸索]

→ 암중모색暗中摸索

[야행피수夜行被繡]

수놓은 비단옷을 입고 밤길을 간다는 말이며, 공명功名이 세상에 드러나지 않는다는 뜻이다.

원문 | 富貴不歸故鄕 如夜行被繡
부귀불귀고향 여야행피수

글자 | 밤 **야**, 다닐 **행**, 입을 **피**, 수놓을 **수**

출전 | 사기 항우본기項羽本紀

동류 | 금의야행錦衣夜行

[약계봉사藥契奉事]

약과 맺어 받드는 일이라는 말이며, 약을 지어 파는 사람이라는 뜻이다.

글자 | 약 **약**, 맺을 **계**, 받들 **봉**, 일 **사**

[약금한선若噤寒蟬]

추워서 입 다물고 있는 매미와 같다는 말이며, 자기 속내를 드러내지 않으려고 침묵을 지킨다는 뜻이다.

글자 | 같을 **약**, 입 다물 **금**, 찰 **한**, 매미 **선**

출전 | 후한서 두밀전杜密傳

[약기유물約己裕物]

몸을 검소하게 하고 물건을 넉넉하게 한다는 말이며, 자신의 생활은 검소하게 하고, 남을 대접함에는 넉넉하게 한다는 뜻이다.

글자 | 검소할 **약**, 몸 **기**, 넉넉할 **유**, 물건 **물**

출전 | 조선왕조 16대 인조실록

[약기폐사若棄敝蹝]

해진 짚신을 버리는 것과 같다는 말이며, 조금도 아깝지 않다는 뜻이다.

글자 | 같을 **약**, 버릴 **기**, 옷 해질 **폐**, 천천히 걸을(짚신) **사**

출전 | 맹자

[약능제강弱能制强]

약한 것이 능히 강한 것을 누른다는 말이며, 약자가 강자를 능가한다는 뜻이다.

원문 | 柔能制剛 弱能制强
유능제강 약능제강

글자 | 약할 **약**, 능할 **능**, 누를 **제**, 강할 **강**

출전 | 후한서 진준전陳俊傳

[약달우시若撻于市]

저자에서 종아리 맞는 것과 같다는 말이며, 많은 사람 앞에서 욕을 본다는 뜻이다.

글자 | 같을 **약**, 종아리 칠 **달**, 어조사 **우**, 저자 **시**

출전 | 서경 열명說命 하

[약도호미若蹈虎尾]

호랑이 꼬리를 밟듯이라는 말이며, 매우 위험한 일을 하듯이라는 뜻이다. 서경에 있는 글이다. '마음에 걱정하고 위태롭게 여김이 범의 꼬리를 밟는 듯하고, 봄의 얼음을 건너는 듯하다.'

원문 | 心之憂危 若蹈虎尾 涉于春冰
심지우위 약도호미 섭우춘빙

글자 | 같을 **약**, 밟을 **도**, 범 **호**, 꼬리 **미**

출전 | 서경 군아君牙

유사 | 섭우춘빙涉于春冰

[약롱중물藥籠中物]

약장 속의 약이라는 말이며, 항상 곁에 없어서는 안 될 긴요한 사람을 빗댄 말이다. 주나라 여황제를 잘 보필한 적인걸狄仁傑에게 그 문하에 있는 원행충元行沖이 좋은 약은 입에 쓰지만 몸에 이롭고, 충언은 귀에 거슬리지만 행실에 이롭다는 공자의 말을 하면서 자기와 같은 쓴 약도 곁에 놔 달라고 하자, 적인걸이 답했다. '자네야말로 바로 내 약롱중물일세. 암 하루라도 곁에 없어서는 안 되고말고.'

원문 | 君正吾藥籠中物 不可一日無也
군정오약롱중물 불가일일무야

글자 | 약 **약**, 농 **롱**, 가운데 **중**, 만물 **물**

출전 | 구당서 적인걸전狄仁傑傳

동류 | 약롱지물藥籠之物

[약롱지물藥籠之物]

→ 약롱중물藥籠中物

[약마복중弱馬卜重]

약한 말에 무거운 짐이라는 말이며, 재주와 힘이 부족한 사람에게 많은 일을 맡긴다는 빗댄 말이다.

글자 | 약할 **약**, 말 **마**, 짐 **복**, 무거울 **중**

출전 | 송남잡지

[약발통치若拔痛齒]

아픈 이를 빼는 것과 같다는 말이며, 걱정스럽거나 고통스럽던 일이 없어져서 매우 시원하다는 뜻이다.

글자 | 같을 **약**, 뺄 **발**, 아플 **통**, 이 **치**

출전 | 동언해

동류 | 여발통치如拔痛齒

[약방감초藥房甘草]

약방의 단 풀이라는 말이며, 어떤 일에나 빠짐없이 꼭 참석하는 사람을 빗댄 말이다.

글자 | 약 **약**, 방 **방**, 달 **감**, 풀 **초**

[약방기생藥房妓生]

약방의 기녀라는 말이며, 조선시대에 약방인 내의원에 속해 있던 의녀醫女를 일컫는다.

글자 | 약 **약**, 방 **방**, 기녀 **기**, 날 **생**

[약법삼장約法三章]

약속한 법이 세 가지라는 말이며, 법이 복잡하지 않고 간단하다는 뜻이다. 한나라 유방이 진나라를 점령하고 진나라의 복잡하고 까다로운 법을 폐기하면서 세 가지 법만 약속했다. ① 사람을 죽인 사람은 죽는다(殺人者死). ② 사람을 상케 한 사람과 도둑질한 사람은 죄를 받는다(傷人反盜抵罪). ③ 나머지 진나라의 법은 모두 없앤다(餘悉除去秦法).

글자 | 기약할 **약**, 법 **법**, 표할 **장**

출전 | 사기 고조본기高祖本紀

[약불승의若不勝衣]

옷 [무게]를 이기지 못하는 것과 같다는 말이며, 몸이 매우 허약하다는 뜻이다.

글자 | 같을 **약**, 아닐 **불**, 이길 **승**, 옷 **의**

출전 | 소학 가언 광경신廣敬身

[약붕궐각若崩厥角]

그 뿔이 무너짐과 같이라는 말이며, 어찌할 줄 모르는 모양을 일컫는다. 서경에 있는 글이다. '백성이 두려워하여 그 뿔을 내리듯 할 것이니…'

원문 | 百姓懍懍 若崩厥角
백 성 늠 름 약 붕 궐 각

글자 | 같을 **약**, 산 무너질 **붕**, 그 **궐**, 뿔 **각**

출전 | 서경 태서泰誓 하

[약사삼존藥師三尊]

약의 스승인 세 어른이라는 말이며, 중생을 질병에서 구해준다는 세 부처, 즉 약사여래, 일광보살, 월광보살을 일컫는다.

글자 | 약 **약**, 스승 **사**, 어른 **존**

[약상불귀弱喪不歸]

죽음을 버리고 돌아오지 않는다는 말이며, 집을 떠나서 돌아갈 줄 모른다는 뜻이다. 장자의 말이다. '죽음을 싫어하는 것이 어려서 고향을 떠나와 돌아갈 줄 모르는 것이 아닌 줄 내가 어찌 알겠는가?'

원문 | 予惡乎知惡死之非弱喪而不知歸者耶
여 악 호 지 악 사 지 비 약 상 이 부 지 귀자 야

글자 | 버릴 **약**, 죽을 **상**, 아닐 **불**, 돌아올 **귀**

출전 | 장자 제물齊物

[약석무효藥石無效]

약이나 치료도 효험이 없다는 말이다. 석石은 석침石針을 뜻한다.

글자 | 약 **약**, 돌 **석**, 없을 **무**, 효험 **효**

출전 | 당나라 선종宣宗의 글

동류 | 약석무공藥石無功

[약석지언藥石之言]

약과 치료의 말이라는 말이며, 충고 또는 경계가 되는 말을 뜻한다. 석石은 석침石針을 뜻한다.

글자 | 약 **약**, 돌 **석**, 어조사 **지**, 말씀 **언**

출전 | 춘추좌씨전 양공 23년 추편秋篇

[약섭대수若涉大水]

큰 강을 건너는 것과 같다는 말이며, 매우 위험하다는 뜻이다. 서경에 있는 글이다. '마치 큰물을 건너는데 나루터나 언덕이 없는 것과 같은지라…'

원문 | 若涉大水 其無津涯
약섭대수 기무진애

글자 | 같을 **약**, 건널 **섭**, 큰 **대**, 물 **수**

출전 | 서경 미자微子

동류 | 약섭 연수若涉淵水

[약섭춘빙若涉春氷]

봄의 얼음판을 건너는 것과 같다는 말이며, 매우 위험하다는 빗댄 말이다.

글자 | 같을 **약**, 건널 **섭**, 봄 **춘**, 얼음 **빙**

유사 | 약섭대수若涉大水

[약수급마若輸給馬]

말을 보태어 나르는 것과 같다는 말이며, 수레바퀴가 말을 따라 구르는 것과 같이 멈추지 않는다는 뜻이다.

원문 | 若輸之給馬
약수지급마

글자 | 같을 **약**, 나를 **수**, 보탤 **급**, 말 **마**

출전 | 관자 경중갑輕重甲

[약시약시若是若是]

이와 같이, 이와 같이라는 말이며, 이러이러하다는 뜻이다.

글자 | 같을 **약**, 이 **시**

동류 | 약차약차若此若此, 여차여차如此如此

[약시우강若時雨降]

같은 때에 비가 내린다는 말이며, 때맞추어 어떤 것이 일어난다는 뜻이다.

글자 | 같을 **약**, 때 **시**, 비 **우**, 내릴 **강**

[약시지서約矢之書]

화살에 맨 글이라는 말이며, 화살에 묶어서 쏘아 보낸 편지를 일컫는다.

글자 | 맺을 **약**, 화살 **시**, 어조사 **지**, 글 **서**

출전 | 조선왕조 15대 광해군일기

[약시투격約矢投檄]

화살에 매어 격문을 던진다는 말이며, 화살에 격문을 묶어서 쏘아 보낸다는 뜻이다.

글자 | 맺을 **약**, 화살 **시**, 던질 **투**, 격문 **격**

출전 | 조선왕조 15대 광해군일기

동류 | 약시지서約矢之書

[약식동원藥食同源]

약과 음식은 그 근원이 한가지라는 말이며, 좋은 음식은 약과 같은 효능을 낸다는 뜻이다.

글자 | 약 **약**, 밥 **식**, 한가지 **동**, 근원 **원**

동류 | 의식동원醫食同源

[약육가식弱肉可食]

→ 약육강식弱肉强食

[약육강식弱肉强食]

약한 고기를 강한 자가 먹는다는 말이며, 약한 것은 강한 것의 희생물이 된다는 자연법칙을 일컫는다.

글자 | 약할 **약**, 고기 **육**, 굳셀 **강**, 먹을 **식**

출전 | 한유韓愈의 글

[약육강탄弱肉强呑]

→ 약육강식弱肉强食

[약자선수弱者先手]

약한 사람이 먼저 잡는다는 말이며, 바둑이나 장기를 둘 때, 수가 약한 사람이 먼저 둔다는 뜻이다.

글자 | 약할 **약**, 사람 **자**, 먼저 **선**, 잡을 **수**

[약자잔손弱子殘孫]

약한 아들과 쇠잔한 손자라는 말이며, 집안이 번성하지 못하여 의지할 곳이 없는 쓸쓸한 자손을 일컫는다.

글자 | 약할 **약**, 아들 **자**, 쇠잔할 **잔**, 손자 **손**

출전 | 송남잡지

[약장종신若將終身]

장차 몸을 마칠 것 같다는 말이며, 지금 상태로 일생을 마칠 것 같다는 뜻이다.

글자 | 같을 **약**, 장차 **장**, 마칠 **종**, 몸 **신**

출전 | 맹자 진심盡心 하

[약존약무若存若無]

있는 것 같기도 하고, 없는 것 같기도 하다는 말이다.

글자 | 같을 **약**, 있을 **존**, 없을 **무**

출전 | 송남잡지

[약진시월若秦視越]

진나라가 월나라를 보는 것과 같다는 말이며, 진나라가 월나라와 멀리 떨어져 있어 문제가 없는 것과 같이 아무런 관심이 없다는 뜻이다.

글자 | 같을 **약**, 나라 **진**, 볼 **시**, 나라 **월**

출전 | 조선왕조 6대 단종실록

[약차약차若此若此]

→ 여차여차如此如此

[약팽소선若烹小鮮]

작은 생선을 굽는 것과 같다는 말이며, 정치는 차분히 지켜보는 것이 낫다는 뜻이다.

원문 | **治大國 若烹小鮮**
치 대 국　약 팽 소 선

글자 | 같을 **약**, 익힐 **팽**, 작을 **소**, 생선 **선**

출전 | 노자 60장 거위居位

[약합부연若合符然]

→ 약합부절若合符節

출전 | 관자 주합편宙合篇

[약합부절若合符節]

부절을 맞춘 것과 같다는 말이며, 꼭 들어맞아 조금도 틀리지 않는다는 뜻이다. 부절은 대나무나 옥에 글자나 그림을 새겨 양분兩分해서 두 사람이 나누어 가졌다가 나중에 신표信標로 맞추어 보는 증거물이다.

글자 | 같을 **약**, 합할 **합**, 믿을 **부**, 인 **절**

출전 | 맹자 이루離婁 하

동류 | 약합부연若合符然, 여합부절如合符節

[양가독자兩家獨子]

두 집안의 독자라는 말이며, 생가生家와 양가養家의 외아들이라는 뜻이다.

글자 | 둘 **양**, 집 **가**, 홀로 **독**, 아들 **자**

[양각서주兩脚書廚]

두 다리의 책장이라는 말이며, 학문은 하였으나 이를 운영할 줄 모르는 사람을 일컫는다.

글자 | 둘 **양**, 다리 **각**, 글 **서**, 부엌 **주**

출전 | 해여총고陔餘叢考

[양각야호兩脚野狐]

두 다리의 들 여우라는 말이며, 간사하고 아첨 잘하는 사람을 빗댄 말이다.

글자 | 둘 **양**, 다리 **각**, 들 **야**, 여우 **호**

출전 | 당서

[양개음합陽開陰閤]

양기가 열리고 음지가 닫힌다는 말이며, 정의와 군자가 득세하고 불의와 소인이 위축된다는 뜻이다.

글자 | 양기 **양**, 열 **개**, 음지 **음**, 닫을 **합**

출전 | 조선왕조 14대 선조실록

[양견서종養犬噬踵]

기르는 개가 발꿈치를 문다는 말이며, 도움을 받은 사람이 해를 입힌다는 뜻이다.

글자 | 칠 **양**, 개 **견**, 씹을 **서**, 발꿈치 **종**

출전 | 동언해

동류 | 양구서종養狗噬踵

[양고심장良賈深藏]

유능한 장사치는 물건을 깊이 간직한다는 말이며, 어진 사람은 학식과 덕행을 감추고 자랑하지 않는다는 뜻이다.

원문 | 良賈若虛 君子盛德容貌若愚
양고약허 군자성덕용모약우

글자 | 능할 **양**, 장사 **고**, 깊을 **심**, 감출 **장**

출전 | 사기 노장신한老莊申韓 열전

[양공고심良工苦心]

장인匠人의 괴로운 마음이라는 말이며, 기교에 능한 사람의 마음속에는 괴로움이 많다는 뜻이다.

글자 | 장인 **양**, 장인 **공**, 괴로울 **고**, 마음 **심**

출전 | 두보杜甫의 제이존사송수장자가題李尊師松樹障子歌

[양과분비兩寡分悲]

두 과부가 슬픔을 나눈다는 말이며, 같은 처지에 있는 사람끼리 서로 동정한다는 말로도 쓰인다.

글자 | 두 **양**, 과부 **과**, 나눌 **분**, 슬플 **비**

유사 | 동병상련同病相憐

[양구서종養狗噬踵]

→ 양견서종養犬噬踵

[양궁거시揚弓擧矢]

활을 들고 화살을 높이 든다는 말이며, 승리를 빗댄 말이다.

글자 | 드날릴 **양**, 활 **궁**, 들 **거**, 화살 **시**

[양궁상합兩窮相合]

가난한 두 사람이 함께 모여 서로 관계를 맺는다는 말이다.

글자 | 두 **양**, 막힐 **궁**, 서로 **상**, 모일 **합**

[양금미옥良金美玉]

좋은 금과 아름다운 옥이라는 말이며, 인격이나 문장이 훌륭하다는 뜻이다.

글자 | 어질 **양**, 쇠 **금**, 아름다울 **미**, 구슬 **옥**

출전 | 송사 황흡전黃治傳

[양금신족量衾伸足]

이불을 헤아려 발을 편다는 말이며, 무슨 일이나 감당할 수 있는 범위 안에서 해야 한다는 뜻이다.

글자 | 헤아릴 **양**, 이불 **금**, 펼 **신**, 발 **족**

출전 | 순오지 하

[양금택목良禽擇木]

좋은 새는 나무를 택한다는 말이며, 현명한 사람은 자기를 키워줄 훌륭한 사람을 가려서 섬긴다는 뜻이다. 공자가 위나라를 방문했을 때 공문자가 대숙질의 공격을 상의하자 자기는 전쟁에 대해서 전혀 아는 것이 없다 하고 서둘러 노나라로 돌아가려고 했다. 제자가 그 까닭을 묻자, '좋은 새는 나무를 가려서 둥지를 튼다고 했다. 마찬가지로 신하가 되려면 마땅히 훌륭한 군주를 가려서 섬겨야 하느니라.' 라고 말했다.

원문 | 鳥則擇木 木豈能擇乎
조 즉 택 목 목 기 능 택 호

글자 | 좋을 **양**, 새 **금**, 가릴 **택**, 나무 **목**

출전 | 춘추좌씨전 애공哀公 11년

[양덕수복養德樹福]

품행을 기르고 복을 심는다는 말이며, 훌륭한 인품을 기른다는 뜻이다.

글자 | 기를 **양**, 품행 **덕**, 심을 **수**, 복 **복**

출전 | 창선감의록

[양동작전陽動作戰]

거짓으로 움직이는 작전이라는 말이며, 전략 목적 내지 작전 기도에 관하여 적이 오인하도록 하는 작전을 일컫는다.

글자 | 거짓 **양**, 움직일 **동**, 지을 **작**, 싸울 **전**

[양두구미羊頭狗尾]

→ 양두구육羊頭狗肉

[양두구육羊頭狗肉]

양의 머리에 개고기라는 말이며, 겉보기에는 좋으나 내용은 그렇지 못하다는 뜻이다. 안자춘추에 '양의 머리를 걸어놓고 개고기를 판다.' 는 말이 있다.

원문 | 懸羊頭賣狗肉
현 양 두 매 구 육

글자 | 양 **양**, 머리 **두**, 개 **구**, 고기 **육**

출전 | 안자춘추晏子春秋, 무문관無門關, 항언록恒言錄

유사 | 양질호피羊質虎皮, 현옥고석衒玉賈石

[양두색이兩豆塞耳]

두 개의 콩알로 귀를 막는다는 말이며, 조그마한 것이 큰 지장을 줄 수 있다는 뜻이다.

원문 | 兩豆塞耳 不聞雷霆
양 두 색 이 불 문 뇌 정

글자 | 둘 **양**, 콩 **두**, 막을 **색**, 귀 **이**

출전 | 갈관자鶡冠子 천칙天則

[양두정치兩頭政治]

두 머리의 다스림이라는 말이며, 두 사람이 함께 다스린다는 뜻이다.

글자 | 둘 **양**, 머리 **두**, 다스릴 **정**, 다스릴 **치**

[양로내연養老內宴]

늙은이를 받드는 안의 잔치라는 말이며, 왕비가 여자 노인을 대상으로 베푸는 잔치를 일컫는다.

글자 | 받들 **양**, 늙을 **로**, 안 **내**, 잔치 **연**

출전 | 조선왕조 26대 고종실록

[양로외연養老外宴]

늙은이를 받드는 바깥의 잔치라는 말이며, 임금이 남자 노인을 대상으로 베푸는 잔치를 일컫는다.

글자 | 받들 **양**, 늙을 **로**, 바깥 **외**, 잔치 **연**

출전 | 조선왕조 26대 고종실록

[양마지력兩馬之力]

두 말의 힘이라는 말이며, 매우 큰 힘을 빗댄 말이다.

글자 | 둘 **양**, 말 **마**, 어조사 **지**, 힘 **력**

출전 | 맹자 진심 하

[양면작전兩面作戰]

두 방향에서 싸움을 한다는 말이며, 두 가지 수단을 써서 작전을 한다는 뜻도 있다.

글자 | 둘 **양**, 향할 **면**, 지을 **작**, 싸움 **전**

[양명후세揚名後世]

후세에 이름을 드날린다는 말이다.

원문 | 立身行道 揚名後世
입 신 행 도 양 명 후 세

글자 | 드날릴 **양**, 이름 **명**, 뒤 **후**, 세상 **세**

출전 | 효경 개종명의장開宗明誼章

[양묘회신養苗懷新]

좋은 싹은 새것을 품었다는 말이며, 봄의 새 기운이 완연하다는 뜻이다. 도연명의 시구다. '좋은 싹은 새 기운을 머금었구나. 한해의 소출은 가늠 못해도 일마다 즐거움은 많기도 하다.'

원문 | 良苗亦懷新 雖未量歲功
양 묘 역 회 신 수 미 량 세 공

卽事多所欣
즉 사 다 소 흔

글자 | 어질 **양**, 싹 **묘**, 품을 **회**, 새 **신**
출전 | 도연명의 시

[양민오착良民誤捉]

어진 백성을 잘못 붙잡았다는 말이다.

글자 | 어질 **양**, 백성 **민**, 그릇할 **오**, 잡을 **착**

[양반양거讓畔讓居]

논밭과 거소를 양보한다는 말이며, 임금의 덕에 감화하여 자기 소유를 모두 나라에 바친다는 뜻이다.

글자 | 사양할 **양**, 두둑 **반**, 살 **거**
출전 | 사기
동류 | 양반이경讓畔而耕

[양반이경讓畔而耕]

→ 양반양거讓畔讓居

[양벽이사兩璧易似]

두 개의 구슬이 비슷하기 쉽다는 말이며, 의심스러운 일을 빗대어 쓰는 말이다.

글자 | 둘 **양**, 구슬 **벽**, 쉬울 **이**, 같을 **사**
출전 | 신서新書

[양변사조兩邊四組]

→ 내외사조內外四組

[양봉연비兩鳳連飛]

두 봉황새가 이어서 날아간다는 말이며, 형제가 함께 영달한다는 뜻이다.

글자 | 둘 **양**, 봉황 **봉**, 이을 **연**, 날 **비**
동류 | 양봉제비兩鳳齊飛

[양봉음위陽奉陰違]

밝은 데서는 받들고 그늘에서는 어긴다는 말이며, 겉으로는 복종하는 체하면서 뒤에서는 딴짓을 한다는 뜻이다.

글자 | 밝을 **양**, 받들 **봉**, 그늘 **음**, 어길 **위**
동류 | 면종복배面從腹背

[양봉제비兩鳳齊飛]

두 마리의 봉황이 나란히 날아간다는 말이며, 형제가 함께 영달榮達한다는 뜻이다.

글자 | 둘 **양**, 봉새 **봉**, 가지런할 **제**, 날 **비**
출전 | 북사北史
동류 | 양봉연비兩鳳連飛

[양부고취兩部鼓吹]

두 항오에서 북치고 분다는 말이며, 입부立部와 좌부左部에서 장구치고 나발을 분다는 뜻이다. 한편 뭇 개구리가 시끄럽게 운다는 말로 쓰이기도 한다.

글자 | 둘 **양**, 항오 **부**, 북칠 **고**, 불 **취**
출전 | 남사 공규전孔珪傳

[양불가인癢不可忍]

가려운 것은 참을 수 없다는 말이다.

원문 | 痛可忍 而癢不可忍
통 가 인 이 양 불 가 인

글자 | 가려울 **양**, 아닐 **불**, 긍정할 **가**, 참을 **인**

출전 | 유몽영 185편

[양비대담攘臂大談]

팔로 밀치면서 큰소리친다는 말이다.

글자 | 밀칠 **양**, 팔 **비**, 큰 **대**, 말씀 **담**

동류 | 양비대언攘臂大言

[양비대언攘臂大言]

→ 양비대담攘臂大談

[양사대가養士待價]

선비를 길러 값을 기다린다는 말이며, 인재를 양성한다는 뜻이다.

글자 | 기를 **양**, 선비 **사**, 기다릴 **대**, 값 **가**

출전 | 조선왕조 14대 선조실록

[양사주석揚沙走石]

모래가 오르고 돌이 달린다는 말이며, 세찬 바람에 모래가 나르고 돌이 구른다는 뜻이다.

글자 | 오를 **양**, 모래 **사**, 달릴 **주**, 돌 **석**

출전 | 수신기搜神記

동류 | 비사주석飛沙走石

[양상군자梁上君子]

들보 위의 군자라는 말이며, 도둑을 빗댄 말이다. 후한 말기 태구현의 장관으로 있는 청렴결백한 진식陳寔의 방에 도둑이 들어와 천정 들보 위에 웅크리고 앉아 기회를 엿보고 있었다. 그것을 가만히 보고 있던 진식은, 곧 의관을 바로잡고 아들과 손자들을 불러 모으고 다음과 같이 훈계했다. '대저 사람이란 자기 스스로 노력해야 한다. 착하지 못한 일을 하는 사람도 반드시 처음부터 악한 사람은 아니다. 평소의 잘못된 버릇이 그만 성격으로 변해 나쁜 일을 하게 되는 것이다. 저 들보 위의 군자가 바로 그러하다.' 도둑은 이 말에 깜짝 놀라 뛰어내려 용서를 빌었다. 다른 말로 대들보 위를 달려가는 쥐를 가리키기도 한다.

글자 | 들보 **양**, 윗 **상**, 임금 **군**, 아들 **자**

출전 | 후한서 진식전陳寔傳

[양상도회梁上塗灰]

들보에 재를 바른다는 말이며, 얼굴에 지나치게 진한 화장을 한다는 뜻이다.

글자 | 들보 **양**, 윗 **상**, 바를 **도**, 재 **회**

[양상화매兩相和賣]

둘이 서로 고르게 판다는 말이며, 물건을 사고파는 데 있어서 양편이 서로 양보하여 매매가 이루어지게 한다는 뜻이다.

글자 | 둘 **양**, 서로 **상**, 고를 **화**, 팔 **매**

출전 | 송남잡지

[양생상사養生喪死]

→ 양생송사養生送死

[양생송사養生送死]

살아서는 봉양하고 죽어서는 보낸다

는 말이며, 윗사람을 생전에 잘 모시고 사후에는 정중히 장례를 치른다는 뜻이다.

원문 | 養生者 不足以當大事 惟送死
양생자 부족이당대사 유송사

글자 | 봉양할 **양**, 살 **생**, 보낼 **송**, 죽을 **사**

출전 | 예기 예운禮運

[양생칠결養生七訣]

[노인의] 삶을 기르는 일곱 가지 비결을 일컫는다. 중국 원나라 추현鄒鉉의 글이다. ①말을 적게 해서 참된 기운을 기른다(少言語養眞氣). ② 색욕을 경계하여 정기를 기른다(戒色慾養精氣). ③맛을 담백하게 해서 혈기를 기른다(薄滋味養血氣). ④침을 삼켜 내장의 기운을 기른다(嚥津液養臟氣). ⑤성을 내지 않아 간의 기운을 기른다(莫嗔怒養肝氣). ⑥음식을 알맞게 해서 위장의 기운을 기른다(美飮食養胃氣). ⑦생각을 적게 해서 심장의 기운을 기른다(少思慮養心氣).

글자 | 기를 **양**, 살 **생**, 비결 **결**

출전 | 수친양로신서壽親養老新書

[양서분명兩書分明]

한글과 한문에 고루 밝다는 말이다.

글자 | 두 **양**, 글 **서**, 분별할 **분**, 밝을 **명**

[양선은악揚善隱惡]

착함을 칭찬하고 나쁜 것을 숨긴다는 말이다.

글자 | 칭찬할 **양**, 착할 **선**, 숨을 **은**, 나쁠 **악**

출전 | 송남잡지

[양성보명養性保命]

성품을 기르고 목숨을 보전한다는 말이며, 심성을 수양하며 신명을 보전한다는 뜻이다.

글자 | 기를 **양**, 성품 **성**, 보전할 **보**, 목숨 **명**

[양속이용量粟而舂]

조알을 세어서 찧는다는 말이며, 사소한 일에 너무 골몰한다는 뜻이다.

글자 | 헤아릴 **양**, 조 **속**, 말 이을 **이**, 찧을 **용**

출전 | 회남자淮南子

[양수거지兩手据地]

두 손을 땅에 의지한다는 말이며, 절을 한 뒤에 두 손을 땅바닥에 대고 꿇어 엎드린다는 뜻이다.

글자 | 둘 **양**, 손 **수**, 의지할 **거**, 땅 **지**

[양수겸장兩手兼將]

두 손이 장수를 겸한다는 말이며, 장기에서 두 개의 장기짝이 한꺼번에 장군이 되는 경우를 일컫는다. 예를 들면, 궁 앞에 차車가 있고 그 사이에 마馬가 있었는데, 마가 옆으로 옮기면서 마장도 되고 차장도 되는 경우이다.

글자 | 둘 **양**, 손 **수**, 겸할 **겸**, 장수 **장**

[양수집병兩手執餠]

두 손에 떡을 쥐었다는 말이며, 가지기도 어렵고 버리기도 어렵다는 뜻이다.

글자 | 두 **양**, 손 **수**, 잡을 **집**, 떡 **병**

출전 | 순오지, 고금석림 28권

[양시쌍비兩是雙非]

양쪽이 다 옳고 쌍방이 다 틀리다는 말이며, 옳고 그름을 분간하기 어렵다는 뜻이다.

글자 | 두 **양**, 옳을 **시**, 쌍 **쌍**, 아닐 **비**

[양식불타讓食不唾]

밥을 사양하면서 침을 뱉지 않는다는 말이며, 음식이 싫어서 사양하는 줄 오해받지 않게 하라는 뜻이다.

글자 | 사양할 **양**, 밥 **식**, 아닐 **불**, 침뱉을 **타**

[양신미경良辰美景]

좋은 날의 아름다운 경치라는 말이다.

글자 | 좋을 **양**, 날 **신**, 아름다울 **미**, 경치 **경**

출전 | 진서晉書

동류 | 미경양신美景良辰

[양약고구良藥苦口]

좋은 약은 입에 쓰다는 말이며, 충신의 말은 왕의 귀에 거슬리나 나라에는 이롭다는 뜻이다. 진나라를 점령한 한나라의 유방이 화려한 그곳에 머물려 하자 용장 번쾌가 간했으나 듣지 않았다. 그래서 다시 군사軍師 장량張良이 또 간했다. '진나라는 그처럼 비리비도非理非道를 저질렀기 때문에 폐하께서는 이곳까지 오신 게 아닙니까. 앞으로 천하를 평정하기 위해 남아 있는 잔당을 제거하고 천하통일을 하려면 조의소찬粗衣素饌의 어려운 생활을 극복해야 합니다. 예부터 충언은 귀에 거슬리지만 행동에 이롭고, 양약은 입에 쓰지만 병에 좋다고 했습니다. 그러니 번쾌의 말대로 함양에서 벗어나 다른 곳에 있는 것이 좋겠습니다.'

원문 | 忠言逆耳 利於行 良藥苦口 利於病
(충언역이 이어행 양약고구 이어병)

글자 | 좋을 **양**, 약 **약**, 쓸 **고**, 입 **구**

출전 | 사기 유후세가留侯世家

동류 | 충언역이忠言逆耳, 간언역이諫言逆耳, 금언역이金言逆耳

[양약부지佯若不知]

거짓으로 알지 못하는 것 같이 한다는 말이며, 알고도 모르는 체 한다는 뜻이다.

글자 | 거짓 **양**, 같을 **약**, 아닐 **부**, 알 **지**

[양양대해洋洋大海]

넓고 넓은 큰 바다라는 말이다.

글자 | 넓을 **양**, 큰 **대**, 바다 **해**

[양양자득揚揚自得]

스스로 만족하여 까분다는 말이며,

뜻을 이루어 뽐낸다는 뜻이다.

글자 | 까불 **양**, 스스로 **자**, 만족할 **득**

[양언이결兩言而決]

두 말이 결단한다는 말이며, 할 것인지 말 것인지 두 말 중에서 결판을 낸다는 뜻이다.

글자 | 둘 **양**, 말씀 **언**, 말 이을 **이**, 결단할 **결**

출전 | 송남잡지

[양예음척陽譽陰斥]

밝은 데서는 칭찬하고 그늘에서는 내친다는 말이며, 앞에서 칭찬하고 뒤에서는 배척한다는 뜻이다.

글자 | 밝을 **양**, 칭찬할 **예**, 그늘 **음**, 내칠 **척**

출전 | 조선왕조 17대 효종실록

[양옥부조良玉不彫]

좋은 구슬은 새기지 않는다는 말이며, 바탕이 좋은 것은 꾸미지 않아도 아름답다는 뜻이다.

글자 | 좋을 **양**, 구슬 **옥**, 아닐 **부**, 새길 **조**

[양요여류兩曜如流]

두 빛[해와 달]이 흐르는 [물]과 같다는 말이며, 세월이 빨리 지나간다는 뜻이다.

글자 | 둘 **양**, 빛날 **요**, 같을 **여**, 흐를 **류**

출전 | 춘향전

[양웅상쟁兩雄相爭]

두 영웅이 서로 다툰다는 말이다.

글자 | 둘 **양**, 영웅 **웅**, 서로 **상**, 다툴 **쟁**

[양유건괵亮遺巾幗]

양이 보낸 수건과 관이라는 말이며, 상대방을 놀리기 위해 보내는 선물을 빗댄 말이다. 중국 초나라의 제갈량이 위나라의 사마의의 소심함을 비웃는 뜻으로, 여자의 머리 장식인 건괵을 보낸 고사에서 온 말이다.

글자 | 밝을 **양**, 보낼 **유**, 수건 **건**, 계집의 관 **괵**

출전 | 삼국지연의

[양유식장量由識長]

국량局量은 아는 것으로 인하여 커진다는 말이며, 도량은 식견에 따라 커진다는 뜻이다.

원문 | 德隨量進 量由識長
덕 수 량 진 양 유 식 장

글자 | 국량 **양**, 인할 **유**, 알 **식**, 클 **장**

출전 | 채근담菜根譚 전집 145장

관련 | 덕수량진德隨量進

[양이천석良二千石]

2천 섬의 선량이라는 말이며, 뛰어나고 선량한 지방장관을 일컫는다. 한나라 군郡 태수太守의 녹봉이 1년에 2천 석이었던 고사에서 유래한다.

글자 | 어질 **양**, 일천 **천**, 섬 **석**

출전 | 한서

[양이후입量而後入]

헤아린 후에 들어간다는 말이며, 섬기는 자는 먼저 섬길 것을 헤아린 후에 들어간다는 뜻이다.

원문 | 事君者 量而後入
사 군 자 양 이 후 입

글자 | 헤아릴 **양**, 말 이을 **이**, 뒤 **후**, 들 **입**

출전 | 예기 소의少儀

[양입계출量入計出]

수입을 헤아려 지출을 계획한다는 말이다.

글자 | 헤아릴 **양**, 들 **입**, 꾀할 **계**, 나갈 **출**

[양입위출量入爲出]

수입을 헤아려 지출을 한다는 말이다.

원문 | 量入以爲出
양 입 이 위 출

글자 | 헤아릴 **양**, 들 **입**, 할 **위**, 나갈 **출**

출전 | 예기 왕제王制 5권

동류 | 양입계출量入計出

[양입제출量入制出]

수입을 헤아려 지출을 억제한다는 말이며, 재정의 원칙으로서 세입 재원의 범위 안에서 세출예산을 짜야 한다는 뜻이다.

글자 | 헤아릴 **양**, 들 **입**, 억제할 **제**, 날 **출**

동류 | 양입계출量入計出

[양입호군羊入虎群]

양이 호랑이의 무리 속으로 들어간다는 말이며, 약한 자가 강한 자의 무리 속으로 들어간다는 뜻이다.

글자 | 양 **양**, 들 **입**, 범 **호**, 무리 **군**

[양자택일兩者擇一]

둘 중에서 하나를 고른다는 말이다.

글자 | 두 **양**, 놈 **자**, 가릴 **택**

[양장소경羊腸小徑]

양의 창자같이 작은 길이라는 말이며, 쉽게 빠져나갈 수 없는 좁은 통로를 빗댄 말이다.

글자 | 양 **양**, 창자 **장**, 작을 **소**, 지름길 **경**

[양장음소陽長陰消]

양기가 크면 음지가 사라진다는 말이며, 양의 기운이 강해지면 음의 어두운 기운은 저절로 소멸한다는 뜻이다.

글자 | 양기 **양**, 클 **장**, 음지 **음**, 사라질 **소**

[양전만경良田萬頃]

좋은 밭이 일만 이랑이라는 말이다.

원문 | 良田萬頃 不如薄藝隨身
양 전 만 경 불 여 박 예 수 신

글자 | 좋을 **양**, 밭 **전**, 일만 **만**, 이랑 **경**

출전 | 명심보감 성심편省心篇

[양전옥답良田沃畓]

좋은 밭과 기름진 논이라는 말이다.

글자 | 좋을 **양**, 밭 **전**, 기름질 **옥**, 논 **답**

[양전의취羊膻蟻聚]

양고기에서 누린내가 나면 개미가 모

여든다는 말이며, 어떤 일이 생길 징조가 있으면 실현될 가능성이 있다는 뜻이다.

글자 | 양 **양**, 누린내 **전**, 개미 **의**, 모일 **취**

출전 | 성호사설

[양존음척陽尊陰斥]

→ 양예음척陽譽陰斥

[양주읍기楊朱泣岐]

양주라는 [사람이] 갈림길에서 운다는 말이며, 어느 쪽으로 가야할지 매우 곤란한 경우를 당했다는 뜻이다.

원문 | 楊子見岐路而哭之
양 자 견 기 로 이 곡 지

글자 | 버들 **양**, 붉을 **주**, 울 **읍**, 갈림길 **기**

출전 | 회남자淮南子 설림훈說林訓

[양주지몽揚州之夢]

양주 땅의 꿈이라는 말이며, 지난 날의 화려한 생활과 환락을 빗댄 말이다.

글자 | 올릴 **양**, 골 **주**, 어조사 **지**, 꿈 **몽**

출전 | 두목杜牧의 시

[양주지학揚州之鶴]

양주의 학이라는 말이며, 모든 세속적인 욕망을 한 몸에 지니고 싶다는 뜻이다. 여러 사람이 모여 각자 자기의 소망을 말하는데, 어떤 이는 양주자사가 되고 싶다고 말하고, 어떤 이는 많은 재물을, 어떤 이는 학을 타고 하늘에 오르고 싶다고 하였을 때, 남은 한 사람이 10만 관의 돈을 가지고 학을 타고 양주자사에 오르고 싶다고 한 고사에서 온 말이다.

원문 | 騎鶴上揚州 欲兼三者
기 학 상 양 주 욕 겸 삼 자

글자 | 오를 **양**, 고을 **주**, 어조사 **지**, 학 **학**

출전 | 은운殷芸의 소설

[양지양능良知良能]

좋은 지혜와 능력이라는 말이며, 교육이나 경험에 의하지 않고 선천적으로 타고난 지혜와 능력을 일컫는다.

원문 | 人之所不學而能者 其良能也
인 지 소 불 학 이 능 자 기 양 능 자

所不慮而知者 其良知也
소 불 려 이 지 자 기 양 지 야

글자 | 좋을 **양**, 알 **지**, 능할 **능**

출전 | 맹자 진심盡心 상

[양지지효養志之孝]

길러준 뜻에 따른 효도라는 말이며, 부모를 진정으로 섬기는 효도라는 뜻이다.

글자 | 기를 **양**, 뜻 **지**, 어조사 **지**, 효도 **효**

출전 | 맹자

[양질호문羊質虎文]

→ 양질호피羊質虎皮

[양질호피羊質虎皮]

호랑이 가죽을 쓰고 양의 바탕을 하고 있다는 말이며, 겉모양은 좋지만 내용이 따르지 못한다는 뜻이다.

원문 | 羊質而虎皮 見草而說 見豺而戰
양질이호피 견초이설 견시이전

글자 | 양 **양**, 바탕 **질**, 범 **호**, 가죽 **피**

출전 | 양자법언揚子法言

[양처현모良妻賢母]

→ 현모양처賢母良妻

[양천불혼良賤不婚]

양민과 천민은 혼인을 하지 않는다는 말이다.

글자 | 어질 **양**, 천할 **천**, 아닐 **불**, 혼인할 **혼**

[양체재의量體裁衣]

몸을 헤아려 옷을 마른다는 말이며, 몸을 재서 옷을 만든다는 뜻이다.

글자 | 헤아릴 **양**, 몸 **체**, 마를 **재**, 옷 **의**

출전 | 남제서 장융전張融傳

동류 | 칭체재의稱體裁衣

[양춘가절陽春佳節]

따뜻한 봄의 아름다운 절기라는 말이다.

글자 | 봄 **양**, 봄 **춘**, 아름다울 **가**, 절기 **절**

[양춘백설陽春白雪]

양춘과 백설이라는 가곡을 말하며 뛰어난 사람의 행동이나 말은 보통 사람은 흉내 내기 어렵다는 뜻이다. 이 가곡은 초나라의 격조 높은 가곡으로서 웬만한 사람은 장단을 맞추기가 매우 어려웠다고 한다.

원문 | 陽春之曲和者必寡
양춘지곡화자필과

글자 | 볕 **양**, 봄 **춘**, 흰 **백**, 눈 **설**

출전 | 송옥宋玉의 대초왕문對楚王問

[양춘화기陽春和氣]

따뜻한 봄의 고른 기운이라는 말이다.

글자 | 볕 **양**, 봄 **춘**, 고를 **화**, 기운 **기**

[양출제입量出制入]

나가는 것을 헤아려 들어오는 것을 짓는다는 말이며, 비용에 충당할 수입을 마련한다는 뜻이다.

원문 | 先度其數而賦於人 量出制入
선도기수이부어인 양출제입

글자 | 헤아릴 **양**, 날 **출**, 지을 **제**, 들 **입**

출전 | 신당서 양염전楊炎傳

[양탕지비揚湯止沸]

끓는 물을 더 끓이는 것을 멈추게 한다는 말이며, 일시적으로 멈추는 미봉책彌縫策을 일컫는다.

원문 | 夫以湯止沸 沸愈不止
부이탕지비 비유부지

글자 | 오를 **양**, 끓을 **탕**, 멈출 **지**, 끓을 **비**

출전 | 여씨춘추 계춘기季春紀

[양파조란揚波助瀾]

[작은] 물결을 피워 큰 물결을 돕는다는 말이며, 쓸데없는 일을 일으켜 더 큰 일을 만들어낸다는 뜻이다.

글자 | 필 **양**, 물결 **파**, 도울 **조**, 큰물결 **란**

출전 | 조선왕조 19대 숙종실록

[양포음축陽褒陰逐]

→ 양예음척陽譽陰斥

[양포지구楊布之狗]

양포의 개라는 말이며, 겉모습만 보고 속까지 판단한다는 뜻이다. 양포가 흰 옷을 입고 나갔다가 비를 만나자 흰옷을 벗고 검은 옷으로 갈아입고 돌아오자, 그의 개가 주인을 알아보지 못하고 짖은 데서 온 말이다.

글자 | 버들 **양**, 베 **포**, 어조사 **지**, 개 **구**

출전 | 한비자 설림說林 하

[양포타구楊布打狗]

→ 양포지구楊布之狗

[양풍미속良風美俗]

선량하고 아름다운 풍속이라는 말이다.

글자 | 어질 **양**, 풍속 **풍**, 아름다울 **미**, 풍속 **속**

동류 | 미풍양속美風良俗

[양호상투兩虎相鬪]

두 마리의 호랑이가 서로 싸운다는 말이며, 두 영웅 또는 두 강국이 서로 싸운다는 뜻이다.

원문 | **兩虎相鬪 必有一傷**
양 호 상 투 필 유 일 상

글자 | 두 **양**, 범 **호**, 서로 **상**, 싸울 **투**

출전 | 삼국지연의 촉편蜀篇

[양호유환養虎遺患]

호랑이를 길러 근심을 남긴다는 말이며, 일찍 없애야 할 것을 그대로 두어 걱정이 된다는 비유이다.

글자 | 기를 **양**, 범 **호**, 남길 **유**, 근심 **환**

출전 | 사기 항우본기項羽本紀

동류 | 양호후환養虎後患

[양호후환養虎後患]

→ 양호유환養虎遺患

[양화구복禳禍求福]

화를 빌어 복을 구한다는 말이며, 재앙을 물리치고 복을 구한다는 뜻이다.

글자 | 빌 **양**, 화 **화**, 구할 **구**, 복 **복**

[양후산립陽煦山立]

볕이 따뜻하고 산이 서있다는 말이며, 인품이 온화하고 단아하다는 뜻이다.

글자 | 볕 **양**, 해 돋아 따뜻할 **후**, 뫼 **산**, 설 **립**

출전 | 서언고사書言故事

[양후지파陽侯之波]

양후의 물결이라는 말이며, 바다의 큰 파도를 일컫는다. 진나라의 양후가 빠져 죽어 해신海神이 되어 풍파를 일으켜 배를 뒤집어엎었다는 고사에서 온 말이다.

원문 | 陽侯之波 逆流而擊
양 후 지 파 역 류 이 격

글자 | 볕 **양**, 제후 **후**, 어조사 **지**, 물결 **파**

출전 | 회남자 남명훈覽冥訓

[양흔낭탐羊很狼貪]

양이 말을 듣지 않고 이리가 탐한다는 말이며, 성질이 바르지 못하고 탐욕이 심한 사람을 빗댄 말이다.

글자 | 양 **양**, 말 듣지 않을 **흔**, 이리 **낭**, 탐할 **참**

출전 | 사기 항우본기項羽本紀

[어가지요御家之要]

집안을 거느리는데 꼭 필요한 것이라는 말이며, 이덕무가 편찬한 선비로 지녀야 할 이상의 범절 924개 중 한 구절이다. '가장은 차마 못 들을 말을 꺼내지 않고, 집안 식구들이 감히 말하지 못할 말을 하지 않으면 집안의 도리가 바로잡힌다.'

원문 | 家長毋出不忍聞之言…
가 장 무 출 불 인 문 지 언

글자 | 이덕무의 사소절士小節

[어궤조산魚潰鳥散]

물고기가 흩어지고 새가 헤어진다는 말이며, 어떤 무리가 고기떼나 새떼처럼 산산이 흩어진다는 뜻이다.

글자 | 고기 **어**, 흩어질 **궤**, 새 **조**, 헤어질 **산**

출전 | 수서隋書

[어덕취은飫德醉恩]

덕을 배부르게 먹고 은혜에 취한다는 말이며, 은덕을 많이 입었다는 뜻이다.

글자 | 배부를 **어**, 큰 **덕**, 술 취할 **취**, 은혜 **은**

출전 | 조선왕조 15대 광해군일기

[어동어서於東於西]

동쪽이나 서쪽이나 하는 말이며, 이쪽이나 저쪽이나 하는 뜻이다.

글자 | 어조사 **어**, 동녘 **동**, 서녘 **서**

[어동육서魚東肉西]

물고기는 동쪽에, 짐승 고기는 서쪽에 놓는다는 말이며, 제사 음식을 진설陳設하는 순서를 일컫는다.

글자 | 고기 **어**, 동녘 **동**, 고기 **육**, 서녘 **서**

[어두귀면魚頭鬼面]

물고기 머리에 귀신의 얼굴이라는 말이며, 몹시 흉하게 생긴 얼굴을 빗댄 말이다.

글자 | 고기 **어**, 머리 **두**, 귀신 **귀**, 얼굴 **면**

[어두봉미魚頭鳳尾]

→ 어두육미魚頭肉尾

[어두육미魚頭肉尾]

물고기는 머리, 짐승 고기는 꼬리 쪽이 맛이 있다는 말이다.

글자 | 고기 **어**, 머리 **두**, 고기 **육**, 꼬리 **미**

[어두일미魚頭一味]

물고기 머리의 으뜸가는 맛이라는 말이며, 물고기는 머리가 가장 맛이 있다는 뜻이다.

글자 | 고기 **어**, 머리 **두**, 맛 **미**

[어란토붕魚爛土崩]

물고기가 썩고 흙이 무너진다는 말이며, 나라가 어지럽다는 뜻이다.

글자 | 고기 **어**, 썩을 **란**, 흙 **토**, 무너질 **붕**

[어란하결魚爛河決]

→ 어란토붕魚爛土崩

[어량족의於良足矣]

어질고 흡족하다는 말이며, 만족하다는 뜻이다.

글자 | 어조사 **어**, 어질 **량**, 흡족할 **족**, 어조사 **의**

[어로막변魚魯莫辨]

→ 어로불변魚魯不辨

[어로불변魚魯不辨]

어魚자와 노魯자를 분별하지 못한다는 말이며, 몹시 무식하다는 뜻이다.

글자 | 고기 **어**, 노둔할 **로**, 아닐 **불**, 분별할 **변**

동류 | 어로지오魚魯之誤

[어로지오魚魯之誤]

어자魚字와 노자魯字의 착오라는 말이며, 비슷한 글자를 분간하지 못한다는 뜻이다.

글자 | 고기 **어**, 둔할 **로**, 어조사 **지**, 그르칠 **오**

출전 | 포박자

동류 | 노어지오魯魚之誤, 어로불변魚魯不辨

[어린학익魚鱗鶴翼]

물고기의 비늘과 학의 날개라는 말이며, 전투진지의 모양에서 어린진과 학익진을 일컫는다.

글자 | 고기 **어**, 비늘 **린**, 학 **학**, 날개 **익**

[어망홍리魚網鴻離]

고기 그물에 기러기가 걸렸다는 말이며, 구하는 것이 아닌 딴 것이 생겼다는 뜻이다.

원문 | 魚網之設 鴻則離之
어망지설 홍즉이지

글자 | 고기 **어**, 그물 **망**, 기러기 **홍**, 걸릴 **리**

출전 | 시경 패풍邶風

[어목연석魚目燕石]

물고기의 눈과 연산의 돌이라는 말이며, 물고기의 눈과 연산燕山의 옥석이 비슷하여 혼동되는 것과 같이 거짓이 참으로, 또는 우인愚人이 현인賢人으로 혼동된다는 뜻이다.

글자 | 고기 **어**, 눈 **목**, 연나라 **연**, 돌 **석**

출전 | 한유韓愈의 시

[어목혼주魚目混珠]

물고기 눈알이 구슬에 섞였다는 말이며, 가짜를 진짜로 가장하거나 나쁜 것을 좋은 것으로 속인다는 뜻이다.

글자 | 고기 **어**, 눈 **목**, 섞일 **혼**, 구슬 **주**

출전 | 한시외전

[어무윤척語無倫脊]

말이 차례와 줄거리가 없다는 말이다.

글자 | 말씀 **어**, 없을 **무**, 차례 **윤**, 등성마루 **척**

[어문일치語文一致]

→ 언문일치言文一致

[어변성룡魚變成龍]

물고기가 변하여 용이 되었다는 말이며, 가난하던 사람이 부유하게 되었다는 뜻이다.

글자 | 고기 **어**, 변할 **변**, 이룰 **성**, 용 **룡**

출전 | 송남잡지

[어별성교魚鼈成橋]

물고기와 자라가 다리를 이룬다는 말이며, 물고기와 자라의 도움으로 무사히 강을 건넌다는 뜻이다. 고구려의 시조 주몽이 부여에서 도망하여 평안북도 박천의 대령강大寧江에 이르렀을 때, 물고기와 자라들이 다리를 놓아주어 무사히 건넜다는 옛일에서 온 말이다.

글자 | 고기 **어**, 자라 **별**, 이룰 **성**, 다리 **교**

출전 | 신증 동국여지승람

[어복지장魚腹之葬]

물고기 뱃속에 장사를 지낸다는 말이며, 물에 빠져 죽는다는 뜻이다.

글자 | 고기 **어**, 배 **복**, 어조사 **지**, 장사지낼 **장**

출전 | 어우야담

[어부지리漁父之利]

어부의 이익이라는 말이며, 두 사람이 맞붙어 싸우면 제3자가 이득을 보게 된다는 빗댄 말이다. 조나라가 연나라를 치려고 할 때, 연나라에 와있던 소대蘇代가 연왕의 부탁을 받고 조나라 혜문왕惠文王에게 달랜 말이다. '역수를 건너오는데 마침 조개가 물가에 나와 입을 벌리고 햇볕을 쪼이고 있었습니다. 그때 지나던 물새가 조갯살을 먹으려고 주둥이를 넣었습니다. 놀란 조개가 입을 다물어 물새의 주둥이가 물렸습니다. 이때 지나가던 어부가 새와 조개를 잡아가지고 갔습니다. 조나라와 연나라가 서로 싸우고 있으면 막강한 진나라가 어부지리를 얻게 될 것입니다.' 혜문왕은 이 말을 듣고 연나라 공격을 거두었다고 한다.

원문 | 强秦之爲漁父也
강 진 지 위 어 부 야

ㅇ

글자 | 고기 잡을 **어**, 아비 **부**, 갈 **지**, 이로울 **리**

출전 | 전국책 연책燕策

동류 | 휼방지쟁鷸蚌之爭, 견토지쟁犬兎之爭, 전부지공田父之功, 어인지공漁人之功

[어부지용漁父之勇]

고기 잡는 아비의 용기라는 말이며, 시세에 따라 어쩔 수 없는 용기를 빗댄 말이다.

글자 | 고기 잡을 **어**, 아비 **부**, 어조사 **지**, 날랠 **용**

[어분족의於分足矣]

분수에 족하다는 말이다.

글자 | 어조사 **어**, 분수 **분**, 족할 **족**, 어조사 **의**

[어불견수魚不見水]

물고기가 물을 보지 못한다는 말이며, 중요한 것임에도 너무 가까워 그것을 깨닫지 못한다는 뜻이다.

글자 | 고기 **어**, 아닐 **불**, 볼 **견**, 물 **수**

[어불근리語不近理]

말이 이치에 가깝지 않다는 말이다.

글자 | 말씀 **어**, 아닐 **불**, 가까울 **근**, 도리 **리**

[어불성설語不成說]

말이 이룰 수 없는 말이라는 말이며, 말이 이치에 맞지 않는다는 뜻이다.

글자 | 말씀 **어**, 아닐 **불**, 이룰 **성**, 말씀 **설**

출전 | 송남잡지

[어불택발語不擇發]

말을 가리지 않고 연다는 말이며, 말을 삼가지 아니하고 함부로 한다는 뜻이다.

글자 | 말씀 **어**, 아닐 **불**, 가릴 **택**, 열 **발**

출전 | 송남잡지

[어사위성於斯爲盛]

이것이 성하게 되었다는 말이다.

글자 | 어조사 **어**, 이 **사**, 될 **위**, 성할 **성**

출전 | 논어 태백泰伯

[어사족의於斯足矣]

이것으로 족하다는 말이다.

글자 | 어조사 **어**, 이 **사**, 족할 **족**, 어조사 **의**

[어사지간於斯之間]

곧 사이라는 말이며, 어느 사이에 라는 뜻이다.

글자 | 어조사 **어**, 곧 **사**, 어조사 **지**, 사이 **간**

[어수상득魚水相得]

물고기와 물이 서로 얻는다는 말이며, 서로 헤어질 수 없는 관계를 빗댄 말이다.

글자 | 고기 **어**, 물 **수**, 서로 **상**, 얻을 **득**

출전 | 고려사

[어수일당魚水一堂]

물고기와 물이 한 집에 있다는 말이며, 임금과 신하의 사이가 좋다는 뜻이다.

글자 | 고기 **어**, 물 **수**, 집 **당**

출전 | 조선왕조 13대 명종실록

[어수지계魚水之契]

물고기와 물의 언약이라는 말이며, 매우 가까운 사이를 빗댄 말이다.

글자 | 고기 **어**, 물 **수**, 어조사 **지**, 언약할 **계**

출전 | 조선왕조 16대 인조실록

[어수지친魚水之親]

물고기와 물처럼 친하다는 말이며, 서로 떨어질 수 없는 관계를 일컫는다.

글자 | 고기 **어**, 물 **수**, 어조사 **지**, 친할 **친**

출전 | 두보杜甫의 시

[어숙지제魚菽之祭]

물고기와 콩의 제사라는 말이며, 제수祭需가 변변치 못한 제사라는 뜻이다.

글자 | 고기 **어**, 콩 **숙**, 어조사 **지**, 제사 **제**

[어시지혹魚豕之惑]

고기 어자魚字와 돼지 시자豕子가 헷갈린다는 말이며, 글자가 잘못 쓰여졌다거나 여러 번 옮겨 쓰면 오자가 생긴다는 뜻이다.

글자 | 고기 **어**, 돼지 **시**, 어조사 **지**, 헷갈릴 **혹**

[어앙성화魚殃城火]

성의 불로 물고기가 재앙을 입는다는 말이며, 성 안에 난 불을 끄기 위해 연못의 물을 모두 퍼 쓰니 물고기가 재앙을 만나게 되는 것과 같이 자기에게 아무 상관도 없는 일로 엉뚱하게 해를 입는다는 뜻이다.

글자 | 고기 **어**, 재앙 **앙**, 성 **성**, 불 **화**

출전 | 조선왕조 16대 인조실록

유사 | 앙급지어殃及池魚

[어언무미語言無味]

말하는 말에 맛이 없다는 말이며, 독서하지 않은 사람의 언어라는 뜻이다.

원문 | **語言無味 面目可憎**
어 언 무 미 면 목 가 증

글자 | 말씀 **어**, 말씀 **언**, 없을 **무**, 맛 **미**

출전 | 한유의 송궁문送窮文

[어언박과語言薄過]

허물이 얇은 말이라는 말이며, 대단하지 않은 말의 허물이라는 뜻이다.

글자 | 말씀 **어**, 말씀 **언**, 얇을 **박**, 허물 **과**

[어언지간於焉之間]

'어느 사이에' 라는 말이다.

글자 | 어조사 **어**, 어디 **언**, 어조사 **지**, 사이 **간**

동류 | 어사지간於斯之間

[어염시수魚鹽柴水]

물고기 · 소금 · 나무 · 물이라는 말이

며, 생활에 필요한 일용품을 일컫는다.

글자 | 고기 **어**, 소금 **염**, 나무 **시**, 물 **수**

[어염지리魚鹽之利]

물고기와 소금의 이익이라는 말이며, 해변가의 어부들이 고기도 잡고 소금도 얻는다는 뜻으로써 두 가지 이익을 얻을 때에도 빗댄 말로 쓰인다.

글자 | 고기 **어**, 소금 **염**, 어조사 **지**, 이할 **리**

[어염지지魚鹽之地]

물고기와 소금의 땅이라는 말이며, 고기가 많고 소금 만들기 좋은 땅이라는 뜻이다.

글자 | 고기 **어**, 소금 **염**, 어조사 **지**, 땅 **지**

[어유부중魚遊釜中]

물고기가 솥 안에서 논다는 말이며, 목숨이 붙어 있다 할지라도 오래 가지 못한다는 뜻이다.

글자 | 고기 **어**, 노닐 **유**, 가마솥 **부**, 가운데 **중**

출전 | 후한서 장강전張綱傳

동류 | 부중지어釜中之魚

[어음상통語音相通]

말소리가 서로 통한다는 말이며, 같은 말이라도 잘 골라서 써야 한다는 뜻이다.

글자 | 말씀 **어**, 소리 **음**, 서로 **상**, 통할 **통**

[어이아이於異阿異]

어 다르고 아 다르다는 말이며, 같은 말이라도 잘 골라서 써야 한다는 뜻이다.

글자 | 어조사 **어**, 다를 **이**, 언덕 **아**

[어인지공漁人之功]

→ 어부지리漁父之利

[어장해사魚莊蟹舍]

고기의 가게와 게의 집이라는 말이며, 어부의 집이라는 뜻이다.

글자 | 고기 **어**, 가게 **장**, 게 **해**, 집 **사**

[어지중간於之中間]

중간의 여기라는 말이며, 엉거주춤한 상태를 일컫는다.

글자 | 여기 **어**, 어조사 **지**, 가운데 **중**, 사이 **간**

[어질용문魚質龍文]

물고기의 바탕에 용의 무늬를 하고 있다는 말이며, 사물에 있어서 비슷하면서도 아니라는 뜻이다.

글자 | 고기 **어**, 바탕 **질**, 용 **용**, 무늬 **문**

출전 | 포박자

[어차어피於此於彼]

'이것이나 저것이나' 라는 말이며, 어느 것이나 해야 한다는 뜻이다.

글자 | 어조사 **어**, 이 **차**, 저 **피**

출전 | 옥루몽

[어천만사於千萬事]

'천만 개의 일에서' 라는 말이며, '모든 일에서' 라는 뜻이다.

글자 | 어조사 **어**, 일천 **천**, 일만 **만**, 일 **사**

[어초한화漁樵閑話]

고기잡이와 나무꾼의 한가한 이야기라는 말이며, 명리名利를 떠난 이야기를 빗댄 말이다.

글자 | 고기 잡을 **어**, 땔나무 **초**, 한가할 **한**, 이야기 **화**

[어후반고馭朽攀枯]

썩은 [고삐]로 말 부리고 마른 [가지]로 더위 잡는다는 말이며, 썩은 고삐로 수레를 몰고 마른 가지를 붙들고 높은 데로 오른다는 뜻이다. 이달충李達衷의 글이다. '공경치 않음 없고 자기를 안 속여야. 썩은 고삐 말 몰듯이, 마른 가지 더위 잡듯. 나아갈 땐 물러섬을, 편안할 땐 위기 생각. 힘들어도 허물 없네, 늘 염두에 두라.'

원문 | 毋不敬 毋自欺 馭朽索 攀枯枝
무불경 무자기 어후색 반고지

글자 | 말 부릴 **어**, 썩을 **후**, 더위 잡을 **반**, 마를 **고**

출전 | 이달충의 척약재잠惕若齋箴

[어희부중魚戱釜中]

→ 어유부중魚遊釜中

[어희정중魚戱鼎中]

→ 어희부중魚戱釜中

[억강부약抑强扶弱]

강한 자를 누르고 약한 자를 돕는다는 말이다.

글자 | 누를 **억**, 억셀 **강**, 도울 **부**, 약할 **약**

출전 | 삼국지 위지魏志

반대 | 억약부강抑弱扶强

[억만사년億萬斯年]

억만의 해라는 말이며, 한없이 긴 세월이라는 뜻이다.

글자 | 억 **억**, 일만 **만**, 이 **사**, 해 **년**

[억만장자億萬長者]

억만의 넉넉한 사람이라는 말이며, 헤아리기 어려울 만큼 많은 재산을 가진 사람을 일컫는다.

글자 | 억 **억**, 일만 **만**, 넉넉할 **장**, 사람 **자**

[억만지심億萬之心]

억만의 마음이라는 말이며, 백성의 마음이 하나가 되어 나라에 이바지하려 하지 않는다는 뜻이다. 서경에 있는 글이다. '수는 신하 억만이 있으나 억만의 마음이 있거니와 나에게는 신하 3천이 있으나 오직 한마음뿐이다.'

원문 | 受有臣億萬 惟億萬心 予有
수유신억만 유억만심 여유
臣三千 惟一心
신삼천 유일심

글자 | 억 억, 일만 만, 어조사 지, 마음 심
출전 | 서경 태서泰誓 상

[억만지중億萬之衆]

억만의 무리라는 말이며, 많은 백성이라는 뜻이다.

글자 | 일억 억, 일만 만, 어조사 지, 무리 중

[억만창생億萬蒼生]

→ 억조창생億兆蒼生

[억석당년憶昔當年]

기억되는 옛날 그 해라는 말이며, 오래 전에 지나간 추억의 그 시절이라는 뜻이다.

글자 | 기억할 억, 옛 석, 곧 당, 해 년

[억약부강抑弱扶强]

약한 자를 누르고 강한 자를 돕는다는 말이다.

글자 | 누를 억, 약할 약, 도울 부, 억셀 강
반대 | 억강부약抑强扶弱

[억양반복抑揚反覆]

누르고 들어올리기를 다시 되풀이한다는 말이다.

글자 | 누를 억, 들 양, 되돌릴 반, 다시 복

[억조창생億兆蒼生]

억조의 백성이라는 말이며, 온 세상 사람을 일컫는다.

글자 | 억 억, 조 조, 백성 창, 날 생

[억천만겁億千萬劫]

억 천 만 개의 세대라는 말이며, 무한한 시간 또는 영원한 세월을 일컫는다.

글자 | 억 억, 일천 천, 일만 만, 겁 겁

[억취소악憶吹簫樂]

퉁소를 즐기며 기억나는 것을 분다는 말이며, 제가 보아서 아는 대로 제 생각만으로 추측한다는 뜻이다.

글자 | 기억할 억, 불 취, 퉁소 소, 풍류 악

[억하심장抑何心腸]

→ 억하심정抑何心情

[억하심정抑何心情]

마음을 어찌 누를 수 있겠느냐는 말이며, 대체 무슨 생각으로 그리하는지 알 수 없다는 뜻이다.

글자 | 누를 억, 어찌 하, 마음 심, 뜻 정
동류 | 억하심장抑何心臟

[언감생심焉敢生心]

어찌 감히 그런 마음을 먹을 수 있겠느냐는 말이다.

글자 | 어찌 언, 감히 감, 날 생, 마음 심
동류 | 안감생심安敢生心
유사 | 감불생심敢不生心

[언거언래言去言來]

말이 가고 온다는 말이며, 여러 말을

서로 주고받는다는 뜻이다.

글자 | 말씀 **언**, 갈 **거**, 올 **래**

동류 | 설왕설래說往說來, 언삼어사言三語四

[언과기실言過其實]

말하는 것이 사실보다 지나치다는 말이며, 말만 크게 내놓고 실행이 부족하다는 뜻이다.

원문 | 馬謖言過其實不可大用君其察之
마 속 언 과 기 실 불 가 대 용 군 기 찰 지

글자 | 말씀 **언**, 지날 **과**, 그 **기**, 사실 **실**

출전 | 삼국지 촉지 마량전馬良傳

[언귀우호言歸于好]

말이 좋게 되어 돌아온다는 말이며, 던진 말이 좋게 해석되어 돌아온다는 뜻이다.

원문 | 旣盟之後 言歸于好
기 맹 지 후 언 귀 우 호

글자 | 말씀 **언**, 돌아올 **귀**, 어조사 **우**, 좋을 **호**

출전 | 맹자 고자告子 하

[언근지원言近旨遠]

말은 가깝고 뜻은 멀다는 말이며, 말은 알아듣기 쉬우나 뜻은 어렵다는 뜻이다.

원문 | 言近而指遠者 善言也
언 근 이 지 원 자 선 언 야

글자 | 말씀 **언**, 가까울 **근**, 뜻 **지**, 멀 **원**

출전 | 맹자 진심盡心 하

[언기식고偃旗息鼓]

깃발을 누이고 북을 쉰다는 말이며, 전쟁을 하지 않고 쉰다는 뜻이다.

글자 | 자빠질 **언**, 깃발 **기**, 쉴 **식**, 북 **고**

출전 | 삼국지 조운전趙雲傳

[언무수문偃武修文]

군사는 쓰러지고 글을 닦는다는 말이며, 전쟁이 끝나고 평화가 왔다는 뜻이다. 서경에 있는 글이다. '무를 중단하고 문을 닦아 말들을 화산의 남쪽으로 돌려보내고…'

원문 | 乃偃武修文 歸馬于華山之陽
내 언 무 수 문 귀 마 우 화 산 지 양

글자 | 쓰러질 **언**, 군사 **무**, 닦을 **수**, 글 **문**

출전 | 서경 무성武成

[언무이가言無二價]

두 가지 값을 말하지 않는다는 말이며, 물건값을 에누리하지 않는다는 뜻이다.

글자 | 말씀 **언**, 없을 **무**, 값 **가**

[언문일치言文一致]

말과 그것을 적은 글이 일치하다는 말이다.

글자 | 말씀 **언**, 글 **문**, 이를 **치**

[언문풍월諺文風月]

속된 글로 지은 경치와 달빛이라는 말이며, 한글로 지은 시가詩歌를 일컫는다.

글자 | 속된 말 **언**, 글 **문**, 경치 **풍**, 달빛 **월**

[언부중리言不中理]

말이 도리에 맞지 않다는 말이다.

글자 | 말씀 **언**, 아닐 **부**, 맞을 **중**, 도리 **리**

[언불고행言不顧行]

말이 행함을 돌보지 않는다는 말이며, 행동을 생각하지 않고 함부로 말한다는 뜻이다.

원문 | 言不顧行 行不顧言
언불고행 행불고언

글자 | 말씀 **언**, 아닐 **불**, 돌아볼 **고**, 행할 **행**

출전 | 맹자 진심盡心 하

[언불진의言不盡意]

말로는 뜻을 다 나타내지 못했다는 말이다.

원문 | 言不盡言 言不盡意
언불진언 언불진의

글자 | 말씀 **언**, 아닐 **불**, 다할 **진**, 뜻 **의**

출전 | 주역 계사繫辭 상

[언비예의言非禮義]

예의가 아닌 말이라는 뜻이다.

원문 | 言非禮義 謂之自暴也
언비예의 위지자포야

글자 | 말씀 **언**, 아닐 **비**, 예도 **예**, 옳을 **의**

출전 | 맹자 이루離婁 상

[언비천리言飛千里]

말이 천리를 날아간다는 말이며, 발없는 말이 쏜살같이 멀리 퍼진다는 뜻이다.

원문 | 無足言飛千里
무족언비천리

글자 | 말씀 **언**, 날 **비**, 일천 **천**, 이수 **리**

출전 | 회남자

[언사불공言辭不恭]

말씨가 공손하지 않다는 말이다.

글자 | 말씀 **언**, 말씀 **사**, 아닐 **불**, 공손할 **공**

[언삼어사言三語四]

→ 언거언래言去言來

[언서고담諺書古談]

속된 말로 쓴 옛날이야기라는 말이며, 한글로 쓴 옛이야기라는 뜻이다.

글자 | 속된 말 **언**, 글 **서**, 옛 **고**, 말씀 **담**

[언서지망偃鼠之望]

방축 쥐의 소망이라는 말이며, 사소한 소망을 빗댄 말이다.

글자 | 방축 **언**, 쥐 **서**, 어조사 **지**, 바랄 **망**

[언서지혼鼴鼠之婚]

두더지와 쥐의 혼인이라는 말이며, 높은 계층의 사람과 혼인하려고 하나 결국 같은 부류와 맺어진다는 뜻이다.

글자 | 두더지 **언**, 쥐 **서**, 어조사 **지**, 혼인할 **혼**

출전 | 순오지

[언소의다言少意多]

말은 적으나 뜻은 많다는 말이며, 적은 말 속에 함축된 뜻은 많다는 뜻이다.

글자 | 말씀 **언**, 적을 **소**, 뜻 **의**, 많을 **다**

[언소자약言笑自若]

말하고 웃으며 그대로 같다는 말이며, 놀라거나 근심이 있어도 평소와 같이 태연하다는 뜻이다.

원문 | 羽割炙引酒言笑自若
우 할 적 인 주 언 소 자 약

글자 | 말씀 **언**, 웃을 **소**, 스스로 **자**, 같을 **약**

출전 | 삼국지 촉지蜀志

동류 | 담소자약談笑自若, 태연자약泰然自若

[언순이정言順理正]

말이 순하고 이치가 바르다는 말이다.

글자 | 말씀 **언**, 순할 **순**, 이치 **이**, 바를 **정**

[언신지문言身之文]

말은 자신의 글이라는 말이며, 말은 그 사람의 교양이나 품위를 나타낸다는 뜻이다.

글자 | 말씀 **언**, 몸 **신**, 어조사 **지**, 글 **문**

출전 | 춘추좌씨전 희공 24년

[언앙굴신偃仰屈伸]

누웠다 일어났다 하고, 굽혔다 폈다 한다는 말이며, 몸을 마음대로 움직인다는 뜻이다.

글자 | 자빠질 **언**, 우러를 **앙**, 굽을 **굴**, 펼 **신**

[언어도단言語道斷]

말의 길이 끊긴다는 말이며, 너무 엄청나게 사리에 어긋나 말문이 막힌다는 뜻이다.

원문 | 言語道斷心行處滅
언 어 도 단 심 행 처 멸

글자 | 말씀 **언**, 말씀 **어**, 길 **도**, 끊을 **단**

출전 | 영락경瓔珞經

[언어동단言語同斷]

→ 언어도단言語道斷

[언어불공言語不恭]

말이 공손하지 않다는 말이다.

글자 | 말씀 **언**, 말씀 **어**, 아닐 **불**, 공손할 **공**

[언어불통言語不通]

말이 통하지 않는다는 말이다.

글자 | 말씀 **언**, 말씀 **어**, 아닐 **불**, 통할 **통**

반대 | 언어상통言語相通

[언어상통言語相通]

말이 서로 잘 통한다는 말이다.

글자 | 말씀 **언**, 말씀 **어**, 서로 **상**, 통할 **통**

[언어수작言語酬酌]

말을 권하고 오고 간다는 말이다.

글자 | 말씀 **언**, 말씀 **어**, 술 권할 **수**, 잔

ㅇ

질할 **작**

[언언사사言言事事]

말들과 일들이라는 말이며, 모든 말과 모든 일이라는 뜻이다.

글자 | 말씀 **언**, 일 **사**

[언왕설래言往說來]

→ 설왕설래說往說來

[언외지의言外之意]

말에 나타난 뜻 이외의 숨어있는 딴 뜻이라는 말이다.

글자 | 말씀 **언**, 밖 **외**, 어조사 **지**, 뜻 **의**

유사 | 언중유골言中有骨

[언요행척言堯行蹠]

말은 요임금이고 행실은 척이라는 말이며, 말과 행동이 서로 다르다는 뜻이다. 척蹠은 중국 춘추시대의 큰 도둑인 도척盜蹠을 기리킨다.

글자 | 말씀 **언**, 요임금 **요**, 행실 **행**, 발바닥 **척**

출전 | 조선왕조 15대 광해군일기

[언유재이言猶在耳]

말이 아직 귀에 있다는 말이며, 잊어지지 않는다는 뜻이다.

원문 | 今君雖終言猶在耳
금 군 수 종 언 유 재 이

글자 | 말씀 **언**, 오히려 **유**, 있을 **재**, 귀 **이**

출전 | 춘추좌씨전 문공 7년조

[언자부지言者不知]

말하는 사람은 알지 못한다는 말이며, 말이 많은 사람은 제대로 알지 못한다는 뜻이다.

원문 | 知者不言 言者不知
지 자 불 언 언 자 부 지

글자 | 말씀 **언**, 사람 **자**, 아닐 **부**, 알 **지**

출전 | 노자 56장

[언재호야焉哉乎也]

잇고, 잇고 또 잇는다는 말이며, 문장을 잇는 어조사語助辭로서 천자문의 마지막 구절을 일컫는다.

원문 | 謂語助者 焉哉乎也
위 어 조 자 언 재 호 야

글자 | 잇기 **언**, 잇기 **재**, 잇기 **호**, 잇기 **야**

출전 | 천자문 125항

[언정이순言正理順]

말이 바르고 이치가 따른다는 말이다.

글자 | 말씀 **언**, 바를 **정**, 다스릴 **이**, 따를 **순**

동류 | 언순이직言順理直

[언주문종言主文從]

말이 주인이고 글이 따른다는 말이며, 실제로 사용되는 입말을 주로 하여 글을 쓴다는 뜻이다. 이는 언문일치言文一致, 또는 국주한종國主漢從을 쓰자고 내세운 국어체 문장 운동을 일컫는다.

글자 | 말씀 **언**, 주인 **주**, 글 **문**, 따를 **종**

[언중유골言中有骨]

말속에 뼈가 있다는 말이며, 예사로운 말속에 단단한 속뜻이 있다는 뜻이다.

글자 | 말씀 **언**, 가운데 **중**, 있을 **유**, 뼈 **골**

출전 | 송남잡지

유사 | 언중유언言中有言

[언중유언言中有言]

말속에 말이 있다는 말이며, 예사로운 말속에 딴 뜻을 가진 말이 들어 있다는 뜻이다.

글자 | 말씀 **언**, 가운데 **중**, 있을 **유**

유사 | 언중유골言中有骨

[언중유향言中有響]

말속에 소리울림이 있다는 말이며, 말하는 내용에 말 이상의 깊은 의미가 있다는 뜻이다.

글자 | 말씀 **언**, 가운데 **중**, 있을 **유**, 소리 울릴 **향**

[언중지의言中之意]

말속의 뜻이라는 말이다.

글자 | 말씀 **언**, 가운데 **중**, 어조사 **지**, 뜻 **의**

반대 | 언외지의言外之意

[언즉시야言則是也]

말인즉 옳다는 말이며, 말은 옳지만 행함에 있어서는 문제가 좀 있다는 뜻이다.

글자 | 말씀 **언**, 곧 **즉**, 옳을 **시**, 어조사 **야**

[언지무익言之無益]

말해야 더함이 없다는 말이며, 말해봐야 소용이 없다는 뜻이다.

글자 | 말씀 **언**, 어조사 **지**, 없을 **무**, 더할 **익**

[언청계용言聽計用]

쓰는 계교대로 말을 듣는다는 말이며, 남을 깊이 믿어 그가 하자는 대로 한다는 뜻이다.

글자 | 말씀 **언**, 들을 **청**, 계교 **계**, 쓸 **용**

[언출어구言出於口]

말은 입에서 나간다는 말이며, 입을 조심해야 한다는 뜻이다.

원문 | 喜怒在心 言出於口 不可不愼
희노재심 언출어구 불가불신

글자 | 말씀 **언**, 날 **출**, 어조사 **어**, 입 **구**

출전 | 명심보감 정기편正己篇

[언필사충言必思忠]

말은 반드시 정성껏 생각해야 한다는 말이다.

원문 | 言必思忠 事必思敬
언필사충 사필사경

글자 | 말씀 **언**, 반드시 **필**, 생각 **사**, 정성껏 **충**

출전 | 논어 계씨季氏, 사자소학

[언행상반言行相反]

말과 행함이 서로 반대된다는 말이다.

글자 | 말씀 **언**, 행할 **행**, 서로 **상**, 돌이킬 **반**

출전 | 순자荀子

동류 | 언행상궤言行相詭

반대 | 언행일치言行一致

[언행일치言行一致]

말과 행동이 같다는 말이다.

글자 | 말씀 **언**, 행할 **행**, 이를 **치**

[엄계중립嚴戒中立]

엄하게 경계하면서 가운데 선다는 말이며, 무장을 하고 중립을 지킨다는 뜻이다.

글자 | 엄할 **엄**, 경계 **계**, 가운데 **중**, 설 **립**

[엄고내간淹苦耐艱]

괴로움을 오래 머물게 하고 어려움을 견딘다는 말이며, 모든 고난을 견디어 나간다는 뜻이다.

글자 | 오래 머무를 **엄**, 괴로울 **고**, 견딜 **내**, 어려울 **간**

출전 | 조선왕조 14대 선조실록

[엄동설한嚴冬雪寒]

엄한 겨울의 눈이 차다는 말이며, 눈 내리는 겨울의 심한 추위를 일컫는다.

글자 | 엄할 **엄**, 겨울 **동**, 눈 **설**, 찰 **한**

[엄두탈견掩脰脫肩]

목을 가리다가 어깨를 발린다는 말이며, 적의 공격이 매우 빠르고 날쌔다는 뜻이다.

글자 | 가릴 **엄**, 목 **두**, 고기 뼈 발릴 **탈**, 어깨 **견**

출전 | 창선감의록

[엄령지하嚴令之下]

엄한 명령의 아래라는 말이다.

글자 | 엄할 **엄**, 명령 **령**, 어조사 **지**, 아래 **하**

[엄립과조嚴立科條]

엄한 법 조목을 세운다는 말이다.

글자 | 엄할 **엄**, 설 **립**, 법 **과**, 조목 **조**

[엄목포작掩目捕雀]

눈을 가리고 참새를 잡는다는 말이며, 그때뿐인 잔재주를 부린다는 뜻이다.

글자 | 가릴 **엄**, 눈 **목**, 잡을 **포**, 참새 **작**

출전 | 후한서

유사 | 엄이도령掩耳盜鈴

[엄부엄형嚴父嚴兄]

엄한 아버지와 엄한 형이라는 말이다.

글자 | 엄할 **엄**, 아비 **부**, 형님 **형**

[엄부자모嚴父慈母]

엄한 아비와 인자한 어미라는 말이다.

글자 | 엄할 **엄**, 아비 **부**, 인자할 **자**, 어미 **모**

[엄성노인奄成老人]

문득 이루어진 노인이라는 말이며, 빨리 늙었다는 뜻이다.

글자 | 문득 **엄**, 이룰 **성**, 늙을 **노**, 사람 **인**

[엄이도령掩耳盜鈴]

귀를 막고 종을 훔친다는 말이며, 자기가 듣지 않으면 남도 듣지 않는 줄 아는 어리석음을 빗댄 말이다. 눈 가리고 아웅이라는 말과 같다. 종을 훔치려는 사람이 종이 너무 커서 이를 망치로 깨자 큰 종소리가 나서 자기 귀를 막았다. 다른 사람이 못들을 줄 알고.

글자 | 가릴 **엄**, 귀 **이**, 도적 **도**, 방울 **령**

출전 | 여씨춘추 자지편自知篇

동류 | 엄이도종掩耳盜鐘

유사 | 엄목포작掩目捕雀

[엄이도종掩耳盜鍾]

→ 엄이도령掩耳盜鈴

[엄이투령掩耳偸鈴]

→ 엄이도령掩耳盜鈴

출전 | 순오지 하

[엄이투종掩耳偸鐘]

→ 엄이도종掩耳盜鐘

[엄장뇌수嚴杖牢囚]

엄하게 몽둥이질하고 가두어 둔다는 말이다.

글자 | 엄할 **엄**, 몽둥이 **장**, 우리 **뇌(로)**, 가둘 **수**

[엄정중립嚴正中立]

엄하고 바르게 가운데에 선다는 말이며, 엄격히 공정한 입장을 지켜 다투고 있는 사람의 어느 편에도 치우치지 않는다는 뜻이다.

글자 | 엄할 **엄**, 바를 **정**, 가운데 **중**, 설 **립**

[엄중처단嚴重處斷]

엄하고 무겁게 벌을 주기로 결단한다는 말이다.

글자 | 엄할 **엄**, 무거울 **중**, 처치할 **처**, 결단할 **단**

[엄처시하嚴妻侍下]

엄한 아내를 아래에서 모신다는 말이며, 아내의 주장 밑에서 쥐여산다는 뜻이다.

글자 | 엄할 **엄**, 아내 **처**, 모실 **시**, 아래 **하**

[엄핵조율嚴覈照律]

법에 비추어 엄하고 핵실하게 한다는 말이며, 사건의 실상을 엄중히 조사하여 법에 비추어 엄하게 처단한다는 뜻이다.

글자 | 엄할 **엄**, 핵실할 **핵**, 비출 **조**, 법 **율**

[업정어근業精於勤]

일은 부지런함으로써 정교해진다는

말이며, 학문은 부지런히 힘쓰면 진보한다는 뜻이다.

원문 | 業精於勤 荒於嬉
업 정 어 근 황 어 희

글자 | 일 **업**, 정교할 **정**, 어조사 **어**, 부지런할 **근**

출전 | 한유의 진학사進學辭

[여가풍류餘暇風流]

남는 한가함과 경치의 흐름이라는 말이며, 쉬는 시간과 취미생활을 일컫는다.

글자 | 남을 **여**, 한가할 **가**, 경치 **풍**, 흐를 **류**

[여개방차餘皆倣此]

남은 모든 것이 이와 다를 바 없다는 말이다.

글자 | 남을 **여**, 다 **개**, 본받을 **방**, 이 **차**

출전 | 송남잡지

[여견심폐如見心肺]

→ 여견폐간如見肺肝

[여견폐간如見肺肝]

폐와 간을 보는 것과 같다는 말이며, 남들이 자기 마음속을 들여다보는 것과 같다는 뜻이다. 대학에 있는 글이다. '남들이 자기 보기를 마치 제 몸에 있는 허파나 쓸개를 보듯 한다.'

원문 | 人之視己 如見其肺肝然
인 지 시 기 여 견 기 폐 간 연

글자 | 같을 **여**, 볼 **견**, 허파 **폐**, 쓸개 **간**

출전 | 대학 성의誠意

동류 | 여견심폐如見心肺

[여고금슬如鼓琴瑟]

거문고와 비파를 타는 것과 같다는 말이며, 부부 사이가 화목하다는 뜻이다. 중용에 있는 글이다. '처자들과 잘 화합하여 어우러지는 것이 마치 거문고나 비파를 타는 것과 같다.'

원문 | 妻子好合 如鼓琴瑟
처 자 호 합 여 고 금 슬

글자 | 같을 **여**, 울릴 **고**, 거문고 **금**, 비파 **슬**

출전 | 중용 제15장

동류 | 금슬상화琴瑟相和

[여공불급如恐不及]

[시키는 일이] 미치지 못할까 두려워한다는 말이다.

글자 | 그럴 **여**, 두려울 **공**, 아닐 **불**, 미칠 **급**

[여과말마礪戈秣馬]

창을 갈고 말에 꼴을 먹인다는 말이며, 전쟁에 나갈 준비를 한다는 뜻이다.

글자 | 숫돌에 갈 **여**, 창 **과**, 꼴 먹일 **말**, 말 **마**

[여광여취如狂如醉]

미친 것 같기도 하고 취한 것 같기도 하다는 말이며, 너무 기뻐서 정신이 없다는 뜻이다.

글자 | 같을 **여**, 미칠 **광**, 술 취할 **취**

[여교망량如交魍魎]

도깨비를 사귄 것과 같다는 말이며, 귀찮은 자가 잠시도 곁을 떠나지 않는다는 뜻이다.

글자 | 같을 **여**, 사귈 **교**, 산도깨비 **망**, 산도깨비 **량**

출전 | 동언해

[여구기귀黎邱奇鬼]

검은 언덕에 기이한 귀신이라는 말이며, 거짓으로 진실을 해침을 빗댄 말이다.

글자 | 검을 **여**, 언덕 **구**, 기이할 **기**, 귀신 **귀**

출전 | 여씨춘추 의사편疑似篇

[여구지설如口之舌]

입의 혀와 같다는 말이며, 하라는 대로 잘 따른다는 뜻이다.

글자 | 같을 **여**, 입 **구**, 어조사 **지**, 혀 **설**

출전 | 동언해

[여권신장女權伸張]

여자의 권세를 펴고 벌린다는 말이며, 여자의 사회 · 정치 · 법률상의 권리와 지위를 향상시키고 늘린다는 뜻이다.

글자 | 여자 **여**, 권세 **권**, 펼 **신**, 벌릴 **장**

[여기소종沴氣所鐘]

기운을 해치는 쇠북이라는 말이며, 요악스러운 사람을 빗댄 말이다.

글자 | 해칠 **여**, 기운 **기**, 바 **소**, 쇠북 **종**

[여단수족如斷手足]

손발이 끊어진 것과 같다는 말이며, 요긴한 사람이나 물건이 없어져 아쉽다는 뜻이다.

글자 | 같을 **여**, 끊을 **단**, 손 **수**, 발 **족**

[여단일비如斷一臂]

한쪽 팔이 잘린 것과 같다는 말이며, 자기의 힘이 된다고 믿고 있던 사람을 잃었다는 뜻이다.

글자 | 같을 **여**, 끊을 **단**, 팔 **비**

출전 | 북사

동류 | 여실일비如失一臂

[여답평지如踏平地]

평지를 밟는 것과 같다는 말이며, 지세가 높고도 가파른 곳을 평지를 가듯 거침없이 쉽게 다닌다는 뜻이다.

글자 | 같을 **여**, 밟을 **답**, 평평할 **평**, 땅 **지**

[여덕위린與德爲隣]

덕으로서 이웃을 위한다는 말이다.

원문 | 德不孤必有隣
덕 불 고 필 유 린

글자 | 줄 **여**, 큰 **덕**, 할 **위**, 이웃 **린**

출전 | 논어 이인里仁

[여도담군餘桃啗君]

남은 복숭아를 임금에게 먹인다는 말이며, 임금의 신하에 대한 애증의 변화가 심하다는 뜻이다.

글자 | 남을 **여**, 복숭아나무 **도**, 먹일 **담**,

ㅇ

임금 **군**

출전 | 한비자 설난說難

동류 | 여도지죄餘桃之罪

[여도지죄餘桃之罪]

먹다 남은 복숭아의 죄라는 말이며, 사랑 받을 때는 용서되던 일이 사랑이 식으면 죄가 된다는 뜻이다. 위나라에 왕의 사랑을 받는 미자하彌子瑕라는 아이가 있었는데, 하루는 왕과 과수원을 거닐다가 복숭아를 따서 한 입 먹어보니 맛이 좋아 왕에게 바쳤다. 왕은 자기가 먹을 것도 잊고 과인에게 먹인다고 칭찬했다. 그러나 세월이 흘러 왕의 사랑도 식고 처벌을 받게 되자 옛일을 회상하며 먹다 남은 복숭아를 먹였다고 화를 냈다는 것이다.

글자 | 남을 **여**, 복숭아 **도**, 갈 **지**, 허물 **죄**

출전 | 한비자 세난편說難篇

동류 | 여도담군餘桃啗君

[여도할수如刀割水]

칼로 물 베기라는 말이며, 서로 싸우다가도 곧 풀려서 쉽게 화합한다는 뜻이다.

글자 | 같을 **여**, 칼 **도**, 벨 **할**, 물 **수**

출전 | 이담속찬

[여두소읍如斗小邑]

말과 같이 작은 고을이라는 말이며, 아주 작은 고을을 일컫는다.

글자 | 같을 **여**, 말 **두**, 작을 **소**, 고을 **읍**

[여득천금如得千金]

천금을 얻는 것과 같다는 말이며, 마음속에 만족을 느낀다는 뜻이다.

글자 | 같을 **여**, 얻을 **득**, 일천 **천**, 쇠 **금**

동류 | 여득만금如得萬金

[여락풍류與樂風流]

풍류를 더불어 즐긴다는 말이다.

글자 | 더불어 **여**, 즐거울 **락**, 풍류 **풍**, 흐를 **류**

[여룡지주驪龍之珠]

검은 용의 구슬이라는 말이며, 쉽게 손에 넣을 수 없는 보물, 또는 목숨을 걸고 구해야 하는 귀중한 것을 빗댄 말이다.

글자 | 검은 말 **여**, 용 **룡**, 어조사 **지**, 구슬 **주**

출전 | 장자 잡편 열어구列禦寇

[여리박빙如履薄氷]

얇은 얼음판을 밟는 것과 같다는 말이며, 매우 위험한 일을 하고 있다는 뜻이다.

글자 | 같을 **여**, 밟을 **리**, 얇을 **박**, 얼음 **빙**

출전 | 논어 태백泰伯

동류 | 약섭춘빙若涉春氷

[여림심연如臨深淵]

깊은 연못에 임하는 것과 같다는 말이며, 몸가짐을 신중하게 해야 한다는 뜻과 위험한 상황에 있다는 뜻이다.

글자 | 같을 **여**, 임할 **림**, 깊을 **심**, 못 **연**

출전 | 논어 태백泰伯

[여명견폐驢鳴犬吠]

당나귀가 울고 개가 짖는다는 말이며, 보잘것없는 문장 또는 시문을 빗댄 말이다.

글자 | 당나귀 **여**, 울 **명**, 개 **견**, 짖을 **폐**

출전 | 세설신어

동류 | 여명구폐驢鳴狗吠

[여모음혈茹毛飮血]

털을 받고 피를 마신다는 말이며, 짐승을 사냥하여 털을 취하고 피를 마신다는 뜻이다.

글자 | 받을 **여**, 털 **모**, 마실 **음**, 피 **혈**

[여모정렬女慕貞烈]

여자는 곧고 충직한 것을 사모한다는 말이다.

원문 | 女慕貞烈 男效才良
여모정렬 남효재량

글자 | 계집 **여**, 사모할 **모**, 곧을 **정**, 충직할 **렬**

출전 | 천자문 21항

[여무가론餘無可論]

나머지는 의논할 여지가 없다는 말이다.

글자 | 남을 **여**, 없을 **무**, 옳을 **가**, 의논 **론**

[여무족관餘無足觀]

그 나머지는 볼 만한 값어치가 없다는 말이다.

글자 | 남을 **여**, 없을 **무**, 흡족할 **족**, 볼 **관**

동류 | 여무일비餘無一臂

[여민동락與民同樂]

→ 여민해락與民偕樂

[여민동지與民同之]

백성과 더불어 한 가지로 해야 한다는 말이다.

글자 | 더불어 **여**, 백성 **민**, 한 가지 **동**, 어조사 **지**

[여민해락與民偕樂]

[임금이] 백성과 더불어서 함께 즐긴다는 말이다. '옛날의 현자들은 이처럼 백성들과 즐거움을 함께 했기에 진정 즐길 수 있었습니다.'

원문 | 古之人 與民偕樂 故能樂也
고지인 여민해락 고능락야

글자 | 더불어 **여**, 백성 **민**, 함께할 **해**, 즐거울 **락**

출전 | 맹자 양혜왕 상

동류 | 여민동락與民同樂

[여박궁장如縛宮獐]

궁궐 노루 묶는 것과 같이 해야 한다는 말이며, 사향노루는 사나워 단단히 묶어야 한다는 뜻으로서, 아랫사람을 너무 부드럽게 대해주면 버릇없이 굴게 되어 단단히 단속해야 한다는 말로도 쓰인다.

글자 | 같을 **여**, 묶을 **박**, 궁궐 **궁**, 노루 **장**

출전 | 동언해

[여발통치如拔痛齒]

아픈 이가 빠진 것과 같다는 말이며, 고민거리가 없어져 시원하다 함을 빗댄 말이다.

글자 | 같을 **여**, 뺄 **발**, 아플 **통**, 이 **치**

[여법암야如法暗夜]

장삼같이 어두운 밤이라는 말이며, 앞을 가린 것같이 어두운 밤이라는 뜻이다.

글자 | 같을 **여**, 장삼 **법**, 어두울 **암**, 밤 **야**

[여병말마厲兵秣馬]

병장기를 갈고 말에 꼴을 먹인다는 말이며, 전쟁준비를 완벽하게 갖춘다는 뜻이다.

원문 | 則束厲兵秣馬矣
즉 속 여 병 말 마 의

글자 | 갈 **여**, 군사 **병**, 꼴 **말**, 말 **마**

출전 | 춘추좌씨전 희공 33년조

[여불비례餘不備禮]

나머지는 예를 갖추지 못한다는 말이며, 편지의 본문 끝에 쓰는 의례적인 용어이다.

글자 | 남을 **여**, 아닐 **불**, 갖출 **비**, 예도 **례**

[여비사지如臂使指]

팔이 손가락 부리는 것과 같다는 말이며, 마음대로 되지 않는 것이 없다는 뜻이다.

글자 | 같을 **여**, 팔 **비**, 부릴 **사**, 손가락 **지**

출전 | 한서

[여사모사如斯某斯]

아무것이나 이와 같다는 말이다.

글자 | 같을 **여**, 이 **사**, 아무 **모**, 곧 **사**

[여사여사如斯如斯]

→ 여차여차此如此

[여사풍경餘事風景]

나머지 일의 경치라는 말이며, 필요치 아니하여 생각을 하지 않는 일을 일컫는다.

글자 | 남을 **여**, 일 **사**, 경치 **풍**, 경치 **경**

[여산약해如山若海]

산과 같고 바다와 같다는 말이며, 정의 · 은혜 · 수복壽福 따위가 매우 크고 넓다는 뜻이다.

글자 | 같을 **여**, 뫼 **산**, 같을 **약**, 바다 **해**

[여산적치如山積峙]

산과 같이 쌓이고 쌓였다는 말이다.

글자 | 같을 **여**, 뫼 **산**, 쌓을 **적**, 쌓일 **치**

출전 | 송남잡지

[여성유곡餘聲遺曲]

남은 소리와 남은 가락이라는 말이며, 아직까지 세상에 남아서 전해 내려오는 노래와 곡조라는 뜻이다.

글자 | 남을 **여**, 소리 **성**, 남을 **유**, 가락 **곡**

출전 | 삼국사기

[여세무섭與世無涉]

세상과 더불어 지날 것이 없다는 말이며, 세상과 상관할 일이 없다는 뜻이다.

글자 | 더불어 **여**, 세상 **세**, 없을 **무**, 지날 **섭**

[여세부앙與世俯仰]

세상과 더불어 구부리고 우러른다는 말이며, 세상의 흐름에 거스르지 않는다는 뜻이다.

글자 | 더불어 **여**, 세상 **세**, 구부릴 **부**, 우러를 **앙**

유사 | 여세추이與世推移

[여세부침與世浮沈]

→ 여세추이與世推移

[여세언앙與世偃仰]

→ 여세부앙與世俯仰

[여세추이與世推移]

세상과 더불어 차례로 옮긴다는 말이며, 세상이 변하는 대로 따라서 변한다는 뜻이다.

원문 | 聖人不凝滯於物 而能與世推移
성인불응체어물 이능여세추이

글자 | 더불어 **여**, 세상 **세**, 차례로 옮길 **추**, 옮길 **이**

출전 | 굴원屈原의 어부사漁父辭

[여송지성如松之盛]

소나무와 같이 무성하다는 말이다.

원문 | 似蘭斯馨 如松之盛
사란사형 여송지성

글자 | 같을 **여**, 소나무 **송**, 어조사 **지**, 성할 **성**

출전 | 천자문 34항, 맹자 양혜왕 하

[여수동죄與受同罪]

주는 것과 받는 것이 같은 죄라는 말이며, 장물 또는 뇌물 등을 주고받는 것은 같은 죄라는 뜻이다.

글자 | 줄 **여**, 받을 **수**, 같을 **동**, 죄 **죄**

출전 | 송남잡지

[여수익심如水益深]

물이 더 깊어지는 것과 같다는 말이며, 점점 더 어려워진다는 뜻이다.

원문 | 避火水也 如水益深 如火益熱
피화수야 여수익심 여화익열

글자 | 같을 **여**, 물 **수**, 더할 **익**, 깊을 **심**

출전 | 맹자 양혜왕 하

[여수투석如水投石]

물에 돌을 던지는 것과 같다는 말이며, 어떤 일을 애써 해도 아무런 흔적이 없다는 뜻이다.

글자 | 같을 **여**, 물 **수**, 던질 **투**, 돌 **석**

출전 | 조선왕조 14대 선조실록

동류 | 한강투석漢江投石

[여수투수如水投水]

물에 물을 타는 것과 같다는 말이며, 흐리멍덩하다는 뜻이다.

글자 | 같을 **여**, 물 **수**, 던질 **투**

[여시구화與時俱化]

때와 더불어 같이 변한다는 말이며, 세월 따라 변하면서 적응한다는 뜻이다.

원문 | 一龍一蛇 與時俱化
일룡일사 여시구화

글자 | 더불어 **여**, 때 **시**, 함께 **구**, 될 **화**

출전 | 장자 외편 산목山木

[여시부앙與時俯仰]

때와 더불어 굽실거리고 우러른다는 말이며, 시대의 풍조를 따라 행동한다는 뜻이다.

글자 | 더불어 **여**, 때 **시**, 구부릴 **부**, 우러를 **앙**

출전 | 자치통감

[여시아문如是我聞]

내가 들은 것은 이와 같다는 말이다. 이는 부처님의 지시와 교육에 따라 제자 아난阿難이 불경을 편찬할 때, 모든 경전의 첫머리에 붙인 말이다.

글자 | 같을 **여**, 이 **시**, 나 **아**, 들을 **문**

출전 | 불지경론佛地經論

[여시여시如是如是]

→ 여차여차如此如此

[여시우강如時雨降]

때맞추어 비가 내린다는 말이다.

원문 | 如時雨降 民大悅
여시우강 민대열

글자 | 같을 **여**, 때 **시**, 비 **우**, 내릴 **강**

출전 | 맹자 등문공 하

[여실일비如失一臂]

한쪽 팔을 잃은 것과 같다는 말이며, 가장 신임하는 사람을 잃었다는 뜻이다.

글자 | 같을 **여**, 잃을 **실**, 팔 **비**

출전 | 당서

동류 | 여단일비如斷一臂

[여씨춘추呂氏春秋]

여씨의 봄가을이라는 말이며, 중국 진나라의 재상宰相 여불위呂不韋가 학자에게 명하여 편집시킨 사론서史論書를 일컫는다. 이는 진나라가 중국을 통일하기 직전에 유가儒家를 주로 하고 도가道家·묵가墨家의 설說도 다루어 12기紀, 8람覽, 6론論, 120편으로 분류하여 26권으로 편찬되었으며 예기의 월령편月令篇에 해당된다.

글자 | 성 **여**, 성씨 **씨**, 봄 **춘**, 가을 **추**

출전 | 예기 월령月令, 사기 여불위열전

[여아부화如蛾赴火]

나방이 불에 날아드는 것과 같다는 말이며, 지나친 욕심 때문에 몸을 망칠 수 있다는 뜻이다.

글자 | 같을 **여**, 나방 **아**, 나아갈 **부**, 불 **화**

[여액미진餘厄未盡]

남은 재앙이 다하지 아니하였다는 말이며, 재앙이 끝나지 아니하고 아직 남아있다는 뜻이다.

글자 | 남을 **여**, 재앙 **액**, 아닐 **미**, 다할 **진**

[여양응호如養鷹虎]

매와 호랑이를 치는 것과 같다는 말이며, 악인은 잘 다스려도 쓰기가 쉽지 않다는 뜻이다. 호랑이는 주인도 잡아먹고, 매는 배가 부르면 날아가 버린다.

글자 | 같을 **여**, 칠 **양**, 매 **응**, 범 **호**

출전 | 고사경림故事瓊林

[여어득수如魚得水]

물고기가 물을 만난듯하다는 말이며, 사람을 제대로 만났거나 환경이 알맞게 되었다는 뜻이다.

글자 | 같을 **여**, 고기 **어**, 얻을 **득**, 물 **수**

출전 | 삼국지 위지魏志

반대 | 여어실수如魚失水

[여어불인與於不仁]

어질지 않은 일에 참여한다는 말이며, 불인을 돕는다는 뜻이다.

원문 | 此又與於不仁之甚者也
차 우 여 어 불 인 지 심 자 야

글자 | 참여할 **여**, 어조사 **어**, 아닐 **불**, 어질 **인**

출전 | 맹자 고자 상

[여어실수如魚失水]

물고기가 물을 떠난 것과 같다는 말이며, 곤궁한 사람이 의탁할 곳을 잃었다는 뜻이다.

글자 | 같을 **여**, 고기 **어**, 잃을 **실**, 물 **수**

출전 | 장자

반대 | 여어득수如魚得水

[여연지필如椽之筆]

서까래 같은 필력이라는 말이며, 글재주가 뛰어난다는 뜻이다.

글자 | 같을 **여**, 서까래 **연**, 어조사 **지**, 붓 **필**

출전 | 진서 왕순전王珣傳

[여옥기인如玉其人]

옥과 같은 사람이라는 말이며, 얼굴 생김새나 성품이 옥과 같이 깨끗하고 아름다운 사람을 일컫는다.

글자 | 같을 **여**, 구슬 **옥**, 그 **기**, 사람 **인**

[여원여모如怨如慕]

원망하는 것 같기도 하고 사모하는 것 같기도 하다는 말이다.

글자 | 같을 **여**, 원망할 **원**, 사모할 **모**

출전 | 적벽부赤碧賦

[여월지항如月之恒]

달과 같이 언제나 변함없다는 말이다. 천보天保라는 시의 한 구절이다. '하늘에 뜬 달처럼 변함없어라, 떠오르는 태양처럼 찬란하도다.'

원문 | 如月之恒 如日之升
여 월 지 항 여 일 지 승

글자 | 같을 **여**, 달 **월**, 어조사 **지**, 항상 **항**

출전 | 시경 소아小雅

[여위부과如蝟負瓜]

고슴도치가 오이를 짊어진듯하다는 말이며, 빚을 많이 진 것을 빗댄 말이다.

글자 | 같을 **여**, 고슴도치 **위**, 질 **부**, 오이 **과**

출전 | 동언해

[여유만만餘裕滿滿]

넉넉하게 남은 것이 가득가득하다는 말이며, 여유가 아주 많다는 뜻이다.

글자 | 남을 **여**, 넉넉할 **유**, 가득할 **만**

[여유작작餘裕綽綽]

나머지가 빠듯하지 않고 넉넉하다는 말이다.

글자 | 남을 **여**, 넉넉할 **유**, 너그러울 **작**

동류 | 작유여지綽有餘地

[여읍여소如泣如訴]

우는 것 같기도 하고 하소연하는 것 같기도 하다는 말이다.

글자 | 같을 **여**, 울 **읍**, 하소연할 **소**

출전 | 적벽부赤壁賦

[여의수질如蟻輸垤]

→ 여의투질如蟻偸垤

[여의투질如蟻偸垤]

개미가 개미집을 짓는 것과 같다는 말이며, 근검하게 열심히 재산을 모은다는 뜻이다.

글자 | 같을 **여**, 개미 **의**, 도적질할 **투**, 개미집 **질**

출전 | 순오지 하

동류 | 여의수질如蟻輸垤

[여이병수如移甁水]

병의 물을 옮기는 것과 같다는 말이며, 스승의 지식을 모두 배우고 터득했다는 뜻이다.

글자 | 같을 **여**, 옮길 **이**, 병 **병**, 물 **수**

출전 | 열반경涅槃經

[여인금제女人禁制]

여인을 금하고 절제한다는 말이며, 여자는 수도장修道場에 들어오지 못한다는 뜻이다.

글자 | 계집 **여**, 사람 **인**, 금할 **금**, 절제할 **제**

[여인동락與人同樂]

다른 사람과 더불어 같이 즐긴다는 말이다.

글자 | 더불어 **여**, 사람 **인**, 같을 **동**, 즐거울 **락**

[여인동처與人同處]

사람과 더불어 같은 곳에 산다는 말이며, 매우 가깝고 친밀한 관계를 빗댄 말이다.

원문 | 與人同處 不可自擇便利
여인동처 불가자택편리

글자 | 더불어 **여**, 사람 **인**, 같을 **동**, 곳 **처**

출전 | 명심보감 입교편入教篇

[여인병좌與人並坐]

사람과 더불어 나란히 앉는다는 말이며, 사이가 좋다는 뜻이다.

원문 | 與人並坐 不可窺人私書
여인병좌 불가규인사서

글자 | 더불어 **여**, 사람 **인**, 아우를 **병**, 앉을 **좌**

출전 | 명심보감 입교편入教篇

[여인상근與人相近]

사람과 더불어 서로 가깝다는 말이며, 서로 친근하게 지낸다는 뜻이다.

원문 | 其好惡與人相近也者幾希
기호오여인상근야자기희

글자 | 더불어 **여**, 사람 **인**, 서로 **상**, 가까울 **근**

출전 | 맹자 고자告子 상

[여인상약與人相約]

다른 사람과 서로 약속한다는 말이다.

글자 | 더불어 **여**, 사람 **인**, 서로 **상**, 기약할 **약**

[여인위선與人爲善]

사람과 더불어 착한 일을 한다는 말이며, 다른 사람과 함께 선을 행한다는 뜻이다.

원문 | 是與人爲善者也
시여인위선자야

글자 | 더불어 **여**, 사람 **인**, 할 **위**, 착할 **선**

출전 | 맹자 공손추公孫丑 상

[여인일판如印一板]

한 판에 새긴 것과 같다는 말이며, 조금도 서로 다르지 않다는 뜻이다.

글자 | 같을 **여**, 새길 **인**, 널 **판**

[여자동구與子同仇]

같은 사람의 같은 원수라는 말이며, 벗 사이가 매우 가깝다는 뜻이다.

원문 | 修我戈矛 與子同仇
수아과모 여자동구

글자 | 같을 **여**, 사람 **자**, 같을 **동**, 원수 **구**

출전 | 시경

[여자동포與子同袍]

그대와 더불어 두루마기를 같이 입는다는 말이며, 벗 사이에 서로 허물이 없다는 뜻이다. 시경의 무의無衣라는 시에서 온 말이다. '어찌 옷이 없다고 불평하리오. 한 벌의 솜옷도 나눠 입으며…'

원문 | 豈曰無衣 與子同袍
기왈무의 여자동포

글자 | 더불어 **여**, 사람 **자**, 같을 **동**, 도포 **포**

출전 | 시경 진풍秦風

[여자수자與者受者]

주는 사람과 받는 사람이라는 말이다.

글자 | 줄 **여**, 사람 **자**, 받을 **수**

[여자여량如茨如梁]

지붕 같고 대들보와 같다는 말이며, 곡식이 많이 쌓인 것을 빗댄 말이다.

글자 | 같을 **여**, 지붕 **자**, 대들보 **량**

[여작계륵如嚼鷄肋]

닭갈비를 씹는 것과 같다는 말이며, 먹을 것은 별로 없지만 버리기도 아깝다는 뜻이다. 조조와 유비가 한중漢中 땅을 놓고 싸울 때, 조조가 준비가 부족하여 나아갈 수도 없고 지킬 수도 없어 부하가 하명을 요구하자 '계륵 계륵' 하였다는 고사에서 온 말이다.

글자 | 같을 **여**, 씹을 **작**, 닭 **계**, 갈비뼈 **륵**

출전 | 후한서

[여장절각汝牆折角]

너의 담장이 뿔을 꺾는다는 말이며, 네 담 아니면 내 소뿔 부러지랴 라는 뜻이다.

글자 | 너 **여**, 담 **장**, 꺾을 **절**, 뿔 **각**

[여재양객如齎粮客]

양식을 가지고 [다니는] 손님과 같다는 말이며, 어디를 가도 굶지 않을 사람이라는 뜻이다.

글자 | 같을 **여**, 가질 **재**, 양식 **양**, 손 **객**

출전 | 동언해

[여저습반如咀濕飯]

진밥을 씹듯 한다는 말이며, 사소한 일을 가지고 잔소리를 계속한다는 뜻이다.

글자 | 같을 **여**, 씹을 **저**, 젖을 **습**, 밥 **반**

출전 | 동언해

[여정도치勵精圖治]

온 정력을 기우려 정치를 도모한다는 말이다.

글자 | 힘쓸 **여**, 정기 **정**, 도모할 **도**, 다스릴 **치**

[여조과목如鳥過目]

새가 눈앞을 지나가는 것과 같다는 말이며, 빠른 세월을 빗댄 말이다.

글자 | 같을 **여**, 새 **조**, 지날 **과**, 눈 **목**

[여족여수如足如手]

발과 같고 손과 같다는 말이며, 형제간의 우애가 두텁다는 뜻이다.

글자 | 같을 **여**, 발 **족**, 손 **수**

출전 | 이화李華의 글

[여존남비女尊男卑]

여자를 높이고 남자를 낮춘다는 말이며, 사회적 지위나 권리의 형평을 위하여 남자보다 여자를 우대한다는 뜻이다.

글자 | 계집 **여**, 높을 **존**, 사내 **남**, 낮을 **비**

[여좌침석如坐針席]

바늘방석에 앉은 것 같다는 말이며, 매우 불안한 상태를 빗댄 말이다.

글자 | 같을 **여**, 앉을 **좌**, 바늘 **침**, 자리 **석**

[여중공지與衆共之]

무리와 더불어 함께한다는 말이며, 백성과 더불어 즐긴다는 뜻이다. 연못 속의 물고기를 훔친 말단 관리를 심문하는 주부主簿에게 왕안기王安期 태수가 한 말이다. '옛날 주나라 문왕의 동산은 뭇 백성들과 공유했다. 연못의 물고기가 무에 그리 아깝단 말인가.'

원문 | 疑獄犯 與衆共之
의옥범 여중공지

글자 | 더불어 **여**, 무리 **중**, 한가지 **공**, 어조사 **지**

동류 | 여민동지與民同之, 여민동락與民同樂

[여중군자女中君子]

계집 가운데 군자라는 말이며, 품위가 있는 여자를 일컫는다.

글자 | 계집 **여**, 가운데 **중**, 군 **군**, 사람 **자**

[여중장부女中丈夫]

계집 가운데 장부라는 말이다.

글자 | 계집 **여**, 가운데 **중**, 길 **장**, 지아비 **부**

[여중초오與衆草伍]

초야의 무리와 더불어 산다는 말이며, 현인군자가 초야草野의 대중과 유유상종類類相從 한다는 뜻이다.

글자 | 더불어 **여**, 무리 **중**, 풀 **초**, 대오 **오**

출전 | 낙부시집樂府詩集

[여증급수如甑汲水]

시루에 물붓기와 같다는 말이며, 많은 공을 들이고 노력을 해도 아무런 효과가 없다는 뜻이다.

글자 | 같을 **여**, 시루 **증**, 물 길을 **급**, 물 **수**

출전 | 고금석림

[여진여퇴旅進旅退]

여럿이 함께 나아가고 물러난다는 말이며, 일정한 주견이나 절개도 없이 남을 따라 진퇴를 같이한다는 뜻이다.

글자 | 무리 **여**, 나아갈 **진**, 물러날 **퇴**

출전 | 예기

유사 | 부화뇌동附和雷同

[여차여차如此如此]

이와 같다는 말이며, 이러이러하다는 뜻이다.

글자 | 같을 **여**, 이 **차**

동류 | 여사여사如斯如斯, 여시여시如是如是, 약차약차若此若此, 약시약시若是若是

[여창남수女唱男隨]

여자가 부르고 남자가 따른다는 말이며, 여자가 앞에 나서서 서두르고 남자는 뒤에서 따라가기만 한다는 뜻이다.

글자 | 계집 **여**, 부를 **창**, 사내 **남**, 따를 **수**

[여출일구如出一口]

한 입으로 나오는 것과 같다는 말이며, 여러 사람의 말이 입을 맞춘 듯 같다는 뜻이다.

글자 | 같을 **여**, 나올 **출**, 입 **구**

출전 | 전국책 초책楚策

[여취여광如醉如狂]

→ 여광여취如狂如醉

[여측이심如厠二心]

뒷간의 두 마음과 같다는 말이며, 자신이 필요할 때는 급히 서둘다가 일이 끝나면 느긋하다는 뜻이다.

글자 | 같을 **여**, 뒷간 **측**, 마음 **심**

[여타자별與他自別]

남보다 자기가 다르다는 말이며, 남보다 사이가 유달리 가깝다는 뜻이다.

글자 | 더불어 **여**, 남 **타**, 스스로 **자**, 다를 **별**

[여탈폐사如脫弊屣]

헌신짝을 버리는 것과 같다는 말이며, 아낌없이 버린다는 뜻이다.

글자 | 같을 **여**, 벗을 **탈**, 해질 **폐**, 신 **사**

출전 | 사기

[여택지계麗澤之契]

맑은 못의 언약이라는 말이며, 학우끼리 서로 도와 충고해가며 학문을 닦고 품성을 단련한다는 뜻이다.

글자 | 맑을 **여**, 못 **택**, 어조사 **지**, 맺을 **계**

출전 | 주역

[여패성음旟旆成陰]

깃발이 그늘을 이루었다는 말이며, 깃발이 매우 많이 나부낀다는 뜻이다.

글자 | 기 **여**, 기 **패**, 이룰 **성**, 그늘 **음**

[여표성률如瓢盛栗]

바가지에 밤 담아 놓은 것 같다는 말이며, 고만고만한 어린 자식들이 많다는 뜻이다.

글자 | 같을 **여**, 박 **표**, 담을 **성**, 밤 **률**

출전 | 한훤차록寒暄箚錄

[여풍과이如風過耳]

바람이 귀를 지나는 것과 같다는 말이며, 남의 말을 귀담아 듣지 않는다는 뜻이다.

글자 | 같을 **여**, 바람 **풍**, 지날 **과**, 귀 **이**

출전 | 오월춘추吳越春秋

동류 | 마이동풍馬耳東風

[여필종부女必從夫]

아내는 반드시 남편을 따라야 한다는 말이다.

글자 | 계집 **여**, 반드시 **필**, 따를 **종**, 지아비 **부**

출전 | 옥루몽

[여합부절如合符節]

→ 약합부절若合符節

출전 | 중용 장구서章句序

[여항시인閭巷詩人]

이문里門과 골목의 시인이라는 말이며, 중인中人 이하의 평민들이 다룬 문학의 시인을 일컫는다.

글자 | 이문 **여**, 골목 **항**, 풍류가락 **시**, 사람 **인**

[여형약제如兄若弟]

[남남의 사이로] 형과 같고 아우와 같다는 말이다.

글자 | 같을 **여**, 맏 **형**, 같을 **약**, 아우 **제**

출전 | 송남잡지

동류 | 여형여제如兄如弟

[여형여제如兄如弟]

→ 여형약제如兄若弟

[여호모피與虎謨皮]

호랑이와 [호랑이] 가죽을 벗길 계획을 꾀한다는 말이며, 요구하는 일이 상대방의 이해와 상충되어 이루어질 수 없는 일을 도모한다는 뜻이다.

글자 | 더불어 **여**, 범 **호**, 꾀할 **모**, 가죽 **피**

출전 | 태평어람 직관부職官部

[여호첨익如虎添翼]

호랑이가 날개를 단 것과 같다는 말이며, 용기 있는 사람에게 다른 재주를 갖추고 있다는 뜻이다.

원문 | 臂如猛虎加之羽翼
비 여 맹 호 가 지 우 익

글자 | 같을 **여**, 범 **호**, 더할 **첨**, 날개 **익**

출전 | 삼국지 촉지 제갈량전諸葛亮傳

[여화여도如火如荼]

불과 같고 씀바귀 꽃과 같다는 말이며, 기세가 하늘을 찌를 듯이 높다는 뜻이다.

글자 | 같을 **여**, 불 **화**, 씀바귀 꽃 **도**

출전 | 국어 오어吳語

[여훈여지如壎如篪]

질 나팔과 같고 옆으로 부는 저와 같다는 말이며, 형제간의 우애가 깊다는 말이다.

글자 | 같을 **여**, 질 나팔 **훈**, 옆으로 부는 저 **지**

출전 | 시경 대아 생민지십生民之什

[역려건곤逆旅乾坤]

나그네를 맞는 하늘과 땅이라는 말이며, 덧없고 허무한 세상을 빗댄 말이다.

글자 | 맞을 **역**, 나그네 **려**, 하늘 **건**, 땅 **곤**

[역려과객逆旅過客]

나그네를 맞이하고 손님이 지나간다는 말이며, 인생은 잠시 여관에서 머무는 것과 같다는 뜻이다.

원문 | 夫天地者萬物之逆旅 光陰者
부 천 지 자 만 물 지 역 려 광 음 자

百代之過客
백 대 지 과 객

글자 | 맞을 **역**, 나그네 **려**, 지날 **과**, 손 **객**

출전 | 이백의 춘야연도리원서春夜宴桃李園序

[역력가수歷歷可數]

역력히 헤아릴 수 있다는 말이다.

글자 | 역력할 **역(력)**, 옳을 **가**, 헤아릴 **수**

[역리지통逆理之痛]

도리를 거스르는 아픔이라는 말이며, 부모가 자식을 잃는 슬픔을 빗댄 말이다.

글자 | 거스를 **역**, 도리 **리**, 어조사 **지**, 아플 **통**

출전 | 한훤차록寒暄箚錄

[역마직성驛馬直星]

역말이 곧바로 별로 간다는 말이며, 늘 분주하게 돌아다니는 사람을 빗댄 말이다.

글자 | 역말 **역**, 말 **마**, 곧을 **직**, 별 **성**

[역명지전易名之典]

이름을 바꾸는 본보기라는 말이며, 임금으로부터 시호諡號를 받는 은전을 일컫는다.

글자 | 바꿀 **역**, 이름 **명**, 어조사 **지**, 본보기 **전**

[역보역추亦步亦趨]

[남이] 걸으면 걷고 뛰면 뛴다는 말이며, 남이 하는 대로 덩달아 한다는 뜻이다.

원문 | 夫子步亦步 夫子趨亦趨
부 자 보 역 보 부 자 추 역 추

글자 | 또 **역**, 걸음 **보**, 달릴 **추**

출전 | 장자 전자방편田子方篇

[역부지몽役夫之夢]

일하는 사내의 꿈이라는 말이며, 인생의 부귀영화는 꿈처럼 덧없다는 뜻이다.

글자 | 부릴 **역**, 사내 **부**, 어조사 **지**, 꿈 **몽**

출전 | 열자

[역성혁명易姓革命]

성을 바꾸고 천명天命을 혁파한다는 말이며, 왕조가 바뀐다는 뜻이다.

글자 | 바꿀 **역**, 성 **성**, 혁파할 **혁**, 명할 **명**

출전 | 사기

[역세혁명易世革命]

→ 역성혁명易姓革命

[역순괴서逆順乖敍]

차례를 거스르고, 차례를 어그러지게 한다는 말이며, 법을 어기고 질서를 문란케 한다는 뜻이다.

글자 | 거스를 **역**, 차례 **순**, 어그러질 **괴**, 차례 **서**

출전 | 신라본기

[역신마마疫神媽媽]

염병 귀신의 어미라는 말이며, 천연

두天然痘를 높여 이르는 말이다.

글자 | 염병 **역**, 귀신 **신**, 어미 **마**

[역역지정力役之征]

힘으로 하는 일의 세라는 말이며, 부역에 나가지 못하는 사람이 내는 세금을 일컫는다.

글자 | 힘 **역**, 일할 **역**, 어조사 **지**, 세 받을 **정**

출전 | 맹자 진심 하

[역외지의域外之議]

자경 밖의 의논이라는 말이며, 매우 탁월한 의견이라는 뜻이다.

글자 | 지경 **역**, 밖 **외**, 어조사 **지**, 의논할 **의**

출전 | 사기

[역용동물役用動物]

부리는데 쓰는 동물이라는 말이며, 농사나 짐을 운반하는데 쓰는 가축을 일컫는다.

글자 | 부릴 **역**, 쓸 **용**, 움직일 **동**, 만물 **물**

[역이지언逆耳之言]

귀에 거슬리는 말이라는 말이며, 충고를 일컫는다.

원문 | 耳中常聞 逆耳之言
이중상문 역이지언

글자 | 거슬릴 **역**, 귀 **이**, 어조사 **지**, 말씀 **언**

출전 | 채근담

[역자교지易子教之]

자식을 서로 바꾸어 가르쳐야 한다는 말이다.

원문 | 易子而教之
역자이교지

글자 | 바꿀 **역**, 아들 **자**, 가르칠 **교**, 어조사 **지**

출전 | 맹자 이루離婁 상

[역자석해易子析骸]

아들을 바꾸고 뼈를 쪼갠다는 말이며, 자식을 양식과 바꾸어 먹고 시체를 쪼개어 장작으로 쓰면서 성城을 지킨다는 뜻이다.

글자 | 바꿀 **역**, 아들 **자**, 쪼갤 **석**, 뼈 **해**

[역자이교易子而教]

→ 역자교지易子教之

[역자이식易子而食]

자식을 바꾸어 먹는다는 말이다. 송나라가 초나라에게 포위되어 다섯 달을 버티던 끝에 나중에는 먹을 것도 없고 땔감도 없어서 '자식을 바꾸어 먹고 뼈를 쪼개서 밥을 지었다.'는 고사에서 온 말이다.

원문 | 易子而食 析骸而爨
역자이식 석해이찬

글자 | 바꿀 **역**, 아들 **자**, 말 이을 **이**, 먹을 **식**

출전 | 춘추좌씨전 선공宣公 하

ㅇ

[역적모의逆賊謀議]

역적들이 모여서 꾀하고 의논한다는 말이며, 역적들이 반역을 도모한다는 뜻이다.

글자 | 역적 **역**, 도둑 **적**, 꾀할 **모**, 의논 **의**

[역지개연易地皆然]

처지를 바꾸면 모두 그렇다는 말이며, 입장을 바꾸어 놓으면 생각이나 행동이 같다는 뜻이다.

원문 | 易地則皆然
역 지 즉 개 연

글자 | 바꿀 **역**, 처지 **지**, 다 **개**, 그럴 **연**

출전 | 맹자 이루 하

동류 | 역지사지易地思之

반대 | 아전인수我田引水

[역지사지易地思之]

처지를 바꾸어 생각해야 한다는 말이다.

글자 | 바꿀 **역**, 처지 **지**, 생각 **사**, 어조사 **지**

출전 | 맹자 이루 상

동류 | 역지개연易地皆然

[역지이사易地而思]

→ 역지사지易地思之

[역참기중亦參其中]

또 그 가운데에 참여한다는 말이며, 남의 일에 참여한다는 뜻이다.

글자 | 또 **역**, 참여할 **참**, 그 **기**, 가운데 **중**

[역천자망逆天者亡]

하늘의 [뜻을] 거스르는 자는 망한다는 말이다.

원문 | 斯二者天也 順天者存 逆天者亡
사 이 자 천 야 순 천 자 존 역 천 자 망

글자 | 거스를 **역**, 하늘 **천**, 사람 **자**, 망할 **망**

출전 | 맹자 이루離婁 상

반대 | 순천자존順天者存

[역천흉식逆喘兇息]

역적이 헐떡거리고 악한이 숨 쉰다는 말이며, 마땅히 죽어야 할 역적과 흉도가 죽지 않고 살아있다는 뜻이다.

글자 | 역적 **역**, 헐떡거릴 **천**, 악할 **흉**, 숨 쉴 **식**

출전 | 광해군 일기

[역취순수逆取順守]

거꾸로 취하고 나서 순리를 지킨다는 말이며, 정도에 맞지 않게 천하를 빼앗고 나서는 정도를 지킨다는 뜻이다.

원문 | 蕩武逆取順守
탕 무 역 취 순 수

글자 | 거꾸로 **역**, 취할 **취**, 순할 **순**, 지킬 **수**

출전 | 사기 육가전陸賈傳

[역풍역수逆風逆水]

거슬러 부는 바람과 거슬러 흐르는 물이라는 말이다.

글자 | 거스를 **역**, 바람 **풍**, 물 **수**

[역풍태도逆風太刀]

바람을 거스르는 큰 칼이라는 말이며, 적의 힘을 거꾸로 이용하여 휘두르는 검술을 일컫는다.

글자 | 거스를 **역**, 바람 **풍**, 클 **태**, 칼 **도**

[연거일래年去日來]

해가 가고 날이 온다는 말이며, 세월이 계속 흐르고 있다는 뜻이다.

글자 | 해 **연**, 갈 **거**, 날 **일**, 올 **래**

[연견시목鳶肩豺目]

솔개 같은 어깨와 승냥이 같은 눈이라는 말이며, 간악한 모습을 빗댄 말이다.

글자 | 솔개 **연**, 어깨 **견**, 승냥이 **시**, 눈 **목**
출전 | 후한서

[연경거종延頸擧踵]

목을 길게 빼고 발꿈치를 든다는 말이며, 사람이 찾아오는 것을 기다린다는 뜻이다.

글자 | 뻗칠 **연**, 목 **경**, 들 **거**, 발꿈치 **종**
출전 | 여씨춘추

[연고덕소年高德邵]

나이도 많고 덕도 높다는 말이다.

글자 | 연치 **연**, 높을 **고**, 큰 **덕**, 높을 **소**

[연고자백年高者白]

나이 많은 사람이 백이라는 말이며, 바둑을 둘 때 나이가 많은 사람이 흰 바둑돌을 가진다는 뜻이다.

글자 | 연치 **연**, 높을 **고**, 사람 **자**, 흰 **백**

[연곡지계淵谷之戒]

연못과 골짜기의 경계라는 말이며, 깊은 연못이나 골짜기에 다다른 것처럼 두려워하고 조심하라는 뜻이다.

글자 | 못 **연**, 골 **곡**, 어조사 **지**, 경계할 **계**
출전 | 조선왕조 18대 현종실록

[연곡지하輦轂之下]

연 바퀴의 아래라는 말이며, 임금의 수레가 있는 왕도 또는 수도를 빗댄 말이다.

원문 | 得待罪于輦轂之下十餘年
득 대 죄 우 연 곡 지 하 십 여 년

글자 | 연 **연**, 바퀴 **곡**, 어조사 **지**, 아래 **하**
출전 | 사마천 보임안서報任安書

[연공서열年功序列]

햇수의 공이 차례라는 말이며, 연령이나 근속연수가 늘어감에 따라 지위나 급료가 올라가는 것, 또는 그 체계를 일컫는다.

글자 | 해 **연**, 공 **공**, 차례 **서**, 차례 **열**

[연구세심年久歲深]

해가 길고 세월이 깊다는 말이며, 세월이 매우 오래다는 뜻이다.

글자 | 해 **연**, 오랠 **구**, 해 **세**, 깊을 **심**

[연구연자練句練字]

글귀를 익히고 글자를 익힌다는 말이며, 시문의 자구를 다듬고 다듬는다는 뜻이다.

글자 | 익힐 **연**, 글귀 **구**, 글자 **자**

[연구월심年久月深]

해가 오래고 달이 깊다는 말이며, 세월이 오래 되었다는 뜻이다.

글자 | 해 **연**, 오랠 **구**, 달 **월**, 깊을 **심**

[연낙중응然諾重應]

대답할 때는 삼가서 응하라는 말이며, 승낙은 신중하게 하라는 뜻이다.

원문 | 常德固持 然諾重應
상덕고지 연낙중응

글자 | 그럴 **연**, 대답할 **낙**, 삼갈 **중**, 응할 **응**

출전 | 사자소학

[연낭성형練囊盛螢]

→ 차윤취형車胤聚螢

[연년세세年年歲歲]

매년이라는 말이며, 매년을 강조하면서 자연의 유구함을 뜻한다.

원문 | 年年歲歲 花相似
연년세세 화상사

글자 | 해 **연(년)**, 해 **세**

출전 | 유정지의 대비백두옹代悲白頭翁

[연년연거年年年去]

해마다 해가 간다는 말이며, 세월이 끝없이 지나간다는 뜻이다.

글자 | 해 **연(년)**, 갈 **거**

[연년익수年年益壽]

해마다 목숨이 더한다는 말이며, 더욱 더 장수한다는 뜻이다.

글자 | 해 **연(년)**, 더할 **익**, 목숨 **수**

[연대지필椽大之筆]

서까래만한 큰 붓이라는 말이며, 당당한 대문장을 일컫는다.

글자 | 서까래 **연**, 큰 **대**, 어조사 **지**, 붓 **필**

출전 | 진서, 서거정徐居正의 시

[연대책임連帶責任]

띠를 이어 꾸짖음을 맡는다는 말이며, 둘 이상의 사람이 한가지의 일에 공동으로 책임진다는 뜻이다.

글자 | 이을 **연**, 띠 **대**, 꾸짖을 **책**, 맡길 **임**

[연도일할鉛刀一割]

납으로 된 칼로 한 번은 자른다는 말이며, 자신의 능력을 겸손하게 표현하거나 두 번 다시 쓰지 못한다는 뜻이다.

글자 | 납 **연**, 칼 **도**, 나눌 **할**

출전 | 후한서 반초전班超傳

[연독지정吮犢之情]

어미 소가 송아지를 핥는 정이라는 말

이며, 자신의 자녀나 부하에 대한 사랑을 빗댄 말이다.

글자 | 핥을 **연**, 송아지 **독**, 갈 **지**, 뜻 **정**

유사 | 연저지인吮疽之仁

[연두월미年頭月尾]

1년의 시작과 그 달의 끝이라는 말이며, 연중年中을 일컫는다.

글자 | 해 **연**, 머리 **두**, 달 **월**, 꼬리 **미**

출전 | 당서

[연락부절連絡不絶]

연락이 끊기지 않는다는 말이며, 왕래가 잦아 끊이지 아니한다는 뜻이다.

글자 | 이을 **연**, 이을 **락**, 아닐 **부**, 끊을 **절**

[연리비익連理比翼]

→ 비익연리比翼連理

[연명차자聯名箚子]

이름을 연하여 기록한 단자라는 말이며, 둘 이상의 사람이 한가지의 일에 공동으로 책임진다는 뜻이다.

글자 | 연할 **연**, 이름 **명**, 기록할 **차**, 단자 **자**

[연모지정戀慕之情]

사모하고 생각하는 마음속이라는 말이다.

글자 | 사모할 **연**, 생각할 **모**, 어조사 **지**, 마음속 **정**

[연목구어緣木求魚]

나무에서 고기를 구한다는 말이며, 불가능한 행위를 빗댄 말이다. 이는 맹자가 제선왕齊宣王에게 향락이 소원이냐고 묻자 왕이 아니라고 답하여 한 말이다. '그렇다면 왕의 소원이 무엇인지 알 수 있습니다. 땅을 넓히고 강대국인 진나라, 초나라가 조공을 바치게 만든 다음, 천하에 군림하여 사방 오랑캐들을 거느리려 하는 것입니다. 그와 같은 소원을 이루려 한다면, 그것은 나무에 올라가 고기를 잡으려는 것과 같습니다.'

원문 | 猶緣木而求魚也
유 연 목 이 구 어 야

글자 | 인연 **연**, 나무 **목**, 구할 **구**, 고기 **어**

출전 | 맹자 양혜왕梁惠王 상

유사 | 지천석어指天射魚

[연목토이鳶目兎耳]

솔개의 눈과 토끼의 귀라는 말이며, 잘 보는 눈과 잘 듣는 귀를 빗댄 말이다.

글자 | 솔개 **연**, 눈 **목**, 토끼 **토**, 귀 **이**

[연미지급燃眉之急]

눈썹을 태우는 급함이라는 말이며, 매우 위급함을 빗댄 말이다.

글자 | 태울 **연**, 눈썹 **미**, 어조사 **지**, 급할 **급**

출전 | 오등회원五燈會元

동류 | 초미지급焦眉之急

[연미지액燃眉之厄]

눈썹을 태울 재앙이라는 말이며, 급하게 닥친 재앙을 일컫는다.

글자 | 사를 **연**, 눈썹 **미**, 갈 **지**, 재앙 **액**

동류 | 초미지급焦眉之急

[연백연중年百年中]

해가 백인 해 가운데라는 말이며, 백 년 동안 내내라는 뜻이다.

글자 | 해 **연**, 일백 **백**, 가운데 **중**

[연변작뢰淵變作瀨]

못이 바뀌어 여울을 만든다는 말이며, 세상이 많이 바뀌었다는 뜻이다.

글자 | 못 **연**, 바뀔 **변**, 지을 **작**, 여울 **뢰**

[연복지쟁鷰蝠之爭]

제비와 박쥐의 다툼이라는 말이며, 시비를 올바로 분별하지 못한다는 뜻이다.

글자 | 제비 **연**, 박쥐 **복**, 어조사 **지**, 다툴 **쟁**

출전 | 패문운부佩文韻府

[연부역강年富力强]

나이가 넉넉하고 힘이 굳세다는 말이며, 나이가 젊고 활동력이 왕성하다는 뜻이다.

글자 | 연치 **연**, 넉넉할 **부**, 힘 **역**, 굳셀 **강**

[연비어약鳶飛魚躍]

솔개가 날고 물고기가 뛴다는 말이며, 자연의 오묘함을 일컫는다. 한록旱麓이라는 시의 한 구절이다. '솔개는 날아서 하늘에 가고, 물고기는 뛰면서 연못에 있네.'

원문 | 鳶飛戾天 魚躍于淵
연비여천 어약우연

글자 | 솔개 **연**, 날 **비**, 고기 **어**, 뛸 **약**

출전 | 시경 대아大雅 한록旱麓

[연비연비聯臂聯臂]

팔뚝이 이어지고 이어졌다는 말이며, 연줄 연줄이라는 뜻이다.

글자 | 연할 **연**, 팔뚝 **비**

[연사우립煙蓑雨笠]

→ 우립연사雨笠煙蓑

[연산연봉連山連峰]

잇달아 뻗은 산줄기와 산봉우리라는 말이다.

글자 | 이을 **연**, 뫼 **산**, 산봉우리 **봉**

[연서조저燃犀照渚]

물소 뿔을 태워서 물가를 비춘다는 말이며, 깊은 물속에서 괴물들이 날뛰는데 물소 뿔에 불을 붙여 물속 귀신의 온갖 형상을 낱낱이 드러낸다는 뜻이다.

원문 | 人更燃犀照牛渚
인경연서조우저

글자 | 태울 **연**, 물소 뿔 **서**, 비출 **조**, 물가 **저**

출전 | 김종직의 술회述懷

동류 | 연서지명燃犀之明

[연서지명燃犀之明]

물소 뿔을 밝혀서 불 밝힌다는 말이며, 사물을 꿰뚫어보는 재능을 빗댄 말이다. 전설에 따르면, 물소 뿔을 태운 불빛은 물속 깊은 곳까지 투시할 수 있다는 것이다.

글자 | 사를 **연**, 물소 뿔 **서**, 어조사 **지**, 밝을 **명**

출전 | 진서

[연성지벽連城之璧]

성을 이은 구슬이라는 말이며, 명옥名玉을 일컫는다. 진나라 소양왕이 15개의 성시城市와 바꾸어도 아깝지 않다고 한 말에서 유래한다.

글자 | 이을 **연**, 성 **성**, 어조사 **지**, 옥 **벽**

출전 | 한비자 화씨편和氏篇

동류 | 화씨지벽和氏之璧, 변화지벽卞和之璧

[연소기예年少氣銳]

나이가 젊고 기운이 날쌔다는 말이다.

글자 | 연치 **연**, 젊을 **소**, 기운 **기**, 날쌘 **예**

[연소막상燕巢幕上]

제비의 집을 덮었다는 말이며, 위태로운 지경에 이르렀는데도 안일하게 지낸다는 뜻이다.

글자 | 제비 **연**, 새집 **소**, 덮을 **막**, 윗 **상**

출전 | 조선왕조 14대 선조실록

동류 | 연소비막燕巢飛幕, 연소어막燕巢於幕, 연소위막燕巢危幕

[연소몰각年少沒覺]

나이가 젊고 깨달음이 다했다는 말이며, 나이가 어리고 철이 없다는 뜻이다.

글자 | 연치 **연**, 젊을 **소**, 다할 **몰**, 깨달을 **각**

동류 | 연천몰각年淺沒覺

[연속부절連續不絶]

끊이지 않고 쭉 이어진다는 말이다.

글자 | 이을 **연**, 이을 **속**, 아닐 **부**, 끊을 **절**

[연시미행煙視媚行]

연기처럼 보이며 아름다운 모양으로 걷는다는 말이며, 아름다운 신부新婦가 걸어간다는 뜻이다.

글자 | 연기 **연**, 볼 **시**, 아름다운 모양 **미**, 갈 **행**

출전 | 여씨춘추

[연식고초鳶食枯草]

솔개가 마른 풀을 먹는다는 말이며, 상대방의 환심을 사서 신임을 얻은 후 해를 입히는 사기꾼을 일컫는다.

글자 | 솔개 **연**, 먹을 **식**, 마를 **고**, 풀 **초**

출전 | 우리나라 구비설화口碑說話

[연심세구年深歲久]

→ 연구세심年久歲深

[연심세월年深歲月]

해가 깊은 세월이라는 말이며, 오랜

세월이라는 뜻이다.

글자 | 해 **연**, 깊을 **심**, 해 **세**, 달 **월**

[연안대비燕雁代飛]

제비와 기러기가 엇갈려 날아간다는 말이며, 사람이 좀처럼 만나기 어렵다는 뜻이다.

글자 | 제비 **연**, 기러기 **안**, 대신할 **대**, 날 **비**

출전 | 회남자

동류 | 연홍지탄燕鴻之歎

[연안짐독宴安鴆毒]

편안한 잔치는 짐새의 독이라는 말이며, 헛되이 놀고 즐기는 것은 독약과 같이 해를 준다는 뜻이다.

글자 | 잔치 **연**, 편안할 **안**, 짐새 **짐**, 독 **독**

출전 | 춘추좌씨전

[연애색맹戀愛色盲]

사모하고 사랑하는 빛의 장님이라는 말이며, 사랑에 빠져 사리판단을 하지 못하는 사람이라는 뜻이다.

글자 | 사모할 **연**, 사랑 **애**, 빛 **색**, 장님 **맹**

[연애지보涓埃之報]

물방울과 먼지의 갚음이라는 말이며, 매우 작은 보답이라는 뜻이다.

글자 | 물방울 **연**, 먼지 **애**, 어조사 **지**, 갚을 **보**

[연어작인鳶魚作人]

솔개와 물고기가 사람을 만든다는 말이며, 천지의 조화와 군자의 덕화가 잘 어우러져 인재가 올바르게 등용되는 이상적인 사회를 빗댄 말이다. 시경에 있는 글이다. '솔개는 하늘 위를 날고 물고기는 연못에서 뛰고 있네. 화락한 군자가 어찌 인재를 쓰지 않겠는가.'

원문 | 鳶飛戾天 魚躍于淵 豈弟君子 遐不作人
연비여천 어약우연 기제군자 하불작인

글자 | 솔개 **연**, 고기 **어**, 지을 **작**, 사람 **인**

출전 | 시경 대아

동류 | 연어지화鳶魚之化

[연어지화鳶魚之化]

→ 연어작인鳶魚作人

[연여시치年與時馳]

나이는 때와 더불어 달린다는 말이며, 시간이 가면 나이를 먹게 된다는 뜻이다.

원문 | 年與時馳 意與歲去
연여시치 의여세거

글자 | 나이 **연**, 더불어 **여**, 때 **시**, 달릴 **치**

출전 | 제갈량 계자서誡子書

[연연불망戀戀不忘]

생각하고 또 생각하며 잊지 못한다는 말이다.

글자 | 생각할 **연**, 아닐 **불**, 잊을 **망**

[연연약질軟軟弱質]

매우 연하고 약한 체질이라는 말이다.

글자 | 연할 **연**, 약할 **약**, 바탕 **질**

[연연연세然然然世]

그러그러하고 그런 세상이라는 말이며, 체념한 상태로 바라보는 세상이라는 뜻이다.

원문 | 萬事不如五心竹然然然世過然竹
만 사 불 여 오 심 죽 연 연 연 세 과 연 죽

글자 | 그럴 **연**, 세상 **세**

출전 | 부설거사浮雪居士 팔죽시八竹詩

[연옹지치吮癰舐痔]

종기의 고름을 빨고 치질을 핥는다는 말이며, 남에게 지나치게 아첨한다는 뜻이다.

글자 | 빨 **연**, 악창 **옹**, 핥을 **지**, 치질 **치**

출전 | 손자 오기吳起 열전

[연운공양煙雲供養]

연기와 구름을 받들어 봉양한다는 말이며, 연기처럼 피어나는 구름과 같은 그림을 그려서 눈을 즐겁게 해준다는 뜻이다.

글자 | 연기 **연**, 구름 **운**, 받들 **공**, 봉양할 **양**

[연이응시鳶以鷹視]

솔개를 매로 본다는 말이며, 못 쓸 것을 쓸 것으로 잘못 본다는 뜻이다.

글자 | 솔개 **연**, 써 **이**, 매 **응**, 볼 **시**

출전 | 동언해

[연익지모燕翼之謀]

편안하게 하고 돕는 꾀라는 말이며, 자손을 편안하게 하고 도와줄 계교라는 뜻이다.

원문 | 詒厥孫謨以燕翼子武王烝哉
이 궐 손 모 이 연 익 자 무 왕 증 재

글자 | 편안히 할 **연**, 도울 **익**, 어조사 **지**, 꾀 **모**

출전 | 시경 대아 문왕유성文王有聲

[연일연야連日連夜]

날을 잇고 밤을 잇는다는 말이며, 날마다 밤마다라는 뜻이다.

글자 | 이을 **연**, 날 **일**, 밤 **야**

[연작처당燕雀處堂]

제비와 참새가 집에 머문다는 말이며, 안락한 생활에 빠져 장차 닥쳐올 재앙을 대비하지 못한다는 뜻이다.

글자 | 제비 **연**, 참새 **작**, 머물 **처**, 집 **당**

출전 | 공총자孔叢子 논세論勢

동류 | 연작처옥燕雀處屋

[연작홍곡燕雀鴻鵠]

제비와 참새가 어찌 기러기의 뜻을 알 수 있겠느냐는 말이며, 영웅호걸의 뜻을 평범한 사람이 어찌 알 수 있겠느냐는 뜻이다.

원문 | 燕雀安知鴻鵠之志
연 작 안 지 홍 곡 지 지

글자 | 제비 **연**, 참새 **작**, 기러기 **홍**, 고니 **곡**

출전 | 사기 진섭세가陳涉世家

[연저지인吮疽之仁]

입으로 종기를 빨아주는 자애라는 말이며, 부하에 대한 상관의 지극한 사랑을 일컫는다. 초나라의 재상 오기吳起가 부하의 종기를 직접 입으로 빨아서 고쳤다는 고사에서 온 말이다.

글자 | 빨 **연**, 등창 **저**, 어조사 **지**, 어질 **인**

출전 | 사기 손자오기열전孫子吳起列傳

동류 | 오기연저吳起吮疽

[연전연승連戰連勝]

잇는 싸움에 이어서 이긴다는 말이며, 싸울 때마다 잇따라 이긴다는 뜻이다.

글자 | 이을 **연**, 싸울 **전**, 이길 **승**

[연전연첩連戰連捷]

→ 연전연승連戰連勝

[연전연패連戰連敗]

잇는 싸움에 이어서 패한다는 말이며, 싸울 때마다 이어서 패한다는 뜻이다.

글자 | 이을 **연**, 싸울 **전**, 패할 **패**

[연정연비然頂煉臂]

이마를 사르고 팔을 태운다는 말이며, 불공을 드릴 때 유촉油燭으로 이마와 팔을 태워 고통을 주면서 염불한다는 뜻이다.

글자 | 사를 **연**, 이마 **정**, 태울 **연**, 팔 **비**

출전 | 송사 휘송기徽宋紀

[연중무휴年中無休]

한해 가운데 쉼이 없다는 말이며, 한해 가운데 하루도 쉬는 날이 없다는 뜻이다.

글자 | 해 **연**, 가운데 **중**, 없을 **무**, 쉬일 **휴**

[연증세가年增歲加]

해마다 더하여 해마다 늘어난다는 말이다.

글자 | 해 **연**, 더할 **증**, 해 **세**, 더할 **가**

[연지삽말軟地插抹]

무른 땅에 말뚝을 박는다는 말이며, 일하기 매우 쉽다는 뜻이다.

글자 | 무를 **연**, 땅 **지**, 박을 **삽**, 말뚝 **말**

출전 | 순오지

[연지삽목軟地插木]

연한 땅에 나무를 꽂는다는 말이며, 매우 하기 쉬운 일, 또는 일할 조건이 매우 좋다는 빗댄 말이다.

글자 | 연할 **연**, 땅 **지**, 꽂을 **삽**, 나무 **목**

출전 | 고금석림

동류 | 연지삽말軟地揷抹

[연지삽익軟地插杙]

→ 연지삽말軟地插抹

[연지삽주軟地插株]

→ 연지삽말軟地插抹

[연징취영淵澄取映]

못이 맑아 빛남을 취한다는 말이며, 못의 물이 매우 맑다는 뜻이다.

원문 | 川流不息 淵澄取映
천류불식 연징취영

글자 | 못 **연**, 맑을 **징**, 취할 **취**, 빛날 **영**

출전 | 천자문 35항

[연촉겁지延促劫智]

겁(100년)을 늘리기도 하고 빠르게도 하는 슬기라는 말이며, 시간을 마음대로 하는 부처의 지혜라는 뜻이다.

글자 | 늘릴 **연**, 빠를 **촉**, 겁 **겁**, 슬기 **지**

[연파조도煙波釣徒]

연기 낀 물결에서 낚시하는 무리라는 말이며, 안개 낀 바닷가에서 낚시질하는 사람이라는 뜻이다. 당나라 시인 구령龜齡의 자호이기도 하다.

글자 | 연기 **연**, 물결 **파**, 낚시할 **조**, 무리 **도**

[연파천리煙波千里]

연파에서 천리 길이라는 말이며, 헤어져서 다시 만나기 어렵다는 뜻이다.

글자 | 연기 **연**, 물결 **파**, 일천 **천**, 이수 **리**

[연편누독連篇累牘]

기다란 글과 쌓인 편지라는 말이며, 쓸데없이 문장이 장황하다는 뜻이다.

원문 | 連篇累牘 不出月露之形
연편누독 불출월로지형

글자 | 잇닿을 **연**, 책 **편**, 묶을 **누**, 편지 **독**

출전 | 수서隨書 이악전李諤傳

[연포지목連抱之木]

이어서 안는 나무라는 말이며, 아름드리나무를 일컫는다.

글자 | 이을 **연**, 아름 **포**, 어조사 **지**, 나무 **목**

[연풍민락年豐民樂]

풍년이 들어 백성이 즐겁다는 말이다.

글자 | 해 **연**, 풍년 **풍**, 백성 **민**, 즐거울 **락**

출전 | 송남잡지

[연하고질煙霞痼疾]

안개와 노을을 [사랑하는] 고질이라는 말이며, 자연을 사랑하여 여행을 즐기는 고질 같은 버릇을 일컫는다.

글자 | 안개 **연**, 노을 **하**, 고질 **고**, 병 **질**

출전 | 당서 전유암전田遊岩傳

[연하요양煙霞療養]

연기와 노을 속에서 병을 고치고 몸을 위한다는 말이며, 거침없는 자연 속에서 병을 치료한다는 뜻이다.

글자 | 연기 **연**, 노을 **하**, 병 고칠 **요**, 몸 위할 **양**

[연하일휘煙霞日輝]

안개와 노을과 빛나는 햇빛이라는 말이며, 아름다운 경치를 일컫는 뜻이다.

글자 | 안개 **연**, 노을 **하**, 해 **일**, 빛날 **휘**

[연하지벽煙霞之癖]

→ 연하고질煙霞痼疾

[연함투필燕頷投筆]

제비턱이 붓을 던진다는 말이며, 문사文事정책을 버리고 무단武斷정책을 편다는 뜻이다. 제비턱은 무력으로 성공할 골상骨相이라 한다.

글자 | 제비 **연**, 턱 **함**, 던질 **투**, 붓 **필**

출전 | 후한서

[연함호두燕頷虎頭]

제비턱과 호랑이 머리라는 말이며, 출세할 인상을 빗댄 말이다.

글자 | 제비 **연**, 턱 **함**, 범 **호**, 머리 **두**

출전 | 후한서 반초전班超傳

동류 | 연함호경燕頷虎頸

[연홍지탄燕鴻之歎]

→ 연안대비燕雁代飛

[연화세계蓮花世界]

연꽃의 세상이라는 말이며, 극락정토를 일컫는다.

글자 | 연꽃 **연**, 꽃 **화**, 세상 **세**, 지경 **계**

[연화왕생蓮花往生]

연꽃으로 태어난다는 말이며, 죽은 뒤에 극락정토極樂淨土의 연화좌蓮華坐에 오른다는 뜻이다.

글자 | 연꽃 **연**, 꽃 **화**, 갈 **왕**, 날 **생**

출전 | 불교

[연화중인煙火中人]

연기와 불 가운데서 사는 사람이라는 말이며, 속세의 사람을 일컫는다.

글자 | 연기 **연**, 불 **화**, 가운데 **중**, 사람 **인**

출전 | 불교

[연후지사然後之事]

그러한 뒤의 일이라는 말이다.

글자 | 그럴 **연**, 뒤 **후**, 어조사 **지**, 일 **사**

[열간쇄수裂肝碎首]

간을 찢고 머리를 부순다는 말이며, 지독한 화禍를 당한다는 뜻이다.

글자 | 찢을 **열**, 간 **간**, 부술 **쇄**, 머리 **수**

[열구지물悅口之物]

입에 즐거운 물건이라는 말이며, 입에 맞는 음식이라는 뜻이다.

글자 | 즐거울 **열**, 입 **구**, 어조사 **지**, 물건 **물**

[열력풍상閱歷風霜]

바람서리를 지내고 겪는다는 말이며, 오랜 세월을 두고 갖은 고난을 겪는다는 뜻이다.

글자 | 겪을 **열**, 지날 **력**, 바람 **풍**, 서리 **상**

[열명영가列名靈駕]

이름을 벌린 영혼의 수레라는 말이며, 세상의 모든 영혼이라는 뜻이다.

글자 | 벌릴 **열**, 이름 **명**, 영혼 **영**, 수레 **가**

[열명정장列名呈狀]

이름을 벌린 문서를 보인다는 말이며, 여러 사람의 이름을 나란히 적어 관가官家에 제출한다는 뜻이다.

글자 | 벌릴 **열**, 이름 **명**, 보일 **정**, 문서 **장**

[열반묘심涅槃妙心]

극락 가는 즐거운 묘한 마음이라는 말이며, 해탈의 경지에서 갖는 기묘한 마음이라는 뜻이다.

원문 | 正法眼藏 涅槃妙心
정 법 안 장 열 반 묘 심

글자 | 극락 갈 **열**, 즐거울 **반**, 묘할 **묘**, 마음 **심**

[열반서풍涅槃西風]

즐거운 극락의 서쪽 바람이라는 말이며, 음력 2월 15일을 전후해서 약 1주일간 부는 순한 바람이라는 뜻이다.

글자 | 극락 **열**, 즐거울 **반**, 서녘 **서**, 바람 **풍**

[열반적정涅槃寂靜]

극락 가는 즐거움이 고요하고 고요하다는 말이며, 득도得道의 경지에서 얻어지는 고요함을 일컫는다.

글자 | 극락 갈 **열**, 즐거울 **반**, 고요할 **적**, 고요할 **정**

[열불이경烈不二更]

열녀는 두 번 시집가지 않고 정절貞節을 지킨다는 말이다.

원문 | 烈女不更二夫
열 녀 불 경 이 부

글자 | 충직할 **열**, 아닐 **불**, 다시 **경**

[열심단충熱心丹衷]

뜨거운 마음과 붉은 정성이라는 말이며, 지극한 정성이라는 뜻이다.

글자 | 더울 **열**, 마음 **심**, 붉을 **단**, 정성 **충**

[열이불치涅而不緇]

죽어도 검게 되지 않는다는 말이며, 결백하고 심지가 굳은 사람은 죽어서도 물들지 않는다는 뜻이다.

글자 | 죽을 **열**, 말 이을 **이**, 아닐 **불**, 검을 **치**

출전 | 논어 양화陽貨

[열인성세閱人成世]

사람을 겪고 세상을 이룬다는 말이며, 세월이 자꾸 흘러간다는 뜻이다.

글자 | 겪을 **열**, 사람 **인**, 이룰 **성**, 세상 **세**

[열입성품列入聖品]

거룩한 품수의 차례에 들어간다는 말이며, 성인의 반열에 들어간다는 뜻이다.

글자 | 차례 **열**, 들 **입**, 성인 **성**, 품수 **품**

출전 | 천주교

[열죽접설熱粥接舌]

더운죽에 혀를 댄다는 말이며, 꼼짝할 수 없는 형편, 또는 잠시도 나아가

ㅇ

거나 물러서기 어려운 경우를 빗댄 말이다.

글자 | 더울 **열**, 죽 **죽**, 접할 **접**, 혀 **설**

출전 | 동언해

[열혈남아熱血男兒]

더운 피의 사내아이라는 말이며, 불타는 의기를 가진 사나이라는 뜻이다.

글자 | 더울 **열**, 피 **혈**, 사내 **남**, 아이 **아**

[열혈애국熱血愛國]

뜨거운 피로 나라를 사랑한다는 말이다.

글자 | 더울 **열**, 피 **혈**, 사랑 **애**, 나라 **국**

[염가노자閻家老子]

마을 문의 집에 있는 늙은 사람이라는 말이며, 염라대왕을 일컫는다.

글자 | 마을 문 **염**, 집 **가**, 늙을 **노**, 사람 **자**

출전 | 도교道教

[염거지감鹽車之憾]

→ 염차지감鹽車之憾

출전 | 전국책 연책燕策

[염결주의廉潔主義]

청결과 깨끗함을 주장하는 뜻이라는 말이며, 매사에 청렴 결백하려는 주장이라는 뜻이다.

글자 | 청렴할 **염**, 깨끗할 **결**, 주장할 **주**, 뜻 **의**

[염경기도念經祈禱]

경서를 외면서 기도한다는 말이며, 기도문을 외면서 하는 기도라는 뜻이다.

글자 | 욀 **염**, 경서 **경**, 빌 **기**, 빌 **도**

출전 | 기독교

[염념각각念念刻刻]

눈 깜짝할 동안의 시간들이라는 말이다.

글자 | 눈 깜짝할 동안 **염(념)**, 시각 **각**

[염념불망念念不忘]

생각하고 생각되어 잊을 수 없다는 말이다.

글자 | 생각할 **염(념)**, 아닐 **불**, 잊을 **망**

출전 | 서경 대우모편大禹模篇

동류 | 염념재자念念在茲, 염자재자念茲在茲

[염념상속念念相續]

생각과 생각이 서로 이어진다는 말이며, 생각과 생각 사이에 다른 잡념이 없다는 뜻이다.

글자 | 생각 **염(념)**, 서로 **상**, 이을 **속**

[염념생멸念念生滅]

눈 깜짝할 동안에 생기고 없어진다는 말이며, 아무 것도 상주常住하는 것이 없다는 뜻이다.

글자 | 눈 깜짝할 동안 **염(념)**, 날 **생**, 없어질 **멸**

[염념재자念念在玆]

생각과 생각이 여기에 있다는 말이며, 자꾸 생각이 나서 없어지지 않는다는 뜻이다.

글자 | 생각할 **염(념)**, 있을 **재**, 이 **자**

[염념칭명念念稱名]

이름을 말하면서 외고 왼다는 말이며, 아미타불을 부르면서 염불을 한다는 뜻이다.

글자 | 욀 **염(념)**, 말할 **칭**, 이름 **명**

[염담퇴수恬淡退守]

편안함이 가득하게 물러나 지킨다는 말이며, 욕심도 의욕도 없이 그저 담담하게 물러나 현상만을 지킨다는 뜻이다.

글자 | 편안할 **염**, 물 가득할 **담**, 물러날 **퇴**, 지킬 **수**

[염담허무恬淡虛無]

편안하고 맑고 비어서 없다는 말이며, 모든 명리名利를 떠나 마음을 무아의 경지에 둔다는 뜻이다.

글자 | 편안할 **염**, 맑을 **담**, 빌 **허**, 없을 **무**

[염라노자閻羅老子]

→ 염가노자閻家老子

[염라대왕閻羅大王]

염라국의 큰 왕이라는 말이며, 지옥에 살며 18장관과 8만 옥졸을 거느리고 죽어서 지옥에 떨어지는 인간의 생전의 선악을 다스려 악을 방지한다는 대왕을 일컫는다.

글자 | 염라 **염**, 나라 이름 **라**, 큰 **대**, 임금 **왕**

[염량세태炎凉世態]

뜨겁고 서늘한 세상 형편이라는 말이며, 세력이 있을 때는 아첨하여 붙좇고 권세가 없어지면 푸대접하는 세상이라는 뜻이다.

글자 | 뜨거울 **염**, 서늘할 **량**, 세상 **세**, 형편 **태**

출전 | 사기 맹상군열전

동류 | 염부한기炎附寒棄, 부염기한附炎棄寒

[염량주의炎凉主義]

불꽃과 서늘함이 옳다는 주장이라는 말이며, 세력이 좋은 편으로 이리저리 옮기는 기회주의를 빗댄 말이다.

글자 | 불꽃 **염**, 서늘할 **량**, 주장할 **주**, 옳을 **의**

[염력통암念力通巖]

힘껏 생각하면 바위를 뚫는다는 말이며, 온 정성을 들이면 안 되는 일이 없다는 뜻이다.

글자 | 생각할 **염**, 힘 **력**, 꿰뚫을 **통**, 바위 **암**

[염리예토厭離穢土]

더러운 흙이 싫어서 떠난다는 말이

며, 온갖 더러움이 쌓인 이 세상이 싫어서 떠난다는 뜻이다.

글자 | 싫을 **염**, 떠날 **리**, 더러울 **예**, 흙 **토**

출전 | 왕생요집往生要集

[염마나사閻魔羅闍]

→ 염라노자閻羅老子

[염부과보閻浮果報]

염라에 떠내려가는 열매와 갚음이라는 말이며, 중생이 속세에서 받는 인과응보라는 뜻이다.

글자 | 염라 **염**, 떠내려갈 **부**, 열매 **과**, 갚을 **보**

[염부한기炎附寒棄]

→ 염량세태炎涼世態

[염불급타念不及他]

생각이 다른 것에 미치지 못한다는 말이며, 다른 생각을 할 겨를이 없다는 뜻이다.

글자 | 생각할 **염**, 아닐 **불**, 미칠 **급**, 다를 **타**

[염불삼매念佛三昧]

염불의 세 가지 깨달음이라는 말이며, 염불에 의하여 잡념을 없애고 영지靈智가 열려 부처의 진리를 본다는 것이다.

글자 | 생각할 **염**, 부처 **불**, 밝을 녘 **매**

출전 | 지도론智度論

[염불왕생念佛往生]

부처를 외며 가서 태어난다는 말이며, 열심히 염불하여 극락에 다시 태어난다는 뜻이다.

글자 | 욀 **염**, 부처 **불**, 갈 **왕**, 날 **생**

[염불위괴恬不爲愧]

부끄러워하지 않고 편안하다는 말이며, 잘못을 저지른 것을 모른다는 뜻이다.

글자 | 편안할 **염**, 아닐 **불**, 할 **위**, 부끄러워할 **괴**

[염생초원鹽生草原]

소금에 난 풀밭이라는 말이며, 바닷가 염분이 많은 곳에 펼쳐진 풀밭을 일컫는다.

글자 | 소금 **염**, 날 **생**, 풀 **초**, 들 **원**

[염세자살厭世自殺]

세상이 미워 스스로 죽는다는 말이다.

글자 | 미울 **염**, 세상 **세**, 스스로 **자**, 죽일 **살**

[염슬단좌斂膝端坐]

무릎을 모으고 단정히 앉는다는 말이다.

글자 | 모을 **염**, 무릎 **슬**, 단정할 **단**, 앉을 **좌**

[염여백이廉如伯夷]

백이와 같이 청렴하다는 말이며, 소

신이 뚜렷하다는 뜻이다.

글자 | 청렴할 **염**, 같을 **여**, 만 **백**, 클 **이**
출전 | 사기열전 소진열전
동류 | 백이숙제伯夷叔齊

[염열지옥炎熱地獄]

뜨겁게 태우는 지옥이라는 말이며, 불로 고통을 주는 지옥이라는 뜻이다.

글자 | 태울 **염**, 더울 **열**, 땅 **지**, 감옥 **옥**

[염이불귀廉而不劌]

모가 졌으나 상하지 않는다는 말이며, 군자의 덕은 단단하여 외부의 작용으로 상하지 않는다는 뜻이다.

글자 | 모질 **염**, 말 이을 **이**, 아닐 **불**, 상할 **귀**

[염일방일拈一放一]

하나를 집으려면 하나를 버려야 한다는 말이며, 하나를 쥐고 또 다른 하나를 쥐려면 모두 잃게 된다는 뜻이다. 중국 송나라 사마광의 어린 시절, 큰 장독에 어린아이가 빠져 이를 구하기 위해 어른들이 여러 가지 동원했지만 여의치 않아 아이는 죽을 지경이 되었다. 이때 사마광이 큰 돌멩이로 장독을 깨트려 아이를 구했다는 고사에서 유래한다.

글자 | 집을 **염**, 놓을 **방**

[염자재자念玆在玆]

이를 생각함은 이에 있다는 말이며, 사람은 무슨 일을 하든지 항상 생각하여 자기에게 있는 것 같이 해야 한다는 뜻이다. 좌전에 있는 글이다. '이것을 하려는 생각도 마음에 있고, 이것을 없애는 일도 마음에 있으며.'

원문 | **念玆在玆 釋玆在玆**
염 자 재 자 석 자 재 자

글자 | 생각할 **염**, 이 **자**, 있을 **재**
출전 | 서경 우서虞書, 춘추좌씨전 양공襄公 하

[염차지감鹽車之憾]

소금 수레의 섭섭함이라는 말이며, 천리마도 때를 못 만나면 보통 말처럼 소금 수레를 끌어야 하는 것과 같 이 뛰어난 인재도 때를 못 만나면 하찮은 일을 하게 되어 한탄한다는 뜻이다.

글자 | 소금 **염**, 수레 **차**, 어조사 **지**, 섭섭할 **감**
출전 | 전국책 연책燕策

[염철지리鹽鐵之利]

소금과 쇠의 이익이라는 말이며, 나라가 소금과 철을 전매제로 하여 얻은 이익으로서 국가의 일방적인 횡포를 이르는 말이다. 한나라 무제 때 소금과 철을 전매제로 하여 백성이 크게 고통을 받은 일에서 온 말이다.

글자 | 소금 **염**, 쇠 **철**, 어조사 **지**, 이익 **리**
출전 | 염철론鹽鐵論

[염화미소拈華微笑]

꽃을 집어 들고 작은 웃음을 지었다는

ㅇ

말이며, 말을 사용하지 않고 마음에서 마음으로 전해지는 묘경妙境을 이른다. 영취산靈鷲山에서 석가가 설법을 할 때, 한마디 말도 하지 않고 단지 연꽃을 집어 들었다. 제자들은 그 뜻을 헤아리지 못했으나 가섭迦葉만이 빙그레 미소를 짓고 깨달았다는 표정을 지었다는 것이다.

글자 | 집을 **염**, 꽃 **화**, 작은 **미**, 웃음 **소**

출전 | 불교 교화별전敎化別傳

동류 | 이심전심以心傳心

[염화시중拈華示衆]

→ 염화미소拈華微笑

[엽관운동獵官運動]

벼슬을 사냥하는 운동이라는 말이며, 관직을 얻으려고 돌아다닌다는 뜻이다.

글자 | 사냥할 **엽**, 벼슬 **관**, 돌 **운**, 움직일 **동**

[영가무도詠歌舞蹈]

노래를 읊고 춤을 춘다는 말이다.

글자 | 읊을 **영**, 노래 **가**, 춤 **무**, 밟을 **도**

[영걸지주英傑之主]

영웅호걸과 같은 임금이라는 말이다.

글자 | 영웅 **영**, 호걸 **걸**, 어조사 **지**, 임금 **주**

[영겁회귀永劫回歸]

영원한 세월은 돌고 돈다는 말이며, 우주는 영원히 계속되는 원환圓環 운동이며 인생의 환희와 고뇌도 영원히 반복하여 멎지 않으므로 내세來世도 피안彼岸도 없고 단지 현세의 순간순간의 충실이 있을 뿐이라는 설이다.

글자 | 길 **영**, 겁 **겁**, 돌아올 **회**, 돌아올 **귀**

동류 | 영원회귀永遠回歸

[영결종천永訣終天]

길이 이별하고 마침내 하늘로 올라갔다는 말이며, 죽어서 영원히 이별한다는 뜻이다.

글자 | 길 **영**, 이별할 **결**, 마침내 **종**, 하늘 **천**

[영경욕천榮輕辱淺]

영화로움이 가벼우면 욕됨이 얕다는 말이며, 영화로움이 크지 않으면 당하는 욕도 크지 않다는 뜻이다.

원문 | 榮輕辱淺 利重害深
영 경 욕 천 이 중 해 심

글자 | 영화 **영**, 가벼울 **경**, 욕될 **욕**, 얕을 **천**

출전 | 명심보감 성심편省心篇

[영고성쇠榮枯盛衰]

영화가 쇠잔해지고 성한 것이 쇠한다는 말이며, 좋은 때가 있으면 나쁜 때가 있다는 뜻이다.

글자 | 영화 **영**, 쇠잔할 **고**, 성할 **성**, 쇠할 **쇠**

출전 | 이화의 증별서贈別序, 한서

동류 | 흥망성쇠興亡盛衰

[영구불변永久不變]

길고 오래 변하지 않는다는 말이다.

글자 | 길 **영**, 오랠 **구**, 아닐 **불**, 변할 **변**

[영구장천永久長川]

길고 오랜 기다란 개울이라는 말이며, 한없이 길고 오랜 세월이라는 뜻이다.

글자 | 길 **영**, 오랠 **구**, 긴 **장**, 내 **천**

[영구준행永久遵行]

길고 오래 지켜나간다는 말이다.

글자 | 길 **영**, 오랠 **구**, 지킬 **준**, 갈 **행**

[영녀지절令女之節]

영녀의 절개라는 말이며, 여자가 정절을 굳게 지킨다는 뜻이다. 이는 조문숙의 아내 영녀가 남편이 죽은 뒤 개가하지 않으려고 스스로 자기의 귀와 코를 자르고 정절을 지킨 고사에서 온 말이다.

글자 | 착할 **영**, 계집 **녀**, 어조사 **지**, 절개 **절**

출전 | 삼국지 위지魏志

[영동팔경嶺東八景]

→ 관동팔경關東八景

[영만지구盈滿之咎]

가득 찬 것의 허물이라는 말이며, 만사가 다 이루어졌을 때는 뜻밖의 허물을 만난다는 뜻이다.

글자 | 찰 **영**, 찰 **만**, 어조사 **지**, 허물 **구**

출전 | 후한서

[영문광예令聞廣譽]

듣는 것으로 하여금 널리 기린다는 말이며, 소문으로 많은 사람에게 알려진 명예라는 뜻이다.

원문 | 令聞廣譽 施於身
영 문 광 예 시 어 신

글자 | 하여금 **영**, 들을 **문**, 넓을 **광**, 기릴 **예**

출전 | 맹자 고자 상

[영문영무英文英武]

글에도 영웅이고, 호반에서도 영웅이라는 말이며, 문무 모두에 뛰어난다는 뜻이다.

글자 | 영웅 **영**, 글 **문**, 호반 **무**

[영병철기逞兵鐵騎]

왕성한 군사와 쇠의 마군馬軍이라는 말이며, 매우 막강한 군대라는 뜻이다.

글자 | 왕성할 **영**, 군사 **병**, 쇠 **철**, 마군 **기**

[영불리신影不離身]

그림자는 몸에서 떨어지지 않는다는 말이며, 허물은 항상 떠나지 않는다는 뜻이다.

원문 | 走愈疾而影不離身
주 유 질 이 영 불 리 신

글자 | 그림자 **영**, 아닐 **불**, 떨어질 **리**, 몸 **신**

출전 | 장자 어부편漁父篇

ㅇ

[영불서용永不敍用]

길이 베풀어 쓰지 않는다는 말이며, 죄를 지어 파면된 관원은 영원히 채용하지 않는다는 뜻이다.

글자 | 길 **영**, 아닐 **불**, 베풀 **서**, 쓸 **용**

[영불출세永不出世]

[집안에 틀어박혀] 길이 세상에 나가지 않는다는 말이다.

글자 | 길 **영**, 아닐 **불**, 나갈 **출**, 세상 **세**

[영산마지靈山麻旨]

신령한 산에서 나는 삼의 맛이라는 말이며, 남의 집 음식이 맛이 없을 때 빗대어 쓰는 말이다. 또한 담배의 별칭이기도 하다.

글자 | 신령할 **영**, 뫼 **산**, 삼 **마**, 맛 **지**

[영상조파影上爪爬]

그림자 위를 손톱으로 긁는다는 말이며, 공연한 칭찬 또는 근거 없는 비방을 빗댄 말이다.

원문 | 影上爪爬 無過之毁
영상조파 무과지훼

글자 | 그림자 **영**, 윗 **상**, 손톱 **조**, 긁을 **파**

출전 | 이덕무의 이목구심서耳目口心書

[영생불멸永生不滅]

영원토록 살아서 없어지지 않는다는 말이다.

글자 | 길 **영**, 살 **생**, 아닐 **불**, 멸할 **멸**

[영서연설郢書燕說]

영나라 편지와 연나라 해설이라는 말이며, 억지로 꿰어 맞춘다는 뜻이다. 초나라의 도읍 영郢에 사는 한 귀인이 연나라 재상에게 보낼 편지를 읽다가 서기에게 '등불을 올리라(擧燭).' 고 했다. 서기는 이 말을 편지의 문구인 줄 알고 거촉擧燭이라고 써 넣었다. 이 편지를 받은 연나라 재상은 '거촉이란 밝음을 존중하라는 뜻이니 곧 현인을 등용하라는 말이다.' 라고 억지 해석을 하고 왕에게 권유하여 많은 현인을 등용했다고 한다.

글자 | 땅이름 **영**, 글 **서**, 연나라 **연**, 말씀 **설**

출전 | 한비자 외저설外儲說

[영설독서映雪讀書]

눈에 비추어 글을 읽는다는 말이며, 가난한 사람이 등불이 없어 눈 내린 날 글을 읽는다는 뜻이다.

글자 | 비출 **영**, 눈 **설**, 읽을 **독**, 글 **서**

출전 | 진서, 몽구蒙求

[영설지재詠雪之才]

눈을 읊은 재주라는 말이며, 여자의 글재주를 일컫는다. 진나라의 왕응지王凝之의 아내 사도온謝道韞이 눈을 버들가지에 비겨 즉흥으로 묘구를 읊은 데서 온 말이다.

글자 | 읊을 **영**, 눈 **설**, 어조사 **지**, 재주 **재**

출전 | 진서 왕응지처사대전王凝之妻謝

代傳

동류 | 유여지재柳絮之才, 영여지재詠絮之才

[영세무궁永世無窮]

다함이 없는 영원한 세상이라는 말이다.

글자 | 길 **영**, 세상 **세**, 없을 **무**, 다할 **궁**

출전 | 서경 미자지명微子之命

[영세불망永世不忘]

영원히 세상에서 잊지 아니한다는 말이다.

글자 | 길 **영**, 세상 **세**, 아닐 **불**, 잊을 **망**

[영세중립永世中立]

오랜 세대에 걸쳐 가운데 선다는 말이며, 국제법상 영구히 모든 나라로부터 간섭 받지 않는다는 뜻이다.

글자 | 오랠 **영**, 세대 **세**, 가운데 **중**, 설 **립**

[영안상간另眼相看]

눈을 나누어 서로 본다는 말이며, 특별히 우대한다는 뜻이다.

글자 | 나눌 **영**, 눈 **안**, 서로 **상**, 볼 **간**

[영언배명永言配命]

오래도록 말씀의 명령을 나눈다는 말이며, 영원토록 하늘의 명을 따른다는 뜻이다.

원문 | 永言配命 自求多福
영 언 배 명 자 구 다 복

글자 | 오랠 **영**, 말씀 **언**, 나눌 **배**, 명령할 **명**

출전 | 시경, 맹자 이루 상

[영언효사永言孝思]

효도하는 생각을 길게 말한다는 말이며, 효도하는 생각을 오래도록 한다는 뜻이다.

글자 | 길 **영**, 말씀 **언**, 효도 **효**, 생각 **사**

출전 | 시경, 맹자 만장 상

[영업소기營業所基]

무성한 업은 웅거하는 것이라는 말이며, 사업이 번창하자면 그 기초가 튼튼해야 한다는 뜻이다.

원문 | 營業所基 籍甚無竟
영 업 소 기 적 심 무 경

글자 | 무성할 **영**, 업 **업**, 것 **소**, 웅거할 **기**

출전 | 천자문 38항

[영여추제領如蝤蠐]

목이 굼벵이와 같다는 말이며, 여자의 목이 나무속에 사는 굼벵이와 같이 맑고 희다는 뜻이다.

글자 | 목 **영**, 같을 **여**, 굼벵이 **추**, 굼벵이 **제**

출전 | 시경 위풍衛風

[영영구구營營苟苟]

오락가락하며 구차하다는 말이며, 아등바등 구차하다는 뜻이다. 성대중成大中(1732~1809)의 글이다. '아등바등 구차하게 먹는 것만 추구하는 자는 금수와 다를 것이 없다.'

원문 | 營營苟苟 惟食是求者 未離
영영구구 유식시구자 미리
乎禽獸也
호금수야

글자 | 오락가락할 **영**, 구차할 **구**

출전 | 성대중의 청성잡기靑城雜記

[영영급급營營汲汲]

→ 영영축축營營逐逐

[영영무궁永永無窮]

→ 영원무궁永遠無窮

[영영방매永永放賣]

길이길이 팔아버린다는 말이며, 아주 팔아 없앤다는 뜻이다.

글자 | 길 **영**, 버릴 **방**, 팔 **매**

[영영쇄쇄零零瑣瑣]

부서지고 부서져서 잘고 잘다는 말이며, 보잘것없이 몹시 자질구레하다는 뜻이다.

글자 | 부서질 **영**, 잘 **쇄**

관련 | 노사영언魯史零言

[영영쇄쇄零零碎碎]

→ 영영쇄쇄零零瑣瑣

[영영축축營營逐逐]

쫓아다니고 오락가락한다는 말이며, 명예 · 세력 · 이익 따위를 얻기 위하여 매우 바쁘게 돌아다닌다는 뜻이다.

글자 | 오락가락할 **영**, 쫓을 **축**

동류 | 영영급급營營汲汲

[영용무쌍英勇無雙]

영웅과 같이 날래기 짝이 없다는 말이며, 영웅처럼 용감하기가 비길 데 없다는 뜻이다.

글자 | 영웅 **영**, 날랠 **용**, 없을 **무**, 짝 **쌍**

[영웅기인英雄欺人]

영웅이 사람을 속인다는 말이며, 영웅은 재지才智가 뛰어남으로 평범한 사람을 간단히 속일 수 있다는 뜻이다.

글자 | 영웅 **영**, 영웅 **웅**, 속일 **기**, 사람 **인**

출전 | 당시선唐詩選

[영웅기인英雄忌人]

영웅은 자기보다 잘난 사람을 꺼린다는 말이다.

글자 | 영웅 **영**, 영웅 **웅**, 꺼릴 **기**, 사람 **인**

출전 | 삼국지, 세설신어

[영웅신화英雄神話]

영웅의 신통한 이야기라는 말이다.

글자 | 영웅 **영**, 영웅 **웅**, 신통할 **신**, 이야기 **화**

[영웅지재英雄之材]

영웅의 재목이라는 말이다.

글자 | 영웅 **영**, 영웅 **웅**, 어조사 **지**, 재목 **재**

[영웅호걸英雄豪傑]

영웅과 호걸이라는 말이며, 재지와 무용이 몹시 뛰어난 사람과 도량이 넓으며 기개와 풍도가 있는 사람을 일컫는다.

글자 | 영웅 **영**, 영웅 **웅**, 호걸 **호**, 뛰어날 **걸**

[영웅호색英雄好色]

영웅은 여색女色을 좋아하는 버릇이 있다는 말이다.

글자 | 영웅 **영**, 영웅 **웅**, 좋을 **호**, 예쁜 계집 **색**

[영원무궁永遠無窮]

길고 멀리 다함이 없다는 말이며, 언제까지 계속하여 끝이 없다는 뜻이다.

글자 | 길 **영**, 멀 **원**, 없을 **무**, 다할 **궁**

[영원불멸永遠不滅]

영원히 멸하지 않는다는 말이다.

글자 | 길 **영**, 멀 **원**, 아닐 **불**, 멸할 **멸**

[영원불변永遠不變]

길고 멀리 변하지 않는다는 말이다.

글자 | 길 **영**, 멀 **원**, 아닐 **불**, 변할 **변**

[영원지정鴒原之情]

들판에 있는 할미새의 정이라는 말이며, 형제 사이에 급박한 어려움이 있을 때는 서로 도와야 한다는 뜻이다. 물새인 할미새가 들판에 있다는 것은 매우 어려운 처지를 뜻한다.

글자 | 할미새 **영**, 들 **원**, 어조사 **지**, 뜻 **정**

출전 | 시경

[영원회귀永遠回歸]

→ 영겁회귀永劫回歸

[영위세리榮位勢利]

명예와 자리와 기세와 이로움이라는 말이며, 사람이 가지고자 하는 욕망을 일컫는다.

원문 | 榮位勢利 如寄客
영 위 세 리 여 기 객

글자 | 명예 **영**, 자리 **위**, 기세 **세**, 이로울 **리**

[영육쌍전靈肉雙全]

→ 영육일치靈肉一致

[영육일치靈肉一致]

혼백과 몸은 하나에 이른다는 말이며, 정신과 육체는 높고 낮은 차별이 있는 이원적二元的인 것이 아니라 오직 하나라고 본다는 뜻이다. 본디 그리스 사상 속에 있었던 것인데, 중세 기독교의 사상으로는 육체는 죄악의 소굴로서 천국은 정신 속에서만 찾을 수 있다고 부인되었으나 문예부흥과 함께 영육일치의 사상도 부활하게 되었다.

글자 | 혼백 **영**, 몸 **육**, 이를 **치**

[영인이해迎刃而解]

칼날을 맞이하여 해결한다는 말이며, 기세가 등등하여 감히 대항하는 자가 없다는 뜻이다.

글자 | 맞이할 **영**, 칼날 **인**, 말 이을 **이**, 풀 **해**

출전 | 진서 두예전杜豫傳

동류 | 파죽지세破竹之勢

[영자팔법永字八法]

영永자가 한 자에 의하여 모든 글자에 공통한다는 여덟 가지의 필법筆法을 일컫는다. 맨 위의 상점上點은 측側이라 하고, 평횡平橫은 늑勒, 중직中直은 노努, 하구下句는 적趯, 좌도左挑는 책策, 우불右拂은 약掠, 좌별左瞥은 탁啄, 우날右捺은 책磔이라 하는데, 진나라의 왕희지王羲之가 고안하였다고 한다.

글자 | 길 **영**, 글자 **자**, 법 **법**

출전 | 서원청화書苑菁華

[영적교감靈的交感]

혼백이 서로 느꼈다는 말이며, 멀리 떨어져 있는 사람 사이에 알 수 없는 마음이 서로 통했다는 뜻이다.

글자 | 혼백 **영**, 맞을 **적**, 서로 **교**, 느낄 **감**

[영전유궐嬴顚劉蹶]

영씨가 넘어지고 유씨가 엎어진다는 말이며, 영씨의 진나라와 유씨의 한나라가 망한 것과 같이 모든 나라는 망하게 된다는 뜻이다.

글자 | 성씨 **영**, 넘어질 **전**, 성씨 **유**, 엎어질 **궐**

[영전출타令前出他]

명령을 받기 전에 다른 데로 나간다는 말이다.

글자 | 명령 **영**, 앞 **전**, 나갈 **출**, 다를 **타**

[영정고고零丁孤苦]

떨어져 뜻 잃어버리고 외롭게 고생한다는 말이며, 가난하고 세력이 꺾여 도와주는 사람도 없이 혼자서 괴로움을 당한다는 뜻이다.

원문 | 九歲不幸 零丁孤苦 至于成立
구 세 불 행 영 정 고 고 지 우 성 립

글자 | 떨어질 **영**, 뜻 잃어버릴 **정**, 외로울 **고**, 쓸 **고**

출전 | 이밀李密의 진정표

[영준호걸英俊豪傑]

→ 영웅호걸英雄豪傑

출전 | 회남자 태족훈泰族訓

[영척우각甯戚牛角]

영척의 쇠뿔이라는 말이며, 자기의 재주를 드러내어 남으로부터 인정받는다는 뜻이다. 중국 제나라의 영척이 쇠뿔을 두드리며 노래하는 것을 듣고 환공이 이를 등용한 고사에서 온 말이다.

글자 | 차라리 **영**, 인척 **척**, 소 **우**, 뿔 **각**

출전 | 여씨춘추

동류 | 영자반우甯子飯牛

[영천세이穎川洗耳]

영천에서 귀를 씻는다는 말이며, 몸가짐이 결백하다는 뜻이다. 허유許由라는 사람이 요堯 임금으로부터 양위하겠다는 말을 듣자 귀가 더러워졌다며 영천의 강물에서 귀를 씻었다는 고사에서 온 말이다.

글자 | 물 이름 **영**, 내 **천**, 씻을 **세**, 귀 **이**

출전 | 고사전高士傳, 사기

동류 | 영수은사穎水隱士

[영청사해永淸四海]

네 바다를 오래 맑게 한다는 말이며, 천하를 길이 평안케 한다는 뜻이다.

글자 | 오랠 **영**, 맑을 **청**, 바다 **해**

출전 | 서경 주서周書

[영청요백縈靑繚白]

푸른 것을 두르고 흰 것을 둘렀다는 말이며, 푸른 산과 흰 하천으로 둘러쌌다는 뜻이다.

원문 | 縈靑繚白摠奇觀湘江兩岸瓊花發
영 청 요 백 총 기 관 상 강 양 안 경 화 발

글자 | 두를 **영**, 푸를 **청**, 두를 **요**, 흰 **백**

출전 | 유종원의 시득서산연유기始得西山宴游記

[영출다문令出多門]

명령이 나오는 문이 많다는 말이며, 명령 계통이 여러 곳이어서 문란하다는 뜻이다.

글자 | 명령할 **영**, 날 **출**, 많을 **다**, 문 **문**

[영타지고靈鼉之鼓]

신령한 자라의 북이라는 말이며, 자라 껍데기로 만든 북으로서 매우 귀한 북을 일컫는다.

글자 | 신령할 **영**, 자라 **타**, 어조사 **지**, 북 **고**

[영파지목盈把之木]

한 손에 쥘 수 있는 나무라는 말이며, 아주 가는 나무, 또는 마음대로 할 수 있는 사물을 빗댄 말이다.

글자 | 찰 **영**, 잡을 **파**, 어조사 **지**, 나무 **목**

출전 | 한시외전漢詩外傳

[영해지행嶺海之行]

산 고개와 바다로 간다는 말이며, 귀양살이 간다는 뜻이다.

글자 | 산 고개 **영**, 바다 **해**, 어조사 **지**, 갈 **행**

출전 | 조선왕조 16대 인조실록

[영해향진影駭響震]

그림자를 보고도 놀라고 소리쳐도 떤다는 말이며, 겁이 많다는 뜻이다.

글자 | 그림자 **영**, 놀라 일어날 **해**, 소리 마주칠 **향**, 진동할 **진**

출전 | 반고의 답빈희答賓戱

[영행금지令行禁止]

명령하면 행하고 금하면 멈춘다는 말

이다.

글자 | 명령 **영**, 행할 **행**, 금할 **금**, 멈출 **지**

[영행인복令行人服]

명령이 시행되어 백성이 복종한다는 말이다.

원문 | 令行人服 理之至也
영 행 인 복 이 지 지 야

글자 | 명령 **영**, 행할 **행**, 백성 **인**, 복종할 **복**

출전 | 관자 패언편覇言篇

[영혼불멸靈魂不滅]

혼백은 멸하지 않는다는 말이며, 사람의 정신이 죽은 뒤에도 없어지지 않고 남아 있다고 하는 생각을 일컫는다.

글자 | 혼백 **영**, 혼 **혼**, 아닐 **불**, 멸할 **멸**

[예금미연禮禁未然]

예도는 그러지 않도록 금한다는 말이며, 예도는 잘못되기 전에 미리 방지한다는 뜻이다.

글자 | 예도 **예**, 금할 **금**, 아닐 **미**, 그럴 **연**

출전 | 사기 태사공자서太史公自序

[예기방장銳氣方張]

날쌘 기운이 사방으로 벌린다는 말이며, 굳세어 굽히지 아니하는 날카로운 기백이 한창 성한다는 뜻이다.

글자 | 날쌜 **예**, 기운 **기**, 방위 **방**, 벌릴 **장**

[예미도중曳尾塗中]

꼬리를 진흙 속에 끌고 다닌다는 말이며, 부귀로 인해 속박 받는 것보다 차라리 가난을 즐기며 자유롭게 사는 편이 낫다는 뜻이다. 장자가 복수濮水에서 낚시질을 하고 있는데, 초나라 왕이 두 대신을 보내어 나라의 정치를 맡기고 싶다고 전했다. 장자가 돌아보지도 않고 물었다. '초나라에는 신구神龜라는 3천 년 묵은 죽은 거북을 비단상자에 넣어 묘당 안에 간직하고 있다는데 그 거북은 살았을 때, 죽어서 그같이 소중하게 여기는 뼈가 되기를 원했겠소, 아니면 그보다 살아서 꼬리를 진흙 속에 끌고 다니기를 바랐겠소?' '그야 물론 살아서 진흙 속에 꼬리를 끌고 다니기를 바랐겠지요.' 장자가 말했다. '어서 돌아가시오. 나도 진흙 속에서 꼬리를 끌며 다니겠소.'

원문 | 吾將曳尾於塗中
오 장 예 미 어 도 중

글자 | 끌 **예**, 꼬리 **미**, 진흙 **도**, 가운데 **중**

출전 | 장자 추수秋水

동류 | 도중예미塗中曳尾

[예번즉란禮煩則亂]

예도가 번거로우면 곧 어지럽다는 말이며, 예의가 너무 까다로우면 오히려 혼란스럽다는 뜻이다.

글자 | 예도 **예**, 번거로울 **번**, 곧 **즉**, 어지러울 **란**

[예별존비禮別尊卑]

예도는 높고 낮음이 다르다는 말이며, 예절은 지위의 고하에 따라 달라진다는 뜻이다.

원문 | 樂殊貴賤 禮別尊卑
악 수 귀 천 예 별 존 비

글자 | 예도 **예**, 다를 **별**, 높을 **존**, 낮을 **비**

출전 | 천자문 41항

[예불가폐禮不可廢]

예의는 폐지할 수 없다는 말이며, 예의는 언제 어디서나 지켜야 한다는 뜻이다.

글자 | 예도 **예**, 아닐 **불**, 옳을 **가**, 폐할 **폐**

[예불허출譽不虛出]

기림은 헛되이 나오지 않는다는 말이며, 명예는 헛되이 나오지 않는다는 뜻이다. 옛말에 '명예는 헛되이 나오지 않고, 우환은 까닭 없이 홀로 생기지 않고, 복은 집을 가리지 않고 재앙은 사람만 찾아다니지 않는다.' 는 말이 있다.

원문 | 譽不虛出 而患不獨生 福不擇家
예 불 허 출 이 환 불 독 생 복 불 택 가

글자 | 기릴 **예**, 아닐 **불**, 빌 **허**, 날 **출**

출전 | 관자 금장편禁藏篇

[예사온언禮士溫言]

선비를 예도로 말을 부드럽게 하라는 말이며, 선비를 예우해 주라는 뜻이다.

글자 | 예도 **예**, 선비 **사**, 부드러울 **온**, 말씀 **언**

출전 | 용비어천가

[예상왕래禮尙往來]

예의는 오히려 가고 오는 것이라는 말이며, 예의는 서로 주고받는 것이 중요하다는 뜻이다.

글자 | 예도 **예**, 오히려 **상**, 갈 **왕**, 올 **래**

출전 | 예기 곡례曲禮 상

[예성문무叡聖文武]

글과 위엄을 갖춘 밝은 임금이라는 말이며, 당나라 헌종憲宗에 대한 존호이기도 하다.

글자 | 밝을 **예**, 임금 **성**, 글 **문**, 위엄스러울 **무**

ㅇ

[예속상교禮俗相交]

서로 사귀는데 예도와 풍속을 지킨다는 말이며, 이조시대 향약鄕約의 네 덕목 가운데 하나이다.

원문 | 凡同約者 禮俗相交
범 동 약 자 예 속 상 교

글자 | 예도 **예**, 풍속 **속**, 서로 **상**, 사귈 **교**

출전 | 소학 선행, 송사 여대방열전

[예수지교醴水之交]

단술의 사귐이라는 말이며, 곧바로 소원해지는 사귐을 일컫는다. 인격자의 교우交友는 담담하기 때문에 오래 가지만 달콤한 사귐은 곧 소원해진다는 것이다.

글자 | 단술 **예**, 물 **수**, 어조사 **지**, 사귈 **교**

출전 | 장자

[예승즉리禮勝則離]

예절이 지나치면 도리어 사이가 멀어진다는 말이다.

글자 | 예도 **예**, 나을 **승**, 곧 **즉**, 떨어질 **리**

출전 | 예기 악기편樂記篇

[예실구야禮失求野]

예를 잃으면 들에서 구한다는 말이며, 예법을 잃게 되면 시골에서 구한다는 뜻이다.

원문 | 禮失而求諸野
예 실 이 구 제 야

글자 | 예도 **예**, 잃을 **실**, 구할 **구**, 들 **야**

출전 | 한서 예문지藝文志

[예실즉혼禮失則昏]

예도를 잃으면 곧 어둡다는 말이며, 예의가 없으면 사회가 혼돈해진다는 뜻이다.

글자 | 예도 **예**, 잃을 **실**, 곧 **즉**, 어두울 **혼**

출전 | 사기 공자세가孔子世家

[예악지방禮樂之邦]

예도와 음악의 나라라는 말이다.

글자 | 예도 **예**, 음악 **악**, 어조사 **지**, 나라 **방**

[예야불력隷也不力]

종은 힘쓰지 않는다는 말이며, 신하가 충성을 다하지 않는다는 뜻이다.

글자 | 종 **예**, 어조사 **야**, 아닐 **불**, 힘 **력**

출전 | 연감류함노비문淵鑑類函奴婢門

[예우각행曳牛却行]

소를 끌고 뒷걸음질 친다는 말이며, 매우 힘이 세다는 뜻이다.

글자 | 끌 **예**, 소 **우**, 물리칠 **각**, 갈 **행**

출전 | 북사北史

[예의범절禮儀凡節]

예법과 모든 절차라는 말이다.

글자 | 예도 **예**, 예법 **의**, 무릇 **범**, 절제할 **절**

[예의염치禮義廉恥]

예절, 의리, 청렴, 그리고 부끄러움이라는 말이며, 사람의 덕목, 사유四維를 일컫는다. 예란 절도를 넘지 않음이고, 의란 스스로 나아가기를 구하지 않음이고, 염이란 잘못을 은폐하지 않음이고 치란 그릇된 것을 따르지 않음이다.

글자 | 예도 **예**, 옳을 **의**, 청렴할 **염**, 부끄러울 **치**

출전 | 관자 목민牧民

[예의지국禮儀之國]

예도와 예법의 나라라는 말이며, 예절을 지킬 줄 아는 나라라는 뜻이다.

글자 | 예도 **예**, 예법 **의**, 어조사 **지**, 나라 **국**

[예의지방禮儀之邦]

→ 예의지국禮儀之國

[예의지속禮義之俗]

예도와 의리의 풍속이라는 말이다.

글자 | 예도 **예**, 의리 **의**, 어조사 **지**, 풍속 **속**

[예주불설醴酒不設]

단술은 베풀지 아니한다는 말이며, 손님에 대한 대접 또는 경의의 표시가 차츰 덜해진다는 뜻이다.

글자 | 단술 **예**, 술 **주**, 아닐 **불**, 베풀 **설**

출전 | 한서 초원왕전楚元王傳

[예차지환豫且之患]

예차의 환난이라는 말이며, 방심하다가 당하는 뜻밖의 재난을 빗댄 말이다. 예차는 사람의 이름이다.

글자 | 미리 **예**, 또 **차**, 어조사 **지**, 근심 **환**

출전 | 설원

[예치주의禮治主義]

예도로 다스림이 옳다는 주장이라는 말이며, 백성을 예의규범으로 다스려야 한다는 정치사상을 일컫는다.

글자 | 예도 **예**, 다스릴 **치**, 주장할 **주**, 옳을 **의**

[오가기린吾家麒麟]

나의 집 기린이라는 말이며, 부모가 자기 자식을 준수하다고 칭찬하는 뜻이다.

글자 | 나 **오**, 집 **가**, 기린 **기**, 기린 **린**

출전 | 진서

동류 | 오가용문吾家鏞文

[오가소립吾家所立]

내가 세운 집이라는 말이며, 자기가 뒤를 보아 출세시킨 사람이라는 뜻이다.

글자 | 나 **오**, 집 **가**, 바 **소**, 설 **립**

[오가작통五家作統]

다섯 집을 통으로 만든다는 말이며, 범죄자의 색출과 세금 징수 · 부역의 동원 등을 위하여 제정한 주민 조직을 일컫는다. 이조 9대 성종 16년(1485) 한명회韓明澮의 주장으로 실시되었던 지방제도이다.

글자 | 나 **오**, 집 **가**, 지을 **작**, 거느릴 **통**

출전 | 목민심서 호전육조戶典六條

[오간지검吳干之劍]

오나라 간의 검이라는 말이며, 중국 춘추시대 오나라 간장干將이 만든 명검을 일컫는다.

글자 | 오나라 **오**, 방패 **간**, 어조사 **지**, 칼 **검**

동류 | 간장막야干將莫耶

[오거지서五車之書]

다섯 차에 실을 책이라는 말이다.

원문 | 男兒須讀五車之書
남 아 수 독 오 거 지 서

글자 | 수레 **거**, 어조사 **지**, 책 **서**

출전 | 장자

[오검난명五劍難名]

다섯 칼의 이름 짓기가 어렵다는 말이며, 중국 원나라 때, 보검 다섯 자루의 우열을 가리지 못했다는 고사에서 우열과 시비를 가리기 어렵다는 말이 되었다.

글자 | 칼 **검**, 어려울 **난**, 이름 **명**

[오경박사五經博士]

다섯 경서의 박사라는 말이며, 시경, 서경, 예기, 춘추좌씨전, 주역에 밝은 사람을 일컫는다.

글자 | 경서 **경**, 넓을 **박**, 선비 **사**

[오경소지五經掃地]

5경[시경 · 서경 · 주역 · 예기 · 춘추]이 땅을 쓸었다는 말이며, 맹공孟孔의 교敎가 쇠퇴하여 행하여지지 않는다는 뜻이다.

글자 | 경서 **경**, 쓸 **소**, 땅 **지**

출전 | 당서

[오곡백과五穀百果]

다섯 가지 곡식, 즉 쌀·보리·조·콩·기장과 백 가지 과일이라는 말이다.

글자 | 곡식 **곡**, 일백 **백**, 과실 **과**

[오곡부등五穀不登]

5곡이 익지 않는다는 말이며, 날씨가 순조롭지 못하다는 뜻이다.

원문 | 五穀不登 禽獸偪人
오곡부등 금수핍인

글자 | 곡식 **곡**, 아닐 **부**, 익을 **등**

출전 | 맹자 등문공 상

[오곡불승五穀不升]

오곡이 이루어지지 아니하였다는 말이며, 흉년이 들었다는 뜻이다.

글자 | 곡식 **곡**, 아닐 **불**, 이룰 **승**

출전 | 춘추곡량전春秋穀梁傳

[오곡수라五穀水剌]

5곡의 수라라는 말이며, 쌀, 보리, 조, 콩, 기장의 5곡으로 지은 임금의 밥이라는 뜻이다.

글자 | 곡식 **곡**, 물 **수**, 수라 **라(랄)**

[오과지자五過之疵]

다섯 가지 허물의 흠이라는 말이며, 법을 집행하는 관리가 살펴야 할 다섯 가지 잘못을 일컫는다. 이는 관官, 반反, 내內, 화貨, 래來에서 연유하는데, ① 관官의 위세에 눌려 법 집행에 눈치를 보는 것. ② 반反은 법 집행을 핑계 삼아 은혜와 원한을 갚는 것. ③ 내內는 (집안) 안의 청탁. ④ 화貨는 뇌물을 받아먹고 속임수를 써서 죄 없는 사람을 얽어매고 죄지은 자를 풀어주는 것. ⑤ 래來는 찾아와 간청하는 것이다.

원문 | 五過之疵惟官惟反惟內惟貨惟來
오과지자유관유반유내유화유래

글자 | 허물 **과**, 어조사 **지**, 흠 **자**

출전 | 서경 여형편呂刑篇

[오괴오합五乖五合]

다섯 가지 어그러짐과 다섯 가지 합함이라는 말이며, 글씨나 문장이 뜻대로 되지 않을 때와 뜻대로 될 때의 다섯 가지 경우를 일컫는다. 먼저 5괴는 ① 심거체류心遽體留 : 마음은 급한데 몸이 따로 논다. ② 의위세굴意偉勢屈 : 뜻이 어긋나고 형세가 꺾인 엇박자의 상태. ③ 풍조일염風燥日炎 : 바람이 너무 건조하고 햇살이 너무 따갑다. ④ 지묵불칭紙墨不稱 : 종이와 먹이 걸맞지 않다. ⑤ 정태수란情怠手闌 : 마음이 내키지 않고 손이 헛돈다. 다음 5합은 ① 신이무한神怡務閑 : 정신이 가뜬하고 일이 한가할 때 좋은 작품이 나온다. ② 감혜순지感惠徇知 : 고마움을 느끼고 알아주어 통할 때다. ③ 시화기윤時和氣潤 : 시절이 화창하고 기운이 윤택한 것이다. ④ 지묵상발紙墨相發 : 종이와 먹의 조합이 최상이다. ⑤ 우연욕서偶然欲書 : 우연히 쓰고 싶어 쓴 글이다.

글자 | 어그러질 **괴**, 합할 **합**

출전 | 손과정의 서보書譜

[오교삼흔五交三釁]

다섯 가지 사귐과 세 가지 허물이라는 말이며, 나쁜 우정의 허물을 일컫는다. 역경에도 흔들림이 없는 소박한 소교素交와 탐욕을 바탕에 깔고 있는 변화무쌍한 이교利交로 대별되는데 이교에 속한 5교의 내용은 ① 세교勢交 : 권세 있는 사람에게 붙어서 못하는 짓이 없는 사귐, ② 회교賄交 : 재물 있는 사람에게 붙어서 얻어먹으려는 사귐, ③ 담교談交 : 권력자의 주변을 맴돌면서 입으로 한몫 보는 사귐, ④ 궁교窮交 : 궁할 때 서로 위해주는 척하다가 배은망덕하는 사귐, ⑤ 양교量交 : 근량을 달아서 재는 사귐이다. 이교인 5교에서 세 가지 발생하는 문제인 허물은 첫째, 덕과 의리를 무너뜨리며 짐승과 같게 되는 것. 둘째, 우정을 굳게 하기는커녕 쉬 떨어져 마침내 원수가 되는 것. 셋째, 탐욕의 수렁에 빠져 뜻있는 사람의 손가락질을 받게 되는 것이다.

글자 | 사귈 **교**, 허물 **흔**

출전 | 유준의 광절교론廣絶交論

[오구잡탕烏口雜湯]

잡탕의 까마귀 입이라는 말이며, 갖가지 너저분한 짓들을 하는 잡된 무리들을 일컫는다.

글자 | 까마귀 **오**, 입 **구**, 잡될 **잡**, 물 끓을 **탕**

동류 | 오가잡탕烏家雜湯

[오구지욕烏狗之浴]

까마귀와 검은 개의 목욕이라는 말이며, 타고난 바탕은 도저히 고칠 수 없다는 뜻이다.

원문 | 烏狗之浴 不變其黑
오구지욕 불변기흑

글자 | 까마귀 **오**, 개 **구**, 어조사 **지**, 목욕할 **욕**

출전 | 이담속찬耳談續纂

[오구지혼梧丘之魂]

오구의 혼이라는 말이며, 죄 없이 죽은 혼을 일컫는다. 제나라 경공이 오구에서 사냥을 하던 날 밤, 꿈에 선군인 영공에 의하여 죄 없이 죽어간 다섯 사나이가 나타나 애원을 했다. 잠에서 깬 경공은 신하에게 명하여 땅을 파 보라 하니 과연 다섯 구의 해골이 나왔다. 경공은 놀라서 그 해골을 정중히 장사지냈다고 한다.

글자 | 오동나무 **오**, 언덕 **구**, 어조사 **지**, 넋 **혼**

출전 | 안자춘추

[오국소인誤國小人]

나라를 그릇되게 하는 작은 사람이라는 말이다.

글자 | 그릇할 **오**, 나라 **국**, 작을 **소**, 사람 **인**

[오군만년吾君萬年]

나의 임금 만년이라는 말이며, 만세와 같은 말이다.

글자 | 나 **오**, 임금 **군**, 일만 **만**, 해 **년**

[오궁도화五宮桃花]

복숭아꽃과 같은 다섯 집이라는 말이며, 상대편이 한 점을 놓아 급소를 찌르면 살지 못하는 바둑의 다섯 점을 일컫는다.

글자 | 집 **궁**, 복숭아 **도**, 꽃 **화**

[오근피지吾謹避之]

내가 삼가서 피한다는 말이다.

글자 | 나 **오**, 삼갈 **근**, 피할 **피**, 어조사 **지**

[오금지희五禽之戲]

다섯 짐승의 놀이라는 말이며, 다섯 짐승의 자세를 본떠서 뼈와 근육을 부드럽게 하고 혈액을 잘 순환케 하는 양생법을 일컫는다.

글자 | 짐승 **금**, 어조사 **지**, 놀 **희**

출전 | 삼국사 위서 화타전華陀傳

[오기연저吳起吮疽]

오기가 종기를 빤다는 말이며, 부하를 극진히 사랑한다는 뜻이다. 중국 위나라 장수 오기가 자기 병사의 종기를 빨아 고쳤다는 고사에서 온 말이다.

글자 | 성씨 **오**, 일어날 **기**, 빨 **연**, 종기 **저**

동류 | 연저지인吮疽之仁

[오당지사吾黨之士]

나의 당의 사람이라는 말이며, 동향인, 한 집안 사람 등을 일컫는다.

글자 | 나 **오**, 무리 **당**, 어조사 **지**, 선비 **사**

출전 | 맹자 진심 하

[오도남의吾道南矣]

나의 갈 길이 남쪽이라는 말이며, 뛰어난 제자가 스승 곁을 떠나는 것을 아쉬워한다는 뜻이다. 송나라의 정호程顥가 그의 제자 양시楊時가 떠남을 애석히 여긴데서 나온 말이다.

글자 | 나 **오**, 길 **도**, 남녘 **남**, 어조사 **의**

출전 | 송사 양시전楊時傳

동류 | 오도동의吾道東矣

[오동일엽梧桐一葉]

오동 한 잎이라는 말이며, 가을이 온 것을 안다는 뜻이다.

글자 | 오동 **오**, 오동나무 **동**, 잎 **엽**

출전 | 군방보群芳譜

동류 | 일엽지추一葉知秋

[오두초미吳頭楚尾]

머리는 오나라, 꼬리는 초나라에 있다는 말이며, 두 지역이 아주 가깝다는 말이다.

원문 | 吳頭楚尾路如何煙雨秋深暗白波
오두초미로여하연우추심암백파

글자 | 오나라 **오**, 머리 **두**, 초나라 **초**, 꼬리 **미**

출전 | 왕사정의 강상江上

[오려백복烏驢白腹]

흰 배를 가진 까마귀 색깔의 나귀라는 말이며, 온 몸은 검고 배만 흰 나귀를 일컫는다.

글자 | 까마귀 **오**, 나귀 **려**, 흰 **백**, 배 **복**

[오로지쟁烏鷺之爭]

검은 까마귀와 흰 해오라기의 다툼이라는 말이며, 바둑 두는 것을 빗댄 말이다.

글자 | 까마귀 **오**, 해오라기 **로**, 어조사 **지**, 다툴 **쟁**

[오로칠상五勞七傷]

다섯 가지 수고로움과 일곱 가지 상함이라는 말이며, 의서醫書에서 5로는 한 곳만 오래 보는 구시久視는 상혈傷血을 부르고, 구와久臥는 상기傷氣를, 구좌久坐는 상육傷肉을, 구립久立은 상골傷骨을, 구행久行은 상근傷筋을 가져온다는 것이다. 그리고 7상은 ① 지나친 포식은 비장을 손상하고, ② 과도한 노여움은 기운을 역류시켜 간을 상하게 만들며, ③ 용을 써 무거운 것을 들거니 습한 곳에 오래 앉아있으면 신장이 망가진다. ④ 추운 곳에 있거나 찬 음료를 마시면 폐가 상한다. ⑤ 육신을 힘들게 하고 뜻을 손상하면 정신이 무너진다. ⑥ 비바람과 추위 및 더위는 육신을 망가뜨린다. ⑦ 두려움과 절제 없는 행동은 뜻을 깎아버린다는 것이다.

글자 | 수고할 **로**, 상할 **상**

출전 | 유만주의 흠영欽英

[오륜성신五輪成身]

다섯 가지 둘레가 몸을 이룬다는 말

이며, 지地, 수水, 화火, 풍風, 공空의 다섯 가지 둘레가 육체를 형성한다는 설이다.

글자 | 둘레 **륜**, 이룰 **성**, 몸 **신**

출전 | 금강심론金剛心論

관련 | 오륜오체五輪五體

[오륜성화五輪聖火]

다섯 바퀴의 성스러운 불이라는 말이며, 올림픽 경기대회에서 경기장에 켜놓은 불을 일컫는다.

글자 | 바퀴 **륜**, 성스러울 **성**, 불 **화**

[오륜오체五輪五體]

다섯 가지 둘레와 다섯 개의 몸이라는 말이며, 지, 수, 화, 풍, 공의 둘레와 머리. 사지四肢의 몸을 일컫는다.

글자 | 둘레 **륜**, 몸 **체**

[오리무중五里霧中]

오리에 안개가 끼어 있다는 말이며, 어디에 있는지 찾을 수 없거나 갈피를 잡을 수 없는 상태를 빗댄 말이다. 후한 순제 때 장해張楷라는 선비가 있었는데, 학문만 뛰어난 것이 아니라 도술道術에도 능하여 만나고 싶지 않거나 귀찮은 사람이 찾아오면 사방 5리에 이르는 안개를 일으켜 자신이 있는 곳을 숨기곤 하였다고 한다.

글자 | 다섯 **오**, 마을 **리**, 안개 **무**, 가운데 **중**

출전 | 후한서 장해전張楷傳

[오마작대五馬作隊]

다섯 말이 무리를 짓는다는 말이며, 마병이 행군할 때 오열 종대로 편성한다는 뜻이다.

글자 | 말 **마**, 지을 **작**, 무리 **대**

[오만무도傲慢無道]

→ 오만무례傲慢無禮

[오만무례傲慢無禮]

거만하고 예도가 없다는 말이며, 태도나 행동이 거만하여 예의를 돌보지 않는다는 뜻이다.

글자 | 거만할 **오**, 거만할 **만**, 없을 **무**, 예도 **례**

출전 | 사기 자객열전剌客列傳

[오만불손傲慢不遜]

거만하고 겸손하지 않다는 말이다.

글자 | 거만할 **오**, 거만할 **만**, 아닐 **불**, 겸손할 **손**

[오매구지寤寐求之]

자나 깨나 찾는다는 말이다.

글자 | 깰 **오**, 잠잘 **매**, 찾을 **구**, 어조사 **지**

[오매불망寤寐不忘]

자나 깨나 잊지 못한다는 말이다.

글자 | 깰 **오**, 잠잘 **매**, 아닐 **불**, 잊을 **망**

출전 | 시경 관저關雎

[오매사복寤寐思服]

자나 깨나 생각한다는 말이다.

글자 | 깰 **오**, 잠잘 **매**, 생각 **사**, 입을 **복**

[오면곡형烏面鵠形]

까마귀 얼굴에 따오기와 같은 형상이라는 말이며, 굶주린 사람을 빗댄 말이다.

글자 | 까마귀 **오**, 얼굴 **면**, 따오기 **곡**, 형상 **형**

출전 | 공자가어, 사기 공자세가

유사 | 상가지구喪家之狗

[오밀조밀奧密稠密]

깊게 빽빽하고 주밀하게 빽빽하다는 말이며, 솜씨나 재주가 매우 세밀하고 교묘하다는 뜻이다.

글자 | 깊을 **오**, 빽빽할 **밀**, 조밀할 **조**

[오방신장五方神將]

다섯 방위의 귀신 장수라는 말이며, 동쪽의 청제青帝, 서쪽의 백제白帝, 남쪽의 적제赤帝, 북쪽의 흑제黑帝, 중앙의 황제黃帝를 일컫는다.

글자 | 방위 **방**, 귀신 **신**, 장수 **장**

출전 | 성호사설星湖僿說

동류 | 오방장군五方將軍

[오방잡처五方雜處]

다섯 방위에서 섞여 산다는 말이며, 여러 곳에서 온 사람이 섞여 산다는 뜻이다.

글자 | 방위 **방**, 섞일 **잡**, 살 **처**

[오방장군五方將軍]

→ 오방신장五方神將

[오방저미五方猪尾]

다섯 방향으로 나 있는 돼지의 꼬리라는 말이며, 권세와 돈 많은 사람에게 아첨을 잘하는 사람을 빗댄 말이다.

글자 | 모 **방**, 돼지 **저**, 꼬리 **미**

출전 | 조선왕조 4대 세종실록

[오백나한五百羅漢]

오백 명의 나한이라는 말이며, 석가의 제자 500명을 일컫는다.

글자 | 일백 **백**, 벌릴 **나**, 사나이 **한**

출전 | 홍기행경興起行經

[오백응진五百應眞]

→ 오백나한五百羅漢

[오변지성鰲忭之誠]

자라가 손뼉을 치는 정성이라는 말이며, 신하가 임금에게 기쁜 마음으로 바치는 충성을 빗댄 말이다.

글자 | 자라 **오**, 손뼉 칠 **변**, 정성 **성**

출전 | 고려사

[오병이어五餠二魚]

다섯 개의 떡과 두 마리의 고기라는 말이며, 한 아이가 가졌던 보리떡 다섯 개와 물고기 두 마리를 가지고 예수가 하늘을 우러러 축사하여 빈 들판에 모인 무리 5천 명에게 먹이고도 열두 광주리를 남겼다는 기적의 음식을 일컫는다.

글자 | 떡 **병**, 고기 **어**

출전 | 신약성서 요한복음 6장

유사 | 칠병이어七餠二魚

[오부녕자惡夫佞者]

아첨하는 자를 미워한다는 말이며, 말을 잘 둘러대는 사람을 미워한다는 뜻이다.

글자 | 미워할 **오**, 사내 **부**, 아첨할 **녕**, 사람 **자**

출전 | 논어 선진先進

[오부홍교誤付洪喬]

홍교에게 잘못 부탁한다라는 말이며, 편지가 유실된 것을 빗댄 말이다. 진나라 홍교가 예장의 태수직을 그만두고 떠날 때, 사람들이 그에게 편지를 전해 달라고 부탁했는데 예장을 떠난 홍교는 석두라는 곳에 이르러 부탁한 편지를 모두 물에 던져 버리고 '가라앉을 것은 가라앉고, 떠오를 것은 떠올라라. 나는 편지를 배달하는 사람이 아니다.' 라고 한 고사에서 유래한다.

글자 | 잘못할 **오**, 붙일 **부**, 큰물 **홍**, 높을 **교**

출전 | 세설신어 임탄편任誕篇

[오불가장傲不可長]

거만함을 크게 하는 것은 옳지 않다는 말이며, 교만한 마음을 키워서는 안 된다는 뜻이다.

글자 | 거만할 **오**, 아닐 **불**, 옳을 **가**, 클 **장**

[오불관언吾不關焉]

나에게는 관계할 일이 아니라는 말이다.

글자 | 나 **오**, 아닐 **불**, 관계할 **관**, 어조사 **언**

[오비삼척吾鼻三尺]

내 코에 [물이] 석 자라는 말이며, 자신의 곤궁이 심하여 남의 사정을 돌볼 겨를이 없다는 뜻이다.

글자 | 나 **오**, 코 **비**, 자 **척**

출전 | 순오지 하

[오비이락烏飛梨落]

까마귀 날자 배 떨어진다는 말이며, 우연한 일치로 남의 의심을 받게 된다는 뜻이다.

글자 | 까마귀 **오**, 날 **비**, 배 **이**, 떨어질 **락**

출전 | 순오지 하

[오비일색烏飛一色]

날고 있는 까마귀가 모두 한 가지 색이라는 말이며, 모두 같은 종류라는 뜻이다.

글자 | 까마귀 **오**, 날 **비**, 빛 **색**

[오비토주烏飛兎走]

까마귀 날고 토끼가 달린다는 말이며,

세월이 빠르다는 뜻이다. 까마귀는 태양에 살고, 토끼는 달에 산다고 생각하고 있는 중국의 오랜 전설에서 까마귀와 토끼는 해와 달로 상징되고 있다.

글자 | 까마귀 **오**, 날 **비**, 토끼 **토**, 달릴 **주**

출전 | 장충張衡 영헌서靈憲序

[오사필의吾事畢矣]

나의 일은 끝났다는 말이며, 자신의 역할을 다 했다는 뜻이다.

글자 | 나 **오**, 일 **사**, 마칠 **필**, 어조사 **의**

출전 | 송사 문천상전文天祥傳

[오상고절傲霜孤節]

오만한 서릿발 속에서도 외로이 절개를 지킨다는 말이며, 국화菊花를 빗댄 말이다.

글자 | 오만할 **오**, 서리 **상**, 외로울 **고**, 절개 **절**

[오상성신五相成身]

→ 오상성불五相成佛

[오색단청五色丹靑]

다섯 가지 색으로 붉고 푸르게 칠했다는 말이다.

글자 | 빛 **색**, 붉을 **단**, 푸를 **청**

[오색무주五色無主]

다섯 빛깔이 주인이 없다는 말이며, 공포에 사로잡혀 안색이 여러 가지로 변한다는 뜻이다.

글자 | 빛 **색**, 없을 **무**, 주인 **주**

출전 | 회남자

[오색영롱五色玲瓏]

다섯 가지 색이 아롱아롱하고 환하다는 말이며, 갖가지 빛이 한데 뒤섞여 눈부시게 황홀하다는 뜻이다.

글자 | 빛 **색**, 아롱아롱할 **영**, 환할 **롱**

출전 | 송남잡지

[오색찬란五色燦爛]

→ 오색영롱五色玲瓏

[오서기궁梧鼠技窮]

오동나무 쥐는 재주가 궁하다는 말이며, 다람쥐는 재주가 많으나 실수하는 일이 많아 자주 궁지에 빠진다는 뜻에서 여러 가지 일을 하지만 제대로 하지 못한다는 말로 쓰인다.

글자 | 오동 **오**, 쥐 **서**, 재주 **기**, 궁할 **궁**

출전 | 순자 권학편勸學篇

동류 | 오서지기鼯鼠之技

[오서낙자誤書落字]

→ 오자낙서誤字落書

[오서오능鼯鼠五能]

박쥐의 다섯 가지 능함이라는 말이며, 이것저것 하기는 해도 뭐 하나 제대로 하는 것이 없다는 뜻이다. 안씨가훈에 있는 글이다. '여러 가지를 조금씩 잘 하는 것은 한 가지에 집중하느니만 못

하다. 박쥐는 다섯 가지 재주가 있어도 기술을 이루지는 못한다.'

글자 | 박쥐 **오**, 쥐 **서**, 능할 **능**

출전 | 안씨가훈

유사 | 팔방미인八方美人

[오서지기鼯鼠之技]

박쥐의 재주라는 말이며, 여러 가지 재주를 가지고 있지만 모두 서툴다는 뜻이다.

글자 | 박쥐 **오**, 쥐 **서**, 어조사 **지**, 재주 **기**

출전 | 순자

동류 | 오서오능鼯鼠五能

[오설상재吾舌尙在]

내 혀가 아직 건재하다는 말이며, 자신이 소중히 여기는 한 가지가 남아 있다는 뜻이다. 장의張儀가 도둑의 혐의를 입고 매를 맞아 반쯤 죽어서 돌아왔을 때, 그의 아내를 보고 '내 혀가 아직 있느냐?' 고 물었다 한다. 혀만 성하면 팔다리쯤 병신이 되어도 걱정되지 않는다는 뜻이다.

원문 | 視吾舌 尙在下
시오설 상재하

글자 | 나 **오**, 혀 **설**, 아직 **상**, 있을 **재**

출전 | 사기 장의열전張儀列傳

[오세기창五世其昌]

5세대에 걸쳐 번창한다는 말이며, 신혼을 축하한다는 뜻이다. 진나라의 공자公子 완完이 5세에 걸쳐 번창할 것이라고 예언을 한데서 나온 말이다.

원문 | 五世其昌 竝于正卿
오세기창 병우정경

글자 | 세대 **세**, 그 **기**, 성할 **창**

출전 | 춘추좌씨전 장공莊公 22년

[오손공주烏孫公主]

오손의 공주라는 말이며, 정략혼인의 희생양이 된 여인을 일컫는다. 한나라를 자주 침범하는 북방의 흉노를 견제하기 위하여 근방에 있는 오손과 동맹을 맺고 한무제의 형 강도왕의 딸 세군細君을 공주로 꾸며 오손왕에게 출가시켰다. 흉노의 침범은 없어졌으나 오손에 간 공주는 먼 이국땅에서 슬픈 날을 보내야 했다.

글자 | 까마귀 **오**, 손자 **손**, 귀인 **공**, 주인 **주**

출전 | 한서 서역전西域傳

[오수부동五獸不動]

다섯 짐승이 움직이지 않는다는 말이며, 여러 세력이 저마다 분수를 지켜 살아간다는 뜻이다. 닭 · 개 · 고양이 · 사자 · 호랑이가 한곳에 있으면 서로 두려워하고 꺼려서 꼼짝 못한다는 것이다.

글자 | 짐승 **수**, 아닐 **부**, 움직일 **동**

[오습거하惡濕居下]

습기를 싫어하면서 낮은 곳에 산다는 말이며, 싫다고 하면서 그곳에 머문다는 뜻이다.

원문 | 是猶惡濕而居下也
시 유 오 습 이 거 하 야

글자 | 미워할 **오**, 젖을 **습**, 살 **거**, 아래 **하**

출전 | 맹자 공손추公孫丑 상

유사 | 오취강주惡醉强酒

[오시오중五矢五中]

다섯 화살을 쏘아 다섯을 모두 맞혔다는 말이다.

글자 | 화살 **시**, 맞힐 **중**

[오십소백五十笑百]

50이 100을 웃는다는 말이며, 조금 못한 정도의 차이는 있으나 본질적으로는 같다는 뜻이다. 중국 양나라 혜왕이 맹자에게 정사에 관해서 물었는데, 맹자가 전쟁에 패하여 어떤 자는 100보를, 또 어떤 자는 50보를 도망하였다고 할 때, 100보를 물러난 사람이나 50보를 물러난 사람이나 도망하였다는 그 자체는 차이가 없다고 대답했다.

원문 | 以五十步笑百步
이 오 십 보 소 백 보

글자 | 웃을 **소**, 일백 **백**

출전 | 맹자 양혜왕梁惠王 상

[오십천명五十天命]

50이 되어 하늘의 명령을 안다는 말이며, 50세가 되어 겨우 하늘로부터 주어진 사명을 자각했다는 뜻이다. 논어에 15세에 지학志學, 30에 이립而立, 40에 불혹不惑, 50에 지천명知天命, 60에 이순耳順, 70에 종심소욕從心所欲이라는 말이 있다.

원문 | 五十而知天命
오 십 이 지 천 명

글자 | 하늘 **천**, 명령할 **명**

출전 | 논어 위정편爲政篇

동류 | 오십지명五十知命

[오안불손傲岸不遜]

오만하게 갓을 비스듬히 쓰고 겸손하지 않다는 말이며, 태도도 나쁘고 남에게 겸양하지 않는다는 뜻이다.

글자 | 오만할 **오**, 갓 비스듬히 쓸 **안**, 아닐 **불**, 겸손할 **손**

동류 | 오만불손傲慢不遜

유사 | 방약무인傍若無人, 안하무인眼下無人

[오양육주五洋六洲]

다섯 개의 큰 바다와 여섯 개의 뭍이라는 말이며, 5대양 6대주를 일컫는다.

글자 | 큰 바다 **양**, 뭍 **주**

[오언금성五言金城]

→ 오언장성五言長城

[오언장성五言長城]

5언의 만리장성이라는 말이며, 5언의 시詩에 능숙하다는 뜻이다.

글자 | 말씀 **언**, 긴 **장**, 성 **성**

출전 | 신당서

동류 | 오언금성五言金城

[오언절구五言絶句]

다섯 말[글자]의 끊긴 구절라는 말이며, 다섯 글자씩 4행行으로 된 시詩를 일컫는다. 이는 5언율시五言律詩와 함께 근대적인 한시형漢詩型의 하나로 당나라 때 성행하였다. 각 구를 기起 · 승承 · 전轉 · 결結이라 부르고 한 구의 자수에 따라 5언과 7언으로 구분한다. 우리나라의 대표적인 시로는 최치원崔致遠의 추야우중秋夜雨中이 있다.

글자 | 말씀 **언**, 끊을 **절**, 글귀 **구**

유사 | 오언율시五言律詩, 칠언절귀七言絶句

[오역부지吾亦不知]

나 또한 모른다는 말이다.

글자 | 나 **오**, 또 **역**, 아닐 **부**, 알 **지**

[오온성고五蘊成苦]

다섯 가지가 쌓이고 성하는 괴로움이라는 말이며, 불교에서 색色, 수受, 상想, 행行, 식識이 크게 성하는 고통이라는 뜻이다.

글자 | 쌓일 **온**, 성할 **성**, 괴로울 **고**

[오욕욕지吾欲辱之]

내가 욕을 주려고 한다는 말이며, 창피를 주려다가 창피를 당한다는 말로 변했다.

글자 | 나 **오**, 하고자 할 **욕**, 욕되게 할 **욕**, 어조사 **지**

출전 | 안자춘추 잡편 잡하雜下

[오우천월吳牛喘月]

오나라 소가 달을 보고 헐떡거린다는 말이며, 비슷한 것을 보고도 놀란다는 빗댄 말이다. 오나라와 같이 남쪽 더운 지방에 있는 물소들은 해만 뜨면 더위를 못 이겨 헐떡거리는데, 해가 아닌 달이 떠도 헐떡거린다는 이야기에서 온 말이다.

원문 | 臣猶吳牛 見月而喘
신 유 오 우 견 월 이 천

글자 | 오나라 **오**, 소 **우**, 헐떡거릴 **천**, 달 **월**

출전 | 세설신어 언어편言語篇

[오운지진烏雲之陣]

까마귀와 구름의 진이라는 말이며, 흩어지고 모이는 변화가 무궁한 진법을 일컫는다.

글자 | 까마귀 **오**, 구름 **운**, 어조사 **지**, 진칠 **진**

[오월동주吳越同舟]

오나라와 월나라 사람이 같은 배를 탄다는 말이며, 서로 원수처럼 지내거나 사이가 좋지 않은 사람들이 한 자리에 있게 된 것을 빗댄 말이다. 또한 사이가 나쁜 두 사람일지라도 한 배를 타고 있는 동안은 싸우지 못하고 강풍 등이 불었을 때, 서로 협력하게 된다는 뜻도 포함되어 있다.

글자 | 나라 **오**, 월나라 **월**, 같을 **동**, 배 **주**

출전 | 손자 구지편九地篇

동류 | 오월지쟁吳越之爭, 오월지사吳越

之思

유사 | 동주상구同舟相救, 동주제강同舟濟江, 호월동주胡越同舟, 오월지부吳越之富

[오월비상五月飛霜]

5월에 서리가 흩어진다는 말이며, 원한이 하늘에 사무친다는 뜻이다.

글자 | 달 **월**, 흩어질 **비**, 서리 **상**

출전 | 송남잡지

[오월지사吳越之思]

오나라와 월나라의 생각이라는 말이며, 적의를 품고 서로 미워하는 마음을 빗댄 말이다.

글자 | 오나라 **오**, 월나라 **월**, 어조사 **지**, 생각 **사**

[오유선생烏有先生]

있을 수 없는 선생이라는 말이며, 있는 것처럼 꾸민 사람이라는 뜻이다.

글자 | 어찌 **오**, 있을 **유**, 먼저 **선**, 날 **생**

출전 | 한서 사마상여전司馬相如傳

유사 | 자허오유子虛烏有

[오일경조五日京兆]

닷새 서울이라는 말이며, 하던 일이 며칠 가지 않아 끝난다는 뜻이다.

글자 | 날 **일**, 서울 **경**, 조짐 **조**

출전 | 한서 장창전張敞傳

[오일일석五日一石]

→ 십일일수十日一水

[오자낙서誤字落書]

그릇된 글자와 떨어진 글이라는 말이며, 글자를 잘못 쓰고 글을 빠트려 썼다는 뜻이다.

글자 | 그릇할 **오**, 글자 **자**, 떨어질 **낙**, 쓸 **서**

출전 | 송남잡지

[오자등과五子登科]

다섯 아들이 과거에 올랐다는 말이며, 아들 다섯이 모두 문과文科나 무과武科에 합격했다는 뜻이다.

글자 | 아들 **자**, 오를 **등**, 과거 **과**

출전 | 송남잡지

[오자칠사惡者七事]

미운 사람 일곱 가지라는 말이며, 공자가 미워하는 사람 네 가지와 자공子貢이 미워하는 사람 세 가지를 일컫는다. 공자는 ① 남의 잘못에 대해 떠들어대는 사람, ② 아래에 있으면서 윗사람을 헐뜯는 사람, ③ 용감하지만 무례한 사람, ④ 과감하지만 앞뒤가 꽉 막힌 사람이라 했고, 자공은 ① 남의 말을 가로채 알고 있던 것처럼 하는 사람, ② 불손한 것을 용맹으로 여기는 사람, ③ 남의 잘못 들추는 것을 정직하다고 생각하는 사람이라고 답했다.

글자 | 미워할 **오**, 사람 **자**, 일 **사**

출전 | 논어 양화편

ㅇ

[오자탈주惡紫奪朱]

자주색이 붉은색을 빼앗는 것을 미워한다는 말이며, 옳지 않은 것이 옳은 것을 이기고 소인이 현자를 능가하는 것을 미워한다는 뜻이다. 중국 고대에는 청靑, 주朱, 황黃, 백白, 흑黑의 다섯 색이 바른 색으로 여겨져 의복 등에 많이 쓰였으나 춘추시대에 와서 자주색이 크게 유행하여 5대 정색正色을 능가하게 된데서 온 말이다.

원문 | 惡紫之奪朱也
오 자 지 탈 주 야

글자 | 미워할 **오**, 자줏빛 **자**, 빼앗을 **탈**, 붉을 **주**

출전 | 논어 양화陽貨

동류 | 자지탈주紫之奪朱

[오작지교烏鵲之橋]

까마귀와 까치의 다리라는 말이며, 견우성과 직녀성이 매년 7월 칠석날 만날 수 있도록 은하수에 놓는 보은의 다리를 일컫는다.

글자 | 까마귀 **오**, 까치 **작**, 어조사 **지**, 다리 **교**

[오장육부五臟六腑]

5장은 간肝·심心·비脾·폐肺·신腎의 다섯 장臟을 말하며, 6부는 대장大腸·소장小腸·담膽·위胃·삼초三焦·방광膀胱의 여섯 장부를 말한다. 일반적으로 몸속의 장기 전부를 가리키는 말로 쓰인다.

글자 | 내장 **장**, 장부 **부**

[오조사정烏鳥私情]

까마귀의 사사로운 정이라는 말이며, 부모에게 효성을 다하고자 하는 심정을 빗댄 말이다. 까마귀는 새끼 때 입은 은혜를 자라서 갚으려고 하는 정이 있다.

원문 | 烏鳥私情 願乞終養
오 조 사 정 원 걸 종 양

글자 | 까마귀 **오**, 새 **조**, 사사 **사**, 뜻 **정**

출전 | 이밀의 진정표陳情表

동류 | 오조지정烏鳥之情

[오족공화五族共和]

다섯 겨레가 한가지로 화목하다는 말이며, 중국에 있는 한漢, 만주滿洲, 몽구蒙古, 티베트, 회교回敎의 5족으로 구성된 공화제를 일컫는다. 이는 신해혁명 당시 제정帝政을 폐지하자는 슬로건으로 내걸었던 표어이기도 하다.

글자 | 겨레 **족**, 한가지 **공**, 화목할 **화**

[오지자웅烏之雌雄]

까마귀의 암컷과 수컷이라는 말이며, 누가 잘 했는지 알 수 없다는 뜻이다. 새들은 대개 암컷과 수컷을 구별할 수 있지만 까마귀는 구분하기 어려워서 정월正月이라는 시에 '모두들 자기들이 제일이라 말하지만 누가 까마귀의 암수를 알리.' 라는 구절이 있다.

원문 | 具曰予聖 誰知烏之雌雄
구 왈 여 성 수 지 오 지 자 웅

글자 | 까마귀 **오**, 어조사 **지**, 암컷 **자**, 수컷 **웅**

출전 | 시경 소아小雅

[오집지교烏集之交]

까마귀 떼와 같은 교제라는 말이며, 이익으로 맺어진 교제를 빗댄 말이다. 검은색을 이익으로 묘사했다.

원문 | 烏集之交 雖美不親
오 집 지 교 수 미 불 친

글자 | 까마귀 **오**, 모일 **집**, 어조사 **지**, 사귈 **교**

출전 | 관자

[오채영롱五彩玲瓏]

→ 오색영롱五色玲瓏

[오채화문五彩花紋]

다섯 색깔의 꽃무늬라는 말이며, 청, 황, 적, 백, 흑의 색깔로 이루어진 꽃무늬라는 뜻이다.

글자 | 색깔 **채**, 꽃 **화**, 무늬 **문**

[오취강주惡醉强酒]

술 취하는 것을 싫어하면서 술 마시기를 힘쓴다는 말이며, 생각과 행동이 다르다는 말도 된다.

원문 | 是猶惡醉而强酒
시 유 오 취 이 강 주

글자 | 미워할 **오**, 취할 **취**, 힘쓸 **강**, 술 **주**

출전 | 맹자 이루離婁 상

유사 | 오습거하惡濕居下

[오탁악세五濁惡世]

다섯 가지 흐린 것이 있는 악한 세상이라는 말이며, 불교에서 이 세상을 지적한 것이다. ① 겁탁劫濁 : 시대가 악하다. 물의 재난과 기근이 계속되고 전염병이 유행하며 전쟁이 그칠 사이가 없다. ② 견탁見濁 : 삿되고 악한 사상과 견해를 가진 사람들이 세력을 얻어서 착한 사람들을 밀어내고 있다. ③ 번뇌탁煩惱濁 : 내 것은 아끼고 남의 물건은 탐내며 다른 사람을 중상모략하는 세상이다. ④ 중생탁衆生濁 : 사람들의 자질이 극도로 저하되어 견탁과 번뇌탁에 사로잡혀 육신의 유한을 모르고 사는 세상이다. ⑤ 명탁命濁 : 사람의 수명이 점점 짧아져가는 세상이다. 불교에서 인간의 수명은 최고 8만 세에서 최하 10세로 설정하고 있다.

글자 | 흐릴 **탁**, 악할 **아**, 세상 **세**

출전 | 비화경悲華經

[오토총총烏兎悤悤]

까마귀와 토끼가 바쁘게 간다는 말이며, 세월이 빨리 가는 것을 빗댄 말이다.

글자 | 까마귀 **오**, 토끼 **토**, 바쁠 **총**

[오풍십우五風十雨]

닷새에 한 번 바람이 불고, 열흘에 한 번 비가 온다는 말이며, 기후가 순조롭고 풍년이 들어 천하가 태평하다는 뜻이다.

글자 | 바람 **풍**, 비 **우**

출전 | 논형 시응是應

[오하아몽吳下阿蒙]

오나라에 있을 때의 여몽呂蒙이 아니라는 말이며, 원래는 한참 후에 만나보니 많이 발전된 사람이라는 뜻이었으나 반대로 전혀 진전이 없는 사람으로 비유한다. 노나라에 여몽이라는 장수가 있었다. 덕망이 높은 노숙魯肅이 여몽을 만나보고 평한 말이다. '내가 지금껏 사람을 몰라보았군. 자네는 용맹스럽기만 한 줄 알았는데 언제 그렇게 학문을 닦았나? 이젠 오에 있을 때의 그 여몽이 아니로군.' 여몽이 답했다 '선비란 헤어진 지 사흘만 지나도 눈을 비비고 쳐다보아야 할 정도로 발전하는 법이라네.'

원문 | 非復吳下阿蒙
비 복 오 하 아 몽

글자 | 오나라 **오**, 아래 **하**, 견줄 **아**, 입을 **몽**

출전 | 삼국지 여몽전呂蒙傳

관련 | 괄목상대刮目相對

[오하이휴吾何以休]

'내가 어찌 쉴 수 있는가' 라는 말이며, 쉴 틈이 없다는 뜻이다.

원문 | 夏諺曰吾王不遊吾何而休
하 언 왈 오 왕 불 유 오 하 이 휴

글자 | 나 **오**, 어찌 **하**, 써 **이**, 쉴 **휴**

출전 | 맹자 양혜왕 하

[오한두통惡寒頭痛]

모진 추위와 머리의 아픔이라는 말이며, 몸이 떨리고 머리가 아픈 증세를 일컫는다.

글자 | 모질 **오**, 찰 **한**, 머리 **두**, 아플 **통**

[오합지졸烏合之卒]

→ 오합지중烏合之衆

[오합지중烏合之衆]

까마귀가 무리를 지어 있다는 말이며, 어중이떠중이가 모여 질서가 없는 군중을 빗댄 말이다. 이는 전한前漢 말, 왕권이 어지러울 때 경감耿龕이 동조하지 않는 장수에게 한 말이다. '왕랑은 도둑일 뿐이다. 그놈이 왕자로 자칭하고 난을 일으켰지만 내가 장안의 정규군과 함께 쳐들어가면 그따위 오합지중은 쉽게 무너질 것이다.'

글자 | 까마귀 **오**, 합할 **합**, 갈 **지**, 무리 **중**

출전 | 후한서 경엄전耿弇傳

동류 | 오합지졸烏合之卒

유사 | 와합지중瓦合之衆

[오해지설五害之說]

다섯 가지 해치는 말씀이라는 말이며, 군주가 방비해야 할 5대 재앙을 일컫는다. 즉 ① 홍수, ② 가뭄, ③ 바람과 안개와 서리, ④ 전염병, ⑤ 해충이다.

글자 | 해칠 **해**, 어조사 **지**, 말씀 **설**

출전 | 관자 탁지度地

[오행병하五行並下]

다섯 줄을 아울러 내려간다는 말이

며, 다섯 줄의 글을 한꺼번에 읽어 내려간다는 뜻이다.

글자 | 행서 **행**, 아우를 **병**, 아래 **하**

[오행상극五行相剋]

5행이 서로 이긴다는 말이며, 5행이 서로 배척하고 부정한다는 뜻이다. 5행(金·木·水·火·土)은 곧 토극수土克水, 수극화水剋火, 화극금火克金, 금극목金克木, 목극토木剋土한다는 이치이다.

글자 | 오행 **행**, 서로 **상**, 이길 **극**

동류 | 오행생극五行生剋

[오행상생五行相生]

5행이 서로 산다는 말이며, 5행이 순환하면서 서로 살린다는 뜻이다. 5행(金·木·水·火·土)은 곧 금생수金生水, 수생목水生木, 목생화木生火, 화생토火生土, 토생금土生金한다는 이치이다.

글자 | 오행 **행**, 서로 **상**, 살 **생**

[오행생극五行生剋]

→ 오행상극五行相剋

[오행원리五行原理]

5행의 근본 이치라는 말이며, 금, 목, 수, 화, 토의 오행에 의하여 이루어지는 근본 이치라는 뜻이다.

글자 | 오행 **행**, 근본 **원**, 이치 **리**

[오형오락五刑五樂]

다섯 가지 형벌과 다섯 가지 즐거움이라는 말이다. 심노숭沈魯崇(1762~1837)의 글이다. '사람이 늙으면 어쩔 수 없이 다섯 가지 형벌을 받게 된다. 보이는 것이 뚜렷하지 않으니 목형目刑이요, 단단한 것을 씹지 못하니 치형齒刑이며, 다리에 걸어갈 힘이 없으니 각형脚刑이요, 들어도 정확하지 않으나 이형耳刑이요, 그리고 또 여색을 보고도 일어나지 않으니 궁형宮刑이다.' 이에 대하여 여선덕呂善德이 5락으로 반박하였다. 보이는 것이 또렷하지 않으니 눈을 감고 정신을 수양할 수 있고, 단단한 것을 씹지 못하니 연한 것을 씹어 위를 편안하게 하고, 다리에 힘이 없으니 편히 앉아 힘을 아낄 수 있고, 나쁜 소문을 듣지 않으니 마음이 절로 고요하고, 반드시 죽임을 당할 행동에서 저절로 멀어지니 목숨을 오래 이어갈 수 있다.

글자 | 형벌 **형**, 즐거울 **락**

출전 | 심노숭의 자저실기自著實記

[오호노의嗚呼老矣]

슬프다. 늙었구나! 라는 말이다.

원문 | 嗚呼老矣 是誰之愆
오 호 노 의 시 수 지 건

글자 | 슬플 **오**, 부를 **호**, 늙을 **노**, 어조사 **의**

출전 | 명심보감 권학편勸學篇

[오호애재嗚呼哀哉]

아, 슬프다! 라는 말이다. 사기의 글이다. '아, 슬픈 일이다! 재앙은 그것

이 나타내는 근원이 있는 법이다.'

원문 | 嗚呼哀哉 禍所從來矣
오호애재 화소종래의

글자 | 탄식할 **오**, 부를 **호**, 슬플 **애**, 어조사 **재**

출전 | 사기 위기무안후열전

[오호장군五虎將軍]

다섯 호랑이 장수라는 말이며, 중국 삼국시대의 관우, 장비, 조운, 마초, 황충을 일컫는다.

글자 | 범 **호**, 장수 **장**, 군사 **군**

출전 | 삼국지 책략전策略傳

[오호통재嗚呼痛哉]

'아, 아프다' 라는 말이며, 슬프고 원통하다는 뜻이다.

글자 | 탄식할 **오**, 부를 **호**, 아플 **통**, 어조사 **재**

동류 | 오호애재嗚呼哀哉

[오회지신五會之信]

다섯 번 모임의 믿음이라는 말이며, 신중하고도 굳은 맹세라는 뜻이다.

글자 | 모일 **회**, 어조사 **지**, 믿을 **신**

출전 | 춘추좌씨전 양공 8년조

[옥곤금우玉昆金友]

옥 같은 형과 금과 같은 아우라는 말이며, 남의 형제를 귀하게 대접하는 말로 쓰인다.

글자 | 옥 **옥**, 형 **곤**, 쇠 **금**, 아우 **우**

출전 | 남사 왕전전王銓傳

[옥골선풍玉骨仙風]

옥과 같은 뼈에 신선 같은 풍채라는 말이며, 살빛이 희고 고결하여 신선과 같은 풍채를 일컫는다.

글자 | 옥 **옥**, 뼈 **골**, 신선 **선**, 풍채 **풍**

[옥당기생玉堂妓生]

구슬 집의 기녀라는 말이며, 임금의 총애를 입어 옥당의 관작을 받고 옥관자玉貫子를 단 기생을 일컫는다.

글자 | 구슬 **옥**, 집 **당**, 기녀 **기**, 날 **생**

[옥도미령玉度靡寧]

옥과 같은 체도體度의 편안함이 흩어진다는 말이며, 임금의 몸이 편치 않다는 뜻이다.

글자 | 구슬 **옥**, 모양 **도**, 흩어질 **미**, 편안할 **령**

[옥루은해玉樓銀海]

구슬 같은 다락과 은 같은 바다라는 말이며, 도가道家의 어깨와 눈을 일컫는다.

글자 | 구슬 **옥**, 다락 **루**, 은 **은**, 바다 **해**

[옥반가효玉盤佳肴]

구슬로 만든 소반에 아름다운 안주라는 말이다.

원문 | 玉盤佳肴 萬姓膏
옥반가효 만성고

글자 | 구슬 **옥**, 소반 **반**, 아름다울 **가**, 안주 **효**

출전 | 춘향전

[옥빈홍안玉鬢紅顔]

구슬 같은 귀밑머리와 붉은 얼굴이라는 말이며, 아름다운 젊은이의 모습을 일컫는다.

글자 | 구슬 **옥**, 귀밑머리 **빈**, 붉을 **홍**, 얼굴 **안**

출전 | 사발가沙鉢歌

[옥산장붕玉山將崩]

구슬 같은 산이 장엄하게 무너진다는 말이며, 귀한 사람의 술에 취한 모습을 일컫는다. 풍모가 빼어난 혜강嵇康을 평한 말이다. '혜강의 사람됨은 외로운 소나무가 홀로 서 있는 것처럼 우뚝하며, 그가 취했을 때에는 옥산이 무너지려는 것처럼 흔들거린다.'

원문 | 其醉也 傀俄若玉山之將崩
기취야 괴아약옥산지장붕

글자 | 구슬 **옥**, 뫼 **산**, 엄정한 모양 **장**, 산 무너질 **붕**

출전 | 세설신어 용지容止

[옥상가옥屋上架屋]

집 위에 집을 짓는다는 말이며, 필요없는 일, 또는 중복되는 일을 빗댄 말이다. 동진의 유중초庾仲初가 지은 양도부揚都賦라는 시에 대하여 사안석謝安石이 한 말이다. '유량의 평은 너무 과장된 것이다. 저 시는 마치 지붕 밑에 또 지붕을 만든 것과 같다. 남의 말을 되풀이한 데 지나지 않는 시를 보고 잘되었다고 떠들어대는 사람들의 마음을 이해할 수 없구나.'

원문 | 不得爾 此是屋下架屋耳
부득이 차시옥하가옥이

글자 | 집 **옥**, 윗 **상**, 집 세울 **가**

출전 | 세설신어 문학

[옥석구분玉石俱焚]

옥과 돌이 함께 탄다는 말이며, 좋은 것과 나쁜 것이 함께 멸망하거나 해를 당한다는 뜻이다. 하나라 윤후胤侯가 정벌을 떠나기에 앞서 군사들에게 당부한 말이다. '곤강이라는 광산에 불이 붙으면 그 속에 옥과 돌이 함께 탄다. 임금이 그 덕을 잃으면 그 해독은 사나운 불길보다 무섭다. …'

원문 | 火炎崑岡 玉石俱焚
화염곤강 옥석구분

글자 | 구슬 **옥**, 돌 **석**, 함께 **구**, 불사를 **분**

출전 | 서경 윤정胤征

[옥석구쇄玉石俱碎]

구슬과 돌이 함께 부서진다는 말이며, 선과 악이 구별되지 않고 함께 타격을 받는다는 뜻이다.

글자 | 구슬 **옥**, 돌 **석**, 함께 **구**, 부술 **쇄**

[옥석동궤玉石同匱]

구슬과 돌을 같은 상자에 넣어 둔다는 말이며, 착한 사람과 악한 사람, 또는 현명한 사람과 어리석은 사람을 섞어 놓았다는 뜻이다.

글자 | 구슬 **옥**, 돌 **석**, 같을 **동**, 궤 **궤**

출전 | 포박자 외편 상박尙博

동류 | 옥석혼효玉石混淆

[옥석동쇄玉石同碎]

→ 옥석구쇄玉石俱碎

[옥석상혼玉石相混]

구슬과 돌이 서로 섞였다는 말이며, 좋은 것과 나쁜 것이 서로 섞였다는 뜻이다.

글자 | 구슬 **옥**, 돌 **석**, 서로 **상**, 섞일 **혼**

출전 | 고려사

[옥석혼효玉石混淆]

구슬과 돌이 섞여있다는 말이며, 좋은 것과 나쁜 것이 섞여있다는 뜻이다.

원문 | 僞顚倒玉石混淆同廣樂於桑同
위 전 도 옥 석 혼 효 동 광 낙 어 상 동

글자 | 구슬 **옥**, 돌 **석**, 섞일 **혼**, 어지러울 **효**

출전 | 포박자 상박尙搏

동류 | 옥석혼교玉石混交, 옥석동가玉石同架, 옥석동궤玉石同匱

유사 | 옥석구분玉石俱焚, 옥석동쇄玉石同碎

[옥액금장玉液金漿]

구슬의 진액과 금의 초라는 말이며, 맛이 좋은 술을 빗댄 말이다.

글자 | 구슬 **옥**, 진액 **액**, 금 **금**, 초 **장**

출전 | 옥루몽

[옥야천리沃野千里]

기름진 들판이 천리라는 말이며, 관개시설灌漑施設이 잘 된 논밭을 일컫는다.

글자 | 기름질 **옥**, 들 **야**, 일천 **천**, 이수 **리**

출전 | 전국책 진책秦策

[옥여칠성屋如七星]

집이 칠성과 같다는 말이며, 지붕으로 북두칠성이 보이는 매우 가난한 집을 빗댄 말이다.

글자 | 집 **옥**, 같을 **여**, 별 **성**

[옥오지애屋烏之愛]

지붕 위의 까마귀에 대한 사랑이라는 말이며, 사랑하는 나머지 그 사람 집 지붕에 있는 까마귀마저도 사랑스럽다는 뜻이다.

글자 | 집 **옥**, 까마귀 **오**, 어조사 **지**, 사랑 **애**

출전 | 설원

[옥의옥식玉衣玉食]

구슬과 같은 옷, 구슬과 같은 밥이라는 말이며, 좋은 옷을 입고, 좋은 음식을 먹는다는 뜻이다.

글자 | 구슬 **옥**, 옷 **의**, 밥 **식**

동류 | 호의호식好衣好食

[옥절난최玉折蘭摧]

구슬이 끊기고 난초가 꺾인다는 말이며, 훌륭한 사람이 죽고 아름다운 사람이 죽는다는 뜻이다.

글자 | 구슬 **옥**, 끊을 **절**, 난초 **난**, 꺾일 **최**

[옥창수호玉窓繡戶]

구슬로 만든 창문과 수놓은 출입문이라는 말이며, 아름답게 꾸민 집의 창과 문을 빗댄 말이다.

글자 | 구슬 **옥**, 창 **창**, 수놓을 **수**, 집의 출입구 **호**

출전 | 옥루몽

[옥촉조화玉燭調和]

구슬 같은 촛불이 고르다는 말이며, 사철의 기후가 순조롭다는 뜻이다.

글자 | 구슬 **옥**, 촛불 **촉**, 고를 **조**, 그를 **화**

[옥출곤강玉出崑崗]

구슬은 산등성이에서 난다는 말이다.

원문 | 金生麗水 玉出崑崗
금 생 여 수 옥 출 곤 강

글자 | 구슬 **옥**, 날 **출**, 이름 **곤**, 산등성이 **강**

출전 | 천자문 6항

[옥치무당玉巵無當]

구슬 술잔이 밑이 없다는 말이며, 겉보기에는 훌륭해도 실제로 쓸모가 없다는 뜻이다.

글자 | 구슬 **옥**, 술잔 **치**, 없을 **무**, 밑 **당**

출전 | 한비자 외저설外儲說, 문선

[옥토은섬玉兎銀蟾]

옥토끼와 은 두꺼비라는 말이며, 달을 일컫는다.

글자 | 구슬 **옥**, 토끼 **토**, 은 **은**, 두꺼비 **섬**

출전 | 백거이白居易의 시

[옥하가옥屋下架屋]

지붕 밑에 집을 짓는다는 말이며, 해 놓은 일에 중복되는 일을 한다는 뜻이다.

원문 | 猶屋下架屋 牀上施牀耳
유 옥 하 가 옥 상 상 시 상 이

글자 | 집 **옥**, 아래 **하**, 집 세울 **가**

출전 | 안씨가훈 서치序致

동류 | 옥상가옥屋上架屋

[옥하금뢰玉瑕錦纇]

구슬의 티와 비단의 사마귀라는 말이며, 훌륭한 것의 작은 결함을 빗댄 말이다.

글자 | 구슬 **옥**, 티 **하**, 비단 **금**, 사마귀 **뢰**

[옥하사담屋下私談]

집 아래서의 사사로운 이야기라는 말이며, 이루어질 수 없는 공론空論, 또는 쓸데없는 이야기를 빗댄 말이다.

글자 | 집 **옥**, 아래 **하**, 사사 **사**, 말씀 **담**

[옥하사론屋下私論]

→ 옥하사담屋下私談

출전 | 송남잡지

ㅇ

[옥하설화屋下說話]

→ 옥하사담屋下私談

[옥해금산玉海金山]

구슬 같은 바다, 그리고 황금 같은 산이라는 말이며, 고상한 인품을 빗댄 말이다.

글자 | 구슬 **옥**, 바다 **해**, 금 **금**, 뫼 **산**

출전 | 양서 주이전朱异傳

[옥호광명玉毫光明]

구슬 같은 털에서 나는 밝은 빛이라는 말이며, 부처의 눈썹 사이의 흰 털에서 빛이 난다는 뜻이다.

원문 | 玉毫光透水精宮
옥 호 광 투 수 정 궁

글자 | 구슬 **옥**, 털 **호**, 빛 **광**, 밝을 **명**

출전 | 이수의 보문사普門寺

[옥황대제玉皇大帝]

구슬 황제와 같은 큰 임금이라는 말이며, 도가道家에서 말하는 하느님을 일컫는다.

글자 | 구슬 **옥**, 황제 **황**, 큰 **대**, 임금 **제**

출전 | 도교道教

[옥황상제玉皇上帝]

→ 옥황대제玉皇大帝

[온고지신溫故知新]

옛것을 익히고 새 것을 안다는 말이며, 옛것을 앎으로써 그것을 통해 새로운 것을 발견하게 된다는 뜻이다. 논어에 있는 글이다. '옛것을 익혀 새것을 알면 남의 스승이 될 수 있다.'

원문 | 溫故而知新 可以爲師矣
온 고 이 지 신 가 이 위 사 의

글자 | 익힐 **온**, 옛 **고**, 알 **지**, 새 **신**

출전 | 논어 위정爲政, 중용 제27장

[온고지정溫故之情]

옛것을 살피고 생각하는 정이라는 말이다.

글자 | 복습할 **온**, 옛 **고**, 어조사 **지**, 뜻 **정**

[온량공검溫良恭儉]

온화하고 선량하고 공손하고 검소하다는 말이며, 사람을 대할 때 갖추어야 할 성품을 이르는 말이다. 공자의 제자 자금子禽의 질문에 자공子貢이 답한 말이며, 양讓[겸양하다]이 생략되었다.

원문 | 夫子 溫良恭儉讓以得之
부 자 온 량 공 검 양 이 득 지

글자 | 따뜻할 **온**, 어질 **량**, 공손할 **공**, 검소할 **검**

출전 | 논어 학이學而

[온언순사溫言順辭]

따뜻하고 순한 말이라는 뜻이다.

글자 | 따뜻할 **온**, 말씀 **언**, 순할 **순**, 말씀 **사**

[온유돈후溫柔敦厚]

온화하고 유순하고 두터운 인품을 말

하며 기교技巧 또는 노골적이 아닌 독실한 성품을 일컫는다.

글자 | 따뜻할 **온**, 부드러울 **유**, 도타울 **돈**, 두터울 **후**

출전 | 예기 경해經解

[온청정성溫凊定省]

따뜻하고 시원하고 편안하게 살핀다는 말이며, 자식이 부모에게 효도하는 마음가짐을 일컫는다. 겨울에는 따뜻하게, 여름에는 시원하게, 잠자리는 편안하게 하고, 아침에는 안부를 여쭈어야 한다는 것이다.

글자 | 따뜻할 **온**, 시원할 **청**, 편안할 **정**, 살필 **성**

출전 | 예기 곡례편曲禮篇

동류 | 혼정신성昏定晨省

[온화조정穩和調停]

편안하고 화목하며 부드럽게 정한다는 말이며, 국가 간의 분쟁을 제3국이 평화적으로 해결한다는 뜻이다.

글자 | 편안할 **온**, 화목할 **화**, 부드러울 **조**, 정할 **정**

[온후독실溫厚篤實]

성품이 온화溫和하고 관후寬厚하고 돈독敦篤하고 착실着實하다는 말이다.

글자 | 따뜻할 **온**, 두터울 **후**, 도타울 **독**, 착실할 **실**

[올연독좌兀然獨坐]

우뚝하게 홀로 앉았다는 말이다.

글자 | 우뚝할 **올**, 그럴 **연**, 홀로 **독**, 앉을 **좌**

[올올고봉兀兀高峰]

우뚝하고 우뚝한 높은 산봉우리라는 말이다.

글자 | 우뚝할 **올**, 높을 **고**, 산봉우리 **봉**

[옹독취보甕櫝聚寶]

독과 함에 보배를 모은다는 말이다. 중국 명나라 오정한吳廷翰은 책상 옆에 궤짝 하나와 항아리를 놓아두고 책을 읽다가 의문이 생기거나 생각이 떠오르면 얼른 적어서 그 안에 담아두었다. 각각 상당한 분량이 되어 이를 엮어 책을 내었는데 옹기의 것은 옹기甕記란 책이 되고, 궤에 둔 것은 독기櫝記라는 책이 되었다.

글자 | 독 **옹**, 함 **독**, 모을 **취**, 보배 **보**

[옹리혜계甕裏醯鷄]

항아리 속의 날벌레라는 말이며, 식견이 좁다는 뜻이다. 혜계는 초 또는 간장에 잘 덤비는 파리 등 날벌레이다.

글자 | 독 **옹**, 속 **리**, 초 **혜**, 닭 **계**

출전 | 장자 전자방편田子方篇

[옹산화병甕算畵餠]

독장수의 계산과 그림의 떡이라는 말이며, 아무 실속이 없다는 뜻이다. 옛날에 한 독장수가 독을 실은 지게를 받쳐 놓고 쉬면서 독을 다 팔면 얼마나 남을까 계산하다가 잠이 들었다.

ㅇ

꿈에서 장사가 잘 되어 부자가 된 독장수는 좋아서 경중경중 뛰다가 깨어 보니 지게는 엎어지고 독은 다 깨져 있더라는 것이다.

글자 | 독 **옹**, 셀 **산**, 그림 **화**, 밀가루 떡 **병**

출전 | 순오지

[옹용조처雍容措處]

화락하고 편안하게 들어 처치한다는 말이며, 화락하고 편안한 가운데 일을 처리한다는 뜻이다.

글자 | 화락할 **옹**, 편안할 **용**, 들 **조**, 처할 **처**

[옹절장모擁節杖旄]

부신符信을 끼고 깃대를 짚는다는 말이며, 사신으로 외국에 나가있다는 뜻이다.

글자 | 낄 **옹**, 부신 **절**, 짚을 **장**, 기 **모**

[옹중착별甕中捉鼈]

항아리 안에 잡아넣은 자라라는 말이며, 도망갈 수 없는 상태라는 빗댄 말이다.

글자 | 항아리 **옹**, 안쪽 **중**, 잡을 **착**, 자라 **별**

[옹치봉후雍齒封侯]

옹치를 제후로 봉했다는 말이며, 사람을 쓰는 슬기로운 방법을 빗댄 말이다. 중국 한나라 고조가 장량張良의 말을 듣고 그가 미워하는 옹치를 먼저 제후에 봉하여 다른 사람들의 마음을 얻었다는 고사에서 온 말이다.

글자 | 성씨 **옹**, 이 **치**, 봉할 **봉**, 제후 **후**

출전 | 사기 유후세가留侯世家

[와각지세蝸角之勢]

→ 와각지쟁蝸角之爭

[와각지쟁蝸角之爭]

달팽이 뿔의 다툼이라는 말이며, 하찮은 일로 다툰다는 뜻이다. 양나라 혜왕이 맹약을 깬 제나라에 대한 응징책을 논의했으나 결론이 나지 않았다. 재상이 데려온 도가道家 대진인戴晉人에게 의견을 묻자, 대진인이 말했다. '달팽이라는 미물이 있사온데 그 달팽이의 왼쪽 뿔에는 촉씨가, 오른쪽 뿔에는 만씨가 각각 나라를 세우고 있었나이다. 어느 날 서로 영토를 다투어 전쟁을 시작했는데 죽은 자가 수만 명에 이르고 15일 만에 전쟁을 멈추었다 합니다.' 왕이 엉터리 이야기라 하자 우주 속에서 양나라와 제나라의 싸움은 달팽이의 두 뿔의 싸움과 다를 바가 없다고 하였다.

글자 | 달팽이 **와**, 뿔 **각**, 갈 **지**, 다툴 **쟁**

출전 | 장자 즉양則陽

동류 | 와각지세蝸角之勢, 와각상쟁蝸角相爭, 와우각상蝸牛角上, 만촉지쟁蠻觸之爭

[와룡봉추臥龍鳳雛]

누워있는 용과 봉황의 새끼라는 말이

며, 때를 얻지 못하고 웅크리고 있는 영웅 또는 큰 인재를 빗댄 말이다. 중국의 삼국시대, 제갈량과 농통은 각각 뛰어난 재능을 가지고서 벼슬에 나가지 아니하였다. 뒤에 그들이 '와룡' '봉추'로 알려진 것을 들은 유비가 둘을 불러들여 기용함으로써 그들이 명참모로 활약하게 되었다는 것이다.

글자 | 누울 **와**, 용 **룡**, 봉새 **봉**, 병아리 **추**

출전 | 자치통감資治通鑑

동류 | 복룡봉추伏龍鳳雛

[와룡장자臥龍壯字]

누운 용과 같이 장한 글자라는 말이다.

글자 | 누울 **와**, 용 **룡**, 장할 **장**, 글자 **자**

[와류자기臥柳自起]

누운 버들이 스스로 일어난다는 말이며, 사람도 쓰러졌다가 고난을 무릅쓰고 일어날 힘이 있다는 뜻이다.

글자 | 누을 **와**, 버들 **류**, 스스로 **자**, 일어날 **기**

출전 | 조선왕실록 증보문헌비고

[와명선조蛙鳴蟬噪]

개구리와 매미가 시끄럽게 운다는 말이며, 속물들이 시끄럽게 떠든다는 빗댄 말이다.

글자 | 개구리 **와**, 울 **명**, 매미 **선**, 시끄러울 **조**

출전 | 한유 평준서비平准西碑

유사 | 가담항설街談巷說, 여명견폐驢鳴犬吠

[와부뇌명瓦釜雷鳴]

기와 가마가 벼락 친다는 말이며, 무식하고 변변치 못한 사람이 아는 체하고 크게 떠들어댄 소리에 여러 사람이 놀란다는 뜻이다.

원문 | 黃鐘毁棄 瓦釜雷鳴 讒人高張
황종훼기 와부뇌명 참인고장

글자 | 기와 **와**, 가마 **부**, 벼락 **뇌**, 울 **명**

출전 | 굴원의 복거卜居

[와불안석臥不安席]

자리에 누워도 [마음이] 편치 않다는 말이다.

글자 | 누울 **와**, 아닐 **불**, 편안 **안**, 자리 **석**

출전 | 사기열전 소진열전

동류 | 침불안석寢不安席

[와석종신臥席終身]

자리에 누워 육신이 끝난다는 말이며, 제 명에 죽는다는 뜻이다.

글자 | 누울 **와**, 자리 **석**, 끝날 **종**, 몸 **신**

[와설면운臥雪眠雲]

눈 위에 눕고 구름 위에서 잔다는 말이며, 정처 없이 방황한다는 뜻이다.

원문 | 蘆花被下 臥雪眠雲
노화피하 와설면운

글자 | 누울 **와**, 눈 **설**, 잠잘 **면**, 구름 **운**

출전 | 채근담 후집 39장

[와신상담臥薪嘗膽]

섶에 누워 쓸개를 맛본다는 말이며,

복수를 하기 위해 온갖 어려운 일을 참고 견딘다는 뜻이다. 춘추시대 월나라로 쳐들어갔다가 패하고 죽은 오나라 왕의 아들 부차夫差가 원수 갚는 것을 잊지 않기 위해 장작 위에 자리를 펴고 자며 기회를 기다리다 월나라의 항복을 받아냈고, 이번에는 오나라의 속국이 된 월나라의 구천句踐이 잠자리 옆에 쓸개를 달아두고 이를 씹으며 벼르다가 20년 후 오나라를 정복하게 된다.

글자 | 누울 **와**, 섶 **신**, 맛볼 **상**, 쓸개 **담**

출전 | 사기 월왕구천세가越王句踐世家

유사 | 회계지치會稽之恥, 절치액완切齒扼腕

[와영귀어瓦影龜魚]

거북과 고기가 기와의 그림자에 있다는 말이며, 남의 도움을 구한다는 뜻이다.

글자 | 기와 **와**, 그림자 **영**, 거북 **귀**, 고기 **어**

출전 | 초사

[와옥해광蝸屋蟹匡]

달팽이의 집과 게의 딱지라는 말이며, 아주 작게 지은 볼품없는 집을 빗댄 말이다.

글자 | 달팽이 **와**, 집 **옥**, 게 **해**, 밥그릇 **광**

출전 | 추관지秋官志

[와우각상蝸牛角上]

→ 와각지쟁蝸角之爭

[와유강산臥遊江山]

누워 노니는 강산이라는 말이며, 누워서 산수화를 보며 즐긴다는 뜻이다.

글자 | 누울 **와**, 노닐 **유**, 강 **강**, 뫼 **산**

관련 | 와유화첩臥遊畵帖

[와유화첩臥遊畵帖]

누워 노니는 그림첩이라는 말이며, 누워서 보는 그림첩을 일컫는다. 중국 송나라 종병宗炳이 늙고 병들면 명산을 두루 보지 못하게 될 것이라 생각하고 노년에 누워서 보기 위하여 유람하였던 곳을 모두 그림으로 그려 방에 걸어두었다는 고사에서 온 말이다.

글자 | 누울 **와**, 노닐 **유**, 그림 **화**, 문서 **첩**

출전 | 이익李瀷의 글

관련 | 와유강산臥遊江山

[와정주인窩停主人]

굴에 머무는 주인이라는 말이며, 도둑 소굴의 우두머리를 일컫는다.

글자 | 굴 **와**, 머물 **정**, 주인 **주**, 사람 **인**

[와치천하臥治天下]

누워서 천하를 다스린다는 말이며, 태평시대를 이르는 말이다.

글자 | 누울 **와**, 다스릴 **치**, 하늘 **천**, 아래 **하**

[와탑지측臥榻之側]

누울 자리의 옆이라는 말이며, 다스리는 영역의 이웃을 빗댄 말이다.

글자 | 누울 **와**, 자리 **탑**, 어조사 **지**, 옆 **측**

[와합지졸瓦合之卒]

기와가 모인 군사라는 말이며, 기와가 무너지듯 규율이 서있지 않은 병졸을 빗댄 말이다.

글자 | 기와 **와**, 모일 **합**, 어조사 **지**, 군사 **졸**

출전 | 한서, 사기 유림전儒林傳

동류 | 오합지졸烏合之卒

[와해빙소瓦解氷銷]

기와가 깨어지고 얼음이 녹아 없어진다는 말이며, 사물이 산산이 흩어지고 사라진다는 뜻이다.

원문 | 瓦解氷銷 不可陳
와해빙소 불가진

글자 | 기와 **와**, 쪼갤 **해**, 얼음 **빙**, 녹을 **소**

출전 | 구당서

동류 | 와해토붕瓦解土崩

[와해토붕瓦解土崩]

기와가 깨어지고 흙이 무너진다는 말이며, 사물이 크게 무너져 흩어진다는 뜻이다.

원문 | 秦之積衰 天下土崩瓦解
진지적쇠 천하토붕와해

글자 | 기와 **와**, 쪼갤 **해**, 흙 **토**, 무너질 **붕**

출전 | 사기 진시황본기, 한서

동류 | 와해빙소瓦解氷銷

[완구지계完久之計]

완전하고 영구히 변하지 않을 계교라는 말이다.

글자 | 완전할 **완**, 오랠 **구**, 어조사 **지**, 계교 **계**

[완낭수삽阮囊羞澁]

완씨의 주머니가 부끄러워한다는 말이며, 살림이 아주 궁색하다는 뜻이다.

원문 | 俱無物 但一錢看囊 庶免差澁爾
구무물 단일전간낭 서면차삽이

글자 | 성씨 **완**, 주머니 **낭**, 부끄러울 **수**, 껄끄러울 **삽**

출전 | 시율무고후집詩律武庫後集

[완력사태腕力沙汰]

팔의 힘이 바닷가와 같이 넘친다는 말이며, 주먹이 모든 일을 해결한다는 뜻이다.

글자 | 팔 **완**, 힘 **력**, 바닷가 **사**, 넘칠 **태**

[완력성당腕力成黨]

팔의 힘으로 무리를 이룬다는 말이며, 주먹패들이 떼를 지어 다닌다는 뜻이다.

글자 | 팔 **완**, 힘 **력**, 이룰 **성**, 무리 **당**

[완명불령頑冥不靈]

완고하고 어두워서 신령스럽지 못하다는 말이며, 성격이 완고하고 도리에 어두워 무지하다는 뜻이다.

글자 | 완고할 **완**, 어두울 **명**, 아닐 **불**, 신령할 **령**

[완물상지玩物喪志]

장난감에 뜻을 잃는다는 말이며, 사물에 마음이 쏠려 절조節操를 잃는다는 뜻이다. 서경에 있는 글이다. '사람을 가지고 놀면 덕을 잃고, 물건을 가지고 놀면 뜻을 잃는다.'

원문 | 玩人喪德 玩物喪志
완인상덕 완물상지

글자 | 희롱할 **완**, 만물 **물**, 잃을 **상**, 뜻 **지**

출전 | 서경 여오旅獒

[완미불령頑迷不靈]

완고하고 미혹하여 신령하지 않다는 말이며, 완고하고 무지하다는 뜻이다.

글자 | 완고할 **완**, 미혹할 **미**, 아닐 **불**, 신령할 **령**

[완방위환刓方爲圜]

모를 깎아 둥글게 한다는 말이며, 모난 성격을 고쳐 원만하게 만든다는 뜻이다.

글자 | 깎을 **완**, 모 **방**, 할 **위**, 둥글 **환**

[완벽귀조完璧歸趙]

완전한 구슬이 조나라로 돌아왔다는 말이다.

글자 | 완전할 **완**, 구슬 **벽**, 돌아갈 **귀**, 나라 이름 **조**

출전 | 사기 인상여열전

관련 | 화씨지벽和氏之璧

[완불제급緩不濟急]

느림은 급한 것을 구제하지 못한다는 말이며, 때는 이미 늦었다는 뜻이다.

글자 | 느릴 **완**, 아닐 **불**, 구할 **제**, 급할 **급**

출전 | 소학 선행

[완석점두頑石點頭]

완고한 돌이 머리를 끄덕인다는 말이며, 생생하고 절실하게 도리를 밝혀 상대방을 설득시킨다는 뜻이다.

글자 | 완고할 **완**, 돌 **석**, 고개 끄덕일 **점**, 머리 **두**

출전 | 연사고현전蓮社高賢傳

[완여반석完如盤石]

소반 돌 같이 튼튼하다는 말이다.

글자 | 튼튼할 **완**, 같을 **여**, 소반 **반**, 돌 **석**

[완월장취玩月長醉]

달을 희롱하면서 길게 취한다는 말이며, 달을 벗 삼아 오래도록 취한다는 뜻이다.

글자 | 희롱할 **완**, 달 **월**, 긴 **장**, 취할 **취**

[완인상덕玩人喪德]

사람을 가지고 놀면 덕을 잃는다는 말이다.

원문 | 玩人喪德 玩物喪志
완인상덕 완물상지

글자 | 가지고 놀 **완**, 사람 **인**, 잃을 **상**, 큰 **덕**

출전 | 서경 여오旅獒

[완전무결完全無缺]

완전하고 온전하고 이지러짐이 없다는 말이며, 충분히 갖추어져 조금도 결점이 없다는 뜻이다.

글자 | 완전할 **완**, 온전 **전**, 없을 **무**, 이지러질 **결**

출전 | 남사 주이朱彝

[완전무비完全無比]

완전하여 견줄 것이 없다는 말이며, 충분히 갖추어져 필적할 다른 것이 없다는 뜻이다.

글자 | 완전할 **완**, 온전 **전**, 없을 **무**, 견줄 **비**

[완전완미完全完美]

완전하고도 완전하게 아름답다는 말이다.

글자 | 완전할 **완**, 온전 **전**, 아름다울 **미**

[완충지대緩衝地帶]

충돌을 느슨히 하는 땅 쪽이라는 말이며, 나라 사이의 충돌을 완화하기 위해 설치한 중립지대라는 뜻이다.

글자 | 느슨해질 **완**, 충돌할 **충**, 땅 **지**, 쪽 **대**

[완호지물玩好之物]

희롱하고 좋아하는 물건이라는 말이며, 장난감이라는 뜻이다.

글자 | 희롱할 **완**, 좋을 **호**, 어조사 **지**, 물건 **물**

[왈가왈부曰可曰否]

어떤 일에 대하여 옳다고도 하고, 그르다고도 한다는 말이다.

글자 | 가로 **왈**, 옳을 **가**, 아닐 **부**

동류 | 왈시왈비曰是曰非

[왈시왈비曰是曰非]

옳다고도 말하고, 아니라고도 말한다는 말이며, 어떤 일에 대하여 잘잘못을 가린다는 뜻이다.

글자 | 가로 **왈**, 옳을 **시**, 아닐 **비**

[왈엄여경曰嚴與敬]

가로되, 공경과 더불어 엄해야 한다는 말이며, 근엄하고 경건한 자세를 취해야 한다는 뜻이다.

원문 | 資父事君 曰嚴與敬
자 부 사 군 왈 엄 여 견

글자 | 가로 **왈**, 엄할 **엄**, 더불어 **여**, 공경 **경**

출전 | 천자문 31항

[왈자자식曰字子息]

왈 자와 같은 자식이라는 말이며, 가로 퍼진 못된 놈이라는 뜻이다.

글자 | 가로 **왈**, 글자 **자**, 아들 **자**, 자식 **식**

[왈형왈제曰兄曰弟]

→ 호형호제呼兄呼弟

[왕고내금往古來今]

→ 고왕금래古往今來

[왕공대인王公大人]

임금이나 벼슬아치와 같은 큰 사람이라는 말이며, 신분이 고귀한 사람이라는 뜻이다.

원문 | 王公大人借顔色金章紫綬來相趨
왕공대인차안색금장자수래상추

글자 | 임금 **왕**, 벼슬 **공**, 큰 **대**, 사람 **인**

출전 | 이태백의 시, 사기

[왕래부절往來不絶]

가고 오는 것이 끊이지 않는다는 말이다.

글자 | 갈 **왕**, 올 **래**, 아닐 **부**, 끊을 **절**

[왕령세정王鈴洗鼎]

왕방울로 솥을 씻는다는 말이며, 몹시 크고 요란스러운 목소리라는 뜻이다.

글자 | 임금 **왕**, 방울 **령**, 씻을 **세**, 솥 **정**

출전 | 고금석림

[왕상득리王祥得鯉]

→ 쌍리어출雙鯉魚出

[왕생극락往生極樂]

지극히 즐거운 세상에 가서 다시 태어난다는 말이며, 죽어서 극락정토에 다시 태어난다는 뜻이다.

글자 | 갈 **왕**, 날 **생**, 지극할 **극**, 즐거울 **락**

[왕생안락往生安樂]

[극락세계로] 가서 태어나서 편안하게 즐긴다는 말이다.

글자 | 갈 **왕**, 날 **생**, 편안 **안**, 즐거울 **락**

[왕생일정往生一定]

가서 태어나도록 한번 정해졌다는 말이며, 극락세계로 가서 틀림없이 다시 태어남을 믿는다는 뜻이다.

글자 | 갈 **왕**, 날 **생**, 정할 **정**

[왕성유세王省惟勢]

임금은 오직 그 해를 살펴야 한다는 말이며, 임금은 한 해 한 해를 잘 살펴야 한다는 뜻이다.

원문 | 王省惟勢 卿士惟月 師尹惟日
왕성유세 경사유월 사윤유일

글자 | 임금 **왕**, 살필 **성**, 오직 **유**, 해 **세**

출전 | 서경 주서 홍범洪範

[왕어천하王於天下]

하늘 아래에서 임금이라는 말이며, 온 세상의 왕이라는 뜻이다.

글자 | 임금 **왕**, 어조사 **어**, 하늘 **천**, 아래 **하**

출전 | 맹자 만장 상

[왕자무외王者無外]

임금 된 자는 밖이 없다는 말이며, 왕자는 천하를 집으로 삼기 때문에 밖이 없다는 뜻이다.

원문 | 群雄競起向前朝王者無外見今朝
군웅경기향전조왕자무외견금조

글자 | 임금 **왕**, 사람 **자**, 없을 **무**, 밖 **외**

출전 | 후한서, 춘추공양전春秋公羊傳

[왕자무친王者無親]

임금 된 자는 친함이 없다는 말이며, 임금이라도 국법 앞에서는 사사로운 정으로 일을 처리하지 못한다는 뜻이다.

글자 | 임금 **왕**, 사람 **자**, 없을 **무**, 친할 **친**

[왕자부지往者不至]

가는 사람 이르지 않는다는 말이며, 가는 정, 오는 정이라는 뜻으로서 군주가 백성에게 은덕을 베풀지 않으면 백성도 희생하며 봉사하지 않는다는 것이다.

원문 | 往者不至 來者不極
왕자부지 내자불극

글자 | 갈 **왕**, 사람 **자**, 아닐 **부**, 이를 **지**

출전 | 관자 형세해편形勢解篇

[왕자불추往者不追]

가는 사람 따르지 않는다는 말이며, 떠나는 사람 붙잡지 않는다는 뜻이다.

원문 | 往者不追 來者不拒
왕자불추 내자불거

글자 | 갈 **왕**, 사람 **자**, 아닐 **불**, 따를 **추**

출전 | 맹자 진심盡心 하

동류 | 거자불추去者不追

관련 | 내자불거來者不拒

[왕자승세王者乘勢]

임금 된 사람은 형세를 탄다는 말이며, 왕은 시세에 따라 움직여야 한다는 뜻이다.

글자 | 임금 **왕**, 사람 **자**, 탈 **승**, 형세 **세**

[왕자지민王者之民]

임금 된 사람의 백성이라는 말이며, 왕이 다스리는 백성이라는 뜻이다.

글자 | 임금 **왕**, 사람 **자**, 어조사 **지**, 백성 **민**

출전 | 맹자 진심 상

[왕정복고王政復古]

임금이 다스리던 옛날로 돌아온다는 말이며, 왕이 직접 통치하는 권한을 회복한다는 뜻이다.

글자 | 임금 **왕**, 다스릴 **정**, 돌아올 **복**, 옛 **고**

[왕조출몰王朝出沒]

임금의 조정이 나오고 망한다는 말이며, 왕조가 생겨났다가 소멸한다는 뜻이다.

글자 | 임금 **왕**, 조정 **조**, 날 **출**, 망할 **몰**

[왕좌지재王佐之材]

임금을 도울만한 인재라는 말이다.

글자 | 임금 **왕**, 도울 **좌**, 어조사 **지**, 재목 **재**

출전 | 한서 동중서전董仲舒傳

동류 | 왕좌지재王佐之才

[왕척직심枉尺直尋]

자는 굽었더라도 여덟 자 심은 바로 한다는 말이며, 큰일을 구하고 지키기 위하여 작은 일은 버린다는 뜻이다.

원문 | 枉尺而直尋
왕 척 이 직 심

글자 | 굽을 **왕**, 자 **척**, 바를 **직**, 여덟자 **심**

출전 | 맹자 등문공滕文公 하

[왕후장상王侯將相]

제왕帝王과 제후諸侯, 그리고 장수將帥와 재상宰相을 통틀어 이르는 말이다.

글자 | 임금 **왕**, 벼슬 이름 **후**, 장수 **장**, 재상 **상**

출전 | 사기 진섭세가陳涉世家

[왜인관장矮人觀場]

→ 왜자간희矮者看戲

[왜자간희矮者看戲]

키 작은 사람이 구경꺼리를 본다는 말이며, 아무것도 모르면서 남이 하는 말에 맞장구친다는 뜻이다. 키 작은 사람은 키 큰 사람 사이에 끼여서 제대로 구경도 못하고 앞사람의 이야기만 듣고 아는 체한다는 것이다.

글자 | 키 작을 **왜**, 놈 **자**, 볼 **간**, 희학질 **희**

출전 | 주자어류

동류 | 왜인간장矮人看場

[외간남자外間男子]

밖에 가까운 사나이라는 말이며, [여자의 경우] 친척 밖의 남자라는 뜻이다.

글자 | 밖 **외**, 가까울 **간**, 사나이 **남**, 사나이 **자**

[외감내상外感內傷]

밖의 느낌과 안의 상함이라는 말이며, 감기에 배탈이 난 증상이라는 뜻이다.

원문 | 外感內傷動風
외 감 내 상 동 풍

글자 | 밖 **외**, 느낄 **감**, 안 **내**, 상할 **상**

[외감지정外感之情]

밖으로 느끼는 정이라는 말이며, 외부로부터 자극을 받아 일어나는 정이라는 뜻이다.

글자 | 바깥 **외**, 느낄 **감**, 어조사 **지**, 뜻 **정**

[외강내유外剛內柔]

밖으로는 굳게 보이나 안으로는 부드럽다는 말이다.

글자 | 바깥 **외**, 굳셀 **강**, 안 **내**, 부드러울 **유**

반대 | 외유내강外柔內剛

[외강중건外强中乾]

밖은 굳세나 가운데는 말랐다는 말이며, 외관상으로는 강할 것 같지만 속은 기력이 쇠하였다는 뜻이다.

글자 | 밖 **외**, 굳셀 **강**, 가운데 **중**, 마를 **건**

출전 | 춘추좌씨전 희공 15년조

[외결내조外潔內粗]

바깥은 정결하고 안은 성기다는 말이

며, 겉보기는 좋으나 속은 볼품이 없다는 뜻이다.

글자 | 바깥 **외**, 정결할 **결**, 안 **내**, 성길 **조**

동류 | 외정이조外精裡粗

[외무주장外無主張]

주장할 [사람이] 밖에 없다는 말이며, 집안에 살림을 맡아볼 장성한 남자가 없다는 뜻이다.

글자 | 바깥 **외**, 없을 **무**, 주장할 **주**, 버릴 **장**

[외박사해外薄四海]

네 바다 밖으로 넓힌는 말이며, 세상 전부에 퍼지게 한다는 뜻이다.

원문 | 外薄四海 咸建五長各廸有功
외 박 사 해 함 건 오 장 각 적 유 공

글자 | 밖 **외**, 넓힐 **박**, 바다 **해**

출전 | 서경 익직益稷 4장

[외방출입外房出入]

바깥방을 출입한다는 말이며, 계집질을 하고 다닌다는 뜻이다.

글자 | 바깥 **외**, 방 **방**, 나갈 **출**, 들 **입**

[외본내말外本內末]

근본을 멀리하고 말단을 마음에 둔다는 말이다. 대학에 있는 글이다. '근본적인 것을 멀리하고 말단적인 것을 마음에 두면 백성은 서로 다투게 되고 빼앗기를 하게 된다.'

원문 | 外本內末 爭民施奪
외 본 내 말 쟁 민 시 탈

글자 | 멀리할 **외**, 근본 **본**, 마음 **내**, 끝 **말**

출전 | 대학 대학전大學傳

[외부내빈外富內貧]

겉으로는 부자이고, 속은 가난하다는 말이다.

글자 | 바깥 **외**, 부할 **부**, 안 **내**, 가난할 **빈**

반대 | 외빈내부外貧內富

[외빈내부外貧內富]

밖으로는 가난하고, 안으로는 부하다는 말이며, 외모가 보기에는 초라해도 내실이 있다는 뜻이다.

글자 | 밖 **외**, 가난할 **빈**, 안 **내**, 부할 **부**

출전 | 송남잡지

반대 | 외부내빈外富內貧

[외손봉사外孫奉祀]

바깥 손자가 제사를 받든다는 말이며, 본가에 자손이 없어 외손이 제사를 지낸다는 뜻이다.

글자 | 밖 **외**, 손자 **손**, 받들 **봉**, 제사 **사**

[외수외미畏首畏尾]

머리도 꼬리도 두려워한다는 말이며, 모두가 두려워한다는 뜻이다. 좌전에 있는 글이다. '머리가 어찌될까 두려워하고, 꼬리가 어찌될까 두려워한다면, 몸 전체 중 걱정되지 않는 부분이 얼마나 될까?'

원문 | 畏首畏尾 身其餘幾
외 수 외 미 신 기 여 기

글자 | 두려워할 **외**, 머리 **수**, 꼬리 **미**
출전 | 춘추좌씨전 문공 17년조

[외어기모外禦其侮]

그 업신여김을 밖에서 막는다는 말이며, 외부의 부끄러운 모욕을 막는다는 뜻이다.

원문 | 兄弟鬩檣 外禦其侮
형 제 혁 장 외 어 기 모

글자 | 밖 **외**, 막을 **어**, 그 **기**, 업신여길 **모**
출전 | 시경 상체편常棣篇

[외어내공外禦內鞏]

밖을 막고 안을 굳게 한다는 말이며, 외부의 침입을 막아내고 내부의 결속을 공고히 한다는 뜻이다.

글자 | 바깥 **외**, 막을 **어**, 안 **내**, 굳을 **공**
출전 | 성호사설

[외영오적畏影惡迹]

그림자를 두려워하고 발자국을 미워한다는 말이며, 진정한 자기 자신을 잃어버리고 고뇌가 생겨 외적外的인 것에 사로잡혀 번민한다는 뜻이다.

글자 | 두려워할 **외**, 그림자 **영**, 미워할 **오**, 자취 **적**
출전 | 장자
유사 | 영불리신影不離身

[외외당당巍巍堂堂]

높고 높아 당당하다는 말이며, 높이 우뚝 솟아 웅대하다는 뜻이다.

글자 | 높을 **외**, 당당할 **당**

[외우내명外愚內明]

바깥은 어리석고, 안은 밝다는 말이며, 겉으로는 어리석은 것 같지만, 속은 명석하다는 뜻이다.

글자 | 바깥 **외**, 어리석을 **우**, 안 **내**, 밝을 **명**
출전 | 삼국유사

[외유내강外柔內剛]

겉으로는 부드럽고 속은 굳세다는 말이다.

글자 | 바깥 **외**, 부드러울 **유**, 안 **내**, 굳셀 **강**
출전 | 진서 감탁전甘卓傳

[외유중강外柔中剛]

→ 외유내강外柔內剛

[외정이조外精裡粗]

바깥은 세밀하고 속은 성기다는 말이며, 겉보기는 훌륭하나 내용은 보잘것 없다는 뜻이다.

글자 | 바깥 **외**, 세밀할 **정**, 속 **이**, 성길 **조**
동류 | 외결내조外潔內粗

[외직내사外直內詐]

바깥으로는 곧고, 안으로는 속인다는 말이며, 겉으로는 정직한 체하면서 안으로는 속인다는 뜻이다.

글자 | 바깥 **외**, 곧을 **직**, 안 **내**, 속일 **사**

출전 | 조선왕조 9대 성종실록

[외첨내소外諂內疎]

겉으로는 아첨하면서 속으로는 멀리한다는 말이다.

글자 | 바깥 **외**, 아첨할 **첨**, 안 **내**, 성길 **소**

유사 | 외친내소外親內疎

[외촉여호畏蜀如虎]

촉나라를 범과 같이 두려워한다는 말이며, 적국을 무척 두려워한다는 뜻이다. 중국 위나라의 사마의가 촉나라의 제갈공명을 범과 같이 두려워했다는 고사에서 온 말이다.

글자 | 두려워할 **외**, 촉나라 **촉**, 같을 **여**, 범 **호**

[외친내소外親內疎]

겉으로는 친한 척하면서 속으로는 멀리한다는 말이다.

글자 | 바깥 **외**, 친할 **친**, 안 **내**, 성길 **소**

출전 | 송남잡지

유사 | 외첨내소外諂內疎

[외허내실外虛內實]

겉은 비었고 안은 찼다는 말이며, 겉은 비어 힘이 없는 것처럼 보이나 안은 옹골차게 꽉 차있다는 뜻이다.

글자 | 바깥 **외**, 빌 **허**, 안 **내**, 찰 **실**

[외화내빈外華內貧]

밖은 빛나고 안은 가난하다는 말이며, 겉치레만 하고 속은 비었다는 뜻이다.

글자 | 밖 **외**, 빛날 **화**, 안 **내**, 가난할 **빈**

[외화획득外貨獲得]

외국의 화폐를 벌어들인다는 말이다.

글자 | 바깥 **외**, 재물 **화**, 얻을 **획**, 얻을 **득**

[외희사빙畏犧辭聘]

희생이 두려워 청함을 사양한다는 말이다. 중국 장자가 안락하게 살기 위하여 임금이 주는 벼슬을 사양한 고사에서 온 말이다.

글자 | 두려워할 **외**, 희생 **희**, 사양할 **사**, 청할 **빙**

출전 | 장자

[요가목소蕘歌牧嘯]

나무꾼의 노래와 목동의 휘파람소리라는 말이다.

글자 | 나무꾼 **요**, 노래 **가**, 목장 **목**, 휘파람 **소**

[요개부득搖改不得]

고치려고 움직여도 얻지 못한다는 말이며, 도무지 고칠 도리가 없다는 뜻이다.

글자 | 움직일 **요**, 고칠 **개**, 아닐 **부**, 얻을 **득**

[요계지세澆季之世]

요계의 세상이라는 말이며, 인정이 야박하고 풍속이 어지러운 세상을 일컫는다.

글자 | 엶을 **요**, 끝 **계**, 어조사 **지**, 세상 **세**

출전 | 삼국유사, 북사

[요고순목堯鼓舜木]

요임금의 북과 순임금의 나무라는 말이며, 남의 충고를 잘 받아들인다는 뜻이다. 요임금은 궐문 밖에 북을 달아놓고 간諫할 사람이 있으면 북을 치게 했고, 순임금은 잠목箴木을 세워놓고 경계의 말을 쓰게 했다는 고사가 있다.

글자 | 요임금 **요**, 북 **고**, 순임금 **순**, 나무 **목**

출전 | 구당서, 회남자 주술훈主術訓

동류 | 비방지목誹謗之木

[요귀변화妖鬼變化]

요사한 귀신으로 변한다는 말이며, 귀신처럼 변하기를 잘한다는 뜻이다.

글자 | 요사할 **요**, 귀신 **귀**, 변할 **변**, 될 **화**

유사 | 신출귀몰神出鬼沒

[요금정옥腰金頂玉]

허리에는 금, 이마에는 구슬이라는 말이며, 장식을 매우 화려하게 한 귀인을 빗댄 말이다.

글자 | 허리 **요**, 금 **금**, 이마 **정**, 구슬 **옥**

출전 | 송남잡지

[요동백시遼東白豕]

→ 요동지시遼東之豕

[요동지시遼東之豕]

요동의 돼지라는 말이며, 견문이 좁은 사람이 하찮은 공을 내세운다는 뜻이다. 후한의 팽총이 논공행상에 불만을 품자, 대장군 주부朱浮가 보낸 글이다. '옛날에 요동 사람이 그의 돼지가 흰머리 새끼를 낳자, 이를 진귀하게 여겨 왕에게 바치고자 하동까지 가보니 그곳 돼지는 모두 흰머리 돼지여서 부끄러워 얼른 돌아갔다는 이야기가 있다.'

글자 | 멀 **요**, 동녘 **동**, 갈 **지**, 돼지 **시**

출전 | 문선文選 주부서朱浮書

동류 | 요동백시遼東白豕

[요두전목搖頭顚目]

머리를 흔들고 눈을 굴린다는 말이며, 안정되지 않은 상태를 이른다.

글자 | 흔들 **요**, 머리 **두**, 구를 **전**, 눈 **목**

출전 | 미망 상편

[요람시대搖籃時代]

흔들리는 바구니의 시절이라는 말이며, 사물이 발달하기 시작한 초창기라는 뜻이다.

글자 | 흔들 **요**, 바구니 **람**, 때 **시**, 대 **대**

[요량삼일繞梁三日]

대들보를 삼일이나 두르고 있다는 말이며, 아름다운 노랫소리가 사라지지 않고 있다는 뜻이다.

원문 | 餘音繞梁 三日不絕
여음요량 삼일부절

글자 | 두를 **요**, 들보 **량**, 날 **일**

출전 | 열자 탕문편湯問篇

[요령부득要領不得]

요긴한 줄거리를 얻지 못한다는 말이며, 말이나 글의 목적과 줄거리가 뚜렷하지 못하여 무엇을 나타내려는 것인지 알 수 없다는 뜻이다. 한나라의 사신 장건張騫이 흉노를 물리치기 위해 대월국大月國으로 가서 동맹을 제안했으나 형편이 좋아진 대월국은 끝내 이에 응하지 않아 대월이 얻고자 하는 것[요령]이 무엇인지 알지 못하고 돌아왔다는 것이다.

글자 | 구할 **요**, 차지할 **령**, 아닐 **부**, 얻을 **득**

출전 | 사기 대원열전大宛列傳, 한서 장건전張騫傳

[요료무문寥寥無聞]

고요하고 고요하여 들을 것이 없다는 말이며, 명예나 명성이 드날리지 아니하여 남에게 알려짐이 없다는 뜻이다.

글자 | 고요할 **요(료)**, 없을 **무**, 들을 **문**

[요림경수瑤林瓊樹]

아름다운 옥의 숲과 옥의 나무라는 말이며, 인품이 고상하고 뛰어난 사람을 빗댄 말이다.

원문 | 瑤林玉樹 淪晶暉兮
요림옥수 윤정휘혜

글자 | 아름다운 옥 **요**, 수풀 **림**, 옥 **경**, 나무 **수**

출전 | 진서 왕융전, 세설신어 상예

[요미걸련搖尾乞憐]

꼬리를 흔들며 사랑을 구걸한다는 말이며, 남에게 아첨을 떤다는 뜻이다.

원문 | 搖尾而乞憐
요미이걸련

글자 | 흔들 **요**, 꼬리 **미**, 빌 **걸**, 사랑할 **련**

[요방득관要放得寬]

너그러움을 잡고 넓힘을 구하라는 말이며, 마음은 너그럽게 활짝 열어놓으라는 뜻이다.

원문 | 要放得寬 使人無不平之歎
요방득관 사인무불평지탄

글자 | 구할 **요**, 넓힐 **방**, 잡을 **득**, 너그러울 **관**

출전 | 채근담 전집 12

[요번부중徭煩賦重]

사역은 수고롭고 거두기는 무겁다는 말이며, 부역과 세금이 과중하여 백성을 괴롭힌다는 뜻이다.

글자 | 사역할 **요**, 수고로울 **번**, 거둘 **부**, 무거울 **중**

출전 | 고려사

[요불승덕妖不勝德]

요사함이 덕을 이기지 못한다는 말이며, 올바른 덕에 의한 정치 앞에서 아무리 요사한 일도 맥을 추지 못한다는

ㅇ

뜻이다.

원문 | 妖不勝德 武不克文
요불승덕 무불극문

글자 | 요사할 **요**, 아닐 **불**, 이길 **승**, 큰 **덕**

출전 | 사기

[요산요수樂山樂水]

산과 물을 좋아한다는 말이며, 지혜로운 사람은 물을 좋아하고, 어진 사람은 산을 좋아한다는 뜻이다.

원문 | 知者樂水 仁者樂山
지자요수 인자요산

글자 | 좋아할 **요**, 뫼 **산**, 물 **수**

출전 | 논어 옹야雍也

동류 | 인자요산仁者樂山, 지자요수知者樂水

[요생행면僥生倖免]

요행으로 살고 요행으로 면한다는 말이며, 요행스럽게 살아가고 요행으로 면하지 않음이 없다는 뜻이다.

글자 | 요행 **요**, 살 **생**, 요행 **행**, 면할 **면**

출전 | 박지원의 이존당기以存堂記

[요순고설搖脣鼓舌]

입술을 움직이고 혀를 찬다는 말이며, 함부로 남을 비평한다는 뜻이다.

글자 | 흔들 **요**, 입술 **순**, 두드릴 **고**, 혀 **설**

출전 | 장자 도척편盜跖篇

[요순시절堯舜時節]

요임금과 순임금의 시절이라는 말이며, 태평성대를 빗댄 말이다.

글자 | 요임금 **요**, 순임금 **순**, 때 **시**, 때 **절**

동류 | 요순지절堯舜之節

[요순지군堯舜之君]

요와 순의 임금이라는 말이며, 훌륭한 성군이라는 뜻이다.

글자 | 요임금 **요**, 순임금 **순**, 어조사 **지**, 임금 **군**

[요순지도堯舜之道]

요임금과 순임금의 도리라는 말이며, 성군의 도리라는 뜻이다.

원문 | 堯舜之道 孝弟而已矣
요순지도 효제이이의

글자 | 요임금 **요**, 순임금 **순**, 어조사 **지**, 도리 **도**

출전 | 맹자 고자告子 하

[요순지절堯舜之節]

→ 요순시절堯舜時節

[요식행위要式行爲]

꼭 해야 할 법적인 행위라는 말이며, 일정한 형식을 갖추지 않으면 효력을 발생시킬 수 없는 법률행위를 일컫는다. 예를 들면, 혼인 · 입양 · 유언 · 정관작성 따위이다.

글자 | 꼭 **요**, 법 **식**, 행할 **행**, 할 **위**

반대 | 불요식행위不要式行爲

[요양미정擾攘未定]

어지러워 결정하지 못한다는 말이며, 나이가 어려 뜻이 인정되지 못한다는 뜻이다.

글자 | 어지러울 **요**, 어지러운 모양 **양**, 아닐 **미**, 정할 **정**

[요언불번要言不煩]

요긴한 말은 번거롭지 않다는 말이며, 긴 이야기를 듣지 않아도 알 수 있다는 뜻이다.

글자 | 요긴할 **요**, 말씀 **언**, 아닐 **불**, 번거로울 **번**

[요요작작夭夭灼灼]

나이가 젊고 예쁘며 활짝 핀 꽃과 같다는 말이다.

원문 | 桃之夭夭 灼灼其華 之子于歸
도 지 요 요 작 작 기 화 지 자 간 귀

글자 | 예쁠 **요**, 꽃 활짝 필 **작**

출전 | 시경 주남 도요桃夭

[요요정정夭夭貞靜]

예쁘고 마음이 곧으며 조용하다는 말이다.

글자 | 예쁠 **요**, 곧을 **정**, 고요할 **정**

[요용소치要用所致]

하고자 하는 쓸 데에 이르는 바라는 말이며, 필요가 있어서 하는 일이라는 뜻이다.

글자 | 하고자 할 **요**, 쓸 **용**, 바 **소**, 이를 **치**

[요원지화燎原之火]

불타는 벌판의 불길이라는 말이며, 무서운 기세로 확대되는 현상을 이른다. 서경에 나오는 글이다. '너희는 어찌 내개 알리지도 않고 서로 어울려 뜬소문을 퍼뜨리고 백성을 공포에 몰아넣고 있는가? 불이 벌판에 타게 되면 가까이 갈 수도 없으나 오히려 두드려 꺼버릴 수는 있으니…'

원문 | 若火之燎于原 不可嚮邇 其猶家覆滅
약 화 지 요 우 원 불 가 향 이 기 유 가 복 멸

글자 | 뜰에 세운 횃불 **요**, 들 **원**, 갈 **지**, 불 **화**

출전 | 서경 반경盤庚 상

[요유인흥妖由人興]

요사스러움은 사람이 일어나기 때문이라는 말이며, 사람이 양심을 잃었을 때 일어난다는 뜻이다.

글자 | 요사스러울 **요**, 말미암을 **유**, 사람 **인**, 일어날 **흥**

출전 | 춘추좌씨전

[요장순단堯長舜短]

요임금은 키가 크고, 순임금은 키가 작다는 말이며, 성인聖人은 외모와 상관없다는 뜻이다.

글자 | 요임금 **요**, 긴 **장**, 순임금 **순**, 짧을 **단**

[요절복통腰折腹痛]

허리가 꺾이고 배가 아프다는 말이며, 너무나 우습다는 뜻이다.

글자 | 허리 **요**, 꺾일 **절**, 배 **복**, 아플 **통**

[요조숙녀窈窕淑女]

고요하면서도 곱고 가늘고 맑은 여자라는 말이며, 조용하면서도 날씬하고 지적인 미인을 일컫는다.

원문 | 窈窕淑女 君子好逑
요조숙녀 군자호구

글자 | 고울 **요**, 가늘 **조**, 맑을 **숙**, 계집 **녀**

출전 | 시경 주남周南

[요지부동搖之不動]

흔들어도 움직이지 않는다는 말이다.

글자 | 흔들 **요**, 어조사 **지**, 아닐 **부**, 움직일 **동**

[요차불피樂此不疲]

즐거움은 지치지 않는다는 말이며, 좋아서 하는 일은 아무리 해도 지치지 않는다는 뜻이다.

글자 | 즐거울 **요**, 이 **차**, 아닐 **불**, 지칠 **피**

출전 | 후한서

[요천지마嚙韆之馬]

안장을 씹는 말이라는 말이며, 자신의 친척을 해친다는 뜻이다.

글자 | 씹을 **요**, 안장 **천**, 어조사 **지**, 말 **마**

출전 | 순오지

[요추순보堯趨舜步]

요임금이 달리고 순임금이 걷는다는 말이며, 군주의 덕망이 크게 융성하다는 뜻이다.

글자 | 요임금 **요**, 달아날 **추**, 순임금 **순**, 걸음 **보**

동류 | 우보순추禹步舜趨

[요풍순우堯風舜雨]

요임금의 바람과 순임금의 비라는 말이며, 태평한 정치와 온화한 세상을 빗댄 말이다.

글자 | 요임금 **요**, 바람 **풍**, 순임금 **순**, 비 **우**

[요피부득要避不得]

→ 회피부득回避不得

출전 | 송남잡지

[요행만일僥倖萬一]

요행이 만의 하나라는 말이며, 뜻밖에 얻은 요행이라는 뜻이다.

글자 | 요행 **요**, 요행 **행**, 일만 **만**

[요행장원僥倖壯元]

거짓과 요행으로 장한 으뜸이 되었다는 말이며, 부정한 방법으로 장원급제를 하였다는 뜻이다.

글자 | 거짓 **요**, 요행 **행**, 장할 **장**, 으뜸 **원**

출전 | 조선왕조 11대 중종실록

[욕개미창欲蓋彌彰]

덮고자 하면 더욱 드러난다는 말이며, 감추고자 하면 더욱 드러난다는 뜻이다.

글자 | 하고자 할 **욕**, 덮을 **개**, 더할 **미**,

드러날 **창**

출전 | 춘추좌씨전 소공 31년조

[욕거순풍欲去順風]

가고자 할 때 순풍이 분다는 말이며, 어떤 일을 하고자 할 때 환경과 조건이 좋게 이루어진다는 뜻이다.

글자 | 하고자 할 **욕**, 갈 **거**, 순할 **순**, 바람 **풍**

유사 | 궁적상적弓的相適

[욕계삼욕欲界三欲]

하고자 하는 둘레의 세 가지 욕심이라는 말이며, 불교의 욕심 세계, 곧 식욕·수면욕·음욕의 세 가지 욕심을 일컫는다.

글자 | 하고자 할 **욕**, 둘레 **계**

[욕곡봉타欲哭逢打]

울려고 하는 아이를 때려서 마침내 울게 한다는 말이며, 불평을 품고 있는 사람을 선동하여 폭발케 한다는 뜻이다.

글자 | 하고자 할 **욕**, 울 **곡**, 맞을 **봉**, 때릴 **타**

[욕교반졸欲巧反拙]

잘 만들려고 하다가 오히려 졸작을 만든다는 말이며, 너무 잘 하려고 하면 도리어 잘 안 된다는 뜻이다.

원문 | 欲速不達 欲巧反拙
욕속부달 욕교반졸

글자 | 하고자 할 **욕**, 공교할 **교**, 도리어 **반**, 졸할 **졸**

출전 | 논어 자로子路

유사 | 욕속부달欲速不達

[욕구불만欲求不滿]

하고자 구하는 것이 차지 않는다는 말이며, 하고자 하는 것이 내부적 또는 외부적 원인으로 충족되지 아니하여 일어나는 정서 상태를 뜻한다.

글자 | 하고자 할 **욕**, 구할 **구**, 아닐 **불**, 찰 **만**

[욕금고종欲擒故縱]

사로잡고자 하면 예전과 같이 풀어주라는 말이며, 적이 도망가도록 만들어 그 기세를 약하게 한 뒤 추격해서 사로잡는 우회적인 계책을 일컫는다.

원문 | 欲擒故縱 逼則反兵 走則減勢
욕금고종 핍즉반병 주즉감세

글자 | 하고자 할 **욕**, 사로잡을 **금**, 예전 **고**, 풀어줄 **종**

출전 | 노자 도덕경道德經 36장

[욕급부형辱及父兄]

[자식의] 잘못이 부형에게까지 미친다는 말이다.

글자 | 욕될 **욕**, 미칠 **급**, 아비 **부**, 맏 **형**

[욕급선조辱及先祖]

욕이 조상에게까지 미친다는 말이다.

글자 | 욕될 **욕**, 미칠 **급**, 먼저 **선**, 할아버지 **조**

[욕기지락欲沂之樂]

물에서 노는 즐거움이라는 말이며, 제자와 함께 명리名利를 잊고 교외에서 노는 즐거움을 일컫는다.

글자 | 하고자 할 **욕**, 물 이름 **기**, 어조사 **지**, 즐거울 **락**

출전 | 논어 선진先進

[욕보심은欲報深恩]

깊은 은혜를 갚고자 한다는 말이다.

원문 | 欲報深恩 昊天罔極
욕보심은 호천망극

글자 | 하고자 할 **욕**, 갚을 **보**, 깊을 **심**, 은혜 **은**

출전 | 시경, 명심보감 효행편孝行篇

[욕불가종欲不可從]

욕심은 멋대로 하게 해서는 안 된다는 말이며, 욕망을 줄이고 만족할 줄 알아야 한다는 뜻이다.

원문 | 傲不可長 欲不可從
오불가장 욕불가종

글자 | 욕심 **욕**, 아닐 **불**, 옳을 **가**, 따를 **종**

출전 | 예기 곡례曲禮, 안씨가훈

관련 | 지불가만志不可滿

[욕사무지欲死無地]

죽고자 하여도 [죽을] 땅이 없다는 말이며, 아주 분하고 원통하다는 뜻이다.

글자 | 하고자 할 **욕**, 죽을 **사**, 없을 **무**, 땅 **지**

출전 | 송남잡지

[욕소필연欲燒筆硯]

붓과 벼루를 불사르고 싶다는 말이며, 남이 지은 문장을 보고 자신의 재주가 그에 미치지 못함을 탄식한다는 뜻이다.

글자 | 하고자 할 **욕**, 불사를 **소**, 붓 **필**, 벼루 **연**

출전 | 진서

[욕속부달欲速不達]

서두르면 이루지 못한다는 말이며, 일을 덤비지 말고 차분히 진행하라는 뜻이다. 공자가 고을의 장관이 되어 찾아 온 제자 자하가 정치하는 방법을 묻자 대답한 말이다. '서두루지 말고 작은 이익을 보지 말라. 서두르면 일이 잘 되지 않고 작은 이익을 보면 큰 일이 이루어지지 않는다.'

원문 | 欲速則不達 見小利則大事不成
욕속즉부달 견소리즉대사불성

글자 | 하고자 할 **욕**, 서두를 **속**, 아닐 **부**, 이룰 **달**

출전 | 논어 자로子路

유사 | 욕교반졸欲巧反拙

[욕속지심欲速之心]

빨리 하고자 하는 마음이라는 말이다.

글자 | 하고자 할 **욕**, 서두를 **속**, 어조사 **지**, 마음 **심**

[욕식기육欲食其肉]

그 [사람의] 고기를 먹고 싶다는 말이며, 원한이 깊다는 말이다.

글자 | 하고자 할 **욕**, 먹을 **식**, 그 **기**, 고기 **육**

[욕언미토欲言未吐]

하고 싶은 말을 토하지 못했다는 말이며, 해야 할 말이 아직 많이 남았다는 뜻이다.

글자 | 하고자 할 **욕**, 말씀 **언**, 아닐 **미**, 토할 **토**

[욕이무모欲而無謀]

하고자 함이 있어도 꾀함이 없어야 한다는 말이며, 하고자 하는 것이 있어도 함부로 다른 사람에게 계획을 드러내지 않는다는 뜻이다.

원문 | 毒而無怒 怨而無言 欲而無謀
독이무로 원이무언 욕이무모

글자 | 하고자 할 **욕**, 말 이을 **이**, 없을 **무**, 꾀할 **모**

출전 | 관자 주합편宙合篇

[욕적지색欲炙之色]

친근해지고 싶은 기색이라는 말이며, 물건을 보고 탐내는 기색이라는 뜻이다.

글자 | 하고자 할 **욕**, 친근해질 **적**, 어조사 **지**, 빛 **색**

출전 | 진서

[욕지미래欲知未來]

오지 않은 것을 알고자 한다는 말이며, 닥쳐올 앞날을 미리 알고자 한다는 뜻이다.

원문 | 欲知未來 先察已然
욕지미래 선찰이연

글자 | 하고자 할 **욕**, 알 **지**, 아닐 **미**, 올 **래**

출전 | 명심보감 성심편省心篇

[욕토미토欲吐未吐]

토하려다 토하지 아니한다는 말이며, 말을 하려고 하다가 하지 않는다는 뜻이다.

글자 | 하고자 할 **욕**, 토할 **토**, 아닐 **미**

[욕파불능欲罷不能]

엎고자 하여도 엎을 수 없다는 말이다.

원문 | 欲罷不能 旣竭吾才
욕파불능 기갈오재

글자 | 하고자 할 **욕**, 엎을 **파**, 아닐 **불**, 능할 **능**

출전 | 논어 자한편子罕篇

[용가봉생龍笳鳳笙]

용 같은 피리와 봉새 같은 생황이라는 말이며, 맑고 깨끗하고 아름다운 소리를 내는 악기들을 빗댄 말이다.

글자 | 용 **용**, 피리 **가**, 봉새 **봉**, 생황 **생**

[용각쾌권勇脚快拳]

날랜 발과 빠른 주먹이라는 말이며, 발과 주먹의 동작이 매우 힘차고 빠르다는 뜻이다.

ㅇ

글자 | 날랠 **용**, 발 **각**, 빠를 **쾌**, 주먹 **권**
출전 | 옥루몽

[용감무쌍勇敢無雙]

용감하기 짝이 없다는 말이다.

글자 | 날랠 **용**, 용감스러울 **감**, 없을 **무**, 짝 **쌍**

[용건봉저龍騫鳳翥]

용이 오르고 봉새가 난다는 말이며, 출중한 인물이 났다는 뜻이다.

글자 | 용 **용**, 오를 **건**, 봉새 **봉**, 날 **저**

[용관규천用管窺天]

대롱을 통해 하늘을 본다는 말이며, 좁은 소견을 빗댄 말이다. 위모魏牟와 공손룡公孫龍의 문답에서 나오는 말이다. '그대는 허둥대며 좁은 지혜로 이를 찾으려 하고 서툰 구변으로 이를 밝히려 한다. 이는 곧 대롱으로 하늘을 보고 송곳을 가지고 땅을 가리키는 것이니 역시 작다고 하지 않겠는가.'

원문 | 是直用管窺天 用錐指地也 不亦小乎
시직용관규천 용추지지야 불역소호

글자 | 쓸 **용**, 대롱 **관**, 엿볼 **규**, 하늘 **천**
출전 | 장자 추수秋水
유사 | 정중지와井中之蛙

[용광필조容光必照]

빛이 용납되는 곳은 반드시 [빛이] 비친다는 말이다.

글자 | 용납할 **용**, 빛 **광**, 반드시 **필**, 비칠 **조**

[용구봉추龍駒鳳雛]

용의 망아지와 봉황의 병아리라는 말이며, 장차 큰 인물이 될 영특한 소년을 빗댄 말이다.

글자 | 용 **용**, 망아지 **구**, 봉황 **봉**, 병아리 **추**
출전 | 진서
동류 | 와룡봉추臥龍鳳雛

[용구축신用舊蓄新]

옛것은 쓰고 새것은 쌓아둔다는 말이며, 물건을 아껴서 쓰고 많이 모아둔다는 뜻이다.

글자 | 쓸 **용**, 옛 **구**, 쌓을 **축**, 새 **신**
출전 | 송남잡지

[용금여분用金如糞]

돈을 똥과 같이 쓴다는 말이며, 귀한 것을 함부로 쓴다는 뜻이다.

원문 | 敗家之兒 用金如糞
패가지아 용금여분

글자 | 쓸 **용**, 금 **금**, 같을 **여**, 똥 **분**
출전 | 명심보감 성심편省心篇

[용기백배勇氣百倍]

용맹스런 기운이 백 갑절이 된다는 말이며, 격려나 응원 따위에 자극을 받아 힘이나 용기를 더 낸다는 뜻이다.

글자 | 용맹할 **용**, 기운 **기**, 일백 **백**, 갑절 **배**

[용나예확龍拏猊攫]

용이 붙잡고 사자가 움켜쥐었다는 말이며, 격렬한 싸움을 빗댄 말이다.

글자 | 용 **용**, 잡을 **나**, 사자 **예**, 움킬 **확**

출전 | 이백의 시

동류 | 용나호확龍拏虎攫

[용나호척龍拏虎擲]

용이 붙잡고 범이 던진다는 말이며, 격렬한 싸움을 한다는 빗댄 말이다.

글자 | 용 **용**, 잡을 **나**, 범 **호**, 던질 **척**

동류 | 용나예확龍拏猊攫

[용나호확龍拏虎攫]

→ 용나호척龍拏虎擲

[용두사미龍頭蛇尾]

용의 머리와 뱀의 꼬리라는 말이며, 시작은 요란하나 나중이 시원찮은 상태를 이르는 말이다. 진존자陳尊子라는 승려가 다른 승려와 대화하다가 생각한 글이다. '이 중이 얼른 보기에는 그럴듯하게 보이지만 참으로 도를 깨치지는 못한 듯하다. 잘은 모르지만 한갓 용의 머리와 뱀의 꼬리에 불과할 것이다.'

원문 | 似則似 是則未是 只恐龍頭 蛇尾
(사즉사 시즉미시 지공용두 사미)

글자 | 용 **용**, 머리 **두**, 뱀 **사**, 꼬리 **미**

출전 | 벽암록碧巖錄

반대 | 유종완미有終完美

[용두익수龍頭鷁首]

용의 머리와 익조의 머리라는 말이며, 천자나 귀인이 타는 용머리를 한 배와 익조의 머리를 한 한 쌍의 배를 일컫는다.

글자 | 용 **용**, 머리 **두**, 물새 이름 **익**, 머리 **수**

출전 | 회남자 본경훈本經訓

[용등천문龍登天門]

용이 하늘 문으로 오른다는 말이며, 선비가 높은 벼슬에 오른다는 뜻이다.

글자 | 용 **용**, 오를 **등**, 하늘 **천**, 문 **문**

출전 | 토정비결

[용력진세勇力振世]

날랜 힘이 세상에 떨친다는 말이다.

원문 | 勇力振世 守之以怯
(용력진세 수지이겁)

글자 | 날랠 **용**, 힘 **력**, 떨칠 **진**, 세상 **세**

출전 | 명심보감 존심편存心篇

[용린봉익龍鱗鳳翼]

용의 비늘과 봉황새의 날개라는 말이며, 용이나 봉황에 빗댈만한 위인들의 명성에 이끌린 추종자들이라는 뜻이다.

글자 | 용 **용**, 비늘 **린**, 봉새 **봉**, 날개 **익**

출전 | 안씨가훈 명실名實편

[용맹과감勇猛果敢]

날래고 사나우며 과단성이 있다는 말

이다.

글자 | 날랠 **용**, 사나울 **맹**, 과단할 **과**, 과단성 있을 **감**

출전 | 시경 대명

[용맹전진勇猛前進]

→ 용맹정진勇猛精進

[용맹정진勇猛精進]

날래고 사납게 정기를 다해 나아간다는 말이며, 온갖 어려움을 물리치고 정성껏 나아간다는 뜻이다.

글자 | 날랠 **용**, 사나울 **맹**, 정기 **정**, 나아갈 **진**

출전 | 무량수경無量壽經 상

동류 | 정진용맹精進勇猛

[용모단정容貌端正]

얼굴 모양이 단정하고 바르다는 말이다.

글자 | 얼굴 **용**, 모양 **모**, 단정할 **단**, 바를 **정**

유사 | 미목수려眉目秀麗

[용모파기容貌疤記]

얼굴 모양과 헌데를 기록한다는 말이며, 어떤 사람을 잡으려고 그 사람의 용모와 특징을 기록한다는 뜻이다.

글자 | 얼굴 **용**, 모양 **모**, 헌데 **파**, 기록할 **기**

[용무지지用武之地]

군사를 쓸만한 땅이라는 말이며, 용병用兵하여 공명을 나타낼 수 있는 곳이라는 뜻이다.

글자 | 쓸 **용**, 호반 **무**, 어조사 **지**, 땅 **지**

출전 | 진서

동류 | 용무지국用武之國

[용문부풍龍門扶風]

용문과 부풍이라는 말이며, 주국의 사기를 지은 사마천의 고향인 용문과 한서를 지은 반고의 고향인 부풍을 일컬으며, 역사 또는 사가의 별칭으로 쓰인다.

글자 | 용 **용**, 문 **문**, 붙들 **부**, 바람 **풍**

[용문점액龍門點額]

용문에서 이마에 점이 생겼다는 말이며, 과거에 낙방하고 돌아오는 사람을 빗댄 말이다. 용문 앞에 모인 물고기가 오르면 용이 되고, 오르지 못하면 이마를 부딪쳐 상처만 입고 점이 생긴다는 전설에서 온 말이다.

글자 | 용 **용**, 문 **문**, 점 **점**, 이마 **액**

출전 | 후한서 이응전李應傳

[용문지유龍門之遊]

용이 [등천하는] 문에서 논다는 말이며, 빼어난 인물들의 놀이를 빗댄 말이다.

글자 | 용 **용**, 문 **문**, 어조사 **지**, 놀 **유**

[용미봉탕龍味鳳湯]

용의 맛과 봉황새의 튀김이라는 말이

며, 좋은 재료로 만들어 맛이 좋은 음식을 빗댄 말이다.

글자 | 용 **용**, 맛 **미**, 봉새 **봉**, 튀할 **탕**

[용민축중容民畜衆]

백성을 용납하여 무리를 기른다는 말이며, 백성을 끌어안고 올바로 육성한다는 뜻이다.

원문 | 地中有水師君子以容民畜衆
지 중 유 수 사 군 자 이 용 민 축 중

글자 | 용납할 **용**, 백성 **민**, 기를 **축**, 무리 **중**

출전 | 주역

[용반기연龍返其淵]

용이 그 못에 돌아온다는 말이며, 훌륭한 사람이 제 고향으로 돌아간다는 뜻이다.

글자 | 용 **용**, 돌아올 **반**, 그 **기**, 못 **연**

[용반봉무龍盤鳳舞]

용이 서려 있고 봉황이 춤춘다는 말이며, 산의 모양이 기이하고 절묘하다는 뜻이다.

글자 | 용 **용**, 서릴 **반**, 봉황 **봉**, 춤출 **무**

동류 | 용반봉저龍盤鳳翥

[용반봉일龍蟠鳳逸]

용이 물속에 서리고 봉황이 숨어 있다는 말이며, 비범한 사람이 아직 그 뜻을 펴지 못하고 있다는 뜻이다.

글자 | 용 **용**, 서릴 **반**, 봉황 **봉**, 숨을 **일**

출전 | 이백李白의 시

[용반봉저龍盤鳳翥]

용이 서리고 봉새가 난다는 말이며, 산세가 험한 것을 빗댄 말이다.

글자 | 용 **용**, 서릴 **반**, 봉새 **봉**, 날 **저**

출전 | 구당서

[용반호거龍蟠虎踞]

용이 서리고 호랑이가 웅크리고 있다는 말이며, 웅장한 산세山勢를 이르는 말이다.

원문 | 鐘阜龍盤 石城虎踞
종 부 용 반 석 성 호 거

글자 | 용 **용**, 서릴 **반**, 범 **호**, 웅크릴 **거**

출전 | 이백 영왕동순가永王東巡歌, 서경잡기

[용병여신用兵如神]

군사의 운용을 귀신같이 잘한다는 말이다.

글자 | 쓸 **용**, 군사 **병**, 같을 **여**, 귀신 **신**

출전 | 용비어천가 5권 38장

[용병지화用兵之禍]

군사를 쓰는 재앙이라는 말이며, 군대를 운용할 때 생기는 재앙이라는 뜻이다. 그 재앙은 네 가지로서 ① 군대를 운용하는 이는 군대의 경중輕重을 알지 못하며, ② 군대가 출병하는 날에 나라가 빈곤하면 결코 전쟁에 승리하지 못하고, ③ 승리하더라도 사상자가 많으며, ④ 땅을 얻더라도 나라가 파괴된다.

ㅇ

글자 | 쓸 **용**, 군사 **병**, 어조사 **지**, 재화 **화**

출전 | 관자 병법편兵法篇

[용봉지자龍鳳之姿]

용과 봉새의 태도라는 말이며, 준수한 모습 또는 제왕의 모습을 빗댄 말이다.

원문 | 龍鳳之姿 天日之表
용 봉 지 자 천 일 지 표

글자 | 용 **용**, 봉새 **봉**, 어조사 **지**, 태도 **자**

출전 | 당서 태종본기太宗本紀

[용봉화전龍鳳花牋]

용과 봉새로 꽃을 넣은 종이라는 말이며, 시문을 쓰는 아름다운 종이를 뜻한다.

글자 | 용 **용**, 봉새 **봉**, 꽃 **화**, 종이 **전**

[용불견치宂不見治]

한가로우면 다스림을 볼 수 없다는 말이며, 한직에 있으면 다스리는 능력을 볼 기회가 없다는 뜻이다.

글자 | 한가로울 **용**, 아닐 **불**, 볼 **견**, 다스릴 **치**

출전 | 한유의 진학사進學辭

[용불용설用不用說]

(Theory of Use and Disuse) 쓰고 안 쓰는 말씀이라는 말이며, 사용하는 기관은 발달하고 사용하지 않는 기관은 퇴화한다는 라마르크의 진화 학설을 일컫는다.

글자 | 쓸 **용**, 아닐 **불**, 말씀 **설**

출전 | 동물철학

[용비봉무龍飛鳳舞]

용이 날고 봉황이 춤춘다는 말이며, 산천이 수려하고 신령한 기세氣勢를 비유한 말이다.

글자 | 용 **용**, 날 **비**, 봉새 **봉**, 춤출 **무**

출전 | 소식蘇軾의 시

동류 | 용비봉치龍飛鳳峙

[용비봉치龍飛鳳峙]

→ 용비봉무龍飛鳳舞

[용사비등龍蛇飛騰]

용과 뱀이 날고 오른다는 말이며, 활기가 있는 매우 잘 쓴 글씨를 빗댄 말이다.

글자 | 용 **용**, 뱀 **사**, 날 **비**, 오를 **등**

[용사지세龍蛇之歲]

용(辰)과 뱀(巳)의 해라는 말이며, 현사賢士가 죽은 해를 일컫는다. 어진 선비를 용사라 한다.

글자 | 용 **용**, 뱀 **사**, 어조사 **지**, 해 **세**

출전 | 후한서 정현전鄭玄傳

[용사행장用舍行藏]

쓰일 때는 행하고, 쉴 때는 감춘다는 말이며, 세상에 쓰일 때는 도를 행하고 버림을 받으면 물러나 몸을 숨겨 도를 닦는다는 뜻이다.

원문 | 用之則行 舍之則藏 唯我與爾
용 지 즉 행 사 지 즉 장 유 아 여 이

글자 | 쓸 **용**, 쉴 **사**, 행할 **행**, 감출 **장**

출전 | 논어 술이편述而篇

[용사혼잡龍蛇混雜]

용과 뱀이 어수선하게 섞였다는 말이며, 성자와 범부가 함께 어울려 있다는 뜻이다.

글자 | 용 **용**, 뱀 **사**, 섞일 **혼**, 어수선할 **잡**

[용산낙모龍山落帽]

용산에서 모자가 떨어졌다는 말이며, 예법이나 형식에 얽매이지 않고 문인의 호방한 기품과 깨끗하고 맑은 성품을 빗댄 말로서, 시흥詩興이 무르익어 모자가 떨어지는 것도 개의치 않고 시회詩會에 열중한 맹가의 고사에서 유래한다.

글자 | 용 **용**, 뫼 **산**, 떨어질 **낙**, 모자 **모**

출전 | 진서 맹가전孟嘉傳

[용상지력龍象之力]

용과 코끼리의 힘이라는 말이며, 덕이 높고 뚜렷한 행적이 있는 중을 사후에 일컫는 말이다.

글자 | 용 **용**, 코끼리 **상**, 어조사 **지**, 힘 **력**

출전 | 전등록

[용서성학傭書成學]

글 쓰는 품팔이를 하여 학문을 이루었다는 말이며, 남에게 책을 베껴 써주며 학문을 하였다는 뜻이다.

글자 | 품팔이 **용**, 글 **서**, 이룰 **성**, 배울 **학**

출전 | 이덕무李德懋의 편지

[용안일각龍顏日角]

용의 얼굴에 해 같은 이마라는 말이며, 임금의 상, 또는 귀인의 상을 빗댄 말이다.

글자 | 용 **용**, 얼굴 **안**, 해 **일**, 이마의 뼈 **각**

출전 | 고려사

[용약운진龍躍雲津]

용이 뛰고 구름이 넘친다는 말이며, 영웅이 풍운을 타고 일어난다는 말이다.

글자 | 용 **용**, 뛸 **약**, 구름 **운**, 넘칠 **진**

[용약일척甬躍一刺]

솟구쳐 뛰면서 한 번에 벤다는 말이며, 힘을 몰아 단숨에 벤다는 뜻이다.

글자 | 솟을 **용**, 뛸 **약**, 벨 **척**

[용양인진龍驤麟振]

용이 날뛰고 기린이 떨친다는 말이며, 장군 등이 위세와 온정을 겸비했다는 뜻이다.

글자 | 용 **용**, 말 뛸 **양**, 기린 **인**, 떨칠 **진**

출전 | 진서

[용양호박龍驤虎搏]

용처럼 날뛰고 호랑이처럼 친다는 말이며, 장수들이 용맹스럽게 싸우는 모습을 빗댄 말이다.

글자 | 용 **용**, 날뛸 **양**, 범 **호**, 칠 **박**

동류 | 용호상박龍虎相搏

[용양호보龍驤虎步]

용이 달려가서 호랑이 걸음을 한다는 말이며, 영웅이 재빨리 한 지방을 차지하고 나서 천하의 흐름을 가만히 살펴본다는 뜻이다.

원문 | 握兵要 龍驤虎步 高下在心
악 병 요 용 양 호 보 고 하 재 심

글자 | 용 **용**, 달릴 **양**, 범 **호**, 걸음 **보**

출전 | 삼국지 위서 왕찬전王粲傳

[용양호시龍驤虎視]

용처럼 하늘 높이 오르고 범이 먹이를 노리듯 [천하를] 본다는 말이며, 영웅의 한 세상을 웅시하는 태도를 빗댄 말이다.

글자 | 용 **용**, 뛰어오를 **양**, 범 **호**, 볼 **시**

출전 | 삼국지 촉지蜀志 제갈량전

[용언지근庸言之謹]

떳떳한 말도 삼간다는 말이며, 상식적인 말도 삼가야 한다는 뜻이다.

원문 | 庸德之行 庸言之謹
용 덕 지 행 용 언 지 근

글자 | 떳떳할 **용**, 말씀 **언**, 어조사 **지**, 삼갈 **근**

출전 | 중용 13장

[용여득운龍如得雲]

용이 구름을 얻은 것과 같다는 말이며, 큰 인물이 활동할 기회를 얻었다는 뜻이다.

글자 | 용 **용**, 같을 **여**, 얻을 **득**, 구름 **운**

출전 | 십팔사략

[용왕매진勇往邁進]

용감하게 멀리까지 나아간다는 말이다.

글자 | 날랠 **용**, 갈 **왕**, 멀리 갈 **매**, 나아갈 **진**

[용왕직전勇往直前]

→ 용왕매진勇往邁進

[용왕직진勇往直進]

→ 용왕매진勇往邁進

[용용지지庸庸祗祗]

쓸 것은 쓰고 공경할 것은 공경한다는 말이며, 쓸만한 사람을 가려서 쓰고 공경할 사람은 공경한다는 뜻이다.

원문 | 庸庸祗祗 威威顯民
용 용 지 지 위 위 현 민

글자 | 쓸 **용**, 공경할 **지**

출전 | 서경 주서周書

[용음호소龍吟虎嘯]

용이 울면 범이 으르렁거린다는 말이며, 동류同類는 서로 응하며 따른다는 뜻이다.

글자 | 용 **용**, 읊을 **음**, 범 **호**, 휘파람 **소**

[용의주도用意周到]

사용할 뜻이 두루 주밀하다는 말이다.

글자 | 쓸 **용**, 뜻 **의**, 두루 **주**, 주밀할 **도**

[용인물의用人勿疑]

사람을 쓰면서 의심하지 말라는 말이며, 일단 사람을 고용하면 믿어보라는 뜻이다.

원문 | 疑人莫用 用人勿疑
의인막용 용인물의

글자 | 쓸 **용**, 사람 **인**, 말 **물**, 의심할 **의**

출전 | 금사 희종기熙宗紀

[용자불구勇者不懼]

용맹한 사람은 두려워하지 않는다는 말이다.

글자 | 용맹할 **용**, 사람 **자**, 아닐 **불**, 두려울 **구**

출전 | 논어 헌문편憲問篇

[용장약졸 勇將弱卒]

용감한 장수 [밑에] 약한 병졸 [없다]라는 말이며, 지도자의 용기나 신념이 그 조직의 힘을 크게 좌우한다는 뜻이다.

글자 | 날랠 **용**, 장수 **장**, 약할 **약**, 군사 **졸**

출전 | 연공벽제사連公壁題詞

[용전분투勇戰奮鬪]

날래게 싸우고 싸운다는 말이다.

글자 | 날랠 **용**, 싸울 **전**, 날랠 **분**, 싸울 **투**

[용전여수用錢如水]

용돈을 물과 같이 흔하게 쓴다는 말이다.

글자 | 쓸 **용**, 돈 **전**, 같을 **여**, 물 **수**

출전 | 송남잡지

유사 | 용금여분用金如糞

[용전호쟁龍戰虎爭]

용이 싸우고 범이 다툰다는 말이며, 영웅끼리 서로 다툰다는 뜻이다.

글자 | 용 **용**, 싸울 **전**, 범 **호**, 다툴 **쟁**

[용종가소龍鐘可笑]

용모가 꾀죄죄하여 웃을 만하다는 말이며, 겉모습은 볼품없어도 속마음은 맑다는 뜻이다. 이는 고구려 평강왕 때의 사람 온달을 두고 한 말이다.

글자 | 얼굴 **용**, 술잔 **종**, 옳을 **가**, 웃을 **소**

출전 | 삼국사기 온달열전

[용중교교庸中佼佼]

일반 가운데 예쁘고 예쁘다는 말이며, 같은 종류 중에서 좀 나은 것이라는 뜻으로도 쓰인다.

원문 | 鐵中錚錚 庸中佼佼
철중쟁쟁 용중교교

글자 | 항상 **용**, 가운데 **중**, 예쁠 **교**

출전 | 후한서 유분자전劉盆子傳

동류 | 철중쟁쟁鐵中錚錚

[용지불갈用之不竭]

아무리 써도 없어지지 않는다는 말이다.

글자 | 쓸 **용**, 어조사 **지**, 아닐 **불**, 다할 **갈**

[용지약사容止若思]

형용과 거동은 생각과 같다는 말이

ㅇ

며, 얼굴 표정은 그 사람의 생각과 같다는 뜻이다.

원문 | 容止若思 言辭安定
용 지 약 사 언 사 안 정

글자 | 형용 **용**, 거동 **지**, 같을 **약**, 생각 **사**

출전 | 천자문 36항

[용지유절用之有節]

[사람을] 쓰는 데는 절제함이 있어야 한다는 말이다.

원문 | 富者用之有節 不富者家有十盜
부 자 용 지 유 절 불 부 자 가 유 십 도

글자 | 쓸 **용**, 어조사 **지**, 있을 **유**, 절제할 **절**

출전 | 명심보감 입교편入敎篇

[용지유진用之有盡]

쓰는 데는 다함이 있다는 말이며, 아무리 재물이 많아도 쓰는 데는 한계가 있다는 뜻이다.

원문 | 寶貨用之有盡 忠孝享之無窮
보 화 용 지 유 진 충 효 형 지 무 궁

글자 | 쓸 **용**, 어조사 **지**, 있을 **유**, 다할 **진**

출전 | 경행록景行錄

[용지이례用之以禮]

쓰는 데는 예도로써 해야 한다는 말이며, 모든 것을 예절에 맞게 사용해야 한다는 뜻이다.

원문 | 用之以禮 財不可勝用也
용 지 이 례 재 불 가 승 용 야

글자 | 쓸 **용**, 어조사 **지**, 써 **이**, 예도 **례**

출전 | 맹자 진심 상

[용지하처用之何處]

'쓸데가 어느 곳이냐' 라는 말이며, 아무 쓸모없다는 뜻이다.

글자 | 쓸 **용**, 어조사 **지**, 어찌 **하**, 곳 **처**

[용지허실用之虛實]

쓰임의 헛됨과 열매라는 말이며, 어떤 사물의 쓰임새가 있느냐, 없느냐를 일컫는다. 정다산丁茶山의 말이다. '연꽃을 심는 것은 빌려 감상하는 데 지나지 않으나, 벼를 심는 것은 먹을거리를 제공해 줄 수 있다.' 그런데 다산은 반대로 말했다. 벼 심을 논을 넓혀 연을 심는 집안은 번창하고, 연 심었던 못을 돋우어 벼 심는 집안은 쇠미해진다. 왜 그럴까? 인품의 차이 때문이다. 벼 몇 포기 더 심어 얻는 몇 말의 쌀보다 연꽃을 감상하며 얻는 정신의 여유가 더 소중하기 때문이라는 것이다.

글자 | 쓸 **용**, 어조사 **지**, 헛될 **허**, 열매 **실**

출전 | 다산의 증언첩贈言帖

[용집봉회龍集鳳會]

용이 모이고 봉새가 만난다는 말이며, 뛰어난 인물들이 모여든다는 뜻이다.

글자 | 용 **용**, 모일 **집**, 봉새 **봉**, 모일 **회**

[용추지지用錐指地]

송곳을 사용하여 땅을 찌른다는 말이

며, 아는 것이 조금 밖에 없다는 뜻이다.

글자 | 쓸 **용**, 송곳 **추**, 가리킬 **지**, 땅 **지**

출전 | 장자 추수편秋水篇

동류 | 이추자지以錐刺地

유사 | 용관규천用管窺天

[용퇴고답勇退高踏]

날래게 물러나서 고상하게 밟는다는 말이며, 관직을 용감하게 떠나서 혼자 고고히 살아간다는 뜻이다.

글자 | 날랠 **용**, 물러날 **퇴**, 고상할 **고**, 밟을 **답**

[용포봉적龍脯鳳炙]

용의 포와 봉황의 고기로 만든 적이라는 말이며, 매우 진귀한 음식을 빗댄 말이다.

글자 | 용 **용**, 포 **포**, 봉황 **봉**, 고기 구을 **적**

출전 | 옥루몽

[용필침웅用筆沈雄]

붓놀림이 침착하고 웅장하다는 말이며, 그림이나 글씨의 운필運筆이 무게가 있고 박력이 있다는 뜻이다.

글자 | 쓸 **용**, 붓 **필**, 잠길 **침**, 웅장할 **웅**

[용하경상用下敬上]

아래를 쓰고 위를 공경한다는 말이며, 아랫사람을 잘 활용하고 윗사람을 공경한다는 뜻이다.

글자 | 쓸 **용**, 아래 **하**, 공경 **경**, 윗 **상**

출전 | 맹자 만장 하

[용하변이用夏變夷]

하나라를 통하여 오랑캐를 바꾼다는 말이며, 자기 나라 방식으로 다른 나라를 바꾼다는 뜻이다.

글자 | 통할 **용**, 하나라 **하**, 바꿀 **변**, 오랑캐 **이**

출전 | 맹자 등문공 상

[용한봉익龍翰鳳翼]

용의 깃과 봉새의 날개라는 말이며, 왕자의 상相을 빗댄 말이다.

글자 | 용 **용**, 깃 **한**, 봉새 **봉**, 날개 **익**

[용행사장用行舍藏]

쓰일 때는 나가고, 쉴 때는 감춘다는 말이며, 나가고 물러남이 훌륭하고 확실하다는 뜻이다.

글자 | 쓸 **용**, 갈 **행**, 쉴 **사**, 감출 **장**

출전 | 논어 술이

동류 | 용사행장用舍行藏

[용행호보龍行虎步]

용이 가고 호랑이가 걷는다는 말이며, 위풍이 당당한 모습을 일컫는다.

글자 | 용 **용**, 다닐 **행**, 범 **호**, 걸음 **보**

출전 | 송서

[용형삼등用刑三等]

형벌을 쓰는 세 무리라는 말이며, 관직에 있으면서 형벌을 쓰는 데는 마땅히 세 등급이 있다는 뜻이다. 이재의李載毅가 다산茶山 정약용에게 24세에 고을의 수령이 된 아들을 위해 지방관으로 지녀야 할 마음가짐에 대하여 부탁하자 써준 증언贈言 7항목 중 하나이다. '무릇 민사民事에는 상형上刑을 쓰고, 공사公事에는 중형中刑을 쓰며, 관사官事에는 하형下刑을 쓴다. 사사私事는 무형無刑, 즉 형벌을 주면 안 된다.'

글자 | 쓸 **용**, 형벌 **형**, 무리 **등**

출전 | 위영암군수이종영증언爲靈巖郡守李鐘英贈言

[용호상박龍虎相搏]

용과 호랑이가 서로 치고받고 한다는 말이며, 강자의 싸움을 빗댄 말이다.

글자 | 용 **용**, 범 **호**, 서로 **상**, 칠 **박**

출전 | 이백의 시

동류 | 용양호박龍攘虎搏

[용혹무괴容或無怪]

혹시 용납될 수도 있으므로 괴이할 것이 없다는 말이며, 의심되는 일도 잘 알아보면 풀린다는 뜻이다.

글자 | 용납할 **용**, 혹 **혹**, 없을 **무**, 괴이할 **괴**

[용흥치운龍興致雲]

용이 일어나 구름에 이른다는 말이며, 성군이 나타나 현명한 신하를 쓴다는 뜻이다.

원문 | 龍興而致雲
용 흥 이 치 운

글자 | 용 **용**, 일 **흥**, 이를 **치**, 구름 **운**

[우각괘서牛角掛書]

소의 뿔에 책을 건다는 말이며, 독서에 열중하는 모습을 이르는 말이다.

원문 | 乘牛掛漢書一帙角上行且讀
승 우 괘 한 서 일 질 각 상 행 차 독

글자 | 소 **우**, 뿔 **각**, 걸 **괘**, 글 **서**

출전 | 신당서 이밀전李密傳

[우각괴장牛角壞牆]

쇠뿔에 담장이 무너졌다는 말이며, 남을 탓한다는 속담으로 쓰인다.

원문 | 匪爾牛角 我牆何覆
비 이 우 각 아 장 하 복

글자 | 소 **우**, 뿔 **각**, 무너질 **괴**, 담 **장**

출전 | 정약용의 백언시百諺詩

[우각지가牛角之歌]

소뿔의 노래라는 말이며, 남에게 자기를 알린다는 뜻이다.

글자 | 소 **우**, 뿔 **각**, 어조사 **지**, 노래 **가**

출전 | 여씨춘추

유사 | 모수자천毛遂自薦

[우각지서牛角之書]

소의 뿔로 쓴 글이라는 말이며, 일본 문자로 쓴 편지를 일컫는다.

글자 | 소 **우**, 뿔 **각**, 어조사 **지**, 글 **서**

출전 | 조선왕조 14대 선조실록

[우고좌면右顧左眄]

→ 좌고우면左顧右眄

[우공고문于公高門]

우공이 문을 높인다는 말이며, 자손 대대로 가문이 홍한다는 뜻이다.

글자 | 갈 **우**, 벼슬 **공**, 높을 **고**, 문 **문**

출전 | 한서 우정국전于定國傳

[우공이산愚公移山]

우공이 산을 옮긴다는 말이며, 남 보기에는 미련스러운 일처럼 보이지만 한 가지 일을 끝까지 밀고 나가면 언젠가는 목적을 달성할 수 있다는 뜻이다. 북산에 사는 우공이라는 노인이 사방에 둘러싸인 높은 산이 불편하여 온 식구들과 함께 허물기 시작하자 지수라는 노인이 부질없음을 지적했다. 우공이 답했다. '자네의 그 좁은 소견에 정말 놀라지 않을 수 없네. 내가 죽더라도 내 아들이 있고, 또 손자가 있고 그 손자에게서 또 자식이 생기지 않겠는가? 이처럼 사람은 대를 이어 가지만 저 산은 불어나는 일이 없지 않은가! 그러니 언젠가는 저 산이 없어지게 될 걸세.' 이 말을 들은 옥황상제는 감동하여 과아씨夸娥氏의 아들을 시켜 두 산을 옮겼다는 이야기가 있다.

글자 | 어리석을 **우**, 존칭할 **공**, 옮길 **이**, 뫼 **산**

출전 | 열자 탕문편湯問篇

유사 | 마부작침磨斧作針

[우국단충憂國丹忠]

나라를 근심하는 붉은 충성심이라는 말이다.

글자 | 근심 **우**, 나라 **국**, 붉을 **단**, 충성 **충**

[우국봉공憂國奉公]

나라의 일을 근심하며 나라를 받든다는 말이다.

글자 | 근심 **우**, 나라 **국**, 받들 **봉**, 공변될 **공**

[우국지사憂國之士]

나라를 근심하는 선비라는 말이다.

글자 | 근심 **우**, 나라 **국**, 어조사 **지**, 선비 **사**

[우국지심憂國之心]

나라를 근심하는 마음이라는 말이다.

글자 | 근심 **우**, 나라 **국**, 어조사 **지**, 마음 **심**

[우국진충憂國盡忠]

나라를 걱정하며 충성을 다한다는 말이다.

글자 | 근심 **우**, 나라 **국**, 다할 **진**, 충성 **충**

[우국충정憂國衷情]

나라를 근심하는 속마음과 뜻이라는 말이다.

글자 | 근심 **우**, 나라 **국**, 속마음 **충**, 뜻 **정**

[우귀사신牛鬼蛇神]

소 귀신 뱀 귀신이라는 말이며, 잡귀신, 또는 불한당을 일컫는다.

원문 | 牛鬼蛇神不足爲其虛荒幻誕也
우귀사신부족위기허황환탄야

글자 | 소 **우**, 귀신 **귀**, 뱀 **사**, 귀신 **신**

출전 | 두목의 이하집서李賀集序

[우기동조牛驥同皁]

소와 천리마가 같은 마판에서 길러지고 있다는 말이며, 어진 사람과 어리석은 사람이 같은 대우를 받고 있다는 뜻이다.

원문 | 使不羈之士 與牛驥同皁
사불기지사 여우기동조

글자 | 소 **우**, 천리마 **기**, 같을 **동**, 마판 **조**

출전 | 옥중양왕서獄中梁王書

[우기청호雨奇晴好]

비가 내려도 기이하고 맑아도 좋다는 말이며, 비가 올 때나 날이 개었을 때나 언제 보아도 경치가 좋다는 뜻이다.

글자 | 비 **우**, 기이할 **기**, 맑을 **청**, 좋을 **호**

출전 | 소식蘇軾의 시

[우단사련藕斷絲連]

연뿌리는 끊어도 그 실은 이어져 있다는 말이며, 이혼을 당한 여자가 여전히 남편을 잊지 못하는 마음을 빗댄 말이다.

글자 | 연뿌리 **우**, 끊을 **단**, 실 **사**, 이을 **련**

[우답불파牛踏不破]

소가 밟아도 깨지지 않는다는 말이며, 사물이 단단하다는 뜻이다.

글자 | 소 **우**, 밟을 **답**, 아닐 **불**, 깨질 **파**

동류 | 우수불함牛遂不陷

[우대우강又大又强]

또 크고, 또 강하다는 말이며, 매우 크고 강하다는 뜻이다.

글자 | 또 **우**, 큰 **대**, 강할 **강**

[우도할계牛刀割鷄]

소 잡는 칼로 닭을 쪼갠다는 말이며, 작은 일을 하는데 너무 큰 도구를 사용한다는 뜻이다. 공자가 농담으로 한 말에서 유래한다. '닭을 잡는데 어찌 소 잡는 칼을 쓰느냐?'

원문 | 割鷄 焉用牛刀
할계 언용우도

글자 | 소 **우**, 칼 **도**, 나눌 **할**, 닭 **계**

출전 | 논어 양화陽貨

동류 | 우정계팽牛鼎鷄烹, 대기소용大器小用

[우동마졸牛童馬卒]

소를 치는 아이와 말을 모는 군사라는 말이며, 비천한 사람을 빗댄 말이다.

글자 | 소 **우**, 아이 **동**, 말 **마**, 군사 **졸**

출전 | 대동야승

[우두마두牛頭馬頭]

소머리와 말머리라는 말이며, 지옥의

옥졸獄卒을 빗댄 말이다.

글자 | 소 **우**, 머리 **두**, 말 **마**

[우두마면牛頭馬面]

→ 우두마두牛頭馬頭

[우두아방牛頭阿旁]

소머리에 기둥 덩어리라는 말이며, 지옥에 있는 옥졸을 일컫는다. 소의 머리에 사람의 손을 가졌으며 두 다리에는 소의 발굽이 달리고 힘이 아주 세므로 산도 뽑을 수 있고 강철로 만든 창을 가졌다 한다.

글자 | 소 **우**, 머리 **두**, 기둥 **아**, 덩어리 질 **방**

동류 | 아방나찰阿房羅刹

[우두천왕牛頭天王]

소머리를 한 하늘의 왕이라는 말이며, 기원정사祇園精舍의 수호신을 일컫는다. 기원정사는 부처와 그 제자들을 위하여 수달장자須達長者가 세운 처소다.

글자 | 소 **우**, 머리 **두**, 하늘 **천**, 임금 **왕**

[우로지은雨露之恩]

→ 우로지택雨露之澤

[우로지택雨露之澤]

비와 이슬의 은혜라는 말이며, 넓고 큰 임금의 은혜를 빗댄 말이다.

글자 | 비 **우**, 이슬 **로**, 어조사 **지**, 은혜 **택**

[우로풍상雨露風霜]

비와 이슬, 바람과 서리[를 맞는다]라는 말이며, 갖은 경험을 일컫는다.

글자 | 비 **우**, 이슬 **로**, 바람 **풍**, 서리 **상**

[우리지당牛李之黨]

우씨와 이씨의 무리라는 말이며, 중국 당나라의 신하인 우승유牛僧儒와 이종민李宗閔의 두 파당의 심한 당쟁을 일컫는다.

글자 | 성씨 **우**, 성씨 **리**, 어조사 **지**, 무리 **당**

관련 | 우리당쟁牛李黨爭

[우립연사雨笠煙簑]

비에 젖은 삿갓과 뿌옇게 내린 안갯속의 비옷[도롱이]이라는 말이며, 빗속의 어부 등을 일컫는다.

글자 | 비 **우**, 삿갓 **립**, 연기 **연**, 도롱이 **사**

출전 | 진태陳泰

[우마지역牛馬之域]

소와 말의 지경이라는 말이며, 비천한 처지를 빗댄 말이다.

글자 | 소 **우**, 말 **마**, 어조사 **지**, 지경 **역**

출전 | 한서

[우맹의관優孟衣冠]

우맹의 옷과 갓이라는 말이며, 사람의 외형만 같고 그 안은 다르다는 말이다. 우맹이 손숙오孫叔敖의 의관을 입었다는 고사에서 온 뜻이다.

글자 | 넉넉할 **우**, 만 **맹**, 옷 **의**, 갓 **관**

출전 | 사기 골계열전滑稽列傳

[우모인각牛毛麟角]

소의 털에 기린의 뿔이라는 말이며, 배우는 사람은 쇠털 같이 많으나 성공하는 사람은 기린의 뿔 같이 드물다는 뜻이다.

글자 | 소 **우**, 털 **모**, 기린 **인**, 뿔 **각**

[우문우답愚問愚答]

어리석은 물음에 어리석은 대답이라는 말이다.

글자 | 어리석을 **우**, 물을 **문**, 대답할 **답**

[우문좌무右文左武]

오른쪽에 문관, 왼쪽에 무관이라는 말이며, 문무를 다 갖추어 천하를 다스린다는 뜻이다.

글자 | 오른쪽 **우**, 글 **문**, 왼쪽 **좌**, 호반 **무**

[우문현답愚問賢答]

어리석은 물음에 현명한 답이라는 말이다.

글자 | 어리석을 **우**, 물을 **문**, 어질 **현**, 대답할 **답**

반대 | 현문우답賢問愚答

[우문흥유佑文興儒]

글을 도와 선비를 일으킨다는 말이며, 학문을 숭상하여 유학을 부흥시킨다는 뜻이다.

글자 | 도울 **우**, 글 **문**, 일 **흥**, 선비 **유**

출전 | 예문고藝文考

[우민정책愚民政策]

백성을 어리석게 다스리는 꾀라는 말이며, 백성의 비판을 줄여 정치를 안정시키려는 방책이라는 뜻이다.

글자 | 어리석을 **우**, 백성 **민**, 다스릴 **정**, 꾀 **책**

[우방수방盂方水方]

밥그릇이 모나면 물도 모 난다는 말이며, 백성들의 선악은 임금에 따라 간다는 뜻이다.

글자 | 밥그릇 **우**, 모 **방**, 물 **수**

출전 | 한비자 외저설外儲說

[우범지대虞犯地帶]

범행이 우려되는 지역이라는 말이다.

글자 | 염려할 **우**, 범할 **범**, 땅 **지**, 띠 **대**

[우부우맹愚夫愚氓]

어리석은 지아비와 어리석은 백성이라는 말이다.

글자 | 어리석을 **우**, 지아비 **부**, 백성 **맹**

[우부우부愚夫愚婦]

어리석은 지아비와 며느리라는 말이다. 서경에 있는 글이다. '내가 천하를 보건대, 어리석은 남자나 어리석은 여자 혼자서도 나를 이길 수 있네.'

원문 | 予視天下 愚夫愚婦 一能勝予
여시천하 우부우부 일능승여

글자 | 어리석을 **우**, 지아비 **부**, 며느리 **부**

출전 | 서경 오자지가五子之歌

[우불파괴雨不破塊]

비가 [조용히 내려] 흙덩이를 깨지 못한다는 말이며, 천하가 태평하다는 뜻이다.

글자 | 비 **우**, 아닐 **불**, 깨질 **파**, 흙덩이 **괴**

출전 | 염철론

[우사생풍遇事生風]

일을 만나 바람을 일으킨다는 말이며, 본래는 젊은이의 날카로운 예기銳氣를 뜻하는 것이었으나 세월이 흐르면서 시비를 일으키기 좋아하는 사람으로 변했다. 말직에서 성실하고 청렴하여 경조윤京兆尹이 된 조광한趙廣漢에 대해 적은 글에서 유래한다. '보는 일마다 바람이 일고 회피하는 바가 없다.'

원문 | 見事風生 無所回避
견사풍생 무소회피

글자 | 만날 **우**, 일 **사**, 날 **생**, 바람 **풍**

출전 | 한서 조광한전趙廣漢傳

[우사풍편雨絲風片]

실 같은 비와 바람 조각이라는 말이며, 가랑비가 내리고 바람이 솔솔 분다는 뜻이다.

원문 | 雨絲風片 烟波畵船
우사풍편 연파화선

글자 | 비 **우**, 실 **사**, 바람 **풍**, 조각 **편**

출전 | 세설신어 첩오편捷悟篇

[우상숭배偶像崇拜]

허수아비의 형상을 높여 절한다는 말이며, 신이나 부처의 상 등을 종교적 상징으로서 존중하여 숭배한다는 뜻이다.

글자 | 허수아비 **우**, 형상 **상**, 높일 **숭**, 절 **배**

[우생마사牛生馬死]

소는 살고 말은 죽는다는 말이며, 장마가 져서 소와 말이 떠내려갈 때, 헤엄 잘 치는 말은 죽고, 헤엄 못 치는 소는 살아남는다는 뜻이다. 원인은 말은 물결을 거슬러 올라가려고 계속 발버둥 치다가 기운이 떨어져 익사하고 소는 물결에 순응하면서 강변으로 조금씩 다가가다가 살아남는다는 것이다.

글자 | 소 **우**, 살 **생**, 말 **마**, 죽을 **사**

[우서지경羽書之警]

깃털 글의 경고라는 말이며, 전쟁이 일어났다는 통고문을 빗댄 말이다.

글자 | 깃털 **우**, 글 **서**, 어조사 **지**, 경계할 **경**

[우세지사憂世之士]

세상을 근심하는 선비라는 말이며, 세상일을 걱정하는 사람이라는 뜻이다.

글자 | 근심 **우**, 세상 **세**, 어조사 **지**, 선비 **사**

[우수마발牛溲馬勃]

쇠오줌과 말똥이라는 말이며, 가치 없는 말이나 글, 또는 나쁜 약재 따위를 빗댄 말이다.

글자 | 소 **우**, 오줌 **수**, 말 **마**, 똥 **발**

출전 | 한유 진학進學의 해解

[우수마육牛首馬肉]

소머리[를 걸어 놓고] 말고기[를 판다]라는 말이며, 겉과 속이 다르다는 뜻이다.

글자 | 소 **우**, 머리 **수**, 말 **마**, 고기 **육**

유사 | 양두구육羊頭狗肉

[우수불함牛遂不陷]

→ 우답불파牛踏不破

[우순풍조雨順風調]

비가 순하게 오고 바람이 고르게 분다는 말이며, 농사짓기에 좋은 날씨라는 뜻이다.

글자 | 비 **우**, 순할 **순**, 바람 **풍**, 고를 **조**

동류 | 오풍십우五風十雨

[우승열패優勝劣敗]

나은 것이 이기고 약한 것이 패한다는 말이다.

글자 | 이길 **우**, 이길 **승**, 용렬할 **열**, 패할 **패**

[우시물주憂時勿酒]

근심할 때는 술을 말라는 말이며, 근심 속의 폭음은 근심을 녹여주기보다 오히려 몸을 해친다는 뜻이다.

글자 | 근심 **우**, 때 **시**, 말 **물**, 술 **주**

[우심경경憂心京京]

걱정하는 마음이 크고 크다는 말이다.

원문 | 憂心京京 哀我小心
우 심 경 경 애 아 소 심

글자 | 근심 **우**, 마음 **심**, 클 **경**

출전 | 시경 남산지십南山之什

유사 | 우심열열憂心烈烈, 우심유유憂心愈愈, 우심흠흠憂心欽欽

[우심여취憂心如醉]

근심하는 마음이 술에 취한 것과 같다는 말이다.

원문 | 憂心如醉 如何如何 忘我實多
우 심 여 취 여 하 여 하 망 아 실 다

글자 | 근심 **우**, 마음 **심**, 같을 **여**, 취할 **취**

출전 | 시경 진풍秦風

[우심유유憂心愈愈]

근심하는 마음이 더욱 더하다는 말이다.

원문 | 憂心愈愈 是以有侮
유 심 유 유 시 이 유 모

글자 | 근심 **우**, 마음 **심**, 더할 **유**

출전 | 시경 소아 남산지십南山之什

[우양시약雨暘時若]

때에 맞추어 비가 오고 해가 난다는 말이며, 기후가 고르다는 뜻이다.

원문 | 雨暘時若 禾穀茂盛
우 양 시 약 화 곡 무 성

글자 | 비 **우**, 해 돋는 곳 **양**, 때 **시**, 같을 **약**
출전 | 서경
유사 | 우순풍조雨順風調

[우양회명雨暘晦明]

비와 볕, 그리고 어두움과 밝음이라는 말이며, 비 오는 날의 어두움과 별 뜨는 날의 밝음이라는 뜻이다.

글자 | 비 **우**, 볕 **양**, 어두울 **회**, 밝을 **명**

[우여거축雨如車軸]

빗발이 수레바퀴의 굴대와 같다는 말이며, 큰 비를 일컫는다.

글자 | 비 **우**, 같을 **여**, 수레 **거**, 굴대 **축**

[우여곡절迂餘曲折]

구부러진 끝이 구부러지고 끊겼다는 말이며, 얽히고설킨 사정이라는 뜻이다.

글자 | 굽을 **우**, 끝 **여**, 굽을 **곡**, 절단할 **절**
출전 | 유종원柳宗元의 글

[우열난분優劣難分]

넉넉함과 못난 것을 나누기 어렵다는 말이며, 서로 비슷하고 큰 차이가 없다는 뜻이다.

글자 | 넉넉할 **우**, 못날 **열**, 어려울 **난**, 나눌 **분**
출전 | 송남잡지
동류 | 막상막하莫上莫下, 백중지간伯仲之間

[우예지소虞芮之訴]

우나라와 예나라의 송사라는 말이며, 자기의 이익을 주장하여 재판에 임한다는 뜻이다. 또 남의 일을 보고 자기 잘못을 고친다는 뜻으로도 쓰인다.

글자 | 나라 이름 **우**, 예나라 **예**, 어조사 **지**, 송사할 **소**
출전 | 사기 주본기周本紀
동류 | 우예지송虞芮之訟, 우예쟁전虞芮爭田

[우예지송虞芮之訟]

→ 우예지소虞芮之訴

[우왕마왕牛往馬往]

소가 가고 말이 간다는 말이며, 소 갈 데 말 갈 데 안 가본 데 없다는 뜻으로 온갖 고난을 다 겪는다는 말이기도 하다.

글자 | 소 **우**, 갈 **왕**, 말 **마**

[우왕좌왕右往左往]

오른쪽으로 갈까, 왼쪽으로 갈까 한다는 말이며, 이리저리 왔다 갔다 하며 일이나 나아가는 방향을 종잡지 못한다는 뜻이다.

글자 | 오른쪽 **우**, 갈 **왕**, 왼 **좌**

[우우지도友于之道]

우애의 넓은 도리라는 말이며, 형제간의 서로 사랑하는 도리를 일컫는다.

글자 | 우애 **우**, 넓은 모양 **우**, 어조사 **지**,

ㅇ

도리 **도**

출전 | 조선왕조실록 증보문헌비고

[우우지정友于之情]

우애의 넓은 마음속이라는 말이며, 형제간의 서로 사랑하는 마음을 일컫는다.

글자 | 우애 **우**, 넓은 모양 **우**, 어조사 **지**, 마음속 **정**

동류 | 우우지애友于之愛

[우월복합優越複合]

이기고 넘어 거듭 합한다는 말이며, 자기가 남보다 뛰어나다고 여기는 생각을 일컫는다.

글자 | 이길 **우**, 넘을 **월**, 거듭 **복**, 합할 **합**

[우유도일優遊度日]

넉넉하게 노닐면서 날을 지낸다는 말이며, 하는 일 없이 날을 보낸다는 뜻이다.

글자 | 넉넉할 **우**, 노닐 **유**, 지날 **도**, 날 **일**

[우유부단優柔不斷]

넉넉하고 부드러워 끊지 못한다는 말이며, 결단을 빨리 내리지 못한다는 뜻이다.

글자 | 넉넉할 **우**, 부드러울 **유**, 아닐 **부**, 끊을 **단**

반대 | 쾌도난마快刀亂麻

[우유불박優遊不迫]

넉넉하게 노닐면서 급하지 않다는 말이다.

글자 | 넉넉할 **우**, 노닐 **유**, 아닐 **불**, 급할 **박**

출전 | 창랑시화滄浪詩話

동류 | 우재유재優哉游哉

[우유염어優柔厭飫]

매우 부드럽게 배부르게 실컷 먹는다는 말이며, 천천히 충분하게 음식을 즐긴다는 뜻이다.

글자 | 뛰어날 **우**, 부드러울 **유**, 배부를 **염**, 실컷 먹을 **어**

출전 | 근사록 위학편爲學篇

[우유자적優遊自適]

스스로 즐겁게 노닌다는 말이며, 한가롭게 마음대로 즐긴다는 뜻이다.

글자 | 놀 **우**, 노닐 **유**, 스스로 **자**, 즐거울 **적**

동류 | 유유자적悠悠自適

[우유함영優游涵泳]

부드럽게 뜨고 담겨서 헤엄친다는 말이며, 서두르지 않고 조용히 학문의 깊은 뜻을 새겨본다는 뜻이다.

글자 | 부드러울 **우**, 뜰 **유**, 담글 **함**, 헤엄칠 **영**

[우음마식牛飮馬食]

소처럼 마시고 말처럼 먹는다는 말이며, 폭음 폭식한다는 뜻이다.

글자 | 소 **우**, 마실 **음**, 말 **마**, 먹을 **식**

[우읍뇌호雨泣雷號]

비 오듯이 울고, 천둥같이 부르짖는다는 말이다.

글자 | 비 **우**, 소리 없이 울 **읍**, 천둥 **뇌**, 부르짖을 **호**

출전 | 조선왕조 17대 효종실록

[우의소설寓意小說]

뜻에 부친 소설이라는 말이며, 어떤 의견이나 교훈을 소재로 한 소설이라는 뜻이다.

글자 | 부칠 **우**, 뜻 **의**, 작을 **소**, 말씀 **설**

[우이독경牛耳讀經]

소 귀에 경서를 읽는다는 말이며, 아무리 말해도 알아듣지 못한다는 뜻이다.

글자 | 소 **우**, 귀 **이**, 읽을 **독**, 경서 **경**

출전 | 동언해

동류 | 우이송경牛耳誦經

[우이득중偶爾得中]

뜻밖에 가운데를 얻었다는 말이며, 우연히 잘 들어맞았다는 뜻이다.

글자 | 뜻밖에 **우**, 어조사 **이**, 얻을 **득**, 가운데 **중**

[우이송경牛耳誦經]

→ 우이독경牛耳讀經

[우이유지優而柔之]

넉넉하면서도 부드럽다는 말이다.

글자 | 넉넉할 **우**, 말 이을 **이**, 부드러울 **유**, 어조사 **지**

[우이효지尤而效之]

더욱더 모방한다는 말이며, 남의 잘못을 비난하고는 자신도 같은 잘못을 저지른다는 뜻이다.

원문 | 尤而效之 罪又甚焉
우 이 효 지 죄 우 심 언

글자 | 더욱 **우**, 말 이을 **이**, 모방할 **효**, 어조사 **지**

출전 | 춘추좌씨전

[우익이성羽翼已成]

깃과 날개가 이미 이루었다는 말이며, 성숙해졌다는 말이다.

글자 | 깃 **우**, 날개 **익**, 이미 **이**, 이룰 **성**

출전 | 사기 유후세가留侯世家

[우입서혈牛入鼠穴]

소가 쥐구멍에 들어간다는 말이며, 절대로 있을 수 없는 일이라는 뜻이다.

글자 | 소 **우**, 들 **입**, 쥐 **서**, 굴 **혈**

출전 | 열상방언洌上方言

[우자불급愚者不及]

어리석은 사람은 미치지 못한다는 말이며, 어리석은 사람은 정도正道에 미치지 못한다는 뜻이다.

글자 | 어리석을 **우**, 사람 **자**, 아닐 **불**, 미칠 **급**

ㅇ

[우자일득愚者一得]

어리석은 자에게서도 한 가지 얻는다는 말이며, 여러 가지 일을 하다 보면 어리석은 자도 때로는 쓸만한 것이 있다는 빗댄 말이다.

원문 | 愚者千慮必有一得
우 자 천 려 필 유 일 득

글자 | 어리석을 **우**, 놈 **자**, 얻을 **득**

출전 | 사기 회음후전淮陰侯傳

[우자천려愚者千慮]

어리석은 사람의 천 가지 생각이라는 말이며, 쓸데없는 걱정을 이르는 말이다.

글자 | 어리석을 **우**, 놈 **자**, 일천 **천**, 생각할 **려**

출전 | 사기 회음후열전淮陰侯列傳

관련 | 우자일득愚者一得

[우재유재優哉游哉]

넉넉하도다! 순하게 흐르는구나! 라는 말이며, 침착하고 조용함을 감탄한다는 뜻이다.

글자 | 넉넉할 **우**, 어조사 **재**, 순히 흐를 **유**

출전 | 시경 소아 채숙편采菽篇

[우정계팽牛鼎鷄烹]

소 삶은 솥에 닭 삶는다는 말이며, 큰 일을 한 김에 작은 일도 함께 해 치운다는 뜻이다.

원문 | 牛鼎以烹鷄 多汁則淡而不可食
우 정 이 팽 계 다 즙 즉 담 이 불 가 식

글자 | 소 **우**, 솥 **정**, 닭 **계**, 삶을 **팽**

출전 | 논어, 후한서 문원文苑열전

[우정지의牛鼎之意]

소와 솥의 뜻이라는 말이며, 상대방의 뜻에 따라 하다가 나중에 정도正道로 간다는 뜻이다. 은나라 탕왕湯王을 왕으로 만들기 위해 이윤伊尹이 숙수가 되어 솥을 짊어지고 탕왕에게 접근한 일과, 진나라 목공穆公을 패자로 만들기 위해 백리해百里奚가 소치는 사람이 되어 목공에게 접근한 고사에서 온 말이다.

글자 | 소 **우**, 솥 **정**, 어조사 **지**, 뜻 **의**

출전 | 사기 맹자순경孟子荀卿열전

[우정팽계牛鼎烹鷄]

→ 우정계팽牛鼎鷄烹

[우제지어牛蹄之魚]

소 발자국의 물고기라는 말이며, 매우 위급한 처지에 있는 사람을 빗댄 말이다.

글자 | 소 **우**, 굽 **제**, 어조사 **지**, 고기 **어**

출전 | 장자 외물편外物篇

유사 | 학철부어涸轍鮒魚

[우주시원宇宙始源]

우주가 시작된 근원이라는 말이다.

글자 | 집 **우**, 집 **주**, 비로소 **시**, 근원 **원**

[우주창생宇宙創生]

우주가 비로소 생겼다는 말이다.

글자 | 집 **우**, 집 **주**, 비로소 **창**, 날 **생**

[우주창조宇宙創造]

우주를 처음으로 만들었다는 말이며, 우주를 신神이 처음으로 만들었다는 뜻이다.

글자 | 집 **우**, 집 **주**, 비로소 **창**, 만들 **조**

[우주홍황宇宙洪荒]

우주는 넓고 거칠다는 말이다.

원문 | 天地玄黃 宇宙洪荒
천지현황 우주홍황

글자 | 집 **우**, 집 **주**, 넓을 **홍**, 거칠 **황**

출전 | 천자문 1항

[우중산수雨中山水]

빗속의 산과 물이라는 말이며, 산수 그림의 한 제목이다.

글자 | 비 **우**, 가운데 **중**, 뫼 **산**, 물 **수**

[우즉기울憂則氣鬱]

근심하면 곧 기운이 막힌다는 말이며, 걱정이 가득하게 되면 기운이 자유롭지 못하고 꿍하게 되어 생명활동이 소통되지 못하고 짓눌려 있으므로 식물이 시들 듯 사람도 생기가 없어지게 된다는 뜻이다.

글자 | 근심 **우**, 곧 **즉**, 기운 **기**, 막힐 **울**

[우직지계迂直之計]

멀고 곧은 계책이라는 말이며, 멀리 돌아가고 있는 듯이 보이지만 실은 지름길인 계책이라는 뜻이다.

글자 | 멀 **우**, 곧을 **직**, 어조사 **지**, 꾀 **계**

출전 | 손자 군쟁편軍爭篇

[우집운산雨集雲散]

비 오듯이 모이고 구름같이 흩어진다는 말이며, 많은 사람들이 모였다 흩어진다는 뜻이다.

글자 | 비 **우**, 모을 **집**, 구름 **운**, 흩을 **산**

출전 | 성호사설

[우천순연雨天順延]

비가 오는 날이면 다음 차례로 연기한다는 말이다.

글자 | 비 **우**, 하늘 **천**, 차례 **순**, 천연할 **연**

[우청타자紆青拖紫]

푸른 [실을] 얽고 붉은 [실을] 끈다는 말이며, 인끈을 차고 고관의 지위에 오른다는 뜻이다.

원문 | 況於紆青拖紫致身廊廟
황어우청타자치신낭묘

글자 | 얽힐 **우**, 푸를 **청**, 끌 **타**, 붉을 **자**

출전 | 변계량의 희우정기喜雨亭記

[우충참적愚忠讒賊]

어리석은 충성은 참소하는 도적과 같다는 말이다.

글자 | 어리석을 **우**, 충성 **충**, 참소할 **참**,

도둑 **적**

출전 | 관자 칠신칠주편七臣七主篇

[우풍자우友風子雨]

바람을 벗하고 비를 아들로 한다는 말이며, 바람과 한께 흘러 다니며 비를 내리는 구름을 빗댄 말이다.

글자 | 벗 **우**, 바람 **풍**, 아들 **자**, 비 **우**

출전 | 순자

[우학풍도雨虐風饕]

비가 모질고 바람이 게걸스럽다는 말이며, 비바람이 괴롭힌다는 뜻이다.

글자 | 비 **우**, 모질 **학**, 바람 **풍**, 게걸스러울 **도**

[우핵비육羽翮飛肉]

날개의 깃이 몸을 날린다는 말이며, 약한 것도 합치면 힘이 된다는 뜻이다.

글자 | 깃 **우**, 날개 **핵**, 날 **비**, 몸 **육**

출전 | 한서 중산왕전中山王傳

[우행순추禹行舜趨]

우왕禹王이 걸어가고 순제舜帝가 달려간다는 말이며, 훌륭한 사람의 거동을 겉으로만 흉내 낼 뿐 실속이 따르지 못한다는 뜻이다. 순자에 있는 글이다. '우임금처럼 걷고 순임금처럼 뛰는 것, 이것이 자장子張 같은 무리의 천한 유자儒子이다.'

원문 | 禹行而舜趨 是子張氏之賤儒也
우 행 이 순 추 시 자 장 씨 지 천 유 야

글자 | 성 **우**, 갈 **행**, 순임금 **순**, 자주 걸을 **추**

출전 | 순자 비십이자非十二子

[우화등선羽化登仙]

날개를 달고 신선이 되어 하늘로 올라간다는 말이다. 송나라 소동파가 손과 함께 적벽 아래서 술을 마시며 부른 노래의 한 구절이다. '갈대 같은 작은 배에 내맡겨 만이랑 아득한 물위를 거침없이 떠간다. 훨훨 허공에 떠 바람을 타고 그칠 바를 모르듯, 훌쩍 세상을 버리고 홀몸이 되어 날개를 달고 신선이 되어 하늘을 오르는 것만 같다.'

원문 | 飄飄乎如遺世獨立 羽化而登仙
표 표 호 여 유 세 독 립 우 화 이 등 선

글자 | 날개 **우**, 될 **화**, 오를 **등**, 신선 **선**

출전 | 소식蘇軾의 적벽부赤壁賦

[우환승마牛換乘馬]

소를 바꾸어 말을 탄다는 말이며, 불리한 것을 버리고 유리한 것을 택한다는 뜻이다.

글자 | 소 **우**, 바꿀 **환**, 탈 **승**, 말 **마**

출전 | 십팔사략

유사 | 매우매마賣牛買馬

[우환질고憂患疾苦]

여러 가지 근심과 병과 괴로움이라는

말이다.

글자 | 근심 **우**, 근심 **환**, 병 **질**, 괴로울 **고**

[우후사초牛後捨草]

소 뒤에 풀을 준다는 말이며, 일의 순서를 모르고 일을 하면 헛수고만 하게 된다는 뜻이다.

글자 | 소 **우**, 뒤 **후**, 줄 **사**, 풀 **초**

출전 | 동언해

동류 | 우후사추牛後捨芻, 우후치추牛後置芻, 우후투추牛後投芻

[우후사추牛後捨芻]

→ 우후사초牛後捨草

[우후죽순雨後竹筍]

비 온 뒤의 대나무 순이라는 말이며, 어떤 일이 어떤 계기契機로 왕성해지거나 발전된다는 뜻이다.

글자 | 비 **우**, 뒤 **후**, 대나무 **죽**, 죽순 **순**

[우후치추牛後置芻]

→ 우후사초牛後捨草

[우후투추牛後投芻]

→ 우후사초牛後捨草

[욱욱청청郁郁青青]

향내가 자욱하고 푸르고 푸르다는 말이다.

원문 | 草綠江邊 郁郁青青
초록강변 욱욱청청

글자 | 향내 날 **욱**, 자욱할 **욱**, 푸를 **청**

출전 | 토정비결

[욱일승천旭日昇天]

해가 돋아 오르고 하늘로 오른다는 말이며, 세력이 왕성해지는 것을 빗댄 말이다.

글자 | 날 돋을 **욱**, 날 **일**, 오를 **승**, 하늘 **천**

[운개견일雲開見日]

구름이 열리어 해를 본다는 말이며, 오랫동안 닫히고 막혔던 일이 열리고 통하게 된다는 뜻이다.

글자 | 구름 **운**, 열 **개**, 볼 **견**, 날 **일**

[운권천청雲捲天晴]

구름이 걷히고 하늘이 맑다는 말이며, 병이나 근심이 깨끗이 사라졌다는 빗댄 말이다.

글자 | 구름 **운**, 거둘 **권**, 하늘 **천**, 맑을 **청**

출전 | 찬신무가讚神巫歌

[운근성풍運斤成風]

도끼를 움직일 때 바람이 일어난다는 말이며, 공장工匠의 교묘한 솜씨를 빗댄 말이다. 영郢에 사는 사람이 그의 콧등에 백토를 엷게 바르면 석장石匠이 도끼를 휘둘러 바람을 일으키며 날쌔게 깎아내렸으며 코는 다치지 않았다는 고사에서 온 말이다.

원문 | 匠石運斤成風
장석운근성풍

ㅇ

글자 | 움직일 **운**, 도끼 **근**, 이룰 **성**, 바람 **풍**

출전 | 장자 서무귀편徐无鬼篇

[운니지차雲泥之差]

구름과 진흙의 차이라는 말이며, 서로의 다름이 매우 크다는 뜻이다.

글자 | 구름 **운**, 진흙 **니**, 어조사 **지**, 다를 **차**

출전 | 후한서

유사 | 천양지차天壤之差

[운니홍조雲泥鴻爪]

구름과 진흙에 기러기 손톱 [자국]이라는 말이며, 오래 가지 못하고 곧 없어지는 흔적을 빗댄 말이다.

글자 | 구름 **운**, 진흙 **니**, 기러기 **홍**, 손톱 **조**

[운도시래運到時來]

운수가 이르고 때가 온다는 말이며, 무슨 일을 이룰 좋은 운수의 때가 마침내 온다는 뜻이다.

글자 | 운수 **운**, 이를 **도**, 때 **시**, 올 **래**

[운둔뇌치雲屯雷馳]

구름이 모이고 우레가 달린다는 말이며, 군대의 전투가 매우 치열함을 빗댄 말이다.

글자 | 구름 **운**, 모일 **둔**, 우레 **뇌**, 달릴 **치**

출전 | 성호사설

[운등치우雲騰致雨]

구름이 올라가서 비를 내린다는 말이다.

원문 | 雲騰致雨 露結爲霜
운 등 치 우 노 결 위 상

글자 | 구름 **운**, 오를 **등**, 이를 **치**, 비 **우**

출전 | 천자문 5항

[운룡풍호雲龍風虎]

용은 구름을, 범은 바람을 따른다는 말이며, 의기와 기질이 서로 맞는다는 뜻이다.

원문 | 雲從龍風從虎
운 종 룡 풍 종 호

글자 | 구름 **운**, 용 **룡**, 바람 **풍**, 범 **호**

출전 | 주역 문언文言

[운무회명雲霧晦冥]

구름과 안개가 끼어 매우 어두컴컴하다는 말이다.

글자 | 구름 **운**, 안개 **무**, 어둘 **회**, 어둘 **명**

[운부천부運否天賦]

운과 불운은 하늘이 내린다는 말이다.

글자 | 돌 **운**, 아닐 **부**, 하늘 **천**, 내릴 **부**

[운빈화용雲鬢花容]

구름 같은 귀밑머리와 꽃 같은 얼굴이라는 말이다.

글자 | 구름 **운**, 귀밑털 **빈**, 꽃 **화**, 얼굴 **용**

[운산무산雲散霧散]

→ 운산무소雲散霧消

[운산무소雲散霧消]

구름이 흩어지고 안개가 사라진다는 말이며, 근심, 걱정 따위가 깨끗이 사라진다는 뜻이다.

글자 | 구름 **운**, 흩을 **산**, 안개 **무**, 사라질 **소**

동류 | 운소무산雲宵霧散

[운산조몰雲散鳥沒]

구름처럼 흩어지고 새처럼 사라진다는 말이다.

글자 | 구름 **운**, 흩을 **산**, 새 **조**, 잠길 **몰**

[운상기품雲上氣稟]

구름 위의 정기와 성품이라는 말이며, 속됨을 벗어난 고상한 기질과 성품이라는 뜻이다.

글자 | 구름 **운**, 윗 **상**, 정기 **기**, 성품 **품**

[운서간음雲棲澗飮]

구름 위에 살면서 시냇물을 마신다는 말이며, 세속을 떠나 높은 산에서 산다는 뜻이다.

글자 | 구름 **운**, 살 **서**, 시내 **간**, 마실 **음**

[운소무산雲宵霧散]

→ 운산무소雲散霧宵

[운수반시運水搬柴]

물을 길어오고 땔나무를 해온다는 말이며, 평범한 생활을 한다는 뜻이다.

글자 | 옮길 **운**, 물 **수**, 옮길 **반**, 땔나무 **시**

[운수불길運數不吉]

운수가 좋지 않다는 말이다.

글자 | 운수 **운**, 운수 **수**, 아닐 **불**, 길할 **길**

[운수비동雲水飛動]

구름과 물이 나르고 움직인다는 말이며, 산수화의 그림 제목이다.

글자 | 구름 **운**, 물 **수**, 날 **비**, 움직일 **동**

[운수소관運數所關]

운수가 관계하는 바라는 말이며, 능력이나 노력에 상관없다는 뜻이다.

글자 | 운수 **운**, 셈 **수**, 바 **소**, 관계 **관**

[운수지회雲樹之懷]

구름과 나무의 회포라는 말이며, 절친한 벗을 그리는 회포라는 뜻이다.

글자 | 구름 **운**, 나무 **수**, 어조사 **지**, 품을 **회**

[운심월성雲心月性]

구름 같은 마음과 달 같은 성품이라는 말이며, 담박淡泊하여 욕심이 없다는 뜻이다.

원문 | 野客雲作心 高僧月爲性
야 객 운 작 심 고 승 월 위 성

글자 | 구름 **운**, 마음 **심**, 달 **월**, 성품 **성**

출전 | 맹호연의 억주수재소상인憶周秀才素上人

[운야산야雲耶山耶]

구름인지, 산인지라는 말이며, 먼 곳

에서 구름과 산을 잘 구별하지 못한다는 뜻이다.

글자 | 구름 **운**, 뫼 **산**, 어조사 **야**

출전 | 소식蘇軾의 시

[운연과안雲煙過眼]

구름과 연기가 눈앞을 지난다는 말이며, 쾌락이나 어떤 사물에 마음을 깊이 두지 않는다는 뜻이다.

글자 | 구름 **운**, 연기 **연**, 지날 **과**, 운 **안**

출전 | 소식의 왕군보회당기王君寶繪堂記

[운연비동雲煙飛動]

구름과 연기가 날고 움직인다는 말이며, 글자의 필세筆勢가 약동한다는 뜻이다.

글자 | 구름 **운**, 연기 **연**, 발 **비**, 움직일 **동**

출전 | 두보杜甫의 노래

[운영도성雲影濤聲]

구름의 그림자와 파도소리라는 말이다.

글자 | 구름 **운**, 그림자 **영**, 파도 **도**, 소리 **성**

[운예지망雲霓之望]

구름과 무지개의 바람이라는 말이며, 가뭄에 비가 오기를 간절히 바라는 마음이라는 뜻이다.

원문 | 若大旱之望雲霓也
약 대 한 지 망 운 예 야

글자 | 구름 **운**, 무지개 **예**, 어조사 **지**, 바랄 **망**

출전 | 맹자 양혜왕梁惠王 하

[운외창천雲外蒼天]

구름 밖의 푸른 하늘이라는 말이며, 난관을 뛰어 넘어 극복하면 푸른 희망이 보인다는 뜻이다.

글자 | 구름 **운**, 바깥 **외**, 푸를 **창**, 하늘 **천**

출전 | 토정비결

[운용지묘運用之妙]

일을 움직이는 묘책이라는 말이며, 묘책은 그 사건의 상황에 따라 대처해야 한다는 뜻이다. 큰일은 신중해야 하고, 전쟁은 속전속결해야 하고, 법의 집행은 공평해야 하는 것 따위이다.

원문 | 運用之妙 存乎一心
운 용 지 묘 존 호 일 심

글자 | 돌 **운**, 쓸 **용**, 어조사 **지**, 묘할 **묘**

출전 | 송사 악비전岳飛傳

[운우무산雲雨巫山]

구름과 비가 무산에 머문다는 말이며, 남녀 간의 육체적 교접을 일컫는다. 중국의 전국시대, 초나라 회왕이 낮잠의 꿈속에서 무산의 선녀와 정을 통했다. 헤어질 때 선녀가 나는 아침에 구름이 되고, 저녁에는 비가 될 것이라고 했다는 고사에서 온 말이다.

글자 | 구름 **운**, 비 **우**, 산 이름 **무**, 뫼 **산**

출전 | 이백의 청평조清平調

동류 | 조운모우朝雲暮雨, 운우지락雲雨之樂

[운우지락雲雨之樂]

구름과 비의 즐거움이라는 말이다. 초나라 양왕襄王의 꿈속 이야기다. '첩은 무산巫山의 신녀神女이옵니다. (중략) 첩은 무산 남쪽 높은 절벽 위에 살고 있습니다. 아침에는 아침 구름(雲)이 되고, 저녁에는 지나가는 비(雨)가 되어 아침마다 저녁마다 양대 아래에서 임금님을 그리며 지나겠습니다.'

글자 | 구름 **운**, 비 **우**, 갈 **지**, 즐거울 **락**

출전 | 문선 고당부高唐賦

동류 | 운우무산雲雨巫山

[운우지정雲雨之情]

→ 운우지락雲雨之樂

[운주유악運籌帷幄]

셈대[계산기]를 장막 안에서 놀린다는 말이며, 들어앉아 계획을 꾸민다는 뜻이다. 통일천하를 이룬 한고조가 성공의 비결을 묻는 신하들에게 답했다. '대체로 셈대를 장막 안에서 움직여 천리 밖에 승리를 얻게 하는 것은 내가 자방子房만 못하고, 나라를 편안히 하고 백성을 어루만져 주며 군대의 보급을 원만이 한 것은 내가 소하蕭何만 못하며 백만의 군사를 거느리고 싸우면 반드시 이기고 치면 반드시 빼앗는 것은 한신韓信만 못하다. 이 세 사람은 모두 뛰어난 인걸인데, 나는 그들을 제대로 쓸 수가 있었다. 항우는 범증范增 한 사람이 있었는데 그 하나도 제대로 쓰지 못해 나에게 패했다.'

원문 | 夫運籌策帷帳之中 決勝於千
부 운 주 책 유 장 지 중 결 승 어 천
里之外 吾不好子房
리 지 외 오 불 호 자 방

글자 | 움직일 **운**, 셈대(나무) **주**, 휘장 **유**, 휘장 **악**

출전 | 사기 고조본기高祖本紀, 한서 고제기高帝紀

[운중백학雲中白鶴]

구름 속의 흰 학이라는 말이며, 속세를 떠난 고상한 인물을 일컫는다. 공손도公孫度가 병원邴原을 평한 말이다. '이른바 구름 속의 흰 학이니 제비나 참새의 그물로는 잡을 수 있는 바가 아니다.'

글자 | 구름 **운**, 가운데 **중**, 흰 **백**, 두루미 **학**

출전 | 세설신어 상예賞譽

[운증용변雲蒸龍變]

구름이 횃불 같이 일어나고 용으로 변한다는 말이며, 영웅호걸이 때를 얻어 활약한다는 뜻이다.

글자 | 구름 **운**, 홰 **증**, 용 **용**, 변할 **변**

출전 | 사기

유사 | 용여득운龍如得雲

[운증초윤雲蒸礎潤]

구름이 찌면 주춧돌이 젖는다는 말이며, 어떤 일이 일어날 때는 먼저 그 조짐이 생긴다는 뜻이다.

ㅇ

원문 | 山雲蒸 柱礎潤
산운증 주초윤

글자 | 구름 **운**, 찔 **증**, 주춧돌 **초**, 젖을 **윤**

출전 | 회남자淮南子

[운지장상運之掌上]

손바닥 위에서의 움직임이라는 말이며, 마음대로 할 수 있다는 뜻이다.

원문 | 猶運之掌也
유운지장야

글자 | 움직일 **운**, 어조사 **지**, 손바닥 **장**, 윗 **상**

출전 | 맹자 공손추公孫丑 상

[운집무산雲集霧散]

구름처럼 모이고 안개처럼 헤어진다는 말이며, 수많은 것이 구름처럼 모였다가 흩어진다는 뜻이다.

글자 | 구름 **운**, 모일 **집**, 안개 **무**, 헤어질 **산**

출전 | 문선 서도부西都賦

[운파월래雲破月來]

구름이 깨지고 달이 온다는 말이며, 근심이 사라지고 기쁨이 온다는 뜻이다.

글자 | 구름 **운**, 깨질 **파**, 달 **월**, 올 **래**

[운합무집雲合霧集]

구름처럼 합하고 안개처럼 모인다는 말이며, 사람이나 동물이 많이 모인다는 뜻이다.

글자 | 구름 **운**, 합할 **합**, 안개 **무**, 모일 **집**

출전 | 사기 회음후열전

[운행우시雲行雨施]

구름이 가며 비를 베푼다는 말이며, 은택이 아래로 미친다는 뜻이다. 역경에 있는 글이다. '구름이 있어 비를 베풀면 만물의 형체가 변화된다.'

원문 | 雲行雨施 品物流形
운행우시 품물유형

글자 | 구름 **운**, 다닐 **행**, 비 **우**, 베풀 **시**

출전 | 주역 건위천乾爲天

[울울불락鬱鬱不樂]

매우 답답하여 즐겁지 않다는 말이다.

글자 | 답답할 **울**, 아닐 **불**, 즐거울 **락**

[울울성병鬱鬱成病]

마음이 답답하여 병이 난다는 말이다.

글자 | 답답할 **울**, 이룰 **성**, 병들 **병**

[울울창창鬱鬱蒼蒼]

나무가 매우 빽빽하고 푸르다는 말이다.

글자 | 나무 빽빽할 **울**, 푸를 **창**

[웅경조신熊經鳥申]

곰이 곧게 서고 새가 [날개를] 편다는 말이며, 몸을 곧게 서고 양 팔을 벌리면서 호흡운동을 한다는 뜻이다.

원문 | 熊經鳥申 爲壽而已意
웅경조신 위수이이의

글자 | 곰 **웅**, 곧을 **경**, 새 **조**, 펼 **신**

출전 | 장자 외편 각의刻意

[웅계단미熊鷄斷尾**]**

수탉이 제 꼬리를 자른다는 말이며, 어진 선비가 화를 피하여 스스로 천한 곳에 숨는다는 뜻이다.

글자 | 수컷 **웅**, 닭 **계**, 끊을 **단**, 꼬리 **미**

출전 | 춘추좌씨전 소공 22년조, 국어 주어周語 하

[웅계야명雄鷄夜鳴**]**

수탉이 밤에 운다는 말이며, 임금이 다른 나라를 정벌할 뜻을 품고 있으면 이러한 현상이 일어난다는 전설에서 온 말이다.

글자 | 수컷 **웅**, 닭 **계**, 밤 **야**, 울 **명**

[웅도거읍雄都巨邑**]**

웅장한 도읍과 큰 고을이라는 말이다.

글자 | 웅장할 **웅**, 도읍 **도**, 클 **거**, 고을 **읍**

[웅문거벽雄文巨擘**]**

웅장한 글이 커다란 엄지손가락과 같다는 말이며, 기개가 뛰어난 힘 있는 글에 능한 사람을 일컫는다.

글자 | 웅장할 **웅**, 글 **문**, 클 **거**, 엄지손가락 **벽**

[웅문대필雄文大筆**]**

웅장한 글과 큰 지움이라는 말이며, 문장이 웅대하고 뛰어난 작품이라는 뜻이다.

글자 | 웅장할 **웅**, 글 **문**, 큰 **대**, 지을 **필**

출전 | 춘관지春官志

[웅비지력熊羆之力**]**

큰 곰의 힘이라는 말이며, 매우 센 힘을 빗댄 말이다.

글자 | 곰 **웅**, 큰 곰 **비**, 어조사 **지**, 힘 **력**

출전 | 한서

[웅사굉변雄辭宏辯**]**

웅장한 말과 넓은 변설이라는 말이며, 언사가 뛰어나고 변설이 심오하다는 뜻이다.

글자 | 웅장할 **웅**, 말씀 **사**, 넓을 **굉**, 말 잘할 **변**

[웅심아건雄深雅健**]**

웅장하고 깊고 아담하고 굳세다는 말이며, 문장의 품위가 빼어나다는 뜻이다. 이는 한유韓愈가 사기史記를 평가한 말이다.

글자 | 웅장할 **웅**, 깊을 **심**, 아담할 **아**, 굳셀 **건**

[웅장여어熊掌與魚**]**

물고기를 주고 곰 발바닥을 취한다는 말이며, 삶보다는 의義를 취한다는 뜻이다. 맹자가 한 말이다. '나는 물고기도 얻고 싶고, 곰 발바닥도 얻고 싶다. 그러나 둘 중에 하나를 택하라면 나는 곰 발바닥을 취할 것이다. 이와 같이 생명도 취하고 정의도 취하고 싶

ㅇ

다. 그러나 하나만 택하라면, 나는 생명을 버리고 정의를 취할 것이다.'

원문 | 舍魚而取熊掌者也 舍生而取義者也
사 어 이 취 웅 장 자 야 사 생 이 취 의 자 야

글자 | 곰 **웅**, 손바닥 **장**, 줄 **여**, 고기 **어**

출전 | 맹자 고자告子 상

[웅재대략雄才大略]

뛰어난 재능과 커다란 지략智略이라는 말이다.

글자 | 웅장할 **웅**, 재주 **재**, 큰 **대**, 꾀 **략**

출전 | 한서 무제기武帝紀

[웅주거목雄州巨牧]

웅장한 고을과 큰 고을의 원이라는 말이다.

글자 | 웅장할 **웅**, 고을 **주**, 클 **거**, 다스릴 **목**

출전 | 송남잡지

[웅주거읍雄州巨邑]

웅장한 고을과 큰 고을이라는 말이다.

글자 | 웅장할 **웅**, 고을 **주**, 클 **거**, 고을 **읍**

[웅창자화雄唱雌和]

수컷이 노래하고, 암컷이 화답한다는 말이며, 서로 손이 잘 맞아서 일한다는 뜻이다.

글자 | 수컷 **웅**, 부를 **창**, 암컷 **자**, 화할 **화**

출전 | 송남잡지

[웅호지장熊虎之將]

곰과 범의 장수라는 말이며, 매우 힘이 세고 용맹스러운 장수를 빗댄 말이다.

글자 | 곰 **웅**, 범 **호**, 어조사 **지**, 장수 **장**

[원개방저圓蓋方底]

→ 방저원개方底圓蓋

[원거원처爰居爰處]

항상 있는 곳과 사는 곳을 바꾼다는 말이며, 여기저기 옮겨 다닌다는 뜻이다.

글자 | 바꿀 **원**, 항상 있을 **거**, 살 **처**

[원경백속元輕白俗]

원은 가볍고 백은 속되다는 말이며, 중국 당나라 원진元稹의 시문은 가볍고 백거이白居易의 시는 속되다는 뜻이다.

글자 | 으뜸 **원**, 가벼울 **경**, 흰 **백**, 속될 **속**

[원고증금援古證今]

옛것으로 도움받아 현재를 증명한다는 말이며, 과거의 일을 통해 증거로 삼는다는 뜻이다.

글자 | 구원할 **원**, 옛 **고**, 증거 **증**, 이제 **금**

[원공방목圓孔方木]

둥근 구멍에 모난 나무라는 말이며, 일이 잘 맞지 않는다는 뜻이다.

글자 | 둥글 **원**, 구멍 **공**, 모 **방**, 나무 **목**

동류 | 방예원조方枘圓鑿, 원조방예圓鑿方枘

[원교근공遠交近攻]

먼 곳은 사귀고 가까운 곳은 친다는 말이며, 먼 나라와는 항상 친하게 지내고 국경을 맞대고 있는 나라는 기회 있는 대로 공략한다는 뜻이다. 위나라 범수范雎라는 사람이 모략으로 고문을 받고 진나라로 도망쳐 진왕에게 아뢴 내용이다. '… 왕께선 멀리 사귀고 가까이 치는 것보다 좋은 방법은 없습니다. 한 치의 땅을 얻어도 왕의 한 치의 땅이 되고 한 자를 얻어도 왕의 한 자의 땅이 됩니다. 이제 이를 버리고 멀리 공략을 한다면 어찌 잘못된 일이 아니겠습니까?'

원문 | 王不如遠交而近攻 得寸則王
왕불여원교이근공 득촌즉왕
之寸也 得尺亦王之尺也
지촌야 득척역왕지척야

글자 | 멀 **원**, 사귈 **교**, 가까울 **근**, 칠 **공**

출전 | 사기 범저范雎 · 채택열전蔡澤列傳, 전국책 진책秦策

[원굴옹알寃屈壅閼]

원통하게 꺾이고 꽉 막혔다는 말이며, 바른 선비가 원통하게 꺾여 탄식하고 공론이 꽉 막혔다는 뜻이다. 윤기尹愭(1741~1826)의 글이다. '아! 성대하가. 이러한 때를 당하여 참소하는 간특함이 어떻게 먹혀들고, 사특한 좁은 길이 어떻게 열리겠는가? 바른 선비가 원통하게 꺾임을 탄식하고, 공론이 어찌 꽉 막힘을 근심하겠는가?

글자 | 원통할 **원**, 굽을 **굴**, 막을 **옹**, 가로막을 **알**

출전 | 윤기의 정상한화井上閒話

[원규지진元規之塵]

원규의 먼지라는 말이며, 좋지 않은 사람의 행위를 빗댄 말이다. 진나라의 왕도라는 사람이 서풍이 불면 이를 횡포가 심한 지방관 원규를 빗대어 원규의 먼지가 날아온다며 부채를 가렸다는 고사에서 온 말이다.

글자 | 으뜸 **원**, 법 **규**, 어조사 **지**, 먼지 **진**

출전 | 진서

[원두방족圓頭方足]

둥근 머리에 모진 발이라는 말이며, 사람을 빗댄 말이다.

글자 | 둥글 **원**, 머리 **두**, 모 **방**, 발 **족**

출전 | 회남자

동류 | 원로방지圓顱方趾

[원려근우遠慮近憂]

먼 생각과 가까운 근심이라는 말이며, 먼 장래를 내다본 생각이 없으면 생각지 않은 걱정이 반드시 생긴다는 뜻이다.

원문 | 人無遠慮 必有近憂
인무원려 필유근우

글자 | 멀 **원**, 생각할 **려**, 가까울 **근**, 근심 **우**

출전 | 논어 위령공衛靈公

[원로방지圓顱方趾]

둥근 머리와 모난 발꿈치라는 말이

며, 인류人類를 빗댄 말이다.

글자 | 둥글 **원**, 머리 **로**, 모 **방**, 발 **지**

출전 | 남사

동류 | 원두방족圓頭方足

[원로지도圓顱之徒]

둥근 머리의 무리라는 말이며, 머리를 박박 깎은 중을 일컫는다.

글자 | 둥글 **원**, 머리 **로**, 어조사 **지**, 무리 **도**

[원로행역遠路行役]

먼 길을 가는 수고라는 말이다.

글자 | 멀 **원**, 길 **로**, 다닐 **행**, 부릴 **역**

[원룡고와元龍高臥]

으뜸가는 용은 높은데 눕는다는 말이며, 남을 업신여긴다는 뜻이다.

글자 | 으뜸 **원**, 용 **룡**, 높을 **고**, 누울 **와**

출전 | 삼국지 위서 여포전呂布傳

[원막치지遠莫致之]

멀어서 올 수 없다는 말이다.

글자 | 멀 **원**, 말 **막**, 이를 **치**, 어조사 **지**

[원명별응黿鳴鼈應]

큰 자라가 울면 [보통] 자라가 따라서 운다는 말이며, 군신君臣이 잘 감응한다는 뜻이다.

글자 | 큰 자라 **원**, 울 **명**, 자라 **별**, 응할 **응**

출전 | 후한서

[원목경침圓木警枕]

둥근 나무의 경동하는 베개라는 말이며, 학문에 열중한다는 뜻이다. 둥근 나무베개에 방울을 달고 이를 앉아있는 넓적다리 밑에 깔고 책을 읽다가 졸려서 몸이 끄덕거리면 둥근 나무 베개가 움직이면서 방울소리를 내게 된다.

글자 | 둥글 **원**, 나무 **목**, 경동할 **경**, 베개 **침**

출전 | 범태사집范太史集

유사 | 형설지공螢雪之功

[원불실수原不失手]

실수하지 않도록 하는 근본 또는 방법이라는 말이다.

글자 | 근본 **원**, 아닐 **불**, 잃을 **실**, 손 **수**

[원비지세猿臂之勢]

원숭이 팔과 같은 기세라는 말이며, 군대의 위세가 멀리까지 미친다는 뜻이다. 원숭이 팔이 긴 것에서 온 말이다.

글자 | 원숭이 **원**, 팔 **비**, 어조사 **지**, 기세 **세**

출전 | 구당서舊唐書

[원사해골願賜骸骨]

[자신의] 해골 주기를 원한다는 말이며, 사직辭職을 청원한다는 뜻이다. 군주를 섬기는 것은 자신의 목숨이나 몸을 바치는 것이므로 사직을 원할 때는 적으나마 해골만이라도 돌려달라는 것이다.

글자 | 원할 **원**, 줄 **사**, 뼈 **해**, 뼈 **골**

출전 | 사기 항우본기項羽本紀

[원상춘릉原嘗春陵]

원, 상, 춘, 릉이라는 말이며, 호방한 성품을 지닌 사람이라는 뜻이다. 중국 춘추시대에 식객을 길러 호방한 생활을 했던 조나라 평원군平原君, 제나라 맹상군孟嘗君, 초나라 춘신군春申君, 위나라 신릉군信陵君을 가리킨다.

글자 | 들 **원**, 맛볼 **상**, 봄 **춘**, 언덕 **릉**

[원성자자怨聲藉藉]

원망의 소리가 깔리고 깔렸다는 말이며, 원망하는 소리가 뭇사람의 입에 오르내려 떠들썩하다는 뜻이다.

글자 | 원망할 **원**, 소리 **성**, 깔 **자**

[원수근화遠水近火]

멀리 있는 물은 가까운 불을 끄지 못한다는 말이며, 먼 곳에 있는 것은 급할 때 아무 쓸모가 없다는 뜻이다.

글자 | 멀 **원**, 물 **수**, 가까울 **근**, 불 **화**

출전 | 한비자 설림說林

동류 | 원수불구遠水不救

[원수불구遠水不救]

먼 데 있는 물은 구하지 못한다는 말이며, 먼 데 있으면 급할 때 아무 소용이 없다는 뜻이다.

원문 | 遠水不救近火也
원 수 불 구 근 화 야

글자 | 멀 **원**, 물 **수**, 아닐 **불**, 구할 **구**

출전 | 한비자 설림說林 상

[원수치부怨讎置簿]

원수의 문서를 둔다는 말이며, 원수진 것을 오래 기억해 둔다는 뜻이다.

글자 | 원망할 **원**, 원수 **수**, 둘 **치**, 문서 **부**

[원시천존元始天尊]

원래부터 비롯된 하늘의 높으신 분이라는 말이며, 도교道教에서 제창하는 신을 일컫는다.

원문 | 上合虛道君應號原始天尊
상 합 허 도 군 응 호 원 시 천 존

글자 | 으뜸 **원**, 비로소 **시**, 하늘 **천**, 높을 **존**

출전 | 운급칠첨雲笈七籤

[원실돈오圓實頓悟]

→ 일실원돈一實圓頓

[원악대대元惡大憝]

크게 원망하는 모진 두목이라는 말이며, 반역죄를 저지른 사람 또는 온 세상이 미워하는 사람을 일컫는다.

글자 | 두목 **원**, 모질 **악**, 큰 **대**, 원망할 **대**

출전 | 조선왕조 19대 숙종실록

[원앙금침鴛鴦衾枕]

원앙을 수놓은 이불과 베개라는 말이다.

글자 | 원앙새 **원**, 원앙새 **앙**, 이블 **금**,

베개 **침**

[원앙지계鴛鴦之契]

원앙의 맺음이라는 말이며, 부부의 금슬이 좋다는 뜻이다.

글자 | 원앙 **원**, 원앙 **앙**, 어조사 **지**, 맺을 **계**

출전 | 당시선唐詩選

[원원이래源源而來]

근원에서 근원이 온다는 말이며, 연달아 계속하여 온다는 뜻이다.

글자 | 근원 **원**, 말 이을 **이**, 올 **래**

출전 | 맹자 만장 상

[원원지수源遠之水]

근원이 먼 물이라는 말이며, 물줄기가 길다는 뜻이다.

글자 | 근원 **원**, 멀 **원**, 어조사 **지**, 물 **수**

[원융무애圓融無碍]

원만하고 융통하여 막힌 데가 없다는 말이다.

글자 | 원만할 **원**, 융통할 **융**, 없을 **무**, 막힐 **애**

출전 | 불교

[원일조하元日朝賀]

첫날 아침 하례라는 말이며, 설날 아침에 문무백관이 임금에게 드리는 하례를 일컫는다.

글자 | 으뜸 **원**, 날 **일**, 아침 **조**, 하례 **하**

[원입골수怨入骨髓]

원한이 골수에 들어 있다는 말이며, 원한이 사무친다는 뜻이다.

글자 | 원망할 **원**, 들 **입**, 뼈 **골**, 골수 **수**

출전 | 사기 진본기秦本紀

동류 | 원철골수怨徹骨髓

[원자자친遠者自親]

먼 사람이 스스로 친하다는 말이며, 천도를 따라 은덕을 베풀면 먼 곳의 사람도 스스로 친근하게 여겨 모여든다는 뜻이다.

원문 | 天道之極 遠者自親
천 도 지 극 원 자 자 친

글자 | 멀 **원**, 사람 **자**, 스스로 **자**, 친할 **친**

출전 | 관자 형세해편形勢解篇

[원전매매原田每每]

들과 밭에 풀이 무성하다는 말이며, 군병軍兵이 많이 깔려 있다는 말이다.

글자 | 들 **원**, 밭 **전**, 풀 무성할 **매**

출전 | 춘추좌씨전

[원전활탈圓轉滑脫]

둥글게 구르며 매끄럽게 벗어난다는 말이며, 말솜씨나 일의 처리가 모나지 않고 거리끼지 않는다는 뜻이다.

글자 | 둥글 **원**, 구를 **전**, 미끄러울 **활**, 벗어날 **탈**

출전 | 회남자 주술훈主術訓

[원정흑의圓頂黑衣]

둥근 머리에 검은 옷이라는 말이며,

머리를 박박 깎은 중을 일컫는다.

글자 | 둥글 **원**, 꼭대기 **정**, 검을 **흑**, 옷 의

[원조방예圓鑿方枘]

→ 방예원조方枘圓鑿

[원족근린遠族近隣]

먼 친족, 가까운 이웃이라는 말이며, 서로 도우며 살아가는데 먼 친척보다 이웃이 낫다는 뜻이다.

글자 | 멀 **원**, 겨레 **족**, 가까울 **근**, 이웃 **린**

출전 | 순오지 하

[원종공신原從功臣]

으뜸으로 따라다니며 공을 세운 신하라는 말이며, 창업의 공신을 일컫는다.

글자 | 으뜸 **원**, 따를 **종**, 공 **공**, 신하 **신**

출전 | 조선왕조 1대 태조실록

[원증회고怨憎會苦]

원망스럽고 미워하는 사람을 만나는 고통이라는 말이며, 사람이 겪는 고통 중의 하나를 일컫는다. 불교에서 사람의 고통을 8고八苦라 하는데, 그 가운데 하나이다.

글자 | 원망할 **원**, 미워할 **증**, 모일 **회**, 괴로울 **고**

출전 | 불교

관련 | 사고팔고四苦八苦

[원지예란沅芷澧蘭]

[중국의] 원수沅水에서 나는 향풀과 예수澧水에서 나는 난초라는 말이다.

글자 | 강 이름 **원**, 향풀 **지**, 강 이름 **예**, 난초 **란**

[원천우인怨天尤人]

하늘을 원망하고 사람을 탓한다는 말이다. 공자가 한 말은 하늘을 원망하지 않고 사람을 탓하지 않는다고 하였다.

원문 | 不怨天 不尤人
불 원 천 불 우 인

글자 | 원망할 **원**, 하늘 **천**, 탓할 **우**, 사람 **인**

출전 | 논어 헌문憲問

[원철골수怨徹骨髓]

→ 원입골수怨入骨髓

[원통대사圓通大士]

둥글게 통하는 큰 선비라는 말이며, 관세음보살의 별칭이다.

글자 | 둥글 **원**, 통할 **통**, 큰 **대**, 선비 **사**

[원학사충猿鶴沙蟲]

원숭이와 학, 그리고 바닷가의 벌레라는 말이며, 전쟁에 나가 죽은 군사들을 빗댄 말이다. 주나라 목왕이 남방을 정벌하였을 때 전군이 전사하여 군자君子는 원학猿鶴이 되고, 소인小人은 사충沙蟲이 되었다는 고사에서 온 말이다.

글자 | 원숭이 **원**, 학 **학**, 바닷가 **사**, 벌레 **충**

ㅇ

출전 | 태평어람太平御覽

[원형이정元亨利貞]

으뜸과 형통함과 이로움과 곧음이라는 말이며, 사람의 네 가지 덕목을 일컫는다. 역학易學에서 말하는 천도天道의 네 가지 원리로서 원元은 만물이 시작되는 봄에 속하며 어짊(仁)으로 이루어지고, 형亨은 만물이 성장하는 여름에 속하며 예도(禮)로 실천하고, 이利는 만물이 완수되는 가을에 속하며 의로움(義)으로써 행해지고, 정貞은 만물이 완성되는 겨울에 속하며 지혜(智)로 이루어진다는 것이다.

원문 | 君子行此四德 故曰乾元亨利貞
군 자 행 차 사 덕 고 왈 건 원 형 이 정

글자 | 으뜸 **원**, 형통할 **형**, 더할 **이**, 곧을 **정**

출전 | 주역 건위천乾爲天

[원화소복遠禍召福]

화를 멀리하고 복을 부른다는 말이다.

글자 | 멀 **원**, 재화 **화**, 부를 **소**, 복 **복**

[원후취월猿猴取月]

원숭이가 달을 잡는다는 말이며, 사람이 제 분수를 지키지 못하면 화를 입는다는 뜻이다. 원숭이가 물에 비친 달을 잡으려다 빠져 죽었다는 고사에서 온 말이다.

글자 | 원숭이 **원**, 원숭이 **후**, 잡을 **취**, 달 **월**

출전 | 증지율憎祗律

[월견폐설越犬吠雪]

월나라 개가 눈이 오면 짖는다는 말이며, 어리석고 식견이 좁은 사람이 예삿일에 의심을 품거나 크게 놀란다는 뜻이다.

글자 | 월나라 **월**, 개 **견**, 짖을 **폐**, 눈 **설**

출전 | 한비자

유사 | 촉견폐일蜀犬吠日, 오우천월吳牛喘月

[월경내면越境乃免]

지경을 넘어 겨우 면한다는 말이며, 외국으로 도망하여 마침내 벌을 면한다는 뜻이다.

글자 | 넘을 **월**, 지경 **경**, 겨우 **내**, 면할 **면**

[월광독서月光讀書]

달빛에 글을 읽는다는 말이며, 집이 가난하여 고학한다는 뜻이다.

글자 | 달 **월**, 빛 **광**, 읽을 **독**, 글 **서**

출전 | 제서강齊書江

[월국이문越國而問]

나라 [국경을] 넘어 와서 묻는다는 말이며, 국내에 훌륭한 인물이 있다는 뜻이다.

글자 | 넘을 **월**, 나라 **국**, 말 이을 **이**, 물을 **문**

출전 | 예기 곡례 상

[월궁항아月宮姮娥]

달나라 궁궐의 선녀 항아라는 말이며, 미인을 빗댄 말이다.

글자 | 달 **월**, 궁궐 **궁**, 항아 **항**, 예쁠 **아**

[월권행위越權行爲]

권세를 넘어서 한 행동이라는 말이며, 어떤 직위에 있는 사람이 주어진 권한 밖에 일을 한다는 뜻이다.

글자 | 넘을 **월**, 권세 **권**, 행할 **행**, 할 **위**

유사 | 직권남용職權濫用

[월녀제희越女齊姬]

월나라의 여자와 제나라의 여자라는 말이며, 아름다운 여자를 빗댄 말이다. 월과 제나라에는 미녀가 많았다고 한다.

원문 | 越女侍前 齊姬奉後往來游讌
월 녀 시 전 제 희 봉 후 왕 래 유 연

글자 | 월나라 **월**, 계집 **녀**, 제나라 **제**, 계집 **희**

출전 | 매승의 칠발七發

[월도관새越度關塞]

변방을 넘어 지경 문을 지난다는 말이며, 국경을 넘어 다른 나라로 들어간다는 뜻이다.

글자 | 넘을 **월**, 지날 **도**, 지경 문 **관**, 변방 **새**

[월려우기月麗于箕]

고운 달이 기성箕星에 걸렸다는 말이며, 기성이 바람을 주관함으로 바람이 불 징조가 보인다는 뜻이다.

글자 | 달 **월**, 고울 **려**, 여기 **우**(어조사 우), 별 이름 **기**

출전 | 춘추위春秋緯

[월려우필月麗于畢]

달이 필성畢星에 걸려있다는 말이며, 비가 올 징조라는 뜻이다.

글자 | 달 **월**, 걸릴 **려**, 어조사 **우**, 필성 **필**

출전 | 시경 소아小雅

[월령체가月令體歌]

달마다 시키는 근본 노래라는 말이며, 달의 순서에 따라 한 해 동안의 기후, 의식, 농가행사 등에 관하여 읊는 노래를 일컫는다.

글자 | 달 **월**, 시킬 **령**, 근본 **체**, 노래 **가**

[월로적승月老赤繩]

달의 노인의 붉은 노끈이라는 말이며, 남녀의 인연을 맺어준다고 하는 월하노인月下老人이 가지고 다니는 주머니의 붉은 노끈을 일컫는다.

글자 | 달 **월**, 늙을 **로**, 붉을 **적**, 노 **승**

[월로지학月露之學]

달[밤]의 이슬 같은 학문이라는 말이며, 문장만 아름답고 내용이 없는 시문을 빗댄 말이다.

글자 | 달 **월**, 이슬 **로**, 어조사 **지**, 배울 **학**

출전 | 조선왕조 4대 세종실록

[월만즉휴月滿則虧]

달이 차면 곧 이지러진다는 말이며, 사물은 가장 융성한 때를 지나면 곧 쇠퇴해진다는 뜻이다.

원문 | 月滿則虧 物盛則衰
월만즉휴 물성즉쇠

글자 | 달 **월**, 찰 **만**, 곧 **즉**, 이지러질 **휴**

출전 | 전국책 진책秦策, 관자 백심편白心篇

동류 | 월만필휴月滿必虧, 월영즉식月盈則食

유사 | 일중필이日中必移

[월명성희月明星稀]

달이 밝으면 별이 희미하다는 말이며, 능력 있는 사람이 나타나면 주위 사람들의 존재가 희미해진다는 뜻이다.

원문 | 月明星稀 烏鵲南飛
월명성희 오작남비

글자 | 달 **월**, 밝을 **명**, 별 **성**, 적을 **희**

출전 | 조조曹操의 단가행短歌行

[월반지사越畔之思]

밭두렁을 넘지 않을 생각이라는 말이며, 자신의 직분을 잘 지키고 남의 직권을 침범하지 않을 생각이라는 뜻이다.

글자 | 넘을 **월**, 두둑 **반**, 어조사 **지**, 생각 **사**

출전 | 춘추좌씨전

[월백풍청月白風淸]

달은 밝고 바람은 맑다는 말이며, 가을밤의 아늑한 정취를 일컫는다.

글자 | 달 **월**, 흰 **백**, 바람 **풍**, 맑을 **청**

출전 | 소동파의 시

[월시진척越視秦瘠]

월나라가 보기에 진나라가 줄었다는 말이며, 남의 환란이나 일에 일체 간여하지 않는다는 뜻이다.

글자 | 월나라 **월**, 볼 **시**, 진나라 **진**, 줄 **척**

출전 | 한유의 쟁싱론爭臣論

[월영즉식月盈則食]

달이 차면 곧 기운다는 말이며, 한 번 흥하면 한 번 망한다는 뜻이다.

원문 | 日中則昃 月盈則食
일중즉측 월영즉식

글자 | 달 **월**, 찰 **영**, 곧 **즉**, 일월 **식**

출전 | 주역 뇌하풍雷下豊

동류 | 월만즉휴月滿則虧

[월장성구月章星句]

달과 같은 문장에 별과 같은 구절이라는 말이며, 문장이 아름답다는 뜻이다.

글자 | 달 **월**, 글 **장**, 별 **성**, 글귀 **구**

동류 | 금장옥귀金章玉句

[월조남지越鳥南枝]

월나라 새가 남녘 가지에 앉는다는 말이며, 남방의 월나라 새는 타국에서도 고국을 그리워하여 남쪽 가지에 앉는다는 데서 고향을 잊기 어렵다는 뜻이다.

글자 | 월나라 **월**, 새 **조**, 남녘 **남**, 가지 **지**

출전 | 고려사

[월조대포越俎代庖]

도마를 건너 부엌일을 대신한다는 말이며, 자신의 직분을 뛰어넘어 타인의 권한을 침해한다는 뜻이다. 제주祭主가 요리솜씨가 나쁘다고 요리사의 일까지 대신해서는 안 된다는 것이다.

글자 | 건널 **월**, 도마 **조**, 대신할 **대**, 부엌 **포**

출전 | 장자 소요유편

[월조지죄越俎之罪]

도마를 넘어선 죄라는 말이며, 자기 직분을 넘어 부당하게 남의 일에 간섭하는 죄를 빗댄 말이다.

글자 | 넘을 **월**, 도마 **조**, 어조사 **지**, 허물 **죄**

출전 | 장자

동류 | 월조지혐越俎之嫌

유사 | 월반지사越畔之思

[월조지혐越俎之嫌]

→ 월조지죄越俎之罪

[월진승선越津乘船]

나루를 건너 배를 탄다는 말이며, 가까운데 있는 것을 버리고 먼데 있는 것을 취한다는 빗댄 말이다.

글자 | 넘을 **월**, 나루 **진**, 탈 **승**, 배 **선**

출전 | 순오지 하

유사 | 사근취원捨近取遠

[월태화용月態花容]

달과 같은 자태에 꽃과 같은 얼굴이라는 말이며, 아름다운 여인을 일컫는다.

글자 | 달 **월**, 태도 **태**, 꽃 **화**, 얼굴 **용**

동류 | 화용월태花容月態

[월하노인月下老人]

→ 월하빙인月下氷人

출전 | 태평광기太平廣記

[월하빙인月下氷人]

월하노인과 빙하인氷下人이라는 말이며, 중매꾼을 일컫는다. 이는 달밤에 중매를 서는 노인과 얼음 밑에 있는 사람, 즉 빙하인을 합친 말로서 월하노인이 위고韋固라는 사람의 혼인상대를 예고했는데 나중에 알고 보니 들어맞았다는 전설에서 온 말이다.

글자 | 달 **월**, 아래 **하**, 얼음 **빙**, 사람 **인**

출전 | 진서 색탐편索耽篇

동류 | 월하노인月下老人

[위계질서位階秩序]

자리의 벼슬 차례의 차례라는 말이며, 계급이나 직책의 상하관계에 있는 사람들 사이의 정당한 그 차례를 일컫는다.

글자 | 자리 **위**, 벼슬 차례 **계**, 차례 **질**, 차례 **서**

[위고금다位高金多]

지위가 높고 돈이 많다는 말이다.

ㅇ

원문 | 位高金多 親戚畏懼
위고금다 친척외구

글자 | 자리 위, 높을 고, 돈 금, 많을 다

[위고망중位高望重]

지위가 높고 명망이 무겁다는 말이다.

글자 | 자리 위, 높을 고, 바랄 망, 무거울 중

[위고포피韋袴布被]

가죽바지에 베옷을 입는다는 말이며, 가난한 선비의 모습을 일컫는다.

글자 | 다룬 가죽 위, 바지 고, 베 포, 입을 피

출전 | 후한서 제준전祭遵傳

[위관택인爲官擇人]

관직을 위하여 인재를 택한다는 말이다.

글자 | 할 위, 벼슬 관, 가릴 택, 사람 인

반대 | 위인설관爲人設官

[위국진충爲國盡忠]

→ 위국충절爲國忠節

[위국충절爲國忠節]

나라를 위한 충성과 절개라는 말이다.

글자 | 할 위, 나라 국, 충성 충, 절개 절

[위귀소소爲鬼所笑]

귀신을 위하여 웃는 바라는 말이며, 운명을 모르는 사람을 비웃는다는 뜻이다.

글자 | 할 위, 귀신 귀, 바 소, 웃을 소

출전 | 남사 유수전劉粹傳

[위극인신位極人臣]

사람의 신하로서 가장 높은 자리라는 말이며, 가장 높은 자리에 오른다는 뜻이다.

글자 | 자리 위, 다할 극, 사람 인, 신하 신

출전 | 삼국지

[위급존망危急存亡]

위태롭고 급하여 살아남느냐 망하느냐의 시점에 있다는 말이다.

원문 | 危急存亡之秋
위급존망지추

글자 | 위태로울 위, 급할 급, 있을 존, 망할 망

출전 | 출사표出師表

[위기십결圍棋十訣]

바둑의 열 가지 비결이라는 말이다. 바둑을 두는 데 필요한 열 가지 요결을 중국 북송의 반신수潘愼修가 지어 태종에게 바친 데서 유래한다. ① 부득탐승不得貪勝, ② 입계의완入界宜緩, ③ 공피고아攻彼顧我, ④ 기자쟁선棄子爭先, ⑤ 사소취대捨小就大, ⑥ 봉위수기逢危須棄, ⑦ 신물경속愼勿輕速, ⑧ 동수상응動須相應, ⑨ 피강자보彼强自保, ⑩ 세고취화勢孤取和

글자 | 둘레 위, 바둑 기, 비결 결

[위기일발危機一髮]

머리카락 한 가닥으로 끄는 위태로운 기회라는 말이며, 매우 위태로운 상황을 간신히 모면했다는 뜻이다.

글자 | 위태로울 **위**, 기회 **기**, 터럭 **발**

출전 | 한유의 맹상서孟尙書

유사 | 철체절명絶體絶命

[위기지학爲己之學]

몸을 위한 배움이라는 말이며, 남을 위한 공부가 아니라 자기 자신을 위한 공부라는 뜻이다. 조선 선비들의 자신 발전을 위한 공부 자세를 일컫는다.

원문 | 古之學者爲己 今之學者爲人
고 지 학 자 위 기 금 지 학 자 위 인

글자 | 할 **위**, 몸 **기**, 어조사 **지**, 배울 **학**

출전 | 논어 헌문憲問

[위노위비爲奴爲婢]

남종이 되고 여종이 된다는 말이며, 역적의 처자를 종으로 삼는다는 뜻이다.

글자 | 할 **위**, 종 **노**, 여종 **비**

[위다안소危多安少]

위험은 많고 편안함은 적다는 말이며, 시국이나 병세病勢가 위급하여 안심하기 어렵다는 뜻이다.

글자 | 위태로울 **위**, 많을 **다**, 편안 **안**, 적을 **소**

[위도간예違道干譽]

도리를 어기면서 칭찬을 구한다는 말이다.

글자 | 어길 **위**, 길 **도**, 구할 **간**, 칭찬할 **예**

출전 | 서경 대우모편大禹謨篇

[위려마도爲礪磨刀]

숫돌을 위하여 칼을 간다는 말이며, 주객主客이 전도되었다는 뜻이다.

글자 | 할 **위**, 숫돌 **려**, 갈 **마**, 칼 **도**

출전 | 어수신화禦睡新話

동류 | 주객전도主客顚倒

[위력성당威力成黨]

위엄의 힘으로 이룬 무리라는 말이며, 떼를 지어 공갈 협박하는 무리를 일컫는다.

글자 | 위엄 **위**, 힘 **력**, 이룰 **성**, 무리 **당**

출전 | 송남잡지

동류 | 위력성당威力成黨

[위령숭배偉靈崇拜]

큰 인물의 신령을 높여 절한다는 말이며, 위대한 인물의 혼령을 모시는 종교를 일컫는다.

글자 | 큰 인물 **위**, 신령 **령**, 높일 **숭**, 절할 **배**

[위록위마謂鹿爲馬]

→ 지록위마指鹿爲馬

[위륜위탄爲輪爲彈]

바퀴가 되기도 하고 탄환이 되기도 한다는 말이며, 오로지 하늘에 맡긴다는 빗댄 말이다.

글자 | 될 **위**, 바퀴 **륜**, 탄환 **탄**

출전 | 장자 대종사편大宗師篇

[위리안치圍籬安置]

울타리를 둘러 편안히 둔다는 말이며, 죄인을 도망가지 못하도록 울타리를 치고 가두어 둔다는 뜻이다.

원문 | 勿令混處隔一息圍籬安置
물령혼처격일식위리안치

글자 | 둘러쌀 **위**, 울타리 **리**, 편안 **안**, 둘 **치**

출전 | 조선왕조 10대 연산군일기

[위무경문緯武經文]

무과를 씨줄로 하고 문과를 날줄로 한다는 말이며, 국정의 기본을 문무가 조화되도록 편성하여 다스린다는 뜻이다.

글자 | 씨 **위**, 호반 **무**, 날 **경**, 글 **문**

출전 | 진서

[위무불굴威武不屈]

위압과 무력에 굴하지 않는다는 말이며, 자신의 의지를 관철한다는 뜻이다.

원문 | 威武不能屈 此之謂大丈夫
위무불능굴 차지위대장부

글자 | 위엄 **위**, 호반 **무**, 아닐 **불**, 굽힐 **굴**

출전 | 맹자 등문공 하

[위미부진萎靡不振]

마르고 흩어져서 떨쳐 일어나지 못한다는 말이다.

글자 | 마를 **위**, 흩어질 **미**, 아닐 **부**, 떨칠 **진**

[위민봉사爲民奉仕]

백성을 위하여 받들어 섬긴다는 말이다.

글자 | 위할 **위**, 백성 **민**, 받들 **봉**, 섬길 **사**

[위민부모爲民父母]

백성을 다스리는 부모라는 말이며, 임금은 온 백성을 다스리는 어버이가 된다는 뜻이다.

원문 | 惡在其爲民父母也
오재기위민부모야

글자 | 다스릴 **위**, 백성 **민**, 아비 **부**, 어미 **모**

출전 | 맹자 양혜왕 하

[위방불입危邦不入]

위험한 나라에 들어가지 아니한다는 말이며, 모든 위험한 곳에는 들어가지 않는다는 뜻이다.

원문 | 危邦不入 亂邦不居
위방불입 난방불거

글자 | 위태로울 **위**, 나라 **방**, 아닐 **불**, 들 **입**

출전 | 논어 태백泰伯

[위법자폐爲法自弊]

법을 만들고 자신이 넘어진다는 말이며, 자신이 만든 올가미에 자신이 걸린다는 뜻이다.

글자 | 만들 **위**, 법 **법**, 스스로 **자**, 넘어

뜨릴 폐

[위부불인爲富不仁]

부자가 되기 위하여 어진 일을 베풀지 않는다는 말이며, 재산을 모은 뒤에는 남을 불쌍히 여겨 어진 일을 베풀지 않는다는 뜻이다.

글자 | 할 **위**, 부자 **부**, 아닐 **불**, 어질 **인**

출전 | 맹자 등문공 상

[위불기교位不期驕]

자리는 교만을 기다리지 않는다는 말이며, 높은 자리에 오르면 모르는 사이에 교만해진다는 뜻이다.

원문 | 位不期驕 祿不期侈
위 불 기 교 녹 불 기 치

글자 | 자리 **위**, 아닐 **불**, 기다릴 **기**, 교만 **교**

출전 | 서경 주서 주관편周官篇

[위불선변爲不善變]

좋게 바꾸는 것을 하지 않는다는 말이며, 변화가 옳게 이루어지지 않는다는 뜻이다.

원문 | 爲不善變矣 且私持狗馬
위 불 선 변 의 차 사 지 구 마

글자 | 할 **위**, 아닐 **불**, 좋을 **선**, 바꿀 **변**

출전 | 조선왕조 4대 세종실록

[위불위간爲不爲間]

하든지 아니 하든지, 또는 좌우지간에라는 말이다.

글자 | 할 **위**, 아닐 **불**, 사이 **간**

[위비언고位卑言高]

낮은 지위에 있으면서 큰소리친다는 말이며, 월권하거나 분수를 지키지 못한다는 뜻이다.

원문 | 位卑而言高
위 비 이 언 고

글자 | 자리 **위**, 낮을 **비**, 말씀 **언**, 높을 **고**

출전 | 맹자 만장萬章 하

[위사좌갑衛士坐甲]

호위하는 군사가 갑옷을 지키고 있다는 말이며, 유사시에 항상 출동할 수 있도록 준비하고 있다는 뜻이다.

글자 | 호위할 **위**, 군사 **사**, 지킬 **좌**, 갑옷 **갑**

출전 | 문헌통고 왕례고편王禮考篇

[위선부동爲善不同]

착한 일을 함은 같지 않다는 말이며, 착한 일은 여러 가지 형태로 이루어지나 그 결과는 같다는 뜻이다. 서경의 글이다. '선을 하는 것은 같지 않지만 안정으로 귀결되는 것은 같다.'

원문 | 爲善不同 同歸于治
위 선 부 동 동 귀 우 치

글자 | 할 **위**, 착할 **선**, 아닐 **부**, 같을 **동**

출전 | 서경 주서周書

[위선지도爲先之道]

선조를 위한 도리라는 말이다.

글자 | 할 **위**, 선조 **선**, 어조사 **지**, 도리 **도**

[위소지회葦巢之悔]

갈대 둥지를 튼 후회라는 말이며, 정착할 곳 없는 불안을 빗댄 말이다.

글자 | 갈대 **위**, 둥지 **소**, 어조사 **지**, 뉘우칠 **회**

출전 | 순자

[위수강운渭樹江雲]

위수渭水 가의 나무와 장강長江의 구름이라는 말이며, 멀리 떨어져 있는 벗을 그리워하는 정을 일컫는다. 두보가 양자강 건너에 있는 벗 이백李白을 그리워하며 읊은 시에서 온 말이다.

글자 | 강 이름 **위**, 나무 **수**, 강 **강**, 구름 **운**

출전 | 두보의 춘일억이백春日憶李白

[위수자명爲豎子名]

더벅머리 사람이 공명을 이루었다는 말이며, 성공한 사람을 경멸한다는 뜻이다.

글자 | 할 **위**, 더벅머리 **수**, 사람 **자**, 이름 **명**

출전 | 사기 손자전孫子傳

[위수진적渭水盡赤]

위수 강물이 모두 붉게 되었다는 말이며, 끔찍하고 비참하다는 뜻이다. 진나라 상앙商鞅의 가혹한 법령에 따라 많은 사람이 처형되어 피로 물들었다는 고사에서 온 말이다.

글자 | 강 이름 **위**, 물 **수**, 다 **진**, 붉을 **적**

출전 | 십팔사략

[위신지도爲臣之道]

신하가 할 도리라는 말이다.

글자 | 할 **위**, 신하 **신**, 어조사 **지**, 도리 **도**

[위약조로危若朝露]

위태롭기가 아침 이슬과 같다는 말이며, 인생의 무상함을 빗댄 말이다.

원문 | 恃德者昌恃力者亡君之危若朝露
시덕자창시력자망군지위약조로

글자 | 위태로울 **위**, 같을 **약**, 아침 **조**, 이슬 **로**

출전 | 사기 상군열전商君列傳

유사 | 풍전등화風前燈火

[위어누란危於累卵]

→ 누란지위累卵之危

[위어조자謂語助者]

말을 이름에 도움이 되는 것이라는 말이며, 어조사語助辭를 일컫는다.

원문 | 謂語助者 焉哉乎也
위어조자 언재호야

글자 | 이를 **위**, 말씀 **어**, 도울 **조**, 것 **자**

출전 | 천자문 125항

[위여누란危如累卵]

→ 누란지위累卵之危

[위여일발危如一髮]

→ 위기일발危機一髮

[위여현선危如懸線]

위태함이 줄에 매달려 있는 것과 같다는 말이며, 상황이 매우 위태로움을 빗댄 말이다.

글자 | 위태할 **위**, 같을 **여**, 달릴 **현**, 줄 **선**

출전 | 고려사

[위연구어爲淵敺魚]

연못을 위하여 물고기를 몰아넣는다는 말이며, 폭군이 백성을 몰아내어 인자仁者에게 돌아가게 한다는 뜻이다.

원문 | 故爲淵敺魚者 獺也
고위연구어자 달야

글자 | 할 **위**, 못 **연**, 쫓을 **구**, 고기 **어**

출전 | 맹자 이루離婁 상

[위운위우爲雲爲雨]

구름이 되고 비가 된다는 말이며, 남녀의 사이가 아주 좋다는 빗댄 말이다.

글자 | 할 **위**, 구름 **운**, 비 **우**

출전 | 문선

동류 | 운우지정雲雨之情, 무산지몽巫山之夢

관련 | 운우지락雲雨之樂

[위위구조圍魏救趙]

위나라를 포위하고 조나라를 구한다는 말이며, 제3자가 상대의 허를 찔러 다른 사람을 구한다는 뜻이다.

원문 | 圍魏救趙 共敵不如分敵
위위구조 공적불여분적

글자 | 둘러쌀 **위**, 위나라 **위**, 구할 **구**, 조나라 **조**

출전 | 사기 손자오기열전孫子吳起列傳

[위의당당威儀堂堂]

위엄 있는 모양이 당당하다는 말이다.

글자 | 위엄 **위**, 모양 **의**, 당당할 **당**

[위이불맹威而不猛]

위엄이 사납지는 않다는 말이며, 위엄이 있어도 뽐내지 않는 이상적인 인품을 이르는 말이다.

글자 | 위엄 **위**, 말 이을 **이**, 아닐 **불**, 엄할 **맹**

출전 | 논어 술이述而, 요왈堯曰

[위인모충爲人謀忠]

남을 위해 정성을 꾀한다는 말이다.

글자 | 할 **위**, 사람 **인**, 꾀할 **모**, 충성 **충**

[위인설관爲人設官]

[어떤] 사람을 위하여 벼슬자리를 만들어 준다는 말이다.

글자 | 할 **위**, 사람 **인**, 베풀 **설**, 벼슬 **관**

[위인설항爲人說項]

사람을 위하여 항사項斯가 말을 한다는 말이며, 남을 위해 부탁한다는 뜻이다. 당나라에 항사라는 사람이 시를 잘 썼는데, 지위가 있는 양경지楊敬之를 찾아가 지도해줄 것을 부탁하면서 뒤에 인사 청탁을 했다. 이미 항사의 시를 알고 높이 평가한 바 있는 양경

ㅇ

지는 만남을 통해 더욱 인상이 깊어져 즉석에서 칭찬하는 시를 써주었다. '(전략) 발길 닿는 곳 어디서나 그대 위해 노래하리.'

원문 | 到處逢人說項斯
도 처 봉 인 설 항 사

글자 | 할 **위**, 사람 **인**, 말씀 **설**, 목 **항**

출전 | 당시唐詩 기사묵 紀事默

[위인자자爲人子者]

사람의 아들이 된 사람이라는 말이며, 남의 자식으로 태어난 사람이라는 뜻이다.

원문 | 爲人子者 曷不爲孝
위 인 자 자 갈 불 위 효

글자 | 할 **위**, 사람 **인**, 아들 **자**, 사람 **자**

출전 | 사자소학

[위인작가爲人作嫁]

[다른] 사람을 위해 시집갈 [옷을] 짓는다는 말이며, 남을 위해 바삐 살거나 다른 사람 밑에서 그럭저럭 살아간다는 뜻이다.

글자 | 할 **위**, 사람 **인**, 지을 **작**, 시집갈 **가**

출전 | 진도옥秦韜玉의 시 빈녀貧女

[위인택관爲人擇官]

사람을 위하여 벼슬을 가린다는 말이며, 사람을 채용하기 위하여 벼슬자리를 고른다는 뜻이다.

글자 | 할 **위**, 사람 **인**, 가릴 **택**, 벼슬 **관**

출전 | 삼국사기

[위일능사爲一能事]

하나의 능한 일로 한다는 말이며, 가장 익숙한 일로 삼는다는 뜻이다.

글자 | 할 **위**, 능할 **능**, 일 **사**

[위자손계爲子孫計]

자손을 위한 계교라는 말이며, 자손을 위해 어떤 일을 계획한다는 뜻이다.

글자 | 할 **위**, 아들 **자**, 손자 **손**, 계교 **계**

[위자요황魏紫姚黃]

위씨 집의 목단은 자색이고 요씨 집의 목단은 누른색이라는 말이다.

글자 | 성씨 **위**, 자색 **자**, 성씨 **요**, 누를 **황**

[위자지도爲子之道]

[부모에 대한] 자식 된 도리라는 말이다.

글자 | 할 **위**, 아들 **자**, 어조사 **지**, 도리 **도**

[위재조석危在朝夕]

아침부터 저녁까지 있기가 위험하다는 말이며, 몹시 위험하여 하루를 지내기가 힘들다는 뜻이다.

글자 | 위태할 **위**, 있을 **재**, 아침 **조**, 저녁 **석**

[위정재인爲政在人]

다스림을 하는 것은 사람에게 있다는 말이며, 나라를 잘 다스리는 것은 사람에게 달려있다는 뜻이다.

원문 | 爲政在人 取人以身 修身以道
위 정 재 인 취 인 이 신 수 신 이 도

글자 | 할 **위**, 다스릴 **정**, 있을 **재**, 사람 **인**

출전 | 중용 제20장

[위정지요爲政之要]

다스리는 것이 구하는 것이라는 말이며, 나라를 다스리는데 가장 긴요한 것이라는 뜻이다.

원문 | 爲政之要 曰公與淸
위 정 지 요 왈 공 여 청

글자 | 할 **위**, 다스릴 **정**, 어조사 **지**, 구할 **요**

출전 | 명심보감 입교편立敎篇

[위정척사衛正斥邪]

바른 것을 지키고 간사한 것을 물리친다는 말이다. 조선시대 후기에 정학正學·정도正道로서 주자학을 지키고 사학邪學·사도邪道인 천주교를 물리치자는 주장을 일컫는다.

글자 | 지킬 **위**, 바를 **정**, 물리칠 **척**, 간사할 **사**

[위정청명爲政淸明]

[잘] 다스리기 위하여 맑고 밝게 한다는 말이다.

글자 | 할 **위**, 다스릴 **정**, 맑을 **청**, 밝을 **명**

[위지삼잡圍之三匝]

세 겹으로 둘러싼다는 말이다.

글자 | 둘릴 **위**, 어조사 **지**, 두루 **잡**

[위지협지威之脅之]

여러 가지로 위협한다는 말이다.

글자 | 위엄 **위**, 어조사 **지**, 으를 **협**

[위총구작爲叢驅雀]

참새를 모으려 하다가 오히려 쫓는다는 말이며, 자기를 이롭게 하려다가 도리어 남을 이롭게 한다는 뜻이다.

글자 | 할 **위**, 모을 **총**, 쫓을 **구**, 참새 **작**

출전 | 맹자 이루 상

관련 | 위연구어爲淵毆魚

[위친지도爲親之道]

어버이를 위하는 도리라는 말이다.

글자 | 위할 **위**, 육친 **친**, 어조사 **지**, 도리 **도**

[위편삼절韋編三絶]

가죽 끈이 세 번이나 끊어졌다는 말이며, 책을 많이 본다는 뜻이다. 공자가 만년에 주역周易을 좋아해서 보고 또 보아 가죽 끈이 세 번이나 끊어졌다는 것이다.

원문 | 孔子晩而喜易 讀易… 韋編三絶
공 자 만 이 희 역 독 역 위 편 삼 절

글자 | 다룬 가죽 **위**, 엮을 **편**, 끊을 **절**

출전 | 사기 공자세가孔子世家

[위풍늠름威風凜凜]

위엄 있는 풍채가 차디차다는 말이다.

글자 | 위엄 **위**, 풍채 **풍**, 찰 **늠(름)**

[위풍당당威風堂堂]

위엄스런 모양이 당당하다는 말이며, 풍채나 기세가 위엄 있고 당당하다는 뜻이다.

글자 | 위엄 **위**, 모양 **풍**, 당당할 **당**

[위피공사違避公事]

공변된 일을 어기고 피한다는 말이며, 공무를 꺼리어 기피한다는 뜻이다.

글자 | 어길 **위**, 피할 **피**, 공변될 **공**, 일 **사**

[위학삼요爲學三要]

배움에서 구하는 세 가지라는 말이며, 학문에 필요한 세 가지 덕목, 즉 혜慧, 근勤, 적寂을 일컫는다. ① 혜는, 지혜로서 나를 가로막는 굳센 장벽을 뚫어야 한다. ② 근은, 근면으로 밥 먹고 숨 쉬듯이 기복 없는 노력이 보태져야 곧 힘이 비축된다. ③ 적은, 공부에는 고요와 침묵으로 함축하는 시간이 필요하다는 것이다.

글자 | 할 **위**, 배울 **학**, 구할 **요**

출전 | 다산의 금당기주琴堂記珠

[위험천만危險千萬]

위태롭고 험난함이 천만 가지나 된다는 말이며, 위험하기 짝이 없다는 뜻이다.

글자 | 위태할 **위**, 험난할 **험**, 일천 **천**, 일만 **만**

[위현지패韋弦之佩]

위현의 패옥이라는 말이며, 결점을 고치기 위한 노력을 빗댄 말이다.

글자 | 성 **위**, 땅이름 **현**, 어조사 **지**, 패옥 **패**

출전 | 한비자

[위호부익爲虎傅翼]

호랑이에 날개를 달아준다는 말이며, 세력이 있는 사람에게 더욱 기세를 높여준다는 뜻이다.

글자 | 할 **위**, 범 **호**, 달 **부**, 날개 **익**

출전 | 한비자

[위호작창爲虎作倀]

호랑이를 위해 귀신 일을 한다는 말이며, 남의 앞잡이가 되어 나쁜 짓을 일삼는다는 뜻이다.

글자 | 할 **위**, 범 **호**, 일할 **작**, 귀신 이름 **창**

출전 | 태평광기, 정자통正字通

[유각서주有脚書廚]

다리가 있는 글방이라는 말이며, 박식한 사람을 빗댄 말이다.

글자 | 있을 **유**, 다리 **각**, 글 **서**, 부엌 **주**

출전 | 중오기문中吳紀聞

[유각양춘有脚陽春]

다리가 있는 따뜻한 봄이라는 말이며, 은혜를 베푸는 것은 만물을 따뜻하게 하는 것과 같다는 뜻이다.

글자 | 있을 **유**, 다리 **각**, 볕 **양**, 봄 **춘**

출전 | 개원천보유사開元天寶遺事

[유감천만遺憾千萬]

남는 서운함이 천만 가지라는 말이며, 매우 서운하다는 뜻이다.

글자 | 남을 **유**, 서운할 **감**, 일천 **천**, 일만 **만**

[유거유상游居有常]

놀거나 머물면서 떳떳함이 있다는 말이며, 언제나 정도正道를 지켜야 한다는 뜻이다.

원문 | 游居有常 必取有德
유 거 유 상 필 취 유 덕

글자 | 놀 **유**, 머물 **거**, 있을 **유**, 떳떳 **상**

출전 | 관자 제자지弟子識, 소학 입교

[유경유중有輕有重]

가벼움도 있고 무거움도 있다는 말이며, 금령을 세워 가볍게도 하고 무겁게도 한다는 뜻이다.

원문 | 其立禁 有輕有重
기 입 금 유 경 유 중

글자 | 있을 **유**, 가벼울 **경**, 무거울 **중**

출전 | 관자 정세편正世篇

[유공불급猶恐不及]

오히려 두려움이 미치지 않는다는 말이며, 두려워할 바가 못 된다는 뜻이다.

원문 | 學如不及 猶恐失之
학 여 불 급 유 공 실 지

글자 | 오히려 **유**, 두려울 **공**, 아닐 **불**, 미칠 **급**

출전 | 논어 태백편泰伯篇

[유공불이有空不二]

있는 것과 빈 것은 둘이 아니라는 말이며, 존재하는 것과 공허한 것은 동일하다는 불교의 교리를 일컫는다.

글자 | 있을 **유**, 빈 **공**, 아닐 **불**

출전 | 반야이취경般若理趣經

[유공실지惟恐失之]

오직 잃지 않도록 두려워하라는 말이며, 터득한 경지를 잃지 않도록 노력하라는 뜻이다.

원문 | 學如不及 惟恐失之
학 여 불 급 유 공 실 지

글자 | 오직 **유**, 두려워할 **공**, 잃을 **실**, 어조사 **지**

출전 | 논어 태백泰伯

[유공유문唯恐有聞]

오직 소문이 있을까 두려워하라는 말이다.

원문 | 子路有聞 未之能行 唯恐有聞
자 로 유 문 미 지 능 행 유 공 유 문

글자 | 오직 **유**, 두려워할 **공**, 있을 **유**, 소문 **문**

출전 | 논어 공야장公冶長

[유과즉개有過則改]

허물이 있으면 곧 고친다는 말이다. 주역에 있는 글이다. '선을 보면 옮겨 이를 좇고, 허물이 있다면 이를 고친다.'

원문 | 以見善則遷 有過則改
이견선즉천 유과즉개

글자 | 있을 **유**, 허물 **과**, 곧 **즉**, 고칠 **개**

출전 | 주역 풍뢰익風雷益

[유교무류有敎無類]

가르침이 있을 뿐 차별이 없다는 말이며, 제자를 가르치는데 있어서 그가 과거에 어떤 일을 한 것까지 따지면서 차별을 해서는 안 된다는 뜻이다.

글자 | 있을 **유**, 가르칠 **교**, 없을 **무**, 견줄 **류**

출전 | 논어 위령공衛靈公

[유구기미唯求其美]

오직 그 좋은 것만 구한다는 말이다. 명나라 양신楊愼(1488~1562)이 글을 어떻게 써야 하는지에 대해서 한 말이다. '번다 해도 안 되고 간결해도 안 된다. 어려워도 안 되고 쉬워도 안 된다. 어렵지도 않고 쉽지 않아서도 안 된다.' 그러면 어떻게 써야 좋은 글이 될까? 알맞아야 한다. 마침 맞으면 된다.

원문 | 唯求其美而已
유구기미이기

글자 | 오직 **유**, 구할 **구**, 그 **기**, 좋을 **미**

[유구기수惟口起羞]

오직 입이 부끄러움을 일으킨다는 말이며, 말 때문에 부끄러운 일이 생긴다는 뜻이다.

글자 | 오직 **유**, 입 **구**, 일어날 **기**, 부끄러울 **수**

[유구무언有口無言]

입이 있으나 말이 없다는 말이며, 변명할 여지가 없다는 뜻이다.

글자 | 있을 **유**, 입 **구**, 없을 **무**, 말씀 **언**

출전 | 후한서

유사 | 유구불언有口不言

[유구무행有口無行]

입이 있으나 행함이 없다는 말이며, 말만 하고 행함은 없다는 뜻이다.

글자 | 있을 **유**, 입 **구**, 없을 **무**, 행할 **행**

출전 | 후한서

[유구불언有口不言]

입이 있으나 말을 아니 한다는 말이며, 사정이 거북하거나 따분하여 말을 아니 한다는 뜻이다.

글자 | 있을 **유**, 입 **구**, 아닐 **불**, 말씀 **언**

[유군후국遺君後國]

임금을 버리고 나라를 뒤로 한다는 말이며, 임금과 나라를 돌보지 못한다는 뜻이다.

글자 | 버릴 **유**, 임금 **군**, 뒤 **후**, 나라 **국**

출전 | 조선왕조 14대 선조실록

[유궐물보有闕勿補]

궐함이 있어도 더하지 않는 다는 말이며, 적당한 사람이 없어 보충하지 않는다는 뜻이다.

글자 | 있을 **유**, 궐할 **궐**, 말 **물**, 더할 **보**

출전 | 송남잡지

[유근유공惟勤有功]

오직 부지런해야 공이 있다는 말이다.

원문 | 凡戲無益 惟勤有功
범희무익 유근유공

글자 | 오직 **유**, 부지런할 **근**, 있을 **유**, 공 **공**

출전 | 명심보감 정기편正己篇

[유금삭석流金鑠石]

쇠를 녹이고 돌을 태운다는 말이며, 더위가 몹시 심하다는 뜻이다.

글자 | 흐를 **유**, 쇠 **금**, 태울 **삭**, 돌 **석**

출전 | 초사

동류 | 유금초토流金焦土

[유금초토流金焦土]

쇠가 녹아 흐르고 흙이 탄다는 말이며, 몹시 무덥다는 뜻이다.

글자 | 흐를 **유**, 쇠 **금**, 탈 **초**, 흙 **토**

출전 | 장자

동류 | 유금삭석流金鑠石

[유난무난有難無難]

있어도 어렵고 없어도 어렵다는 말이며, 이러지도 저러지도 못한다는 뜻이다.

글자 | 있을 **유**, 어려울 **난**, 없을 **무**

[유년사주流年四柱]

흐르는 해의 네 기둥이라는 말이며, 해마다 운수를 점치는 사주(연, 월, 일, 시)를 일컫는다.

글자 | 흐를 **유**, 해 **년**, 기둥 **주**

[유능제강柔能制剛]

부드러운 것이 강한 것을 제압한다는 말이다. 병서兵書에 나오는 말이다. '부드러운 것이 능히 단단한 것을 이기고 약한 것이 능히 강한 것을 이긴다.'

원문 | 柔能勝剛 弱能勝强
유능승강 약능승강

글자 | 부드러울 **유**, 능할 **능**, 제압할 **제**, 굳셀 **강**

출전 | 육도삼략六韜三略

[유대지신有待之身]

기다림을 가지고 있는 몸이라는 말이며, 장차 일을 하려고 기다리고 있는 몸이라는 뜻이다.

글자 | 가질 **유**, 기다릴 **대**, 어조사 **지**, 몸 **신**

출전 | 예기

[유도대신留都大臣]

도읍에 머무는 대신이라는 말이며, 임금이 도성을 떠날 때 도성에 머물러 정무를 보는 대신을 일컫는다.

글자 | 머무를 **유**, 도읍 **도**, 큰 **대**, 신하 **신**

[유도대장留都大將]

도성에 머무는 대장이라는 말이며, 임금의 거동 때, 도성을 지키는 장수

ㅇ

를 일컫는다.

글자 | 머무를 **유**, 도읍 **도**, 큰 **대**, 장수 **장**

출전 | 조선왕조 9대 성종실록

[유도여지遊刀餘地]

남은 땅에서 칼이 논다는 말이며, 어떤 일에 능통하게 되면 어려운 일을 여유 있게 해낼 수 있다는 뜻이다. 중국 양나라 백정 포정包丁이 한 말에서 온 말이다. '끊임없이 노력해서 19년간 바꾸지 않은 칼로도 살과 살 사이에 넓은 틈이 있는 듯 소를 잡습니다.'

글자 | 노닐 **유**, 칼 **도**, 남을 **여**, 땅 **지**

출전 | 장자 양생주養生主

[유도즉현有道則見]

도리가 있으면 곧 나타난다는 말이며, 도리가 행해지는 세상이 되면 비로소 세상에 나타나 활동한다는 뜻이다.

원문 | 天下有道則見
천 하 유 도 즉 현

글자 | 있을 **유**, 도리 **도**, 곧 **즉**, 나타날 **현**

출전 | 논어 태백太白

[유동가장踰東家牆]

동쪽 집의 담을 넘는다는 말이며, 자신의 이익을 위하여 부당한 일도 한다는 뜻이다. 맹자의 말이다. '동쪽 집의 담장을 넘어서 그 집의 처녀를 끌고 오면 아내를 얻을 수 있고, 끌고 오지 않으면 아내를 얻을 수 없는 경우라도 끌고 오겠는가?'

원문 | 踰東家牆而摟其處子…
유 동 가 장 이 루 기 처 자

글자 | 넘을 **유**, 동녘 **동**, 집 **가**, 담 **장**

출전 | 맹자 고자告子 하

[유두무미有頭無尾]

머리는 있고 꼬리는 없다는 말이며, 시작은 있어도 마침이 없다는 뜻이다.

글자 | 있을 **유**, 머리 **두**, 없을 **무**, 꼬리 **미**

유사 | 용두사미龍頭蛇尾

[유두분면油頭粉面]

머리에 기름을 바르고 얼굴에 분을 발랐다는 말이며, 여자가 얼굴에 화장했다는 뜻이다.

글자 | 기름 **유**, 머리 **두**, 가루 **분**, 얼굴 **면**

[유두유미有頭有尾]

머리가 있고 꼬리가 있다는 말이며, 처음과 끝이 분명하다는 뜻이다.

글자 | 있을 **유**, 머리 **두**, 꼬리 **미**

[유래지풍由來之風]

지내오는 풍속이라는 말이다.

글자 | 지날 **유**, 올 **래**, 어조사 **지**, 풍속 **풍**

[유려이이有厲利已]

위태로움이 있는 것은 그침이 이롭다는 말이다.

글자 | 있을 **유**, 위태할 **려**, 이로울 **이**, 그칠 **이**

출전 | 주역 중천건重天乾

[유련황락流連荒樂]

→ 유련황망流連荒亡

[유련황망流連荒亡]

흐름이 이어져 폐하고 망한다는 말이며, 노는데 정신이 팔려 집안이 피폐해지고 망한다는 뜻이다.

글자 | 흐를 **유**, 연할 **련**, 폐할 **황**, 망할 **망**

출전 | 맹자 양혜왕 하

동류 | 유련황락流連荒樂

[유령시종惟令是從]

오직 명령은 따름이 옳다는 말이다.

글자 | 오직 **유**, 명령 **령**, 옳을 **시**, 따를 **종**

출전 | 송남잡지

[유록화홍柳綠花紅]

버드나무는 푸르고, 꽃은 붉다는 말이며, 봄철의 아름다운 자연풍경을 이르는 말이다.

글자 | 버들 **유**, 푸를 **록**, 꽃 **화**, 붉을 **홍**

출전 | 소식蘇軾의 시

동류 | 유사화홍柳絲花紅

[유리개걸流離丐乞]

→ 유리걸식流離乞食

출전 | 송남잡지

[유리걸식流離乞食]

떠나서 흘러 다니며 빌어먹는다는 말이다.

글자 | 흐를 **유**, 떠날 **리**, 빌 **걸**, 먹을 **식**

동류 | 유리개걸流離丐乞

[유리표박流離漂迫]

떠나 흘러 다니며 떠돌다 머문다는 말이며, 정처 없이 떠돌아다닌다는 뜻이다.

글자 | 흐를 **유**, 떠날 **리**, 떠돌 **표**, 머물 **박**

동류 | 유리방황流離彷徨

[유만부동類萬不同]

만 개의 종류가 같지 않다는 말이며, 정도程度에 넘치고 분수에 맞지 않다는 뜻이다.

글자 | 무리 **유**, 일만 **만**, 아닐 **부**, 같을 **동**

출전 | 대동야승 24권

[유명무실有名無實]

이름은 있고 그 알맹이는 없다는 말이며, 평판과 실제가 같지 않다는 뜻이다.

글자 | 있을 **유**, 이름 **명**, 없을 **무**, 열매 **실**

출전 | 국어 진어晉語

동류 | 명존실무名存實無

[유명시청唯命是聽]

오직 명한 바를 곧이듣는다는 말이며, 무슨 일이든 그저 분부대로 따르겠다는 뜻이다.

글자 | 오직 **유**, 명령할 **명**, 곧을 **시**, 들을 **청**

출전 | 춘추좌씨전

[유무과례有毋過禮]

있어도 지나친 예도는 하지 말라는 말이며, 재물이 많아도 지나친 예의는 삼가야 한다는 뜻이다.

글자 | 있을 **유**, 말 **무**, 지날 **과**, 예도 **례**

출전 | 예기 단궁檀弓 상

[유무상생有無相生]

있는 것과 없는 것은 서로 낳는다는 말이며, 있는 것과 없는 것은 공존한다는 뜻이다. 노자에 있는 글이다. '본시 있는 것과 없는 것은 서로를 낳고, 어려운 것과 쉬운 것도 서로를 이루게 한 것이며,'

원문 | 故有無相生 難易相成
고 유 무 상 생 난 이 상 성

글자 | 있을 **유**, 없을 **무**, 서로 **상**, 낳을 **생**

출전 | 노자 2장 양신養身

[유무상통有無相通]

있는 것과 없는 것을 서로 주고받는다는 말이며, 서로 나누어 쓴다는 뜻이다.

글자 | 있을 **유**, 없을 **무**, 서로 **상**, 다닐 **통**

출전 | 사기

[유무죄간有無罪間]

'죄가 있고 없고 간에' 라는 말이다.

글자 | 있을 **유**, 없을 **무**, 죄줄 **죄**, 사이 **간**

[유물숭배遺物崇拜]

[성인 · 현인 · 순교자]의 유물을 숭배하는 것을 말한다. 이는 죽은 사람의 영혼과 통한다고 믿어 그 영혼으로부터 복지福祉를 구하기 위한 행위이며 미개인이나 천주교도, 불교도 등에서 볼 수 있다.

글자 | 남을 **유**, 물건 **물**, 숭상할 **숭**, 절 **배**

[유물유칙有物有則]

물건 있는데 법칙이 있다는 말이다. 시경의 구절이다. '하늘이 뭇 백성을 낳으셨으니 모든 것엔 제각각 법칙이 있도다.'

원문 | 天生烝民 有物有則
천 생 증 민 유 물 유 칙

글자 | 있을 **유**, 물건 **물**, 법칙 **칙**

출전 | 시경 탕지습蕩之什

관련 | 천생증민天生蒸民

[유물존칙有物存則]

→ 유물유칙有物有則

[유미도안柳眉桃顔]

버들잎 같은 눈썹과 복숭아꽃 빛의 얼굴이라는 말이며, 미인의 아름다운 얼굴을 빗댄 말이다.

글자 | 버들 **유**, 눈썹 **미**, 복숭아 **도**, 얼굴 **안**

[유민가외唯民可畏]

두려워할 것은 오직 백성뿐이라는 말이다.

원문 | 天下池所可畏者 唯民而己
천 하 지 소 가 외 자 유 민 이 기

글자 | 오직 **유**, 백성 **민**, 옳을 **가**, 두려울 **외**

출전 | 허균의 호민론豪民論

[유박불수帷薄不修]

엷은 휘장이 바르지 않다는 말이며, 부인의 품행이 바르지 못하다는 뜻이다.

글자 | 휘장 **유**, 얇을 **박**, 아닐 **불**, 옳게 할 **수**

출전 | 한서

동류 | 규방불숙閨房不肅

[유박유후有薄有厚]

가볍기도 하고 두텁기도 하다는 말이며, 상을 설치하여 박하게 주기도 하고 후하게 주기도 한다는 뜻이다.

원문 | 其設賞 有薄有厚
기설상 유박유후

글자 | 있을 **유**, 박할 **박**, 두터울 **후**

출전 | 관자 정세편正世篇

[유방백세流芳百世]

빛나는 이름이 백세에 내린다는 말이며, 훌륭한 명성을 후세에 전한다는 뜻이다.

원문 | 不能流芳後世不足復遺臭萬載邪
불능유방후세부족부유취만재사

글자 | 내릴 **유**, 이름 빛날 **방**, 일백 **백**, 대대 **세**

출전 | 세설신어 우회尤悔

동류 | 유방후세流芳後世, 유방천고流芳千古

반대 | 유취만재遺臭萬載

[유방유토有邦有土]

나라가 있고 땅이 있다는 말이며, 국가가 존재하고 영토가 있다는 뜻이다.

글자 | 있을 **유**, 나라 **방**, 땅 **토**

[유방후세流芳後世]

→ 유방백세流芳百世

[유법어법有法於法]

법에 법이 있다는 말이며, 법을 본받아 행하는 사람이 있다는 뜻이다.

원문 | 有生法 有守法 有法於法
유생법 유수법 유법어법

글자 | 있을 **유**, 법 **법**, 어조사 **어**

출전 | 관자 임법편任法篇

[유변강야柔變剛也]

부드러움이 변하여 굳세게 된다는 말이며, 부드러움이 강한 것을 이끌어 낸다는 뜻이다.

글자 | 부드러울 **유**, 변할 **변**, 굳셀 **강**, 잇기 **야**

출전 | 주역 산자박山地剝

[유복지인有福之人]

복이 있는 사람이라는 말이다.

글자 | 있을 **유**, 복 **복**, 어조사 **지**, 사람 **인**

[유복지친有服之親]

상복을 입는 가까운 친척이라는 말

이다.

글자 | 친할 **유**, 입을 **복**, 어조사 **지**, 육친 **친**

[유부유자猶父猶子]

아비와 같고 아들과 같다는 말이며, 아재비와 조카를 일컫는다.

글자 | 같을 **유**, 아비 **부**, 아들 **자**

출전 | 논어 선진先進

[유불여무有不如無]

있는 것이 아니고 없는 것과 같다는 말이며, 있으나 마나 하다는 뜻이다.

글자 | 있을 **유**, 아닐 **불**, 같을 **여**, 없을 **무**

출전 | 송남잡지

[유불여불唯佛與佛]

오직 부처님만이 부처님을 관여할 수 있다는 말이며, 대승大乘의 깨달음의 경지境地는 그것을 이룩한 부처님만이 관여할 수 있다는 뜻이다.

글자 | 오직 **유**, 부처 **불**, 참여할 **여**

출전 | 불교

[유비무환有備無患]

준비가 되어 있으면 걱정이 없다는 말이다. 서경에 있는 글이다. '오직 모든 일은 다 갖춘 것이 있는 법이니 갖춘 것이 있어야 근심이 없게 될 것이다.'

원문 | 惟事事 乃其有備 有備無患
유사사 내기유비 유비무환

글자 | 있을 **유**, 갖출 **비**, 없을 **무**, 근심 **환**

출전 | 서경 열명說命

[유사무역有死無易]

죽음이 있어도 바꾸지 않는다는 말이며, 끝까지 마음이 변하지 않는다는 뜻이다.

글자 | 있을 **유**, 죽을 **사**, 없을 **무**, 바꿀 **역**

출전 | 삼국사기

[유사비구遊辭費句]

노는 말과 허비하는 글귀라는 말이며, 쓸데없는 어구를 일컫는다.

글자 | 노닐 **유**, 말씀 **사**, 허비할 **비**, 글귀 **구**

[유사이래有史以來]

사기가 있어 옴으로써라는 말이며, 역사가 생긴 후부터 지금까지라는 뜻이다.

글자 | 있을 **유**, 사기 **사**, 써 **이**, 올 **래**

[유사이전有史以前]

사기가 있기 앞으로써라는 말이며, 역사가 생기기 전이라는 뜻이다.

글자 | 있을 **유**, 사기 **사**, 써 **이**, 앞 **전**

[유사입검由奢入儉]

사치로 인하여 검소에 들어간다는 말이며, 사치를 누리다가 검소하게 되돌아오기는 어렵다는 뜻이다.

원문 | 由儉入奢易 由奢入儉難
유검입사이 유사입검난

글자 | 인할 **유**, 사치할 **사**, 들 **입**, 검소할 **검**

출전 | 소학 선행善行

[유사지심有死之心]

죽음이 있는 마음이라는 말이며, 죽음을 결심하여 살고자 하는 기색이 조금도 없다는 뜻이다.

원문 | 有死之心而無生之氣
유 사 지 심 이 무 생 지 기

글자 | 있을 **유**, 죽을 **사**, 어조사 **지**, 마음 **심**

출전 | 전국책 제책齊策

[유사지추有事之秋]

일이 있는 때라는 말이며, 국가나 사회 또는 개인에게 비상한 일이 있는 때라는 뜻이다.

글자 | 있을 **유**, 일 **사**, 어조사 **지**, 때 **추**

[유산오계遊山五戒]

산을 노니는데 경계해야 할 다섯 가지라는 말이다. 조선시대 홍백창洪百昌(1702~?)이 말했다. ① 관원과 동행하지 말라. ② 동반자가 많으면 안 된다. ③ 바쁜 마음을 버려야 한다. ④ 승려를 재촉하거나 나무라면 안 된다. ⑤ 힘을 헤아려 일정을 가늠하고 나서 움직여라.

글자 | 노닐 **유**, 뫼 **산**, 경계할 **계**

출전 | 홍백창의 유산보인遊山譜引

[유상곡수流觴曲水]

→ 곡수유상曲水流觴

[유상몰수有償沒收]

값을 취하고 빼앗아 거둔다는 말이며, 어떤 물건에 대하여 적당한 값을 주고 몰수한다는 뜻이다.

글자 | 취할 **유**, 값 **상**, 빼앗을 **몰**, 거둘 **수**

[유상무상有象無象]

형상이 있는 것과 없는 것이라는 말이며, 우주 간에 존재하는 모든 물체를 이르는 말이다. 어중이떠중이라는 뜻으로도 쓰인다.

글자 | 있을 **유**, 형상할 **상**, 없을 **무**

[유색완용愉色婉容]

기뻐하는 빛의 유순한 얼굴이라는 말이다.

글자 | 기뻐할 **유**, 빛 **색**, 유순할 **완**, 얼굴 **용**

[유생개곡有生皆哭]

살아있는 것은 다 곡한다는 말이며, 살아남은 사람은 모두 곡한다는 뜻이다. 임진왜란 당시 왜적이 몰려와 동래성이 함락되었는데 살려고 성 안으로 몰려든 백성들이 몰살을 당해 가족을 잃지 않은 사람이 없어 4월 15일이 되면 모두 곡하였다고 한다.

글자 | 있을 **유**, 살 **생**, 다 **개**, 곡할 **곡**

출전 | 동래부사 이안눌李安訥의 시

[유성광저流星光底]

흐르는 별빛의 밑이라는 말이며, 번쩍이는 보검의 빛 아래를 빗댄 말이다.

글자 | 흐를 **유**, 별 **성**, 빛 **광**, 밑 **저**

[유성죽흉有成竹胸]

가슴속에 대나무가 이루어져 있다는 말이며, 일을 하는데 있어 충분한 계획을 세웠다는 뜻이다. 중국 북송의 문동文同의 집 앞뒤에는 대나무 숲이 있었고 대나무를 좋아한 문동은 곧잘 대나무를 그렸다. 세월이 흘러 그의 묵죽화墨竹畵가 명성을 얻게 되었는데, 한 청년의 질문에 문동의 벗이 답한 말이다. '대나무를 그릴 때 문동의 마음속에는 이미 완성된 대나무가 있었다네.'

원문 | 胸中有成竹
흉 중 유 성 죽

글자 | 있을 **유**, 이룰 **성**, 대 **죽**, 가슴 **흉**

출전 | 소동파의 시

동류 | 흉유성죽胸有成竹

[유소불위有所不爲]

하지 않는 바가 있다는 말이며, 해서는 안 될 경우가 있다는 뜻이다. 공자의 말이다. '꿈이 큰 사람은 진취적이고 고집스런 사람은 하지 않는 바가 있기 때문이다.'

원문 | 狂者進取 狷者有所不爲也
광 자 진 취 견 자 유 소 불 위 야

글자 | 있을 **유**, 바 **소**, 아닐 **불**, 할 **위**

출전 | 논어 자로子路

[유소불인有所不忍]

참지 않는 바가 있다는 말이며, 참을 수 없는 경우가 있다는 뜻이다.

글자 | 있을 **유**, 바 **소**, 아닐 **불**, 참 을 **인**

출전 | 논어 학이學而

[유속헐후猶屬歇後]

다한 후에 속하는 것과 같다는 말이며, 다른 것보다 훨씬 쉬운 편에 속한다는 뜻이다.

글자 | 같을 **유**, 속할 **속**, 다할 **헐**, 뒤 **후**

출전 | 송남잡지

[유손초립幼孫草笠]

어린 손자의 풀 삿갓이라는 말이며, 유손이라는 사람이 엮어 만든 초립처럼 해 놓은 일이 매우 거칠고 엉성하다는 말이다.

글자 | 어릴 **유**, 손자 **손**, 풀 **초**, 삿갓 **립**

출전 | 고금석림

동류 | 유손초립劉孫草笠

[유수객토流水客土]

흐르는 물이 가져온 손님 흙이라는 말이며, 흐르는 물이 운반해서 강이나 하천의 하류에 쌓인 흙더미를 일컫는다.

글자 | 흐를 **유**, 물 **수**, 손 **객**, 흙 **토**

[유수광음流水光陰]

흐르는 물, 그리고 빛과 그림자라는 말이며, 흐르는 세월을 일컫는다.

글자 | 흐를 **유**, 물 **수**, 빛 **광**, 그늘 **음**

[유수도식遊手徒食]

→ 무위도식無爲徒食

[유수불부流水不腐]

흐르는 물은 썩지 않는다는 말이며, 늘 움직이는 것은 썩지 않는다는 뜻이다.

글자 | 흐를 **유**, 물 **수**, 아닐 **불**, 썩을 **부**

출전 | 여씨춘추 제갈량諸葛亮

[유수불업遊手不業]

손을 놓고 일을 아니한다는 말이며, 일정한 직업이 없어 놀고먹는다는 뜻이다.

글자 | 노닐 **유**, 손 **수**, 아닐 **불**, 일 **업**

출전 | 송남잡지

[유수일인唯授一人]

오직 한 사람에게만 준다는 말이며, 어떤 비밀 같은 것을 한 사람에게만 전해준다는 뜻이다.

글자 | 오직 **유**, 줄 **수**, 사람 **인**

[유수존언有數存焉]

모든 일이 운수가 있어야 된다는 말이다.

글자 | 있을 **유**, 운수 **수**, 있을 **존**, 어조사 **언**

[유시무종有始無終]

처음은 있고 끝은 없다는 말이며, 시작한 일의 끝을 맺지 않았다는 뜻이다.

글자 | 있을 **유**, 비로소 **시**, 없을 **무**, 끝 **종**

[유시유졸有始有卒]

처음도 있고 마침도 있다는 말이며, 시작한 일을 끝까지 매듭짓는다는 뜻이다. 논어에 있는 글이다. '처음부터 끝까지 일관되게 갖추고 있는 것은 오직 성인聖人뿐이로다.'

원문 | 有始有卒者 其惟聖人乎
유 시 유 졸 자 기 유 성 인 호

글자 | 있을 **유**, 비로소 **시**, 마칠 **졸**

출전 | 논어 자장

동류 | 유시유종有始有終

[유시유종有始有終]

→ 유시유졸有始有卒

[유식지민遊食之民]

하는 일 없이 놀고먹는 백성이라는 말이다.

글자 | 노닐 **유**, 먹을 **식**, 어조사 **지**, 백성 **민**

[유신지초維新之初]

개혁하여 새로워진 처음이라는 말이다.

글자 | 개혁 **유**, 새 **신**, 어조사 **지**, 처음 **초**

[유실난봉有實難捧]

열매가 있어도 받기 어렵다는 말이며, 채무자에게 재물은 있어도 빚을 받아내기 어렵다는 뜻이다.

글자 | 있을 **유**, 열매 **실**, 어려울 **난**, 받들 **봉**

[유실무실有實無實]

사실이 있는 것과 없는 것이라는 말이다.

글자 | 있을 **유**, 사실 **실**, 없을 **무**

[유심연가有心連歌]

마음에 있는 이어진 노래라는 말이며, 우아한 운치를 읊는 연가라는 뜻이다.

글자 | 있을 **유**, 마음 **심**, 이을 **연**, 노래 **가**

[유심정토唯心淨土]

오직 마음에 깨끗한 땅이라는 말이며, 극락정토는 오로지 마음에 의해 나타난다는 뜻이다.

원문 | 自姓彌陀唯心淨土
자 성 미 타 유 심 정 토

글자 | 오직 **유**, 마음 **심**, 깨끗할 **정**, 땅 **토**

출전 | 무량수경종요無量壽經宗要

[유아독존唯我獨尊]

오직 나 홀로 높다는 말이며, 자기 멋대로 자만하다는 뜻으로 사용된다. 원래는 석가모니가 탄생하면서 '하늘과 땅 위에 오직 나 홀로 고귀하다.' 라고 말했다고 불교 경전에 기록되어 있다.

원문 | 天上 天下唯我獨尊 三界皆苦
천 상 천 하 유 아 독 존 삼 계 개 고
我當安之
아 당 안 지

글자 | 오직 **유**, 나 **아**, 홀로 **독**, 높을 **존**

출전 | 수행본기경修行本起經

[유아이사由我而死]

나로 인하여 죽었다는 말이며, 자기로 인해 남에게 해를 입혔다는 뜻이다.

원문 | 我不殺伯仁 伯仁由我而死
아 불 살 백 인 백 인 유 아 이 사

글자 | 인할 **유**, 나 **아**, 말 이을 **이**, 죽을 **사**

출전 | 진서

[유아지탄由我之歎]

나로 인한 탄식이라는 말이며, 나로 인해 남에게 해를 끼친 것을 뉘우쳐 한탄한다는 뜻이다.

글자 | 말미암을 **유**, 나 **아**, 어조사 **지**, 탄식할 **탄**

출전 | 진서 69권

[유악지신帷幄之臣]

장막 안의 신하라는 말이며, 전장에 나가지 않고 임금 곁에서 계략을 짜는 신하를 일컫는다.

원문 | 運籌于帷幄之中
운 주 우 유 악 지 중

글자 | 휘장 **유**, 장막 **악**, 어조사 **지**, 신하 **신**

출전 | 사기 고조본기高祖本紀

[유암화명柳暗花明]

버드나무는 어둡고 꽃은 밝다는 말이며, 무성한 버드나무와 활짝 핀 꽃이 아름다운 봄날의 경치를 이르는 말이다.

원문 | 柳暗花明 又一村
유 암 화 명 우 일 촌

글자 | 버들 **유**, 어두울 **암**, 꽃 **화**, 밝을 **명**

출전 | 남송南宋 육유陸游의 시

[유야무야有耶無耶]

있는지 없는지라는 말이며, 흐리멍덩한 것, 또는 흐지부지하다는 뜻이다.

글자 | 있을 **유**, 어조사 **야**, 없을 **무**

출전 | 경덕전등록景德傳燈錄

[유어유수猶魚有水]

물고기가 물에 있는 것과 같다는 말이며, 서로 떨어질 수 없는 관계를 빗댄 말이다.

글자 | 같을 **유**, 고기 **어**, 있을 **유**, 물 **수**

출전 | 삼국지 촉지蜀志

유사 | 수어지교水魚之交

[유어출청游魚出聽]

흐르는 물의 고기도 나와서 듣는다는 말이며, 거문고 소리, 즉 예기藝技가 매우 뛰어난다는 뜻이다. 순자에 있는 글이다. '호파가 슬을 타면 물속에 있는 물고기도 나와서 들었다.'

원문 | 瓠巴鼓瑟而流魚出聽
호 파 고 슬 이 유 어 출 청

글자 | 헤엄칠 **유**, 고기 **어**, 날 **출**, 들을 **청**

출전 | 순자 권학勸學

[유언묵행儒言墨行]

선비를 말하고 먹을 행한다는 말이며, 유가儒家를 말하고 묵가墨家의 행실을 하는 것과 같이 말과 행동이 다르다는 뜻이다.

글자 | 선비 **유**, 말씀 **언**, 먹 **묵**, 행할 **행**

출전 | 추관지秋官志

[유언불신有言不信]

말이 있으나 믿어지지 않는다는 말이며, 하는 말에 믿음이 가지 않는다는 뜻이다.

원문 | 有言不信 尚口乃窮也
유 언 불 신 상 구 내 궁 야

글자 | 있을 **유**, 말씀 **언**, 아닐 **불**, 믿을 **신**

출전 | 주역 곤괘困卦

관련 | 가도벌괵假道伐虢

[유언비어流言蜚語]

흘러 다니는 말과 날아다니는 말이라는 말이며, 근거도 없이 널리 퍼진 소문을 일컫는다.

글자 | 흐를 **유**, 말씀 **언**, 때까치 **비**, 말씀 **어**

출전 | 예기, 사기 위기무안후열전

동류 | 부언낭설浮言浪說, 부언유설浮言流說

[유언혹중流言惑衆]

흐르는 말이 무리를 미혹한다는 말이며, 유언비어가 대중을 현혹시킨다는 뜻이다.

글자 | 흐를 **유**, 말씀 **언**, 미혹할 **혹**, 무리 **중**

[유여강토柔茹剛吐]

부드러운 것은 먹고 굳은 것은 토한다는 말이며, 약자는 업신여기고, 강자는 두려워한다는 말로 쓰기도 한다.

원문 | 柔亦不茹 剛亦不吐
유 역 불 여 강 역 불 토

글자 | 부드러울 **유**, 먹을 **여**, 굳을 **강**, 토할 **토**

출전 | 시경

[유여열반有餘涅槃]

남아 있는 열반이라는 말이며, 온갖 번뇌를 말끔하게 없앴으나 아직 그 번뇌의 근본이 되는 육신이 남아 있다는 뜻이다.

글자 | 있을 **유**, 남을 **여**, 극락 갈 **열**, 즐거울 **반**

출전 | 불교

반대 | 무여열반無餘涅槃

[유여충이褎如充耳]

옷치레하고 귀를 채운 것과 같다는 말이며, 외모는 훌륭하나 충고를 듣지 않는다는 말이다.

글자 | 옷치레할 **유**, 같을 **여**, 채울 **충**, 귀 **이**

출전 | 시경 패풍邶風

[유연노장幽燕老將]

유주幽州와 연지燕地에서 싸운 명장이라는 말이며, 전투에 경험이 많은 장수를 일컫는다.

글자 | 깊을 **유**, 제비 **연**, 늙을 **노**, 장수 **장**

[유연무연有緣無緣]

인연이 있는 것과 인연이 없는 것이라는 말이며, 인연이 있는 것도 있고 없는 것도 있다는 뜻이다.

글자 | 있을 **유**, 인연 **연**, 없을 **무**

[유연전술柔軟戰術]

부드러운 싸움 방법이라는 말이며, 정면충돌을 피하고 상대의 투쟁의욕을 감퇴시키면서 끈질기게 싸우는 싸움 방법을 일컫는다.

글자 | 부드러울 **유**, 부드러울 **연**, 싸울 **전**, 방법 **술**

[유연중생有緣衆生]

인연이 있는 모든 생명이라는 말이며, 전생에서 부처와 인연을 맺은 사람이라는 뜻이다.

글자 | 있을 **유**, 인연 **연**, 무리 **중**, 살 **생**

[유예미결猶豫未決]

머뭇거리고 결단하지 못한다는 말이다.

글자 | 머뭇거릴 **유**, 머뭇거릴 **예**, 아닐 **미**, 결단할 **결**

[유왕유격愈往愈激]

→ 유왕유심愈往愈甚

[유왕유독愈往愈篤]

→ 거거익심去去益甚

[유왕유심愈往愈甚]

→ 거거익심去去益甚

[유우지병幽憂之病]

깊은 근심의 병이라는 말이며, 마음에 맺힌 것으로 인하여 쉽게 감상적으로 바뀌는 병을 일컫는다.

글자 | 깊을 **유**, 근심 **우**, 어조사 **지**, 병들 **병**

출전 | 장자 양왕편讓王篇

[유운경룡游雲驚龍]

구름에서 헤엄치는 용이 놀란다는 말이며, 뛰어나게 잘 쓴 글씨의 자획에 생기가 움직인다는 뜻이다.

글자 | 헤엄칠 **유**, 구름 **운**, 놀랄 **경**, 용 **룡**

출전 | 진서 왕희지전王羲之傳

[유운지장猶運之掌]

손바닥을 움직이는 것과 같다는 말이며, 매우 쉽다는 뜻이다.

글자 | 같을 **유**, 움직일 **운**, 어조사 **지**, 손바닥 **장**

출전 | 맹자 공손추 상

[유원능이柔遠能邇]

먼 데를 복종케 하여 가까운 데와 능통하게 한다는 말이며, 먼 곳 사람을 회유하여 가까이서 잘 지내게 한다는 뜻이다.

글자 | 복종할 **유**, 멀 **원**, 능할 **능**, 가까울 **이**

출전 | 서경 문후지명文侯之命

[유월비상六月飛霜]

유월에 서리가 내린다는 말이며, 원한을 품고 있으면 괴이한 일이 일어난다는 뜻이다.

원문 | **一婦含怨六月飛霜**
일 부 함 원 유 월 비 상

글자 | 달 **월**, 날 **비**, 서리 **상**

출전 | 사기, 초학기初學記

[유위변전有爲變轉]

할 일이 있어 변하고 돌아다닌다는 말이며, 덧없는 인생을 이르는 말이다. 인연에 의해 생긴 세상은 항상 변화무쌍하여 잠시도 머물러 있는 법이 없다는 것이며, 유위有爲란 범어梵語에서 온 말로 여러 가지 인연에 의해 생긴 현상 또는 그 존재라는 뜻이다.

글자 | 있을 **유**, 할 **위**, 변할 **변**, 구를 **전**

출전 | 전등록

[유위부족猶爲不足]

오히려 넉넉하지 않다는 말이다.

글자 | 오히려 **유**, 할 **위**, 아닐 **부**, 넉넉할 **족**

[유위지사有爲之士]

할 수 있는 선비라는 말이며, 유능하여 쓸모가 있는 사람이라는 뜻이다.

원문 | **明者 有爲之士**
명자 유위지사

글자 | 있을 **유**, 할 **위**, 어조사 **지**, 선비 **사**

출전 | 장자 잡편 열어구列禦寇

[유유검이惟有劍耳]

오직 검이 있을 뿐이라는 말이며, 법을 어기는 자는 처단할 뿐이라는 뜻이다.

글자 | 오직 **유**, 있을 **유**, 칼 **검**, 말 끝날 **이**

출전 | 상로속강목商輅續綱目

[유유낙락唯唯諾諾]

오로지 대답할 뿐이라는 말이며, 시키는 대로 순종할 뿐이라는 뜻이다.

글자 | 오직 **유**, 대답할 **낙(락)**

출전 | 한비자 팔간八姦

[유유도일悠悠度日]

매우 한가하게 날을 지낸다는 말이며, 하는 일 없이 세월만 보낸다는 뜻이다.

글자 | 한가할 **유**, 지날 **도**, 날 **일**

출전 | 송남잡지

[유유범범悠悠泛泛]

한가로이 떠있다는 말이며, 무슨 일을 꼼꼼하게 하지 못하고 느리게 한다는 뜻이다.

글자 | 한가할 **유**, 뜰 **범**

[유유상종類類相從]

무리끼리 서로 좇는다는 말이며, 같은 것끼리 서로 왕래하며 사귄다는 뜻이다.

글자 | 무리 **유**, 서로 **상**, 좇을 **종**

출전 | 송남잡지

[유유자적悠悠自適]

한가로이 스스로 편안하다는 말이며, 아무것에도 속박되지 않고 자기 마음대로 편안히 지낸다는 뜻이다.

글자 | 한가할 **유**, 스스로 **자**, 편안할 **적**

[유유창천悠悠蒼天]

멀고 먼 푸른 하늘이라는 말이다. 보우鴇羽라는 시의 한 구절이다. '아득하고 먼 하늘이시어, 언제라야 이 혼란 끝이 날까요.'

원문 | 悠悠蒼天 曷其有極
유 유 창 천 갈 기 유 극

글자 | 멀 **유**, 푸를 **창**, 하늘 **천**

출전 | 시경 당풍唐風

[유유한한悠悠閑閑]

매우 한가하다는 말이며, 동작이 태연하고 한가롭다는 뜻이다.

글자 | 한가할 **유**, 한가할 **한**

[유의감식褕衣甘食]

고운 옷에 단 음식이라는 말이며, 부유한 생활을 빗댄 말이다.

글자 | 고을 **유**, 옷 **의**, 달 **감**, 음식 **식**

출전 | 사기 회음후열전

[유의막수有意莫遂]

뜻은 있어도 이루지 못한다는 말이다.

글자 | 있을 **유**, 뜻 **의**, 말 **막**, 성취할 **수**

출전 | 유의미수有意未遂

[유의미수有意未遂]

→ 유의막수有意莫遂

[유의유식遊衣遊食]

하는 일 없이 놀면서 입고 먹는다는 말이다.

글자 | 노닐 **유**, 옷 **의**, 밥 **식**

[유이불굴柔而不屈]

부드러우면서 굽히지 않는다는 말이다.

글자 | 부드러울 **유**, 말 이을 **이**, 아닐 **불**, 굽을 **굴**

출전 | 순자 신도편臣道篇

[유이포아乳以哺我]

젖으로써 나를 먹이셨다는 말이다.

원문 | 腹以懷我 乳以哺我
복 이 회 아 유 이 포 아

글자 | 젖 **유**, 써 **이**, 먹일 **포**, 나 **아**

출전 | 사자소학

[유인소소惟人所召]

오직 사람이 부른 바라는 말이며, 좋은 일이나 나쁜 일이나 모두 사람이 초래한 것이라는 뜻이다.

원문 | 禍福無門 惟人所召
화 복 무 문 유 인 소 소

글자 | 오직 **유**, 사람 **인**, 바 **소**, 부를 **소**

출전 | 춘추좌씨전 양공襄公 23년조

[유일무이唯一無二]

오직 하나뿐이고 둘도 없다는 말이다.

글자 | 오직 **유**, 없을 **무**

[유일부족惟日不足]

꾀할 날이 넉넉하지 않다는 말이며, 매우 바쁘거나 할 일이 많아 날짜가 모자란다는 뜻이다.

원문 | 吉人爲善 惟日不足
길 인 위 선 유 일 부 족

글자 | 꾀 **유**, 날 **일**, 아닐 **부**, 넉넉할 **족**

출전 | 소학 가언嘉言

[유일불원遺佚不怨]

허물을 버려도 원망하지 않는다는 말이며, 세상이 나를 버려도 세태를 원망하지 않는다는 뜻이다.

원문 | 遺佚而不怨 阨窮而不憫
유 일 이 불 원 애 궁 이 불 민

글자 | 버릴 **유**, 허물 **일**, 아닐 **불**, 원망할 **원**

출전 | 맹자 공손추 상

[유일사상唯一思想]

오직 하나의 생각이라는 말이며, 독재 체제에서 특정인을 우상화하여 그 밖의 신이나 인물을 용납하지 않는 사상을 일컫는다.

글자 | 오직 **유**, 생각 **사**, 생각할 **상**

[유자가교孺子可教]

어린아이는 가르치는 것이 좋다는 말이며, 공부하는 아이를 격려한다는 뜻이다.

글자 | 젖먹이 **유**, 아들 **자**, 옳을 **가**, 가

르칠 **교**

출전 | 십팔사략 장량張良

[유자경장幼者敬長]

어린 사람은 어른을 공경해야 한다는 말이다.

원문 | 長者慈幼 幼者敬長
장 자 자 유 유 자 경 장

글자 | 어릴 **유**, 사람 **자**, 공경 **경**, 어른 **장**

출전 | 예기 제의祭義, 사자소학

[유자생녀有子生女]

아들을 두고 딸을 낳았다는 말이다.

글자 | 있을 **유**, 아들 **자**, 날 **생**, 계집 **녀**

[유자입정孺子入井]

젖먹이가 우물 속에 들어간다는 말이며, 어린이가 우물에 빠지는 것을 보게 되면 누구나 측은한 마음이 생긴다는 뜻이다.

원문 | 孺子將入於井皆有怵惕惻隱之心
유 자 장 입 어 정 개 유 출 척 측 은 지 심

글자 | 젖먹이 **유**, 아들 **자**, 들 **입**, 우물 **정**

출전 | 맹자 공손추公孫丑 상

[유장무장惟杖無將]

오직 몽둥이에는 장수가 없다는 말이며, 매질하는 데는 굴복하지 않는 사람이 없다는 뜻이다.

글자 | 오직 **유**, 몽둥이 **장**, 없을 **무**, 장수 **장**

출전 | 이담속찬

[유장상종踰牆相從]

담장을 넘어 서로 따른다는 말이며, 남녀가 몰래 밀회한다는 뜻이다.

글자 | 넘을 **유**, 담 **장**, 서로 **상**, 따를 **종**

출전 | 맹자 등문공 하

[유장지제帷牆之制]

휘장과 담장의 금함이라는 말이며, 임금이 시첩과 가까운 신하에 의해 감금된 상태를 빗댄 말이다.

글자 | 휘장 **유**, 담장 **장**, 어조사 **지**, 금할 **제**

[유장지취悠長之趣]

한가하게 긴 취미라는 말이며, 오랫동안 지키는 취미라는 뜻이다.

원문 | 悠長之趣 不得於醲醃
유 장 지 취 부 득 어 농 엄

글자 | 한가할 **유**, 긴 **장**, 어조사 **지**, 취미 **취**

출전 | 채근담 후집 34장

[유장찬혈窬牆鑽穴]

→ 유장천혈窬牆穿穴

[유장천혈窬牆穿穴]

담에 구멍을 뚫는다는 말이며, 남의 집 여자를 탐내 몰래 남의 집에 들어간다는 뜻이다.

글자 | 판장문 **유**, 담 **장**, 통할 **천**, 굴 **혈**

출전 | 맹자
동류 | 유장찬혈窬牆鑽穴

[유재무공有財無功]

재물은 있으나 공은 없다는 말이며, 돈만 모으고 좋은 일은 하지 않았다는 뜻이다.

원문 | 有財無功 終時不利
유재무공 종시불리

글자 | 있을 **유**, 재물 **재**, 없을 **무**, 공 **공**
출전 | 토정비결

[유재무덕有才無德]

재주는 있으나 덕은 없다는 말이다.

원문 | 有才無德 如家無主而奴用事矣
유재무덕 여가무주이노용사의

글자 | 있을 **유**, 재주 **재**, 없을 **무**, 큰 **덕**
출전 | 채근담 139항

[유재색마有才色馬]

재주와 색깔을 가진 말이라는 말이며, 영리하고 털빛이 고운 말이라는 뜻이다.

글자 | 있을 **유**, 재주 **재**, 빛 **색**, 말 **마**

[유재아귀有財餓鬼]

재물을 가진 굶주린 귀신이라는 말이며, 재물이 있으면서도 욕심이 많고 인색한 사람을 빗댄 말이다.

글자 | 가질 **유**, 재물 **재**, 굶주릴 **아**, 귀신 **귀**

[유전유후由前由後]

앞으로 인하여 뒤를 행한다는 말이며, 앞과 뒤가 같다는 뜻이다.

글자 | 말미암을 **유**, 앞 **전**, 행할 **유**, 뒤 **후**

[유전윤회流轉輪廻]

→ 생사유전生死流轉

[유절쾌절愉絶快絶]

기쁨도 으뜸이요 쾌함도 으뜸이라는 말이며, 더없이 유쾌하다는 뜻이다.

글자 | 기뻐할 **유**, 으뜸 **절**, 쾌할 **쾌**

[유정지공惟正之貢]

벼슬을 생각하여 바치는 것이라는 말이며, 해마다 의례로 궁중의 고관에게 바치던 공물을 일컫는다.

글자 | 생각할 **유**, 벼슬 **정**, 어조사 **지**, 바칠 **공**
출전 | 유정지공惟正之供

[유정지공惟正之供]

→ 유정지공惟正之貢

[유종완미有終完美]

끝이 있고 아름답게 마쳤다는 말이며, 일을 끝까지 잘 매듭지었다는 뜻이다. 서경의 글이다. '[임금이] 스스로 두루두루 유종의 미를 거두고 재상들 또한 유종의 미를 거두었다.'

원문 | 自周有終 相亦有終
자주유종 상역유종

글자 | 있을 **유**, 끝 **종**, 마칠 **완**, 아름다울 **미**

출전 | 서경 상서商書

동류 | 유종지미有終之美, 유종식미有終飾美

[유종유전謬種流傳]

그릇된 종류가 흘러 전한다는 말이며, 옳지 못한 관행이 전해 내려오고 있다는 뜻이다.

원문 | **時謂之謬種流傳**
시 위 지 유 종 유 전

글자 | 그릇될 **유**, 종류 **종**, 흐를 **유**, 전할 **전**

출전 | 송사

[유종지미有終之美]

→ 유종완미有終完美

[유좌지기宥坐之器]

무릎 꿇는데 도움을 주는 그릇이라는 말이며, 무릎 꿇고 앉아 마음을 모으는 데 도움 되는 도자기 등을 일컫는다. 공자가 노나라 사당에서 본 그릇은 물을 부으니 물이 가운데까지 차자 똑바로 있다가 꽉 채우니 뒤집어져 버렸다.

글자 | 도울 **유**, 무릎 꿇을 **좌**, 어조사 **지**, 그릇 **기**

출전 | 공자가어 삼원三怨

[유주무량唯酒無量]

오직 술만은 양이 없다는 말이다. 논어의 글이다. '공자는 오직 술만은 일정한 양이 없으나 정신을 잃을 정도까지 마시지는 않았다.'

원문 | **唯酒無量 不及亂**
유 주 무 량 불 급 란

글자 | 오직 **유**, 술 **주**, 없을 **무**, 헤아릴 **량**

출전 | 논어 향당鄉黨

[유주지물有主之物]

주인이 있는 물건이라는 말이다.

글자 | 있을 **유**, 주인 **주**, 어조사 **지**, 물건 **물**

[유주지탄遺珠之歎]

구슬을 버린 탄식이라는 말이며, 마땅히 등용되어야 할 인재가 빠진 데 대한 한탄을 빗댄 말이다.

글자 | 버릴 **유**, 구슬 **주**, 어조사 **지**, 탄식할 **탄**

[유중유중有中有中]

가운데 있는 것이 가운데 있다는 말이며, 중정中正에 중정이 있다는 뜻이다.

글자 | 있을 **유**, 가운데 **중**

출전 | 관자 백심편白心篇

[유즉공방遊則共方]

놀음은 곧 한 가지 방법이라는 말이며, 놀음도 공통된 방법으로 한다는 뜻이다.

원문 | **學則連業 遊則共方**
학 즉 연 업 유 즉 공 방

글자 | 놀 **유**, 곧 **즉**, 한 가지 **공**, 방법 **방**

출전 | 소학 가언嘉言

[유지경성有志竟成]

가진 뜻을 마침내 이루었다는 말이다.

원문 | 有志者事竟成也
유 지 자 사 경 성 야

글자 | 가질 **유**, 뜻 **지**, 마침내 **경**, 이룰 **성**

출전 | 후한서 경엄전耿弇傳

동류 | 유지사성有志事成

[유지군자有志君子]

뜻이 있는 사람이라는 말이며, 좋은 일에 뜻이 깊은 점잖은 사람을 일컫는다.

글자 | 있을 **유**, 뜻 **지**, 그대 **군**, 사람 **자**

[유지면관諭旨免官]

칙서로 벼슬을 면하는 것을 알린다는 말이다.

글자 | 고할 **유**, 칙서 **지**, 면할 **면**, 벼슬 **관**

[유지사성有志事成]

→ 유지경성有志竟成

[유지지사有志之士]

뜻이 있는 선비라는 말이며, 세상일에 뜻이 있는 사람이라는 뜻이다.

글자 | 있을 **유**, 뜻 **지**, 어조사 **지**, 선비 **사**

[유진무퇴有進無退]

앞으로 나아가기만 하고 뒤로 물러남이 없다는 말이다.

글자 | 있을 **유**, 나아갈 **진**, 없을 **무**, 물러날 **퇴**

출전 | 예기 단궁檀弓 상

[유처취처有妻娶妻]

아내를 가진 사람이, 또 아내를 얻는다는 말이다.

글자 | 가질 **유**, 아내 **처**, 장가들 **취**

[유출유괴愈出愈怪]

심하게 나오고 심히 기이하다는 말이며, 새록새록 점점 더 괴상하다는 뜻이다.

글자 | 심할 **유**, 날 **출**, 기이할 **괴**

[유출유기愈出愈奇]

→ 유출유괴愈出愈怪

[유취만년遺臭萬年]

→ 유취만재遺臭萬載

[유취만재遺臭萬載]

냄새를 만년 동안 남긴다는 말이며, 더러운 이름을 길이길이 남긴다는 뜻이다. 환온桓溫이 한 말이다. '훌륭한 명성을 후세에 전할 수 없다면 악명을 만세에 남기는 것도 할 수 없단 말인가?'

원문 | 亦不足復遺臭萬載邪
역 부 족 복 유 취 만 재 사

글자 | 남길 **유**, 냄새 **취**, 일만 **만**, 해 **재**

출전 | 세설신어 우회尤悔

반대 | 유방백세流芳百世

[유치차격有恥且格]

부끄러움이 있어야 또 바르다는 말이

ㅇ

며, 수치를 알아야 바른길에 이른다는 뜻이다.

글자 | 있을 **유**, 부끄러울 **치**, 또 **차**, 바를 **격**

출전 | 논어 위정, 목민심서 형전6조

[유칭호수唯稱好鬚]

오직 좋은 수염만을 일컫는다는 말이며, 풍채만 좋고 재능이 없다는 뜻이다.

글자 | 오직 **유**, 일컬을 **칭**, 좋을 **호**, 수염 **수**

출전 | 당서

[유타앵교柳嚲鶯嬌]

버들가지는 늘어지고 꾀꼬리 소리는 아름답다는 말이며, 한여름의 풍경을 이르는 말이다.

글자 | 버들 **유**, 드리운 모양 **타**, 꾀꼬리 **앵**, 아리따울 **교**

출전 | 잠참岑參의 시

[유태화용柳態花容]

버들 모양에 꽃의 얼굴이라는 말이며, 아름다운 미인의 모습을 빗댄 말이다.

글자 | 버들 **유**, 모양 **태**, 꽃 **화**, 얼굴 **용**

[유통거래流通去來]

흘러서 통하고 오고간다는 말이며, 재화가 서로 오고간다는 뜻이다.

글자 | 흐를 **유**, 통할 **통**, 갈 **거**, 올 **래**

[유패회신有敗灰燼]

패하고 나서 재만 남았다는 말이다.

글자 | 있을 **유**, 패할 **패**, 재 **회**, 탄 나머지 **신**

[유편지문兪扁之門]

유씨와 편씨의 문이라는 말이며, 명의의 제자를 빗댄 말이다. 중국위 명의인 유부兪跗와 편작扁鵲의 문하생이라는 고사에서 온 말이다.

글자 | 성씨 **유**, 성씨 **편**, 어조사 **지**, 문 **문**

관련 | 유편지술兪扁之術

[유편지술兪扁之術]

유씨와 편씨의 술법이라는 말이며, 훌륭한 치료법을 이르는 말이다. 두 사람은 중국 고대의 명의名醫로서 유부兪跗는 황제黃帝 때의 명의이고, 편작扁鵲은 괵나라의 태자를 소생시킨 명의이다.

글자 | 점점 **유**, 넓적할 **편**, 어조사 **지**, 재주 **술**

출전 | 사기 편작전扁鵲傳

동류 | 유편지문兪扁之門

[유폐유흥有廢有興]

폐하는 것도 있고 일으키는 것도 있다는 말이며, 없앨 것은 없애고 다시 만들 것은 만들어야 한다는 뜻이다.

글자 | 있을 **유**, 폐할 **폐**, 일 **흥**

출전 | 서경

[유풍선정流風善政]

흐르는 풍속과 착한 다스림이라는 말이며, 오랜 기풍과 선한 정치라는 뜻이다.

글자 | 흐를 **유**, 풍속 **풍**, 착할 **선**, 다스릴 **정**

출전 | 맹자 공손추 상

[유풍여속遺風餘俗]

오래 전부터 전하여 오늘에 남아있는 풍속이라는 말이다.

글자 | 남을 **유**, 풍속 **풍**, 남을 **여**, 풍속 **속**

[유풍여열遺風餘烈]

남아있는 풍속과 남은 공적이라는 말이다.

글자 | 남길 **유**, 풍속 **풍**, 남을 **여**, 공 **열**

출전 | 송사 사령운전론謝靈運傳論

[유필유방遊必有方]

놀아도 반드시 방향이 있어야 한다는 말이며, 떠나갈 때는 반드시 갈 곳을 정해 두어야 한다는 뜻이다.

원문 | 父母在 不遠遊 遊必有方
부 모 재 불 원 유 유 필 유 방

글자 | 노닐 **유**, 반드시 **필**, 있을 **유**, 모 **방**

출전 | 논어 이인里仁

[유한계급有閑階級]

한가함이 있는 층계 등급이라는 말이며, 재산이 많아 생활하기 위한 직업을 갖지 않고 자기가 소유한 자본의 이윤으로써 생활하며 오락으로 시간을 보내는 계층의 사람을 일컫는다.

글자 | 있을 **유**, 한가할 **한**, 층계 **계**, 등급 **급**

[유한공자游閑公子]

한가하게 노는 무리라는 말이며, 주색만을 찾아 방탕한 생활을 즐기는 사람을 일컫는다.

글자 | 노닐 **유**, 한가할 **한**, 무리 **공**, 아들 **자**

[유한임리流汗淋漓]

흐르는 땀이 지적지적 스며든다는 말이다.

글자 | 흐를 **유**, 땀 **한**, 지적지적할 **임**, 스며들 **리**

[유한정정幽閑靜貞]

그윽하고 한가하며 고요하고 곧다는 말이며, 부녀자의 인품이 높고 점잖다는 뜻이다.

글자 | 그윽할 **유**, 한가할 **한**, 고요할 **정**, 곧을 **정**

[유항화가柳巷花街]

→ 화가유항花街柳巷

[유해무독有害無毒]

해로움은 있으나 독은 없다는 말이다.

글자 | 있을 **유**, 해할 **해**, 없을 **무**, 독할 **독**

[유해무익有害無益]

해롭기만 하고 이로움이 없다는 말이다.

글자 | 있을 **유**, 해할 **해**, 없을 **무**, 더할 **익**

[유현호이猶賢乎已]

오히려 그침이 어렵다는 말이며, 아니하는 것보다 낫다는 뜻이다.

원문 | 爲之 猶賢乎已
위지 유현호이

글자 | 오히려 **유**, 어질 **현**, 어조사 **호**, 그칠 **이**

출전 | 논어 양화陽貨

[유혈성천流血成川]

피가 흘러 내를 이룬다는 말이며, 큰 전투로 많은 사람이 죽었다는 뜻이다.

글자 | 흐를 **유**, 피 **혈**, 이룰 **성**, 내 **천**

출전 | 사기 범저채택열전

[유혈표저流血漂杵]

흐르는 피가 방망이를 띄운다는 말이며, 처참한 전쟁을 빗댄 말이다.

글자 | 흐를 **유**, 피 **혈**, 떠돌 **표**, 방망이 **저**

출전 | 맹자 진심盡心 하

동류 | 혈지유저血之流杵

[유형무적有形無跡]

형상은 있으나 자취가 없다는 말이며, 혐의는 있으나 증거가 드러나지 않는다는 뜻이다.

글자 | 있을 **유**, 형상 **형**, 없을 **무**, 자취 **적**

[유형무형有形無形]

형상이 있고 없음이라는 말이며, 형체가 있고 없음을 가리지 않는다는 뜻이다.

글자 | 있을 **유**, 형상 **형**, 없을 **무**

[유형위조有形僞造]

모양을 가지고 거짓을 만든다는 말이며, 다른 사람 명의의 문서를 제멋대로 작성한다는 뜻이다. 형법에 규정되어 있다.

글자 | 가질 **유**, 모양 **형**, 거짓 **위**, 만들 **조**

[유혹가야猶或可也]

오히려 혹시 옳다는 말이며, 오히려 그럼직하다는 뜻이다.

글자 | 오히려 **유**, 아마 **혹**, 옳을 **가**, 어조사 **야**

출전 | 격몽요결 상제장喪制章

[유화인욕柔和忍辱]

부드럽고 순하여 욕됨을 잘 참는다는 말이다.

글자 | 부드러울 **유**, 순할 **화**, 참을 **인**, 욕될 **욕**

[유화정책宥和政策]

널리 화목케 하여 다스리는 꾀라는 말이며, 달래어 화목하게 펴나가는 정치의 방책을 일컫는다.

글자 | 넓을 **유**, 화목할 **화**, 다스릴 **정**, 꾀 **책**

[유획석전猶獲石田]

돌밭을 얻는 것 같다는 말이며, 아무 소용도 없다는 뜻이다.

글자 | 같을 **유**, 얻을 **획**, 돌 **석**, 밭 **전**

출전 | 춘추좌씨전

[육관화옥鬻官貨獄]

→ 육관매옥鬻官賣獄

[육근청정六根淸淨]

여섯 개의 뿌리를 맑고 깨끗하게 해야 한다는 말이며, 불교에서 사람의 육체에 의해 생기는 욕망이나 유혹을 물리치고 심신을 깨끗하게 해야 한다는 뜻이다. 육근은 육식六識을 낳는 눈·귀·코·입·몸·뜻을 일컫는다.

글자 | 뿌리 **근**, 맑을 **청**, 깨끗할 **정**

출전 | 지도론智度論

[육다골소肉多骨少]

살이 많고 뼈가 적다는 말이다.

글자 | 살 **육**, 많을 **다**, 뼈 **골**, 적을 **소**

[육단견양肉袒牽羊]

육체는 옷을 벗고 양을 끌고 간다는 말이며, 항복하여 신하가 되기를 청한다는 뜻이다.

글자 | 고기 **육**, 옷 벗어 멜 **단**, 이끌 **견**, 양 **양**

출전 | 춘추좌씨전 선공宣公 하

[육단부형肉袒負荊]

육체는 옷을 벗고 가시나무를 진다는 말이며, 사죄 또는 항복한다는 뜻이다.

글자 | 고기 **육**, 옷 벗어 멜 **단**, 질 **부**, 가시 **형**

출전 | 사기 염파·인상여열전

동류 | 부형청죄負荊請罪

관련 | 문경지교刎頸之交

[육대반낭肉袋飯囊]

고기 자루와 밥주머니라는 말이며, 아무런 재주 없이 먹기만 잘하는 사람을 빗댄 말이다.

글자 | 고기 **육**, 자루 **대**, 밥 **반**, 주머니 **낭**

출전 | 형상근사荊湘近事

[육도삼략六韜三略]

여섯 가지 병법과 세 가지 책략이라는 말이며, 중국 고대 병서의 최고봉인 무경칠서武經七書 중 두 병서를 뜻한다. 6도는 태공망太公望의 찬撰이고, 3략은 황석공黃石公의 찬이다.

글자 | 병법 **도**, 꾀 **략**

출전 | 이인로의 여우인야화與友人夜話

[육도윤회六道輪廻]

여섯 개의 길을 돌고 돈다는 말이며, 선악의 업보에 의하여 여섯 세계를 돌게 된다는 뜻이다. 여섯 세계는 지옥, 아귀, 축생, 수라修羅, 인간, 천상天上이다.

글자 | 길 **도**, 돌 **윤**, 돌 **회**

[육도풍월肉跳風月]

몸뚱이가 날뛰는 풍월이라는 말이며, 글자를 잘못 써서 알아보기 어렵고 가치가 없는 한시漢詩를 일컫는다.

글자 | 몸 **육**, 뛸 **도**, 바람 **풍**, 달 **월**

[육례칠교六禮七教]

여섯 가지 예도와 일곱 가지 가르침이라는 말이며, 6례는 관례冠禮 · 혼례婚禮 · 상례喪禮 · 제례祭禮 · 향음주례鄕飮酒禮 · 사상견례士相見禮의 예도이고 7교는 부자 · 형제 · 부부 · 군신 · 장유 · 붕우 · 빈객의 길을 일컫는다.

글자 | 예도 **례**, 가르칠 **교**

출전 | 예기 왕제王制

관련 | 관혼상제冠婚喪祭

[육리청산六里青山]

6리의 푸른 산이라는 말이며, 엉뚱한 말로 속인다는 뜻이다. 중국 전국시대 장의張儀가 초나라 회왕에게 상어商於의 땅 6백 리를 바치겠다고 약속했다가 나중에는 6리로 번복하여 회왕을 속인 옛일에서 온 말이다.

글자 | 이수 **리**, 푸를 **청**, 뫼 **산**

출전 | 조선왕조 22대 정조실록

[육무사금六務四禁]

여섯 가지 힘쓰는 것과 네 가지 금하는 것이라는 말이며, 현명한 군주가 힘써야 할 덕목과 금기사항을 일컫는다. 육무는 ①아껴 쓰기(節用), ②현명한 신하의 보좌(賢佐), ③법도의 준수, ④죄지은 사람은 반드시 벌하기. ⑤천시天時에 따르기, ⑥지의地宜에 따르기이며, 사금은 봄에는 죽이거나 벌하지 않고, 여름에는 하천의 물이 큰 강에 흐르는 것을 가로막지 않고, 가을에는 죄과를 사면하지 않고, 겨울에는 벼슬을 봉하거나 녹을 깎지 않아야 한다는 것이다.

글자 | 힘쓸 **무**, 금할 **금**

출전 | 관자 칠신칠주편七臣七主篇

[육박골병肉薄骨幷]

살이 붙고 뼈가 아우른다는 말이며, 두 사람이 붙어서 힘을 겨룬다는 뜻이다.

글자 | 살 **육**, 붙을 **박**, 뼈 **골**, 아우를 **병**

출전 | 원사元史

[육방관속六房官屬]

여섯 방의 벼슬 무리라는 말이며, 지방관아의 이吏, 호戶, 예禮, 병兵, 형刑 공工의 6방에 달린 관리들을 일컫는다.

글자 | 방 **방**, 벼슬 **관**, 무리 **속**

[육부삼사六府三事]

여섯 곳집과 세 가지 일이라는 말이며, 금, 목, 수, 화, 토, 곡穀의 6부와 정덕正德, 이용利用, 후생厚生의 3사를 일컫는다.

글자 | 곳집 **부**, 일 **사**

[육부출충肉腐出蟲]

고기가 썩어 벌레가 난다는 말이며, 근본이 무너진 뒤에 화난禍難이 일어난다는 뜻이다.

글자 | 고기 **육**, 썩을 **부**, 날 **출**, 벌레 **충**

출전 | 순자 권학편勸學篇

유사 | 물부충생物腐虫生

[육산주해肉山酒海]

고기의 산과 술의 바다라는 말이며, 고기와 술이 넉넉하다는 뜻이다.

글자 | 고기 **육**, 뫼 **산**, 술 **주**, 바다 **해**

동류 | 주지육림酒池肉林

[육산포림肉山脯林]

고기가 산 같고, 마른 고기가 숲처럼 많다는 말이며, 음식을 많이 차린 잔치를 빗댄 말이다.

글자 | 고기 **육**, 뫼 **산**, 포 **포**, 수풀 **림**

출전 | 제왕세기帝王世紀

동류 | 주지육림酒池肉林

유사 | 육산주해肉山酒海

[육시조정肉視朝廷]

조정을 고기로 본다는 말이며, 사대부들을 마음대로 죽이려고 한다는 뜻이다.

글자 | 고기 **육**, 볼 **시**, 조정 **조**, 조정 **정**

출전 | 조선왕조 15대 광해군일기

[육시호랑肉視虎狼]

호랑이와 이리를 고기로 본다는 말이며, 위세에 조금도 겁내지 않는다는 뜻이다.

글자 | 고기 **육**, 볼 **시**, 범 **호**, 이리 **랑**

출전 | 조선왕조 10대 연산군일기

[육식처대肉食妻帶]

고기를 먹고 아내를 거느린다는 말이며, 중이 고기를 먹고 아내를 데리고 산다는 뜻이다. 계율에서는 금한 것인데, 말세에 이르러 이단으로 나타난 현상이다.

글자 | 고기 **육**, 먹을 **식**, 아내 **처**, 거느릴 **대**

ㅇ

[육십갑자六十甲子]

천간天干의 갑甲 · 을乙 · 병丙 · 정丁 · 무戊 · 기己 · 경庚 · 신辛 · 임壬 · 계癸의 10자에 지지地支의 자子 · 축丑 · 인寅 · 묘卯 · 진辰 · 사巳 · 오午 · 미未 · 신申 · 유酉 · 술戌 · 해亥의 12자를 순차로 배합하여 60가지로 늘어놓은 것을 말하며, 육십화갑자六十花甲子 또는 육갑六甲이라고도 한다. 순서는 갑자甲子 · 을축乙丑 · 병인丙寅 · 정묘丁卯 · 무진戊辰 · 기사己巳 · 경오庚午 · 신미辛未 · 임신壬申 · 계유癸酉 · 갑술甲戌 · 을해乙亥 · 병자丙子 · 정축丁丑 · 무인戊寅 · 기묘己卯 · 경진庚辰 · 신사辛巳 · 임오壬午 · 계미癸未 · 갑신甲申 · 을유乙酉 · 병술丙戌 · 정해丁亥 · 무자戊子 · 기축己丑 · 경인庚寅 · 신묘辛卯 · 임진壬辰 · 계사癸巳 · 갑진甲辰 · 을사乙巳 · 병오丙

午 · 정미丁未 · 무신戊申 · 기유己酉 · 경술庚戌 · 신해辛亥 · 임자壬子 · 계축癸丑 · 갑인甲寅 · 을묘乙卯 · 병진丙辰 · 정사丁巳 · 무오戊午 · 기미己未 · 경신庚申 · 신유辛酉 · 임술壬戌 · 계해癸亥이다.

글자 | 첫째 천간 **갑**, 첫째 지지 **자**

[육욕천국肉慾天國]

→ 화가유항花街柳巷

[육적회귤陸績懷橘]

육적이 귤을 품는다는 말이며, 효성이 지극한 어린이를 빗댄 말이다. 오나라의 육적이 6세 때 원술袁術이 귤을 권하자 우선 세 개를 품속에 넣으며 어머님께 드리겠다고 한 고사가 있다.

글자 | 뭍 **육**, 길쌈할 **적**, 품을 **회**, 귤 **귤**

출전 | 삼국지 오지吳志

[육지행선陸地行船]

육지로 배를 가게 한다는 말이며, 되지 않을 일을 하려고 한다는 뜻이다.

글자 | 뭍 **육**, 땅 **지**, 갈 **행**, 배 **선**

[육척지고六尺之孤]

6척의 외로움이라는 말이며, 어려서 부모를 잃은 고아를 일컫는다. 1척은 두 살 반을 가리키며, 6척은 15세가 된다. 논어에 있는 글이다. '어린 임금을 부탁할 수 있고 …'

원문 | **可以託六尺之孤**
가 이 탁 육 척 지 고

글자 | 자 **척**, 어조사 **지**, 외로울 **고**

출전 | 논어 태백泰伯

[육출기계六出奇計]

여섯 번 낸 기묘한 계략이라는 말이며, 중국의 초한楚漢 때 진평陣平이 유방劉邦을 도와 꾸민 여섯 번의 계략을 일컫는다.

글자 | 날 **출**, 이상할 **기**, 계교 **계**

출전 | 초한지

[육출기산六出祁山]

여섯 번 나간 기산이라는 말이며, 중국 촉나라의 제갈량이 여섯 차례 기산에서 위나라와 싸운 옛일을 일컫는다.

원문 | **六出祁山 九伐中源**
육 출 기 산 구 벌 중 원

글자 | 날 **출**, 클 **기**, 뫼 **산**

출전 | 삼국지 제갈량전

[육친오법六親五法]

여섯 가지 겨레와 다섯 가지 방법이라는 말이며, 고대 중국의 나라를 다스리는 원칙과 방법을 일컫는다.

글자 | 겨레 **친**, 법 **법**

출전 | 관자 목민편牧民篇

[육탈골립肉脫骨立]

고기는 벗겨지고 뼈만 서있다는 말이며, 몸에 살이 빠지고 뼈만 남았다는 뜻이다.

글자 | 고기 **육**, 벗을 **탈**, 뼈 **골**, 설 **립**

[육회불추六悔不追]

여섯 가지 뉘우침을 좇지 않는다는 말이며, 살아가면서 돌이킬 수 없는 후회를 명심하고 하지 않는다는 뜻이다. 송나라 구준寇準의 글이다. ① 관직에 있을 때 나쁜 짓을 하면 실세해서 후회하고, ② 부자가 검소하지 않으면 가난해진 뒤 후회한다. ③ 젊어서 부지런히 안 배우면 때 넘겨서 후회하고, ④ 일을 보고 안 배우면 필요할 때 후회한다. ⑤ 취한 뒤의 미친 말은 술 깬 뒤에 후회하고, ⑥ 편안할 때 안 쉬다가 병든 뒤에 후회한다.

글자 | 뉘우칠 **회**, 아닐 **불**, 쫓을 **추**

출전 | 구준의 육회명六悔銘

[윤균이기輪囷離奇]

둘레가 꼬불꼬불하고 이상하게 늘어졌다는 말이며, 나무 모양이 무척 험악하다는 뜻이다.

글자 | 둘레 **윤**, 꼬불꼬불할 **균**, 이삭 늘어질 **이**, 기이할 **기**

출전 | 추양鄒陽의 글

[윤당재상允當宰相]

진실로 마땅한 재상이라는 말이며, 임금의 명령에 무조건 '윤당'이라고 대답하여 복종하는 재상을 일컫는다.

글자 | 진실로 **윤**, 마땅 **당**, 재상 **재**, 벼슬 이름 **상**

출전 | 조선왕조 11대 중종실록

[윤문윤무允文允武]

글과 무예를 모두 믿는다는 말이며, 천자天子가 문무를 겸비하고 있다는 뜻이다. 시경에 있는 구절이다. '문과 무를 갖추셨으니 위대한 조상신이 임하시었네.'

원문 | 允文允武 昭假烈祖
윤문윤무 소격열조

글자 | 옳게 여길 **윤**, 글 **문**, 호반 **무**

출전 | 시경 경지습駉之什

[윤물무성潤物無聲]

소리 없이 만물을 윤택하게 한다는 말이며, 봄비가 소리 없이 내린다는 뜻이다. 두보의 시, 춘야희우春夜喜雨의 구절이다. '바람 따라 밤에 들어 소리 없이 적시네.'

원문 | 隨風潛入夜 潤物細無聲
수풍잠입야 윤물세무성

글자 | 윤택할 **윤**, 만물 **물**, 없을 **무**, 소리 **성**

출전 | 두보의 시

[윤언여한綸言如汗]

임금의 말씀은 땀과 같다는 말이며, 군자 된 자의 말은 한 번 입에 담으면 돌이킬 수 없다는 뜻이다. 윤언은 '왕의 말은 실과 같고 그것이 나오는 것 또한 같다(王言如絲其出如).' 라고 하여 임금의 말씀을 가리키며, 땀은 한 번 나오면 들어갈 수 없다는데 비유하고 있다.

글자 | 사륜 **윤**, 말씀 **언**, 같을 **여**, 땀 **한**

출전 | 예기, 한서 유향전劉向傳
유사 | 호령여한號令如汗

[윤음언해綸音諺解]

사륜絲綸의 소리를 언문으로 푼다는 말이며, 임금의 말을 한글로 쉽게 풀어쓴다는 뜻이다.

글자 | 사륜 **윤**, 소리 **음**, 언문 **언**, 풀 **해**

[윤지이익潤地易杙]

윤택한 땅에 말뚝 [박기가] 쉽다는 말이며, 일하기가 매우 쉽다는 뜻이다.

글자 | 윤택할 **윤**, 땅 **지**, 쉬울 **이**, 말뚝 **익**
출전 | 조선왕조 9대 성종실록
동류 | 윤지탁익潤地椓杙, 연지삽목軟地揷木

[윤지탁익潤地椓杙]

→ 윤지이익潤地易杙

[윤집궐중允執厥中]

믿음을 가지고 중간을 지킨다는 말이며, 성실한 마음을 가지고 올바른 중간을 지킨다는 뜻이다.

글자 | 진실로 **윤**, 잡을 **집**, 그 **궐**, 가운데 **중**
출전 | 논어 요왈

[윤체천자輪遞天子]

번갈아 하는 천자라는 말이며, 한 번쯤은 해먹는 천자라는 말이다.

원문 | 亦當爲 輪遞天子
역 당 위 윤 체 천 자

글자 | 돌 **윤**, 갈아들일 **체**, 하늘 **천**, 아들 **자**
출전 | 성호사설 선희학편善戲謔篇

[윤필지자潤筆之資]

붓을 적신 밑천이라는 말이며, 글씨나 그림을 그린 보수를 빗댄 말이다.

글자 | 적실 **윤**, 붓 **필**, 어조사 **지**, 밑천 **자**

[윤형피면尹邢避面]

윤가와 형가가 얼굴을 피한다는 말이며, 서로 질투하거나 반목하여 만나기를 꺼려한다는 뜻이다.

글자 | 미쁠 **윤**, 나라 이름 **형**, 피할 **피**, 얼굴 **면**
출전 | 사기 외척세가外戚世家

[윤회삼세輪廻三世]

돌고 도는 세 세상이라는 말이며, 전세前世, 현세現世, 내세來世를 계속 살아간다는 뜻이다.

글자 | 돌 **윤**, 돌 **회**, 세상 **세**

[윤회생사輪廻生死]

돌고 도는 삶과 죽음이라는 말이며, 사람의 출생과 사망이 계속된다는 뜻이다.

글자 | 돌 **윤**, 돌 **회**, 살 **생**, 죽을 **사**

[윤회전생輪廻轉生]

수레바퀴 돌듯 굴러가는 삶이라는 말이며, 중생이 사집邪執 · 유견謬見 ·

번뇌煩惱·업業 등으로 인하여 죽어서는 다시 나고 또 죽고 하면서 생사를 끝없이 반복한다는 뜻이다.

글자 | 수레바퀴 **윤**, 돌아올 **회**, 구를 **전**, 살 **생**

출전 | 불교

동류 | 윤회생사輪廻生死

[율기제행律己制行]

몸을 규율하고 행함을 절제한다는 말이다.

글자 | 법 **율**, 몸 **기**, 절제할 **제**, 행할 **행**

[율목봉산栗木封山]

밤나무를 심고 산을 봉한다는 말이며, 밤나무를 보호하기 위해 사람이 드나들지 못하게 한다는 뜻이다.

글자 | 밤 **율**, 나무 **목**, 봉할 **봉**, 뫼 **산**

출전 | 속대전, 만기요람

[융동성서隆冬盛暑]

성한 겨울과 성한 더위라는 말이며, 몹시 추운 겨울과 매우 더운 여름이라는 뜻이다.

글자 | 성할 **융**, 겨울 **동**, 심할 **성**, 더울 **서**

출전 | 송남잡지

[융동성한隆冬盛寒]

성한 겨울 성한 추위라는 말이며, 깊은 겨울 심한 추위라는 뜻이다.

글자 | 성할 **융**, 겨울 **동**, 성할 **성**, 찰 **한**

출전 | 소학 선행善行

동류 | 엄동설한嚴冬雪寒

[융마생교戎馬生郊]

군마軍馬가 성 밖에서 출생하게 된다는 말이며, 이웃나라와 전쟁이 계속되고 있다는 뜻이다. 노자에 있는 글이다. '천하에 도道가 없으면 처음부터 전쟁에 쓰이는 말로서 교외에서 출생하게 된다.'

원문 | 天下無道 戎馬生於郊
천 하 무 도 융 마 생 어 교

글자 | 군사 **융**, 말 **마**, 날 **생**, 성 밖 **교**

출전 | 노자 46장 검욕儉欲

[융마지간戎馬之間]

싸움 수레와 말의 가운데라는 말이며, 전쟁을 하고 있는 동안을 빗댄 말이다.

글자 | 싸움 수레 **융**, 말 **마**, 어조사 **지**, 사이 **간**

[융빙지려融氷之旅]

얼음을 부드럽게 하는 나그네라는 말이며, 얼음 붙은 관계를 부드럽게 하는 여행이라는 뜻이다.

글자 | 부드러워질 **융**, 얼음 **빙**, 어조사 **지**, 나그네 **려**

[융적지도戎狄之道]

오랑캐의 도리라는 말이며, 무지막지한 규범이라는 뜻이다.

글자 | 오랑캐 **융**, 오랑캐 **적**, 어조사 **지**, 도리 **도**

[융준용안隆準龍顔]

콧마루가 우뚝한 용의 얼굴이라는 말이며, 한고조 유방의 얼굴을 가리킨다.

글자 | 가운데 우뚝할 **융**, 콧마루 **준**(절), 용 **용**, 얼굴 **안**

출전 | 사기 고조본기高祖本記

[융통무애融通無碍]

방해 없이 융통한다는 말이며, 주고받는 것이 어떤 방해도 없이 잘 된다는 뜻이다.

글자 | 융통 **융**, 통할 **통**, 없을 **무**, 방해할 **애**

[은감불원殷鑑不遠]

은나라의 거울은 멀지 않다는 말이며, 남의 실패를 거울로 삼는다는 뜻이다. 하나라가 망함으로써 은나라가 일어났는데 하나라가 어떻게 망했는지 이를 거울삼아야 한다는 시에서 온 말이다. '…가지와 잎은 해가 없어도 뿌리는 실상 먼저 끊어진다오. 은나라 거울이 멀지 않아 하후의 시대에 있다.'

원문 | 枝葉未有害 本實先撥 殷鑑不遠 在夏后之世
지엽미유해 본실선발 은감불원 재하후세지

글자 | 은나라 **은**, 거울 **감**, 아닐 **불**, 멀 **원**

출전 | 시경 대아大雅, 맹자 이루離婁상

동류 | 상감불원商鑑不遠

유사 | 복차지계覆車之戒

[은거방언隱居放言]

숨어 살면서도 말을 함부로 한다는 말이다. 출세를 하지 못한 사람의 행태가 각기 다른데 우중虞仲과 이일夷逸이라는 사람은 '숨어 살며 말을 함부로 했으나 몸을 깨끗이 지녔고 버린 것이 권도權道에 맞았다.' 고 공자는 평하고 있다.

원문 | 隱居放言 身中清 廢中權
은거방언 신중청 폐중권

글자 | 숨길 **은**, 있을 **거**, 놓을 **방**, 말씀 **언**

출전 | 논어 미자微子

[은거양친隱居養親]

숨어 살면서 어버이를 봉양한다는 말이며, 시골에서 조용히 부모만을 모신다는 뜻이다.

글자 | 숨을 **은**, 살 **거**, 봉양할 **양**, 어버이 **친**

[은고여천恩高如天]

은혜의 높기가 하늘과 같다는 말이다.

원문 | 恩高如天 德厚似地
은고여천 덕후사지

글자 | 은혜 **은**, 높을 **고**, 같을 **여**, 하늘 **천**

[은공좌전隱公左傳]

은공과 좌전이라는 말이며, 공부를 오래하지 못한다는 뜻이다. 춘추좌씨전의 은공편을 읽다가 싫증이 나서 중단했다는 고사에서 온 말이다.

글자 | 숨을 **은**, 벼슬 **공**, 왼 **좌**, 전할 **전**

[은근무례慇懃無禮]

은근히 예의가 없다는 말이며, 겉으로는 친절하지만 속은 매우 교만하고 잘난 체한다는 뜻이다.

글자 | 은근할 **은**, 은근할 **근**, 없을 **무**, 예도 **례**

[은근미롱慇懃尾籠]

→ 은근무례慇懃無禮

[은린옥척銀鱗玉尺]

은비늘에 구슬 같은 자라는 말이며, 모양이 좋은 물고기를 일컫는다.

글자 | 은 **은**, 비늘 **린**, 구슬 **옥**, 자 **척**

[은반위구恩反爲仇]

은혜를 베푼 것이 도리어 원수가 된다는 말이다.

글자 | 은혜 **은**, 돌이킬 **반**, 할 **위**, 원수 **구**

[은반위수恩反爲讐]

→ 은반위구恩反爲仇

[은불위친隱不違親]

숨어 있어도 어버이를 거슬리지 않는다는 말이며, 속세를 떠나 숨어 살아도 부모를 잘 모신다는 뜻이다.

원문 | 隱不爲親 貞不絶俗
은 불 위 친 정 불 절 속

글자 | 숨을 **은**, 아닐 **불**, 거슬릴 **위**, 어버이 **친**

출전 | 후한서 곽태전郭太傳

[은산덕해恩山德海]

산처럼 높고 바다와 같이 넓은 은덕이라는 말이다.

글자 | 은혜 **은**, 뫼 **산**, 큰 **덕**, 바다 **해**

[은산철벽銀山鐵壁]

은빛 산의 무쇠 같은 벽이라는 말이며, 사람의 의지가 굳고 기상이 높아 범접할 수 없음을 빗댄 말로 많이 쓰인다. 은산은 중국 북경 시내에 위치하고 봉우리도 높고 험준한 데다 겨울이면 흰 눈에 덮여있고 기슭은 온통 검은 석벽으로 둘러싸여 철벽이라 부른다.

글자 | 은빛 **은**, 뫼 **산**, 검은 쇠 **철**, 벽 **벽**

[은수분명恩讎分明]

은혜와 원수를 분명히 한다는 말이며, 소인小人의 태도와 마음씨를 일컫는다. 범수范睢라는 사람은 한 끼 밥을 신세진 은혜도 반드시 갚고, 눈을 흘긴 원한도 반드시 보복하였다는 것이다.

글자 | 은혜 **은**, 원수 **수**, 나눌 **분**, 밝을 **명**

출전 | 사기 범수채택열전, 소학 가언嘉言

[은심원생恩甚怨生]

은혜가 심하면 원망이 생긴다는 말이며, 은혜를 베푸는 것이 지나치면 오히려 원망을 받는다는 뜻이다.

원문 | 恩心則怨生
은 심 즉 원 생

글자 | 은혜 **은**, 심할 **심**, 원망할 **원**, 날 **생**

[은악양선隱惡揚善]

악을 숨기고 착함을 나타낸다는 말이며, 악한 행동은 덮어서 숨겨주고, 선한 행동은 드러내어 알린다는 뜻이다.

글자 | 숨을 **은**, 악할 **악**, 나타낼 **양**, 착할 **선**

출전 | 국조보감國朝寶鑑

[은안백마銀鞍白馬]

은으로 꾸민 안장과 털빛이 흰 말을 일컫는다.

글자 | 은빛 **은**, 안장 **안**, 흰 **백**, 말 **마**

[은연지중隱然之中]

숨은 가운데라는 말이며, 남모르는 가운데라는 뜻이다.

글자 | 숨을 **은**, 그럴 **연**, 어조사 **지**, 가운데 **중**

[은위병행恩威竝行]

은혜와 위엄을 아울러 행한다는 말이다.

글자 | 은혜 **은**, 위엄 **위**, 아우를 **병**, 행할 **행**

출전 | 용재속필容齋續筆

[은인자중隱忍自重]

참는 것을 숨기고 스스로 무겁게 한다는 말이며, 몸가짐을 신중하고도 조심한다는 뜻이다.

글자 | 숨길 **은**, 참을 **인**, 스스로 **자**, 무거울 **중**

반대 | 경거망동輕擧妄動

[은졸지전隱卒之典]

죽음을 불쌍히 여기는 법이라는 말이며, 임금이 죽은 공신에게 애도의 뜻을 표하면서 관직을 추봉한다던지 시호諡號를 내리던 제도를 일컫는다.

글자 | 불쌍히 여길 **은**, 죽을 **졸**, 어조사 **지**, 법 **전**

[은중태산恩重泰山]

은혜가 태산과 같이 무겁다는 말이다.

글자 | 은혜 **은**, 무거울 **중**, 클 **태**, 뫼 **산**

[은하작교銀河鵲橋]

은하의 까치 다리라는 말이며, 견우 직녀가 7월 칠석에 은하수에 놓는다는 까막까치다리(오작교烏鵲橋)를 일컫는다.

글자 | 은 **은**, 물 **하**, 까치 **작**, 다리 **교**

[은환위목銀環爲木]

은빛이 나무로 되어 돌아왔다는 말이며, 은어銀魚가 목어木魚로 되돌아왔다는 뜻인데, 애써 벌여놓은 일이 원점으로 돌아가 헛일이 되고 만 것이다. 선조가 임진왜란 때, 피란길에 처음 목어를 먹고 그 맛이 별미여서 이름을 은어로 고쳐 격상시켜 주었는데, 대궐로 돌아와 그 생선을 찾아 먹어보니 그때 그 맛이 아니어서 '도로 목어라고 해라.' 라고 했다는 전설도 있고, 나중에 음이 변해 도루묵으로 되었다는 설도 있다.

글자 | 은빛 **은**, 돌아올 **환**, 될 **위**, 나무 **목**

[을야지람乙夜之覽]

을시 밤의 열람이라는 말이며, 중국 황제의 독서를 일컫는다. 황제는 정무를 끝내고 자기 전에 독서를 했는데 그 시간이 을시乙時였다고 한다. 을시는 밤 9시에서 10시에 해당한다. 이를 줄여서 을람乙覽, 또는 을야람乙夜覽이라고도 한다.

글자 | 새 **을**, 밤 **야**, 어조사 **지**, 볼 **람**

출전 | 두양잡편杜陽雜篇

[을축갑자乙丑甲子]

을축과 갑자라는 말이며, 갑자 다음에 을축이 바른 순서인데 반대로 하여 어떤 일의 차례가 뒤집어졌다는 뜻이다.

글자 | 천간 이름 **을**, 소 **축**, 첫째 천간 **갑**, 첫째 지지 **자**

[음담패설淫談悖說]

간음하는 이야기와 어지러운 이야기라는 말이다.

글자 | 간음할 **음**, 말씀 **담**, 어지러울 **패**, 말씀 **설**

출전 | 송남잡지

[음덕양보陰德陽報]

몰래 덕을 쌓은 사람은 밝은데서 보답을 받는다는 말이다.

원문 | 有陰德者 必有陽報
유음덕자 필유양보

글자 | 몰래 **음**, 큰 **덕**, 밝을 **양**, 갚을 **보**

출전 | 회남자 인간훈人間訓

[음독자살飮毒自殺]

독을 마시고 스스로 죽는다는 말이다.

글자 | 마실 **음**, 독할 **독**, 스스로 **자**, 죽일 **살**

[음마투전飮馬投錢]

말에게 물을 마시게 하며 돈을 던진다는 말이며, 물값을 먼저 갚는다는 데서 결백한 행실을 일컫는다.

글자 | 마실 **음**, 말 **마**, 던질 **투**, 돈 **전**

출전 | 삼보결록三輔決錄

[음미도달吟味到達]

맛을 읊고 이르고 이룬다는 말이며, 빈틈없이 생각하면서 목적하는 바에 이른다는 뜻이다.

글자 | 읊을 **음**, 맛 **미**, 이를 **도**, 이룰 **달**

[음사무복淫祀無福]

어지러운 제사는 복이 없다는 말이며, 온당치 못한 제사는 모시지 말라는 뜻이다.

글자 | 어지러울 **음**, 제사 **사**, 없을 **무**, 복 **복**

출전 | 예기 곡례曲禮 하

[음수사원飮水思源]

물을 마시면서 그 근원을 생각하라는

ㅇ

말이며, 나 자신이 어디서 왔으며 오늘날 내 위치가 어떻게 확립된 것인지를 생각해 보라는 뜻이다.

원문 | 飮水思源 堀井之人
음수사원 굴정지인

글자 | 마실 **음**, 물 **수**, 생각 **사**, 근원 **원**

출전 | 관자, 소학 가언嘉言

동류 | 낙실사수落實思樹

[음식신절飮食愼節]

마시고 먹음에는 삼가 절제하라는 말이다.

원문 | 飮食愼節 言語恭遜
음식신절 언어공손

글자 | 마실 **음**, 먹을 **식**, 삼갈 **신**, 절제할 **절**

출전 | 명심보감, 사자소학

[음식약류飮食若流]

음식이 흘러가는 것과 같다는 말이며, 음식을 낭비한다는 뜻이다.

원문 | 方命虐民 飮食若流 流連荒亡
방명학민 음식약류 유연황망

글자 | 마실 **음**, 먹일 **식**, 같을 **약**, 흐를 **류**

출전 | 맹자 양혜왕 하

동류 | 음식여류飮食如流

[음식여류飮食如流]

→ 음식약류飮食若流

[음식지객飮食之客]

마시고 먹는 손님이라는 말이며, 식사 대접을 해야 할 손님이라는 뜻이다.

글자 | 마실 **음**, 먹을 **식**, 어조사 **지**, 손 **객**

[음식지인飮食之人]

먹고 마시는 사람이라는 말이며, 음식만을 소중히 여기는 천한 사람이라는 뜻이다.

원문 | 飮食之人 則人賤之矣
음식지인 즉인천지의

글자 | 마실 **음**, 먹을 **식**, 어조사 **지**, 사람 **인**

출전 | 맹자 고자告子 상

[음아질타喑啞叱咤]

까마귀 소리로 꾸짖는다는 말이며, 분기가 한 번에 터져 나와서 큰소리로 꾸짖는다는 뜻이다.

글자 | 벙어리 **음**, 까마귀소리 **아**, 꾸짖을 **질**, 꾸짖을 **타**

[음약자처飮藥自處]

약을 마시고 스스로 처치했다는 말이며, 독약을 먹고 자살했다는 뜻이다.

글자 | 마실 **음**, 약 **약**, 스스로 **자**, 처치할 **처**

출전 | 사기 오왕비열전

동류 | 음약자살飮藥自殺, 음독자살飮毒自殺

[음양배합陰陽配合]

음지와 양지가 짝으로 모인다는 말이며, 남녀의 마음이 서로 잘 맞는다는 뜻이다. 중국 최초의 약물학 이론이기도 하다.

글자 | 음지 **음**, 양지 **양**, 짝 **배**, 모일 **합**

출전 | 신농본초경神農本草經

[음양상균陰陽相均]

음과 양이 서로 고르다는 말이며, 만물을 화생하는 두 가지 기氣인 음과 양이 서로 잘 어울린다는 뜻이다.

글자 | 음지 **음**, 볕 **양**, 서로 **상**, 고를 **균**

[음양상박陰陽相薄]

음과 양이 서로 적다는 말이며, 맞지 않는다는 뜻이다.

글자 | 음지 **음**, 볕 **양**, 서로 **상**, 적을 **박**

[음양상생陰陽相生]

그늘과 볕은 서로[도와] 자란다는 말이며, 음과 양은 서로 보완적이라는 뜻이다.

글자 | 그늘 **음**, 볕 **양**, 서로 **상**, 자랄 **생**

[음양시대陰陽時貸]

그늘과 볕은 때를 갚는다는 말이며, 음양은 항시 교체한다는 뜻이다.

원문 | 陰陽時貸 其冬厚則夏熱
음 양 시 대 기 동 후 즉 하 열

글자 | 그늘 **음**, 볕 **양**, 때 **시**, 갚을 **대**

출전 | 관자 치미편侈靡篇

[음양쌍보陰陽雙補]

그늘과 볕, 둘 다 돕는다는 말이며, 몸속에 있는 음기와 양기를 모두 살린다는 뜻이다.

글자 | 그늘 **음**, 볕 **양**, 짝 **쌍**, 도울 **보**

[음양조화陰陽造化]

그늘과 볕이 만들어지는 것이라는 말이며, 음기와 양기가 결합하여 이루는 숱한 현상을 일컫는다.

글자 | 볕 **양**, 그늘 **음**, 만들 **조**, 될 **화**

[음양조화陰陽調和]

그늘과 볕이 고르게 된다는 말이며, 음기와 양기가 고르게 화합한다는 뜻이다.

글자 | 그늘 **음**, 볕 **양**, 고를 **조**, 될 **화**

[음양지교陰陽之交]

그늘과 볕의 사귐이라는 말이며, 음기와 양기가 서로 결합한다는 뜻이다.

글자 | 그늘 **음**, 볕 **양**, 어조사 **지**, 사귈 **교**

출전 | 예기 예운편禮運篇

[음양지락陰陽之樂]

음양의 즐거움이라는 말이며, 남녀의 화목한 즐거움을 일컫는다.

글자 | 음지 **음**, 볕 **양**, 어조사 **지**, 즐거울 **락**

[음양지리陰陽之理]

그늘과 볕의 이치라는 말이며, 음기와 양기의 상호작용, 관계 등을 일컫는다.

원문 | 聖人者 陰陽之理 故平外而險中
성 인 자 음 양 지 리 고 평 외 이 험 중

ㅇ

글자 | 그늘 **음**, 볕 **양**, 어조사 **지**, 이치 **리**

출전 | 관자 치미편侈靡篇

[음양착행陰陽錯行]

음양의 운행이 흐트러진다는 말이다.

글자 | 음지 **음**, 볕 **양**, 어긋날 **착**, 순행할 **행**

[음양화합陰陽和合]

음지와 양지가 고르게 합했다는 말이며, 상대하는 두 개가 잘 조화를 이루고 있다는 뜻이다.

글자 | 음지 **음**, 양지쪽 **양**, 고루 **화**, 합할 **합**

[음여정통音與政通]

소리는 다스림과 더불어 통한다는 말이며, 음악과 정치는 서로 통하는 바가 있다는 뜻이다.

글자 | 소리 **음**, 더불어 **여**, 다스릴 **정**, 통할 **통**

출전 | 예기 악기편樂記篇

[음오질타喑噁叱咤]

성내고 소리 지르며 꾸짖는다는 말이다.

글자 | 소리 지를 **음(암)**, 성낼 **오**, 꾸짖을 **질**, 꾸짖을 **타**

출전 | 사기

[음우지비陰雨之備]

흐린 비에 대비한다는 말이며, 위험한 일이나 곤란한 일이 생기기 전에 미리 대비한다는 뜻이다.

글자 | 흐릴 **음**, 비 **우**, 어조사 **지**, 갖출 **비**

[음우회명陰雨晦冥]

흐린 비로 캄캄하다는 말이며, 어지러운 세상을 빗댄 말이다.

글자 | 흐릴 **음**, 비 **우**, 그믐 **회**, 어둘 **명**

[음유시인吟遊詩人]

놀며 읊는 시인이라는 말이며, 시를 읊고 다니는 시인이라는 뜻이다. 중세 유럽에서 봉건제후의 궁정을 찾아 다니며 스스로 지은 시를 낭송하던 시인이기도 하다.

글자 | 읊을 **음**, 노닐 **유**, 귀글 **시**, 사람 **인**

[음음적막陰陰寂莫]

매우 음침하고 고요하다는 말이다.

글자 | 음침할 **음**, 고요할 **적**, 고요할 **막**

[음자호산淫者好酸]

음란한 사람은 신 것을 좋아한다는 말이다.

글자 | 음란할 **음**, 놈 **자**, 좋을 **호**, 실 **산**

[음주고회飮酒高會]

술을 마시는 높은 모임이라는 말이며, 성대하게 베푼 주연酒宴을 일컫는다.

글자 | 마실 **음**, 술 **주**, 높을 **고**, 모일 **회**

출전 | 사기 항우본기項羽本紀

[음지책훈陰至策勳]

마시고 공훈을 책에 이른다는 말이며, 개선한 왕이 종묘에 고하고, 술을 마신 뒤 전공을 책에 기록한다는 뜻이다.

글자 | 마실 **음**, 이를 **지**, 책 **책**, 공훈 **훈**

출전 | 춘추좌씨전

[음풍농월吟風弄月]

바람을 읊으며 달을 희롱한다는 말이며, 달밤에 시를 짓거나 읊는다는 뜻이다.

글자 | 읊을 **음**, 바람 **풍**, 희롱할 **농**, 달 **월**

출전 | 송사

동류 | 음풍영월吟風咏月

[음풍영월吟風咏月]

→ 음풍농월吟風弄月

[음하만복飮河滿腹]

강물을 마시고 배를 채운다는 말이며, 자기 분수를 지켜야 한다는 뜻이다. 장자에 있는 글이다. '두더지는 강물을 마시지만 배를 채우기만 하면 그만이다.'

원문 | **堰鼠飮河 不過滿腹**
언서음하 불과만복

글자 | 마실 **음**, 강 **하**, 찰 **만**, 배 **복**

출전 | 장자 소요유逍遙遊

[음회세위飮灰洗胃]

재를 마시고 위장을 씻는다는 말이며, 마음을 고쳐먹고 새 사람이 된다는 뜻이다.

글자 | 마실 **음**, 재 **회**, 씻을 **세**, 밥통 **위**

출전 | 남사 육지陸贄 주처周處

[음훼독편淫喙毒鞭]

방탕한 주둥아리와 독한 회초리라는 말이며, 이유 없이 남을 헐뜯고 못살게 구는 짓을 빗댄 말이다.

글자 | 방탕할 **음**, 주둥아리 **훼**, 독할 **독**, 회초리 **편**

출전 | 창선감의록

[읍각부동邑各不同]

고을이 각각 같지 않다는 말이며, 사람마다 의견이 서로 다르다는 뜻이다.

글자 | 고을 **읍**, 제각기 **각**, 아닐 **부**, 같을 **동**

[읍견군폐邑犬群吠]

고을 개가 무리 지어 짖는다는 말이며, 여러 소인배들이 남을 비방한다는 뜻이다.

글자 | 고을 **읍**, 개 **견**, 무리 **군**, 짖을 **폐**

출전 | 초사

[읍양구분揖讓救焚]

겸손하게 사양하면서 불을 끈다는 말이며, 위급한 상황에서 재빠르게 대처하지 못한다는 뜻이다.

글자 | 겸손할 **읍**, 사양할 **양**, 그칠 **구**, 불 사를 **분**

출전 | 고려사

[읍양지풍揖讓之風]

읍하고 사양하는 예를 잘 지키는 풍습이라는 말이다.

글자 | 읍할 **읍**, 사양 **양**, 어조사 **지**, 풍속 **풍**

[읍읍불락悒悒不樂]

마음이 몹시 근심스럽고 답답하여 즐겁지 않다는 말이다.

원문 | 悒悒不樂 終至於病且死
읍 읍 불 락 종 지 어 병 차 사

글자 | 근심해 답답할 **읍**, 아닐 **불**, 즐거울 **락**

출전 | 심생전沈生傳

[읍참마속泣斬馬謖]

눈물을 흘리며 마속을 베었다는 말이며, 사사로운 정을 버리고 공정하게 법을 집행한다는 뜻이다. 마속은 제갈량의 명령을 어기고 공을 세우려는 욕심에 임의로 작전을 변경하여 가정街亭 전투에서 대패함으로서 전면 철수를 하게 된다. 그리하여 공명은 군률을 세우기 위해 아까운 장수 마속을 베었다.

원문 | 孔明揮淚斬馬謖
공 명 휘 루 참 마 속

글자 | 울 **읍**, 벨 **참**, 말 **마**, 일어날 **속**

출전 | 삼국지 촉지蜀誌

[읍피주자挹彼注滋]

저기서 물을 길어다 붓는다는 말이며, 부족한 것을 메워준다는 뜻이다.

원문 | 挹彼注滋 可以濯罍
읍 피 주 자 가 이 탁 뢰

글자 | 물 길을 **읍**, 저 **피**, 물댈 **주**, 부을 **자**

출전 | 시경 안만安民

[응격모지鷹擊毛摯]

매가 치면 양이 나아간다는 말이며, 차례로 공격하여 조금도 빈틈을 보이지 않는 기세라는 뜻이다.

글자 | 매 **응**, 칠 **격**, 양 **모**, 나아갈 **지**

[응구첩대應口輒對]

입에 따라 흘연히 대한다는 말이며, 묻는 대로 거침없이 곧 대답한다는 뜻이다.

글자 | 응할 **응**, 입 **구**, 흘연 **첩**, 대할 **대**

출전 | 세설신어 상권

[응급조치應急措置]

급하게 응하여 행동을 베푼다는 말이며, 긴급한 일이 생겼을 때, 이에 맞추어 우선 급한 대로 처리한다는 뜻이다.

글자 | 응할 **응**, 급할 **급**, 행동 **조**, 베풀 **치**

유사 | 응급대책應急對策

[응대여류應對如流]

물 흐르듯 응답한다는 말이며, 말솜씨가 좋다는 뜻이다.

글자 | 응할 **응**, 대할 **대**, 같을 **여**, 흐를 **류**

출전 | 양서 서면전徐勉傳, 남사 권60

[응린악립鷹瞵鶚立]

매가 보고 있고 독수리가 서 있다는 말이며, 위엄이 있는 자태를 빗댄 말이다.

글자 | 매 **응**, 보는 모양 **린**, 독수리 **악**, 설 **립**

출전 | 고려사

동류 | 응린호시鷹瞵虎視

[응문팔습應門八襲]

응대하는 문이 여덟 겹이라는 말이며, 안채까지 들어가는데 지나는 문이 여덟 개라는 뜻이다.

글자 | 응할 **응**, 문 **문**, 중첩할 **습**

[응물무적應物無迹]

만물에 순응하면 자취가 없다는 말이다.

글자 | 응할 **응**, 만물 **물**, 없을 **무**, 발자국 **적**

[응부지조應符之兆]

상서로움에 응하는 조짐이라는 말이며, 천자天子가 될 징후라는 뜻이다.

글자 | 응할 **응**, 상서 **부**, 어조사 **지**, 조짐 **조**

출전 | 후한서

[응시이출應時而出]

때를 맞추어 태어났다는 말이다.

글자 | 응할 **응**, 때 **시**, 말 이을 **이**, 날 **출**

[응작여시應作如是]

응당 이와 같이 해야 한다는 말이다. 금강경에 나오는 글이다. '일체의 유위법有爲法은 꿈이나 환영 같고 거품이나 그림자 같은 것, 이슬 같고 번개와도 같나니, 응당 이같이 살펴야 하리.'

원문 | 應作如是觀
응 작 여 시 관

글자 | 응당 **응**, 할 **작**, 같을 **여**, 이 **시**

출전 | 금강경金剛經

[응장성식凝粧盛飾]

단장을 하고 꾸민다는 말이며, 얼굴을 단장하고 옷을 잘 차려 입는다는 뜻이다.

글자 | 이룰 **응**, 단장할 **장**, 이룰 **성**, 꾸밀 **식**

[응전지지鷹鸇之志]

매와 새매의 뜻이라는 말이며, 맹위를 떨치고자 하는 뜻을 빗댄 말이다.

글자 | 매 **응**, 새매 **전**, 어조사 **지**, 뜻 **지**

출전 | 후한서 순리전循吏傳

[응접무가應接無暇]

→ 응접불가應接不暇

[응접불가應接不暇]

맞이할 겨를이 없다는 말이며, 사건이 계속 일어난다는 뜻이다. 원래는 아름다운 산수山水가 계속 눈앞에 나타나 인사, 즉 찬사를 보낼 틈도 없다는 뜻이었는데 세월이 흐르면서 뜻이 변했다. 왕헌지가 한 말이다. '산천이 서로 마주 비추며 어우러져 있어서 사람에게 하나하나 마주 대할 겨를을 주지 않는다.'

원문 | 山川自相映發 使人應接不暇
산천자상영발 사인응접불가

글자 | 응할 **응**, 사귈 **접**, 아닐 **불**, 겨를 **가**

출전 | 세설신어 언어言語

동류 | 응접불황應接不遑

[응접불황應接不遑]

→ 응접불가應接不暇

[응천순인應天順人]

하늘의 뜻에 응하고 백성을 좇는다는 말이다.

글자 | 응할 **응**, 하늘 **천**, 좇을 **순**, 사람 **인**

출전 | 주역 혁괘상전革卦象傳

[응현이도應弦而倒]

활줄[소리에] 응하여 넘어진다는 말이며, 소리만 듣고도 놀란다는 뜻이다.

글자 | 응할 **응**, 활줄 **현**, 말 이을 **이**, 넘어질 **도**

출전 | 사기 이장군전李將軍傳

[응형무궁應形無窮]

다함이 없이 형상에 응해야 한다는 말이며, 변하는 상황에 따라 쉬지 않고 변해야 한다는 뜻이다.

원문 | 戰勝不復 應形無窮
전승불복 응형무궁

글자 | 응할 **응**, 형상 **형**, 없을 **무**, 다할 **궁**

출전 | 손자병법 허실편虛實篇

[의가반낭衣架飯囊]

옷걸이와 밥주머니라는 말이며, 쓸모없는 사람을 빗댄 말이다.

글자 | 옷 **의**, 시렁 **가**, 밥 **반**, 주머니 **낭**

유사 | 주대반낭酒袋飯囊

[의가지락宜家之樂]

→ 실가지락室家之樂

[의각지세犄角之勢]

소뿔의 기세라는 말이며, 한바탕 크게 해치울 태세, 또는 양쪽에서 잡아 당겨 찢으려는 양면작전의 태세를 빗댄 말이다.

글자 | 소뿔 **의**(기댈 의), 뿔 **각**, 어조사 **지**, 기세 **세**

출전 | 춘추좌씨전 양공襄公 14년조

[의갈대삭衣褐帶索]

베옷에 동아줄 띠를 맨다는 말이며, 천한 복장을 하였다는 뜻이다.

원문 | 衣褐帶索 庸築于傅岩之成
의갈대삭 용축우부암지성

글자 | 옷 **의**, 베옷 **갈**, 띠 **대**, 동아줄 **삭**

출전 | 묵자 상현尙賢 하

[의결구천衣結屨穿]

옷은 해져서 꿰매고, 신은 떨어져서 구멍이 났다는 말이며, 몹시 가난하다는 뜻이다.

글자 | 옷 **의**, 맺을 **결**, 신 **구**, 구멍 **천**

[의공희학懿公喜鶴]

의공이 학을 좋아한다는 말이며, 동물 등을 지나치게 사랑하면 재앙이 따른다는 뜻이다. 위나라 의공이 학을 매우 좋아하며 고달픈 백성의 살림은 돌보지 않아 적군이 쳐들어오자 백성은 싸우지 않고 달아나서 나라가 망한데서 온 말이다.

글자 | 아름다울 **의**, 공변될 **공**, 좋아할 **희**, 학 **학**

출전 | 가의신서賈誼新書 춘추春秋

[의관구체衣冠狗彘]

옷 입고 갓 쓴 개돼지라는 말이며, 선비가 염치를 알지 못하면 옷 입고 갓 쓴 개돼지와 같다는 뜻이다.

원문 | 士不識廉恥 衣冠狗彘
사불식염치 의관구체

글자 | 옷 **의**, 갓 **관**, 개 **구**, 돼지 **체**

출전 | 장호의 학산당인보學山堂印譜

[의관문물衣冠文物]

옷과 갓과 글과 물건이라는 말이며, 그 나라 백성들의 옷차림새와 문화·물질의 상태를 일컫는다.

글자 | 옷 **의**, 갓 **관**, 글 **문**, 물건 **물**

[의관부정衣冠不正]

옷과 갓이 바르지 않다는 말이며, 주인으로서 의관이 바르지 않으면 손님도 그를 엄숙하게 대하지 않는다는 것이다.

원문 | 衣冠不正 則賓者不肅
의관부정 즉빈자불숙

글자 | 옷 **의**, 갓 **관**, 아닐 **부**, 바를 **정**

출전 | 관자 형세해편形勢解篇

[의관성사衣冠盛事]

옷과 갓이 성하는 일이라는 말이며, 장상將相의 집에 태어나 조상에게 부끄럽지 않은 공을 계속 세워나간다는 뜻이다.

글자 | 옷 **의**, 갓 **관**, 성할 **성**, 일 **사**

[의관열파衣冠裂破]

옷을 찢고 갓을 깨트린다는 말이며, 서로 심하게 싸운다는 뜻이다.

글자 | 옷 **의**, 갓 **관**, 찢어질 **열**, 깨트릴 **파**

[의관장세倚官仗勢]

벼슬에 의지하여 세력을 의지한다는 말이며, 관리가 직권을 남용하여 세도를 부린다는 뜻이다.

글자 | 의지할 **의**, 벼슬 **관**, 의지할 **장**, 세력 **세**

[의관정제衣冠整齊]

옷과 갓은 정돈되고 가지런해야 한다는 말이다.

글자 | 옷 **의**, 갓 **관**, 정돈할 **정**, 가지런할 **제**

[의관지도衣冠之盜]

조복朝服을 훔쳐 입은 도둑이라는 말이며, 직책을 다하지 못하고 녹봉만 타먹는 관리를 빗댄 말이다.

글자 | 옷 **의**, 갓 **관**, 어조사 **지**, 도둑 **도**

출전 | 구당서 노회신전盧懷愼傳

유사 | 반식재상伴食宰相

[의관지인衣冠之人]

의관을 단정하게 차린 사람을 일컫는다.

글자 | 옷 **의**, 관 **관**, 어조사 **지**, 사람 **인**

[의관지회衣冠之會]

옷과 관의 모임이라는 말이며, 의관과 위의威儀가 바른 사람들의 평화적인 모임을 일컫는다.

글자 | 옷 **의**, 관 **관**, 어조사 **지**, 모일 **회**

동류 | 의상지회衣裳之會

[의구전설義狗傳說]

옳은 개가 전하는 이야기라는 말이며, 주인을 위해 죽은 의로운 개의 전설이라는 뜻이다.

글자 | 옳을 **의**, 개 **구**, 전할 **전**, 이야기 **설**

출전 | 보한집補閑集, 수신기搜神記

[의금경의衣錦褧衣]

비단옷 위에 홑옷을 입는다는 말이며, 군자는 미덕이 있어도 드러내지 않는다는 뜻이다. 봉丰(의젓한 님)이라는 시의 구절이다. '비단 저고리에 홑저고리 걸치고 비단 치마에 홑치마를 입었네'

원문 | 衣錦褧衣 裳錦褧裳
의 금 경 의 상 금 경 상

글자 | 입을 **의**, 비단 **금**, 홑옷 **경**, 옷 **의**

출전 | 시경 정풍鄭風

[의금귀향衣錦歸鄕]

→ 금의환향錦衣還鄕

[의금상경衣錦尙絅]

→ 의금경의衣錦褧衣

[의금야행衣錦夜行]

비단옷을 입고 밤에 다닌다는 말이며, 아무런 보람이 없는 행동을 빗댄 말이다.

글자 | 입을 **의**, 비단 **금**, 밤 **야**, 다닐 **행**

출전 | 한서 항적전項籍傳

동류 | 금의야행錦衣夜行

[의금주행衣錦晝行]

비단옷을 입고 낮 길을 간다는 말이며, 입신출세하여 고향으로 돌아간다는 뜻이다.

글자 | 옷 **의**, 비단 **금**, 낮 **주**, 다닐 **행**

출전 | 한서 한적전項籍傳

동류 | 금의환향錦衣還鄕

반대 | 의금야행衣錦夜行

[의금지영衣錦之榮]

비단옷을 입은 영화라는 말이며, 출

세하여 고향에 돌아간다는 뜻이다.

글자 | 입을 **의**, 비단 **금**, 어조사 **지**, 영화 **영**

출전 | 구양수歐陽修의 시

[의금환향衣錦還鄕]

→ 금의환향錦衣還鄕

[의기남아義氣男兒]

옳은 기운이 있는 사내아이라는 말이며, 정의로운 기개를 가진 남자라는 뜻이다.

글자 | 옳을 **의**, 기운 **기**, 사내 **남**, 아이 **아**

[의기남자義氣男子]

→ 의기남아義氣男兒

[의기상투意氣相投]

뜻과 기운을 서로 준다는 말이며, 마음이 서로 맞는다는 뜻이다.

글자 | 뜻 **의**, 기운 **기**, 서로 **상**, 줄 **투**

출전 | 의기투합意氣投合

[의기소침意氣銷沈]

뜻과 기운이 녹아 잠긴다는 말이며, 기운이 없어지고 풀이 죽는다는 뜻이다.

글자 | 뜻 **의**, 기운 **기**, 녹일 **소**, 잠길 **침**

[의기양양意氣揚揚]

뜻과 기운이 오른다는 말이며, 뜻을 얻은 기운이 얼굴에 나타난다는 뜻이다.

글자 | 뜻 **의**, 기운 **기**, 오를 **양**

출전 | 사기 관안열전管晏列傳

동류 | 의기양양意氣洋洋

반대 | 의기소침意氣銷沈

[의기저상意氣沮喪]

→ 의기소침意氣銷沈

[의기충천意氣衝天]

득의한 마음이 하늘을 찌를 듯이 높이 솟아오른다는 말이다.

글자 | 뜻 **의**, 기운 **기**, 찌를 **충**, 하늘 **천**

[의기투합意氣投合]

뜻과 정기를 주고 같다는 말이며, 뜻과 마음이 서로 맞는다는 뜻이다.

글자 | 뜻 **의**, 정기 **기**, 줄 **투**, 같을 **합**

동류 | 의기상투意氣相投, 정의투합情意投合

[의념왕생意念往生]

뜻이 나서 가기를 생각한다는 말이며, 임종 때에 소리 내어 염불하지 못하고 마음으로 극락에 가서 다시 태어나기를 빈다는 뜻이다.

글자 | 뜻 **의**, 생각할 **념**, 갈 **왕**, 날 **생**

[의대반사衣襨頒賜]

옷이나 옷감을 나누어 준다는 말이며, 임금이나 왕비가 입던 옷을 신하나 나인들에게 나누어 준다는 뜻이다.

글자 | 옷 **의**, 옷감 **대**, 반사할 **반**, 줄 **사**

[의대중찬衣帶中贊]

옷과 띠 속의 찬사라는 말이며, 충절을 나타내는 깊은 마음을 빗댄 말이다. 중국 송나라의 충신 문천상文天祥이 죽음에 임하여 옷과 띠 속에 써넣은 찬사에서 온 말이다.

글자 | 옷 **의**, 띠 **대**, 가운데 **중**, 기릴 **찬**

출전 | 송사 문천상전文天祥傳

[의동일실義同一室]

한 방과 같은 의리라는 말이며, 한집안 식구처럼 정이 두텁다는 뜻이다.

글자 | 의리 **의**, 같을 **동**, 방 **실**

[의려이망倚閭而望]

→ 의려지망倚閭之望

[의려지망倚閭之望]

집안에 의지하여 바라고 있다는 말이며, 자녀가 돌아오기를 기다리는 초조한 어머니의 마음이라는 뜻이다.

글자 | 의지할 **의**, 이문 **려**, 어조사 **지**, 바랄 **망**

출전 | 전국책 제책齊策

[의려지정倚閭之情]

→ 의려지망倚閭之望

[의로복소醫老卜少]

의원은 늙고 점쟁이는 젊다는 말이며, 의원은 늙어야 경험이 많고, 점쟁이는 젊어야 신명이 난다는 뜻이다.

글자 | 의원 **의**, 늙을 **로**, 점 **복**, 젊을 **소**

출전 | 송남잡지

[의론풍생議論風生]

의논하고 토론함이 바람처럼 생긴다는 말이며, 의논과 토론이 매우 성하게 일어난다는 뜻이다.

글자 | 의논할 **의**, 의논 **론**, 바람 **풍**, 날 **생**

[의리부동義理不同]

의리가 같지 않다는 말이며, 의리에 벗어난다는 뜻이다.

글자 | 의리 **의**, 도리 **리**, 아닐 **부**, 같을 **동**

[의마가대倚馬可待]

말에 기대어 기다릴 수 있다는 말이며, 빠르게 잘 짓는 남의 글재주를 부러워한다는 뜻이다.

글자 | 기댈 **의**, 말 **마**, 옳을 **가**, 기다릴 **대**

출전 | 세설신어

[의마심원意馬心猿]

생각은 말처럼 뛰고, 마음은 원숭이처럼 안절부절 못한다는 말이며, 억누를 수 없는 번뇌나 욕정 등에 사로잡힌 상태를 빗댄 말이다.

글자 | 뜻 **의**, 말 **마**, 마음 **심**, 원숭이 **원**

출전 | 조주록유표趙州錄遺表

동류 | 심원의마心猿意馬

[의마지재倚馬之才]

말에 의지한 재주라는 말이며, 말에

잠깐 기대어 서 있는 동안에 글을 지었다 하여 글을 빨리 잘 짓는 재주라는 뜻이다.

글자 | 의지할 **의**, 말 **마**, 어조사 **지**, 재주 **재**

출전 | 이백李白의 시

동류 | 의마칠지倚馬七紙

[의마초격倚馬草檄]

말에 의지하여 격문을 초한다는 말이며, 격문을 매우 빠르게 짓는다는 뜻이다.

글자 | 의지할 **의**, 말 **마**, 글 초할 **초**, 격문 **격**

출전 | 조선왕조 22대 정조실록

[의마칠지倚馬七紙]

말에 의지하여 종이 7매라는 말이며, 글을 빨리 짓는 재주를 빗댄 말이다. 말에 의지해서 기다리는 사이에 일곱 장의 종이에 글을 가득 메웠다는 뜻이다.

글자 | 의지할 **의**, 말 **마**, 종이 **지**

출전 | 세설신어 문학文學 하

동류 | 의마지재倚馬之才, 의마가대倚馬可待

[의모물성疑謨勿成]

의심스러운 모략은 이루어지지 않는다는 말이며, 빈틈없는 계획을 세워 행하라는 뜻이다.

원문 | 去邪勿疑 疑謨勿成 百志惟熙
거사물의 의모불성 백지유희

글자 | 의심할 **의**, 꾀할 **모**, 말 **물**, 이룰 **성**

출전 | 서경 우서 대우모大禹謨

[의모양육蟻慕羊肉]

개미가 양고기를 그리워한다는 말이며, 어진 이에게 사람이 모여든다는 뜻이다. 장자에 있는 글이다. '개미는 양고기가 그리워 모여든다. 이는 양고기에서 누린내가 나기 때문이다. 순舜의 행동에도 누린내가 나는 데가 있어서 백성이 기꺼이 모여든다.'

원문 | 蟻慕羊肉 羊肉羶也
의모양육 양육전야

글자 | 개미 **의**, 사모할 **모**, 양 **양**, 고기 **육**

출전 | 장자 서무귀徐无鬼

[의무반고義無反顧]

의義는 되돌아봄이 없다는 말이며, 의를 위하여 뒤를 돌아보지 않고 앞으로 나아간다는 뜻이다.

원문 | 觸白刃冒流失 義無反顧
촉백인모유실 의무반고

글자 | 옳을 **의**, 없을 **무**, 되돌릴 **반**, 돌아볼 **고**

출전 | 사기 사마상여열전

[의문다질醫門多疾]

의원의 문에는 병자가 많다는 말이다.

글자 | 의원 **의**, 문 **문**, 많을 **다**, 병 **질**

출전 | 장자 인간세人間世

[의문의려倚門倚閭]

집 문에 기대고 마을 문에 기댄다는

ㅇ

말이며, 집을 나간 자식을 안타깝게 기다린다는 뜻이다.

글자 | 의지할 **의**, 문 **문**, 마을 문 **려**

출전 | 전국책 제책齊策

동류 | 의문이망倚門而望, 의려지망倚閭之望

[의문이망倚門而望]

문에 기대어 바란다는 말이며, 자녀가 돌아오기를 기다리는 어머니의 마음을 일컫는다.

글자 | 의지할 **의**, 집안 **문**, 말 이을 **이**, 바랄 **망**

출전 | 소학 계고

동류 | 의문지망倚門之望

[의문지망依門之望]

→ 의문이망倚門而望

[의미심장意味深長]

[글의] 뜻이나 맛이 매우 깊다는 말이며, 사람의 언동 또는 문장의 뜻이 미묘하고 깊어 여러 가지로 해석할 수 있다는 뜻이다.

글자 | 뜻 **의**, 맛 **미**, 깊을 **심**, 길 **장**

출전 | 논어 서설序說

[의발상전衣鉢相傳]

옷과 밥그릇을 서로 전한다는 말이며, 불법佛法 또는 스승의 가르침을 전한다는 뜻이다.

글자 | 옷 **의**, 바릿대 **발**, 서로 **상**, 전할 **전**

출전 | 불교

[의방지훈義方之訓]

옳은 방법의 가르침이라는 말이며, 아버지가 아들에게 바르게 가르치는 교훈을 일컫는다.

글자 | 옳을 **의**, 방법 **방**, 어조사 **지**, 가르칠 **훈**

출전 | 춘추좌씨전 은공隱公 2년

[의불급물儀不及物]

예법이 물건에 미치지 못한다는 말이며, 예법이 미흡하다는 뜻이다.

원문 | 儀不及物 曰不享
의 불 급 물 왈 불 향

글자 | 예법 **의**, 아닐 **불**, 미칠 **급**, 물건 **물**

출전 | 맹자 고자告子 하

[의사무공疑事無功]

일을 의심하면 공이 없다는 말이며, 의심하고 일을 하면 되는 일이 없다는 뜻이다.

원문 | 疑事無功 疑功無名
의 사 무 공 의 공 무 명

글자 | 의심할 **의**, 일 **사**, 없을 **무**, 공 **공**

출전 | 사기 조세가趙世家

[의사표시意思表示]

뜻과 생각을 겉으로 보인다는 말이며, 자신의 생각을 외부로 나타낸다는 뜻이다.

글자 | 뜻 **의**, 생각 **사**, 겉 **표**, 보일 **시**

[의상남루衣裳藍縷]

옷과 치마가 해져서 남루하다는 말이다.

글자 | 옷 **의**, 치마 **상**, 옷 해질 **남**, 옷 남루할 **루**

출전 | 송남잡지

[의상지치衣裳之治]

옷과 치마로 다스린다는 말이며, 법보다 인덕으로 다스린다는 뜻이다.

원문 | 垂衣裳而天下以治
수 의 상 이 천 하 이 치

글자 | 옷 **의**, 치마 **상**, 어조사 **지**, 다스릴 **치**

출전 | 주역 계사전繫辭傳

[의상지회衣裳之會]

→ 의관지회衣冠之會

[의수당연依數當然]

운수에 의지하여 마땅히 그러하다는 말이며, 거짓임을 알면서도 그런대로 묵인한다는 뜻이다.

글자 | 의지할 **의**, 운수 **수**, 마땅 **당**, 그럴 **연**

[의수야행衣繡夜行]

→ 금의야행錦衣夜行

[의시기체衣視其體]

옷은 그 몸을 본다는 말이며, 몸을 보고 옷을 마르는 것 같이 무슨 일이나 제 격에 맞아야 한다는 뜻이다.

글자 | 옷 **의**, 볼 **시**, 그 **기**, 몸 **체**

출전 | 이담속찬

[의식유여衣食有餘]

옷과 밥의 남음이 있다는 말이며, 생활에 여유가 있다는 뜻이다.

글자 | 옷 **의**, 밥 **식**, 있을 **유**, 남을 **여**

출전 | 송남잡지

[의식지방衣食之方]

생활을 위한 옷과 양식을 얻는 방책이라는 말이다.

글자 | 옷 **의**, 밥 **식**, 어조사 **지**, 방법 **방**

[의식지우衣食之憂]

옷과 밥을 얻기 위한 걱정이라는 말이다.

글자 | 옷 **의**, 밥 **식**, 어조사 **지**, 근심 **우**

[의식지자衣食之資]

옷과 밥의 밑천이라는 말이며, 생계를 꾸려 가는데 필요한 밑천을 빗댄 말이다.

글자 | 옷 **의**, 밥 **식**, 어조사 **지**, 밑천 **자**

[의식지향衣食之鄕]

옷과 밥의 시골이라는 말이며, 생활이 풍족한 지방이라는 뜻이다.

글자 | 옷 **의**, 밥 **식**, 어조사 **지**, 시골 **향**

[의심암귀疑心暗鬼]

의심이 어두운 마귀라는 말이며, 의심이 생기면 판단력이 흐려진다는 뜻이다. 어떤 사람이 도끼를 잃어버리고 옆집 아들을 의심하여 공연히 말투며 행동이며 예사롭게 보지 않았는데, 나중에 산에서 도끼를 찾고는 전혀 수상해 보이지 않았다는 옛이야기가 있다.

글자 | 의심할 **의**, 마음 **심**, 어두울 **암**, 귀신 **귀**

출전 | 열자 세부편說府篇

[의양단자衣樣單子]

옷의 본보기를 적은 얇은 씨라는 말이며, 신랑 또는 신부가 입을 옷의 치수를 적은 종이를 일컫는다.

글자 | 옷 **의**, 본보기 **양**, 얇을 **단**, 씨 **자**

[의양호로依樣葫蘆]

모양에 따라 굵은 마늘도 되고 갈대도 된다는 말이며 겉만 보고 비슷하게 흉내 낸다는 뜻이다.

원문 | 此乃俗所謂依樣畵葫蘆耳
차 내 속 소 위 의 양 화 호 로 이

글자 | 의지할 **의**, 모양 **양**, 굵은 마늘 **호**, 갈대 **로**

출전 | 위태의 동헌필록東軒筆錄

[의여세거意與歲去]

뜻이 세월과 더불어 간다는 말이며, 마음먹은 결심은 세월이 감에 따라 변한다는 뜻이다.

원문 | 年如時馳 意與歲去
연 여 시 치 의 여 세 거

글자 | 뜻 **의**, 더불어 **여**, 세월 **세**, 갈 **거**

출전 | 소학 가언嘉言

[의외지변意外之變]

뜻밖의 재앙이라는 말이다.

글자 | 뜻 **의**, 밖 **외**, 어조사 **지**, 재앙 **변**

[의외지사意外之事]

뜻밖의 일이라는 말이다.

글자 | 뜻 **의**, 밖 **외**, 어조사 **지**, 일 **사**

[의용봉공義勇奉公]

옳은 용기로 공변된 것을 받든다는 말이며, 국가나 사회를 위하여 자기 몸을 희생하면서 섬긴다는 뜻이다.

글자 | 옳을 **의**, 용기 **용**, 받들 **봉**, 공변될 **공**

[의원면관依願免官]

본인의 청원에 따라 그 벼슬을 해면한다는 말이다.

글자 | 의지할 **의**, 원할 **원**, 면할 **면**, 벼슬 **관**

[의율징판擬律懲判]

법을 적용하여 징벌하고 판단한다는 말이다.

글자 | 적용할 **의**, 법 **율**, 징벌할 **징**, 판단할 **판**

[의이지방薏苡之謗]

→ 의이지참薏苡之讒

[의이지참薏苡之讒]

율무와 질경이의 참소라는 말이며, 근거 없는 참소 또는 가당치 않은 비방이라는 뜻이다.

글자 | 율무 **의**, 질경이 **이**, 어조사 **지**, 참소할 **참**

출전 | 후한서 마원전馬援傳

동류 | 의이지방薏苡之謗

[의인막용疑人莫用]

의심스러운 사람은 쓰지 말라는 말이다.

원문 | **疑人莫用 用人勿疑**
의인막용 용인물의

글자 | 의심할 **의**, 사람 **인**, 말 **막**, 쓸 **용**

출전 | 명심보감 성심편省心篇

[의자궐지疑者闕之]

의심된 자는 빼야 한다는 말이며, 의심이 나는 일은 억지로 자세히 캘 필요가 없다는 뜻이다.

글자 | 의심할 **의**, 놈 **자**, 궐할 **궐**, 어조사 **지**

출전 | 송남잡지松南雜識

[의자의야醫者意也]

'의술이라는 것은 뜻이다.' 라는 말이며, 의술의 진리는 마음으로 깨닫는 것이라는 뜻이다.

글자 | 의술 **의**, 것 **자**, 뜻 **의**, 잇기 **야**

출전 | 후한서

[의자의야義者宜也]

옳은 것은 마땅하다는 말이며, 의란 마땅한 것이니 어진 이를 높임이 크다는 뜻이다.

원문 | **義者宜也 尊賢爲大**
의자의야 존현위대

글자 | 옳을 **의**, 것 **자**, 마땅할 **의**, 어조사 **야**

출전 | 중용 20장

[의장참담意匠慘憺]

궁리해도 참혹하고 암담하다는 말이며, 아무리 생각해도 앞이 캄캄하다는 뜻이다.

글자 | 뜻 **의**, 장인 **장**, 참혹할 **참**, 움직일 **담**

출전 | 두보杜甫의 단청인丹青引

[의재언외意在言外]

말 밖에 뜻이 있다는 말이며, 말로 한 것 이상의 정취를 느낄 수 있다는 뜻이다.

글자 | 뜻 **의**, 있을 **재**, 말씀 **언**, 바깥 **외**

[의재필선意在筆先]

붓질보다 뜻이 먼저라는 말이며, 글씨를 쓰려는 사람은 먼저 벼루와 먹을 앞에 두고 정신을 모으고 생각을 가라앉혀야 한다는 뜻이다.

글자 | 뜻 **의**, 있을 **재**, 붓 **필**, 먼저 **선**

출전 | 왕학호王學浩의 글

[의족투적擬足投跡]

발을 헤아리면서 발자취를 던진다는 말이며, 매우 조심하며 천천히 걷는다는 뜻이다.

글자 | 헤아릴 **의**, 발 **족**, 던질 **투**, 자취 **적**

[의중지인意中之人]

뜻 가운데 사람이라는 말이며, 마음속에 새겨 둔 사람을 일컫는다.

글자 | 뜻 **의**, 가운데 **중**, 어조사 **지**, 사람 **인**

출전 | 춘추좌씨전

유사 | 안중지인眼中之人

[의중지인意重之人]

뜻이 무거운 사람이라는 말이며, 의리가 두텁고 말과 행동이 의젓한 사람을 일컫는다.

글자 | 뜻 **의**, 무거울 **중**, 어조사 **지**, 사람 **인**

출전 | 춘추좌씨전

[의즉전복衣卽傳服]

옷은 곧 전하여 입는다는 말이며, 윗사람이 입던 옷을 아랫사람이 물려받아 입는다는 뜻이다.

원문 | 食卽同案 衣卽傳服
식 즉 동 안 의 즉 전 복

글자 | 옷 **의**, 곧 **즉**, 전할 **전**, 입을 **복**

출전 | 소학 가언嘉言

[의지감약意志減弱]

→ 의지박약意志薄弱

[의지박약意志薄弱]

의지의 힘이 미약하다는 말이며, 인내·결행 따위를 행하지 못한다는 뜻이다.

글자 | 뜻 **의**, 뜻 **지**, 얇을 **박**, 약할 **약**

[의지식지衣之食之]

'옷을 입고 음식을 먹고' 라는 말이다.

글자 | 옷 **의**, 어조사 **지**, 먹을 **식**

[의채농작衣彩弄雀]

채색 옷을 입고 참새를 희롱한다는 말이며, 늙으신 부모를 즐겁게 해드리기 위하여 어린아이처럼 색동옷을 입고 참새를 희롱하며 논다는 뜻으로 효심이 지극함을 빗댄 말이다.

글자 | 옷 **의**, 채색 **채**, 희롱할 **농**, 참새 **작**

출전 | 구운몽

동류 | 노래지희老萊之戲

[의초부목依草附木]

풀에 의지하고 나무에 붙는다는 말이며, 남의 권세에 기대어 나쁜 짓을 한다는 뜻이다. 불교에서는 아직 철저히 깨닫지 못했다는 뜻으로 쓰인다.

글자 | 의지할 **의**, 풀 **초**, 붙을 **부**, 나무 **목**

[의필사문疑必思問]

의심이 나면 반드시 물을 것을 생각하

라는 말이다.

글자 | 의심할 **의**, 반드시 **필**, 생각 **사**, 물을 **문**

출전 | 논어 계씨季氏

[의향빈영衣香鬢影]

옷의 향기와 귀밑머리의 형상이라는 말이며, 규중閨中 부녀자라는 뜻이다.

글자 | 옷 **의**, 향기 **향**, 귀밑머리 **빈**, 형상 **영**

[의형어색義形於色]

옳음이 낯에 나타난다는 말이며, 정의로운 마음을 품고 있으면 그것이 그대로 외모에 나타난다는 뜻이다.

글자 | 옳을 **의**, 나타날 **형**, 어조사 **어**, 낯 **색**

[의형의살義刑義殺]

옳게 벌주고 옳게 죽인다는 말이다.

글자 | 옳을 **의**, 벌줄 **형**, 죽일 **살**

출전 | 서경 주서 강고전康誥傳

[의형의제宜兄宜弟]

형을 좋아하고 아우를 좋아한다는 말이며, 형제간에 우애가 두텁다는 뜻이다.

원문 | 宜兄宜弟 令德素豈
의형의제 영덕소기

글자 | 좋아할 **의**, 맏 **형**, 아우 **제**

출전 | 시경 도요편桃夭篇, 대학 9장

[의호비희依怙贔屓]

의지하고 믿어 기운내고 힘쓴다는 말이며, 두둔하고 편애한다는 뜻이다.

글자 | 의지할 **의**, 믿을 **호**, 기운 낼 **비**, 힘쓸 **희**

[의화십제醫花十劑]

꽃을 기르는 데는 열 가지 약제가 있다는 말이며, 그 내용은 ①흙을 북돋아 보하여 주고, ②물을 주어 윤기를 돌게 하며, ③이슬을 맞혀 조화를 맞추어 주고, ④가지를 쳐서 기를 펴게 해주며, ⑤따뜻하게 해서 신진대사를 원활하게 하고, ⑥햇살을 쬐어 뽀송뽀송하게 하고 ⑦비를 맞아 매끄럽게 하며, ⑧바람으로 말려주고, ⑨벌레를 제거하여 잘 자라게 하고 ⑩천이나 종이로 둘레를 쳐서 이를 지켜주는 것이다.

글자 | 구원할 **의**, 꽃 **화**, 약 지을 **제**

출전 | 유몽속영幽夢續影

[의환사륜蟻環篩輪]

개미가 쳇바퀴를 돈다는 말이며, 노력을 하여도 앞으로 나아가지 못하고 늘 제자리에 있다는 뜻이다.

글자 | 개미 **의**, 돌릴 **환**, 체 **사**, 수레바퀴 **륜**

출전 | 송남잡지

[이가득문耳可得聞]

귀는 들어서 얻을 수 있다는 말이다.

ㅇ

원문 | 耳可得聞 口不可言也
이가득문 구불가언야

글자 | 귀 **이**, 옳을 **가**, 얻을 **득**, 들을 **문**

출전 | 명심보감 정기편正己篇

[이겸차안以鎌遮眼]

낫으로써 눈을 가린다는 말이며, 어리석은 방법으로 잘못을 숨기려 한다는 빗댄 말이다.

글자 | 써 **이**, 낫 **겸**, 가릴 **차**, 눈 **안**

출전 | 순오지

유사 | 수차매목手遮妹目

[이고득락離苦得樂]

괴로움을 떠나 즐거움을 얻는다는 말이다.

글자 | 떠날 **이**, 괴로울 **고**, 얻을 **득**, 즐거울 **락**

동류 | 발고여락拔苦與樂

[이고위감以古爲鑑]

옛일을 거울로 삼는다는 말이다.

글자 | 써 **이**, 옛 **고**, 할 **위**, 거울 **감**

출전 | 당서, 정관정요

[이곡동공異曲同工]

곡은 다르나 공교함은 같다는 말이며, 방법은 다르나 결과는 같다는 뜻이다.

글자 | 다를 **이**, 곡조 **곡**, 같을 **동**, 공교할 **공**

동류 | 동공이곡同工異曲

[이공보공以功報功]

[남의] 은공은 은공으로써 갚는다는 말이다.

글자 | 써 **이**, 공 **공**, 갚을 **보**

[이공보공以空補空]

빈 것으로 빈 것을 채운다는 말이며, 이 세상에는 공것이 없다는 뜻이다.

글자 | 써 **이**, 빌 **공**, 기울 **보**

[이공사석李公射石]

이공이 돌을 쏘았다는 말이며, 한 가지 일에 전념하면 불가능한 일도 이루어진다는 뜻이다. 한나라의 명장 이광李廣이 바위에 활을 쏘아 뚫었다는 고사에서 온 말이다.

글자 | 성 **이**, 공변될 **공**, 쏠 **사**, 돌 **석**

출전 | 명심보감

동류 | 사석음우射石飮羽, 중석몰족中石沒鏃

[이공제공以公制公]

공변된 것으로써 공변된 것을 금한다는 말이며, 공정한 것이 관청을 규제한다는 뜻이다.

글자 | 써 **이**, 공변될 **공**, 금할 **제**

[이과지사已過之事]

이미 지난 일이라는 말이다.

글자 | 이미 **이**, 지날 **과**, 어조사 **지**, 일 **사**

출전 | 진서晉書

동류 | 이왕지사已往之事

[이곽지사伊霍之事]

이윤伊尹과 곽광霍光의 사변事變이라는 말이며, 나라를 위해 나쁜 임금을 몰아내는 일이라는 뜻이다. 은나라의 재상 이윤이 태갑왕을 가두었다가 회개한 후 다시 부른 일과 한나라 곽광이 창읍왕을 내치고 선제를 세운 고사에서 온 말이다.

글자 | 저 **이**, 급할 **곽**, 어조사 **지**, 일 **사**

출전 | 사기, 진서

[이관규천以管窺天]

→ 용관규천用管窺天

[이교취리圯橋取履]

이교에서 신을 얻었다는 말이며, 작은 수고로 큰 이득을 보게 된다는 뜻이다. 중국 강서성에 있는 이교라는 다리에서 장량張良이 황석공黃石公이 떨어뜨린 신을 주워서 주고 병서兵書를 얻었다는 고사에서 온 말이다.

글자 | 흙다리 **이**, 다리 **교**, 얻을 **취**, 신 **리**

[이구동성異口同聲]

다른 입이 같은 소리를 낸다는 말이며, 여러 사람의 말이 한결같다는 뜻이다.

글자 | 다를 **이**, 입 **구**, 같을 **동**, 소리 **성**

출전 | 송서

동류 | 이구동음異口同音

유사 | 여출일구如出一口

[이구동음異口同音]

→ 이구동성異口同聲

[이국정서異國情緖]

→ 이국정조異國情調

[이국정조異國情調]

다른 나라의 실정과 운치라는 말이며, 자기 나라에서는 볼 수 없는 다른 나라의 실정과 풍물을 일컫는다.

글자 | 다를 **이**, 나라 **국**, 실정 **정**, 운치 **조**

[이국편민利國便民]

나라를 이롭게 하고 백성을 편안하게 한다는 말이다.

글자 | 이로울 **이**, 나라 **국**, 편할 **편**, 백성 **민**

[이군삭거離群索居]

무리를 떠나 흩어져 산다는 말이며, 벗들을 떠나 혼자 산다는 뜻이다.

글자 | 떠날 **이**, 무리 **군**, 흩어질 **삭**, 살 **거**

출전 | 예기 단궁편檀弓篇

[이군절속離群絶俗]

무리를 떠나 속세와 인연을 끊고 산다는 말이다.

글자 | 떠날 **이**, 무리 **군**, 끊을 **절**, 속될 **속**

[이극구당履屐俱當]

[궂은 날이나 마른 날이나] 나막신을 신

ㅇ

고 모두 당해 낸다는 말이며, 재주가 많아 못하는 일이 없다는 뜻이다.

글자 | 신을 **이**, 나막신 **극**, 다 **구**, 당할 **당**

출전 | 진서

동류 | 이극지재履屐之才

[이극지재履屐之才]

짚신과 나막신의 재주라는 말이며, 아주 섬세한 일에 미치는 재주를 빗댄 말이다.

글자 | 짚신 **이**, 나막신 **극**, 어조사 **지**, 재주 **재**

[이금심도以琴心挑]

거문고로써 마음을 끌어낸다는 말이며, 그리워하는 마음을 거문고로 나타내어 여자의 마음을 움직인다는 뜻이다.

글자 | 써 **이**, 거문고 **금**, 마음 **심**, 끌어낼 **도**

출전 | 사기 사마상여전司馬相如傳

[이기본위利己本位]

몸의 이로움을 근본 자리로 한다는 말이며, 자기 이익을 중심으로 사물을 판단한다는 뜻이다.

글자 | 이로울 **이**, 몸 **기**, 근본 **본**, 자리 **위**

[이기애타利己愛他]

몸을 이롭게 하면서 다른 이를 사랑한다는 말이며, 자기와 남을 함께 위해 준다는 뜻이다.

글자 | 이로울 **이**, 몸 **기**, 사랑 **애**, 다를 **타**

[이기포과以杞包瓜]

버드나무로 [엮은 바구니에] 오이를 싼다는 말이며, 높은 자리에 있어 덕으로 재하의 소인을 너그럽게 포용하면 하늘의 때가 스스로 온다는 뜻이다.

원문 | 以己包瓜 有隕自天
이 기 포 과 유 운 자 천

글자 | 써 **이**, 버들 **기**, 쌀 **포**, 오이 **과**

출전 | 주역 천풍구天風姤

[이김봉석李金逢石]

이씨와 김씨가 돌을 만난다는 말이며, 이씨와 김씨가 하도 많아 아무나 던진 돌에 잘 맞는다는 뜻이다.

글자 | 성씨 **이**, 성씨 **김**, 만날 **봉**, 돌 **석**

[이난삼구二難三懼]

두 가지 어려움과 세 가지 두려움이라는 말이며, 임금이 정사를 돌보느라 밤낮으로 애쓴다는 뜻이다. 당태종이 밤낮 바쁜 중에도 새겨둔 이난二難은 자공子孔이 정나라 반란을 평정한 뒤 관원들에게 일제히 충성 맹세를 받으려 했으나 자산子産이 만류하며 뭇 사람의 분노는 범하기 어렵고 전권을 휘두르려는 욕심은 이루기가 어렵다. 이 두 가지 어려움을 한데 합쳐서 나라를 안정시키는 것은 위험한 방법이다. 그리고 삼구三懼는 '① 높은 지위에 있으면서 그 허물을 못 들을까 염려하고, ② 뜻을 얻고 나서 교만해질까 걱정하며, ③ 천하의 지극한 도리를 듣고도 능히 행하지 못할까 근심하는 것이다.

원문 | 衣宵寢二難 食肝粲三懼
의소침이난 식간찬삼구

글자 | 어려울 **난**, 두려울 **구**

출전 | 당태종의 집계정삼변執契靜三邊

[이농향도離農向都]

→ 이촌향도離村向都

[이단격장以短擊長]

짧은 것으로써 긴 것을 친다는 말이며, 약한 것으로 강한 것을 친다는 뜻이다. 사기의 글이다. '군사를 잘 쓰는 사람은 자신의 단점을 가지고 적의 장점을 치지 않는다.'

원문 | 善用兵者不以短擊長
선용병자불이단격장

글자 | 써 **이**, 짧을 **단**, 칠 **격**, 긴 **장**

출전 | 사기 회음후열전

[이단사설異端邪說]

다른 단정함의 간사한 말이라는 말이며, 정통이 아닌 다른 종파의 그릇된 주장, 즉 올바르지 못한 믿음과 학설을 일컫는다.

글자 | 다를 **이**, 단정할 **단**, 간사할 **사**, 말씀 **설**

[이당공당以短攻短]

짧은 것으로써 짧은 것을 친다는 말이며, 남의 단점을 단점으로 공격한다는 뜻이다.

글자 | 써 **이**, 짧을 **단**, 칠 **공**

출전 | 채근담 전편 121장

[이대격소以大擊小]

큰 것으로써 작은 것을 친다는 말이며, 수가 적은 적을 공격한다는 뜻이다.

글자 | 써 **이**, 큰 **대**, 칠 **격**, 작을 **소**

출전 | 삼국사기

[이대동조異代同調]

세대는 다르나 운치는 같다는 말이며, 시대가 바뀌어도 분위기와 운치는 같다는 뜻이다.

글자 | 다를 **이**, 댓수 **대**, 같을 **동**, 운치 **조**

[이대사소以大事小]

큰 것으로써 작은 것을 섬긴다는 말이며, 대국으로서 소국을 섬길 수 있다는 뜻이다.

원문 | 惟仁者爲能以大事小
유인자위능이대사소

글자 | 써 **이**, 큰 **대**, 섬길 **사**, 작을 **소**

출전 | 맹자 양혜왕 하

[이덕보덕以德報德]

덕으로써 덕을 갚는다는 말이며, 은덕을 은덕으로 갚는다는 뜻이다.

원문 | 以直報怨 以德報德
이직보원 이덕보덕

글자 | 써 **이**, 큰 **덕**, 갚을 **보**

출전 | 논어 헌문憲問

[이덕보원以德報怨]

덕으로서 원한을 푼다는 말이며, 원수에게 덕을 베푼다는 뜻이다.

글자 | 써 **이**, 큰 **덕**, 갚을 **보**, 원망할 **원**

출전 | 논어 헌문憲問

[이덕복인以德服人]

덕행으로써 다른 사람을 심복시킨다는 말이다.

원문 | *以力服人 以德服人*
이 력 복 인 이 덕 복 인

글자 | 써 **이**, 큰 **덕**, 복종할 **복**, 사람 **인**

출전 | 맹자 공손추 상

[이도삼도二度三度]

두 번, 세 번이라는 말이다.

글자 | 번 **도**

[이도요병以道療病]

도리로써 병든 것을 고친다는 말이며, 마음을 먼저 다스려 병을 고친다는 뜻이다.

글자 | 써 **이**, 도리 **도**, 병 고칠 **요**, 병들 **병**

출전 | 동의보감 내경편內景篇

[이도헌면泥塗軒冕]

수렁과 진흙의 초헌軺軒과 면류관이라는 말이며, 높은 벼슬을 진흙처럼 하찮게 여긴다는 뜻이다.

글자 | 수렁 **이**, 진흙 **도**, 초헌 **헌**, 면류관 **면**

[이독공독以毒攻毒]

독으로써 독을 친다는 말이다.

글자 | 써 **이**, 독할 **독**, 칠 **공**

출전 | 전등록傳燈錄

[이독제독以毒制毒]

→이독공독以毒攻毒

[이두유묵以頭濡墨]

머리로써 먹을 적신다는 말이며, 어떤 상황에서도 글씨를 매우 잘 쓴다는 말이다. 장욱張旭이라는 사람이 술에 취해 머리에 먹을 묻혀 글씨를 썼다는 고사에서 온 말이다.

글자 | 써 **이**, 머리 **두**, 적실 **유**, 먹 **묵**

출전 | 당서

[이두자검以豆自檢]

콩으로써 스스로를 검속한다는 말이다. 송나라 때 조숙평趙叔平의 책상에는 그릇 세 개가 놓여 있었다. 하나는 흰 콩을, 다른 하나에는 검은 콩을 담았다. 가운데는 빈 그릇을 놓았다. 착한 생각이 일어나면 흰 콩 하나를 가운데 그릇에 담고, 삿된 생각이 일면 검은 콩 하나를 담았다. 매일 밤, 가운데 그릇에 담긴 콩의 숫자를 세어 하루를 점검했다. 처음엔 검은 콩이 많더니, 점점 흰 콩의 숫자가 늘어나 나중에는 흰 콩만 남았다. 흰 콩과 검은 콩으로 자신을 점검한 이야기다.

글자 | 써 **이**, 콩 **두**, 스스로 **자**, 검속할 **검**

출전 | 이현석李玄錫의 상소문

[이두창지以頭搶地]

머리를 땅에 부딪친다는 말이며, 엎드려 애걸하거나 용서를 구한다는 뜻이다.

글자 | 써 **이**, 머리 **두**, 부딪칠 **창**, 땅 **지**

출전 | 전국책

[이득비상以得裨喪]

얻은 것으로써 잃은 것을 돕는다는 말이며, 없는 것을 보충한다는 뜻이다.

글자 | 써 **이**, 얻을 **득**, 도울 **비**, 잃어버릴 **상**

출전 | 삼국사기

[이란격석以卵擊石]

달걀로 돌을 친다는 말이며, 약한 것으로 강한 것을 공격한다는 뜻이다.

글자 | 써 **이**, 알 **란**, 칠 **격**, 돌 **석**

출전 | 순자 의병편議兵篇

동류 | 이란투석以卵投石

[이란투석以卵投石]

달걀로 돌에 던진다는 말이며, 약한 것으로 강한 것을 공격한다는 뜻이다. 순자에 있는 글이다. '걸왕 같은 사람의 군대가 요임금 같은 사람의 군대를 속인다는 것은 마치 달걀로 바위를 치고 맨손가락으로 끓는 물을 휘젓는 것과 같으며…'

원문 | 吏桀詐堯 譬之若以卵投石 以指撓沸
(이걸사요 비지약이란투석 이지요비)

글자 | 써 **이**, 알 **란**, 던질 **투**, 돌 **석**

출전 | 순자 의병議兵

동류 | 이란격석以卵擊石

[이랍대신以蠟代薪]

초로 땔나무를 대신한다는 말이며, 지나치게 사치스럽다는 뜻이다.

글자 | 써 **이**, 밀 **랍**, 대신할 **대**, 땔나무 **신**

출전 | 진서

[이래이거移來移去]

옮겨 왔다가 옮겨 간다는 말이며, 이리저리 왔다 갔다 한다는 뜻이다.

글자 | 옮길 **이**, 올 **래**, 갈 **거**

출전 | 송남잡지松南雜識

[이려측해以蠡測海]

표주박으로 바닷물을 잰다는 말이며, 얕은 식견으로 어려운 문제를 다룬다는 뜻이다.

글자 | 써 **이**, 표주박 **려**, 헤아릴 **측**, 바다 **해**

출전 | 한서

[이력가인以力假仁]

힘으로써 [세력을 확장하면서] 인도仁道를 가장한다는 말이며, 패자覇者를 일컫는다.

원문 | 以力假仁者覇 覇必有大國
이 력 가 인 자 패 패 필 유 대 국

글자 | 써 **이**, 힘 **력**, 거짓 **가**, 어질 **인**

출전 | 맹자 공손추公孫丑 상

[이력복인以力服人]

힘으로써 사람을 복종시킨다는 말이다.

글자 | 써 **이**, 힘 **력**, 복종할 **복**, 사람 **인**

관련 | 이덕복인以德服人

[이령지혼利令智昏]

이익으로 인하여 지혜가 어두워진다는 말이다.

글자 | 이로울 **이**, 하여금 **령**, 지혜 **지**, 어두울 **혼**

출전 | 사기 평원군열전平原君列傳

[이로동귀異路同歸]

다른 길로 가서 함께 돌아온다는 말이며, 방법은 다르지만 결과는 같다는 뜻이다.

글자 | 다를 **이**, 길 **로**, 같을 **동**, 돌아 올 **귀**

출전 | 회남자 본경훈本經訓

[이로정연理路整然]

도리와 길이 가지런하다는 말이며, 이론과 언변 등의 사리가 잘 정리되어 맞는다는 뜻이다.

글자 | 도리 **이**, 길 **로**, 가지런할 **정**, 그럴 **연**

[이룡지주驪龍之珠]

검은 용의 구슬, 즉 여의주如意珠라는 말이며, 흑룡의 턱 밑에 있다는 이 진주는 목숨을 걸고 구하지 않으면 얻지 못하므로 모험하여 큰 이익을 얻는다는 뜻이다.

글자 | 검을 **이**, 용 **룡**, 어조사 **지**, 구슬 **주**

출전 | 장자 열어구편列禦寇篇

[이루지명離婁之明]

이루의 밝음이라는 말이며, 시력視力이 매우 좋다는 뜻이다. 이루는 중국의 초나라 때 사람으로 눈이 매우 밝고 성을 공격하는데 쓰는 운제雲梯를 만든 기술자이다.

글자 | 떠날 **이**, 성길 **루**, 어조사 **지**, 밝을 **명**

출전 | 맹자 이루離婁 상

[이리승란以理乘亂]

다스려진 것으로써 어지러움을 모른다는 말이며, 유리한 것으로써 상대방의 불리한 점을 이용하여 물리친다는 뜻이다.

글자 | 써 **이**, 다스릴 **리**, 오를 **승**, 어지러울 **란**

출전 | 삼국사기

[이린위학以隣爲壑]

이웃에 도랑을 만든다는 말이며, 재앙을 남에게 돌린다는 뜻이다.

원문 | 今吾子 以隣國爲壑
금 오 자 이 린 국 위 학

글자 | 써 **이**, 이웃 **린**, 만들 **위**, 도랑 **학**

출전 | 맹자 고자告子 하

[이만융적夷蠻戎狄]

동이東夷, 남만南蠻, 서융西戎, 북적北狄을 줄인 말이며, 중국인이 동서남북 주변 민족을 모두 오랑캐로 취급한 데서 온 말이다.

글자 | 오랑캐 **이**, 오랑캐 **만**, 오랑캐 **융**, 오랑캐 **적**

[이망지어罹網之魚]

그물에 걸린 물고기라는 말이며, 도망할 수 없는 처지에 있다는 뜻이다.

글자 | 걸릴 **이**, 그물 **망**, 어조사 **지**, 고기 **어**

출전 | 삼국유사

[이매망량魑魅魍魎]

사방의 모든 도깨비라는 말이며, 몰래 사람을 해치는 악한惡漢을 일컫는다.

글자 | 도깨비 **이**, 도깨비 **매**, 도깨비 **망**, 도깨비 **량**

출전 | 문선 서경부西京賦

[이면부지裏面不知]

뒷면을 알지 못한다는 말이며, 경위를 알만한 지각이 없다는 뜻이다.

글자 | 속 **이**, 낯 **면**, 아닐 **부**, 알 **지**

[이모상마以毛相馬]

털로써 말을 가린다는 말이며, 외모만 보고 사물을 판단한다는 뜻이다. 이는 경솔한 판단이 될 것이다.

글자 | 써 **이**, 털 **모**, 가릴 **상**, 말 **마**

출전 | 염철론

유사 | 이모취인以貌取人

[이모지년二毛之年]

두 번째 털이 나는 나이라는 말이며, 센 털이 나기 시작하는 32세를 일컫는다.

글자 | 터럭 **모**, 어조사 **지**, 해 **년**

[이모취인以貌取人]

모양만 보고 사람을 취한다는 말이며, 그 사람의 속은 보지 않고 외모만 보고 택한다는 뜻이다.

글자 | 써 **이**, 얼굴 **모**, 취할 **취**, 사람 **인**

출전 | 사기 중니제자열전仲尼弟子列傳

유사 | 이모상마以毛相馬, 이언취인以言取人

[이목괘명移木掛名]

나무를 옮기고 이름을 걸어둔다는 말이며, 좋은 나무를 옮겨 심고 이름을 새겨둔다는 뜻이다.

글자 | 옮길 **이**, 나무 **목**, 걸 **괘**, 이름 **명**

[이목구비耳目口鼻]

귀 · 눈 · 코 · 입이라는 말이며, 사람의 얼굴 생김새를 일컫는다.

글자 | 귀 **이**, 눈 **목**, 입 **구**, 코 **비**

[이목지관耳目之官]

귀와 눈이 된 관가라는 말이며, 임금의 이목이 되어 나라의 치안을 맡아보던 어사대부御史大夫를 일컫는다.

원문 | 耳目之官不思
이 목 지 관 불 사

글자 | 귀 **이**, 눈 **목**, 어조사 **지**, 관가 **관**

출전 | 맹자 고자告子 상

[이목지사耳目之司]

→ 이목지관耳目之官

[이목지신移木之信]

나무를 옮기기로 한 믿음이라는 말이며, 약속을 지켜 실행한다는 뜻이다. 진나라 재상 상앙商鞅이 법률을 제정해 놓고 백성들이 지켜줄지 의심스러워 한 가지 계책을 세웠다. 남문에 길이 3장에 이르는 큰 나무를 세워놓고 이 나무를 북문으로 옮기는 사람은 50금을 주겠다고 써 붙이고, 이를 옮긴 사람이 있어 즉시 50금을 준 다음 법령을 공포하니 잘 지켜졌다는 것이다.

글자 | 옮길 **이**, 나무 **목**, 갈 **지**, 믿을 **신**

출전 | 사기 상군열전商君列傳

동류 | 사목지신徙木之信, 사목지상徙木之賞

[이목지신耳目之臣]

귀와 눈의 신하라는 말이며, 매우 가까운 왕의 신하를 일컫는다.

글자 | 귀 **이**, 눈 **목**, 어조사 **지**, 신하 **신**

[이목지욕耳目之慾]

귀와 눈의 욕망이라는 말이며, 온갖 감각적 욕망을 일컫는다.

글자 | 귀 **이**, 눈 **목**, 어조사 **지**, 욕심 **욕**

출전 | 문선

유사 | 견물생심見物生心

[이목총명耳目聰明]

귀와 눈이 총명하다는 말이다. 예기의 글이다. '그러므로 이 음악이 행해져서 인륜이 청명해지고 사람들은 이목이 총명하게 되며.'

원문 | 故樂行而倫淸 耳目聰明
고 악 행 이 윤 청 이 목 총 명

글자 | 귀 **이**, 눈 **목**, 귀 밝을 **총**, 밝을 **명**

출전 | 예기 악기樂記, 관자 내업편內業篇

[이묘역묘以猫易猫]

고양이로써 고양이를 바꾼다는 말이며, 사람을 서로 바꾸어도 별다른 차이나 성과가 없다는 뜻이다.

글자 | 써 **이**, 고양이 **묘**, 바꿀 **역**

출전 | 조선왕조 11대 중종실록

[이문목견耳聞目見]

귀로 듣고 눈으로 본다는 말이며, 듣는 것이 본 것만 같지 않다는 뜻이다.

원문 | 耳聞不如目見
이 문 불 여 목 견

글자 | 귀 **이**, 들을 **문**, 눈 **목**, 볼 **견**

[이문회우以文會友]

글로써 벗을 모은다는 말이며, 학문에 뜻을 둔 사람을 벗으로 모은다는 뜻이다.

원문 | 君子 以文會友 以友輔仁
군자 이문회우 이우보인

글자 | 써 **이**, 글월 **문**, 모일 **회**, 벗 **우**

출전 | 논어 안연顔淵

관련 | 이우보인以友輔仁

[이미지명以微知明]

작은 것으로써 밝혀 안다는 말이며, 사소한 것을 궁구하여 진리를 밝힌다는 뜻이다.

글자 | 써 **이**, 작을 **미**, 알 **지**, 밝을 **명**

출전 | 순자

[이민위천以民爲天]

백성을 하늘 같이 위한다는 말이며, 백성을 소중히 여긴다는 뜻이다.

원문 | 王者以民人爲天
왕자이민인위천

글자 | 써 **이**, 백성 **민**, 할 **위**, 하늘 **천**

출전 | 사기 역생열전酈生列傳

[이발지시已發之矢]

이미 쏜 화살이라는 말이며, 이미 시작한 일을 중단하기 어렵다는 뜻이다.

글자 | 이미 **이**, 쏠 **발**, 어조사 **지**, 화살 **시**

[이백과포以帛裹布]

비단으로써 베를 싼다는 말이며, 베옷에 비단으로 안감을 두면 안 된다는 뜻이다. 우리나라의 조복朝服이 여름엔 모시를 쓰는데 비단으로 안감을 대서 겹옷으로 만들었다. 정조가 이를 금지시켜 겉의 천이 모시이면 안감 또한 모시를 두게 했다. 이는 베옷에 비단으로 안감을 두는 것은 예가 아니라는 예기의 글에서 겉과 속이 다르면 안 된다는 연유로 내린 조치였다.

글자 | 써 **이**, 비단 **백**, 쌀 **과**, 베 **포**

출전 | 예기 옥조편玉藻篇

[이백기경李白騎鯨]

이백이 고래를 탄다는 말이며, 중국의 시인 이태백이 죽었다는 뜻이다.

원문 | 李白騎鯨上天
이백기경상천

글자 | 오얏 **이**, 흰 **백**, 탈 **기**, 고래 **경**

[이법종사以法從事]

법에 따라서 일을 한다는 말이다.

글자 | 써 **이**, 법 **법**, 따를 **종**, 일 **사**

[이변식지以辯飾知]

말로써 지식을 꾸민다는 말이며, 실력이 없는데도 재치 있는 말솜씨로 지식이 있는 것처럼 꾸민다는 뜻이다.

글자 | 써 **이**, 말 잘할 **변**, 꾸밀 **식**, 알 **지**

출전 | 장자

[이부동모異父同母]

아버지가 다르고 어머니가 같다는 말이다.

글자 | 다를 **이**, 아비 **부**, 같을 **동**, 어미 **모**

[이불도천泥佛渡川]

진흙 부처가 내를 건넌다는 말이며, 해가 되며 쓸모없는 일, 또는 자신의 처지도 모르고 자멸하는 행동을 빗댄 말이다.

글자 | 진흙 **이**, 부처 **불**, 건널 **도**, 내 **천**

출전 | 대동야승

[이불리간利不利間]

'이롭거나 이롭지 않던지 간에' 라는 말이다.

글자 | 이로울 **이(리)**, 아닐 **불**, 사이 **간**

[이불중간二佛中間]

두 부처의 중간이라는 말이며, 석가여래가 입멸入滅하여 56억 7천만 년이 지나 미륵보살이 출현하기까지의 시간을 일컫는다. 이 기간은 무불無佛의 세상으로 지장보살地藏菩薩이 부처를 대신하여 중생을 제도하였다고 한다.

글자 | 부처 **불**, 가운데 **중**, 사이 **간**

출전 | 불교

[이불휼위嫠不恤緯]

과부가 베틀의 씨줄 걱정을 하지 않는다는 말이며, 자기의 직분을 다하지 않고 딴 걱정을 한다는 뜻이다. 한 과부가 주나라가 망하여 화가 자신에게 미칠 것을 두려워하였다는 고사에서 온 말이다.

원문 | 不恤其緯而夏周之隕
불 휼 기 위 이 하 주 지 운

글자 | 과부 **이**, 아닐 **불**, 근심할 **휼**, 씨 **위**

출전 | 춘추좌씨전

[이비곡직理非曲直]

→ 시비곡직是非曲直

[이사위경以史爲鏡]

사기로써 거울을 만들라는 말이며, 역사를 통하여 반면교사를 삼으라는 뜻이다.

글자 | 써 **이**, 사기 **사**, 만들 **위**, 거울 **경**

[이사위한以死爲限]

죽음으로써 한정한다는 말이며, 죽음을 작정하고 일을 해 나간다는 뜻이다.

글자 | 써 **이**, 죽을 **사**, 할 **위**, 한정 **한**

[이사자서以死自誓]

죽음으로써 스스로 맹세한다는 말이며, 매우 굳은 결심을 일컫는다.

글자 | 써 **이**, 죽을 **사**, 스스로 **자**, 맹세할 **서**

출전 | 삼국사기

[이산발천履山跋川]

산을 밟고 내를 건넌다는 말이며, 매우 험악한 곳을 돌아다닌다는 뜻이다.

글자 | 밟을 **이**, 뫼 **산**, 건널 **발**, 내 **천**

출전 | 창신감의록

[이산집합離散集合]

→ 이합집산離合集散

[이삼기덕二三其德]

도리道理가 둘, 셋으로 된다는 말이며, 근본이 이랬다저랬다 바뀐다는 뜻이다.

글자 | 그 **기**, 큰 **덕**

출전 | 시경 소아小雅

[이상가리利上加利]

이로움 위에 이로움을 더한다는 말이며, 이자에 또 이자를 붙인다는 뜻이다.

글자 | 이로울 **이**, 윗 **상**, 더할 **가**

[이상생리利上生利]

→ 이상가리利上加利

[이상지계履霜之戒]

서리를 밟는 경계라는 말이며, 약한 것도 뭉치면 단단해진다는 뜻도 있고, 서리를 밟을 계절이 되면 이윽고 단단한 얼음이 얼 때가 다가온다는 뜻도 있다.

원문 | 履霜 堅氷至
이 상 견 빙 지

글자 | 밟을 **이**, 서리 **상**, 어조사 **지**, 경계할 **계**

출전 | 주역 곤위지坤爲地

[이생방편利生方便]

삶을 이롭게 하는 편리한 방법이라는 말이며, 중생에게 이익을 주는 부처의 신묘한 방법이라는 뜻이다.

글자 | 이로울 **이**, 살 **생**, 방법 **방**, 편리할 **편**

[이생지물易生之物]

쉽게 자라는 만물이라는 말이며, 잘 자라는 식물이라는 뜻이다.

글자 | 쉬울 **이**, 자랄 **생**, 어조사 **지**, 만물 **물**

[이서교등二鼠嚙藤]

두 쥐가 등나무를 씹는다는 말이며, 해와 달이 제 생명을 씹는다는 뜻으로서 오욕五慾에 사로잡혀 생사를 벗어나지 못한다는 뜻이다.

글자 | 쥐 **서**, 물 **교**, 등나무 **등**

출전 | 불교

[이서역묘以鼠易猫]

쥐로써 고양이를 바꾼다는 말이며, 사람을 바꾼 것이 도리어 이전 사람만 못하다는 뜻이다.

글자 | 써 **이**, 쥐 **서**, 바꿀 **역**, 고양이 **묘**

출전 | 조선왕조 14대 선조실록

[이서위박以鼠爲璞]

쥐를 가지고 옥돌로 삼는다는 말이며, 쓸데없는 것을 보물처럼 소중히 여긴다는 뜻이다. 주나라 사람들은 햇볕에 말린 쥐를 박朴이라고 불렀다. 주나라 사람이 정나라 사람에게 박朴을 사지 않겠느냐고 물었다. 정나라 사람은 다듬지 않은 옥돌 박璞인줄 알고 보자고 했는데, 주나라 사람이 품속에서 말린 쥐를 꺼내자 정나라 사람은 깜짝 놀라 달아났다고 한다.

글자 | 써 **이**, 쥐 **서**, 할 **위**, 옥돌 **박**

출전 | 전국책

[이석격석以石擊石]

돌로 돌을 친다는 말이며, 힘이 서로 엇비슷하다는 뜻이다.

글자 | 써 **이**, 돌 **석**, 칠 **격**

[이석경후離石卿侯]

떨어진 돌의 벼슬아치라는 말이며, 벼루의 별칭이다.

글자 | 떠날 **이**, 돌 **석**, 벼슬 **경**, 제후 **후**

[이석추호利析秋毫]

가을의 가느다란 터럭만한 이해도 가린다는 말이며, 매우 인색하다는 뜻이다.

글자 | 이로울 **이**, 가릴 **석**, 가을 **추**, 가는털 **호**

출전 | 사기

[이석투수以石投水]

돌을 물에 던진다는 말이며, 돌이 물속으로 잘 잠기듯 간諫한 말이 잘 받아들여진다는 뜻이다.

글자 | 써 **이**, 돌 **석**, 던질 **투**, 물 **수**

출전 | 이강의 운명론運命論

[이선복인以善服人]

착함으로써 사람을 복종시킨다는 말이다.

원문 | **以善服人者 未有能服人者也**
이선복인자 미유능복인자야

글자 | 써 **이**, 착할 **선**, 복종할 **복**, 사람 **인**

출전 | 맹자 이루 하

[이선양인以善養人]

착함으로써 남을 기른다는 말이며, 착한 마음으로 남을 봉양한다는 뜻이다. 맹자의 글이다. '선으로써 남을 길러 주고 나서야 천하 사람을 복종시킬 수 있다.'

원문 | **以善養人 然後能服天下**
이선양인 연후능복천하

글자 | 써 **이**, 착할 **선**, 기를 **양**, 사람 **인**

출전 | 맹자 이루 하

[이섭대천利涉大川]

큰 내를 건너도 이롭다는 말이며, 큰 일을 해도 손해가 없다는 뜻이다. 주역에 있는 글이다. '크게 형통할 수가 있고, 곧고 바르게 지켜나가면 길하고, 큰 강을 건너는 것과 같은 대사를 해도 이로울 것이다.'

원문 | **光亨貞吉 利涉大川**
광형정길 이섭대천

글자 | 이로울 **이**, 건널 **섭**, 큰 **대**, 내 **천**

출전 | 주역 수천수水天需

[이성지경異姓之卿]

성이 다른 벼슬이라는 말이며, 임금과

성이 다르면서 벼슬에 오른 사람이라는 뜻이다.

원문 | 有貴戚之卿 有異姓之卿
유귀척지경 유이성지경

글자 | 다를 **이**, 성씨 **성**, 어조사 **지**, 벼슬 **경**

출전 | 맹자 만장 하

[이성지국異姓之國]

성이 다른 나라라는 말이며, 같은 계통의 나라가 아니라는 뜻이다.

글자 | 다를 **이**, 성씨 **성**, 어조사 **지**, 나라 **국**

[이성지합二姓之合]

두 성의 결합이라는 말이며, 두 남녀가 혼인을 한다는 뜻이다.

글자 | 성 **성**, 어조사 **지**, 합할 **합**

[이성지합異姓之合]

→ 이성비합二姓緋合

[이성지호二姓之好]

두 성이 좋아한다는 말이며, 사돈 간이 화목하다는 뜻이다.

원문 | 昏禮者 將合二姓之好
혼례자 장합이성지호

글자 | 성 **성**, 어조사 **지**, 좋을 **호**

출전 | 예기, 예서유편禮書類編

[이세동조異世同調]

세대世代는 달라도 가락은 같다는 말이며, 시대는 달라도 인간이나 사물에 상통하는 것이 있다는 뜻이다.

원문 | 誰謂古今疎 異世可同調
수위고금소 이세가동조

글자 | 다를 **이**, 세상 **세**, 같을 **동**, 가락 **조**

출전 | 사령운謝靈運

[이세부득二世不得]

두 개의 세상에서 얻지 못했다는 말이며, 현세와 내세에서 바라는 바를 얻지 못했다는 뜻이다.

글자 | 세상 **세**, 아닐 **부**, 얻을 **득**

[이세안락二世安樂]

두 개의 세상에서 편안하고 즐겁다는 말이며, 현세와 내세에서 편히 산다는 뜻이다.

글자 | 세상 **세**, 편안 **안**, 즐거울 **락**

[이소고연理所固然]

이치라는 것이 그렇고 그렇다는 말이다.

글자 | 이치 **이**, 것 **소**, 떳떳할 **고**, 그럴 **연**

동류 | 이소당연理所當然

[이소능장以少淩長]

젊은 것이 어른을 능가한다는 말이며, 젊은이가 어른에게 버릇없는 언행을 한다는 뜻이다.

글자 | 써 **이**, 젊을 **소**, 능가할 **능**, 어른 **장**

[이소당연理所當然]

→ 이소고연理所固然

ㅇ

[이소벌대以小伐大]

작은 것으로써 큰 것을 친다는 말이며, 무리한 만용을 부린다는 뜻이다.

글자 | 써 **이**, 작을 **소**, 칠 **벌**, 큰 **대**

[이소사대以小事大]

작은 것으로 큰 것을 섬긴다는 말이며, 작은 나라가 큰 나라를 섬긴다는 뜻이다.

원문 | 惟智者爲能以小事大
유 지 자 위 능 이 소 사 대

글자 | 써 **이**, 작을 **소**, 섬길 **사**, 큰 **대**

출전 | 맹자 양혜왕梁惠王 하

[이소석교離疏釋蹻]

거친 식사를 떠나고 낡은 짚신을 버린다는 말이며, 천한 생활을 떠나 품위 있는 생활을 한다는 뜻이다.

글자 | 떠날 **이**, 성길 **소**, 놓을 **석**, 짚신 **교**

[이소성대以小成大]

작은 것으로써 큰 것을 이룬다는 말이다.

글자 | 써 **이**, 작을 **소**, 이룰 **성**, 큰 **대**

출전 | 대종경大宗經

유사 | 적소성대積小成大

[이소역대以小易大]

작은 것으로써 큰 것으로 바꾼다는 말이다.

글자 | 써 **이**, 작을 **소**, 바꿀 **역**, 큰 **대**

출전 | 맹자 양혜왕 상

유사 | 이양역우以羊易牛

[이속우원耳屬于垣]

귀를 담장에 붙인다는 말이며, 남의 말을 엿듣는다는 뜻이다.

글자 | 귀 **이**, 붙일 **속**, 어조사 **우**, 담 **원**

[이수구수以水救水]

물로써 물을 그친다는 말이며, 세력에 세력을 더하여 일을 더 어렵게 만든다는 뜻이다.

글자 | 써 **이**, 물 **수**, 그칠 **구**

출전 | 장자 양생주養生主

[이수함옥泥首含玉]

머리를 진흙에 박고 구슬을 입에 문다는 말이며, 사죄 또는 항복한다는 뜻이다.

글자 | 진흙 **이**, 머리 **수**, 머금을 **함**, 구슬 **옥**

출전 | 후한서

동류 | 이수함옥泥首銜玉

[이순토역以順討逆]

순한 것으로 거스름을 다스린다는 말이며, 순리로서 반역을 물리친다는 뜻이다.

글자 | 써 **이**, 순할 **순**, 다스릴 **토**, 거스를 **역**

출전 | 삼국사기 21권

[이승양석以升量石]

되로써 섬이 된다는 말이며, 어리석

은 사람은 현명한 사람의 마음을 헤아리지 못한다는 뜻이다.

글자 | 써 **이**, 되 **승**, 헤아릴 **양**, 섬 **석**

출전 | 회남자

[이시목청耳視目聽]

귀로 보고 눈으로 듣는다는 말이며, 눈치가 빠르고 총명하다는 뜻이다.

원문 | 能以耳視而目聽
능 이 이 시 이 목 청

글자 | 귀 **이**, 볼 **시**, 눈 **목**, 들을 **청**

출전 | 열자 중니편

[이식위천以食爲天]

먹어야 하늘을 위할 수 있다는 말이며, 사람이 살아가는 데는 무엇보다도 먹는 것이 중요하다는 뜻이다.

원문 | 王者以民爲天 而民以食爲天
왕 자 이 민 위 천 이 민 이 식 위 천

글자 | 써 **이**, 먹을 **식**, 할 **위**, 하늘 **천**

출전 | 사기 역생열전酈生列傳

관련 | 이민위천以民爲天

[이식지도耳食之徒]

귀로 먹는 무리라는 말이며, 듣고 맛을 가리는 사람으로 얄팍한 지혜를 가진 사람이라는 뜻이다.

글자 | 귀 **이**, 먹을 **식**, 어조사 **지**, 무리 **도**

출전 | 사기

[이식포아以食飽我]

밥으로 나를 배부르게 한다는 말이다.

글자 | 써 **이**, 밥 **식**, 배부를 **포**, 나 **아**

출전 | 사자소학

[이신간구以新間舊]

새것으로써 옛것을 이간한다는 말이며, 새로 온 사람이 예전에 있던 사람들의 사이를 벌어지게 한다는 뜻이다.

글자 | 써 **이**, 새 **신**, 이간할 **간**, 옛 **구**

출전 | 삼국사기 45권

[이신벌군以臣伐君]

신하로써 군사를 일으켜 임금을 친다는 말이다.

글자 | 써 **이**, 신하 **신**, 칠 **벌**, 임금 **군**

[이신순리以身殉利]

몸으로써 이익을 좇는다는 말이며, 이익을 위하여 몸을 던진다는 뜻이다.

원문 | 小人則以身殉利 士則以身殉名
소 인 즉 이 신 순 리 사 즉 이 신 순 명

글자 | 써 **이**, 몸 **신**, 좇을 **순**, 이로울 **리**

출전 | 장자

[이신양성頤神養性]

마음을 기르고 정신을 수양한다는 말이다.

글자 | 기를 **이**, 정신 **신**, 기를 **양**, 마음 **성**

[이신역물以身役物]

몸이 물건에 쓰인다는 말이며, 물욕 때문에 일하게 된다는 뜻이다.

ㅇ

글자 | 써 **이**, 몸 **신**, 쓰일 **역**, 만물 **물**
출전 | 회남자

[이신체군以臣替君]

신하로써 임금을 바꾼다는 말이며, 신하가 임금의 자리를 빼앗는다는 뜻이다.

글자 | 써 **이**, 신하 **신**, 바꿀 **체**, 임금 **군**
출전 | 삼국사기 50권

[이신칭의以信稱義]

믿음으로써 의롭다 함을 말한다는 말이며, 오직 믿음으로만 구원을 받는다는 뜻이다. 이는 루터가 성서를 연구하면서 발견한 진리로서 신약성경의 요약이라 할 수 있다.

글자 | 써 **이**, 믿을 **신**, 말할 **칭**, 옳을 **의**
출전 | 신약성서 로마서 1장

[이신허국以身許國]

몸을 나라에 허락한다는 말이며, 몸을 나라에 바치기로 결심한다는 뜻이다.

글자 | 써 **이**, 몸 **신**, 허락할 **허**, 나라 **국**
출전 | 삼국사기 45권
동류 | 이사자서以死自誓

[이실고지以實告之]

→ 이실직고以實直告

[이실직고以實直告]

사실로써 바르게 고한다는 말이다.

글자 | 써 **이**, 사실 **실**, 바를 **직**, 고할 **고**
출전 | 옥루몽
동류 | 이실고지以實告之

[이심각지以心卻之]

마음으로써 사양한다는 말이다.

글자 | 써 **이**, 마음 **심**, 사양할 **각**, 어조사 **지**
출전 | 맹자 만장 하

[이심이덕離心離德]

마음이 떠나고 덕이 떠난다는 말이며, 본심을 잃어버린다는 뜻이다.

글자 | 떠날 **이**, 마음 **심**, 큰 **덕**
출전 | 서경

[이심전심以心傳心]

마음에서 마음으로 전한다는 말이며, 말이나 글로 나타내지 않아도 마음만으로도 전해진다는 뜻이다. 불교의 전등록傳燈錄에 있는 글이다. '부처님이 가신 뒤 법을 가섭에게 이었는데 마음과 마음으로써 전했다.'

원문 | 佛滅後 附法於迦葉 以心傳心
불멸후 부법어가섭 이심전심

글자 | 써 **이**, 마음 **심**, 전할 **전**
출전 | 전등록
유사 | 불립문자不立文字

[이십사기二十四氣]

→ 이십사절二十四節

[이십사시二十四時]

하루를 24로 나눈 시간을 말하며 시간마다 24방위方位의 이름을 붙였다. 오전은 1시를 계癸 · 2시 축丑 · 3시 간艮 · 4시 인寅 · 5시 갑甲 · 6시 묘卯 · 7시 을乙 · 8시 진辰 · 9시 손巽 · 10시 사巳 · 11시 병丙 · 12시를 오午로 하고, 오후 1시는 정丁 · 2시 미未 · 3시 곤坤 · 4시 신申 · 5시 경庚 · 6시 유酉 · 7시 신辛 · 8시 술戌 · 9시 건乾 · 10시 해亥 · 11시 임壬 · 12시를 자子로 하였다.

글자 | 때 **시**

[이십사절二十四節]

한 해를 24절기로 나눈 것을 말하며 이는 태양의 황도상黃道上의 위치에 따라 정한 음력의 절기를 일컫는다. ① 봄의 절기로는 입춘立春(2월 4, 또는 5일) · 우수雨水(2월 19, 또는 20일) · 경칩驚蟄(3월 5, 또는 6일) · 춘분春分(3월 21, 또는 22일) · 청명淸明(4월 5, 또는 6일) · 곡우穀雨(4월 20, 또는 21일)가 있고, ② 여름의 절기로는 입하立夏(5월 6, 또는 7일) · 소만小滿(5월 21, 또는 22일) · 망종芒種(6월 6, 또는 7일) · 하지夏至(6월 21, 또는 22일) · 소서小暑(7월 7, 또는 8일) · 대서大暑(7월 23, 또는 24일)가 있으며 ③ 가을의 절기로는 입추立秋(8월 8, 또는 9일) · 처서處暑(8월 23, 또는 24일) · 백로白露(9월 8, 또는 9일) · 추분秋分(9월 23, 또는 24일) · 한로寒露(10월 8, 또는 9일) · 상강霜降(10월 23, 또는 24일)이 있고 ④ 겨울의 절기로는 입동立冬(11월 7, 또는 8일) · 소설小雪(11월 22, 또는 23일) · 대설大雪(12월 7, 또는 8일) · 동지冬至(12월 22, 또는 23일) · 소한小寒(1월 6, 또는 7일) · 대한大寒(1월 20, 또는 21일)이 있다.

글자 | 때 **절**

[이십이관二十而冠]

20에 관을 쓴다는 말이며, 남자로서 20세에 이르면 관을 쓰고 성인이 된다는 뜻이다.

글자 | 말 이을 **이**, 관 **관**
출전 | 예기 내칙內則

[이십팔수二十八宿]

스물여덟 개의 별자리라는 말이며, 하늘을 동서남북 사궁四宮으로 나누고 각 궁을 일곱 성수星宿로 나눈 것을 일컫는다. 동방 7수로는 각항저방심미기角亢氐房心尾箕, 서방 7수로는 규루위묘필자삼奎婁胃昴畢觜參, 남방 7수로는 정귀류성장익진井鬼柳星張翼軫, 북방 7수로는 두우여허위실벽斗牛女虛危室壁이 있고 그 가운데에 북극성이 있다.

글자 | 별자리 **수**

[이약동무鯉躍鯛舞]

잉어가 뛰니 가물치가 춤춘다는 말이며, 능력이 부족한 자가 분에 넘치는 일을 하려고 한다는 뜻이다.

글자 | 잉어 **이**, 뛸 **약**, 가물치 **동**, 춤출 **무**
출전 | 송남잡지

[이양역우以羊易牛]

소를 양으로써 바꾼다는 말이며, 작은 것으로 큰 것을 대신한다는 뜻이다.

원문 | 何可廢也 以羊易之
하 가 폐 야 이 양 역 지

글자 | 써 **이**, 양 **양**, 바꿀 **역**, 소 **우**
출전 | 맹자 양혜왕梁惠王 상
동류 | 이소역대以小易大

[이언취인以言取人]

말로써 사람을 취한다는 말이며, 말하는 것을 듣고 사람을 가려 쓴다는 뜻이다.

원문 | 吾以言取人 失之宰予
오 이 언 취 인 실 지 재 여

글자 | 써 **이**, 말씀 **언**, 취할 **취**, 사람 **인**
출전 | 사기 중니제자仲尼弟子열전

[이얼능적以孽凌嫡]

첩의 자식으로써 정실을 업신여긴다는 말이며, 첩의 자식이 본처의 자식을 업신여긴다는 뜻이다.

글자 | 써 **이**, 첩의 자식 **얼**, 업신여길 **능**, 전실 **적**

[이여반장易如反掌]

손바닥을 뒤집는 것과 같이 쉽다는 말이며, 일이 매우 쉽다는 뜻이다.

원문 | 變所欲爲 易于反掌 安于泰山
변 소 욕 위 역 우 반 장 안 우 태 산

글자 | 쉬울 **이**, 같을 **여**, 뒤집을 **반**, 손바닥 **장**
출전 | 맹자 공손추 상
동류 | 이어반장易於反掌

[이여지교爾汝之交]

너와 너의 사귐이라는 말이며, 스스럼없이 너라고 부르는 친밀한 사귐을 일컫는다.

글자 | 너 **이**, 너 **여**, 어조사 **지**, 사귈 **교**
출전 | 문사전文士傳

[이역만리異域萬里]

일만 리나 떨어진 다른 지경이라는 말이며, 다른 나라의 아주 먼 곳을 일컫는다.

글자 | 다를 **이**, 지경 **역**, 일만 **만**, 이수 **리**

[이역부득移易不得]

옮기고 바꾸고 할 수 없다는 말이며, 달리 변통할 수 없다는 뜻이다.

글자 | 옮길 **이**, 바꿀 **역**, 아닐 **부**, 얻을 **득**
출전 | 송남잡지

[이역지귀異域之鬼]

다른 지경의 귀신이라는 말이며, 외국에서 죽은 사람이라는 뜻이다.

글자 | 다를 **이**, 지경 **역**, 어조사 **지**, 귀신 **귀**

[이연지사已然之事]

이미 그렇게 된 일이라는 말이다.

글자 | 이미 **이**, 그럴 **연**, 어조사 **지**, 일 **사**

[이열당원以悅當怨]

기쁨으로써 원망함에 대적한다는 말이며, 기쁨에 차있는 군자로써 원망으로 가득 찬 군자를 공격한다는 뜻이다.

글자 | 써 **이**, 기쁠 **열**, 대적할 **당**, 원망할 **원**

출전 | 삼국사기 21권

[이열부인以悅婦人]

아내를 기쁘게 한다는 말이다.

글자 | 써 **이**, 기쁠 **열**, 아내 **부**, 사람 **인**

[이열치열以熱治熱]

열로서 더위를 다스린다는 말이며, 힘은 힘으로 물리친다는 비유도 된다.

글자 | 써 **이**, 더울 **열**, 다스릴 **치**

[이엽장목以葉障目]

→ 일엽장목一葉障目

[이오전오以誤傳誤]

잘못된 것이 잘못 전해지고 있다는 말이며, 헛소문이 계속 번져나가고 있다는 뜻이다.

글자 | 써 **이**, 잘못할 **오**, 전할 **전**

[이와전와以訛傳訛]

거짓말로써 거짓말이 전해진다는 말이다.

글자 | 써 **이**, 거짓말 **와**, 전할 **전**

유사 | 이오전오以誤傳誤

[이왕지사已往之事]

이미 지나간 일이라는 말이다.

글자 | 이미 **이**, 갈 **왕**, 어조사 **지**, 일 **사**

출전 | 송남잡지

동류 | 기과지사已過之事, 이과지사已過之事

[이용소비利用消費]

이롭게 써서 없애버린다는 말이다.

글자 | 이로울 **이**, 쓸 **용**, 사라질 **소**, 없앨 **비**

[이용후생利用厚生]

쓰는 것을 편리하게 하고 생활을 후하게 한다는 말이며, 물건을 편리하게 하고 백성의 생활을 윤택하게 한다는 뜻이다.

글자 | 이로울 **이**, 쓸 **용**, 후할 **후**, 생활 **생**

출전 | 서경 대우모大禹謨

[이우보인以友輔仁]

벗으로써 어진 것을 돕는다는 말이다. 증자가 한 말이다. '군자는 학문으로 벗을 모으고 벗을 통해 어진 것을 돕는다.'

원문 | 以文會友 以友輔仁
이 문 회 우 이 우 보 인

글자 | 써 **이**, 벗 **우**, 도울 **보**, 어질 **인**

출전 | 논어 안연顔淵

[이우입해泥牛入海]

진흙탕의 소가 바다에 들어간다는 말이며, 한 번 간 후 다시 돌아오지 않는다는 뜻이다. 이우는 진흙으로 만든 소로, 옛날에는 이것을 만들어 제사를 지냈다고 한다.

글자 | 진흙 **이**, 소 **우**, 들 **입**, 바다 **해**

출전 | 경덕전등록景德傳燈錄 8권

[이우지유犁牛之喩]

얼룩소의 깨우침이라는 말이며, 얼룩소라도 새끼의 털이 좋고 뿔이 반듯하면 버리지 않는 것과 같이 아버지에게 흠이 있어도 아들이 훌륭하면 인정을 받는다는 뜻이다.

원문 | 犁牛之子 騂且角 雖欲勿用 山川其舍諸
이우지자 성차각 수욕물용 산천기사제

글자 | 얼룩소 **이**, 소 **우**, 어조사 **지**, 깨우칠 **유**

출전 | 논어 옹야雍也

[이위난진以僞亂眞]

거짓이 참을 어지럽힌다는 말이며, 가짜가 난무하여 진짜를 분별하기 어렵다는 뜻이다.

글자 | 써 **이**, 거짓 **위**, 어지러울 **난**, 참 **진**

출전 | 안씨가훈

[이유극강以柔克剛]

부드러운 것으로써 강한 것을 이긴다는 말이다.

글자 | 써 **이**, 부드러울 **유**, 이길 **극**, 굳셀 **강**

출전 | 노자 36장 미명편微明篇

[이육거의以肉去蟻]

고기로써 개미를 쫓는다는 말이며, 수단과 방법을 잘 써야 한다는 뜻이다.

글자 | 써 **이**, 고기 **육**, 쫓을 **거**, 개미 **의**

출전 | 한비자

[이율배반二律背反]

두 개의 법이 서로 반대된다는 말이며, 서로 모순되는 두 개의 명제命題가 동등한 권리로서 주장된다는 뜻이다.

글자 | 법 **율**, 등 **배**, 돌이킬 **반**

[이의물론已矣勿論]

이미 지나간 일은 말하지 말다는 말이다.

글자 | 이미 **이**, 어조사 **의**, 말 **물**, 의논 **론**

[이의삼심二意三心]

두 가지 생각과 세 가지 마음이라는 말이며, 마음이 오락가락하여 종잡을 수 없다는 뜻이다.

글자 | 생각 **의**, 마음 **심**

출전 | 조선왕조 14대 선조실록

[이의온아以衣溫我]

옷으로 나를 따뜻하게 한다는 말이다.

글자 | 써 **이**, 옷 **의**, 따뜻할 **온**, 나 **아**

출전 | 사자소학

[이의제사以義制事]

옳음으로써 일을 다스린다는 말이며, 올바른 도리로 일을 처리한다는 뜻이다.

글자 | 써 **이**, 옳을 **의**, 다스릴 **제**, 일 **사**

출전 | 서경 중훼지고仲虺之誥편

[이이공이以夷攻夷]

오랑캐로 오랑캐를 친다는 말이며, 적을 이용하여 적을 공격한다는 뜻이다.

글자 | 써 **이**, 오랑캐 **이**, 칠 **공**

동류 | 이이제이以夷制夷

[이이목지耳而目之]

'귀로 듣고 눈으로 볼지니라' 라는 말이며, 실제로 체험해야 한다는 뜻이다.

글자 | 귀 **이**, 말 이을 **이**, 눈 **목**, 어조사 **지**

출전 | 여씨춘추

[이이제이以夷制夷]

오랑캐로 오랑캐를 제압한다는 말이며, 외국 간에 분쟁을 조장하여 그 세력을 돌림으로써 자기 나라의 이익과 안전을 도모케 한다는 뜻이다.

글자 | 써 **이**, 오랑캐 **이**, 제압할 **제**

출전 | 왕안석王安石의 글

[이익대영以杙代楹]

말뚝으로 기둥을 대신한다는 말이며, 능력이 없는 사람을 요직에 앉힌다는 뜻이다.

글자 | 써 **이**, 말뚝 **익**, 대신할 **대**, 기둥 **영**

출전 | 조선왕조 16대 인조실록

[이인위감以人爲鑑]

→ 이인위경以人爲鏡

[이인위경以人爲鏡]

사람으로서 거울을 삼는다는 말이며, 남의 행동을 보고 자신의 행동기준을 삼는다는 뜻이다.

원문 | 以人爲鏡 可以明得失
이 인 위 경 가 이 명 득 실

글자 | 써 **이**, 사람 **인**, 할 **위**, 거울 **경**

출전 | 정관정요 임현편任賢篇

동류 | 이인위감以人爲鑑

[이인위미里仁爲美]

어짊을 근심하는 것이 아름답게 된다는 말이며, 어진 마음이야말로 참으로 아름답다는 뜻이다.

원문 | 里仁爲美 擇不處仁 焉得知
이 인 위 미 택 불 처 인 언 득 지

글자 | 근심할 **이**, 어질 **인**, 할 **위**, 아름다울 **미**

출전 | 논어 이인, 맹자 공손추 상

[이인치인以人治人]

사람으로 사람을 다스린다는 말이며, 인간답게 인간을 취급한다는 뜻이다.

원문 | 故君子 以人治人 改而止
고 군 자 이 인 치 인 개 이 지

글자 | 써 **이**, 사람 **인**, 다스릴 **치**

출전 | 중용 제13장

[이인투어以蚓投魚]

지렁이로써 물고기를 낚는다는 말이며, 보잘것없는 것도 쓸모가 있다는 뜻이다.

글자 | 써 **이**, 지렁이 **인**, 나아갈 **투**, 고기 **어**

출전 | 수서隋書

[이일경백以一警百]

한 사람으로써 백 사람을 경계한다는 말이다.

원문 | *以一警百 吏民皆服*
이 일 경 백 이 민 개 복

글자 | 써 **이**, 경계할 **경**, 일백 **백**

출전 | 한서 윤옹귀전尹翁歸傳

유사 | 일벌백계一罰百戒

[이일대로以佚待勞]

[이쪽을] 편안하게 하여 [상대방을] 지치도록 기다린다는 말이다. 손자에 나오는 말이다. '우리 군대를 싸움터 가까이에 대기시켜 두고 적이 멀리서 쳐들어오기를 기다리며, 이쪽은 편히 쉬게 하여 적이 지치기를 기다리며, 이쪽은 충분한 군량을 확보해 두고 적은 식량부족으로 배고프기를 기다린다.'

원문 | *以近待遠 以佚待勞 以飽待飢*
이 근 대 원 이 일 대 로 이 포 대 기

글자 | 써 **이**, 편안할 **일**, 기다릴 **대**, 고단할 **로**

출전 | 손자 군쟁軍爭

[이일대로以逸待勞]

→ 이일대로以佚待勞

[이일적로以逸敵勞]

편안함으로써 고단함에 대적한다는 말이며, 편안한 군사로써 피로에 지친 적을 공격한다는 뜻이다.

글자 | 써 **이**, 편안할 **일**, 대적할 **적**, 고단할 **로**

출전 | 삼국사기 21권

동류 | 이일격로以逸擊勞

[이일지만 以一知萬]

하나로써 여럿을 안다는 말이며, 하나의 이치를 알게 되면 여러 가지의 이치를 미루어 알게 된다는 뜻이다.

글자 | 써 **이**, 알 **지**, 여러 **만**

출전 | 순자 비상非相

[이자선일二者選一]

→ 이자택일二者擇一

[이자종화利字從禾]

이利 자는 곡식을 따른다는 말이며, 곡식은 사람을 먹여 살리고 부지런히 일하게 하여 이롭게 한다는 뜻이다.

글자 | 이로울 **이**, 글자 **자**, 따를 **종**, 곡식 **화**

[이자택일二者擇一]

둘 중에서 하나를 가려 잡는다는 말이다.

글자 | 놈 **자**, 가릴 **택**

동류 | 양자택일兩者擇一

[이장격단以長擊短]

긴 것으로써 짧은 것을 친다는 말이며, 나의 장점을 이용하여 남의 단점을 공격한다는 뜻이다.

글자 | 써 **이**, 긴 **장**, 칠 **격**, 짧을 **단**

출전 | 사기 회음후열전

[이장보단以長補短]

긴 것으로써 짧은 것을 기운다는 말이며, 남의 장점으로 나의 단점을 보충한다는 뜻이다.

글자 | 써 **이**, 긴 **장**, 기울 **보**, 짧을 **단**

출전 | 설원說苑

[이재발신以財發身]

재물의 힘으로 출세한다는 말이다.

원문 | 仁者以財發身 不仁者以身發財
인자이재발신 불인자이신발재

글자 | 써 **이**, 재물 **재**, 일으킬 **발**, 몸 **신**

출전 | 대학 제10장

[이재전토利在田土]

이로움이 밭과 땅에 있다는 말이며, 농사가 가장 이롭다는 뜻이다.

원문 | 家有慶事 利在田土
가유경사 이재전토

글자 | 이로울 **이**, 있을 **재**, 밭 **전**, 땅 **토**

출전 | 토정비결

[이적초앙以積招殃]

쌓음으로써 재앙을 부른다는 말이며, 비축해 둔 것이 오히려 재앙이 된다는 뜻이다. 정다산의 글이다. '벌은 비축해 둔 것이 있어서 마침내 큰 재앙을 불러들여 창고와 곳간이 남김없이 약탈자에게 돌아가고 무리는 살육자에게 반쯤 죽는다. 그러나 어찌 저 나비가 얻는 대로 먹으면서 일정한 거처도 없이 하늘을 소요하고 드넓은 들판을 떠돌며 노닐다가 재앙 없이 마치는 것만 같겠는가.'

원문 | 蜂以積著之 故終招大殃
봉이적저지 고종초대앙

글자 | 써 **이**, 쌓을 **적**, 부를 **초**, 재앙 **앙**

출전 | 정다산의 글

[이적행위利敵行爲]

적을 이롭게 행한 것이라는 말이다.

글자 | 이로울 **이**, 대적할 **적**, 행할 **행**, 할 **위**

[이전대봉以錢代捧]

돈으로서 대신 받든다는 말이며, 금전으로 현물세 대신 바친다는 뜻이다.

글자 | 써 **이**, 돈 **전**, 대신 **대**, 받들 **봉**

[이전투구泥田鬪狗]

진흙 밭에서 싸우는 개라는 말이며, 끈질긴 함경도 사람의 성격을 빗댄 말이다.

글자 | 진흙 **이**, 밭 **전**, 싸울 **투**, 개 **구**

출전 | 정도전鄭道傳의 팔도평八道評
관련 | 팔도기질八道氣質

[이제면명耳提面命]

귀를 끌어 얼굴을 마주대고 가르친다는 말이다.

글자 | 귀 **이**, 끌 **제**, 얼굴 **면**, 가르칠 **명**
출전 | 시경 대아大雅 억편抑篇
동류 | 제이면명提耳面命

[이제삼왕二帝三王]

두 황제와 세 임금이라는 말이며, 중국의 훌륭한 황제, 당요唐堯, 우순虞舜과 하夏의 우왕禹王, 은殷의 탕왕湯王, 주周의 문왕文王, 무왕武王을 일컫는다.

글자 | 임금 **제**, 임금 **왕**
출전 | 한서 양웅전揚雄傳

[이조실록李朝實錄]

조선조 스물일곱 임금 중 스물다섯 임금의 실록을 말한다. 고종과 순종의 기록이 없다.

글자 | 성 **이**, 조정 **조**, 사실 **실**, 기록할 **록**

[이존보망以存補亡]

있는 것으로써 없는 것을 더한다는 말이며, 부족한 것을 보충한다는 뜻이다.

글자 | 써 **이**, 있을 **존**, 더할 **보**, 없을 **망**
출전 | 삼국사기

[이주섭산理舟涉山]

배를 타고 산을 넘는다는 말이며, 도저히 이룰 수 없는 일을 굳이 하려고 한다는 뜻이다.

글자 | 힘입을 **이**, 배 **주**, 물 건널 **섭**, 뫼 **산**
출전 | 고려사 111권

[이주탄작以珠彈雀]

구슬로 새를 쏜다는 말이며, 사물의 경중輕重을 헤아리지 못한다는 뜻이다.

글자 | 써 **이**, 구슬 **주**, 쏠 **탄**, 참새 **작**
출전 | 장자 양왕편讓王篇
동류 | 수주탄작隋珠彈雀

[이중과세二重過歲]

두 번 겹쳐 해를 지낸다는 말이며, 양력과 음력으로 설을 두 번 지낸다는 뜻이다.

글자 | 겹칠 **중**, 지낼 **과**, 해 **세**

[이중과세二重課稅]

두 번 겹쳐 세금을 부과한다는 말이며, 행정착오로 세금을 두 번 매겼다는 뜻이다.

글자 | 겹칠 **중**, 부세 **과**, 부세 **세**

[이중부정二重否定]

두 번 거듭 부정한다는 말이다.

글자 | 거듭 **중**, 아닐 **부**, 정할 **정**

[이중유동異中有同]

다른 것 가운데도 같은 것이 있다는 말이다.

글자 | 다를 **이**, 가운데 **중**, 있을 **유**, 같을 **동**

[이중인격二重人格]

두 가지 사람의 자격이라는 말이며, 겉과 속이 다른 사람을 일컫는다.

글자 | 두 번 **중**, 사람 **인**, 자격 **격**

[이중해심利重害深]

이로움이 무거우면 해로움이 깊다는 말이며, 막중한 이득을 얻으면 그로 인한 피해도 크다는 뜻이다.

원문 | 榮輕辱淺 利重害深
영 경 욕 천 이 중 해 심

글자 | 이로울 **이**, 무거울 **중**, 해로울 **해**, 깊을 **심**

출전 | 명심보감 성심편

[이지기사頤指氣使]

턱으로 지시하고 기색으로 부린다는 말이며, 사람을 쉽게 부린다는 뜻이다.

글자 | 턱 **이**, 지시할 **지**, 기운 **기**, 부릴 **사**

[이지소재利之所在]

이로움이 있는 곳이라는 말이다.

글자 | 이로울 **이**, 어조사 **지**, 곳 **소**, 있을 **재**

[이지측해以指測海]

손가락으로 바다를 잰다는 말이며, 양量을 모르는 어리석음을 빗댄 말이다.

글자 | 써 **이**, 손가락 **지**, 헤아릴 **측**, 바다 **해**

출전 | 포박자

유사 | 이려측해以蠡測海

[이직보원以直報怨]

곧음으로써 원한을 갚는다는 말이며, 원망은 의로써 갚아야 한다는 뜻이다.

원문 | 以直報怨 以德報德
이 직 보 원 이 덕 보 덕

글자 | 써 **이**, 곧을 **직**, 갚을 **보**, 원망할 **원**

출전 | 논어 헌문편憲問篇

[이진지인易進之人]

나아감을 쉽게 여기는 사람이라는 말이다. 위징魏徵의 말이다. '벼슬길에 나아감을 쉽게 여기는 사람은 버리고 얻기 어려운 재화는 천하게 여겨라.'

원문 | 去易進之人 賤難得之貨
거 이 진 지 인 천 난 득 지 화

글자 | 쉬울 **이**, 나아갈 **진**, 어조사 **지**, 사람 **인**

출전 | 위징의 글

[이차어피以此於彼]

→ 이차이피以此以彼

[이차이피以此以彼]

이로써 저로써라는 말이며, 이렇게 하든지 저렇게 하든지라는 뜻이다.

글자 | 써 **이**, 이 **차**, 저 **피**

출전 | 송남잡지

동류 | 이차어피以此於彼, 어차어피於此於彼

ㅇ

[이차전령以次傳令]
차례로 명령을 전한다는 말이다.
글자 | 써 **이**, 차례 **차**, 전할 **전**, 명령할 **령**

[이천사일移天徙日]
→ 이천역일移天易日

[이천식천以天食天]
하늘로써 하늘을 먹는다는 말이며, 우주 전체를 하늘로 보아 사람이 우주 전체의 동식물을 음식물로 보아 먹는다는 뜻이다.
글자 | 써 **이**, 하늘 **천**, 먹을 **식**
출전 | 천도교 경전

[이천역일移天易日]
하늘을 옮기고 해를 바꾼다는 말이며, 간신이 정권을 농락한다는 뜻이다.
글자 | 옮길 **이**, 하늘 **천**, 바꿀 **역**, 날 **일**
출전 | 진서
동류 | 이천사일移天徙日

[이천착호以天捉虎]
하늘로서 호랑이를 잡는다는 말이며, 아주 쉽다는 뜻이다.
글자 | 써 **이**, 하늘 **천**, 잡을 **착**, 범 **호**
출전 | 순오지 하

[이체동심異體同心]
몸은 다르나 마음은 같다는 말이며, 부부나 벗의 마음이 일치하다는 뜻이다.
글자 | 다를 **이**, 몸 **체**, 같을 **동**, 마음 **심**
유사 | 의기상투意氣相投

[이체동종異體同種]
몸은 다르나 종류는 같다는 말이며, 모양은 다르나 본바탕이 같다는 뜻이다.
글자 | 다를 **이**, 몸 **체**, 같을 **동**, 종류 **종**

[이촌향도離村向都]
마을을 떠나 도읍을 향한다는 말이며, 농촌에서 도시로 인구가 이동한다는 뜻이다.
글자 | 떠날 **이**, 마을 **촌**, 향할 **향**, 도읍 **도**

[이충기대以充其代]
채워서 그를 대신한다는 말이며, 실물이 아닌 딴 물건으로 대신 채운다는 뜻이다.
글자 | 써 **이**, 찰 **충**, 그 **기**, 대신할 **대**

[이침조리以針釣鯉]
바늘로 잉어를 낚는다는 말이며, 작은 밑천을 가지고 큰 이익을 얻으려고 한다는 뜻이다.
글자 | 써 **이**, 바늘 **침**, 낚을 **조**, 잉어 **리**
출전 | 송남잡지
동류 | 이하조리以蝦釣鯉

[이탕옥비以湯沃沸]
끓는 물로 더 끓게 한다는 말이며, 화란禍亂을 더 부채질한다는 뜻이다.
글자 | 써 **이**, 물 끓을 **탕**, 성할 **옥**, 끓을 **비**

출전 | 회남자

[이탕요설以湯澆雪]

끓는 물로 눈을 적신다는 말이며, 일이 매우 쉽다는 뜻이다.

글자 | 써 **이**, 물 끓을 **탕**, 물댈 **요**, 눈 **설**

출전 | 회남자

동류 | 여탕옥설如湯沃雪

[이판사판理判事判]

이판과 사판이라는 말이며, 일이 막다른 곳에 다다라 어찌할 수 없게 되었을 때 아무렇게나 내리는 결정을 일컫는다. 이판은 불경佛經의 연구와 참선에만 전념하는 중이고, 사판은 절의 운영과 사무를 맡아보는 중인데, 어떤 문제의 결정에 있어서 이판과 사판의 견해가 달라 결정을 내리지 못하는 경우가 많았던 일에서 온 말이다.

글자 | 다스릴 **이**, 판단할 **판**, 일 **사**

출전 | 불교

[이팔방년二八芳年]

16세쯤 되는 향기로운 나이라는 말이다.

글자 | 향기 **방**, 연치 **년**

[이포역포以暴易暴]

폭력으로서 폭력을 다스린다는 말이며, 정치를 덕으로 하지 않고 힘으로 한다는 뜻이다. 백이와 숙제가 무왕의 횡포에 굴하지 않고 수양산에 숨어 살면서 지은 시에서 유래한다. '저 서산에 올라 고사리를 캔다. 모진 것으로 모진 것을 다스리고도 그것이 잘못인 줄 모르는구나.'

원문 | 登彼西山兮采其薇矣以暴易
등 피 서 산 혜 채 기 미 의 이 포 역
暴兮不知其非矣
포 혜 부 지 기 비 의

글자 | 써 **이**, 사나울 **포**, 다스릴 **역**

출전 | 사기 백이열전伯夷列傳

[이풍역속移風易俗]

풍속을 옮겨 바꾼다는 말이며, 풍속을 고쳐 세상을 정화한다는 뜻이다. 공자의 말이다. '사회풍속을 좋은 방향으로 바꾸는 데에는 백성에게 음악을 장려하는 것보다 좋은 것이 없다.'

원문 | 移風易俗 莫善於樂
이 풍 역 속 막 선 어 악

글자 | 옮길 **이**, 바람 **풍**, 바꿀 **역**, 풍속 **속**

출전 | 예기 악기樂記, 순자 악론樂論

[이하조리以蝦釣鯉]

새우로 잉어를 낚는다는 말이며, 적은 밑천으로 많은 이익을 얻는다는 뜻이다.

글자 | 써 **이**, 새우 **하**, 낚을 **조**, 잉어 **리**

출전 | 순오지

동류 | 이인투어以蚓投魚

[이하지관李下之冠]

오얏나무 아래서의 갓이라는 말이며, 의심을 받기 쉬운 행동이라는 뜻이다.

ㅇ

오얏나무 아래서 갓끈을 고쳐 매면 오얏(자두)을 딴 것으로 오해를 받는 다는 속담에서 온 말이다.

원문 | 李下不整冠
이 하 불 정 관

글자 | 오얏 **이**, 아래 **하**, 어조사 **지**, 갓 **관**

출전 | 열녀전烈女傳

[이학구익以學求益]

배움으로써 많은 것을 구한다는 말이며, 학문을 통해 많은 것을 얻는다는 뜻이다.

글자 | 써 **이**, 배울 **학**, 구할 **구**, 많을 **익**

출전 | 소학 가언편嘉言篇

[이합집산離合集散]

떠났다 합치고 모였다가 흩어진다는 말이며, 정당인 또는 이익집단 등의 결성과 해체를 일컫는다.

글자 | 떠날 **이**, 합칠 **합**, 모일 **집**, 흩어질 **산**

출전 | 사기 소진장의열전

유사 | 합종연횡合縱連橫

[이해관두利害關頭]

이로움과 해로움의 관문이자 머리라는 말이며, 이해의 갈래가 나누어지는 고비를 일컫는다.

글자 | 이로울 **이**, 해할 **해**, 관문 **관**, 머리 **두**

[이해득실利害得失]

이로움과 해로움, 그리고 얻는 것과 잃는 것이라는 말이다.

글자 | 이로울 **이**, 해로울 **해**, 얻을 **득**, 잃을 **실**

[이해불계利害不計]

[어떤 일을 하는데서] 이해를 헤아리지 않는다는 말이다.

글자 | 이로울 **이**, 해할 **해**, 아닐 **불**, 셈 **계**

[이해상반利害相半]

이로움과 해로움이 서로 반씩이라는 말이다.

글자 | 이로울 **이**, 해할 **해**, 서로 **상**, 반 **반**

동류 | 이해상반利害相反

[이해타산利害打算]

이로움과 해로움을 이모저모로 따져서 헤아린다는 말이다.

글자 | 이로울 **이**, 해할 **해**, 칠 **타**, 셈 놓을 **산**

[이혈세혈以血洗血]

피로써 피를 씻는다는 말이며, 부자·형제·친족 간의 싸움을 일컫는다.

글자 | 써 **이**, 피 **혈**, 씻을 **세**

출전 | 당서

동류 | 골육상잔骨肉相殘

[이화구화以火救火]

불로 불을 끈다는 말이며, 세력에 세력을 더하여 일을 더 어렵게 만든다는 뜻이다.

원문 | 是以火救火以水救水名亡曰益多
시이화구화이수구수명망왈익다

글자 | 써 **이**, 불 **화**, 그칠 **구**

출전 | 장자 양생주養生主

[이화위귀以和爲貴]

화목 또는 조화가 귀하다는 말이며, 사람이 사이좋게 지내는 것이 중요하다는 뜻이다.

원문 | 有子曰 禮之用 和爲貴
유자왈 예지용 화위귀

글자 | 써 **이**, 고루 **화**, 할 **위**, 귀할 **귀**

출전 | 논어 학이學而

[이화접목移花接木]

꽃을 옮겨 나무에 잇는다는 말이며, 남을 속여 교묘하게 진위眞僞를 뒤집는다는 뜻이다.

글자 | 옮길 **이**, 꽃 **화**, 이을 **접**, 나무 **목**

[이효상효以孝傷孝]

효도로 인하여 효도를 상한다는 말이며, 효성이 지극한 나머지 어버이의 죽음을 너무 슬퍼하여 몸이 상한다는 뜻이다.

글자 | 써 **이**, 효도 **효**, 상처 **상**

[이후지사以後之事]

뒤에 일어나는 일이라는 말이다.

글자 | 써 **이**, 뒤 **후**, 어조사 **지**, 일 **사**

[익불사숙弋不射宿]

주살질을 해도 자는 것은 쏘지 않는다는 말이며, 새나 물고기를 잡더라도 그 씨를 말릴 정도로 지나친 살생은 하지 않는다는 뜻이다.

원문 | 子釣而不綱 弋不射宿
자조이불강 익불사숙

글자 | 주살질할 **익**, 아닐 **불**, 쏠 **사**, 잘 **숙**

출전 | 논어 술이述而

관련 | 조이불강釣以不鋼

[익시구폐益時救弊]

때를 넉넉하게 하고 폐단을 구한다는 말이며, 자신이 처한 시기를 유익하게 하고 폐해를 고친다는 뜻이다.

글자 | 넉넉할 **익**, 때 **시**, 구할 **구**, 폐단 **폐**

출전 | 고려사 118권

[익자삼요益者三樂]

넉넉한 사람의 세 가지 즐거움이라는 말이며, 그 즐거움은 예악禮樂을 즐기는 것, 선善을 즐기는 것과 교우交友하는 것이라 하였다.

원문 | 益者三樂 損者三樂
익자삼요 손자삼요

글자 | 넉넉할 **익**, 놈 **자**, 즐길 **요**

출전 | 논어 계씨季氏

반대 | 손자삼요損者三樂

[익자삼우益者三友]

유익한 세 벗이라는 말이며, 정직한 사람, 신의가 있는 사람, 지식이 있는 사람을 가리킨다.

원문 | 益者三友 友直友諒 友多聞
익자삼우 우직우량 우다문
益矣
익의

글자 | 더할 **익**, 놈 **자**, 벗 **우**

출전 | 논어 계씨季氏

반대 | 손자삼우損者三友

[익적소성匿跡消聲]

자취를 숨기고 소리를 지운다는 말이며, 숨어서 남에게 알리지도 않고 말도 하지 않는다는 뜻이다.

글자 | 숨길 **익**, 자취 **적**, 지을 **소**, 소리 **성**

[인각유우人各有耦]

사람은 각각 짝이 있다는 말이다.

원문 | 人各有耦 齊大非吾耦也
인각유우 제대비오우야

글자 | 사람 **인**, 각각 **각**, 있을 **유**, 짝 **우**

출전 | 춘추좌씨전 환공桓公 6영

[인간고해人間苦海]

사람 가운데 괴로운 바다라는 말이며, 괴로움으로 가득 찬 사람의 세상이라는 뜻이다.

글자 | 사람 **인**, 가운데 **간**, 괴로울 **고**, 바다 **해**

[인간공도人間公道]

사람 사이의 공변된 도리라는 말이며, 인간 사회에서 지켜야 할 도리라는 뜻이다.

글자 | 사람 **인**, 사이 **간**, 공변될 **공**, 도리 **도**

[인간관계人間關係]

사람 사이에 맺는 관계라는 말이며, 사람과 사람 사이에 맺는 인격적인 관계를 일컫는다.

글자 | 사람 **인**, 사이 **간**, 관계할 **관**, 맬 **계**

[인간벽력人間霹靂]

사람의 벼락이라는 말이며, 사람이 쏘는 총을 빗댄 말이다.

글자 | 사람 **인**, 사이 **간**, 벼락 **벽**, 벼락 **력**

[인간소외人間疎外]

사람 사이가 성기고 멀다는 말이며, 인간사회가 문명의 이기로 말미암아 정신적 유대가 허물어지고 인간미가 없어져 사람들 사이가 멀어진다는 뜻이다.

글자 | 사람 **인**, 사이 **간**, 성길 **소**, 멀리할 **외**

[인걸지령人傑地靈]

호걸의 땅은 신령하다는 말이며, 호걸이 태어나거나 이르는 곳은 명승지가 된다는 뜻이다.

글자 | 사람 **인**, 호걸 **걸**, 땅 **지**, 신령 **령**

출전 | 왕발王勃의 시

[인격도야人格陶冶]

사람의 자격을 가르치고 닦는다는 말이다.

글자 | 사람 **인**, 자격 **격**, 가르칠 **도**, 잘 닦을 **야**

[인곤마핍人困馬乏]

사람이 곤하고 말이 다했다는 말이며, 사람과 말이 모두 지쳐 피곤하다는 뜻이다.

글자 | 사람 **인**, 곤할 **곤**, 말 **마**, 다할 **핍**

[인과관계因果關係]

까닭과 맺힘의 관계라는 말이며, 한 사물의 현상이 다른 사물 현상의 원인이 되고, 다른 사물 현상은 먼저 사물의 결과가 되는 관계를 일컫는다.

글자 | 까닭 **인**, 맺힐 **과**, 관계할 **관**, 맬 **계**

[인과보응因果報應]

→ 인과응보因果應報

[인과응보因果應報]

원인에 따라 그 결과가 따른다는 말이며, 자기가 지은 인업因業에 대하여 반드시 그에 상응하는 과보果報가 있다는 뜻이다.

글자 | 인할 **인**, 열매 **과**, 응할 **응**, 갚을 **보**

출전 | 자은전慈恩傳

유사 | 종과득과種瓜得瓜

[인과자책引過自責]

허물을 지고 스스로 꾸짖는다는 말이다.

글자 | 질 **인**, 허물 **과**, 스스로 **자**, 꾸짖을 **책**

[인과작용因果作用]

원인과 결과의 작용이라는 말이다.

글자 | 인할 **인**, 맺힐 **과**, 지을 **작**, 쓸 **용**

[인구전파因口傳播]

입으로 인하여 전하고 옮긴다는 말이며, 말이 이 사람의 입에서 저 사람의 입으로 옮겨진다는 뜻이다.

글자 | 인할 **인**, 입 **구**, 전할 **전**, 옮길 **파**

[인구준행因舊遵行]

옛 전례대로 좇아 행한다는 말이다.

글자 | 인할 **인**, 옛 **구**, 좇을 **준**, 행할 **행**

[인구회자人口膾炙]

사람 입에 회와 구운 고기라는 말이며, 사람의 입에 오르내린다는 뜻이다.

글자 | 사람 **인**, 입 **구**, 회 **회**, 구운 고기 **자**

출전 | 주박시집周朴詩集

[인궁반본人窮反本]

사람이 궁하면 근본으로 돌아간다는 말이며, 사람은 궁해지면 부모를 생각하게 된다는 뜻이다.

원문 | 人窮反本 故言善
인 궁 반 본 고 언 선

글자 | 사람 **인**, 궁할 **궁**, 되돌릴 **반**, 근본 **본**

출전 | 논어 태백太白

ㅇ

[인권선언人權宣言]

사람의 권세를 편 말씀이라는 말이며, 프랑스 국민회의에서 1789년 8월에 채택된 '인간 및 시민의 권리선언'을 일컫는다. 그 내용은 인간의 자유와 평등 · 소유권과 저항권 · 국민주권 · 법 앞에서의 평등 · 언론의 자유 등을 내세우고 새로운 시민사회의 원리와 민주주의의 원칙 등 17개 조항을 담고 있다.

글자 | 사람 **인**, 권세 **권**, 펼 **선**, 말씀 **언**

[인권유린人權蹂躪]

사람의 권리를 짓밟는다는 말이며, 국가권력이 직권을 이용하여 국민의 기본적 인권을 짓밟는다는 뜻이다.

글자 | 사람 **인**, 권세 **권**, 밟을 **유**, 짓밟을 **린**

[인귀상반人鬼相半]

사람과 귀신이 서로 절반이라는 말이며, 몸이 몹시 쇠약해져서 뼈만 남은 사람을 빗댄 말이다.

글자 | 사람 **인**, 귀신 **귀**, 서로 **상**, 절반 **반**

[인금구망人琴俱亡]

사람도 거문고도 함께 죽었다는 말이며, 사람의 죽음을 몹시 슬퍼한다는 뜻이다. 진나라의 왕헌지가 죽었을 때 평소 그가 애용하던 거문고도 가락이 맞지 않았다는데서 온 말이다.

글자 | 사람 **인**, 거문고 **금**, 함께 **구**, 망할 **망**

출전 | 진서, 세설신어 상서편傷逝篇

동류 | 인금지탄人琴之嘆

[인금지탄人琴之嘆]

→ 인금구망人琴俱亡

[인급가족人給家足]

사람이 넉넉하고 집이 족하다는 말이며, 백성 모두가 풍족하다는 뜻이다.

글자 | 사람 **인**, 넉넉할 **급**, 집 **가**, 족할 **족**

[인급계생人急計生]

사람이 급하면 계책이 생긴다는 말이다.

글자 | 사람 **인**, 급할 **급**, 꾀 **계**, 날 **생**

동류 | 인급지생人急智生

[인기아취人棄我取]

[다른] 사람이 버리는 것을 나는 거두어 쓴다는 말이다.

원문 | **人棄我取 人取我與**
인 기 아 취 인 취 아 여

글자 | 사람 **인**, 버릴 **기**, 나 **아**, 취할 **취**

출전 | 사기 화식열전貨殖列傳

[인능홍도人能弘道]

사람이 도를 넓힐 수 있다는 말이다. 공자의 말이다. '사람이 도를 넓힐 수 있는 것이지 도가 사람을 넓히는 것이 아니다.'

원문 | **人能弘道 非道弘人**
인 능 홍 도 비 도 홍 인

글자 | 사람 **인**, 능할 **능**, 넓을 **홍**, 길 **도**

출전 | 논어 위령공衛靈公

[인랑입실引狼入室]

이리를 이끌어 방으로 들인다는 말이며, 스스로 재앙을 불러들인다는 빗댄 말이다.

글자 | 끌 **인**, 이리 **랑**, 들 **입**, 방 **실**

[인량어적因糧於敵]

적에게 양곡을 의지한다는 말이며, 적의 군량을 빼앗아 아군의 식량으로 삼는다는 뜻이다.

글자 | 의지할 **인**, 식량 **량**, 어조사 **어**, 적 **적**

[인류공영人類共榮]

사람의 종류가 다 함께 영화를 누린다는 말이며, 세계의 모든 사람들이 다 함께 번영을 누린다는 뜻이다.

글자 | 사람 **인**, 종류 **류**, 다 **공**, 영화 **영**

[인륜대사人倫大事]

사람이 살아감에 있어 겪는 중대한 일이라는 말이며, 혼인 · 장례 따위를 일컫는다.

글자 | 사람 **인**, 인륜 **륜**, 큰 **대**, 일 **사**

동류 | 인간대사人間大事

[인리근향隣里近鄕]

이웃 마을 과 가까운 시골이라는 말이며, 이웃의 가까운 마을이라는 뜻이다.

글자 | 이웃 **인**, 마을 **리**, 가까울 **근**, 소골 **향**

[인리향당隣里鄕黨]

이웃과 마을과 시골과 무리라는 말이며, 중국 주나라 시대의 지방 단위를 일컫는다. 5가家를 린隣, 5린을 이里, 500가를 당, 12,500가를 향이라 하였다.

글자 | 이웃 **인**, 마을 **리**, 시골 **향**, 무리 **당**

[인마낙역人馬絡繹]

사람과 말의 연락이 잇닿아 있다는 말이며, 사람의 왕래가 번화하다는 뜻이다.

글자 | 사람 **인**, 말 **마**, 연락할 **낙**, 잇닿을 **역**

출전 | 이아爾雅

[인마역동人馬亦同]

사람과 말이 또한 같다는 말이며, 같은 처지에 놓였을 때 미물微物이라도 홀대해서는 안 된다는 뜻이다.

글자 | 사람 **인**, 말 **마**, 또한 **역**, 같을 **동**

[인만즉상人滿則喪]

사람이 가득차면 곧 잃는다는 말이며, 충만하면 사람이나 재물을 잃게 된다는 뜻이다.

원문 | **器滿則溢 人滿則喪**
기 만 즉 일 인 만 즉 상

글자 | 사람 **인**, 찰 **만**, 곧 **즉**, 잃을 **상**

출전 | 명심보감 성심省心 하

ㅇ

[인망가폐人亡家廢]

사람은 망하고 집은 황폐하다는 말이다.

글자 | 사람 **인**, 망할 **망**, 집 **가**, 폐할 **폐**

동류 | 패가망신敗家亡身

[인면수심人面獸心]

사람의 얼굴을 하고 마음은 짐승이라는 말이며, 은혜나 염치를 모르는 악한 사람이라는 뜻이다.

원문 | 夷狄之人 被髮左衽 人面獸心
이적지인 피발좌임 인면수심

글자 | 사람 **인**, 얼굴 **면**, 짐승 **수**, 마음 **심**

출전 | 한서 흉노전匈奴傳

[인명재각人命在刻]

사람의 목숨이 시각에 있다는 말이며, 사람의 목숨이 매우 위태로운 지경에 있다는 뜻이다.

글자 | 사람 **인**, 목숨 **명**, 있을 **재**, 시각 **각**

동류 | 인명경각人命頃刻

[인명재천人命在天]

사람의 목숨은 하늘에 달려 있다는 말이다.

글자 | 사람 **인**, 목숨 **명**, 있을 **재**, 하늘 **천**

출전 | 송남잡지

[인명지중人命至重]

사람의 목숨이 매우 소중하다는 말이다.

원문 | 人命至重 死者不可再生
인명지중 사자불가재생

글자 | 사람 **인**, 목숨 **명**, 지극할 **지**, 높일 **중**

출전 | 조선왕조실록

[인모난측人謀難測]

사람의 꾀는 헤아리기 어렵다는 말이다.

글자 | 사람 **인**, 꾀할 **모**, 어려울 **난**, 헤아릴 **측**

[인무불령隣巫不靈]

이웃 무당은 신통하지 않다는 말이며, 이웃집 무당은 자기의 내막을 너무 잘 알고 있으므로 굿을 하여 잘 맞추더라도 별로 훌륭할 것이 없다는 뜻이다.

글자 | 이웃 **인**, 무당 **무**, 아닐 **불**, 신통할 **령**

[인무원려人無遠慮]

사람이 멀리까지 생각이 없다는 말이며, 깊이 생각하지 않으면 반드시 근심이 가까이에 생긴다는 뜻이다.

원문 | 人無遠慮 必有近憂
인무원려 필유근우

글자 | 사람 **인**, 없을 **무**, 멀 **원**, 근심 **려**

출전 | 논어 위령공

[인묵수렴忍默收斂]

참아 침묵하고 거두어들인다는 말이며, '언어는 정말 통쾌한 뜻에 이르렀을 때 문득 끊어 능히 참아 침묵할 수 있어야 하고, 의기意氣는 한창 피어오를 때 문득 눌러 거둘 수 있어야 한다.'는 뜻이다.

원문 | 言語正到快意時便截然能忍 默得意氣正到發揚時便龕然 能收斂得
언어정도쾌의시편절연능인 묵득의기정도발양시편감연 능수렴득

글자 | 참을 **인**, 묵묵할 **묵**, 거둘 **수**, 거둘 **렴**

출전 | 부산傅山의 잡기

[인물초인人物招引]

사람의 무리를 불러 이끈다는 말이며, 사람을 꾀어낸다는 뜻이다.

글자 | 사람 **인**, 무리 **물**, 부를 **초**, 이끌 **인**

[인물추심人物推尋]

사람을 물어 찾는다는 말이며, 먼 곳에 가서 사는 노비나 그 자손을 찾는다는 뜻이다.

글자 | 사람 **인**, 만물 **물**, 궁구할 **추**, 찾을 **심**

[인병불구人病不求]

사람의 병을 구해내지 않는다는 말이며, 사람의 병을 고치지 않는다는 뜻이다.

원문 | 豈難知哉 人病不求耳
기난지재 인병불구이

글자 | 사람 **인**, 병 **병**, 아닐 **불**, 구할 **구**

출전 | 맹자 고자告子 하

[인병치사因病致死]

병으로 인하여 죽음에 이른다는 말이다.

글자 | 인할 **인**, 병들 **병**, 이를 **치**, 죽을 **사**

[인보상조隣保相助]

이웃을 보전하면서 서로 돕는다는 말이며, 이웃 사이의 따뜻한 인정을 지킨다는 뜻이다.

원문 | 婚姻死傷 隣保相助
혼인사상 인보상조

글자 | 이웃 **인**, 보전할 **보**, 서로 **상**, 도울 **조**

출전 | 소학 가언嘉言

[인복천하仁覆天下]

어짊이 하늘 아래를 덮는다는 말이며, 천하가 모두 어질게 된다는 뜻이다.

글자 | 어질 **인**, 덮을 **복**, 하늘 **천**, 아래 **하**

[인봉가수印封枷囚]

칼을 씌워 가두고 도장을 찍어 봉한다는 말이며, 죄수를 목에 칼을 씌워 가두고 옥문에 관인官印을 찍은 종이를 붙인다는 뜻이다.

글자 | 도장 **인**, 봉할 **봉**, 칼 **가**, 가둘 **수**

[인봉구룡麟鳳龜龍]

기린, 봉황, 거북과 용이라는 말이며, 품성이 고상한 사람을 빗댄 말이다.

원문 | 麟鳳龜龍 謂之四靈
인봉구룡 위지사령

ㅇ

글자 | 기린 **인**, 봉새 **봉**, 거북 **구**, 용 **룡**
출전 | 예기 예운편禮運篇

[인불불이人佛不二]

사람과 부처는 둘이 아니라는 말이며, 사람과 부처는 본성에 있어서 다르지 않다는 뜻이다.

글자 | 사람 **인**, 부처 **불**, 아닐 **불**

[인비목석人非木石]

사람은 나무와 돌이 아니라는 말이며, 사람은 감정을 가지고 있다는 뜻이다.

원문 | **人非木石豈無感呑聲躑躅不敢言**
인비목석개무감탄성척촉불감언

글자 | 사람 **인**, 아닐 **비**, 나무 **목**, 돌 **석**
출전 | 포조鮑照의 의행노잡義行路雜
동류 | 신비목석身非木石, 심비목석心非木石

[인빈지단人貧智短]

사람이 가난하면 지혜가 짧아진다는 말이다.

원문 | **人貧之短 福至心靈**
인빈지단 복지심령

글자 | 사람 **인**, 가난 **빈**, 지혜 **지**, 짧을 **단**
출전 | 명심보감 성심편省心篇 상

[인사불상人事不祥]

사람으로서 상서롭지 못한 일이라는 말이며, 어리면서 장자長子를 섬기지 않는 일, 천하면서 지체 높은 이를 무시하는 일, 불초한 자가 현자賢者를 우러러보지 않는 일 등을 일컫는다.

글자 | 사람 **인**, 일 **사**, 아닐 **불**, 상서로울 **상**

[인사불성人事不省]

사람의 일을 살피지 못한다는 말이며, 정신을 잃고 의식이 없는 경우와 사람으로서 예절을 차릴 줄 모르는 경우를 이르는 말이다.

글자 | 사람 **인**, 일 **사**, 아닐 **불**, 살필 **성**
출전 | 홍루몽紅樓夢

[인사유명人死留名]

사람이 죽어서 이름을 남긴다는 말이며, 그 삶이 헛되지 않으면 이름은 길이 남는다는 뜻이다.

원문 | **豹死留皮 人死留名**
표사유피 인사유명

글자 | 사람 **인**, 죽을 **사**, 머무를 **유**, 이름 **명**
출전 | 오대사五代史 왕언장전王彦章傳
유사 | 표사유피豹死留皮, 호사유피虎死留皮

[인사제의因事制宜]

사건의 원인을 미리 억제한다는 말이며, 사건이 일어나기 전에 미리 조치를 생각해 둔다는 뜻이다.

글자 | 인할 **인**, 일 **사**, 억제할 **제**, 마땅할 **의**
출전 | 순자, 한서

[인산인해人山人海]

사람의 산과 사람의 바다라는 말이며, 많은 사람이 한 군데로 모였다는 뜻이다.

글자 | 사람 **인**, 뫼 **산**, 바다 **해**

[인상가서印上加書]

도장 [찍은] 위에 글을 더한다는 말이며, 표적을 확실하게 해둔다는 뜻이다.

글자 | 도장 **인**, 윗 **상**, 더할 **가**, 글 **서**

[인상착의人相着衣]

사람의 모양과 입은 옷이라는 말이며, 사람의 생김새와 옷차림이라는 뜻이다.

글자 | 사람 **인**, 모양 **상**, 입을 **착**, 옷 **의**

[인생도처人生到處]

사람이 살면서 이르는 곳이라는 말이며, 사람이 사는 모든 곳이라는 뜻이다.

글자 | 사람 **인**, 살 **생**, 이를 **도**, 곳 **처**

[인생무상人生無常]

인생은 오래지 않다는 말이며, 인생은 덧없다는 뜻이다.

글자 | 사람 **인**, 살 **생**, 없을 **무**, 오랠 **상**

[인생삼락人生三樂]

→군자삼락君子三樂

[인생약우人生若寓]

사람의 삶은 [남의 집에] 붙어 사는 것과 같다는 말이며, 인생은 잠시 왔다 간다는 뜻이다.

글자 | 사람 **인**, 살 **생**, 같을 **약**, 붙어살 **우**

[인생여기人生如寄]

사람이 사는 것은 붙어있는 것과 같다는 말이며, 잠시 후 죽음이 이른다는 뜻이다.

글자 | 사람 **인**, 살 **생**, 같을 **여**, 붙어있을 **기**

[인생조로人生朝露]

인생은 아침 이슬과 같다는 말이며, 덧없는 인생을 빗댄 말이다. 흉노의 포로가 되어 북해로 추방된 전한의 중랑장 소무蘇武를 찾아간 항장降將인 친구 이릉李陵의 말이다. '… 자네도 이제 고생 그만하고 나와 함께 흉노의 선우에게로 돌아가세. 인생은 아침 이슬과 같이 참으로 덧없는 것일세. 그런데 어째서 이렇게 긴 세월을 홀로 괴로움 속에서 보내는가.'

원문 | 人生如朝露 何久自苦如此
인생여조로 하구자고여차

글자 | 사람 **인**, 날 **생**, 아침 **조**, 이슬 **로**

출전 | 한서 소무전蘇武傳

유사 | 인생초로人生草露

[인생행로人生行路]

인생의 가는 길이라는 말이며, 사람의 한평생을 나그네 길에 빗댄 말이다.

글자 | 사람 **인**, 살 **생**, 다닐 **행**, 길 **로**

[인석지신茵席之臣]

깔개 자리의 신하라는 말이며, 임금 곁에서 시중드는 신하라는 뜻이다.

글자 | 깔개 **인**, 자리 **석**, 어조사 **지**, 신하 **신**

[인성본선人性本善]

사람의 성품은 본디 선하다는 말이다.

글자 | 사람 **인**, 성품 **성**, 밑 **본**, 착할 **선**

출전 | 격몽요결 입지장立志章

[인성본악人性本惡]

사람의 성품은 본디 악하다는 말이다.

글자 | 사람 **인**, 성품 **성**, 밑 **본**, 악할 **악**

[인성지강人性之綱]

사람의 성품의 근본이라는 말이며, 인간 본성의 기본이라는 뜻이다.

원문 | 仁義禮智 人性之綱
인의예지 인성지강

글자 | 사람 **인**, 성품 **성**, 어조사 **지**, 근본 **강**

출전 | 사자소학

[인소불감人所不堪]

사람의 힘으로는 견디기 어려운 것이라는 말이다.

원문 | 人不堪其憂
인불감기우

글자 | 사람 **인**, 바 **소**, 아닐 **불**, 견딜 **감**

출전 | 논어 옹야雍也

[인순고식因循姑息]

인습을 좇으며 그대로 쉬고 있다는 말이며, 구습을 버리지 못하고 안일하게 지낸다는 뜻이다.

원문 | 因循姑息 苟且彌縫 惜指失掌
인순고식 구차미봉 석지실장

글자 | 인할 **인**, 좇을 **순**, 아직 **고**, 쉴 **식**

출전 | 사기

동류 | 고식지계姑息之計

[인습도덕因習道德]

익음에 따른 큰 도리라는 말이며, 예로부터 지켜져 내려와 고침이 없는 도덕을 일컫는다.

글자 | 따를 **인**, 익을 **습**, 도리 **도**, 큰 **덕**

[인습타파因襲打破]

겹치고 반복되는 것을 쳐서 깨트린다는 말이며, 예로부터의 고루한 풍습·습관·예절 등을 고치고 없앤다는 뜻이다.

글자 | 겹칠 **인**, 반복할 **습**, 칠 **타**, 깨트릴 **파**

[인승배근人繩排根]

→ 인승비근人繩批根

[인승비근人繩批根]

많은 사람이 뿌리를 밀어낸다는 말이며, 여러 사람이 한패가 되어 한 사람을 제거한다는 뜻이다.

글자 | 사람 **인**, 많을 **승**, 밀칠 **비**, 뿌리 **근**

출전 | 사기
동류 | 인승배근人繩排根

[인시제의因時制宜]

시대의 흐름에 따라 알맞게 통제한다는 말이며, 계절의 기후 변화에 맞게 약을 쓴다는 제약 원칙의 하나이기도 하다.

글자 | 인할 **인**, 때 **시**, 억제할 **제**, 마땅할 **의**

[인신공격人身攻擊]

사람의 몸을 친다는 말이며, 개인적인 사정이나 행동에 대하여 사람을 비난한다는 뜻이다.

글자 | 사람 **인**, 몸 **신**, 칠 **공**, 칠 **격**

[인심난측人心難測]

사람의 마음은 헤아리기 어렵다는 말이다.

글자 | 사람 **인**, 마음 **심**, 어려울 **난**, 헤아릴 **측**

출전 | 사기 회음후전淮陰侯傳

[인심소관人心所關]

사람의 마음이 통하는 바라는 말이며, 사람의 마음이 각각 그 취향에 따라 다르다는 뜻이다.

글자 | 사람 **인**, 마음 **심**, 바 **소**, 통할 **관**

[인심수람人心收攬]

사람의 마음을 거두어 모은다는 말이다.

글자 | 사람 **인**, 마음 **심**, 거둘 **수**, 모을 **람**

[인심여면人心如面]

사람의 마음이 얼굴과 같다는 말이며, 사람의 얼굴이 각각 다른 것과 같이 그 마음도 각각 다르다는 뜻이다.

원문 | 人心之不同如其面焉
인 심 지 부 동 여 기 면 언

글자 | 사람 **인**, 마음 **심**, 같을 **여**, 얼굴 **면**

출전 | 춘추좌씨전 양공襄公 31년조

[인심흉흉人心洶洶]

인심이 거친 물결 형세와 같다는 말이며, 인심이 크게 동요되어 거칠고 술렁거린다는 뜻이다.

글자 | 사람 **인**, 마음 **심**, 물결 형세 **흉**

[인아족척姻婭族戚]

혼인한 친척과 일가와 인척이라는 말이며, 사돈과 일가친척과 처가 등 모든 친척이라는 뜻이다.

글자 | 사위집 **인**, 친척 **아**, 일가 **족**, 인척 **척**

[인아지친姻婭之親]

사위집 편의 사돈과 동서집편의 관계되는 인척을 일컫는다.

글자 | 혼인할 **인**, 동서 **아**, 어조사 **지**, 일가 **친**

[인아친척姻婭親戚]

→ 인아족척姻婭族戚

[인양염마因羊念馬]

양으로 인해 말을 생각한다는 말이며, 좋은 계획을 세우지만 실현되지 않는다는 뜻이다. 양치는 한 목동의 꿈 이야기다. 양을 잘 길러 말을 사고 말을 잘 길러 수레를 사서 돈을 많이 벌 계획을 세웠는데, 양의 우는 소리에 꿈이 깨었다.

글자 | 인할 **인**, 양 **양**, 생각할 **염**, 말 **마**

출전 | 소동파의 몽재명夢齋銘

유사 | 사상누각砂上樓閣

[인언가외人言可畏]

사람의 말이 두렵다는 말이며, 사람들의 쑥덕공론이 두렵다는 뜻이다.

원문 | 人之多言 亦可畏也
인 지 다 언 역 가 외 야

글자 | 사람 **인**, 말씀 **언**, 옳을 **가**, 두려울 **외**

출전 | 시경 장중자편將仲子篇

[인언이박仁言利博]

어진 사람의 말은 이익이 크다는 말이며, 많은 사람에게 미친다는 뜻이다.

글자 | 어질 **인**, 말씀 **언**, 이로울 **이**, 클 **박**

출전 | 춘추좌씨전

[인연화합因緣和合]

맺은 인연이 고루 합한다는 말이며, 맺은 인연이 잘 맞아서 좋은 결과를 얻는다는 뜻이다.

글자 | 인연 **인**, 맺을 **연**, 고로 **화**, 합할 **합**

출전 | 불교

[인열폐식因噎廢食]

목이 메여 음식을 폐한다는 말이며, 사소한 장애를 꺼려 큰일을 그만둔다는 뜻이다.

글자 | 인할 **인**, 목 메일 **열**, 폐할 **폐**, 먹을 **식**

출전 | 여씨춘추 탕병편蕩兵篇

[인영누해刃迎縷解]

칼날을 맞이하여 실을 푼다는 말이며, 얽히고설킨 실타래를 칼로 끊어 푼다는 뜻이다. 한편 어려운 난제를 한 수로 해결한다는 말로도 쓰인다.

글자 | 칼날 **인**, 맞이할 **영**, 실 **누**, 풀 **해**

[인요물괴人妖物怪]

사람은 요망하고 물건은 기이하다는 말이며, 요사하고 간악한 사람이라는 뜻이다.

글자 | 사람 **인**, 요망할 **요**, 물건 **물**, 기이할 **괴**

[인욕지의忍辱之依]

욕됨을 참는 의지라는 말이며, 중의 법의法衣, 곧 가사袈裟, 장삼長衫 등을 빗댄 말이다.

글자 | 참을 **인**, 욕될 **욕**, 어조사 **지**, 의지할 **의**

[인유구구人惟求舊]

사람은 옛사람 중에서 구하라는 말이

며, 사물에 통달한 나라에 공로가 있는 사람을 구하라는 뜻이다.

글자 | 사람 **인**, 어조사 **유**, 구할 **구**, 옛 **구**

출전 | 서경 반경盤庚

[인유삼원人有三怨]

사람은 세 가지 원망이 있다는 말이며, 이는 고작高爵(높은 작위), 대관大官(큰 벼슬)과 후록厚祿(후한 녹봉)이라 하였다.

글자 | 사람 **인**, 있을 **유**, 원망할 **원**

출전 | 열자 설부편說符篇

동류 | 호구지계狐丘之戒

[인유상례人有常禮]

사람은 항상 예도가 있다는 말이며, 사람에게는 변함없는 예의가 있다는 뜻이다.

원문 | **天有常象 地有常形 人有常禮**
천유상상 지유상형 인유상례

글자 | 사람 **인**, 있을 **유**, 항상 **상**, 예도 **례**

출전 | 관자 군신君臣 상

[인유실의引喩失義]

비유를 끌어들여 옳은 것을 잃는다는 말이며, 그릇된 비유를 들어 올바른 이치를 저버린다는 뜻이다.

글자 | 끌 **인**, 비유할 **유**, 잃을 **실**, 옳을 **의**

출전 | 삼국지, 제갈량의 전출사표前出師表

[인육시장人肉市場]

사람 몸의 저자 마당이라는 말이며, 매춘부들이 몸을 파는 거리를 일컫는다.

글자 | 사람 **인**, 고기 **육**, 저자 **시**, 마당 **장**

[인의예지仁義禮智]

어질고 옳고 예의 바르고 슬기로운 것을 말하며 사람이 갖추어야 할 네 가지 덕목을 이르는 말이다.

글자 | 어질 **인**, 옳을 **의**, 예도 **예**, 슬기 **지**

출전 | 맹자 공손추公孫丑 상

[인의지도仁義之道]

어짊과 옳음의 도리라는 말이며, 인의의 도덕을 일컫는다.

글자 | 어질 **인**, 옳을 **의**, 어조사 **지**, 도리 **도**

[인의지병仁義之兵]

어질고 옳은 군사라는 말이며, 인의를 행사하기 위해 일어난 군사라는 뜻이다.

원문 | **仁義之兵 遼左悅服**
인의지병 요좌열복

글자 | 어질 **인**, 옳을 **의**, 어조사 **지**, 군사 **병**

출전 | 용비어천가

[인의지정仁義之情]

어질고 옳은 마음속이라는 말이며, 인간의 본성을 일컫는다.

글자 | 어질 **인**, 옳을 **의**, 어조사 **지**, 마음속 **정**

[인의지풍仁義之風]

어짊과 의리의 풍속이라는 말이며, 인의로 교화된 풍속이라는 뜻이다.

원문 | 乙逢庚旺 常存仁義之風
을봉경왕 상존인의지풍

글자 | 어질 **인**, 옳을 **의**, 어조사 **지**, 풍속 **풍**

출전 | 명심보감 계선편繼善篇

[인의충효仁義忠孝]

어질고 옳고 충성되고 효도하는 것을 말하며 사람이 갖추어야 할 네 가지 덕목을 일컫는다.

글자 | 어질 **인**, 오를 **의**, 충성 **충**, 효도 **효**

[인이불발引而不發]

끌어당겼으나 화살은 쏘지 않는다는 말이며, 사람을 가르치는데 있어 공부하는 방법만 가르치고 그 내용은 학습자가 터득하게 한다는 뜻이다.

원문 | 君子引而不發 躍如也
군자인이불발 약여야

글자 | 끌 **인**, 말 이을 **이**, 아닐 **불**, 쏠 **발**

출전 | 맹자 진신盡心 상

[인인성사因人成事]

사람으로 인하여 일을 이룬다는 말이며, 혼자 힘으로는 되는 일이 없다는 뜻이다. 조나라가 위험에 빠지자 초나라에 지원군을 요청하려 간 평원군平原君의 수행자 20명 중 한 사람인 모수毛遂가 한 말에서 유래한다. 지원군을 얻는데 성공한 모수는 수행자 19명에게 말했다. '당신들은 함께 이 피를 대청 아래서 받으시오. 당신들은 녹록한 사람들로 인하여 일을 이룬 사람들입니다.'

원문 | 公等錄錄 所謂因人成事者也
공등녹록 소위인인성사자야

글자 | 인할 **인**, 사람 **인**, 이룰 **성**, 일 **사**

출전 | 사기 평원군전平原君傳

[인일폐식因噎廢食]

목이 메어 밥을 먹지 못한다는 말이며, 사소한 장애 때문에 큰일을 그만둔다는 뜻이다.

글자 | 인할 **인**, 목멜 **일**, 폐할 **폐**, 먹을 **식**

[인자무적仁者無敵]

어진 사람에게는 대적할 자가 없다는 말이다.

글자 | 어질 **인**, 사람 **자**, 없을 **무**, 대적할 **적**

출전 | 맹자 양혜왕梁惠王 상

[인자불우仁者不憂]

어진 사람은 걱정을 아니한다는 말이다.

글자 | 어질 **인**, 사람 **자**, 아닐 **불**, 근심 **우**

출전 | 논어 헌문憲問

[인자안인仁者安仁]

어진 사람은 어진 것을 편안하게 여긴다는 말이다.

원문 | 仁者安仁 智者利仁
인자안인 지자이인

글자 | 어질 **인**, 사람 **자**, 편안 **안**

출전 | 논어 이인里仁

[인자요산仁者樂山]

어진 사람은 산을 즐긴다는 말이며, 인자는 세상의 명성이나 이익에 흔들리지 않고 느긋하게 처신한다는 뜻이다.

원문 | 知者樂水 仁者樂山
지자요수 인자요산

글자 | 어질 **인**, 사람 **자**, 좋아할 **요**, 뫼 **산**

출전 | 논어 옹야雍也

[인자은측仁慈隱惻]

어질고 인자함으로 슬픔을 숨긴다는 말이며, 남을 살피는 인자한 마음이라는 뜻이다.

원문 | 仁慈隱惻 造次弗離
인자은측 조차불리

글자 | 어질 **인**, 인자할 **자**, 숨을 **은**, 슬플 **측**

출전 | 논어 이인里仁

[인자호생仁者好生]

어진 사람은 만물의 생生을 좋아한다는 말이다.

글자 | 어질 **인**, 사람 **자**, 좋을 **호**, 날 **생**

동류 | 호생지덕好生之德

[인잠우상鱗潛羽翔]

비늘은 잠기고 깃은 나른다는 말이며, 물고기는 물속에서 놀고, 날짐승은 하늘에서 논다는 뜻이다.

원문 | 海鹹河淡 鱗潛羽翔
해함하담 인잠우상

글자 | 비늘 **인**, 잠길 **잠**, 깃 **우**, 나를 **상**

출전 | 천자문 9항

[인장묘발寅葬卯發]

공경하여 장사지내니 무성하게 일어난다는 말이며, 묏자리를 잘 쓴 탓으로 장사지낸 뒤에 운이 트고 복을 받는다는 뜻이다.

글자 | 공경할 **인**, 장사지낼 **장**, 무성할 **묘**, 일어날 **발**

[인재시교因材施敎]

재목에 따라 가르침을 베푼다는 말이며, 개개인의 특성과 재목에 따라 교육을 달리한다는 뜻이다.

글자 | 따를 **인**, 재목 **재**, 베풀 **시**, 가르칠 **교**

출전 | 공자가어

[인적미답人跡未踏]

→ 인적부도人跡不到

[인적부도人跡不到]

사람의 발자취가 이르지 아니하였다는 말이며, 산이 험하고 깊거나 인가에서 멀리 떨어져 있어 사람이 이르지 못한다는 뜻이다.

글자 | 사람 **인**, 자취 **적**, 아닐 **부**, 이를 **도**

[인적위자因敵爲資]

적에 의지하여 재물을 만든다는 말이며, 적국으로부터 병사와 군량을 징발한다는 뜻이다.

글자 | 의지할 **인**, 적 **적**, 만들 **위**, 재물 **자**

[인적위자認賊爲子]

도둑이라는 것을 알면서도 아들로 삼는다는 말이며, 망상妄想을 진실로 여긴다는 뜻이다.

글자 | 알 **인**, 도둑 **적**, 할 **위**, 아들 **자**

출전 | 원각경圓覺經 하

[인점의마仁漸義摩]

어짊이 번지고 옳은 것이 연마된다는 말이며, 백성을 점차 인의의 길로 들어서게 한다는 뜻이다.

글자 | 어질 **인**, 번질 **점**, 옳을 **의**, 연마할 **마**

출전 | 한서 동중서전董仲舒傳

[인정물태人情物態]

→ 인정세태人情世態

[인정세태人情世態]

사람의 정과 세상의 모양이라는 말이다.

글자 | 사람 **인**, 뜻 **정**, 세상 **세**, 모양 **태**

출전 | 홍길동전

[인정승천人定勝天]

사람은 하늘을 이기는 것을 정한다는 말이며, 열심히 노력하면 어떤 일도 당해낼 수 있다는 뜻이다.

원문 | 人定勝天 志一動氣
인 정 승 천 지 일 동 기

글자 | 사람 **인**, 정할 **정**, 이길 **승**, 하늘 **천**

출전 | 사기 오자서열전伍子胥列傳

[인중기기人中騏驥]

사람 가운데 천리마라는 말이며, 뛰어나게 잘난 인물을 빗댄 말이다.

글자 | 사람 **인**, 가운데 **중**, 준마 **기**, 천리마 **기**

출전 | 남사

[인중사자人中獅子]

사람 가운데 사자라는 말이며, 비범한 인물을 빗댄 말이다.

글자 | 사람 **인**, 가운데 **중**, 사자 **사**, 아들 **자**

[인중승천人衆勝天]

사람의 무리가 하늘을 이긴다는 말이며, 사람의 세력이 크면 하늘도 능히 이길 수 있다는 뜻이다.

원문 | 人衆者勝天
인 중 자 승 천

글자 | 사람 **인**, 무리 **중**, 이길 **승**, 하늘 **천**

출전 | 사기

[인중지말人中之末]

사람 가운데 끝이라는 말이며, 사람됨이 가장 뒤떨어지는 사람을 일컫는다.

글자 | 사람 **인**, 가운데 **중**, 어조사 **지**, 끝 **말**

[인지미발人智未發]

사람의 지혜가 피지 못했다는 말이

며, 아직 미개한 상태라는 뜻이다.

글자 | 사람 **인**, 지혜 **지**, 아닐 **미**, 필 **발**

[인지상정人之常情]

사람의 오랜 정이라는 말이며, 사람이라면 누구나 가지고 있는 정이라는 뜻이다.

글자 | 사람 **인**, 어조사 **지**, 오랠 **상**, 뜻 **정**

[인지생소人地生疎]

사람의 땅이 익지 않고 성기다는 말이며, 사람도 없고 지리에도 어둡다는 뜻이다.

글자 | 사람 **인**, 땅 **지**, 익지 않을 **생**, 성길 **소**

[인지성수人之性壽]

사람의 성품과 목숨이라는 말이며, 사람의 생명은 본래 아주 길다는 뜻이다.

글자 | 사람 **인**, 갈 **지**, 성품 **성**, 목숨 **수**

출전 | 여씨춘추

[인지수경人之水鏡]

물과 같은 거울의 사람이라는 말이며, 남의 모범이 되거나 고명한 식견을 가진 사람이라는 뜻이다. 위백옥衛白玉이 악광樂廣을 비범한 인물로 여겨 자제들에게, 그를 찾아가 보라고 명한 말이다. '이 사람은 수경과 같은 사람이니 그를 보면 마치 운무를 헤치고 푸른 하늘을 우러러보는 것과 같다.'

글자 | 사람 **인**, 어조사 **지**, 물 **수**, 거울 **경**

출전 | 세설신어 상예賞譽

[인지안택人之安宅]

[어진] 사람의 편안한 집이라는 말이며, 인을 행하면 마음이 저절로 편안해진다는 뜻이다.

원문 | 仁人之安宅也 義人之正路也
인 인 지 안 택 야 의 인 지 정 로 야

글자 | 사람 **인**, 어조사 **지**, 편안 **안**, 집 **택**

출전 | 맹자 이루離婁 상

[인지위덕忍之爲德]

참는 것이 덕이 된다는 말이다.

글자 | 참을 **인**, 어조사 **지**, 할 **위**, 큰 **덕**

출전 | 송남잡지

[인지위상忍之爲上]

참는 것이 뛰어나게 좋게 된다는 말이다.

원문 | 百行之本 忍之爲上
백 행 지 본 인 지 위 상

글자 | 참을 **인**, 어조사 **지**, 될 **위**, 뛰어서 좋을 **상**

출전 | 명심보감 계성편戒性篇

[인지의진仁至義盡]

어진 일에 이르고 옳은 일에 다한다는 말이며, 인의의 도道를 잘 실천한다는 뜻이다.

글자 | 어질 **인**, 이를 **지**, 옳을 **의**, 다할 **진**

출전 | 예기

[인지준승人之準繩]

사람의 법과 같은 먹줄이라는 말이며, 사람의 모범이 되는 인물이라는 뜻이다.

글자 | 사람 **인**, 어조사 **지**, 법 **준**, 먹줄 **승**

[인지지화麟趾之化]

기린의 발자취로 되었다는 말이며, 중국 주나라 문왕의 후비의 덕이 후손에게까지 미쳐 '인지' 라는 시를 지어 칭송한 고사에서 온 말이다.

글자 | 기린 **린**, 발자취 **지**, 어조사 **지**, 될 **화**

출전 | 시경 소남召南

[인책사직引責辭職]

맡은 것을 지고 직분을 사양한다는 말이며, 어떠한 일에 책임을 지고 그 직분에서 물러난다는 뜻이다.

글자 | 질 **인**, 맡을 **책**, 사양할 **사**, 직분 **직**

[인천안목人天眼目]

사람과 하늘의 눈이라는 말이며, 슬기가 매우 뛰어난 사람을 빗댄 말이다. 남송의 지소智昭가 선문 5가 조사들의 약전과 법어, 학인접하법 등 강요를 뽑아 만든 책으로, 조선 태조의 왕사 무학 자초에 의하여 태조4년(1395)에 회암사에서 간행된 책이기도 하다.

글자 | 사람 **인**, 하늘 **천**, 눈 **안**, 눈 **목**

[인청미염人聽未厭]

사람이 듣고 배부르지 않다는 말이며, 무슨 논의를 하고 정사를 한다 해도 사람들이 듣고 탐탁찮게 여긴다는 뜻이다.

글자 | 사람 **인**, 들을 **청**, 아닐 **미**, 배부를 **염**

출전 | 조선왕조 14대 선조실록

[인추자고引錐刺股]

송곳을 이끌어 넓적다리를 찌른다는 말이며, 오로지 학문에만 전념한다는 뜻이다. 넓적다리 밑에 송곳을 받쳐놓고 책을 읽다가 졸려서 몸이 흔들리면 찔리게 해 놓고 책을 읽었다.

원문 | 讀書欲睡引錐自刺其股血流至足
독서욕수인추자자기고혈류지족

글자 | 끌 **인**, 송곳 **추**, 찌를 **자**, 넓적다리 **고**

출전 | 전국책 진책秦策

[인패위공因敗爲功]

실패의 원인이 성공이 된다는 말이다.

글자 | 인할 **인**, 패할 **패**, 될 **위**, 성공 **공**

출전 | 사기

동류 | 인패위성因敗爲成

유사 | 전패위공轉敗爲功

[인패위성因敗爲成]

→ 인패위공因敗爲功

[인평불언人平不言]

사람이 고르면 말하지 않는다는 말이며, 사람이 모두 평등하면 불평이 생기지 않는다는 뜻이다.

글자 | 사람 **인**, 고를 **평**, 아닐 **불**, 말씀 **언**

[인해전술人海戰術]

많은 사람의 싸움 재주라는 말이며, 많은 병력을 동원하여 수의 힘으로 적진을 격파하는 공격 방법을 일컫는다.

글자 | 사람 **인**, 많을 **해**, 싸울 **전**, 재주 **술**

[인향만리人香萬里]

사람의 향기는 만 리를 간다는 말이며, 훌륭한 사람의 인품은 아주 멀리까지 영향을 준다는 뜻이다.

원문 | 酒香千里 人香萬里
주향천리 인향만리

글자 | 사람 **인**, 향기 **향**, 일만 **만**, 마을 **리**

[인홀불견因忽不見]

깜짝하게 따르다가 보이지 않는다는 말이며, 잠깐 보이다가 보이지 않는다는 뜻이다.

글자 | 따를 **인**, 깜짝할 **홀**, 아닐 **불**, 볼 **견**

[인화단결人和團結]

사람이 화목하여 둥글게 맺는다는 말이며, 화합하여 단결한다는 뜻이다.

글자 | 사람 **인**, 화목할 **화**, 둥글 **단**, 맺을 **결**

[인화위복因禍爲福]

화로 인하여 도리어 복이 된다는 말이다. 사기의 글이다. '지혜로운 자는 일을 처리할 때, 화를 복으로 만들고 실패를 성공으로 만든다.'

원문 | 智者擧事 因禍爲福 轉敗爲功
지자거사 인화위복 전패위공

글자 | 인할 **인**, 재난 **화**, 될 **위**, 복 **복**

출전 | 사기 소진열전

동류 | 전화위복轉禍爲福

[인후지지咽喉之地]

목구멍과 같은 땅이라는 말이며, 나라의 매우 중요한 요지 또는 통로를 빗댄 말이다.

글자 | 목구멍 **인**, 목구멍 **후**, 어조사 **지**, 땅 **지**

출전 | 조선왕조 4대 세종실록

[인희지광人稀地廣]

사람은 드물고 땅은 넓다는 말이다.

글자 | 사람 **인**, 드물 **희**, 땅 **지**, 넓을 **광**

[일가권속一家眷屬]

한 집안 붙이들이라는 말이며, 같은 핏줄의 사람이나 본과 성이 같은 겨레붙이를 일컫는다.

글자 | 집 **가**, 붙이 **권**, 붙이 **속**

동류 | 일가친척一家親戚

[일가단란一家團欒]

한 집안이 둥근 나무와 같다는 말이

며, 한 집안 식구가 아주 화락하게 지낸다는 뜻이다.

글자 | 집 **가**, 둥글 **단**, 나무 이름 **란**

[일가문중一家門中]

한 집의 집안 안쪽이라는 말이며, 멀고 가까운 모든 일가를 일컫는다.

글자 | 집 **가**, 집안 **문**, 안쪽 **중**

[일가월증日加月增]

날마다 더하고 달마다 불어난다는 말이다.

글자 | 날 **일**, 더할 **가**, 달 **월**, 더할 **증**

유사 | 일취월장日就月將

[일가쟁춘一家爭春]

한 집안이 봄을 다툰다는 말이며, 한 집안이 크게 융성한다는 뜻이다.

원문 | 六親和合 一家爭春
육친화합 일가쟁춘

글자 | 집 **가**, 다툴 **쟁**, 봄 **춘**

출전 | 토정비결

[일가지친一家之親]

한 집안의 육친이라는 말이며, 부부·부자父子·형제를 일컫는다.

글자 | 집 **가**, 어조사 **지**, 육친 **친**

출전 | 안씨가훈 형제

[일가친지一家親知]

일가의 친척과 아는 사람들이라는 말이다.

글자 | 집 **가**, 일가 **친**, 알 **지**

[일가친척一家親戚]

동성동본同姓同本의 일가와 외척·인척의 모든 겨레붙이를 일컫는다.

글자 | 집 **가**, 일가 **친**, 겨레 **척**

동류 | 일가권속一家眷屬

[일각삼례一刻三禮]

한 번 새기고 세 번 절한다는 말이며, 불상을 조각할 때 한 번 깎고 세 번 절한다는 뜻이다.

글자 | 새길 **각**, 절 **례**

동류 | 일도삼례一刀三禮

[일각삼추一刻三秋]

한 시각이 세 번의 가을과 같다는 말이며, 짧은 시간이 길게 느껴진다는 뜻이다.

원문 | 一刻如三秋
일각여삼추

글자 | 시각 **각**, 가을 **추**

출전 | 시경 왕풍王風

동류 | 일일삼추一日三秋

[일각일각一刻一刻]

→ 시시각각時時刻刻

[일각천금一刻千金]

한 시각은 천금과 같다는 말이며, 짧은 시간이 매우 중요하고 아깝다는 뜻이다. 소식蘇軾이 지은 시에서 유래한

다. '봄밤의 한시각은 천금 값이요 꽃에는 맑은 향기가 있고, 달에는 그늘이 있도다.'

원문 | 春宵一刻値千金花有淸香月有音
춘소일각치천금화유청향월유음

글자 | 시각 **각**, 일천 **천**, 돈 **금**

출전 | 소식蘇軾의 춘야春夜

[일각천추一刻千秋]

→ 일일천추一日千秋

[일간두옥一間斗屋]

한 칸의 열 되들이 집이라는 말이며, 아주 작은 오막살이집을 일컫는다.

글자 | 가운데 **간**, 열 되들이 **두**, 집 **옥**

[일간망찬日旰忘餐]

날이 늦었는데 삼키는 것을 잊고 있다는 말이며, 임금이 나라 일에 바빠 저녁식사를 잊고 있다는 뜻이다.

글자 | 날 **일**, 늦을 **간**, 잊을 **망**, 삼킬 **찬**

[일간초옥一間草屋]

한 칸의 풀로 된 집이라는 말이며, 아주 작은 초가집을 일컫는다.

글자 | 가운데 **간**, 풀 **초**, 집 **옥**

[일간풍월一竿風月]

한 자루의 낚싯대로 음풍농월吟風弄月한다는 말이며, 속세를 떠나 자연 속에서 느긋하게 지낸다는 뜻이다. 음풍농월은 바람을 음미하고 달을 희롱한다는 말이다.

글자 | 장대 **간**, 바람 **풍**, 달 **월**

출전 | 육유陸游의 시

[일개서생一介書生]

한 낱의 글 읽는 사람이라는 말이며, 아무런 쓸모없는 글쟁이라는 뜻이다.

글자 | 낱 **개**, 글 **서**, 날 **생**

[일개월화日改月化]

날로 고치고 달로 변화한다는 말이다.

글자 | 날 **일**, 고칠 **개**, 달 **월**, 변화할 **화**

출전 | 장자 전자방田子方

[일거양득一擧兩得]

한 번 움직여 두 가지를 얻는다는 말이다. 진나라 사마조司馬錯가 혜문왕에게 한 말이다. '… 지금 우리 진나라의 국토는 협소하고 백성은 빈곤합니다. 이 두 가지 문제를 동시에 해결하려면 먼저 막강한 우리 진나라의 군사로 촉나라의 오랑캐를 정벌하는 길 밖에 없습니다. 이렇게 되면 국토는 넓어지고, 백성의 재물은 쌓이게 될 것입니다. 한 가지 일로 두 가지 이익을 얻는 것이 아니겠습니까?'

글자 | 들 **거**, 두 **양**, 얻을 **득**

출전 | 진서 속석전束晳傳

유사 | 일석이조一石二鳥

ㅇ

[일거양실一擧兩失]

한 번 들어 둘을 잃는다는 말이며, 한 가지 일을 하여 두 가지 일이 손실을 본다는 뜻이다.

글자 | 들 **거**, 둘 **양**, 잃을 **실**

출전 | 전국책 연책燕策

[일거양용一擧兩用]

한 번 들어 둘이 쓴다는 말이며, 한 가지 일로 두 곳에 소용된다는 뜻이다.

글자 | 들 **거**, 둘 **양**, 쓸 **용**

[일거양전一擧兩全]

한 번 들어 둘이 온전해진다는 말이며, 한 가지 일로 두 가지가 잘 되게 된다는 뜻이다.

글자 | 들 **거**, 둘 **양**, 온전 **전**

동류 | 일거양득一擧兩得

[일거월제日居月諸]

해가 있음에 달이 모였다는 말이며, 군주와 신하, 군주와 그 비妃, 아버지와 어머니의 관계 따위를 일컫는다. 일월日月이라는 시의 한 구절이다. '해와 달은 오늘도 변함없이 비치는데, 해와 달 같던 님 가고 아니 계십니다.'

원문 | 日居月諸 照臨下土 乃如之人
일거월제 조림하토 내여지인
兮 逝不古處
혜 서불고처

글자 | 해 **일**, 있을 **거**, 달 **월**, 모든 **제**

출전 | 시경 패풍邶風

[일거이득一擧二得]

→ 일거양득一擧兩得

[일거일동一擧一動]

하나하나의 움직임이라는 말이다.

글자 | 움직일 **거**, 움직일 **동**

[일거일래一去一來]

한 번 가고 한 번 온다는 말이며, 갔다 왔다 한다는 뜻이다.

글자 | 갈 **거**, 올 **래**

[일거천리一擧千里]

한 번 들어 천리를 간다는 말이며, 한 번에 큰일을 이룬다는 뜻이다.

원문 | 鴻鵠高飛 一擧千里
홍곡고비 일거천리

글자 | 들 **거**, 일천 **천**, 이수 **리**

출전 | 유방의 홍곡가鴻鵠歌

[일건낙착一件落着]

한 가지가 떨어져 도착했다는 말이며, 하나의 사건이 결말이 났다는 뜻이다.

글자 | 가지 **건**, 떨어질 **낙**, 도착 **착**

유사 | 원만해결圓滿解決

[일건석척日乾夕惕]

날이 말라 저녁에 근심한다는 말이며, 밤낮으로 근심하며 두려워한다는 뜻이다.

글자 | 날 **일**, 마를 **건**, 저녁 **석**, 근심할 **척**

출전 | 조선왕조 14대 선조실록

[일검지임一劍之任]

한 칼의 맡김이라는 말이며, 자객의 임무를 일컫는다.

글자 | 칼 **검**, 어조사 **지**, 맡길 **임**

출전 | 전국책

[일견여구一見如舊]

한 번 본 사람이 오래된 사람 같다는 말이며, 한 번 만나서 뜻이 맞아 친밀해진다는 뜻이다.

글자 | 볼 **견**, 같을 **여**, 오랠 **구**

출전 | 당서

동류 | 일면여구一面如舊

[일겸사익一謙四益]

한 번의 겸손은 네 개의 더함이 있다는 말이며, 겸손하면 천天, 지地, 신神, 인人으로부터 유익함이 있다는 뜻이다.

글자 | 겸손 **겸**, 더할 **익**

출전 | 주역 겸괘謙卦

[일경구수一莖九穗]

한 줄기에 아홉 이삭이라는 말이며, 자손이 많이 번식하였다는 뜻이다.

원문 | 一莖九穗之瑞
일 경 구 수 지 서

글자 | 줄기 **경**, 이삭 **수**

출전 | 후한서 광무제기光武帝紀

[일경월신日更月新]

날마다 고치고 달마다 새로워진다는 말이며, 변경과 혁신이 눈부시게 진행된다는 뜻이다.

원문 | 日更月新 壽福綿綿
일 경 월 신 수 복 면 면

글자 | 날 **일**, 고칠 **경**, 달 **월**, 새 **신**

출전 | 주역 괘상 화천대유火天大有

[일경월영日經月營]

날마다 다스리고 달마다 경영한다는 말이며, 매일 하는 일을 일컫는다.

글자 | 날 **일**, 다스릴 **경**, 달 **월**, 경영할 **영**

출전 | 조선왕조 14대 선조실록

[일경일희一驚一喜]

한편으로 놀라면서 한편으로는 기뻐한다는 말이다.

글자 | 놀랄 **경**, 기쁠 **희**

[일경지유一經之儒]

한 권의 경서에만 통달한 선비라는 말이며, 융통성이 없는 학자를 일컫는다.

글자 | 경서 **경**, 어조사 **지**, 선비 **유**

동류 | 일경박사一經博士

[일경지훈一經之訓]

한 권의 경서의 가르침이라는 말이며, 자식에게 학문을 가르치라는 뜻이다. 한나라의 위현韋賢이 자식들에게 학문을 가르쳐 모두 높은 벼슬에 올랐으므로 재물을 남겨주기보다 경서를 가르치는 편이 낫다고 한 고사에서 온 말이다.

글자 | 경서 **경**, 어조사 **지**, 가르칠 **훈**

[일계반급一階半級]

→ 일자반급一資半級

[일고가파一鼓可破]

한 번 북을 쳐서 깨뜨릴 수 있다는 말이며, 북을 쳐서 사기를 돋우어 적을 섬멸한다는 뜻이다.

글자 | 북 **고**, 옳을 **가**, 깨뜨릴 **파**

[일고경국一顧傾國]

→ 일고경성一顧傾城

[일고경성一顧傾城]

한 번 돌아보면 성이 기운다는 말이며, 군주가 미녀를 좋아하면 나라가 망한다는 뜻이다. 이는 한나라 이연년李延年이 지은 시에서 유래한다. '북쪽에 가인이 있어 세상에 떨어져 홀로 서 있네. 한 번 돌아보아 성을 기울게 하고, 두 번 돌아보아 나라를 기울게 한다.'

원문 | **北方有佳人 絶世而獨立 一顧傾人城 一顧傾人國**
북방유가인 절세이독립 일고경인성 일고경인국

글자 | 돌아볼 **고**, 기울 **경**, 성 **성**

출전 | 한서 외척전外戚傳

[일고난행一股難行]

한 다리로는 다니기 어렵다는 말이며, 상대가 없이 혼자서 일하기 어렵다는 뜻이다.

글자 | 다리 **고**, 어려울 **난**, 다닐 **행**

출전 | 이담속찬

[일고삼장日高三丈]

해가 삼 장 높이라는 말이며, 날이 밝아 아침 해가 벌서 높이 떴다는 뜻이다.

글자 | 해 **일**, 높을 **고**, 열자 **장**

동류 | 일고삼척日高三尺

[일고일락一苦一樂]

한 번 괴롭고, 한 번 즐겁다는 말이며, 괴로움과 즐거움이 번갈아 온다는 뜻이다.

글자 | 괴로울 **고**, 즐거울 **락**

출전 | 채근담 74장

[일고작기一鼓作氣]

한 번 북을 쳐 기운을 만든다는 말이며, 첫머리에 힘을 내어 일에 임한다는 뜻이다.

원문 | **一鼓作氣 再而衰 三而竭**
일고작기 재이쇠 삼이갈

글자 | 북 **고**, 지을 **작**, 기운 **기**

출전 | 춘추좌씨전 장공 10년조

[일고지가一顧之價]

한 번 돌아볼 값이라는 말이며, 한 번 생각해볼 값어치라는 뜻이다.

글자 | 돌아볼 **고**, 어조사 **지**, 값 **가**

출전 | 후한서

[일고지영一顧之榮]

한 번 돌아보는 영화라는 말이며, 어떤 명인이나 귀한 분이 알아주거나 방문함으로 인하여 자신의 지위가 올라 간다는 뜻이다.

글자 | 돌아볼 **고**, 어조사 **지**, 영화 **영**

출전 | 전국책 연책燕策

유사 | 백낙일고伯樂一顧

[일고천금一顧千金]

한 번 돌아보아 천금을 얻는다는 말이며, 현자賢者가 돌보아주면 천량을 얻는 것과 같다는 뜻이다.

글자 | 돌아볼 **고**, 일천 **천**, 돈 **금**

출전 | 전국책

[일곡지사一曲之士]

한 가락의 선비라는 말이며, 한 부분에 치우친 사람을 빗댄 말이다.

글자 | 가락 **곡**, 어조사 **지**, 선비 **사**

출전 | 장자

동류 | 일곡지인一曲之人

[일구난설一口難說]

한 입으로 다 설명하기 어렵다는 말이다.

글자 | 입 **구**, 어려울 **난**, 말씀 **설**

출전 | 송남잡지

[일구양설一口兩舌]

→ 일구이언一口二言

[일구양시一口兩匙]

한 입에 두 숟가락이라는 말이며, 단번에 두 가지 일을 할 수 없다는 뜻이다.

글자 | 입 **구**, 두 **양**, 숟가락 **시**

[일구월심日久月深]

날이 오래고 달이 깊다는 말이며, 오랫동안 간절히 바란다는 뜻이다.

글자 | 날 **일**, 오랠 **구**, 달 **월**, 깊을 **심**

[일구위약日久爲藥]

날이 오래면 약이 된다는 말이며, 슬프거나 괴로운 일은 세월이 흘러가면 잊게 된다는 뜻이다. 세월이 약이라는 속담이다.

글자 | 날 **일**, 오랠 **구**, 할 **위**, 약 **약**

출전 | 한훤차록寒喧箚錄

[일구이언一口二言]

한 입으로 두 가지 말을 한다는 말이며, 한 사람이 하나의 일에 대하여 두 가지 말을 하여 종잡을 수 없다는 뜻이다.

글자 | 입 **구**, 말씀 **언**

동류 | 일구양설一口兩說

[일구일갈一裘一葛]

한 벌의 갖옷과 한 벌의 베옷이라는 말이며, 매우 가난하다는 뜻이다.

글자 | 갖옷 **구**, 칡 **갈**

[일구일학一丘一壑]

한 언덕과 한 골짜기라는 말이며, 세속을 떠나 풍류를 즐길 수 있다는 뜻이다. 명제明帝 사마소司馬紹의 질문에 사곤謝鯤이 답한 말이다. '조정에

ㅇ

서 단정하게 예복을 입고 백관에게 모범으로 삼도록 하는 것은 유량만 못하지만, 한 언덕에서 은거하고 한 골짜기에서 낚시하는 것은 그보다 낫다고 생각하옵니다.'

글자 | 언덕 **구**, 골 **학**

출전 | 세설신어 품조品藻

[일구지학一丘之貉]

한 언덕의 오소리라는 말이며, 같은 생각 또는 같은 뜻을 품은 사람들을 이른다.

원문 | 古與今如 一丘之貉
고 여 금 여 일 구 지 학

글자 | 언덕 **구**, 어조사 **지**, 오소리 **학**

출전 | 한서 양창전楊敞傳

동류 | 일구지초一丘之貂

[일국삼공一國三公]

한 나라에 세 권력자가 있다는 말이며, 나라에 질서가 서 있지 않다는 뜻이다.

글자 | 나라 **국**, 벼슬 **공**

출전 | 춘추좌씨전 희공僖公 5년조

[일군이민一君二民]

한 임금에 두 백성이라는 말이며, 백성은 많아도 군주는 하나밖에 없다는 뜻이다.

글자 | 임금 **군**, 백성 **민**

[일궤십기一饋十起]

한 번 식사에 열 번 일어난다는 말이며, 임금이 정치에 열성이 있다는 말이다. 하나라 우왕이 어진 사람을 찾기 위해 식사 중에 열 번이나 일어나 방문객을 맞이했다는 고사가 있다.

원문 | 一饋十起 一沐而三捉髮
일 궤 십 기 일 목 이 삼 착 발

글자 | 먹일 **궤**, 일어날 **기**

출전 | 회남자 범론훈氾論訓

동류 | 토포착발吐哺捉髮

[일궤지공一簣之功]

한 삼태기의 공로라는 말이며, 일의 완성 단계에서 마지막 수고를 빗댄 말이다.

글자 | 삼태기 **궤**, 어조사 **지**, 공 **공**

출전 | 진서 속석전束晳傳

동류 | 공휴일궤功虧一簣

[일궤지휴一簣之虧]

한 삼태기의 적음이라는 말이며, 한 삼태기의 흙을 쌓지 않아 산이 완성되지 못하였다는 뜻이다. 즉 오래 공들인 일이 한 번의 실수로 허사가 되었다는 말이다.

글자 | 삼태 **궤**, 어조사 **지**, 적을 **휴**

출전 | 추관지秋官志 4권

동류 | 공휴일궤功虧一簣

[일귀일천一貴一賤]

한 번은 귀하고, 한 번은 천하다는 말이며, 신분이 올라갔다 내려갔다 한다는 뜻이다. 사기의 글이다. '한 번 출세하였다가 한 번 천해짐으로써 사귐

의 진실을 알게 되다.'

원문 | 一貴一賤 交情乃見
일 귀 일 천 교 정 내 견

글자 | 귀할 **귀**, 천할 **천**

출전 | 사기 급정열전汲鄭列傳

[일귀하처一歸何處]

한 [곳으로] 돌아가는 데가 어느 곳인가라는 말이며, 한 가지로 돌아가는 곳이 어딘지 알지 못한다는 뜻이다.

원문 | 萬法歸一 一歸何處
만 법 귀 일 일 귀 하 처

글자 | 돌아갈 **귀**, 어찌 **하**, 곳 **처**

출전 | 벽암록碧巖錄 권5

[일규불통一竅不通]

한 구멍도 통하지 않는다는 말이며, 사람의 생각이나 행동에 융통성이 전혀 없다는 뜻이다.

글자 | 구멍 **규**, 아닐 **불**, 통할 **통**

출전 | 여씨춘추 과리편過理篇

[일극즉측日極則仄]

해가 가운데 오면 곧 기운다는 말이다.

원문 | 日極則仄 月滿則虧
일 극 즉 측 월 만 즉 휴

글자 | 해 **일**, 가운데 **극**, 곧 **즉**, 기울 **측**

출전 | 관자 백심편白心篇

[일금일학一琴一鶴]

한 개의 가야금과 한 마리의 학 그림이라는 말이며, 이것이 전 재산으로서 청렴결백한 관리의 생활을 빗댄 말이다.

원문 | 一琴一鶴 閒臥郡齋
일 금 일 학 한 와 군 재

글자 | 거문고 **금**, 학 **학**

출전 | 송사 조변전趙抃傳

[일기가성一氣呵成]

단숨에 기운을 내어 이룬다는 말이며, 문장을 단숨에 짓거나 일을 단숨에 해치운다는 뜻이다.

원문 | 而實一意貫串一氣呵成
이 실 일 의 관 곶 일 기 가 성

글자 | 숨 **기**, 기운 낼 **가**, 이룰 **성**

출전 | 건융제乾隆帝의 글

유사 | 일사천리一瀉千里

[일기당천一騎當千]

한 기사騎士가 천명을 당해 낸다는 말이며, 강한 사람이라는 뜻이다.

글자 | 말 탈 **기**, 당할 **당**, 일천 **천**

출전 | 북사

[일기이족一夔已足]

하나의 외발로도 이미 충분하다는 말이며, 능력만 있다면 한 사람으로도 족하다는 뜻이다.

글자 | 외발 짐승 **기**, 이미 **이**, 족할 **족**

출전 | 한비자 외저설좌外儲說左 하, 여씨춘추 찰전察傳

[일기일회一期一會]

한 번 기약하면 한 번 맹서한다는 말이며, 한 번 약속하면 반드시 지킨다는 뜻이다.

글자 | 기약할 **기**, 맹서할 **회**

[일기지욕一己之慾]

한 몸의 욕심이라는 말이며, 자기 한 몸만을 위한 욕심이라는 뜻이다.

글자 | 몸 **기**, 어조사 **지**, 욕심 **욕**

[일길신량日吉辰良]

날이 길하고 때가 어질다는 말이며, 일진이 길하고 좋다는 뜻이다.

글자 | 날 **일**, 길할 **길**, 때 **신**, 어질 **량**

[일낙천금一諾千金]

한 번 허락은 천금과 같다는 말이며, 약속을 소중히 여기라는 뜻이다.

원문 | 得黃金百斤 不如得季布一諾
득 황 금 백 근 불 여 득 계 포 일 낙

글자 | 허락할 **낙**, 일천 **천**, 금 **금**

출전 | 사기 계포열전季布列傳

[일난풍화日暖風和]

날씨가 따뜻하고 바람이 순하다는 말이다.

글자 | 날 **일**, 따뜻할 **난**, 바람 **풍**, 순할 **화**

[일남일북一南一北]

하나는 남쪽, 하나는 북쪽이라는 말이며, 뿔뿔이 헤어진다는 뜻이다.

글자 | 남녘 **남**, 북녘 **북**

[일념발기一念發起]

한 가지 생각이 일어난다는 말이며, 어떤 일에 대하여 생각을 바꾸어 열심히 한다는 뜻이다.

글자 | 생각할 **념**, 일으킬 **발**, 일어날 **기**

출전 | 탄이초歎異抄

[일념불생一念不生]

한 가지 생각으로 속세의 생각이 일어나지 않는다는 말이며, 부처만을 생각한다는 뜻이다.

글자 | 생각할 **념**, 아닐 **불**, 날 **생**

출전 | 불교

[일념삼천一念三千]

한 가지 생각이 3천의 법계法戒를 갖출 수 있다는 말이며, 사람의 마음이 곧 전 우주라는 뜻이다.

글자 | 생각할 **념**, 일천 **천**

출전 | 불교

[일념일동一念一動]

한 번 생각하고 한 번 움직인다는 말이며, 때로는 느끼고, 때로는 감동한다는 뜻이다.

글자 | 생각할 **념**, 움직일 **동**

[일념지희一念之喜]

한 가지 생각의 기쁨이라는 말이며, 오로지 한 가지 기쁜 일만 생각한다는 뜻이다.

원문 | 一念之喜 景星景雲
일 념 지 희 경 성 경 운

글자 | 생각할 **념**, 어조사 **지**, 기쁠 **희**

출전 | 채근담 174장

[일념칭명一念稱名]

한 가지 생각으로 이름을 부른다는 말이며, 일심으로 아미타불을 믿고 나무아미타불을 부른다는 뜻이다.

글자 | 생각할 **념**, 말할 **칭**, 이름 **명**

출전 | 불교

[일념통암一念通巖]

한마음으로 바위를 뚫는다는 말이다.

글자 | 생각할 **념**, 통할 **통**, 바위 **암**

동류 | 일념통천一念通天, 중석몰촉中石沒鏃, 일념칭명一念稱名

[일념통천一念通天]

한마음으로 하늘을 통한다는 말이며, 정성을 다하면 그 뜻이 하늘에 통하여 하고자 하는 일이 성취된다는 뜻이다.

글자 | 생각할 **념**, 통할 **통**, 하늘 **천**

동류 | 일념통암一念通巖

[일노일로一怒一老]

한 번 성내면 한 번 늙는다는 말이다.

글자 | 성낼 **노**, 늙을 **로**

[일뉴월숙日狃月熟]

날로 익숙해지고 달로 숙달된다는 말이며, 세월이 갈수록 능숙해진다는 뜻이다.

글자 | 날 **일**, 익숙할 **뉴**, 달 **월**, 익을 **숙**

출전 | 조선왕조 14대 선조실록

[일단유급一旦有急]

하루아침에 급한 일이 생겼다는 말이며, 한 번 급한 일이 생겼다는 뜻이다.

글자 | 아침 **단**, 있을 **유**, 급할 **급**

출전 | 염철론鹽鐵論

[일단일장一短一長]

→ 일장일단一長一短

[일대담종一代談宗]

한 세대의 말을 주장한다는 말이며, 한 시대에서 말을 가장 잘하는 사람이라는 뜻이다.

글자 | 세대 **대**, 말씀 **담**, 주장할 **종**

[일대종신一代宗臣]

한 세대의 높은 신하라는 말이며, 일세의 사람들이 추앙하는 종신을 일컫는다.

글자 | 세대 **대**, 높을 **종**, 신하 **신**

[일도삼례一刀三禮]

→ 일각삼례一刻三禮

[일도양단一刀兩斷]

한 칼에 두 동강을 낸다는 말이며, 일을 명쾌하게 결정한다는 뜻이다.

글자 | 칼 **도**, 두 **양**, 끊을 **단**

출전 | 주자어류

동류 | 일도할단一刀割斷

ㅇ

[일도장강一渡長江]

한 번 긴 강을 건넌다는 말이며, 비장한 각오로 돌아오기 어려운 길을 떠난다는 뜻이다.

글자 | 건널 **도**, 긴 **장**, 강 **강**

[일도창해一到滄海]

한 번 푸른 바다에 이른다는 말이며, 강물이 한 번 바다에 이르면 다시는 돌아올 수 없다는 뜻이다.

글자 | 이를 **도**, 푸를 **창**, 바다 **해**

[일도할단一刀割斷]

→ 일도양단一刀兩斷

[일동마련一同磨鍊]

하나같이 갈고 단련한다는 말이며, 여럿이 합의하여 어떤 일을 연마한다는 뜻이다.

글자 | 같을 **동**, 갈 **마**, 단련할 **련**

[일동일정一動一靜]

하나는 움직이고, 하나는 고요하다는 말이며, 천지가 서로 의지하여 만물이 화성한다는 뜻이다. 예기에 있는 글이다. '천지 사이에서 기운은 움직이고 바탕은 정지한다. 그러므로 성인은 이것을 예악이라고 말했다.'

원문 | 一動一靜者天地之間也 故聖人曰禮樂云
일동일정자천지지간야 고성인왈예악운

글자 | 움직일 **동**, 고요할 **정**

출전 | 예기 악기樂記

[일득일실一得一失]

한 번 얻고, 한 번 잃는다는 말이며, 좋은 일이 있으면 궂은일도 따른다는 뜻이다.

글자 | 얻을 **득**, 잃을 **실**

출전 | 무문관無門關

동류 | 일리일해一利一害, 일실일득一失一得

[일락서산日落西山]

해가 서쪽 산에 떨어진다는 말이다.

원문 | 日落西山秋色遠不知何處弔喪君
일락서산추색원부지하처조상군

글자 | 해 **일**, 떨어질 **락**, 서녘 **서**, 뫼 **산**

출전 | 풍월강산

[일락장사日落長沙]

해가 긴 모래밭에 떨어진다는 말이며, 해가 서쪽 긴 펄에 진다는 뜻이다.

원문 | 日落長沙 秋色遠
일락장사 추색원

글자 | 해 **일**, 떨어질 **락**, 긴 **장**, 모래 **사**

출전 | 이태백의 시

[일락천금一諾千金]

→ 계포일락季布一諾

[일락천장一落千丈]

한 번에 천 길이나 떨어진다는 말이

며, 신망信望 따위가 하루아침에 곤두박질한다는 뜻이다.

글자 | 떨어질 **락**, 일천 **천**, 길 **장**

[일람불망一覽不忘]

한 번 보면 잊지 않는다는 말이다.

글자 | 볼 **람**, 아닐 **불**, 잊을 **망**

출전 | 석대통감釋代通鑑

[일람첩기一覽輒記]

[총명해서] 한 번 보기만 하면 잊지 않는다는 말이다.

글자 | 볼 **람**, 번번이 **첩**, 기억할 **기**

출전 | 송남잡지松南雜識

[일려단복一驢單僕]

한 마리의 당나귀와 한 명의 종이라는 말이며, 가난한 선비의 나들이 행색을 빗댄 말이다.

글자 | 당나귀 **려**, 홑 **단**, 종 **복**

[일련탁생一蓮托生]

[죽은 뒤] 하나의 연꽃에 다시 태어난다는 말이며, 좋든 나쁘든 운명을 같이 한다는 뜻이다.

글자 | 연꽃 **련**, 밀 **탁**, 날 **생**

출전 | 관무량소경觀無量素經

[일로매진一路邁進]

한 길로 똑바로 씩씩하게 나아간다는 말이다.

글자 | 길 **로**, 멀리 갈 **매**, 나아갈 **진**

[일로영일一勞永逸]

한 번 수고로 오랜 동안 편안을 얻는다는 말이다.

글자 | 수고로울 **로**, 길 **영**, 편안할 **일**

[일로평안一路平安]

한 길로 편안하라는 말이며, 먼 길 편안히 다녀오라는 뜻이다.

글자 | 길 **로**, 평평할 **평**, 편안 **안**

출전 | 홍루몽紅樓夢

[일룡일사一龍一蛇]

한 번은 용이고, 한 번은 뱀이라는 말이며, 태평시대에는 나와서 활동하고 난세에는 숨어서 조용히 지낸다는 뜻이다.

원문 | 一龍一蛇 與時俱化
일 룡 일 사 여 시 구 화

글자 | 용 **룡**, 뱀 **사**

출전 | 장자 산목山木

[일룡일저一龍一豬]

한 마리의 용과 한 마리의 돼지라는 말이며, 출세가 빠른 사람과 느린 사람을 빗댄 말이다.

원문 | 三十骨骼成 乃一龍一猪
삼 십 골 격 성 내 일 룡 일 저

글자 | 용 **룡**, 돼지 **저**

출전 | 한유의 부독서성남符讀書城南

[일륜명월一輪明月]

하나의 둥근 밝은 달이라는 말이며,

보름달을 일컫는다.

글자 | 수레바퀴 **륜**, 밝을 **명**, 달 **월**

[일률천편一律千篇]

→ 천편일률千篇一律

[일릉월체日陵月替]

날로 짓밟고 달로 쇠한다는 말이며, 날로 달로 점점 쇠퇴해간다는 뜻이다.

글자 | 날 **일**, 짓밟을 **릉**, 달 **월**, 쇠할 **체**

출전 | 정관정요貞觀政要

[일리일해一利一害]

한 번 이롭고, 한 번 해롭다는 말이며, 이익도 있지만 해도 있다는 뜻이다.

글자 | 이로울 **리**, 해할 **해**

출전 | 원사元史 야율초재전耶律楚材傳

[일리일후一里一堠]

1리에 하나의 돈대라는 말이며, 도로의 길이를 나타내는 이정표를 일컫는다.

글자 | 이수 **리**, 돈대 **후**

[일립만배一粒萬倍]

한 알이 만 배가 된다는 말이며, 작은 것도 쌓이면 많게 된다는 뜻이다.

글자 | 알 **립**, 일만 **만**, 곱 **배**

출전 | 보은경報恩經

[일망무애一望無涯]

→ 일망무제一望無際

[일망무제一望無際]

한 번 바라보니 끝이 없다는 말이다.

글자 | 바랄 **망**, 없을 **무**, 다할 **제**

동류 | 일망무애一望無涯

[일망지하一望之下]

한눈에 바라볼 수 있는 아래, 즉 시야視野라는 뜻이다.

글자 | 바랄 **망**, 어조사 **지**, 아래 **하**

[일망천리一望千里]

한 번 바라보니 천 리라는 말이며, 멀리까지 내다볼 수 있다는 뜻이다.

글자 | 바랄 **망**, 일천 **천**, 이수 **리**

유사 | 옥야천리沃野千里

[일망타진一網打盡]

한 번 그물질로 모두 잡았다는 말이며, 죄지은 자를 모두 잡았다는 뜻으로도 사용된다. 송나라 때 왕공신王拱辰이라는 어사중승御使中丞이 반대파를 모조리 옥에 가둔 후에 '내가 한 그물로 다 잡아버렸다.' 라고 한데서 온 말이다.

원문 | **吾一網打去盡矣**
오 일 망 타 거 진 의

글자 | 그물 **망**, 칠 **타**, 다할 **진**

출전 | 송사 범순인전范純仁傳

[일맥상통一脈相通]

[처지나 생각 따위가] 한줄기 서로 통한다는 말이다.

글자 | 줄기 **맥**, 서로 **상**, 통할 **통**

[일면구금一面驅禽]

한쪽에서만 새를 몬다는 말이며, 어진 정치를 베푼다는 뜻이다. 은나라 탕왕이 4면에 그물을 치고 새를 잡는 것을 보고 그 3면을 풀어 오직 한쪽에서만 새를 잡게 하여 어진 정치를 짐승에게까지 베풀었다.

글자 | 방위 **면**, 몰 **구**, 새 **금**

[일면부지一面不知]

한 번도 만난 일이 없어 알지 못한다는 말이다.

글자 | 얼굴 **면**, 아닐 **부**, 알 **지**

[일면여구一面如舊]

→ 일견여구一見如舊

[일면지분一面之分]

한 번 인사를 한 나눔이라는 말이다.

글자 | 얼굴 **면**, 어조사 **지**, 나눌 **분**

유사 | 반면지분半面之分

[일면지영一面之榮]

한 번 얼굴의 영화라는 말이며, 한 번 만나본 영광이라는 뜻이다.

글자 | 얼굴 **면**, 어조사 **지**, 영화 **영**

[일명경인一鳴驚人]

한 번 울어 사람을 놀라게 한다는 말이며, 남모르게 재주를 가지고 있던 사람이 침묵 끝에 재주를 보여 세상을 놀라게 한다는 뜻이다.

원문 | 飛必沖天 一鳴驚人
비필충천 일명경인

글자 | 울 **명**, 놀랄 **경**, 사람 **인**

출전 | 사기 골계열전滑稽列傳

[일명불시一瞑不視]

한 번 눈을 감으면 보이지 아니한다는 말이며, 죽으면 아무것도 볼 수 없다는 뜻이다.

글자 | 눈 감을 **명**, 아닐 **불**, 볼 **시**

[일명일암 一明一暗]

한 번은 밝고, 한 번은 어둡다는 말이며, 밝았다 어두웠다 한다는 뜻이다.

글자 | 밝을 **명**, 어두울 **암**

[일명지척一鳴之斥]

[말이] 한 번 울어 내치게 된다는 말이며, 간관諫官이 임금에게 간언하다가 쫓겨난다는 뜻이다.

글자 | 울 **명**, 어조사 **지**, 내칠 **척**

출전 | 조선왕조 14대 선조실록

[일모다빈一牡多牝]

→ 일웅다자一雄多雌

[일모도궁日暮途窮]

→ 일모도원日暮途遠

[일모도원日暮途遠]

해는 저물고 [갈] 길은 멀다는 말이며, 할 일은 많은데 시간이 없다는 뜻이다. 오나라에 망명했다가 돌아온 오자서伍子胥가 평왕의 무덤을 파헤치는 등 행패가 심한 것을 보고 옛 친구인 초나라 신포서가 꾸짖자 오자서에게 한 말이다. '돌아가서 신포서에게 전하라. 해는 저물고 갈 길은 멀다고. 나는 이미 나이를 먹었다. 천도에 따라 침착하고 자중하고 있을 시간이 없다. 하고 싶은 일은 많은데 남아 있는 시간은 짧다. 복수도 이처럼 일격에 하는 수밖에 없다.'

원문 | 爲我謝申包胥 我日暮途遠
위아사신포서 아일모도원

글자 | 날 **일**, 저물 **모**, 길 **도**, 멀 **원**

출전 | 사기 오자서열전伍子胥列傳

관련 | 굴묘편시掘墓鞭屍

[일모불발一毛不拔]

털 한 개도 뽑지 아니한다는 말이며, 남을 위할 줄 모르며 몹시 인색하다는 뜻이다.

원문 | 楊子取爲我拔一毛而天下不爲也
양자취위아발일모이천하불위야

글자 | 터럭 **모**, 아닐 **불**, 뽑을 **발**

출전 | 맹자 진심 상

[일모불백一毛不白]

→ 일발불백一髮不白

[일목난지一木難支]

나무 [기둥] 하나로 [쓰러져가는 집을] 지탱하기 어렵다는 말이며, 기울어지는 대세를 혼자서 감당하기 어렵다는 뜻이다.

원문 | 大廈將顚 非一木所支也
대하장고 비일목소지야

글자 | 나무 **목**, 어려울 **난**, 지탱할 **지**

출전 | 세설신어 문중자文中子

[일목십행一目十行]

한 눈에 열 줄씩 읽는다는 말이며, 독서력이 뛰어나다는 뜻이다.

글자 | 눈 **목**, 길 **행**

출전 | 양서, 북제서北齊書

[일목요연一目瞭然]

한눈에 훤하다는 말이며, 복잡한 설명 없이도 한눈에 알 수 있다는 뜻이다.

글자 | 눈 **목**, 눈 밝을 **요**, 그럴 **연**

출전 | 주자어류

[일목일초一木一草]

한 그루의 나무와 한 포기의 풀이라는 말이며, 매우 사소한 사물을 빗댄 말이다.

글자 | 나무 **목**, 풀 **초**

동류 | 일초일목一草一木

[일목지지一木之枝]

한 나무의 가지라는 말이며, 한정된 한 부분을 빗댄 말이다.

글자 | 나무 **목**, 어조사 **지**, 가지 **지**
출전 | 사기

[일몰이휴日沒而休]

해가 잠기면 쉰다는 말이며, 해가 지면 집에서 쉰다는 뜻이다.

글자 | 해 **일**, 잠길 **몰**, 말 이을 **이**, 쉴 **휴**

[일무가관一無可觀]

하나도 볼만한 것이 없다는 말이다.

글자 | 없을 **무**, 긍정할 **가**, 볼 **관**

[일무가론一無可論]

하나도 의논할 것이 없다는 말이다.

글자 | 없을 **무**, 긍정할 **가**, 의논 **론**

[일무가취一無可取]

하나도 취할 것이 없다는 말이다.

글자 | 없을 **무**, 긍정할 **가**, 취할 **취**
동류 | 일무소취一無所取

[일무소득一無所得]

소득이 하나도 없다는 말이다.

글자 | 없을 **무**, 바 **소**, 얻을 **득**

[일무소식一無消息]

소식이 하나도 없다는 말이다.

글자 | 없을 **무**, 사라질 **소**, 숨 쉴 **식**

[일무소장一無所長]

좋은 것이 하나도 없다는 말이다.

글자 | 없을 **무**, 바 **소**, 좋을 **장**

[일무소취一無所取]

→ 일무소득一無所得

[일무실착一無失錯]

→ 일무차착一無差錯

[일무차착一無差錯]

하나의 어긋남도 없다는 말이며, 침착하고 치밀하여 복잡하고 곤란한 일을 잘 처리한다는 뜻이다.

글자 | 없을 **무**, 어긋날 **차**, 어긋날 **착**
동류 | 일무실착一無失錯

[일문백홀一門百笏]

한 문에 백 개의 홀이라는 말이며, 한 문중에 홀을 지닌 고위 관리가 매우 많다는 뜻이다.

글자 | 문 **문**, 일백 **백**, 홀 **홀**

[일문보문一門普門]

하나의 문은 넓은 문이라는 말이며, 하나의 이치에 통달하면 모든 이치에 통달할 수 있다는 뜻이다.

글자 | 문 **문**, 넓을 **보**

[일문불통一文不通]

글자 한 자도 통하지 않는다는 말이며, 서로 한 통의 편지도 주고받지 않는다는 뜻이다.

글자 | 글 **문**, 아닐 **불**, 통할 **통**

동류 | 일문부지一文不知

[일문일답一問一答]

한 번 묻고, 한 번 대답한다는 말이며, 묻고 답하는 것을 되풀이한다는 뜻이다.

글자 | 물을 **문**, 대답할 **답**

출전 | 춘추좌씨전

[일문일족一門一族]

한 문의 한 일가라는 말이며, 한 집안의 권속을 일컫는다.

글자 | 문 **문**, 일가 **족**

[일문지내一門之內]

한 집안의 안쪽이라는 말이며, 한 집안 사람이라는 뜻이다.

글자 | 집안 **문**, 어조사 **지**, 안쪽 **내**

[일물일루一物一累]

한 가지 물건에 한 가지 허물이라는 말이며, 모든 사물에는 반드시 허물이 있기 마련이라는 뜻이다.

글자 | 물건 **물**, 허물 **루**

[일미도당一味徒黨]

한 맛의 무리라는 말이며, 뜻을 같이 하는 무리라는 뜻이다.

글자 | 맛 **미**, 무리 **도**, 무리 **당**

[일미동심一味同心]

한 가지 맛이 같은 마음이라는 말이며, 뜻을 같이하고 마음을 함께 한다는 뜻이다.

글자 | 맛 **미**, 같을 **동**, 마음 **심**

[일미일악溢美溢惡]

넘치게 아름답고, 넘치게 악하다는 말이며, 지나치게 칭찬하고, 지나치게 나무란다는 뜻이다.

글자 | 넘칠 **일**, 아름다울 **미**, 악할 **악**

출전 | 장자

[일박서산日薄西山]

해가 엷어지고 서산에 기울었다는 말이며, 늙어서 죽을 때가 가까워졌다는 뜻이다.

원문 | 臨汨羅而自隕兮 恐日薄於西山
임율라이자운혜 공일박어서산

글자 | 해 **일**, 엷을 **박**, 서녘 **서**, 뫼 **산**

출전 | 이밀李密의 진정표陳情表

동류 | 일락서산日落西山

[일반전표一斑全豹]

얼룩 하나로 전체가 표범임을 알 수 있다는 말이며, 일부분으로 전체를 가늠하거나 비판할 수 있다는 뜻이다.

원문 | 一斑評全豹
일반평전표

글자 | 얼룩 **반**, 모두 **전**, 표범 **표**

출전 | 세설신어

[일반지덕一飯之德]

밥 한 그릇의 덕이라는 말이며, 대수롭지 않은 은덕이라는 뜻도 있고, 작은 은덕도 반드시 갚아야 한다는 뜻도 있다.

원문 | 一飯之德必償 睚眦之怨必報
일반지덕필상 애자지원필보

글자 | 밥 **반**, 어조사 **지**, 큰 **덕**

출전 | 사기 회음후열전淮陰侯列傳

동류 | 일반지은一飯之恩

[일반지보一飯之報]

한 끼 밥에 대한 보답이라는 말이며, 작은 은혜에 대한 보답이라는 뜻이다.

글자 | 밥 **반**, 어조사 **지**, 갚을 **보**

동류 | 일반니은一飯之恩

[일반지은一飯之恩]

한 끼 밥의 은혜라는 말이며, 아주 작은 은혜를 빗댄 말이다.

글자 | 밥 **반**, 어조사 **지**, 은혜 **은**

출전 | 사기 회음후열전

동류 | 일반천금一飯千金

[일반천금一飯千金]

한 끼의 밥이 천금이라는 말이며, 작은 은혜를 크게 갚는다는 뜻이다. 한 나라의 한신韓信이 불우했을 때, 빨래하는 노파에게서 한 끼의 밥을 얻어먹고 허기를 면했는데 부귀하게 되어 천금으로 이를 갚았다는 것이다.

글자 | 밥 **반**, 일천 **천**, 쇠 **금**

출전 | 사기 회음후전淮陰侯傳

[일발불백一髮不白]

머리털 하나도 희지 않다는 말이며, 노인의 머리카락이 세지 않았다는 뜻이다.

글자 | 터럭 **발**, 아닐 **불**, 흰 **백**

동류 | 일모불백一毛不白

[일발천균一髮千鈞]

한 가닥의 머리털로 천 균(3만근)을 끈다는 말이며, 매우 위태로운 행동을 빗댄 말이다.

원문 | 一髮引千鈞
일발인천균

글자 | 터럭 **발**, 일천 **천**, 근 **균**

출전 | 한서 매승전枚乘傳

[일발필중一發必中]

한 번 쏘아 반드시 맞힌다는 말이다.

글자 | 쏠 **발**, 반드시 **필**, 맞힐 **중**

출전 | 사기

[일방지예一方之藝]

한쪽 방위의 재주라는 말이며, 한 가지 특출한 예능을 가지고 있다는 뜻이다.

글자 | 바위 **방**, 어조사 **지**, 재주 **예**

[일방지임一方之任]

한쪽 방위의 맡음이라는 말이며, 한 지방의 통치를 맡았다는 뜻이다.

글자 | 방위 **방**, 어조사 **지**, 맡길 **임**

출전 | 한서

[일방포수一方砲手]

→ 일자포수一字砲手

[일배일배一杯一杯]

한 잔 또 한 잔이라는 말이며, 술을 서로 권하며 계속 마신다는 말이다.

원문 | 一杯一杯復一杯我醉欲眠君且去
일 배 일 배 부 일 배 아 취 욕 면 군 차 거

글자 | 잔 **배**

출전 | 이백의 산중여유인대작山中與幽人對酌

[일백오일一百五日]

[동지날부터] 105일이라는 말이며, 한식일을 일컫는다.

글자 | 일백 **백**, 날 **일**

[일벌백계一罰百戒]

한 사람의 처벌로 백 사람에게 경계한다는 말이다.

글자 | 벌 줄 **벌**, 일백 **백**, 경계할 **계**

출전 | 사기 손자오기孫子吳起열전

[일별삼춘一別三春]

한 번 이별하여 세 봄이라는 말이며, 헤어진 지 3년이나 되어 보고 싶고 그립다는 뜻이다.

글자 | 이별할 **별**, 봄 **춘**

출전 | 두보杜甫의 시

[일병식재一病息災]

한 가지 병이 재앙을 그치게 한다는 말이며, 약간의 병이 있으면 몸을 조심하기 때문에 오래 산다는 뜻이다.

글자 | 병 **병**, 그칠 **식**, 재앙 **재**

[일병일발一甁一鉢]

병 하나 바리 하나라는 말이며, 간소하고 순박한 삶, 또는 빈궁한 삶을 빗댄 말이다.

원문 | 一甁一鉢垂垂老萬水萬山得得來
일 병 일 발 수 수 로 만 수 만 산 득 득 래

글자 | 병 **병**, 바리때 **발**

[일보불양一步不讓]

남에게 한 걸음도 [조금도] 양보하지 않는다는 말이다.

글자 | 걸음 **보**, 아닐 **불**, 사양 **양**

[일보일천一步一喘]

한 번 걷고, 한 번 헐떡거린다는 말이며, 비탈길을 올라가면서 헐떡거린다는 뜻이다.

글자 | 걸음 **보**, 헐떡거릴 **천**

[일봉서한一封書翰]

하나로 봉한 편지글이라는 말이며, 봉투에 봉한 편지라는 뜻이다.

글자 | 봉할 **봉**, 글 **서**, 편지 **한**

[일부다처一夫多妻]

한 지아비에 많은 아내가 있다는 말이다.

글자 | 지아비 **부**, 많을 **다**, 아내 **처**

[일부당관一夫當關]

한 사람이 관문을 지킨다는 말이며, 한 사람이 잘 지키면 만 명이 와도 열지 못한다는 뜻으로서 수비하기는 쉽고 공격하기는 어렵다는 뜻이다.

원문 | 一夫當關 萬夫莫開
일 부 당 관 만 부 막 개

글자 | 지아비 **부**, 당할 **당**, 빗장 **관**

출전 | 이백의 촉도난蜀道難

[일부시종一部始終]

어떤 일의 처음과 끝이라는 말이며, 하는 일의 처음부터 끝까지의 자세한 모든 사정을 일컫는다.

글자 | 거느릴 **부**, 처음 **시**, 끝 **종**

[일부일부一夫一婦]

한 지아비에 한 지어미라는 말이다. 소학에 있는 글이다. '한 남편에 한 아내가 서인庶人의 분수다.'

원문 | 一夫一婦 庶人之職也
일 부 일 부 서 인 지 직 야

글자 | 지아비 **부**, 지어미 **부**

출전 | 소학 가언嘉言

[일부종사一夫從事]

한 남편만을 따르며 섬긴다는 말이다.

글자 | 지아비 **부**, 따를 **종**, 섬길 **사**

[일부종신一夫終身]

한 남편으로 몸을 마친다는 말이며, 아내가 남편이 죽은 뒤에도 후살이를 가지 않고 일생을 마친다는 뜻이다.

글자 | 지아비 **부**, 마침 **종**, 몸 **신**

[일부중휴一傅衆咻]

한 사람은 가르치고 무리는 떠들어댄다는 말이며, 한 사람이 옳은 말을 할 때 듣는 사람들이 이를 방해한다는 뜻이다.

원문 | 一齊人傅之 衆楚人咻之
일 제 인 부 지 중 초 인 휴 지

글자 | 스승 **부**, 무리 **중**, 떠들 **휴**

출전 | 맹자 등문공 하

[일분일기一僨一起]

한 번 넘어지고 한 번 일어난다는 말이며, 넘어졌다 일어났다 한다는 뜻이다.

글자 | 넘어질 **분**, 일어날 **기**

출전 | 장자 천운天運

[일불가급日不暇給]

날마다 [바빠서] 줄 수 있는 겨를이 없다는 말이다.

글자 | 아닐 **불**, 겨를 **가**, 줄 **급**

출전 | 삼국사기 문무왕 하

동류 | 일역부족日亦不足

[일불가휴日不暇休]

→ 일불가급日不暇給

[일불거론一不擧論]

한 번도 의논하지 아니하였다는 말이다.

글자 | 아닐 **불**, 들 **거**, 의논 **론**

[일불국토一佛國土]

하나의 부처가 있는 국토라는 말이며, 하나의 부처가 자비를 베풀어 나가는 세상이라는 뜻이다.

글자 | 부처 **불**, 나라 **국**, 땅 **토**

출전 | 불교

동류 | 일불세계一佛世界

[일불성도一佛成道]

하나의 부처가 도리를 이룬다는 말이며, 모든 중생이 다 같이 부처가 된다는 뜻이다.

글자 | 부처 **불**, 이룰 **성**, 도리 **도**

[일불세계一佛世界]

→ 일불국토一佛國土

[일불이구日不移晷]

해가 그림자를 옮기지 않았다는 말이며, 시간이 얼마 지나지 않았다는 뜻이다.

글자 | 해 **일**, 아닐 **불**, 옮길 **이**, 그림자 **구**

출전 | 한서漢書

[일불정토一佛淨土]

하나의 부처가 있는 깨끗한 땅이라는 말이며, 같은 불계佛界, 같은 정토라는 뜻이다.

글자 | 부처 **불**, 깨끗할 **정**, 땅 **토**

[일부투족一不投足]

→ 일불현형一不現形

[일불현형一不現形]

한 번도 나타나지 아니하였다는 말이다.

글자 | 아닐 **불**, 나타날 **현**, 형상 **형**

동류 | 일불투족一不投足

[일비일희一悲一喜]

한 번 슬프고 한 번 기쁘다는 말이며, 슬픈 일과 기쁜 일이 번갈아 일어난다는 뜻이다.

글자 | 슬플 **비**, 기쁠 **희**

[일비지력一臂之力]

한 팔의 힘이라는 말이며, 보잘것없게나마 남을 도와주는 아주 조그마한 힘이라는 뜻이다.

글자 | 팔 **비**, 어조사 **지**, 힘 **력**

동류 | 일편지력一鞭之力

[일비지로一臂之勞]

→ 일비지력一臂之力

[일비충천一飛沖天]

한 번 날면 하늘 위까지 오른다는 말이며, 한 번 분발하면 큰일을 성취한다는 뜻이다.

글자 | 날 **비**, 위로 날을 **충**, 하늘 **천**

출전 | 사기 골계열전滑稽列傳

[일빈일부一貧一富]

가난하다가 부자가 되다가 한다는 말이다. 사기의 글이다. '한 번 가난하고 한 번 부함으로써 사귐의 모습을 알게 된다.'

원문 | 一貧一富 乃知交態
일 빈 일 부 내 지 교 태

글자 | 가난할 **빈**, 부할 **부**

출전 | 사기 급정汲鄭열전

[일빈일소一嚬一笑]

한 번 찡그리고 한 번 웃는다는 말이며, 지위가 높은 사람은 감정이나 표정을 함부로 드러내서는 안 된다는 뜻이다.

원문 | 古人之君 有愛一嚬一笑
고 인 지 군 유 애 일 빈 일 소

글자 | 찡그릴 **빈**, 웃을 **소**

출전 | 한비자 내저설內儲說 상

[일사무성一事無成]

한 가지 일도 이룬 것이 없다는 말이며, 되는 일이 하나도 없다는 뜻이다.

글자 | 일 **사**, 없을 **무**, 이룰 **성**

출전 | 백거이白居易의 시

[일사보국一死報國]

한 번 죽어 나라에 갚는다는 말이며, 목숨을 바쳐 나라에 보답한다는 뜻이다.

글자 | 죽을 **사**, 갚을 **보**, 나라 **국**

출전 | 계남집溪南集

[일사불괘一絲不挂]

→ 촌사불괘寸絲不挂

[일사불란一絲不亂]

하나의 실이 어지럽지 않다는 말이며, 질서나 체제가 정연하게 바로잡혀 조금도 헝클어지거나 어지러움이 없다는 뜻이다.

글자 | 실 **사**, 아닐 **불**, 어지러울 **란**

반대 | 지리멸렬支離滅裂

[일사오리一死五利]

하나가 죽으면 다섯이 이롭다는 말이며, 대大를 위해 소小가 희생해야 한다는 뜻이다.

글자 | 죽을 **사**, 이로울 **리**

출전 | 삼국유사三國遺事

[일사이수一蛇二首]

한 마리 뱀에 두 개의 머리라는 말이며, 한 조정에 두 권신權臣이 있어 나라의 발전이 나아가지 못한다는 뜻이다.

글자 | 뱀 **사**, 머리 **수**

[일사일생一死一生]

한 번 죽고, 한 번 산다는 말이며, 역경에서 또는 불행에서 다시 일어난다는 뜻이다. 장자에 있는 글이다. '그쳤는가 하면 살아나고, 쓰러졌는가 하면 일어나네.'

원문 | 一死一生 一僨一起
일사일생 일분일기

글자 | 죽을 **사**, 살 **생**

출전 | 장자 천운天運, 사기

[일사일호一絲一毫]

한 올의 실과 한 올의 터럭이라는 말이며, 지극히 하잘 것 없고 작은 일이라는 뜻이다.

글자 | 실 **사**, 터럭 **호**

[일사천리一瀉千里]

한 번 쏟으면 천리를 간다는 말이며, 일이 빠르게 진척된다는 뜻도 있고 문장이나 구변이 거침없다는 뜻도 있다.

글자 | 쏟을 **사**, 일천 **천**, 이수 **리**

동류 | 복혜전서福惠全書

[일사칠생一死七生]

한 번 죽어 일곱 번 새로 태어난다는 말이며, 한 번 죽어 여러 가지 일을 성취한다는 뜻이다.

글자 | 죽을 **사**, 날 **생**

[일삭월전日削月朘]

→ 일삭월할日削月割

[일삭월할日削月割]

날로 깎이고 달로 나누인다는 말이며, 점점 쇠약해진다는 뜻이다.

글자 | 날 **일**, 깎일 **삭**, 달 **월**, 나눌 **할**

출전 | 한서

동류 | 일삭월전日削月朘

[일살다생一殺多生]

한 사람을 죽여 많은 사람을 살린다는 말이며, 많은 사람을 구하기 위해 한 사람을 희생시킨다는 뜻이다.

글자 | 죽일 **살**, 많을 **다**, 살 **생**

[일상다반日常茶飯]

날마다 늘 마시는 차와 밥이라는 말이며, 보통 있는 일이라는 뜻이다.

글자 | 날 **일**, 늘 **상**, 차 **다**, 밥 **반**

[일상삼간日上三竿]

해가 세 장대에 올랐다는 말이며, 해가 이미 높이 솟았다는 뜻이다.

글자 | 해 **일**, 오를 **상**, 장대 **간**

[일상안과一牀案過]

하나의 같은 옥사 의논을 지나게 한다는 말이며, 여러 사람의 죄상을 동시에 처결한다는 뜻이다.

글자 | 같을 **상**, 옥사 의논할 **안**, 지날 **과**

[일상영과一牀領過]

→ 일상안과一牀案過

[일상일영一觴一詠]

한 잔 하고, 한 번 읊는다는 말이며, 술을 마시며 시를 읊고 논다는 뜻이다.

원문 | 一觴一詠 申易敍幽靜
일상일영 신이서유정

글자 | 잔 **상**, 읊을 **영**

출전 | 왕희지의 난정기蘭亭記

동류 | 일영일산一詠一觴

[일상일하一上一下]

한 번은 오르고, 한 번은 내린다는 말이며, 올라갔다 내려갔다 한다는 뜻이다. 장자의 말이다. '올라갔다 내려갔다 하며 남과 화합됨을 자기의 도량으로 삼는다.'

원문 | 一上一下 以和爲量
일상일하 이화위량

글자 | 윗 **상**, 아래 **하**

출전 | 장자 산목山木

[일생괴욕一生愧辱]

일생 동안의 부끄러운 욕이라는 말이며, 일생일대의 부끄러운 치욕을 일컫는다.

글자 | 살 **생**, 부끄러울 **괴**, 욕될 **욕**

[일생일급一生一及]

한 번 나서 한 번 미친다는 말이며, 평생 동안 한 번의 기회를 갖게 된다는 뜻이다.

글자 | 살 **생**, 미칠 **급**

출전 | 춘추공양전

[일생일대一生一大]

한평생에 한 번 큰일이라는 말이다.

글자 | 날 **생**, 큰 **대**

[일생일대一生一代]

한 번 나서 한 세대라는 말이며, 한평생이라는 뜻이다.

글자 | 날 **생**, 세대 **대**

[일생일사一生一死]

한 번 나고, 한 번 죽는다는 말이다.

글자 | 날 **생**, 죽을 **사**

[일생일세一生一世]

일생 동안의 한 세대라는 말이며, 죽기까지의 한 생애라는 뜻이다.

글자 | 살 **생**, 세대 **세**

[일석이조一石二鳥]

돌 한 개로 두 마리 새를 잡는다는 말이며, 한 가지 일로 인해서 두 가지의 이익 또는 효과를 본다는 뜻이다.

글자 | 돌 **석**, 새 **조**

동류 | 일거양득一擧兩得

[일설지임一舌之任]

한 혀의 일이라는 말이며, 변론으로 일을 처리한다는 뜻이다.

글자 | 혀 **설**, 어조사 **지**, 일 **임**

[일성월시日省月試]

날마다 살피고, 달마다 시험한다는 말

ㅇ

이며, 항상 반성하고 조심한다는 뜻이다.

원문 | 日省月試旣稟稱事所以勸百工也
일성월시기품칭사소이권백공야

글자 | 날 **일**, 살필 **성**, 달 **월**, 시험할 **시**

출전 | 중용 20장

[일성일쇠一盛一衰]

한 번 성하고 한 번 쇠한다는 말이며, 성할 때도 있고 쇠할 때도 있다는 뜻이다.

원문 | 萬物循生 一盛一衰
만물순생 일성일쇠

글자 | 성할 **성**, 쇠할 **쇠**

출전 | 장자 천운天運

동류 | 일영일락一榮一落

[일성호가一聲胡笳]

한 소리의 오랑캐 피리라는 말이며, 한 가락이 피리 소리라는 뜻이다. 충무공의 시이다. '한산 섬 달 밝은 밤에 수루에 혼자 앉아 큰 칼 옆에 차고 깊은 시름하는 적에 어디서 일성호가는 남의 애를 끊나니.'

글자 | 소리 **성**, 오랑캐 **호**, 피리 **가**

출전 | 이순신의 진중야음陣中夜吟

[일세구천一歲九遷]

한 해에 아홉 번이나 옮긴다는 말이며, 군주의 총애를 받아 관직에 자주 오른다는 뜻이다.

글자 | 해 **세**, 옮길 **천**

출전 | 주역

동류 | 일월구천一月九遷

[일세목탁一世木鐸]

한 세상의 목탁이라는 말이며, 사회의 지도자를 일컫는다. 공자를 세간世間의 목탁이라 한데서 온 말이다.

글자 | 세상 **세**, 나무 **목**, 방울 **탁**

출전 | 논어

[일세일기一世一期]

한 세대의 한 기한이라는 말이며, 한 평생이라는 뜻이다.

글자 | 세대 **세**, 기한 **기**

[일세일대一世一代]

→ 일세일기一世一期

[일세일원一世一元]

한 세대에 한 임금이라는 말이며, 한 임금 재위 중에는 하나의 연호만을 쓴다는 뜻이다.

글자 | 세대 **세**, 임금 **원**

[일세지웅一世之雄]

한 세대의 영웅이라는 말이며, 그 시대에 대적할만한 사람이 없을 정도로 뛰어난 사람이라는 뜻이다.

글자 | 세대 **세**, 어조사 **지**, 영웅 **웅**

[일세풍미一世風靡]

한 세상을 바람으로 휩쓸었다는 말이

며, 그 시대를 쥐고 흔들었다는 뜻이다.

글자 | 세상 **세**, 바람 **풍**, 쓰러질 **미**

출전 | 춘추좌씨전

[일소백미一笑百媚]

한 번 웃으면 백가지 애교가 난다는 말이며, 얼굴에 애교가 넘친다는 뜻이다.

글자 | 웃을 **소**, 일백 **백**, 애교 **미**

[일소부재一所不在]

한 곳에 있지 않다는 말이며, 일정한 곳에 머물지 않고 떠돌아다닌다는 뜻이다.

글자 | 곳 **소**, 아닐 **부**, 있을 **재**

[일소월원日疎月遠]

날이 멀고 달이 멀다는 말이며, 세월이 지루하다는 뜻이다.

글자 | 날 **일**, 멀 **소**, 달 **월**, 멀 **원**

[일소일소一笑一少]

한 번 웃으면 한 번 젊어진다는 말이다.

글자 | 웃을 **소**, 젊을 **소**

[일소천금一笑千金]

한 번 웃으면 천량이라는 말이며, 미인의 웃음을 일컫는다.

글자 | 웃을 **소**, 일천 **천**, 돈 **금**

출전 | 시경

[일쇠월비日衰月憊]

날로 쇠약하고 달이 갈수록 고달프다는 말이며, 나날이 몸이 쇠약해진다는 뜻이다.

글자 | 날 **일**, 쇠할 **쇠**, 달 **월**, 고달플 **비**

출전 | 조선왕조 14대 선조실록

[일수백확一樹百穫]

한 나무에서 백 개를 거둔다는 말이며, 좋은 인재 하나를 길러 많은 효과를 거둔다는 뜻이다.

원문 | **一樹百穫者 人也**
일수백확자 인야

글자 | 나무 **수**, 일백 **백**, 거둘 **확**

출전 | 관자 권수편權修편

[일수불퇴一手不退]

한 번 잡으면 물리지 않는다는 말이며, 바둑에서 한 번 돌을 놓으면 물리지 않는다는 뜻이다.

글자 | 잡을 **수**, 아닐 **불**, 물러갈 **퇴**

[일수일족一手一足]

하나의 손과 하나의 발이라는 말이며, 적은 수고를 빗댄 말이다.

글자 | 손 **수**, 발 **족**

출전 | 예기

[일수전매一手專賣]

한 손만이 오로지 판다는 말이며, 한 사람 또는 한 곳에서만 독점으로 행하는 것을 빗댄 말이다.

글자 | 손 **수**, 오로지 **전**, 팔 **매**

[일수판매一手販賣]

한 손만이 장사하며 판다는 말이며, 총판 또는 도매와 같은 독점적인 판매를 일컫는다.

글자 | 손 **수**, 장사 **판**, 팔 **매**

[일숙일반一宿一飯]

한 번 자고 한 끼의 밥을 먹는다는 말이며, 조그마한 은덕을 입었다는 뜻이다.

글자 | 잘 **숙**, 밥 **반**

[일순천리一瞬千里]

한 번 눈 끔적할 때 천리를 본다는 말이며, 넓은 경치를 한 눈에 본다는 뜻이다.

글자 | 눈 끔적할 **순**, 일천 **천**, 이수 **리**

[일슬지공一膝之工]

한 무릎의 공교함이라는 말이며, 한때 무릎을 꿇고 앉아 착실하게 하는 공부라는 뜻이다.

글자 | 무릎 **슬**, 어조사 **지**, 공교할 **공**

출전 | 조선왕조 26대 고종실록

[일승일부一勝一負]

→ 일승일패一勝一敗

[일승일패一勝一敗]

한 번 이기고 한 번 진다는 말이며, 전쟁에 있어서 이기고 지는 것은 예사이며, 이러한 국부적인 1승 1패에 대해 웃고 울 것이 아니라 최후의 승리가 문제라는 뜻이다.

원문 | 一勝一敗 兵家之常事
일승일패 병가지상사

글자 | 이길 **승**, 패할 **패**

출전 | 당서 배도전裵度傳

동류 | 일승일부一勝一負

[일승지사一乘之使]

하나의 [수레를] 탄 사자라는 말이며, 간단한 차림의 사신을 일컫는다.

글자 | 탈 **승**, 어조사 **지**, 사자 **사**

출전 | 한서

[일시동인一視同仁]

한 가지로 보고 똑같이 사랑한다는 말이며, 모든 사람을 차별 대우하지 않고 똑같이 취급한다는 뜻이다. 당나라 한유韓愈의 글에서 유래한다. '군자는 모든 사람을 똑같이 보고 똑같이 사랑하기 때문에 가까운 사람에게도 돈독히 하고 먼데 사람도 등용시킨다.'

원문 | 一視而同仁 篤近而擧遠
일시이동인 독근이거원

글자 | 볼 **시**, 같을 **동**, 어질 **인**

출전 | 한유韓愈의 원인原人

[일시명류一時名流]

한때 이름이 흘렀다는 말이며, 당대에 명성을 떨친 사람이라는 뜻이다.

글자 | 때 **시**, 이름 **명**, 흐를 **류**

출전 | 세설신어

[일시일비一是一非]

하나는 옳고, 하나는 아니라는 말이며, 시비가 끊이지 않는다는 뜻이다.

글자 | 옳을 **시**, 아닐 **비**

출전 | 장자, 회남자 제속훈齊俗訓

[일시일시一時一時]

한때 한때라는 말이며, 그때그때라는 뜻이다.

글자 | 때 **시**

[일시지걸一時之傑]

한때의 준걸이라는 말이며, 당대에 뛰어난 인물이라는 뜻이다.

글자 | 때 **시**, 어조사 **지**, 준걸 **걸**

[일시지권一時之權]

한때의 권세라는 말이다.

글자 | 때 **시**, 어조사 **지**, 권세 **권**

[일시지분一時之忿]

한때의 분함이라는 말이다.

원문 | 忍一時之忿 免百日之憂
인일시지분 면백일지우

글자 | 때 **시**, 어조사 **지**, 분할 **분**

출전 | 명심보감 계성편戒性篇

[일식만전一食萬錢]

한 끼의 식사가 일만 돈이라는 말이며, 몹시 호화롭고 낭비한다는 뜻이다.

글자 | 밥 **식**, 일만 **만**, 돈 **전**

출전 | 진서 하증전何曾傳

[일식삼손日食三飧]

하루에 먹는 세 끼의 밥이라는 말이다.

원문 | 日食三飧 每念農夫之苦
일식삼손 매념농부지고

글자 | 날 **일**, 먹을 **식**, 물 마른 밥 **손**

출전 | 명심보감 성심편省心篇 하

[일신무예一身無穢]

한 몸의 더러움을 없앤다는 말이며, 자기 몸을 항상 깨끗하게 한다는 뜻이다.

원문 | 一身無穢 此爲婦容也
일신무예 차위부용야

글자 | 몸 **신**, 없을 **무**, 더러울 **예**

출전 | 명심보감 부행편婦行篇

[일신시담一身是膽]

한 몸이 [모두] 쓸개라는 말이며, 매우 용맹하다는 뜻이다.

원문 | 子龍一身都是膽也
자룡일신도시담야

글자 | 몸 **신**, 이 **시**, 쓸개 **담**

출전 | 삼국지 촉서 조운전趙雲傳

[일신양역一身兩役]

한 몸이 두 가지 일을 겸해서 맡는다는 말이다.

글자 | 몸 **신**, 두 **양**, 일 **역**

출전 | 이담속찬

ㅇ

[일신월성日新月成]

나날이 새로워지고 다달이 이루어진다는 말이며, 혁신과 성취를 거듭한다는 뜻이다.

글자 | 날 **일**, 새 **신**, 달 **월**, 이룰 **성**

출전 | 중용장구서中庸章句序

[일신월성日新月盛]

나날이 새로워지고 다달이 성해진다는 말이다.

글자 | 날 **일**, 새 **신**, 달 **월**, 성할 **성**

[일신월화日新月化]

날마다 새로워지고 달마다 변화한다는 말이며, 혁신과 변화를 거듭한다는 뜻이다.

글자 | 날 **일**, 새 **신**, 달 **월**, 변화할 **화**

[일신천금一身千金]

한 몸이 천금과 같다는 말이며, 사람의 몸이 매우 중요하고 귀하다는 말이다.

원문 | **一身收拾重千金**
일 신 수 습 중 천 금

글자 | 몸 **신**, 일천 **천**, 금 **금**

[일실동거一室同居]

한 방에서 함께 산다는 말이다.

글자 | 방 **실**, 같을 **동**, 항상 있을 **거**

[일실원돈一實圓頓]

하나의 사실로 둥글게 꾸벅거린다는 말이며, 하나의 실교實敎에 의해 원만하고 돈오한 경지에 이른다는 천태종의 교리를 일컫는다.

글자 | 사실 **실**, 둥굴 **원**, 꾸벅거릴 **돈**

출전 | 불교

동류 | 원실돈오圓實頓悟

[일실일득一失一得]

→ 일득일실一得一失

[일심동귀一心同歸]

한마음으로 같이 돌아온다는 말이며, 합심하여 같은 방향으로 나아간다는 뜻이다.

글자 | 마음 **심**, 같을 **동**, 돌아올 **귀**

[일심동체一心同體]

[여러 사람이 뜻이나 행동을 함께 하여] 한마음으로 같은 몸이 된다는 말이다.

글자 | 마음 **심**, 같을 **동**, 몸 **체**

[일심만능一心萬能]

한마음이 만 가지에 능하다는 말이며, 무슨 일이든지 한마음으로 하면 이룰 수 있다는 뜻이다.

글자 | 마음 **심**, 일만 **만**, 능할 **능**

[일심백군一心百君]

한마음으로 백의 임금을 섬긴다는 말이며, 한결같은 마음만 있다면 어떤 군주도 모실 수 있다는 뜻이다.

원문 | **一心可以事百君**
일 심 가 이 사 백 군

글자 | 마음 **심**, 일백 **백**, 임금 **군**

출전 | 안자춘추 내편 문하問下, 설원

[일심불란一心不亂]

하나의 마음으로 어지럽지 않다는 말이며, 하나의 대상에 집중하여 마음이 흔들리지 않는다는 뜻이다.

글자 | 마음 **심**, 아닐 **불**, 어지러울 **란**

출전 | 불교

[일심삼관一心三觀]

한마음을 세 가지로 본다는 말이며, 마음을 공空, 가假와 중中으로 본다는 천태종의 오도법悟道法을 일컫는다.

글자 | 마음 **심**, 볼 **관**

출전 | 보살영락본업경菩薩瓔珞本業經

[일심전력一心專力]

한마음으로 힘을 오로지한다는 말이며, 한마음으로 온 힘을 다한다는 뜻이다.

글자 | 마음 **심**, 오로지할 **전**, 힘 **력**

[일심협력一心協力]

한마음으로 힘을 합친다는 말이다.

글자 | 마음 **심**, 맞을 **협**, 힘 **력**

[일야무간日夜無間]

낮과 밤에 사이가 없다는 말이며, 밤낮 없이 이어진다는 뜻이다.

글자 | 낮 **일**, 밤 **야**, 없을 **무**, 사이 **간**

동류 | 일야부절日夜不絶

[일야부절日夜不絶]

낮과 밤이 끊이지 않는다는 말이다.

글자 | 낮 **일**, 밤 **야**, 아닐 **부**, 끊을 **절**

[일야십기一夜十起]

하룻밤에 열 번 일어난다는 말이며, 환자를 정성스럽게 간호한다는 뜻이다.

글자 | 밤 **야**, 일어날 **기**

출전 | 후한서 제오륜전第五倫傳

[일야지간一夜之間]

하룻밤 사이라는 말이다.

글자 | 밤 **야**, 어조사 **지**, 사이 **간**

[일양내복一陽來復]

한 볕이 다시 온다는 말이며, 짧아졌던 해가 동지冬至를 지나면서 점점 길어진다는 뜻이다. 궂은 일이 걷혀지고 좋은 일이 돌아온다는 비유로도 쓰인다.

글자 | 볕 **양**, 올 **내**, 돌아올 **복**

출전 | 주역 복괘復卦

[일어일어一語一語]

한마디 한마디라는 말이다.

글자 | 말씀 **어**

[일어탁수一魚濁水]

한 마리의 물고기가 물을 흐린다는 말이며, 한 사람의 잘못으로 여러 사람이 해를 입는다는 뜻이다.

글자 | 고기 **어**, 흐릴 **탁**, 물 **수**

출전 | 순오지
동류 | 일어혼천一魚混川

[일어혼천一魚混川]

한 마리의 물고기가 내를 흐린다는 말이며, 한 사람이 온 세상을 소란스럽게 한다는 뜻이다.

글자 | 고기 **어**, 흐릴 **혼**, 내 **천**
출전 | 동언해
동류 | 일어탁수一魚濁水

[일어혼천一魚渾川]

→ 일어혼천一魚混川

[일언가파一言可破]

한마디로 가를 수 있다는 말이며, 한마디로 판단이 된다는 뜻이다.

글자 | 말씀 **언**, 마땅할 **가**, 갈라질 **파**
출전 | 송남잡지
동류 | 일언단파一言斷破

[일언거사一言居士]

한마디 하는 사람이라는 말이며, 말참견을 좋아하는 사람을 일컫는다. 거사는 집에 머물러 있는 선비 또는 출가出家하지 않고 집에서 불도를 수행하는 남자를 일컫는다.

글자 | 말씀 **언**, 있을 **거**, 선비 **사**

[일언단파一言斷破]

→ 일언가파一言可破

[일언반구一言半句]

한 마디의 말과 반 구절이라는 말이며, 매우 짧은 말이라는 뜻이다.

글자 | 말씀 **언**, 반 **반**, 글귀 **구**
출전 | 남송 주희朱熹가 진안경陳安卿에게 답한 글

[일언반사一言半辭]

→ 일언반구一言半句

[일언방은一言芳恩]

한 마디 말의 향내 나는 은혜라는 말이며, 한 마디 말로 베푼 은혜라는 뜻이다.

글자 | 말씀 **언**, 향내 날 **방**, 은혜 **은**

[일언부중一言不中]

한 마디도 맞히지 못한다는 말이다.

원문 | 一言不中 千語無用
일언부중 천어무용

글자 | 말씀 **언**, 아닐 **부**, 맞힐 **중**
출전 | 명심보감 언어편言語篇

[일언일구一言一句]

한 마디 말과 하나의 글귀라는 말이며, 아주 짧은 말과 글이라는 뜻이다.

글자 | 말씀 **언**, 글귀 **구**

[일언일행一言一行]

하나의 말과 하나의 행실이라는 말이며, 아무 생각 없이 하는 말과 행위를 일컫는다.

원문 | 凡有一言一行
범 유 일 언 일 행

글자 | 말씀 **언**, 행실 **행**

출전 | 안씨가훈 모현慕賢

[일언지신一言之信]

한 마디 말의 믿음이라는 말이며, 한 마디 말이라도 믿음이 있어야 한다는 뜻이다.

글자 | 말씀 **언**, 어조사 **지**, 믿을 **신**

[일언지좌一言之佐]

한 마디 말의 도움이라는 말이며, 한 마디 말로 도움을 준다는 뜻이다.

글자 | 말씀 **언**, 어조사 **지**, 도울 **좌**

[일언지하一言之下]

단 한 마디의 말에 라는 말이며, 단 한 마디로 말해서, 다시 말할 나위 없이, 라는 뜻이다.

글자 | 말씀 **언**, 어조사 **지**, 아래 **하**

[일언천금一言千金]

한 마디의 말에 천금의 값어치가 있다는 말이다.

원문 | 丈夫一言重千金
장 부 일 언 중 천 금

글자 | 말씀 **언**, 일천 **천**, 금 **금**

출전 | 송남잡지松南雜識

[일언함인一言陷人]

한 마디 말이 사람을 빠뜨린다는 말이며, 한 마디 말로 남을 어렵게 만든다는 뜻이다.

글자 | 말씀 **언**, 빠뜨릴 **함**, 사람 **인**

[일여일탈一與一奪]

한 번 주고 한 번은 뺏는다는 말이며, 어느 때는 주고, 어느 때는 빼앗는다는 뜻이다.

글자 | 줄 **여**, 빼앗을 **탈**

출전 | 춘추좌씨전

[일역부족日亦不足]

날이 역시 족하지 않다는 말이며, 종일 일해도 시간이 부족하다는 뜻이다.

원문 | 故爲政者每人而悅之日亦不足矣
고 위 정 자 매 인 이 열 지 일 역 부 족 의

글자 | 날 **일**, 또 **역**, 아닐 **부**, 족할 **족**

출전 | 맹자 이루 하

[일역지지一易之地]

한 번 바꾸는 땅이라는 말이며, 땅이 메말라 1년은 쉬는 전답이라는 뜻이다.

글자 | 바꿀 **역**, 어조사 **지**, 땅 **지**

출전 | 회남자

[일엽장목一葉障目]

한 잎으로 눈을 가린다는 말이며, 무엇인가에 현혹되어 제대로 사물을 판단하지 못한다는 뜻이다.

원문 | 一葉障目 不見泰山
일 엽 장 목 불 견 태 산

ㅇ

글자 | 잎 **엽**, 가로막을 **장**, 눈 **목**

출전 | 갈관자鶡冠子 천측편天則篇

[일엽지추一葉知秋]

한 잎으로 가을을 안다는 말이다.

원문 | 一葉落知天下秋
일 엽 낙 지 천 하 추

글자 | 잎 **엽**, 알 **지**, 가을 **추**

출전 | 회남자 설산훈說山訓

[일엽편주一葉片舟]

한 잎과 같은 조각배 또는 쪽배라는 말이다.

글자 | 잎 **엽**, 조각 **편**, 배 **주**

[일영삼탄一詠三歎]

한 번 읊고 세 번 탄식한다는 말이며, 시문을 칭찬한다는 뜻이다.

글자 | 읊을 **영**, 탄식할 **탄**

[일영일락一榮一落]

한 번은 영화롭고, 한 번은 떨어진다는 말이며, 혹은 영화롭고, 혹은 쇠퇴한다는 뜻이다.

글자 | 영화 **영**, 떨어질 **락**

출전 | 장자

동류 | 일성일쇠一盛一衰

[일오재오一誤再誤]

한 번 잘못하고 두 번 잘못한다는 말이며, 계속하여 잘못을 저지른다는 뜻이다.

글자 | 잘못할 **오**, 두 번 **재**

출전 | 송사 위왕정미전魏王廷美傳

[일완월게日翫月愒]

날마다 놀며 달마다 쉰다는 말이며, 하는 일 없이 놀며 세월을 헛되이 보낸다는 뜻이다.

글자 | 날 **일**, 가지고 놀 **완**, 달 **월**, 쉴 **게**

출전 | 조선왕조 14대 선조실록

[일왕일래一往一來]

한 번 가고, 한 번 온다는 말이며, 왔다 갔다 한다는 뜻이다.

원문 | 一往一來有常數
일 왕 일 래 유 상 수

글자 | 갈 **왕**, 올 **래**

출전 | 허목許穆의 시

[일용범백日用凡百]

날로 쓰는 무릇 백 가지라는 말이며, 날마다 쓰는 여러 가지 물건이라는 뜻이다.

글자 | 날 **일**, 쓸 **용**, 무릇 **범**, 일백 **백**

[일용상행日用常行]

날로 쓰는 항상 하는 행함이라는 말이며, 날마다 하는 행동이라는 뜻이다.

글자 | 날 **일**, 쓸 **용**, 항상 **상**, 행할 **행**

[일용평상日用平常]

늘 쉽게 날마다 쓴다는 말이다.

글자 | 날 **일**, 쓸 **용**, 쉬울 **평**, 늘 **상**

[일우명지一牛鳴地]

한 마리의 소가 우는 땅이라는 말이며, 소의 울음소리가 들리는 가까운 곳이라는 뜻이다.

원문 | **相距一牛鳴地**
상 거 일 우 명 지

글자 | 소 **우**, 울 **명**, 땅 **지**

출전 | 왕유王維의 시

동류 | 일우후지一牛吼地

[일운도저一韻到底]

하나의 운이 밑에 이른다는 말이며, 시를 지을 때 처음부터 끝까지 같은 운을 단다는 뜻이다.

글자 | 운 **운**, 이를 **도**, 밑 **저**

[일웅다자一雄多雌]

한 [마리] 수컷과 많은 암컷이라는 말이며, 수컷 한 마리가 암컷 여럿을 거느린다는 뜻이다.

글자 | 수컷 **웅**, 많을 **다**, 암컷 **자**

동류 | 일모다빈一牡多牝

[일원대무一元大武]

하나의 으뜸가는 큰 호반이라는 말이며, 힘센 소의 별칭이다.

원문 | **牛曰 一元大武**
우 왈 일 원 대 무

글자 | 으뜸 **원**, 큰 **대**, 호반 **무**

출전 | 예기 곡례曲禮 하

[일월구천一月九遷]

한 달에 아홉 번 옮긴다는 말이며, 임금의 총애를 받아 아홉 번이나 벼슬이 오른다는 뜻이다.

글자 | 달 **월**, 옮길 **천**

동류 | 일세구천一世九遷

[일월삼주一月三舟]

하나의 달을 세 척의 배에서 본다는 말이며, 부처가 가르치는 도는 같아도 받아들이는 사람에 따라 다르다는 뜻이다.

글자 | 달 **월**, 배 **주**

출전 | 대장경 대장법수大藏法數

[일월성수日月星宿]

→ 일월성신日月星辰

[일월성신日月星辰]

해와 달과 별, 즉 모든 별을 일컫는다. 서경에 있는 글이다. '해와 달과 별들의 운행을 살피고 본받아 진실하게 사람들에게 때를 알려주라.'

원문 | **曆象日月星辰 敬授人時**
역 상 일 월 성 신 경 수 인 시

글자 | 해 **일**, 달 **월**, 별 **성**, 별 **신**

출전 | 서경 요전堯典, 중용 26장

동류 | 일월성수日月星宿

[일월여류日月如流]

날과 달이 물 흐르는 것과 같다는 말이며, 세월이 잘 흘러간다는 뜻이다.

원문 | **日月如流 事親不可久也**
일 월 여 류 사 친 불 가 구 야

글자 | 날 **일**, 달 **월**, 같을 **여**, 흐를 **류**

출전 | 격몽요결 사친장事親章

[일월여천日月麗天]

해와 달이 하늘의 짝이라는 말이며, 사이좋은 부부를 빗댄 말로도 쓰인다.

글자 | 해 **일**, 달 **월**, 짝 맞을 **여**, 하늘 **천**

출전 | 한서

[일월영측日月盈昃]

해와 달이 가득 차다가 기운다는 말이다.

원문 | 日月盈昃 辰宿列張
일 월 영 측 진 수 열 장

글자 | 해 **일**, 달 **월**, 찰 **영**, 기울 **측**

출전 | 천자문 2항

[일월유매日月逾邁]

해와 달이 넘어간다는 말이며, 세월이 덧없이 흘러간다는 뜻이다. 서경의 글이다. '내 마음의 근심은 세월이 흘러가 다시 오지 않을 것 같다.'

원문 | 我心之憂 日月逾邁 若弗云來
아 심 지 우 일 월 유 매 약 불 운 래

글자 | 해 **일**, 달 **월**, 넘을 **유**, 갈 **매**

출전 | 시경 태서泰誓

[일월쟁광日月爭光]

해와 달이 빛을 다툰다는 말이며, 업적이나 인덕이 뛰어난다는 뜻이다. 사기의 글이다. '그의 지조를 살펴보면, 해와 달과 빛을 다툰다고 해고 지나친 말이 아닐 것이다.'

원문 | 推此志也 雖與日月爭光可也
추 차 지 야 수 여 일 월 쟁 광 가 야

글자 | 해 **일**, 달 **월**, 다툴 **쟁**, 빛 **광**

출전 | 사기 굴원가생屈原賈生열전

[일월지식日月之食]

해와 달의 먹음이라는 말이며, 월식과 일식을 빗댄 말이다.

글자 | 해 **일**, 달 **월**, 어조사 **지**, 먹을 **식**

[일유일무一有一無]

한 번은 있고, 한 번은 없다는 말이며, 있다가 없다가 한다는 뜻이다.

글자 | 있을 **유**, 없을 **무**

[일유일예一遊一豫]

한때 논다는 말이며, 천자가 한 번 유람하고, 한 번 순방한다는 뜻이다.

원문 | 一遊一豫 爲諸侯度
일 유 일 예 위 제 후 도

글자 | 놀 **유**, 놀 **예**

출전 | 맹자 양혜왕梁惠王 하

[일음일양一陰一陽]

한 번은 그늘이고, 한 번은 볕이라는 말이며, 음과 양이 서로 교차하는 원리를 일컫는다.

글자 | 그늘 **음**, 볕 **양**

출전 | 주역 계사전繫辭傳 상

[일음일탁一飮一啄]

한 번 마시고, 한 번 쪼아 먹는다는 말이며, 적은 음식을 일컫는다.

글자 | 마실 **음**, 쫄 **탁**

[일의고행一意孤行]

하나의 뜻을 홀로 행한다는 말이며, 오직 한 가지 생각을 가지고 혼자서 실행한다는 뜻이다.

원문 | 孤立行一意而己
고립행일의이기

글자 | 뜻 **의**, 홀로 **고**, 행할 **행**

출전 | 사기 혹리酷吏열전

[일의대수一衣帶水]

한 줄기 띠와 같은 물이라는 말이며, 들판을 가로지른 강을 일컫는다. 수나라 문제가 진나라를 공략하면서 한 말이다. '나는 지금까지 진나라와 평화를 유지하려 했었다. 그런데 지금 진나라 임금은 횡포와 방탕을 일삼고 백성은 도탄에 빠져 있다. 내가 백성의 부모로서 어찌 좁은 한 가닥 강물로 인해 이를 구하지 않을 수 있겠는가' 여기의 강물은 장강長江으로 천하의 요충지였다.

원문 | 我爲民父母 豈可限一衣帶水
아위민부모 개가한일의대수

글자 | 옷 **의**, 띠 **대**, 물 **수**

출전 | 남사 진후주기陳後主紀

유사 | 일우명지一牛鳴地, 지호지간指呼之間

[일의전심一意專心]

한 가지 뜻에 오로지 마음을 둔다는 말이며, 오직 한 가지 일에만 마음을 기울인다는 뜻이다.

글자 | 뜻 **의**, 오로지할 **전**, 마음 **심**

동류 | 일심정념一心正念

[일의직도一意直到]

한 뜻이 곧바로 이른다는 말이며, 생각하는 대로 꾸밈없이 그대로 나타낸다는 뜻이다.

글자 | 뜻 **의**, 곧을 **직**, 이를 **도**

[일이관지一以貫之]

하나로 꿰었다는 말이며, 하나의 이치로서 모든 것을 꿰뚫었다는 뜻이다. 이는 공자가 증자와 자공에게 한 말이다. '삼아! 나의 도는 하나로서 꿰었다.'

원문 | 參乎 吾道一以貫之
삼호 오도일이관지

글자 | 한 **일**, 써 **이**, 꿸 **관**, 갈 **지**

출전 | 논어 이인里仁, 위령공衛靈公

유사 | 초지일관初志一貫, 시종일관始終一貫

[일이위상日以爲常]

항상 하는 날이라는 말이며, 날마다 같은 일을 한다는 뜻이다.

글자 | 날 **일**, 써 **이**, 할 **위**, 항상 **상**

[일인당천一人當千]

한 사람이 천 명을 당해낸다는 말이며, 힘이나 일을 함에 있어 여러 사람 몫을 한다는 뜻이다.

글자 | 사람 **인**, 당할 **당**, 일천 **천**

출전 | 북제서北齊書

동류 | 일기당천一騎當千

ㅇ

[일인이역一人二役]

한 사람이 두 가지 일을 한다는 말이다.

글자 | 사람 **인**, 일 **역**

[일인일기一人一技]

한 사람이 한 가지 재주를 가진다는 말이다.

글자 | 사람 **인**, 재주 **기**

[일인일살一人一殺]

한 사람이 하나를 죽인다는 말이며, 1대 1로 죽인다는 뜻이다.

글자 | 사람 **인**, 죽일 **살**

[일인지고一人之苦]

한 사람의 괴로움이라는 말이며, 한 사람의 희생에 불과하다는 뜻이다.

원문 | 一人之苦 萬人之樂
일 이 지 고 만 인 지 락

글자 | 사람 **인**, 어조사 **지**, 괴로울 **고**

[일일구천一日九遷]

하루에 아홉 번 [자리를] 옮긴다는 말이며, 임금의 신임이 두터워 승진이 매우 빠르다는 말이다.

글자 | 날 **일**, 옮길 **천**

동류 | 일세구천一世九遷

[일일만기一日萬機]

하루 동안의 여러 기미라는 말이며, 하루에 일어나는 여러 가지 기미라는 뜻이다. 간문제簡文帝가 승상으로 있을 때, 국사가 해를 넘긴 후에 처리하곤 해서 환공이 그 더딤을 걱정하면서 늘 권면하자 간문제가 말했다. '하루에도 온갖 기미가 일어난다고 했으니 어찌 속히 처리할 수 있겠소?'

글자 | 날 **일**, 여러 **만**, 기미 **기**

출전 | 세설신어 정사

[일일사득一一査得]

하나씩 하나씩 조사하여 알아낸다는 말이다.

글자 | 사실할 **사**, 얻을 **득**

[일일삼추一日三秋]

하루가 가을 세 번이라는 말이며, 기다리는 하루가 3년 같이 길게 느껴진다는 뜻이다. 채갈采葛이라는 시의 한 구절이다. '하루만 그대를 보지 못해도 세 계절을 못 본 듯합니다.'

원문 | 一日不見 如三秋兮
일 일 불 견 여 삼 추 혜

글자 | 날 **일**, 가을 **추**

출전 | 시경 왕풍王風

[일일일래日日日來]

하루하루 날이 온다는 말이며, 새로운 날이 계속 온다는 뜻이다.

글자 | 날 **일**, 올 **래**

[일일지고一日之孤]

하루의 외로움이라는 말이며, 재위

기간이 짧은 천자天子를 빗댄 말이다.

글자 | 날 **일**, 어조사 **지**, 외로울 **고**

[일일지아一日之雅]

하루의 선비라는 말이며, 깊지 않은 사귐을 빗댄 말이다.

글자 | 날 **일**, 어조사 **지**, 선비 **아**

출전 | 한서

[일일지우一日之憂]

하루 동안의 근심이라는 말이다.

글자 | 날 **일**, 어조사 **지**, 근심 **우**

[일일지장一日之長]

하루의 길이라는 말이며, 하루 먼저 세상에 태어나 나이가 많거나 선배가 된다는 뜻이다.

원문 | **一日長乎爾**
일 일 장 호 이

글자 | 날 **일**, 어조사 **지**, 긴 **장**

출전 | 논어 선진先進

[일일천리一日千里]

하루에 천리를 달린다는 말이며, 말이 매우 빨리 달린다거나 진보하는 것이 매우 빠르다는 뜻이다.

글자 | 날 **일**, 일천 **천**, 이수 **리**

출전 | 한서 왕윤전王允傳

[일일천추一日千秋]

→ 일일삼추一日三秋

[일일청한一日清閑]

하루의 맑음과 한가로움이라는 말이며, 하루라도 깨끗하고 한가한 마음을 가지라는 뜻이다.

원문 | **一日清閑 一日仙**
일 일 청 한 일 일 선

글자 | 날 **일**, 맑을 **청**, 한가할 **한**

출전 | 명심보감 성심편省心篇

[일일편시一日片時]

하루의 조각난 때라는 말이며, 매우 짧은 시간이라는 뜻이다.

글자 | 날 **일**, 조각 **편**, 때 **시**

[일자경장一字徑長]

한 글자의 지름이 한 길이라는 말이며, 글자를 너무 크게 썼다는 뜻이다.

글자 | 글자 **자**, 지름 **경**, 긴 **장**

동류 | 일자경척一字徑尺

[일자경척一字徑尺]

→ 일자경장一字徑丈

[일자만동一字萬同]

한 글자가 만 자와 같다는 말이며, 글씨의 변화가 없다는 뜻이다.

글자 | 글자 **자**, 일만 **만**, 같을 **동**

[일자무식一字無識]

글자를 한 자도 모를 정도로 무식하다는 말이다.

글자 | 글자 **자**, 없을 **무**, 알 **식**

[일자문결一字文訣]

한 글자의 글월 비결이라는 말이며, 딱 한 글자로 문장을 말하는 비결이라는 뜻이다.

원문 | 文章有一字訣乎
문 장 유 일 자 결 호

글자 | 글자 **자**, 글월 **문**, 비결 **결**

출전 | 왕구산의 독서보讀書譜

[일자반급一資半級]

하나의 쓰임[자리]에 반 등급이라는 말이며, 보잘 것 없는 말직 벼슬을 일컫는다.

원문 | 一資半級 雖成得之
일 자 반 급 수 성 득 지

글자 | 쓸 **자**, 반 **반**, 등급 **급**

출전 | 소학 외편 가언嘉言

[일자백련一字百練]

한 글자를 백 번 익혔다는 말이며, 시문의 한 자 한 자를 충분히 다듬는다는 뜻이다.

글자 | 글자 **자**, 일백 **백**, 익힐 **련**

[일자불설一字不說]

한 자로서는 설명할 수 없다는 말이며, 부처가 깨달은 내용은 말이나 글자로써는 설명할 수 없다는 뜻이다.

글자 | 글자 **자**, 아닐 **불**, 말씀 **설**

[일자수의一字數義]

한 글자에 몇 가지 뜻이 있다는 말이다.

글자 | 글자 **자**, 두어 **수**, 뜻 **의**

[일자양의一字兩義]

한 글자에 두 가지 뜻이 있다는 말이다. 한자는 거의 한 글자에 두 가지 이상의 뜻이 담겨 있다.

글자 | 글자 **자**, 두 **양**, 뜻 **의**

[일자월심日滋月甚]

날이 갈수록 더하고 달이 갈수록 심하다는 말이며, 어떤 일이 세월이 갈수록 심해진다는 뜻이다.

글자 | 날 **일**, 더할 **자**, 달 **월**, 심할 **심**

출전 | 조선왕조 15대 광해군일기

[일자이후一自以後]

그 뒤부터라는 말이며, 그 뒤부터 지금까지라는 뜻이다.

글자 | 부터 **자**, 써 **이**, 뒤 **후**

[일자일의一字一義]

한 글자에 한 뜻이라는 말이다.

글자 | 글자 **자**, 뜻 **의**

[일자일점一字一點]

한 글자 한 점이라는 말이며, 매우 작은 것을 빗댄 말이다.

글자 | 글자 **자**, 점 **점**

[일자일주一字一珠]

한 글자가 한 구슬이라는 말이며, 글자 하나가 귀중하다는 뜻이다.

글자 | 글자 **자**, 구슬 **주**

[일자지사一字之師]

한 글자의 스승이라는 말이며, 문장의 잘못을 지적하거나 한 글자라도 소중히 하는 사람이라는 뜻이다.

글자 | 글자 **자**, 어조사 **지**, 스승 **사**

출전 | 당재자전唐才子傳

[일자천금一字千金]

글자 한 자가 천금이라는 말이며, 글자 한 자의 가치가 크다는 뜻이다. 진나라의 여불위呂不韋는 백과사전과 같은 여씨춘추呂氏春秋를 만들고 이를 함양성 시문 앞에 펴놓고 '능히 한 글자라도 이것을 보태고 빼고 하는 사람이 있으면 천금을 주겠다.' 라고 하였다.

원문 | 有能增損 一字者予千金
유능증손 일자자여천금

글자 | 글자 **자**, 일천 **천**, 쇠 **금**

출전 | 사기 여불위전呂不韋傳

유사 | 일자백금一字百金

관련 | 여씨춘추呂氏春秋

[일자첩용一字疊用]

한 글자를 겹쳐서 사용한다는 말이며, 하나의 시문에서 같은 글자를 몇 번 중복해서 사용한다는 뜻이다.

글자 | 글자 **자**, 겹칠 **첩**, 쓸 **용**

[일자포수一字砲手]

한 글자로 방포하는 손이라는 말이며, 한 방으로 맞히는 포수라는 뜻이다.

글자 | 글자 **자**, 방포 **포**, 손 **수**

동류 | 일방포수一放砲手

[일자포폄一字褒貶]

한 글자가 포장도 하고 덜하기도 한다는 말이며, 글자 하나하나에 칭찬과 폄하하는 의미가 있다는 뜻이다.

원문 | 春秋一字褒貶
춘추일자포폄

글자 | 글자 **자**, 포장할 **포**, 덜할 **폄**

[일잔다시一盞茶時]

한 잔의 차를 마시는 시간이라는 말이다.

글자 | 술잔 **잔**, 차 **다**, 때 **시**

출전 | 수호전水滸傳

[일장설화一場說話]

한 마당의 이야기라는 말이며, 한 번 시작한 긴 이야기라는 뜻이다.

글자 | 마당 **장**, 말씀 **설**, 이야기 **화**

[일장월취日將月就]

→ 일취월장日就月將

[일장일단一長一短]

하나가 길거나 하나가 짧다는 말이며, 장점이 있으면 단점도 있다는 뜻이다.

글자 | 긴 **장**, 짧을 **단**

출전 | 논형

[일장일이一張一弛]

한 번 당기고, 한 번 늦춘다는 말이며, 사람을 다룸에 있어 엄격하게도 하고 관대하게도 한다는 뜻이다. 예기에 있는 글이다. '활은 한 번 당기고 한 번 늦추어야 하는데, 이는 문·무왕의 도道인 것이다.'

원문 | 一張一弛 文武之道也
일 장 일 이 문 무 지 도 야

글자 | 활 당길 **장**, 늦출 **이**

출전 | 예기 잡기雜記 하

유사 | 신상필벌信賞必罰

[일장춘몽一場春夢]

한마당의 봄꿈이라는 말이며, 짧은 한때의 영화榮華를 빗댄 말이다.

글자 | 마당 **장**, 봄 **춘**, 꿈 **몽**

출전 | 후청록侯鯖錄

[일장통곡一場痛哭]

한 마당의 아픈 울음이라는 말이며, 한바탕의 통곡이라는 뜻이다.

글자 | 마당 **장**, 아플 **통**, 울 **곡**

[일장풍파一場風波]

한 마당의 바람과 물결이라는 말이며, 한바탕의 심한 야단이나 싸움을 일컫는다.

글자 | 마당 **장**, 바람 **풍**, 물결 **파**

[일재일예一才一藝]

한 가지 재주와 한 가지 기예라는 말이며, 한 가지의 뛰어난 재주와 기예라는 뜻이다.

글자 | 재주 **재**, 기예 **예**

[일적월루日積月累]

날이 쌓이고 달이 겹친다는 말이며, 세월이 끊임없이 지나간다는 뜻이다.

글자 | 날 **일**, 쌓을 **적**, 달 **월**, 겹칠 **루**

[일전불치一錢不値]

한 푼어치의 값도 안 된다는 말이며, 쓸모없다는 뜻이다.

글자 | 동 **전**, 아닐 **불**, 값 **치**

출전 | 사기 위기무안후魏其武安侯열전

[일전쌍조一箭雙鵰]

한 화살에 두 마리의 수리라는 말이며, 한 가지 일로 두 가지 이득 또는 효과가 있다는 뜻이다.

글자 | 화살 **전**, 쌍 **쌍**, 수리 **조**

출전 | 수서隋書, 태평어람 349권

동류 | 일석이조一石二鳥, 일거양득一擧兩得, 일거양획一擧兩獲

[일전일도一轉一倒]

한 번 구르고, 한 번 넘어진다는 말이며, 하는 일이 계속 실패한다는 뜻이다.

글자 | 구를 **전**, 넘어질 **도**

[일점일획一點一劃]

[글자의] 한 점 한 번 긋기라는 말이며,

세밀한 부분 또는 세밀한 부분까지 배려한다는 뜻으로도 쓰인다.

글자 | 점 **점**, 그을 **획**

출전 | 안씨가훈 서증書證

[일점혈육一點血肉]

한 점의 피와 살이라는 말이며, 자기가 낳은 단 하나의 자녀라는 뜻이다.

글자 | 수효 **점**, 피 **혈**, 살 **육**

[일조부귀一朝富貴]

하루아침에 부하고 귀하게 되었다는 말이며, 가난한 사람이 갑자기 부귀를 누리게 되었다는 뜻이다.

원문 | 一朝富貴 還自恣
일조부귀 환자자

글자 | 아침 **조**, 부할 **부**, 귀할 **귀**

[일조월설日措月設]

날마다 베풀고 달마다 짓는다는 말이며, 끊임없이 설치한다는 뜻이다.

글자 | 날 **일**, 베풀 **조**, 달 **월**, 지을 **설**

출전 | 조선왕조 14대 선조실록

[일조일석一朝一夕]

하루아침과 하루 저녁이라는 말이며, 어제 오늘의 짧은 기간을 뜻한다. 역경에 있는 글이다. '자식으로서 그 아비를 죽이는 끔찍한 일도 결코 일조일석에 일어날 사태는 아니며 …'

원문 | 子弑其父 非一朝一夕之故…
자시기부 비일조일석지고

글자 | 아침 **조**, 저녁 **석**

출전 | 주역 곤위지坤爲地

[일조지분一朝之忿]

하루아침의 분노라는 말이며, 하루아침의 분노가 그 몸을 망친다는 뜻이다.

원문 | 一朝之忿 忘其身 以及其親
일조지분 망기신 이급기친
非惑與
비혹여

글자 | 아침 **조**, 어조사 **지**, 분할 **분**

출전 | 논어 안연顔淵

[일존일망一存一亡]

한 번 있고 한 번 망한다는 말이며, 존재했다가는 멸망한다는 뜻이다.

글자 | 있을 **존**, 망할 **망**

[일죄재범一罪再犯]

한 가지 죄를 다시 범한다는 말이다.

글자 | 죄 **죄**, 다시 **재**, 범할 **범**

[일주경천一柱擎天]

한 개의 기둥으로 하늘을 떠받친다는 말이며, 한 몸으로 천하의 중책을 맡았다는 뜻이다.

글자 | 기둥 **주**, 떠받칠 **경**, 하늘 **천**

출전 | 송사

[일주일야一晝一夜]

하루의 낮과 하루의 밤이라는 말이다.

글자 | 낮 **주**, 밤 **야**

ㅇ

[일중도영日中逃影]

한낮에 그림자를 피한다는 말이며, 할 수 없는 일을 하고자 한다는 뜻이다.

글자 | 날 **일**, 가운데 **중**, 달아날 **도**, 그림자 **영**

[일중불결日中不決]

하루 가운데 결단하지 못하였다는 말이며, 아침부터 의논을 시작하여 오정 때가 되도록 결정을 못하였다는 뜻이다.

원문 | 日中不決 好事多魔
일 붕 불 결 호 사 다 마

글자 | 날 **일**, 가운데 **중**, 아닐 **불**, 결단할 **결**

출전 | 토정비결

[일중유자日中有子]

해 가운데에 있는 아들이라는 말이며, 임금을 빗댄 말이다.

글자 | 해 **일**, 가운데 **중**, 있을 **유**, 아들 **자**

출전 | 고려사 8권

[일중즉측日中則昃]

해가 가운데 있다가 곧 기울어진다는 말이며, 해가 중천까지 올라가면 이윽고 기울어진다는 뜻이다.

글자 | 해 **일**, 가운데 **중**, 곧 **즉**, 해 기울어질 **측**

출전 | 주역 뇌하풍雷下豊

동류 | 일중필이日中必移

[일중필이日中必移]

해가 가운데 오면 반드시 옮겨진다는 말이며, 해가 중천에 오르게 되면 반드시 이동한다는 뜻이다.

글자 | 해 **일**, 가운데 **중**, 반드시 **필**, 옮길 **이**

출전 | 사기 일자열전日者列傳

동류 | 일중즉측日中則昃

[일즙일채一汁一菜]

국 한 그릇과 나물 한 그릇이라는 말이며, 변변치 못한 식사를 빗댄 말이다.

글자 | 국물 **즙**, 나물 **채**

[일증월가日增月加]

날로 늘고 달로 더해간다는 말이며, 날마다 달마다 자꾸 늘어간다는 뜻이다.

글자 | 날 **일**, 더할 **증**, 달 **월**, 더할 **가**

[일지반전一紙半錢]

한 장의 종이와 반 푼이라는 말이며, 매우 적은 기부를 일컫는다.

글자 | 종이 **지**, 반 **반**, 돈 **전**

[일지반해一知半解]

하나를 알고 반을 깨닫는다는 말이며, 어설픈 지식 또는 아는 것이 적다는 뜻이다.

글자 | 알 **지**, 반 **반**, 깨달을 **해**

출전 | 당송시순唐宋詩醇, 창랑시화滄浪詩話

반대 | 문일지십聞一知十

[일지부동一指不動]

한 손가락도 움직이지 않는다는 말이며, 몸시 게을러서 일 하나 하지 않고 놀고 있다는 뜻이다.

글자 | 손가락 **지**, 아닐 **부**, 움직일 **동**

출전 | 성호사설

[일지위심一之爲甚]

한 번이 더 심하게 된다는 말이며, 한 번 그르친 일은 돌이키기 어렵다는 뜻이다.

원문 | **一之爲甚 其可再乎**
일 지 위 심 기 가 재 호

글자 | 어조사 **지**, 될 **위**, 심할 **심**

출전 | 춘추좌씨전 희공僖公 5년조

[일진광풍一陣狂風]

한 진을 친 사나운 바람이라는 말이며, 한바탕 부는 사납고 거센 바람이라는 뜻이다.

글자 | 진칠 **진**, 사나울 **광**, 바람 **풍**

[일진불염一塵不染]

하나의 먼지도 물들지 않는다는 말이며, 물욕에 물들지 않고 청렴하다는 말이다.

글자 | 먼지 **진**, 아닐 **불**, 물들일 **염**

출전 | 경전京傳

[일진월보日進月步]

날로 나아가고 달로 걷는다는 말이며, 날마다 달마다 끊임없이 발전한다는 뜻이다.

글자 | 날 **일**, 나아갈 **진**, 달 **월**, 걸을 **보**

유사 | 일취월장日就月將

[일진일퇴一進一退]

나아가거나 물러난다는 말이며, 정세나 증상이 좋아졌다 나빠졌다 한다는 뜻이다.

글자 | 나아갈 **진**, 물러날 **퇴**

출전 | 순자 수신편修身篇

[일진청풍一陣淸風]

한 진의 맑은 바람이라는 말이며, 한바탕 부는 시원한 바람이라는 뜻이다.

글자 | 진칠 **진**, 맑을 **청**, 바람 **풍**

[일진흑운一陣黑雲]

한 진의 검은 구름이라는 말이다.

글자 | 진칠 **진**, 검을 **흑**, 구름 **운**

[일창삼탄一倡三歎]

한 사람이 노래하면 세 사람이 칭찬한다는 말이며, 시문詩文을 읽고 여러 번 감탄한다는 뜻이다.

글자 | 부를 **창**, 칭찬할 **탄**

출전 | 예기 악기편樂記篇

[일창일화一唱一和]

한편에서 부르면 한편에서 화답한다는 말이며, 시문이나 노래 같은 것을 번차례로 부른다는 뜻이다.

글자 | 부를 **창**, 화할 **화**

ㅇ

[일처다부一妻多夫]

한 아내가 여러 남편을 가지는 혼인 풍속을 일컫는다. 인도와 티벳에 아직도 있는 풍속이다.

글자 | 아내 **처**, 많을 **다**, 지아비 **부**

[일척건곤一擲乾坤]

→ 건곤일척乾坤一擲

[일척백만一擲百萬]

→ 일척천금一擲千金

[일척천금一擲千金]

한 번 던진 천금이라는 말이며, 큰맘 먹고 거액을 희사하거나 대담한 일을 한다는 뜻이다.

글자 | 던질 **척**, 일천 **천**, 돈 **금**

출전 | 오상지吳象之의 시

동류 | 일척백만一擲百萬

[일천만승一天萬乘]

한 하늘에 만개 탈것이라는 말이며, 천자天子 또는 천자의 지위를 일컫는다.

글자 | 하늘 **천**, 일만 **만**, 탈 **승**

[일천사해一天四海]

하나의 하늘과 네 바다라는 말이다.

글자 | 하늘 **천**, 바다 **해**

[일천지하一天之下]

한 하늘 아래라는 말이며, 한 천자의 밑에 있다는 뜻이다.

글자 | 하늘 **천**, 어조사 **지**, 아래 **하**

[일청일탁一淸一濁]

한 번은 맑고, 한 번은 흐리다는 말이며, 날씨가 맑았다 흐렸다 한다는 뜻이다.

글자 | 맑을 **청**, 흐릴 **탁**

출전 | 장자 천운天運

[일체개고一切皆苦]

모두 다 괴롭다는 말이며, 사람의 삶은 모두 다 괴로움으로 되어 있다는 뜻이다.

글자 | 모두 **체**, 다 **개**, 괴로울 **고**

출전 | 잡아함경 음근경陰根經

[일체고액一切苦厄]

모든 괴로움과 재앙이라는 말이다.

원문 | 五蘊皆空 度一切苦厄 (오온개공 도일체고액)

글자 | 모두 **체**, 괴로울 **고**, 재앙 **액**

출전 | 반야심경般若心經

[일체분신一體分身]

한 몸이 여러 몸으로 나뉜다는 말이며, 하나의 근원으로부터 몇 갈래로 나누인다는 뜻이다.

글자 | 몸 **체**, 나눌 **분**, 몸 **신**

[일체유정一切有情]

모두 마음속을 가지고 있다는 말이

며, 모든 중생은 정서情緖를 가지고 있다는 뜻이다.

글자 | 모두 **체**, 가질 **유**, 마음속 **정**

출전 | 대혜도경종요大慧度經宗要

동류 | 일체중생一切衆生

[일체장경一切藏經]

모든 곳집의 경서라는 말이며, 불교의 경전인 경經, 율律, 논論의 3장 모두를 일컫는다.

글자 | 모두 **체**, 곳집 **장**, 경서 **경**

[일체중생一切衆生]

하나의 모든 산 무리라는 말이며, 이 세상의 모든 생물이라는 뜻이다.

글자 | 모두 **체**, 무리 **중**, 살 **생**

[일체편고一體偏枯]

한 몸이 치우쳐 몸이 여윈다는 말이며, 몸의 한 부분이 마비되어 움직이지 못한다는 뜻이다.

원문 | 大禹不以一身自利一體偏枯
대 우 불 이 일 신 자 리 일 체 편 고

글자 | 몸 **체**, 치우칠 **편**, 여윌 **고**

출전 | 열자 양주편楊朱篇

동류 | 반신불수半身不隨

[일초일목一草一木]

→ 일목일초一木一草

[일촉즉발一觸卽發]

한 번 닿아도 바로 일어난다는 말이며, 건드리기만 하면 터진다는 뜻이다.

글자 | 닿을 **촉**, 곧 **즉**, 일어날 **발**

[일촌간장一寸肝腸]

한 토막의 간과 창자를 녹인다는 말이며, 애달프거나 애가 탄다는 뜻이다.

글자 | 마디 **촌**, 간 **간**, 창자 **장**

출전 | 송남잡지

[일촌광음一寸光陰]

한 마디의 빛과 그늘이라는 말이며, 매우 짧은 시간이라는 뜻이다.

원문 | 少年易老學難成一寸光陰不可輕
소 년 이 로 학 난 성 일 촌 광 음 불 가 경

글자 | 마디 **촌**, 빛 **광**, 그늘 **음**

출전 | 주희朱熹의 우성偶成

[일촌단심一寸丹心]

한 치의 붉은 마음이라는 말이며, 약간의 충성심을 빗댄 말이다.

글자 | 치 **촌**, 붉을 **단**, 마음 **심**

출전 | 두보杜甫의 시

동류 | 일촌적심一寸赤心

[일촌적심一寸赤心]

→ 일촌단심一寸丹心

[일총월적日叢月積]

날마다 모이고 달이 갈수록 쌓인다는

ㅇ

말이며, 날이 오래 갈수록 많이 쌓인다는 뜻이다.

글자 | 날 **일**, 모일 **총**, 달 **월**, 쌓일 **적**

출전 | 조선왕조 9대 성종실록

[일축일신一縮一伸]

한 번은 줄고, 한 번은 펴진다는 말이며, 어떤 사물이 줄었다 늘었다 한다는 뜻이다.

글자 | 줄 **축**, 펼 **신**

[일출삼간日出三竿]

해가 세 개의 막대기만큼 나왔다는 말이며, 해가 높이 돋았다는 뜻이다.

원문 | 日出三竿 春霧消
일 출 삼 산 춘 무 소

글자 | 해 **일**, 날 **출**, 대나무 줄기 **간**

출전 | 유우석劉禹錫의 죽지사竹枝詞

[일출이작日出而作]

해가 나면 짓는다는 말이며, 낮에는 일을 한다는 뜻이다.

원문 | 日出而作 日入而息
일 출 이 작 일 입 이 식

글자 | 해 **일**, 날 **출**, 말 이을 **이**, 지을 **작**

출전 | 제왕세기帝王世紀 격양가擊壤歌

[일출일몰日出日沒]

해가 나고 해가 잠긴다는 말이며, 해가 뜨고 해가 진다는 뜻이다.

글자 | 해 **일**, 날 **출**, 잠길 **몰**

[일취월장日就月將]

날마다 이루고 달마다 나아간다는 말이며, 학문 또는 사업이 끊임없이 발전한다는 뜻이다. 경지敬之라는 시의 한 구절이다. '날로 나아가고 달로 이루어 배워서 밝은 덕을 빛내오리다.'

원문 | 日就月將 學有緝熙于光明
일 취 월 장 학 유 집 희 우 광 명

글자 | 날 **일**, 이룰 **취**, 달 **월**, 나아갈 **장**

출전 | 시경 주송周頌

동류 | 일장월취日將月就, 일진월보日進月步

[일취지몽一炊之夢]

→ 한단지몽邯鄲之夢

[일취천일一醉千日]

한 번 취하면 천 날 간다는 말이며, 아주 좋은 술이라는 뜻이다.

글자 | 취할 **취**, 일천 **천**, 날 **일**

출전 | 박물지博物誌

[일측지로日昃之勞]

해가 기우는 수고로움이라는 말이며, 하루 종일 쉬지 않고 일한다는 뜻이다.

글자 | 해 **일**, 기울 **측**, 어조사 **지**, 수고로울 **로**

[일측지리日昃之離]

해가 기우는 아름다운 모양이라는 말이며, 해 지는 저녁노을을 일컫는다.

원문 | 日昃之離 不鼓缶而歌
일 측 지 리 불 고 부 이 가

글자 | 해 **일**, 기울 **측**, 어조사 **지**, 아름다운 모양 **리**

출전 | 주역 중화리重火離

[일층가관一層可觀]

한결 더 볼만하다는 말이다.

글자 | 층층대 **층**, 긍정할 **가**, 볼 **관**

[일층기관一層奇觀]

한 층 더 기이하게 보인다는 말이다.

글자 | 층 **층**, 기이할 **기**, 볼 **관**

[일치단결一致團結]

하나로 모아서 맺는다는 말이며, 여럿이 마음을 합하여 한 덩어리로 굳게 뭉친다는 뜻이다.

글자 | 이를 **치**, 모을 **단**, 맺을 **결**

[일치일란一治一亂]

한때는 다스려졌다가 한때는 어지럽다는 말이다.

원문 | 天下之生久矣 一治一亂
천하지생구의 일치일난

글자 | 다스릴 **치**, 어지러울 **란**

출전 | 맹자 등문공滕文公 하

[일치협력一致協力]

힘을 합하여 하나를 이룬다는 말이며, 구성원이 서로 힘을 합쳐서 하나가 되어 분투한다는 뜻이다.

글자 | 이를 **치**, 맞을 **협**, 힘 **력**

출전 | 삼국지연의

[일침견혈一針見血]

침 한 번에 피를 본다는 말이며, 어떤 일의 본질을 단번에 파악하여 정곡을 찌른다는 뜻이다.

글자 | 바늘 **침**, 볼 **견**, 피 **혈**

출전 | 후한서 곽옥전郭玉傳

[일침황량一枕黃粱]

잠시 누워 누런 기장 밥의 꿈을 꾼다는 말이며, 헛된 생각 또는 헛된 꿈이라는 뜻이다.

글자 | 베개 **침**, 누를 **황**, 기장 **량**

[일칭일념一稱一念]

한 번 말하고, 한 번 왼다는 말이며, 아미타불을 한 번 말하고, 한 번 왼다는 뜻이다.

글자 | 말할 **칭**, 욀 **념**

[일탄환지一彈丸地]

하나의 총알만한 땅이라는 말이며, 아주 좁은 땅을 빗댄 말이다.

글자 | 총알 **탄**, 둥글 **환**, 땅 **지**

동류 | 일홀지지一笏之地

[일파만파一波萬波]

한 번의 물결이 만 번의 파도를 일으킨다는 말이며, 아주 작은 일이 크게 확대되거나 영향을 끼친다는 뜻이다.

글자 | 물결 **파**, 일만 **만**

출전 | 냉제야화冷齊夜話

[일패도지一敗塗地]

한 번 패하여 땅을 더럽혔다는 말이며, 완전히 패하여 여지없이 되어버렸다는 뜻이다. 한고조 유방이 한 말이다. '하루아침에 깨어져 패하게 되면 간과 골이 땅을 바르게 된다.'

원문 | 言一朝破敗 使肝腦塗地
언일조파패 사간뇌도지

글자 | 패할 **패**, 바를 **도**, 땅 **지**

출전 | 사기 고조본기高祖本紀

[일편고운一片孤雲]

한 조각의 외로운 구름이라는 말이며, 홀로 있는 외로운 사람을 빗댄 말로도 쓰인다.

글자 | 조각 **편**, 외로울 **고**, 구름 **운**

[일편고월一片孤月]

한 조각 외로운 달이라는 말이다.

글자 | 조각 **편**, 외로울 **고**, 달 **월**

[일편단심一片丹心]

한 조각 붉은 마음이라는 말이며, 오직 외골수로 향한 변함없는 참된 마음이라는 뜻이다.

글자 | 조각 **편**, 붉을 **단**, 마음 **심**

출전 | 박팽년의 시조

[일편빙심一片氷心]

한 조각의 얼음 같은 마음이라는 말이며, 지극히 맑고 깨끗한 마음이라는 뜻이다.

글자 | 조각 **편**, 얼음 **빙**, 마음 **심**

[일편지견一偏之見]

한 쪽으로 기우러진 식견이라는 말이다.

글자 | 기울 **편**, 어조사 **지**, 식견 **견**

[일편지력一鞭之力]

→ 일비지력一臂之力

[일편지론一偏之論]

한 쪽으로 기운 의론이라는 말이며, 편견의 논의라는 뜻이다.

글자 | 기울 **편**, 어조사 **지**, 의논 **론**

[일편지언一偏之言]

한 쪽으로 기운 말, 즉 두 쪽 가운데 한 쪽의 말이라는 뜻이다.

글자 | 치우칠 **편**, 어조사 **지**, 말씀 **언**

[일폭십한一暴十寒]

하루가 따뜻하고 열흘이 차갑다는 말이며, 아무리 잘 자라는 초목이라도 하루만 볕을 쪼이고 열흘이 추우면 자랄 수 없다는 뜻과 학문이나 수양에 힘쓰는 날보다 노는 날이 많으면 학문은 이루지 못한다는 뜻이다. 맹자가 제선왕이 타고난 어진 성품과 총명을 제대로 발휘하지 못하여 안타까워 한 말이다. '아무리 세상에 쉽게 자라는 초목이 있다 할지라도 하루 따뜻하고 열흘 동안 추우면 능히 자

랄 것이 없다.'

원문 | 一日暴之 十日寒之
일 일 폭 지 십 일 한 지

글자 | 볕에 말릴 **폭**, 찰 **한**

출전 | 맹자 고자告子 상

[일피일차一彼一此]

저긴가 여긴가 하는 말이며, 저기서도 하고 여기서도 한다는 뜻이다.

글자 | 저 **피**, 이 **차**

출전 | 춘추좌씨전

[일필구지一筆勾之]

한 붓으로 낚아챈다는 말이며, 사람들의 명부에서 이름을 지워버린다는 뜻이다.

글자 | 붓 **필**, 갈고리 **구**, 어조사 **지**

[일필난기一筆難記]

한 붓으로 기록하기 어렵다는 말이며, 내용이 복잡하거나 길어서 간단히 기록하기 어렵다는 뜻이다.

글자 | 붓 **필**, 어려울 **난**, 기록할 **기**

[일필삼례一筆三禮]

한 번 붓질하고 세 번 절한다는 말이며, 아주 고생하며 글씨나 그림을 베낀다는 뜻이다.

글자 | 붓 **필**, 예도 **례**

[일필휘쇄一筆揮洒]

→ 일필휘지一筆揮之

[일필휘지一筆揮之]

단번에 붓을 휘두른다는 말이며, 단숨에 글을 줄기차게 써 내려간다는 뜻이다.

글자 | 붓 **필**, 휘두를 **휘**, 어조사 **지**

[일하개산日下開山]

해 아래 산을 연다는 말이며, 천하에 둘도 없는 제1인자가 된다는 뜻이다.

글자 | 해 **일**, 아래 **하**, 열 **개**, 뫼 **산**

[일하안거一夏安居]

한여름 편안히 앉는다는 말이며, 중이 음력 4월 16일부터 7월 15일까지 90일 동안 좌선하는 불교 의식을 일컫는다.

글자 | 여름 **하**, 편안 **안**, 앉을 **거**

[일한여차一寒如此]

이와 같이 한가지로 춥다는 말이며, 하나같이 가난하다는 뜻이다.

원문 | 范叔一寒如此哉
범 숙 일 한 여 차 재

글자 | 찰 **한**, 같을 **여**, 이 **차**

출전 | 사기 범저채택열전

[일한일망一閑一忙]

한 번 한가하고 한 번 바쁘다는 말이며, 한가하기도 하고 바쁘기도 하다는 뜻이다.

글자 | 한가할 **한**, 바쁠 **망**

[일한일서一寒一暑]

한 번은 춥고, 한 번은 덥다는 말이며, 추웠다 더웠다 한다는 뜻이다. 열자의 글이다. '그 끝은 음양의 구별에 법도가 있으므로 한 번 추웠다 한 번 더웠다 하였다.'

원문 | 其陰陽之審度 故一寒一暑
기음양지심도 고일한일서

글자 | 찰 **한**, 더울 **서**

출전 | 열자 주목왕

[일합일리一合一離]

한 번은 합치고, 한 번은 이별한다는 말이며, 붙었다 떨어졌다 한다는 뜻이다.

원문 | 齊趙之交 一合一離
제조지교 일합일리

글자 | 합할 **합**, 이별할 **리**

출전 | 전국책 연책燕策

[일합일벽一闔一闢]

한 번은 닫고, 한 번은 연다는 말이다.

글자 | 닫을 **합**, 열 **벽**

출전 | 주역 계사전繫辭傳 상

[일행삼례一行三禮]

글씨 한줄 쓰고 세 번 절한다는 말이며, 경건한 마음으로 글을 베껴 쓴다는 뜻이다.

글자 | 줄 **행**, 절 **배**

[일행삼매一行三昧]

세 가지 어두움에서 한 가지 행하라는 말이며, 멈추고 앉고 눕고 간에 항상 곧은 마음을 쓰라는 뜻이다.

글자 | 행할 **행**, 어두울 **매**

출전 | 유마경維摩經

[일행위리一行爲吏]

한 번 나아가 관리가 된다는 말이다.

글자 | 갈 **행**, 될 **위**, 관리 **리**

[일향개칭一鄕皆稱]

한 시골에서 모두 말한다는 말이며, 한 마을의 모든 사람으로부터 칭찬을 받는다는 뜻이다.

원문 | 一鄕皆稱 原人焉
일향개칭 원인언

글자 | 시골 **향**, 다 **개**, 말할 **칭**

출전 | 맹자 진심盡心 하

[일향전념一向專念]

하나를 향하여 전념한다는 말이며, 오직 한 가지 일을 위하여 전념한다는 뜻이다.

글자 | 향할 **향**, 오로지할 **전**, 생각할 **념**

[일허일만一虛一滿]

한 번 비고, 한 번 찬다는 말이며, 모습이 일정치 아니하여 정체를 알기 어렵다는 뜻이다. 장자에 있는 글이다. '때로는 텅 비고, 때로는 가득 차서 그 모습이 일정한 위치에 있지 못하오.'

원문 | 一虛一滿 不位乎其形
일허일만 불위호기형

글자 | 빌 **허**, 찰 **만**

출전 | 장자 추수秋水, 진서
동류 | 일허일실一虛一實, 일허일영一虛一盈

[일허일실一虛一實]

→ 일허일만一虛一滿

[일허일영一虛一盈]

있는가 하면 없고, 없는가 하면 있다는 말이며, 변화무쌍하다는 뜻이다.

글자 | 빌 **허**, 찰 **영**
출전 | 진서
동류 | 일허일실一虛一實

[일호반점一毫半點]

한 붓 반의 점이라는 말이며, 매우 작은 정도를 빗댄 말이다.

글자 | 붓 **호**, 반 **반**, 검은 점 **점**

[일호백낙一呼百諾]

한 사람이 부르면 백 사람이 대답한다는 말이며, 한 사람의 지도력에 의해 많은 사람이 이에 호응한다는 뜻이다.

글자 | 부를 **호**, 일백 **백**, 대답할 **낙**

[일호재락一呼再諾]

주인이 한 번 부르면 종이 두 번 대답한다는 말이며, 비굴하게 아첨한다는 뜻이다.

글자 | 부를 **호**, 두 번 **재**, 대답할 **낙**

[일호지액一狐之腋]

한 여우의 겨드랑이라는 말이며, 여우 겨드랑이 털이 아주 귀하여 값비싼 물건이라는 뜻이다.

글자 | 여우 **호**, 어조사 **지**, 겨드랑이 **액**
출전 | 사기 월세가越世家

[일호지천一壺之天]

한 병의 하늘이라는 말이며, 별세계別世界 또는 신천지를 빗댄 말이다.

글자 | 병 **호**, 어조사 **지**, 하늘 **천**
출전 | 후한서 방술전方術傳

[일호차착一毫差錯]

한 터럭의 어긋남이라는 말이며, 아주 작은 잘못이나 어긋남을 일컫는다.

글자 | 가늘고 긴 털 **호**, 어길 **차**, 어긋날 **착**

[일호천금一壺千金]

한 개의 표주박이 천금이라는 말이며, 하찮은 것도 때를 만나면 귀하게 쓰인다는 뜻이다. 배가 난파되었을 때 표주박 하나로도 물 위에 뜰 수 있어 매우 요긴하게 쓰인다.

글자 | 입 좁고 복부가 벌어진 항아리 **호**, 일천 **천**, 돈 **금**
출전 | 갈관자鶡冠子

[일화일언一話一言]

한 이야기와 한 마디 말이라는 말이며, 일상적인 말이라는 뜻이다.

글자 | 이야기 **화**, 말씀 **언**

[일확천금一攫千金]

한 번 붙잡은 천금이라는 말이며, 대수롭지 않은 일로 큰 돈을 손에 넣었다는 뜻이다.

글자 | 붙잡을 **확**, 일천 **천**, 돈 **금**

[일회일명一晦一明]

한 번은 어둡고, 한 번은 밝다는 말이며, 어두움과 밝음이 서로 교차한다는 뜻이다.

글자 | 어두울 **회**, 밝을 **명**

[일훈일유一薰一蕕]

하나의 향내 나는 풀과 하나의 누린내 나는 풀이라는 말이며, 좋은 냄새와 나쁜 냄새가 섞이면 악취만 나는 것과 같이 선행은 스러지고 악행은 잘 제거되지 않는다는 말이다.

원문 | 一薰一蕕 十年尚猶有臭
일훈일유 십년상유유취

글자 | 향풀 **훈**, 누린내 풀 **유**

출전 | 춘추좌씨전 희공僖公 상

[일훈일확一薰一獲]

하나의 향 풀과 하나의 곤박함이라는 말이며, 선과 악을 빗댄 말이다.

글자 | 향 풀 **훈**, 곤박할 **확**

[일희일경一喜一驚]

한편으로는 기쁘고, 한편으로는 놀랍다는 말이다.

글자 | 기쁠 **희**, 놀랄 **경**

[일희일구一喜一懼]

한 번 기쁘고, 한 번 두렵다는 말이며, 기쁘다가 두렵다가 한다는 뜻이다.

원문 | 父母之年 不可不知也 一則以喜 一則而懼
부모지년 불가부지야 일즉이희 일즉이구

글자 | 기쁠 **희**, 두려울 **구**

출전 | 논어 이인편里仁篇

[일희일노一喜一怒]

한 번 기쁘고, 한 번 성낸다는 말이며, 기쁘기도 하고 화가 나기도 한다는 뜻이다.

원문 | 令人主 一喜一怒者 謀也
영인주 일희일노자 모야

글자 | 기쁠 **희**, 성낼 **노**

출전 | 관자 패언편霸言篇

[일희일비一喜一悲]

한편으로 기쁘고, 한편으로 슬프다는 말이며, 기쁜 일과 슬픈 일이 번갈아 일어난다는 뜻도 된다.

글자 | 기쁠 **희**, 슬플 **비**

동류 | 일비일희一悲一喜

[일희일우一喜一憂]

기쁘기도 하고 걱정도 된다는 말이며, 사정이 변할 때마다 기뻤다가 걱정되었다가 한다는 뜻이다.

글자 | 기쁠 **희**, 근심 **우**

유사 | 일희일비一喜一悲

[임가환종臨嫁患腫]

시집갈 날에 임하여 종기가 난다는 말이며, 일이 임박해서 뜻밖의 일이 생긴다는 뜻이다.

글자 | 임할 **임**, 시집갈 **가**, 병들 **환**, 종기 **종**

출전 | 한훤차록寒暄箚錄

[임간홍엽林間紅葉]

숲 사이의 붉은 잎이라는 말이며, 가을의 풍경을 이르는 말이다.

글자 | 수풀 **임**, 사이 **간**, 붉을 **홍**, 잎 **엽**

출전 | 백씨문집白氏文集

[임갈굴정臨渴掘井]

목이 말라야 우물을 판다는 말이며, 일을 당하고 나서야 서둔다는 뜻이다.

글자 | 임할 **임**, 목마를 **갈**, 팔 **굴**, 우물 **정**

출전 | 안자춘추晏子春秋 내편잡상

동류 | 임갈천정臨渴穿井

유사 | 임난주병臨難鑄兵

[임강구어臨江求魚]

강에 임하여 물고기를 구한다는 말이며, 현명하게 일을 처리한다는 뜻이다.

원문 | 臨江求魚 終時多魚
임강구어 종시다어

글자 | 임할 **임**, 강 **강**, 구할 **구**, 고기 **어**

출전 | 토정비결

[임금하과衽金荷戈]

쇠를 옷섶에 넣고 창을 멘다는 말이며, 몸에 항상 무기를 지니고 다닌다는 뜻이다.

글자 | 옷섶 **임**, 쇠 **금**, 멜 **하**, 창 **과**

출전 | 조선왕조 14대 선조실록

[임기응변臨機應變]

기회에 따라 응하고 변한다는 말이며, 정세 변화에 따라 알맞은 대응조치를 취한다는 뜻이다.

글자 | 임할 **임**, 기회 **기**, 응할 **응**, 변할 **변**

출전 | 송사 소자전蕭資傳

[임난망사臨難忘私]

어려움에 임하여 사사로움을 잊는다는 말이며, 나라가 어려움을 당하면 개인의 사적인 일은 돌보지 않는다는 뜻이다.

글자 | 임할 **임**, 어려울 **난**, 잊을 **망**, 사사 **사**

출전 | 고려사 92

동류 | 임난망신臨難忘身

[임난망신臨難忘身]

→ 임난망사臨難忘私

[임난불구臨難不懼]

어려움에 임해서도 두려워하지 않는다는 말이다.

원문 | 臨大難而不懼者 聖人之勇也
임대난이불구자 성인지용야

글자 | 임할 **임**, 어려울 **난**, 아닐 **불**, 두려울 **구**

출전 | 장자 추수편秋水篇

[임난주병臨難鑄兵]

어려움이 생겨서야 무기를 만든다는 말이며, 일을 당하고 나서야 서둔다는 뜻이다.

글자 | 임할 **임**, 어려울 **난**, 쇠를 녹여 거푸집에 부을 **주**, 무기 **병**

출전 | 안자춘추

[임농탈경臨農奪耕]

농사에 임해서 밭갈이하는 것을 빼앗는다는 말이며, 이미 다 마련된 것을 빼앗는다는 뜻이다.

글자 | 임할 **임**, 농사 **농**, 빼앗을 **탈**, 밭갈 **경**

[임대책중任大責重]

맡은 일이 크고도 무겁다는 말이며, 책임이 중대하다는 뜻이다.

글자 | 맡길 **임**, 큰 **대**, 맡을 **책**, 무거울 **중**

[임도대감任道大監]

길을 맡은 큰 벼슬이라는 말이며, 이정里程을 표시한 장승을 빗댄 말이다.

글자 | 맡길 **임**, 길 **도**, 큰 **대**, 벼슬 **감**

출전 | 삼국유사 3권

[임락불탄臨樂不歎]

풍류에 임하여 탄식하지 않는다는 말이며, 음악을 대할 때는 즐거운 마음을 가져야 한다는 뜻이다.

원문 | 臨樂不歎介冑則有不可犯之色
임 락 불 탄 개 주 즉 유 불 가 범 지 색

글자 | 임할 **임**, 즐거울 **락**, 아닐 **불**, 탄식 **탄**

출전 | 예기 곡례 상

[임림총총林林叢叢]

수풀이 모이고 모였다는 말이며, 많이 모여 빽빽이 들어섰다는 뜻이다.

글자 | 수풀 **임**, 모일 **총**

[임민지관臨民之官]

백성에 임하는 벼슬이라는 말이며, 지방의 수령을 일컫는다.

글자 | 임할 **임**, 백성 **민**, 어조사 **지**, 벼슬 **관**

출전 | 조선왕조 15대 광해군일기

[임사이구臨事而懼]

일에 임해서는 두려워하라는 말이며, 일을 신중히 처리하라는 뜻이다.

원문 | 必也臨事而懼 好謀而成者也
필 야 임 사 이 구 호 모 이 성 자 야

글자 | 임할 **임**, 일 **사**, 말 이을 **이**, 두려울 **구**

출전 | 논어 술이편述而篇

[임사주상臨事周詳]

일에 임해서는 두루 자세해야 한다는

말이다. 일에 임해서는 그 처리 과정이 주밀하고 꼼꼼해야 하며 다급한 상황일수록 침착해서 처리해야 한다는 뜻이다.

글자 | 임할 **임**, 일 **사**, 두루 **주**, 자세할 **상**

출전 | 영의정 이준경의 글

[임사지덕妊姒之德]

아이 밴 사람과 맏며느리의 덕이라는 말이며, 아내 또는 후비后妃의 현숙한 덕행을 일컫는다.

글자 | 아이 밸 **임**, 맏며느리 **사**, 어조사 **지**, 큰 **덕**

[임시낭패臨時狼狽]

때에 임하여 낭패한다는 말이며, 잘되어 가다가 어느 시점에서 그 일이 잘못되어 난처하게 된다는 뜻이다.

글자 | 임할 **임**, 때 **시**, 낭패 **낭**, 낭패 **패**

[임시방편臨時方便]

→ 임시변통臨時變通

[임시변통臨時變通]

잠시 변하여 통한다는 말이며, 갑자기 터진 일을 우선 간단하게 둘러맞추어 처리한다는 뜻이다.

글자 | 잠시 **임**, 때 **시**, 변할 **변**, 통할 **통**

[임시졸판臨時猝辦]

잠시 동안 갑자기 판단한다는 말이며, 갑자기 당한 일을 임시로 처리한다는 뜻이다.

글자 | 잠시 **임**, 때 **시**, 갑자기 **졸**, 판단할 **판**

[임시처변臨時處變]

→ 임시변통臨時變通

출전 | 송남잡지

[임심이박臨深履薄]

깊은 곳에 임하고 얇은 것[얼음]을 밟는다는 말이며, 매우 위험한 일을 한다는 뜻이다.

원문 | 臨深履薄 夙興溫淸
임 심 이 박 숙 흥 온 청

글자 | 임할 **임**, 깊을 **심**, 밟을 **이**, 얇을 **박**

출전 | 시경, 예기 곡례曲禮, 천자문

[임심조서林深鳥棲]

숲이 깊으면 새가 깃들인다는 말이며, 사람이 인의를 쌓으면 많은 사람이 저절로 따른다는 뜻이다.

원문 | 林深則鳥棲
임 심 즉 조 서

글자 | 수풀 **임**, 깊을 **심**, 새 **조**, 깃들 **서**

출전 | 정관정요貞觀政要

[임연선어臨淵羨魚]

연못에 임하니 물고기가 부럽다는 말이며, 쓸데없이 남의 행복을 부러워한다는 뜻이다.

원문 | 臨深羨魚 不如退而結網
임 심 선 어 불 여 퇴 이 결 망

글자 | 임할 **임**, 못 **연**, 부러워할 **선**, 고

기어

출전 | 한서 동중서전董仲舒傳, 회남자설림훈說林訓

[임원감위任怨敢爲]

원망을 사면서까지 구태여 한다는 말이며, 기회를 놓치지 않고 과감하게 밀고 나간다는 뜻이다.

글자 | 맡길 **임**, 원망 **원**, 구태 **감**, 할 **위**

출전 | 조선왕조 14대 선조실록

[임자지전任子之典]

아들에게 맡겨지는 법이라는 말이며, 부조父祖의 은공에 의하여 그 자손에게 관직을 내리는 특전을 일컫는다.

글자 | 맡길 **임**, 아들 **자**, 어조사 **지**, 법 **전**

[임전무퇴臨戰無退]

싸움에 임하여 물러나지 않는다는 말이며, 이는 화랑정신인 세속오계世俗五戒 중의 하나이다.

글자 | 임할 **임**, 싸움 **전**, 없을 **무**, 물러날 **퇴**

출전 | 원광법사의 세속오계世俗五戒

관련 | 화랑정신花郞精神

[임전태세臨戰態勢]

싸움에 임하는 태도와 형세라는 말이며, 전쟁을 시작할 모든 준비 상태를 일컫는다.

글자 | 임할 **임**, 싸울 **전**, 태도 **태**, 형세 **세**

[임종정념臨終正念]

마침에 임하여 바르게 생각한다는 말이며, 죽을 때에 마음을 어지럽히지 않는다는 뜻이다.

글자 | 임할 **임**, 마침 **종**, 바를 **정**, 생각할 **념**

[임중도원任重道遠]

책임은 무겁고 갈 길은 멀다는 말이다.

원문 | 任重而道遠
임중이도원

글자 | 맡길 **임**, 무거울 **중**, 길 **도**, 멀 **원**

출전 | 논어 태백泰伯

[임진대적臨陣對敵]

진에 임하여 적을 대한다는 말이며, 싸움터에서 적과 맞서 겨룬다는 뜻이다.

글자 | 임할 **임**, 진칠 **진**, 대할 **대**, 대적할 **적**

[임진마창臨陣磨槍]

전쟁에 임하여 창을 간다는 말이며, 전쟁에 임박해 창을 갈아 봤자 아무 쓸데가 없다는 뜻이다.

원문 | 臨陣槍磨 也不中用
임진창마 야불중용

글자 | 임할 **임**, 진칠 **진**, 갈 **마**, 나무창 **창**

출전 | 홍루몽

[임진무용臨陣無勇]

전쟁에 임하여 용맹하지 못하다는 말이며, 전쟁터에 나가 용감하지 못하다는 뜻이다.

글자 | 임할 **임**, 진칠 **진**, 없을 **무**, 용맹할 **용**
출전 | 삼국사기 47권

[임진역장臨陣易將]

진지陣地에 임하여 장수를 바꾼다는 말이며, 어떤 일에 임박하여 일의 내용을 잘 모르는 책임자로 바꾼다는 뜻이다.

글자 | 임할 **임**, 진칠 **진**, 바꿀 **역**, 장수 **장**

[임참간괴林慙澗愧]

수풀과 시내가 부끄러워한다는 말이며, 저속한 사람들이 함부로 집을 지으면 주변의 산수가 더러워진다는 뜻이다.

원문 | 其林慙無盡 澗愧不歇
기 임 참 무 진 간 괴 불 헐

글자 | 수풀 **임**, 부끄러울 **참**, 시내 **간**, 부끄러울 **괴**
출전 | 공덕장의 북문이문北文移文

[임하유문林下儒門]

수풀 아래 선비의 집안이라는 말이며, 초야에 묻혀 벼슬길에 나아가지 않는 선비를 일컫는다.

글자 | 수플 **임**, 아래 **하**, 선비 **유**, 집안 **문**

[임현물이任賢勿貳]

어진 사람을 임명했으면 두 [마음을] 갖지 말라는 말이며, 적임자에게 일을 맡겼으면 끝까지 맡겨야 한다는 뜻이다.

글자 | 맡길 **임**, 어질 **현**, 말 **물**, 두 **이**
출전 | 서경 대우모大虞謨

[임현사능任賢使能]

현자를 임명하고 유능한 사람을 부린다는 말이다.

원문 | 尊賢使能 俊傑在位
존 현 사 능 준 걸 재 위

글자 | 맡길 **임**, 어질 **현**, 부릴 **사**, 능할 **능**
출전 | 맹자 공손추 하

[입각착래立刻捉來]

선 시각에 잡아온다는 말이며, 그 자리에서 바로 잡아온다는 뜻이다.

글자 | 설 **입**, 시각 **각**, 잡을 **착**, 올 **래**

[입경문금入境問禁]

경계에 들어가면 금하는 것을 물으라는 말이며, 외국에 들어가면 그 나라의 금하는 일부터 묻고 범하는 일이 없도록 조심하라는 뜻이다.

원문 | 入竟而問禁
입 경 이 문 금

글자 | 들 **입**, 지경 **경**, 물을 **문**, 금할 **금**
출전 | 예기 곡례曲禮 상

[입경문속入境問俗]

→ 입경문금入境問禁

[입계의완入界宜緩]

지경으로 들 때에는 마땅히 느슨해야 한다는 말이며, 적의 경계에 들어갈 때는 자신의 기세를 누그러뜨려야 한다는 뜻이다.

ㅇ

글자 | 들 **입**, 지경 **계**, 마땅 **의**, 느슨할 **완**

출전 | 위기십결圍棋十訣

[입국사순入國四旬]

나라에 들어와 40일이라는 말이며, 관중이 제나라에 들어와 40일째 되는 날까지 아홉 가지 시혜를 다섯 번 행했다는 뜻이다. 그 내용은 ①노인을 어른으로 모시는 일, ②어린이를 사랑하는 일, ③고아들을 구휼하는 일, ④장애가 있는 사람을 돌보는 일, ⑤홀로 된 사람을 결혼시키는 일, ⑥병든 사람을 위문하는 일, ⑦곤궁한 사람을 살피는 일, ⑧흉년 때 고용인들을 보살펴 도와주는 일, ⑨유공자들에 대한 보훈이다.

원문 | 入國四旬 五行九惠之敎
입국사순 오행구혜지교

글자 | 들 **입**, 나라 **국**, 열흘 **순**

출전 | 관자 입국入國

[입덕승명立德勝命]

덕을 세우면 운수를 이긴다는 말이며, 덕을 쌓으면 운명을 이길 수 있다는 뜻이다.

글자 | 설 **입**, 큰 **덕**, 이길 **승**, 운수 **명**

[입도선매立稻先賣]

벼를 논에 세워둔 채로 먼저 [헐값에] 판다는 말이다.

글자 | 설 **입**, 벼 **도**, 먼저 **선**, 팔 **매**

동류 | 입도매매立稻賣買

[입리필식入里必式]

마을에 들어가면 반드시 격식을 차리라는 말이며, 마을에 들어서면 반드시 몸을 굽힌다는 뜻이다.

글자 | 들 **입**, 마을 **리**, 반드시 **필**, 법 **식**

[입립신고粒粒辛苦]

알알이 맵고 쓰다는 말이며, 쌀알하나하나가 모두 피와 땀으로 이루어졌다는 뜻이다. 이신李紳의 시에 있는 말이다. '호미질 하여 해가 낮이 되니 땀이 벼 밑 흙으로 방울방울 떨어진다. 뉘 알리요, 상 위의 밥이 알알이 다 피땀인 것을.'

원문 | 鋤禾日當午 汗滴禾下土
서화일당오 한적화하토
誰知盤中飧 粒粒皆辛苦
수지반중손 입립개신고

글자 | 알 **입(립)**, 매울 **신**, 쓸 **고**

출전 | 고문진보古文眞寶 민농憫農

[입막지빈入幕之賓]

장막에 들어가는 손님이라는 말이며, 특별히 친한 손님 또는 기밀을 상의할 수 있는 상대를 일컫는다.

글자 | 들 **입**, 장막 **막**, 어조사 **지**, 손 **빈**

출전 | 세설신어 아량편雅量篇

[입맥선매立麥先賣]

밭에 서있는 보리를 미리 판다는 말이다.

글자 | 설 **입**, 보리 **맥**, 먼저 **선**, 팔 **매**

유사 | 입도선매立稻先賣

[입명입청立命立聽]

서서 명하면 서서 듣는다는 말이며, 부모의 말을 듣는 자식의 올바른 자세를 일컫는다.

원문 | 坐命坐聽 立命立聽
입 명 좌 청 입 명 입 청

글자 | 설 **입**, 명할 **명**, 들을 **청**

출전 | 사자소학

[입목삼분入木三分]

나무속에 3푼이라는 말이며, 필력이 힘차다는 뜻이다. 동진의 왕희지王羲之가 축판祝板에 글씨를 쓸 때면 붓이 나무판 속에 세 푼이나 박혀 들어갔다는 고사에서 온 말이다.

원문 | 王羲之書祝版 工人削之筆入
왕 희 지 서 축 판 공 인 삭 지 필 입
木三分
목 삼 분

글자 | 들 **입**, 나무 **목**, 한 푼 **분**

출전 | 진서, 서단書斷

[입봉모의入奉母儀]

[집에] 들면 어머니의 예법을 받든다는 말이다.

원문 | 外受傳訓 入奉母儀
외 수 전 훈 입 봉 모 의

글자 | 들 **입**, 받들 **봉**, 어미 **모**, 예법 **의**

출전 | 예기, 천자문

[입불공양入佛供養]

부처를 들여 받들고 봉양한다는 말이며, 불상을 절에 모셔들이기 위해 행하는 법회를 일컫는다.

글자 | 들 **입**, 부처 **불**, 받들 **공**, 봉양할 **양**

[입불역방立不易方]

서면 방위를 바꾸지 아니한다는 말이며, 성공하거나 출세해도 반듯한 방향을 바꾸어서는 안 된다는 뜻이다.

글자 | 설 **입**, 아닐 **불**, 바꿀 **역**, 방위 **방**

출전 | 주역 뇌풍항괘

[입산교단入山橋斷]

산에 들어가자 다리가 끊긴다는 말이며, 어떤 목적을 달성했지만 그 뜻을 펼 수 없게 되었다는 뜻이다.

글자 | 들 **입**, 뫼 **산**, 다리 **교**, 끊을 **단**

동류 | 등루거제登樓去梯

[입산기호入山忌虎]

산에 들어가 호랑이를 피한다는 말이며, 호랑이 잡으려고 산에 간 포수가 기피하는 것과 같이 일을 시작해 놓고 그 일을 피하려고 한다는 뜻이다.

글자 | 들 **입**, 뫼 **산**, 꺼릴 **기**, 범 **호**

출전 | 순오지 하

[입상정립笠上頂笠]

삿갓 위에 삿갓을 이었다는 말이며, 소용없는 사물이라는 빗댄 말이다.

글자 | 삿갓 **입(립)**, 위 **상**, 일 **정**

[입속보관入粟補官]

곡식을 들이고 벼슬을 받는다는 말이

며, 조정에서 대가를 받고 관직을 판다는 뜻이다.

글자 | 들 **입**, 곡식 **속**, 도울 **보**, 벼슬 **관**

출전 | 고려사 75권

[입신양명立身揚名]

몸을 세워 출세하고 세상에 이름을 드날린다는 말이다.

원문 | 立身行道 揚名於後世
입 신 행 도 양 명 어 후 세

글자 | 설 **입**, 몸 **신**, 날릴 **양**, 이름 **명**

출전 | 효경, 안씨가훈 서치序致

동류 | 입신출세立身出世

[입신출세立身出世]

몸을 세워 세상에 나왔다는 말이며, 사회에 나아가서 일정한 자리를 차지하고 자기의 지위를 확고하게 세웠다는 뜻이다.

글자 | 설 **입**, 몸 **신**, 날 **출**, 세상 **세**

[입실조과入室操戈]

집에 들어가 창을 잡는다는 말이며, 그 사람의 학설에 들어가 비판한다는 말이다.

글자 | 들 **입**, 집 **실**, 잡을 **조**, 창 **과**

출전 | 후한서 정현전鄭玄傳

[입아아입入我我入]

나에게 들어오고 내가 들어간다는 말이며, 부처와 내가 하나 되는 경지를 일컫는다.

글자 | 들 **입**, 나 **아**

출전 | 불교

[입애유친立愛惟親]

사랑은 오직 가까운 사람이 세워진다는 말이며, 사랑은 가까운 데서부터 먼 사람에게 미친다는 뜻이다.

글자 | 설 **입**, 사랑 **애**, 오직 **유**, 가까울 **친**

출전 | 서경

[입언필신立言必信]

말을 세우는 데는 반드시 믿음이 있어야 한다는 말이며, 이론을 세워 반드시 믿음이 있게 해야 한다는 뜻이다.

글자 | 설 **입**, 말씀 **언**, 반드시 **필**, 믿을 **신**

출전 | 소학 가언, 안씨가훈

[입언행사立言行事]

말을 세우고 일을 행한다는 말이며, 모범이 될 의견을 피력하고 보람된 일을 한다는 뜻이다.

글자 | 설 **입**, 말씀 **언**, 행할 **행**, 일 **사**

[입이불번入耳不煩]

귀에 들어와서 번거롭지 않다는 말이며, 아첨하는 말이 듣기에 거슬리지 않다는 뜻이다.

글자 | 들 **입**, 귀 **이**, 아닐 **불**, 번거로울 **번**

출전 | 한유韓愈의 시

[입이저심入耳著心]

→ 입이착심入耳着心

[입이착심入耳着心]

귀에 들어와 마음에 붙었다는 말이며, 들은 바를 마음에 간직한다는 뜻이다.

원문 | 君子之學 入耳着心
군자지학 입이착심

글자 | 들 **입**, 귀 **이**, 붙을 **착**, 마음 **심**

출전 | 순자 권학편勸學篇

[입이출구入耳出口]

귀로 들어와 입으로 나간다는 말이며, 들은 것을 남에게 말한다는 뜻이다.

글자 | 들 **입**, 귀 **이**, 날 **출**, 입 **구**

[입장지마入丈之馬]

의장儀仗으로 서있는 말이라는 말이며, 의장대의 말이라는 뜻이다.

글자 | 설 **입**, 의장 **장**, 어조사 **지**, 말 **마**

[입주상량立柱上樑]

기둥을 세우고 들보를 올렸다는 말이다.

글자 | 설 **입**, 기둥 **주**, 윗 **상**, 들보 **량**

[입주출노入主出奴]

주인이 들어오고 종이 나간다는 말이며, 이단異端의 길로 들어간 자는 성인聖人의 학문을 천시하고 싫어한다는 뜻이다.

글자 | 들 **입**, 주인 **주**, 날 **출**, 종 **노**

[입지서주立地書廚]

땅에 선 글방이라는 말이며, 붓을 쥐면 그 자리에서 글을 짓는 문장가를 빗댄 말이다.

글자 | 설 **입**, 땅 **지**, 글 **서**, 부엌 **주**

출전 | 송사

[입추지지立錐之地]

송곳 하나 꽂을 만한 땅이라는 말이며, 매우 좁은 땅이라는 뜻이다.

원문 | 無立錐之地
무입추지지

글자 | 설 **입**, 송곳 **추**, 어조사 **지**, 땅 **지**

출전 | 사기 골계열전滑稽列傳

[입춘대길立春大吉]

입춘을 맞이하여 크게 길하기를 바란다는 말이다. 주로 대문에 써 붙이는 글귀이다.

원문 | 立春大吉 建陽多慶
입춘대길 건양다경

글자 | 설 **입**, 봄 **춘**, 큰 **대**, 길할 **길**

[입필정방立必正方]

서서는 반드시 바른 방위를 하라는 말이며, 서있을 때는 바른 자세를 취하라는 뜻이다.

원문 | 常視毋誑 立必正方
상사무광 입필정방

글자 | 설 **입**, 반드시 **필**, 바를 **정**, 방위 **방**

출전 | 소학 입교편入教篇

[입향순속入鄕循俗]

[다른] 고향에 들어가서는 그곳 풍속에 따른다는 말이며, 어떤 조직에 들

어가면 그곳 형편에 따라야 한다는 뜻이다.

글자 | 들 **입**, 시골 **향**, 좇을 **순**, 풍속 **속**

출전 | 회남자 제속편齊俗篇

[입향시조入鄕始祖]

시골에 들어온 시조라는 말이며, 한 고을에 일가를 이룬 최초의 선조라는 뜻이다.

글자 | 들 **입**, 시골 **향**, 비로소 **시**, 조상 **조**

[입현무방立賢無方]

어진 이를 내세우면 모가 없다는 말이며, 소신 있게 현자를 옹립한다는 뜻이다.

글자 | 설 **입**, 어질 **현**, 없을 **무**, 모 **방**

출전 | 맹자 이루離婁 하

[입화습률入火拾栗]

불 속에 들어가 밤을 줍는다는 말이며, 작은 이익을 위하여 큰 모험을 무릅쓴다는 뜻이다.

글자 | 들 **입**, 불 **화**, 주울 **습**, 밤 **률**

[자가당착自家撞着]

자기 집을 맞부딪친다는 말이며, 자신이 하는 말과 행동의 앞뒤가 어긋나 모순된다는 뜻이다.

원문 | 回頭撞着 自家底
회두당착 자가저

글자 | 스스로 **자**, 집 **가**, 칠 **당**, 붙을 **착**

출전 | 선림유취禪林類聚

동류 | 자기모순自己矛盾, 모순당착矛盾撞着

[자강불식自彊不息]

스스로 굳세고 쉬지 않는다는 말이며, 오로지 스스로 힘쓰고 게을리하지 않는다는 뜻이다. 주역의 글이다. '하늘의 운행이 건전하면 군자도 스스로 강해져 쉬지 않는다.'

원문 | 天行健 君子以自彊不息
천행건 군자이자강불식

글자 | 스스로 **자**, 굳셀 **강**, 아닐 **불**, 쉴 **식**

출전 | 주역 건위천乾爲天

[자개자락自開自落]

스스로 열고, 스스로 떨어진다는 말이며, 꽃이나 과일의 행태를 빗댄 말이다.

글자 | 스스로 **자**, 열 **개**, 떨어질 **락**

[자객간인刺客奸人]

사람을 찌르는 어지러운 사람이라는 말이며, 마음씨가 매우 모질고 악한 사람이라는 뜻이다.

글자 | 찌를 **자**, 사람 **객**, 어지러울 **간**, 사람 **인**

[자객지변刺客之變]

찌르는 사람의 변이라는 말이며, 자객의 습격을 받은 변고를 일컫는다.

글자 | 찌를 **자**, 사람 **객**, 어조사 **지**, 변할 **변**

[자격지심自激之心]

스스로 찌르는 마음이라는 말이며, 어떤 일을 해놓고 자기 스스로 미흡하다고 여기는 마음을 일컫는다.

글자 | 스스로 **자**, 찌를 **격**, 어조사 **지**, 마음 **심**

[자고거금自古距今]

→ 자고지금自古至今

[자고급금自古及今]

예로부터 지금에 이르기까지라는 말이며, 예나 지금이나 같다는 뜻이다.

글자 | 부터 **자**, 옛 **고**, 미칠 **급**, 이제 **금**

출전 | 순자 치사致士, 안씨가훈 교자敎子

[자고능용慈故能勇]

사랑하는 까닭에 용감할 수 있다는 말이며, 사랑하는 사람만이 진정한 용기를 가질 수 있다는 뜻이다.

글자 | 사랑 **자**, 까닭 **고**, 능할 **능**, 날랠 **용**

출전 | 노자 삼보三寶

[자고이래自古以來]

예로부터 내려오면서 라는 말이다.

글자 | 부터 **자**, 옛 **고**, 써 **이**, 올 **래**

[자고자대自高自大]

스스로 높고 스스로 크다는 말이며, 스스로 잘난 체하며 교만하다는 뜻이다.

글자 | 스스로 **자**, 높을 **고**, 큰 **대**

동류 | 자존자대自尊自大

[자고지금自古至今]

예로부터 지금에 이르기까지라는 말이다.

글자 | 부터 **자**, 옛 **고**, 이를 **지**, 이제 **금**

[자고현량刺股懸梁]

다리를 찌르고 들보에 [머리를] 매단다는 말이며, 졸음을 쫓기 위해 허벅지에 송곳을 찌르고 끄덕이는 머리를 매달고 열심히 공부한다는 뜻이다.

글자 | 찌를 **자**, 다리 **고**, 매달 **현**, 들보 **량**

출전 | 전국책 진책秦策

동류 | 자고독서刺股讀書

[자곡지심自曲之心]

스스로 굽은 마음이라는 말이며, 자기가 한 일에 대하여 스스로 불만히 여긴다는 뜻이다.

글자 | 스스로 **자**, 굽을 **곡**, 어조사 **지**, 마음 **심**

동류 | 자격지심自激之心

[자과부지自過不知]

자기 허물을 알지 못한다는 말이다.

글자 | 스스로 **자**, 허물 **과**, 아닐 **부**, 알 **지**

[자괴지심自愧之心]

스스로 부끄럽게 여기는 마음이라는 말이다.

글자 | 스스로 **자**, 부끄러워할 **괴**, 어조사 **지**, 마음 **심**

[자구다복自求多福]

스스로 구하는 많은 복이라는 말이며,

복은 하늘이 주어서가 아니라 자기가 구해야 얻어진다는 뜻이다. 문왕文王이라는 시의 한 구절이다. '영원히 하느님과 함께 하여서 스스로 많은 복을 구할지어다.'

원문 | 永言配命 自求多福
영 언 배 명 자 구 다 복

글자 | 스스로 **자**, 구할 **구**, 많을 **다**, 복 **복**

출전 | 시경 대아大雅

동류 | 천조자조天助自助

[자구안일自求安逸]

스스로 편안함을 구한다는 말이다. 이는 소학에서 가문을 망치는 과실 다섯 가지 중 첫 번째로 지적한 것이다.

원문 | 自求安逸 靡甘澹泊 不恤人言
자 구 안 일 마 감 담 박 불 휼 인 언

글자 | 스스로 **자**, 구할 **구**, 편안 **안**, 편안할 **일**

출전 | 소학 가언嘉言

[자구지단藉口之端]

핑계할 실마리, 즉 핑계꺼리라는 말이다.

글자 | 빙자할 **자**, 입 **구**, 어조사 **지**, 실마리 **단**

출전 | 춘추좌씨전

[자국정신自國精神]

제 나라를 잊어버리지 않는 정신이라는 말이다.

글자 | 스스로 **자**, 나라 **국**, 정신 **정**, 정신 **신**

[자굴지심自屈之心]

스스로 굽히는 마음이라는 말이다.

글자 | 스스로 **자**, 굽을 **굴**, 어조사 **지**, 마음 **심**

[자귀물론自歸勿論]

스스로 돌아가는 것은 말하지 말라는 말이며, 저절로 진행되는 것에 대하여는 논하지 말라는 뜻이다.

글자 | 스스로 **자**, 돌아갈 **귀**, 말 **물**, 의논 **론**

[자금위시自今爲始]

이제부터 비롯한다는 말이다.

글자 | 부터 **자**, 이제 **금**, 할 **위**, 비로소 **시**

출전 | 송남잡지

[자금이왕自今以往]

→ 자금이후自今以後

[자금이후自今以後]

이제부터 뒷날까지라는 말이다.

글자 | 부터 **자**, 이제 **금**, 써 **이**, 뒤 **후**

[자급자족自給自足]

스스로 주고 스스로 흡족하다는 말이며, 필요한 것을 자기가 생산하여 충당한다는 뜻이다.

글자 | 스스로 **자**, 줄 **급**, 흡족할 **족**

출전 | 사기 상군商君

[자기과시自己誇示]

자기를 자랑하여 보인다는 말이며, 자기의 존재를 인정받으려고 남에게 자기를 과장하여 드러내 보인다는 뜻이다.

글자 | 스스로 **자**, 몸 **기**, 자랑할 **과**, 보일 **시**

[자기기만自己欺瞞]

자기가 자기 마음을 속인다는 말이다.

글자 | 스스로 **자**, 몸 **기**, 속일 **기**, 속일 **만**

[자기기인自欺欺人]

스스로 속고 사람을 속인다는 말이며, 자신을 속이고 남을 속인다는 뜻이다.

원문 | 欺人亦是自欺此又是自欺之甚者
기인역시자기차우시자기지심자

글자 | 스스로 **자**, 속일 **기**, 사람 **인**

출전 | 주자어류

[자기도회自己韜晦]

자기를 어둡게 하고 감춘다는 말이며, 자기의 재능과 지위, 행적 등을 남몰래 숨긴다는 뜻이다.

글자 | 스스로 **자**, 몸 **기**, 감출 **도**, 어두울 **회**

[자기만족自己滿足]

스스로가 가득하고 흡족하다는 말이며, 자기 자신 또는 자기의 행위에 대하여 자기 스스로 만족한다는 뜻이다.

글자 | 스스로 **자**, 몸 **기**, 찰 **만**, 흡족할 **족**

[자기모순自己矛盾]

스스로가 창이며 방패라는 말이며, 자기의 주장이나 생각이 앞뒤가 맞지 않는 것을 일컫는다.

글자 | 스스로 **자**, 몸 **기**, 세모진 창 **모**, 방패 **순**

[자기반성自己反省]

스스로 돌이켜 살핀다는 말이며, 자기가 한 일을 스스로 반성한다는 뜻이다.

글자 | 스스로 **자**, 몸 **기**, 돌이킬 **반**, 살필 **성**

[자기발견自己發見]

스스로를 열어 본다는 말이며, 스스로가 모르고 있던 자신의 능력이나 실상 따위를 찾아낸다는 뜻이다.

글자 | 스스로 **자**, 몸 **기**, 열 **발**, 볼 **견**

[자기방치自己放置]

스스로를 놓아둔다는 말이며, 자기 자신을 돌보지 아니하고 되는 대로 내버려 둔다는 뜻이다.

글자 | 스스로 **자**, 몸 **기**, 놓을 **방**, 둘 **치**

[자기세력藉其勢力]

그 세력을 빌린다는 말이며, 남의 세력에 의지한다는 뜻이다.

글자 | 빌릴 **자**, 그 **기**, 세도 **세**, 힘 **력**

[자기염오自己厭惡]

→ 자기혐오自己嫌惡

[자기혐오自己嫌惡]

자기가 자기 자신을 싫어하고 미워하는 것, 또는 그 상태를 일컫는다.

글자 | 스스로 **자**, 몸 **기**, 싫어할 **혐**, 미워할 **오**

동류 | 자기염오自己厭惡

[자두연기煮豆燃萁]

콩대를 태워서 콩을 삶는다는 말이며, 형제간에 서로 티격태격한다는 뜻이다. 위나라 왕 조조의 아들 조비와 조식이 사이가 좋지 않았는데, 훗날 조비가 왕위에 올라 조식에게 일곱 걸음을 옮기는 동안에 시를 짓지 못하면 죽인다 하여 조식이 지은 시이다. '콩대를 태워서 콩을 삶으니 가마솥 속에 있는 콩이 우는구나.'

원문 | 煮豆燃豆萁 豆在釜中泣
자 두 연 두 기 두 재 부 중 읍

글자 | 삶을 **자**, 콩 **두**, 불탈 **연**, 콩대 **기**

출전 | 세설신어 문학文學

[자두지미自頭至尾]

머리부터 꼬리까지라는 말이다.

글자 | 부터 **자**, 머리 **두**, 이를 **지**, 꼬리 **미**

[자두지족自頭至足]

머리부터 발에 이르기까지라는 말이다.

글자 | 부터 **자**, 머리 **두**, 이를 **지**, 발 **족**

[자득지묘自得之妙]

스스로 얻은 묘책이라는 말이다.

글자 | 스스로 **자**, 얻을 **득**, 어조사 **지**, 묘할 **묘**

[자량처지自量處之]

스스로 헤아려 처치한다는 말이다.

글자 | 스스로 **자**, 헤아릴 **량**, 처치할 **처**, 어조사 **지**

[자력갱생自力更生]

자신의 힘만으로 어려운 처지에서 벗어나 자립적으로 다시 살아간다는 말이다.

글자 | 스스로 **자**, 힘 **력**, 다시 **갱**, 살 **생**

[자로이득自勞而得]

스스로 수고하여 얻는다는 말이다.

글자 | 스스로 **자**, 수고로울 **로**, 말 이을 **이**, 얻을 **득**

[자린고비玼吝考妣]

옥에 티도 아끼며 돌아가신 부모와 같다는 말이며, 매우 인색하고 비정한 사람을 빗댄 말이다.

글자 | 옥티 **자**, 아낄 **린**, 죽은 아비 **고**, 죽은 어미 **비**

[자막집중子莫執中]

자막이 중용中庸만을 고집했다는 말

이며, 변통성이나 융통성이 없는 사람을 빗댄 말이다. 전국시대에 자막이라는 사람이 융통성 없이 중용만을 고집했다.

글자 | 아들 **자**, 아닐 **막**, 잡을 **집**, 가운데 **중**

출전 | 야객총서野客叢書

[자멸지계自滅之計]

스스로 멸망할 계책이라는 말이다.

글자 | 스스로 **자**, 멸망할 **멸**, 어조사 **지**, 꾀할 **계**

[자모인모自侮人侮]

스스로 업신여기고 사람도 업신여긴다는 말이며, 나도 남도 업신여겨 소와 말로 대접한다는 뜻이다. 정온鄭蘊(1569~1641)의 글이다. '어리석은 내 인생, 기氣 얽매고 외물外物 빠져, 몸을 닦지 못하니, 하루도 못 미칠 듯, 근본 이미 잃고 보매, 어데 간들 안 막히랴. 부모 섬김 건성하고, 임금 섬김 의리 없어, 나도 남도 업신여겨, 소와 말로 대접하네.'

원문 | 自侮人侮 牛已馬已
자 모 인 모 우 이 마 이

글자 | 스스로 **자**, 업신여길 **모**, 사람 **인**

출전 | 정온의 원조자경잠元朝自警箴

[자모정식子母定式]

아들과 어미가 정한 법식이라는 말이며, 이자가 원금을 넘지 않도록 정하는 금전거래 방식을 일컫는다.

글자 | 아들 **자**, 어미 **모**, 정할 **정**, 법식 **식**

[자모지례子母之例]

아들과 어미의 전례라는 말이며, 1년간의 이자를 원금의 2할 이내로 정하는 금전거래 방식을 일컫는다.

글자 | 아들 **자**, 어미 **모**, 어조사 **지**, 전례 **례**

[자모패자慈母敗子]

자애로운 어머니에 못된 아들이라는 말이며, 자애가 지나친 어머니 슬하에서는 못된 자식이 나온다는 뜻이다.

원문 | 慈母有敗子
자 모 유 패 자

글자 | 사랑 **자**, 어미 **모**, 못될 **패**, 아들 **자**

출전 | 사기 이사전李斯傳, 한비자 현학편顯學篇

[자목지관字牧之官]

사랑으로 기르는 벼슬아치라는 말이며, 선정을 하는 지방의 수령을 빗댄 말이다.

글자 | 사랑할 **자**, 기를 **목**, 어조사 **지**, 벼슬 **관**

출전 | 춘향전

동류 | 자목지임字牧之任

[자목지임字牧之任]

사랑하고 기르는 일이라는 말이며, 지방 수령이 백성을 어질게 다스리는 일이라는 뜻이다.

글자 | 사랑할 **자**, 기를 **목**, 어조사 **지**,

일 **임**

동류 | 자목지관字牧之官

[자문자답自問自答]

스스로 묻고 스스로 대답한다는 말이다.

글자 | 스스로 **자**, 물을 **문**, 대답할 **답**

[자박참법自撲懺法]

스스로 부딪치면서 뉘우치는 방법이라는 말이며, 자신의 육신을 학대하면서 참회하는 방법을 일컫는다.

글자 | 스스로 **자**, 부딪칠 **박**, 뉘우칠 **참**, 법 **법**

출전 | 삼국유사

[자반이인自反而仁]

스스로 돌이켜 봐도 어질다는 말이며, 아무리 생각해도 어질다는 뜻이다.

글자 | 스스로 **자**, 돌이킬 **반**, 말 이을 **이**, 어질 **인**

[자변첩질自辯捷疾]

자신이 말을 잘하고 행동이 빠르다는 말이며, 사람의 언행이 매우 민첩하다는 뜻이다.

원문 | 辛帝 自辯捷疾 聞見甚敏
신 제 자 변 첩 질 문 견 심 민

글자 | 스스로 **자**, 말 잘할 **변**, 빠를 **첩**, 빠를 **질**

출전 | 사기 은본기殷本紀

[자부월족自斧刖足]

제 도끼에 제 발 찍힌다는 말이며, 잘 알고 있다고 조심하지 않다가 큰 실수를 하게 된다는 뜻이다.

글자 | 스스로 **자**, 도끼 **부**, 벨 **월**, 발 **족**

동류 | 자부작족自斧斫足

[자부작족自斧斫足]

→ 자부월족自斧刖足

[자비만행慈悲萬行]

사랑으로 불쌍히 여기는 여러 가지 행함이라는 말이며, 자비심을 가지고 행하는 여러 가지 수행修行을 일컫는다.

글자 | 사랑 **자**, 불쌍히 여길 **비**, 여러 **만**, 행할 **행**

출전 | 원불교

[자비이생慈悲利生]

사랑으로 불쌍히 여겨 삶을 이롭게 한다는 말이며, 자비심을 가지고 중생에게 많은 복리를 가져다준다는 뜻이다.

글자 | 사랑 **자**, 불쌍히 여길 **비**, 이로울 **이**, 살 **생**

[자비인욕慈悲忍辱]

사랑하고 슬퍼하며 욕을 참는다는 말이며, 중생을 구제하기 위하여 자비심으로 고난을 참고 견딘다는 뜻이다.

글자 | 사랑 **자**, 슬플 **비**, 참을 **인**, 욕될 **욕**

출전 | 불교

[자상달하自上達下]

위로부터 아래에 이르기까지라는 말이다.

글자 | 부터 **자**, 윗 **상**, 이를 **달**, 아래 **하**

[자상모순自相矛盾]

스스로 모순을 가린다는 말이며, 말이나 행동이 앞뒤가 맞지 않거나 어긋난다는 뜻이다.

글자 | 스스로 **자**, 가릴 **상**, 창 **모**, 방패 **순**

출전 | 한비자 난세難勢

동류 | 자가당착自家撞着

[자상처분自上處分]

자기 위의 처분이라는 말이며, 자기 상관으로부터 내려지는 지휘나 명령을 일컫는다.

글자 | 스스로 **자**, 윗 **상**, 처치할 **처**, 나눌 **분**

[자상천답自相踐踏]

스스로 서로 밟는다는 말이며, 제 편끼리 서로 치고 받으며 싸운다는 뜻이다.

글자 | 스스로 **자**, 서로 **상**, 밟을 **천**, 밟을 **답**

[자서제질子壻弟姪]

아들과 사위, 아우와 조카라는 말이다.

글자 | 아들 **자**, 사위 **서**, 아우 **제**, 조카 **질**

[자성본불自性本佛]

스스로의 성품은 근본이 부처라는 말이며, 본래부터 고유한 불성佛性을 가지고 있다는 뜻이다.

글자 | 스스로 **자**, 성품 **성**, 근본 **본**, 부처 **불**

[자성일가自成一家]

스스로 한 집안을 이룬다는 말이며, 스스로의 노력으로 학문이나 기예에 통달하여 일가를 이룬다는 뜻이다.

글자 | 스스로 **자**, 이룰 **성**, 집 **가**

[자성일촌自成一村]

→ 자작일촌自作一村

[자성제인子誠齊人]

자네는 참으로 제나라 사람이라는 말이며, 견문이 좁고 고루固陋한 사람이라는 뜻이다. 맹자의 제자에 공손추公孫丑라 하는 제나라 사람이 있었다. 그가 제나라의 명재상이었던 관중管中·안영晏嬰만을 들먹이자, 이에 식상한 맹자가 '자네는 참으로 제나라 사람이로다.' 라고 말했다는 고사에서 온 말이다.

글자 | 사람 **자**, 진실 **성**, 제나라 **제**, 사람 **인**

출전 | 맹자 공손추 상

[자성진여自性眞如]

스스로의 성품은 참과 같다는 말이며, 고유한 본성은 변하지 않는 진리라는 뜻이다.

글자 | 스스로 **자**, 성품 **성**, 참 **진**, 같을 **여**

[자소이래自少以來]

'어려서부터 옴으로써' 라는 말이며, 어릴 때부터 지금까지라는 뜻이다.

글자 | 부터 **자**, 어릴 **소**, 써 **이**, 올 **래**

[자소작농自小作農]

자작과 소작농이라는 말이며, 자기 땅의 농사와 남의 땅의 농사를 함께 짓는다는 뜻이다.

글자 | 스스로 **자**, 작을 **소**, 지을 **작**, 농사 **농**

[자손만대子孫萬代]

아들과 손자가 만대를 잇는다는 말이며, 후손이 끊이지 않고 아주 오래 계속되는 가계家系를 뜻한다.

글자 | 아들 **자**, 손자 **손**, 일만 **만**, 대수 **대**

[자손손타自損損他]

→ 자장장타自障障他

[자수삭발自手削髮]

자기 손으로 머리터럭을 자른다는 말이며, 어려운 일을 남의 힘을 빌리지 않고 스스로 처리한다는 뜻이다.

글자 | 스스로 **자**, 손 **수**, 깎을 **삭**, 터럭 **발**

[자수성가自手成家]

자기 손으로 집을 이루었다는 말이며, 물려받은 재산 없이 자기 혼자의 노력으로 일어나 성공했다는 뜻이다.

글자 | 스스로 **자**, 손 **수**, 이룰 **성**, 집 **가**

출전 | 송남잡지

[자숙자계自肅自戒]

스스로 공손하고 경계한다는 말이다.

글자 | 스스로 **자**, 공손할 **숙**, 경계할 **계**

[자승자강自勝者强]

자기 자신을 이기는 자가 강한 사람이라는 말이며, 자기를 이긴다는 것은 인간의 육신으로 인한 동물적인 충동과 욕망을 이긴다는 뜻이다. 노자의 말이다. '남을 이기는 것은 힘이 있는 일이다. 그러나 자기 자신을 이기는 것은 더욱 강하다.'

원문 | 勝人者有力 自勝自强
승 인 자 유 력 자 승 자 강

글자 | 스스로 **자**, 이길 **승**, 사람 **자**, 굳셀 **강**

출전 | 노자 33장 변덕辯德

[자승자박自繩自縛]

자기 줄로 자기 몸을 묶는다는 말이며, 자기가 쓴 말이나 행동으로 말미암아 자기 자신이 행동의 자유를 속박한다는 뜻이다.

글자 | 스스로 **자**, 새끼 **승**, 묶을 **박**

출전 | 한서 유협전遊俠傳

유사 | 작법자폐作法自斃

[자승지벽自勝之癖]

자기 자신이 이기는 버릇이라는 말이

ㅈ

며, 자기가 남보다 나은 줄로 여기는 버릇이라는 뜻이다.

글자 | 스스로 **자**, 이길 **승**, 어조사 **지**, 버릇 **벽**

[자시지벽自是之癖]

자기가 옳다는 버릇이라는 말이며, 자기 의견만이 옳은 줄로 여기는 버릇이라는 뜻이다.

글자 | 스스로 **자**, 옳을 **시**, 어조사 **지**, 버릇 **벽**

출전 | 노자 24장

[자신만만自信滿滿]

스스로 믿고 차고 넘친다는 말이며, 매우 자신이 있다는 뜻이다.

글자 | 스스로 **자**, 믿을 **신**, 찰 **만**

[자신방매自身放賣]

제 몸을 스스로 팔아버린다는 말이다.

글자 | 스스로 **자**, 몸 **신**, 놓을 **방**, 팔 **매**

[자신지책資身之策]

몸을 돕는 방책이라는 말이며, 자기 한 몸의 생활을 꾀해 나갈 계책이라는 뜻이다.

글자 | 도울 **자**, 몸 **신**, 어조사 **지**, 꾀 **책**

[자아성찰自我省察]

스스로 나를 살피고 살핀다는 말이며, 자기의 마음을 반성하여 살핀다는 뜻이다.

글자 | 스스로 **자**, 나 **아**, 실필 **성**, 살필 **찰**

[자아작고自我作古]

나부터 옛 것을 만든다는 말이며, 옛일에 얽매이지 않고 표본이 될 만한 일을 자기가 처음 만들어낸다는 뜻이다.

글자 | 몸소 **자**, 나 **아**, 지을 **작**, 옛 **고**

출전 | 구당서 고종본기高宗本紀 하

[자애자신自艾自新]

스스로 다스려 스스로 새로워진다는 말이며, 자기 자신을 연마하여 새사람이 된다는 뜻이다.

글자 | 스스로 **자**, 다스릴 **애**, 새 **신**

출전 | 조선왕조 3대 태종실록

[자애지정慈愛之情]

사랑하고 사랑하는 마음속이라는 말이며, 아랫사람에게 베푸는 도타운 사랑의 마음이라는 뜻이다.

글자 | 사랑 **자**, 사랑 **애**, 어조사 **지**, 마음속 **정**

[자업자득自業自得]

스스로 일을 벌여 자기가 얻는다는 말이며, 자기가 한 일은 자기가 책임을 진다는 뜻이다. 선정을 베풀던 양나라 무제가 노년이 되면서 폭정을 하여 후경군侯景君의 반란을 맞고 한 말이다.

글자 | 스스로 **자**, 일 **업**, 얻을 **득**

출전 | 십팔사략, 정법염경正法念經

동류 | 자승자박自繩自縛, 인과응보因果應報

[자업자박自業自縛]

→ 자업자득自業自得

[자역유시子亦猶是]

임자 또한 같을 것이라는 말이며, 똑같은 상황에 처하게 되면 누구나 그럴 수밖에 없을 것이라는 뜻이다.

원문 | 子無撲矣 子亦猶是也
자 무 박 의 자 역 유 시 야

글자 | 임자 **자**, 또 **역**, 같을 **유**, 옳을 **시**

출전 | 한비자 설림편, 열자 설부편

[자연도태自然淘汰]

저절로 가려서 넘친다는 말이며, 생물이 자연환경이나 조건에 적응하는 것은 살아남고 그렇지 못한 것은 없어진다는 뜻이다.

글자 | 스스로 **자**, 그럴 **연**, 가려낼 **도**, 넘칠 **태**

유사 | 적자생존適者生存

[자연자애自然自艾]

스스로 그렇다 하고, 스스로 편안하다는 말이며, 저절로 잘 되어간다는 뜻이다.

글자 | 스스로 **자**, 그렇다 할 **연**, 편안할 **애**

[자연지리自然之理]

자연의 이치라는 말이며, 자연만물이 가지고 있는 근본적인 도리나 원리 등을 일컫는다.

글자 | 스스로 **자**, 그럴 **연**, 어조사 **지**, 이치 **리**

[자연진화自然進化]

자연은 나아가고 변화한다는 말이다.

글자 | 스스로 **자**, 그럴 **연**, 나갈 **진**, 변화할 **화**

[자염녹안紫髥綠眼]

자줏빛 눈에 푸른 눈이라는 말이며, 서양 사람을 빗댄 말이다.

글자 | 자줏빛 **자**, 수염 **염**, 푸를 **녹**, 눈 **안**

[자웅난변雌雄難辨]

암컷과 수컷을 분별하기 어렵다는 말이며, 옳고 그른 것을 판단하기 어렵다는 뜻이다.

원문 | 世間是與非 難辨雌雄烏
세 간 시 여 비 난 변 자 웅 오

글자 | 암컷 **자**, 수컷 **웅**, 어려울 **난**, 분별할 **변**

출전 | 이덕무李德懋의 시

[자원방래自遠方來]

먼 데서부터 이제 온다는 말이며, 먼 곳의 사람이 방금 찾아온다는 뜻이다.

원문 | 有朋自遠方來 不亦樂乎
유 붕 자 원 방 래 불 역 낙 호

글자 | 부터 **자**, 멀 **원**, 이제 **방**, 올 **래**

출전 | 논어 학이편學而篇

ㅈ

[자원자예自怨自乂]

스스로 원망하고, 스스로 다스린다는 말이며, 자기의 잘못을 스스로 뉘우치고 다스린다는 뜻이다.

글자 | 스스로 **자**, 원망할 **원**, 다스릴 **예**

출전 | 맹자 만장 상

[자위부은子爲父隱]

자식은 아비를 위하여 숨긴다는 말이며, 지나친 정직은 정직이 아니라는 뜻이다.

원문 | 子爲父隱 直在其中矣
자 위 부 은 직 재 기 중 의

글자 | 아들 **자**, 할 **위**, 아비 **부**, 숨길 **은**

출전 | 논어 자로

관련 | 부위자은父爲子隱

[자유분방自由奔放]

자기 마음대로 행동한다는 말이며, 아무 근거도 없이 하고 싶은 것을 하는 기풍氣風을 이르는 말이다.

글자 | 스스로 **자**, 말미암을 **유**, 달릴 **분**, 놓을 **방**

[자유삼매自由三昧]

스스로 행하는 세 가지 탐이라는 말이며, 마음껏 제멋대로 행동하는 것을 일컫는다.

글자 | 스스로 **자**, 행할 **유**, 탐할 **매**

[자유자재自由自在]

스스로 행하고, 스스로 있다는 말이며, 어떤 범위 안에서 구속 · 제한됨이 없이 자기 마음대로 할 수 있다는 뜻이다.

글자 | 스스로 **자**, 행할 **유**, 있을 **재**

출전 | 경덕전등록

[자유지로自幼至老]

어려서부터 늙을 때까지라는 말이다.

글자 | 부터 **자**, 어릴 **유**, 이를 **지**, 늙을 **로**

[자유지장自幼至長]

'어린이로부터 어른에 이르기까지'라는 말이다.

글자 | 부터 **자**, 어릴 **유**, 이를 **지**, 어른 **장**

[자유지정自由之情]

스스로 행하는 정이라는 말이며, 도덕관념에서 사람이 태어나면서부터 지니고 있다는 정, 곧 인仁 · 의義 · 예禮 · 지智 등에 근원을 둔다는 정을 일컫는다.

글자 | 스스로 **자**, 행할 **유**, 어조사 **지**, 뜻 **정**

[자유휼고慈幼恤孤]

어린이를 사랑하고 고아를 불쌍히 여긴다는 말이다.

글자 | 사랑 **자**, 어릴 **유**, 불쌍히 여길 **휼**, 외로울 **고**

출전 | 관자

[자의솔조自義率祖]

의리상으로는 할아버지를 따른다는

말이며, 가정의 중대사는 부모보다 할아버지의 뜻을 따른다는 뜻이다. 예기의 글이다. '사랑으로는 어버이를 따르고, 의리로는 할아버지를 따른다.'

원문 | 自仁率親 自義率祖
자 인 솔 친 자 의 솔 조

글자 | 좇을 **자**, 의리 **의**, 좇을 **솔**, 조상 **조**

출전 | 예기 대전大傳

[자인고비資仁考碑]

바탕이 어진 것을 생각하게 하는 비석이라는 말이며, 조선 이조시대에 자린고비로 알려진 조륵趙肋의 비석을 일컫는다. 조륵은 자린고비가 되어 모은 재산을 2년이나 흉년이 든 어느 해 양민들이 굶주리게 되자 절약하여 모은 재산을 어려운 사람들에게 나누어 주었는데, 이 소식을 들은 조정은 벼슬을 내렸으나 이도 거절하였다. 그 후 사람들은 그를 자인고資仁考라 불렀고, 죽은 후 충주시 신니면 묘지에 비석을 세워 주었다.

글자 | 바탕 **자**, 어질 **인**, 상고할 **고**, 돌기둥 **비**

관련 | 자린고비玼吝考妣

[자자구구字字句句]

글자마다 글귀마다라는 말이며, 한 글자 한 구절 모두라는 뜻이다.

글자 | 글자 **자**, 글자 **구**

출전 | 소학 가언

[자자손손子子孫孫]

아들들과 손자들이라는 말이며, 아들에서 손자로 이어지는 한, 또는 대대로 이어지는 한까지라는 뜻이다. 서경에 있는 글이다. '만년에 이르도록 오직 왕 노릇을 계속하시어 자자손손이 영원히 백성들을 보호하시기를 바랍니다.'

원문 | 至于萬年惟王 子子孫孫 永保民
지 우 만 년 유 왕 자 자 손 손 영 보 민

글자 | 아들 **자**, 손자 **손**

출전 | 서경 재재梓材, 열자 탕문湯問

[자자주옥字字珠玉]

글자마다 구슬과 같다는 말이며, 필법이 묘하게 잘 되었다는 뜻이다.

글자 | 글자 **자**, 구슬 **주**, 구슬 **옥**

[자작일촌自作一村]

스스로 지은 한 마을이라는 말이며, 한 집안 또는 뜻이 맞는 사람끼리 모여 이룬 마을을 일컫는다.

글자 | 스스로 **자**, 지을 **작**, 마을 **촌**

[자작자급自作自給]

스스로 지어 족하다는 말이며, 필요한 물건을 자기가 만들어 모자람이 없다는 뜻이다.

글자 | 스스로 **자**, 지을 **작**, 족할 **급**

[자작자수自作自受]

스스로 지은 것을 스스로 받는다는 말이며, 자기가 저지른 죄로 자기가 그 악과惡果를 받는다는 뜻이다.

글자 | 스스로 **자**, 지을 **작**, 받을 **수**

[자작자연自作自演]

스스로 지어 스스로 통한다는 말이며, 자기가 만든 계획이나 각본에 따라서 스스로 실현한다는 뜻이다.

글자 | 스스로 **자**, 지을 **작**, 통할 **연**

[자작자음自酌自飮]

스스로 따라서 스스로 마신다는 말이다.

글자 | 스스로 **자**, 따를 **작**, 마실 **음**

[자작자필自作自筆]

스스로 짓고, 스스로 붓질한다는 말이며, 자기가 글을 짓고 손수 글씨를 쓴다는 뜻이다.

글자 | 스스로 **자**, 지을 **작**, 붓 **필**

[자작자활自作自活]

스스로 지어 스스로 산다는 말이며, 몸소 자기 일을 하여 생활한다는 뜻이다.

글자 | 스스로 **자**, 지을 **작**, 살 **활**

[자작지얼自作之孼]

자기가 만든 싹이라는 말이며, 자기가 저지른 일로 말미암아 생긴 재앙이라는 뜻이다.

글자 | 스스로 **자**, 지을 **작**, 어조사 **지**, 싹 **얼**

출전 | 맹자 이루離婁 상

[자작지주自作地主]

스스로 농사짓고 또 땅 주인이라는 말이며, 자기 땅에 농사를 지으면서 또 자기 땅을 남에게 소작을 주는 사람이라는 뜻이다.

글자 | 스스로 **자**, 지을 **작**, 땅 **지**, 주인 **주**

[자장격지自將擊之]

자기가 곧 부딪친다는 말이며, 어떤 일을 남에게 시키지 않고 자기가 직접 한다는 뜻이다.

글자 | 스스로 **자**, 곧 **장**, 부딪칠 **격**, 어조사 **지**

출전 | 송남잡지

[자장안지子將安之]

'그대는 장차 어디로 가는가' 라는 말이며, 근본을 바꾸지 않으면 어디를 가도 환영받지 못한다는 말이다.

원문 | 鳩曰(구왈) 子將安之(자장안지) 梟曰(효왈) 我將(아장) 東徙(동사)

글자 | 사람 **자**, 장차 **장**, 어디 **안**, 갈 **지**

출전 | 설원 담총談叢

[자장이분滋長利分]

길게 불려서 이롭게 나눈다는 말이며,

물건이나 자본이 불어서 생기는 이자를 뜻한다.

글자 | 불을 **자**, 긴 **장**, 이로울 **이**, 나눌 **분**

[자장장타自障障他]

자기도 막히고 남도 막힌다는 말이며, 그릇된 교를 믿어 자기를 해롭게 하고 남도 해롭게 한다는 뜻이다.

글자 | 스스로 **자**, 막힐 **장**, 남 **타**

동류 | 자손손타自損損他

[자재기중自在其中]

스스로 그 가운데 있다는 말이며, 저절로 그 속에 들어가 있다는 뜻이다.

글자 | 스스로 **자**, 있을 **재**, 그 **기**, 가운데 **중**

[자전지계自全之計]

자신의 안전을 꾀하는 계책이라는 말이다.

글자 | 스스로 **자**, 온전 **전**, 어조사 **지**, 꾀 **계**

[자정지종自頂至踵]

이마로부터 발꿈치에 이르기까지라는 말이다.

원문 | 熟知自頂之踵 天之與我者
숙 지 자 정 지 종 천 지 여 아 자

글자 | 부터 **자**, 이마 **정**, 이를 **지**, 발꿈치 **종**

출전 | 중화경中和經 20장

[자제종지子弟從之]

아들과 아우가 [잘] 따른다는 말이다.

글자 | 아들 **자**, 아우 **제**, 따를 **종**, 어조사 **지**

[자조행위自助行爲]

스스로 돕는 행위라는 말이며, 자기 힘으로 자신을 돕는 행위라는 뜻이다.

글자 | 스스로 **자**, 도울 **조**, 행할 **행**, 할 **위**

[자존자대自尊自大]

스스로 자기를 높이고 크게 여긴다는 말이다.

글자 | 스스로 **자**, 높을 **존**, 큰 **대**

[자존자만自尊自慢]

스스로 높이고, 스스로 거만하다는 말이며, 스스로 자기를 높여 잘난체하며 뽐낸다는 뜻이다.

글자 | 스스로 **자**, 높을 **존**, 거만할 **만**

[자주독왕自主獨往]

스스로 주인이 되어 홀로 간다는 말이며, 남의 주장이나 태도에 구애됨이 없이 스스로의 주의나 주장대로 나아간다는 뜻이다.

글자 | 스스로 **자**, 주인 **주**, 홀로 **독**, 갈 **왕**

[자주창신自主創新]

스스로 주인이 되어 비로소 새로워진다는 말이며, 자기가 주인이 되어 새로운 것을 만들어간다는 뜻이다.

ㅈ

글자 | 스스로 **자**, 주인 **주**, 비로소 **창**, 새 **신**

[자죽분수煮粥焚鬚]

죽을 끓이다가 수염을 태웠다는 말이며, 형제간의 우애가 두터움을 빗댄 말이다. 당나라의 이적李勣이 누이의 병구완을 위해 죽을 쑤다가 수염을 태웠다는 고사에서 온 말이다.

글자 | 삶을 **자**, 죽 **죽**, 태울 **분**, 수염 **수**

출전 | 당서, 소학 선행

[자중자애自重自愛]

스스로 삼가고, 스스로 사랑한다는 말이며, 자기의 언행이나 몸가짐을 신중히 하고 자신의 몸을 소중히 여긴다는 뜻이다.

글자 | 스스로 **자**, 삼갈 **중**, 사랑 **애**

[자중지란自中之亂]

자기 가운데의 난이라는 말이며, 자기들 속에서 일어나는 분쟁이라는 뜻이다.

글자 | 스스로 **자**, 가운데 **중**, 어조사 **지**, 어지러울 **란**

출전 | 송남잡지

[자중지화自中之禍]

자기 가운데의 재화라는 말이며, 같은 한 패거리 안에서 생긴 재앙이라는 뜻이다.

글자 | 스스로 **자**, 가운데 **중**, 어조사 **지**, 재화 **화**

[자지무자刺之無刺]

찌르려 해도 찌를 데가 없다는 말이며, 빈틈이 없다는 뜻이다.

글자 | 찌를 **자**, 어조사 **지**, 없을 **무**

출전 | 맹자 진심 하

[자지자기自止自棄]

스스로 그치고, 스스로 버린다는 말이며, 어떤 계획을 세우고도 스스로 포기한다는 뜻이다. 노수신盧守愼이 임금에게 상소한 글이다. '산에 오르면서 꼭대기에 뜻을 두지 않는다면 이것은 스스로 그치는 것이며, 우물을 파면서 샘물이 솟는 것에 뜻을 두지 않는다면 이것은 스스로 버리는 것입니다. 하물며 성현과 대덕大德이 되려면 뜻을 세우지 않고 무엇으로 하겠습니까?'

글자 | 스스로 **자**, 그칠 **지**, 버릴 **기**

출전 | 노수선의 청선입지소請先立志疏

[자지탈주紫之奪朱]

→ 오자탈주惡紫奪朱

[자창자화自唱自和]

→ 자탄자가自彈自歌

[자책내송自責內訟]

자기의 잘못을 속으로 꾸짖는다는 말이다.

글자 | 스스로 **자**, 꾸짖을 **책**, 안 **내**, 꾸짖을 **송**

[자천배타自賤拜他]

자신은 천하게 여기고 남을 숭배한다는 말이다.

글자 | 스스로 **자**, 천할 **천**, 예할 **배**, 남 **타**

[자초지신刺草之臣]

풀을 뽑는 신하라는 말이며, 평민이 임금에 대하여 자신을 낮추어 일컫는 말이다.

글자 | 뽑을 **자**, 풀 **초**, 어조사 **지**, 신하 **신**

출전 | 의례儀禮

[자초지종自初至終]

처음부터 끝까지라는 말이다.

글자 | 부터 **자**, 처음 **초**, 이를 **지**, 끝 **종**

출전 | 송남잡지

동류 | 전후수말前後首末

[자추입세自麤入細]

대강부터 시작하여 세밀하게 들어간다는 말이며, 시문을 지을 때 처음에는 대강을 구상하고 점차 세밀하게 써 들어가야 한다는 뜻이다.

글자 | 부터 **자**, 대강 **추**, 들 **입**, 세밀할 **세**

[자충자영自充自盈]

스스로 차고, 스스로 넘친다는 말이며, 무릇 마음의 모습은 저절로 가득 차고 저절로 넘친다는 뜻이다.

원문 | 凡心之形 自充自盈 自生自成
범심지형 자충자영 자생자성

글자 | 스스로 **자**, 찰 **충**, 찰 **영**

출전 | 관자 내업편內業篇

[자취기화自取其禍]

스스로 그 화를 얻는다는 말이다.

글자 | 스스로 **자**, 취할 **취**, 그 **기**, 재화 **화**

[자취지화自取之禍]

스스로의 잘못으로 받는 재화라는 말이다.

글자 | 스스로 **자**, 취할 **취**, 어조사 **지**, 재화 **화**

[자칭군자自稱君子]

스스로 잘난 사람이라고 말한다는 말이며, 잘난 체하는 사람을 비웃는다는 뜻이다.

글자 | 스스로 **자**, 말할 **칭**, 그대 **군**, 사람 **자**

[자칭천자自稱天子]

→ 자칭군자自稱君子

[자탄자가自彈自歌]

스스로 거문고를 퉁기면서 스스로 노래를 부른다는 말이며, 남을 위해 마련한 것을 자기가 이용한다는 뜻이다.

글자 | 스스로 **자**, 퉁길 **탄**, 노래 **가**

동류 | 자창자화自唱自和

[자포자기自暴自棄]

자신을 학대하고, 자신을 내던져버린다는 말이며, 될 대로 되라는 뜻이다.

맹자의 말이다. '스스로 자신을 해치는 자와는 함께 말할 수 없고, 스스로 자신을 내팽개치는 자와는 함께 일을 할 수가 없다.'

원문 | 自暴者 不可與有言也 自棄者
자포자 불가여유언야 자기자
不可與有爲也
불가여유위야

글자 | 스스로 **자**, 해칠 **포**, 버릴 **기**

출전 | 맹자 이루離婁 상

[자피생충自皮生蟲]

자기 가죽에 좀이 생긴다는 말이며, 좀이 나서 가죽을 먹게 되면 다 없어져 좀도 살 수 없게 된다는 뜻이며, 이는 형제나 집안끼리의 싸움을 빗댄 말이다.

글자 | 스스로 **자**, 가죽 **피**, 날 **생**, 벌레 **충**

[자하거행自下擧行]

아래로부터 받들어 거행한다는 말이며, 윗사람을 거치지 않고 자기 마음대로 해나간다는 뜻이다.

글자 | 부터 **자**, 아래 **하**, 받들 **거**, 행할 **행**

[자하달상自下達上]

아래로부터 위로 이르게 한다는 말이다.

글자 | 부터 **자**, 아래 **하**, 이를 **달**, 윗 **상**

출전 | 송남잡지

[자학자습自學自習]

스스로 배우고 익힌다는 말이다.

글자 | 스스로 **자**, 배울 **학**, 익힐 **습**

[자항보도慈航普渡]

인자한 배로 두루 건넌다는 말이며, 자비로운 배로 많은 사람을 무사히 건너게 해 준다는 뜻이다. 자항보도는 관음보살을 가리키는 대명사로서 동아시아에서 관음은 바다의 풍랑을 잠재우고 무사히 건너게 해주는 역할을 한다고 믿는 신앙이 강했다.

글자 | 인자할 **자**, 배 **항**, 두루 **보**, 건널 **도**

[자행자지自行自止]

자기가 가고, 자기가 멈춘다는 말이며, 마음대로 내키는 대로 행동한다는 뜻이다.

글자 | 스스로 **자**, 다닐 **행**, 멈출 **지**

출전 | 원불교

[자허오유子虛烏有]

자허와 오유라는 말이며, 실제로는 있지 않은 허구의 일이나 사람을 빗댄 말이다.

글자 | 사람 **자**, 빌 **허**, 까마귀 **오**, 가질 **유**

출전 | 사마상여의 자허부子虛賦, 사기 사마상여전司馬相如傳

동류 | 오유선생烏有先生

[자협풍상字挾風霜]

글자가 바람과 서리를 끼고 있다는 말이며, 서릿발 같이 삼엄한 문장을 빗댄 말이다.

글자 | 글자 **자**, 낄 **협**, 바람 **풍**, 서리 **상**

[자화자찬自畫自讚]

자기가 그린 그림을 자기가 칭찬한다는 말이며, 자신이 한 일을 자신이 자랑한다는 뜻이다.

글자 | 스스로 **자**, 그림 **화**, 칭찬할 **찬**

[작각서아雀角鼠牙]

참새 뿔과 쥐의 어금니라는 말이며, 송사에 걸려든 여인이 하소연하는 고사에서 온 말이다. '뿔 없는 참새가 지붕을 뚫고 어금니 없는 쥐가 담을 갉아내듯 터무니없는 짓을 해도 절대 강포한 너를 따라내 절개를 굽히지 않으리.'

원문 | 誰謂雀無角 誰謂鼠無牙
수 위 작 무 각 수 위 서 무 아

글자 | 참새 **작**, 뿔 **각**, 쥐 **서**, 어금니 **아**
출전 | 서경 소남 행로行露

[작금양년昨今兩年]

작년과 금년의 두 해라는 말이다.

글자 | 어제 **작**, 이제 **금**, 두 **양**, 해 **년**

[작금양일昨今兩日]

어제와 오늘의 두 날이라는 말이다.

글자 | 어제 **작**, 이제 **금**, 두 **양**, 날 **일**

[작량감경酌量減輕]

참작하고 헤아려서 가볍게 줄인다는 말이며, 정상을 참작하여 형량을 가볍게 줄인다는 뜻이다.

글자 | 참작할 **작**, 헤아릴 **량**, 줄일 **감**, 가벼울 **경**

[작문오법作文五法]

글을 짓는 다섯 가지 법이라는 말이며, 문장을 잘 짓기 위한 다섯 가지 요소를 일컫는다. ① 존심存心 : 글은 마음에서 나온다. 마음이 거칠면 글이 조잡하고, 마음이 섬세하면 글도 촘촘하다. 마음이 답답하면 글이 막히고, 마음이 천박하면 글이 들뜬다. 마음이 거짓되면 글이 허망하고, 마음이 방탕하면 글이 제멋대로다. ② 양기養氣 : 기운이 온화하면 글이 잔잔하고, 기운이 가득 차면 글이 화창하며, 기운이 씩씩하면 글이 웅장하다. 글을 지으려면 먼저 기운을 길러야 한다. ③ 궁리窮理 : 이치가 분명하면 표현이 명확하고, 이치가 촘촘하면 글이 정밀하며, 이치가 합당하면 글이 정확하다. 이치가 주인이라면 표현은 하인에 불과하다. 주인이 정밀하고 밝은데 하인이 명을 따르지 않는 경우란 없다. ④ 계고稽古 : 정밀하게 골라 익숙히 익혀 아침저녁으로 아껴 외운다. 틈날 때마다 옛 글을 읽으면 내 글 속에 절로 옛 글의 품격이 스며든다. ⑤ 투오透悟 : 육예六藝의 학문은 익숙하지 않으면 깨달을 수 없고 깨닫지 않고는 정밀함이 없다.

글자 | 지을 **작**, 글 **문**, 법 **법**
출전 | 여간생논문서與干生論文書

[작문정치作文政治]

글을 만드는 정치라는 말이며, 시책만 발표하고 실천이 없는 정치를 빗댄 말이다.

글자 | 지을 **작**, 글 **문**, 다스릴 **정**, 다스릴 **치**

[작민부모作民父母]

백성의 부모가 된다는 말이며, 임금이 된다는 뜻이다.

글자 | 지을 **작**, 백성 **민**, 아비 **부**, 어미 **모**

출전 | 고려사

[작법자폐作法自斃]

자신이 만든 법에 자신이 걸려 쓰러진다는 말이다.

글자 | 지을 **작**, 법 **법**, 스스로 **자**, 쓰러질 **폐**

출전 | 사기 상군열전商君列傳

동류 | 위법자폐爲法自斃

유사 | 자승자박自繩自縛

[작비금시昨非今是]

어제는 아니고 이제는 옳다는 말이며, 전에는 그르다고 여겨지던 것이 지금은 옳게 여겨진다는 뜻이다.

글자 | 어제 **작**, 아닐 **비**, 이제 **금**, 옳을 **시**

출전 | 도잠의 귀거래사歸去來辭

[작사가법作事可法]

지은 일이 법에 옳다는 말이며, 법도에 맞게 일을 처리한다는 뜻이다.

글자 | 지을 **작**, 일 **사**, 옳을 **가**, 법 **법**

[작사도방作舍道傍]

길가에 지은 집이라는 말이며, 의견이 많아서 얼른 결정을 내리지 못한다는 뜻이다. 길가에 집을 지으면 길 가는 사람들의 의견이 분분하여 3년 동안 집을 짓지 못했다는 고사에서 온 말이다.

원문 | 作舍道傍 三年不成
작 사 도 방 삼 년 불 성

글자 | 지을 **작**, 집 **사**, 길 **도**, 곁 **방**

출전 | 후한서 조포전曹褒傳

[작사모시作事謀始]

일을 지을 때는 시작을 꾀하여야 한다는 말이며, 어떤 일이나 처음을 잘 계획해야 한다는 뜻이다.

원문 | 作事必謀始 出言必顧行
작 사 필 모 시 출 언 필 고 행

글자 | 지을 **작**, 일 **사**, 꾀할 **모**, 시작할 **시**

출전 | 명심보감 입교편, 소학 가언편

[작사삼장作史三長]

사기를 짓는데 세 가지 잘하는 것이라는 말이며, 재지才智, 학문, 식견을 일컫는다.

글자 | 지을 **작**, 사기 **사**, 잘할 **장**

[작설지전綽楔之典]

너그러운 문설주의 본보기라는 말이며, 충신·열녀·효자들을 표창하기 위하여 정문旌門을 세워주던 나라의 제도를 일컫는다.

글자 | 너그러울 **작**, 문설주 **설**, 어조사 **지**, 본보기 **전**
출전 | 경국대전 예전편禮典篇
유사 | 절효정문節孝旌門

[작소구거鵲巢鳩居]

까치집에 비둘기가 산다는 말이며, 남의 지위를 빼앗아 차지한다는 뜻이다.

원문 | 維鵲有巢 維鳩居之
유 작 유 소 유 구 거 지
글자 | 까치 **작**, 새집 **소**, 비둘기 **구**, 살 **거**
출전 | 시경 소남 구거鳩居

[작수불입勺水不入]

조그만 물도 들어가지 않는다는 말이며, 한 모금의 물도 마시지 못한다는 뜻이다.

글자 | 조금 **작**, 물 **수**, 아닐 **불**, 들 **입**

[작수성례酌水成禮]

물만 떠놓고 혼례를 치른다는 말이며, 가난한 집의 혼례를 이르는 말이다.

글자 | 따를 **작**, 물 **수**, 이룰 **성**, 예도 **례**

[작시금비昨是今非]

어제는 옳다고 여긴 것이 이제는 아니라는 말이다.

글자 | 어제 **작**, 옳을 **시**, 이제 **금**, 아닐 **비**
반대 | 작비금시昨非今是

[작심삼일作心三日]

마음 다지기 사흘이라는 말이다. 이는 사흘 동안 마음을 다져 결심한다는 뜻과 마음 다진 후 사흘이 지나면 그 다짐이 흐지부지된다는 두 가지 뜻으로 사용된다.

글자 | 만들 **작**, 마음 **심**, 날 **일**
출전 | 맹자 등문공 하

[작약관화灼若觀火]

밝기가 불을 보는 것과 같다는 말이며, 앞으로의 일이 빤하다는 뜻이다.

글자 | 밝을 **작**, 같을 **약**, 볼 **관**, 불 **화**
출전 | 추관지
동류 | 명약관화明若觀火

[작약지증勺藥之贈]

작약 꽃을 준다는 말이며, 향기로운 작약 꽃을 보내어 남녀 간의 정을 더욱 두텁게 한다는 뜻이다.

글자 | 구기 **작**, 약 **약**, 어조사 **지**, 줄 **증**
출전 | 시경 정풍鄭風 진유溱洧

[작유여지綽有餘地]

→ 여유작작餘裕綽綽

[작이대두酌以大斗]

큰 말로 술이라는 말이며, 술을 많이 마신다는 뜻이다.

글자 | 술 **작**, 써 **이**, 큰 **대**, 말 **두**
출전 | 시경 대아 민생지십民生之什

[작작여유綽綽餘裕]

→ 여유작작餘裕綽綽

ㅈ

[작정산밀斫正刪密]

바른 것을 쪼개고 빽빽하게 정한다는 말이며, 바른 둥치를 찍어 곁가지를 기르고, 촘촘한 것을 솎아내 어린 가지를 죽이며, 곧은 것을 쳐내서 생기를 막아 버린다는 뜻이다. 화훼업자들이 매화나무를 기르는 방법이다.

원문 | 斫其正 養其旁條 刪其密 殀其稚枝 鋤其直 遏其生氣
작기정 양기방조 산기밀 요기치지 서기직 알기생기

글자 | 쪼갤 **작**, 바를 **정**, 정할 **산**, 빽빽할 **밀**

출전 | 공자진의 병매관기病梅館記

[작지불이作之不已]

그치지 않고 일을 한다는 말이다.

글자 | 일할 **작**, 어조사 **지**, 아닐 **불**, 그칠 **이**

[작지서지作之書之]

제가 짓고, 제가 쓴다는 말이며, 제가 계획하고, 제가 실천한다는 뜻이다.

글자 | 지을 **작**, 어조사 **지**, 글 **서**

[작취미성昨醉未醒]

어제 취한 [술이] 아직 깨지 않았다는 말이다.

글자 | 어제 **작**, 취할 **취**, 아닐 **미**, 술 깰 **성**

출전 | 송남잡지

[작학관보雀學鸛步]

참새가 황새걸음을 배운다는 말이며, 자기의 역량을 헤아리지 않고 무턱대고 남을 흉내 낸다는 빗댄 말이다.

글자 | 참새 **작**, 배울 **학**, 황새 **관**, 걸음 **보**

출전 | 동언해

동류 | 소작수관小雀隨鸛

[잔고잉복殘膏賸馥]

남은 기름과 줄 향기라는 말이며, 후세까지 남길 유풍과 아름다운 기풍을 빗댄 말이다.

글자 | 남을 **잔**, 기름 **고**, 줄 **잉**, 향기 **복**

출전 | 신당서 문예전文藝傳 상

[잔두지련棧豆之戀]

마구간 콩의 생각이라는 말이며, 사소한 이익에 연연한다는 뜻이다.

글자 | 마판 **잔**, 콩 **두**, 어조사 **지**, 연연할 **련**

출전 | 진서

[잔배냉갱殘杯冷羹]

남은 잔과 찬 국이라는 말이며, 푸대접하는 찌꺼기 음식을 빗댄 말이다.

글자 | 남을 **잔**, 잔 **배**, 찰 **냉**, 국 **갱**

[잔배냉적殘杯冷炙]

남은 술과 식은 고기라는 말이며, 변변치 않은 주안상으로 푸대접한다는 말이다.

원문 | 殘杯與冷炙
잔배여냉적

글자 | 남을 **잔**, 잔 **배**, 찰 **냉**, 구운 고기 **적**

출전 | 두보의 봉증위좌승장이십이운奉贈 韋左丞丈二十二韻, 안씨가훈

동류 | 잔배냉효殘杯冷肴

[잔배냉효殘杯冷肴]

→ 잔배냉적殘杯冷炙

[잔산단록殘山短麓]

쇠잔한 산과 짧은 산기슭이라는 말이며, 낮고 작은 산들이라는 뜻이다.

글자 | 쇠잔할 **잔**, 뫼 **산**, 짧을 **단**, 산기슭 **록**

[잔산단록殘山斷麓]

→ 잔산단록殘山短麓

[잔산잉수殘山剩水]

남은 산과 물이라는 말이며, 전란戰亂 후에 남은 망한 나라의 땅을 이르는 말이다.

글자 | 남을 **잔**, 뫼 **산**, 남을 **잉**, 물 **수**

[잔월효성殘月曉星]

남은 달과 새벽별이라는 말이며, 새벽달과 새벽별이라는 뜻이다.

글자 | 남을 **잔**, 달 **월**, 새벽 **효**, 별 **성**

[잔음냉무殘蔭冷武]

쇠잔해진 음관蔭官과 식은 무관武官이라는 말이며, 조상의 덕으로 후손이 얻어지는 벼슬이 쇠잔해지고, 무관의 벼슬이 식어간다는 뜻이다.

글자 | 쇠잔할 **잔**, 그을질 **음**, 식을 **냉**, 호반 **무**

[잔인무도殘忍無道]

잔인하고 도리가 없다는 말이다.

글자 | 해할 **잔**, 차마할 **인**, 없을 **무**, 도리 **도**

동류 | 잔악무도殘惡無道, 잔학무도殘虐無道

[잔인박행殘忍薄行]

잔인하고 야박한 행실이라는 말이다.

글자 | 해할 **잔**, 차마할 **인**, 엷을 **박**, 행실 **행**

[잔인해물殘人害物]

사람을 해하고 물건을 해친다는 말이다.

글자 | 해할 **잔**, 사람 **인**, 해할 **해**, 물건 **물**

[잔편단간殘編短簡]

남은 기록과 짧은 편지라는 말이며, 조각나서 온전하지 못한 책을 일컫는다.

글자 | 남을 **잔**, 기록할 **편**, 짧을 **단**, 편지 **간**

[잔학무도殘虐無道]

→ 잔인무도殘忍無道

[잠덕유광潛德幽光]

숨겨있는 덕과 그윽한 빛이라는 말이며, 세상에 드러나지 않은 덕 있는 자

ㅈ

의 숨은 빛이라는 뜻이다.

글자 | 숨을 **잠**, 큰 **덕**, 그윽할 **유**, 빛 **광**

[잠두마제蠶頭馬蹄]

누에머리와 말굽이라는 말이며, 글자의 가로 획을 긋는데 왼쪽 시작은 말굽 모양으로 하고, 오른쪽 끝은 누에머리 모양으로 하는 필법을 일컫는다.

글자 | 누에 **잠**, 머리 **두**, 말 **마**, 말굽 **제**

출전 | 한자서법漢字書法

[잠룡물용潛龍勿用]

물속 깊이 숨어있는 용을 쓰지 말라는 말이며, 아무리 천하를 호령할 역량과 포부를 간직한 영웅이라도 때가 아니면 쓰지 말라는 뜻이다.

글자 | 잠길 **잠**, 용 **룡**, 말 **물**, 쓸 **용**

출전 | 주역 건위천乾爲天

[잠복장닉潛伏藏匿]

엎드려 잠기고 감추고 숨긴다는 말이며, 행방을 감추어 남이 그 소재를 모르게 한다는 뜻이다.

글자 | 잠길 **잠**, 엎드릴 **복**, 감출 **장**, 숨길 **닉**

[잠불리측暫不離側]

잠시도 곁을 떠나지 않는다는 말이다.

글자 | 잠시 **잠**, 아닐 **불**, 떠날 **리**, 곁 **측**

[잠사우모蠶絲牛毛]

누에고치실과 쇠털이라는 말이며, 일의 가닥이 매우 지저분하고 어수선하다는 말이다.

글자 | 누에 **잠**, 실 **사**, 소 **우**, 터럭 **모**

[잠소암삭潛銷暗鑠]

잠겨 사라지고 몰래 녹는다는 말이며, 알지 못하는 사이에 슬그머니 해결된다는 뜻이다.

글자 | 잠길 **잠**, 사라질 **소**, 몰래할 **암**, 녹을 **삭**

출전 | 송남잡지松南雜識

[잠시광경暫時光景]

잠시의 경치라는 말이며, 세상만사가 모두 잠시광경이라는 뜻이다. 변치 않을 것 같았던 사랑도, 용서할 수 없었던 미움도 잠시 지나가는 광경일 뿐이라는 것이다.

글자 | 잠시 **잠**, 때 **시**, 경치 **광**, 경치 **경**

출전 | 탕빈윤湯賓尹의 독서보讀書譜

[잠영세족簪纓世族]

비녀와 갓끈을 한 세대의 일가라는 말이며, 관원이 쓰던 비녀와 갓끈을 갖춘, 즉 관직을 지낸 여러 세대의 집안을 빗댄 말이다.

글자 | 비녀 **잠**, 갓끈 **영**, 세대 **세**, 일가 **족**

동류 | 잠영지족簪纓之族

[잠재의식潛在意識]

잠겨있는 생각이라는 말이며, 자각自覺되지 않고 활동하는 마음의 움직임을 일컫는다.

글자 | 잠길 **잠**, 있을 **재**, 생각 **의**, 알 **식**

[잠종비적潛蹤祕迹]

자취를 비밀하게 감춘다는 말이다.

글자 | 감출 **잠**, 자취 **종**, 비밀할 **비**, 발자국 **적**

동류 | 장종비적藏蹤祕迹

[잡동산이雜同散異]

잡된 것과 같은 것, 흩어지고 다른 것이라는 말이며, 조선조 22대 정조 때 학자 안정복安鼎福이 지은 책을 일컫는다. 경사자집經史子集에서 문장을 뽑아 모으고 명물名物·도수度數·패설稗說도 기록하였으며 53책으로 되어 있다.

글자 | 잡될 **잡**, 같을 **동**, 흩을 **산**, 다를 **이**

[잡시방약雜施方藥]

처방한 약을 섞어서 편다는 말이며, 병을 고치기 위해 여러 가지 약을 써본다는 뜻이다.

글자 | 섞일 **잡**, 펼 **시**, 처방 **방**, 약 **약**

[장강대필長杠大筆]

긴 깃대와 같은 큰 붓이라는 말이며, 문장이 씩씩하여 힘 있고 웅대하다는 뜻이다.

글자 | 긴 **장**, 깃대 **강**, 큰 **대**, 붓 **필**

[장강대해長江大海]

긴 강과 큰 바다라는 말이다. 장강은 중국의 양자강을 가리킬 때도 있다.

글자 | 긴 **장**, 강 **강**, 큰 **대**, 바다 **해**

[장검고용蔣劍賈勇]

과장 풀로 된 칼과 앉은 장사꾼의 날램이라는 말이며, 쓸모가 없는 물건이나 용기를 빗댄 말이다.

글자 | 과장 풀 **장**, 칼 **검**, 앉은 장사 **고**, 날랠 **용**

[장결구단章決句斷]

장을 끊고 구를 끊는다는 말이며, 문장에서 장과 구를 나눈다는 뜻이다.

글자 | 장 **장**, 끊을 **결**, 글귀 **구**, 끊을 **단**

[장경오훼長頸烏喙]

기다란 목과 까마귀 주둥이라는 말이며, 일을 이루고 나면 협력자나 동지에게 등을 돌릴 사람을 빗댄 말이다. 월나라의 공신 범려范蠡가 천하를 제패하고 일족을 이끌고 월나라를 떠나 제나라로 옮긴 뒤 월나라의 대부 종種에게 쓴 편지에서 유래한다. '장경오훼의 월왕은 재능이 있고 인내심이 강하여 고난은 함께할 수 있으나 잔인하고 욕심이 많고 각박하고 의심이 많아 평시에 안락은 함께할 수 없는 성질을 지닌 사람인데, 그대는 어찌하여 월왕의 곁을 떠나지 않고 있는가?'

글자 | 긴 **장**, 목 **경**, 까마귀 **오**, 주둥이 **훼**

출전 | 사기 월왕구천세가越王句踐世家

[장계취계將計就計]

장래의 계략을 이룬다는 말이며, 상대방의 계략을 미리 알고 먼저 이용하는 계책이라는 뜻이다.

글자 | 장차 **장**, 꾀할 **계**, 이룰 **취**

출전 | 삼국지연의

[장곡망양臧穀亡羊]

장과 곡이 양을 잃었다는 말이며, 두 사람이 한 일은 다르지만 그 결과는 같다는 뜻이다. 장자에 있는 글이다. '장과 곡 두 사람이 양을 치다가 둘 다 그만 양을 잃고 말았다. 장은 죽간竹簡을 끼고 글을 읽다가 잃었고, 곡은 노름을 하다가 잃었다.'

원문 | 臧與穀二人相與牧羊而俱亡其羊
장 여 곡 이 인 상 여 목 양 이 구 망 기 양

글자 | 착할 **장**, 닥나무 **곡**, 잃을 **망**, 양 **양**

출전 | 장자 변무騈拇

동류 | 구망기양俱亡其羊

[장공속죄將功贖罪]

[죄지은 사람이] 공을 행하여 죄를 속죄 받는다는 말이다.

글자 | 행할 **장**, 공 **공**, 속죄 바칠 **속**, 죄줄 **죄**

[장공절죄將功切罪]

공적을 가지고 죄를 끊는다는 말이며, 공적으로써 지은 죄를 경감한다는 뜻이다.

글자 | 가질 **장**, 공적 **공**, 끊을 **절**, 죄 **죄**

[장관이대張冠李戴]

장씨의 갓을 이씨가 쓴다는 말이며, 이름과 실상이 같지 않다는 뜻이다.

글자 | 베풀 **장**, 갓 **관**, 오얏 **이**, 일 **대**

[장교어졸藏巧於拙]

교묘한 것을 졸한 것으로 감춘다는 말이며, 훌륭한 것을 그렇지 않은 것으로 포장한다는 뜻이다.

원문 | 藏巧於拙 用晦而明
장 교 어 졸 용 회 이 명

글자 | 감출 **장**, 교묘할 **교**, 어조사 **어**, 졸할 **졸**

출전 | 채근담 116장

[장구대진長驅大進]

멀리 몰아서 크게 나아간다는 말이다.

원문 | 長驅大進 京城直向
장 구 대 진 경 성 직 향

글자 | 멀 **장**, 몰 **구**, 큰 **대**, 나갈 **진**

출전 | 한국사론, 동학농민전쟁사

[장구지계長久之計]

[어떤 일이] 오래 계속될 것을 도모하는 계책이라는 말이다.

글자 | 긴 **장**, 오랠 **구**, 어조사 **지**, 꾀할 **계**

동류 | 장구지책長久之策

[장구지책長久之策]

→ 장구지계長久之計

[장군지악長君之惡]

임금의 악을 기른다는 말이며, 임금의 악정을 부추긴다는 뜻이다.

글자 | 기를 **장**, 임금 **군**, 어조사 **지**, 악할 **악**

[장년삼로長年三老]

연치 많은 세 늙은이라는 말이며, 뱃사공을 빗댄 말이다.

원문 | 長年三老長歌裏白晝攤錢高浪中
장년삼로장가리백주탄전고랑중

글자 | 많을 **장**, 연치 **년**, 늙을 **로**

출전 | 두보의 기주가夔州歌

[장단자재長短自在]

길고 짧음이 스스로 있다는 말이며, 장처와 단처가 자연히 갖추어져 있다는 뜻이다.

글자 | 긴 **장**, 짧을 **단**, 스스로 **자**, 있을 **재**

[장두노미藏頭露尾]

머리는 감추고 꼬리는 드러난다는 말이며, 중요한 부분은 감추었으나 단서가 드러났다는 뜻이다.

원문 | 早休官棄職 遠紅塵是非 省藏頭露尾
조휴관기직 원홍진시비 성장두노미

글자 | 감출 **장**, 머리 **두**, 드러날 **노**, 꼬리 **미**

출전 | 자가구의 번귀거래사飜歸去來辭

동류 | 노미장두露尾藏頭

[장두백전杖頭百錢]

지팡이 머리에 돈 백전이라는 말이며, 길을 떠날 때, 술값으로 지니는 몇 푼의 돈을 일컫는다. 진나라 완수阮脩가 외출할 때는 언제나 지팡이의 손잡이에 돈 백전을 걸어 달고 다니면서 혼자 술을 즐겁게 마셨다는 고사에서 온 말이다.

글자 | 지팡이 **장**, 머리 **두**, 일백 **백**, 돈 **전**

출전 | 진서

[장두상련腸肚相連]

창자와 밥통이 서로 이어졌다는 말이며, 배짱이 잘 맞아 서로 협력이 잘 된다는 말이다.

글자 | 창자 **장**, 밥통 **두**, 서로 **상**, 이을 **련**

[장두은미藏頭隱尾]

머리를 감추고 꼬리를 숨긴다는 말이며, 일의 전말顚末을 명백히 밝히지 않는다는 뜻이다.

글자 | 감출 **장**, 머리 **두**, 숨길 **은**, 꼬리 **미**

[장량지추張良之椎]

장량의 뭉치라는 말이며, 원수를 갚으려는 강한 행동을 빗댄 말이다. 중국 한나라 장량이 역사를 시켜 쇠뭉치로 진시황을 저격한 고사에서 온 말이다.

글자 | 성씨 **장**, 어질 **량**, 어조사 **지**, 뭉치 **추**

[장림심처長林深處]

기다란 숲의 깊은 곳이라는 말이다.

글자 | 긴 **장**, 수풀 **림**, 깊을 **심**, 곳 **처**

[장립대령長立待令]

오래 서서 분부를 기다린다는 말이며, 권문세가權門勢家에 드나들면서 이익을 얻고자 하는 사람의 행태를 일컫는다.

글자 | 긴 **장**, 설 **립**, 기다릴 **대**, 시킬 **령**

[장막지간將幕之間]

장수와 군막의 사이라는 말이며, 지휘자와 참모의 사이라는 뜻이다.

글자 | 장수 **장**, 군막 **막**, 어조사 **지**, 사이 **간**

[장망녹어張網漉魚]

그물을 벌려 고기를 거른다는 말이며, '크게 가르침의 그물을 펼쳐 인천人天의 물고기를 낚으라.' 는 뜻이다.

원문 | 張大敎網 漉人天之魚
장 대 교 망 녹 인 천 지 어

글자 | 벌릴 **장**, 그물 **망**, 거를 **녹**, 고기 **어**

출전 | 원효대사의 옥인玉印

[장면이립牆面而立]

담장을 앞에 두고 서있다는 말이며, 아무것도 보이지 않고 앞으로 나가지도 못한다는 뜻이다.

원문 | 其猶正牆面而立也與
기 유 정 장 면 이 립 야 여

글자 | 담장 **장**, 면할 **면**, 말 이을 **이**, 설 **립**

출전 | 논어 양화

[장목비이長目飛耳]

→비이장목飛耳長目

[장무상망長毋相忘]

오래도록 서로 잊지 말자는 말이다. 추사秋史 김정희(1785~1856)가 제주도 유배시절 우선藕船 이상적에게 그려 보낸 세한도歲寒圖에 찍혀있는 인장의 글귀다.

원문 | 久不相見 長毋相忘
구 불 상 견 장 무 상 망

글자 | 오랠 **장**, 말 **무**, 서로 **상**, 잊을 **망**

[장무환령將無還令]

장수는 명령을 돌이키지 않는다는 말이며, 한번 발한 명령은 반드시 실행한다는 뜻이다.

글자 | 장수 **장**, 없을 **무**, 돌이킬 **환**, 명령할 **령**

출전 | 송남잡지

[장백지지藏魄之地]

넋을 감춘 땅이라는 말이며, 무덤을 일컫는다.

글자 | 감출 **장**, 넋 **백**, 어조사 **지**, 땅 **지**

[장벽무의墻壁無依]

의지할 담과 벽이 없다는 말이다.

글자 | 담장 **장**, 벽 **벽**, 없을 **무**, 의지할 **의**

[장보천리章甫薦履]

큰 갓이 신으로 천신한다는 말이며, 위와 아래가 뒤바뀌었다는 뜻이다.

원문 | 章甫薦履 漸不可求兮
장 보 천 리 점 불 가 구 혜

글자 | 갓 **장**, 클 **보**, 천신할 **천**, 신 **리**

출전 | 가의의 조굴원부弔屈原賦

[장비군령張飛軍令]

장비의 군사명령이라는 말이며, 졸지에 매우 급히 서두르는 명령이나 일을 일컫는다.

글자 | 활 당길 **장**, 날 **비**, 군사 **군**, 명령할 **령**

출전 | 삼국지연의

[장삼이사張三李四]

장가張家의 셋째, 이가李家의 넷째라는 말이며, 흔한 사람 또는 일반 대중을 빗댄 말이다. 중국에서 흔한 성이 장가, 이가인데 아이를 많이 낳아 셋째, 넷째 아들이라는 표현을 하고 있다.

글자 | 별 이름 **장**, 오얏 **이**

출전 | 오등회립五燈會立

[장상전장掌上煎醬]

손바닥 위에서 장을 졸인다는 말이며, 절대로 그렇지 않음을 강조하는 뜻이다.

글자 | 손바닥 **장**, 윗 **상**, 졸일 **전**, 간장 **장**

출전 | 동언해

[장상지기將相之器]

→ 장상지재將相之才

[장상지재將相之才]

장수나 재상이 될 재목이라는 말이다.

글자 | 장수 **장**, 벼슬 이름 **상**, 어조사 **지**, 재능 **재**

[장생구시長生久視]

길게 살고 오래 본다는 말이며, 건강하게 오래 산다는 뜻이다.

원문 | 是謂深根固柢 長生久視之道
시 위 심 근 고 저 장 생 구 시 지 도

글자 | 길 **장**, 살 **생**, 오랠 **구**, 볼 **시**

출전 | 노자 59장 수도受道

[장생불사長生不死]

오래 살면서 죽지 아니한다는 말이다.

글자 | 긴 **장**, 살 **생**, 아닐 **불**, 죽을 **사**

[장석친구長席親舊]

→ 병문친구屛門親舊

[장수선무長袖善舞]

소매가 길면 좋은 춤을 출 수 있다는 말이며, 재물이 넉넉하면 성공하기도 쉽다는 속담에서 온 말이다.

원문 | 長袖善舞 多錢善賈
장 수 선 무 다 전 선 가

글자 | 긴 **장**, 소매 **수**, 좋을 **선**, 춤출 **무**

출전 | 한비자 오두五蠹

[장수유식藏修游息]

숨어서 닦고 놀면서 쉰다는 말이며, 군자는 마음이 항상 학문에서 떠나지 않는다는 뜻이다.

글자 | 숨을 **장**, 닦을 **수**, 놀 **유**, 쉴 **식**

출전 | 예기 악기편樂記篇

[장야지음長夜之飮]

긴 밤의 음주라는 말이며, 밤새 술을 마신다는 뜻이다.

글자 | 긴 **장**, 밤 **야**, 어조사 **지**, 마실 **음**

출전 | 사기, 한비자

[장염주부長髥主簿]

긴 수염의 장부 주인이라는 말이며, 양羊을 빗댄 말이다.

글자 | 긴 **장**, 수염 **염**, 주인 **주**, 장부 **부**

[장옥매향葬玉埋香]

옥과 향을 묻어 장사한다는 말이며, 미인을 매장한다는 뜻이다.

글자 | 장사지낼 **장**, 구슬 **옥**, 묻을 **매**, 향내 **향**

[장와불기長臥不起]

길게 누워서 일어나지 아니한다는 말이며, 오래도록 병석에 누워있다는 뜻이다.

글자 | 긴 **장**, 누울 **와**, 아닐 **불**, 일어날 **기**

[장우단탄長吁短歎]

긴 탄식과 짧은 탄식이라는 말이며, 탄식하여 마지않는다는 뜻이다.

글자 | 긴 **장**, 탄식할 **우**, 짧을 **단**, 탄식할 **탄**

[장우만연瘴雨蠻烟]

장기瘴氣의 비와 오랑캐의 연기라는 말이며, 악기가 서린 비와 독기를 품은 연기라는 뜻이다.

원문 | 湘江南去少人行瘴雨蠻烟白草生
상강남거소인행장우만연백초생

글자 | 장기 **장**, 비 **우**, 오랑캐 **만**, 연기 **연**

출전 | 엄우의 답우인答友人

[장원급제壯元及第]

장하게 으뜸으로 차례에 미쳤다는 말이며, 과거에서 갑과甲科에 수석으로 합격했다는 뜻이다.

글자 | 장할 **장**, 으뜸 **원**, 미칠 **급**, 차례 **제**

[장원지계長遠之計]

길고 먼 계교라는 말이며, 먼 장래에 관한 계획이라는 뜻이다.

글자 | 긴 **장**, 멀 **원**, 어조사 **지**, 계교 **계**

[장위지책長圍之策]

길게 둘러싸는 꾀라는 말이며, 적군의 병참이 끊어지게 하는 전술을 일컫는다.

글자 | 긴 **장**, 둘러쌀 **위**, 어조사 **지**, 꾀 **책**

[장유유서長幼有序]

어른과 어린이 사이에 차례와 질서가 있다는 말이다. 삼강오륜三綱五倫 중의 하나이다.

글자 | 어른 **장**, 어릴 **유**, 있을 **유**, 차례 **서**

출전 | 장자 도척盜跖

동류 | 장유유차長幼有差

반대 | 장유무서長幼無序

[장유유차長幼有差]

어른과 어린이의 차별이 있다는 말이다.

글자 | 어른 **장**, 어릴 **유**, 있을 **유**, 다를 **차**

출전 | 순자 예론禮論

유사 | 장유유서長幼有序

[장읍불배長揖不拜]

길게 읍하고 절은 하지 않는다는 말이다.

글자 | 긴 **장**, 읍할 **읍**, 아닐 **불**, 절 **배**

[장자만등長者萬燈]

넉넉한 사람의 일만 개의 등이라는 말이며, 부처에게 올리는 가난한 사람의 한 등도 부자의 만등과 다를 바 없다는 뜻으로 쓰인다.

글자 | 넉넉할 **장**, 사람 **자**, 일만 **만**, 촛불 **등**

[장자자유長者慈幼]

어른 된 사람은 어린이를 사랑해야 한다는 말이다.

원문 | 長者慈幼 幼者敬長
장자자유 유자경장

글자 | 어른 **장**, 사람 **자**, 사랑할 **자**, 어릴 **유**

출전 | 사자소학

[장자풍도長者風度]

어른 된 자의 위엄과 모양이라는 말이며, 덕망이 노성老成한 사람의 풍도를 일컫는다.

글자 | 어른 **장**, 사람 **자**, 위엄 **풍**, 모양 **도**

[장장추야長長秋夜]

길고 긴 가을밤이라는 말이다.

글자 | 긴 **장**, 가을 **추**, 밤 **야**

[장장춘일長長春日]

길고 긴 봄날이라는 말이다.

글자 | 긴 **장**, 봄 **춘**, 날 **일**

[장장하일長長夏日]

길고 긴 여름날이라는 말이다.

글자 | 긴 **장**, 여름 **하**, 날 **일**

[장전추열帳前秋閱]

휘장 앞에서 허리를 굽히고 본다는 말이며, 죄인을 휘장 앞에 꿇어앉히고 친히 국문鞫問한다는 뜻이다.

글자 | 휘장 **장**, 앞 **전**, 추창할 **추**, 볼 **열**

[장정곡포長汀曲浦]

긴 물가와 굽은 개라는 말이며, 해안선이 길고 구부러진 갯벌을 일컫는다.

ㅈ

글자 | 긴 **장**, 물가 **정**, 굽을 **곡**, 개 **포**

[장족진보長足進步]

긴 발의 진보라는 말이며, 매우 빠른 진보를 일컫는다.

글자 | 긴 **장**, 발 **족**, 나갈 **진**, 걸음 **보**

[장졸지간將卒之間]

장수와 병졸의 사이라는 말이다.

글자 | 장수 **장**, 군사 **졸**, 어조사 **지**, 사이 **간**

[장졸지분將卒之分]

장수와 군사의 분수, 또는 신분이라는 말이다.

글자 | 장수 **장**, 군사 **졸**, 어조사 **지**, 분수 **분**

[장종비적藏蹤秘迹]

→ 잠종비적潛蹤秘迹

[장주몽적藏周夢蝶]

→ 장주지몽莊周之夢

[장주어학藏舟於壑]

구덩이에 배를 감춘다는 말이며, 물건을 잘 감춘다는 뜻이다.

원문 | 藏山於澤 藏舟於壑
장 산 어 택 장 주 어 학

글자 | 감출 **장**, 배 **주**, 어조사 **어**, 구덩이 **학**

출전 | 장자

[장주지몽莊周之夢]

장자의 이런 저런 꿈이라는 말이며, 나와 외물外物은 본래 하나로서 현실은 그 분화分化임을 빗댄 말이다. 장자가 꿈에 나비가 되었다가 깬 후, 장자가 나비가 되었는지, 나비가 장자가 되었는지 판단이 어려웠다는 고사에서 온 말이다.

원문 | 莊周夢爲胡蝶
장 주 몽 위 호 접

글자 | 성 **장**, 두루 **주**, 어조사 **지**, 꿈 **몽**

출전 | 장자 제물론齊物論

[장중득실場中得失]

과장科場에서 얻는 것과 잃는 것이라는 말이며, 과거에서 급제하는 사람도 있고 낙방하는 사람도 있듯이 일이 생각하는 바와 같이 이루어지지 않는다는 뜻이다.

글자 | 마당 **장**, 가운데 **중**, 얻을 **득**, 잃을 **실**

출전 | 송남잡지

[장중보옥掌中寶玉]

손바닥에 있는 보배로운 구슬이라는 말이며, 사랑하는 자녀나 귀한 물건을 일컫는 말이다.

글자 | 손바닥 **장**, 가운데 **중**, 보배 **보**, 구슬 **옥**

[장지수지杖之囚之]

몽둥이질하고 가둔다는 말이며, 곤장으로 매질한 다음에 옥에 가둔다는 뜻이다.

글자 | 몽둥이 **장**, 어조사 **지**, 가둘 **수**

[장진지망長進之望]

길게 나아갈 바람이라는 말이며, 앞으로 크게 잘 되어갈 희망이라는 뜻이다.

글자 | 긴 **장**, 나갈 **진**, 어조사 **지**, 바랄 **망**

[장진해탈障盡解脫]

막히는 것을 마치고 깨우쳐 벗는다는 말이며, 도를 닦는데 방해되는 모든 번뇌를 끊고 깨우쳐 자유로운 경지에 이른다는 뜻이다.

글자 | 막힐 **장**, 마칠 **진**, 깨우쳐 줄 **해**, 벗을 **탈**

출전 | 불교

[장창소인臧倉小人]

장창은 소인이라는 말이며, 소인배를 빗대어 하는 말이다.

글자 | 착할 **장**, 곳집 **창**, 작을 **소**, 사람 **인**

출전 | 맹자 양혜왕 하

[장취불성長醉不醒]

길게 술에 취하여 깨지 않는다는 말이며, 늘 술에 취해 있다는 뜻이다.

글자 | 긴 **장**, 술 취할 **취**, 아닐 **불**, 술 깰 **성**

[장침대금長枕大衾]

긴 베개와 큰 이불이라는 말이며, 함께 자는 형제가 친숙하다는 말이다.

글자 | 긴 **장**, 베개 **침**, 큰 **대**, 이불 **금**

[장풍취기藏風聚氣]

바람을 감추고 기운을 모은다는 말이며, 나쁜 바람이 막히고 땅의 정기가 모이는 묏자리의 명당이라는 뜻이다.

글자 | 감출 **장**, 바람 **풍**, 모을 **취**, 기운 **기**

출전 | 조선왕조 16대 인조실록

[장풍파랑長風波浪]

긴 바람과 물결치는 파도라는 말이며, 험난한 대업大業을 일컫는다.

글자 | 긴 **장**, 바람 **풍**, 물결 **파**, 물결절 흐를 **랑**

출전 | 이백의 시

[장하조별將蝦釣鼈]

새우를 가지고 자라를 낚는다는 말이며, 적은 밑천으로 많은 이득을 얻는다는 뜻이다.

글자 | 가질 **장**, 새우 **하**, 낚을 **조**, 자라 **별**

[장하지혼杖下之魂]

몽둥이 밑에 혼백이라는 말이며, 장형杖刑을 당하고 그 자리에서 죽은 혼이라는 뜻이다.

글자 | 몽둥이 **장**, 아래 **하**, 어조사 **지**, 혼 **혼**

[장형부모長兄父母]

맏형은 부모와 같다는 말이며, 집안을 이끌어가는 맏형은 부모와 같은 역할을 한다는 뜻이다.

원문 | 長兄如父母
장 형 여 부 모

글자 | 맏 **장**, 형님 **형**, 아비 **부**, 어미 **모**

[재가무일在家無日]

[분주하게 돌아다니느라고] 집에 있을 날이 없다는 말이다.

글자 | 있을 **재**, 집 **가**, 없을 **무**, 날 **일**

[재가화상在家和尙]

집에 있으면서 화답하고 숭상한다는 말이며, 중이 속가俗家에 있으면서 불법佛法을 닦는다는 뜻이다.

글자 | 있을 **재**, 집 **가**, 화답할 **화**, 숭상할 **상**

[재갱만갱在阬滿阬]

구덩이가 있으면 구덩이가 가득 찬다는 말이며, 도道가 있으면 도가 도처에 가득 찬다는 뜻이다.

원문 | 在谷滿谷 在阬滿阬
재 곡 만 곡 재 갱 만 갱

글자 | 있을 **재**, 구덩이 **갱**, 찰 **만**

출전 | 장자 천운편天運篇

[재고팔두才高八斗]

재주가 높아 여덟 말이라는 말이며, 시문의 재주가 매우 뛰어난다는 뜻이다. 송나라 사령운謝靈運이 한 말이다. '온 천하에 재주가 한 섬 있다면 조자건이 혼자서 여덟 말을 차지하고 내가 한 말, 나머지 한 말은 온 세상 사람들이 함께 나누어가지고 있다.'

원문 | 天下才有一石 曹子建獨占八斗 我得一斗 天下共分一斗
천 하 재 유 일 석 조 자 건 독 점 팔 두 아 득 일 두 천 하 공 분 일 두

글자 | 재주 **재**, 높을 **고**, 말 **두**

출전 | 석상담釋常談

[재궁사찰齋宮寺刹]

종묘를 재계할 절이라는 말이며, 무덤을 지키고 명복을 빌기 위하여 그 옆에 지은 절을 일컫는다.

글자 | 재계할 **재**, 종묘 **궁**, 절 **사**, 절 **찰**

[재귀일거載鬼一車]

귀신이 실린 한 수레라는 말이며, 두렵고 괴이한 일이 많다는 뜻이다.

원문 | 見豕負塗 載鬼一車
견 시 부 도 재 귀 일 거

글자 | 실을 **재**, 귀신 **귀**, 수레 **거**

출전 | 주역

[재기불능再起不能]

다시 일어날 수 없다는 말이다.

글자 | 두 번 **재**, 일어날 **기**, 아닐 **불**, 능할 **능**

반대 | 기사회생起死回生, 권토중래捲土重來

[재다명태財多命殆]

재물이 많으면 목숨이 위태롭다는 말이다.

원문 | 位尊身位 財多命殆
위 존 신 위 재 다 명 태

글자 | 재물 **재**, 많을 **다**, 목숨 **명**, 위태할 **태**
출전 | 후한서

[재대난용材大難用]

재목이 커서 쓰기 어렵다는 말이며, 재사가才士가 잘 활용되지 않아 불우함을 이르는 말이다.

글자 | 재목 **재**, 큰 **대**, 어려울 **난**, 쓸 **용**
출전 | 두보杜甫의 시

[재덕겸비才德兼備]

재주와 덕을 겸하여 갖추었다는 말이다.

글자 | 재주 **재**, 큰 **덕**, 겸할 **겸**, 갖출 **비**

[재도지기載道之器]

도를 담는 그릇이라는 말이며, 유교의 문학관을 일컫는다. 즉 대체로 작은 낚싯대로 개울에서 붕어 새끼나 낚는 사람들은 큰 고기를 낚기 어려운 그릇이라는 뜻이다.

글자 | 실을 **재**, 도리 **도**, 어조사 **지**, 그릇 **기**
출전 | 장자 외물편外物篇
유사 | 관도지기貫道之器

[재래토착在來土着]

5대손으로 있고 땅에 도착했다는 말이며, 예부터 그 땅에 정착하여 산다는 뜻이다.

글자 | 있을 **재**, 오대손 **래**, 땅 **토**, 도착할 **착**

[재롱지계在籠之鷄]

새장에 있는 닭이라는 말이며, 도망갈 수 없는 처지에 놓여 있음을 빗댄 말이다.

글자 | 있을 **재**, 새장 **롱**, 어조사 **지**, 닭 **계**
출전 | 삼국유사 1권

[재삼사지再三思之]

두세 번 되풀이 하여 생각한다는 말이다.

글자 | 다시 **재**, 생각 **사**, 어조사 **지**

[재삼재사再三再四]

다시 세 번, 네 번이라는 말이며, 몇 번씩 되풀이하여라는 뜻이다.

글자 | 두 번 **재**

[재상분명財上分明]

재물 위에서 분별이 밝다는 말이며, 돈 거래에 흐리터분한 데가 없이 셈이 밝고 명확하다는 뜻이다.

원문 | 財上分明 大丈夫
재상분명 대장부

글자 | 재물 **재**, 윗 **상**, 분별할 **분**, 밝을 **명**
출전 | 명심보감 정기편正己篇

[재상불교在上不驕]

위에 있는 [사람은] 교만해서는 안 된다는 말이다.

원문 | 在上不驕 高而不危
재상불교 고이불위

글자 | 있을 **재**, 윗 **상**, 아닐 **불**, 교만할 **교**
출전 | 효경

[재색겸비才色兼備]

여자가 재주와 예쁜 것을 겸하여 갖추었다는 말이다.

글자 | 재주 **재**, 예쁜 계집 **색**, 겸할 **겸**, 갖출 **비**

[재생지은再生之恩]

[죽게 된 목숨을] 다시 살려준 은혜라는 말이다.

글자 | 두 번 **재**, 살 **생**, 어조사 **지**, 은혜 **은**
유사 | 재생지덕再生之德

[재생지인再生之人]

두 번 산 사람이라는 말이며, 죽을 고비를 겪은 사람이라는 뜻이다.

글자 | 두 번 **재**, 살 **생**, 어조사 **지**, 사람 **인**
출전 | 송남잡지

[재소난면在所難免]

[어떤 일에서] 면하기 어려운 바에 있다는 말이다.

글자 | 있을 **재**, 바 **소**, 어려울 **난**, 면할 **면**
출전 | 송남잡지

[재송망정栽松望亭]

소나무를 심어 정자를 바란다는 말이며, 어떤 일의 효과를 보기에는 아득하다는 뜻이다.

글자 | 심을 **재**, 소나무 **송**, 바랄 **망**, 정자 **정**
출전 | 송남잡지
동류 | 식송망정植松望亭

[재수발원財數發願]

→ 재수불공財數佛供

[재수불공財數佛供]

재물 운수를 빌며 부처님께 드린다는 말이며, 재수가 형통하기를 바라며 부처님께 공양을 드린다는 뜻이다.

글자 | 재물 **재**, 운수 **수**, 부처 **불**, 드릴 **공**

[재승덕박才勝德薄]

→ 재승박덕才勝薄德

[재승박덕才勝薄德]

재주는 가지고 있으나 덕이 적다는 말이다.

글자 | 재주 **재**, 가질 **승**, 엷을 **박**, 큰 **덕**
출전 | 송남잡지

[재여부재材與不材]

재목은 재목 아닌 것과 더불어 있다는 말이며, 쓸모 있는 것과 쓸모없는 중간에 서겠다는 뜻으로서 처세의 어려움을 빗댄 말이다.

글자 | 재목 **재**, 더불어 **여**, 아닐 **부**
출전 | 장자 산목편山木篇

[재임조고在任遭故]

[벼슬을] 맡고 있을 때 초상을 만난다

는 말이며, 벼슬 중에 부모의 상을 당한다는 뜻이다.

글자 | 있을 **재**, 맡을 **임**, 만날 **조**, 초상날 **고**

[재자가인才子佳人]

재주 있는 사람과 아름다운 미인이라는 말이다.

글자 | 재주 **재**, 사람 **자**, 아름다울 **가**, 사람 **인**

[재자다병才子多病]

재주 있는 사람은 병이 많다는 말이다.

글자 | 재주 **재**, 사람 **자**, 많을 **다**, 병들 **병**

유사 | 가인박명佳人薄命

[재자말야財者末也]

재물이라는 것은 끝이라는 말이며, 재물은 마지막으로 중요하다는 뜻이다.

원문 | 德者本也 財者末也
덕 자 본 야 재 자 말 야

글자 | 재물 **재**, 것 **자**, 끝 **말**, 어조사 **야**

출전 | 대학

[재장윤여梓匠輪輿]

목수와 장인, 그리고 바퀴 [만드는 사람]과 가마 [만드는 사람]이라는 말이며, 여러 가지 만드는 사람이라는 뜻이다.

글자 | 목수 **재**, 장인 **장**, 바퀴 **윤**, 가마 **여**

출전 | 맹자 등문공 하

[재재소소在在所所]

여기저기 이곳저곳이라는 말이며, 있는 장소 마다라는 뜻이다.

글자 | 있을 **재**, 곳 **소**

[재재화화財災貨禍]

재물은 재앙災殃이고, 재화는 앙화殃禍라는 말이다.

원문 | 夫財者災也 貨者禍也
부 재 자 재 야 화 자 화 야

글자 | 재물 **재**, 재앙 **재**, 재화 **화**, 재화 **화**

출전 | 윤기尹愭의 글

[재전덕충才全德充]

재주가 온전하고 덕행이 가득 찼다는 말이며, 재주와 덕을 모두 갖추었다는 뜻이다.

글자 | 재주 **재**, 온전 **전**, 큰 **덕**, 찰 **충**

출전 | 삼국유사 4권

[재점팔두才占八斗]

재주가 여덟 말을 차지한다는 말이며, 학문이 높고 글재주가 비상하다는 뜻이다. 시인이자 문학가인 사령운謝靈運이 조식曹軾을 두고 한 말이다. '천하의 글재주를 모두 한 섬이라고 한다면 조식이 여덟 말을 차지한다.'

원문 | 天下才有一石 曹子建獨占八斗
천 하 재 유 일 석 조 자 건 독 점 팔 두

글자 | 재주 **재**, 차지할 **점**, 말 **두**

출전 | 석상담釋常談

[재조산하再造山河]

산과 강을 다시 만든다는 말이며, 전쟁의 피해를 복구하고 잘못된 정치를 바로잡는다는 뜻이다.

글자 | 다시 **재**, 만들 **조**, 뫼 **산**, 강 **하**

출전 | 유성룡의 징비록懲毖錄

[재조지은再造之恩]

다시 지은 은혜라는 말이며, 거의 멸망하게 된 것을 구원해준 은혜라는 뜻이다.

글자 | 두 번 **재**, 지을 **조**, 어조사 **지**, 은혜 **은**

출전 | 송사

[재주복주載舟覆舟]

→ 군주신수君舟臣水

[재탄역갈財殫力竭]

재물이 갈진하고 힘이 다했다는 말이며, 생활이 매우 어렵다는 뜻이다.

글자 | 재물 **재**, 갈진할 **탄**, 힘 **역**, 다할 **갈**

출전 | 조선왕조 16대 인조실록

[재하도리在下道理]

밑에 있는 도리라는 말이며, 어른을 섬기는 도리라는 뜻이다.

글자 | 있을 **재**, 아래 **하**, 도리 **도**, 도리 **리**

[재학겸유才學兼有]

재주와 학식을 겸하여 가졌다는 말이다.

글자 | 재주 **재**, 배울 **학**, 겸할 **겸**, 가질 **유**

[재화종죽栽花種竹]

꽃을 심고 대나무를 심는다는 말이며, 한가롭게 소일한다는 뜻이다.

원문 | 栽花種竹 玩鶴觀魚
재화종죽 완학관어

글자 | 심을 **재**, 꽃 **화**, 심을 **종**, 대 **죽**

출전 | 채근담 후집 124

[쟁선공후爭先恐後]

앞을 다투고 뒤를 두려워한다는 말이며, 치열한 경쟁을 빗댄 말이다.

글자 | 다툴 **쟁**, 먼저 **선**, 두려울 **공**, 뒤 **후**

출전 | 한비자 유로편喩老篇

[쟁송곡직爭訟曲直]

굽고 곧음을 다투고 송사한다는 말이며, 옳고 그름을 재판한다는 뜻이다.

글자 | 다툴 **쟁**, 송사할 **송**, 굽을 **곡**, 곧을 **직**

출전 | 소학 가언嘉言

[쟁신칠인諍臣七人]

간하는 신하 일곱 사람이라는 말이며, 간하는 신하가 일곱만 있어도 천하를 잃지 않는다는 뜻이다. 공자가 증자에게 한 말이다. '옛날에 천자는 바른 말로 간쟁諫諍하는 신하가 일곱 명만 있으면 아무리 무도해도 천하를 잃지 않고, 제후는 다섯 명만 있어도 그 나라를 잃지 않는다고 했다.'

글자 | 간할 **쟁**, 신하 **신**, 사람 **인**

출전 | 효경 간쟁

[쟁어자유 爭魚者濡]

고기 잡는 사람은 옷을 적신다는 말이며, 이익을 얻으려는 사람은 수고를 면치 못한다는 뜻이다.

글자 | 다툴 **쟁**, 고기 **어**, 놈 **자**, 적실 **유**

출전 | 열자 설부편說符篇

[쟁즉필투 爭則必鬪]

다투게 되면 반드시 싸움을 하게 된다는 말이며, 다투면 당사자 모두가 피해를 당한다는 뜻이다.

원문 | 爭則必鬪 鬪則大者傷 小者死
쟁 즉 필 투 투 즉 대 자 상 소 자 사

글자 | 다툴 **쟁**, 곧 **즉**, 반드시 **필**, 싸움 **투**

출전 | 사기 장의張儀열전

[쟁지이전 爭地以戰]

싸움으로써 땅을 다툰다는 말이며, 전쟁으로 영토를 차지한다는 뜻이다.

원문 | 爭地以戰 殺人盈野
쟁 지 이 전 살 인 영 야

글자 | 다툴 **쟁**, 땅 **지**, 써 **이**, 싸울 **전**

출전 | 맹자 이루 상

[저구지교 杵臼之交]

절굿공이와 절구통의 사귐이라는 말이며, 고용자끼리의 귀천을 가리지 않는 사귐을 빗댄 말이다.

글자 | 절굿공이 **저**, 절구 **구**, 어조사 **지**, 사귈 **교**

출전 | 후한서 오우전吳祐傳

[저기미악 底氣味惡]

밑에 기운과 맛이 나쁘다는 말이며, 어쩐지 기분이 나쁘다는 뜻이다.

글자 | 밑 **저**, 기운 **기**, 맛 **미**, 나쁠 **악**

[저돌맹진 猪突猛進]

돼지와 같이 부딪치며 사납게 나아간다는 말이며, 앞뒤 상황을 고려하지 않고 무모하게 돌진한다는 뜻이다.

글자 | 돼지 **저**, 부딪칠 **돌**, 사나울 **맹**, 나아갈 **진**

[저돌지용 猪突之勇]

→ 저돌희용猪突豨勇

[저돌희용 猪突豨勇]

돼지와 같이 부딪치고 멧돼지와 같이 날쌔다는 말이며, 앞뒤를 생각하지 않고 무조건 적을 향해 돌진한다는 뜻이다.

글자 | 돼지 **저**, 부딪칠 **돌**, 멧돼지 **희**, 날쌜 **용**

출전 | 한서 식화지食貨志

[저두부답 低頭不答]

머리를 굽히고 대답을 하지 않는다는 말이다.

글자 | 굽힐 **저**, 머리 **두**, 아닐 **부**, 대답할 **답**

[저두평신 低頭平身]

머리를 숙이고 몸을 굽힌다는 말이

며, 사죄하는 모습을 일컫는다.

글자 | 굽힐 **저**, 머리 **두**, 평탄할 **평**, 몸 **신**

[저력지재樗櫟之材]

가죽나무와 상수리나무의 재목이라는 말이며, 쓸모가 없는 사람을 빗댄 말이다.

글자 | 가죽나무 **저**, 상수리나무 **력**, 어조사 **지**, 재목 **재**

출전 | 북사 이사겸전李士謙傳

동류 | 저력산목樗櫟散木

[저변확대底邊擴大]

밑 가를 크게 넓힌다는 말이며, 어떤 특정 분야의 신진이나 기저를 이루는 인력을 늘린다는 뜻이다.

글자 | 밑 **저**, 가 **변**, 넓힐 **확**, 큰 **대**

[저사위한抵死爲限]

죽음에 다다를 때까지라는 말이며, 죽기를 작정하고 굳세게 저항한다는 뜻이다.

글자 | 다다를 **저**, 죽을 **사**, 할 **위**, 한정 **한**

[저수하심低首下心]

머리를 낮추고 마음을 아래로 한다는 말이며, 남에게 머리를 숙여 복종한다는 뜻이다.

원문 | 刺史雖駑若 低首下心
자사수노약 저수하심

글자 | 낮을 **저**, 머리 **수**, 아래 **하**, 마음 **심**

출전 | 고문진보 후집 권3

[저승분예蛆蠅糞穢]

구더기, 파리, 똥 같은 더러운 것이라는 말이다.

글자 | 구더기 **저**, 파리 **승**, 똥 **분**, 더러울 **예**

[저양촉번羝羊觸藩]

숫양이 울타리에 [뿔이] 걸렸다는 말이며, 역량이 부족한 사람이 무턱대고 일을 밀고 나가다가 문제에 부닥쳐 빼지도 박지도 못한다는 뜻이다.

글자 | 숫양 **저**, 양 **양**, 닿을 **촉**, 울타리 **번**

출전 | 주역 대장괘大壯卦

[저장이담抵掌而談]

→ 지장이담抵掌而談

[저창천작低唱淺酌]

→ 천작저창淺酌低唱

[저하도극抵瑕蹈隙]

흠을 막고 틈을 밟는다는 말이며, 남의 결함을 가려준다는 뜻이다.

글자 | 막을 **저**, 흠 **하**, 밟을 **도**, 틈 **극**

[적각대선赤脚大仙]

붉은 다리의 큰 신선이라는 말이며, 도교道敎의 신神을 빗댄 말이다.

글자 | 붉을 **적**, 다리 **각**, 큰 **대**, 신선 **선**

[적고병간積苦兵間]

군사 사이에서 괴로움을 쌓았다는 말

이며, 여러 해 동안 전쟁터에서 고생을 했다는 뜻이다.

글자 | 쌓을 **적**, 괴로울 **고**, 군사 **병**, 사이 **간**

[적공누덕積功累德]

공을 쌓고 덕을 더한다는 말이며, 불과佛果의 보리菩提를 얻기 위하여 공덕을 쌓는다는 뜻이다.

글자 | 쌓을 **적**, 공 **공**, 더할 **누**, 큰 **덕**

출전 | 원불교

[적공취축積功聚築]

공을 쌓고 [재산을] 주워 모은다는 말이며, 근검하여 재산을 많이 저축한다는 뜻이다.

글자 | 쌓을 **적**, 공 **공**, 모을 **취**, 주울 **축**

동류 | 진합태산塵合泰山

[적구독설赤口毒舌]

붉은 입의 독한 혀라는 말이며, 성질이 나빠 남을 해치기 좋아하는 사람을 빗댄 말이다.

글자 | 붉을 **적**, 입 **구**, 독할 **독**, 혀 **설**

출전 | 노동盧仝의 월식시月蝕詩

[적구지병適口之餠]

입에 맞는 떡이라는 말이며, 자기 마음에 꼭 드는 사람을 빗댄 말이다.

글자 | 맞을 **적**, 입 **구**, 어조사 **지**, 떡 **병**

[적국외환敵國外患]

적의 나라와 밖의 근심이라는 말이며, 주변 국가의 위협과 근심이라는 뜻이다.

글자 | 대적할 **적**, 나라 **국**, 바깥 **외**, 근심 **환**

출전 | 맹자 진심 상

[적국지간敵國之間]

적국의 사이라는 말이며, 본처와 첩 사이 또는 첩과 첩 사이를 빗댄 말로도 쓰인다.

글자 | 당할 **적**, 나라 **국**, 어조사 **지**, 나라 **국**

[적년누월積年累月]

쌓인 해와 쌓인 달이라는 말이며, 여러 해와 달이라는 뜻이다.

글자 | 쌓을 **적**, 해 **년**, 쌓을 **누**, 달 **월**

[적년신고積年辛苦]

여러 해를 두고 겪는 쓰라린 고생이라는 말이다.

글자 | 쌓을 **적**, 해 **년**, 혹독할 **신**, 쓸 **고**

[적대행위敵對行爲]

적으로 여겨 마주서는 행위를 말한다.

글자 | 대적할 **적**, 마주설 **대**, 행실 **행**, 할 **위**

출전 | 전쟁 개시에 관한 조약

[적덕누선積德累善]

→ 적덕누인積德累仁

[적덕누인積德累仁]

덕을 쌓고 어진 일을 더한다는 말이다.

글자 | 쌓을 **적**, 큰 **덕**, 더할 **누**, 어질 **인**

[적덕지경積德之慶]

덕을 쌓는 경사라는 말이며, 덕을 많이 행함으로써 생기는 경사라는 뜻이다.

글자 | 쌓을 **적**, 큰 **덕**, 어조사 **지**, 경사 **경**

[적로병고積勞病苦]

→ 적로성질積勞成疾

[적로성질積勞成疾]

고달픔이 쌓여 병을 이루었다는 말이며, 오랜 고생 끝에 병을 얻었다는 뜻이다.

글자 | 쌓을 **적**, 고단할 **로**, 이룰 **성**, 병 **질**

[적루하보積累下報]

여럿을 쌓아서 아래에 알린다는 말이며, 많은 죄인을 일괄 심리하여 하급 관리에게 알린다는 뜻이다.

글자 | 쌓을 **적**, 여럿 **루**, 아래 **하**, 알릴 **보**

[적막강산寂寞江山]

고요하고 쓸쓸한 강과 산이라는 말이며, 몹시 쓸쓸한 풍경을 일컫는다.

글자 | 고요할 **적**, 쓸쓸할 **막**, 강 **강**, 뫼 **산**

유사 | 적막공산寂寞空山

[적막공산寂寞空山]

고요하고 쓸쓸하게 비어있는 산이라는 말이다.

글자 | 고요할 **적**, 쓸쓸할 **막**, 빈 **공**, 뫼 **산**

[적막천지寂寞天地]

고요하고 적적한 천지라는 말이며, 천하가 고요하다는 뜻이다.

글자 | 고요할 **적**, 적막할 **막**, 하늘 **천**, 땅 **지**

동류 | 적천막지寂天寞地

[적멸위락寂滅爲樂]

즐거움을 위하여 막막함을 없앤다는 말이며, 번뇌煩惱의 지경에서 벗어나 열반涅槃의 경지에 들어서 비로소 참된 안락이 있다는 뜻이다.

원문 | 生滅滅己 寂滅爲樂
생 멸 멸 기 적 멸 위 락

글자 | 막막할 **적**, 멸할 **멸**, 할 **위**, 즐거울 **락**

출전 | 대집경大集經

[적모난측賊謀難測]

도둑이 꾸미는 일은 헤아리기 어렵다는 말이다.

글자 | 도둑 **적**, 계교할 **모**, 어려울 **난**, 헤아릴 **측**

[적반하장賊反荷杖]

도둑이 도리어 매를 든다는 말이며,

잘못한 사람이 도리어 잘한 사람을 나무란다는 뜻이다.

원문 | 賊反荷杖以理屈者反自陵轢
적반하장이리굴자반자능력

글자 | 도둑 **적**, 돌이킬 **반**, 멜 **하**, 몽둥이 **장**

출전 | 순오지

[적본주의敵本主義]

적으로 꾸미고 본래의 목적대로 나간다는 말이다.

글자 | 대적할 **적**, 근본 **본**, 주인 **주**, 뜻 **의**

유사 | 성동격서聲東擊西

[적불가가敵不可假]

적은 용서할 수 없다는 말이며, 반드시 전멸시켜야 한다는 뜻이다.

글자 | 당할 **적**, 아닐 **불**, 허락할 **가**, 용서할 **가**

출전 | 사기 춘신군전春申君傳

[적불지자赤紱之刺]

붉은 인끈을 깎는다는 말이며, 군주를 헐뜯는다는 뜻이다.

글자 | 붉을 **적**, 인끈 **불**, 어조사 **지**, 깎을 **자**

출전 | 시경 후인候人

[적비심력積費心力]

마음과 힘을 모아 허비한다는 말이다.

글자 | 모을 **적**, 허비할 **비**, 마음 **심**, 힘 **력**

[적비위고積卑爲高]

낮은 것을 쌓으면 높게 된다는 말이며, 작은 일도 계속하면 큰 일이 된다는 뜻이다.

글자 | 쌓을 **적**, 낮을 **비**, 할 **위**, 높을 **고**

출전 | 장자

[적빈무의赤貧無依]

의지할 데 없는 빈 가난뱅이라는 말이다.

글자 | 빌 **적**, 가난할 **빈**, 없을 **무**, 의지할 **의**

[적빈여세赤貧如洗]

씻은 것 같이 가난한 빈털터리라는 말이다.

글자 | 빌 **적**, 가난할 **빈**, 같을 **여**, 씻을 **세**

출전 | 원념재原念齋

[적사구근積仕久勤]

벼슬을 쌓고 오래 일을 한다는 말이며, 여러 해를 벼슬살이 한다는 뜻이다.

글자 | 쌓을 **적**, 벼슬할 **사**, 오랠 **구**, 일볼 **근**

[적사핵실積仕核實]

벼슬살이를 쌓아 충실함을 확실히 한다는 말이며, 오랜 관직생활에서 많은 실적을 쌓는다는 뜻이다.

글자 | 쌓을 **적**, 벼슬할 **사**, 확실할 **핵**, 충실할 **실**

[**적선여경**積善餘慶]

착한 일을 쌓으면 경사스러운 일이 남는다는 말이다.

원문 | 積善之家 必有餘慶
적 선 지 가 필 유 여 경

글자 | 쌓을 **적**, 착할 **선**, 남을 **여**, 경사 **경**

출전 | 주역 곤위지坤爲地

반대 | 적악여앙積惡餘殃

[**적선지가**積善之家]

→ 적선여경積善餘慶

[**적설소성**赤舌燒城]

붉은 혀가 성곽을 태운다는 말이며, 소인들이 군자를 참해讒害하는 말의 무서움을 빗댄 말이다.

글자 | 붉을 **적**, 혀 **설**, 불사를 **소**, 성 **성**

출전 | 진본례陳本禮의 천비闡秘

[**적성권축**積成卷軸]

책과 두루마리가 쌓여 있다는 말이며, 문서의 두루마리나 책 등이 쌓여 있다는 뜻이다.

글자 | 쌓을 **적**, 이룰 **성**, 책 **권**, 두루마리 **축**

[**적소성대**積小成大]

작은 것도 쌓이면 크게 된다는 말이다.

글자 | 쌓을 **적**, 작을 **소**, 이룰 **성**, 큰 **대**

출전 | 순자

동류 | 적토산성積土山成, 진합태산塵合泰山, 적수성연積水成淵

[**적손승조**嫡孫承祖]

적손이 직접적으로 조부祖父의 가독家督을 계승한다는 말이다.

글자 | 정실 **적**, 손자 **손**, 이을 **승**, 조상 **조**

[**적손승중**嫡孫承重]

→ 적손승조嫡孫承祖

[**적쇠신조**積衰新造]

쇠함이 쌓여 새것을 짓는다는 말이며, 오랫동안 쇠망이 계속되면 새로운 세력이 등장한다는 뜻이다.

글자 | 쌓을 **적**, 쇠할 **쇠**, 새 **신**, 지을 **조**

[**적쇠적약**積衰積弱]

쇠함이 쌓이고 약함이 쌓인다는 말이며, 점점 쇠약해진다는 뜻이다.

글자 | 쌓을 **적**, 쇠할 **쇠**, 약할 **약**

[**적수공권**赤手空拳]

빈손과 빈주먹이라는 말이며, 아무것도 없고 아무것도 의지할 곳이 없다는 뜻이다.

글자 | 빌 **적**, 손 **수**, 빌 **공**, 주먹 **권**

[**적수공명**積水空明]

많은 물에 밝은 하늘이라는 말이며, 호수에 비친 환한 달빛을 일컫는다.

글자 | 많을 **적**, 물 **수**, 하늘 **공**, 밝을 **명**

[**적수기가**赤手起家]

→ 적수성가赤手成家

[적수단신赤手單身]

빈손에 홀몸이라는 말이며, 가진 재산도 없고 의지할 일가친척도 없는 외로운 몸이라는 뜻이다.

글자 | 빌 **적**, 손 **수**, 홀로 **단**, 몸 **신**

[적수성가赤手成家]

빈손으로 집을 이루었다는 말이며, 몹시 가난한 집에 태어난 사람이 제 힘으로 노력하여 한 집을 이루었다는 뜻이다.

글자 | 빈 **적**, 손 **수**, 이룰 **성**, 집 **가**

동류 | 적수기가赤手起家

[적수성연積水成淵]

물이 모여 연못을 이룬다는 말이다.

글자 | 쌓을 **적**, 물 **수**, 이룰 **성**, 못 **연**

출전 | 순자 권학편勸學篇

동류 | 이소성대以小成大, 적토산성積土山成

[적습상연積習相沿]

쌓인 익힘이 서로 좇는다는 말이며, 오랜 습관이 변함없이 지켜진다는 뜻이다.

글자 | 쌓을 **적**, 익힐 **습**, 서로 **상**, 좇을 **연**

[적승계족赤繩繫足]

붉은 끈으로 발을 묶는다는 말이며, 혼인이 정해졌다는 뜻이다.

글자 | 붉을 **적**, 줄 **승**, 묶을 **계**, 발 **족**

[적시재상赤屍在床]

붉은 시체가 평상에 있다는 말이며, 집안이 몹시 가난하여 죽은 사람을 장사지낼 수 없다는 뜻이다.

글자 | 붉을 **적**, 주검 **시**, 있을 **재**, 평상 **상**

[적시적기適時適期]

맞는 때와 맞는 기한이라는 말이며, 꼭 알맞은 시기라는 뜻이다.

글자 | 맞을 **적**, 때 **시**, 기한 **기**

[적시적지適時適地]

알맞은 때와 알맞은 곳이라는 말이다.

글자 | 마침 **적**, 때 **시**, 곳 **지**

[적신지탄積薪之嘆]

쌓인 땔나무의 탄식이라는 말이며, 고참古參보다 신참이 먼저 중용되는 고민을 빗댄 말이다. 장작은 먼저 쌓은 것이 밑에 깔리고 나중에 쌓인 맨 위의 것이 먼저 사용된다.

글자 | 쌓을 **적**, 땔나무 **신**, 어조사 **지**, 탄식할 **탄**

출전 | 사기 급암전汲黯傳

[적실인심敵失人心]

원수가 사람의 마음을 잃었다는 말이며, 남에게 여러 가지로 인심을 많이 잃었다는 뜻이다.

글자 | 원수 **적**, 잃을 **실**, 사람 **인**, 마음 **심**

ㅈ

[적심무경籍甚無竟]

서적이 심하여 마침이 없다는 말이며, 공적이 커서 오랫동안 지워지지 않는다는 뜻이다.

원문 | 營業所基 籍甚無竟
영 업 소 기 적 심 무 경

글자 | 서적 **적**, 심할 **심**, 없을 **무**, 마칠 **경**

출전 | 천자문 38항

[적악여앙積惡餘殃]

남에게 악한 짓을 많이 하면 재앙이 남는다는 말이다.

원문 | 積不善之家 必有餘殃
적 불 선 지 가 필 유 여 앙

글자 | 쌓을 **적**, 악할 **악**, 남을 **여**, 재앙 **앙**

출전 | 주역 곤위지坤爲地

반대 | 적선여경積善餘慶

[적악지가積惡之家]

남에게 악한 짓을 많이 한 집이라는 말이다.

글자 | 쌓을 **적**, 악할 **악**, 어조사 **지**, 집 **가**

출전 | 주역

반대 | 적선지가積善之家

[적여구산積如丘山]

산더미처럼 많이 쌓였다는 말이며, 곡식이 많이 쌓였다는 뜻이다. 사기의 글이다. '기마가 1만 필, 군량은 산더미 같고,'

원문 | 騎萬匹 積粟如丘山
기 만 필 적 속 여 구 산

글자 | 쌓을 **적**, 같을 **여**, 언덕 **구**, 뫼 **산**

출전 | 사기 장의열전

[적연무문寂然無聞]

고요하여 들리는 것이 없다는 말이며, 고요하고 적적하여 아무 소문도 없다는 뜻이다.

글자 | 고요할 **적**, 그럴 **연**, 없을 **무**, 들을 **문**

[적연부동寂然不動]

고요하고 움직이지 아니한다는 말이다.

글자 | 고요할 **적**, 그럴 **연**, 아닐 **부**, 움직일 **동**

출전 | 주역 계사繫辭 상

[적옥지포積玉之圃]

구슬을 쌓아 놓은 남새밭이라는 말이며, 명문名文이 많다는 뜻이다.

글자 | 쌓을 **적**, 구슬 **옥**, 어조사 **지**, 남새밭 **포**

출전 | 사기 사마상여열전

[적우침주積羽沈舟]

새털도 쌓이면 배를 가라앉힌다는 말이며, 작은 힘도 모이면 큰 힘이 된다는 뜻이다. 사기의 글이다. '쌓아서 겹치면 가벼운 깃털도 배를 가라앉힐 수 있고, 너무 많이 실으면 가벼운 물건도 수레를 엎어버린다.'

원문 | 積羽沈舟 群輕折軸
적 우 침 주 군 경 절 축

글자 | 쌓을 **적**, 깃 **우**, 가라앉을 **침**, 배 **주**

출전 | 사기 장의열전

유사 | 적토성산積土成山, 진합태산塵合泰山

[적원심노積怨深怒]

원한이 쌓이면 노여움이 깊어진다는 말이다.

원문 | 我有積怨深怒於齊
아 유 적 원 심 노 어 제

글자 | 쌓을 **적**, 원한 **원**, 깊을 **심**, 노할 **노**

출전 | 사기 악의樂毅열전, 전국책

[적유연소積有年所]

해를 쌓아놓은 바라는 말이며, 여러 해라는 뜻이다.

글자 | 쌓을 **적**, 있을 **유**, 해 **연**, 바 **소**

[적의사자赤衣使者]

붉은 옷의 일꾼이라는 말이며, 고추잠자리의 별칭이다.

글자 | 붉을 **적**, 옷 **의**, 부릴 **사**, 놈 **자**

출전 | 설원 선모善謀

[적이능산積而能散]

쌓인 것은 풀어놓을 수 있다는 말이며, 모은 재산을 유익하게 쓸 줄 알아야 한다는 뜻이다.

글자 | 쌓을 **적**, 말 이을 **이**, 능할 **능**, 풀어놓을 **산**

출전 | 예기 곡례曲禮, 소학 경신

[적일누구積日累久]

날을 쌓고 오래 쌓는다는 말이며, 오랜 세월이라는 뜻이다.

글자 | 쌓을 **적**, 날 **일**, 쌓을 **누**, 오랠 **구**

[적일백천赤日白天]

붉은 해와 흰 하늘이라는 말이며, 밝은 대낮이라는 뜻이다.

글자 | 붉을 **적**, 해 **일**, 흰 **백**, 하늘 **천**

[적자생존適者生存]

적합한 자만이 살아남는다는 말이며, 생물이 생존경쟁의 결과, 외계의 상태에 가장 적합한 것만이 생존 번영하고 적합지 않은 것은 도태淘汰되어 쇠퇴 멸망한다는 영국의 철학자 H. 스펜서의 학설(Survival of the fittest)이다.

글자 | 마침 **적**, 놈 **자**, 살 **생**, 있을 **존**

출전 | 생물학의 원리

[적자지심赤子之心]

발가숭이의 마음이라는 말이며, 타고난 그대로의 순수하고 거짓 없는 마음이라는 뜻이다.

원문 | 大人者 不失其赤子之心者也
대 인 자 부 실 기 적 자 지 심 자 야

글자 | 붉을 **적**, 아들 **자**, 어조사 **지**, 마음 **심**

출전 | 맹자 이루離婁 하

[적재적소適材適所]

맞는 재목을 맞는 곳에 쓴다는 말이며, 마땅한 인재를 마땅한 자리에 쓴다는 뜻이다.

글자 | 마침 **적**, 재목 **재**, 곳 **소**

[적재적처適材適處]

→ 적재적소適材適所

[적적상승嫡嫡相承]

정실이 정실에게 서로 잇는다는 말이며, 정실正室이 낳은 장자·장손이 대대로 집안의 대를 잇는다는 뜻이다.

글자 | 정실 **적**, 서로 **상**, 이을 **승**

[적전도하敵前渡河]

적 앞에서 강을 건넌다는 말이다.

글자 | 당할 **적**, 앞 **전**, 건널 **도**, 강 **하**

[적전상륙敵前上陸]

원수 앞에서 땅 위에 오른다는 말이며, 적의 앞에서 위험을 무릅쓰고 상륙한다는 뜻이다.

글자 | 원수 **적**, 앞 **전**, 윗 **상**, 땅 **륙**

[적조진정積阻盡情]

막힘이 쌓인 정을 다한다는 말이며, 오랫동안 소식이 막혔다가 정을 푼다는 뜻이다.

글자 | 쌓을 **적**, 막힐 **조**, 다할 **진**, 뜻 **정**

[적중이지適中而止]

가운데가 맞으면 그친다는 말이며, 술자리 중간에 적당히 그친다는 뜻이다. 이는 세종대왕의 건배사였다.

글자 | 맞을 **적**, 가운데 **중**, 말 이을 **이**, 그칠 **지**

관련 | 불취무귀不醉無歸

[적지적수適地適樹]

알맞은 땅에 알맞은 나무를 심는다는 말이다.

글자 | 마침 **적**, 땅 **지**, 나무 **수**

[적지적작適地適作]

알맞은 땅에 알맞은 작물을 심는다는 말이다.

글자 | 마침 **적**, 땅 **지**, 지을 **작**

[적지천리赤地千里]

붉은 땅이 천리나 된다는 말이며, 입춘 뒤 첫 번째 갑자일甲子日에 비가 오면 그 해 봄에 가물어서 천리에 걸친 논밭이 붉은 땅이 된다는 뜻이다.

글자 | 붉을 **적**, 땅 **지**, 일천 **천**, 이수 **리**

[적진성산積塵成山]

티끌이 쌓여 산을 이룬다는 말이다.

글자 | 쌓을 **적**, 티끌 **진**, 이룰 **성**, 뫼 **산**

동류 | 적토성산積土成山, 적소성대積小成大

[적천막지寂天寞地]

하늘과 땅이 고요하고 쓸쓸하다는 말이며, 사물이 밀장密藏되어 활동이 없다는 뜻이다.

글자 | 고요할 **적**, 하늘 **천**, 쓸쓸할 **막**, 땅 **지**

출전 | 칠조류고七條類稿

[적출관문賊出關門]

도둑이 나가고 문에 빗장을 친다는 말이며, 소 잃고 외양간 고친다는 말과 같다.

글자 | 도둑 **적**, 날 **출**, 빗장 **관**, 문 **문**

[적토성산積土成山]

흙이 쌓이면 산을 이룬다는 말이며, 작은 것도 쌓이면 큰 것이 된다는 뜻이다.

글자 | 쌓을 **적**, 흙 **토**, 이룰 **성**, 뫼 **산**

출전 | 순자 권학편勸學篇

동류 | 진합태산塵合泰山

[적피구교賊被拘咬]

도둑이 개에게 물렸다는 말이며, 남에게 말할 수 없는 일이라는 뜻이다.

글자 | 도둑 **적**, 입을 **피**, 잡을 **구**, 물 **교**

출전 | 통속편通俗篇

[적학간보賊虐諫輔]

간하고 돕는 [사람을] 도적같이 모질게 한다는 말이며, 충성스런 신하를 몹시 냉대한다는 뜻이다.

글자 | 도적 **적**, 모질 **학**, 간할 **간**, 도울 **보**

[적현신주赤縣神州]

붉은 고을과 신의 고을이라는 말이며, 중국의 별칭이다.

글자 | 붉을 **적**, 고을 **현**, 귀신 **신**, 고을 **주**

[적혜요혜寂兮寥兮]

고요하고 고요하다는 말이며, 형체도 없고 소리도 없다는 무위無爲의 사상을 주장하는 노자의 중심사상을 일컫는다.

원문 | 寂兮寥兮 獨立而不改
적 혜 요 혜 독 립 이 불 개

글자 | 고요할 **적**, 어조사 **혜**, 고요할 **요**

출전 | 노자 25장 상원象元

[적훼소골積毁銷骨]

헐뜯는 말이 쌓이면 뼈도 녹인다는 말이며, 여럿이 중상하면 사람도 죽인다는 뜻이다. 사기의 글이다. '여러 사람의 입은 무쇠도 녹이고 여러 사람의 비방은 뼈도 녹인다.'

원문 | 衆口鑠金 積毁銷骨
중 구 삭 금 적 훼 소 골

글자 | 쌓을 **적**, 헐 **훼**, 녹일 **소**, 뼈 **골**

출전 | 사기 장의열전

[전가사변全家徙邊]

모든 집안을 변방으로 이사시킨다는 말이며, 죄인의 형벌로 모든 가족을 북변으로 이주시킨다는 뜻이다. 이는 조선시대의 북변을 개척시키기 위한 정책적 형벌이었다.

글자 | 모두 **전**, 집안 **가**, 이사할 **사**, 변방 **변**

출전 | 수교집록 형전 청리淸吏

[전가입거全家入居]

모든 집안이 들어가 산다는 말이며,

평안도나 함경도 등의 변방에 모든 가족을 살게 하던 조선시대의 정책을 일컫는다.

글자 | 모두 **전**, 집안 **가**, 들 **입**, 살 **거**

[전가지보傳家之寶]

전하는 집의 보배라는 말이며, 대대로 집안에 전해 내려오는 보배라는 뜻이다.

글자 | 전할 **전**, 집 **가**, 어조사 **지**, 보배 **보**

[전가통신錢可通神]

돈은 신과 통할 수 있다는 말이며, 돈의 힘은 신과 같이 사람의 처지를 좌지우지할 수 있다는 뜻이다.

글자 | 돈 **전**, 긍정할 **가**, 통할 **통**, 귀신 **신**

출전 | 전신론錢神論

동류 | 전가사귀錢可使鬼

[전가후옹前呵後擁]

앞에서는 꾸짖고 뒤에서는 안는다는 말이며, 밖으로는 엄하고 안으로는 보듬는다는 뜻이다.

글자 | 앞 **전**, 꾸짖을 **가**, 뒤 **후**, 안을 **옹**

[전가후택前家後宅]

앞집과 뒷집이라는 말이며, 이웃이라는 뜻이다.

글자 | 앞 **전**, 집 **가**, 뒤 **후**, 집 **택**

[전감조연前鑑昭然]

거울 앞에서 그와 같이 나타낸다는 말이며, 거울과 같이 앞일을 환히 알 수 있다는 뜻이다.

글자 | 앞 **전**, 거울 **감**, 나타낼 **조(소)**, 그럴 **연**

[전거가감前車可鑑]

→ 전차복철前車覆轍

[전거복철前車覆轍]

→ 전차복철前車覆轍

[전거이복前車已覆]

앞 수레가 이미 엎어졌다는 말이며, 앞 사람의 실패를 보고 뒷사람은 경계를 하라는 뜻이다. 순자의 글이다. '앞 수레가 이미 넘어졌는데 뒤에 있는 수레가 알지 못하니 다시 깨달을 때가 언제인가?'

원문 | 前車已覆 後車未知 更何覺時
전 거 이 복 후 차 미 지 경 하 각 시

글자 | 앞 **전**, 수레 **거**, 이미 **이**, 엎어질 **복**

출전 | 순자 성상成相

[전거지신傳遽之臣]

전하는데 분주한 신하라는 말이며, 역참驛站에서 운송에 종사하는 바쁜 말단 벼슬아치를 일컫는다.

글자 | 전할 **전**, 분주할 **거**, 어조사 **지**, 신하 **신**

출전 | 예기 옥조편玉藻篇

[전거후공前倨後恭]

앞서서 거만하다가 뒤에 공손하다는

말이며, 경솔한 사람이 권세 앞에 아부하는 행태를 이른다.

글자 | 앞 **전**, 거만할 **거**, 뒤 **후**, 공손할 **공**

출전 | 사기 소진열전蘇秦列傳

[전건감곤轉乾撼坤]

하늘을 굴리고 땅을 흔든다는 말이며, 큰 변동이 있다는 뜻이다.

글자 | 굴릴 **전**, 하늘 **건**, 흔들 **감**, 땅 **곤**

[전고미문前古未聞]

예전에 듣지 못했다는 말이다.

글자 | 앞 **전**, 옛 **고**, 아닐 **미**, 들을 **문**

[전고소무前古所無]

예전에는 없던 바라는 말이다.

글자 | 앞 **전**, 옛 **고**, 바 **소**, 없을 **무**

[전공가석前功可惜]

전에 세운 공이 아깝다는 말이다.

원문 | **成功者去 前功可惜**
성공자거 전공가석

글자 | 앞 **전**, 공 **공**, 옳을 **가**, 아까울 **석**

출전 | 사기

[전관예우前官禮遇]

앞의 벼슬을 예도로 대접한다는 말이며, 고관을 지낸 사람에게 퇴임 후에도 재임 때와 같은 예우를 한다는 뜻이다.

글자 | 앞 **전**, 벼슬 **관**, 예도 **예**, 대접할 **우**

[전광석화電光石火]

번개 빛과 부싯돌의 불꽃이라는 말이며, 재빠른 순간적인 동작이나 현상을 빗댄 말이다.

글자 | 번개 **전**, 빛 **광**, 돌 **석**, 불 **화**

출전 | 회남자

유사 | 전광조로電光朝露

[전광조로電光朝露]

번개 빛과 아침 이슬이라는 말이며, 매우 짧은 순간을 빗댄 말이다.

글자 | 번개 **전**, 빛 **광**, 아침 **조**, 이슬 **로**

출전 | 금강경金剛經

[전국칠웅戰國七雄]

중국의 전국시대의 일곱 영웅이라는 말이며, 진秦 · 초楚 · 연燕 · 제齊 · 한韓 · 위魏 · 조趙의 일곱 나라를 일컫는다. 전국시대는 춘추시대(기원전 722-481년)에 이어지는 주나라 왕조 말기의 2백 수십 년(기원전 481-221년)으로 해석하고 있으며 이들은 부국강병책에 광분하여 권력투쟁과 무력공세로 날을 보낸 약육강식의 혼란시대였다.

글자 | 싸울 **전**, 나라 **국**, 영웅 **웅**

출전 | 전국책 조책趙策

[전군함몰全軍陷沒]

모든 군사가 전멸한다는 말이며, 모든 것이 한꺼번에 허물어져 버린다는 뜻이다.

글자 | 모두 **전**, 군사 **군**, 빠질 **함**, 잠길 **몰**

ㅈ

[전귀전수全歸全受]

온전히 받은 것을 온전히 돌려야 한다는 말이며, 부모로부터 받은 온전한 신체를 몸을 잘 간수하여 죽을 때 온전한 몸을 부모에게 돌려야 한다는 뜻이다.

글자 | 온전 **전**, 돌아갈 **귀**, 받을 **수**

출전 | 논어

동류 | 전생전귀全生全歸

[전녀성불轉女成佛]

여자가 변하여 부처가 된다는 말이며, 죄 많은 여자는 바로 부처가 될 수 없어 남자로 변한 다음에 부처가 된다는 뜻이다.

글자 | 변할 **전**, 계집 **녀**, 이룰 **성**, 부처 **불**

[전대미문前代未聞]

앞 시대에 듣지 못했다는 말이며, 들어본 적이 없는 드문 일이라는 뜻이다.

글자 | 앞 **전**, 시대 **대**, 못할 **미**, 들을 **문**

유사 | 공전절후空前絶後

[전대지재專對之材]

마음대로 대답할 수 있는 인재라는 말이며, 외국에 사신으로 보낼만한 인물이라는 뜻이다.

글자 | 마음대로 할 **전**, 대할 **대**, 어조사 **지**, 재목 **재**

동류 | 전대지능專對之能

[전도다난前途多難]

앞길에 어려움이 많다는 말이다.

글자 | 앞 **전**, 길 **도**, 많을 **다**, 어려울 **난**

반대 | 전도양양前途洋洋

[전도몽상顚倒夢想]

거꾸러져서 꿈과 같이 생각한다는 말이며, 모든 사물을 바르게 보지 못하면서 헛된 꿈을 현실로 착각한다는 뜻이다. 번뇌에 사로잡힌 중생들이 갖는 견해 세 가지를 지적하고 있다. ① 눈앞의 모든 현상이 결국은 다 없어지고 말 것인데도 영원불멸할 것으로 착각하는 것, ② 세상살이가 괴로움인데도 이를 모르고 즐거움으로 착각하는 것, ③ 나라고 하는 것이 일시적 집합체일 뿐인데도 영원할 것으로 착각하는 것.

글자 | 거꾸로 설 **전**, 거꾸러질 **도**, 꿈 **몽**, 생각할 **상**

동류 | 반야심경

[전도양양前途洋洋]

앞길이 큰 바다 같다는 말이며, 앞으로 나아갈 길이 넓고 크다는 뜻이다.

글자 | 앞 **전**, 길 **도**, 큰 바다 **양**

[전도요원前途遼遠]

앞길이 멀고 아득하다는 말이며, 사람의 장래성이 희박하다는 뜻이다.

글자 | 앞 **전**, 길 **도**, 아득할 **요**, 멀 **원**

[전도유랑前度劉郞]

전번의 유랑이라는 말이며, 한번 떠난 후 다시 돌아온 사람, 또는 오랜 세월이 지나서 옛 고장에 돌아온 사람을 일컫는다.

원문 | 前度劉郎 今又來
전 도 유 랑 금 우 래

글자 | 앞 **전**, 지날 **도**, 성 **유**, 사내 **랑**

출전 | 유우석의劉禹錫의 재유현도관再遊玄都觀

[전도유망前途有望]

앞길에 바라는 것이 있다는 말이며, 장래에 희망이 있다는 뜻이다.

글자 | 앞 **전**, 길 **도**, 있을 **유**, 바랄 **망**

[전도의상顚倒衣裳]

저고리와 치마를 뒤바꾸어 입었다는 말이며, 상명上命을 받고 제대로 처리하지 못하고 허둥댄다는 뜻이다. 동방미명東方未明이라는 시의 한 구절이다. '동도 트지 않았는데 바지저고리 뒤바뀌었네. 허둥지둥 뒤바뀜은 임금님의 명령 때문.'

원문 | 東方未晞 顚倒裳衣 倒之顚之
동 방 미 희 전 도 상 의 도 지 전 지
自公令之
자 공 령 지

글자 | 거꾸로 설 **전**, 거꾸러질 **도**, 옷 **의**, 치마 **상**

출전 | 시경 제풍齊風

[전돈낭패顚頓狼狽]

엎드러지고 무너지며 낭패한다는 말이며, 자빠지고 엎어지며 갈팡질팡한다는 뜻이다.

글자 | 엎드러질 **전**, 무너질 **돈**, 낭패 **낭**, 낭패 **패**

[전래지물傳來之物]

[예로부터] 전해오는 물건이라는 말이다.

글자 | 전할 **전**, 올 **래**, 어조사 **지**, 물건 **물**

[전래지풍傳來之風]

[예로부터] 전해오는 풍속이라는 말이다.

글자 | 전할 **전**, 올 **래**, 어조사 **지**, 풍속 **풍**

[전력투구全力投球]

모든 힘을 다하여 공을 던진다는 말이며, 있는 힘을 다하여 일을 한다는 말로도 쓰인다.

글자 | 모두 **전**, 힘 **력**, 던질 **투**, 공 **구**

유사 | 완전연소完全燃燒

[전륜경장轉輪經藏]

바퀴로 굴러가는 경서의 광이라는 말이며, 믿고 다니는 불경의 작은 서고를 일컫는다.

글자 | 구를 **전**, 바퀴 **륜**, 경서 **경**, 광 **장**

[전망공신戰亡功臣]

싸우다 죽은 공신이라는 말이다.

글자 | 싸울 **전**, 죽을 **망**, 공 세울 **공**, 신하 **신**

[전망장졸戰亡將卒]

싸우다 죽은 장수와 병졸이라는 말

ㅈ

이다.

글자 | 싸울 **전**, 죽을 **망**, 장수 **장**, 병졸 **졸**

[전매사리轉賣射利]

돌려 팔아 이로움을 쏜다는 말이며, 산 물건을 도로 팔아 이익을 얻으려고 한다는 뜻이다.

글자 | 돌 **전**, 팔 **매**, 쏠 **사**, 이로울 **리**

[전명뇌위電明雷威]

번개와 같은 밝음과 우레와 같은 위엄이라는 말이며, 임금의 밝은 지혜와 위엄을 빗댄 말이다.

글자 | 번개 **전**, 밝을 **명**, 우레 **뇌**, 위엄 **위**

출전 | 조선왕조 14대 선조실록

[전무후무前無後無]

앞에서도 없었고 뒤에서도 있을 수 없다는 말이다.

글자 | 앞 **전**, 없을 **무**, 뒤 **후**

출전 | 명사明史

[전문현설傳聞懸說]

전하여 들은 먼 이야기라는 말이며, 아무 근거 없이 떠도는 이야기라는 뜻이다.

글자 | 전할 **전**, 들을 **문**, 멀 **현**, 말씀 **설**

출전 | 삼국사기 34권

[전미개오轉迷開悟]

어두움이 변하여 깨달음을 연다는 말이며, 해탈하여 열반에 이른다는 뜻이다.

글자 | 변할 **전**, 어두울 **미**, 열 **개**, 깨달을 **오**

동류 | 전미해오轉迷解悟

[전미해오轉迷解悟]

→ 전미개오轉迷開悟

[전발역서翦髮易書]

머리카락을 잘라 책과 바꾸었다는 말이며, 자식의 학비를 위하여 어미가 머리카락을 잘라 팔았다는 뜻이다.

글자 | 자를 **전**, 터럭 **발**, 바꿀 **역**, 글 **서**

출전 | 원사元史 진우전陳祐傳

[전발후치前跋後疐]

앞을 밟고 뒤로 넘어진다는 말이며, 늙은 이리가 앞으로 갈 때는 턱 밑에 늘어진 살을 밟아 나아가지 못하고, 뒤로 물러설 때는 꼬리를 밟아 넘어진다는 속담에 빗대어 나아가지도 못하고 물러서지도 못한다는 뜻이다.

글자 | 앞 **전**, 밟을 **발**, 뒤 **후**, 넘어질 **치**

[전방지총專房之寵]

오로지 한 방의 사랑이라는 말이며, 여러 처첩妻妾 가운데 가장 많이 받는 사랑을 이른다.

글자 | 오로지할 **전**, 방 **방**, 어조사 **지**, 사랑 **총**

출전 | 진서

[전복후계前覆後戒]

→ 전차복철前車覆轍

[전부야로田夫野老]

→ 전부야인田夫野人

[전부야인田夫野人]

밭에 지아비와 들의 사람이라는 말이며, 농부와 시골 사람이라는 뜻이다.

글자 | 밭 **전**, 지아비 **부**, 들 **야**, 사람 **인**

[전부지공田父之功]

밭 가는 지아비의 공이라는 말이며, 힘들이지 않고 이를 본다는 뜻이다. 전국지에 있는 글이다. '한자로韓子盧라는 발빠른 개가 동곽준東郭逡이라는 영리한 토끼를 쫓아 다섯 번 산에 오르고 그 산을 세 번 돌다가 마침내 둘 다 지쳐 죽었습니다. 이것을 본 지나가던 농부는 힘들이지 않고 양쪽을 잡을 수 있었습니다.'

원문 | 大楚承其後 有田夫之功 齊王 懽謝將休士也
대초승기후 유전부지공 제왕 환사장휴사야

글자 | 밭 **전**, 지아비 **부**, 어조사 **지**, 공 **공**

출전 | 전국책 제책齊策

동류 | 견토지쟁犬兎之爭, 어부지리漁父之利

[전분세락轉糞世樂]

굴러다니는 똥도 세상이 즐겁다는 말이며, 살아서 어떤 고생을 하더라도 죽는 것보다 사는 것이 낫다는 뜻이다.

글자 | 구를 **전**, 똥 **분**, 세상 **세**, 즐거울 **락**

출전 | 송남잡지

[전불고견全不顧見]

전혀 돌보지 않는다는 말이다.

글자 | 모두 **전**, 아닐 **불**, 돌아볼 **고**, 볼 **견**

[전불괘겸全不掛鎌]

전혀 낫을 걸어두지 아니한다는 말이며, 거두어들일 곡식이 아주 없다는 뜻이다.

글자 | 전혀 **전**, 아닐 **불**, 걸 **괘**, 낫 **겸**

[전불습호傳不習乎]

전하는데 익히지 않을 수 있으랴라는 말이며, 남을 가르쳐 전하는데 자신이 먼저 공부해야 한다는 뜻이다.

원문 | 與朋友交而不信乎 傳不習乎
여붕우교이불신호 전불습호

글자 | 전할 **전**, 아닐 **불**, 익힐 **습**, 어조사 **호**

출전 | 논어 학이편學而篇

[전사관혁戰射貫革]

다투어 쏘고 뚫는 날개라는 말이며, 내기를 할 때 쓰는 과녁이라는 뜻이다.

글자 | 다툴 **전**, 쏠 **사**, 뚫을 **관**, 날개 **혁**

[전사물론前事勿論]

지나간 일의 옳고 그름을 논할 것이 없다는 말이다.

글자 | 앞 **전**, 일 **사**, 말 **물**, 의논 **론**
유사 | 전사삭제前仕削除

[전사삭제前仕削除]

지난 벼슬을 삭제한다는 말이며, 전에 지나가버린 일의 시비를 가려 말하지 않는다는 뜻이다.

글자 | 앞 **전**, 벼슬할 **사**, 깎을 **삭**, 버릴 **제**
동류 | 전사물론前仕勿論

[전생연분前生緣分]

전생에서 맺은 연분이라는 말이다.

글자 | 앞 **전**, 날 **생**, 인연 **연**, 나눌 **분**
동류 | 천생연분天生緣分

[전생전귀全生全歸]

온전히 살다가 온전히 돌아간다는 말이며, 부모로부터 받은 몸을 잘 보존해 살다가 죽은 후 온전히 되돌려준다는 뜻이다.

글자 | 온전 **전**, 살 **생**, 돌아갈 **귀**

[전생지단傳生之端]

삶을 전하는 실마리라는 말이며, 사형에 처할 죄인에게 의심쩍은 데가 있어 사형을 면하게 한다는 뜻이다.

글자 | 전할 **전**, 살 **생**, 어조사 **지**, 실마리 **단**

[전생차생前生此生]

[태어나기] 전의 [저승] 삶과 이제 살고 있는 이승이라는 말이다.

글자 | 앞 **전**, 살 **생**, 이 **차**
출전 | 상사별곡相思別曲

[전성지양專城之養]

한 성을 오로지 봉양한다는 말이며, 한 고을의 원님처럼 어버이를 공양한다는 뜻이다.

글자 | 오로지할 **전**, 성 **성**, 어조사 **지**, 봉양할 **양**

[전소미문前所未聞]

전에 듣지 못한 바라는 말이며, 매우 놀라운 일이나 새로운 것이라는 뜻이다.

글자 | 앞 **전**, 바 **소**, 아닐 **미**, 들을 **문**
출전 | 송남잡지

[전승공취戰勝攻取]

싸우면 이기고 치면 얻는다는 말이며, 연전연승連戰連勝한다는 뜻이다.

글자 | 싸울 **전**, 이길 **승**, 칠 **공**, 취할 **취**
출전 | 사기 귀책龜策열전, 전국책 진책秦策

[전신만신全身滿身]

온몸이 가득 찬 몸이라는 말이며, 온몸을 다한다는 뜻이다.

글자 | 온전 **전**, 몸 **신**, 찰 **만**

[전신전령全身全靈]

모든 몸과 모든 정신이라는 말이며, 그 사람이 가지고 있는 모든 체력과 정신력을 일컫는다.

글자 | 모두 **전**, 몸 **신**, 신령 **령**
유사 | 전지전능全知全能

[전심일의專心一意]

오로지 마음을 하나의 뜻에 둔다는 말이며, 마음을 외곬으로 쓴다는 뜻이다.

글자 | 오로지 **전**, 마음 **심**, 뜻 **의**

[전심전력全心全力]

모든 마음과 힘을 한 곳에 기울인다는 말이다.

글자 | 모두 **전**, 마음 **심**, 힘 **력**

[전심전력專心專力]

온 마음과 온 힘을 다한다는 말이다.

글자 | 오로지할 **전**, 마음 **심**, 힘 **력**

[전심치지專心致志]

오로지 한마음으로 뜻을 이룬다는 말이다.

글자 | 오로지할 **전**, 마음 **심**, 이를 **치**, 뜻 **지**
출전 | 맹자 고자 상

[전악경선悛惡更善]

악을 고쳐서 착하게 바꾼다는 말이며, 지나친 잘못을 고치고 스스로 착한 길로 간다는 뜻이다.

글자 | 고칠 **전**, 악할 **악**, 대신할 **경**, 착할 **선**
출전 | 삼국유사 3권

[전안지례奠雁之禮]

기러기를 올리는 예식이라는 말이며, 신랑이 신부 집에 기러기를 가지고 가서 상 위에 놓고 절을 하는 예식을 일컫는다. 산 기러기 대신 나무로 만든 기러기를 사용한다.

글자 | 절 올릴 **전**, 기러기 **안**, 어조사 **지**, 예도 **례**

[전언왕행前言往行]

앞의 말과 가버린 행함이라는 말이며, 옛사람이 남긴 말과 행동이라는 뜻이다.

원문 | 多識前言往行
다 식 전 언 왕 행
글자 | 앞 **전**, 말씀 **언**, 갈 **왕**, 행할 **행**
출전 | 주역 대축괘大畜卦

[전원장무田園將蕪]

밭과 동산이 거칠어진다는 말이며, 논밭과 동산이 황무지가 되었다는 뜻이다.

글자 | 밭 **전**, 동산 **원**, 행할 **장**, 거칠어질 **무**

[전월불공顚越不恭]

굴러 넘어지고 공손하지 않다는 말이며, 도리에 벗어나고 윗사람의 명령을 따르지 않는다는 뜻이다.

원문 | 顚越不恭 暫遇姦宄
전 월 불 공 잠 우 간 궤
글자 | 구를 **전**, 넘을 **월**, 아닐 **불**, 공손할 **공**

ㅈ

출전 | 서경 상서편商書篇

[전의고주典衣沽酒]

옷을 전당 잡히고 술을 산다는 말이며, 집안 형편이 매우 어렵다는 뜻이다.

글자 | 전당 잡힐 **전**, 옷 **의**, 살 **고**, 술 **주**

출전 | 송남잡지

[전의상실戰意喪失]

싸움의 뜻을 잃었다는 말이며, 넓은 뜻으로 무엇인가를 할 생각이 없다는 뜻이다.

글자 | 싸움할 **전**, 뜻 **의**, 잃어버릴 **상**, 잃을 **실**

반대 | 백절불굴百折不屈

[전인급보專人急報]

사람을 특별히 보내어 급히 소식을 알린다는 말이다.

글자 | 오로지할 **전**, 사람 **인**, 급할 **급**, 고할 **보**

[전인미답前人未踏]

앞사람이 밟지 않았다는 말이며, 이제까지 아무도 발을 들여놓거나 도달한 사람이 없다는 뜻이다.

글자 | 앞 **전**, 사람 **인**, 아닐 **미**, 밟을 **답**

[전인후과前因後果]

앞의 원인이 뒤의 열매라는 말이며, 먼저 원인이 있어 뒤의 결과가 있다는 뜻이다.

글자 | 앞 **전**, 인할 **인**, 뒤 **후**, 열매 **과**

[전일회천轉日回天]

해를 굴리고 하늘을 돌게 한다는 말이며, 임금의 마음을 돌아서게 한다는 뜻이다.

글자 | 구를 **전**, 해 **일**, 돌이킬 **회**, 하늘 **천**

[전임책성專任責成]

오로지 남에게 맡겨서 그 책임을 지게 한다는 말이다.

글자 | 오로지할 **전**, 맡길 **임**, 맡을 **책**, 이룰 **성**

[전자전손傳子傳孫]

아들에게 전하고 손자에게 전한다는 말이며, 대대로 전한다는 뜻이다.

글자 | 전할 **전**, 아들 **자**, 손자 **손**

출전 | 송남잡식

[전전걸식轉轉乞食]

여기저기 돌아다니며 구걸하여 먹는다는 말이다.

글자 | 구를 **전**, 구걸할 **걸**, 먹을 **식**

[전전공공戰戰恐恐]

→ 전전긍긍戰戰兢兢

[전전긍긍戰戰兢兢]

두렵고 두려워서 조심조심한다는 말이며, 어떤 어려운 일에 처하여 몹시 두려워 쩔쩔맨다는 뜻이다. 서주 말에 포학한 정치를 한탄하여 지은 소민小旻이라는 시에서 온 말이다. '감히 범을 맨손으로 잡을 수 없고, 감히 하수를 말 타고 건널 수 없네. 사람은 그 하나만 알고 있으나 그 밖의 것은 아무것도 모르고 있네. 두려워서 조심조심하며 깊은 못에 다다른 듯하고 엷은 얼음을 밟듯 하네.'

원문 | 不敢暴虎 不敢憑河 人知其一 莫知其他 戰戰兢兢 如臨深淵
불감포호 불감빙하 인지기일 막지기타 전전긍긍 여림심연

글자 | 두려울 **전**, 두려워할 **긍**

출전 | 시경 소아小雅

동류 | 전전공공戰戰恐恐

반대 | 태연자약泰然自若

관련 | 여림심연如臨深淵, 여리박빙如履薄冰

[전전반측輾轉反側]

[잠을 이루지 못하고] 누워서 몸을 이리 뒤치고 저리 뒤친다는 말이다. 원래 이 말은 착하고 아름다운 여인이 그리워 잠을 이루지 못하는 것을 읊은 것인데, 지금은 근심 걱정으로 잠을 이루지 못한다는 뜻으로 사용되고 있다. 주나라 문왕 때의 시구다. '구해도 얻지 못한지라 자나 깨나 생각한다. 생각하고 또 생각하며 옆으로 누웠다 엎었다 뒤쳤다 한다.'

원문 | 求之不得 寤寐思服 悠哉悠哉 輾轉反側
구지부득 오매사복 유재유재 전전반측

글자 | 돌아누울 **전**, 구를 **전**, 뒤집을 **반**, 곁 **측**

출전 | 시경 관저關雎

동류 | 전전불매輾轉不寐

[전전불매輾轉不寐]

→ 전전반측輾轉反側

[전전율률戰戰慄慄]

두렵고 두렵다는 말이며, 몹시 두려워서 몸을 벌벌 떤다는 뜻이다.

글자 | 두려울 **전**, 두려울 **율(률)**

출전 | 회남자 인간훈人間訓

[전정만리前程萬里]

앞길이 만 리라는 말이며, 아직 나이가 젊어서 장래가 유망하다는 뜻이다.

글자 | 앞 **전**, 길 **정**, 일만 **만**, 이수 **리**

[전지도지顚之倒之]

엎드려지고 거꾸러진다는 말이며, 몹시 급하게 허둥지둥 달아난다는 뜻이다. 시경에 있는 글이다. '허둥지둥 뒤바뀜은 임금님의 호출 때문이네.'

원문 | 顚之倒之 自公召之
전지도지 자공소지

글자 | 엎드러질 **전**, 어조사 **지**, 거꾸러질 **도**

출전 | 시경 제풍齊風, 순자 대략大略

[전지자손傳之子孫]

자손에게 전하여 내려준다는 말이다.

ㅈ

글자 | 전할 **전**, 어조사 **지**, 아들 **자**, 손자 **손**

[전지전능全知全能]

모든 것을 다 알고, 모든 것에 다 능하다는 말이다.

글자 | 모두 **전**, 알 **지**, 능할 **능**

[전지전지傳之傳之]

전하고 전하여라는 말이다.

글자 | 전할 **전**, 어조사 **지**

[전지전청轉之轉請]

움직이고 움직여 청한다는 말이며, 직접 청하지 않고 여러 사람을 움직여 간접적으로 청한다는 뜻이다.

글자 | 움직일 **전**, 어조사 **지**, 청할 **청**

[전진지망前進之望]

앞으로 나아갈 바람이라는 말이며, 장래에 대한 희망이라는 뜻이다.

글자 | 앞 **전**, 나아갈 **진**, 어조사 **지**, 바랄 **망**

[전차복철前車覆轍]

앞 수레가 엎어진 바퀴자국이라는 말이며, 앞사람의 실패는 뒷사람의 교훈이 된다는 빗댄 말이다. 전한 때 가의賈誼라는 신하가 문제에게 올린 상소문에서 온 말이다. '속담에 앞 수레의 엎어진 바큇자국은 뒤 수레를 위한 교훈이란 말이 있습니다. 전 왕조인 진나라가 일찍 멸망한 까닭은 잘 알려진 일이온대, 만약 진나라가 범한 과오를 피하지 않는다면 그 전철前轍을 밟게 될 뿐이옵니다.'

원문 | 前車覆轍 後車之戒
전 차 복 철 후 차 지 계

글자 | 앞 **전**, 수레 **차**, 엎어질 **복**, 바큇자국 **철**

출전 | 한서 가의전賈誼傳

동류 | 복거지계覆車之戒

[전차후간前遮後趕]

앞에서는 막고 뒤에서는 쫓아온다는 말이며, 형세가 매우 위급하여 곤경에 처했다는 뜻이다.

글자 | 앞 **전**, 막을 **차**, 뒤 **후**, 쫓을 **간**

출전 | 옥루몽

[전차후옹前遮後擁]

앞에서 가리고 뒤에서 호위한다는 말이며, 많은 사람이 앞뒤에서 보호하며 따른다는 뜻이다.

글자 | 앞 **전**, 가릴 **차**, 뒤 **후**, 호위할 **옹**

[전첨후고前瞻後顧]

앞을 보고 뒤를 돌아본다는 말이며, 일을 결단하지 못하고 앞뒤를 잰다는 뜻이다.

글자 | 앞 **전**, 볼 **첨**, 뒤 **후**, 돌아볼 **고**

출전 | 초사

동류 | 첨전고후瞻前顧後

[전초제근翦草除根]

풀을 베고 뿌리를 뽑는다는 말이며, 필요 없는 해악害惡의 근본을 없앤다는 뜻이다.

글자 | 깎아 멸할 **전**, 풀 **초**, 버릴 **제**, 뿌리 **근**

출전 | 격량조문檄梁朝文

[전측수인轉側須人]

곁으로 구르며 사람을 기다린다는 말이며, 잠을 설치며 사람을 기다린다는 뜻이다.

글자 | 구를 **전**, 곁 **측**, 기다릴 **수**, 사람 **인**

출전 | 송남잡지

[전파인구傳播人口]

사람의 입으로 전하여 옮긴다는 말이며, 말로 널리 전해 알려진다는 뜻이다.

글자 | 전할 **전**, 옮길 **파**, 사람 **인**, 입 **구**

출전 | 송남잡지

[전패위공轉敗爲功]

실패를 돌려 공이 되게 한다는 말이다.

원문 | 轉敗而爲功
전 패 이 위 공

글자 | 구를 **전**, 패할 **패**, 할 **위**, 공 **공**

출전 | 사기 관안열전管晏列傳

유사 | 전화위복轉禍爲福

[전호후랑前虎後狼]

앞에는 호랑이, 뒤에는 이리가 있다는 말이며, 재앙이 끊이지 않고 닥쳐온다는 뜻이다.

원문 | 前門据虎 後門進狼
전 문 거 호 후 문 진 랑

글자 | 앞 **전**, 범 **호**, 뒤 **후**, 이리 **랑**

출전 | 조운항평사趙雲航評史

동류 | 설상가상雪上加霜

[전화위공轉禍爲功]

→ 전화위복轉禍爲福

출전 | 전국책 제책齊策

[전화위복轉禍爲福]

화가 바뀌어 복이 된다는 말이며, 일이 실패한 것으로 인해 오히려 성공했다는 뜻이다. 주나라 소진蘇秦의 말이다. '옛날에 일을 잘 처리했던 사람은 화를 바꾸어 복이 되게 했고 실패한 것을 바꾸어 공이 되게 했다.'

원문 | 轉禍爲福 因敗爲功
전 화 위 복 인 패 위 공

글자 | 구를 **전**, 재화 **화**, 할 **위**, 복 **복**

출전 | 사기 소진열전蘇秦列傳

동류 | 인화위복因禍爲福, 전화위공轉禍爲功

유사 | 새옹지마塞翁之馬

[전획삼품田獲三品]

밭은 세 가지를 거둔다는 말이다.

원문 | 象曰 田獲三品 有功也
상 왈 전 획 삼 품 유 공 야

글자 | 밭 **전**, 거둘 **획**, 가지 **품**

출전 | 주역 중풍손괘重風巽卦

[전후곡절前後曲折]

앞뒤의 구부러짐과 꺾임이라는 말이며, 일의 까닭에서부터 끝날 때까지의 모든 사정이라는 뜻이다.

글자 | 앞 **전**, 뒤 **후**, 굽을 **곡**, 꺾일 **절**

[전후당착前後撞着]

앞과 뒤가 부딪힌다는 말이며, 앞뒤가 서로 맞지 않다는 뜻이다.

글자 | 앞 **전**, 뒤 **후**, 부딪힐 **당**, 부딪힐 **착**

동류 | 전후모순前後矛盾

[전후모순前後矛盾]

앞뒤가 창과 방패 같다는 말이며, 말이나 행동에 있어서 앞뒤가 서로 맞지 않고 틀린다는 뜻이다.

글자 | 앞 **전**, 뒤 **후**, 세모진 창 **모**, 방패 **순**

유사 | 전후당착前後撞着

반대 | 시종일관始終一貫

[전후문의前後文意]

앞뒤 글의 뜻이라는 말이며, 앞뒤의 문맥이라는 뜻이다.

글자 | 앞 **전**, 뒤 **후**, 글 **문**, 뜻 **의**

[전후불각前後不覺]

앞뒤를 깨닫지 못한다는 말이며, 앞뒤를 구별하지 못한다는 뜻이다.

글자 | 앞 **전**, 뒤 **후**, 아닐 **불**, 깨달을 **각**

[전후사연前後事緣]

→ 전후곡절前後曲折

[전후수말前後首末]

→ 자초지종自初至終

[절검역행節儉力行]

절약과 검소를 힘써 행한다는 말이다.

글자 | 절제할 **절**, 검소할 **검**, 힘쓸 **역**, 행할 **행**

출전 | 안자춘추 내편內篇 잡하

[절검지심節儉之心]

절약하고 검소하고자 하는 마음이라는 말이다.

글자 | 절제할 **절**, 검소할 **검**, 어조사 **지**, 마음 **심**

[절고진락折槁振落]

마른 나무를 꺾고 흔들어 [잎을] 떨어뜨린다는 말이며, 일이 아주 쉽다는 뜻이다.

글자 | 꺾을 **절**, 마른 나무 **고**, 흔들 **진**, 떨어질 **락**

출전 | 회남자

[절골지통折骨之痛]

뼈가 꺾이는 아픔이라는 말이며, 몹시 참기 어려운 고통을 일컫는다.

글자 | 꺾일 **절**, 뼈 **골**, 어조사 **지**, 아플 **통**

[절구자주竊鉤者誅]

갈고리를 훔친 놈은 베인다는 말이며, 작은 도둑은 처벌 받고 큰 도둑은 받듦을 받는다는 뜻이다.

원문 | 竊鉤者誅 竊國者爲諸侯
절 구 자 주 절 국 자 위 제 후

글자 | 훔칠 **절**, 갈고리 **구**, 놈 **자**, 베일 **주**

출전 | 사기 유협游俠여전 주

[절국자후竊國者侯]

나라를 도둑질한 사람은 임금이 된다는 말이다. 사기에 있는 글이다. '혁대의 고리를 훔친 자는 처형되고 나라를 훔친 자는 제후가 된다.'

원문 | 竊鉤者誅 竊國者侯
절 구 자 주 절 국 자 후

글자 | 도둑질할 **절**, 나라 **국**, 사람 **자**, 임금 **후**

출전 | 사기 유협열전游俠列傳

[절근고엽絶根枯葉]

뿌리를 끊고 잎을 말린다는 말이며, 완전히 근절시켜 없애버린다는 뜻이다.

글자 | 끊을 **절**, 뿌리 **근**, 마를 **고**, 잎 **엽**

[절난비환折難批患]

어려움을 꺾고 근심을 밀친다는 말이며, 재앙을 극복한다는 뜻이다.

글자 | 꺾을 **절**, 어려울 **난**, 밀칠 **비**, 근심 **환**

출전 | 조선왕조 14대 선조실록

[절대가인絶代佳人]

이 세대에 뛰어난 아름다운 사람이라는 말이며, 이 세상에 견줄 사람이 없을 정도로 뛰어나게 아름다운 여인이라는 뜻이다.

글자 | 뛰어날 **절**, 댓수 **대**, 아름다울 **가**, 사람 **인**

출전 | 송남잡지

동류 | 절세가인絶世佳人

[절대복종絶對服從]

극진히 대하여 복종하고 따른다는 말이며, 어떤 경우에 있어서도 아무 명령에나 무조건 따른다는 뜻이다.

글자 | 극진할 **절**, 대할 **대**, 복종할 **복**, 따를 **종**

[절대지공絶對之功]

뛰어나게 대할 공이라는 말이며, 결정적인 역할을 한 공적이라는 뜻이다.

원문 | 掘地見金 絶對之功
굴 지 견 금 정 대 지 공

글자 | 뛰어날 **절**, 대할 **대**, 어조사 **지**, 공 **공**

출전 | 토정비결

[절도정배絶島定配]

[죄인을] 외딴 섬에 귀양 보낸다는 말이다.

글자 | 끊어질 **절**, 섬 **도**, 정할 **정**, 귀양보낼 **배**

[절류이륜絶類離倫]

사람들로부터 떨어진 무리의 으뜸이라는 말이며, 동료들보다 월등히 뛰어나다는 뜻이다. 이는 맹자와 순자荀子를 두고 한 말이다. '맹자와 순자는 말을 입에 담으면 경전經典이 되고 행동을 하면 사람들의 본보기가 된다. 보통의 유학자들로부터는 멀리 동떨어져 있어 충분히 성인의 영역에 들어가는 뛰어난 사람이다.'

글자 | 으뜸 **절**, 무리 **류**, 떨어질 **이**, 무리 **륜**

출전 | 한유의 진학해進學解

[절마잠규切磨箴規]

끊고 갈아서 법을 경계한다는 말이며, 여러 가지 규범을 올바르고 엄하게 한다는 뜻이다.

글자 | 끊을 **절**, 갈 **마**, 경계할 **잠**, 법 **규**

출전 | 천자문 46항

[절목발옥折木拔屋]

[광풍이 불어] 나무를 꺾고 집을 휘둘러 뽑는다는 말이다.

글자 | 꺾어질 **절**, 나무 **목**, 뺄 **발**, 집 **옥**

[절묘호사絶妙好辭]

뛰어나게 묘한 것을 좋게 말한다는 말이며, 훌륭한 시문을 칭찬한다는 뜻이다.

글자 | 뛰어날 **절**, 묘할 **묘**, 좋을 **호**, 말씀 **사**

[절문근사切問近思]

간절한 것을 묻고 가까운 것을 생각한다는 말이다. 자하子夏가 한 말이다. '간절한 것을 묻고, 가까운 것부터 생각한다면 인仁은 그 가운데 있다.'

원문 | 切問而近思 仁在其中矣
절문이근사 인재기중의

글자 | 간절할 **절**, 물을 **문**, 가까울 **근**, 생각 **사**

출전 | 논어 자장子張

[절발역주截髮易酒]

머리털을 잘라 술과 바꾼다는 말이며, 자식에 대한 지극한 모정을 빗댄 말이다. 도간이라는 선비 집에 친구가 찾아왔으나 대접할 식량이 없어 그의 어머니가 머리를 잘라 팔아서 술을 대접했다는 고사에서 온 말이다.

글자 | 끊을 **절**, 터럭 **발**, 바꿀 **역**, 술 **주**

출전 | 진서 도간전陶侃傳

[절발지환竊發之患]

도둑으로 말미암아 생기는 근심이라는 말이다.

글자 | 도둑질할 **절**, 일어날 **발**, 어조사 **지**, 근심 **환**

[절벽강산絶壁江山]

자른 벽과 같은 강산이라는 말이며, 아주 귀가 멀었거나 사리에 어두운 사람을 빗댄 말이다.

글자 | 자를 **절**, 벽 **벽**, 강 **강**, 뫼 **산**

[절부구조竊符救趙]

병부를 훔쳐 조나라를 구한다는 말이며, 보다 큰 목적을 위해서는 사소한 의리 같은 것은 버려도 된다는 뜻이다.

글자 | 훔칠 **절**, 병부 **부**, 구할 **구**, 나라 **조**

출전 | 사기 위공자열전

[절부지의竊鈇之疑]

도끼를 훔친 의심이라는 말이며, 의심하게 되면 모든 것이 의심스럽게 보인다는 뜻이다. 도끼를 훔쳐갔다고 의심받은 사람이 그 행동이나 말이 모두 훔쳐간 듯이 보였으나 다른 데서 찾아낸 뒤에는 그렇게 보이지 않았다는 옛이야기에서 온 말이다.

글자 | 훔칠 **절**, 도끼 **부**, 어조사 **지**, 의심할 **의**

출전 | 열자 설부편說符篇

[절상생지節上生枝]

가지의 마디에 가지가 난다는 말이며, 일이 복잡하여 귀결歸結을 알지 못한다는 뜻이다.

글자 | 마디 **절**, 윗 **상**, 날 **생**, 가지 **지**

출전 | 주자어류

[절성기지絶聖棄智]

거룩함을 끊고 지혜를 버린다는 말이며 사람이 만든 번거로운 규범에서 벗어난다는 뜻이다.

원문 | 絶聖棄智 民利百倍
절 성 기 지 민 리 백 배

글자 | 끊을 **절**, 거룩할 **성**, 버릴 **기**, 지혜 **지**

출전 | 노자 도경道經 19장

[절세가인絶世佳人]

세상에서 뛰어난 아름다운 사람이라는 말이며, 당대에 뛰어난 미인이라는 뜻이다.

글자 | 뛰어날 **절**, 세상 **세**, 아름다울 **가**, 사람 **인**

동류 | 절대가인絶代佳人

[절세독립絶世獨立]

세상에 뛰어나 홀로 섰다는 말이며, 절세의 미인을 일컫는다.

글자 | 뛰어날 **절**, 세상 **세**, 홀로 **독**, 설 **립**

동류 | 절세가인絶世佳人

[절세미인絶世美人]

→ 절세가인絶世佳人

[절세영재絶世英才]

세상에서 뛰어난 재주를 가진 영웅이라는 말이다.

글자 | 뛰어날 **절**, 세상 **세**, 영웅 **영**, 재주 **재**

출전 | 용비어천가

[절식복약節食服藥]

음식을 절제하면서 약을 먹는다는 말이다.

글자 | 절제할 **절**, 음식 **식**, 다스릴 **복**, 약 **약**

[절영우면絶纓優面]

갓끈 떨어진 가면이라는 말이며, 의지할 데 없이 되어 꼼짝할 수 없게 되었다는 뜻이다.

ㅈ

글자 | 끊을 **절**, 갓끈 **영**, 광대 **우**, 얼굴 **면**
출전 | 순오지

[절영지연絶纓之宴]

갓끈이 떨어진 잔치라는 말이며, 남의 잘못을 관대하게 용서해주거나 어려운 일에서 구해주면 보답이 따른다는 뜻이다.

원문 | 今日與寡人飮 不絶冠纓者 不歡
금일여과인음 부절관영자 불환

글자 | 끊을 **절**, 갓끈 **영**, 갈 **지**, 잔치 **연**
출전 | 설원說苑, 동주열국지東周列國志

[절용애인節用愛人]

쓰기를 절제하고 사람을 사랑한다는 말이며, 백성을 다스리는 지도자의 덕목을 일컫는다.

원문 | 敬事而信 節用而愛人 使民而時
경사이신 절용이애인 사민이시

글자 | 절제할 **절**, 쓸 **용**, 사랑 **애**, 사람 **인**
출전 | 논어 학이편學而篇

[절위소찬竊位素餐]

자리를 훔치고 밥만 비운다는 말이며, 능력이 없는 사람이 그 자리에 앉아 제대로 일도 못하면서 봉급만 축낸다는 뜻이다.

글자 | 훔칠 **절**, 자리 **위**, 빌 **소**, 밥 **찬**

[절의염퇴絶義廉退]

절개와 의리와 청렴과 물러남이라는 말이며, 관리의 모범적인 행동지침을 일컫는다.

글자 | 절개 **절**, 의리 **의**, 청렴 **염**, 물러날 **퇴**
출전 | 천자문 48항

[절인지력絶人之力]

→ 절인지용絶人之勇

[절인지용絶人之勇]

남보다 훨씬 뛰어난 용맹이라는 말이다.

글자 | 뛰어날 **절**, 사람 **인**, 어조사 **지**, 날랠 **용**
유사 | 절인지력絶人之力

[절장보단絶長補短]

긴 것을 자르고 짧은 것을 보탠다는 말이며, 사물이 균형이 잡히도록 조절한다는 뜻이다.

글자 | 끊을 **절**, 긴 **장**, 더할 **보**, 짧을 **단**
출전 | 맹자 등문공滕文公 상

[절전지훈折箭之訓]

화살을 꺾는 가르침이라는 말이며, 가는 화살도 여러 개가 모이면 꺾기가 힘들듯 여럿이 협력하면 어떤 어려움도 극복할 수 있다는 뜻이다.

글자 | 꺾을 **절**, 화살 **전**, 어조사 **지**, 가르칠 **훈**

[절절시시切切偲偲]

간절하고 간절하게 [살피고] 힘쓰고 힘쓴다는 말이며, 친구 사이에 간절한마음으로 선행을 하도록 권고한다는 뜻이다.

원문 | 朋友切切偲偲
붕 우 절 절 시 시

글자 | 간절할 **절**, 힘쓸 **시**

출전 | 논어 자로子路

[절족복속折足覆餗]

〔솥〕 다리가 부러져 삶은 나물을 엎었다는 말이며, 감당하지 못할 직책에 등용되었다는 뜻이다.

글자 | 부러질 **절**, 발 **족**, 엎을 **복**, 삶은 나물 **속**

출전 | 주역 정괘鼎卦

[절지지이折枝之易]

나뭇가지를 꺾는 것과 같이 쉽다는 말이다.

글자 | 꺾을 **절**, 가지 **지**, 어조사 **지**, 쉬울 **이**

출전 | 구양수歐陽修의 글

[절차탁마切磋琢磨]

톱으로 자르고, 줄로 슬고 끌로 쪼며 숫돌에 간다는 말이며, 물건을 만들 때 다듬고 다듬어 완벽한 것을 만든다는 뜻이다. 시경詩經의 글이다. '찬란한 군자여 칼로 자르듯 하고 줄로 다듬은 듯하며, 끌로 쪼는 것 같고, 숫돌에 간듯하다고 했다. 자르듯 하고 다듬은듯한 것은 학문을 말한 것이고, 쪼는듯하고 간듯하다는 것은 스스로를 수양하는 것이다.'

원문 | 有匪君子 如切如磋 如琢如磨
유 비 군 자 여 절 여 차 여 탁 여 마
如切如磋者道學也 如琢如磨
여 절 여 차 자 도 학 야 여 탁 여 마
者自修也
자 자 수 야

글자 | 자를 **절**, 슬 **차**, 쫄 **탁**, 갈 **마**

출전 | 시경 위풍衛風

[절처봉생絶處逢生]

다한 곳에서 삶을 만났다는 말이며, 어려운 끝에 살길이 생겼다는 뜻이다.

글자 | 다할 **절**, 곳 **처**, 만날 **봉**, 살 **생**

[절체절명絶體絶命]

몸이 끊기고 목숨이 끊긴다는 말이며, 벗어나지 못할 매우 어렵고 위험한 입장이라는 뜻이다.

글자 | 끊을 **절**, 몸 **체**, 목숨 **명**

[절충어모折衝禦侮]

[적을] 꺾어 무찌르고 업신여김을 막았다는 말이다.

글자 | 꺾을 **절**, 찌를 **충**, 막을 **어**, 업신여길 **모**

[절치부심切齒腐心]

이를 갈고 속을 썩인다는 말이며, 이를 악물고 고대한다는 뜻이다.

글자 | 갈 **절**, 이 **치**, 썩을 **부**, 마음 **심**

출전 | 사기 자객열전刺客列傳

[절치액완切齒扼腕]

이를 갈고 팔을 잡고 벼른다는 말이다.

글자 | 끊을 **절**, 이 **치**, 잡을 **액**, 팔 **완**

출전 | 전국책 위魏편

유사 | 절치부심切齒腐心

[절해고도絶海孤島]

바다로 막힌 외로운 섬이라는 말이다.

글자 | 막힐 **절**, 바다 **해**, 외로울 **고**, 섬 **도**

[절화반류折花攀柳]

꽃을 꺾고 버드나무를 당긴다는 말이며, 화류계의 여자와 논다는 뜻이다.

글자 | 꺾을 **절**, 꽃 **화**, 당길 **반**, 버들 **류**

[절효정문節孝旌門]

절개와 효도를 표한 문이라는 말이며, 충신 · 효자 · 열녀 등을 포창하여 세운 정문을 일컫는다.

글자 | 절개 **절**, 효도 **효**, 표할 **정**, 문 **문**

유사 | 작설지전綽楔之典

[점괴여천苫塊餘喘]

거적자리에서 가슴이 뭉클하고 헐떡거림이 남았다는 말이며, 막 거상을 치르고 난 사람이 죄스럽고 경황이 없음을 일컫는 말이다.

글자 | 거적자리 **점**, 가슴이 뭉클할 **괴**, 남을 **여**, 헐떡거릴 **천**

[점불가장漸不可長]

점점 길어져서는 안 된다는 말이며, 일의 폐단이 커지기 전에 막아야 한다는 뜻이다.

글자 | 점점 **점**, 아닐 **불**, 옳을 **가**, 긴 **장**

[점석성금點石成金]

검은 점과 같은 돌로 금을 만든다는 말이며, 대단치 않은 글이 남의 손으로 다듬어져 훌륭한 문장이 되었다는 뜻이다.

원문 | 如靈丹一粒 點石成金也
여 령 단 일 립 점 석 성 금 야

글자 | 검은 점 **점**, 돌 **석**, 이룰 **성**, 금 **금**

출전 | 견문후록見聞後錄

동류 | 점철성금點鐵成金

[점속두미粘續頭尾]

머리와 꼬리를 붙이고 잇는다는 말이며, 한시漢詩에서 앞 구의 글자를 다음 구의 첫머리로 하여 서로 연결한다는 뜻이다.

글자 | 붙일 **점**, 이을 **속**, 머리 **두**, 꼬리 **미**

[점어상죽鮎魚上竹]

메기가 대나무에 올라간다는 말이며, 어려움을 이기고 목적을 이룬다는 뜻이다.

글자 | 메기 **점**, 고기 **어**, 오를 **상**, 대나무 **죽**

[점입가경漸入佳境]

점점 아름다운 지경으로 들어간다는 말이며, 문장이나 산수의 경치 등이 점점 재미있는 경지로 들어간다는 뜻이다.

글자 | 점점 **점**, 들 **입**, 아름다울 **가**, 지경 **경**

출전 | 진서 고개지전顧愷之傳

동류 | 점지가경漸至佳境

[점적천석點滴穿石]

물방울이 돌을 뚫는다는 말이며, 하찮은 것이라도 모이면 큰 힘이 되고 끊임없이 계속하면 반드시 성공한다는 뜻이다.

글자 | 점 **점**, 물방울 **적**, 뚫을 **천**, 돌 **석**

출전 | 문선

동류 | 수적천석水滴穿石

[점점자희霑霑自喜]

비지정거리며 스스로 기뻐한다는 말이며, 득의양양하여 스스로 대단하다고 생각하고 우쭐댄다는 뜻이다.

원문 | 霑霑自喜耳 多易難以爲相持重
점점자희이 다이난이위상지중

글자 | 비지정거릴 **점**, 스스로 **자**, 기쁠 **희**

출전 | 사기 위기무안후열전

[점지가경漸至佳境]

→ 점입가경漸入佳境

출전 | 세설신어 배조排調

[점차내당漸借內堂]

차츰차츰 안방까지 빌린다는 말이며, 사정을 봐주면 나중에는 정도에 넘치는 짓을 한다는 뜻이다.

글자 | 점점 **점**, 빌릴 **차**, 안 **내**, 집 **당**

동류 | 차청입실借廳入室

[점철미봉點綴彌縫]

검은 점을 잇대고 덧붙여 꿰맨다는 말이며, 덧대서 보태고 터진 데를 덧대어 꿰맨다는 뜻이다.

글자 | 검은 점 **점**, 잇댈 **철**, 더할 **미**, 꿰맬 **봉**

[점철성금點鐵成金]

작은 쇠로 금을 만든다는 말이며, 선인先人의 시구詩句를 이용하여 훌륭한 시문을 짓는다는 뜻이다.

글자 | 점찍을 **점**, 쇠 **철**, 이룰 **성**, 금 **금**

출전 | 죽파시화竹坡詩話

동류 | 점석성금點石成金

[접대등절接待等節]

대접하고 기다림을 헤아리고 절제한다는 말이며, 손님을 접대하는 모든 예절과 여러 가지 절차라는 뜻이다.

글자 | 대접할 **접**, 기다릴 **대**, 헤아릴 **등**, 절제할 **절**

[접분봉황蝶粉蜂黃]

나비의 흰 가루와 벌의 누런 빛이라는 말이며, 나비가 교미하면 그 가루를 잃고, 벌이 교미하면 그 누런빛을 잃는다는 뜻이다.

글자 | 나비 **접**, 가루 **분**, 벌 **봉**, 누를 **황**

[접석이행接淅而行]

쌀 일던 것을 가지고 떠난다는 말이며, 급히 떠나거나 주저하지 않고 떠난다는 뜻이다.

글자 | 가질 **접**, 쌀 일 **석**, 말 이을 **이**, 갈 **행**

출전 | 맹자 만장 하

[접옥연가接屋連家]

지붕이 붙고 집이 이어졌다는 말이며, 집들이 연속되어 있다는 뜻이다.

글자 | 붙을 **접**, 지붕 **옥**, 이을 **연**, 집 **가**

[접옥연장接屋連牆]

→ 접옥연가接屋連家

출전 | 송남잡지

[접이불루接而不漏]

붙었으나 새지 아니한다는 말이며, 남녀가 교접을 하였으나 남자가 사정하지 않는다는 뜻이다.

글자 | 붙을 **접**, 말 이을 **이**, 아닐 **불**, 샐 **루**

출전 | 소녀경素女經

[정건삼절鄭虔三絶]

정건의 세 가지 뛰어남이라는 말이며, 절묘한 산수화를 일컫는다. 당나라 정건의 세 가지 절묘함이란, 시詩와 서書, 그리고 화畵를 일컫는 것인데 정건의 시화를 본 현종玄宗이 붓을 들어 화폭 끝에 정건삼절鄭虔三絶이라고 썼다.

글자 | 정나라 **정**, 정성 **건**, 뛰어날 **절**

출전 | 당서

[정경대원正逕大原]

옳고 바른길과 큰 원칙이라는 말이다.

글자 | 바를 **정**, 길 **경**, 큰 **대**, 근본 **원**

[정고응벽渟膏凝碧]

기름지게 괴어서 엉킨 깊고 푸른 돌이라는 말이며, 물이 모여 깊게 파인 폭포수 아래의 웅덩이를 일컫는다.

글자 | 괼 **정**, 기름질 **고**, 엉길 **응**, 푸른 돌 **벽**

[정공지주丁公之誅]

정공의 주살誅殺이라는 말이며, 신하로서 두 마음을 갖는 불충한 행위에 철퇴를 가한다는 뜻이다.

글자 | 장정 **정**, 벼슬 **공**, 어조사 **지**, 벨 **주**

출전 | 사기 계포전季布傳

동류 | 정공피륙丁公被戮

[정구건즐井臼巾櫛]

우물, 절구, 수건과 빗이라는 말이며, 부녀자가 일상적으로 사용하는 것을 일컫는다.

글자 | 우물 **정**, 절구 **구**, 수건 **건**, 빗 **즐**

[정구죽천丁口竹天]

정丁자와 구口자, 죽竹자와 천天자를 합하여 가소可笑라는 말이며, 가히 우습다는 뜻이다.

원문 | 犬者禾重 丁口竹天
견자화중 정구죽천

글자 | 장정 **정**, 입 **구**, 대 **죽**, 하늘 **천**

출전 | 김선달의 방랑기

[정구지역井臼之役]

물을 긷고 절구질하는 일이라는 말이며, 집안일에 골몰한다는 뜻이다.

글자 | 우물 **정**, 절구 **구**, 어조사 **지**, 부릴 **역**

[정금단좌正襟端坐]

옷섶을 바르게 하고 단정하게 앉는다는 말이다.

글자 | 바를 **정**, 옷섶 **금**, 단정할 **단**, 앉을 **좌**

[정금미옥精金美玉]

깨끗한 금과 아름다운 구슬이라는 말이며, 사람의 인격이나 글월이 깨끗하고 아름답다는 뜻이다.

글자 | 깨끗할 **정**, 금 **금**, 아름다울 **미**, 구슬 **옥**

출전 | 명신언행록名臣言行錄

동류 | 정금양옥精金良玉

[정금양옥精金良玉]

→ 정금미옥精金美玉

[정기물정正己物正]

자신을 바르게 하면 물건이 바르게 된다는 말이며, 자신을 바르게 만들면 대상에 대한 오해가 없고 모든 대상의 진실이 보인다는 뜻이다.

원문 | 有大人者 正己而物正者也
유대인자 정기이물정자야

글자 | 바를 **정**, 몸 **기**, 물건 **물**

출전 | 맹자 진심 상

[정길회망貞吉悔亡]

곧으면 길하고 뉘우침이 없다는 말이다.

원문 | 貞吉悔亡 未感害也
정길회망 미감해야

글자 | 곧을 **정**, 길할 **길**, 뉘우칠 **회**, 없어질 **망**

출전 | 주역 택산성澤山成

[정내자득靜乃自得]

고요하면 스스로 얻는다는 말이며, 고요함은 움직임을 제어할 수 있기 때문에 고요하면 저절로 도와 합하게 된다는 뜻이다.

원문 | 靜則能制動矣 故曰 靜乃自得
정즉능제동의 고왈 정내자득

글자 | 고요 **정**, 이에 **내**, 스스로 **자**, 얻을 **득**

출전 | 관자 심술心術 상

[정당방위正當防衛]

바르고 마땅한 호위라는 말이며, 부당한 폭행을 당하였을 때, 자기를 지키기 위하여 완력·무기 따위로 막아낸다는 뜻이다.

글자 | 바를 **정**, 마땅 **당**, 막을 **방**, 호위할 **위**

반대 | 과잉방위過剩防衛

[정대지기正大之氣]

→ 호연지기浩然之氣

[정도불견正道不見]

바른 도리가 보이지 않는다는 말이며, 바른 도의가 사라졌다는 뜻이다.

글자 | 바를 **정**, 도리 **도**, 아닐 **불**, 볼 **견**

[정란공신靖亂功臣]

나라의 난리를 평정하는 데에 큰 공적을 세운 신하라는 말이다.

글자 | 다스릴 **정**, 난리 **란**, 공 **공**, 신하 **신**

[정려각근精勵恪勤]

정성으로 힘쓰고 정성껏 부지런하다는 말이며, 맡은 일에 전력투구하고 정성을 쏟아 노력한다는 뜻이다.

글자 | 정기 **정**, 힘쓸 **려**, 정성 **각**, 부지런할 **근**

[정력절륜精力絶倫]

정력이 무리 중에서 뛰어난다는 말이며, 심신의 활동력이 유달리 강하다는 뜻이다.

글자 | 정신 **정**, 힘 **력**, 뛰어날 **절**, 무리 **륜**

[정로역굴情露力屈]

정세가 드러나고 힘이 꺾인다는 말이며, 싸움에서 더 버틸 계책이 없다는 뜻이다.

글자 | 뜻 **정**, 드러낼 **로**, 힘 **역**, 굽을 **굴**

출전 | 사기 회음후열전淮陰侯列傳

[정론직필正論直筆]

바른 의논과 곧은 붓이라는 말이며, 이치에 합당한 주장과 어떤 사실을 무엇에 구애됨이 없이 있는 그대로 적은 글을 일컫는다.

글자 | 바를 **정**, 의논 **론**, 곧을 **직**, 붓 **필**

[정면충돌正面衝突]

바로 앞에서 부딪친다는 말이며, 두 물체가 정면으로 서로 맞부딪친다는 뜻이다.

글자 | 바를 **정**, 앞 **면**, 충돌할 **충**, 부딪칠 **돌**

[정명가도征明假道]

명나라 정벌을 위해 길을 빌린다는 말이며, 일본의 도요토미 히데요시(豊臣秀吉)가 1592년 조선 선조에게 보낸 글로서 이것이 임진왜란의 구실이 되었다.

글자 | 칠 **정**, 명나라 **명**, 빌릴 **가**, 길 **도**

[정문금추頂門金椎]

정수리의 문을 쇠방망이로 내리친다는 말이며, 정신을 바짝 차리도록 깨우친다는 뜻이다.

글자 | 정수리 **정**, 문 **문**, 쇠 **금**, 방망이 **추**

동류 | 정문철추頂門鐵椎

[정문일침頂門一鍼]

정수리에 침 한 대를 놓는다는 말이며, 상대방의 급소를 찔러서 훈계한다는 뜻이다.

글자 | 정수리 **정**, 집안 **문**, 침 **침**

출전 | 소식의 순경론荀卿論

동류 | 정상일침頂上一鍼

유사 | 촌철살인寸鐵殺人

[정문입설程門立雪]

정程 선생집 문에 눈이 쌓였다는 말이며, 제자가 스승을 극진히 공경한다는 뜻이다. 송나라 유작游酢과 양시楊時가 스승인 정이천程伊川을 찾아갔을 때, 그는 낮잠을 자고 있었다. 두 제자는 스승이 깰 때까지 기다리고 있었는데, 이때 문 밖에는 눈이 석자나 쌓여 있었다.

글자 | 법 **정**, 집안 **문**, 설 **입**, 눈 **설**

출전 | 명신언행록名臣言行錄

[정복왕조征服王朝]

쳐서 항복한 왕의 조정이라는 말이며, 중국에서 한족漢族이 아닌 다른 민족이 정복해서 세운 요遼, 금金, 원元, 청淸나라 등을 일컫는다.

글자 | 칠 **정**, 항복할 **복**, 임금 **왕**, 조정 **조**

[정사결사政事結社]

정사로 맺은 단체라는 말이며, 나라의 정사에 영향을 미치게 할 목적으로 만든 단체라는 뜻이다.

글자 | 정사 **정**, 일 **사**, 맺을 **결**, 단체 **사**

[정사예배釘死禮拜]

못으로 죽은 예배라는 말이며, 예수가 십자가에 못 박힌 날을 기념하여 고난 주일의 금요일에 드리는 예배를 일컫는다.

글자 | 못 **정**, 죽을 **사**, 예도 **예**, 절 **배**

ㅈ

[정사원서情絲怨緖]

마음속과 원망이 실과 같다는 말이며, 애정과 원한이 뒤엉켰다는 뜻이다.

글자 | 마음속 **정**, 실 **사**, 원망할 **원**, 실끝 **서**

출전 | 왕가영王家英의 시

[정상일침頂上一鍼]

→ 정문일침頂門一鍼

[정상작량情狀酌量]

사정과 모양을 헤아려서 잔질한다는 말이며, 재판의 경우 전후 사정을 헤아려서 형벌을 준다는 뜻이다.

글자 | 사정 **정**, 모양 **상**, 잔질할 **작**, 헤아릴 **량**

동류 | 정상참작情狀參酌

[정상참작情狀參酌]

→ 정상작량情狀酌量

[정서이견情恕理遣]

마음속으로 용서하고 다스려 보낸다는 말이며, 용서는 인정으로 하고 거절은 이치에 맞게 일러서 보낸다는 뜻이다.

글자 | 마음속 **정**, 용서할 **서**, 다스릴 **이**, 보낼 **견**

출전 | 진서

[정설불식井渫不食]

우물이 깨끗한데도 마시지 않는다는 말이며, 재능이 있는 사람인데도 세상에서 써주지 않는다는 뜻이다.

원문 | 井渫不食行惻也 求王明受福也
정설불식행측야 구왕명수복야

글자 | 우물 **정**, 깨끗할 **설**, 아닐 **불**, 먹을 **식**

출전 | 주역 정괘井卦

[정성온청定省溫凊]

자리를 정하고 안부를 살피며 겨울에는 따뜻하게 하고 여름에는 서늘하게 한다는 말이며, 자식이 부모를 극진히 살핀다는 뜻이다.

글자 | 정할 **정**, 살필 **성**, 따뜻할 **온**, 서늘할 **청**

출전 | 예기

[정송오죽淨松汚竹]

소나무는 깨끗한 땅에, 대나무는 더러운 땅에 심는다는 말이며, 인재를 적재적소適材適所에 배치해야 한다는 뜻이다.

글자 | 깨끗할 **정**, 소나무 **송**, 더러울 **오**, 대나무 **죽**

[정송오죽正松五竹]

정월에는 소나무를, 오월에는 대나무를 옮겨 심는다는 말이다.

글자 | 정월 **정**, 소나무 **송**, 대나무 **죽**

[정수물막井收勿幕]

우물을 거두어 덮지 말라는 말이며, 다른 사람이 뒷날 다시 사용한다는 뜻이다.

글자 | 우물 **정**, 거둘 **수**, 말 **물**, 덮을 **막**

출전 | 주역 수풍정괘水風井卦

[정수조요靜壽躁夭]

고요하면 오래 살고 성미 급하면 일찍 죽는다는 말이며, 마음을 안정되게 가지고 서두르지 말라는 뜻이다.

글자 | 고요할 **정**, 오랠 **수**, 성급할 **조**, 일찍 죽을 **요**

[정수투서庭水投書]

뜰의 물에 글을 던진다는 말이며, 물속에 편지를 던져버린다는 뜻이다. 정다산이 금성찰방으로 내려가 있을 때, 홍주목사 유의柳誼에게 편지를 보내 공사公事를 의논하고자 했다. 그런데 답장이 오지 않아 뒤에 만나 왜 답장을 하지 않았느고 물으니 '벼슬에 있을 때에는 내가 본래 사적인 편지를 뜯어보지 않소.' 라고 답했다. 다산이 '그래도 내 편지는 공사였소.' '그러면 공문으로 보냈어야지.' '그러면 비밀문서라고 써야지.' 다산은 더할 말이 없었다.

글자 | 뜰 **정**, 물 **수**, 던질 **투**, 글 **서**

출전 | 목민심서 율기律己

[정숙단악旌淑癉惡]

착함을 표하고 악에 대하여 성낸다는 말이며, 선행을 권장하고 악행을 징계한다는 뜻이다.

글자 | 표할 **정**, 착할 **숙**, 성낼 **단**, 악할 **악**

출전 | 율곡전서

[정숙의밀情熟誼密]

마음속이 풍족하고 옳음이 깊다는 말이며, 사귀어 친하여진 정이 두텁고 친밀하다는 뜻이다.

글자 | 마음속 **정**, 풍년들 **숙**, 옳을 **의**, 깊을 **밀**

출전 | 창선감의록

[정신만복精神滿腹]

정신이 배에 가득하다는 말이며, 정신이 남보다 뛰어나다는 뜻이다.

글자 | 정기 **정**, 정신 **신**, 가득할 **만**, 배 **복**

출전 | 금사金史

[정신생활精神生活]

정신의 생활이라는 말이며, 생활의 의의를 주로 정신에 두는 생활 상태를 일컫는다.

글자 | 정신 **정**, 정신 **신**, 살 **생**, 살 **활**

[정신이출挺身而出]

몸을 빼어 나간다는 말이며, 싸움터에 선뜻 나선다는 뜻이다.

글자 | 뺄 **정**, 몸 **신**, 말 이을 **이**, 날 **출**

출전 | 구당서 경군홍전敬君弘傳

[정신일도精神一到]

정신을 한데 모은다는 말이며, 정신을 모으면 무슨 일인들 이루지 못하겠느냐는 뜻이다.

원문 | 精神一到 何事不成
정신일도 하사불성

글자 | 정신 **정**, 귀신 **신**, 이를 **도**

출전 | 주자어류, 유마경維摩經

유사 | 중석몰촉中石沒鏃

[정심공부正心工夫]

바른 마음으로 공부를 한다는 말이며, 마음을 가다듬어 배우고 익히는데 힘쓴다는 뜻이다.

글자 | 바를 **정**, 마음 **심**, 만들 **공**, 지아비 **부**

출전 | 대학동자문답大學童子問答

[정심성의正心誠意]

마음을 바르게 가다듬고 뜻을 정성스

ㅈ

례 한다는 말이다.

글자 | 바를 **정**, 마음 **심**, 정성 **성**, 뜻 **의**

출전 | 대학연의大學衍義

[정심응물定心應物]

마음을 정하여 만물에 응한다는 말이며, 마음을 정한 다음 모든 일에 임해야 실패가 없다는 뜻이다.

원문 | 定心應物雖不讀書可爲有德君子
정심응물수불독서가위유덕군자

글자 | 정할 **정**, 마음 **심**, 응할 **응**, 만물 **물**

출전 | 명심보감 정기편正己篇

[정여노위政如魯衛]

정사가 노나라와 위나라 같다는 말이며, 정치가 서로 비슷하다는 뜻이다. 이는 노나라 시조 주공과 위나라 시조 강숙이 형제인데서 온 말이다.

글자 | 정사 **정**, 같을 **여**, 노나라 **노**, 위나라 **위**

출전 | 논어 자로편子路篇

[정여포로政如蒲蘆]

정사가 부들과 갈대와 같다는 말이며, 바른 정치를 하면 그 효과가 빨리 나타난다는 뜻이다.

글자 | 정사 **정**, 같을 **여**, 부들 **포**, 갈대 **로**

출전 | 중용 20장

[정예분자精銳分子]

익숙하고 날쌘 지위의 사람이라는 말이며, 사회나 단체에서 가장 우수하고 앞선 사람이라는 뜻이다.

글자 | 익숙할 **정**, 날쌜 **예**, 지위 **분**, 사람 **자**

[정와지견井蛙之見]

우물 안 개구리의 보는 것이라는 말이며, 견문이 좁아 물정에 어둡다는 뜻이다.

글자 | 우물 **정**, 개구리 **와**, 어조사 **지**, 볼 **견**

출전 | 퇴계집 14권

동류 | 정중지와井中之蛙

[정외지언情外之言]

정 밖의 말이라는 말이며, 인정에 어그러지는 말이라는 뜻이다.

글자 | 뜻 **정**, 바깥 **외**, 어조사 **지**, 말씀 **언**

[정운낙월停雲落月]

구름이 머물고 달이 진다는 말이며, 벗을 그리는 심정을 빗댄 말이다. 정운과 낙월의 벗을 그리는 도연명의 시와 두보의 시에 있다.

원문 | 停雲落月思親友也 樽酒新湛…
정운낙월사친우야 준주신담

글자 | 머무를 **정**, 구름 **운**, 떨어질 **낙**, 달 **월**

출전 | 도잠 정운편사수서停雲篇四首書

[정월원단正月元旦]

정월달 으뜸의 아침이라는 말이며, 정

월 초하루라는 뜻이다.

글자 | 정월 **정**, 달 **월**, 으뜸 **원**, 아침 **단**

[정위상간鄭衛桑間]

정나라 · 위나라와 상간지방이라는 말이며, 음란한 노래와 망국적인 음악이 나온 곳이라는 뜻이다. 상간은 복수濮水의 상류에 있는 지방으로서 은나라의 주紂가 퇴폐적인 노래를 즐기다가 빠져 죽은 곳이다. 후세 사람들은 망국적인 퇴폐한 음악을 상간복상의 노래라고 하였다.

글자 | 정나라 **정**, 나라 이름 **위**, 뽕나무 **상**, 사이 **간**

출전 | 여씨춘추

동류 | 정위지음鄭衛之音

관련 | 망국지음亡國之音

[정위전해精衛塡海]

세밀하게 지켜 바다를 메운다는 말이며, 곤란을 무릅쓰고 목적을 달성하기까지 쉬지 않는다는 뜻이다.

글자 | 세밀할 **정**, 지킬 **위**, 메울 **전**, 바다 **해**

출전 | 산해경山海經

[정유속혁政由俗革]

다스리는 것은 풍속에 따라 고쳐야 한다는 말이다. 서경에 있는 글이다. '세상이 운행되는 길은 오르내림이 있고, 다스리는 방식은 풍속을 따라 바뀐다.'

원문 | 道有升降 政由俗革
도유승강 정유속혁

글자 | 정사 **정**, 말미암을 **유**, 속될 **속**, 고칠 **혁**

출전 | 서경 주서周書

[정의돈목情誼敦睦]

뜻과 의가 친하게 도타워졌다는 말이며, 정겹고 화목하다는 뜻이다.

글자 | 뜻 **정**, 의 **의**, 도타울 **돈**, 친목할 **목**

[정의상통情意相通]

뜻이 서로 통한다는 말이며, 정과 뜻이 서로 통하여 친하다는 뜻이다.

글자 | 뜻 **정**, 뜻 **의**, 서로 **상**, 통할 **통**

ㅈ

[정의입신精義入神]

옳음을 깨끗이 하면 신통함에 들어간다는 말이며, 도의를 깨끗이 하면 신선의 경지에 들어간다는 뜻이다.

글자 | 깨끗할 **정**, 옳을 **의**, 들 **입**, 신통할 **신**

출전 | 주역 계사전繫辭傳

[정의투합情意投合]

마음속의 뜻을 주고 모은다는 말이며, 마음과 뜻이 서로 잘 맞는다는 뜻이다.

글자 | 마음속 **정**, 뜻 **의**, 줄 **투**, 모을 **합**

동류 | 의기투합意氣投合

[정이불량貞而不諒]

곧아서 생각하여 주지 않는다는 말이

며, 군자는 바른길을 따를 뿐, 신념을 고집하지 않는다는 뜻이다.

글자 | 곧을 **정**, 말 이을 **이**, 아닐 **불**, 생각하여 줄 **량**

출전 | 논어 위령공

[정이사지靜而俟之]

고요히 기다린다는 말이다.

글자 | 고요할 **정**, 말 이을 **이**, 기다릴 **사**, 어조사 **지**

[정익구정精益求精]

정기를 더하려고 깨끗함을 구한다는 말이며, 더욱 깨끗한 정신을 구하고자 한다는 뜻이다.

글자 | 정기 **정**, 더할 **익**, 구할 **구**, 깨끗할 **정**

[정인매리鄭人買履]

정나라 사람의 신발 사기라는 말이며, 한 가지에 몰두하여 하나만 알고 차선책은 모른다는 뜻이다. 정나라 사람이 신발을 사러 가서 직접 신어볼 생각은 하지 못하고 발 치수를 적은 종이만 찾다가 신을 사지 못한 고사에서 온 말이다.

글자 | 정나라 **정**, 사람 **인**, 살 **매**, 신 **리**

출전 | 한비자의 외저설外儲說

[정일집중情一執中]

정신을 하나로 하여 가운데를 잡는다는 말이며, 정성을 다하여 중용의 도리를 견지한다는 뜻이다.

글자 | 정신 **정**, 잡을 **집**, 가운데 **중**

출전 | 조선왕조 3대 태종실록

[정임대신正任大臣]

바르게 맡은 대신이라는 말이며, 실직實職에 있는 대신이라는 뜻이다.

글자 | 바를 **정**, 맡을 **임**, 큰 **대**, 신하 **신**

[정자정야政者正也]

다스리는 자는 바르게 해야 한다는 말이며, 위정자가 먼저 자신을 바르게 하는데 있다는 뜻이다.

글자 | 정사 **정**, 놈 **자**, 바를 **정**, 어조사 **야**

출전 | 논어 안연顔淵

[정쟁옥석鼎鐺玉石]

솥을 냄비같이 여기고 구슬을 돌같이 여긴다는 말이며, 사치가 심하다는 뜻이다.

글자 | 솥 **정**, 귀솥 **쟁**, 구슬 **옥**, 돌 **석**

출전 | 두목杜牧의 부賦

[정저은병井底銀瓶]

우물 밑에 [빠진] 은병이라는 말이며, 부부의 인연이 끊어졌다는 뜻이다.

원문 | 井底湮銀瓶
정 저 인 은 병

글자 | 우물 **정**, 바닥 **저**, 은 **은**, 물장군 **병**

출전 | 백거이의 정저인은병井底引銀甁

[정저지와井底之蛙]

우물 안의 개구리라는 말이며, 소견이

좁거나 견문이 적은 사람을 빗댄 말이다. 장자에 있는 글이다. '우물 안 개구리가 바다에 대해 말할 수 없는 것은 그들이 사는 곳에만 사로잡혀 있기 때문이다.'

원문 | 井蛙 不可以語於海者 拘於虛也
정와 불가이어어해자 구어허야

글자 | 우물 **정**, 밑 **저**, 갈 **지**, 개구리 **와**

출전 | 장자 추수秋水

동류 | 정중지와井中之蛙, 감정지와坎井之蛙

[정정당당正正堂堂]

바르고도 바르고, 당당하고도 당당하다는 말이며, 태도나 수단이 바르고 공정하여 꺼릴 것이 없다는 뜻이다.

글자 | 바를 **정**, 당당할 **당**

출전 | 손자 군쟁軍爭

동류 | 정정방방正正方方

[정정방방正正方方]

바르고 올바르고 떳떳하다는 말이며, 조리條理가 바르고 조금도 어지럽지 않다는 뜻이다.

글자 | 바를 **정**, 떳떳 **방**

동류 | 정정당당正正堂堂

[정정백백正正白白]

바르고 바르며, 희고 깨끗하다는 말이며, 행동이 바르고 당당하여 마음이 순수하고 깨끗하다는 뜻이다.

글자 | 바를 **정**, 깨끗할 **백**

[정정제제整整齊齊]

정돈되고 가지런하다는 말이며, 매우 가지런하다는 뜻이다.

글자 | 정돈할 **정**, 가지런할 **제**

[정조관념貞操觀念]

곧은 지조를 보고 생각한다는 말이며, 여성은 육체적인 순결을 지키면서 굳은 지조를 지켜야 한다는 사고방식을 일컫는다.

글자 | 곧을 **정**, 지조 **조**, 볼 **관**, 생각할 **념**

[정조문안正朝問安]

정월 아침에 편안을 묻는다는 말이며, 어른이나 연배자에게 설날 아침에 문안드린다는 뜻이다.

글자 | 정월 **정**, 아침 **조**, 물을 **문**, 편안 **안**

[정족지세鼎足之勢]

솥발의 세력이라는 말이며, 3대 세력이 맞서 대립한 형세를 일컫는다.

글자 | 솥 **정**, 발 **족**, 어조사 **지**, 형세 **세**

출전 | 사기 회음후열전淮陰侯列傳

동류 | 정족이거鼎足而居

[정종모발頂踵毛髮]

이마, 발뒤꿈치, 털과 머리터럭이라는 말이며, 온몸을 일컫는다.

글자 | 이마 **정**, 발뒤꿈치 **종**, 털 **모**, 터럭 **발**

ㅈ

[정좌식심靜坐息心]

고요하게 앉아 마음을 쉰다는 말이다.

글자 | 고요할 **정**, 앉을 **좌**, 쉴 **식**, 마음 **심**

출전 | 탕빈윤湯賓尹의 독서보讀書譜

[정중관천井中觀天]

→ 정중시성井中視星

[정중구화井中求火]

우물 속에서 불을 구한다는 말이며, 어리석어 사리에 밝지 못함을 빗댄 말이다.

글자 | 우물 **정**, 가운데 **중**, 구할 **구**, 불 **화**

출전 | 탕빈윤湯賓尹의 독서보讀書譜

[정중시성井中視星]

우물 속에서 별을 본다는 말이며, 학문이나 식견이 매우 좁다는 뜻이다.

글자 | 우물 **정**, 가운데 **중**, 볼 **시**, 별 **성**

출전 | 시자尸子

동류 | 정중관천井中觀天

유사 | 관중규표管中窺豹

[정중지와井中之蛙]

→ 정저지와井底之蛙

[정진결재精進潔齋]

맑고 성결하게 하고 정성을 다하여 나아간다는 말이며, 육식을 끊고 몸을 깨끗하게 한다는 뜻이다.

글자 | 정령 **정**, 나아갈 **진**, 맑을 **결**, 성결할 **재**

동류 | 재계목욕齋戒沐浴

[정책국로定策國老]

천자天子의 옹립권을 갖는 나라의 원로라는 말이며, 당나라에서 정권을 좌지우지한 환관을 일컫는다.

원문 | 定策國老 門生天子
정 책 국 로 문 생 천 자

글자 | 정할 **정**, 꾀 **책**, 나라 **국**, 어르신네 **로**

출전 | 당서, 자치통감 263권

[정천이지頂天履地]

하늘을 이고, 땅을 밟는다는 말이다.

글자 | 일 **정**, 하늘 **천**, 밟을 **이**, 땅 **지**

[정출다문政出多門]

정치로 나가는 문이 많다는 말이며, 문외한門外漢으로서 정치에 대하여 아는 체하는 사람이 많다는 뜻이다.

글자 | 정사 **정**, 날 **출**, 많을 **다**, 집안 **문**

출전 | 김감의 재답붕중서再答緇中書

[정출지일正出之日]

때마침 솟아오르는 해라는 말이며, 기세가 더욱 왕성해진다는 뜻이다.

글자 | 바를 **정**, 날 **출**, 어조사 **지**, 해 **일**

[정충보국精忠報國]

정성과 충성을 다해 나라에 보답한다는 말이며, 오직 한마음으로 나라에 충성한다는 뜻이다.

글자 | 정성 **정**, 충성 **충**, 대답할 **보**, 나라 **국**

출전 | 송사

[정토발원淨土發源]

깨끗한 땅에 가기를 바란다는 말이며, 극락에 태어나기를 바라며 빈다는 뜻이다.

글자 | 깨끗할 **정**, 땅 **토**, 일으킬 **발**, 바랄 **원**

[정토회향淨土回向]

맑은 땅을 돌이켜 향한다는 말이며, 젊어서는 염불을 하지 않다가 늙은 뒤에야 염불을 한다는 뜻이다.

글자 | 맑을 **정**, 흙 **토**, 돌아올 **회**, 향할 **향**

[정파리경淨玻璃鏡]

깨끗한 유리의 거울이라는 말이며, 저승의 염마청閻魔廳에 있는 거울로서 죽은 사람의 얼굴을 비추면 생전의 소행이 나타난다고 한다.

글자 | 깨끗할 **정**, 유리 **파**, 유리 **리**, 거울 **경**

[정평형간政平刑簡]

정사를 바르게 하고 형벌은 가볍게 한다는 말이며, 정사를 잘 보살핀다는 뜻이다.

글자 | 정사 **정**, 바를 **평**, 형벌 **형**, 간략할 **간**

출전 | 조선왕조 14대 선조실록

[정현세굴情見勢屈]

사정이 드러나고 기세가 꺾인다는 말이며, 더 이상 계책을 쓸 방도가 없다는 뜻이다.

글자 | 사정 **정**, 드러날 **현**, 기세 **세**, 굽을 **굴**

출전 | 사기 회음후열전淮陰侯列傳

[정형식덕正形飾德]

형상을 바르게 하고 덕을 꾸민다는 말이며, 겉모습을 바르게 하고 덕을 수양하면 만물이 잘 파악된다는 뜻이다.

원문 | **正形飾德 萬物畢得**
정 형 식 덕 만 물 필 득

글자 | 바를 **정**, 형상 **형**, 꾸밀 **식**, 큰 **덕**

출전 | 관자 심술心術 하

[정황판단情況判斷]

정보와 현황을 판단한다는 말이며, 어떤 목적을 이루기 위해 당면한 일을 이롭게 하거나 어렵게 하는 여러 가지 요소를 종합적으로 연구한다는 뜻이다.

글자 | 실정 **정**, 모양 **황**, 판단할 **판**, 결단할 **단**

[제가지본齊家之本]

집을 다스리는 근본이라는 말이다.

글자 | 다스릴 **제**, 집 **가**, 어조사 **지**, 근본 **본**

[제가지사際可之仕]

어울리게 허락한 벼슬이라는 말이며,

ㅈ

임금이 예로서 대우하여 내린 벼슬을 일컫는다.

글자 | 어울릴 **제**, 허락할 **가**, 어조사 **지**, 벼슬 **사**

[제가치국齊家治國]

집을 다스리고 나라를 다스린다는 말이다. 대학에 있는 글이다. '그러므로 한 나라를 다스리는 것은 그 한 집안을 다스리는 데 있다.'

원문 | 故治國 在齊其家
고 치 국 재 제 기 가

글자 | 다스릴 **제**, 집 **가**, 다스릴 **치**, 나라 **국**

출전 | 대학 제가치국齊家治國

[제간하회第看下回]

다만 밑에 돌아가는 상황을 두고 본다는 말이다.

글자 | 다만 **제**, 볼 **간**, 아래 **하**, 돌아올 **회**

[제갈동지諸葛同知]

제갈이라는 사람을 한가지로 안다는 말이며, 나이도 들고 터수도 넉넉한데 말과 짓이 건방지고 지체는 낮은 사람을 빗대어 하는 말이다. 중국 촉한의 유명한 제갈량을 잘 안다고 떠버리고 다닌 사람이 있었다.

글자 | 모두 **제**, 칡 **갈**, 한 가지 **동**, 알 **지**

[제교혼효諸教混淆]

여러 종교가 어지럽게 섞였다는 말이며, 다른 신앙이나 숭배가 뒤섞여 교의教義나 의례儀禮의 첨가 등 종교가 변천할 때에 일어나는 현상을 일컫는다.

글자 | 모두 **제**, 종교 **교**, 섞일 **혼**, 어지러울 **효**

[제구포신除舊布新]

옛것을 버리고 새것을 베푼다는 말이다. 이때 낡은 것의 가치와 새것의 폐단도 미리 검토할 필요가 있다.

글자 | 버릴 **제**, 옛 **구**, 베풀 **포**, 새 **신**

출전 | 춘추좌씨전 소공 17년조

[제궤의혈堤潰蟻穴]

개미굴이 방죽을 무너뜨린다는 말이며, 사소한 부주의로 큰 재난을 만난다는 빗댄 말이다.

글자 | 방죽 **제**, 무너질 **궤**, 개미 **의**, 구멍 **혈**

출전 | 한비자 유로편喩老篇

[제기복심制其腹心]

뱃속의 마음을 누른다는 말이며, 마음의 욕심을 자제한다는 뜻이다.

글자 | 누를 **제**, 그 **기**, 배 **복**, 마음 **심**

[제대비우齊大非耦]

제나라는 커서 짝이 아니라는 말이며, 어찌 감히 마음을 먹겠느냐는 뜻이다. 작은 정나라 태자 홀이 '제나라는 너무 커서 그 나라 공주는 나의 짝이 될 수 없다.' 고 하였다.

글자 | 제나라 **제**, 큰 **대**, 아닐 **비**, 짝 **우**

출전 | 춘추좌씨전 환공桓公 6년

[제덕도반祭德稻飯]

제사 덕분에 쌀밥을 먹는다는 말이며, 좋은 기회에 혜택을 입는다는 뜻이다.

글자 | 제사 **제**, 은혜 **덕**, 벼 **도**, 밥 **반**

출전 | 고금석림

[제도이생濟度利生]

→ 제도중생濟度衆生

[제도중생濟度衆生]

사는 무리를 구하는 모양이라는 말이며, 불보살이 중생들을 고통의 세계에서 열반의 피안으로 구제하여 이끌어준다는 뜻이다.

글자 | 구할 **제**, 모양 **도**, 무리 **중**, 살 **생**

동류 | 중생제도衆生濟度

[제동야인齊東野人]

제나라 동쪽의 시골 사람이라는 말이며, 사리를 모르는 시골 사람을 빗댄 말이다.

원문 | 齊東野人之語
제 동 야 인 지 어

글자 | 제나라 **제**, 동녘 **동**, 들 **야**, 사람 **인**

출전 | 맹자 만장萬章 상

[제등행렬提燈行列]

등불을 들고 줄지어 간다는 말이며, 축하하는 뜻으로 여러 사람이 등을 들고 돌아다닌다는 뜻이다.

글자 | 들 **제**, 등 **등**, 갈 **행**, 줄 **렬**

[제명부장帝命溥將]

임금의 명령이 넓고도 크다는 말이다.

글자 | 임금 **제**, 명령 **명**, 넓을 **부**, 클 **장**

출전 | 송사宋史

[제미지례齊眉之禮]

눈썹을 나란히 하는 예도라는 말이며, 눈썹과 밥상을 나란히 받들어 남편을 섬긴다는 아내의 범절을 일컫는다.

글자 | 가지런할 **제**, 눈썹 **미**, 어조사 **지**, 예도 **례**

출전 | 후한서

[제발적선濟拔積善]

구하고 빼내어 착함을 쌓는다는 말이며, 물과 불에서 구하고 구덩이에서 빼내어 선행을 쌓는다는 뜻이다.

글자 | 구할 **제**, 뺄 **발**, 쌓을 **적**, 착할 **선**

출전 | 송남잡지

[제배지간儕輩之間]

같은 무리의 사이라는 말이며, 나이가 서로 같거나 비슷한 또래의 사이라는 뜻이다.

글자 | 함께 **제**, 무리 **배**, 어조사 **지**, 사이 **간**

[제법개공諸法皆空]

모든 형상은 다 비었다는 말이며, 우주

의 형상은 모두 텅 비었다는 뜻이다.

글자 | 모두 **제**, 형상 **법**, 다 **개**, 빌 **공**

[제법무아諸法無我]

모든 형상에서 나는 없다는 말이며, 우주 만물의 상연相緣 속에서 존재만을 느낄 수 없다는 뜻이다.

글자 | 모두 **제**, 형상 **법**, 없을 **무**, 나 **아**

[제법실상諸法實相]

모든 형상은 사실의 모양이라는 말이며, 우주의 모든 형상은 실제로 존재한다는 뜻이다.

글자 | 모두 **제**, 형상 **법**, 사실 **실**, 모양 **상**

[제병연명除病延命]

병을 다스려 목숨을 천연한다는 말이며, 병을 물리쳐 없애고 목숨을 연장한다는 뜻이다.

글자 | 다스릴 **제**, 병들 **병**, 천연할 **연**, 목숨 **명**

[제사상속祭祀相續]

제사를 서로 잇는다는 말이며, 자손이 제사를 물려받는다는 뜻이다. 상속제도로서 가장 오랜 것은 제사상속이며 그 후 신분상속(호주상속)과 재산상속 제도가 발전되었다.

글자 | 제사 **제**, 제사 **사**, 서로 **상**, 이을 **속**

[제산항해梯山航海]

사다리로 산에 오르고 바다를 건넌다는 말이며, 어렵게 먼 곳으로 간다는 뜻이다.

원문 | 梯山航海前來乃不諳水路阻隔
제산항해전래내불암수로조격

글자 | 사다리 **제**, 뫼 **산**, 건널 **항**, 바다 **해**

출전 | 조선왕조 10대 연산군일기

[제서유위制書有違]

임금의 말씀을 쓴 글에 어김이 있다는 말이며, 조서에 적힌 임금의 명령에 위반된다는 뜻이다.

원문 | 制書有違非正律 當以失入論斷
제서유위비정률 당이실입논단

글자 | 임금의 말씀 **제**, 글 **서**, 있을 **유**, 어길 **위**

출전 | 조선왕조 9대 성종실록

[제석문안除夕問安]

해 바뀌는 저녁에 문안드린다는 말이며, 섣달 그믐날 밤에 문안을 드린다는 뜻이다.

글자 | 해 바뀔 **제**, 저녁 **석**, 물을 **문**, 편안 **안**

[제성토죄齊聲討罪]

모두 소리를 같이 하여 죄를 꾸짖는다는 말이며, 여러 사람이 한 사람의 죄를 둘러싸고 일제히 꾸짖는다는 뜻이다.

글자 | 모두 **제**, 소리 **성**, 꾸짖을 **토**, 죄

줄 죄

[제세경륜濟世經綸]

세상을 구하고 다스리는 벼리라는 말이며, 세상을 구제할만한 역량과 포부라는 뜻이다.

글자 | 구할 **제**, 세상 **세**, 다스릴 **경**, 벼리 **륜**

[제세구민濟世救民]

세상을 구하고 백성을 구제한다는 말이며, 세상과 백성을 올바로 이끌어 간다는 뜻이다.

글자 | 구할 **제**, 세상 **세**, 구제할 **구**, 백성 **민**

[제세안민濟世安民]

세상을 구제하고 백성을 편안하게 한다는 말이다. 당나라 태종의 나라 다스리는 도로서 행한 덕목이다.

글자 | 건질 **제**, 인간 **세**, 편안 **안**, 백성 **민**

출전 | 십팔사략

[제세지재濟世之才]

세상을 구제할만한 인재라는 말이다.

글자 | 구할 **제**, 세상 **세**, 어조사 **지**, 재주 **재**

[제승지구濟勝之具]

일을 이루고 이기는 도구라는 말이며, 놀이를 잘할 수 있는 건강한 신체라는 뜻이다. 허연許掾이라는 사람이 산수 유람을 즐기고 산도 잘 올라서 사람들이 한 말이다. '허연은 명승지를 좋아하는 마음이 있을 뿐만 아니라 실제로 명승지를 잘 다닐 수 있는 체구를 갖고 있다.'

원문 | 許非徒有勝情 實有濟勝之具
허 비 도 유 승 정 실 유 제 승 지 구

글자 | 일 이룰 **제**, 이길 **승**, 어조사 **지**, 그릇 **구**

출전 | 세설신어 서일棲逸

[제심징려齊心澄慮]

마음을 가지런히 하고 생각을 맑게 한다는 말이며, 여러 가지 약보다 정신 수양으로 몸을 다스리라는 뜻이다.

글자 | 가지런할 **제**, 마음 **심**, 맑을 **징**, 생각할 **려**

[제악막작諸惡莫作]

모든 악을 짓지 말라는 말이며, 죄를 짓지 말라는 뜻이다.

원문 | 諸惡莫作 衆善奉行
재 악 막 작 중 선 봉 행

글자 | 모두 **제**, 악할 **악**, 말 **막**, 지을 **작**

출전 | 조과선사鳥窠禪師의 답글

[제여신재祭如神在]

제사는 신이 있는 것 같이 하라는 말이며, 제사를 지낼 때는 조상이 거기 계시듯이 경건한 마음으로 지내라는 뜻이다.

원문 | 祭如在 祭神如神在
제 여 재 제 신 여 신 재

글자 | 제사 **제**, 같을 **여**, 귀신 **신**, 있을 **재**

출전 | 논어 팔일편

ㅈ

[제월광풍霽月光風]

비 개인 뒤의 밝은 달과 바람이라는 말이며, 도량이 넓고 시원스러우며 정대正大하여 마음에 거리낄 것이 없다는 뜻이다.

글자 | 비 개일 **제**, 달 **월**, 빛 **광**, 바람 **풍**

출전 | 송사宋史

동류 | 광풍제월光風霽月

[제이면명提耳面命]

귀에다 대고 얼굴 가까이서 명한다는 말이며, 간곡히 또는 비밀히 명한다는 뜻이다.

글자 | 끌 **제**, 귀 **이**, 얼굴 **면**, 명할 **명**

출전 | 시경 대아 억편抑篇

[제인지급濟人之急]

사람의 급함을 구한다는 말이며, 다른 사람의 급한 일을 도와준다는 뜻이다.

원문 | 濟人之急 救人之危
제 인 지 급 구 인 지 위

글자 | 구할 **제**, 사람 **인**, 어조사 **지**, 급할 **급**

출전 | 명심보감 성심편省心篇

[제일강산第一江山]

첫째 가는 강산이라는 말이며, 경치가 썩 좋기로 첫째 갈만한 산수라는 뜻이다.

글자 | 차례 **제**, 강 **강**, 뫼 **산**

[제자백가諸子百家]

여러 사람과 백 개의 집안이라는 말이며, 중국 춘추 전국시대의 여러 학파를 일컫는다. 자子로서는 공자孔子 · 관자管子 · 노자老子 · 맹자孟子 · 장자莊子 · 묵자墨子 · 열자列子 · 한비자韓非子 · 윤문자尹文子 · 손자孫子 · 오자吳子 · 귀곡자鬼谷子 등이며, 가家로서는 유가儒家 · 도가道家 · 묵가墨家 · 법가法家 · 명가名家 · 병가兵家 · 종횡가縱橫家 · 음양가陰陽家 등으로 무려 189가에 이른다.

글자 | 여러 **제**, 사람 **자**, 일백 **백**, 집 **가**

출전 | 한서 예문지藝文志

[제자패소齊紫敗素]

제나라 자색 [비단]은 무너진 흰 것이라는 말이며, 화를 바꾸어 복이 되게 했다거나 실패를 뒤집어 성공으로 바꾸었다는 뜻이다. 제나라의 명산품인 자색 비단은 매우 값비싼 것이나 실은 한 번 사용한 흰 비단을 염색한 것이라는 데서 온 말이다.

글자 | 제나라 **제**, 자줏빛 **자**, 무너질 **패**, 흴 **소**

출전 | 사기 소진열전蘇秦列傳, 전국책

유사 | 전화위복轉禍爲福

[제작소봉制爵疏封]

벼슬을 만들어 벼슬을 나누어준다는 말이며, 벼슬을 내려주고 봉지封地를 나누어준다는 뜻이다.

글자 | 지을 **제**, 벼슬 줄 **작**, 나눌 **소**, 벼슬 봉할 **봉**

출전 | 삼국사기 44권

[제정일치祭政一致]

제사와 정치가 일치한다는 말이며, 원시사회 또는 고대사회에서 흔히 볼 수 있는 제사와 정치가 일치한다는 사상 또는 그러한 정치형태를 일컫는다.

글자 | 제사 **제**, 다스릴 **정**, 이를 **치**

동류 | 정교일치政敎一致, 신권정치神權政治

[제제다사濟濟多士]

많고 성한 선비라는 말이며, 훌륭한 여러 선비라는 뜻이다. 시경에 있는 글이다. '훌륭한 여러 선비들 몸에 가득 덕을 갖추고 있네.'

원문 | 濟濟多士 秉文之德
제 제 다 사 병 문 지 덕

글자 | 많고 성한 모양 **제**, 많을 **다**, 선비 **사**

출전 | 시경 청묘지습淸廟之什

[제제창창濟濟蹌蹌]

많고 성한 모양으로 추창하다는 말이며, 몸가짐이 위엄 있고 질서가 정연하다는 뜻이다.

글자 | 많고 성한 모양 **제**, 추창할 **창**

출전 | 시경 소아小雅

동류 | 다사제제多士濟濟

[제종남매諸從男妹]

여러 친척의 사내와 누이라는 말이며, 여러 사촌 형제와 누이를 일컫는다.

글자 | 모두 **제**, 친척 **종**, 사내 **남**, 아래 누이 **매**

[제지부제際之不際]

다함이 다한 것이 아니라는 말이며, 끝에 있으나 끝나지 않았다는 뜻이다.

글자 | 다할 **제**, 어조사 **지**, 아닐 **부**

출전 | 장자

[제칠천국第七天國]

일곱 번째의 하나님 나라라는 말이며, 위안을 받는 이상향理想鄕을 일컫는다.

글자 | 차례 **제**, 하늘 **천**, 나라 **국**

[제포연연綈袍戀戀]

두꺼운 비단 도포의 정이라는 말이며, 두터운 우정을 빗댄 말이다. 위나라의 수가須賈가 사신으로 진나라로 왔을 때, 전에 아무 허물도 없이 그에게서 내쫓김을 당한 범저范雎가 재상이면서도 거지 행세를 하고 나타난 것을 보고 가엾이 여겨 옷을 주었기 때문에 범저로부터 용서를 받았다는 고사에서 온 말이다.

글자 | 두꺼운 비단 **제**, 도포 **포**, 사모할 **연**

출전 | 사기 범수채택范雎蔡澤열전

동류 | 제포지의綈袍之義

[제포지의綈袍之義]

→ 제포연연綈袍戀戀

[제하분주濟河焚舟]

물을 건너서 배를 태운다는 말이며,

적군을 공격하러 가면서 돌아오지 않을 각오로 임한다는 뜻이다.

글자 | 건널 **제**, 물 **하**, 불 땔 **분**, 배 **주**

출전 | 춘추좌씨전 목공, 세설신어 언어

[제행무상諸行無常]

모든 행위는 덧없다는 말이며, 우주 만물은 항상 돌고 변하여 한 모양으로 머물러 있지 않다는 뜻이다.

글자 | 모든 **제**, 행할 **행**, 없을 **무**, 오랠 **상**

출전 | 경덕전등록景德傳燈錄 석가모니전釋迦牟尼傳

[제환진문齊桓晉文]

제나라의 환, 진나라의 문이라는 말이며, 중국 춘추시대의 오패五覇 중에서 가장 강했던 제나라의 환공과 진나라의 문공을 일컫는다.

원문 | 齊桓晉文之事 可得聞乎
제환진문지사 가득문호

글자 | 제나라 **제**, 굳셀 **환**, 진나라 **진**, 글 **문**

출전 | 맹자 양혜왕 상

[제후다모諸侯多謀]

모든 제후가 많은 의논을 한다는 말이다.

원문 | 諸侯多謀伐寡人者 何以待之
제후다모벌과인자 하이대지

글자 | 모두 **제**, 제후 **후**, 많을 **다**, 의논할 **모**

출전 | 맹자 양혜왕 하

[제후지보諸侯之寶]

제후의 보배라는 말이며, 토지 · 인민과 정사政事의 세 가지를 일컫는다.

원문 | 諸侯之寶三
제후지보삼

글자 | 모든 **제**, 임금 **후**, 어조사 **지**, 보배 **보**

출전 | 맹자 진심盡心 하

[조가야현朝歌夜絃]

아침에 노래하고 저녁에는 거문고를 탄다는 말이며, 종일 즐거이 논다는 뜻이다.

글자 | 아침 **조**, 노래 **가**, 밤 **야**, 줄 풍류 **현**

출전 | 두목杜牧의 부賦

[조간각신雕肝刻腎]

간에 새기고 콩팥에 새긴다는 말이며, 마음속 깊이 새겨둔다는 뜻이다.

글자 | 새길 **조**, 간 **간**, 새길 **각**, 콩팥 **신**

[조간출식蚤肝出食]

벼룩의 간을 내어 먹는다는 말이며, 하는 짓이 몹시 잗달거나 인색하다는 뜻이다.

글자 | 벼룩 **조**, 간 **간**, 날 **출**, 먹을 **식**

[조강불염糟糠不厭]

지게미나 쌀겨도 배부르지 않다는 말이며, 몹시 가난하여 배불리 먹지 못한다는 뜻이다.

글자 | 지게미 **조**, 쌀겨 **강**, 아닐 **불**, 배부

를 **염**

출전 | 사기 백이전伯夷傳

동류 | 조강불포糟糠不飽

[조강불포糟糠不飽]

술지게미와 쌀겨는 배부르지 않다는 말이며, 몹시 가난하여 먹을 것이 없다는 뜻이다.

글자 | 지게미 **조**, 겨 **강**, 아닐 **불**, 배부를 **포**

[조강지처糟糠之妻]

지게미와 쌀겨를 먹으며 함께한 아내라는 말이며, 고생하면서 함께 살아온 아내라는 뜻이다. 후한의 광무황제가 과부가 된 공주를 다시 시집보내기 위해 덕망이 높은 송홍宋弘의 의향을 물었다. '신은 가난하고 천했던 시절의 친구는 잊어서는 아니 되고, 지게미와 쌀겨를 먹으며 고생한 아내는 내치지 않는다고 들었습니다.'

원문 | 臣聞 貧賤之交不可忘 糟糠之妻不下堂
신문 빈천지교불가망 조강지처불하당

글자 | 지게미 **조**, 겨 **강**, 어조사 **지**, 아내 **처**

출전 | 후한서 송홍宋弘전

[조개모변朝改暮變]

→ 조변석개朝變夕改

[조걸위악助桀爲惡]

[하나라 폭군인] 걸왕을 도와 악한 일을 한다는 말이며, 나쁜 사람을 부추겨 악한 짓을 한다는 뜻이다.

글자 | 도울 **조**, 하왕 이름 **걸**, 할 **위**, 악할 **악**

출전 | 사기

동류 | 조걸위학助桀爲虐

[조걸위학助桀爲虐]

걸왕桀王을 도와 학대한다는 말이며, 포학한 놈을 도와 사나운 짓을 한다는 뜻이다.

글자 | 도울 **조**, 흉포할 **걸**, 할 **위**, 사나울 **학**

출전 | 사기 유후세가留侯世家

동류 | 조걸위악助桀爲惡, 조주위학助紂爲虐

[조계박압操鷄搏鴨]

닭을 잡고 집오리를 친다는 말이며, 신라의 계림鷄林을 장악하고 뒤에 압록강鴨綠江을 친다는 뜻이다.

글자 | 잡을 **조**, 닭 **계**, 칠 **박**, 집오리 **압**

출전 | 고려사

[조고여생早孤餘生]

일찍 외롭고 남은 삶이라는 말이며, 어려서 일찍 어버이를 여의고 살아남은 사람이라는 뜻이다.

글자 | 이를 **조**, 외로울 **고**, 남을 **여**, 살 **생**

[조과지도調過之道]

고르게 지나는 길이라는 말이며, 살

아가는 길을 일컫는다.

글자 | 고를 **조**, 지날 **과**, 어조사 **지**, 길 **도**

[조구지세潮驅之勢]

조수가 밀려오는 형세라는 말이며, 일이 매우 급박하게 밀어닥친다는 뜻이다.

글자 | 조수 **조**, 달릴 **구**, 어조사 **지**, 형세 **세**

출전 | 조선왕조 19대 숙종실록

[조궁무지措躬無地]

몸을 둘 땅이 없다는 말이며, 쫓겨서 갈 곳이 없다는 뜻이다.

글자 | 둘 **조**, 몸 **궁**, 없을 **무**, 땅 **지**

출전 | 삼국사기

[조궁즉탁鳥窮則啄]

새가 궁하면 쫀다는 말이며, 비록 약한 자라 할지라도 궁지에 몰리면 강한 자를 해친다는 뜻이다.

글자 | 새 **조**, 궁할 **궁**, 곧 **즉**, 쫄 **탁**

출전 | 순자

유사 | 궁서설묘窮鼠齧猫

[조기모새朝祈暮賽]

아침에 기도하고 저녁에 푸닥거리한다는 말이며, 아침저녁으로 참예參詣하고 기원한다는 뜻이다.

글자 | 아침 **조**, 기도할 **기**, 저물 **모**, 푸닥거리할 **새**

[조기왕적肇基王迹]

처음으로 터를 닦은 왕의 업적이라는 말이며, 처음으로 나라를 세운 왕의 업적이라는 뜻이다.

글자 | 비로소 **조**, 터 **기**, 임금 **왕**, 업적 **적**

[조기자복鳥起者伏]

새가 일어나면 사람이 엎드려 있다는 말이며, 새가 날아오르면 그 밑에 복병이 숨어 있다는 뜻이다.

글자 | 새 **조**, 일어날 **기**, 사람 **자**, 엎드릴 **복**

출전 | 손자

[조당비갱蜩螗沸羹]

쓰르라미와 주발 매미의 소리가 국 끓는 소리와 같다는 말이며, 매우 시끄러운 소리라는 뜻이다.

글자 | 쓰르라미 **조**, 주발 매미 **당**, 끓을 **비**, 국 **갱**

[조도상금操刀傷錦]

칼을 다루다가 비단을 상하게 한다는 말이며, 무능한 사람에게 중요한 일을 맡겨 대사를 그르치게 한다는 뜻이다.

글자 | 다룰 **조**, 칼 **도**, 상할 **상**, 비단 **금**

출전 | 춘추좌씨전 양공 31년조

[조동모서朝東暮西]

아침에는 동쪽, 저녁에는 서쪽이라는 말이며, 일정한 주소도 없이 여기저기 옮겨 다니는 신세를 일컫는다.

글자 | 아침 **조**, 동녘 **동**, 저물 **모**, 서녘 **서**

유사 | 조진모초朝秦暮楚

[조동율서棗東栗西]

대추는 동쪽, 밤은 서쪽이라는 말이며, 제물을 차릴 때의 놓는 방향을 일컫는다.

글자 | 대추 **조**, 동녘 **동**, 밤 **율**, 서녘 **서**

[조득모실朝得暮失]

아침에 얻어 저녁에 잃는다는 말이며, 얻은 지 얼마 되지 않아서 곧 잃어버린다는 뜻이다.

글자 | 아침 **조**, 얻을 **득**, 저물 **모**, 잃을 **실**

출전 | 송남잡지松南雜識

[조락공강潮落空江]

썰물 진 빈 강이라는 말이며, 한 시대의 쓸쓸한 마감 또는 광경을 일컫는다.

글자 | 밀물 **조**, 떨어질 **락**, 빈 **공**, 강 **강**

출전 | 당나라 이정의 시

[조령모개朝令暮改]

아침에 내린 법령이 저녁에 바뀐다는 말이며, 원칙이 자주 바뀌어 일관성이 없다는 뜻이다. 한무제 때 상소문에 있는 글이다. '지금 다섯 명 가족의 농가에서는 부역이 너무 무거운 관계로 두 명이 부역에 나가고 노동력이 부족하여 백 묘의 밭을 갈기에도 힘에 겨운 지경입니다. …조세와 부역은 일정한 시기도 없이 아침에 명령이 내려오면 저녁에는 또 다른 명령이 고쳐져서 내려옵니다.'

원문 | …稅役無時 朝令而暮改
세 역 무 시 조 령 이 모 개

글자 | 아침 **조**, 명령할 **령**, 저물 **모**, 고칠 **개**

출전 | 한서 식화지食貨志

동류 | 조령석개朝令夕改

[조령석개朝令夕改]

→ 조령모개朝令暮改

[조로인생朝露人生]

아침 이슬과 같은 인생이라는 말이며, 인생이 허무하고 덧없다는 뜻이다.

글자 | 아침 **조**, 이슬 **로**, 사람 **인**, 날 **생**

동류 | 초로인생草露人生

[조로지위朝露之危]

아침이슬의 위태로움이라는 말이며, 생명이나 벼슬 따위가 언제 없어질지 모른다는 뜻이다.

글자 | 아침 **조**, 이슬 **로**, 어조사 **지**, 위태할 **위**

출전 | 사기 상군열전商君列傳

[조롱국병操弄國柄]

나라의 권세를 잡고 희롱한다는 말이며, 나라 일을 자기 마음대로 처리한다는 뜻이다.

글자 | 잡을 **조**, 희롱할 **롱**, 나라 **국**, 권세 **병**

[조리지희照里之戲]

마을을 비교하는 놀이라는 말이며, 음력 8월 보름날 남녀가 같이 어울려 놀다가 두 패로 나누어 줄을 당겨 승부를 가리는 제주도의 풍습 놀이를 일컫는다.

글자 | 비교할 **조**, 마을 **리**, 어조사 **지**, 놀 **희**

[조립모경朝立暮更]

아침에 세우고 저녁에 고친다는 말이며, 법령을 자주 뜯어고친다는 뜻이다.

글자 | 아침 **조**, 설 **립**, 저물 **모**, 고칠 **경**

출전 | 조선왕조 11대 중종실록

동류 | 조령모개朝令暮改

[조면곡형鳥面鵠形]

새의 얼굴에 고니의 모양이라는 말이며, 굶어서 몹시 야윈 모습을 빗댄 말이다.

글자 | 새 **조**, 얼굴 **면**, 고니 **곡**, 모양 **형**

[조명시리朝名市利]

명성은 조정에서, 이익은 저자에서라는 말이며, 무슨 일이든 적절한 곳에서 행하라는 뜻이다. 진나라 재상 장의張儀가 혜문왕에게 진언한 말이다. '변경의 촉을 징벌한들 군사와 백성만 피폐하게 할뿐, 무슨 명리名利가 있겠습니까? 듣건대, 명성은 조정에서 다투고 이익은 저자에서 다툰다고 합니다.'

원문 | 爭名者於朝 爭利者於市
쟁 명 자 어 조 쟁 리 자 어 시

글자 | 조정 **조**, 이름 **명**, 저자 **시**, 이로울 **리**

출전 | 전국책 진책秦策

유사 | 적시적지適時適地

[조모손착祖帽孫着]

할아버지 모자를 손자가 쓴다는 말이며, 크기가 맞지 아니하여 어울리지 않는다는 뜻이다.

글자 | 조상 **조**, 모자 **모**, 손자 **손**, 입을 **착**

출전 | 동언해

[조목조목條目條目]

조목마다 또는 한 조목 한 조목씩이라는 말이다.

글자 | 조목 **조**, 조목 **목**

[조문각루彫文刻鏤]

글을 새기고 강철을 새긴다는 말이며, 문장을 교묘하게 꾸민다는 뜻이다.

글자 | 새길 **조**, 글 **문**, 새길 **각**, 강철 **루**

[조문석개朝聞夕改]

아침에 [잘못을] 들으면 저녁에 고친다는 말이며, 자기의 과실을 알면 주저하지 않고 바로 고친다는 뜻이다.

글자 | 아침 **조**, 들을 **문**, 저녁 **석**, 고칠 **개**

출전 | 진서

유사 | 조문석사朝聞夕死

[조문석사朝聞夕死]

아침에 들으면 저녁에 죽어도 좋다는 말이며, 진리를 일찍 깨달으면 죽어도 여한이 없다는 뜻이다.

원문 | 朝聞道夕死可矣
조 문 도 석 사 가 의

글자 | 아침 **조**, 들을 **문**, 저녁 **석**, 죽을 **사**

출전 | 논어 이인里仁

[조민뇌지兆民賴之]

억조의 백성이 믿는다는 말이며, 모든 국민이 신뢰한다는 뜻이다. 효경의 글이다. '한 사람(임금)이 경애될만한 행실을 한다면 모든 백성이 이를 신뢰하게 된다.'

원문 | 一人有慶 兆民賴之
일 인 유 경 조 민 뇌 지

글자 | 억조 **조**, 백성 **민**, 믿을 **뇌**, 어조사 **지**

출전 | 효경 천자장天子章

[조반석죽朝飯夕粥]

아침에는 밥을 먹고, 저녁에는 죽을 먹는다는 말이며, 몹시 궁색한 생활을 한다는 뜻이다.

글자 | 아침 **조**, 밥 **반**, 저녁 **석**, 죽 **죽**

출전 | 송남잡지

[조발모지朝發暮至]

아침에 떠나 저녁에 이른다는 말이다.

글자 | 아침 **조**, 떠날 **발**, 저물 **모**, 이를 **지**

출전 | 후한서

동류 | 조발석지朝發夕至

[조발석지朝發夕至]

→ 조발모지朝發暮至

[조배쇄마蚤背刷馬]

벼룩의 등에 말을 싣는다는 말이며, 약한 사람에게 과중한 일을 맡긴다는 뜻이다. 쇄마는 지방에 배치하였던 관청의 말이다.

글자 | 벼룩 **조**, 등 **배**, 솔질할 **쇄**, 말 **마**

출전 | 고금석림 28권

[조변석개朝變夕改]

아침에 변하고, 저녁에 고친다는 말이며, 제도나 일을 자주 변경한다는 뜻이다.

글자 | 아침 **조**, 변할 **변**, 저녁 **석**, 고칠 **개**

유사 | 조령모개朝令暮改

[조병추달操柄推達]

자루를 잡고 궁구하여 이른다는 말이며, 목표를 꽉 잡고 열심히 하면 앞날이 크게 열린다는 덕담이다. 김주金澍(1512~1563)가 북경에 가서 주역 읽는 소리를 듣고 과거 준비하는 수험생에게 조선 부채에 써 준 글이다. '대나무로 깎은 것은 절개를 취함이요, 종이를 바른 것은 깨끗함을 취해설세. 머리 쪽을 묶음은 일이관지一以貫之이고, 꼬리 쪽을 펼치는 건 만수萬殊 다름 보임이라. 바람을 일렁이면 더위를 씻어주고, 먼지가 자욱할 땐 더러움을 물리치지. 자루를 잡았으니 베풂이 내게 있어 필요할 때 쓴다면 미루어 달함이 문제없다. 오직 저 만물은 태극을 갖췄으니 한 이치 궁구하여 얻음이 있을진저. 아, 날품 팔며 오히려 주역 공부 너끈하니, 어이 이 부채로 법도 삼지 않으리.'

원문 | 操者柄施在我也用必時推達可也
조 자 병 시 재 아 야 용 필 시 추 달 가 야

글자 | 잡을 **조**, 자루 **병**, 궁구할 **추**, 이를 **달**

출전 | 김주의 글

[조불급석朝不及夕]

아침 일이 저녁까지 미치지 못한다는 말이며, 일이 매우 급박하다는 뜻이다. 좌전에 있는 글이다. '우리나라의 위급함이 조석에 걸려 있습니다.'

원문 | 敝邑之急 朝不及夕
폐 읍 지 급 조 불 급 석

글자 | 아침 **조**, 아닐 **불**, 미칠 **급**, 저녁 **석**

출전 | 춘추좌씨전 양공襄公

[조불려석朝不慮夕]

아침에 저녁을 생각하지 못한다는 말이며, 당장을 걱정할 뿐 앞일을 돌아볼 겨를이 없다는 뜻이다.

글자 | 아침 **조**, 아닐 **불**, 생각할 **려**, 저녁 **석**

동류 | 조불모석朝不謀夕

[조불모석朝不謀夕]

아침에 저녁 일을 꾀하지 않는다는 말이며, 당장의 일도 벅차고 장래의 일은 생각할 겨를이 없다는 뜻이다.

글자 | 아침 **조**, 아닐 **불**, 꾀할 **모**, 저녁 **석**

출전 | 춘추좌씨전 소공 상

동류 | 조불려석朝不慮夕

[조불신도朝不信道]

조정이 도리를 믿지 않는다는 말이며, 조정에 도의가 사라졌다는 뜻이다.

원문 | 朝不信道 工不信度 君子犯義
조 불 신 도 공 불 신 도 군 자 범 의

글자 | 조정 **조**, 아닐 **불**, 믿을 **신**, 도리 **도**

출전 | 맹자 이루 상

[조산어궤鳥散魚潰]

새가 흩어지고 물고기가 무너진다는 말이며, 군중이 사방으로 흩어지는 것을 빗댄 말이다.

글자 | 새 **조**, 흩어질 **산**, 고기 **어**, 무너질 **궤**

[조삼모사朝三暮四]

아침에 셋, 저녁에 넷이라는 말이며, 간사한 꾀로 사람을 속인다는 뜻이다. 송나라 때 저공狙公이라는 사람이 원숭이를 기르면서 먹이를 줄이려고 도토리를 아침에 셋, 저녁에 넷을 주겠다고 하니, 원숭이가 안 된다고 하여 반대로 아침에 넷, 저녁에 셋을 주겠다고 하자 모두 찬성하였다는 우화에서 온 말이다.

원문 | 朝三而暮四 衆狙皆怒 然則
조 삼 이 모 사 중 저 개 로 연 즉

朝四而暮三 衆狙皆悅
조 사 이 모 삼 중 저 개 열

글자 | 아침 **조**, 저물 **모**

출전 | 장자 제물론齊物論, 열자 황제편黃帝篇

동류 | 삼이모사三而暮四

[조상부모早喪父母]

일찍이 부모를 잃었다는 말이며, 어려서 부모를 잃었다는 뜻이다.

글자 | 이를 **조**, 잃어버릴 **상**, 아비 **부**, 어미 **모**

동류 | 조실부모早失父母

[조상숭배祖上崇拜]

조상을 숭배한다는 말이다. 이는 사령숭배死靈崇拜가 가족제도의 확립과 함께 자손을 지키는 조령祖靈의 숭배로 발전한 것이다.

글자 | 할아비 **조**, 윗 **상**, 높일 **숭**, 절 **배**

[조상지어俎上之魚]

→ 조상지육俎上之肉

동류 | 부중지어釜中之魚

[조상지육俎上之肉]

도마 위의 고기라는 말이며, 궁지에 몰려 위기를 모면할 수 없는 상태를 빗댄 말이다.

글자 | 도마 **조**, 윗 **상**, 어조사 **지**, 고기 **육**

출전 | 사기, 자치통감

동류 | 조상지어俎上之魚, 부중지어釜中之魚

[조상청배祖上請陪]

조상을 불러 모신다는 말이며, 굿을 하면서 그 집의 죽은 조상의 혼령을 불러 온다는 뜻이다.

글자 | 조산 **조**, 윗 **상**, 부를 **청**, 모실 **배**

[조생모몰朝生暮沒]

아침에 났다가 저녁에 진다는 말이다.

글자 | 아침 **조**, 날 **생**, 저물 **모**, 죽을 **몰**

동류 | 조생모사朝生暮死

[조석곡읍朝夕哭泣]

아침저녁으로 운다는 말이며, 상가喪家에서 아침저녁 상식上食을 올릴 때 소리 내어 운다는 뜻이다.

글자 | 아침 **조**, 저녁 **석**, 울 **곡**, 울 **읍**

[조석공양朝夕供養]

아침저녁으로 받들어 봉양한다는 말이며, 아침저녁으로 웃어른께 음식을 드린다는 뜻이다.

글자 | 아침 **조**, 저녁 **석**, 받들 **공**, 봉양할 **양**

[조석문안朝夕問安]

아침저녁으로 편안함을 묻는다는 말이며, 아침저녁으로 웃어른께 안부의 말씀을 여쭙는다는 뜻이다.

글자 | 아침 **조**, 저녁 **석**, 물을 **문**, 편안 **안**

[조석변개朝夕變改]

→ 조변석개朝變夕改

는 뜻이다.

글자 | 마를 **조**, 젖을 **습**, 아닐 **불**, 셀 **계**

출전 | 송남잡지

[조석상식朝夕上食]

아침저녁으로 드리는 음식이라는 말이며, 상가喪家에서 아침저녁으로 궤연几筵에 올리는 음식을 일컫는다.

글자 | 아침 **조**, 저녁 **석**, 드릴 **상**, 음식 **식**

[조석화복朝夕禍福]

아침저녁의 재화와 복이라는 말이며, 화와 복은 수시로 바뀌며 일어난다는 뜻이다.

원문 | 人有朝夕禍福
인 유 조 석 화 복

글자 | 아침 **조**, 저녁 **석**, 재화 **화**, 복 **복**

출전 | 명심보감 성심편

[조선숭배祖先崇拜]

→ 조상숭배祖上崇拜

[조손동시祖孫同諡]

할아버지와 손자의 시호가 같다는 말이다.

글자 | 조상 **조**, 손자 **손**, 같을 **동**, 시호 **시**

[조수불급措手不及]

손댈 수가 없다는 말이다. 시간이 부족한 경우도 있고, 능력이 부족한 경우도 있다.

글자 | 둘 **조**, 손 **수**, 아닐 **불**, 미칠 **급**

[조습불계燥濕不計]

마르거나 젖은 것을 셈하지 않는다는 말이며, 전혀 조건을 따지지 않는다

[조승모문朝蠅暮蚊]

아침에는 파리, 저녁에는 모기라는 말이며, 하찮은 것들이 들끓는다는 뜻이다.

원문 | 朝蠅不須驅 暮蚊不可拍
조 승 불 수 구 모 문 불 가 박

글자 | 아침 **조**, 파리 **승**, 저녁 **모**, 모기 **문**

출전 | 한유의 잡시雜詩

[조승풍비鳥乘風飛]

새는 바람을 타고 난다는 말이며, 기회를 얻어 성공한다는 뜻이다.

원문 | 鳥乘風飛而不知有風
조 승 풍 비 이 부 지 유 풍

글자 | 새 **조**, 탈 **승**, 바람 **풍**, 날 **비**

출전 | 채근담 후집 68장

[조실부모早失父母]

→ 조상부모早喪父母

[조심누골彫心鏤骨]

마음에 새기고 뼈에 새긴다는 말이며, 몹시 괴로워하면서 단단히 다짐한다는 뜻이다.

글자 | 새길 **조**, 마음 **심**, 새길 **누**, 뼈 **골**

[조아지사爪牙之士]

손톱과 어금니 같은 선비라는 말이

며, 군주를 가까이서 호위하는 신하를 일컫는다.

글자 | 손톱 **조**, 어금니 **아**, 어조사 **지**, 선비 **사**

출전 | 순자 신도편臣道篇

[조약시박操約施博]

잡은 것은 유약한데 베풀기는 넓다는 말이며, 가진 것은 적은데 베푸는 것은 많다는 뜻이다.

글자 | 잡을 **조**, 유약할 **약**, 베풀 **시**, 넓을 **박**

[조양봉황朝陽鳳凰]

아침 해에 봉황이라는 말이며, 그림의 제목으로 쓰이는 글이다.

글자 | 아침 **조**, 볕 **양**, 새 **봉**, 암봉 **황**

[조양지휘朝陽之暉]

아침 볕의 빛남이라는 말이며, 젊은 희망 또는 청년을 일컫는다. 원공遠公이 제자들에게 한 말이다. '석양의 빛은 멀리 비출 수 없는 법이니, 제군들은 아침 햇살처럼 시간의 흐름과 더불어 밝게 빛나길 바랄 뿐이다.'

원문 | 桑榆之光 理無遠照 但願朝陽之暉 與時並明耳
상유지광 이무원조 단원조양지휘 여시병명이

글자 | 아침 **조**, 볕 **양**, 어조사 **지**, 빛날 **휘**

출전 | 세설신어 규잠規箴

반대 | 상유지광桑榆之光

[조영석멸朝榮夕滅]

아침에 빛났다가 저녁에 멸한다는 말이며, 인생의 덧없음을 빗댄 말이다.

글자 | 아침 **조**, 빛날 **영**, 저녁 **석**, 멸할 **멸**

동류 | 조영석허朝榮夕虛

[조영석허朝盈夕虛]

아침에 찼다가 저녁에 빈다는 말이며, 인생의 덧없음을 빗댄 말이다.

글자 | 아침 **조**, 찰 **영**, 저녁 **석**, 빌 **허**

동류 | 조영석멸朝榮夕滅

[조왕모귀朝往暮歸]

아침에 가서 저물어 돌아온다는 말이다.

글자 | 아침 **조**, 갈 **왕**, 저물 **모**, 돌아올 **귀**

[조운모우朝雲暮雨]

아침에는 구름이 되고, 저녁에는 비가 된다는 말이며, 남녀의 정교情交를 빗댄 말이다.

글자 | 아침 **조**, 구름 **운**, 저물 **모**, 비 **우**

출전 | 문선 고당부高唐賦

동류 | 운우무산雲雨巫山, 무산지운巫山之雲

[조운모월朝雲暮月]

아침의 구름과 저녁의 달이라는 말이다.

글자 | 아침 **조**, 구름 **운**, 저물 **모**, 달 **월**

[조운지진鳥雲之陣]

새와 구름의 진을 친다는 말이며, 새와 구름과 같이 쉽게 모이고 흩어지는 진지라는 뜻이다.

글자 | 새 **조**, 구름 **운**, 어조사 **지**, 진칠 **진**

[조유구지釣遊舊地]

낚시질하며 놀던 옛 땅이라는 말이며, 태어나 자란 고향땅을 빗댄 말이다.

글자 | 낚시질 **조**, 놀 **유**, 옛 **구**, 땅 **지**

[조율미음棗栗米飮]

대추 · 밤 · 찹쌀을 함께 고아서 만든 미음을 말한다. 인삼을 추가하기도 하여 환자를 위한 음식으로 제공된다.

글자 | 대추 **조**, 밤 **율**, 쌀 **미**, 마실 **음**

[조율이시棗栗梨柹]

대추 · 밤 · 배 · 감을 말하며 제사에 쓰이는 과일을 일컫는다.

글자 | 대추 **조**, 밤 **율**, 배 **이**, 감 **시**

[조율징판照律懲判]

법률에 비추어 징계를 가린다는 말이며, 법률에 따라 형벌을 판결한다는 뜻이다.

글자 | 비출 **조**, 법률 **율**, 징계할 **징**, 가릴 **판**

[조의조식粗衣粗食]

거친 옷과 거친 밥이라는 말이며, 매우 검소한 살림을 일컫는다.

글자 | 거칠 **조**, 옷 **의**, 밥 **식**

반대 | 난의포식暖衣飽食

[조이불강釣而不綱]

낚시질은 해도 그물은 치지 않는다는 말이며, 필요한 만큼만 취한다는 뜻이다. '공자는 낚시질은 해도 그물질은 하지 않았으며, 주살질을 해도 잠자는 새는 쏘지 않았다.'는 고사에서 온 말이다.

원문 | 子釣而不綱 弋不射宿
자 조 이 불 강 익 불 사 숙

글자 | 낚시 **조**, 말 이을 **이**, 아닐 **불**, 그물 **강**

출전 | 논어 술이述而

[조인광좌稠人廣座]

많은 사람이 넓게 앉았다는 말이며, 여러 사람이 빽빽하게 많이 모인 자리라는 뜻이다.

글자 | 많을 **조**, 사람 **인**, 넓을 **광**, 앉을 **좌**

동류 | 중인광좌衆人廣座

[조인광중稠人廣衆]

→ 조인광좌稠人廣座

[조인문죄弔人問罪]

사람을 불쌍히 여기고 죄를 묻는다는 말이며, 억울한 사람을 위로하고 죄지은 사람을 문책한다는 뜻이다.

글자 | 불쌍히 여길 **조**, 사람 **인**, 물을 **문**, 죄지을 **죄**

출전 | 삼국사기

[조인휼은弔人恤隱]

사람을 불쌍히 여기고, 불쌍한 사람을 사랑한다는 말이며, 재난을 당한 사람을 위로하고, 불쌍한 사람을 구제한다는 뜻이다.

글자 | 불쌍히 여길 **조**, 사람 **인**, 사랑 할 **휼**, 불쌍히 여길 **은**

출전 | 삼국사기

[조입농중鳥入籠中]

새가 새장 속으로 들어간다는 말이며, 위험을 벗어나 안전한 곳에 의탁한다는 뜻이다.

원문 | 鳥入籠中便減天趣
조 입 농 중 편 감 천 취

글자 | 새 **조**, 들 **입**, 새장 **농**, 가운데 **중**

출전 | 채근담 후집 55장

[조장보단助長補短]

짧은 것을 도와 길어지는 것을 돕는다는 말이며, 단점을 보충하고 장점을 돕는다는 뜻이다. 본래의 뜻은 송나라의 한 농부가 벼를 빨리 자라도록 하기 위하여 이삭을 뽑아 올리는 바람에 벼가 다 말라 죽었다는 우화에서 쓸데없는 짓을 한다는 뜻으로 통용되어 왔다.

글자 | 도울 **조**, 긴 **장**, 도울 **보**, 짧을 **단**

출전 | 맹자 공손추公孫丑 상

관련 | 알묘조장揠苗助長

[조장출식蚤腸出食]

벼룩의 창자를 내어 먹는다는 말이며, 아주 조그마한 이익을 가당치 않은 곳에서 취한다는 뜻이다.

글자 | 벼룩 **조**, 창자 **장**, 날 **출**, 먹을 **식**

출전 | 동언해

동류 | 조간출식蚤肝出食

[조적지서祖逖之誓]

조적의 맹세라는 말이며, 성공하지 못하면 살아서 돌아오지 않겠다는 맹세를 일컫는다.

글자 | 조상 **조**, 나아갈 **적**, 어조사 **지**, 맹세 **서**

출전 | 진서

[조정관아朝廷官衙]

조정과 관가의 마을이라는 말이며, 정부 관청의 건물 일체를 일컫는다.

글자 | 조정 **조**, 조정 **정**, 관가 **관**, 마을 **아**

[조제남조粗製濫造]

거칠게 만들고 넘치게 짓는다는 말이며, 조제품을 지나치게 많이 생산한다는 뜻이다.

글자 | 거칠 **조**, 만들 **제**, 넘칠 **남**, 지을 **조**

[조제모염朝薺暮鹽]

아침에는 냉이, 저녁에는 소금을 반찬으로 한다는 말이며, 매우 가난한 살림을 빗댄 말이다.

글자 | 아침 **조**, 냉이 **제**, 저녁 **모**, 소금 **염**

출전 | 한유韓愈의 글

[조제모체朝除暮遞]

아침에 벼슬을 내려주었다가 저물어 갈마들인다는 말이며, 이랬다저랬다 하며 변덕스럽다는 뜻이다.

글자 | 아침 **조**, 벼슬 줄 **제**, 저물 **모**, 갈마들일 **체**

출전 | 조선왕조 16대 인조실록

동류 | 조제석체朝除夕遞

[조조만파早朝晩罷]

이른 아침과 늦은 파함이라는 말이며, 아침 일찍 출근하고 저녁 늦게 퇴근한다는 뜻이다.

글자 | 이를 **조**, 아침 **조**, 늦을 **만**, 파할 **파**

출전 | 삼국사기 45권

[조조모모朝朝暮暮]

아침마다 저녁마다라는 말이며, 언제나 변함이 없다는 뜻이다.

글자 | 아침 **조**, 저물 **모**

출전 | 문선 고당부高唐賦

[조족지혈鳥足之血]

새 발의 피라는 말이며, 아주 적은 분량을 빗댄 말이다.

글자 | 새 **조**, 발 **족**, 어조사 **지**, 피 **혈**

출전 | 순오지 하

동류 | 구우일모九牛一毛

[조존사망操存舍亡]

잡으면 있고 놓으면 없어진다는 말이다. 공자께서 '붙잡으면 있게 되고, 놓아버리면 없어진다. 드나듦에 일정한 때가 없고 그것이 어디로 가는지를 알지 못한다.' 고 하신 것이 바로 마음에 대해 말씀하신 것이다.

원문 | 操則存舍則亡出入無時莫知其鄕
조 즉 존 사 즉 망 출 입 무 시 막 지 기 향

글자 | 잡을 **조**, 있을 **존**, 놓을 **사**, 없어질 **망**

출전 | 맹자 고자 상

[조종기업祖宗基業]

조상의 종묘가 세운 근본이라는 말이며, 대대로 전해 내려오는 왕업을 일컫는다.

글자 | 조상 **조**, 종묘 **종**, 근본 **기**, 일 **업**

[조종모확朝種暮穫]

아침에 심고 저녁에 수확한다는 말이며, 일하는 기간이 짧아 방침이 정해질 겨를이 없다는 뜻이다.

글자 | 아침 **조**, 심을 **종**, 저물 **모**, 곡식 거둘 **확**

[조주문사趙州問死]

조주가 죽음을 묻는다는 말이며, 당나라 선승인 조주종심趙州從諗과 투자대동投子大同의 대화에서 비롯한 선종불교의 공안公案을 일컫는다. 조주가 투자대동에게 '큰 죽음에 이른 사람이 되살아날 적에는 어떠한가?' 라는 질문에 투자는 '밤에 다니는 것은 허용하지 않으나 날이 샐 녘은 모름지기 도달할 것이오.' 라고 답했다.

원문 | 大死底人 却活時如何?
대 사 저 인 각 활 시 여 하

글자 | 나라 **조**, 고을 **주**, 물을 **문**, 죽을 **사**

출전 | 벽암록碧巖錄

[조주위학助紂爲虐]

주紂를 도와 가혹한 일을 한다는 말이며, 나쁜 사람과 함께 나쁜 짓을 한다는 뜻이다. 주는 중국 상나라 말기의 임금으로 역사상 보기 드문 혼군昏君이자 폭군暴君이었다.

글자 | 도울 **조**, 주임금 **주**, 할 **위**, 가혹할 **학**

출전 | 사기 유후세가편留侯世家篇

[조진궁장鳥盡弓藏]

새를 다 잡으면 활을 광에 넣어둔다는 말이며, 천하가 정해진 다음에는 공신功臣이 버림을 받는다는 뜻이다.

원문 | 高鳥盡良弓藏
고 조 진 양 궁 장

글자 | 새 **조**, 다할 **진**, 활 **궁**, 광 **장**

출전 | 사기 월왕구천세가越王勾踐世家

유사 | 토사구팽兎死狗烹

[조진모초朝秦暮楚]

아침에는 북쪽의 진나라에서 저녁에는 남쪽의 초나라에서 산다는 말이며, 일정한 주소도 없이 떠돌아다닌다는 뜻이다. 이쪽에 붙었다 저쪽에 붙었다 한다는 말로도 쓰인다.

글자 | 아침 **조**, 나라 **진**, 저물 **모**, 초나라 **초**

유사 | 조동모서朝東暮西

[조차담반粗茶淡飯]

간략한 차와 싱거운 밥이라는 말이며, 가난한 집의 음식을 빗댄 말이다.

글자 | 간략할 **조**, 차 **차**, 싱거울 **담**, 밥 **반**

[조차전패造次顚沛]

급하고 넘어지는 순간이라는 말이며, 다급한 순간 또는 넘어지는 순간이라도 인仁을 잊어서는 안 된다는 뜻이다.

원문 | 造次於是 顚沛於是
조 차 어 시 전 패 어 시

글자 | 급거할 **조**, 급거할 **차**, 기울어질 **전**, 빨리 흐를 **패**

출전 | 논어 이인里仁

[조천고창朝天高唱]

아침 하늘에 소리 높여 노래 부른다는 말이며, 새벽에 수탉이 홰치는 활기찬 모습의 그림을 일컫는다.

글자 | 아침 **조**, 하늘 **천**, 높을 **고**, 부를 **창**

[조천모사朝遷暮徙]

아침에 옮겼다가 저물어 옮긴다는 말이며, 자리를 자주 옮겨 다닌다는 뜻이다.

글자 | 아침 **조**, 옮길 **천**, 저물 **모**, 옮길 **사**

출전 | 조선왕조 24대 현종실록

ㅈ

[조체모개朝遞暮改]

아침에 바꾸고 저녁에 고친다는 말이며, 벼슬아치를 자주 교체한다는 뜻이다.

글자 | 아침 **조**, 갈마들일 **체**, 저물 **모**, 고칠 **개**

[조추피호早雛疲乎]

이른 병아리 느른하랴라는 말이며, 일찍 서둘러 도모하면 성취하기 쉽다는 뜻이다.

글자 | 이를 **조**, 병아리 **추**, 느른할 **피**, 어조사 **호**

출전 | 동언해

[조축지연鳥畜之戀]

새와 가축의 사모함이라는 말이며, 가축이 주인을 따른다는 뜻이다.

글자 | 새 **조**, 가축 **축**, 어조사 **지**, 사모할 **연**

출전 | 삼국사기, 위서 열전

[조출모귀朝出暮歸]

아침에 일찍 나갔다가 저녁 늦게 돌아온다는 말이며, 집에 있는 동안이 얼마 되지 못한다는 뜻이다.

글자 | 아침 **조**, 날 **출**, 저물 **모**, 돌아올 **귀**

동류 | 조출모입朝出暮入

[조출모입朝出暮入]

→ 조출모귀朝出暮歸

[조출석몰朝出夕沒]

→ 조생모몰朝生暮沒

[조충소기彫蟲小技]

벌레를 새기는 작은 재주라는 말이며, 옹졸한 소인으로 옛사람의 글귀나 흉내 내는 하찮은 재주를 빗댄 말이다.

글자 | 새길 **조**, 벌레 **충**, 작을 **소**, 재주 **기**

출전 | 북사

[조충전각雕蟲篆刻]

벌레를 새기거나 전서체를 새긴다는 말이며, 문장을 짓는데 세밀한 기교로 자구를 꾸민다는 뜻이다.

글자 | 새길 **조**, 벌레 **충**, 전서체 **전**, 새길 **각**

출전 | 법언 오자吾子

동류 | 조충소기雕蟲小技

[조취모산朝聚暮散]

아침에 모였다가 저녁에 흩어진다는 말이며, 모이고 헤어짐이 더없이 무상하다는 뜻이다.

글자 | 아침 **조**, 모을 **취**, 저물 **모**, 흩을 **산**

[조침안기蚤寢晏起]

일찍 자고 늦게 일어난다는 말이며, 매우 게으르다는 뜻이다.

글자 | 이를 **조**, 잘 **침**, 늦을 **안**, 일어날 **기**

출전 | 예기 내칙內則

[조탄골돌棗呑鶻突]

대추를 삼키니 매가 급하다는 말이며, 흐리멍덩하여 분명하지 못하다는 뜻이다.

글자 | 대추 **조**, 삼킬 **탄**, 매 **골**, 급할 **돌**

[조해어산鳥駭魚散]

새가 놀라 일어나고 물고기가 흩어진다는 말이며, 모든 것이 놀라서 흩어져 주위가 텅 비었다는 뜻이다.

글자 | 새 **조**, 놀라 일어날 **해**, 고기 **어**, 흩어질 **산**

출전 | 조선왕조 14대 선조실록

[조혁휘비鳥革翬飛]

새가 날개를 펴고 꿩이 날아간다는 말이며, 훌륭하게 지은 집의 모양새를 빗댄 말이다.

글자 | 새 **조**, 날개 **혁**, 꿩 **휘**, 날 **비**

출전 | 시경 소아 사간편斯干篇

[조호이산調虎離山]

호랑이를 유인하여 산을 떠나게 한다는 말이며, 적으로 하여금 유리한 곳에서 떠나게 하여 힘을 약화시킨 다음 공격하는 전략을 일컫는다. 36개 중 15번째이다.

글자 | 고를 **조**, 범 **호**, 떠날 **이**, 메 **산**

출전 | 손자병법

[조화무궁造化無窮]

만들어지고 변화하는 것은 다함이 없다는 말이다.

글자 | 만들 **조**, 변화할 **화**, 없을 **무**, 다할 **궁**

[조화불측造化不測]

만들어지고 변화하는 것을 헤아리지 못한다는 말이다.

글자 | 만들 **조**, 변화할 **화**, 아닐 **불**, 헤아릴 **측**

[조화신공造化神功]

만들어지고 변화하는 것이 신의 공이라는 말이며, 만물을 창조한 것이 신의 공로라는 뜻이다.

글자 | 만들 **조**, 변화할 **화**, 귀신 **신**, 공 **공**

[족과평생足過平生]

족하게 평생을 지낸다는 말이며, 일생동안 유족하게 산다는 뜻이다.

글자 | 족할 **족**, 지날 **과**, 바를 **평**, 살 **생**

[족대왈적足大曰賊]

발이 크면 가로되 도적이라는 말이며, 발이 크면 뛰어다니기 쉬워서 도적이 되기 쉽다는 뜻이다.

원문 | **頭大曰將軍 足大曰賊**
두 대 왈 장 군 족 대 왈 적

글자 | 발 **족**, 큰 **대**, 가로 **왈**, 도적 **적**

출전 | 한문격언

[족반거상足反居上]

발이 거꾸로 위에 있다는 말이며, 아래에 있을 것이 위에 있다는 뜻이다.

글자 | 발 **족**, 돌이킬 **반**, 있을 **거**, 윗 **상**

[족부족간足不足間]

'자라든지 모자라든지 간에' 라는 말이다.

글자 | 흡족할 **족**, 아닐 **부**, 사이 **간**

[족불리지足不履地]

발이 땅에 닿지 않는다는 말이며, 매우 빨리 달아난다는 뜻이다.

글자 | 발 **족**, 아닐 **불**, 밟을 **리**, 땅 **지**

출전 | 송남잡지

[족용필중足容必重]

발의 형용은 반드시 무거워야 한다는 말이며, 발걸음은 정중해야 한다는 뜻이다.

원문 | 足容必重 手容必恭
족 용 필 중 수 용 필 공

글자 | 발 **족**, 형용 **용**, 반드시 **필**, 무거울 **중**

출전 | 사자소학

[족음공연足音跫然]

발소리가 그런 발자국소리라는 말이며, 아주 반가운 손님이 찾아온다는 뜻이다.

글자 | 발 **족**, 소리 **음**, 발자국소리 **공**, 그럴 **연**

출전 | 장자

[족이합례足以合禮]

예도와 같아 족하다는 말이며, 예의에 합당하여 부족함이 없다는 뜻이다.

글자 | 족할 **족**, 써 **이**, 같을 **합**, 예도 **례**

출전 | 주역 중천건괘重天乾卦

[족이화의足以和義]

옳은 것에 합당하여 족하다는 말이며, 의리에 부합되어 부족함이 없다는 뜻이다.

원문 | 利物足以和義 貞固足以幹事
이 물 족 이 화 의 정 고 족 이 간 사

글자 | 족할 **족**, 써 **이**, 합할 **화**, 옳을 **의**

출전 | 주역 중천건괘

[족족유여足足有餘]

아주 넉넉하고 남음이 있다는 말이다.

글자 | 넉넉할 **족**, 있을 **유**, 남을 **여**

[족차족의足且足矣]

흡족하고 또한 넉넉하다는 말이다.

글자 | 흡족할 **족**, 또 **차**, 넉넉할 **족**, 어조사 **의**

[족탈불급足脫不及]

발을 벗고 뛰어도 미치지 못한다는 말이며, 열심히 하여도 역량이나 재질이 따라가지 못한다는 뜻이다.

글자 | 발 **족**, 벗을 **탈**, 아닐 **불**, 미칠 **급**

[족형제간族兄弟間]

일가의 형제 사이라는 말이며, 동종同宗 유복친有服親 안에 들지 않는 같은 항렬行列의 형제 사이라는 뜻이다.

글자 | 일가 **족**, 맏 **형**, 아우 **제**, 사이 **간**

[존망지추存亡之秋]

존재하느냐, 멸망하느냐의 위급한 때라는 말이다.

원문 | 危急存亡之秋
위 급 존 망 지 추

글자 | 있을 **존**, 망할 **망**, 어조사 **지**, 때 **추**

출전 | 삼국지 촉지 제갈량전

[존본취리存本取利]

밑천은 놔두고 변리만 취한다는 말이다.

글자 | 있을 **존**, 밑천 **본**, 취할 **취**, 변리 **리**

출전 | 송남잡지

[존비귀천尊卑貴賤]

[지위 · 신분 따위의] 높고 낮음과 귀하고 천함이라는 말이다.

글자 | 높을 **존**, 낮을 **비**, 귀할 **귀**, 천할 **천**

[존성대명尊姓大名]

높은 성씨의 큰 이름이라는 말이며, 상대방의 성명을 높여 이르는 말이다.

글자 | 높을 **존**, 성씨 **성**, 큰 **대**, 이름 **명**

[존심양성存心養性]

양심을 보존하고 성품을 기른다는 말이다. 맹자가 한 말이다. '자신의 마음을 간직하고 자신의 본성을 기르는 것은 하늘을 섬기는 방법이다.'

원문 | 存其心養其性 所以事天也
존 기 심 양 기 성 소 이 사 천 야

글자 | 보존할 **존**, 마음 **심**, 기를 **양**, 성품 **성**

출전 | 맹자 진심盡心 상

[존양지의存羊之義]

양을 죽이지 못하고 그대로 두는 의리라는 말이며, 구례舊禮 또는 허례虛禮를 버리지 못하고 그냥 남겨둔다는 뜻이다.

글자 | 보존할 **존**, 양 **양**, 어조사 **지**, 의리 **의**

[존왕양이尊王攘夷]

임금을 높이고 오랑캐를 물리친다는 말이며, 주변국과 왕래하지 않는다는 뜻이다.

글자 | 높일 **존**, 임금 **왕**, 물리칠 **양**, 오랑캐 **이**

출전 | 논어 헌문편憲問篇

[존이감당存以甘棠]

감당나무를 그대로 보존한다는 말이며, 선정善政의 징표를 잘 보존한다는 뜻이다.

원문 | 存以甘棠 去而益詠
존 이 감 당 거 이 익 영

글자 | 보존 **존**, 써 **이**, 달 **감**, 아가위 **당**

출전 | 천자문 40항

[존이불론存而不論]

보존하고 논하지 않는다는 말이며, 그대로 두고 이러니저러니 더 따지지 않는다는 뜻이다.

ㅈ

글자 | 보존할 **존**, 말 이을 **이**, 아닐 **불**, 의논 **론**

출전 | 장자 제물론齊物論

[존주비민尊主庇民]

임금을 높이고 백성을 덮는다는 말이며, 임금을 높이 모시고 백성을 보호한다는 뜻이다.

글자 | 높일 **존**, 임금 **주**, 덮을 **비**, 백성 **민**

[존현사능尊賢使能]

어진 이를 받들고 능한 이를 부린다는 말이다.

원문 | 尊賢使能 俊傑在位
존 현 사 능 준 걸 재 위

글자 | 받들 **존**, 어질 **현**, 부릴 **사**, 능할 **능**

출전 | 맹자 공손추 하

[존황도막尊皇倒幕]

황제를 높이고 군막을 거꾸러트린다는 말이며, 일본의 명치유신 때, 막부幕府를 타도하자는 운동을 일컫는다.

글자 | 높일 **존**, 황제 **황**, 거꾸러질 **도**, 군막 **막**

[졸난변통猝難變通]

갑작스런 일에 바꾸거나 뚫기 어려웠다는 말이며, 일이 뜻밖에 일어나서 조처할 도리가 없다는 뜻이다.

글자 | 갑자기 **졸**, 어려울 **난**, 변할 **변**, 뚫릴 **통**

[졸년월일卒年月日]

죽은 해의 달과 날짜라는 말이다.

글자 | 죽을 **졸**, 해 **년**, 달 **월**, 날 **일**

[졸졸요당猝猝了當]

[미처 손쓸 사이도 없이] 갑작스럽게 닥쳐서 마쳤다는 말이다.

글자 | 갑자기 **졸**, 마칠 **요**, 닥칠 **당**

[졸지풍파猝地風波]

갑자기 아래서 일어나는 바람과 파도라는 말이다.

글자 | 갑자기 **졸**, 아래 **지**, 바람 **풍**, 물결 **파**

[종간불불從諫弗咈]

간하는 말을 따르고 어기지 아니한다는 말이며, 언관言官이 간하는 것을 따르는 것은 군주의 미덕이라는 뜻이다.

글자 | 따를 **종**, 간할 **간**, 아닐 **불**, 어길 **불**

출전 | 조선왕조 6대 단종실록

[종간여류從諫如流]

간하는 것을 따름이 물 흐르는 것과 같다는 말이며, 순응함이 매우 빠르다는 뜻이다.

글자 | 따를 **종**, 간할 **간**, 같을 **여**, 흐를 **류**

출전 | 한서 매복전梅福傳

[종거인의終去仁義]

마침내 어짊과 옳음을 버린다는 말이다.

원문 | 終去仁義 懷利而相接
종거인의 회리이상접

글자 | 마침 **종**, 버릴 **거**, 어질 **인**, 오를 **의**

출전 | 맹자 고자 하

[종견개화終見開花]

마침내 꽃이 피는 것을 본다는 말이며, 결국에는 성공하게 된다는 뜻이다.

원문 | 枯木逢春 終見開花
고목봉춘 종견개화

글자 | 마침 **종**, 볼 **견**, 필 **개**, 꽃 **화**

출전 | 토정비결

[종고금슬鐘鼓琴瑟]

종과 북, 거문고와 비파라는 말이며, 부부간의 화락한 즐거움을 빗댄 말이다.

글자 | 쇠북 **종**, 북 **고**, 거문고 **금**, 비파 **슬**

출전 | 옥루몽

[종고시행從古施行]

옛일을 따라 펴서 쓴다는 말이며, 전날에 하던 대로 행한다는 뜻이다.

글자 | 따를 **종**, 옛 **고**, 펼 **시**, 쓸 **행**

[종고지락鐘鼓之樂]

종 치고 북 치는 즐거움이라는 말이며, 부부 사이의 화목한 정을 빗댄 말이다. 시경에 있는 글이다. '아리따운 요조숙녀님을 얻어서 즐거워서 종 치고 북을 칩니다.'

원문 | 窈窕淑女 鐘鼓樂之
요조숙녀 종고낙지

글자 | 쇠북 **종**, 북 **고**, 어조사 **지**, 즐거울 **락**

출전 | 시경 주남周南

[종과득과種瓜得瓜]

오이 심은데 오이난다는 말이며, 원인이 있으면 결과가 있다는 뜻이다.

글자 | 씨 **종**, 오이 **과**, 얻을 **득**

출전 | 명심보감 천명天命

유사 | 인과응보因果應報

[종귀일철終歸一轍]

마침내는 하나의 수레자국으로 돌아간다는 말이며, 끝판에는 다 한 갈래로 모아진다는 뜻이다.

글자 | 마침 **종**, 돌아갈 **귀**, 수레자국 **철**

[종금이후從今以後]

지금으로부터 그 뒤라는 말이다.

글자 | 따를 **종**, 이제 **금**, 써 **이**, 뒤 **후**

동류 | 종차이후從此以後

[종남첩경終南捷徑]

종남으로 가는 빠른 길이라는 말이며, 목적 달성 또는 벼슬길의 지름길이라는 뜻이다. 당나라 때 종남산은 사람들이 경모敬慕하는 산으로 이 산 기슭에 사는 선비는 모두 청렴한 선비로 인정받아 쉽게 벼슬길에 오를 수 있었다는 것이다.

글자 | 끝 **종**, 남녘 **남**, 빠를 **첩**, 지름길 **경**

출전 | 신당서 노장용전盧藏用傳

ㅈ

[**종년열세**終年閱歲]

해가 맞도록 세월이 지나고 있다는 말이며, 해가 묵도록 시일이 늦어지고 있다는 뜻이다.

글자 | 마침 **종**, 해 **년**, 지낼 **열**, 세월 **세**

[**종다수결**從多數決]

많은 수에 따라 결단한다는 말이며, 많은 사람의 의견에 따라 결정한다는 뜻이다.

글자 | 따를 **종**, 많을 **다**, 셈 **수**, 결단할 **결**

[**종두득두**種豆得豆]

콩 심은데 콩 난다는 말이며, 원인에 따라 결과가 생긴다는 뜻이다.

글자 | 심을 **종**, 콩 **두**, 얻을 **득**

동류 | 종과득과種瓜得瓜

[**종두지미**從頭至尾]

처음부터 끝까지라는 말이다.

글자 | 부터 **종**, 시초 **두**, 이를 **지**, 끝 **미**

[**종로결장**鐘路決杖]

종로에서 몽둥이로 결판 짓는다는 말이며, 많은 사람 앞에서 탐관오리의 본기를 친다는 뜻이다.

글자 | 쇠북 **종**, 길 **로**, 결단할 **결**, 몽둥이 **장**

[**종말강좌**從末降坐]

끝에서부터 내려앉는다는 말이며, 계급의 순서대로 질서 있게 앉는다는 뜻이다.

글자 | 따를 **종**, 끝 **말**, 내릴 **강**, 앉을 **좌**

출전 | 송남잡지

[**종명누진**鐘鳴漏盡]

[때를 알리는] 종이 울리고 [물시계의] 물 새는 것이 다했다는 말이며, 늙어서 죽을 날이 얼마 남지 않았다는 뜻이다. 물 새는 것은 물시계를 일컫는다.

원문 | 猶鐘鳴漏盡而夜行
유 종 명 루 진 이 야 행

글자 | 종 **종**, 울 **명**, 샐 **누**, 다할 **진**

출전 | 삼국위지 전예전田預傳

[**종명정식**鐘鳴鼎食]

종이 울리면 세 발 달린 솥에서 밥을 먹는다는 말이며, 부귀한 집의 큰살림을 빗댄 말이다.

글자 | 종 **종**, 울 **명**, 세 발 솥 **정**, 먹을 **식**

출전 | 서경부西京賦

[**종묘사직**宗廟社稷]

높은 사당과 땅 귀신이라는 말이며, 왕실과 나라를 통틀어 일컫는다.

원문 | 有道之君 敬其山川 宗廟社稷
유 도 지 군 경 기 산 천 종 묘 사 직

글자 | 높을 **종**, 사당 **묘**, 땅 귀신 **사**, 흙귀신 **직**

출전 | 관자 사칭편四稱篇

[**종무소식**終無消息]

소식이 마침내 [끊어지고] 없다는 말이다.

글자 | 마침내 **종**, 없을 **무**, 사라질 **소**, 숨 쉴 **식**

[종부지령從父之令]

아버지의 명령에 잘 따른다는 말이다.

원문 | 子從父之令 可謂孝乎?
자 종 부 지 령 가 위 효 호

글자 | 따를 **종**, 아비 **부**, 어조사 **지**, 명령할 **령**

출전 | 효경

[종불출급終不出給]

내주지 않고 마친다는 말이며, 끝내 빚진 돈을 갚지 않는다는 뜻이다.

글자 | 마침 **종**, 아닐 **불**, 날 **출**, 줄 **급**

[종불투족終不投足]

마침내 발을 던지지 아니하였다는 말이며, 끝내 방문하지 않았다는 뜻이다.

글자 | 마침 **종**, 아닐 **불**, 던질 **투**, 발 **족**

[종불회개終不悔改]

끝내 뉘우치고 고치지 아니하였다는 말이다.

글자 | 마침 **종**, 아닐 **불**, 뉘우칠 **회**, 고칠 **개**

[종사선선螽斯詵詵]

베짱이가 많고 많다는 말이며, 부부가 화합하여 자손이 많다는 뜻이다. 종사라는 시의 한 구절이다. '들판 가득 메뚜기 날아 날개 소리 요란하네. 집안 가득 그대 자손 씩씩하기 그지없네.'

원문 | 螽斯羽詵詵兮 宜爾子孫 振振兮
종 사 우 선 선 혜 의 이 자 손 진 진 혜

글자 | 베짱이 **종**, 이 **사**, 많을 **선**

출전 | 시경 주남周南

[종사지화螽斯之化]

베짱이와 같이 된다는 말이며, 자손이 번성한다는 뜻이다.

글자 | 베짱이 **종**, 이 **사**, 어조사 **지**, 될 **화**

출전 | 시경 주남周南

동류 | 종사선선螽斯詵詵

[종생면역終生免疫]

생을 마칠 때까지 병을 면한다는 말이며, 한번 앓은 병은 평생 동안 다시 걸리지 않는다는 뜻이다.

글자 | 마침 **종**, 살 **생**, 면할 **면**, 시환 **역**

[종선여등從善如登]

선을 따르는 것이 [산에] 오르는 것과 같다는 말이며, 착한 일하는 것이 무척 힘들다는 뜻이다.

글자 | 따를 **종**, 착할 **선**, 같을 **여**, 오를 **등**

출전 | 소학 가언嘉言, 국어 주어周語 하

[종선여류從善如流]

선을 좇는 것을 물 흐르듯 한다는 말이며, 선을 행함에 있어서는 자연스럽게 해야 한다는 뜻이다.

글자 | 좇을 **종**, 착할 **선**, 같을 **여**, 흐를 **류**

출전 | 춘추좌씨전 소공 13년

[종수일별終須一別]

끝에 가서 잠시 한 번 이별한다는 말이다.

원문 | 送君千里 終須一別
송군천리 종수일별

글자 | 끝 **종**, 잠깐 **수**, 헤어질 **별**

출전 | 수호전

[종시여일終始如一]

→ 시종여일始終如一

[종시일관終始一貫]

→ 시종일관始終一貫

[종식지간終食之間]

먹기를 마치는 동안이라는 말이며, 얼마 안 되는 짧은 시간이라는 뜻이다. 공자가 한 말이다. '군자는 밥 먹는 동안에도 인을 어기지 말아야 한다.'

원문 | 君子無終食之間違仁
군자무종식지간위인

글자 | 마침 **종**, 먹을 **식**, 어조사 **지**, 사이 **간**

출전 | 논어 이인里仁

[종신대사終身大事]

몸을 마치는 큰일이라는 말이며, 평생에 관계되는 혼인을 일컫는다.

글자 | 마침 **종**, 몸 **신**, 큰 **대**, 일 **사**

[종신불욕終身不辱]

몸을 마치도록 욕되지 않았다는 말이며, 죽을 때까지 욕을 보지 않았다는 뜻이다.

원문 | 知足常足 終身不辱
지족상족 종신불욕

글자 | 마침 **종**, 몸 **신**, 아닐 **불**, 욕될 **욕**

출전 | 명심보감 안분편安分篇

[종신불치終身不恥]

몸이 마치도록 부끄럽지 아니하였다는 말이며, 죽을 때까지 부끄러운 일이 없었다는 뜻이다.

글자 | 마침 **종**, 몸 **신**, 아닐 **불**, 부끄러울 **치**

[종신불치終身不齒]

몸이 마치도록 나이(대접)를 아니한다는 말이며, 그 사람을 한평생 사람다운 대접을 해주지 않는다는 뜻이다.

글자 | 마침 **종**, 몸 **신**, 아닐 **불**, 나이 **치**

출전 | 예기 왕제王制

[종신자식終身子息]

몸을 마치는 자식이라는 말이며, 부모가 운명할 때 임종하는 자식을 일컫는다.

글자 | 마침 **종**, 몸 **신**, 아들 **자**, 자식 **식**

[종신지계終身之計]

몸을 마칠 때까지의 계교라는 말이며, 한평생을 지낼 계책이라는 뜻이다.

원문 | 終身之計 莫如樹人
종신지계 막여수인

글자 | 마침 **종**, 몸 **신**, 어조사 **지**, 계교 **계**

출전 | 관자 권수편權修篇

[종신지질終身之疾]

몸을 마칠 때까지의 병이라는 말이며, 평생 고칠 수 없는 병을 일컫는다.

글자 | 마침 **종**, 몸 **신**, 어조사 **지**, 병 **질**

[종심소욕從心所欲]

하고자 하는 마음을 따른다는 말이며, 하고 싶은 대로 한다는 뜻이다. 공자의 말이다. '일흔 살에는 마음 가는대로 따라 해도 법도에 어긋나지 않았다.'

원문 | 七十而從心所慾 不踰矩
칠 십 이 종 심 소 욕 불 유 구

글자 | 따를 **종**, 마음 **심**, 바 **소**, 하고자 할 **욕**

출전 | 논어 위정爲政

[종역필망終亦必亡]

마침내는 역시 반드시 망한다는 말이다.

글자 | 마침 **종**, 또 **역**, 반드시 **필**, 망할 **망**

[종오소호從吾所好]

나를 따르는 좋은 것이라는 말이며, 자기가 좋아하는 대로 좇아서 한다는 뜻이다.

원문 | 如不可求 從吾所好
여 불 가 구 종 오 소 호

글자 | 따를 **종**, 나 **오**, 바 **소**, 좋을 **호**

출전 | 논어 술이편述而篇

[종욕유위從欲惟危]

하고자 하는 것을 따르면 오직 위태할 뿐이라는 말이다.

글자 | 따를 **종**, 하고자 할 **욕**, 오직 **유**, 위태할 **위**

[종욕지병縱欲之病]

욕심이 비롯된 병이라는 말이며, 욕심에서 벗어나지 못해 번민한다는 뜻이다.

원문 | 縱欲之病可醫
종 욕 지 병 가 의

글자 | 비록 **종**, 하고자 할 **욕**, 어조사 **지**, 병 **병**

출전 | 채근담

[종용중도從容中道]

따르도록 용납해도 도리에 맞는다는 말이며, 마음 내키는 대로 해도 도리에 어긋나지 않는다는 뜻이다.

글자 | 따를 **종**, 용납할 **용**, 맞출 **중**, 도리 **도**

출전 | 중용 20장

[종용증닉從容拯溺]

조용히 물에 빠진 사람을 건진다는 말이며, 위급한 상황에 처하여 적극적으로 대처하지 않는다는 뜻이다.

글자 | 따를 **종**, 용납할 **용**, 건질 **증**, 빠질 **닉**

출전 | 고려사 112권

[종이부시終而復始]

끝나고 다시 시작한다는 말이며, 어떤 일을 마쳤다가 다시 시작한다는

ㅈ

뜻이다.

글자 | 끝 **종**, 말 이을 **이**, 다시 **부**, 비로 소 **시**

출전 | 사기 고조본기

[종이정지從而征之]

따라가서 친다는 말이며, 적을 추적하여 공격한다는 뜻이다.

글자 | 따를 **종**, 말 이을 **이**, 칠 **정**, 어조사 **지**

[종인지과從因至果]

인함을 따라 과실에 이른다는 말이며, 뜻있는 일을 시작해서 결실을 맺는다는 뜻이다. 불교에서는 불도의 수행에 따라 인위因位에서 과위果位로 승격함을 일컫는다.

글자 | 따를 **종**, 인할 **인**, 이를 **지**, 과실 **과**

유사 | 종인향과從因向果

[종인향과從因向果]

인함을 따라 과실을 향한다는 말이며, 뜻한 바 일을 시작해서 결실을 맺도록 노력한다는 뜻이다.

글자 | 따를 **종**, 인할 **인**, 향할 **향**, 과실 **과**

유사 | 종인지과從因至果

[종일건건終日乾乾]

종일 굳세고 굳세다는 말이며, 종일 열심히 일한다는 뜻이다.

글자 | 마침 **종**, 날 **일**, 굳셀 **건**

[종일지역終日之役]

날을 마치는 일이라는 말이며, 하루 동안의 일이라는 뜻이다.

글자 | 마침 **종**, 날 **일**, 어조사 **지**, 일 **역**

[종자이왕從玆以往]

이를 따라가는 것이라는 말이다.

글자 | 따를 **종**, 이 **자**, 써 **이**, 갈 **왕**

[종자이후從玆以後]

→ 종자이왕從玆以往

[종적부지蹤迹不知]

자취나 발자국을 알 수 없다는 말이며, 숨어 있거나 피해 있는 곳을 알 수 없다는 뜻이다.

글자 | 자취 **종**, 발자국 **적**, 아닐 **부**, 알 **지**

[종정구인從井救人]

우물에 따라 들어가 사람을 구한다는 말이며, 남을 구하려다 둘 다 죽게 된다는 데서 해놓은 일에 아무런 이익이 없다는 뜻이다.

글자 | 따를 **종**, 우물 **정**, 구할 **구**, 사람 **인**

[종정사욕縱情肆欲]

마음에 두고 하고자 하는 대로 한다는 말이며, 매우 욕심을 부린다는 뜻이다.

글자 | 둘 **종**, 마음속 **정**, 방자할 **사**, 하고자 할 **욕**

출전 | 고려사 2권

[종정지가鍾鼎之家]

쇠북과 세 발 달린 솥이 있는 집이라는 말이며, 유서由緖 깊은 집안을 일컫는다. 이는 종명정식鐘鳴鼎食의 집을 줄인 말이다.

글자 | 쇠북 **종**, 세 발 달린 솥 **정**, 어조사 **지**, 집 **가**

동류 | 종명정식鍾鳴鼎食

[종종색색種種色色]

여러 종류와 여러 모양이라는 말이다.

글자 | 종류 **종**, 모양 **색**

[종종잡다種種雜多]

여러 가지가 뒤섞여 많다는 말이다.

글자 | 가지 **종**, 잡될 **잡**, 많을 **다**

[종중추고從重推考]

무겁게 다루도록 밀고 나간다는 말이며, 관리의 죄과를 엄하게 따져서 알아본다는 뜻이다.

글자 | 좇을 **종**, 무거울 **중**, 밀 **추**, 상고할 **고**

[종차이왕從此以往]

→ 종자이왕從茲以往

[종차이후從此以後]

→ 종자이후從茲以後

[종천지통終天之痛]

하늘이 끝나는 아픔이라는 말이며, 세상에서 잊을 수 없는 슬픔이라는 뜻이다.

글자 | 마침 **종**, 하늘 **천**, 어조사 **지**, 아플 **통**

[종초종제從楚從齊]

초나라를 따르다가 제나라를 따른다는 말이며, 약자가 강자의 틈에 끼어 유리한 쪽으로 오락가락한다는 뜻이다.

글자 | 따를 **종**, 초나라 **초**, 제나라 **제**

출전 | 조선왕조 14대 선조실록

[종편거처從便居處]

편함을 따라 거하는 곳이라는 말이며, 죄를 면해주고 도성 밖의 편한 곳에서 살게 하던 제도를 일컫는다.

글자 | 따를 **종**, 편할 **편**, 거할 **거**, 곳 **처**

[종편구처從便區處]

편함을 따라 나누어 처치한다는 말이며, 편리한 방법으로 일을 처리한다는 뜻이다.

글자 | 따를 **종**, 편할 **편**, 나눌 **구**, 처치할 **처**

[종편위지從便爲之]

[어떤 일을 처리함에 있어서] 편할 대로 한다는 말이다.

글자 | 좇을 **종**, 편할 **편**, 할 **위**, 어조사 **지**

동류 | 종편지위從便之爲

[종풍이미從風而靡]

바람 따라서 쏠린다는 말이며, 대세

에 따라서 좇아간다는 뜻이다.

글자 | 따를 **종**, 바람 **풍**, 말 이을 **이**, 쏠릴 **미**

[종풍지료縱風止燎]

바람을 놓아 횃불을 끈다는 말이며, 일을 돕는 척하면서 더 꼬이게 만든다는 뜻이다.

글자 | 놓을 **종**, 바람 **풍**, 그칠 **지**, 횃불 **료**

출전 | 왕통의 문중자文中子

동류 | 추파조란推派助瀾

[종호귀산從虎歸山]

호랑이를 따라서 산으로 돌아간다는 말이며, 적을 용서하여 화근을 남겨둔다는 뜻이다.

글자 | 따를 **종**, 범 **호**, 돌아갈 **귀**, 뫼 **산**

출전 | 삼국지연의三國志演義

[종회여류從懷如流]

생각에 따라 흐름과 같이 한다는 말이며, 거리낌 없이 제멋대로 한다는 뜻이다.

글자 | 따를 **종**, 생각할 **회**, 같을 **여**, 흐를 **류**

출전 | 국어 진어晉語

[종횡무애縱橫無礙]

세로 가로로 거리낌이 없다는 말이며, 자유 자재하여 사방팔방에 거리낄 것이 없다는 뜻이다.

글자 | 세로 **종**, 가로 **횡**, 없을 **무**, 거리낄 **애**

[종횡무우縱橫無隅]

가로세로와 모퉁이가 없다는 말이며, 사방에 미치지 않는 곳이 없다는 뜻이다.

글자 | 세로 **종**, 가로 **횡**, 없을 **무**, 모퉁이 **우**

[종횡무진縱橫無盡]

세로 가로로 다함이 없다는 말이며, 자유자재하여 거침없는 상태라는 뜻이다.

글자 | 세로 **종**, 가로 **횡**, 없을 **무**, 다할 **진**

[종횡자재縱橫自在]

세로나 가로로 스스로 있다는 말이며, 서 있거나 눕거나 자기 마음대로 한다는 뜻이다.

글자 | 세로 **종**, 가로 **횡**, 스스로 **자**, 있을 **재**

[좌건외역左建外易]

그릇된 것을 세우고 바깥을 바꾼다는 말이며, 사도邪道를 써서 권위를 세우고 밖에 있으면서 군명君命을 바꾸어 새로 세운 바가 도에 어긋나고 개역한 바가 이치에 어그러진다는 뜻이다.

글자 | 그를 **좌**, 세울 **건**, 바깥 **외**, 바꿀 **역**

[좌견천리坐見千里]

앉아서 천리를 본다는 말이며, 먼 앞

일을 내다본다는 뜻이다.

글자 | 앉을 **좌**, 볼 **견**, 일천 **천**, 이수 **리**

[좌고우면左顧右眄]

왼쪽을 돌아보고 오른쪽을 곁눈질해 본다는 말이며, 이쪽저쪽 주위 사람을 염려하여 결단을 내리지 못한다는 뜻이다.

원문 | 左顧右眄謂若無人豈非吾子壯志
좌고우면위약무인개비오자장지

글자 | 왼편 **좌**, 돌아볼 **고**, 오른 **우**, 곁눈질해 볼 **면**

출전 | 이백李白의 시

유사 | 수서양단首鼠兩端

[좌고우시左顧右視]

왼쪽을 돌아보고 오른쪽을 본다는 마이며, 여기저기를 골고루 살펴본다는 뜻이다.

글자 | 왼편 **좌**, 돌아볼 **고**, 오른쪽 **우**, 볼 **시**

동류 | 좌고우면左顧右眄

[좌관성패坐觀成敗]

성공하는 것과 패하는 것을 앉아서 관망한다는 말이다.

글자 | 앉을 **좌**, 볼 **관**, 이룰 **성**, 패할 **패**

출전 | 사기 임안전任安傳

[좌구우고左求右告]

왼쪽에서 구하고 오른쪽에서 알린다는 말이며, 이곳저곳에 호소하고 탄원한다는 뜻이다.

글자 | 왼 **좌**, 구할 **구**, 오른 **우**, 알릴 **고**

[좌기우각左掎右角]

왼쪽 다리를 끌고 오른쪽 뿔을 잡아당긴다는 말이며, 사슴을 잡을 때 뒤에서는 다리를 잡고 앞에서는 뿔을 잡아 당긴다는 뜻이다.

글자 | 왼쪽 **좌**, 한 다리 끌 **기**, 오른 **우**, 뿔 **각**

출전 | 조선왕조 16대 인조실록

[좌단고사左袒古事]

왼쪽으로 옷을 벗어 메는 옛일이라는 말이며, 조정朝廷편을 드는 옛일이라는 뜻이다. 중국 전한前漢의 공신 주발周勃이 여씨呂氏의 반란을 진압하려 했을 때, 여씨의 편을 드는 사람은 우단右袒하고 유씨劉氏, 곧 한실漢室의 편을 드는 사람은 좌단하라고 군령을 내리니 모두 좌단했다는 고사에서 온 말이다.

글자 | 왼쪽 **좌**, 옷 벗어 멜 **단**, 옛 **고**, 일 **사**

출전 | 사기 여후본기呂后本記

[좌도우사左圖右史]

왼쪽은 지도, 오른쪽은 사기라는 말이며, 쌓여있는 도서와 사료, 즉 많은 장서藏書라는 뜻이다.

글자 | 왼 **좌**, 지도 **도**, 오른 **우**, 사기 **사**

[좌룡우호左龍右虎]

왼쪽에는 용, 오른쪽에는 호랑이라는 말이며, 산의 모양을 일컫는다.

원문 | 左靑龍 右白虎
좌 청 룡 우 백 호

글자 | 왼 **좌**, 용 **룡**, 오른 **우**, 범 **호**

[좌면우고左眄右顧]

→ 좌고우면左顧右眄

[좌명좌청坐命坐聽]

앉아서 명하면 앉아서 듣는다는 말이며, 부모의 말을 듣는 자식의 올바른 자세를 일컫는다.

원문 | 坐命坐聽 立命立聽
좌 명 좌 청 입 명 입 청

글자 | 앉을 **좌**, 명할 **명**, 들을 **청**

출전 | 사자소학

[좌명지사佐命之士]

목숨을 도운 선비라는 말이며, 천자天子가 된 사람을 도운 공이 있는 신하라는 뜻이다.

글자 | 도울 **좌**, 목숨 **명**, 어조사 **지**, 선비 **사**

출전 | 한서 이릉전李陵傳

[좌물의신坐勿倚身]

앉아서 몸을 지지하지 말라는 말이며, 똑바로 앉으라는 뜻이다.

원문 | 行勿慢步 坐勿倚身
행 물 만 보 좌 물 의 신

글자 | 앉을 **좌**, 말 **물**, 의지할 **의**, 몸 **신**

출전 | 사자소학

[좌방담허坐房談虛]

방에 앉아서 헛된 말을 한다는 말이며, 아무런 실속도 없이 남의 말을 하는 것을 좋아한다는 뜻이다.

글자 | 앉을 **좌**, 방 **방**, 말씀 **담**, 빌 **허**

출전 | 고금석림

[좌보우필左輔右弼]

왼쪽에서 돕고 오른쪽에서 돕는다는 말이며, 군주의 좌우에서 정치를 돕는다는 뜻이다.

글자 | 왼 **좌**, 도울 **보**, 오른 **우**, 도울 **필**

[좌봉축기挫鋒縮氣]

창이 꺾이고 기운이 오그라졌다는 말이며, 군대의 강한 기세가 꺾이고 사기가 떨어졌다는 뜻이다.

글자 | 꺾일 **좌**, 창 **봉**, 오그라질 **축**, 기운 **기**

출전 | 삼국사기

[좌불수당坐不垂堂]

집에 드리운 [발 곁에] 앉지 않는다는 말이며, 위험한 일에 가까이 가지 말라는 뜻이다.

글자 | 앉을 **좌**, 아닐 **불**, 드리울 **수**, 집 **당**

출전 | 사기 사마상여전司馬相如傳

[좌불안석坐不安席]

앉아 있기가 불안한 자리라는 말이

며, 마음 놓고 오래 앉아 있지를 못하고 불안해 한다는 뜻이다.

글자 | 앉을 **좌**, 아닐 **불**, 편안 **안**, 자리 **석**

출전 | 사기 항우본기項羽本紀

[좌사우경左史右經]

사서史書는 왼편에, 경서經書는 오른쪽에 놓는다는 말이며, 책을 항상 곁에 둔다는 뜻이다.

글자 | 왼 **좌**, 사기 **사**, 오른 **우**, 경서 **경**

출전 | 송렴宋濂의 글

[좌사우고左思右考]

→ 좌사우량左思右量

[좌사우량左思右量]

좌우로 생각하고 헤아린다는 말이며, 이리저리 곰곰이 생각한다는 뜻이다.

글자 | 왼편 **좌**, 생각 **사**, 오른쪽 **우**, 헤아릴 **량**

출전 | 옥루몽

동류 | 좌사우고左思右考

[좌사우사左史右史]

왼쪽의 사관史官과 오른쪽의 사관이라는 말이며, 좌사는 군주의 말을 기록하고 우사는 군주의 행동을 기록하는 사관이라는 뜻이다.

글자 | 왼 **좌**, 사관 **사**, 오른 **우**

출전 | 한서 예문지藝文志

[좌사우상左思右想]

→ 좌사우량座思右量

[좌석미난坐席未煖]

앉은 자리가 따뜻하지 않다는 말이며, 자주 이사를 다닌다는 뜻이다.

글자 | 앉을 **좌**, 자리 **석**, 아닐 **미**, 따뜻할 **난**

[좌선우추左旋右抽]

왼쪽에서 굴리고 오른쪽에서 뺀다는 말이며, 왼쪽 군사는 수레를 굴리고, 오른쪽 군사는 칼을 뺀다는 뜻으로서 수레에 탄 장군을 호위하는 군사를 일컫는다.

원문 | 左旋右抽 中軍作好
좌 선 우 추 중 군 작 호

글자 | 왼 **좌**, 굴릴 **선**, 오른 **우**, 뺄 **추**

출전 | 시경 정풍鄭風

[좌수우봉左授右捧]

왼손으로 주고 오른손으로 받는다는 말이며, 그 자리에서 주고받는다는 뜻이다.

글자 | 왼편 **좌**, 줄 **수**, 오른쪽 **우**, 받을 **봉**

[좌수우응左授右應]

왼쪽에서 주고 오른쪽에서 응한다는 말이며, 이쪽저쪽 여러 군데서 주고 응한다는 뜻이다.

글자 | 왼편 **좌**, 줄 **수**, 오른쪽 **우**, 응할 **응**

출전 | 송남잡지

ㅈ

[좌수행탄座愁行歎]

앉아서도 근심하고 다니면서도 탄식한다는 말이며, 근심 걱정이 끊이지 않는다는 뜻이다.

글자 | 앉을 **좌**, 근심 **수**, 다닐 **행**, 탄식할 **탄**

[좌식산공坐食山空]

앉아서 먹으면 산이 텅 빈다는 말이며, 벌지 않고 먹기만 하면 큰 재산도 바닥이 난다는 뜻이다.

글자 | 앉을 **좌**, 먹을 **식**, 뫼 **산**, 빈 **공**

[좌어도탄坐於塗炭]

진흙과 숯덩이 속에 앉아있다는 말이며, 매우 어려운 지경에 있다는 뜻이다.

원문 | 如以朝衣朝冠 坐於塗炭
여 이 조 의 조 관 좌 어 도 탄

글자 | 앉을 **좌**, 어조사 **어**, 진흙 **도**, 숯 **탄**

출전 | 맹자 공손추 상

[좌와기거坐臥起居]

앉고 눕고 일어나며 산다는 말이며, 일상생활을 일컫는다.

글자 | 앉을 **좌**, 누울 **와**, 일어날 **기**, 살 **거**

[좌왕우왕左往右往]

→ 우왕좌왕右往左往

[좌우고면左右顧眄]

→ 좌고우면左顧右眄

[좌우고시左右顧視]

→ 좌고우면左顧右眄

출전 | 송남잡지

[좌우구의左右具宜]

좌우에 마땅한 것을 갖추었다는 말이며, 재덕을 모두 갖추었다는 뜻이다.

글자 | 왼 **좌**, 오른 **우**, 갖출 **구**, 마땅할 **의**

[좌우균제左右均齊]

좌우가 고르게 가지런하다는 말이며, 좌우가 균형이 잡혀 어울린다는 뜻이다.

글자 | 왼편 **좌**, 오른쪽 **우**, 고를 **균**, 가지런할 **제**

[좌우기거左右起居]

일어나고 사는 왼쪽과 오른쪽이라는 말이며, 일상생활의 모든 동작을 일컫는다.

글자 | 왼 **좌**, 오른 **우**, 일어날 **기**, 살 **거**

[좌우동형左右同形]

→ 좌우상칭左右相稱

[좌우봉원左右逢原]

좌나 우나 그 근원에서 만난다는 말이며, 도를 깨달은 사람이 융통자재融通自在함을 일컫는다.

원문 | 資之深 則取之左右逢其源
자 지 심 즉 취 지 좌 우 봉 기 원

글자 | 왼 **좌**, 오른 **우**, 만날 **봉**, 근본 **원**

출전 | 맹자 이루離婁 상

[좌우분렬左右分裂]

왼쪽과 오른쪽으로 나뉘어 쪼개진다는 말이며, 좌익사상과 우익사상으로 갈라진다는 뜻이다.

글자 | 왼 **좌**, 오른 **우**, 나눌 **분**, 쪼갤 **렬**

[좌우사량左右思量]

→ 좌사우량左思右量

[좌우상칭左右相稱]

왼쪽과 오른쪽에 서로 같게 한다는 말이며, 중군中軍의 좌우에 군대를 배치한다는 뜻이다.

글자 | 왼쪽 **좌**, 오른쪽 **우**, 서로 **상**, 같을 **칭**

[좌우지간左右之間]

왼쪽과 오른쪽의 사이라는 말이며, '이렇든 저렇든 간에' 라는 뜻이다.

글자 | 왼 **좌**, 오른 **우**, 어조사 **지**, 사이 **간**

[좌우청촉左右請囑]

좌우로 청하고 부탁한다는 말이며, 온갖 수단을 다 써서 여러 곳에 청탁한다는 뜻이다.

글자 | 왼편 **좌**, 오른쪽 **우**, 청할 **청**, 부탁할 **촉**

동류 | 좌청우촉左請右囑

[좌우충돌左右衝突]

→ 좌충우돌左衝右突

[좌우협공左右挾攻]

좌우 양쪽에서 죄여 들어가며 친다는 말이다.

글자 | 왼편 **좌**, 오른쪽 **우**, 품을 **협**, 칠 **공**

[좌원우응左援右應]

왼편과 오른쪽에서 모두 응원한다는 말이다.

글자 | 왼편 **좌**, 구원할 **원**, 오른쪽 **우**, 응할 **응**

[좌의우유坐宜右有]

앉아 있음이 마땅하고 오른쪽이 있다는 말이며, 군자가 재덕才德을 겸비했다는 뜻이다.

글자 | 앉을 **좌**, 마땅할 **의**, 오른쪽 **우**, 있을 **유**

출전 | 시경 소아 상상자화裳裳者華

[좌이대단坐以待旦]

앉아서 아침을 기다린다는 말이며, 어진 정치를 베풀고자 아침이 오기를 기다린다는 임금의 충정을 일컫는다. 서경에 있는 글이다. '앉아서 아침이 오기를 기다리시며, 사방으로 빼어나고 훌륭한 선비들을 구하시어…'

원문 | 座以待旦 旁求俊彦
좌 이 대 단 방 구 준 언

글자 | 앉을 **좌**, 써 **이**, 기다릴 **대**, 아침 **단**

출전 | 서경 태갑太甲 상

[좌이대사坐而待死]

앉아서 죽음을 기다린다는 말이며, 몹시 궁박하고 대책도 없어 운명에 맡긴다는 뜻이다.

글자 | 앉을 **좌**, 말 이을 **이**, 기다릴 **대**, 죽을 **사**

출전 | 송남잡지

[좌이부동坐而不動]

앉아서 움직이지 않는다는 말이다.

글자 | 앉을 **좌**, 말 이을 **이**, 아닐 **부**, 움직일 **동**

[좌이식지坐而食之]

앉아서 먹기만 한다는 말이며, 하는 일 없이 놀고먹기만 한다는 뜻이다.

글자 | 앉을 **좌**, 말 이을 **이**, 먹을 **식**, 어조사 **지**

출전 | 송남잡지

[좌작진퇴坐作進退]

앉고 일어나고 나아가고 물러난다는 말이며, 군대가 지휘관의 명령에 따라 질서 정연하게 움직인다는 뜻이다.

글자 | 앉을 **좌**, 일어날 **작**, 나갈 **진**, 물러날 **퇴**

출전 | 서경 주서周書

동류 | 기거동작起居動作

[좌전우도左顚右倒]

왼쪽으로 엎드려지고 오른쪽으로 거꾸러진다는 말이며, 하는 일마다 되는 일이 없다는 뜻이다.

글자 | 왼 **좌**, 엎드러질 **전**, 오른 **우**, 거꾸러질 **도**

출전 | 고려사

[좌절하충坐折遐衝]

앉아서 먼 곳의 충돌을 꺾는다는 말이며, 변방의 오랑캐를 무찌른다는 뜻이다.

글자 | 앉을 **좌**, 꺾을 **절**, 멀 **하**, 충돌할 **충**

출전 | 조선왕조 14대 선조실록

[좌정관천坐井觀天]

우물 속에 앉아 하늘을 쳐다본다는 말이며, 보는 바나 식견이 좁다는 비유이다.

원문 | **坐井觀天 曰小天**
좌 정 관 천 왈 소 천

글자 | 앉을 **좌**, 우물 **정**, 볼 **관**, 하늘 **천**

출전 | 한유韓愈의 시, 순오지

유사 | 관중규표管中窺豹

[좌제우설左提右挈]

왼쪽을 끌고 오른쪽을 끌어당긴다는 말이며, 서로 의지하고 이끌어준다는 뜻이다.

글자 | 왼편 **좌**, 끌 **제**, 오른쪽 **우**, 끌어당길 **설**

출전 | 사기, 한서

동류 | 좌제우휴左提右攜

[좌제우휴左提右攜]

왼쪽을 들고 오른쪽을 끈다는 말이며, 양쪽 손을 맞잡고 서로 도와준다는 뜻이다.

글자 | 왼 **좌**, 들 **제**, 오른 **우**, 끌 **휴**

출전 | 예기 곡례曲禮 상

동류 | 좌제우설左提右挈

[좌중실언座中失言]

앉은 가운데 말을 잃었다는 말이며, 앉아서 넋을 잃고 있다는 뜻이다.

글자 | 앉을 **좌**, 가운데 **중**, 잃을 **실**, 말씀 **언**

[좌지불천坐之不遷]

자리를 옮기지 않는다는 말이며, 어떤 자리에 오래 눌러 앉아서 다른 데로 옮기지 않는다는 뜻이다.

글자 | 앉을 **좌**, 어조사 **지**, 아닐 **불**, 옮길 **천**

[좌지우오左支右吾]

왼쪽을 버티고 오른쪽은 아들이라는 말이며, 이리저리 간신히 버티어 나간다는 뜻이다.

글자 | 왼편 **좌**, 지탱할 **지**, 오른쪽 **우**, 아들 **오**

출전 | 송사 이병전李邴傳

[좌지우지左之右之]

왼쪽이나 오른쪽이라는 말이며, 자기 마음 내키는 대로 자유롭게 처리한다는 뜻이다.

글자 | 왼편 **좌**, 어조사 **지**, 오른쪽 **우**

[좌차우란左遮右攔]

왼편을 막고 오른쪽을 막는다는 말이며, 이리저리 막아낸다는 뜻이다.

글자 | 왼편 **좌**, 막을 **차**, 오른쪽 **우**, 막을 **란**

[좌청우촉左請右囑]

→ **좌우청촉左右請囑**

[좌춘풍중坐春風中]

봄바람 부는 가운데 앉아 있다는 말이며, 훌륭한 스승을 모시고 가르침을 받는다는 뜻이다.

글자 | 앉을 **좌**, 봄 **춘**, 바람 **풍**, 가운데 **중**

출전 | 서언고사書言故事

[좌충우돌左衝右突]

왼편을 찌르고 오른쪽에 부딪친다는 말이며, 이리저리 닥치는 대로 맞닥뜨린다는 뜻이다.

글자 | 왼편 **좌**, 찌를 **충**, 오른쪽 **우**, 부딪칠 **돌**

동류 | 좌우충돌左右衝突

[좌투득상佐鬪得傷]

싸움을 도우면 상처를 얻는다는 말이며, 나쁜 일에 끼어들지 말라는 뜻이다.

원문 | 左饔得嘗 佐鬪得傷
좌 옹 득 상 좌 투 득 상

ㅈ

글자 | 도울 **좌**, 싸움 **투**, 얻을 **득**, 상할 **상**
출전 | 국어 주어周語편

[좌포우혜左脯右醯]

왼쪽에 육포, 오른쪽에 단 것이라는 말이며, 제물을 배열할 때 육포肉脯는 왼쪽에, 식혜食醯는 오른쪽에 차린다는 뜻이다.

글자 | 왼쪽 **좌**, 육포 **포**, 오른쪽 **우**, 단 것 **혜**

[좌향기리坐享其利]

앉아서 그 이익을 나눈다는 말이며, 자신이 직접 나서지 않고 상대방을 이용하여 이득을 취한다는 뜻이다.

원문 | 不必親行 坐享其利
불 필 친 행 좌 향 기 리
글자 | 앉을 **좌**, 누릴 **향**, 그 **기**, 이로울 **리**
출전 | 병경백자兵經百字 연부편衍部篇

[좌협수두左挾獸頭]

왼쪽에 짐승 머리를 낀다는 말이며, 싸우는 모습을 일컫는다.

글자 | 왼 **좌**, 낄 **협**, 짐승 **수**, 머리 **두**

[죄동벌이罪同罰異]

죄는 같은데 벌은 다르다는 말이며, 형벌이 공평하지 못하다는 뜻이다.

글자 | 죄지을 **죄**, 같을 **동**, 벌줄 **벌**, 다를 **이**
출전 | 조선왕조 9대 성종실록

[죄불용주罪不容誅]

죄는 죽음이 용서되지 않는다는 말이며, 죽어도 용서받지 못할 죄라는 뜻이다.

글자 | 죄줄 **죄**, 아닐 **불**, 용서할 **용**, 죽일 **주**
출전 | 조선왕조 10대 연산군일기

[죄사무석罪死無惜]

죄로 죽어도 아깝지 않다는 말이다.

글자 | 죄 **죄**, 죽을 **사**, 없을 **무**, 아낄 **석**

[죄상가죄罪上加罪]

죄 위에 죄를 더한다는 말이며, 죄인이 다시 죄를 저지른다는 뜻이다.

글자 | 죄줄 **죄**, 윗 **상**, 더할 **가**
동류 | 죄상첨죄罪上添罪

[죄상첨죄罪上添罪]

→ 죄상가죄罪上加罪

[죄송만만罪悚萬萬]

죄지은 두려움이 많고 많다는 말이며, 더할 수 없이 죄송하다는 뜻이다.

글자 | 죄줄 **죄**, 두려울 **송**, 많을 **만**

[죄악관영罪惡貫盈]

죄와 악이 꿰어져 가득 찼다는 말이다.

글자 | 죄 **죄**, 악할 **악**, 꿸 **관**, 찰 **영**

[죄업망상罪業妄想]

죄의 일에 대하여 망령된 생각을 한

다는 말이며, 스스로가 큰 죄를 저지른 것으로 생각한다는 뜻이다.

글자 | 죄줄 **죄**, 일 **업**, 망령될 **망**, 생각할 **상**

출전 | 간호학

[죄영악적罪盈惡積]

죄가 차고 악이 쌓였다는 말이며, 죄악이 매우 많다는 뜻이다.

글자 | 죄지을 **죄**, 찰 **영**, 악할 **악**, 쌓을 **적**

출전 | 고려사

[죄의유경罪疑惟輕]

죄가 의심되면 가볍게 한다는 말이며, 죄상이 분명하지 않을 경우에는 가볍게 처분한다는 뜻이다.

글자 | 죄 **죄**, 의심할 **의**, 꾀할 **유**, 가벼울 **경**

출전 | 서경 우서 대우모편大禹謨篇

[죄인불노罪人不孥]

죄인은 처자가 아니라는 말이며, 당사자에게만 벌을 내린다는 뜻이다.

글자 | 죄줄 **죄**, 사람 **인**, 아닐 **불**, 처자 **노**

출전 | 맹자 양혜왕

[죄중벌경罪重罰輕]

죄는 무거워도 벌은 가볍게 하라는 말이다. 가볍게 하는 데는 공로 등을 살펴 상당한 이유가 있어야 할 것이다.

글자 | 죄 **죄**, 무거울 **중**, 벌 **벌**, 가벼울 **경**

[죄중우범罪中又犯]

죄 중에 또 범했다는 말이며, 형기가 끝나기 전에 또 죄를 지었다는 뜻이다.

글자 | 죄줄 **죄**, 가운 데 **중**, 또 **우**, 범할 **범**

[죄지경중罪之輕重]

죄의 가벼움과 무거움이라는 말이다.

글자 | 죄줄 **죄**, 어조사 **지**, 가벼울 **경**, 무거울 **중**

[죄지유무罪之有無]

죄의 있고 없음이라는 말이다.

글자 | 죄줄 **죄**, 어조사 **지**, 있을 **유**, 없을 **무**

[주객일체主客一體]

주인과 손이 한 몸이라는 말이며, 주체와 객체가 다르지 않고 하나라는 뜻이다.

글자 | 주인 **주**, 손 **객**, 몸 **체**

[주객일치主客一致]

주인과 손이 하나를 이루었다는 말이며, 주체와 객체 또는 주관과 객관이 하나가 되었다는 뜻이다.

글자 | 주인 **주**, 손 **객**, 이를 **치**

[주객전도主客顚倒]

주인과 손님의 자리가 뒤바뀌었다는 말이며, 사물의 경중輕重, 완급緩急, 선후先後 등이 바뀌었다는 비유로도 쓰인다.

글자 | 주인 **주**, 손 **객**, 바뀔 **전**, 거꾸로 **도**
유사 | 본말전도本末顚倒

[주객지간主客之間]

주인과 손님과의 사이라는 말이다.

글자 | 주인 **주**, 손 **객**, 어조사 **지**, 사이 **간**

[주객지세主客之勢]

주인과 손의 기세라는 말이며, 요직要職에 있지 못하는 자는 요직에 있는 사람의 세력을 당하지 못한다는 뜻이다.

글자 | 주인 **주**, 손 **객**, 어조사 **지**, 기세 **세**

[주객지의主客之誼]

주인과 손 사이의 정의情誼라는 말이다.

글자 | 주인 **주**, 손 **객**, 어조사 **지**, 옳을 **의**
동류 | 주객지정主客之情

[주경야독晝耕夜讀]

낮에는 밭을 갈고 밤에는 책을 읽는다는 말이며, 바쁜 틈을 타서 어렵게 공부한다는 뜻이다.

글자 | 낮 **주**, 밭갈 **경**, 밤 **야**, 읽을 **독**
출전 | 위서
유사 | 청경우독晴耕雨讀

[주경야송晝耕夜誦]

→ **주경야독晝耕夜讀**

[주고은반周誥殷盤]

주나라의 가르침과 은나라의 즐거움이라는 말이며, 주나라 서경書經 주서周書에 있는 오고五誥(대고大誥, 강고康誥, 주고酒誥, 소고召誥, 낙고편洛誥篇)와 상서商書의 반경편盤庚篇 상, 중 하를 일컫는다.

글자 | 주나라 **주**, 가르칠 **고**, 은나라 **은**, 즐거울 **반**
출전 | 서경 상서商書

[주공삼태周公三笞]

주공의 세 차례 매질이라는 말이며, 자식을 엄하게 가르친다는 뜻이다.

글자 | 두루 **주**, 공변될 **공**, 매질할 **태**
출전 | 설원 건본편建本篇

[주과포혜酒果脯醯]

술 · 과실 · 육포 · 식혜라는 말이며, 간단하게 차린 제물을 일컫는다.

글자 | 술 **주**, 과실 **과**, 육포 **포**, 단것 **혜**

[주관무인主管無人]

[어떤 큰일에] 주관하는 사람이 없다는 말이다.

글자 | 주인 **주**, 주관할 **관**, 없을 **무**, 사람 **인**

[주궁패궐珠宮貝闕]

진주와 자개로 된 궁궐이라는 말이며, 호화찬란하게 꾸민 대궐을 일컫는다.

글자 | 진주 **주**, 궁궐 **궁**, 자개 **패**, 대궐 **궐**

[주궁휼빈賙窮恤貧]

가난한 사람을 불쌍히 여겨 곤궁한 것을 도와준다는 말이다.

글자 | 줄 **주**, 막힐 **궁**, 불쌍히 여길 **휼**, 가난 **빈**

[주권재민主權在民]

주인의 권세가 백성에게 있다는 말이며, 나라를 다스리는 최고의 권력이 국민에게 있다는 뜻이다.

글자 | 주인 **주**, 권세 **권**, 있을 **재**, 백성 **민**

[주기도문主祈禱文]

주님의 기도문이라는 말이며, 예수가 그의 제자들에게 가르친 모범된 기도문을 일컫는다. 내용은 하나님의 나라와 그 의義를 구하는 것과 신자 자신의 일용할 양식, 죄의 용서, 악에서의 구원을 빌며, 끝으로 나라의 권세와 영광이 하나님에게 있다는 것을 고백한다.

글자 | 주인 **주**, 기도할 **기**, 빌 **도**, 글 **문**

출전 | 신약성경 마태복음

[주낭반대酒囊飯袋]

술 주머니와 밥주머니라는 말이며, 음식만 없애는 쓸모없는 사람을 일컫는다.

글자 | 술 **주**, 주머니 **낭**, 밥 **반**, 주머니 **대**

출전 | 도악의 형상근사荊湘近事

동류 | 주대반낭酒袋飯囊

[주단야장晝短夜長]

낮이 짧고 밤이 길다는 말이며, 동지冬至의 전후를 일컫는다.

글자 | 낮 **주**, 짧을 **단**, 밤 **야**, 긴 **장**

반대 | 주장야단晝長夜短

[주도면밀周到綿密]

주밀하고 잘고 촘촘하다는 말이며, 자세하고 빈틈없다는 뜻이다.

글자 | 주밀할 **주**, 주밀할 **도**, 잘 **면**, 촘촘할 **밀**

유사 | 용의주도用意周到

[주란화각朱欄畵閣]

붉은 난간에 칠을 한 누각이라는 말이며, 단청을 곱게 칠한 누각을 일컫는다.

글자 | 붉을 **주**, 난간 **란**, 그림 **화**, 누각 **각**

동류 | 주란화동朱欄畵棟, 주루화각朱樓畵閣

[주란화동朱欄畵棟]

→ 주란화각朱欄畵閣

[주량회갑舟梁回甲]

배를 이어 만든 다리의 회갑이라는 말이며, 혼인한지 예순한 해만의 그날을 일컫는다. 회혼回婚이라고도 한다. 주舟는 음양설에서 음陰이고, 양梁은 양陽이다.

글자 | 배 **주**, 나무다리 **량**, 돌아올 **회**, 첫째 천간 **갑**

[주련만인株連蔓引]

뿌리를 이어 덩굴을 당긴다는 말이며, 사건의 연루자를 모조리 잡아들인다는 뜻이다.

글자 | 뿌리 **주**, 이을 **련**, 덩굴 **만**, 당길 **인**

동류 | 지련만인枝連蔓引

[주련벽합珠聯璧合]

구슬이 연이어지고 옥이 모였다는 말이며, 아름답고 귀한 것이 많이 모였다는 뜻이다.

글자 | 구슬 **주**, 연이을 **련**, 옥 **벽**, 모일 **합**

[주룡시호酒龍時虎]

술을 [마시는] 용과 시 짓는 호랑이라는 말이며, 시와 술을 좋아하는 사람을 빗댄 말이다.

글자 | 술 **주**, 용 **룡**, 귀글 **시**, 범 **호**

[주루화각朱樓畵閣]

→ 주란화각朱欄畵閣

[주마가편走馬加鞭]

달리는 말에 채찍질을 한다는 말이며, 정진精進하는 사람을 더욱 격려한다는 뜻이다.

글자 | 달릴 **주**, 말 **마**, 더할 **가**, 채찍 **편**

출전 | 순오지 하

[주마간금走馬看錦]

말을 타고 달리면서 비단무늬를 본다는 말이며, 세밀하지 않게 대충대충 빨리 본다는 뜻이다.

글자 | 달릴 **주**, 말 **마**, 볼 **간**, 비단무늬 **금**

출전 | 고려사

동류 | 주마간산走馬看山

[주마간산走馬看山]

달리는 말 위에서 산천을 구경한다는 말이며, 바빠서 자세히 살피지 못하고 대충 본다는 뜻이다.

글자 | 달릴 **주**, 말 **마**, 볼 **간**, 뫼 **산**

출전 | 맹교의 등과후登科後

동류 | 주마간화走馬看花

[주마간화走馬看花]

달리는 말을 타고 꽃을 본다는 말이며, 겉만 대충 보고 그 내용은 살피지 못한다는 뜻이다.

글자 | 달릴 **주**, 말 **마**, 볼 **간**, 꽃 **화**

출전 | 맹교의 등과후登科後

동류 | 주마간간走馬看山

[주명부지主名不知]

주인의 이름을 알지 못한다는 말이며, 주역主役이 누군지 모른다는 뜻이다.

글자 | 주인 **주**, 이름 **명**, 아닐 **부**, 알 **지**

[주무유호綢繆牖戶]

창문을 얽어맨다는 말이며, 불상사가 나기 전에 미리 조심한다는 뜻이다.

글자 | 얽을 **주**, 졸라맬 **무**, 창 **유**, 문 **호**

출전 | 시경, 맹자 공손추 상

[주미구맹酒美狗猛]

술은 맛나나 개가 사납다는 말이며, 술집의 술맛은 좋으나 술이 팔리지 않는 까닭은 술집의 개가 사납기 때문이라는 뜻이다.

원문 | 里長曰 曰非酒之不美 汝狗猛也
이장왈 왈비주지불미 여구맹야

글자 | 술 **주**, 맛날 **미**, 개 **구**, 사나울 **맹**
출전 | 상촌집象村集 거폐편去弊篇

[주복야행晝伏夜行]

낮에는 엎드려 있고, 밤에는 다닌다는 말이다.

글자 | 낮 **주**, 엎드릴 **복**, 밤 **야**, 다닐 **행**
출전 | 전국책 진책秦策

[주불쌍배酒不雙杯]

술은 두 잔으로 마시지 않는다는 말이며, 주석에서 한 사람이 두 잔을 놔두지 않는다는 뜻이다.

글자 | 술 **주**, 아닐 **불**, 한 쌍 **쌍**, 잔 **배**

[주불취인酒不醉人]

술이 사람을 취하게 하지 않는다는 말이며, 사람이 스스로 취한다는 뜻이다.

글자 | 술 **주**, 아닐 **불**, 취할 **취**, 사람 **인**

[주사마적蛛絲馬迹]

거미줄과 말 발자국이라는 말이며, 거미줄을 따라가면 거미가 있는 곳을 알 수 있고, 말 발자국을 따라가면 말이 있는 곳을 알 수 있다는 뜻이다.

글자 | 거미 **주**, 실 **사**, 말 **마**, 발자국 **적**

[주사야몽晝思夜夢]

→ 주사야탁晝思夜度

[주사야탁晝思夜度]

밤낮으로 생각하고 헤아린다는 말이다.

글자 | 낮 **주**, 생각 **사**, 밤 **야**, 헤아릴 **탁**
동류 | 주사야몽晝思夜夢

[주사청루酒肆青樓]

푸른 다락의 술 저잣거리라는 말이며, 술집과 기생집 등을 통틀어 일컫는 말이다.

글자 | 술 **주**, 저자 **사**, 푸를 **청**, 다락 **루**
출전 | 송남잡지

[주산자해鑄山煮海]

산에서 쇠를 녹여 거푸집에 붓고 바다를 끓인다는 말이며, 산에서 광물을 캐어 주조하고 바닷물로 소금을 만들어 나라의 산업을 크게 일으킨다는 뜻이다.

글자 | 쇠를 녹여 거푸집에 부을 **주**, 뫼 **산**, 끓일 **자**, 바다 **해**
출전 | 사기

[주상야몽晝想夜夢]

낮에 생각한 것이 그날 밤 꿈에 나타난다는 말이다.

ㅈ

글자 | 낮 **주**, 생각할 **상**, 밤 **야**, 꿈 **몽**

출전 | 열자

[주색잡기酒色雜技]

술과 계집과 잡된 재주라는 말이며, 술과 여자와 노름을 일컫는다.

글자 | 술 **주**, 예쁜 계집 **색**, 잡될 **잡**, 재주 **기**

[주석지신柱石之臣]

기둥 돌의 신하라는 말이며, 나라에 없어서는 안 될 기둥 같은 신하라는 뜻이다.

글자 | 기둥 **주**, 돌 **석**, 어조사 **지**, 신하 **신**

[주석지야疇昔之夜]

지난번 옛적의 밤이라는 말이며, 어제의 밤이라는 뜻이다.

원문 | 疇昔之夜飛鳴而過我者非子也耶
주석지야비명이과아자비자야야

글자 | 지난번 **주**, 옛 **석**, 어조사 **지**, 밤 **야**

출전 | 소식의 후적벽부後赤碧賦

[주선예악周旋禮樂]

예도와 음악을 두루 편다는 말이다.

글자 | 두루 **주**, 펼 **선**, 예도 **예**, 음악 **악**

출전 | 소학 선행편 실입교實立敎

[주성신직主聖臣直]

임금이 어질고 밝으면 신하도 바르다는 말이며, 위에서 행하는 바를 아래에서 본받는다는 뜻이다.

글자 | 임금 **주**, 거룩할 **성**, 신하 **신**, 곧을 **직**

출전 | 한서

[주수상반酒水相半]

술과 물이 서로 반이라는 말이며, 약을 달일 때 술과 물을 같은 분량으로 섞는다는 뜻이다.

글자 | 술 **주**, 물 **수**, 서로 **상**, 반 **반**

[주수세례注水洗禮]

물을 쏟아 씻는 예도라는 말이며, 기독교 의식의 하나로서 머리 위에 물을 떨어뜨려서 행하는 세례를 일컫는다.

글자 | 물 쏟아 흐를 **주**, 물 **수**, 씻을 **세**, 예도 **례**

출전 | 기독교

[주순호치朱脣皓齒]

→ 단순호치丹脣皓齒

[주승지기走繩之伎]

줄에 달리는 재주라는 말이며, 줄을 타는 재주라는 뜻이다.

글자 | 달릴 **주**, 줄 **승**, 어조사 **지**, 재주 **기**

[주시행육走尸行肉]

달리는 주검이요, 다니는 고기라는 말이며, 몸은 살아 있어도 정신이 없는 사람을 빗댄 말이다.

글자 | 달릴 **주**, 주검 **시**, 다닐 **행**, 고기 **육**

출전 | 안정식헌安井息軒

[주식형제酒食兄弟]

술과 밥의 형제라는 말이며, 같이 먹고 마실 때는 형제와 같다는 뜻이다.

글자 | 술 **주**, 밥 **식**, 맏 **형**, 아우 **제**

[주야겸행晝夜兼行]

낮과 밤을 겸해서 행한다는 말이며, 밤낮을 가리지 않고 계속 행한다는 뜻이다.

글자 | 낮 **주**, 밤 **야**, 겸할 **겸**, 행할 **행**

출전 | 삼국지 여몽전呂蒙傳

[주야골몰晝夜汨沒]

낮과 밤을 골몰하여 잠긴다는 말이며, 밤낮을 가리지 않고 열중한다는 뜻이다.

글자 | 낮 **주**, 밤 **야**, 골몰할 **골**, 잠길 **몰**

[주야불망晝夜不忘]

밤낮으로 잊지 못한다는 말이다.

글자 | 낮 **주**, 밤 **야**, 아닐 **불**, 잊을 **망**

[주야불사晝夜不舍]

밤낮을 쉬지 않는다는 말이다.

글자 | 낮 **주**, 밤 **야**, 아닐 **불**, 쉴 **사**

[주야불식晝夜不息]

밤낮으로 쉬지 않는다는 말이다.

글자 | 낮 **주**, 밤 **야**, 아닐 **불**, 쉴 **식**

[주야장단晝夜長短]

낮과 밤의 길고 짧음이라는 말이다.

글자 | 낮 **주**, 밤 **야**, 긴 **장**, 짧을 **단**

[주야장천晝夜長川]

낮과 밤이 긴 내와 같다는 말이며, 밤과 낮을 쉬지 않고 계속한다는 뜻이다.

글자 | 낮 **주**, 밤 **야**, 긴 **장**, 내 **천**

[주야평균晝夜平均]

낮과 밤이 고르고 고르다는 말이며, 밤낮의 길이가 똑같은 춘분과 추분을 일컫는다.

글자 | 낮 **주**, 밤 **야**, 고를 **평**, 고를 **균**

[주약신강主弱臣强]

임금은 약하고 신하는 강하다는 말이다.

글자 | 임금 **주**, 약할 **약**, 신하 **신**, 굳셀 **강**

[주어문자奏御文字]

모시고 아뢰는 글자라는 말이며, 임금에게 올리는 상소문을 일컫는다.

글자 | 아뢸 **주**, 모실 **어**, 글 **문**, 글자 **자**

[주어작청晝語雀聽]

낮말은 새가 듣는다는 말이며, 비밀이 없다는 뜻이다.

원문 | 晝語雀聽 夜語鼠聽
주어작청 야어서청

글자 | 낮 **주**, 말씀 **어**, 참새 **작**, 들을 **청**

출전 | 순오지 하

ㅈ

[주어조청晝語鳥聽]

낮말은 새가 듣는다는 말이며, 아무리 비밀히 한 일도 결국은 모두 알게 된다는 뜻이다.

글자 | 낮 **주**, 말씀 **어**, 새 **조**, 들을 **청**

출전 | 동언해

동류 | 주어작청晝語雀聽

[주언작청晝言雀聽]

→ 주어조청晝語鳥聽

[주여도반酒與稻飯]

→ 삼십육계三十六計

[주욕신사主辱臣死]

군주가 욕을 당하면 신하는 죽는다는 말이며, 군주가 욕을 당하면 신하는 죽음을 걸고 그 치욕을 씻는다는 뜻이다.

글자 | 주인 **주**, 욕되게 할 **욕**, 신하 **신**, 죽을 **사**

출전 | 국어 월어越語, 사기

동류 | 군욕신사君辱臣死

[주위상계走爲上計]

달아나는 것이 뛰어난 계교라는 말이며, 일이 궁지에 몰렸을 때는 도망가는 것이 가장 좋다는 뜻이다.

글자 | 달릴 **주**, 할 **위**, 뛰어나서 좋을 **상**, 계교 **계**

출전 | 송남잡지

동류 | 주위상책走爲上策

[주위상책走爲上策]

달아나는 것이 으뜸가는 꾀가 된다는 말이며, 피해를 입지 않으려면 피하는 것이 가장 좋은 방법이라는 뜻이다. 이는 '36가지 계략 중에서 달아나는 것이 상책이 된다.' 는 말에서 온 것이다.

원문 | 三十六計 走爲上策
삼 십 육 계 주 위 상 책

글자 | 달릴 **주**, 할 **위**, 윗 **상**, 꾀 **책**

출전 | 자치통감 141권

[주유별장酒有別腸]

술은 다른 창자를 갖는다는 말이며, 주량은 체구와 관계없다는 뜻이다.

글자 | 술 **주**, 있을 **유**, 다를 **별**, 창자 **장**

출전 | 오대사五代史

[주유성패酒有成敗]

술은 성공과 실패가 있다는 말이며, 잘 마시면 성사가 있지만 잘못 마시면 낭패가 있다는 뜻이다.

원문 | 酒有成敗而不可泛飮之
주 유 성 패 이 불 가 범 음 지

글자 | 술 **주**, 있을 **유**, 이룰 **성**, 패할 **패**

출전 | 사기, 명심보감 성심편省心篇

[주유성현酒有聖賢]

술에는 성인과 현인이 있다는 말이며, 청주淸酒는 성인이고, 탁주濁酒는 현인이라는 것이다.

글자 | 술 **주**, 있을 **유**, 성인 **성**, 현인 **현**

[주유열국周遊列國]

여러 나라를 두루 돌아다닌다는 말이며, 하릴 없이 여기저기 떠돌아다닌다는 뜻이다.

글자 | 두루 **주**, 노닐 **유**, 벌 **열**, 나라 **국**

유사 | 주유천하周遊天下

[주유천하周遊天下]

천하를 두루 돌아다니며 구경한다는 말이다.

글자 | 두루 **주**, 노닐 **유**, 하늘 **천**, 아래 **하**

[주육붕우酒肉朋友]

술과 고기의 벗들이라는 말이며, 술친구라는 뜻이다.

글자 | 술 **주**, 고기 **육**, 벗 **붕**, 벗 **우**

[주의상홀朱衣象笏]

붉은 옷에 상아의 홀이라는 말이며, 높은 벼슬아치의 옷차림을 일컫는다.

글자 | 붉을 **주**, 옷 **의**, 코끼리 **상**, 홀 **홀**

[주의점두朱衣點頭]

붉은 옷 입은 사람이 머리를 끄덕인다는 말이며, 과거에 응시한 문장이 급제했다는 뜻이다. 송나라의 시관試官이 공거貢擧의 답안지를 보고 좋다고 생각되는 글이 나올 때, 그 뒤에 붉은 옷을 입은 사람이 또한 동의한다고 머리를 끄덕이면 그 글이 반드시 급제하였다는 고사에서 온 말이다.

글자 | 붉을 **주**, 옷 **의**, 고개 끄덕일 **점**, 머리 **두**

[주이계야晝而繼夜]

낮이 밤을 잇는다는 말이며, 밤낮 쉬지 않고 일한다는 뜻이다.

글자 | 낮 **주**, 말 이을 **이**, 이을 **계**, 밤 **야**

[주이불비周而不比]

두루두루 하지만 무리는 짓지 않는다는 말이며, 군자는 사람을 두루 사귀지만 패거리는 짓지 않는다는 뜻이다.

원문 | 君子周而不比 小人比而不周
군 자 주 이 불 비 소 인 비 이 불 주

글자 | 두루 **주**, 말 이을 **이**, 아닐 **불**, 같을 (무리) **비**

출전 | 논어 위정편爲政篇

동류 | 군이부당君而不黨

[주일무적主一無適]

하나를 주장함은 주장함이 없는 것이라는 말이며, 마음을 한 군데 집중하여 잡념을 없앤다는 뜻이다.

글자 | 주장할 **주**, 없을 **무**, 주장할 **적**

출전 | 조선왕조 19대 숙종실록

[주입설출酒入舌出]

술이 들어가고 혀가 나온다는 말이며, 술을 마시면 말이 많아진다는 뜻이다.

글자 | 술 **주**, 들 **입**, 혀 **설**, 날 **출**

[주자상탈朱紫相奪]

붉은색과 자색이 서로 빼앗는다는 말

이며, 선과 악이 서로 다툰다는 뜻이다. 붉은색은 정색正色으로 선을 말하며, 자색은 적색과 청색의 간색間色이기 때문에 악을 말한다.

글자 | 붉을 **주**, 자줏빛 **자**, 서로 **상**, 빼앗을 **탈**

출전 | 고려사

[주자십회朱子十悔]

주자의 열 가지 뉘우침이라는 말이며, 사람이 실천하지 않으면 후회할 열 가지 덕목을 일컫는다. 중국 송나라 때 주자(주희朱熹)는 유교의 예禮를 근본 법칙으로 하여 다음과 같은 열 가지 덕목을 주창하였다. ① 부모에게 효도하지 않으면 죽은 뒤에 뉘우친다(不孝父母死後悔). ② 가족에게 친절하지 않으면 멀어진 뒤에 뉘우친다(不親家族疎後悔). ③ 젊었을 때 부지런히 배우지 않으면 늙어서 뉘우친다(少不勤學老後悔). ④ 편할 때 어려움을 생각하지 않으면 실패한 뒤에 뉘우친다(安不思難敗後悔). ⑤ 넉넉할 때 아껴 쓰지 않으면 가난해진 뒤에 뉘우친다(富不儉用貧後悔). ⑥ 봄에 종자를 뿌리지 않으면 가을에 뉘우친다(春不耕種秋後悔). ⑦ 담장을 고치지 않으면 도둑맞은 뒤에 뉘우친다(不治垣墻盜後悔). ⑧ 색을 삼가지 않으면 병든 뒤에 뉘우친다(色不謹愼病後悔). ⑨ 술 취한 가운데 망언은 술 깬 뒤에 뉘우친다(醉中妄言醒後悔). ⑩ 손님을 접대하지 않으면 간 뒤에 뉘우친다(不接賓客去後悔).

글자 | 붉을 **주**, 사람 **자**, 뉘우칠 **회**

출전 | 주자어류朱子語類

[주작부언做作浮言]

지어낸 떠돌아다니는 말이라는 말이며, 터무니없는 거짓말을 일컫는다.

글자 | 지을 **주**, 지을 **작**, 뜰 **부**, 말씀 **언**

[주작안산朱雀案山]

남쪽별이 뫼를 생각한다는 말이며, 남쪽에 있으면서 산을 지킨다는 뜻이다.

글자 | 남방 **주**, 남방 별 이름 **작**, 상고할 **안**, 뫼 **산**

[주장격지柱杖擊地]

기둥과 몽둥이로 땅을 친다는 말이며, 막대기로 땅바닥을 두드리면서 박자를 맞춘다는 뜻이다.

글자 | 기둥 **주**, 몽둥이 **장**, 칠 **격**, 땅 **지**

출전 | 조선왕조 4대 세종실록

[주장낙토走獐落兎]

달아나는 노루에 떨어지는 토끼라는 말이며, 뜻밖에 이익이 생겼다는 말이다.

글자 | 달아날 **주**, 노루 **장**, 떨어질 **낙**, 토끼 **토**

[주장당문朱杖撞問]

붉은 몽둥이로 치고 묻는다는 말이며, 죄인을 몽둥이로 때리고 문초한다는 뜻이다.

글자 | 붉을 **주**, 몽둥이 **장**, 칠 **당**, 물을 **문**

출전 | 조선왕조 21대 영조실록

[주장무인主張無人]

주장하여 벌리는 사람이 없다는 말이며, 일을 주재하는 사람이 없다는 뜻이다.

글자 | 주장할 **주**, 벌릴 **장**, 없을 **무**, 사람 **인**

[주장야단晝長夜短]

낮은 길고 밤은 짧다는 말이며, 하지夏至를 전후한 때를 일컫는다.

글자 | 낮 **주**, 긴 **장**, 밤 **야**, 짧을 **단**

반대 | 주단야장晝短夜長

[주저주저躊躇躊躇]

몹시 머뭇거린다는 말이다.

글자 | 머뭇거릴 **주**, 머뭇거릴 **저**

[주전출족走前出足]

앞으로 달려가는데 발을 내민다는 말이며, 곤경에 처한 사람에게 해를 끼친다는 뜻이다.

글자 | 달릴 **주**, 앞 **전**, 날 **출**, 발 **족**

출전 | 동언해

[주주객반主酒客飯]

주인은 술을 권하고, 손님은 밥을 권한다는 말이며, 주객이 다정하게 식사를 한다는 뜻이다.

글자 | 주인 **주**, 술 **주**, 손 **객**, 밥 **반**

출전 | 송남잡지

[주중강학舟中講學]

배 가운데서 학문을 강론한다는 말이며, 학문에 힘쓴다는 뜻이다. 송나라가 금나라 군사에게 쫓기는 위급한 상황에서도 배 안에서 승상 육수부陸秀夫가 매일 대학의 구절을 임금에게 권강한 고사에서 온 말이다.

글자 | 배 **주**, 가운데 **중**, 강론할 **강**, 배울 **학**

출전 | 조선왕조 14대 선조실록

[주중적국舟中敵國]

배 안에 적국이라는 말이며, 군주가 덕을 닦지 않으면 같은 배를 타고 운명을 같이하는 사람도 적이 된다는 뜻이다.

원문 | 若君不修德舟中之人盡爲敵國也(약군불수덕주중지인진위적국야)

글자 | 배 **주**, 가운데 **중**, 적 **적**, 나라 **국**

출전 | 사기 손자오기열전孫子吳起列傳

[주지육림酒池肉林]

술로 연못을 만들고 고기로 숲을 만든다는 말이며, 술과 여자가 풍성한 술상을 뜻한다. 은나라의 마지막 임금 주紂는 술로 연못을 만들고 고기를 매달아 숲을 만든 다음 남녀가 발가벗고 그 사이를 서로 쫓고 쫓기게 하여 밤낮으로 술을 퍼마시며 즐겼다고 한다.

원문 | 以酒爲池 懸育爲林
이 주 위 지 현 육 위 림

글자 | 술 **주**, 못 **지**, 고기 **육**, 수풀 **림**

출전 | 사기 은본기殷本紀

동류 | 육산주지肉山酒池

유사 | 육산포림肉山脯林

[주참적도誅斬賊盜]

역적과 도둑을 벌주어 벤다는 말이다.

글자 | 벌줄 **주**, 벨 **참**, 역적 **적**, 도둑 **도**

[주체의식主體意識]

주인의 몸이라고 생각하고 안다는 말이며, 주인의 처지에서 생각하고 활동하려고 한다는 뜻이다.

글자 | 주인 **주**, 몸 **체**, 뜻 **의**, 알 **식**

[주축일반走逐一般]

달아나는 사람이나 쫓는 사람이 다 한가지라는 말이며, 서로 옳지 않은 일을 한 이상, 꾸짖는 사람이나 꾸짖음을 받는 사람이 다 같다는 뜻이다.

글자 | 달아날 **주**, 쫓을 **축**, 모두 **반**

[주출망량晝出魍魎]

낮에 나온 도깨비라는 말이며, 이상야릇한 옷차림으로 거리에 나온 사람을 일컫는다.

글자 | 낮 **주**, 나올 **출**, 도깨비 **망**, 도깨비 **량**

[주침야소晝寢夜梳]

낮에 자고 밤에 빗질한다는 말이며, 낮에는 쉬고 밤에 활동한다는 뜻이다.

글자 | 낮 **주**, 잘 **침**, 밤 **야**, 머리 빗을 **소**

[주판지세走坂之勢]

언덕을 달려 내려가는 기세라는 말이며, 사람의 힘으로는 어찌할 수 없어 내버려 두는 형세를 빗댄 말이다.

글자 | 달릴 **주**, 언덕 **판**, 어조사 **지**, 형세 **세**

출전 | 옥루몽

[주행제일走行第一]

달아나는 것이 첫째라는 말이다.

글자 | 달릴 **주**, 갈 **행**, 차례 **제**

[주환합포珠還合浦]

구슬이 합포로 돌아온다는 말이며, 처신을 잘하면 잃어버린 물건도 돌아온다는 뜻이다. 맹상군이 합포의 태수가 되어 보니 백성이 흔하게 소유하던 진주를 볼 수 없었다. 이유인즉, 관리들이 부패하고 탐욕스러워 이 지방의 진주를 모두 긁어 들여 백성들은 자기의 진주를 빼앗기지 않으려고 다른 지방에 감추어 버렸다는 것이다. 맹상군이 바른 정치를 하자 백성들은 진주를 빼앗길 염려가 없어 다시 진주를 찾아왔다는 것이다.

글자 | 구슬 **주**, 돌아올 **환**, 모일 **합**, 바닷가 **포**

출전 | 후한서 맹상전孟嘗傳

[죽경송위竹經松緯]

대나무 씨줄에 소나무 날줄이라는 말이며, 좋은 재료에 좋은 재료를 섞었다는 뜻이다.

글자 | 대 **죽**, 씨줄 **경**, 소나무 **송**, 날줄 **위**

[죽두목설竹頭木屑]

→ 목설죽두木屑竹頭

출전 | 진서 도간전陶侃傳

[죽림산수竹林山水]

대나무 숲과 산과 물이라는 말이며, 죽림을 주로 한 산수화를 일컫는다.

글자 | 대 **죽**, 수풀 **림**, 뫼 **산**, 물 **수**

[죽림칠현竹林七賢]

죽림의 일곱 선비라는 말이며, 죽림에 모여 진나라 노자와 장자의 허무주의를 숭상하던 선비, 산도山濤·왕융王戎·유영劉伶·완적阮籍·완함阮咸·혜강嵇康·상수尙秀를 일컫는다.

글자 | 대나무 **죽**, 수풀 **림**, 어질 **현**

출전 | 세설신어

[죽마고우竹馬故友]

→ 죽마지우竹馬之友

출전 | 사기, 후한서 곽급전郭伋傳

[죽마교우竹馬交友]

→ 죽마지우竹馬之友

[죽마구우竹馬舊友]

→ 죽마지우竹馬之友

[죽마구의竹馬舊誼]

대나무 말의 옛 의라는 말이며, 어릴 때부터 같이 자란 벗 사이의 정을 일컫는다.

글자 | 대나무 **죽**, 말 **마**, 옛 **구**, 의 **의**

유사 | 죽마지우竹馬之友

[죽마지우竹馬之友]

대나무말의 벗이라는 말이며, 어려서 함께 자란 벗이라는 뜻이다. 대나무말은 어린아이들이 긴 대나무를 말처럼 가랑이 밑에 넣어 말 탄 흉내를 내며 끌고 돌아다니는 놀이이다.

글자 | 대나무 **죽**, 말 **마**, 갈 **지**, 벗 **우**

출전 | 세설신어 품조品藻편

동류 | 죽마고우竹馬故友, 죽마구우竹馬舊友, 죽마교우竹馬交友

유사 | 기죽지교騎竹之交, 죽마지호竹馬之好

[죽백지공竹帛之功]

대나무나 비단의 공이라는 말이며, 역사에 이름을 남길만한 공적을 일컫는다. 후한의 채륜蔡倫이 종이를 발명하기 전에는 대나무 조각이나 비단에 문자를 썼기 때문에 죽백이라 하면 책이나 역사를 가리킨다.

글자 | 대 **죽**, 비단 **백**, 어조사 **지**, 공 **공**

출전 | 한서

ㅈ

[죽순방석竹筍方席]

→ 죽피방석竹皮方席

[죽외일지竹外一枝]

대나무 밖의 한 가지라는 말이며, 동류가 아닌 다른 한 부류가 섞여있다는 뜻이다.

글자 | 대 **죽**, 밖 **외**, 가지 **지**

출전 | 소식蘇軾의 시

[죽장망혜竹杖芒鞋]

대나무 지팡이와 짚신이라는 말이며, 먼 길을 떠날 때의 아주 간편한 차림새를 일컫는다.

글자 | 대나무 **죽**, 지팡이 **장**, 가시랭이 **망**, 가죽신 **혜**

출전 | 조선창극사朝鮮唱劇史

[죽포송무竹苞松茂]

대나무가 다복이 나고 소나무가 무성하다는 말이며, 형제가 이와 같이 의좋게 지내라는 뜻이다.

글자 | 대나무 **죽**, 초목이 다복이 날 **포**, 소나무 **송**, 무성할 **무**

출전 | 시경 소아小雅 사간편斯干篇

[죽피방석竹皮方席]

대나무 껍질의 방석이라는 말이며, 대나무 껍질로 짚을 싸서 결어 만든 방석을 일컫는다.

글자 | 대나무 **죽**, 껍질 **피**, 모 **방**, 돗 **석**

[준걸재위俊傑在位]

빼어난 인걸이 자리에 있다는 말이며, 훌륭한 인재가 적절한 지위에 있다는 뜻이다.

글자 | 빼어날 **준**, 인걸 **걸**, 있을 **재**, 자리 **위**

출전 | 맹자 공손추 상

관련 | 존현사능尊賢使能

[준기불서准期不敍]

법이 정한 기한에 쓰지 아니한다는 말이며, 일정 기간 벼슬에 임용하지 않는다는 뜻이다.

글자 | 법 **준**, 기한 **기**, 아닐 **불**, 쓸 **서**

출전 | 조선왕조 9대 성종실록

[준답배증僔沓背憎]

모여서는 좋게 말하고 돌아서면 미워한다는 말이며, 눈앞에서는 친한 척 수다를 떨다가 돌아서면 비방한다는 뜻이다.

원문 | 僔沓背憎 職競由人
준 답 배 증 직 경 유 인

글자 | 모을 **준**, 말 잘할 **답**, 얼굴 돌이킬 **배**, 미울 **증**

출전 | 춘추좌씨전 희공僖公 상

[준로질비鵕獹迭裨]

교활한 토끼와 좋은 개가 다투면 고달프다는 말이며, 서로 양보하지 않고 끝까지 경쟁하면 모두 지쳐버린다는 뜻이다.

글자 | 교활한 토끼 **준**, 좋은 개 **로**, 침노할 **질**, 고달플 **비**

출전 | 고려사 1권

[준민고택浚民膏澤]

백성의 기름을 취하고 씻는다는 말이며, 백성의 재물을 마구 착취해서 괴롭힌다는 뜻이다.

글자 | 취할 **준**, 백성 **민**, 기름 **고**, 씻을 **택**

출전 | 홍길동전

[준양시회遵養時晦]

좇고 기르며 때에 숨는다는 말이며, 도道를 좇고 뜻을 기르며 때를 기다려 은신한다는 뜻이다.

글자 | 좇을 **준**, 기를 **양**, 때 **시**, 숨길 **회**

출전 | 시경 주송周頌

[준조절충樽俎折衝]

술자리에서 충돌을 꺾는다는 말이며, 외교 등 교섭에서 유리하게 홍정한다는 뜻이다. 제나라 안영晏嬰의 외교 수완에 대한 기록이다. '술통과 도마 사이(樽俎間)를 나가지 아니하고 천리 밖에서 절충한다 함은 안영을 두고 하는 말이다.'

원문 | 不出樽俎之間 而折衝千里 之外
불출준조지간 이절충천리 지외

글자 | 술통 **준**, 도마 **조**, 꺾을 **절**, 충돌할 **충**

출전 | 전국책戰國策 제편齊篇

유사 | 준조지사樽俎之師

[준족장판駿足長阪]

준마의 발과 긴 산비탈이라는 말이며, 유능한 인물이 재능을 발휘할 좋은 기회를 만났다는 뜻이다.

원문 | 駿足思長阪
준족사장판

글자 | 준마 **준**, 발 **족**, 긴 **장**, 산비탈 **판**

출전 | 문선

[준준무식蠢蠢無識]

굼뜨고 아는 것이 없다는 말이다.

글자 | 벌레 굼실거릴 **준**, 없을 **무**, 알 **식**

동류 | 준준무지蠢蠢無知

[중개열지衆皆悅之]

무리들 모두가 기뻐한다는 말이며, 여러 사람들이 다 그를 좋아하고 자신도 옳다고 여기지만 선비가 호랑이를 잡은 것은 덕을 해치는 처사라는 것이다.

원문 | 衆皆悅之 自以爲是 而不可 與人 堯舜之道
중개열지 자이위시 이불가 여인 요순지도

글자 | 무리 **중**, 다 **개**, 기쁠 **열**, 어조사 **지**

출전 | 맹자 진심 하

[중경외폐中扃外閉]

속으로 빗장을 지르고 밖으로 문을 닫는다는 말이며, 욕심을 겉으로 드러내지 않고 사악邪惡을 속으로 들이지 않는다는 뜻이다.

글자 | 속 **중**, 빗장 **경**, 바깥 **외**, 닫을 **폐**

출전 | 문중자文中子

[중고지장衆瞽之杖]

여러 장님의 지팡이라는 말이며, 아무데나 가리지 않고 마구 때린다는 뜻이다.

글자 | 무리 **중**, 장님 **고**, 어조사 **지**, 지팡이 **장**

출전 | 흠흠신서欽欽新書 6권

[중과부적衆寡不敵]

적은 무리는 큰 무리를 대적하지 못한다는 말이다. 맹자가 제나라 선왕에게 한 말이다. '소국은 결코 대국을 이길 수 없고, 적은 무리는 많은 무리를 대적하지 못하며, 약자는 강자에게 패하기 마련입니다.'

원문 | 寡固不可以敵衆
과 고 불 가 이 적 중

글자 | 무리 **중**, 적을 **과**, 아닐 **부**, 적수 **적**

출전 | 맹자 양혜왕梁惠王 상

[중구난방衆口難防]

많은 사람들의 입을 막기 어렵다는 말이다. 주나라 여왕厲王의 언론 탄압정책에 대하여 소공召公이 간한 내용이다. '백성의 입을 막는 것은 시냇물을 막는 것보다 더한 것입니다(防民之口甚於防川). 시냇물이 막혔다가 터지면 사람들이 많이 상하게 됩니다. 백성들도 마찬가지입니다. 그러므로 시냇물을 다스리는 사람은 물이 흘러내리도록 하고, 백성을 다스리는 사람은 생각하는 대로 말하게 해야 합니다.'

글자 | 무리 **중**, 입 **구**, 어려울 **난**, 막을 **방**

출전 | 십팔사략, 사기 주본기周本紀

[중구난조衆口難調]

→ 중구난방衆口難防

[중구삭금衆口鑠金]

많은 사람의 입은 쇠를 녹인다는 말이며, 여론의 힘을 빗댄 말이다.

원문 | 衆口鑠金 積毁鎖骨
중 구 삭 금 적 훼 쇄 골

글자 | 무리 **중**, 입 **구**, 녹일 **삭**, 쇠 **금**

출전 | 사기 장의열전

동류 | 중구연금衆口鍊金

[중구연금衆口鍊金]

→ 중구삭금衆口鑠金

[중구지어中鉤之魚]

갈고리 가운데의 고기라는 말이며, 낚싯바늘에 걸린 물고기와 같이 죽을 지경에 있다는 빗댄 말이다.

글자 | 가운데 **중**, 갈고리 **구**, 어조사 **지**, 고기 **어**

출전 | 고문서집성 28권

[중권후경中權後勁]

가운데는 모사謀事하고 뒤는 굳세다는 말이며, 중군은 권모를 쓰고, 후군은 굳세게 싸우는 전투방식을 일컫는다.

글자 | 가운데 **중**, 모사할 **권**, 뒤 **후**, 굳셀 **경**

출전 | 춘추좌씨전

[중노난범衆怒難犯]

무리의 성냄을 범하면 어렵다는 말이며, 군중의 분노를 함부로 건드리면 어렵게 된다는 뜻이다.

글자 | 무리 **중**, 성낼 **노**, 어려울 **난**, 범할 **범**

출전 | 춘추좌씨전

[중농주의重農主義]

농사를 중점으로 하는 것이 옳은 주장이라는 말이며, 18세기 후반 프랑스의 F. 케네를 중심으로 전개된 경제이론과 경제정책으로서 국가 사회의 부富의 기초는 농업에 있다는 사상을 일컫는다.

글자 | 무겁게 여길 **중**, 농사 **농**, 주장할 **주**, 옳을 **의**

[중니지도仲尼之徒]

중니의 무리라는 말이며, 공자의 학문을 우러러 받드는 사람을 일컫는다. 중니는 공자의 자字이다.

글자 | 버금 **중**, 화할 **니**, 어조사 **지**, 무리 **도**

출전 | 맹자 양혜왕 상

[중도개로中途改路]

하던 일을 도중에 바꾼다는 말이다.

글자 | 가운데 **중**, 길 **도**, 고칠 **개**, 길 **로**

유사 | 중도이폐中道而廢

[중도반단中途半端]

길의 중간, 그리고 끝까지의 반이라는 말이며, 일을 하다가 이루지 못한 상태 또는 끝까지 해내지 못한 상태를 일컫는다.

글자 | 가운데 **중**, 길 **도**, 반 **반**, 끝 **단**

유사 | 용두사미龍頭蛇尾

[중도이폐中道而廢]

길 중간에 폐지한다는 말이며, 일을 끝내지 않고 그만둔다는 뜻이다.

원문 | 力不足者 中道而廢
역 부 족 자 중 도 이 폐

글자 | 가운데 **중**, 길 **도**, 말 이을 **이**, 폐할 **폐**

출전 | 논어 옹야雍也

유사 | 반도이폐半途而廢

[중론불일衆論不一]

뭇 사람의 의논이 하나같지 않다는 말이다.

글자 | 무리 **중**, 의논 **론**, 아닐 **불**

[중류격즙中流擊楫]

흐르는 가운데 노를 친다는 말이며, 치욕을 갚고 실지失地를 회복하겠다는 기세를 빗댄 말이다.

원문 | 渡江中流擊楫而誓曰
도 강 중 류 격 즙 이 서 왈

글자 | 가운데 **중**, 흐를 **류**, 칠 **격**, 노 **즙**

출전 | 진서 조적전祖逖傳

[중류지주中流砥柱]

흐르는 가운데 버팀목이라는 말이며, 역경 속에서 핵심의 역할을 한다는 뜻이다. 지주砥柱는 황하 가운데 있는 작은 산인데 황하의 격류 속에서도 조금도 흔들리지 않고 있다는데서 온 말이다.

글자 | 가운데 **중**, 흐를 **류**, 지주 **지**, 기둥 **주**

출전 | 안자춘추

[중립불편中立不偏]

가운데 서서 치우치지 않는다는 말이다.

글자 | 가운데 **중**, 설 **립**, 아닐 **불**, 치우칠 **편**

[중망소귀衆望所歸]

대중의 신망이 한 사람에게 돌아간다는 말이다.

글자 | 무리 **중**, 바랄 **망**, 바 **소**, 돌아갈 **귀**

[중매구전仲買口錢]

사는 것을 중개한 말의 돈이라는 말이며, 매매를 중개한 대가로 받는 수수료를 일컫는다.

글자 | 중개할 **중**, 살 **매**, 말 **구**, 돈 **전**

[중맹모상衆盲摸象]

여러 장님이 코끼리 더듬듯 한다는 말이며, 어떤 사물의 전체를 보지 못하고 일부분만 가지고 사물을 판단한다는 뜻이다.

글자 | 무리 **중**, 판수 **맹**, 잡을 **모**, 코끼리 **상**

출전 | 고금석림 17권

[중목방매中目放賣]

가운데 눈을 놓아 판다는 말이며, 남의 물건을 훔쳐다 판다는 뜻이다.

글자 | 가운데 **중**, 눈 **목**, 놓을 **방**, 팔 **매**

[중목소시衆目所視]

뭇사람의 눈이 보는 바와 같다는 말이다.

글자 | 무리 **중**, 눈 **목**, 바 **소**, 볼 **시**

동류 | 중인소시衆人所視, 중인환시衆人環視

[중목환시衆目環視]

→ 중인환시衆人環視

[중무소주中無所主]

마음속에 주된 바가 없다는 말이다.

글자 | 마음 **중**, 없을 **무**, 바 **소**, 주인 **주**

[중문격탁重門擊柝]

문을 거듭하고 목탁을 친다는 말이며, 경계를 엄중히 한다는 뜻이다.

글자 | 거듭할 **중**, 문 **문**, 칠 **격**, 목탁 **탁**

출전 | 주역 계사전繫辭傳 하

[중병지여重病之餘]

무거운 병의 나머지라는 말이며, 중

병을 앓고 난 뒤라는 뜻이다.

글자 | 무거울 **중**, 병 **병**, 어조사 **지**, 나머지 **여**

[중봉직필中鋒直筆]

끝을 가운데로 하고 붓을 똑바로 한다는 말이며, 붓글씨를 쓸 때, 붓끝 뾰족한 부분이 어느 방향이든 모든 획의 정중앙을 지나게 해야 하고 붓대가 지면과 직각을 이루게 해야 한다는 뜻이다.

글자 | 가운데 **중**, 끝 **봉**, 바를 **직**, 붓 **필**

출전 | 추사방현기秋史訪見記

[중산위약衆散爲弱]

무리가 흩어지면 약하게 된다는 말이며, 군중은 뭉쳐야 힘이 생긴다는 뜻이다.

글자 | 무리 **중**, 흩을 **산**, 될 **위**, 약할 **약**

[중상모략中傷謀略]

꾀로서 가운데를 상하게 한다는 말이며, 근거 없는 말로 남을 헐뜯어 명예나 지위를 손상시킨다는 뜻이다.

글자 | 가운데 **중**, 상할 **상**, 꾀 **모**, 꾀 **략**

[중생세간衆生世間]

무리가 사는 세상이라는 말이며, 많은 사람이 사는 세상이라는 뜻이다.

글자 | 무리 **중**, 살 **생**, 세상 **세**, 사이 **간**

[중생제도衆生濟度]

[부처가] 중생을 구제해서 불과佛果를 얻게 한다는 말이며, 사람이 죄에 빠져 있는 것을 구한다는 뜻이다.

글자 | 무리 **중**, 살 **생**, 구할 **제**, 법 **도**

출전 | 요곡謠曲

[중생화도衆生化道]

살아있는 무리에게 도리를 교화한다는 말이며, 중생을 가르쳐 깨달음의 경지로 이르게 한다는 뜻이다.

글자 | 무리 **중**, 살 **생**, 교화 **화**, 도리 **도**

[중생회향衆生廻向]

중생에게 돌린다는 말이며, 자기 이외의 중생들을 해탈케 하려고 자기가 수행하여 얻는 공덕을 중생에게 돌려준다는 뜻이다.

글자 | 무리 **중**, 살 **생**, 돌아올 **회**, 향할 **향**

출전 | 불교

[중석몰촉中石沒鏃]

돌 속에 화살이 깊이 박혔다는 말이며, 정신을 집중해서 전력을 다하면 어떤 일도 성공할 수 있다는 뜻이다. 전한의 이광李廣이 궁술과 기마술이 뛰어난 용장인데, 어느 날 황혼녘에 초원을 지나다가 어둠 속에 몸을 웅크리고 있는 호랑이를 발견하고 일발필살一發必殺의 신념으로 활을 당겼다. 화살은 명중했는데 호랑이는 꼼짝하지 않아 가까이 다가가 보니 그것은 화살이 깊이 박힌 큰 돌이었다고 한다.

글자 | 가운데 **중**, 돌 **석**, 잠길 **몰**, 화살 **촉**

ㅈ

출전 | 사기 이장군열전李將軍列傳
동류 | 사석음익射石飮翼, 웅거석호熊渠射虎
유사 | 일념통암一念通巖

[중소공지衆所共知]

뭇사람이 다 아는 바라는 말이다.

글자 | 무리 **중**, 바 **소**, 다 **공**, 알 **지**

[중소성다衆小成多]

작은 무리가 많은 것을 이루었다는 말이며, 작은 힘도 많이 모이면 큰 힘이 된다는 뜻이다.

글자 | 무리 **중**, 작을 **소**, 이룰 **성**, 많을 **다**
출전 | 한서 동중서전董仲舒傳

[중심성성衆心成城]

뭇사람의 마음이 성벽을 이룬다는 말이며, 많은 사람이 한마음으로 뭉치면 성과 같이 튼튼하다는 뜻이다.

글자 | 무리 **중**, 마음 **심**, 이룰 **성**, 성 **성**
출전 | 국어 주어周語 하
동류 | 중지성성衆志成城

[중양지장衆陽之長]

많은 별의 으뜸이라는 말이며, 태양을 일컫는다.

글자 | 많을 **중**, 볕 **양**, 어조사 **지**, 으뜸 **장**
출전 | 한서

[중언부언重言復言]

말을 거듭하고 말을 다시 한다는 말이며, 똑같은 말을 자꾸 되풀이한다는 뜻이다.

글자 | 거듭 **중**, 말씀 **언**, 다시 **부**
출전 | 흠흠신서 5권

[중옹습희重雍襲熙]

화합을 거듭하고 밝음을 잇는다는 말이며, 태평한 세상이 오래 이어간다는 뜻이다.

글자 | 거듭 **중**, 화할 **옹**, 이을 **습**, 밝을 **희**
출전 | 조선왕조 4대 세종실록

[중용지도中庸之道]

가운데로 쓰이는 길이라는 말이다. 이쪽저쪽 치우치지 않는다는 뜻이다. 사서四書 중의 하나인 중용의 첫머리에서 다음과 같이 풀이하고 있다. '편벽되지 않은 것을 중中이라 하고, 바뀌지 않는 것을 용庸이라 한다. 중은 천하의 바른길이요, 용은 천하의 정해진 이치이다.'

원문 | 不偏之謂中 不易之謂庸 中者
불편지위중 불역지위용 중자
天下之正道 庸者 天下之定理
천하지정도 용자 천하지정리

글자 | 가운데 **중**, 쓸 **용**, 어조사 **지**, 길 **도**
출전 | 중용

[중우정치衆愚政治]

어리석은 무리의 정치라는 말이며, 조직은 민주적일지라도 절대적인 원칙대로 선정善政이 베풀어지지 않는다는 것으로 민주정치의 모순을 일컫는다.

글자 | 무리 **중**, 어리석을 **우**, 정사 **정**, 다스릴 **치**
출전 | 플라톤의 국가론國家論

[중원지록中原之鹿]

들판 가운데 있는 사슴이라는 말이며, 천하의 군웅群雄이 제위帝位를 다툰다는 뜻이다.

글자 | 가운데 **중**, 들 **원**, 어조사 **지**, 사슴 **록**
출전 | 사기

[중원축록中原逐鹿]

중원의 사슴을 쫓는다는 말이며, 어떤 지위를 얻기 위해 서로 경쟁한다는 뜻이다.

글자 | 가운데 **중**, 들 **원**, 쫓을 **축**, 사슴 **록**
출전 | 사기 회음후열전淮陰侯列傳
동류 | 중원지록中原之鹿, 중원석록中原射鹿
유사 | 축록장리逐鹿場裡

[중유지려中有之旅]

중간에 있는 나그네라는 말이며, 중유(저승)의 몸이 왕생往生의 인연을 찾아 헤매 다닌다는 뜻이다.

글자 | 가운데 **중**, 있을 **유**, 어조사 **지**, 나그네 **려**

[중인광좌衆人廣座]

많은 사람이 넓게 앉았다는 말이며, 뭇 사람이 한자리에 많이 모였다는 뜻이다.

글자 | 많을 **중**, 사람 **인**, 넓을 **광**, 앉을 **좌**

[중인소시衆人所視]

뭇 사람이 보고 있는 바라는 말이다.

글자 | 무리 **중**, 사람 **인**, 바 **소**, 볼 **시**
동류 | 중인환시衆人環視, 중목소시衆目所視

[중인중리衆人重利]

많은 사람들이 이로움을 무겁게 여긴다는 말이다.

원문 | **衆人重利 廉士重名**
중 인 중 리 염 사 중 명
글자 | 많을 **중**, 사람 **인**, 무겁게 여길 **중**, 이로울 **리**
출전 | 장자

[중인환시衆人環視]

뭇 사람이 둘레에서 본다는 말이며, 여러 사람이 에워싸고 지켜본다는 뜻이다.

글자 | 무리 **중**, 사람 **인**, 둘레 **환**, 볼 **시**
동류 | 중인소시衆人所視

[중인환좌衆人環座]

많은 사람들이 둥글게 앉았다는 말이며, 한곳에 둘러앉았다는 뜻이다.

글자 | 많을 **중**, 사람 **인**, 둥글 **환**, 앉을 **좌**

[중전마마中殿媽媽]

가운데 대궐의 어미 중의 어미라는 말

이며, 왕비를 높여 부르는 호칭이다.

글자 | 가운데 **중**, 대궐 **전**, 어미 **마**

[중정울불衆情鬱怫]

무리의 마음속이 답답하고 답답하다는 말이며, 대중의 감정이 터져서 들끓는다는 뜻이다.

글자 | 무리 **중**, 마음속 **정**, 답답할 **울**, 답답할 **불**

[중조군휴衆嘲群咻]

여러 사람이 모여서 조롱하고 지껄인다는 말이며, 많은 사람이 비웃고 헐뜯는다는 뜻이다.

글자 | 무리 **중**, 조롱할 **조**, 무리 **군**, 지껄일 **휴**

출전 | 조선왕조 21대 영조실록 15권

[중조위당中朝爲唐]

중국의 조정을 당唐이라 한다는 말이며, 당나라가 오랫동안 중국을 지배했다는 뜻이다.

글자 | 가운데 **중**, 조정 **조**, 할 **위**, 당나라 **당**

출전 | 송남잡지

[중족이립重足而立]

무거운 발로 서 있다는 말이며, 몹시 두려워 감히 화를 내거나 말을 꺼내지 못하고 있다는 뜻이다.

글자 | 무거울 **중**, 발 **족**, 말 이을 **이**, 설 **립**

출전 | 사기 급정汲鄭열전

[중족측목重足仄目]

발이 겹쳐져 잘 걷지 못하고 곁눈질해 본다는 말이며, 위풍이나 위세에 눌려 두려워하는 모양을 일컫는다.

글자 | 거듭 **중**, 발 **족**, 곁눈질할 **측**, 눈 **목**

출전 | 사기 급정열전汲鄭列傳

[중중첩첩重重疊疊]

겹겹으로 포개져 있다는 말이다.

글자 | 거듭 **중**, 거듭 **첩**

[중중촉촉重重矗矗]

겹겹이 높이 솟아 삐죽삐죽하다는 말이다.

글자 | 거듭 **중**, 우뚝할 **촉**

[중지성성衆志成城]

→ 중심성성衆心成城

[중천세계中千世界]

가운데 있는 천 개의 세계라는 말이며, 3천 세계에서 중간에 있는 천세계를 일컫는다. 3천 세계는 소천세계, 중천세계, 대천세계로 되어 있는데, 중천은 소천의 천배이고 대천의 천분의 1이다.

글자 | 가운데 **중**, 일천 **천**, 세상 **세**, 지경 **계**

출전 | 불교

[중첩산수重疊山水]

겹쳐 쌓인 산과 물이라는 말이다.

글자 | 겹칠 **중**, 쌓일 **첩**, 뫼 **산**, 물 **수**

[중추성묘中秋省墓]

가을 가운데 무덤을 살핀다는 말이며, 추석에 조상의 묘소를 참배한다는 뜻이다.

글자 | 가운데 **중**, 가을 **추**, 살필 **성**, 무덤 **묘**

[중추월병仲秋月餠]

가을 가운데 달떡이라는 말이며, 음력 8월 한가위에 먹는 잡곡 떡을 일컫는다.

글자 | 가운데 **중**, 가을 **추**, 달 **월**, 떡 **병**

[중추인물中樞人物]

가운데의 중요한 사람의 무리라는 말이다.

글자 | 가운데 **중**, 중요할 **추**, 사람 **인**, 무리 **물**

[중취독성衆醉獨醒]

모두 취한 가운데 홀로 깨어 있다는 말이며, 세상의 모든 사람이 불의와 부정을 저지르는 가운데 혼자 이를 반대하여 자신의 덕성을 지키는 사람을 빗댄 말이다. 초나라 시인 굴원屈原이 한 말이다. '온 세상이 혼탁하지만 나만 맑고 깨끗하며 모두가 술에 취해 있지만 나 홀로 깨어있어 그들이 나를 쫓아냈다네.'

원문 | 擧世皆濁 我獨清 衆人皆醉 我獨醒
거세개독 아독청 중인개취 아독성

글자 | 무리 **중**, 취할 **취**, 홀로 **독**, 깰 **성**

출전 | 사기 굴원屈原·가생賈生열전

[중치천금重値千金]

중하기가 천금의 값이라는 말이며, 매우 귀중하다는 뜻이다.

원문 | 一言利人 重値千金
일언이인 중치천금

글자 | 무거울 **중**, 값 **치**, 일천 **천**, 금 **금**

출전 | 명심보감 언어편言語篇

[중행독복中行獨復]

가운데를 다니며 홀로 갔다 온다는 말이며, 홀로 정도正道를 밟는다는 뜻이다.

글자 | 가운데 **중**, 다닐 **행**, 홀로 **독**, 갔다올 **복**

출전 | 주역 복괘육사효사復卦六四爻辭

[중현모여衆賢茅茹]

많은 어진 이가 띠와 띠 뿌리라는 말이며, 많은 현인들이 조정에 나아가 벼슬하고 있다는 뜻이다.

글자 | 많을 **중**, 어질 **현**, 띠 **모**, 띠 뿌리 **여**

[중화지기中和之氣]

치우침이 없이 화평한 기상이라는 말이다.

글자 | 가운데 **중**, 고루 **화**, 어조사 **지**, 기운 **기**

ㅈ

[중환치사中丸致死]

탄환에 맞아 죽었다는 말이다.

글자 | 맞힐 **중**, 탄자 **환**, 이를 **치**, 죽을 **사**

[중후경박重厚輕薄]

무겁고 두터운 것과 가볍고 엷은 것이라는 말이다.

글자 | 무거울 **중**, 두터울 **후**, 가벼울 **경**, 엷을 **박**

[중후표산衆煦漂山]

무리가 따뜻하면 산을 움직인다는 말이며, 대중의 힘이 위대하다는 뜻이다.

원문 | 夫衆煦漂山 聚蚊成雷
부중후표산 취문성뢰

글자 | 무리 **중**, 따뜻하게 할 **후**, 뜰 **표**, 뫼 **산**

출전 | 한서 중산정왕승전中山靖王勝傳

[중흥지주中興之主]

[나라를] 바르게 일으켜 세운 임금이라는 말이다.

글자 | 바른 덕 **중**, 일어날 **흥**, 어조사 **지**, 임금 **주**

[중희누흡重熙累洽]

빛이 거듭하여 은택恩澤이 쌓인다는 말이며, 대대로 천자天子가 현명하여 태평한 세상이 계속된다는 뜻이다.

글자 | 거듭 **중**, 빛날 **희**, 더할 **누**, 젖을 **흡**

출전 | 반고班固의 동도부東都賦

[즉득왕생卽得往生]

곧 [다시] 태어나 가게 됨을 얻는다는 말이며, 죽은 뒤 곧 극락에 가게 된다는 뜻이다.

원문 | 卽得往生安樂刹
즉득왕생안락찰

글자 | 곧 **즉**, 얻을 **득**, 갈 **왕**, 날 **생**

출전 | 장업염불莊嚴念佛

[즉신성불卽身成佛]

몸이 곧 부처를 이룬다는 말이며, 부처의 삼밀三密과 중생의 삼밀이 상응하면 생불 평등의 이치에 따라 육신肉身인 채로 부처가 된다는 뜻이다.

글자 | 곧 **즉**, 몸 **신**, 이룰 **성**, 부처 **불**

출전 | 불교

[즉심시불卽心是佛]

마음이 곧 부처라는 말이며, 사람은 번뇌로 인하여 마음이 더러워지는데, 본심은 불성佛性임으로 중생의 마음이 곧 부처의 마음이라는 뜻이다.

글자 | 곧 **즉**, 마음 **심**, 이 **시**, 부처 **불**

출전 | 전등록

동류 | 즉심염불卽心念佛, 즉심즉불卽心卽佛

[즉심염불卽心念佛]

→ 즉심시불卽心是佛

[즉일방방卽日放榜]

그날에 방을 놓는다는 말이며, 과거

를 보인 그날로 방을 내어 합격을 알린다는 뜻이다.

글자 | 곧 **즉**, 날 **일**, 놓을 **방**, 방 **방**

[즉일창방卽日唱榜]

→ 즉일방방卽日放榜

[즐풍목우櫛風沐雨]

바람으로 머리를 빗고 비로 목욕을 한다는 말이며, 오랜 세월 객지를 떠돌며 어렵게 지낸다는 뜻이다.

원문 | 沐甚雨櫛疾風
목 심 우 즐 질 풍

글자 | 빗 **즐**, 바람 **풍**, 목욕할 **목**, 비 **우**

출전 | 진서 문제기文帝記

동류 | 풍소우목風梳雨沐

유사 | 풍찬노숙風餐露宿

[증삼살인曾參殺人]

거듭 세 번이면 사람을 죽인다는 말이며, 거짓말도 거듭하면 믿게 된다는 뜻이다.

글자 | 거듭 **증**, 석 **삼**, 죽일 **살**, 사람 **인**

출전 | 전국책 진책秦策

유사 | 삼인성호三人成虎

[증양지직證羊之直]

양을 보증하는 곧음이라는 말이며, 자기 아버지가 남의 양을 훔친 사건에 대하여 보증하리만큼 지나치게 정직하다는 뜻이다.

글자 | 보증할 **증**, 양 **양**, 어조사 **지**, 곧을 **직**

출전 | 논어 자로

동류 | 직궁증부直躬證父

[증예지효蒸乂之孝]

두텁고 어진 효도라는 말이며, 부모에 대한 지극한 효성을 일컫는다.

글자 | 두터울 **증**, 어질 **예**, 어조사 **지**, 효도 **효**

출전 | 조선왕조 13대 명종실록 10권

[증이파의甑已破矣]

시루는 이미 깨졌다는 말이며, 이미 그릇된 일을 뉘우쳐도 소용이 없다는 뜻이다.

원문 | 甑已破矣 視之何益
증 이 파 의 시 지 하 익

글자 | 시루 **증**, 이미 **이**, 깨뜨릴 **파**, 어조사 **이**

출전 | 송남잡지

유사 | 복배지수覆盃之水

[증작지설矰繳之說]

주살과 같은 말이라는 말이며, 주살로 새를 잡아 맞으면 횡재를 하듯이 만일의 요행을 바라고 하는 무책임한 언론을 일컫는다.

글자 | 주살 **증**, 주살 **작(격)**, 어조사 **지**, 말씀 **설**

출전 | 한비자

[증중생진甑中生塵]

시루 속에 먼지가 생겼다는 말이며,

매우 가난한 살림을 빗댄 말이다.

원문 | 甑中生塵 范史雲
증중생진 범사운

글자 | 시루 **증**, 가운데 **중**, 날 **생**, 먼지 **진**

출전 | 후한서 범염전范冉傳

[증진부어甑塵釜魚]

시루에 먼지가 쌓이고 가마에 물고기가 논다는 말이며, 매우 가난하다는 뜻이다.

글자 | 시루 **증**, 먼지 **진**, 가마 **부**, 고기 **어**

출전 | 후한서 범염전范冉傳

[증타불고甑墮不顧]

시루가 떨어져도 돌아보지 않는다는 말이며, 사물에 대한 단념이 빠르다는 뜻이다.

글자 | 시루 **증**, 떨어질 **타**, 아닐 **불**, 돌아볼 **고**

출전 | 후한서

[지각천애地角天涯]

땅의 모퉁이와 하늘의 끝이라는 말이며, 서로 멀리 떨어져 있음을 빗댄 말이다.

원문 | 一在天之涯 一在地之角
일재천지애 일재지지각

글자 | 땅 **지**, 모퉁이 **각**, 하늘 **천**, 물가 **애**

출전 | 한유의 제십이랑문祭十二郎文

[지갈지계止渴之計]

목마름을 그치게 하는 꾀라는 말이며, 임기응변을 빗댄 말이다. 중국 위나라 무제가 군사들에게 전방에 매화나무 숲이 있다고 하여 목마름을 참을 수 있게 하였다는 고사에서 온 말이다.

글자 | 그칠 **지**, 목마를 **갈**, 어조사 **지**, 꾀 **계**

[지강급미舐糠及米]

쌀겨를 핥아 먹다가 쌀에 미친다는 말이며, 영토를 조금씩 잠식해오다가 마침내 나라를 망하게 한다는 뜻이다.

글자 | 핥을 **지**, 쌀겨 **강**, 미칠 **급**, 쌀 **미**

출전 | 사기 오왕비열전吳王濞列傳

[지검대적持劍對賊]

칼을 가지고 도둑과 대적한다는 말이다.

글자 | 가질 **지**, 칼 **검**, 대할 **대**, 도둑 **적**

[지고기양志高氣揚]

뜻이 높고 기상이 드날린다는 말이다. 사기의 글이다. '집집이 번창하고 사람마다 풍족하며 기개가 높다.'

원문 | 家殷人足 志高氣揚
가은인족 지고기양

글자 | 뜻 **지**, 높을 **고**, 기운 **기**, 드날릴 **양**

출전 | 사기 소진열전

[지고지상至高至上]

높은데 이르고 위에 이른다는 말이며, 뜻이 더할 수 없이 높고 아주 존엄하다는 뜻이다.

글자 | 이를 **지**, 높을 **고**, 윗 **상**

[지고지순至高至順]

높은 데 이르고 순한 데 이른다는 말이며, 더할 수 없이 높고 순하다는 뜻이다.

글자 | 이를 **지**, 높을 **고**, 순할 **순**

[지공무사至公無私]

지극히 공변되고 사사로움이 없다는 말이다.

글자 | 지극할 **지**, 공변될 **공**, 없을 **무**, 사사 **사**

[지공지평至公至平]

지극히 공변되고 바르다는 말이다.

글자 | 지극할 **지**, 공변될 **공**, 바를 **평**

[지과필개知過必改]

허물을 알면 반드시 고친다는 말이다.

원문 | 知過必改 得能莫忘
지 과 필 개 득 능 막 망

글자 | 알 **지**, 허물 **과**, 반드시 **필**, 고칠 **개**

출전 | 논어 자장子張, 명심보감

[지광인희地廣人稀]

땅은 넓고 사람은 드물다는 말이다.

글자 | 땅 **지**, 넓을 **광**, 사람 **인**, 드물 **희**

[지구지계持久之計]

오래 끄는 계책이라는 말이며, 승부를 단숨에 내지 않고 농성하거나 포위하여 적을 압박하는 계략을 일컫는다.

글자 | 가질 **지**, 오랠 **구**, 어조사 **지**, 꾀 **계**

출전 | 삼국지

[지궁차궁至窮且窮]

지극히 막히고 또 막혔다는 말이며, 더할 나위 없이 매우 곤궁하다는 뜻이다.

글자 | 지극할 **지**, 막힐 **궁**, 또 **차**

[지근거리至近距離]

지극히 가까운 거리라는 말이다.

글자 | 지극할 **지**, 가까울 **근**, 이를 **거**, 떠날 **리**

[지근지지至近之地]

지극히 가까운 땅이라는 말이다.

글자 | 지극할 **지**, 가까울 **근**, 어조사 **지**, 땅 **지**

[지근지처至近之處]

→ 지근지지至近之地

[지기도타知機逃躱]

기미를 알고 달아나 피한다는 말이며, 죄지은 자가 자기를 잡으러 올 눈치를 미리 알고 도망하여 피한다는 뜻이다.

글자 | 알 **지**, 기미 **기**, 달아날 **도**, 피할 **타**

[지기상합志氣相合]

뜻과 기운이 서로 같다는 말이다.

글자 | 뜻 **지**, 기운 **기**, 서로 **상**, 같을 **합**

[지기지심知己知心]

자기를 알고 마음을 안다는 말이며,

남남끼리 서로 마음이 통하여 지극하고 참되게 알아준다는 뜻이다.

글자 | 알 **지**, 몸 **기**, 마음 **심**

[지기지우知己之友]

자기를 알아주는 참다운 벗이라는 말이다.

글자 | 알 **지**, 몸 **기**, 어조사 **지**, 벗 **우**

유사 | 막역지우莫逆之友, 심복지우心腹之友

[지기추상持己秋霜]

→ 대인춘풍待人春風

[지기투합志氣投合]

→ 지기상합志氣相合

[지긴지요至緊至要]

지극히 급하게 구한다는 말이다.

글자 | 지극할 **지**, 급할 **긴**, 구할 **요**

[지난이퇴知難而退]

어려움을 알면 물러난다는 말이며, 형세가 불리하면 후퇴한다는 뜻이다.

원문 | 見可而進 知難而退 軍之善政也
견가이진 지난이퇴 군지선정야

글자 | 알 **지**, 어려울 **난**, 말 이을 **이**, 물러날 **퇴**

출전 | 춘추좌씨전 선공 12년조

[지난행이知難行易]

알기는 어려우나 행하기는 쉽다는 말이며, 도리를 깨우치기는 어렵지만 깨우친 다음 이를 실천하기는 쉽다는 뜻이다.

글자 | 알 **지**, 어려울 **난**, 행할 **행**, 쉬울 **이**

출전 | 손문孫文의 학설

[지남지북之南之北]

남쪽으로도 가고, 북쪽으로도 간다는 말이다.

글자 | 어조사 **지**, 남녘 **남**, 북녘 **북**

[지대물박地大物博]

땅이 크고 물건이 많다는 말이며, 땅이 넓고 생산물이 넉넉하다는 뜻이다.

글자 | 땅 **지**, 큰 **대**, 물건 **물**, 많을 **박**

[지대재단志大才短]

뜻은 크지만 재주는 짧다는 말이며, 하고자 하는 뜻은 크나 이를 실천할 재주는 부족하다는 뜻이다.

글자 | 뜻 **지**, 큰 **대**, 재주 **재**, 짧을 **단**

[지대지강至大至剛]

지극히 크고, 지극히 굳세다는 말이다.

글자 | 지극할 **지**, 큰 **대**, 굳셀 **강**

출전 | 맹자

[지덕자선知德者鮮]

덕을 아는 사람은 드물다는 말이며,

덕을 올바로 아는 사람은 흔하지 않다는 뜻이다.

원문 | 由 知德者鮮矣
유 지덕자선의

글자 | 알 **지**, 큰 **덕**, 사람 **자**, 드물 **선**
출전 | 논어 위령공衛靈公

[지도노마知途老馬]

→ 노마지지老馬之智

[지독지애舐犢之愛]

송아지를 핥는 사랑이라는 말이며, 자기 자식을 맹목적으로 사랑한다는 뜻이다.

글자 | 핥을 **지**, 송아지 **독**, 어조사 **지**, 사랑 **애**
출전 | 후한서 양표전楊彪傳
동류 | 지독지련舐犢之憐

[지독지정舐犢之情]

→ 지독지애舐犢之愛

[지동지서之東之西]

동쪽으로도 가고 서쪽으로도 간다는 말이며, 줏대 없이 갈팡질팡한다는 뜻이다.

글자 | 어조사 **지**, 동녘 **동**, 서녘 **서**

[지동지서指東指西]

동쪽을 가리키기도 하고 서쪽을 가리키기도 한다는 말이며, 근본에는 손을 대지 못하고 엉뚱한 것을 가지고 이러쿵저러쿵한다는 뜻이다.

글자 | 가리킬 **지**, 동녘 **동**, 서녘 **서**

[지락무락至樂無樂]

지극한 즐거움은 즐거움이 없는 것이라는 말이다. 장자가 말한 본래의 뜻은 진리를 깨닫는 사람의 즐거움은 즐겁다는 것이며 죽고 사는 생사도 영광도 굴욕도 슬픔도 기쁨도 모두 초월한 자기만이 가지는 즐거움이 낙이라는 것이다.

원문 | 至樂無樂 至譽無譽
지락무락 지예무예

글자 | 이를 **지**, 즐거울 **락**, 없을 **무**
출전 | 장자 지락至樂

[지란옥수芝蘭玉樹]

난초와 옥과 같은 나무라는 말이며, 선량한 자제를 빗댄 말이다. 사태부謝太傅가 조카들에게 어떻게 남의 일에 참여하여 그들을 훌륭하게 만들고자 하느냐는 질문에 사거기謝車騎가 대답한 말이다. '비유하자면 지초와 난초, 옥수를 그들의 섬돌과 뜰에서 자라게 하고자 할 따름입니다.'

원문 | 譬如芝蘭玉樹欲使其生於階庭耳
비여지란옥수욕사기생어계정이

글자 | 지초 **지**, 난초 **란**, 구슬 **옥**, 나무 **수**
출전 | 세설신어 언어言語

[지란지교芝蘭之交]

지초와 난초의 사귐이라는 말이며,

벗과의 고상한 교제를 빗댄 말이다.

글자 | 지초 **지**, 난초 **란**, 어조사 **지**, 사귈 **교**

출전 | 명심보감 교우편交友篇

[지란지실芝蘭之室]

영지와 난초의방이라는 말이며, 향기나는 선인善人을 빗댄 말이다.

원문 | 與善人居如入芝蘭之室
여 선 인 거 여 입 지 란 지 실

글자 | 영지 **지**, 난초 **란**, 어조사 **지**, 방 **실**

출전 | 안씨가훈

[지란지화芝蘭之化]

지초와 난초의 교화라는 말이며, 훌륭한 벗과 사귀어서 받는 좋은 교화를 일컫는다.

글자 | 지초 **지**, 난초 **란**, 어조사 **지**, 교화 **화**

출전 | 공자가어孔子家語

[지련만인枝連蔓引]

나뭇가지를 잇고 덩굴을 당긴다는 말이며, 사건의 관련자를 모조리 검거한다는 뜻이다.

글자 | 가지 **지**, 이을 **련**, 덩굴 **만**, 당길 **인**

동류 | 주련만인株連蔓引

[지로문행知路問行]

아는 길도 물어가라는 말이며, 모든 일을 확실하게 하여 실수가 없도록 해야 한다는 뜻이다.

글자 | 알 **지**, 길 **로**, 물을 **문**, 갈 **행**

출전 | 송남잡지

[지록위마持鹿爲馬]

사슴을 가지고 말이라고 한다는 말이며, 누구나 다 아는 사실을 억지로 속이려 한다는 뜻이다. 진시황이 죽은 후 내시 조고趙高가 정권을 장악하고 반대파를 골라내기 위해 꾀를 내었다. 조고는 사슴을 가져다 2세 황제에게 바치며 '이것은 말입니다.' 라고 하자, 황제는 '승상이 실수를 하는구려. 사슴을 말이라 하니.' 하고 좌우에 있는 신하에게 물으니, 어떤 이는 말이라 하고 어떤 이는 사슴이라 하였다. 조고는 사슴이라 한 사람을 모조리 처형하고 2세 황제마저 죽인다. 조고는 자영子嬰을 황제로 옹립하지만 자영에게 죽고 만다.

원문 | 持鹿獻於二世曰 馬也
지 록 헌 어 이 세 왈 마 야

글자 | 가질 **지**, 사슴 **록**, 할 **위**, 말 **마**

출전 | 사기 진시황본기秦始皇本紀

동류 | 위록위마謂鹿爲馬

[지리멸렬支離滅裂]

떨어져 나누어지고 찢어져 없어진다는 말이며, 사물이 갈가리 흩어지고 찢기어 갈피를 잡을 수 없이 되었다는 뜻이다.

글자 | 나눌 **지**, 떠날 **리**, 멸할 **멸**, 찢을 **렬**

출전 | 장자

동류 | 지리분산支離分散

[지만계영持滿戒盈]

가득 찬 것을 유지하려면 넘치는 것을 경계하라는 말로써, 공자의 제자 자로子路가 가득 찬 것을 지탱해가는 도리가 있는지 질문한 말이다. 공자는 다음과 같이 답했다. '총명하고 신통한 지혜가 있으면 어리석음으로써 그것을 지키고, 용기와 힘이 세상을 뒤덮을 만하면 겁냄으로써 그것을 지키고, 온 세상을 차지하는 부귀를 지니면 겸손함으로써 그것을 지키는 것이다. 이것이 자신을 낮추고 또 낮추는 처세 방법인 것이다.'

원문 | 敢問持滿有道乎?
감 문 지 만 유 도 호

글자 | 가질 **지**, 찰 **만**, 경계할 **계**, 찰 **영**

출전 | 순자 유좌宥坐편

[지만의득志滿意得]

뜻을 얻어 뜻이 찬다는 말이며, 바라는 대로 되어 마음이 흡족하다는 뜻이다.

글자 | 뜻 **지**, 찰 **만**, 뜻 **의**, 얻을 득

[지만이지至滿而止]

차게 되면 그친다는 말이며, 물은 가득 차면 그치니 바르다는 뜻이다.

원문 | 至滿而止 正也
지 만 이 지 정 야

글자 | 이를 **지**, 찰 **만**, 어조사 **이**, 그칠 **지**

출전 | 관자 수지편水地篇

[지명인사知名人士]

[세상에 널리] 이름이 알려진 사람이라는 말이다.

글자 | 알 **지**, 이름 **명**, 사람 **인**, 선비 **사**

[지명지년知命之年]

자기 목숨을 아는 나이라는 말이며, 50세를 일컫는다.

원문 | 五十而知天命
오 십 이 지 천 명

글자 | 알 **지**, 목숨 **명**, 어조사 **지**, 해 **년**

출전 | 논어 위정爲政

[지모웅략智謀雄略]

지혜로운 꾀와 웅장한 꾀라는 말이다.

글자 | 지혜 **지**, 꾀 **모**, 웅장할 **웅**, 꾀 **략**

[지미무미至味無味]

지극한 맛은 맛이 없다는 말이다. '세상을 사는 맛은 진한 술과 식초 같지만 지극한 맛은 맛이 없다. 맛없는 것을 음미하는 사람이 능히 일체의 맛에서 담백해질 수 있다. 담백해야 덕을 기르고, 담백해야 몸을 기른다. 담백해야 벗을 기르고, 담백해야 백성을 기른다.'

원문 | 世味醲釅 至味無味 味無味者
세 미 농 엄 지 미 무 미 미 무 미 자
能淡一切味 淡足養德 淡足養
능 담 일 체 미 담 족 양 덕 담 족 양
身 淡足養交 淡足養民
신 담 족 양 교 담 족 양 민

글자 | 지극할 **지**, 맛 **미**, 없을 **무**

출전 | 축자소언祝子小言

ㅈ

[지미세사至微細事]

지극히 작고 세밀한 일이라는 말이며, 아주 작은 일이라는 뜻이다.

글자 | 지극할 **지**, 작을 **미**, 세밀할 **세**, 일 **사**

[지방지술止謗之術]

헐뜯음을 그치게 하는 꾀라는 말이며, 비방을 그치게 하는 방법이라는 뜻이다. 이삼환李森煥(1729~1814)이 다산에게 보낸 편지의 내용이다. '예전 어떤 사람이 문중자에게 비방을 그치게 하는 방법을 물었다더군. 대답은 변명하지 말라였다네.'

글자 | 그칠 **지**, 헐뜯을 **방**, 어조사 **지**, 꾀 **술**

출전 | 금정일록金井日錄

[지백수흑知伯受黑]

흰 것을 알면서 검은 것을 지킨다는 말이며, 밝은 지식을 가지고 있으면서도 이를 드러내지 않고 대우大愚의 덕을 지킨다는 뜻이다.

글자 | 알 **지**, 흰 **백**, 지킬 **수**, 검은 **흑**

출전 | 노자

[지복연인指腹連姻]

→ 지복위혼指腹爲婚

[지복위혼指腹爲婚]

배를 가리켜 혼인을 한다는 말이며, 뱃속의 태아胎兒를 가리켜 혼인의 약속을 한다는 뜻이다.

글자 | 지시할 **지**, 배 **복**, 할 **위**, 혼인할 **혼**

출전 | 위서 왕보흥전王寶興傳

동류 | 지복지맹指腹之盟, 지복재금指腹裁襟

[지복재금指腹裁襟]

배를 가리키면서 옷을 마른다는 말이며, 배안의 아이를 두고 미리 혼인을 약속한다는 뜻이다.

글자 | 가리킬 **지**, 배 **복**, 옷 마를 **재**, 옷섶 **금**

[지복지맹指腹之盟]

배를 가리켜 맹세한다는 말이며, 뱃속에 있는 태아를 두고 혼인을 약속한다는 뜻이다. 후한의 광무제光武帝가 가복賈復의 아내가 임신했다는 말을 듣고 장차 태어날 아기와 자기 자식을 혼인시키고자 하였다는 고사에서 온 말이다.

글자 | 지시할 **지**, 배 **복**, 어조사 **지**, 맹세 **맹**

[지복지약指腹之約]

→ 지복지맹指腹之盟

[지복천번地覆天飜]

땅이 뒤집히고 하늘이 뒤바뀐다는 말이며, 나라가 망한다는 뜻이다.

글자 | 땅 **지**, 뒤집힐 **복**, 하늘 **천**, 뒤바뀔 **번**

[지부복궐持斧伏闕]

도끼를 가지고 대궐에 엎드린다는 말이며, 죽을 각오를 하고 왕에게 상소한다는 뜻이다.

글자 | 가질 **지**, 도끼 **부**, 엎드릴 **복**, 대궐 **궐**

[지부상족知斧傷足]

아는 도끼에 발을 상한다는 말이며, 믿었던 사람으로부터 도리어 해를 입는다는 뜻이다.

글자 | 알 **지**, 도끼 **부**, 상할 **상**, 발 **족**

출전 | 고금석림 28권

동류 | 지부족작知斧足斫

[지부작족知斧斫足]

아는 도끼에 발등 찍힌다는 말이며, 아는 사람으로부터 해를 당하거나 속는다는 뜻이다.

글자 | 알 **지**, 도끼 **부**, 찍을 **작**, 발 **족**

출전 | 순오지

[지부해함地負海涵]

땅을 지고 바다에 잠긴다는 말이며, 사람의 지식이 넓고 크고 깊다는 뜻이다.

글자 | 땅 **지**, 질 **부**, 바다 **해**, 잠길 **함**

출전 | 조선왕조 23대 순조실록 1권

[지분절해支分節解]

가지를 나누고 마디를 푼다는 말이며, 글의 내용을 세밀하게 나누어 자세히 조사한다는 뜻이다.

글자 | 가지 **지**, 나눌 **분**, 마디 **절**, 풀 **해**

출전 | 중용장구서中庸章句序

[지분혜탄芝焚蕙嘆]

불타버린 지초를 보고 혜초가 한탄한다는 말이며, 동류가 입은 재앙은 자신에게도 근심이 되어 가슴이 아프다는 뜻이다.

글자 | 지초 **지**, 불사를 **분**, 혜초 **혜**, 한탄할 **탄**

[지불가만志不可滿]

뜻은 가득 채워서는 안 된다는 말이며, 무슨 일이나 마음먹은 대로 하는 것은 도리어 좋지 않다는 뜻이다.

글자 | 뜻 **지**, 아닐 **불**, 옳을 **가**, 찰 **만**

출전 | 예기 곡례편

유사 | 욕불가종欲不可縱

[지불승굴指不勝屈]

손가락을 굽히지 못한다는 말이며, 수효가 너무 많아 이루 다 헤아리지 못한다는 뜻이다.

글자 | 손가락 **지**, 아닐 **불**, 견딜 **승**, 굽을 **굴**

[지불양해池不養蟹]

연못이 게를 기르지 못한다는 말이며, 못이 게를 잡아두지 못한다는 뜻이다.

글자 | 못 **지**, 아닐 **불**, 칠 **양**, 게 **해**

출전 | 이담속찬

[지빈무의至貧無依]

지극히 가난하고 의지할 데가 없다는 말이다.

글자 | 지극할 **지**, 가난할 **빈**, 없을 **무**, 의지할 **의**

[지사고심志士苦心]

뜻있는 선비의 괴로운 마음이라는 말이며, 지사는 자기의 뜻을 올바로 지키기 위해 늘 고심한다는 뜻이다.

글자 | 뜻 **지**, 선비 **사**, 괴로울 **고**, 마음 **심**

[지사무궁至死無窮]

죽음에 이르도록 다함이 없다는 말이며, 죽을 때까지 어버이를 사모하는 정이 끊이지 않는다는 뜻이다.

글자 | 이를 **지**, 죽을 **사**, 없을 **무**, 다할 **궁**

출전 | 순자 예론禮論

[지사미타之死靡他]

죽음에 이르러도 다름이 없다는 말이며, 죽어도 마음이 변치 않는다는 뜻이다. 이는 남편과 사별한 뒤 정절을 지키려는 여인의 심정을 노래한 시다.

원문 | 之死矢靡慝
지 사 시 미 특

글자 | 이를 **지**, 죽을 **사**, 없을 **미**, 다를 **타**

출전 | 시경 백주柏舟

[지사부지知事不知]

→ 지이부지知而不知

[지사불굴至死不屈]

죽음에 이르기까지 굴하지 않는다는 말이다.

글자 | 이를 **지**, 죽을 **사**, 아닐 **불**, 굽을 **굴**

동류 | 지사위한至死爲限

[지사위한至死爲限]

죽을 때까지를 한정한다는 말이며, 죽을 때까지 제 의견을 굽히지 않고 뻗대어 나간다는 뜻이다.

글자 | 이를 **지**, 죽을 **사**, 할 **위**, 한정 **한**

유사 | 지사불굴至死不屈

[지상공문紙上空文]

종이 위의 빈 글이라는 말이며, 아무런 결과도 기대할 수 없거나 실행이 불가능한 헛된 글이라는 뜻이다.

글자 | 종이 **지**, 윗 **상**, 빌 **공**, 글 **문**

[지상담병地上談兵]

종이 위에서 병법을 말한다는 말이며, 실제를 떠난 빈 공론이라는 뜻이다.

글자 | 종이 **지**, 윗 **상**, 말씀 **담**, 군사 **병**

출전 | 후촌전집後村全集 답부감창答傅監倉

[지상매괴指桑罵槐]

뽕나무를 가리키며 홰나무를 욕한다는 말이며, 약소한 적을 제압할 때 사용하는 계책을 일컫는다. 막강한 힘을 지닌 자가 약소한 자를 통제하기 위해서는 경계하는 방법을 동원해 상대를 유인해야 한다는 것이다.

원문 | 指桑罵槐 大凌小者 警以誘之
지상메괴 대릉소자 경이유지

글자 | 가리킬 **지**, 뽕나무 **상**, 욕할 **매**, 홰나무 **괴**

출전 | 홍루몽

유사 | 고산진호敲山震虎

[지상명령至上命令]

지극한 위의 명령이라는 말이며, 절대로 지켜야 할 최고의 명령이라는 뜻이다.

글자 | 지극할 **지**, 윗 **상**, 명령할 **명**, 명령할 **령**

[지상열반地上涅槃]

땅 위의 즐거운 극락이라는 말이며, 현세의 세상에서 해탈의 경지에 이른다는 뜻이다.

글자 | 땅 **지**, 윗 **상**, 극락갈 **열**, 즐거울 **반**

[지상천국地上天國]

땅 위의 하늘나라라는 말이며, 이 세상에서 이룩되는 낙원과 같은 사회를 일컫는다. 천도교 등에서 극락세계를 하늘 위에다 구하지 않고 사람이 사는 이 현실 사회에 이룩하여야 한다는 영육쌍전靈肉雙全의 이상적 세계다.

글자 | 땅 **지**, 윗 **상**, 하늘 **천**, 나라 **국**

출전 | 중국의 태평천국운동

[지성감천至誠感天]

정성이 지극하면 하늘도 감동한다는 말이며, 정성을 다하면 무슨 일이나 이룰 수 있다는 뜻이다.

글자 | 지극할 **지**, 정성 **성**, 감동할 **감**, 하늘 **천**

[지성무식至誠無息]

지극한 정성이 쉬지 않는다는 말이며, 끝까지 정성을 다한다는 뜻이다.

원문 | 至誠感天 至誠無息
지성감천 지성무식

글자 | 지극할 **지**, 정성 **성**, 없을 **무**, 쉴 **식**

출전 | 중용 26장

[지성여신至誠如神]

지극한 정성은 귀신과 같다는 말이며, 지성을 지닌 사람은 사물이 어떻게 변동될지를 훤히 내다볼 수 있다는 뜻이다.

글자 | 지극할 **지**, 정성 **성**, 같을 **여**, 귀신 **신**

출전 | 중용 24장

[지소모대智小謀大]

지혜는 작고 꾀는 크다는 말이며, 일을 꾸며 놓고 이를 실행할 능력이 없다는 뜻이다.

원문 | 智小而謀大
지소이모대

글자 | 지혜 **지**, 작을 **소**, 꾀 **모**, 큰 **대**

출전 | 주역 계사전繫辭傳 하

[지순지결至純至潔]

지극히 순전하고 맑다는 말이다.

글자 | 지극할 **지**, 순전할 **순**, 맑을 **결**

ㅈ

[지승예비知崇禮卑]

지식은 점점 숭고해지고 예의는 더욱 낮추는 것이 좋다는 말이다.

글자 | 알 **지**, 높일 **숭**, 예도 **예**, 낮을 **비**

출전 | 주역 계사전繫辭傳 하

[지어견마至於犬馬]

개와 말에 이른다는 말이며, 형편없는 지경에 이르렀다는 뜻이다.

원문 | 至於犬馬 皆能有養
지어견마 개능유양

글자 | 이를 **지**, 어조사 **어**, 개 **견**, 말 **마**

출전 | 논어 위정편爲政篇

[지어농조池魚籠鳥]

연못 속의 물고기와 새장 속의 새라는 말이며, 자유롭지 못함을 빗댄 말이다.

글자 | 못 **지**, 고기 **어**, 새장 **농**, 새 **조**

출전 | 문선, 번악潘岳의 부賦

[지어사경至於死境]

거의 죽다시피 되는 어려운 지경에 이르렀다는 말이다.

글자 | 이를 **지**, 어조사 **어**, 죽을 **사**, 지경 **경**

[지어삼천至於三遷]

→ **맹모삼천孟母三遷**

[지어지선至於至善]

선에 이르는 것이 이르는 것이라는 말이며, 최고로 좋은 것이 최고로 착한 것이라는 뜻이다. 대학의 첫머리에 있는 글이다. '대학의 길은 밝은 덕을 밝히는 데 있고, 백성을 새롭게 하는 데 있고, 지극히 착한 데 이르는 데 있다.'

원문 | 大學之道 在明明德 在親民
대학지도 재명명덕 재친민
在至於至善
재지어지선

글자 | 이를 **지**, 어조사 **어**, 착할 **선**

출전 | 대학 삼강령三綱領

[지어지앙池魚之殃]

연못 물고기의 재앙이라는 말이며, 화가 엉뚱한 곳에 미친다는 뜻이다. 송나라 환태라는 사람이 가졌던 진귀한 보석을 처벌 때문에 도망가면서 연못에 버렸다고 거짓말을 했다. 탐이 난 왕은 그 연못의 물을 퍼서 찾고자 했는데 애꿎은 물고기들만 말라죽게 된 것이다.

글자 | 못 **지**, 고기 **어**, 갈 **지**, 재앙 **앙**

출전 | 여씨춘추 필기편必己篇

동류 | 앙급지어殃及池魚

[지어지처止於至處]

이르는 곳에 머문다는 말이며, 어떤 일이나 행동을 사리에 맞게 그쳐야 할 데서 그친다는 뜻이다.

글자 | 그칠 **지**, 어조사 **어**, 이를 **지**, 곳 **처**

[지언거언至言去言]

지극한 말은 감춘 말이라는 말이며, 지극히 도리에 맞는 말은 말 없는 가운데 섰다는 뜻이다.

글자 | 지극할 **지**, 말씀 **언**, 감출 **거**

출전 | 장자

[지언양기知言養氣]

말을 알고 기운을 기른다는 말이며, 지언은 편벽된 말을 들으면 그 가려진 것을 알고, 방탕한 말을 들으면 그 함정을 알며, 간사한 말을 들으면 그 도리에 어긋난 바를 알고, 회피하는 말을 들으면 그 논리의 궁함을 안다는 것이고, 양기란 도덕적 용기를 함양하고 마음의 중심을 수립하여 천하의 막중한 임무를 맡아도 두려움이 없도록 하는 것이라는 뜻이다.

글자 | 알 **지**, 말씀 **언**, 기를 **양**, 기운 **기**

출전 | 맹자 공손추 상

[지연작전遲延作戰]

더디게 늘여서 싸움을 만든다는 말이며, 일을 지연시켜 자기 쪽에 이롭게 하려는 전쟁 또는 사업을 일컫는다.

글자 | 더딜 **지**, 천연할 연, 지을 **작**, 싸움할 **전**

[지엽말절枝葉末節]

가지와 이파리, 그리고 끝마디라는 말이며, 사물의 부수적인 자질구레한 것을 일컫는다.

글자 | 가지 **지**, 잎 **엽**, 끝 **말**, 마디 **절**

관련 | 다기망양多岐亡羊

[지엽상지枝葉相持]

가지와 잎은 서로 지킨다는 말이며, 자손들이 서로 도와 지켜준다는 뜻이다.

글자 | 가지 **지**, 잎 **엽**, 서로 **상**, 지킬 **지**

출전 | 한서

[지엽석무支葉碩茂]

가지와 잎이 크게 무성하다는 말이며, 지파支派가 매우 번성한다는 뜻이다.

글자 | 가지 **지**, 잎 **엽**, 클 **석**, 무성할 **무**

출전 | 장자 소요유逍遙遊

[지영수겸持盈守謙]

가득 찬 것을 유지하면서 겸손을 지킨다는 말이다. 명나라 육수성陸樹聲의 글이다. '부富는 원망의 곳집이요, 귀貴는 위태로움의 기틀이다. 이는 부귀하면서도 도리에 어긋나게 처신하는 사람을 두고 한 말이다. 만약 영리에 처해서도 거기에만 골몰하지 않고, 가득 찬 상태에 있으나 그칠 줄 알아 가득 참을 유지하면서도 겸손을 지킨다면 원망의 곳집이니 위태로움의 기틀이나 하는 말이 어찌 있겠는가.'

글자 | 가질 **지**, 찰 **영**, 지킬 **수**, 겸손할 **겸**

출전 | 육수성의 청서필담淸暑筆談

[지용무쌍智勇無雙]

지혜와 용기를 겨루어 짝할만한 것이 없다는 말이다.

글자 | 지혜 **지**, 날랠 **용**, 없을 **무**, 짝 **쌍**

[지우이신至愚而神]

어리석어 보일지라도 귀신이라는 말이며, 신령神靈한 백성의 마음을 빗댄 말이다.

글자 | 이를 **지**, 어리석을 **우**, 말 이을 **이**, 귀신 **신**

[지우지감知遇之感]

아는 사람을 만난 느낌이라는 말이며, 자기의 인격이나 학식을 알아주고 대우해 주는데 대한 고마움을 일컫는다.

글자 | 알 **지**, 만날 **우**, 어조사 **지**, 느낄 **감**

[지웅수자知雄守雌]

수컷을 알고 암컷을 지킨다는 말이며, 강건함을 알고 유연함을 지킨다는 뜻이다.

원문 | 知其雄 守其雌 爲天下谿
지 기 웅 수 기 자 위 천 하 계

글자 | 알 **지**, 수컷 **웅**, 지킬 **수**, 암컷 **자**

출전 | 노자 28장 반박反朴

[지원극통至冤極痛]

지극히 원통하다는 말이다.

글자 | 지극할 **지**, 원통할 **원**, 지극할 **극**, 아플 **통**

출전 | 송남잡지

[지유비교地有肥磽]

땅은 비옥한 것과 자갈땅이 있다는 말이며, 좋은 땅도 있고 나쁜 땅도 있다는 뜻이다.

글자 | 땅 **지**, 있을 **유**, 비옥할 **비**, 자갈땅 **교**

[지유조심只有操心]

다만 네 마음을 잡으라는 말이며, 오만 가지 보양補陽이 모두 다 거짓이니 다만 네 마음을 붙드는 것이 중요하다는 뜻이다.

원문 | 萬般補陽皆虛僞只有操心是要規
만 반 보 양 개 허 위 지 유 조 심 시 요 규

글자 | 다만 **지**, 있을 **유**, 잡을 **조**, 마음 **심**

출전 | 허형許衡의 글

[지은보은知恩報恩]

은혜를 알고 은혜를 갚는다는 말이며, 남이 베풀어준 고마운 은혜를 알고 그 은혜를 갚는다는 뜻이다.

글자 | 알 **지**, 은혜 **은**, 갚을 **보**

출전 | 송남잡지

[지이도녕志以道寧]

뜻은 도리로서 편안하다는 말이며, 뜻을 잘 지키려면 도의에 의존해야 한다는 뜻이다.

원문 | 志以道寧 言以道接
지 이 도 녕 언 이 도 접

글자 | 뜻 **지**, 써 **이**, 도리 **도**, 편안할 **녕**

출전 | 서경 주서 여오旅獒

[지이부지知而不知]

알면서도 모르는 체 한다는 말이다.

글자 | 알 **지**, 말 이을 **이**, 아닐 **부**

[지이불언知而不言]

알지만 말하지 않는다는 말이다. 정약용이 천주교 탄압 때, 신자인 형의 일로 연좌되어 의금부에 끌려가서 한 말이다. '임금을 속일 수 있습니까? 임금은 속일 수 없습니다. 형 일을 증언할 수 있습니까? 형 일은 증언할 수 없습니다.'

글자 | 알 **지**, 말 이을 **이**, 아닐 **불**, 말씀 **언**
출전 | 매천야록

[지인무기至人無己]

지극한 사람은 자기가 없다는 말이며, 도道를 완전히 터득한 사람은 아욕我慾이 없다는 뜻이다.

글자 | 지극할 **지**, 사람 **인**, 없을 **무**, 자기 **기**
출전 | 장자 천운天運
동류 | 지인무친至人無親

[지인지감知人之鑑]

사람을 알아보는데 밝다는 말이며, 사람을 알아보는 능력을 일컫는다.

글자 | 알 **지**, 사람 **인**, 어조사 **지**, 밝을 **감**

[지인지면知人知面]

사람을 알고 얼굴을 안다는 말이며, 사람의 마음은 알기 어렵다는 뜻이다.

글자 | 알 **지**, 사람 **인**, 얼굴 **면**

[지인지자至仁至慈]

지극히 어질고 착하다는 말이다.

글자 | 지극할 **지**, 어질 **인**, 착할 **자**

[지일가기指日可期]

가리킨 날에 기약할 수 있다는 말이며, 다른 날에 일이 이루어질 것을 믿는다는 뜻이다.

글자 | 지시할 **지**, 날 **일**, 긍정할 **가**, 기약 **기**

[지자불박知者不博]

아는 사람은 넓지 않다는 말이며, 지식인은 잡다한 지식을 가지고 있지 않다는 뜻이다. 노자에 있는 글이다. '정말로 아는 사람은 박식하지 않고, 박식한 사람은 정말로 알지 못하는 것이다.'

원문 | 知者不博 博者不知
지 자 불 박 　박 자 부 지

글자 | 알 **지**, 사람 **자**, 아닐 **불**, 넓을 **박**
출전 | 노자 81장 현질顯質

[지자불언知者不言]

아는 사람은 말이 없다는 말이며, 지식인은 재능을 마음속 깊이 간직하고 함부로 말하지 않는다는 뜻이다. 노자에 있는 글이다. '아는 이는 말하지 않으며, 말하는 이는 알지 못한다.'

원문 | 知者不言 言者不知
지 자 불 언 　언 자 부 지

글자 | 알 **지**, 사람 **자**, 아닐 **불**, 말씀 **언**
출전 | 노자 56장 현덕玄德

[지자불혹知者不惑]

지식인은 미혹되지 않는다는 말이다.

글자 | 알 **지**, 사람 **자**, 아닐 **불**, 미혹할 **혹**

출전 | 논어 헌문憲問

[지자요수知者樂水]

지식인은 물을 즐긴다는 말이며, 지자는 사리에 통달하여 막힘이 없어 흐르는 물과 같으므로 물을 좋아한다는 뜻이다.

원문 | 知者樂水 仁者樂山
지 자 요 수 인 자 요 산

글자 | 알 **지**, 사람 **자**, 좋아할 **요**, 물 **수**

출전 | 논어 옹야雍也

[지자의린智子疑隣]

아들은 지혜롭다고 하면서 이웃은 의심한다는 말이며, 사랑하는 사람은 의심하지 않고, 사랑하지 않는 사람은 의심한다는 편견을 일컫는다.

글자 | 지혜 **지**, 아들 **자**, 의심할 **의**, 이웃 **린**

출전 | 논어 헌문憲問

[지자일실智者一失]

지혜로운 사람도 한 번 잃는다는 말이며, 슬기롭다 할지라도 많은 생각 중에는 간혹 실수가 있다는 뜻이다.

글자 | 지혜 **지**, 사람 **자**, 잃을 **실**

[지자천려智者千慮]

지혜로운 사람은 천 가지를 생각한다는 말이다. 사기의 글이다. '지혜로운 사람도 천 번 생각에 반드시 한 번쯤 실수는 있는 법이오.'

원문 | 智者千慮 必有一失
지 자 천 려 필 유 일 실

글자 | 지혜 **지**, 사람 **자**, 일천 **천**, 생각할 **려**

출전 | 사기 회음후열전淮陰侯列傳

반대 | 우자천려愚者千慮

[지장이담抵掌而談]

손바닥을 치면서 말을 한다는 말이며, 자유롭게 열심히 이야기한다는 뜻이다.

글자 | 옆으로 칠 **지**, 손바닥 **장**, 말이을 **이**, 말씀 **담**

출전 | 전국책 진책秦策

[지재사방志在四方]

뜻이 사방에 있다는 말이며, 포부가 큰 사람은 안일한 생활의 미련을 버리고 동서남북 어디에나 갈 수 있다는 뜻이다.

원문 | 人生則有四方之志
인 생 즉 우 사 방 지 지

글자 | 뜻 **지**, 있을 **재**, 모 **방**

출전 | 춘추좌씨전 희공 23년조

[지재지삼至再至三]

두 번에 이르고 세 번에 이른다는 말이다.

글자 | 이를 **지**, 두 번 **재**

[지재천리志在千里]

뜻이 천리에 있다는 말이며, 포부가 원대하다는 뜻이다.

글자 | 뜻 **지**, 있을 **재**, 일천 **천**, 이수 **리**

출전 | 세설신어

[지적지아知敵知我]

적을 알고 나를 안다는 말이다.

글자 | 알 **지**, 대적 **적**, 나 **아**

[지정불고知情不告]

실정을 알면서 고하지 아니한다는 말이며, 남의 범죄 사실을 알고 있으면서도 관청에 알리지 아니한다는 뜻이다.

글자 | 알 **지**, 실정 **정**, 아닐 **불**, 고할 **고**

[지정지간至情之間]

썩 가까운 정분이 있는 사이라는 말이다.

글자 | 이를 **지**, 마음속 **정**, 어조사 **지**, 사이 **간**

[지정지밀至精至密]

세밀하고 촘촘하다는 말이며, 더할 수 없이 정밀하다는 뜻이다.

글자 | 이를 **지**, 세밀할 **정**, 촘촘할 **밀**

[지족가락知足可樂]

넉넉함을 알면 가히 즐겁다는 말이다.

원문 | 知足可樂 務貪則憂
지족가락 무탐즉우

글자 | 알 **지**, 넉넉할 **족**, 옳을 **가**, 즐거울 **락**

출전 | 명심보감 안분편安分篇

[지족불욕知足不辱]

넉넉함을 알면 욕되지 않는다는 말이며, 만족할 줄 아는 사람은 몸을 그르치지 않는다는 뜻이다. 노자에 있는 글이다. '그러므로 만족할 줄 알면 욕을 당하지 아니하고, 멈출 줄 알면 위태롭게 되지 아니하며 오래도록 자신을 보존할 수 있다.'

원문 | 故知足不辱 知止不殆 可以長久
고지족불욕 지지불태 가이장구

글자 | 알 **지**, 넉넉할 **족**, 아닐 **불**, 욕되게 할 **욕**

출전 | 노자 44장 입계立戒

[지족상락知足常樂]

넉넉함을 알면 항상 즐겁다는 말이다.

원문 | 知足常樂 受分自安
지족상락 수분자안

글자 | 알 **지**, 넉넉할 **족**, 항상 **상**, 즐거울 **락**

출전 | 노자

[지족상족知足常足]

넉넉함을 알면 항상 넉넉하다는 말이다.

원문 | 知足常足 終身不辱
지족상족 종신불욕

글자 | 알 **지**, 넉넉할 **족**, 항상 **상**

출전 | 명심보감 안분편安分篇

[지족안분知足安分]

넉넉함을 알면 분수에 편안하다는 말이며, 만족할 줄 알아야 자기 분수를 잘 지켜나간다는 뜻이다.

글자 | 알 **지**, 넉넉할 **족**, 편안 **안**, 분수 **분**

출전 | 장자 소요유逍遙遊

[지족자부知足者富]

족한 줄을 아는 사람이 부한 사람이라는 말이며, 넉넉함이란 마음에 달려 있다는 뜻이다. 노자에 있는 글이다. '족한 줄 아는 사람은 부자이고, 실행을 힘쓰는 사람은 뜻이 있는 사람이다.'

원문 | 知足者富 强行者有志
지 족 자 부 강 행 자 유 지

글자 | 알 **지**, 흡족할 **족**, 사람 **자**, 부할 **부**

출전 | 노자 33장 변덕辯德

유사 | 부재지족富在知足

[지주가효旨酒嘉殽]

맛있는 술과 아름다운 안주라는 말이다.

원문 | 雖有旨酒嘉殽 不嘗不知其旨
수 유 지 주 가 효 불 상 부 지 기 지

글자 | 맛있을 **지**, 술 **주**, 아름다울 **가**, 안주 **효**

출전 | 시경, 한시외전韓詩外傳

[지중생목地中生木]

땅 가운데 나무가 난다는 말이며, 나무는 땅에서 생산된다는 뜻이다.

원문 | 地中生木 升君子以順德
지 중 생 목 승 군 자 이 순 덕

글자 | 땅 **지**, 가운데 **중**, 날 **생**, 나무 **목**

출전 | 주역 지풍승괘地風升卦

[지지부진遲遲不進]

더디고 더디어 나아가지 못한다는 말이다.

글자 | 더딜 **지**, 아닐 **부**, 나아갈 **진**

[지지불태知止不殆]

멈추는 것을 알면 위태롭지 않다는 말이며, 푼수를 알고 지나치지 않으면 위태로움을 당하지 않는다는 뜻이다.

글자 | 알 **지**, 멈출 **지**, 아닐 **불**, 위태로울 **태**

출전 | 노자 44장 입계立戒

동류 | 지족불욕知足不辱

[지지상지知止常止]

그칠 줄 알면 항상 그친다는 말이며, 지나치지 않고 항상 적당한 위치에 머물러 있다는 뜻이다.

원문 | 知止常止 終身無恥
지 지 상 지 종 신 무 치

글자 | 알 **지**, 그칠 **지**, 항상 **상**

출전 | 명심보감 안분편安分篇

[지지유고持之有故]

옛일이 있음을 지킨다는 말이며, 자기 주장을 펴기 위해 예전의 사례를 들고 나온다는 뜻이다.

원문 | 持之有故 言之成理
지 지 유 고 언 지 성 리

글자 | 지킬 **지**, 어조사 **지**, 있을 **유**, 옛

일 **고**

출전 | 순자

[지지유정知止有定]

그침을 알면 편안함이 있다는 말이다.

원문 | 知止而後有定
지 지 이 후 유 정

글자 | 알 **지**, 그칠 **지**, 있을 **유**, 편안할 **정**

출전 | 대학

[지징무처指徵無處]

지시하여 조세를 거둘 곳이 없다는 말이며, 조세나 부채 따위의 부담자가 죽거나 행방불명이 되어 받을 방도가 없다는 뜻이다.

글자 | 지시할 **지**, 조세를 거둘 **징**, 없을 **무**, 곳 **처**

출전 | 송남잡지

[지차불선只此不宣]

다만 이것[뿐이고 더] 베풀지 아니한다는 말이며, 나머지가 없다는 뜻이다.

글자 | 다만 **지**, 이 **차**, 아닐 **불**, 베풀 **선**

출전 | 송남잡지

[지찰무도至察無徒]

지극히 살피면 무리가 없다는 말이며, 사람을 지나치게 관찰하면 따르는 사람이 없다는 뜻이다.

원문 | 至察則無徒
지 찰 즉 무 도

글자 | 지극할 **지**, 살필 **찰**, 없을 **무**, 무리 **도**

출전 | 명심보감

[지척불변咫尺不辨]

아주 가까운 곳도 분간할 수 없다는 말이며, 몹시 어둡거나 안개 · 비 · 눈 따위로 앞이 보이지 않는다는 뜻이다.

글자 | 짧을 **지**, 자 **척**, 아닐 **불**, 분별할 **변**

[지척지도咫尺之途]

여덟 치와 한 자의 길이라는 말이며, 매우 좁은 길이라는 뜻이다. 주나라의 척도는 8치를 지咫, 10치를 척尺이라 하였다.

글자 | 여덟 치 **지**, 자 **척**, 어조사 **지**, 길 **도**

출전 | 안씨가훈 명실名實

[지척지서咫尺之書]

짧고 가까운 글이라는 말이다.

글자 | 짧을 **지**, 가까울 **척**, 어조사 **지**, 글 **서**

출전 | 사기 회음후전淮陰侯傳

[지척지의咫尺之義]

여덟 치나 한 자의 의리라는 말이며, 매우 사소한 도의 또는 정의감을 일컫는다.

원문 | 今拘學或抱咫尺之義
금 구 학 혹 포 지 척 지 의

글자 | 여덟 치 **지**, 자 **척**, 어조사 **지**, 옳을 **의**

출전 | 사기 유협열전游俠列傳

ㅈ

[지척지지咫尺之地]

여덟 치와 한 자의 땅이라는 말이며, 매우 가까운 곳이라는 뜻이다.

글자 | 여덟 치 **지**, 자 **척**, 어조사 **지**, 땅 **지**

출전 | 사기 소진전蘇秦傳

[지척천리咫尺千里]

짧고 가까운 천리라는 말이며, 가까이 있으면서도 소식이 없어 멀다는 뜻이다.

글자 | 짧을 **지**, 가까울 **척**, 일천 **천**, 이수 **리**

[지척천안咫尺天顔]

짧고도 가까운 임금의 얼굴이라는 말이며, 임금을 가까이서 배알한다는 뜻이다.

글자 | 가까울 **지**, 가까울 **척**, 임금 **천**, 얼굴 **안**

[지천사어指天射魚]

하늘을 가리키며 물고기를 쏜다는 말이며, 수단과 방법을 그르치면 목적을 달성할 수 없다는 뜻이다.

글자 | 지시할 **지**, 하늘 **천**, 쏠 **사**, 고기 **어**

출전 | 설원 존현편尊賢篇

동류 | 사어지천射魚指天

[지천위서指天爲誓]

하늘을 가리켜 맹세한다는 말이다.

글자 | 지시할 **지**, 하늘 **천**, 할 **위**, 맹세할 **서**

[지천지물至賤之物]

지극히 천한 물건이라는 말이다.

글자 | 지극할 **지**, 천할 **천**, 어조사 **지**, 물건 **물**

[지청무어至淸無魚]

[물이] 지극히 맑으면 고기가 없다는 말이며, 너무 깨끗한 물에서는 고기가 놀지 않는다는 뜻이다.

원문 | 水至淸則無魚
수 지 청 즉 무 어

글자 | 지극할 **지**, 맑을 **청**, 없을 **무**, 고기 **어**

출전 | 후한서 반초전班超傳

[지초북행至楚北行]

초나라에 이르려고 하면서 북쪽으로 간다는 말이며, 생각과 행동이 다르거나 방향이 틀린다는 뜻이다.

원문 | 猶至楚而北行也
유 지 초 이 북 행 야

글자 | 이를 **지**, 초나라 **초**, 북녘 **북**, 갈 **행**

출전 | 논어 옹야雍也, 전국책 위책魏策

유사 | 지천사어指天射魚

[지촉대전紙燭代錢]

종이와 초에 대신한 돈이라는 말이며, 상가喪家에 내미는 부의금을 일컫는다.

글자 | 종이 **지**, 촛불 **촉**, 대신할 **대**, 돈 **전**

[지추덕제地醜德齊]

처지가 같고 덕을 갖추었다는 말이며, 서로 상대되는 두 집안의 문벌이나 덕망이 서로 같다는 뜻이다.

원문 | 今天下 地醜德齊 莫能相尙 無他
금천하 지추덕제 막능상상 무타

글자 | 곳 **지**, 같을 **추**, 큰 **덕**, 가지런할 **제**

출전 | 맹자 공손추 하

[지치득거舐痔得車]

똥구멍을 핥아 수레를 얻는다는 말이며, 미천한 일을 하여 큰 이익을 얻는다는 뜻이다. 자신의 목적을 달성하기 위해서는 수단과 방법을 가리지 않는다고 비난하는 뜻도 있다.

글자 | 핥을 **지**, 치질 **치**, 얻을 **득**, 수레 **거**

출전 | 장자 열어구列禦寇

[지통재심至痛在心]

지극한 아픔이 마음에 있다는 말이며, 마음이 아픈데 갈 길은 멀다는 뜻이다.

원문 | 至痛在心 日暮途遠
지통재심 일모도원

글자 | 지극할 **지**, 아플 **통**, 있을 **재**, 마음 **심**

출전 | 후한서 반초전班超傳

[지평천성地平天成]

땅이 공평하게 하늘이 이룬다는 말이며, 천지가 잘 다스려지고 있다는 뜻이다.

글자 | 땅 **지**, 평평할 **평**, 하늘 **천**, 이룰 **성**

출전 | 서경 대우모편大禹謨篇

동류 | 천지지평天地之平

[지피지기知彼知己]

이 몸을 알아야 저를 안다는 말이며, 상대방을 이기기 위해서는 자신의 능력을 알아야 한다는 뜻이다.

원문 | 知彼知己 百戰不殆
지피지기 백전불태

글자 | 알 **지**, 저 **피**, 몸 **기**

출전 | 손자 모공편謀攻篇

[지필연묵紙筆硯墨]

종이와 붓, 그리고 벼루와 먹이라는 말이다.

글자 | 종이 **지**, 붓 **필**, 벼루 **연**, 먹 **묵**

[지하원혼地下冤魂]

땅 아래에 있는 원통한 영혼이라는 말이다.

글자 | 땅 **지**, 아래 **하**, 원통할 **원**, 영혼 **혼**

[지학지년志學之年]

배움에 뜻을 둔 나이라는 말이며, 15세를 일컫는다. 공자가 '나는 열 다섯 살에 학문에 뜻을 두었다.' 고 한 데서 나온 말이다.

원문 | 吾十有五而志於學
오십유오이지어학

글자 | 뜻 **지**, 배울 **학**, 어조사 **지**, 해 **년**

출전 | 논어 위정爲政

[지학지세志學之歲]

→ 지학지년志學之年

ㅈ

[지행일치知行一致]

→ 지행합일知行合一

[지행합일知行合一]

아는 것과 행하는 것은 하나로 합한다는 말이며, 지식과 실천은 합치되어야 한다는 뜻이다.

글자 | 알 **지**, 행할 **행**, 합할 **합**

출전 | 전습록傳習錄

[지호지간指呼之間]

손으로 부르는 사이라는 말이며, 손짓으로 부를 만한 가까운 거리라는 뜻이다.

글자 | 손가락 **지**, 부를 **호**, 어조사 **지**, 사이 **간**

[직계비속直系卑屬]

곧은 계통의 낮은 무리라는 말이며, 자기로부터 아래로 내려간 혈족, 즉 자녀 · 손자 · 증손 등을 일컫는다.

글자 | 곧을 **직**, 계통 **계**, 낮을 **비**, 무리 **속**

[직계존속直系尊屬]

곧은 계통의 높은 무리라는 말이며, 조상으로부터 직계로 내려와 자기에게 이르는 사이의 혈족, 즉 조부모 · 부모 등을 일컫는다.

글자 | 곧을 **직**, 계통 **계**, 높을 **존**, 무리 **속**

[직궁증부直躬證父]

곧은 몸이 아비를 증명했다는 말이며, 정직하지 않은 것으로 여겨지는 행위 속에도 정情에 따른 참된 정직이 있다는 뜻이다. 이는 지나치게 정직한 사람이 양을 훔친 자기 아비를 고발했다는 고사에서 나온 말이다.

원문 | 直躬者 其父攘羊 而子證之
직궁자 기부양양 이자증지

글자 | 곧을 **직**, 몸 **궁**, 증거 **증**, 아비 **부**

출전 | 논어 자로子路

[직권남용職權濫用]

직분의 권세를 넘치게 쓴다는 말이며, 정당한 직무를 벗어나서 직무가 아닌 행위를 하여 직무의 공정을 잃는다는 뜻이다.

글자 | 직분 **직**, 권세 **권**, 넘칠 **남**, 쓸 **용**

[직립보행直立步行]

곧게 서서 걸어 다닌다는 말이며, 네 다리를 갖는 동물이 뒷다리만을 사용하여 등을 곧바로 세우고 걷는다는 뜻이다.

글자 | 곧을 **직**, 설 **립**, 걸을 **보**, 다닐 **행**

[직목선벌直木先伐]

곧은 나무는 먼저 베어진다는 말이며, 재능이 뛰어난 사람은 쓰이는 데가 많아 일찍 쇠퇴한다는 뜻이다.

글자 | 곧을 **직**, 나무 **목**, 먼저 **선**, 벨 **벌**

출전 | 장자 산목山木

유사 | 감정선갈甘井先竭

[직불백보直不百步]

곧은 백보가 아니라는 말이며, 정도의 차이는 있으나 마찬가지라는 뜻이다. 맹자의 글이다. '단지 백보가 아닐 뿐 도망간 것은 마찬가지다.'

원문 | 直不百步耳 是亦走也
직 불 백 보 이 시 역 주 야

글자 | 곧을 **직**, 아닐 **불**, 일백 **백**, 걸음 **보**

출전 | 맹자 양혜왕 상

동류 | 오십소백五十笑百

[직불보곡直不輔曲]

곧은 것은 굽은 것을 돕지 않는다는 말이며, 현명한 사람은 정치가 어지러운 나라에서 벼슬을 하지 않는다는 뜻이다.

글자 | 곧을 **직**, 아닐 **불**, 도울 **보**, 굽을 **곡**

출전 | 국어

[직언골경直言骨鯁]

곧은 말을 하고 뼈의 가시가 세다는 말이며, 바른 말을 하는 강직한 성격의 사람이라는 뜻이다.

글자 | 곧을 **직**, 말씀 **언**, 뼈 **골**, 가시 셀 **경**

[직언정론直言正論]

곧은 말과 바른 말이라는 말이며, 옳고 그른 것에 대하여 거리낌 없이 바로 하는 말과 언론言論을 일컫는다.

글자 | 곧을 **직**, 말씀 **언**, 바를 **정**, 의논 **론**

[직왕매진直往邁進]

바로 가고 멀리 나아간다는 말이다.

글자 | 곧을 **직**, 갈 **왕**, 멀리 갈 **매**, 나갈 **진**

[직장곡로直壯曲老]

곧으면 성하고 굽으면 쭈그러진다는 말이며, 사리事理가 바르면 일어나고 바르지 못하면 죽는다는 뜻이다.

글자 | 곧을 **직**, 성할 **장**, 굽을 **곡**, 쭈그러질 **로**

출전 | 춘추좌씨전

[직절간명直截簡明]

곧고 분명하고 간략하고 밝다는 말이며, 투명하고 복잡하지 않다는 뜻이다.

글자 | 곧을 **직**, 분명할 **절**, 간략할 **간**, 밝을 **명**

반대 | 복잡다단複雜多端

[직절허심直節虛心]

곧은 절개와 빈 마음이라는 말이며, 충직하고 욕심 없는 마음이라는 뜻이다. 마디가 곧고 속이 빈 대나무라는 뜻도 있다.

글자 | 곧을 **직**, 마디 **절**, 빌 **허**, 마음 **심**

[직정경행直情徑行]

뜻대로 지름길로 간다는 말이며, 주위의 사정 등에 신경 쓰지 않고 자기 뜻대로 행동한다는 뜻이다. 이 행동에 대하여 찬반양론이 있는데, 공자의 제자 자유子游는 다음과 같이 말하였다.

'감정이 내키는 대로 전후 분별도 없이 행동하여 절제할 줄 모르는(直情徑行) 것은 야만인의 길이며, 군자는 항상 정이 일어나는 것을 이성으로 제어해야만 한다.'

글자 | 바로 **직**, 뜻 **정**, 지름길 **경**, 갈 **행**

출전 | 예기 단궁檀弓 하

[직지사자直指使者]

바로 가리켜 부리는 사람이라는 말이며, 도둑을 체포하는 벼슬아치를 빗댄 말이다.

글자 | 바를 **직**, 가리킬 **지**, 부릴 **사**, 사람 **자**

[직지인심直指人心]

사람의 마음을 곧게 가리킨다는 말이며, 바른 사람의 마음을 지도하여 불도를 깨닫게 한다는 뜻이다.

원문 | 直指人心 見性成佛
직 지 인 심 견 성 성 불

글자 | 곧을 **직**, 가리킬 **지**, 사람 **인**, 마음 **심**

출전 | 서경잡기西京雜記

[진강돈기振綱頓紀]

벼리를 떨치고 법을 가지런히 한다는 말이며, 기강을 진작시키고 풍기를 정돈한다는 뜻이다.

글자 | 떨칠 **진**, 벼리 **강**, 기지런할 **돈**, 법 **기**

출전 | 조선왕조 14대 선조실록 155권

[진경고현秦鏡高懸]

진나라 거울이 높이 걸렸다는 말이며, 사리에 밝거나 판결이 공정하다는 뜻이다. 진나라 거울은 진시황제가 사람의 선악, 사정邪正을 비추어 보았다는 거울이며 선악을 꿰뚫어보는 안식眼識이라는 뜻으로도 쓰인다.

글자 | 진나라 **진**, 거울 **경**, 높을 **고**, 매달 **현**

출전 | 서경잡기西京雜記

[진고면천陳告免賤]

고하고 알려서 천함을 면한다는 말이며, 도망친 노비를 고발하면 노비의 신분을 면해주던 제도를 일컫는다.

글자 | 고할 **진**, 알릴 **고**, 면할 **면**, 천할 **천**

[진광불휘眞光不輝]

참된 빛은 빛나지 않는다는 말이며, 참된 교훈은 요란하지 않다는 뜻이다.

원문 | 眞水無香 眞光不輝
진 수 무 향 진 광 불 휘

글자 | 참 **진**, 빛 **광**, 아닐 **불**, 빛날 **휘**

출전 | 종용록從容錄

[진근부초陳根腐草]

묵은 뿌리와 썩은 풀이라는 말이며, 오래 묵어서 효험이 없어진 한약재를 일컫는다.

글자 | 묵을 **진**, 뿌리 **근**, 썩을 **부**, 풀 **초**

[진금부도眞金不鍍]

진짜 금은 도금을 하지 않는다는 말

이며, 진짜 실력자는 스스로 꾸밀 필요가 없다는 뜻이다.

글자 | 참 **진**, 쇠 **금**, 아닐 **부**, 도금 **도**

출전 | 이신李紳의 시

[진담누설陳談屢說]

말을 벌리고 여러 말을 한다는 말이며, 쓸데없이 말을 거듭 되풀이한다는 뜻이다.

글자 | 벌릴 **진**, 말씀 **담**, 여러 **누**, 말씀 **설**

출전 | 송남잡지

[진덕수업眞德修業]

덕으로 나아가고 일을 닦는다는 말이며, 덕업德業을 닦아 쌓는다는 뜻이다.

글자 | 나갈 **진**, 큰 **덕**, 닦을 **수**, 일 **업**

출전 | 주역 중천건 문언전文言傳

[진두지휘陣頭指揮]

[전쟁이나 사업을] 진의 맨 앞에서 지휘한다는 말이다.

글자 | 진칠 **진**, 머리 **두**, 손가락 **지**, 휘두를 **휘**

[진명지주眞命之主]

참된 명령의 임금이라는 말이며, 하늘의 뜻을 받아 어지러운 세상을 평정하고 통일한 어진 임금을 일컫는다.

글자 | 참 **진**, 명령할 **명**, 어조사 **지**, 임금 **주**

[진목장담瞋目張膽]

눈을 부릅뜨고 쓸개를 벌린다는 말이며, 용기를 크게 나타낸다는 뜻이다.

글자 | 눈 부릅뜰 **진**, 눈 **목**, 벌릴 **장**, 쓸개 **담**

출전 | 사기

동류 | 명목장담明目張膽

[진문진답珍問珍答]

보배로운 물음에 보배로운 대답이라는 말이며, 기이한 질문에 기이한 대답이라는 뜻이다.

글자 | 보배 **진**, 물을 **문**, 대답 **답**

[진미래제盡未來際]

오지 않은 것이 다하는 때라는 말이며, 미래는 영원하다는 뜻이다.

글자 | 다할 **진**, 아닐 **미**, 올 **래**, 때 **제**

[진반도갱塵飯塗羹]

먼지 밥과 흙 국이라는 말이며, 어린아이의 소꿉장난과 같은 것, 또는 아무 소용도 없는 일을 빗댄 말이다.

글자 | 먼지 **진**, 밥 **반**, 진흙 **도**, 국 **갱**

출전 | 한비자

[진번하탑陳蕃下榻]

진번이 걸상을 내렸다는 말이며, 빈객을 공손히 맞는다는 뜻이다. 중국 후한 말, 진번이 손님이 내방하면 걸상을 내려 우대했다는 고사에서 온 말이다.

글자 | 성씨 **진**, 번성할 **번**, 내릴 **하**, 걸상 **탑**

ㅈ

출전 | 후한서 진번열전

[진보살적進步殺賊]

걸어 나아가 도둑을 죽인다는 말이다.

글자 | 나갈 **진**, 걸음 **보**, 죽일 **살**, 도둑 **적**

[진복팔단眞福八端]

여덟 가지 실마리의 참된 복이라는 말이며, 마태복음 5장 3절 이하에 있는 예수의 산상설교山上說敎 속에서 나오는 여덟 가지의 행복, 즉 신빈神貧·양선良善·통곡痛哭·의갈義渴·애긍哀矜·청심淸心·화목和睦·의해義害를 일컫는다.

글자 | 참 **진**, 복 **복**, 실마리 **단**

출전 | 신약성경 마태복음 5장

[진불은현進不隱賢]

나아가서 어짊을 감추지 아니한다는 말이며, 일에 임해서는 현명함을 보여야 한다는 뜻이다.

글자 | 나갈 **진**, 아닐 **불**, 감출 **은**, 어질 **현**

출전 | 맹자 공손추 상

[진비일호振臂一呼]

팔을 흔들며 한번 소리친다는 말이며, 분발하여 일어나려고 하는 모습을 빗댄 말이다.

원문 | 然陵振臂一呼
연릉진비일호

글자 | 흔들 **진**, 팔 **비**, 부를 **호**

출전 | 답소무서答蘇武書

[진서언문眞書諺文]

참된 글과 속된 글월이라는 말이며, 사대주의 사상에서 온 한자와 한글을 지칭하는 표현이다.

글자 | 참 **진**, 글 **서**, 속된 말 **언**, 글월 **문**

[진선완미盡善完美]

→진선진미盡善盡美

[진선지정進善之旌]

좋은 것을 올리는 깃발이라는 말이며, 백성의 의견을 듣고 선정을 베푼다는 뜻이다. 중국 요임금 때, 백서들의 좋은 의견을 듣기 위해 깃발을 세워놓고 그 밑에 의견서를 두고 가도록한 고사에서 온 말이다.

글자 | 올릴 **진**, 좋을 **선**, 어조사 **지**, 기 **정**

[진선진미盡善盡美]

착함을 다하고 아름다움을 다한다는 말이며, 더 이상 바랄 것이 없을 만큼 잘 되어 있다는 뜻이다. 공자가 순임금의 악곡인 소韶와 무왕의 악곡인 무武를 감상하고 한 말이다. '소는 아름다움을 다하고 또 착함을 다했다. 그러나 무는 아름다움을 다하고 착함을 다하지 못했다.'

원문 | 謂韶盡美矣 又盡善也 謂武
위소진미의 우진선야 위무
盡美矣 未盡善也
진미의 미진선야

글자 | 다할 **진**, 착할 **선**, 아름다울 **미**

출전 | 논어 팔일八佾

[진선폐사陳善閉邪]

착함을 펴고 사함을 마친다는 말이며, 선의 도리를 개진하여 사악한 마음의 싹틈을 막는다는 뜻이다.

글자 | 펼 **진**, 착할 **선**, 마치 **폐**, 사악할 **사**

출전 | 소학 명륜明倫

[진수성찬珍羞盛饌]

맛좋은 반찬과 많은 반찬이라는 말이며, 잘 차린 좋은 음식이라는 뜻이다.

글자 | 맛 좋을 **진**, 반찬 **수**, 많을 **성**, 반찬 **찬**

[진수열장辰宿列張]

별자리가 벌려 베풀어졌다는 말이다.

글자 | 별 **진**, 떼 별 **수**, 벌릴 **열**, 베풀 **장**

출전 | 천자문 2항

[진승오광陳勝吳廣]

진승과 오광이라는 말이며, 어떤 일에 선수를 써서 앞지른다는 뜻이다. 진승과 오광은 초나라 사람으로 거병擧兵하여 진나라의 침공을 선수를 써서 막아냈다는 고사에서 온 말이다.

글자 | 진칠 **진**, 이길 **승**, 나라 이름 **오**, 넓을 **광**

출전 | 사기 진섭세가陳涉世家

유사 | 선발제인先發制人

[진신장보縉紳章甫]

양반의 벼슬아치와 큰 재목의 사나이들이라는 말이며, 모든 벼슬아치와 유생儒生들이라는 뜻이다.

글자 | 양반 **진**, 벼슬아치 **신**, 큰 재목 **장**, 사나이 아름다운 칭호 **보**

[진실무망眞實無妄]

참된 사실로 망령됨이 없다는 말이며, 참되고 거짓이 없다는 뜻이다.

글자 | 참 **진**, 사실 **실**, 없을 **무**, 망령될 **망**

[진실무위眞實無僞]

참된 사실로서 거짓이 없다는 말이다.

글자 | 참 **진**, 사실 **실**, 없을 **무**, 거짓 **위**

[진실여상眞實如常]

참된 사실은 한결같다는 말이다.

글자 | 참 **진**, 사실 **실**, 같을 **여**, 항상 **상**

[진심갈력盡心竭力]

마음을 다하고 힘을 다한다는 말이다.

글자 | 다할 **진**, 마음 **심**, 다할 **갈**, 힘 **력**

[진안막변眞贋莫辨]

진짜와 가짜를 가리지 못한다는 말이다.

글자 | 참 **진**, 가짜 **안**, 말 **막**, 분별할 **변**

[진애지도盡愛之道]

사랑을 다하는 도리라는 말이며, 끝없이 사랑하는 도리라는 뜻이다.

글자 | 다할 **진**, 사랑 **애**, 어조사 **지**, 도리 **도**

[진언번등眞諺翻騰]

참된 말과 속된 말을 뒤집고 베낀다는 말이며, 한자와 한글을 서로 번역한다는 뜻이다.

글자 | 참 **진**, 속된 말 **언**, 뒤집힐 **번**, 베낄 **등**

[진언부지眞諺不知]

참된 말과 속된 말을 알지 못한다는 말이며, 한자와 한글을 모른다는 뜻이다.

글자 | 참 **진**, 속된 말 **언**, 아닐 **부**, 알 **지**

[진여일색眞如一色]

진실이 한결같다는 것은 한 가지 색깔이라는 말이며, 만물의 본체는 한결같으며 차별이 없다는 뜻이다.

글자 | 참 **진**, 같을 **여**, 빛 **색**

[진여일실眞如一實]

진실이 한결같다는 것은 하나의 사실이라는 말이며, 진실이 한결같다는 것은 모든 법의 본체라는 뜻이다.

글자 | 참 **진**, 같을 **여**, 사실 **실**

[진여평등眞如平等]

진실이 한결같다는 것은 고르게 같다는 말이며, 한결같은 진실은 만물에 평등한 본체라는 뜻이다.

글자 | 참 **진**, 같을 **여**, 고를 **평**, 같을 **등**

[진예퇴속進銳退速]

나아감이 날카롭고 물러남이 빠르다는 말이며, 나아가는데 성급한 사람은 물러나는데도 성급하다는 뜻이다.

원문 | 其進銳者 其退速
기 진 예 자 기 퇴 속

글자 | 나갈 **진**, 날카로울 **예**, 물러날 **퇴**, 빠를 **속**

출전 | 맹자 진심 상

[진외고표塵外孤標]

티끌 밖의 외로운 가지라는 말이며, 속세를 벗어나 홀로 우뚝 서있다는 뜻이다.

글자 | 티끌 **진**, 밖 **외**, 외로울 **고**, 높은 가지 **표**

출전 | 구당서

[진월비척秦越肥瘠]

진나라 사람과 월나라 사람은 살찌기도 하고 마르기도 하였다는 말이며, 서로 아무런 관련성이 없다는 뜻이다.

글자 | 진나라 **진**, 월나라 **월**, 살찔 **비**, 마를 **척**

[진의탄관振衣彈冠]

옷을 흔들고 갓을 퉁긴다는 말이며, 의관의 먼지를 턴다는 뜻으로서 속세를 초탈한다는 뜻이다.

글자 | 흔들 **진**, 옷 **의**, 퉁길 **탄**, 갓 **관**

[진일지력盡日之力]

[맡은 일에] 날이 다하는 힘이라는 말이며, 하루 종일 힘을 다한다는 뜻이다.

글자 | 다할 **진**, 날 **일**, 어조사 **지**, 힘 **력**

[진적위산塵積爲山]

먼지가 쌓여 산이 된다는 말이며, 작은 것이라도 오래 쌓이고 모이면 큰 것이 된다는 뜻이다.

글자 | 먼지 **진**, 쌓일 **적**, 할 **위**, 뫼 **산**

출전 | 순자 권학편勸學篇

동류 | 진합태산塵合泰山

[진전한례秦篆漢隷]

중국 진나라의 전서체와 한나라의 예서체라는 말이며, 전서체는 매우 발달한 글씨체이고, 예서체는 아름답다는 뜻이다.

글자 | 나라 **진**, 전자 **전**, 나라 이름 **한**, 예서 **례**

[진정소발眞情所發]

참된 마음에서 우러나오는 바라는 말이다.

글자 | 참 **진**, 뜻 **정**, 바 **소**, 일어날 **발**

[진정소회眞情所懷]

품은 참뜻이라는 말이며, 가슴속 깊이 간직하고 있는 생각이라는 뜻이다.

글자 | 참 **진**, 뜻 **정**, 바 **소**, 품을 **회**

출전 | 송남잡지

[진정지곡秦庭之哭]

진나라 조정에서 곡을 한다는 말이며, 남의 도움을 바란다는 뜻이다. 초나라의 신포서申包胥가 원군을 청하려 진나라에 가서 7일 동안이나 진의 조정에서 곡을 하여 마침내 원군을 얻었다는 고사에서 온 말이다.

글자 | 진나라 **진**, 마당 **정**, 어조사 **지**, 울 **곡**

출전 | 춘추좌씨전 정공定公 4년조

[진주혼식眞珠婚式]

진주의 혼인식이라는 말이며, 부부가 혼인 30주년을 축하하여 진주 제품을 주고받는 기념식을 일컫는다.

글자 | 참 **진**, 진주 **주**, 혼인 **혼**, 법 **식**

[진지적견眞知的見]

참된 지식과 밝은 식견이라는 말이며, 확실하게 아는 견문이라는 뜻이다.

글자 | 참 **진**, 알 **지**, 밝을 **적**, 식견 **견**

출전 | 송남잡지

[진진상인陳陳相因]

→ 진진상잉陳陳相仍

[진진상잉陳陳相仍]

묵고 또 묵고 상태가 그대로라는 말이며, 나라가 잘 다스려져 물건이 풍부하다는 뜻도 되고 오래 묵고 낡아 새로운 맛이 없다는 뜻도 된다.

원문 | 太倉之粟 陳陳相仍
태 창 지 율 진 진 상 잉

글자 | 묵을 **진**, 바탕 **상**, 그대로 **잉**

출전 | 사기 평준서平準書

[진진지의秦晉之誼]

→ 진진지호秦晉之好

출전 | 옥루몽

[진진지호秦晉之好]

진秦나라와 진晉나라가 좋아한다는 말이며, 두 집안이 혼인관계가 이루게 된다는 뜻이다. 두 나라의 우호관계가 좋아 대대로 혼인을 하였다는 고사에서 온 말이다.

글자 | 나라 이름 **진**, 어조사 **지**, 좋을 **호**

동류 | 진진지의秦晉之誼, 진진지연秦晉之緣, 진환진애秦歡晉愛

[진채지액陳蔡之厄]

진나라와 채나라의 재액이라는 말이며, 성인도 재액을 당한다는 빗댄 말이다. 공자가 진나라와 채나라 사이에서 당한 봉변을 두고 하는 말이다.

원문 | 在陳絶糧 從者病 莫能與
재 진 절 량 종 자 병 막 능 여

글자 | 진나라 **진**, 채나라 **채**, 어조사 **지**, 재액 **액**

출전 | 논어 위령공衛靈公, 사기

[진천동지震天動地]

하늘이 진동하고 땅을 흔든다는 말이며, 세력이나 위엄이 천하에 떨친다는 뜻이다.

글자 | 진동할 **진**, 하늘 **천**, 움직일 **동**, 땅 **지**

출전 | 진서, 수경주水經注

유사 | 경천동지驚天動地

[진천해지震天駭地]

하늘을 흔들고 땅을 놀라게 한다는 말이며, 강한 세력 또는 높은 명성을 빗댄 말이다.

글자 | 흔들 **진**, 하늘 **천**, 놀라게 할 **해**, 땅 **지**

출전 | 진서

[진촌퇴척進寸退尺]

한 치를 나아가고 한 자를 물러선다는 말이며, 얻은 것은 적고 잃은 것은 많다는 뜻이다.

원문 | 吾不敢僞主爲客不敢進寸而退尺
오 불 감 위 주 위 객 불 감 진 촌 이 퇴 척

글자 | 나갈 **진**, 치 **촌**, 물러날 **퇴**, 자 **척**

출전 | 노자 도덕경道德經 69장

동류 | 촌진척퇴寸進尺退

[진충갈력盡忠竭力]

충성을 다하고 힘을 다한다는 말이다.

글자 | 다할 **진**, 충성 **충**, 다할 **갈**, 힘 **력**

[진충보국盡忠報國]

충성을 다하여 나라의 은혜를 갚는다는 말이다.

글자 | 다할 **진**, 충성 **충**, 갚을 **보**, 나라 **국**

출전 | 송사, 북사 안지의전顔之儀傳

[진충지신盡忠之臣]

충성을 다하는 신하라는 말이다.

글자 | 다할 **진**, 충성 **충**, 어조사 **지**, 신하 **신**

[진취지계進取之計]

나아가서 일을 잡아서 할 계교라는 말이다.

글자 | 나갈 **진**, 취할 **취**, 어조사 **지**, 계교 **계**

[진토지중塵土之中]

티끌과 흙의 속이라는 말이며, 사람들이 몰려 사는 세상을 빗댄 말이다.

글자 | 티끌 **진**, 흙 **토**, 어조사 **지**, 가운데 **중**

출전 | 송남잡지

[진퇴가도進退可度]

나아가고 물러남이 법도에 옳다는 말이다.

원문 | 進退可度 周旋可則
진 퇴 가 도 주 선 가 측

글자 | 나갈 **진**, 물러날 **퇴**, 옳을 **가**, 법도 **도**

출전 | 소학 계고稽古

[진퇴무의進退無儀]

나아가고 물러남에 예의가 없다는 말이며, 나아가고 물러남에 예의가 없으면 정령이 시행되지 않는다는 옛말이 있다.

원문 | 進退無儀 則政令不行
진 퇴 무 의 즉 정 령 불 행

글자 | 나아갈 **진**, 물러날 **퇴**, 없을 **무**, 예의 **의**

출전 | 관자 형세해편形勢解篇

[진퇴분명進退分明]

나아가고 물러남이 분명하다는 말이다.

글자 | 나갈 **진**, 물러날 **퇴**, 분명할 **분**, 밝을 **명**

[진퇴양난進退兩難]

→ 진퇴유곡進退維谷

[진퇴유곡進退維谷]

나아가고 물러남이 골짜기에 매였다는 말이며, 이러지도 저러지도 못하는 궁지에 몰려 있다는 뜻이다.

원문 | 人亦有言 進退維谷
인 역 유 언 진 퇴 유 곡

글자 | 나아갈 **진**, 물러날 **퇴**, 연하여 맬 **유**, 골 **곡**

출전 | 시경 대아大雅

[진퇴유도進退有度]

→ 진퇴가도進退可度

[진퇴필공進退必恭]

나아가고 물러남을 반드시 공손히 해야 한다는 말이다.

글자 | 나갈 **진**, 물러날 **퇴**, 반드시 **필**, 공손할 **공**

출전 | 사자소학

[진평재육陳平宰肉]

진평 재상의 고기라는 말이며, 나라

를 공평하게 다스린다는 뜻이다. 중국 전한의 진평이 향리의 연회에서 고기를 나누어주면서 자기가 재상이 되면 이렇게 국가를 공평하게 다스리겠다고 한 고사에서 온 말이다.

글자 | 성씨 **진**, 바를 **평**, 재상 **재**, 고기 **육**

출전 | 사기 진승상세가陳丞相世家

[진하지례進賀之禮]

나아가 하례하는 예도라는 말이며, 나라에 경사가 있을 때 신하들이 왕에게 나아가 하례하는 예식을 일컫는다.

글자 | 나갈 **진**, 하례 **하**, 어조사 **지**, 예도 **례**

[진합태산塵合泰山]

티끌 모아 태산이라는 말이며, 작은 것도 모이면 큰 것이 된다는 뜻이다.

글자 | 먼지 **진**, 모일 **합**, 클 **태**, 뫼 **산**

출전 | 송남잡지

동류 | 진적위산塵積爲山

유사 | 토적성산土積成山

[진혼귀신鎭魂歸神]

영혼을 진정하여 귀신에게 돌아가게 한다는 말이며, 정신을 가라앉혀 신의 경지에 이르게 한다는 뜻이다.

글자 | 진정할 **진**, 영혼 **혼**, 돌아갈 **귀**, 귀신 **신**

[진화타겁趁火打劫]

불을 좇아 치고 빼앗는다는 말이며, 불난 집에 가서 약탈한다는 뜻이다. 이는 강한 무력을 배경으로 약한 적을 정복한다는 전략으로 36계 중 5계이다.

원문 | 趁火打劫 敵害之大 就勢取利
진화타겁 적해지대 취세취리

글자 | 좇을 **진**, 불 **화**, 칠 **타**, 빼앗을 **겁**

출전 | 손자병법

[진환이환盡歡而還]

기뻐함이 다하여 돌아간다는 말이며, 사람들이 모여 즐기고 나서 돌아간다는 뜻이다.

글자 | 다할 **진**, 기뻐할 **환**, 말 이을 **이**, 돌아갈 **환**

출전 | 남사

[질극도하窒隙蹈瑕]

틈을 막고 티를 밟는다는 말이며, 자신의 결함을 감춘다는 뜻이다.

글자 | 막을 **질**, 틈 **극**, 밟을 **도**, 티 **하**

[질루신천質陋身賤]

바탕이 더럽고 몸이 천하다는 말이며, 타고난 재질이 변변치 못하고 신분이 천하다는 뜻이다.

글자 | 바탕 **질**, 더러울 **루**, 몸 **신**, 천할 **천**

출전 | 춘향전

[질륭지치郅隆之治]

융성함에 이르는 다스림이라는 말이며, 융성하고 화평한 세상을 이루는 정치를 일컫는다.

글자 | 이름 **질**, 융성할 **륭**, 어조사 **지**, 다스릴 **치**

[질마파거跌馬破車]

넘어지는 말은 수레를 깨트린다는 말이며, 지도자가 잘못하면 조직이 무너진다는 뜻이다.

원문 | 跌馬破車 惡婦破家
질 마 파 거 악 부 파 가

글자 | 넘어질 **질**, 말 **마**, 깨트릴 **파**, 수레 **거**

[질서정연秩序整然]

차례가 잘 정돈되었다는 말이며, 사물의 순서가 바르게 잘 갖추어져 있다는 뜻이다.

글자 | 차례 **질**, 차례 **서**, 정돈할 **정**, 그럴 **연**

[질수축알疾首蹙頞]

머리가 괴로워 콧마루를 찡그린다는 말이며, 몹시 근심이 되거나 몹시 싫어서 얼굴을 찡그린다는 뜻이다.

글자 | 괴로울 **질**, 머리 **수**, 찡그릴 **축**, 콧마루 **알**

출전 | 맹자 양혜왕 하

[질실강건質實强健]

바르고 성실하고 튼튼하다는 말이다.

글자 | 바를 **질**, 성실할 **실**, 굳셀 **강**, 튼튼할 **건**

[질언거색疾言遽色]

급한 말과 다급한 얼굴빛이라는 말이며, 침착하지 못한 당황스러워하는 태도를 이르는 뜻이다.

원문 | 雖居倉卒 未嘗疾言遽色
수 거 창 졸 미 상 질 언 거 색

글자 | 급할 **질**, 말씀 **언**, 급할 **거**, 빛 **색**

출전 | 소학 선행편善行篇, 후한서

[질위빈주迭爲賓主]

손님과 주인이 바뀌었다는 말이다.

원문 | 迭爲賓主 是天子而友匹夫也
질 위 빈 주 시 천 자 이 우 필 부 야

글자 | 바꿀 **질**, 할 **위**, 손 **빈**, 주인 **주**

출전 | 맹자 만장 하

동류 | 주객전도主客顚倒

[질의응답質疑應答]

의심나는 것을 질문하고 물음에 응하여 대답한다는 말이다.

글자 | 이룰 **질**, 의심 낼 **의**, 응할 **응**, 대답할 **답**

[질이불리質而不俚]

바탕이 속되지 않다는 말이며, 소박하면서도 촌스럽지 않다는 뜻이다.

글자 | 바탕 **질**, 말 이을 **이**, 아닐 **불**, 속될 **리**

출전 | 한서

[질제귀신質諸鬼神]

귀신에게 모든 것을 믿는다는 말이며, 점을 친다는 뜻이다.

원문 | 質諸鬼神而無疑
질 제 귀 신 이 무 의

ㅈ

글자 | 믿을 **질**, 모두 **제**, 귀신 **귀**, 귀신 **신**

출전 | 중용 29장

[질주불휴疾走不休]

쉬지 않고 달린다는 말이며, 인간의 욕망을 다스리지 못하고 계속 달려가다가 죽고 만다는 뜻이다.

원문 | 疾走不休 絶力而死
질주불휴 절력이사

글자 | 버릇 **질**, 달릴 **주**, 아닐 **불**, 쉴 **휴**

출전 | 장자 잡편 어부漁父

[질지여수疾之如讎]

미워함이 원수와 같다는 말이다.

글자 | 미워할 **질**, 어조사 **지**, 같을 **여**, 원수 **수**

[질지이심疾之已甚]

미워함이 이미 심하다는 말이며, 너무 지나치게 미워한다는 뜻이다.

글자 | 미워할 **질**, 어조사 **지**, 이미 **이**, 심할 **심**

출전 | 송남잡지

[질축배척嫉逐排斥]

시기하여 몰아내고 배척한다는 말이다.

글자 | 시기할 **질**, 몰아낼 **축**, 배척할 **배**, 물리칠 **척**

[질투망상嫉妬妄想]

투기하는 망령된 생각이라는 말이며, 배우자의 정절을 의심하는 헛된 생각이라는 뜻이다.

글자 | 투기할 **질**, 투기할 **투**, 망령될 **망**, 생각 **상**

[질풍경초疾風勁草]

빠른 바람이 불어야 굳센 풀을 안다는 말이며, 어려운 일이 있어야 굳센 사람을 안다는 뜻이다.

원문 | 疾風知勁草
질풍지경초

글자 | 빠를 **질**, 바람 **풍**, 굳셀 **경**, 풀 **초**

출전 | 후한서 왕패전王覇傳

[질풍노도疾風怒濤]

빠른 바람과 성난 물결이라는 말이다.

글자 | 빠를 **질**, 바람 **풍**, 성낼 **노**, 물결 **도**

[질풍대우疾風大雨]

빠른 바람과 큰 비라는 말이며, 몹시 험한 날씨를 일컫는다.

글자 | 빠를 **질**, 바람 **풍**, 큰 **대**, 비 **우**

[질풍신뢰疾風迅雷]

빠른 바람과 빠른 우레라는 말이며, 사태가 급변하는 상태, 또는 행동이 매우 빠른 것을 빗댄 말이다.

글자 | 빠를 **질**, 바람 **풍**, 빠를 **신**, 우레 **뢰**

출전 | 예기 옥조玉藻

[질풍심우疾風甚雨]

빠른 바람과 심한 비라는 말이며, 무서운 폭풍우를 일컫는다.

글자 | 빠를 **질**, 바람 **풍**, 심할 **심**, 비 **우**

[집사광익集思廣益]

생각을 모아 이익을 넓힌다는 말이며, 여러 사람의 의견을 모아 나라의 이익을 넓힌다는 뜻이다.

글자 | 모일 **집**, 생각 **사**, 넓을 **광**, 더할 **익**

출전 | 삼국지 촉지 동화전董和傳

[집소성다集小成多]

→ 집소성대集小成大

[집소성대集小成大]

작은 것을 모아서 크게 이룬다는 말이다.

글자 | 모을 **집**, 작을 **소**, 이룰 **성**, 큰 **대**

유사 | 토적성산土積成山

[집열불탁執熱不濯]

뜨거운 것을 잡는데 [손을] 적시지 않는다는 말이며, 어려운 나라를 다스림에 현자賢者를 쓰지 않는다는 뜻이다. 뜨거운 것을 잡을 때는 손을 적셔야 하는데, 이를 하지 않았다는 말에서 온 것이다.

글자 | 잡을 **집**, 뜨거울 **열**, 아닐 **불**, 적실 **탁**

출전 | 맹자 이루離婁 상

[집의항언執意杭言]

뜻을 붙잡고 말을 막는다는 말이며, 의견을 고집하고 굽히지 않는다는 뜻이다.

글자 | 잡을 **집**, 뜻 **의**, 막을 **항**, 말씀 **언**

출전 | 위서

[집중무권執中無權]

가운데를 잡고 저울질이 없다는 말이며, 가운데에 집중하여 전체적인 균형을 잃고 있다는 뜻이다.

글자 | 잡을 **집**, 가운데 **중**, 없을 **무**, 저울질할 **권**

출전 | 맹자 진심 상

[집중사격集中射擊]

가운데로 모아 쏜다는 말이며, 한 목표를 향해 모든 화력을 한데 모아 사격한다는 뜻이다.

글자 | 모을 **집**, 가운데 **중**, 쏠 **사**, 부딪힐 **격**

[집중호설集中豪雪]

가운데로 모이는 큰 눈이라는 말이며, 한 번에 몰아쳐 내리는 많은 눈이라는 뜻이다.

글자 | 모을 **집**, 가운데 **중**, 클 **호**, 눈 **설**

[집중호우集中豪雨]

가운데로 모이는 큰 비라는 말이며, 한 번에 몰아서 내리는 많은 비라는 뜻이다.

글자 | 모을 **집**, 가운데 **중**, 클 **호**, 비 **우**

[집지전일執持專一]

오로지 하나를 가지고 잡으라는 말이며, 온전히 한 가지만을 붙들고 지키

ㅈ

라는 뜻이다. 조익趙翼이 말했다. '집지전일, 네 글자를 벽에다 써 붙여 놓고 늘 보도록 하라.'

원문 | 執持專一四字 宣書諸壁常常見之也
집지전일사자 선서제벽상상견지야

글자 | 잡을 **집**, 가질 **지**, 오로지할 **전**

출전 | 조익의 도촌잡록道村雜錄

[집희경지緝熙敬止]

밝게 빛나고 조용히 공경한다는 말이다.

글자 | 빛날 **집**, 밝을 **희**, 공경 **경**, 고요할 **지**

출전 | 조선왕조 3대 태종실록 9권

[징갱취장懲羹吹醬]

국에 덴 놈이 간장보고도 분다는 말이다.

글자 | 징계할 **징**, 국 **갱**, 불 **취**, 간장 **장**

동류 | 징갱취제懲羹吹虀

[징갱취제懲羹吹虀]

뜨거운 국에 데어 냉채를 후후 불면서 먹는다는 말이며, 한 번 실패한데 놀라서 지나치게 조심한다는 뜻이다. 초나라 세 왕족의 족장 굴원屈原이 조국을 걱정하며 방랑하던 때의 시다. '…뜨거운 국에 데어서 냉채까지 부네. 어찌하여 그 뜻을 바꾸지 못하는가.…'

원문 | 懲於羹者 而吹虀兮 何不變此志之也
징어갱자 이취제혜 하불변차지지야

글자 | 징계할 **징**, 국 **갱**, 불 **취**, 냉채 **제**

출전 | 초사 석송惜誦

동류 | 징갱취채懲羹吹菜

유사 | 징선기여懲船忌輿

[징갱취해懲羹吹薤]

국에 덴 놈이 염교보고도 분다는 말이다.

글자 | 징계할 **징**, 국 **갱**, 불 **취**, 염교 **해**

동류 | 징갱취제懲羹吹虀

[징갱취회懲羹吹膾]

→ 징갱취제懲羹吹虀

[징분질욕懲忿窒慾]

분을 징계하고 욕심을 막는다는 말이며, 화를 내고 욕심을 부리는 마음을 경계하라는 뜻이다.

글자 | 징계할 **징**, 분할 **분**, 막을 **질**, 욕심 **욕**

출전 | 주역, 명심보감 정기편正己篇

[징선기여懲船忌輿]

배를 싫어하며 수레를 꺼린다는 말이다.

글자 | 징계할 **징**, 배 **선**, 꺼릴 **기**, 수레 **여**

출전 | 초사 석송惜誦

[징일여백懲一勵百]

한 사람을 징계하여 백 사람을 격려

한다는 말이다.

글자 | 징계할 **징**, 권할 **여**, 일백 **백**

[징전비후懲前毖後]

먼저를 징계하고 뒤를 삼간다는 말이며, 전에 잘못을 교훈 삼아 후에는 신중하게 일을 처리한다는 뜻이다.

원문 | 豫其懲而毖後患
예 기 징 이 비 후 환

글자 | 징계할 **징**, 앞 **전**, 삼갈 **비**, 뒤 **후**

출전 | 시경 소비편小毖篇

ㅈ

[차객보구借客報仇]

남에게 고용되어 그 사람의 원수를 갚는다는 말이다.

글자 | 빌려올 **차**, 손 **객**, 갚을 **보**, 원수 **구**

출전 | 한서

[차경차희且驚且喜]

또 놀라고 또 기쁘다는 말이며, 놀라기도 하고 한편 기쁘기도 하다는 뜻이다.

글자 | 또 **차**, 놀랄 **경**, 기쁠 **희**

[차계기환借鷄騎還]

닭을 빌려 타고 돌아간다는 말이며, 손님을 박대한다는 뜻이다.

글자 | 빌 **차**, 닭 **계**, 말 탈 **기**, 돌아갈 **환**

출전 | 태평한화골계전太平閑話滑稽傳

[차계생단借鷄生蛋]

닭을 빌려 알을 낳는다는 말이며, 밑천 들이지 않고 이득을 본다는 뜻이다.

글자 | 빌 **차**, 닭 **계**, 날 **생**, 새알 **단**

[차공제사借公濟私]

벼슬을 빌려서 사사로운 일을 이룬다는 말이며, 직권을 남용하여 사복을 채운다는 뜻이다.

글자 | 빌려올 **차**, 벼슬 **공**, 일 이룰 **제**, 사사 **사**

[차규차청借閨借廳]

→ 차청차규借廳借閨

[차납지변借納之辨]

빌리는 것과 드리는 것의 분별이라는 말이며, 빌리라는지 달라는지 잘 판단해야 한다는 뜻이다. 충무공 이순신이 훈련원에 있을 때 몹시 아름다운 전통箭筒을 지니고 있었는데 유성룡柳成龍이 사람을 보내 빌려달라고 하자 이순신이 한 말이다. '이것은 빌리자는 겁니까, 달라는 겁니까?' 하고 거절했다고 한다.

글자 | 빌릴 **차**, 들일 **납**, 어조사 **지**, 분별할 **변**

출전 | 윤기尹愭의 정상한화井上閒話

[차도살인借刀殺人]

칼을 빌어 사람을 죽인다는 말이며, 남의 무기로 적을 제거한다는 뜻이다.

글자 | 빌 **차**, 칼 **도**, 죽일 **살**, 사람 **인**

출전 | 서양잡조西陽雜俎

[차래지식嗟來之食]

잠시 오는 음식이라는 말이며, 푸대접하는 음식이라는 뜻이다. 춘추시대 제나라에 큰 기근이 들었을 때, 검오黔敖라는 부자가 굶주린 사람에게 음식을 베풀고 있었는데, 한 남자가 찾아오자 검오는 경멸하듯 무례한 태도로 음식을 건넸다. 그러자 그 남자는 허리를 꼿꼿이 세우고 '나는 무례한 쇠스랑 음식은 먹지 않는다.' 라며 돌아섰다는 고사에서 온 말이다.

원문 | 我就是因办不吃 嗟來之食
아 취 시 인 판 부 흘 차 래 지 식

글자 | 잠깐 동안 **차**, 올 **래**, 어조사 **지**, 음식 **식**

출전 | 예기 단궁檀弓 하

[차마삼경借馬三更]

말을 빌리니 삼경이 되었다는 말이며, 남에게서 잠시 빌려 온 물건이 오래 되었다는 뜻이다.

글자 | 빌려 올 **차**, 말 **마**, 지날 **경**

출전 | 동언해

[차망우물此忘憂物]

근심을 그치고 잊어버리게 하는 물건이라는 말이며, 술을 빗댄 말이다.

원문 | 汎此忘憂物 遠我遺世情
범 차 망 우 물 원 아 유 세 정

글자 | 그칠 **차**, 잊을 **망**, 근심할 **우**, 만물 **물**

출전 | 도잠陶潛의 시

[차문차답且問且答]

또 묻고 또 답한다는 말이며, 한편으로 물으면서 또 한편으로는 답한다는 뜻이다.

글자 | 또 **차**, 물을 **문**, 답할 **답**

[차사예채差使例債]

보내는 사신에게 전례대로 주는 빚이라는 말이며, 죄인이 뇌물로 차사에게 주는 돈을 일컫는다.

글자 | 보낼 **차**, 사신 **사**, 전례 **예**, 빚질 **채**

[차상차하差上差下]

위로 다르고 아래로 다르다는 말이며, 좀 낫기도 하고 조금 못하기도 하다는 뜻이다.

글자 | 다를 **차**, 윗 **상**, 아래 **하**

동류 | 막상막하莫上莫下

[차서일치借書一瓻]

책을 빌리면 술 한 병이라는 말이며, 책을 빌릴 때와 돌려보낼 때, 술 한 병을 사례로 보낸다는 뜻이다.

글자 | 빌릴 **차**, 책 **서**, 술단지 **치**

출전 | 소씨견문록邵氏見聞錄

[차선차후差先差後]

먼저와 어긋나고 뒤와도 어긋난다는 말이며, 조금 앞서기도 하고 조금 뒤지기도 한다는 뜻이다.

글자 | 어길 **차**, 먼저 **선**, 뒤 **후**

[차신차의且信且疑]

또한 믿음직하고, 또한 의심스럽다는 말이다.

글자 | 또 **차**, 믿을 **신**, 의심할 **의**

유사 | 반신반의半信半疑

[차월피월此月彼月]

이달 저 달로 미룬다는 말이다.

글자 | 이 **차**, 달 **월**, 저 **피**

[차윤성형車胤盛螢]

→ 차윤취형車胤聚螢

[차윤취형車胤聚螢]

차윤이 반딧불을 모았다는 말이며, 반딧불로 공부를 한다는 뜻이다.

글자 | 수레 **차**, 이을 **윤**, 모일 **취**, 반딧불 **형**

출전 | 진서 차윤車胤 · 손강전孫康傳

유사 | 형설지공螢雪之功

[차일피일此日彼日]

이날 저 날이라는 말이며, 날짜를 자꾸만 미루어간다는 뜻이다.

글자 | 이 **차**, 날 **일**, 저 **피**

[차장내하此將奈何]

이를 장차 어찌할 것인가라는 말이다.

글자 | 이 **차**, 장차 **장**, 어찌 **내**, 어찌 **하**

[차재두량車載斗量]

수레에 싣고 말로 헤아린다는 말이며, 물건이 매우 많다는 뜻이다.

글자 | 수레 **차**, 실을 **재**, 말 **두**, 헤아릴 **량**

출전 | 삼국지 오주손권전吳主孫權傳

[차전엄후遮前掩後]

앞을 막고 뒤를 가린다는 말이며, 사실을 분명히 설명하지 않는다는 뜻이다.

글자 | 가릴 **차**, 앞 **전**, 가릴 **엄**, 뒤 **후**

출전 | 조선왕조 15대 광해군일기 15권

[차전차주且戰且走]

한편으로는 싸우면서 한편으로는 달아난다는 말이다.

글자 | 또 **차**, 싸움할 **전**, 달아날 **주**

[차제간사次第間事]

차례차례 일을 갈마들인다는 말이며, 일이 순서대로 되어간다는 뜻이다.

글자 | 차례 **차**, 차례 **제**, 갈마들일 **간**, 일 **사**

출전 | 송남잡지

[차제건사次第件事]

→ 차제간사次第間事

[차철마적車轍馬跡]

수레바퀴 자국과 말 자취라는 말이며, 수레와 말을 타고 천하를 돌아다닌다는 뜻이다.

글자 | 수레 **차**, 바큇자국 **철**, 말 **마**, 자취 **적**

출전 | 춘추좌씨전

[차청어롱借聽於聾]

남의 귀를 빌려 귀머거리에게 듣는다는 말이며, 힘을 빌릴 상대를 잘못 선택했다는 뜻이다.

원문 | 借聽於聾 求道於盲
차 청 어 롱 구 도 어 맹

글자 | 빌려올 **차**, 들을 **청**, 어조사 **어**, 귀먹을 **롱**

출전 | 한유의 답진생서答陳生書

[차청입실借廳入室]

대청을 빌려 안방까지 든다는 말이며, 남에게 의지하였다가 차츰 그 권리를 잠식해간다는 뜻이다.

글자 | 빌 **차**, 대청 **청**, 들 **입**, 방 **실**

출전 | 순오지 하

동류 | 차청차규借廳借閨

[차청차규借廳借閨]

→ 차청입실借廳入室

[차치물론且置勿論]

아직 그대로 두고 의논하지 않는다는 말이며, 내버려두고 문제 삼지 않는다는 뜻이다.

글자 | 아직 **차**, 둘 **치**, 말 **물**, 의논 **론**

[차탈피탈此頉彼頉]

이 핑계 저 핑계라는 말이다.

글자 | 이 **차**, 핑계 **탈**, 저 **피**

[차풍사선借風駛船]

바람을 빌려 배를 달리게 한다는 말이며, 남의 힘을 빌려 자신의 이익을 도모한다는 뜻이다.

글자 | 빌려올 **차**, 바람 **풍**, 말 빨리 걸을 **사**, 배 **선**

동류 | 차수행주借水行舟

[차한피한此漢彼漢]

이놈 저놈이라는 말이며, 어중이떠중이라는 뜻이다.

글자 | 이 **차**, 놈 **한**, 저 **피**

출전 | 송남잡지

유사 | 오합지중烏合之衆

[차형손설車螢孫雪]

차씨의 반딧불과 손씨의 눈이라는 말이며, 어려운 환경 속에서 학문을 하였다는 뜻이다. 이는 차윤취형車胤聚螢과 손강영설孫康映雪을 합친 말이다.

글자 | 성씨 **차**, 반딧불 **형**, 성씨 **손**, 눈 **설**

출전 | 진서

동류 | 형설지공螢雪之功

[차호위호借虎威狐]

→ 호가호위狐假虎威

[차화헌불借花獻佛]

꽃을 빌려 부처에게 바친다는 말이며, 남의 물건으로 자기의 이익을 꾀한다는 뜻이다.

글자 | 빌릴 **차**, 꽃 **화**, 바칠 **헌**, 부처 **불**

[착가엄수着枷嚴囚]

칼을 차고 엄하게 갇힌 사람이라는 말이다.

글자 | 부딪힐 **착**, 칼 **가**, 엄할 **엄**, 갇힌 사람 **수**

[착건속대着巾束帶]

건을 쓰고 띠를 두른다는 말이며, 관복을 갖추어 입는다는 뜻이다.

글자 | 입을 **착**, 수건 **건**, 묶을 **속**, 띠 **대**

[착금현주捉襟見肘]

옷깃을 잡아당기면 팔꿈치가 드러난다는 말이며, 생활이 매우 어려운 것을 빗댄 말이다.

글자 | 잡을 **착**, 옷깃 **금**, 나타날 **현**, 팔꿈치 **주**

출전 | 장자 양왕편讓王篇

[착념삼일着念三日]

삼 일 동안 생각을 도착시킨다는 말이며, 사흘에 마음을 쏟는다는 뜻이다.

원문 | 故君子 着念此三日
고 군 자 착 념 차 삼 일

글자 | 도착할 **착**, 생각할 **념**, 날 **일**

출전 | 이덕무李德懋의 글

[착두착미捉頭捉尾]

머리를 잡다가 꼬리를 잡는다는 말이며, 큰일을 하려다가 못하고 작은 일을 하게 된다는 뜻이다.

글자 | 잡을 **착**, 머리 **두**, 꼬리 **미**

출전 | 순오지 하

[착륜노수斲輪老手]

바퀴를 깎는 늙은 손이라는 말이며, 재주에 정통하고 경험이 많은 사람을 빗댄 말이다.

원문 | 是以行年七十而老斲輪
시 이 행 년 칠 십 이 노 착 륜

글자 | 깎을 **착**, 바퀴 **륜**, 늙을 **노**, 손 **수**

출전 | 장자 천도편天道篇

[착벽투광鑿壁偸光]

벽을 뚫어 빛을 훔친다는 말이며, 집이 가난하여 고학한다는 뜻이다. 한나라 때 광형匡衡이라는 사람이 집이 가난하여 등불을 밝힐 수 없자 벽을 뚫고 이웃집의 등불 빛으로 글을 읽었다는 고사에서 온 말이다.

글자 | 뚫을 **착**, 바람벽 **벽**, 훔칠 **투**, 빛 **광**

출전 | 몽구蒙求 상, 서경잡기西京雜記

동류 | 착벽인광鑿壁引光

[착산통도鑿山通道]

산을 뚫어 길을 통한다는 말이며, 어려운 일을 개척해 나간다는 뜻이다.

글자 | 뚫을 **착**, 뫼 **산**, 통할 **통**, 길 **도**

출전 | 한서 식화지食貨志

[착슬독서著膝讀書]

무릎을 붙이고 글을 읽는다는 말이다. 이상정李象靖(1711~1781)이 아들에게 보낸 편지의 내용이다. '모름지기 시간을 아껴 무릎을 딱 붙이고 글을 읽도록 해라. 의문이 나거든 선배에게 물어 완전히 이해하고 입에 붙도록 해서 가슴속에 흐르게끔 해야 힘 얻을 곳이 있게 된다.'

글자 | 붙을 **착(저)**, 무릎 **슬**, 읽을 **독**, 글 **서**

[착음경식鑿飮耕食]

우물을 파서 마시고 밭을 갈아 먹는다는 말이며, 천하가 태평하다는 뜻이다.

글자 | 뚫을 **착**, 마실 **음**, 밭갈 **경**, 먹을 **식**

출전 | 십팔사략

[착족무처着足無處]

발을 붙일 곳이 없다는 말이며, 기반으로 삼고 입신立身할 만한 의지할 곳이 없다는 뜻이다.

글자 | 붙일 **착**, 발 **족**, 없을 **무**, 곳 **처**

출전 | 송남잡지

[착타착아捉他捉我]

남을 잡으려다가 제가 잡힌다는 말이며, 남을 해치려다가 도리어 자기가 해를 당하게 된다는 뜻이다.

글자 | 잡을 **착**, 다를 **타**, 나 **아**

출전 | 동언해

[착해방수捉蟹放水]

게를 잡아 물에 놓아준다는 말이며, 일을 스스로 허사가 되게 한다는 뜻이다.

글자 | 잡을 **착**, 게 **해**, 놓을 **방**, 물 **수**

출전 | 순오지

동류 | 착해투수捉蟹投水

[착호성명着呼姓名]

이름에 붙여서 부른다는 말이며, 별명을 지어서 부른다는 뜻이다.

글자 | 붙일 **착**, 부를 **호**, 성씨 **성**, 이름 **명**

[찬반양론贊反兩論]

참예와 돌이키는 두 의논이라는 말이며, 찬성과 반대의 두 가지 주장이라는 뜻이다.

글자 | 참예할 **찬**, 돌이킬 **반**, 둘 **양**, 의논 **론**

[찬수개화鑽燧改火]

부싯돌을 뚫어서 불을 만든다는 말이다.

글자 | 뚫을 **찬**, 부싯돌 **수**, 지을 **개**, 불 **화**

출전 | 논어 양화편陽貨篇

[찬시지변簒弑之變]

빼앗고 윗사람을 죽이는 변함이라는 말이며, 임금을 죽이고 임금 자리를 빼앗는 변괴라는 뜻이다.

글자 | 빼앗을 **찬**, 윗사람 죽일 **시**, 어조사 **지**, 변할 **변**

[찬찬옥식粲粲玉食]

정하고 정한 반짝이는 밥이라는 말이며, 아주 잘 지은 쌀밥을 일컫는다.

글자 | 정한 쌀밥 **찬**, 구슬 **옥**, 밥 **식**

[찰차요혼札瘥夭昏]

돌림병을 앓다가 일찍 어려서 죽었다는 말이다.

글자 | 돌림병 **찰**, 앓을 **차**, 일찍 **요**, 어려서 죽을 **혼**

출전 | 춘추좌씨전 소공昭公 19년조

[찰찰불찰察察不察]

살피고 살핀 것이 살피지 않은 것과 같다는 말이며, 너무 자상하여도 실수가 있다는 뜻이다.

글자 | 살필 **찰**, 아닐 **불**

[참고순금參古循今]

옛것을 참고하고 지금 것을 좇는다는 말이며, 옛것과 지금 것의 장점을 취한다는 뜻이다.

글자 | 보일 **참**, 옛 **고**, 좇을 **순**, 이제 **금**

출전 | 성호사설

[참관저택斬棺瀦宅]

관을 베고 집에 물 괴이게 한다는 말이며, 큰 죄를 범한 사람에게 관의 시신을 꺼내어 목을 베고 집을 헐어 저수지를 만든다는 뜻이다.

글자 | 베일 **참**, 관 **관**, 물 괴일 **저**, 집 **택**

출전 | 조선왕조 6대 단종실록 7권

[참괴무면慙愧無面]

부끄러워 볼 낯이 없다는 말이다.

글자 | 부끄러울 **참**, 부끄러울 **괴**, 없을 **무**, 얼굴 **면**

[참불가언慘不可言]

말할 수 없는 참상이라는 말이다.

글자 | 참혹할 **참**, 아닐 **불**, 옳을 **가**, 말씀 **언**

[참불대시斬不待時]

[목을] 베는데 때를 기다리지 않는다는 말이며, 추분秋分 이후 춘분春分 이전의 시기가 될 때까지 기다리지 않고 바로 목을 벤다는 뜻이다.

글자 | 베일 **참**, 아닐 **불**, 기다릴 **대**, 때 **시**

출전 | 조선왕조 9대 성종실록 29권

[참불인견慘不忍見]

참혹하여 차마 볼 수 없다는 말이다.

글자 | 참혹할 **참**, 아닐 **불**, 참을 **인**, 볼 **견**

[참불인도慘不忍睹]

참혹함을 차마 볼 수 없다는 말이며,

세상에 이런 참혹한 일은 없다는 뜻이다.

글자 | 참혹할 **참**, 아닐 **불**, 참을 **인**, 볼 **도**

동류 | 참불인견慘不忍見

[참상남형僭賞濫刑]

어지럽게 상을 주고 넘치게 벌을 준다는 말이며, 상벌을 제멋대로 준다는 뜻이다.

글자 | 어지러울 **참**, 상줄 **상**, 넘칠 **남**, 벌줄 **형**

출전 | 춘추좌씨전

[참신기발斬新奇拔]

새로움을 다하고 기이하고도 빼어난다는 말이며, 두드러지게 새롭고 특별하고도 절묘하다는 뜻이다.

글자 | 다할 **참**, 새 **신**, 기이할 **기**, 뺄 **발**

유사 | 기상천외奇想天外

[참염지애斬剡之哀]

베고 깎는 슬픔이라는 말이며, 상중喪中의 슬픔을 일컫는다.

글자 | 벨 **참**, 깎을 **염**, 어조사 **지**, 슬플 **애**

[참월습음僭越襲蔭]

어지럽게 넘어 그늘을 엄습한다는 말이며, 정해진 순서를 무시하고 음직蔭職을 차지하고 앉는다는 뜻이다.

글자 | 어지러울 **참**, 넘을 **월**, 엄습할 **습**, 그늘 **음**

[참절비절慘絶悲絶]

참혹하기 그지없고 슬프기 그지없다는 말이다.

글자 | 참혹할 **참**, 다할 **절**, 슬플 **비**

[참정절철斬釘截鐵]

못을 베고 쇠를 끊는다는 말이며, 사물을 결단하여 맺고 끊음을 빗댄 말이다.

글자 | 벨 **참**, 못 **정**, 끊을 **절**, 쇠 **철**

출전 | 주자전서朱子全書

동류 | 참철절정斬鐵截釘

[참조괴어慙鳥愧魚]

새에 부끄럽고 물고기에 부끄럽다는 말이며, 세상일에 이끌려서 모든 것이 뜻대로 되지 않는다는 뜻이다.

글자 | 부끄러울 **참**, 새 **조**, 부끄러울 **괴**, 고기 **어**

출전 | 잡동산이雜同散異 1권

[참초제근斬草除根]

풀을 베고 뿌리를 뽑는다는 말이며, 걱정이나 재앙이 될 일을 모두 없애버린다는 뜻이다.

원문 | **斬草不除根萌芽依舊發**
참 초 불 제 근 맹 아 의 구 발

글자 | 벨 **참**, 풀 **초**, 버릴 **제**, 뿌리 **근**

출전 | 통속편, 옥루몽

[참치부제參差不齊]

참여하고 어긋나며 가지런하지 않다

ㅊ

는 말이며, 길고 짧거나 들쑥날쑥하여 가지런하지 않다는 뜻이다.

원문 | 參差不齊 左右流之
참 치 부 제 좌 우 류 지

글자 | 참여할 **참**, 어긋날 **치(차)**, 아닐 **부**, 가지런할 **제**

출전 | 시경 주남관저周南關雎

[창가의례唱家儀禮]

→ 창가책례唱家責禮

[창가책례唱家責禮]

창녀의 집에서 예도를 꾸짖는다는 말이며, 예절을 차릴 필요가 없는데서 격식을 따진다는 뜻이다.

글자 | 창녀 **창**, 집 **가**, 꾸짖을 **책**, 예도 **례**

출전 | 순오지

[창거통심創鉅痛深]

상처가 커서 아픔이 깊다는 말이며, 부모상의 비통함을 빗댄 말이다.

글자 | 상할 **창**, 클 **거**, 아플 **통**, 깊을 **심**

출전 | 진서

[창두취슬瘡頭聚蝨]

부스럼 난 머리에 이가 꾄다는 말이며, 더러운 이익이 있는 곳에 사람들이 모여든다는 뜻이다.

글자 | 부스럼 **창**, 머리 **두**, 모일 **취**, 이 **슬**

출전 | 동언해

[창랑자취滄浪自取]

차가운 물결을 스스로 얻는다는 말이며, 잘잘못은 자기에게 달려있다는 뜻이다.

글자 | 서늘할 **창**, 물결 **랑**, 스스로 **자**, 얻을 **취**

출전 | 초사 어부편漁夫篇

[창랑지수滄浪之水]

푸른 물결의 물이라는 말이며, 한없이 넓고 많다는 뜻이다.

원문 | 滄浪之水清兮 可以濯吾纓
창 랑 지 수 청 혜 가 이 탁 오 영

글자 | 푸를 **창**, 물결 **랑**, 어조사 **지**, 물 **수**

출전 | 굴원屈原의 어부사漁夫辭

[창상세계滄桑世界]

푸른 [바다]와 뽕나무[밭]의 세상이라는 말이며, 바뀌는 세상을 빗댄 말이다.

글자 | 푸를 **창**, 뽕나무 **상**, 세상 **세**, 지경 **계**

동류 | 창해상전滄海桑田, 창상지변滄桑之變

[창상지변滄桑之變]

푸른 바다가 뽕나무밭으로 변한다는 말이며, 세상의 변천이 매우 심한 것을 일컫는다. 당나라의 시인 유정지劉廷芝의 시에서 유래한다. '… 이미 소나무, 잣나무가 부러져 땔감이 되는 것을 보았는데, 다시 뽕밭이 변해 바다가 되는 것을 듣는다.'

원문 | 己見松柏摧爲薪更聞桑田變成海
기 견 송 백 최 위 신 갱 문 상 전 변 성 해

글자 | 푸를 **창**, 뽕나무 **상**, 갈 **지**, 변할 **변**

출전 | 대비백두옹大悲白頭翁

동류 | 상전벽해桑田碧海

[창상호겁滄桑浩劫]

넓은 바다가 뽕나무 밭이 되기까지 걸리는 넓고 큰 세상이라는 말이며, 세상이 매우 오래 되었다는 뜻이다.

글자 | 물 이름 **창**, 뽕나무 **상**, 넓고 클 **호**, 겁 **겁**

출전 | 옥루몽

[창선양미彰善揚美]

착한 것을 드러내고 아름다움을 칭찬한다는 말이며, 착한 사람을 표창하고 아름다운 일을 널리 알린다는 뜻이다.

글자 | 드러낼 **창**, 착할 **선**, 칭찬할 **양**, 아름다울 **미**

출전 | 유서필지儒胥必知

[창선징악彰善懲惡]

착한 일을 드러내고 악한 일을 징계한다는 말이다.

글자 | 드러낼 **창**, 착할 **선**, 징계할 **징**, 악할 **악**

출전 | 춘추좌씨전

동류 | 권선징악勸善懲惡

[창선탄악彰善殫惡]

착함은 드러내고 악함을 없앤다는 말이며, 착한 것을 표창하여 드러내고 악한 일을 징계하여 없앤다는 뜻이다.

글자 | 드러낼 **창**, 착할 **선**, 갈진할 **탄**, 악할 **악**

출전 | 유서필지儒胥必知

[창세기원創世紀元]

세상을 시작한 으뜸가는 해라는 말이며, 유태력猶太曆에서 유대 민족이 천지가 창조되었다고 믿고 있는 해를 기원으로 하는 기년법紀年法을 일컫는다. 기원 원년은 기원전 3760년에 해당한다.

글자 | 비로소 **창**, 인간 **세**, 해 **기**, 으뜸 **원**

[창송수석蒼松壽石]

푸른 소나무와 오래된 돌이라는 말이다.

글자 | 푸를 **창**, 소나무 **송**, 오래 살 **수**, 돌 **석**

[창송취백蒼松翠柏]

푸른 소나무와 푸른 잣나무라는 말이다.

글자 | 푸를 **창**, 소나무 **송**, 푸를 **취**, 잣 **백**

[창송취죽蒼松翠竹]

푸른 소나무와 푸른 대나무라는 말이다.

글자 | 푸를 **창**, 소나무 **송**, 푸를 **취**, 대 **죽**

출전 | 유산가遊山歌

[창신보구創新補舊]

새것을 시작하고 옛것을 돕는다는 말

ㅊ

이며, 새것을 만들어내고 옛것을 다듬는다는 뜻이다.

글자 | 비로소 **창**, 새 **신**, 도울 **보**, 옛 **구**

출전 | 고려사 7권

[창씨개명創氏改名]

성씨를 시작하고 이름을 고친다는 말이며, 일제가 강제적으로 우리나라 사람의 성명을 일본식으로 고치게 한 일을 일컫는다. 우리 민족 고유의 문화와 전통을 말살하는 방법의 하나로 1940년 이 방법을 실시하였으나 일본의 패망으로 1946년 조선성명복구령에 따라 무효가 되었다.

글자 | 비로소 **창**, 성씨 **씨**, 고칠 **개**, 이름 **명**

[창씨고씨倉氏庫氏]

창씨와 고씨라는 말이며, 변변치 못한 사람을 일컫는다. 옛날 중국에서 창씨와 고씨가 세습적으로 곳간을 맡아보았다는 데서 온 말이다.

글자 | 곳집 **창**, 성씨 **씨**, 곳집 **고**

출전 | 송남잡지

[창안백발蒼顔白髮]

창백한 얼굴에 흰 머리카락이라는 말이며, 늙은이의 용모를 일컫는다.

글자 | 푸를 **창**, 얼굴 **안**, 흰 **백**, 터럭 **발**

[창언정론昌言正論]

아름다운 말과 바른 의논이라는 말이며, 매우 적절하며 정대한 언론이라는 뜻이다.

글자 | 아름다운 말 **창**, 말씀 **언**, 바를 **정**, 의논 **론**

[창업수문創業守文]

→ 창업수성創業守成

[창업수성創業守成]

일을 시작하고 이룬 것을 지킨다는 말이며, 어떤 일을 시작하기는 쉬우나 그것을 지키기는 어렵다는 뜻이다. 중국의 당 태종이 신하에게 물었다. 왕조를 세우는 것과 그것을 유지해가는 것이 어느 쪽이 더 어려운지. 태종과 함께 당의 건국에 이바지한 신하는 나라를 세우는 것이 어렵다고 답하고, 나중에 답한 신하는 유지해 나가는 것이 더 어렵다고 답했다. 태종은 모두 어려운 일이지만 창업의 어려움은 이미 지났으므로 이제부터는 힘을 합해 왕조를 유지해나가자고 말했다는 것이다.

원문 | 創業易守成難
창 업 이 수 성 난

글자 | 시작할 **창**, 업 **업**, 지킬 **수**, 이룰 **성**

출전 | 정관정요 군도편君道篇

동류 | 창업수문創業守文

[창업수통創業垂統]

일을 비롯하여 드리우고 잇는다는 말이며, 새로운 사업을 일으키고 전통을 세운다는 뜻이다.

글자 | 비로소 **창**, 일 **업**, 드리울 **수**, 이

을 **통**

출전 | 맹자 양혜왕 하

[창업지주創業之主]

업을 시작한 임금이라는 말이며, 나라를 세운 임금이라는 뜻이다.

글자 | 시작할 **창**, 업 **업**, 어조사 **지**, 임금 **주**

[창연체하愴然涕下]

슬퍼서 눈물이 떨어진다는 말이다. 중국 진자앙陳子昂(659~700)의 시다. '천지의 유유함을 생각하자니 홀로 슬퍼서 눈물이 흐른다.'

원문 | 念天地之悠悠 獨愴然而涕下
염 천 지 지 유 유 독 창 연 이 체 하

글자 | 슬플 **창**, 그럴 **연**, 눈물 **체**, 떨어질 **하**

출전 | 진자앙의 시

[창오지망蒼梧之望]

창오의 원망이라는 말이며, 임금의 죽음을 빗댄 말이다. 순임금이 창오에서 붕어崩御한데서 온 말이다.

글자 | 푸를 **창**, 오동나무 **오**, 어조사 **지**, 원망할 **망**

출전 | 속후기續後記

[창왕찰래彰往察來]

옛 것을 드러내고 올 것을 살핀다는 말이며, 지나간 과거를 밝히고 미래를 대비한다는 뜻이다.

원문 | 彰往而察來
창 왕 이 찰 래

글자 | 드러낼 **창**, 옛 **왕**, 살필 **찰**, 올 **래**

출전 | 주역 계사하전繫辭下傳

[창우백출瘡疣百出]

부스럼과 사마귀가 많이 난다는 말이며, 언행에 과실이 많다는 뜻이다.

글자 | 부스럼 **창**, 사마귀 **우**, 일백 **백**, 날 **출**

[창이미추瘡痍未瘳]

상처의 흠집이 아직 낫지 않았다는 말이며, 전쟁이 끝난 지 아직 얼마 안 된다는 뜻이다.

글자 | 상처 **창**, 흠집 **이**, 아닐 **미**, 나을 **추**

출전 | 사기, 한서

[창조진화創造進化]

비로소 만들어지고 나아가게 되었다는 말이며, 우주는 처음 신에 의해 만들어지고 점점 발전하게 되었다는 뜻이다.

글자 | 비로소 **창**, 만들 **조**, 나갈 **진**, 될 **화**

[창창소년蒼蒼少年]

푸르고 푸른 젊은이라는 말이며, 희망에 찬 젊은이라는 뜻이다.

글자 | 푸를 **창**, 젊을 **소**, 연치 **년**

[창창울울蒼蒼鬱鬱]

나무가 푸르고 빽빽하다는 말이다.

글자 | 푸를 **창**, 나무 더부룩할 **울**

동류 | 울울창창鬱鬱蒼蒼

[창해상전滄海桑田]

→ 상전벽해桑田碧海

[창해유주滄海遺珠]

푸른 바다에 남아 있는 진주라는 말이며, 세상에 알려지지 않은 진귀한 보배 또는 현인賢人을 빗댄 말이다.

글자 | 푸를 **창**, 바다 **해**, 남길 **유**, 구슬 **주**

출전 | 당서

[창해일속滄海一粟]

큰 바다에 좁쌀 한 알이라는 말이며, 지극히 큰 것에 대하여 매우 미미한 것을 빗댄 말이다. 북송 소동파蘇東坡의 글이다. '… 작은 배를 타고 술 바가지와 술동이를 들어 서로 권하니 우리의 인생은 천지 간에 기생하는 하루살이처럼 짧고, 우리의 몸은 푸른 바다 속에 있는 좁쌀 한 톨과 같고, 우리의 삶은 정말로 짧구나! 어찌 장강처럼 다함이 없는가!'

원문 | 寄蜉蝣與天地 渺滄海一粟
기부유여천지 묘창해일속

글자 | 큰 바다 **창**, 바다 **해**, 조 **속**

출전 | 적벽부赤壁賦

동류 | 대해일적大海一滴

[창황망조蒼黃罔措]

급히 서둘러 행할 바를 모른다는 말이다.

글자 | 창졸 **창**, 급히 서두를 **황**, 없을 **망**, 행동 **조**

[창황분주蒼黃奔走]

너무 급하여 수선스럽게 왔다 갔다 한다는 말이다.

글자 | 창졸 **창**, 급히 서두를 **황**, 달아날 **분**, 달릴 **주**

[채대고축債臺高築]

집을 빌려 높이 쌓는다는 말이며, 빚이 많아진다는 뜻이다.

글자 | 빚 **채**, 집 **대**, 높을 **고**, 쌓을 **축**

출전 | 한서 제후왕표諸侯王表 서序

[채봉채비采葑采菲]

무를 캐고 무청을 캔다는 말이며, 무가 부실하다고 무청까지 내다버리지 말라는 말로서 큰일을 하려면 작은 재주와 큰 역량이 모두 소중하고 필요하다는 뜻이다.

원문 | 采葑采菲 無以下體
채봉채비 무이하체

글자 | 캘 **채**, 무 **봉**, 우거질 **비**

출전 | 시경

[채색부정采色不定]

안색이 일정하지 않다는 말이며, 금방 기뻐하였다가 금방 성냈다가 한다는 뜻이다.

글자 | 풍채 **채**, 빛 **색**, 아닐 **부**, 정할 **정**

출전 | 장자 인간세人間世

[채수시조債帥市曹]

빗진 장수와 저자의 관리라는 말이

며, 빚을 내어 뇌물을 바치고 된 장수와 돈을 주고 산 관리라는 뜻이다. 윤기尹愭(1741~1820)의 글이다. '뇌물을 많이 받고 잘못된 요청을 따라 준 뒤라야 높은 지위를 얻고, 능히 뇌물을 바쳐 청탁을 잘 통한 후에야 일 처리를 잘 한다고 일컬어진다. 온 나라가 미친 것처럼 바람에 휩쓸려서…'

글자 | 빚질 **채**, 장수 **수**, 저자 **시**, 관리 **조**

출전 | 논청탁회뢰論請託賄賂

[채신급수採薪汲水]

땔나무를 해오고 물을 길어온다는 말이며, 일상의 잡다한 일을 한다는 뜻이다.

글자 | 캘 **채**, 땔나무 **신**, 길을 **급**, 물 **수**

출전 | 송사

[채신지우採薪之憂]

땔나무를 하는 걱정이라는 말이며, 자신이 병든 것을 겸사해서 이르는 말이다.

원문 | 有王命 有採薪之憂 不能造朝
유왕명 유채신지우 불능조조

글자 | 캘 **채**, 땔나무 **신**, 어조사 **지**, 근심 **우**

출전 | 맹자 공손추公孫丑

[채의오친彩衣娛親]

채색 옷으로 어버이를 즐겁게 한다는 말이며, 부모의 마음을 기쁘게 해 준다는 뜻이다. 중국 초나라의 노래자老來子가 나이 일흔에 때때옷을 입고 어린애처럼 춤을 추며 어머니를 즐겁게 했다는 고사에서 온 말이다.

글자 | 채색 **채**, 옷 **의**, 즐거워할 **오**, 어버이 **친**

출전 | 고사전高士傳

동류 | 노래지희老萊之戲

[채장보단採長補短]

좋은 것은 따고 짧은 것은 기운다는 말이며, 남의 장점을 취하고 단점을 보완한다는 뜻이다.

글자 | 딸 **채**, 좋을 **장**, 기울 **보**, 짧을 **단**

[채중개강菜重芥薑]

나물로는 겨자와 생강을 높인다는 말이다.

원문 | 果珍李柰 菜重芥薑
과진이내 채중개강

글자 | 나물 **채**, 높일 **중**, 겨자 **개**, 생강 **강**

출전 | 천자문

[책기지심責己之心]

몸을 꾸짖는 마음이라는 말이며, 자신을 책망하는 마음이라는 뜻이다.

원문 | 以責人之心責己 則寡過
이채인지심채기 즉과과

글자 | 꾸짖을 **책**, 몸 **기**, 어조사 **지**, 마음 **심**

출전 | 명심보감 존심편存心篇

[책모계략策謀計略]

술책과 모략을 꾸민다는 말이다.

글자 | 꾀 **책**, 꾀 **모**, 계교 **계**, 꾀 **략**

출전 | 중용

[책상양반冊床兩班]

책상 앞의 양반이라는 말이며, 평민으로서 학문과 덕행이 있어 양반이 된 사람을 일컫는다.

글자 | 책 **책**, 평상 **상**, 두 **양**, 벌려설 **반**

[책상퇴물冊床退物]

책상에서 물러난 것이라는 말이며, 공부만 하다가 사회에 처음 나온 물정에 어두운 사람을 이르는 말이다.

글자 | 책 **책**, 평상 **상**, 물러날 **퇴**, 만물 **물**

[책인즉명責人卽明]

사람을 꾸짖어 밝히려 한다는 말이며, 자기 잘못은 덮어놓고 남의 잘못만 나무란다는 뜻이다.

글자 | 꾸짖을 **책**, 사람 **인**, 나아갈 **즉**, 밝힐 **명**

출전 | 소학 가언嘉言

[책임전가責任轉嫁]

맡거나 맡긴 것을 옮겨 넘긴다는 말이며, 당연히 해야 할 일을 남에게 미룬다는 뜻이다.

글자 | 맡을 **책**, 맡길 **임**, 옮길 **전**, 넘길 **가**

[책재원수責在元帥]

맡은 것이 으뜸가는 장수에게 있다는 말이며, 책임이 가장 윗자리에 있는 사람에게 있다는 뜻이다.

글자 | 맡을 **책**, 있을 **재**, 으뜸 **원**, 장수 **수**

[책책칭선嘖嘖稱善]

큰 소리로 떠들어가며 착한 것을 칭찬한다는 말이다.

글자 | 크게 부르는 소리 **책**, 말할 **칭**, 착할 **선**

[처명우난處名尤難]

이름에 처하기는 더욱 어렵다는 말이다. 정다산이 백련사 혜장에게 써 준 시의 구절이다. '이름 높은 선비를 내 살펴보니, 틀림없이 무리의 미움을 받네. 이름 이룸은 진실로 쉽지 않지만, 이름에 잘 처하긴 더욱 어렵네. 이름이 한 단계 나아갈수록 비방은 열 곱이나 높아만 가지.'

원문 | 吾觀盛名士必爲衆所憎…
오 관 성 명 사 필 위 중 소 증

글자 | 처치할 **처**, 이름 **명**, 더욱 **우**, 어려울 **난**

출전 | 정다산의 회증칠십운기혜장懷贈七十韻寄惠藏

[처사횡의處士橫議]

시골 선비의 거스른 의론이라는 말이며, 초야의 선비들이 제멋대로 떠들어댄다는 뜻이다.

글자 | 곳 **처**, 선비 **사**, 거스를 **횡**, 의논 **의**

[처성자옥妻城子獄]

아내의 성과 자식의 감옥이라는 말이며, 처자를 거느리고 집안일에 매여 있다는 뜻이다.

글자 | 아내 **처**, 성 **성**, 아들 **자**, 감옥 **옥**

[처세육연處世六然]

세상 사는데 그렇다 할 여섯 가지라는 말이며, 처세하는데 필요한 다음의 여섯 가지 덕목을 일컫는다. ① 스스로는 세속에 집착하지 않고, ② 남에게는 온화하고 부드럽게, ③ 일을 당하면 단호하고 결단성 있게, ④ 평소에는 맑고 잔잔하게, ⑤ 뜻을 이루면 들뜨지 말고 담담하게, ⑥ 뜻을 이루지 못하여도 좌절 없이 태연하게 지낼 것.

원문 | 自處超然 處人藹然 有事斬然
자처초연 처인애연 유사참연
無事澄然 得意澹然 失意泰然
무사징연 득의담연 실의태연

글자 | 살 **처**, 세상 **세**, 그렇다 할 **연**

출전 | 최선崔銑의 처세훈

[처신한골凄神寒骨]

정신이 차갑고 뼈가 차다는 말이며, 마음이 쓸쓸하고 몸이 오싹하다는 뜻이다.

글자 | 찰 **처**, 정신 **신**, 찰 **한**, 뼈 **골**

[처심적려處心積慮]

생각을 쌓아 마음을 정하고 있다는 말이며, 한 가지 일에 집념한다는 뜻이다.

글자 | 정할 **처**, 마음 **심**, 쌓을 **적**, 생각할 **려**

출전 | 춘추곡량전春秋穀梁傳

[처인천의處仁遷義]

어짊에 살고 옳음에 옮긴다는 말이며, 어질게 살면서 의리를 따른다는 뜻이다.

글자 | 살 **처**, 어질 **인**, 옮길 **천**, 옳을 **의**

출전 | 맹자 만장 상

[처자권속妻子眷屬]

아내와 아들과 붙이들이라는 말이며, 가족과 일가를 일컫는다.

글자 | 아내 **처**, 아들 **자**, 붙이 **권**, 붙이 **속**

[처정불고處靜不枯]

고요하게 살면서 마르지 않는다는 말이며, 도를 깨달은 사람은 고요함 속에 지내면서도 바싹 마르지 않고 움직임 속에 있어도 시끄럽지 않다는 뜻이다.

원문 | 處靜不枯 處動不喧
처정불고 처동불훤

글자 | 살 **처**, 고요 **정**, 아닐 **불**, 마를 **고**

출전 | 명료자冥寥子의 익정지담匿情之談

[처풍고우凄風苦雨]

쓸쓸한 바람과 모진 비라는 말이며, 몹시 처량하고 비참한 지경을 빗댄 말이다.

글자 | 쓸쓸할 **처**, 바람 **풍**, 모질 **고**, 비 **우**

출전 | 춘추좌씨전 소공昭公 4년조

ㅊ

[처환불우處患不憂]

어려운 곳에서도 근심하지 않는다는 말이며, 대범한 마음가짐이라는 뜻이다.

글자 | 곳 **처**, 어려울 **환**, 아닐 **불**, 근심 **우**

[척강회명陟降晦明]

오르고 내리면 어둡기도 하고 밝기도 하다는 말이며, 오르면 사방이 훤하고 내리면 어둡게 보인다는 뜻이다.

글자 | 오를 **척**, 내릴 **강**, 어두울 **회**, 밝을 **명**

[척객자순跖客刺舜]

척이라는 식객이 순임금을 칼로 찌른다는 말이며, 악한 자의 편이 되어 사람을 해친다는 뜻이다.

글자 | 도둑 이름 **척**, 손 **객**, 찌를 **자**, 순임금 **순**

유사 | 척구폐요跖狗吠堯

[척계서주隻鷄絮酒]

닭 한 마리와 솜 술이라는 말이며, 벗에 대한 진정한 문상이라는 뜻이다. 중국 후한의 서치徐穉가 친구인 황경黃瓊이 죽자, 닭 한 마리를 잡고 술에 담근 솜을 가지고 묘소에 가서 문상을 하고 상주를 만나지 않은 채 돌아간 고사에서 온 말이다.

글자 | 외짝 **척**, 닭 **계**, 솜 **서**, 술 **주**

출전 | 시경 위풍 벌단伐檀

[척공비사瘠公肥私]

공변된 것을 파리하게 하고 사사로운 것을 살찌게 한다는 말이며, 나라의 재물을 빼내어 개인이 착복한다는 뜻이다.

글자 | 파리할 **척**, 공변될 **공**, 살찔 **비**, 사사 **사**

출전 | 조선왕조 14대 선조실록 204권

[척공출죄陟功黜罪]

공이 있는 사람은 [벼슬을] 올리고, 죄 있는 사람은 [벼슬을] 내린다는 뜻이다.

글자 | 오를 **척**, 공 **공**, 내리칠 **출**, 죄줄 **죄**

출전 | 고려사 75권

[척교상봉隻橋相逢]

[원수는] 외나무다리에서 만난다는 말이며, 남에게 악한 일을 하면 그 죄를 받을 때가 반드시 온다는 뜻이다.

글자 | 외짝 **척**, 다리 **교**, 서로 **상**, 만날 **봉**

출전 | 흠흠신서欽欽新書

[척구폐요跖狗吠堯]

척이라는 도둑의 개가 요임금을 보고 짖는다는 말이며, 사람은 그 상전을 위해 선악을 가리지 않고 충성을 다한다는 뜻이다.

글자 | 도둑 이름 **척**, 개 **구**, 짖을 **폐**, 임금 **요**

출전 | 사기 회음후열전淮陰侯列傳

동류 | 척견폐요跖犬吠堯

[척금지통擲琴之慟]

거문고를 던진 애통함이라는 말이며, 금슬지락琴瑟之樂(부부간의 즐거움)이 없어진 슬픔을 빗댄 말이다.

글자 | 던질 **척**, 거문고 **금**, 어조사 **지**, 애통할 **통**

출전 | 한훤차록寒暄箚錄

[척단촌장尺短寸長]

자가 짧고 치가 길다는 말이며, 긴 것도 나쁜 점이 있고 짧은 것도 좋은 점이 있다는 뜻으로서 어떤 사물이나 모두 장단점이 있음을 빗댄 말이다.

원문 | 夫尺有所短 寸有所長
부 척 유 소 단 촌 유 소 장

글자 | 자 **척**, 짧을 **단**, 치 **촌**, 긴 **장**

출전 | 초사 복거卜居

[척당불기倜儻不羈]

얽매이지 않게 빼어나고 속박 당하지 않는다는 뜻이다.

글자 | 얽매이지 않은 **척**, 빼어날 **당**, 아닐 **불**, 굴레 **기**

[척령재원鶺鴒在原]

할미새들이 들에 있다는 말이며, 형제가 어려운 일을 당하면 서로 돕는다는 뜻이다. 할미새가 들판에서 위급한 상황이 벌어지면 꼬리를 흔들어 알린다는 데서 온 말이다.

글자 | 할미새 **척**, 할미새 **령**, 있을 **재**, 들 **원**

출전 | 시경 소아 당체편棠棣篇

[척명강회陟明降晦]

→ 척강회명陟降晦明

[척명출유陟明黜幽]

밝은 사람을 올리고 어두운 사람을 내친다는 말이며, 현명한 사람은 벼슬을 올리고 불초한 사람은 떼어 내쫓는다는 뜻이다.

글자 | 던질 **척**, 밝을 **명**, 내리칠 **출**, 어두울 **유**

출전 | 조선왕조 16대 인조실록 30권

[척벽비보尺璧非寶]

한 자나 되는 구슬이 보물이 아니라는 말이며, 큰 보물도 시간의 소중함에 비하면 보물이 될 수 없다는 뜻이다.

원문 | 尺璧非寶 寸陰是競
척 벽 비 보 촌 음 시 경

글자 | 자 **척**, 구슬 **벽**, 아닐 **비**, 보배 **보**

출전 | 회남자, 천자문 30항

[척병병회擲餠餠回]

떡을 던지면 떡이 돌아온다는 말이며, 은혜는 은혜로 갚는다는 뜻이다.

글자 | 던질 **척**, 떡 **병**, 돌아올 **회**

출전 | 이담속찬

[척분척리隻分隻厘]

한 짝 푼과 한 짝 리라는 말이며, 매우 적은 돈이라는 뜻이다.

글자 | 한 짝 **척**, 한 푼 **분**, 이 **리**

[척산척수尺山尺水]

가까운 산, 가까운 물이라는 말이며, 높은 산에서 내려다보는 산수가 가깝게 보인다는 뜻이다.

글자 | 가까울 **척**, 뫼 **산**, 물 **수**

출전 | 장선산張船山의 시

동류 | 척산촌수尺山寸水

유사 | 척오촌초尺吳寸楚, 일의대수一衣帶水

[척산촌수尺山寸水]

→ 척산척수尺山尺水

[척애독락隻愛獨樂]

혼자서 사랑하고 혼자서 즐긴다는 말이며, 혼자서 생각하고 즐긴다는 뜻이다.

글자 | 혼자 **척**, 사랑 **애**, 홀로 **독**, 즐거울 **락**

출전 | 순오지

[척오촌초尺吳寸楚]

가까운 오나라 한 치의 초나라라는 말이며, 두 나라가 매우 가까이 있다는 뜻이다.

글자 | 가까울 **척**, 오나라 **오**, 치 **촌**, 초나라 **초**

유사 | 척산척수尺山尺水, 일의대수一衣帶水

[척장난명隻掌難鳴]

외짝 손뼉은 울리기 어렵다는 말이며, 상대가 없이 혼자서 일하기 어렵다는 뜻이다.

글자 | 외짝 **척**, 손바닥 **장**, 어려울 **난**, 울 **명**

출전 | 이담속찬

[척지금성擲地金聲]

땅에 던지면 쇠 소리가 난다는 말이며, 문장이 잘 지어졌음을 빗댄 말이다.

원문 | 卿試擲地要作金石聲
경 시 척 지 요 작 금 석 성

글자 | 던질 **척**, 땅 **지**, 쇠 **금**, 소리 **성**

출전 | 진서 손작전, 세설신어 문학편

[척촌지공尺寸之功]

→ 척촌지효尺寸之效

출전 | 목민심서 병전 6조

[척촌지리尺寸之利]

한 자 또는 한 치의 이로움이라는 말이며, 조그마한 이익이라는 뜻이다.

글자 | 자 **척**, 치 **촌**, 어조사 **지**, 이로울 **리**

[척촌지병尺寸之兵]

한 자, 한 치의 병기라는 말이며, 매우 짧은 칼 같은 무기라는 뜻이다. 사기의 글이다. '왕을 모시는 신하가 전상에 오를 때는 몸에 한 치의 무기도 지니는 것이 허락되지 않는다.'

원문 | 羣臣侍殿上者不得持尺寸
군 신 시 전 상 자 부 득 지 척 촌
之兵
지 병

글자 | 자 **척**, 치 **촌**, 어조사 **지**, 병기 **병**

출전 | 사기 자객열전

[척촌지지尺寸之地]

한 자, 한 치의 땅이라는 말이며, 얼마 안 되는 좁은 땅이라는 뜻이다.

글자 | 자 **척**, 치 **촌**, 어조사 **지**, 땅 **지**

[척촌지효尺寸之效]

한 자 또는 한 치의 공이라는 말이며, 조그마한 효력이라는 뜻이다.

글자 | 자 **척**, 치 **촌**, 어조사 **지**, 공 **효**

[척포두속尺布斗粟]

한 자의 베와 한 말의 조라는 말이며, 얼마 안 되는 천과 곡식이라는 뜻과 함께 형제간의 불화를 이르는 말이다.

원문 | **一尺布尚可縫 一斗粟尚可沃**
일 척 포 상 가 봉 일 두 속 상 가 옥

글자 | 자 **척**, 베 **포**, 말 **두**, 조 **속**

출전 | 사기 회남형산전淮南衡山傳

[척푼척리隻分隻厘]

외짝 푼의 외짝 이라는 말이며, 매우 적은 액수의 돈이라는 뜻이다.

글자 | 외짝 **척**, 푼 **푼**, 이 **리**

[척하탕구滌瑕蕩垢]

[더러운] 티를 씻고 때를 소탕한다는 말이며, 지난날의 잘못이나 허물을 고친다는 뜻이다.

글자 | 씻을 **척**, 옥티 **하**, 소탕할 **탕**, 때 **구**

출전 | 조선왕조 15대 광해군일기140권

[척하탕예滌瑕蕩穢]

→ 척하탕구滌瑕蕩垢

[척호성명斥呼姓名]

성과 이름을 불러 내친다는 말이며, 웃어른의 성명을 버릇없이 마구 부른다는 뜻이다.

글자 | 내칠 **척**, 부를 **호**, 성 **성**, 이름 **명**

[척호지정陟岵之情]

초목이 많은 산에 오르는 정이라는 말이며, 고향에 있는 부모를 그리워하는 마음을 빗댄 말이다.

글자 | 오를 **척**, 산에 초목 많을 **호**, 어조사 **지**, 뜻 **정**

출전 | 시경 위풍魏風

[척화양이斥和攘夷]

화목을 내치고 오랑캐를 물리친다는 말이며, 외국과 전혀 교섭을 하지 않는다는 뜻이다.

글자 | 내칠 **척**, 화목할 **화**, 물리칠 **양**, 오랑캐 **이**

유사 | 존왕양이尊王攘夷

[척확무색尺蠖無色]

자벌레는 빛이 없다는 말이며, 형편에 따라 소신 없이 적응한다는 뜻이다. '임금이 좋아하면 신하가 입고, 임금이 즐기면 신하가 먹는다고 했습니다.

ㅊ

저 자벌레를 보십시오. 노란 것을 먹으면 노래지고, 푸른 것을 먹으면 그 몸이 푸르게 됩니다. 임금께서 혹 그런 말을 듣기 좋아하셨던 게지요.'

글자 | 자 **척**, 자벌레 **확**, 없을 **무**, 빛 **색**

출전 | 안자춘추

[척확지굴蚇蠖之屈]

자벌레의 굽힘이라는 말이며, 자벌레가 몸을 굽히는 것은 다음에 몸을 펴려고 하는 것과 같이 훗날 성공을 위하여 잠시 남에게 몸을 굽힌다는 뜻이다.

원문 | 蚇蠖之屈 以求信也
척 확 지 굴 이 구 신 야

글자 | 자벌레 **척**, 자벌레 **확**, 어조사 **지**, 굽힐 **굴**

출전 | 주역 계사繫辭 하

[천가지년天假之年]

하늘이 꾸어준 연치라는 말이며, 목숨을 연장해 준 나이라는 뜻이다.

글자 | 하늘 **천**, 꾸어줄 **가**, 어조사 **지**, 연치 **년**

출전 | 춘추좌씨전 희공僖公 28년조

[천간지비天慳地秘]

하늘이 아끼고 땅이 감춘다는 말이며, 매우 희귀하고 소중하다는 뜻이다.

글자 | 하늘 **천**, 아낄 **간**, 땅 **지**, 감출 **비**

출전 | 조선왕조 24대 현종실록 1권

[천간지헌天慳地獻]

하늘이 아끼고 땅이 드린다는 말이며, 매우 귀중한 것을 얻었다는 뜻이다.

글자 | 하늘 **천**, 아낄 **간**, 땅 **지**, 드릴 **헌**

출전 | 조선왕조 24대 현종실록 22권

[천감만려千感萬慮]

천 가지 느낌과 만 가지 생각이라는 말이며, 여러 가지 느낌과 생각이라는 뜻이다.

글자 | 일천 **천**, 느낄 **감**, 일만 **만**, 생각할 **려**

[천개지벽天開地闢]

→ 천지개벽天地開闢

[천객만래千客萬來]

일천만인의 손님이 온다는 말이며, 많은 손님이 번갈아 계속 찾아온다는 뜻이다.

글자 | 일천 **천**, 손 **객**, 일만 **만**, 올 **래**

[천거창일川渠漲溢]

개천과 도랑이 가득 차서 넘친다는 말이며, 비가 많이 와서 개천과 도랑물이 넘쳐흐르고 있다는 뜻이다.

글자 | 내 **천**, 도랑 **거**, 찰 **창**, 넘칠 **일**

[천견박식淺見薄識]

얕은 식견과 얇은 식견이라는 말이다.

글자 | 물 얕을 **천**, 식견 **견**, 얇을 **박**, 식견 **식**

[천경조작淺耕粗作]

얕게 갈고 거칠게 짓는다는 말이며, 일에 성의가 없다는 뜻이다.

글자 | 얕을 **천**, 갈 **경**, 성길 **조**, 지을 **작**

[천경지위天經地緯]

하늘의 길과 땅의 씨줄이라는 말이며, 영원히 변치 않는 진리 또는 법칙을 일컫는다.

글자 | 하늘 **천**, 길 **경**, 땅 **지**, 씨줄 **위**

출전 | 춘추좌씨전

[천경지위天經地緯]

→ 천경지의天經地義

[천경지의天經地義]

하늘의 길과 땅의 옳은 길이라는 말이며, 세상에 존재하는 보편적인 바른길을 일컫는다.

글자 | 하늘 **천**, 길 **경**, 땅 **지**, 옳을 **의**

출전 | 춘추좌씨전

[천고마비天高馬肥]

하늘은 높고 말은 살찐다는 말이다. 당나라 시인 두보의 할아버지 두심언杜審言의 시에서 유래한다. '구름은 맑고 요성도 사라져 가을은 높고 변방의 말은 살찐다.' 원래는 추고마비였다.

원문 | 雲淨妖星落 秋高塞馬肥
운 정 요 성 락 추 고 새 마 비

글자 | 하늘 **천**, 높을 **고**, 말 **마**, 살찔 **비**

출전 | 두심언의 시

동류 | 추고마비秋高馬肥

유사 | 천고기청天高氣淸

[천고만난千苦萬難]

천 가지 괴로움과 만 가지 어려움이라는 말이며, 온갖 괴로움과 어려움이라는 뜻이다.

글자 | 일천 **천**, 괴로울 **고**, 일만 **만**, 어려울 **난**

동류 | 천난만고千難萬苦, 천신만고千辛萬苦

[천고불역千古不易]

천 개의 하늘에서 바꾸지 않는다는 말이며, 먼 옛날부터 변하지 않는 것이라는 뜻이다.

글자 | 일천 **천**, 하늘 **고**, 아닐 **불**, 바꿀 **역**

동류 | 만고불역萬古不易

[천고불후千古不朽]

천 개의 하늘에서 썩지 않는다는 말이며, 영원히 썩지 않는다는 뜻이다.

글자 | 일천 **천**, 하늘 **고**, 아닐 **불**, 썩을 **후**

동류 | 천추불멸千秋不滅

[천고지하天高地下]

하늘은 높고 땅은 낮다는 말이며, 무엇이나 상하의 구별이 있다는 뜻이다. 예기에 있는 글이다. '하늘은 높고 땅은 낮은데, 만물이 그 사이에 산재하여 그 모습을 달리하니, 이것이 예제禮制가 행해지는 것이다.'

ㅊ

원문 | 天高地下 萬物散殊 而禮制行矣
천고지하 만물산수 이예제행의

글자 | 하늘 **천**, 높을 **고**, 땅 **지**, 아래 **하**

출전 | 예기 악기樂記

[천고청비天高聽卑]

임금은 높지만 낮은 사람의 말을 듣는다는 말이며, 백성의 옳고 그름을 엄정하게 판단해 준다는 뜻이다.

글자 | 임금 **천**, 높을 **고**, 들을 **청**, 낮을 **비**

출전 | 사기

[천공해활天空海闊]

하늘은 크고 바다는 넓다는 말이며, 도량이 넓어서 사소한 일에 구애되지 않는다는 말이다.

글자 | 하늘 **천**, 클 **공**, 바다 **해**, 트일 **활**

출전 | 고금시화古今詩話

[천광운영天光雲影]

하늘의 빛과 구름의 그림자라는 말이다.

글자 | 하늘 **천**, 빛 **광**, 구름 **운**, 그림자 **영**

출전 | 중용 12장

[천광지귀天光之貴]

하늘 빛 가운데 귀한 것이라는 말이며, 태양을 일컫는다.

글자 | 하늘 **천**, 빛 **광**, 어조사 **지**, 귀할 **귀**

[천교만태千嬌萬態]

천 가지 아양과 만 가지 태도라는 말이며, 모든 아름다운 태도나 아양을 떠는 태도를 일컫는다.

글자 | 일천 **천**, 아리따울 **교**, 일만 **만**, 태도 **태**

동류 | 천태만교千態萬嬌, 천태만염千態萬艶

[천교지망遷喬之望]

높은 데로 옮기는 바람이라는 말이며, 영전, 승진 등의 소망을 빗댄 말이다. 본래는 야만에서 문화사회로 옮기는 소망이었다.

글자 | 옮길 **천**, 높을 **교**, 어조사 **지**, 바랄 **망**

출전 | 맹자

[천군만마千軍萬馬]

천의 군사와 만의 말이라는 말이며, 많은 군대와 장비를 일컫는다.

글자 | 일천 **천**, 군사 **군**, 일만 **만**, 말 **마**

출전 | 이조李肇의 국사보國史補

[천금매골千金買骨]

천금을 주고 뼈를 산다는 말이며, 간절히 인재를 구한다는 뜻이다. 연나라의 소왕이 현자를 구할 때, 곽외郭隗가 옛날 천리마를 구하려고 먼저 말뼈를 샀다는 예를 들어 자기부터 등용케 하였다는 고사에서 온 말이다.

글자 | 일천 **천**, 돈 **금**, 살 **매**, 뼈 **골**

출전 | 전국책

[천금매소千金買笑]

천금을 주고 웃음을 산다는 말이며, 비싼 대가를 치르고 사랑하는 여인이 기뻐하는 것을 본다는 뜻이다.

글자 | 일천 **천**, 쇠 **금**, 살 **매**, 웃을 **소**

출전 | 사기, 열국지列國志

[천금연낙千金然諾]

천금과 같은 허락이라는 말이다.

글자 | 일천 **천**, 금 **금**, 그럴 **연**, 허락할 **낙**

동류 | 일락천금一諾千金

[천금준마千金駿馬]

천금이 나가는 썩 좋은 말이라는 뜻이다.

글자 | 일천 **천**, 금 **금**, 준마 **준**, 말 **마**

[천금지구千金之軀]

천금과 같은 몸이라는 말이며, 매우 소중한 몸이라는 뜻이다.

글자 | 일천 **천**, 금 **금**, 어조사 **지**, 몸 **구**

[천금지구千金之裘]

천금과 같은 갖옷이라는 말이며, 여우 털 가죽옷은 한 마리의 겨드랑이 털로는 되지 않는 것과 같이 나라를 다스리는데도 인재가 많아야 한다는 뜻이다.

원문 | 千金之裘非一狐之腋
천 금 지 구 비 일 호 지 액

글자 | 일천 **천**, 금 **금**, 어조사 **지**, 갖옷 **구**

출전 | 사기

[천금지자千金之子]

천금을 가진 사람의 아들이라는 말이며, 돈을 많이 가진 사람의 아들은 죽을죄를 지어도 시장 바닥에서 사형을 당하지 않는다는 뜻이다.

원문 | 千金之子 不死於市
천 금 지 자 불 사 어 시

글자 | 일천 **천**, 돈 **금**, 어조사 **지**, 아들 **자**

출전 | 사기 월세가越世家

[천기누설天機漏泄]

하늘의 기미가 발설하여 샌다는 말이며, 중대한 기밀이 누설된다는 뜻이다.

글자 | 하늘 **천**, 기미 **기**, 샐 **누**, 발설할 **설**

출전 | 회남자淮南子

[천난만고千難萬苦]

→ 천고만난千苦萬難

[천년만세千年萬歲]

천년이 되고 만년이 된다는 말이며, 오랜 세월이라는 뜻이다.

글자 | 일천 **천**, 해 **년**, 일만 **만**, 해 **세**

[천년사직千年社稷]

천년의 땅과 곡식의 신이라는 말이며, 오랫동안 지탱해온 나라라는 뜻이다.

글자 | 일천 **천**, 해 **년**, 땅 귀신 **사**, 곡식 신 **직**

[천년왕국千年王國]

예수가 재림하여 천 년 동안의 지배를 지상에 확립한다고 하는 이상理想의 왕국을 일컫는다.

글자 | 일천 **천**, 해 **년**, 임금 **왕**, 나라 **국**

[천년일청千年一清]

→ 백년하청百年河清

[천덕사은天德師恩]

하늘의 덕과 스승의 은혜라는 말이다.

글자 | 하늘 **천**, 큰 **덕**, 스승 **사**, 은혜 **은**

[천덕왕도天德王道]

하늘의 덕과 임금의 도리라는 말이며, 하느님의 은덕과 왕자의 도리가 귀중하다는 뜻이다.

글자 | 하늘 **천**, 큰 **덕**, 임금 **왕**, 도리 **도**

[천도무심天道無心]

하늘의 도리에 마음이 없다는 말이며, 하늘의 무심함을 한탄한다는 뜻이다.

글자 | 하늘 **천**, 도리 **도**, 없을 **무**, 마음 **심**

[천도무친天道無親]

하늘의 도리는 친한 것이 없다는 말이며, 하늘은 공평하여 누구든지 선을 행하면 도와주고, 악을 행하면 돌보지 않는다는 뜻이다.

원문 | 天道無親 常與善人
천도무친 상여선인

글자 | 하늘 **천**, 길 **도**, 없을 **무**, 친할 **친**

출전 | 노자 79장 임계任契

[천도불도天道不謟]

하늘의 길을 의심하지 않는다는 말이며, 선인에게 복을 주고 악인에게는 화를 주는 것을 조금도 의심하지 않는다는 뜻이다.

글자 | 하늘 **천**, 길 **도**, 아닐 **불**, 의심할 **도**

출전 | 춘추좌씨전

[천도시비天道是非]

하늘의 뜻이 맞는지, 틀린지라는 말이며, 사람의 얄궂은 운명을 한탄한다는 뜻이다. 한나라 때 사마천은 옳은 일을 주장하다가 억울하게 형을 받고 '천도는 과연 옳은가, 그른가?' 라고 했다.

원문 | 天道是耶非耶
천도시야비야

글자 | 하늘 **천**, 길 **도**, 옳을 **시**, 아닐 **비**

출전 | 사기 백이열전伯夷列傳

[천도지상天道之常]

하늘 길의 떳떳함이라는 말이며, 하늘의 도리는 허물없이 떳떳하다는 뜻이다.

원문 | 元亨利貞 天道之常
원형이정 천도지상

글자 | 하늘 **천**, 길 **도**, 어조사 **지**, 떳떳 **상**

출전 | 사자소학

[천동대신天動大神]

하늘을 움직이는 큰 귀신이라는 말이며, 천동을 담당하는 신이라는 뜻이다.

글자 | 하늘 **천**, 움직일 **동**, 큰 **대**, 귀신 **신**

[천라지망天羅地網]

하늘의 그물과 땅의 그물이라는 말이며, 악이 피할 수 없는 재액을 일컫는다.

글자 | 하늘 **천**, 새그물 **라**, 땅 **지**, 그물 **망**

[천랑기청天朗氣淸]

하늘은 밝고 기운은 맑다는 말이며, 쾌적한 기후를 일컫는다.

글자 | 하늘 **천**, 달 밝을 **랑**, 기운 **기**, 맑을 **청**

[천려만사千慮萬思]

천 가지 만 가지의 생각들이라는 말이며, 온갖 염려와 생각이라는 뜻이다.

글자 | 일천 **천**, 생각할 **려**, 일만 **만**, 생각 **사**

[천려일득千慮一得]

천 번 생각에 한 가지 얻는다는 말이며, 아무리 어리석은 사람도 많은 생각을 하면 한 가지 얻을 수 있다는 뜻이다.

원문 | 愚者千慮 必有一得
우자천려 필유일득

글자 | 일천 **천**, 생각할 **려**, 얻을 **득**

출전 | 사기 회음후淮陰候열전

반대 | 천려일실千慮一失

[천려일실千慮一失]

천 번의 생각에 한 번의 실수라는 말이며, 많이 생각하다 보면 실수할 수도 있다는 뜻이다. 조나라를 쳐서 이긴 한신韓信이 광무군 이좌거李左車를 붙잡아다 상좌에 모시고 앞으로의 계책을 물었다. '듣자 하니 지혜로운 사람이 천 번 생각하면 반드시 한 번은 잃는 일이 있고, 어리석은 사람이 천 번 생각하면 반드시 한 번은 얻는 것이 있다고 했습니다. 미친 사람의 말도 성인이 택한다고 했습니다. 생각건대, 내 꾀가 반드시 쓸 수 있는 것이 못 되겠지만 다만 어리석은 충성을 다할 뿐입니다.'

원문 | 知者千慮 必有一失 愚者千慮 必有一得
지자천려 필유일실 우자천려 필유일득

글자 | 일천 **천**, 생각할 **려**, 잃을 **실**

출전 | 사기 회음후열전淮陰侯列傳

동류 | 지자일실智者一失

반대 | 천려일득千慮一得

[천로역정天路歷程]

하늘의 길과 지난 과정이라는 말이며, 영국의 번연(Bunyan,John)이 지은 종교적 우의寓意 소설을 일컫는다. 신의 노여움을 두려워하는 주인공 크리스찬이 갖은 고난을 겪고 천국에 구제되는 과정을 그린 것이다. 원명 The Pilgrim's Progress

ㅊ

글자 | 하늘 **천**, 길 **로**, 지날 **역**, 과정 **정**

[천록영종天祿永終]

하늘의 녹봉이 길이 끝났다는 말이며, 하늘의 은총이 다 끝났다는 뜻이다.

원문 | 四海困窮 天祿永終
사해곤궁 천록영종

글자 | 하늘 **천**, 녹봉 **록**, 길 **영**, 끝낼 **종**

출전 | 논어 요왈堯曰

[천류불식川流不息]

냇물은 쉬지 않고 흘러간다는 말이며, 세월은 중단 없이 흘러간다는 뜻이다.

원문 | 川流不息 淵澄取映
천류불식 연징취영

글자 | 내 **천**, 흐를 **류**, 아닐 **불**, 쉴 **식**

출전 | 논어 자한子罕

[천리건곤千里乾坤]

천리의 하늘과 땅이라는 말이며, 아주 넓은 하늘과 땅이라는 뜻이다.

글자 | 일천 **천**, 이수 **리**, 하늘 **건**, 땅 **곤**

[천리동풍千里同風]

천리에 같은 바람이 분다는 말이며, 천하가 태평하다는 뜻이다.

글자 | 일천 **천**, 이수 **리**, 같을 **동**, 바람 **풍**

출전 | 논형 뇌허雷虛

[천리명가千里命駕]

천 리 길 가는 수레라는 말이며, 천 리 길도 멀다 않고 찾아가는 벗을 일컫는다.

글자 | 일천 **천**, 이수 **리**, 분부 **명**, 수레 **가**

출전 | 세설신어, 진서

[천리무연千里無煙]

천리 간에 연기가 없다는 말이며, 밥 짓는 연기가 오르지 않으니 백성들이 가난하다는 뜻이다.

글자 | 일천 **천**, 이수 **리**, 없을 **무**, 연기 **연**

[천리비린千里比隣]

천리가 이웃과 비슷하다는 말이며, 교통이 매우 편리하다는 뜻이다.

글자 | 일천 **천**, 이수 **리**, 비할 **비**, 이웃 **린**

[천리아모千里鵝毛]

천리 밖에서 보내온 거위의 털이라는 말이며, 물건은 대수롭지 않으나 정의情意가 두텁다는 뜻이다.

원문 | 千里送鵝毛
천리송아모

글자 | 일천 **천**, 이수 **리**, 거위 **아**, 털 **모**

출전 | 노사路史

[천리절적千里絶迹]

천리 간에 자취가 끊겼다는 말이며, 다른 곳과 비교할 만한 것이 없다는 뜻도 있고, 멀리 인적이 없는 후미진 곳이라는 뜻도 있다.

글자 | 일천 **천**, 이수 **리**, 끊을 **절**, 자취 **적**

출전 | 양서

[천리지구千里之驅]

하루에 천리를 달리는 좋은 말이라는

말이며, 남의 아들이 뛰어남을 빗댄 말이다.

글자 | 일천 **천**, 이수 **리**, 어조사 **지**, 망아지 **구**

출전 | 한서, 초사 복거편卜居篇

유사 | 천리지족千里之足

[천리지임千里之任]

천리의 맡음이라는 말이며, 먼 곳에서 수행해야 할 소임이라는 뜻이다.

글자 | 일천 **천**, 이수 **리**, 어조사 **지**, 맡길 **임**

[천리지족千里之足]

천리를 달릴 수 있는 발이라는 말이며, 천리마를 뜻한다.

글자 | 일천 **천**, 이수 **리**, 어조사 **지**, 발 **족**

출전 | 후한서

동류 | 천리지구千里之駒

[천리지지千里之志]

천리의 뜻이라는 말이며, 뜻이 원대함을 일컫는다.

글자 | 일천 **천**, 이수 **리**, 어조사 **지**, 뜻 **지**

출전 | 세설신어

[천리지행千里之行]

천리를 간다는 말이며, 천 리 길도 발 아래서 시작한다는 뜻으로서 일의 시작이 매우 중요하다는 것을 강조하고 있다.

원문 | 千里之行 始於足下
천리지행 시어족하

글자 | 일천 **천**, 이수 **리**, 어조사 **지**, 갈 **행**

출전 | 노자 64장

[천리진운千里陣雲]

천리나 길게 진을 친 구름이라는 말이며, 길게 뻗친 구름이라는 뜻이다.

글자 | 일천 **천**, 이수 **리**, 진칠 **진**, 구름 **운**

[천리행룡千里行龍]

천리를 가는 용이라는 말이며, 어떤 일을 직접 말하지 않고 그 유래를 설명하여 차차 그 일을 알게 한다는 뜻이다.

글자 | 일천 **천**, 이수 **리**, 다닐 **행**, 용 **룡**

[천마행공天馬行空]

천마가 하늘을 다닌다는 말이며, 자유분방하여 얽매이는 데가 없다는 뜻이다.

글자 | 하늘 **천**, 말 **마**, 다닐 **행**, 하늘 **공**

출전 | 사기, 한서 서역전西域傳

[천만다행千萬多幸]

천 개 만 개의 많은 요행이라는 말이며, 매우 다행하다는 뜻이다.

글자 | 일천 **천**, 일만 **만**, 많을 **다**, 요행 **행**

동류 | 만만다행萬萬多幸

[천만매린千萬買隣]

천만금으로 이웃을 산다는 말이며, 좋은 이웃은 천만금과 다름이 없다는 뜻이다.

글자 | 일천 **천**, 일만 **만**, 살 **매**, 이웃 **린**

ㅊ

동류 | 남사 여승진전呂僧珍傳

[천만몽외千萬夢外]

천 번 만 번의 꿈밖이라는 말이며, 전혀 생각하지 않은 뜻밖이라는 뜻이다.

글자 | 일천 **천**, 일만 **만**, 꿈 **몽**, 바깥 **외**

[천만무량千萬無量]

천만을 헤아릴 수 없다는 말이며, 매우 많다는 뜻이다.

글자 | 일천 **천**, 일만 **만**, 없을 **무**, 헤아릴 **량**

[천만백계千萬百計]

수많은 계교라는 말이며, 여러 가지의 생각이라는 뜻이다.

글자 | 일천 **천**, 여러 **만**, 일백 **백**, 계교 **계**

동류 | 천사만고千思萬考

[천만부당千萬不當]

천 번 만 번 마땅치 않다는 말이며, 전혀 옳지 않다는 뜻이다.

글자 | 일천 **천**, 일만 **만**, 아닐 **부**, 마땅할 **당**

[천만불가千萬不可]

천만번 옳지 않다는 말이며, 전혀 옳지 않다는 뜻이다.

글자 | 일천 **천**, 일만 **만**, 아닐 **불**, 옳을 **가**

동류 | 만만불가萬萬不可

[천만의외千萬意外]

천만번 뜻밖이라는 말이다.

글자 | 일천 **천**, 일만 **만**, 뜻 **의**, 바깥 **외**

[천망지루天網之漏]

하늘 그물이 샌다는 말이며, 천벌天罰에서 빠진다는 뜻이다.

글자 | 하늘 **천**, 그물 **망**, 어조사 **지**, 샐 **루**

[천망지함天亡地陷]

하늘이 없어지고 땅이 꺼진다는 말이며, 나라가 망하고 세상이 어지럽다는 뜻이다.

글자 | 하늘 **천**, 없어질 **망**, 땅 **지**, 빠질 **함**

출전 | 삼국유사

[천망회회天網恢恢]

하늘 그물이 성기고 성기다는 말이며, 악한 일을 한 사람은 언젠가는 죄의 값을 치르게 된다는 뜻이다. 노자의 글이다. '하늘이 친 그물은 하도 커서 얼른 보기에 엉성하게 보이지만 이 그물에서 빠져나가지 못한다.'

원문 | **天網恢恢 疎而不失**
천 망 회 회 소 이 불 실

글자 | 하늘 **천**, 그물 **망**, 성길 **회**

출전 | 노자 73장 임위任爲

[천명미상天命靡常]

하늘의 운명은 오래지 않다는 말이며, 하늘의 운명은 상황에 따라 바뀐다는 뜻이다.

글자 | 하늘 **천**, 운명 **명**, 없을 **미**, 오랠 **상**

출전 | 맹자 이루 상, 상서강의

[천명지수天命之壽]

하늘이 내린 목숨이라는 말이며, 이를 약하여 천수天壽라 하고 125세를 일컫는다.

글자 | 하늘 **천**, 명령할 **명**, 어조사 **지**, 목숨 **수**

[천무불복天無不覆]

하늘은 [크고 넓어서 만물을] 덮지 않은 것이 없다는 말이다.

글자 | 하늘 **천**, 없을 **무**, 아닐 **불**, 덮을 **복**

[천무사복天無私覆]

하늘은 사사로이 구하는 것이 없다는 말이며, 하늘은 공평무사하다는 뜻이다. 장자의 글이다. '하늘은 공평하게 만물을 실어준다.'

원문 | 天無私覆 地無私載
천 무 사 복 지 무 사 재

글자 | 하늘 **천**, 없을 **무**, 사사로울 **사**, 구할 **복**

출전 | 장자 대종사大宗師

[천무음우天無淫雨]

하늘에서 궂은비가 내리지 않는다는 말이며, 화평한 나라, 태평한 시대라는 뜻이다.

글자 | 하늘 **천**, 없을 **무**, 어지러울 **음**, 비 **우**

[천무이일天無二日]

하늘에는 두 해가 없다는 말이며, 땅에는 두 임금이 없다는 뜻이다.

원문 | 天無二日 土無二王
천 무 이 일 토 무 이 왕

글자 | 하늘 **천**, 없을 **무**, 해 **일**

출전 | 사기 고조본기高祖本紀

[천무일실千無一失]

일천에서 하나도 잃은 것이 없다는 말이며, 한결같은 마음으로 부처를 섬기면 하나도 빠짐없이 극락에 오른다는 뜻이다.

글자 | 일천 **천**, 없을 **무**, 잃을 **실**

[천문만호千門萬戶]

천 개의 문과 만 개의 집이라는 말이며, 수많은 백성의 집을 일컫는다.

글자 | 일천 **천**, 문 **문**, 일만 **만**, 집 **호**

출전 | 사기 봉선서封禪書

[천문지질天文地質]

하늘의 문채와 땅의 소박함이라는 말이며, 하늘에는 일월성신日月星辰과 같은 문채가 있지만 땅은 소박하여 꾸밈이 없다는 뜻이다.

글자 | 하늘 **천**, 문채 **문**, 땅 **지**, 소박할 **질**

출전 | 태현경太玄經

[천문철추薦門鐵樞]

거적문에 돌쩌귀라는 말이며, 격에 맞지 않고 어울리지 않는다는 뜻이다.

글자 | 거적 **천**, 문 **문**, 쇠 **철**, 지두리 **추**

출전 | 송남잡지

ㅊ

[천반주하天半朱霞]

하늘 가운데 붉은 노을이라는 말이며, 뭇사람의 눈길을 끄는 특출한 인품을 일컫는다.

글자 | 하늘 **천**, 절반 **반**, 붉을 **주**, 노을 **하**

출전 | 남사

[천반포락川反浦落]

냇물이 오히려 갯벌로 떨어진다는 말이다.

글자 | 내 **천**, 돌이킬 **반**, 개 **포**, 떨어질 **락**

[천방백계千方百計]

천 가지 방법과 백 가지 계교라는 말이며, 온갖 계책이라는 뜻이다.

글자 | 일천 **천**, 방법 **방**, 일백 **백**, 계교 **계**

[천방지방天方地方]

→ 천방지축天方地軸

출전 | 동언해

[천방지축天方地軸]

하늘이 모나고 땅에 굴대가 있다는 말이며, 못난 사람이 종작없이 덤벙대는 상태, 또는 너무 급박하여 방향을 잡지 못하고 함부로 날뛰는 것을 일컫는다.

글자 | 하늘 **천**, 모 **방**, 땅 **지**, 굴대 **축**

동류 | 천방지방天方地方

[천번지복天飜地覆]

하늘이 날아가고 땅이 엎어진다는 말이며, 천지에 큰 변동이 일어나 질서가 어지러워진다는 뜻이다.

글자 | 하늘 **천**, 날 **번**, 땅 **지**, 엎어질 **복**

출전 | 중용 혹문或問

[천벽독서穿壁讀書]

벽을 뚫고 책을 읽는다는 말이며, 심한 가난에도 굽히지 않고 학문에 정진한다는 뜻이다. 벽에 구멍을 뚫는 것은 옆집의 불빛을 끌어들이기 위해서다.

글자 | 뚫을 **천**, 벽 **벽**, 읽을 **독**, 책 **서**

출전 | 서경잡기西京雜記

동류 | 천벽인광穿壁引光, 천벽투광穿壁偸光

[천벽투광穿壁偸光]

→ 천벽독서穿壁讀書

[천변만화千變萬化]

천 번 변하고 만 번 바뀐다는 말이며, 계속적으로 변화한다는 뜻이다.

글자 | 일천 **천**, 변할 **변**, 일만 **만**, 바뀔 **화**

출전 | 열자 주목왕周穆王

[천변수륙天變水陸]

하늘이 물과 뭍으로 변한다는 말이며, 세상이 뒤바뀐 큰 변화라는 뜻이다.

글자 | 하늘 **천**, 변할 **변**, 물 **수**, 뭍 **륙**

[천변지변天變地變]

하늘의 바뀜과 땅의 바뀜이라는 말이며, 천지의 모든 변화라는 뜻이다.

글자 | 하늘 **천**, 바뀔 **변**, 땅 **지**

[천변지이天變地異]

하늘이 변하고 땅이 달라진다는 말이며, 자연계의 대변동을 일컫는다.

글자 | 하늘 **천**, 변할 **변**, 땅 **지**, 다를 **이**

유사 | 경천동지驚天動地

[천병만마千兵萬馬]

천의 군사와 만의 말이라는 말이며, 수없이 많은 군사와 말이라는 뜻이다.

글자 | 일천 **천**, 군사 **병**, 일만 **만**, 말 **마**

출전 | 남사南史

[천보간난天步艱難]

천운이 어지럽고 어렵다는 말이며, 국가 시대의 운명이 위기에 빠져 있다는 뜻이다. 백화白華라는 시의 한 구절이다. '시국이 어려워서 그러한가요, 내 님은 내 곁에 아니 계시네.'

원문 | 天步艱難 之子不猶
천보간난 지자불유

글자 | 하늘 **천**, 운수 **보**, 어지러울 **간**, 어려울 **난**

출전 | 시경 소아小雅

동류 | 국보간난國步艱難

[천봉만악千峰萬嶽]

천 개의 산봉우리와 만 개의 큰 산이라는 말이다.

글자 | 일천 **천**, 산봉우리 **봉**, 일만 **만**, 큰 산 **악**

[천부인권天賦人權]

하늘이 준 사람의 권리라는 말이며, 하늘이 사람에게 평등하게 부여한 권리를 일컫는다.

글자 | 하늘 **천**, 줄 **부**, 사람 **인**, 권세 **권**

[천부자연天賦自然]

하늘이 준 자연이라는 말이며, 사람의 힘으로는 어찌할 수 없는 하늘이 준 성질(사람의 마음)을 일컫는다.

글자 | 하늘 **천**, 줄 **부**, 스스로 **자**, 그럴 **연**

[천부재능天賦才能]

하늘이 준 재능이라는 말이며, 타고난 재주와 능력이라는 뜻이다.

글자 | 하늘 **천**, 줄 **부**, 재주 **재**, 능할 **능**

[천부지재天覆地載]

하늘이 덮고 땅이 싣는다는 말이며, 천지와 같이 넓고 큰 사랑을 일컫는다.

원문 | 天之所覆 地之所載
천지소복 지지소재

글자 | 하늘 **천**, 덮을 **부**, 땅 **지**, 실을 **재**

출전 | 중용 31장

[천부지저天府之儲]

임금이 있는 고을의 저축이라는 말이며, 왕실의 재정을 일컫는다.

글자 | 임금 **천**, 큰골 **부**, 어조사 **지**, 저축할 **저**

출전 | 위서

ㅊ

[천부지토天府之土]

하늘의 창고 같은 땅이라는 말이며, 땅이 기름져서 온갖 생산물이 많이 나는 땅이라는 뜻이다.

글자 | 하늘 **천**, 감출 **부**, 어조사 **지**, 흙 **토**

[천분질서天分秩序]

하늘이 나눈 질서라는 말이며, 자연적으로 생겨난 우열과 장단의 차례를 일컫는다.

원문 | 老少長幼 天分秩序
노소장유 천분질서

글자 | 하늘 **천**, 나눌 **분**, 차례 **질**, 차례 **서**

출전 | 명심보감 준례편遵禮篇

[천불능살天不能殺]

하늘은 사람을 죽일 수 없다는 말이며, 사람은 그들의 잘못으로 죽는다는 뜻이다.

글자 | 하늘 **천**, 아닐 **불**, 능할 **능**, 죽일 **살**

출전 | 산곡제발山谷題跋

[천불일시天不一時]

하늘은 한때만 아니라는 말이며, 하늘은 한때에만 머물지 않는다는 뜻이다.

원문 | 天不一時 地不一利 人不一事
천불일시 지불일리 인불일사

글자 | 하늘 **천**, 아닐 **불**, 때 **시**

출전 | 관자 주합편宙合篇

[천붕지괴天崩地壞]

→ 천붕지탁天崩地坼

[천붕지탁天崩地坼]

하늘이 무너지고 땅이 갈라진다는 말이며, 세상의 큰 변동 또는 큰 사변을 빗댄 말이다.

원문 | 天崩地坼非所期
천붕지탁비소기

글자 | 하늘 **천**, 산 무너질 **붕**, 땅 **지**, 찢을 **탁**

출전 | 신숙주의 제일본승수인시축題日本僧壽藺詩軸

동류 | 천붕지통天崩之痛

[천붕지탑天崩地搨]

→ 천붕지괴天崩地壞

[천붕지통天崩之痛]

하늘이 무너지는 아픔이라는 말이며, 임금이나 아비가 죽은 슬픔을 일컫는다.

글자 | 하늘 **천**, 무너질 **붕**, 어조사 **지**, 아플 **통**

[천사기연天賜奇緣]

하늘이 내려준 기이한 인연이라는 말이다.

글자 | 하늘 **천**, 줄 **사**, 기이할 **기**, 인할 **연**

[천사만감千思萬感]

천 가지 생각과 만 가지 느낌이라는 말이며, 여러 가지 생각과 느낌이라는 뜻이다.

글자 | 일천 **천**, 생각 **사**, 일만 **만**, 느낄 **감**

[천사만고千思萬考]

천 번 생각하고 만 번이나 오래 생각한다는 말이며, 여러 가지로 많이 생각한다는 뜻이다.

글자 | 일천 **천**, 생각 **사**, 일만 **만**, 오랠 **고**

동류 | 천사만념千思萬念, 천사만려千思萬慮

[천사만념千思萬念]

→ 천사만고千思萬考

출전 | 옥루몽

[천사만량千思萬量]

천 가지 생각과 만 가지 헤아림이라는 말이며, 여러 가지로 생각하여 헤아린다는 뜻이다.

글자 | 일천 **천**, 생각 **사**, 일만 **만**, 헤아릴 **량**

[천사만려千思萬慮]

천 가지 생각과 만 가지 근심이라는 말이며, 여러 가지로 생각하고 걱정한다는 뜻이다.

글자 | 일천 **천**, 생각 **사**, 일만 **만**, 근심할 **려**

[천사만루千絲萬縷]

천 가지 실과 만 가지 실이라는 말이며, 피륙을 짜는 데에 쓰는 온갖 실을 일컫는다.

글자 | 일천 **천**, 실 **사**, 일만 **만**, 실 **루**

[천사만생千死萬生]

천 번 죽을 뻔하고 만 번 살아났다는 말이며, 여러 번 죽을 고비를 넘기고 간신히 살아났다는 뜻이다.

글자 | 일천 **천**, 죽을 **사**, 일만 **만**, 살 **생**

[천사문답天師問答]

하늘과 스승의 문답이라는 말이며, 천도교의 교주인 최제우崔濟愚가 한울님과 직접 영감靈感으로 묻고 답한다는 뜻이다.

글자 | 하늘 **천**, 스승 **사**, 물을 **문**, 대답할 **답**

[천산만수千山萬水]

천 개의 산과 만 개의 물이라는 말이며, 겹겹이 둘러싸인 산과 여러 갈래로 흐르는 물을 일컫는다.

원문 | 離別江邊綰柳條千山萬水玉人遙
이별강변관류조천산만수옥인요

글자 | 일천 **천**, 뫼 **산**, 일만 **만**, 물 **수**

출전 | 장교의 기유양고인寄維揚故人

[천산만악千山萬嶽]

천 개의 산과 만 개의 큰 산이라는 말이며, 많고 많은 산과 봉우리라는 뜻이다.

글자 | 일천 **천**, 뫼 **산**, 일만 **만**, 큰산 **악**

[천산만학千山萬壑]

천 개의 산과 만 개의 구렁이라는 말

ㅊ

이며, 겹겹이 싸인 산과 수많은 골짜기라는 뜻이다.

글자 | 일천 **천**, 뫼 **산**, 일만 **만**, 구렁이 **학**

동류 | 천봉만학千峯萬壑

[천산지산天山地山]

하늘의 산과 땅의 산이라는 말이며, 이 말 저 말 둘러대서 여러 가지 핑계를 늘어놓는다는 뜻이다.

글자 | 하늘 **천**, 뫼 **산**, 땅 **지**

[천상기후天象氣候]

하늘의 형상과 기후라는 말이다.

글자 | 하늘 **천**, 형상 **상**, 기운 **기**, 기후 **후**

[천상만태千狀萬態]

천 가지 형상과 만 가지 모양이라는 말이며, 갖가지 많은 모양이라는 뜻이다.

글자 | 일천 **천**, 형상 **상**, 일만 **만**, 모양 **태**

출전 | 구양수歐陽修의 글

동류 | 천태만상千態萬象

[천상모후天上母后]

하늘 위의 어미 임금이라는 말이며, 성모 마리아의 존칭이다.

글자 | 하늘 **천**, 윗 **상**, 어미 **모**, 임금 **후**

[천상신비天上神秘]

하늘 위의 신통한 비밀이라는 말이며, 천당에 관한 신비를 일컫는다.

글자 | 하늘 **천**, 윗 **상**, 신통할 **신**, 감출 **비**

[천상천하天上天下]

하늘 위와 하늘 아래라는 말이며, 온 세상에 오직 나 홀로 존귀하다는 뜻이다.

원문 | **天上天下唯我獨尊**
천 상 천 하 유 아 독 존

글자 | 하늘 **천**, 윗 **상**, 아래 **하**

출전 | 전등록傳燈錄

[천생배필天生配匹]

하늘이 낳은 짝이라는 말이다.

글자 | 하늘 **천**, 날 **생**, 짝 **배**, 짝 **필**

출전 | 송남잡지

동류 | 천정배필天定配匹

[천생여질天生麗質]

하늘이 낳은 고운 바탕이라는 말이며, 타고난 아리따운 자질이라는 뜻이다.

글자 | 하늘 **천**, 날 **생**, 고을 **여**, 바탕 **질**

동류 | 천연자질天然資質

[천생연분天生緣分]

하늘이 낳은 인연의 짝이라는 말이다.

글자 | 하늘 **천**, 날 **생**, 인할 **연**, 반쪽 **분**

출전 | 송남잡지

동류 | 천생인연天生因緣, 천정연분天定緣分

[천생인연天生因緣]

→ 천생연분天生緣分

[천생증민天生蒸民]

하늘이 백성의 무리를 태어나게 했다는 말이다. 시경의 글이다. '하늘이 뭇 백성을 내시니 사물이 있으면 그 사물의 법칙이 있도다.'

원문 | 天生蒸民 有物有則
천 생 증 민 유 물 유 칙

글자 | 하늘 **천**, 날 **생**, 무리 **증**, 백성 **민**

출전 | 시경 대아 大雅

[천서만단千緖萬端]

천 개의 실마리와 만 개의 실마리라는 말이며, 수없이 많은 사물의 갈피를 일컫는다.

글자 | 일천 **천**, 실마리 **서**, 일만 **만**, 실마리 **단**

출전 | 진서, 소학 선행

[천석고황泉石膏肓]

샘과 돌과 명치끝이라는 말이며, 샘과 돌, 즉 자연을 즐기는 것이 도에 지나쳐 고질병에 이르렀다는 뜻이다.

원문 | 臣所謂泉石膏肓 煙霞痼疾者
신 소 위 천 석 고 황 연 하 고 질 자

글자 | 샘 **천**, 돌 **석**, 명치끝 **고**, 명치끝 **황**

출전 | 당서 은일서隱逸書

[천선지전天旋地轉]

하늘이 돌고 땅이 돈다는 말이며, 세상 일이 크게 변한다는 뜻이다.

글자 | 하늘 **천**, 돌 **선**, 땅 **지**, 구를 **전**

[천성난개天性難改]

하늘이 준 성품은 고치기 어렵다는 말이다.

글자 | 하늘 **천**, 성품 **성**, 어려울 **난**, 고칠 **개**

[천세일시千歲一時]

→ 천재일우千載一遇

[천소만전千燒萬戰]

천 번 불사르고 만 번 싸운다는 말이며, 수없이 많은 전쟁을 한다는 뜻이다.

글자 | 일천 **천**, 불사를 **소**, 일만 **만**, 싸울 **전**

출전 | 조선왕조 14대 선조실록

[천수관음千手觀音]

천 개의 손을 가진 관음보살이라는 말이며, 중생을 어루만지는 자비의 보살이라는 뜻이다.

글자 | 일천 **천**, 손 **수**, 볼 **관**, 소리 **음**

[천수농경天水農耕]

하늘의 빗물로 밭 갈아 농사짓는다는 말이며, 천수답의 농사를 일컫는다.

글자 | 하늘 **천**, 물 **수**, 농사 **농**, 밭 갈 **경**

[천수만색千搜萬索]

천 번 찾고 만 번 찾는다는 말이며, 여러 방법으로 수색한다는 뜻이다.

글자 | 일천 **천**, 찾을 **수**, 일만 **만**, 찾을 **색**

[천수만탄千愁萬歎]

천 가지 근심과 만 번의 탄식이라는 말이다.

글자 | 일천 **천**, 근심 **수**, 일만 **만**, 탄식할 **탄**

출전 | 창선감의록

[천수만한千愁萬恨]

천 가지 근심과 만 가지 한이라는 말이며, 갖가지 시름과 한이라는 뜻이다.

글자 | 일천 **천**, 근심 **수**, 일만 **만**, 한 될 **한**

[천수일벽天水一碧]

하늘과 물이 하나로 푸르다는 말이며, 하늘과 바다가 맞닿은 상태라는 뜻이다.

글자 | 하늘 **천**, 물 **수**, 푸를 **벽**

[천승지국千乘之國]

천 대의 수레를 내는 나라라는 말이며, 제후諸侯가 다스리는 나라를 일컫는다. 천자天子는 전시에 만승萬乘을 내게 되어 있다.

글자 | 일천 **천**, 탈 **승**, 어조사 **지**, 나라 **국**

출전 | 논어 공야장公冶長

[천시가절天時佳節]

하늘의 때가 아름다운 계절이라는 말이다.

글자 | 하늘 **천**, 때 **시**, 아름다울 **가**, 때 **절**

[천시아귀川施餓鬼]

내에서 굶은 귀신에게 베푼다는 말이며, 물에 빠져 죽은 사람의 명복을 빌며 음식을 냇물에 흘려보낸다는 뜻이다.

글자 | 내 **천**, 베풀 **시**, 굶을 **아**, 귀신 **귀**

[천신만고千辛萬苦]

천 가지 매운 것과 만 가지 쓴 것이라는 말이며, 온갖 괴로움을 일컫는다.

원문 | **父母種種養育千辛萬苦不憚寒喧**
부모종종양육천신만고불탄한훤

글자 | 일천 **천**, 매울 **신**, 일만 **만**, 쓸 **고**

출전 | 돈황문헌敦惶文獻

동류 | 천난만고千難萬苦

유사 | 간난신고艱難辛苦

[천신지기天神地祇]

하늘의 귀신과 땅의 귀신이라는 말이며, 천지를 지키는 모든 신을 일컫는다.

글자 | 하늘 **천**, 귀신 **신**, 땅 **지**, 귀신 **기**

[천안호성天顔好聲]

하늘의 얼굴에 좋은 목소리라는 말이며, 얼굴이 잘 생기고 듣기 좋은 목소리를 가졌다는 뜻이다.

글자 | 하늘 **천**, 얼굴 **안**, 좋을 **호**, 소리 **성**

[천암만학千巖萬壑]

천 개의 바위와 만 개의 골짜기라는 말

이며, 깊은 산속의 절경을 일컫는다.

원문 | 千巖萬壑 路不定
천 암 만 학 노 부 정

글자 | 일천 **천**, 바위 **암**, 일만 **만**, 골짜기 **학**

출전 | 박이지博異志

[천암지흑天暗地黑]

하늘이 어둡고 땅이 검다는 말이며, 온 세상이 어두컴컴하다는 뜻이다.

글자 | 하늘 **천**, 어두울 **암**, 땅 **지**, 검을 **흑**

[천애비린天涯比隣]

하늘 끝과 이웃에 견준다는 말이며, 멀리 떨어져 있어도 가까이에 있는 것 같다는 뜻이다.

글자 | 하늘 **천**, 끝 **애**, 견줄 **비**, 이웃 **린**

출전 | 왕발의 두소부지임촉주杜少府之任蜀州

[천애지각天涯地角]

하늘 끝과 땅의 한 모퉁이라는 말이며, 서로 멀리 떨어져 있음을 빗댄 말이다.

원문 | 一在天之涯 一在地之角
일 재 천 지 애 일 재 지 지 각

글자 | 하늘 **천**, 끝 **애**, 땅 **지**, 모퉁이 **각**

출전 | 한유의 제십이랑문祭十二郎文

[천야만야千耶萬耶]

천이냐 만이냐 하는 말이며, 매우 높거나 깊어서 천 길이나 만 길이 되는 모양을 일컫는다.

글자 | 일천 **천**, 어조사 **야**, 일만 **만**

[천양관슬穿楊貫蝨]

버들을 뚫고 이를 꿴다는 말이며, 매우 뛰어난 활솜씨를 빗댄 말이다. 춘추전국시대 초나라의 명궁인 양유기 장수가 100보 떨어진 곳에서 버드나무를 백 번 쏘아 모두 명중시켰다는 고사와 기창이라는 명궁이 활쏘기에 심취하자 3년이 지난 뒤 이가 수레바퀴만 하게 보여 조그마한 활을 만들어 쏘아 꿰뚫었다는 두 고사에서 유래한다.

글자 | 뚫을 **천**, 버들 **양**, 꿸 **관**, 이 **슬**

출전 | 사기 주본기周本紀, 전국책 서주책西周策

[천양무궁天壤無窮]

하늘과 땅처럼 다함이 없다는 말이다.

글자 | 하늘 **천**, 부드러운 흙 **양**, 없을 **무**, 다할 **궁**

[천양지간天壤之間]

→ 천양지차天壤之差

[천양지차天壤之差]

하늘과 땅의 차이라는 말이며, 엄청난 차이를 뜻한다.

글자 | 하늘 **천**, 땅 **양**, 어조사 **지**, 어긋날 **차**

동류 | 천지지차天地之差, 천양지판天壤之判

[천양지판天壤之判]

하늘과 땅의 판가름이라는 말이며,

엄청난 차이를 일컫는다.

글자 | 하늘 **천**, 땅 **양**, 어조사 **지**, 판가름할 **판**

동류 | 천양지간天壤之間

[천어무용千語無用]

천 마디 말이 쓸 데 없다는 말이다.

글자 | 일천 **천**, 말씀 **어**, 없을 **무**, 쓸 **용**

[천언만어千言萬語]

천 가지 말과 만 가지 말이라는 말이며, 수없이 많은 말을 일컫는다.

글자 | 일천 **천**, 말씀 **언**, 일만 **만**, 말씀 **어**

반대 | 일언반구一言半句

[천언입성千言立成]

천 마디 말이 서서 이루어진다는 말이며, 시문이 빨리 지어진다는 뜻이다.

글자 | 일천 **천**, 말씀 **언**, 설 **입**, 이룰 **성**

[천연세월遷延歲月]

세월을 옮기고 늘린다는 말이며, 일을 그때그때 처리하지 하지 않고 미루어 나간다는 뜻이다.

글자 | 옮길 **천**, 늘릴 **연**, 해 **세**, 달 **월**

[천연지차天淵之差]

하늘과 연못의 차라는 말이며, 엄청나게 큰 차이를 빗댄 말이다.

글자 | 하늘 **천**, 못 **연**, 어조사 **지**, 다를 **차**

출전 | 시경 대아大雅

동류 | 천양지차天壤之差

[천옹위택川壅爲澤]

시내가 막혀 [흐르지 못하면] 못이 된다는 말이며, 규율이 있는데도 지키지 않고 제멋대로 한다는 뜻이다.

원문 | 川壅爲澤 有律以如己也
천 옹 위 택 유 율 이 여 기 야

글자 | 내 **천**, 막힐 **옹**, 될 **위**, 못 **택**

출전 | 춘추좌씨전 선공 하

[천외유천天外有天]

하늘 밖에 하늘이 있다는 말이며, 뛰는 놈 위에 나는 놈 있다는 뜻이다.

글자 | 하늘 **천**, 밖 **외**, 있을 **유**

출전 | 서유기

[천요만악千妖萬惡]

천 가지 요사한 것과 만 가지 간악한 것이라는 말이다.

글자 | 일천 **천**, 요괴로울 **요**, 일만 **만**, 악할 **악**

[천요지격天遙地隔]

하늘은 멀고 땅은 막혔다는 말이며, 멀리 떨어져 있다는 뜻이다.

글자 | 하늘 **천**, 멀 **요**, 땅 **지**, 막힐 **격**

출전 | 고려사 107권

[천우신조天佑神助]

하늘이 돕고 신령이 돕는다는 말이며, 생각지 않은 도움을 받는다는 뜻이다.

글자 | 하늘 **천**, 도울 **우**, 귀신 **신**, 도울 **조**

[천원지방天圓地方]

하늘은 둥글고 땅은 모지다는 말이며, 옛날 중국의 천문학에서 하늘은 둥글고 땅은 네모지다는 주장을 일컫는다.

글자 | 하늘 **천**, 둥글 **원**, 땅 **지**, 모 **방**

출전 | 여씨춘추

[천위지척天威咫尺]

임금의 위엄이 가까이 있다는 말이며, 임금에게 알현한다는 뜻이다.

글자 | 임금 **천**, 위엄 **위**, 짧을 **지**, 자 **척**

출전 | 춘추좌씨전

[천유기충天誘其衷]

하늘이 그 정성을 이끈다는 말이며, 인심이 어느 한 쪽으로 쏠린다는 뜻이다.

글자 | 하늘 **천**, 이끌 **유**, 그 **기**, 정성 **충**

[천은망극天恩罔極]

하늘의 은혜 다함이 없다는 말이며, 임금의 은덕이 한없이 두텁다는 뜻이다.

글자 | 하늘 **천**, 은혜 **은**, 없을 **망**, 다할 **극**

출전 | 송남잡지

[천음우습天陰雨濕]

하늘이 흐리고 비가 내려 축축하다는 말이다.

글자 | 하늘 **천**, 그늘 **음**, 비 **우**, 젖을 **습**

[천읍지애天泣地哀]

하늘이 울고 땅이 슬퍼한다는 말이며, 온 세상이 다 슬퍼한다는 뜻이다.

글자 | 하늘 **천**, 소리 없이 울 **읍**, 땅 **지**, 슬플 **애**

[천의난측天意難測]

하늘의 뜻은 헤아리기 어렵다는 말이며, 하늘의 뜻은 크고 넓다는 뜻이다.

글자 | 하늘 **천**, 뜻 **의**, 어려울 **난**, 헤아릴 **측**

출전 | 송남잡지

[천의무봉天衣無縫]

하늘[선녀]의 옷은 바느질 자국이 없다는 말이며, 문장 등이 지극히 아름답고 매끄러워 손질할 필요가 없다는 비유이다. 곽한郭翰이라는 사람의 이야기에서 유래한다. 어느 여름밤 곽한이 직녀織女와 몇 날을 보내고 조용히 그녀의 옷을 살펴보니 바느질한 곳이 전혀 없었다. 곽한이 이상해서 묻자, '하늘의 옷은 원래 바늘이나 실로 꿰매는 것이 아닙니다.' 라고 답했다는 것이다.

원문 | 徐視其衣並無縫 天衣本非針線爲也
서시기의병무봉 천의본비침선위야

글자 | 하늘 **천**, 옷 **의**, 없을 **무**, 꿰맬 **봉**

출전 | 영괴록靈怪錄 곽한郭翰, 태평광기太平廣記

[천이이견淺而易見]

얕은 것은 보기 쉽다는 말이며, 쉽게 알아볼 수 있다는 뜻이다.

글자 | 물 얕을 **천**, 말 이을 **이**, 쉬울 **이**, 볼 **견**

출전 | 송남잡지松南雜識

[천인공노天人共怒]

하늘과 사람이 한가지로 성낸다는 말이며, 누구나 분노하고 용납할 수 없다는 뜻이다.

글자 | 하늘 **천**, 사람 **인**, 한 가지 **공**, 성낼 **노**

[천인단애千仞斷崖]

천 길의 끊어진 비탈이라는 말이며, 천 길이나 되는 높은 낭떠러지라는 뜻이다.

글자 | 일천 **천**, 길 **인**, 끊어질 **단**, 비탈 **애**

[천인오쇠天人五衰]

천인의 다섯 가지 쇠하는 현상을 말하며, 천인이 복락福樂이 다하여 죽으려 할 때 나타나는 현상을 일컫는다. 옷에 때가 묻고, 머리에 꽃이 시들고, 몸에서 나쁜 냄새가 나고, 겨드랑이에 땀이 나고, 제자리가 즐겁지 않다는 것이다.

글자 | 하늘 **천**, 사람 **인**, 쇠할 **쇠**

출전 | 불교

[천인일양千人一樣]

천 사람이 하나의 본보기와 같다는 말이며, 모든 사람이 다 한결같다는 뜻이다.

글자 | 일천 **천**, 사람 **인**, 본보기 **양**

[천인지도天人之道]

하늘과 사람의 도리라는 말이며, 하늘과 사람에게 공통된 근본원리라는 뜻이다.

글자 | 하늘 **천**, 사람 **인**, 어조사 **지**, 도리 **도**

[천인지락千人之諾]

천 사람의 허락이라는 말이며, 분별없이 명령에 맹종하는 많은 신하보다 그릇됨을 간하는 한 사람의 직신直臣이 소중하다는 뜻이다.

원문 | 千人之諾諾不如一士之諤諤
천 인 지 락 락 불 여 일 사 지 악 악

글자 | 일천 **천**, 사람 **인**, 갈 **지**, 허락할 **락**

출전 | 사기 상군열전商君列傳

[천인지의天仁地義]

하늘이 어질고 땅이 올바르다는 말이며, 천지의 질서는 거짓과 변함이 없다는 뜻이다.

글자 | 하늘 **천**, 어질 **인**, 땅 **지**, 오를 **의**

[천인지회天人之會]

하늘과 사람의 만남이라는 말이며, 하늘의 뜻과 사람의 뜻이 일치한다는 뜻이다.

글자 | 하늘 **천**, 사람 **인**, 어조사 **지**, 모일 **회**

[천인합일天人合一]

하늘과 사람은 하나로 모인다는 말이며, 인간의 완성은 초인간적인 천天과의 일치에 있으며, 이 일치를 위한 길은 천을 체득한 성인이 교시한다고 하는 교설教說을 일컫는다. 천인합일의 길을 유교에서는 정치와 도덕상의 질서에 대한 복종으로 생각하고, 도가道家에서는 심신의 기를 무욕무지無慾無知의 상태로 만들어 공허하게 하는 것으로 생각한다.

글자 | 하늘 **천**, 사람 **인**, 모일 **합**

출전 | 중용, 맹자, 주역

[천일조림天日照臨]

하늘의 해가 비추어 임한다는 말이며, 속일 수 없다는 뜻이다.

글자 | 하늘 **천**, 해 **일**, 비출 **조**, 임할 **림**

[천일지표天日之表]

하늘에 있는 해의 밝음이라는 말이다. 어진 임금의 인상을 빗댄 말로 쓰기도 한다.

원문 | 龍鳳之姿 天日之表
용봉지자 천일지표

글자 | 하늘 **천**, 해 **일**, 어조사 **지**, 밝을 **표**

출전 | 서경 대우모편

[천자만태千姿萬態]

천 가지의 맵시와 만 가지의 태도라는 말이며, 온갖 자태라는 뜻이다.

글자 | 일천 **천**, 맵시 **자**, 일만 **만**, 태도 **태**

[천자만홍千紫萬紅]

천 가지 자줏빛과 만 가지 붉은빛이라는 말이며, 울긋불긋 여러 가지 꽃이 만발한 모습을 일컫는다.

글자 | 일천 **천**, 자줏빛 **자**, 일만 **만**, 붉을 **홍**

동류 | 만자천홍萬紫千紅

유사 | 백화요란百花燎亂

[천자문생天子門生]

임금의 제자라는 말이며, 장원급제한 사람을 일컫는다.

글자 | 임금 **천**, 사람 **자**, 문 **문**, 자랄 **생**

[천자불거天子不擧]

임금이 들지 않는다는 말이며, 나라에 큰 일이 생긴 경우, 임금이 성찬盛饌을 폐하고 들지 않는다는 뜻이다.

글자 | 임금 **천**, 사람 **자**, 아닐 **불**, 들 **거**

[천자성철天子聖哲]

임금이 잘하고 슬기로운 이라는 말이다.

글자 | 임금 **천**, 사람 **자**, 잘할 **성**, 슬기로운 이 **철**

ㅊ

[천자지사天子之事]

천자, 즉 임금이 [해야 할] 일이라는 말이다.

글자 | 임금 **천**, 사람 **자**, 어조사 **지**, 일 **사**

[천자지의天子之義]

임금의 의리라는 말이며, 임금이 지켜야 할 길이라는 뜻이다.

글자 | 임금 **천**, 사람 **자**, 어조사 **지**, 의리 **의**

[천자지존天子之尊]

임금은 나라에서 가장 존귀하다는 말이다.

글자 | 임금 **천**, 사람 **자**, 어조사 **지**, 높을 **존**

[천작저창淺酌低唱]

적게 술을 마시고 작은 소리로 노래를 부른다는 말이며, 술을 적당하게 마시면서 즐긴다는 뜻이다.

글자 | 물 얕을 **천**, 따를 **작**, 낮을 **저**, 부를 **창**

출전 | 고금사문류취古今事文類聚

반대 | 배반낭자杯盤狼藉

[천작지장天作地藏]

하늘이 만들고 땅이 감춘다는 말이며, 매우 귀중한 물건이라는 뜻이다.

글자 | 하늘 **천**, 지을 **작**, 땅 **지**, 감출 **장**

출전 | 조선왕조 16대 인조실록 22권

[천작지합天作之合]

하늘이 지은 짝이라는 말이다.

글자 | 하늘 **천**, 지을 **작**, 어조사 **지**, 짝 **합**

출전 | 시경 대아 대명大明

동류 | 천정배필天定配匹

[천장지구天長地久]

하늘은 길고 땅은 오래다는 말이며, 아주 길게 계속된다는 뜻이다. 노자에 있는 글이다. '하늘은 영원하고 땅도 영존한다. 하늘과 땅이 영원하고 영존할 수 있는 까닭은 그들 스스로 생존하려 들지 않기 때문이다.'

원문 | **天長地久 天地所以能長且久者**
천장지구 천지소이능장차구자

글자 | 하늘 **천**, 긴 **장**, 땅 **지**, 오랠 **구**

출전 | 노자 7장 도광韜光

동류 | 천지장구天地長久

[천장지비天藏地秘]

하늘에 감추고 땅에 숨긴다는 말이며, 세상에 드러내어 나타나지 않는다는 뜻이다.

글자 | 하늘 **천**, 감출 **장**, 땅 **지**, 비밀할 **비**

[천재일시千載一時]

→ 천재일우千載一遇

[천재일우千載一遇]

천 년 동안에 한 번 만난다는 말이며,

평생을 두고 한 번 있을까 말까한 좋은 기회라는 뜻이다. 동진東晉의 원굉袁宏이 쓴 서문의 글이다. 임금과 신하가 서로 만나기 어려운 것을 비유한 다음, '대저 만 년에 한 번 기회가 온다는 것은 사람이 살고 있는 세상의 정한 이치요, 천 년에 한 번 만나게 된다는 것은 어진 사람과 지혜로운 사람이 용케 만나는 것이다. 이런 기회를 놓치면 그 누가 한탄하지 않겠는가?' 라고 했다.

원문 | 夫萬歲一期有生之通塗千載
부 만 세 일 기 유 생 지 통 도 천 재
一遇賢智之嘉會
일 우 현 지 지 가 회

글자 | 일천 **천**, 해 **재**, 만날 **우**

출전 | 문선 삼국명신서찬三國名臣序贊

동류 | 천재일시千載一時, 천재일회千載一會, 천세일시千歲一時

유사 | 맹귀부목盲龜浮木, 백락일고伯樂一顧

[천재지변天災地變]

하늘의 재앙과 땅의 재앙이라는 말이며, 자연의 변화로 일어나는 재앙, 즉 태풍 · 홍수 · 지진 따위를 일컫는다.

글자 | 하늘 **천**, 재앙 **재**, 땅 **지**, 재앙 **변**

출전 | 위서 최호전崔浩傳

[천재지요天災地妖]

→ 천재지변天災地變

[천재지회千載之會]

→ 천재일우千載一遇

[천재휴명千載休明]

천 년간 아름답게 밝다는 말이며, 태평성대太平聖代를 일컫는다.

글자 | 일천 **천**, 해 **재**, 아름다울 **휴**, 밝을 **명**

출전 | 조선왕조 5대 문종실록 8권

[천정배필天定配匹]

하늘이 정한 짝이라는 말이며, 매우 잘 어울리는 부부를 일컫는다.

글자 | 하늘 **천**, 정할 **정**, 짝 **배**, 짝 **필**

동류 | 천작지합天作之合

[천정부지天井不知]

천장을 모른다는 말이며, 물건값 따위가 한없이 오른다는 뜻이다.

글자 | 하늘 **천**, 우물 **정**, 아닐 **부**, 알 **지**

[천정연분天定緣分]

→ 천생연분天生緣分

[천제사상天帝思想]

하늘의 황제라는 생각이라는 말이며, 하늘의 명을 받은 황제가 천하의 유일한 지배자라고 믿고 숭배하는 사상을 일컫는다.

글자 | 하늘 **천**, 황제 **제**, 생각 **사**, 생각할 **상**

[천조자조天助自助]

하늘은 스스로 돕는 자를 돕는다는 말이다.

글자 | 하늘 **천**, 도울 **조**, 스스로 **자**

[천조초매天造草昧]

하늘이 만든 시작이 어두컴컴하다는 말이며, 아직 천지의 구별이 분명치 않다는 뜻이다.

원문 | 天造草昧 宜建侯而不寧
천조초매 의건후이불녕

글자 | 하늘 **천**, 지을 **조**, 비롯할 **초**, 어두컴컴할 **매**

출전 | 주역 수뢰둔水雷屯

유사 | 천지개벽天地開闢

[천존지비天尊地卑]

하늘은 높고 땅은 낮다는 말이며, 하늘은 위에 있어서 능동적이고 땅은 밑에 있어서 수동적이라는 뜻이다.

글자 | 하늘 **천**, 높을 **존**, 땅 **지**, 낮을 **비**

출전 | 주역 계사상전繫辭上傳

[천종만류千種萬類]

→ 천종만물千種萬物

[천종만물千種萬物]

천 가지 종류의 만 가지 물건이라는 말이며, 온갖 세상의 물건이라는 뜻이다.

글자 | 일천 **천**, 종류 **종**, 일만 **만**, 물건 **물**

[천종산삼天種山蔘]

하늘이 심은 산의 인삼이라는 말이며, 자연적으로 산에 난 인삼이라는 뜻이다.

글자 | 하늘 **천**, 심을 **종**, 뫼 **산**, 인삼 **삼**

[천종지성天縱之聖]

하늘이 세운 성인이라는 말이며, 공자를 일컫는다.

글자 | 하늘 **천**, 세울 **종**, 어조사 **지**, 성인 **성**

[천종지재天從之才]

하늘이 둔 재주라는 말이며, 하늘이 허락한 한량없는 재주를 일컫는다.

글자 | 하늘 **천**, 둘 **종**, 어조사 **지**, 재주 **재**

출전 | 용비어천가 26권

[천주삼위天主三位]

하늘 주인의 세 자리라는 말이며, 하나님의 세 자리, 즉 성부聖父 · 성자聖子 · 성령聖靈이 한 몸이라는 뜻이다.

글자 | 하늘 **천**, 주인 **주**, 자리 **위**

동류 | 삼위일체三位一體

[천주십계天主十戒]

하늘 주인의 지켜야 할 열 가지라는 말이며, 하나님이 시내 산 위에서 모세를 통하여 인간에게 지킬 것을 명령한 열 가지 계명을 일컫는다. 십계명이라고도 하며 ① 여호와 밖에 다른 신을 섬기지 말 것, ② 우상을 만들어 절하고 섬기지 말 것, ③ 여호와의 이름을 망령되게 일컫지 말 것, ④ 안식일安息日을 지킬 것, ⑤ 어버이를 공경할 것, ⑥ 살인하지 말 것, ⑦ 간음하지 말 것, ⑧

도둑질하지 말 것, ⑨ 거짓 증거하지 말 것, ⑩ 남의 집 아내 · 비복婢僕 · 가축 따위를 탐내지 말 것 등이다.

글자 | 하늘 **천**, 주인 **주**, 지킬 **계**

출전 | 구약성서 출애굽기

[천주활적天誅猾賊]

하늘은 교활한 역적에게 벌을 준다는 말이다.

글자 | 하늘 **천**, 벌 줄 **주**, 교활할 **활**, 역적 **적**

[천중가절天中佳節]

하늘 가운데 아름다운 절기라는 말이며, 단오절을 일컫는다.

글자 | 하늘 **천**, 가운데 **중**, 아름다울 **가**, 절기 **절**

[천중무일千中無一]

천 명 가운데 한 사람도 없다는 말이며, 염불을 올바로 하는 사람이 하나도 없다는 뜻이다.

글자 | 일천 **천**, 가운데 **중**, 없을 **무**

[천지강재天之降才]

하늘이 내린 재주라는 말이며, 타고난 재주라는 뜻이다.

글자 | 하늘 **천**, 어조사 **지**, 내릴 **강**, 재주 **재**

[천지개벽天地開闢]

하늘과 땅이 처음으로 열렸다는 말이다.

글자 | 하늘 **천**, 땅 **지**, 시작 **개**, 열 **벽**

[천지만물天地萬物]

하늘과 땅에 있는 많은 사물이라는 말이다.

글자 | 하늘 **천**, 땅 **지**, 많을 **만**, 사물 **물**

[천지만엽千枝萬葉]

천 개의 가지와 만 개의 잎이라는 말이며, 일의 갈래가 어수선하게 많다는 뜻이다.

글자 | 일천 **천**, 가지 **지**, 일만 **만**, 잎 **엽**

[천지만조千枝萬條]

천만 개의 무성한 나뭇가지라는 말이다.

글자 | 일천 **천**, 가지 **지**, 일만 **만**, 휘추리 **조**

[천지망아天之亡我]

하늘이 나를 망하게 한다는 말이며, 아무런 허물이 없음에도 저절로 망하게 됨을 탄식하는 소리다.

글자 | 하늘 **천**, 어조사 **지**, 망할 **망**, 나 **아**

[천지무궁天地無窮]

하늘과 땅이 다함이 없다는 말이다.

글자 | 하늘 **천**, 땅 **지**, 없을 **무**, 다할 **궁**

[천지미록天之美祿]

하늘의 아름다운 녹봉이라는 말이며,

ㅊ

술을 아름답게 빗댄 말이다.

글자 | 하늘 **천**, 어조사 **지**, 아름다울 **미**, 녹봉 **록**

출전 | 한서漢書

[천지부판天地剖判]

하늘과 땅이 갈라진다는 말이며, 세상이 처음 열리는 천지개벽을 일컫는다.

글자 | 하늘 **천**, 땅 **지**, 가를 **부**, 나눌 **판**

출전 | 한서

동류 | 천지개벽天地開闢

[천지분격天地分格]

하늘과 땅이 격식이 다르다는 말이며, 서로 달라서 차별이 매우 심하다는 뜻이다.

글자 | 하늘 **천**, 땅 **지**, 분별할 **분**, 격식 **격**

[천지불인天地不仁]

하늘과 땅은 어질지 않다는 말이며, 특별히 베푸는 것이 없고 자연 그대로 순리대로 행한다는 뜻이다.

원문 | 天地不仁以萬物爲芻狗
천 지 불 인 이 만 물 위 추 구

글자 | 하늘 **천**, 땅 **지**, 아닐 **불**, 어질 **인**

출전 | 노자 5장

[천지상합天地相合]

하늘과 땅이 서로 영합한다는 말이며, 천지의 기운이 서로 화합한다는 뜻이다. 노자의 글이다. '도道란, 임금이 만약 그것을 잘 지킨다면 만물이 스스로 복종하게 되고 하늘과 땅이 서로 화합하여 단 이슬을 내리고.'

원문 | 天地相合 以降甘露
천 지 상 합 이 강 감 로

글자 | 하늘 **천**, 땅 **지**, 서로 **상**, 화할 **합**

출전 | 노자 32장 성덕

[천지신명天地神明]

하늘과 땅의 모든 신의 밝음이라는 말이며, 신이 모든 것을 꿰뚫어보는 전지전능全知全能함을 일컫는다.

글자 | 하늘 **천**, 땅 **지**, 귀신 **신**, 밝을 **명**

출전 | 태종경太宗經 서품

[천지양곽天地量廓]

하늘과 땅 같은 큰 도량이라는 말이며, 매우 너그러운 마음을 일컫는다.

글자 | 하늘 **천**, 땅 **지**, 헤아릴 **양**, 클 **곽**

출전 | 용비어천가 8권

동류 | 천지지량天地之量

[천지역수天之曆數]

임금의 팔자를 센다는 말이며, 제왕이 될 자연의 순서라는 뜻이다.

글자 | 임금 **천**, 어조사 **지**, 셀 **역**, 팔자 **수**

출전 | 논어 요왈

[천지위언天地位焉]

하늘과 땅이 자리에 있다는 말이며, 천지의 위치가 정확한 곳에 있다는 뜻이다.

원문 | 天地位焉 萬物育焉
천 지 위 언 만 물 육 언

글자 | 하늘 **천**, 땅 **지**, 자리 **위**, 잇기 **언**

출전 | 중용

[천지일색天地一色]

하늘과 땅이 한 가지 빛이라는 말이다.

글자 | 하늘 **천**, 땅 **지**, 빛 **색**

[천지일실天地一室]

하늘과 땅이 한 방이라는 말이며, 사람이 사는 곳이라는 뜻이다.

글자 | 하늘 **천**, 땅 **지**, 방 **실**

[천지일체天地一體]

하늘과 땅은 한 몸이라는 말이며, 널리 사랑하면 천지 사이의 만물은 나와 일체라는 뜻이다.

글자 | 하늘 **천**, 땅 **지**, 몸 **체**

[천지자연天地自然]

하늘과 땅의 본래 모습이라는 말이며, 사람이 가공하지 않은 자연 그대로의 천지라는 뜻이다.

글자 | 하늘 **천**, 땅 **지**, 스스로 **자**, 그럴 **연**

[천지재변天地災變]

→ **천재지변天災地變**

[천지정위天地定位]

하늘과 땅의 정해진 자리라는 말이며, 천지가 그 위치를 지니면 안정을 얻는다는 뜻이다.

글자 | 하늘 **천**, 땅 **지**, 정할 **정**, 자리 **위**

출전 | 주역 설괘說卦

[천지조화天地造化]

하늘과 땅이 지어져 된 것이라는 말이며, 하늘과 땅이 일으키는 여러 가지 신비스러운 자연의 이치를 일컫는다.

글자 | 하늘 **천**, 땅 **지**, 지을 **조**, 될 **화**

[천지존작天之尊爵]

하늘의 높은 작위라는 말이며, 매우 높은 벼슬자리를 일컫는다.

글자 | 하늘 **천**, 어조사 **지**, 높을 **존**, 작위 **작**

출전 | 맹자 공손추 상

[천지지기天地之紀]

하늘과 땅의 기율이라는 말이며, 천지의 원칙 또는 기강을 일컫는다.

글자 | 하늘 **천**, 땅 **지**, 어조사 **지**, 벼리 **기**

[천지지도天地之道]

하늘과 땅의 길이라는 말이며, 세상의 바른길을 뜻한다.

원문 | 天地之道 然後功名可以殖
천 지 지 도 연 후 공 명 가 이 식

글자 | 하늘 **천**, 땅 **지**, 어조사 **지**, 길 **도**

출전 | 관자 치미편侈靡篇, 주역

[천지지량天地之量]

→ **천지양곽天地量廓**

[천지지미天地之美]

하늘과 땅의 아름다움이라는 말이다.

글자 | 하늘 **천**, 땅 **지**, 어조사 **지**, 아름

ㅊ

다울 **미**

[천지지방天地之方]

하늘과 땅의 묘방, 즉 조화라는 말이다.

글자 | 하늘 **천**, 땅 **지**, 어조사 **지**, 방도 **방**

[천지지상天地之常]

천지의 상도常道라는 말이며, 천지 운행의 변함없는 원칙이라는 뜻이다.

원문 | 修陰陽之從 以道天地之常
수음양지종 이도천지지상

글자 | 하늘 **천**, 땅 **지**, 어조사 **지**, 항상 **상**

출전 | 관자 세편勢篇

[천지지심天地之心]

하늘과 땅의 [공평한] 마음이라는 말이다.

글자 | 하늘 **천**, 땅 **지**, 어조사 **지**, 마음 **심**

[천지지중天地之中]

하늘과 땅의 가운데라는 말이며, 천지가 중심을 지킨다는 뜻이다.

글자 | 하늘 **천**, 땅 **지**, 어조사 **지**, 가운데 **중**

[천지지평天地之平]

하늘과 땅의 평평함이라는 말이며, 천지의 공평성을 일컫는다.

글자 | 하늘 **천**, 땅 **지**, 어조사 **지**, 평평할 **평**

[천지진동天地震動]

하늘과 땅이 울려서 움직인다는 말이며, 소리가 굉장히 크다는 뜻이다.

글자 | 하늘 **천**, 땅 **지**, 벼락칠 **진**, 움직일 **동**

[천지창조天地創造]

하늘과 땅이 [신에 의해] 처음 만들어졌다는 말이다.

글자 | 하늘 **천**, 땅 **지**, 비로소 **창**, 만들 **조**

[천지현격天地懸隔]

하늘과 땅의 먼 틈이라는 말이며, 천지의 엄청난 차이 또는 사물 간의 대단한 차이를 빗댄 말이다.

글자 | 하늘 **천**, 땅 **지**, 멀 **현**, 틈 **격**

[천지현황天地玄黃]

하늘은 검고 땅은 누르다는 말이며, 우주자연이 매우 넓다는 뜻이다. 역경에 있는 글을 중국 양나라 주흥사周興嗣(470~521?)가 천자문千字文의 첫 구절로 삼았다. 천자문은 우주 삼라만상의 크고 작은 모든 것을 사언고시四言古詩 250구 1천 자로 엮은 것이다.

원문 | 天玄而地黃
천현이지황

글자 | 하늘 **천**, 땅 **지**, 검을 **현**, 누를 **황**

출전 | 주역 곤위지坤爲地, 천자문 1항

[천지혼돈天地混沌]

하늘과 땅이 흐리고 어둡다는 말이며, 천지가 개벽할 때에 하늘과 땅이 아직 나뉘지 아니한 상태를 일컫는다.

글자 | 하늘 **천**, 땅 **지**, 흐릴 **혼**, 어두울 **돈**

동류 | 혼돈세계混沌世界

[천지화합天地和合]

하늘과 땅이 고르게 합한다는 말이며, 모든 것이 조화롭게 된다는 뜻이다.

글자 | 하늘 **천**, 땅 **지**, 고루 **화**, 더할 **합**

[천진난만天眞爛漫]

하늘과 같이 순박하고 휘황하며 거만하다는 말이며, 꾸밈없이 있는 그대로 순진하다는 뜻이다.

글자 | 하늘 **천**, 순박할 **진**, 휘황할 **난**, 거만할 **만**

출전 | 도종의陶宗儀의 철경록輟耕錄

유사 | 순진무구純眞無垢

[천진무구天眞無垢]

하늘과 같이 순박하고 부끄러움이 없다는 말이다.

글자 | 하늘 **천**, 순박할 **진**, 없을 **무**, 부끄러울 **구**

[천진협사天眞挾詐]

하늘과 같이 순박하면서 거짓을 감추고 있다는 말이며, 어리석은 가운데 더러 거짓이 섞여 있다는 뜻이다.

글자 | 하늘 **천**, 순박할 **진**, 감출 **협**, 거짓 **사**

[천질유례天秩有禮]

하늘의 질서는 예도가 있다는 말이며, 자연의 질서는 예의를 갖추고 있다는 뜻이다.

원문 | 天秩有禮 自我五禮有庸哉
천질유례 자아오례유용재

글자 | 하늘 **천**, 차례 **질**, 있을 **유**, 예도 **례**

출전 | 서경 우서 고요모皐陶謨

[천짐저창淺斟低唱]

→ 천작저창淺酌低唱

[천차만별千差萬別]

천 가지 차이와 만 가지 구별이라는 말이며, 사물이 모두 차이가 있고 구별이 있다는 뜻이다.

글자 | 일천 **천**, 다를 **차**, 일만 **만**, 다를 **별**

출전 | 경덕전등록

유사 | 백인백양百人百樣, 십인십색十人十色

[천참만륙千斬萬戮]

천 번 베고 만 번 죽인다는 말이며, 수없이 여러 동강을 쳐서 참혹하게 죽인다는 뜻이다.

글자 | 일천 **천**, 베일 **참**, 일만 **만**, 죽일 **륙**

[천창만공千瘡萬孔]

천 곳이 상하고 만 곳의 구멍이라는 말이며, 옷 같은 것이 갈기갈기 찢어지고 구멍이 많이 났다는 뜻이다.

글자 | 일천 **천**, 상할 **창**, 일만 **만**, 구멍 **공**

[천천만만千千萬萬]

천 번 만 번, 그리고 또 천 번 만 번이

ㅊ

라는 말이다.

글자 | 일천 **천**, 일만 **만**

[천첩옥산千疊玉山]

천 개가 겹친 구슬 산이라는 말이며, 수없이 겹쳐 있는 아름다운 산이라는 뜻이다.

글자 | 일천 **천**, 거듭 **첩**, 구슬 **옥**, 뫼 **산**

[천청만촉千請萬囑]

천 번 청하고 만 번 부탁한다는 말이며, 수없이 거듭거듭 부탁한다는 뜻이다.

글자 | 일천 **천**, 청할 **청**, 일만 **만**, 부탁할 **촉**

[천청약뢰天聽若雷]

하늘은 우레와 같이 듣는다는 말이며, 하늘은 작은 소리도 다 크게 듣는다는 뜻이다.

원문 | 人間私語 天聽若雷
인간사어 천청약뢰

글자 | 하늘 **천**, 들을 **청**, 같을 **약**, 우레 **뢰**

출전 | 명심보감 천명편天命篇

[천촌만락千村萬落]

천만 개의 마을이라는 말이며, 수많은 촌락이라는 뜻이다.

글자 | 일천 **천**, 마을 **촌**, 일만 **만**, 마을 **락**

[천추만고千秋萬古]

천의 가을과 만의 옛날이라는 말이며, 매우 오랜 세월이라는 뜻이다.

원문 | 千秋萬古百年同謝西山日
천추만고백년동사서산일

글자 | 일천 **천**, 가을 **추**, 일만 **만**, 옛 **고**

출전 | 유희이의 공자행公子行

[천추만세千秋萬歲]

천 년 만 년이라는 말이며, 유구한 세월을 일컫는다. 장수를 축하하는 말로도 쓰인다.

글자 | 일천 **천**, 세월 **추**, 일만 **만**, 해 **세**

출전 | 한비자 현학顯學

동류 | 천추만대千秋萬代

유사 | 천지장구天地長久

[천추유한千秋遺恨]

천 년의 남은 한이라는 말이며, 오랜 세월을 두고 잊지 못할 원한이라는 뜻이다.

글자 | 일천 **천**, 세월 **추**, 남을 **유**, 한될 **한**

[천층만층千層萬層]

천 개의 층과 만 개의 층이라는 말이며, 매우 많은 사물이 구별되는 층을 일컫는다.

글자 | 일천 **천**, 층층대 **층**, 일만 **만**

[천탈기백天奪其魄]

하늘이 그 넋을 빼앗는다는 말이며, 넋을 잃거나 본성을 잃는다는 뜻이다.

글자 | 하늘 **천**, 빼앗을 **탈**, 그 **기**, 넋 **백**

[천태만교千態萬嬌]

→ 천교만태千嬌萬態

[천태만상千態萬象]

천 가지 태도와 만 가지 형상이라는 말이며, 천차만별의 상태를 일컫는다.

글자 | 일천 **천**, 태도 **태**, 일만 **만**, 형상할 **상**

출전 | 무제武帝의 용사비龍寺碑

[천태만염千態萬艶]

천 가지 태도와 만 가지 아름다움이라는 말이며, 여러 가지로 곱고 아름다운 모습이라는 뜻이다.

글자 | 일천 **천**, 태도 **태**, 일만 **만**, 아름다울 **염**

[천택납오川澤納汚]

개울과 연못이 더러운 물을 받아들인다는 말이며, 남의 위에 선 자는 대소선악大小善惡을 널리 포용한다는 뜻이다.

원문 | 川澤納汚 山藪藏疾 瑾瑜匿瑕
천택납오 산수장질 근유익하

글자 | 내 **천**, 못 **택**, 들일 **납**, 더러울 **오**

출전 | 춘추좌씨전 선공宣公 15년조

[천파만파千波萬波]

천의 물결과 만의 물결이라는 말이며, 끊임없이 밀려오는 파도를 일컫는다.

글자 | 일천 **천**, 물결 **파**, 일만 **만**

[천편일률千篇一律]

천 편의 글이 한 가지 운률韻律로 되어 있다는 말이며, 사물이 거의 비슷하고 변화가 없다는 뜻이다.

원문 | 晩更作知足語 千篇一律
만경작지족어 천편일률

글자 | 일천 **천**, 책 **편**, 가락 **률**

출전 | 전당시설全唐詩說

[천필염지天必厭之]

하늘은 반드시 미워한다는 말이며, 하늘은 악한 자를 미워하여 반드시 벌을 준다는 뜻이다.

글자 | 하늘 **천**, 반드시 **필**, 미워할 **염**, 어조사 **지**

유사 | 천도부도天道不諂

[천필육지天必戮之]

하늘은 반드시 죽일지니라는 말이며, 나쁜 짓을 하면 하늘의 벌을 피할 수 없다는 뜻이다.

글자 | 하늘 **천**, 반드시 **필**, 죽일 **육**, 어조사 **지**

[천필지지天必知之]

하늘은 반드시 안다는 말이며, 하늘이 알아준다는 뜻이다.

원문 | 人不知 天必知之
인부지 천필지지

글자 | 하늘 **천**, 반드시 **필**, 알 **지**, 어조사 **지**

출전 | 명심보감 존심편存心篇

ㅊ

[천하대변天下大變]

하늘 아래 큰 재앙이라는 말이며, 세상의 큰 사변이라는 뜻이다.

글자 | 하늘 **천**, 아래 **하**, 큰 **대**, 재앙 **변**

[천하대세天下大勢]

하늘 아래의 큰 권세라는 말이며, 세상이 돌아가는 추세라는 뜻이다.

글자 | 하늘 **천**, 아래 **하**, 큰 **대**, 권세 **세**

[천하대열天下大悅]

하늘 아래서 크게 기뻐한다는 말이며, 세상 사람들이 매우 기뻐한다는 뜻이다.

원문 | 天下大悅而將歸己
천 하 대 열 이 장 귀 기

글자 | 하늘 **천**, 아래 **하**, 큰 **대**, 기쁠 **열**

출전 | 맹자 이루 상

[천하대패天下大霸]

하늘 아래 큰 패왕이라는 말이며, 천하를 통일한 군주라는 뜻이다.

글자 | 하늘 **천**, 아래 **하**, 큰 **대**, 패왕 **패**

[천하막적天下莫敵]

→ 천하무적天下無敵

[천하만국天下萬國]

하늘 아래 여러 나라라는 말이며, 세상에 있는 모든 나라라는 뜻이다.

글자 | 하늘 **천**, 아래 **하**, 여러 **만**, 나라 **국**

[천하만사天下萬事]

하늘 아래의 많은 일이라는 말이며, 세상의 모든 일이라는 뜻이다.

글자 | 하늘 **천**, 아래 **하**, 많을 **만**, 일 **사**

[천하무도天下無道]

하늘 아래 도의가 없다는 말이다. 맹자의 말이다. '하늘에 도가 없으면 도를 추구하여 자신을 희생한다.'

원문 | 天下無道 以身殉道
천 하 무 도 이 신 순 도

글자 | 하늘 **천**, 아래 **하**, 없을 **무**, 도리 **도**

출전 | 맹자 진심 상

[천하무쌍天下無雙]

하늘 아래 짝이 없다는 말이며, 세상에서 제일이라는 뜻이다.

글자 | 하늘 **천**, 아래 **하**, 없을 **무**, 짝 **쌍**

출전 | 사기 이장군열전李將軍列傳

[천하무적天下無敵]

하늘 아래 대적이 없다는 말이며, 세상에 대적할 자가 없다는 뜻이다.
맹자가 한 말이다. '군주가 인仁을 좋아하면 천하에 그를 대적할 자가 없게 된다.'

원문 | 國君好仁 天下無敵焉
국 군 호 인 천 하 무 적 언

글자 | 하늘 **천**, 아래 **하**, 없을 **무**, 대적할 **적**

출전 | 맹자 진심盡心 하

[천하문종天下文宗]

하늘 아래 글월의 으뜸이라는 말이며, 세상에서 으뜸가는 문장가라는 뜻이다.

글자 | 하늘 **천**, 아래 **하**, 글월 **문**, 으뜸 **종**

출전 | 구당서 진자앙전陳子昂傳

[천하언재天何言哉]

하늘이 무슨 말을 하겠느냐는 말이며, 하늘이 말을 하지 아니하여도 알아서 해야 한다는 뜻이다. 공자가 한 말이다. '하늘이 어디 말을 하더냐. 사시四時가 제대로 운행되고 온갖 물건들이 다 생겨나지만 하늘이 어디 말을 하더냐?'

원문 | 天何言哉 四時行焉 百物生焉
천 하 언 재 사 시 행 언 백 물 생 언
天何言哉
천 하 언 재

글자 | 하늘 **천**, 어찌 **하**, 말씀 **언**, 어조사 **재**

출전 | 논어 양화陽貨

[천하용공天下庸工]

천하에 용렬한 장인이라는 말이다.

글자 | 하늘 **천**, 아래 **하**, 용렬할 **용**, 장인 **공**

[천하유도天下有道]

천하에 도의가 있다는 말이며, 천하에 도의가 행해지면 백성들이 정치를 논하지 않는다는 뜻이다.

원문 | 天下有道 則庶人不議
천 하 유 도 즉 서 인 불 의

글자 | 하늘 **천**, 아래 **하**, 있을 **유**, 도리 **도**

출전 | 논어 계씨

[천하유풍天下有風]

하늘 아래 바람이 있다는 말이며, 혜택이 만물에 두루 퍼진다는 뜻이다.

글자 | 하늘 **천**, 아래 **하**, 있을 **유**, 바람 **풍**

출전 | 주역 천풍구괘天風垢卦

[천하일가天下一家]

하늘 아래가 한 집이라는 말이며, 천하가 통일되어 태평하게 지내고 있다는 뜻이다.

글자 | 하늘 **천**, 아래 **하**, 집 **가**

[천하일색天下一色]

하늘 아래 하나의 예쁜 계집이라는 말이며, 세상에 뛰어난 미인이라는 뜻이다.

글자 | 하늘 **천**, 아래 **하**, 예쁜 계집 **색**

[천하일통天下一統]

하늘 아래를 하나로 거느린다는 말이며, 세상이 하나로 통합되었다는 뜻이다.

글자 | 하늘 **천**, 아래 **하**, 거느릴 **통**

출전 | 한서

[천하일품天下一品]

하늘 아래 한 가지라는 말이며, 세상에 오직 하나밖에 없는 것이라는 뜻이다.

글자 | 하늘 **천**, 아래 **하**, 가지 **품**

[천하장사天下壯士]

하늘 아래 장한 남자라는 말이며, 세상에서 드문 장사라는 뜻이다.

글자 | 하늘 **천**, 아래 **하**, 장할 **장**, 남자 **사**

[천하지구天下之垢]

하늘 아래 더러운 것이라는 말이며, 세상에서 가장 쓸모없는 것이라는 뜻이다.

글자 | 하늘 **천**, 아래 **하**, 어조사 **지**, 더러울 **구**

[천하지록天下之祿]

천하의 봉록이라는 말이며, 세상의 부를 일컫는다.

글자 | 하늘 **천**, 아래 **하**, 어조사 **지**, 봉록 **록**

[천하지리天下之理]

하늘 아래의 이치라는 말이며, 세상의 진리라는 뜻이다.

글자 | 하늘 **천**, 아래 **하**, 어조사 **지**, 이치 **리**

출전 | 전국책 동주책東周策

[천하지망天下之望]

천하의 바람이라는 말이며, 세상 사람들이 우러러 바란다는 뜻이다.

글자 | 하늘 **천**, 아래 **하**, 어조사 **지**, 바랄 **망**

[천하지분天下之分]

천하의 분별이라는 말이며, 세상의 명분이라는 뜻이다.

글자 | 하늘 **천**, 아래 **하**, 어조사 **지**, 분별할 **분**

[천하지비天下之肥]

하늘 아래의 살찜이라는 말이며, 세상이 부유함을 빗댄 말이다.

글자 | 하늘 **천**, 아래 **하**, 어조사 **지**, 살찔 **비**

[천하지재天下之才]

천하의 재주라는 말이며, 세상에서 두드러진 재사라는 뜻이다.

글자 | 하늘 **천**, 아래 **하**, 어조사 **지**, 재주 **재**

[천하지지天下之志]

하늘 아래의 뜻이라는 말이며, 세상 사람들의 공통된 생각이라는 뜻이다.

글자 | 하늘 **천**, 아래 **하**, 어조사 **지**, 뜻 **지**

[천하창생天下蒼生]

하늘 아래 백성의 목숨이라는 말이며, 온 나라의 백성을 일컫는다.

글자 | 하늘 **천**, 아래 **하**, 백성 **창**, 목숨 **생**

출전 | 용비어천가 8권

[천하태평天下泰平]

하늘 아래가 크고 평화롭다는 말이며, 온 세상이 평화롭다는 뜻이다.

글자 | 하늘 **천**, 아래 **하**, 클 **태**, 화할 **평**

출전 | 여씨춘추

[천하후인天下喉咽]

하늘 아래 목구멍이라는 말이며, 세상에서 가장 긴요한 곳이라는 뜻이다.

글자 | 하늘 **천**, 아래 **하**, 목구멍 **후**, 목구멍 **인**

출전 | 한서

[천학단재淺學短才]

→ 천학비재淺學非才

[천학비재淺學非才]

학문이 얕고 재주가 변변치 않다는 말이며, 자기의 학식을 낮추어 하는 뜻이다.

글자 | 얕을 **천**, 배울 **학**, 아닐 **비**, 재주 **재**

[천한백옥天寒白屋]

하늘은 차갑고 아무것도 없는 집이라는 말이며, 추운 겨울의 가난한 집을 일컫는다.

원문 | **日暮蒼山遠 天寒白屋貧**
일 모 창 산 원 천 한 백 옥 빈

글자 | 하늘 **천**, 찰 **한**, 아무것도 없을 **백**, 집 **옥**

출전 | 유장경의 봉설숙부용산逢雪宿芙蓉山

[천행만복千幸萬福]

천만 가지의 행복이라는 말이며, 매우 행복하다는 뜻이다.

글자 | 일천 **천**, 다행할 **행**, 일만 **만**, 복 **복**

[천향국색天香國色]

하늘의 향기, 나라의 미녀라는 말이며, 아름다운 여자 또는 모란꽃을 이르는 말이다.

글자 | 하늘 **천**, 향기 **향**, 나라 **국**, 예쁜 계집 **색**

[천향옥토天香玉兎]

하늘의 향기와 옥 같은 토끼라는 말이며, 계수나무 꽃에 달을 곁들여 그린 동양화의 제목이다.

글자 | 하늘 **천**, 향기 **향**, 구슬 **옥**, 토끼 **토**

[천험지지天險之地]

하늘이 준 험난한 땅이라는 말이다.

글자 | 하늘 **천**, 험난할 **험**, 어조사 **지**, 땅 **지**

[천현지친天顯之親]

하늘이 나타낸 육친이라는 말이며, 부자父子·형제 등 천륜天倫의 육친을 일컫는다.

글자 | 하늘 **천**, 나타낼 **현**, 어조사 **지**, 육친 **친**

[천혜만경千蹊萬逕]

천 갈래의 소로길과 만 갈래의 지름길이라는 말이며, 여러 가지 수단과 방법을 생각해 낸다는 뜻이다.

글자 | 일천 **천**, 소로길 **혜**, 일만 **만**, 길 **경**

출전 | 조선왕조 14대 선조실록 115권

ㅊ

[천호만환千呼萬喚]

천 번 부르고 만 번 부른다는 말이며, 수없이 여러 번 부른다는 뜻이다.

원문 | 千呼萬喚始出來猶抱半遮面
천 호 만 환 시 출 래 유 포 반 차 면

글자 | 일천 **천**, 부를 **호**, 일만 **만**, 부를 **환**

출전 | 백거이 비파행琵琶行

[천화만훼千花萬卉]

천 가지 꽃과 만 가지 풀이라는 말이며, 여러 가지 수많은 화초를 일컫는다.

글자 | 일천 **천**, 꽃 **화**, 여러 **만**, 풀 **훼**

[천환만열千歡萬悅]

천 번 기뻐하고 만 번 기쁘다는 말이며, 수없이 기쁘다는 뜻이다.

글자 | 일천 **천**, 기뻐할 **환**, 일만 **만**, 기쁠 **열**

[천환지방天圜地方]

하늘은 둥글고 땅은 모지다는 말이다.

글자 | 하늘 **천**, 둥글 **환**, 땅 **지**, 모 **방**

출전 | 주비산경周髀算經

동류 | 천원지방天圓地方

[천황지파天潢之派]

하늘 은하수의 파별이라는 말이며, 황제의 친척을 일컫는다.

글자 | 하늘 **천**, 은하수 **황**, 어조사 **지**, 파벌 **파**

출전 | 사기 천관서天官書

[철가도주撤家逃走]

집을 걷어 달아난다는 말이며, 온 가족을 데리고 살림을 몽땅그려 도망간다는 뜻이다.

글자 | 걷을 **철**, 집 **가**, 달아날 **도**, 달릴 **주**

[철관풍채鐵冠風采]

쇠 갓을 쓴 위엄 있는 풍채라는 말이며, 씩씩하고 위엄 있는 모습이라는 뜻이다. 철관은 어사御使가 쓰던 관이기도 하다.

글자 | 쇠 **철**, 갓 **관**, 위엄 **풍**, 풍채 **채**

[철권제재鐵拳制裁]

쇠주먹으로 눌러 판결한다는 말이며, 힘으로 눌러 혼내준다는 뜻이다.

글자 | 쇠 **철**, 주먹 **권**, 누를 **제**, 판결할 **재**

[철두철미徹頭徹尾]

머리를 관철하여 꼬리까지 뚫는다는 말이며, 처음부터 끝까지 꿰뚫는다는 뜻이다.

글자 | 관철할 **철**, 머리 **두**, 꼬리 **미**

출전 | 정자程子 중용해中庸解

동류 | 시종일관始終一貫

[철란기미轍亂旗靡]

수레 자국이 어지럽고 깃발이 흩어져 있다는 말이며, 군대의 대오가 흩어지고 패전한 모습을 일컫는다.

원문 | 吾視其轍亂 望其旗靡
오 시 기 철 란 망 기 기 미

글자 | 수레 자국 **철**, 어지러울 **란**, 기 **기**, 흩어질 **미**

출전 | 춘추좌씨전 장공莊公 10년조

[철면상서鐵面尙書]

글을 숭상하는 쇠 같은 얼굴이라는 말이며, 벼루의 별칭이다.

글자 | 쇠 **철**, 얼굴 **면**, 숭상할 **상**, 글 **서**

[철면피한鐵面皮漢]

쇠 얼굴 가죽을 한 놈이라는 말이며, 염치가 없고 뻔뻔스러운 남자를 일컫는다.

글자 | 검은 쇠 **철**, 얼굴 **면**, 가죽 **피**, 놈 **한**

[철부지급轍鮒之急]

수레 바큇자국 속에 있는 붕어의 위급이라는 말이며, 매우 어려운 처지나 다급한 위기를 뜻한다. 장자가 매우 가난하여 쌀을 꾸려 감하후監河侯라는 사람에게 갔는데 며칠 후 세금이 걷히면 3백금을 빌려 주겠다고 하자 한 말이다. '내가 어제 오는데 나를 애타게 부르는 소리가 있어 돌아보니 수레바퀴가 지난 자국 속에 붕어가 있었소. 내가 붕어에게 무슨 일이 있느냐고 물으니, 붕어는 다급한 목소리로 자신은 동해의 신하라고 하면서 몇 잔의 물로 자신을 살려달라고 했소. 그래서 나는 서강의 물을 길어다가 살려 주겠노라고 했더니 자기에게 필요한 것은 겨우 몇 잔의 물 뿐이라 했소.'

글자 | 바큇자국 **철**, 붕어 **부**, 갈 **지**, 급할 **급**

출전 | 장자 외물편外物篇

[철상철하徹上徹下]

→ 철두철미徹頭徹尾

[철석간장鐵石肝腸]

쇠와 돌 같은 간과 창자라는 말이며, 굳고 단단한 절개와 마음을 일컫는 말이다.

글자 | 쇠 **철**, 돌 **석**, 간 **간**, 창자 **장**

출전 | 옥루몽

동류 | 철심석장鐵心石腸, 철장석심鐵腸石心

[철석심장鐵石心腸]

→ 철심석장鐵心石腸

[철쇄침강鐵鎖沈江]

쇠사슬이 강에 잠긴다는 말이며, 중국 오나라 군대가 쇠사슬을 양자강 물속에 쳐서 진나라 군대의 도강을 막았다는 뜻이다.

글자 | 쇠 **철**, 사슬 **쇄**, 잠길 **침**, 강 **강**

[철수개화鐵樹開花]

쇠 나무에 꽃이 핀다는 말이며, 일이 이루어지기 어렵다는 뜻이다.

글자 | 쇠 **철**, 나무 **수**, 필 **개**, 꽃 **화**

출전 | 왕제의 일순수경日詢手鏡

ㅊ

[철심석장鐵心石腸]

무쇠 같은 마음과 돌 같은 창자라는 말이며, 굳은 의지라는 뜻이다.

글자 | 쇠 **철**, 마음 **심**, 돌 **석**, 창자 **장**

출전 | 소식蘇軾의 여리공택서與李公擇書

동류 | 철석간장鐵石肝腸

[철안동정鐵眼銅睛]

쇠눈에 구리 눈동자라는 말이며, 강한 시력을 빗댄 말이다.

글자 | 쇠 **철**, 눈 **안**, 구리 **동**, 눈동자 **정**

[철연미천鐵硯未穿]

쇠 벼루는 뚫어지지 않는다는 말이며, 종래의 업적은 고치지 않는다는 뜻이다.

글자 | 쇠 **철**, 벼루 **연**, 아닐 **미**, 뚫을 **천**

[철옹산성鐵瓮山城]

쇠로 만든 독과 같은 산성이라는 말이며, 군사의 장비나 단결이 튼튼하여 공략하기 어려운 산성을 일컫는다. 함경남도 영흥군에 고려시대에 축성한 철옹성이 있다.

글자 | 쇠 **철**, 독 **옹**, 뫼 **산**, 성 **성**

[철장석심鐵腸石心]

→ 철심석장鐵心石腸

[철저마침鐵杵磨針]

쇠공이를 갈아서 바늘을 만든다는 말이며, 어떤 일이든지 꾸준히 노력하여 해나가면 언젠가는 반드시 성공한다는 뜻이다.

글자 | 쇠 **철**, 공이 **저**, 갈 **마**, 바늘 **침**

출전 | 방여승람方輿勝覽 마침계편磨鍼溪篇

동류 | 마저작침磨杵作針, 마부작침磨斧作針

유사 | 십벌지목十伐之木

[철저징청徹底澄清]

밑바닥까지 관통하여 맑고 맑다는 말이며, 매우 청렴결백하다는 뜻이다.

글자 | 관철할 **철**, 밑 **저**, 맑을 **징**, 맑을 **청**

출전 | 북사北史 송세량전宋世良傳

[철중쟁쟁鐵中錚錚]

쇠 중에서 소리가 잘 나는 쇠라는 말이며, 같은 종류 가운데 특히 뛰어난 것을 빗댄 말이다. 이는 광무제가 항복한 것을 후회하지 않는다는 적의 장수 번승과 서선 등에게 광무제가 한 말이다.

원문 | **鐵中錚錚 傭中佼佼**
철중쟁쟁 용중교교

글자 | 쇠 **철**, 가운데 **중**, 쇳소리 **쟁**

출전 | 후한서 유분자전劉盆子傳

동류 | 용중교교傭中佼佼

[철천지수徹天之讎]

하늘을 관철하는 원수라는 말이며, 하늘에 사무치는 원수라는 뜻이다.

글자 | 관철할 **철**, 하늘 **천**, 어조사 **지**,

원수 **수**

동류 | 철천지원徹天之寃

[철천지원徹天之寃]

하늘에 사무치는 원한이라는 말이다.

글자 | 관철할 **철**, 하늘 **천**, 어조사 **지**, 원통할 **원**

동류 | 철천지한徹天之恨

[철천지한徹天之恨]

→ 철천지원徹天之寃

[철피구차撤彼搆此]

저것을 걷어내어 이것을 얽어맨다는 말이며, 저기에서 철거하여 여기에 구축한다는 뜻이다.

글자 | 걷을 **철**, 저 **피**, 얽어맬 **구**, 이 **차**

출전 | 조선왕조 16대 인조실록 28권

[철혈재상鐵血宰相]

쇠와 피의 재상이라는 말이며, 군사력을 배경으로 정책을 강력하게 밀고 나가는 재상을 일컫는다. 독일 비스마르크의 별칭이기도 하다.

글자 | 검은 쇠 **철**, 피 **혈**, 재상 **재**, 벼슬 이름 **상**

[철혈정략鐵血政略]

쇠와 피의 다스리는 꾀라는 말이며, 군사력으로 국위를 떨치려는 정략을 일컫는다.

글자 | 검은 쇠 **철**, 피 **혈**, 다스릴 **정**, 꾀 **략**

[철화신판鐵火神判]

쇠의 불로 신관神官이 가린다는 말이며, 불에 달군 쇠를 몸에 대어 부상 정도를 보고 신관이 재판하던 고대 인도나 유럽의 재판제도를 일컫는다.

글자 | 쇠 **철**, 불 **화**, 신관 **신**, 가릴 **판**

[철환천하轍環天下]

수레를 타고 천하를 돌아다닌다는 말이며, 공자가 여러 나라를 두루 다니며 교화하던 일을 일컫는 말이다.

글자 | 수레 자국 **철**, 돌릴 **환**, 하늘 **천**, 아래 **하**

출전 | 한유의 진학해進學解

[첨개지자沾漑之資]

물을 더하고 물을 대는 재물이라는 말이며, 남에게 은혜를 베풀 수 있는 재물이라는 뜻이다.

글자 | 더할 **첨**, 물댈 **개**, 어조사 **지**, 재물 **자**

출전 | 송남잡지

[첨서낙점添書落點]

글을 더하고 검은 점을 떨어트린다는 말이며, 벼슬아치를 임명함에 있어 3망望에 든 사람이 모두 뜻에 합당치 않을 때, 그 이외의 사람을 임금이 직접 더 써 넣어서 점을 찍어 결정한다는 뜻이다.

글자 | 더할 **첨**, 글 **서**, 떨어질 **낙**, 검은 점 **점**

ㅊ

[첨언밀어甛言密語]

달콤한 말과 꿀 같은 말이라는 뜻이며, 남의 비위를 맞추는 말을 빗댄 말이다.

글자 | 달 **첨**, 말씀 **언**, 꿀 **밀**, 말씀 **어**

[첨언백리瞻言百里]

백 리를 보고 말한다는 말이며, 멀리 내다보고 의견을 말한다는 뜻이다.

원문 | 維此聖人 瞻言百里
유 차 성 인 첨 언 백 리

글자 | 볼 **첨**, 말씀 **언**, 일백 **백**, 이수 **리**

출전 | 시경 대아 탕지십蕩之什

[첨예분자尖銳分子]

뾰족하고 날카로운 지위의 사람이라는 말이며, 어떤 조직 안에서 급진주의를 주장하는 사람을 일컫는다.

글자 | 뾰족할 **첨**, 날카로울 **예**, 지위 **분**, 사람 **자**

[첨유지풍諂諛之風]

아첨하는 모양, 또는 버릇이라는 말이다.

글자 | 아첨할 **첨**, 아첨할 **유**, 어조사 **지**, 모양 **풍**

[첨전고후瞻前顧後]

앞을 보고 뒤를 돌아보고 한다는 말이며, 일을 당해 결단하지 못하고 앞뒤를 재며 어물거린다는 뜻이다.

글자 | 볼 **첨**, 앞 **전**, 돌아볼 **고**, 뒤 **후**

출전 | 후한서 장형전張衡傳

동류 | 전첨후고前瞻後顧

[첨제원건尖齊圓健]

뾰족하고 가지런하고 둥글고 굳세다는 말이며, 붓이 갖추어야 할 조건을 일컫는다. ① 붓끝은 뾰족해야 한다. ② 마른 붓끝을 눌러 잡았을 때 터럭이 가지런해야 한다. ③ 원윤圓潤, 즉 먹물을 풍부하게 머금어 획에 윤기를 더해줄 수 있어야 한다. ④ 붓의 생명은 탄력성에 있다. 붓은 가운데 허리 부분을 떠받치는 힘이 중요하다. 이 네 가지 요소를 갖춘 붓을 만들려고 족제비 털, 다람쥐 털, 노루 털, 염소 털, 양털 등이 동원된다.

글자 | 뾰족할 **첨**, 가지런할 **제**, 둥글 **원**, 굳셀 **건**

[첩부지도妾婦之道]

첩과 지어미의 길이라는 말이며, 여자는 순종을 정도로 삼는다는 뜻이다. 시비를 가리지 않고 오로지 남을 따르는 것을 빗댄 말로 쓰기도 한다.

원문 | *以順爲正者 妾婦之道也*
이 순 위 정 자 첩 부 지 도 야

글자 | 첩 **첩**, 지어미 **부**, 어조사 **지**, 길 **도**

출전 | 맹자 등문공滕文公 하

[첩상가옥疊床架屋]

평상을 겹쳐 집을 짓는다는 말이며, 조직이나 제도가 불합리하게 중복된다는 뜻이다.

글자 | 겹처질 **첩**, 평상 **상**, 집 세울 **가**, 집 **옥**
출전 | 세설신어 문자文字, 안씨가훈
유사 | 옥상가옥屋上架屋

[첩상지론疊床之論]

평상을 겹쳐 놓은 것과 같은 의논이라는 말이며, 같은 것을 거듭하는 의논이라는 뜻이다.

글자 | 거듭 **첩**, 평상 **상**, 어조사 **지**, 의논 **론**
출전 | 조선왕조 19대 숙종실록 9권

[첩족선득捷足先得]

민첩한 발이 먼저 얻는다는 말이며, 재빠른 사람이 먼저 목적지에 도달한다는 뜻이다.

원문 | 于是高材疾足者先得焉
우 시 고 재 질 족 자 선 득 언
글자 | 민첩할 **첩**, 발 **족**, 먼저 **선**, 얻을 **득**
출전 | 사기 회음후열전淮陰侯列傳
동류 | 질족선득疾足先得

[첩첩불휴喋喋不休]

재잘거리느라고 쉴 사이가 없다는 말이며, 매우 수다스럽다는 뜻이다.

글자 | 재잘거릴 **첩**, 아닐 **불**, 쉴 **휴**
출전 | 사기 장석지張釋之 열전

[첩첩산중疊疊山中]

거듭하여 겹친 산속이라는 말이다.

글자 | 거듭 **첩**, 뫼 **산**, 가운데 **중**

[첩첩수심疊疊愁心]

쌓이고 쌓인 근심되는 마음이라는 말이다.

글자 | 쌓을 **첩**, 근심 **수**, 마음 **심**

[첩첩심산疊疊深山]

쌓이고 쌓인 깊은 산이라는 말이다.

글자 | 쌓을 **첩**, 깊을 **심**, 산 **산**
출전 | 송남잡지

[첩첩이구喋喋利口]

말 잘하는 이로운 입이라는 말이며, 거침없이 말을 잘 한다는 뜻이다.

글자 | 말 잘할 **첩**, 이로울 **이**, 입 **구**

[청경우독晴耕雨讀]

맑은 날은 밭 갈고, 비 오는 날은 책을 읽는다는 말이며, 유유자적悠悠自適한 생활을 한다는 뜻이다.

글자 | 갤 **청**, 밭 갈 **경**, 비 **우**, 읽을 **독**

[청경우직晴耕雨織]

맑은 날은 밭 갈고, 비 오는 날은 길쌈을 한다는 말이며, 여자의 근면함을 일컫는다.

글자 | 맑을 **청**, 밭 갈 **경**, 비 **우**, 짤 **직**

[청군입옹請君入甕]

그대가 청하여 독에 들어간다는 말이며, 자신의 꾀에 자신이 넘어간다는 뜻이다.

원문 | 請兄入此瓮
청 형 입 차 옹

글자 | 청할 **청**, 그대 **군**, 들 **입**, 독 **옹**

출전 | 자치통감 당기唐紀

[청덕유총聽德惟聰]

덕을 들으려면 오직 귀 밝아야 한다는 말이며, 총명해야 오로지 덕을 알아들을 수 있다는 뜻이다.

원문 | 視遠惟明 聽德惟聰
시 원 유 명 청 덕 유 총

글자 | 들을 **청**, 큰 **덕**, 오직 **유**, 귀밝을 **총**

출전 | 서경 상서편 태갑중太甲中

[청등홍가青燈紅街]

푸른 등의 붉은 거리라는 말이며, 유흥으로 홍성대는 거리를 일컫는다.

글자 | 푸를 **청**, 촛불 **등**, 붉을 **홍**, 거리 **가**

[청렴결백清廉潔白]

깨끗하고 탐하지 않으며, 깨끗하게 희다는 말이며, 마음이 깨끗하고 아무 티가 없다는 뜻이다.

글자 | 맑을 **청**, 청렴할 **렴**, 깨끗할 **결**, 흰 **백**

[청렴정도清廉正道]

청렴하고도 바른길이라는 말이다.

글자 | 맑을 **청**, 청렴할 **렴**, 바를 **정**, 길 **도**

[청록산수青綠山水]

푸르고 초록인 산과 물이라는 말이며, 삼청三青과 석록石綠으로만 그린 산수화를 일컫는다.

글자 | 푸를 **청**, 초록빛 **록**, 뫼 **산**, 물 **수**

[청루주사青樓酒肆]

→ 주사청루酒肆青樓

[청명직절清名直節]

청렴한 공功과 곧은 절개라는 말이며, 매우 뛰어난 인품을 일컫는다.

글자 | 청렴할 **청**, 공 **명**, 곧을 **직**, 절개 **절**

출전 | 창선감의록

[청보구시青褓狗矢]

푸른 포대기에 개똥이라는 말이며, 겉치레만 하고 속은 지저분하다는 뜻이다.

글자 | 푸를 **청**, 포대기 **보**, 개 **구**, 똥 **시**

출전 | 송남잡지

[청부살인請負殺人]

남의 청을 받아 사람을 죽인다는 말이다.

글자 | 청할 **청**, 짐질 **부**, 죽일 **살**, 사람 **인**

[청사등롱青紗燈籠]

푸른 나사의 촛불 상자라는 말이며, 푸른 운문사雲紋紗로 바탕을 삼고 위 아래에 붉은 천으로 동을 달아서 만든 등롱을 일컫는다.

글자 | 푸를 **청**, 나사 **사**, 촛불 **등**, 대상자 **롱**

[청산유수青山流水]

푸른 산과 흐르는 물이라는 말이며, 막힘없이 말만 잘하고 행동은 그렇지 않다는 부정적인 뜻으로 많이 사용되는 말이다.

글자 | 푸를 **청**, 뫼 **산**, 흐를 **유**, 물 **수**

[청산일발青山一髮]

푸른 산이 한 올 머리카락과 같다는 말이며, 멀리 수평선에 희미한 산을 빗댄 말이다.

원문 | 靑山一髮是中原
청산일발시중원

글자 | 푸를 **청**, 뫼 **산**, 터럭 **발**

출전 | 소식의 징매역통조각澄邁驛通潮閣

[청상과부青孀寡婦]

푸른 과부라는 말이며, 나이가 젊어서 된 과부라는 뜻이다.

글자 | 푸를 **청**, 과부 **상**, 과부 **과**, 며느리 **부**

[청상과수青孀寡守]

→ 청상과부青孀寡婦

[청성사달清聲四達]

맑은 소리가 사방에 이른다는 말이며, 명성이 널리 퍼진다는 뜻이다.

원문 | 淸聲四達 令聞日彰亦人世之至榮也
청성사달 영문일창역인세지지영야

글자 | 맑을 **청**, 소리 **성**, 이를 **달**

출전 | 목민심서牧民心書

[청송백사青松白沙]

푸른 소나무와 흰 모래라는 말이다.

글자 | 푸를 **청**, 소나무 **송**, 흰 **백**, 모래 **사**

[청승염백青蠅染白]

푸른 파리가 흰 것을 물들인다는 말이며, 소인이 군자를 모함한다는 뜻이다.

글자 | 푸를 **청**, 파리 **승**, 물들 **염**, 흰 **백**

동류 | 청승점소青蠅點素

[청승점소青蠅點素]

→ 청승염백青蠅染白

출전 | 후한서

[청식토식青息吐息]

무성하게 숨 쉬고 숨을 토한다는 말이며, 숨을 헐떡이며 힘들어한다는 뜻이다.

글자 | 무성할 **청**, 숨 쉴 **식**, 토할 **토**

[청심과욕清心寡慾]

마음을 맑게 하고 욕심을 적게 한다는 말이다.

글자 | 맑을 **청**, 마음 **심**, 적을 **과**, 욕심낼 **욕**

[청심여조清心礪操]

마음을 맑게 하고 지조를 닦는다는 말이다.

ㅊ

글자 | 맑을 **청**, 마음 **심**, 갈 **여**, 지조 **조**
출전 | 송남잡지

[청아음향清雅音響]

맑고 우아한 소리 울림이라는 말이며, 상스럽거나 속된 것이 아닌 아름다운 소리라는 뜻이다.

글자 | 맑을 **청**, 우아할 **아**, 소리 **음**, 울릴 **향**

[청약불문聽若不聞]

→ 청이불문聽而不聞

출전 | 송남잡지

[청어무성聽於無聲]

소리가 없어도 듣는다는 말이며, 부모의 소리를 듣지 못하는 때라도 듣는 것같이 한다는 뜻이다.

글자 | 들을 **청**, 어조사 **어**, 없을 **무**, 소리 **성**

[청연지가清燕之暇]

고요하고 편안한 겨를이라는 말이며, 일이 없어 마음의 여유가 있다는 뜻이다.

글자 | 고요할 **청**, 편안할 **연**, 어조사 **지**, 겨를 **가**
출전 | 조선왕조 17대 효종실록 16권

[청운만리青雲萬里]

푸른 구름이 일만 리라는 말이며, 원대한 포부나 이상이라는 뜻이다.

글자 | 푸를 **청**, 구름 **운**, 일만 **만**, 이수 **리**

[청운자맥青雲紫陌]

푸른 구름과 자줏빛 길이라는 말이며, 속세를 떠나 푸른 구름과 번화한 자줏빛 거리가 상반되듯이 서로 다르다는 뜻이다.

글자 | 푸를 **청**, 구름 **운**, 자줏빛 **자**, 길 **맥**

[청운지교青雲之交]

푸른 구름과 같은 사귐이라는 말이며, 함께 관직에 나아간 사람끼리의 사귐이라는 뜻이다.

글자 | 푸를 **청**, 구름 **운**, 어조사 **지**, 사귈 **교**
출전 | 서언고사書言故事

[청운지몽青雲之夢]

푸른 구름의 꿈이라는 말이며, 희망을 가지고 출세하려는 욕망을 빗댄 말이다.

글자 | 푸를 **청**, 구름 **운**, 어조사 **지**, 꿈 **몽**

[청운지사青雲之士]

푸른 구름의 선비라는 말이며, 학덕을 갖춘 높은 사람 또는 고관을 일컫는다.

글자 | 푸를 **청**, 구름 **운**, 어조사 **지**, 선비 **사**
출전 | 사기 백이열전伯夷列傳

[청운지지青雲之志]

푸른 구름과 같은 뜻이라는 말이며,

커다란 뜻, 커다란 포부를 일컫는다. 장구령張九齡이 이임보의 모략으로 재상에서 물러나 초야에서 읊은 시다. '그 옛날 청운의 뜻을 이루지 못한 백발의 나이에 뉘 알리, 밝은 거울 뒤 얼굴과 그림자가 절로 안타까워함을.'

원문 | 宿昔青雲志 蹉跎白髮年 誰知 明鏡裏 形影自相憐
숙석청운지 차타백발년 수지 명경리 형영자상련

글자 | 푸를 **청**, 구름 **운**, 어조사 **지**, 뜻 **지**

출전 | 장구령張九齡의 시

[청운직상青雲直上]

푸른 구름이 곧바로 올라간다는 말이며, 지위가 수직으로 올라간다는 뜻이다.

글자 | 푸를 **청**, 구름 **운**, 곧을 **직**, 윗 **상**

출전 | 사기 범저채택열전范雎蔡澤列傳

[청운추월晴雲秋月]

맑은 날의 구름과 가을의 달이라는 말이며, 마음속이 맑고 상쾌하다는 말로도 쓰인다.

글자 | 맑은 날씨 **청**, 구름 **운**, 가을 **추**, 달 **월**

출전 | 송사

[청의동자青衣童子]

푸른 옷을 입은 남자아이라는 말이며, 신선의 시중을 드는 남자아이라는 뜻이다.

글자 | 푸를 **청**, 옷 **의**, 아이 **동**, 사나이 **자**

출전 | 대동기문大東奇聞 1권

[청의여동青衣女童]

푸른 옷을 입은 여자아이라는 말이며, 신선의 시중을 드는 여자아이라는 뜻이다.

글자 | 푸를 **청**, 옷 **의**, 계집 **여**, 아이 **동**

[청이불문聽而不聞]

듣고도 아니 들은 체한다는 말이다.

원문 | 心不在 視而不見 聽而不聞
심부재 시이불견 청이불문

글자 | 들을 **청**, 말 이을 **이**, 아닐 **불**, 들을 **문**

출전 | 노자 63장, 대학 정심正心

동류 | 청약불문聽若不聞

[청작서수清酌庶羞]

맑은 술과 많은 반찬이라는 말이며, 제사에 쓰는 제주와 제수祭羞를 일컫는다.

글자 | 맑을 **청**, 술 **작**, 많을 **서**, 반찬 **수**

출전 | 예기

[청전구물青氈舊物]

푸른 담 자리와 옛 물건이라는 말이며, 대대로 전해 내려오는 물건을 일컫는다.

글자 | 푸를 **청**, 담 자리 **전**, 옛 **구**, 만물 **물**

[청전만선青錢萬選]

푸른 동전은 만 번을 골라도 틀림이 없다는 말이며, 시험을 치를 때마다 반드시 합격하는 문장을 빗댄 말이다.

글자 | 푸를 **청**, 돈 **전**, 일만 **만**, 뽑을 **선**

출전 | 당서 장천전張薦傳

관련 | 청전학사青錢學士

[청정무구淸淨無垢]

맑고 깨끗하며 더러움이 없다는 말이다.

글자 | 맑을 **청**, 깨끗할 **정**, 없을 **무**, 더러울 **구**

[청정염절淸貞廉節]

곧은 것을 맑게 하고 절개를 청렴케 하라는 말이며, 정조와 절개를 올바로 지키라는 뜻이다.

글자 | 맑을 **청**, 곧을 **정**, 청렴할 **염**, 절개 **절**

출전 | 명심보감 부행편婦行篇

[청정적멸淸淨寂滅]

맑고 깨끗하게, 그리고 고요하게 없앤다는 말이며, 도교와 불교의 정신을 일컫는다.

원문 | 以求其所謂淸淨寂滅者
이 구 기 소 위 청 정 적 멸 자

글자 | 맑을 **청**, 깨끗할 **정**, 고요할 **적**, 없앨 **멸**

출전 | 한유의 원도原道

[청지이심聽之以心]

듣기를 마음으로써 하라는 말이며, 심재心齋에 대한 공자의 설명이다. '너는 마음을 하나로 통일하라. 귀로 듣지 말고 마음으로 듣도록 하라.'

원문 | 若一志 無聽之以耳 而聽之以心
약 일 지 무 청 지 이 이 이 청 지 이 심

글자 | 들을 **청**, 어조사 **지**, 써 **이**, 마음 **심**

출전 | 장자 인간세人間世

[청천백일青天白日]

푸른 하늘의 밝은 날이라는 말이며, 하는 일이 깨끗하다든지 죄가 없어 누명을 벗게 되는 일 등에도 빗대어 쓴다. 당나라 때 한유韓愈가 벗인 최군崔群에게 보낸 글이다 '사람마다 좋아하고 싫어하는 것이 다를 텐데, 현명한 사람이든 어리석은 사람이든 모두 그대를 좋아하는 까닭은 무엇일까? 그렇다. 봉황과 지초芝草가 상서롭다는 것을 모두가 알고 있듯이 청천백일이 맑고 밝다는 사실은 노비들까지도 알고 있기 때문이다.'

원문 | 青天白日 奴隷亦其知淸明
청 천 백 일 노 예 시 기 지 청 명

글자 | 푸를 **청**, 하늘 **천**, 흰 **백**, 날 **일**

출전 | 한유韓愈의 여최군서與崔群書

[청천벽력青天霹靂]

푸른 하늘에서 치는 벼락이라는 말이며, 뜻밖의 재난이나 변고를 빗댄 말로 쓴다. 우리말의 날벼락과 같은 뜻이다. 남송의 시인 육유陸遊는 다른 뜻으로 자신의 뛰어난 필치筆致를 비유하기도 했다. '푸른 하늘에 벼락을 날리듯 한다.'

원문 | 青天飛霹靂
청 천 비 벽 력

글자 | 푸를 **청**, 하늘 **천**, 벼락 **벽**, 벼락 **력**

출전 | 육유陸游의 오언고시五言古詩

[청청백백淸淸白白]

매우 맑고 매우 희다는 말이며, 매우 청렴하고 결백하다는 뜻이다.

글자 | 맑을 **청**, 흰 **백**

[청청자아菁菁者莪]

푸르게 무성한 쑥과 같은 사람이라는 말이며, 육성한 인재가 활발히 덕을 발휘한다는 뜻이다.

글자 | 우거질 **청**, 사람 **자**, 새발 쑥 **아**

출전 | 시경 소아小雅

[청출어람靑出於藍]

쪽 풀에서 나온 푸른색이 쪽보다 더 푸르다는 말이며, 제자가 스승보다 뛰어나다는 뜻이다. 순자荀子의 글이다. '학문은 잠시도 쉬어서는 안 된다. 푸른 물감은 쪽에서 나오지만 쪽보다 더 푸르고, 얼음은 물이 만들지만 물보다 더 차다.'

원문 | 學不可以已 靑出於藍而靑於
학 불 가 이 기 청 출 어 람 이 청 어
藍氷水爲之而寒於水
람 빙 수 위 지 이 한 어 수

글자 | 푸를 **청**, 날 **출**, 어조사 **어**, 쪽 **람**

출전 | 순자 권학편勸學篇

동류 | 출람지예出藍之譽, 출람지재出藍之才, 후생각고後生角高

[청탁병탄淸濁倂呑]

맑은 물과 흐린 물을 아우르고 삼킨다는 말이며, 특정한 가치관에 구애되지 않고 받아들이는 포용력을 일컫는다.

글자 | 맑을 **청**, 흐릴 **탁**, 아우를 **병**, 삼킬 **탄**

출전 | 사기

[청편즉명聽遍卽明]

고르게 들으면 밝다는 말이며, 여러 사람의 말을 고루 들으면 명쾌한 판단을 할 수 있다는 뜻이다.

글자 | 들을 **청**, 고를 **편**, 곧 **즉**, 밝을 **명**

[청편즉암聽偏卽暗]

치우치게 들으면 곧 어둡다는 말이며, 치우친 말만 들으면 판단이 흐려진다는 뜻이다.

글자 | 들을 **청**, 치우칠 **편**, 곧 **즉**, 어두울 **암**

[청평결록靑萍結綠]

푸른 개구리밥과 나중의 옥이라는 말이며, 명검名劍과 미옥美玉을 빗댄 말이다.

글자 | 푸를 **청**, 개구리밥 **평**, 나중 **결**, 옥 이름 **록**

[청평세계淸平世界]

맑고 평화스러운 세상이라는 말이다.

글자 | 맑을 **청**, 화할 **평**, 인간 **세**, 지경 **계**

[청풍명월淸風明月]

맑은 바람과 밝은 달이라는 말이며, 강 위의 시원한 바람과 산속의 밝은 달이라는 뜻이다. 충청도 사람의 성격을 빗댄 말로 쓰기도 한다.

원문 | 江上之淸風 山間之明月
강 상 지 청 풍 산 간 지 명 월

글자 | 맑을 **청**, 바람 **풍**, 밝을 **명**, 달 **월**

출전 | 소동파의 시

동류 | 청풍낭월淸風郎月

관련 | 팔도기질八道氣質

[청풍양수淸風兩袖]

맑은 바람이 가득한 두 소매라는 말이며, 청렴한 관리나 선비를 비유하는 말이다.

원문 | 淸風兩袖朝天去
청 풍 양 수 조 천 거

글자 | 맑을 **청**, 바람 **풍**, 두 **양**, 소매 **수**

출전 | 서호유람지여西湖遊覽志餘

동류 | 양수청풍兩袖淸風

[청필사총聽必思聰]

듣는 것은 반드시 귀 밝기를 생각한다는 말이며, 듣고 나서 총명하게 판단해야 한다는 뜻이다.

원문 | 視必思明 聽必思聰
시 필 사 명 청 필 사 총

글자 | 들을 **청**, 반드시 **필**, 생각 **사**, 귀 밝을 **총**

출전 | 격몽요결擊夢要訣

[청호우기晴好雨奇]

맑은 날도 좋고 비 오는 날도 기이하다는 말이며, 언제 보아도 좋은 경치라는 뜻이다.

글자 | 맑을 **청**, 좋을 **호**, 비 **우**, 이상할 **기**

출전 | 소식蘇軾의 시

[체발득도剃髮得道]

머리를 깎고 도리를 얻는다는 말이며, 머리를 깎고 중이 되어 불도에 들어간다는 뜻이다.

글자 | 깎을 **체**, 머리털 **발**, 얻을 **득**, 도리 **도**

[체발염의剃髮染衣]

머리를 깎고 옷에 물들인다는 말이며, 출가出家하여 중이 된다는 뜻이다.

글자 | 머리 깎을 **체**, 터럭 **발**, 물들일 **염**, 옷 **의**

[체수유병滯穗遺秉]

새나간 벼이삭과 버려진 벼 묶음이라는 말이며, 논바닥에 흘린 벼이삭과 버려진 나락이라는 뜻이다.

글자 | 샐 **체**, 벼이삭 **수**, 버릴 **유**, 벼 묶음 **병**

출전 | 정다산丁茶山의 편지

[체악지정棣鄂之情]

앵두나무 언덕의 정이라는 말이며, 형제간의 두터운 우애를 일컫는다.

글자 | 앵두나무 **체**, 언덕 **악**, 어조사 **지**, 뜻 **정**

출전 | 시경 소아小雅
동류 | 체화지정棣華之情

[체화지정棣華之情]

→ 체악지정棣鄂之情

[초가벌진楚可伐陳]

초나라는 진나라를 칠 수 있다는 말이며, 지나친 혹사가 오히려 힘을 약화시킨다는 뜻이다.

글자 | 초나라 **초**, 옳을 **가**, 칠 **벌**, 진나라 **진**

출전 | 설원 권모편權謀篇

[초간구활草間求活]

초야草野에서 삶을 구한다는 말이며, 욕되게 한갓 목숨을 부지하려 한다는 뜻이다.

글자 | 풀 **초**, 사이 **간**, 구할 **구**, 살 **활**

출전 | 진서

[초거명래悄去明來]

고요히 갔다가 밝게 온다는 말이며, 남 몰래 가만히 갔다가 성공하여 버젓하게 돌아온다는 뜻이다.

글자 | 고요할 **초**, 갈 **거**, 밝을 **명**, 올 **래**

[초관인명草菅人命]

사람의 목숨이 풀이나 왕골 같다는 말이며, 사람의 목숨을 매우 가벼이 여긴다는 뜻이다.

글자 | 풀 **초**, 왕골 **관**, 사람 **인**, 목숨 **명**

출전 | 한서 가의전賈誼傳

[초궁초득楚弓楚得]

초나라 [임금이 잃은] 활을 초나라 사람이 얻는다는 말이며, 도량이 좁다는 뜻이다.

원문 | 楚王失弓 楚人得之
초왕실궁 초인득지

글자 | 초나라 **초**, 활 **궁**, 얻을 **득**

출전 | 공자가어 호생好生

[초근목피草根木皮]

풀뿌리와 나무껍질이라는 말이며, 영양가치가 적은 악식惡食을 이르는 말이다. 한약의 재료가 되는 물건이기도 하다.

글자 | 풀 **초**, 뿌리 **근**, 나무 **목**, 껍질 **피**

출전 | 금사金史 식화지食貨志

[초년고생初年苦生]

처음 해의 고생이라는 말이며, 젊어서 하는 고생이라는 뜻이다.

글자 | 처음 **초**, 해 **년**, 괴로울 **고**, 살 **생**

[초도습의初度習儀]

첫 번째의 예법을 익힌다는 말이며, 나라의 길흉을 점치는 의식에 첫 번으로 하는 예식 연습을 일컫는다.

글자 | 처음 **초**, 번 **도**, 익힐 **습**, 예법 **의**

[초동급부樵童汲婦]

나무하는 아이와 물 긷는 여인이라는

말이며, 평범하게 살아가는 일반 백성을 일컫는다.

글자 | 나무할 **초**, 아이 **동**, 물 길을 **급**, 계집 **부**

유사 | 필부필부匹夫匹婦

[초동목수樵童牧豎]

나무하는 아이와 소먹이는 아이 종이라는 말이며, 배우지 못한 사람을 일컫는다.

글자 | 나무할 **초**, 아이 **동**, 기를 **목**, 아이종 **수**

동류 | 초동급부樵童汲婦

[초두난액焦頭爛額]

머리를 그슬리고 이마를 데인다는 말이며, 화재를 미리 방지한 사람은 공이 없고 불이 난 뒤 불을 끈 사람은 후한 대접을 받는데, 일의 근본을 잊어버리고 결과만 좋다고 여긴다는 뜻이다.

원문 | 焦頭爛額爲上客
초 두 난 액 위 상 객

글자 | 그슬릴 **초**, 머리 **두**, 델 **난**, 이마 **액**

출전 | 한서, 십팔사략

[초두천자草頭天子]

풀끝의 천자라는 말이며, 얼마 가지 못하는 도둑의 두령을 빗댄 말이다.

글자 | 풀 **초**, 머리 **두**, 하늘 **천**, 아들 **자**

출전 | 평요전平妖傳

유사 | 양상군자梁上君子, 녹림처사綠林處士

[초려삼고草廬三顧]

→ 삼고초려三顧草廬

[초로인생草露人生]

풀잎에 맺힌 이슬과 같은 인생이라는 말이며, 덧없는 인생을 일컫는다.

글자 | 풀 **초**, 이슬 **로**, 사람 **인**, 날 **생**

출전 | 옥루몽

동류 | 조로인생朝露人生

[초록동색草綠同色]

풀색과 녹색은 같은 색깔이라는 말이며, 이름 또는 속은 다르지만 따져보면 한가지라는 뜻이다.

글자 | 풀 **초**, 초록빛 **록**, 같을 **동**, 빛 **색**

출전 | 이담속찬耳談續纂

[초록자기蕉鹿自欺]

사슴을 파초로 덮고 자기도 속는다는 말이며, 인생살이의 득실이 허무하다는 것을 이르는 말이다.

글자 | 파초 **초**, 사슴 **록**, 스스로 **자**, 속일 **기**

출전 | 열자

[초리봉사草裡逢蛇]

풀 속의 뱀을 만난다는 말이며, 매우 놀라고 난처한 처지라는 뜻이다.

글자 | 풀 **초**, 속 **리**, 만날 **봉**, 뱀 **사**

[초만영어草滿囹圄]

감옥에 풀이 가득하다는 말이며, 정

치가 잘 되어서 감옥 안에 죄인이 없다는 뜻이다.

글자 | 풀 **초**, 찰 **만**, 옥 **영**, 옥 **어**

출전 | 수서隋書

[초망지신草莽之臣]

우거진 풀의 신하라는 말이며, 벼슬을 하지 않고 초야에 묻혀 사는 사람을 일컫는다. 신하가 임금에게 자신을 낮추어 말할 때 쓰기도 한다.

원문 | 在野曰草莽之臣
재 야 왈 초 망 지 신

글자 | 풀 **초**, 우거질 **망**, 어조사 **지**, 신하 **신**

출전 | 맹자 만장萬章 하

[초망착호草網着虎]

풀로 만든 그물로 범을 잡는다는 말이며, 되지 않을 일을 꾀한다는 뜻이다.

글자 | 풀 **초**, 그물 **망**, 붙을 **착**, 범 **호**

[초면강산初面江山]

처음으로 대하는 강과 산이라는 말이며, 처음 보는 타향이라는 뜻이다.

글자 | 처음 **초**, 얼굴 **면**, 강 **강**, 뫼 **산**

[초면부지初面不知]

처음으로 얼굴을 대하므로 알지 못한다는 말이다.

글자 | 처음 **초**, 얼굴 **면**, 아닐 **부**, 알 **지**

[초면친구初面親舊]

처음으로 얼굴을 대하면서 친구가 된다는 말이다.

글자 | 처음 **초**, 얼굴 **면**, 친할 **친**, 친구 **구**

[초모우신草茅愚臣]

풀 띠를 맨 어리석은 신하라는 말이며, 초야에 묻힌 어리석은 신하라는 뜻이다.

글자 | 풀 **초**, 띠 **모**, 어리석을 **우**, 신하 **신**

[초모위언草茅危言]

풀 띠를 맨 사람의 위태로운 말이라는 뜻이며, 초야에 묻힌 선비가 국정을 비판한다는 뜻이다.

글자 | 풀 **초**, 띠 **모**, 위태로울 **위**, 말씀 **언**

[초목개병草木皆兵]

풀과 나무가 모두 병사로 보인다는 말이며, 어떤 일에 크게 놀라 사물을 제대로 보지 못한다는 뜻이다.

원문 | 八公山草木風聲鶴唳皆以爲晉兵
팔 공 산 초 목 풍 성 학 려 개 이 위 진 병

글자 | 풀 **초**, 나무 **목**, 모두 **개**, 병사 **병**

출전 | 진서 부견재기符堅載記

[초목구부草木俱腐]

→ 초목구후草木俱朽

[초목구후草木俱朽]

초목과 함께 썩는다는 말이며, 세상에 알려지지 못하고 허무하게 죽는다는 뜻이다.

ㅊ

글자 | 풀 **초**, 나무 **목**, 함께 **구**, 썩을 **후**

출전 | 진서晉書, 후한서

동류 | 초목동부草木同腐

[초목금수草木禽獸]

풀과 나무, 그리고 새와 짐승이라는 말이다.

글자 | 풀 **초**, 나무 **목**, 새 **금**, 짐승 **수**

[초목노생草木怒生]

풀과 나무가 세차게 난다는 말이며, 봄이 되어 초목이 싱싱하게 돋아난다는 뜻이다.

글자 | 풀 **초**, 나무 **목**, 세찰 **노**, 날 **생**

[초목동부草木同腐]

풀과 나무가 함께 썩는다는 말이며, 이름을 남기지 못하고 세상을 떠난다는 뜻이다.

글자 | 풀 **초**, 나무 **목**, 같을 **동**, 썩을 **부**

동류 | 초목구부草木俱腐

[초목산천草木山川]

풀과 나무와 산과 내라는 말이며, 밭 가는 사람은 풀 · 나무와 산천의 주인이라는 뜻이다.

원문 | 地者草木山川之主也
지 자 초 목 산 천 지 주 야

글자 | 풀 **초**, 나무 **목**, 뫼 **산**, 내 **천**

출전 | 한유韓愈 원인原人

[초목영락草木零落]

→ 초목황락草木黃落

출전 | 예기 왕제王制 5

[초목위언草木危言]

→ 초모위언草茅危言

[초목지신草木之臣]

→ 초망지신草莽之臣

[초목지엽草木枝葉]

풀과 나무의 가지와 잎이라는 말이며, 근본에서 부분적인 일을 빗댄 말이다.

글자 | 풀 **초**, 나무 **목**, 가지 **지**, 잎 **엽**

[초목지위草木知威]

풀과 나무가 위세를 안다는 말이며, 위엄이 대단하다는 뜻이다.

글자 | 풀 **초**, 나무 **목**, 알 **지**, 위세 **위**

[초목지자草木之滋]

풀과 나무의 맛이라는 말이며, 맛있는 식물이라는 뜻이다.

글자 | 풀 **초**, 나무 **목**, 어조사 **지**, 맛 **자**

[초목황락草木黃落]

풀과 나무의 잎이 누렇게 되어 떨어지는 가을이라는 말이다.

원문 | 秋風起兮白雲飛 草木黃落兮
추 풍 기 혜 백 운 비 초 목 황 락 혜
雁南歸
안 남 귀

글자 | 풀 **초**, 나무 **목**, 누를 **황**, 떨어질 **락**

출전 | 예기 월령月令

[초무시리初無是理]

처음부터 이치에 맞지 않는다는 말이다.

글자 | 처음 **초**, 없을 **무**, 옳을 **시**, 도리 **리**

[초미지급焦眉之急]

눈썹을 태우는 화급한 상황을 말하며, 눈썹이 타는 상황은 곧 얼굴도 타게 되기 때문에 매우 급한 상황을 이르는 말이다. 이는 금릉의 법천불해선사法泉佛亥禪師가 다른 중과 대화하는 가운데 어느 것이 가장 급박한 글귀가 될 수 있느냐는 질문을 받고 '불이 눈썹을 태우는 것이다(火燒眉毛).' 라고 대답했는데, 이 말이 소미지급(燒眉之急)으로 변하고, 또 초미지급으로 변했다는 것이다.

글자 | 델 **초**, 눈썹 **미**, 갈 **지**, 급할 **급**

출전 | 오등회원五燈會元

[초발지심初發之心]

처음으로 일어나는 마음이라는 말이며, 처음으로 불문에 들어가려는 생각을 일으킨다는 뜻이다.

글자 | 처음 **초**, 일어날 **발**, 어조사 **지**, 마음 **심**

[초방원비草坊院碑]

풀이 우거진 둑과 뜰의 비석이라는 말이며, 돌보지 않고 내버려둔 사물을 빗댄 말이다.

글자 | 풀 **초**, 둑 **방**, 뜰 **원**, 비석 **비**

[초방지친椒房之親]

향기로운 방의 친정이라는 말이며, 후비의 친정을 빗댄 말이다.

글자 | 향기로울 **초**, 방 **방**, 어조사 **지**, 친정 **친**

[초범절군超凡絶群]

범상함을 넘어서 무리에서 뛰어난다는 말이며, 보통이 넘는 탁월한 사람이라는 뜻이다.

글자 | 넘을 **초**, 범상할 **범**, 뛰어날 **절**, 무리 **군**

[초부득삼初不得三]

첫 번째 아니라도 세 번째를 얻는다는 말이며, 한 번 실패해도 꾸준히 하면 성공할 수 있다는 뜻이다.

글자 | 처음 **초**, 아닐 **부**, 얻을 **득**

[초사전려焦思煎慮]

거듭 속을 태우며 생각한다는 말이며, 몹시 애를 태우며 여러 가지 생각을 한다는 뜻이다.

글자 | 속 태울 **초**, 생각 **사**, 속 태울 **전**, 생각할 **려**

출전 | 조선왕조 15대 광해군일기139권

[초성모양稍成貌樣]

점점 모양을 이루었다는 말이며, 겨우 모양이나 형체를 갖추었다는 뜻이다.

글자 | 점점 **초**, 이룰 **성**, 모양 **모**, 본보기 **양**

ㅊ

[초순건설焦脣乾舌]

입술이 타고 혀가 마른다는 말이며, 몹시 초조하고 애타는 상태를 일컫는다.

원문 | 月夜焦脣乾舌徙欲與吳王接踵死
월야초순건설사욕여오왕접종사

글자 | 탈 **초**, 입술 **순**, 마를 **건**, 혀 **설**

출전 | 사기 중니제자仲尼弟子열전

유사 | 노심초사勞心焦思

[초심고려焦心苦慮]

마음을 태우며 괴롭게 근심한다는 말이다.

글자 | 탈 **초**, 마음 **심**, 괴로울 **고**, 근심할 **려**

[초야무구草野無口]

들의 풀은 입이 없다는 말이며, 천한 일반 백성은 억울한 일이 있어도 제대로 말할 수 없다는 뜻이다.

글자 | 풀 **초**, 들 **야**, 없을 **무**, 입 **구**

출전 | 조선왕조 19대 숙종실록 17권

[초야범부草野凡夫]

풀밭의 모든 지아비라는 말이며, 시골에 사는 보통 사람이라는 뜻이다.

글자 | 풀 **초**, 들 **야**, 다 **범**, 지아비 **부**

[초언풍종草偃風從]

풀이 바람을 따라 쏠린다는 말이며, 임금의 덕이 백성을 감화한다는 뜻이다.

글자 | 풀 **초**, 자빠질 **언**, 바람 **풍**, 따를 **종**

출전 | 임방任昉

[초연탄우硝煙彈雨]

화약의 연기와 총알의 비라는 말이며, 화약 연기가 자욱하고 총알이 비 오듯 하는 싸움터라는 뜻이다.

글자 | 화약 **초**, 연기 **연**, 총알 **탄**, 비 **우**

[초열지옥焦熱地獄]

뜨겁게 태우는 지옥이라는 말이며, 8대 지옥 중 여섯 번째 지옥을 일컫는다.

글자 | 태울 **초**, 뜨거울 **열**, 땅 **지**, 감옥 **옥**

[초영애필草纓艾韠]

풀로 만든 갓끈과 쑥으로 만든 슬갑이라는 말이며, 성인이 세상을 다스리기 위해 체형을 가하는 대신, 몸에 차고 다니도록 한 상징적 물건을 일컫는다.

글자 | 풀 **초**, 갓끈 **영**, 쑥 **애**, 슬갑 **필**

[초요과시招搖過市]

저자를 지나면서 부르고 손을 흔든다는 말이며, 허풍을 떨면서 남의 주의를 끈다는 뜻이다.

글자 | 부를 **초**, 흔들릴 **요**, 지날 **과**, 저자 **시**

출전 | 사기 공자세가孔子世家

[초윤이우礎潤而雨]

주춧돌이 젖으면 비가 온다는 말이며,

원인이 있으면 결과가 있다는 뜻이다.

글자 | 주춧돌 **초**, 젖을 **윤**, 말 이을 **이**, 비 **우**

출전 | 소순蘇洵의 시

[초윤장산礎潤張傘]

주춧돌이 젖으면 우산을 편다는 말이다.

글자 | 주춧돌 **초**, 젖을 **윤**, 벌일 **장**, 우산 **산**

유사 | 초윤이우礎潤而雨

[초인유궁楚人遺弓]

초나라 사람이 잃은 활이라는 말이며, 초나라 사람이 잃은 활은 초나라 사람이 주울 것이라고 말한 임금의 도량이 매우 좁다는 뜻이다.

원문 | 楚人遺弓 楚人得之
초 인 유 궁 초 인 득 지

글자 | 초나라 **초**, 사람 **인**, 잃을 **유**, 활 **궁**

출전 | 설원說苑

[초인일거楚人一炬]

초나라 사람이 한 번에 태운다는 말이며, 큰일을 단번에 해낸다는 뜻이다. 중국 초나라 항우가 진나라 궁전을 한 번에 불사른 고사에서 온 말이다.

글자 | 초나라 **초**, 사람 **인**, 태울 **거**

[초자월서超資越序]

바탕을 뛰어넘고 차례를 뛰어넘는다는 말이며, 벼슬과 상을 후하게 내려준다는 뜻이다.

글자 | 뛰어넘을 **초**, 바탕 **자**, 뛰어넘을 **월**, 차례 **서**

출전 | 조선왕조 14대 선조실록 172권

[초잠식지稍蠶食之]

점점 누에가 먹어 들어간다는 말이며, 타국의 영토나 남의 재산 등을 차츰 차츰 침략해 들어간다는 뜻이다.

글자 | 점점 **초**, 누에 **잠**, 먹을 **식**, 어조사 **지**

출전 | 사기

[초재진용楚材晉用]

초나라 목재를 진나라에서 쓴다는 말이며, 자기 나라 인재를 다른 나라에서 이용한다는 뜻이다.

원문 | 維楚有材 晉實用之
유 초 유 재 진 실 용 지

글자 | 초나라 **초**, 재목 **재**, 진나라 **진**, 쓸 **용**

출전 | 춘추좌씨전 양공襄公 26년

[초종범절初終凡節]

처음부터 마칠 때까지의 무릇 절차라는 말이며, 초상 치르는 데 관한 모든 절차를 일컫는다.

글자 | 처음 **초**, 마침 **종**, 무릇 **범**, 절제할 **절**

[초종장례初終葬禮]

→ 초종장사初終葬事

[초종장사初終葬事]

처음부터 마칠 때까지의 장사 지내는 일이라는 말이며, 초상난 뒤부터 졸곡卒哭까지의 모든 절차를 일컫는다.

글자 | 처음 **초**, 마침 **종**, 장사 지낼 **장**, 일 **사**

[초지관철初志貫徹]

→ 초지일관初志一貫

[초지일관初志一貫]

처음에 먹은 뜻을 끝까지 관철한다는 말이다.

글자 | 처음 **초**, 뜻 **지**, 꿰뚫을 **관**

동류 | 초지관철初志貫徹

유사 | 일이관지一以貫之, 시종일관始終一貫

[초창목적樵唱牧笛]

나무꾼의 노랫소리와 목동의 피리 소리라는 말이다.

글자 | 나무하는 이 **초**, 부를 **창**, 목장 **목**, 피리 **적**

[초창함루怊悵含淚]

섭섭하고 슬퍼 눈물을 머금는다는 말이다.

글자 | 섭섭할 **초**, 슬플 **창**, 머금을 **함**, 눈물 **루**

[초토삼년草土三年]

풀과 흙에서 3년이라는 말이며, 상중喪中에 있다는 뜻이다. 자식은 불효했다는 죄책감으로 3년 동안 흙덩어리를 베고 거적자리에서 잔다는 고사에서 온 말이다.

글자 | 풀 **초**, 흙 **토**, 해 **년**

동류 | 침점침괴寢苫枕塊

[초토외교焦土外交]

땅을 태우는 바깥과의 사귐이라는 말이며, 나라를 초토화해서라도 국책國策을 기어이 수행하려고 하는 외교를 일컫는다.

글자 | 탈 **초**, 흙 **토**, 바깥 **외**, 사귈 **교**

[초토작전焦土作戰]

땅을 태우도록 일으키는 싸움이라는 말이며, 적군의 시설과 물자를 모두 태워 없애는 싸움이라는 뜻이다.

글자 | 태울 **초**, 땅 **토**, 일으킬 **작**, 싸울 **전**

동류 | 초토전술焦土戰術

[초토전술焦土戰術]

→ 초토작전焦土作戰

[초퇴방적初退防賊]

처음에는 물러나서 도둑을 막는다는 말이다.

글자 | 처음 **초**, 물리칠 **퇴**, 막을 **방**, 도둑 **적**

[초해문자稍解文字]

점점 문자를 푼다는 말이며, 조금씩

문자를 풀어 알게 된다는 뜻이다.

글자 | 점점 **초**, 풀 **해**, 글 **문**, 글자 **자**

[초행공부初行工夫]

처음 행하는 공부라는 말이며, 신부神父 없는 곳에서 홀로 드리는 천주교의 기도문을 빗댄 말이다.

글자 | 처음 **초**, 행할 **행**, 만들 **공**, 선생 **부**

[초행노숙草行露宿]

풀을 다니면서 이슬에서 잔다는 말이며, 산이나 들에서 자며 여행한다는 뜻이다.

글자 | 풀 **초**, 다닐 **행**, 이슬 **노**, 잘 **숙**

[초헌마편軺軒馬鞭]

가마 타고 채찍질한다는 말이며, 일이 격에 맞지 않다는 뜻이다.

글자 | 작은 수레 **초**, 초헌 **헌**, 말 **마**, 채찍 **편**

출전 | 순오지

[초현납사招賢納士]

어진 선비를 불러들인다는 말이다.

글자 | 불러올 **초**, 어질 **현**, 들일 **납**, 선비 **사**

[촉각장중燭刻場中]

촛불에 [표시를] 새긴 과장科場 속이라는 말이며, 정한 기한이 촉박하였다는 뜻이다. 초에 금을 그어 시간을 제한하고 글을 짓게 하는 과거시험 제도에서 온 말이다.

글자 | 촛불 **촉**, 새길 **각**, 마당 **장**, 가운데 **중**

출전 | 남사

[촉견폐일蜀犬吠日]

촉나라 개가 해를 보고 짖는다는 말이며, 식견이 좁은 사람이 착한 사람을 의심하고 비난한다는 뜻이다. 촉나라는 산이 높고 운무雲霧가 많아 해를 볼 수 있는 날이 적어 어쩌다 해가 나면 개가 짖는다는 고사에서 온 말이다.

글자 | 촉나라 **촉**, 개 **견**, 짖을 **폐**, 해 **일**

출전 | 한유韓愈의 사도론師道論

유사 | 월견폐설越犬吠雪

ㅊ

[촉루낙시燭淚落時]

촛불의 눈물이 떨어지는 때라는 말이며, 촛불이 타면서 비칠 때라는 뜻이다.

원문 | 燭淚落時 民淚落
촉루낙시 민루락

글자 | 불 **촉**, 눈물 **루**, 떨어질 **낙**, 때 **시**

출전 | 춘향전

[촉만지쟁觸蠻之爭]

오랑캐와 부딪히는 다툼이라는 말이며, 하찮은 것들의 싸움이라는 뜻이다.

글자 | 부딪힐 **촉**, 오랑캐 **만**, 어조사 **지**, 다툴 **쟁**

출전 | 장자

[촉목상심觸目傷心]

눈에 보이면 마음이 상한다는 말이며, 못 볼 것을 본다는 뜻이다.

글자 | 닿을 **촉**, 눈 **목**, 상처 **상**, 마음 **심**

[촉불현발燭不見跋]

초의 밑동이 나타나지 않았다는 말이며, 초가 다 타지 않아 밤이 아직 깊지 않았다는 뜻이다.

글자 | 촛불 **촉**, 아닐 **불**, 볼 **현**, 심지 밑동 **발**

출전 | 예기 곡례曲禮 상

[촉조수계燭照數計]

촛불로 비추고 수를 센다는 말이며, 일을 명확히 처리한다는 뜻이다.

글자 | 촛불 **촉**, 비출 **조**, 셀 **수**, 셀 **계**

출전 | 한유韓愈의 시

[촉중명장蜀中名將]

촉한蜀漢의 명장이라는 말이며, 뛰어난 인재를 이르는 말이다.

글자 | 나라 이름 **촉**, 가운데 **중**, 이름 **명**, 장수 **장**

[촉처봉패觸處逢敗]

닥치는 곳마다 낭패를 당한다는 말이다.

글자 | 닿을 **촉**, 곳 **처**, 만날 **봉**, 패할 **패**

[촉탁살인囑託殺人]

부탁을 받고 사람을 죽인다는 말이며, 피살자의 요구나 그의 승낙을 받고 그 사람을 죽이는 것을 일컫는다.

글자 | 부탁할 **촉**, 부탁할 **탁**, 죽일 **살**, 사람 **인**

출전 | 맹교의 유자음游子吟

[촌계관청村鷄官廳]

촌닭이 관청에 잡혀왔다는 말이며, 경험이 없는 일을 당하여 어리둥절한다는 뜻이다.

글자 | 마을 **촌**, 닭 **계**, 벼슬 **관**, 관청 **청**

[촌계입현村鷄入縣]

시골 닭이 고을에 들어온다는 말이며, 시골에서 처음으로 번화한 도시에 온 사람을 빗댄 말이다.

글자 | 시골 **촌**, 닭 **계**, 들 **입**, 고을 **현**

출전 | 이담속찬

[촌관척지寸管尺紙]

작은 붓대와 한 자의 종이라는 말이며, 간략한 문장을 빗댄 말이다.

글자 | 조금 **촌**, 붓대 **관**, 자 **척**, 종이 **지**

출전 | 옥루몽

[촌량수칭寸量銖稱]

한 치도 헤아리고 한 수도 저울질한다는 말이며, 작은 일까지 철저히 조사한다는 말이다.

글자 | 치 **촌**, 헤아릴 **량**, 무게 단위 **수**, 저울질할 **칭**

[촌마두인寸馬豆人]

한 치의 말과 콩알만한 사람이라는 말이며, 그림 그릴 때 원경遠景의 말과 사람은 작게 그린다는 뜻이다.

글자 | 마디 **촌**, 말 **마**, 콩 **두**, 사람 **인**

출전 | 형호荊浩의 산수부山水賦

[촌사불괘寸絲不挂]

한 치의 실오라기도 걸치지 아니하였다는 말이며, 본래의 면목을 숨김없이 드러낸다는 뜻이다.

글자 | 치 **촌**, 실 **사**, 아닐 **불**, 걸칠 **괘**

출전 | 전등록傳燈錄

[촌선척마寸善尺魔]

선은 한 치고 마귀는 한 자라는 말이며, 세상에 좋은 일은 적고 나쁜 일은 많다는 뜻이다.

글자 | 치 **촌**, 착할 **선**, 자 **척**, 마귀 **마**

[촌옹야로村翁野老]

시골 아비와 들의 늙은이라는 말이다.

글자 | 시골 **촌**, 아비 **옹**, 들 **야**, 늙을 **로**

출전 | 옥루몽

[촌음시경寸陰是競]

마디의 그늘도 바르게 다투어야 한다는 말이며, 짧은 시간도 아껴 쓰라는 뜻이다.

글자 | 마디 **촌**, 그늘 **음**, 바를 **시**, 다툴 **경**

출전 | 진서 도형전, 천자문

[촌음약세寸陰若歲]

마디의 그늘이 한 해와 같다는 말이며, 짧은 시간이 한 해와 같이 느껴진다는 뜻이다.

글자 | 마디 **촌**, 그늘 **음**, 같을 **약**, 해 **세**

[촌전척토寸田尺土]

한 치의 밭과 한 자의 땅이라는 말이며, 얼마 안 되는 논밭이라는 뜻이다.

글자 | 치 **촌**, 밭 **전**, 자 **척**, 흙 **토**

[촌지측연寸指測淵]

한 치의 손가락으로 못의 깊이를 잰다는 말이며, 되지 않을 일을 한다는 뜻이다.

글자 | 마디 **촌**, 손가락 **지**, 헤아릴 **측**, 못 **연**

출전 | 공총자孔叢子

[촌진척퇴寸進尺退]

한 치를 전진하고 한 자를 후퇴한다는 말이며, 얻는 것은 적고 잃는 것은 많다는 말로도 쓰인다. 노자에 있는 글이다. '전쟁을 하는데 교훈이 있다. 자기편에서 감히 한 치도 전진하지 아니하고 한 자 정도 물러서는 태도를 취해야 한다는 것이다.'

원문 | 用兵有言 不敢進寸而退尺
용 병 유 언 불 감 진 촌 이 퇴 척

글자 | 치 **촌**, 나아갈 **진**, 자 **척**, 물러날 **퇴**

출전 | 노자 69장 현용玄用

반대 | 촌퇴척진寸退尺進

ㅊ

[촌철살인寸鐵殺人]

한 치의 쇠붙이로 사람을 죽인다는 말이며, 간단한 한 마디 말과 글로 상대방을 당황하게 만든다는 비유로 사용되고 있다. 이는 종고선사宗皐禪師 가 선禪에 대해 말하면서 '비유하면 사람이 수레에 무기를 싣고 와서 이것도 꺼내 써 보고 저것도 꺼내 써 보는 것은 올바른 살인 수단이 되지 못한다. 나는 오직 촌철이 있을 뿐, 그것으로 사람을 당장 죽일 수 있다.' 라고 한 살인수단에서 온 말이다.

글자 | 마디 **촌**, 쇠 **철**, 죽일 **살**, 사람 **인**

출전 | 학림옥로鶴林玉露

[촌초춘휘寸草春暉]

한 치의 풀과 봄의 햇살이라는 말이며, 어린 자식과 따뜻한 어버이의 사랑을 빗댄 말이다.

원문 | 誰言寸草心 報得三春暉
수 언 촌 초 심 보 득 삼 춘 휘

글자 | 치 **촌**, 풀 **초**, 봄 **춘**, 빛 **휘**

출전 | 맹교孟郊의 유자음游子吟

[촌촌걸식村村乞食]

마을마다 밥을 빈다는 말이며, 이 마을 저 마을로 돌아다니며 밥을 빌어먹는다는 뜻이다.

글자 | 마을 **촌**, 빌 **걸**, 밥 **식**

[촌촌전진寸寸前進]

한 치씩 앞으로 나아간다는 말이며, 전진하는 속도가 매우 느리다는 뜻이다.

글자 | 치 **촌**, 앞 **전**, 나갈 **진**

[촌퇴척진寸退尺進]

한 치를 물러나고 한 자를 나간다는 말이며, 조금 물러나고 많이 나간다는 뜻이다.

글자 | 치 **촌**, 물러날 **퇴**, 자 **척**, 나갈 **진**

반대 | 촌진척퇴寸進尺退

[총각지호總角之好]

머리를 땋은 뿔의 사귐이라는 말이며, 혼례 전 아이들의 사귐을 일컫는다. 총각은 혼인 전에 머리를 뿔 모양으로 갈라 매었다는데서 미혼 남자를 이르는 말이다.

글자 | 머리 땋을 **총**, 뿔 **각**, 어조사 **지**, 좋을 **호**

[총경절축叢輕折軸]

가벼운 것도 모이면 굴대를 꺾는다는 말이며, 작은 힘도 모이면 큰 힘이 된다는 뜻이다.

글자 | 모일 **총**, 가벼울 **경**, 꺾을 **절**, 굴대 **축**

출전 | 한서, 사기 장의전張儀傳

동류 | 군경절축羣輕折軸, 취경절축聚輕折軸

[총경후궁寵傾後宮]

사랑이 후궁에게 기운다는 말이며, 임금의 총애가 후비에게 쏠린다는 뜻이다.

글자 | 사랑할 **총**, 기울 **경**, 뒤 **후**, 궁궐 **궁**

[총력안보總力安保]

힘을 모아 나라의 편안함을 지킨다는 말이다.

글자 | 모을 **총**, 힘 **력**, 편안 **안**, 보전할 **보**

[총망지간悤忙之間]

몹시 급하고 바쁜 사이라는 말이다.

글자 | 바쁠 **총**, 바쁠 **망**, 어조사 **지**, 사이 **간**

[총명둔필聰明鈍筆]

총명과 둔한 붓이라는 말이며, 총명은 둔한 붓으로 기록한 것보다 오래 가지 못한다는 뜻이다.

글자 | 귀 밝을 **총**, 밝을 **명**, 둔할 **둔**, 붓 **필**

출전 | 명심보감

[총명불구聰明不久]

→ 총명둔필聰明鈍筆

[총명사예聰明思睿]

총명하고 생각이 밝다는 말이며, 총명한 머리와 뛰어난 생각을 가지고 있다는 뜻이다.

원문 | 聰明思睿 受之以愚
총명사예 수지이우

글자 | 총명할 **총**, 밝을 **명**, 생각 **사**, 밝을 **예**

출전 | 명심보감 존심편存心篇

[총명예지聰明叡智]

총명하고 밝고 통달하고 슬기롭다는 말이며, 성인聖人의 네 가지 덕을 일컫는다. 총聰은 듣지 않은 것이 없고, 명明은 보지 않은 것이 없으며, 예叡는 통하지 않은 것이 없고, 지智는 모르는 것이 없다는 뜻이다. 전국책에 있는 글이다. '중국은 총명예지의 사람이 사는 곳.'

원문 | 中國者 聰明叡智之所居也
중국자 총명예지지소거야

글자 | 총명할 **총**, 밝을 **명**, 밝을 **예**, 슬기 **지**

출전 | 전국책 조책趙策, 대학 장구서

[총명호학聰明好學]

재질이 총명하고 학문을 좋아한다는 말이다.

글자 | 총명할 **총**, 밝을 **명**, 좋을 **호**, 배울 **학**

[총불여필聰不如筆]

→ 총명둔필聰明鈍筆

[총수사방寵綏四方]

사방을 사랑하여 편안하다는 말이며, 세상을 잘 다스려 태평하다는 뜻이다.

글자 | 사랑할 **총**, 편안할 **수**, 방위 **방**

출전 | 서경 태서泰誓 상

[총욕불경寵辱不驚]

사랑이나 욕됨에 놀라지 않는다는 말

이며, 이익이나 손해를 마음에 두지 않는다는 뜻이다.

원문 | 寵辱不驚 閑看庭前花開花落
총욕불경 한간정전화개화락

글자 | 사랑할 **총**, 욕볼 **욕**, 아닐 **불**, 놀랄 **경**

출전 | 당서, 채근담 후집 70절

[총욕약경寵辱若驚]

사랑이나 욕은 두려움과 같은 것이라는 말이며, 범인凡人은 사소한 사랑과 욕을 당하면 놀라지만 달인達人은 복과 화의 근원임을 알고 사랑이나 욕을 받아도 경계하며 또한 이를 초월한다는 뜻이다. 노자에 있는 글이다. '사랑이나 치욕은 사람의 마음을 두렵게 하고 환난이 되는 것을 그의 몸처럼 귀하게 여긴다.'

원문 | 寵辱若驚 貴大患若身
총욕약경 귀대환약신

글자 | 사랑할 **총**, 욕볼 **욕**, 같을 **약**, 놀랄 **경**

출전 | 노자 13장 염치猒恥

[총죽지교蔥竹之交]

파피리를 불고 죽마竹馬를 타면서 사귄 벗이라는 말이다.

글자 | 파 **총**, 대나무 **죽**, 어조사 **지**, 사귈 **교**

출전 | 대동야승 17권

유사 | 죽마구의竹馬舊誼

[총중고골塚中枯骨]

무덤 속의 마른 뼈라는 말이며, 핏기가 없고 말라서 뼈만 남은 사람을 빗댄 말이다.

글자 | 무덤 **총**, 가운데 **중**, 마를 **고**, 뼈 **골**

출전 | 삼국촉지 선주전先主傳

[총총망망悤悤忙忙]

몹시 급하고 매우 바쁘다는 말이다.

글자 | 급할 **총**, 바쁠 **망**

[총화교환銃火交換]

총 불을 서로 바꾼다는 말이며, 서로 맞서서 총질하며 싸운다는 뜻이다.

글자 | 총 **총**, 불 **화**, 서로 **교**, 교역할 **환**

[최고납후摧枯拉朽]

마른 나무 꺾기와 썩은 나무 꺾기라는 말이며, 상대방을 쉽게 굴복시킨다는 뜻이다.

글자 | 꺾을 **최**, 마를 **고**, 꺾을 **납**, 썩을 **후**

출전 | 진서, 송사

[최고절부摧枯折腐]

→ 최고납후摧枯拉朽

[최후통첩最後通牒]

가장 뒤에 통지하는 공문이라는 말이며, 국제문서의 하나로서 외교 교섭이 성립되지 않고 끝나려 할 때, 상대방 국가에 최후로 요구하여 무조건 수락을 요구하는 것을 일컫는다.

글자 | 가장 **최**, 뒤 **후**, 통할 **통**, 공문 **첩**

[추경정용椎輕釘聳]

망치가 가벼우면 못이 솟는다는 말이며, 윗사람이 엄하지 않으면 아랫사람이 순종하지 아니하고 도리어 반항하거나 제멋대로 한다는 뜻이다.

글자 | 망치 **추**, 가벼울 **경**, 못 **정**, 솟을 **용**

출전 | 순오지

동류 | 퇴경정용槌輕釘聳

[추고마비秋高馬肥]

가을 하늘이 높고 말이 살찐다는 말이며, 상쾌하고 기분 좋은 계절이라는 뜻이다.

글자 | 가을 **추**, 높을 **고**, 말 **마**, 살찔 **비**

출전 | 두심언杜審言의 시

동류 | 천고마비天高馬肥

[추고지면錐股之勉]

→ 현두자고懸頭刺股

[추골고수椎骨敲髓]

뼈를 치고 뼛속 기름을 두드린다는 말이며, 모진 방법으로 남의 재물을 빼앗는다는 뜻이다.

글자 | 칠 **추**, 뼈 **골**, 두드릴 **고**, 뼛속 기름 **수**

출전 | 조선왕조 14대 선조실록 112권

동류 | 추박부수槌剝膚髓

[추구목옹芻狗木翁]

풀로 만든 개와 나무로 만든 늙은이라는 말이며, 제사 때 쓰는 풀로 엮어 만든 개와 나무로 깎은 인형으로서 일이 끝나면 버리는 물건이라는 뜻이다.

글자 | 꼴 **추**, 개 **구**, 나무 **목**, 늙은이 **옹**

출전 | 장자 천운天運

[추권부세趨權附勢]

권세에 붙좇고 세도에 붙는다는 말이며, 출세를 위하여 권세 있는 사람에게 아첨한다는 뜻이다.

글자 | 달아날 **추**, 권세 **권**, 붙을 **부**, 세도 **세**

출전 | 목민심서

[추기급인推己及人]

자신을 미루어 남에게 미친다는 말이며, 나의 사정으로 미루어 보아 남의 처지를 알 수 있다는 뜻이다. 제齊나라 경공景公이 눈 오는 겨울, 포근한 여우 털옷을 입고 설경을 감상하면서 날씨가 따뜻한 봄날처럼 느껴진다고 하자, 안자晏子가 한 말이다. '제가 듣기에 옛날의 어진 임금들은 자기가 배불리 먹으면 혹시 누군가가 아직 굶주리지 않나 생각하고, 자기가 따뜻한 옷을 입으면 누군가가 얼어 죽지 않나 염려했으며, 자기의 몸이 편안하면 혹시 누군가가 아직 힘에 겨워 고달프지 않은지 걱정했다고 합니다. 그런데 폐하께서는 다른 사람을 위해서는 조금도 생각이 미치지 않으십니다.'

글자 | 가릴 **추**, 몸 **기**, 미칠 **급**, 사람 **인**

출전 | 여범진각서與范眞閣書

[추도지리錐刀之利]

송곳과 칼의 이로움이라는 말이며, 매우 작은 이익을 빗댄 말이다.

글자 | 송곳 **추**, 칼 **도**, 어조사 **지**, 이로울 **리**

출전 | 후한서

[추도지말錐刀之末]

송곳과 칼의 끝이라는 말이며, 매우 작은 일 또는 작은 이익을 빗댄 말이다.

글자 | 송곳 **추**, 칼 **도**, 어조사 **지**, 끝 **말**

출전 | 춘추좌씨전 소공昭公 6년

[추로지향鄒魯之鄉]

추나라와 노나라의 고향이라는 말이며, 예절을 알고 학문이 왕성한 공자와 맹자의 고향을 일컫는다.

글자 | 나라 이름 **추**, 나라 이름 **로**, 어조사 **지**, 시골 **향**

[추매도구椎埋屠狗]

방망이로 때려 죽여 사람을 묻고 개를 잡아 판다는 말이며, 포악한 무리를 일컫는다.

글자 | 방망이 **추**, 묻을 **매**, 죽일 **도**, 개 **구**

출전 | 소순蘇洵의 고조론高祖論

[추무담석秋無擔石]

가을에도 아무 수확이 없다는 말이며, 집이 매우 가난하다는 뜻이다. 담擔은 두 섬을 일컫는다.

글자 | 가을 **추**, 없을 **무**, 질 **담**, 섬 **석**

[추박부수槌剝膚髓]

피부를 깎고 골수를 친다는 말이며, 매질하여 가혹한 방법으로 남의 재산을 빼앗는다는 뜻이다.

글자 | 칠 **추**, 깎을 **박**, 피부 **부**, 골수 **수**

출전 | 조선왕조 15대 광해군일기 171권

동류 | 추골고수椎骨敲髓

[추부의뢰趨附依賴]

달라붙어 의지하여 힘을 입는다는 말이며, 세력 있는 사람에게 붙좇아 의지하여 지낸다는 뜻이다.

글자 | 달아날 **추**, 붙을 **부**, 의지할 **의**, 힘입을 **뢰**

[추불서혜騅不逝兮]

'얼룩말이 나아가지 않네.' 라는 말이며, 곤경에 빠진 처지를 일컫는다. 항우의 애마인 얼룩말이 꼼짝하지 않는다는 고사에서 온 말이다.

원문 | **騅不逝兮 可奈何**
추 불 서 혜 가 내 하

글자 | 푸르고 흰 얼룩말 **추**, 아닐 **불**, 갈 **서**, 어조사 **혜**

출전 | 사기 항우본기項羽本紀

[추사유시趨舍有時]

달아나고 머무는 데는 때가 있다는 말이며, 진퇴는 때를 잘 가려야 한다는 뜻이다.

글자 | 달아날 **추**, 머무를 **사**, 있을 **유**, 때 **시**

[추삼조사推三阻四]

셋을 차례로 옮기려면 넷이 막힌다는 말이며, 세 가지 일을 추진하면 네 곳에서 제동이 걸린다는 뜻이다.

원문 | 切勿推三阻四 着力前進也
절물추삼조사 착력전진야

글자 | 차례로 옮길 **推**, 막힐 **阻**

출전 | 다산의 증언첩贈言帖

[추상고절秋霜高節]

가을에 서리가 내리고 [하늘] 높은 때라는 말이다.

글자 | 가을 **秋**, 서리 **霜**, 높을 **高**, 때 **節**

[추상열일秋霜烈日]

가을 서리와 세찬 햇빛이라는 말이며, 형벌이나 지조志操 등이 엄정하고 권위가 있다는 뜻이다.

글자 | 가을 **秋**, 서리 **霜**, 세찰 **烈**, 해 **日**

출전 | 강엄의 등부燈賦

[추수동장秋收冬藏]

가을에 거두어 겨울에 광에 둔다는 말이며, 농사를 지어 거두고 저장한다는 뜻이다.

글자 | 가을 **秋**, 거둘 **收**, 겨울 **冬**, 광 **藏**

[추신무로抽身無路]

몸을 뺄 길이 없다는 말이며, 어떤 자리에서 빠져나올 방법이 없다는 뜻이다.

글자 | 뺄 **抽**, 몸 **身**, 없을 **無**, 길 **路**

출전 | 송남잡지

[추야여세秋夜如歲]

가을밤이 한 해와 같다는 말이며, 가을밤이 길게 느껴진다는 뜻이다.

글자 | 가을 **秋**, 밤 **夜**, 같을 **如**, 해 **歲**

[추야우중秋夜雨中]

가을밤 비 가운데라는 말로서, 신라 말의 문인이며 학자인 최치원崔致遠(856~?)의 시 제목이다. 고향을 떠나 외로운 생활을 하는 시인이 등불 앞에서 고향 생각을 하는 내용이다.

원문 | 秋風惟苦吟 世路少知音
추풍유고음 세로소지음
窓外三更雨 燈前萬里心
창외삼경우 등전만리심

글자 | 가을 **秋**, 밤 **夜**, 비 **雨**, 가운데 **中**

출전 | 계원필경집桂苑筆耕集

[추언세언麤言細言]

거친 말과 세밀한 말이라는 뜻이며, 대강대강 하는 말과 찬찬한 말이라는 뜻이다.

글자 | 거칠 **麤**, 말씀 **言**, 세밀할 **細**

[추연가슬墜淵加膝]

연못에 떨어트리고 무릎 위에 붙인다는 말이며, 사람을 쓸 때, 무릎 위에 앉힐 듯이 하다가 물리칠 때는 못에 빠트릴 듯이 한다는 뜻이다.

글자 | 떨어질 **墜**, 못 **淵**, 붙일 **加**, 무릎 **膝**

출전 | 예기 단궁檀弓

ㅊ

[추염부열趨炎附熱]

불타는 것을 좇고 더운데 붙는다는 말이며, 권세에 아부하여 입신출세를 꾀한다는 뜻이다.

글자 | 좇을 **추**, 불탈 **염**, 붙을 **부**, 더울 **열**

출전 | 송사 이수전李垂傳

동류 | 추염부세趨炎附勢

[추요지설芻蕘之說]

꼴 베고 땔나무하는 사람의 말이며, 고루固陋하고 촌스런 말이라는 뜻이다.

글자 | 꼴 **추**, 땔나무 **요**, 어조사 **지**, 말씀 **설**

[추우강남追友江南]

→ 수우강남隨友江南

출전 | 송남잡지

[추우향사椎牛饗士]

소를 때려잡아 군사에게 잔치를 베푼다는 말이며, 대장이 부하를 우대한다는 뜻이다.

글자 | 방망이 **추**, 소 **우**, 잔치할 **향**, 군사 **사**

출전 | 사기 풍당전馮唐傳

[추원보본追遠報本]

먼 데를 따라서 근본을 갚는다는 말이며, 조상의 덕을 추모하여 제사를 지내고 태어난 근본을 잊지 않고 은혜를 갚는다는 뜻이다.

원문 | 追遠報本 祭祀必誠
추원보본 제사필성

글자 | 따를 **추**, 멀 **원**, 갚을 **보**, 근본 **본**

출전 | 논어 학이편, 사자소학

[추월양휘秋月揚輝]

가을 달빛이 유난히 빛난다는 말이다.

원문 | 秋月揚輝 盜者 憎基照鑑
추월양휘 도자 증기조감

글자 | 가을 **추**, 달 **월**, 날릴 **양**, 빛날 **휘**

출전 | 명심보감 성심省心 하

[추월한강秋月寒江]

가을의 달과 차가운 강물이라는 말이며, 덕이 있는 사람의 맑고 깨끗한 마음을 빗댄 말이다.

원문 | 德人天遊 秋月寒江
덕인천유 추월한강

글자 | 가을 **추**, 달 **월**, 찰 **한**, 강 **강**

출전 | 황정견의 증이차옹시贈李次翁詩

[추인낙흔墜茵落痕]

돗자리에도 떨어지고 흔적에도 떨어진다는 말이며, 꽃이 바람에 날려 여기저기 떨어짐은 모두 자연의 법칙으로서 처음부터 원인과 결과의 약속이 있는 것은 아니라는 뜻이다.

글자 | 떨어질 **추**, 자리 풀 **인**, 떨어질 **낙**, 흔적 **흔**

[추주어륙推舟於陸]

육지로 배를 민다는 말이며, 억지를 써서 무리하게 나아가게 한다는 뜻이다.

글자 | 밀 **추**, 배 **주**, 어조사 **어**, 뭍 **륙**

출전 | 장자 천운편天運篇

유사 | 견강부회牽强附會

[추지대엽麤枝大葉]

성긴 가지와 큰 잎이라는 말이며, 문장을 쓰면서 까다로운 법식에 얽매이지 않고 자유롭게 글을 짓는 것을 빗댄 말이다.

글자 | 성길 **추**, 가지 **지**, 큰 **대**, 잎 **엽**

출전 | 주자어류

[추차가지推此可知]

이것을 미루어 알 수 있다는 말이다.

글자 | 미룰 **추**, 이 **차**, 긍정할 **가**, 알 **지**

[추처낭중錐處囊中]

송곳이 주머니 속에 있다는 말이며, 재주와 슬기를 가진 사람이 그 재주를 발휘할 때가 되었다는 뜻이다. 송곳을 주머니에 넣으면 언젠가는 그 끝이 주머니를 뚫고 나오기 마련이라는 데서 온 말이다.

글자 | 송곳 **추**, 곳 **처**, 주머니 **낭**, 가운데 **중**

출전 | 사기 평원군전平原君傳

동류 | 낭중지추囊中之錐

[추추귀성啾啾鬼聲]

여러 귀신의 소리하는 말이며, 슬피 우는 귀신의 소리라는 뜻이다.

글자 | 여러의 소리 **추**, 귀신 **귀**, 소리 **성**

[추추원혼啾啾怨魂]

슬피 우는 원통한 넋이라는 말이다.

글자 | 적은 소리 **추**, 원망할 **원**, 혼 **혼**

[추파조란推波助瀾]

물결을 밀쳐 파도를 조장한다는 말이며, 일을 돕는 척하면서 일이 더 꼬이게 한다는 뜻이다.

글자 | 밀 **추**, 물결 **파**, 도울 **조**, 큰 물결 **란**

동류 | 종풍지료縱風止燎

[추풍과이秋風過耳]

가을바람이 귀를 스친다는 말이며, 어떤 일에 아무런 관심을 두지 않는다는 뜻이다.

원문 | 富貴之于我 如秋風之過耳
부 귀 지 우 아 여 추 풍 지 과 이

글자 | 가을 **추**, 바람 **풍**, 지날 **과**, 귀 **이**

출전 | 오월춘추吳越春秋

유사 | 마이동풍馬耳東風

[추풍낙엽秋風落葉]

가을바람에 떨어지는 낙엽이라는 말이며, 세력 같은 것이 때가 되니 우수수 떨어진다는 뜻이다.

글자 | 가을 **추**, 바람 **풍**, 떨어질 **낙**, 잎 **엽**

출전 | 송남잡지

[추풍단선秋風團扇]

가을바람의 둥근 부채라는 말이며, 실연한 여인, 소박맞은 아낙, 쓸모없는 물건을 빗댄 말이다.

글자 | 가을 **추**, 바람 **풍**, 둥굴 **단**, 부채 **선**

출전 | 한서 97권 상

[추풍삭막秋風索莫]

가을바람이 쓸쓸하고 고요하다는 말이며, 지난날의 돛대 같던 권세는 간데없고 가을 풍경처럼 쓸쓸하다는 뜻이다.

글자 | 가을 **추**, 바람 **풍**, 쓸쓸할 **삭**, 고요할 **막**

[추풍지선秋風之扇]

가을철의 부채라는 말이며, 철이 지나 쓸모없이 된 물건, 또는 남자의 사랑을 잃은 여자를 빗댄 말이다.

글자 | 가을 **추**, 바람 **풍**, 어조사 **지**, 부채 **선**

출전 | 문선

유사 | 하로동선夏爐冬扇

[추향대제秋享大祭]

가을에 드리는 큰 제사라는 말이며, 초가을에 드리는 종묘사직의 제사를 일컫는다.

글자 | 가을 **추**, 드릴 **향**, 큰 **대**, 제사 **제**

[추현양능推賢讓能]

현명한 사람을 밀어주고 유능한 사람에게 사양하라는 말이다.

글자 | 밀 **추**, 어질 **현**, 사양 **양**, 능할 **능**

출전 | 서경 주서周書

[추호불범秋毫不犯]

가을의 가는 털만큼도 범하지 않는다는 말이며, 마음씨가 매우 청렴하여 남의 것을 조금도 범하지 않는다는 뜻이다.

글자 | 가을 **추**, 가는 털 **호**, 아닐 **불**, 범할 **범**

출전 | 사기 회음후열전淮陰侯列傳

[추호지말秋毫之末]

가을철의 가늘어진 짐승 털의 끝이라는 말이며, 매우 작고 세밀한 것을 빗댄 말이다. 장자에 있는 글이다. '이 세상에 가을 짐승의 털끝보다 큰 것은 없고, 태산은 오히려 작다고 할 수 있다.'

원문 | 天下莫大於秋毫之末 而大山爲小
천하막대어추호지말 이대산 위소

글자 | 가을 **추**, 가는 털 **호**, 어조사 **지**, 끝 **말**

출전 | 장자 제물론齊物論, 한서

[추황대백抽黃對白]

누렁을 빼고 흰 것으로 대한다는 말이며, 두 색을 아름답게 배합한 것과 같이 아름다운 문구로 글을 지었다는 뜻이다.

글자 | 뺄 **추**, 누를 **황**, 대할 **대**, 흰 **백**

출전 | 유종원柳宗元의 시

[추회막급追悔莫及]

뉘우침을 쫓아도 미치지 못한다는 말

이며, 지나간 잘못을 뉘우쳐도 소용이 없다는 뜻이다.

글자 | 쫓을 **추**, 뉘우칠 **회**, 말 **막**, 미칠 **급**

[추후마련追後磨鍊]

뒤를 쫓아 갈고 단련한다는 말이며, 지나간 일의 잘못을 그 뒤에 고친다는 뜻이다.

글자 | 쫓을 **추**, 뒤 **후**, 갈 **마**, 단련할 **련**

[추흉고심槌胸叩心]

가슴을 치고 마음을 두드린다는 말이며, 슬픔이 극에 달하거나 분하기 짝이 없어 몹시 비통해 한다는 뜻이다.

글자 | 칠 **추**, 가슴 **흉**, 두드릴 **고**, 마음 **심**

출전 | 조선왕조 15대 광해군일기 157권

[추흉절치槌胸切齒]

가슴을 치고 이를 간다는 말이며, 몹시 분한 모습을 일컫는다.

글자 | 칠 **추**, 가슴 **흉**, 끊을 **절**, 이 **치**

출전 | 고려사 113권

[축견반교畜犬反噛]

기르는 개가 도리어 [주인을] 문다는 말이며, 자기가 도와준 사람이 도리어 자기에게 해를 끼친다는 뜻이다.

글자 | 기를 **축**, 개 **견**, 돌이킬 **반**, 물 **교**

출전 | 고려사 122권

동류 | 축견서종畜犬噬踵

[축견서종畜犬噬踵]

→ 축견반교畜犬反噛

[축계망리逐鷄望籬]

닭을 쫓다가 울타리를 바라본다는 말이며, 애써 열심히 한 일이 남에게 뒤지거나 실패로 돌아갔을 때를 빗댄 말이다.

글자 | 쫓을 **축**, 닭 **계**, 바랄 **망**, 울타리 **리**

[축구서종畜狗噬踵]

기르는 개가 발꿈치를 문다는 말이며, 배은망덕背恩忘德한다는 뜻이다.

글자 | 기를 **축**, 개 **구**, 씹을 **서**, 발꿈치 **종**

출전 | 순오지

ㅊ

[축구일종畜狗噎踵]

→ 축견서종畜犬噬踵

[축로상함舳艫相銜]

배꼬리와 뱃머리가 서로 재갈을 물렸다는 말이며, 많은 배가 잇닿아 있다는 뜻이다.

글자 | 배꼬리 **축**, 뱃머리 **로**, 서로 **상**, 재갈 **함**

[축로천리舳艫千里]

배꼬리와 뱃머리가 천리라는 말이며, 많은 배가 멀리까지 잇닿아 있다는 뜻이다.

원문 | 舳艫千里 旌旗蔽空
축로천리 정기폐공

글자 | 배꼬리 **축**, 뱃머리 **로**, 일천 **천**, 이수 **리**

출전 | 소동파의 전적벽부前赤壁賦

[축물의이逐物意移]

만물을 좇으면 뜻이 옮긴다는 말이며, 물욕에 빠지면 의지가 사라진다는 뜻이다.

글자 | 좇을 **축**, 만물 **물**, 뜻 **의**, 옮길 **이**

출전 | 천자문

[축복기도祝福祈禱]

복을 비는 기도라는 말이며, 예배를 마칠 때에 두 손을 들고 목사가 성부 · 성자 · 성령에게 모든 신자의 복을 구하여 비는 기도를 일컫는다.

글자 | 빌 **축**, 복 **복**, 기도할 **기**, 빌 **도**

[축일상대逐日相對]

→ 축일상종逐日相從

[축일상종逐日相從]

날을 좇아 서로 따른다는 말이며, 날마다 서로 상종한다는 뜻이다.

글자 | 좇을 **축**, 날 **일**, 서로 **상**, 따를 **종**

동류 | 축일상대逐日相對

[축일증가逐日增加]

날을 좇아 더한다는 말이며, 날마다 늘어난다는 뜻이다.

글자 | 좇을 **축**, 날 **일**, 더할 **증**, 더할 **가**

[축장요곡築墻繞曲]

담장을 구불구불하게 둘러쌓는다는 말이며, 재앙을 미처 방지한다는 뜻이다. 권세가 윤원형의 첩 정난정이 지나친 행세에 장차 닥칠 재앙을 예견하고 친 오라버니 정담鄭淡은 여동생을 만나지 않기 위해 가마가 들어오지 못하도록 담장을 구불구불하게 쌓았다.

글자 | 쌓을 **축**, 담 **장**, 두를 **요**, 굽을 **곡**

출전 | 공사견문록公私見聞錄

[축조발명逐條發明]

조목을 좇아 찾아내고 밝힌다는 말이며, 낱낱이 죄가 없음을 밝힌다는 뜻이다.

글자 | 좇을 **축**, 조목 **조**, 찾아낼 **발**, 밝을 **명**

[축조심의逐條審議]

조목을 좇아 살피고 의논한다는 말이며, 한 조목씩 차례로 심사하고 의논한다는 뜻이다.

글자 | 좇을 **축**, 조목 **조**, 살필 **심**, 의논 **의**

[축좌미향丑坐未向]

축방丑方을 등지고 미방未方을 바라보고 앉는 자리라는 말이다.

글자 | 소 **축**, 앉을 **좌**, 양 **미**, 향할 **향**

[축중내력軸重耐力]

바퀴 무게를 견디는 힘이라는 말이며, 짐수레의 무게를 견디는 도로나 교량의 견고성을 일컫는다.

글자 | 속 바퀴 **축**, 무거울 **중**, 견딜 **내**, 힘 **력**

[축지보천縮地補天]

땅을 줄여 하늘을 깁는다는 말이며, 천자가 천하를 개조, 개혁한다는 말이다.

글자 | 줄일 **축**, 땅 **지**, 기울 **보**, 하늘 **천**

출전 | 구당서

[축출경외逐出境外]

지경 밖으로 쫓아낸다는 말이며, 치안을 문란케 한 사람을 지방으로 내쫓는 제도를 일컫는다.

글자 | 쫓을 **축**, 날 **출**, 지경 **경**, 밖 **외**

[춘녀추남春女秋男]

봄은 여자, 가을은 남자라는 말이며, 좋아하는 남녀의 계절을 뜻한다.

글자 | 봄 **춘**, 계집 **녀**, 가을 **추**, 사내 **남**

[춘란추국春蘭秋菊]

봄의 난초와 가을의 국화라는 말이며, 두 꽃 다 훌륭해서 버리기가 어렵다는 뜻이다.

글자 | 봄 **춘**, 난초 **란**, 가을 **추**, 국화 **국**

출전 | 태평광기

유사 | 난형난제難兄難弟

[춘로추상春露秋霜]

봄의 이슬과 가을의 서리라는 말이며, 은혜와 위엄을 빗댄 말이다.

글자 | 봄 **춘**, 이슬 **로**, 가을 **추**, 서리 **상**

[춘생추살春生秋殺]

봄은 낳고 가을은 죽인다는 말이며, 봄에는 싹이 나고 가을에는 시들어 죽는다는 뜻이다.

글자 | 봄 **춘**, 날 **생**, 가을 **추**, 죽일 **살**

[춘송하현春誦夏弦]

봄에는 가락歌樂을 읊고 여름에는 거문고에 맞추어 노래를 배운다는 말이며, 철따라 공부하는 과목을 바꾼다는 뜻이다.

글자 | 봄 **춘**, 욀 **송**, 여름 **하**, 풍류줄 **현**

[춘수모운春樹暮雲]

봄철의 나무와 저녁놀의 구름이라는 말이며, 먼 곳에 있는 벗을 그리워하는 모정慕情이 일어난다는 뜻이다.

원문 | 渭北春天樹 江東日暮雲
위북춘천수 강동일모운

글자 | 봄 **춘**, 나무 **수**, 저녁 **모**, 구름 **운**

출전 | 두보杜甫의 시

[춘수추사春愁秋思]

봄철의 탄식과 가을철의 생각이라는 말이다.

원문 | 年月靈時光換 春愁秋思知何限
연월영시광환 춘수추사지하한

글자 | 봄 **춘**, 탄식할 **수**, 가을 **추**, 생각 **사**

출전 | 백거이白居易 능원첩시陵園妾詩

ㅊ

[춘와추선春蛙秋蟬]

봄의 개구리와 가을의 매미라는 말이며, 쓸데없는 언론言論을 빗댄 말이다.

글자 | 봄 **춘**, 개구리 **와**, 가을 **추**, 매미 **선**

출전 | 물리지物理志

[춘왕동반春往冬返]

봄에 가서 겨울에 돌아온다는 말이며, 쓸모없는 사람도 저마다 한 가지 재주는 지니고 있다는 뜻이 포함되어 있다.

원문 | 春往冬返 迷惑失道
춘 왕 동 반 미 혹 실 도

글자 | 봄 **춘**, 갈 **왕**, 겨울 **동**, 돌아올 **반**

출전 | 한비자 설림편說林篇

관련 | 노마지지老馬之智

[춘왕정월春王正月]

봄의 임금은 정월이라는 말이며, 주왕周王의 천하라는 뜻이다.

글자 | 봄 **춘**, 임금 **왕**, 정월 **정**, 달 **월**

출전 | 송흠의 춘왕정월론春王正月論

[춘우삭래春雨數來]

봄비가 자주 온다는 말이며, 무익하다는 뜻이다.

글자 | 봄 **춘**, 비 **우**, 자주 **삭**, 올 **래**

출전 | 순오지 하

[춘우여고春雨如膏]

봄비는 기름과 같다는 말이며, 봄비는 만물을 소생시키는 역할을 한다는 뜻이다.

원문 | 春雨如膏 行人惡其泥濘
춘 우 여 고 행 인 악 기 니 녕

글자 | 봄 **춘**, 비 **우**, 같을 **여**, 기름 **고**

출전 | 명심보감 성심편省心篇

[춘인추사春蚓秋蛇]

봄의 지렁이와 가을의 뱀이라는 말이며, 글씨가 가늘고 꼬부라져서 서툴고 필세筆勢가 약하다는 뜻이다.

글자 | 봄 **춘**, 지렁이 **인**, 가을 **추**, 뱀 **사**

출전 | 진서 왕희지전王羲之傳

[춘천지려春天之旅]

봄 하늘의 나그네라는 말이며, 봄날의 화기애애하고 즐거운 여행이라는 뜻이다.

글자 | 봄 **춘**, 하늘 **천**, 어조사 **지**, 나그네 **려**

[춘추전국春秋戰國]

춘추시대와 전국시대라는 말이다. 춘추는 중국의 주周로부터 한韓·위魏·조趙가 독립할 때까지의 시대이고, 전국은 한·위·조가 진晉을 분할하여 진秦의 시황제가 천하를 통일할 때까지의 시대이다.

글자 | 봄 **춘**, 가을 **추**, 싸울 **전**, 나라 **국**

출전 | 춘추春秋, 전국책

[춘추정성春秋鼎盛]

봄과 가을의 솥이 성하다는 말이며, 임금의 나이가 한창 젊다는 뜻이다.

글자 | 봄 **춘**, 가을 **추**, 솥 **정**, 성할 **성**

출전 | 한서

[춘추필법春秋筆法]

춘추의 필법이라는 말이며, 비판적인 태도 또는 간접적인 원인을 직접적인 원인으로 표현하는 논리 형식을 일컫는다. 춘추의 문장에는 대의명분을 내세우는 공자의 역사비판이 나타나 있다고 하는데서 온 말이다.

글자 | 봄 **춘**, 가을 **추**, 붓 **필**, 법 **법**
출전 | 춘추좌씨전 선공宣公 2년

[춘치자명春雉自鳴]

봄 꿩이 스스로 운다는 말이며, 묻지도 않은 말에 스스로 답하여 화를 자초한다는 뜻이다.

글자 | 봄 **춘**, 꿩 **치**, 스스로 **자**, 울 **명**
출전 | 동언해

[춘풍만면春風滿面]

봄바람이 얼굴에 가득하다는 말이며, 얼굴에 기쁨이 가득한 것을 빗댄 말이다.

글자 | 봄 **춘**, 바람 **풍**, 찰 **만**, 얼굴 **면**
출전 | 아녀영웅전兒女英雄傳
동류 | 희색만면喜色滿面
유사 | 득의만면得意滿面

[춘풍일도春風一度]

봄바람이 한 번 지나간다는 말이며, 남녀가 한 번 정교한 것을 빗댄 말이다.

글자 | 봄 **춘**, 바람 **풍**, 지날 **도**

[춘풍추우春風秋雨]

봄바람과 가을비라는 말이며, 지나가는 세월을 일컫는다.

글자 | 봄 **춘**, 바람 **풍**, 가을 **추**, 비 **우**

[춘풍화기春風和氣]

봄바람의 순한 기운이라는 말이다.

글자 | 봄 **춘**, 바람 **풍**, 순할 **화**, 기운 **기**

[춘하지교春夏之交]

봄과 여름의 바뀜이라는 말이다.

글자 | 봄 **춘**, 여름 **하**, 어조사 **지**, 바꿀 **교**

[춘하추동春夏秋冬]

봄 · 여름 · 가을 · 겨울이라는 말이며, 한 해를 일컫는다. 간추려서 춘추라고도 하는데, 나이 또는 사기史記를 뜻하기도 한다. 맹자에 있는 글이다. '신하가 임금을 죽이고 자식이 그 아비를 죽이는 일이 생겼다. 공자가 이를 두려워하여 춘추라는 역사서를 지었다.'

원문 | 臣弑其君者有之子弑其父者
신 시 기 군 자 유 지 자 시 기 부 자
有之孔子懼作春秋
유 지 공 자 구 작 춘 추

글자 | 봄 **춘**, 여름 **하**, 가을 **추**, 겨울 **동**
출전 | 맹자 등문공騰文公 하

[춘하추잠春夏秋蠶]

봄누에와 여름누에, 그리고 가을누에를 아울러 이르는 말이다.

글자 | 봄 **춘**, 여름 **하**, 가을 **추**, 누에 **잠**

[춘한노건春寒老健]

봄추위와 노인의 건강이라는 말이며, 어떤 사물이 오래 가지 못한다는 뜻이다.

글자 | 봄 **춘**, 찰 **한**, 늙을 **노**, 튼튼할 **건**
출전 | 순오지

[춘화용천春華涌泉]

봄꽃과 용솟음치는 샘이라는 말이며, 문장이 화려하고 그 뜻이 매우 웅장하다는 뜻이다.

글자 | 봄 **춘**, 꽃 **화**, 용솟음칠 **용**, 샘 **천**

[춘화추실春花秋實]

봄철의 꽃과 가을의 열매라는 말이며, 문조文藻와 덕행, 또는 문질文質이 뛰어난다는 뜻이다.

글자 | 봄 **춘**, 꽃 **화**, 가을 **추**, 열매 **실**

[춘화추월春花秋月]

봄꽃과 가을의 달이라는 말이며, 자연의 아름다움을 일컫는다.

글자 | 봄 **춘**, 꽃 **화**, 가을 **추**, 달 **월**

[출가구계出家具戒]

집을 나가 지킬 것을 갖춘다는 말이며, 중이 되어 계행戒行의 공덕을 몸에 갖춘다는 뜻이다.

글자 | 나갈 **출**, 집 **가**, 갖출 **구**, 지킬 **계**

[출가득도出家得度]

집을 나와 법도를 얻는다는 말이며, 도첩度牒을 받고 중이 된다는 뜻이다.

글자 | 나갈 **출**, 집 **가**, 얻을 **득**, 법도 **도**

[출가외인出嫁外人]

시집간 딸은 바깥사람이라는 말이며, 시집간 딸은 남이나 다름없다는 뜻이다.

글자 | 날 **출**, 시집갈 **가**, 바깥 **외**, 사람 **인**

[출가위승出家爲僧]

집을 나가 중이 된다는 말이다.

글자 | 나갈 **출**, 집 **가**, 할 **위**, 중 **승**

[출곡천교出谷遷喬]

새가 골짜기에서 나와 높은 나무에 옮겨 앉는다는 말이며, 사람이 출세한다는 뜻이다.

글자 | 날 **출**, 골 **곡**, 옮길 **천**, 높을 **교**
출전 | 시경 소아 벌목伐木

[출구성장出口成章]

입에서 나오면 문채를 이룬다는 말이며, 입에서 나오는 말이 바로 문장을 이룬다는 뜻이다.

글자 | 날 **출**, 입 **구**, 이룰 **성**, 문채 **장**

[출구입이出口入耳]

입에서 나오는 것과 귀로 들어가는 것이라는 말이며, 말하는 자와 듣는 자 외에는 아는 사람이 없다는 뜻이다.

글자 | 나갈 **출**, 입 **구**, 들 **입**, 귀 **이**
출전 | 춘추좌씨전 소공 20년

[출기불의出其不意]

그것이 뜻밖에 일어났다는 말이다.

글자 | 나갈 **출**, 그 **기**, 아닐 **불**, 뜻 **의**

[출기제승出奇制勝]

이상한 것을 내어 이김을 만든다는 말이며, 기묘한 계략을 내어 이긴다는 뜻이다.

글자 | 날 **출**, 이상할 **기**, 지을 **제**, 이길 **승**
출전 | 사기 전단열전田單列傳

[출람지예出藍之譽]

→ 청출어람靑出於藍

[출류발췌出類拔萃]

무리에서 빼어나고 모임에서 뽑힌 것이라는 말이며, 같은 무리 중에서 뛰어난 것이라는 뜻이다.

원문 | 出於其類 拔乎其萃
출 어 기 류 발 호 기 췌

글자 | 날 **출**, 무리 **류**, 뺄 **발**, 모일 **췌**
출전 | 맹자 공손추 상
동류 | 출류발군出類拔群

[출리생사出離生死]

삶과 죽음을 떠나 나간다는 말이며, 이승을 떠나 저승으로 간다는 뜻이다.

글자 | 날 **출**, 떠날 **리**, 살 **생**, 죽을 **사**

[출리해탈出離解脫]

떠나고 나가서 풀고 벗는다는 말이며, 미망의 경지를 떠나서 깨달음의 경지로 들어간다는 뜻이다.

글자 | 날 **출**, 떠날 **리**, 풀 **해**, 벗을 **탈**

[출모발려出謀發慮]

꾀를 내고 생각을 낸다는 말이며, 어떤 계략을 생각하여 낸다는 뜻이다.

글자 | 나갈 **출**, 꾀 **모**, 일어날 **발**, 생각할 **려**

[출몰귀관出沒鬼關]

귀신의 관문을 나왔다 잠겼다 한다는 말이며, 죽었다 살았다 한다는 뜻이다.

글자 | 나갈 **출**, 잠길 **몰**, 귀신 **귀**, 관문 **관**

[출몰무쌍出沒無雙]

나오고 잠김이 짝이 없다는 말이며, 나타났다 없어졌다 하는 것이 비길 데 없이 심하다는 뜻이다.

글자 | 나올 **출**, 잠길 **몰**, 없을 **무**, 짝 **쌍**

[출세지도出世之道]

세상에 나가는 길이라는 말이며, 성공할 수 있는 방도라는 뜻이다.

원문 | 出世之道 卽在涉世中
출 세 지 도 즉 재 섭 세 중

글자 | 날 **출**, 세상 **세**, 어조사 **지**, 길 **도**
출전 | 채근담 후집 41절

[출애급기出埃及記]

애급을 나온 기록이라는 말이며, 모

ㅊ

세Moses 오서五書의 둘째 편으로서 이집트의 노예로 된 이스라엘의 자손들을 모세가 이집트에서 탈출시켜 약속한 땅 가나안으로 인도하는 내용이 기록되어 있다.

글자 | 나갈 **출**, 티끌 **애**, 미칠 **급**, 기록할 **기**

출전 | 구약성서

[출어심상出於尋常]

심상에서 나간다는 말이며, 보통에서 훨씬 뛰어난다는 뜻이다.

원문 | 出於類拔乎萃
출 어 류 발 호 췌

글자 | 나갈 **출**, 어조사 **어**, 심상할 **심**, 항상 **상**

[출어화복怵於禍福]

재화와 복을 생각하고 두려워한다는 말이다.

글자 | 두려워할 **출**, 어조사 **어**, 재화 **화**, 복 **복**

[출언고행出言顧行]

말을 낼 때는 행함을 돌아본다는 말이며, 말할 때는 실행할 수 있는지를 돌아보고 하라는 뜻이다.

원문 | 作業謀始 出言顧行
작 업 모 시 출 언 고 행

글자 | 날 **출**, 말씀 **언**, 돌아볼 **고**, 행할 **행**

출전 | 사자소학 수신편

[출언유장出言有章]

말은 나가고 문채는 있다는 말이며, 언어는 분명하게 말하고, 문장은 소중하게 보관한다는 뜻이다.

글자 | 날 **출**, 말씀 **언**, 있을 **유**, 문채 **장**

출전 | 시경 소아小雅

[출이반이出爾反爾]

네게서 나온 것이 네게로 돌아간다는 말이며, 자신의 과오로 자신이 화를 입는다는 뜻이다. 이는 맹자의 말에서 유래한다. '옛날 증자가 말하기를, 네게서 나온 것이 네게로 돌아간다고 하였습니다. 백성들은 그들이 받은 푸대접을 지금에 와서 돌려준 것뿐입니다. 임금께서 허물하지 마십시오. 임금께서 어진 정치를 하시면 지금 그 백성들이 그들 상관의 고마움에 보답하기 위해 앞장서서 죽게 될 것입니다.'

원문 | 出乎爾者 反乎爾者
출 호 이 자 반 호 이 자

글자 | 날 **출**, 너 **이**, 되돌릴 **반**

출전 | 맹자 양혜왕梁惠王 하

[출일두지出一頭地]

일두지一頭地가 나왔다는 말이며, 다른 사람보다 한층 뛰어났다는 뜻이다. 일두지는 어느 정도의 거리를 뜻하며 주로 학문의 수준에 비유한다.

글자 | 날 **출**, 머리 **두**, 땅 **지**

출전 | 송사 소식전蘇軾傳

[출입상우出入相友]

나가고 들어오며 서로 벗이 [되었다]는 말이다.

글자 | 날 **출**, 들 **입**, 서로 **상**, 벗 **우**

[출장입상出將入相]

나가서는 장수요, 들어와서는 재상이라는 말이며, 문무를 겸비한 뛰어난 인물을 일컫는다.

글자 | 날 **출**, 장수 **장**, 들 **입**, 벼슬 이름 **상**

출전 | 최호의 강반노인수江畔老人愁

[출즉득리出則得利]

[집을] 나간즉 이로움을 얻는다는 말이며, 한 점괘의 풀이이다.

글자 | 날 **출**, 곧 **즉**, 얻을 **득**, 이로울 **리**

[출처병자出妻屛子]

아내를 내보내고 아들을 물리친다는 말이며, 처자식과 인연을 끊는다는 뜻이다.

글자 | 날 **출**, 아내 **처**, 물리칠 **병**, 아들 **자**

출전 | 맹자 이루離婁 하

[출처진퇴出處進退]

나와 살면서 나아가고 물러난다는 말이며, 세상에 나가 활동한다는 뜻이다.

원문 | 賢人君子 出處進退
현인군자 출처진퇴

글자 | 날 **출**, 살 **처**, 나아갈 **진**, 물러날 **퇴**

출전 | 근사록近思錄 치지편致知篇

[출처칠조出妻七條]

→ 칠거지악七去之惡

[출척유명黜陟幽明]

물리치고 나아가 어두움을 밝힌다는 말이다. 서경의 글이다. '어두운 자를 내치고 밝은 자를 올려주니 여러 공적이 다 밝혀졌다.'

원문 | 黜陟幽明 庶績咸熙
출척유명 서적함희

글자 | 물리칠 **출**, 나갈 **척**, 어두울 **유**, 밝을 **명**

출전 | 서경 우서虞書

[출천대효出天大孝]

→ 출천지효出天之孝

[출천열녀出天烈女]

하늘이 낸 열녀라는 말이며, 매우 절개가 굳은 열녀를 일컫는다.

글자 | 날 **출**, 하늘 **천**, 충직할 **열**, 계집 **녀**

출전 | 춘추좌씨전 장공 28년조

[출천지효出天之孝]

하늘이 낸 효자라는 말이며, 지극한 효자나 효성을 일컫는다.

글자 | 날 **출**, 하늘 **천**, 어조사 **지**, 효도 **효**

[출필고지出必告之]

나갈 때는 반드시 알려야 한다는 말이다.

원문 | 出必告之 反必拜謁
출필고지 반필배알

글자 | 날 **출**, 반드시 **필**, 알릴 **고**, 어조사 **지**

출전 | 예기 곡례曲禮, 사자소학

[출혈경쟁出血競爭]

피를 내며 겨루고 다툰다는 말이며, 손해를 무릅쓰고 경쟁한다는 뜻이다.

글자 | 날 **출**, 피 **혈**, 겨룰 **경**, 다툴 **쟁**

[충간의담忠肝義膽]

충성스러운 마음과 옳은 담기膽氣라는 말이다.

글자 | 충성 **충**, 마음 **간**, 옳을 **의**, 쓸개 **담**

출전 | 송사

[충구이출衝口而出]

입을 뚫고 나온다는 말이며, 말이 거침없이 나온다는 뜻이다.

글자 | 돌파할 **충**, 입 **구**, 말 이을 **이**, 날 **출**

출전 | 주문공문집朱文公文集

[충군애국忠君愛國]

임금에게 충성하고 나라를 사랑한다는 말이다.

글자 | 충성 **충**, 임금 **군**, 사랑 **애**, 나라 **국**

출전 | 남송南宋 진부량陳傅良의 글

[충군애민忠君愛民]

임금에게 충성하고 백성을 사랑한다는 말이다.

글자 | 충성 **충**, 임금 **군**, 사랑 **애**, 백성 **민**

[충당연우充堂衍宇]

집을 채우고 넘치는 집이라는 말이며, 집안에 사람이 가득하다는 뜻이다.

글자 | 찰 **충**, 집 **당**, 넘칠 **연**, 집 **우**

출전 | 조선왕조 14대 선조실록 116권

[충동격서衝東擊西]

동녘을 돌파하고 서녘을 친다는 말이며, 사방을 사정없이 공격한다는 뜻이다.

글자 | 돌파할 **충**, 동녘 **동**, 칠 **격**, 서녘 **서**

출전 | 조선왕조 15대 광해군일기 39권

[충려지경充閭之慶]

집안에 손님이 가득한 경사라는 말이며, 아들을 낳아 축하한다는 뜻이다.

글자 | 찰 **충**, 스물다섯 집 **려**, 어조사 **지**, 경사 **경**

출전 | 진서 가충전賈充傳

[충막무짐沖寞無朕]

텅 비고 적막하여 아무 조짐이 없다는 말이다.

글자 | 빌 **충**, 적막할 **막**, 없을 **무**, 조짐 **짐**

[충목지장衝目之丈]

눈을 찌를 막대기라는 말이며, 남에게 해를 끼칠 나쁜 마음을 빗댄 말이다.

글자 | 찌를 **충**, 눈 **목**, 어조사 **지**, 막대기 **장**

[충분지심忠奮之心]

충성을 위하여 일어나는 마음이라는 말이다.

글자 | 충성 **충**, 드날릴 **분**, 어조사 **지**,

마음 **심**

[충불피위忠不避危]

충성은 위험을 피하지 않는다는 말이다.

원문 | 忠不避危 愛無惡言
충불피위 애무악언

글자 | 충성 **충**, 아닐 **불**, 피할 **피**, 위태할 **위**

출전 | 안자춘추 외편

[충비서간蟲臂鼠肝]

벌레의 팔과 쥐의 간이라는 말이며, 하찮고 아주 작은 물건을 빗댄 말이다.

글자 | 벌레 **충**, 팔 **비**, 쥐 **서**, 간 **간**

출전 | 장자 대종사大宗師

동류 | 서간충비鼠肝蟲臂

[충신낙이忠信樂易]

충성스럽고 믿음직하고 즐겁고 편안하다는 말이며, 성실하여 마음이 즐겁고 편안하다는 뜻이다.

글자 | 충성 **충**, 믿을 **신**, 즐거울 **낙**, 편할 **이**

[충신독경忠臣篤敬]

충신은 두텁고 삼간다는 말이며, 성실하여 말과 행실을 착실하게 하고 삼간다는 뜻이다.

글자 | 충성 **충**, 신하 **신**, 두터울 **독**, 삼갈 **경**

출전 | 논어 위령공衛靈公

[충신애명忠臣愛名]

충신은 명예를 소중히 여긴다는 말이다.

글자 | 충성 **충**, 신하 **신**, 사랑 **애**, 이름 **명**

출전 | 전국책

[충신열사忠臣烈士]

충성스러운 신하와 충직한 선비라는 말이다.

글자 | 충성 **충**, 신하 **신**, 충직할 **열**, 선비 **사**

[충신중록忠信重祿]

충성과 믿음은 무거운 봉록이라는 말이며, 지성스럽게 일하는 사람에게는 봉록을 많이 주어야 한다는 뜻이다.

원문 | 忠信重祿 所以勸士也
충신중록 소이권사야

글자 | 충성 **충**, 믿을 **신**, 무거울 **중**, 봉록 **록**

출전 | 중용 20장

[충신효자忠臣孝子]

충성스런 신하와 효도하는 아들이라는 말이다.

글자 | 충성 **충**, 신하 **신**, 효도 **효**, 아들 **자**

반대 | 난신적자亂臣賊子

[충어조수蟲魚鳥獸]

벌레와 고기, 그리고 새와 짐승이라는 말이며, 모든 동물을 일컫는다.

글자 | 벌레 **충**, 고기 **어**, 새 **조**, 짐승 **수**

[충언역이忠言逆耳]

충직한 말은 귀에 거슬린다는 말이다.

원문 | 忠言逆於耳 而利於行
충 언 역 어 이 이 이 어 행

글자 | 충성 충, 말씀 언, 거스를 역, 귀 이

출전 | 공자가어 육본편六本篇

유사 | 양약고구良藥苦口

[충역지분忠逆之分]

충신과 역적의 나눔이라는 말이며, 충신이 역적이 되고, 역적이 충신이 되어 충신과 역적의 구분이 어렵다는 뜻이다.

글자 | 충성 충, 역적 역, 어조사 지, 나눌 분

[충연유득充然有得]

채우면 얻은 것이 있다는 말이며, 만족하다는 뜻이다.

글자 | 찰 충, 그럴 연, 있을 유, 얻을 득

[충의지사忠義之士]

충성스럽고 의로운 선비라는 말이다.

글자 | 충성 충, 의리 의, 어조사 지, 선비 사

[충즉진명忠則盡命]

충성은, 곧 목숨을 다하는 것이라는 말이다.

원문 | 孝當竭力 忠則盡命
효 당 갈 력 충 즉 진 명

글자 | 충성 충, 곧 즉, 다할 진, 목숨 명

출전 | 천자문

[충혼의백忠魂義魄]

충성된 혼과 의로운 넋이라는 말이며, 충의를 위한 정신이라는 뜻이다.

글자 | 충성 충, 혼 혼, 옳을 의, 넋 백

[충화지기沖和之氣]

위로 나르는 고른 기운이라는 말이며, 하늘과 땅 사이의 조화된 기운이라는 뜻이다.

글자 | 위로 나를 충, 고를 화, 어조사 지, 기운 기

[충효가성忠孝家聲]

충효의 집안 명성이라는 말이다.

글자 | 충성 충, 효도 효, 집 가, 소리 성

[충효겸전忠孝兼全]

→ 충효양전忠孝兩全

[충효근검忠孝勤儉]

충성하고 효도하고 부지런하고 검소하다는 말이다.

글자 | 충성 충, 효도 효, 부지런할 근, 검소할 검

[충효쌍전忠孝雙全]

→ 충효양전忠孝兩全

[충효양전忠孝兩全]

충성과 효행이 모두 완전하다는 말이다.

글자 | 충성 충, 효도 효, 둘 양, 온전 전

출전 | 효경

동류 | 충효겸전忠孝兼全, 충효쌍전忠孝雙全

[충효전가忠孝傳家]

충성과 효도로 가문을 전해 간다는 말이다.

글자 | 충성 **충**, 효도 **효**, 전할 **전**, 집 **가**

[충후지풍忠厚之風]

충성되고 후한 모양이라는 말이며, 충직하고 인정이 두터워 보이는 풍채라는 뜻이다.

글자 | 충성 **충**, 후할 **후**, 어조사 **지**, 모양 **풍**

[췌마억측揣摩臆測]

헤아리고 헤아려서 마음속을 잰다는 말이며, 이리저리 생각해서 자기 멋대로 결론을 내린다는 뜻이다.

글자 | 헤아릴 **췌**, 헤아릴 **마**, 뜻 **억**, 잴 **측**

출전 | 전국책

[췌본제말揣本齊末]

끝을 가지런히 하여 근본을 헤아린다는 말이며, 비교할 때 그 기준을 합리적으로 설정해야 한다는 뜻이다.

글자 | 헤아릴 **췌**, 근본 **본**, 가지런히 할 **제**, 끝 **말**

[췌췌율률揣揣慄慄]

근심스러워 두렵고 두렵다는 말이다.

글자 | 근심하고 두려워할 **췌**, 두려울 **율(률)**

[췌택삼매贅澤三昧]

쓸데없는 윤택을 세 번 탐한다는 말이며, 분에 넘치는 사치에 푹 빠진다는 뜻이다.

글자 | 군더더기 **췌**, 윤택할 **택**, 탐할 **매**

[취강자초炊糠煮草]

겨를 때고 풀을 삶는다는 말이며, 몹시 가난한 생활을 빗댄 말이다.

글자 | 불 땔 **취**, 겨 **강**, 삶을 **자**, 풀 **초**

출전 | 조선왕조 14대 선조실록 217권

[취구지몽炊臼之夢]

절구로 밥 짓는 꿈이라는 말이며, 아내를 잃었다는 뜻이다. 절구로 밥을 지은 이유는 솥이 없기 때문인데, 솥(釜)은 아내(婦)와 통하는 뜻이 담겨 있다.

글자 | 밥 지을 **취**, 절구 **구**, 어조사 **지**, 꿈 **몽**

출전 | 유양잡조酉陽雜俎

[취금찬옥炊金饌玉]

금으로 밥을 짓고 구슬로 반찬을 한다는 말이며, 사치스러운 식사 차림 또는 융숭한 대접을 받았다는 비유로 쓰인다.

글자 | 밥 지을 **취**, 금 **금**, 반찬 **찬**, 구슬 **옥**

ㅊ

[취기소장取其所長]

그 긴 바를 취한다는 말이며, 다른 사람의 장점을 취한다는 뜻이다.

글자 | 취할 **취**, 그 **기**, 바 **소**, 긴 **장**

[취능승향臭能勝香]

썩은 것은 능히 향내를 이길 수 있다는 말이며, 군자와 소인이 싸우면 소인이 이길 수 있다는 뜻이다.

글자 | 썩을 **취**, 능할 **능**, 이길 **승**, 향기 **향**

[취당나팔吹唐喇叭]

당나라 나팔을 분다는 말이며, 터무니없는 거짓말을 한다는 뜻이다.

글자 | 불 **취**, 당나라 **당**, 나팔 **나**, 나팔 **팔**

출전 | 동언해

[취렴지신聚斂之臣]

거두어 모아들이는 신하라는 말이며, 세금을 가혹하게 거두어들이는 신하를 일컫는다.

글자 | 모일 **취**, 거둘 **렴**, 어조사 **지**, 신하 **신**

출전 | 대학

[취로적낭就艫摘囊]

뱃머리로 좇아가 주머니를 딴다는 말이다. 강을 건너던 배가 회오리바람으로 뒤집혀 뱃전에 서있던 사람이 물에 빠지자, 뱃고물에 앉아있던 사람이 잽싸게 달려가더니 물에 빠진 사람의 돈주머니를 챙겼는데, 결국 둘 다 빠져 죽었다. 이 이야기를 전해들은 다산이 한 말이다. '이 천하에 뱃전으로 달려가 주머니를 낚아채지 않을 사람이 드물다. 이 세상은 물 새는 배다. 약육강식이라지만 강한 자와 약한 자가 함께 죽고, 백성의 재물을 부호가 강탈해도 백성과 부호는 같이 죽고 만다.'

글자 | 좇을 **취**, 뱃머리 **로**, 딸 **적**, 주머니 **낭**

출전 | 정약용의 증언첩贈言帖

[취만부동吹萬不同]

여러 가지를 불어도 같지 않다는 말이며, 여러 사람의 의견이 서로 다르다는 뜻이다.

글자 | 불 **취**, 여러 **만**, 아닐 **부**, 같을 **동**

동류 | 유만부동類萬不同

[취모검부吹毛檢膚]

→ 취모구자吹毛求疵

[취모구자吹毛求疵]

털을 불어 헤쳐 가며 그 속의 허물을 찾는다는 말이며, 남의 사소한 잘못을 샅샅이 들추어낸다는 뜻이다. 한비자의 글이다. '터럭을 불어서 작은 흠집을 찾지 아니하고 알기 어려운 것을 때를 씻어가면서까지 살피지 않는다.'

원문 | 不吹毛而求小疵不洗垢而察難知
(불 취 모 이 구 소 자 불 세 구 이 찰 난 지)

글자 | 불 **취**, 털 **모**, 구할 **구**, 허물 **자**

출전 | 한비자 대체편大體篇
동류 | 취모멱자吹毛覓疵

[취모멱자吹毛覓疵]

털을 불며 흠을 찾는다는 말이며, 야박하고 가혹한 행동이나 정치를 빗댄 말이다. '털어서 먼지 안 날 사람 어디 있느냐?' 라는 우리말과 비슷하다.

원문 | 吹毛而求小疵
취 모 이 구 소 자

글자 | 불 **취**, 터럭 **모**, 찾을 **멱**, 흠 **자**

출전 | 한서 중산정왕전中山靖王傳

동류 | 취모구자吹毛求疵, 취모색구吹毛索垢

[취모색구吹毛索垢]

→ 취모멱자吹毛覓疵

출전 | 안자춘추晏子春秋

[취몽불성醉夢不醒]

취하여 꾸는 꿈이 깨지 않는다는 말이다.

글자 | 술 취할 **취**, 꿈 **몽**, 아닐 **불**, 술 깰 **성**

[취문성뢰聚蚊成雷]

모기가 모여 천둥과 같은 소리를 낸다는 말이며, 소인의 무리가 남을 나쁘게 비방한다는 뜻이다. 한서에 있는 글이다. '뭇사람의 입김에 산이 떠내려가고 모깃소리가 모여 우레가 된다. 패거리를 지으니 범을 때려잡고, 열 사내가 작당하자 쇠공이가 된다.'

원문 | 聚蚊成雷 朋黨執虎
취 문 성 뢰 붕 당 집 호

글자 | 모일 **취**, 모기 **문**, 이룰 **성**, 천둥 **뢰**

출전 | 한서 중산정왕전中山靖王傳

[취사선택取捨選擇]

취할 것은 취하고 버릴 것은 버려서 골라 뽑는다는 말이며, 필요한 것만 골라낸다는 뜻이다.

글자 | 취할 **취**, 버릴 **사**, 고를 **선**, 뽑을 **택**

[취사이우聚沙而雨]

모래를 모으면 비가 와야 나무가 자란다는 말이며, 일할 능력 있는 사람에게 일을 맡겨야 이룰 수 있다는 뜻이다.

글자 | 모을 **취**, 모래 **사**, 말 이을 **이**, 비 **우**

출전 | 설원

ㅊ

[취사작반炊沙作飯]

모래를 때어 밥을 짓는다는 말이며, 헛수고를 한다는 뜻이다.

글자 | 불 땔 **취**, 모래 **사**, 지을 **작**, 밥 **반**

[취산봉별聚散逢別]

모이고 흩어지고 만나고 이별한다는 말이다.

글자 | 모일 **취**, 흩어질 **산**, 만날 **봉**, 이별 **별**

[취산이합聚散離合]

→ 이합집산離合集散

[취생몽사醉生夢死]

취해 살다가 꿈처럼 죽는다는 말이며, 이룬 일도 없이 한평생을 흐지부지 보내다가 죽는다는 뜻이다.

글자 | 취할 **취**, 살 **생**, 꿈 **몽**, 죽을 **사**

출전 | 정이程頤 명도선생행상明道先生行狀

유사 | 무위도식無爲徒食

[취식지계取食之計]

밥을 얻는 꾀라는 말이며, 겨우 밥이나 얻어먹고 살아가는 계책이라는 뜻이다.

글자 | 취할 **취**, 밥 **식**, 어조사 **지**, 꾀할 **계**

[취안몽롱醉眼朦朧]

취한 눈이 뚱뚱하고 흐릿하다는 말이며, 술에 취하여 눈이 흐려 앞이 잘 보이지 않는다는 뜻이다.

글자 | 취할 **취**, 눈 **안**, 뚱뚱할 **몽**, 흐릿할 **롱**

[취옥분계炊玉焚桂]

구슬로 불을 때고 계수나무를 태운다는 말이며, 극도로 사치한 생활을 한다는 뜻이다.

글자 | 불 땔 **취**, 구슬 **옥**, 태울 **분**, 계수나무 **계**

[취옹지의醉翁之意]

취한 노인의 뜻이라는 말이며, 다른 속셈이 있거나 겉과 속이 다르다는 뜻이다.

원문 | 醉翁之意 不在酒
취 옹 지 의 부 재 주

글자 | 취할 **취**, 노인 **옹**, 어조사 **지**, 뜻 **의**

출전 | 구양수의 취옹정기醉翁亭記

[취용취대取用取貸]

빌려서 취하고 취하여 쓴다는 말이며, 금품을 서로 융통하여 쓴다는 뜻이다.

글자 | 취할 **취**, 쓸 **용**, 빌릴 **대**

[취음여화娶陰麗華]

음여화에게 장가든다는 말이며, 소망을 이룬다는 뜻이다. 중국 후한의 광무제가 미인인 음여화를 아내로 삼길 원했다가 소원을 이루었다는 고사에서 온 뜻이다.

글자 | 장가들 **취**, 성씨 **음**, 고을 **여**, 빛날 **화**

[취음취식取飮取食]

마실 것을 가지고 먹을 것을 갖는다는 말이며, 음식을 얻어먹는다는 뜻이다.

글자 | 가질 **취**, 마실 **음**, 먹을 **식**

[취의미향趣意味向]

취미의 뜻과 맛의 방향이라는 말이며, 사람이 좋아하는 취향이라는 뜻이다.

글자 | 취미 **취**, 뜻 **의**, 맛 **미**, 향할 **향**

[취이대지取而代之]

받아내고 자기가 대신한다는 말이며,

무엇이 무엇을 대체한다는 뜻이다.

원문 | 彼可取而代也
피 가 취 이 대 야

글자 | 받을 **취**, 말 이을 **이**, 대신할 **대**, 어조사 **지**

출전 | 사기 항우본기項羽本紀

[취자신전醉者神全]

취한 사람은 귀신과 같이 순전하다는 말이며, 취한 사람은 꾸밈이 없다는 뜻이다.

글자 | 술 취할 **취**, 놈 **자**, 귀신 **신**, 순전할 **전**

출전 | 열자 황제편皇帝篇

[취정회신聚精會神]

정기를 모으고 정신을 모은다는 말이며, 정신을 한군데로 모은다는 뜻이다. 조선시대 선비와 관리들이 알아야 할 모든 지식을 수록한 18책의 유서類書이기도 하다.

원문 | 聚精會神而玉帶金魚
취 정 회 신 이 옥 대 금 어

글자 | 모일 **취**, 정기 **정**, 모일 **회**, 정신 **신**

[취족이모聚族而謀]

일가를 모아서 꾀한다는 말이며, 재주의 쓰임 방법에 따라 결과의 차이는 크다는 뜻이 포함되어 있다. 솜 빨래 비방으로 세탁소를 운영하는 사람과 그 비방을 사서 많은 군사의 손이 트지 않도록 한 결과의 차이는 매우 컸다는 고사에서 유래한다.

원문 | 聚族而謀曰 我世世爲洴澼絖
취 족 이 모 왈 아 세 세 위 병 벽 광

글자 | 모을 **취**, 가계 **족**, 말 이을 **이**, 꾀할 **모**

출전 | 장자 소요유逍遙遊篇

[취지무금取之無禁]

취하는 것을 금하는 것이 없다는 말이며, 임자 없는 물건을 가져도 말리는 사람이 없다는 뜻이다.

글자 | 취할 **취**, 어조사 **지**, 없을 **무**, 금할 **금**

[취청비백取青媲白]

청을 취하고 백을 짝한다는 말이며, 갖가지 색을 배합함과 같이 시문을 짓는데 아름다운 자구만을 배열한다는 뜻이다.

글자 | 취할 **취**, 푸를 **청**, 짝 **비**, 흰 **백**

[취필유덕就必有德]

나아감에는 덕을 가지라는 말이며, 일을 할 때는 덕 있는 사람과 같이 하라는 뜻이다.

원문 | 居必擇隣 就必有德
거 필 택 린 취 필 유 덕

글자 | 나아갈 **취**, 반드시 **필**, 가질 **유**, 큰 **덕**

출전 | 사자소학

[취할투정取轄投井]

굴대빗장 쇠를 취하여 우물에 던진다는 말이며, 손님이 떠나지 못하도록 억지로 만류한다는 뜻이다.

글자 | 취할 **취**, 굴대빗장 쇠 **할**, 던질 **투**, 우물 **정**

출전 | 한서

[취화지본取禍之本]

재화를 얻는 근본이라는 말이다.

글자 | 취할 **취**, 재화 **화**, 어조사 **지**, 근본 **본**

[측견섭족側肩躡足]

어깨를 낮추고 발을 밟는다는 말이며, 오가는 사람이 붐벼 비좁은 데를 뚫고 나간다는 뜻이다.

글자 | 낮고 좁을 **측**, 어깨 **견**, 밟을 **섭**, 발 **족**

[측목시지側目視之]

곁눈으로 본다는 말이며, 미워서 흘겨본다는 뜻이다.

글자 | 곁 **측**, 눈 **목**, 볼 **시**, 어조사 **지**

[측목중족側目重足]

곁눈질하면서 다리를 포갠다는 말이며, 무섭고 두려운 상태를 빗댄 말이다.

글자 | 곁 **측**, 눈 **목**, 포갤 **중**, 다리 **족**

출전 | 사기

[측석이좌側席而坐]

곁자리에 앉는다는 말이며, 마음속에 근심이 있어서 똑바로 앉지 못한다는 뜻이다.

글자 | 곁 **측**, 자리 **석**, 말 이을 **이**, 앉을 **좌**

출전 | 설원

[측은지심惻隱之心]

불쌍하여 슬퍼하는 마음이라는 말이다. 맹자의 글이다. '측은하게 여기는 마음은 인仁의 실마리이다.'

원문 | 惻隱之心 仁之端也
측 은 지 심 인 지 단 야

글자 | 슬퍼할 **측**, 불쌍히 여길 **은**, 어조사 **지**, 마음 **심**

출전 | 맹자 공손추 상

[층생첩출層生疊出]

층층으로 생기고 겹쳐서 나온다는 말이며, 일이 여러 가지로 겹쳐 쌓이고 자꾸 생긴다는 뜻이다.

글자 | 층층대 **층**, 날 **생**, 거듭 **첩**, 나갈 **출**

[층암절벽層巖絶壁]

층층대 바위와 끊은 벽이라는 말이며, 높고 험한 층암으로 된 낭떠러지라는 뜻이다.

글자 | 층층대 **층**, 바위 **암**, 끊을 **절**, 벽 **벽**

출전 | 송남잡지

[층층시하層層侍下]

층층으로 밑에서 모신다는 말이며, 부모, 조부모 등을 위로 모시고 산다는 뜻이다.

글자 | 층층대 **층**, 모실 **시**, 아래 **하**

[층현첩출層見疊出]

층층으로 나타나고 거듭 나타난다는 말이며, 연달아서 계속 나타난다는 뜻이다.

글자 | 층층대 **층**, 나타날 **현**, 거듭 **첩**, 날 **출**

출전 | 조선왕조 14대 선조실록 160권

[치가지본治家之本]

→ 제가지본齊家之本

[치경진례致敬盡禮]

공경을 지극히 하고 예도를 다한다는 말이다.

원문 | 不致敬盡禮 則不得亟見之
불 치 경 진 례 즉 부 득 극 견 지

글자 | 지극할 **치**, 공경 **경**, 다할 **진**, 예도 **례**

출전 | 맹자 진심 상

[치고불식雉膏不食]

꿩의 기름을 먹지 않는다는 말이며, 재능이 있어도 임금이 등용하지 않는다는 뜻이다. 꿩의 기름은 맛이 좋아 사람의 재능에 비유한 것이다.

글자 | 꿩 **치**, 기름 **고**, 아닐 **불**, 먹을 **식**

출전 | 주역 정괘鼎卦

[치국거지治國去之]

다스리는 나라에서는 간다는 말이며, 군자는 잘 다스려진 나라에서는 해야 할 일이 없으므로 떠나야 한다는 뜻이다.

원문 | 治國去之 亂國就之 醫門多疾
치 국 거 지 난 국 취 지 의 문 다 질

글자 | 다스릴 **치**, 나라 **국**, 갈 **거**, 어조사 **지**

출전 | 장자 인간세人間世

[치국안민治國安民]

나라를 다스리고 백성을 편안하게 한다는 말이다.

글자 | 다스릴 **치**, 나라 **국**, 편안 **안**, 백성 **민**

[치국제민治國濟民]

나라를 다스리고 백성을 구한다는 말이며, 나라와 백성을 올바로 이끌어 가야 한다는 뜻이다.

글자 | 다스릴 **치**, 나라 **국**, 구할 **제**, 백성 **민**

[치군택민致君澤民]

임금에게는 극진하고 백성에게는 윤택하게 한다는 말이다.

원문 | 出致君澤民 處釣月耕雲
출 치 군 택 민 처 조 월 경 운

글자 | 극진할 **치**, 임금 **군**, 윤택할 **택**, 백성 **민**

출전 | 한거십팔곡閑居十八曲

[치궁불체恥躬不逮]

몸이 따르지 않음을 부끄러워한다는 말이며, 옛날에 사람들이 말을 함부로 하지 않은 것은 몸이 자신의 말을 따르지 못하는 것을 부끄러워했기 때문이라는 뜻이다.

원문 | *古者言之不出 恥躬之不逮也*
고 자 언 지 불 출 치 궁 지 불 체 야

글자 | 부끄러울 **치**, 몸 **궁**, 아닐 **불**, 따를 **체**

출전 | 논어 이인

[치대감치置對勘治]

마주 서게 두고 죄를 다스린다는 말이며, 대질 심문하여 죄를 다스린다는 뜻이다.

글자 | 둘 **치**, 마주 설 **대**, 죄 정할 **감**, 다스릴 **치**

출전 | 조선왕조 18대 현종실록

[치란흥망治亂興亡]

다스림과 어지러움, 그리고 일어나고 망함이라는 말이다.

글자 | 다스릴 **치**, 어지러울 **란**, 일 **흥**, 망할 **망**

출전 | 여씨춘추

[치력명시治曆明時]

달력을 다스려서 때를 밝힌다는 말이며, 달력을 잘 만들어 시절을 알기 쉽게 한다는 뜻이다.

글자 | 다스릴 **치**, 세월 **력**, 밝을 **명**, 때 **시**

출전 | 주역 택화혁괘澤火革卦

[치망설존齒亡舌存]

이가 망하고 혀가 남는다는 말이며, 강하고 견고한 것은 망하기 쉽고, 혀와 같이 부드러운 것은 오래 살아남는다는 뜻이다.

글자 | 이 **치**, 망할 **망**, 혀 **설**, 있을 **존**

출전 | 설원 경신편敬愼篇

유사 | 치폐설존齒弊舌存

[치면변미淄澠辨味]

치와 면의 맛을 가린다는 말이며, 어떤 일에 탁월한 재능을 가지고 있다는 뜻이다. 중국 제나라 환공의 신하인 역아易牙가 치수淄水와 면수澠水의 물맛을 구별해 냈다는 고사에서 온 말이다.

글자 | 물 이름 **치**, 강 이름 **면**, 가릴 **변**, 맛 **미**

[치명수지致命遂志]

목숨을 보내어 뜻을 이룬다는 말이며, 목숨을 바쳐 뜻을 이룬다는 뜻이다.

원문 | *君子以致命遂志*
군 자 이 치 명 수 지

글자 | 보낼 **치**, 목숨 **명**, 이룰 **수**, 뜻 **지**

출전 | 주역 택수곤澤水困

[치모납언梔貌臘言]

모양에 치자로 물 드리고 말에 밀랍칠을 한다는 말이며, 실체를 속이고 과장한다는 뜻이다. 비싸게 산 채찍을 물에 담그니 빛깔과 광택이 모두 다 떨어져 나갔다는 고사에서 온 말이다.

글자 | 치자 **치**, 모양 **모**, 밀 **납**, 말씀 **언**

출전 | 유종원의 편고鞭賈

[치목호문鴟目虎吻]

솔개의 눈과 호랑이의 입이라는 말이며, 사납고 잔인함을 빗댄 말이다.

글자 | 솔개 **치**, 눈 **목**, 범 **호**, 입술 **문**

출전 | 한서

[치발부장齒髮不長]

이와 머리카락이 자라지 않았다는 말이며, 나이가 어리다는 뜻이다.

글자 | 이 **치**, 터럭 **발**, 아닐 **부**, 긴 **장**

동류 | 치발불급齒髮不及, 구상유취口尙乳臭

[치발불급齒髮不及]

→ 치발부장齒髮不長

[치본어농治本於農]

다스림의 근본은 농사에 있다는 말이다.

원문 | **治本於農 務茲稼穡**
치 본 어 농 무 자 가 색

글자 | 다스릴 **치**, 근본 **본**, 어조사 **어**, 농사 **농**

출전 | 천자문

[치사분지治絲棼之]

실을 가르려면 어지러워진다는 말이며, 급히 서두르면 일이 더 엉킨다는 뜻이다.

글자 | 가릴 **치**, 실 **사**, 어지러울 **분**, 어조사 **지**

출전 | 춘추좌씨전 은공隱公 4년

[치산치수治山治水]

산을 다스리고 물을 다스린다는 말이며, 홍수나 산사태를 방지하여 수해를 없게 하는 조림, 관개사업 등을 한다는 뜻이다.

글자 | 다스릴 **치**, 뫼 **산**, 물 **수**

[치상유치齒上有齒]

이빨 위에 이빨이 있다는 말이며, 잘난 사람이 있으면 그보다 더 잘난 사람이 있다는 뜻이다.

글자 | 이 **치**, 윗 **상**, 있을 **유**

[치상지구治喪之具]

상사를 다스리는 그릇이라는 말이며, 초상을 치르는데 쓰는 도구라는 뜻이다.

글자 | 다스릴 **치**, 상사 **상**, 어조사 **지**, 그릇 **구**

[치세불일治世不一]

세상을 다스림은 하나가 아니라는 말이며, 나라를 통치함에 있어서는 여러 가지 방책이 있다는 뜻이다.

글자 | 다스릴 **치**, 세상 **세**, 아닐 **불**

[치신무지置身無地]

몸 둘 땅이 없다는 말이며, 몸 둘 바를 모르고 어쩔 줄 모른다는 뜻이다.

글자 | 줄 **치**, 몸 **신**, 없을 **무**, 땅 **지**

출전 | 송남잡지

동류 | 치신부지置身不知

[치신부지置身不知]

→ 치신무지置身無知

[치심상존穉心尙存]

어린 벼의 마음이 오히려 있다는 말이며, 어릴 적 마음이 아직도 있다는 뜻이다.

글자 | 어린 벼 **치**, 마음 **심**, 오히려 **상**, 있을 **존**

[치여호서齒如瓠犀]

이가 박의 씨와 같다는 말이며, 이가 아름답고 희다는 뜻이다.

원문 | 齒如瓠犀 螓首蛾眉 巧笑盼兮
치 여 호 서 진 수 아 미 교 소 반 혜

글자 | 이 **치**, 같을 **여**, 박 **호**, 박씨 **서**

출전 | 시경 위풍석인衛風碩人

[치외법권治外法權]

다스리는 밖의 법적 권세라는 말이며, 외국의 영토에 있으면서 그 나라의 법률의 적용을 받지 않고 자국의 법률에 따르도록 허용된 국제법상의 특권을 일컫는다.

글자 | 다스릴 **치**, 바깥 **외**, 법 **법**, 권세 **권**

출전 | 주례정요周禮政要 논형論刑

[치이난이治已亂易]

이미 어지러워진 것을 다스리기는 쉽다는 말이며, 장차 어지러워지는 것을 다스리기는 어렵고 이미 어지러워진 것을 다스리기는 쉽다는 뜻이다.

원문 | 治將亂難 治已亂易
치 장 난 난 치 이 난 이

글자 | 다스릴 **치**, 이미 **이**, 어지러울 **난**, 쉬울 **이**

출전 | 신흠申欽의 치란편治亂編

[치인다소癡人多笑]

어리석은 사람은 많이 웃는다는 말이며, 어리석은 사람은 때와 장소를 가리지 않고 쓸데없이 함부로 웃는다는 뜻이다.

글자 | 어리석을 **치**, 사람 **인**, 많을 **다**, 웃을 **소**

동류 | 치자다소癡者多笑

[치인설몽痴人說夢]

어리석은 사람이 꿈 이야기를 한다는 말이며, 앞뒤 분별없이 아무렇게나 말한다는 뜻이다. 당나라 이옹李邕이 농담을 진담으로 알고 쓴 비문에 대하여 남송의 중 혜홍慧洪이 평한 말이다. '이것이 바로 이른바 어리석은 사람에게 꿈을 이야기한다는 것이다. 결국 이옹은 꿈을 참인 줄로 믿고 말았으니 정말로 어리석은 자가 아닐 수 없다.'

원문 | 此政所謂對痴人說夢耳 李邕
차 정 소 위 대 치 인 설 몽 이 이 옹
遂以夢爲眞 眞痴絶也
수 이 몽 위 진 진 치 절 야

글자 | 어리석을 **치**, 사람 **인**, 말씀 **설**, 꿈 **몽**

출전 | 냉제야화冷齊夜話

[치인외부癡人畏婦]

미련한 사람은 지어미를 두려워한다는 말이며, 남자가 미련하면 자기 아내를 무서워한다는 뜻이다.

원문 | 癡人畏婦 賢女敬夫
치인외부 현녀경부

글자 | 미련할 **치**, 사람 **인**, 두려워할 **외**, 지어미 **부**

출전 | 명심보감 치가편治家篇

[치자기명治者其名]

다스리는 것은 그 이름이라는 말이며, 정치는 그 명분에 달려있다는 뜻이다.

원문 | 有名則治 無名則亂 治者以其名
유명즉치 무명즉란 치자이기명

글자 | 다스릴 **치**, 것 **자**, 그 **기**, 이름 **명**

출전 | 관자 추언편樞言篇

[치자다소癡者多笑]

어리석은 사람은 웃음이 많다는 말이며, 바보는 함부로 웃기를 잘한다는 뜻이다.

글자 | 어리석을 **치**, 놈 **자**, 많을 **다**, 웃음 **소**

동류 | 치인다소癡人多笑

[치주고회置酒高會]

술을 베풀고 모임을 높인다는 말이며, 주연을 성대히 베푼다는 뜻이다.

글자 | 베풀 **치**, 술 **주**, 높을 **고**, 모일 **회**

출전 | 한서 고제기高帝紀

[치지도외置之度外]

법도 밖에 둔다는 말이며, 염두에 두지 않는다는 뜻이다. 동한을 세운 광무제 유수劉秀가 아직 규합하지 못한 외효와 공손술의 두 세력을 제압할 힘이 없어 이들을 두고 한 말에서 유래한다. '이 둘은 잠시 미루어 두자.'

원문 | 且當置此兩者于度外耳
차당치차양자우도외이

글자 | 둘 **치**, 어조사 **지**, 법도 **도**, 밖 **외**

출전 | 후한서 외효공손술전隗囂公孫述傳

[치지망역置之忘域]

두고 잊어버린 곳이라는 말이며, 잊어버리고 생각하지 않는다는 뜻이다.

글자 | 둘 **치**, 어조사 **지**, 잊을 **망**, 지경 **역**

[치지물문置之勿問]

그냥 내버려 두고 묻지도 않는다는 말이다.

글자 | 둘 **치**, 어조사 **지**, 없을 **물**, 물을 **문**

[치지사지置之死地]

죽을 지경에 내버려 둔다는 말이다.

글자 | 둘 **치**, 어조사 **지**, 죽을 **사**, 땅 **지**

[치진난진治進亂進]

다스려도 나아가고 어지러워도 나아간다는 말이며, 세상은 편안할 때나 어지러울 때나 가리지 않고 조정에 나아가 벼슬한다는 뜻이다. 또한 세상이 평화로워도 전진하고 어지러워도 전

ㅊ

진한다는 뜻으로도 쓰인다.

원문 | 治亦進 亂亦進 伊尹也
치역진 난역진 이윤야

글자 | 다스릴 **치**, 나아갈 **진**, 어지러울 **난**

출전 | 맹자 만장萬章

[치진난퇴治進亂退]

세상이 잘 다스려지고 있으면 나아가 벼슬하고 어지러우면 물러나서 숨는다는 말이다.

원문 | 治則進 亂則退 伯夷也
치즉진 난즉퇴 백이야

글자 | 다스릴 **치**, 나아갈 **진**, 어지러울 **난**, 물러날 **퇴**

출전 | 맹자 공손추公孫丑 상

[치천수지錙天銖地]

하늘을 조그맣게 땅을 저울눈처럼 여긴다는 말이며, 하늘과 땅같이 넓고 큰 것도 조그마하게 여긴다는 뜻이다.

글자 | 조금 **치**, 하늘 **천**, 저울눈 **수**, 땅 **지**

출전 | 조선왕조 19대 숙종실록 18권

[치추지지置錐之地]

송곳을 둘만한 땅이라는 말이며, 매우 좁은 땅을 일컫는다.

글자 | 둘 **치**, 송곳 **추**, 어조사 **지**, 땅 **지**

출전 | 장자

동류 | 입추지지立錐之地

[치치한천恥恥漢川]

부끄럽고 부끄러운 한천이라는 말이며, 치사한 짓을 하는 사람을 빗댄 말이다.

글자 | 부끄러울 **치**, 나라 **한**, 내 **천**

출전 | 송남잡지

[치폐설존齒弊舌存]

이는 무너지고 혀는 남는다는 말이며, 단단한 기질을 고쳐 부드럽게 한다는 뜻이다.

원문 | 齒再壁而舌尙存
치재벽이설상존

글자 | 이 **치**, 무너질 **폐**, 혀 **설**, 있을 **존**

출전 | 설원, 소학 가언嘉言

유사 | 치망설존齒亡舌存

[칙사대접勅使待接]

칙서를 가진 사신을 대접한다는 말이며, 극진하고 융숭한 대접을 한다는 뜻이다.

글자 | 칙서 **칙**, 사신 **사**, 대접할 **대**, 대접할 **접**

[칙이관덕則以觀德]

법도로써 덕을 본다는 말이며, 법도에 맞는지의 여부에 따라 그 사람의 덕을 판단한다는 뜻이다.

글자 | 법 **칙**, 써 **이**, 볼 **관**, 큰 **덕**

출전 | 춘추좌씨전 문공 18년

[친불인매親不因媒]

친해지는 것은 중매로 되는 것이 아니라는 말이며, 부부의 정은 제3자가 억지로 할 수 없다는 뜻이다.

글자 | 친할 **친**, 아닐 **불**, 인할 **인**, 중매 **매**

출전 | 한시외전

[친상지심親上之心]

위를 친하게 [여기는] 마음이라는 말이며, 윗분에게 친절하다는 뜻이다.

글자 | 친할 **친**, 윗 **상**, 어조사 **지**, 마음 **심**

출전 | 조선왕조 14대 선조실록 100권

[친인막신親人莫信]

사람을 친하되 믿지 말라는 말이다.

글자 | 친할 **친**, 사람 **인**, 말 **막**, 믿을 **신**

출전 | 토정비결

[친통구쾌親痛仇快]

친한 사람을 아프게 하고 원수를 쾌하게 한다는 말이며, 가까운 사람을 아프게 하고 적을 이롭게 한다는 뜻이다.

원문 | 凡擧事無爲親厚者所痛 而
범 거 사 무 위 친 후 자 소 통 이
爲見讐者所快
위 견 수 자 소 쾌

글자 | 친할 **친**, 아플 **통**, 원수 **구**, 쾌할 **쾌**

출전 | 후한서 주부朱浮 열전

[칠거지악七去之惡]

나가야 할 일곱 가지 죄악이라는 말이며, 제거해야 할 7대 죄악이라는 뜻이다. 이는 고대 유교의 남성 우위 윤리관이며 그 내용은 다음과 같다. ① 시부모에게 순종하지 않은 죄(不順舅姑去), ② 자식을 낳지 못한 죄(無子去), ③ 행실이 음탕한 죄(淫行去), ④ 남편을 질투한 죄(嫉妬去), ⑤ 나쁜 병이 있는 것(惡疾去), ⑥ 말썽이 많은 죄(口舌去), ⑦ 도둑질한 죄(盜竊去).

글자 | 일곱 **칠**, 버릴 **거**, 갈 **지**, 악할 **악**

출전 | 대대례大戴禮 본명편本命篇

[칠금맹획七擒孟獲]

→ 칠금칠종七擒七從

[칠금칠종七擒七從]

일곱 번 사로잡아 일곱 번 놓아준다는 말이다. 이는 적에게 은혜를 베풀어 심복시키기 위한 방법으로 제갈량이 맹획孟獲을 사로잡았다가 놓아준 고사에서 온 말이다.

글자 | 사로잡을 **금**, 놓을 **종**

출전 | 촉지蜀志 제갈량전

동류 | 칠금맹획七擒孟獲

[칠난팔고七難八苦]

일곱 가지 어려움과 여덟 가지 괴로움이라는 말이며, 온갖 고통을 일컫는다. 7난은 수난水難, 화난火難, 나찰난羅刹難, 왕난王難, 귀난鬼難, 가쇄난伽鎖難, 원적난怨賊難이며, 8고는 생生, 노老, 병病, 사死, 애별리고愛別離苦, 원증회고怨憎會苦, 구불득고求不得苦, 오음성고五陰盛苦이다.

글자 | 어려울 **난**, 괴로울 **고**

출전 | 불교

동류 | 사고팔고四苦八苦

ㅊ

[칠년대한七年大旱]

7년 동안의 큰 가뭄이라는 말이며, 중국 은나라 탕왕 때의 큰 가뭄을 일컫는다.

글자 | 해 **년**, 큰 **대**, 가물 **한**

동류 | 구년지수九年之水

[칠등팔갈七藤八葛]

일곱 등 넝쿨에 여덟 칡넝쿨이라는 말이며, 뒤죽박죽 갈등葛藤과 같이 엉킨 상태라는 뜻이다.

글자 | 등나무 **등**, 칡 **갈**

출전 | 악서고존樂書孤存

[칠락팔락七落八落]

일곱 번 떨어지고 여덟 번 떨어진다는 말이며, 사물이 서로 연락되지 못한다는 뜻이다.

글자 | 떨어질 **락**

동류 | 칠령팔락七零八落, 지리멸렬支離滅裂

[칠령팔락七零八落]

→ 칠락팔락七落八落

[칠보단장七寶丹粧]

일곱 가지 보물로 단장했다는 말이며, 여러 가지 패물로 몸을 장식했다는 뜻이다.

글자 | 보배 **보**, 붉을 **단**, 단장할 **장**

[칠보성장七步成章]

일곱 걸음 [안에] 문채를 이룬다는 말이며, 매우 빨리 글을 짓는다는 뜻이다.

글자 | 걸음 **보**, 이룰 **성**, 문채 **장**

출전 | 조선왕조 22대 정조실록 33권

[칠보시성七步詩成]

→ 칠보작시七步作詩

[칠보작시七步作詩]

일곱 걸음에 시를 짓는다는 말이며, 뛰어난 글재주를 일컫는다. 중국의 문제 조비曹丕가 동생인 동아왕東阿王 조식曹植에게 일곱 걸음 안에 시를 지으라고 명령하면서 짓지 못하면 극형에 처하겠다고 하자, 곧장 시를 지었다. '콩을 삶아 국을 만들고, 콩을 걸러 즙을 만드네. 콩깍지는 솥 아래서 타고 콩은 솥 안에서 우네. 본래 같은 뿌리에서 나왔거늘 서로 지지고 볶는 것이 어찌 이다지도 급한가.'

원문 | 七步中作詩
칠 보 중 작 시

글자 | 걸음 **보**, 지을 **작**, 귀글 **시**

출전 | 세설신어 문학文學

동류 | 칠보지시七步之詩, 칠보지재七步之才

유사 | 의마지재倚馬之才

[칠보장엄七寶莊嚴]

일곱 가지 보배로 단정하고 엄하게 꾸

몄다는 말이며, 불교의 장엄한 장식을 일컫는다.

글자 | 보배 **보**, 단정할 **장**, 엄할 **엄**

출전 | 수서

[칠보지시七步之詩]

→ 칠보작시七步作詩

[칠보지재七步之才]

→ 칠보작시七步作詩

[칠보홍안七寶紅顔]

일곱 가지 보배로 단장한 붉은 얼굴이라는 말이며, 여러 가지 보물로 장식한 젊은 여인의 고운 얼굴이라는 뜻이다.

글자 | 보배 **보**, 붉을 **홍**, 얼굴 **안**

[칠불사의七不思議]

일곱 가지 생각하고 말할 수 없는 것이라는 말이며, 세계의 7대 불가사의를 일컫는다.

글자 | 아닐 **불**, 생각 **사**, 말할 **의**

[칠사수성七事修省]

일곱 가지 일로 몸을 닦고 자기를 반성한다는 말이다.

글자 | 일 **사**, 닦을 **수**, 살필 **성**

출전 | 고려사 20권

[칠사칠생七死七生]

일곱 번 죽고, 일곱 번 태어난다는 말이며, 죽음과 삶의 윤회輪廻를 일컫는다.

원문 | **須陀洹者 七生七死**
수타원자 칠생칠사

글자 | 죽을 **사**, 날 **생**

출전 | 불설佛說 42장경章經

[칠세동재七世同財]

7대가 같은 재산으로 산다는 말이며, 가족의 화목함을 일컫는다.

글자 | 대대 **세**, 같을 **동**, 재물 **재**

출전 | 여자엄등서與子儼等書

[칠신위라漆身爲癩]

→ 칠신위려漆身爲厲

[칠신위려漆身爲厲]

몸에 옻칠을 하고 병든 것 같이 한다는 말이며, 원수를 갚으려고 용모를 바꾸어 갖은 애를 쓴다는 뜻이다.

원문 | **漆身爲厲 國土遇之 國土報之**
칠신위려 국토우지 국토보지

글자 | 옻 **칠**, 몸 **신**, 할 **위**, 병들 **려**

출전 | 사기 자객열전刺客列傳

동류 | 자객탄탄刺客呑炭

[칠신탄탄漆身呑炭]

몸에 옻칠을 하고 숯을 삼킨다는 말이며, 복수하기 위해 분장한다는 뜻이다. 이는 진나라 예양豫讓이라는 사람이 복수하기 위해 문둥이처럼 보이기 위해 옻칠을 하고, 벙어리처럼 되기 위해 숯을 삼켰다는 고사에서 온 말이다.

글자 | 옻 **칠**, 몸 **신**, 삼킬 **탄**, 숯 **탄**

출전 | 사기 자객전刺客傳

[칠실지우漆室之憂]

어두운 방의 근심이라는 말이며, 분수에 넘치는 일을 걱정한다는 뜻이다. 이는 노나라의 한 아녀자가 캄캄한 방에서 나라 일을 걱정하다 끝내 목을 매어 죽었다는 고사에서 온 말이다.

글자 | 캄캄할 **칠**, 방 **실**, 어조사 **지**, 근심 **우**

출전 | 조선왕조 21대 영조실록 120권

[칠십고희七十古稀]

나이 70은 예로부터 드물다는 말이며, 오래 살았다는 뜻이다. 이는 두보杜甫의 곡강이수曲江二首라는 시에서 유래한다. '사람이 칠십을 산 것은 예로부터 드물다.

원문 | **人生七十古來稀**
인 생 칠 십 고 희 래

글자 | 옛 **고**, 드물 **희**

출전 | 두보의 시

[칠십동장七十同藏]

칠십에 같은 곳집을 쓴다는 말이며, 부부의 예에 있어서 오직 70세가 되면 동거하여 격을 없이 한다는 뜻이다.

원문 | **夫婦之禮 唯及七十 同藏無間**
부 부 지 예 유 급 칠 십 동 장 무 간

글자 | 같을 **동**, 곳집 **장**

출전 | 예기 내칙內則

[칠십이후七十二候]

72가지의 기후를 말하며, 24절기節氣를 다시 3등분하여 거의 닷새마다 1후로 하여 1년의 기후를 72개의 특징적인 자연현상에 맞추어 고안된 절기를 일컫는다.

글자 | 기후 **후**

[칠언고시七言古詩]

일곱 글자로 된 옛 시라는 말이며, 항우의 해하가垓下歌, 한고조의 대풍가大風歌, 한무제의 추풍사秋風辭 등의 한 구절이 일곱 글자로 되어 있다. 한무제의 추풍사를 소개한다. '秋風起兮白雲飛 草木黃落兮雁南歸 蘭有秀兮菊有芳 懷佳兮不能忘'

글자 | 말씀 **언**, 옛 **고**, 글귀 **시**

동류 | 칠언절구七言絶句

[칠언고풍七言古風]

→ 칠언고시七言古詩

[칠언배율七言排律]

일곱 마디로 벌려지은 것이라는 말이며, 연구聯句가 여섯 구 이상으로 된 한시를 일컫는다.

글자 | 말씀 **언**, 벌려놓을 **배**, 지을 **율**

[칠언율시七言律詩]

일곱 글자 8구절로 된 한시漢詩를 말한다.

글자 | 말씀 **언**, 법 **율**, 글귀 **시**

관련 | 오언율시五言律詩

[칠언절구七言絶句]

일곱 글자 4구절로 된 한시를 말한다.

글자 | 말씀 **언**, 끊을 **절**, 글·절 **구**

동류 | 칠언고시七言古詩

관련 | 오언절구五言絶句

[칠자불화漆者不畵]

옻칠을 하는 사람은 그림을 그리지 않는다는 말이며, 한 사람이 두 가지 일을 하지 않는다는 뜻이다.

글자 | 옻 **칠**, 놈 **자**, 아닐 **불**, 그림 **화**

출전 | 회남자

[칠자팔서七子八壻]

일곱 아들과 여덟 사위라는 말이며, 자녀를 많이 둔 번창한 가정을 빗댄 말이다.

글자 | 아들 **자**, 사위 **서**

[칠전팔기七顚八起]

일곱 번 거꾸러지고 여덟 번 일어난다는 말이며, 아무리 실패를 거듭해도 굴하지 않는다는 뜻이다.

글자 | 넘어질 **전**, 일어날 **기**

출전 | 당서

유사 | 백절불굴百折不屈

[칠전팔도七顚八倒]

일곱 번 거꾸러지고 여덟 번 넘어진다는 말이며, 수 없이 실패하여 고생한다는 뜻이다.

글자 | 거꾸러질 **전**, 넘어질 **도**

출전 | 주자어류

동류 | 십전구도十顚九倒

[칠종칠금七縱七擒]

일곱 번 잡았다가 일곱 번 놓아준다는 말이며, 마음대로 잡았다 놓았다 한다는 뜻이다. 이는 제갈량이 맹획孟獲을 일곱 번 사로잡고 일곱 번 놓아주었는데, 남인은 그 후 다시 반항하지 않았다 한다. 반항하는 자를 힘으로 굴복시키는 것보다 덕으로 하는 것이 더 효과적이라는 고사에서 온 말이다.

글자 | 놓을 **종**, 사로잡을 **금**

출전 | 삼국지

[칠중보수七重寶樹]

일곱 줄의 보배로운 나무라는 말이며, 극락정토에 있다는 일곱 개의 귀한 나무라는 뜻이다.

글자 | 거듭 **중**, 보배 **보**, 나무 **수**

[칠진만보七珍萬寶]

일곱 가지 보배와 만 가지 보배라는 말이며, 온갖 진귀한 보배라는 뜻이다.

글자 | 보배 **진**, 일만 **만**, 보배 **보**

[칠척지구七尺之軀]

일곱 자의 몸이라는 말이며, 키가 매우 크다는 뜻이다.

글자 | 자 **척**, 어조사 **지**, 몸 **구**

ㅊ

[칠칠가절七七佳節]

음력 7월 7일의 아름다운 때라는 말이며, 7월 칠석七夕의 좋은 명절이라는 뜻이다. 이날 저녁에 은하銀河 동쪽에 있는 견우성牽牛星이 서쪽에 있는 직녀성織女星과 오작교烏鵲橋에서 만나고 하는 전설이 있다.

글자 | 아름다울 **가**, 때 **절**

출전 | 옥루몽

[칠칠암야漆漆暗夜]

아주 캄캄한 어두운 밤이라는 뜻이다.

글자 | 캄캄할 **칠**, 어두울 **암**, 밤 **야**

[칠화팔렬七花八裂]

일곱 개의 꽃이 여덟 개로 갈라진다는 말이며, 여러 갈래로 갈라져 산산 조각이 난다는 뜻이다.

글자 | 꽃 **화**, 갈라질 **렬**

[침경자서枕經藉書]

경전을 베개하고 시서詩書를 깔고 앉는다는 말이며, 독서에 탐닉한다는 뜻이다.

글자 | 베개 **침**, 경서 **경**, 깔 **자**, 글 **서**

[침과대단枕戈待旦]

창을 베개로 하고 아침을 기다린다는 말이며, 언제나 싸울 준비를 하고 기다린다는 뜻이다.

원문 | 吾枕戈待旦 志梟逆虜
오 침 과 대 단 지 효 역 로

글자 | 베개 **침**, 창 **과**, 기다릴 **대**, 아침 **단**

출전 | 진서 유곤전劉琨傳

[침과대적枕戈待敵]

→ 침과대단枕戈待旦

[침기밀산沈機密算]

깊은 기회와 촘촘한 셈이라는 말이며, 심오한 기지와 치밀한 계책이라는 뜻이다.

글자 | 잠길 **침**, 기회 **기**, 촘촘할 **밀**, 셈놓을 **산**

출전 | 조선왕조 14대 선조실록 101권

[침기웅단沈機雄斷]

깊은 기회와 굳센 결단이라는 말이며, 심오한 기지와 웅대한 판단이라는 뜻이다.

글자 | 잠길 **침**, 기회 **기**, 굳셀 **웅**, 결단할 **단**

출전 | 대전속록大典續錄

[침도도우針盜盜牛]

바늘 도둑이 소를 훔친다는 말이며, 조그만 나쁜 버릇이 커지게 되면 마침내는 큰 죄를 지게 된다는 뜻이다.

글자 | 바늘 **침**, 도둑 **도**, 훔칠 **도**, 소 **우**

출전 | 고금석림 28권

[침류수석枕流漱石]

흐르는 물을 베개로 삼고 돌로 양치질을 한다는 말이며, 몹시 지기 싫어한다는 뜻이다. 진나라의 손초孫楚가 은거하며 돌을 베개 삼고 흐르는 물로 양치질을 한다고 해야 할 것을 그 반대로 흐르는 물을 베개 삼고 돌로 양치질한다고 하여 왕제가 이를 나무랐던 바, 그는 흐르는 물을 베개 삼는다는 것은 귀를 씻기 위함이요, 돌로 양치질하는 것은 이를 닦기 위함이라고 교묘히 변명하였다는 고사에서 온 말이다.

글자 | 베개 **침**, 흐를 **류**, 양치질할 **수**, 돌 **석**

출전 | 진서 손초전孫楚傳

동류 | 침석수류枕石漱流

[침묵다지沈默多智]

말없이 잠긴 사람이 지혜가 많다는 말이며, 필요 없는 말을 늘어놓지 않도록 조심하라는 뜻이다.

글자 | 잠길 **침**, 말 없을 **묵**, 많을 **다**, 지혜 **지**

[침변교처枕邊敎妻]

베개 곁에서 아내를 가르친다는 말이며, 너무 딱딱하게 가르치면 효과가 적으므로 침상에서 가르침이 좋다는 뜻이다.

글자 | 베개 **침**, 가 **변**, 가르칠 **교**, 아내 **처**

[침불안석寢不安席]

[걱정이 많아서] 잠자리에서 편안히 자지 못한다는 말이다. 사기열전의 글이다. '왕께서는 자리에 누워도 편한 잠을 자지 못하고 음식을 먹어도 맛을 모르며,'

원문 | 君寢不安席 食不甘味
군침불안석 식불감미

글자 | 잘 **침**, 아닐 **불**, 편안 **안**, 자리 **석**

출전 | 사기 사마양저열전

[침사묵량沈思默量]

깊이 생각하고 잠잠히 헤아린다는 말이며, 어떤 일을 신중하게 생각하고 처리한다는 뜻이다.

글자 | 잠길 **침**, 생각 **사**, 잠잠할 **묵**, 헤아릴 **량**

출전 | 창선감의록

[침서고와枕書高臥]

책을 베개 삼고 높이 누웠다는 말이며, 한가하고 편안하게 지낸다는 뜻이다.

원문 | 竹窓下枕書高臥 覺時月侵寒氈
죽창하침서고와 각시월침한전

글자 | 베개 **침**, 글 **서**, 높을 **고**, 누울 **와**

출전 | 채근담 96항

[침선파부沈船破釜]

→ 파부침선破釜沈船

[침소봉대針小棒大]

작은 바늘을 큰 몽둥이로 만든다는 말이며, 작은 일을 크게 부풀린다는 뜻이다.

글자 | 바늘 **침**, 작을 **소**, 몽둥이 **봉**, 클 **대**

[침식불안寢食不安]

자고 먹는 것이 편안하지 않다는 말이며, 걱정이 매우 많다는 뜻이다.

글자 | 잘 **침**, 먹을 **식**, 아닐 **불**, 편안 **안**

[침어낙안沈魚落雁]

물고기를 가라앉히고 기러기를 떨어트린다는 말이며, 여자의 아름다움을 빗댄 말이다. 이는 설결齧缺과의 대화에서 왕예王倪가 한 말이다. '모장毛嬙과 여희麗姬는 사람들이 다 좋아하는 절세미인이다. 그런데 고기는 그녀를 보면 물속 깊이 숨어버리고, 새들은 높이 날아가 버리며, 사슴들은 뛰어 달아난다.'

글자 | 가라앉을 **침**, 고기 **어**, 떨어질 **낙**, 기러기 **안**

출전 | 장자 제물론齊物論

[침어주색沈於酒色]

술과 예쁜 계집에 빠졌다는 말이다.

글자 | 잠길 **침**, 어조사 **어**, 술 **주**, 예쁜 계집 **색**

[침우기마寢牛起馬]

소는 잠자고 말은 일어난다는 말이며, 소는 눕는 것을 좋아하고 말은 서 있는 것을 좋아함과 같이 사람마다 취미가 다르다는 뜻이다.

글자 | 잠잘 **침**, 소 **우**, 일어날 **기**, 말 **마**

[침윤지언浸潤之言]

→ 침윤지참浸潤之譖

출전 | 논어 안연顏淵

[침윤지참浸潤之譖]

잠기면서 젖어드는 참소라는 말이며, 상대방을 교묘히 중상모략 한다는 뜻이다. 이는 자장子張이 공자에게 어떤 것을 밝다고 하느냐는 질문에 공자가 대답한 말이다. '물이 스며들듯 하는 참소와 피부로 직접 느끼는 호소가 행해지지 않으면 마음이 밝다고 할 수 있고, 또 생각이 멀다고 말할 수 있을 것이다.'

원문 | 沈潤之譖 膚受之愬
침윤지참 부수지소

글자 | 잠길 **침**, 젖을 **윤**, 어조사 **지**, 참소할 **참**

출전 | 논어 안연顏淵

동류 | 침윤지언浸潤之言

[침점침간寢苫枕干]

방패를 베개 삼고 거적자리에서 잔다는 말이며, 상중喪中에 있다는 뜻이다.

글자 | 잘 **침**, 거적자리 **점**, 베개 **침**, 방패 **간**

[침점침괴寢苫枕塊]

흙덩어리를 베고 거적자리에 서 잔다는 말이며, 상중喪中에 있다는 뜻이다.

원문 | 寢苫枕塊 哀親之在土也
침점침괴 애친지재토야

글자 | 잘 **침**, 거적자리 **점**, 베개 **침**, 흙

덩어리 **괴**

출전 | 예기 문상問喪

동류 | 침점침간寢苫枕干

유사 | 초토삼년草土三年

[침정신정沈靜神定]

고요함에 잠기는 것은 정신이 편안하기 때문이라는 말이다. 명나라 여곤呂坤(1536~1618)의 글이다. '침정은 마음에 일렁임이 없이 맑게 가라앉은 상태다. 침정은 신정에서 나온다. 마음이 차분히 가라앉으면 번잡한 사무를 보고, 말을 많이 해도 일체의 일렁임이 없다.'

글자 | 잠길 **침**, 고요 **정**, 정신 **신**, 편안할 **정**

출전 | 여곤의 신음어呻吟語

[침조산와沈竈産蛙]

부뚜막이 잠기고 개구리가 생긴다는 말이며, 심한 홍수를 일컫는다. 춘추시대 진나라의 지백智伯이 조양자의 성을 수공水攻하여 성 안의 집이 오래 물에 잠긴 고사에서 온 말이다.

글자 | 잠길 **침**, 부뚜막 **조**, 낳을 **산**, 개구리 **와**

출전 | 자치통감 주기周紀

[침침칠야沈沈漆夜]

깊이 잠겨 지척을 분간하지 못할 만큼 캄캄한 밤이라는 말이다.

글자 | 잠길 **침**, 캄캄할 **칠**, 밤 **야**

[칭가유무稱家有無]

'집이라 하는 것이 있느냐 없느냐.' 라는 말이며, 집의 형세에 따라 추렴이나 어떤 일을 알맞게 한다는 뜻이다.

글자 | 일컬을 **칭**, 집 **가**, 있을 **유**, 없을 **무**

[칭물평시稱物平施]

물건을 저울질하여 고르게 베푼다는 말이다.

글자 | 저울 **칭**, 물건 **물**, 고를 **평**, 베풀 **시**

출전 | 주역 겸괘謙卦

[칭병불출稱病不出]

병을 핑계하고 나가지 않는다는 말이다.

글자 | 말할 **칭**, 병들 **병**, 아닐 **불**, 나갈 **출**

[칭불리추秤不離錘]

저울대와 저울추는 떨어질 수 없다는 말이며, 서로 밀접한 관계라는 뜻이다.

글자 | 저울 **칭**, 아닐 **불**, 떨어질 **리**, 저울눈 **추**

[칭체재의稱體裁衣]

→ 양체재의量體裁衣

[칭평두만秤平斗滿]

저울은 공평하고 말은 가득 찬다는 말이며, 정직하게 장사를 한다는 뜻이다.

글자 | 저울 **칭**, 바를 **평**, 말 **두**, 찰 **만**

ㅊ

[쾌도난마快刀亂麻]

어지러운 삼을 칼로 상쾌하게 정리한다는 말이며, 얽히고설킨 사물을 과감하게 빨리 처리한다는 뜻이다. 동위나라의 승상 고환高歡이 자식들의 총명을 시험하려고 흐트러진 삼을 나누어주면서 빨리 정리하도록 했다. 모두 삼을 한 올씩 추리는데 고양高洋이라는 아들만 칼로 베어 먼저 정리하고 '어지러운 것은 베어버려야 한다(亂者必斬).'고 말했다는 고사에서 온 말이다.

글자 | 빠를 **쾌**, 칼 **도**, 어지러울 **난**, 삼 **마**

출전 | 북제서北齊書 문선기文宣記

[쾌독파거快犢破車]

빠른 송아지는 수레를 깨뜨린다는 말이며, 장차 큰일을 하려는 젊은이는 스스로 조심해야 한다는 뜻이다.

글자 | 빠를 **쾌**, 송아지 **독**, 깨뜨릴 **파**, 수레 **거**

출전 | 진서 석계용재기石季龍載記

[쾌락불퇴快樂不退]

쾌락이 물러나지 않는다는 말이며, 쾌락이 오래 계속되어 도중에 그치지 않는다는 뜻이다.

글자 | 쾌할 **쾌**, 즐거울 **락**, 아닐 **불**, 물러날 **퇴**

[쾌변숙면快便熟眠]

똥오줌을 시원하게 보고 잠을 푹 잔다는 말이다.

글자 | 쾌할 **쾌**, 똥오줌 **변**, 익을 **숙**, 잘 **면**

[쾌산원우快山冤牛]

쾌산에서 원통하게 죽은 소라는 말이며, 매우 억울한 일을 당한다는 뜻이다. 평안도 영변군의 쾌산에 사는 농부의 소가 호랑이에게 물려 죽을 지경의 주인을 구하고도 밭을 밟았다는 이유로 주인에게 원통하게 죽은 고사에서 온 말이다.

글자 | 상쾌할 **쾌**, 뫼 **산**, 원통할 **원**, 소 **우**

출전 | 조선왕조 18대 현종실록 7권

[쾌승장군快勝將軍]

상쾌하게 이긴 장수라는 말이며, 시원스럽게 이기고 돌아온 장군이라는 뜻이다.

글자 | 상쾌할 **쾌**, 이길 **승**, 장수 **장**, 군사 **군**

[쾌의당전快意當前]

쾌할 뜻이 앞에 있다는 말이며, 현재를 즐기거나 현재에 만족한다는 뜻이다.

글자 | 쾌할 **쾌**, 뜻 **의**, 맞을 **당**, 앞 **전**

출전 | 전국책

[쾌인쾌사快人快事]

상쾌한 사람의 상쾌한 일이라는 말이며, 씩씩한 사람의 시원스런 일처리를 일컫는다.

글자 | 상쾌할 **쾌**, 사람 **인**, 일 **사**

ㅋ

[타가겁사他家劫舍]

남의 집을 위협하고 폐한다는 말이며, 백성의 집을 때려 부수고 재물을 마구 빼앗는다는 뜻이다.

글자 | 남 **타**, 집 **가**, 위협할 **겁**, 폐할 **사**

[타관만리他官萬里]

→ 만리타향萬里他鄕

[타궁막만他弓莫挽]

남의 활을 당기지 말라는 말이며, 무익한 일을 하지 말라, 또는 자기가 닦은 바를 딴 곳에 쏟지 말라는 뜻이다.

글자 | 다를 **타**, 활 **궁**, 말 **막**, 당길 **만**

출전 | 무문관無門關

[타기만만惰氣滿滿]

게으름이 가득하다는 말이다.

글자 | 태만할 **타**, 기운 **기**, 찰 **만**

[타기사지惰其四肢]

그 사지를 게을리한다는 말이며, 노력하지 않는다는 뜻이다.

원문 | 世俗所謂不孝子五 惰其四肢
세속소위불효자오 타기사지

글자 | 게으를 **타**, 그 **기**, 사지 **지**

출전 | 맹자 이루離婁 하

[타기술중墮其術中]

꾀 속에 떨어진다는 말이며, 남의 간사한 꾀에 빠진다는 뜻이다.

글자 | 떨어질 **타**, 그 **기**, 꾀 **술**, 가운데 **중**

[타도타관他道他官]

다른 길과 다른 관가라는 말이며, 다른 고장이라는 뜻이다.

글자 | 다를 **타**, 길 **도**, 관가 **관**

[타력본원他力本願]

다른 힘에 의지하여 근본을 원한다는 말이며, 다른 사람의 힘에 의지하여 일을 성취한다는 뜻이다. 이는 본래 아미타여래가 중생을 구하려고 세운 발원發源에 의지하여 성불成佛한다는 뜻이었다.

글자 | 다를 **타**, 힘 **력**, 밑 **본**, 원할 **원**

출전 | 불교

[타면자건唾面自乾]

침 뱉은 얼굴이 스스로 마른다는 말이며, 남이 얼굴에 침을 뱉었을 때 절로 마르도록 참고 견딘다는 뜻이다.

글자 | 침 뱉을 **타**, 얼굴 **면**, 스스로 **자**, 마를 **건**

출전 | 당서, 십팔사략

[타산지석它山之石]

다른 산의 돌이라는 말이며, 다른 사람의 말이나 행동이 자신의 학문과 덕을 쌓는데 좋은 참고가 될 수 있다는 뜻이다. 학명鶴鳴이라는 시에 나오는 글이다. '다른 산의 돌은 그로써 옥을 갈 수 있다네.' 초야에 묻혀있는 어진 사람을 데려다 임금의 덕을 더욱 아름답게 만드는 재료로 삼으라는 뜻이다.

원문 | 它山之石 可以攻玉
타 산 지 석 가 이 공 옥

글자 | 다를 **타**, 뫼 **산**, 갈 **지**, 돌 **석**

출전 | 시경 소아小雅

유사 | 절차탁마切磋琢磨, 공옥이석攻玉以石

[타상하설他尙何說]

다른 것으로 미루어 어떤 말인지 알 수 있다는 말이며, 어떤 한 가지를 보면 다른 것은 보지 않아도 알 수 있다는 뜻이다.

글자 | 다를 **타**, 오히려 **상**, 어찌 **하**, 말씀 **설**

출전 | 논어 공야장公冶長

유사 | 추차가지推此可知

[타생지연他生之緣]

다른 삶의 인연이라는 말이며, 불교에서 낯모르는 사람끼리 소매를 스쳐도 모두가 전생前生의 인연이라는 뜻이다.

글자 | 다를 **타**, 살 **생**, 어조사 **지**, 인연 **연**

[타수가득唾手可得]

손에 침을 뱉듯 얻을 수 있다는 말이며, 사물을 쉽게 얻거나 성사시킬 수 있다는 뜻이다.

글자 | 침 뱉을 **타**, 손 **수**, 옳을 **가**, 얻을 **득**

출전 | 후한서 공손찬전

동류 | 타수가취唾手可取, 타수이결唾手而決

[타심지통他心智通]

남의 마음을 뚫고 안다는 말이다.

글자 | 남 **타**, 마음 **심**, 알 **지**, 뚫을 **통**

[타인소시他人所視]

다른 사람이 보는 바라는 말이며, 남이 보고 있어 감출 수 없다는 뜻이다.

글자 | 다를 **타**, 사람 **인**, 바 **소**, 볼 **시**

[타인한수他人鼾睡]

다른 사람의 코 고는 소리라는 말이

며, 옆에서 방해가 되게 하는 것은 참을 수 없다는 뜻이다.

원문 | 臥榻之側 豈容他人鼾睡
와 탕 지 측 개 용 타 인 한 수

글자 | 다를 **타**, 사람 **인**, 코 골 **한**, 잘 **수**

출전 | 송사

[타자회금拖紫懷金]

자줏빛 [도장주머니 끈]을 끌고 금 [도장]을 품었다는 말이며, 높은 벼슬자리에 올랐다는 뜻이다.

글자 | 끌 **타**, 자줏빛 **자**, 품을 **회**, 금 **금**

[타장지정打獐之梃]

노루 잡는 몽둥이라는 말이며, '노루 잡던 몽둥이 삼 년 우려먹는다.' 는 속담에서 온 말이다.

글자 | 칠 **타**, 노루 **장**, 어조사 **지**, 몽둥이 **정**

[타초경사打草驚蛇]

풀을 쳐서 뱀을 놀라게 한다는 말이며, 일 처리가 빠르지 못하고 행동이 신중하지 못하여 남의 경계심을 불러일으킨다는 뜻이다. 이는 왕노王魯라는 사람이 많은 재물을 횡령했는데, 자기의 측근이 횡령한 고소장을 읽다가 한 말이 줄여진 것이다. '너는 이미 풀을 건드렸지만 나는 이미 놀란 뱀이 되어버렸다.'

원문 | 汝雖打草 我已蛇驚
여 수 타 초 아 이 사 경

글자 | 칠 **타**, 풀 **초**, 놀랄 **경**, 뱀 **사**

출전 | 남당근사南唐近事

[타향고지他鄉故知]

타향에서 옛 친지를 만난다는 말이며, 기쁨이 매우 크다는 뜻이다.

글자 | 다를 **타**, 마을 **향**, 옛 **고**, 알 **지**

[탁경청위濁涇清渭]

흐린 [중국의] 경수涇水와 맑은 위수라는 말이며, 흐린 강물과 맑은 강물이라는 뜻이다.

원문 | 濁涇清渭 何當分
탁 경 청 위 하 당 분

글자 | 흐릴 **탁**, 물 이름 **경**, 맑을 **청**, 물 이름 **위**

출전 | 두보의 추우탄秋雨嘆

[탁고규면托故窺免]

사건을 밀고 면함을 엿본다는 말이며, 사고를 핑계로 일이나 책임을 면하려고 한다는 뜻이다.

글자 | 밀 **탁**, 사건 **고**, 엿볼 **규**, 면할 **면**

출전 | 조선왕조 10대 연산군일기48권

[탁고기명託孤寄命]

외로움을 부탁하고 목숨을 맡긴다는 말이며, 임금이 죽기 전에 믿는 신하에게 어린 태자를 부탁하고 국정을 맡기는 일을 일컫는다.

글자 | 부탁할 **탁**, 외로울 **고**, 맡길 **기**, 목숨 **명**

출전 | 논어 태백太白

[탁공순사托公循私]

공변된 일을 밀어놓고 사사로운 일을 의지한다는 말이며, 수단과 방법을 가리지 않고 사리사욕을 채운다는 뜻이다.

글자 | 밀 **탁**, 공변될 **공**, 의지할 **순**, 사사 **사**

출전 | 조선왕조 16대 인조실록 45권

동류 | 탁공제사托公濟私

[탁공제사托公濟私]

→ 탁공순사托公循私

출전 | 조선왕조 15대 광해군일기 12권

[탁구연의琢句鍊意]

글 구절을 쪼고 뜻을 단련한다는 말이며, 시문을 아름답게 다듬고 꾸민다는 뜻이다.

글자 | 쫄 **탁**, 글 구절 **구**, 단련할 **연**, 뜻 **의**

출전 | 보한집補閑集 서문

[탁덕양력度德量力]

덕을 헤아리고 힘을 헤아린다는 말이며, 자신의 덕행과 역량을 깊이 헤아려 살핀다는 뜻이다.

글자 | 헤아릴 **탁**, 큰 **덕**, 헤아릴 **양**, 힘 **력**

[탁려풍발踔厲風發]

우뚝 서고 엄하며 바람처럼 쏜다는 말이며, 언변言辯이 뛰어나고 힘차게 나온다는 뜻이다.

글자 | 우뚝 설 **탁**, 엄할 **려**, 바람 **풍**, 쏠 **발**

출전 | 한유韓愈의 글

[탁발난수擢拔難數]

터럭을 뽑아 세기 어렵다는 말이며, 지은 죄가 헤아릴 수 없이 너무 많다는 뜻이다.

글자 | 뽑을 **탁**, 터럭 **발**, 어려울 **난**, 셀 **수**

출전 | 사기 범수채택范雎蔡澤 열전

동류 | 탁발막수擢拔莫數

[탁발난용擢髮難容]

머리털을 뽑아도 용납하기 어렵다는 말이며, 지은 죄가 헤아릴 수 없이 많다는 뜻이다.

글자 | 뽑을 **탁**, 터럭 **발**, 어려울 **난**, 용납할 **용**

출전 | 조선왕조 15대 광해군일기 120권

동류 | 탁발난주擢髮難誅

[탁발난주擢髮難誅]

→ 탁발난용擢髮難容

[탁상공론卓上空論]

책상 위의 헛된 의논이라는 말이며, 실천성이 없는 허황된 이론 또는 계획 등을 빗댄 말이다.

글자 | 책상 **탁**, 윗 **상**, 빌 **공**, 의논할 **론**

동류 | 궤상공론机上空論

[탁상연설卓上演說]

책상 위에서의 긴 말씀이라는 말이며, 연회 석상 따위에서 식사 도중에 각자의 자리에서 하는 간단한 연설을 일컫는다.

글자 | 책상 **탁**, 윗 **상**, 길게 흐를 **연**, 말씀 **설**

[탁월서풍卓越西風]

뛰어나게 넘는 서쪽 바람이라는 말이며, 편서풍偏西風을 일컫는다.

글자 | 뛰어날 **탁**, 넘을 **월**, 서녘 **서**, 바람 **풍**

[탁호난급卓乎難及]

뛰어나서 미치기 어렵다는 말이며, 사람이 뛰어나 남이 미치기 어렵다는 뜻이다.

글자 | 뛰어날 **탁**, 어조사 **호**, 어려울 **난**, 미칠 **급**

[탄갈심력殫竭心力]

마음과 힘을 다하여 쏟는다는 말이다.

글자 | 갈진할 **탄**, 다할 **갈**, 마음 **심**, 힘 **력**

[탄관상경彈冠相慶]

갓을 튕기며 서로 즐거워한다는 말이며, 벼슬하게 된 것을 서로 축하한다는 뜻이다.

글자 | 튕길 **탄**, 갓 **관**, 서로 **상**, 즐거울 **경**

출전 | 한서 왕길전王吉傳

[탄금주적彈琴走敵]

거문고를 튕기며 적이 달아나게 한다는 말이며, 아군이 열세일 때 방어하지 않는 것처럼 꾸며 적을 혼란스럽게 하는 전략을 일컫는다.

글자 | 튕길 **탄**, 거문고 **금**, 달아날 **주**, 적 **적**

출전 | 삼국지 제갈량전

[탄도괄장呑刀刮腸]

칼을 삼켜 창자를 깎아낸다는 말이며, 악한 마음을 없애고 새사람이 된다는 뜻이다.

글자 | 삼킬 **탄**, 칼 **도**, 깎을 **괄**, 창자 **장**

출전 | 남사南史

[탄부문덕誕敷文德]

글과 덕을 크게 편다는 밀이며 덕망을 크게 진흥한다는 뜻이다.

원문 | 誕敷文德聿回三代之隆
탄 부 문 덕 율 회 삼 대 지 륭

글자 | 클 **탄**, 펼 **부**, 글 **문**, 큰 **덕**

출전 | 조선왕조 4대 세종실록

[탄사취죽彈絲吹竹]

실을 타고 대나무를 분다는 뜻이며, 현악기와 관악기를 연주한다는 뜻이다.

글자 | 탈 **탄**, 실 **사**, 불 **취**, 대 **죽**

[탄우지기呑牛之氣]

소를 삼키는 기상이라는 말이며, 장대한 기상을 빗댄 말이다.

글자 | 삼킬 **탄**, 소 **우**, 어조사 **지**, 기운 **기**

출전 | 두보杜甫의 시

유사 | 식우지기食牛之氣

[탄주지어呑舟之魚]

배를 삼킨 물고기라는 말이며, 큰 인물을 빗댄 말이다. 열자에 있는 글이다. '큰 물고기는 작은 물에서 놀지 않는다.'

원문 | 呑舟之魚 不游枝流
탄 주 지 어 불 유 지 류

글자 | 삼킬 **탄**, 배 **주**, 어조사 **지**, 고기 **어**

출전 | 열자 양주楊朱, 장자 경상초庚桑楚

[탄지지간彈指之間]

손가락을 튕길 시간이라는 말이며, 아주 잘 가는 세월을 빗댄 말이다.

글자 | 튕길 **탄**, 손가락 **지**, 어조사 **지**, 사이 **간**

[탄탄대로坦坦大路]

아주 평평하고 큰 길이라는 말이며, 아무 어려움 없는 앞날로 비유하기도 한다.

글자 | 평평할 **탄**, 큰 **대**, 길 **로**

출전 | 송남잡지

[탄토출몰呑吐出沒]

삼키며 토하고 나오고 숨는다는 말이며, 변화가 심한 사람의 행태를 빗댄 말이다.

글자 | 삼킬 **탄**, 토할 **토**, 날 **출**, 숨을 **몰**

[탄화와주呑花臥酒]

꽃을 삼키고 술로 쉰다는 말이며, 꽃을 사랑하고 술을 좋아한다는 뜻이다.

글자 | 삼킬 **탄**, 꽃 **화**, 쉴 **와**, 술 **주**

[탄환우비彈丸雨飛]

총알이 비와 같이 난다는 말이며, 전투가 매우 치열하다는 뜻이다.

글자 | 총알 **탄**, 탄자 **환**, 비 **우**, 날 **비**

[탄환우주彈丸雨注]

→ 탄환우비|彈丸雨飛

[탄환지지彈丸之地]

탄알과 같은 땅이라는 말이며, 아주 작은 땅을 일컫는다. 사기의 글이다. '아무리 총알처럼 작은 땅이라도 줄 필요가 없습니다.'

원문 | 此彈丸之地弗予
차 탄 환 지 지 불 여

글자 | 탄알 **탄**, 알 **환**, 어조사 **지**, 땅 **지**

출전 | 사기 평원군우경

[탈모노정脫帽露頂]

모자를 벗어 정수리를 드러낸다는 말이며, 예절이 없다는 뜻이다.

글자 | 벗을 **탈**, 모자 **모**, 드러낼 **노**, 정수리 **정**

[탈속지반脫粟之飯]

벼의 [껍질을] 벗긴 밥이라는 말이며, 거친 현미밥을 일컫는다.

글자 | 벗길 **탈**, 벼 **속**, 어조사 **지**, 밥 **반**

출전 | 사기

[탈신도주脫身逃走]

몸을 빼서 달아난다는 말이다.

글자 | 벗을 **탈**, 몸 **신**, 달아날 **도**, 달릴 **주**

[탈정종공奪情從公]

→ 기복출사起復出仕

[탈태환골奪胎換骨]

→ 환골탈태換骨奪胎

[탈토지세脫兎之勢]

[덫에서] 벗어나는 토끼의 기세라는 말이며, 동작이 매우 빠른 것을 빗댄 말이다.

글자 | 벗을 **탈**, 토끼 **토**, 어조사 **지**, 기세 **세**

출전 | 손자 구지편九地篇

[탐관오리貪官汚吏]

벼슬을 탐하는 더러운 벼슬아치라는 말이며, 탐욕이 많고 깨끗하지 못한 관리를 일컫는다.

글자 | 탐할 **탐**, 벼슬 **관**, 더러울 **오**, 벼슬아치 **리**

[탐권낙세貪權樂勢]

권세를 탐내고 세도 부리기를 즐긴다는 말이다.

글자 | 탐할 **탐**, 권세 **권**, 즐거울 **낙**, 기세 **세**

출전 | 창선감의록

[탐낭취물探囊取物]

주머니를 더듬어 물건을 꺼낸다는 말이며, 매우 쉽게 찾아 얻는다는 뜻이다.

원문 | 取江南 如探囊取物爾
취강남 여탐낭취물이

글자 | 더듬을 **탐**, 주머니 **낭**, 취할 **취**, 물건 **물**

출전 | 신오대사新五代史, 삼국지

동류 | 낭중취물囊中取物

[탐닉생활耽溺生活]

즐거움에 빠진 생활이라는 말이며, 주색잡기에 빠져 다른 일을 돌보지 않는 타락한 생활이라는 뜻이다.

글자 | 즐거울 **탐**, 빠질 **닉**, 살 **생**, 살 **활**

[탐다무득貪多務得]

많은 것을 탐내고 얻는데 힘쓴다는 말이며, 욕심이 많아 많은 것을 탐낸다는 뜻이다.

글자 | 탐할 **탐**, 많을 **다**, 힘쓸 **무**, 얻을 **득**

[탐도불법貪饕不法]

게검스럽게 탐하며 법을 어긴다는 말이다.

글자 | 탐할 **탐**, 게검스러울 **도**, 아닐 **불**, 법 **법**

동류 | 탐람불법貪婪不法

[탐도지배貪饕之輩]

게검스럽게 탐하는 무리라는 말이다.

글자 | 탐할 **탐**, 게검스러울 **도**, 어조사 **지**, 무리 **배**

[탐득과수貪得寡羞]

얻기를 탐하며 부끄러움은 적다는 말이며, 지금 세상은 나무람을 잘 참고 욕됨을 가벼이 여기며 얻기만을 탐하면서 부끄러움은 적다는 뜻이다.

원문 | 當今之世忍詬而輕辱貪得而寡羞
당금지세인구이경욕탐득이과수

글자 | 탐할 **탐**, 얻을 **득**, 적을 **과**, 부끄러울 **수**

출전 | 회남자

[탐란지환探卵之患]

알을 찾을 근심이라는 말이며, 거처를 습격당할 근심 또는 내막이 드러날 근심을 빗댄 말이다.

글자 | 찾을 **탐**, 알 **란**, 어조사 **지**, 근심 **환**

[탐려득주探驪得珠]

검은 말의 턱을 더듬어 구슬을 얻는다는 말이며, 문장의 핵심을 정확하게 갈파한다는 뜻이다.

글자 | 찾을 **탐**, 검은말 **려**, 얻을 **득**, 구슬 **주**

출전 | 장자 열어구편列禦寇篇

[탐명애리貪名愛利]

이름을 탐하고 이로움을 사랑한다는 말이며, 명예를 탐내고 이익에 집착한다는 뜻이다.

글자 | 탐할 **탐**, 이름 **명**, 사랑 **애**, 이로울 **리**

[탐부순재貪夫徇財]

탐하는 지아비는 재물을 따라 죽는다는 말이며, 재물을 위해서 위험도 개의치 않는다는 뜻이다.

원문 | 貪夫徇財兮 烈士徇名
탐부순재혜 열사순명

글자 | 탐할 **탐**, 지아비 **부**, 따라 죽을 **순**, 재물 **재**

출전 | 사기 굴원가생屈原賈生열전

[탐생파사貪生怕死]

삶을 탐하여 죽음을 두려워한다는 말이며, 죽음을 두려워하여 죽을 때 죽지 못하고 추하게라도 살려고 한다는 뜻이다.

원문 | 貪生怕死 卽詐僵僕陽病
탐생파사 즉사강복양병

글자 | 탐할 **탐**, 살 **생**, 두려워할 **파**, 죽을 **사**

출전 | 한서열전 문삼완전文三王傳

[탐소실대貪小失大]

작은 것을 탐하다가 큰 것을 잃는다는 말이다.

글자 | 탐할 **탐**, 작을 **소**, 잃을 **실**, 큰 **대**

[탐어여악耽於女樂]

계집과 풍류를 즐긴다는 말이며, 여악에 빠져 정사를 소홀히 한다는 뜻

ㅌ

이다.

글자 | 즐길 **탐**, 어조사 **어**, 계집 **여**, 풍류 **악**

출전 | 십팔사략, 한비자

[탐욕불승貪慾不勝]

욕심을 탐하면 이길 수 없다는 말이며, 너무 욕심을 내면 제대로 이룰 수 없다는 뜻이다.

글자 | 탐할 **탐**, 욕심 **욕**, 아닐 **불**, 이길 **승**

[탐재독화貪財黷貨]

재물을 탐하고 재화를 무릅쓴다는 말이며, 재화를 몹시 탐한다는 뜻이다.

글자 | 탐할 **탐**, 재물 **재**, 무릅쓸 **독**, 재화 **화**

[탐재호색貪財好色]

재물을 탐하고 여색을 좋아한다는 말이다.

글자 | 탐할 **탐**, 재물 **재**, 좋을 **호**, 빛 **색**

[탐전결후探前趹後]

앞을 찾고 뒤를 찬다는 말이며, 빨리 달린다는 뜻이다. 이는 질주하는 말의 앞발이 다음 디딜 곳을 찾을 때 뒷발은 벌써 앞발이 밟은 곳을 차려고 하는 자세를 나타낸 말이다.

원문 | 探前趹後 蹄間三尋騰者
탐 전 결 후 체 간 삼 심 등 자

글자 | 찾을 **탐**, 앞 **전**, 달릴 **결**, 뒤 **후**

출전 | 사기 장의張儀열전

[탐천시로貪天恃老]

하늘을 탐내고 늙음을 믿는다는 말이며, 자연히 이루어진 일을 자신의 공로라고 주장하고 나이 많은 것을 빙자하여 함부로 날뛴다는 뜻이다.

글자 | 탐할 **탐**, 하늘 **천**, 믿을 **시**, 늙을 **로**

출전 | 조선왕조실록

[탐천지공貪天之功]

하늘을 탐하는 공이라는 말이며, 남의 공을 탐한다는 뜻이다. 춘추시대 진나라 문공이 오랜 유랑생활 끝에 귀국하여 고통을 함께했던 사람들을 대상으로 논공행상을 했는데 망명을 함께 했던 개자추가 공적을 포기하고 산중으로 들어갔다. 산에 불을 질러 나오게 했지만 불에 타 죽으면서도 자기의 뜻을 굽히지 않았다. 그는 사람들이 공적을 모두 자기 자신의 자랑으로 여기는 것을 마땅치 않게 여겼기 때문이다.

글자 | 탐할 **탐**, 하늘 **천**, 어조사 **지**, 공로 **공**

출전 | 춘추좌씨전 희공 24년

[탐화광접探花狂蝶]

꽃을 찾는 미친 나비라는 말이며, 탐화봉접探花蜂蝶을 강조한 말이다.

글자 | 찾을 **탐**, 꽃 **화**, 미칠 **광**, 나비 **접**

동류 | 탐화봉접探花蜂蝶

[탐화봉접探花蜂蝶]

꽃을 찾는 벌과 나비라는 말이며, 여색

女色을 좋아하는 사람을 빗댄 말이다.

글자 | 찾을 **탐**, 꽃 **화**, 벌 **봉**, 나비 **접**

[탑전정탈榻前定奪]

낮은 땅 앞에서 빼앗아 정한다는 말이며, 신하가 상주한 것에 대하여 임금이 즉석에서 결정한다는 뜻이다.

글자 | 낮은 땅 **탑**, 앞 **전**, 정할 **정**, 빼앗을 **탈**

출전 | 조선왕조 21대 영조실록

[탑전하교榻前下教]

낮은 땅 앞에서 가르친다는 말이며, 임금이 즉석에서 명령한다는 뜻이다.

글자 | 낮은 땅 **탑**, 앞 **전**, 아래 **하**, 가르칠 **교**

출전 | 조선왕조 21대 영조실록

[탕지반명湯之盤銘]

탕이 소반에 새긴 글이라는 말이며, 이는 은나라 탕왕이 목욕에 쓰는 소반에 글을 새겨 자신에 대한 경고를 게을리하지 않았다는 뜻이다.

원문 | 湯之盤銘曰苟日新日日新又日新
탕지반명왈구일신일일신우일신

글자 | 끓을 **탕**, 어조사 **지**, 소반 **반**, 새길 **명**

출전 | 대학 2장

[탕지철성湯池鐵城]

→ 금성탕지金城湯池

출전 | 세설신어 문학文學

[탕진가산蕩盡家産]

집의 생산을 다 소탕했다는 말이며, 집안의 재산을 죄다 없애버렸다는 뜻이다.

글자 | 소탕할 **탕**, 다 **진**, 집 **가**, 생산할 **산**

[탕진무여蕩盡無餘]

[재산을] 다 소탕하여 남은 것이 없다는 말이다.

글자 | 소탕할 **탕**, 다 **진**, 없을 **무**, 남을 **여**

[탕척비린蕩滌鄙吝]

더럽고 인색한 것을 쓸어버리고 씻는다는 말이다. 퇴계退溪가 우리나라 가곡의 흐름을 짚어 한림별곡翰林別曲 같은 작품은 긍호방탕矜豪放蕩, 즉 마구 뽐내고 방탕한 데다, 설만희압褻慢戲狎, 곧 제멋대로 장난치고 함부로 굴어서 군자가 숭상할 만한 것이 못된다. 이별李鼈의 육가六歌는 세상을 우습게 보는 완세불공玩世不恭의 뜻이 있어 온휴돈후溫柔敦厚의 실지가 부족하다. 그래서 자신이 도산십이곡陶山十二曲을 지었는데 노래하고 춤추는 사이에 탕척비린의 마음이 생겨나서 감발융통感發融通, 즉 느낌이 일어나 답답하던 것이 두루 통하게 되기를 희망했다.

글자 | 쓸어버릴 **탕**, 씻을 **척**, 더러울 **비**, 인색할 **린**

출전 | 퇴계의 도산십이곡

ㅌ

[탕척서용蕩滌敍用]

씻어 없애버리고 베풀어 쓴다는 말이며, 죄명을 없애주고 다시 벼슬에 등용한다는 뜻이다.

글자 | 소탕할 **탕**, 씻을 **척**, 베풀 **서**, 쓸 **용**

[탕탕유유蕩蕩悠悠]

넓고 질펀하며 아득하다는 말이며, 매우 넓다는 뜻이다.

글자 | 질펀할 **탕**, 아득할 **유**

[탕탕지훈蕩蕩之勳]

크고 큰 공훈이라는 말이다.

글자 | 클 **탕**, 어조사 **지**, 공훈 **훈**

출전 | 논어 술이述而, 후한서

[탕탕평평蕩蕩平平]

넓고 질펀하며 고르고 바르다는 말이며, 어느 쪽에도 치우치지 않았다는 뜻이다.

글자 | 질펀할 **탕**, 고를 **평**

출전 | 조선왕조 21대 영조실록

[탕패가산蕩敗家産]

→ 탕진가산蕩盡家產

[태강즉절太剛則折]

크고 굳세면 부러진다는 말이며, 지나치게 단단하고 자신만만한 사람은 실수하여 넘어지기 쉽다는 뜻이다.

원문 | 太剛則折 太柔則卷
태강즉절 태유즉권

글자 | 클 **태**, 굳셀 **강**, 곧 **즉**, 부러질 **절**

출전 | 회남자 범훈론氾訓論

[태고무극太古無極]

궁진窮盡함이 없는 처음 하늘이라는 말이며, 세상 만물이 생성된 근원을 일컫는다. 송나라 때의 대성한 중국 철학사상이다. 줄여서 태극太極이라 쓰게 되었다.

글자 | 처음 **태**, 하늘 **고**, 없을 **무**, 궁진할 **극**

출전 | 주역

[태고순민太古順民]

아주 오랜 옛날의 순한 백성이라는 말이다.

글자 | 클 **태**, 옛 **고**, 순할 **순**, 백성 **민**

동류 | 태고지민太古之民

[태고지민太古之民]

→ 태고순민太古順民

[태백착월太白捉月]

이태백이 달을 잡는다는 말이며, 당나라의 시인 이백李白이 술에 만취하여 강물 위에 비친 달을 잡으려다 물에 빠져 죽은 사건을 일컫는다.

글자 | 클 **태**, 흰 **백**, 잡을 **착**, 달 **월**

출전 | 후청록侯鯖錄

[태산교악泰山喬嶽]

크고 높은 산이라는 말이며, 지조가

곧고 꿋꿋한 성격이라는 말이다.

글자 | 클 **태**, 뫼 **산**, 높을 **교**, 큰 산 **악**

[태산명동泰山鳴動]

큰 산이 울고 움직인다는 말이며, 어떤 행동이 너무 요란해서 크고 높은 산이 울려서 움직이는 것 같다는 뜻이다.

글자 | 클 **태**, 뫼 **산**, 울 **명**, 움직일 **동**

[태산북두泰山北斗]

태산과 북두칠성이라는 말이며, 세상 사람으로부터 존경을 받는 사람을 빗댄 말이다. 당나라 한유韓愈를 칭찬한 글이다. '… 한유가 죽은 뒤 그의 학문은 더욱 홍성했으며, 그래서 학자들은 한유를 태산북두를 우러러보듯 존경했다.'

글자 | 클 **태**, 뫼 **산**, 북녘 **북**, 말 **두**

출전 | 신당서 한유전韓愈傳

[태산암암泰山巖巖]

태산이 높고 높다는 말이며, 기상이 날카롭고 커서 움직이지 않는다는 말로도 쓰인다.

글자 | 클 **태**, 뫼 **산**, 높을 **암**

출전 | 시경 노송魯頌

[태산압란泰山壓卵]

태산이 알을 눌러 깨뜨린다는 말이며, 일이 아주 쉽다는 뜻이다.

글자 | 클 **태**, 뫼 **산**, 누를 **압**, 알 **란**

출전 | 진서 손혜孫慧열전

[태산양목泰山梁木]

태산과 들보 같은 나무라는 말이며, 당대의 지도자 또는 현인을 빗댄 말이다. 예기에 있는 글이다. '태산이 무너지려나 대들보가 꺾어지려나.'

원문 | **泰山其頹乎 梁木其壞乎**
태 산 기 퇴 호 양 목 기 괴 호

글자 | 클 **태**, 뫼 **산**, 들보 **양**, 나무 **목**

출전 | 예기 단궁檀弓 상

[태산준령泰山峻嶺]

큰 산과 높은 산 고개라는 말이며, 경상도 사람의 성격을 빗댄 말이다.

글자 | 클 **태**, 뫼 **산**, 높을 **준**, 산 고개 **령**

출전 | 정도전鄭道傳의 팔도평

관련 | 팔도기질八道氣質

[태산지안泰山之安]

태산과 같은 편안함이라는 말이며, 안전하고 견고함을 빗댄 말이다.

글자 | 클 **태**, 뫼 **산**, 어조사 **지**, 편안 **안**

[태산홍모泰山鴻毛]

태산과 기러기 털이라는 말이며, 죽음이 태산처럼 무겁기도 하고, 기러기 털처럼 가볍기도 하다는 뜻이다.

원문 | **或重於泰山 或輕於鴻毛**
혹 중 어 태 산 혹 경 어 홍 모

글자 | 클 **태**, 뫼 **산**, 기러기 **홍**, 터럭 **모**

출전 | 사마천의 보임소경서報任小卿書

[태서문명泰西文明]

큰 서쪽의 문명이라는 말이며, 서양

문명이라는 뜻이다.

글자 | 클 **태**, 서녘 **서**, 빛날 **문**, 밝을 **명**

[태아도지太阿倒持]

태아가 거꾸로 쥐었다는 말이며, 천자가 대권을 신하에게 빼앗겼다는 뜻이다. 태아의 보검을 거꾸로 쥐고 다른 사람에게 준데서 온 말이다.

글자 | 클 **태**, 언덕 **아**, 거꾸러질 **도**, 가질 **지**

출전 | 한서 매복전梅福傳

[태액부용太液芙蓉]

태액의 연꽃이라는 말이며, 양귀비의 미모를 빗댄 말이다. 태액은 당나라 대명궁大明宮의 뒤에 있던 연못이며, 양귀비는 현종황제의 비였다.

글자 | 클 **태**, 진액 **액**, 연꽃 **부**, 연꽃 **용**

출전 | 백거이白居易의 장한가長恨歌

[태연무심泰然無心]

크게 그러하고 마음이 없다는 말이며, 태연자약하여 아무 생각이 없다는 뜻이다.

글자 | 클 **태**, 그럴 **연**, 없을 **무**, 마음 **심**

[태연자약泰然自若]

크게 그러하고 스스로 같다는 말이며, 마음에 충격을 받아도 침착하고 여전히 천연스럽다는 뜻이다.

글자 | 클 **태**, 그럴 **연**, 스스로 **자**, 같을 **약**

출전 | 금사金史 안잔문도전顔盞門都傳

[태이불교泰而不驕]

너그러우나 교만하지 않는다는 말이며, 중후하지만 교만스럽지는 않다는 뜻이다.

원문 | 君子泰而不驕
군 자 태 이 불 교

글자 | 너그러울 **태**, 말 이을 **이**, 아닐 **불**, 교만할 **교**

출전 | 논어 자로子路

[태재급급殆哉岌岌]

몹시 위태하고 위태하다는 말이다.

글자 | 위태할 **태**, 어조사 **재**, 위태할 **급**

[태재태재殆哉殆哉]

위태하다 위태하다는 말이며, 몹시 위태롭다는 뜻이다.

글자 | 위태할 **태**, 어조사 **재**

[태창제미太倉稊米]

큰 곡간의 돌피라는 말이며, 큰 것에 대한 매우 작은 것을 빗댄 말이다.

원문 | 不似稊米之在太倉乎
불 사 제 미 지 재 태 창 호

글자 | 클 **태**, 곳집 **창**, 돌피 **제**, 쌀 **미**

출전 | 장자 외편 추수秋水

동류 | 창해일속滄海一粟

[태초무극太初無極]

맨 처음에는 가운데가 없었다는 말이며, [우주의] 태초에는 아무것도 없었다는 뜻이다.

글자 | 클 **태**, 처음 **초**, 없을 **무**, 가운데 **극**

[태평무사太平無事]

크게 바르고 일이 없다는 말이며, 세상이 평화롭고 변한 사건 따위가 없다는 뜻이다.

글자 | 클 **태**, 바를 **평**, 없을 **무**, 일 **사**

[태평무상太平無像]

태평하고 형상이 없다는 말이며, 태평할 때 이렇다 할 특별한 형상이 나타나지 않는다는 뜻이다.

글자 | 클 **태**, 바를 **평**, 없을 **무**, 형상 **상**

출전 | 당서

[태평성대太平聖代]

크고 바른 임금의 시대라는 말이며, 어질고 착한 임금이 다스리는 태평한 세상이라는 뜻이다.

글자 | 클 **태**, 바를 **평**, 임금 **성**, 대수 **대**

[태평성사太平盛事]

크고 바른 시대의 무성한 일이라는 말이며, 태평한 시대의 좋고 훌륭한 일이라는 뜻이다.

글자 | 클 **태**, 바를 **평**, 무성할 **성**, 일 **사**

[태평세계太平世界]

크고 바른 세계라는 말이며, 잘 다스려져 평화로운 세상이라는 뜻이다.

글자 | 클 **태**, 바를 **평**, 세상 **세**, 지경 **계**

[태평연월太平烟月]

태평하고 안락한 세월이라는 말이다.

글자 | 클 **태**, 바를 **평**, 온기 **연**, 달 **월**

출전 | 열자 중니편仲尼篇

동류 | 강구영월康衢煙月

[태평천국太平天國]

크게 화평한 하늘나라라는 말이며, 나라와 백성이 편안한 이상적인 나라라는 뜻이다.

글자 | 클 **태**, 화평할 **평**, 하늘 **천**, 나라 **국**

[태풍일과颱風一過]

몹시 부는 바람이 한번 지난다는 말이며, 태풍이 지나가는 것, 또는 그 뒤의 맑은 하늘을 일컫는다.

글자 | 몹시 부는 바람 **태**, 바람 **풍**, 지날 **과**

[택급고골澤及枯骨]

은혜가 [죽은 사람의] 마른 뼈에 미친다는 말이며, 임금의 은혜가 모든 사람에게 미친다는 뜻이다.

글자 | 은혜 **택**, 미칠 **급**, 마를 **고**, 뼈 **골**

[택급만세澤及萬世]

은혜가 만세에 미친다는 말이다.

원문 | 澤及萬世而不爲仁
택 급 만 세 이 불 위 인

글자 | 은혜 **택**, 미칠 **급**, 일만 **만**, 세상 **세**

출전 | 장자 천도편天道篇

[택사이설擇師而說]

스승을 택하여 말한다는 말이며, 본받을 만한 사람을 가려서 말을 한다는 뜻이다.

원문 | 擇師而說 不談非禮
택사이설 부담비례

글자 | 고를 **택**, 스승 **사**, 말 이을 **이**, 말씀 **설**

출전 | 명심보감 부행편婦行篇

[택이교지擇而交之]

가려서 사귀라는 말이며, 훌륭한 사람만 골라서 사귀라는 뜻이다.

원문 | 擇而交之 有所補益
택이교지 유소보익

글자 | 가릴 **택**, 말 이을 **이**, 사귈 **교**, 어조사 **지**

출전 | 사자소학

[택중모우澤中冒雨]

못 가운데서 비를 무릅쓴다는 말이며, 난처한 경우에 임했다는 뜻이다.

글자 | 못 **택**, 가운데 **중**, 무릅쓸 **모**, 비 **우**

[택피창생澤被蒼生]

백성이 은혜를 입었다는 말이다.

글자 | 은혜 **택**, 입을 **피**, 백성 **창**, 목숨 **생**

동류 | 억조창생億兆蒼生

[탱장주복撑腸拄腹]

창자를 버티고 배를 막는다는 말이며, 배가 터질 지경으로 먹는다는 뜻이다.

글자 | 버틸 **탱**, 창자 **장**, 막을 **주**, 배 **복**

[토각귀모兎角龜毛]

토끼의 뿔과 거북의 털이라는 말이며, 세상에 없는 것을 빗댄 말이다.

글자 | 토끼 **토**, 뿔 **각**, 거북 **귀**, 털 **모**

출전 | 악엄경楞嚴經

[토간역담吐肝瀝膽]

간을 토하고 쓸개를 흘린다는 말이며, 가슴속에 간직하고 있는 것을 있는 그대로 드러내 보인다는 뜻이다.

글자 | 토할 **토**, 간 **간**, 줄줄 흐를 **역**, 쓸개 **담**

출전 | 연암집燕巖集

[토강여유吐剛茹柔]

굳은 것은 뱉고 부드러운 것은 먹는다는 말이며, 강한 것은 두려워하고 약한 것은 업신여긴다는 뜻이다.

글자 | 토할 **토**, 굳셀 **강**, 먹을 **여**, 부드러울 **유**

[토계삼등土階三等]

흙 계단이 3계단이라는 말이며, 궁전이 검소하다는 뜻이다.

글자 | 흙 **토**, 계단 **계**, 계단 **등**

출전 | 사기 오제본기五帝本紀

동류 | 토계모자土階茅茨

[토고납신吐故納新]

옛 것을 토하고 새것을 들인다는 말이

며, 도가道家의 수련법의 하나로서 몸 안의 낡은 공기를 토해내고 신선한 공기를 들이마신다는 뜻이다.

글자 | 토할 **토**, 옛 **고**, 들일 **납**, 새 **신**
출전 | 장자

[토구지지菟裘之地]

토구의 땅이라는 말이며, 노후에 여생을 보내는 은둔의 곳이라는 뜻이다. 토구는 중국 노나라 은공隱公이 노후에 은거했던 고장이다.

글자 | 고을 이름 **토**, 갖옷 **구**, 어조사 **지**, 땅 **지**

[토굴사관土窟四關]

흙 구멍의 네 가지 빗장이라는 말이며, 토굴 속에서의 네 가지 관문이라는 뜻이다. 중국의 시진핑習近平 주석이 부총리였던 아버지의 실각으로 16세 때 황토 고원의 양자허梁家河 토굴로 쫓겨나 7년간 고생하면서 넘어야 했던 네 가지 관문은 ① 벼룩과의 사투, ② 거친 잡곡밥, ③ 고된 작업량, ④ 실사구시實事求是의 사상개조 등이었다고 한다.

글자 | 흙 **토**, 구멍 **굴**, 빗장 **관**

[토기골락兎起鶻落]

토끼가 일어나고 산비둘기기 떨어진다는 말이며, 붓글씨의 필체가 매우 힘차다는 뜻이다.

글자 | 토끼 **토**, 일어날 **기**, 산비둘기 **골**, 떨어질 **락**

[토기부거兎起鳧擧]

토끼가 일어나고 물오리가 날아오른다는 말이며, 사물이 빠르다는 뜻이다.

글자 | 토끼 **토**, 일어날 **기**, 오리 **부**, 오를 **거**
출전 | 여씨춘추

[토라치리兎羅雉罹]

토끼그물에 꿩이 걸린다는 말이며, 한 사건에서 소인은 빠져 나가고 군자가 도리어 화를 입는다는 뜻이다.

글자 | 토끼 **토**, 새그물 **라**, 꿩 **치**, 걸릴 **리**

[토목형해土木形骸]

흙과 나무처럼 몸을 나타낸다는 말이며, 겉치레를 하지 않으며 몸을 꾸미지 않는다는 뜻이다.

원문 | 無此 便所土木形骸而已
무차 변소토목형해이이

글자 | 흙 **토**, 나무 **목**, 나타낼 **형**, 몸 **해**
출전 | 채근담, 진서

[토무이왕土無二王]

땅에 두 왕이 없다는 말이며, 중심이 되는 것은 하나뿐이라는 뜻이다.

원문 | 天無二日 土無二王 家無二主
천무이일 토무이왕 가무이주

글자 | 땅 **토**, 없을 **무**, 임금 **왕**
출전 | 예기 방기편坊記篇

[토문불입討門不入]

문을 찾아도 들어가지 않는다는 말이며, 공무를 보는 사람이 사사로운 일은 접어둔다는 뜻이다.

글자 | 찾을 **토**, 집안 **문**, 아닐 **불**, 들 **입**

출전 | 열자 양주편楊朱篇

동류 | 과문불입過門不入

[토미양화土美養禾]

좋은 흙이 벼를 잘 기른다는 말이며, 어진 임금이 인재를 잘 양성한다는 뜻이다.

원문 | 土之美者善養禾君之明者善養士
토 지 미 자 선 양 화 군 지 명 자 선 양 사

글자 | 흙 **토**, 좋을 **미**, 칠 **양**, 벼 **화**

출전 | 한서

[토붕와해土崩瓦解]

흙이 무너지고 기와가 빠개진다는 말이며, 사물이 근본적으로 무너져 손을 쓸 수 없다는 뜻이다.

원문 | 秦之積衰 天下土崩瓦解
진 지 적 쇠 천 하 토 붕 와 해

글자 | 흙 **토**, 무너질 **붕**, 기와 **와**, 빠갤 **해**

출전 | 사기 진시황본기秦始皇本紀

[토사곽란吐瀉癨亂]

토하고 설사하면서 어지럽다는 말이며, 음식물의 이상으로 배가 몹시 아픈 증상을 일컫는다.

글자 | 토할 **토**, 쏟을 **사**, 구토할 **곽**, 어지러울 **란**

[토사구팽兎死狗烹]

토끼가 죽으면 개가 삶아진다는 말이며, 목적이 이루어지면 그 이용한 도구를 버린다는 뜻이다. 한나라 고조는 천하통일에 공이 많은 한신韓信이 모반할까 두려워 계책을 꾸며 한신을 포박하여 수레에 싣자 한신이 말했다. '과연 사람의 말과 같다. 날랜 토끼가 죽으면 좋은 개가 삶기고, 높은 새가 없어지면 좋은 활이 들어가고, 적국이 파하면 모신이 죽는다고 했다. 천하가 이미 정해졌으니 나도 삶기는 것이 원래 당연한 일이다.'

원문 | 狡兎死 良狗烹 高鳥盡 良弓藏
교 토 사 양 구 팽 고 조 진 양 궁 장

글자 | 토끼 **토**, 죽을 **사**, 개 **구**, 삶을 **팽**

출전 | 사기 회음후열전淮陰候列傳

[토사호비兎死狐悲]

토끼가 죽으면 여우가 슬프다는 말이며, 남의 처지를 보고 자기 신세를 한탄한다는 뜻이다.

원문 | 兎死狐泣 李氏滅 夏氏寧獨存
토 사 호 읍 이 씨 멸 하 씨 영 독 존

글자 | 토끼 **토**, 죽을 **사**, 여우 **호**, 슬플 **비**

출전 | 송사 이전전李全傳

동류 | 호사토비狐死兎悲, 호사토읍狐死兎泣

[토양세류土壤細流]

흙덩이와 가는 시내라는 말이며, 이것들이 모이면 큰 땅, 큰 강이 된다는 뜻이다.

글자 | 흙 **토**, 흙덩이 **양**, 가늘 **세**, 흐를 **류**

[토영삼굴兎營三窟]

토끼가 세 개의 굴을 만든다는 말이며, 자신의 안전을 위하여 여러 가지 방책을 세워둔다는 뜻이다.

글자 | 토끼 **토**, 지을 **영**, 굴 **굴**

출전 | 사기 맹상군열전

동류 | 교토삼굴狡兎三窟

[토왕지절土旺之節]

흙이 왕성한 때라는 말이며, 토기土氣가 성하다는 네 절기, 즉 입춘·입하·입추·입동 전의 18일 동안을 일컫는다.

글자 | 흙 **토**, 왕성할 **왕**, 어조사 **지**, 때 **절**

출전 | 고려사

[토우목마土牛木馬]

흙으로 만든 소와 나무로 만든 말이라는 말이며, 겉은 번듯하지만 속이 비었다는 뜻이다.

글자 | 흙 **토**, 소 **우**, 나무 **목**, 말 **마**

출전 | 주서朱書

[토이불벌討而不伐]

치되 베지는 않는다는 말이다.

글자 | 칠 **토**, 말 이을 **이**, 아닐 **불**, 벨 **벌**

[토적성산土積成山]

흙을 쌓아 산을 만든다는 말이며, 하찮은 것이라도 쌓이면 큰 것이 된다는 뜻이다.

글자 | 흙 **토**, 쌓을 **적**, 이룰 **성**, 뫼 **산**

출전 | 설원

동류 | 진합태산塵合泰山

[토정비결土亭秘訣]

토정의 비결이라는 말이며, 조선 중엽에 토정 이지함李之菡이 지은 책으로서 태세太歲·월건月建·일진日辰을 숫자적으로 따져서 그 해의 신수를 보는 데 에 쓰인다.

글자 | 흙 **토**, 정자 **정**, 비밀할 **비**, 비결 **결**

[토주부거兎走鳧擧]

토끼가 달리고 물오리가 [고개를] 든다는 말이며, 붓글씨가 매우 힘차다는 뜻이다.

글자 | 토끼 **토**, 달릴 **주**, 물오리 **부**, 들 **거**

[토주조비兎走鳥飛]

토끼가 달리고 새가 난다는 말이며, 세월이 빨리 간다는 뜻이다.

원문 | 天高之厚 兎走鳥飛
천고지후 토주조비

글자 | 토끼 **토**, 달릴 **주**, 새 **조**, 날 **비**

[토진간담吐盡肝膽]

간과 쓸개를 모두 토한다는 말이며, 숨김없이 모두 털어놓는다는 뜻이다.

글자 | 토할 **토**, 다할 **진**, 간 **간**, 쓸개 **담**

유사 | 간담상조肝膽相照

[토포악발吐哺握髮]

먹은 것을 토하고 머리카락을 쥐라는

ㅌ

말이며, 손님을 정성껏 모신다는 뜻이다. 주나라의 주공이 제후로 떠나는 아들 백금伯禽에게 당부한 말이다. '한 번 머리를 감을 때 손님이 오면 세 번 머리카락을 쥐어 짜고 나가 손님을 맞이하고, 한번 식사를 할 때 손님이 오면 세 번 음식을 뱉어내고 나가서 맞이하라.'

원문 | 一沐三握髮 一飯三吐哺
일욕삼악발 일반삼토포

글자 | 토할 **토**, 먹을 **포**, 쥘 **악**, 터럭 **발**

출전 | 사기 노주공세가魯周公世家

[토포착발吐哺捉髮]

→ 토포악발吐哺握發

[토호열신土豪劣紳]

고향의 호걸과 용렬한 벼슬아치라는 말이며, 권력에 의지하여 백성을 착취하는 지방의 지주나 관리를 일컫는다.

글자 | 고향 **토**, 호걸 **호**, 용렬할 **열**, 벼슬아치 **신**

[통가지의通家之誼]

통하는 집의 의라는 말이며, 절친한 친구 사이에 친척처럼 통내외하고 지내는 정의情誼라는 뜻이다.

글자 | 통할 **통**, 집 **가**, 어조사 **지**, 의 **의**

[통개옥문洞開獄門]

옥문을 활짝 연다는 말이며, 은사恩赦로 죄인을 모두 풀어준다는 뜻이다.

글자 | 빌 **통**, 열 **개**, 옥 **옥**, 문 **문**

[통개중문洞開重門]

겹겹의 문을 활짝 연다는 말이며, 출입이 금지된 것을 개방한다는 뜻이다.

글자 | 빌 **통**, 열 **개**, 거듭 **중**, 문 **문**

[통검추배通檢推排]

검속을 통해 떠밀어버린다는 말이며, 재산을 검사한 후에 과세한다는 뜻이다.

글자 | 통할 **통**, 검속할 **검**, 밀 **추**, 떠밀 **배**

출전 | 원사 식화지食貨志

[통곡재배痛哭再拜]

아프게 울면서 두 번 절한다는 말이며, 죽은 사람에 대한 예법을 일컫는다.

글자 | 아플 **통**, 울 **곡**, 다시 **재**, 절할 **배**

[통공역사通功易事]

공을 지나 일을 바꾼다는 말이며, 공을 함께 세우고 일은 나누어 처리한다는 뜻이다.

글자 | 지날 **통**, 공 **공**, 바꿀 **역**, 일 **사**

출전 | 맹자 등문공 하

[통과의례通過儀禮]

통하여 지나는 모양을 갖춘 예도라는 말이며, 사람이 일생을 살아가는 과정에서 새로운 상황 · 지위 · 신분 · 연령 등을 거치면서 치르는 갖가지 의례나 의식을 일컫는다. 예컨대 출생 · 성년 · 혼인 · 사망 따위이다. 독일인 A. 판 헤넵(Arnold Van Gennep)이 출판한

책명이기도 하며 그는 분리의례, 과도 의례, 통합의례의 3단계로 구분하고 있다.

글자 | 통할 **통**, 지날 **과**, 모양 **의**, 예도 **례**

[통로강제通路强制]

길 지나는 것을 굳게 금한다는 말이며, 도로의 통행을 엄하게 통제한다는 뜻이다. 중세 유럽에서 봉건 제후 및 도시 왕국이 그 지배 영역에서 상인이나 여행자에게 일정한 통로를 지나도록 강제한 교통정책이기도 하다.

글자 | 지날 **통**, 길 **로**, 굳셀 **강**, 금할 **제**

[통리군자通理君子]

도리에 통하는 사람이라는 말이며, 사리에 밝은 학자라는 뜻이다.

글자 | 통할 **통**, 도리 **리**, 그대 **군**, 사람 **자**

[통명학업通明學業]

배우는 일에 통달하고 밝다는 말이며, 학문의 경지가 매우 높아졌다는 뜻이다.

원문 | 通明學業 曉達治道者
통명학업 효달치도자

글자 | 통달할 **통**, 밝을 **명**, 배울 **학**, 일 **업**

출전 | 채근담

[통성기도通聲祈禱]

모두 소리 내어 빈다는 말이다.

글자 | 모두 **통**, 소리 **성**, 빌 **기**, 빌 **도**

[통소불매通宵不寐]

밤새도록 잠을 이루지 못하였다는 말이다.

글자 | 통할 **통**, 밤 **소**, 아닐 **불**, 잠잘 **매**

동류 | 통소불침通宵不寢

[통소불침通宵不寢]

밤새도록 잠을 자지 못하였다는 말이다.

글자 | 통할 **통**, 밤 **소**, 아닐 **불**, 잘 **침**

동류 | 통소불매通宵不寐

[통심질수痛心疾首]

마음이 아프고 골치를 앓는다는 말이며, 몹시 걱정한다는 뜻이다.

글자 | 아플 **통**, 마음 **심**, 병 **질**, 머리 **수**

출전 | 춘추좌씨전 성공成公 13년

[통양상관痛癢相關]

아픔과 가려움은 서로 통한다는 말이며, 서로 가까운 사이 또는 이해利害가 일치되는 사이를 빗댄 말이다.

글자 | 아플 **통**, 가려울 **양**, 서로 **상**, 통할 **관**

출전 | 진서

[통양상관痛痒相關]

→ 통양상관通癢相關

[통어신명通於神明]

귀신의 밝음에 통한다는 말이며, 귀신 같이 잘 안다는 뜻이다.

글자 | 통할 **통**, 어조사 **어**, 귀신 **신**, 밝을 **명**

출전 | 회남자 원도훈原道訓

[통운망극痛隕罔極]

아픔과 곤란이 다함이 없다는 말이며, 그지없이 슬프다는 뜻이다.

글자 | 아플 **통**, 곤란할 **운**, 없을 **망**, 다할 **극**

[통음황룡痛飮黃龍]

황룡에 들어가서 힘껏 술을 마신다는 말이며, 적의 소굴을 가차 없이 쳐부순다는 뜻이다.

원문 | 直抵黃龍府與諸君痛飮爾
직저황룡부여제군통음이

글자 | 진력할 **통**, 마실 **음**, 누를 **황**, 용 **룡**

출전 | 송사 악비전岳飛傳

동류 | 직도황룡直搗黃龍

[통이계지統而計之]

죄다 합쳐서 셈한다는 말이다.

글자 | 합칠 **통**, 말 이을 **이**, 셀 **계**, 어조사 **지**

[통일천하統一天下]

통일된 하늘 아래라는 말이며, 통일된 천하 또는 천하를 통일한다는 뜻이다.

글자 | 통할 **통**, 하늘 **천**, 아래 **하**

[통입골수痛入骨髓]

원통한 일이 골수에 들어와 맺힌다는 말이다.

글자 | 아플 **통**, 들 **입**, 뼈 **골**, 골수 **수**

출전 | 사기 회음후열전淮陰侯列傳

유사 | 한입골수恨入骨髓

[통천어대通天御帶]

하늘을 통한 임금의 띠라는 말이며, 통천서通天犀(무소의 뿔)로 장식한 임금의 옷 띠를 일컫는다.

원문 | 通天御帶 白旄黃鉞
통천어대 백모황월

글자 | 통할 **통**, 하늘 **천**, 임금 **어**, 띠 **대**

출전 | 구운몽

[통천지수通天之數]

하늘에 통하는 운수라는 말이며, 매우 좋은 운수를 일컫는다.

글자 | 통할 **통**, 하늘 **천**, 어조사 **지**, 운수 **수**

[통훼극저痛毁極詆]

심하게 비방하고 지극히 꾸짖는다는 말이며, 대단히 욕보이고 꾸짖는다는 뜻이다.

글자 | 심할 **통**, 비방할 **훼**, 지극할 **극**, 꾸짖을 **저**

[퇴경정용槌輕釘聳]

망치가 가벼우면 못이 솟는다는 말이며, 윗사람이 엄하지 않으면 아랫사람이 말을 듣지 않는다는 뜻이다.

글자 | 망치 **퇴**, 가벼울 **경**, 못 **정**, 솟을 **용**

동류 | 추경정용椎輕釘聳

[퇴관사금退官賜金]

물러나는 벼슬아치에게 주는 돈이라는 말이며, 퇴직금을 일컫는다.

글자 | 물러날 **퇴**, 벼슬 **관**, 줄 **사**, 돈 **금**

[퇴금적옥堆金積玉]

금을 쌓고 옥을 쌓는다는 말이며, 재물을 많이 축적한다는 뜻이다.

글자 | 쌓을 **퇴**, 금 **금**, 쌓을 **적**, 옥 **옥**

출전 | 이하李賀의 시

[퇴범하승退凡下乘]

모두 물리치고 수레에서 내리라는 말이며, 귀한 분만 수레를 타고 들어오고, 일반인은 내리라는 절의 경고문을 일컫는다.

글자 | 물러날 **퇴**, 다 **범**, 내릴 **하**, 수레 **승**

[퇴불우인退不尤人]

물러날 때는 사람을 원망하지 않는다는 말이다. 성대중의 글이다. '나아갈 때는 남의 도움을 받지 않고, 물러날 때는 남을 탓하지 않는다.'

원문 | 進不藉人 退不尤人
진불자인 퇴불우인

글자 | 물러날 **퇴**, 아닐 **불**, 원망할 **우**, 사람 **인**

출전 | 성대중의 글

[퇴사보과退思補過]

물러나서는 허물을 기울 생각을 한다는 말이며, 물러나서는 임금의 허물을 보충할 것을 생각한다는 뜻이다.

원문 | 君子事君 進思盡忠 退思補過
군자사군 진사진충 퇴사보과

글자 | 물러날 **퇴**, 생각 **사**, 기울 **보**, 허물 **과**

출전 | 소학 명륜, 춘추좌씨전 선공

[퇴타위미頹墮委靡]

쇠하고 떨어지고 시들어 다한다는 말이며, 기력이나 정신이 차츰 쇠퇴해 간다는 뜻이다.

글자 | 쇠할 **퇴**, 떨어질 **타**, 시들 **위**, 다할 **미**

출전 | 서경 주서편周書篇

[퇴피삼사退避三舍]

물러나 세 집을 피한다는 말이며, 남에게 자리를 양보하거나 멀찌감치 물러앉는다는 뜻이다.

원문 | 晉楚治兵 遇于中原其避君三舍
진초치병 우우중원기피군삼사

글자 | 물러날 **퇴**, 피할 **피**, 집 **사**

출전 | 춘추좌씨전 희공僖公 23년

[투과득경投瓜得瓊]

모과를 선물하고 구슬을 얻는다는 말이며, 하찮은 선물을 주고 많은 답례를 받는다는 뜻이다.

글자 | 줄 **투**, 오이 **과**, 얻을 **득**, 구슬 **경**

출전 | 시경 위풍 목과편木瓜篇

[투과위갑投戈委甲]

창을 던지고 갑옷을 버린다는 말이며, 전쟁에 패하여 달아난다는 뜻이다.

글자 | 던질 **투**, 창 **과**, 버릴 **위**, 갑옷 **갑**

출전 | 고려사 94권

[투도보리投桃報李]

복숭아를 주니 자두로 갚는다는 말이며, 벗 사이의 주고받는 것을 빗댄 말이다. 억抑이라는 시의 한 구절이다. '나에게 복숭아를 던져주면 나는야 오얏으로 보답을 하지.'

원문 | 投我以桃 報之以李
투아이도 보지이리

글자 | 줄 **투**, 복숭아 **도**, 갚을 **보**, 오얏(자두) **리**

출전 | 시경 대아大雅

[투량환주偸梁換柱]

대들보를 훔치고 기둥을 바꾼다는 말이며, 겉은 그대로 두고 내용이나 본질을 바꾸어 놓고 승리를 취하는 전략을 일컫는다. 36계 중 25계.

원문 | 偸梁換柱 頻更其陣 抽其勁旅
투량환주 빈경기진 추기경려

글자 | 훔칠 **투**, 들보 **량**, 바꿀 **환**, 기둥 **주**

출전 | 손자병법

[투병식과投兵息戈]

무기를 던지고 창을 그친다는 말이며, 싸움을 멈춘다는 뜻이다.

글자 | 던질 **투**, 무기 **병**, 그칠 **식**, 창 **과**

[투서공기投鼠恐器]

→ 투서기기投鼠忌器

[투서기기投鼠忌器]

쥐를 잡으려는데 그릇이 걱정된다는 말이며, 간신을 제거하려다가 임금에게 끼칠 피해가 우려된다는 뜻이다.

원문 | 欲投鼠而忌器
욕투서이기기

글자 | 던질 **투**, 쥐 **서**, 꺼릴 **기**, 그릇 **기**

출전 | 한서 가의전賈誼傳

[투석문로投石問路]

돌을 던져 길을 묻는다는 말이며, 하는 일을 미리 자세히 살펴보고 조심스럽게 행동한다는 뜻이다.

글자 | 던질 **투**, 골 **석**, 물을 **문**, 길 **로**

[투석석래投石石來]

돌을 던지면 돌이 돌아온다는 말이며, 남에게 욕을 보이면 욕을 받게 된다는 뜻이다.

글자 | 던질 **투**, 돌 **석**, 올 **래**

출전 | 이담속찬

[투신자살投身自殺]

몸을 던져 스스로 죽는다는 말이다.

글자 | 던질 **투**, 몸 **신**, 스스로 **자**, 죽일 **살**

[투역능려投亦菱藜]

→ 투역능철投亦菱鐵

[투역능철投亦菱鐵]

던져도 또한 마름쇠라는 말이며, 아무렇게나 던져도 뾰족한 끝이 위로 향하듯이 사물에 익숙한 사람은 아무렇게나 하여도 실패하는 일이 없다는 뜻이다.

글자 | 던질 **투**, 또 **역**, 쇠뿔 마름 **능**, 무쇠 **철**

출전 | 동언해

동류 | 투역능려投亦菱藜

[투이주병鬪而鑄兵]

전쟁이 터진 뒤에 무기를 만든다는 말이며, 때를 놓치고 일을 한다는 뜻이다.

원문 | 渴而堀井 鬪而鑄兵 不亦晩乎
갈이굴정 투이주병 불역만호

글자 | 싸움 **투**, 어조사 **이**, 쇠를 녹여 거푸집에 부을 **주**, 무기 **병**

출전 | 황제내경黃帝內經

[투저지혹投杼之惑]

베틀 북을 던진 의심이라는 말이며, 비방이 계속되면 진실한 사람도 의심을 받게 된다는 뜻이다.

글자 | 던질 **투**, 베틀 북 **저**, 어조사 **지**, 의심 낼 **혹**

출전 | 대동야승 70권

[투지만만鬪志滿滿]

싸우고자 하는 뜻이 가득 차있다는 말이다.

글자 | 싸울 **투**, 뜻 **지**, 찰 **만**

[투편단류投鞭斷流]

채찍을 던져 강물의 흐름을 막는다는 말이며, 강을 건너는 군사의 수가 많고 또 진영의 세력이 당당하다는 것을 빗댄 말이다.

글자 | 던질 **투**, 채찍 **편**, 끊을 **단**, 흐를 **류**

출전 | 진서 부견재기苻堅載記

[투필반무投筆反武]

붓을 던지고 호반으로 돌아간다는 말이며, 사무직에 종사하던 사람이 군대로 돌아간다는 뜻이다.

글자 | 던질 **투**, 붓 **필**, 돌이킬 **반**, 호반 **무**

출전 | 송남잡지

[투필성자投筆成字]

붓을 던져도 글자가 이루어진다는 말이며, 글씨를 잘 쓰는 사람은 아무렇게나 써도 잘 써진다는 뜻이다.

글자 | 던질 **투**, 붓 **필**, 이룰 **성**, 글자 **자**

동류 | 투필성장投筆成章

[투필종융投筆從戎]

붓을 던지고 오랑캐를 좇는다는 말이며, 시대가 필요할 때 문필을 버리고 싸움터로 나간다는 뜻이다.

글자 | 던질 **투**, 붓 **필**, 좇을 **종**, 오랑캐 **융**

출전 | 후한서 반초전班超傳

[투한치산投閑置散]

한가함에 의탁하고 한산함에 [몸을] 둔다는 말이며, 바쁜 요직에 있지 않다는 뜻이다.

원문 | 投閑置散 乃分之宜
투 한 치 산 내 분 지 의

글자 | 의탁할 **투**, 한가할 **한**, 둘 **치**, 한산할 **산**

출전 | 한유의 진학해進學解

[투합취용偸合取容]

구차하게 합하여 용납을 취한다는 말이며, 남에게 영합되어 자기 한 몸이 받아들여지기를 바란다는 뜻이다.

글자 | 구차할 **투**, 모일 **합**, 취할 **취**, 용납할 **용**

[투현질능妬賢嫉能]

어진 사람을 투기하고 능력 있는 사람을 투기한다는 뜻이다.

글자 | 투기할 **투**, 어질 **현**, 투기할 **질**, 능할 **능**

출전 | 십팔사략

[특립독행特立獨行]

홀로 서서 홀로 간다는 말이며, 남에게 의지하지 않고 자기 소신대로 나간다는 뜻이다.

글자 | 홀로 **특**, 설 **립**, 홀로 **독**, 갈 **행**

출전 | 예기 유행편儒行篇

[특립지사特立之士]

홀로 선 선비라는 말이며, 세속世俗 밖에 홀로 우뚝이 선 훌륭한 사람이라는 뜻이다.

글자 | 홀로 **특**, 설 **립**, 어조사 **지**, 선비 **사**

[특필대서特筆大書]

→ 대서특필大書特筆

[특화산업特化産業]

우뚝하게 될 산업이라는 말이며, 발전시켜야 할 정책적인 사업이라는 뜻이다.

글자 | 우뚝할 **특**, 될 **화**, 낳을 **산**, 일 **업**

[파가저택破家瀦宅]

집을 깨트리고 그 집에 물을 댄다는 말이며, 죄인의 집을 완전히 없애버린다는 뜻이다. 조선시대 삼강오륜을 위배한 강상죄인綱常罪人에 대한 형벌의 하나였다.

글자 | 깨트릴 **파**, 집 **가**, 물 괴일 **저**, 집 **택**

출전 | 조선왕조 7대 세조실록 16권

[파경부조破鏡不照]

깨진 거울은 비추어지지 않는다는 말이며, 한번 헤어진 부부는 다시 결합하기 어렵다는 뜻이다.

글자 | 깨어질 **파**, 거울 **경**, 아닐 **부**, 비출 **조**

출전 | 신이경神異經

동류 | 파경지탄破鏡之歎

반대 | 파경중원破鏡重圓

[파경중원破鏡重圓]

깨진 거울이 다시 둥글게 되었다는 말이며, 이별했던 부부가 다시 만난다는 뜻이다. 진나라 태자 서덕언徐德言이 수나라 대군이 쳐들어와 아내와 헤어지게 되자 거울을 반으로 나누어 한 쪽씩 가지고 다시 만날 때 증표로 삼기로 했다. 훗날 서덕언이 살아서 깨진 거울을 들고 나타났을 때, 아내 항아姮娥는 재혼한 상태였으나 아내는 먹지도 않고 울기만 하여 재혼한 양소는 서덕언에게 다시 돌려주었다는 고사에서 온 말이다.

글자 | 깨질 **파**, 거울 **경**, 거듭할 **중**, 둥글 **원**

출전 | 태평광기 기의氣義

유사 | 파기상접破器相接

반대 | 파경부조破鏡不照

[파경지탄破鏡之歎]

거울이 깨진 탄식이라는 말이며, 부부 사이의 영원한 이별을 탄식한다는 뜻이다.

글자 | 깨트릴 **파**, 거울 **경**, 어조사 **지**, 탄식할 **탄**

ㅍ

[파계무참破戒無慙]

삼갈 것을 깨트리고 부끄러움이 없다는 말이다.

글자 | 깨트릴 **파**, 삼갈 **계**, 없을 **무**, 부끄러울 **참**

[파고위환破觚爲圜]

모진 것을 깨트려서 둥글게 한다는 말이며, 엄한 형벌을 없애고 간편하게 한다는 뜻이다.

원문 | 破觚而爲圜
파 고 이 위 환

글자 | 깨트릴 **파**, 모질 **고**, 할 **위**, 둥글 **환**

출전 | 사기 혹리열전

[파고착조破觚斲雕]

모진 것을 깨뜨려서 깎고 다듬는다는 말이며, 가혹한 형벌을 없애고 번잡한 법률을 간편하게 고친다는 뜻이다.

글자 | 깨뜨릴 **파**, 모질 **고**, 깎을 **착**, 옥 다듬을 **조**

출전 | 사기 혹리전酷吏傳

[파공관면罷工寬免]

만드는 것과 쉬는 것을 너그럽게 면한다는 말이며, 주일에 육체노동을 못하게 하는 계율을 부득이한 경우 면제해 준다는 뜻이다.

글자 | 파할 **파**, 만들 **공**, 너그러울 **관**, 면할 **면**

[파과지년破瓜之年]

참외를 깨는 나이라는 말이며, 여자의 열여섯 살, 또는 첫 경도經度가 있는 나이라는 뜻이다. 이는 여자의 자궁이 참외와 같이 생긴 것으로 보고 경도가 처음 있어 피가 나오게 되는 것을 파과라 하는데서 온 말이다.

원문 | 碧玉破瓜時 郎爲情顚倒
벽 옥 파 과 시 낭 위 정 전 도

글자 | 깨뜨릴 **파**, 참외 **과**, 어조사 **지**, 해 **년**

출전 | 옥대신영玉臺新詠

[파급효과波及效果]

물결처럼 미치는 본받을 열매라는 말이며, 파급됨으로써 얻게 되는 성공적인 결과라는 뜻이다.

글자 | 물결 **파**, 미칠 **급**, 본받을 **효**, 열매 **과**

[파기상접破器相接]

깨진 그릇을 서로 붙인다는 말이며, 이혼한 부부가 다시 합친다는 뜻이다.

글자 | 깨뜨릴 **파**, 그릇 **기**, 서로 **상**, 붙일 **접**

동류 | 파기상종破器相從, 파기상준破器相準, 파경중원破鏡重圓

[파기상종破棄相從]

→ 파기상접破棄相接

[파기상준破器相準]

→ 파기상접破器相接

[파기자판破棄自判]

깨트려버리고 스스로 판단한다는 말이며, 상고기관이 원심을 파기하고 직접 판결한다는 뜻이다.

글자 | 깨트릴 **파**, 버릴 **기**, 스스로 **자**, 판단할 **판**

[파뇌고장破腦刳腸]

머리 골이 깨지고 창자가 쪼개진다는 말이며, 매우 심한 육신의 고통을 빗댄 말이다.

글자 | 깨트릴 **파**, 머리 골 **뇌**, 쪼갤 **고**, 창자 **장**

출전 | 춘향전

[파라척결把羅剔抉]

그물을 쳐서 잡고 발라내고 도려낸다는 말이며, 부정부패 사회악 등을 들추어낸다는 뜻이다.

글자 | 잡을 **파**, 새그물 **라**, 뼈 발라낼 **척**, 도려낼 **결**

출전 | 한유韓愈의 글

[파란곡절波瀾曲折]

거센 물결이 굽이친다는 말이며, 생활이나 일의 진행에 있어 많은 곤란과 변화와 풍파가 따른다는 뜻이다.

글자 | 물결 **파**, 물결 **란**, 굽을 **곡**, 꺾어질 **절**

[파란만장波瀾萬丈]

거센 물결이 길게 이어진다는 말이며, 사업 또는 생활에서도 여러 가지 곡절이 많고 변화가 심하다는 뜻이다.

글자 | 물결 **파**, 물결 **란**, 일만 **만**, 길이 **장**

[파란중첩波瀾重疊]

거센 물결이 겹겹이 밀려온다는 말이며, 일의 진행에 여러 가지 변화와 난관이 많다는 뜻이다.

글자 | 물결 **파**, 물결 **란**, 거듭 **중**, 거듭 **첩**

[파려지오跛驪之伍]

절뚝발이 당나귀의 무리라는 말이며, 무능한 사람들을 빗댄 말이다.

글자 | 절뚝발이 **파**, 당나귀 **려**, 어조사 **지**, 무리 **오**

출전 | 진서

[파렴치죄破廉恥罪]

청렴을 깨트린 부끄러운 죄라는 말이며, 비도덕적인 행위의 범죄라는 뜻이다.

글자 | 깨트릴 **파**, 청렴할 **렴**, 부끄러울 **치**, 죄지을 **죄**

[파렴치한破廉恥漢]

청렴과 부끄러움을 깨트린 놈이라는 말이며, 수치를 수치로 알지 않는 뻔뻔스러운 사람이라는 뜻이다.

글자 | 깨트릴 **파**, 청렴할 **렴**, 부끄러울 **치**, 놈 **한**

[파류제미波流弟靡]

물결이 순하게 따라 흐른다는 말이며,

세상이 조용히 변한다는 뜻이다.

글자 | 물결 **파**, 흐를 **류**, 순할 **제**, 순종할 **미**

출전 | 장자 응제왕편應帝王篇

[파리변물笆籬邊物]

대울타리 같은 가의 물건이라는 말이며, 변변치 않고 쓸모없는 물건이라는 뜻이다.

글자 | 대울타리 **파**, 울타리 **리**, 가 **변**, 물건 **물**

[파벽비거破壁飛去]

벽을 깨고 날아간다는 말이며, 평범하던 사람이 갑자기 유명하게 출세한다는 뜻이다. 양나라의 장승요張僧繇가 안락사의 벽에 용을 그리고 여기에 눈동자를 그려 넣었더니 갑자기 용이 벽을 부수고 하늘로 올라갔다는 옛일에서 온 말이다.

글자 | 깨트릴 **파**, 벽 **벽**, 날 **비**, 갈 **거**

유사 | 화룡점정畵龍點睛

[파별천리跛鼈千里]

절뚝발이 자라도 천리를 간다는 말이며, 무능한 사람도 꾸준히 일하면 성공할 수 있다는 빗댄 말이다.

글자 | 절뚝발이 **파**, 자라 **별**, 일천 **천**, 이수 **리**

출전 | 순자 권학편勸學篇

[파부균분破釜均分]

솥을 깨트려 고르게 나눈다는 말이며, 어려운 분쟁을 해결한다는 뜻이다. 세조 때 전라감사에게 지체 높은 가문의 형제가 서로 큰 가마솥을 차지하려고 싸우다가 소송을 냈다. 이 말을 들은 전라감사가 크게 노하여 아전을 시켜 크고 작은 가마솥 두 개를 가져다 때려 부셔서 근량으로 달아 정확하게 반분해 나눠주라고 했다. 그 말을 들은 형제가 정신이 번쩍 들어 소송을 즉각 취하했다는 고사에서 온 말이다.

글자 | 깨트릴 **파**, 가마 **부**, 고를 **균**, 나눌 **분**

[파부침선破釜沈船]

솥을 부수고 배를 가라앉힌다는 말이며, 식량도 돌아갈 배도 버리고 결전에 임하는 각오를 일컫는다. 이는 진나라를 치기 위해 출전한 항우가 거록鋸鹿의 싸움에서 타고 온 배를 가라앉히고 쓰던 솥을 깨부수었다는 고사에서 온 말이다.

원문 | 皆沈船 破釜甑
개 침 선 파 부 증

글자 | 깨뜨릴 **파**, 솥 **부**, 가라앉을 **침**, 배 **선**

출전 | 사기 항우본기項羽本紀

동류 | 침선파부沈船破釜

유사 | 배수지진背水之陣

[파빙지려破氷之旅]

얼음을 깨는 나그네라는 말이며, 얼어붙은 관계를 좋게 만드는 여행이라는 뜻이다.

글자 | 깨트릴 **파**, 얼음 **빙**, 어조사 **지**, 나그네 **려**

[파사현정破邪顯正]

옳지 못한 것을 깨뜨리고 바른 것을 나타낸다는 말이다. 이는 불교에서 사설邪說 · 사도邪道를 타파하여 정도를 밝힌다는 것으로 불교의 목표이기도 하다.

글자 | 깨뜨릴 **파**, 간사할 **사**, 나타낼 **현**, 바를 **정**

출전 | 삼론현의三論玄義

[파삼폐리破衫弊履]

찢어진 적삼과 해진 신이라는 말이며, 형편이 매우 가난한 행색이라는 뜻이다.

글자 | 깨질 **파**, 적삼 **삼**, 해질 **폐**, 신 **리**

출전 | 삼국사기 45권

[파상공격波狀攻擊]

물결과 같은 형상으로 친다는 말이며, 어떤 공격에 대하여 물결치듯이 일정한 시간적 간격을 두고 되풀이해서 공격한다는 뜻이다.

글자 | 물결 **파**, 형상 **상**, 칠 **공**, 칠 **격**

[파안대소破顔大笑]

얼굴이 깨지게 크게 웃는다는 말이며, 마음껏 한바탕 크게 웃는다는 뜻이다.

글자 | 깨트릴 **파**, 얼굴 **안**, 큰 **대**, 웃을 **소**

출전 | 최남선의 금강예찬金剛禮讚

동류 | 파안일소破顔一笑

[파옥도주破獄逃走]

옥을 부수고 죄수가 달아난다는 말이다.

글자 | 깨트릴 **파**, 옥 **옥**, 달아날 **도**, 달릴 **주**

[파옹구우破甕救友]

독을 깨뜨려 벗을 구한다는 말이다.

글자 | 깨뜨릴 **파**, 독 **옹**, 구할 **구**, 벗 **우**

[파용운란波涌雲亂]

물결이 용솟음치고 구름이 어지럽다는 말이며, 사물이 매우 어지럽다는 뜻이다.

글자 | 물결 **파**, 물 솟을 **용**, 구름 **운**, 어지러울 **란**

[파읍도성破邑屠城]

고을을 깨트리고 성을 죽인다는 말이며, 매우 잔인하고 포악하게 적을 무찌른다는 뜻이다.

글자 | 깨트릴 **파**, 고을 **읍**, 죽일 **도**, 재 **성**

출전 | 삼국유사 1권

[파적지계破敵之計]

적을 깨뜨릴 계교라는 말이다.

글자 | 깨뜨릴 **파**, 대적할 **적**, 어조사 **지**, 계교 **계**

[파제만사破除萬事]

많은 일을 깨트리고 버린다는 말이

ㅍ

며, 한 가지 일에만 전력하기 위하여 다른 일은 다 제쳐 놓는다는 뜻이다.

원문 | 破除萬事無過酒
파 제 만 사 무 과 주

글자 | 깨트릴 **파**, 버릴 **제**, 많을 **만**, 일 **사**

출전 | 한유의 칠언고풍七言古風

[파주미륵坡州彌勒]

경기도 파주의 미륵이라는 말이며, 몸체가 크고 뚱뚱한 사람을 빗댄 말이다.

글자 | 언덕 **파**, 고을 **주**, 그칠 **미**, 자갈 **륵**

출전 | 송남잡지松南雜識

[파죽지세破竹之勢]

대나무를 쪼개는 기세라는 말이며, 어떤 일을 거침없이 헤쳐 나가는 형세를 비유한 말이다. 진나라 진남대장군 두예杜預가 오나라를 치기 위해 작전회의를 여니, 장수들이 여러 가지 사정을 들어 겨울로 연기하기를 제안하자 두예가 한 말이다. '지금 군사의 기세는 이미 떨쳐져 있다. 그것은 마치 대나무를 쪼개는 기세와 같다. 몇 마디 뒤까지가 칼날을 맞이하여 벌어지므로 다시 손댈 곳이 없다.'

원문 | 今兵威已振 譬如破竹 數節之
금 병 위 기 진 비 여 파 죽 수 절 지
後 迎刀而解無復着手處也
후 영 도 이 해 무 복 착 수 처 야

글자 | 깨뜨릴 **파**, 대 **죽**, 갈 **지**, 기세 **세**

출전 | 진서 두예전杜預傳

동류 | 영인이해迎刃而解, 세여파죽勢如破竹

[파증불고破甑不顧]

깨진 시루를 돌아보지 않는다는 말이며, 돌이킬 수 없는 일은 왈가왈부曰可曰否하지 않는다는 뜻이다.

글자 | 깨뜨릴 **파**, 시루 **증**, 아닐 **불**, 돌아볼 **고**

출전 | 후한서 곽태전郭泰傳

유사 | 복배지수覆盃之水

[파파국로皤皤國老]

희고 흰 나라의 늙은이라는 말이며, 머리털이 하얗게 센 국가의 중신을 일컫는다.

글자 | 흴 **파**, 나라 **국**, 늙을 **로**

[파파노인皤皤老人]

머리가 하얀 늙은이를 말한다.

글자 | 머리가 하얗게 셀 **파**, 늙을 **노**, 사람 **인**

[파훼자판破毁自判]

→ 파기자판破棄自判

[판공성사辦功聖事]

힘써 이루는 성스러운 일이라는 말이며, 가규四規에서 정한 바를 행하는 성사를 일컫는다.

글자 | 힘쓸 **판**, 이룰 **공**, 성스러울 **성**, 일 **사**

출전 | 천주교

[판관사령判官司令]

부리고 명령하며 판단하는 벼슬아치라는 말이며, 아내가 시키는 대로 잘 따르는 사람을 농으로 이르는 말이다.

글자 | 판단할 **판**, 벼슬 **관**, 부릴 **사**, 명령할 **령**

[판상주환阪上走丸]

비탈에서 공을 굴린다는 말이며, 세력에 편승하여 쉽게 일한다는 뜻이다.

글자 | 비탈 **판**, 윗 **상**, 달릴 **주**, 알 **환**

출전 | 한서

[팔가구맥八街九陌]

8방의 거리와 9방의 저잣거리라는 말이며, 길이 여러 갈래인 번화한 곳을 일컫는다.

글자 | 거리 **가**, 저잣거리 **맥**

출전 | 삼보구사三輔舊事

[팔고조도八高祖圖]

여덟의 높은 할아버지의 그림이라는 말이며, 8대에 걸친 조상의 계통도를 일컫는다. 우선 ① 자기 아버지와 어머니, ② 아버지의 아버지(조부)와 아버지의 어머니(조모), 어머니의 아버지(외조부)와 어머니의 어머니(외조모), ③ 조부의 아버지(증조부)와 조부의 어머니(증조모), 조모의 아버지(증조부)와 어머니(증조모)가 있고, 외조부의 아버지(증조부)와 어머니(증조모), 외조모의 아버지(증조부)와 어머니(증조모)가 있다. 다시 증조부의 부모인 고조부와 고조모가 있다. 이렇게 올라가면 진외가陳外家와 외외가外外家까지 포함해서 고조부 8명이 나타난다.

글자 | 높을 **고**, 조상 **조**, 그림 **도**

출전 | 선원계보기략璿源系譜記略

[팔년병화八年兵火]

8년 동안의 군사로 인한 불길이라는 말이다.

글자 | 해 **년**, 군사 **병**, 불 **화**

출전 | 사기

동류 | 팔년풍진八年風塵

[팔년풍진八年風塵]

8년 동안의 바람과 먼지라는 말이며, 여러 해 동안 고생을 겪었다는 뜻이다. 이는 유방이 8년 동안이나 싸운 뒤 항우를 제거했다는 고사에서 온 말이다.

글자 | 해 **년**, 바람 **풍**, 먼지 **진**

출전 | 사기

동류 | 팔년병화八年兵火

[팔도강산八道江山]

8개 도의 강과 산이라는 말이며, 우리나라 전체의 강산을 일컫는다. 우리나라의 행정구역인 도가 이조시대에 처음 설치될 때, 8개 도였던 데서 온 말이다.

글자 | 행정구역 이름 **도**, 강 **강**, 뫼 **산**

[팔도기질八道氣質]

8개 도의 기운과 바탕이라는 말이며, 8도인의 특성을 일컫는다. ① 경기도: 경중미인鏡中美人, ② 충청도: 청풍명월淸風明月, ③ 전라도: 풍전세류風前細柳, ④ 경상도: 태산준령泰山峻嶺, ⑤ 강원도: 암하노불岩下老佛, ⑥ 황해도: 석전경우石田耕牛, ⑦ 평안도: 맹호출림猛虎出林, ⑧ 함경도: 이전투구泥田鬪狗로서 이조 초기 정도전鄭道傳이 이성계에게 평한 것으로 알려져 있다.

글자 | 행정구역 이름 **도**, 기운 **기**, 바탕 **질**

[팔두작미八斗作米]

여덟 말의 쌀을 짓는다는 말이며, 벼 한 섬을 찧는데 모말로 쌀 여덟 말을 받고, 그 나머지는 찧는 삯으로 준다는 뜻이다.

글자 | 말 **두**, 지을 **작**, 쌀 **미**

[팔만장안八萬長安]

팔만이 사는 길게 편안한 곳이라는 말이며, 사람이 많이 사는 곳을 일컫는다.

글자 | 일만 **만**, 긴 **장**, 편안 **안**

[팔만지옥八萬地獄]

팔만 개의 지옥이라는 말이며, 중생이 번뇌 때문에 당하는 많은 괴로움을 빗댄 말이다.

글자 | 일만 **만**, 땅 **지**, 옥 **옥**

[팔면부지八面不知]

여덟 방향으로 보아도 알지 못한다는 말이며, 어느 모로 보나 알지 못하는 사람이라는 뜻이다.

글자 | 향할 **면**, 아닐 **부**, 알 **지**

[팔면수적八面受敵]

여덟 방위에서 원수를 받는다는 말이며, 8면에서 적을 만나도 여러 가지 섭렵한 사람과 더불어는 한몫에 말할 수가 없다는 뜻이다.

글자 | 방위 **면**, 받을 **수**, 원수 **적**

출전 | 소동파의 여왕랑서與王郎書

[팔면영롱八面玲瓏]

여덟 쪽으로 보아도 아롱거리고 환하다는 말이며, 어느 모로 보아도 아름답고 맑다는 뜻이다.

글자 | 향할 **면**, 아롱아롱할 **영**, 환할 **롱**

출전 | 마희馬熙의 시

[팔면육비八面六臂]

여덟 개의 얼굴과 여섯 개의 팔이라는 말이며, 어떤 일을 당해도 잘 처리하는 수완과 역량을 빗댄 말이다.

글자 | 얼굴 **면**, 팔 **비**

[팔문둔갑八門遁甲]

여덟 개 문의 대궐에 숨는다는 말이며, 술가術家가 귀신을 부리는 술법을 일컫는다.

글자 | 문 **문**, 숨을 **둔**, 대궐 **갑**
관련 | 기문둔갑奇門遁甲

[팔방미인八方美人]

여덟 모로 보아도 아름다운 사람이라는 말이며, 어느 모로 보아도 아름다운 미인, 누구에게나 곱게 보이도록 처세하는 사람, 여러 방면에 두루 능통한 사람 등의 비유로 쓰인다.

글자 | 모 **방**, 아름다울 **미**, 사람 **인**

[팔상성도八相成道]

여덟 가지 보는 것으로 도리를 이룬다는 말이며, 석가가 일생 중 8상으로 도를 이루었다는 뜻이다.

글자 | 볼 **상**, 이룰 **성**, 도리 **도**
출전 | 불본행집경佛本行集經

[팔상작불八相作佛]

→ 팔상성도八相成道

[팔십종수八十種樹]

팔십에 나무를 심는다는 말이다. 황흠黃欽이 80세에 고향에 물러나 지낼 때에 종을 시켜 밤나무를 심게 했다. 이웃 사람들이 웃었다. '연세가 여든이 넘으셨는데 너무 늦은 것이 아닐까요?' 황흠이 답했다. '심심해서 그런 걸세. 자손에 남겨준대도 나쁠 건 없지 않은가?' 10년 뒤에도 황흠은 건강했고 그때 심은 밤나무에 밤송이도 달렸다.

글자 | 심을 **종**, 나무 **수**
출전 | 송천필담松泉筆譚

[팔열지옥八熱地獄]

뜨거운 불길로 말미암아 고통을 받게 되는 여덟 가지의 큰 지옥을 말한다. 8개의 지옥은 등활等活·흑승黑繩·중합衆合·규환叫喚·대규환大叫喚·초열焦熱·대초열大焦熱·무간無間이다.

글자 | 더울 **열**, 땅 **지**, 옥 **옥**

[팔자사주八字四柱]

→ 사주팔자四柱八字

[팔자소관八字所關]

여덟 글자에 관계되는 바라는 말이며, 타고난 운수로 말미암아 어쩔 수 없이 당하는 것이라는 뜻이다.

글자 | 글자 **자**, 바 **소**, 관계할 **관**

[팔자청산八字青山]

여덟 팔자의 푸른 산이라는 말이며, 미인의 고운 눈썹을 빗댄 말이다.

글자 | 글자 **자**, 푸를 **청**, 뫼 **산**
동류 | 팔자춘산八字春山

[팔자춘산八字春山]

봄의 산에 팔八의 글자가 그려졌다는 말이며, 미인의 고운 눈썹을 빗댄 말이다.

글자 | 글자 **자**, 봄 **춘**, 뫼 **산**

[팔진성찬八珍盛饌]

여덟 가지 맛 좋은 많은 반찬이라는 말이며, 여러 가지 이름난 맛있는 음식을 다 갖춘 반찬이라는 뜻이다.

글자 | 맛 좋을 **진**, 많을 **성**, 반찬 **찬**

동류 | 팔진지미八珍之味

[팔진지미八珍之味]

→ 팔진성찬八珍盛饌

[팔징구징八徵九徵]

여덟 가지 아홉 가지 징조라는 말이며, 사람의 성품을 알아보는 방법을 일컫는다.

글자 | 징조 **징**

출전 | 장자 열어구列御寇

[팔척장신八尺長身]

여덟 자의 긴 몸이라는 말이며, 체구가 몹시 크다는 뜻이다.

글자 | 자 **척**, 긴 **장**, 몸 **신**

[팔포대상八包大商]

여덟 포대의 큰 장사꾼이라는 말이며, 생활에 걱정이 없는 사람을 빗댄 말이다. 중국으로 보내던 사대사행事大使行을 수행하여 홍삼을 팔 수 있도록 허가된 의주義州 상인의 넉넉한 생활에서 온 말이다.

글자 | 쌀 **포**, 큰 **대**, 장수 **상**

[팔한지옥八寒地獄]

심한 추위에 시달려 고통 받는 여덟 가지 지옥을 말한다. 그 지옥은 알부타頞部陀 · 이라부타尼喇部陀 · 알찰타頞哳陀 · 아파파阿婆婆 · 호호파虎虎婆 · 올발라嗢鉢羅 · 발특마鉢特摩 · 마하발특마摩訶鉢特摩이다.

글자 | 찰 **한**, 땅 **지**, 옥 **옥**

[팔한팔열八寒八熱]

여덟 가지 추위와 여덟 가지 더위라는 말이며, 8한 지옥과 8열 지옥을 일컫는다.

글자 | 찰 **한**, 더울 **열**

출전 | 불교

[패가망신敗家亡身]

집이 무너지고 몸이 망했다는 말이며, 가산을 탕진하고 몸을 망쳤다는 뜻이다.

글자 | 무너질 **패**, 집 **가**, 망할 **망**, 몸 **신**

출전 | 송남잡지

[패군지장敗軍之將]

싸움에 진 장수라는 말이며, 일에 실패하면 구구한 변명을 하지 않는다는 비유로 쓰인다. 위나라 한신 앞에 잡혀 온 조나라 이좌거李左車를 상좌에 모시고 장차의 전략을 묻자 이좌거가 답했다. '패군지장은 용勇을 말하지 말 것이며, 망국지대부亡國之大夫는 존存을 꾀하지 말라는 말을 들은바 있습니다. 지금 나는 싸움에 패하여 당신의 포로가 되어 있는 몸입니다. 어찌 대사를 꾀할 자격이 있겠습니까?'

원문 | 敗軍之將不可以言勇
패 군 지 장 불 가 이 언 용

글자 | 패할 **패**, 군사 **군**, 갈 **지**, 장수 **장**

출전 | 사기 회음후열전淮陰侯列傳

[패기만만霸氣滿滿]

→ 패기발발霸氣勃勃

[패기발발霸氣勃勃]

두목의 기세가 매우 활발하다는 말이며, 어떤 사업 또는 목적을 위하여 야심 또는 자신自信이 가득한 상태를 일컫는다.

글자 | 도목 **패**, 기세 **기**, 활발할 **발**

동류 | 패기만만霸氣滿滿

[패령자계佩鈴自戒]

방울을 차고 스스로 경계한다는 말이며, 나쁜 습관을 고치기 위하여 노력하는 자세를 일컫는다.

원문 | 公佩少鈴以自戒
공 패 소 령 이 자 계

글자 | 찰 **패**, 방울 **령**, 스스로 **자**, 경계할 **계**

출전 | 공사견문록公私見聞錄

[패류잔화敗柳殘花]

패하여 남은 버드나무와 꽃이라는 말이며, 아름다움을 잃은 미인 또는 권세를 잃은 고관대작을 빗댄 말이다.

글자 | 패할 **패**, 버드나무 **류**, 남을 **잔**, 꽃 **화**

출전 | 서상기西廂記

[패망쇠미敗亡衰微]

패하고 망하여 쇠약해지고 작아졌다는 말이다.

글자 | 패할 **패**, 망할 **망**, 쇠약할 **쇠**, 작을 **미**

[패물삼건佩物三件]

차는 물건 세 가지라는 말이며, 여자가 차는 산호珊瑚 · 호박琥珀 · 밀화蜜花 등을 일컫는다.

글자 | 찰 **패**, 물건 **물**, 가지 **건**

동류 | 패물삼작貝物三作

[패물삼작貝物三作]

→ 패물삼건佩物三件

[패배주의敗北主義]

패배할 것이라는 주된 뜻이라는 말이며, 경쟁이나 싸움에서 자신감이 없이 소극적이며 일을 해보기도 전에 포기하는 태도나 사고방식을 일컫는다.

글자 | 패할 **패**, 패하여 달아날 **배**, 주장할 **주**, 뜻 **의**

[패속지인敗俗之人]

풍속을 무너뜨리는 사람이라는 말이다.

원문 | 敗俗之人 不可長也
패 속 지 인 불 가 장 야

ㅍ

글자 | 무너뜨릴 **패**, 풍속 **속**, 어조사 **지**, 사람 **인**

출전 | 소학 가언편嘉言篇

[패역무도悖逆無道]

어지럽고 거스르며 도덕이 없다는 말이며, 도리에 어긋나고 흉악, 불순하여 사람다운 점이 없다는 뜻이다.

글자 | 어지러울 **패**, 거스를 **역**, 없을 **무**, 길 **도**

[패왕지보霸王之補]

패왕의 도움이라는 말이며, 군주나 임금을 돕는다는 뜻이다.

글자 | 패왕 **패**, 임금 **왕**, 어조사 **지**, 도울 **보**

동류 | 패왕지좌霸王之佐

[패왕지자霸王之資]

패자와 왕자가 될 바탕이라는 말이다.

글자 | 제후의 권세 잡을 **패**, 임금 **왕**, 어조사 **지**, 바탕 **자**

출전 | 관자 패언편霸言篇

[패입패출悖入悖出]

어긋난 것이 들어오면 어긋난 것이 나간다는 말이며, 자신의 언동은 자신에게 되돌아온다는 뜻이다.

원문 | 貨悖而入者 亦悖而出
화 패 이 입 자 역 패 이 출

글자 | 어그러질 **패**, 들 **입**, 날 **출**

출전 | 대학 10장 치국평천하

[패자역손悖子逆孫]

어지럽게 거스른 자의 자손이라는 말이다.

글자 | 어지러울 **패**, 아들 **자**, 거스를 **역**, 손자 **손**

[패자지민霸者之民]

권세 잡은 사람의 백성이라는 말이며, 제왕의 백성이라는 뜻이다.

원문 | 霸者之民 驩虞如也
패 자 지 민 환 우 여 야

글자 | 권세 잡을 **패**, 사람 **자**, 어조사 **지**, 백성 **민**

출전 | 맹자 진심 상

[패출패입悖出悖入]

→ 패입패출悖入悖出

[패표착풍佩瓢捉風]

바가지를 차고 바람을 잡는다는 말이며, 터무니없는 허황된 일을 한다는 뜻이다.

글자 | 찰 **패**, 박 **표**, 잡을 **착**, 바람 **풍**

출전 | 송남잡지

[팽두이숙烹頭耳熟]

머리를 삶으면 귀도 익는다는 말이며, 중요한 부분만 처리하면 남은 것은 저절로 해결된다는 뜻이다.

글자 | 삶을 **팽**, 머리 **두**, 귀 **이**, 익을 **숙**

출전 | 순오지

[팽양포고烹羊炮羔]

양을 삶고 양 새끼를 싸서 굽는다는 말이며, 경사 때 짐승을 잡는 잔치를 일컫는다.

글자 | 삶을 **팽**, 양 **양**, 싸서 구울 **포**, 양 새끼 **고**

출전 | 한서

[팽조지수彭祖之壽]

팽조의 나이라는 말이며, 장수長壽를 빗댄 말이다. 팽조는 신선의 이름이며 8백 세 이상을 장수했다고 한다.

글자 | 성 **팽**, 조상 **조**, 어조사 **지**, 나이 **수**

출전 | 열선전列仙傳

[편고지역偏苦之役]

치우치게 괴로운 일이라는 말이며, 남보다 괴로움을 더 받으면서 하는 일이라는 뜻이다.

글자 | 치우칠 **편**, 괴로울 **고**, 어조사 **지**, 일 **역**

[편모슬하偏母膝下]

→ 편모시하偏母侍下

[편모시하偏母侍下]

한쪽 어머니를 모신 아래라는 말이며, 홀로 남은 어머니를 모시고 있는 처지라는 뜻이다.

글자 | 치우칠 **편**, 어미 **모**, 모실 **시**, 아래 **하**

동류 | 편모슬하偏母膝下

[편벽고루偏僻孤陋]

[한쪽으로] 치우치고 홀로 좁다는 말이며, 전체를 보는 안목과 판단력이 없다는 뜻이다.

글자 | 치우칠 **편**, 편벽할 **벽**, 홀로 **고**, 좁을 **루**

[편복지역蝙蝠之役]

박쥐의 구실이라는 말이며, 어떤 일에 이익이 없으면 핑계를 대어 회피하고, 이익이 보이면 서슴없이 달라붙는 기회주의자를 빗댄 말이다. 박쥐가 이리 붙고 저리 붙고 한다는 데서 온 말이다.

글자 | 박쥐 **편**, 박쥐 **복**, 어조사 **지**, 구실 **역**

출전 | 순오지

동류 | 편복불참蝙蝠不參

[편애편증偏愛偏憎]

치우친 사랑, 치우친 미움이라는 말이며, 한 쪽은 좋아하면서 다른 쪽은 미워한다는 뜻이다.

글자 | 치우칠 **편**, 사랑 **애**, 미울 **증**

[편언절옥片言折獄]

몇 마디 말로 송사를 꺾었다는 말이며, 언행이 일치하는 인격 또는 공평한 판결 등을 일컫는다.

원문 | 片言可以折獄者 其由也與
편언가이절옥자 기유야여

글자 | 조각 **편**, 말씀 **언**, 꺾을 **절**, 송사 **옥**

ㅍ

출전 | 논어 안연顔淵
동류 | 편언결옥片言決獄

[편언척자片言隻字]

몇 마디 말과 하나의 글자라는 말이며, 짧은 말과 글을 뜻한다.

글자 | 조각 **편**, 말씀 **언**, 외짝 **척**, 글자 **자**
출전 | 어우야담於于野談
유사 | 일언반구一言半句

[편의종사便宜從事]

편하고 마땅한 일에 따른다는 말이며, 임금이 사신을 보낼 때 무슨 일을 정해서 맡기지 않고 가서 그때그때의 형편에 따라 처리하도록 한다는 뜻이다.

글자 | 편할 **편**, 마땅할 **의**, 따를 **종**, 일 **사**

[편의주의便宜主義]

편하고 편안함이 옳다고 하는 주장이라는 말이며, 어떤 사물을 근본적으로 처리하지 않고 임시로 둘러맞추려고 하는 사상을 일컫는다.

글자 | 편할 **편**, 편안할 **의**, 주장할 **주**, 옳을 **의**

[편장막급鞭長莫及]

채찍이 길어도 [배에] 미치지 않는다는 말이며, 힘이 미치기 어렵다는 것을 빗댄 말이다.

원문 | 古人有言曰雖鞭之長不及馬腹
고 인 유 언 왈 수 편 지 장 불 급 마 복

글자 | 채찍 **편**, 긴 **장**, 없을 **막**, 미칠 **급**
출전 | 춘추좌씨전 선공宣公 15년

[편전대령便殿待令]

공손히 전각에서 명령을 기다린다는 말이며, 편전에서 신하가 임금을 만나기 위하여 기다린다는 뜻이다.

글자 | 공손할 **편**, 전각 **전**, 기다릴 **대**, 명령할 **령**

[편청생간偏聽生姦]

치우쳐 들으면 간사함이 생긴다는 말이며, 한쪽 말만 들으면 불공평하여 나쁜 결과를 가져오게 된다는 뜻이다.

원문 | 故偏聽生姦 獨任成亂
고 편 청 생 간 독 임 성 란

글자 | 치우칠 **편**, 들을 **청**, 날 **생**, 간사할 **간**
출전 | 사기 노중련추양魯仲連鄒陽 열전

[편친시하偏親侍下]

치우친 육친을 아래서 모신다는 말이며, 홀로 된 어버이를 모시고 있는 처지라는 뜻이다.

글자 | 치우칠 **편**, 육친 **친**, 모실 **시**, 아래 **하**

[편편약질片片弱質]

조각조각이 약한 바탕이라는 말이며, 온몸이 다 약한 사람이라는 뜻이다.

글자 | 조각 **편**, 약할 **약**, 바탕 **질**
동류 | 편편약골片片弱骨

[편편옥토片片沃土]

조각조각이 기름진 땅이라는 말이며, 어느 논밭이나 모두 비옥한 땅이라는 뜻이다.

글자 | 조각 **편**, 기름질 **옥**, 땅 **토**

[폄심입골砭心入骨]

마음속에 돌 침을 놓고 뼈에 들어온다는 말이며, 몸이 매우 고통스럽다는 뜻이다.

글자 | 돌 침 **폄**, 마음 **심**, 들 **입**, 뼈 **골**

출전 | 대동야승 41권

[평기허심平氣虛心]

기운을 다스리고 마음을 비운다는 말이며, 침착하여 조급하지 않는다는 뜻이다.

글자 | 다스릴 **평**, 기운 **기**, 빌 **허**, 마음 **심**

출전 | 장자

[평단지기平旦之氣]

화평한 아침의 기운이라는 말이며, 깨끗한 양심을 빗댄 말이다.

글자 | 할 **평**, 아침 **단**, 어조사 **지**, 기운 **기**

출전 | 맹자 고자告子 상

[평등공양平等供養]

고르게 베풀고 공양한다는 말이며, 절에서 공양할 때 차별하지 않고 음식을 똑같이 대접한다는 뜻이다.

글자 | 고를 **평**, 고를 **등**, 베풀 **공**, 공양할 **양**

출전 | 고금석림 28권

[평롱망촉平隴望蜀]

→ 득롱망촉得隴望蜀

[평사낙안平沙落雁]

모래펄에 내려앉은 기러기라는 말이며, 글씨를 예쁘게 잘 쓴 것, 또는 아름다운 여인의 맵시 등을 빗대어 하는 말이다.

글자 | 평탄할 **평**, 모래 **사**, 떨어질 **낙**, 기러기 **안**

[평사만리平沙萬里]

모래펄이 만 리라는 말이며, 끝없이 넓은 사막을 일컫는다.

글자 | 평탄할 **평**, 모래 **사**, 일만 **만**, 이수 **리**

출전 | 당나라 잠참岑參의 글

유사 | 옥야천리沃野千里

[평상거입平上去入]

평평함과 위와 감춤과 들입이라는 말이며, 고대 중국어의 네 성조聲調의 이름을 일컫는다. 평성平聲은 양평陽平과 음평陰平으로 나뉘어 1, 2성으로 되고, 3성은 상성上聲, 4성은 거성去聲으로, 입성入聲은 현대에 와서 사용하지 않고 사라졌다.

글자 | 평탄할 **평**, 윗 **상**, 감출 **거**, 들 **입**

출전 | 문학비평 용어사전

[평생지계平生之計]

바른 삶의 계교라는 말이며, 일생 동안 살아갈 계획을 일컫는다.

글자 | 바를 **평**, 살 **생**, 어조사 **지**, 계교 **계**

[평수상봉萍水相逢]

개구리밥이 물에서 서로 만난다는 말이며, 여행 중에 우연히 동행자를 만난다는 뜻이다.

글자 | 개구리밥 **평**, 물 **수**, 서로 **상**, 만날 **봉**

출전 | 등왕각서滕王閣序

[평신저두平身低頭]

→ 저두평신低頭平身

[평심서기平心舒氣]

평화로운 마음과 느긋한 기운이라는 말이다.

글자 | 화할 **평**, 마음 **심**, 느릴 **서**, 기운 **기**

[평양삽시平陽插匙]

→ 폐양삽시蔽陽插匙

[평온무사平穩無事]

평화롭고 편안하며 아무 일이 없다는 말이다.

글자 | 화할 **평**, 편안할 **온**, 없을 **무**, 일 **사**

[평윤지사平允之士]

공평하고 진실한 선비라는 말이며, 공평하고 사심이 없는 재판관을 이르는 말이다.

글자 | 공평할 **평**, 진실로 **윤**, 어조사 **지**, 선비 **사**

출전 | 송사

[평이담백平易淡白]

마음이 평화롭고 편하며 희게 묽다는 말이며, 마음이 고요하고 욕심이 없다는 뜻이다.

글자 | 화할 **평**, 편할 **이**, 묽을 **담**, 흰 **백**

[평지낙마平地落馬]

평평한 땅인데 말에서 떨어진다는 말이며, 안전한 곳에서도 사고가 일어난다는 뜻이다.

글자 | 평평할 **평**, 땅 **지**, 떨어질 **낙**, 말 **마**

출전 | 동언해

[평지낙상平地落傷]

평지에서 넘어져 다친다는 말이며, 생각지도 않은 일을 당한다는 비유로도 쓰인다.

글자 | 평평할 **평**, 땅 **지**, 넘어질 **낙**, 상처 **상**

출전 | 동언해

[평지돌출平地突出]

평지에서 갑자기 튀어나왔다는 말이며, 평범한 집에서 돌봐주는 사람이 없이 출세했다는 뜻이다.

글자 | 평평할 **평**, 땅 **지**, 갑자기 **돌**, 날 **출**

[평지풍파平地風波]

고요한 땅에 바람과 파도를 일으킨다는 말이며, 공연한 일을 만들어 사태를 시끄럽게 만든다는 뜻이다. 당나라 시인 유우석劉禹錫의 글이다. '…물은 바닥이 가파른 여울을 짓지만 사람은 아무렇지도 않은 평지에서도 아무 생각도 없이 함부로 풍파를 일으킨다.'

원문 | 長恨不如水 等閑平地起風波
장한불여수 등한평지기풍파

글자 | 평평할 **평**, 땅 **지**, 바람 **풍**, 물결 **파**

출전 | 두순학의 장과호남경마당산묘將過湖南經馬當山廟

[평평탄탄平平坦坦]

매우 평탄하고 넓다는 말이며, 일이 순조롭게 잘 되어 간다는 뜻이다.

글자 | 평탄할 **평**, 넓을 **탄**

[폐격저비廢格沮誹]

격식을 폐하며 막고 비방한다는 말이며, 천자의 통치를 가로막고 못하게 한다는 뜻이다.

글자 | 폐할 **폐**, 격식 **격**, 막을 **저**, 비방할 **비**

출전 | 사기 평준서平準書

[폐관각소閉關却掃]

빗장을 닫고 물리치고 쓴다는 말이며, 문을 잠그고 손님을 물리치고 상종을 끊는다는 뜻이다.

글자 | 닫을 **폐**, 빗장 **관**, 물리칠 **각**, 쓸 **소**

[폐관자수閉關自守]

관계를 닫고 자신을 지킨다는 말이며, 외국과의 조약을 폐기하고 자기 나라의 주장을 고집한다는 뜻이다.

글자 | 닫을 **폐**, 관계할 **관**, 스스로 **자**, 지킬 **수**

[폐목강심閉目降心]

눈을 닫고 마음을 내린다는 말이며, 눈을 감고 조용히 마음을 가라앉히는 것이 화기火氣를 다스리는 좋은 처방이라는 뜻이다.

원문 | 閉目降心 治火良劑
폐목강심 치화량제

글자 | 닫을 **폐**, 눈 **목**, 내릴 **강**, 마음 **심**

출전 | 이종수의 근인당이공행장近仁堂李公行狀

[폐문조거閉門造車]

문을 닫고 수레를 만든다는 말이며, 남의 경험을 좀처럼 받아들이지 않는 속 좁은 행동을 빗댄 말이다.

원문 | 閉門造車 出門合轍
폐문조거 출문합철

글자 | 닫을 **폐**, 집안 **문**, 만들 **조**, 수레 **거**

출전 | 중용 혹문편或問篇

[폐부지언肺腑之言]

허파와 장부의 말이라는 뜻이며, 마음속에서 우러나오는 진실한 말이라는 뜻이다.

글자 | 허파 **폐**, 장부 **부**, 어조사 **지**, 말씀 **언**

ㅍ

[폐부지친肺腑之親]

허파와 장부의 일가라는 말이며, 왕실王室의 가까운 친척을 일컫는다.

글자 | 허파 **폐**, 장부 **부**, 어조사 **지**, 일가 **친**

[폐사자립廢師自立]

스승의 학설을 버리고 자설自說을 세운다는 말이다.

글자 | 폐할 **폐**, 스승 **사**, 스스로 **자**, 설 **립**

[폐식망찬廢食忘餐]

먹는 것을 폐하거나 간식 먹는 것을 잊는다는 말이며, 어떤 일에 몰두한다는 뜻이다.

글자 | 폐할 **폐**, 먹을 **식**, 잊을 **망**, 간식 먹을 **찬**

출전 | 삼국사기 8권

[폐양삽시蔽陽插匙]

볕을 가리고 숟가락을 꽂는다는 말이며, 가난하여 이곳저곳 떠돌아다니는 삶을 빗댄 말이다.

글자 | 가릴 **폐**, 볕 **양**, 꽂을 **삽**, 숟가락 **시**

출전 | 성호전서 7권

동류 | 평양삽시平陽揷匙

[폐완도미斃蜿掉尾]

[지렁이가] 엎어지며 꿈틀거리며 꼬리를 흔든다는 말이며, 아무리 순하고 뼈 없이 착한 사람이라도 함부로 건드리면 화를 내고 반항한다는 뜻이다.

글자 | 엎어질 **폐**, 용 꿈틀거릴 **완**, 흔들 **도**, 꼬리 **미**

출전 | 조선왕조 13대 명종실록 29권

[폐월수화閉月羞花]

달이 모습을 감추고 꽃이 부끄러워한다는 말이며, 절세의 미인을 빗댄 말이다. 진나라 헌공의 애인 여희麗姬는 대단한 미인이어서 그녀를 보면 아름다운 달도 구름 속으로 모습을 감추고 꽃도 부끄러워할 정도라는 고사에서 온 말이다.

글자 | 닫을 **폐**, 달 **월**, 부끄러울 **수**, 꽃 **화**

출전 | 장자 재물론齊物論

동류 | 침어낙안沈魚落雁

[폐의이옥敝衣裏玉]

해진 옷 속에 구슬이라는 말이며, 겉모양은 보잘 것 없으나 그 내용은 훌륭하다는 뜻이다.

글자 | 해질 **폐**, 옷 **의**, 속 **이**, 구슬 **옥**

출전 | 태현경太玄經

[폐의파관敝衣破冠]

→ 폐포파립弊袍破笠

[폐의파립敝衣破笠]

해진 옷과 부서진 갓이라는 말이며, 구차한 차림새를 빗댄 말이다.

글자 | 옷 해질 **폐**, 옷 **의**, 깨트릴 **파**, 갓 **립**

동류 | 폐의파관敝衣破冠

[폐이후이斃而後已]

쓰러진 뒤에 그친다는 말이며, 목숨이 붙어 있는 한 노력을 계속한다는 뜻이다.

글자 | 쓰러질 **폐**, 말 이을 **이**, 뒤 **후**, 그칠 **이**

출전 | 예기 표기편表記篇, 논어 태백

동류 | 사이후이死而後已

[폐일부운蔽日浮雲]

해를 가리는 뜬구름이라는 말이며, 임금의 총명을 가리는 간신을 빗댄 말이다.

글자 | 가릴 **폐**, 해 **일**, 뜰 **부**, 구름 **운**

출전 | 김유金璲의 시

[폐일지괴吠日之怪]

해를 보면 짖는 괴이한 일이라는 말이며, 신기한 것을 보고 놀란다는 뜻이다. 촉나라 지방은 비가 오는 날이 많아 해를 보는 날이 드물어 개가 해를 보면 괴이하게 여겨 짖었다는 데서 온 말이다.

글자 | 짖을 **폐**, 해 **일**, 어조사 **지**, 괴이할 **괴**

동류 | 촉견폐일蜀犬吠日

유사 | 월견폐설越犬吠雪

[폐추자진敝帚自珍]

해진 비가 자신에겐 귀중하다는 말이며, 몽당비가 볼품없어도 제겐 또한 보배라는 뜻이다.

원문 | 敝帚雖微亦自珍
폐 추 수 미 역 자 진

글자 | 해질 **폐**, 비 **추**, 스스로 **자**, 보배 **진**

출전 | 육유陸游의 시 추사秋思

[폐추천금弊帚千金]

해진 빗자루(몽당비)가 천금이라는 말이며, 제 분수를 모르는 과실이나 제가 가진 것은 다 좋다고 생각한다는 뜻이다.

원문 | 家有弊帚 享之千金
가 유 폐 추 향 자 천 금

글자 | 해질 **폐**, 빗자루 **추**, 일천 **천**, 돈 **금**

출전 | 문선 조배전론曹丕典論

[폐치분합廢置分合]

폐하고 놓고 나누고 합한다는 말이며, 지방행정관청을 폐지 또는 설치하고 행정구역을 나누거나 합한다는 뜻이다.

글자 | 폐할 **폐**, 둘 **치**, 나눌 **분**, 합할 **합**

[폐침망식廢寢忘食]

자는 것을 폐하고 먹는 것을 잊는다는 말이며, 침식을 잊고 하는 일에 몰두한다는 뜻이다.

글자 | 폐할 **폐**, 잠잘 **침**, 잊을 **망**, 먹을 **식**

출전 | 송사 기사본말記事本末

동류 | 폐침망찬廢寢忘餐

[폐침망찬廢寢忘餐]

→ 폐침망식廢寢忘食

ㅍ

[폐포파립弊袍破笠]

→ 폐의파립敝衣破笠

[폐풍악습弊風惡習]

해진 풍속과 나쁜 습관이라는 말이다.

글자 | 해질 **폐**, 풍속 **풍**, 나쁠 **악**, 익을 **습**

[폐학지경廢學之境]

배움을 폐할 지경이라는 말이며, 학업을 중도에서 그만두어야 할 형편이라는 뜻이다.

글자 | 폐할 **폐**, 배울 **학**, 어조사 **지**, 지경 **경**

[폐형폐성吠形吠聲]

[개가] 모양을 보고 짖으면 [다른 개가] 소리를 듣고 짖는다는 말이며, 한 사람이 헛된 말을 전하면 들은 사람은 내용도 모르고 전해진다는 뜻이다.

글자 | 짖을 **폐**, 모양 **형**, 소리 **성**

출전 | 잠부론潛夫論

[폐호선생閉戶先生]

문을 닫은 선생이라는 말이며, 집안에 틀어박혀 독서만 하는 사람이라는 뜻이다.

글자 | 닫을 **폐**, 문 **호**, 먼저 **선**, 날 **생**

출전 | 초국楚國 선현전先賢傳

[폐혼입명廢昏立明]

어두움을 폐하고 밝음을 세운다는 말이며, 어리석은 임금을 폐하고 현명한 임금을 세운다는 뜻이다.

글자 | 폐할 **폐**, 어두울 **혼**, 설 **입**, 밝을 **명**

출전 | 고려사 92권

[포고발심怖苦發心]

괴로움이 두려워서 마음을 일으킨다는 말이며, 세상의 고통이 무서워서 진眞을 찾는 불도의 길을 간다는 뜻이다.

글자 | 두려워할 **포**, 괴로울 **고**, 일으킬 **발**, 마음 **심**

[포관격탁抱關擊柝]

빗장을 안은 사람과 딱따기를 치는 사람이라는 말이며, 비천한 신분을 일컫는다.

글자 | 안을 **포**, 빗장 **관**, 칠 **격**, 딱따기 **탁**

출전 | 맹자 만장萬章 하

[포기불고抛棄不顧]

던져버리고 돌아보지 않는다는 말이며, 어떤 일을 포기하고 다시는 생각하지 않는다는 뜻이다.

글자 | 던질 **포**, 버릴 **기**, 아닐 **불**, 돌아볼 **고**

[포기불고胞氣不固]

태보의 기운이 굳지 않았다는 말이며, 방광의 기가 허약하여 오줌을 조절하는 기능이 장애된 상태라는 뜻이다.

글자 | 태보 **포**, 기운 **기**, 아닐 **불**, 굳을 **고**

[포두서찬抱頭鼠竄]

머리를 감싸고 달아나는 쥐라는 말이며, 무서워서 머리를 감싸고 숨는다는 뜻이다.

원문 | 常山王抱頭鼠竄 以歸漢王
상산왕포두서찬 이귀한왕

글자 | 안을 **포**, 머리 **두**, 쥐 **서**, 달아날 **찬**

출전 | 한서 괴통전, 옥루몽

[포락지형炮烙之刑]

굽고 지지는 형벌을 말한다. 은나라 주왕 때의 사형 방법으로서 기름칠한 구리 봉을 숯불 위에 걸쳐 놓고 그 위로 건너가게 하였다.

글자 | 통째로 구을 **포**, 지질 **락**, 어조사 **지**, 형벌 **형**

출전 | 사기 은본기殷本紀

[포류지자蒲柳之姿]

강 버들의 모습이라는 말이며, 몸이 허약한 것을 빗댄 말이다. 동진의 고열顧悅은 간문제簡文帝와 동갑이었으나 머리가 하얗게 세어 간문제가 연유를 묻자, 고열이 답했다. '강 버들의 모습을 한 자는 가을을 앞에 두고 잎이 떨어지오나 송백지질松柏之質은 서리를 겪고도 더욱 잎이 무성한 법입니다.'

원문 | 蒲柳之姿 望秋而落 松柏之質
포류지자 망추이락 송백지질
經霜彌茂
경상미무

글자 | 부들 **포**, 버들 **류**, 갈 **지**, 맵시 **자**

출전 | 세설신어 언어言語

동류 | 포류지질蒲柳之質

[포류지질蒲柳之質]

→ 포류지자蒲柳之姿

[포만무례暴慢無禮]

포악하고 거만하고 무례하다는 말이다.

글자 | 사나울 **포**, 거만할 **만**, 없을 **무**, 예도 **례**

[포말몽환泡沫夢幻]

물거품과 꿈과 같은 환상이라는 말이며, 이 세상에 존재하는 것이 덧없다는 뜻이다.

글자 | 거품 **포**, 거품 **말**, 꿈 **몽**, 미혹할 **환**

동류 | 몽환포영夢幻泡影

[포범무양布帆無恙]

돛의 배가 무사하다는 말이며, 여행이 무사평온하다는 뜻이다.

원문 | 布帆無恙 掛秋風
포범무양 괘추풍

글자 | 베 **포**, 돛 **범**, 없을 **무**, 근심 **양**

출전 | 진서, 이백의 시

[포벽유죄包璧有罪]

구슬을 감추면 죄가 된다는 말이다. 우나라 임금의 아우인 우숙虞叔이 한 말에서 유래한다. '주나라 속담에 이르기를, 필부는 비록 죄가 없어도 구슬을 가지고 있으면 그것이 곧 죄가

된다고 했다. 내가 공연히 이런 걸 가지고 있다가 화를 부를 필요는 없다.'

글자 | 감출 **포**, 구슬 **벽**, 있을 **유**, 죄 **죄**

출전 | 춘추좌씨전 환공桓公 10년

[포병지인抱病之人]

병을 안고 있는 사람이라는 말이며, 늘 병을 지니고 있는 사람이라는 뜻이다.

글자 | 안을 **포**, 병 **병**, 어조사 **지**, 사람 **인**

[포복구지匍匐救之]

엎드려 기고 기어서 구원한다는 말이며, 남의 상사喪事가 있을 때 힘껏 돕는다는 뜻이다.

원문 | 凡民有喪 匍匐救之
범민유상 포복구지

글자 | 길 **포**, 길 **복**, 구원할 **구**, 어조사 **지**

출전 | 시경 패풍邶風

[포복절도抱腹絶倒]

배를 쥐고 숨이 끊어져 넘어졌다는 말이며, 몹시 웃어대는 모습을 일컫는다.

글자 | 안을 **포**, 배 **복**, 끊을 **절**, 넘어질 **도**

출전 | 오대사五大史

동류 | 봉복절도捧復絶倒

[포수인치包羞忍恥]

부끄러움을 감싸고 부끄러움을 참는다는 말이며, 수치스러움을 감추고 참는다는 뜻이다.

글자 | 쌀 **포**, 부끄러울 **수**, 참을 **인**, 부끄러울 **치**

[포식난의飽食暖衣]

밥을 배불리 먹고 옷을 따뜻하게 입는다는 말이다. 맹자의 글이다. '사람이 배불리 먹고 옷을 따뜻하게 입고 편안히 살면서 가르침이 없으면 새나 짐승과 다름이 없다.'

원문 | 飽食暖衣 逸居而無教 則近於禽獸
포식난의 일거이무교 즉근 어금수

글자 | 배부를 **포**, 밥 **식**, 따뜻할 **난**, 옷 **의**

출전 | 맹자 등문공滕文公 상

동류 | 난의포식暖衣飽食

[포식당육飽食當肉]

배부를 때 고기를 만난다는 말이며, 배가 불러 어떤 일에 관심이나 흥미가 없다는 뜻이다.

글자 | 배부를 **포**, 먹을 **식**, 당할 **당**, 고기 **육**

[포신구화抱薪救火]

섶을 안고 불을 끈다는 말이며, 재난을 구하려다 도리어 커지게 한다는 뜻이다.

글자 | 안을 **포**, 섶 **신**, 막을 **구**, 불 **화**

출전 | 사기 위세가魏世家

동류 | 부신구화負薪救火

유사 | 구화투신救火投薪

[포암세미飽諳世味]

세상맛을 흡족하게 안다는 말이며, 세상의 온갖 경험을 다했다는 뜻이다.

원문 | 飽諳世味 一任覆雨飜雲…
포암세미 일임복우번운

글자 | 흡족할 **포**, 알 **암**, 세상 **세**, 맛 **미**

출전 | 채근담

[포어지사鮑魚之肆]

절인 물고기 가게라는 말이며, 선하지 않은 사람과 지내면 마치 비린내 나는 어물전에 들어간 것과 같아서 냄새가 밴다는 뜻이며, 나쁜 사람과 교우하면 자신도 모르는 사이에 영향을 받아 자신도 나쁜 행동을 하게 된다는 말이다.

원문 | 與不善人居如入鮑魚之肆
여불선인거여입포어지사

글자 | 절인 어물 **포**, 고기 **어**, 어조사 **지**, 가게 **사**

출전 | 공자가어

[포연탄우砲煙彈雨]

총포의 연기와 빗발치는 탄환이라는 말이며, 격렬한 전투를 일컫는다.

글자 | 대포 **포**, 연기 **연**, 탄자 **탄**, 비 **우**

[포옹관휴抱甕灌畦]

독을 안고 논밭에 물을 댄다는 말이며, 뒤쳐진 상태에서 만족하고 발전하려는 생각을 갖지 않는 보수적인 생각을 일컫는다.

원문 | 鑿隧而入井 抱甕而出灌
착수이입정 포옹이출관

글자 | 안을 **포**, 독 **옹**, 물댈 **관**, 밭두렁 **휴**

출전 | 장자 천지편天地篇

동류 | 포옹관포抱甕灌圃

[포의박대褒衣博帶]

[품이] 넓은 옷과 [폭이] 넓은 띠라는 말이며, 선비가 입는 옷과 띠를 일컫는다.

원문 | 皤皤元老 褒衣博帶
파파원로 포의박대

글자 | 넓을 **포**, 옷 **의**, 넓을 **박**, 띠 **대**

출전 | 한서

[포의지교布衣之交]

베옷의 사귐이라는 말이며, 가난할 때 사귄 벗으로서 신분이나 빈부를 뛰어 넘은 교제를 빗댄 말이다.

원문 | 布衣之交 尙不相欺 況大國乎
포의지교 상불상기 황대국호

글자 | 베 **포**, 옷 **의**, 어조사 **지**, 사귈 **교**

출전 | 사기 인상여전藺相如傳

[포의지극布衣之極]

베옷의 마침이라는 말이며, 평민으로서 오를 수 있는 최고의 자리를 빗댄 말이다.

글자 | 베 **포**, 옷 **의**, 어조사 **지**, 마침 **극**

[포의지우布衣之友]

베옷의 벗이라는 말이며, 참된 우정으로 사귀는 벗을 빗댄 말이다.

글자 | 베 **포**, 옷 **의**, 어조사 **지**, 벗 **우**

[포의지위布衣之位]

베옷의 벼슬이라는 말이며, 벼슬이 없는 사람이라는 뜻이다.

ㅍ

글자 | 베 **포**, 옷 **의**, 어조사 **지**, 벼슬 **위**

출전 | 사기

[포의한사布衣寒士]

베옷을 입은 가난한 선비라는 말이며, 벼슬이 없는 가난한 선비라는 뜻이다.

글자 | 베 **포**, 옷 **의**, 가난할 **한**, 선비 **사**

[포잔수결抱殘守缺]

나머지를 안고 이 빠진 것을 지킨다는 말이며, 권수卷數가 빠진 책을 보관하고 이를 소중히 여긴다는 뜻이다.

글자 | 안을 **포**, 나머지 **잔**, 지킬 **수**, 이 빠질 **결**

[포장양려鋪張揚厲]

펴서 벌리고 날려 떨친다는 말이며, 매우 칭찬한다는 뜻이다.

글자 | 펼 **포**, 벌릴 **장**, 날릴 **양**, 떨칠 **려**

[포장화심包藏禍心]

해로운 마음을 싸고 감추고 있다는 말이며, 나쁜 짓을 할 마음을 품고 있다는 뜻이다.

원문 | 而無乃包藏禍心以圖之
이 무 내 포 장 화 심 이 도 지

글자 | 쌀 **포**, 감출 **장**, 해로울 **화**, 마음 **심**

출전 | 춘추좌씨전 소공원년昭公元年

유사 | 구밀복검口密腹劍

[포전인옥拋磚引玉]

벽돌을 버리고 구슬을 당긴다는 말이며, 남의 고견을 듣기 위해 자신의 미숙한 생각을 먼저 발표한다는 뜻이다.

글자 | 버릴 **포**, 벽돌 **전**, 이끌 **인**, 구슬 **옥**

출전 | 역대시화歷代詩話

[포정해우庖丁解牛]

부엌 일꾼이 소를 해체解體한다는 말이며, 기술이 묘하다는 뜻이다.

원문 | 庖丁爲文惠君解牛
포 정 위 문 혜 군 해 우

글자 | 부엌 **포**, 일꾼 **정**, 쪼갤 **해**, 소 **우**

출전 | 장자 양생주養生主

[포진장병鋪陳障屛]

펴는 것과 가리는 병풍이라는 말이며, 요 · 방석 · 병풍 같은 깔거나 가리는 것을 일컫는다.

글자 | 펼 **포**, 펼 **진**, 가릴 **장**, 병풍 **병**

[포진천물暴殄天物]

중요한 물건을 급히 다 쓴다는 말이며, 귀한 물건을 빨리 써버리고 아까운 줄 모른다는 뜻이다.

글자 | 급할 **포**, 다할 **진**, 중요할 **천**, 만물 **물**

출전 | 서경 무성편武成篇

[포탄희량抱炭希涼]

숯불을 안고 시원하기를 바란다는 말이며, 행하는 것과 바라는 것이 맞지 않는다는 뜻이다.

글자 | 안을 **포**, 숯 **탄**, 바랄 **희**, 서늘할 **량**

출전 | 국지 위지魏志

[포통서하抱痛西河]

서하에서 아픔을 안았다는 말이며, 자식을 잃고 슬퍼한다는 뜻이다. 공자의 제자인 자하子夏가 서하에서 위문후의 스승으로 있을 때, 그 아들을 잃고 너무 슬픈 나머지 눈이 멀었다는 고사에서 온 말이다.

원문 | 抱痛西河 喪明之痛
포통서하 상명지통

글자 | 안을 **포**, 아플 **통**, 서녘 **서**, 물 **하**

출전 | 논어

동류 | 서하지통西河之痛

[포편지벌蒲鞭之罰]

부들 채찍의 벌이라는 말이며, 고통이 따르지 않는 벌, 즉 관대한 형벌을 빗댄 말이다.

글자 | 부들 **포**, 채찍 **편**, 어조사 **지**, 형벌 **벌**

출전 | 후한서

[포풍착영捕風捉影]

바람을 잡고 그림자도 잡는다는 말이며, 허황된 말과 행동을 빗댄 말이다.

글자 | 사로잡을 **포**, 바람 **풍**, 잡을 **착**, 그림자 **영**

출전 | 송남잡지

[포학군주暴虐君主]

사납고 사나운 임금이라는 말이다.

글자 | 사나울 **포**, 사나울 **학**, 임금 **군**, 임금 **주**

[포학무도暴虐無道]

매우 사납고 도리가 없다는 말이며, 성질이 횡포하고 잔악하여 도덕심이 없다는 뜻이다.

글자 | 사나울 **포**, 사나울 **학**, 없을 **무**, 도리 **도**

[포호빙하暴虎馮河]

맨손으로 범을 잡고 걸어서 강을 건넌다는 말이며, 자기의 강한 힘을 믿고 되는대로 행동한다는 뜻이다. 공자가 한 말이다. '맨손으로 범을 잡고 맨몸으로 황하를 건너려다 죽어도 후회하지 않는 사람과는 나는 함께 하지 않겠다. 일에 임해서는 두려워하며 계획을 신중히 짜서 성취하는 자와 반드시 함께하련다.'

원문 | 暴虎馮河 死而無悔者 吾不
포호빙하 사이무회자 오불
與也 必也臨事而懼 好謀而
여야 필야임사이구 호모이
成者也
성자야

글자 | 맨손으로 칠 **포**, 범 **호**, 걸어서 건널 **빙**, 물 **하**

출전 | 논어 술이述而

[포호함포咆虎陷浦]

갯벌에 빠져 으르렁거리는 범이라는 말이며, 큰소리만 치고 하는 일이 없는 사람을 빗댄 말이다.

글자 | 범의 성낸 소리 **포**, 범 **호**, 빠질 **함**, 갯벌 **포**

출전 | 순오지

[포획반망捕獲叛亡]

배반자와 도망자를 잡아온다는 말이다.

글자 | 잡을 **포**, 얻을 **획**, 배반할 **반**, 도망 **망**

출전 | 천자문

[폭발개벽爆發開闢]

[우주가] 폭발하여 열렸다는 말이다.

글자 | 불 터질 **폭**, 일어날 **발**, 열 **개**, 열 **벽**

[폭주병진輻輳倂臻]

바퀴살이 모이듯 합쳐 모인다는 말이며, 여럿이 한곳으로 몰려드는 형상을 빗댄 말이다.

글자 | 바퀴살통 **폭**, 모일 **주**, 합할 **병**, 모을 **진**

출전 | 한비자

[폭풍해일暴風海溢]

사나운 바람과 넘치는 바다라는 말이며, 태풍으로 바닷물이 높게 밀려온다는 뜻이다.

글자 | 사나울 **폭**, 바람 **풍**, 바다 **해**, 넘칠 **일**

[표동벌이標同伐異]

같은 것은 들고 다른 것은 친다는 말이며, 나와 같은 자는 보호하고, 나와 다른 자는 공격한다는 뜻이다.

글자 | 들 **표**, 같을 **동**, 칠 **벌**, 다를 **이**

출전 | 세설신어

동류 | 당동벌이黨同伐異

[표리부동表裏不同]

겉과 속이 같지 않다는 말이며, 마음과 행동이 일치하지 않는다는 뜻이다.

글자 | 겉 **표**, 속 **리**, 아닐 **부**, 같을 **동**

출전 | 송남잡지

[표리산하表裏山河]

겉과 속이 산과 바다라는 말이며, 자연의 요새가 튼튼하다는 뜻이다.

원문 | 表裏山河 必無害也
표 리 산 하 필 무 해 야

글자 | 겉 **표**, 속 **리**, 뫼 **산**, 바다 **하**

출전 | 춘추좌씨전 희공 하

[표리상응表裏相應]

겉과 속이 서로 응한다는 말이며, 안팎에서 서로 손이 맞는다는 뜻이다.

글자 | 겉 **표**, 속 **리**, 서로 **상**, 응할 **응**

출전 | 한서

동류 | 표리상의表裏相依

[표리상의表裏相依]

→ 표리상응表裏相應

[표리수통表裡遂通]

겉과 속이 마침내 통한다는 말이며, 원천이 고갈되지 않으면 안팎이 마침내 통한다는 뜻이다.

원문 | 泉之不竭 表裡遂通
천 지 불 갈 표 리 수 통

글자 | 겉 **표**, 속 **리**, 마침내 **수**, 통할 **통**

출전 | 관자 심술心術 하

[표리일체表裏一體]

겉과 속이 한 몸이라는 말이며, 안팎이 한 뭉치라는 뜻이다.

글자 | 겉 **표**, 속 **리**, 몸 **체**

[표리탈금剽吏奪金]

관리를 겁박하여 돈을 뺏는다는 말이다.

글자 | 겁박할 **표**, 관리 **리**, 빼앗을 **탈**, 돈 **금**

출전 | 추관지 3권

[표사유피豹死留皮]

표범은 죽어서 가죽을 남긴다는 말이며, 사람이 죽으면 이름을 남긴다는 뜻이다. 이는 양나라 때 민간에 전해 내려오는 속담에서 유래한다. '표범이 죽으면 가죽을 남기고, 사람이 죽으면 이름을 남긴다.'

원문 | 豹死留皮 人死留名
표 사 유 피 인 사 유 명

글자 | 표범 **표**, 죽을 **사**, 남길 **유**, 가죽 **피**

출전 | 신오대사新五代史 사절전死節傳

[표이출지表而出之]

겉으로 나간다는 말이며, 겉으로 두드러지게 드러나거나 드러낸다는 뜻이다.

원문 | 袗絺綌 必表而出之
진 치 격 필 표 이 출 지

글자 | 겉 **표**, 말 이을 **이**, 나갈 **출**, 어조사 **지**

출전 | 소학 경신편敬身篇, 논어

[표자정규杓子定規]

표자의 정한 규칙이라는 말이며, 무엇이든지 하나의 규칙이나 척도에 맞추려고 하는 융통성이 없는 태도를 일컫는다.

글자 | 북두자루 **표**, 아들 **자**, 정할 **정**, 법 **규**

반대 | 융통무애融通無碍

[표칙지지表則之地]

출중한 법칙의 곳이라는 말이며, 재상宰相의 지위를 빗댄 말이다.

글자 | 출중할 **표**, 법칙 **칙**, 어조사 **지**, 곳 **지**

출전 | 서경 중훼지고편仲虺之誥篇

[표표정정表表亭亭]

매우 출중하고 우뚝하다는 말이며, 눈에 잘 띄게 나타난다는 뜻이다.

글자 | 출중할 **표**, 우뚝할 **정**

[푼전승량分錢升糧]

한 푼의 돈과 한 되의 곡식이라는 말이며, 얼마 안 되는 돈과 몇 되 안 되는 양식이라는 뜻이다.

글자 | 푼 **푼**, 돈 **전**, 되 **승**, 곡식 **량**

동류 | 푼전입미分錢粒米

ㅍ

[푼전입미分錢粒米]

→ 푼전승량分錢升糧

[품행단정品行端正]

→ 품행방정品行方正

[품행방정品行方正]

품성과 행실이 떳떳하고 바르다는 말이다.

글자 | 품성 **품**, 행할 **행**, 떳떳할 **방**, 바를 **정**

[풍거운요風擧雲搖]

바람이 일어나고 구름이 흔들린다는 말이며, 마음 내키는 대로 이리저리 돌아다닌다는 말이다.

글자 | 바람 **풍**, 일어날 **거**, 구름 **운**, 흔들릴 **요**

[풍고풍하風高風下]

바람이 높고 바람이 낮다는 말이며, 가을과 겨울은 바람이 높고, 봄과 여름은 바람이 낮다는 뜻이다.

글자 | 바람 **풍**, 높을 **고**, 아래 **하**

[풍광명미風光明媚]

바람과 빛이 밝고 아름답다는 말이며, 풍경이 섬세하고 아름답다는 뜻이다.

글자 | 바람 **풍**, 빛 **광**, 밝을 **명**, 아름다울 **미**

[풍근다력豊筋多力]

두터운 힘줄과 많은 힘이라는 말이며, 글씨의 획이 굵고 힘차다는 말이다.

글자 | 두터울 **풍**, 힘줄 **근**, 많을 **다**, 힘 **력**

[풍기문란風紀紊亂]

풍습과 규율이 어지럽다는 말이며, 예절을 지키지 않고 특히 남녀 간의 교제가 보통 수준을 넘는다는 뜻이다.

글자 | 풍속 **풍**, 규율 **기**, 어지러울 **문**, 어지러울 **란**

[풍기퇴폐風紀頹廢]

풍습과 규율이 무너지고 떨어진다는 말이다.

글자 | 풍속 **풍**, 규율 **기**, 무너질 **퇴**, 떨어질 **폐**

[풍년기근豊年飢饉]

풍년에 굶고 주린다는 말이며, 풍년이 들었으나 곡식 값이 떨어져 농민에게 어려움을 준다는 뜻이다.

글자 | 풍년 **풍**, 해 **년**, 굶을 **기**, 주릴 **근**

동류 | 풍작기근豊作飢饉

[풍년화자豊年花子]

풍년거지라는 말이며, 모두 이익을 보는데 자기만 빠지는 것을 빗댄 말이다.

글자 | 풍성할 **풍**, 해 **년**, 꽃 **화**, 사람 **자**

출전 | 순오지旬五志

[풍류다재風流多才]

바람에 따라 흐르고 재주가 많다는 말이며, 멋스럽고 풍치도 있으며 재주도 많다는 뜻이다.

글자 | 바람 **풍**, 흐를 **류**, 많을 **다**, 재주 **재**

[풍류삼매風流三昧]

바람에 따라 흐르고 세 번 눈이 어둡다는 말이며, 속세를 버리고 유유자적하며 한 가지 일에 집념한다는 뜻이다.

글자 | 바람 **풍**, 흐를 **류**, 눈 어두울 **매**

[풍류운산風流雲散]

바람이 흘러 구름을 흩어버린다는 말이며, 자취 없이 사라진다는 뜻이다.

글자 | 바람 **풍**, 흐를 **류**, 구름 **운**, 흩을 **산**

[풍류죄과風流罪過]

흐르는 풍속에 대한 죄와 허물이라는 말이며, 법령에 저촉되지 않는 가벼운 허물을 일컫는다.

글자 | 풍속 **풍**, 흐를 **류**, 죄 **죄**, 허물 **과**

출전 | 북제서北齊書

[풍림화산風林火山]

수풀의 바람 따라 산에 불을 지른다는 말이며, 어떤 일에 있어서 시기나 정세에 적응하여 신속히 대처한다는 뜻이다.

원문 | 其疾如風 其徐如林 侵掠如火
기질여풍 기서여림 침량여화
不動如山
부동여산

글자 | 바람 **풍**, 수풀 **림**, 불 **화**, 뫼 **산**

출전 | 손자 군쟁편軍爭篇

[풍마우세風磨雨洗]

바람에 갈리고 비에 씻긴다는 말이며, 오랜 세월 자연에 침식侵蝕 당한다는 뜻이다.

글자 | 바람 **풍**, 갈 **마**, 비 **우**, 씻을 **세**

출전 | 송남잡지

[풍목지비風木之悲]

→ 풍수지탄風樹之嘆

[풍문거핵風聞擧核]

바람에 들리는 것을 들어 캐묻는다는 말이며, 풍문으로 들리는 범죄 사실을 조사한다는 뜻이다.

글자 | 바람 **풍**, 들을 **문**, 들 **거**, 캐물을 **핵**

출전 | 조선왕조 4대 세종실록 30권

[풍번지론風旛之論]

바람에 흔들리는 깃발과 같은 말이라는 말이며, 이리저리 흔들리는 언론을 빗댄 말이다.

글자 | 바람 **풍**, 기 **번**, 어조사 **지**, 말할 **론**

[풍불명조風不鳴條]

나뭇가지를 울리지 않는 바람이라는 말이며, 세상이 태평하고 평온함을 빗댄 말이다.

글자 | 바람 **풍**, 아닐 **불**, 울 **명**, 나뭇가지 **조**

출전 | 논어 염철론鹽鐵論
동류 | 풍불명지風不鳴枝

[풍불명지風不鳴枝]

→ 풍불명조風不鳴條

[풍비박산風飛雹散]

바람으로 날리고 우박으로 흩어진다는 말이며, 사방으로 날아 흩어진다는 뜻이다.

글자 | 바람 **풍**, 날 **비**, 우박 **박**, 흩어질 **산**
동류 | 풍지박산風地雹散

[풍사재하風斯在下]

바람은 이 밑에 있다는 말이며, 새가 높이 날아갈 때는 바람이 그 밑에 있다는 데서 높은 벼슬에 오른다는 뜻이다.

글자 | 바람 **풍**, 이 **사**, 있을 **재**, 아래 **하**
출전 | 장자 소요유편消遙遊篇

[풍상쇄하豊上殺下]

→ 풍상예하豊上銳下

[풍상예하豊上銳下]

살찐 위와 뾰족한 아래라는 말이며, 얼굴의 이마는 넓고 뺨은 마른 사람을 빗댄 말이다.

글자 | 살찔 **풍**, 윗 **상**, 뾰족할 **예**, 아래 **하**
동류 | 풍상쇄하 豊上殺下

[풍상우로風霜雨露]

바람과 서리, 그리고 비와 이슬이라는 말이다.

글자 | 바람 **풍**, 서리 **상**, 비 **우**, 이슬 **로**

[풍상지기風霜之氣]

바람과 서리의 기운이라는 말이며, 사람이 겪는 세상의 어려움을 빗댄 말이다.

글자 | 바람 **풍**, 서리 **상**, 어조사 **지**, 기운 **기**

[풍상지임風霜之任]

바람과 서리의 맡김이라는 말이며, 엄정하고 서릿발 같은 임무, 즉 어사御使나 사법관 따위의 임무를 일컫는다.

글자 | 바람 **풍**, 서리 **상**, 어조사 **지**, 맡길 **임**

[풍성풍성豊盛豊盛]

매우 많고 성한다는 말이며, 매우 풍족하고 왕성하다는 뜻이다.

글자 | 많을 **풍**, 성할 **성**

[풍성학려風聲鶴唳]

바람소리와 학의 울음소리라는 말이며, 아무것도 아닌 것을 공연히 놀라 겁을 먹는다는 뜻이다. 우리 속담에 자라 보고 놀란 가슴 솥뚜껑보고 놀란다는 말과 같으며, 싸움에 패한 군사들이 바람소리와 학의 울음소리만 들어도 적군의 추격으로 생각되어 놀라게 되는 것이다.

글자 | 바람 **풍**, 소리 **성**, 학 **학**, 울 **려**

출전 | 진서 사현전謝玄傳

[풍세대작風勢大作]

바람의 형세가 크게 일어난다는 말이다.

글자 | 바람 **풍**, 형세 **세**, 큰 **대**, 지을 **작**

[풍소우목風梳雨沐]

바람으로 머리를 빗고 비로 목욕을 한다는 말이며, 비바람을 맞으며 집을 떠나 지낸다는 뜻이다.

글자 | 바람 **풍**, 머리 빗을 **소**, 비 **우**, 목욕할 **목**

출전 | 춘향전

동류 | 풍즐우목風櫛雨沐, 즐풍목우櫛風沐雨

[풍속괴란風俗壞亂]

풍속이 깨지고 어지럽다는 말이다.

글자 | 풍속 **풍**, 풍속 **속**, 깨트릴 **괴**, 어지러울 **란**

[풍쇄우림風刷雨淋]

바람이 씻고 비가 뿌린다는 말이며, 여러 해 동안 비바람을 맞는 어려움을 겪는다는 뜻이다.

글자 | 바람 **풍**, 씻을 **쇄**, 비 **우**, 뿌릴 **림**

[풍수지감風樹之感]

→ 풍수지탄風樹之嘆

[풍수지리風水地理]

바람과 물과 땅의 도리라는 말이며, 지형·방위의 길흉을 판단해 죽은 사람을 매장하거나 집을 지을 때, 적당한 장소를 점쳐서 구하는 이론을 일컫는다.

글자 | 바람 **풍**, 물 수, 땅 **지**, 도리 **리**

[풍수지비風樹之悲]

→ 풍수지탄風樹之嘆

[풍수지탄風樹之嘆]

풍치 있는 나무의 탄식이라는 말이며, 풍치만 좋고 꼼짝 못하는 나무처럼 명색만 자식이고 돌아가신 부모에게 효도를 못하는 탄식을 빗댄 말이다. 주나라 고어皐魚가 공자에게 한 말이다. '나무는 고요하고자 하나 바람은 멎지 않고, 자식은 봉양하고자 하나 어버이는 기다려주지 않습니다. 돌아가시고 나면 다시 만나지 못하는 것이 부모입니다.'

원문 | **樹欲靜而風不在子欲養而親不待**
수욕정이풍부재자욕양이친부대

글자 | 경치 **풍**, 나무 **수**, 어조사 **지**, 탄식할 **탄**

출전 | 한씨외전韓氏外傳 고어皐魚

동류 | 풍수지감風樹之感, 풍목지비風木之悲

[풍신옥골豊身玉骨]

두터운 몸과 구슬 같은 뼈라는 말이

ㅍ

며, 뛰어나게 잘 생긴 남자를 빗댄 말이다.

글자 | 두터울 **풍**, 몸 **신**, 구슬 **옥**, 뼈 **골**

출전 | 창신감의록

[풍신월석風晨月夕]

바람 부는 새벽과 달이 뜬 저녁이라는 말이며, 좋은 날씨를 빗댄 말이다.

글자 | 바람 **풍**, 새벽 **신**, 달 **월**, 저녁 **석**

[풍어지재風魚之災]

바람에 따른 물고기의 재해라는 말이며, 해적에 의한 뱃사람의 피해를 빗대어 쓰기도 한다.

글자 | 바람 **풍**, 고기 **어**, 어조사 **지**, 재해 **재**

출전 | 한유韓愈의 글

[풍우대상風雨對牀]

비와 바람이 평상을 마주한다는 말이며, 형제가 서로 만난다는 뜻이다. 평상을 대한다는 말은 평상에서 함께 누워 잔다는 뜻이다.

원문 | 能來同宿否 風雨對牀眠
능래동숙부 풍우대상면

글자 | 바람 **풍**, 비 **우**, 대할 **대**, 평상 **상**

출전 | 소동파의 초추기자유初秋寄子由

[풍우대작風雨大作]

비바람이 크게 일어난다는 말이다.

글자 | 바람 **풍**, 비 **우**, 큰 **대**, 일어날 **작**

[풍우동주風雨同舟]

비와 바람이 같은 배를 탔다는 말이며, 원수 같은 사람도 공동의 난관을 만나면 서로 합심한다는 뜻이다. 중국 오나라와 월나라 사람들은 서로 원수같이 지내다가 같은 배를 타게 되었는데, 마침 폭풍우가 몰아쳐 두 나라 사람들은 마치 왼손과 오른손처럼 도왔던 고사에서 유래한다.

원문 | 當其同舟而濟 遇風其相救也
당기동주이제 우풍기상구야

글자 | 바람 **풍**, 비 **우**, 같을 **동**, 배 **주**

출전 | 손자 구지편九地篇

동류 | 오월동주吳越同舟

[풍우장중風雨場中]

비바람의 마당 가운데라는 말이며, 비바람 치는 과거의 장중이라는 뜻인데, 한참 바쁜 판이라는 뜻으로 둔갑하였다.

글자 | 바람 **풍**, 비 **우**, 마당 **장**, 가운데 **중**

[풍우처처風雨淒淒]

바람과 비가 차고도 차다는 말이며, 세상 형편이 매우 살벌하다는 뜻이다. 풍우라는 시의 한 구절이다. '비바람이 서늘하고 닭들이 울음 우네. 이제 님을 만났으니 어찌 아니 편안하리.'

원문 | 風雨淒淒 旣見君子 云胡不夷
풍우처처 기견군자 운호불이

글자 | 바람 **풍**, 비 **우**, 찬바람 **처**

출전 | 시경 정풍鄭風

[풍운어수風雲魚水]

바람과 구름, 그리고 물고기와 물이라는 말이며, 임금과 신하의 아주 가까운 사이를 빗댄 말이다.

글자 | 바람 **풍**, 구름 **운**, 고기 **어**, 물 **수**

유사 | 수어지교水魚之交

[풍운월로風雲月露]

바람과 구름, 그리고 달과 이슬이라는 말이며, 속세를 떠나는 자가 만나는 자연이라는 뜻이다.

글자 | 바람 **풍**, 구름 **운**, 달 **월**, 이슬 **로**

출전 | 수서隋書

[풍운제회風雲際會]

바람과 구름이 어울려 모인다는 말이며, 영웅과 호걸이 어울려 모인다는 뜻이다.

원문 | 雲從龍 風從虎
운 종 용 풍 종 호

글자 | 바람 **풍**, 구름 **운**, 어울릴 **제**, 모일 **회**

출전 | 주역 문언전文言傳

동류 | 풍운지회風雲之會

[풍운조화風雲造化]

바람과 구름이 만들고 되는 것이라는 말이며, 기후의 예측하기 어려운 변화를 일컫는다.

글자 | 바람 **풍**, 구름 **운**, 만들 **조**, 될 **화**

[풍운지지風雲之志]

바람과 구름의 의지意志라는 말이며, 용이나 호랑이가 풍운의 힘을 얻어 기세를 얻듯이 영웅호걸이 좋은 임금을 만나 시운時運을 타고 공명을 세우고자 하는 소망을 일컫는다. 일반적으로 원대한 포부와 목표 등으로 쓰인다.

글자 | 바람 **풍**, 구름 **운**, 어조사 **지**, 뜻 **지**

출전 | 주역

[풍운지회風雲之會]

바람과 구름의 모임이라는 말이며, 영명한 군주와 현신賢臣의 만남, 또는 영웅호걸이 시기를 타서 큰 뜻을 이룰 수 있는 절호의 기회라는 뜻이다.

글자 | 바람 **풍**, 구름 **운**, 어조사 **지**, 모일 **회**

출전 | 주역, 두보杜甫의 시

동류 | 풍운제회風雲際會

[풍월강산風月江山]

바람과 달과 강과 산이라는 말이며, 자연을 묘사한 시가의 제목이다.

글자 | 바람 **풍**, 달 **월**, 강 **강**, 뫼 **산**

출전 | 청구영언靑丘永言

[풍월주인風月主人]

바람과 달의 주인이라는 말이며, 자연을 즐기는 사람이라는 뜻이다.

글자 | 바람 **풍**, 달 **월**, 주인 **주**, 사람 **인**

출전 | 동파집東坡集

[풍작기근豊作飢饉]

→ 풍년기근豊年飢饉

ㅍ

[풍장진마風檣陣馬]

바람 맞은 돛대와 진중의 말이라는 말이며, 씩씩하고 용감하다는 뜻인데, 문장이나 글씨가 힘차다는 뜻으로 바뀌었다.

글자 | 바람 **풍**, 돛대 **장**, 진칠 **진**, 말 **마**

출전 | 전당시화全唐詩話

[풍재족병豊財足兵]

많은 재물과 넉넉한 군사라는 말이며, 정치를 잘하여 국력을 튼튼하게 한다는 뜻이다.

글자 | 많을 **풍**, 재물 **재**, 넉넉할 **족**, 군사 **병**

출전 | 고려사 118권

[풍전등촉風前燈燭]

→ 풍전등화風前燈火

[풍전등화風前燈火]

바람 앞의 등불이라는 말이며, 사물이 오래 견디지 못하고 매우 위급한 상황에 있다는 뜻이다.

글자 | 바람 **풍**, 앞 **전**, 등 **등**, 불 **화**

출전 | 법원주림法苑珠林

동류 | 풍전등촉風前燈燭

[풍전세류風前細柳]

바람에 나부끼는 가느다란 버들가지라는 말이며, 부드럽고 영리한 전라도 사람의 성격을 빗댄 말이기도 하다.

글자 | 바람 **풍**, 앞 **전**, 가늘 **세**, 버들 **류**

출전 | 정도전鄭道傳의 팔도평八道評

관련 | 팔도기질八道氣質

[풍전지진風前之塵]

바람 앞의 먼지라는 말이며, 사물의 무상함을 빗댄 말이다.

글자 | 바람 **풍**, 앞 **전**, 어조사 **지**, 먼지 **진**

출전 | 문선

유사 | 풍전등화風前燈火

[풍정낭식風定浪息]

바람이 자고 풍랑이 그친다는 말이며, 들떠서 어수선하던 것이 가라앉는다는 뜻이다.

글자 | 바람 **풍**, 정할 **정**, 물결 **낭**, 그칠 **식**

[풍조우순風調雨順]

비바람이 순조롭다는 말이며, 기후가 순조로워 곡식이 잘 익는다는 뜻이다.

글자 | 바람 **풍**, 고를 **조**, 비 **우**, 순할 **순**

출전 | 통속편通俗編

동류 | 우순풍조雨順風調

[풍중낙엽風中落葉]

바람 가운데 잎이 떨어진다는 말이며, 권세 같은 것이 때가 되면 우수수 떨어진다는 뜻이다.

글자 | 바람 **풍**, 가운데 **중**, 떨어질 **낙**, 잎 **엽**

동류 | 추풍낙엽秋風落葉

[풍즐우목風櫛雨木]

바람에 빗질하고 비로 목욕을 한다는 말이며, 객지에서 고생한다는 뜻이다.

글자 | 바람 **풍**, 빗 **즐**, 비 **우**, 목욕 **목**

출전 | 원사元史

동류 | 풍소우목風梳雨沐, 즐풍목우櫛風沐雨

[풍지박산風地雹散]

→ 풍비박산風飛雹散

[풍진세계風塵世界]

바람에 날리는 티끌의 세상이라는 말이며, 전쟁 등으로 인하여 편안하지 못한 세상이라는 뜻이다.

글자 | 바람 **풍**, 티끌 **진**, 세상 **세**, 경계 **계**

출전 | 선루별곡仙樓別曲

[풍진세상風塵世上]

→ 풍진세계風塵世界

[풍진지경風塵之警]

바람과 티끌의 주의시킴이라는 말이며, 병란이 일어남을 알리는 경고라는 뜻이다.

글자 | 바람 **풍**, 티끌 **진**, 어조사 **지**, 주의시킬 **경**

출전 | 한서漢書

[풍진지변風塵之變]

바람과 티끌의 변고라는 말이며, 병란을 빗댄 말이다.

글자 | 바람 **풍**, 티끌 **진**, 어조사 **지**, 변고 **변**

출전 | 진서晉書

[풍진지회風塵之會]

→ 풍진지변風塵之變

[풍진표물風塵表物]

바람과 티끌에서 출중한 물건이라는 말이며, 어지러운 세상을 떠나 사는 사람을 빗댄 말이다.

글자 | 바람 **풍**, 티끌 **진**, 출중할 **표**, 물건 **물**

출전 | 진서晉書

동류 | 풍진외물風塵外物

[풍찬노숙風餐露宿]

비바람을 맞으며 밥을 먹고 드러내고 잔다는 말이며, 고생을 하며 목적을 향해 간다는 뜻이다.

원문 | 露宿風餐未覺非
노 숙 풍 찬 미 각 비

글자 | 바람 **풍**, 먹을 **찬**, 드러낼 **노**, 잘 **숙**

출전 | 육유의 숙야인가시宿野人家詩

[풍창파벽風窓破壁]

바람 부는 창과 깨진 벽이라는 말이며, 몹시 가난하여 거두지 못한 허술한 집을 일컫는다

글자 | 바람 **풍**, 창 **창**, 깨어질 **파**, 바람벽 **벽**

ㅍ

[풍청폐절風淸弊絶]

풍속은 맑고 폐단은 끊어진다는 말이다.

원문 | 上安下順 風淸弊絶
상 안 하 순 풍 청 폐 절

글자 | 풍속 **풍**, 맑을 **청**, 폐단 **폐**, 끊을 **절**

출전 | 명심보감 성심省心 하

[풍초지화風草之化]

바람과 풀의 됨이라는 말이며, 풀이 바람에 나부끼며 따른다는 뜻이다. 군자의 덕을 바람에, 소인의 덕을 풀에 빗대어 한 말이다.

글자 | 바람 **풍**, 풀 **초**, 어조사 **지**, 될 **화**

출전 | 조선왕조 14대 선조실록 188권

[풍촉잔년風燭殘年]

바람 앞 촛불의 남은 나이라는 말이며, 쇠잔한 몸의 나이가 얼마 남지 않았다는 뜻이다.

원문 | 百年未幾時 奄若風吹燭
백 년 미 기 시 암 약 풍 취 촉

글자 | 바람 **풍**, 촛불 **촉**, 남을 **잔**, 해 **년**

출전 | 대당서역기大唐西域記

[풍취각여豊取刻與]

많은 것은 거두고 쪼개 준다는 말이며, 욕심이 많고 인색하다는 뜻이다.

글자 | 많을 **풍**, 거둘 **취**, 쪼갤 **각**, 줄 **여**

출전 | 순자 군도편君道篇

[풍치전체風馳電掣]

바람이 달리고 번개를 끈다는 말이며, 매우 빠르게 움직인다는 뜻이다.

글자 | 바람 **풍**, 달릴 **치**, 번개 **전**, 끌 **체**

[풍타낭타風打浪打]

바람이 치고 물결이 친다는 말이며, 소신 없이 대세에 따라 움직인다는 뜻이다.

글자 | 바람 **풍**, 칠 **타**, 물결 **낭**

[풍투우증風妒雨憎]

바람이 시샘하고 비가 미워한다는 말이며, 비바람이 일을 방해한다는 뜻이다.

글자 | 바람 **풍**, 시샘 **투**, 비 **우**, 미워할 **증**

[풍파지민風波之民]

바람과 물결의 백성이라는 말이며, 마음이 동요하기 쉬운 백성을 빗댄 말이다.

글자 | 바람 **풍**, 물결 **파**, 어조사 **지**, 백성 **민**

출전 | 장자 천지편天地篇

[풍한서습風寒暑濕]

바람과 추위와 더위와 습기라는 말이다.

글자 | 바람 **풍**, 추울 **한**, 더울 **서**, 젖을 **습**

[풍형예대豊亨豫大]

풍성함이 형통하고 기쁨이 크다는 말이며, 천하가 태평하고 백성이 즐거워한다는 뜻이다.

글자 | 성할 **풍**, 형통할 **형**, 기뻐할 **예**, 큰 **대**

출전 | 송사 기사본말記事本末

[풍화설월風花雪月]

바람 속의 꽃과 눈 속의 달이라는 말이며, 고고한 정취나 꼿꼿한 충절을 빗댄 말이다.

원문 | 風花誤入開春苑雪月長臨不夜城
풍화오입개춘원설월장림불야성

글자 | 바람 **풍**, 꽃 **화**, 눈 **설**, 달 **월**

출전 | 소식蘇軾의 설후雪後

[피갈회옥被褐懷玉]

베옷을 입고 구슬을 품었다는 말이며, 현인이 세상에 모습을 드러내려고 하지 않는다는 뜻이다.

원문 | 知是以聖人被褐懷玉
지시이성인피갈회옥

글자 | 입을 **피**, 베 **갈**, 품을 **회**, 구슬 **옥**

출전 | 도덕경道德經

[피강자보彼强自保]

저쪽이 굳세면 스스로 돕는다는 말이며, 적이 강하면 스스로 지킨다는 뜻이다.

글자 | 저 **피**, 굳셀 **강**, 스스로 **자**, 도울 **보**

[피갱낙정避坑落井]

구덩이를 피하고 우물에 빠진다는 말이며, 한 가지 어려움을 피하고 나니 다른 어려움에 부닥친다는 뜻이다.

글자 | 피할 **피**, 구덩이 **갱**, 떨어질 **낙**, 우물 **정**

출전 | 진서

동류 | 피감낙정避坎落井

[피견공하避堅攻瑕]

강한 곳은 피하고 허물 있는 곳을 친다는 말이며, 적의 방어가 튼튼한 곳은 피하고 허술한 곳을 공격한다는 뜻이다.

글자 | 피할 **피**, 강할 **견**, 칠 **공**, 허물 **하**

출전 | 조선왕조 14대 선조실록 55권

[피견집예被堅執銳]

굳은 것을 입고 날카로운 것을 잡는다는 말이며, 갑옷을 입고 칼을 쥐고 싸울 태세를 갖춘다는 뜻이다.

글자 | 입을 **피**, 굳을 **견**, 잡을 **집**, 날카로울 **예**

출전 | 전국책

[피곡아직彼曲我直]

저 사람은 굽고 나는 곧다는 말이며, 저 사람은 그르고, 나는 올바르다는 뜻이다.

글자 | 저 **피**, 굽을 **곡**, 나 **아**, 곧을 **직**

출전 | 삼국사기 18권

반대 | 피시차비彼是此非

[피골상련皮骨相連]

→ 피골상접皮骨相接

출전 | 송남잡지

ㅍ

[피골상접皮骨相接]

살가죽과 뼈가 서로 붙었다는 말이며, 몸이 몹시 말랐다는 뜻이다.

글자 | 가죽 **피**, 뼈 **골**, 서로 **상**, 합할 **접**

[피로곤비疲勞困憊]

나른하고, 고단하고, 고달프다는 말이다.

글자 | 나른할 **피**, 고단할 **로**, 곤할 **곤**, 고달플 **비**

[피리양추皮裏陽秋]

가죽 속의 봄과 가을이라는 말이며, 마음속에 분별력이 있다는 뜻이다. 환무륜桓茂倫이 한 말이다. '저계야褚季野는 뱃속에 들어있는 춘추이다.' 양추는 춘추春秋와 같은 말이며, 춘추는 공자가 시비선악是非善惡을 비판한 역사서인데, 이에서 온 말이다.

원문 | 褚季野皮裏陽秋
저 계 야 피 리 양 추

글자 | 가죽 **피**, 속 **리**, 봄 **양**, 가을 **추**

출전 | 진서晉書 93권

동류 | 피리춘추皮裏春秋

[피리춘추皮裏春秋]

가죽 속의 춘추라는 말이며, 겉으로는 선악을 나타내지 않으나 속으로는 시비를 분명히 구분하고 있다는 뜻이다.

글자 | 가죽 **피**, 속 **리**, 봄 **춘**, 가을 **추**

출전 | 진서 93권

동류 | 피리양추皮裏陽秋

[피발도선被髮徒跣]

머리카락을 덮고 맨발로 걸어 다닌다는 말이며, 부모가 돌아갔을 때 여자가 머리를 풀고 발을 벗는다는 뜻이다.

글자 | 덮을 **피**, 터럭 **발**, 보행할 **도**, 맨발로 다닐 **선**

[피발영관被髮纓冠]

머리카락을 덮어 갓을 쓰고 끈을 맨다는 말이며, 급하여 머리를 빗지 못한 몹시 바쁜 모습을 일컫는다.

글자 | 덮을 **피**, 터럭 **발**, 갓끈 **영**, 갓 **관**

출전 | 맹자 이루離婁 하

[피발좌임被髮左衽]

머리카락을 풀고 옷깃을 외쪽으로 여민다는 말이며, 오랑캐의 풍속을 이르는 말이다.

글자 | 덮을 **피**, 머리털 **발**, 왼 **좌**, 옷깃 **임**

출전 | 논어 헌문憲問

[피부존언皮不存焉]

가죽도 없다는 말이며, 남은 것이 아무것도 없다는 뜻이다.

글자 | 가죽 **피**, 아닐 **부**, 있을 **존**, 어조사 **언**

출전 | 송남잡지

[피부지견皮膚之見]

살갗을 본다는 말이며, 겉만 보고 내리는 견해라는 뜻이다.

글자 | 가죽 **피**, 살갗 **부**, 어조사 **지**, 볼 **견**

출전 | 문중자文中子

동류 | 피육지견皮肉之見

[피사간금披沙揀金]

→ 배사간금排沙簡金

[피상지사皮相之士]

겉만 보고 속을 통찰하지 못하는 사람이라는 말이다.

글자 | 가죽 **피**, 볼 **상**, 어조사 **지**, 선비 **사**

출전 | 한시외전

[피시차비彼是此非]

저것이 옳고 이것이 아니라는 말이며, 저것은 옳고 이것은 그르다는 뜻이다.

글자 | 저 **피**, 옳을 **시**, 이 **차**, 아닐 **비**

출전 | 조선왕조 11대 중종실록 22권

반대 | 피곡아직彼曲我直

[피실취허避實就虛]

실질을 피하고 허상에 나아간다는 말이며, 생활에 필요한 것보다 형식적인 것에 관심을 둔다는 뜻이다.

원문 | 兵之形 避實而擊虛
병 지 형 피 실 이 격 호

글자 | 피할 **피**, 충실할 **실**, 나아갈 **취**, 빌 **허**

출전 | 손자 허실전虛實傳

동류 | 피실격허避實擊虛

[피육불관皮肉不關]

가죽과 살은 관계하지 않는다는 말이며, 아무런 관계가 없다는 뜻이다.

글자 | 가죽 **피**, 고기 **육**, 아닐 **불**, 관계할 **관**

[피육지견皮肉之見]

→ 피부지견皮膚之見

[피인여인彼人予人]

저것도 사람, 나도 사람이라는 말이며, 나도 그 사람같이 될 수 있다는 자신감을 빗댄 말이다.

원문 | 彼人也予人也
피 인 야 여 인 야

글자 | 저 **피**, 사람 **인**, 나 **여**

출전 | 한유의 글

[피장봉호避獐逢虎]

노루를 피하니 호랑이를 만난다는 말이며, 작은 손해를 피하니 큰 손해를 본다는 뜻이다.

글자 | 피할 **피**, 노루 **장**, 만날 **봉**, 범 **호**

출전 | 동언해

유사 | 피갱낙정避坑落井

[피장재일皮匠再日]

가죽쟁이가 거듭 날을 정한다는 말이며, 가죽신을 만드는 갖바치가 일에 몰려 약속한 날을 이날저날 자꾸 미룬다는 뜻이다.

글자 | 가죽 **피**, 장인 **장**, 거듭 **재**, 날 **일**

출전 | 동언해

[피장패장彼杖牌杖]

저 지팡이가 방패 지팡이라는 말이

며, 피차가 서로 같다는 뜻이다. '피장파장'은 이의 방언이다.

글자 | 저 **피**, 지팡이 **장**, 방패 **패**

동류 | 피차일반彼此一般

[피장화초皮匠花草]

가죽 장인의 화초라는 말이며, 가죽신 만드는 사람이 겉만 곱게 치장하듯 겉치레만 한다는 뜻이다.

글자 | 가죽 **피**, 장인 **장**, 꽃 **화**, 풀 **초**

출전 | 동언해

[피재피재彼哉彼哉]

'그로다, 그로다.' 라는 말이며, 사람을 경멸하여 부르는 뜻이 있다.

글자 | 저 **피**, 어조사 **재**

출전 | 논어 헌문憲問

[피저원앙被底鴛鴦]

이불 밑에 원앙이라는 말이며, 이불 속의 남녀를 빗댄 말이다.

글자 | 이불 **피**, 밑 **저**, 원앙 **원**, 원앙 **앙**

출전 | 개천보유사開天寶遺事

[피지부존皮之不存]

껍질이 있지 않다는 말이며, 본디부터 없다는 뜻이다.

원문 | 皮之不存 毛將焉附
피 지 부 존 모 장 언 부

글자 | 껍질 **피**, 어조사 **지**, 아닐 **부**, 있을 **존**

출전 | 춘추좌씨전 희공喜公 14년조

[피집불굴被執不屈]

입고 잡은 것을 굽히지 않는다는 말이며, 자기의 주장을 굽히지 않는다는 뜻이다.

글자 | 입을 **피**, 잡을 **집**, 아닐 **불**, 굽을 **굴**

[피차무간彼此無間]

저기나 여기나 사이가 없다는 말이며, 서로 비슷하다는 뜻이다.

글자 | 저 **피**, 이 **차**, 없을 **무**, 사이 **간**

출전 | 송남잡지

동류 | 피차일반彼此一般

[피차양론彼此兩論]

저편과 이편이 서로 대립되는 두 가지 논제論題를 말한다.

글자 | 저 **피**, 이 **차**, 두 **양**, 의논 **론**

[피차일반彼此一般]

저편과 이편이 모두 하나라는 말이며, 두 편이 모두 같다는 뜻이다.

글자 | 저 **피**, 이 **차**, 모두 **반**

동류 | 피차무간彼此無間

[피해망상被害妄想]

해를 입는다는 망령된 생각이라는 말이며, 자신이 해를 받을 것이라는 근거 없는 생각이라는 뜻이다.

글자 | 입을 **피**, 해할 **해**, 망령될 **망**, 생각할 **상**

[피형이모避兄離母]

형을 피하고 어미를 떠난다는 말이며, 가족과 멀리한다는 뜻이다.

글자 | 피할 **피**, 형님 **형**, 떠날 **이**, 어미 **모**

[피형전극披荊翦棘]

가시를 헤치고 가시나무를 없앤다는 말이며, 황폐한 땅을 개척하여 고생스럽게 산다는 뜻이다.

글자 | 헤칠 **피**, 가시 **형**, 없앨 **전**, 가시나무 **극**

출전 | 조선왕조 14대 선조실록 117권

[피흉추길避凶趨吉]

흉한 일을 피하고 길한 일을 향해 달려 나간다는 말이다.

글자 | 피할 **피**, 흉할 **흉**, 달릴 **추**, 길할 **길**

출전 | 홍범洪範의 상서尙書

[픽픽박박腷腷膊膊]

닭이 회 치는 소리라는 말이며, 얼음이 갈라지는 소리로도 나타낸다.

원문 | 腷腷膊膊鷄初鳴磊磊落落向曙星
픽 픽 박 박 계 초 명 뇌 뢰 낙 락 향 서 성

글자 | 회 치는 소리 **픽**, 회 치는 소리 **박**

출전 | 양두섬섬兩頭纖纖

[필경연전筆耕硯田]

붓으로 밭 갈고 벼루로 밭을 삼는다는 말이며, 문필로 생계를 꾸려나간다는 뜻이다.

글자 | 붓 **필**, 밭 갈 **경**, 벼루 **연**, 밭 **전**

[필단풍우筆端風雨]

붓끝이 비바람에 달린다는 말이며, 시문을 짓는 붓끝이 빠르다는 뜻이다.

글자 | 붓 **필**, 끝 **단**, 바람 **풍**, 비 **우**

[필두생화筆頭生花]

붓 머리에 꽃이 핀다는 말이며, 문필의 재주가 뛰어난다는 빗댄 말이다. 당나라 이백이 어렸을 때 붓 끝에 꽃이 핀 꿈을 꾼 뒤부터 글재주가 크게 늘었다는 옛일에서 온 말이다.

글자 | 붓 **필**, 머리 **두**, 날 **생**, 꽃 **화**

[필락지언必諾之言]

반드시 대답하는 말이라는 말이며, 만사를 좋다고 승낙하기만 하는 말은 믿을 만한 것이 못 된다는 뜻이다.

원문 | 必諾之言 不足信也
필 락 지 언 부 족 신 야

글자 | 반드시 **필**, 대답할 **락**, 어조사 **지**, 말씀 **언**

출전 | 관자 형세해편形勢解篇

[필력강정筆力扛鼎]

붓의 힘이 솥을 든다는 말이며, 문장이 힘이 강건하다는 뜻이다.

글자 | 붓 **필**, 힘 **력**, 들 **강**, 솥 **정**

[필력종횡筆力縱橫]

붓의 힘이 가로세로라는 말이며, 시문을 자기 마음대로 짓는다는 뜻이다.

글자 | 붓 **필**, 힘 **력**, 세로 **종**, 가로 **횡**

[필로남루篳路襤褸]

나무 실은 수레와 누더기 옷이라는 말이며, 검소한 생활을 하면서 최선을 다한다는 뜻이다.

글자 | 나무 실은 수레 **필**, 수레 **로**, 누더기 **남**, 옷 남루할 **루**

출전 | 춘추좌씨전 선공宣公 12년조

[필마단기匹馬單騎]

한 필의 말을 혼자 타고 간다는 말이다.

글자 | 짝 **필**, 말 **마**, 홀로 **단**, 말 탈 **기**

[필마단창匹馬單槍]

한 필의 말과 한 자루의 창이라는 말이며, 단독무장을 하고 간다는 뜻이다.

글자 | 짝 **필**, 말 **마**, 홑 **단**, 나무창 **창**

출전 | 오등회원五燈會元

유사 | 필마단기匹馬單騎

[필망내이必亡乃已]

반드시 망하고야 만다는 말이다.

글자 | 반드시 **필**, 망할 **망**, 이에 **내**, 이미 **이**

[필묵지연筆墨紙硯]

붓 · 먹 · 종이 · 벼루라는 말이다.

글자 | 붓 **필**, 먹 **묵**, 종이 **지**, 벼루 **연**

[필문필답筆問筆答]

글로 묻고, 글로 대답한다는 말이다.

글자 | 붓 **필**, 물을 **문**, 대답 **답**

[필부무죄匹夫無罪]

보통 사람은 죄가 없다는 말이며, 가지고 있는 귀한 물건에 죄가 있어 재앙을 만난다는 뜻이다. 좌전에 있는 글이다. '천한 사람이야 아무 죄가 없지만 분수에 맞지 않는 보옥을 가지고 있으면 죄가 된다.'

원문 | **匹夫無罪 懷璧其罪**
필 부 무 죄 회 벽 기 죄

글자 | 변변치 못할 **필**, 사내 **부**, 없을 **무**, 죄 **죄**

출전 | 춘추좌씨전 환공桓公 10년조

[필부정호筆不停毫]

붓이 조금도 머물지 아니한다는 말이며, 쉬지 않고 계속 글을 쓴다는 뜻이다.

글자 | 붓 **필**, 아닐 **부**, 머물 **정**, 조금 **호**

[필부지용匹夫之勇]

하찮은 사람의 용기라는 말이며, 별볼일 없는 사람의 날뛰는 행동을 일컫는다. 양나라 혜왕이 맹자에게 국교에 관해 묻자, 여러 가지 어려운 도리를 설명했다. 혜왕은 훌륭한 말씀이지만 자기는 용勇을 좋아하는 성질이 있다고 하자, 맹자가 말했다. '왕이시여, 소용小勇을 좋아해서는 안 됩니다. 검을 어루만지며 눈을 부릅뜨고 네놈 같은 것은 나의 적이 될 수 없다고 하는 것 등은 필부의 용으로서 기껏해야 한

인간을 상대하는 것밖에는 되지 않습니다. 왕이시여, 좀 더 커다란 용기를 갖도록 하십시오.'

원문 | 彼惡敢當我哉 此匹夫之勇 敵一人者也 王請大之
피악감당아재 차필부지용 적일인자야 왕청대지

글자 | 변변치 못할 **필**, 사내 **부**, 어조사 **지**, 용기 **용**

출전 | 맹자 양혜왕梁惠王 하

[필부필부匹夫匹婦]

변변치 못한 지아비와 변변치 못한 지어미라는 말이며, 평범한 부부를 일컫는다. 서경에 있는 글이다. '한 남자 한 여자라도 스스로 최선을 다하는 상태가 되지 않는다면 백성들의 임금 된 자는 함께 공을 이룰 수가 없습니다.'

원문 | 匹夫匹婦 不獲自盡 民主罔 與成厥功
필부필부 불획자진 만주망 여성궐공

글자 | 변변치 못할 **필**, 지아비 **부**, 지어미 **부**

출전 | 서경 함유일덕咸有一德, 논어 헌문憲問

[필분이식必分而食]

반드시 나누어 먹으라는 말이며, 하나의 콩도 나누어 먹어야 한다는 뜻이다.

원문 | 一粒之食 必分而食
일립지식 필분이식

글자 | 반드시 **필**, 나눌 **분**, 말 이을 **이**, 먹을 **식**

출전 | 사자소학

[필분이음必分而飮]

반드시 나누어 마시라는 말이다.

글자 | 반드시 **필**, 나눌 **분**, 말 이을 **이**, 마실 **음**

[필사내이必死乃已]

끝내 이미 반드시 죽는다는 말이며, 틀림없이 죽고야 만다는 뜻이다.

글자 | 반드시 **필**, 죽을 **사**, 끝내 **내**, 이미 **이**

[필사즉생必死則生]

반드시 죽기로 하면 곧 산다는 말이며, 매우 어려운 일을 죽기로 작정하고 해내면 살아날 수 있다는 뜻이다. 이순신 장군이 명량해전鳴梁海戰에서 겨우 남은 12척으로 133척의 왜적을 맞아 싸우면서 장졸들에게 한 말이다. '반드시 죽고자 하면 살고, 반드시 살고자 하면 죽는다!'

원문 | 必死卽生 必生卽死
필사즉생 필생즉사

글자 | 반드시 **필**, 죽을 **사**, 곧 **즉**, 살 **생**

출전 | 난중일기

[필상부족匹上不足]

짝 위가 족하지 않다는 말이며, 위로 짝하려니 모자란다는 뜻이다.

글자 | 짝 **필**, 윗 **상**, 아닐 **부**, 족할 **족**

반대 | 필하우여匹下有餘

[필선부민必先富民]

반드시 먼저 백성을 부유하게 한다는

ㅍ

말이다.

원문 | 必先富民 然後治之
필선부민 연후치지

글자 | 반드시 **필**, 먼저 **선**, 부할 **부**, 백성 **민**

출전 | 관자 치국편治國篇

[필세필수必洗必漱]

반드시 씻고 반드시 양치질하라는 말이다.

원문 | 晨必先起 必洗必漱
신필선기 필세필수

글자 | 반드시 **필**, 씻을 **세**, 양치질할 **수**

출전 | 사자소학

[필승총명筆勝聰明]

붓은 총명을 이긴다는 말이며, 기록은 총명한 기억보다 낫다는 뜻이다.

글자 | 붓 **필**, 이길 **승**, 귀 밝을 **총** 총명할 **명**

[필시성공必是成功]

반드시 이는 공을 이룬다는 말이다.

글자 | 반드시 **필**, 이 **시**, 이룰 **성**, 공 **공**

[필신기독必愼其獨]

반드시 외로울 때 삼가라는 말이며, 혼자 있을 때 조심해야 한다는 뜻이다.

글자 | 반드시 **필**, 삼갈 **신**, 그 **기**, 홀로 **독**

출전 | 대학 성의誠意

[필욕감심必欲甘心]

반드시 하고자 하는 달콤한 마음이라는 말이며, 품은 원한을 기어이 풀고자 하는 마음을 일컫는다.

글자 | 반드시 **필**, 하고자 할 **욕**, 달 **감**, 마음 **심**

[필유경사必有慶事]

반드시 경사로운 일이 있다는 말이다.

원문 | 積善之家 必有慶事
적선지가 필유경사

글자 | 반드시 **필**, 있을 **유**, 경사 **경**, 일 **사**

출전 | 사자소학

[필유곡절必有曲折]

반드시 굽고 꺾어진 것이 있다는 말이며, 꼭 무슨 까닭이 있다는 뜻이다.

글자 | 반드시 **필**, 있을 **유**, 굽을 **곡**, 꺾어질 **절**

동류 | 필유사단必有事端

[필유묘맥必有苗脈]

반드시 싹과 맥이 있다는 말이며, 일에는 반드시 원인이 있다는 뜻이다.

글자 | 반드시 **필**, 있을 **유**, 싹 **묘**, 맥 **맥**

출전 | 송남잡지

[필유사단必有事端]

→ 필유곡절必有曲折

[필유아사必有我師]

반드시 나의 스승이 있다는 말이며, 몇 사람 가운데 반드시 나의 스승이 될 만한 사람이 있다는 뜻이다.

원문 | 三人行必有我師焉
삼 인 행 필 유 아 사 언

글자 | 반드시 **필**, 있을 **유**, 나 **아**, 스승 **사**

출전 | 논어 술이편述而篇

[필유여경必有餘慶]

반드시 경사가 남는다는 말이며, 착한 일을 많이 한 보람으로 그 자손이 누릴 경사가 있을 것이라는 뜻이다.

원문 | 積善之家 必有餘慶
적 선 지 가 필 유 여 경

글자 | 반드시 **필**, 있을 **유**, 남을 **여**, 경사 **경**

출전 | 주역 곤위지坤爲地

[필유여앙必有餘殃]

반드시 남는 재앙이 있다는 말이며, 나쁜 일을 하면 반드시 재앙을 당한다는 뜻이다.

글자 | 반드시 **필**, 있을 **유**, 남을 **여**, 재앙 **앙**

[필유천앙必有天殃]

반드시 하늘의 재앙이 있다는 말이다.

글자 | 반드시 **필**, 있을 **유**, 하늘 **천**, 재앙 **앙**

[필주묵벌筆誅墨伐]

붓과 먹으로 베고 친다는 말이며, 남의 죄과를 신문, 잡지 등에서 공격한다는 뜻이다.

글자 | 붓 **필**, 벨 **주**, 먹 **묵**, 칠 **벌**

[필지어서筆之於書]

붓으로써 쓴다는 말이며, 확인 또는 잊지 않기 위해 글로 써둔다는 뜻이다.

글자 | 붓 **필**, 어조사 **지**, 어조사 **어**, 글 **서**

출전 | 송남잡지

[필칙고석必則古昔]

옛적의 옛일을 법칙으로 살핀다는 말이며, 옛것을 귀감으로 삼는다는 뜻이다.

글자 | 살필 **필**, 법칙 **칙**, 옛일 **고**, 옛적 **석**

[필하유여匹下有餘]

아래와 짝(벗)하기는 남음이 있다는 말이며, 아래 사람과 함께 하기는 조금 여유가 있다는 뜻이다.

글자 | 짝 **필**, 아래 **하**, 있을 **유**, 남을 **여**

반대 | 필상부족匹上不足

[필한여류筆翰如流]

글을 지음이 흐르는 물과 같다는 말이며, 문장을 거침없이 써내려 간다는 뜻이다.

원문 | 筆翰如流 未嘗壅滯
필 한 여 류 미 상 옹 체

글자 | 지을 **필**, 글 **한**, 같을 **여**, 흐를 **류**

출전 | 진서 도간전陶侃傳

[하갈동구夏葛冬裘]

여름에 베옷을 입고 겨울에 갖옷을 입는다는 말이며, 격식에 맞게 일을 한다는 뜻이다.

원문 | 夏葛冬裘聊足用
하 갈 동 구 요 족 용

글자 | 여름 **하**, 베옷 **갈**, 겨울 **동**, 갖옷 **구**

출전 | 한유의 원도原道, 진서

[하견지만何見之晩]

어찌 보는지가 늦다는 말이며, 깨달음이 늦다는 뜻이다.

글자 | 어찌 **하**, 볼 **견**, 어조사 **지**, 늦을 **만**

출전 | 사기 이사전李斯傳

[하고약시何故若是]

이와 같은 것은 무슨 연고인가라는 말이며, 자기의 곤궁한 처지가 무슨 인과因果인지 묻는다는 뜻이 포함되어 있다.

원문 | 何故若是 吾思夫侯我至此極者
하 고 약 시 오 사 부 사 아 지 차 극 자

글자 | 어찌 **하**, 연고 **고**, 같을 **약**, 이 **시**

출전 | 장자 대종사편大宗師篇

[하관대사何關大事]

'큰일에 무슨 관계냐' 라는 말이며, 깊은 관계가 없다는 뜻이다.

글자 | 어찌 **하**, 관계할 **관**, 큰 **대**, 일 **사**

[하관부직下官不職]

아래 벼슬에 직분이 없다는 말이며, 관리가 주어진 책임을 잘 감당하지 못한다는 뜻이다.

글자 | 아래 **하**, 벼슬 **관**, 아닐 **부**, 직분 **직**

출전 | 사기 가의전賈誼傳

[하구요설呀口搖舌]

입을 딱 벌리고 혀를 흔든다는 말이며, 경솔하게 말을 함부로 한다는 뜻이다.

글자 | 입 벌릴 **하**, 입 **구**, 흔들 **요**, 혀 **설**

출전 | 조선왕조 11대 중종실록 19권

[하기다야何其多也]

어찌 그리 많은가 라는 말이다.

글자 | 어찌 **하**, 그 **기**, 많을 **다**, 어조사 **야**

[하난지유何難之有]

어디 어려움이 있느냐는 말이며, 아주 쉽다는 뜻이다.

글자 | 어찌 **하**, 어려울 **난**, 어조사 **지**, 있을 **유**

[하달지리下達地理]

아래로 지리에 통달한다는 말이며, 지리에 밝다는 뜻이다.

원문 | 上通天文 下達地理
상통천문 하달지리

글자 | 아래 **하**, 통달 **달**, 땅 **지**, 이치 **리**

관련 | 상통하달上通下達

[하당영지下堂迎之]

집 아래서 맞는다는 말이며, 공경하며 반가워서 마당으로 내려와 맞이한다는 뜻이다.

글자 | 아래 **하**, 집 **당**, 맞을 **영**, 어조사 **지**

[하당지우下堂之憂]

아랫집의 근심이라는 말이며, 낙상落傷하여 앓는다는 뜻이다.

글자 | 아래 **하**, 집 **당**, 어조사 **지**, 근심 **우**

[하대명년何待明年]

어찌 명년을 기다리랴라는 말이며, 기다리기가 몹시 지루하다는 뜻이다.

글자 | 어찌 **하**, 기다릴 **대**, 밝을 **명**, 해 **년**

출전 | 맹자 등문공

[하도낙서河圖洛書]

강의 그림과 낙수의 글이라는 말이며, 경사스러운 일이 일어날 조짐이라는 뜻이다. 옛날 성왕이나 명군이 나올 때 황하에서 용마가 나오고, 낙수에서 신구新龜가 신비스러운 그림을 지고 떠 올라와 성인의 출현을 알리고 태평성세의 도래를 고했다고 하는 전설에서 온 말이다.

글자 | 강 **하**, 그림 **도**, 강 이름 **낙**, 글 **서**

출전 | 주역 계사전繫辭傳

[하동사후河東獅吼]

하동의 사자 우는 소리라는 말이며, 남편이 아내를 두려워한다는 뜻이다.

글자 | 물 **하**, 동녘 **동**, 사자 **사**, 사자우는 소리 **후**

출전 | 용재삼필容齋三筆

[하동삼봉河東三鳳]

하동의 세 마리 봉새라는 말이며, 어진 형제를 빗댄 말이다. 당나라 하동에 사는 설수薛收와 그 조카 원경元敬, 조카의 족형族兄인 덕음德音이 어질다고 이름난 데서 온 말이다.

글자 | 물 **하**, 동녘 **동**, 새 **봉**

출전 | 당서

[하등극사賀登極使]

[중국 황재의] 등극을 하례하기 위하

여 보내는 서신을 말한다.

글자 | 하례 **하**, 오를 **등**, 태극 **극**, 사신 **사**

출전 | 조선왕조 13대 명종실록 34권

[하란경전蝦爛鯨戰]

→ 경전하사鯨戰蝦死

[하량지별河梁之別]

강다리에서의 이별이라는 말이며, 송별을 일컫는다.

글자 | 강 **하**, 다리 **량**, 어조사 **지**, 이별 **별**

[하로동선夏爐冬扇]

여름에는 화로, 겨울에는 부채라는 말이며, 필요할 때는 환영받다가 불필요해지면 천대받는 물건이나 경우를 빗댄 말이다. 논형의 글이다. '여름에 화로를 올리고, 겨울에 부채를 바치는 것과 얻고자 하지 않는 일을 하고 듣고자 하지 않는 말을 올리면서도 화를 당하지 않는다면, 이는 큰 행운이다.'

원문 | 獨如以夏進爐以冬奏扇亦徒耳
독 여 이 하 진 로 이 동 주 선 역 도 이

글자 | 여름 **하**, 화로 **로**, 겨울 **동**, 부채 **선**

출전 | 논형 봉우逢遇

유사 | 무용지물無用之物

반대 | 하갈동구夏葛冬裘

[하류지배下流之輩]

아래로 흐르는 무리라는 말이며, 하류사회에 속하는 천한 사람을 일컫는다.

글자 | 아래 **하**, 흐를 **류**, 어조사 **지**, 무리 **배**

[하릉상체下陵上替]

위를 바꾸고 아래가 오른다는 말이며, 아랫사람이 윗자리로 올라간다는 뜻이다.

원문 | 則荀而可於是乎 下陵上替
칙 순 이 가 어 시 호 하 릉 상 체

글자 | 아래 **하**, 오를 **릉**, 윗 **상**, 바꿀 **체**

출전 | 춘추좌씨전 소공昭公 18년조

[하리파인下里巴人]

아랫마을의 꼬리와 같은 사람이라는 말이며, 상스러운 속된 민요나 유행가를 부르는 사람이라는 뜻이다.

글자 | 아래 **하**, 마을 **리**, 꼬리 **파**, 사람 **인**

출전 | 초사楚辭

[하무법수下無法守]

아래에서 법을 지킴이 없다는 말이며, 현장에서 법이 지켜지지 않는다는 뜻이다.

원문 | 上無道揆也 下無法守也
상 무 도 규 야 하 무 법 수 야

글자 | 아래 **하**, 없을 **무**, 법 **법**, 지킬 **수**

출전 | 맹자 이루 상

[하문불치下問不恥]

아래에 물어도 부끄럽지 않다는 말이며, 아랫사람에게 묻는 것이 수치가 아니며 모르는 것은 누구에게나 물어서 식견을 넓히라는 뜻이다.

글자 | 아래 **하**, 물을 **문**, 아닐 **불**, 부끄러울 **치**

동류 | 불치하문不恥下問

[하박동뢰夏雹冬雷]

여름에 우박이 내리고 겨울에 천둥이 친다는 말이며, 날씨에 변화가 심하다는 뜻이다.

글자 | 여름 **하**, 우박 **박**, 겨울 **동**, 천둥 **뢰**

출전 | 조선왕조 13대 명종실록 5권

[하분문하河汾門下]

하분의 문하생이라는 말이며, 좋은 학교와 훌륭한 교사를 구비해야 훌륭한 인재를 배출할 수 있다는 뜻이다. 수나라에 왕통王通이라는 학자가 벼슬에는 뜻이 없고 교육에 힘을 써 하분지방에 자리 잡고 문하생을 길렀는데, 상당수가 당대의 정계나 학계에 크게 진출하였다는 고사에서 온 말이다.

글자 | 강 **하**, 클 **분**, 집안 **문**, 아래 **하**

[하불암유瑕不揜瑜]

흠이 아름다움을 덮지 못한다는 말이며 일부분의 흠이 전체를 해치지 못한다는 뜻이다.

글자 | 흠 **하**, 아닐 **불**, 덮을 **암**, 아름다운 옥 **유**

[하불우인下不尤人]

아래는 사람을 원망하지 않는다는 말이며, 아랫사람은 윗사람을 비난하지 않는다는 뜻이다.

원문 | **上不怨天 下不尤人**
상불원천 하불우인

글자 | 아래 **하**, 아닐 **불**, 원망할 **우**, 사람 **인**

출전 | 중용 14장

[하불출도河不出圖]

강에 그림이 나타나지 않는다는 말이며, 성인이 세상에 나타나지 않는다는 빗댄 말이다.

원문 | **鳳鳥不至 河不出圖**
봉조부지 하불출도

글자 | 강 **하**, 아닐 **불**, 날 **출**, 그림 **도**

출전 | 논어 자한편子罕篇

반대 | 하도낙서河圖洛書

[하사불성何事不成]

'어찌 일이 이루지 아니 하겠는가' 라는 말이며, 정신을 집중하여 노력하면 어떤 어려운 일도 성취할 수 있다는 뜻이다.

원문 | **情神一到 何事不成**
정신일도 하사불성

글자 | 어찌 **하**, 일 **사**, 아닐 **불**, 이룰 **성**

출전 | 주자어류朱子語類

유사 | 중석몰촉中石沒鏃

[하산지세下山之勢]

산을 내려가는 기세라는 말이며, 매우 빠르고 힘센 기세라는 뜻이다.

글자 | 내릴 **하**, 뫼 **산**, 어조사 **지**, 기세 **세**

[하산지양河山之陽]

물과 산의 양지쪽이라는 말이며, 농

ㅎ

사짓기 좋은 땅이라는 뜻이다.

글자 | 물 **하**, 뫼 **산**, 어조사 **지**, 양지쪽 **양**

[하서운권霞舒雲卷]

노을같이 펴고 구름같이 말린다는 말이며, 그림의 필법과 착색이 아주 묘하다는 뜻이다.

글자 | 노을 **하**, 펼 **서**, 구름 **운**, 말릴 **권**

[하석상대下石上臺]

아랫돌을 [빼서] 윗대로 올린다는 말이며, 임시변통으로 이리저리 둘러맞춘다는 뜻이다.

글자 | 아래 **하**, 돌 **석**, 윗 **상**, 집 **대**

[하선동력夏扇冬曆]

여름의 부채와 겨울의 달력이라는 말이며, 선물하는 물건이 철에 맞는다는 뜻이다.

글자 | 여름 **하**, 부채 **선**, 겨울 **동**, 세월 **력**

[하세추량夏稅秋糧]

여름의 부세와 가을의 양곡이라는 말이며, 1년에 두 번 내는 세금이라는 뜻이다.

글자 | 여름 **하**, 부세 **세**, 가을 **추**, 양곡 **량**

[하습수토下襲水土]

물과 흙을 밑에서 반복한다는 말이며, 농촌에서 잘 적응하며 산다는 뜻이다.

원문 | 上律天時 下襲水土
상률천시 하습수토

글자 | 아래 **하**, 반복할 **습**, 물 **수**, 흙 **토**

출전 | 중용 30장

[하시하시何時何時]

언제 어느 때냐라는 말이다.

글자 | 어찌 **하**, 때 **시**

[하어복질河魚腹疾]

강 물고기의 뱃병이라는 말이며, 나라나 조직이 내부 부패로 멸망한다는 뜻이다.

원문 | 河魚腹疾奈何乎
하어복질내하호

글자 | 강 **하**, 고기 **어**, 배 **복**, 병 **질**

출전 | 춘추좌씨전 선공宣公 12년조

[하어지질河魚之疾]

물고기의 병이라는 말이며, 복통腹痛을 다르게 부르는 이름이다.

글자 | 물 **하**, 고기 **어**, 어조사 **지**, 병 **질**

동류 | 하어복질河魚腹疾

[하우불이下愚不移]

낮고 어리석음은 옮겨지지 않는다는 말이며, 못나고 어리석은 사람의 기질은 쉽사리 변하지 않는다는 뜻이다. 교육의 가능성에 어느 정도 한계가 있음을 시사하고 있다.

원문 | 唯上知與下愚不移
유상지여하우불이

글자 | 낮을 **하**, 어리석을 **우**, 아닐 **불**, 옮길 **이**

출전 | 논어 양화편陽貨篇

[하운기봉夏雲奇峰]

여름 구름과 기이한 산봉우리라는 말이며, 그림 제목으로 쓰인다.

원문 | 夏雲多奇峰
하 운 다 기 봉

글자 | 여름 **하**, 구름 **운**, 기이할 **기**, 봉우리 **봉**

출전 | 도연명집

[하월발병夏月發兵]

[무더운] 여름 달에 군사를 일으킨다는 말이다.

원문 | 夏月發兵其不可
하 월 발 병 기 불 가

글자 | 여름 **하**, 달 **월**, 일어날 **발**, 군사 **병**

출전 | 이성계의 불가론不可論

[하육처자下育妻子]

아래로 아내와 아들을 기른다는 말이며, 아내와 자식을 먹여 살린다는 뜻이다.

글자 | 아래 **하**, 기를 **육**, 아내 **처**, 아들 **자**

[하의상달下意上達]

아래 사람의 뜻을 윗사람에게 전달한다는 말이다.

글자 | 아래 **하**, 뜻 **의**, 윗 **상**, 통달할 **달**

반대 | 상의하달上意下達

[하이득차何以得此]

어찌 이를 얻었는지라는 말이며, 뜻밖에 얻었다는 뜻이다.

원문 | 足下何以得此聲於梁楚間哉
족 하 하 이 득 차 성 어 양 초 간 재

글자 | 어찌 **하**, 써 **이**, 얻을 **득**, 이 **차**

출전 | 사기 계포열전季布列傳

[하정상달下情上達]

→ 하의상달下意上達

[하정투석下穽投石]

→ 낙정하석落穽下石

출전 | 순오지 하

[하종천인下種賤人]

아래 종자의 천한 사람이라는 말이며, 품위가 떨어지는 천한 사람을 일컫는다.

글자 | 아래 **하**, 종자 **종**, 천할 **천**, 사람 **인**

[하차읍고下車泣辜]

수레에서 내려 허물로 소리 없이 운다는 말이며, 위정자가 매우 인자하다는 뜻이다. 중국의 우임금이 죄인을 보고 백성을 교화시키지 못한 죄책감에 수레에서 내려 울었다는 고사에서 온 말이다.

글자 | 내릴 **하**, 수레 **차**, 소리 없이 울 **읍**, 허물 **고**

출전 | 증보문헌비고 134권

동류 | 하차읍죄下車泣罪

[하천지배下賤之輩]

아래의 천한 무리라는 말이며, 신분

이 낮은 아랫사람이라는 뜻이다.

글자 | 아래 **하**, 천할 **천**, 어조사 **지**, 무리 **배**

[하청난사河淸難俟]

강이 맑아지기를 기다릴 수 없다는 말이며, 일이 성사되기를 기대하기 어렵다는 뜻이다. 여기서의 강은 황하黃河를 가리킨다.

글자 | 강 **하**, 맑을 **청**, 어려울 **난**, 기다릴 **사**

출전 | 춘추좌씨전

동류 | 백년하청百年河淸

[하청해안河淸海晏]

황하의 물이 맑고 바다가 잔잔하다는 말이며, 성군聖君이 나서 세상이 편안함을 빗댄 말이다.

글자 | 물 **하**, 맑을 **청**, 바다 **해**, 편안할 **안**

[하충어빙夏蟲語氷]

여름 벌레가 얼음에 대해서 말한다는 말이며, 사람의 식견이 좁다는 뜻이다.

원문 | 夏蟲不可以語於氷
하 충 불 가 이 어 어 빙

글자 | 여름 **하**, 벌레 **충**, 논란할 **어**, 얼음 **빙**

출전 | 장자 추수秋水

유사 | 하충의빙夏蟲疑氷, 정저지와井底之蛙

[하충의빙夏蟲疑氷]

여름 벌레가 얼음을 의심한다는 말이며, 식견이 좁은 사람이 의심한다는 뜻이다.

글자 | 여름 **하**, 벌레 **충**, 의심할 **의**, 얼음 **빙**

[하필성장下筆成章]

붓을 내리면 문장이 된다는 말이며, 글재주가 비상하다는 뜻이다.

원문 | 言出爲論下筆成章
언 출 위 론 하 필 성 장

글자 | 밑 **하**, 붓 **필**, 이룰 **성**, 문장 **장**

출전 | 삼국지 위지魏志

동류 | 하필성문下筆成文

[하필왈리何必曰利]

어찌하여 꼭 이익만 말하느냐는 말이며, 이익보다 더 중요한 것이 있음을 함축하고 있다. 양혜왕과 맹자의 대화에서 온 말이다. 양혜왕이 '천 리를 멀다 하지 않고 와 주셨으니 장차 우리나라를 이롭게 해 주시겠습니까?' 하고 묻자, 맹자가 답했다. '왕께서는 하필 이利를 말씀하십니까? 다만 인의仁義가 있을 뿐입니다.'

원문 | 何必曰利 亦有仁義而已矣
하 필 왈 리 역 유 인 의 이 기 의

글자 | 어찌 **하**, 꼭 **필**, 가로 **왈**, 이익 **리**

출전 | 맹자 양혜왕 상

[하학상달下學上達]

아래를 배워 위에 도달한다는 말이며, 낮고 쉬운 것을 배워 깊고 어려운 이치에 이른다는 뜻이다.

원문 | 下學而上達
하학이상달

글자 | 아래 **하**, 배울 **학**, 윗 **상**, 통달할 **달**

출전 | 논어 헌문憲問

동류 | 하학지공下學之功

[하한기언河漢其言]

은하수와 은하수 그 말이라는 말이며, 말하는 것이 막연하여 그 뜻을 알기 어렵다는 뜻이다.

원문 | 吾驚怖其言 猶河漢而無極也
오경포기언 유하한이무극야

글자 | 은하수 **하**, 은하수 **한**, 그 **기**, 말씀 **언**

출전 | 장자 양혜왕편

[하한지언河漢之言]

은하수 강과 같은 말이라는 뜻이며, 상식으로는 생각할 수 없는 은하수강처럼 부풀린 말이라는 뜻이다.

글자 | 강 **하**, 은하수 **한**, 어조사 **지**, 말씀 **언**

출전 | 장자 소요유편消遙遊篇

[하한추로夏旱秋潦]

여름에는 가물고 가을에는 큰물이 일어난다는 말이며, 날씨의 변화가 심하다는 뜻이다.

글자 | 여름 **하**, 가물 **한**, 가을 **추**, 큰 물결 **로**

출전 | 조선왕조 13대 명종실록 5권

[하해지택河海之澤]

강과 바다 같이 크고 넓은 은혜라는 말이다.

글자 | 물 **하**, 바다 **해**, 어조사 **지**, 은혜 **택**

출전 | 송남잡지

[하화명암下化冥暗]

아래의 어두움을 교화한다는 말이며, 일반 중생을 교화한다는 뜻이다.

글자 | 아래 **하**, 교화 **화**, 어두울 **명**, 어두울 **암**

[하화명암下化冥闇]

→ 하화명암下化冥暗

[하화중생下化衆生]

→ 하화명암下化冥暗

[하후상박下厚上薄]

아랫사람에게는 후대하고 윗사람에게는 박하게 한다는 말이다.

글자 | 아래 **하**, 후할 **후**, 윗 **상**, 적을 **박**

[하후하박何厚何薄]

어떤 것은 후하고 어떤 것은 박하다는 말이다.

글자 | 어찌 **하**, 두터울 **후**, 적을 **박**

[학관천인學貫天人]

배움은 하늘과 사람을 꿰뚫는다는 말이며, 학문이 뛰어나 천리天理와 인도人道를 통달한다는 뜻이다.

글자 | 배울 **학**, 꿸 **관**, 하늘 **천**, 사람 **인**

출전 | 연암집燕巖集

[학구소붕鷽鳩笑鵬]

작은 비둘기가 붕새를 비웃는다는 말이며, 하찮은 좁은 식견으로 큰 인물의 뜻을 짐작할 수 없다는 뜻이다.

글자 | 작은 비둘기 **학**, 비둘기 **구**, 웃을 **소**, 붕새 **붕**

출전 | 장자 소요유逍遙遊

[학로어년學老於年]

배움이 연치보다 늙었다는 말이며, 나이는 젊으나 학문은 깊다는 뜻이다.

글자 | 배울 **학**, 늙을 **로**, 어조사 **어**, 연치 **년**

[학립계군鶴立鷄群]

닭 무리 속에 학이 서 있다는 말이며, 사람됨이 출중한 것을 빗댄 말이다.

원문 | 昻昻然如 野鶴之在 鷄群一鶴
앙 앙 연 여 야 학 지 재 계 군 일 학

글자 | 학 **학**, 설 **립**, 닭 **계**, 무리 **군**

출전 | 진서 혜소전嵇紹傳

동류 | 군계일학群鷄一鶴

[학립기저鶴立企佇]

학이 서서 바라며 기다린다는 말이며, 멀리 바라보며 기다린다는 뜻이다.

글자 | 학 **학**, 설 **립**, 바랄 **기**, 기다릴 **저**

출전 | 삼국지 위지魏志

[학명덕존學明德尊]

배움이 밝고 덕이 높다는 말이며, 학문과 덕망이 크게 높다는 뜻이다. 또한 천도교인 정용근鄭瑢根이 1895년초부터 1936년말까지 쓴 일기와 한시 등을 모아 정리한 시문집이기도 하다.

글자 | 배울 **학**, 밝을 **명**, 큰 **덕**, 높을 **존**

[학명지사鶴鳴之士]

학과 같이 우는 선비라는 말이며, 많은 사람으로부터 신뢰와 존경을 받는 사람, 또는 벼슬하지 못한 채 초야에서 살아가는 선비라는 뜻이다.

글자 | 학 **학**, 울 **명**, 어조사 **지**, 선비 **사**

출전 | 후한서

[학발동안鶴髮童顔]

학과 같이 흰머리에 아이 같은 얼굴이라는 말이며, 동화나 전설 속에 나오는 신선을 일컫는다.

글자 | 학 **학**, 터럭 **발**, 아이 **동**, 얼굴 **안**

[학수고대鶴首苦待]

학이 목을 빼고 부지런히 기다린다는 말이며, 간절하게 기다린다는 뜻이다.

글자 | 학 **학**, 머리 **수**, 부지런할 **고**, 기다릴 **대**

[학슬안경鶴膝眼鏡]

학의 무릎과 같은 안경이라는 말이며, 안경다리를 접었다 폈다 할 수 있는 안경이라는 뜻이다.

글자 | 학 **학**, 무릎 **슬**, 눈 **안**, 거울 **경**

[학야녹재學也祿在]

학문을 하면 [그 안에] 녹봉이 있다는

말이다.

원문 | 學也祿在其中矣
학 야 녹 재 기 중 의

글자 | 배울 **학**, 어조사 **야**, 녹봉 **녹**, 있을 **재**

출전 | 논어 위령공衛靈公

[학언혁어謔言嚇語]

희롱하는 말과 노하는 말이라는 말이며, 농담과 공갈을 뜻한다.

글자 | 희롱할 **학**, 말씀 **언**, 노할 **혁**, 말씀 **어**

출전 | 조선왕조 15대 광해군일기 142권

[학여불급學如不及]

배움은 미치지 못하는 것과 같다는 말이며, 학문은 쉬지 말고 끊임없이 계속해야 한다는 뜻이다. 논어에 있는 글이다. '배울 때는 능력이 미치지 못할까 안타까워해야 하며, 나아가 그것을 잃어버릴까 두려워해야 한다.'

원문 | 學如不及 猶恐失之
학 여 불 급 유 공 실 지

글자 | 배울 **학**, 같을 **여**, 아닐 **불**, 미칠 **급**

출전 | 논어 태백泰伯

[학우등사學優登仕]

배움이 넉넉하면 벼슬에 오른다는 말이다.

글자 | 배울 **학**, 넉넉할 **우**, 오를 **등**, 벼슬 **사**

출전 | 천자문

[학이불염學而不厭]

배움을 싫어하지 않는다는 말이다.

글자 | 배울 **학**, 말 이을 **이**, 아닐 **불**, 싫을 **염**

[학이시습學而時習]

배우고 때로 익힌다는 말이며, 배워서 알고 깨달은 것을 행해보고 실험해 본다는 뜻이다. 공자의 말이다. '배우고 때로 익히면 또한 기쁘지 아니하랴.'

원문 | 學而時習之 不亦說乎
학 이 시 습 지 불 역 설 호

글자 | 배울 **학**, 말 이을 **이**, 때 **시**, 익힐 **습**

출전 | 논어 학이學而

[학이지원學而智遠]

배워서 지혜가 멀다는 말이며, 학문을 통해 지혜로움이 원대하게 되었다는 뜻이다.

원문 | 學而智遠 如披祥雲而觀青天
학 이 지 원 여 피 상 운 이 관 청 천

글자 | 배울 **학**, 말 이을 **이**, 지혜 **지**, 멀 **원**

출전 | 장자, 명심보감 권학편勸學篇

[학이지지學而知之]

배워야 안다는 말이다.

원문 | 學而知之者次也
학 이 지 지 자 차 야

글자 | 배울 **학**, 말 이을 **이**, 알 **지**, 어조사 **지**

출전 | 논어 학이學而

[학자삼다學者三多]

학자의 세 가지 많은 것이라는 말이

ㅎ

며, 학자는 독서와 지론持論, 그리고 저술이 많아야 한다는 뜻이다.

글자 | 배울 **학**, 사람 **자**, 많을 **다**

[학정부저鶴汀鳧渚]

학이 있는 물가와 물오리가 있는 물가라는 말이며, 한적한 물가라는 뜻이다.

원문 | 鶴汀鳧渚 窮島嶼之縈迴
학 정 부 저 궁 도 서 지 영 회

글자 | 학 **학**, 물가 **정**, 오리 **부**, 물가 **저**

출전 | 왕발王勃의 등왕각서滕王閣序

[학철부어涸轍鮒魚]

물 잦은 수레 바큇자국의 붕어라는 말이며, 매우 위급한 처지에 있다는 뜻이다.

원문 | 車轍中 有鮒魚
차 철 중 유 부 어

글자 | 물 잦을 **학**, 수레 바큇자국 **철**, 붕어 **부**, 고기 **어**

출전 | 장자 외물편外物篇

동류 | 차철부어車轍鮒魚, 철부지급轍鮒之急, 학철지부涸轍之鮒

유사 | 우제지어牛蹄之魚

[학철지어涸轍之魚]

→ 학철부어涸轍附魚

[학택지사涸澤之蛇]

물 마른 연못의 뱀이라는 말이며, 서로가 협력하여 이익을 얻는다는 뜻이다. 말라버린 연못의 뱀이 다른 곳으로 옮기려고 할 때 그대로 가면 뱀으로 알고 사람이 죽이기 때문에 서로 협력하여 꼬리를 물고 가면 사람은 신神으로 보고 죽이지 않을 것이라는 이야기에서 온 말이다.

글자 | 물 마를 **학**, 못 **택**, 어조사 **지**, 뱀 **사**

출전 | 한비자 설림說林 상

[한강목욕漢江沐浴]

한강에서 목욕한다는 말이며, 멀리 가서 뜻을 이루지만 애만 쓰고 아무런 표시가 없다는 뜻이다.

글자 | 나라 **한**, 강 **강**, 목욕할 **목**, 목욕할 **욕**

출전 | 동언해

[한강투석漢江投石]

한강에 돌 던지기라는 말이며, 매우 미미하여 전혀 효과가 없다는 말이다.

글자 | 은하수 **한**, 강 **강**, 던질 **투**, 돌 **석**

동류 | 여수투석如水投石

[한난기포寒暖飢飽]

추위와 따뜻함과 굶주림과 배부름이라는 말이며, 일상생활의 괴로움과 즐거움을 일컫는다.

글자 | 찰 **한**, 따뜻할 **난**, 굶주릴 **기**, 배부를 **포**

출전 | 백거이白居易의 글

[한년고공限年雇工]

한 해를 기한으로 한 품팔이 장인이라는 말이며, 1년 기약의 머슴이라는 뜻이다.

글자 | 기한 **한**, 해 **년**, 품 팔 **고**, 장인 **공**

[한단지몽邯鄲之夢]

한단의 꿈이라는 말이며, 인생의 부귀영화가 뜬구름처럼 덧없음을 빗댄 말이다. 당나라 도사 여옹呂翁이 주막에서 만난 젊은이 노생盧生이 잠들자 꿈속에서 부귀영화와 파란만장한 인생을 겪게 한 후, 깨어난 노생에게 '세상사란 것이 다 그런 것이라네.' 하고 깨닫게 했다는 고사에서 온 말이다.

글자 | 땅이름 **한**, 조나라 서울 **단**, 갈 **지**, 꿈 **몽**

출전 | 심기제의 침중기枕中記

동류 | 한단지침邯鄲之枕, 한단몽침邯鄲夢枕, 노생지몽盧生之夢, 일취지몽一炊之夢, 영고일취榮枯一炊, 황량지몽黃粱之夢

[한단지보邯鄲之步]

한단의 걸음걸이라는 말이며, 자기 분수도 모르고 남의 흉내를 낸다는 뜻이다. 자신의 학문과 변론이 천하제일이라고 자칭하는 조나라 공손룡公孫龍이 위나라의 공자 위모魏牟에게 장자의 도道를 알고 싶다고 하자, 위모가 한숨을 쉬며 답한 말이다. '…자네는 저 수릉의 젊은이가 조나라의 서울인 한단에 가서 그곳의 걸음걸이를 배웠다는 이야기를 듣지 못했는가? 그는 그 나라의 걸음걸이를 채 배우기도 전에 옛 걸음걸이마저 잊어버렸으므로 기어서 돌아올 수밖에 없었다는 걸세. 지금 자네도 장자에 이끌려 여기를 떠나지 않고 있다가는 그것을 배우지 못할 뿐만 아니라 자네 본래의 지혜도 잊어버리고 자네의 일마저 잃게 될 걸세.'

원문 | 壽陵餘子之學行於邯鄲與
수 릉 여 자 지 학 행 어 한 단 여

글자 | 조나라 **한**, 조나라 **단**, 어조사 **지**, 걸음 **보**

출전 | 장자 추수秋水

[한단지침邯鄲之枕]

→ 한단지몽邯鄲之夢

[한단학보邯鄲學步]

→ 한단지보邯鄲之步

[한담객설閑談客說]

한가한 말과 손님의 말이라는 말이며, 심심풀이로 하는 군말이라는 뜻이다.

글자 | 한가할 **한**, 말씀 **담**, 손 **객**, 말씀 **설**

[한담만문閑談漫文]

한가한 말과 흩어진 글이라는 말이며, 그리 긴요하지도 않고 일정한 중심 사상이 없는 글을 일컫는다.

글자 | 한가할 **한**, 말씀 **담**, 흩어질 **만**, 글 **문**

[한담설화閑談屑話]

한가한 말과 가벼운 말이라는 말이며,

ㅎ

심심풀이로 하는 쓸데없는 이야기라는 뜻이다.

글자 | 한가할 **한**, 말씀 **담**, 가벼이 볼 **설**, 말씀 **화**

[한래서왕寒來暑往]

추위가 오고 더위가 간다는 말이다.

글자 | 찰 **한**, 올 **래**, 더울 **서**, 갈 **왕**

[한량음식閑良飮食]

한가한 사람이 마시고 먹는다는 말이며, 출출한 판에 음식을 먹어댄다는 뜻이다.

글자 | 한가할 **한**, 어질 **량**, 마실 **음**, 먹을 **식**

[한류이두韓柳李杜]

한씨, 유씨, 이씨, 그리고 두씨라는 말이며, 중국 당나라의 문호인 한유韓愈. 유종원柳宗元과 시백인 이백李白, 두보杜甫를 일컫는다.

글자 | 성씨 **한**, 성씨 버들 **류**, 성씨 **이**, 향초 이름 **두**

동류 | 이두한류李杜韓柳

[한류협배汗流浹背]

땀이 흐르고 등이 사무친다는 말이며, 두려워한다는 뜻이다.

글자 | 땀 **한**, 흐를 **류**, 사무칠 **협**, 등 **배**

출전 | 사기 진승상세가

[한림탕건翰林宕巾]

한림의 탕건이라는 말이며, 위는 그물 모양이고 아래는 빗살 모양으로 만든 벼슬아치의 탕건을 일컫는다.

글자 | 벼슬 이름 **한**, 수풀 **림**, 탕건 **탕**, 두건 **건**

[한마지로汗馬之勞]

땀 흘리는 말의 수고라는 말이며, 전쟁터에서의 노고를 뜻한다.

원문 | **盡貨賂 用重人之謁 退汗馬之勞**
진화뢰 용중인지알 퇴한마지로

글자 | 땀 **한**, 말 **마**, 어조사 **지**, 일할 **로**

출전 | 사기 소상국세가蕭相國世家

동류 | 견마지로犬馬之勞

[한법부도漢法不道]

한나라 법의 길이 아닌 것이라는 말이며, 법률상 대역부도大逆不道로 규정한 것이라는 뜻이다.

글자 | 한나라 **한**, 법 **법**, 아닐 **부**, 길 **도**

출전 | 한서 왕망전王莽傳

[한불조도恨不早圖]

일찍 도모하지 아니한 것을 한탄한다는 말이다.

글자 | 한할 **한**, 아닐 **불**, 일찍 **조**, 꾀할 **도**

[한불조지恨不早知]

일찍 알지 못한 것을 한탄한다는 말이다.

글자 | 한할 **한**, 아닐 **불**, 일찍 **조**, 알 **지**

[한사결단限死決斷]

죽는 한이 있어도 결단한다는 말이다.

글자 | 한정 **한**, 죽을 **사**, 결단할 **결**, 끊을 **단**

[한사만직閒司漫職]

물크러진 직분의 편안한 벼슬이라는 말이며, 중요하지 않고 일이 많지 않아 한가로운 벼슬자리라는 뜻이다.

글자 | 편안할 **한**, 벼슬 **사**, 물크러질 **만**, 직분 **직**

[한산습득寒山拾得]

한산과 습득이라는 말이며, 변장이 능한 사람, 또는 기인奇人이라는 뜻이다. 한산과 습득은 당나라 헌종시대 고승인데, 한산은 허름한 옷차림을 하고 독특한 시를 지으며 소주蘇州 교외의 한산사에서 살았고, 습득은 한산의 제자인데 천태산 국청사의 고승 풍천이 주워 길러서 습득이라는 이름이 붙었다고 한다.

글자 | 찰 **한**, 뫼 **산**, 주울 **습**, 얻을 **득**

출전 | 고승전高僧傳

[한상지만恨相知晩]

서로 늦게 알게 됨을 한한다는 말이며, 서로 친구 됨이 늦었음을 한탄한다는 뜻이다.

원문 | 相得歡心無厭 恨相知晩也
상 득 환 심 무 염 한 상 지 만 야

글자 | 한할 **한**, 서로 **상**, 알 **지**, 늦을 **만**

출전 | 사기 위기무안후열전

[한송천장寒松千丈]

추운 [겨울의] 소나무가 천 길이라는 말이며, 소나무는 추운 겨울에도 푸른 잎을 지니고 의연하게 버티고 서 있다는 뜻으로서 굳센 절개를 빗댄 말이다.

글자 | 찰 **한**, 소나무 **송**, 일천 **천**, 길 **장**

출전 | 구당시舊唐詩

[한시태출旱時太出]

가뭄에 콩 나듯 한다는 말이며, 어떤 일이나 물건이 드문드문 있을 때 일컫는 말이다.

글자 | 가물 **한**, 때 **시**, 콩 **태**, 날 **출**

출전 | 동언해東彦解

[한식성묘寒食省墓]

한식에 무덤을 살핀다는 말이며, 동지로부터 105일째 되는 한식일에 조상의 묘를 찾아 예를 올린다는 뜻이다.

글자 | 찰 **한**, 밥 **식**, 살필 **성**, 무덤 **묘**

[한언식약寒言食約]

말을 차게 하고 기약을 먹는다는 말이며, 말과 약속을 지키지 않아 신용이 없다는 뜻이다.

글자 | 찰 **한**, 말씀 **언**, 먹을 **식**, 기약할 **약**

출전 | 조선왕조 14대 선조실록 74권

[한열상박寒熱相撲]

추위와 더위가 서로 친다는 말이며, 오한과 신열이 함께 일어나는 증상을

ㅎ

일컫는다.

글자 | 찰 **한**, 더울 **열**, 서로 **상**, 칠 **박**

동류 | 한열왕래寒熱往來

[한열왕래寒熱往來]

추위와 더위가 가고 온다는 말이며, 한기와 열기가 번갈아 일어난다는 뜻이다.

글자 | 찰 **한**, 더울 **열**, 갈 **왕**, 올 **래**

[한왕서래寒往暑來]

추위는 가고 더위는 온다는 말이며, 세월이 흐른다는 뜻이다.

원문 | 寒往則暑來 暑往則寒來
한 왕 즉 서 래 서 왕 즉 한 래

글자 | 찰 **한**, 갈 **왕**, 더울 **서**, 올 **래**

출전 | 주역 계사하전繫辭下傳

[한우충동汗牛充棟]

소가 땀을 흘리고 들보에 가득 찬다는 말이며, 책이 많음을 빗댄 말이다. 당나라 문장가 유종원柳宗元의 글에 공자를 위시하여 주석을 하는 학자 등 수천 명에 달한다고 하면서, '… 그들이 지은 책이 집에 두면 대들보까지 꽉 차고 밖으로 내보내면 소와 말이 땀을 흘린다.' 고 하였다.

원문 | 其爲書 處則充棟宇出則汗牛馬
기 위 서 처 즉 충 동 자 출 즉 한 우 마

글자 | 땀 **한**, 소 **우**, 찰 **충**, 용마루 **동**

출전 | 유종원의 육문통선생陸文通先生 묘표墓表

[한운불우閑雲不雨]

한가로운 구름은 비가 없다는 말이며, 한가로운 사람은 성취하는 것이 없다는 말로도 쓰인다. 송나라 육유陸游의 시다. '한가한 구름은 비가 못 되어 푸른 산 주변서 흩날리는구나.'

원문 | 閑雲不成雨 故傍碧山飛
한 운 불 성 우 고 방 벽 산 비

글자 | 한가할 **한**, 구름 **운**, 아닐 **불**, 비 **우**

출전 | 유교만조柳橋晩眺

[한운야학閒雲野鶴]

한가로운 구름과 들의 학이라는 말이며, 속세를 떠나 아무런 속박도 받지 않고 한가로이 유유자적悠悠自適하는 생활을 빗댄 말이다.

글자 | 한가할 **한**, 구름 **운**, 들 **야**, 학 **학**

동류 | 한운고학閒雲孤鶴

[한인물입閑人勿入]

한가한 사람은 들어오지 말라는 말이며, 일 없이 들어오지 말라는 뜻이다.

글자 | 한가할 **한**, 사람 **인**, 말 **물**, 들 **입**

[한입골수恨入骨髓]

원한이 골수에 들었다는 말이다.

글자 | 한할 **한**, 들 **입**, 뼈 **골**, 골수 **수**

동류 | 원철골수怨徹骨髓

[한자수홍恨紫愁紅]

한 맺힌 자줏빛과 수심어린 붉은빛이

라는 말이며, 꽃의 가냘픈 모습을 일컫는다.

글자 | 한할 **한**, 자줏빛 **자**, 슬플 **수**, 붉을 **홍**

[한자음훈漢字音訓]

한나라 글자의 소리와 뜻을 일러준다는 말이며, 한문 글자의 읽는 발음과 그 뜻을 일컫는다.

글자 | 한나라 **한**, 글자 **자**, 소리 **음**, 뜻 일러줄 **훈**

[한중다사閑中多事]

한가한 가운데 일이 많다는 말이며, 겉으로는 일이 없어 한가한 것 같으나 실제로는 일이 많다는 뜻이다.

글자 | 한가할 **한**, 가운데 **중**, 많을 **다**, 일 **사**

출전 | 송남잡지

[한중진미閑中眞味]

한가한 가운데 깃드는 참다운 맛이라는 말이다.

글자 | 한가할 **한**, 가운데 **중**, 참 **진**, 맛 **미**

[한진서퇴寒進暑退]

찬 것이 나오고 더위가 물러간다는 말이며, 더운 여름이 가고 추운 겨울이 다가온다는 뜻이다.

글자 | 찰 **한**, 나아갈 **진**, 더울 **서**, 물러갈 **퇴**

출전 | 송남잡지

[한출첨배汗出沾背]

땀이 나서 등을 적신다는 말이며, 크게 부끄러워한다는 뜻이다.

글자 | 땀 **한**, 날 **출**, 적실 **첨**, 등 **배**

출전 | 사기

[한해소조韓海蘇潮]

한은 바다이고, 소는 조수라는 말이며, 한유韓愈의 글은 넓은 바다 같고, 소식蘇軾의 글은 파란이 있는 조수와 같다는 뜻이다.

글자 | 성씨 **한**, 바다 **해**, 성씨 **소**, 조수 **조**

출전 | 단연록丹鉛錄

[한화휴제閑話休題]

한가한 이야기는 묻지 말라는 말이며, 쓸데없는 이야기는 그만두라는 뜻이다.

글자 | 한가할 **한**, 이야기 **화**, 쉴 **휴**, 물을 **제**

출전 | 수호전

동류 | 한화휴제閒話休題

[한훤지례寒喧之禮]

차가운 것을 지껄이는 예도라는 말이며, 만나서 춥고 더움을 물으며 인사를 나누는 예절을 일컫는다.

글자 | 찰 **한**, 지껄일 **훤**, 어조사 **지**, 예도 **례**

[할계우도割鷄牛刀]

닭을 베는데 소의 칼이라는 말이며,

ㅎ

일을 처리하는 도구가 너무 크거나 방법이 너무 거창하여 알맞지 않다는 뜻이다. '닭 잡는데 어찌 소 잡는 칼을 쓰겠느냐.'

원문 | 割鷄焉用牛刀
할 계 언 용 우 도

글자 | 벨 **할**, 닭 **계**, 소 **우**, 칼 **도**

출전 | 사기열전 중니제자열전

[할고담복割股啖腹]

→ 할고충복割股充腹

[할고요친割股療親]

넓적다리의 살을 베어 어버이를 치료한다는 말이며, 지극한 효성을 빗댄 말이다.

글자 | 벨 **할**, 넓적다리 **고**, 고칠 **요**, 어버이 **친**

출전 | 송사 선거지편選擧志篇

[할고충복割股充腹]

다리를 쪼개 배를 채운다는 말이며, 한때의 곤란을 면하려는 어리석은 잔꾀라는 뜻이다.

글자 | 벨 **할**, 다리 **고**, 채울 **충**, 배 **복**

출전 | 정관정요貞觀政要

동류 | 할고담복割股啖腹, 할육충복割肉充腹

[할묘농란瞎猫弄卵]

애꾸눈 고양이가 알을 희롱한다는 말이며, 그리 귀중한 것도 아닌데 자기 혼자만 귀중한줄 알고 좋아한다는 뜻이다.

글자 | 애꾸눈 **할**, 고양이 **묘**, 희롱할 **농**, 알 **란**

출전 | 고금석림 28권

[할박지정割剝之政]

찢어 벗기는 다스림이라는 말이며, 지방 두령이 백성의 재물을 긁어들이는 나쁜 정사를 일컫는다.

글자 | 찢을 **할**, 벗길 **박**, 어조사 **지**, 다스릴 **정**

[할반지통割半之痛]

반을 쪼개는 아픔이라는 말이며, 형제, 자매가 죽은 슬픔을 일컫는다.

글자 | 찢을 **할**, 반 **반**, 어조사 **지**, 아플 **통**

[할복자살割腹自殺]

배를 베어 스스로 죽는다는 말이다.

글자 | 벨 **할**, 배 **복**, 스스로 **자**, 죽일 **살**

[할석분좌割席分坐]

자리를 나누어 따로 앉는다는 말이며, 교분을 끊고 한자리에 앉지 않는다는 뜻이다. 관녕管寧과 화흠華歆이 자리를 같이하고 책을 읽고 있었는데, 한 사람이 면류관을 쓰고 훌륭한 마차를 타고 문 앞을 지나가고 있었다. 관녕은 변함없이 책을 읽고 있었지만 화흠은 책을 덮고 나가서 구경했다. 그러자 관녕은 자리를 갈라 따로 앉으면서 말했다. '그대는 내 친구가 아니네.'

원문 | 寧割席分坐曰 子非吾友也
영할석분좌왈 자비오우야

글자 | 나눌 **할**, 자리 **석**, 헤어질 **분**, 앉을 **좌**

출전 | 세설신어 덕행德行

동류 | 관녕할석管寧割席

[할육거피割肉去皮]

[짐승을 잡아서] 가죽을 벗기고 고기를 베어낸다는 말이다.

글자 | 벨 **할**, 고기 **육**, 제할 **거**, 가죽 **피**

[할육충복割肉充腹]

제 살을 도려내어 배를 채운다는 말이며, 친족의 재물을 빼앗는다는 뜻이다.

글자 | 벨 **할**, 고기 **육**, 채울 **충**, 배 **복**

출전 | 자치통감資治通鑑

[할은단애割恩斷愛]

은혜를 베고 사랑을 끊는다는 말이며, 애틋한 은혜와 사랑을 끊는다는 뜻이다.

글자 | 벨 **할**, 은혜 **은**, 끊을 **단**, 사랑 **애**

동류 | 할은단정割恩斷情

[할은단정割恩斷情]

→ 할은단애割恩斷愛

[함개상응函蓋相應]

상자와 뚜껑이 서로 잘 맞는다는 말이며, 둘이 잘 맞아서 한 몸이 된다는 뜻이다.

글자 | 상자 **함**, 덮을 **개**, 서로 **상**, 응할 **응**

출전 | 대일경大日經

[함곡계명函谷鷄鳴]

함곡에서 닭이 운다는 말이며, 남을 속여 위험을 벗어난다는 뜻이다. 중국 제나라 맹상군이 협곡관에서 밤중에 부하에게 닭의 울음을 흉내 내게 하여 문지기가 새벽인 줄 알고 문을 열어주어 진나라를 무사히 빠져나온 고사에서 온 말이다.

글자 | 넣을 **함**, 골 **곡**, 닭 **계**, 울 **명**

출전 | 사기 맹상군전孟嘗君傳

[함구납오含垢納汚]

부끄러움을 머금고 더러움을 받아들인다는 말이며, 임금이 치욕을 참는다는 뜻이다.

글자 | 머금을 **함**, 부끄러울 **구**, 들일 **납**, 흐린 물 괴일 **오**

[함구무언緘口無言]

입을 다물고 말이 없다는 말이다.

글자 | 봉할 **함**, 입 **구**, 없을 **무**, 말씀 **언**

[함구물설緘口勿說]

입을 다물고 말하지 말라는 뜻이다.

글자 | 봉할 **함**, 입 **구**, 말 **물**, 말씀 **설**

[함구불언緘口不言]

→ 함구무언緘口無言

[함궐지변銜橛之變]

재갈과 굴대의 변고라는 말이며, 마차가 뒤집어진 변고로서 큰 변고가 일어났다는 뜻이다.

글자 | 재갈 **함**, 굴대 **궐**, 어조사 **지**, 변고 **변**

[함미상수銜尾相隨]

꼬리를 물고 서로 따른다는 말이며, 말의 행렬이라는 뜻이다.

글자 | 머금을 **함**, 꼬리 **미**, 서로 **상**, 따를 **수**

출전 | 한서 흉노전匈奴傳

[함벽여츤銜璧輿櫬]

구슬로 재갈 물리고 관을 짊어진다는 말이며, 죽음을 당하여도 어쩔 수 없는 항복한 상태를 일컫는다.

글자 | 재갈 **함**, 구슬 **벽**, 짐질 **여**, 관 **츤**

출전 | 춘추좌씨전

[함분축원含憤畜怨]

분함을 머금고 원망을 쌓는다는 말이다.

글자 | 머금을 **함**, 분할 **분**, 쌓을 **축**, 원망할 **원**

[함사사영含沙射影]

모래를 머금고 있다가 그림자를 쏜다는 말이며, 몰래 남을 공격하거나 해친다는 뜻이다.

원문 | 含沙射人影
함 사 사 인 영

글자 | 머금을 **함**, 모래 **사**, 쏠 **사**, 그늘 **영**

출전 | 대동야승 24권, 수신기搜神記

[함소입지含笑入地]

웃음을 머금고 땅속으로 들어간다는 말이며, 안심하고 미련 없이 죽는다는 말이다.

글자 | 머금을 **함**, 웃음 **소**, 들 **입**, 땅 **지**

출전 | 당서, 후한서

[함수지어鹹水之魚]

짠물의 고기라는 말이며, 바닷물고기라는 뜻이다.

글자 | 짤 **함**, 물 **수**, 어조사 **지**, 고기 **어**

[함양훈도涵養薰陶]

기르고 가르친다는 말이며, 사람을 훈도하여 재덕을 이루게 한다는 뜻이다.

글자 | 젖을 **함**, 기를 **양**, 더울 **훈**, 가르칠 **도**

출전 | 맹자 이루 하

[함어사망陷於死亡]

죽어 없어지는데 빠진다는 말이며, 죽을 상황으로 들어간다는 뜻이다.

글자 | 빠질 **함**, 여기 **어**, 죽을 **사**, 없어질 **망**

[함영저화含英咀華]

꽃부리를 머금고 꽃을 씹는다는 말이며, 문장을 잘 음미하여 가슴속에 새겨둔다는 뜻이다.

글자 | 머금을 **함**, 꽃부리 **영**, 씹을 **저**, 꽃 **화**

출전 | 한유의 진학해進學解

[함원농조檻猿籠鳥]

우리 속의 원숭이와 새장 속의 새라는 말이며, 자유를 빼앗겨 마음대로 되지 않는 상태를 일컫는다.

글자 | 우리 **함**, 원숭이 **원**, 새장 **농**, 새 **조**

출전 | 백거이白居易의 글

유사 | 자승자박自繩自縛

[함유일덕咸有一德]

모두 하나의 덕을 가지고 있다는 말이며, 군신이 모두 순수한 덕을 가지고 있다는 뜻이다.

글자 | 다 **함**, 가질 **유**, 큰 **덕**

출전 | 서경 상서편商書篇

[함이농손含飴弄孫]

엿을 머금고 손자를 희롱한다는 말이며, 은퇴하여 손자를 돌본다는 뜻이다.

원문 | 吾但當含飴弄孫 不能復關政
오단당함이농손 불능복관정

글자 | 머금을 **함**, 엿 **이**, 희롱할 **농**, 손자 **손**

출전 | 후한서 명덕마明德馬 황후전

[함지사지陷地死地]

빠진 땅, 죽음의 땅이라는 말이며, 죽을 마당에 이르러서야 용기를 내어 다시 살아난다는 뜻이다.

원문 | 陷地死地而後生 置之亡地而存
함자사지이후생 치지망지이존

글자 | 빠질 **함**, 땅 **지**, 죽을 **사**

출전 | 사기 회음후전淮陰侯傳

[함치대발含齒戴髮]

이빨을 머금고 머리칼을 머리에 이었다는 말이며, 사람을 빗댄 말이다.

글자 | 머금을 **함**, 이 **치**, 머리에 일 **대**, 터럭 **발**

출전 | 조선왕조 10대 연산군일기 11권

[함토고두含土叩頭]

흙을 머금고 머리를 조아린다는 말이며, 사죄한다는 뜻이다.

글자 | 머금을 **함**, 흙 **토**, 두드릴 **고**, 머리 **두**

출전 | 조선왕조 11대 중종실록 21권

[함포고복含哺鼓腹]

먹고 먹어 배를 두드린다는 말이며, 백성이 넉넉하게 잘 산다는 뜻이다.

글자 | 먹을 **함**, 밥 씹어 먹을 **포**, 두드릴 **고**, 배 **복**

출전 | 장자 외편 마제馬蹄

동류 | 고복격양鼓腹擊壤

[함하지물頷下之物]

턱 아래의 물건이라는 말이며, 남이 먹다 남은 음식을 빗댄 말이다.

글자 | 턱 **함**, 아래 **하**, 어조사 **지**, 물건 **물**

출전 | 송남잡지

[함화패실銜華佩實]

꽃을 머금고 열매를 맺는다는 말이며, 문장의 외양과 내용이 갖추어졌다는 뜻이다.

글자 | 재갈 **함**, 꽃 필 **화**, 찰 **패**, 열매 **실**

[함훤수작喊喧酬酌]

고함지르고 지껄이며 술을 권하고 수작한다는 말이며, 떠들면서 술을 마신다는 뜻이다.

글자 | 고함지를 **함**, 지껄일 **훤**, 술 권할 **수**, 수작할 **작**

[함흥차사咸興差使]

함흥으로 보낸 사신이라는 말이며, 가기만 하면 돌아올 줄 모른다는 뜻이다. 조선왕 태조 이성계가 정종에게 선위禪位하고 함흥에 은퇴해 있을 때, 태종이 보낸 사신을 죽이거나 돌려보내지 않았다는 고사에서 온 말이다.

글자 | 다 **함**, 홍할 **흥**, 부릴 **차**, 사신 **사**

출전 | 증보문헌비고增補文獻備考, 택리지擇里志

[합궤동문合軌同文]

수레바퀴 사이를 모으고 같은 글이라는 말이며, 여러 지방을 한 나라로 합병하거나 천하가 통일됨을 빗댄 말이다.

글자 | 모을 **합**, 수레바퀴 사이 **궤**, 같을 **동**, 글 **문**

출전 | 삼국사기 10권

동류 | 동문동궤同文同軌

[합문지사闔門之士]

문을 닫는 군자라는 말이며, 출입문의 여닫이를 맡은 병사를 일컫는다.

글자 | 닫을 **합**, 문 **문**, 어조사 **지**, 군사 **사**

출전 | 논형論衡

[합벽수단闔闢手段]

닫고 여는 수단이라는 말이며, 문을 닫기도 하고 열기도 하면서 사람을 교묘하게 농락한다는 뜻이다.

글자 | 닫을 **합**, 열 **벽**, 손 **수**, 층 **단**

[합본취리合本取利]

밑천을 모아서 이득을 취한다는 말이다.

글자 | 모일 **합**, 밑천 **본**, 취할 **취**, 이로울 **리**

[합연기연合緣奇緣]

기이한 인연으로 합쳐진 인연이라는 말이다.

글자 | 모일 **합**, 인연 **연**, 이상할 **기**

[합연장서溘然長逝]

문득 그렇게 길게 간다는 말이며, 갑작스럽게 세상을 떠난다는 뜻이다.

글자 | 문득 **합**, 그럴 **연**, 긴 **장**, 갈 **서**

[합용병서合用並書]

나란히 글을 써서 합하여 사용한다는 말이며, 한글의 서로 다른 자음, 즉 ㅂㄱ.ㄴㅈ.ㄹㅁ같은 것을 붙여 쓴다는 뜻이다.

글자 | 합할 **합**, 쓸 **용**, 아우를 **병**, 쓸 **서**

출전 | 훈민정음

[합이부동合而不同]

모이지만 같지 않다는 말이며, 화합하지만 서로 다르다는 뜻이다.

글자 | 모일 **합**, 말 이을 **이**, 아닐 **부**, 같을 **동**

동류 | 화이부동和而不同

[합장배례合掌拜禮]

두 손바닥을 마주대고 절하는 예절을 말한다.

글자 | 모일 **합**, 손바닥 **장**, 절 **배**, 예도 **례**

[합종연횡合縱連橫]

길이(남북)로 합하고 가로(동서)로 잇는다는 말이며, 여러 나라와의 제휴 또는 동맹을 일컫는다. 소진蘇秦이 연나라 왕에게 진언한 외교정책이 합종정책이다. 이것은 세로(縱), 즉 남북으로 연결된 연, 조, 제, 위, 한, 초의 6개국이 합심하여 최대 강국인 진나라에 대항하자는 정책이다. 한편 소진은 자기의 동문인 장의張儀를 진나라 첩자로 파견했는데, 그의 학문과 재능이 인정되어 재상에 오르자 소진을 배반하고 연형책連衡策(衡은 횡橫과 뜻이 같아 형자를 쓰고 횡으로 발음한다)을 써서 7개국을 가로로 묶어 상대방 6개국을 개별적으로 고립시켜 각개 격파한다는 전략이다. 결국이 연형책이 합종책을 눌러 진나라를 섬기게 되었다.

글자 | 합할 **합**, 세로 **종**, 이을 **연**, 가로 **횡**

출전 | 사기 소진장의蘇秦張儀열전

[합포주환合浦珠還]

합포에 진주가 돌아왔다는 말이며, 잃었던 물건이 다시 돌아온다는 뜻이다. 탐욕스런 태수의 학정으로 백성이 흩어지고 진주도 나지 않았는데 맹상孟嘗이라는 청렴한 태수가 부임하여 이전의 폐단을 고치고 백성을 안무하자 진주가 다시 나기 시작했다는 고사에서 온 말이다.

글자 | 합할 **합**, 개 **포**, 구슬 **주**, 돌아올 **환**

출전 | 후한서 순리循吏열전

[항구여일恒久如一]

항상 오래도록 하나같다는 말이다.

글자 | 항상 **항**, 오랠 **구**, 같을 **여**

[항다반사恒茶飯事]

항상 차를 마시거나 밥을 먹는 일이라는 말이며, 자주 있는 일, 또는 흔히 있는 일이라는 뜻이다.

글자 | 항상 **항**, 차 **다**, 밥 먹을 **반**, 일 **사**

출전 | 조주어록趙州語錄

[항려지년伉儷之年]

짝지을 나이라는 말이며, 장가들고 시집갈 나이를 뜻한다.

글자 | 짝 **항**, 짝 **려**, 어조사 **지**, 해 **년**

[항룡유회亢龍有悔]

높이 오른 용에게 뉘우침이 있다는 말이며, 만족할 줄 모르고 끝까지 밀고 나가다가 도리어 실패하게 된다는 뜻이다. 주역에 있는 공자의 말이다. '절정에 오른 용은 존귀하지만 지위가 없고 너무 높아서 백성도 없고 현인을 아랫자리에 있게 하므로 보필하는 자도 없다. 이로써 행동하게 되면 뉘우침이 있다.'

글자 | 높을 **항**, 용 **룡**, 있을 **유**, 뉘우칠 **회**

출전 | 주역 건위천乾爲天

[항문다경恒聞多慶]

항상 많은 경사를 듣는다는 말이며, 좋은 소식을 늘 듣고 있다는 뜻이다.

글자 | 항상 **항**, 들을 **문**, 많을 **다**, 경사 **경**

[항배상망項背相望]

목과 등을 서로 바라본다는 말이며, 뒤를 이을 사람이 많다는 뜻이다.

글자 | 목 **항**, 등 **배**, 서로 **상**, 바라볼 **망**

출전 | 후한서

[항백지상巷伯之傷]

내관內官의 상한 마음이라는 말이며, 참언讒言으로 말미암아 죄에 빠진 자의 슬픔을 일컫는다.

글자 | 골목 **항**, 만 **백**, 어조사 **지**, 상할 **상**

출전 | 시경 항백편巷伯篇

동류 | 항백지비巷伯之悲

[항산항심恒產恒心]

항상 생산이 있으면 항상 마음이 있다는 말이며, 안정적인 생업이 있으면 안정된 마음을 가진다는 뜻이다.

원문 | 有恒產者有恒心
유 항 산 자 유 항 심

글자 | 항상 **항**, 생산할 **산**, 마음 **심**

출전 | 맹자 등문공滕文公 상

[항소극론抗訴極論]

임금에게 상소하여 지극히 논한다는 말이다.

글자 | 대항할 **항**, 상소할 **소**, 지극할 **극**, 논의할 **론**

동류 | 항표극론抗表極論

[항쇄족쇄項鎖足鎖]

목 뒤와 발에 자물쇠를 채운다는 말이며, 죄인을 단단히 잡죄기 위하여 목에 칼을 씌우고 발에 착고着錮(차꼬)를 채운다는 뜻이다.

글자 | 목 뒤 **항**, 자물쇠 **쇄**, 발 **족**

[항오발천行伍發薦]

항오에서 천거되어 일어났다는 말이며, 병졸에서부터 장군에 오른다는 뜻이다.

글자 | 항오 **항**, 항오 **오**, 일어날 **발**, 천거할 **천**

[항오출신行伍出身]

항오에서 난 몸이라는 말이며, 군대를 편성한 대오隊伍, 즉 병졸에서 벼슬에 오른다는 뜻이다.

글자 | 항오 **항**, 항오 **오**, 나갈 **출**, 몸 **신**

[항우장사項羽壯士]

항우 같은 장한 남자라는 말이며, 힘이 아주 센 사람 또는 웬만한 일에는 끄떡도 하지 않는 사람을 일컫는다.

글자 | 목 뒤 **항**, 날개 **우**, 장할 **장**, 남자 **사**

[항자불살降者不殺]

항복한 사람은 죽이지 않는다는 말이다.

글자 | 항복할 **항**, 놈 **자**, 아닐 **불**, 죽일 **살**

출전 | 송남잡지

[항장무검項莊舞劍]

항장이 칼춤을 춘다는 말이며, 일을 함에 있어 실제 목적은 다른데 있다는 말이다. 항장은 항우의 사촌이다.

원문 | 項莊舞劍 意在沛公
항 장 무 검 의 재 패 공

글자 | 목 **항**, 풍성할 **장**, 춤출 **무**, 칼 **검**

출전 | 사기 항우본기項羽本紀

[항적필사抗敵必死]

죽기를 각오하고 적에게 항거한다는 말이다.

글자 | 항거할 **항**, 대적할 **적**, 반드시 **필**, 죽을 **사**

[항진주속抗塵走俗]

티끌과 겨루면서 속된 곳을 달린다는 말이며, 세상의 어려움을 견디면서 열심히 살아간다는 뜻이다.

글자 | 겨룰 **항**, 티끌 **진**, 달릴 **주**, 속될 **속**

[항표극론抗表極論]

항거할 것을 나타내고 지극한 의논을 한다는 말이며, 임금에게 상소문을 올리고 적극적으로 거론한다는 뜻이다.

글자 | 항거할 **항**, 나타낼 **표**, 지극할 **극**, 의논 **론**

동류 | 항소극론抗疏極論

[항해일기沆瀣一氣]

찬 이슬의 한 기운이라는 말이며, 함께 음모를 꾸미거나 서로 결탁해서 나쁜 짓을 한다는 뜻이다.

원문 | 座主門生 沆瀣一氣
좌 주 문 생 항 해 일 기

글자 | 북방 이슬 기운 **항**, 찬 이슬 **해**, 기운 **기**

출전 | 남부신서南部新書

[항해지성航海之誠]

바다를 배질하는 정성이라는 말이며, 조공朝貢을 정성스럽게 한다는 뜻이다.

글자 | 배질할 **항**, 바다 **해**, 어조사 **지**, 정성 **성**

ㅎ

출전 | 고려사 6권

[해고견저海枯見底]

바다가 마르면 바닥을 볼 수 있다는 말이며, 사람의 마음도 평소에는 알 수 없고 비상시에 알 수 있다는 뜻이다.

글자 | 바다 **해**, 마를 **고**, 볼 **견**, 바닥 **저**

[해고석란海枯石爛]

바다가 마르고 돌이 썩는다는 말이며, 끝끝내 그 시기가 오지 않는다는 뜻이다.

글자 | 바다 **해**, 마를 **고**, 돌 **석**, 썩을 **란**

[해광구실蟹筐俱失]

게도 광주리도 다 잃었다는 말이며, 이익을 보려다가 밑천까지 잃었다는 뜻이다.

글자 | 게 **해**, 광주리 **광**, 다 **구**, 잃을 **실**

출전 | 순오지 하

동류 | 해망구실蟹網俱失

[해괴망측駭怪罔測]

헤아릴 수 없이 놀랍고 괴이하다는 말이다.

글자 | 놀랄 **해**, 괴이할 **괴**, 없을 **망**, 헤아릴 **측**

[해국병담海國兵談]

많은 나라의 군사 이야기라는 말이며, 일본의 지리학자 하야시 고헤이(林子平)의 저서로 유명하다. 이 저서 외에 삼국통람도설三國通覽圖說, 부국책富國策, 조선팔도지도朝鮮八道之圖 등이 있다.

글자 | 많을 **해**, 나라 **국**, 군사 **병**, 이야기 **담**

[해군지마害群之馬]

무리에 해를 주는 말이라는 뜻이며, 집단이나 조직에 해를 끼치는 사람을 빗댄 말이다.

원문 | 如害群之馬 豈宜輕議哉
여해군지마 기의경의재

글자 | 해칠 **해**, 무리 **군**, 어조사 **지**, 말 **마**

출전 | 장자 서무귀편徐無鬼篇

[해내무쌍海內無雙]

바다 안에서 견줄 짝이 없다는 말이며, 천하제일, 또는 천하에 비길 자가 없다는 뜻이다.

글자 | 바다 **해**, 안 **내**, 없을 **무**, 짝 **쌍**

출전 | 문선 동방삭東方朔

유사 | 국사무쌍國士無雙

[해내지지海內之地]

바다 안의 땅이라는 말이며, 바다로 둘러싸인 육지 또는 섬이라는 뜻이다.

글자 | 바다 **해**, 안 **내**, 어조사 **지**, 땅 **지**

[해동공자海東孔子]

바다 동쪽의 공자라는 말이며, 고려 시대의 학자 최충崔沖을 일컫는다.

글자 | 바다 **해**, 동녘 **동**, 성 **공**, 아들 **자**

[해로동혈偕老同穴]

같이 늙고 같은 굴에 묻힌다는 말이며, 한 쌍의 부부가 평생을 같이한다는 뜻이다. 위풍과 왕풍의 시를 결합한 구절이다. '그대와 함께 늙자고 했더니…살아서는 방을 달리 해도 죽으면 무덤을 같이 하리라.'

원문 | 及爾偕老 穀則異室 死則同穴
급이해로 곡즉이실 사즉동혈

글자 | 같이 **해**, 늙을 **로**, 한 가지 **동**, 굴 **혈**

출전 | 시경 위풍衛風, 왕풍王風

[해망구실蟹網俱失]

게도 그물도 다 잃었다는 말이며, 이익을 보려고 투자했다가 밑천까지 날려버렸다는 뜻이다.

글자 | 게 **해**, 그물 **망**, 함께 **구**, 잃을 **실**

출전 | 청장관전서靑莊館全書

동류 | 해광구실蟹筐俱失

[해물지심害物之心]

물건을 해치려는 마음이라는 말이다.

글자 | 해할 **해**, 물건 **물**, 어조사 **지**, 마음 **심**

[해민병국害民病國]

백성을 해치고 나라를 병들게 한다는 말이며, 가혹한 정치를 한다는 뜻이다.

글자 | 해할 **해**, 백성 **민**, 병들 **병**, 나라 **국**

출전 | 고려사 118권

[해불사수海不辭水]

바다는 물을 사양하지 않는다는 말이며, 어떤 조직은 모든 사람을 차별하지 않고 포용하여 커질 수 있다는 뜻이다.

원문 | 海不辭水 故能成其大
해불사수 고능성기대

글자 | 바다 **해**, 아닐 **불**, 사양할 **사**, 물 **수**

출전 | 관자 형세해形勢解

동류 | 해불양수海不讓水

[해불양파海不揚波]

→ 해불파일海不波溢

[해불파일海不波溢]

바다에 파도와 해일海溢이 없다는 말이며, 어진 임금이 있어 태평하다는 뜻이다.

원문 | 天無烈風淫雨 海不揚波三年矣
천무열풍음우 해불양파삼년의

글자 | 바다 **해**, 아닐 **불**, 물결 **파**, 넘칠 **일**

출전 | 한시외전

동류 | 해불양파海不揚波

[해산예지醢酸蜹至]

젓갈이 시면 파리가 이른다는 말이며, 일이 잘못되면 망측한 일이 생긴다는 뜻이다.

글자 | 젓갈 **해**, 실 **산**, 파리 **예**, 이를 **지**

출전 | 성호사설

[해상용왕海上龍王]

바다 위의 용왕이라는 말이며, 관세음보살의 오른쪽에 있는 보처존補處

ㅎ

尊을 일컫는다.

글자 | 바다 **해**, 윗 **상**, 용 **용**, 임금 **왕**

[해서산맹海誓山盟]

바다에 맹세하고 산에 맹세한다는 말이며, 매우 굳은 맹세를 일컫는다.

글자 | 바다 **해**, 맹세할 **서**, 뫼 **산**, 맹세할 **맹**

출전 | 옥루몽

[해서시관海瑞市棺]

해서가 관을 산다는 말이며, 목숨을 걸고 시정의 폐단을 직간한다는 뜻이다.

글자 | 바다 **해**, 상서 **서**, 살 **시**, 널 **관**

출전 | 명사明史 해서전

[해시신루海市蜃樓]

바다 저자의 교룡 누각이라는 말이며, 신기루 또는 공허한 환상을 빗댄 말이다. 신기루蜃氣樓는 바다나 사막에서 기온의 이상한 분포 때문에 광선이 굴절하여 먼데 있는 물체가 바다에서는 공중으로, 사막에서는 지평선 근처로 곧게, 혹은 거꾸로 비쳐 보이는 현상인데, 옛날에는 큰 교룡蛟龍이 내뿜는 서기瑞氣로 나타난다고 상상한데서 생긴 말이다.

원문 | **此海市蜃樓比耳 豈長久耶**
차해시신루비이 기장구야

글자 | 바다 **해**, 저자 **시**, 교룡의 일종 **신**, 누각 **루**

출전 | 사기 천관서天官書

[해시지오亥豕之誤]

→ 노어지오魯魚之誤

[해시지와亥豕之譌]

→ 노어지오魯魚之誤

[해어지화解語之花]

말을 알아듣는 꽃이라는 말이며, 미인, 또는 화류계의 여인을 빗댄 말이다. 당나라 현종이 양귀비楊貴妃와 함께 아름다운 연꽃을 보면서 한 말이다. '아무리 연꽃이 아름답다 해도 말을 알아듣는 이 꽃에는 미치지 못하리라.'

원문 | **爭如我解語之花**
쟁여아해어지화

글자 | 알아들을 **해**, 말씀 **어**, 갈 **지**, 꽃 **화**

출전 | 개원천보유사開元天寶遺事

[해옹호구海翁好鷗]

바닷가 노인이 갈매기를 좋아한다는 말이며, 무심할 때 갈매기가 접근하는 것과 같이 사람도 야심이나 위험이 없을 때 접근한다는 뜻이다.

글자 | 바다 **해**, 노인 **옹**, 좋을 **호**, 갈매기 **구**

출전 | 열자 황제黃帝

[해우출일海隅出日]

바다 모퉁이에서 해가 돋는다는 말이며, 동해에서 해가 뜬다는 뜻이다.

원문 | **海隅出日 罔不率俾**
해우출일 망불솔비

글자 | 바다 **해**, 모퉁이 **우**, 날 **출**, 해 **일**

출전 | 서경 군석君奭

[해의추식解衣推食]

옷을 벗어주고 음식을 권한다는 말이며, 남에게 후한 은혜를 베푼다는 뜻이다. 사기에 있는 글이다. 한나라 왕은, '자기 옷을 벗어 내게 입히고 자기가 먹을 것을 내게 먹였으며…'

원문 | 解衣衣我 推食食我
해의의아 추식식아

글자 | 벗을 **해**, 옷 **의**, 추천할 **추**, 밥 **식**

출전 | 사기 회음후열전淮陰候列傳

[해의포화解衣抱火]

옷을 벗고 불을 안는다는 말이며, 스스로 화를 불러들인다는 뜻이다.

글자 | 벗을 **해**, 옷 **의**, 안을 **포**, 불 **화**

출전 | 통감강목通鑑綱目

[해인이목駭人耳目]

사람의 귀와 눈을 놀라게 한다는 말이며, 해괴한 짓으로 남을 놀라게 한다는 뜻이다.

글자 | 놀라 일어날 **해**, 사람 **인**, 귀 **이**, 눈 **목**

[해인청문駭人聽聞]

사람이 놀라 일어날 소문이라는 말이며, 언행이 지나쳐서 놀라울 지경이라는 뜻이다.

원문 | 或不軌不物 駭人視聽
혹불궤불물 해인시청

글자 | 놀라 일어날 **해**, 사람 **인**, 들을 **청**, 들을 **문**

출전 | 수서 왕소王劭열전

[해제지동孩提之童]

어린아이를 끄는 아이라는 말이며, 아기를 돌보는 아동을 일컫는다.

글자 | 어린아이 **해**, 끌 **제**, 어조사 **지**, 아이 **동**

출전 | 맹자 진심盡心 상

[해중고혼海中孤魂]

바닷속의 외로운 혼이라는 말이며, 바다에 빠져 죽은 외로운 물귀신이라는 뜻이다.

글자 | 바다 **해**, 가운데 **중**, 외로울 **고**, 혼 **혼**

[해천산천海千山千]

바다에서 천년, 산에서 천년이라는 말이며, 해천산천의 뱀은 마침내 용이 된다고 하는 전설에서 온 말로 세간의 사정에 정통하고 교활한 자 또는 보통 수완으로는 다룰 수 없는 악당 등을 빗댄 말이다.

글자 | 바다 **해**, 일천 **천**, 뫼 **산**

[해타성주咳唾成珠]

기침과 침이 구슬을 이룬다는 말이며, 시문詩文의 재능이 뛰어난다는 뜻이다.

원문 | 咳唾落九天 隨風生珠玉
해타낙구천 수풍생주옥

ㅎ

글자 | 기침 **해**, 침 **타**, 이룰 **성**, 구슬 **주**
출전 | 장자 잡편 어부漁父

[해탈성불解脫成佛]

풀고 벗어나 부처를 이룬다는 말이며, 속세를 떠나 열반의 경지에 이른다는 뜻이다.

글자 | 풀 **해**, 벗을 **탈**, 이룰 **성**, 부처 **불**

[해함하담海鹹河淡]

바다 [물은] 짜고 강 [물은] 싱겁다는 말이다.

글자 | 바다 **해**, 짤 **함**, 강 **하**, 싱거울 **담**
출전 | 천자문

[해현경장解弦更張]

거문고의 줄을 풀어 다시 맨다는 말이며, 정치적 · 사회적 개혁을 빗댄 말이다. 한나라 무제武帝에게 동중서가 한 말이다. '한나라가 진나라의 뒤를 이어 세워졌으니 진의 낡은 제도는 적용되지 않습니다. (중략) 이를 비유하자면, 거문고를 연주할 때 소리가 조화를 이루지 못하는 경우가 심해지면 반드시 줄을 풀어서 고쳐 매야 제대로 연주할 수 있는 것과 같습니다.

원문 | 竊譬之琴瑟不調 甚者必解而張之 乃可鼓也
절비지금슬부조 심자필해이 장지 내가고야

글자 | 풀 **해**, 시위 **현**, 다시 **경**, 활 당길 **장**
출전 | 한서 동중서전董仲舒傳

[해후상봉邂逅相逢]

→ 해후상우邂逅相遇

[해후상우邂逅相遇]

우연히 서로 만난다는 말이다. 야유만초野有蔓草라는 시의 한 구절이다. '아름다운 사람이여, 어찌 저리 고을까 뜻밖에 만났으니 내 소원 다 이루었네.'

원문 | 有美一人 淸揚婉兮 邂逅相遇 適我願兮
유미일인 청양완혜 해후상우 적아원혜

글자 | 우연히 만날 **해**, 우연히 만날 **후**, 서로 **상**, 만날 **우**
출전 | 시경 정풍鄭風
동류 | 해후상봉邂逅相逢

[행곡실성行哭失聲]

울어서 소리를 잃는다는 말이며, 너무 슬피 오래 운다는 뜻이다.

글자 | 행할 **행**, 울 **곡**, 잃을 **실**, 소리 **성**

[행년신수行年身數]

다니는 해의 몸의 운수라는 말이며, 그 해의 좋고 나쁜 운수라는 뜻이다.

글자 | 다닐 **행**, 해 **년**, 몸 **신**, 운수 **수**

[행동거지行動擧止]

행하고 움직이며 들고 그치는 것이라는 말이며, 몸을 움직이는 모든 동작을 일컫는다.

글자 | 행할 **행**, 움직일 **동**, 들 **거**, 그칠 **지**

출전 | 송남잡지

[행려병자行旅病者]

나그네로 다니는 병든 사람이라는 말이며, 나그네의 신세로 병들어 치료하고 도와줄 이가 없는 사람을 일컫는다.

글자 | 다닐 **행**, 나그네 **려**, 병들 **병**, 사람 **자**

[행로병자行路病者]

→ 행려병자行旅病者

[행로지인行路之人]

길 가는 사람이라는 말이며, 아무 상관이 없는 사람이라는 뜻이다.

글자 | 갈 **행**, 길 **로**, 어조사 **지**, 사람 **인**

[행로지첨行露之沾]

다니는 [길의] 이슬에 적신다는 말이며, 음란한 짓을 하려고 밤중에 나다닌다는 뜻이다.

글자 | 다닐 **행**, 이슬 **로**, 어조사 **지**, 적실 **첨**

출전 | 금오신화金鰲新話

[행림춘만杏林春滿]

살구나무 숲에 봄이 가득하다는 말이며, 의술醫術의 고명함을 칭송한다는 뜻이다. 오나라 동봉董奉이라는 의사가 진료비를 받는 대신 살구나무를 심게 하여 살구나무 숲이 울창하게 된 고사에서 유래한다.

글자 | 살구나무 **행**, 수풀 **림**, 봄 **춘**, 찰 **만**

출전 | 신선전神仙傳

[행막행의幸莫幸矣]

다행 없이 다행하다는 말이며, 더할 수 없이 다행하다는 뜻이다.

글자 | 다행 **행**, 없을 **막**, 어조사 **의**

[행방불명行方不明]

다니는 방위를 분별할 수 없다는 말이며, 간 곳이 확실치 않다는 뜻이다.

글자 | 다닐 **행**, 방위 **방**, 아닐 **불**, 분별할 **명**

[행보출입行步出入]

걸어 다니면서 드나든다는 말이다.

글자 | 다닐 **행**, 걸음 **보**, 날 **출**, 들 **입**

[행불만보行不漫步]

다닐 때는 거만한 걸음을 하지 말라는 말이며, 거만스런 걸음걸이로 걷지 말라는 뜻이다.

글자 | 다닐 **행**, 아닐 **불**, 거만할 **만**, 걸음 **보**

[행불유경行不由徑]

길을 갈 때, 지름길로 가지 않는다는 말이며, 어떤 일을 할 때, 편법을 쓰지 않는다는 뜻이다. 공자의 제자 자유子游가 무성 고을의 책임자가 되어 그에게 일을 잘 도울 수 있는 사람을 얻었느냐고 묻자, 자유가 답했다. '예, 담대멸명澹臺滅明이라는 사람을 얻었습니다. 그는 지름길이나 샛길로 다니는 법이 없고 오로지 큰길로만 다닙니다. 또 공적인 일이 아니고는 결코 제 방에 들어온 적이 없습니다.'

원문 | 有澹臺滅明者 行不由徑 非公事 未嘗至於偃之室也
유담대멸명자 행불유경 비 공사 미상지어언지실야

글자 | 다닐 **행**, 아닐 **불**, 따를 **유**, 지름길 **경**

출전 | 논어 옹야雍也

[행상대경行常帶經]

다니면서 항상 경전을 지닌다는 말이며, 학문에 열중한다는 뜻이다. 사기의 글이다. '일하러 나갈 때는 언제나 경서를 지니고 가서 쉴 때면 이를 읽곤 하였다.'

원문 | 行常帶經 止息則誦習之
행상대경 지식즉송습지

글자 | 다닐 **행**, 항상 **상**, 가질 **대**, 경서 **경**

출전 | 사기 유림儒林 열전

[행색수상行色殊常]

행하는 것과 낯이 일상과 다르다는 말이며, 행동거지가 의심스럽다는 뜻이다.

글자 | 행할 **행**, 낯 **색**, 다를 **수**, 항상 **상**

출전 | 송남잡지

[행선인사行船人事]

가는 배와 같은 사람의 일이라는 말이며, 일이 막힘없이 순조롭게 잘 되어 간다는 뜻이다.

글자 | 갈 **행**, 배 **선**, 사람 **인**, 일 **사**

출전 | 송남잡지

[행선축원行禪祝願]

다니면서 좌선하며 빈다는 말이며, 나라와 백성을 위하여 아침저녁으로 부처에게 빈다는 뜻이다.

글자 | 다닐 **행**, 좌선할 **선**, 빌 **축**, 원할 **원**

[행성어내行成於內]

안에서 행해지고 이루어진다는 말이며, 좋고 나쁜 모든 일이 안에서 이루어진다는 뜻이다.

원문 | 是以行成於內 而名立於後世矣
시이행성어내 이명립어후 세의

글자 | 행할 **행**, 이룰 **성**, 어조사 **어**, 안 **내**

출전 | 효경 광양명장廣揚名章

[행수기생行首妓生]

머리로 쓰는 기생이라는 말이며, 관아의 기생 가운데 으뜸이 되는 기생이라는 뜻이다.

글자 | 쓸 **행**, 머리 **수**, 기생 **기**, 어조사 **생**

[행수유사行首有司]

머리로 쓰는 벼슬을 가진다는 말이며, 어떤 단체의 최고의 자리라는 뜻이다.

글자 | 쓸 **행**, 머리 **수**, 가질 **유**, 벼슬 **사**

[행시주육行尸走肉]

다니는 송장이고 달리는 고기라는 말이며, 배운 것이 없어 쓸모가 없는 사람을 빗댄 말이다.

원문 | 不學者雖存 謂之行尸走肉耳
불학자수존 위지행시주육이

글자 | 다닐 **행**, 송장 **시**, 달랄 **주**, 고기 **육**

출전 | 습유기拾遺記

[행안남비行雁南飛]

기러기가 남쪽으로 날아간다는 말이다.

글자 | 갈 **행**, 기러가 **안**, 남녘 **남**, 날 **비**

[행역방학行役妨學]

다니는 일은 배움을 방해한다는 말이며, 여행은 공부에 방해가 된다는 뜻이다. 여행은 출발 전의 준비과정과 귀가 후의 안정기간 등이 필요하여 학문에 지장을 준다는 주장이다.

글자 | 다닐 **행**, 일 **역**, 방해할 **방**, 배울 **학**

출전 | 성호선생 언행록

[행오발천行伍發薦]

같은 무리에서 천거되었다는 말이며, 병졸로부터 장관으로, 또는 낮은 벼슬에서 높은 자리로 오른다는 뜻이다.

글자 | 항오 **행(항)**, 대오 **오**, 필 **발**, 천거할 **천**

[행운유수行雲流水]

떠가는 구름과 흘러가는 물이라는 말이며, 일 처리가 막힘없이 잘 되거나 세월이 시원하게 잘 지나간다는 뜻이다.

글자 | 갈 **행**, 구름 **운**, 흐를 **유**, 물 **수**

출전 | 송사 소식전蘇軾傳

[행원자이行遠自邇]

먼데를 가려면 가까운 데서부터 시작한다는 말이며, 천 리 길도 한 걸음부터 시작한다는 뜻이다.

원문 | 辟如行遠必自邇辟如登高必自卑
벽여행원필자이벽여등고필자비

글자 | 갈 **행**, 멀 **원**, 부터 **자**, 가까울 **이**

출전 | 중용

[행유가야行有嘉也]

행함에는 아름다움이 있다는 말이며, 행동을 잘하면 아름답게 보인다는 뜻이다.

글자 | 행할 **행**, 있을 **유**, 아름다울 **가**, 어조사 **야**

출전 | 주역 택화혁괘澤火革卦

[행유여력行有餘力]

일을 다 하고도 힘이 남는다는 말이다. 논어의 글이다. '행하고서 남음이 있으면, 곧 글을 배우는 것이다.'

원문 | 行有餘力 則以學文
행유여력 즉이학문

글자 | 행할 **행**, 있을 **유**, 남을 **여**, 힘 **력**

출전 | 논어 학이學而

ㅎ

[행이득면倖而得免]

요행히 면하는 것을 얻었다는 말이며, 요행히 벗어난다는 뜻이다.

글자 | 요행 **행**, 말 이을 **이**, 얻을 **득**, 면할 **면**

[행자유신行者有贐]

가는 사람에게 노자가 있다는 말이며, 떠나가는 사람에게 돈이나 물건을 선물로 준다는 뜻이다.

글자 | 갈 **행**, 사람 **자**, 있을 **유**, 노자 **신**

[행재거송行齎居送]

가는 [사람은] 물건을 싸가지고 가고 집에 있는 [사람은] 물건을 싸서 보낸다는 뜻이다.

글자 | 갈 **행**, 쌀 **재**, 살 **거**, 보낼 **송**

출전 | 조선왕조 16대 인조실록 28권

[행재요화幸災樂禍]

재앙을 다행으로 여기고 화를 즐긴다는 말이며, 남의 불행을 보고 속 시원히 여기는 이기적인 태도를 빗댄 말이다.

글자 | 다행 **행**, 재앙 **재**, 좋아할 **요**, 재화 **화**

출전 | 안씨가훈

[행주좌와行住坐臥]

다니고 머무르고 앉고 눕는다는 말이며, 일상의 기거동작을 일컫는다.

원문 | 行住坐臥 受諸苦惱
행주좌와 수제고뇌

글자 | 다닐 **행**, 머무를 **주**, 앉을 **좌**, 누울 **와**

출전 | 심지관경心地觀經

[행즉안행行則雁行]

다닐 때는 기러기처럼 다니라는 말이며, 나란히 질서 있게 다니라는 뜻이다.

원문 | 行則雁行 寢則連衾
행즉안행 침즉연금

글자 | 다닐 **행**, 곧 **즉**, 기러기 **안**

출전 | 사자소학

[행지거동行止擧動]

행하고, 그치고, 들고, 움직인다는 말이며, 모든 행동을 일컫는다.

글자 | 행할 **행**, 그칠 **지**, 들 **거**, 움직일 **동**

출전 | 옥루몽

동류 | 행동거지行動擧止

[행차명정行次銘旌]

행차할 때 새겨서 표하는 것이라는 말이며, 행상 때에 상여 앞에 들고 가는 명정으로써 관직과 성씨 따위를 기록한 것이다.

글자 | 다닐 **행**, 행차 **차**, 새길 **명**, 표할 **정**

[행차모지行且謀之]

일을 해가면서 대책을 세운다는 말이다.

글자 | 행할 **행**, 또 **차**, 꾀할 **모**, 어조사 **지**

[행필정직行必正直]

행함은 반드시 바르고 곧게 하라는

말이다.

원문 | 行必正直 言則信實
행필정직 언즉신실

글자 | 행할 **행**, 반드시 **필**, 바를 **정**, 곧을 **직**

출전 | 사자소학

[행호시령行號施令]

부르짖음을 행하고 명령을 편다는 말이며, 호령을 내린다는 뜻이다.

글자 | 행할 **행**, 부르짖을 **호**, 베풀 **시**, 명령할 **령**

[행화춘풍杏花春風]

살구꽃과 봄바람이라는 말이며, 봄날의 화창한 풍경을 일컫는다.

글자 | 살구 **행**, 꽃 **화**, 봄 **춘**, 바람 **풍**

[향국지성向國之誠]

나라를 향한 정성이라는 말이다.

글자 | 향할 **향**, 나라 **국**, 어조사 **지**, 정성 **성**

[향남설북香南雪北]

향산香山의 남쪽, 설산雪山의 북쪽이라는 말이며, 부처가 거처하는 것을 일컫는다.

글자 | 향기 **향**, 남녘 **남**, 눈 **설**, 북녘 **북**

출전 | 전등록傳燈錄

[향당상치鄕黨尙齒]

시골 무리는 나이를 숭상한다는 말이며, 시골에서는 연장자를 존중한다는 뜻이다.

원문 | 鄕黨尙齒 行事尙賢 大道之序也
향당상치 행사상현 대도지서야

글자 | 마을 **향**, 무리 **당**, 숭상할 **상**, 나이 **치**

출전 | 장자 외편 천도天道

[향리망의嚮利忘義]

이로움을 향하고 옳음을 잊는다는 말이며, 이익만을 추구하다 올바른 길을 잊는다는 뜻이다.

글자 | 향할 **향**, 이로울 **리**, 잊을 **망**, 옳을 **의**

[향발부지向發不知]

떠날 방향을 알지 못한다는 말이며, 아직 철들지 않았다는 뜻이다.

글자 | 향할 **향**, 떠날 **발**, 아닐 **부**, 알 **지**

[향방부지向方不知]

향한 방위를 알지 못한다는 말이며, 어디가 어디인지 전혀 방향을 분간하지 못한다는 뜻이다.

글자 | 향할 **향**, 방위 **방**, 아닐 **부**, 알 **지**

[향벽허조向壁虛造]

벽을 향해 헛된 것을 만든다는 말이며, 위조품을 만든다는 뜻이다. 공자의 낡은 집 벽 속에서 나왔다는 고문古文이 위조품이라는 데서 온 말이다.

글자 | 향할 **향**, 벽 **벽**, 빌 **허**, 만들 **조**

ㅎ

출전 | 설문해자서說文解字叙

[향복무강享福無疆]

끝없는 복을 흠향한다는 말이다.

글자 | 흠향할 **향**, 복 **복**, 없을 **무**, 한끝 **강**

[향불사성響不辭聲]

울림은 소리를 사양하지 않는다는 말이며, 공을 세우면 명예는 저절로 따르기 마련이라는 뜻이다.

글자 | 울림 **향**, 아닐 **불**, 말씀 **사**, 소리 **성**

출전 | 설원說苑

[향알행운響遏行雲]

소리울림이 가는 구름을 막는다는 말이며, 지나가는 구름도 잠깐 멈추고 귀를 기울일 만큼 노랫소리가 아름답다는 뜻이다.

글자 | 소리울림 **향**, 막을 **알**, 갈 **행**, 구름 **운**

출전 | 열자 탕문편湯問篇

[향앙지심向仰之心]

향하고 우러르는 마음이라는 말이다.

글자 | 향할 **향**, 우러를 **앙**, 어조사 **지**, 마음 **심**

[향약본초鄕藥本草]

시골의 근본이 되는 약초라는 말이며, 우리나라에서 나는 약용의 식물·동물·광물을 통틀어 일컫는다.

글자 | 시골 **향**, 약 **약**, 근본 **본**, 풀 **초**

출전 | 향약집성방鄕藥集成方

[향양지지向陽之地]

볕을 향한 땅이라는 말이며, 남쪽을 향하고 있어 볕이 잘 드는 땅을 일컫는다.

글자 | 향할 **향**, 볕 **양**, 어조사 **지**, 땅 **지**

[향양화목向陽花木]

볕을 향한 꽃과 나무라는 말이며, 권력을 향해 입신양명을 하려는 사람을 빗댄 말이다.

글자 | 향할 **향**, 볕 **양**, 꽃 **화**, 나무 **목**

[향우지탄向隅之歎]

모퉁이를 향해 한탄한다는 말이며, 좋은 기회를 만나지 못해 한탄한다는 뜻이다.

글자 | 향할 **향**, 모퉁이 **우**, 어조사 **지**, 한탄할 **탄**

출전 | 심악의 생부笙賦

[향위분진香圍紛陣]

향기가 둘러싸고 가루가 진을 친다는 말이며, 미인들에게 둘러싸여 있다는 뜻이다.

글자 | 향기 **향**, 둘릴 **위**, 가루 **분**, 진칠 **진**

[향인설화向人說話]

사람을 향하여 이야기를 한다는 말이다.

글자 | 향할 **향**, 사람 **인**, 말씀 **설**, 이야

기 화

[향중부로鄕中父老]

시골에 계신 아비와 같은 늙은이라는 말이다.

글자 | 시골 **향**, 가운데 **중**, 아비 **부**, 늙을 **로**

[향지무궁享之無窮]

누리는 데는 다함이 없다는 말이며, 도덕적인 일은 아무리 누려도 끝이 없다는 뜻이다.

원문 | 忠孝享之無窮
충효향지무궁

글자 | 누릴 **향**, 어조사 **지**, 없을 **무**, 다할 **궁**

출전 | 경행록景行錄, 명심보감 성심편

[향학지성向學之誠]

배움을 향한 정성이라는 말이다.

글자 | 향할 **향**, 배울 **학**, 어조사 **지**, 정성 **성**

[향화걸아向火乞兒]

불을 향한 거지 아이라는 말이며, 세상의 이익에 붙좇는 소인배를 빗댄 말이다.

글자 | 향할 **향**, 불 **화**, 빌 **걸**, 아이 **아**

출전 | 개원천보유사開元天寶遺事

[향화형제香火兄弟]

향불을 피우는 형제라는 말이며, 서로 마음이 맞는 기녀들끼리 맺은 의형제를 빗댄 말이다.

글자 | 향기로울 **향**, 불 **화**, 형님 **형**, 아우 **제**

[향회연식嚮晦宴息]

어두움을 누리며 편안히 쉰다는 말이며, 저녁이 되어 편히 쉰다는 뜻이다.

글자 | 누릴 **향**, 어둘 **회**, 편안할 **연**, 쉴 **식**

[허고취생噓枯吹生]

마른 나무를 불어 살아나기를 바란다는 말이며, 실현 가능성이 없는 쓸데없는 의론을 빗댄 말이다.

원문 | 能清談高論 噓枯吹生
능청담고론 허고취생

글자 | 불 **허**, 마를 **고**, 불 **취**, 날 **생**

출전 | 한기漢紀

[허기평심虛氣平心]

기를 비우고 마음을 편안하게 가진다는 말이다.

글자 | 빌 **허**, 기운 **기**, 화평할 **평**, 마음 **심**

출전 | 관자管子

ㅎ

[허당습청虛堂習聽]

빈 집에서 익히고 듣는다는 말이며, 어디서나 열심히 배우고 듣는다는 뜻이다.

원문 | 空谷傳聲 虛堂習聽
공곡전성 허당습청

글자 | 빌 **허**, 집 **당**, 익힐 **습**, 들을 **청**

출전 | 천자문

[허도세월虛度歲月]

→ 허송세월虛送歲月

[허랑방탕虛浪放蕩]

헛되고 맹랑하고 방자하고 방탕하다는 말이며, 말과 행동이 허황되고 주색에 빠져 행실이 추잡하다는 뜻이다.

글자 | 헛될 **허**, 맹랑할 **랑**, 방자할 **방**, 방탕할 **탕**

[허령불매虛靈不昧]

헛된 영으로 어둡지 않다는 말이며, 잡된 생각 없이 마음이 영묘靈妙해서 모든 대상을 잘 살핀다는 뜻이다.

글자 | 빌 **허**, 신령 **령**, 아닐 **불**, 어두울 **매**

출전 | 대학

[허례허식虛禮虛飾]

헛된 예도와 헛된 꾸밈이라는 말이며, 예절·법식 등을 겉으로만 꾸며 실속이 없다는 뜻이다.

글자 | 헛될 **허**, 예도 **례**, 꾸밀 **식**

[허명무실虛名無實]

헛된 이름만 있고 실속이 없다는 말이다.

글자 | 헛될 **허**, 이름 **명**, 없을 **무**, 열매 **실**

[허무망상虛無妄想]

텅 비고 없는 망령된 생각이라는 말이며, 자기의 육체가 없어졌다든지, 뇌나 심장이 없어졌다고 생각하는 따위를 일컫는다.

글자 | 빌 **허**, 없을 **무**, 망령될 **망**, 생각할 **상**

[허무맹랑虛無孟浪]

텅 비고 없고 맹랑하다는 말이며, 터무니없이 헛되고 생각하던 바와는 달리 아주 허망하다는 뜻이다.

글자 | 빌 **허**, 없을 **무**, 맹랑할 **맹**, 맹랑할 **랑**

출전 | 옥루몽

[허무인응虛無因應]

비어 없는 본체와 원인에 따라 응한다는 말이다. 허무는 자기를 텅 비게 하고 자기가 존재하지 않는 듯이 행동해야만 남과 똑같이 완전히 어울릴 수 있다는 뜻이다.

글자 | 빌 **허**, 없을 **무**, 인할 **인**, 응할 **응**

[허무적멸虛無寂滅]

비고 없으며 고요하고 없다는 말이며, 생사의 경지를 떠났다는 뜻이다. 도교道教의 허무와 불교의 적멸은 같은 뜻이다.

원문 | 異端虛無寂滅之教
이 단 허 무 적 멸 지 교

글자 | 빌 **허**, 없을 **무**, 고요할 **적**, 멸할 **멸**

출전 | 대학 장구서

[허송세월虛送歲月]

헛되이 보내는 해와 달이라는 말이다.

글자 | 빌 **허**, 보낼 **송**, 해 **세**, 달 **월**

동류 | 허도세월虛度歲月

[허실난변虛實難辨]

빈 것과 찬 것은 분별하기 어렵다는 말이다.

글자 | 빌 **허**, 찰 **실**, 어려울 **난**, 분별할 **변**

유사 | 허실상몽虛實相蒙

[허실상몽虛實相蒙]

빈 것과 찬 것이 서로 속인다는 말이며, 허와 실이 서로 다르다는 뜻이다.

글자 | 빌 **허**, 찰 **실**, 서로 **상**, 속일 **몽**

[허실상배虛實相配]

빈 것과 찬 것이 서로 나뉘어져 있다는 말이며, 허와 실이 서로 조화를 이룬다는 뜻이다. 옛날에 시를 짓는데 있어서 허구와 실제가 적절하게 균형을 이루어야 좋은 작품이 된다는 이론에서 나온 말이다.

글자 | 빌 **허**, 가득 찰 **실**, 서로 **상**, 나눌 **배**

[허실생백虛室生白]

빈 방은 흰빛이 난다는 말이며, 작위作爲가 없으면 좋은 일이 일어난다는 뜻이다. 허실虛實은 물욕이 없는 마음을 뜻하고, 흰빛은 햇빛을 뜻한다.

원문 | **瞻彼闋者虛室生白 吉祥止止**
첨 피 결 자 허 실 생 백 길 상 지 지

글자 | 빌 **허**, 방 **실**, 날 **생**, 흰 **백**

출전 | 장자 내편 인간세人間世

[허심탄회虛心坦懷]

마음을 비고 너그럽게 품었다는 말이며, 마음속에 아무 거리낌 없이 솔직한 태도로 품은 생각을 터놓고 말한다는 뜻이다.

글자 | 빌 **허**, 마음 **심**, 너그러울 **탄**, 품을 **회**

유사 | 명경지수明鏡止水

[허언장담虛言壯談]

빈 말을 크게 말한다는 말이며, 실속 없는 말로 큰소리친다는 뜻이다.

글자 | 빌 **허**, 말씀 **언**, 클 **장**, 말씀 **담**

[허왕실귀虛往實歸]

비어 갔다가 충실하여 돌아왔다는 말이며, 아무것도 모르고 갔다가 스승의 가르침을 받고 돌아왔다는 뜻이다.

글자 | 빌 **허**, 갈 **왕**, 충실할 **실**, 돌아올 **귀**

출전 | 장자 덕충부편德充符篇

[허위문자虛僞文字]

거짓 글자라는 말이며, 전혀 없는 것을 마치 있는 것처럼 꾸며놓은 글을 일컫는다.

글자 | 빌 **허**, 거짓 **위**, 글 **문**, 글자 **자**

[허위배설虛位排設]

빈자리로 벌려놓는다는 말이며, 제사 때에 신위神位 없이 제례를 베푼다는 뜻이다.

글자 | 빌 **허**, 자리 **위**, 벌려놓을 **배**, 둘 **설**

[허유괘표許由掛瓢]

허유가 걸어놓은 표주박이라는 말이며, 속세의 번거로움을 철저히 기피한다는 뜻이다. 허유는 요임금이 양위하려는 것을 사양하고 기산箕山에 숨어 살았는데, 그릇도 없어 냇물도 손으로 떠 마셨다. 그것을 본 행인이 표주박을 주어 그것을 나뭇가지에 걸어 두었다. 그런데 바람이 불면 표주박이 달그락거리는 소리를 내어 허유는 그 소리조차 듣기 싫어 표주박을 깨어 버렸다는 것이다.

글자 | 성씨 **허**, 말미암을 **유**, 걸 **괘**, 표주박 **표**

출전 | 고사전高士傳

[허유소부許由巢父]

허유와 소부라는 말이며, 세상일에 욕심이나 관심이 없는 사람을 빗댄 말이다. 중국 요나라 임금이 허유에게 왕위를 물려주려고 하였으나 받지 않고 도리어 자기의 귀가 더러워졌다고 하여 영천의 물에 귀를 씻고 기산에 들어가 숨었으며, 소부는 귀를 씻는 허유를 보고 귀를 씻은 더러운 물을 소에게 마시게 할 수 없다고 되돌아간 고사에서 온 말이다.

글자 | 허락할 **허**, 행할 **유**, 새집 **소**, 아비 **부**

출전 | 고사전高士傳

[허장성세虛張聲勢]

헛된 것을 과장하고 소리만 높인다는 말이며, 실속은 없이 허세만 부린다는 뜻이다.

글자 | 빌 **허**, 과장할 **장**, 소리 **성**, 기세 **세**

[허장실지虛掌實指]

손바닥을 비우고 손가락에 실력을 준다는 말이며, 글을 쓸 때, 손바닥을 넓게 펴고 손가락에 힘을 주어 붓을 잡는다는 뜻이다.

글자 | 빌 **허**, 손바닥 **장**, 열매 **실**, 손가락 **지**

출전 | 임지묘결臨池妙訣

[허전관령虛傳官令]

헛되게 전한 관가의 명령이라는 말이며, 관청의 명령을 거짓 꾸며서 전한다는 뜻이다.

글자 | 빌 **허**, 전할 **전**, 관가 **관**, 명령할 **령**

[허전장령虛傳將令]

헛되게 전한 장수의 명령이라는 말이며, 장수의 명령을 거짓 꾸며서 전한다는 뜻이다.

글자 | 빌 **허**, 전할 **전**, 장수 **장**, 명령할 **령**

[허정무위虛靜無爲]

비고 고요하고 하는 일이 없다는 말이며, 고요하니 즐겁고, 하는 일이 없으니 얻는 바가 있다는 뜻이다. 원유부의 글이다. '아득히 텅 비고 고요하니 편안하여 즐겁고 담박하게 하는 일 없으니 절로 얻음이 있도다.'

원문 | 漠虛靜而恬愉 淡無爲而自得
막허정이염유 담무위이자득

글자 | 빌 **허**, 고요 **정**, 없을 **무**, 할 **위**

출전 | 원유부遠遊賦

[허착취패虛著取敗]

헛수를 두어 패배를 취한다는 말이다. 1566년 퇴계가 박순에게 보낸 편지의 글이다. '홀로 바둑 두는 자를 못 보았소. 한 수만 잘못 두면 한 판 전체를 망치고 말지요.'

글자 | 헛될 **허**, 둘 **착**, 취할 **취**, 패할 **패**

출전 | 퇴계의 편지

[허허공공虛虛空空]

텅 비고 매우 크다는 말이며, 끝없이 넓고 크다는 뜻이다.

글자 | 빌 **허**, 클 **공**

[허허실실虛虛實實]

빈틈과 충실한 것들이라는 말이며, 상대방에게 약점과 강점이 있다는 뜻이다.

글자 | 빌 **허**, 찰 **실**

[허허탄식虛虛歎息]

텅 빈 마음으로 탄식한다는 말이며, 한숨지으며 몹시 탄식한다는 뜻이다.

글자 | 빌 **허**, 탄식할 **탄**, 숨 쉴 **식**

[허황지사虛荒之事]

거짓되고 거친 일이라는 말이다.

원문 | 虛荒之事 愼勿行之
허황지사 신물행지

글자 | 거짓말 **허**, 거칠 **황**, 어조사 **지**, 일 **사**

출전 | 토정비결

[허황지설虛荒之說]

비고 거친 말이라는 말이며, 미덥지 않은 말이라는 뜻이다.

글자 | 빌 **허**, 거칠 **황**, 어조사 **지**, 말씀 **설**

[허희유체歔欷流涕]

크게 한숨 쉬며 눈물을 흘린다는 말이다.

글자 | 한숨 쉴 **허**, 느껴 한숨 쉴 **희**, 흐를 **유**, 눈물 **체**

[허희자탄歔欷自歎]

한숨 쉬며 스스로 탄식한다는 말이다.

글자 | 한숨 쉴 **허**, 느껴 한숨 쉴 **희**, 스스로 **자**, 탄식할 **탄**

동류 | 허희탄식歔欷歎息

[허희장탄歔欷長歎]

한숨지으며 길게 탄식한다는 말이다.

글자 | 한숨 쉴 **허**, 느껴 한숨 쉴 **희**, 긴 **장**, 탄식할 **탄**

[허희탄식歔欷歎息]

→ 허희장탄歔欷長歎

[헌괵지례獻馘之禮]

목 베어 바치는 예식이라는 말이며,

적과 싸워서 이기고 잘라온 적의 우두머리의 머리를 임금에게 바치는 예식을 일컫는다.

글자 | 드릴 **헌**, 목 벨 **괵**, 어조사 **지**, 예도 **례**

[헌근지성獻芹之誠]

→ 헌근지의獻芹之意

[헌근지의獻芹之意]

미나리를 바치는 마음이라는 말이며, 윗사람에게 물건을 선사할 때 겸사하여 일컫는 말이다.

글자 | 드릴 **헌**, 미나리 **근**, 어조사 **지**, 뜻 **의**

출전 | 서언고사書言故事

유사 | 헌근지성獻芹之誠

[헌답시주獻畓施主]

논을 바쳐 베푼 주인이라는 말이며, 절에 논을 헌납한 사람이라는 뜻이다.

글자 | 바칠 **헌**, 논 **답**, 베풀 **시**, 주인 **주**

[헌동일세獻動一世]

→ 흔동일세掀動一世

[헌천동지掀天動地]

→ 흔천동지掀天動地

[헌폭지침獻曝之忱]

햇빛을 선물하는 정성이라는 말이며, 남에게 하는 선물이 변변치 못한 것이라는 뜻이다.

글자 | 바칠 **헌**, 쬘 **폭**, 어조사 **지**, 정성 **침**

출전 | 열자 양주편楊朱篇

[헌헌장부軒軒丈夫]

껄껄 웃는 어른이라는 말이며, 외모가 준수하고 마음이 너그러운 남자를 뜻한다.

글자 | 껄껄 웃을 **헌**, 어른 **장**, 지아비 **부**

[헐가방매歇價放賣]

헐한 값으로 내쳐 판다는 말이며, 아주 싼값으로 마구 팔아버린다는 뜻이다.

글자 | 헐할 **헐**, 값 **가**, 내칠 **방**, 팔 **매**

출전 | 송남잡지

[혁고정신革故鼎新]

옛것을 고치고 새것을 세운다는 말이다.

글자 | 고칠 **혁**, 옛 **고**, 세울 **정**, 새 **신**

[혁구여신革舊勵新]

옛것을 고치고 새것에 힘쓴다는 말이며, 옛것을 고쳐서 새롭게 하려고 힘쓴다는 뜻이다.

글자 | 고칠 **혁**, 옛 **구**, 힘쓸 **여**, 새 **신**

출전 | 조선왕조 21대 영조실록 3권

동류 | 혁구정신革舊鼎新, 혁구도신革舊圖新

[혁구정신革舊鼎新]

→ 혁구여신革舊勵新

[혁세공경赫世公卿]

세대를 빛낸 벼슬아치라는 말이며, 대대로 내려오는 높은 벼슬아치를 일컫는다.

글자 | 빛날 **혁**, 세대 **세**, 벼슬 **공**, 벼슬 **경**

[혁심개면革心改面]

마음을 고치고 낯을 고친다는 말이며, 과거의 잘못을 청산하고 새사람이 된다는 뜻이다.

글자 | 고칠 **혁**, 마음 **심**, 고칠 **개**, 낯 **면**

출전 | 창선감의록

[혁혁지광赫赫之光]

빛나고 빛나는 빛이라는 말이며, 세상에 널리 빛나는 이름을 일컫는다.

글자 | 빛날 **혁**, 어조사 **지**, 빛 **광**

출전 | 한유韓愈의 글

[혁혁지명赫赫之名]

→ 혁혁지광赫赫之光

[현거지년懸車之年]

수레를 [타지 않고] 걸어두는 나이라는 말이며, 벼슬을 그만두는 치사致仕의 나이인 70세를 빗댄 말이다.

글자 | 걸 **현**, 수레 **거**, 어조사 **지**, 연치 **년**

출전 | 한서 설광덕전薛廣德傳

[현공은척顯攻隱斥]

드러내어 치고 숨어서 내친다는 말이며, 남이 알게 모르게 공격하고 배척한다는 뜻이다.

글자 | 나타낼 **현**, 칠 **공**, 숨을 **은**, 내칠 **척**

출전 | 조선왕조 16대 인조실록 26권

[현군고투懸軍孤鬪]

멀리 떨어진 군대가 외롭게 싸운다는 말이며, 군대가 근거지나 본대에서 멀리 떨어져서 후방과의 연락이 끊긴 채 힘들게 싸운다는 뜻이다.

글자 | 멀 **현**, 군사 **군**, 외로울 **고**, 싸울 **투**

출전 | 두보의 진주잡시秦州雜詩

유사 | 현군만리懸軍萬里, 고군분투孤軍奮鬪

[현군만리懸軍萬里]

1만 리의 먼 군사라는 말이며, 먼 지역으로 보낸 군대라는 뜻이다.

글자 | 멀 **현**, 군사 **군**, 일만 **만**, 이수 **리**

[현군장구懸軍長驅]

길게 달려간 먼 군사라는 말이며, 먼 적지로 달려간 군대라는 뜻이다.

글자 | 멀 **현**, 군사 **군**, 긴 **장**, 달릴 **구**

[현녀경부賢女敬夫]

어진 여자는 지아비를 공경한다는 말이다.

원문 | 癡人畏婦 賢女敬夫
치인외부 현녀경부

글자 | 어질 **현**, 계집 **녀**, 공경 **경**, 지아비 **부**

출전 | 명심보감 치가편治家篇

ㅎ

[현당이세現當二世]

지금과 닥칠 두 세상이라는 말이며, 이승과 저승이라는 뜻이다.

글자 | 지금 **현**, 닥칠 **당**, 세상 **세**

출전 | 불교

[현동소설玄冬素雪]

깊은 겨울의 흰 눈이라는 말이다.

글자 | 깊을 **현**, 겨울 **동**, 흴 **소**, 눈 **설**

동류 | 엄동설한嚴冬雪寒

[현두자고懸頭刺股]

머리를 매달고 송곳으로 넓적다리를 찌른다는 말이며, 열심히 책을 읽는다는 뜻이다. 상투를 천정에 매달아 졸려서 끄덕하면 머리카락이 당기고, 넓적다리 밑에 송곳을 세워 자세가 흔들리면 찌르도록 장치한 고사에서 온 말이다.

글자 | 매달 **현**, 머리 **두**, 찌를 **자**, 넓적다리 **고**

출전 | 초국선현전楚國先賢傳

동류 | 현량자고懸梁刺股

[형량자고懸梁刺股]

→ 현두자고懸頭刺股

[현모양처賢母良妻]

어진 어머니이며 좋은 아내라는 말이다.

글자 | 어질 **현**, 어미 **모**, 어질 **양**, 아내 **처**

[현묵지화玄默之化]

고요하고 잠잠한 교화라는 말이며, 말없이 받는 감화라는 뜻이다.

글자 | 고요할 **현**, 잠잠할 **묵**, 어조사 **지**, 교화 **화**

[현미무간顯微無間]

가느다란 것을 드러내도 사이가 없다는 말이며, 모든 사물은 뗄 수 없는 관계가 있다는 뜻이다.

글자 | 드러낼 **현**, 가늘 **미**, 없을 **무**, 사이 **간**

[현상무변懸象無變]

달려있는 현상, 즉 천상天象에 변함이 없다는 말이며, 세상에 이변이 없다는 뜻이다.

글자 | 달릴 **현**, 형상할 **상**, 없을 **무**, 변할 **변**

[현상양좌賢相良佐]

어진 벼슬아치가 잘 돕는다는 말이며, 어질고 유능하여 임금을 잘 돕는 신하라는 뜻이다.

글자 | 어질 **현**, 벼슬 이름 **상**, 어질 **양**, 도울 **좌**

[현상유지現狀維持]

나타난 형상을 이어 가진다는 말이며, 어떤 상태를 바꾸지 않고 그대로 지탱한다는 뜻이다.

글자 | 나타날 **현**, 형상 **상**, 이을 **유**, 가

질 **지**

반대 | 현상타파現狀打破

[현상타파現狀打破]

나타난 형상을 쳐부순다는 말이며, 어떤 상태를 바꾸기 위하여 지금의 것을 깨트려버린다는 뜻이다.

글자 | 나타날 **현**, 형상 **상**, 칠 **타**, 깨트릴 **파**

[현상호의玄裳縞衣]

검은 치마에 흰 저고리라는 말이며, 학鶴의 모양을 묘사한 말이다.

원문 | 翅如車輪 玄裳縞衣
시여차륜 현상호의

글자 | 검을 **현**, 치마 **상**, 휠 **호**, 옷 **의**

출전 | 소식의 후적벽부後赤壁賦

[현생인류現生人類]

나타나 사는 사람의 무리라는 말이며, 현재 지구상에 널리 분포되어 있는 인류를 일컫는다.

글자 | 나타날 **현**, 살 **생**, 사람 **인**, 무리 **류**

[현성공안現成公案]

지금 이룬 공변된 방안이라는 말이며, 조작된 것이 아니고 자연히 이루어진 정부의 방안이라는 뜻이다.

글자 | 지금 **현**, 이룰 **성**, 공변될 **공**, 상고할 **안**

[현성지군賢聖之君]

어질고 거룩한 임금이라는 말이다.

글자 | 어질 **현**, 거룩할 **성**, 어조사 **지**, 임금 **군**

[현송지성絃誦之聲]

거문고와 읊는 소리라는 말이며, 거문고를 타고 시를 읊는 소리라는 뜻이다.

글자 | 거문고 **현**, 읊을 **송**, 어조사 **지**, 소리 **성**

[현순백결懸鶉百結]

해진 옷을 백 번 옭아매어 걸쳤다는 말이며, 매우 남루한 옷차림이라는 뜻이다.

글자 | 달릴 **현**, 옷 해질 **순**, 일백 **백**, 맺을 **결**

[현신설법現身說法]

몸을 나타내어 법을 설파한다는 말이며, 부처가 여러 가지 모습으로 나타나 중생을 위해 불법을 설파한다는 뜻이다. 부처의 3신은 법신法身, 보신報身, 응신應身인데 응신이 현신이다.

글자 | 나타날 **현**, 몸 **신**, 말씀 **설**, 법 **법**

[현실직시現實直視]

현재의 사실을 똑바로 본다는 말이다.

글자 | 나타날 **현**, 참될 **실**, 곧을 **직**, 볼 **시**

[현애늑마懸崖勒馬]

가파른 비탈에서 말고삐를 당긴다는 말이며, 방탕하게 지내다가 위험에 직면해서야 정신을 차린다는 뜻이다.

글자 | 매달 **현**, 비탈 **애**, 자갈 **늑**, 말 **마**

[현애살수懸崖撒手]

비탈에 매달려 손을 헤친다는 말이며, 위험한 상태에 직면했다는 뜻이다.

글자 | 달릴 **현**, 비탈 **애**, 헤칠 **살**, 손 **수**

[현옥고석衒玉賈石]

옥으로 자랑하고 돌로 판다는 말이며, 겉과 속이 다르게 속인다는 뜻이다.

글자 | 자랑할 **현**, 구슬 **옥**, 장사 **고**, 돌 **석**

출전 | 당서

유사 | 양두구육羊頭狗肉

[현완직필懸腕直筆]

팔에 힘을 걸고 바로 쓴다는 말이며, 붓글씨를 쓸 때 팔목을 들어 바닥에 대지 않고 붓을 곧게 쥐고 쓰는 자세를 일컫는다.

글자 | 매달 **현**, 팔 **완**, 곧을 **직**, 붓 **필**

[현완침완懸腕枕腕]

팔을 들고 팔을 벤다는 말이며, 팔을 들기도 하고 왼쪽 팔을 오른쪽 팔꿈치 밑에 베게처럼 받치고 하는 운필법運筆法을 일컫는다.

글자 | 매달 **현**, 팔 **완**, 베게 **침**

출전 | 고금법서원古今法書苑

[현외지음絃外之音]

악기 줄 밖의 소리라는 말이며, 현을 뜯고 난 뒤에 나는 여운을 일컫는데, 말 속에 다른 뜻이 함축되어 있다는 말로도 쓰인다.

글자 | 악기 줄 **현**, 밖 **외**, 어조사 **지**, 소리 **음**

[현원황제玄元黃帝]

하늘의 으뜸가는 누런 임금이라는 말이며, 중국 당나라 때 노자의 존칭이다.

글자 | 하늘 **현**, 으뜸 **원**, 누를 **황**, 임금 **제**

[현인군자賢人君子]

어진 사람과 그대라는 말이며, 어질고 학식과 덕행이 높은 사람을 두루 일컫는다.

글자 | 어질 **현**, 사람 **인**, 그대 **군**, 사람 **자**

[현인안목眩人眼目]

남의 눈을 어지럽힌다는 말이다.

글자 | 어지러울 **현**, 사람 **인**, 눈 **안**, 눈 **목**

[현자재위賢者在位]

어진 사람은 벼슬에 있다는 말이다.

원문 | 賢者在位 能者在職
현 자 재 위 능 자 재 직

글자 | 어질 **현**, 사람 **자**, 있을 **재**, 벼슬 **위**

출전 | 맹자 공손추 상

[현자피세賢者避世]

어진 사람은 세상을 피한다는 말이며, 현명한 사람은 도가 행해지지 않는 세상을 멀리한다는 뜻이다.

원문 | 賢者避世 其次辟地
현 자 피 세 기 차 피 지

글자 | 어질 **현**, 사람 **자**, 피할 **피**, 세상 **세**

출전 | 논어 헌문憲問

[현천지매俔天之妹]

하늘의 누이에 비유할 [사람]이라는 말이며, 천제天帝, 즉 임금의 후비后妃를 빗댄 말이다.

글자 | 비유할 **현**, 하늘 **천**, 어조사 **지**, 누이 **매**

출전 | 시경 대아大雅

[현하구변懸河口辯]

→ 현하지변懸河之辯

[현하사수懸河寫水]

경사진 강과 같이 물을 기울인다는 말이며, 거침없이 말을 잘한다는 뜻이다. 왕연王衍이 한 말이다. '곽자현郭子玄의 논변은 마치 폭포에서 물이 쏟아지는 것처럼 아무리 부어도 다함이 없다.'

글자 | 매달 **현**, 강 **하**, 기울일 **사**, 물 **수**

출전 | 세설신어 상예賞譽

동류 | 현하구변懸河口辯, 현하웅변懸河雄辯, 현하지변懸河之辯

[현하웅변懸河雄辯]

→ 현하지변懸河之辯

[현하주수懸河注水]

→ 현하사수懸河寫水

[현하지변懸河之辯]

→ 현하사수懸河寫水

출전 | 진서 곽상전郭象傳

[현현상마舷舷相摩]

뱃전과 뱃전이 서로 가깝다는 말이며, 위험한 일이 눈앞에 있다는 뜻이다.

글자 | 뱃전 **현**, 서로 **상**, 가까워질 **마**

[현현역색賢賢易色]

어진 이를 좋아하여 색으로 바꾼다는 말이며, 어진 이를 어진 이로 대하기를 마치 여색을 좋아하듯이 한다는 뜻이다.

원문 | 賢賢易色 事父母能竭其力
현 현 역 색 사 부 모 능 갈 기 력

글자 | 어질 **현**, 좋을 **현**, 바꿀 **역**, 빛 **색**

출전 | 논어 학이學而

[현호지신懸弧之辰]

활을 매단 날이라는 말이며, 사내아이의 탄생일을 일컫는다. 옛날에 사내아이가 태어나면 뽕나무로 만든 활을 문의 왼쪽에 걸어놓았다는 고사에서 온 말이다.

글자 | 달릴 **현**, 나무 활 **호**, 어조사 **지**, 날 **신**

출전 | 예기 교특생편郊特牲篇

[현화요초現花瑤草]

나타난 꽃과 아름다운 옥과 같은 풀이라는 말이며, 지금 한창인 아름다운 꽃과 풀이라는 뜻이다.

글자 | 나타날 **현**, 꽃 **화**, 아름다운 옥 **요**, 풀 **초**

[혈거야처穴居野處]

굴이나 들에서 산다는 말이다.

글자 | 굴 **혈**, 살 **거**, 들 **야**, 살 **처**

[혈구지도絜矩之道]

곡척曲尺으로 재는 방법이라는 말이며, 내 처지를 생각해서 남의 처지를 헤아린다는 뜻이다. 공자는 말하기를, '내가 원하지 않는 것을 남에게 베풀지 않으면 그것이 어진 일을 하는 방법이라고 말할 수 있다.' 라고 하였다.

글자 | 헤아릴 **혈**, 곡척 **구**, 어조사 **지**, 길 **도**

출전 | 대학 10장 치국평천하

[혈기방장血氣方壯]

피의 기운이 바야흐로 성하다는 말이며, 혈기가 한창 씩씩하다는 뜻이다.

글자 | 피 **혈**, 기운 **기**, 바야흐로 **방**, 성할 **장**

[혈기왕성血氣旺盛]

씩씩한 기운이 왕성하다는 말이다.

글자 | 씩씩할 **혈**, 기운 **기**, 왕성할 **왕**, 성할 **성**

동류 | 혈기방강血氣方剛

[혈기지용血氣之勇]

피와 같은 기운의 용맹이라는 말이며, 혈기에 찬 기운으로 불끈 일어나는 용맹을 일컫는다.

글자 | 피 **혈**, 기운 **기**, 어조사 **지**, 용맹할 **용**

[혈류표저血流漂杵]

피가 흘러 절굿공이를 띄운다는 말이며, 참혹한 전쟁 또는 대학살을 빗댄 말이다. 서경에 있는 글이다. '뒤에서 공격하여 패배시키니 피가 흘러 방패가 떠다녔다.'

원문 | 攻于後以北 血流漂杵
공 우 후 이 북 혈 류 표 저

글자 | 피 **혈**, 흐를 **류**, 뜰 **표**, 공이 **저**

출전 | 서경 무성武成

동류 | 유혈표저流血漂杵

[혈맥관통血脈貫通]

핏줄이 통해 있다는 말이며, 한 편의 문장이 주제를 위하여 긴밀하게 연락되어 있다는 뜻이다.

글자 | 피 **혈**, 맥 **맥**, 꿸 **관**, 통할 **통**

동류 | 혈맥상통血脈相通

[혈맥상통血脈相通]

핏줄이 서로 통한다는 말이며, 서로 골육骨肉의 관계가 있다는 뜻이다.

글자 | 피 **혈**, 핏줄 **맥**, 서로 **상**, 통할 **통**

출전 | 대학

[혈성남자血誠男子]

씩씩하고 정성스런 남자라는 말이며, 의지가 굳고 용감한 사나이를 일컫는다.

글자 | 씩씩할 **혈**, 정성 **성**, 사내 **남**, 아들 **자**

[혈식천추血食千秋]

피의 음식이 천 번의 가을이라는 말이며, 나라의 의식으로 지내는 제사가 오랜 세월 끊이지 않고 있다는 뜻이다. 혈血은 제사에 바치는 생牲의 뜻이 담겨 있다.

글자 | 피 **혈**, 음식 **식**, 일천 **천**, 가을 **추**

[혈심고독血心苦篤]

씩씩한 마음이 부지런하고 두텁다는 말이며, 정성껏 마음을 써서 일을 한다는 뜻이다.

글자 | 씩씩할 **혈**, 마음 **심**, 부지런할 **고**, 두터울 **독**

[혈원골수血怨骨髓]

피와 뼛속에 사무치는 깊은 원수라는 말이다.

글자 | 피 **혈**, 원망할 **원**, 뼈 **골**, 뼛속 기름 **수**

[혈유생령孑遺生靈]

외롭게 남은 산 영혼이라는 말이며, 간신히 남아 있는 목숨이라는 뜻이다.

글자 | 외로울 **혈**, 남을 **유**, 살 **생**, 영혼 **령**

[혈육지신血肉之身]

피와 살의 몸이라는 말이며, 살아있는 몸이라는 뜻이다.

글자 | 피 **혈**, 살 **육**, 어조사 **지**, 몸 **신**

[혈창규천穴牕窺天]

창구멍으로 하늘을 엿본다는 말이며, 소견이 좁다는 뜻이다.

글자 | 구멍 **혈**, 창 **창**, 엿볼 **규**, 하늘 **천**

동류 | 좌정규천坐井窺天

[혈풍혈우血風血雨]

피바람과 피로 물든 비라는 말이며, 격심한 혈전血戰을 일컫는다.

글자 | 피 **혈**, 바람 **풍**, 비 **우**

[혈혈고종孑孑孤蹤]

외롭고 외로운 자취라는 말이며, 객지에서 아주 외롭고 적막한 나그네의 종적이라는 뜻이다.

글자 | 외로울 **혈**, 외로울 **고**, 자취 **종**

[혈혈단신孑孑單身]

외롭고 외로운 홑몸이라는 말이며, 의지할 데 없는 사고무친四顧無親의 외로운 신세를 일컫는다.

글자 | 외로울 **혈**, 홑 **단**, 몸 **신**

[혈혈무의孑孑無依]

의지할 데 없는 외롭고 외로운 몸이라는 말이다.

글자 | 외로울 **혈**, 없을 **무**, 의지할 **의**

[협견첨소脅肩諂笑]

어깨를 으르면서 간사하게 웃는다는 말이며, 아부하는 모습을 나타낸 것이다.

원문 | 脅肩諂笑 病于夏畦
협견첨소 병우하휴

글자 | 으를 **협**, 어깨 **견**, 아첨할 **첨**, 웃을 **소**

출전 | 맹자 등문공滕文公 하

[협력동심協力同心]

→ 협심동력協心同力

출전 | 삼국지연의

[협심동력協心同力]

마음을 돕고 힘을 같이한다는 말이며, 서로 마음과 힘을 모아 일을 한다는 뜻이다.

글자 | 도울 **협**, 마음 **심**, 같을 **동**, 힘 **력**

출전 | 삼국유사 2권

[협심제지協心齊志]

마음을 돕고 모두 함께한다는 말이며, 서로 협조하며 단결한다는 뜻이다.

글자 | 도울 **협**, 마음 **심**, 모두 **제**, 뜻 **지**

출전 | 조선왕조 14대 선조실록 157권

[형각도존形殼徒存]

껍데기만 남아 있다는 말이다.

글자 | 형상 **형**, 껍질 **각**, 다만 **도**, 있을 **존**

[형격세금形格勢禁]

모양과 격식을 금한다는 말이며, 행동의 자유를 구속한다는 뜻이다.

원문 | 形格勢禁 則自爲解耳
형격세금 즉자위해이

글자 | 형상 **형**, 격식 **격**, 기세 **세**, 금할 **금**

출전 | 사기 손자오기열전孫子吳起列傳

[형기무형刑期無刑]

형벌이 기약하는 것은 형벌이 없는 것이라는 말이며, 형벌이 없는 것을 이상理想으로 한다는 뜻이다.

글자 | 형벌 **형**, 기약할 **기**, 없을 **무**

[형단영척形單影隻]

형체도 하나, 그림자도 하나라는 말이며, 고독한 몸으로 의지할 곳이 없다는 빗댄 말이다.

원문 | 形單影孤 貌憔悴
형단영고 모초췌

글자 | 모양 **형**, 홑 **단**, 그림자 **영**, 외짝 **척**

출전 | 조상치의 봉화단종자규사奉和端宗子規詞

[형망제급兄亡弟及]

형이 죽어 아우가 잇는다는 말이며, 형이 아들 없이 죽었을 때 아우가 혈통을 잇는다는 뜻이다.

글자 | 형님 **형**, 죽을 **망**, 아우 **제**, 미칠 **급**

[형명참동形名參同]

모양과 이름을 같이 참작한다는 말이

며, 신하를 평가함에 있어서 행위와 실적, 그리고 말과 소문을 함께 참작해야한다는 뜻이다.

글자 | 모양 **형**, 이름 **명**, 참작할 **참**, 같을 **동**

출전 | 한비자

[형불염경刑不厭輕]

형벌은 가벼운 것을 싫어하지 않는다는 말이며, 형벌은 무겁게 주는 것보다 관대하게 벌하는 것이 좋다는 뜻이다.

글자 | 형벌 **형**, 아닐 **불**, 싫을 **염**, 가벼울 **경**

[형비제수兄肥弟瘦]

형은 살찌고 아우는 파리하다는 말이며, 형제의 신분이 서로 다르다는 뜻이다. 중국 제나라의 예맹倪萌이 적미적赤眉賊에게 잡혀가는 형 대신에 자기를 잡아가라고 한 고사에서 온 말이다.

글자 | 형님 **형**, 살찔 **비**, 아우 **제**, 파리할 **수**

출전 | 남사

[형산백옥荊山白玉]

중국 형산에서 나는 흰 구슬이라는 말이며, 보물인 이 옥돌은 어질고 착한 사람으로 비유되고 있다.

글자 | 광대싸리 **형**, 뫼 **산**, 흰 **백**, 구슬 **옥**

동류 | 형산지옥荊山之玉

[형산지옥荊山之玉]

→ 형산백옥荊山白玉

[형설지공螢雪之功]

반딧불과 눈빛으로 이룬 공이라는 말이며, 어려움 속에서도 굴하지 않고 학문을 닦아 대성한다는 뜻이다. 진나라 차윤車胤은 집이 가난하여 기름을 구할 수 없자 여름이면 비단 주머니에 수십 마리의 반딧불을 담아 밤새워 글을 읽어 마침내 이부상서吏部尙書의 벼슬에 올랐으며, 손강孫康이라는 사람은 겨울밤 눈빛으로 책을 읽어 마침내 어사대부御使大夫의 벼슬에 올랐다.

글자 | 반딧불이 **형**, 눈 **설**, 갈 **지**, 공 **공**

출전 | 진서 차윤전車胤傳

[형세지도形勢之途]

형세와 권세의 길이라는 말이며, 권세 있는 사람의 갈 길이라는 뜻이다.

글자 | 형세 **형**, 권세 **세**, 어조사 **지**, 길 **도**

[형승지국形勝之國]

모양이 이기는 나라라는 말이며, 지세가 좋아 마땅히 이길만한 자리에 있는 나라라는 뜻이다.

글자 | 모양 **형**, 이길 **승**, 어조사 **지**, 나라 **국**

출전 | 사기 고조본기

[형승지지形勝之地]

→ 형승지국形勝之國

ㅎ

[형영상동形影相同]

형상과 그림자가 서로 같다는 말이며, 마음과 행동이 서로 같다는 뜻이다.

글자 | 형상 **형**, 그림자 **영**, 서로 **상**, 같을 **동**

출전 | 열자 설부說符

[형영상련形影相憐]

모양과 그림자가 서로 불쌍히 여긴다는 말이며, 어느새 노인이 된 자기 자신의 비애를 느낀다는 뜻이다.

원문 | 形影自相憐
형 영 자 상 련

글자 | 모양 **형**, 그림자 **영**, 서로 **상**, 불쌍히 여길 **련**

출전 | 당시선唐詩選

유사 | 형영상조形影相弔

[형영상조形影相弔]

형상과 그림자가 서로 불쌍히 여긴다는 말이며, 의지할 사람도 찾아오는 사람도 없다는 뜻이다.

글자 | 형상 **형**, 그림자 **영**, 서로 **상**, 불쌍히 여길 **조**

출전 | 진정표陳情表

[형왕영곡形枉影曲]

형상이 굽으면 그림자도 굽는다는 말이며, 원인과 결과가 서로 떨어지지 않는다는 뜻이다.

원문 | 形直影正 形枉影曲
형 직 영 정 형 왕 영 곡

글자 | 형상 **형**, 굽을 **왕**, 그림자 **영**, 굽을 **곡**

출전 | 열자 설부편說符篇

[형용고고形容枯槁]

얼굴 모양이 말랐다는 말이며, 매우 초라하다는 뜻이다.

원문 | 顔色憔悴 形容枯槁
안 색 초 췌 형 용 고 고

글자 | 형상 **형**, 얼굴 **용**, 마른 나무 **고**, 마를 **고**

출전 | 굴원의 어부사漁夫辭

[형우제공兄友弟恭]

벗과 같은 형을 아우는 공경한다는 말이며, 형과 아우가 지극히 사랑한다는 뜻이다.

원문 | 兄友弟恭 父慈子孝
형 우 제 공 부 자 자 효

글자 | 형님 **형**, 벗 **우**, 아우 **제**, 공경할 **공**

출전 | 채근담

[형이사해刑以四海]

본보기로써 네 바다에 이른다는 말이며, 천하에 모범을 보인다는 뜻이다.

글자 | 본보기 **형**, 써 **이**, 바다 **해**

[형제비타兄弟匪他]

형제는 남이 아니라는 말이며, 피는 물보다 진하다는 뜻이다.

글자 | 형님 **형**, 아우 **제**, 아닐 **비**, 남 **타**

출전 | 시경 규변頍弁

[형제이이兄弟怡怡]

형제는 화목하다는 말이며, 정다운 피붙이라는 뜻이다.

원문 | 朋友切切偲偲 兄弟怡怡
붕 우 절 절 시 시 형 제 이 이

글자 | 형님 **형**, 아우 **제**, 화할 **이**

출전 | 논어 자로子路, 사자소학

동류 | 동기일신同氣一身

[형제쟁안兄弟爭雁]

형제가 기러기를 다툰다는 말이며, 구체적인 성과도 얻기 전에 미리 자기 몫부터 챙기려다 허사가 된다는 뜻이다.

글자 | 맏 **형**, 아우 **제**, 다툴 **쟁**, 기러기 **안**

출전 | 응해록應諧錄

[형제지국兄弟之國]

형제와 같은 나라라는 말이며, 사이가 친밀하고 가까이 지내는 나라 또는 혼인관계를 이룬 나라라는 뜻이다.

글자 | 형님 **형**, 아우 **제**, 어조사 **지**, 나라 **국**

출전 | 사기 장의열전

[형제지의兄弟之誼]

형제의 도타움이라는 말이며, 형제처럼 지내는 사이라는 뜻이다.

글자 | 형님 **형**, 아우 **제**, 어조사 **지**, 도타울 **의**

[형제혁장兄弟鬩墻]

형제가 담장 안에서 송사한다는 말이며, 친족 간의 다툼을 일컫는다. 상체常棣라는 시의 구절이다. '집안에서 싸운 형제 밖의 모욕 함께 막네.'

원문 | 兄弟鬩于牆 外禦其務
형 제 혁 우 장 외 어 기 무

글자 | 형님 **형**, 아우 **제**, 송사할 **혁**, 담장 **장**

출전 | 시경 소아小雅

[형조불용刑措不用]

형벌을 폐하여 쓰지 않는다는 말이며, 나라가 잘 다스려져 죄 짓는 사람이 없어졌다는 뜻이다.

글자 | 형벌 **형**, 폐할 **조**, 아닐 **불**, 쓸 **용**

출전 | 사기

[형차포군荊釵布裙]

가시나무 비녀에 베 치마라는 말이며, 여자의 소박한 차림새를 빗댄 말이다.

글자 | 가시나무 **형**, 비녀 **차**, 베 **포**, 치마 **군**

출전 | 열녀전

[형채추계荊釵椎髻]

가시나무 비녀와 방망이 상투라는 말이며, 부인의 검소한 차림을 빗댄 말이다.

글자 | 가시나무 **형**, 비녀 **채**, 방망이 **추**, 상투 **계**

출전 | 금오신화金鰲新話

[형처돈아荊妻豚兒]

가시나무 아내와 돼지의 새끼라는 말

ㅎ

이며, 자기 처자를 낮추어 일컫는 말이다.

글자 | 가시나무 **형**, 아내 **처**, 돼지 **돈**, 아이 **아**

출전 | 후한서, 삼국지

[형청송식刑淸訟息]

형벌이 맑고 송사가 그쳤다는 말이며, 정사를 투명하게 다스린다는 뜻이다.

글자 | 형벌 **형**, 맑을 **청**, 송사할 **송**, 그칠 **식**

출전 | 삼국사기 8권

[형해지내形骸之內]

몸의 형상의 안이라는 말이며, 몸속에 든 정신, 마음, 도덕 등을 일컫는다.

글자 | 형상 **형**, 몸 **해**, 어조사 **지**, 안 **내**

[형해지외形骸之外]

몸의 형상의 밖이라는 말이며, 몸의 바깥 모습을 일컫는다.

글자 | 형상 **형**, 몸 **해**, 어조사 **지**, 밖 **외**

[형형색색形形色色]

이 꼴 저 꼴, 이 모양 저 모양이라는 말이며, 형상과 종류 따위가 여러 가지라는 뜻이다.

글자 | 꼴 **형**, 모양 **색**

[혜가단비慧可斷臂]

혜가가 팔뚝을 잘랐다는 말이며, 비장한 결단을 빗댄 말이다. 혜가가 달마에게 입문을 빌었으나 허가되지 않아 구도求道의 정성을 보이려고 왼쪽 팔을 자르고 다시 빌어서 허가를 얻어냈다는 고사에서 온 말이다.

글자 | 총명할 **혜**, 옳을 **가**, 자를 **단**, 팔뚝 **비**

출전 | 속고승전續高僧傳

[혜분난비蕙焚蘭悲]

혜초가 불에 타니 난초가 슬프다는 말이며, 벗의 불행을 슬퍼한다는 뜻이다.

글자 | 혜초 **혜**, 불사를 **분**, 난초 **난**, 슬플 **비**

유사 | 송무백열松茂柏悅

[혜시중혈嵇侍中血]

혜 시중의 피라는 말이며, 충성심의 증표를 빗댄 말이다. 중국 진나라 혜제가 적의 공격을 받았을 때, 시중인 혜소嵇紹만이 왕을 위하여 싸우다가 피살되어 그 피가 왕의 옷에 묻었는데, 왕이 그 피를 씻지 말라고 한 고사에서 온 말이다.

글자 | 성씨 **혜**, 모실 **시**, 가운데 **중**, 피 **혈**

[혜이불비惠而不費]

은혜는 비용이 들지 않아야 한다는 말이며, 군자는 은혜를 베풀되 낭비를 말아야 한다는 뜻이다.

원문 | *君子惠而不費*
군 자 혜 이 불 비

글자 | 은혜 **혜**, 말 이을 **이**, 아닐 **불**, 소

비할 **비**

출전 | 논어 요왈堯曰

[혜전탈우蹊田奪牛]

밭을 질러갔다고 소를 빼앗는다는 말이며, 지은 죄에 비해 벌이 지나치다는 뜻이다.

글자 | 질러갈 **혜**, 밭 **전**, 빼앗을 **탈**, 소 **우**

출전 | 춘추좌씨전 선일宣一

[호가호위狐假虎威]

여우가 호랑이의 힘을 빌려 위세를 부린다는 말이며, 자신은 아무런 힘과 실력이 없으면서도 권세 있는 사람의 힘에 의지하여 횡포를 부린다는 뜻이다.

글자 | 여우 **호**, 빌 **가**, 범 **호**, 위 **위**

출전 | 전국책 초책楚策

동류 | 가호위호假虎威狐

[호각지세互角之勢]

서로 뿔을 맞대고 있는 기세라는 말이며, 두 세력의 우열을 가리기 힘든 상태를 빗댄 말이다.

글자 | 서로 **호**, 뿔 **각**, 어조사 **지**, 기세 **세**

출전 | 전국책

[호거용반虎踞龍盤]

→ 용반호거龍盤虎踞

[호계삼소虎溪三笑]

호계에서 세 사람이 웃었다는 말이며, 학문이나 예술에 열중하면 먼 도정道程도 잊는다는 뜻이다. 동진東晋의 학승學僧 혜원법사慧遠法師는 동림사에 있으면서 호계를 건너가지 않기로 맹세했었다. 그런데 어느 날 도연명陶淵明과 육수정陸修靜이 찾아왔다. 이윽고 돌아가는 그들을 배웅하면서 이야기에 열중한 나머지 호계를 건넌 것도 모르고 호랑이가 으르렁대는 소리를 듣고서야 맹세를 깬 사실을 알고 세 사람은 가가대소呵呵大笑하였다 한다.

글자 | 범 **호**, 시내 **계**, 웃을 **소**

출전 | 여산기廬山記

[호고인효戶告人曉]

집에 알리고 사람에게 알린다는 말이며, 모두에게 주지시킨다는 뜻이다.

글자 | 집 **호**, 고할 **고**, 사람 **인**, 알릴 **효**

출전 | 열녀전

동류 | 가유호효家喩戶曉

[호구고수狐裘羔袖]

여우 가죽 갖옷에 염소가죽 소매라는 말이며, 대체로 좋고 부분적으로 나쁜 점이 있다는 뜻이다.

원문 | 狐裘而羔袖
호 구 이 고 수

글자 | 여우 **호**, 갖옷 **구**, 염소 **고**, 소매 **수**

출전 | 춘추좌씨전

[호구몽융狐裘蒙戎]

여우 가죽 갖옷이 너를 덮었다는 말이

ㅎ

며, 걸친 외투가 남루하다는 뜻이다.

원문 | 狐裘蒙戎匪車不東
호 구 몽 융 비 거 부 동

글자 | 여우 **호**, 갖옷 **구**, 덮을 **몽**, 너 **융**

출전 | 시경 패풍邶風

[호구여생虎口餘生]

호랑이 입에서 살아남았다는 말이며, 위험한 지경에서 간신히 벗어났다는 뜻이다.

글자 | 범 **호**, 입 **구**, 남을 **여**, 살 **생**

출전 | 송사 효의孝義열전

동류 | 호구잔생虎口殘生

[호구지계狐丘之戒]

호구의 훈계라는 말이며, 남에게 원한을 사는 일이 없도록 조심하라는 교훈을 일컫는다. 전국시대 호구라는 마을의 한 노인이 초나라의 대부 손숙오孫叔敖에게 '고관高官에 대한 세인의 질투, 현신賢臣에 대한 군주의 증오, 녹봉祿俸이 많은 자에 대한 원한이 있으니 조심하라.' 고 충고한 고사에서 온 말이다.

글자 | 여우 **호**, 언덕 **구**, 어조사 **지**, 경계할 **계**

출전 | 열자 설부

동류 | 인유삼원人有三怨

[호구지계糊口之計]

→ 호구지책糊口之策

[호구지방糊口之方]

→ 호구지책糊口之策

[호구지자糊口之資]

입에 풀칠할 재물이라는 말이며, 겨우 먹고 살만한 돈이라는 뜻이다.

글자 | 풀 **호**, 입 **구**, 어조사 **지**, 재물 **자**

출전 | 송남잡지

[호구지책糊口之策]

입에 풀칠할 꾀라는 말이며, 겨우 먹고 살아갈 방책이라는 뜻이다.

글자 | 풀 **호**, 입 **구**, 어조사 **지**, 꾀 **책**

출전 | 열자 설부편說符篇

유사 | 호구지방糊口之方

[호국삼경護國三經]

나라를 호위하는 세 가지 경서라는 말이며, 법화경, 금광명경, 인왕경을 일컫는다.

글자 | 호위할 **호**, 나라 **국**, 경서 **경**

[호기만발豪氣滿發]

→ 호기만장豪氣萬丈

[호기만장豪氣萬丈]

호걸과 같은 의기가 일만 장이라는 말이며, 씩씩한 기세가 드높다는 뜻이다.

글자 | 호걸 **호**, 기운 **기**, 일만 **만**, 열자 **장**

동류 | 호기만발豪氣滿發

[호내호외好內好外]

안을 좋아하고 밖을 좋아한다는 말이며, 속으로 여색을 좋아하고 밖으로는 현인을 좋아한다는 뜻이다.

글자 | 좋을 **호**, 안 **내**, 바깥 **외**

출전 | 국어 어어魚語 하

[호노자식胡奴子息]

오랑캐 남종의 자식이라는 말이며, 배운 것 없이 자란 상놈의 자식이라는 뜻이다.

글자 | 오랑캐 **호**, 남종 **노**, 아들 **자**, 자식 **식**

[호노한복豪奴悍僕]

호협한 남종과 독살스러운 종이라는 말이며, 말을 잘 듣지 않고 몹시 드센 하인을 일컫는다.

글자 | 호협할 **호**, 남종 **노**, 독살스러울 **한**, 종 **복**

출전 | 송남잡지

[호당지풍護黨之風]

무리를 지키는 풍속이라는 말이다.

글자 | 호위할 **호**, 무리 **당**, 어조사 **지**, 풍속 **풍**

[호두사미虎頭蛇尾]

호랑이의 머리와 뱀의 꼬리라는 말이며, 처음은 성하나 나중이 신통치 않다는 뜻이다.

글자 | 범 **호**, 머리 **두**, 뱀 **사**, 꼬리 **미**

출전 | 원곡元曲

동류 | 용두사미龍頭蛇尾

[호랑지국虎狼之國]

범이나 이리의 나라라는 말이며, 극악잔인한 나라로서 전국시대의 진秦나라를 가리킨다. 전국책에 있는 글이다. '진나라는 극악잔인한 나라인데, 도저히 친할 수가 없소.'

원문 | 秦虎狼之國 不可親也
진 호 랑 지 국 불 가 친 야

글자 | 범 **호**, 이리 **랑**, 어조사 **지**, 나라 **국**

출전 | 전국책 초책楚策

[호랑지심虎狼之心]

범이나 이리의 마음이라는 말이며, 사납고 잔인하고 탐욕스러운 마음을 빗댄 말이다.

글자 | 범 **호**, 이리 **랑**, 어조사 **지**, 마음 **심**

출전 | 전국책 위책魏策

[호래자식胡來子息]

→ 호노자식胡奴子息

[호래척거呼來斥去]

오라고 불러 놓고 가라고 내친다는 말이다.

글자 | 부를 **호**, 올 **래**, 내칠 **척**, 갈 **거**

출전 | 송남잡지

[호량지변濠梁之辯]

→ 호량지상濠梁之想

[호량지상濠梁之想]

물 위 나무다리에서의 생각이라는 말이며, 한적한 경지에서의 조용한 즐거움을 일컫는다.

글자 | 물 이름 **호**, 나무다리 **량**, 어조사 **지**, 생각할 **상**

출전 | 장자 추수편秋水篇

유사 | 호복한상濠濮閒想

[호령생풍號令生風]

바람이 나게 호령한다는 말이며, 큰 소리로 꾸짖는다는 뜻이다.

글자 | 부르짖을 **호**, 시킬 **령**, 날 **생**, 바람 **풍**

출전 | 송남잡지

[호령여산號令如山]

호령이 산과 같다는 말이며, 호령이 엄중하여 움직일 수 없다는 뜻이다.

글자 | 부르짖을 **호**, 명령할 **령**, 같을 **여**, 뫼 **산**

출전 | 송사宋史

[호령여한號令如汗]

호령은 땀과 같다는 말이며, 땀이 다시 몸속으로 들어갈 수 없듯이 한번 내린 명령은 취소할 수 없다는 뜻이다.

글자 | 부르짖을 **호**, 명령할 **령**, 같을 **여**, 땀 **한**

출전 | 한서

유사 | 윤언여한綸言如汗

[호령호령號令號令]

부르짖으며 명령하고 또 명령한다는 말이며, 정신 차릴 틈을 주지 않고 잇달아 큰 소리로 꾸짖는다는 뜻이다.

글자 | 부르짖을 **호**, 명령할 **령**

[호리건곤壺裏乾坤]

병 속의 하늘과 땅이라는 말이며, 항상 술에 취해 있다는 뜻이다.

글자 | 병 **호**, 속 **리**, 하늘 **건**, 땅 **곤**

[호리불차毫釐不差]

털끝만치도 다르지 않다는 말이다.

글자 | 가는 털 **호**, 털끝 **리**, 아닐 **불**, 다를 **차**

[호리지차毫釐之差]

가는 털끝의 다름이라는 말이며, 매우 작은 틀림이라는 뜻이다.

원문 | 毫釐之差 千里懸隔
호 리 지 차 천 리 현 격

글자 | 가늘고 긴 털 **호**, 털끝 **리**, 어조사 **지**, 다를 **차**

출전 | 승찬대사의 신심록信心錄

[호리천리毫釐千里]

가는 털끝이 천리가 된다는 말이며, 처음의 작은 차이가 나중에 큰 차이가 된다는 뜻이다.

원문 | 毫釐之失差以千里
호 리 지 실 차 이 천 리

글자 | 가는 털 **호**, 털끝 **리** 일천 **천**, 이수 **리**

출전 | 진서 우예전虞預傳, 사기

[호마망북胡馬望北]

오랑캐 말이 북쪽을 바란다는 말이며, 몹시 고향을 그리워한다는 뜻이다.

글자 | 오랑캐 **호**, 말 **마**, 바랄 **망**, 북녘 **북**

[호말부가毫末斧柯]

가는 털끝과 도낏자루라는 말이며, 가는 나무는 쉽게 뽑혀지지만 나중에 자라면 도끼를 써야 벨 수 있다는 뜻이다.

글자 | 가는 털 **호**, 끝 **말**, 도끼 **부**, 자루 **가**

[호말지리毫末之利]

털끝만한 이익이라는 말이며, 아주 작은 이익이라는 뜻이다.

글자 | 가는 털 **호**, 끝 **말**, 어조사 **지**, 이로울 **리**

유사 | 추도지말錐刀之末

[호명자표好名自標]

이름을 좋아해 스스로 표한다는 말이며, 명예를 좋아해 제 이름을 직접 드러내려고 애쓴다는 뜻이다. 백거이白居易는 자신의 시문을 모아 정리해서 불상에 복장腹藏으로 넣게 했다.

글자 | 좋을 **호**, 이름 **명**, 스스로 **자**, 높은 나뭇가지 **표**

출전 | 문해파사文海披沙

[호모부가毫毛斧柯]

가는 터럭이 도낏자루가 된다는 말이며, 화근禍根은 자라기 전에 미리 없애지 않으면 큰 힘이 든다는 뜻이다.

원문 | 毫毛不拔 將成斧柯
호모불발 장성부가

글자 | 가는 털 **호**, 터럭 **모**, 도끼 **부**, 자루 **가**

출전 | 전국책 위책魏策

[호문즉유好問則裕]

묻기를 좋아하면 곧 여유로워진다는 말이며, 궁금한 것을 알게 되면 마음이 넓어지고 여유가 생긴다는 뜻이다.

글자 | 좋을 **호**, 물을 **문**, 곧 **즉**, 여유로울 **유**

출전 | 서경, 안씨가훈 면학勉學

[호문치목虎吻鴟目]

범의 입술과 솔개의 눈이라는 말이며, 잔인하고 욕심이 많은 얼굴이라는 뜻이다.

글자 | 범 **호**, 입술 **문**, 솔개 **치**, 눈 **목**

[호미난방虎尾難放]

범 꼬리를 놓아주기 어렵다는 말이며, 위험한 일에 손을 댔다가 그만두지도 못하고 계속 밀고 나가기도 어렵다는 뜻이다.

글자 | 범 **호**, 꼬리 **미**, 어려울 **난**, 놓을 **방**

유사 | 진퇴유곡進退維谷

[호미춘빙虎尾春冰]

범의 꼬리와 봄철의 얼음판이라는 말이며, 몹시 위험스런 상태를 빗댄 말

ㅎ

이다.

원문 | 若蹈虎尾 涉于春冰
약도호미 섭우춘빙

글자 | 범 **호**, 꼬리 **미**, 봄 **춘**, 얼음 **빙**

출전 | 서경 군아君牙

동류 | 약도호미若蹈虎尾, 섭우춘빙涉于春冰, 여리박빙如履薄氷

[호박용등虎博龍騰]

범과 같이 크게 용과 같이 오른다는 말이며, 동작이 재빠르고 날래다는 뜻이다.

글자 | 범 **호**, 클 **박**, 용 **용**, 오를 **등**

출전 | 고려사 1권

[호발부동毫髮不動]

터럭이 움직이지 않는다는 말이며, 조금도 움직이지 않는다는 뜻이다.

글자 | 가늘고 긴 털 **호**, 터럭 **발**, 아닐 **부**, 움직일 **동**

[호방뇌락豪放磊落]

돌무더기가 떨어지듯이 마음이 활달하다는 말이며, 기개가 장하고 마음이 활달하여 작은 일에 구애되지 않는다는 뜻이다.

글자 | 호걸 **호**, 놓을 **방**, 돌무더기 **뇌**, 떨어질 **락**

[호변가설戶辯家說]

집에서 말하고 집에서 설명한다는 말이며, 집집마다 찾아가 설명한다는 뜻이다.

글자 | 집 **호**, 말 잘할 **변**, 집 **가**, 설명할 **설**

[호복간상濠濮間想]

호수濠水와 복수濮水 사이에서 생각에 잠긴다는 말이며, 속세를 떠나 강가에서 한적함을 즐긴다는 뜻이다. 장자莊子가 복수 강에서 낚시질을 하고 있는데, 초나라의 사신이 와서 장자를 재상으로 모시겠다고 했으나 이를 사양했다는 고사에서 온 말이다.

글자 | 강 이름 **호**, 강 이름 **복**, 사이 **간**, 생각할 **상**

출전 | 세설신어 언어言語

[호복기사胡服騎射]

오랑캐 옷을 입은 기사가 쏜살같이 달린다는 말이며, 싸움터로 나갈 준비가 된 것과 같이 어떤 일에 착수할 준비가 끝났다는 뜻이다. 이는 중국 조무령왕이 최초로 개발한 호복(바지)을 입고 말을 타면서 활 쏘는 전술이기도 하다.

글자 | 오랑캐 **호**, 옷 **복**, 말 탈 **기**, 화살같이 빠를 **사**

출전 | 사기 조세가趙世家

[호복실배護腹失背]

배를 지키고 등을 잃는다는 말이며, 보이는 곳은 소중히 하고 보이지 않는 곳은 소홀히 한다는 뜻이다.

글자 | 호위할 **호**, 배 **복**, 잃을 **실**, 등 **배**

출전 | 창선감의록

[호부견자虎父犬子]

호랑이 아비에 개의 새끼라는 말이며, 잘난 아버지에 못난 아들이라는 뜻이다.

글자 | 범 **호**, 아비 **부**, 개 **견**, 아들 **자**

출전 | 삼국지

[호부호모呼父呼母]

아비라 부르고 어미라 부른다는 말이며, 부모로 모신다는 뜻이다.

글자 | 부를 **호**, 아비 **부**, 어미 **모**

[호분누석毫分縷析]

털같이 나누고 실같이 쪼갠다는 말이며, 무척 잘고 자세하게 분석한다는 뜻이다.

글자 | 털 **호**, 나눌 **분**, 실 **누**, 쪼갤 **석**

[호불개의毫不介意]

터럭만큼도 사이에 낄 뜻이 없다는 말이다.

글자 | 가는 털 **호**, 아닐 **불**, 낄 **개**, 뜻 **의**

출전 | 후한서

[호불급흡呼不給吸]

숨을 내쉬고는 들이쉬지 못한다는 말이며, 사물의 진행이 너무 빨라서 미처 따라갈 수 없다는 뜻이다.

글자 | 숨 내쉴 **호**, 아닐 **불**, 줄 **급**, 숨 들이쉴 **흡**

[호불끽호虎不喫虎]

호랑이는 호랑이를 먹지 않는다는 말이며, 짐승도 자기 동류는 잡아먹지 않는다는 뜻이다.

글자 | 범 **호**, 아닐 **불**, 먹을 **끽**

[호붕구우狐朋狗友]

여우의 무리와 개의 벗이라는 말이며, 악당 또는 불량배를 빗댄 말이다.

글자 | 여우 **호**, 무리 **붕**, 개 **구**, 벗 **우**

[호사난량胡思難量]

→ 호사난상胡思亂想

[호사난상胡思亂想]

어찌해야 할지 모르는 어지러운 생각이라는 말이다.

글자 | 어찌 **호**, 생각 **사**, 어지러울 **난**, 생각할 **상**

출전 | 주자전서朱子全書

동류 | 호사난량胡思難量

[호사다마好事多魔]

좋은 일에 마귀가 많다는 말이며, 좋은 일에는 방해되는 일이 많다는 뜻이다.

원문 | 美中不足 好事多魔
미중부족 호사다마

글자 | 좋을 **호**, 일 **사**, 많을 **다**, 마귀 **마**

출전 | 홍루몽紅樓夢

[호사수구狐死首丘]

여우가 죽으면서 머리를 언덕으로 향

한다는 말이며, 죽을 때에 근본을 잊지 않는다는 뜻이다. 예기에 있는 글이다. '여우가 죽을 때, 머리를 자기가 살던 굴 쪽으로 바르게 향하는 것은 인仁이다.'

원문 | 狐死正首丘 仁也
호 사 정 수 구 인 야

글자 | 여우 **호**, 죽을 **사**, 머리 **수**, 언덕 **구**

출전 | 예기 단궁檀弓 상

동류 | 수구초심首丘初心

[호사유피虎死留皮]

범은 죽어서 가죽을 남긴다는 말이며, 사람은 죽어서 이름을 남긴다는 뜻이다.

원문 | 虎死留皮 人死留名
호 사 유 피 인 사 유 명

글자 | 범 **호**, 죽을 **사**, 오랠 **유**, 가죽 **피**

출전 | 오대사五代史 왕언장전王彦章傳

유사 | 표사유피豹死留皮

[호사토비狐死兎悲]

→ 호사토읍狐死兎泣

[호사토읍狐死兎泣]

여우가 죽으니 토끼가 운다는 말이며, 벗의 불행을 슬퍼한다는 뜻이다.

원문 | 狐死兎泣 李氏滅 夏氏寧獨存
호 사 토 읍 이 씨 멸 하 씨 영 독 존

글자 | 여우 **호**, 죽을 **사**, 토끼 **토**, 울 **읍**

출전 | 송사 이전전李全傳

동류 | 호사토비狐死兎悲

[호상발명互相發明]

서로서로 밝음을 편다는 말이며, 둘 사이의 오해가 없도록 해명한다는 뜻이다.

글자 | 서로 **호**, 서로 **상**, 필 **발**, 밝을 **명**

[호상입장互相入葬]

서로서로 장사지낸다는 말이며, 한 겨레붙이를 한 묘지에 장사지낸다는 뜻이다.

글자 | 서로 **호**, 서로 **상**, 들 **입**, 장사지낼 **장**

[호상차지護喪次知]

상사를 돕는 자리를 아는 사람이라는 말이며, 초상 치르는 모든 일을 주장하여 맡아보는 사람이라는 뜻이다.

글자 | 도울 **호**, 상사 **상**, 자리 **차**, 알 **지**

[호색지도好色之徒]

예쁜 계집을 좋아하는 무리라는 말이며, 여색을 특별히 좋아하는 무리라는 뜻이다.

글자 | 좋을 **호**, 예쁜 계집 **색**, 어조사 **지**, 무리 **도**

[호생오사好生惡死]

[생물이] 살기를 좋아하고 죽기를 싫어한다는 말이다.

글자 | 좋을 **호**, 살 **생**, 싫어할 **오**, 죽을 **사**

동류 | 호생오살好生惡殺

[호생오살好生惡殺]

살아 있는 것을 좋아하고, 죽이는 것을 미워한다는 말이며, 사람은 누구나 살기를 바라고 죽기를 싫어한다는 뜻이다.

글자 | 좋을 **호**, 살 **생**, 미워할 **오**, 죽일 **살**

출전 | 고려사 2권

동류 | 호생오사好生惡死

[호생지덕好生之德]

산 것을 좋아하는 덕이라는 말이며, 훌륭한 정치는 살아있는 사람을 먼저 염려하고 배려한다는 뜻이다. 서경에 있는 글이다. '살려주기를 좋아하는 덕이 백성의 마음에 두루 퍼졌습니다.'

원문 | 好生之德 洽于民心
호 생 지 덕 흡 우 민 심

글자 | 좋을 **호**, 살 **생**, 어조사 **지**, 큰 **덕**

출전 | 서경 대우모大禹謨

[호생지물好生之物]

잘 사는 물건이라는 말이며, 아무렇게 다루어도 잘 사는 식물을 일컫는다.

글자 | 좋을 **호**, 살 **생**, 어조사 **지**, 물건 **물**

[호선망세好善忘勢]

착한 것을 좋아하고 권세를 잊는다는 말이며, 사람을 사귈 때 그 사람의 권세보다 착한 것이 좋아 사귄다는 뜻이다.

원문 | 古之賢王 好善忘勢
고 지 현 왕 호 선 망 세

글자 | 좋을 **호**, 착할 **선**, 잊을 **망**, 권세 **세**

출전 | 맹자

[호소망상好訴妄想]

하소연을 좋아하는 망령된 생각이라는 말이며, 광신적 성격의 소유자가 소송을 되풀이하고 권리를 주장하는 행위를 일컫는다.

글자 | 좋을 **호**, 하소연할 **소**, 망령될 **망**, 생각 **상**

[호소무처呼訴無處]

하소연할 데가 없다는 말이다.

글자 | 부를 **호**, 하소연할 **소**, 없을 **무**, 곳 **처**

[호소풍생虎嘯風生]

범이 울어 바람이 난다는 말이며, 영웅이 때를 만나 떨쳐 일어남을 빗댄 말이다.

원문 | 虎嘯而谷風至
호 소 이 곡 풍 지

글자 | 범 **호**, 휘파람 **소**, 바람 **풍**, 날 **생**

출전 | 북사北史

[호손군자猢猻君子]

원숭이 군자라는 말이며, 고지식한 원숭이라는 뜻이다.

글자 | 원숭이 **호**, 원숭이 **손**, 군 **군**, 사람 **자**

[호손사아壺飧食餓]

→ 호손이아壺飧餌餓

ㅎ

[호손이아壺飧餌餓]

항아리 병의 저녁밥이 굶주림을 먹인다는 말이며, 남을 도와주면 나중에 남의 도움을 받게 된다는 뜻이다.

글자 | 항아리 병 **호**, 저녁밥 **손**, 먹이 **이**, 주릴 **아**

출전 | 전국책

동류 | 호손사아壺飧食餓

[호손입대猢猻入袋]

원숭이가 자루 속으로 들어갔다는 말이며, 제약을 받아 자유롭지 못하다는 뜻이다.

글자 | 원숭이 **호**, 원숭이 **손**, 들 **입**, 자루 **대**

출전 | 귀전록歸田錄

[호승지벽好勝之癖]

이기기를 좋아하는 버릇이라는 말이다.

글자 | 좋을 **호**, 이길 **승**, 어조사 **지**, 버릇 **벽**

[호시우보虎視牛步]

범이 보고 소가 걷는다는 말이며, 재빨리 보고 행동은 신중하게 하라는 뜻이다.

글자 | 범 **호**, 볼 **시**, 소 **우**, 걸음 **보**

동류 | 호시우행虎視牛行

[호시우행虎視牛行]

→ 호시우보虎視牛步

출전 | 진서

[호시탐탐虎視眈眈]

호랑이가 먹이를 탐내어 눈을 부릅뜨고 노려보는 것을 말하며, 자신의 욕심을 채우기 위해 기회를 노리며 정세를 관망하고 있다는 뜻이다.

원문 | 顚頤吉虎視眈眈其欲逐逐
전 신 길 호 시 탐 탐 기 욕 축 축

글자 | 범 **호**, 볼 **시**, 노려볼 **탐**

출전 | 주역 산뢰이山雷頤

[호식병공虎食病攻]

범이 잡아먹고 병이 친다는 말이며, 몸 안을 다스리면 범이 잡아먹고, 밖을 다스리면 병이 친다는 뜻이다.

원문 | 豹養其內而虎食其外 毅養其外而病攻其內
표 양 기 내 이 호 식 기 외 의 양 기 외 이 병 공 기 내

글자 | 범 **호**, 먹을 **식**, 병 **병**, 칠 **공**

출전 | 장자 달생편達生篇

[호아응조虎牙鷹爪]

호랑이 이빨과 매의 발톱이라는 말이며, 몸에서 가장 믿을 수 있는 이기利器를 빗댄 말이다.

글자 | 범 **호**, 어금니 **아**, 매 **응**, 손톱 **조**

[호언난설胡言亂說]

오랑캐 말로 어지럽게 말한다는 말이며, 이치에 맞지 않아 알 수 없는 말을 한다는 뜻이다.

글자 | 오랑캐 **호**, 말씀 **언**, 어지러울 **난**, 말씀 **설**

동류 | 호언난어譃言亂語

[호언난어譃言亂語]

→ 호언난설胡言亂說

[호언장담豪言壯談]

호협한 말과 장한 말을 한다는 말이며, 분수에 맞지 않는 말을 허풍을 떨며 한다는 뜻이다.

글자 | 호협할 **호**, 말씀 **언**, 장할 **장**, 말씀 **담**

[호연지기浩然之氣]

넓고 큰 기운이라는 말이며, 공명정대하여 한 치의 부끄러움도 없고 가슴이 탁 트인 도덕적 윤리를 일컫는다. 제자 공손추公孫丑의 질문에 맹자가 답한 말이다. '나는 남의 말을 잘 이해하며 나의 호연지기를 잘 기른다.'

원문 | 我知言 我善養吾浩然之氣
아 지 언 아 선 양 오 호 연 지 기

글자 | 넓을 **호**, 그럴 **연**, 갈 **지**, 기운 **기**

출전 | 맹자 공손추 상

동류 | 정대지기正大之氣

[호왈백만號曰百萬]

부르짖어 가로되 일백만이라는 말이며, 사실보다 과장하여 떠들어댄다는 뜻이다.

글자 | 부르짖을 **호**, 가로 **왈**, 일백 **백**, 일만 **만**

유사 | 허장성세虛張聲勢

[호우고슬好竽鼓瑟]

피리를 좋아하는 사람에게 비파를 탄다는 말이며, 남의 생각은 아랑곳하지 않고 제멋대로 한다는 뜻이다.

글자 | 좋을 **호**, 피리 **우**, 두드릴 **고**, 비파 **슬**

출전 | 한유韓愈의 글

[호우호마呼牛呼馬]

소라 부르거나 말이라 부르거나라는 말이며, 남이 무어라 하든 개의치 말라는 뜻이다.

글자 | 부를 **호**, 소 **우**, 말 **마**

출전 | 장자 천도편天道篇

[호월일가胡越一家]

호나라와 월나라가 한 집이라는 말이며, 넓은 온 천하가 한 집안과 같다는 뜻이다. 호나라는 중국의 북쪽에 있고, 월나라는 남쪽에 있는 멀리 떨어져 있는 나라였다.

글자 | 오랑캐 **호**, 월나라 **월**, 집 **가**

출전 | 통감강목通鑑剛目 당기唐紀

유사 | 사해동포四海同胞

[호월지의胡越之意]

호나라와 월나라의 뜻이라는 말이며, 멀리 떨어져 서로 소원疏遠하여 속을 잘 모른다는 뜻이다. 호나라는 중국의 북쪽에 있고, 월나라는 남쪽에 있었다.

글자 | 오랑캐 **호**, 월나라 **월**, 어조사 **지**, 뜻 **의**

출전 | 서언고사書言故事

[호위무사護衛武士]

호위하는 호반 선비라는 말이며, 임금의 등 뒤에서 운검雲劍을 차고 임금을 지키는 종 2품의 무관을 일컫는다.

글자 | 호위할 **호**, 호위할 **위**, 호반 **무**, 선비 **사**

[호위인사好爲人師]

사람의 스승 되기를 좋아한다는 말이며, 조금 아는 지식을 아는 체하고 남을 가르치려든다는 뜻이다.

글자 | 좋을 **호**, 될 **위**, 사람 **인**, 스승 **사**

출전 | 맹자 이루離婁 상

[호유기미 狐濡其尾]

여우가 그 꼬리를 적신다는 말이며, 일을 시작하기는 쉬우나 마무리하기는 어렵다는 뜻이다. 여우가 강을 건너려고 강에 들어가서 꼬리만 적시고 끝내 강은 건너지 못하였다는 것이다.

글자 | 여우 **호**, 적실 **유**, 그 **기**, 꼬리 **미**

출전 | 주역 미제未濟

[호유장단互有長短]

서로 긴 것과 짧은 것을 가졌다는 말이며, 서로 장점과 단점을 지녔다는 뜻이다.

글자 | 서로 **호**, 있을 **유**, 긴 **장**, 짧을 **단**

출전 | 송남잡지

[호의기건縞衣綦巾]

흰옷에 연둣빛 두건이라는 말이며, 천한 여자의 옷차림 또는 가난한 집의 변변치 못한 여자의 옷차림을 일컫는다. 출기동문出其東門이라는 시의 구절이다. '흰 저고리 연둣빛 수건 오직 내 사랑이야.'

원문 | **縞衣綦巾 聊樂我員**
호 의 기 건 요 락 아 운

글자 | 흰 비단 **호**, 옷 **의**, 연둣빛 **기**, 두건 **건**

출전 | 시경 정풍鄭風

[호의미결狐疑未決]

→ 호의불결狐疑不決

[호의불결狐擬不決]

여우의 의심이 결단하지 못한다는 말이며, 의심이 많고 과단성이 없다는 뜻이다.

글자 | 여우 **호**, 의심할 **의**, 아닐 **불**, 결단할 **결**

출전 | 술정기述征記

[호의준순狐擬浚巡]

여우처럼 의심하고 주저하며 따른다는 말이다.

글자 | 여우 **호**, 의심할 **의**, 주저할 **준**, 순행할 **순**

출전 | 초사

[호의현상縞衣玄裳]

흰 옷과 검은 치마라는 말이며, 두루미의 깨끗하고 아름다운 모습을 빗댄 말이다.

글자 | 흰 비단 **호**, 옷 **의**, 검을 **현**, 치마 **상**

출전 | 소식蘇軾의 후적벽부後赤壁賦

동류 | 현상호의玄裳縞衣

[호의호식好衣好食]

좋은 옷을 입고, 좋은 음식을 먹는다는 말이다.

글자 | 좋을 **호**, 옷 **의**, 먹을 **식**

출전 | 송남잡지

[호작자미好爵自縻]

좋은 벼슬을 스스로 얽는다는 말이며, 좋은 벼슬을 공들이지 않고 저절로 얻는다는 뜻이다.

원문 | **堅持雅操 好爵自縻**
견 지 아 조 호 작 자 미

글자 | 좋을 **호**, 벼슬 **작**, 스스로 **자**, 얽을 **미**

출전 | 천자문

[호전걸육虎前乞肉]

범 앞에서 고기를 구걸한다는 말이며, 어림없는 일이라는 뜻이다.

글자 | 범 **호**, 앞 **전**, 빌 **걸**, 고기 **육**

출전 | 순오지

[호접지몽胡蝶之夢]

나비의 꿈이라는 말이며, 인생의 덧없음을 빗댄 말이다. 전국시대의 사상가 장자莊子가 한 말이다. '언젠가 내가 꿈에 나비가 되었다. 훨훨 나는 나비였다. 내 스스로 아주 기분이 좋아 내가 사람이었다는 것을 모르고 있었다.…' '하늘과 땅은 나와 같이 생기고 만물은 나와 함께 하나가 되어 있다.'

글자 | 오랑캐 **호**, 나비 **접**, 갈 **지**, 꿈 **몽**

출전 | 장자 제물론편齊物論篇

동류 | 장주지몽莊周之夢

[호정출입戶庭出入]

집 뜰을 나든다는 말이며, 병자나 노인이 겨우 마당 안에서 드나든다는 뜻이다.

글자 | 백성의 집 **호**, 뜰 **정**, 나갈 **출**, 들 **입**

[호조호원互助互援]

서로 돕고, 서로 구원한다는 말이다.

글자 | 서로 **호**, 도울 **조**, 구원할 **원**

[호중지천壺中之天]

→ 호중천지壺中天地

[호중천지壺中天地]

항아리 속의 하늘과 땅이라는 말이며, 별천지 또는 선경仙境을 빗댄 말이다. 이는 후한시대 관리인 비장방費長房이 호공壺公이라는 약장수 노인을 따라 그의 거처인 항아리 속에 들어가 보았더니 그곳에는 고래등 같은 기와집에 진수성찬이 차려져 있었

ㅎ

다는 고사에서 온 말이다.

글자 | 항아리 **호**, 가운데 **중**, 하늘 **천**, 땅 **지**

출전 | 후한서 방술전方術傳

동류 | 호중지천壺中之天

[호질기의護疾忌醫]

병을 도우면서 의원을 꺼린다는 말이며, 자기 잘못을 알면서도 남의 충고를 꺼린다는 뜻이다.

글자 | 도울 **호**, 병 **질**, 꺼릴 **기**, 의원 **의**

출전 | 주자통서朱子通書

[호척용나虎擲龍拏]

범이 던지고 용이 끌어당긴다는 말이며, 영웅끼리 다툰다는 뜻이다.

글자 | 범 **호**, 던질 **척**, 용 **용**, 끌어당길 **나**

[호천고지呼天叩地]

하늘을 부르며 땅을 두드린다는 말이며, 매우 애통하여 하늘을 우러러 부르짖고 땅을 친다는 뜻이다.

글자 | 부를 **호**, 하늘 **천**, 두드릴 **고**, 땅 **지**

유사 | 호천통곡呼天痛哭

[호천망극昊天罔極]

넓은 하늘은 끝이 없다는 말이며, 어버이의 사랑은 한이 없다는 뜻이다.

글자 | 여름 하늘 **호**, 하늘 **천**, 없을 **망**, 다할 **극**

[호천무궁昊天無窮]

넓은 하늘이 한이 없다는 말이며, 부모의 은혜를 빗대어 쓰기도 한다.

글자 | 여름 하늘 **호**, 하늘 **천**, 없을 **무**, 다할 **궁**

[호천창지號天搶地]

땅을 치며 하늘을 향해 크게 운다는 말이다.

글자 | 크게 울 **호**, 하늘 **천**, 부딪칠 **창**, 땅 **지**

[호천통곡呼天痛哭]

하늘을 부르며 아프게 운다는 말이며, 너무나 애통하여 큰 소리로 운다는 뜻이다.

글자 | 부를 **호**, 하늘 **천**, 아플 **통**, 울 **곡**

[호추부두戶樞不蠹]

집문 지도리는 좀이 안 먹는다는 말이며, 변화는 부패하지 않는다는 뜻이다. 여씨 춘추의 글이다. '흐르는 물은 썩지 않고, 문지도리는 좀먹지 않는다. 움직이기 때문이다.'

원문 | 流水不腐 戶樞不蠹 動也
유 수 불 부 호 추 부 두 동 야

글자 | 집 **호**, 지도리 **추**, 아닐 **부**, 좀 **두**

출전 | 여씨춘추 진수盡數

[호축삼재虎逐三災]

호랑이가 세 가지 재앙을 쫓는다는 말이며, 호랑이가 수재 · 화재 · 풍재를 물리쳐 준다는 뜻이다.

글자 | 범 **호**, 쫓을 **축**, 재앙 **재**

[호치단순皓齒丹脣]

흰 이와 붉은 입술이라는 말이며, 미인을 빗댄 말이다.

글자 | 흴 **호**, 이 **치**, 붉을 **단**, 입술 **순**

동류 | 단순호치丹脣皓齒

[호탕불기豪宕不羈]

호걸처럼 방탕하여 매이지 않는다는 말이다.

글자 | 호걸 **호**, 방탕할 **탕**, 아닐 **불**, 굴레 **기**

[호풍환우呼風喚雨]

바람을 불어 비를 부른다는 말이다.

원문 | 呼風喚雨 移山渡水
호 풍 환 우 이 산 도 수

글자 | 부를 **호**, 바람 **풍**, 부를 **환**, 비 **우**

[호피지시虎皮之詩]

→ 사후칭미死後稱美

[호학수구狐貉首丘]

→ 호사수구狐死首丘

[호한위천戶限爲穿]

문지방이 뚫어지게 되었다는 말이며, 사람들의 출입이 잦다는 뜻이다.

글자 | 지게문 **호**, 문지방 **한**, 될 **위**, 뚫을 **천**

출전 | 상서고실尙書故實

유사 | 문전성시門前成市

[호한제기號寒啼饑]

추워서 부르짖고 굶주림으로 운다는 말이며, 매우 가난한 상태를 이른다.

글자 | 부르짖을 **호**, 찰 **한**, 울 **제**, 주릴 **기**

[호해지사湖海之士]

호수와 바다의 선비라는 말이며, 커다란 기상氣象을 가지고 초야에 묻혀 사는 선비를 빗댄 말이다.

글자 | 호수 **호**, 바다 **해**, 어조사 **지**, 선비 **사**

출전 | 삼국지

[호행난주胡行亂走]

멀리 다니며 어지러이 뛴다는 말이며, 함부로 날뛰며 제멋대로 행동한다는 뜻이다.

글자 | 멀 **호**, 다닐 **행**, 어지러울 **난**, 달아날 **주**

[호행소혜好行小慧]

작은 꾀를 쓰기 좋아한다는 말이다. 공자의 말이다. '뭇사람이 함께 있으면서 하루 종일 옳은 일에 대해서는 한마디 말도 없고 사리사욕을 위한 얄팍한 꾀를 쓰기만을 좋아한다면 곤란한 문제다.'

원문 | 群居終日 言不及義 好行小
군 거 종 일 언 불 급 의 호 행 소
慧難矣哉
혜 난 의 재

글자 | 좋을 **호**, 행할 **행**, 작을 **소**, 슬기로울 **혜**

ㅎ

출전 | 논어 위령공衛靈公

[호형호제呼兄呼弟]

형이라 부르고 아우라 부른다는 말이며, 매우 가까운 사이에 서로 형이니 아우니 하며 부른다는 뜻이다.

글자 | 부를 **호**, 맏 **형**, 아우 **제**

[호호교교皓皓皎皎]

빛나고 빛나며 달도 밝다는 말이며, 대낮의 밝은 해와 환한 보름달이라는 뜻이다.

글자 | 빛 **호**, 달 밝을 **교**

[호호막막浩浩漠漠]

→ 호호망망浩浩茫茫

[호호망망浩浩茫茫]

[바다 · 사막 따위가] 넓고 넓어 아득하다는 말이다.

글자 | 넓을 **호**, 아득할 **망**

유사 | 호호탕탕浩浩蕩蕩

[호호백발皓皓白髮]

희고 흰 터럭이라는 말이며, 온통 하얗게 된 노인의 머리라는 뜻이다.

글자 | 흴 **호**, 흰 **백**, 터럭 **발**

[호호탕탕浩浩蕩蕩]

아주 넓고 매우 크다는 말이며, 기세가 있고 힘차다는 뜻도 있다.

글자 | 넓을 **호**, 클 **탕**

출전 | 서경 우서虞書 요전堯典

[호홀지간毫忽之間]

가늘고 가벼운 긴 털의 사이라는 말이며, 매우 작은 차이라는 뜻이다.

글자 | 가늘고 긴 털 **호**, 가벼울 **홀**, 어조사 **지**, 사이 **간**

[호화자제豪華子弟]

호협하고 빛나는 [집안의] 자제라는 말이며, 부유한 집안에서 태어난 자제라는 뜻이다.

글자 | 호협할 **호**, 빛날 **화**, 아들 **자**, 아우 **제**

출전 | 송남잡지

[호화찬란豪華燦爛]

호협하고 빛나고 찬란하다는 말이며, 눈부시게 빛나고 호화롭다는 뜻이다.

글자 | 호협할 **호**, 빛날 **화**, 찬란할 **찬**, 찬란할 **란**

[혹령청송鵠嶺青松]

따오기고개의 푸른 소나무라는 말이며, 신라가 쇠퇴하고 혹령(개성)이 있는 고려왕조가 개장할 것을 예언한 말이다.

글자 | 따오기 **혹**, 고개 **령**, 푸를 **청**, 소나무 **송**

출전 | 삼국사기

관련 | 계림황엽鷄林黃葉

[혹세무민惑世誣民]

백성을 속이고 세상을 미혹한다는 말이며, 사람을 속여 세상을 어지럽힌다는 뜻이다.

글자 | 미혹할 **혹**, 세상 **세**, 속일 **무**, 백성 **민**

출전 | 대학 장구서

[혹속혹지或速或遲]

혹은 빠르고, 혹은 더디다는 말이며, 어떤 때는 빠르고, 어떤 때는 더디기도 하다는 뜻이다.

글자 | 혹 **혹**, 빠를 **속**, 더딜 **지**

[혹시혹비或是或非]

혹은 옳기도 하고, 혹은 그르기도 하다는 말이며, 옳고 그른 것을 결정할 수 없다는 뜻이다.

글자 | 혹 **혹**, 옳을 **시**, 아닐 **비**

[혹신혹의惑信或疑]

미혹하여 믿기도 하고, 혹은 의심하기도 한다는 말이다.

글자 | 미혹할 **혹**, 믿을 **신**, 혹 **혹**, 의심할 **의**

[혹어후처惑於後妻]

후처에게 홀딱 반했다는 말이다.

글자 | 미혹할 **혹**, 어조사 **어**, 뒤 **후**, 아내 **처**

[혹원혹근或遠或近]

혹은 멀고, 혹은 가깝다는 말이며, 성인의 행동은 한결같지 않아서 혹은 멀리 있기도 하고, 혹은 가까이 있기도 한다는 뜻이다.

원문 | 聖人之行不動也 或遠或近
성인지행부동야 혹원혹근

글자 | 혹 **혹**, 멀 **원**, 가까울 **근**

출전 | 맹자 만장 상

[혹자혹위或慈或威]

혹은 사랑하고, 혹은 위엄하다는 말이며, 관세음보살도 혹은 자비롭게, 혹은 위엄 있는 모습을 나타내기도 한다는 뜻이다.

글자 | 혹 **혹**, 사랑 **자**, 위엄 **위**

출전 | 화엄경

[혹출혹처或出或處]

혹은 나가고, 혹은 머문다는 말이며, 나가서 활동하기도 하고 집에 머물기도 한다는 뜻이다.

글자 | 혹 **혹**, 날 **출**, 머물 **처**

[혼경모석魂驚毛淅]

혼이 놀라고 털이 솟는다는 말이며, 몹시 놀라서 정신이 아찔하고 모발이 쭈뼛한다는 뜻이다.

글자 | 혼 **혼**, 놀랄 **경**, 털 **모**, 빗소리 **석**

출전 | 조선왕조 24대 현종실록 4권

[혼곤단진昏困斷盡]

어지럽고 곤하고 끊겨서 다했다는 말이며, 힘이 다 빠져서 기진맥진한 상태라는 뜻이다.

글자 | 어지러울 **혼**, 곤할 **곤**, 끊길 **단**, 다할 **진**

출전 | 구운몽 5권

[혼구암실昏衢暗室]

어두운 네거리와 어두운 방이라는 말이며, 주위가 모두 어두운 곳이라는 뜻이다.

글자 | 어두울 **혼**, 네거리 **구**, 어두울 **암**, 방 **실**

출전 | 옥루몽

[혼금박옥渾金璞玉]

→ 박옥혼금璞玉渾金

[혼돈개벽混沌開闢]

흐리고 어두운 것이 열렸다는 말이며, 어두운 시대를 버리고 연다는 뜻이다.

글자 | 흐릴 **혼**, 어두울 **돈**, 열 **개**, 열 **벽**

[혼돈세계渾沌世界]

흐리고 혼탁한 세상이라는 말이며, 천지가 열릴 때, 사물의 구별이 확실하지 않은 상태를 일컫는다.

글자 | 흐릴 **혼**, 혼탁할 **돈**, 인간 **세**, 지경 **계**

동류 | 혼돈천지渾沌天地

[혼돈천지渾沌天地]

→ 혼돈세계渾沌世界

[혼배성사婚配聖事]

→ 혼인성사婚姻聖事

[혼불부신魂不附身]

→ 혼비백산魂飛魄散

[혼불부체魂不附體]

→ 혼비백산魂飛魄散

[혼비백산魂飛魄散]

넋이 날아가고 흩어져 나간다는 말이며, 몹시 놀라 혼이 나고 넋을 잃는다는 뜻이다.

글자 | 넋 **혼**, 날 **비**, 넋 **백**, 흩어질 **산**

동류 | 혼불부신魂不附身, 혼불부체魂不附體

[혼상백치魂喪魄褫]

혼을 잃고 넋을 잃는다는 말이며, 몹시 놀라서 정신이 없다는 뜻이다.

글자 | 혼 **혼**, 잃을 **상**, 넋 **백**, 넋 잃을 **치**

출전 | 구운몽

동류 | 혼비백산魂飛魄散

[혼승백강魂昇魄降]

넋은 올라가고 몸은 내려간다는 말이며, 영혼은 하늘로 올라가고, 육신은 땅에 묻힌다는 뜻이다.

글자 | 넋 **혼**, 오를 **승**, 몸 **백**, 내릴 **강**

[혼야애걸昏夜哀乞]

어두운 밤에 애걸한다는 말이며, 깊

은 밤에 남몰래 권세가에게 애걸한다는 뜻이다.

글자 | 어두울 **혼**, 밤 **야**, 슬플 **애**, 빌 **걸**

[혼연일체渾然一體]

섞인 그런 것이 한 몸이라는 말이며, 생각, 행동, 의지 따위가 완전히 한 덩어리가 된다는 뜻이다.

글자 | 섞일 **혼**, 그럴 **연**, 몸 **체**

출전 | 주희朱熹 태극도설太極圖說

[혼연일치渾然一致]

섞인 그런 것이 하나에 이른다는 말이며, 생각, 행동, 의지 따위가 조금만 차이도 없이 한가지로 합치한다는 뜻이다.

글자 | 섞일 **혼**, 그럴 **연**, 이를 **치**

[혼연천성渾然天成]

흐릿할 때 하늘에서 이루어졌다는 말이며, 처음부터 아주 쉽게 이루어졌다는 뜻이다.

글자 | 흐릴 **혼**, 그럴 **연**, 하늘 **천**, 이룰 **성**

[혼외정사婚外情事]

혼인 밖의 마음속 일이라는 말이며, 불륜의 성관계를 한다는 뜻이다.

글자 | 혼인 **혼**, 밖 **외**, 마음속 **정**, 일 **사**

[혼인성사婚姻聖事]

장가들고 시집가는 거룩한 일이라는 말이며, 교회법이 허용하는 일남 일녀가 혼인하는 것을 일컫는다.

글자 | 장가들 **혼**, 시집 **인**, 거룩할 **성**, 일 **사**

[혼인조례婚姻條例]

혼인하는 법식과 조목이라는 말이며, 1635년 영국 크롬웰 공화정부가 제정 공포한 혼인 법령(Civil marriage act)을 일컫는다. 혼인 예고豫告를 마치고 그 증명을 받은 후, 혼인하는 남녀가 판사 앞에서 신神의 이름으로 서약을 하고 판사의 선언에 의하여 법적으로 혼인의 효력이 발생하도록 규정된 것이다.

글자 | 혼인할 **혼**, 혼인할 **인**, 조목 **조**, 법식 **례**

[혼전성교婚前性交]

혼인 전에 색욕으로 만난다는 말이며, 혼인예식을 올리기 전에 남녀 간에 성교를 한다는 뜻이다.

글자 | 혼인 **혼**, 앞 **전**, 색욕 **성**, 만날 **교**

[혼정신성昏定晨省]

어두워진 밤에 안부를 묻고 새벽에 살핀다는 말이며, 아침저녁으로 부모의 안부를 묻고 살핀다는 뜻이다.

글자 | 어두울 **혼**, 편안할 **정**, 새벽 **신**, 살필 **성**

출전 | 예기 곡례曲禮 상

유사 | 동온하청冬溫夏凊

[혼혼몽몽昏昏懞懞]

매우 어둡고 답답하다는 말이며, 안개나 먼지 등으로 앞이 캄캄하고 흐릿하다는 뜻이다.

글자 | 어두울 **혼**, 답답할 **몽(맹)**

출전 | 옥루몽

[홀륜탄조囫圇呑棗]

완전하고 완전하게 대추를 삼킨다는 말이며, 대추를 씹지도 않고 통째로 삼켜 맛을 모르는 것과 같이 자세히 모르는 일을 우물쭈물 넘긴다는 뜻이다.

글자 | 물건 완전할 **홀**, 물건 완전할 **륜**, 삼킬 **탄**, 대추나무 **조**

출전 | 벽암록壁巖錄

[홀여과극忽如過隙]

홀연히 틈을 지나는 것과 같다는 말이며, 세월의 흐름이 매우 빠르다는 뜻이다.

글자 | 홀연히 **홀**, 같을 **여**, 지나칠 **과**, 틈 **극**

출전 | 한시외전漢詩外傳

[홀왕홀래忽往忽來]

갑자기 가고, 갑자기 온다는 말이다.

글자 | 깜짝할 **홀**, 갈 **왕**, 올 **래**

[홀지풍파忽地風波]

홀연히 땅에 바람 물결이 일어난다는 말이며, 갑자기 닥쳐오는 어려움을 빗댄 말이다.

글자 | 홀연 **홀**, 땅 **지**, 바람 **풍**, 물결 **파**

[홀현홀몰忽顯忽沒]

갑자기 나타났다가 갑자기 없어진다는 말이다.

글자 | 깜짝할 **홀**, 나타날 **현**, 숨을 **몰**

[홍곡장지鴻鵠將至]

기러기와 고니가 곧 이른다는 말이며, 어떤 과제가 곧 닥친다는 뜻이다.

원문 | 一心以爲有鴻鵠將志
일 심 이 위 유 홍 곡 장 지

글자 | 기러기 **홍**, 고니 **곡**, 곧 **장**, 이를 **지**

출전 | 맹자 고자告子 상

[홍곡지수鴻鵠之壽]

기러기와 고니의 목숨이라는 말이며, 홍곡과 같이 긴 수명이라는 뜻이다.

글자 | 기러기 **홍**, 고니 **곡**, 어조사 **지**, 목숨 **수**

[홍곡지지鴻鵠之志]

기러기와 고니의 뜻이라는 말이며, 비천한 자가 큰 뜻을 품는다는 뜻이다. 머슴에서 왕이 된 진섭陳涉이 탄식하며 한 말이다. '연작이 어찌 홍곡의 뜻을 알겠는가!'

원문 | 燕雀安知鴻鵠之志
연 작 안 자 홍 곡 지 지

글자 | 기러기 **홍**, 고니 **곡**, 어조사 **지**, 뜻 **지**

출전 | 사기 진섭세가陳涉世家

유사 | 연작홍곡燕雀鴻鵠

[홍동백서紅東白西]

붉은 것은 동쪽, 흰 것은 서쪽이라는 말이며, 제사 지낼 때에 신위神位를 기준으로 붉은 과실은 동쪽, 흰 과실은 서쪽에 놓는다는 뜻이다.

글자 | 붉을 **홍**, 동녘 **동**, 흰 **백**, 서녘 **서**

[홍등녹주紅燈綠酒]

붉은 등과 푸른 술이라는 말이며, 화류계花柳界를 일컫는다.

글자 | 붉을 **홍**, 등잔 **등**, 푸를 **녹**, 술 **주**

[홍련지옥紅蓮地獄]

붉은 연꽃의 지옥이라는 말이며, 찬바람에 살갗이 붉은 연꽃과 같이 터진다는 팔한지옥八寒地獄을 일컫는다.

글자 | 붉을 **홍**, 연꽃 **련**, 땅 **지**, 감옥 **옥**

[홍로점설紅爐點雪]

붉게 달아오른 화로에 한 점, 두 점 떨어지는 눈이라는 말이며, 큰일에 사소한 힘이 아무 보탬이 되지 않는다는 뜻이다.

글자 | 붉을 **홍**, 화로 **로**, 점 **점**, 눈 **설**

출전 | 속근사록續近思錄

[홍만자회紅卍字會]

붉은 만자 모임이라는 말이며, 유교·불교·도교의 3교에 기독교와 이슬람교를 가미한 중국의 신흥 종교단체를 일컫는다. 1920년대 이후 화북을 중심으로 퍼졌으며 난민의 구제, 고아의 보호사업 등을 한 바 있다.

글자 | 붉을 **홍**, 만자 **만**, 글자 **자**, 모일 **회**

[홍목당혜紅目唐鞋]

붉은 눈의 당나라 신이라는 말이며, 푸른 바탕에 붉은 눈을 수놓은 가죽신을 일컫는다. 여자와 아이들이 신었다.

글자 | 붉을 **홍**, 눈 **목**, 당나라 **당**, 신 **혜**

[홍몽세계鴻濛世界]

크게 어두운 세상이라는 말이며, 매우 혼란스러운 세상이라는 뜻이다.

글자 | 클 **홍**, 어두울 **몽**, 세상 **세**, 지경 **계**

동류 | 혼돈세계渾沌世界

[홍문옥두鴻門玉斗]

홍문의 옥 술잔이라는 말이며, 상대방의 환심을 사기 위한 선물을 빗댄 말이다. 중국 한나라 유방이 홍문에서 초나라 항우와 회합할 때, 그의 부하 범증范增에게 옥으로 만든 술잔을 선사했는데 범증이 이를 칼로 깨트린 고사에서 온 말이다.

글자 | 기러기 **홍**, 문 **문**, 옥 **옥**, 술그릇 **두**

[홍문지회鴻門之會]

홍문의 모임이라는 말이며, 중국 한나라 유방이 홍문에서 초나라 항우와 만나 회견하다가 죽임을 당할 위험에서 피한 고사에서, 매우 위험한 경우라는 뜻이다.

글자 | 기러기 **홍**, 문 **문**, 어조사 **지**, 모

일 회
출전 | 사기 항우본기項羽本紀
관련 | 홍문옥두鴻門玉斗

[홍범구주洪範九疇]

큰 법 아홉 무리라는 말이며, 중국 하나라 우왕 때, 낙수에서 나온 신귀神龜의 등에 적혀있던 아홉 가지 대법을 일컫는다. 즉 오행, 오사, 팔정, 오기, 황극, 삼덕, 계의, 서징, 오복이다. 오행은 금목수화토로서 자연의 이치를 설명한 오늘날의 자연과학에 해당한다.

글자 | 클 **홍**, 법 **범**, 무리 **주**

[홍분유취紅粉乳臭]

붉은 분과 젖 냄새라는 말이며, 어린 아이를 빗댄 말이다.

글자 | 붉을 **홍**, 분 **분**, 젖 **유**, 냄새 **취**
출전 | 대동야승 1권

[홍분청아紅粉青蛾]

붉은 연지와 분, 그리고 푸른 나비 눈썹이라는 말이며, 미녀를 형용하여 이르는 말이다.

원문 | 紅紛青蛾映楚雲桃花馬上石榴裙
홍 분 청 아 영 초 운 도 화 마 상 석 류 군

글자 | 붉을 **홍**, 분 **분**, 푸를 **청**, 나비 눈썹 **아**
출전 | 두심언杜審言의 시

[홍불감장紅不甘醬]

붉다고 간장이 단 것은 아니라는 말이며, 겉으로 보기 좋아도 속이 신통한 것은 아니라는 뜻이다.

글자 | 붉을 **홍**, 아닐 **불**, 달 **감**, 간장 **장**

[홍상교처紅裳教妻]

다홍치마 [때부터] 아내를 가르친다는 말이며, 아내의 버릇은 시집오자마자 가르쳐야 한다는 뜻이다.

글자 | 붉을 **홍**, 치마 **상**, 가르칠 **교**, 아내 **처**
출전 | 송남잡지

[홍소녹장紅消綠長]

붉은 것이 사라지면 초록빛이 커진다는 말이며, 꽃이 지자 새 잎이 나서 녹음이 짙어졌다는 뜻이다.

글자 | 붉을 **홍**, 사라질 **소**, 초록빛 **녹**, 클 **장**
출전 | 심주沈澍의 화제畵題

[홍수경여洚水警余]

큰물이 나를 깨우쳤다는 말이며, 중국 요순시대의 홍수가 치수治水를 깨우쳤다는 뜻이다.

글자 | 물 벅차게 흐를 **홍**, 물 **수**, 깨우칠 **경**, 나 **여**
출전 | 서경, 맹자 등문공 하

[홍수녹헐紅收綠歇]

붉은 것을 거두고 초록빛이 다했다는

말이며, 봄철과 가을이 지나간다는 뜻이다.

글자 | 붉을 **홍**, 거둘 **수**, 초록빛 **녹**, 다할 **헐**

출전 | 춘향전

[홍수황문紅袖黃門]

붉은 소매와 누런 문이라는 말이며, 궁녀와 환관을 빗댄 말이다.

글자 | 붉을 **홍**, 소매 **수**, 누를 **황**, 문 **문**

[홍수횡류洪水橫流]

홍수가 나서 사납게 흐른다는 말이다.

글자 | 큰물 **홍**, 물 **수**, 사나울 **횡**, 흐를 **류**

출전 | 맹자 등문공 상

[홍안박명紅顔薄命]

붉은 얼굴은 명이 짧다는 말이며, 얼굴빛이 홍도색紅桃色인 미인은 팔자가 사납다는 뜻이다.

글자 | 붉을 **홍**, 얼굴 **안**, 얇을 **박**, 목숨 **명**

동류 | 미인박명美人薄命

[홍안백발紅顔白髮]

붉은 얼굴에 흰 머리터럭이라는 말이며, 나이가 들었지만 얼굴은 붉고 윤기가 난다는 뜻이다.

글자 | 붉을 **홍**, 얼굴 **안**, 흰 **백**, 터럭 **발**

[홍안비자紅顔婢子]

붉은 얼굴의 계집종이라는 말이며, 젊고 튼튼한 계집종이라는 뜻이다.

글자 | 붉을 **홍**, 얼굴 **안**, 계집종 **비**, 사람 **자**

[홍안애력鴻雁愛力]

기러기는 힘을 아낀다는 말이며, 기러기는 바람을 만나면 재빨리 떠올라 자기의 힘을 아낀다는 데서 기회를 잘 이용한다는 뜻이다.

글자 | 기러기 **홍**, 기러기 **안**, 아낄 **애**, 힘 **력**

출전 | 비아埤雅

[홍안애명鴻雁哀鳴]

기러기의 슬피 우는 소리라는 말이며, 유랑하는 가난한 백성들의 슬픔을 빗댄 말이다. 시경에 있는 구절이다. '기러기가 날아가네. 끼룩끼룩 슬피 우네.'

원문 | 鴻雁于飛 哀鳴嗸嗸
홍 안 우 비 애 명 오 오

글자 | 기러기 **홍**, 기러기 **안**, 슬플 **애**, 울 **명**

출전 | 시경 홍안지습鴻雁之什

[홍연대소哄然大笑]

큰소리 내어 크게 웃는다는 말이다.

글자 | 큰소리 내어 웃을 **홍**, 그럴 **연**, 큰 **대**, 웃을 **소**

[홍엽양매紅葉良媒]

→ 홍엽지매紅葉之媒

[홍엽제시紅葉題詩]

붉은 잎에 시를 쓴다는 말이며, 혼인

을 맺게 된 좋은 인연이라는 뜻이다. 중국 당나라의 우우于祐가 붉은 낙엽에 시를 써서 물에 띄워 보낸 것이 인연이 되어 궁녀 한씨와 혼인하게 되었다는 고사에서 온 말이다.

글자 | 붉을 **홍**, 앞 **엽**, 쓸 **제**, 글 **시**

출전 | 태평광기太平廣記

동류 | 홍엽양매紅葉良媒, 홍엽지매紅葉之媒

[홍엽지매紅葉之媒]

→ 홍엽제시紅葉題詩

[홍의교주紅衣教主]

→ 홍의재상紅衣宰相

[홍의장군紅衣將軍]

붉은 옷의 장수라는 말이며, 임진왜란 때, 의병으로 활약한 곽재우郭再祐 장군을 일컫는다.

글자 | 붉을 **홍**, 옷 **의**, 장수 **장**, 군사 **군**

[홍의재상紅衣宰相]

붉은 옷의 재상이라는 말이며, 로마 교황청의 추기관들을 일컫는다.

글자 | 붉을 **홍**, 옷 **의**, 재상 **재**, 재상 **상**

출전 | 천주교

동류 | 홍의교주紅衣教主

[홍익인간弘益人間]

널리 인간세계를 이롭게 한다는 말이다. 이는 단군檀君의 건국이념으로 알려져 있다.

원문 | 父知子意 下視三危 太白可以 弘益人間
부지자의 하시삼위 태백가이 홍익인간

글자 | 넓을 **홍**, 이로울 **익**, 사람 **인**, 사이 **간**

출전 | 삼국유사 기이제일紀異第一

[홍점지익鴻漸之翼]

기러기의 점점 오르는 날개라는 말이며, 차차 높은 자리로 올라갈 재능이 있다는 뜻이다.

글자 | 기러기 **홍**, 점점 **점**, 어조사 **지**, 날개 **익**

출전 | 한서

[홍진만장紅塵萬丈]

붉은 티끌이 만 길이나 된다는 말이며, 기다란 병마의 행렬을 일컫는다.

글자 | 붉을 **홍**, 티끌 **진**, 일만 **만**, 열자 **장**

동류 | 황진만장黃塵萬丈

[홍진벽산紅塵碧山]

붉은 티끌이 푸른 산이라는 말이며, 마음이 고요하면 티끌세상이 바로 푸른 산속과 같다는 뜻이다.

원문 | 心靜則紅塵是碧山
심정즉홍진시벽산

글자 | 붉을 **홍**, 티끌 **진**, 깊게 푸를 **벽**, 뫼 **산**

출전 | 유만주의 흠영欽英

[홍진세계紅塵世界]

붉은 티끌의 세상이라는 말이며, 더러운 속세라는 뜻이다.

글자 | 붉을 **홍**, 티끌 **진**, 세상 **세**, 지경 **계**

동류 | 홍진만장紅塵萬丈

[홍화녹엽紅花綠葉]

붉은 꽃과 푸른 잎이라는 말이다.

글자 | 붉을 **홍**, 꽃 **화**, 푸를 **녹**, 잎 **엽**

[화가여생禍家餘生]

재화를 입은 집의 남은 목숨이라는 말이며, 죄화罪禍를 입은 집안의 자손이라는 뜻이다.

글자 | 재화 **화**, 집 **가**, 남을 **여**, 목숨 **생**

[화가유항花街柳巷]

→ 유항화가柳巷花街

[화가호화火家呼火]

불난 집에서 불을 부르짖는다는 말이며, 제 밑이 구린 사람이 남이 할 말을 먼저 한다는 뜻이다.

글자 | 불 **화**, 집 **가**, 부르짖을 **호**

출전 | 고금석림 28권

[화간접무花間蝶舞]

꽃 사이로 나비가 춤추며 날아간다는 말이다.

글자 | 꽃 **화**, 사이 **간**, 들 나비 **접**, 춤출 **무**

[화갱염매和羹鹽梅]

짜고 새콤한 국을 고르게 한다는 말이며, 나라의 정치를 잘 다스린다는 뜻이다.

글자 | 고를 **화**, 국 **갱**, 소금 **염**, 매실 식초 **매**

출전 | 서경 열명편說命篇

[화관모속華菅茅束]

쪼갠 골 풀을 띠로 묶는다는 말이며, 부부는 서로 떨어져서는 안 된다는 뜻이다.

글자 | 쪼갤 **화**, 골풀 **관**, 띠 **모**, 묶을 **속**

[화관무직華官膴職]

빛나는 벼슬과 두터운 직분이라는 말이며, 이름이 높고 녹이 많은 벼슬을 일컫는다.

글자 | 빛날 **화**, 벼슬 **관**, 두터울 **무**, 직분 **직**

[화광동진和光同塵]

빛을 순하게 하고 먼지와 함께한다는 말이며, 지혜와 같은 것을 자랑하지 않고 속세 사람들 속에 묻혀버린다는 뜻이다.

원문 | 和其光 同其塵是謂玄同
화 기 광 동 기 진 시 위 현 동

글자 | 순할 **화**, 빛 **광**, 같을 **동**, 먼지 **진**

출전 | 노자 4장 무원無源

[화광충천火光衝天]

불빛이 하늘을 찌른다는 말이다.

ㅎ

글자 | 불 **화**, 빛 **광**, 찌를 **충**, 하늘 **천**

[화국문장華國文章]

나라를 빛내는 문장이라는 말이다.

글자 | 빛날 **화**, 나라 **국**, 글 **문**, 문채 **장**

출전 | 보한집補閑集 상

[화기세미禍起細微]

→ 화생섬섬禍生纖纖

[화기소장禍起蕭墻]

재앙은 쓸쓸한 담장 안에서 일어난다는 말이며, 내분이나 내란이 일어난다는 뜻이다.

글자 | 재앙 **화**, 일어날 **기**, 쓸쓸할 **소**, 담 **장**

출전 | 논어 계씨편季氏篇

[화기애애和氣靄靄]

화목한 기운이 아지랑이 같다는 말이며, 여럿이 모인 자리에 온화한 기색이 넘쳐흐른다는 뜻이다.

글자 | 화목할 **화**, 기운 **기**, 아지랑이 **애**

출전 | 당나라 이춘부李春賦

[화기충만和氣充滿]

고른 기운이 가득 찼다는 말이며, 화목한 분위기가 가득하다는 뜻이다.

글자 | 고를 **화**, 기운 **기**, 채울 **충**, 가득할 **만**

[화기치상和氣致祥]

기운이 고르면 상서로움에 이른다는 말이며, 음과 양이 서로 화합하면 그 기운이 상서롭게 된다는 뜻이다.

글자 | 화할 **화**, 기운 **기**, 이를 **치**, 상서로울 **상**

출전 | 한서 유향전劉向傳

[화당채각畵堂彩閣]

그림을 그린 집과 채색을 한 다락이라는 말이며, 아름답게 단청을 하여 꾸민 집을 일컫는다.

글자 | 그림 **화**, 집 **당**, 채색 **채**, 다락집 **각**

출전 | 옥루몽

[화락무실花落無實]

꽃이 떨어져 열매가 없다는 말이며, 수고는 많이 했으나 이득이 없다는 뜻이다.

원문 | 花落無實 何望大財
화 락 무 실 하 망 대 재

글자 | 꽃 **화**, 떨어질 **락**, 없을 **무**, 열매 **실**

출전 | 토정비결

[화랑정신花郎精神]

화랑의 정신이라는 말이며, 신라 때에 행하던 청소년의 민간 수양단체의 이념인 다섯 가지 조건을 실행하는 정신을 일컫는다. 그 내용은 나라에 충성하고, 부모에게 효도하고, 벗을 믿음으로 사귀고, 죽이는 일을 삼가고, 싸움터에 나가서 물러서지 않는다는 것이다.

글자 | 꽃 **화**, 사내 **랑**, 정령 **정**, 정신 **신**

동류 | 세속오계世俗五戒

[화룡유구畵龍類狗]

용을 그리다가 개와 같이 그렸다는 말이며, 큰일을 하려다가 작은 일도 이루지 못했다는 뜻이다.

원문 | 畵龍不成反爲狗
화 룡 불 성 반 위 구

글자 | 그림 **화**, 용 **룡**, 같을 **유**, 개 **구**

출전 | 후한서 마원전馬援傳

동류 | 화호유구畵虎類狗

[화룡점정畵龍點睛]

용을 그리고 눈동자를 찍는다는 말이며, 어떤 일의 가장 핵심이 되는 것을 마무리하거나 그 부분을 완성한다는 뜻이다. 양나라 장승유가 안락사安樂寺 벽에 네 마리의 용을 그리고 눈동자를 그려 넣지 않았다. 사람들이 이유를 묻자 '눈동자를 그려 넣으면 날아가 버리기 때문이다.' 라고 답했다.

글자 | 그림 **화**, 용 **룡**, 점 **점**, 눈동자 **정**

출전 | 수형기水衡記

[화류반구話留半句]

말할 때 반 마디는 남긴다는 말이며, 모든 계략을 다 쏟아놓지 않고 여유를 두라는 뜻이다.

글자 | 말씀 **화**, 머무를 **류**, 절반 **반**, 글구절 **구**

[화목지요花木之妖]

꽃나무의 요사함이라는 말이며, 모란꽃이 시시각각으로 변색하는 것을 일컫는다.

글자 | 꽃 **화**, 나무 **목**, 어조사 **지**, 고을 **요**

출전 | 연감유함淵鑑類函

[화목향리和睦鄕里]

화목하고 친목한 시골 마을이라는 말이다. 명나라 홍무제가 제정한 육유六諭 (① 효순부모孝順父母, ② 공경장상恭敬長上, ③ 화목향리和睦鄕里, ④ 교훈자손敎訓子孫, ⑤ 각안생리各安生理, ⑥ 무작비위無作非爲)의 한 조목이기도 하다.

글자 | 화목할 **화**, 친목할 **목**, 시골 **향**, 마을 **리**

출전 | 육유연의六諭衍義

[화민성속化民成俗]

백성을 교화하여 아름다운 풍속을 이룬다는 말이다.

글자 | 될 **화**, 백성 **민**, 이룰 **성**, 풍속 **속**

출전 | 예기 악기편樂記篇

[화반도인化飯道人]

밥이 되게 하는 도리의 사람이라는 말이며, 밥을 구걸하고 다니는 거지 중을 일컫는다.

글자 | 될 **화**, 밥 **반**, 도리 **도**, 사람 **인**

[화반탁출和盤托出]

[음식물] 소반을 고르게 밀어낸다는 말이며, 모든 것을 남기지 않고 드러낸다는 뜻이다.

글자 | 화할 **화**, 소반 **반**, 밀 **탁**, 날 **출**

출전 | 서호가화西湖佳話

[화방작첩花房作妾]

꽃방을 첩으로 만들었다는 말이며, 기생을 첩으로 삼았다는 뜻이다.

글자 | 꽃 **화**, 방 **방**, 만들 **작**, 첩 **첩**

[화병충기畵餠充饑]

그림의 떡으로 굶주림을 채운다는 말이며, 허황된 수작으로 자신을 위안한다는 뜻이다.

글자 | 그림 **화**, 떡 **병**, 채울 **충**, 주릴 **기**

출전 | 후한서 노육전盧毓傳, 전등록

유사 | 망매지갈望梅之渴

[화복규묵禍福糾纆]

화와 복은 꼬아 놓은 노끈과 같다는 말이며, 행복과 불행은 한데 얽혀 있다는 뜻이다.

원문 | 禍福若糾纆
화 복 약 규 묵

글자 | 재화 **화**, 복 **복**, 얽힐 **규**, 세 겹 노끈 **묵**

출전 | 사기

동류 | 화복규승禍福糾繩

[화복규승禍福糾繩]

→ 화복규묵禍福糾纆

[화복동문禍福同門]

재화와 복이 같은 문으로 들어온다는 말이며, 나쁜 일이나 좋은 일은 모두 자신이 불러들인다는 뜻이다.

글자 | 재화 **화**, 복 **복**, 같을 **동**, 문 **문**

출전 | 회남자 인간훈人間訓

[화복무문禍福無門]

재화와 복은 문이 없다는 말이며, 이는 운명적으로 오는 것이 아니라 사람이 선한 일을 했는지 악한 짓을 했는지 그 결과에 따라 받는다는 뜻이다. 좌전에 있는 글이다. '화와 복은 들어오는 문이 있는 것이 아니라 사람이 불러들이는 것이다.'

원문 | 子無然 禍福無門 唯人所召
자 무 연 화 복 무 문 유 인 소 소

글자 | 재화 **화**, 복 **복**, 없을 **무**, 문 **문**

출전 | 춘추좌씨전 양공襄公 23년

동류 | 화복동문禍福同門

[화복상관禍福相貫]

화와 복은 서로 꿰고 있다는 말이며, 화가 있는 곳에 복이 있고, 복이 있는 곳에 화가 있다는 뜻이다.

글자 | 재화 **화**, 복 **복**, 서로 **상**, 꿸 **관**

출전 | 전국책

[화복소의禍福所倚]

화가 복을 의지하는 바라는 말이며, 화로 인하여 행복해진다는 뜻이다. 노자의 글이다. '화 속에 복이 깃들어 있

고 복 속에 화가 숨겨져 있다.'

원문 | 禍兮 福之所倚 福兮 禍之所伏
화 혜 복 지 소 의 복 혜 화 지 소 복

글자 | 재화 **화**, 복 **복**, 바 **소**, 의지할 **의**

출전 | 노자 58장 순화順化

동류 | 화복상의禍福相依, 화중유복禍中有福

[화복유기禍福由己]

재화와 복은 몸으로부터 비롯된다는 말이며, 화복은 자기가 자초하는 것이라는 뜻이다.

글자 | 재화 **화**, 복 **복**, 비롯될 **유**, 몸 **기**

[화봉삼축華封三祝]

중국 화華지방의 봉인封人이 요임금의 덕을 세 가지 빌었다는 말이다. 성인聖人은 장수하시고, 성인은 부富하시고, 성인은 다남多男하시라고 빌었다는 고사에서 온 말이다.

글자 | 빛날 **화**, 봉할 **봉**, 빌 **축**

출전 | 고려사 134권

[화불단행禍不單行]

화는 홀로 다니지 않는다는 말이며, 재앙과 불행은 항상 겹쳐서 온다는 뜻이다.

글자 | 재화 **화**, 아닐 **불**, 홀로 **단**, 다닐 **행**

[화불망지禍不妄至]

화는 망령되게 이르지 않는다는 말이며, 화가 미치는 것은 모두 그 원인이 있다는 뜻이다.

글자 | 재화 **화**, 아닐 **불**, 망령될 **망**, 이를 **지**

출전 | 사기 귀책열전龜策列傳

[화불재양華不再揚]

꽃은 다시 올라 붙지 않는다는 말이며, 흘러간 세월은 다시 돌아오지 않는다는 뜻이다.

글자 | 꽃필 **화**, 아닐 **불**, 두 번 **재**, 들 **양**

[화사첨족畵蛇添足]

다리를 붙인 뱀을 그린다는 말이며, 소용없는 공연한 일을 한다는 뜻이다. 보통 사족蛇足이라고 줄여서 사용한다. 전국책에 있는 글이다. '지금 장군이 제나라를 공격하려고 하는 일은 뱀의 다리를 그리는 것과 같습니다.'

원문 | 猶爲蛇足也
유 위 사 족 야

글자 | 그림 **화**, 뱀 **사**, 더할 **첨**, 발 **족**

출전 | 전국책 제책齊策

[화상주유火上注油]

불 위에 기름을 붓는다는 말이며, 사태를 더욱 악화시킨다는 뜻이다.

글자 | 불 **화**, 윗 **상**, 물댈 **주**, 기름 **유**

출전 | 관장현형기官場現形記

[화색박두禍色迫頭]

재앙의 빛이 머리 가까이에 있다는 말이며, 재앙이 바싹 닥쳐온다는 뜻이다.

글자 | 재앙 **화**, 빛 **색**, 가까울 **박**, 머리 **두**

ㅎ

[화생부덕禍生不德]

화는 부덕한 데서 생긴다는 말이다.

글자 | 재화 **화**, 날 **생**, 아닐 **부**, 큰 **덕**

출전 | 최기의 외척잠外戚箴

[화생섬섬禍生纖纖]

화는 사소한 일에서 생긴다는 말이다.

글자 | 재화 **화**, 날 **생**, 가늘 **섬**

출전 | 순자, 설원

동류 | 화생어홀禍生於忽, 화기세미禍起細微

[화생어홀禍生於忽]

재화는 소홀한 데서 일어난다는 말이다.

글자 | 재화 **화**, 날 **생**, 어조사 **어**, 소홀할 **홀**

출전 | 설원說苑

[화서유유禾黍油油]

벼와 기장이 기름지고 기름지다는 말이며, 곡식이 잘 자랐다는 뜻이다.

원문 | 麥秀漸漸兮 禾黍油油
맥 수 점 점 혜 화 서 유 유

글자 | 벼 **화**, 기장 **서**, 기름 **유**

출전 | 사기, 가자箕子의 맥수가麥秀歌

[화서지국華胥之國]

꽃나비의 나라라는 말이며, 중국의 황제黃帝가 낮잠을 자다가 꿈에서 본 정치가 이상적으로 이루어지고 있는 나라를 일컫는다. 열자의 글이다. '그 나라에는 우두머리가 없고 저절로 되어갈 따름이었다. 그 백성들은 욕망이 없고 되는대로 살아갈 따름이었다.'

원문 | 華胥氏之國
화 서 씨 지 국

글자 | 꽃 **화**, 나비 **서**, 어조사 **지**, 나라 **국**

출전 | 열자 황제편黃帝篇

관련 | 화서지몽華胥之夢

[화서지몽華胥之夢]

화서의 꿈이라는 말이며, 진리를 깨달은 좋은 꿈이라는 뜻이다. 황제黃帝가 꿈속에서 화서라는 나라에 가서 도道를 깨닫게 되며 이를 계기로 천하를 잘 다스리게 되었다는 이야기에서 온 말이다.

글자 | 빛날 **화**, 서로 **서**, 갈 **지**, 꿈 **몽**

출전 | 열자 황제편皇帝篇

유사 | 화서지국華胥之國

[화성추월華星秋月]

빛나는 별과 가을의 달이라는 말이며, 남의 문장의 아름다움을 빗댄 말이다.

글자 | 빛날 **화**, 별 **성**, 가을 **추**, 달 **월**

출전 | 두보杜甫의 동원사군춘릉행同元使君春陵行

[화소미모火燒眉毛]

불이 눈썹을 태운다는 말이며, 일이 매우 절박하다는 뜻이다.

글자 | 불 **화**, 불 사를 **소**, 눈썹 **미**, 털 **모**

출전 | 오등회원五燈會元

동류 | 초미지급焦眉之急

[**화속결연**化俗結緣]

속된 것을 교화하여 인연을 맺게 한다는 말이며, 속인을 교화하여 불연佛緣을 맺게 한다는 뜻이다.

글자 | 교화 **화**, 속될 **속**, 맺을 **결**, 인연 **연**

[**화속교민**化俗教民]

풍속을 교화하고 백성을 가르친다는 말이다.

글자 | 교화 **화**, 풍속 **속**, 가르칠 **교**, 백성 **민**

[**화수은화**火樹銀花]

불나무와 은 꽃이라는 말이며, 불기둥과 불꽃이라는 뜻이다.

글자 | 불 **화**, 나무 **수**, 은 **은**, 꽃 **화**

[**화신망상**化身妄想]

몸으로 된 망령된 생각이라는 말이며, 자기가 짐승이나 돌 같은 것으로 변신하였다고 생각하는 것이다.

글자 | 될 **화**, 몸 **신**, 망령될 **망**, 생각 **상**

관련 | 허무망상虛無妄想

[**화실상칭**華實相稱]

화려함과 성실성이 서로 비등하다는 말이며, 선비라면 문장의 화려함과 행동의 성실성을 함께 갖추어야 한다는 뜻이다.

원문 | 衡陽王須文學 當使華實相稱
형양왕수문학 당사화실상칭

글자 | 화려할 **화**, 성실할 **실**, 서로 **상**, 저울질할 **칭**

출전 | 남사 제종실전齊宗室傳

[**화심포장**禍心包裝]

재앙의 마음을 포장했다는 말이며, 마음속에 나쁜 생각을 품고 있다는 뜻이다.

글자 | 재앙 **화**, 마음 **심**, 쌀 **포**, 쌀 **장**

[**화씨지벽**和氏之璧]

화씨의 둥근 옥이라는 말이며, 천하의 명옥名玉이라는 뜻이다. 화씨가 발견한 구슬이라고 해서 화씨의 벽이라 부르게 되었고, 이는 곤륜산에서 발견되었다고 한다.

원문 | 得楚和氏璧
득초화씨벽

글자 | 고루 **화**, 각시 **씨**, 갈 **지**, 둥근 옥 **벽**

출전 | 사기 염파열전廉頗列傳

동류 | 변화지벽卞和之璧

유사 | 연성지벽連城之璧

[**화씨헌벽**和氏獻璧]

→ 화씨지벽和氏之璧

[**화안설부**花顏雪膚]

꽃과 같은 얼굴과 눈과 같은 살결이라는 말이다.

글자 | 꽃 **화**, 얼굴 **안**, 눈 **설**, 살갗 **부**

출전 | 백거이의 장한가長恨歌

[**화안이성**和顏怡聲]

화목한 얼굴에 기쁜 소리라는 말이

ㅎ

며, 온화한 얼굴에 부드러운 목소리라는 뜻이다.

글자 | 화목할 **화**, 얼굴 **안**, 기쁠 **이**, 소리 **성**

출전 | 옥루몽

[화양부동花樣不同]

꽃 모양이 같지 않다는 말이며, 문장이 사람마다 다르다는 뜻이다.

글자 | 꽃 **화**, 모양 **양**, 아닐 **부**, 같을 **동**

출전 | 태평광기

[화어교어花語巧語]

→ 화언교어花言巧語

[화언교어花言巧語]

꽃 같은 말과 공교한 말이라는 말이며, 듣기 좋게 꾀는 말이라는 뜻이다.

원문 | 巧言郎所謂 花言巧語
교 언 랑 소 위 화 언 교 어

글자 | 꽃 **화**, 말씀 **언**, 공교할 **교**, 말씀 **어**

출전 | 주자어류, 시경

동류 | 감언이설甘言利說

[화엄삼사華嚴三師]

화엄의 세 스승이라는 말이며, 화엄경을 본종으로 하여 정진한 세 명의 대사, 즉 원효元曉, 의상義湘, 윤필潤筆을 일컫는다.

글자 | 빛날 **화**, 엄할 **엄**, 스승 **사**

[화엄초조華嚴初祖]

화엄의 처음 조상이라는 말이며, 우리나라 불교 화엄종華嚴宗의 시조인 신라 때의 원효대사를 일컫는다.

글자 | 빛날 **화**, 엄할 **엄**, 처음 **초**, 조상 **조**

[화여도리華如桃李]

빛나는 것이 복숭아나 자두와 같다는 말이며, 얼굴의 아름다움이 복숭아나 자두의 꽃과 같다는 뜻이다.

글자 | 빛날 **화**, 같을 **여**, 복숭아 **도**, 오얏 **리**

출전 | 시경 하파농의편何彼穠矣篇

[화여복린禍與福隣]

화와 더불어 복이 이웃하고 있다는 말이며, 화와 복은 항상 함께 있다는 뜻이다.

글자 | 재화 **화**, 더불어 **여**, 복 **복**, 웃 **린**

출전 | 순자

[화영초색花英草色]

꽃의 부리와 풀빛이라는 말이다.

원문 | 花英草色 無非見道之文
화 영 초 색 무 비 견 도 지 문

글자 | 꽃 **화**, 꽃부리 **영**, 풀 **초**, 빛 **색**

출전 | 채근담 후집 7장

[화옥산구華屋山丘]

화려한 집이 산과 구릉이 된다는 말이며, 사람은 유한有限해서 모든 것이 사라진다는 뜻이다.

글자 | 화려할 **화**, 집 **옥**, 뫼 **산**, 언덕 **구**

출전 | 진서 사안전謝安傳, 공후인

동류 | 상전벽해桑田碧海

[화왕지절火旺之節]

화기火氣가 왕성한 절기라는 말이며, 여름을 일컫는다.

글자 | 불 **화**, 왕성할 **왕**, 어조사 **지**, 절기 **절**

[화외지맹化外之氓]

교화 밖의 백성이라는 말이며, 교화가 미치지 못하는 지방의 백성이라는 뜻이다.

글자 | 교화 **화**, 바깥 **외**, 어조사 **지**, 백성 **맹**

[화외지민化外之民]

→ 화외지맹化外之氓

[화용월태花容月態]

꽃 같은 얼굴과 달 같은 자태라는 말이며, 아름다운 여인을 일컫는다.

글자 | 꽃 **화**, 얼굴 **용**, 달 **월**, 태도 **태**

출전 | 화안월모花顔月貌

[화우동산花雨東山]

꽃비의 동산이라는 말이며, 꽃잎이 비 오듯 흩어지는 동산이라는 뜻이다.

글자 | 꽃 **화**, 비 **우**, 동녘 **동**, 뫼 **산**

[화우지계火牛之計]

불소의 계략이라는 말이며, 쇠뿔에 칼을 매달고 꼬리에 기름을 바른 갈대 다발을 매단 다음 불을 붙여 적진을 공격하는 전술을 일컫는다.

글자 | 불 **화**, 소 **우**, 어조사 **지**, 꾀할 **계**

출전 | 사기 전단田單열전, 전국책

[화유육법畵有六法]

그림이 가지는 여섯 가지 법이라는 말이며, 기운생동氣韻生動, 골법용필骨法用筆, 응물상형應物象形, 수류부채隨類傅彩, 경영위치經營位置, 전모이사傳模移寫 등을 일컫는다.

글자 | 그림 **화**, 가질 **유**, 법 **법**

[화이부동和而不同]

화목하되 동조同調는 아니한다는 말이며, 남과 사이좋게 지내되 무턱대고 따라가지는 않는다는 뜻이다. 논어에 있는 글이다. '군자는 사람들과 화합하지만 부화뇌동하지는 않고, 소인은 부화뇌동하지만 사람들과 화합하지는 못한다.'

원문 | *君子和而不同 小人同而不和*
군 자 화 이 부 동 소 인 동 이 불 화

글자 | 화목할 **화**, 말 이을 **이**, 아닐 **부**, 같을 **동**

출전 | 논어 자로子路

동류 | 합이부동合而不同

반대 | 부화뇌동附和雷同

[화이부실華而不實]

겉은 화려하지만 속은 충실하지 않다는 말이다. 좌전에 있는 글이다. '겉으로는 그럴듯하지만 속으로는 덕이

없어서 다른 사람들의 원망을 집중시키고 있소.'

원문 | 華而不實 怨之所聚也
화 이 부 실 원 지 소 취 야

글자 | 화려할 **화**, 말 이을 **이**, 아닐 **부**, 충실할 **실**

출전 | 춘추좌씨전 문공 상

[화이불류和而不流]

화목하되 흐르지 않는다는 말이며, 화합하되 아무 곳으로나 흐르지 않고 중심을 지킨다는 뜻이다.

글자 | 화목할 **화**, 말 이을 **이**, 아닐 **불**, 흐를 **류**

[화이불치華而不侈]

빛나지만 사치스럽지 않다는 말이며, 호화로우면서도 사치스럽지 않다는 뜻이다.

글자 | 빛날 **화**, 말 이을 **이**, 아닐 **불**, 사치할 **치**

출전 | 삼국사기 백제 온조왕

관련 | 검이불루儉而不陋

[화이사상華夷思想]

중화 나라와 오랑캐의 생각들이라는 말이며, 중국이 주변국을 오랑캐라 하여 천시한 오랜 사상을 일컫는다.

글자 | 나라 이름 **화**, 오랑캐 **이**, 생각 **사**, 생각 **상**

[화이점동和而漸同]

화목하면서 점점 같아진다는 말이며, 화합하면서 점점 가까워진다는 뜻이다.

글자 | 화목할 **화**, 말 이을 **이**, 점점 **점**, 같을 **동**

[화인악적禍因惡積]

재화는 악함이 쌓여짐에 기인한다는 말이다.

글자 | 재화 **화**, 인할 **인**, 악할 **악**, 쌓을 **적**

출전 | 천자문

[화자애말貨者愛末]

재화라는 것은 사랑의 끝이라는 말이며, 재화는 사랑을 표현하는 수단의 말단이라는 뜻이다.

원문 | 貨者愛之末也 刑者惡之末也
화 자 애 지 말 야 형 자 악 지 말 야

글자 | 재화 **화**, 것 **자**, 사랑 **애**, 끝 **말**

출전 | 관자 심술心術 하

[화전위복禍轉爲福]

→ 전화위복轉禍爲福

[화전충화花田衝火]

꽃밭에 불을 지른다는 말이며, 젊은이의 앞길을 그르치게 한다는 뜻이다.

글자 | 꽃 **화**, 밭 **전**, 충동할 **충**, 불 **화**

출전 | 순오지 하

[화조월석花朝月夕]

꽃피는 아침과 달 밝은 저녁이라는 말이며, 봄날의 아침과 가을 저녁을 일컫는다.

글자 | 꽃 **화**, 아침 **조**, 달 **월**, 저녁 **석**

출전 | 구당서 나위전羅威傳

[화조풍월花鳥風月]

꽃과 새, 그리고 바람과 달이라는 말이며, 천지간의 아름다운 정경을 일컫는다.

글자 | 꽃 **화**, 새 **조**, 바람 **풍**, 달 **월**

[화종구생禍從口生]

화가 따르는 것은 입에서 생긴다는 말이며, 말을 조심해야 한다는 뜻이다.

글자 | 재화 **화**, 따를 **종**, 입 **구**, 날 **생**

출전 | 석씨요람釋氏要覽

동류 | 화종구출禍從口出, 구화지문口禍之門

[화종구출禍從口出]

화가 따르는 것은 입에서 나온다는 말이며, 항상 말을 조심해야 한다는 뜻이다.

원문 | 病從口入 禍從口出
병종구입 화종구출

글자 | 재화 **화**, 따를 **종**, 입 **구**, 날 **출**

출전 | 태평어람太平御覽 인사편人事篇

[화중군자花中君子]

꽃 중의 군자라는 말이며, 연꽃을 일컫는다.

원문 | 蓮花之君子者也
연화지군자자야

글자 | 꽃 **화**, 가운데 **중**, 임금 **군**, 아들 **자**

출전 | 주돈이의 애련설愛蓮說

[화중신선花中神仙]

꽃 중의 신선이라는 말이며, 해당화海棠花를 달리 일컫는 말이다.

글자 | 꽃 **화**, 가운데 **중**, 귀신 **신**, 신선 **선**

[화중유복禍中有福]

→ 화복소의禍福所倚

[화중유시畵中有詩]

그림 속에 시가 있다는 말이며, 그림에 시적 취향이 있다는 뜻이다.

원문 | 詩中有畵 觀摩詰之畵 畵中有詩
시중유화 관마힐지화 화중유시

글자 | 그림 **화**, 가운데 **중**, 있을 **유**, 글 **시**

출전 | 소식의 동파지림東坡志林

[화중지병畵中之餠]

그림 속에 있는 떡이라는 말이며, 보기만 좋고 실제로 만족을 채울 수 없는 사물을 빗댄 말이다.

글자 | 그림 **화**, 가운데 **중**, 어조사 **지**, 떡 **병**

출전 | 삼국지

[화지누빙畵脂鏤氷]

기름 위에 그림을 그리고 얼음에 새긴다는 말이며, 수고만 하고 보람이 없다는 뜻이다.

글자 | 그림 **화**, 기름 **지**, 새길 **누**, 얼음 **빙**

출전 | 염철론

[화진유지火眞有知]

불에도 참으로 지각이 있다는 말인가라는 말이며, 진짜 효자의 것은 불도 타지 않는다는 뜻이다.

글자 | 불 **화**, 참 **진**, 있을 **유**, 알 **지**
출전 | 보은군 효장재기孝狀灾記

[화채선령畵彩仙靈]

신선과 신령을 그림으로 채색한다는 말이다.

글자 | 그림 **화**, 채색 **채**, 신선 **선**, 신령 **령**
출전 | 천자문

[화천월지花天月地]

꽃이 핀 하늘과 달 밝은 땅이라는 말이며, 아름다운 봄밤의 경치를 일컫는다.

글자 | 꽃 **화**, 하늘 **천**, 달 **월**, 땅 **지**

[화촉동방華燭洞房]

빛나는 촛불을 켠 깊은 방이라는 말이며, 혼인한 신랑 신부가 첫날밤을 함께 지낸다는 뜻이다.

글자 | 빛날 **화**, 촛불 **촉**, 깊을 **동**, 방 **방**

[화촉지전華燭之典]

빛나는 촛불을 밝히는 법이라는 말이며, 혼인 의식을 일컫는다.

글자 | 빛날 **화**, 촛불 **촉**, 어조사 **지**, 법 **전**

[화충협동和衷協同]

마음을 합하여 같이 돕는다는 말이다.

글자 | 합할 **화**, 마음 **충**, 도울 **협**, 같을 **동**

[화충협의和沖協議]

화목하게 도우며 의논한다는 말이며, 화목한 분위기에서 의논한다는 뜻이다.

글자 | 화목할 **화**, 화할 **충**, 도울 **협**, 의논할 **의**

[화취세구貨取勢求]

재화를 취하고 권세를 구한다는 말이며, 재물로 벼슬을 얻고 권세에 붙어서 관직을 구한다는 뜻이다.

글자 | 재화 **화**, 취할 **취**, 권세 **세**, 구할 **구**

[화풍감우和風甘雨]

고른 바람과 단 비라는 말이다.

글자 | 고루 **화**, 바람 **풍**, 달 **감**, 비 **우**

[화풍난양和風暖陽]

화창한 바람과 따뜻한 햇볕이라는 말이다.

글자 | 화할 **화**, 바람 **풍**, 따뜻할 **난**, 볕 **양**

[화풍진진花風陣陣]

꽃바람이 진을 치고 또 친다는 말이며, 봄꽃 기운이 떼지어 몰려온다는 뜻이다.

원문 | 花風陣陣 過去之苦寒 亦可
화풍진진 과거지고한 역가

忘矣
망 의

글자 | 꽃 **화**, 바람 **풍**, 진칠 **진**

출전 | 추사의 편지

[화피만방化被萬方]

교화가 만방을 덮는다는 말이며, 교화가 천하에 두루 퍼진다는 뜻이다.

원문 | 化被草木類及萬方
화 피 초 목 유 급 만 방

글자 | 교화 **화**, 덮을 **피**, 일만 **만**, 방위 **방**

출전 | 천자문

[화피초목化被草木]

풀과 나무에 입혀지고 힘입음이 만방에 미친다는 말이다.

원문 | 化被草木 賴及萬方
화 피 초 목 뇌 급 만 방

글자 | 될 **화**, 입을 **피**, 풀 **초**, 나무 **목**

출전 | 천자문

[화하쇄곤花下曬褌]

꽃나무 아래 잠방이를 말린다는 말이며, 고상하고 멋이 없다는 뜻이다.

글자 | 꽃 **화**, 아래 **하**, 볕 쪼일 **쇄**, 잠방이 **곤**

출전 | 이상은의 의산잡찬義山雜纂

[화호불성畵虎不成]

→ 화호유구畵虎類狗

[화호유구畵虎類狗]

호랑이를 그리다가 개 비슷하게 그렸다는 말이며, 너무 큰 것을 욕심내다가 실패하면 망신만 당한다는 뜻이다. 후한 때 복파장군 마원馬援이 조카들에게 보낸 글이다. '… 그런데 두계량을 제대로 좇아 배우지 못하면 세상에 둘도 없는 경박한 인물로 그칠 것이니, 이른바 호랑이를 그리려다가 개를 그린 격이 될 것이기 때문이다.'

원문 | 所謂畵虎 不成反類狗者也
소 위 화 호 불 성 반 류 구 자 야

글자 | 그림 **화**, 범 **호**, 같을 **유**, 개 **구**

출전 | 후한서 마원전馬援傳

[화호화피畵虎畵皮]

호랑이를 그린다 함은 가죽을 그린다는 말이며, 호랑이의 뼈나 속은 그리기 어렵다는 뜻이다.

원문 | 畵虎畵皮 難畵骨
화 호 화 피 난 화 골

글자 | 그림 **화**, 범 **호**, 가죽 **피**

출전 | 명심보감 성심편

[확고부동確固不動]

확실하게 굳어서 움직이지 않는다는 말이다.

글자 | 확실할 **확**, 굳을 **고**, 아닐 **부**, 움직일 **동**

[확고불발確固不拔]

→ 확고부동確固不動

[확실무의確實無疑]

확실하여 의심할 여지가 없다는 말이다.

ㅎ

글자 | 확실할 **확**, 사실 **실**, 없을 **무**, 의심할 **의**

[확연무성廓然無聖]

휑하니 성인이 없다는 말이며, 세상은 텅 비어 있어 성자나 평범한 사람의 구별이 없다는 뜻이다.

글자 | 휑할 **확**, 그럴 **연**, 없을 **무**, 성인 **성**

출전 | 불교

[확이충지擴而充之]

넓혀서 채운다는 말이다.

글자 | 넓힐 **확**, 말 이을 **이**, 찰 **충**, 어조사 **지**

[확철부어涸轍鮒魚]

→ 학철부어涸轍鮒魚

[확호불발確乎不拔]

굳고 빠지지 않는다는 말이다.

글자 | 굳을 **확**, 어조사 **호**, 아닐 **불**, 뺄 **발**

출전 | 주역

[확휘건단廓揮乾斷]

크게 휘두르는 하늘의 결단이라는 말이며, 임금이 무슨 일을 결단성 있게 한다는 뜻이다.

글자 | 클 **확**, 휘두를 **휘**, 하늘 **건**, 결단할 **단**

[환고일세還顧一世]

돌아다보니 한 세상 뿐이라는 말이며, 앞으로 세상에 쓸 만한 사람이 없다는 뜻이다.

글자 | 돌아올 **환**, 돌아볼 **고**, 세상 **세**

[환골우화換骨羽化]

뼈를 바꾸어 날개가 되었다는 말이며, 도가에서 신선이 되었다는 뜻이다.

글자 | 바꿀 **환**, 뼈 **골**, 날개 **우**, 될 **화**

[환골탈태換骨奪胎]

뼈를 바꿔 넣고 태를 빼앗는다는 말이며, 몸과 얼굴이 몰라보게 좋아지거나 시나 문장이 다른 사람의 손을 거쳐 완전하게 다듬어진 것을 빗댄 말이다. 북송의 시인 황정견黃庭堅이 말했다. '시의 뜻은 무궁한데, 사람의 재주는 한계가 있다. 유한한 재주로 무궁한 뜻을 따른다는 것은 도연명과 두자미라 할지라도 할 수 없는 일이다. 그러나 그 뜻을 바꾸지 않고 그 말을 만드는 것을 환골법換骨法이라 하고, 그 뜻을 본받아 꾸밈을 가하는 것을 탈태법奪胎法이라 한다.'

글자 | 바꿀 **환**, 뼈 **골**, 빼앗을 **탈**, 태아 **태**

출전 | 냉제야화冷齊夜話

[환과독고鰥寡獨孤]

홀아비, 과부, 자식 없는 노인과 고아를 말하며 의지할 데 없는 사람을 일컫는다.

원문 | **老而無妻曰鰥, 老而無夫曰寡,**
노이무처왈환 노이무부왈과

老而無子曰獨, 幼而無父曰孤
노 이 무 자 왈 독 유 이 무 부 왈 고

글자 | 홀아비 **환**, 과부 **과**, 홀로 **독**, 아비 없을 **고**

출전 | 맹자 양혜왕梁惠王 하

[환과자제紈袴子弟]

→ 기환자제綺紈子弟

[환귀본종還歸本宗]

근본의 일가로 되돌아온다는 말이며, 양자로 간 사람이 생가로 다시 돌아오는 것을 일컫는다.

글자 | 돌아올 **환**, 돌아올 **귀**, 근본 **본**, 일가 **종**

[환귀본주還歸本主]

근본의 주인에게 되돌아온다는 말이며, 물건이 본디의 임자에게 돌아간다는 뜻이다.

글자 | 돌아올 **환**, 돌아올 **귀**, 근본 **본**, 주인 **주**

[환귀본처還歸本處]

→ 환귀본주還歸本主

[환난상고患難相顧]

→ 환난상구患難相救

[환난상구患難相救]

근심과 어려움이 생겼을 때 서로 구해준다는 말이다.

글자 | 근심 **환**, 어려울 **난**, 서로 **상**, 구할 **구**

동류 | 환난상고患難相顧, 환난상휼患難相恤

[환난상사患難相死]

근심과 어려움이 있을 때 서로 죽는다는 말이며, 서로 목숨을 걸고 돕는다는 뜻이다.

글자 | 근심 **환**, 어려울 **난**, 서로 **상**, 죽을 **사**

출전 | 예기 유행편儒行篇

[환난상휼患難相恤]

→ 환난상구患難相救

출전 | 소학 선행善行, 송사 여대방呂大方열전

[환득환실患得患失]

얻는 것을 근심하고 잃는 것을 근심한다는 말이며, 권세나 지위 등을 얻으려고 걱정하고 얻은 후에는 그것을 잃을까 걱정한다는 뜻이다.

원문 | 患得之 旣得之 患失之
환 득 지 기 득 지 환 실 자

글자 | 근심 **환**, 얻을 **득**, 잃을 **실**

출전 | 논어 양화陽貨

[환락애정歡樂哀情]

기쁨과 즐거움이 슬픈 정이라는 말이며, 환락이 절정에 달했을 때 오히려 인생무상을 느껴 슬픈 정이 많아진다는 뜻이다.

ㅎ

원문 | 歡樂極兮哀情多
환락극혜애정다

글자 | 기쁠 **환**, 즐거울 **락**, 슬플 **애**, 뜻 **정**

출전 | 문선 추풍사병서秋風辭竝序

유사 | 다정다한多情多恨

[환부역조換父易祖]

아비를 바꾸고 조상을 바꾼다는 말이며, 신분이 낮은 사람이 부정한 수단으로 자손이 없고 신분이 높은 집의 뒤를 잇는다는 뜻이다.

글자 | 바꿀 **환**, 아비 **부**, 바꿀 **역**, 조상 **조**

[환부작신換腐作新]

썩은 데를 바꾸어 새것을 만든다는 말이다.

글자 | 교역할 **환**, 썩을 **부**, 지을 **작**, 새 **신**

[환산지비桓山之悲]

환산의 슬픔이라는 말이며, 아비를 잃고 자식과도 생이별하는 슬픔이라는 뜻이다. 공자가 옆집에서 슬피 우는 까닭을 묻자, 안화가 답한 말이다. '사람이 죽었을 뿐만 아니라 생이별할 때도 슬피 웁니다. 환산의 새는 네 마리의 새끼를 길러 성조成鳥가 되면 세상으로 내보내는데, 어미 새는 슬피 울며 새끼들을 떠나보낸다고 들었습니다.' 공자가 우는 사연을 알아보니 아버지가 죽었으나 집이 가난하여 자식을 팔아 장례를 치르고 그 아들과 오랜 이별을 하게 되어 슬피 운다고 하였다.

글자 | 굳셀 **환**, 뫼 **산**, 어조사 **지**, 슬플 **비**

출전 | 공자가어 안회편

[환생다욕患生多欲]

근심은 많은 욕심으로 생긴다는 말이다.

원문 | 患生於多欲
환생어다욕

글자 | 근심 **환**, 날 **생**, 많을 **다**, 하고자 할 **욕**

출전 | 사기 회음후열전淮陰侯列傳

[환속당차還俗當差]

속세로 돌아가서 부림을 당한다는 말이며, 법을 어긴 중을 속인으로 만들어 강재사역을 시킨다는 뜻이다.

글자 | 돌아올 **환**, 속될 **속**, 당할 **당**, 부릴 **차(채)**

[환여평석歡如平昔]

화평한 옛날과 같이 기뻐한다는 말이며, 그동안의 원망과 한은 잊고 옛 정을 다시 찾는다는 뜻이다.

글자 | 기뻐할 **환**, 같을 **여**, 화할 **평**, 옛 **석**

[환연빙석渙然氷釋]

얼음이 녹듯 풀린다는 말이며, 의심도 응어리도 모두 시원하게 풀린다는 뜻이다.

글자 | 풀어질 **환**, 그럴 **연**, 얼음 **빙**, 풀 **석**

출전 | 춘추좌씨전

[환이삼롱桓伊三弄]

환이의 세 풍류 곡조라는 말이며, 인품과 예술은 말없이 서로 통한다는 뜻이다. 환이는 진나라의 고관이면서 뛰어난 피리 연주자였다. 하루는 왕휘지王徽之가 냇가에 배를 대고 있는데 환이가 수레를 타고 지나가자 사람을 보내어 전했다. '그대가 피리를 잘 분다는 말을 들었소. 나를 위해 한 곡 들려주시겠소?' 환이는 말없이 수레에서 내려 왕휘지를 위해 세 곡을 연주하고 말없이 수레를 타고 떠났다. 환이는 왕휘지의 예술과 인품을 깊이 흠모하고 있었기 때문에 재야의 인사라고 무시하지 않고 마음이 통하여 말없이 순응했던 것이다.

글자 | 굳셀 **환**, 저 **이**, 풍류 곡조 **롱**

[환장지경換腸之境]

창자를 바꿀 지경이라는 말이며, 정상적인 정신 상태에서 벗어나게 마음이 바뀌어 달라질 지경이라는 뜻이다.

글자 | 교역할 **환**, 창자 **장**, 어조사 **지**, 지경 **경**

[환조방예圜鑿方枘]

둥근 구멍에 모난 자루라는 말이며, 두 개의 사물이 서로 잘 맞지 않는다는 뜻이다.

글자 | 둥글 **환**, 뚫을 **조(착)**, 모 **방**, 자루 **예**

동류 | 방예원조方枘圓鑿

[환천희지歡天喜地]

하늘이 기쁘고 땅도 기쁘다는 말이며, 매우 기쁘고 즐겁다는 뜻이다.

글자 | 기뻐할 **환**, 하늘 **천**, 기쁠 **희**, 땅 **지**

출전 | 수호전

[환해풍파宦海風波]

벼슬 바다의 바람과 물결이라는 말이며, 벼슬살이에서 겪는 온갖 험한 일을 일컫는다.

원문 | 宦路宦海風波
환 로 환 해 풍 파

글자 | 벼슬 **환**, 바다 **해**, 바람 **풍**, 물결 **파**

동류 | 환로풍파宦路風波

[환호작약歡呼雀躍]

기뻐서 부르짖으며 참새와 같이 날뛴다는 말이다.

글자 | 기뻐할 **환**, 부를 **호**, 참새 **작**, 뛸 **약**

[환후평복患候平復]

병환의 징조가 다스려져 돌아왔다는 말이며, 병이 나아 정상으로 돌아왔다는 뜻이다.

글자 | 병환 **환**, 징조 **후**, 다스릴 **평**, 돌아올 **복**

[활달대도豁達大度]

마음이 활달하고 도량이 크다는 말이며, 마음이 넓어서 사소한 일에 구애받지 않는다는 뜻이다.

글자 | 소통할 **활**, 통달할 **달**, 큰 **대**, 법

도道

[활박생탄活剝生呑]

산 채로 벗겨 날로 삼킨다는 말이며, 남의 문장을 그대로 베낀다는 뜻이다.

글자 | 살 **활**, 벗길 **박**, 날 **생**, 삼킬 **탄**

출전 | 대동신어大東新語

[활발발지活潑潑地]

활발하게 솟아나는 땅이라는 말이며, 활기가 넘치는 모양이라는 뜻이다.

글자 | 활발할 **활**, 솟아날 **발**, 땅 **지**

[활살자재活殺自在]

살리고 죽임을 마음대로 한다는 말이다.

글자 | 살릴 **활**, 죽일 **살**, 스스로 **자**, 있을 **재**

[활연개랑豁然開朗]

열린 것 같이 시원하게 밝다는 말이며, 학문이나 사색 등으로 갑자기 어떤 도리를 깨닫게 되었다는 뜻이다.

원문 | 復行數十步 豁然開郎
부행수십보 활연개랑

글자 | 시원할 **활**, 그럴 **연**, 열 **개**, 밝을 **랑**

출전 | 도화원기桃花園記

[활연관통豁然貫通]

소통하여 길을 뚫었다는 말이며, 도道를 깨달았다는 뜻이다.

글자 | 소통할 **활**, 그럴 **연**, 꿸 **관**, 통할 **통**

출전 | 대학 격물치지보망장格物致知補亡章

[활인적덕活人積德]

사람을 살려 덕을 쌓는다는 말이다.

글자 | 살릴 **활**, 사람 **인**, 쌓을 **적**, 큰 **덕**

[활인지방活人之方]

사람을 살리는 방법이라는 말이다.

글자 | 살릴 **활**, 사람 **인**, 어조사 **지**, 방법 **방**

[활인지불活人之佛]

사람을 살리는 부처라는 말이며, 아무리 곤란한 처지에서도 도와주는 사람이 있다는 뜻이다.

글자 | 살릴 **활**, 사람 **인**, 어조사 **지**, 부처 **불**

출전 | 송남잡지

[황견유부黃絹幼婦]

누런 비단을 입은 어린 며느리라는 말이며, 절묘絶妙하다는 뜻이다. 이는 후한의 효부 조아曹娥의 비문에 있는 글로서 황견黃絹은 색사色絲를 뜻하므로 두 글자를 조합하면 절絶자가 되고, 유부幼婦는 소녀少女를 뜻하므로 묘妙자가 되기 때문이라는 것이다.

글자 | 누를 **황**, 비단 **견**, 어릴 **유**, 며느리 **부**

출전 | 세설신어 첩오捷悟

[황공대죄惶恐待罪]

두렵고 두려워 죄를 기다린다는 말이다. 이조시대 간옹우묵艮翁疣墨에 나오는 글이다. '황공하옵니다. 죄를 주소서를 되뇌는 승정원이요, 전하의 분부가 지당하십니다만 말하는 비변사로다.'

원문 | 惶恐待罪承政院上敎允當備邊司
황공대죄승정원상교윤당비변사

글자 | 두려워할 **황**, 두려워할 **공**, 기다릴 **대**, 죄줄 **죄**

출전 | 간옹우묵

[황공무지惶恐無地]

두렵고 두려워 설 땅이 없다는 말이며, 두려워 몸 둘 바를 모르겠다는 뜻이다.

글자 | 두려워할 **황**, 두려울 **공**, 없을 **무**, 땅 **지**

출전 | 송남잡지

[황공재배惶恐再拜]

두렵고 두려워 두 번 절한다는 말이다. 예전에 주로 편지 끝에 써서 경의를 표하던 말이다.

글자 | 두려워할 **황**, 두려울 **공**, 두 번 **재**, 절 **배**

출전 | 한유韓愈의 글

[황구서생黃口書生]

부리가 누런 선비라는 말이며, 젖내 나는 젊은 서생을 빗댄 말이다.

글자 | 누를 **황**, 입 **구**, 글 **서**, 날 **생**

[황구소아黃口小兒]

부리가 누런 어린 아이라는 말이며, 참새 새끼의 부리가 누렇다는 데서 어린 아이를 일컫는다.

글자 | 누를 **황**, 입 **구**, 작을 **소**, 아이 **아**

[황구유아黃口幼兒]

→ 황구유취黃口乳臭

[황구유취黃口乳臭]

부리가 누렇고 젖 냄새가 난다는 말이며, 경험이 적고 미숙하다는 뜻이다.

글자 | 누를 **황**, 입 **구**, 젖 **유**, 냄새날 **취**

출전 | 회남자

동류 | 황구유아黃口幼兒

[황권적축黃券赤軸]

누런 책과 붉은 질책이라는 말이며, 불경을 빗댄 말이다.

글자 | 누를 **황**, 책 **권**, 붉을 **적**, 질책 **축**

[황금만능黃金萬能]

누런 금이 여러 가지를 능하게 한다는 말이며, 돈만 있으면 만사가 가능하다는 뜻이다.

글자 | 누를 **황**, 금 **금**, 여러 **만**, 능할 **능**

[황금시대黃金時代]

누른 금의 시대라는 말이며, 이상적인 최상의 시대 또는 가장 융성한 시대를

ㅎ

일컫는다.

글자 | 누를 **황**, 금 **금**, 때 **시**, 대수 **대**

반대 | 암흑시대暗黑時代

[황금정략黃金政略]

누런 금으로 다스리는 꾀라는 말이며, 상대방을 금품으로 매수하려는 대책이라는 뜻이다.

글자 | 누를 **황**, 금 **금**, 다스릴 **정**, 꾀 **략**

[황기자개黃旗紫蓋]

누런 깃발과 자색 가리개라는 말이며, 천자의 위풍을 빗댄 말이다.

글자 | 누를 **황**, 깃발 **기**, 자줏빛 **자**, 가릴 **개**

[황당무계荒唐無稽]

언행이 거칠고 엉터리 같아서 생각할 것이 없다는 말이다.

글자 | 거칠 **황**, 황당할 **당**, 없을 **무**, 상고할 **계**

출전 | 장자 천하편天下篇

[황당지설荒唐之說]

→ 황당지언荒唐之言

[황당지언荒唐之言]

허황된 말 또는 엉터리 같은 말을 일컫는다.

원문 | 荒唐之言 無端崖之辭
황 당 지 언 무 단 애 지 사

글자 | 거칠 **황**, 황당할 **당**, 어조사 **지**, 말씀 **언**

출전 | 장자 천하편天下篇

동류 | 황당지설荒唐之說

유사 | 황당무계荒唐無稽

[황률상서黃栗尙書]

누런 밤의 맛은 상서(서경)와 같다는 말이며, 씹으면 씹을수록 맛이 나는 밤과 같이 상서도 읽으면 읽을수록 맛이 나는 책이라는 뜻이다.

글자 | 누를 **황**, 밤 **률**, 주장할 **상**, 글 **서**

출전 | 고금석림 28권

[황망지행荒亡之行]

거칠고 망치는 행실이라는 말이며, 주색이나 환락에 빠져 자신이나 나라를 망치는 행위를 뜻한다.

글자 | 거칠 **황**, 망할 **망**, 어조사 **지**, 행할 **행**

출전 | 맹자 양혜왕梁惠王 하

[황면노자黃面老子]

누런 얼굴의 늙은 사람이라는 말이며, 석가여래의 별칭이다.

글자 | 누를 **황**, 얼굴 **면**, 늙을 **노**, 사람 **자**

출전 | 무문관無門關

[황무사색黃霧四塞]

누런 안개가 사방에 찼다는 말이며, 세상이 어지러워질 징조라는 뜻이다.

글자 | 누를 **황**, 안개 **무**, 찰 **색**

[황문구아黃吻口兒]

노란 입술의 입을 가진 아이라는 말이며, 젖내 나는 어린이나 미숙한 사람을 빗댄 말이다.

글자 | 누를 **황**, 입술 **문**, 입 **구**, 아이 **아**

출전 | 송남잡지

동류 | 구상유취口尙乳臭

[황상녹의黃裳綠衣]

노랑 치마와 파랑 저고리라는 말이며, 황색은 정색正色이어서 존귀하고 녹색은 간색間色이어서 천한 것인데, 정색인 황이 아래로 가야 할 치마로 쓰이고 있다는데서 적처嫡妻가 퇴박을 받고 첩이 본처를 눌러 멋대로 한다는 뜻이다.

글자 | 누를 **황**, 치마 **상**, 초록빛 **녹**, 옷 **의**

[황상등극皇上登極]

황제가 마침내 위에 오른다는 말이며, 황제가 황제로 취임한다는 뜻이다.

글자 | 황제 **황**, 윗 **상**, 오를 **등**, 마침 **극**

[황색신문黃色新聞]

누런색의 신문이라는 말이며, 선정적인 기사를 많이 싣는 저급한 신문이라는 뜻이다.

글자 | 누런 **황**, 빛 **색**, 새 **신**, 들을 **문**

[황송무지惶悚無地]

두렵고 두려워서 설 땅이 없다는 말이며, 분에 넘쳐 고맙고도 미안하여 몸 둘 바를 모르겠다는 뜻이다.

글자 | 두려워할 **황**, 두려울 **송**, 없을 **무**, 땅 **지**

[황양자자滉洋自恣]

물이 깊고 넓은 바다에서 자유자재하다는 말이며, 학식과 재능이 깊고 넓어서 응용하는데 자유자재하다는 뜻이다.

글자 | 물 깊고 넓을 **황**, 바다 **양**, 스스로 **자**, 자유 자재할 **자**

출전 | 사기 장주편莊周篇

[황양지객黃壤之客]

누른땅의 손이라는 말이며, 죽은 사람이라는 뜻이다.

글자 | 누를 **황**, 부드러운 흙 **양**, 어조사 **지**, 손 **객**

[황연대각晃然大覺]

밝게 크게 깨달았다는 말이며, 환하게 모두 깨달았다는 뜻이다.

글자 | 밝을 **황**, 그럴 **연**, 큰 **대**, 깨달을 **각**

[황옥좌도黃屋左纛]

황색 수레 덮개와 왼편의 군중의 큰 깃발이라는 말이며, 천자天子의 수레를 일컫는다.

글자 | 누를 **황**, 수레 덮개 **옥**, 왼 **좌**, 군중의 큰 기 **도**

출전 | 사기 서남이열전西南夷列傳

[황음무도荒淫無道]

거칠고 어지러워 도리가 없다는 말이며, 주색에 빠져 사람으로서 마땅히 할 도리를 돌아보지 않는다는 뜻이다.

글자 | 거칠 **황**, 어지러울 **음**, 없을 **무**, 길 **도**

[황작사선黃雀伺蟬]

누런 참새가 매미를 엿보고 있다는 말이며, 위험이 눈앞에 있음을 모른다는 뜻이다.

글자 | 누를 **황**, 참새 **작**, 엿볼 **사**, 매미 **선**

[황중내윤黃中內潤]

늙은이 속 안이 윤택하다는 말이며, 재덕을 깊이 감추고 겉으로 나타내지 않는다는 뜻이다.

글자 | 늙은이 **황**, 가운데 **중**, 안 **내**, 윤택할 **윤**

출전 | 주역, 위서魏書

[황진만장黃塵萬丈]

누런 흙먼지가 일만 장이나 되게 길다는 말이며, 군마의 이동 행렬이 길게 이어졌다는 뜻이다.

글자 | 누를 **황**, 티끌 **진**, 일만 **만**, 열자 **장**

동류 | 홍진만장紅塵萬丈

[황천후토皇天后土]

하늘의 황제와 땅의 임금이라는 말이며, 하늘과 땅의 신령이라는 뜻이다.

글자 | 황제 **황**, 하늘 **천**, 임금 **후**, 흙 **토**

출전 | 서경 주서周書

[황탄무계荒誕無稽]

거칠고 속여서 상고할 것이 없다는 말이며, 언행이 허황되어 믿을 수가 없다는 뜻이다.

글자 | 거칠 **황**, 속일 **탄**, 없을 **무**, 상고할 **계**

출전 | 장자 천하편

동류 | 황당무계荒唐無稽

[황평양서黃平兩西]

누렇고 고른 두 서쪽이라는 말이며, 황해도와 평안도라는 뜻이다.

글자 | 누를 **황**, 고를 **평**, 두 **양**, 서녘 **서**

[황포가신黃袍加身]

누런 두루마기를 몸에 둘렀다는 말이며, 황제가 되었다는 뜻이다.

원문 | 匡胤未及時 黃袍已加身矣
광 윤 미 급 시 황 포 이 가 신 의

글자 | 누를 **황**, 두루마기 **포**, 더할 **가**, 몸 **신**

출전 | 송사 태조본기太祖本紀

동류 | 황포가체黃袍加體

[황혼축객黃昏逐客]

누렇게 저문 때에 손님을 쫓는다는 말이며, 손님을 푸대접한다는 뜻이다.

원문 | 黃昏逐客非人事
홍 혼 축 객 비 인 사

글자 | 누를 **황**, 저물 **혼**, 쫓을 **축**, 손 **객**

출전 | 김병연(감삿갓)의 축객逐客

[황홀난측恍惚難測]

매우 황홀하여 헤아리기 어렵다는 말이다.

글자 | 황홀할 **황**, 황홀할 **홀**, 어려울 **난**, 헤아릴 **측**

출전 | 송남잡지

[황화만절黃化晩節]

누렇게 된 늦은 계절이라는 말이며, 국화가 만발한 늦가을이라는 뜻이다.

글자 | 누를 **황**, 될 **화**, 늦을 **만**, 계절 **절**

[황황겁겁惶惶怯怯]

매우 두렵고 겁이 난다는 말이다.

글자 | 두려울 **황**, 겁낼 **겁**

[황황급급遑遑急急]

매우 급하여 서두른다는 말이다.

글자 | 급할 **황**, 급할 **급**

[황황망극遑遑罔極]

급하기 그지없다는 말이다.

글자 | 급할 **황**, 없을 **망**, 다할 **극**

[황황망조遑遑罔措]

급하고 급하여 행동할 수 없다는 말이며, 마음이 급해서 어찌할 바를 모른다는 뜻이다.

글자 | 급할 **황**, 없을 **망**, 행동 **조**

[회계지치會稽之恥]

회계의 부끄러움이라는 말이며, 뼈에 사무쳐서 잊을 수 없는 치욕을 일컫는다. 월나라 왕 구천이 오나라 왕 부차와 회계산에서 싸우다 생포되어 굴욕적인 강화를 맺은 고사에서 온 말이다.

글자 | 모일 **회**, 상고할 **계**, 어조사 **지**, 부끄러울 **치**

출전 | 사기 월세가越世家

유사 | 와신상담臥薪嘗膽

[회과자신悔過自信]

스스로 믿으며 허물을 고친다는 말이다.

원문 | 以贖父兄罪 使得悔過自信也
이 속 부 형 죄 사 득 회 과 자 신 야

글자 | 고칠 **회**, 허물 **과**, 스스로 **자**, 믿을 **신**

출전 | 사기 편작창공열전

동류 | 회과자책悔過自責

[회과자책悔過自責]

→ 회과자신悔過自信

[회과천선悔過遷善]

허물을 고치고 착한 일로 옮긴다는 말이다.

글자 | 고칠 **회**, 허물 **과**, 옮길 **천**, 착할 **선**

[회광반조廻光返照]

빛을 돌려 반대로 비춘다는 말이며, 자신을 회고반성回顧反省하여 심성의 신령한 성품을 비쳐 본다는 뜻이다.

ㅎ

원문 | 爾言下便自回光返照更不
이 언 하 편 자 회 광 반 조 갱 불
別求
별 구

글자 | 돌 **회**, 빛 **광**, 돌아올 **반**, 비출 **조**

출전 | 불교 임제록臨濟錄

[회귀취락回歸聚落]

돌아다니다 돌아오는 마을이라는 말이며, 유목민이나 화전민처럼 살 곳을 찾아 형성되는 마을이라는 뜻이다.

글자 | 돌 **회**, 돌아올 **귀**, 모일 **취**, 부락 **락**

[회근보춘晦根葆春]

뿌리를 감추었다가 봄에 풀이 더부룩하다는 말이며, 고난이 지나면 다시 새로운 희망이 올 것이라는 뜻이다. 유배지 영암에서 읊은 김수항金壽恒(1629~1689)의 글이다. '매서운 북풍한설에 무성하던 잎이 다 떨어졌다. 이제 내 곁엔 아무도 없다. 빈 가지로 섰다. 하지만 꺾이지 않는다. 모진 추위의 끝에서 봄은 다시 올 것이다. 그때 봄 앞에 부끄럽지 않기 위해 이 가난의 한때를 의연히 견디겠다. 얻고 잃음에 대한 세상의 셈법은 이제 지겹다. 일희일비하지 않는다. 내 자리에 뿌리박고 서서 내 길을 갈 뿐이다. 눈보라도 고통의 시간도 모두 두렵지 않다. 내가 나 자신 앞에 부끄러운 것만은 참을 수가 없다.'

원문 | 晦之在根 葆我春和
회 지 재 근 보 아 춘 화

글자 | 숨길 **회**, 뿌리 **근**, 풀 더부룩할 **보**, 봄 **춘**

출전 | 김수항의 화도시和陶詩

[회근악유懷瑾握瑜]

옥을 품고 옥을 쥔다는 말이며, 미덕美德을 품고 있다는 뜻이다.

원문 | 懷瑾握瑜兮 窮不知所示
회 근 악 유 혜 궁 부 지 소 시

글자 | 품을 **회**, 붉은 옥 **근**, 쥘 **악**, 아름다운 옥 **유**

출전 | 초사楚辭 9장

[회금수자懷金垂紫]

황금의 도장을 품고 자줏빛 끈을 드리웠다는 말이며, 높은 벼슬자리에 올랐다는 뜻이다.

글자 | 품을 **회**, 금 **금**, 드리울 **수**, 자줏빛 **자**

출전 | 후한서 풍연전馮衍傳

[회도회음誨盜誨淫]

도둑질을 가르치고 방탕함을 가르친다는 말이며, 재물을 허술하게 간직하는 것은 도둑질을 가르치는 것이며, 여자가 몸단장을 지나치게 하는 것은 음탕한 것을 가르친다는 뜻이다.

원문 | 慢藏誨盜 冶容誨淫
만 장 회 도 치 용 회 음

글자 | 가르칠 **회**, 도둑 **도**, 방탕할 **음**

출전 | 주역 계사전繫辭傳 상

[회로건탁灰栳建琢]

회 고리로 가려 세운다는 말이며, 힘

안들이고 쉽게 할 수 있는 일을 빗댄 말이다.

글자 | 재 **회**, 고리 **로**, 세울 **건**, 가릴 **탁**

출전 | 이담속찬

[회록지재 回祿之災]

회록의 재앙이라는 말이며, 화재를 일컫는다. 회록은 전설상 불의 신 이름이다.

글자 | 돌 **회**, 복록 **록**, 어조사 **지**, 재앙 **재**

출전 | 춘추좌씨전 소공昭公 18년, 국어 주어편周語篇

[회뢰공행 賄賂公行]

뇌물 주는 것이 공공연히 행해진다는 말이다.

글자 | 뇌물 **회**, 뇌물 줄 **뢰**, 공변될 **공**, 행할 **행**

출전 | 남사, 진서 황후전皇后傳

[회룡고조 回龍顧祖]

돌아가는 용이 근본을 돌아본다는 말이며, 산의 지맥이 빙 돌아서 본산과 서로 대하고 있는 지세를 빗댄 말이다.

글자 | 돌 **회**, 용 **룡**, 돌아볼 **고**, 근본 **조**

출전 | 정산종사법어 공도편

[회벽기죄 懷璧其罪]

→ 회벽유죄懷璧有罪

[회벽유죄 懷璧有罪]

둥근 구슬을 품어 죄가 된다는 말이며, 분수에 맞지 않는 보옥寶玉을 지니고 있으면 화를 당한다는 뜻이다.

원문 | **匹夫無罪 懷璧有罪**
필 부 무 죄 회 벽 유 죄

글자 | 품을 **회**, 둥근 구슬 **벽**, 있을 **유**, 죄 **죄**

출전 | 춘추좌씨전

동류 | 회옥유죄懷玉有罪, 포벽유죄抱璧有罪

[회빈작주 回賓作主]

손님을 돌려놓고 주인이 된다는 말이며, 남의 의견이나 주장을 제쳐놓고 제멋대로 무례하게 행동한다는 뜻이다.

글자 | 돌아올 **회**, 손 **빈**, 지을 **작**, 주인 **주**

출전 | 송남잡지

[회사후소 繪事後素]

그림은 바탕을 마련한 뒤에 그린다는 말이며, 사람은 좋은 바탕 위에 문식文飾을 더해야 한다는 뜻이다.

글자 | 그림 **회**, 일 **사**, 뒤 **후**, 바탕 **소**

출전 | 논어 팔일八佾

[회상임운 懷霜臨雲]

서리를 품고 구름에 임한다는 말이며, 심지心志가 고결하다는 뜻이다.

글자 | 품을 **회**, 서리 **상**, 임할 **임**, 구름 **운**

출전 | 잡동산이雜同散異 1권

[회색혁명 灰色革命]

잿빛의 바꾸는 명령이라는 말이며,

노령인구의 증가에 따라 일어나는 사회적 변화를 일컫는다.

글자 | 재 **회**, 빛 **색**, 바꿀 **혁**, 명령할 **명**

[회생지망回生之望]

다시 살 수 있는 바람이라는 말이다.

글자 | 돌아올 **회**, 살 **생**, 어조사 **지**, 바랄 **망**

[회생지업回生之業]

다시 살리는 일이라는 말이며, 의료 사업을 빗댄 말이다.

글자 | 돌 **회**, 살 **생**, 어조사 **지**, 일 **업**

[회심지우會心之友]

마음이 모이는 벗이라는 말이며, 서로 마음이 맞아 의기가 통하는 벗이라는 뜻이다.

글자 | 모일 **회**, 마음 **심**, 어조사 **지**, 벗 **우**

[회심향도回心向道]

마음을 돌려 바른길로 향한다는 말이다.

글자 | 돌릴 **회**, 마음 **심**, 향할 **향**, 길 **도**

출전 | 불교

[회연제참懷鉛堤槧]

연을 품고 분판을 들고 다닌다는 말이며, 글씨를 쓰는 일에 종사한다는 뜻이다.

글자 | 품을 **회**, 연 **연**, 들 **제**, 분판 **참**

출전 | 서경잡기西京雜記 권3

[회옥기죄懷玉其罪]

→ 회벽유죄懷璧有罪

[회인불권誨人不倦]

사람을 가르치는 것을 게을리하지 않는다는 말이다.

글자 | 가르칠 **회**, 사람 **인**, 아닐 **불**, 게으를 **권**

출전 | 논어 술이述而

[회자부적懷刺不適]

명함을 품었지만 만나지 못했다는 말이며, 필요한 사람을 만나지 못하였다는 뜻이다.

글자 | 품을 **회**, 문초할 **자**, 아닐 **부**, 만날 **적**

출전 | 후한서 예형전

[회자인구膾炙人口]

회와 구운 고기가 사람의 입에 오르내린다는 말이며, 널리 사람들에게 이야기된다는 뜻이다.

글자 | 회 **회**, 고기 구울 **자**, 사람 **인**, 입 **구**

출전 | 맹자 진심盡心 하

[회자정리會者定離]

만난 사람은 떠나게 되어 있다는 말이다.

글자 | 모일 **회**, 사람 **자**, 정할 **정**, 떠날 **리**

출전 | 유교경遺敎經

유사 | 생자필멸生者必滅, 성자필쇠盛者必衰

[회재포능懷才抱能]

재주를 품고 능함을 안았다는 말이며, 재능이 많다는 뜻이다.

글자 | 품을 **회**, 재주 **재**, 안을 **포**, 능할 **능**

출전 | 조선왕조 17대 효종실록 12권

동류 | 회재포기懷材抱器

[회전목마回轉木馬]

굴러 돌아가는 나무 말이라는 말이며, 어린이들이 타는 놀이기구를 일컫는다.

글자 | 돌아올 **회**, 구를 **전**, 나무 **목**, 말 **마**

[회지막급悔之莫及]

→ 후회막급後悔莫及

[회지무급悔之無及]

→ 후회막급後悔莫及

[회진작소回嗔作笑]

성낸 것을 돌려 웃음 짓는다는 말이다.

글자 | 돌아올 **회**, 성낼 **진**, 지을 **작**, 웃음 **소**

유사 | 회진작희回嗔作喜

[회진작희回嗔作喜]

성낸 것을 돌려 기쁜 표정을 짓는다는 말이다.

글자 | 돌아올 **회**, 성낼 **진**, 지을 **작**, 기쁠 **희**

유사 | 회진작소回嗔作笑

[회천지력回天之力]

하늘을 돌리는 힘이라는 말이며, 임금의 마음을 정도正道로 돌리는 힘을 빗댄 말이다.

글자 | 돌 **회**, 하늘 **천**, 어조사 **지**, 힘 **력**

출전 | 위서 제기편帝紀篇, 당서

[회총시위懷寵尸位]

사랑을 품고 주검의 자리에 있다는 말이며, 윗사람의 신임만 믿고 하는 일 없이 자리를 지키고 있는 벼슬아치를 빗댄 말이다.

글자 | 품을 **회**, 사랑할 **총**, 주검 **시**, 자리 **위**

출전 | 효경 간쟁장諫諍章

관련 | 지록위마指鹿爲馬

[회피부득回避不得]

[무엇을] 피해서 돌아올 수 없다는 말이며, 무엇을 하지 않으려고 피하려 하나 피할 수 없다는 뜻이다.

글자 | 돌아올 **회**, 피할 **피**, 아닐 **부**, 얻을 **득**

[회확대도恢廓大度]

큰 도량을 크게 연다는 말이며, 마음이나 도량이 넓고 크다는 뜻이다.

글자 | 클 **회**, 열 **확**, 큰 **대**, 도량 **도**

[회회유인恢恢游刃]

넓고 넓으며 칼날이 잘 든다는 말이며, 모든 사리에 통달하여 막힘이 없

ㅎ

다는 뜻이다.

글자 | 넓힐 **회**, 순히 흐를 **유**, 칼날 **인**

출전 | 삼국유사

[횡경문난橫經問難]

경서經書를 가로로 하고 어려운 것을 묻는다는 말이며, 답을 가지고 다니면서 쓸데없이 묻는다는 뜻이다.

글자 | 가로 **횡**, 경서 **경**, 물을 **문**, 어려울 **난**

출전 | 조선왕조 10대 연산군일기 21권

[횡과복리橫過腹裏]

뱃속을 가로지른다는 말이며, 적이 몰래 성 안에 들어와 제멋대로 돌아다닌다는 뜻이다.

글자 | 가로 **횡**, 지날 **과**, 배 **복**, 옷 속 **리**

출전 | 조선왕조 14대 선조실록 116권

[횡금지열橫金之列]

가로로 금띠를 두른 반열이라는 말이며, 2품의 벼슬자리나 벼슬아치를 빗댄 말이다.

글자 | 가로 **횡**, 금 **금**, 어조사 **지**, 차례 **열**

출전 | 조선왕조실록 증보문헌비고 229권

[횡라수직橫羅豎織]

가로로 그물치고 세워서 짠다는 말이며, 이리저리 얽어맨다는 뜻이다.

글자 | 가로 **횡**, 새그물 **라**, 세울 **수**, 짤 **직**

출전 | 조선왕조 14대 선조실록 105권

[횡래지액橫來之厄]

가로질러 오는 재액이라는 말이며, 뜻밖에 당하는 재액을 일컫는다.

글자 | 가로 **횡**, 올 **래**, 어조사 **지**, 재앙 **액**

[횡목종비橫目縱鼻]

가로의 눈과 세로의 코라는 말이며, 사람의 얼굴을 빗댄 말이다.

글자 | 가로 **횡**, 눈 **목**, 세로 **종**, 코 **비**

[횡사구법橫死九法]

거슬러 죽는 아홉 가지 방법이라는 말이며, 갑자기 죽는 여러 가지 경우라는 뜻이다.

글자 | 거스를 **횡**, 죽을 **사**, 법 **법**

출전 | 불교

[횡삭부시橫槊賦詩]

창을 옆에 끼고 시를 짓는다는 말이며, 영웅이 진중에서도 글을 짓고 여유롭다는 뜻이다.

글자 | 가로 **횡**, 창 **삭**, 글 **부**, 귀글 **시**

출전 | 삼국지연의

[횡설수설橫說竪說]

가로로 말하고 세로로 말한다는 말이며, 말이 조리가 없고 이랬다저랬다 한다는 뜻이다.

글자 | 가로 **횡**, 말씀 **설**, 세울 **수**

출전 | 조정사원祖庭事苑

[횡수설거橫竪說去]

→ 횡설수설橫說竪說

[횡수설화橫竪說話]

→ 횡설수설橫說竪說

[횡초지공橫草之功]

풀을 가로로 눕힌 공이라는 말이며, 싸움터에서 산과 들을 누빈 공로라는 뜻이다.

글자 | 가로 **횡**, 풀 **초**, 어조사 **지**, 공 **공**

출전 | 한서, 곽색전郭索傳

[횡행개사橫行介士]

옆으로 가는 갑옷 입은 군사라는 말이며, 옆으로 기어가는 게를 빗댄 말이다.

글자 | 가로 **횡**, 갈 **행**, 갑옷 **개**, 군사 **사**

[횡행천하橫行天下]

하늘 아래를 가로로 다닌다는 말이며, 세상을 제멋대로 돌아다닌다는 뜻이다.

원문 | 以橫行於天下 (이 횡 행 어 천 하)

글자 | 가로 **횡**, 다닐 **행**, 하늘 **천**, 아래 **하**

출전 | 관자 소광편小匡篇, 순자 수신편修身篇

[횡행활보橫行闊步]

가로로 가며 넓게 걷는다는 말이며, 거리낌 없이 마음대로 돌아다닌다는 뜻이다.

글자 | 가로 **횡**, 갈 **행**, 넓을 **활**, 걸음 **보**

[효달치도曉達治道]

[나라를] 다스리는 도리를 밝게 이룬다는 말이다.

글자 | 밝을 **효**, 이룰 **달**, 다스릴 **치**, 도리 **도**

출전 | 소학 선행편善行篇

[효당갈력孝當竭力]

효도는 마땅히 힘을 다해야 한다는 말이다.

글자 | 효도 **효**, 마땅 **당**, 다할 **갈**, 힘 **력**

출전 | 천자문

[효두발인曉頭發靷]

이른 새벽에 말 가슴걸이가 떠난다는 말이며, 이른 새벽에 발인한다는 뜻이다.

글자 | 새벽 **효**, 시초 **두**, 떠날 **발**, 말 가슴걸이 **인**

[효사유칙孝思維則]

효도의 생각이 법으로 이어진다는 말이며, 효도하는 생각이 바로 법칙이 된다는 뜻이다.

글자 | 효도 **효**, 생각 **사**, 이을 **유**, 법 **칙**

출전 | 맹자 만장萬章 상

[효수경중梟首警衆]

머리를 베어 달아서 무리를 경계한다

는 말이며, 사람을 죽여 매달고 많은 사람에게 경각심을 준다는 뜻이다.

글자 | 목 베어 달 **효**, 머리 **수**, 경계할 **경**, 무리 **중**

[효순부모孝順父母]

부모에게 효도하고 순종한다는 말이다.

글자 | 효도 **효**, 순할 **순**, 아비 **부**, 어미 **모**

출전 | 육유연의六諭衍義

[효자불궤孝子不匱]

효자는 다함이 없다는 말이며, 한 사람이 부모에게 효도를 다하면 잇달아 효자가 나온다는 뜻이다.

원문 | 孝子不匱 永錫爾類
효 자 불 궤 영 석 이 류

글자 | 효도 **효**, 아들 **자**, 아닐 **불**, 다할 **궤**

출전 | 시경 대아大雅, 예기 방기坊記

[효자애일孝子愛日]

효자는 날짜를 아낀다는 말이며, 시간을 아껴 효도를 다한다는 뜻이다.

글자 | 효도 **효**, 아들 **자**, 아낄 **애**, 날 **일**

출전 | 양자법언楊子法言 효지孝至

[효제지지孝悌之至]

효도와 공경의 지극함이라는 말이다.

글자 | 효도 **효**, 공경할 **제**, 어조사 **지**, 지극할 **지**

[효제충신孝悌忠信]

효도하고 공경하며 충성스럽고 믿음직하다는 말이다.

글자 | 효도 **효**, 공경할 **제**, 충성 **충**, 믿을 **신**

출전 | 관자 목민편牧民篇

[후고지우後顧之憂]

뒤돌아보는 근심이라는 말이며, 뒤에 남은 걱정을 뜻한다.

글자 | 뒤 **후**, 돌아볼 **고**, 어조사 **지**, 근심 **우**

출전 | 위서

[후덕군자厚德君子]

두텁고 큰 사람이라는 말이며, 생김새나 언행이 덕스럽고 점잖은 사람을 일컫는다.

글자 | 두터울 **후**, 큰 **덕**, 그대 **군**, 사나이 **자**

[후덕사지厚德似地]

두터운 덕이 땅과 같다는 말이다.

글자 | 두터울 **후**, 큰 **덕**, 같을 **사**, 땅 **지**

[후덕재물厚德載物]

후한 덕은 만물을 싣는다는 말이며, 덕이 많은 사람은 재물도 가득하다는 뜻이다.

원문 | 自强不息 厚德載物
자 강 불 식 후 덕 재 물

글자 | 후할 **후**, 큰 **덕**, 실을 **재**, 만물 **물**

출전 | 주역 건괘 상전象傳

[후래가기後來佳器]

뒤에 올 아름다운 그릇이라는 말이며, 나중에 훌륭하게 될 큰 인물을 일컫는다.

글자 | 뒤 **후**, 올 **래**, 아름다울 **가**, 그릇 **기**

출전 | 제서齊書

[후래거상後來居上]

뒤에 온 것이 위에 있다는 말이며, 나중에 발탁된 사람이 윗자리에 앉았다는 뜻이다.

원문 | 用群臣如積薪 後來者居上
용군신여적신 후래자거상

글자 | 뒤 **후**, 올 **래**, 있을 **거**, 윗 **상**

출전 | 사기 급정열전汲鄭列傳

[후래삼배後來三杯]

뒤에 온 [사람은] 석 잔이라는 말이며, 술좌석에 늦게 온 사람에게 권하는 석 잔의 술을 일컫는다.

글자 | 뒤 **후**, 올 **래**, 잔 **배**

[후래선배後來先杯]

뒤에 온 사람에게 잔을 먼저 준다는 말이며, 늦게 온 사람에게 주는 벌주라는 뜻이다.

글자 | 뒤 **후**, 올 **래**, 먼저 **선**, 잔 **배**

[후막중언厚莫重焉]

후하기가 크고도 무겁도다!라는 말이며, 지극히 후덕하다는 뜻이다.

글자 | 후할 **후**, 클 **막**, 무거울 **중**, 어조사 **언**

출전 | 효경 효우열장孝優劣章

[후명실자後名實者]

이름과 충실을 뒤로하는 사람이라는 말이며, 공명을 앞세우지 않는 사람이라는 뜻이다.

원문 | 後名實者 自爲也
후명실자 자위야

글자 | 뒤 **후**, 이름 **명**, 충실 **실**, 사람 **자**

출전 | 맹자 고자 하

[후모심정厚貌深情]

용모는 후덕하고 심정은 깊다는 말이며, 한편으로는 무엇을 생각하고 있는지 모른다는 뜻도 있다.

글자 | 두터울 **후**, 모양 **모**, 깊을 **심**, 뜻 **정**

출전 | 장자

[후목난조朽木難雕]

썩은 나무는 새기기 어렵다는 말이며, 사람됨이 암담하여 가르칠 가치가 없다는 뜻이다.

원문 | 朽木不可雕也
후목불가조야

글자 | 썩을 **후**, 나무 **목**, 어려울 **난**, 새길 **조**

출전 | 논어 공야장公冶長

유사 | 후목분장朽木粉墻

[후목분장朽木粉墻]

썩은 나무와 분토 담장이라는 말이며, 가르칠 가치가 없는 사람을 빗댄 말이

ㅎ

다. 공자의 말이다. '썩은 나무로는 조각을 할 수 없고, 분토로 쌓은 담장은 흙손질을 할 수가 없다.'

원문 | 朽木不可雕也粉土之墻不可朽也
후목불가조야분토지장불가오야

글자 | 썩을 **후**, 나무 **목**, 가루 **분**, 담장 **장**

출전 | 논어 공야장公冶長

유사 | 후목난조朽木難雕

[후목분토朽木糞土]

→ 후목분장朽木粉墻

[후문여해侯門如海]

벼슬아치의 문이 바다와 같다는 말이며, 단속이 엄하여 출입이 어렵다는 뜻이다.

글자 | 제후 **후**, 집안 **문**, 같을 **여**, 바다 **해**

출전 | 태평광기太平廣記

[후백후흑侯白侯黑]

후백과 후흑이라는 말이며, 보다 더 나쁜 재주가 있다는 뜻이다. 꾀가 많은 후백이라는 도적이 후흑이라는 악부를 만나 감쪽같이 속아 넘어갔다는 고사에서 온 말이다.

글자 | 제후 **후**, 흰 **백**, 검을 **흑**

[후복옥식侯服玉食]

제후의 옷을 입고 구슬을 먹는다는 말이며, 호화로운 생활을 한다는 뜻이다.

글자 | 제후 **후**, 입을 **복**, 구슬 **옥**, 먹을 **식**

[후생가외後生可畏]

뒤에 난 사람이 두렵다는 말이며, 후배는 나이가 젊고 기력이 좋으므로 학문을 계속 쌓고 덕을 닦아 가면 어떤 역량을 나타낼지 모르기 때문에 두려운 존재라는 뜻이다. 공자의 글이다. '뒤에 난 사람이 두렵다. 어떻게 앞으로 오는 사람이 지금만 못할 것을 알 수 있겠는가? 나이 사오십이 되어도 이렇다 할 이름이 알려져 있지 않은 사람은 별로 두려울 것이 못된다.'

원문 | 後生可畏 焉知來者之不如今也四十五十而無聞焉斯亦不足畏也己
후생가외 언지내자지불여금야사십오십이무문언사역부족외야기

글자 | 뒤 **후**, 날 **생**, 옳을 **가**, 두려울 **외**

출전 | 논어 자한子罕

[후생각고後生角高]

뒤에 난 뿔이 높다는 말이며, 제자나 후배가 스승이나 선배보다 낫다는 뜻이다.

글자 | 뒤 **후**, 날 **생**, 뿔 **각**, 높을 **고**

출전 | 열상방언洌上方言

유사 | 후생가외後生可畏

[후생각올後生角兀]

뒤에 난 뿔이 우뚝하다는 말이며, 뒤에 생긴 것 또는 뒤에 시작한 일이 도리어 먼저 것보다 낫다는 뜻이다.

글자 | 뒤 **후**, 날 **생**, 뿔 **각**, 우뚝할 **올**

출전 | 동언해

[후설지신喉舌之臣]

목구멍과 혀 같은 신하라는 말이며, 왕명 출납과 조정의 언론을 맡았던 승지를 일컫는다.

글자 | 목구멍 **후**, 혀 **설**, 어조사 **지**, 신하 **신**

출전 | 시경 대아 증민편蒸民篇

[후설지임喉舌之任]

→ 후설지신喉舌之臣

[후시지탄後時之歎]

→ 만시지탄晩時之歎

출전 | 송남잡지

[후안무치厚顔無恥]

두꺼운 얼굴에 부끄러움이 없다는 말이며, 뻔뻔스러워 부끄러워할 줄 모른다는 뜻이다.

글자 | 두꺼울 **후**, 얼굴 **안**, 없을 **무**, 부끄러울 **치**

출전 | 문선 북산이문北山移文

[후예사일后羿射日]

활 스승이 해를 쏘아 떨어트렸다는 말이며, 재능이 최고의 경지에 이르면 매우 어려운 일도 해낸다는 뜻이다.

글자 | 사직 **후**, 옛적 활 스승의 이름 **예**, 쏠 **사**, 해 **일**

출전 | 사기

[후왕박래厚往薄來]

후하게 갔다가 박하게 온다는 말이며, 많이 주고 적게 받는다는 뜻이다.

글자 | 후할 **후**, 갈 **왕**, 가벼울 **박**, 올 **래**

[후조부삭朽條腐索]

썩은 끈과 썩은 새끼줄이라는 말이다.

글자 | 썩을 **후**, 끈 **조**, 썩을 **부**, 새끼 **삭**

[후조지절後凋之節]

나중에 시드는 절개라는 말이며, 어려움을 참고 견디며 굳게 지조를 지킨다는 뜻이다.

글자 | 뒤 **후**, 시들 **조**, 어조사 **지**, 절개 **절**

출전 | 논어

[후진영수後進領袖]

뒤에서 나가 거느리는 소매라는 말이며, 뒤에 태어난 지도자라는 뜻이다.

글자 | 뒤 **후**, 나갈 **진**, 거느릴 **영**, 소매 **수**

[후천개벽後天開闢]

하늘 뒤의 열림이라는 말이며, 자연의 세계가 열린 뒤 사람에 의해 개발된 세상이라는 뜻이다.

글자 | 뒤 **후**, 하늘 **천**, 열 **개**, 열 **벽**

[후피만두厚皮饅頭]

가죽은 두텁고 머리는 만두 같다는 말이다. 당나라 유종원柳宗元이 한유韓愈의 문장을 평한 글이다. '세상에서 남의 것을 본뜨거나 슬쩍 훔쳐 푸른색을 가져다가 흰빛에 견주고 껍질은 살찌고 살은 두터우며 힘줄은 여리고 골격은 무른데도 글깨나 한다고 여기는 자의 글을 읽어보면 크게 웃을 수밖에 없다.'

글자 | 두터울 **후**, 가죽 **피**, 만두 **만**, 머리 **두**

출전 | 송음쾌담松陰快談

[후허호흡煦嘘呼吸]

[숨을] 내불고 들이마신다는 말이다.

글자 | 불 **후**, 내불 **허**, 내쉴 **호**, 숨 마실 **흡**

[후회막급後悔莫及]

뒤에 뉘우쳐도 미치지 못한다는 말이며, 잘못을 저지르고 후회해도 이미 때가 늦었다는 뜻이다.

글자 | 뒤 **후**, 뉘우칠 **회**, 없을 **막**, 미칠 **급**

출전 | 송남잡지

[후회막심後悔莫甚]

뒤에 뉘우쳐도 심하지 않다는 말이며, 더할 나위 없이 후회스럽다는 뜻이다.

글자 | 뒤 **후**, 뉘우칠 **회**, 없을 **막**, 심할 **심**

[후회무급後悔無及]

→ 후회막급後悔莫及

[훈계방면訓戒放免]

가르치고 타일러 면하여 놓아준다는 말이며, 잘못에 대하여 잘 가르쳐서 내보낸다는 뜻이다.

글자 | 가르칠 **훈**, 타이를 **계**, 놓을 **방**, 면할 **면**

[훈민정음訓民正音]

백성을 가르치는 바른 소리라는 말이며, 우리나라의 글자를 일컫는다. 조선조 4대 세종 25년(1443)에 임금이 집현전 학사들의 협찬을 얻어 발명한 글자로서, 자음 17자, 모음 11자, 모두 28자로 제정하였으나 그 후 네 글자는 사용하지 않게 되어 현재 24자를 사용하고 있다. 반포한 서문은 다음과 같다.

원문 | 國之語音 異乎中國 與文字不
국지어음 이호중국 여문자불
相流通 故愚民有所欲言而終
상류통 고우민유소욕언이종
不得伸 其情善多矣 予爲此憫
부득신 기정선다이 여위차민
然 新制二十八字 欲使人人易
연 신제이십팔자 욕사인인이
習 便於日用耳
습 편어일용이

글자 | 가르칠 **훈**, 백성 **민**, 바를 **정**, 소리 **음**

[훈부지여熏腐之餘]

지지고 불알 썩힌 나머지라는 말이며, 남자의 생식기를 잘라낸 환관과 내시를 일컫는다.

글자 | 지질 **훈**, 불알 썩히는 형벌 **부**, 어조사 **지**, 남을 **여**

[훈요십조訓要十條]

가르치는데 요긴한 열 가지 조목이라

는 말이며, 고려 태조가 후대에 남긴 통치지침을 일컫는다.

글자 | 가르칠 **훈**, 요긴할 **요**, 조목 **조**

출전 | 고려사高麗史

[훈주산문葷酒山門]

비린내와 술은 산의 문에 들어오지 못한다는 말이며, 비린내 나는 것과 술을 먹고 경내에 들어오지 못한다는 뜻이다.

원문 | 不許葷酒入山門
불 허 훈 주 입 산 문

글자 | 비릴 **훈**, 술 **주**, 뫼 **산**, 집안 **문**

출전 | 불교

[훈지상화壎篪相和]

훈이 부르면 지가 서로 화답한다는 말이며, 형제간에 화목하다는 뜻이다.

글자 | 질 나팔 **훈**, 옆으로 부는 저 **지**, 서로 **상**, 화할 **화**

출전 | 시경 소아 하인사何人斯

[훈호처창焄蒿悽愴]

김이 오르고 올라서 야위고 슬프게 한다는 말이며, 몸에서 김이 빠져 몸이 야위고 슬퍼진다는 뜻이다.

원문 | 昭明焄蒿悽愴
소 명 훈 호 처 창

글자 | 김 오를 **훈**, 김 오를 **호**, 야윌 **처**, 슬퍼할 **창**

출전 | 예기, 중용

[훤빈탈주喧賓奪主]

왁자지껄하게 떠드는 손님이 주인을 빼앗는다는 말이며, 목소리 큰 손님이 주인 노릇을 한다는 뜻이다.

글자 | 지껄일 **훤**, 손 **빈**, 빼앗을 **탈**, 주인 **주**

[훼가출동毁家黜洞]

→ 훼가출송毁家黜送

[훼가출송毁家黜送]

집을 헐고 내쫓는다는 말이며, 동네에서 풍속을 어지럽힌 사람을 동네 밖으로 내쫓고 집을 헐어버린다는 뜻이다.

글자 | 헐 **훼**, 집 **가**, 내칠 **출**, 보낼 **송**

출전 | 송남잡지松南雜識

[훼예포폄毁譽褒貶]

칭찬을 헐고 포장褒奬을 떨어뜨린다는 말이며, 남의 명예와 장점을 깎아내린다는 뜻이다.

글자 | 헐 **훼**, 칭찬할 **예**, 포장할 **포**, 떨어뜨릴 **폄**

출전 | 한서

[훼와획만毁瓦劃墁]

기와를 헐고 흙손으로 금을 긋는다는 말이며, 남의 집에 해를 끼친다는 뜻이다.

글자 | 헐 **훼**, 기와 **와**, 그을 **획**, 흙손 **만**

출전 | 맹자 등문공 하

[훼장삼척喙長三尺]

부리의 길이가 석 자나 된다는 말이

며, 주둥이가 석 자라도 변명할 수 없다는 뜻이다.

글자 | 부리 **훼**, 긴 **장**, 자 **척**

출전 | 운선잡기雲仙雜記

[훼척골립毁瘠骨立]

파리하게 뼈만 서있다는 말이며, 너무 슬퍼서 뼈만 앙상하게 남았다는 뜻이다.

글자 | 무너질 **훼**, 파리할 **척**, 뼈 **골**, 설 **립**

출전 | 예기

[휘반출량諱伴出粮]

짝을 숨기고 양식을 낸다는 말이며, 남이 알지 못하게 공연히 힘을 드리면서 헛수고한다는 뜻이다.

글자 | 숨길 **휘**, 짝 **반**, 낼 **출**, 양식 **량**

출전 | 송남잡지

동류 | 도로무공徒勞無功

[휘지비지諱之祕之]

꺼리고 숨긴다는 말이며, 남을 꺼려 어물어물한다는 뜻이다.

글자 | 꺼릴 **휘**, 어조사 **지**, 숨길 **비**

출전 | 순오지

[휘질기의諱疾忌醫]

병을 피하고 의원을 꺼린다는 말이며, 자신의 결점을 감추고 고치지 않는다는 빗댄 말이다.

글자 | 피할 **휘**, 병 **질**, 꺼릴 **기**, 의원 **의**

출전 | 사기 편작창공열전

[휘황찬란輝煌燦爛]

환히 밝게 빛나서 찬란하다는 말이며, 광채가 빛나서 눈이 부시다는 뜻이다.

글자 | 빛날 **휘**, 환히 밝을 **황**, 찬란할 **찬**, 찬란할 **란**

[휴관퇴은休官退隱]

벼슬을 쉬고 물러나 숨는다는 말이며, 관직을 그만두고 물러나 조용히 은거한다는 뜻이다.

글자 | 쉴 **휴**, 벼슬 **관**, 물러날 **퇴**, 숨을 **은**

출전 | 이조실록 증보문헌비고 210권

[휴류계수鵂鶹計數]

부엉이와 꾀꼬리의 셈이라는 말이며, 계산을 제대로 하지 못하는 사람이 셈을 한다는 뜻이다.

글자 | 부엉이 **휴**, 꾀꼬리 **류**, 셀 **계**, 셀 **수**

출전 | 성호전서 7권

[휴수동귀携手同歸]

손을 끌고 함께 돌아간다는 말이며, 서로 행동과 거취를 같이한다는 뜻이다.

글자 | 끌 **휴**, 손 **수**, 같을 **동**, 돌아갈 **귀**

[휴척상관休戚相關]

넉넉함과 슬픔이 서로 통한다는 말이며, 기쁨과 슬픔을 서로 나눈다는 뜻이다.

글자 | 넉넉할 **휴**, 슬플 **척**, 서로 **상**, 통할 **관**

출전 | 국어 주어周語

동류 | 휴척여공休戚與共

[흩방지쟁鷸蚌之爭]

→ 어부지리漁父之利

원문 | 蚌方出曝 而鷸啄其肉 蚌合
방 방 출 폭 이 흩 탁 기 육 방 합
而拑其啄
이 겸 기 탁

[흉극생길凶極生吉]

흉함이 다하면 길함이 생긴다는 말이다.

원문 | 凶極生吉 初困後泰
흉 극 생 길 초 곤 후 태

글자 | 흉할 **흉**, 다할 **극**, 날 **생**, 길할 **길**

출전 | 토정비결

[흉년기세凶年饑歲]

흉년은 주리는 해라는 말이며, 흉년으로 기근이 들었던 해라는 뜻이다.

글자 | 흉할 **흉**, 해 **년**, 주릴 **기**, 해 **세**

[흉리복저匈詈腹詛]

가슴으로 꾸짖고 배로 저주한다는 말이며, 마음속으로 비난한다는 뜻이다.

글자 | 가슴 **흉**, 꾸짖을 **리**, 배 **복**, 저주할 **저**

[흉몽대길凶夢大吉]

흉한 꿈이 크게 길하다는 말이며, 꿈은 사실과 반대로 나타나는 것이니 흉한 꿈이 오히려 길하다는 뜻이다.

글자 | 흉할 **흉**, 꿈 **몽**, 큰 **대**, 길할 **길**

[흉변위복凶變爲福]

흉이 변하여 복이 된다는 말이다.

원문 | 凶變爲福 何患前程
흉 변 위 복 하 환 전 정

글자 | 흉할 **흉**, 변할 **변**, 될 **위**, 복 **복**

출전 | 토정비결

[흉악망측凶惡罔測]

흉하고 악함을 헤아릴 수 없다는 말이다.

글자 | 흉할 **흉**, 악할 **악**, 없을 **망**, 헤아릴 **측**

[흉악무도凶惡無道]

흉하고 악하고 도리가 없다는 말이며, 성질이 거칠고 사나우며 도의심이 없다는 뜻이다.

글자 | 흉할 **흉**, 악할 **악**, 없을 **무**, 도리 **도**

[흉유성죽胸有成竹]

가슴에 대나무가 이루어져 있다는 말이며, 어떤 문제에 부닥쳤을 때 이를 해결할 방법이 성숙되어 있다는 뜻이다.

글자 | 가슴 **흉**, 있을 **유**, 이룰 **성**, 대 **죽**

출전 | 소동파의 조보지晁補之

[흉중갑병胸中甲兵]

가슴속에 갑옷 입은 군사라는 말이며, 지략이 있어 용병을 잘하는 군사라는 뜻이다.

글자 | 가슴 **흉**, 가운데 **중**, 갑옷 **갑**, 군사 **병**

[흉중인갑胸中麟甲]

가슴속에 기린의 갑옷이라는 말이며, 남과 다툴 마음이 있다는 뜻이다.

글자 | 가슴 **흉**, 속 **중**, 기린 **인**, 갑옷 **갑**

출전 | 송사宋史

[흉즉대길凶則大吉]

흉한즉 크게 길하다는 말이며, 점괘나 사주풀이, 토정비결 등에 나타난 신수가 아주 나쁠 때는 오히려 반대로 대길하다는 뜻이다.

글자 | 흉할 **흉**, 곧 **즉**, 큰 **대**, 길할 **길**

반대 | 길즉대흉吉則大凶

[흉충반흉凶蟲反凶]

흉한 벌레가 더욱 흉하다는 말이며, 보기 싫은 사람이 더 미운 짓을 한다는 뜻이다.

글자 | 흉할 **흉**, 벌레 **충**, 돌이킬 **반**

[흑구축체黑狗逐彘]

검은 개는 돼지를 쫓는다는 말이며, 됨됨이나 형편이 비슷한 사람은 서로 잘 어울리고 감싸준다는 뜻이다.

글자 | 검은 **흑**, 개 **구**, 쫓을 **축**, 돼지 **체**

출전 | 순오지 하

[흑능오백黑能汚白]

검은 것이 능히 흰 것을 더럽힐 수 있다는 말이며, 군자와 소인이 싸우면 대개는 소인이 이긴다는 뜻이다.

글자 | 검은 **흑**, 능할 **능**, 더러울 **오**, 흰 **백**

[흑두재상黑頭宰相]

검은 머리의 재상이라는 말이며, 젊은 재상을 일컫는다. 왕승상王丞相이 임기현령인 제갈도명諸葛道明에게 한 말이다. '명부明府는 틀림없이 검은 머리의 재상이 될 것이오.'

원문 | 明府當爲黑頭公
명 부 당 위 흑 두 공

글자 | 검을 **흑**, 머리 **두**, 재상 **재**, 재상 **상**

출전 | 세설신어 식감識鑒

반대 | 백두재상白頭宰相

[흑막정치黑幕政治]

검은 장막 뒤의 정치라는 말이며, 정치 무대의 뒤에서 소수의 사람이 조정하는 정치를 일컫는다.

글자 | 검을 **흑**, 장막 **막**, 바를 **정**, 다스릴 **치**

[흑백분명黑白分明]

검은 것과 흰 것이 분명하다는 말이며, 사물의 시비나 선악이 분명하다는 뜻이다.

글자 | 검을 **흑**, 흰 **백**, 나눌 **분**, 밝을 **명**

출전 | 한서, 춘추번로春秋繁露

[흑백혼효黑白混淆]

흑백이 어지럽게 섞였다는 말이며, 시비나 선악, 사전邪正 등이 어지럽게 섞여있다는 뜻이다.

글자 | 검을 **흑**, 흰 **백**, 섞을 **혼**, 어지러울 **효**

출전 | 십팔사략 양진전

[흑약재연黑躍在淵]

어두운데서 나왔지만 못에 있다는 말이며, 이전보다 발전은 했지만 아직 안정된 상태는 아니라는 뜻이다.

글자 | 어두울 **흑**, 나아갈 **약**, 있을 **재**, 못 **연**

[흑의재상黑衣宰相]

검은 옷의 재상이라는 말이며, 승려로서 정치에 참여하는 사람을 빗댄 말이다.

글자 | 검은 **흑**, 옷 **의**, 재상 **재**, 서로 **상**

출전 | 자치통감資治通鑑

[흑풍백우黑風白雨]

검은 바람과 흰 비라는 말이며, 검은 바람이 몰아치는 가운데 내리 쏟는 소나기를 일컫는다.

글자 | 검을 **흑**, 바람 **풍**, 흰 **백**, 비 **우**

출전 | 소동파의 유월이십칠일망호루취서六月二十七日望湖樓醉書

[흔구대보欣求大寶]

기뻐하며 큰 보배를 구한다는 말이며, 기쁜 마음으로 불법의 진리를 구한다는 뜻이다.

글자 | 기뻐할 **흔**, 구할 **구**, 큰 **대**, 보배 **보**

[흔구정토欣求淨土]

깨끗한 땅을 기쁘게 구한다는 말이며, 극락왕생極樂往生을 기쁘게 원한다는 뜻이다.

글자 | 기뻐할 **흔**, 구할 **구**, 깨끗할 **정**, 흙 **토**

출전 | 왕생요집往生要集

[흔동일세掀動一世]

한 세상을 들어 올린다는 말이며, 떨치는 위세가 당당하여 한 세상을 뒤흔든다는 뜻이다.

글자 | 들어 올릴 **흔**, 움직일 **동**, 세상 **세**

[흔산탕해掀山蕩海]

산과 큰 바다를 든다는 말이며, 기세를 크게 떨친다는 뜻이다.

글자 | 들 **흔**, 뫼 **산**, 클 **탕**, 바다 **해**

출전 | 조선왕조 14대 선조실록

[흔연대접欣然待接]

기꺼운 마음으로 기다려 대접한다는 말이다.

글자 | 기쁠 **흔**, 그럴 **연**, 기다릴 **대**, 대접할 **접**

[흔천권지掀天捲地]

하늘을 들어 올리고 땅을 말아 거둔다는 말이며, 세력을 크게 떨친다는 뜻이다.

글자 | 들어 올릴 **흔**, 하늘 **천**, 거둘 **권**, 땅 **지**

동류 | 흔천동지掀天動地

[흔천동지掀天動地]

→ 흔천권지掀天捲地

출전 | 옥루몽

[흔흔낙락欣欣樂樂]

매우 기쁘고 매우 즐겁다는 말이다.

글자 | 기쁠 **흔**, 즐거울 **낙(락)**

[흔흔향영欣欣向榮]

싱싱하고도 싱싱한 초목이 무성하게 자랐다는 말이며, 사업이나 하는 일이 날로 번성하고 있다는 뜻이다.

글자 | 초목이 싱싱할 **흔**, 기울어질 **향**, 무성할 **영**

출전 | 도연명의 귀거래사歸去來辭

[흔희작약欣喜雀躍]

기쁘고 기뻐서 참새가 날뛴다는 말이며, 매우 기뻐서 덩실거린다는 뜻이다.

글자 | 기뻐할 **흔**, 기쁠 **희**, 참새 **작**, 뛸 **약**

동류 | 광희난무狂喜亂舞

[흘가휴의迄可休矣]

옳을 때 마치고 쉰다는 말이며, 적당한 때에 그만둔다는 뜻이다.

글자 | 마침 **흘**, 옳을 **가**, 쉴 **휴**, 어조사 **의**

[흘연독립屹然獨立]

산 모양으로 홀로 우뚝하게 선다는 말이다.

글자 | 산 모양 **흘**, 그럴 **연**, 홀로 **독**, 설 **립**

[흠숭지례欽崇之禮]

공경하고 숭상하는 예도라는 말이며, 천주에게만 드리는 천주교의 예식이라는 뜻이다.

글자 | 공경할 **흠**, 숭상할 **숭**, 어조사 **지**, 예도 **례**

[흠신답례欠身答禮]

몸을 기지개하며 답례한다는 말이며, 몸을 굽혀 답례한다는 뜻이다.

글자 | 기지개 **흠**, 몸 **신**, 답할 **답**, 예도 **례**

[흠휼지전欽恤之典]

공손하고 불쌍히 여길 법이라는 말이며, 죄수를 신중히 심의하라는 임금의 은전을 일컫는다.

글자 | 공손할 **흠**, 불쌍히 여길 **휼**, 어조사 **지**, 법 **전**

[흡반투쟁吸盤鬪爭]

대야를 마시는 다툼과 싸움이라는 말이며, 노동쟁의에서 직장을 지키며 하는 투쟁을 빗댄 말이다.

글자 | 마실 **흡**, 대야 **반**, 싸울 **투**, 다툴 **쟁**

[흥고채열興高采烈]

흥취는 높고 문채는 씩씩하다는 말이며, 기뻐서 어쩔 줄 모르는 모습을 빗댄 말이다.

원문 | 叔野俊俠故興高而采烈
숙 야 준 협 고 흥 고 이 채 열

글자 | 일 **흥**, 높을 **고**, 풍채 **채**, 맹렬할 **열**

출전 | 문심조룡文心雕龍

[흥국강병興國強兵]

나라를 일으키고 군사를 강하게 한다는 말이다.

글자 | 일으킬 **흥**, 나라 **국**, 굳셀 **강**, 군사 **병**

[흥망계절興亡繼絶]

망한 것을 일으키고 끊어진 것을 잇는다는 말이며, 망한 나라를 홍하게 하고 끊어진 대를 잇는다는 뜻이다.

글자 | 홍할 **흥**, 망할 **망**, 이을 **계**, 끊을 **절**

출전 | 삼국사기 6권

[흥륭쇠망興隆衰亡]

→ 흥망성쇠興亡盛衰

[흥망성쇠興亡盛衰]

일어나고 망하며 성하고 쇠한다는 말이다.

글자 | 일 **흥**, 망할 **망**, 성할 **성**, 쇠할 **쇠**

[흥망치란興亡治亂]

홍하고 망함과 잘 다스려지는 세상과 어지러운 세상이라는 말이다.

글자 | 일 **흥**, 망할 **망**, 다스릴 **치**, 어지러울 **란**

[흥미진진興味津津]

일어나는 맛이 넘치고 넘친다는 말이며, 홍취가 넘친다는 뜻이다.

글자 | 일어날 **흥**, 맛 **미**, 넘칠 **진**

[흥성흥성興盛興盛]

일어나고 성하고, 또 일어나고 성한다는 말이며, 매우 번성한다는 뜻이다.

글자 | 일어날 **흥**, 성할 **성**

[흥와조산興訛造訕]

→ 흥와주산興訛做訕

[흥와주산興訛做訕]

거짓말을 만들어 남을 비방한다는 말이다.

글자 | 일 **흥**, 거짓말 **와**, 지을 **주**, 비방할 **산**

동류 | 홍와조산興訛造訕

[흥진비래興盡悲來]

일어남이 다하고 슬픔이 온다는 말이며, 세상이 돌고 돈다는 뜻이다.

원문 | 興盡悲來 識盈虛之有數
홍 진 비 래 식 영 허 지 유 수

글자 | 일어날 **흥**, 다할 **진**, 슬플 **비**, 올 **래**

출전 | 왕발의 등왕각서滕王閣序

반대 | 고진감래苦盡甘來

[흥진이반興盡而反]

→ 승흥이래乘興而來

[흥청망청興淸亡淸]

맑음을 일으키고 맑음을 망친다는 말이며, 홍청이 망하고야 말았다는

ㅎ

뜻이다. 연산군이 채홍사採紅使를 파견하여 각 지방의 아름다운 처녀를 뽑고 각 고을에서 기생들을 관리하게 하고 기생의 명칭도 홍청이라 하였는데, 연산군은 정사는 돌보지 않고 홍청들과 놀기만 하다가 중종반전中宗反正으로 실각한 데서 생긴 말이다.

글자 | 일 **흥**, 맑을 **청**, 망할 **망**

[희공망상希功望賞]

공과 상을 바란다는 말이며, 공명심이 매우 많다는 뜻이다.

글자 | 바랄 **희**, 공 **공**, 바랄 **망**, 상줄 **상**

[희구지심喜懼之心]

기쁘기도 하고 두렵기도 한마음이라는 말이다.

글자 | 기쁠 **희**, 두려워할 **구**, 어조사 **지**, 마음 **심**

[희노애락喜怒哀樂]

기쁨과 노여움, 그리고 슬픔과 즐거움이라는 말이며, 사람의 마음의 변화를 일컫는다. 중용에 있는 글이다. '희·노·애·락이 아직 행동에 나타나지 않는 것을 중이라 한다.'

원문 | 喜怒哀樂之未發 謂之中
희노애락지미발 위지중

글자 | 기쁠 **희**, 성낼 **노**, 슬플 **애**, 즐거울 **락**

출전 | 중용 제1장, 장자 제물론

[희노재심喜怒在心]

기쁨과 성냄은 마음에 있다는 말이며, 기뻐하고 성내고 하는 것은 마음먹기에 달려있다는 뜻이다.

원문 | 喜怒在心 言出於口 不可不愼
희노재심 언출어구 불가불신

글자 | 기쁠 **희**, 성낼 **노**, 있을 **재**, 마음 **심**

출전 | 명심보감 정기편正己篇

[희대미문稀代未聞]

세대에 드물고 듣지 못한 것이라는 말이며, 일찍이 들어보지 못한 드문 일이라는 뜻이다.

글자 | 드물 **희**, 세대 **대**, 아닐 **미**, 들을 **문**

[희동안색喜動顔色]

얼굴빛이 기쁘게 움직인다는 말이며, 기쁜 빛이 얼굴에 드러난다는 뜻이다.

글자 | 기쁠 **희**, 움직일 **동**, 얼굴 **안**, 빛 **색**

[희불자승喜不自勝]

기뻐서 자신을 이기지 못한다는 말이며, 매우 기뻐서 어쩔 줄 모른다는 뜻이다.

글자 | 기쁠 **희**, 아닐 **불**, 스스로 **자**, 이길 **승**

[희비애락喜悲哀樂]

기쁨과 슬픔, 그리고 아픔과 즐거움이라는 말이다.

글자 | 기쁠 **희**, 슬플 **비**, 아플 **애**, 즐거울 **락**

[희상노형喜賞怒刑]

기쁘면 상 주고 성나면 벌준다는 말이며, 상과 벌을 마음 내키는 대로 한다는 뜻이다.

글자 | 기쁠 **희**, 상 줄 **상**, 성낼 **노**, 벌 줄 **형**

[희색만면喜色滿面]

기쁜 빛이 얼굴에 가득하다는 말이다.

글자 | 기쁠 **희**, 빛 **색**, 찰 **만**, 얼굴 **면**

[희세지재稀世之才]

세상에 드문 재주라는 말이다.

글자 | 드물 **희**, 세상 **세**, 어조사 **지**, 재주 **재**

출전 | 울리자鬱離子

[희세지진稀世之珍]

세상에 드문 보배라는 말이며, 옛것을 맹목적으로 귀하게 여기는 잘못된 풍습을 빗댄 말이다.

글자 | 드물 **희**, 세상 **세**, 어조사 **지**, 보배 **진**

[희소불휴喜笑不休]

기뻐서 웃음이 그치지 않는다는 말이다. 의서醫書에 있는 글이다. '심기가 허하면 슬퍼지고 넘치면 웃음을 멈추지 못한다.'

원문 | 心氣虛則悲 實則笑不休
심 기 허 즉 비 실 즉 소 불 휴

글자 | 기쁠 **희**, 웃을 **소**, 아닐 **불**, 그칠 **휴**

출전 | 영추경靈樞經

[희즉기완喜則氣緩]

기쁘면 곧 기운이 느즈러진다는 말이며, 너무 많이 웃게 되면 기운이 퍼져 나중에는 힘을 쓰기 어렵게 된다는 뜻이다. 웃기만 하면 몸과 마음이 모두 나태해져 생명활동도 따라 나약해지므로 무조건 많이 웃는 것만이 능사는 아니다.

글자 | 기쁠 **희**, 곧 **즉**, 기운 **기**, 느즈러질 **완**

[희출망외喜出望外]

바라는 외에 기쁜 일이 생긴다는 말이다.

글자 | 기쁠 **희**, 날 **출**, 바랄 **망**, 바깥 **외**

[희호세계熙皞世界]

화평하고 밝은 세계라는 말이며, 백성의 생활이 즐겁고 화평한 세상이라는 뜻이다.

글자 | 화할 **희**, 밝을 **호**, 인간 **세**, 지경 **계**

[희황상인羲皇上人]

복희伏羲 황제의 윗사람이라는 말이며, 세상일을 잊고 편안히 숨어사는 사람을 일컫는다.

원문 | 有時淸風來 自謂羲皇人
유 시 청 풍 래 자 위 희 황 인

글자 | 복희 **희**, 황제 **황**, 윗 **상**, 사람 **인**

출전 | 잠삼岑參, 두보의 시, 진서

[희희낙락喜喜樂樂]

매우 기뻐하고 즐거워한다는 말이다.

글자 | 기쁠 **희**, 즐거울 **낙(락)**

ㅎ

부록

속담 사자성어

속담 사자성어

[ㄱ]

가는 사람 좇지 말라.	거자막추去者莫追
	왕자불추往者不追
가랑잎으로 눈을 가린다.	가엽차안柯葉遮眼
가루를 팔려는데 바람을 만난다.	매설봉풍賣屑逢風
가마 타고 채찍질한다.	초헌마편軺軒馬鞭
가뭄에 콩 나듯 한다.	한시태출旱時太出
가벼운 것도 모이면 굴대를 꺾는다.	총경절축叢輕折軸
가지나무에 목을 맨다.	가수결항茄樹結項
가짜가 진짜를 어지럽힌다.	이위난진以僞亂眞
간장을 구하다가 술을 얻는다.	구장득주求漿得酒
갈 길은 멀고 해는 저문다.	도원일모途遠日暮
갈수록 태산이다.	거거고산去去高山
갑 속의 검과 휘장 안의 등불이다.	갑검유등匣劍帷燈
강 건너편의 불이다.	대안지화對岸之火
강한 나무는 부러진다.	강목즉절强木則折
갖바치 내일모레 미루듯 한다.	피장재일皮匠再日
갖바치 화초로 겉치레하듯 한다.	피장화초皮匠花草
같은 값이면 다홍치마다.	동가홍상同價紅裳

같은 처지에 있는 과부이다.	동모과부同侔寡婦
같이 넘어지고 같이 죽는다.	공도동망共倒同亡
개 따라가면 측간으로 간다.	교구여측較狗如厠
개 약과 먹듯 한다.	구탄약과狗呑藥果
개가 사나우면 술이 시다.	구맹주산狗猛酒酸
개가 싸워도 잠시는 쉰다.	구투아식狗鬪俄息
개미가 쳇바퀴를 돈다.	의환사륜蟻環篩輪
개미굴이 제방을 무너뜨린다.	제궤의혈堤潰蟻穴
개발에 편자다.	구족제철鉤足蹄鐵
개밥에 도토리다.	구반상실狗飯橡實
거북이 등의 털을 깎는다.	구배괄모龜背刮毛
거적문에 쇠 지도리다.	석문철추席門鐵樞
	천문철추薦門鐵樞
거지 아이가 비단 옷을 얻는다.	걸아득금乞兒得錦
거지가 하늘을 불쌍히 여긴다.	걸인연천乞人憐天
건너편 기슭의 불이다.	대안지화對岸之火
검정개는 돼지편이다.	흑구축체黑狗逐彘
게 잡아 물에 놓는다.	착해방수捉蟹放水
게 잡아 물에 던진다.	착해투수捉蟹投水
게도 광주리도 다 잃는다.	해광구실蟹筐俱失
게도 그물도 잃는다.	실해겸망失蟹兼網
게도 그물도 다 잃는다.	해망구실蟹網俱失
계란에도 뼈가 있다.	계란유골鷄卵有骨

곗술로 낯낸다.	계주생면契酒生面
고기 그물에 기러기가 걸린다.	어망홍리魚網鴻離
고기 몇 마리가 물을 흐린다.	수어혼수數魚混水
고기 잡는 사람은 옷을 적신다.	쟁어자유爭魚者濡
고기를 잡으면 통발을 잊는다.	득어망전得魚忘筌
고래 싸움에 새우가 죽는다.	경전하사鯨戰蝦死
	하란경전蝦爛鯨戰
고래가 물을 마시듯, 말이 풀 먹듯 한다.	경음마식鯨飮馬食
고려공사 사흘 못간다.	고려공사高麗公事
고삐가 길면 밟힌다.	비장즉답轡長卽踏
고양이 목에 방울 단다.	묘항현령猫項懸鈴
고양이 발에 덕석이다.	묘족고석猫足藁席
고양이 수파 쓴 것 같다.	묘착수파猫着繡帕
고양이가 쥐와 함께 산다.	묘서동처猫鼠同處
곧은 나무는 먼저 베어진다.	직목선벌直木先伐
관가 돼지 배 앓기다.	관저복통官猪腹痛
광대 턱 빠진다.	광대낙함廣隊落頷
구걸은 같이 다녀서는 안 된다.	걸불병행乞不竝行
구멍을 봐 가며 쐐기를 깎는다.	수조변예隨鑿變枘
구슬로 새를 쏜다.	이주탄작以珠彈雀
국에 덴 놈이 간장 보고도 분다.	징갱취장懲羹吹醬
국에 덴 놈이 부추나물 보고도 분다.	징갱취구懲羹吹韮
궁노루(사향노루) 묶듯 한다.	여박궁장如縛宮獐

궁지에 몰린 도둑을 쫓지 말라.	궁구막추窮寇莫追
궁지에 몰린 새가 품안에 날아든다.	궁조입회窮鳥入懷
궁지에 몰린 쥐가 고양이를 문다.	궁서설묘窮鼠囓猫
권세는 10년을 가지 못한다.	권불십년權不十年
귀 막고 종을 훔친다.	엄이도종掩耳盜鐘
귀를 막고 방울을 훔친다.	엄이도령掩耳盜鈴
귀에 대고 한 말이 천리 간다.	부이지언附耳之言
그림의 떡으로 굶주림을 채운다.	화병충기畵餠充饑
그림의 떡이다.	화중지병畵中之餠
그림자는 몸에서 떠나지 않는다.	영불이신影不離身
금을 가까이하면 금과 같아진다.	애금사금挨金似金
급히 먹는 밥에 목 메인다.	망식일후忙食噎喉
기르는 개가 도리어 주인을 문다.	축견반교畜犬反噛
기르는 개가 발꿈치를 문다.	양견서종養犬噬踵 축견서종畜犬噬踵 축구서종畜狗噬踵
기생집에서 예절을 따진다.	창가의례娼家議禮
길가에 지은 집이로다.	작사도방作舍道傍
길을 소경에게 묻는다.	구도어맹求道於盲
길이 아니면 가지 않는다.	비도불행非道不行
까마귀 날자 배 떨어진다.	오비이락烏飛梨落
까치 집에 비둘기가 산다.	구거작소鳩居鵲巢
깨진 거울은 비추어지지 않는다.	파경부조破鏡不照

깨진 그릇 맞추기다.	파기상접破器相接
	파기상준破器相準
꼬리를 진흙 속에 끌고 다니겠다.	예미도중曳尾塗中
꽃은 다시 올라붙지 않는다.	화불재양華不再揚
꽃을 빌려 부처에게 바친다.	차화헌불借花獻佛
꿩 먹고 알 먹는다.	식치식란食雉食卵
끈 떨어진 광대 가면이다.	절영우면絶纓優面

[ㄴ]

나무가 강하면 곧 부러진다.	목강즉절木强則折
나무로 만든 거울이다.	목조면경木造面鏡
나무에 오르게 하고 사다리를 뺀다.	상수발제上樹拔梯
나무에 오르라 해 놓고 흔든다.	권상요목勸上搖木
나무에 잘 오르는 자가 떨어진다.	선반자락善攀者落
나무에서 고기를 구한다.	연목구어緣木求魚
나뭇잎 하나로 눈을 가린다.	일엽장목一葉障目
나방이 불에 날아드는 것과 같다.	여아부화如蛾赴火
나쁜 나무에는 그늘도 없다.	악목불음惡木不陰
나쁜 사람 곁에 있다가 벼락 맞는다.	악방봉뢰惡傍逢雷
나쁜 일은 천리를 간다.	악사천리惡事千里
낚시에 용이 걸렸다.	간두괘룡竿頭掛龍
낚싯바늘에 걸린 물고기다.	중구지어中鉤之魚

남을 잡으려다가 제가 잡힌다.	착타착아捉他捉我
남이 걸으면 걷고 남이 뛰면 뛴다.	역보역추亦步亦趨
낫 놓고 기억자도 모른다.	목불식정目不識丁
낫으로 눈을 가린다.	이겸차안以鎌遮眼
낮말은 새가 듣는다.	주어조청晝語鳥聽
	주어작청晝語雀聽
	주언작청晝言雀聽
내 콧물에 물이 석 자다.	오비삼척吾鼻三尺
내가 부를 노래를 사돈이 부른다.	아가사창我歌查唱
내가 부를 노래를 임자가 부른다.	아가군창我歌君唱
노끈으로 톱질하여 나무를 벤다.	승거목단繩鉅木斷
노루를 쫓는데 토끼가 걸렸다.	주장낙토走獐落兎
노루를 피하니 호랑이를 만난다.	피장봉호避獐逢虎
노한 파리가 검을 뺀다.	노승발검怒蠅拔劍
누울 자리 보고 다리 뻗는다.	양금신족量衾伸足
눈 뜨고 고무래 정자도 모른다.	목불식정目不識丁
눈먼 거북이 나무를 만나다.	맹귀우목盲龜遇木
	맹귀부목盲龜浮木
눈먼 고양이 계란 어르듯 한다.	할묘농란瞎猫弄卵
눈먼 망아지 워낭 소리 듣고 따라간다.	고마문령瞽馬聞鈴
	맹마수령盲馬隨鈴
눈먼 사람의 단청 구경이다.	맹자단청盲者丹青
눈먼 자식이 효도한다.	맹자효도盲者孝道

눈으로 우물을 메운다. 담설전정擔雪塡井
눈은 높고 손은 낮다. 안고수비眼高手卑
눈을 가리고 참새를 잡는다. 엄목포작掩目捕雀
눈을 찌를 막대기는 누구나 있다. 충목지장衝目之丈
눈코 뜰 사이 없다. 안비막개眼鼻莫開
늙은 말이 길을 안다. 노마식도老馬識途
늙은 용이 구름을 얻는다. 노룡득운老龍得雲

[ㄷ]

다락에 오르게 하고 사다리를 치운다. 등루거제登樓去梯
다리 밑에서 원님을 꾸짖는다. 교하질쉬橋下叱倅
달걀로 돌을 친다. 이란격석以卵擊石
달리는 말에 채찍질한다. 주마가편走馬加鞭
달면 삼키고 쓰면 뱉는다. 감탄고토甘呑苦吐
달아나는 것이 상책이다. 주위상책走爲上策
달아나는 것이 첫째다. 주행제일走行第一
달아나면 쌀밥 준다. 주여도반走與稻飯
달이 차면 곧 기운다. 월영즉식月盈則食
달이 차면 곧 이지러진다. 월만즉휴月滿則虧
닭 머리가 되고 소꼬리가 되지 말라. 계시우종鷄尸牛從
닭 무리 속에 한 마리의 학이다. 계군일학鷄群一鶴
닭 베는데 소 잡는 칼이다. 할계우도割鷄牛刀

닭 쫓던 개 지붕 쳐다보듯 한다.	축계망리逐鷄望籬
닭을 빌려 알을 낳는다.	차계생단借鷄生蛋
담에도 귀가 있다.	이속우원耳屬于垣
당 나팔 분다.	취당나팔吹唐喇叭
대청을 빌려 안방까지 들어온다.	차청입실借廳入室
댓구멍으로 하늘을 본다.	규관관천窺管觀天
더운 죽에 혀를 댄다.	열죽접설熱粥接舌
덕금어미처럼 잠도 잘 잔다.	덕금모수德今母睡
던져도 역시 마름쇠다.	투역능철投亦菱鐵
도깨비 땅 마련하듯 한다.	망량등지魍魎等地
도깨비 사귄 것 같다.	여교망량如交魍魎
도깨비에게 세금 매긴다.	망량양세魍魎量稅
도끼를 들고 못에 들어간다.	게부입연揭斧入淵
도둑이 나가고 빗장을 친다.	적출관문賊出關門
도둑이 도리어 매를 든다.	적반하장賊反荷杖
도리어 그 주인에게 짖는다.	반폐기주反吠其主
도마 위에 오른 고기다.	궤상지육机上之肉
	조상지육俎上之肉
도살장에서 소를 잡지 말라.	도문계살屠門戒殺
도살장에서 염불한다.	도문송불屠門誦佛
도시락을 먹는데 소리가 난다.	식단유성食簞有聲
돌담이 배가 부르다.	석장포복石墻飽腹
돌로 돌을 친다.	이석격석以石擊石

돌을 던지면 돌이 돌아온다. 투석석래投石石來
돌을 지고 강물에 뛰어든다. 부석부하負石赴河
동무 따라 강남 간다. 수우강남隨友江南
추우강남追友江南
동쪽을 묻는데 서쪽을 답한다. 동문서답東問西答
동헌에서 원님 칭찬한다. 아중예쉬衙中譽倅
돼지가 오방으로 꼬리를 흔든다. 오방저미五方豬尾
되로 섬이 되는 양을 센다. 이승양석以升量石
두 가지 값을 말하지 않는다. 언무이가言無二價
두 과부가 슬픔을 나눈다. 양과분비兩寡分悲
두 손에 떡을 쥔다. 양수집병兩手執餠
두부 먹다가 이 빠진다. 끽포낙치喫泡落齒
두어 마리의 물고기가 물을 흐린다. 수어혼수數魚混水
둥근 구멍에 모난 나무다. 원공방목圓孔方木
뒤로 엎어져도 코가 깨진다. 번역파비飜亦破鼻
뒤에 난 뿔이 우뚝하다. 후생각고後生角高
후생각올後生角兀
뒤에 난 사람이 두렵다. 후생가외後生可畏
뒷간 갈 때와 올 때의 마음이 다르다. 여측이심如厠二心
드는 돌에 낯붉힌다. 거석홍안擧石紅顔
든 거지 난 부자 내빈외부內貧外富
듣지 않으면 약이다. 불문시약不聞是藥
등 시린 절을 받는다. 수배한배受背寒拜

등잔 밑이 어둡다.	등하불명燈下不明
땀 없이 이루어지지 않는다.	무한불성無汗不成
땅 짚고 헤엄치기다.	거지습수據地習泅
떡 도둑이 보증 선다.	병적간증餠賊看證
떡을 던지면 떡이 돌아온다.	척병병회擲餠餠回

[ㅁ]

마룻대가 부러지면 서까래도 무너진다.	동절최붕棟折榱崩
마른 고기를 매단 노끈이 썩는다.	고어함삭枯魚銜索
마른 나무에 꽃이 핀다.	고목생화枯木生花
마른 나무에서 물을 낸다.	강목생수剛木生水
	건목수생乾木水生
마흔 살에 첫 버선이다.	사십초말四十初襪
만난 사람은 헤어지기 마련이다.	회자정리會者定離
말 가는 데 소도 간다.	마행우급馬行牛及
말 귀에 동풍이다.	마이동풍馬耳東風
말 속에 말이 있다.	언중유언言中有言
말 속에 뼈가 있다.	언중유골言中有骨
말 잃고 마구간 고친다.	실마치구失馬治廐
말 잘 타는 사람이 말에서 떨어진다.	선기자추善騎者墜
말도 갈아타면 낫다.	마호체승馬好替乘
말똥에 굴러도 이승이 즐겁다.	전분세락轉糞世樂

말은 꿀 같고 심보는 칼 같다. 구밀복검口蜜腹劍

말을 빌리더니 삼경이 되었다. 차마삼경借馬三更

말이 많으면 낭패도 많다. 다언다패多言多敗

말이 삼은 소 신이다. 마직우구馬織牛屨

말이 천리를 날아간다. 언비천리言飛千里

맛 좋은 준치에 가시가 많다. 시어다골鰣魚多骨

망아지를 따라 서울 다녀온다. 구종경래駒從京來

망치가 가벼우면 못이 솟는다. 추경정용搥輕釘聳

퇴경정용槌輕釘聳

매에는 장사가 없다. 유장무장惟杖無將

매와 호랑이를 치는 것과 같다. 여양응호如養鷹虎

맺은 사람이 풀어야 한다. 결자해지結者解之

머리가 가려운데 발뒤꿈치를 긁는다. 두양소근頭癢搔跟

머리를 삶으면 귀도 익는다. 팽두이숙烹頭耳熟

머리를 잡다가 꼬리를 잡는다. 착두착미捉頭捉尾

먹을 가까이 하는 사람은 검게 된다. 근묵자흑近墨者黑

먼 데 물은 가까운 불을 끄지 못한다. 원수근화遠水近火

먼저 병을 앓고 난 사람이 의사가 된다. 선병자의先病者醫

먼저 행랑을 빌린다. 선가외랑先假外廊

메추라기가 매의 날개처럼 펴려고 한다. 안피준익鷃披隼翼

며느리가 늙어 시어미가 된다. 부로위고婦老爲姑

며느리는 처음 시집 왔을 때 가르친다. 교부초래敎婦初來

모과를 선물하고 구슬을 얻는다. 투과득경投瓜得瓊

모기 새끼가 산을 진다. 문자부산蚊子負山
모기가 모여 천둥소리 낸다. 취문성뢰聚蚊成雷
모기를 보고 칼을 뺀다. 견문발검見蚊拔劍
모기에게 산을 지게 한다. 사문부산使蚊負山
모든 일이 비로 쓴 것 같다. 범백소여凡百掃如
모로 가도 서울만 가면 된다. 사행저경斜行抵京
목마른 용이 물을 얻었다. 갈용득수渴龍得水
목이 말라야 우물을 판다. 임갈굴정臨渴掘井
못이 게를 기르지 못한다. 지불양해池不養蟹
몽둥이에는 장수가 없다. 유장무장惟杖無將
무는 호랑이는 뿔이 없다. 서호무각噬虎無角
무덤 앞에서 할 말 다하라. 묘전필언墓前畢言
무른 땅에 나무 박기다. 연지삽목軟地揷木
무른 땅에 나무 박기 쉽다. 윤지이익潤地易杙
무른 땅에 말뚝박기다. 연지삽말軟地揷抹
무릎이 가려운데 등을 긁는다. 슬양소배膝癢搔背
문 열고 도적을 불러들인다. 개문납적開門納賊
물고기 한 마리가 물을 흐린다. 일어지탁一魚之濁
물고기가 물을 만난 듯하다. 여어득수如魚得水
물과 불은 사귈 수 없다. 수화무교水火無交
물과 불은 서로 이긴다. 수화상극水火相剋
물도 떠 주면 공덕이다. 급수공덕給水功德
물방울이 돌을 뚫는다. 수적천석水滴穿石

물에 돌 던지기와 같다. 여수투석如水投石
물에 물 타는 것과 같다. 여수투수如水投水
물은 흘러도 돌은 머문다. 수류석류水流石留
물이 맑으면 고기가 없다. 수청무어水淸無魚
물이 이르면 배가 뜬다. 수도선부水到船浮
물이 지극히 맑으면 고기가 없다. 지청무어至淸無魚
물이 평평하면 흐르지 않는다. 수평불류水平不流
물이 흐르면 내를 이룬다. 수적성천水積成川
물이 흐르면 도랑이 생긴다. 수도거성水到渠成
미꾸라지 용 되었다. 어변성룡魚變成龍
미꾸라지 한 마리가 물을 흐린다. 일어탁수一魚濁水
믿는 나무에 곰이 뜬다. 신목웅부信木熊浮
믿는 도끼에 발등 찍힌다. 지부작족知斧斫足

[ㅂ]

바가지 차고 바람 잡는다. 패표착풍佩瓢捉風
바늘 도둑이 소도둑 된다. 침도도우針盜盜牛
바늘로 잉어를 낚는다. 이침조리以針釣鯉
바늘방석에 앉은 것 같다. 여좌침석如坐針席
바다가 마르면 바닥을 볼 수 있다. 해고견저海枯見底
바람 앞의 등불이다. 풍전등화風前燈火
바른 나무가 먼저 베인다. 직목선벌直木先伐

박쥐의 구실을 한다.	편복지역蝙蝠之役
발 없는 말이 천리 간다.	언비천리言飛千里
밤 말은 쥐가 듣는다.	야어서청夜語鼠聽
	야언서령夜言鼠聆
밤에는 귀신 이야기를 하지 않는다.	야불담귀夜不談鬼
배를 먹으니 이가 깨끗하다.	식리정치食梨淨齒
백 번 듣는 것보다 한 번 보는 것이 낫다.	백문일견百聞一見
백정 집안에서 염불을 한다.	도문송불屠門誦佛
범 앞에서 고기를 구걸한다.	호전걸육虎前乞肉
범강 장달 같다.	범강장달范疆張達
범은 죽어서 가죽을 남긴다.	호사유피虎死留皮
법은 멀고 주먹은 가깝다.	법원권근法遠拳近
벗을 따라 강남 간다.	수우강남隨友江南
	추우강남追友江南
벙어리가 꿈을 꾼다.	아자득몽啞子得夢
벼룩의 간을 내어 먹는다.	조간출식蚤肝出食
벼룩의 등에 말을 싣는다.	조배쇄마蚤背刷馬
벼룩의 창자를 내어 먹는다.	조장출식蚤腸出食
벽 속에 기둥을 덧댄다.	벽리첨주壁裏添柱
벽 속에 쥐덫을 놓는다.	벽리안서壁裏安鼠
별 하나 나 하나	성일아일星一我一
보금자리가 헐리면 알이 깨진다.	소훼난파巢毁卵破
보리죽에 물탄 것 같다.	맥죽화수麥粥和水

복철을 밟지 말라.	복차지계覆車之戒
봄 꿩은 스스로 운다.	춘치자명春雉自鳴
부엉이 셈 치듯 한다.	휴류계수鵂鶹計數
부엉이 집을 얻다.	득휴류가得鵂鶹家
불 위에 기름을 붓는다.	화상주유火上注油
불난 집에서 불이야 하고 외친다.	화가호화火家呼火
불로 불을 끈다.	이화구화以火救火
불속에 들어가 밤을 줍는다.	입화습률入火拾栗
불을 때지 아니한 굴뚝이다.	불취지돌不炊之突
불을 때지 않으니 연기가 나지 않는다.	불찬무연不爨無煙
붉은 혀가 성곽을 태운다.	적설소성赤舌燒城
비단옷을 입고 밤길을 간다.	금의야행錦衣夜行
비록 작아도 후추다.	수소유초雖小唯椒
뽕나무를 가리키며 홰나무를 욕한다.	지상매괴指桑罵槐
뿌리가 튼튼해야 가지가 무성하다.	근고지영根固枝榮

[ㅅ]

사나운 호랑이가 갯벌에 빠진다.	포호함포咆虎陷浦
사람 목숨은 하늘에 달렸다.	인명재천人命在天
사람을 말하니 사람이 온다.	담인인지談人人至
사람을 살리는 부처다.	활인지불活人之佛
사발로 농사를 짓는다.	사발농사沙鉢農事

사슴을 가지고 말이라 한다.	지록위마指鹿爲馬
사십에 첫 버선이다.	사십초말四十初襪
사흘 동안의 공적인 일이다.	삼일공사三日公事
산 밑 집에 절굿공이가 귀하다.	산저저귀山底杵貴
산 입에 그물 치랴.	생구불망生口不網
산에서 물고기를 구한다.	구어우산求魚于山
	산상구어山上求魚
산을 두드려 호랑이를 움직인다.	고산진호敲山震虎
산이 꿩을 길들이지 못한다.	산불순치山不馴雉
살얼음판 위를 걷는 것과 같다.	약섭춘빙若涉春氷
삼밭의 쑥대이다.	마중지봉麻中之蓬
삿갓에 솔질한다.	괴립쇄자蒯笠刷子
삿갓 위에 삿갓을 쓴다.	입상정립笠上頂笠
상갓집 개와 같다.	상가지구喪家之狗
새 발의 피다.	조족지혈鳥足之血
새가 궁하면 쫀다.	조궁즉탁鳥窮則啄
새우로 잉어를 낚는다.	이하조리以蝦釣鯉
새장의 닭이다.	재롱지계在籠之鷄
새털도 쌓이면 배를 가라앉힌다.	적우침주積羽沈舟
생강과 계피는 오래 갈수록 매워진다.	강계지성薑桂之性
서당 개 3년에 풍월을 읊는다.	당견삼년堂犬三年
	당구풍월堂狗風月
선무당이 사람 잡는다.	생무살인生巫殺人

설 삶은 말 대가리다.	마두생팽馬頭生烹
섶을 안고 불을 끈다.	포신구화抱薪救火
섶을 지고 불에 뛰어든다.	부신입화負薪入火
섶을 지고 불을 끈다.	부신구화負薪救火
세도는 십 년을 못 간다.	세불십년勢不十年
소 궁둥이에 꼴 던지기다.	우후사초牛後捨草
소 뒤에 풀을 준다.	우후사초牛後捨草
소 삶은 솥에 닭 삶는다.	우정계팽牛鼎鷄烹
소 잃고 외양간 고친다.	실우치구失牛治廐
소 잡는 칼로 닭 잡는다.	우도할계牛刀割鷄
소가 가고 말이 다닌 온갖 곳을 다 다닌다.	우왕마왕牛往馬往
소가 쥐구멍에 들어간다.	우입서혈牛入鼠穴
소경 열 사람에 지팡이는 하나다.	십맹일장十盲一杖
	십고일상十瞽一相
소경 장 떠먹는다.	맹인식장盲人食醬
소경도 날 새는 것 좋아한다.	맹역서호盲亦曙好
소경에게 길을 묻는다.	문도어맹問道於盲
소경이 눈병에 걸렸다.	맹인안질盲人眼疾
소경이 단청을 구경한다.	맹완단청盲玩丹青
소경이 문에 바로 들어간다.	맹인직문盲人直門
	맹인정문盲人正門
소경이 코끼리를 더듬는다.	맹인모상盲人摸象
소금을 파는데 비를 만난다.	매염봉우賣鹽逢雨

소에게 거문고를 탄다. 대우탄금對牛彈琴
속은 가난하고 겉은 부자다. 내빈외부內貧外富
손 큰 지어미다. 가모수거家母手鉅
손님이 도리어 주인 노릇한다. 객반위주客反爲主
손바닥 위에 장을 지진다. 장상전장掌上煎醬
손바닥을 뒤집는 것과 같이 쉽다. 이여반장易如反掌
손으로 누이의 눈을 가린다. 수차매목手遮妹目
솔개를 매와 같이 본다. 시치유응視鴟猶鷹
송편으로 목을 찌른다. 송병문경松餠刎頸
솥 안의 물고기다. 부중지어釜中之魚
쇠귀에 경서 읽기다. 우이독경牛耳讀經
우이송경牛耳誦經
쇠뿔에 담장이 무너지다. 우각괴장牛角壞牆
쇠뿔을 바로잡으려다 소를 죽인다. 교각살우矯角殺牛
수놓은 옷을 입고 밤길을 간다. 수의야행繡衣夜行
수레 타고 천리를 간다. 명가천리命駕千里
수박 겉핥기다. 서과외지西瓜外舐
서과피지西瓜皮舐
순임금은 옹기장수다. 순제옹상舜帝甕商
숫돌을 위하여 칼을 간다. 위려마도爲礪磨刀
숯불을 안고 시원하기를 바란다. 포탄희량抱炭希涼
숲이 깊으면 새가 깃든다. 임심조서林深鳥棲
숲이 없는 도깨비다. 무림망량無林魍魎

시골에 들어가면 시골에 따르라. 수향입향隨鄕入鄕

시루는 이미 깨졌다. 증이파이甑已破矣

시루에 물 붓기다. 여증급수如甑汲水

시집갈 날 등창난다. 임가환종臨嫁患腫

식량 싸가지고 다니는 나그네 같다. 여재양객如齎粮客

신을 신고 발바닥을 긁는다. 격화소양隔靴搔癢

신이 놀라고 귀신이 운다. 경신읍귀驚神泣鬼

썩은 새끼로 범을 잡는다. 고망착호藁網捉虎

쑥이 삼밭 가운데 났다. 봉생마중蓬生麻中

쓴 것이 다하면 단 것이 온다. 고진감래苦盡甘來

[ㅇ]

아기를 업고 아기를 찾는다. 부아멱아負兒覓兒

아내는 다홍치마 때부터 가르쳐야 한다. 교처홍상敎妻紅裳
홍상교처紅裳敎妻

아는 길도 물어가라. 지로문행知路問行

아는 도끼에 발 다친다. 지부상족知斧傷足

아는 도끼에 발등 찍힌다. 지부작족知斧斫足

아래 사람에게 물어도 부끄럽지 않다. 하문불치下問不恥

아랫돌을 빼서 윗대로 올린다. 하석상대下石上臺

아비도 다투는 아들을 가지고 있다. 부유쟁자父有爭子

아이를 묻으려다 종을 얻는다. 매아득종埋兒得鐘

아이를 지고 아이를 찾는다. 부아멱아負兒覓兒

안개 낄 때 소 잃는다. 무중실우霧中失牛

안장을 물어뜯는 말이다. 교천지마嚙韆之馬

알 위에 알을 올린다. 난상가란卵上加卵

알 품은 닭이 살쾡이를 친다. 부계박리孵鷄搏狸

앓던 이 빠진 것 같다. 약발치통若拔齒痛

암탉이 울면 집안이 망한다. 빈계신명牝鷄晨鳴

애꾸눈 고양이가 알을 희롱한다. 할묘농란瞎猫弄卵

약방의 감초다. 약방감초藥房甘草

양 손에 떡을 쥐었다. 양수집병兩手執餠

양 잃고 우리를 고친다. 망양보뢰亡羊補牢

양의 머리에 개고기다. 양두구육羊頭狗肉

양이 호랑이 무리 속에 들어간다. 양입호군羊入虎群

어 다르고 아 다르다. 어이아이於異阿異

어둔 밤에 눈 꿈쩍인다. 암중순목暗中瞬目

어린아이가 말을 잘한다. 소아첩구小兒捷口

어린아이가 초립을 썼다. 유손초립幼孫草笠

어미 없는 송아지가 젖을 찾는다. 고독촉유孤犢觸乳

언 발에 오줌 누기다. 동족방뇨凍足放尿

엎어진 놈 뒤통수 치기다. 낙자압빈落者壓鬢

엎어진 수레 바큇자국을 밟지 않는다. 부답복철不踏覆轍

엎질러진 물은 다시 담을 수 없다. 반수불수反水不收

복수난수覆水難收

여러 장님이 지팡이로 매질하듯 한다.	중고지장衆瞽之杖
여러 장님이 코끼리 더듬듯 한다.	중맹모상衆盲摸象
여름 벌레가 얼음에 대해 말한다.	하충어빙夏蟲語氷
여우가 범의 힘을 빌려 우세를 부린다.	호가호위狐假虎威
여우가 죽으니 토끼가 운다.	호사토읍虎死兎泣
열 그릇 밥에서 한 숟가락씩 뜨다.	십반일시十飯一匙
열 번 찍어 안 넘어가는 나무 없다.	십벌지목十伐之木 십작지목十斫之木
열 소경이 풀어낸다.	십소경해十宵鏡解
열 손가락으로 가리기 어렵다.	십수난엄十手難掩
열 손가락이 까딱하지 않는다.	십지부동十指不動
열 숟가락 밥이 한 사발밥이 된다.	십시일반十匙一飯
영천에서 귀를 씻는다.	영천세이潁川洗耳
오래 살면 욕된 일이 많다.	수즉다욕壽則多辱
오르지 못할 나무는 쳐다보지도 말라.	난상지목難上之木
오얏나무 아래서 관을 만진다.	이하지관李下之冠
오월에 서리가 온다.	오월비상五月飛霜
오이 심은데 오이 난다.	종과득과種瓜得瓜
오이가 익으면 꼭지가 떨어진다.	과숙체락瓜熟蔕落
오직 몽둥이에는 장수가 없다.	유장무장惟杖無將
옷을 벗고 불을 안는다.	해의포화解衣抱火
왕개미가 큰 나무를 흔든다.	비감대수蚍撼大樹
왕방울로 솥 씻는다.	왕령세정王鈴洗鼎

외손뼉은 울리기 어렵다.	고장난명孤掌難鳴
	척장난명隻掌難鳴
외손뼉은 울리지 않는다.	독장불명獨掌不鳴
용감한 장수 밑에 약졸 없다.	용장약졸勇將弱卒
용을 그리다가 개 비슷하게 그렸다.	화룡유구畵龍類狗
용이 구름을 얻는 것과 같다.	용여득운龍如得雲
우물 속에서 별을 본다.	정중시성井中視星
우물 안 개구리의 소견이다.	정와지견井蛙之見
우물 안의 개구리다.	정중지와井中之蛙
	정저지와井底之蛙
웃는 얼굴에 침 뱉으랴.	소안타호笑顏唾乎
웃음 속에 칼이 있다.	소중유검笑中有劍
원수는 외나무다리에서 만난다.	척교상봉隻橋相逢
원숭이에게 나무 오르는 것 가르친다.	교노승목敎猱升木
윗돌을 빼서 아랫돌을 고인다.	상석하대上石下臺
	상하탱석上下撐石
윗물이 맑아야 아랫물도 맑다.	상청하청上淸下淸
유월에 서리가 내린다.	유월비상六月飛霜
육지로 배를 민다.	추주어륙推舟於陸
윤택한 땅에 말뚝박기다.	윤지이익潤地易杙
이른 병아리 느른하랴.	조추피호早雛疲乎
이름은 그 모습을 보고 짓는다.	명시기모名視其貌
이미 벌린 춤이다.	기장지무旣張之舞

이미 쏜 화살이다.	이발지시已發之矢
이불깃 헤아려 발을 편다.	양금신족量衾伸足
이빨 위에 이빨이 있다.	치상유치齒上有齒
이웃 무당은 신통하지 않다.	인무불령隣巫不靈
이판사판이다.	이판사판理判事判
일곱 번 넘어지고 여덟 번 일어난다.	칠전팔기七顚八起
입 안에 가시다.	구중형극口中荊棘
입 안에 혀와 같다.	여구지설如口之舌
입술이 없으면 이가 시리다.	순망치한脣亡齒寒
입에 맞는 떡이다.	적구지병適口之餠
입에서 젖내 난다.	구생유취口生乳臭

[ㅈ]

자가사리가 용을 건드린다.	앙자범룡昂刺犯龍
자기 논으로 물을 댄다.	아전인수我田引水
자기 줄로 자기를 묶는다.	자승자박自繩自縛
자두나무 아래서 갓을 고쳐 쓴다.	이하지관李下之冠
자벌레는 빛이 없다.	척확무색尺蠖無色
작아도 후추 알이다.	수소유초雖小唯椒
잠자는 호랑이의 코를 찌른다.	숙호충비宿虎衝鼻
잠자리 꼬리 감추기다.	청정접낭蜻蜓接囊
장님 간장 먹듯 한다.	맹인식장盲人食醬

장님 눈병 났다. 맹인안질盲人眼疾
장님이 코끼리 더듬듯 한다. 맹인모상盲人摸象
장도 없는 놈이 국을 더 즐긴다. 무장기갱無醬嗜羹
장물을 사서 도둑을 만난다. 매장봉적買贓逢賊
장수 없는 졸개와 같다. 무장지졸無將之卒
장씨의 갓을 이씨가 쓴다. 장관이대張冠李戴
재 고리에 말뚝박기다. 회로건탁灰栳建椓
재갈을 물려 창자가 말랐다. 겸구고장箝口枯腸
저자에서 종아리 맞는 것과 같다. 약달우시若撻于市
적을 가볍게 보면 반드시 패한다. 경적필패輕敵必敗
절뚝발이 자라도 천리를 간다. 파별천리跛鼈千里
젓갈이 시면 파리가 이른다. 해산예지醢酸蜹至
정성이 지극하면 하늘도 감동한다. 지성감천至誠感天
정자를 보고 알아보지 못한다. 목불식정目不識丁
젖내 나는 어린아이다. 황구유아黃口幼兒
제 고삐 뜯는 말이다. 교편지마嚙鞭之馬
제 도끼에 제 발 찍힌다. 자부월족自斧刖足
제 언치 뜯는 말이다. 교천지마嚙韉之馬
제 자식도 남에게 보내어 가르친다. 역자교지易子敎之
제비와 참새가 어찌 기러기의 뜻을 알랴. 연작홍곡燕雀鴻鵠
제사 덕에 쌀밥 먹는다. 제덕도반祭德稻飯
제사를 지낸 뒤에 치는 북이다. 사후지고祀後之鼓
종로에서 뺨 맞고 한강에서 눈 흘긴다. 노실색시怒室色市

좋은 약은 입에 쓰다.	양약고구良藥苦口
좋은 일에는 마가 낀다.	호사다마好事多魔
주춧돌이 젖으면 비가 온다.	초윤이우礎潤而雨
죽은 뒤의 약 처방이다.	사후약방死後藥方
죽은 자식 나이 세기다.	망자계치亡子計齒
죽은 중을 매질한다.	사승습장死僧習杖
줄수록 부족하게 여긴다.	식유양량食猶量量
중 재 올리는데 무당 춤춘다.	승재호무僧齋胡舞
쥐 얼굴에도 가죽이 있다.	상서유피相鼠有皮
쥐가 머리만 내어 놓고 나갈까 말까 한다.	수서주장首鼠周章
쥐를 잡으려다 그릇을 깬다.	투서기기投鼠忌器
지극히 맑으면 고기가 없다.	지청무어至淸無魚
지나는 불에 밥 짓는다.	과화취반過火炊飯
지렁이가 꿈틀거리며 꼬리를 친다.	폐완도미蟞蜿掉尾
지성이면 하늘도 감동한다.	지성감천至誠感天
지척이 천리다.	지척천리咫尺千里
지푸라기 그물로 호랑이 잡는다.	고망착호藁網捉虎
진 밥 씹듯 한다.	여저습반如咀濕飯
진주는 늙은 조개에서 나온다.	노방생주老蚌生珠
진짜 금은 도금이 필요 없다.	진금부도眞金不鍍
진흙 부처가 내를 건넌다.	이불도천泥佛渡川
짐승이 궁지에 몰리면 문다.	수궁즉설獸窮則齧
집개가 풍월을 짓는다.	당구풍월堂狗風月

집문 지도리는 좀이 안 먹는다. 호추부두戶樞不蠹

집을 옮기면서 아내를 잊는다. 사가망처徙家忘妻

짚신에 꽃무늬다. 고혜화구藁鞋花毬

짚신에 분칠한다. 고리정분藁履丁粉

쫓기는 짐승도 궁지에 몰리면 덤빈다. 곤수유투困獸猶鬪

[ㅊ]

차츰차츰 안방까지 빌린다. 점차내당漸借內堂

참새 사냥에 구슬을 쏜다. 이주탄작以珠彈雀

참새가 황새걸음을 배운다. 작학관보雀學鸛步

처마에서 떨어진 물이 돌을 뚫는다. 산류석천山溜石穿

천리마가 소금 수레를 건다. 기복염거驥服鹽車

천한 백성은 입이 없다. 초야무구草野無口

촌닭이 고을에 들어왔다. 촌계입현村鷄入縣

촌닭이 관청에 간 것 같다. 촌계관청村鷄官廳

친구 몰래 양식 낸다. 휘반출량諱伴出粮

[ㅋ]

칼로 물 베기와 같다. 여도할수如刀割水

콩 심은데 콩 난다. 종두득두種豆得豆

큰 무당의 앞이다. 대무지전大巫之前

[ㅌ]

털을 불며 흠을 찾는다. 취모구자吹毛求疵

취모멱자吹毛覓疵

털을 불어서 피부를 검사한다. 취모검부吹毛檢膚

토끼가 죽으면 개가 삶아진다. 토사구팽兎死狗烹

토끼가 죽으면 여우가 슬프다. 토사호비兎死狐悲

토끼그물에 꿩이 걸린다. 토라치리兎羅雉罹

틈새가 커지면 담이 무너진다. 극대장괴隙大牆壞

티끌 모아 태산이다. 진합태산塵合泰山

티끌이 모여 산을 이룬다. 적진성산積塵成山

[ㅍ]

파주의 미륵부처다. 파주미륵坡州彌勒

팔이 밖으로 굽지 않는다. 비불외곡臂不外曲

패랭이에 숟가락 꽂고 산다. 폐양삽시蔽陽揷匙

평지인데 말에서 떨어진다. 평지낙마平地落馬

표범은 죽어서 가죽을 남긴다. 표사유피豹死留皮

표주박으로 바닷물을 잰다. 이려측해以蠡測海

푸른 파리가 흰 것을 물들인다. 청승염백青蠅染白

푸른 포대기에 개똥이다. 청보구시青褓狗矢

풀 속의 뱀을 만난다. 초리봉사草裡逢蛇

풀로 만든 그물로 범을 잡는다. 초망착호草網着虎

풀색과 녹색은 같은 색깔이다. 초록동색草綠同色

풀을 쳐서 뱀을 놀라게 한다. 타초경사打草驚蛇

[ㅎ]

하나의 손가락도 까딱하지 않는다. 일지부동一指不動

하늘에 올라가 방망이를 매단다. 승천현추昇天懸椎

하늘은 스스로 돕는 자를 돕는다. 천조자조天助自助

하늘을 보고 침 뱉는다. 앙천이타仰天而唾

하룻망아지 서울 다녀오듯 한다. 구종경래駒從京來

한 마리의 물고기가 내를 흐린다. 일어혼천一魚混川

한 마리의 물고기가 물을 흐린다. 일어탁수一魚濁水

한 입에 두 숟가락이다. 일구양시一口兩匙

한강에 가서 목욕한다. 한강목욕漢江沐浴

한강에 돌 던지기다. 한강투석漢江投石

한낮에 그림자를 피하려 한다. 일중도영日中逃影

할아버지 감투를 손자가 쓴다. 조모손착祖帽孫着

함흥으로 보낸 사신이로다. 함흥차사咸興差使

해는 저물고 갈 길은 멀다. 일모도원日暮途遠

해진 옷 속에 구슬이다. 폐의이옥敝衣裏玉

해진 짚신 버리듯 한다. 약기폐사若棄敝蹝

행랑 빌리더니 안방까지 빌린다. 차규차청借閨借廳

행하는 것이 없으면 돌아오는 것도 없다. 공행공반空行空返

헌신짝 버리듯 한다.	여탈폐사如脫弊屣
헐뜯는 말이 쌓이면 쇠도 녹인다.	적훼쇄골積毁鎖骨
헛소문이 꼬리에 꼬리를 문다.	이오전오以誤傳誤
헤엄 잘 치는 자가 익사한다.	선유자익善游者溺
혀 밑에 도끼가 있다.	설하유장舌下有斨
	설저유부舌底有斧
혀가 칼과 같다.	설망어검舌芒於劍
현명한 새는 나무도 가려서 앉는다.	양금택목良禽擇木
혐의만 있고 증거가 없다.	유형무적有形無跡
호랑이 꼬리를 놓아주기 어렵다.	호미난방虎尾難放
호랑이 꼬리를 밟는 격이다.	약도호미若蹈虎尾
호랑이 말을 하니 호랑이가 온다.	담호호지談虎虎至
호랑이 새끼를 기른다.	양호후환養虎後患
호랑이 앞에서 고기를 구걸한다.	호전걸육虎前乞肉
호랑이가 날개를 다는 격이다.	여호첨익如虎添翼
호랑이는 죽어서 가죽을 남긴다.	호사유피虎死留皮
호랑이를 그리려다 개를 그렸다.	화호유구畵虎類狗
호랑이를 길러 화를 입는다.	양호유환養虎遺患
호랑이를 따라 산으로 돌아간다.	종호귀산從虎歸山
호랑이를 타면 내리기 어렵다.	기호난하騎虎難下
호랑이에 날개를 다는 격이다.	여호첨익如虎添翼
호랑이에 날개를 단다.	위호부익爲虎傅翼
호로병으로 바람 잡는다.	수호포풍垂壺捕風

화살에 상한 새로다.	상궁지조傷弓之鳥
활과 과녁이 서로 잘 맞는다.	궁적상적弓的相適
흉한 벌레 모로 간다.	흉충반흉凶蟲反凶
흐르는 물은 썩지 않는다.	유수불부流水不腐

찾아보기

감선철악(減膳撤樂) 35
감선철현(減膳撤絃) 35
감수기책(甘受其責) 35
감심여제(甘心如薺) 35
감언이설(甘言利說) 35
감언지지(敢言之地) 35
감언타어(甘言詑語) 35
감우감지(減又減之) 36
감인세계(堪忍世界) 36
감정선갈(甘井先竭) 36
감정지와(坎井之蛙) 36
감즉도지(敢卽圖之) 36
감지공친(甘旨供親) 36
감지덕지(感之德之) 36
감지우감(減之又減) 36
감천동지(撼天動地) 36
감천필갈(甘泉必竭) 37
감취비농(甘脆肥濃) 37
감탄고토(甘呑苦吐) 37
감홍난자(酣紅爛紫) 37
감화문기(嵌花文器) 37
감화분청(嵌花粉青) 37
갑검유등(匣劍帷燈) 37
갑남을녀(甲男乙女) 37
갑론을박(甲論乙駁) 37
갑병자강(甲兵自强) 37
갑창을화(甲唱乙和) 38
강개무량(慷慨無量) 38
강개심회(慷慨心懷) 38
강개지사(慷慨之士) 38
강거목수(綱擧目隨) 38
강거목장(綱擧目張) 38
강계지성(薑桂之性) 38
강구연월(康衢煙月) 38
강국유수(强國有數) 39
강근지우(强近之友) 39
강근지족(强近之族) 39
강근지친(强近之親) 39
강기숙정(綱紀肅正) 39
강기퇴이(綱紀頹弛) 39
강기폐이(綱紀廢弛) 39
강남풍월(江南風月) 39
강노지말(强弩之末) 39
강단문학(講壇文學) 40
강대무비(强大無比) 40
강동보병(江東步兵) 40
강랑재진(江郎才盡) 40
강래득중(剛來得中) 40
강려자용(剛戾自用) 40
강류석불(江流石不) 40
강명정학(講明正學) 40
강목수생(强木水生) 40
강목수생(剛木水生) 41
강목즉절(强木則折) 41
강목팔목(岡目八目) 41
강박관념(强迫觀念) 41
강변칠우(江邊七友) 41
강병부국(强兵富國) 41
강보유아(襁褓幼兒) 41
강산일변(江山一變) 41
강산지조(江山之助) 41
강산풍월(江山風月) 41
강상죄인(綱常罪人) 42
강상지변(綱常之變) 42
강생구속(降生救贖) 42
강서이행(强恕而行) 42
강속부절(繈屬不絶) 42
강신대족(强臣大族) 42
강안여자(强顔女子) 42
강약부동(强弱不同) 42
강역다사(疆域多事) 42
강유겸전(剛柔兼全) 42
강유상추(剛柔相推) 43
강의과단(剛毅果斷) 43
강의대관(絳衣大冠) 43
강의목눌(剛毅木訥) 43
강의정직(剛毅正直) 43
강이무학(剛而無虐) 43
강이피지(强而避之) 43
강자적야(剛者賊也) 43
강자협약(强者脅弱) 43
강장지년(强壯之年) 44
강장지하(强將之下) 44
강재지가(康哉之歌) 44
강좌칠현(江左七賢) 44
강주오취(强酒惡醉) 44
강중유외(剛中柔外) 44

경경불매(耿耿不寐) 82
경경불침(耿耿不寢) 82
경경열열(哽哽咽咽) 82
경광대열(耿光大烈) 82
경광도협(傾筐倒篋) 82
경구비마(輕裘肥馬) 82
경구완대(輕裘緩帶) 82
경국대업(經國大業) 82
경국대재(經國大才) 82
경국제세(經國濟世) 82
경국지사(經國之士) 82
경국지색(傾國之色) 83
경국지재(經國之才) 83
경궁요대(瓊宮瑤臺) 83
경궁지조(驚弓之鳥) 83
경균도름(傾囷倒廩) 83
경기소존(敬其所尊) 83
경기입창(京畿立唱) 83
경기좌창(京畿坐唱) 83
경년열세(經年閱歲) 84
경단급심(綆短汲深) 84
경당문노(耕當問奴) 84
경락과신(輕諾寡信) 84
경로사상(敬老思想) 84
경롱만연(輕攏慢撚) 84
경루옥우(瓊樓玉宇) 84
경륜지사(經綸之士) 84
경명행수(經明行修) 84
경묘탈쇄(輕妙脫灑) 85
경문위무(經文緯武) 85
경박부허(輕薄浮虛) 85
경박재자(輕薄才子) 85
경부양반(耕夫讓畔) 85
경사대부(卿士大夫) 85
경사입초(驚蛇入草) 85
경산조수(耕山釣水) 85
경성경국(傾城傾國) 85
경성지미(傾城之美) 85
경성지색(傾城之色) 85
경세도량(經世度量) 85
경세제민(經世濟民) 86
경세지재(經世之才) 86
경세지책(經世之策) 86
경세치용(經世致用) 86
경술지사(經術之士) 86
경승지지(景勝之地) 86
경시호탈(輕施好奪) 86
경신숭조(敬神崇祖) 86
경신읍귀(驚神泣鬼) 86
경신절용(敬信節用) 86
경신중화(輕身重貨) 87
경심동백(驚心動魄) 87
경심상담(驚心喪膽) 87
경외성경(經外聖經) 87
경우구독(經于溝瀆) 87
경운종월(耕雲種月) 87
경위지사(傾危之士) 87
경음마식(鯨飮馬食) 87
경의비마(輕衣肥馬) 87
경이원지(敬而遠之) 88
경자불변(耕者不變) 88
경자유전(耕者有田) 88
경장비마(輕裝肥馬) 88
경장상반(輕裝上班) 88
경적필패(輕敵必敗) 88
경전서후(耕前鋤後) 88
경전착정(耕田鑿井) 88
경전하망(鯨戰蝦亡) 88
경전하사(鯨戰蝦死) 89
경점군사(更點軍士) 89
경정직행(徑情直行) 89
경조부박(輕佻浮薄) 89
경조상문(慶弔相問) 89
경죽난서(罄竹難書) 89
경중미인(鏡中美人) 89
경중지수(輕重之數) 89
경즉기산(驚則氣散) 90
경지옥엽(瓊枝玉葉) 90
경천근민(敬天勤民) 90
경천동지(驚天動地) 90
경천애인(敬天愛人) 90
경천위지(經天緯地) 90
경투하사(鯨鬪蝦死) 90
경파악랑(鯨波鰐浪) 90
경편위주(輕便爲主) 90
경향출몰(京鄕出沒) 90
경화문벌(京華門閥) 90

경화세족(京華世族) 91
경화수월(鏡花水月) 91
경화자제(京華子弟) 91
경황망조(驚惶罔措) 91
경희작약(驚喜雀躍) 91
계견상문(鷄犬相聞) 91
계견승천(鷄犬昇天) 91
계경이조(繫頸以組) 91
계계승승(繼繼承承) 91
계고지력(稽古之力) 91
계고직비(階高職卑) 92
계구우후(鷄口牛後) 92
계군고학(鷄群孤鶴) 92
계군일학(鷄群一鶴) 92
계궁역진(計窮力盡) 92
계근수성(戒謹修省) 92
계도난장(桂棹蘭槳) 92
계돈동사(鷄豚同社) 92
계동어수(契同魚水) 92
계두지육(鷄頭之肉) 93
계란유골(鷄卵有骨) 93
계림일지(桂林一枝) 93
계림팔도(鷄林八道) 93
계림황엽(鷄林黃葉) 93
계맹지간(季孟之間) 93
계명구도(鷄鳴狗盜) 93
계명구폐(鷄鳴狗吠) 94
계명이기(鷄鳴而起) 94
계명지조(鷄鳴之助) 94
계명축시(鷄鳴丑時) 94
계무소출(計無所出) 94
계문왕생(戒門往生) 94
계불입량(計不入量) 94
계비지총(繫臂之寵) 94
계비직고(階卑職高) 94
계상배언(稽顙拜言) 95
계상재배(稽顙再拜) 95
계세징인(戒世懲人) 95
계속부절(繼續不絶) 95
계수재배(稽首再拜) 95
계시우종(鷄尸牛從) 95
계신공구(戒愼恐懼) 95
계옥지간(桂玉之艱) 95
계옥지수(桂玉之愁) 95
계옥지탄(桂玉之歎) 96
계왕개래(繼往開來) 96
계우포상(繫于包桑) 96
계이사지(鍥而舍之) 96
계저주면(鷄猪酒麪) 96
계적유명(啓廸有命) 96
계전만리(階前萬里) 96
계절격선(界準隔扇) 96
계절존망(繼絶存亡) 96
계좌정향(癸坐丁向) 96
계주광면(稧酒廣面) 97
계주생면(契酒生面) 97
계주연회(戒酒煙會) 97
계지재색(戒之在色) 97
계지재심(戒之在心) 97
계지재투(戒之在鬪) 97
계찰계검(季札繫劍) 97
계찰괘검(季札卦劍) 97
계체지군(繼體之君) 97
계총납모(啓寵納侮) 97
계충득실(鷄蟲得失) 98
계포일락(季布一諾) 98
계풍포영(繫風捕影) 98
계피학발(鷄皮鶴髮) 98
계하공사(啓下公事) 98
계하죄인(啓下罪人) 98
계학지욕(谿壑之慾) 98
계행언청(計行言聽) 98
고가대족(故家大族) 99
고가세족(故家世族) 99
고각대루(高閣大樓) 99
고각함성(鼓角喊聲) 99
고거사마(高車駟馬) 99
고계광수(高髻廣袖) 99
고고영정(孤苦零丁) 99
고고자허(孤高自許) 99
고고지성(呱呱之聲) 99
고곡주랑(顧曲周郞) 99
고관대작(高官大爵) 100
고굉지력(股肱之力) 100
고굉지신(股肱之臣) 100
고구만감(苦口晩甘) 100
고군분투(孤軍奮鬪) 100

고사내력(故事來歷) 110
고사성어(故事成語) 110
고삭포호(稿索捕虎) 111
고삭희양(告朔餼羊) 111
고산유수(高山流水) 111
고산진호(敲山震虎) 111
고상기지(高尙其志) 111
고색창연(古色蒼然) 111
고선지정(告善之旌) 111
고성규조(高聲叫噪) 111
고성낙월(孤城落月) 111
고성낙일(孤城落日) 112
고성대규(高聲大叫) 112
고성대독(高聲大讀) 112
고성대질(高聲大叱) 112
고성대호(高聲大呼) 112
고성방가(高聲放歌) 112
고성심지(高城深池) 112
고성염불(高聲念佛) 112
고성준론(高聲峻論) 112
고세지덕(高世之德) 112
고세지도(高世之度) 112
고세지주(高世之主) 113
고세지지(高世之志) 113
고세지행(高世之行) 113
고소공포(高所恐怖) 113
고소자진(固所自盡) 113
고수생화(枯樹生花) 113
고시활보(高視闊步) 113
고식지계(姑息之計) 113
고식지인(姑息之仁) 113
고식척영(孤息隻影) 114
고신얼자(孤臣孽子) 114
고신원루(孤臣寃淚) 114
고신척영(孤身隻影) 114
고심사단(故尋事端) 114
고심참담(苦心慘憺) 114
고아대독(高牙大纛) 114
고안심곡(高岸深谷) 114
고양생제(枯楊生稊) 114
고양생화(枯楊生華) 115
고어지사(枯魚之肆) 115
고어함삭(枯魚銜索) 115
고영소연(孤影蕭然) 115
고옥건령(高屋建瓴) 115
고와동산(高臥東山) 115
고왕금래(古往今來) 115
고왕독맥(孤往獨驀) 115
고왕지래(告往知來) 116
고운야학(孤雲野鶴) 116
고원난행(高遠難行) 116
고원정밀(高遠精密) 116
고위박절(孤危迫切) 116
고위지화(孤危之禍) 116
고유신앙(固有信仰) 116
고유지지(膏腴之地) 116
고육지계(苦肉之計) 116
고육지책(苦肉之策) 116
고이불붕(高而不崩) 117
고이언타(顧而言他) 117
고자과곡(孤雌寡鵠) 117
고자과학(孤雌寡鶴) 117
고장난명(孤掌難鳴) 117
고장지신(股掌之臣) 117
고재질족(高材疾足) 118
고저장단(高低長短) 118
고적유명(考績幽明) 118
고전악투(苦戰惡鬪) 118
고정관념(固定觀念) 118
고정단일(孤貞單一) 118
고정대사(高亭大榭) 118
고정무파(古井無波) 118
고정불변(固定不變) 118
고조독탄(古調獨彈) 118
고조불탄(古調不彈) 118
고족대가(古族大家) 119
고종냉복(孤蹤冷福) 119
고주대문(高柱大門) 119
고주오량(高柱五梁) 119
고주일배(苦酒一杯) 119
고주일척(孤注一擲) 119
고죽청풍(孤竹淸風) 119
고중작락(苦中作樂) 119
고진감래(苦盡甘來) 120
고진금퇴(鼓進金退) 120
고집멸도(苦集滅道) 120
고집불통(固執不通) 120

관서팔경(關西八景) 149
관세도지(觀勢圖之) 149
관슬지기(貫蝨之技) 149
관약지수(管鑰之守) 150
관어지거(觀魚之擧) 150
관왕지래(觀往知來) 150
관용의무(寬容義務) 150
관유온유(寬裕溫柔) 150
관유이교(寬柔以敎) 150
관음보살(觀音菩薩) 150
관인대도(寬仁大度) 150
관인명예(寬仁明睿) 150
관인후덕(寬仁厚德) 151
관자여도(觀者如堵) 151
관재구설(官災口舌) 151
관저복통(官猪腹痛) 151
관저인지(關雎麟趾) 151
관저지화(關雎之化) 151
관전절후(冠前絶後) 151
관정발악(官庭發惡) 151
관존민비(官尊民卑) 151
관중규표(管中窺豹) 152
관즉득중(寬則得衆) 152
관질초천(官秩超遷) 152
관천망기(觀天望氣) 152
관청민안(官淸民安) 152
관포지교(管鮑之交) 152
관풍찰속(觀風察俗) 153
관형찰색(觀形察色) 153
관혼상례(冠婚喪禮) 153
관혼상제(冠婚喪祭) 153
관혼장제(冠婚葬祭) 153
관홍간정(寬弘簡靜) 153
관홍뇌락(寬弘磊落) 153
관홍대도(寬弘大度) 153
관홍장중(寬弘莊重) 153
관후장자(寬厚長者) 154
관흔이동(觀釁而動) 154
괄구마광(刮垢磨光) 154
괄모귀배(刮毛龜背) 154
괄목상간(刮目相看) 154
괄목상대(刮目相對) 154
광겁다생(曠劫多生) 154
광고지설(狂瞽之說) 154
광국공신(光國功臣) 155
광규난양(狂叫亂攘) 155
광담패설(狂談悖說) 155
광대낙함(廣隊落頷) 155
광대무변(廣大無邊) 155
광명시대(光明時代) 155
광명정대(光明正大) 155
광명천지(光明天地) 155
광명편조(光明遍照) 155
광모종중(廣謀從衆) 156
광부지언(狂夫之言) 156
광분난규(狂噴亂叫) 156
광세기사(曠世奇事) 156
광세영웅(曠世英雄) 156
광세지도(曠世之度) 156
광세지재(曠世之才) 156
광소대모(廣宵大暮) 156
광순박채(廣詢博採) 156
광양무모(劻勷無謀) 157
광어사해(光於四海) 157
광언기어(狂言綺語) 157
광언망설(狂言妄說) 157
광염만장(光燄萬丈) 157
광음여류(光陰如流) 157
광음여시(光陰如矢) 157
광음여전(光陰如箭) 157
광음유수(光陰流水) 157
광일미구(曠日彌久) 157
광일지구(曠日持久) 158
광재물보(廣才物譜) 158
광정앙천(廣庭仰天) 158
광제비급(廣濟秘笈) 158
광조궁비(廣兆穹碑) 158
광지직지(匡之直之) 158
광채육리(光彩陸離) 158
광치전장(廣置田庄) 158
광토중민(廣土衆民) 158
광풍제월(光風霽月) 159
광피사표(光被四表) 159
광협장단(廣狹長短) 159
괘원괴납(掛猿壞衲) 159
괘일누만(掛一漏萬) 159
괘일누십(掛一漏十) 159

구형곡면(鳩形鵠面) 188
구화양비(救火揚沸) 188
구화지문(口禍之門) 188
구화투신(救火投薪) 188
구회지장(九回之腸) 189
국가경륜(國家經綸) 189
국가권력(國家權力) 189
국궁진력(鞠躬盡力) 189
국궁진췌(鞠躬盡瘁) 189
국권상실(國權喪失) 189
국권회복(國權回復) 189
국기해이(國紀解弛) 189
국내지외(國內之外) 189
국록지신(國祿之臣) 190
국리민복(國利民福) 190
국면타개(局面打開) 190
국민개병(國民皆兵) 190
국보간난(國步艱難) 190
국비기국(國非其國) 190
국사무쌍(國士無雙) 190
국사진췌(國事盡悴) 190
국색천향(國色天香) 190
국약세고(國弱勢孤) 190
국어순화(國語醇化) 191
국얼염매(麴糵鹽梅) 191
국위선양(國威宣揚) 191
국유정법(國有正法) 191
국정밀탐(國情密探) 191
국지대금(國之大禁) 191
국지소존(國之所存) 191
국지어음(國之語音) 191
국지존망(國之存亡) 191
국지척천(跼地蹐天) 192
국지호천(蹐地呼天) 192
국천척지(跼天蹐地) 192
국치민욕(國恥民辱) 192
국태민안(國泰民安) 192
국파산재(國破山在) 192
군거본능(群居本能) 192
군경절축(群輕折軸) 192
군계일학(群鷄一鶴) 193
군기충천(軍氣衝天) 193
군령태산(軍令泰山) 193
군림제왕(君臨帝王) 193
군맹무상(群盲撫象) 193
군맹상평(群盲象評) 193
군문효수(軍門梟首) 193
군민동조(君民同祖) 193
군민동치(君民同治) 193
군사신결(君射臣決) 193
군사지물(君賜之物) 194
군신대의(君臣大義) 194
군신복주(群臣伏奏) 194
군신분의(君臣分義) 194
군신유의(君臣有義) 194
군아쟁병(群兒爭餠) 194
군욕신사(君辱臣死) 194
군웅할거(群雄割據) 194
군위신강(君爲臣綱) 194
군은망극(君恩罔極) 194
군의만복(群疑滿腹) 195
군의부전(群蟻附羶) 195
군이부당(群而不黨) 195
군자대로(君子大路) 195
군자불기(君子不器) 195
군자삼계(君子三戒) 195
군자삼락(君子三樂) 195
군자삼외(君子三畏) 196
군자상달(君子上達) 196
군자유종(君子有終) 196
군자표변(君子豹變) 196
군자호술(君子好述) 196
군재순야(君哉舜也) 196
군주민수(君舟民水) 196
군주신수(君舟臣水) 196
군중심리(群衆心理) 196
군책군력(群策群力) 197
군취기경(君取其敬) 197
군행여진(軍行旅進) 197
굴묘편시(掘墓鞭屍) 197
굴이불신(屈而不伸) 197
굴지견모(掘地見母) 197
굴지계일(屈指計日) 197
굴지득금(掘地得金) 197
굴확구신(屈蠖求伸) 198
궁거안가(宮車晏駕) 198
궁검지통(弓劍之痛) 198

ㄴ

ㄷ

다반향초(茶半香初) 303
다복다남(多福多男) 303
다사다난(多事多難) 303
다사다단(多事多端) 303
다사다망(多事多忙) 303
다사제제(多士濟濟) 303
다사지추(多事之秋) 303
다생광겁(多生曠劫) 303
다생윤회(多生輪廻) 303
다생지연(多生之緣) 304
다소불계(多少不計) 304
다솔식구(多率食口) 304
다수가결(多數可決) 304
다시수죄(茶時數罪) 304
다언다패(多言多敗) 304
다언삭궁(多言數窮) 304
다언혹중(多言或中) 304
다재다능(多才多能) 304
다재다병(多才多病) 304
다재다예(多才多藝) 304
다전선고(多錢善賈) 305
다정다감(多情多感) 305
다정다한(多情多恨) 305
다정불심(多情佛心) 305
다종다양(多種多樣) 305
다즉사침(多則四鍼) 305
다천과귀(多賤寡貴) 305
다취다화(多嘴多話) 305
다핵도시(多核都市) 305
다행다복(多幸多福) 305
단간영묵(斷簡零墨) 306
단간잔편(斷簡殘篇) 306
단갈불완(短褐不完) 306
단경급심(短綆汲深) 306
단교정책(斷交政策) 306
단군기원(檀君紀元) 306
단근경면(斷筋黥面) 306
단금지계(斷金之契) 306
단금지교(斷金之交) 306
단금지교(斷琴之交) 306
단기지계(斷機之戒) 307
단기지교(斷機之敎) 307
단기치빙(單騎馳騁) 307
단단무타(斷斷無他) 307
단단상약(斷斷相約) 307
단도직입(單刀直入) 307
단독강화(單獨講和) 307
단독일신(單獨一身) 307
단두장군(斷頭將軍) 308
단란조보(斷爛朝報) 308
단란지락(團欒之樂) 308
단련성옥(鍛鍊成獄) 308
단료투하(簞醪投河) 308
단루채각(丹樓彩閣) 308
단무타려(斷無他慮) 308
단문고증(單文孤證) 308
단미서제(斷尾噬臍) 309
단발문신(斷髮文身) 309
단병접전(短兵接戰) 309
단봉조양(丹鳳朝陽) 309
단불요대(斷不饒貸) 309
단불용대(斷不容貸) 309
단사두갱(簞食豆羹) 309
단사절영(斷思絶營) 309
단사표음(簞食瓢飮) 309
단사호장(簞食壺漿) 310
단소정한(短小精悍) 310
단순호치(丹脣皓齒) 310
단식농성(斷食籠城) 310
단악수선(斷惡修善) 310
단안시야(單眼視野) 310
단애청벽(丹崖青壁) 310
단엄침중(端嚴沈重) 310
단자이절(單子易折) 311
단장보단(斷長補短) 311
단장속단(斷長續短) 311
단장적구(斷章摘句) 311
단장취의(斷章取義) 311
단정장정(短亭長亭) 311
단제획죽(斷虀劃粥) 311
단지계지(斷之繼之) 311
단차해소(段差解消) 311
단칠불문(丹漆不文) 312
단패교군(單牌轎軍) 312
단편잔간(斷編殘簡) 312
단표누공(簞瓢陋空) 312
단표누항(簞瓢陋巷) 312

대공망일(大空亡日) 321
대공무사(大公無私) 321
대공지정(大公至正) 321
대공지평(大公至平) 321
대과동요(大過棟橈) 321
대교약졸(大巧若拙) 322
대궁승시(大弓乘矢) 322
대궁장군(對宮將軍) 322
대권경쟁(大權競爭) 322
대금장침(大衾長枕) 322
대기만성(大器晚成) 322
대기설법(對機說法) 322
대기소용(大器小用) 322
대담무쌍(大膽無雙) 323
대담부적(大膽不敵) 323
대답양단(對踏兩端) 323
대대손손(代代孫孫) 323
대덕수명(大德受命) 323
대도무문(大道無門) 323
대동단결(大同團結) 323
대동무사(大同無私) 323
대동사회(大同社會) 323
대동소이(大同小異) 324
대동지론(大同之論) 324
대동지역(大同之役) 324
대동지환(大同之患) 324
대로지행(大路之行) 324
대리소관(大利所關) 324
대마구종(大馬驅從) 324
대마불사(大馬不死) 324
대마상전(大馬相戰) 324
대막리지(大莫離支) 324
대면공화(對面共話) 325
대명종시(大明終始) 325
대명천지(大明天地) 325
대무지년(大無之年) 325
대무지전(大巫之前) 325
대미필담(大味必淡) 325
대박미산(大樸未散) 325
대반야경(大般若經) 325
대발철시(大鉢鐵匙) 325
대변불통(大便不通) 326
대변약눌(大辯若訥) 326
대변여눌(大辯如訥) 326
대복편편(大腹便便) 326
대부유천(大富由天) 326
대분망천(戴盆望天) 326
대불개안(大佛開眼) 326
대불핍인(代不乏人) 326
대사일번(大死一番) 327
대사천하(大赦天下) 327
대상도시(帶狀都市) 327
대상부동(大相不同) 327
대상입덕(大上立德) 327
대상청령(臺上聽令) 327
대서특서(大書特書) 327
대서특필(大書特筆) 327
대성가문(大姓家門) 327
대성이왕(戴星而往) 327
대성일갈(大聲一喝) 327
대성지행(戴星之行) 327
대성질호(大聲疾呼) 328
대성질호(大聲叱呼) 328
대성통곡(大聲痛哭) 328
대소경중(大小輕重) 328
대소고소(大所高所) 328
대소부적(大小不敵) 328
대소인원(大小人員) 328
대속제물(代贖祭物) 328
대솔하인(帶率下人) 328
대수대명(代數代命) 328
대순소자(大醇小疵) 329
대승불교(大乘佛敎) 329
대실소망(大失所望) 329
대악무도(大惡無道) 329
대안지화(對岸之火) 329
대양혜언(大揚惠言) 329
대언불참(大言不慙) 329
대언장담(大言壯談) 329
대언장어(大言壯語) 329
대역무도(大逆無道) 329
대역부도(大逆不道) 330
대연은촉(玳筵銀燭) 330
대오각성(大悟覺醒) 330
대오대철(大悟大徹) 330
대오철저(大悟徹底) 330
대왕대비(大王大妃) 330

독서삼여(讀書三餘) 350
독서상우(讀書尙友) 350
독서일월(讀書日月) 350
독서종자(讀書種子) 350
독서칠결(讀書七訣) 351
독선기신(獨善其身) 351
독수공궁(獨守空宮) 351
독수공방(獨守空房) 351
독숙공방(獨宿空房) 351
독야청청(獨也靑靑) 351
독이무로(毒而無怒) 351
독장난명(獨掌難鳴) 351
독장불명(獨掌不鳴) 352
독지지계(獨知之契) 352
독책지술(督責之術) 352
독청독성(獨淸獨醒) 352
독취악조(毒嘴惡爪) 352
독학고루(獨學孤陋) 352
독행독보(獨行獨步) 352
돈강진기(頓綱振紀) 352
돈단무심(頓斷無心) 352
돈담무심(頓淡無心) 353
돈복무회(敦復无悔) 353
돈본억말(敦本抑末) 353
돈불고견(頓不顧見) 353
돈수재배(頓首再拜) 353
돈어지신(豚魚之信) 353
돈오점수(頓悟漸修) 353
돈제양전(豚蹄穰田) 353
돈제우주(豚蹄盂酒) 353
돈제일주(豚蹄一酒) 353
돈증보리(頓證菩提) 354
돈후숭례(敦厚崇禮) 354
돌돌괴기(咄咄怪奇) 354
돌돌괴사(咄咄怪事) 354
돌연변이(突然變異) 354
돌입내정(突入內庭) 354
돌탄막급(咄嘆莫及) 354
동가지구(東家之丘) 354
동가홍상(同價紅裳) 355
동거동락(同居同樂) 355
동거지정(同居之情) 355
동격서습(東擊西襲) 355
동견증결(洞見症結) 355
동고동락(同苦同樂) 355
동공이곡(同工異曲) 355
동공이체(同工異體) 355
동공일체(同功一體) 355
동곽번간(東郭墦間) 355
동교이곡(同巧異曲) 356
동교이체(同巧異體) 356
동구이도(同求異道) 356
동구하갈(冬裘夏葛) 356
동국문감(東國文鑑) 356
동국병감(東國兵鑑) 356
동국사략(東國史略) 356
동군연합(同君聯合) 356
동귀수도(同歸殊塗) 356
동귀일체(同歸一體) 357
동근이지(同根異枝) 357
동근철륵(銅觔鐵肋) 357
동기상구(同氣相求) 357
동기연지(同氣連枝) 357
동기일신(同氣一身) 357
동남동녀(童男童女) 357
동내방내(洞內坊內) 357
동대서걸(東貸西乞) 357
동도상응(同道相應) 357
동도서말(東塗西抹) 358
동동촉촉(洞洞燭燭) 358
동두서미(東頭西尾) 358
동두철신(銅頭鐵身) 358
동두철액(銅頭鐵額) 358
동락태평(同樂太平) 358
동량지기(棟梁之器) 358
동량지신(棟樑之臣) 358
동량지재(棟梁之材) 358
동료지계(同僚之契) 358
동류합오(同流合汚) 359
동리군자(東籬君子) 359
동리여흥(東籬餘興) 359
동맹파공(同盟罷工) 359
동맹파업(同盟罷業) 359
동명상조(同明相照) 359
동명이인(同名異人) 359
동모과부(同侔寡婦) 359
동문고래(同文古來) 359

망매해갈(望梅解渴) 416
망명도생(亡命圖生) 416
망명도주(亡命逃走) 416
망명생활(亡命生活) 416
망목불소(網目不疎) 416
망무두서(茫無頭緖) 416
망무애반(茫無涯畔) 416
망무제애(茫無際涯) 416
망문과부(望門寡婦) 416
망문문절(望聞問切) 416
망문생의(望文生義) 416
망문투식(望門投食) 417
망부의린(亡斧疑隣) 417
망사불복(亡思不服) 417
망사지죄(罔赦之罪) 417
망상지승(妄想之繩) 417
망수행주(罔水行舟) 417
망식일후(忙食噎喉) 417
망신망가(忘身忘家) 417
망애작악(忘哀作樂) 417
망야도주(罔夜逃走) 418
망양득우(亡羊得牛) 418
망양보권(亡羊補圈) 418
망양보뢰(亡羊補牢) 418
망양지탄(亡羊之歎) 418
망양지탄(望洋之嘆) 418
망양흥탄(望洋興嘆) 418
망언기어(妄言綺語) 418
망언다사(妄言多謝) 418
망연자실(茫然自失) 419
망운지경(望雲之慶) 419
망운지정(望雲之情) 419
망운지회(望雲之懷) 419
망월경토(望月驚兎) 419
망유기극(罔有紀極) 419
망유택언(罔有擇言) 419
망은배의(忘恩背義) 419
망자계치(亡子計齒) 419
망자재배(芒刺在背) 419
망자존대(妄自尊大) 420
망조의탁(莽操懿卓) 420
망중유한(忙中有閑) 420
망중투한(忙中偸閑) 420
망지불사(望之不似) 420
망지소조(罔知所措) 420
망지일목(網之一目) 420
망진막급(望塵莫及) 420
망징패조(亡徵敗兆) 420
망친모록(忘親慕祿) 420
망침폐식(忘寢廢食) 421
망평다사(妄評多謝) 421
망풍이미(望風而靡) 421
망형지교(忘形之交) 421
매가육장(賣家鬻莊) 421
매검매독(賣劍買犢) 421
매검매우(賣劍買牛) 421
매관매직(賣官賣職) 421
매관육옥(賣官鬻獄) 421
매관육작(賣官鬻爵) 422
매궤환주(買櫃還珠) 422
매독환주(買櫝還珠) 422
매두몰신(埋頭沒身) 422
매란국죽(梅蘭菊竹) 422
매륜남비(埋輪攬轡) 422
매리잡언(罵詈雜言) 423
매림지갈(梅林之渴) 423
매매회회(昧昧晦晦) 423
매문매필(賣文賣筆) 423
매문위활(賣文爲活) 423
매사가감(每事可堪) 423
매사마골(買死馬骨) 423
매사불성(每事不成) 423
매사진선(每事盡善) 423
매산밀감(梅酸蜜甘) 423
매설봉풍(賣屑逢風) 423
매신지처(買臣之妻) 424
매아득종(埋兒得鐘) 424
매염봉우(賣鹽逢雨) 424
매인열지(每人悅之) 424
매자십이(梅子十二) 424
매장봉적(買贓逢賊) 424
매점매석(買占賣惜) 424
매진일로(邁進一路) 424
매처학자(梅妻鶴子) 424
매합용지(媒合容止) 425
매화육궁(梅花六宮) 425
매화타령(梅花打令) 425

명공거경(名公巨卿) 435
명과기실(名過其實) 435
명구승지(名區勝地) 435
명기누골(銘肌鏤骨) 435
명당자손(明堂子孫) 436
명동격서(鳴東擊西) 436
명락손산(名落孫山) 436
명량대첩(鳴梁大捷) 436
명렬전모(名列前茅) 436
명론탁설(名論卓說) 436
명뢰상실(銘誄尙實) 436
명리구전(名利俱全) 436
명만천하(名滿天下) 436
명망천하(名望天下) 436
명맥소관(命脈所關) 437
명면각지(名面各知) 437
명명백백(明明白白) 437
명명야행(冥冥夜行) 437
명명지중(冥冥之中) 437
명명지지(冥冥之志) 437
명명혁혁(明明赫赫) 437
명명후년(明明後年) 437
명명후일(明明後日) 437
명모호치(明眸皓齒) 437
명목달총(明目達聰) 438
명목장담(明目張膽) 438
명목조식(瞑目調息) 438
명문거족(名門巨族) 438
명문대가(名門大家) 438
명문대작(名文大作) 438
명문세족(名門世族) 438
명문이양(名聞利樣) 438
명문천하(名聞天下) 438
명물도수(名物度數) 439
명봉재수(鳴鳳在樹) 439
명불허득(名不虛得) 439
명불허전(名不虛傳) 439
명사고불(名士古佛) 439
명사십리(明沙十里) 439
명산대찰(名山大刹) 439
명산대천(名山大川) 439
명성자심(名聲藉甚) 439
명세지웅(命世之雄) 439
명세지재(命世之才) 440
명수불후(名垂不朽) 440
명수죽백(名垂竹帛) 440
명승고적(名勝古跡) 440
명시기모(名視其貌) 440
명실상부(名實相符) 440
명실상생(名實相生) 440
명실일체(名實一體) 440
명심누골(銘心鏤骨) 440
명심보감(明心寶鑑) 441
명심불망(銘心不忘) 441
명십삼릉(明十三陵) 441
명안지기(鳴雁之期) 441
명야복야(命也福也) 441
명약관화(明若觀火) 441
명연의경(命緣義輕) 441
명예만회(名譽挽回) 441
명예회복(名譽回復) 441
명예훼손(名譽毀損) 441
명완무지(冥頑無知) 442
명월위촉(明月爲燭) 442
명월지주(明月之珠) 442
명월청풍(明月淸風) 442
명인기질(名人氣質) 442
명일물선(名日物膳) 442
명입지중(明入地中) 442
명장다욕(命長多辱) 442
명재경각(命在頃刻) 442
명재명간(明再明間) 442
명재조석(命在朝夕) 442
명전자성(名詮自性) 443
명정기죄(明正基罪) 443
명정언순(名正言順) 443
명정월색(明淨月色) 443
명조지손(名祖之孫) 443
명존실무(名存實無) 443
명졸지추(命卒之秋) 443
명주암투(明珠暗投) 443
명주탄작(明珠彈雀) 443
명지적견(明智的見) 444
명찰추호(明察秋毫) 444
명창정궤(明窓淨几) 444
명천지하(明天之下) 444
명철보신(明哲保身) 444

무사분주(無事奔走) 472
무사불복(無思不服) 472
무사불참(無事不參) 472
무사안일(無事安逸) 472
무사우벌(無辭于罰) 472
무사자통(無師自通) 472
무사태평(無事泰平) 472
무사통과(無事通過) 472
무산대중(無產大衆) 472
무산선녀(巫山仙女) 473
무산운우(巫山雲雨) 473
무산지몽(巫山之夢) 473
무산지운(巫山之雲) 473
무상개공(無相皆空) 473
무상기간(無霜期間) 473
무상대복(無上大福) 473
무상명령(無上命令) 473
무상무념(無想無念) 473
무상무벌(無賞無罰) 473
무상변화(無常變化) 474
무상신속(無常迅速) 474
무상왕래(無常往來) 474
무상유전(無常流轉) 474
무상지상(無狀之狀) 474
무상천류(無常遷流) 474
무상출입(無常出入) 474
무색성향(無色聲香) 474
무생민심(無生民心) 474
무성무취(無聲無臭) 474
무소가관(無所可觀) 474
무소가취(無所可取) 475
무소고기(無所顧忌) 475
무소기탄(無所忌憚) 475
무소부재(無所不在) 475
무소부지(無所不至) 475
무소부지(無所不知) 475
무소불능(無所不能) 475
무소불위(無所不爲) 475
무소불통(無所不通) 475
무소유위(無所猷爲) 475
무소조술(無所祖述) 475
무수사례(無數謝禮) 476
무수지수(貿首之讐) 476
무승자박(無繩自縛) 476
무시무종(無始無終) 476
무시지시(無始之時) 476
무식소치(無識所致) 476
무신무의(無信無義) 476
무신불립(無信不立) 476
무실기시(無失其時) 476
무실무가(無室無家) 476
무실무세(無實無勢) 476
무실역행(務實力行) 477
무심중간(無心中間) 477
무아도취(無我陶醉) 477
무아몽중(無我夢中) 477
무아무심(無我無心) 477
무아지경(無我之境) 477
무언거사(無言居士) 477
무언부답(無言不答) 477
무언부도(無言不道) 477
무언용사(無言勇士) 477
무여열반(無餘涅槃) 477
무염지욕(無厭之慾) 478
무예불치(蕪穢不治) 478
무왕불복(無往不復) 478
무왕불충(無往不忠) 478
무용장물(無用長物) 478
무용지물(無用之物) 478
무용지변(無用之辨) 478
무용지용(無用之用) 478
무우귀영(舞雩歸詠) 479
무운장구(武運長久) 479
무원무덕(無怨無德) 479
무위도식(無爲徒食) 479
무위무능(無爲無能) 479
무위무사(無爲無事) 479
무위무신(無爲無信) 479
무위무책(無爲無策) 479
무위이치(無爲而治) 479
무위이화(無爲而化) 480
무위자연(無爲自然) 480
무위지치(無爲之治) 480
무위진인(無位眞人) 480
무육지은(撫育之恩) 480
무의무신(無義無信) 480
무의무탁(無依無托) 480

묵적지수(墨翟之守) 489
묵좌징심(默坐澄心) 489
문가나작(門可羅雀) 489
문각해행(蚊脚蟹行) 489
문간유심(聞諫愈甚) 489
문경지교(刎頸之交) 490
문경지우(刎頸之友) 490
문경지치(文景之治) 490
문계기무(聞鷄起舞) 490
문과기실(文過其實) 490
문과수비(文過遂非) 491
문과식비(文過飾非) 491
문과즉희(聞過則喜) 491
문군사마(文君司馬) 491
문념무희(文恬武嬉) 491
문당호대(門當戶對) 491
문도어맹(問道於盲) 491
문도호설(門到戶說) 491
문동서답(問東西答) 492
문류심화(問柳尋花) 492
문맹소견(蚊蝱宵見) 492
문맹주우(蚊虻走牛) 492
문맹지로(蚊虻之勞) 492
문맹지명(蚊虻之鳴) 492
문명개화(文明開化) 492
문무겸전(文武兼全) 492
문무교체(文武交遞) 492
문무백관(文武百官) 493
문무석인(文武石人) 493
문무숭상(文武崇尙) 493
문무쌍전(文武雙全) 493
문무양도(文武兩道) 493
문무양반(文武兩班) 493
문무잡빈(門無雜賓) 493
문무지도(文武之道) 493
문묵종사(文墨從事) 493
문방사보(文房四寶) 493
문방사우(文房四友) 493
문방제구(文房諸具) 493
문불가점(文不加點) 493
문불야관(門不夜關) 494
문불정빈(門不停賓) 494
문생고리(門生故吏) 494
문생천자(門生天子) 494
문수지복(紋繡之服) 494
문아풍류(文雅風流) 494
문악불락(聞樂不樂) 494
문안시선(問安視膳) 494
문양지마(問羊知馬) 494
문여춘화(文如春華) 495
문예부산(蚊蚋負山) 495
문예부흥(文藝復興) 495
문예사조(文藝思潮) 495
문외작라(門外雀羅) 495
문유삼등(文有三等) 495
문이지지(聞而知之) 495
문인상경(文人相輕) 495
문일득삼(問一得三) 495
문일지십(聞一知十) 496
문자부산(蚊子負山) 496
문자행동(文字行動) 496
문장도리(門墻桃李) 496
문장삼이(文章三易) 496
문전걸식(門前乞食) 496
문전박대(門前薄待) 496
문전성시(門前成市) 496
문전약시(門前若市) 497
문전옥답(門前沃畓) 497
문전옥답(門前玉畓) 497
문전옥토(門前沃土) 497
문전작라(門前雀羅) 497
문정경중(問鼎輕重) 497
문정약시(門庭若市) 497
문정여시(門庭如市) 497
문조지몽(文鳥之夢) 498
문종위일(聞鐘爲日) 498
문죄지사(問罪之師) 498
문즉시병(聞則是病) 498
문질빈빈(文質彬彬) 498
문질체흥(文質遞興) 498
문창제군(文昌帝君) 498
문첩지충(蚊睫之蟲) 498
문필노동(文筆勞動) 498
문필도적(文筆盜賊) 499
문필쌍전(文筆雙全) 499
문하시중(門下侍中) 499
문행충신(文行忠信) 499

문호개방(門戶開放) 499
물각유주(物各有主) 499
물경소사(勿輕小事) 499
물구즉신(物久則神) 499
물극즉반(物極則反) 499
물극필반(物極必反) 500
물기태성(物忌太盛) 500
물등고수(勿登高樹) 500
물립문중(勿立門中) 500
물물교환(物物交換) 500
물부충생(物腐蟲生) 500
물색비류(物色比類) 500
물선진상(物膳進上) 501
물성즉쇠(物盛則衰) 501
물소의다(物少意多) 501
물수기멸(物隨氣滅) 501
물시어인(勿施於人) 501
물신숭배(物神崇拜) 501
물실호기(勿失好機) 501
물심양면(物心兩面) 501
물심일여(物心一如) 501
물아일체(物我一體) 501
물약자효(勿藥自效) 501
물여인투(勿與人鬪) 502
물역물태(勿逆勿怠) 502
물영심연(勿泳深淵) 502
물외한인(物外閒人) 502
물위거론(勿爲擧論) 502
물위망동(勿爲妄動) 502
물유본말(物有本末) 502
물이유취(物以類聚) 502
물정소연(物情騷然) 502
물조지명(勿照之明) 502
물좌방중(勿坐房中) 502
물중지대(物衆地大) 503
물침잡역(勿侵雜役) 503
물탐비리(勿貪非理) 503
물화상통(物貨相通) 503
물환성이(物換星移) 503
물훼물상(勿毁勿傷) 503
미개좌시(未開坐時) 503
미거안래(眉去眼來) 503
미경양신(美景良辰) 503
미관말직(微官末職) 503
미국오조(迷國誤朝) 503
미능면속(未能免俗) 504
미달일간(未達一間) 504
미대난도(尾大難掉) 504
미대부도(尾大不掉) 504
미도지반(迷途知返) 504
미동이언(未同而言) 504
미래안거(眉來眼去) 504
미래영겁(未來永劫) 504
미래영영(未來永永) 505
미량어염(米糧魚鹽) 505
미력비재(微力非才) 505
미록성정(麋鹿性情) 505
미륵보살(彌勒菩薩) 505
미말지직(微末之職) 505
미목수려(眉目秀麗) 505
미목여화(眉目如畵) 505
미목전정(眉目傳情) 505
미묘복잡(微妙複雜) 505
미문여구(美文麗句) 505
미문지사(未聞之事) 506
미변동서(未辨東西) 506
미복잠행(微服潛行) 506
미봉만환(彌縫漫患) 506
미분노비(未分奴婢) 506
미불용극(靡不用極) 506
미사여구(美辭麗句) 506
미상불연(未嘗不然) 506
미생이전(未生以前) 506
미생지신(尾生之信) 506
미성일궤(未成一簣) 507
미성재구(美成在久) 507
미소망상(微小妄想) 507
미수호미(美鬚豪眉) 507
미시기장(靡恃己長) 507
미식국민(米食國民) 507
미실미가(靡室靡家) 507
미안추파(媚眼秋波) 507
미여작랍(味如嚼蠟) 508
미연지전(未然之前) 508
미염박변(米鹽博辯) 508
미우주무(未雨綢繆) 508
미위불가(未爲不可) 508

미음완보(微吟緩步) 508
미의연년(美意延年) 508
미인박명(美人薄命) 508
미좌축향(未坐丑向) 508
미주신계(米珠薪桂) 509
미지숙시(未知孰是) 509
미진약석(美疢藥石) 509
미측심천(未測深淺) 509
미풍양속(美風良俗) 509
미혼지인(迷魂之人) 509
민간질고(民間疾苦) 509
민고민지(民膏民脂) 509
민구이첨(民具爾瞻) 509
민궁재갈(民窮財渴) 510
민귀군경(民貴君輕) 510
민기불보(民棄不保) 510
민력휴양(民力休養) 510
민보어신(民保於信) 510
민생어삼(民生於三) 510
민생주의(民生主義) 510
민심무상(民心無常) 510
민아무간(民我無間) 511
민용화목(民用和睦) 511
민인지흉(閔人之凶) 511
민일천선(民日遷善) 511
민족상잔(民族相殘) 511
민족자결(民族自決) 511
민족자존(民族自尊) 511
민족정기(民族正氣) 511
민족정기(民族精氣) 511
민중군경(民重君輕) 512
민지사명(民之司命) 512
민천지심(旻天之心) 512
민첩혜힐(敏捷慧黠) 512
밀매음녀(密賣淫女) 512
밀어상통(密語相通) 512
밀엄정토(密嚴淨土) 512
밀운불우(密雲不雨) 512
밀화장도(蜜花粧刀) 513
밀화패영(蜜花貝纓) 513

ㅂ

바라밀다(波羅密多) 514
박고지금(博古知今) 514
박기미악(薄氣味惡) 514
박람강기(博覽强記) 514
박료원닉(搏燎援溺) 514
박리다매(薄利多賣) 514
박리주의(薄利主義) 515
박문강기(博聞强記) 515
박문강지(博聞强識) 515
박문약례(博文約禮) 515
박물군자(博物君子) 515
박물세고(博物細故) 515
박부경요(薄賦輕徭) 515
박부골수(剝膚骨髓) 515
박부득이(迫不得已) 515
박부생요(薄賦省徭) 516
박부추수(剝膚椎髓) 516
박빙여림(薄氷如臨) 516
박삭미리(撲朔迷離) 516
박상지환(剝牀之患) 516
박수갈채(拍手喝采) 516
박수추기(剝髓捶飢) 516
박순경언(薄脣輕言) 516
박시자민(博施字民) 516
박시제중(博施濟衆) 517
박어부득(迫於不得) 517
박예수신(薄藝隨身) 517
박옥혼금(璞玉渾金) 517
박의단상(薄依單裳) 517
박이부정(博而不精) 517
박인방증(博引旁證) 517
박장대소(拍掌大笑) 517
박전박답(薄田薄畓) 518
박주산채(薄酒山菜) 518
박지약행(薄志弱行) 518
박지우박(薄之又薄) 518
박지타지(縛之打之) 518
박채중의(博採衆議) 518
박편석기(剝片石器) 518
박하미상(剝下媚上) 518
박학다문(博學多聞) 518
박학다식(博學多識) 518
박학다재(博學多才) 519

백면서생(白面書生) 549
백모황월(白旄黃鉞) 549
백무가관(百無可觀) 549
백무소성(百無所成) 549
백무일실(百無一失) 549
백무일책(百無一策) 549
백무일취(百無一取) 550
백무일행(百無一幸) 550
백문일견(百聞一見) 550
백반곽탕(白飯藿湯) 550
백반총탕(白飯蔥湯) 550
백발백중(百發百中) 550
백발성성(白髮星星) 550
백발홍안(白髮紅顔) 550
백발환흑(白髮還黑) 550
백방천계(百方千計) 550
백배사례(百拜謝禮) 550
백배사죄(百拜謝罪) 551
백배치사(百拜致謝) 551
백백홍홍(白白紅紅) 551
백벽미하(白璧微瑕) 551
백병통치(百病通治) 551
백보천양(百步穿楊) 551
백복지원(百福之源) 551
백불실일(百不失一) 551
백불유인(百不猶人) 551
백빈홍료(白蘋紅蓼) 551
백사불리(百事不利) 552
백사불성(百事不成) 552
백사여의(百事如意) 552
백사일생(百死一生) 552
백사중견(百舍重繭) 552
백사천려(百思千慮) 552
백사청송(白沙靑松) 552
백산흑수(白山黑水) 552
백석창파(白石蒼波) 552
백석청탄(白石淸灘) 552
백설지성(百舌之聲) 552
백성자취(百姓自聚) 553
백세지리(百世之利) 553
백세지사(百世之師) 553
백세지후(百歲之後) 553
백세청풍(百世淸風) 553
백수건달(白手乾達) 553
백수백복(百壽百福) 553
백수북면(白首北面) 553
백수솔무(百獸率舞) 553
백수습복(百獸慴伏) 554
백수양당(白首兩堂) 554
백수잔년(白首殘年) 554
백수지년(白首之年) 554
백수진인(白水眞人) 554
백수풍신(白首風神) 554
백수풍진(白首風塵) 554
백승지가(百乘之家) 554
백아절현(伯牙絶絃) 554
백악구비(白堊具備) 555
백액대호(白額大虎) 555
백약무효(百藥無效) 555
백약지장(百藥之長) 555
백어입주(白魚入舟) 555
백억세계(百億世界) 555
백억화신(百億化身) 555
백열혜탄(栢悅蕙歎) 555
백옥무하(白玉無瑕) 556
백옥부조(白玉不彫) 556
백왕흑귀(白往黑歸) 556
백우지질(伯牛之疾) 556
백운고비(白雲孤飛) 556
백운지어(白雲之馭) 556
백운창구(白雲蒼狗) 556
백운친사(白雲親舍) 556
백의관음(白衣觀音) 557
백의동포(白衣同胞) 557
백의민족(白衣民族) 557
백의사자(白衣使者) 557
백의선인(帛衣先人) 557
백의송주(白衣送酒) 557
백의용사(白衣勇士) 557
백의재상(白衣宰相) 557
백의정승(白衣政丞) 557
백의종군(白衣從軍) 557
백의천사(白衣天使) 558
백이군자(百爾君子) 558
백이당일(百而當一) 558
백이사지(百爾思之) 558
백이숙제(伯夷叔齊) 558

백인가도(白刃可蹈) 558
백인등장(百人等狀) 558
백인백색(百人百色) 558
백인유아(伯仁由我) 559
백인일수(百人一首) 559
백일비승(白日飛昇) 559
백일승천(白日昇天) 559
백일지우(百日之憂) 559
백일천하(百日天下) 559
백일청천(白日青天) 559
백자천손(百子千孫) 559
백재고잠(栢在高岑) 559
백전노장(百戰老將) 560
백전노졸(百戰老卒) 560
백전백승(百戰百勝) 560
백절불굴(百折不屈) 560
백절불요(百折不撓) 560
백족지세(百足之勢) 560
백족지충(百足之蟲) 560
백주발검(白晝拔劍) 561
백주지조(柏舟之操) 561
백주창탈(白晝搶奪) 561
백중숙계(伯仲叔季) 561
백중지간(伯仲之間) 561
백중지세(伯仲之勢) 561
백지늑봉(白地勒捧) 561
백지애매(白地曖昧) 561
백지위임(白紙委任) 561
백척간두(百尺竿頭) 562
백척장고(百尺丈高) 562
백천귀해(百川歸海) 562
백천만사(百千萬事) 562
백천조해(百川朝海) 562
백천학해(百川學海) 562
백치천재(白痴天才) 562
백파약산(白波若山) 562
백팔번뇌(百八煩惱) 562
백폐구존(百弊俱存) 563
백폐구흥(百廢俱興) 563
백한교류(白汗交流) 563
백해구규(百骸九竅) 563
백해구통(百骸俱痛) 563
백해무익(百害無益) 563
백행지본(百行之本) 563
백홍관일(白虹貫日) 563
백화난만(百花爛漫) 563
백화생일(百花生日) 564
백화요란(百花燎亂) 564
백화쟁발(百花爭發) 564
백화제방(百花齊放) 564
백흑지변(白黑之辨) 564
번간걸여(墦間乞餘) 564
번리지안(蕃籬之鷃) 564
번문욕례(繁文縟禮) 564
번문착절(繁文錯節) 564
번언쇄사(煩言碎辭) 564
번역파비(飜亦破鼻) 565
번연개오(幡然開悟) 565
번운복우(翻雲覆雨) 565
번작이끽(燔汋而喫) 565
벌긍호전(伐矜好專) 565
벌모선조(伐謀先兆) 565
벌목지계(伐木之契) 565
벌빙지가(伐氷之家) 565
벌성광약(伐性狂藥) 566
벌성지부(伐性之斧) 566
벌이불토(伐而不討) 566
벌제위명(伐齊爲名) 566
벌책처분(罰責處分) 566
범강장달(范彊張達) 566
범동약자(凡同約者) 566
범로작가(犯路作家) 567
범백소여(凡百掃如) 567
범복포만(帆腹飽滿) 567
범사무난(凡事無難) 567
범생명관(凡生命觀) 567
범성불이(凡聖不二) 567
범성일여(凡聖一如) 567
범월죄인(犯越罪人) 567
범의상풍(犯義傷風) 567
범칙물자(犯則物資) 567
범태육신(凡胎肉身) 568
범희무익(凡戲無益) 568
법고창신(法古創新) 568
법구폐생(法久弊生) 568
법불아귀(法不阿貴) 568
법여시족(法如是足) 568

법원권근(法遠拳近) 568
법화삼매(法華三昧) 568
벽계산간(碧溪山間) 568
벽리안서(壁裏安鼠) 568
벽리첨주(壁裏添柱) 569
벽사진경(辟邪進慶) 569
벽안자염(碧眼紫髯) 569
벽재일우(僻在一隅) 569
벽토척지(闢土拓地) 569
벽파문벌(劈破門閥) 569
벽항궁촌(僻巷窮村) 569
벽해상전(碧海桑田) 569
변난공격(辯難攻擊) 569
변동일실(便同一室) 569
변명무로(辨明無路) 569
변법상주(變法上奏) 570
변법자강(變法自疆) 570
변불신기(便不神奇) 570
변사여륙(騈四儷六) 570
변상가변(邊上加邊) 570
변상중지(邊上重地) 570
변장자호(卞莊刺虎) 570
변재위복(變災爲福) 570
변재위상(變災爲祥) 571
변출불의(變出不意) 571
변통무로(變通無路) 571
변화난측(變化難測) 571
변화막측(變化莫測) 571
변화무궁(變化無窮) 571
변화무방(變化無方) 571
변화무상(變化無常) 571
변화무쌍(變化無雙) 571
변화불측(變化不測) 571
별개생면(別開生面) 571
별래무양(別來無恙) 571
별무가관(別無可觀) 572
별무소득(別無所得) 572
별무신통(別無神通) 572
별무장물(別無長物) 572
별반거조(別般擧措) 572
별반조처(別般措處) 572
별성행차(別星行次) 572
별유천지(別有天地) 572
별유풍경(別有風景) 572
별응원성(鼈應黿聲) 572
별이청지(別而聽之) 573
병가상사(兵家常事) 573
병가자류(兵家者流) 573
병가제구(竝駕齊驅) 573
병거지속(兵車之屬) 573
병거지회(兵車之會) 573
병거회맹(兵車會盟) 573
병고노화(病苦老化) 573
병귀신속(兵貴神速) 573
병길우천(丙吉牛喘) 573
병동지한(瓶凍知寒) 574
병뢰지치(甁罍之恥) 574
병마공총(兵馬倥傯) 574
병마지권(兵馬之權) 574
병무상세(兵無常勢) 574
병문졸속(兵聞拙速) 574
병문친구(屛門親舊) 574
병문파수(屛門把守) 574
병불염사(兵不厭詐) 575
병불이신(病不離身) 575
병불혈인(兵不血刃) 575
병사지야(兵死地也) 575
병상신속(兵尙神速) 575
병상첨병(病上添病) 575
병여일성(炳如日星) 575
병요집본(秉要執本) 575
병이지성(秉彝之性) 575
병인기구(竝因其舊) 575
병입고황(病入膏肓) 576
병입골수(病入骨髓) 576
병자구입(病自口入) 576
병자흉기(兵者凶器) 576
병적간증(餠賊看證) 576
병조적간(兵曹摘奸) 576
병종구입(病從口入) 576
병주고향(幷州故鄕) 576
병주지정(幷州之情) 576
병진시궁(兵塵矢窮) 576
병촉야유(秉燭夜遊) 577
병촉야행(秉燭夜行) 577
병침잠절(甁沈簪折) 577
병탄합병(竝呑合倂) 577

병풍상서(病風傷暑) 577
병풍상성(病風喪性) 577
병필지임(秉筆之任) 577
병행불패(竝行不悖) 577
병혁지리(兵革之利) 577
보거상의(輔車相依) 578
보과습유(補過拾遺) 578
보과위교(步過危橋) 578
보국안민(輔國安民) 578
보궤불식(簠簋不飾) 578
보동공양(普同供養) 578
보리안상(步履安詳) 578
보마향거(寶馬香車) 578
보무당당(步武堂堂) 579
보무타려(保無他慮) 579
보보행진(步步行進) 579
보복지리(報復之理) 579
보본반시(報本反始) 579
보세장민(輔世長民) 579
보시구난(輔時求難) 579
보신지책(保身之策) 579
보우지차(鴇羽之嗟) 579
보우지탄(鴇羽之嘆) 580
보원이덕(報怨以德) 580
보원이원(報怨以怨) 580
보이국사(報以國士) 580
보지청결(保持淸潔) 580
보천솔토(普天率土) 580
보천욕일(補天浴日) 580
보천지하(普天之下) 580
보편타당(普遍妥當) 581
보필지신(輔弼之臣) 581
보필지임(輔弼之任) 581
보필지재(輔弼之才) 581
보학이위(報虐以威) 581
보합대화(保合大和) 581
보행객주(步行客主) 581
보화난수(寶貨難售) 581
복거지계(覆車之戒) 581
복경호우(福輕乎羽) 582
복고사상(復古思想) 582
복고여산(腹高如山) 582
복과재생(福過災生) 582
복과화생(福過禍生) 582
복구재측(伏寇在側) 582
복로요격(伏路邀擊) 582
복룡봉추(伏龍鳳雛) 582
복명복창(復命復唱) 582
복모구구(伏慕區區) 582
복모무임(伏慕無任) 583
복모불임(伏慕不任) 583
복무쌍지(福無雙至) 583
복미불안(服美不安) 583
복배수적(腹背受敵) 583
복배지모(腹背之毛) 583
복배지수(覆盃之水) 583
복복장자(福福長者) 583
복불습길(卜不襲吉) 583
복불쌍전(福不雙傳) 583
복불재강(服不再降) 584
복상지음(濮上之音) 584
복생어미(福生於微) 584
복생유기(福生有基) 584
복선화음(福善禍淫) 584
복소파란(覆巢破卵) 584
복수난수(覆水難收) 584
복수불반(覆水不返) 584
복수불수(覆水不收) 584
복심지병(腹心之病) 584
복심지신(腹心之臣) 585
복심지질(腹心之疾) 585
복연선경(福緣善慶) 585
복완지공(覆椀之功) 585
복음삼덕(福音三德) 585
복이회아(腹以懷我) 585
복인복과(福因福果) 585
복잡괴기(複雜怪奇) 585
복잡다기(複雜多岐) 586
복잡다단(複雜多端) 586
복주병진(輻湊幷臻) 586
복주복야(卜晝卜野) 586
복지부동(伏地不動) 586
복지심령(福至心靈) 586
복지유체(伏地流涕) 586
복차지계(覆車之戒) 586
본래면목(本來面目) 587
본래무물(本來無物) 587

부대시참(不待時斬) 596
부덕유순(婦德柔順) 596
부도화의(父道和義) 596
부동명왕(不動明王) 596
부동시안(不同視眼) 596
부동일론(不同日論) 596
부두절형(掊斗折衡) 597
부득기소(不得其所) 597
부득기위(不得其位) 597
부득부실(不得不失) 597
부득오심(不得吾心) 597
부득요령(不得要領) 597
부득호친(不得乎親) 597
부등침하(不等沈下) 597
부랑패류(浮浪悖類) 597
부로위고(婦老爲姑) 597
부록충의(付祿忠義) 598
부리흡와(附麗翕訛) 598
부마도위(駙馬都尉) 598
부모구몰(父母俱沒) 598
부모구존(父母俱存) 598
부모영명(父母令名) 598
부모지방(父母之邦) 598
부모지양(父母之養) 598
부미백리(負米百里) 598
부복장주(剖腹藏珠) 599
부부유별(夫婦有別) 599
부부유은(夫婦有恩) 599
부부자자(父父子子) 599
부부지도(夫婦之道) 599
부부지약(夫婦之約) 599
부부지정(夫婦之情) 599
부분부인(傅粉婦人) 599
부불능록(富不能祿) 599
부사종자(夫死從子) 600
부생모육(父生母育) 600
부생아신(父生我身) 600
부생약몽(浮生若夢) 600
부생여몽(浮生如夢) 600
부생지론(復生之論) 600
부석부하(負石赴河) 600
부석침목(浮石沈木) 600
부설성부(不設城府) 600
부속지누(負俗之累) 600
부수경청(俯首敬聽) 601
부수반환(負手盤桓) 601
부수색인(部首索引) 601
부수지소(膚受之愬) 601
부수청령(俯首聽令) 601
부승치구(負乘致寇) 601
부신구화(負薪救火) 601
부신입화(負薪入火) 602
부신지우(負薪之憂) 602
부신지자(負薪之資) 602
부실원수(不失元數) 602
부아멱아(負兒覓兒) 602
부아삼면(負兒三面) 602
부앙무괴(俯仰無愧) 602
부앙불괴(俯仰不愧) 602
부앙일세(俯仰一世) 603
부앙천지(俯仰天地) 603
부어춘추(富於春秋) 603
부언낭설(浮言浪說) 603
부언시용(婦言是用) 603
부언유설(浮言流說) 603
부여응지(膚如凝脂) 603
부역행위(附逆行爲) 603
부염기한(附炎棄寒) 603
부와지서(覆瓦之書) 603
부용출수(芙蓉出水) 603
부운부귀(浮雲富貴) 604
부운조로(浮雲朝露) 604
부운종적(浮雲蹤迹) 604
부운지지(浮雲之志) 604
부월당전(斧鉞當前) 604
부월재전(斧鉞在前) 604
부월지하(斧鉞之下) 604
부위부강(夫爲婦綱) 604
부위자강(父爲子綱) 604
부위자은(父爲子隱) 605
부위정경(扶危定傾) 605
부유인생(蜉蝣人生) 605
부유일생(蜉蝣一生) 605
부유장설(婦有長舌) 605
부유쟁자(父有爭子) 605
부유정치(富裕政治) 605
부유지명(蜉蝣之命) 605

부유천하(富有天下) 606
부의모자(父義母慈) 606
부이기린(富以其隣) 606
부이무교(富而無驕) 606
부이지언(附耳之言) 606
부익반린(附翼攀鱗) 606
부인삼종(婦人三從) 606
부인지성(婦人之性) 606
부인지인(婦人之仁) 607
부자상전(父子相傳) 607
부자유친(父子有親) 607
부자자도(夫子自道) 607
부자자효(父慈子孝) 607
부자취우(父子聚麀) 607
부장노언(不藏怒焉) 607
부장지약(腐腸之藥) 607
부재기위(不在其位) 607
부재다언(不在多言) 608
부재모상(父在母喪) 608
부재방탄(負才放誕) 608
부재지족(富在知足) 608
부재차한(不在此限) 608
부적규보(不積蹞步) 608
부전마비(不全痲痺) 608
부전자승(父傳子承) 608
부전자전(父傳子傳) 608
부전절골(不全折骨) 608
부절여대(不絶如帶) 609
부절여루(不絶如縷) 609
부절여선(不絶如綫) 609
부정명색(不正名色) 609
부정모혈(父精母血) 609
부정부패(不正腐敗) 609
부정소지(不淨燒紙) 609
부정지속(釜鼎之屬) 609
부조전래(父祖傳來) 609
부조지전(不祧之典) 609
부족가론(不足可論) 610
부족괘치(不足掛齒) 610
부족회선(不足回旋) 610
부주초육(不酒草肉) 610
부중생어(釜中生魚) 610
부중섭원(負重涉遠) 610
부중지어(釜中之魚) 610
부즉다사(富則多事) 611
부즉다원(富則多怨) 611
부즉불리(不卽不離) 611
부증불감(不增不減) 611
부지감고(不知甘苦) 611
부지거수(仆地據鬚) 611
부지거처(不知去處) 611
부지경중(不知輕重) 611
부지기수(不知其數) 611
부지기이(不知其二) 611
부지단예(不知端倪) 612
부지불각(不知不覺) 612
부지불식(不知不識) 612
부지세상(不知世上) 612
부지세월(不知歲月) 612
부지소운(不知所云) 612
부지소향(不知所向) 612
부지어인(不志於仁) 612
부지어천(付之於天) 612
부지육미(不知肉味) 612
부지지호(不脂之戶) 612
부지체면(不知體面) 613
부지침식(不知寢食) 613
부지통양(不知痛痒) 613
부지하경(不知何境) 613
부지하락(不知何落) 613
부지하처(不知何處) 613
부지향취(不知香臭) 613
부질지형(斧鑕之刑) 613
부집존장(父執尊長) 613
부착지흔(斧鑿之痕) 613
부창부수(夫唱婦隨) 613
부채여산(負債如山) 614
부처반합(夫妻牉合) 614
부청멸양(扶淸滅洋) 614
부췌현우(附贅懸疣) 614
부취기엄(父取其嚴) 614
부침지려(浮沈之慮) 614
부탐즉우(富貪則憂) 614
부탕도화(赴湯蹈火) 614
부평전봉(浮萍轉蓬) 614
부풍모습(父風母習) 614
부허지설(浮虛之說) 615

부형자제(父兄子弟) 615
부형청죄(負荊請罪) 615
부혜생아(父兮生我) 615
부화공명(附和共鳴) 615
부화뇌동(附和雷同) 615
부화수행(附和隨行) 615
부황지계(復隍之戒) 616
부회지설(附會之說) 616
북로남왜(北虜南倭) 616
북망산천(北邙山川) 616
북문쇄약(北門鎖鑰) 616
북문지탄(北門之歎) 616
북문지화(北門之禍) 616
북방지강(北方之强) 616
북벌계획(北伐計劃) 617
북비지음(北鄙之音) 617
북산지감(北山之感) 617
북섬남홀(北閃南忽) 617
북원적월(北轅適越) 617
북원적초(北轅適楚) 617
북적남만(北狄南蠻) 617
북창삼우(北窓三友) 617
북풍한설(北風寒雪) 617
북회귀선(北回歸線) 618
분골보효(粉骨報效) 618
분골쇄신(粉骨碎身) 618
분기등등(憤氣騰騰) 618
분기충천(憤氣衝天) 618
분기탱천(憤氣撐天) 618
분단생사(分段生死) 618
분도양표(分道揚鑣) 618
분막심언(忿莫甚焉) 618
분면홍장(粉面紅粧) 618
분묘지지(墳墓之地) 619
분무구다(分無求多) 619
분문열호(分門裂戶) 619
분문이호(分門異戶) 619
분방자유(奔放自由) 619
분방자재(奔放自在) 619
분백대록(粉白黛綠) 619
분백대흑(粉白黛黑) 619
분벽사창(粉壁紗窓) 619
분분비비(紛紛霏霏) 619
분분요요(紛紛擾擾) 619
분산취락(分散聚落) 620
분서갱유(焚書坑儒) 620
분수상별(分袖相別) 620
분수작별(分手作別) 620
분수조림(分收造林) 620
분수향원(紛愁香怨) 620
분시지상(豶豕之象) 620
분신미골(紛身糜骨) 620
분신쇄골(粉身碎骨) 620
분신자살(焚身自殺) 621
분연작색(忿然作色) 621
분우지직(分憂之職) 621
분유동계(枌楡同契) 621
분익농민(分益農民) 621
분익소작(分益小作) 621
분전역투(奮戰力鬪) 621
분전입미(分錢粒米) 621
분주다사(奔走多事) 621
분주불가(奔走不暇) 621
분지지리(分地之利) 621
분토지언(糞土之言) 622
분토지장(糞土之牆) 622
분투노력(奮鬪努力) 622
분투쟁선(奮鬪爭先) 622
분필사난(忿必思難) 622
분향재배(焚香再拜) 622
분홍해록(粉紅駭綠) 622
불가구약(不可救藥) 622
불가구힐(不可究詰) 623
불가득겸(不可得兼) 623
불가무우(不可無友) 623
불가부득(不可不得) 623
불가분리(不可分離) 623
불가분물(不可分物) 623
불가불념(不可不念) 623
불가불신(不可不愼) 623
불가사야(弗可赦也) 623
불가사의(不可思議) 624
불가승계(不可勝計) 624
불가승수(不可勝數) 624
불가승식(不可勝食) 624
불가승용(不可勝用) 624
불가어상(不家於喪) 624

불가역상(不可逆相) 624
불가영한(不可令閑) 624
불가이변(不可以變) 624
불가초서(不暇草書) 625
불가피성(不可避性) 625
불가항력(不可抗力) 625
불가허구(不可虛拘) 625
불가형언(不可形言) 625
불각기양(不覺技痒) 625
불간지서(不刊之書) 625
불간지전(不刊之典) 625
불감개구(不敢開口) 625
불감기양(不堪伎癢) 625
불감망지(不敢忘之) 626
불감불면(不敢不勉) 626
불감생심(不敢生心) 626
불감생의(不敢生意) 626
불감앙시(不敢仰視) 626
불감좌야(不敢坐也) 626
불감출두(不敢出頭) 626
불감출성(不敢出聲) 626
불감통양(不感痛癢) 626
불감포호(不敢暴虎) 626
불감훼상(不敢毁傷) 627
불개기락(不改其樂) 627
불견시도(不見是圖) 627
불견정식(不見淨食) 627
불경지설(不經之說) 627
불계시성(不戒視成) 627
불계지주(不繫之舟) 627
불고가사(不顧家事) 627
불고염치(不顧廉恥) 627
불고이거(不顧而去) 627
불고이거(不告而去) 628
불고이주(不顧而走) 628
불고이해(不顧利害) 628
불고전후(不顧前後) 628
불고체면(不顧體面) 628
불공대천(不供戴天) 628
불공불손(不恭不遜) 628
불공설화(不恭說話) 628
불공자궤(不攻自潰) 628
불공자파(不攻自破) 628
불공지설(不恭之說) 628
불공함락(不攻陷落) 629
불관지사(不關之事) 629
불괴어천(不愧於天) 629
불괴옥루(不愧屋漏) 629
불교이살(不教而殺) 629
불교이선(不教而善) 629
불교이주(不教而誅) 629
불구공졸(不拘工拙) 629
불구기왕(不究既往) 630
불구대천(不俱戴天) 630
불구문달(不求聞達) 630
불구변속(不求變俗) 630
불구부정(不垢不淨) 630
불구소절(不拘小節) 630
불구심해(不求甚解) 630
불권불해(不倦不懈) 630
불궤지상(不軌之狀) 630
불궤지심(不軌之心) 631
불급마복(不及馬腹) 631
불긍양인(不肯讓人) 631
불긍저의(不肯底意) 631
불기암실(不欺闇室) 631
불기이회(不期而會) 631
불기자심(不欺自心) 631
불긴지사(不緊之事) 631
불길지사(不吉之事) 631
불길지언(不吉之言) 631
불길지조(不吉之兆) 631
불념구악(不念舊惡) 632
불농불상(不農不商) 632
불능수습(不能收拾) 632
불두착분(佛頭着糞) 632
불래불거(不來不去) 632
불려호획(弗慮胡獲) 632
불령분자(不逞分子) 632
불령선인(不逞鮮人) 632
불령지도(不逞之徒) 632
불로불사(不老不死) 633
불로불소(不老不少) 633
불로소득(不勞所得) 633
불로이득(不勞而得) 633
불로장생(不老長生) 633
불리불즉(不離不卽) 633

불자양력(不自量力) 651
불즉불리(不卽不離) 652
불증불감(不增不減) 652
불지지호(不脂之戶) 652
불차용인(不次用人) 652
불차탁용(不次擢用) 652
불찬무연(不爨無煙) 652
불천지위(不遷之位) 652
불철강식(不撤薑食) 652
불철주야(不撤晝夜) 652
불청불탁(不淸不濁) 652
불초자제(不肖子弟) 653
불초지부(不肖之父) 653
불출범안(不出凡眼) 653
불출소료(不出所料) 653
불출악성(不出惡聲) 653
불충불효(不忠不孝) 653
불취동성(不取同姓) 653
불취무귀(不醉無歸) 653
불취정각(不取正覺) 654
불취지돌(不炊之突) 654
불측지변(不測之變) 654
불측지연(不測之淵) 654
불측풍우(不測風雨) 654
불치불검(不侈不儉) 654
불치사판(不齒仕版) 654
불치인류(不齒人類) 654
불치일문(不値一文) 654
불치일전(不値一錢) 654
불치하문(不恥下問) 655
불탐위보(不貪爲寶) 655
불통고금(不通古今) 655
불통수화(不通水火) 655
불통즉통(不通則痛) 655
불파불립(不破不立) 655
불편부당(不偏不黨) 655
불평만만(不平滿滿) 655
불폐풍우(不蔽風雨) 656
불풍즉우(不風卽雨) 656
불피기택(不被其澤) 656
불피탕화(不避湯火) 656
불피풍우(不避風雨) 656
불필다언(不必多言) 656
불필장황(不必張皇) 656
불필재언(不必再言) 656
불필친교(不必親校) 656
불필타구(不必他求) 657
불하일장(不下一杖) 657
불학망술(不學亡術) 657
불학무술(不學無術) 657
불학무식(不學無識) 657
불한불열(不寒不熱) 657
불한이율(不寒而慄) 657
불해의대(不解衣帶) 657
불허복제(不許複製) 657
불협화음(不協和音) 657
불호광경(不好光景) 657
불혹지년(不惑之年) 657
불혹지세(不惑之歲) 658
불황계처(不遑啓處) 658
불효부제(不孝不悌) 658
불효유삼(不孝有三) 658
불효자오(不孝者五) 658
불후공적(不朽功績) 658
불후지공(不朽之功) 658
불흠비류(不歆非類) 659
불희불노(不喜不怒) 659
붕당비주(朋黨比周) 659
붕당위우(朋黨爲友) 659
붕성지통(崩城之痛) 659
붕우유신(朋友有信) 659
붕우지간(朋友之間) 659
붕우지도(朋友之道) 659
붕우지제(朋友之際) 659
붕우책선(朋友責善) 660
붕정만리(鵬程萬里) 660
비가강개(悲歌慷慨) 660
비감대수(蚍撼大樹) 660
비견계종(比肩繼踵) 660
비견수종(比肩隨踵) 660
비견접종(比肩接踵) 660
비고비원(非高非遠) 660
비고지성(鞞鼓之聲) 660
비교다수(比較多數) 661
비구소선(非口所宣) 661
비궁지절(匪躬之節) 661
비극반태(否極反泰) 661

비장필천(轡長必踐) 671
비적출자(非嫡出子) 671
비전불행(非錢不行) 671
비전지죄(非戰之罪) 671
비절참절(悲絶慘絶) 671
비정지책(非情之責) 671
비조경사(飛鳥驚蛇) 671
비조불입(飛鳥不入) 671
비조시석(非朝是夕) 671
비조즉석(非朝卽夕) 672
비종유종(非從惟從) 672
비주불권(非酒不勸) 672
비주불의(非酒不義) 672
비주불향(非酒不享) 672
비즉기소(悲則氣消) 672
비지무거(非之無擧) 672
비지사지(臂之使指) 672
비지중물(非池中物) 673
비차막가(非此莫可) 673
비토용문(飛兎龍文) 673
비파별포(琵琶別抱) 673
비폭징류(飛瀑澄流) 673
비풍참우(悲風慘雨) 673
비하공사(鼻下公事) 673
비하자만(卑下自慢) 673
비하정사(鼻下政事) 673
비항도허(批亢擣虛) 673
비허도관(批虛導窾) 673
비황등달(飛黃騰達) 673
비황저곡(備荒貯穀) 674
비황저축(備荒貯蓄) 674
비희교지(悲喜交至) 674
비희교집(悲喜交集) 674
빈계사신(牝鷄司晨) 674
빈계신명(牝鷄晨鳴) 674
빈계지신(牝鷄之晨) 674
빈곤망상(貧困妄想) 674
빈마지정(牝馬之貞) 674
빈모여황(牝牡驪黃) 674
빈부귀천(貧富貴賤) 675
빈부재근(貧富在勤) 675
빈불여언(擯不與言) 675
빈사다연(鬢絲茶煙) 675
빈이유여(貧而有餘) 675
빈자다사(貧者多事) 675
빈자소인(貧者小人) 675
빈자일등(貧者一燈) 675
빈자중빈(貧者重貧) 675
빈자환부(貧者還富) 676
빈주지간(賓主之間) 676
빈주지례(賓主之禮) 676
빈즉다사(貧則多事) 676
빈지여귀(賓至如歸) 676
빈천역락(貧賤亦樂) 676
빈천지교(貧賤之交) 676
빈풍요우(蘋風蓼雨) 676
빈한도골(貧寒到骨) 676
빈한막심(貧寒莫甚) 676
빈한소치(貧寒所致) 677
빙공영사(憑公營私) 677
빙공착영(憑空捉影) 677
빙기옥골(氷肌玉骨) 677
빙빙과거(氷氷過去) 677
빙산일각(氷山一角) 677
빙산지계(氷山之戒) 677
빙석이순(氷釋理順) 677
빙심옥호(氷心玉壺) 677
빙의망상(憑依妄想) 677
빙자옥골(氷姿玉骨) 678
빙자옥질(氷姿玉質) 678
빙정옥결(氷貞玉潔) 678
빙청옥결(氷淸玉潔) 678
빙청옥윤(氷淸玉潤) 678
빙탄상애(氷炭相愛) 678
빙탄상용(氷炭相容) 678
빙탄지간(氷炭之間) 678
빙호옥감(氷壺玉鑑) 678
빙호옥척(氷壺玉尺) 678
빙호지심(氷壺之心) 679
빙호추월(氷壺秋月) 679

ㅅ

사가기욕(捨家棄慾) 680
사가독서(賜暇讀書) 680
사가망처(徙家忘妻) 680

사각팔방(四角八方) 680
사거용인(死居龍仁) 680
사경지내(四境之內) 680
사경환아(寫經換鵝) 680
사계사야(使鷄司夜) 681
사고무인(四顧無人) 681
사고무친(四顧無親) 681
사고팔고(四苦八苦) 681
사고화성(思考化聲) 681
사공견관(司空見慣) 681
사공중곡(射空中鵠) 681
사광지총(師曠之聰) 681
사교다루(四郊多壘) 681
사교입선(捨敎入禪) 682
사구도신(捨舊圖新) 682
사구모신(捨舊謀新) 682
사구일생(四俱一生) 682
사구지모(沙丘之謀) 682
사구팔가(四衢八街) 682
사국순지(四國順之) 682
사군불견(思君不見) 682
사군이충(事君以忠) 682
사군지도(事君之道) 682
사궁지수(四窮之首) 682
사귀신속(事貴神速) 683
사귀일성(四歸一成) 683
사근취원(捨近取遠) 683
사기만지(死氣滿紙) 683
사기왕성(士氣旺盛) 683
사기위정(使己爲政) 683
사기종인(舍己從人) 683
사기지은(四奇之恩) 683
사기충천(士氣衝天) 684
사기포서(使驥捕鼠) 684
사기횡령(詐欺橫領) 684
사농공상(士農工商) 684
사단주속(紗緞紬屬) 684
사단취장(舍短取長) 684
사단칠정(四端七情) 684
사달오통(四達五通) 684
사당양자(祠堂養子) 684
사대교린(事大交隣) 685
사대기서(四大奇書) 685
사대사상(事大思想) 685
사대색신(四大色身) 685
사대서한(四大書翰) 685
사대성인(四大聖人) 685
사대오상(四大五常) 685
사대육신(四大肉身) 685
사대주의(事大主義) 685
사도신경(使徒信經) 686
사도팔도(四都八道) 686
사도행전(使徒行傳) 686
사돈팔촌(査頓八寸) 686
사득기소(死得其所) 686
사라능단(紗羅綾緞) 686
사란사형(似蘭斯馨) 686
사랑양반(舍廊兩班) 686
사래선거(絲來線去) 686
사량침주(捨糧沈舟) 687
사려분별(思慮分別) 687
사령숭배(死靈崇拜) 687
사롱불문(似聾不問) 687
사롱중인(紗籠中人) 687
사륙반절(四六半切) 687
사륙배판(四六倍判) 687
사륙변려(四六騈儷) 687
사륜지국(四輪之國) 688
사리사복(私利私腹) 688
사리사욕(私利私慾) 688
사망교연(四望皎然) 688
사망지환(死亡之患) 688
사면망상(赦免妄想) 688
사면수적(四面受敵) 688
사면초가(四面楚歌) 688
사면춘풍(四面春風) 688
사면팔방(四面八方) 689
사면화산(四面花山) 689
사모관대(紗帽冠帶) 689
사모불망(思慕不忘) 689
사모영자(紗帽纓子) 689
사목지상(徙木之賞) 689
사목지신(徙木之信) 689
사몽비몽(似夢非夢) 689
사무량심(四無量心) 689
사무삼결(四無三缺) 689
사무세관(士無世官) 689

사무여한(死無餘恨) 690
사무한신(事無閑身) 690
사문결박(私門結縛) 690
사문난적(斯文亂賊) 690
사문목목(四門穆穆) 690
사문부산(使蚊負山) 690
사문용형(私門用刑) 690
사미인곡(思美人曲) 690
사민이시(使民以時) 691
사민평등(四民平等) 691
사반공배(事半功倍) 691
사발결이(沙鉢缺耳) 691
사발고의(沙鉢袴衣) 691
사발농사(沙鉢農事) 691
사발통문(沙鉢通文) 691
사방정면(四方正面) 691
사방지악(四方之樂) 692
사방지지(四方之志) 692
사방팔방(四方八方) 692
사방팔향(四方八向) 692
사방향응(四方響應) 692
사배공소(事倍功少) 692
사백사병(四百四病) 692
사벌등안(捨筏登岸) 692
사변무궁(事變無窮) 692
사복음서(四福音書) 692
사분공간(四分空間) 693
사분오열(四分五裂) 693
사분육분(四分六分) 693
사불급설(駟不及舌) 693
사불명목(死不瞑目) 693
사불범정(邪不犯正) 693
사불여의(事不如意) 693
사불여죽(絲不如竹) 693
사불여학(思不如學) 694
사불염생(事不厭省) 694
사비사지(使臂使指) 694
사비우연(事非偶然) 694
사비위빈(仕非爲貧) 694
사비유존(使卑踰尊) 694
사비팔산(四飛八散) 694
사빈부경(泗濱浮磬) 694
사사건건(事事件件) 694
사사단체(私私團體) 694
사사망념(私思妄念) 695
사사망념(邪思妄念) 695
사사무성(事事無成) 695
사사물물(事事物物) 695
사사불성(事事不成) 695
사사애척(死事哀戚) 695
사사언청(事事言聽) 695
사사여의(事事如意) 695
사사여친(事師如親) 695
사산분리(四散分離) 695
사산분주(四散奔走) 696
사산분찬(四散分竄) 696
사상누각(砂上樓閣) 696
사상마련(事上磨鍊) 696
사상매매(私相賣買) 696
사상불온(思想不穩) 696
사상의학(四象醫學) 696
사상제자(泗上弟子) 696
사상지도(事上之道) 696
사색불변(辭色不變) 696
사색지국(四塞之國) 696
사색지지(四塞之地) 697
사생가판(死生可判) 697
사생결단(死生決斷) 697
사생계활(死生契闊) 697
사생관두(死生關頭) 697
사생동거(死生同居) 697
사생동고(死生同苦) 697
사생유명(死生有命) 697
사생존망(死生存亡) 697
사생존몰(死生存沒) 698
사생출몰(死生出沒) 698
사생취의(捨生取義) 698
사서삼경(四書三經) 698
사서오경(四書五經) 698
사서증서(私署證書) 698
사석위호(射石爲虎) 698
사석지지(沙石之地) 698
사설사설(辭說辭說) 698
사세고연(事勢固然) 698
사세난처(事勢難處) 698
사세당연(事勢當然) 699
사세부득(事勢不得) 699

사소지사(些少之事) 699
사소취대(捨小取大) 699
사속지망(嗣續之望) 699
사수불패(死守不敗) 699
사수역류(使水逆流) 699
사술소계(詐術小計) 699
사승습장(死僧習杖) 699
사시가절(四時佳節) 699
사시이비(似是而非) 699
사시장청(四時長青) 700
사시장춘(四時長春) 700
사시지서(四時之序) 700
사시춘풍(四時春風) 700
사시풍류(四時風流) 700
사신곡복(絲身穀腹) 700
사신공양(捨身供養) 700
사신상응(四神相應) 700
사신성도(捨身成道) 700
사신왕생(捨身往生) 700
사신인수(蛇身人首) 701
사실무근(事實無根) 701
사심불구(蛇心佛口) 701
사심자시(師心自是) 701
사심탑지(死心塌地) 701
사십불혹(四十不惑) 701
사십초말(四十初襪) 701
사아불언(似啞不言) 701
사양장랑(使羊將狼) 701
사양지심(辭讓之心) 702
사어안락(死於安樂) 702
사어지천(射魚指天) 702
사엄도존(師嚴道尊) 702
사여불우(使予不遇) 702
사역구난(事易求難) 702
사영배궁(蛇影杯弓) 702
사욕속후(死欲速朽) 702
사욕편정(邪慾偏情) 702
사우춘반(四隅春盤) 703
사운지시(四韻之詩) 703
사위무실(詐僞無實) 703
사위주호(死爲酒壺) 703
사유삼장(史有三長) 703
사유여고(死有餘辜) 703
사유쟁우(士有爭友) 703
사유종시(事有終始) 703
사은발원(絲恩髮怨) 703
사은숙배(謝恩肅拜) 703
사이가명(死而可瞑) 704
사이무감(死而無憾) 704
사이무회(死而無悔) 704
사이밀성(事以密成) 704
사이불망(死而不亡) 704
사이불후(死而不朽) 704
사이비자(似而非者) 704
사이지차(事已至此) 704
사이후이(死而後已) 705
사이휴이(死而休已) 705
사인대참(使人大慚) 705
사인도용(私印盜用) 705
사인사질(斯人斯疾) 705
사인여천(事人如天) 705
사인위조(私印僞造) 705
사일성복(四日成服) 705
사자분신(獅子奮迅) 705
사자상승(師資相承) 706
사자성어(四字成語) 706
사자숙어(四字熟語) 706
사적멸궁(四寂滅宮) 706
사전지국(四戰之國) 706
사정사정(事情事情) 706
사제사초(事齊事楚) 706
사제삼세(師弟三世) 706
사제지간(師弟之間) 706
사조단자(四祖單子) 706
사존거비(辭尊居卑) 707
사죄지은(赦罪之恩) 707
사주단자(四柱單子) 707
사주팔자(四柱八字) 707
사죽관현(絲竹管絃) 707
사중구생(死中求生) 707
사중구활(死中求活) 707
사중우어(沙中偶語) 707
사즉기결(思則氣結) 707
사즉동혈(死則同穴) 708
사즉득지(思則得之) 708
사즉실지(舍則失之) 708
사지곡직(事之曲直) 708

산림기덕(山林耆德) 717
산림문하(山林門下) 717
산림지사(山林之士) 718
산림처사(山林處士) 718
산림천택(山林川澤) 718
산망막심(酸妄莫甚) 718
산명곡응(山鳴谷應) 718
산명수려(山明水麗) 718
산명수자(山明水紫) 718
산명수청(山明水淸) 718
산명진동(山鳴震動) 718
산무유책(算無遺策) 718
산불가내(酸不可耐) 718
산불순치(山不馴雉) 718
산불염고(山不厭高) 719
산상보훈(山上寶訓) 719
산상설교(山上說敎) 719
산상수훈(山上垂訓) 719
산상유수(山上有水) 719
산수경석(山水景石) 719
산야지사(山野之士) 719
산외말사(山外末寺) 719
산용수상(山容水相) 719
산용수태(山容水態) 719
산음승흥(山陰乘興) 720
산인오조(山人五條) 720
산자수명(山紫水明) 720
산재각처(散在各處) 720
산저귀저(山底貴杵) 720
산저수애(山砠水厓) 720
산저저귀(山底杵貴) 720
산전수전(山戰水戰) 720
산정무한(山情無限) 721
산정일장(山靜日長) 721
산준수급(山峻水急) 721
산중개야(山中開野) 721
산중귀물(山中貴物) 721
산중재상(山中宰相) 721
산중호걸(山中豪傑) 721
산지사방(散之四方) 721
산지사처(散之四處) 721
산진수궁(山盡水窮) 721
산진해미(山珍海味) 721
산진해착(山珍海錯) 721
산천경개(山川景槪) 721
산천기도(山川祈禱) 722
산천만리(山川萬里) 722
산천의구(山川依舊) 722
산천초목(山川草木) 722
산촌수곽(山村水廓) 722
산하금대(山河衿帶) 722
산하대지(山河大地) 722
산해진미(山海珍味) 722
산호만세(山呼萬歲) 722
산호혼식(珊瑚婚式) 722
산효야채(山肴野菜) 722
산후발한(産後發寒) 723
살기담성(殺氣膽盛) 723
살기등등(殺氣騰騰) 723
살기충천(殺氣衝天) 723
살벌지성(殺伐之聲) 723
살부지수(殺父之讎) 723
살생금단(殺生禁斷) 723
살생유택(殺生有擇) 723
살생지병(殺生之柄) 723
살신보국(殺身報國) 723
살신성인(殺身成仁) 724
살육지변(殺戮之變) 724
살육지폐(殺戮之弊) 724
살인강도(殺人强盜) 724
살인미수(殺人未遂) 724
살인자사(殺人者死) 724
살지무석(殺之無惜) 724
살처구장(殺妻求將) 724
살활지권(殺活之權) 724
삼각관계(三角關係) 724
삼각동맹(三角同盟) 725
삼간두옥(三間斗屋) 725
삼간초가(三間草家) 725
삼간초옥(三間草屋) 725
삼강오륜(三綱五倫) 725
삼강오상(三綱五常) 725
삼계유심(三界唯心) 725
삼계일심(三界一心) 725
삼계제천(三界諸天) 726
삼계팔고(三界八苦) 726
삼계화택(三界火宅) 726

삼일행공(三日行公) 738
삼자정립(三者鼎立) 738
삼재팔난(三災八難) 738
삼전삼배(三戰三北) 738
삼전삼주(三戰三走) 738
삼조대면(三造對面) 738
삼조대질(三造對質) 738
삼조연하(三條椽下) 738
삼족정립(三足鼎立) 738
삼존내영(三尊來迎) 739
삼종기도(三鐘祈禱) 739
삼종세간(三種世間) 739
삼종의탁(三從依託) 739
삼종지덕(三從之德) 739
삼종지도(三從之道) 739
삼종지례(三從之禮) 739
삼종지법(三從之法) 739
삼종지의(三從之義) 739
삼종지탁(三從之託) 739
삼지무려(三紙無驢) 739
삼지지례(三枝之禮) 740
삼징칠벽(三徵七辟) 740
삼척동자(三尺童子) 740
삼척안두(三尺案頭) 740
삼척추수(三尺秋水) 740
삼척해제(三尺孩提) 740
삼천갑자(三千甲子) 740
삼천기도(三天祈禱) 740
삼천세계(三千世界) 740
삼천지교(三遷之敎) 741
삼청냉돌(三廳冷突) 741
삼초이목(三草二木) 741
삼촌불률(三寸不律) 741
삼촌지설(三寸之舌) 741
삼촌지할(三寸之轄) 741
삼추지사(三秋之思) 741
삼춘가절(三春佳節) 741
삼춘삼월(三春三月) 742
삼춘지절(三春之節) 742
삼춘지휘(三春之暉) 742
삼취정계(三聚淨戒) 742
삼치형문(三治刑問) 742
삼태육경(三台六卿) 742
삼토삼악(三吐三握) 742
삼판양승(三板兩勝) 742
삼평개흉(三平開胸) 742
삼풍십건(三風十愆) 743
삼한갑족(三韓甲族) 743
삼한사온(三寒四溫) 743
삼혁오인(三革五刃) 743
삼현육각(三絃六角) 743
삼호망진(三戶亡秦) 743
삼혼칠백(三魂七魄) 743
삼환사실(三患四失) 743
삼흔삼욕(三釁三浴) 744
상가지구(喪家之狗) 744
상간복상(桑間濮上) 744
상감불원(商鑑不遠) 744
상거구원(相去久遠) 744
상거초간(相距稍間) 744
상경백유(相驚伯有) 744
상경여빈(相敬如賓) 744
상고하포(上告下布) 745
상구작질(爽口作疾) 745
상궁지우(傷弓之羽) 745
상궁지조(傷弓之鳥) 745
상기석의(賞奇析疑) 745
상기제변(相機制變) 745
상기처변(相機處變) 745
상기천거(尙技賤車) 745
상기황추(霜氣黃秋) 745
상남담북(湘南潭北) 746
상대여빈(相對如賓) 746
상대존대(相對尊待) 746
상덕부덕(上德不德) 746
상동구이(尙同求異) 746
상두복색(喪頭服色) 746
상두주무(桑杜綢繆) 746
상락아정(常樂我淨) 746
상련지정(相憐之情) 747
상로지비(霜露之悲) 747
상로지사(霜露之思) 747
상로지질(霜露之疾) 747
상루담제(上樓擔梯) 747
상루하습(上漏下濕) 747
상률천시(上律天時) 747
상리공생(相利共生) 747

상투상쟁(相鬪相爭) 757
상투수단(常套手段) 757
상풍고절(霜風高節) 757
상풍패속(傷風敗俗) 757
상하공명(上下空明) 757
상하구부(上下俱富) 757
상하기수(上下其手) 757
상하노소(上下老少) 757
상하불급(上下不及) 757
상하상몽(上下相蒙) 758
상하순설(上下脣舌) 758
상하일치(上下一致) 758
상하적응(上下敵應) 758
상하지분(上下之分) 758
상하천광(上下天光) 758
상하탱석(上下撑石) 758
상하화목(上下和睦) 758
상하화순(上下和順) 758
상행하교(上行下敎) 758
상행하효(上行下效) 758
상형문자(象形文字) 759
상호보완(相互補完) 759
상호봉시(桑弧蓬矢) 759
상호부조(相互扶助) 759
상호옹유(桑戶甕牖) 759
상혼낙담(傷魂落膽) 759
상화조어(賞花釣魚) 759
상화하택(上火下澤) 759
상황판단(狀況判斷) 759
상후하박(上厚下薄) 760
새신만명(賽神萬明) 760
새옹득실(塞翁得失) 760
새옹지마(塞翁之馬) 760
새옹화복(塞翁禍福) 760
색거한처(索居閑處) 760
색공병존(色空倂存) 760
색려내임(色厲內荏) 761
색불미인(色不迷人) 761
색불이공(色不異空) 761
색쇠애이(色衰愛弛) 761
색은행괴(索隱行怪) 761
색즉시공(色卽是空) 761
색지난추(咋指難追) 761
생거진천(生居鎭川) 761
생경동음(笙磬同音) 762
생경지폐(生梗之弊) 762
생계무책(生計無策) 762
생고기후(生枯起朽) 762
생구불망(生口不網) 762
생기발랄(生氣潑剌) 762
생기복덕(生氣福德) 762
생기사귀(生寄死歸) 762
생남기도(生男祈禱) 762
생남지경(生男之慶) 763
생도지방(生道之方) 763
생득관념(生得觀念) 763
생랭지물(生冷之物) 763
생로병사(生老病死) 763
생리사별(生離死別) 763
생면강산(生面江山) 763
생면대책(生面大責) 763
생면부지(生面不知) 763
생멸멸이(生滅滅已) 763
생몰변천(生沒變遷) 763
생무살인(生巫殺人) 763
생불불이(生佛不二) 764
생불여사(生不如死) 764
생불일여(生佛一如) 764
생사가판(生死可判) 764
생사고락(生死苦樂) 764
생사관두(生死關頭) 764
생사대해(生死大海) 764
생사사생(生事事生) 764
생사사생(省事事省) 764
생사애경(生事愛敬) 764
생사여탈(生死與奪) 765
생사요법(省事要法) 765
생사유명(生死有命) 765
생사유전(生死流轉) 765
생사육골(生死肉骨) 765
생사입판(生死立判) 765
생사존망(生死存亡) 765
생사존몰(生死存沒) 765
생살여탈(生殺與奪) 765
생살지권(生殺之權) 765
생삼사일(生三事一) 765
생삼사칠(生三死七) 766

석불가난(席不暇暖) 776
석상휘호(席上揮毫) 776
석안유심(釋眼儒心) 776
석원이평(釋怨而平) 776
석인석마(石人石馬) 776
석인석수(石人石獸) 776
석장포복(石墻飽腹) 776
석전경우(石田耕牛) 776
석전대제(釋奠大祭) 777
석전제악(釋奠祭樂) 777
석체소옹(釋滯消壅) 777
석축산성(石築山城) 777
석파천경(石破天驚) 777
석학홍유(碩學鴻儒) 777
석화광음(石火光陰) 777
석화광중(石火光中) 777
석회증미(釋回增美) 777
석획지신(石畫之臣) 778
선가외랑(先假外廊) 778
선거노마(鮮車怒馬) 778
선건전곤(旋乾轉坤) 778
선견지명(先見之明) 778
선견지인(先見之人) 778
선결문제(先決問題) 778
선경후사(先景後事) 778
선계선술(先繼先述) 778
선계후압(先鷄後鴨) 778
선곤후태(先困後泰) 779
선공가석(先功可惜) 779
선공무덕(善供無德) 779
선공후사(先公後私) 779
선교방편(善巧方便) 779
선군지원(先君之怨) 779
선군후친(先君後親) 779
선기원포(先期遠布) 779
선기자추(善騎者墜) 780
선기후인(先己後人) 780
선나후주(先拿後奏) 780
선난후이(先難後易) 780
선남선녀(善男善女) 780
선념기한(先念飢寒) 780
선담후농(先淡後濃) 780
선례후학(先禮後學) 780
선로명주(仙露明珠) 780
선린외교(善隣外交) 781
선린정책(善隣政策) 781
선망후실(先忘後失) 781
선명실자(先名實者) 781
선무공작(宣撫工作) 781
선무상주(善無常主) 781
선민의식(選民意識) 781
선반자락(先攀者落) 781
선발제인(先發制人) 781
선병자의(先病者醫) 782
선봉대장(先鋒大將) 782
선부후빈(先富後貧) 782
선빈후부(先貧後富) 782
선사상관(善事上官) 782
선사수탐(善事須貪) 782
선사여사(先事慮事) 782
선선오악(善善惡惡) 782
선성선사(先聖先師) 783
선성탈인(先聲奪人) 783
선성후실(先聲後實) 783
선수자량(先須自量) 783
선수자익(善泅者溺) 783
선시선종(善始善終) 783
선시어외(先始於隗) 783
선실기도(先失其道) 784
선심후물(先心後物) 784
선악무기(善惡無記) 784
선악불이(善惡不二) 784
선악사정(善惡邪正) 784
선악상반(善惡相半) 784
선악수연(善惡隨緣) 784
선악지보(善惡之報) 784
선양방벌(禪讓放伐) 784
선어무망(羨魚無網) 784
선여인교(善與人交) 785
선여인동(善與仁同) 785
선오기구(先汚其口) 785
선왕유제(先王遺制) 785
선외가작(選外佳作) 785
선우후락(先憂後樂) 785
선위설사(善爲說辭) 785
선유자익(善游者溺) 785
선유존자(鮮有存者) 785

성관홍포(星冠紅袍) 794
성군작당(成群作黨) 795
성기상통(聲氣相通) 795
성기전극(星旗電戟) 795
성덕군자(成德君子) 795
성동격서(聲東擊西) 795
성동양진(聲動梁塵) 795
성라기도(星羅奇島) 795
성라기포(星羅碁布) 795
성라수열(星羅宿列) 795
성령출세(性靈出世) 795
성루구하(聲淚俱下) 796
성류전매(星流電邁) 796
성리우산(星離雨散) 796
성망적공(成望積功) 796
성명낭자(聲名狼藉) 796
성모성월(聖母聖月) 796
성문과정(聲聞過情) 796
성문신무(聖文神武) 796
성복우황(城復于隍) 796
성불성간(成不成間) 797
성비세려(誠非細慮) 797
성사불설(成事不說) 797
성사원방(省事遠謗) 797
성사재천(成事在天) 797
성상근야(性相近也) 797
성색구려(聲色俱厲) 797
성선성악(性善性惡) 797
성소구실(省疎具悉) 798
성속관풍(省俗觀風) 798
성쇠지리(盛衰之理) 798
성수만세(聖壽萬歲) 798
성수무강(聖壽無疆) 798
성수불루(盛水不漏) 798
성시의외(誠是意外) 798
성신강림(聖神降臨) 798
성신문무(聖神文武) 798
성신칠은(聖神七恩) 798
성심성월(聖心聖月) 799
성심성의(誠心誠意) 799
성심소도(誠心所到) 799
성심소치(誠心所致) 799
성오독숙(城烏獨宿) 799
성왕부작(聖王不作) 799
성우숭배(聖牛崇拜) 799
성유단수(性猶湍水) 799
성윤성공(成允成功) 799
성인군자(聖人君子) 799
성인무명(聖人無名) 800
성인성능(聖人成能) 800
성인지미(成人之美) 800
성인지세(聖人之世) 800
성인지정(聖人之政) 800
성일아일(星一我一) 800
성자거야(成者去也) 800
성자신손(聖子神孫) 800
성자자성(誠者自成) 801
성자필쇠(盛者必衰) 801
성정정일(性靜情逸) 801
성제명왕(聖帝明王) 801
성죽재흉(成竹在胸) 801
성중형외(誠中形外) 801
성지임자(聖之任者) 801
성천포락(成川浦落) 801
성하목욕(聖河沐浴) 802
성하불호(城下不呼) 802
성하염열(盛夏炎熱) 802
성하지맹(城下之盟) 802
성하지열(盛夏之熱) 802
성행야귀(星行夜歸) 802
성행전정(星行電征) 802
성호사서(城狐社鼠) 802
성화독촉(星火督促) 802
성화요원(星火燎原) 803
성화지분(城化之分) 803
성황성공(誠惶誠恐) 803
세가소탈(勢家所奪) 803
세강말속(世降末俗) 803
세거지지(世居之地) 803
세계고금(世界古今) 803
세계기시(世界起始) 803
세계휴일(世界休日) 803
세고취화(勢孤取和) 803
세구구흔(洗垢求痕) 803
세구멱반(洗垢覓瘢) 804
세구색반(洗垢索瘢) 804
세구색흔(洗垢索痕) 804

세구연심(歲久年深) 804
세궁역진(勢窮力盡) 804
세균역적(勢均力適) 804
세단의다(世短意多) 804
세단의장(世短意長) 804
세답족백(洗踏足白) 804
세도인심(世道人心) 804
세도재상(勢道宰相) 804
세도정치(勢道政治) 804
세록지신(世祿之臣) 805
세리지교(勢利之交) 805
세무십년(勢無十年) 805
세무정미(世無正味) 805
세미지사(細微之事) 805
세반색흔(洗瘢索痕) 805
세부득이(勢不得已) 805
세불십년(勢不十年) 805
세불양립(勢不兩立) 805
세사난측(世事難測) 805
세사상반(世事相反) 805
세상만사(世上萬事) 806
세상인심(世上人心) 806
세서성문(細書成文) 806
세서성자(細書成字) 806
세서천역(歲序遷易) 806
세설신어(世說新語) 806
세세사정(細細事情) 806
세세상전(世世相傳) 806
세세생생(世世生生) 806
세세손손(世世孫孫) 807
세세연년(歲歲年年) 807
세세전승(世世傳承) 807
세소고연(勢所固然) 807
세속오계(世俗五戒) 807
세속잡사(世俗雜事) 807
세속지락(世俗之樂) 807
세속지폐(世俗之弊) 807
세수의대(洗手衣襨) 807
세숙공신(稅熟貢新) 807
세습영지(世襲領地) 807
세시복랍(歲時伏臘) 808
세시의례(歲時儀禮) 808
세시풍속(歲時風俗) 808
세심방환(洗心防患) 808
세여파죽(勢如破竹) 808
세우사풍(細雨斜風) 808
세월여류(歲月如流) 808
세이공청(洗耳恭聽) 808
세일칠지(歲一漆之) 808
세자우사(世子右師) 809
세자좌사(世子左師) 809
세장지지(世葬之地) 809
세전노비(世傳奴婢) 809
세전지물(世傳之物) 809
세전지보(世傳之寶) 809
세제기미(世濟其美) 809
세제지구(歲製之具) 809
세제충의(世濟忠義) 809
세지보살(勢至菩薩) 809
세태염량(世態炎涼) 809
세태인정(世態人情) 810
세풍사우(細風斜雨) 810
세한삼우(歲寒三友) 810
세한송백(歲寒松柏) 810
세한지조(歲寒之操) 810
소각지혐(銷刻之嫌) 810
소객택인(召客擇人) 810
소거백마(素車白馬) 810
소견다괴(小見多怪) 811
소견세월(消遣歲月) 811
소국과민(小國寡民) 811
소굴대신(小屈大伸) 811
소규조수(蕭規曹隨) 811
소극침주(小隙沈舟) 811
소년이로(少年易老) 812
소단녹담(素湍淥潭) 812
소당다과(少糖多果) 812
소동대동(小東大東) 812
소리대손(小利大損) 812
소리장도(笑裏藏刀) 812
소림일지(巢林一枝) 812
소림황엽(疎林黃葉) 812
소마세월(消磨歲月) 812
소만왕림(掃萬枉臨) 813
소매평생(素昧平生) 813
소미지급(燒眉之急) 813
소복단장(素服丹粧) 813

소복담장(素服淡粧) 813
소봉관수(銷鋒灌燧) 813
소부애영(蕭敷艾榮) 813
소부유근(小富由勤) 813
소분다소(少憤多笑) 813
소불간친(疏不間親) 813
소불개의(少不介意) 813
소불개회(少不介懷) 814
소불동념(小不動念) 814
소불여의(小不如意) 814
소불지신(笑不至矧) 814
소비하청(笑比河淸) 814
소사과욕(少私寡慾) 814
소사성대(小事成大) 814
소상팔경(瀟湘八景) 814
소생의기(小生意氣) 814
소소곡절(小小曲折) 815
소소명명(昭昭明明) 815
소소반반(昭昭斑斑) 815
소소응감(昭昭應感) 815
소수지어(小水之魚) 815
소순지기(蔬筍之氣) 815
소승불교(小乘佛敎) 815
소시요료(小時了了) 815
소시지과(少時之過) 815
소식감식(小食甘食) 816
소식다교(小食多嚙) 816
소식만허(消息滿虛) 816
소식영허(消息盈虛) 816
소신공양(燒身供養) 816
소심근신(小心謹愼) 816
소심방담(小心放膽) 816
소심익익(小心翼翼) 816
소아변일(小兒辯日) 816
소아첩구(小兒捷口) 817
소안타호(笑顔唾乎) 817
소양지간(霄壤之間) 817
소양지차(霄壤之差) 817
소양지판(霄壤之判) 817
소염다초(少鹽多酢) 817
소왕대래(小往大來) 817
소요산회(逍遙散懷) 817
소요음영(逍遙吟詠) 817
소욕다시(少欲多施) 817
소우다면(少憂多眠) 817
소원성취(所願成就) 818
소육다채(少肉多菜) 818
소은행괴(素隱行怪) 818
소의간식(宵衣旰食) 818
소의다욕(少衣多浴) 818
소이대동(小異大同) 818
소이부답(笑而不答) 818
소이불루(疎而不漏) 818
소인난거(小人難去) 818
소인묵객(騷人墨客) 818
소인물용(小人勿用) 819
소인용장(小人用壯) 819
소인인소(笑人人笑) 819
소인지용(小人之勇) 819
소인하달(小人下達) 819
소인한거(小人閑居) 819
소인혁면(小人革面) 819
소일지탄(小一之嘆) 820
소자난측(笑者難測) 820
소작관행(小作慣行) 820
소장지란(蕭牆之亂) 820
소장지변(蕭牆之變) 820
소장지수(消長之數) 820
소장지우(蕭牆之憂) 820
소장지환(蕭牆之患) 820
소제양난(笑啼兩難) 820
소주마자(蘇州碼字) 820
소주밀식(小株密植) 820
소중유검(笑中有劍) 821
소중유도(笑中有刀) 821
소지무여(掃地無餘) 821
소지유모(小智惟謀) 821
소지천만(笑之千萬) 821
소진장의(蘇秦張儀) 821
소징대계(小懲大誡) 821
소취만보(少取漫步) 821
소탐대실(小貪大失) 821
소택초지(沼澤草地) 821
소파은도(素波銀濤) 822
소풍농월(嘯風弄月) 822
소하회유(溯河回遊) 822
소학언해(小學諺解) 822

수다식구(數多食口) 832
수다식솔(數多食率) 832
수단설법(數段說法) 832
수도거성(水到渠成) 832
수도동귀(殊途同歸) 832
수도선부(水到船浮) 832
수도어행(水到魚行) 832
수두상기(垂頭喪氣) 832
수두색이(垂頭塞耳) 833
수두실기(垂頭失氣) 833
수득수실(誰得誰失) 833
수락석출(水落石出) 833
수렴지정(垂簾之政) 833
수렴청정(垂簾聽政) 833
수령칠사(守令七事) 833
수로만리(水路萬里) 833
수류석류(水流石留) 833
수류운공(水流雲空) 834
수륙만리(水陸萬里) 834
수륙병용(水陸倂用) 834
수륙병진(水陸竝進) 834
수륙양서(水陸兩棲) 834
수륙양용(水陸兩用) 834
수륙진미(水陸珍味) 834
수망각란(手忙脚亂) 834
수망상조(守望相助) 834
수면앙배(睟面盎背) 834
수명어천(受命於天) 834
수명우천(受命于天) 835
수명장수(壽命長壽) 835
수명향수(受命享壽) 835
수모수모(誰某誰某) 835
수목참천(樹木參天) 835
수무상형(水無常形) 835
수무족도(手舞足蹈) 835
수무푼전(手無分錢) 835
수묵산수(水墨山水) 835
수문수답(隨問隨答) 835
수물고성(須勿高聲) 835
수물방소(須勿放笑) 836
수물잡희(手勿雜戲) 836
수미구지(首尾俱至) 836
수미상구(首尾相救) 836
수미상위(首尾相衛) 836
수미상응(首尾相應) 836
수미상접(首尾相接) 836
수미완비(首尾完備) 836
수미이취(數米而炊) 836
수미제장(愁眉啼妝) 837
수발황락(鬚髮黃落) 837
수방취원(隨方就圓) 837
수배한배(受背寒拜) 837
수복강녕(壽福康寧) 837
수분안거(守分安居) 837
수분정제(守分整齊) 837
수분즉길(守分則吉) 837
수불석권(手不釋卷) 837
수불석병(手不釋兵) 837
수불위취(嫂不爲炊) 838
수비남산(壽比南山) 838
수사두호(隨事斗護) 838
수사분투(殊死奮鬪) 838
수사심복(輸寫心腹) 838
수사연좌(收司連坐) 838
수사이사(受賜而死) 838
수사정학(洙泗正學) 838
수사지주(隨絲蜘蛛) 838
수사차록(隨思箚錄) 838
수삽석남(首揷石枏) 839
수상수하(手上手下) 839
수상지인(殊常之人) 839
수상행식(受想行識) 839
수색만면(愁色滿面) 839
수서낭고(首鼠狼顧) 839
수서양단(首鼠兩端) 839
수서주장(首鼠周章) 839
수석침류(漱石枕流) 840
수선지지(首善之地) 840
수설불통(水泄不通) 840
수성부화(隨聲附和) 840
수성지업(垂成之業) 840
수성지주(守成之主) 840
수세지재(需世之才) 840
수소유초(雖小唯椒) 840
수송산영(水送山迎) 840
수수방관(袖手傍觀) 841
수수상면(囚首喪面) 841

수순중생(隨順衆生) 841
수습인심(收拾人心) 841
수습행장(收拾行裝) 841
수시반청(收視反聽) 841
수시변통(隨時變通) 841
수시순응(隨時順應) 841
수시응변(隨時應變) 841
수시처변(隨時處變) 841
수식변폭(修飾邊幅) 841
수신제가(修身齊家) 842
수심운영(水心雲影) 842
수심정기(守心正氣) 842
수심화열(水深火熱) 842
수야모야(誰也某也) 842
수약선상(水若善上) 842
수약시박(守約施博) 842
수양부모(收養父母) 843
수어지교(水魚之交) 843
수어지친(水魚之親) 843
수어혼수(數魚混水) 843
수여쾌오(羞與噲伍) 843
수연만장(垂涎萬丈) 843
수연부감(隨緣赴感) 843
수오지심(羞惡之心) 844
수오탄비(羞惡歎悲) 844
수왈불가(誰曰不可) 844
수왕지절(水旺之節) 844
수요장단(壽夭長短) 844
수용산출(水湧山出) 844
수용석출(水湧石出) 844
수용필공(手容必恭) 844
수우강남(隨友江南) 845
수원막결(讐怨莫結) 845
수원수구(誰怨誰咎) 845
수원숙우(誰怨孰尤) 845
수원천하(手援天下) 845
수유만사(雖有萬死) 845
수유불리(須臾不離) 845
수의야행(繡衣夜行) 845
수이부실(秀而不實) 845
수잡지수(數雜之壽) 846
수적석천(水滴石穿) 846
수적성천(水積成川) 846
수적천석(水滴穿石) 846
수적촌루(銖積寸累) 846
수절사의(守節死義) 846
수절원사(守節寃死) 846
수정장점(隨定粧點) 846
수정죽암(藪井竹庵) 847
수정혼식(水晶婚式) 847
수제조적(獸蹄鳥跡) 847
수조변예(隨鑿變枘) 847
수족이처(手足異處) 847
수족지애(手足之愛) 847
수족지정(手足之情) 847
수종불분(首從不分) 847
수죄구발(數罪俱發) 848
수주대토(守株待兎) 848
수주탄작(隋珠彈雀) 848
수주화벽(隋珠和璧) 848
수중고혼(水中孤魂) 848
수중유행(睡中遊行) 848
수중지월(水中之月) 848
수중축대(隨衆逐隊) 848
수즉다욕(壽則多辱) 848
수지부모(受之父母) 849
수지삽목(酥地揷木) 849
수지이겸(守之以謙) 849
수지이양(守之以讓) 849
수지이우(守之以愚) 849
수지재기(守之在氣) 849
수지타산(收支打算) 849
수지풍성(樹之風聲) 850
수진남천(水盡南天) 850
수진지만(守眞志滿) 850
수차매목(手遮妹目) 850
수처위주(隨處爲主) 850
수처작주(隨處作主) 850
수천방불(水天彷佛) 850
수천방불(水天髣髴) 850
수천일벽(水天一碧) 850
수천일색(水天一色) 850
수청무어(水淸無魚) 850
수총약경(受寵若驚) 851
수타진보(數他珍寶) 851
수토불복(水土不服) 851
수파수랑(隨波逐浪) 851

습잠악촉(拾蠶握蠋) 861
습정투한(習靜偸閑) 861
승거목단(繩鋸木斷) 862
승견책비(乘堅策肥) 862
승기자염(勝己者厭) 862
승기저극(乘機抵隙) 862
승당입실(升堂入室) 862
승두미리(蠅頭微利) 862
승두지리(升斗之利) 862
승룡강룡(升龍降龍) 862
승마지수(乘馬之數) 862
승망풍지(乘望風旨) 863
승불요곡(繩不撓曲) 863
승상기하(承上起下) 863
승상접하(承上接下) 863
승선입시(乘船入市) 863
승승장구(乘勝長驅) 863
승시진퇴(乘時進退) 863
승안접사(承顔接辭) 863
승야도주(乘夜逃走) 863
승야월장(乘夜越牆) 863
승영구구(蠅營狗苟) 864
승영시식(蠅營豕息) 864
승위섭험(乘危涉險) 864
승인취주(僧人醉酒) 864
승재호무(僧齋胡舞) 864
승제지리(乘除之理) 864
승천입지(昇天入地) 864
승천현추(升天懸椎) 864
승평세계(昇平世界) 864
승평일구(昇平日久) 865
승풍선영(乘風先影) 865
승풍파랑(乘風破浪) 865
승헌지학(乘軒之鶴) 865
승흥이래(乘興而來) 865
시가불이(市賈不貳) 865
시가위야(是可爲也) 865
시각대변(時刻待變) 865
시공시찰(緦功是察) 865
시공좌표(時空座標) 866
시공지찰(緦功之察) 866
시공차원(時空次元) 866
시공형성(時空形成) 866
시교수축(豕交獸畜) 866
시근종태(始勤終怠) 866
시급지사(時急之事) 866
시기상조(時機尙早) 866
시내일신(時乃日新) 866
시대감각(時代感覺) 867
시대사조(時代思潮) 867
시대정신(時代精神) 867
시대착오(時代錯誤) 867
시대폐색(時代閉塞) 867
시덕자창(恃德者昌) 867
시도지교(市道之交) 867
시랑당도(豺狼當道) 867
시랑당로(豺狼當路) 867
시랑횡도(豺狼橫道) 867
시래운도(時來運到) 867
시례고가(詩禮故家) 868
시례지훈(詩禮之訓) 868
시문서화(詩文書畵) 868
시미여저(視微如著) 868
시민여상(視民如傷) 868
시민여자(視民如子) 868
시민유지(示民有知) 868
시벌노마(施罰勞馬) 868
시봉체후(侍奉體候) 868
시봉추승(侍奉趨承) 869
시부시자(是父是子) 869
시부재래(時不再來) 869
시불가실(時不可失) 869
시비곡직(是非曲直) 869
시비선악(是非善惡) 869
시비이해(是非利害) 869
시비재중(是非在中) 869
시비지단(是非之端) 869
시비지심(是非之心) 870
시비총중(是非叢中) 870
시사약귀(視死若歸) 870
시사여귀(視死如歸) 870
시사여생(視死如生) 870
시산혈해(屍山血海) 870
시생여사(視生如死) 870
시석지간(矢石之間) 870
시소여대(視小如大) 870
시시각각(時時刻刻) 871

시시비비(是是非非) 871
시시종종(時時種種) 871
시아비아(是我非我) 871
시야비야(是也非也) 871
시약불견(視若不見) 871
시약심상(視若尋常) 871
시약유인(示弱誘引) 871
시약초월(視若楚越) 871
시어다골(鰣魚多骨) 871
시어사체(施於四體) 872
시연후언(時然後言) 872
시오지심(猜惡之心) 872
시옹지정(時雍之政) 872
시우지화(時雨之化) 872
시운불행(時運不幸) 872
시위소찬(尸位素餐) 872
시유별재(詩有別才) 872
시유불사(詩有不四) 872
시유사리(詩有四離) 873
시유사심(詩有四深) 873
시유삼건(侍有三愆) 873
시이불견(視而不見) 873
시이불공(恃而不恐) 873
시이불시(視而不視) 874
시이사변(時異事變) 874
시이사왕(時移事往) 874
시일갈상(時日害喪) 874
시일불현(視日不眩) 874
시작용자(始作俑者) 874
시재시재(時哉時哉) 874
시정무뢰(市井無賴) 874
시정잡배(市井雜輩) 874
시정지도(市井之徒) 875
시정지신(市井之臣) 875
시정지인(市井之人) 875
시제문자(始制文字) 875
시종불투(始終不渝) 875
시종여일(始終如一) 875
시종유이(始終有異) 875
시종일관(始終一貫) 875
시좌재립(尸坐齋立) 875
시주걸립(施主乞粒) 876
시주여장(視酒如醬) 876
시주징축(詩酒徵逐) 876
시주학민(弑主虐民) 876
시중유화(詩中有畵) 876
시지인길(尸至人吉) 876
시진회멸(澌盡灰滅) 876
시찬고양(詩讚羔羊) 876
시첨무회(視瞻無回) 877
시청지구(視聽之區) 877
시치유응(視鴟猶鷹) 877
시필사명(視必思明) 877
시행착오(施行錯誤) 877
시호삼전(市虎三傳) 877
시호시호(時乎時乎) 877
시화세풍(時和歲豊) 877
시화연풍(時和年豊) 877
식객삼천(食客三千) 878
식단유성(食簞有聲) 878
식리정치(食梨淨齒) 878
식마논도(息馬論道) 878
식무구포(食無求飽) 878
식물만상(植物萬相) 878
식불감미(食不甘味) 878
식불이미(食不二味) 878
식불중육(食不重肉) 878
식산흥업(殖産興業) 879
식색성야(食色性也) 879
식소사번(食少事煩) 879
식속이이(食粟而已) 879
식송망정(植松望亭) 879
식양재피(息壤在彼) 879
식언이비(食言而肥) 879
식옥신계(食玉薪桂) 880
식옥취계(食玉炊桂) 880
식우지기(食牛之氣) 880
식위민천(食爲民天) 880
식유민천(食惟民天) 880
식유양량(食猶量量) 880
식음전폐(食飮全廢) 880
식이위천(食以爲天) 880
식자민천(食者民天) 881
식자순군(食子狥君) 881
식자우환(識者憂患) 881
식재연명(息災延命) 881
식재지도(殖財之道) 881

식전방장(食前方丈) 881
식즉동상(食則同牀) 881
식즉동안(食則同案) 881
식지불감(食旨不甘) 881
식지이시(食之以時) 882
식진관명(植眞觀命) 882
식치식란(食雉食卵) 882
식한지원(識韓之願) 882
신겸노복(身兼奴僕) 882
신겸처자(身兼妻子) 882
신공귀부(神工鬼斧) 882
신교위면(神交違面) 883
신구개하(信口開河) 883
신구교대(新舊交代) 883
신구상계(新舊相繼) 883
신급돈어(信及豚魚) 883
신기누설(神機漏泄) 883
신기묘산(神機妙算) 883
신기위괴(新奇爲怪) 883
신기탁이(神奇卓異) 884
신농우하(神農虞夏) 884
신래침학(新來侵虐) 884
신량등화(新凉燈火) 884
신량역천(身良役賤) 884
신마유강(信馬由繮) 884
신목균부(信木菌浮) 884
신목부웅(信木浮熊) 884
신목생웅(信木生熊) 884
신목여전(神目如電) 884
신목웅부(信木熊浮) 885
신묘불측(神妙不測) 885
신무불살(神武不殺) 885
신물경속(愼勿輕速) 885
신물원유(愼勿遠遊) 885
신변잡기(身邊雜記) 885
신부양난(信否兩難) 885
신사가복(信使可覆) 885
신사륙판(新四六版) 885
신사복곡(身絲腹穀) 885
신사협정(紳士協定) 886
신상필벌(信賞必罰) 886
신서단단(信誓旦旦) 886
신선여왕(神仙女王) 886
신성낙락(晨星落落) 886
신성모독(神聖冒瀆) 886
신성후실(身聲後實) 886
신세다례(新歲茶禮) 886
신세문안(新歲問安) 886
신수어염(薪水魚鹽) 887
신수지로(薪水之勞) 887
신신당부(申申當付) 887
신신부탁(申申付託) 887
신심여수(臣心如水) 887
신심직행(信心直行) 887
신앙고백(信仰告白) 887
신앙종교(信仰宗敎) 887
신약성서(新約聖書) 887
신언불미(信言不美) 888
신언서판(身言書判) 888
신여미생(信如尾生) 888
신여연소(身與煙消) 888
신완귀각(神剜鬼刻) 888
신외무물(身外無物) 888
신용어시(愼用於始) 888
신원설치(伸冤雪恥) 888
신위국삭(身危國削) 888
신의정도(信義正道) 889
신이득지(辛而得之) 889
신이발지(信以發志) 889
신이후간(信而後諫) 889
신인공노(神人共怒) 889
신인공분(神人共憤) 889
신일주이(臣一主二) 889
신입고출(新入故出) 889
신입구출(新入舊出) 889
신입야귀(晨入夜歸) 889
신조판삽(身操版鍤) 889
신종여시(愼終如始) 890
신종추원(愼終追遠) 890
신주양자(神主養子) 890
신주출후(神主出後) 890
신지무의(信之無疑) 890
신지속지(紳之束之) 890
신진기예(新進氣銳) 890
신진대사(新陳代謝) 890
신진화멸(薪盡火滅) 890
신체발부(身體髮膚) 890

신체적성(身體適性) 891
신축자재(伸縮自在) 891
신출귀몰(神出鬼沒) 891
신출귀물(新出貴物) 891
신출모귀(晨出暮歸) 891
신친당지(身親當之) 891
신토불이(身土不二) 891
신품사현(神品四賢) 891
신필선기(晨必先起) 891
신학삼덕(神學三德) 892
신허요통(腎虛腰痛) 892
신호지세(晨虎之勢) 892
신혼골수(神魂骨髓) 892
신후지간(身後之諫) 892
신후지계(身後之計) 892
신후지지(身後之地) 892
실가지락(室家之樂) 892
실동시간(實動時間) 892
실리실득(實利實得) 892
실리실익(實利實益) 893
실리추구(實利追求) 893
실마치구(失馬治廐) 893
실망낙담(失望落膽) 893
실부의린(失斧疑隣) 893
실불숭단(室不崇壇) 893
실사구시(實事求是) 893
실상무루(實相無漏) 893
실상중도(實相中道) 894
실어공중(失於空中) 894
실여현경(室如懸罄) 894
실우치구(失牛治廐) 894
실유불성(悉有佛性) 894
실이인원(室邇人遠) 894
실중실국(失衆失國) 894
실지회복(失地回復) 894
실천궁행(實踐躬行) 894
실해겸망(失蟹兼網) 895
실향사민(失鄕私民) 895
심간초월(心肝楚越) 895
심격천산(心隔千山) 895
심경고전(心驚股戰) 895
심광신이(心廣神怡) 895
심광체반(心廣體胖) 895
심교지시(審交之詩) 895
심구고루(深溝高壘) 896
심근고저(深根固柢) 896
심기망상(心氣妄想) 896
심기일전(心機一轉) 896
심기지선(尋己之善) 896
심기지악(尋己之惡) 896
심념구언(心念口言) 896
심두멸각(心頭滅却) 896
심량처지(深諒處之) 896
심만의족(心滿意足) 896
심망의촉(心忙意促) 897
심모비산(深謀秘算) 897
심모원려(深謀遠慮) 897
심목고준(深目高準) 897
심무소주(心無所主) 897
심복지우(心腹之友) 897
심복지인(心腹之人) 897
심복지질(心腹之疾) 897
심복지환(心腹之患) 897
심불가기(心不可欺) 897
심불부인(心不負人) 898
심비구시(心非口是) 898
심비목석(心非木石) 898
심사묵고(深思默考) 898
심사숙고(深思熟考) 898
심사숙려(深思熟慮) 898
심산계곡(深山溪谷) 898
심산궁곡(深山窮谷) 898
심산유곡(深山幽谷) 898
심상사성(心相事成) 899
심상삼년(心喪三年) 899
심상일양(尋常一樣) 899
심성정직(心性正直) 899
심식장려(深識長慮) 899
심신불안(心神不安) 899
심신산란(心神散亂) 899
심신상관(心身相關) 899
심심산곡(深深山谷) 899
심심산천(深深山川) 899
심심상인(心心相印) 899
심심소일(心心消日) 900
심심장지(深深藏之) 900
심심파적(心心破寂) 900

심여구위(心與口違) 900
심연박빙(深淵薄氷) 900
심연불학(深淵不涸) 900
심열성복(心悅誠服) 900
심원의마(心猿意馬) 900
심입천출(深入淺出) 900
심자양등(深者兩等) 901
심장멱구(尋章覓句) 901
심장불로(深藏不露) 901
심장적구(尋章摘句) 901
심재좌망(心齋坐忘) 901
심재홍곡(心在鴻鵠) 901
심적자안(心適自安) 901
심조자득(深造自得) 902
심중소회(心中所懷) 902
심중은후(深中隱厚) 902
심지광명(心地光明) 902
심행수묵(尋行數墨) 902
심혜본허(心兮本虛) 902
심효진상(甚囂塵上) 902
십거부제(十擧不第) 902
십거부중(十擧不中) 902
십고일상(十瞽一相) 902
십고일장(十瞽一杖) 903
십기구란(十棊九卵) 903
십기지우(十起之憂) 903
십년감수(十年減壽) 903
십년구사(十年構思) 903
십년독서(十年讀書) 903
십년일득(十年一得) 903
십년일석(十年一昔) 903
십년일일(十年一日) 903
십년지계(十年之計) 903
십년지기(十年知己) 904
십맹일상(十盲一相) 904
십맹일장(十盲一杖) 904
십목소시(十目所視) 904
십목십수(十目十手) 904
십무낭자(十無浪子) 904
십반일시(十飯一匙) 904
십방세계(十方世界) 904
십방왕생(十方往生) 905
십방정토(十方淨土) 905
십백지기(什栢之器) 905
십벌지목(十伐之木) 905
십보방초(十步芳草) 905
십부백판(十剖百判) 905
십분무의(十分無疑) 905
십분준신(十分準信) 905
십사일생(十死一生) 905
십상팔구(十常八九) 905
십생구사(十生九死) 906
십선만승(十善萬乘) 906
십선지군(十善之君) 906
십선지주(十善之主) 906
십소경해(十宵鏡解) 906
십수기일(十輸其一) 906
십수난엄(十手難掩) 906
십수소지(十手所指) 906
십습이장(十襲而藏) 906
십승지지(十勝之地) 906
십시일반(十匙一飯) 906
십실구공(十室九空) 907
십실지읍(十室之邑) 907
십악대죄(十惡大罪) 907
십양구목(十羊九牧) 907
십위지목(十圍之木) 907
십이지장(十二指腸) 907
십인십색(十人十色) 907
십인일시(十人一匙) 907
십일일수(十日一水) 907
십일지국(十日之菊) 908
십자도립(十字倒立) 908
십작지목(十斫之木) 908
십전구도(十顚九倒) 908
십중팔구(十中八九) 908
십지부동(十指不動) 908
십풍오우(十風五雨) 908
십한일폭(十寒一曝) 908
십행구하(十行俱下) 908
쌍관제하(雙管齊下) 908
쌍구전묵(雙鉤塡墨) 909
쌍리공생(雙利共生) 909
쌍리어출(雙鯉魚出) 909
쌍미양상(雙美兩傷) 909
쌍숙쌍비(雙宿雙飛) 909
쌍운산룡(雙雲狻龍) 909

쌍전화포(雙箭火砲) 909
쌍학흉배(雙鶴胸背) 909
쌍호흉배(雙虎胸背) 910

ㅇ

아가군창(我歌君唱) 911
아가사창(我歌査唱) 911
아강아리(我疆我理) 911
아관박대(峨冠博帶) 911
아관파천(俄館播遷) 911
아궁불열(我躬不閱) 911
아귀대장(餓鬼大將) 911
아동주졸(兒童走卒) 912
아랑지구(餓狼之口) 912
아리아리(我利我利) 912
아무유양(我武維揚) 912
아방나찰(阿房羅刹) 912
아부뇌동(阿附雷同) 912
아부영합(阿附迎合) 912
아비규환(阿鼻叫喚) 912
아비지옥(阿鼻地獄) 912
아사지경(餓死之境) 913
아상지화(我上之火) 913
아수라도(阿修羅道) 913
아수라장(阿修羅場) 913
아심여칭(我心如秤) 913
아연실색(啞然失色) 913
아예서직(我藝黍稷) 913
아유경탈(阿諛傾奪) 913
아유구용(阿諛苟容) 914
아자득몽(啞子得夢) 914
아자시술(蛾子時術) 914
아장금람(牙檣錦纜) 914
아장동사(我將東徙) 914
아전인수(我田引水) 914
아중예쉬(衙中譽倅) 914
아즉기언(我則旣言) 914
아첨순지(阿諂順旨) 914
아첨편파(阿諂偏頗) 915
아체삼척(我涕三尺) 915
아호지혜(餓虎之蹊) 915
아환선빈(鴉鬟蟬鬢) 915
악관만영(惡貫滿盈) 915
악구잡언(惡口雜言) 915
악량수한(握兩手汗) 915
악량파한(握兩把汗) 915
악목도천(惡木盜泉) 915
악목불식(惡木不息) 916
악목불음(惡木不陰) 916
악목불음(惡木不飮) 916
악무산희(惡巫山戲) 916
악발토포(握髮吐哺) 916
악방봉뢰(惡傍逢雷) 916
악부지존(握符之尊) 916
악부파가(惡婦破家) 916
악사막락(惡事莫樂) 916
악사천리(惡事千里) 917
악수귀천(樂殊貴賤) 917
악숭해활(嶽崇海豁) 917
악악지우(諤諤之友) 917
악안상대(惡顔相對) 917
악어이시(惡語易施) 917
악언상가(惡言相加) 917
악언상대(惡言相待) 917
악역무도(惡逆無道) 917
악연실색(愕然失色) 918
악월담풍(握月擔風) 918
악의비식(惡衣非食) 918
악의악식(惡衣惡食) 918
악인악과(惡因惡果) 918
악인지조(惡人之朝) 918
악임죄영(惡稔罪盈) 918
악자유여(惡自有餘) 918
악적죄영(惡積罪盈) 918
악전고투(惡戰苦鬪) 918
악지악각(惡知惡覺) 919
악초악목(惡草惡木) 919
악치연청(嶽峙淵淸) 919
악풍흉랑(惡風凶浪) 919
안가낙업(安家樂業) 919
안가시위(安駕侍衛) 919
안감생심(安敢生心) 919
안거낙업(安居樂業) 919
안거위사(安居危思) 919
안거포륜(安車蒲輪) 919

안검상시(按劍相視) 920
안고수비(眼高手卑) 920
안고수저(眼高手低) 920
안공일세(眼空一世) 920
안과태평(安過太平) 920
안광낙지(眼光落地) 920
안광지배(眼光紙背) 920
안녕질서(安寧秩序) 920
안도색기(按圖索驥) 920
안도색준(按圖索駿) 920
안두서생(案頭書生) 921
안득불연(安得不然) 921
안락세계(安樂世界) 921
안락정토(安樂淨土) 921
안마지로(鞍馬之勞) 921
안면박대(顔面薄待) 921
안면방해(安眠妨害) 921
안면부지(顔面不知) 921
안명수쾌(眼明手快) 921
안목소시(眼目所視) 921
안목수쾌(眼目手快) 921
안보당거(安步當車) 921
안부존영(安富尊榮) 922
안분내로(安分耐勞) 922
안분지족(安分知足) 922
안불망위(安不忘危) 922
안비막개(眼鼻莫開) 922
안빈낙도(安貧樂道) 922
안사지란(安史之亂) 922
안상산설(顔常山舌) 922
안상치민(安上治民) 923
안색지척(顔色之戚) 923
안세제민(安世濟民) 923
안수기도(按手祈禱) 923
안심입명(安心立命) 923
안씨지자(顔氏之子) 923
안여반석(安如磐石) 923
안여악단(顔如渥丹) 923
안여태산(安如泰山) 923
안연무양(安然無恙) 923
안우반석(安于盤石) 924
안위미정(安危未定) 924
안위미판(安危未判) 924
안자사초(晏子使楚) 924
안자앵사(雁字鶯梭) 924
안자지어(晏子之御) 924
안전막동(眼前莫童) 924
안정무사(安靜無事) 924
안중무인(眼中無人) 925
안중유철(眼中有鐵) 925
안중지인(眼中之人) 925
안중지정(眼中之釘) 925
안지정란(岸芷汀蘭) 925
안탑제명(雁塔題名) 925
안택불거(安宅不居) 925
안택정로(安宅正路) 925
안토중천(安土重遷) 926
안투지배(眼透紙背) 926
안피준익(鷃披隼翼) 926
안하무인(眼下無人) 926
안한촌름(眼寒寸廩) 926
안항실서(雁行失序) 926
안향부귀(安享富貴) 926
안화요란(眼花搖亂) 926
알묘조장(揠苗助長) 926
알성급제(謁聖及第) 927
알악양선(遏惡揚善) 927
알전절후(遏前絶後) 927
암거천관(巖居川觀) 927
암도진창(暗渡陳倉) 927
암면묘사(暗面描寫) 927
암색불통(暗塞不通) 927
암수지사(巖岫之士) 927
암전난방(暗箭難防) 927
암전상인(暗箭傷人) 928
암중공작(暗中工作) 928
암중모색(暗中摸索) 928
암중방광(暗中放光) 928
암중비약(暗中飛躍) 928
암중순목(暗中瞬目) 928
암중유광(暗中有光) 928
암하고불(岩下古佛) 928
암하노불(岩下老佛) 928
암하지전(巖下之電) 929
암향부동(暗香浮動) 929
암혈지사(巖穴之士) 929
암흑시대(暗黑時代) 929

압근지지(狎近之地) 929
압란지세(壓卵之勢) 929
압량위천(壓良爲賤) 929
압로파순(壓顱破脣) 929
압승득길(壓勝得吉) 929
압이경지(押而敬之) 930
압채부인(壓寨夫人) 930
압출흡입(押出吸入) 930
압핍지지(狎逼之地) 930
앙감부괴(仰感俯愧) 930
앙관부찰(仰觀俯察) 930
앙괴부작(仰愧俯怍) 930
앙급자손(殃及子孫) 930
앙급지어(殃及池魚) 930
앙망불급(仰望不及) 931
앙망종신(仰望終身) 931
앙부일구(仰釜日晷) 931
앙부일영(仰釜日影) 931
앙불괴천(仰不愧天) 931
앙사부모(仰事父母) 931
앙사부육(仰事俯育) 931
앙사부축(仰事俯畜) 931
앙앙불락(怏怏不樂) 932
앙앙지심(怏怏之心) 932
앙이사지(仰而思之) 932
앙인비식(仰人鼻息) 932
앙천대소(仰天大笑) 932
앙천부지(仰天俯地) 932
앙천이타(仰天而唾) 932
앙천축수(仰天祝手) 932
앙천통곡(仰天痛哭) 933
앙필급신(殃必及身) 933
애걸복걸(哀乞伏乞) 933
애고지정(哀苦之情) 933
애국선렬(愛國先烈) 933
애국지사(愛國志士) 933
애국지성(愛國之誠) 933
애금사금(挨金似金) 933
애급옥오(愛及屋烏) 933
애기소친(愛其所親) 933
애다증지(愛多憎至) 934
애리증식(哀梨蒸食) 934
애린여기(愛隣如己) 934
애막조지(愛莫助之) 934
애매모호(曖昧模糊) 934
애무차등(愛無差等) 934
애민여자(愛民如子) 934
애별리고(愛別離苦) 934
애사호죽(哀絲豪竹) 935
애석폐고(愛惜弊袴) 935
애애부모(哀哀父母) 935
애애절절(哀哀切切) 935
애여불공(隘與不恭) 935
애연기연(愛緣機緣) 935
애옥급오(愛屋及烏) 935
애이불교(愛而不教) 935
애이불비(哀而不悲) 936
애이불상(哀而不傷) 936
애인여기(愛人如己) 936
애인위대(愛人爲大) 936
애인이덕(愛人以德) 936
애인이목(礙人耳目) 936
애인하사(愛人下士) 936
애인휼민(愛人恤民) 936
애자지원(睚眥之怨) 936
애자지정(愛子之情) 937
애자필보(睚眥必報) 937
애정편력(愛情遍歷) 937
애좌애우(挨左挨右) 937
애즉지증(愛則知憎) 937
애증후박(愛憎厚薄) 937
애지석지(愛之惜之) 937
애지중지(愛之重之) 937
애착생사(愛着生死) 937
애착자비(愛着慈悲) 937
애친경장(愛親敬長) 937
애통망극(哀痛罔極) 937
애호체읍(哀號涕泣) 938
애홍보집(哀鴻甫集) 938
애홍편야(哀鴻遍野) 938
애훼골립(哀毁骨立) 938
애휼사민(愛恤四民) 938
액내지간(額內之間) 938
액인부배(搤咽拊背) 938
액항부배(搤亢拊背) 938
액후무배(扼喉撫背) 938
야광명월(夜光明月) 938

야광명주(夜光明珠) 938
야기요단(惹起鬧端) 939
야다지경(夜茶地境) 939
야단법석(野壇法席) 939
야단야단(惹端惹端) 939
야랑자대(夜郎自大) 939
야무유현(野無遺賢) 939
야무청초(野無青草) 939
야박시속(野薄時俗) 939
야반도주(夜半逃走) 940
야반무례(夜半無禮) 940
야불담귀(夜不談鬼) 940
야불답백(夜不踏白) 940
야불폐문(夜不閉門) 940
야서지혼(野鼠之婚) 940
야심만만(野心滿滿) 940
야심무례(夜深無禮) 940
야어서령(夜語鼠聆) 940
야어서청(夜語鼠聽) 940
야언서령(夜言鼠聆) 940
야엽창조(冶葉倡條) 940
야용식태(冶容飾態) 941
야용지회(冶容之誨) 941
야용회음(冶容誨淫) 941
야우대상(夜雨對牀) 941
야이계일(夜以繼日) 941
야이계주(夜以繼晝) 941
야인헌근(野人獻芹) 941
야자무방(也自無妨) 941
야자불방(也自不妨) 941
야장몽다(夜長夢多) 942
야점사양(夜店斜陽) 942
야중모색(夜中摸索) 942
야행피수(夜行被繡) 942
약계봉사(藥契奉事) 942
약금한선(若噤寒蟬) 942
약기유물(約己裕物) 942
약기폐사(若棄敝蹝) 942
약능제강(弱能制强) 942
약달우시(若撻于市) 942
약도호미(若蹈虎尾) 943
약롱중물(藥籠中物) 943
약롱지물(藥籠之物) 943
약마복중(弱馬卜重) 943
약발통치(若拔痛齒) 943
약방감초(藥房甘草) 943
약방기생(藥房妓生) 943
약법삼장(約法三章) 944
약불승의(若不勝衣) 944
약붕궐각(若崩厥角) 944
약사삼존(藥師三尊) 944
약상불귀(弱喪不歸) 944
약석무효(藥石無效) 944
약석지언(藥石之言) 944
약섭대수(若涉大水) 945
약섭춘빙(若涉春氷) 945
약수급마(若輸給馬) 945
약시약시(若是若是) 945
약시우강(若時雨降) 945
약시지서(約矢之書) 945
약시투격(約矢投檄) 945
약식동원(藥食同源) 945
약육가식(弱肉可食) 945
약육강식(弱肉强食) 945
약육강탄(弱肉强呑) 946
약자선수(弱者先手) 946
약자잔손(弱子殘孫) 946
약장종신(若將終身) 946
약존약무(若存若無) 946
약진시월(若秦視越) 946
약차약차(若此若此) 946
약팽소선(若烹小鮮) 946
약합부연(若合符然) 946
약합부절(若合符節) 946
양가독자(兩家獨子) 947
양각서주(兩脚書廚) 947
양각야호(兩脚野狐) 947
양개음합(陽開陰閤) 947
양견서종(養犬噬踵) 947
양고심장(良賈深藏) 947
양공고심(良工苦心) 947
양과분비(兩寡分悲) 947
양구서종(養狗噬踵) 947
양궁거시(揚弓擧矢) 948
양궁상합(兩窮相合) 948
양금미옥(良金美玉) 948
양금신족(量衾伸足) 948

양금택목(良禽擇木) 948
양덕수복(養德樹福) 948
양동작전(陽動作戰) 948
양두구미(羊頭狗尾) 948
양두구육(羊頭狗肉) 948
양두색이(兩豆塞耳) 949
양두정치(兩頭政治) 949
양로내연(養老內宴) 949
양로외연(養老外宴) 949
양마지력(兩馬之力) 949
양면작전(兩面作戰) 949
양명후세(揚名後世) 949
양묘회신(養苗懷新) 949
양민오착(良民誤捉) 950
양반양거(讓畔讓居) 950
양반이경(讓畔而耕) 950
양벽이사(兩壁易似) 950
양변사조(兩邊四組) 950
양봉연비(兩鳳連飛) 950
양봉음위(陽奉陰違) 950
양봉제비(兩鳳齊飛) 950
양부고취(兩部鼓吹) 950
양불가인(癢不可忍) 950
양비대담(攘臂大談) 951
양비대언(攘臂大言) 951
양사대가(養士待價) 951
양사주석(揚沙走石) 951
양상군자(梁上君子) 951
양상도회(梁上塗灰) 951
양상화매(兩相和賣) 951
양생상사(養生喪死) 951
양생송사(養生送死) 951
양생칠결(養生七訣) 952
양서분명(兩書分明) 952
양선은악(揚善隱惡) 952
양성보명(養性保命) 952
양속이용(量粟而舂) 952
양수거지(兩手据地) 952
양수겸장(兩手兼將) 952
양수집병(兩手執餠) 953
양시쌍비(兩是雙非) 953
양식불타(讓食不唾) 953
양신미경(良辰美景) 953
양약고구(良藥苦口) 953
양약부지(佯若不知) 953
양양대해(洋洋大海) 953
양양자득(揚揚自得) 953
양언이결(兩言而決) 954
양예음척(陽譽陰斥) 954
양옥부조(良玉不彫) 954
양요여류(兩曜如流) 954
양웅상쟁(兩雄相爭) 954
양유건괵(亮遺巾幗) 954
양유식장(量由識長) 954
양이천석(良二千石) 954
양이후입(量而後入) 955
양입계출(量入計出) 955
양입위출(量入爲出) 955
양입제출(量入制出) 955
양입호군(羊入虎群) 955
양자택일(兩者擇一) 955
양장소경(羊腸小徑) 955
양장음소(陽長陰消) 955
양전만경(良田萬頃) 955
양전옥답(良田沃畓) 955
양전의취(羊羶蟻聚) 955
양존음척(陽尊陰斥) 956
양주읍기(楊朱泣岐) 956
양주지몽(揚州之夢) 956
양주지학(揚州之鶴) 956
양지양능(良知良能) 956
양지지효(養志之孝) 956
양질호문(羊質虎文) 956
양질호피(羊質虎皮) 956
양처현모(良妻賢母) 957
양천불혼(良賤不婚) 957
양체재의(量體裁衣) 957
양춘가절(陽春佳節) 957
양춘백설(陽春白雪) 957
양춘화기(陽春和氣) 957
양출제입(量出制入) 957
양탕지비(揚湯止沸) 957
양파조란(揚波助瀾) 957
양포음축(陽褒陰逐) 958
양포지구(楊布之狗) 958
양포타구(楊布打狗) 958
양풍미속(良風美俗) 958

언무수문(偃武修文) 967
언무이가(言無二價) 967
언문일치(言文一致) 967
언문풍월(諺文風月) 967
언부중리(言不中理) 968
언불고행(言不顧行) 968
언불진의(言不盡意) 968
언비예의(言非禮義) 968
언비천리(言飛千里) 968
언사불공(言辭不恭) 968
언삼어사(言三語四) 968
언서고담(諺書古談) 968
언서지망(偃鼠之望) 968
언서지혼(鼴鼠之婚) 968
언소의다(言少意多) 969
언소자약(言笑自若) 969
언순이정(言順理正) 969
언신지문(言身之文) 969
언앙굴신(偃仰屈伸) 969
언어도단(言語道斷) 969
언어동단(言語同斷) 969
언어불공(言語不恭) 969
언어불통(言語不通) 969
언어상통(言語相通) 969
언어수작(言語酬酌) 969
언언사사(言言事事) 970
언왕설래(言往說來) 970
언외지의(言外之意) 970
언요행척(言堯行蹠) 970
언유재이(言猶在耳) 970
언자부지(言者不知) 970
언재호야(焉哉乎也) 970
언정이순(言正理順) 970
언주문종(言主文從) 970
언중유골(言中有骨) 971
언중유언(言中有言) 971
언중유향(言中有響) 971
언중지의(言中之意) 971
언즉시야(言則是也) 971
언지무익(言之無益) 971
언청계용(言聽計用) 971
언출어구(言出於口) 971
언필사충(言必思忠) 971
언행상반(言行相反) 971
언행일치(言行一致) 972
엄계중립(嚴戒中立) 972
엄고내간(淹苦耐艱) 972
엄동설한(嚴冬雪寒) 972
엄두탈견(掩脰脫肩) 972
엄령지하(嚴令之下) 972
엄립과조(嚴立科條) 972
엄목포작(掩目捕雀) 972
엄부엄형(嚴父嚴兄) 972
엄부자모(嚴父慈母) 972
엄성노인(奄成老人) 973
엄이도령(掩耳盜鈴) 973
엄이도종(掩耳盜鍾) 973
엄이투령(掩耳偸鈴) 973
엄이투종(掩耳偸鐘) 973
엄장뇌수(嚴杖牢囚) 973
엄정중립(嚴正中立) 973
엄중처단(嚴重處斷) 973
엄처시하(嚴妻侍下) 973
엄핵조율(嚴覈照律) 973
업정어근(業精於勤) 973
여가풍류(餘暇風流) 974
여개방차(餘皆倣此) 974
여견심폐(如見心肺) 974
여견폐간(如見肺肝) 974
여고금슬(如鼓琴瑟) 974
여공불급(如恐不及) 974
여과말마(礪戈秣馬) 974
여광여취(如狂如醉) 974
여교망량(如交魍魎) 975
여구기귀(黎邱奇鬼) 975
여구지설(如口之舌) 975
여권신장(女權伸張) 975
여기소종(沴氣所鐘) 975
여단수족(如斷手足) 975
여단일비(如斷一臂) 975
여답평지(如踏平地) 975
여덕위린(與德爲隣) 975
여도담군(餘桃啗君) 975
여도지죄(餘桃之罪) 976
여도할수(如刀割水) 976
여두소읍(如斗小邑) 976
여득천금(如得千金) 976

여락풍류(與樂風流) 976
여룡지주(驪龍之珠) 976
여리박빙(如履薄氷) 976
여림심연(如臨深淵) 976
여명견폐(驢鳴犬吠) 977
여모음혈(茹毛飮血) 977
여모정렬(女慕貞烈) 977
여무가론(餘無可論) 977
여무족관(餘無足觀) 977
여민동락(與民同樂) 977
여민동지(與民同之) 977
여민해락(與民偕樂) 977
여박궁장(如縛宮獐) 977
여발통치(如拔痛齒) 978
여법암야(如法暗夜) 978
여병말마(厲兵秣馬) 978
여불비례(餘不備禮) 978
여비사지(如臂使指) 978
여사모사(如斯某斯) 978
여사여사(如斯如斯) 978
여사풍경(餘事風景) 978
여산약해(如山若海) 978
여산적치(如山積峙) 978
여성유곡(餘聲遺曲) 978
여세무섭(與世無涉) 979
여세부앙(與世俯仰) 979
여세부침(與世浮沈) 979
여세언앙(與世偃仰) 979
여세추이(與世推移) 979
여송지성(如松之盛) 979
여수동죄(與受同罪) 979
여수익심(如水益深) 979
여수투석(如水投石) 979
여수투수(如水投水) 980
여시구화(與時俱化) 980
여시부앙(與時俯仰) 980
여시아문(如是我聞) 980
여시여시(如是如是) 980
여시우강(如時雨降) 980
여실일비(如失一臂) 980
여씨춘추(呂氏春秋) 980
여아부화(如蛾赴火) 980
여액미진(餘厄未盡) 981
여양응호(如養鷹虎) 981
여어득수(如魚得水) 981
여어불인(與於不仁) 981
여어실수(如魚失水) 981
여연지필(如椽之筆) 981
여옥기인(如玉其人) 981
여원여모(如怨如慕) 981
여월지항(如月之恒) 981
여위부과(如蝟負瓜) 982
여유만만(餘裕滿滿) 982
여유작작(餘裕綽綽) 982
여읍여소(如泣如訴) 982
여의수질(如蟻輸垤) 982
여의투질(如蟻偸垤) 982
여이병수(如移甁水) 982
여인금제(女人禁制) 982
여인동락(與人同樂) 982
여인동처(與人同處) 982
여인병좌(與人並坐) 983
여인상근(與人相近) 983
여인상약(與人相約) 983
여인위선(與人爲善) 983
여인일판(如印一板) 983
여자동구(與子同仇) 983
여자동포(與子同袍) 983
여자수자(與者受者) 983
여자여량(如茨如梁) 984
여작계륵(如嚼鷄肋) 984
여장절각(汝牆折角) 984
여재양객(如齎粮客) 984
여저습반(如咀濕飯) 984
여정도치(勵精圖治) 984
여조과목(如鳥過目) 984
여족여수(如足如手) 984
여존남비(女尊男卑) 984
여좌침석(如坐針席) 985
여중공지(與衆共之) 985
여중군자(女中君子) 985
여중장부(女中丈夫) 985
여중초오(與衆草伍) 985
여증급수(如甑汲水) 985
여진여퇴(旅進旅退) 985
여차여차(如此如此) 985
여창남수(女唱男隨) 985

여출일구(如出一口) 986
여취여광(如醉如狂) 986
여측이심(如厠二心) 986
여타자별(與他自別) 986
여탈폐사(如脫弊屣) 986
여택지계(麗澤之契) 986
여패성음(旟旆成陰) 986
여표성률(如瓢盛栗) 986
여풍과이(如風過耳) 986
여필종부(女必從夫) 986
여합부절(如合符節) 987
여항시인(閭巷詩人) 987
여형약제(如兄若弟) 987
여형여제(如兄如弟) 987
여호모피(與虎謨皮) 987
여호첨익(如虎添翼) 987
여화여도(如火如荼) 987
여훈여지(如壎如篪) 987
역려건곤(逆旅乾坤) 987
역려과객(逆旅過客) 987
역력가수(歷歷可數) 988
역리지통(逆理之痛) 988
역마직성(驛馬直星) 988
역명지전(易名之典) 988
역보역추(亦步亦趨) 988
역부지몽(役夫之夢) 988
역성혁명(易姓革命) 988
역세혁명(易世革命) 988
역순괴서(逆順乖敍) 988
역신마마(疫神媽媽) 988
역역지정(力役之征) 989
역외지의(域外之議) 989
역용동물(役用動物) 989
역이지언(逆耳之言) 989
역자교지(易子敎之) 989
역자석해(易子析骸) 989
역자이교(易子而敎) 989
역자이식(易子而食) 989
역적모의(逆賊謀議) 990
역지개연(易地皆然) 990
역지사지(易地思之) 990
역지이사(易地而思) 990
역참기중(亦參其中) 990
역천자망(逆天者亡) 990
역천흉식(逆喘兇息) 990
역취순수(逆取順守) 990
역풍역수(逆風逆水) 990
역풍태도(逆風太刀) 991
연거일래(年去日來) 991
연견시목(鳶肩豺目) 991
연경거종(延頸擧踵) 991
연고덕소(年高德卲) 991
연고자백(年高者白) 991
연곡지계(淵谷之戒) 991
연곡지하(輦轂之下) 991
연공서열(年功序列) 991
연구세심(年久歲深) 991
연구연자(練句練字) 992
연구월심(年久月深) 992
연낙중응(然諾重應) 992
연낭성형(練囊盛螢) 992
연년세세(年年歲歲) 992
연년연거(年年年去) 992
연년익수(年年益壽) 992
연대지필(椽大之筆) 992
연대책임(連帶責任) 992
연도일할(鉛刀一割) 992
연독지정(吮犢之情) 992
연두월미(年頭月尾) 993
연락부절(連絡不絶) 993
연리비익(連理比翼) 993
연명차자(聯名箚子) 993
연모지정(戀慕之情) 993
연목구어(緣木求魚) 993
연목토이(鳶目兎耳) 993
연미지급(燃眉之急) 993
연미지액(燃眉之厄) 994
연백연중(年百年中) 994
연변작뢰(淵變作瀨) 994
연복지쟁(鷰蝠之爭) 994
연부역강(年富力强) 994
연비어약(鳶飛魚躍) 994
연비연비(聯臂聯臂) 994
연사우립(煙蓑雨笠) 994
연산연봉(連山連峰) 994
연서조저(燃犀照渚) 994
연서지명(燃犀之明) 995

염력통암(念力通巖) 1003
염리예토(厭離穢土) 1003
염마나사(閻魔羅闍) 1004
염부과보(閻浮果報) 1004
염부한기(炎附寒棄) 1004
염불급타(念不及他) 1004
염불삼매(念佛三昧) 1004
염불왕생(念佛往生) 1004
염불위괴(恬不爲愧) 1004
염생초원(鹽生草原) 1004
염세자살(厭世自殺) 1004
염슬단좌(斂膝端坐) 1004
염여백이(廉如伯夷) 1004
염열지옥(炎熱地獄) 1005
염이불귀(廉而不劌) 1005
염일방일(拈一放一) 1005
염자재자(念茲在茲) 1005
염차지감(鹽車之憾) 1005
염철지리(鹽鐵之利) 1005
염화미소(拈華微笑) 1005
염화시중(拈華示衆) 1006
엽관운동(獵官運動) 1006
영가무도(詠歌舞蹈) 1006
영걸지주(英傑之主) 1006
영겁회귀(永劫回歸) 1006
영결종천(永訣終天) 1006
영경욕천(榮輕辱淺) 1006
영고성쇠(榮枯盛衰) 1006
영구불변(永久不變) 1007
영구장천(永久長川) 1007
영구준행(永久遵行) 1007
영녀지절(令女之節) 1007
영동팔경(嶺東八景) 1007
영만지구(盈滿之咎) 1007
영문광예(令聞廣譽) 1007
영문영무(英文英武) 1007
영병철기(逞兵鐵騎) 1007
영불리신(影不離身) 1007
영불서용(永不敍用) 1008
영불출세(永不出世) 1008
영산마지(靈山痲旨) 1008
영상조파(影上爪爬) 1008
영생불멸(永生不滅) 1008
영서연설(郢書燕說) 1008
영설독서(映雪讀書) 1008
영설지재(詠雪之才) 1008
영세무궁(永世無窮) 1009
영세불망(永世不忘) 1009
영세중립(永世中立) 1009
영안상간(另眼相看) 1009
영언배명(永言配命) 1009
영언효사(永言孝思) 1009
영업소기(營業所基) 1009
영여추제(領如蝤蠐) 1009
영영구구(營營苟苟) 1009
영영급급(營營汲汲) 1010
영영무궁(永永無窮) 1010
영영방매(永永放賣) 1010
영영쇄쇄(零零瑣瑣) 1010
영영쇄쇄(零零碎碎) 1010
영영축축(營營逐逐) 1010
영용무쌍(英勇無雙) 1010
영웅기인(英雄忌人) 1010
영웅기인(英雄欺人) 1010
영웅신화(英雄神話) 1010
영웅지재(英雄之材) 1010
영웅호걸(英雄豪傑) 1011
영웅호색(英雄好色) 1011
영원무궁(永遠無窮) 1011
영원불멸(永遠不滅) 1011
영원불변(永遠不變) 1011
영원지정(鴒原之情) 1011
영원회귀(永遠回歸) 1011
영위세리(榮位勢利) 1011
영육쌍전(靈肉雙全) 1011
영육일치(靈肉一致) 1011
영인이해(迎刃而解) 1012
영자팔법(永字八法) 1012
영적교감(靈的交感) 1012
영전유궐(嬴顚劉蹶) 1012
영전출타(令前出他) 1012
영정고고(零丁孤苦) 1012
영준호걸(英俊豪傑) 1012
영척우각(甯戚牛角) 1012
영천세이(穎川洗耳) 1013
영청사해(永淸四海) 1013
영청요백(縈靑繚白) 1013

영출다문(令出多門) 1013
영타지고(靈鼉之鼓) 1013
영파지목(盈把之木) 1013
영해지행(嶺海之行) 1013
영해향진(影駭響震) 1013
영행금지(令行禁止) 1013
영행인복(令行人服) 1014
영혼불멸(靈魂不滅) 1014
예금미연(禮禁未然) 1014
예기방장(銳氣方張) 1014
예미도중(曳尾塗中) 1014
예번즉란(禮煩則亂) 1014
예별존비(禮別尊卑) 1014
예불가폐(禮不可廢) 1015
예불허출(譽不虛出) 1015
예사온언(禮士溫言) 1015
예상왕래(禮尙往來) 1015
예성문무(叡聖文武) 1015
예속상교(禮俗相交) 1015
예수지교(醴水之交) 1015
예승즉리(禮勝則離) 1016
예실구야(禮失求野) 1016
예실즉혼(禮失則昏) 1016
예악지방(禮樂之邦) 1016
예야불력(隸也不力) 1016
예우각행(曳牛却行) 1016
예의범절(禮儀凡節) 1016
예의염치(禮義廉恥) 1016
예의지국(禮儀之國) 1016
예의지방(禮儀之邦) 1016
예의지속(禮義之俗) 1017
예주불설(醴酒不設) 1017
예차지환(豫且之患) 1017
예치주의(禮治主義) 1017
오가기린(吾家麒麟) 1017
오가소립(吾家所立) 1017
오가작통(五家作統) 1017
오간지검(吳干之劍) 1017
오거지서(五車之書) 1017
오검난명(五劍難名) 1018
오경박사(五經博士) 1018
오경소지(五經掃地) 1018
오곡백과(五穀百果) 1018
오곡부등(五穀不登) 1018
오곡불승(五穀不升) 1018
오곡수라(五穀水剌) 1018
오과지자(五過之疵) 1018
오괴오합(五乖五合) 1019
오교삼흔(五交三釁) 1019
오구잡탕(烏口雜湯) 1019
오구지욕(烏狗之浴) 1019
오구지혼(梧丘之魂) 1020
오국소인(誤國小人) 1020
오군만년(吾君萬年) 1020
오궁도화(五宮桃花) 1020
오근피지(吾謹避之) 1020
오금지희(五禽之戲) 1020
오기연저(吳起吮疽) 1020
오당지사(吾黨之士) 1020
오도남의(吾道南矣) 1021
오동일엽(梧桐一葉) 1021
오두초미(吳頭楚尾) 1021
오려백복(烏驢白腹) 1021
오로지쟁(烏鷺之爭) 1021
오로칠상(五勞七傷) 1021
오륜성신(五輪成身) 1021
오륜성화(五輪聖火) 1022
오륜오체(五輪五體) 1022
오리무중(五里霧中) 1022
오마작대(五馬作隊) 1022
오만무도(傲慢無道) 1022
오만무례(傲慢無禮) 1022
오만불손(傲慢不遜) 1022
오매구지(寤寐求之) 1022
오매불망(寤寐不忘) 1022
오매사복(寤寐思服) 1023
오면곡형(烏面鵠形) 1023
오밀조밀(奧密稠密) 1023
오방신장(五方神將) 1023
오방잡처(五方雜處) 1023
오방장군(五方將軍) 1023
오방저미(五方猪尾) 1023
오백나한(五百羅漢) 1023
오백응진(五百應眞) 1023
오변지성(鰲忭之誠) 1023
오병이어(五餠二魚) 1023
오부녕자(惡夫佞者) 1024

오부홍교(蜈付洪喬) 1024
오불가장(傲不可長) 1024
오불관언(吾不關焉) 1024
오비삼척(吾鼻三尺) 1024
오비이락(烏飛梨落) 1024
오비일색(烏飛一色) 1024
오비토주(烏飛兎走) 1024
오사필의(吾事畢矣) 1025
오상고절(傲霜孤節) 1025
오상성신(五相成身) 1025
오색단청(五色丹靑) 1025
오색무주(五色無主) 1025
오색영롱(五色玲瓏) 1025
오색찬란(五色燦爛) 1025
오서기궁(梧鼠技窮) 1025
오서낙자(誤書落字) 1025
오서오능(鼯鼠五能) 1025
오서지기(鼯鼠之技) 1026
오설상재(吾舌尙在) 1026
오세기창(五世其昌) 1026
오손공주(烏孫公主) 1026
오수부동(五獸不動) 1026
오습거하(惡濕居下) 1026
오시오중(五矢五中) 1027
오십소백(五十笑百) 1027
오십천명(五十天命) 1027
오안불손(傲岸不遜) 1027
오양육주(五洋六洲) 1027
오언금성(五言金城) 1027
오언장성(五言長城) 1027
오언절구(五言絶句) 1028
오역부지(吾亦不知) 1028
오온성고(五蘊成苦) 1028
오욕욕지(吾欲辱之) 1028
오우천월(吳牛喘月) 1028
오운지진(烏雲之陣) 1028
오월동주(吳越同舟) 1028
오월비상(五月飛霜) 1029
오월지사(吳越之思) 1029
오유선생(烏有先生) 1029
오일경조(五日京兆) 1029
오일일석(五日一石) 1029
오자낙서(誤字落書) 1029
오자등과(五子登科) 1029
오자칠사(惡者七事) 1029
오자탈주(惡紫奪朱) 1030
오작지교(烏鵲之橋) 1030
오장육부(五臟六腑) 1030
오조사정(烏鳥私情) 1030
오족공화(五族共和) 1030
오지자웅(烏之雌雄) 1030
오집지교(烏集之交) 1031
오채영롱(五彩玲瓏) 1031
오채화문(五彩花紋) 1031
오취강주(惡醉强酒) 1031
오탁악세(五濁惡世) 1031
오토총총(烏兎悤悤) 1031
오풍십우(五風十雨) 1031
오하아몽(吳下阿蒙) 1032
오하이휴(吾何以休) 1032
오한두통(惡寒頭痛) 1032
오합지졸(烏合之卒) 1032
오합지중(烏合之衆) 1032
오해지설(五害之說) 1032
오행병하(五行竝下) 1032
오행상극(五行相剋) 1033
오행상생(五行相生) 1033
오행생극(五行生剋) 1033
오행원리(五行原理) 1033
오형오락(五刑五樂) 1033
오호노의(嗚呼老矣) 1033
오호애재(嗚呼哀哉) 1033
오호장군(五虎將軍) 1034
오호통재(嗚呼痛哉) 1034
오회지신(五會之信) 1034
옥곤금우(玉昆金友) 1034
옥골선풍(玉骨仙風) 1034
옥당기생(玉堂妓生) 1034
옥도미령(玉度靡寧) 1034
옥루은해(玉樓銀海) 1034
옥반가효(玉盤佳肴) 1034
옥빈홍안(玉鬢紅顔) 1035
옥산장붕(玉山將崩) 1035
옥상가옥(屋上架屋) 1035
옥석구분(玉石俱焚) 1035
옥석구쇄(玉石俱碎) 1035
옥석동궤(玉石同匱) 1035

옥석동쇄(玉石同碎) 1036
옥석상혼(玉石相混) 1036
옥석혼효(玉石混淆) 1036
옥액금장(玉液金漿) 1036
옥야천리(沃野千里) 1036
옥여칠성(屋如七星) 1036
옥오지애(屋烏之愛) 1036
옥의옥식(玉衣玉食) 1036
옥절난최(玉折蘭摧) 1037
옥창수호(玉窓繡戶) 1037
옥촉조화(玉燭調和) 1037
옥출곤강(玉出崑崗) 1037
옥치무당(玉巵無當) 1037
옥토은섬(玉兎銀蟾) 1037
옥하가옥(屋下架屋) 1037
옥하금뢰(玉瑕錦纇) 1037
옥하사담(屋下私談) 1037
옥하사론(屋下私論) 1037
옥하설화(屋下說話) 1038
옥해금산(玉海金山) 1038
옥호광명(玉毫光明) 1038
옥황대제(玉皇大帝) 1038
옥황상제(玉皇上帝) 1038
온고지신(溫故知新) 1038
온고지정(溫故之情) 1038
온량공검(溫良恭儉) 1038
온언순사(溫言順辭) 1038
온유돈후(溫柔敦厚) 1038
온청정성(溫凊定省) 1039
온화조정(穩和調停) 1039
온후독실(溫厚篤實) 1039
올연독좌(兀然獨坐) 1039
올올고봉(兀兀高峰) 1039
옹독취보(甕櫝聚寶) 1039
옹리혜계(甕裏醯鷄) 1039
옹산화병(甕算畵餠) 1039
옹용조처(雍容措處) 1040
옹절장모(擁節杖旄) 1040
옹중착별(甕中捉鼈) 1040
옹치봉후(雍齒封侯) 1040
와각지세(蝸角之勢) 1040
와각지쟁(蝸角之爭) 1040
와룡봉추(臥龍鳳雛) 1040
와룡장자(臥龍壯字) 1041
와류자기(臥柳自起) 1041
와명선조(蛙鳴蟬噪) 1041
와부뇌명(瓦釜雷鳴) 1041
와불안석(臥不安席) 1041
와석종신(臥席終身) 1041
와설면운(臥雪眠雲) 1041
와신상담(臥薪嘗膽) 1041
와영귀어(瓦影龜魚) 1042
와옥해광(蝸屋蟹匡) 1042
와우각상(蝸牛角上) 1042
와유강산(臥遊江山) 1042
와유화첩(臥遊畵帖) 1042
와정주인(窩停主人) 1042
와치천하(臥治天下) 1042
와탑지측(臥榻之側) 1042
와합지졸(瓦合之卒) 1043
와해빙소(瓦解氷銷) 1043
와해토붕(瓦解土崩) 1043
완구지계(完久之計) 1043
완낭수삽(阮囊羞澁) 1043
완력사태(腕力沙汰) 1043
완력성당(腕力成黨) 1043
완명불령(頑冥不靈) 1043
완물상지(玩物喪志) 1044
완미불령(頑迷不靈) 1044
완방위환(刓方爲圜) 1044
완벽귀조(完璧歸趙) 1044
완불제급(緩不濟急) 1044
완석점두(頑石點頭) 1044
완여반석(完如盤石) 1044
완월장취(玩月長醉) 1044
완인상덕(玩人喪德) 1044
완전무결(完全無缺) 1045
완전무비(完全無比) 1045
완전완미(完全完美) 1045
완충지대(緩衝地帶) 1045
완호지물(玩好之物) 1045
왈가왈부(曰可曰否) 1045
왈시왈비(曰是曰非) 1045
왈엄여경(曰嚴與敬) 1045
왈자자식(曰字子息) 1045
왈형왈제(曰兄曰弟) 1045
왕고내금(往古來今) 1045

왕공대인(王公大人) 1046
왕래부절(往來不絶) 1046
왕령세정(王鈴洗鼎) 1046
왕상득리(王祥得鯉) 1046
왕생극락(往生極樂) 1046
왕생안락(往生安樂) 1046
왕생일정(往生一定) 1046
왕성유세(王省惟勢) 1046
왕어천하(王於天下) 1046
왕자무외(王者無外) 1046
왕자무친(王者無親) 1047
왕자부지(往者不至) 1047
왕자불추(往者不追) 1047
왕자승세(王者乘勢) 1047
왕자지민(王者之民) 1047
왕정복고(王政復古) 1047
왕조출몰(王朝出沒) 1047
왕좌지재(王佐之材) 1047
왕척직심(枉尺直尋) 1048
왕후장상(王侯將相) 1048
왜인관장(矮人觀場) 1048
왜자간희(矮者看戱) 1048
외간남자(外間男子) 1048
외감내상(外感內傷) 1048
외감지정(外感之情) 1048
외강내유(外剛內柔) 1048
외강중건(外强中乾) 1048
외결내조(外潔內粗) 1048
외무주장(外無主張) 1049
외박사해(外薄四海) 1049
외방출입(外房出入) 1049
외본내말(外本內末) 1049
외부내빈(外富內貧) 1049
외빈내부(外貧內富) 1049
외손봉사(外孫奉祀) 1049
외수외미(畏首畏尾) 1049
외어기모(外禦其侮) 1050
외어내공(外禦內鞏) 1050
외영오적(畏影惡迹) 1050
외외당당(巍巍堂堂) 1050
외우내명(外愚內明) 1050
외유내강(外柔內剛) 1050
외유중강(外柔中剛) 1050
외정이조(外精裡粗) 1050
외직내사(外直內詐) 1050
외첨내소(外諂內疎) 1051
외촉여호(畏蜀如虎) 1051
외친내소(外親內疎) 1051
외허내실(外虛內實) 1051
외화내빈(外華內貧) 1051
외화획득(外貨獲得) 1051
외희사빙(畏犧辭聘) 1051
요가목소(蕘歌牧嘯) 1051
요개부득(搖改不得) 1051
요계지세(澆季之世) 1051
요고순목(堯鼓舜木) 1052
요귀변화(妖鬼變化) 1052
요금정옥(腰金頂玉) 1052
요동백시(遼東白豕) 1052
요동지시(遼東之豕) 1052
요두전목(搖頭顚目) 1052
요람시대(搖籃時代) 1052
요량삼일(繞梁三日) 1052
요령부득(要領不得) 1053
요료무문(寥寥無聞) 1053
요림경수(瑤林瓊樹) 1053
요미걸련(搖尾乞憐) 1053
요방득관(要放得寬) 1053
요번부중(傜煩賦重) 1053
요불승덕(妖不勝德) 1053
요산요수(樂山樂水) 1054
요생행면(僥生倖免) 1054
요순고설(搖脣鼓舌) 1054
요순시절(堯舜時節) 1054
요순지군(堯舜之君) 1054
요순지도(堯舜之道) 1054
요순지절(堯舜之節) 1054
요식행위(要式行爲) 1054
요양미정(擾攘未定) 1054
요언불번(要言不煩) 1055
요요작작(夭夭灼灼) 1055
요요정정(夭夭貞靜) 1055
요용소치(要用所致) 1055
요원지화(燎原之火) 1055
요유인흥(妖由人興) 1055
요장순단(堯長舜短) 1055
요절복통(腰折腹痛) 1055

용양호시(龍驤虎視) 1066
용언지근(庸言之謹) 1066
용여득운(龍如得雲) 1066
용왕매진(勇往邁進) 1066
용왕직전(勇往直前) 1066
용왕직진(勇往直進) 1066
용용지지(庸庸祗祗) 1066
용음호소(龍吟虎嘯) 1066
용의주도(用意周到) 1066
용인물의(用人勿疑) 1067
용자불구(勇者不懼) 1067
용장약졸(勇將弱卒) 1067
용전분투(勇戰奮鬪) 1067
용전여수(用錢如水) 1067
용전호쟁(龍戰虎爭) 1067
용종가소(龍鐘可笑) 1067
용중교교(庸中佼佼) 1067
용지불갈(用之不竭) 1067
용지약사(容止若思) 1067
용지유절(用之有節) 1068
용지유진(用之有盡) 1068
용지이례(用之以禮) 1068
용지하처(用之何處) 1068
용지허실(用之虛實) 1068
용집봉회(龍集鳳會) 1068
용추지지(用錐指地) 1068
용퇴고답(勇退高踏) 1069
용포봉적(龍脯鳳炙) 1069
용필침웅(用筆沈雄) 1069
용하경상(用下敬上) 1069
용하변이(用夏變夷) 1069
용한봉익(龍翰鳳翼) 1069
용행사장(用行舍藏) 1069
용행호보(龍行虎步) 1069
용형삼등(用刑三等) 1069
용호상박(龍虎相搏) 1070
용혹무괴(容或無怪) 1070
용흥치운(龍興致雲) 1070
우각괘서(牛角掛書) 1070
우각괴장(牛角壞牆) 1070
우각지가(牛角之歌) 1070
우각지서(牛角之書) 1070
우고좌면(右顧左眄) 1071
우공고문(于公高門) 1071
우공이산(愚公移山) 1071
우국단충(憂國丹忠) 1071
우국봉공(憂國奉公) 1071
우국지사(憂國之士) 1071
우국지심(憂國之心) 1071
우국진충(憂國盡忠) 1071
우국충정(憂國衷情) 1071
우귀사신(牛鬼蛇神) 1072
우기동조(牛驥同皁) 1072
우기청호(雨奇晴好) 1072
우단사련(藕斷絲連) 1072
우답불파(牛踏不破) 1072
우대우강(又大又强) 1072
우도할계(牛刀割鷄) 1072
우동마졸(牛童馬卒) 1072
우두마두(牛頭馬頭) 1072
우두마면(牛頭馬面) 1073
우두아방(牛頭阿旁) 1073
우두천왕(牛頭天王) 1073
우로지은(雨露之恩) 1073
우로지택(雨露之澤) 1073
우로풍상(雨露風霜) 1073
우리지당(牛李之黨) 1073
우립연사(雨笠煙簑) 1073
우마지역(牛馬之域) 1073
우맹의관(優孟衣冠) 1073
우모인각(牛毛麟角) 1074
우문우답(愚問愚答) 1074
우문좌무(右文左武) 1074
우문현답(愚問賢答) 1074
우문흥유(佑文興儒) 1074
우민정책(愚民政策) 1074
우방수방(盂方水方) 1074
우범지대(虞犯地帶) 1074
우부우맹(愚夫愚氓) 1074
우부우부(愚夫愚婦) 1074
우불파괴(雨不破塊) 1075
우사생풍(遇事生風) 1075
우사풍편(雨絲風片) 1075
우상숭배(偶像崇拜) 1075
우생마사(牛生馬死) 1075
우서지경(羽書之警) 1075
우세지사(憂世之士) 1075

우수마발(牛溲馬勃) 1076
우수마육(牛首馬肉) 1076
우수불함(牛遂不陷) 1076
우순풍조(雨順風調) 1076
우승열패(優勝劣敗) 1076
우시물주(憂時勿酒) 1076
우심경경(憂心京京) 1076
우심여취(憂心如醉) 1076
우심유유(憂心愈愈) 1076
우양시약(雨暘時若) 1076
우양회명(雨暘晦明) 1077
우여거축(雨如車軸) 1077
우여곡절(迂餘曲折) 1077
우열난분(優劣難分) 1077
우예지소(虞芮之訴) 1077
우예지송(虞芮之訟) 1077
우왕마왕(牛往馬往) 1077
우왕좌왕(右往左往) 1077
우우지도(友于之道) 1077
우우지정(友于之情) 1078
우월복합(優越複合) 1078
우유도일(優遊度日) 1078
우유부단(優柔不斷) 1078
우유불박(優遊不迫) 1078
우유염어(優柔厭飫) 1078
우유자적(優遊自適) 1078
우유함영(優游涵泳) 1078
우음마식(牛飮馬食) 1078
우읍뇌호(雨泣雷號) 1079
우의소설(寓意小說) 1079
우이독경(牛耳讀經) 1079
우이득중(偶爾得中) 1079
우이송경(牛耳誦經) 1079
우이유지(優而柔之) 1079
우이효지(尤而效之) 1079
우익이성(羽翼已成) 1079
우입서혈(牛入鼠穴) 1079
우자불급(愚者不及) 1079
우자일득(愚者一得) 1080
우자천려(愚者千慮) 1080
우재유재(優哉游哉) 1080
우정계팽(牛鼎鷄烹) 1080
우정지의(牛鼎之意) 1080
우정팽계(牛鼎烹鷄) 1080
우제지어(牛蹄之魚) 1080
우주시원(宇宙始源) 1080
우주창생(宇宙創生) 1081
우주창조(宇宙創造) 1081
우주홍황(宇宙洪荒) 1081
우중산수(雨中山水) 1081
우즉기울(憂則氣鬱) 1081
우직지계(迂直之計) 1081
우집운산(雨集雲散) 1081
우천순연(雨天順延) 1081
우청타자(紆青拖紫) 1081
우충참적(愚忠讒賊) 1081
우풍자우(友風子雨) 1082
우학풍도(雨虐風饕) 1082
우핵비육(羽翮飛肉) 1082
우행순추(禹行舜趨) 1082
우화등선(羽化登仙) 1082
우환승마(牛換乘馬) 1082
우환질고(憂患疾苦) 1082
우후사초(牛後捨草) 1083
우후사추(牛後捨蒭) 1083
우후죽순(雨後竹筍) 1083
우후치추(牛後置蒭) 1083
우후투추(牛後投蒭) 1083
욱욱청청(郁郁青青) 1083
욱일승천(旭日昇天) 1083
운개견일(雲開見日) 1083
운권천청(雲捲天晴) 1083
운근성풍(運斤成風) 1083
운니지차(雲泥之差) 1084
운니홍조(雲泥鴻爪) 1084
운도시래(運到時來) 1084
운둔뇌치(雲屯雷馳) 1084
운등치우(雲騰致雨) 1084
운룡풍호(雲龍風虎) 1084
운무회명(雲霧晦冥) 1084
운부천부(運否天賦) 1084
운빈화용(雲鬢花容) 1084
운산무산(雲散霧散) 1084
운산무소(雲散霧消) 1085
운산조몰(雲散鳥沒) 1085
운상기품(雲上氣稟) 1085
운서간음(雲棲澗飮) 1085

운소무산(雲宵霧散) 1085
운수반시(運水搬柴) 1085
운수불길(運數不吉) 1085
운수비동(雲水飛動) 1085
운수소관(運數所關) 1085
운수지회(雲樹之懷) 1085
운심월성(雲心月性) 1085
운야산야(雲耶山耶) 1085
운연과안(雲煙過眼) 1086
운연비동(雲煙飛動) 1086
운영도성(雲影濤聲) 1086
운예지망(雲霓之望) 1086
운외창천(雲外蒼天) 1086
운용지묘(運用之妙) 1086
운우무산(雲雨巫山) 1086
운우지락(雲雨之樂) 1087
운우지정(雲雨之情) 1087
운주유악(運籌帷幄) 1087
운중백학(雲中白鶴) 1087
운증용변(雲蒸龍變) 1087
운증초윤(雲蒸礎潤) 1087
운지장상(運之掌上) 1088
운집무산(雲集霧散) 1088
운파월래(雲破月來) 1088
운합무집(雲合霧集) 1088
운행우시(雲行雨施) 1088
울울불락(鬱鬱不樂) 1088
울울성병(鬱鬱成病) 1088
울울창창(鬱鬱蒼蒼) 1088
웅경조신(熊經鳥申) 1088
웅계단미(熊鷄斷尾) 1089
웅계야명(雄鷄夜鳴) 1089
웅도거읍(雄都巨邑) 1089
웅문거벽(雄文巨擘) 1089
웅문대필(雄文大筆) 1089
웅비지력(熊羆之力) 1089
웅사굉변(雄辭宏辯) 1089
웅심아건(雄深雅健) 1089
웅장여어(熊掌與魚) 1089
웅재대략(雄才大略) 1090
웅주거목(雄州巨牧) 1090
웅주거읍(雄州巨邑) 1090
웅창자화(雄唱雌和) 1090
웅호지장(熊虎之將) 1090
원개방저(圓蓋方底) 1090
원거원처(爰居爰處) 1090
원경백속(元輕白俗) 1090
원고증금(援古證今) 1090
원공방목(圓孔方木) 1090
원교근공(遠交近攻) 1091
원굴옹알(寃屈壅閼) 1091
원규지진(元規之塵) 1091
원두방족(圓頭方足) 1091
원려근우(遠慮近憂) 1091
원로방지(圓顱方趾) 1091
원로지도(圓顱之徒) 1092
원로행역(遠路行役) 1092
원룡고와(元龍高臥) 1092
원막치지(遠莫致之) 1092
원명별응(黿鳴鼈應) 1092
원목경침(圓木警枕) 1092
원불실수(原不失手) 1092
원비지세(猿臂之勢) 1092
원사해골(願賜骸骨) 1092
원상춘릉(原嘗春陵) 1093
원성자자(怨聲藉藉) 1093
원수근화(遠水近火) 1093
원수불구(遠水不救) 1093
원수치부(怨讎置簿) 1093
원시천존(元始天尊) 1093
원실돈오(圓實頓悟) 1093
원악대대(元惡大憝) 1093
원앙금침(鴛鴦衾枕) 1093
원앙지계(鴛鴦之契) 1094
원원이래(源源而來) 1094
원원지수(源遠之水) 1094
원융무애(圓融無碍) 1094
원일조하(元日朝賀) 1094
원입골수(怨入骨髓) 1094
원자자친(遠者自親) 1094
원전매매(原田每每) 1094
원전활탈(圓轉滑脫) 1094
원정흑의(圓頂黑衣) 1094
원조방예(圓鑿方枘) 1095
원족근린(遠族近隣) 1095
원종공신(原從功臣) 1095
원증회고(怨憎會苦) 1095

원지예란(沅芷澧蘭) 1095
원천우인(怨天尤人) 1095
원철골수(怨徹骨髓) 1095
원통대사(圓通大士) 1095
원학사충(猿鶴沙蟲) 1095
원형이정(元亨利貞) 1096
원화소복(遠禍召福) 1096
원후취월(猿猴取月) 1096
월견폐설(越犬吠雪) 1096
월경내면(越境乃免) 1096
월광독서(月光讀書) 1096
월국이문(越國而問) 1096
월궁항아(月宮姮娥) 1097
월권행위(越權行爲) 1097
월녀제희(越女齊姬) 1097
월도관새(越度關塞) 1097
월려우기(月麗于箕) 1097
월려우필(月麗于畢) 1097
월령체가(月令體歌) 1097
월로적승(月老赤繩) 1097
월로지학(月露之學) 1097
월만즉휴(月滿則虧) 1098
월명성희(月明星稀) 1098
월반지사(越畔之思) 1098
월백풍청(月白風淸) 1098
월시진척(越視秦瘠) 1098
월영즉식(月盈則食) 1098
월장성구(月章星句) 1098
월조남지(越鳥南枝) 1098
월조대포(越俎代庖) 1099
월조지죄(越俎之罪) 1099
월조지혐(越俎之嫌) 1099
월진승선(越津乘船) 1099
월태화용(月態花容) 1099
월하노인(月下老人) 1099
월하빙인(月下氷人) 1099
위계질서(位階秩序) 1099
위고금다(位高金多) 1099
위고망중(位高望重) 1100
위고포피(韋袴布被) 1100
위관택인(爲官擇人) 1100
위국진충(爲國盡忠) 1100
위국충절(爲國忠節) 1100
위귀소소(爲鬼所笑) 1100
위극인신(位極人臣) 1100
위급존망(危急存亡) 1100
위기십결(圍棋十訣) 1100
위기일발(危機一髮) 1101
위기지학(爲己之學) 1101
위노위비(爲奴爲婢) 1101
위다안소(危多安少) 1101
위도간예(違道干譽) 1101
위려마도(爲礪磨刀) 1101
위력성당(威力成黨) 1101
위령숭배(偉靈崇拜) 1101
위록위마(謂鹿爲馬) 1101
위륜위탄(爲輪爲彈) 1101
위리안치(圍籬安置) 1102
위무경문(緯武經文) 1102
위무불굴(威武不屈) 1102
위미부진(萎靡不振) 1102
위민봉사(爲民奉仕) 1102
위민부모(爲民父母) 1102
위방불입(危邦不入) 1102
위법자폐(爲法自弊) 1102
위부불인(爲富不仁) 1103
위불기교(位不期驕) 1103
위불선변(爲不善變) 1103
위불위간(爲不爲間) 1103
위비언고(位卑言高) 1103
위사좌갑(衛士坐甲) 1103
위선부동(爲善不同) 1103
위선지도(爲先之道) 1103
위소지회(葦巢之悔) 1104
위수강운(渭樹江雲) 1104
위수자명(爲豎子名) 1104
위수진적(渭水盡赤) 1104
위신지도(爲臣之道) 1104
위약조로(危若朝露) 1104
위어누란(危於累卵) 1104
위어조자(謂語助者) 1104
위여누란(危如累卵) 1104
위여일발(危如一髮) 1104
위여현선(危如懸線) 1105
위연구어(爲淵敺魚) 1105
위운위우(爲雲爲雨) 1105
위위구조(圍魏救趙) 1105

위의당당(威儀堂堂) 1105
위이불맹(威而不猛) 1105
위인모충(爲人謀忠) 1105
위인설관(爲人設官) 1105
위인설항(爲人說項) 1105
위인자자(爲人子者) 1106
위인작가(爲人作嫁) 1106
위인택관(爲人擇官) 1106
위일능사(爲一能事) 1106
위자손계(爲子孫計) 1106
위자요황(魏紫姚黃) 1106
위자지도(爲子之道) 1106
위재조석(危在朝夕) 1106
위정재인(爲政在人) 1106
위정지요(爲政之要) 1107
위정척사(衛正斥邪) 1107
위정청명(爲政淸明) 1107
위지삼잡(圍之三匝) 1107
위지협지(威之脅之) 1107
위총구작(爲叢驅雀) 1107
위친지도(爲親之道) 1107
위편삼절(韋編三絶) 1107
위풍늠름(威風凜凜) 1107
위풍당당(威風堂堂) 1108
위피공사(違避公事) 1108
위학삼요(爲學三要) 1108
위험천만(危險千萬) 1108
위현지패(韋弦之佩) 1108
위호부익(爲虎傅翼) 1108
위호작창(爲虎作倀) 1108
유각서주(有脚書廚) 1108
유각양춘(有脚陽春) 1108
유감천만(遺憾千萬) 1109
유거유상(游居有常) 1109
유경유중(有輕有重) 1109
유공불급(猶恐不及) 1109
유공불이(有空不二) 1109
유공실지(惟恐失之) 1109
유공유문(唯恐有聞) 1109
유과즉개(有過則改) 1109
유교무류(有敎無類) 1110
유구기미(唯求其美) 1110
유구기수(惟口起羞) 1110
유구무언(有口無言) 1110
유구무행(有口無行) 1110
유구불언(有口不言) 1110
유군후국(遺君後國) 1110
유궐물보(有闕勿補) 1110
유근유공(惟勤有功) 1111
유금삭석(流金鑠石) 1111
유금초토(流金焦土) 1111
유난무난(有難無難) 1111
유년사주(流年四柱) 1111
유능제강(柔能制剛) 1111
유대지신(有待之身) 1111
유도대신(留都大臣) 1111
유도대장(留都大將) 1111
유도여지(遊刀餘地) 1112
유도즉현(有道則見) 1112
유동가장(踰東家牆) 1112
유두무미(有頭無尾) 1112
유두분면(油頭粉面) 1112
유두유미(有頭有尾) 1112
유래지풍(由來之風) 1112
유려이이(有厲利已) 1112
유련황락(流連荒樂) 1113
유련황망(流連荒亡) 1113
유령시종(惟令是從) 1113
유록화홍(柳綠花紅) 1113
유리개걸(流離丐乞) 1113
유리걸식(流離乞食) 1113
유리표박(流離漂迫) 1113
유만부동(類萬不同) 1113
유명무실(有名無實) 1113
유명시청(唯命是聽) 1113
유무과례(有毋過禮) 1114
유무상생(有無相生) 1114
유무상통(有無相通) 1114
유무죄간(有無罪間) 1114
유물숭배(遺物崇拜) 1114
유물유칙(有物有則) 1114
유물존칙(有物存則) 1114
유미도안(柳眉桃顔) 1114
유민가외(唯民可畏) 1114
유박불수(帷薄不修) 1115
유박유후(有薄有厚) 1115
유방백세(流芳百世) 1115

유방유토(有邦有土) 1115
유방후세(流芳後世) 1115
유법어법(有法於法) 1115
유변강야(柔變剛也) 1115
유복지인(有福之人) 1115
유복지친(有服之親) 1115
유부유자(猶父猶子) 1116
유불여무(有不如無) 1116
유불여불(唯佛與佛) 1116
유비무환(有備無患) 1116
유사무역(有死無易) 1116
유사비구(遊辭費句) 1116
유사이래(有史以來) 1116
유사이전(有史以前) 1116
유사입검(由奢入儉) 1116
유사지심(有死之心) 1117
유사지추(有事之秋) 1117
유산오계(遊山五戒) 1117
유상곡수(流觴曲水) 1117
유상몰수(有償沒收) 1117
유상무상(有象無象) 1117
유색완용(愉色婉容) 1117
유생개곡(有生皆哭) 1117
유성광저(流星光底) 1118
유성죽흉(有成竹胸) 1118
유소불위(有所不爲) 1118
유소불인(有所不忍) 1118
유속헐후(猶屬歇後) 1118
유손초립(幼孫草笠) 1118
유수객토(流水客土) 1118
유수광음(流水光陰) 1118
유수도식(遊手徒食) 1119
유수불부(流水不腐) 1119
유수불업(遊手不業) 1119
유수일인(唯授一人) 1119
유수존언(有數存焉) 1119
유시무종(有始無終) 1119
유시유졸(有始有卒) 1119
유시유종(有始有終) 1119
유식지민(遊食之民) 1119
유신지초(維新之初) 1119
유실난봉(有實難捧) 1119
유실무실(有實無實) 1120
유심연가(有心連歌) 1120
유심정토(唯心淨土) 1120
유아독존(唯我獨尊) 1120
유아이사(由我而死) 1120
유아지탄(由我之歎) 1120
유악지신(帷幄之臣) 1120
유암화명(柳暗花明) 1120
유야무야(有耶無耶) 1121
유어유수(猶魚有水) 1121
유어출청(游魚出聽) 1121
유언묵행(儒言墨行) 1121
유언불신(有言不信) 1121
유언비어(流言蜚語) 1121
유언혹중(流言惑衆) 1121
유여강토(柔茹剛吐) 1122
유여열반(有餘涅槃) 1122
유여충이(褎如充耳) 1122
유연노장(幽燕老將) 1122
유연무연(有緣無緣) 1122
유연전술(柔軟戰術) 1122
유연중생(有緣衆生) 1122
유예미결(猶豫未決) 1122
유왕유격(愈往愈激) 1122
유왕유독(愈往愈篤) 1122
유왕유심(愈往愈甚) 1123
유우지병(幽憂之病) 1123
유운경룡(游雲驚龍) 1123
유운지장(猶運之掌) 1123
유원능이(柔遠能邇) 1123
유월비상(六月飛霜) 1123
유위변전(有爲變轉) 1123
유위부족(猶爲不足) 1123
유위지사(有爲之士) 1123
유유검이(惟有劍耳) 1124
유유낙락(唯唯諾諾) 1124
유유도일(悠悠度日) 1124
유유범범(悠悠泛泛) 1124
유유상종(類類相從) 1124
유유자적(悠悠自適) 1124
유유창천(悠悠蒼天) 1124
유유한한(悠悠閑閑) 1124
유의감식(褕衣甘食) 1124
유의막수(有意莫遂) 1124
유의미수(有意未遂) 1125

음양상균(陰陽相均) 1145
음양상박(陰陽相薄) 1145
음양상생(陰陽相生) 1145
음양시대(陰陽時貸) 1145
음양쌍보(陰陽雙補) 1145
음양조화(陰陽調和) 1145
음양조화(陰陽造化) 1145
음양지교(陰陽之交) 1145
음양지락(陰陽之樂) 1145
음양지리(陰陽之理) 1145
음양착행(陰陽錯行) 1146
음양화합(陰陽和合) 1146
음여정통(音與政通) 1146
음오질타(喑噁叱咤) 1146
음우지비(陰雨之備) 1146
음우회명(陰雨晦冥) 1146
음유시인(吟遊詩人) 1146
음음적막(陰陰寂莫) 1146
음자호산(淫者好酸) 1146
음주고회(飮酒高會) 1146
음지책훈(陰至策勳) 1147
음풍농월(吟風弄月) 1147
음풍영월(吟風咏月) 1147
음하만복(飮河滿腹) 1147
음회세위(飮灰洗胃) 1147
음훼독편(淫喙毒鞭) 1147
읍각부동(邑各不同) 1147
읍견군폐(邑犬群吠) 1147
읍양구분(揖讓救焚) 1147
읍양지풍(揖讓之風) 1148
읍읍불락(悒悒不樂) 1148
읍참마속(泣斬馬謖) 1148
읍피주자(挹彼注玆) 1148
응격모지(鷹擊毛摯) 1148
응구첩대(應口輒對) 1148
응급조치(應急措置) 1148
응대여류(應對如流) 1148
응린악립(鷹瞵鶚立) 1149
응문팔습(應門八襲) 1149
응물무적(應物無迹) 1149
응부지조(應符之兆) 1149
응시이출(應時而出) 1149
응작여시(應作如是) 1149
응장성식(凝粧盛飾) 1149
응전지지(鷹鸇之志) 1149
응접무가(應接無暇) 1149
응접불가(應接不暇) 1149
응접불황(應接不遑) 1150
응천순인(應天順人) 1150
응현이도(應弦而倒) 1150
응형무궁(應形無窮) 1150
의가반낭(衣架飯囊) 1150
의가지락(宜家之樂) 1150
의각지세(犄角之勢) 1150
의갈대삭(衣褐帶索) 1150
의결구천(衣結屨穿) 1150
의공희학(懿公喜鶴) 1151
의관구체(衣冠狗彘) 1151
의관문물(衣冠文物) 1151
의관부정(衣冠不正) 1151
의관성사(衣冠盛事) 1151
의관열파(衣冠裂破) 1151
의관장세(倚官仗勢) 1151
의관정제(衣冠整齊) 1151
의관지도(衣冠之盜) 1152
의관지인(衣冠之人) 1152
의관지회(衣冠之會) 1152
의구전설(義狗傳說) 1152
의금경의(衣錦褧衣) 1152
의금귀향(衣錦歸鄕) 1152
의금상경(衣錦尙絅) 1152
의금야행(衣錦夜行) 1152
의금주행(衣錦晝行) 1152
의금지영(衣錦之榮) 1152
의금환향(衣錦還鄕) 1153
의기남아(義氣男兒) 1153
의기남자(義氣男子) 1153
의기상투(意氣相投) 1153
의기소침(意氣銷沈) 1153
의기양양(意氣揚揚) 1153
의기저상(意氣沮喪) 1153
의기충천(意氣衝天) 1153
의기투합(意氣投合) 1153
의념왕생(意念往生) 1153
의대반사(衣襨頒賜) 1153
의대중찬(衣帶中贊) 1154
의동일실(義同一室) 1154

이국편민(利國便民) 1163
이군삭거(離群索居) 1163
이군절속(離群絶俗) 1163
이극구당(履屐俱當) 1163
이극지재(履屐之才) 1164
이금심도(以琴心挑) 1164
이기본위(利己本位) 1164
이기애타(利己愛他) 1164
이기포과(以杞包瓜) 1164
이김봉석(李金逢石) 1164
이난삼구(二難三懼) 1164
이농향도(離農向都) 1165
이단격장(以短擊長) 1165
이단사설(異端邪說) 1165
이당공당(以短攻短) 1165
이대격소(以大擊小) 1165
이대동조(異代同調) 1165
이대사소(以大事小) 1165
이덕보덕(以德報德) 1165
이덕보원(以德報怨) 1166
이덕복인(以德服人) 1166
이도삼도(二度三度) 1166
이도요병(以道療病) 1166
이도헌면(泥塗軒冕) 1166
이독공독(以毒攻毒) 1166
이독제독(以毒制毒) 1166
이두유묵(以頭濡墨) 1166
이두자검(以豆自檢) 1166
이두창지(以頭搶地) 1167
이득비상(以得裨喪) 1167
이란격석(以卵擊石) 1167
이란투석(以卵投石) 1167
이랍대신(以蠟代薪) 1167
이래이거(移來移去) 1167
이려측해(以蠡測海) 1167
이력가인(以力假仁) 1167
이력복인(以力服人) 1168
이령지혼(利令智昏) 1168
이로동귀(異路同歸) 1168
이로정연(理路整然) 1168
이룡지주(驪龍之珠) 1168
이루지명(離婁之明) 1168
이리승란(以理乘亂) 1168
이린위학(以隣爲壑) 1168
이만융적(夷蠻戎狄) 1169
이망지어(罹網之魚) 1169
이매망량(魑魅魍魎) 1169
이면부지(裏面不知) 1169
이모상마(以毛相馬) 1169
이모지년(二毛之年) 1169
이모취인(以貌取人) 1169
이목괘명(移木掛名) 1169
이목구비(耳目口鼻) 1169
이목지관(耳目之官) 1170
이목지사(耳目之司) 1170
이목지신(移木之信) 1170
이목지신(耳目之臣) 1170
이목지욕(耳目之慾) 1170
이목총명(耳目聰明) 1170
이묘역묘(以猫易猫) 1170
이문목견(耳聞目見) 1170
이문회우(以文會友) 1171
이미지명(以微知明) 1171
이민위천(以民爲天) 1171
이발지시(已發之矢) 1171
이백과포(以帛裹布) 1171
이백기경(李白騎鯨) 1171
이법종사(以法從事) 1171
이변식지(以辯飾知) 1171
이부동모(異父同母) 1171
이불도천(泥佛渡川) 1172
이불리간(利不利間) 1172
이불중간(二佛中間) 1172
이불휼위(嫠不恤緯) 1172
이비곡직(理非曲直) 1172
이사위경(以史爲鏡) 1172
이사위한(以死爲限) 1172
이사자서(以死自誓) 1172
이산발천(履山跋川) 1172
이산집합(離散集合) 1173
이삼기덕(二三其德) 1173
이상가리(利上加利) 1173
이상생리(利上生利) 1173
이상지계(履霜之戒) 1173
이생방편(利生方便) 1173
이생지물(易生之物) 1173
이서교등(二鼠嚙藤) 1173

이서역묘(以鼠易猫) 1173
이서위박(以鼠爲璞) 1173
이석격석(以石擊石) 1174
이석경후(離石卿侯) 1174
이석추호(利析秋毫) 1174
이석투수(以石投水) 1174
이선복인(以善服人) 1174
이선양인(以善養人) 1174
이섭대천(利涉大川) 1174
이성지경(異姓之卿) 1174
이성지국(異姓之國) 1175
이성지합(二姓之合) 1175
이성지합(異姓之合) 1175
이성지호(二姓之好) 1175
이세동조(異世同調) 1175
이세부득(二世不得) 1175
이세안락(二世安樂) 1175
이소고연(理所固然) 1175
이소능장(以少凌長) 1175
이소당연(理所當然) 1175
이소벌대(以小伐大) 1176
이소사대(以小事大) 1176
이소석교(離疏釋蹻) 1176
이소성대(以小成大) 1176
이소역대(以小易大) 1176
이속우원(耳屬于垣) 1176
이수구수(以水救水) 1176
이수함옥(泥首含玉) 1176
이순토역(以順討逆) 1176
이승양석(以升量石) 1176
이시목청(耳視目聽) 1177
이식위천(以食爲天) 1177
이식지도(耳食之徒) 1177
이식포아(以食飽我) 1177
이신간구(以新間舊) 1177
이신벌군(以臣伐君) 1177
이신순리(以身殉利) 1177
이신양성(頤神養性) 1177
이신역물(以身役物) 1177
이신체군(以臣替君) 1178
이신칭의(以信稱義) 1178
이신허국(以身許國) 1178
이실고지(以實告之) 1178
이실직고(以實直告) 1178
이심각지(以心卻之) 1178
이심이덕(離心離德) 1178
이심전심(以心傳心) 1178
이십사기(二十四氣) 1178
이십사시(二十四時) 1179
이십사절(二十四節) 1179
이십이관(二十而冠) 1179
이십팔수(二十八宿) 1179
이약동무(鯉躍鯛舞) 1179
이양역우(以羊易牛) 1180
이언취인(以言取人) 1180
이얼능적(以孽凌嫡) 1180
이여반장(易如反掌) 1180
이여지교(爾汝之交) 1180
이역만리(異域萬里) 1180
이역부득(移易不得) 1180
이역지귀(異域之鬼) 1180
이연지사(已然之事) 1180
이열당원(以悅當怨) 1181
이열부인(以悅婦人) 1181
이열치열(以熱治熱) 1181
이엽장목(以葉障目) 1181
이오전오(以誤傳誤) 1181
이와전와(以訛傳訛) 1181
이왕지사(已往之事) 1181
이용소비(利用消費) 1181
이용후생(利用厚生) 1181
이우보인(以友輔仁) 1181
이우입해(泥牛入海) 1182
이우지유(犁牛之喩) 1182
이위난진(以僞亂眞) 1182
이유극강(以柔克剛) 1182
이육거의(以肉去蟻) 1182
이율배반(二律背反) 1182
이의물론(已矣勿論) 1182
이의삼심(二意三心) 1182
이의온아(以衣溫我) 1182
이의제사(以義制事) 1183
이이공이(以夷攻夷) 1183
이이목지(耳而目之) 1183
이이제이(以夷制夷) 1183
이익대영(以杙代楹) 1183
이인위감(以人爲鑑) 1183

이인위경(以人爲鏡) 1183
이인위미(里仁爲美) 1183
이인치인(以人治人) 1183
이인투어(以蚓投魚) 1184
이일경백(以一警百) 1184
이일대로(以佚待勞) 1184
이일대로(以逸待勞) 1184
이일적로(以逸敵勞) 1184
이일지만(以一知萬) 1184
이자선일(二者選一) 1184
이자종화(利字從禾) 1184
이자택일(二者擇一) 1184
이장격단(以長擊短) 1185
이장보단(以長補短) 1185
이재발신(以財發身) 1185
이재전토(利在田土) 1185
이적초앙(以積招殃) 1185
이적행위(利敵行爲) 1185
이전대봉(以錢代捧) 1185
이전투구(泥田鬪狗) 1185
이제면명(耳提面命) 1186
이제삼왕(二帝三王) 1186
이조실록(李朝實錄) 1186
이존보망(以存補亡) 1186
이주섭산(理舟涉山) 1186
이주탄작(以珠彈雀) 1186
이중과세(二重過歲) 1186
이중과세(二重課稅) 1186
이중부정(二重否定) 1186
이중유동(異中有同) 1186
이중인격(二重人格) 1187
이중해심(利重害深) 1187
이지기사(頤指氣使) 1187
이지소재(利之所在) 1187
이지측해(以指測海) 1187
이직보원(以直報怨) 1187
이진지인(易進之人) 1187
이차어피(以此於彼) 1187
이차이피(以此以彼) 1187
이차전령(以次傳令) 1188
이천사일(移天徙日) 1188
이천식천(以天食天) 1188
이천역일(移天易日) 1188
이천착호(以天捉虎) 1188
이체동심(異體同心) 1188
이체동종(異體同種) 1188
이촌향도(離村向都) 1188
이충기대(以充其代) 1188
이침조리(以針釣鯉) 1188
이탕옥비(以湯沃沸) 1188
이탕요설(以湯澆雪) 1189
이판사판(理判事判) 1189
이팔방년(二八芳年) 1189
이포역포(以暴易暴) 1189
이풍역속(移風易俗) 1189
이하조리(以蝦釣鯉) 1189
이하지관(李下之冠) 1189
이학구익(以學求益) 1190
이합집산(離合集散) 1190
이해관두(利害關頭) 1190
이해득실(利害得失) 1190
이해불계(利害不計) 1190
이해상반(利害相半) 1190
이해타산(利害打算) 1190
이혈세혈(以血洗血) 1190
이화구화(以火救火) 1190
이화위귀(以和爲貴) 1191
이화접목(移花接木) 1191
이효상효(以孝傷孝) 1191
이후지사(以後之事) 1191
익불사숙(弋不射宿) 1191
익시구폐(益時救弊) 1191
익자삼요(益者三樂) 1191
익자삼우(益者三友) 1191
익적소성(匿跡消聲) 1192
인각유우(人各有耦) 1192
인간고해(人間苦海) 1192
인간공도(人間公道) 1192
인간관계(人間關係) 1192
인간벽력(人間霹靂) 1192
인간소외(人間疎外) 1192
인걸지령(人傑地靈) 1192
인격도야(人格陶冶) 1192
인곤마핍(人困馬乏) 1193
인과관계(因果關係) 1193
인과보응(因果報應) 1193
인과응보(因果應報) 1193

인유삼원(人有三怨) 1203
인유상례(人有常禮) 1203
인유실의(引喩失義) 1203
인육시장(人肉市場) 1203
인의예지(仁義禮智) 1203
인의지도(仁義之道) 1203
인의지병(仁義之兵) 1203
인의지정(仁義之情) 1203
인의지풍(仁義之風) 1204
인의충효(仁義忠孝) 1204
인이불발(引而不發) 1204
인인성사(因人成事) 1204
인일폐식(因噎廢食) 1204
인자무적(仁者無敵) 1204
인자불우(仁者不憂) 1204
인자안인(仁者安仁) 1204
인자요산(仁者樂山) 1205
인자은측(仁慈隱惻) 1205
인자호생(仁者好生) 1205
인잠우상(鱗潛羽翔) 1205
인장묘발(寅葬卯發) 1205
인재시교(因材施敎) 1205
인적미답(人跡未踏) 1205
인적부도(人跡不到) 1205
인적위자(因敵爲資) 1205
인적위자(認賊爲子) 1206
인점의마(仁漸義摩) 1206
인정물태(人情物態) 1206
인정세태(人情世態) 1206
인정승천(人定勝天) 1206
인중기기(人中騏驥) 1206
인중사자(人中獅子) 1206
인중승천(人衆勝天) 1206
인중지말(人中之末) 1206
인지미발(人智未發) 1206
인지상정(人之常情) 1207
인지생소(人地生疎) 1207
인지성수(人之性壽) 1207
인지수경(人之水鏡) 1207
인지안택(人之安宅) 1207
인지위덕(忍之爲德) 1207
인지위상(忍之爲上) 1207
인지의진(仁至義盡) 1207
인지준승(人之準繩) 1208
인지지화(麟趾之化) 1208
인책사직(引責辭職) 1208
인천안목(人天眼目) 1208
인청미염(人聽未厭) 1208
인추자고(引錐刺股) 1208
인패위공(因敗爲功) 1208
인패위성(因敗爲成) 1208
인평불언(人平不言) 1209
인해전술(人海戰術) 1209
인향만리(人香萬里) 1209
인홀불견(因忽不見) 1209
인화단결(人和團結) 1209
인화위복(因禍爲福) 1209
인후지지(咽喉之地) 1209
인희지광(人稀地廣) 1209
일가권속(一家眷屬) 1209
일가단란(一家團欒) 1209
일가문중(一家門中) 1210
일가월증(日加月增) 1210
일가쟁춘(一家爭春) 1210
일가지친(一家之親) 1210
일가친지(一家親知) 1210
일가친척(一家親戚) 1210
일각삼례(一刻三禮) 1210
일각삼추(一刻三秋) 1210
일각일각(一刻一刻) 1210
일각천금(一刻千金) 1210
일각천추(一刻千秋) 1211
일간두옥(一間斗屋) 1211
일간망찬(日旰忘餐) 1211
일간초옥(一間草屋) 1211
일간풍월(一竿風月) 1211
일개서생(一介書生) 1211
일개월화(日改月化) 1211
일거양득(一擧兩得) 1211
일거양실(一擧兩失) 1212
일거양용(一擧兩用) 1212
일거양전(一擧兩全) 1212
일거월제(日居月諸) 1212
일거이득(一擧二得) 1212
일거일동(一擧一動) 1212
일거일래(一去一來) 1212
일거천리(一擧千里) 1212

일률천편(一律千篇) 1222
일릉월체(日陵月替) 1222
일리일해(一利一害) 1222
일리일후(一里一堠) 1222
일립만배(一粒萬倍) 1222
일망무애(一望無涯) 1222
일망무제(一望無際) 1222
일망지하(一望之下) 1222
일망천리(一望千里) 1222
일망타진(一網打盡) 1222
일맥상통(一脈相通) 1222
일면구금(一面驅禽) 1223
일면부지(一面不知) 1223
일면여구(一面如舊) 1223
일면지분(一面之分) 1223
일면지영(一面之榮) 1223
일명경인(一鳴驚人) 1223
일명불시(一瞑不視) 1223
일명일암(一明一暗) 1223
일명지척(一鳴之斥) 1223
일모다빈(一牡多牝) 1223
일모도궁(日暮途窮) 1223
일모도원(日暮途遠) 1224
일모불발(一毛不拔) 1224
일모불백(一毛不白) 1224
일목난지(一木難支) 1224
일목십행(一目十行) 1224
일목요연(一目瞭然) 1224
일목일초(一木一草) 1224
일목지지(一木之枝) 1224
일몰이휴(日沒而休) 1225
일무가관(一無可觀) 1225
일무가론(一無可論) 1225
일무가취(一無可取) 1225
일무소득(一無所得) 1225
일무소식(一無消息) 1225
일무소장(一無所長) 1225
일무소취(一無所取) 1225
일무실착(一無失錯) 1225
일무차착(一無差錯) 1225
일문백홀(一門百笏) 1225
일문보문(一門普門) 1225
일문불통(一文不通) 1225
일문일답(一問一答) 1226
일문일족(一門一族) 1226
일문지내(一門之內) 1226
일물일루(一物一累) 1226
일미도당(一味徒黨) 1226
일미동심(一味同心) 1226
일미일악(溢美溢惡) 1226
일박서산(日薄西山) 1226
일반전표(一斑全豹) 1226
일반지덕(一飯之德) 1227
일반지보(一飯之報) 1227
일반지은(一飯之恩) 1227
일반천금(一飯千金) 1227
일발불백(一髮不白) 1227
일발천균(一髮千鈞) 1227
일발필중(一發必中) 1227
일방지예(一方之藝) 1227
일방지임(一方之任) 1227
일방포수(一方砲手) 1228
일배일배(一杯一杯) 1228
일백오일(一百五日) 1228
일벌백계(一罰百戒) 1228
일별삼춘(一別三春) 1228
일병식재(一病息災) 1228
일병일발(一甁一鉢) 1228
일보불양(一步不讓) 1228
일보일천(一步一喘) 1228
일봉서한(一封書翰) 1228
일부다처(一夫多妻) 1229
일부당관(一夫當關) 1229
일부시종(一部始終) 1229
일부일부(一夫一婦) 1229
일부종사(一夫從事) 1229
일부종신(一夫終身) 1229
일부중휴(一傅衆咻) 1229
일부투족(一不投足) 1229
일분일기(一僨一起) 1229
일불가급(日不暇給) 1229
일불가휴(日不暇休) 1230
일불거론(一不擧論) 1230
일불국토(一佛國土) 1230
일불성도(一佛成道) 1230
일불세계(一佛世界) 1230
일불이구(日不移晷) 1230

일불정토(一佛淨土) 1230
일불현형(一不現形) 1230
일비일희(一悲一喜) 1230
일비지력(一臂之力) 1230
일비지로(一臂之勞) 1230
일비충천(一飛沖天) 1231
일빈일부(一貧一富) 1231
일빈일소(一嚬一笑) 1231
일사무성(一事無成) 1231
일사보국(一死報國) 1231
일사불괘(一絲不挂) 1231
일사불란(一絲不亂) 1231
일사오리(一死五利) 1231
일사이수(一蛇二首) 1231
일사일생(一死一生) 1232
일사일호(一絲一毫) 1232
일사천리(一瀉千里) 1232
일사칠생(一死七生) 1232
일삭월전(日削月朘) 1232
일삭월할(日削月割) 1232
일살다생(一殺多生) 1232
일상다반(日常茶飯) 1232
일상삼간(日上三竿) 1232
일상안과(一狀案過) 1232
일상영과(一狀領過) 1232
일상일영(一觴一詠) 1233
일상일하(一上一下) 1233
일생괴욕(一生愧辱) 1233
일생일급(一生一及) 1233
일생일대(一生一大) 1233
일생일대(一生一代) 1233
일생일사(一生一死) 1233
일생일세(一生一世) 1233
일석이조(一石二鳥) 1233
일설지임(一舌之任) 1233
일성월시(日省月試) 1233
일성일쇠(一盛一衰) 1234
일성호가(一聲胡笳) 1234
일세구천(一歲九遷) 1234
일세목탁(一世木鐸) 1234
일세일기(一世一期) 1234
일세일대(一世一代) 1234
일세일원(一世一元) 1234
일세지웅(一世之雄) 1234
일세풍미(一世風靡) 1234
일소백미(一笑百媚) 1235
일소부재(一所不在) 1235
일소월원(日疎月遠) 1235
일소일소(一笑一少) 1235
일소천금(一笑千金) 1235
일쇠월비(日衰月憊) 1235
일수백확(一樹百穫) 1235
일수불퇴(一手不退) 1235
일수일족(一手一足) 1235
일수전매(一手專賣) 1235
일수판매(一手販賣) 1236
일숙일반(一宿一飯) 1236
일순천리(一瞬千里) 1236
일슬지공(一膝之工) 1236
일승일부(一勝一負) 1236
일승일패(一勝一敗) 1236
일승지사(一乘之使) 1236
일시동인(一視同仁) 1236
일시명류(一時名流) 1236
일시일비(一是一非) 1237
일시일시(一時一時) 1237
일시지걸(一時之傑) 1237
일시지권(一時之權) 1237
일시지분(一時之忿) 1237
일식만전(一食萬錢) 1237
일식삼손(日食三飧) 1237
일신무예(一身無穢) 1237
일신시담(一身是膽) 1237
일신양역(一身兩役) 1237
일신월성(日新月成) 1238
일신월성(日新月盛) 1238
일신월화(日新月化) 1238
일신천금(一身千金) 1238
일실동거(一室同居) 1238
일실원돈(一實圓頓) 1238
일실일득(一失一得) 1238
일심동귀(一心同歸) 1238
일심동체(一心同體) 1238
일심만능(一心萬能) 1238
일심백군(一心百君) 1238
일심불란(一心不亂) 1239
일심삼관(一心三觀) 1239

일심전력(一心專力) 1239
일심협력(一心協力) 1239
일야무간(日夜無間) 1239
일야부절(日夜不絕) 1239
일야십기(一夜十起) 1239
일야지간(一夜之間) 1239
일양내복(一陽來復) 1239
일어일어(一語一語) 1239
일어탁수(一魚濁水) 1239
일어혼천(一魚渾川) 1240
일어혼천(一魚混川) 1240
일언가파(一言可破) 1240
일언거사(一言居士) 1240
일언단파(一言斷破) 1240
일언반구(一言半句) 1240
일언반사(一言半辭) 1240
일언방은(一言芳恩) 1240
일언부중(一言不中) 1240
일언일구(一言一句) 1240
일언일행(一言一行) 1240
일언지신(一言之信) 1241
일언지좌(一言之佐) 1241
일언지하(一言之下) 1241
일언천금(一言千金) 1241
일언함인(一言陷人) 1241
일여일탈(一與一奪) 1241
일역부족(日亦不足) 1241
일역지지(一易之地) 1241
일엽장목(一葉障目) 1241
일엽지추(一葉知秋) 1242
일엽편주(一葉片舟) 1242
일영삼탄(一詠三歎) 1242
일영일락(一榮一落) 1242
일오재오(一誤再誤) 1242
일완월게(日翫月愒) 1242
일왕일래(一往一來) 1242
일용범백(日用凡百) 1242
일용상행(日用常行) 1242
일용평상(日用平常) 1242
일우명지(一牛鳴地) 1243
일운도저(一韻到底) 1243
일웅다자(一雄多雌) 1243
일원대무(一元大武) 1243
일월구천(一月九遷) 1243
일월삼주(一月三舟) 1243
일월성수(日月星宿) 1243
일월성신(日月星辰) 1243
일월여류(日月如流) 1243
일월여천(日月麗天) 1244
일월영측(日月盈昃) 1244
일월유매(日月逾邁) 1244
일월쟁광(日月爭光) 1244
일월지식(日月之食) 1244
일유일무(一有一無) 1244
일유일예(一遊一豫) 1244
일음일양(一陰一陽) 1244
일음일탁(一飮一啄) 1244
일의고행(一意孤行) 1245
일의대수(一衣帶水) 1245
일의전심(一意專心) 1245
일의직도(一意直到) 1245
일이관지(一以貫之) 1245
일이위상(日以爲常) 1245
일인당천(一人當千) 1245
일인이역(一人二役) 1246
일인일기(一人一技) 1246
일인일살(一人一殺) 1246
일인지고(一人之苦) 1246
일일구천(一日九遷) 1246
일일만기(一日萬機) 1246
일일사득(一一查得) 1246
일일삼추(一日三秋) 1246
일일일래(日日日來) 1246
일일지고(一日之孤) 1246
일일지아(一日之雅) 1247
일일지우(一日之憂) 1247
일일지장(一日之長) 1247
일일천리(一日千里) 1247
일일천추(一日千秋) 1247
일일청한(一日淸閑) 1247
일일편시(一日片時) 1247
일자경장(一字徑長) 1247
일자경척(一字徑尺) 1247
일자만동(一字萬同) 1247
일자무식(一字無識) 1247
일자문결(一字文訣) 1248
일자반급(一資半級) 1248

일층기관(一層奇觀) 1257
일치단결(一致團結) 1257
일치일란(一治一亂) 1257
일치협력(一致協力) 1257
일침견혈(一針見血) 1257
일침황량(一枕黃粱) 1257
일칭일념(一稱一念) 1257
일탄환지(一彈丸地) 1257
일파만파(一波萬波) 1257
일패도지(一敗塗地) 1258
일편고운(一片孤雲) 1258
일편고월(一片孤月) 1258
일편단심(一片丹心) 1258
일편빙심(一片氷心) 1258
일편지견(一偏之見) 1258
일편지력(一鞭之力) 1258
일편지론(一偏之論) 1258
일편지언(一偏之言) 1258
일폭십한(一暴十寒) 1258
일피일차(一彼一此) 1259
일필구지(一筆勾之) 1259
일필난기(一筆難記) 1259
일필삼례(一筆三禮) 1259
일필휘쇄(一筆揮洒) 1259
일필휘지(一筆揮之) 1259
일하개산(日下開山) 1259
일하안거(一夏安居) 1259
일한여차(一寒如此) 1259
일한일망(一閑一忙) 1259
일한일서(一寒一暑) 1260
일합일리(一合一離) 1260
일합일벽(一闔一闢) 1260
일행삼례(一行三禮) 1260
일행삼매(一行三昧) 1260
일행위리(一行爲吏) 1260
일향개칭(一鄕皆稱) 1260
일향전념(一向專念) 1260
일허일만(一虛一滿) 1260
일허일실(一虛一實) 1261
일허일영(一虛一盈) 1261
일호반점(一毫半點) 1261
일호백낙(一呼百諾) 1261
일호재락(一呼再諾) 1261
일호지액(一狐之腋) 1261
일호지천(一壺之天) 1261
일호차착(一毫差錯) 1261
일호천금(一壺千金) 1261
일화일언(一話一言) 1261
일확천금(一攫千金) 1262
일회일명(一晦一明) 1262
일훈일유(一薰一蕕) 1262
일훈일확(一薰一獲) 1262
일희일경(一喜一驚) 1262
일희일구(一喜一懼) 1262
일희일노(一喜一怒) 1262
일희일비(一喜一悲) 1262
일희일우(一喜一憂) 1262
임가환종(臨嫁患腫) 1263
임간홍엽(林間紅葉) 1263
임갈굴정(臨渴掘井) 1263
임강구어(臨江求魚) 1263
임금하과(衽金荷戈) 1263
임기응변(臨機應變) 1263
임난망사(臨難忘私) 1263
임난망신(臨難忘身) 1263
임난불구(臨難不懼) 1263
임난주병(臨難鑄兵) 1264
임농탈경(臨農奪耕) 1264
임대책중(任大責重) 1264
임도대감(任道大監) 1264
임락불탄(臨樂不歎) 1264
임림총총(林林叢叢) 1264
임민지관(臨民之官) 1264
임사이구(臨事而懼) 1264
임사주상(臨事周詳) 1264
임사지덕(妊姒之德) 1265
임시낭패(臨時狼狽) 1265
임시방편(臨時方便) 1265
임시변통(臨時變通) 1265
임시졸판(臨時猝辦) 1265
임시처변(臨時處變) 1265
임심이박(臨深履薄) 1265
임심조서(林深鳥棲) 1265
임연선어(臨淵羨魚) 1265
임원감위(任怨敢爲) 1266
임자지전(任子之典) 1266
임전무퇴(臨戰無退) 1266

임전태세(臨戰態勢) 1266
임종정념(臨終正念) 1266
임중도원(任重道遠) 1266
임진대적(臨陣對敵) 1266
임진마창(臨陣磨槍) 1266
임진무용(臨陣無勇) 1266
임진역장(臨陣易將) 1267
임참간괴(林慙澗愧) 1267
임하유문(林下儒門) 1267
임현물이(任賢勿貳) 1267
임현사능(任賢使能) 1267
입각착래(立刻捉來) 1267
입경문금(入境問禁) 1267
입경문속(入境問俗) 1267
입계의완(入界宜緩) 1267
입국사순(入國四旬) 1268
입덕승명(立德勝命) 1268
입도선매(立稻先賣) 1268
입리필식(入里必式) 1268
입립신고(粒粒辛苦) 1268
입막지빈(入幕之賓) 1268
입맥선매(立麥先賣) 1268
입명입청(立命立聽) 1269
입목삼분(入木三分) 1269
입봉모의(入奉母儀) 1269
입불공양(入佛供養) 1269
입불역방(立不易方) 1269
입산교단(入山橋斷) 1269
입산기호(入山忌虎) 1269
입상정립(笠上頂笠) 1269
입속보관(入粟補官) 1269
입신양명(立身揚名) 1270
입신출세(立身出世) 1270
입실조과(入室操戈) 1270
입아아입(入我我入) 1270
입애유친(立愛惟親) 1270
입언필신(立言必信) 1270
입언행사(立言行事) 1270
입이불번(入耳不煩) 1270
입이저심(入耳著心) 1270
입이착심(入耳着心) 1271
입이출구(入耳出口) 1271
입장지마(入丈之馬) 1271
입주상량(立柱上樑) 1271
입주출노(入主出奴) 1271
입지서주(立地書廚) 1271
입추지지(立錐之地) 1271
입춘대길(立春大吉) 1271
입필정방(立必正方) 1271
입향순속(入鄕循俗) 1271
입향시조(入鄕始祖) 1272
입현무방(立賢無方) 1272
입화습률(入火拾栗) 1272

ㅈ

자가당착(自家撞着) 1273
자강불식(自彊不息) 1273
자개자락(自開自落) 1273
자객간인(刺客奸人) 1273
자객지변(刺客之變) 1273
자격지심(自激之心) 1273
자고거금(自古距今) 1274
자고급금(自古及今) 1274
자고능용(慈故能勇) 1274
자고이래(自古以來) 1274
자고자대(自高自大) 1274
자고지금(自古至今) 1274
자고현량(刺股懸梁) 1274
자곡지심(自曲之心) 1274
자과부지(自過不知) 1274
자괴지심(自愧之心) 1274
자구다복(自求多福) 1274
자구안일(自求安逸) 1275
자구지단(藉口之端) 1275
자국정신(自國精神) 1275
자굴지심(自屈之心) 1275
자귀물론(自歸勿論) 1275
자금위시(自今爲始) 1275
자금이왕(自今以往) 1275
자금이후(自今以後) 1275
자급자족(自給自足) 1275
자기과시(自己誇示) 1276
자기기만(自己欺瞞) 1276
자기기인(自欺欺人) 1276
자기도회(自己韜晦) 1276

자기만족(自己滿足) 1276
자기모순(自己矛盾) 1276
자기반성(自己反省) 1276
자기발견(自己發見) 1276
자기방치(自己放置) 1276
자기세력(藉其勢力) 1276
자기염오(自己厭惡) 1277
자기혐오(自己嫌惡) 1277
자두연기(煮豆燃萁) 1277
자두지미(自頭至尾) 1277
자두지족(自頭至足) 1277
자득지묘(自得之妙) 1277
자량처지(自量處之) 1277
자력갱생(自力更生) 1277
자로이득(自勞而得) 1277
자린고비(玼吝考妣) 1277
자막집중(子莫執中) 1277
자멸지계(自滅之計) 1278
자모인모(自侮人侮) 1278
자모정식(子母定式) 1278
자모지례(子母之例) 1278
자모패자(慈母敗子) 1278
자목지관(字牧之官) 1278
자목지임(字牧之任) 1278
자문자답(自問自答) 1279
자박참법(自撲懺法) 1279
자반이인(自反而仁) 1279
자변첩질(自辯捷疾) 1279
자부월족(自斧刖足) 1279
자부작족(自斧斫足) 1279
자비만행(慈悲萬行) 1279
자비이생(慈悲利生) 1279
자비인욕(慈悲忍辱) 1279
자상달하(自上達下) 1280
자상모순(自相矛盾) 1280
자상처분(自上處分) 1280
자상천답(自相踐踏) 1280
자서제질(子壻弟姪) 1280
자성본불(自性本佛) 1280
자성일가(自成一家) 1280
자성일촌(自成一村) 1280
자성제인(子誠齊人) 1280
자성진여(自性眞如) 1280
자소이래(自少以來) 1281
자소작농(自小作農) 1281
자손만대(子孫萬代) 1281
자손손타(自損損他) 1281
자수삭발(自手削髮) 1281
자수성가(自手成家) 1281
자숙자계(自肅自戒) 1281
자승자강(自勝者强) 1281
자승자박(自繩自縛) 1281
자승지벽(自勝之癖) 1281
자시지벽(自是之癖) 1282
자신만만(自信滿滿) 1282
자신방매(自身放賣) 1282
자신지책(資身之策) 1282
자아성찰(自我省察) 1282
자아작고(自我作古) 1282
자애자신(自艾自新) 1282
자애지정(慈愛之情) 1282
자업자득(自業自得) 1282
자업자박(自業自縛) 1283
자역유시(子亦猶是) 1283
자연도태(自然淘汰) 1283
자연자애(自然自艾) 1283
자연지리(自然之理) 1283
자연진화(自然進化) 1283
자염녹안(紫髥綠眼) 1283
자웅난변(雌雄難辨) 1283
자원방래(自遠方來) 1283
자원자예(自怨自乂) 1284
자위부은(子爲父隱) 1284
자유분방(自由奔放) 1284
자유삼매(自由三昧) 1284
자유자재(自由自在) 1284
자유지로(自幼至老) 1284
자유지장(自幼至長) 1284
자유지정(自由之情) 1284
자유휼고(慈幼恤孤) 1284
자의솔조(自義率祖) 1284
자인고비(資仁考碑) 1285
자자구구(字字句句) 1285
자자손손(子子孫孫) 1285
자자주옥(字字珠玉) 1285
자작일촌(自作一村) 1285
자작자급(自作自給) 1285

자작자수(自作自受) 1286
자작자연(自作自演) 1286
자작자음(自酌自飮) 1286
자작자필(自作自筆) 1286
자작자활(自作自活) 1286
자작지얼(自作之孽) 1286
자작지주(自作地主) 1286
자장격지(自將擊之) 1286
자장안지(子將安之) 1286
자장이분(滋長利分) 1286
자장장타(自障障他) 1287
자재기중(自在其中) 1287
자전지계(自全之計) 1287
자정지종(自頂至踵) 1287
자제종지(子弟從之) 1287
자조행위(自助行爲) 1287
자존자대(自尊自大) 1287
자존자만(自尊自慢) 1287
자주독왕(自主獨往) 1287
자주창신(自主創新) 1287
자죽분수(煮粥焚鬚) 1288
자중자애(自重自愛) 1288
자중지란(自中之亂) 1288
자중지화(自中之禍) 1288
자지무자(刺之無刺) 1288
자지자기(自止自棄) 1288
자지탈주(紫之奪朱) 1288
자창자화(自唱自和) 1288
자책내송(自責內訟) 1288
자천배타(自賤拜他) 1289
자초지신(刺草之臣) 1289
자초지종(自初至終) 1289
자추입세(自麤入細) 1289
자충자영(自充自盈) 1289
자취기화(自取其禍) 1289
자취지화(自取之禍) 1289
자칭군자(自稱君子) 1289
자칭천자(自稱天子) 1289
자탄자가(自彈自歌) 1289
자포자기(自暴自棄) 1289
자피생충(自皮生蟲) 1290
자하거행(自下擧行) 1290
자하달상(自下達上) 1290
자학자습(自學自習) 1290
자항보도(慈航普渡) 1290
자행자지(自行自止) 1290
자허오유(子虛烏有) 1290
자협풍상(字挾風霜) 1290
자화자찬(自畵自讚) 1291
작각서아(雀角鼠牙) 1291
작금양년(昨今兩年) 1291
작금양일(昨今兩日) 1291
작량감경(酌量減輕) 1291
작문오법(作文五法) 1291
작문정치(作文政治) 1292
작민부모(作民父母) 1292
작법자폐(作法自斃) 1292
작비금시(昨非今是) 1292
작사가법(作事可法) 1292
작사도방(作舍道傍) 1292
작사모시(作事謀始) 1292
작사삼장(作史三長) 1292
작설지전(綽楔之典) 1292
작소구거(鵲巢鳩居) 1293
작수불입(勺水不入) 1293
작수성례(酌水成禮) 1293
작시금비(昨是今非) 1293
작심삼일(作心三日) 1293
작약관화(灼若觀火) 1293
작약지증(勺藥之贈) 1293
작유여지(綽有餘地) 1293
작이대두(酌以大斗) 1293
작작여유(綽綽餘裕) 1293
작정산밀(斫正刪密) 1294
작지불이(作之不已) 1294
작지서지(作之書之) 1294
작취미성(昨醉未醒) 1294
작학관보(雀學鸛步) 1294
잔고잉복(殘膏賸馥) 1294
잔두지련(棧豆之戀) 1294
잔배냉갱(殘杯冷羹) 1294
잔배냉적(殘杯冷炙) 1294
잔배냉효(殘杯冷肴) 1295
잔산단록(殘山短麓) 1295
잔산단록(殘山斷麓) 1295
잔산잉수(殘山剩水) 1295
잔월효성(殘月曉星) 1295

잔음냉무(殘蔭冷武) 1295
잔인무도(殘忍無道) 1295
잔인박행(殘忍薄行) 1295
잔인해물(殘人害物) 1295
잔편단간(殘編短簡) 1295
잔학무도(殘虐無道) 1295
잠덕유광(潛德幽光) 1295
잠두마제(蠶頭馬蹄) 1296
잠룡물용(潛龍勿用) 1296
잠복장닉(潛伏藏匿) 1296
잠불리측(暫不離側) 1296
잠사우모(蠶絲牛毛) 1296
잠소암삭(潛銷暗鑠) 1296
잠시광경(暫時光景) 1296
잠영세족(簪纓世族) 1296
잠재의식(潛在意識) 1296
잠종비적(潛蹤祕迹) 1297
잡동산이(雜同散異) 1297
잡시방약(雜施方藥) 1297
장강대필(長杠大筆) 1297
장강대해(長江大海) 1297
장검고용(蔣劍賈勇) 1297
장결구단(章決句斷) 1297
장경오훼(長頸烏喙) 1297
장계취계(將計就計) 1298
장곡망양(臧穀亡羊) 1298
장공속죄(將功贖罪) 1298
장공절죄(將功切罪) 1298
장관이대(張冠李戴) 1298
장교어졸(藏巧於拙) 1298
장구대진(長驅大進) 1298
장구지계(長久之計) 1298
장구지책(長久之策) 1298
장군지악(長君之惡) 1299
장년삼로(長年三老) 1299
장단자재(長短自在) 1299
장두노미(藏頭露尾) 1299
장두백전(杖頭百錢) 1299
장두상련(腸肚相連) 1299
장두은미(藏頭隱尾) 1299
장량지추(張良之椎) 1299
장림심처(長林深處) 1300
장립대령(長立待令) 1300
장막지간(將幕之間) 1300
장망녹어(張網漉魚) 1300
장면이립(牆面而立) 1300
장목비이(長目飛耳) 1300
장무상망(長毋相忘) 1300
장무환령(將無還令) 1300
장백지지(藏魄之地) 1300
장벽무의(墻壁無依) 1300
장보천리(章甫薦履) 1301
장비군령(張飛軍令) 1301
장삼이사(張三李四) 1301
장상전장(掌上煎醬) 1301
장상지기(將相之器) 1301
장상지재(將相之才) 1301
장생구시(長生久視) 1301
장생불사(長生不死) 1301
장석친구(長席親舊) 1301
장수선무(長袖善舞) 1301
장수유식(藏修游息) 1302
장야지음(長夜之飮) 1302
장염주부(長髥主簿) 1302
장옥매향(葬玉埋香) 1302
장와불기(長臥不起) 1302
장우단탄(長吁短歎) 1302
장우만연(瘴雨蠻烟) 1302
장원급제(壯元及第) 1302
장원지계(長遠之計) 1302
장위지책(長圍之策) 1302
장유유서(長幼有序) 1303
장유유차(長幼有差) 1303
장읍불배(長揖不拜) 1303
장자만등(長者萬燈) 1303
장자자유(長者慈幼) 1303
장자풍도(長者風度) 1303
장장추야(長長秋夜) 1303
장장춘일(長長春日) 1303
장장하일(長長夏日) 1303
장전추열(帳前秋閱) 1303
장정곡포(長汀曲浦) 1303
장족진보(長足進步) 1304
장졸지간(將卒之間) 1304
장졸지분(將卒之分) 1304
장종비적(藏蹤秘迹) 1304
장주몽접(藏周夢蝶) 1304

장주어학(藏舟於壑) 1304
장주지몽(莊周之夢) 1304
장중득실(場中得失) 1304
장중보옥(掌中寶玉) 1304
장지수지(杖之囚之) 1304
장진지망(長進之望) 1305
장진해탈(障盡解脫) 1305
장창소인(臧倉小人) 1305
장취불성(長醉不醒) 1305
장침대금(長枕大衾) 1305
장풍취기(藏風聚氣) 1305
장풍파랑(長風波浪) 1305
장하조별(將蝦釣鼈) 1305
장하지혼(杖下之魂) 1305
장형부모(長兄父母) 1305
재가무일(在家無日) 1306
재가화상(在家和尙) 1306
재갱만갱(在阬滿阬) 1306
재고팔두(才高八斗) 1306
재궁사찰(齋宮寺刹) 1306
재귀일거(載鬼一車) 1306
재기불능(再起不能) 1306
재다명태(財多命殆) 1306
재대난용(材大難用) 1307
재덕겸비(才德兼備) 1307
재도지기(載道之器) 1307
재래토착(在來土着) 1307
재롱지계(在籠之鷄) 1307
재삼사지(再三思之) 1307
재삼재사(再三再四) 1307
재상분명(財上分明) 1307
재상불교(在上不驕) 1307
재색겸비(才色兼備) 1308
재생지은(再生之恩) 1308
재생지인(再生之人) 1308
재소난면(在所難免) 1308
재송망정(栽松望亭) 1308
재수발원(財數發願) 1308
재수불공(財數佛供) 1308
재승덕박(才勝德薄) 1308
재승박덕(才勝薄德) 1308
재여부재(材與不材) 1308
재임조고(在任遭故) 1308
재자가인(才子佳人) 1309
재자다병(才子多病) 1309
재자말야(財者末也) 1309
재장윤여(梓匠輪輿) 1309
재재소소(在在所所) 1309
재재화화(財災貨禍) 1309
재전덕충(才全德充) 1309
재점팔두(才占八斗) 1309
재조산하(再造山河) 1310
재조지은(再造之恩) 1310
재주복주(載舟覆舟) 1310
재탄역갈(財殫力竭) 1310
재하도리(在下道理) 1310
재학겸유(才學兼有) 1310
재화종죽(栽花種竹) 1310
쟁선공후(爭先恐後) 1310
쟁송곡직(爭訟曲直) 1310
쟁신칠인(諍臣七人) 1310
쟁어자유(爭魚者濡) 1311
쟁즉필투(爭則必鬪) 1311
쟁지이전(爭地以戰) 1311
저구지교(杵臼之交) 1311
저기미악(底氣味惡) 1311
저돌맹진(猪突猛進) 1311
저돌지용(猪突之勇) 1311
저돌희용(猪突豨勇) 1311
저두부답(低頭不答) 1311
저두평신(低頭平身) 1311
저력지재(樗櫟之材) 1312
저변확대(底邊擴大) 1312
저사위한(抵死爲限) 1312
저수하심(低首下心) 1312
저승분예(蛆蠅糞穢) 1312
저양촉번(羝羊觸藩) 1312
저장이담(抵掌而談) 1312
저창천작(低唱淺酌) 1312
저하도극(抵瑕蹈隙) 1312
적각대선(赤脚大仙) 1312
적고병간(積苦兵間) 1312
적공누덕(積功累德) 1313
적공취축(積功聚築) 1313
적구독설(赤口毒舌) 1313
적구지병(適口之餠) 1313
적국외환(敵國外患) 1313

적국지간(敵國之間) 1313
적년누월(積年累月) 1313
적년신고(積年辛苦) 1313
적대행위(敵對行爲) 1313
적덕누선(積德累善) 1314
적덕누인(積德累仁) 1314
적덕지경(積德之慶) 1314
적로병고(積勞病苦) 1314
적로성질(積勞成疾) 1314
적루하보(積累下報) 1314
적막강산(寂寞江山) 1314
적막공산(寂寞空山) 1314
적막천지(寂寞天地) 1314
적멸위락(寂滅爲樂) 1314
적모난측(賊謀難測) 1314
적반하장(賊反荷杖) 1314
적본주의(敵本主義) 1315
적불가가(敵不可假) 1315
적불지자(赤紱之刺) 1315
적비심력(積費心力) 1315
적비위고(積卑爲高) 1315
적빈무의(赤貧無依) 1315
적빈여세(赤貧如洗) 1315
적사구근(積仕久勤) 1315
적사핵실(積仕核實) 1315
적선여경(積善餘慶) 1316
적선지가(積善之家) 1316
적설소성(赤舌燒城) 1316
적성권축(積成卷軸) 1316
적소성대(積小成大) 1316
적손승조(嫡孫承祖) 1316
적손승중(嫡孫承重) 1316
적쇠신조(積衰新造) 1316
적쇠적약(積衰積弱) 1316
적수공권(赤手空拳) 1316
적수공명(積水空明) 1316
적수기가(赤手起家) 1316
적수단신(赤手單身) 1317
적수성가(赤手成家) 1317
적수성연(積水成淵) 1317
적습상연(積習相沿) 1317
적승계족(赤繩繫足) 1317
적시재상(赤屍在床) 1317
적시적기(適時適期) 1317
적시적지(適時適地) 1317
적신지탄(積薪之嘆) 1317
적실인심(敵失人心) 1317
적심무경(籍甚無竟) 1318
적악여앙(積惡餘殃) 1318
적악지가(積惡之家) 1318
적여구산(積如丘山) 1318
적연무문(寂然無聞) 1318
적연부동(寂然不動) 1318
적옥지포(積玉之圃) 1318
적우침주(積羽沈舟) 1318
적원심노(積怨深怒) 1319
적유연소(積有年所) 1319
적의사자(赤衣使者) 1319
적이능산(積而能散) 1319
적일누구(積日累久) 1319
적일백천(赤日白天) 1319
적자생존(適者生存) 1319
적자지심(赤子之心) 1319
적재적소(適材適所) 1319
적재적처(適材適處) 1320
적적상승(嫡嫡相承) 1320
적전도하(敵前渡河) 1320
적전상륙(敵前上陸) 1320
적조진정(積阻盡情) 1320
적중이지(適中而止) 1320
적지적수(適地適樹) 1320
적지적작(適地適作) 1320
적지천리(赤地千里) 1320
적진성산(積塵成山) 1320
적천막지(寂天寞地) 1320
적출관문(賊出關門) 1321
적토성산(積土成山) 1321
적피구교(賊被拘咬) 1321
적학간보(賊虐諫輔) 1321
적현신주(赤縣神州) 1321
적혜요혜(寂兮寥兮) 1321
적훼소골(積毁銷骨) 1321
전가사변(全家徙邊) 1321
전가입거(全家入居) 1321
전가지보(傳家之寶) 1322
전가통신(錢可通神) 1322
전가후옹(前呵後擁) 1322

전가후택(前家後宅) 1322
전감조연(前鑑昭然) 1322
전거가감(前車可鑑) 1322
전거복철(前車覆轍) 1322
전거이복(前車已覆) 1322
전거지신(傳遽之臣) 1322
전거후공(前倨後恭) 1322
전건감곤(轉乾撼坤) 1323
전고미문(前古未聞) 1323
전고소무(前古所無) 1323
전공가석(前功可惜) 1323
전관예우(前官禮遇) 1323
전광석화(電光石火) 1323
전광조로(電光朝露) 1323
전국칠웅(戰國七雄) 1323
전군함몰(全軍陷沒) 1323
전귀전수(全歸全受) 1324
전녀성불(轉女成佛) 1324
전대미문(前代未聞) 1324
전대지재(專對之材) 1324
전도다난(前途多難) 1324
전도몽상(顚倒夢想) 1324
전도양양(前途洋洋) 1324
전도요원(前途遼遠) 1324
전도유랑(前度劉郞) 1324
전도유망(前途有望) 1325
전도의상(顚倒衣裳) 1325
전돈낭패(顚頓狼狽) 1325
전래지물(傳來之物) 1325
전래지풍(傳來之風) 1325
전력투구(全力投球) 1325
전륜경장(轉輪經藏) 1325
전망공신(戰亡功臣) 1325
전망장졸(戰亡將卒) 1325
전매사리(轉賣射利) 1326
전명뇌위(電明雷威) 1326
전무후무(前無後無) 1326
전문현설(傳聞懸說) 1326
전미개오(轉迷開悟) 1326
전미해오(轉迷解悟) 1326
전발역서(翦髮易書) 1326
전발후치(前跋後疐) 1326
전방지총(專房之寵) 1326
전복후계(前覆後戒) 1327
전부야로(田夫野老) 1327
전부야인(田夫野人) 1327
전부지공(田父之功) 1327
전분세락(轉糞世樂) 1327
전불고견(全不顧見) 1327
전불괘겸(全不掛鎌) 1327
전불습호(傳不習乎) 1327
전사관혁(戰射貫革) 1327
전사물론(前事勿論) 1327
전사삭제(前仕削除) 1328
전생연분(前生緣分) 1328
전생전귀(全生全歸) 1328
전생지단(傳生之端) 1328
전생차생(前生此生) 1328
전성지양(專城之養) 1328
전소미문(前所未聞) 1328
전승공취(戰勝攻取) 1328
전신만신(全身滿身) 1328
전신전령(全身全靈) 1328
전심일의(專心一意) 1329
전심전력(全心全力) 1329
전심전력(專心專力) 1329
전심치지(專心致志) 1329
전악경선(悛惡更善) 1329
전안지례(奠雁之禮) 1329
전언왕행(前言往行) 1329
전원장무(田園將蕪) 1329
전월불공(顚越不恭) 1329
전의고주(典衣沽酒) 1330
전의상실(戰意喪失) 1330
전인급보(專人急報) 1330
전인미답(前人未踏) 1330
전인후과(前因後果) 1330
전일회천(轉日回天) 1330
전임책성(專任責成) 1330
전전걸식(轉轉乞食) 1330
전전공공(戰戰恐恐) 1330
전전긍긍(戰戰兢兢) 1331
전전반측(輾轉反側) 1331
전전불매(輾轉不寐) 1331
전전율률(戰戰慄慄) 1331
전정만리(前程萬里) 1331
전지도지(顚之倒之) 1331

전지자손(傳之子孫) 1331
전지전능(全知全能) 1332
전지전지(傳之傳之) 1332
전지전청(轉之轉請) 1332
전진지망(前進之望) 1332
전차복철(前車覆轍) 1332
전차후간(前遮後趕) 1332
전차후옹(前遮後擁) 1332
전첨후고(前瞻後顧) 1332
전초제근(翦草除根) 1333
전측수인(轉側須人) 1333
전파인구(傳播人口) 1333
전패위공(轉敗爲功) 1333
전호후랑(前虎後狼) 1333
전화위공(轉禍爲功) 1333
전화위복(轉禍爲福) 1333
전획삼품(田獲三品) 1333
전후곡절(前後曲折) 1334
전후당착(前後撞着) 1334
전후모순(前後矛盾) 1334
전후문의(前後文意) 1334
전후불각(前後不覺) 1334
전후사연(前後事緣) 1334
전후수말(前後首末) 1334
절검역행(節儉力行) 1334
절검지심(節儉之心) 1334
절고진락(折槁振落) 1334
절골지통(折骨之痛) 1334
절구자주(竊鉤者誅) 1334
절국자후(竊國者侯) 1335
절근고엽(絶根枯葉) 1335
절난비환(折難批患) 1335
절대가인(絶代佳人) 1335
절대복종(絶對服從) 1335
절대지공(絶對之功) 1335
절도정배(絶島定配) 1335
절류이륜(絶類離倫) 1335
절마잠규(切磨箴規) 1336
절목발옥(折木拔屋) 1336
절묘호사(絶妙好辭) 1336
절문근사(切問近思) 1336
절발역주(截髮易酒) 1336
절발지환(竊發之患) 1336
절벽강산(絶壁江山) 1336
절부구조(竊符救趙) 1336
절부지의(窃鈇之疑) 1337
절상생지(節上生枝) 1337
절성기지(絶聖棄智) 1337
절세가인(絶世佳人) 1337
절세독립(絶世獨立) 1337
절세미인(絶世美人) 1337
절세영재(絶世英才) 1337
절식복약(節食服藥) 1337
절영우면(絶纓優面) 1337
절영지연(絶纓之宴) 1338
절용애인(節用愛人) 1338
절위소찬(竊位素餐) 1338
절의염퇴(絶義廉退) 1338
절인지력(絶人之力) 1338
절인지용(絶人之勇) 1338
절장보단(絶長補短) 1338
절전지훈(折箭之訓) 1338
절절시시(切切偲偲) 1339
절족복속(折足覆餗) 1339
절지지이(折枝之易) 1339
절차탁마(切磋琢磨) 1339
절처봉생(絶處逢生) 1339
절체절명(絶體絶命) 1339
절충어모(折衝禦侮) 1339
절치부심(切齒腐心) 1339
절치액완(切齒扼腕) 1340
절해고도(絶海孤島) 1340
절화반류(折花攀柳) 1340
절효정문(節孝旌門) 1340
점괴여천(苫塊餘喘) 1340
점불가장(漸不可長) 1340
점석성금(點石成金) 1340
점속두미(粘續頭尾) 1340
점어상죽(鮎魚上竹) 1340
점입가경(漸入佳境) 1341
점적천석(點滴穿石) 1341
점점자희(霑霑自喜) 1341
점지가경(漸至佳境) 1341
점차내당(漸借內堂) 1341
점철미봉(點綴彌縫) 1341
점철성금(點鐵成金) 1341
접대등절(接待等節) 1341

접분봉황(蝶粉蜂黃) 1341
접석이행(接淅而行) 1342
접옥연가(接屋連家) 1342
접옥연장(接屋連牆) 1342
접이불루(接而不漏) 1342
정건삼절(鄭虔三絶) 1342
정경대원(正逕大原) 1342
정고응벽(渟膏凝碧) 1342
정공지주(丁公之誅) 1342
정구건즐(井臼巾櫛) 1342
정구죽천(丁口竹天) 1343
정구지역(井臼之役) 1343
정금단좌(正襟端坐) 1343
정금미옥(精金美玉) 1343
정금양옥(精金良玉) 1343
정기물정(正己物正) 1343
정길회망(貞吉悔亡) 1343
정내자득(靜乃自得) 1343
정당방위(正當防衛) 1343
정대지기(正大之氣) 1344
정도불견(正道不見) 1344
정란공신(靖亂功臣) 1344
정려각근(精勵恪勤) 1344
정력절륜(精力絶倫) 1344
정로역굴(情露力屈) 1344
정론직필(正論直筆) 1344
정면충돌(正面衝突) 1344
정명가도(征明假道) 1344
정문금추(頂門金椎) 1344
정문일침(頂門一鍼) 1345
정문입설(程門立雪) 1345
정복왕조(征服王朝) 1345
정사결사(政事結社) 1345
정사예배(釘死禮拜) 1345
정사원서(情絲怨緖) 1345
정상일침(頂上一鍼) 1345
정상작량(情狀酌量) 1345
정상참작(情狀參酌) 1346
정서이견(情恕理遣) 1346
정설불식(井渫不食) 1346
정성온청(定省溫凊) 1346
정송오죽(淨松汚竹) 1346
정송오죽(正松五竹) 1346
정수물막(井收勿幕) 1346
정수조요(靜壽躁夭) 1346
정수투서(庭水投書) 1346
정숙단악(旌淑癉惡) 1347
정숙의밀(情熟誼密) 1347
정신만복(精神滿腹) 1347
정신생활(精神生活) 1347
정신이출(挺身而出) 1347
정신일도(精神一到) 1347
정심공부(正心工夫) 1347
정심성의(正心誠意) 1347
정심응물(定心應物) 1348
정여노위(政如魯衛) 1348
정여포로(政如蒲蘆) 1348
정예분자(精銳分子) 1348
정와지견(井蛙之見) 1348
정외지언(情外之言) 1348
정운낙월(停雲落月) 1348
정월원단(正月元旦) 1348
정위상간(鄭衛桑間) 1349
정위전해(精衛塡海) 1349
정유속혁(政由俗革) 1349
정의돈목(情誼敦睦) 1349
정의상통(情意相通) 1349
정의입신(精義入神) 1349
정의투합(情意投合) 1349
정이불량(貞而不諒) 1349
정이사지(靜而俟之) 1350
정익구정(精益求精) 1350
정인매리(鄭人買履) 1350
정일집중(情一執中) 1350
정임대신(正任大臣) 1350
정자정야(政者正也) 1350
정쟁옥석(鼎鐺玉石) 1350
정저은병(井底銀甁) 1350
정저지와(井底之蛙) 1350
정정당당(正正堂堂) 1351
정정방방(正正方方) 1351
정정백백(正正白白) 1351
정정제제(整整齊齊) 1351
정조관념(貞操觀念) 1351
정조문안(正朝問安) 1351
정족지세(鼎足之勢) 1351
정종모발(頂踪毛髮) 1351

정좌식심(靜坐息心) 1352
정중관천(井中觀天) 1352
정중구화(井中求火) 1352
정중시성(井中視星) 1352
정중지와(井中之蛙) 1352
정진결재(精進潔齋) 1352
정책국로(定策國老) 1352
정천이지(頂天履地) 1352
정출다문(政出多門) 1352
정출지일(正出之日) 1352
정충보국(精忠報國) 1352
정토발원(淨土發源) 1353
정토회향(淨土回向) 1353
정파리경(淨玻璃鏡) 1353
정평형간(政平刑簡) 1353
정현세굴(情見勢屈) 1353
정형식덕(正形飾德) 1353
정황판단(情況判斷) 1353
제가지본(齊家之本) 1353
제가지사(際可之仕) 1353
제가치국(齊家治國) 1354
제간하회(第看下回) 1354
제갈동지(諸葛同知) 1354
제교혼효(諸敎混淆) 1354
제구포신(除舊布新) 1354
제궤의혈(堤潰蟻穴) 1354
제기복심(制其腹心) 1354
제대비우(齊大非耦) 1354
제덕도반(祭德稻飯) 1355
제도이생(濟度利生) 1355
제도중생(濟度衆生) 1355
제동야인(齊東野人) 1355
제등행렬(提燈行列) 1355
제명부장(帝命溥將) 1355
제미지례(齊眉之禮) 1355
제발적선(濟拔積善) 1355
제배지간(儕輩之間) 1355
제법개공(諸法皆空) 1355
제법무아(諸法無我) 1356
제법실상(諸法實相) 1356
제병연명(除病延命) 1356
제사상속(祭祀相續) 1356
제산항해(梯山航海) 1356
제서유위(制書有違) 1356
제석문안(除夕問安) 1356
제성토죄(齊聲討罪) 1356
제세경륜(濟世經綸) 1357
제세구민(濟世救民) 1357
제세안민(濟世安民) 1357
제세지재(濟世之才) 1357
제승지구(濟勝之具) 1357
제심징려(齊心澄慮) 1357
제악막작(諸惡莫作) 1357
제여신재(祭如神在) 1357
제월광풍(霽月光風) 1358
제이면명(提耳面命) 1358
제인지급(濟人之急) 1358
제일강산(第一江山) 1358
제자백가(諸子百家) 1358
제자패소(齊紫敗素) 1358
제작소봉(制爵疏封) 1358
제정일치(祭政一致) 1359
제제다사(濟濟多士) 1359
제제창창(濟濟蹌蹌) 1359
제종남매(諸從男妹) 1359
제지부제(際之不際) 1359
제칠천국(第七天國) 1359
제포연연(綈袍戀戀) 1359
제포지의(綈袍之義) 1359
제하분주(濟河焚舟) 1359
제행무상(諸行無常) 1360
제환진문(齊桓晉文) 1360
제후다모(諸侯多謀) 1360
제후지보(諸侯之寶) 1360
조가야현(朝歌夜絃) 1360
조간각신(雕肝刻腎) 1360
조간출식(蚤肝出食) 1360
조강불염(糟糠不厭) 1360
조강불포(糟糠不飽) 1361
조강지처(糟糠之妻) 1361
조개모변(朝改暮變) 1361
조걸위악(助桀爲惡) 1361
조걸위학(助桀爲虐) 1361
조계박압(操鷄搏鴨) 1361
조고여생(早孤餘生) 1361
조과지도(調過之道) 1361
조구지세(潮驅之勢) 1362

조조모모(朝朝暮暮) 1372
조족지혈(鳥足之血) 1372
조존사망(操存舍亡) 1372
조종기업(祖宗基業) 1372
조종모확(朝種暮穫) 1372
조주문사(趙州問死) 1372
조주위학(助紂爲虐) 1373
조진궁장(鳥盡弓藏) 1373
조진모초(朝秦暮楚) 1373
조차담반(粗茶淡飯) 1373
조차전패(造次顚沛) 1373
조천고창(朝天高唱) 1373
조천모사(朝遷暮徙) 1373
조체모개(朝遞暮改) 1374
조추피호(早雛疲乎) 1374
조축지연(鳥畜之戀) 1374
조출모귀(朝出暮歸) 1374
조출모입(朝出暮入) 1374
조출석몰(朝出夕沒) 1374
조충소기(彫蟲小技) 1374
조충전각(雕蟲篆刻) 1374
조취모산(朝聚暮散) 1374
조침안기(蚤寢晏起) 1374
조탄골돌(棗呑鶻突) 1375
조해어산(鳥骸魚散) 1375
조혁휘비(鳥革翬飛) 1375
조호이산(調虎離山) 1375
조화무궁(造化無窮) 1375
조화불측(造化不測) 1375
조화신공(造化神功) 1375
족과평생(足過平生) 1375
족대왈적(足大曰賊) 1375
족반거상(足反居上) 1375
족부족간(足不足間) 1376
족불리지(足不履地) 1376
족용필중(足容必重) 1376
족음공연(足音跫然) 1376
족이합례(足以合禮) 1376
족이화의(足以和義) 1376
족족유여(足足有餘) 1376
족차족의(足且足矣) 1376
족탈불급(足脫不及) 1376
족형제간(族兄弟間) 1376
존망지추(存亡之秋) 1377
존본취리(存本取利) 1377
존비귀천(尊卑貴賤) 1377
존성대명(尊姓大名) 1377
존심양성(存心養性) 1377
존양지의(存羊之義) 1377
존왕양이(尊王攘夷) 1377
존이감당(存以甘棠) 1377
존이불론(存而不論) 1377
존주비민(尊主庇民) 1378
존현사능(尊賢使能) 1378
존황도막(尊皇倒幕) 1378
졸난변통(猝難變通) 1378
졸년월일(卒年月日) 1378
졸졸요당(猝猝了當) 1378
졸지풍파(猝地風波) 1378
종간불불(從諫弗咈) 1378
종간여류(從諫如流) 1378
종거인의(終去仁義) 1378
종견개화(終見開花) 1379
종고금슬(鐘鼓琴瑟) 1379
종고시행(從古施行) 1379
종고지락(鐘鼓之樂) 1379
종과득과(種瓜得瓜) 1379
종귀일철(終歸一轍) 1379
종금이후(從今以後) 1379
종남첩경(終南捷徑) 1379
종년열세(終年閱歲) 1380
종다수결(從多數決) 1380
종두득두(種豆得豆) 1380
종두지미(從頭至尾) 1380
종로결장(鐘路決杖) 1380
종말강좌(從末降坐) 1380
종명누진(鐘鳴漏盡) 1380
종명정식(鐘鳴鼎食) 1380
종묘사직(宗廟社稷) 1380
종무소식(終無消息) 1380
종부지령(從父之令) 1381
종불출급(終不出給) 1381
종불투족(終不投足) 1381
종불회개(終不悔改) 1381
종사선선(螽斯詵詵) 1381
종사지화(螽斯之化) 1381
종생면역(終生免疫) 1381

종선여등(從善如登) 1381
종선여류(從善如流) 1381
종수일별(終須一別) 1382
종시여일(終始如一) 1382
종시일관(終始一貫) 1382
종식지간(終食之間) 1382
종신대사(終身大事) 1382
종신불욕(終身不辱) 1382
종신불치(終身不恥) 1382
종신불치(終身不齒) 1382
종신자식(終身子息) 1382
종신지계(終身之計) 1382
종신지질(終身之疾) 1383
종심소욕(從心所欲) 1383
종역필망(終亦必亡) 1383
종오소호(從吾所好) 1383
종욕유위(從欲惟危) 1383
종욕지병(縱欲之病) 1383
종용중도(從容中道) 1383
종용증닉(從容拯溺) 1383
종이부시(終而復始) 1383
종이정지(從而征之) 1384
종인지과(從因至果) 1384
종인향과(從因向果) 1384
종일건건(終日乾乾) 1384
종일지역(終日之役) 1384
종자이왕(從玆以往) 1384
종자이후(從玆以後) 1384
종적부지(蹤迹不知) 1384
종정구인(從井救人) 1384
종정사욕(縱情肆欲) 1384
종정지가(鍾鼎之家) 1385
종종색색(種種色色) 1385
종종잡다(種種雜多) 1385
종중추고(從重推考) 1385
종차이왕(從此以往) 1385
종차이후(從此以後) 1385
종천지통(終天之痛) 1385
종초종제(從楚從齊) 1385
종편거처(從便居處) 1385
종편구처(從便區處) 1385
종편위지(從便爲之) 1385
종풍이미(從風而靡) 1385
종풍지료(縱風止燎) 1386
종호귀산(從虎歸山) 1386
종회여류(從懷如流) 1386
종횡무애(縱橫無礙) 1386
종횡무우(縱橫無隅) 1386
종횡무진(縱橫無盡) 1386
종횡자재(縱橫自在) 1386
좌건외역(左建外易) 1386
좌견천리(坐見千里) 1386
좌고우면(左顧右眄) 1387
좌고우시(左顧右視) 1387
좌관성패(坐觀成敗) 1387
좌구우고(左求右告) 1387
좌기우각(左掎右角) 1387
좌단고사(左袒古事) 1387
좌도우사(左圖右史) 1387
좌룡우호(左龍右虎) 1388
좌면우고(左眄右顧) 1388
좌명좌청(坐命坐聽) 1388
좌명지사(佐命之士) 1388
좌물의신(坐勿倚身) 1388
좌방담허(坐房談虛) 1388
좌보우필(左輔右弼) 1388
좌봉축기(挫鋒縮氣) 1388
좌불수당(坐不垂堂) 1388
좌불안석(坐不安席) 1388
좌사우경(左史右經) 1389
좌사우고(左思右考) 1389
좌사우량(左思右量) 1389
좌사우사(左史右史) 1389
좌사우상(左思右想) 1389
좌석미난(坐席未煖) 1389
좌선우추(左旋右抽) 1389
좌수우봉(左授右捧) 1389
좌수우응(左授右應) 1389
좌수행탄(座愁行歎) 1390
좌식산공(坐食山空) 1390
좌어도탄(坐於塗炭) 1390
좌와기거(坐臥起居) 1390
좌왕우왕(左往右往) 1390
좌우고면(左右顧眄) 1390
좌우고시(左右顧視) 1390
좌우구의(左右具宜) 1390
좌우균제(左右均齊) 1390

좌우기거(左右起居) 1390
좌우동형(左右同形) 1390
좌우봉원(左右逢原) 1390
좌우분렬(左右分裂) 1391
좌우사량(左右思量) 1391
좌우상칭(左右相稱) 1391
좌우지간(左右之間) 1391
좌우청촉(左右請囑) 1391
좌우충돌(左右衝突) 1391
좌우협공(左右挾攻) 1391
좌원우응(左援右應) 1391
좌의우유(坐宜右有) 1391
좌이대단(坐以待旦) 1391
좌이대사(坐而待死) 1392
좌이부동(坐而不動) 1392
좌이식지(坐而食之) 1392
좌작진퇴(坐作進退) 1392
좌전우도(左顚右倒) 1392
좌절하충(坐折遐衝) 1392
좌정관천(坐井觀天) 1392
좌제우설(左提右挈) 1392
좌제우휴(左提右攜) 1393
좌중실언(座中失言) 1393
좌지불천(坐之不遷) 1393
좌지우오(左支右吾) 1393
좌지우지(左之右之) 1393
좌차우란(左遮右攔) 1393
좌청우촉(左請右囑) 1393
좌춘풍중(坐春風中) 1393
좌충우돌(左衝右突) 1393
좌투득상(佐鬪得傷) 1393
좌포우혜(左脯右醯) 1394
좌향기리(坐享其利) 1394
좌협수두(左挾獸頭) 1394
죄동벌이(罪同罰異) 1394
죄불용주(罪不容誅) 1394
죄사무석(罪死無惜) 1394
죄상가죄(罪上加罪) 1394
죄상첨죄(罪上添罪) 1394
죄송만만(罪悚萬萬) 1394
죄악관영(罪惡貫盈) 1394
죄업망상(罪業妄想) 1394
죄영악적(罪盈惡積) 1395
죄의유경(罪疑惟輕) 1395
죄인불노(罪人不孥) 1395
죄중벌경(罪重罰輕) 1395
죄중우범(罪中又犯) 1395
죄지경중(罪之輕重) 1395
죄지유무(罪之有無) 1395
주객일체(主客一體) 1395
주객일치(主客一致) 1395
주객전도(主客顚倒) 1395
주객지간(主客之間) 1396
주객지세(主客之勢) 1396
주객지의(主客之誼) 1396
주경야독(晝耕夜讀) 1396
주경야송(晝耕夜誦) 1396
주고은반(周誥殷盤) 1396
주공삼태(周公三笞) 1396
주과포혜(酒果脯醯) 1396
주관무인(主管無人) 1396
주궁패궐(珠宮貝闕) 1396
주궁휼빈(賙窮恤貧) 1397
주권재민(主權在民) 1397
주기도문(主祈禱文) 1397
주낭반대(酒囊飯袋) 1397
주단야장(晝短夜長) 1397
주도면밀(周到綿密) 1397
주란화각(朱欄畵閣) 1397
주란화동(朱欄畵棟) 1397
주량회갑(舟梁回甲) 1397
주련만인(株連蔓引) 1398
주련벽합(珠聯璧合) 1398
주룡시호(酒龍時虎) 1398
주루화각(朱樓畵閣) 1398
주마가편(走馬加鞭) 1398
주마간금(走馬看錦) 1398
주마간산(走馬看山) 1398
주마간화(走馬看花) 1398
주명부지(主名不知) 1398
주무유호(綢繆牖戶) 1398
주미구맹(酒美狗猛) 1399
주복야행(晝伏夜行) 1399
주불쌍배(酒不雙杯) 1399
주불취인(酒不醉人) 1399
주사마적(蛛絲馬迹) 1399
주사야몽(晝思夜夢) 1399

준양시회(遵養時晦) 1409
준조절충(樽俎折衝) 1409
준족장판(駿足長阪) 1409
준준무식(蠢蠢無識) 1409
중개열지(衆皆悅之) 1409
중경외폐(中扃外閉) 1409
중고지장(衆瞽之杖) 1410
중과부적(衆寡不敵) 1410
중구난방(衆口難防) 1410
중구난조(衆口難調) 1410
중구삭금(衆口鑠金) 1410
중구연금(衆口鍊金) 1410
중구지어(中鉤之魚) 1410
중권후경(中權後勁) 1410
중노난범(衆怒難犯) 1411
중농주의(重農主義) 1411
중니지도(仲尼之徒) 1411
중도개로(中途改路) 1411
중도반단(中途半端) 1411
중도이폐(中道而廢) 1411
중론불일(衆論不一) 1411
중류격즙(中流擊楫) 1411
중류지주(中流砥柱) 1412
중립불편(中立不偏) 1412
중망소귀(衆望所歸) 1412
중매구전(仲買口錢) 1412
중맹모상(衆盲摸象) 1412
중목방매(中目放賣) 1412
중목소시(衆目所視) 1412
중목환시(衆目環視) 1412
중무소주(中無所主) 1412
중문격탁(重門擊柝) 1412
중병지여(重病之餘) 1412
중봉직필(中鋒直筆) 1413
중산위약(衆散爲弱) 1413
중상모략(中傷謀略) 1413
중생세간(衆生世間) 1413
중생제도(衆生濟度) 1413
중생화도(衆生化道) 1413
중생회향(衆生廻向) 1413
중석몰촉(中石沒鏃) 1413
중소공지(衆所共知) 1414
중소성다(衆小成多) 1414
중심성성(衆心成城) 1414
중양지장(衆陽之長) 1414
중언부언(重言復言) 1414
중옹습희(重雍襲熙) 1414
중용지도(中庸之道) 1414
중우정치(衆愚政治) 1414
중원지록(中原之鹿) 1415
중원축록(中原逐鹿) 1415
중유지려(中有之旅) 1415
중인광좌(衆人廣座) 1415
중인소시(衆人所視) 1415
중인중리(衆人重利) 1415
중인환시(衆人環視) 1415
중인환좌(衆人環座) 1415
중전마마(中殿媽媽) 1415
중정울불(衆情鬱怫) 1416
중조군휴(衆嘲群咻) 1416
중조위당(中朝爲唐) 1416
중족이립(重足而立) 1416
중족측목(重足仄目) 1416
중중첩첩(重重疊疊) 1416
중중촉촉(重重矗矗) 1416
중지성성(衆志成城) 1416
중천세계(中千世界) 1416
중첩산수(重疊山水) 1416
중추성묘(中秋省墓) 1417
중추월병(仲秋月餠) 1417
중추인물(中樞人物) 1417
중취독성(衆醉獨醒) 1417
중치천금(重値千金) 1417
중행독복(中行獨復) 1417
중현모여(衆賢茅茹) 1417
중화지기(中和之氣) 1417
중환치사(中丸致死) 1418
중후경박(重厚輕薄) 1418
중후표산(衆煦漂山) 1418
중흥지주(中興之主) 1418
중희누흡(重熙累洽) 1418
즉득왕생(卽得往生) 1418
즉신성불(卽身成佛) 1418
즉심시불(卽心是佛) 1418
즉심염불(卽心念佛) 1418
즉일방방(卽日放榜) 1418
즉일창방(卽日唱榜) 1419

즐풍목우(櫛風沐雨) 1419
증삼살인(曾參殺人) 1419
증양지직(證羊之直) 1419
증예지효(蒸乂之孝) 1419
증이파의(甑已破矣) 1419
증작지설(矰繳之說) 1419
증중생진(甑中生塵) 1419
증진부어(甑塵釜魚) 1420
증타불고(甑墮不顧) 1420
지각천애(地角天涯) 1420
지갈지계(止渴之計) 1420
지강급미(舐糠及米) 1420
지검대적(持劍對賊) 1420
지고기양(志高氣揚) 1420
지고지상(至高至上) 1420
지고지순(至高至順) 1421
지공무사(至公無私) 1421
지공지평(至公至平) 1421
지과필개(知過必改) 1421
지광인희(地廣人稀) 1421
지구지계(持久之計) 1421
지궁차궁(至窮且窮) 1421
지근거리(至近距離) 1421
지근지지(至近之地) 1421
지근지처(至近之處) 1421
지기도타(知機逃躲) 1421
지기상합(志氣相合) 1421
지기지심(知己知心) 1421
지기지우(知己之友) 1422
지기추상(持己秋霜) 1422
지기투합(志氣投合) 1422
지긴지요(至緊至要) 1422
지난이퇴(知難而退) 1422
지난행이(知難行易) 1422
지남지북(之南之北) 1422
지대물박(地大物博) 1422
지대재단(志大才短) 1422
지대지강(至大至剛) 1422
지덕자선(知德者鮮) 1422
지도노마(知途老馬) 1423
지독지애(舐犢之愛) 1423
지독지정(舐犢之情) 1423
지동지서(之東之西) 1423
지동지서(指東指西) 1423
지락무락(至樂無樂) 1423
지란옥수(芝蘭玉樹) 1423
지란지교(芝蘭之交) 1423
지란지실(芝蘭之室) 1424
지란지화(芝蘭之化) 1424
지련만인(枝連蔓引) 1424
지로문행(知路問行) 1424
지록위마(指鹿爲馬) 1424
지리멸렬(支離滅裂) 1424
지만계영(持滿戒盈) 1425
지만의득(志滿意得) 1425
지만이지(至滿而止) 1425
지명인사(知名人士) 1425
지명지년(知命之年) 1425
지모웅략(智謀雄略) 1425
지미무미(至味無味) 1425
지미세사(至微細事) 1426
지방지술(止謗之術) 1426
지백수흑(知伯受黑) 1426
지복연인(指腹連姻) 1426
지복위혼(指腹爲婚) 1426
지복재금(指腹裁襟) 1426
지복지맹(指腹之盟) 1426
지복지약(指腹之約) 1426
지복천번(地覆天飜) 1426
지부복궐(持斧伏闕) 1427
지부상족(知斧傷足) 1427
지부작족(知斧斫足) 1427
지부해함(地負海涵) 1427
지분절해(支分節解) 1427
지분혜탄(芝焚蕙嘆) 1427
지불가만(志不可滿) 1427
지불승굴(指不勝屈) 1427
지불양해(池不養蟹) 1427
지빈무의(至貧無依) 1428
지사고심(志士苦心) 1428
지사무궁(至死無窮) 1428
지사미타(之死靡他) 1428
지사부지(知事不知) 1428
지사불굴(至死不屈) 1428
지사위한(至死爲限) 1428
지상공문(紙上空文) 1428
지상담병(地上談兵) 1428

지상매괴(指桑罵槐) 1428
지상명령(至上命令) 1429
지상열반(地上涅槃) 1429
지상천국(地上天國) 1429
지성감천(至誠感天) 1429
지성무식(至誠無息) 1429
지성여신(至誠如神) 1429
지소모대(智小謀大) 1429
지순지결(至純至潔) 1429
지숭예비(知崇禮卑) 1430
지어견마(至於犬馬) 1430
지어농조(池魚籠鳥) 1430
지어사경(至於死境) 1430
지어삼천(至於三遷) 1430
지어지선(至於至善) 1430
지어지앙(池魚之殃) 1430
지어지처(止於至處) 1430
지언거언(至言去言) 1430
지언양기(知言養氣) 1431
지연작전(遲延作戰) 1431
지엽말절(枝葉末節) 1431
지엽상지(枝葉相持) 1431
지엽석무(支葉碩茂) 1431
지영수겸(持盈守謙) 1431
지용무쌍(智勇無雙) 1431
지우이신(至愚而神) 1432
지우지감(知遇之感) 1432
지웅수자(知雄守雌) 1432
지원극통(至冤極痛) 1432
지유비교(地有肥磽) 1432
지유조심(只有操心) 1432
지은보은(知恩報恩) 1432
지이도녕(志以道寧) 1432
지이부지(知而不知) 1432
지이불언(知而不言) 1433
지인무기(至人無己) 1433
지인지감(知人之鑑) 1433
지인지면(知人知面) 1433
지인지자(至仁至慈) 1433
지일가기(指日可期) 1433
지자불박(知者不博) 1433
지자불언(知者不言) 1433
지자불혹(知者不惑) 1434
지자요수(知者樂水) 1434
지자의린(智子疑隣) 1434
지자일실(智者一失) 1434
지자천려(智者千慮) 1434
지장이담(抵掌而談) 1434
지재사방(志在四方) 1434
지재지삼(至再至三) 1434
지재천리(志在千里) 1435
지적지아(知敵知我) 1435
지정불고(知情不告) 1435
지정지간(至情之間) 1435
지정지밀(至精至密) 1435
지족가락(知足可樂) 1435
지족불욕(知足不辱) 1435
지족상락(知足常樂) 1435
지족상족(知足常足) 1435
지족안분(知足安分) 1436
지족자부(知足者富) 1436
지주가효(旨酒嘉殽) 1436
지중생목(地中生木) 1436
지지부진(遲遲不進) 1436
지지불태(知止不殆) 1436
지지상지(知止常止) 1436
지지유고(持之有故) 1436
지지유정(知止有定) 1437
지징무처(指徵無處) 1437
지차불선(只此不宣) 1437
지찰무도(至察無徒) 1437
지척불변(咫尺不辨) 1437
지척지도(咫尺之途) 1437
지척지서(咫尺之書) 1437
지척지의(咫尺之義) 1437
지척지지(咫尺之地) 1438
지척천리(咫尺千里) 1438
지척천안(咫尺天顔) 1438
지천사어(指天射魚) 1438
지천위서(指天爲誓) 1438
지천지물(至賤之物) 1438
지청무어(至清無魚) 1438
지초북행(至楚北行) 1438
지촉대전(紙燭代錢) 1438
지추덕제(地醜德齊) 1438
지치득거(舐痔得車) 1439
지통재심(至痛在心) 1439

지평천성(地平天成) 1439
지피지기(知彼知己) 1439
지필연묵(紙筆硯墨) 1439
지하원혼(地下冤魂) 1439
지학지년(志學之年) 1439
지학지세(志學之歲) 1439
지행일치(知行一致) 1440
지행합일(知行合一) 1440
지호지간(指呼之間) 1440
직계비속(直系卑屬) 1440
직계존속(直系尊屬) 1440
직궁증부(直躬證父) 1440
직권남용(職權濫用) 1440
직립보행(直立步行) 1440
직목선벌(直木先伐) 1440
직불백보(直不百步) 1441
직불보곡(直不輔曲) 1441
직언골경(直言骨骾) 1441
직언정론(直言正論) 1441
직왕매진(直往邁進) 1441
직장곡로(直壯曲老) 1441
직절간명(直截簡明) 1441
직절허심(直節虛心) 1441
직정경행(直情徑行) 1441
직지사자(直指使者) 1442
직지인심(直指人心) 1442
진강돈기(振綱頓紀) 1442
진경고현(秦鏡高懸) 1442
진고면천(陳告免賤) 1442
진광불휘(眞光不輝) 1442
진근부초(陳根腐草) 1442
진금부도(眞金不鍍) 1442
진담누설(陳談屢說) 1443
진덕수업(眞德修業) 1443
진두지휘(陣頭指揮) 1443
진명지주(眞命之主) 1443
진목장담(瞋目張膽) 1443
진문진답(珍問珍答) 1443
진미래제(盡未來際) 1443
진반도갱(塵飯塗羹) 1443
진번하탑(陳蕃下榻) 1443
진보살적(進步殺賊) 1444
진복팔단(眞福八端) 1444
진불은현(進不隱賢) 1444
진비일호(振臂一呼) 1444
진서언문(眞書諺文) 1444
진선완미(盡善完美) 1444
진선지정(進善之旌) 1444
진선진미(盡善盡美) 1444
진선폐사(陳善閉邪) 1445
진수성찬(珍羞盛饌) 1445
진수열장(辰宿列張) 1445
진승오광(陳勝吳廣) 1445
진신장보(縉紳章甫) 1445
진실무망(眞實無妄) 1445
진실무위(眞實無僞) 1445
진실여상(眞實如常) 1445
진심갈력(盡心竭力) 1445
진안막변(眞贋莫辨) 1445
진애지도(盡愛之道) 1445
진언번등(眞諺翻謄) 1446
진언부지(眞諺不知) 1446
진여일색(眞如一色) 1446
진여일실(眞如一實) 1446
진여평등(眞如平等) 1446
진예퇴속(進銳退速) 1446
진외고표(塵外孤標) 1446
진월비척(秦越肥瘠) 1446
진의탄관(振衣彈冠) 1446
진일지력(盡日之力) 1446
진적위산(塵積爲山) 1447
진전한례(秦篆漢隷) 1447
진정소발(眞情所發) 1447
진정소회(眞情所懷) 1447
진정지곡(秦庭之哭) 1447
진주혼식(眞珠婚式) 1447
진지적견(眞知的見) 1447
진진상인(陳陳相因) 1447
진진상잉(陳陳相仍) 1447
진진지의(秦晉之誼) 1447
진진지호(秦晉之好) 1448
진채지액(陳蔡之厄) 1448
진천동지(震天動地) 1448
진천해지(震天駭地) 1448
진촌퇴척(進寸退尺) 1448
진충갈력(盡忠竭力) 1448
진충보국(盡忠報國) 1448

진충지신(盡忠之臣) 1448
진취지계(進取之計) 1449
진토지중(塵土之中) 1449
진퇴가도(進退可度) 1449
진퇴무의(進退無儀) 1449
진퇴분명(進退分明) 1449
진퇴양난(進退兩難) 1449
진퇴유곡(進退維谷) 1449
진퇴유도(進退有度) 1449
진퇴필공(進退必恭) 1449
진평재육(陳平宰肉) 1449
진하지례(進賀之禮) 1450
진합태산(塵合泰山) 1450
진혼귀신(鎭魂歸神) 1450
진화타겁(趁火打劫) 1450
진환이환(盡歡而還) 1450
질극도하(窒隙蹈瑕) 1450
질루신천(質陋身賤) 1450
질륭지치(郅隆之治) 1450
질마파거(跌馬破車) 1451
질서정연(秩序整然) 1451
질수축알(疾首蹙頞) 1451
질실강건(質實强健) 1451
질언거색(疾言遽色) 1451
질위빈주(迭爲賓主) 1451
질의응답(質疑應答) 1451
질이불리(質而不俚) 1451
질제귀신(質諸鬼神) 1451
질주불휴(疾走不休) 1452
질지여수(疾之如讎) 1452
질지이심(疾之已甚) 1452
질축배척(嫉逐排斥) 1452
질투망상(嫉妬妄想) 1452
질풍경초(疾風勁草) 1452
질풍노도(疾風怒濤) 1452
질풍대우(疾風大雨) 1452
질풍신뢰(疾風迅雷) 1452
질풍심우(疾風甚雨) 1452
집사광익(集思廣益) 1453
집소성다(集小成多) 1453
집소성대(集小成大) 1453
집열불탁(執熱不濯) 1453
집의항언(執意杭言) 1453
집중무권(執中無權) 1453
집중사격(集中射擊) 1453
집중호설(集中豪雪) 1453
집중호우(集中豪雨) 1453
집지전일(執持專一) 1453
집희경지(緝熙敬止) 1454
징갱취장(懲羹吹醬) 1454
징갱취제(懲羹吹虀) 1454
징갱취해(懲羹吹薤) 1454
징갱취회(懲羹吹膾) 1454
징분질욕(懲忿窒慾) 1454
징선기여(懲船忌輿) 1454
징일여백(懲一勵百) 1454
징전비후(懲前毖後) 1455

ㅊ

차객보구(借客報仇) 1456
차경차희(且驚且喜) 1456
차계기환(借鷄騎還) 1456
차계생단(借鷄生蛋) 1456
차공제사(借公濟私) 1456
차규차청(借閨借廳) 1456
차납지변(借納之辨) 1456
차도살인(借刀殺人) 1457
차래지식(嗟來之食) 1457
차마삼경(借馬三更) 1457
차망우물(此忘憂物) 1457
차문차답(且問且答) 1457
차사예채(差使例債) 1457
차상차하(差上差下) 1457
차서일치(借書一瓻) 1457
차선차후(差先差後) 1458
차신차의(且信且疑) 1458
차월피월(此月彼月) 1458
차윤성형(車胤盛螢) 1458
차윤취형(車胤聚螢) 1458
차일피일(此日彼日) 1458
차장내하(此將奈何) 1458
차재두량(車載斗量) 1458
차전엄후(遮前掩後) 1458
차전차주(且戰且走) 1458
차제간사(次第間事) 1458
차제건사(次第件事) 1459

채색부정(采色不定) 1468
채수시조(債帥市曹) 1468
채신급수(採薪汲水) 1469
채신지우(採薪之憂) 1469
채의오친(彩衣娛親) 1469
채장보단(採長補短) 1469
채중개강(菜重芥薑) 1469
책기지심(責己之心) 1469
책모계략(策謀計略) 1470
책상양반(冊床兩班) 1470
책상퇴물(冊床退物) 1470
책인즉명(責人卽明) 1470
책임전가(責任轉嫁) 1470
책재원수(責在元帥) 1470
책책칭선(嘖嘖稱善) 1470
처명우난(處名尤難) 1470
처사횡의(處士橫議) 1470
처성자옥(妻城子獄) 1471
처세육연(處世六然) 1471
처신한골(凄神寒骨) 1471
처심적려(處心積慮) 1471
처인천의(處仁遷義) 1471
처자권속(妻子眷屬) 1471
처정불고(處靜不枯) 1471
처풍고우(凄風苦雨) 1471
처환불우(處患不憂) 1472
척강회명(陟降晦明) 1472
척객자순(跖客刺舜) 1472
척계서주(隻鷄絮酒) 1472
척공비사(瘠公肥私) 1472
척공출죄(陟功黜罪) 1472
척교상봉(隻橋相逢) 1472
척구폐요(跖狗吠堯) 1472
척금지통(擲琴之慟) 1473
척단촌장(尺短寸長) 1473
척당불기(倜儻不羈) 1473
척령재원(鶺鴒在原) 1473
척명강회(陟明降晦) 1473
척명출유(陟明黜幽) 1473
척벽비보(尺璧非寶) 1473
척병병회(擲餠餠回) 1473
척분척리(隻分隻厘) 1473
척산척수(尺山尺水) 1474
척산촌수(尺山寸水) 1474
척애독락(隻愛獨樂) 1474
척오촌초(尺吳寸楚) 1474
척장난명(隻掌難鳴) 1474
척지금성(擲地金聲) 1474
척촌지공(尺寸之功) 1474
척촌지리(尺寸之利) 1474
척촌지병(尺寸之兵) 1474
척촌지지(尺寸之地) 1475
척촌지효(尺寸之效) 1475
척포두속(尺布斗粟) 1475
척푼척리(隻分隻厘) 1475
척하탕구(滌瑕蕩垢) 1475
척하탕예(滌瑕蕩穢) 1475
척호성명(斥呼姓名) 1475
척호지정(陟岵之情) 1475
척화양이(斥和攘夷) 1475
척확무색(尺蠖無色) 1475
척확지굴(蚇蠖之屈) 1476
천가지년(天假之年) 1476
천간지비(天慳地秘) 1476
천간지헌(天慳地獻) 1476
천감만려(千感萬慮) 1476
천개지벽(天開地闢) 1476
천객만래(千客萬來) 1476
천거창일(川渠漲溢) 1476
천견박식(淺見薄識) 1476
천경조작(淺耕粗作) 1477
천경지위(天經地緯) 1477
천경지의(天經地義) 1477
천고마비(天高馬肥) 1477
천고만난(千苦萬難) 1477
천고불역(千古不易) 1477
천고불후(千古不朽) 1477
천고지하(天高地下) 1477
천고청비(天高聽卑) 1478
천공해활(天空海闊) 1478
천광운영(天光雲影) 1478
천광지귀(天光之貴) 1478
천교만태(千嬌萬態) 1478
천교지망(遷喬之望) 1478
천군만마(千軍萬馬) 1478
천금매골(千金買骨) 1478
천금매소(千金買笑) 1479

천금연낙(千金然諾) 1479
천금준마(千金駿馬) 1479
천금지구(千金之軀) 1479
천금지구(千金之裘) 1479
천금지자(千金之子) 1479
천기누설(天機漏泄) 1479
천난만고(千難萬苦) 1479
천년만세(千年萬歲) 1479
천년사직(千年社稷) 1479
천년왕국(千年王國) 1480
천년일청(千年一淸) 1480
천덕사은(天德師恩) 1480
천덕왕도(天德王道) 1480
천도무심(天道無心) 1480
천도무친(天道無親) 1480
천도불도(天道不諂) 1480
천도시비(天道是非) 1480
천도지상(天道之常) 1480
천동대신(天動大神) 1481
천라지망(天羅地網) 1481
천랑기청(天朗氣淸) 1481
천려만사(千慮萬思) 1481
천려일득(千慮一得) 1481
천려일실(千慮一失) 1481
천로역정(天路歷程) 1481
천록영종(天祿永終) 1482
천류불식(川流不息) 1482
천리건곤(千里乾坤) 1482
천리동풍(千里同風) 1482
천리명가(千里命駕) 1482
천리무연(千里無煙) 1482
천리비린(千里比隣) 1482
천리아모(千里鵝毛) 1482
천리절적(千里絶迹) 1482
천리지구(千里之驅) 1482
천리지임(千里之任) 1483
천리지족(千里之足) 1483
천리지지(千里之志) 1483
천리지행(千里之行) 1483
천리진운(千里陣雲) 1483
천리행룡(千里行龍) 1483
천마행공(天馬行空) 1483
천만다행(千萬多幸) 1483
천만매린(千萬買隣) 1483
천만몽외(千萬夢外) 1484
천만무량(千萬無量) 1484
천만백계(千萬百計) 1484
천만부당(千萬不當) 1484
천만불가(千萬不可) 1484
천만의외(千萬意外) 1484
천망지루(天網之漏) 1484
천망지함(天亡地陷) 1484
천망회회(天網恢恢) 1484
천명미상(天命靡常) 1484
천명지수(天命之壽) 1485
천무불복(天無不覆) 1485
천무사복(天無私覆) 1485
천무음우(天無淫雨) 1485
천무이일(天無二日) 1485
천무일실(千無一失) 1485
천문만호(千門萬戶) 1485
천문지질(天文地質) 1485
천문철추(薦門鐵樞) 1485
천반주하(天半朱霞) 1486
천반포락(川反浦落) 1486
천방백계(千方百計) 1486
천방지방(天方地方) 1486
천방지축(天方地軸) 1486
천번지복(天飜地覆) 1486
천벽독서(穿壁讀書) 1486
천벽투광(穿壁偸光) 1486
천변만화(千變萬化) 1486
천변수륙(天變水陸) 1486
천변지변(天變地變) 1486
천변지이(天變地異) 1487
천병만마(千兵萬馬) 1487
천보간난(天步艱難) 1487
천봉만악(千峰萬嶽) 1487
천부인권(天賦人權) 1487
천부자연(天賦自然) 1487
천부재능(天賦才能) 1487
천부지재(天覆地載) 1487
천부지저(天府之儲) 1487
천부지토(天府之土) 1488
천분질서(天分秩序) 1488
천불능살(天不能殺) 1488
천불일시(天不一時) 1488

천붕지괴(天崩地壞) 1488
천붕지탁(天崩地坼) 1488
천붕지탑(天崩地搨) 1488
천붕지통(天崩之痛) 1488
천사기연(天賜奇緣) 1488
천사만감(千思萬感) 1488
천사만고(千思萬考) 1489
천사만념(千思萬念) 1489
천사만량(千思萬量) 1489
천사만려(千思萬慮) 1489
천사만루(千絲萬縷) 1489
천사만생(千死萬生) 1489
천사문답(天師問答) 1489
천산만수(千山萬水) 1489
천산만악(千山萬嶽) 1489
천산만학(千山萬壑) 1489
천산지산(天山地山) 1490
천상기후(天象氣候) 1490
천상만태(千狀萬態) 1490
천상모후(天上母后) 1490
천상신비(天上神秘) 1490
천상천하(天上天下) 1490
천생배필(天生配匹) 1490
천생여질(天生麗質) 1490
천생연분(天生緣分) 1490
천생인연(天生因緣) 1490
천생증민(天生蒸民) 1491
천서만단(千緖萬端) 1491
천석고황(泉石膏肓) 1491
천선지전(天旋地轉) 1491
천성난개(天性難改) 1491
천세일시(千歲一時) 1491
천소만전(千燒萬戰) 1491
천수관음(千手觀音) 1491
천수농경(天水農耕) 1491
천수만색(千搜萬索) 1491
천수만탄(千愁萬歎) 1492
천수만한(千愁萬恨) 1492
천수일벽(天水一碧) 1492
천승지국(千乘之國) 1492
천시가절(天時佳節) 1492
천시아귀(川施餓鬼) 1492
천신만고(千辛萬苦) 1492
천신지기(天神地祇) 1492
천안호성(天顔好聲) 1492
천암만학(千巖萬壑) 1492
천암지흑(天暗地黑) 1493
천애비린(天涯比隣) 1493
천애지각(天涯地角) 1493
천야만야(千耶萬耶) 1493
천양관슬(穿楊貫蝨) 1493
천양무궁(天壤無窮) 1493
천양지간(天壤之間) 1493
천양지차(天壤之差) 1493
천양지판(天壤之判) 1493
천어무용(千語無用) 1494
천언만어(千言萬語) 1494
천언입성(千言立成) 1494
천연세월(遷延歲月) 1494
천연지차(天淵之差) 1494
천옹위택(川壅爲澤) 1494
천외유천(天外有天) 1494
천요만악(千妖萬惡) 1494
천요지격(天遙地隔) 1494
천우신조(天佑神助) 1494
천원지방(天圓地方) 1495
천위지척(天威咫尺) 1495
천유기충(天誘其衷) 1495
천은망극(天恩罔極) 1495
천음우습(天陰雨濕) 1495
천읍지애(天泣地哀) 1495
천의난측(天意難測) 1495
천의무봉(天衣無縫) 1495
천이이견(淺而易見) 1496
천인공노(天人共怒) 1496
천인단애(千仞斷崖) 1496
천인오쇠(天人五衰) 1496
천인일양(千人一樣) 1496
천인지도(天人之道) 1496
천인지락(千人之諾) 1496
천인지의(天仁地義) 1496
천인지회(天人之會) 1496
천인합일(天人合一) 1497
천일조림(天日照臨) 1497
천일지표(天日之表) 1497
천자만태(千姿萬態) 1497
천자만홍(千紫萬紅) 1497

천자문생(天子門生) 1497
천자불거(天子不擧) 1497
천자성철(天子聖哲) 1497
천자지사(天子之事) 1498
천자지의(天子之義) 1498
천자지존(天子之尊) 1498
천작저창(淺酌低唱) 1498
천작지장(天作地藏) 1498
천작지합(天作之合) 1498
천장지구(天長地久) 1498
천장지비(天藏地秘) 1498
천재일시(千載一時) 1498
천재일우(千載一遇) 1498
천재지변(天災地變) 1499
천재지요(天災地妖) 1499
천재지회(千載之會) 1499
천재휴명(千載休明) 1499
천정배필(天定配匹) 1499
천정부지(天井不知) 1499
천정연분(天定緣分) 1499
천제사상(天帝思想) 1499
천조자조(天助自助) 1499
천조초매(天造草昧) 1500
천존지비(天尊地卑) 1500
천종만류(千種萬類) 1500
천종만물(千種萬物) 1500
천종산삼(天種山蔘) 1500
천종지성(天縱之聖) 1500
천종지재(天從之才) 1500
천주삼위(天主三位) 1500
천주십계(天主十戒) 1500
천주활적(天誅猾賊) 1501
천중가절(天中佳節) 1501
천중무일(千中無一) 1501
천지강재(天之降才) 1501
천지개벽(天地開闢) 1501
천지만물(天地萬物) 1501
천지만엽(千枝萬葉) 1501
천지만조(千枝萬條) 1501
천지망아(天之亡我) 1501
천지무궁(天地無窮) 1501
천지미록(天之美祿) 1501
천지부판(天地剖判) 1502
천지분격(天地分格) 1502
천지불인(天地不仁) 1502
천지상합(天地相合) 1502
천지신명(天地神明) 1502
천지양곽(天地量廓) 1502
천지역수(天之曆數) 1502
천지위언(天地位焉) 1502
천지일색(天地一色) 1503
천지일실(天地一室) 1503
천지일체(天地一體) 1503
천지자연(天地自然) 1503
천지재변(天地災變) 1503
천지정위(天地定位) 1503
천지조화(天地造化) 1503
천지존작(天之尊爵) 1503
천지지기(天地之紀) 1503
천지지도(天地之道) 1503
천지지량(天地之量) 1503
천지지미(天地之美) 1503
천지지방(天地之方) 1504
천지지상(天地之常) 1504
천지지심(天地之心) 1504
천지지중(天地之中) 1504
천지지평(天地之平) 1504
천지진동(天地震動) 1504
천지창조(天地創造) 1504
천지현격(天地懸隔) 1504
천지현황(天地玄黃) 1504
천지혼돈(天地混沌) 1504
천지화합(天地和合) 1505
천진난만(天眞爛漫) 1505
천진무구(天眞無垢) 1505
천진협사(天眞挾詐) 1505
천질유례(天秩有禮) 1505
천짐저창(淺斟低唱) 1505
천차만별(千差萬別) 1505
천참만륙(千斬萬戮) 1505
천창만공(千瘡萬孔) 1505
천천만만(千千萬萬) 1505
천첩옥산(千疊玉山) 1506
천청만촉(千請萬囑) 1506
천청약뢰(天聽若雷) 1506
천촌만락(千村萬落) 1506
천추만고(千秋萬古) 1506

초근목피(草根木皮) 1525
초년고생(初年苦生) 1525
초도습의(初度習儀) 1525
초동급부(樵童汲婦) 1525
초동목수(樵童牧豎) 1526
초두난액(焦頭爛額) 1526
초두천자(草頭天子) 1526
초려삼고(草廬三顧) 1526
초로인생(草露人生) 1526
초록동색(草綠同色) 1526
초록자기(蕉鹿自欺) 1526
초리봉사(草裡逢蛇) 1526
초만영어(草滿囹圄) 1526
초망지신(草莽之臣) 1527
초망착호(草網着虎) 1527
초면강산(初面江山) 1527
초면부지(初面不知) 1527
초면친구(初面親舊) 1527
초모우신(草茅愚臣) 1527
초모위언(草茅危言) 1527
초목개병(草木皆兵) 1527
초목구부(草木俱腐) 1527
초목구후(草木俱朽) 1527
초목금수(草木禽獸) 1528
초목노생(草木怒生) 1528
초목동부(草木同腐) 1528
초목산천(草木山川) 1528
초목영락(草木零落) 1528
초목위언(草木危言) 1528
초목지신(草木之臣) 1528
초목지엽(草木枝葉) 1528
초목지위(草木知威) 1528
초목지자(草木之滋) 1528
초목황락(草木黃落) 1528
초무시리(初無是理) 1529
초미지급(焦眉之急) 1529
초발지심(初發之心) 1529
초방원비(草坊院碑) 1529
초방지친(椒房之親) 1529
초범절군(超凡絶群) 1529
초부득삼(初不得三) 1529
초사전려(焦思煎慮) 1529
초성모양(稍成貌樣) 1529
초순건설(焦脣乾舌) 1530
초심고려(焦心苦慮) 1530
초야무구(草野無口) 1530
초야범부(草野凡夫) 1530
초언풍종(草偃風從) 1530
초연탄우(硝煙彈雨) 1530
초열지옥(焦熱地獄) 1530
초영애필(草纓艾韠) 1530
초요과시(招搖過市) 1530
초윤이우(礎潤而雨) 1530
초윤장산(礎潤張傘) 1531
초인유궁(楚人遺弓) 1531
초인일거(楚人一炬) 1531
초자월서(超資越序) 1531
초잠식지(稍蠶食之) 1531
초재진용(楚材晉用) 1531
초종범절(初終凡節) 1531
초종장례(初終葬禮) 1531
초종장사(初終葬事) 1532
초지관철(初志貫徹) 1532
초지일관(初志一貫) 1532
초창목적(樵唱牧笛) 1532
초창함루(怊悵含淚) 1532
초토삼년(草土三年) 1532
초토외교(焦土外交) 1532
초토작전(焦土作戰) 1532
초토전술(焦土戰術) 1532
초퇴방적(初退防賊) 1532
초해문자(稍解文字) 1532
초행공부(初行工夫) 1533
초행노숙(草行露宿) 1533
초헌마편(軺軒馬鞭) 1533
초현납사(招賢納士) 1533
촉각장중(燭刻場中) 1533
촉견폐일(蜀犬吠日) 1533
촉루낙시(燭淚落時) 1533
촉만지쟁(觸蠻之爭) 1533
촉목상심(觸目傷心) 1534
촉불현발(燭不見跋) 1534
촉조수계(燭照數計) 1534
촉중명장(蜀中名將) 1534
촉처봉패(觸處逢敗) 1534
촉탁살인(囑託殺人) 1534
촌계관청(村鷄官廳) 1534

추황대백(抽黃對白) 1544
추회막급(追悔莫及) 1544
추후마련(追後磨鍊) 1545
추흉고심(槌胸叩心) 1545
추흉절치(槌胸切齒) 1545
축견반교(畜犬反嚙) 1545
축견서종(畜犬噬踵) 1545
축계망리(逐鷄望籬) 1545
축구서종(畜狗噬踵) 1545
축구일종(畜狗噎踵) 1545
축로상함(舳艫相銜) 1545
축로천리(舳艫千里) 1545
축물의이(逐物意移) 1546
축복기도(祝福祈禱) 1546
축일상대(逐日相對) 1546
축일상종(逐日相從) 1546
축일증가(逐日增加) 1546
축장요곡(築墻繞曲) 1546
축조발명(逐條發明) 1546
축조심의(逐條審議) 1546
축좌미향(丑坐未向) 1546
축중내력(軸重耐力) 1546
축지보천(縮地補天) 1547
축출경외(逐出境外) 1547
춘녀추남(春女秋男) 1547
춘란추국(春蘭秋菊) 1547
춘로추상(春露秋霜) 1547
춘생추살(春生秋殺) 1547
춘송하현(春誦夏弦) 1547
춘수모운(春樹暮雲) 1547
춘수추사(春愁秋思) 1547
춘와추선(春蛙秋蟬) 1548
춘왕동반(春往冬返) 1548
춘왕정월(春王正月) 1548
춘우삭래(春雨數來) 1548
춘우여고(春雨如膏) 1548
춘인추사(春蚓秋蛇) 1548
춘천지려(春天之旅) 1548
춘추전국(春秋戰國) 1548
춘추정성(春秋鼎盛) 1548
춘추필법(春秋筆法) 1549
춘치자명(春雉自鳴) 1549
춘풍만면(春風滿面) 1549
춘풍일도(春風一度) 1549
춘풍추우(春風秋雨) 1549
춘풍화기(春風和氣) 1549
춘하지교(春夏之交) 1549
춘하추동(春夏秋冬) 1549
춘하추잠(春夏秋蠶) 1549
춘한노건(春寒老健) 1550
춘화용천(春華涌泉) 1550
춘화추실(春花秋實) 1550
춘화추월(春花秋月) 1550
출가구계(出家具戒) 1550
출가득도(出家得度) 1550
출가외인(出嫁外人) 1550
출가위승(出家爲僧) 1550
출곡천교(出谷遷喬) 1550
출구성장(出口成章) 1550
출구입이(出口入耳) 1550
출기불의(出其不意) 1551
출기제승(出奇制勝) 1551
출람지예(出藍之譽) 1551
출류발췌(出類拔萃) 1551
출리생사(出離生死) 1551
출리해탈(出離解脫) 1551
출모발려(出謀發慮) 1551
출몰귀관(出沒鬼關) 1551
출몰무쌍(出沒無雙) 1551
출세지도(出世之道) 1551
출애급기(出埃及記) 1551
출어심상(出於尋常) 1552
출어화복(怵於禍福) 1552
출언고행(出言顧行) 1552
출언유장(出言有章) 1552
출이반이(出爾反爾) 1552
출일두지(出一頭地) 1552
출입상우(出入相友) 1552
출장입상(出將入相) 1553
출즉득리(出則得利) 1553
출처병자(出妻屛子) 1553
출처진퇴(出處進退) 1553
출처칠조(出妻七條) 1553
출척유명(黜陟幽明) 1553
출천대효(出天大孝) 1553
출천열녀(出天烈女) 1553
출천지효(出天之孝) 1553

출필고지(出必告之) 1553
출혈경쟁(出血競爭) 1554
충간의담(忠肝義膽) 1554
충구이출(衝口而出) 1554
충군애국(忠君愛國) 1554
충군애민(忠君愛民) 1554
충당연우(充堂衍宇) 1554
충동격서(衝東擊西) 1554
충려지경(充閭之慶) 1554
충막무짐(沖寞無朕) 1554
충목지장(衝目之丈) 1554
충분지심(忠奮之心) 1554
충불피위(忠不避危) 1555
충비서간(蟲臂鼠肝) 1555
충신낙이(忠信樂易) 1555
충신독경(忠臣篤敬) 1555
충신애명(忠臣愛名) 1555
충신열사(忠臣烈士) 1555
충신중록(忠信重祿) 1555
충신효자(忠臣孝子) 1555
충어조수(蟲魚鳥獸) 1555
충언역이(忠言逆耳) 1556
충역지분(忠逆之分) 1556
충연유득(充然有得) 1556
충의지사(忠義之士) 1556
충즉진명(忠則盡命) 1556
충혼의백(忠魂義魄) 1556
충화지기(沖和之氣) 1556
충효가성(忠孝家聲) 1556
충효겸전(忠孝兼全) 1556
충효근검(忠孝勤儉) 1556
충효쌍전(忠孝雙全) 1556
충효양전(忠孝兩全) 1556
충효전가(忠孝傳家) 1557
충후지풍(忠厚之風) 1557
췌마억측(揣摩臆測) 1557
췌본제말(揣本齊末) 1557
췌췌율률(揣揣慄慄) 1557
췌택삼매(贅澤三昧) 1557
취강자초(炊糠煮草) 1557
취구지몽(炊臼之夢) 1557
취금찬옥(炊金饌玉) 1557
취기소장(取其所長) 1558
취능승향(臭能勝香) 1558
취당나팔(吹唐喇叭) 1558
취렴지신(聚斂之臣) 1558
취로적낭(就艫摘囊) 1558
취만부동(吹萬不同) 1558
취모검부(吹毛檢膚) 1558
취모구자(吹毛求疵) 1558
취모멱자(吹毛覓疵) 1559
취모색구(吹毛索垢) 1559
취몽불성(醉夢不醒) 1559
취문성뢰(聚蚊成雷) 1559
취사선택(取捨選擇) 1559
취사이우(聚沙而雨) 1559
취사작반(炊沙作飯) 1559
취산봉별(聚散逢別) 1559
취산이합(聚散離合) 1559
취생몽사(醉生夢死) 1560
취식지계(取食之計) 1560
취안몽롱(醉眼朦朧) 1560
취옥분계(炊玉焚桂) 1560
취옹지의(醉翁之意) 1560
취용취대(取用取貸) 1560
취음여화(娶陰麗華) 1560
취음취식(取飮取食) 1560
취의미향(趣意味向) 1560
취이대지(取而代之) 1560
취자신전(醉者神全) 1561
취정회신(聚精會神) 1561
취족이모(聚族而謀) 1561
취지무금(取之無禁) 1561
취청비백(取青媲白) 1561
취필유덕(就必有德) 1561
취할투정(取轄投井) 1561
취화지본(取禍之本) 1562
측견섭족(側肩躡足) 1562
측목시지(側目視之) 1562
측목중족(側目重足) 1562
측석이좌(側席而坐) 1562
측은지심(惻隱之心) 1562
층생첩출(層生疊出) 1562
층암절벽(層巖絶壁) 1562
층층시하(層層侍下) 1562
층현첩출(層見疊出) 1563
치가지본(治家之本) 1563

치경진례(致敬盡禮) 1563
치고불식(雉膏不食) 1563
치국거지(治國去之) 1563
치국안민(治國安民) 1563
치국제민(治國濟民) 1563
치군택민(致君澤民) 1563
치궁불체(恥躬不逮) 1563
치대감치(置對勘治) 1564
치란흥망(治亂興亡) 1564
치력명시(治曆明時) 1564
치망설존(齒亡舌存) 1564
치면변미(淄澠辨味) 1564
치명수지(致命遂志) 1564
치모납언(梔貌臘言) 1564
치목호문(鴟目虎吻) 1565
치발부장(齒髮不長) 1565
치발불급(齒髮不及) 1565
치본어농(治本於農) 1565
치사분지(治絲棼之) 1565
치산치수(治山治水) 1565
치상유치(齒上有齒) 1565
치상지구(治喪之具) 1565
치세불일(治世不一) 1565
치신무지(置身無地) 1565
치신부지(置身不知) 1566
치심상존(穉心尙存) 1566
치여호서(齒如瓠犀) 1566
치외법권(治外法權) 1566
치이난이(治已亂易) 1566
치인다소(癡人多笑) 1566
치인설몽(痴人說夢) 1566
치인외부(癡人畏婦) 1567
치자기명(治者其名) 1567
치자다소(癡者多笑) 1567
치주고회(置酒高會) 1567
치지도외(置之度外) 1567
치지망역(置之忘域) 1567
치지물문(置之勿問) 1567
치지사지(置之死地) 1567
치진난진(治進亂進) 1567
치진난퇴(治進亂退) 1568
치천수지(錙天銖地) 1568
치추지지(置錐之地) 1568
치치한천(恥恥漢川) 1568
치폐설존(齒弊舌存) 1568
칙사대접(勅使待接) 1568
칙이관덕(則以觀德) 1568
친불인매(親不因媒) 1568
친상지심(親上之心) 1569
친인막신(親人莫信) 1569
친통구쾌(親痛仇快) 1569
칠거지악(七去之惡) 1569
칠금맹획(七擒孟獲) 1569
칠금칠종(七擒七從) 1569
칠난팔고(七難八苦) 1569
칠년대한(七年大旱) 1570
칠등팔갈(七藤八葛) 1570
칠락팔락(七落八落) 1570
칠령팔락(七零八落) 1570
칠보단장(七寶丹粧) 1570
칠보성장(七步成章) 1570
칠보시성(七步詩成) 1570
칠보작시(七步作詩) 1570
칠보장엄(七寶莊嚴) 1570
칠보지시(七步之詩) 1571
칠보지재(七步之才) 1571
칠보홍안(七寶紅顔) 1571
칠불사의(七不思議) 1571
칠사수성(七事修省) 1571
칠사칠생(七死七生) 1571
칠세동재(七世同財) 1571
칠신위라(漆身爲癩) 1571
칠신위려(漆身爲厲) 1571
칠신탄탄(漆身呑炭) 1571
칠실지우(漆室之憂) 1572
칠십고희(七十古稀) 1572
칠십동장(七十同藏) 1572
칠십이후(七十二候) 1572
칠언고시(七言古詩) 1572
칠언고풍(七言古風) 1572
칠언배율(七言排律) 1572
칠언율시(七言律詩) 1572
칠언절구(七言絶句) 1573
칠자불화(漆者不畫) 1573
칠자팔서(七子八壻) 1573
칠전팔기(七顚八起) 1573
칠전팔도(七顚八倒) 1573

칠종칠금(七縱七擒) 1573
칠중보수(七重寶樹) 1573
칠진만보(七珍萬寶) 1573
칠척지구(七尺之軀) 1573
칠칠가절(七七佳節) 1574
칠칠암야(漆漆暗夜) 1574
칠화팔렬(七花八裂) 1574
침경자서(枕經藉書) 1574
침과대단(枕戈待旦) 1574
침과대적(枕戈待敵) 1574
침기밀산(沈機密算) 1574
침기웅단(沈機雄斷) 1574
침도도우(針盜盜牛) 1574
침류수석(枕流漱石) 1574
침묵다지(沈默多智) 1575
침변교처(枕邊敎妻) 1575
침불안석(寢不安席) 1575
침사묵량(沈思默量) 1575
침서고와(枕書高臥) 1575
침선파부(沈船破釜) 1575
침소봉대(針小棒大) 1575
침식불안(寢食不安) 1576
침어낙안(沈魚落雁) 1576
침어주색(沈於酒色) 1576
침우기마(寢牛起馬) 1576
침윤지언(浸潤之言) 1576
침윤지참(浸潤之譖) 1576
침점침간(寢苫枕干) 1576
침점침괴(寢苫枕塊) 1576
침정신정(沈靜神定) 1577
침조산와(沈竈産蛙) 1577
침침칠야(沈沈漆夜) 1577
칭가유무(稱家有無) 1577
칭물평시(稱物平施) 1577
칭병불출(稱病不出) 1577
칭불리추(秤不離錘) 1577
칭체재의(稱體裁衣) 1577
칭평두만(秤平斗滿) 1577

ㅋ

쾌도난마(快刀亂麻) 1578
쾌독파거(快犢破車) 1578
쾌락불퇴(快樂不退) 1578
쾌변숙면(快便熟眠) 1578
쾌산원우(快山寃牛) 1578
쾌승장군(快勝將軍) 1579
쾌의당전(快意當前) 1579
쾌인쾌사(快人快事) 1579

ㅌ

타가겁사(他家劫舍) 1580
타관만리(他官萬里) 1580
타궁막만(他弓莫挽) 1580
타기만만(惰氣滿滿) 1580
타기사지(惰其四肢) 1580
타기술중(墮其術中) 1580
타도타관(他道他官) 1580
타력본원(他力本願) 1580
타면자건(唾面自乾) 1581
타산지석(它山之石) 1581
타상하설(他尙何說) 1581
타생지연(他生之緣) 1581
타수가득(唾手可得) 1581
타심지통(他心智通) 1581
타인소시(他人所視) 1581
타인한수(他人鼾睡) 1581
타자회금(拖紫懷金) 1582
타장지정(打獐之梃) 1582
타초경사(打草驚蛇) 1582
타향고지(他鄕故知) 1582
탁경청위(濁涇淸渭) 1582
탁고규면(托故窺免) 1582
탁고기명(託孤寄命) 1582
탁공순사(托公循私) 1583
탁공제사(托公濟私) 1583
탁구연의(琢句鍊意) 1583
탁덕양력(度德量力) 1583
탁려풍발(踔厲風發) 1583
탁발난수(擢拔難數) 1583
탁발난용(擢髮難容) 1583
탁발난주(擢髮難誅) 1583
탁상공론(卓上空論) 1583
탁상연설(卓上演說) 1583

태평연월(太平烟月) 1593
태평천국(太平天國) 1593
태풍일과(颱風一過) 1593
택급고골(澤及枯骨) 1593
택급만세(澤及萬世) 1593
택사이설(擇師而說) 1594
택이교지(擇而交之) 1594
택중모우(澤中冒雨) 1594
택피창생(澤被蒼生) 1594
탱장주복(撐腸拄腹) 1594
토각귀모(兎角龜毛) 1594
토간역담(吐肝瀝膽) 1594
토강여유(吐剛茹柔) 1594
토계삼등(土階三等) 1594
토고납신(吐故納新) 1594
토구지지(菟裘之地) 1595
토굴사관(土窟四關) 1595
토기골락(兎起鶻落) 1595
토기부거(兎起鳧擧) 1595
토라치리(兎羅雉罹) 1595
토목형해(土木形骸) 1595
토무이왕(土無二王) 1595
토문불입(討門不入) 1595
토미양화(土美養禾) 1596
토붕와해(土崩瓦解) 1596
토사곽란(吐瀉癨亂) 1596
토사구팽(兎死狗烹) 1596
토사호비(兎死狐悲) 1596
토양세류(土壤細流) 1596
토영삼굴(兎營三窟) 1597
토왕지절(土旺之節) 1597
토우목마(土牛木馬) 1597
토이불벌(討而不伐) 1597
토적성산(土積成山) 1597
토정비결(土亭秘訣) 1597
토주부거(兎走鳧擧) 1597
토주조비(兎走鳥飛) 1597
토진간담(吐盡肝膽) 1597
토포악발(吐哺握髮) 1597
토포착발(吐哺捉髮) 1598
토호열신(土豪劣紳) 1598
통가지의(通家之誼) 1598
통개옥문(洞開獄門) 1598
통개중문(洞開重門) 1598
통검추배(通檢推排) 1598
통곡재배(痛哭再拜) 1598
통공역사(通功易事) 1598
통과의례(通過儀禮) 1598
통로강제(通路强制) 1599
통리군자(通理君子) 1599
통명학업(通明學業) 1599
통성기도(通聲祈禱) 1599
통소불매(通宵不寐) 1599
통소불침(通宵不寢) 1599
통심질수(痛心疾首) 1599
통양상관(痛癢相關) 1599
통양상관(痛痒相關) 1599
통어신명(通於神明) 1599
통운망극(痛隕罔極) 1600
통음황룡(痛飮黃龍) 1600
통이계지(統而計之) 1600
통일천하(統一天下) 1600
통입골수(痛入骨髓) 1600
통천어대(通天御帶) 1600
통천지수(通天之數) 1600
통훼극저(痛毁極詆) 1600
퇴경정용(槌輕釘聳) 1600
퇴관사금(退官賜金) 1601
퇴금적옥(堆金積玉) 1601
퇴범하승(退凡下乘) 1601
퇴불우인(退不尤人) 1601
퇴사보과(退思補過) 1601
퇴타위미(頹墮委靡) 1601
퇴피삼사(退避三舍) 1601
투과득경(投瓜得瓊) 1601
투과위갑(投戈委甲) 1602
투도보리(投桃報李) 1602
투량환주(偸梁換柱) 1602
투병식과(投兵息戈) 1602
투서공기(投鼠恐器) 1602
투서기기(投鼠忌器) 1602
투석문로(投石問路) 1602
투석석래(投石石來) 1602
투신자살(投身自殺) 1602
투역능려(投亦菱藜) 1602
투역능철(投亦菱鐵) 1603
투이주병(鬪而鑄兵) 1603

투저지혹(投杼之惑) 1603
투지만만(鬪志滿滿) 1603
투편단류(投鞭斷流) 1603
투필반무(投筆反武) 1603
투필성자(投筆成字) 1603
투필종융(投筆從戎) 1603
투한치산(投閑置散) 1603
투합취용(偸合取容) 1604
투현질능(妬賢嫉能) 1604
특립독행(特立獨行) 1604
특립지사(特立之士) 1604
특필대서(特筆大書) 1604
특화산업(特化產業) 1604

ㅍ

파가저택(破家瀦宅) 1605
파경부조(破鏡不照) 1605
파경중원(破鏡重圓) 1605
파경지탄(破鏡之歎) 1605
파계무참(破戒無慙) 1606
파고위환(破觚爲圜) 1606
파고착조(破觚斲雕) 1606
파공관면(罷工寬免) 1606
파과지년(破瓜之年) 1606
파급효과(波及效果) 1606
파기상접(破器相接) 1606
파기상종(破棄相從) 1606
파기상준(破器相準) 1606
파기자판(破棄自判) 1607
파뇌고장(破腦刳腸) 1607
파라척결(把羅剔抉) 1607
파란곡절(波瀾曲折) 1607
파란만장(波瀾萬丈) 1607
파란중첩(波瀾重疊) 1607
파려지오(跛驢之伍) 1607
파렴치죄(破廉恥罪) 1607
파렴치한(破廉恥漢) 1607
파류제미(波流弟靡) 1607
파리변물(笆籬邊物) 1608
파벽비거(破壁飛去) 1608
파별천리(跛鼈千里) 1608
파부균분(破釜均分) 1608
파부침선(破釜沈船) 1608
파빙지려(破氷之旅) 1608
파사현정(破邪顯正) 1609
파삼폐리(破衫弊履) 1609
파상공격(波狀攻擊) 1609
파안대소(破顔大笑) 1609
파옥도주(破獄逃走) 1609
파옹구우(破甕救友) 1609
파용운란(波涌雲亂) 1609
파읍도성(破邑屠城) 1609
파적지계(破敵之計) 1609
파제만사(破除萬事) 1609
파주미륵(坡州彌勒) 1610
파죽지세(破竹之勢) 1610
파증불고(破甑不顧) 1610
파파국로(皤皤國老) 1610
파파노인(皤皤老人) 1610
파훼자판(破毁自判) 1610
판공성사(辦功聖事) 1610
판관사령(判官司令) 1611
판상주환(阪上走丸) 1611
팔가구맥(八街九陌) 1611
팔고조도(八高祖圖) 1611
팔년병화(八年兵火) 1611
팔년풍진(八年風塵) 1611
팔도강산(八道江山) 1611
팔도기질(八道氣質) 1612
팔두작미(八斗作米) 1612
팔만장안(八萬長安) 1612
팔만지옥(八萬地獄) 1612
팔면부지(八面不知) 1612
팔면수적(八面受敵) 1612
팔면영롱(八面玲瓏) 1612
팔면육비(八面六臂) 1612
팔문둔갑(八門遁甲) 1612
팔방미인(八方美人) 1613
팔상성도(八相成道) 1613
팔상작불(八相作佛) 1613
팔십종수(八十種樹) 1613
팔열지옥(八熱地獄) 1613
팔자사주(八字四柱) 1613
팔자소관(八字所關) 1613
팔자청산(八字靑山) 1613

폐치분합(廢置分合) 1623
폐침망식(廢寢忘食) 1623
폐침망찬(廢寢忘餐) 1623
폐포파립(弊袍破笠) 1624
폐풍악습(弊風惡習) 1624
폐학지경(廢學之境) 1624
폐형폐성(吠形吠聲) 1624
폐호선생(閉戶先生) 1624
폐혼입명(廢昏立明) 1624
포고발심(怖苦發心) 1624
포관격탁(抱關擊柝) 1624
포기불고(抛棄不顧) 1624
포기불고(胞氣不固) 1624
포두서찬(抱頭鼠竄) 1625
포락지형(炮烙之刑) 1625
포류지자(蒲柳之姿) 1625
포류지질(蒲柳之質) 1625
포만무례(暴慢無禮) 1625
포말몽환(泡沫夢幻) 1625
포범무양(布帆無恙) 1625
포벽유죄(包璧有罪) 1625
포병지인(抱病之人) 1626
포복구지(匍匐救之) 1626
포복절도(抱腹絶倒) 1626
포수인치(包羞忍恥) 1626
포식난의(飽食暖衣) 1626
포식당육(飽食當肉) 1626
포신구화(抱薪救火) 1626
포암세미(飽諳世味) 1626
포어지사(鮑魚之肆) 1627
포연탄우(砲煙彈雨) 1627
포옹관휴(抱甕灌畦) 1627
포의박대(褒衣博帶) 1627
포의지교(布衣之交) 1627
포의지극(布衣之極) 1627
포의지우(布衣之友) 1627
포의지위(布衣之位) 1627
포의한사(布衣寒士) 1628
포잔수결(抱殘守缺) 1628
포장양려(鋪張揚厲) 1628
포장화심(包藏禍心) 1628
포전인옥(抛磚引玉) 1628
포정해우(庖丁解牛) 1628
포진장병(鋪陳障屛) 1628
포진천물(暴殄天物) 1628
포탄희량(抱炭希涼) 1628
포통서하(抱痛西河) 1629
포편지벌(蒲鞭之罰) 1629
포풍착영(捕風捉影) 1629
포학군주(暴虐君主) 1629
포학무도(暴虐無道) 1629
포호빙하(暴虎馮河) 1629
포호함포(咆虎陷浦) 1629
포획반망(捕獲叛亡) 1630
폭발개벽(爆發開闢) 1630
폭주병진(輻輳併臻) 1630
폭풍해일(暴風海溢) 1630
표동벌이(標同伐異) 1630
표리부동(表裏不同) 1630
표리산하(表裏山河) 1630
표리상응(表裏相應) 1630
표리상의(表裏相依) 1630
표리수통(表裡遂通) 1630
표리일체(表裏一體) 1631
표리탈금(剽吏奪金) 1631
표사유피(豹死留皮) 1631
표이출지(表而出之) 1631
표자정규(杓子定規) 1631
표칙지지(表則之地) 1631
표표정정(表表亭亭) 1631
푼전승량(分錢升糧) 1631
푼전입미(分錢粒米) 1632
품행단정(品行端正) 1632
품행방정(品行方正) 1632
풍거운요(風擧雲搖) 1632
풍고풍하(風高風下) 1632
풍광명미(風光明媚) 1632
풍근다력(豊筋多力) 1632
풍기문란(風紀紊亂) 1632
풍기퇴폐(風紀頹廢) 1632
풍년기근(豊年飢饉) 1632
풍년화자(豊年花子) 1632
풍류다재(風流多才) 1633
풍류삼매(風流三昧) 1633
풍류운산(風流雲散) 1633
풍류죄과(風流罪過) 1633
풍림화산(風林火山) 1633

풍마우세(風磨雨洗) 1633
풍목지비(風木之悲) 1633
풍문거핵(風聞擧核) 1633
풍번지론(風旛之論) 1633
풍불명조(風不鳴條) 1633
풍불명지(風不鳴枝) 1634
풍비박산(風飛雹散) 1634
풍사재하(風斯在下) 1634
풍상쇄하(豊上殺下) 1634
풍상예하(豊上銳下) 1634
풍상우로(風霜雨露) 1634
풍상지기(風霜之氣) 1634
풍상지임(風霜之任) 1634
풍성풍성(豊盛豊盛) 1634
풍성학려(風聲鶴唳) 1634
풍세대작(風勢大作) 1635
풍소우목(風梳雨沐) 1635
풍속괴란(風俗壞亂) 1635
풍쇄우림(風刷雨淋) 1635
풍수지감(風樹之感) 1635
풍수지리(風水地理) 1635
풍수지비(風樹之悲) 1635
풍수지탄(風樹之嘆) 1635
풍신옥골(豊身玉骨) 1635
풍신월석(風晨月夕) 1636
풍어지재(風魚之災) 1636
풍우대상(風雨對牀) 1636
풍우대작(風雨大作) 1636
풍우동주(風雨同舟) 1636
풍우장중(風雨場中) 1636
풍우처처(風雨淒淒) 1636
풍운어수(風雲魚水) 1637
풍운월로(風雲月露) 1637
풍운제회(風雲際會) 1637
풍운조화(風雲造化) 1637
풍운지지(風雲之志) 1637
풍운지회(風雲之會) 1637
풍월강산(風月江山) 1637
풍월주인(風月主人) 1637
풍작기근(豊作飢饉) 1637
풍장진마(風檣陣馬) 1638
풍재족병(豊財足兵) 1638
풍전등촉(風前燈燭) 1638
풍전등화(風前燈火) 1638
풍전세류(風前細柳) 1638
풍전지진(風前之塵) 1638
풍정낭식(風定浪息) 1638
풍조우순(風調雨順) 1638
풍중낙엽(風中落葉) 1638
풍즐우목(風櫛雨木) 1639
풍지박산(風地雹散) 1639
풍진세계(風塵世界) 1639
풍진세상(風塵世上) 1639
풍진지경(風塵之警) 1639
풍진지변(風塵之變) 1639
풍진지회(風塵之會) 1639
풍진표물(風塵表物) 1639
풍찬노숙(風餐露宿) 1639
풍창파벽(風窓破壁) 1639
풍청폐절(風淸弊絶) 1640
풍초지화(風草之化) 1640
풍촉잔년(風燭殘年) 1640
풍취각여(豊取刻與) 1640
풍치전체(風馳電掣) 1640
풍타낭타(風打浪打) 1640
풍투우증(風妒雨憎) 1640
풍파지민(風波之民) 1640
풍한서습(風寒暑濕) 1640
풍형예대(豊亨豫大) 1640
풍화설월(風花雪月) 1641
피갈회옥(被褐懷玉) 1641
피강자보(彼强自保) 1641
피갱낙정(避坑落井) 1641
피견공하(避堅攻瑕) 1641
피견집예(被堅執銳) 1641
피곡아직(彼曲我直) 1641
피골상련(皮骨相連) 1641
피골상접(皮骨相接) 1642
피로곤비(疲勞困憊) 1642
피리양추(皮裏陽秋) 1642
피리춘추(皮裏春秋) 1642
피발도선(被髮徒跣) 1642
피발영관(被髮纓冠) 1642
피발좌임(被髮左衽) 1642
피부존언(皮不存焉) 1642
피부지견(皮膚之見) 1642
피사간금(披沙揀金) 1643

피상지사(皮相之士) 1643
피시차비(彼是此非) 1643
피실취허(避實就虛) 1643
피육불관(皮肉不關) 1643
피육지견(皮肉之見) 1643
피인여인(彼人予人) 1643
피장봉호(避獐逢虎) 1643
피장재일(皮匠再日) 1643
피장패장(彼杖牌杖) 1643
피장화초(皮匠花草) 1644
피재피재(彼哉彼哉) 1644
피저원앙(被底鴛鴦) 1644
피지부존(皮之不存) 1644
피집불굴(被執不屈) 1644
피차무간(彼此無間) 1644
피차양론(彼此兩論) 1644
피차일반(彼此一般) 1644
피해망상(被害妄想) 1644
피형이모(避兄離母) 1645
피형전극(披荊翦棘) 1645
피흉추길(避凶趨吉) 1645
픽픽박박(腷腷膊膊) 1645
필경연전(筆耕硯田) 1645
필단풍우(筆端風雨) 1645
필두생화(筆頭生花) 1645
필락지언(必諾之言) 1645
필력강정(筆力扛鼎) 1645
필력종횡(筆力縱橫) 1645
필로남루(篳路襤褸) 1646
필마단기(匹馬單騎) 1646
필마단창(匹馬單槍) 1646
필망내이(必亡乃已) 1646
필묵지연(筆墨紙硯) 1646
필문필답(筆問筆答) 1646
필부무죄(匹夫無罪) 1646
필부정호(筆不停毫) 1646
필부지용(匹夫之勇) 1646
필부필부(匹夫匹婦) 1647
필분이식(必分而食) 1647
필분이음(必分而飮) 1647
필사내이(必死乃已) 1647
필사즉생(必死則生) 1647
필상부족(匹上不足) 1647
필선부민(必先富民) 1647
필세필수(必洗必漱) 1648
필승총명(筆勝聰明) 1648
필시성공(必是成功) 1648
필신기독(必愼其獨) 1648
필욕감심(必欲甘心) 1648
필유경사(必有慶事) 1648
필유곡절(必有曲折) 1648
필유묘맥(必有苗脈) 1648
필유사단(必有事端) 1648
필유아사(必有我師) 1648
필유여경(必有餘慶) 1649
필유여앙(必有餘殃) 1649
필유천앙(必有天殃) 1649
필주묵벌(筆誅墨伐) 1649
필지어서(筆之於書) 1649
필칙고석(必則古昔) 1649
필하유여(匹下有餘) 1649
필한여류(筆翰如流) 1649

ㅎ

하갈동구(夏葛冬裘) 1650
하견지만(何見之晩) 1650
하고약시(何故若是) 1650
하관대사(何關大事) 1650
하관부직(下官不職) 1650
하구요설(呀口搖舌) 1650
하기다야(何其多也) 1651
하난지유(何難之有) 1651
하달지리(下達地理) 1651
하당영지(下堂迎之) 1651
하당지우(下堂之憂) 1651
하대명년(何待明年) 1651
하도낙서(河圖洛書) 1651
하동사후(河東獅吼) 1651
하동삼봉(河東三鳳) 1651
하등극사(賀登極使) 1651
하란경전(蝦爛鯨戰) 1652
하량지별(河梁之別) 1652
하로동선(夏爐冬扇) 1652
하류지배(下流之輩) 1652
하릉상체(下陵上替) 1652

항쇄족쇄(項鎖足鎖) 1672
항오발천(行伍發薦) 1672
항오출신(行伍出身) 1673
항우장사(項羽壯士) 1673
항자불살(降者不殺) 1673
항장무검(項莊舞劍) 1673
항적필사(抗敵必死) 1673
항진주속(抗塵走俗) 1673
항표극론(抗表極論) 1673
항해일기(沆瀣一氣) 1673
항해지성(航海之誠) 1673
해고견저(海枯見底) 1674
해고석란(海枯石爛) 1674
해광구실(蟹筐俱失) 1674
해괴망측(駭怪罔測) 1674
해국병담(海國兵談) 1674
해군지마(害群之馬) 1674
해내무쌍(海內無雙) 1674
해내지지(海內之地) 1674
해동공자(海東孔子) 1674
해로동혈(偕老同穴) 1675
해망구실(蟹網俱失) 1675
해물지심(害物之心) 1675
해민병국(害民病國) 1675
해불사수(海不辭水) 1675
해불양파(海不揚波) 1675
해불파일(海不波溢) 1675
해산예지(醢酸蚋至) 1675
해상용왕(海上龍王) 1675
해서산맹(海誓山盟) 1676
해서시관(海瑞市棺) 1676
해시신루(海市蜃樓) 1676
해시지오(亥豕之誤) 1676
해시지와(亥豕之譌) 1676
해어지화(解語之花) 1676
해옹호구(海翁好鷗) 1676
해우출일(海隅出日) 1676
해의추식(解衣推食) 1677
해의포화(解衣抱火) 1677
해인이목(駭人耳目) 1677
해인청문(駭人聽聞) 1677
해제지동(孩提之童) 1677
해중고혼(海中孤魂) 1677
해천산천(海千山千) 1677
해타성주(咳唾成珠) 1677
해탈성불(解脫成佛) 1678
해함하담(海鹹河淡) 1678
해현경장(解弦更張) 1678
해후상봉(邂逅相逢) 1678
해후상우(邂逅相遇) 1678
행곡실성(行哭失聲) 1678
행년신수(行年身數) 1678
행동거지(行動擧止) 1678
행려병자(行旅病者) 1679
행로병자(行路病者) 1679
행로지인(行路之人) 1679
행로지첨(行露之沾) 1679
행림춘만(杏林春滿) 1679
행막행의(幸莫幸矣) 1679
행방불명(行方不明) 1679
행보출입(行步出入) 1679
행불만보(行不漫步) 1679
행불유경(行不由徑) 1679
행상대경(行常帶經) 1680
행색수상(行色殊常) 1680
행선인사(行船人事) 1680
행선축원(行禪祝願) 1680
행성어내(行成於內) 1680
행수기생(行首妓生) 1680
행수유사(行首有司) 1680
행시주육(行尸走肉) 1681
행안남비(行雁南飛) 1681
행역방학(行役妨學) 1681
행오발천(行伍發薦) 1681
행운유수(行雲流水) 1681
행원자이(行遠自邇) 1681
행유가야(行有嘉也) 1681
행유여력(行有餘力) 1681
행이득면(倖而得免) 1682
행자유신(行者有贐) 1682
행재거송(行齎居送) 1682
행재요화(幸災樂禍) 1682
행주좌와(行住坐臥) 1682
행즉안행(行則雁行) 1682
행지거동(行止擧動) 1682
행차명정(行次銘旌) 1682
행차모지(行且謀之) 1682

행필정직(行必正直) 1682
행호시령(行號施令) 1683
행화춘풍(杏花春風) 1683
향국지성(向國之誠) 1683
향남설북(香南雪北) 1683
향당상치(鄕黨尙齒) 1683
향리망의(嚮利忘義) 1683
향발부지(向發不知) 1683
향방부지(向方不知) 1683
향벽허조(向壁虛造) 1683
향복무강(享福無疆) 1684
향불사성(響不辭聲) 1684
향알행운(響遏行雲) 1684
향앙지심(向仰之心) 1684
향약본초(鄕藥本草) 1684
향양지지(向陽之地) 1684
향양화목(向陽花木) 1684
향우지탄(向隅之歎) 1684
향위분진(香圍紛陣) 1684
향인설화(向人說話) 1684
향중부로(鄕中父老) 1685
향지무궁(享之無窮) 1685
향학지성(向學之誠) 1685
향화걸아(向火乞兒) 1685
향화형제(香火兄弟) 1685
향회연식(嚮晦宴息) 1685
허고취생(噓枯吹生) 1685
허기평심(虛氣平心) 1685
허당습청(虛堂習聽) 1685
허도세월(虛度歲月) 1686
허랑방탕(虛浪放蕩) 1686
허령불매(虛靈不昧) 1686
허례허식(虛禮虛飾) 1686
허명무실(虛名無實) 1686
허무망상(虛無妄想) 1686
허무맹랑(虛無孟浪) 1686
허무인응(虛無因應) 1686
허무적멸(虛無寂滅) 1686
허송세월(虛送歲月) 1686
허실난변(虛實難辨) 1687
허실상몽(虛實相蒙) 1687
허실상배(虛實相配) 1687
허실생백(虛室生白) 1687
허심탄회(虛心坦懷) 1687
허언장담(虛言壯談) 1687
허왕실귀(虛往實歸) 1687
허위문자(虛僞文字) 1687
허위배설(虛位排設) 1687
허유괘표(許由掛瓢) 1688
허유소부(許由巢父) 1688
허장성세(虛張聲勢) 1688
허장실지(虛掌實指) 1688
허전관령(虛傳官令) 1688
허전장령(虛傳將令) 1688
허정무위(虛靜無爲) 1688
허착취패(虛著取敗) 1689
허허공공(虛虛空空) 1689
허허실실(虛虛實實) 1689
허허탄식(虛虛歎息) 1689
허황지사(虛荒之事) 1689
허황지설(虛荒之說) 1689
허희유체(歔欷流涕) 1689
허희자탄(歔欷自歎) 1689
허희장탄(歔欷長歎) 1689
허희탄식(歔欷歎息) 1689
헌괵지례(獻馘之禮) 1689
헌근지성(獻芹之誠) 1690
헌근지의(獻芹之意) 1690
헌답시주(獻畓施主) 1690
헌동일세(獻動一世) 1690
헌천동지(掀天動地) 1690
헌폭지침(獻曝之忱) 1690
헌헌장부(軒軒丈夫) 1690
헐가방매(歇價放賣) 1690
혁고정신(革故鼎新) 1690
혁구여신(革舊勵新) 1691
혁구정신(革舊鼎新) 1691
혁세공경(赫世公卿) 1691
혁심개면(革心改面) 1691
혁혁지광(赫赫之光) 1691
혁혁지명(赫赫之名) 1691
현거지년(懸車之年) 1691
현공은척(顯攻隱斥) 1691
현군고투(懸軍孤鬪) 1691
현군만리(懸軍萬里) 1691
현군장구(懸軍長驅) 1691
현녀경부(賢女敬夫) 1691

현당이세(現當二世) 1692
현동소설(玄冬素雪) 1692
현두자고(懸頭刺股) 1692
현모양처(賢母良妻) 1692
현묵지화(玄默之化) 1692
현미무간(顯微無間) 1692
현상무변(懸象無變) 1692
현상양좌(賢相良佐) 1692
현상유지(現狀維持) 1692
현상타파(現狀打破) 1693
현상호의(玄裳縞衣) 1693
현생인류(現生人類) 1693
현성공안(現成公案) 1693
현성지군(賢聖之君) 1693
현송지성(絃誦之聲) 1693
현순백결(懸鶉百結) 1693
현신설법(現身說法) 1693
현실직시(現實直視) 1693
현애늑마(懸崖勒馬) 1693
현애살수(懸崖撒手) 1694
현옥고석(衒玉賈石) 1694
현완직필(懸腕直筆) 1694
현완침완(懸腕枕腕) 1694
현외지음(絃外之音) 1694
현원황제(玄元黃帝) 1694
현인군자(賢人君子) 1694
현인안목(眩人眼目) 1694
현자재위(賢者在位) 1694
현자피세(賢者避世) 1694
현천지매(俔天之妹) 1695
현하구변(懸河口辯) 1695
현하사수(懸河寫水) 1695
현하웅변(懸河雄辯) 1695
현하주수(懸河注水) 1695
현하지변(懸河之辯) 1695
현현상마(舷舷相摩) 1695
현현역색(賢賢易色) 1695
현호지신(懸弧之辰) 1695
현화요초(現花瑤草) 1695
혈거야처(穴居野處) 1696
혈구지도(絜矩之道) 1696
혈기방장(血氣方壯) 1696
혈기왕성(血氣旺盛) 1696
혈기지용(血氣之勇) 1696
혈류표저(血流漂杵) 1696
혈맥관통(血脈貫通) 1696
혈맥상통(血脈相通) 1696
혈성남자(血誠男子) 1696
혈식천추(血食千秋) 1697
혈심고독(血心苦篤) 1697
혈원골수(血怨骨髓) 1697
혈유생령(孑遺生靈) 1697
혈육지신(血肉之身) 1697
혈창규천(穴牕窺天) 1697
혈풍혈우(血風血雨) 1697
혈혈고종(孑孑孤蹤) 1697
혈혈단신(孑孑單身) 1697
혈혈무의(孑孑無依) 1697
협견첨소(脅肩諂笑) 1698
협력동심(協力同心) 1698
협심동력(協心同力) 1698
협심제지(協心齊志) 1698
형각도존(形殼徒存) 1698
형격세금(形格勢禁) 1698
형기무형(刑期無刑) 1698
형단영척(形單影隻) 1698
형량자고(懸梁刺股) 1698
형망제급(兄亡弟及) 1698
형명참동(形名參同) 1698
형불염경(刑不厭輕) 1699
형비제수(兄肥弟瘦) 1699
형산백옥(荊山白玉) 1699
형산지옥(荊山之玉) 1699
형설지공(螢雪之功) 1699
형세지도(形勢之途) 1699
형승지국(形勝之國) 1699
형승지지(形勝之地) 1699
형영상동(形影相同) 1700
형영상련(形影相憐) 1700
형영상조(形影相弔) 1700
형왕영곡(形枉影曲) 1700
형용고고(形容枯槁) 1700
형우제공(兄友弟恭) 1700
형이사해(刑以四海) 1700
형제비타(兄弟匪他) 1700
형제이이(兄弟怡怡) 1701
형제쟁안(兄弟爭雁) 1701

형제지국(兄弟之國) 1701
형제지의(兄弟之誼) 1701
형제혁장(兄弟鬩墻) 1701
형조불용(刑措不用) 1701
형차포군(荊釵布裙) 1701
형채추계(荊釵椎髻) 1701
형처돈아(荊妻豚兒) 1701
형청송식(刑清訟息) 1702
형해지내(形骸之內) 1702
형해지외(形骸之外) 1702
형형색색(形形色色) 1702
혜가단비(慧可斷臂) 1702
혜분난비(蕙焚蘭悲) 1702
혜시중혈(嵇侍中血) 1702
혜이불비(惠而不費) 1702
혜전탈우(蹊田奪牛) 1703
호가호위(狐假虎威) 1703
호각지세(互角之勢) 1703
호거용반(虎踞龍盤) 1703
호계삼소(虎溪三笑) 1703
호고인효(戶告人曉) 1703
호구고수(狐裘羔袖) 1703
호구몽융(狐裘蒙戎) 1703
호구여생(虎口餘生) 1704
호구지계(狐丘之戒) 1704
호구지계(糊口之計) 1704
호구지방(糊口之方) 1704
호구지자(糊口之資) 1704
호구지책(糊口之策) 1704
호국삼경(護國三經) 1704
호기만발(豪氣滿發) 1704
호기만장(豪氣萬丈) 1704
호내호외(好內好外) 1705
호노자식(胡奴子息) 1705
호노한복(豪奴悍僕) 1705
호당지풍(護黨之風) 1705
호두사미(虎頭蛇尾) 1705
호랑지국(虎狼之國) 1705
호랑지심(虎狼之心) 1705
호래자식(胡來子息) 1705
호래척거(呼來斥去) 1705
호량지변(濠梁之辯) 1705
호량지상(濠梁之想) 1706
호령생풍(號令生風) 1706
호령여산(號令如山) 1706
호령여한(號令如汗) 1706
호령호령(號令號令) 1706
호리건곤(壺裏乾坤) 1706
호리불차(毫釐不差) 1706
호리지차(毫釐之差) 1706
호리천리(毫釐千里) 1706
호마망북(胡馬望北) 1707
호말부가(毫末斧柯) 1707
호말지리(毫末之利) 1707
호명자표(好名自標) 1707
호모부가(毫毛斧柯) 1707
호문즉유(好問則裕) 1707
호문치목(虎吻鴟目) 1707
호미난방(虎尾難放) 1707
호미춘빙(虎尾春冰) 1707
호박용등(虎博龍騰) 1708
호발부동(毫髮不動) 1708
호방뇌락(豪放磊落) 1708
호변가설(戶辯家說) 1708
호복간상(濠濮間想) 1708
호복기사(胡服騎射) 1708
호복실배(護腹失背) 1708
호부견자(虎父犬子) 1709
호부호모(呼父呼母) 1709
호분누석(毫分縷析) 1709
호불개의(毫不介意) 1709
호불급흡(呼不給吸) 1709
호불끽호(虎不喫虎) 1709
호붕구우(狐朋狗友) 1709
호사난량(胡思難量) 1709
호사난상(胡思亂想) 1709
호사다마(好事多魔) 1709
호사수구(狐死首丘) 1709
호사유피(虎死留皮) 1710
호사토비(狐死兎悲) 1710
호사토읍(狐死兎泣) 1710
호상발명(互相發明) 1710
호상입장(互相入葬) 1710
호상차지(護喪次知) 1710
호색지도(好色之徒) 1710
호생오사(好生惡死) 1710
호생오살(好生惡殺) 1711

호생지덕(好生之德) 1711
호생지물(好生之物) 1711
호선망세(好善忘勢) 1711
호소망상(好訴妄想) 1711
호소무처(呼訴無處) 1711
호소풍생(虎嘯風生) 1711
호손군자(猢猻君子) 1711
호손사아(壺飧食餓) 1711
호손이아(壺飧餌餓) 1712
호손입대(猢猻入袋) 1712
호승지벽(好勝之癖) 1712
호시우보(虎視牛步) 1712
호시우행(虎視牛行) 1712
호시탐탐(虎視耽耽) 1712
호식병공(虎食病攻) 1712
호아응조(虎牙鷹爪) 1712
호언난설(胡言亂說) 1712
호언난어(譮言亂語) 1713
호언장담(豪言壯談) 1713
호연지기(浩然之氣) 1713
호왈백만(號曰百萬) 1713
호우고슬(好竽鼓瑟) 1713
호우호마(呼牛呼馬) 1713
호월일가(胡越一家) 1713
호월지의(胡越之意) 1713
호위무사(護衛武士) 1714
호위인사(好爲人師) 1714
호유기미(狐濡其尾) 1714
호유장단(互有長短) 1714
호의기건(縞衣綦巾) 1714
호의미결(狐疑未決) 1714
호의불결(狐擬不決) 1714
호의준순(狐擬浚巡) 1714
호의현상(縞衣玄裳) 1715
호의호식(好衣好食) 1715
호작자미(好爵自縻) 1715
호전걸육(虎前乞肉) 1715
호접지몽(胡蝶之夢) 1715
호정출입(戶庭出入) 1715
호조호원(互助互援) 1715
호중지천(壺中之天) 1715
호중천지(壺中天地) 1715
호질기의(護疾忌醫) 1716
호척용나(虎擲龍拏) 1716
호천고지(呼天叩地) 1716
호천망극(昊天罔極) 1716
호천무궁(昊天無窮) 1716
호천창지(號天搶地) 1716
호천통곡(呼天痛哭) 1716
호추부두(戶樞不蠹) 1716
호축삼재(虎逐三災) 1716
호치단순(皓齒丹脣) 1717
호탕불기(豪宕不羈) 1717
호풍환우(呼風喚雨) 1717
호피지시(虎皮之詩) 1717
호학수구(狐貉首丘) 1717
호한위천(戶限爲穿) 1717
호한제기(號寒啼饑) 1717
호해지사(湖海之士) 1717
호행난주(胡行亂走) 1717
호행소혜(好行小慧) 1717
호형호제(呼兄呼弟) 1718
호호교교(晧晧皎皎) 1718
호호막막(浩浩漠漠) 1718
호호망망(浩浩茫茫) 1718
호호백발(皓皓白髮) 1718
호호탕탕(浩浩蕩蕩) 1718
호홀지간(毫忽之間) 1718
호화자제(豪華子弟) 1718
호화찬란(豪華燦爛) 1718
혹령청송(鵠嶺靑松) 1718
혹세무민(惑世誣民) 1719
혹속혹지(或速或遲) 1719
혹시혹비(或是或非) 1719
혹신혹의(惑信或疑) 1719
혹어후처(惑於後妻) 1719
혹원혹근(或遠或近) 1719
혹자혹위(或慈或威) 1719
혹출혹처(或出或處) 1719
혼경모석(魂驚毛淅) 1719
혼곤단진(昏困斷盡) 1719
혼구암실(昏衢暗室) 1720
혼금박옥(渾金璞玉) 1720
혼돈개벽(混沌開闢) 1720
혼돈세계(渾沌世界) 1720
혼돈천지(渾沌天地) 1720
혼배성사(婚配聖事) 1720

화병충기(畵餠充饑) 1730
화복규묵(禍福糾纆) 1730
화복규승(禍福糾繩) 1730
화복동문(禍福同門) 1730
화복무문(禍福無門) 1730
화복상관(禍福相貫) 1730
화복소의(禍福所倚) 1730
화복유기(禍福由己) 1731
화봉삼축(華封三祝) 1731
화불단행(禍不單行) 1731
화불망지(禍不妄至) 1731
화불재양(華不再揚) 1731
화사첨족(畵蛇添足) 1731
화상주유(火上注油) 1731
화색박두(禍色迫頭) 1731
화생부덕(禍生不德) 1732
화생섬섬(禍生纖纖) 1732
화생어홀(禍生於忽) 1732
화서유유(禾黍油油) 1732
화서지국(華胥之國) 1732
화서지몽(華胥之夢) 1732
화성추월(華星秋月) 1732
화소미모(火燒眉毛) 1732
화속결연(化俗結緣) 1733
화속교민(化俗敎民) 1733
화수은화(火樹銀花) 1733
화신망상(化身妄想) 1733
화실상칭(華實相稱) 1733
화심포장(禍心包裝) 1733
화씨지벽(和氏之璧) 1733
화씨헌벽(和氏獻璧) 1733
화안설부(花顔雪膚) 1733
화안이성(和顔怡聲) 1733
화양부동(花樣不同) 1734
화어교어(花語巧語) 1734
화언교어(花言巧語) 1734
화엄삼사(華嚴三師) 1734
화엄초조(華嚴初祖) 1734
화여도리(華如桃李) 1734
화여복린(禍與福隣) 1734
화영초색(花英草色) 1734
화옥산구(華屋山丘) 1734
화왕지절(火旺之節) 1735
화외지맹(化外之氓) 1735
화외지민(化外之民) 1735
화용월태(花容月態) 1735
화우동산(花雨東山) 1735
화우지계(火牛之計) 1735
화유육법(畵有六法) 1735
화이부동(和而不同) 1735
화이부실(華而不實) 1735
화이불류(和而不流) 1736
화이불치(華而不侈) 1736
화이사상(華夷思想) 1736
화이점동(和而漸同) 1736
화인악적(禍因惡積) 1736
화자애말(貨者愛末) 1736
화전위복(禍轉爲福) 1736
화전충화(花田衝火) 1736
화조월석(花朝月夕) 1736
화조풍월(花鳥風月) 1737
화종구생(禍從口生) 1737
화종구출(禍從口出) 1737
화중군자(花中君子) 1737
화중신선(花中神仙) 1737
화중유복(禍中有福) 1737
화중유시(畵中有詩) 1737
화중지병(畵中之餠) 1737
화지누빙(畵脂鏤氷) 1737
화진유지(火眞有知) 1738
화채선령(畵彩仙靈) 1738
화천월지(花天月地) 1738
화촉동방(華燭洞房) 1738
화촉지전(華燭之典) 1738
화충협동(和衷協同) 1738
화충협의(和沖協議) 1738
화취세구(貨取勢求) 1738
화풍감우(和風甘雨) 1738
화풍난양(和風暖陽) 1738
화풍진진(花風陣陣) 1738
화피만방(化被萬方) 1739
화피초목(化被草木) 1739
화하쇄곤(花下曬褌) 1739
화호불성(畵虎不成) 1739
화호유구(畵虎類狗) 1739
화호화피(畵虎畵皮) 1739
확고부동(確固不動) 1739

확고불발(確固不拔) 1739
확실무의(確實無疑) 1739
확연무성(廓然無聖) 1740
확이충지(擴而充之) 1740
확철부어(涸轍鮒魚) 1740
확호불발(確乎不拔) 1740
확휘건단(廓揮乾斷) 1740
환고일세(還顧一世) 1740
환골우화(換骨羽化) 1740
환골탈태(換骨奪胎) 1740
환과독고(鰥寡獨孤) 1740
환과자제(紈袴子弟) 1741
환귀본종(還歸本宗) 1741
환귀본주(還歸本主) 1741
환귀본처(還歸本處) 1741
환난상고(患難相顧) 1741
환난상구(患難相救) 1741
환난상사(患難相死) 1741
환난상휼(患難相恤) 1741
환득환실(患得患失) 1741
환락애정(歡樂哀情) 1741
환부역조(換父易祖) 1742
환부작신(換腐作新) 1742
환산지비(桓山之悲) 1742
환생다욕(患生多欲) 1742
환속당차(還俗當差) 1742
환여평석(歡如平昔) 1742
환연빙석(渙然氷釋) 1742
환이삼롱(桓伊三弄) 1743
환장지경(換腸之境) 1743
환조방예(圜鑿方枘) 1743
환천희지(歡天喜地) 1743
환해풍파(宦海風波) 1743
환호작약(歡呼雀躍) 1743
환후평복(患候平復) 1743
활달대도(豁達大度) 1743
활박생탄(活剝生呑) 1744
활발발지(活潑潑地) 1744
활살자재(活殺自在) 1744
활연개랑(豁然開朗) 1744
활연관통(豁然貫通) 1744
활인적덕(活人積德) 1744
활인지방(活人之方) 1744
활인지불(活人之佛) 1744
황견유부(黃絹幼婦) 1744
황공대죄(惶恐待罪) 1745
황공무지(惶恐無地) 1745
황공재배(惶恐再拜) 1745
황구서생(黃口書生) 1745
황구소아(黃口小兒) 1745
황구유아(黃口幼兒) 1745
황구유취(黃口乳臭) 1745
황권적축(黃券赤軸) 1745
황금만능(黃金萬能) 1745
황금시대(黃金時代) 1745
황금정략(黃金政略) 1746
황기자개(黃旗紫蓋) 1746
황당무계(荒唐無稽) 1746
황당지설(荒唐之說) 1746
황당지언(荒唐之言) 1746
황률상서(黃栗尙書) 1746
황망지행(荒亡之行) 1746
황면노자(黃面老子) 1746
황무사색(黃霧四塞) 1746
황문구아(黃吻口兒) 1747
황상녹의(黃裳綠衣) 1747
황상등극(皇上登極) 1747
황색신문(黃色新聞) 1747
황송무지(惶悚無地) 1747
황양자자(滉洋自恣) 1747
황양지객(黃壤之客) 1747
황연대각(晃然大覺) 1747
황옥좌도(黃屋左纛) 1747
황음무도(荒淫無道) 1748
황작사선(黃雀伺蟬) 1748
황중내윤(黃中內潤) 1748
황진만장(黃塵萬丈) 1748
황천후토(皇天后土) 1748
황탄무계(荒誕無稽) 1748
황평양서(黃平兩西) 1748
황포가신(黃袍加身) 1748
황혼축객(黃昏逐客) 1748
황홀난측(恍惚難測) 1749
황화만절(黃化晩節) 1749
황황겁겁(惶惶怯怯) 1749
황황급급(遑遑急急) 1749
황황망극(遑遑罔極) 1749

황황망조(遑遑罔措) 1749
회계지치(會稽之恥) 1749
회과자신(悔過自信) 1749
회과자책(悔過自責) 1749
회과천선(悔過遷善) 1749
회광반조(廻光返照) 1749
회귀취락(回歸聚落) 1750
회근보춘(晦根葆春) 1750
회근악유(懷瑾握瑜) 1750
회금수자(懷金垂紫) 1750
회도회음(誨盜誨淫) 1750
회로건탁(灰栳建琢) 1750
회록지재(回祿之災) 1751
회뢰공행(賄賂公行) 1751
회룡고조(回龍顧祖) 1751
회벽기죄(懷璧其罪) 1751
회벽유죄(懷璧有罪) 1751
회빈작주(回賓作主) 1751
회사후소(繪事後素) 1751
회상임운(懷霜臨雲) 1751
회색혁명(灰色革命) 1751
회생지망(回生之望) 1752
회생지업(回生之業) 1752
회심지우(會心之友) 1752
회심향도(回心向道) 1752
회연제참(懷鉛堤槧) 1752
회옥기죄(懷玉其罪) 1752
회인불권(誨人不倦) 1752
회자부적(懷刺不適) 1752
회자인구(膾炙人口) 1752
회자정리(會者定離) 1752
회재포능(懷才抱能) 1753
회전목마(回轉木馬) 1753
회지막급(悔之莫及) 1753
회지무급(悔之無及) 1753
회진작소(回嗔作笑) 1753
회진작희(回嗔作喜) 1753
회천지력(回天之力) 1753
회총시위(懷寵尸位) 1753
회피부득(回避不得) 1753
회확대도(恢廓大度) 1753
회회유인(恢恢游刃) 1753
횡경문난(橫經問難) 1754
횡과복리(橫過腹裏) 1754
횡금지열(橫金之列) 1754
횡라수직(橫羅豎織) 1754
횡래지액(橫來之厄) 1754
횡목종비(橫目縱鼻) 1754
횡사구법(橫死九法) 1754
횡삭부시(橫槊賦詩) 1754
횡설수설(橫說竪說) 1754
횡수설거橫(竪說去) 1755
횡수설화(橫竪說話) 1755
횡초지공(橫草之功) 1755
횡행개사(橫行介士) 1755
횡행천하(橫行天下) 1755
횡행활보(橫行闊步) 1755
효달치도(曉達治道) 1755
효당갈력(孝當竭力) 1755
효두발인(曉頭發軔) 1755
효사유칙(孝思維則) 1755
효수경중(梟首警衆) 1755
효순부모(孝順父母) 1756
효자불궤(孝子不匱) 1756
효자애일(孝子愛日) 1756
효제지지(孝悌之至) 1756
효제충신(孝悌忠信) 1756
후고지우(後顧之憂) 1756
후덕군자(厚德君子) 1756
후덕사지(厚德似地) 1756
후덕재물(厚德載物) 1756
후래가기(後來佳器) 1757
후래거상(後來居上) 1757
후래삼배(後來三杯) 1757
후래선배(後來先杯) 1757
후막중언(厚莫重焉) 1757
후명실자(後名實者) 1757
후모심정(厚貌深情) 1757
후목난조(朽木難雕) 1757
후목분장(朽木粉墻) 1757
후목분토(朽木糞土) 1758
후문여해(侯門如海) 1758
후백후흑(侯白侯黑) 1758
후복옥식(侯服玉食) 1758
후생가외(後生可畏) 1758
후생각고(後生角高) 1758
후생각올(後生角兀) 1758

후설지신(喉舌之臣) 1759
후설지임(喉舌之任) 1759
후시지탄(後時之歎) 1759
후안무치(厚顔無恥) 1759
후예사일(后羿射日) 1759
후왕박래(厚往薄來) 1759
후조부삭(朽條腐索) 1759
후조지절(後凋之節) 1759
후진영수(後進領袖) 1759
후천개벽(後天開闢) 1759
후피만두(厚皮饅頭) 1759
후허호흡(呴噓呼吸) 1760
후회막급(後悔莫及) 1760
후회막심(後悔莫甚) 1760
후회무급(後悔無及) 1760
훈계방면(訓戒放免) 1760
훈민정음(訓民正音) 1760
훈부지여(熏腐之餘) 1760
훈요십조(訓要十條) 1760
훈주산문(葷酒山門) 1761
훈지상화(壎篪相和) 1761
훈호처창(焄蒿悽愴) 1761
훤빈탈주(喧賓奪主) 1761
훼가출동(毁家黜洞) 1761
훼가출송(毁家黜送) 1761
훼예포폄(毁譽褒貶) 1761
훼와획만(毁瓦劃墁) 1761
훼장삼척(喙長三尺) 1761
훼척골립(毁瘠骨立) 1762
휘반출량(諱伴出粮) 1762
휘지비지(諱之祕之) 1762
휘질기의(諱疾忌醫) 1762
휘황찬란(輝煌燦爛) 1762
휴관퇴은(休官退隱) 1762
휴류계수(鵂鶹計數) 1762
휴수동귀(携手同歸) 1762
휴척상관(休戚相關) 1762
휼방지쟁(鷸蚌之爭) 1763
흉극생길(凶極生吉) 1763
흉년기세(凶年饑歲) 1763
흉리복저(匈詈腹詛) 1763
흉몽대길(凶夢大吉) 1763
흉변위복(凶變爲福) 1763
흉악망측(凶惡罔測) 1763
흉악무도(凶惡無道) 1763
흉유성죽(胸有成竹) 1763
흉중갑병(胸中甲兵) 1763
흉중인갑(胸中鱗甲) 1764
흉즉대길(凶則大吉) 1764
흉충반흉(凶蟲反凶) 1764
흑구축체(黑狗逐彘) 1764
흑능오백(黑能汚白) 1764
흑두재상(黑頭宰相) 1764
흑막정치(黑幕政治) 1764
흑백분명(黑白分明) 1764
흑백혼효(黑白混淆) 1764
흑약재연(黑躍在淵) 1765
흑의재상(黑衣宰相) 1765
흑풍백우(黑風白雨) 1765
흔구대보(欣求大寶) 1765
흔구정토(欣求淨土) 1765
흔동일세(掀動一世) 1765
흔산탕해(掀山蕩海) 1765
흔연대접(欣然待接) 1765
흔천권지(掀天捲地) 1765
흔천동지(掀天動地) 1766
흔흔낙락(欣欣樂樂) 1766
흔흔향영(欣欣向榮) 1766
흔희작약(欣喜雀躍) 1766
흘가휴의(迄可休矣) 1766
흘연독립(屹然獨立) 1766
흠숭지례(欽崇之禮) 1766
흠신답례(欠身答禮) 1766
흠휼지전(欽恤之典) 1766
흡반투쟁(吸盤鬪爭) 1766
흥고채열(興高采烈) 1766
흥국강병(興國强兵) 1767
흥륭쇠망(興隆衰亡) 1767
흥망계절(興亡繼絶) 1767
흥망성쇠(興亡盛衰) 1767
흥망치란(興亡治亂) 1767
흥미진진(興味津津) 1767
흥성흥성(興盛興盛) 1767
흥와조산(興訛造訕) 1767
흥와주산(興訛做訕) 1767
흥진비래(興盡悲來) 1767
흥진이반(興盡而反) 1767

增補版
한문사자성어사전 漢文四字成語辭典

초　판 발행　2006년 10월 20일
증보판 인쇄　2019년　1월　5일
증보판 발행　2019년　1월 10일

편　저 | 김효영
발행자 | 김동구
디자인 | 이명숙·양철민
발행처 | 명문당(1923. 10. 1 창립)
주　소 | 서울시 종로구 윤보선길 61(안국동)
우체국 010579-01-000682
전　화 | 02)733-3039, 734-4798(영), 733-4748(편)
팩　스 | 02)734-9209
Homepage | www.myungmundang.net
E-mail | mmdbook1@hanmail.net
등　록 | 1977. 11. 19. 제1~148호

ISBN 979-11-88020-61-4 (13150)
50,000원